Ulrich Ammon
Die Stellung der deutschen Sprache in der Welt

Ulrich Ammon
Die Stellung der deutschen Sprache in der Welt

DE GRUYTER

ISBN 978-3-11-019298-8
e-ISBN (PDF) 978-3-11-024107-5
e-ISBN (EPUB) 978-3-11-039318-7

Library of Congress Cataloging-in-Publication Data
A CIP catalog record for this book has been applied for at the Library of Congress.

Bibliografische Information der Deutschen Nationalbibliothek
Die Deutsche Nationalbibliothek verzeichnet diese Publikation in der Deutschen
Nationalbibliografie; detaillierte bibliografische Daten sind im Internet
über http://dnb.dnb.de abrufbar.

© 2015 Walter de Gruyter GmbH, Berlin/München/Boston
Druck und Bindung: Hubert & Co. GmbH & Co. KG, Göttingen
♾ Gedruckt auf säurefreiem Papier
Printed in Germany

www.degruyter.com

Vorwort

Dieses Buch knüpft an vorausgehende Bücher und Aufsätze von mir an, geht jedoch thematisch und methodisch beträchtlich darüber hinaus. Um dem anspruchsvollen Titel gerecht zu werden, habe ich mich bemüht, für die verbliebenen Lücken durchgehend wenigstens den Forschungsbedarf aufzuzeigen. Dieser ist – abgesehen von meinen persönlichen Defiziten – hauptsächlich bedingt einerseits durch die institutionelle Trennung der zuständigen Fächer (vor allem Linguistik, Soziologie, Wirtschafts- und Politikwissenschaft) und andererseits die – bei aller Globalisierung – fortdauernde Aufteilung der Forschung auf verschiedene große Sprachgemeinschaften. Freilich wäre die Klage über Letzteres kaum vereinbar mit dem Thema dieses Buches. Dennoch beeinträchtigen diese Schranken die für das Thema gebotene Interdisziplinarität und Internationalität.

Bei der Lektüre fallen sicher allenthalben meine notgedrungenen Behelfe auf, besonders die zahlreichen Informationsquellen aus diversen Medien, vor allem dem Internet einschließlich Wikipedia, die ich heranzog, wo ich nichts besser Gesichertes finden konnte. Von unzweifelhaftem Wert waren und sind mir allerdings die großzügigen Hilfen vieler KollegInnen und Studierenden aus meinem glücklicherweise reichen Netzwerk. Ich habe mich bemüht, sie alle an der jeweiligen Stelle des Buches zu nennen, weshalb ich mir hier die Einzelaufzählung erspare. Jedoch möchte ich hiermit allen noch einmal herzlich danken.

Einen persönlichen, späten Dank möchte ich jedoch Prof. Hermann Bausinger aussprechen, der in einer entscheidenden Phase meines Studiums meine fachlichen Interessen in die Richtung des vorliegenden Buches gelenkt hat. Des Weiteren danke ich herzlich den unermüdlichen TeilnehmerInnen an meinem Oberseminar, das ich weiterhin durchzuführen hoffe, für viele Anregungen. Nicht vergessen möchte ich außerdem die forschungsfördernden Organisationen, vor allem die DFG, für ihre Unterstützung meiner Projekte im Laufe der Zeit, deren Ergebnisse auch in das vorliegende Buch eingeflossen sind. Besonderer Dank gilt weiter meiner langjährigen Sekretärin Ulrike Schulz, die das Manuskript mit großer Sorgfalt für den Druck eingerichtet hat, sowie Frau Wenting Sheng für die dabei unterstützende Arbeit. Ferner danke ich dem Verlag Walter de Gruyter für die Veröffentlichung auch dieses Buches, wie schon anderer meiner Bücher. Schließlich möchte ich dankend hervorheben, dass ich trotz all dieser Unterstützung das vorliegende Buch ohne den Rückhalt meiner Frau und meiner Familie nicht zuwege gebracht hätte.

Duisburg, im August 2014   Ulrich Ammon

Inhaltsverzeichnis

Vorwort V
Verzeichnis der Abbildungen, Karten, Tabellen und Abkürzungen XI

A. Die deutsche Sprache im Spannungsfeld nationaler Interessen und globaler Kommunikation: Begriffsklärungen und Theorieansätze 1
1. Das Interesse der Sprecher einer Sprache an deren starker Stellung in der Welt 1
2. Sprecher der deutschen Sprache im Interessenzwiespalt Deutsch oder Englisch 12
3. Der Begriff ‚internationale Stellung einer Sprache' und verwandte Begriffe 18
4. Eine Sprache wie Deutsch als Lingua franca, neben Englisch? 33
5. Komplementäre nationale und internationale Stellung von Sprachen? 39
6. Sprachwahl und Wirkungen auf die internationale Stellung von Sprachen 51
7. Die globale Sprachenkonstellation 63
8. Sprachensupervielfalt, Welt-Imperien, Globalisierung, postnationale Konstellation 75
9. Internationale Stellung von Sprachen und kulturelle Ausstrahlung 84
10. Kognitive Grenzen der Vielsprachigkeit und Überwindungsversuche 89
11. Historischer Abriss der internationalen Stellung der deutschen Sprache 97

B. ‚Deutsche Sprache', ‚deutsches Sprachgebiet': Was dazu gehört und was nicht, und die Frage einer deutschen Ethnie 107
1. Strittige Varietäten und ihre Zuordnung zur deutschen Sprache 107
2. Allgemeine Regeln der Zuordnung von Varietäten zu Sprachen 131
3. Der schwierige Begriff ‚deutsche Ethnie' 148
4. ‚Deutschsprachige Länder', ‚deutsches Sprachgebiet' und verwandte Begriffe 154

C. Sprecherzahl und ökonomische Stärke von Deutsch 159
1. Heutige Sprecherzahl (numerische Stärke) von Deutsch 159
2. Sprecherzahlen von Deutsch im Vergleich mit anderen Sprachen 179
3. Langzeitentwicklung der Sprecherzahlen der großen europäischen Sprachen 185
4. Ökonomische Stärke der Sprachgemeinschaften im Vergleich 189
5. Ökonomische Stärke im Vergleich zur numerischen Stärke 192

D. Deutsch als staatliche Amtssprache 199
1. Begriffsklärung und Länderüberblick Deutsch als staatliche Amtssprache 199
2. Deutsch als nationale Amtssprache 208
2.1 Deutschland 208
2.2 Österreich 214
2.3 Liechtenstein 215
2.4 Schweiz 216
2.5 Luxemburg 224
3. Deutsch als regionale Amtssprache 232
3.1 Die Deutschsprachige Gemeinschaft in Belgien 232
3.2 Die Autonome Provinz Bozen-Südtirol in Italien 240
4. Weltweiter Sprachenvergleich nach Verbreitung als staatliche Amtssprache 248

E. Deutsch als Minderheitssprache, aber nicht staatliche Amtssprache 255
1. Allgemeine Charakterisierung der heutigen deutschsprachigen Minderheiten 255

2.	Ursachen (Faktoren) des Spracherhalts und der Sprachumstellung	273
3.	Überblick über die deutschsprachigen Minderheiten	298
4.	Ausgewählte deutschsprachige Minderheiten näher betrachtet	302
4.1	Beschreibungsschema	302
4.2	Dänemark	305
4.3	Frankreich	311
4.4	Polen	320
4.5	Tschechien	328
4.6	Ungarn	334
4.7	Rumänien	341
4.8	Russland	349
4.9	Namibia	359
4.10	Brasilien – Hunsrücker	369
4.11	Mennoniten, Amische, Hutterer	380
5.	Emigranten, Remigranten, Expatriates und Rentnerkolonien	397
F.	**Deutsch in der internationalen Wirtschaftskommunikation**	**407**
1.	Sprache und Wirtschaft international und global	407
2.	Prinzipien der Sprachwahl bei internationalen Wirtschaftskontakten	419
3.	Korrespondenzsprachen deutscher Unternehmen	431
4.	Sprachen der deutschen Auslandshandelskammern	439
5.	Sprachwahl zwischen Unternehmen deutsch- und nicht-deutschsprachiger Länder	442
6.	Bedarf an Deutschkenntnissen bei Unternehmen nicht-deutschsprachiger Länder	456
7.	Sprachplanung für die interne Kommunikation deutscher Unternehmen	483
8.	Erfolgreich wirtschaften in Deutschland ohne Gebrauch der deutschen Sprache	498
9.	Werbung auf Deutsch außerhalb des deutschen Sprachgebiets	504
10.	Deutsche Wirtschaft zwischen globaler Kommunikation und Spracherhaltung	512
G.	**Deutsch in der internationalen Wissenschaftskommunikation**	**519**
1.	Von einer Weltwissenschafts- zu einer Nischensprache: Stationen und Ursachen	519
2.	Fächerunterschiede, Typen wissenschaftlicher Kommunikation und Datenlage	539
3.	Theoretische Naturwissenschaften und Strukturwissenschaften	547
4.	Angewandte Wissenschaften	563
5.	Sozialwissenschaften	575
6.	Geisteswissenschaften	587
7.	Nischenfächer für Deutsch als internationale Wissenschaftssprache?	603
8.	Hochschullehre	623
9.	Stellungsverlust von Sprache und Wissenschaft Hand in Hand?	643
10.	Sprachprobleme und Wirkungsverluste von Wissenschaftlern und Verlagen	654
11.	Ausbaurückstand der deutschen Sprache gegenüber Englisch?	670
12.	Vor- und Nachteile einer und mehrerer internationaler Wissenschaftssprachen	682
13.	Förderung von Deutsch als internationale Wissenschaftssprache?	693
H.	**Deutsch in der Diplomatie und in der Europäischen Union (EU)**	**699**
1.	Zur Geschichte von Deutsch als Sprache der Diplomatie	699
2.	Deutsch als zwischenstaatliche Vertragssprache	709
3.	Amts- und Arbeitssprachen internationaler Organisationen	717
4.	Deutsch in der Europäischen Union (EU)	730

4.1	Zielsetzungen und Geschichte der EU	730
4.2	Sprachenregelungen und Sprachwahl in den EU-Institutionen	736
4.3	EU-Sprachenpolitik: Deutsch im Schatten von Vielsprachigkeit und Lingua franca	752
4.4	Demokratie und Zusammenhalt in der EU durch eine einzige Lingua franca?	757
4.5	Die Sprachinteressen der deutschen und anderer Sprachgemeinschaften in der EU	771
4.6	Vereinigung Europas auf Kosten der internationalen Stellung der deutschen Sprache?	780
4.7	Lösungsmöglichkeit unter Einbeziehung von Deutsch als EU-Arbeitssprache?	797
5.	Sprachwahl bei diplomatischen Kontakten	806
5.1	Besuche, persönliche Begegnungen und öffentliche Reden deutscher Politiker im Ausland	806
5.2	Verkehr mit den Auslandsvertretungen in Bonn und Berlin	815
5.3	Stellungsstärkende Sprachwahl in der Diplomatie?	824
I.	**Die deutsche Sprache im internationalen Tourismus**	**833**
1.	Zum Begriff ‚Tourist' und zu Methodenfragen	833
2.	Die deutschsprachigen Länder und Regionen als Touristenziele	836
3.	Einreise-Tourismus in die deutschsprachigen Länder und Deutschlernen	840
4.	Die Zielländer und Zielregionen deutschsprachiger Touristen	844
5.	Sprachliches Entgegenkommen der Zielländer deutschsprachiger Touristen	853
6.	Das Tourismusdeutsch und das Deutsch deutschsprachiger Touristen	864
J.	**Deutsch in Medien und Sprachkunst außerhalb des deutschen Sprachgebiets**	**869**
1.	Medien	869
1.1	Medien und mediale Kommunikationsformen: Typen und Methodenfragen	869
1.2	Presse	874
1.2.1	Presseexport der deutschsprachigen Länder	874
1.2.2	Deutschsprachige Presse im Ausland	877
1.3	Rundfunk	887
1.3.1	Auslandsrundfunk der deutschsprachigen Länder	887
1.3.2	Deutschsprachiger Rundfunk im Ausland	893
1.4	Neue Medien	897
1.4.1	Internet	897
1.4.2	Soziale Medien	905
2.	Sprachkunst	913
2.1	Begriffserläuterung	913
2.2	Belletristik	914
2.3	Vokalmusik	927
K.	**Deutsch als Fremdsprache (DaF) außerhalb des deutschen Amtssprachgebiets**	**945**
1.	Themen- und Begriffserläuterung	945
2.	Deutsch als Fremdsprache (DaF) an den Schulen	947
3.	Auslandsschulen der deutschsprachigen Länder	959
4.	DaF und Germanistik an den Hochschulen	964
5.	DaF in der außerschulischen und außeruniversitären Bildung	969
6.	Deutschsprachige Studiengänge und Lehrveranstaltungen an Hochschulen	977
7.	Gesamtlernerzahlen und weltweite Verbreitung von DaF	980
8.	Zu den Motiven (Beweggründen), DaF zu lernen	987

9.	DaF und Germanistik in einzelnen ausgewählten Staaten	992
9.1	Länderauswahl und Beschreibungsschema	992
9.2	Frankreich	995
9.3	Großbritannien	998
9.4	Italien	1003
9.5	Polen	1008
9.6	Russland (Russische Föderation)	1013
9.7	Türkei	1018
9.8	Ägypten	1023
9.9	Südafrika	1027
9.10	USA	1032
9.11	Brasilien	1037
9.12	Indien	1042
9.13	China	1047
9.14	Japan	1053
9.15	Australien	1058
10.	Stärkende und schwächende Faktoren der Stellung von DaF in einem Land	1063
L.	**Politik der Förderung der deutschen Sprache in der Welt**	**1069**
1.	Begriffe, Termini und Rahmenbedingungen	1069
1.1	‚Sprachförderung', ‚Sprachverbreitung(spolitik)', ‚Auswärtige Sprachpolitik'	1069
1.2	Die eigene Sprache als Transgrediens in der Auswärtigen Kulturpolitik	1073
2.	Sprachverbreitungspolitik Deutschlands bis zum Untergang des NS-Staates	1078
3.	Auswärtige Sprachpolitik Deutschlands nach dem Zweiten Weltkrieg	1091
3.1	Auswärtige Sprachpolitik von BRD, DDR und vereinigtem Deutschland im Überblick	1091
3.2	Neueste Entwicklungen	1100
3.3	Mittlerorganisationen	1111
3.4	Private Vereine	1124
3.5	Deutschlehrer- und Germanistenverbände	1132
3.6	Fragen der Bewertung und Erklärung der Auswärtigen Sprachpolitik Deutschlands	1137
4.	Auswärtige Sprachpolitik der anderen deutschsprachigen Länder	1142
5.	Auswärtige Sprachpolitik anderssprachiger Länder	1146

Bibliographie ... 1155

Sachregister ... 1275

Verzeichnis der Abbildungen, Karten, Tabellen und Abkürzungen

Abbildungen

Abb. A.3-1:	Begriffsschema ‚Muttersprache' - ‚Zweitsprache' - ‚Fremdsprache'	26
Abb. A.3-2:	Begriffsfeld ‚internationale Kommunikation'	28
Abb. A.4-1:	Kombinationen asymmetrisch dominanter und Lingua-franca-Kommunikationen	36
Abb. A.8-1:	Auslandslandaufenthalte von Personal in internationalen Unternehmen	76
Abb. A.8-2:	Die Wirtschaftskraft der wichtigsten Staaten mehrerer internationaler Sprachen im Verlauf von 2 Jahrtausenden	80
Abb. B.2-1:	Überdachung und relevante Grade linguistischer Ähnlichkeit für die Zuordnung von Varietäten zu Sprachen (am Beispiel der deutschen Sprache)	137
Abb. B.2-2:	Die maßgeblichen sozialen Kräfte, die eine Standardvarietät setzen	143
Abb. C.3-1:	Langzeitentwicklung der Sprecherzahlen (Muttersprachler) von sechs europäischen Sprachen in Mio.	186
Abb. C.5-1:	Ökonomische Stärke der deutschen Sprachgemeinschaft im Vergleich zu anderen Sprachgemeinschaften um 1984 in Mia. US $	193
Abb. C.5-2:	Ökonomische Stärke der deutschen Sprachgemeinschaft im Vergleich zu anderen Sprachgemeinschaften um 2009 in Mia. US $	193
Abb. F.5-1:	Deutschgebrauch zwischen Unternehmen Deutschlands und verschiedener nicht-deutschsprachiger Länder Europas	445
Abb. G.1-1:	Auszug aus *Zoological Record* 1910	523
Abb. G.3-1:	Sprachenanteile an den naturwissenschaftlichen Publikationen weltweit 1880 –2005	551
Abb. G.3-2:	Anteile der deutsch-, französisch- und englischsprachigen Zitate in chemischen Fachzeitschriften 1920 – 1990	558
Abb. G.5-1:	Sprachenanteile an den sozialwissenschaftlichen Publikationen weltweit 1951 – 2005	580
Abb. G.5-2:	Sprachenanteile an den sozialwissenschaftlichen Publikationen weltweit 1974 – 2006	580
Abb. G.5-3:	Anteile deutsch-, französisch- und englischsprachiger Zitate in wirtschaftswissenschaftlichen Fachzeitschriften 1920 – 1990	583
Abb. G.6-1:	Sprachenanteile an den Publikationen der Philosophie weltweit 1970 – 2006	594
Abb. G.6-2:	Sprachenanteile an den Publikationen zur Geschichte weltweit 1970 – 2006	595
Abb. G.6-3:	Anteile der deutsch-, französisch- und englischsprachigen Zitate in Fachzeitschriften der Geschichte 1920 – 1990	599
Abb. G.8-1:	Kaskadenmodell der Einführung von Englisch im deutschen Sprachgebiet	642
Abb. G.9-1:	Anteile der deutschsprachigen und englischsprachigen Länder an den naturwissenschaftlichen Nobelpreisen im Vergleich zu den Anteilen von Deutsch und Englisch an den naturwissenschaftlichen Publikationen	652

Abb. H.2-1:	Gesamthäufigkeit der fünf insgesamt am häufigsten verwendeten Sprachen in zwischenstaatlichen Verträgen 1492 – 1963	710
Abb. H.2-2:	Häufigkeit der fünf am häufigsten asymmetrisch dominant verwendeten Sprachen in zwischenstaatlichen Verträgen 1492 – 1963	711
Abb. H.2-3:	Häufigkeit der fünf am häufigsten als Lingua franca verwendeten Sprachen in zwischenstaatlichen Verträgen 1492 – 1963	713
Abb. K.2-1:	Anteile von 5 Sprachen am Fremdsprachenunterricht in den Schulen weltweit in der Zeit 1908 – 1938	951
Abb. K.2-2:	Anteile von 5 Sprachen am Fremdsprachenunterricht in den Schulen Europas in der Zeit 1908 – 1938	953

Karten

Karte D.1-1:	Deutsch als staatliche Amtssprache	208
Karte D.2.4-1:	Sprachgebiete und Kantone der Schweiz	219
Karte D.4.1:	Staatliche Amtssprachterritorien der 10 bedeutendsten internationalen Sprachen	253
Karte F.3-1:	Staaten mit der Korrespondenzsprache Deutsch für die deutsche Wirtschaft 2005	435
Karte H.4.1-1:	Die Europäische Union und die Eurozone seit 01.01.2015	734
Karte K.7-1:	Deutsch als Fremdsprache weltweit um 1995, Intensität des Lernens nach Gesamtzahl aller Typen von Lernern	983
Karte K.7-2:	Deutsch als Fremdsprache weltweit um 2010, Intensität des Lernens nach Gesamtzahl aller Typen von Lernern	983
Karte L.3.3-1:	Goethe-Institute und Deutsche Auslandsschulen weltweit	1124

Tabellen

Tab. C.1-1:	Deutsch-Sprecher (Mutter- und Zweitsprachler) von Deutsch im Amtssprachgebiet von Deutsch in Mio.	170
Tab. C.1-2:	Mutter- und Zweitsprachler von Deutsch außerhalb des Amtssprachgebiets von Deutsch in Mio.	173
Tab. C.2-1:	Sprecherzahlen von Deutsch im Vergleich mit anderen Sprachen in Mio.	181
Tab. C.3-1:	Langzeitentwicklung der Sprecherzahlen (Muttersprachler) von sechs europäischen Sprachen in Mio.	187
Tab. C.3-2:	Langzeitentwicklung der Sprecherzahlen von Deutsch im Verhältnis zur Weltbevölkerung	189
Tab. C.4-1:	Entwicklung der ökonomischen Stärke der wirtschaftsstärksten Sprachgemeinschaften in neuerer Zeit	191
Tab. C.5-1:	Ökonomische Stärke der deutschen Sprachgemeinschaft im Vergleich zu anderen Sprachgemeinschaften um 1984 in Mia.US $	193
Tab. C.5-2:	Ökonomische Stärke der deutschen Sprachgemeinschaft im Vergleich zu anderen Sprachgemeinschaften um 2009 in Mia.US $	193
Tab. D.3.2-1:	Entwicklung des Proporzes der drei Sprachgruppen in Südtirol 1981 – 2011	243
Tab. D.4-1:	Die 6 häufigsten staatlichen Amtssprachen der Welt nach Anzahl der Staaten	251
Tab. E.3-1:	Die in 4 Quellen genannten Staaten mit Deutsch als Minderheitssprache, aber nicht staatlicher Amtssprache	299

Tab. E.3-2:	Die in 3 Quellen genannten Staaten mit Deutsch als Minderheitssprache, aber nicht staatlicher Amtssprache	299
Tab. E.4.3-1:	Prozent erwachsener ElsässerInnen über die Jahre 1962 – 1998, die nach Selbsteinschätzung Dialekt sprechen konnten	314
Tab. E.4.3-2:	Dialektgebrauch und -kenntnis erwachsener ElsässerInnen 1998, nach Selbsteinschätzung	314
Tab. F.1-1:	Die weltweit führenden Handelsstaaten: Export und Import von Handelsgütern und Dienstleistungen im Jahr 2011	411
Tab. F.3-1:	Staaten mit Deutsch als Korrespondenzsprache für den deutschen Handel 2005 und 1989	434
Tab. F.3-2:	Korrespondenzsprachen für die Unternehmen Deutschlands mit Zahl der Länder 2005 und 1989	438
Tab. F.4-1:	Sprachen der länderspezifischen Webseiten deutscher Auslandshandelskammern, Delegierten und Repräsentanten der deutschen Wirtschaft	440
Tab. F.5-1:	Gebrauchshäufigkeit Deutsch/ Englisch bei den für den deutsch-finnischen Handel zuständigen Finnen in Unternehmensniederlassungen in Finnland und Deutschland	452
Tab. F.5-2:	Sprachwahl österreichischer Unternehmen mit Geschäftspartnern in nichtdeutschsprachigen Ländern	456
Tab. F.6-1:	Die vier Fremdsprachen mit der höchsten Nachfrage in Zeitungs-Stellenanzeigen in 6 europäischen Staaten um 1990	459
Tab. F.6-2:	Prozent entgangener Aufträge aufgrund mangelnder Kenntnis der betreffenden Sprachen in den angegebenen Situationen bei kleinen und mittleren Betrieben der EU	461
Tab. F.6-3:	Die vier in Frankreich bei Stellenangeboten am häufigsten verlangten Fremdsprachen	466
Tab. F.6-4:	Verlangte Sprachkenntnisse in Stellenanzeigen in Tschechien 1997 – 2007	474
Tab. F.6-5:	Gebrauchshäufigkeit von Sprachen seitens der für den deutsch-finnischen Handel zuständigen Finnen in Unternehmensniederlassungen in Finnland und Deutschland	475
Tab. F.6-6:	Fremdsprachengebrauch bei Unternehmen in Estland	476
Tab. F.6-7:	Geforderte oder gewünschte Fremdsprachenkenntnisse in Stellenanzeigen der *Japan Times* 1991 – 1992	479
Tab. F.6-8:	Geforderte oder gewünschte Fremdsprachenkenntnisse in Stellenanzeigen in Korea, in der Zeitung *Chosun Ilbo* im Jahr 2000 und im Internet 2000 – 2001	480
Tab. G.3-1:	Anzahl der Zitate aus den vier meistzitierten Zeitschriften in *The Journal of the American Chemical Society* im Jahr 1926	555
Tab. G.3-2:	Sprachenanteile aller nicht-amerikanischen Zitierquellen in *The Journal of the American Chemical Society* 1926	555
Tab. G.3-3:	Häufigkeit der Sprachen nach Funktionen auf internationalen Konferenzen im Gebiet Kunst/ Wissenschaft in den 1920er Jahren	561
Tab. G.4-1:	Anteile von Publikationen auf Deutsch und auf Englisch in angewandten gegenüber theoretischen Naturwissenschaften	568
Tab. G.5-1:	Die Bücher des 20. Jh. mit dem größten Einfluss auf die Soziologie	586

Tab. G.7-1:	Nischenfächer von Deutsch als internationale Wissenschaftssprache nach verschiedenen Quellen	606
Tab. G.7-2:	Stellung von Deutsch als internationale Wissenschaftssprache in verschiedenen Fächern nach Einschätzung von Fachvertretern in Deutschland	608
Tab. G.7-3:	Stellung von Deutsch als internationale Wissenschaftssprache in 9 geisteswissenschaftlichen Fächern nach Einschätzung von Fachvertretern in Australien, Großbritannien und USA	609
Tab. G.7-4:	Nischenfächer von Deutsch als internationale Wissenschaftssprache nach Einschätzung deutscher Fachverlage	610
Tab. G.7-5:	Wissenschaftssprachen außer Deutsch in den Nischenfächern des Deutschen nach Einschätzung deutscher Fachverlage	611
Tab. G.7-6:	Sprachenanteile der Zeitschriften für Klassische Archäologie, Klassische Philologie und Klassische Geschichte an der University of North Carolina 1996	612
Tab. G.7-7:	Nischenfächer des Deutschen aufgrund von Anteilen an grundlegenden Werken	615
Tab. G.7-8:	Zukunftsperspektiven für Deutsch als internationale Wissenschaftssprache in den Nischenfächern von Deutsch nach Einschätzung deutscher Fachverlage	618
Tab. G.8-1:	Anzahl und Niveaustufen englischsprachiger und nicht-englischsprachiger Studiengänge in Deutschland im Wintersemester 2011/12	627
Tab. G.8-2:	Englischsprachige Studiengänge in Deutschland im WS 2011/12 mit dem Abschluss Bachelor/ Bakkalaureus	628
Tab. G.8-3:	Bevorzugte Staaten ausländischer Studierender an deutschen Hochschulen für die spätere Berufstätigkeit	636
Tab. G.9-1:	Ausgaben für Forschung und Entwicklung der 20 weltweit führenden Staaten im Jahr 2011	646
Tab. G.9-2:	Nationale Herkunft der naturwissenschaftlichen Nobelpreisträger	651
Tab. G.10-1:	Abonnentenzahl und Ablehnungsquote angebotener Beiträge bei englisch- und bei deutschsprachigen Zeitschriften	658
Tab.G.10-2:	Englischkenntnisse von Universitäts- und Industriewissenschaftlern nach Selbsteinschätzung	661
Tab. G.10-3:	Englischkenntnisse deutscher Wissenschaftler nach Selbsteinschätzung	663
Tab. H.3-1:	Rangordnung der Sprachen nach dem Status in internationalen politischen Organisationen	726
Tab. H.4.1-1:	Entstehung der EU – zeitlich gegliedert nach Beitritt der Mitgliedstaaten	733
Tab. H.4.2-1:	Verordnung Nr.1 des Rates von 1958 (der damaligen Europäischen Wirtschaftsgemeinschaft) zur Regelung der Sprachenfrage	738
Tab. H.4.2-2:	Überblick über wichtige EU-Institutionen mit ihren Arbeitssprachen	742
Tab. H.4.2-3:	Anteile der Sprachen an den in der EU-Kommission erarbeiteten Originaltexten	747
Tab. H.4.3-1:	Programme und Maßnahmen der EU zur Förderung der Mehrsprachigkeit	754
Tab. H.4.4-1:	Zustimmung der EU-Bürger zu einer einzigen Lingua franca für die Bürger und für die Kommunikation der EU-Institutionen mit den Bürgern	769
Tab. H.4.4-2:	Prozent EU-Bürgerinnen und -Bürger betreffender Muttersprache und Kenntnis dieser Sprache als Fremdsprache	771
Tab. H.4.5-1:	Präferenztafel für EU-Arbeitssprachen	777

Tab. H.4.5-2:	Häufigkeit geforderter oder gewünschter Sprachkenntnisse in den Stellenausschreibungen für die EU-Institutionen	790
Tab. I.2.-1:	Zielländer von Touristen aus dem Ausland in den Jahren 2012 und 2009 in Mio.	837
Tab. I.3-1:	Reisepläne in ein deutschsprachiges Land als eines der Motive für die Fachwahl bei australischen Deutschstudierenden	843
Tab. I.4-1:	Ausgaben im Ausland der Touristen der 10 ausgabenstärksten Länder in den Jahren 2011 und 2012	845
Tab. I.4-2:	Bevorzugte Zielländer von Touristen aus Deutschland über die Jahre 1970 – 2012	850
Tab. I.4-3:	Länder mit über 10-prozentigem Anteil deutschsprachiger Touristen in den 1980er Jahren	853
Tab. I.5-1:	Kurse im Fachdeutsch Tourismus des Goethe-Instituts 1984 –1986	861
Tab. I-5.2:	Beispiele deutschsprachiger Zeitungen und Zeitschriften in Touristengebieten	862
Tab. J.1.2.1-1:	Entwicklung des Ausfuhr-Wertes von Zeitungen und Zeitschriften aus Deutschland 2008 – 2012	875
Tab. J.1.2.2-1:	Deutschsprachige Periodika außerhalb der deutschsprachigen Länder	879
Tab. J.1.2.2-2:	Deutschsprachige Tageszeitungen außerhalb der deutschsprachigen Länder mit Auflagenhöhen 1980er Jahre und Jahr 2000	882
Tab. J.1.2.2-3:	Anzahl deutschsprachiger Zeitungen in den USA über die Jahre 1732 – 1983	884
Tab. J.1.2.2-4:	Auflagenhöhe fortbestehender deutschsprachiger Zeitungen und Zeitschriften in den USA	885
Tab. J.1.3.2-1:	Länder mit deutschsprachigem Radioprogramm in staatlichen Sendern	895
Tab. J.1.3.2-2:	Sendesprachen im Internationalen Radio größerer Länder	896
Tab. J.1.4.1-1:	Weltweite Sprachenanteile im Internet 1995 – 2010	900
Tab. J.1.4.1-2:	Weltweite Sprachen-Anteile nach Internetnutzern über die Jahre 1998 – 2011	901
Tab. J.1.4.1-3:	Internet-Durchdringung und Zunahme der Internetnutzer in der Zeitspanne 2000 – 2011 der nutzerstärksten Sprachen	902
Tab. J.1.4.1-4:	Sprachen mit der größten Zahl von Artikeln in *Wikipedia* 2013	904
Tab. J.1.4.2-1:	Die 10 Sprachen, die in Facebook am stärksten vertreten sind und am schnellsten wachsen	910
Tab. J.1.4.2-2:	Prozent der Tweets am weltweiten Aufkommen innerhalb und außerhalb des deutschen Amtssprachgebiets 2012 und 2013	912
Tab. J.2.2-1:	Die häufigst gelernten Fremdsprachen in Deutschland und die häufigsten Ausgangssprachen für Übersetzungen ins Deutsche	921
Tab. J.2.2-2:	Die häufigsten Zielsprachen für Übersetzungen aus dem Deutschen	922
Tab. J.2.2-3:	Ausgangs- und Zielsprachen von Übersetzungen aus dem Deutschen bzw. ins Deutsche im Vergleich	923
Tab. J.2.2-4:	Übersetzungsbilanz zwischen Deutsch und anderen Sprachen	924
Tab. J.2.2-5:	Anzahl von Herübersetzungen belletristischer Bücher aus 10 Sprachen 1967 – 1982	925
Tab. J.2.2-6:	Verteilung der Literaturnobelpreise auf die Sprachen bis 2013	926
Tab. J.2.3-1:	Anzahl deutschsprachiger Chöre außerhalb des deutschen Sprachgebiets	943

Tab. K.2-1:	Länder bzw. Regionen mit DaF als Pflichtfach auf höheren Schulen 1908 und 1938	955
Tab. K.2-2:	Zahlen der DaF-Lerner an Schulen 1979 – 2008	957
Tab. K.4-1:	Zahlen der Germanisten und DaF-Lerner an Hochschulen 1979 – 2008	967
Tab. K.5-1:	DaF-Lernende an den Goethe-Instituten im Ausland: Kursteilnehmer und Prüfungsteilnehmer 1967 bis 2013	974
Tab. K.5-2:	Anteile von Sprachen an den Unterrichtsstunden der Berlitz-Schulen	976
Tab. K.7-1:	Gesamtlernerzahlen von Deutsch als Fremdsprache 1995 – 2010	981
Tab. K.7-2:	Anzahl der Länder mit schulischem DaF-Unterricht 1982/83 – 2010	982
Tab. K.7-3:	Weltweite Fremdsprachenlerner internationaler Sprachen um 2005 in Mio.	986
Tab. K.9.2-1:	Lernerzahlen von DaF in Frankreich im Vergleich zu Spanisch und Englisch über die Jahre 1995 – 2011	996
Tab. K.9.3-1:	Absolventenzahlen des *General Certificate of Secondary Education* in England und Wales und des *General Certificate of Education* in England, Wales und Nordirland	1000
Tab. K.9.3-2:	Deutschlerner und Germanisten an Hochschulen 1995 – 2010	1001
Tab. K.9.3-3:	Zahlen von Kurs- und Prüfungsteilnehmern in Großbritannien 1990 – 2013	1002
Tab. K.9.4-1:	Zahlen der Fremdsprachenlerner an den Schulen in Italien	1005
Tab. K.9.4-2:	Deutschlerner und Germanisten an italienischen Schulen und Hochschulen 1985 – 2010	1005
Tab. K.9.5-1:	Fremdsprachenlernende in Tausend an Schulen in Polen 1993 und 1996	1011
Tab. K.9.5-2:	Deutschlerner und Germanisten an polnischen Schulen und Hochschulen 1985 – 2012	1011
Tab. K.9.6-1:	Deutschlerner und Germanisten an russischen Schulen und Hochschulen 1985 – 2010	1015
Tab. K.9.6-2:	DaF-Schulabgänger verschiedener Schulformen in Russland	1016
Tab. K.9.6-3:	Kurs- und Prüfungsteilnehmer an den Goethe-Instituten in Russland 1990 – 2013	1017
Tab. K.9.7-1:	Deutschlerner und Germanisten an türkischen Schulen und Hochschulen 1985 – 2010	1021
Tab. K.9.8-1:	Deutschlerner und Germanisten an ägyptischen Schulen und Hochschulen 1985 – 2010	1025
Tab. K.9.9-1:	Deutschlerner und Germanisten an südafrikanischen Schulen und Hochschulen 1985 – 2010	1029
Tab. K.9.9-2:	Studierenden- und Lernerzahlen aller Studiengänge dreier Sprachen an der Universität Stellenbosch 1997 – 2014	1030
Tab. K.9.10-1:	Deutschlerner und Germanisten an US-Schulen und -Hochschulen 1985 – 2010	1034
Tab. K.9.11-1:	Deutschlerner und Germanisten an brasilianischen Schulen und Hochschulen 1985 – 2010	1040
Tab. K.9.12-1:	Deutschlerner und Germanisten an indischen Schulen und Hochschulen 1985 – 2010	1045
Tab. K.9.13-1:	Deutschlerner und Germanisten an chinesischen Schulen und Hochschulen 1985 – 2010	1048
Tab. K.9.14-1:	Deutschlerner und Germanisten an japanischen Schulen und Hochschulen 1985 – 2010	1054

Tab. K.9.15-1:	Deutschlerner und Germanisten an australischen Schulen, außerschulischen Einrichtungen und Hochschulen 1985 – 2010	1060
Tab. L.5-1:	Die nationalen Deutschlehrerverbände des Internationalen Deutschlehrerverbandes im Jahr 2012	1135

Abkürzungen

AA	Auswärtiges Amt
AKBP	Auswärtige Kultur- und Bildungspolitik
AKP	Auswärtige Kulturpolitik
ASP	Auswärtige Sprachpolitik
AvH	Alexander von Humboldt-Stiftung
DAAD	Deutscher Akademischer Austauschdienst
DaF	Deutsch als Fremdsprache
DaM	Deutsch als Muttersprache
DaZ	Deutsch als Zweitsprache
DSD	Deutsches Sprachdiplom
DW	Deutsche Welle
FAZ	Frankfurter Allgemeine Zeitung
FR	Frankfurter Rundschau
ifa	Institut für Auslandsbeziehungen
NZZ	Neue Zürcher Zeitung
RP	Rheinische Post
SZ	Süddeutsche Zeitung
WAZ	Westdeutsche Allgemeine Zeitung
ZfA	Zentralstelle für das Auslandsschulwesen

A. Die deutsche Sprache im Spannungsfeld nationaler Interessen und globaler Kommunikation: Begriffsklärungen und Theorieansätze

1. Das Interesse der Sprecher einer Sprache an deren starker Stellung in der Welt

Wer regelmäßig Nachrichten und Auslandsberichte im deutschen oder österreichischen Fernsehen schaut, dem fällt vielleicht auf, dass die Reporter in vielen Ländern Gesprächspartner finden, die Deutsch sprechen. Gelegentlich muss freilich gedolmetscht werden, was das Gespräch aufwändiger und weniger authentisch macht. Unternehmen aus den deutschsprachigen Ländern (Kap. B.4) sind oft erleichtert, wenn sie in ausländischen Unternehmen, zu denen sie Geschäftsbeziehungen aufnehmen wollen, Personal vorfinden, mit dem sie – schriftlich oder mündlich – auf Deutsch verkehren können. Dies sind Vorteile der Stellung der deutschen Sprache in der Welt, von der dieses Buch handelt, neben vielen anderen Vorteilen, die im Weiteren zur Sprache kommen. Personen, die solche Vorteile – auch spezieller der internationalen Stellung der deutschen Sprache (Kap. A.3) – genießen, haben ein Interesse am Erhalt oder an der Stärkung dieser Stellung.

Die Vorteile in den beiden Beispielen kommen zunächst einmal „Muttersprachlern" des Deutschen oder – etwas abstrakter betrachtet – auch den deutschsprachigen Ländern zugute. Genauer besehen sind es aber auch Vorteile für die Gesprächspartner oder Kontaktpersonen im Ausland. Demnach haben auch „Fremdsprachler", also Personen, die nach ihrer Muttersprache dann noch Deutsch gelernt haben, Vorteile von der Stellung der deutschen Sprache in der Welt. Weitere Beispiele dafür wären junge Bürger Chinas, Kameruns oder anderer Länder, die in ihrer Heimat Deutsch als Fremdsprache lernen, um dann in einem deutschsprachigen Land zu studieren oder vielleicht eine Zeit lang dort zu arbeiten, oder ausländische Unternehmer, die aufgrund von Deutschkenntnissen (als Fremdsprache) leichteren Zugang finden zu den deutschsprachigen Ländern: Deutschland, Österreich, deutschsprachiger Teil der Schweiz, Liechtenstein, auch Luxemburg (wo Deutsch eine von 3 Amtssprachen ist), italienische Provinz Bozen-Südtirol und Deutschsprachige Gemeinschaft in Ostbelgien (Kap. D). Solche Vorteile haben Muttersprachler und Fremdsprachler des Deutschen aufgrund der Stellung der deutschen Sprache in der Welt. Zu ihrer internationalen Stellung gehört als ein wichtiger Teil das Deutschlernen außerhalb der deutschsprachigen Länder (deutlich dazu schon Kloss 1974b). Bei Sprachen, die keine oder nur eine geringere internationale Stellung haben, wie Finnisch, Griechisch, Tschechisch und viele andere Sprachen, ist die Möglichkeit des Spracherwerbs im Ausland beschränkter, was den Kontakt zwischen Ausländern und den „Mutterländern" dieser Sprachen – zumindest in sprachlicher Hinsicht – umständlicher und schwieriger macht.

Die Kenntnis einer internationalen Sprache ist für Muttersprachler und Fremdsprachler vorteilhaft. Wären Deutschkenntnisse nicht auch ein Vorteil für Fremdsprachler, so würde sich über kurz oder lang fast niemand mehr die Mühe machen, Deutsch als Fremdsprache zu lernen. Es gibt nämlich kaum Kenntnisse oder Fähigkeiten, die komplexer und folglich aufwändiger zu erlernen sind als eine Sprache: ihr „System" (Grammatik, Wortschatz, Aussprache, Schreibung) und ihr (situations)angemessener „Gebrauch" (Pragmatik). Dies gilt vor allem für ein hohes Niveau sprachlicher „Kompetenz", das in einer Fremdsprache viel schwieriger zu erreichen ist als in der Muttersprache. Die Muttersprache oder Muttersprach*en* (denn es können auch 2 oder gelegentlich sogar 3 sein) werden gewissermaßen „natürlich" erworben, durch Kontakt, Imitation, Regelabstraktion, Korrektur und ständigen Gebrauch. Daher fällt ihre Komplexität nicht auf. Dagegen wird sie beim Erwerb als Fremdsprache eher bewusst, vor allem beim gesteuerten Erwerb, z.B. in der Schule, aber für Personen jenseits des kindlichen Alters auch beim ungesteuerten Erwerb.

Daher sind Fremdsprachler oft bewusster daran interessiert als Muttersprachler, dass diese Sprachkenntnisse auch von Nutzen sind. Einerseits ist dies nämlich keineswegs sicher, denn viele Fremdsprachenkenntnisse kommen nach dem Erwerb kaum zur Anwendung. Andererseits erfahren Fremdsprachler die Hinwendung zur Sprache eher als bewusste Wahl, auch wenn nicht sie selbst, sondern z.B. die Eltern die Wahl trafen, oder wenn gar keine Wahl blieb, weil die Schule keine andere Möglichkeit bot. Dagegen ist für Muttersprachler der Nutzen ihrer Sprachkenntnisse eine Selbstverständlichkeit, da er sich in der Kommunikation mit der Umgebung ständig erweist.

Generell besteht der Nutzen einer Sprache vor allem in den durch ihre Kenntnis eröffneten Kommunikationsmöglichkeiten. Eine Fremdsprache erweitert diese Möglichkeiten über die Muttersprache hinaus. Jedoch verbinden sich mit den kommunikativen Möglichkeiten weitere Vorteile. Nahe liegend ist die kognitive Bereicherung, die mit zusätzlichen Sprachkenntnissen einhergeht. Jedoch ist dies eine schwierige Frage, die ich an späterer Stelle wieder aufgreife (aber auch dort nicht zufriedenstellend beantworten kann – siehe Kap. G.6). Vor allem der hinzu kommende Wortschatz und seine Bedeutungen können neue Einsichten eröffnen. Leichter erkennbar ist die Horizonterweiterung durch die Bekanntschaft mit der – zuvor fremden – Kultur der Muttersprachler, die fast unvermeidlich schon über die Lehr-/ Lernmaterialien erfolgt. Insofern erweitert das Erlernen von Fremdsprachen das Wissen und vielleicht auch die Erkenntnismöglichkeiten der Lerner.

Leichter fassbare Vorteile von Sprachkenntnissen – von Fremdsprachen, aber auch guter Muttersprachkenntnisse – sind Verbesserungen der beruflichen Qualifikation. Damit kann sich auch ein höheres persönliches Ansehen (Prestige) verbinden, das nicht unmittelbar mit der besseren Berufsqualifikation zusammenhängen muss. So gibt es auch Fremdsprachenlernen aus Tradition, ohne dass die Sprachkenntnis wesentlich zur beruflichen Qualifikation oder auch nur zur Kommunikationserweiterung beiträgt, jedenfalls nicht im Sinne eines engen Begriffs von ‚Kommunikation' (vgl. dazu z.B. Kap. K.9.14). Jedoch ist auch der direkte Zugang zu Texten, ohne den Rückgriff auf Übersetzungen, eine Form von Kommunikation. Darin besteht häufig der Nutzen des Studiums klassischer Sprachen. Aber auch Deutsch als Fremdsprache wird teilweise für den direkten Zugang zu inzwischen klassischen wissenschaftlichen oder philosophischen Texten gelernt, was dem persönlichen Prestige von Lernern förderlich sein kann. Eine spezielle Interessenlage haben zudem Sprachwissenschaftler, für die auch Sprachkenntnisse ohne kommunikative Anwendung nützlich sein können.

Jedoch bilden die Kommunikationsmöglichkeiten, mit zeitgenössischen Menschen und Institutionen oder Organisationen, die gewichtigste Grundlage für das Interesse an Sprachkenntnissen. Danach bestimmt sich maßgeblich der Gebrauchswert einer Sprache. Statt von Kommunikationsmöglichkeiten kann man auch – weitgehend synonym – vom „Kommunikationspotential" oder der „kommunikativen Reichweite" einer Sprache sprechen. Beide bemessen sich unter anderem nach den Personen, mit denen man in der betreffenden Sprache kommunizieren kann. Dabei geht es einerseits um deren Anzahl: Je mehr Sprecher eine Sprache hat, je größer also ihre „numerische Stärke", desto größer ist ihr Kommunikationspotential (Kap. A.7). Jedoch spielen auch die Sprechertypen eine Rolle, vor allem ob es sich um Muttersprachler oder Fremdsprachler handelt, und über welche Kompetenz Letztere verfügen, denn auch davon hängen die Möglichkeiten und das Gelingen von Kommunikation ab (zu weiteren Sprechertypen, vor allem „Zweitsprachlern", siehe Kap. A.3).

Bedeutsam für das Interesse an der Kenntnis einer Sprache ist auch deren – wie man es nennen könnte – „sozio-ökonomische" Reichweite: die Verteilung auf Sprecher bestimmter sozialer Positionen sowie auf Institutionen und Regionen in der Welt. Hierzu gehört auch die rechtliche Verankerung der Sprache in „Sprachenregimes" von Organisationen oder Ländern, z.B. ihr Status als Amtssprache, der ebenfalls ihr Kommunikationspotential beeinflusst. Besonders nahe liegt im Hinblick auf das Thema des vorliegenden Buches die Spezifizierung des Kommunikationspotentials einer Sprache nach der geographischen Verbreitung auf Regionen oder politische Einheiten wie Staaten oder Staatenverbände (z.b. die Europäische Union; vgl. zu sprachlichen Interessen in Europa Stickel 2007a oder die von mir verfasste Webseite „Sprachenpolitik in der EU: gemeinsame Werte versus partikulare Interessen": www.goethe.de/ ges/spa/pan/spw/de4782810.htm). Der Blick auf Staaten oder Staatenverbände erlaubt den Vergleich wichtiger Aspekte der kommunikativen Reichweite. Bezieht man jeweils alle Sprachen in einer solchen Region oder politischen Einheit ein (z.B. in Deutschland, den deutschsprachigen Ländern, der EU, der ganzen Welt), so spricht man von der „Sprachenkonstellation" in diesem jeweiligen Rahmen (vgl. Kap. A.7). In einer solchen Konstellation bestimmt sich dann die Stellung einer Sprache im Verhältnis zu den anderen Sprachen. Sie ist offenkundig für Deutsch unterschiedlich in Deutschland, in der EU und in der (ganzen) Welt. Das Thema des vorliegenden Buches lenkt den Blick immer wieder auf die globale Sprachenkonstellation, die gelegentlich auch als das „globale Sprachensystem" bezeichnet wird (Kap. A.7). Statt vom *Kommunikationspotential* oder der *kommunikativen Reichweite einer Sprache* (*in einem Staat, in der ganzen Welt* usw.) spreche ich in annähernd gleicher Bedeutung auch von ihrer *Verbreitung* oder ihrer *Stellung* (*in einem Staat, in der (ganzen) Welt* usw. (vgl. Kap. A.3).

Nach dem Kommunikationspotential bemisst sich, wie gesagt, weitgehend das Interesse an der Kenntnis einer Sprache, der Kern ihres Gebrauchswertes. Je mehr Sprecher, in je mehr Machtpositionen, in je mehr Ländern, über je größere Flächen des Erdballs verteilt und je höher der Rechtsstatus der Sprache, desto größer ist ihr Gebrauchswert und damit das Interesse an der Kenntnis dieser Sprache. Diese quantifizierende Sicht schließt indes andere Gründe für den Wert von Sprachkenntnissen nicht aus. Man denke nur an Kommunikationsmöglichkeiten mit einzelnen geschätzten Menschen oder den Zugang zu wenigen, aber besonders interessierenden Texten oder zu Kulturen mit kleiner Bevölkerung. Aufgrund solcher Möglichkeiten besteht auch an Sprachen mit geringem Kommunikationspotential ein spezielles Interesse. Gleichwohl bleiben die Möglichkeiten von Kommunikation, Kontaktnahme und Informationsgewinnung, die eine Sprache eröffnet, die wichtigste Grundlage für ihren Nutzen und das Interesse an ihrer Kenntnis.

Daher liegt auch die „weite Verbreitung" (Expansion) einer Sprache (Ausweitung von Kommunikationspotential oder kommunikativer Reichweite) im

Interesse ihrer Sprecher und läuft ihre „Kontraktion" (Schrumpfung von Kommunikationspotential oder kommunikativer Reichweite) den Interessen der Sprecher zuwider. Zwar sind sich viele Sprecher dieser Interessenlage nicht voll bewusst, jedoch verrät ihr Verhalten in bestimmten Situationen oft ein Gespür dafür. So bekunden z.B. Deutschsprachige meist Genugtuung, wenn sie erfahren, dass irgendwo wieder mehr Deutsch gelernt wird, und reagieren auf Meldungen über schwindendes Deutschlernen missmutig. Außerdem korreliert die Intensität solcher Reaktionen tendenziell positiv mit dem Nutzen der deutschen Sprache für den eigenen Beruf. Die größte Intensität erreicht sie vermutlich bei Deutschlehrern, vielleicht sogar bei Lehrenden von Deutsch als Fremdsprache (Kap. L.3.5). Bei ihnen verdichtet sich nämlich das allgemeine Interesse aller Deutschsprachigen an einer weiten Verbreitung der deutschen Sprache in der Welt am deutlichsten zu einer beruflichen Existenzfrage.

Letztlich sind jedoch alle Deutschsprachigen betroffen, Muttersprachler wie Fremdsprachler, und keineswegs nur Deutschlehrer. Außerdem alle deutschsprachigen Regionen und Länder („Mutterländer") und deren Bewohner, denn für alle hängen die Kommunikationsmöglichkeiten vom Grad der Verbreitung der deutschen Sprache in der Welt ab. Dieser ist umso umfangreicher, je mehr Menschen, in je einflussreicheren Positionen, in je größeren Teilen der Welt Deutsch können. Wo die Deutschkenntnisse enden, muss dagegen die Kommunikation über eine Fremdsprache oder über Übersetzungs- und Dolmetschdienste laufen, was meist sowohl umständlicher als auch kosten- und fehlerträchtiger ist.

Jedoch beschränken sich die Vorteile der weiten Verbreitung einer Sprache in der Welt nicht auf das bloße Kommunikationspotential. Vielmehr profitieren die Muttersprachler und ihre Länder darüber hinaus davon, dass auch Fremdsprachler ihrer Sprache (die sie als Fremdsprache gelernt haben) in der Regel besondere Beziehungen zu den Mutterländern dieser Sprache pflegen. Lerner und Sprecher von Deutsch als Fremdsprache bevorzugen die deutschsprachigen Länder, ihre Bewohner und Institutionen für ihre wirtschaftlichen, wissenschaftlichen, politischen und – im weiten Sinn – kulturellen Kontakte. So wurde z.B. im Zusammenhang mit dem Fachkräftemangel in Deutschland vielfach – sicher zutreffend – diagnostiziert, dass bei weiterer Verbreitung von Deutschkenntnissen in der Welt der ausländische Bewerberkreis größer wäre: „Viele Bewerber sind zwar fachlich versiert, wenn aber Deutschkenntnisse fehlen, wird es schwierig [...]" („Deutschland umwirbt Fachkräfte aus Schuldenländern", *Welt Online* 18.07.2011; ähnlich in „Südeuropäer wollen nach Deutschland", *WAZ* 05.07.2011: 1).

Außerdem sind Ausländer mit Deutschkenntnissen Multiplikatoren eines differenzierten und tendenziell positiven Bildes von den deutschsprachigen

Ländern, ihren Einwohnern und ihrer Kultur. Die gegenteilige Wirkung aufgrund unangenehmer Erfahrungen ist eher die Ausnahme, wenngleich nicht grundsätzlich ausgeschlossen – z.b. aufgrund von Erfahrungen mit Xenophobie oder Fremdenhass, wie nicht selten in Deutschland, oder von kulturellen Diskrepanzen zwischen Herkunfts- und Aufenthaltsland, worunter z.b. chinesische Studierende vor dem Ersten Weltkrieg in Deutschland oder den USA litten (Harnisch 1999: 18, Anm. 5; 2000: 24-28). Gleichwohl ziehen einschlägige Studien in der Regel eine für die Aufnahmestaaten, also die Mutterländer der Fremdsprache, positive Bilanz. Auch im Überblick über Deutschstudien und Aufenthalte in Deutschland von Chinesen „kann die deutsche Seite [...] durchaus ein positives Ergebnis verbuchen, denn die Verbundenheit mit der deutschen Kultur äußerte sich bei vielen ehemaligen Studenten darin, dass sie durch Übersetzungen und andere Publikationen versuchten, zur gegenseitigen Verständigung zwischen China und Deutschland beizutragen, wobei ihr Schwerpunkt auf der Vermittlung deutschen Gedankenguts in China lag." (Harnisch 1999: 490)

Wenn also Anderssprachige Deutsch als Fremdsprache lernen, so hat dies für alle Deutschsprachigen und deutschsprachigen Länder weiterreichende Vorteile als nur bessere Kommunikationsmöglichkeiten. Umgekehrt bewirkt abnehmendes Deutschlernen im Ausland tiefer gehende Nachteile als nur die schwierigere sprachliche Verständigung. Allerdings ist die Abschätzung der Vor- bzw. Nachteile nach Art und Größenordnung beim heutigen Kenntnisstand schwierig. Eher eröffnet diese Frage, wie viele andere im vorliegenden Buch, ein bislang unzureichend bearbeitetes, weites Forschungsfeld.

Dies gilt bis zu einem gewissen Grad auch für die Vor- und Nachteile, die Fremdsprachler einer Sprache und ihre Länder aus dem Erwerb, im vorliegenden Fall also von Deutsch als Fremdsprache, ziehen. Teilweise gleichen sie den Vor- und Nachteilen der Muttersprachler; sind jedoch überschaubarer. Die Fremdsprachler erschließen sich den Zugang zu den Muttersprachlern und deren Staaten und damit die Möglichkeit wirtschaftlicher, wissenschaftlicher, politischer und – im weiten Sinn – kultureller Kontakte. Diese Möglichkeiten motivieren sie auch zum Lernen der Sprache – wobei die Motivation bisweilen sogar weiter anhält, wenn der Wert der Kontakte schwindet, weil die eigene Gesellschaft die Gesellschaft der Fremdsprache in wichtigen zivilisatorischen Entwicklungen überholt hat. Dann kann sich der Vorteil sogar umkehren, indem die Muttersprachler nun von den Beziehungen zu den Fremdsprachlern ihrer Sprache und deren Ländern profitieren, mit denen sie in der eigenen Sprache kommunizieren können.

Aber auch ohne diese Umkehrung kann der leichtere Zugang der Muttersprachler zu Staaten, in denen ihre Sprache als Fremdsprache gelernt wird, vorteilhaft sein. Ein Beispiel sind die Staaten, mit deren Unternehmen deutsche

Unternehmen – zumindest teilweise – auf Deutsch korrespondieren können. Hierbei handelt es sich ziemlich genau um die Länder, wo Deutsch häufig als Fremdsprache gelernt wird (Handelskammer Hamburg 1989; 2005; Kap. F.3). Man darf annehmen, dass deutsche Unternehmen mit diesen Staaten – bei ansonsten ähnlichen Bedingungen – bevorzugt Wirtschaftskontakte pflegen. Solche Kontakte tragen auch zu einem positiven oder zumindest differenzierten Bild von einander bei.

So gesehen erscheinen die beidseitigen Vorteile zunächst ausgeglichen. In mancher Hinsicht sind sie jedoch größer für die Muttersprachler. Ich betone dies hier bewusst, weil die Vorteile für die Muttersprachler traditionell eher unterbelichtet bleiben (dazu Ammon 2009a: 116). Von der Kultur und Geschichte der Muttersprachler wird den Fremdsprachlern mehr vermittelt als umgekehrt; das ist eine Asymmetrie der Kulturverbreitung oder eigentlich nur der Kenntnisse über die Kultur (vgl. Kap. A.9). Sie ist dadurch bedingt, dass Fremdsprachler mehr Texte der Muttersprachler rezipieren als umgekehrt. Dies geschieht meist schon beim Sprachlernen, weil die benützten Texte vor allem Informationen über die Kultur und Gesellschaft der Muttersprachler enthalten. Außerdem verfassen die Fremdsprachler weniger Texte in dieser Sprache, die sie dafür zu wenig beherrschen, und werden solche Texte gegebenenfalls von den Muttersprachlern kaum zur Kenntnis genommen, weniger jedenfalls als die muttersprachlichen Texte von den Fremdsprachlern. Man denke nur an die immerhin gewisse Kenntnis deutscher Dichter in Japan oder Korea – beide Länder blicken auf eine lange Tradition des Deutschlernens zurück (Ammon 1994d; Ammon/ Chong 2003) – im Vergleich zu den dürftigen Kenntnissen über japanische oder koreanische Dichter in Deutschland. Alles in allem ist also das Wissen über die Kultur, Lebensweise und vielleicht auch Ideologie asymmetrisch: Die Fremdsprachler lernen mehr über die Muttersprachler als umgekehrt. Gelegentliche Bemühungen um Gegenprogramme erreichen kaum eine wirkliche Symmetrie, schon weil – wie in den meisten Fällen – der kleinen Zahl von Mutterländern eine viel größere Zahl von Staaten gegenüber stehen, wo die Sprache als Fremdsprache gelernt wird, über die in den Mutterländern allenfalls Überblicke vermittelt werden können.

Hinzu kommt die Asymmetrie des einseitigen Vertriebs von Produkten der „Sprachindustrie" (vgl. Edwards/ Kingscott 1997; McCallen 1989): von den Mutterländern hin zu den Fremdsprachlern und ihren Staaten. Dabei handelt es sich nicht nur um Lehrmaterial, sondern auch um sonstige an Sprache gebundene Waren, wie Bücher, Fernsehserien, Filme, Internetangebote und dergleichen. Nicht selten sind mit diesem Vertrieb ökonomische Vorteile verbunden. Allerdings halten sich diese bei Sprachen wie Deutsch, die als Fremdsprachen nur zögerlich nachgefragt werden, in Grenzen, weil der Export solcher Materialien von den Mutterländern subventioniert wird. Dies gilt auch für den Sprachunterricht, z.B. die Angebote des Goethe-Instituts oder des Österreich Instituts (Kap. L.3.3).

Noch eine weitere Asymmetrie zugunsten der Muttersprachler sollte nicht vergessen werden. Sie hängt zusammen mit der Funktion der eigenen Sprache als Nationalsymbol. Diese Funktion haben vor allem die europäischen Nationalsprachen oder heutigen nationalen Amtssprachen im Verlauf der neueren Geschichte gewonnen, indem einerseits die Dialekte durch eine Standardvarietät zu einer einzigen Sprache verbunden (Kap. B.1; B.2) und andererseits Minderheitssprachen in den Hintergrund gedrängt wurden (vgl. Anderson 1983; Barbour 2004; Gellner 1983; Wright 2000). Gerade für die Deutschen hat „ihre" Sprache diese Funktion im Verlauf der Entstehung des deutschen Nationalstaates erlangt und hat sie noch heute (Ammon 1995a: 18-34). Dies verraten unter anderem manche neueren Bemühungen um die Festschreibung von Deutsch als Staatssprache im Grundgesetz Deutschlands oder Emotionen gegen „überflüssige" Anglizismen im Deutschen (unterschwellig auch in wissenschaftlichem Gewand wie in Bartzsch/ Pogarell/ Schröder 2003). Die zugrunde liegende Attitüde tritt zutage als Stolz auf eine starke Stellung der deutschen Sprache in der Welt. Auf Personen mit entsprechender Attitüde wirken Anzeichen einer solchen Stellung der eigenen Sprache wie auf Fußballfans die Siege der eigenen Nationalmannschaft. Allerdings mag Sprachstolz in anderen Nationen noch ausgeprägter sein – z.B. bei den Franzosen, für die er geradezu zu ihrem Stereotyp gehört. Diese Attitüde ist nicht identisch mit dem zuvor erwähnten Bewusstsein der eigenen Sprachinteressen. Sie ist emotionaler und lässt sich vielleicht am besten kennzeichnen als Bestandteil der eigenen nationalen Identität (siehe dazu Kap. E.1; E.2).

Die Bestätigung oder Stärkung der eigenen nationalen Identität durch eine starke Stellung der eigenen Sprache in der Welt kommt nur den Muttersprachlern, nicht den Fremdsprachlern zugute. Diesbezüglich kann es auch Konflikte zwischen Muttersprachlern und Fremdsprachlern geben. Ich habe das selbst erlebt auf dem Weltkongress der Internationalen Vereinigung für Germanistik (IVG) in Wien im Jahr 2000, als ich im Plenum eine von mir – auf Anregung von Peter Wiesinger – verfasste Petition an die Regierungen der deutschsprachigen Länder zur Förderung der deutschen Sprache in der Welt vortrug und mir italienische GermanistInnen anschließend vorhielten, sie hätten nicht dafür gestimmt, weil der Inhalt – so meine sinngemäße Erinnerung – den Stolz auf ihre eigene Sprache verletze. Allerdings ist es oft schwierig, nationalen Sprachstolz und sprachliche Interessen auseinander zu halten, vor allem wenn die Sprachgemeinschaften oder Länder um die Stellung ihrer Sprachen in der Welt konkurrieren.

Wie schon zuvor bemerkt, fehlen für die zuverlässige Abwägung der Vorteile einerseits der Muttersprachler und andererseits der Fremdsprachler bislang die wissenschaftlichen Grundlagen. Womöglich neige ich und ähnlich Sensibilisierte – unter dem Einfluss der Kritik an den reicheren Staaten, zu denen die Mutterländer meist zählen – inzwischen sogar zur Überbetonung der Vorteile für die Muttersprachler und ihrer Staaten, im Gegensatz zum herkömmlichen Herunterspielen. Dementsprechend mag die Liste in der folgenden Tab. A.1-1 verzerrt sein (vgl. auch Ammon 2000a; b; 2007b). Allerdings ist auffällig, dass alle Länder, die es sich leisten können, die Verbreitung der eigenen Sprache in der Welt fördern oder den Rückgang (die Kontraktion) aufzuhalten suchen – offenbar doch, weil sie die betreffenden Vorteile bzw. Nachteile sehen (vgl. Ammon/ Kleineidam 1992; Ammon 1994e; 2009a: 116-118; Kap. L.5).

Jedoch besteht kein Zweifel, dass auch die Fremdsprachler, die viel Zeit und Geld in das Erlernen einer Sprache investieren, an deren stabiler Stellung in der Welt interessiert sind. Sie wirken oft, besonders im eigenen Staat, als Lobbyisten dieser Sprache, nicht zuletzt in der Auseinandersetzung um die curriculare Stellung an den Schulen und Hochschulen (Kap. L.3.5). Tab. A.1-1 fasst die wichtigsten Vorteile der starken Stellung einer Sprache in der Welt für Muttersprachler und Fremdsprachler zusammen, wobei vor allem 4) und 8) hauptsächlich den Muttersprachlern zugute kommen.

1) Leichtere Kommunikation mit Anderssprachigen und bei Auslandskontakten
2) Engere Beziehungen zwischen Mutterländern und Fremdsprachlern und deren Ländern (Handel; Unternehmensniederlassungen; Outsourcing; Gewinnung von „Humankapital"; wissenschaftliche, politische und kulturelle Kontakte; Tourismus)
3) Gegenseitige Imageverbesserung, Abbau von Vorurteilen (positiveres Bild von den Sprachgemeinschaften, ihren Ländern und Bürgern)
4) Bessere Kenntnis von Werten und Kultur, teilweise auch deren weitere Verbreitung (Rezeption von Texten aus den Mutterländern, Kenntnisnahme von Inhalten und Werten und vielleicht deren Aneignung)
5) Zusätzliche Berufschancen aufgrund der Sprachkenntnisse sowohl für Muttersprachler (in den Fremdsprachländern) als auch für Fremdsprachler (in den Fremdsprachländern und Mutterländern)
6) Finanzielle Einnahmen der Mutterländer durch die Sprachindustrie (Vertrieb von Sprachlehrmaterialien, Sprachunterricht, sprachgebundene Waren wie Bücher und sonstige Medienprodukte)

7) Erhöhung des Kommunikationspotentials und damit Gebrauchswerts der Sprache durch zusätzliche Sprecher und damit auch Erhöhung der Motivation, die Sprache zu lernen
8) Stärkung des Sprachstolzes und Nationalbewusstseins der Muttersprachler

Tab. A.1-1: Vorteile der starken Stellung einer Sprache in der Welt für Mutter- und Fremdsprachler

Hiermit ist zugleich ein Teil der Relevanz des Themas, das im vorliegenden Buch behandelt wird, umrissen, speziell der Bedeutsamkeit für alle Deutschsprachigen, Muttersprachler wie Fremdsprachler, für die deutschsprachigen Länder und auch die Länder, in denen Deutsch als Fremdsprache gelernt wird. Man könnte versucht sein, diese Relevanz weiter zu spinnen, z.B. in Richtung von Völkerverständigung und Friedensförderung aufgrund besseren sprachlichen Verstehens, eben im vorliegenden Fall zwischen Muttersprachlern und Fremdsprachlern des Deutschen. Jedoch wurden diese „hehren" Vorteile in früheren Zeiten teilweise ideologisch verzerrt in die Richtung einseitiger Vorteile für die Fremdsprachler (Ammon 2009a: 116). Die Relevanz einer starken Stellung der deutschen Sprache in der Welt für Muttersprachler wie Fremdsprachler und ihre Länder wird im Fortgang dieses Buches immer wieder thematisiert. Sie tritt vor allem deutlich zutage im Zusammenhang mit den komplexen „Spannungsverhältnissen zwischen der deutschen Sprache und anderen Sprachen", was nur eine verkürzte Ausdrucksweise ist für die Interessengegensätze (oder -konvergenzen) zwischen den Sprachgemeinschaften, also den Sprechern, vor allem den jeweiligen Muttersprachlern und ihren Staaten.

Dabei geht es einerseits um das Verhältnis der deutschen Sprache und der deutschsprachigen Länder zur englischen Sprache bzw. zu den anglophonen Ländern, was angesichts der prominenten Stellung von Englisch in der heutigen Welt nahe liegt (vgl. Kap. A.2; A.7; A.8). Zwar erschallen aus der angelsächsischen Welt auch besorgte Stimmen wegen der überwältigenden Vorrangstellung von Englisch. Sie kommen jedoch vor allem von Sprachberuflern wie Fremdsprachenlehrern oder Dolmetschern, die aus Berufsinteresse an der fortdauernden internationalen Stellung anderer Sprachen als Englisch interessiert sind. Denn die Englischlehrer und Dolmetscher verlieren ihre Klientel, wenn alle Englisch können. Ansonsten begrüßen die englischsprachigen Länder die Weltstellung der eigenen Sprache.

Sogar manche Sprachwissenschaftler, deren Interessen tangiert sein könnten, prognostizieren eine glückliche Zukunft a) mit Englisch für die internationale und globale Kommunikation und für die Individuen als Symbol von Weltläufigkeit und b) mit den übrigen Sprachen für die Kommunikation innerhalb der eigenen Sprachgemeinschaft und für die Individuen als Symbole nationaler oder ethnischer Identität. Die besondere Attraktivität für Sprachwissenschaftler besteht dabei in der gewährleisteten Bewahrung der sprachlichen Vielfalt – deren Erhalt allerdings bezweifelt werden darf. So z.B. David Crystal's (1997: 19) Vision des idealen Sprechers der Zukunft, der zweisprachig ist: Englisch + örtliche Sprache:

> „It is perfectly possible to develop a situation in which intelligibility and identity happily co-exist. This situation is the familiar one of bilingualism – but a bilingualism where one of the languages within a speaker is the global language, providing access to the world community, and the other is a regional language, providing access to a local community. The two functions can be seen as complementary, responding to different needs. And it is because the functions are so different that a world of linguistic diversity can in principle continue to exist in a world united by a common language."

In einer solchen Welt wäre kein Platz für weitere internationale Sprachen, auch nicht internationale Sprachen zweiten Ranges (dazu Kap. A.3; A.7; kritisch dazu Mühleisen 2003). Vielleicht liegt diese Weltsicht auch zugrunde, wenn Anglophone die Stellung anderer Sprachen in der Welt als Englisch bespötteln, wie z.B. John Edwards (2009: 70), der dem „super-status" des Englischen abschätzig – wie sollte man es sonst verstehen? – das „jostling for position among French, German, Russian, Spanish and other ‚world' varieties" gegenüber stellt.

Eine Unterstützung dieser Weltsicht liefern Hinweise auf die Lern- oder auch Kommunikationsbelastung der Sprecher im Falle mehrerer internationaler Sprachen (z.B. Wright 2009: 118f.). Zu dieser Auffassung neigen vor allem Wissenschaftler aus Sprachgemeinschaften, die sich schon weitgehend dem Englischen als einziger internationaler Sprache verschrieben haben, z.B. der niederländischen Sprachgemeinschaft (vgl. van Parijs 2011: 48f.; van Els 2003; 2005a; b; 2007; kritisch zu dieser Sicht Ammon 2006g). So sehr diese Argumentation auf den ersten Blick einerseits besticht, unterschätzt sie doch andererseits die Begrenztheit des Zugangs mittels Englisch zu denjenigen Sprachgemeinschaften, deren Sprecher über keine ausreichenden Englischkenntnisse verfügen – oder aber sich weigern, auf Englisch zu kommunizieren. Die Unzulänglichkeit bloßer Englischkenntnisse erfuhren in jüngster Zeit schmerzhaft Jugendliche aus den Mittelmeerländern, die Zugang zum Arbeitsmarkt in Deutschland suchten. Bleibt allerdings die Frage, wie lange diese Sprachbarriere in den nichtanglophonen Ländern fortbesteht, die weltweit um Verbesserung ihrer Englischkenntnisse bemüht sind. Und mehr noch, für wen und in welcher Hinsicht genau die beschworene Monopolstellung von Englisch als internationale Sprache nachteilig oder vorteilhaft wäre. Solche Fragen zu den Interessengegensätzen und Spannungen in der globalen Sprachenkonstellation (dazu Kap. A.7) einschließlich gelegentlicher Zukunftsvisionen sind durchgängige Themen des vorliegenden Buches.

2. Sprecher der deutschen Sprache im Interessenzwiespalt Deutsch oder Englisch

Aus den Darlegungen in Kap. A.1 geht hervor, dass für die Sprecher im Grunde jeglicher Sprache eine starke Stellung ihrer Sprache in der Welt vorteilhaft ist. So liegt es auch im Interesse von Sprechern der deutschen Sprache, dass Deutsch eine möglichst starke Stellung in der Welt behält. Dies gilt besonders für die Muttersprachler, aber – modifiziert – auch für die Fremdsprachler, die viel Zeit und meist auch Geld in das Erlernen der deutschen Sprache investiert haben.

Eine wichtige Komponente der starken Stellung einer Sprache in der Welt ist ihre internationale Stellung. Was ich für dieses Buch darunter verstehe, erläutere ich ausführlich in Kap. A.3. Für die Überlegungen des vorliegenden Kap. genügt es, das intuitive Verständnis des Begriffs durch den Hinweis zu präzisieren, dass sich die internationale Stellung einer Sprache danach bemisst, wie häufig sie zwischen Personen unterschiedlicher nationaler Zugehörigkeit und unterschiedlicher Muttersprache gebraucht wird. In dieser Hinsicht hat z.B. Deutsch eine stärkere internationale Stellung als Ungarisch und Englisch eine stärkere als Deutsch.

Aus dieser begrifflichen Festlegung folgt auch, dass jeder internationale Gebrauch einer Sprache ihre internationale Stellung stärkt und jeder Verzicht auf solchen Gebrauch, wo er möglich wäre, diese Stellung schwächt (Kap. A.6). Spricht also z.B. ein/e Deutsche/r mit Nicht-Deutschsprachigen Deutsch, dann stärkt sie/er die internationale Stellung von Deutsch und schwächt sie andernfalls – wobei nur dann die Wahlmöglichkeit besteht, wenn die Gesprächspartner Deutsch (als Fremdsprache) ausreichend beherrschen. Es liegt also im sprachlichen Interesse aller Deutschsprachigen, die eigene Sprache – wo immer möglich – international zu gebrauchen.

Allerdings gibt es zahlreiche Kommunikationssituationen, in denen der Gebrauch der eigenen Sprache die „kommunikative Reichweite" einschränkt und der Wechsel zu einer anderen Sprache diese Reichweite vergrößert. Dabei sei hier einmal von Höflichkeitsregeln abgesehen, aufgrund deren die Wahl der eigenen Sprache ebenfalls problematisch sein kann (Kap. A.6; F.2). Die folgenden Überlegungen beziehen sich in erster Linie auf die kommunikative Reichweite oder – in anderen Worten – auf die Zahl und die Macht der mit einer Sprache erreichbaren Personen und Institutionen.

Viele Personen geraten nicht selten in Situationen, die sie in folgenden Interessenkonflikt bringen:

(1) Einerseits suchen sie eine möglichst große Reichweite ihrer Kommunikation, die sie mit der eigenen Sprache, Deutsch, nicht erzielen können, sondern eher mit einer Fremdsprache, meist Englisch;

(2) andererseits liegt es in ihrem Interesse, die internationale Stellung ihrer eigenen Sprache, z.B. Deutsch, zu stärken, was ihnen eher durch deren Gebrauch als durch den Gebrauch von Englisch möglich erscheint.

Um diese zwiespältige Lage, dieses Dilemma, besser zu verstehen, ist es wichtig, sich das übergeordnete oder primäre Handlungsinteresse solcher Personen in der jeweiligen Situation klar zu machen. Dieses hat häufig eine ökonomische Grundlage, vor allem Streben nach beruflichem Erfolg, ist unter Umständen aber auch durch Freizeitbedürfnisse motiviert, z.B. nach optimaler Urlaubsgestaltung. So hat die Kommunikation z.B. für eine Unternehmerin den primären Zweck eines erfolgreichen Geschäftsabschlusses, für eine WissenschaftlerIn den der schnellen und weiten Verbreitung ihrer Erkenntnisse, für einen Diplomaten den der Erlangung eines politischen Ziels, für einen Auslandssender den der Erreichung möglichst vieler Hörer oder Zuschauer auch außerhalb des eigenen Sprachgebiets oder für einen Urlauber den der wirksamen Verständigung an seinem Reiseziel. Solche Ziele lassen sich nicht selten mit der eigenen Sprache, z.B. Deutsch, weniger effektiv erreichen als mit einer Fremdsprache, meist Englisch. Deren Gebrauch dient also wirksamer dem primären Interesse dieser Personen in solchen Situationen als die eigene Sprache.

Dabei ist zu bedenken, dass diese – geschäftlich, wissenschaftlich, diplomatisch, journalistisch usw. – tätigen Personen in beruflicher oder sonstiger Konkurrenz stehen mit anderen im gleichen „Handlungsfeld" engagierten Personen (zum Begriff ‚Handlungsfeld' Kap. F.1). Für Wissenschaftler kann es z.B. wichtig sein, ihre Erkenntnisse durch Publikationen möglichst schnell und weit zu verbreiten, wofür sich die englische Sprache am besten eignet. Ganz zu schweigen von der für Wissenschaftler unverzichtbaren Lektüre oder Teilnahme an Konferenzen auf Englisch, worin – für fast alle Fachrichtungen – reichhaltigere Informationen zur Verfügung stehen als in jeder anderen Sprache. Darauf hat Harold Schiffman (2009) nachdrücklich hingewiesen in seiner Kritik an einem von mir mitverfassten Band (Carli/ Ammon 2007), der die Nachteile nicht-anglophoner WissenschaftlerInnen thematisiert.

Unter entsprechendem Druck sieht sich, um es an einem weiteren der genannten Beispiele zu verdeutlichen, ein staatlicher Auslandssender, der seine Nachrichten weltweit verbreiten soll, was ebenfalls mit Englisch besser gelingt als mit Deutsch. Wiederum sieht sich dieser Sender in der Konkurrenz, und zwar mit Auslandssendern anderer Länder, die sich durchaus des Englischen bedienen. Ähnlich ergeht es der Geschäftsfrau. Auch die Diplomatin muss möglichst viele Diplomaten anderer Länder erreichen, um die Entscheidungen im Interesse ihres Landes zu beeinflussen. Kurz, die Wahl einer anderen Sprache, meist Englisch, ist für das Erreichen eines vorrangigen Ziels oft Erfolg versprechender als das Beharren auf der eigenen Sprache. Zugespitzt muss sich die betreffende Person dann entscheiden zwischen dem Erfolg als Geschäftsfrau, WissenschaftlerIn, Diplomatin usw. oder der „Loyalität" zur deutschen Sprache (kritisch zum Begriff ‚Sprachloyalität' Hoberg 2013; auch Kap. E.2).

Diese Entscheidung hat sowohl eine instrumentelle, meist ökonomische als auch eine sozialpsychologische Komponente. Sie kann insbesondere in beiden Hinsichten abträglich sein. Einerseits nämlich schwächt die Entscheidung für die Fremdsprache – jedenfalls bei Wiederholung und auf Dauer – die internationale Stellung der eigenen Sprache und damit deren Wert als Kommunikationsmittel (instrumenteller und wirtschaftlicher Aspekt). Andererseits kann diese Entscheidung aber auch die nationale Identität der entsprechend handelnden Person verletzen und zudem von anderen Mitgliedern der eigenen Sprachgemeinschaft als eine Art „Sprachverrat" oder „sprachliche Untreue" bewertet werden (dazu, speziell zum Begriff ‚nationale Identität', Kap. E.1; E.2).

Die vor einer solchen Sprachwahl stehenden Personen befinden sich damit in dem in der Spieltheorie modellierten „Gefangenendilemma" (de.wikipedia.org/wiki/Gefangenendilemma – abgerufen 25.11.2013). Wie die beiden Gefangenen sich nicht unter einander absprechen können, so auch die beschriebenen Personen nicht mit ihren Konkurrenten. Zumindest ist oft keine wirklich zuverlässige Absprache möglich, die Voraussetzung wäre für eine Lösung, die für alle in dem Dilemma Gefangenen (alle Konkurrenten) optimal wäre. Stattdessen bleibt ihnen – jedenfalls nach den Regeln rationaler Entscheidung – nur die zweitbeste Lösung (de.wikipedia.org/wiki/Theorie_der_rationalen_Entscheidung – abgerufen 23.11. 2013). Andernfalls droht ein zu großer Verlust.

Dies lässt sich vielleicht am besten verdeutlichen an konkurrierenden Unternehmern, die Waren gleicher Art und Qualität anbieten. Nehmen wir einmal an, dass die gemeinsame und möglichst beständige Verwendung der deutschen Sprache und damit die Stärkung deren internationaler Stellung allen zusammen a la longue den größten Vorteil brächte. Da sie sich aber nicht so weit abzustimmen vermögen, dass sie auf dieses Vorgehen allgemein vertrauen können, beschreiten sie den einfacheren Weg und bedienen sich des Englischen. Andernfalls – so ihre Sorge – macht dies die Konkurrenz und verschafft sich die mit dem Englischgebrauch verbundenen kommunikativen und mithin auch wirtschaftlichen Vorteile. Die Konkurrenten verzichten damit darauf, die internationale Stellung der deutschen Sprache zu stärken, sie schwächen sie sogar und festigen stattdessen die internationale Stellung des Englischen. Entsprechendes gilt – mutatis mutandis – für Wissenschaftler, Diplomaten usw.

Das Gefangenendilemma veranschaulicht diese Situation an zwei Inhaftierten A und B, die ein schweres Verbrechen begangen haben, das ihnen aber nicht nachgewiesen werden kann. Sie werden streng getrennt untergebracht, so dass sie nicht kommunizieren und damit auch nicht kooperieren können. Beide erhalten von der Justiz strikt separat folgendes Angebot:

- Wenn keiner bekennt: 2 Jahre Gefängnis für beide (für die leichten Verbrechen, deren sie schon überführt sind),
- wenn beide bekennen: 4 Jahre Gefängnis für beide,
- wenn A bekennt und B nicht: nur 1 Jahr Gefängnis für A (Strafmilderung wegen Kronzeugenregelung), aber 6 Jahre für B (umgekehrt beim Bekenntnis von B und Nichtbekenntnis von A).

A (oder ebenso B) hat also die Wahl zwischen 1 Jahr oder 4 Jahren Gefängnis, wenn er bekennt, und zwischen 2 Jahren und 6 Jahren Gefängnis, wenn er nicht bekennt. Somit ist die Versuchung groß, zu bekennen – die Versuchung zum „Verrat", wie es in der Spieltheorie heißt. Da beide – logischerweise – so denken, erhalten am Ende beide 4 Jahre Gefängnis, zusammen also 8 Jahre. Hätte dagegen keiner bekannt, so wären sie mit nur je 2 Jahren, zusammen also nur 4 Jahren davongekommen. Allerdings hätte diese alles in allem bestmögliche Lösung eine zuverlässige Absprache erfordert, damit nicht einer den andern verrät, um die nur einjährige Gefängnisstrafe als Kronzeuge zu ergattern.

Eine solche Absprache ist für ernsthafte Konkurrenten schwierig. So eben auch für konkurrierende Unternehmer, Wissenschaftler, Politiker, Journalisten und dergleichen. Wenn auch die Lage deutschsprachiger Personen und Gruppen bezüglich des Gebrauchs und der Förderung der deutschen Sprache weitaus komplexer ist, weist sie doch auch Züge dieses Gefangenendilemmas auf. Das gilt besonders für die Schwierigkeit von Absprachen, auf die sich alle Mitspieler wirklich verlassen können. Dabei geht es um Absprachen über den Gebrauch der deutschen Sprache und die Förderung ihrer internationalen Stellung. Sie sind deshalb schwierig, weil sie nicht unbedingt den größtmöglichen unmittelbaren Vorteil für die Einzelnen versprechen (entsprechend den 2 Jahren Gefängnis für jeden im Gefangenendilemma statt nur 1 Jahr bei Verrat). Daher ist es verlockender, den Konkurrenten mittels Englisch auszustechen, als gemeinsam die Stellung von Deutsch zu stärken. Dies gilt z.B. für die Sprachwahl bei geschäftlichen Kontakten oder für die gewünschten Sprachkenntnisse bei Stellenausschreibungen. Wer hierbei gleich auf Englisch setzt und auf Deutsch

verzichtet, ist zumindest kurzfristig im Vorteil – durch erfolgreichere Kommunikation mit Geschäftspartnern bzw. größere Zahlen von Bewerbern auf ausgeschriebene Stellen.

Eine einvernehmliche Strategie des Deutschgebrauchs oder der Deutschbevorzugung ist noch zusätzlich erschwert, und zwar unter Umständen erheblich, durch die Ungewissheit, ob sie sich tatsächlich vor Ort nennenswert stellungsstärkend auf Deutsch auswirkt. Wenn allerdings alle im Ausland engagierten Unternehmen aus den deutschsprachigen Ländern Deutsch soweit irgend möglich förderten, z.B. durch erkennbare Bevorzugung von Stellenbewerbern mit Deutschkenntnissen, dann würden sie vermutlich schon manchenorts zum vermehrten Deutschlernen motivieren. Dies käme mit der Zeit allen Unternehmen aus den deutschsprachigen Ländern zugute. Die Zahl von in mindestens zweifacher Hinsicht geeigneteren Mitarbeiter würde wachsen: Von Mitarbeitern mit nützlichen Sprachkenntnissen, aufgrund deren sie auch mit den Heimatstandorten kommunizieren könnten, und von Mitarbeitern größerer Loyalität mit ihrem Unternehmen. Diese Loyalität erwüchse sowohl aus der einschlägigen sprachlichen Qualifikation, als sie auch schon durch das Erlernen der Fremdsprache und die damit in der Regel erworbene positive Einstellung zu den Heimatländern der Sprache angelegt wäre. Hinzu käme der Vorteil der Stammhäuser in den deutschsprachigen Ländern, die bei erfolgreicher Förderung des Deutschlernens auch über ein größeres Reservoir geeigneter Fachkräfte aus dem Ausland verfügen könnten.

So beachtenswert mir solche Überlegungen einschließlich der Folgerungen aus dem Gefangenendilemma erscheinen, berücksichtigen sie doch nur einen – vermutlich kleinen – Ausschnitt aus dem Bündel involvierter Interessen und ihrer Wahrnehmung. Der vielleicht gewichtigste Einwand leitet sich ab aus der klassischen liberalen Wirtschaftsauffassung in der Tradition von Adam Smith ([1776] 2003). Sie besagt, zugespitzt, dass Individuen in ihrem wirtschaftlichen Handeln in der Regel nur ihre persönlichen Interessen verfolgen, dass jedoch genau dies oft zum besten Nutzen der ganzen Gesellschaft oder Nation sei. Diese unbeabsichtigte, für die Gemeinschaft segensreiche Wirkung egoistischen wirtschaftlichen Handelns hat Adam Smith mit der Metapher der „Unsichtbaren Hand" (*invisible hand*) veranschaulicht – die er allerdings in seinem umfangreichen Werk nur an einer Stelle nennt, die aber von zahlreichen Adepten aufgegriffen wurde. Der auf das hier Wesentliche beschränkte Auszug lautet, dass „every individual [...] intends only his own gain, and he is in this, as in many other cases, led by an invisible hand to promote an end which was no part of his intention. Nor is it always the worse for the society that it was no part of. By pursuing his own interest he frequently promotes that of the society more effectually than when he really intends to promote it." (Smith 2003: 572) Entspre-

chend dieser Annahme könnte es – übertragen auf unser Problem – für die deutsche Sprachgemeinschaft insgesamt nützlicher sein, wenn ihre Unternehmen im Ausland auf den Gebrauch der eigenen Sprache zugunsten von Englisch verzichten.

Dies betrifft zunächst einmal die ökonomische Nützlichkeit, indem Geschäfte auf Englisch vielleicht eher gelingen als auf Deutsch. Es könnte aber letztlich – indirekt wirksam – auch für die Stellung der deutschen Sprache in der Welt gelten. Zunächst könnte dementsprechend der egoistische Gebrauch von Englisch durch Wissenschaftler, Diplomaten und andere für die Gemeinschaft als Ganze am Ende vorteilhafter sein als das Beharren auf Deutsch, wenn sie damit nämlich ihre eigentliche Aufgabe erfolgreicher erfüllten. Diese Erfolge würden dann das wissenschaftliche bzw. politische Ansehen Deutschlands oder der deutschsprachigen Länder in der Welt verbessern. Und dieses verbesserte Ansehen könnte letztlich wieder zum vermehrten Deutschlernen in der Welt beitragen und damit vielleicht indirekt – im Sinne der unsichtbaren Hand – die internationale Stellung der deutschen Sprache nachhaltiger stärken als hartnäckiger Deutschgebrauch.

Ein derartiger Wirkungszusammenhang lässt sich am Beispiel der Wissenschaft nachvollziehen. Dort könnten durch den Verzicht auf Englisch als Publikationssprache mögliche Ansehensgewinne außerhalb des deutschen Sprachgebiets verloren gegangen sein und weiterhin verloren gehen. Ich habe diese Frage ansatzweise untersucht (Ammon 2012c); jedoch bleibt die eingehende Erforschung Desiderat. So gibt es Beispiele, dass bedeutende wissenschaftliche Erkenntnisse in der Welt mit großer Verspätung bekannt wurden, manche vielleicht sogar überhaupt nicht, weil sie lange nicht auf Englisch verfügbar waren. Ein Beispiel ist das schon 1962 auf Deutsch erschienene Buch *Strukturwandel der Öffentlichkeit* von Jürgen Habermas, das erst 1989 auf Englisch publiziert wurde (*The Structural Transformation of the Public Sphere*, übersetzt von Thomas Burger und Frederick Lawrence). Sein früheres Bekanntwerden wäre dem Ansehen der Wissenschaft in Deutschland, jedenfalls der Geisteswissenschaften, sicher zuträglich gewesen. Ähnliches gilt vielleicht bezüglich des Französischen für Claude Truchot's Buch *L'anglais dans le monde contemporain* (1990), das – mangels Übersetzung ins Englische – außerhalb der Francophonie so gut wie gänzlich unbekannt blieb und in späteren englischsprachigen Büchern zum gleichen Thema nicht einmal erwähnt wurde (Crystal 1997; 2003; Graddol 1997; 2006).

Solche möglichen Folgen des Verzichts auf Englisch und das skizzierte Dilemma von Geschäftsleuten, Wissenschaftlern, Diplomaten und anderen sollten sich diejenigen überlegen, die bisweilen vielleicht allzu unbedingt vermehrten Deutschgebrauch fordern. Allerdings darf der obige Textausschnitt über die

Unsichtbare Hand aus dem umfangreichen Werk von Adam Smith nicht – im Sinne einer Karikatur des Wirtschaftsliberalismus – als Eingreifverbot des Staates missverstanden werden. Vielmehr fordert Smith solches Eingreifen entschieden, wenn – wie er festgestellt hat – die Mächtigen und Privilegierten die Wirkung der Unsichtbaren Hand zu ihrem Vorteil manipulieren und sich gegen die sozial Benachteiligten verschwören (dazu auch Alan B. Krueger in der „Introduction" zu Smith 2003: xi-xxiii). Dies nur zur Klarstellung, dass umgekehrt auch von einem liberalen Standpunkt aus nicht jeder eigennützige Englischgebrauch dem allgemeinen Wohl der eigenen Gesellschaft dienlich sein und das Eingreifen des Staates zur Förderung der eigenen Sprache nicht grundsätzlich verwerflich sein muss (dazu Kap. L).

3. Der Begriff ‚internationale Stellung einer Sprache' und verwandte Begriffe

Mein früheres Buch ähnlichen Themas hatte den Titel *Die internationale Stellung der deutschen Sprache* (Ammon 1991a). Obwohl das vorliegende Buch weit umfassender ist, bleibt der Begriff ‚internationale Stellung einer Sprache' zentral. Er lässt sich unterschiedlich definieren (verschiedene Ansätze z.B. bei Kloss 1974b). Ein mögliches Verständnis, das ich in diesem Kap. ausführe, ist der Umfang der nationsübergreifenden Kommunikation in der betreffenden Sprache. Eine Sprache ist dann umso internationaler, je häufiger sie für die Kommunikation zwischen verschiedenen Nationen gebraucht wird. Andere Möglichkeiten, die in späteren Kap. hinzukommen, sind die Verbreitung der Sprache auf verschiedene Nationen, z.B. als staatliche Amtssprache (Kap. D) oder als Muttersprache (Kap. E), oder ihr Erlernen als Fremdsprache (Kap. K). Diese verschiedenen Begriffe kongruieren keineswegs, sind also nicht extensional identisch. So ist z.B. Japanisch als Amtssprache gänzlich und als Muttersprache weitgehend auf ein einziges Land (Japan) beschränkt, wird aber in vielen Ländern (Nationen) als Fremdsprache gelernt. Letzteres trägt dazu bei, dass es bis zu einem gewissen Grad auch für die Kommunikation zwischen verschiedenen Nationen gebraucht wird.

Jede Festlegung des Begriffs ‚internationale Stellung einer Sprache' setzt ein bestimmtes Verständnis des Begriffs ‚Nation' voraus, das ebenfalls variieren kann und daher auch der Erläuterung (Explikation) bedarf. Jeder ernst zu nehmende Begriff von ‚Nation' beinhaltet, dass es sich dabei um eine menschliche Großgruppe handelt. Jedoch kommen für die Spezifizierung mindestens die folgenden 3 Begriffsvarianten (1), (2) und (3) in Frage (vgl. Fishman 1972a). Ich beginne mit der Variante, auf die ich mich für das vorliegende Buch festlege.

(1) Eine Nation umfasst ‚alle Angehörigen eines einzelnen (souveränen) Staates' (*Staatsnation*). Dazu zählen auf jeden Fall die StaatsbürgerInnen. Gelegentlich zählt man dazu aber auch sonstige Personen mit unbegrenzter Aufenthaltserlaubnis, kaum jedoch Anwesende mit beschränkteren Rechten (mit begrenzter Aufenthaltsgenehmigung oder Asylsuchende). Solche (Staats)Nationen sind bezüglich ihrer Angehörigen nicht disjunkt, nicht einmal bezüglich ihrer Bürger (wegen möglicher Mehrfach-Staatsbürgerschaften), und erst nicht bezüglich sonstiger anwesender Personen, Bürger anderer Staaten. Dies ist bei Untersuchungen mit entsprechenden Genauigkeitsansprüchen zu beachten, z.b. ob die Kommunikation zwischen Deutschland-Deutschen und solchen Rumäniendeutschen, die eine zweite deutsche Staatsbürgerschaft haben, als international gelten soll. Allerdings operiert das vorliegende Buch kaum je mit solcher Begriffsschärfe.

Entsprechende Festlegungen ließen sich auch anwenden auf multinationale Organisationen und ihre Kommunikation mit Staaten. So könnte man z.B. fragen, ob die Kommunikation eines Angestellten deutscher Staatsangehörigkeit in einer in New York ansässigen internationalen Organisation mit der deutschen Regierung als international gelten soll. Oder ob allein der Standort der Organisation zählt, zumal die kommunizierenden Personen oft nicht identifizierbar sind. Jedoch spielt auch solche Begriffsschärfung für das vorliegende Buch kaum eine Rolle.

Unverzichtbar ist für den Begriff ‚internationale Kommunikation' aber auf jeden Fall die Unterscheidung zwischen verschiedenen (souveränen) Staaten. Als Kriterium eignet sich seit 1945 die Anerkennung durch die Vereinten Nationen (VN). Demnach gab es im Jahr 2012 weltweit 196 Staaten, also 196 (Staats)Nationen (*Fischer Weltalmanach 2013*: 578). Von diesen waren 3 – Kosovo, Taiwan und Vatikanstadt – keine Mitglieder der VN. Außerdem wurden Kosovo und Taiwan trotz Anerkennung durch die VN nicht von allen Mitgliedstaaten der VN anerkannt. Dagegen erkannten die VN Nordzypern (Türkische Republik Nordzypern) und Westsahara (Demokratische Arabische Republik Sahara) nicht als souveräne Staaten an, wohl aber taten dies einige Mitgliedstaaten der VN (die Türkei bzw. 50 Staaten, vor allem Afrikas; *Fischer Weltalmanach 2013*: 304f., 509). Ich betrachte Letztere daher nicht als (souveräne) Staaten und somit auch nicht als Nationen, sondern – entsprechend den VN – Nordzypern als Teil Zyperns und Sahara als Teil Marokkos.

Der Begriff ‚Staatsnation' ist nicht kompatibel mit dem Begriff ‚geteilte Nation', worum es sich – jedenfalls nach dem Verständnis einiger Staaten – handelt oder gehandelt hat im Falle von China (Volksrepublik und Taiwan), Korea

(Süd- und Nordkorea) sowie Deutschland (BRD und DDR 1949 – 1989). Dass hier dennoch jeweils eine einzige Nation vorgelegen hat oder vorliegt, wird in der Regel begründet mit einstiger staatlicher Verbundenheit und – vielleicht zusätzlich – dem (vermuteten) Einheitswillen der Mehrheit der Bürger beider Staaten, den einer der Staaten, der nicht vereinigungswillige, missachtet. Jedoch kann dem Begriff ‚geteilte Nation' auch das Verständnis (2) von ‚Nation' zugrunde liegen, das ich nicht teile.

(2) Nation als ‚alle Angehörige einer Ethnie' oder – in anderer Terminologie – eines *Volkes*, einer *Volksgruppe* oder *Nationalität* (zum Begriff ‚Ethnie' Kap. B.3). Es handelt sich dabei um alle Personen – wie es auch heißt – gleicher *Ethnizität* oder *Volks(gruppen)zugehörigkeit* oder *Nationalität*. Sie bilden eine Großgruppe aufgrund des Glaubens an eine gemeinsame Geschichte, Sprache, Kultur oder Religion. Dabei ist der *Glaube daran* entscheidend, denn die Wirklichkeit entspricht ihm meist nur annähernd (dazu Heckmann 1997). Dieser Glaube wird gestützt durch Entstehungs- und Geschichtsmythen, die Verbindendes hervorheben und Trennendes ignorieren. Das „Volk (die Ethnie) der Deutschen" wurde am überzeugendsten mit einer gemeinsamen Sprache begründet (z.B. von Jacob Grimm) oder auch einer gemeinsamen Kultur, als deren ausdrucksreichstes Symbol die gemeinsame Sprache gilt (Ammon 1995a: 18-30).

Trotz Abgrenzungsschwierigkeiten und problematischer Implikationen, auf die ich unter (3) zu sprechen komme, lässt sich die Existenz von Ethnien, auch heute, nicht ernsthaft bezweifeln (dazu z.B. das umfangreiche Handbuch von Fishman/ García 2010). Auch die Existenz einer *deutschen Ethnie* oder von Personen *deutscher Ethnizität* lässt sich nicht rundweg bestreiten (Kap. B.3) – und sie sind keineswegs gleichzusetzen mit den Bürgern der Staaten mit Deutsch als staatlicher Amtssprache oder einem dieser Staaten (Kap. D).

Die Zuordnung von Personen zu Ethnien ist unter Umständen schwierig, weil es – anders als bei Staatsangehörigen – oft keine juristische Definition gibt. Typisch ist das Hineingeborenwerden; aber auch die spätere Aufnahme ist möglich, was unterschiedliche Grade der Zugehörigkeit begründen kann. Allerdings gibt es auch die juristische Anerkennung von Ethnien, vor allem bei Minderheiten eines Staates. In diesem Fall gilt in der Regel das persönliche Bekenntnis zur betreffenden Ethnie als Kriterium der Zugehörigkeit oder wird menschenrechtlich als solches gefordert („Bekenntnisprinzip" statt „Feststellungsprinzip"; Kap. E.2). Die Personen begründen dieses Bekenntnis meist mit der traditionellen Bindung zur betreffenden Ethnie aufgrund von Herkunft, herkömmlichem Wohngebiet und einer Familientradition der (für die Ethnie) typischen Sprache, Kultur oder Religion. Im Fall der deutschen Ethnie reichte und reichen die traditionellen Wohngebiete weit über das Territorium der deutschsprachigen Staaten hinaus. Die beanspruchte Ausdehnung im 19. Jh. umreißt Ernst Moritz Arndts

Lied „Des Deutschen Vaterland" (1813) oder der erste Vers des Deutschlandliedes: „Von der Maas bis an die Memel, von der Etsch bis an den Belt" („Lied der Deutschen" von August H. Hoffmann von Fallersleben, 1841). Heute ist dieses Gebiet infolge der beiden Weltkriege stark reduziert. Hinzu kamen oder kommen noch die Wohngebiete der ethnisch deutschen und teilweise auch noch deutschsprachigen Minderheiten.

(3) Besonders problematisch wird die Verbindung von (1) und (2) zum Begriff des „Nationalstaates". Damit ist ein Staat gemeint, der genau die gesamte Ethnie umfasst und diese mit der Nation gleichsetzt – denn es heißt nicht „National*itäts*staat" oder „*Ethnie*staat". Insinuiert ist diese Gleichsetzung auch schon in den Termini „Sprachnation" und „Kulturnation" (dazu Ammon 1995a: 25-34; 2010a). Diese oft als „romantisch" oder sogar „typisch deutsch" bezeichnete Idee ist in so gut wie allen Fällen unrealistisch, da die Wohngebiete von Ethnien so ineinander fließen und sich überlappen, dass sich aus ihnen kein einheitliches Staatsgebiet (Territorium) bilden lässt – es sei denn durch „ethnische Säuberung" (Umsiedlung oder Vertreibung).

Die Idee des Nationalstaates ist entstanden als Gegenentwurf zum Verfassungsstaat der französischen Revolution (kritisch dazu z.B. F. Gross 1998, der sogar von „tribal state" ‚Stammesstaat' im Gegensatz zu „civic state" ‚Verfassungsstaat' spricht). Die Diskrepanz zwischen Idee und Wirklichkeit hat zu unheilvollen Annexions- oder Autonomiebestrebungen verleitet – ein heute zwar erkanntes, aber keineswegs behobenes Problem (vgl. Anderson 1983; Gellner 1983; Coulmas 1985: 41-58; Ammon 1995a: 18-34; Hobsbawm 1996). Allerdings ist die repressionsfreie Alternative nicht leicht zu verwirklichen, nämlich der Verfassungsstaat, der ethnische Vielfalt in vollem Umfang toleriert. Stattdessen tendieren auch Verfassungsstaaten meist in die Richtung nationalstaatlicher Form, indem sie auf die gesamte Bevölkerung Druck ausüben, sich sprachlich und damit auch ethnisch an die Mehrheitsethnie zu assimilieren, die Titularethnie, nach welcher der Staat benannt ist, die bezeichnenderweise „Titular*nation*" heißt (zu Frankreich z.B. Laponce 1987a; auch Ammon 2000a).

Für das vorliegende Buch lege ich den Terminus *Nation* fest auf die Bedeutung (1), also ‚Staatsnation'. Der Terminus *Ethnie*, im Sinne von (2), ist jedoch ebenfalls unverzichtbar, vor allem zur Beschreibung der – im ethnischen Sinn – deutschen Minderheiten (Kap. E; B.3). Er kommt sogar – wenngleich indirekt – ins Spiel im Zusammenhang mit dem Begriff ‚Sprachgemeinschaft', der mir für die Spezifizierung ‚internationaler Kommunikation' und damit ‚internationaler Stellung einer Sprache' unverzichtbar erscheint. Dieser hängt mit dem Begriff ‚Ethnie' insofern zusammen, als die Sprache ein gängiges Zuordnungskriterium von Personen zu Ethnien ist. Die Verfügung über die für die Ethnie typische Sprache, als Muttersprache, ist allerdings weder eine notwendige noch hinreichende Bedingung für die Zugehörigkeit zu einer Ethnie. Es ist nämlich grundsätzlich möglich, sich zwar zu einer Ethnie zu bekennen, aber nicht zu der für sie typischen Sprache als Muttersprache oder diese sprechen zu können, wie auch umgekehrt, sich zu einer Sprache als Muttersprache zu bekennen und sie sprechen zu können, aber die Zugehörigkeit zu der dieser Sprache gewöhnlich zugeordneten Ethnie abzulehnen. Dies gilt gerade auch für die deutsche Sprache und die deutsche Ethnie (Beispiele in Kap. E.4.11).

Allerdings besteht empirisch eine ziemlich hohe Übereinstimmung zwischen der deutschen Ethnie und der deutschen Sprachgemeinschaft (im Sinne der Personen mit Deutsch als Muttersprache). Dabei ist zu beachten, dass auch Sprachgemeinschaften nicht strikt disjunkt sind. Einerseits gibt es nämlich Personen mit mehr als einer Muttersprache, die somit mehreren Sprachgemeinschaften angehören, und andererseits setzen sich Sprachen zusammen aus Varietäten (z.B. Dialekten), deren Zuordnung zu den Sprachen nicht selten umstritten ist (Kap. B.1). Die Überlappung von Sprachgemeinschaften aufgrund mehrsprachiger Personen gleicht formal der Überlappung von Staaten aufgrund von Bürgern mehrfacher Staatsangehörigkeit.

Die Begriffe ‚Sprachgemeinschaft' und ‚Personen gleicher Sprachgemeinschaft' sowie ‚Muttersprache' und ‚Personen gleicher Muttersprache' sind vor allem notwendig zur Unterscheidung von ‚internationaler Kommunikation im weiteren Sinn' und ‚im engeren Sinn'. In beiden Fällen handelt es sich um internationale Kommunikation nach der Definition am Kap.anfang, nämlich zwischen Angehörigen (oder Organisationen) verschiedener Staaten (Staatsnationen). Diesbezüglich ist der Unterschied wichtig, ob die Kommunikation zwischen Angehörigen derselben oder verschiedener Sprachgemeinschaften, also gleicher oder verschiedener Muttersprache, stattfindet. Beide Arten von internationaler Kommunikation sollten sorgfältig auseinander gehalten werden, z.B. die Kommunikation zwischen Deutschen und Österreichern im Gegensatz zur Kommunikation zwischen Deutschen und Tschechen. Kommunikation zwischen Personen gleicher Muttersprache, die in dieser Muttersprache stattfindet, nenne ich *intralingual*, und Kommunikation zwischen Personen verschiedener Muttersprache, egal in welcher Sprache sie stattfindet, nenne ich *interlingual*.

Zwischen Personen gleicher Muttersprache ist die Wahl dieser Sprache der „unmarkierte", geradezu automatische Normalfall (engl. die *default choice*). Dies gilt auch für internationale Kommunikation, also zwischen Personen verschiedener Staatsangehörigkeit. Der andere Fall (bei gemeinsamer Muttersprache der Gebrauch einer Fremdsprache) ist so ungewöhnlich, dass ich keinen speziellen Terminus dafür einführe, sondern ihn gegebenenfalls entsprechend beschreibe. Den Normalfall bei vorhandener gemeinsamer Muttersprache des

Gebrauchs dieser Sprache zwischen Angehörigen verschiedener Nationen (Staaten) nenne ich *internationale Kommunikation nur im weiteren Sinn*. Mein vorrangiges Interesse richtet sich jedoch auf die *internationale Kommunikation im engeren Sinn*. Für sie gilt selbstverständlich auch, dass sie zwischen Angehörigen (oder Institutionen/ Organisationen) verschiedener Nationen (Staaten) stattfindet, sonst wäre sie nicht international; jedoch ist sie außerdem ‚interlingual'. Dies heißt, dass die kommunizierenden Personen verschiedene Muttersprachen (oder im Falle von Organisationen verschiedene Amtssprachen) haben. Genauer haben sie keine gemeinsame Muttersprache (bzw. Amtssprache), die im Falle von Mehrsprachigkeit bei bloßer Sprachverschiedenheit ja nicht auszuschließen wäre. Beispiele solcher paarweisen Sprachungleichheiten sind (jeweils muttersprachlich) deutschsprachige Deutsche – polnischsprachige Polen, deutschsprachige Österreicher – tschechischsprachige Tschechen, (jeweils amtssprachliche) polnische – deutsche – tschechische Organisationen usw. Die zwischen ihnen stattfindende Kommunikation ist sowohl international (unterschiedliche staatliche Zugehörigkeit) als auch interlingual (unterschiedliche Mutter- bzw. Amtssprache) und daher international im engeren Sinn. Bei dieser Art von Kommunikation muss mindestens eine Seite in einer anderen Sprache als der eigenen Mutter- bzw. eigenen Amtssprache kommunizieren. Somit setzen interlinguale Kommunikation und somit auch internationale Kommunikation im engeren Sinn voraus, dass mindestens eine Seite (Kommunikant oder Organisation) zwei- oder mehrsprachig ist (Mutter- bzw. Amtssprache + weitere Sprache(n)). Damit reichen diese Begriffe hinein in die Struktur der ‚globalen Sprachenkonstellation' in Kap. A.7.

Bei näherer Betrachtung entdeckt man jedoch leicht „offene Flanken" der Definition, die für genaue empirische Untersuchungen zu schließen sind. Dazu nur einige wenige Hinweise. Die Definition bezieht sich nur auf Paare von Kommunikanten. Für größere Gruppen bedarf sie weiterer Spezifizierung. So können z.B. Gruppen mit einigen, aber nicht allen Kommunikationsteilnehmern gleicher Muttersprache oder gleicher nationaler Zugehörigkeit nach Graden der Interlingualität bzw. Internationalität abgestuft werden.

Die folgenden beiden Schwierigkeiten des Begriffs ‚interlinguale Kommunikation' (und damit auch ‚internationale Kommunikation') habe ich schon gestreift: die Zuordnung von Kommunikanten oder Äußerungen zur gleichen oder zu verschiedenen Sprachen (dazu Kap. B.1; B.2) und die Entscheidung, ob es sich tatsächlich um die Muttersprache handelt. Die Zuordnung zur gleichen Amtssprache ist weniger problematisch (zur Definition Kap. D.1) als der Begriff ‚Muttersprache' (engl. *mother tongue* oder *native tongue*; dazu z.B. A. Davies 2003; Skutnabb-Kangas/ Phillipson 1989; Dietrich 2004a; auch Kap. K.1). Dessen Probleme übertragen sich logischerweise auf den Begriff ‚Sprachgemeinschaft' im Sinne genau aller Muttersprachler der betreffenden Sprache. Speziell in Deutschland sind diese Begriffe, wie die darauf basierenden Begriffe ‚Volk' oder ‚Ethnie' (vgl. ‚Nation' 2) oben; Kap. B.3), historisch vorbelastet (vgl. Ahlzweig 1989), da sie zur ideologischen Rechtfertigung übelster nationalistischer Bestrebungen missbraucht wurden. Sie sind dennoch – soweit ich sehe – unverzichtbar für den Begriff ‚internationale Kommunikation im engeren Sinn', der wiederum – wie ich im Fortgang dieses Kap. zeigen möchte – für die Begriffe ‚internationale Stellung einer Sprache' und ‚internationale Sprache' unentbehrlich ist. Jedoch ist das Abwerfen des ideologischen Ballastes möglich. Das Aufzeigen sprachlicher Variation in der Sprachgemeinschaft (Kap. B.1; B.2) relativiert die sprachliche Gemeinsamkeit, und Hinweise auf Muttersprach-Mehrsprachigkeit oder darauf, dass die gemeinsame Standardvarietät eher in der Schule als von der Mutter gelernt wird, wirken Vorstellungen unlösbarer Bindung an die Muttersprache entgegen.

Empirisch wird die Muttersprache einer Person oft – auch wegen der einfachen Erhebung – durch *Befragung* festgestellt. Dabei reklamieren manche Befragte eine „Muttersprache" für sich, die sie kaum sprechen können (manche osteuropäische Aussiedler z.B. Deutsch), oder lehnen eine „Muttersprache" ab, in der sie durchaus sozialisiert wurden und die sie einwandfrei beherrschen (manche Nazi-Verfolgte z.B. Deutsch). Zur Einschränkung solcher Tendenzen kann der Terminus *Muttersprache* spezifiziert werden: als die Sprache, die man a) als erste gelernt hat (*Erstsprache* – das gebräuchlichste Synonym für *Muttersprache*), mit der man b) (zurzeit) sich identifiziert (Identifikationssprache; Hüllen 1992), die man c) (zurzeit) in der Familie am häufigsten gebraucht (*Familiensprache* oder *Haussprache*) oder die man d) (zurzeit) am besten beherrscht (*best beherrschte Sprache*) (Skutnabb-Kangas/ Phillipson 1989; Knipf-Komlósi 2008: 311). Aufgrund solcher Anhaltspunkte kann das „Bekenntnis" sich einer Feststellung annähern. Weitere Präzisierungen, z.B. durch Sprachtests, sind dagegen meist zu aufwändig, so dass der empirische Begriff „Muttersprache" häufig unscharf bleibt, was den Vergleich verschiedener Sprachgemeinschaften erschwert. Außerdem ist oft unklar, ob terminologische Varianten synonym sind, z.B. im Deutschen *Muttersprache* und *Erstsprache* oder im Englischen *mother tongue* und *native tongue*, oder sich genau in andere Sprachen übersetzen lassen. Schon deshalb sind die ideologisch weniger belasteten, zweitgenannten Termini kein zuverlässiger Ersatz. Die Chronologie des Erlernens (*Erstsprache*) impliziert auch nicht unbedingt die Identifizierung mit der Sprache (*Identifikationssprache*) und ist daher bei entsprechendem Erkenntnisinteresse ungeeignet. Für umfassende Vergleiche, z.B. Sprecherzahlen ganzer Sprachen, liegen meist keine zuverlässigen Begriffspräzisierungen vor.

Auch die Begriffe ‚Zweitsprache' und ‚Fremdsprache' (Dietrich 2004 b) sind nicht ohne weiteres klar. Sie sind jedoch für das vorliegende Buch ebenfalls unverzichtbar, schon weil Sprecherzahlen oft darauf basieren (vgl. Kap. C). Eine Zweitsprache unterscheidet sich – im vorherrschenden und von mir geteilten Verständnis – von einer Muttersprache nach der Chronologie des Spracherwerbs und von einer Fremdsprache durch regelmäßigen, ziemlich alltäglichen Gebrauch. Im Gegensatz zu Fremdsprachlern leben Zweitsprachler in der betreffenden Sprachgemeinschaft. Eine Unsicherheit in der Abgrenzung gegenüber Muttersprachlern kann dadurch entstehen, dass eine chronologisch zweite Sprache bei regelmäßigem Gebrauch als zweite Muttersprache akzeptiert wird. Die Sprecher identifizieren sich dann mit ihr ähnlich wie mit der erstgelernten Sprache (Muttersprach-Mehrsprachigkeit). In diesem Sinne ist Deutsch für Immigranten (in deutschsprachige Staaten) der ersten Generation meist nur Zweitsprache, aber für Teile der zweiten oder dritten Generation schon zweite Muttersprache. Dagegen leben *Fremdsprachler* außerhalb der betreffenden Sprachgemeinschaft und gebrauchen die Sprache fast nur im Unterricht, so z.B. Türken, die in der Türkei Deutsch lernen.

Die Fortsetzung der Begriffsreihe führt zur Unterscheidung zwischen *Sprechern* (Mutter-, Zweit- und Fremdsprachler) und *Nicht-Sprechern* einer Sprache. Auch sie ist weniger trivial, als es auf den ersten Blick scheint. So dürfen z.B. ‚Lerner' und ‚Sprecher' (die in der Sprache kommunizieren können) nicht einfach gleichgesetzt werden. Der Übergang von Nicht-Sprechern zu Sprechern ist fließend, was z.B. die aufsteigenden Kompetenzstufen des *Gemeinsamen Europäischen Referenzrahmens für Sprachen* verraten (www.goethe.de/Z/50/commeuro/ – abgerufen 01.01.2011; Quetz 2002). Die Abgrenzung zwischen Sprechern und Nicht-Sprechern wird je nach Zweck unterschiedlich festgelegt. Für den Ehegattenzuzug in Deutschland verlangt der deutsche Staat nur das Elementarniveau A1 des Referenzrahmens, für die Einbürgerung B1 (siehe Li 2014) und für das Studium an einer Hochschule B2 oder besser noch C1 (A1: „Kann vertraute, alltägliche Ausdrücke und ganz einfache Sätze verstehen und verwenden [...]"; B1: „Kann die Hauptpunkte verstehen, wenn klare Standardsprache verwendet wird [...]"; B2: „Kann die Hauptinhalte komplexer Texte zu konkreten und abstrakten Themen verstehen [...]"; C1: „Kann ein breites Spektrum anspruchsvoller, längerer Texte verstehen und auch implizite Bedeutungen erfassen [...]"). Zwar wird für das vorliegende Buch die Abgrenzung zwischen ‚Sprechern' und ‚Nichtsprechern' meist nicht präzisiert, jedoch ist der grundsätzliche begriffliche Unterschied für viele Fragen unverzichtbar (z.B. beinhaltet Abb. A.3-2 nur Sprecher).

Schließlich bleiben ‚Lerner' und ‚Nichtlerner' zu unterscheiden, schon weil die Zahl der Fremdsprachenlerner ein – oft leicht zugänglicher, aber nicht unproblematischer – Indikator ist für die internationale Stellung von Sprachen. Dabei ist zu beachten, dass Lernen mit einem genaueren Zeitindex versehen werden kann als Können (Kompetenz), das – wenn einmal erreicht – nicht so schnell wieder erlischt. Dagegen lassen sich aktuelle Lerner leicht von ehemaligen Lernern unterscheiden, aber bisweilen werden auch beide zusammen von Personen unterschieden, welche die Sprache nie gelernt haben (*Noch-nie-Lerner*). Abb. A.3-1 veranschaulicht die wichtigsten bisherigen Begriffsdifferenzierungen (ohne die Lerner).

```
              Sprecher und Nicht-Sprecher einer Sprache
                     /                    \
               Sprecher                Nicht-Sprecher
              /        \
     Muttersprachler   Nicht-Muttersprachler
                          /          \
                  Zweitsprachler    Fremdsprachler
```

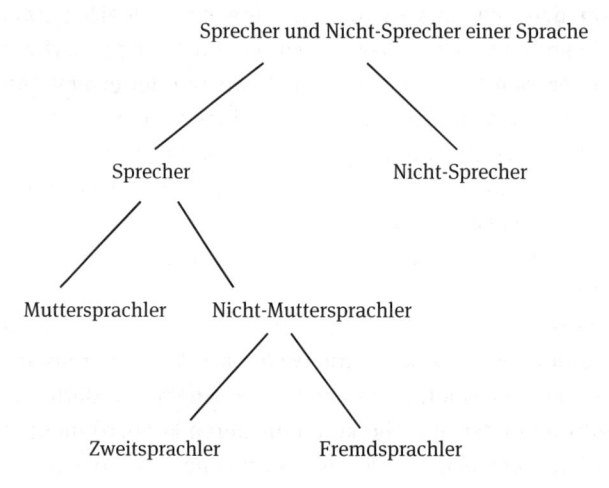

Abb. A.3-1: Begriffsschema ‚Muttersprache' – ‚Zweitsprache' – ‚Fremdsprache'

Manchmal sind noch gröbere Einteilungen zweckmäßig, wobei die Termini bisweilen je nach Kontext variieren, wie z.B. in den folgenden Fällen zwischen jeweils 1) und 2):

- ‚Sprecher von L_a' = ‚L_a-Sprachige' (z.B. Deutschsprachige) für 1) ‚Muttersprachler der Sprache L_a' oder für 2) ‚Sprecher jeden Sprechertyps von L_a (Muttersprachler ∪ Zweitsprachler ∪ Fremdsprachler)';
- ‚Nicht-Muttersprachler von L_a' für ‚Zweitsprachler ∪ Fremdsprachler von L_a';
- ‚Anderssprachige als von L_a' für 1) ‚Nicht-Sprecher von L_a' oder für 2) ‚Zweitsprachler ∪ Fremdsprachler ∪ Nicht-Sprecher von L_a';
- Spezielle, nicht auf alle Sprachen anwendbare Termini sind (Nicht-)Anglophone/ Francophone und dergleichen für ‚(Nicht-)Muttersprachler des Englischen/ Französischen' usw.

Diese elementaren Termini und Begriffe sind zur Spezifizierung des Begriffs ‚internationale Stellung einer Sprache', wie ich ihn für das vorliegende Buch verstehe, unverzichtbar. Darauf basieren die dafür erforderlichen Begriffe ‚interlinguale Kommunikation' und ‚internationale Kommunikation im engeren Sinn' (vgl. Abb. A.3-2). Bei ‚interlingualer Kommunikation' ist die verwendete Sprache nie die Muttersprache aller Kommunikanten. Ist sie jedoch die Muttersprache mindestens eines aber nicht aller Kommunikanten, so nenne ich die Sprachwahl *asymmetrisch* (oder auch *unechte Lingua-franca-Kommunikation*). Die verwendete Muttersprache wird dann (*asymmetrisch*) *dominant* gebraucht, während die nicht verwendeten Muttersprachen (*asymmetrisch*) *dominiert* sind. So wäre z.B. der Gebrauch von Deutsch in der Kommunikation zwischen Deutschsprachigen und Polnischsprachigen asymmetrisch, bei dominantem Gebrauch von Deutsch und Dominiertheit von Polnisch. Vielleicht hat diese Terminologie allzu negative Konnotationen, jedoch hätten Alternativen andere Nachteile, vor allem die Verschleierung der Asymmetrie.

Ist dagegen eine interlingual verwendete Sprache die Muttersprache keines der Kommunikanten, so ist ihr Gebrauch *symmetrisch* (oder der einer *echten Lingua franca*), da Fremdsprache für alle. Für bestimmte Zwecke kann man auch hervorheben, dass die nicht verwendeten Muttersprachen von der Lingua franca *symmetrisch dominiert* werden, im Gegensatz zur zuvor definierten asymmetrischen Dominanz. Heutzutage fungiert Englisch weltweit am häufigsten als unechte wie auch echte Lingua franca.

Der Grad der Dominanz ist bei Zweitsprachen abgeschwächt, also schwächer seitens Muttersprachlern gegenüber Zweitsprachlern (als gegenüber Fremdsprachlern) oder seitens Zweitsprachlern (statt Muttersprachlern) gegenüber Fremdsprachlern. Jedoch verfolge ich diese Differenzierungsmöglichkeit hier nicht weiter.

Gelegentlich beobachtet man auch die besondere Art *symmetrischen Gebrauchs* verschiedener Muttersprachen, für die sich der von Roland Posner (1991a; b; 1992) vorgeschlagene Terminus *polyglotter Dialog* eingebürgert hat (synonym auch *passive Mehrsprachigkeit* oder *passiver Bilingualismus*). Hierbei gebrauchen die Kommunikanten jeweils die eigene Muttersprache aktiv (produktiv, enkodierend) und die Muttersprache der anderen Kommunikanten passiv (rezeptiv, dekodierend). Deutschsprachige sprechen dann z.B. mit Polnischsprachigen Deutsch, und diese umgekehrt Polnisch. Allerdings findet sich diese Sprachwahl selten und fast nur bei linguistisch ähnlichen Sprachen (vgl. Kap. B1; B.2), z.B. Deutsch und Niederländisch. Offenbar sind nämlich Menschen bis zu einem gewissen Grad disponiert – sei es gewohnheitsmäßig (durch Konditionierung) oder sogar genetisch – zum *monoglotten Dialog*. Allerdings ist diese Disposition nicht unüberwindlich, auch nicht bei linguistisch distanten Sprachen, wie bilinguale Familien belegen (z.B. Vater ↔ Kind: beide Französisch (oder sogar Chinesisch); Mutter ↔ Kind: beide Deutsch; Vater Französisch (bzw. Chinesisch) ↔ Mutter Deutsch, worauf bei Anwesenheit des Kindes oft besonders geachtet wird).

```
                          Sprachwahl national – international
                         ┌────────────────┴────────────────┐
              Verschiedene nationale              Gleiche nationale
                  Zugehörigkeit                     Zugehörigkeit
                  (international)                    (intranational)
              ┌──────┴──────┐                    ┌──────┴──────┐
    Verschiedene Mutter-   Gleiche Mutter-    Verschiedene      Gleiche Mutter-
       sprachen              sprache           Muttersprachen    sprache
     (interlingual)        (intralingual)     (interlingual)    (intralingual)
                            Deutscher –       Deutscher – Sorbe  Deutscher –
                            Österreicher                         Deutscher


 Symmetrische         Asymmetrische
  Sprachwahl           Sprachwahl

 Polyglotter         Lingua franca              Muttersprach-
   Dialog                XzY                     Asymmetrie
    XY                                               XY

Deutscher – Pole:    Deutscher – Pole:         Deutscher – Pole:
Beide sprechen       Beide sprechen            Beide sprechen
Muttersprache        Englisch                  Deutsch
```

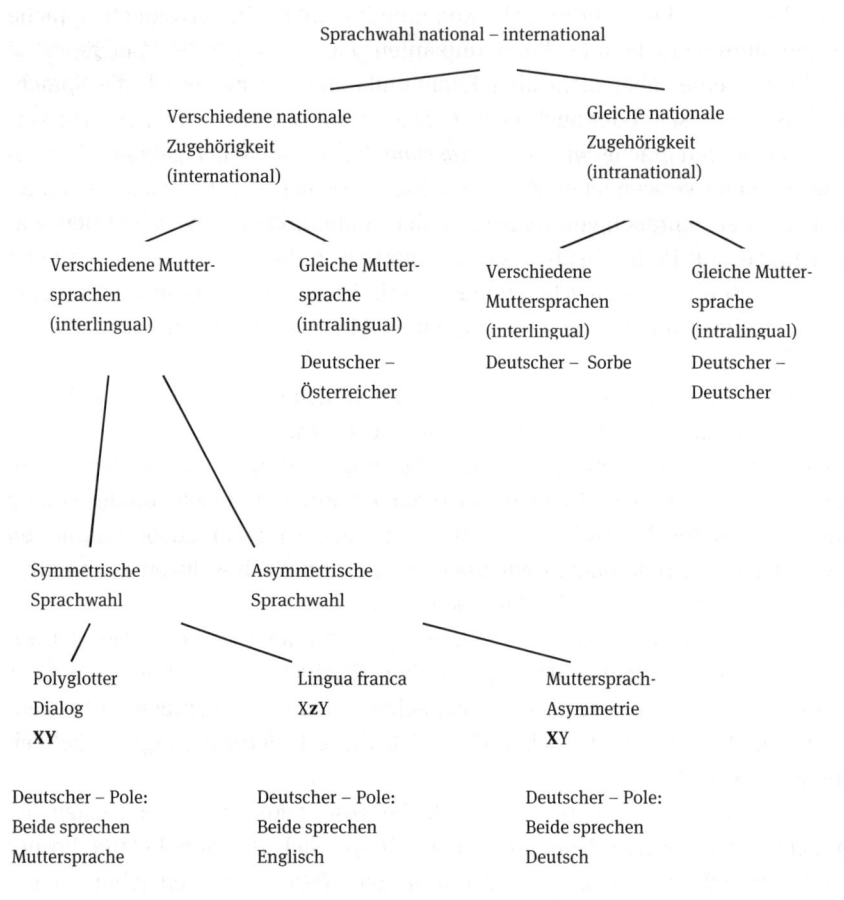

Abb. A.3-2: Begriffsfeld ‚internationale Kommunikation'
Großbuchstabe = Muttersprache, Kleinbuchstabe = Fremdsprache, Fettdruck = verwendete Sprache; Bei Verwendung von Abkürzungen wie D/d = Deutsch, P/p = Polnisch, E/e = Englisch, S/s = Sorbisch lassen sich die hier relevanten Kombinationen auch wie folgt symbolisieren (von links nach rechts): DP, DeP, DdP, DD usw.

Man beachte, dass sich Abb. A.3-2 auf eine einzelne Situation bezieht (*asymmetrischer Gebrauch, Lingua-franca-Gebrauch* der betreffenden Sprache) und nichts aussagt über die Häufigkeit solchen Gebrauchs. Bei regelmäßigem Gebrauch schreibt man diesen oft der Sprache als Eigenschaft zu. Die betreffende Sprache gilt dann als Lingua franca. Wo Missverständnisse naheliegen, spreche ich im Weiteren in Bezug auf einzelne Situationen vom *Gebrauch* oder von *Kommunikation* (*Lingua-franca-Gebrauch* oder *Lingua-franca-Kommunikation*); spreche ich dagegen nur von einer *Lingua franca*, so meine ich eine Sprache, von der regelmäßig oder häufig Lingua-franca-Gebrauch gemacht wird. Die gleiche Bedeutung hat im Deutschen der Terminus *Verkehrssprache* (Born/ Stickel 1993). Die ursprüngliche Bedeutung des Ausdrucks *Lingua franca*, wahrscheinlich ‚fränkische Sprache', stimmt mit der hier gemeinten nur noch teilweise überein. Es war der Name einer im Mittelmeerraum durch Sprachmischung entstandenen Verkehrssprache (Vikør 2004: 329).

Entsprechend kann man bei häufigem entsprechendem Gebrauch von einer *(asymmetrisch) dominanten* oder *dominierten Sprache* sprechen. Der Terminus *internationale Sprache* eignet sich dann als Hyperonym für eine Sprache, von der einigermaßen regelmäßig internationaler Gebrauch im engeren Sinn gemacht wird, asymmetrisch oder als Lingua franca.

Dieser Ansatz bei der Sprachwahl in einzelnen Situationen eröffnet die Möglichkeit der Ordnung von Sprachen nach Rängen oder sogar ihrer Messung nach Graden der Internationalität (vgl. Ammon 2010c). Dabei wird klar, dass die einfache Zweiteilung in internationale und nicht-internationale Sprachen, wie z.B. bei Braga (1979: 31), eine grobe Vereinfachung ist. Entsprechendes gilt für die Zweiteilung in Linguae francae und Nicht-Linguae francae, die häufig vorkommt (z.B. van Parijs 2011: 9). Bei der Rangordnung oder Messung von Sprachen nach ihrer Internationalität kann man ausgehen vom Gebrauch in einzelnen Situationen und dessen Häufigkeit. Grundsätzlich ist solcher Gebrauch auch bei „kleinen" Sprachen möglich, die z.B. von Liebhabern als Fremdsprachen gelernt und dann gelegentlich international gebraucht werden. Mit wachsender Häufigkeit solchen Gebrauchs steigt dann der Rang oder Grad von Internationalität einer Sprache. Der höchstmögliche Grad wäre der Gebrauch für sämtliche internationale Kommunikation, so dass in keiner anderen Sprache noch internationale Kommunikation stattfände – was jedoch fast unmöglich erscheint, solange es überhaupt verschiedene Sprachen gibt. Derartige Überlegungen führen vom klassifikatorischen Begriff ‚internationale Sprache' (international – nicht-international) zu einem komparativen (weniger oder mehr international) und schließlich metrischen Begriff (um wie viel internationaler?) (zu den Begriffstypen Hempel 1952). Dem entspricht in der Statistik die Unterscheidung von Nominal-, Rang- und Verhältnisskala. Die Entwicklung empirisch zuverlässiger und praktisch anwendbarer derartiger Skalen für den Begriff

‚internationale Sprache' ist allerdings eine gigantische, vermutlich nur unvollkommen lösbare Forschungsaufgabe.

Eine Fährte in Richtung der Messung des Internationalitätsgrades von Sprachen weist ein Vorschlag von Gerd Grözinger und Wenzel Matiaske (2008) für die Messung des Internationalitätsgrades von Studiengängen. Bei dessen Übertragung auf die Internationalität von Sprachen geht es darum, wie viele internationale Kommunikationsakte mit der Sprache L_a (Muttersprachler von L_a) mit wie vielen anderen Sprachen (Personen anderer Muttersprachen) vollzogen werden. Je mehr, desto größer der Internationalitätsgrad von L_a. Einen mathematischen Ansatz bietet der Herfindahl(-Hirschman)-Index (de.wikipedia.org/wiki/Herindahl-Index – abgerufen 31.12.2010), der jedoch zunächst das Gegenteil der gesuchten Größe misst, nämlich die Nicht-Internationalität. Er wurde in den Wirtschaftswissenschaften entwickelt zur Messung der Monopolstellung von Anbietern oder, allgemeiner, des Konzentrationsgrades einer Eigenschaft bei einer Stelle. Für die Messung des Internationalitätsgrades von Sprachen braucht man die Umkehrung, den Grad der Disparität. Auf je mehr Muttersprachen sich die Kommunikationsakte mittels L_a erstrecken, desto größer die Internationalität von L_a. Zur Berechnung der Konzentration wird „die Summe der Quadrate der Teilnehmer [hier der internationalen Kommunikationsakte mittels L_a bezüglich Sprachen L_a, L_b, L_c usw.! U.A.] durch das Quadrat aller Teilnehmer [aller Kommunikationsakte mittels L_a! U.A.] geteilt." Für die Umkehrung, also die Disparität bzw. den Internationalitätsgrad von L_a, gilt es dann, „diesen Wert von 1 abzuziehen" (in Anlehnung an Grözinger/ Matiaske 2008: 316).

Angenommen, man hätte als (Zufalls)Stichprobe je 1000 Kommunikationsakte für drei Sprachen erhoben, genauer: für je 1000 Muttersprachler der Sprachen L_a, L_b und L_c. Zur Vereinfachung der Überlegungen seien nur Kommunikationsakte einbezogen, die entweder a) sowohl intranational als auch intralingual oder aber b) international im engeren Sinn sind (also international und interlingual); unberücksichtigt bleiben also Kommunikationsakte, die c) intranational und zugleich interlingual oder die d) international im nur weiteren Sinn (international und intralingual) sind. Außerdem setze ich bezüglich der Muttersprachen durchgehende Disjunktheit voraus, d.h. {Muttersprachler von L_a } ∩ {Muttersprachler von L_b} ∩ {Muttersprachler von L_c} usw. = ∅. Diese dramatische Vereinfachung gegenüber der Wirklichkeit lässt die Schwierigkeit repräsentativer und genauer Messungen der Internationalität von Sprachen ahnen. Bei L_a fänden alle 1000 Kommunikationsakte statt nur wiederum mit L_a, womit L_a – definitionsgemäß – keinerlei Internationalität hätte. Bei L_b fänden 500 statt mit L_b und 500 mit L_d. Bei L_c schließlich fänden 250 statt mit L_c, 250 mit L_d, 250 mit L_e und 250 mit L_f. Dann ergäben sich folgende Internationalitätsgrade (I):

$IL_a = 1 - (1000^2 : 1000^2) = 1 - 1 = 0$
$IL_b = 1 - ((500^2 + 500^2) : 1000^2)) = 1 - 0{,}5 = 0{,}5$
$IL_c = 1 - ((250^2 + 250^2 + 250^2 + 250^2) : 1000^2)) = 1 - 0{,}25 = 0{,}75$

Das Maß verbleibt innerhalb der Extremwerte $0 \leq 1$. Die Befunde stehen insoweit im Einklang mit unserer Intuition, als der Internationalitätsgrad von $L_a = 0$ (=keinerlei Internationalität) und von $L_b < L_c$. Allerdings würde man den Internationalitätsgrad von L_c proportional zu L_b vielleicht höher erwarten, da die internationale Kommunikation sich auf dreimal so viele andere Sprachen erstreckt, was eine Verhältnisskala abbilden sollte. Freilich ließe sich dann kein oberer Maximalwert festlegen (wie hier mit 1), worauf andere Verhältnisskalen wie z.B. für Länge oder für Temperatur (Kelvinskala) jedoch auch verzichten. Ein weiterer Mangel des skizzierten Maßes, neben fehlender Proportionalität, ist die Beschränkung auf die relative statt der absoluten Internationalität. Die Internationalität bemisst sich nur relativ zur Gesamtzahl der innerhalb einer Sprache stattfindenden Kommunikationsakte. Dadurch erreicht eine Sprache mit wenigen Sprechern bzw. Kommunikationsakten leicht einen höheren Internationalitätsgrad als eine mit vielen Sprechern. Esperanto z.B. – das auch zur fraglichen Kategorie von Sprachen zählt, weil es durchaus eine, wenngleich kleine Zahl von Muttersprachlern hat – würde danach vermutlich vor der „Weltsprache" Englisch rangieren. Allerdings erreicht man eine bessere Annäherung an unsere Intuition, wenn man den relativen Internationalitätsgrad mit der Gesamtzahl der Sprechakte (oder Sprecher) multipliziert.

Ein Grundproblem ist die – hinreichend präzise – Definition (*Operationalisierung*) der Kommunikationssituationen (Kommunikationsakte oder -ereignisse), die bei gültiger und zuverlässiger Messung zu zählen wären. Dabei ist sowohl der kommunikative Gebrauch der Sprachen (z.B. international im engeren Sinn) als auch der Umfang der Kommunikation (z.B. kurzes Gespräch, Vortrag) als auch die Zahl der Teilnehmer zu berücksichtigen (z.B. Dialog, Massenkommunikation). Zu beachten sind ferner unterschiedliche Medien (z.B. mündlich, schriftlich, elektronisch oder spezieller Twitter, Facebook usw. – Kap. J.1.4, vor allem J.1.4.2). In Betracht kommen zudem bislang nicht thematisierte Aspekte wie die Geographie der Sprachgebiete (ihre Verstreutheit) oder die linguistische Distanz zwischen den Muttersprachen der Kommunikationsteilnehmer (vgl. Kap. B.1; B.2). Auch die eindeutige Definition der Sprachen kann ein Problem sein (ebd.) – das schon in den für das vorliegende Buch relevanten Enzyklopädien aufscheint. Ein Beispiel ist der *Ethnologue*, die umfassendste Bestandsaufnahme aller Sprachen der Welt mit ihren Sprecherzahlen, der „Sprachen" wie z.B. Schwäbisch, Sächsisch usw. nicht eindeutig von Dialekten (Varietäten) unterscheidet (vgl. Kap. B.1). Bleiben schließlich Sprachmischungen (Häufungen von Transferenzen oder Code-Switching), sofern Zweifel bestehen, ob sie z.B. der deutschen oder der türkischen Sprache zuzuordnen sind. Diese Vielfalt offener Fragen, die ein präzises Maß für die Internationalität von Sprachen fast unmöglich erscheinen lässt, sollte bei dem Begriff bedacht werden.

Notgedrungen behelfe ich mich anstelle direkt festgestellter Internationalitätsgrade von Kommunikationsakten und Sprachen mit – oft sehr indirekten – Indikatoren, was jedoch ein häufiger wissenschaftlicher Notbehelf ist. Sogar die Naturwissenschaften stützen sich großteils nicht auf direkt beobachtete „Phänomene", sondern darauf bezogene, indirekte „Daten" (z.B. Mittelwerte von Messungen) (Bogen/ Woodward 1988). Allerdings ist deren Konstruktion meist durch bekannte Kausalzusammenhänge (z.B. Thermometerwerte für Temperaturen, Oszillogramme für Lautverläufe) und mathematische Operationen (z.B. arithmetisches Mittel mit Vertrauensintervall) gut abgesichert. Dagegen basieren sozialwissenschaftliche Daten oft sowohl auf zweifelhaften Hypothesen über Zusammenhänge als auch fragwürdigen Messungen. Speziell bei unserem Thema sind – soweit ich sehe – gültige und zuverlässige Indikatoren Mangelware. Sorgfältige, thematisch verwandte Konstruktionen, die zunächst viel versprechen, erweisen sich bei der Übertragung auf unser Thema oft als wenig fruchtbar (z.B. das Maß für den Internationalitätsgrad von Firmenvorständen bei Schmid/ Daniel 2006). Eigene Konstruktionen und ihre ernsthafte Prüfung waren mir wegen des Aufwandes nicht möglich. Daher bleiben Verbesserung und Absicherung der verwendeten Indikatoren eine dringliche, aber auch gigantische Forschungsaufgabe. Bislang basieren sie großteils auf zwar plausiblen, aber nicht wirklich geprüften Annahmen, wie z.B. (hoher) positiver Korrelationen:

– Von Umfang und Verbreitung des Lernens einer Sprache als Fremdsprache mit Umfang und Verbreitung ihrer Kompetenz und mit Umfang ihres Gebrauchs für internationale Kommunikation (im engeren Sinn) – wobei klar ist, dass das Lernen Voraussetzung ist für Kompetenz und diese für den Gebrauch, aber weder das Lernen die Kompetenz noch diese den Gebrauch garantiert.
– Von Häufigkeit wissenschaftlicher Publikationen in einer Sprache mit Häufigkeit der Aufnahme in periodische wissenschaftliche Bibliographien und Häufigkeit internationaler Rezeption von Publikationen in dieser Sprache (internationale Rezeption im Sinne internationaler Kommunikation im engeren Sinn) – wobei diese Korrelationen nicht gewährleistet sind.

Trotz solcher Vorbehalte, die hoffentlich zu weiterer Forschung anregen, erhebe ich für das vorliegende Buch den Anspruch, dass es – aufgrund der Vielfalt von Aspekten und Daten – ein tendenziell richtiges Bild von der internationalen Stellung der deutschen Sprache liefert. Dieses wiederum ist eine wichtige Komponente für die angestrebte umfassende Darstellung der Stellung der deutschen Sprache in der Welt. Sie wird vervollständigt durch die Differenzierung der internationalen Kommunikation nach den Handlungsfeldern Wirtschaft, Wissenschaft, Diplomatie, Tourismus, Medien und Sprachkunst (Kap. F – J) und ergänzt durch die Sprecherzahlen von Deutsch und die ökonomische Stärke dieser Sprecher (Kap. C), die Verbreitung der Sprache als staatliche Amtssprache (Kap. D) und als Minderheitssprache (Kap. E), den Umfang des Lernens als Fremdsprache (Kap. K) und die Förderung vor allem im Rahmen Auswärtiger Kulturpolitik (Kap. L).

4. Eine Sprache wie Deutsch als Lingua franca, neben Englisch?

Die deutsche Sprache wird heutzutage kaum als Lingua franca bezeichnet. Dagegen ist diese Charakterisierung für das Englische typisch, wie z.B. bei Philippe van Parijs (2011: 9), der von „English as Europe's lingua franca" schreibt und den Terminus folgendermaßen definiert: „A lingua franca will here be defined as any language widely used for communication between people with different mother tongues [...]". Allerdings lässt seine Fortsetzung Raum auch für andere Linguae francae: „A lingua franca, so defined, does not need to be known by all members of the communities it links. Nor does there need to be only one lingua franca at a time. Spanish, for example, can operate as a lingua franca in this sense within Spain, while English operates as a lingua franca within Europe, Spain included."

Aus dem Hinweis auf die Funktion von Spanisch als Lingua franca in Spanien, aber auch aus sonstigen Textstellen im betreffenden Buch von van Parijs lässt sich schließen, dass er den Terminus *Lingua franca* in dem umfassenden Sinn versteht, der auch die asymmetrische Sprachwahl von Muttersprachlern gegenüber Fremdsprachlern umfasst, also nicht beschränkt ist auf echte Lingua-franca-Kommunikation. In Kap. A.3 habe ich vorgeschlagen, in einem solchen Fall – bei Bedarf der Klarstellung – von einer „unechten" Lingua franca zu sprechen. Der deutsche Terminus *Verkehrssprache* wird meist auch in derart umfassender Bedeutung gebraucht.

In diesem Sinn ist dann offenkundig auch Deutsch Lingua franca – zumindest in den deutschsprachigen Ländern (Kap. B.4) als das dort vorherrschende sprachliche Kommunikationsmittel zwischen Personen verschiedener Muttersprachen: Zwischen der deutschsprachigen Mehrheit und den nicht-deutschsprachigen Minderheiten (die ihre Muttersprache bewahrt haben, wie autochthone Sorben, Roma, Dänen u.a. oder allochthone Immigranten und Migranten aus der Türkei, Griechenland, Korea usw.), wie auch zwischen diesen Gruppen. Vielleicht gilt Ähnliches, abgeschwächt, in den über die deutschsprachigen Länder hinausreichenden Gebieten mit Deutsch als staatlicher Amtssprache (Kap. D) oder vereinzelt sogar in Wohngebieten deutschsprachiger Minderheiten (Kap. E).

Die territoriale Zuordnung der Linguae francae, die van Parijs vornimmt: Spanien bzw. Europa, denen ich hier die deutschsprachigen Länder und Gebiete hinzugefügt habe, wirft bei genauerer Betrachtung diverse Fragen auf. Die Komplexität des möglichen Bezugs von Sprachen auf Territorien wird eingehend behandelt im entsprechend betitelten Buch von Jean A. Laponce (1987b: „Languages and their Territories"). Ich möchte diesen Bezug hier jedoch nicht vertiefen, sondern beschränke mich auf allgemeinere Fragen bezüglich Deutsch als – mögliche und faktische – Lingua franca.

In einem früheren Buch berichtete ich über eine eigene Erhebung, wonach Deutsch in Ostmitteleuropa um 1990 noch verbreitete Lingua franca war, also zur sprachlichen Kommunikation zwischen Personen unterschiedlicher Muttersprache diente (Ammon 1991a: 121-149, vor allem 137). Allerdings war Deutsch in dieser Funktion nicht nur territorial eingeschränkt (auf Ostmitteleuropa), sondern darüber hinaus auch auf die – nicht exakt definierte – „ältere Generation". Die jüngere Generation tendierte dagegen mehr zu Russisch und auch schon zu Englisch. Heute ist Englisch in Ostmitteleuropa die vorherrschende Lingua franca, wie fast überall in der Welt, gebietsweise allerdings auch Russisch und nur in der älteren Generation in sehr beschränktem Umfang noch Deutsch.

Dies bedeutet jedoch nicht, dass Deutsch als Lingua franca gänzlich auf die deutschsprachigen Länder und Gebiete eingeschränkt ist. Vielmehr ermöglicht die in Kap. A.3 getroffene Unterscheidung zwischen ‚echter Lingua-franca-Kommunikation' (symmetrisch) und unechter ‚Lingua-franca-Kommunikation' (asymmetrisch) eine differenziertere Sicht. Deutsch wird heute kaum noch gelernt mit dem Ziel seiner Verwendung als echte Lingua-franca. Vielmehr wollen Deutschlerner hauptsächlich mit den deutschsprachigen Ländern und ihren Bewohnern kommunizieren (Kap. B.4). Diese Kommunikation ist asymmetrisch: Von Seiten der Muttersprachler dominant und auf Seiten der Fremdsprachler dominiert. Jedoch eröffnen die zugrunde liegenden Sprachkenntnisse auch die

Möglichkeit von symmetrischer, echter Lingua-franca-Kommunikation auf Deutsch. So können z.B. Ungarn oder Chinesen, die Deutsch als Fremdsprache gelernt haben, nicht nur mit Deutschen auf Deutsch kommunizieren, sondern auch mit einander. Dies kann man z.B. auf internationalen Konferenzen, besonders Deutschlehrer- und Germanistik-Konferenzen, oder auch zwischen Ausländern an deutschen Hochschulen beobachten. Entsprechendes gilt für alle Sprachen, die in mehreren anderen Sprachgemeinschaften als Fremdsprachen gelernt werden. Nur geschieht solche Lingua-franca-Kommunikation, wie auch die asymmetrische Kommunikation, viel seltener in anderen Sprachen als in Englisch.

Durch Lingua-franca-Kommunikation verbindet Deutsch – zumindest potentiell – eine weit größere Zahl von Ländern als durch asymmetrische Kommunikation. Deutsch ist in 6 Ländern oder Teilen von Ländern vorherrschende Muttersprache – in allen, wo es auch staatliche Amtssprache ist, außer in Luxemburg (Kap. D) –, und in einer Reihe weiterer Länder gibt es deutschsprachige Minderheiten mit Deutsch als Muttersprache (Kap. E). Ihre Zahl ist teilweise eine Definitionsfrage (von ‚Muttersprache' und ‚Minderheit'), aber nehmen wir hier einmal provisorisch ca. 20 derartige Länder an. Außerdem wird Deutsch in ca. 100 Ländern als Fremdsprache gelernt (Kap. K.7), wobei sicher jeweils zumindest ein Teil der Lerner auch ein kommunikationstaugliches Kompetenzniveau erreicht. Diese erfolgreichen Lerner können dann mit den Muttersprachlern von Deutsch in 26 Ländern (mit Deutsch als Muttersprache mindestens einer Minderheit) asymmetrisch und mit einander in Lingua-franca-Kommunikation auf Deutsch kommunizieren. Eine kombinatorische Überlegung verdeutlicht die Vielfalt der dadurch möglichen internationalen Kontakte (zwischen verschiedenen Ländern) auf Deutsch. Die Zahl der möglichen paarweisen asymmetrischen Kontakte beläuft sich auf 1.300 (26·100 : 2), die der möglichen paarweisen Lingua-franca-Kontakte auf 4.950 (100·99 : 2); zusammen also 6.250 mögliche paarweise Kontakte mit internationaler Kommunikation im engeren Sinn (vgl. dazu Kap. A.3). Die Division durch 2 neutralisiert die Reihenfolge, d.h. (Kontakt Staat A → Staat B) = (Kontakt Staat B → Staat A); Kombinationen gleicher Elemente zählen als derselbe Kontakt, unabhängig von der Reihenfolge der Elemente. Auch wenn man sich auf die Länder beschränkt, die keine gemeinsame Muttersprache haben (z.B. Englisch, Französisch oder andere), bleibt die Zahl hoch, sogar bei der Beschränkung auf echte Lingua-franca-Kommunikation. Wenn man nur die Länder mit Deutsch als Fremdsprache berücksichtigt und von den 100 dann – geschätzte – 20 wegen gleicher Muttersprache abzieht, belaufen sich die potentiell mit Deutsch durch Lingua-franca-Kommunikation verbundenen Paare von Ländern immer noch auf 3.160 (80·79 : 2).

Die allgemeine mathematische Formel, die auch die Zahl der Kombinationen zwischen mehr als 2 Ländern, also nicht nur für paarweise Kontakte, erschließt, findet sich unter Abb. A.4-1 (n für die Gesamtzahl der Elemente/ Länder, k für die Zahl der an den jeweiligen Kontakten beteiligten Elemente/ Länder). Die Teilung durch k! bewirkt, dass Kombinationen mit lediglich unterschiedlicher Reihenfolgen nicht als verschieden gezählt werden; k! gibt daher die Zahl möglicher Reihenfolgen der Elemente einer Kombination an, z.B. bei 3 Elementen: 3! = 3·2·1 = 6: ABC, ACB, BAC, BCA, CAB, CBA).

Die Abb. selbst illustriert, wie die Kombinationsmöglichkeiten mit der Zahl der Länder wachsen, stellt allerdings nur die paarweisen Kombinationen dar, entweder zwischen Personen verschiedener Länder oder zwischen ganzen Ländern, indem alle Deutsch-Sprecher pro Staat als Einheit gelten. Bei mehr als nur paarweisen Kombinationen, wie sie bei Begegnungen von Personen aus mehr als 2 Ländern auftreten, steigt die Zahl der möglichen Kombinationen rasant weiter an. Nach der soeben erläuterten mathematischen Formel sind es z.B. bei einer Auswahl von 4 aus 100 Ländern schon 3.921.225 Kombinationsmöglichkeiten ((100·99·98·97) : (4·3·2·1)).

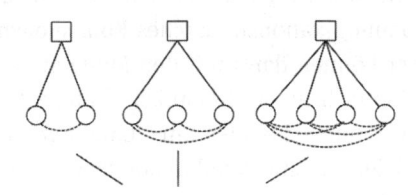

— Asymmetrische Kommunikation

······· Interlinguale Kommunikation

Lingua-franca-Kommunikation

☐ Muttersprachler   ◯ Fremdsprachler

$\binom{n}{k}$ = Anzahl Lingua - franca - Kommunikationen

$\binom{n}{k} = \dfrac{n \cdot (n-1) \cdot (n-2) \cdots (n-k+1)}{k!}$;

z.B. bei $n = 4, k = 2$; $\dfrac{4 \cdot 3}{2} = 6$; bei $n = 80, k = 2$; $\dfrac{80 \cdot 79}{2} = 3160$

Abb. 4.1: Kombinationen asymmetrisch dominanter und Lingua-franca-Kommunikationen

Diesen Kombinationsmöglichkeiten unter den ganzen Ländern lassen sich die möglichen Kombinationen von Personen mit Deutschkenntnissen innerhalb der einzelnen Länder hinzufügen. Dabei braucht man nur an die Zahlenlotterie zu denken, wo bei 6 Zahlen aus 49 insgesamt 13.983.816 Kombinationen möglich sind. Die Zahl der Personen mit Deutschkenntnissen liegt aber in mehr als 100 Ländern weit über 49. Die Verbindung der Kombinationsmöglichkeiten von Ländern und Personen, die mit einander zu multiplizieren sind, wächst damit ins Unermessliche.

Jedoch lasse man sich dadurch nicht täuschen. Denn der gigantischen Zahl der möglichen internationalen Lingua-franca- und auch asymmetrischen Kombinationen steht der oft winzige Anteil der Deutsch-Sprecher an der Gesamtbevölkerung der Länder gegenüber. So belegt z.b. die neueste Erhebung für die Volksrepublik China nur insgesamt 41.900 Deutschlerner (Kap. K.9.13). Hiervon lässt sich zwar nicht ableiten, wie viele Deutsch-Sprecher mit ausreichender kommunikativer Kompetenz es in ganz China gibt; vermutlich treffen wir jedoch die Größenordnung einigermaßen, wenn wir – ungeschützt spekulierend – ca. 65.000 annehmen (man denke einerseits an die Generationen vorausgehenden Lernens und andererseits an späteres Vergessen). Es kommt hier nur auf die ungefähre Größenordnung an. Dies wären nur 0,005% der Gesamtbevölkerung von ca. 1,3 Mia. Entsprechend verschwindend gering ist die Wahrscheinlichkeit, dass man bei zufälliger Begegnung mit einer ChinesIn auf eine Deutsch-SprecherIn trifft, nämlich ≈ 1 : 20.000 (p=0,00005). Man kommt also kaum in Versuchung, Deutsch als eine Lingua franca oder Verkehrssprache für deutsch-chinesische Beziehungen einzuschätzen. Anders ist dies bei Englisch, dessen diesbezüglicher Abstand von Deutsch riesig ist und weiter wächst, da Englisch seit Jahren in China generell obligatorisches Schulfach ist. In Kap. K.9.13 habe ich – aufgrund vorliegender grober Daten – geschätzt, dass auf einen Deutschlerner in China ca. 7.000 Englischlerner kommen (bei 300 Mio. Englischlernern insgesamt). Bei gleicher Proportion von Lernern zu Sprechern wie im Deutschen wären dies 474.000.000 Englisch-Sprecher (300. Mio. · 1,58; 65.000 : 41.900 = 1,58). Entsprechend größer ist die Wahrscheinlichkeit, in China auf eine Englisch-SprecherIn zu treffen, nämlich 1 : 2,74 (p=0,36).

Allein aufgrund der Proportionen, auch im Vergleich zu Englisch, mag manchen Deutschen der Gebrauch von Deutsch in China (oder auch andernorts) von vornherein aussichtslos erscheinen. Die geschilderten Proportionen tragen dazu bei, dass der Gebrauch von Englisch als der Normalfall (engl. *default choice*) gilt. Diese Einschätzung verfestigt sich zur Einstellung der Sprecher, die sie dann zur Wahl von Englisch für die internationale Kommunikation disponiert. Unter Rückgriff auf eine im Rahmen der Grammatik gängige Theorie kann man auch vom Gebrauch von Englisch als dem „unmarkierten Fall" und vom

Gebrauch von Deutsch oder einer anderen internationalen Sprache als dem „markierten Fall" sprechen (vgl. Eisenberg 1999/ 2001: 18-20). Die Entscheidung für letzteren, weniger normalen Fall bedarf besonderer Umstände und Anlässe. Es gibt vielerlei Gründe, warum diese nicht immer wahrgenommen oder nicht sachgerecht beurteilt werden und dann auch bei durchaus angemessenen Gelegenheiten kein Deutsch, sondern Englisch gesprochen wird (dazu Kap. A.6; F.2; F.5).

Vor allem wird leicht übersehen, dass sich die Deutschlerner und Deutsch-Sprecher auf bestimmte Orte und Situationen konzentrieren. So – um beim Beispiel China zu bleiben – z.B. auf die Tongji-Universität in Shanghai, wo regelmäßig fast die Hälfte aller Studierenden Deutsch als Fremdsprache lernt, bisweilen bis zu 15.000, die meisten als Zusatzfach zu anderen Fächern – eigentliche Germanisten sind es vergleichsweise wenige (Mitteilung des früheren Dekans der Deutschabteilung, Jianhua Zhu). Daher war es z.B. eine fragwürdige Entscheidung, dass die Redner aus Deutschland bei der 100-Jahr-Feier der Tongji-Universität im Jahr 2007 ausschließlich Englisch sprachen (Hinweis von Armin Burkhardt), zumal die Germanistikabteilung sicher gerne kostenloses Simultandolmetschen geleistet hätte. Für die angemessene Sprachwahl ist die möglichst genaue Spezifizierung von Regionen, Orten, Handlungsfeldern und Situationen (Domänen), wo sich Deutsch-Sprecher konzentrieren, eine wichtige Orientierung. Dort nämlich kann Deutsch durchaus als Lingua franca dienen. Das Paradebeispiel sind internationale Germanisten- oder Deutschlehrerkongresse. Aber entsprechende Möglichkeiten bieten auch Gastbesuche und -vorträge aus den deutschsprachigen Ländern im Ausland bei Deutsch- oder Germanistikabteilungen oder an Schulen, gelegentlich auch Kontakte zu geisteswissenschaftlichen Fächern oder zu Firmenniederlassungen mit in Deutsch geschultem Personal.

Für die Lingua-franca-Kommunikation auf Deutsch bedarf es heute keiner face-to-face Begegnung mehr, die verkehrstechnisch jedoch ebenfalls viel einfacher ist als früher, sondern stehen kostengünstige mündliche und schriftliche Verbindungen zur Verfügung, vor allem über das Internet (auch telefonisch, z.B. Skype, bzw. E-Mail). Die Erforschung der internationalen asymmetrischen und Lingua-franca-Kommunikation über das Internet, die in deutscher Sprache stattfindet, ist ein interessanter, spezieller Untersuchungsgegenstand, der im vorliegenden Buch leider unterbelichtet bleibt (jedoch Kap. J.1.4.1; J.1.4.2). Ein brasilianischer Student hat mir am Rande einer Konferenz, gewissermaßen im Vorübergehen, gesagt, er interessiere sich dafür und würde gerne eine Magisterarbeit über die Sprachwahl zwischen Deutsch- und Nicht-Deutschsprachigen – vor allem in persönlicher, nicht geschäftlicher – internationaler Internetkommunikation verfassen; jedoch ging mir der Kontakt zu ihm verloren.

Schließlich ist im vorliegenden Zusammenhang die Modifikation der von Werner Hüllen (1992) vorgeschlagenen Unterscheidung von Muttersprachen als „Identifikationssprachen" und von Linguae francae als „Kommunikationssprachen" von Interesse. Wie Jennifer Jenkins (2007: 197-235) am Beispiel von Englisch verdeutlicht hat, kann durchaus auch eine Lingua franca als Symbol gemeinsamer Gruppenzugehörigkeit dienen, und sogar gerade wenn die Nicht-Muttersprachlichkeit offenkundig ist (am Akzent, an Abweichungen von der muttersprachlichen Grammatik, Lexik, Idiomatik oder Pragmatik). Dann nämlich können sich die in der Lingua franca kommunizierenden Personen als Angehörige einer Gemeinschaft fühlen, im Falle von Englisch vielleicht stolz als Speerspitze der Globalisierung. Diese Einstellung kann Teil ihrer sozialen Identität werden. Die scheinbar bloße Kommunikationssprache wird dann zur Identifikationssprache. Entsprechend können sich Personen, die in nicht-muttersprachlichem Deutsch kommunizieren, zugehörig fühlen zur internationalen Gemeinschaft der Deutsch-Sprecher und Deutschkönner, vielleicht sogar als Verteidiger restlicher Bastionen einer einstigen „Weltsprache". Dieses Selbstverständnis kann weitgehend unterbewusst bleiben und dennoch eine Facette der sozialen Identität (Gruppenzugehörigkeit) dieser Personen bilden (siehe zu ,Identität' auch Kap. B.3; E.1; E.2). Forschungen zu dieser Frage sind mir allerdings nicht bekannt.

5. Komplementäre nationale und internationale Stellung von Sprachen?

Die Abschwächung der internationalen Stellung der deutschen Sprache oder, spezieller, das abnehmende Interesse am Lernen von Deutsch als Fremdsprache (DaF) werden oft in Zusammenhang gebracht mit der Vernachlässigung der deutschen Sprache innerhalb der deutschsprachigen Länder. Das Desinteresse an der eigenen Sprache innerhalb der eigenen Sprachgemeinschaft verstärke die Abkehr von der deutschen Sprache im Ausland. Dies ist ein häufiges Thema von – vor allem sprachpuristisch geneigten – Sprachpflegern und ihren Organisationen, wie z.B. im „Verein Deutsche Sprache (VDS)" (Kap. L.3.4) oder im personell sich damit überschneidenden „Arbeitskreis Deutsch als Wissenschaftssprache (ADAWIS)". Dass die Nachlässigkeit gegenüber der eigenen Sprache innerhalb der deutschsprachigen Länder das Interesse an Deutsch außerhalb beeinträchtigen könne, klingt aber auch sonst in einschlägigen Äußerungen an. Ein Beispiel ist das medienwirksame Buch der früheren Präsidentin des Goethe-Instituts, Jutta Limbach, „Hat Deutsch eine Zukunft?" (2008: 25-

30), das sich sonst vom Sprachpurismus entschieden distanziert (ebd.: 30-33). Tatsächlich ist der Zusammenhang zwischen nationaler und internationaler Stellung von Sprachen nicht abwegig und kommt auch im vorliegenden Buch immer wieder zu Sprache. Jedoch sind explizite Begründungen dieses Zusammenhangs Mangelware. Sie beschränken sich meist auf Andeutungen. Ein Beispiel für einen – trotz Kürze – treffenden Hinweis auf die Abträglichkeit des wachsenden Englischgebrauchs in Deutschland auf das Deutschlernen in der Welt findet sich allerdings bei Hoberg (2004: 94). Vielen erscheint vermutlich die Wirkung von Wertschätzung und Gebrauch der deutschen Sprache innerhalb der deutschsprachigen Länder auf die Wertschätzung und den Gebrauch der deutschen Sprache außerhalb so unmittelbar einleuchtend, dass sie eine genauere Analyse oder nähere Erläuterungen für überflüssig halten. Jedoch sind sie meines Erachtens der Mühe wert.

Zweierlei Entwicklungen scheinen mir für den angesprochenen Zusammenhang besonders bedeutsam, die auch häufig aufscheinen, wenn auf ihn hingewiesen wird:

(1) Der Stellungsgewinn anderer Sprachen, nicht nur Englisch, innerhalb der deutschsprachigen Länder und

(2) die im Vergleich zu früheren Jahrzehnten zahlreicheren Entlehnungen aus anderen Sprachen, vor allem aus dem Englischen, ins Deutsche.

Diese beiden Entwicklungen möchte ich im vorliegenden Kap. im Hinblick auf mögliche Zusammenhänge mit der internationalen Stellung der deutschen Sprache näher beleuchten. Zum Teil berühren sich beide Entwicklungen und sind stellenweise sogar kaum unterscheidbar; auf weiten Strecken lassen sie sich aber doch klar auseinander halten.

Was (1) betrifft, so werden in den deutschsprachigen Ländern neben Deutsch weitere Sprachen gebraucht, mehr und in größerem Umfang als in früheren Zeiten (Kap. A.8, Stichwort „sprachliche Supervielfalt"). Dies sind zum einen die Sprachen der autochthonen Minderheiten (in Deutschland z.B. Sorbisch oder Romani), die geschützt sind aufgrund der – von den deutschsprachigen Ländern ratifizierten – *Europäischen Charta der Regional- oder Minderheitensprachen* (zum Ratifizierungsstand: conventions.coe.int/treaty/Commun/ChercheSig.asp?NT=148&CM =&DF=&CL=GER – abgerufen 13.07.2012). Hinzu kommen die Sprachen der allochthonen Minderheiten, der Immigranten und Migranten (wie Türkisch, Polnisch u.a.), die ebenfalls mehr Schutz und Förderung genießen als früher, wenn auch neuerdings die Notwendigkeit des Erwerbs von Deutschkenntnissen betont und für die Staatsbürgerschaft verlangt wird (Li 2014). Schließlich sind zusätzliche Sprachen in Bildung und Wissenschaft gebräuchlich geworden, vor allem Englisch, besonders an Privatschulen und an Hochschulen, auch schon in der Lehre (Kap. G.8; Ammon 1998; Oberreuter/ Krull/ Meyer/ Ehlich 2012).

Man könnte meinen, der Gebrauch von Minderheitssprachen tangiere die internationale Stellung der deutschen Sprache dann nicht, wenn die Minderheiten auch die deutsche Sprache lernen und gebrauchen, so dass sie ihre Zweitsprache, vielleicht sogar zweite Muttersprache wird (Kap. A.3). Wenn man jedoch bedenkt, zu welchem Zweck Nicht-Deutschsprachige Deutsch lernen, muss man diese Einschätzung modifizieren. Ein pauschales Motiv ist sicher, um mit den deutschsprachigen Ländern, den dortigen Personen und Institutionen, kommunizieren zu können. Soweit diese Kommunikation jedoch auch mit einer anderen Sprache gelingt, kann sich diese Motivation abschwächen. Dies gilt vor allem bei größeren Minderheiten, mit denen man auch in ihrer eigenen Sprache kommunizieren kann, z.B. Türken. So ersparen sich vermutlich manche in der Türkei lebende Türken das Deutschlernen unter dem Eindruck, dass sie in den deutschsprachigen Ländern für ihre Zwecke ausreichend viele türkischsprachige Kommunikationspartner finden. Entsprechendes gilt – abgeschwächt – für andere Minderheiten in den deutschsprachigen Ländern, nicht unbedingt nur für allochthone (Griechen, Serben usw.), sondern teilweise auch für autochthone, z.B. Grenzminderheiten wie die Dänen. Allerdings mangelt es, soweit ich sehe, an Untersuchungen zu diesem Fragenkomplex. Jedoch gibt es Anekdoten zur Telefon- und Internetkommunikation zwischen Immigranten und ihren Verwandten oder Bekannten in den Herkunftsländern, die dort den Eindruck erwecken können, dass man für die Kommunikation mit den deutschsprachigen Ländern nicht unbedingt Deutschkenntnisse braucht. Dies ist eine wenig bedachte Kehrseite des Erhalts von Immigrantensprachen.

Zwar haben alle autochthonen Minderheiten gute Deutschkenntnisse, und erwirbt sie aufgrund der Integrationsgesetze auch ein wachsender Teil der allochthonen Minderheiten, vor allem die junge Generation – weshalb manche Sorgen um Ghettobildungen und damit verbundene soziale Probleme übertrieben erscheinen. Jedoch ist für die vermutete Motivationsbeeinträchtigung des Deutschlernens der Erhalt der Herkunftssprache ausschlaggebend. Und dieser Erhalt ist aus verschiedenen Gründen wünschenswert. Dafür spricht schon das nüchterne Interesse der deutschsprachigen Länder, da die allochthonen Minderheitssprachen eine ökonomische Ressource sind (siehe dazu z.B. Brizic 2009 – Hinweis Hans-Jürgen Krumm; Krumm 2008: 7f.). Denn ihr Erhalt in den deutschsprachigen Ländern erleichtert die wirtschaftlichen Kontakte zu den Herkunftsländern.

Hier zeigt sich ein Dilemma wirtschaftlich motivierter Sprachenpolitik der deutschsprachigen Länder: Der Erhalt der Immigrantensprachen verbessert einerseits die Auslandskontakte der deutschsprachigen Länder und beeinträchtigt andererseits die Stellung der deutschen Sprache in der Welt. Ersteres dient den deutschsprachigen Ländern wirtschaftlich, Letzteres schadet ihnen (Kap. F.1). Solche Dilemmata zeigen sich bei genauerer Analyse auch im Falle anders bedingter Stellungseinbußen der deutschen Sprache und erschweren entgegenwirkende Sprachenpolitik.

Für den Erhalt der Immigrantensprachen gibt es außer ihrer möglichen Funktion als wirtschaftliche Ressource weitere gewichtige Gründe. Dazu gehört ihre Funktion für sonstige, nicht nur unmittelbar ökonomische internationale Kontakte: für kulturelle Beziehungen im weitesten Sinn. Ein anderes Bündel von Gründen, das Hans-Jürgen Krumm (z.B. 2008; 2011) entwirrt hat, enthält auch eine ethische Komponente. Eine Politik der Nicht-Anerkennung der Herkunfts-Muttersprachen kann zu Störungen in den Familien und bei betroffenen Individuen zu Identitätsbrüchen führen. Ähnliche ethische Argumente wurden auch beim Thema „Sprach(en)tod" vorgebracht; jedoch würden deren Darstellung und Diskussion zu weit führen. Es geht hier nur um das Aufzeigen, dass der (aus guten Gründen gewünschte) Erhalt der Minderheitssprachen der Stellung der deutschen Sprache in der Welt abträglich sein kann und damit eines bislang kaum beachteten Aspekts des Zusammenhangs zwischen der Stellung der deutschen Sprache innerhalb und außerhalb der deutschsprachigen Länder. Die genaue Untersuchung, die auch für eine ausgewogene Sprachenpolitik wichtig wäre, steht noch aus.

Untersuchungsbedarf besteht auch bezüglich der Möglichkeit, dass sogar der Erhalt von Immigrantensprachen in den nicht-deutschsprachigen Ländern der Stellung der deutschen Sprache in der Welt abträglich sein kann. Dazu ein kurzer Exkurs, der über das Thema des vorliegenden Kap. hinausgeht, aber erhellendes Licht darauf wirft. Die Wirkung des Erhalts von Minderheitssprachen in nicht-deutschsprachigen Ländern auf die Stellung der deutschen Sprache in der Welt ist noch schwieriger zu erkennen als die zuvor geschilderte innerhalb der deutschsprachigen Länder. Ein Beispiel liefert Schweden. Dort haben Immigranten, z.B. Türken, die Möglichkeit ihre Muttersprache in sogenannten *hemspråksklasser* (Muttersprachklassen) als Unterrichtssprache zu pflegen, um ihre Kenntnis zu erhalten (Belke 2011). Außerdem ist auch Schwedisch Unterrichtssprache, als Zweitsprache der betreffenden Schüler (zum Begriff Kap. A.3). Erst danach kommt eine echte Fremdsprache, dann nur als Schulfach (nicht Unterrichtssprache), die für die Schüler schon die dritte Sprache ist. Die dritte Sprache (und erste Fremdsprache) ist für so gut wie alle Schüler Englisch. Entsprechend ist es in anderen Ländern mit ähnlicher Regelung für die Immigrantensprachen. Dabei bleibt es sich gleich, ob Englisch – wie in immer mehr Ländern – obligatorisch ist oder zur Wahl steht, weil es auch in diesem Fall dann von fast allen Schülern gewählt wird. Deutsch oder andere

Fremdsprachen werden so auf den vierten Platz verbannt, und dann auch noch meist als nur ein Element aus einem Bündel von Fremdsprachen, als Wahl- oder – in selteneren Fällen – Wahlpflichtfach. Für viele Schüler entfällt die vierte Sprache ganz, weil sie damit überfordert sind. Wäre die Immigrantensprache nicht auch Schulsprache, so blieben Sprachen wie Deutsch drittplaziert und damit eher innerhalb des Lernhorizonts. Auf diese Weise kann – höchst indirekt – auch der Erhalt von Immigrantensprachen in nicht-deutschsprachigen Ländern, das Lernen von Deutsch oder anderer Fremdsprachen beeinträchtigen und damit ihre Stellung in der Welt schwächen. Damit wird letztlich sogar die pauschale Begründung für den Erhalt von Immigrantensprachen, dass er der – selbstverständlich wertvollen – Vielsprachigkeit diene, zweifelhaft. Dass es gleichwohl gute Gründe für eine solche Erhaltpolitik gibt, habe ich schon aufgezeigt und ebenso das Dilemma jeglicher Opposition gegen solche Politik, zu der z.B. das Bemühen um Stärkung der Stellung der deutschen Sprache in der Welt motivieren könnte.

Ich setze den Exkurs über das Kap.thema hinaus fort mit der naheliegenden Überlegung, dass sogar der Erhalt autochthoner Minderheitssprachen oder zusätzlicher staatlicher Amtssprachen in den nicht-deutschsprachigen Ländern so wirkt wie der Erhalt von Immigrantensprachen: Nämlich dass Deutsch in der Reihenfolge der Schulsprachen nach hinten rückt, bestenfalls auf den vierten Rangplatz, als eine von mehreren dort zur Wahl stehenden Sprachen. So sieht z.B. für Basken in Spanien die Reihenfolge der Schulsprachen so aus: Baskisch – Spanisch – Englisch – X, oder für Friesen in den Niederlanden: (West)Friesisch – Niederländisch – Englisch – X (mit Deutsch als Element von X), wobei X für viele Schüler gar nicht mehr in Betracht kommt. Allgemeiner formuliert, forciert der Erhalt von Minderheitssprachen oder zusätzlichen staatlichen Amtssprachen die Beschränkung auf Englisch als einzige Fremdsprache, unter Verzicht auf Deutsch oder andere Fremdsprachen (vgl. zu dieser Frage Ammon 2009b: 24-27; 2010d: 18f.). Allerdings würde sich jegliche Argumentation gegen mehrere staatliche Amtssprachen oder gegen den Erhalt von Minderheitssprachen, ob allochthon oder autochthon, zugleich gegen die Stellung von Deutsch richten, sowohl national als auch international, denn auch Deutsch ist in vier Ländern eine von mehreren Amtssprachen (Kap. D) und zudem in einer größeren Zahl von Ländern autochthone Minderheits- oder Immigrantensprache (Kap. E). Darüber hinaus gibt es von den partikularen Interessen der deutschen Sprachgemeinschaft unabhängige Gründe, nicht zuletzt die schon erwähnten ethischen, gegen eine entsprechend restriktive Politik.

Wenn wir den Blick kurz weiter auf die nicht-deutschsprachigen Länder richten, so lässt sich leicht einsehen, dass die Vermehrung der Schulfremdsprachen, die man dort vielfach in neuerer Zeit vorgenommen hat, zu Lasten von

DaF geht. Zu nennen sind vor allem asiatische Sprachen wie Chinesisch oder Japanisch. Noch beeinträchtigender für DaF ist die – inzwischen weltweite – curriculare Festlegung von Englisch als erste Fremdsprache, ob obligatorisch oder als Wahlpflicht. Die Beobachtung, dass Englisch meist bei weitem nicht auf die Schule beschränkt bleibt, sondern auch außerhalb vielfach gebraucht wird, führt vom Exkurs wieder zurück auf die Vernachlässigung der deutschen Sprache in den deutschsprachigen Ländern und ihre Wirkung auf ihre Stellung in der Welt. Außer den Minderheitssprachen werden in den deutschsprachigen Ländern auch internationale Sprachen als Fremdsprachen (vgl. dazu Kap. A.3, A.7) gelernt und gebraucht, von denen einzelne vor Ort zugleich – wenn auch nicht unbedingt als solche anerkannte – Minderheitssprachen sind, z.B. Italienisch (autochthon) oder vielleicht Chinesisch (allochthon). Allerdings haben in den deutschsprachigen Ländern, wie vielerorts in der Welt, alle anderen internationalen Sprachen außer Englisch nur Nischenfunktion. Dagegen ist Englisch – wie allenthalben in der Welt – in vielfältiger Form omnipräsent (vgl. zu Deutschland Hüllen 2007).

Dabei ist bedeutsam, dass auch Muttersprachler des Deutschen häufig Englisch sprechen und schreiben. Dies geschieht besonders häufig in den folgenden Situationen:

- In Verkehrsmitteln bei Ansagen, in Fernzügen der Bahn und selbstverständlich in Flugzeugen, auch im Verkehr innerhalb der deutschsprachigen Länder.
- In populärer Volksmusik, auf den Bühnen und in den Medien, vor allem im Radio (Kap. J.2.3).
- In Touristengebieten (Kap. I.3), aber auch sonst, auf Anschriften, die der Orientierung oder anderer Information dienen: Wegweisern, Prospekten, Erläuterungen (z.B. in Museen), Speisekarten, Reiseführern und anderem.
- In der Werbung, nicht nur in Form einzelner Wörter und Wortgruppen, sondern auch längerer Äußerungen.
- In Stellenausschreibungen, ebenfalls auch in längeren Äußerungen.

Versteckter ist der verbreitete Englischgebrauch in folgenden, weniger öffentlichen Domänen:

- In den meisten großen Konzernen als vorherrschende Unternehmenssprache (vgl. Kap. F.7), zumal ausländische Vorstandsmitglieder oft gar kein Deutsch können; als häufige Verhandlungssprache, auch in kleineren Betrieben.
- An den Hochschulen in Publikationen, Konferenzen und in der Lehre; an den Privathochschulen, deren Zahl wächst, überwiegt vermutlich schon

englischsprachige Lehre, ist aber auch an den staatlichen Hochschulen verbreitet (vgl. Kap. G.3 – G.8).
- An den Privatschulen, deren Zahl ebenfalls wächst, als Unterrichtssprache, zumindest in einem Teil der Fächer.
- In der Politik bei internationalen Konferenzen, Begegnungen und Besuchen, an denen ausländische Politiker beteiligt sind: In Begrüßungen, Ansprachen, Vorträgen und Beratungen (vgl. Kap. H.5.1).
- In Städten bei organisierten Besuchen von Ausländern, z.B. aus Partnerstädten oder -schulen.
- In städtischen Kulturprogrammen, in Filmen, im Theater und in Vorträgen.
- Landesweit in allen deutschsprachigen Ländern, wenn auch sprachlich oft mühsam, bei Erteilung von Auskunft, Beratung, Entgegennahme von Bestellungen: Auf der Straße (z.B. Wegauskunft), im Restaurant, beim Einkauf, bei der Polizei, bei sonstigen Behörden, in Arztpraxen, Krankenhäusern und dergleichen.
- In Medienkontakten mit dem Ausland, über E-Mail, Facebook, Twitter oder Internet-Telefonie (Skype) (Kap. J.1.4.2).

Die triviale Kehrseite dieses Englischgebrauchs ist der seltenere Deutschgebrauch in den betreffenden Situationen – trotz teilweise parallelen Gebrauchs beider Sprachen wie z.B. bei Bahn- oder Flugzeug-Durchsagen. Die Annahme ist nicht abwegig, dass der verringerte Gebrauch der deutschen Sprache nicht nur ihrer Stellung, sondern sogar ihrer Struktur und vor allem ihrem Wortschatz abträglich ist. Dies folgt als Umkehrschluss daraus, dass durch vielfältigen Gebrauch einer Sprache ihre Ausdrucksmittel bereichert und verfeinert werden. Denn Sprachen nützen sich durch Gebrauch nicht ab, sondern gewinnen an Funktionalität und Gebrauchswert – im Gegensatz zu anderen Gebrauchsgegenständen, „qui perd de sa valeur à l'usage." „La langue [...] au contraire [...] se valorise d'autant plus qu'elle est plus utilisée. Pour dire les choses simplement, plus une voiture roule et plus elle perd de sa valeur (une voiture d'occasion se vend moins cher qu'une voiture neuve [...]), alors que, sur un certain laps de temps, plus une langue sert et plus elle se valorise." (Calvet 1999: 12)

Einige der in der vorausgehenden Liste genannten Situationen, in denen Englisch gebraucht wird, sind für die Verfeinerung der Ausdrucksmittel, für den „Ausbau" von Wortschatz, Terminologie, und Metaphorik besonders relevant, z.B. Forschung und Lehre an den Hochschulen oder Verhandlungen in Unternehmen und in der Politik. Aber nicht nur dort, sondern auch in unverdächtigeren Situationen könnte der bevorzugte Gebrauch von Englisch den Ausbau der deutschen Sprache beeinträchtigen. So erscheint die Annahme nicht abwegig, dass sogar die Ausdrucksmittel für Texte populärer Volksmusik sich weniger reichhaltig entwickeln, wenn große Teile dieses Genres auf Englisch statt auf Deutsch verfasst werden. Letztlich könnte solche Ausdrucksverarmung Deutsch auch als Fremdsprache weniger attraktiv machen, vor allem wo es hauptsächlich aus „kulturellen" Motiven gelernt wird, wie z.b. in Japan (mündliche Mitteilung Shinichi Sambe; Kap. K.9.14) oder Australien (G. Schmidt 2011; Kap. K.9.15). Allerdings ist dieser ganze Fragenkomplex von der Ausdrucksverarmung des Deutschen aufgrund der Gebrauchsverdrängung durch Englisch bis zur speziell dadurch bedingten Schmälerung der Attraktivität von DaF bislang weitgehend Spekulation und bedarf der Überprüfung durch wissenschaftliche Untersuchungen. Ich möchte nur hinzufügen, dass ich den besänftigend formulierten *Ersten Bericht zur Lage der deutschen Sprache* (Deutsche Akademie für Sprache und Dichtung 2013) nicht als überzeugende Widerlegung der geschilderten abträglichen Wirkung betrachte, da die Möglichkeit dieser Wirkung dafür nicht gezielt untersucht wurde.

Näher liegen allerdings Schwächungen des verbreiteten Englischgebrauchs in den deutschsprachigen Ländern auf die Stellung der deutschen Sprache in der Welt – allein schon dadurch, dass weniger Deutsch nach draußen dringt. Ein Beispiel ist die Popmusik, deren deutsche Bands, einschließlich ihrer berühmtesten Vertreter, häufig englischsprachige Texte singen. Dadurch ist es auch selbstverständlich geworden, dass sie im Ausland nicht mehr mit deutschsprachigen Texten auftreten. Ein Beispiel bietet der Eurovision Song Contest, wo Lena im Jahr 2010 mit dem komplett englischsprachigen Song „Satellite" in Oslo siegte (Kap. J.2.3). Allerdings ist die Wirkung deutschsprachigen Popsingens auf das Deutschlernen zweifelhaft. So wurde zwar verschiedentlich berichtet, dass die Band *Tokio Hotel* Teenager zum Deutsch lernen motiviere, aber verschwiegen, dass diese Band im Ausland weitgehend auf englischsprachige Texte umgestiegen ist. Könnte es sein, dass die Motivation zum Deutschlernen – wenn überhaupt gegeben – aus den englischsprachigen Auftritten erwuchs, weil die Fans sich das Mutterland der Band sprachlich erschließen wollten?

Ähnliche Hoffnungen hegen offenbar die Befürworter des Übersetzungsprogramms deutscher geisteswissenschaftlicher Literatur ins Englische. Sie möchten durch das Zugänglichmachen deutscher Wissenschaft über Englisch den Ausländern den Mund nach mehr derartiger Kost, auch in der Originalsprache, wässrig machen. Jedenfalls wurde diese sprachenpolitische Zielsetzung des Programms, neben der Verbreitung wissenschaftlicher Erkenntnisse, von den Sponsoren nicht bestritten (bei meiner Nachfrage auf der Tagung „Deutsch in der Wissenschaft", 10./11. Januar 2011 in der Akademie für politische Bildung in Tutzing; siehe zum Übersetzungsprogramm Kap. G.13).

Vermutlich beeinträchtigt der Englischgebrauch in den deutschsprachigen Ländern die Stellung der deutschen Sprache in der Welt letztlich aus demselben Grund wie der Erhalt von Immigrantensprachen: Indem er die deutsche Sprache für die Kommunikation mit den deutschsprachigen Ländern verzichtbar macht oder wenigstens den Eindruck erweckt (Hoberg 2004: 94). Dies wäre bei der Allgegenwärtigkeit von Englisch nicht erstaunlich (dazu H. Wagener 2012). Diese potentielle Wirkung, oft mehr geahnt als klar erkannt, ist vermutlich auch der tiefere Grund für die Bitterkeit mancher Kritik an der „Überflutung" der deutschsprachigen Länder durch Englisch oder die Entwicklung Deutschlands zum „Linguafrancaland" (Weinrich 2000/ 2001). Es ist vermutlich eine der folgenreichsten Auswirkungen der globalen „Lingua franca" (in dem in Kap. A.3 und A.4 erläuterten Sinn) auf das weltweite Fremdsprachenlernen.

Der zunehmende Gebrauch von Englisch in den deutschsprachigen Ländern wird gestützt durch das immer ausgedehntere Erlernen, worauf große Teile der Bevölkerung begierig sind. Die Übrigen verpflichtet die Bildungspolitik zum Englischlernen, das heute schon in der Grundschule beginnt (zur Lage in Deutschland Quetz 2010). Hinzu kommen Lernen und Üben in Kindergärten und Vorschulen, in privaten Sprachschulen, durch Sprachreisen oder in englischsprachigen Studiengängen (Kap. G.8; H. Wagener 2012). Es sieht also ganz danach aus, dass Ausländer in Zukunft mit allen Deutschen, zumindest den für internationale Kontakte wichtigen Personen, auf Englisch kommunizieren können. Hinderlich bleiben nur Deutschsprachige, die diesem Trend nicht folgen können – oder nicht wollen und sich womöglich weigern, ihre Englischkenntnisse anzuwenden und auf Deutschgebrauch bestehen. Jedoch verlangt dies eiserne sprachliche oder nationale Identität und verstößt unter Umständen gegen elementare Höflichkeitsregeln (Kap. F.2).

Schon heute benötigen Ausländer in den deutschsprachigen Ländern in zahlreichen Situationen nicht mehr unbedingt Deutschkenntnisse. Vor allem an den Hochschulen und in der Wirtschaft können sie auf Englisch, ganz ohne Deutschgebrauch, erfolgreich wirken, und müssen nur im kulturellen Leben Einschränkungen in Kauf nehmen. Vielleicht auch in ihren persönlichen Kontaktmöglichkeiten – wenn sich diese nicht sogar durch Prestigezuwachs verbessern, weil sie ja mit Englisch über „transnationales sprachliches Kapital" verfügen und damit zur „transnationalen [sozialen] Klasse" gehören (Gerhards 2010: 54). Insoweit ist Deutschlernen für sie nicht mehr zwingend. So kann das viele Englisch in den deutschsprachigen Ländern auf das Deutschlernen (DaF) demotivierend wirken und damit die Stellung der deutschen Sprache in der Welt beeinträchtigen.

Allerdings ist auch dieser Zusammenhang bislang kaum erforscht (zu Anregungen H. Wagener 2012). Die empirische Absicherung stützt sich bisher auf

Einzelbeobachtungen und Anekdoten, z.B. Äußerungen niederländischer Besucher in Deutschland, sie kämen gut auf Englisch zurecht und brauchten keine Deutschkenntnisse (Mitteilung Heinz Eickmans) – oder ähnliche Berichte über andere Ausländer. In Großbritannien sehen sich aufgrund solcher Berichte und Erfahrungen wachsende Teile der Bevölkerung darin bestärkt, dass sie keine Fremdsprachenkenntnisse mehr brauchen (Kap. K.9.3). Allerdings könnte diese Einstellung bezüglich anderer als der deutschsprachigen Länder weniger realistisch sein. In Frankreich, Spanien oder Italien ist es offenbar schwieriger, sich auf Englisch zu verständigen.

Das sich allem Anschein nach verbreitende Bild von den deutschsprachigen Ländern, man komme dort auch ohne Kenntnis ihrer Sprache zurecht, erinnert an die traditionelle Haltung der Deutschsprachigen gegenüber den benachbarten kleineren Sprachgemeinschaften. Sie waren daran gewöhnt, deren Sprachen allenfalls für besondere Zwecke zu erlernen und sich sonst darauf zu verlassen, dass die Menschen dort Deutsch können. Jedoch ist heute darauf kein Verlass mehr. Stattdessen erwartet die dortige junge Generation mehr und mehr, sich mit allen Deutschsprachigen auf Englisch verständigen zu können. Zwar wird ständig versucht, die Nachbarländer wieder zu mehr Deutschlernen zu motivieren; jedoch gleicht der Erfolg fast dem der Appelle an die Deutschsprachigen, ihre Nachbarsprachen zu erlernen (z.B. „Warnung vor Dominanz der englischen Sprache": „Germanist Krumm plädiert für frühen Erwerb von Sprachen der Nachbarländer." *Der Standard* 19.07.2011; Raasch/ Cuny/ Bühler/ Magar 1992). Auf beiden Seiten bleibt die Resonanz verhalten, vermutlich aufgrund der Erfahrungen, dass man auch ohne die Landessprachen auskommt.

Beispiele für die Wirkung umfassender Fremdsprachenkenntnisse der Bevölkerung auf das Erlernen der eigenen Sprache als Fremdsprache liefern die Niederlande und Skandinavien. Die Kenntnis dieser Sprachen erscheint weitgehend überflüssig. Früher konnte man sich dort problemlos auch auf Deutsch oder Französisch verständigen, heute fast nur noch auf Englisch. Die Kenntnis der örtlichen Sprache erübrigt sich.

Ganz so weit sind die deutschsprachigen Länder noch nicht. Dies bestätigen Vergleiche von Teilnehmern englischsprachiger Studiengänge in Dänemark und Deutschland. Die erreichten Deutschkenntnisse waren in Deutschland – bei gleich langen Aufenthalten – deutlich höher als die Dänischkenntnisse in Dänemark. Dies hat mir Frauke Priegnitz (E-Mail 12.10.2011; auch Priegnitz 2015) als ein Ergebnis ihrer Vergleichsuntersuchung berichtet und den Befund so erklärt: „Die deutsche Sprache hat natürlich noch einen ganz anderen Status als das Dänische, außerdem werben die Dänen mit einem rein englischsprachigen Leben in Dänemark – aber mit diesem Niveau hatte ich dann doch nicht gerechnet!" Dennoch könnte sich der Eindruck in Zukunft verstärken, dass man auch in Deutschland ohne Deutschkenntnisse leben kann, und das Interesse am Deutschlernen weiter beeinträchtigen (vgl. He 2013). Soviel zu der anfangs dieses Kap. formulierten Wirkung (1), des Stellungsgewinns anderer Sprachen, vor allem des Englischen, in den deutschsprachigen Ländern auf die Stellung der deutschen Sprache in der Welt.

Nun noch zur dort spezifizierten Wirkung (2), der vermehrten Entlehnung aus anderen Sprachen, wiederum vor allem aus dem Englischen, auf die Stellung der deutschen Sprache in der Welt. Diese Darstellung kann kürzer ausfallen als für (1), da die – wohlgemerkt potentielle! – Wirkung weniger verwickelt ist. Die in letzter Zeit wissenschaftlich en vogue gewordene „sprachliche Landschaft" (dazu z.B. Shohamy/ Gorter 2009) bietet auch in den deutschsprachigen Ländern ein buntes Bild. Weniger allerdings aufgrund der Immigrantensprachen als aufgrund wiederum des Englischen. Auch deshalb, vermutlich aber mehr noch aufgrund des Weltsprache-Prestiges sind Entlehnungen aus dem Englischen ins Deutsche allenthalben präsent. Dies gilt weniger für die Gesamtzahl der Wörter im Verhältnis zur Zahl der deutschsprachigen Wörter als für die Häufigkeit und Sichtbarkeit ihres Gebrauchs.

Der Entlehnungsvorgang, vor allem von Wörtern und Phraseologismen, beginnt mit „Transferenzen" (Übertragungen) aus der Herkunftssprache, die bei Habitualisierung und schließlich Akzeptanz durch die Sprachgemeinschaft Bestandteile der Empfängersprache, also des Deutschen, werden. Die Übernahme ist gewissermaßen perfekt, wenn die an der Festlegung des Standarddeutschen beteiligten sozialen Instanzen den neuen Ausdruck so weit akzeptieren, dass er schließlich sogar in die Nachschlagewerke für „richtiges" Deutsch, z.B. die Duden-Bände, aufgenommen und damit kodifiziert wird (zu den Instanzen sprachlicher Standardisierung – Modellschreiber/-sprecher und Modelltexte, Sprachkodex, Sprachexperten und Sprachnormautoritäten – und zu ihrem Zusammenspiel Ammon 1995a: 73-82; zu Entlehnungen ins Deutsche allgemein Eisenberg 2011).

Englisch wird bevorzugt in Situationen, die Weltläufigkeit oder wissenschaftlich-technischen Fortschritt ausstrahlen. Das entsprechende Prestige verbindet sich dann mit den Anglizismen und macht sie in mancher Hinsicht attraktiver als die traditionellen Lehnwörter aus dem Lateinischen oder Französischen. Ein höheres Prestige als deutschsprachige Entsprechungen verraten auch Wortpaare wie *Shorts – kurze Hosen, Boots – Stiefel, tracking bag – Rucksack, shoppen – einkaufen, sale – Schlussverkauf, pets – Streicheltiere* usw. Nicht von ungefähr werben daher Geschäfte eher mit der jeweils ersten Variante um Kundschaft als mit der zweiten, oder klingt es „vornehmer", wenn man vom *Dinner* oder *hangover* als vom *(festlichen) Abendessen* bzw. *Kater* spricht oder von *neighbo(u)rhood-watching* statt *Nachbarschaft(swache)*, von *cool* statt *toll*, *old-fashioned* statt *altmodisch* usw. Im Vergleich zu solchen Anglizismen wirken die deutschsprachigen Varianten provinziell. Die Bevorzugung von Anglizismen in der wissenschaftlichen Terminologie stärkt ihr Prestige. Dies ist weltweit so.

Diese Hinweise verbinde ich nicht mit puristischen Absichten, denn die Vorliebe für Anglizismen kann Einstellungen entspringen, die ich teile, z.B. Kosmopolitismus. Außerdem bereichern die Anglizismen die deutsche Sprache mit zusätzlichen Ausdrucksmöglichkeiten. Allerdings können sie auch das Prestige der deutschen Sprache beeinträchtigen und das der englischen Sprache weiter stärken. Dieser Effekt – vor allem bei Deutschen selber, wie ihre Wortwahl verrät – kann die Motivation ausländischer Besucher, DaF zu lernen, dämpfen und sich infolge davon ungünstig auf die Stellung der deutschen Sprache in der Welt auswirken. Dass diese Einschätzung nicht abwegig ist, verrät die breite Ablehnung von Anglizismen durch Lehrende und Lernende von DaF – wie ich sie beim Herausgeben von Büchern über die deutsche Sprache in Japan, Korea, China und Russland intensiv erfahren habe (Ammon 1994d; Ammon/ Chong 2003; Ammon/ Reinbothe/ Zhu 2007; Ammon/ Kemper 2011). Ein starkes Indiz für die Ablehnung ist auch die Hinwendung zahlreicher DaF-Lehrender und -Lernender zum *Verein Deutsche Sprache (VDS)* (Kap. L.3.4), der besonders bekannt ist für sein Engagement gegen die Anglizismen, das in früheren Zeiten sein Hauptanliegen war. Weithin bekannt geworden sind Kampfausdrücke des Vereins wie „unnötige" Anglizismen oder „Denglisch" (= Deutsch mit „inflationär" vielen Anglizismen) (Bartzsch/ Pogarell/ Schröder [1999] 2003; Zabel [2001] 2003), die behutsame, deskriptive Linguisten allerdings zurecht kritisieren. Letztlich bedarf aber auch die Wirkung dieser Hintanstellung der deutschen Sprache, durch Bevorzugung von Anglizismen, auf ihre Stellung in der Welt genauerer Untersuchung.

Eine Art Gegenbewegung gegen die viel beklagte Vernachlässigung von Deutsch in den deutschsprachigen Ländern ist die Integrationsgesetzgebung. Die Neufassung des Aufenthaltsrechts in Deutschland macht für den Nachzug von Ehegatten Deutschkenntnisse zur Voraussetzung, so „dass der Ehegatte sich zumindest auf einfache Art in deutscher Sprache verständigen kann" (Aufenthaltsgesetz § 30 – siehe Uhl o.J.: 1). Für sie genügt allerdings in der Regel das Kenntnisniveau A1 des Gemeinsamen Europäischen Referenzrahmens. Höhere Anforderungen erwachsen aus der Neufassung des Staatsangehörigkeitsgesetzes, das ebenfalls Deutschkenntnisse für die Einbürgerung in Deutschland vorschreibt, die laut Anwendungshinweisen des Bundesministeriums des Innern in der Regel dem Kenntnisniveau mindestens von B1 des Gemeinsamen Europäischen Referenzrahmens entsprechen sollen (siehe z.B. www.info4alien.de/ einbuergerung/themen/sprachkenntnisse.htm – abgerufen 14.07.2012; kritisch auch zur Anforderung B1 als unzureichend Li 2014). Die im Zusammenhang mit diesen Anforderungen eingerichteten vielerlei Deutschkurse haben dem Unterricht von Deutsch als Zweitsprache (DaZ) einschließlich der wissenschaftlichen Fundierung Auftrieb gegeben. Diese Entwicklung wirkt dem Verzicht von Immigranten auf das Deutschlernen entgegen. Vermutlich erschwert sie auch den Erhalt der Immigrantensprachen, aufgrund der zusätzlichen Sprachanforderungen. Allerdings ist sie nicht völlig unvereinbar mit der geschilderten fortdauernden Wirkung der Faktoren (1) und (2).

6. Sprachwahl und Wirkungen auf die internationale Stellung von Sprachen

Als ein Gymnasium in Duisburg-Rheinhausen endlich einmal wieder Besuch erhielt von Deutsch lernenden Schülern aus England, machten diese eine befremdliche Erfahrung. Sie kamen kaum auf Deutsch zu Wort und konnten ihre Deutschkenntnisse nicht verbessern, was der Hauptzweck ihres Besuches war. Die deutschen Schüler waren viel zu begierig, ihr Englisch zu üben und zu sprechen, das sie sowieso besser beherrschten als die Engländer die deutsche Sprache – wie der Englischlehrer der Presse stolz berichtete (*Rheinische Post* 27.03.09).

Der – damals noch neue – deutsche Außenminister Guido Westerwelle weigerte sich bei einer Pressekonferenz in Berlin, einem britischen Journalisten, der seine Frage auf Englisch vorbrachte, auch auf Englisch zu antworten. Er begründete dies damit, dass es sich schließlich um eine öffentliche Veranstaltung in Deutschland – und, was wohl impliziert war, in erster Linie für deutsche Bürger und Zuschauer – handelte (vgl. dazu „Warum Deutsch in der EU diskriminiert wird", *Welt Online* 25.02.10; zahlreiche Berichte in Google unter „Westerwelle verweigert Englisch" – abgerufen 27.06.2012).

Dies sind Beispiele von Sprachwahl bei internationalen Kontakten, deren Wirkung auf die internationale Stellung der deutschen Sprache leicht vorstellbar ist. Natürlich wirkt dabei nicht das einzelne Vorkommnis, wohl aber das regelmäßige entsprechende Verhalten. So werden Deutsch lernende Gastschüler aus dem Ausland, die bei ihrem Besuch in Deutschland kaum Gelegenheit finden, ihre Deutschkenntnisse anzuwenden, kaum zum verstärkten Deutschlernen motiviert. Ebenso wenig ausländische Journalisten zum Deutschsprechen, die erleben, dass sie deutsche Politiker jederzeit auf Englisch befragen können und diese ihnen auch auf Englisch antworten. Bemerkenswert ist in diesem Zusammenhang, dass große Teile der deutschen Presse Westerwelles Verhalten als eines deutschen Außenministers unwürdig kritisierten, während einer meiner britischen Kollegen es völlig in Ordnung und umgekehrt das Englischsprechen des britischen Journalisten ungehörig fand. Tatsächlich verhalten sich viele Deutsche im Kontakt mit Ausländern wie jene Schüler in Rheinhausen oder wie es offenbar Teile der deutschen Presse angemessen finden. Harald Weydt (2004) berichtet über viele Beispiele der Sprachwahl von Deutschen, die den Beteiligten das Deutschsprechen und das Deutschlernen verleiden und damit letztlich die Stellung der deutschen Sprache in der Welt schwächen (vgl. dazu Kap. H.5.3; Ammon „Die angemessene Sprachwahl bei internationalen Kontakten", www.goethe.de/ges/spa/prj/sog/fst/ de4622069.htm – abgerufen 15.11.2011).

Das Thema ‚Sprachwahl' ist außerordentlich komplex (vgl. dazu Coulmas 2005a; Kap. F.2). Joshua Fishman (1965) hat es in die berühmte Frage gefasst: „Wer spricht welche Sprache mit wem, wann (in welcher Situation) – und warum?", wobei er die Warum-Frage, nach den Ursachen, erst später hinzufügte. Im vorliegenden Kap. beziehe ich mich nur auf diejenigen Arten von Sprachwahl, von denen sich plausibel annehmen lässt, dass sie der Stellung von Sprachen in der Welt zu- oder abträglich sind. Im Hinblick darauf sollten mindestens die folgenden Typen von Sprachwahl unterschieden werden:

i) Die Wahl von Sprachen zur Kommunikation in einzelnen Situationen. Dabei kann echte Kommunikation von bloß symbolischem Gebrauch und vom Gebrauch zum Lernen und Üben unterschieden werden, wenn auch das Auseinanderhalten in manchen Fällen schwierig ist. Außerdem ist es zweckmäßig, die Kommunikation zwischen einzelnen Individuen zu unterscheiden von der Kommunikation in größeren Gruppen.

ii) Die Wahl von Sprachen zur regelmäßigen Kommunikation in der Familie, also im Grunde die Wahl der Muttersprache(n).

iii) Die Wahl von Sprachen zum Erlernen als Fremdsprache(n).

iv) Die Wahl von Sprachen für die Kommunikation in Institutionen und Organisationen, also Arbeits- oder Amtssprachen von Vereinen, Behörden, Staaten oder internationalen Organisationen oder Verhandlungs- und Vertragssprachen zwischen ihnen.

Dabei ist jeweils zu beachten, ob die Sprachwahl von übergeordneten Instanzen geregelt ist. Dies kann bei allen vier Typen von Sprachwahl der Fall sein:

i') Zwischen Individuen und in Gruppen, z.B. im Fall der Kommunikation innerhalb von Institutionen oder Organisationen mit bestimmten Sprachenregimen (vgl. zum Begriff Kap. A.1; H.3), also nachdem eine Wahl im Sinne von iv) getroffen wurde (z.B. für Arbeitsgruppen der EU-Kommission, die

aus den Arbeitssprachen der Kommission, nämlich Deutsch, Englisch und Französisch, zu wählen haben; Kap. H.4.2);
ii') in Familien, z.B. unter dem Druck einer übergeordneten Politik von Spracherhalt oder sogar „-wiederbelebung" (z.B. deutschsprachige Familien in Südtirol als Teil einer um Deutscherhalt bemühten Minderheit; Kap. D.3.2);
iii') bei der Wahl einer Fremdsprache, wenn z.B. das Schulcurriculum nur bestimmte Möglichkeiten einräumt (z.B. kann man an den Regelschulen vieler Staaten Deutsch allenfalls als zweite Fremdsprache wählen; Kap. K.2);
iv') bei der Wahl der Amts- oder Arbeitssprachen von Institutionen oder Organisationen, wenn die Möglichkeiten durch übergeordnete Instanzen eingeschränkt sind (so z.B. die Arbeitssprachen einer EU-Institution, z.B. beim Europäischen Rechnungshof, die nur aus den EU-Amtssprachen erfolgen kann; Kap. H.4.2).

Es erscheint kaum möglich, so verschiedenartige Vorgänge in einen Zusammenhang zu bringen. Jedoch lassen sich Faktoren identifizieren, die in vielen Fällen wirksam sind. Da solche Faktoren fast nie alleine wirken, kann man sie empirisch nur statistisch nachweisen. Um eine Ahnung ihres komplexen Zusammenspiels zu vermitteln, deute ich hier vorab einige Begriffe und Theorien an, die für die Spezifizierung dieser Faktoren relevant sein können. Sie beziehen sich hauptsächlich auf die Sprachwahl zwischen Individuen oder auch in Gruppen für die Kommunikation in einzelnen Situationen (nicht auf Dauer).

Dazu gehören z.B. *Regeln* sozialen Handelns, etwa des *höflichen Umgangs* mit einander. Ihnen gemäß kann die Muttersprache des Gesprächspartners die höflichste Wahl sein. Bei solch höflichem Verhalten sind Individuen darauf bedacht, dass die Gesprächspartner *ihr Gesicht wahren* können und nicht verlieren – eine Terminologie, die Erving Goffman ([1959] 2003) aus der entsprechenden Redensart aufgegriffen hat und die Penelope Brown und Stephen C. Levinson ([1978] 1987; Brown 2005) für ihre Höflichkeitstheorie nutzen. Diese geht davon aus, dass jeder Mensch zwei Grundbedürfnisse hat, nämlich die Wahrung seines *positiven* und seines *negativen Gesichts*. Letzteres ist das Bedürfnis nach persönlicher Freiheit, dem eigenen „Territorium", und ersteres nach Respekt bei den Mitmenschen. Nur das positive Gesicht ist im vorliegenden Zusammenhang relevant. Im Hinblick darauf ist die Bezeugung von Anerkennung höflich. Dies kann durch die Wahl der Muttersprache der Gesprächspartner geschehen, auch nur durch *symbolische Sprachwahl*, die eben nur diese Anerkennung bezeugt, aber nicht der sachbezogenen Kommunikation dient. Solche symbolische Sprachwahl ist gängig bei internationalen Begegnungen in der Politik. Ein Beispiel bot der Fürst von Monaco bei seinem Besuch der baden-württembergischen Landesregierung: „Fürst Albert spricht den ersten Satz seiner Rede in akzentfreiem Deutsch: ‚Es ist eine große Freude für uns, hier in Stuttgart zu sein. Danke.' " Danach fuhr er in seiner Muttersprache, Französisch, fort, das gedolmetscht wurde („Mit Öko-Antrieb", *FAZ* 11.07.2012: 7). Manchmal kann aber auch die Wahl der eigenen Muttersprache höflich sein, wenn die Gesprächspartner sie nämlich als Fremdsprache gelernt haben und die Kenntnis anwenden und üben möchten – wie die englischen Schüler im Beispiel zu Anfang dieses Kap. Die Wahl der Muttersprache bedeutet dann Anerkennung der Lernleistung oder Übungshilfe und nicht die Inanspruchnahme des *Muttersprachvorteils*, also nicht Nutzung der eigenen Muttersprache zur kommunikativen Überlegenheit (vgl. www.goethe.de/ges/spa/prj/sog/fst/de 4622069.htm – abgerufen 15.07.2012).

Jenseits von Höflichkeitsregeln haben Menschen auch schon aus Kommunikationsbestreben – entsprechend dem „Kooperationsprinzip" des Gesprächstheoretikers Paul Grice ([1975] 1989) – die Neigung zur sprachlichen Anpassung (*Akkommodation*) an die Kommunikationspartner (Giles 1977). Als weiterer Einflussfaktor können *Machtverhältnisse* hinzukommen, die in Richtung der Sprache des mächtigeren Kommunikationspartners wirken (vgl. Ammon 2009d).

Durch die Verbindung von Höflichkeitsvorstellungen, Kommunikationsbestreben und Macht können Regeln der Sprachwahl für bestimmte Situationen entstehen. Diese verfestigen sich unter Umständen zu – ungeschriebenen oder geschriebenen – *Normen*, sogar Rechtsnormen, deren Einhaltung durch Sanktionen Nachdruck verliehen wird. So kann es z.B. Beamten geboten sein, mit Angehörigen bestimmter Minderheiten in deren Muttersprache zu verkehren. Während Individuen bloße Regeln freiwillig befolgen und lediglich erlernen müssen, um ihnen gemäß handeln zu können, sind sie zum Einhalten von Normen – mehr oder weniger verbindlich – genötigt und verinnerlichen sie tiefer. Solche Normen werden dann zu unwillkürlichen *Motiven* ihres Handelns und Bestandteilen ihrer *persönlichen Identität*. Dies kann z.B. geschehen, wenn Kinder – aufgrund der Wahl von Familiensprachen (Sprachwahltyp ii oben) – dazu angehalten werden, mit ihrem Vater Sprache A und mit ihrer Mutter Sprache B zu sprechen. Dies kommt nicht selten vor in Immigrantenfamilien, die sowohl um den Erhalt ihrer Herkunftssprache als auch den Erwerb der Sprache des Ziellandes bemüht sind. Normen unterscheiden sich von bloßen *Vorschriften* durch Verinnerlichung (siehe zu Normen z.B. von Wright 1963; Bartsch 1985). Sie treten zudem zutage in entsprechenden Erwartungen von *Normautoritäten* (Bezugspersonen oder -gruppen) an die *Normsubjekte* (der Norm unterworfene Personen), die normgemäß handeln sollen. Die Erwartungen richten sich nach der sozialen Position der Personen (z.B. Kinder, Inhaber eines bestimmten Amtes usw.). Durch solche Erwartungen werden Positionsinhaber zu Trägern *sozialer Rollen* (Rolle des Kindes, des Amtsinhabers). So verschränken sich Theorien über Normen mit Theorien über soziale Rollen. Jedoch bleiben den Normsubjekten oder Rollenträgern auch Spielräume, gemäß eigenen *Werten* zu handeln (vgl. Dahrendorf 1965).

Schließlich ordnen sich Individuen und Gruppen infolge der Interaktion mit ihrer gesellschaftlichen Umgebung bestimmten Gruppen zu, z.B. einer Sozialschicht, einer Ethnie oder einer Nation, und entwickeln so ihre *soziale Identität* (Tajfel 1974; Edwards 2009). Auch diese Gruppenzuordnung kann ein gewichtiger Faktor der Sprachwahl werden, wenn Sprache zum symbolischen Ausdruck solcher Identität wird. Solchermaßen fungieren typischerweise Nationalsprachen. So kann z.B. ein Deutscher in bestimmten Situationen seine nationale Zugehörigkeit durch die Wahl von Deutsch, ein Luxemburger durch die Wahl von Letzeburgisch demonstrieren (Kap. D.2.5).

Alle diese Faktoren, die hier ohne Anspruch auf Vollständigkeit angedeutet sind, können die Wahl von Sprachen, die Individuen zur Kommunikation in einzelnen Situationen treffen, beeinflussen und mithin – letztlich – auch die Stellung von Sprachen in der Welt. Dabei haben diese Faktoren je nach Situation unterschiedliches Gewicht. Unter Umständen verbinden sie sich mit anderen, auch kulturellen und ökonomischen Motiven für die Sprachwahl, die vor allem bei den Typen ii) bis iv) von Sprachwahl ins Spiel kommen. Für die Wahl zur Kommunikation in der Familie ist die ethnische Identität ein wichtiger Faktor, auf den vor allem Fishman in zahlreichen Untersuchungen zum Spracherhalt oder zur „Sprachwiederbelebung", der Wiedereinführung einer außer Gebrauch gekommenen Sprache, aufmerksam gemacht hat (z.B. Fishman 1966; 1991a; 2001a; b; Fishman/ Nahirni u.a. 1966). Immigranten erhalten häufig ihre Sprache um ihrer ethnischen Identität willen. Dies gilt auch für deutschsprachige Minderheiten, die Jahrhunderte als „Sprachinseln" in anderssprachiger Umgebung ihre Herkunftssprache bewahrt haben (Mattheier 1994; Berend/ Mattheier 1994; Berend/ Knipf-Komlósi 2006; Kap. E.1; E.2). Die Herkunftssprache als Familien- und damit auch Muttersprache ist dann symbolischer Ausdruck der fortdauernden Selbstzuordnung zur Ethnie der Deutschen (Kap. B.3). Die Relevanz für die Stellung der betreffenden Sprache in der Welt liegt auf der Hand. Bengt-Arne Wickström (2005) betont allerdings, dass meist das Prestige der Sprache und praktische kommunikative Gründe zusätzlich ins Spiel kommen. Sie stabilisieren den Spracherhalt dann, wenn sich die ethnische Identität als Symbolgehalt der Sprache abschwächt und die Mehrheitssprache als zweite Familien- und auch zweite Muttersprache hinzukommt. Dabei gewinnen auch ökonomische Motive an Gewicht, z.B. bei deutschsprachigen Minderheiten die wirtschaftlichen Beziehungen zu deutschsprachigen Staaten.

Auch die Wahl einer Fremdsprache zum Erlernen (Sprachwahltyp iii) ist oft von ökonomischen Motiven beeinflusst. So kann z.B. die vorherrschende Tendenz, dass kleine Sprachgemeinschaften eher die Sprachen großer Sprachgemeinschaften lernen als umgekehrt, von Kosten-Nutzen-Vorstellungen geleitet sein, ohne dass dies den entsprechend Handelnden bewusst sein muss: Je größer die Sprachgemeinschaft, desto größer der kommunikative Nutzen der Sprache, weil durch sie mehr Kommunikationspartner zugänglich werden als durch die Sprache einer kleineren Sprachgemeinschaft (vgl. Kap. A.7). Dies verspricht tendenziell auch größeren ökonomischen Nutzen, jedenfalls in im sonstigen Entwicklungsniveau gleichrangigen Sprachgemeinschaften. So erklärt sich vielleicht teilweise das häufigere Erlernen von Fremdsprachen wie Deutsch gegenüber Niederländisch oder Russisch gegenüber Bulgarisch. Allerdings kann auch die Neigung zur sprachlichen Anpassung (im Sinne der erwähnten Akkommodationstheorie von Giles) das Lernen von Sprachen größerer Sprachgemeinschaften fördern, wegen der häufigeren Kontakte.

Ein eindeutiger ökonomischer Faktor zugunsten des Erlernens einer Sprache als Fremdsprache ist der materielle Reichtum der betreffenden Sprachgemeinschaft. Kenntnisse von Sprachen reicher Sprachgemeinschaften versprechen lukrativere Kontakte – entsprechend der schon in den Sprüchen Salomos gehuldigten uralten Verlockung: „Reichtum macht viel Freunde; aber der Arme wird von seinem Freunde verlassen" (Kap. 19, Spruch 4. www.susannealbers.de/20.sprueche.html – abgerufen 28.07.2011). So erklärt sich z.B. das häufigere Lernen von Japanisch als z.B. Bengalisch, trotz fast doppelter Sprecherzahl des Letzteren. Solche Vergleiche legen nahe, dass der materielle Reichtum der Sprachgemeinschaft für das Erlernen einer Fremdsprache manchmal mehr Gewicht hat als die Sprecherzahl. Dem entspricht auch, dass Japanisch und Chinesisch erst nach dem wirtschaftlichen Aufstieg ihrer „Mutterländer" als Fremdsprachen weltweit aufblühten (vgl. zu Japanisch Coulmas 1989). Nicht nur bietet eine materiell reiche Gesellschaft mehr Geschäftsmöglichkeiten und Chancen wissenschaftlicher und beruflicher Betätigung, sondern entwickelt auch eine reichere Kultur oder verleiht ihr solchen Nimbus. Man denke nur an das gestiegene Ranking chinesischer Hochschulen und das aufschießende Interesse an chinesischer Kunst, gewissermaßen als Begleiterscheinung der Wirtschaftskontakte zu China über Firmenniederlassungen und Expatriats.

Die aus solchen Umständen erwachsenden *Motive* (Beweggründe) für die Wahl einer Fremdsprache werden als *instrumentell* bezeichnet. Davon unterscheidet man *integrative* Motive, die typisch sind für eine Zweitsprache (im Gegensatz zu einer Fremdsprache; vgl. zum Begriff Kap. A.3). Letztere finden sich häufig bei Immigranten, die sich in ihre neue Umgebung sprachlich einfügen möchten, z.B. bei Ausländern, die Deutsch lernen, um sich in Deutschland, Österreich oder der deutschsprachigen Schweiz sprachlich zu integrieren. Die Unterscheidung instrumenteller und integrativer Motive wurde angeregt von den kanadischen Psycholinguisten Robert C. Gardner und Wallace Lambert (1959; 1972; vgl. auch Gardner/ MacIntyre 1991; Gardner 2001). Die Motive für die Wahl einer Sprache zum Erlernen sollten freilich nicht verwechselt werden mit *Motiviertheit* im Sinne von Lerneifer, der sich z.B. in der Unterrichtsbeteiligung zeigt; der Terminus *Motivation* kann je nach Kontext das eine oder andere bedeuten (dazu G. Schmidt 2011: 49-59; Riemer/ Schlak 2004; Küppers/ Quetz 2006; Kap. K.8).

Im Gegensatz zu integrativen Motiven sind instrumentelle Motive typisch für eine Fremdsprache (im engeren Sinn), deren Kenntnis Lernende nicht deshalb anstreben, um sich in die betreffende Sprachgemeinschaft zu integrieren. Allerdings können beide Motive sich verbinden. Für Deutsch als Fremdsprache (DaF) sind instrumentelle Motive der folgenden Art besonders wichtig: Ausländer wollen Deutsch lernen, um ihre Berufsaussichten zu verbessern, in den deutschsprachigen Staaten zu arbeiten, zu lernen, zu studieren oder Praktika zu absolvieren, oder sie wollen mit den deutschsprachigen Ländern in geschäftliche oder wissenschaftliche Beziehungen treten; vielleicht auch als Touristen dorthin reisen. Diese Motive kommen in Kap. F – Kap. I und Kap. K, ansatzweise auch J, detailliert zur Sprache.

Nicht alle Motive für das Erlernen einer Sprache passen in die grobe Zweiteilung von instrumentell und integrativ. Befragungen von Deutschlernenden fördern bisweilen so vielerlei Nennungen von Motiven zutage, dass ihre Zahl ins Unabgrenzbare verschwimmt (vgl. z.B. Ammon 1991b: 30-104, Vielzahl der Berufsziele 184-188). Nicht ohne weiteres in jene Zweiteilung passt z.B. das *kulturelle Motiv*, das – unter Umständen bei näherer Betrachtung vielfältig differenzierte – Interesse an der Kultur der betreffenden Sprachgemeinschaft (siehe Kap. A.8). Gabriele Schmidt (2011) hat es in Australien für die Wahl von DaF an den Hochschulen vorherrschend gefunden (Kap. K.9.15). Ein ebenfalls nicht leicht in die Dichotomie instrumentell – integrativ pressbares Motiv ist das *Erlernen der Sprache der Vorfahren*, das mit der ethnischen Identität der Lerner zusammenhängt. Es findet sich häufig in späteren Generationen von Auswanderern, die ihrer Herkunftssprache verlustig gegangen sind und sich ihr nun wieder zuwenden, z.B. im Falle von Deutsch bei Australiern (Ammon 1991b: 73-111) oder US-Amerikanern. Mark Louden (University of Wisconsin, Madison) vermutet, dass bei US-Amerikanern die Abstammung aus einem Staat mit einem verhältnismäßig hohen deutschsprachigen Bevölkerungsanteil durchaus ein Motiv (neben anderen) sein kann für die Wahl von DaF an Schulen oder Hochschulen (Kap. 9.10). Als letztes Beispiel eines besonderen Motivs sei noch die „Fremdsprachentradition in der eigenen Familie" erwähnt, die mir in Japan verschiedentlich als Grund für die Wahl von Deutsch genannt wurde: Schon der Vater oder die Mutter habe die Sprache gelernt und sie deshalb auch den Nachkommen nahegelegt. Vermutlich halten solche nicht-instrumentellen Motive eher den Rückgang von DaF auf, als dass sie die weitere Verbreitung fördern. Die Nutzung einer Fremdsprache nach dem Erlernen ist keine Selbstverständlichkeit. Gerade im Falle von Deutsch kann es dazu an Gelegenheiten mangeln, wie schon das Beispiel der englischen Schüler am Kap.anfang verrät. Auch unter Wissenschaftlern haben Befragungen ergeben, dass es an Anwendungsgelegenheiten für Deutsch mangelt (Ammon 1998: 99f., 120f.; Kap. G.3; G.7). Solche Nichtnutzung ist der Stellung der deutschen Sprache in der Welt schon deshalb abträglich, weil erworbene Kenntnisse wieder verloren gehen. Ein Beispiel ist die „EU-Außenministerin" Catherine Ashton, die – immerhin auf Deutsch – gesagt, vermutlich abgelesen, haben soll: „Ich habe in der Schule auch zwei Jahre Deutsch gelernt, aber jetzt habe ich es vergessen" (www.google.com/hostednews/afp/article/ALeqM5hCi5uW8SDUmdljOjINjzQD stVd9w – abgerufen 15.11.11). Dagegen stärkt die Anwendung der gelernten Sprache, vor allem in internationaler Kommunikation, deren Stellung in der Welt.

Die folgende Liste fasst die bisherigen Ausführungen zusammen, indem sie – unter teilweise anderen Gesichtspunkten – noch einmal die wichtigsten Faktoren solcher Sprachwahl benennt, die sich auf die Stellung von Sprachen in der Welt auswirkt. Dabei bleibt die Spezifizierung allerdings oft so abstrakt, dass sie sich bisweilen auf alle vier am Kap.anfang unterschiedenen Typen von Sprachwahl, (i) bis (iv), beziehen lassen (für die Kommunikation zwischen Individuen und in Gruppen, für die Familie, für das Erlernen als Fremdsprache, für die Kommunikation in Institutionen und Organisationen).

1) Rechtliche Regelung: Die Sprachwahl kann rechtlich geregelt sein, z.B. in Sprachregimen von Amts- oder Arbeitssprachen für Institutionen und die dort tätigen Personen. Entsprechende Regelungen gibt es für die Wahl von Sprachen zum Erlernen, z.B. in Form von Schulcurricula. Bisweilen ist die Abgrenzung von bloßer Konvention und Gewohnheitsrecht schwierig. Dagegen ist bei Kodifikation der Regelung ihr Rechtsstatus eindeutiger, z.B. bei Satzungen von Vereinen oder anderen Organisationen und erst recht bei Erlassen für Ämter oder bei (staatlichen) Sprachgesetzen. Die weiteren Faktoren beziehen sich auf nicht gesetzlich geregelte, mithin spontane Sprachwahl, die allerdings nicht weniger rigoros wirksam sein können, wie gleich der folgende, triviale Fall zeigt.

2) Vorhandene Sprachkenntnisse: Es kann – jedenfalls bei lediglich zwei Kommunikationspartnern – nur eine Sprache gewählt werden, die beherrscht oder – im Falle entsprechender Hilfsmittel – übersetzt oder gedolmetscht wird. Allerdings gibt es eine riesige Spannweite des Könnens. Vermutlich besteht generell die Tendenz zur Wahl derjenigen Sprache, welche die Gesprächspartner am besten beherrschen oder die vom Gesprächspartner mit den schlech-

teren Kenntnissen immerhin besser beherrscht wird als jede andere Sprache (vgl. dazu die „Minimexregel", 10) unten). Jedoch können andere Faktoren zur Wahl einer schlecht beherrschten Sprache führen, bis hin zur Kommunikation mittels „Händen und Füßen", auch wenn eine andere Sprachwahl bessere Verständigung ermöglicht hätte.

3) Macht: Die oder der Mächtigere wählt die Sprache – im Einklang mit Max Webers ([1922] 1972: 28) Begriff von Macht als „die Chance, innerhalb einer sozialen Beziehung den eigenen Willen auch gegen Widerstreben durchzusetzen, gleichviel, worauf diese Chance beruht." Ein fiktives, aber für die Zeit des Kolonialismus typisches Beispiel ist die Sprachwahl zwischen Robinson und Freitag in Daniel Defoe's berühmtem Roman. Die Machtüberlegenheit Robinsons, gestützt auf Flinte und haushohes kulturelles Überlegenheitsgefühl, lässt keinen Spielraum für eine andere Wahl als Englisch – sowohl fürs Erlernen als auch die Kommunikation. Beispiele dafür, dass Machtverhältnisse für die Wahl von Amts- oder Vertragssprachen ausschlaggebend waren, gibt es Legion, etwa die Verbreitung des Englischen durch Kriege, z.B. den Kolonialkrieg Englands gegen Frankreich in Kanada 1756-62 zur Zeit des „Siebenjährigen Krieges" (Crystal 2003: 36f.). Oder nach dem Ersten Weltkrieg die Durchsetzung von Englisch (neben Französisch) durch Großbritannien und die USA, gegen den Widerstand Frankreichs, als Verhandlungs- und Vertragssprache von Versailles und Amtssprache des Völkerbundes. Gleichzeitig den – zwischen den Siegermächten einvernehmlichen – Ausschluss von Deutsch von allen drei Funktionen (Ostrower 1965: 360-371; Rudolf 1972: 93-96; Kap. H.1). Die Erzwingung ausschließlich von Deutsch als Vertragssprache zwischen Deutschland und anderen Staaten durch die Nazis, solange sie die Macht dazu hatten (Kap. H.2). Schließlich die nachweisliche Präferenz der Sprache des jeweiligen Vorgesetzten in den Institutionen der Europäischen Union (Haselhuber 2012: Kap. B.2.1.2, B.2.1.8). Allerdings gibt es auch Beispiele, dass Herrscher die Sprache ihrer Völker erlernten und in bestimmten Situationen anwandten, wie vielleicht der sagenhafte König Mithridates (Trabant 2003: 9f.) oder – historisch besser belegt – mancher Habsburger Kaiser (Goebl 1997: 107, 117; 1999: 34, 37, besonders 52). Jedoch kann auch solche Sprachwahl durch Machtverhältnisse motiviert sein, nämlich die Einschätzung der Völker als Macht, der die Herrscher sprachlich Rechnung zu tragen haben.

4) Höflichkeit: Allerdings ist Macht nicht immer der dominante Faktor. Auch Mächtige können sich bei der Sprachwahl von anderen Werten, wie Höflichkeit, leiten lassen. Typisch dafür ist die Pflege des „positiven Gesichts" der Gesprächspartner, die am besten gelingt durch die Wahl einer Sprache, die diese gut beherrschen oder positiv bewerten, vor allem die Wahl ihrer Muttersprache (Brown/ Levinson [1978] 1987: 62).

5) Einstellung (Attitüde): Die Einstellung zu einer Sprache oder ihre Bewertung wird oft übertragen von der Einstellung zu ihren Sprechern oder zu den Staaten, in denen die Sprache vorrangige Muttersprache oder Amtssprache ist. Deutsch war diesbezüglich lange Zeit schwer belastet als – vereinfacht gesagt – Nazi-Sprache, und ist es teilweise heute noch. In manchen Staaten, wie z.B. Großbritannien, hat dazu der schulische Geschichtsunterricht ebenso beigetragen wie die regelmäßige Präsentation des NS-Horrors im Fernsehen (Jürgen Trabant „Die gebellte Sprache", *FAZ* 28.09.2007: 40). Es gibt zumindest Einzelbelege für die Ablehnung des Gebrauchs von Deutsch unter Hinweis auf die deutsche Geschichte. So berichtete Horst Bredekamp (Humboldt Universität Berlin) vom folgenden Einwand eines Tagungsteilnehmers in den USA gegen Deutsch als (zusätzliche) Arbeitssprache: „We don't want Hitler's language" (Kolloquium „Deutsch in der Wissenschaft", Akademie für Politische Bildung Tutzing, 10. – 12.01.2011). Möglicherweise steht sogar die verbreitete Bewertung von Deutsch als besonders schwierige Sprache in dieser historischen Kontinuität, als die politisch korrektere Fortsetzung jener Abneigung – jedoch bedürfte diese Spekulation der Prüfung. Neuerdings hat sich das Bild von Deutschland in der Welt aufgehellt (vgl. z.B. „Nachruf auf den hässlichen Deutschen. Unser Land genießt laut einer BBC-Umfrage weltweit das höchste Ansehen [...]", *Welt am Sonntag* 13.03.2001: 16). Inwieweit sich diese Tendenz auf die Einstellung zur deutschen Sprache auswirkt, ist – soweit ich sehe – bislang unerforscht.

6) Identität, nationale, ethnische, sprachliche (sprachgemeinschaftliche), transnationale: Hierbei handelt es sich um einen Sonderfall von Einstellung, der eigenständige Beachtung verdient. Dabei geht es nämlich um die Einstellung zur eigenen Person und zu den Gruppen, denen man angehört. Durch die Wahl der eigenen Sprache können Sprecher in bestimmten Situationen die Zugehörigkeit zu einer Nation, Ethnie oder Sprachgemeinschaft (sprachliche Identität) zum Ausdruck bringen – oder auch die Affiliation zur aufkommenden „transnationalen sozialen Klasse" der Weltbürger (Beispiele in O'Driscoll 2001a; b; zur „transnationalen sozialen Klasse" Gerhards 2010: 54; zum Begriff ‚Identität' und damit zusammenhängendem Handeln Tajfel 1974; Beiträge in Tajfel 1978; Edwards 2009). Solche Sprachwahl kann auch Höflichkeitsregeln verletzen. Entsprechend hartnäckiges Insistieren auf der eigenen Sprache wird vor allem den Franzosen oder auch frankophonen Kanadiern und Schweizern nachgesagt. Ich konnte selbst Frankophone beobachten, die auf der eigenen Sprache beharrten, obwohl sie gute Englischkenntnisse hatten und um die schlechten Französisch- und guten Englischkenntnisse der Gesprächspartner wussten. Dagegen scheinen Deutsche eher auf die eigene Sprache zu verzichten, sogar dann, wenn sie wissen, dass die Gesprächspartner gut Deutsch können (Kap. H.5.3). So auch in internationalen Gremien oder in der EU, wo andere

Nationen eher an der eigenen Sprache festhalten (Kap. H.4.5). Dies wird oft mit gebrochener nationaler Identität infolge des Nationalsozialismus erklärt. Manchmal wird solche Sprachwahl – in der Tradition eines von Joshua Fishman u.a. (Fishman/ Nahirni u.a. 1966) in die Soziolinguistik eingeführten Begriffs – als *Illoyalität* gegenüber der eigenen Sprache oder Sprachgemeinschaft kritisiert, so z.b. vom Verein Deutsche Sprache, der in der verbreiteten Neigung zum Englischen „eine erschreckende Illoyalität gegenüber der deutschen Sprache" sieht (vgl. „‚Sprachpanscher des Jahres' nominiert", *DPA-Meldung* 17.05.2009). Berechtigter ist die entsprechende Kritik vielleicht bezüglich der folgenden Motivation entsprechender Sprachwahl.

7) Selbstdarstellung: Die Sprachwahl kann geleitet sein vom Bestreben, die eigene Person aufzuwerten oder auch, seltener, abzuwerten. „Wir alle spielen Theater" hat Erving Goffman ([1959] 2003) eindringlich bewusst gemacht, um uns anderen darzustellen. Dieses Bedürfnis kann zur Wahl einer Fremdsprache motivieren, sogar dann, wenn die Muttersprache der Kommunikation dienlicher wäre. Tatsächlich ist Prestigestreben und Angeberei nicht immer auszuschließen, wenn z.B. Deutsche, womöglich sogar in Anwesenheit nur von Deutschen, auf Englisch kommunizieren, wie es gelegentlich von wissenschaftlichen Konferenzen, Seminarveranstaltungen und Laborgesprächen berichtet wurde (z.B. Mocikat 2006: 4). Außer Angeberei kommen für solche Sprachwahl allerdings noch die folgenden beiden Motive in Frage.

8) Lernbestreben: Eine Sprache kann auch zur Kommunikation gewählt werden zwecks Übung und Kompetenzverbesserung. Dies ist vermutlich oft ein zusätzliches, wenn nicht vorherrschendes Motiv deutscher Wissenschaftler, Politiker oder Geschäftsleute, gelegentlich sogar unter ihresgleichen Englisch zu sprechen oder schriftlich zu verkehren. Speziell für diese Sprachwahl, von Englisch für Deutschsprachige unter sich, mag außerdem noch das folgende Motiv hinzukommen oder ausschlaggebend sein.

9) Erleichterung der Anschlusskommunikation: Dieses Motiv spielt eine wichtige Rolle in mehrstufiger Kommunikation, wenn das Besprochene oder Verfasste anschließend an andere Personen oder Institutionen weitergeleitet werden soll. Dann richtet sich die Sprachwahl nach den Sprachkenntnissen dieser Empfänger, um die Mühen, Kosten und Fehler von Übersetzungen zu vermeiden. Auch dies kann ein Grund sein für die Wahl von Englisch unter Deutschsprachigen.

10) Persönliche Bekanntheit: Enge persönliche Bekanntschaft kann Normen oder Zwänge außer Kraft setzen zugunsten persönlicher Vorlieben, eigener oder solcher der Kommunikationspartner, was dem sozialen Handeln, auch der Sprachwahl, weiten Raum eröffnet. Ein Signal für soziale Nähe, die einen lockeren Umgang mit der Sprachwahl erlaubt, kann – unter Deutschsprachigen – das

Duzen sein (im Gegensatz zum Siezen), das – wie mir scheint – einhergeht mit in verschiedenen Hinsichten größeren Variationsmöglichkeiten des Umgangs mit einander (vgl. zu sozialer Distanz und Nähe, eigentlich „power" und „solidarity", beim Siezen und Duzen z.B. Brown/ Gilman 1960).

Diese Liste bedarf sicher weiterer Ergänzung, was schon die zahlensymbolisch runde Nummerierung verrät. Außerdem ist die Beschreibung der Faktoren bei weitem nicht trennscharf. Damit hängt zusammen, dass die meisten bislang zu wenig empirisch untersucht sind, vor allem bezüglich der hier hauptsächlich interessierenden Wirkung auf die Sprachwahl von Deutsch und von Deutschsprachigen in internationalen Kontakten. Dabei ist mit unterschiedlichem Zusammenspiel der Faktoren zu rechnen, je nach Handlungsfeld, Situation sowie sprachlicher und nationaler Zusammensetzung der Teilnehmer. Es eröffnet sich also wieder einmal ein – fast unerschöpfliches – Forschungsfeld.

Dies gilt besonders für die Sprachwahl in größeren Gruppen, nicht nur paarweisen Begegnungen. Für sie will Philippe van Parijs die von ihm so benannte „Minimex-Regel" festgestellt haben, nicht zu verwechseln mit der spieltheoretischen Minimax-Regel. Das Abkürzungswort bedeutet ‚Minimieren von Ex': Keiner soll ganz ausgeschlossen sein. Gewählt wird „the language of minimum exclusion (or minimex), i.e. the language best known by the participant who knows it least" (van Parijs 2007b: 39; 2011: 13-17; auch „maxi-min criterion" 2011: 19-21). Man kann von der „Minimex-Sprache" (für die betreffende Situation) sprechen. Damit ist gemeint, dass Gruppen, ob spontane oder dauerhafte, zur Wahl der allen Mitgliedern (oder dem größtmöglichen Teil von ihnen) gemeinsamen Sprache neigen, auch wenn Einzelne diese Sprache nur schlecht beherrschen. Eine solche Kenntnisverteilung wird derjenigen vorgezogen, bei der ein Teil der Gruppenmitglieder eine Sprache sehr gut beherrscht, ein anderer Teil jedoch gar nicht. Bei der Minimex-Sprachwahl ist die schlechtest gestellte Person immer noch besser gestellt als die bei der Wahl einer anderen Sprache am schlechtesten gestellte, die bei fehlender Beherrschung sogar ganz aus der Kommunikation ausgeschlossen wäre. Die Minimex-Regel erfüllt einerseits die Mindestanforderung an gemeinsame Kommunikation: die wenigstens rudimentäre Beherrschung der Sprache. Andererseits entspricht sie Fairness-Vorstellungen, die vermutlich aus der Diskussion über soziale Ungleichheit stammen, insoweit der Unterschied zwischen „arm" (Kenntnisniveau immerhin >0) und „reich" (Kenntnisniveau 1), mathematisch gesehen, wenigstens nicht unendlich groß (∞) ist wie zwischen „mittellos" (Kenntnisniveau 0) und „bemittelt" (Kenntnisniveau >0). Jedoch steht die empirische Prüfung der Minimex-Regel noch aus. Es ist anzunehmen, dass ihre Anwendung je nach Situation, Region sowie sprachlicher und nationaler Zusammensetzung der Teilnehmer variiert.

Entsprechend den Fremdsprachenkenntnissen in der heutigen Welt führt die Minimex-Regel in den meisten Situationen zur Wahl von Englisch. Daher wären für den Erhalt der internationalen Stellung von Deutsch Strategien bedeutsam, mit denen sie durchbrochen werden könnte – wenn dies gewünscht wird: z.B. Flüsterdolmetschen für die des Deutschen Unkundigen. Dabei kann es um die Abwägung gehen zwischen (a) Diskussion auf höherem sprachlichen Niveau in Deutsch in einer Teilgruppe bei nur indirekter Beteiligung von Gruppenmitgliedern ohne Deutschkenntnisse (z.B. mittels Flüsterdolmetschen) versus (b) Diskussion auf niedrigerem sprachlichen Niveau in Englisch bei direkter Beteiligung aller Gruppenmitglieder. Allerdings bedürfte es für die konsequente Sprachwahl von Deutsch einer selbstbewussten Haltung der deutschsprachigen Teilnehmer, Muttersprachler wie Fremdsprachler. Vor allem bei Muttersprachlern erfordert es eine einigermaßen ungebrochene nationale oder sprachgemeinschaftliche Identität. Wie schon erwähnt, wird demgegenüber speziell den Bürgerinnen und Bürgern des größten deutschsprachigen Staates eine gebrochene nationale Identität nachgesagt, die zum Verzicht auf die eigene Sprache motiviert. Jedoch ist das übertriebene Aufbäumen gegen diese Tendenz unter Umständen besonders abträglich für die Stellung der deutschen Sprache in der Welt, vor allem wenn dabei auch noch gegen Grundregeln von Höflichkeit und Fairness verstoßen wird – wie beim notorischen Deutschgebrauch mit Gesprächspartnern, die – aus welchen Gründen auch immer – in der betreffenden Situation nicht Deutsch sprechen möchten.

7. Die globale Sprachenkonstellation

Angeregt durch den Begriff der Globalisierung werden die Sprachen der Welt mehr und mehr in ihrem Zusammenspiel als Gesamtheit gesehen. Diese Sicht kommt etwa zum Ausdruck im Terminus *Linguasphäre* (engl. *linguasphere*). David Dalby (1999/ 2000; 2000; auch www.linguasphere.org/book.html: 1 – abgerufen Juni 2006), der zur Verbreitung dieses Terminus beigetragen und ihn vielleicht sogar geprägt hat, meint damit „the mantle of languages extended around the planet by humankind, since the beginnings of speech." Die Metapher von einer den ganzen Erdball umspannenden ‚Hülle' legt einen durchgehenden Zusammenhang nahe. Erst in neuester Zeit allerdings bilden nach Dalby „the spoken and written languages of humankind [...] an organic continuum, a global medium for the circulation of ideas. [...] In the 21st century we have the means to activate this continuum of speech as a functioning system of immediate worldwide communication." „Just as ‚biosphere' denotes the terrestrial mantle of living organisms, so the term ‚linguasphere' may be usefully employed to describe the mantle of communication gradually extended around the planet by humankind." Dalby (2006: 2; ähnlich 1999/2000, Band 1: 295) geht sogar so weit, dass er die Linguasphäre als Teil der Biosphäre sieht: „By providing the key to communication and concerted action by members of the dominant species on earth, the linguasphere is the single most influential layer of the biosphere."

Den zusätzlichen Vergleich mit Organismen vertieft Dalby weiter, indem er die großen Sprachen, die von mindestens 1% (oder mindestens 60 Mio.) der Weltbevölkerung gesprochen werden, „Arteriensprachen" (*arterial languages*) nennt – in Anspielung vielleicht auf ihre Lebenswichtigkeit (um im Bild zu bleiben) für die Linguasphäre. Ihre Zahl beziffert er auf 28 (Dalby 1999/2000, Band 1: 291). Von diesen Arteriensprachen hebt er 12 als „Megasprachen" (*megalanguages*) hervor, aufgrund einer Sprecherzahl von mindestens 100 Mio. („spoken by an estimated 100 million voices or more"; ebd.: 291). Diese sind – so Dalby's Reihenfolge: Chinesisch, Englisch, Hindi+Urdu, Spanisch, Russisch, Arabisch, Bengali, Portugiesisch, Malaiisch+Indonesisch, Japanisch, Deutsch und Französisch. Deutsch zählt also auch zu diesen Megasprachen. Die 12 Megasprachen und die übrigen 16 Arteriensprachen sowie 48 weitere Sprachen mit dann mindestens 10 Mio. Sprechern fasst Dalby zusammen zu 76 „Makrosprachen" (*macrolanguages*) der Welt (ebd.: 291-293). Diesen könnte man die übrigen Sprachen als „Mikrosprachen" gegenüber stellen, wobei Dalby diesen Terminus nicht gebraucht, aber die Gesamtzahl der Sprachen und Dialekte, beide zusammen, in der heutigen Welt auf 13.800 beziffert (ebd.: 295), die er alle in seinen beiden Bänden registriert (Dalby 1999/2000).

Dalby's Interesse gilt unter anderem den Wirkungen der menschlichen Kommunikation auf die einzelnen Sprachen, vor allem auf deren Verbreitung oder Verdrängung, über die er Buch führen will und wofür er um Unterstützung bittet. Den Anstoß für seine Bemühungen gab das *Observatoire Linguistique*, das in den 1980er Jahren in Frankreich errichtet wurde (siehe: www.linguasphere.org). Seine offizielle Aufgabe ist die Untersuchung des Multilingualismus in der Welt – aber sicher auch, wie man vermuten darf, die Beobachtung sowohl der Stellung der französischen Sprache in der Welt als auch der Verbreitung des Englischen – zwecks sprachenpolitischer Maßnahmen.

Offensichtlich geht es bei dieser Typologie nicht um die linguistische Struktur, sondern um die Funktion oder Stellung der Sprachen. Trotz der Metaphorik aus der Biologie geht es auch nicht um die „genealogische Verwandtschaft" von Sprachen – die schon Charles Darwin ([1859] o.J.: 417), in Analogie zur „genetischen Verwandtschaft" von Organismen, interessiert hat und wonach z.B. Deutsch und Friesisch zur gleichen „Familie" gehören. Vielmehr basiert die Typologie auf dem „etablierten Gebrauch" der Sprachen, wie man vielleicht analog dem „habit" Darwin's bei Organismen (ebd.: 409) sagen könnte, den dieser für die genealogische Typologisierung ausdrücklich ausschließt. Wir sprechen stattdessen von der „Stellung der Sprachen (in der Welt)", die sich ergibt aus ihren Sprecherzahlen, ihrer regionalen Verteilung, Rolle für die wissenschaftliche Kommunikation usw. (Kap. C – K). Hinsichtlich dieser Stellung ist Deutsch z.B. dem Französischen oder Italienischen ähnlicher als dem Friesischen. Kurz, es geht nicht darum, was unter Etiketten wie „strukturelle Sprachähnlichkeit" oder „genetische Sprachverwandtschaft", sondern unter Etiketten wie „Sprach(en)soziologie" oder auch „Sprach(en)ökologie" untersucht wird (klassische Titel z.B. M. Cohen 1956; Fishman 1968; Haugen 1972a; b).

Der Bezug zur Ökologie, mit biologistischer Metaphorik, der bei Dalby auffällt, findet sich auch bei Louis-Jean Calvet und kommt schon im Titel eines seiner Hauptwerke zum Ausdruck: *Pour une écology des langues du monde* (1999). Allerdings weicht Calvet bei seiner Analyse der ‚Konstellationen der Sprachen der Welt' („les constellations des langues") dann auf eine Metapher aus der Astronomie aus: die „galaxie des langues" (Calvet 1999: Kap. 2), indem er Abram de Swaan folgt (Calvet 1999: 76), auf den ich sogleich zu sprechen komme. Wie de Swaan unterscheidet Calvet – provisorisch, wie er gesteht – vier Niveaustufen von Sprachen („un modèle provisoire à quatre niveaux"):

Niveau (*niveau*) 1: 1 hyperzentrale Sprache: Englisch,
Niveau 2: [rund! U. A.] ein Dutzend superzentrale Sprachen,
Niveau 3: 100 bis 200 zentrale Sprachen,
Niveau 4: 4.000 bis 5.000 periphere Sprachen.

Allerdings weicht Calvet in seinen Ausführungen in dem für uns wichtigen Punkt von de Swaan ab, dass er Deutsch, wie auch Japanisch, nicht zu den superzentralen Sprachen zählt, von denen er nur die folgenden 9, nicht wie angekündigt 12, nennt: Arabisch, Russisch, Suaheli, Französisch, Hindi, Malaiisch, Spanisch, Portugiesisch und Chinesisch ... (seine Reihenfolge, mit Auslassungspunkten!). Dabei wüsste man gerne, welche 3 weiteren er für die Auslassungspunkte in Betracht zieht. Deutsch und Japanisch schließt er, wie gesagt, ausdrücklich aus und weist sie damit, wenn auch nicht explizit, der Gruppe der 100 bis 200 nur „zentralen" Sprachen zu. Eine Begründung für den Ausschluss liefert er nicht, und ich konnte auch keine aus der vagen Definition seiner Niveaustufen ableiten. Vielleicht reproduziert Calvet eine in Frankreich verbreitete Einschätzung, die z.B. Beschriftungen in den dortigen Museen vermuten lassen, wo Deutsch – auch bei einer größeren Anzahl von Sprachen – meist fehlt und wo man folgende Erfahrung eines Museumsbesuchers machen kann:

„Auf meine fast verschämte Frage [nach dem Fehlen deutschsprachiger Beschriftungen] an den Reiseführer antwortete der laut und gereizt: ‚Deutsch ist keine Weltsprache'." (*FAZ* 23.12.2013: 8; siehe auch Kap. I.5) Rätselhaft bleibt auch, warum Calvet Suaheli oder Malaiisch auf eine höhere Stufe stellt als Deutsch und Japanisch, wo letztere doch – zumindest als Fremdsprachen – in der Welt viel weiter verbreitet sind (Kap. K.7). Diese Zuordnung passt auch nicht zur Charakterisierung Calvet's von superzentralen Sprachen, dass die Sprecher zum Monolingualismus neigen, denn dies gilt sicher für Sprecher von Suaheli oder Malaiisch weniger als für Sprecher von Deutsch oder Japanisch. Auch sein Zusatz, dass die Sprecher superzentraler Sprachen allenfalls Englisch oder eine Sprache gleichen Ranges wie die eigene als Fremdsprache lernen, stimmt nicht ohne Weiteres. Immerhin lernen nämlich die Franzosen, deren Sprache er als superzentral einstuft, auch das – seiner Ansicht nach – rangniedrigere Deutsch, wenn auch mit abnehmender Tendenz (wie die Deutschen das Französische) (vgl. auch Kap. K.9.2 – K.9.15). Allgemeiner fragt sich, ob die Deutschen und die Japaner sich hinsichtlich bevorzugter Fremdsprachen grundlegend von den Franzosen unterscheiden. Schließlich charakterisiert Calvet die superzentralen Sprachen als diejenigen mit den meisten Sprechern, womit er offenbar die Muttersprachler meint (vgl. zum Begriff Kap. A.3). Jedoch fügt er speziell bezüglich Deutsch und Japanisch die Einschränkung hinzu: „[L]e nombre important de locuteurs ne suffit pas a conférer le status de langue super-centrale: l'allemand et le japonais par example, qui dépassent le cent millions de locuteur, ne remplissent pas ce rôle." (Calvet 1999: 78f.) Ist die Sprecherzahl also kein hinreichendes Merkmal superzentraler Sprachen, sondern nur ein notwendiges oder häufig korrelierendes? Schade, dass Calvet seine Zuweisung von Deutsch und Japanisch zum zweitniedrigsten seiner vier Niveaus, die für das vorliegende Buch interessant ist, nicht besser verdeutlicht – wodurch auch der Verdacht entstehen könnte, sie basiere auf einem Vorurteil, vielleicht gegen Sprachen, die mit seiner eigenen Sprache, Französisch, konkurrieren.

Abram de Swaan hat sein Modell eines „globalen Sprachensystems" (auch „Welt-Sprachensystem"), auf das sich Calvet stützt, in zahlreichen Veröffentlichungen vorgestellt und weiterentwickelt: Zuerst in den „Notes on the Emerging Global Language System: Regional, National and Supernational" (1991) und ausgereifter dann in seinem Buch „Words of the World. The Global Language System" (2001a). Auf Letzterem beruht die folgende Darstellung.

Allerdings ziehe ich hier, anders als in meinen früheren Darstellungen von de Swaan's Theorie, nun die Bezeichnung *globale Sprachenkonstellation* vor, weil sie den Systemcharakter offen lässt. Obwohl auch de Swaan den Terminus „Sprachenkonstellation" („language constellation" benutzt; ebd.: 14 und passim) und stellenweise, mit dem Zusatz „kohärent" („coherent"), mit dem Terminus „Sprachensystem" variiert (ebd.: 2), betont er den Zusammenhang aller Sprachen in Form eines einzigen „Systems", oder jedenfalls die Entwicklung in diese Richtung als Teil der Globalisierung. Allerdings wurden verschiedentlich Zweifel am Gesamtzusammenhang angemeldet, z.B. von Douglas A. Kibbee (2003: 52): „Can we claim, as does Abram de Swaan, that the languages of the world together constitute a single, evolving ‚global system'? [...] In a system one change entails others. Did the death of the last speaker of Dalmatian influence Croatian? Or influence other Romance languages along the Adriate? Or bring about the loss of the language faculty of others living in this region?" Angesichts solcher Skepsis stellt sich die Frage nach den Elementen dieses Systems und den Beziehungen zwischen ihnen – wie auch nach der Strenge des Systembegriffs (umfassender oder partieller Zusammenhang zwischen den Elementen).

Allem Anschein nach wurde de Swaan – als Soziologe – angeregt von sozialwissenschaftlichen Systemtheorien, vor allem von Immanuel Wallerstein's ‚kapitalistischem globalen System' (Wallerstein 1974; 1998; U. Beck 1997: 63-67), worauf er sich auch ausdrücklich bezieht (de Swaan 2001a: 18, 195, Anm. 30). De Swaan sieht das globale „Sprachensystem" als integralen Bestandteil („integral part") der globalisierten Welt, die außerdem folgende weitere globale Systeme umfasse:

– das politische System (die annähernd 200 Staaten der Welt und das Netzwerk der internationalen Organisationen, die sie zusammenhalten),
– das wirtschaftliche System (die weltweite Verknüpfung von Märkten und Unternehmen),
– das kulturelle System (verbunden vor allem durch die elektronischen Medien),
– das ökologische System (das Zusammenspiel der Menschheit mit der Natur, ihr „metabolism with nature") (de Swaan 2001a: 1).

Diesen Systemen habe man ausgiebige wissenschaftliche Beachtung geschenkt. „However, the fact that humanity, divided by a multitude of languages, but connected by a lattice of multilingual speakers, also constitutes a coherent language constellation, as one more dimension of the world system, has so far remained unnoticed. Yet, as soon as it has been pointed out, the observation seems obvious." (de Swaan 2001a: 1f.) Die skeptische Frage von Kibbee stellt sich natürlich a fortiori bezüglich des globalen Gesamtsystems, als dessen Teil- oder Subsystem de Swaan das globale Sprachensystem sieht. Jedoch genügt hier das vage Verständnis, dass es sich dabei um den Versuch handelt, wesentliche Aspekte der Globalisierung systemtheoretisch zu erfassen.

De Swaan's globales Sprachensystem wird dadurch konstituiert, dass „[m]utually unintelligible languages are connected by multilingual speakers" (einschließlich bilingualer Sprecher). Diese Verbindung zwischen den Sprachen geschieht „not at all in random fashion", sondern in „a strongly ordered, hierarchical pattern" (de Swaan 2001a: 4). Die Form dieses Systems gleicht einer Galaxie, was de Swaan anhand der vier Sprachtypen, die Calvet in Grundzügen von ihm übernommen hat, verdeutlicht. In aufsteigender Reihenfolge (astronomische Entsprechungen in Klammern):

4) periphere Sprachen (Monde),

3) zentrale Sprachen (Planeten),

2) superzentrale Sprachen (Sonnen) und

1) eine einzige – womöglich sogar *definitorisch* nur eine einzige? – hyperzentrale Sprache („so to speak at the centre [...], the hub of the linguistic galaxy", ebd.: 6). Diese hyperzentrale Sprache, Englisch selbstverständlich, entspricht also dem galaktischen Zentrum – womit diese Spezifizierung ominöse Züge annimmt. Denkt man doch leicht an ein Schwarzes Loch als Zentrum einer Galaxie und an die bekannte Absorptionskraft. Jedoch hütet sich de Swaan vor jeder diesbezüglichen Suggestion, auch bezüglich des Verhältnisses von Englisch zu anderen Sprachen.

Vielleicht wäre de Swaan's Systemgedanke klarer geworden, wenn er betont hätte, dass er den Zusammenhang zwischen den *Sprachgemeinschaften* und nicht den Sprachen selbst meint, der durch die multilingualen Sprecher hergestellt wird. Unmittelbar handelt es sich sogar nur um die an den interlingualen Kommunikationsakten (vgl. Kap. A.3) beteiligten multilingualen Personen, wobei allerdings diejenigen, die ihre Mehrsprachigkeit nicht nutzen, ein zusätzliches interlinguales Potential bilden. Vermittelt über multilinguale Personen hängen in der heutigen Welt tatsächlich alle Sprachgemeinschaft miteinander zusammen, denn es existiert wohl keine einzige mehr, mit der nicht wenigstens *eine* multilinguale Person verbal kommunizieren könnte. Somit meint, wie mir scheint, de Swaan mit seinem „language system" kein *sprachliches* System im Sinne der Linguistik, sondern ein *soziales* System, dessen Elemente (die Sprachgemeinschaften) durch Sprachkenntnisse und deren Gebrauch *verkettet* sind. Mit dem Terminus *Verkettung* möchte ich andeuten, dass nicht alle Sprachgemeinschaften direkt, sondern teilweise nur indirekt, vermittelt über andere Sprachen, miteinander verbunden sind. So gibt es vielleicht keine direkte Verbindung zwischen der deutschen Sprachgemeinschaft oder gar der sorbischen und einer kleinen Ureinwohnergemeinschaft am Amazonas, wohl aber Verkettungen wie z.B. Sorbisch ↔ Deutsch ↔ Portugiesisch (vielleicht sogar direkter: Sorbisch ↔ Portugiesisch) ↔ Ureinwohnersprache, und sei es nur, dass einer dieser Ureinwohner (bis zu einem gewissen Grad) Portugiesisch kann, neben seiner Muttersprache. Vielleicht läuft es in solchen Fällen sogar in Brasilien öfter über Englisch als über Portugiesisch. Womöglich nährt sich die Skepsis Kibbee's daraus, dass er diese Natur von de Swaan's „Systemen" verkennt (deren entsprechende Spezifizierung man bei de Swaan allerdings auch vermisst), denn Kibbee (2003: 52) bezieht sich mit seiner kritischen Frage offenbar auf das ‚Dalmatische', ‚Kroatische' usw. als linguistische Sprachsysteme, nicht als soziologische Sprachgemeinschaften.

Bevor ich auf die Kriterien für de Swaan's hierarchische Typologie der Sprachen und den systematischen Zusammenhang der Sprachgemeinschaften näher eingehe, möchte ich kurz auf den schon zuvor angedeuteten, für das Thema dieses Buches wichtigen Unterschied gegenüber Calvet zu sprechen kommen, nämlich dass de Swaan (2001a: 5) ausdrücklich auch Deutsch und Japanisch zu seinen 12 superzentralen Sprachen zählt. Diese sind in seiner (alphabetischen) Reihenfolge (ebd.: 5): Arabisch, Chinesisch, Englisch [die hyperzentrale Sprache erscheint auf diesem Rang merkwürdigerweise noch mal], Französisch, Deutsch, Hindi, Japanisch, Malaiisch, Portugiesisch, Russisch, Spanisch und Suaheli. Im Gegensatz zu Calvet gehören also auch Deutsch und Japanisch dazu. Allerdings schränkt auch de Swaan für sie und außerdem für Russisch ein, dass sie aufgrund von rezenten Sprecherverlusten „nowadays are barely supercentral languages, confined as they are to the remaining state territories." (Ebd.: 12) Auch hier jedoch wünscht man sich bezüglich dieser Einschränkung mehr Klarheit. Welche Art territorialer Beschränkung („confinement") ist gemeint, z.B. im Vergleich zu Hindi, Malaiisch oder Suaheli? Zumindest als Fremdsprachen werden Deutsch, Japanisch und Russisch weltweit viel mehr gelernt als diese Sprachen, und vermutlich auch mehr in internationaler Kommunikation gebraucht (zum Begriff Kap. A.3). Die Frage nach dem wesentlichen Unterschied stellt sich umso dringlicher, als – wie die folgenden Ausführungen zeigen – de Swaan der Verbreitung als Fremdsprache für die Stellung einer Sprache in der Welt besonderes Gewicht beimisst.

Im Gegensatz zu Calvet legt de Swaan jedoch die Kriterien für seine Rangordnung offen und liefert eine fundierte Begründung für sie. Dabei geht er aus von der Überlegung, dass Sprachen Güter besonderer Art sind. Er unterscheidet zunächst „persönliche Güter", die man durch Tausch oder Kauf erwirbt (z.B. Fahrräder), von „kollektiven Gütern", die allgemein zugänglich sind, z.B. die Luft (zum Atmen). Auch die Sprachen gehören insoweit zu letzteren, als ihre Aneignung, ihr Erlernen und ihr Gebrauch, niemandem verwehrt ist – wenn man von Sonderfällen wie Geheimsprachen absieht. Darüber hinaus aber sind Sprachen nach de Swaan sogar – mit einem vielleicht von ihm selbst geschaffenen Begriff und Terminus – „hyperkollektive Güter" („hypercollective goods"). Diese zeichnen sich dadurch aus, dass ihre Besitzer daran interessiert sind oder es zumindest bei richtiger Einschätzung ihrer Interessen sein müssten, dass andere Personen sie sich aneignen. Denn bei hyperkollektiven Gütern (z.b. Betriebssystemen von Computern) wächst ihr Gebrauchswert mit der Zahl ihrer Besitzer. Bei bloß kollektiven Gütern ist dies dagegen nicht der Fall – denn bei Luft z.b. steigt der Gebrauchswert nicht, wenn mehr Personen sie atmen (die typische Form der Aneignung dieses Gutes). Dagegen wächst bei Sprachen der Gebrauchswert durch zusätzliche Lerner und Sprecher (die typischen Formen ihrer Aneignung). Sie vergrößern ihr „Kommunikationspotential", den Kreis der Personen, Institutionen usw., mit denen kommuniziert werden kann. Eben aufgrund dieses mit zunehmender „Aneignung" wachsenden Kommunikationswertes sind Sprachen hyperkollektive Güter. Das größere Kommunikationspotential hat unter Umständen die weitere Verbreitung über Medien (Bücher, Filme, Internet usw.) zur Folge, deren größere Vielfalt, höhere Produktionszahlen und damit günstigere Preise usw. Hinzu kommen sekundäre Vorteile für die Sprachgemeinschaft wie der Vertrieb von Lehrmaterialen usw. Das größere Kommunikationspotential macht die Sprache nicht nur attraktiver als Fremdsprache, sondern auch als Muttersprache, stärkt ihren Erhalt und verlockt sogar zur Umstellung auf sie (de Swaan 2001a: 27-33, vor allem 31f.; vgl. auch Kap. A.1). Nebenbei bemerkt, ist diese Erklärung auch der „wilden Flucht" hin zum Englischen („stampede towards English"; de Swaan 2001a: 171) weit überzeugender als aufgrund der Metapher des „Feuerrads" (*Catherine wheel*) durch Miquel Strubell (1997; 2001) und neuerdings wieder, mit speziellerem Bezug, Clive W. Earls (2013a).

Vor diesem Hintergrund definiert de Swaan (ebd.: 33-40) die Stellung einer Sprache L_a in einer Gesellschaft G wie folgt, wobei es sich bei G um Gemeinschaften unterschiedlicher Größenordnung oder Struktur handeln kann (die ganze Welt, einen Staatenverbund, einen Staat usw.). Er unterscheidet zunächst zwischen „Prävalenz" („prevalence") und „Zentralität" („centrality") von L_a in G. Aus beiden setzt sich dann der „Kommunikationswert" („communication value", „Q value"; auch „Kommunikationspotential"/„communication potential") in G zusammen (ebd.: 33f.). Die Prävalenz von L_a in G definiert de Swaan als den zahlenmäßigen Anteil der Muttersprachler von L_a an der Einwohnerzahl von G (Quotient aus ‚Zahl der La-Muttersprachler in G' : ‚Einwohnerzahl von G'). Eine Definition von Zentralität$_1$ von L_a in G (hier indiziert, weil mir zwei Lesarten möglich erscheinen) bestimmt diese als zahlenmäßigen Anteil der Nicht-Muttersprachler von L_a an der Einwohnerzahl von G (Quotient aus ‚Zahl nichtmuttersprachlicher L_a-Sprecher in G' : ‚Einwohnerzahl von G'). Eine andere, die de Swaan's Formulierung meines Erachten eher nahelegt, bezieht sich nicht auf die gesamte Einwohnerzahl, sondern nur auf die Einwohner mit Kenntnis mindestens einer Fremdsprache: „The ‚centrality', c_i, of a language λ_i is accordingly defined by the proportion of *multilingual* speakers that are competent in λ_i ." (Ebd.: 33 – Hervorhebung im Original. Man lasse sich nicht durch die griechische Symbolik für eine Sprache irritieren!) Zu den „multilingualen Sprechern" („multilingual speakers") würde de Swaan aber vermutlich nicht Personen zählen, die über mehr als eine Muttersprache, jedoch keine Fremd- oder Zweitsprache verfügen (vgl. Kap. A.3). Zentralität$_2$ wäre dann also definiert als Quotient aus ‚Zahl nicht-muttersprachlicher L$_a$-Sprecher in G', : ‚Zahl multilingualer Einwohner in G'.

In der Anwendung im Fortgang des Buches stützt sich de Swaan allerdings eher auf Zentralität$_1$. Der dafür maßgebliche Bezug auf die Gesamteinwohnerzahl von G ist auch analog zur Prävalenz. Er ist vor allem praktikabler für empirische Untersuchungen, weil viel häufiger Daten dazu vorliegen. Für manche Gs werden in einigermaßen regelmäßigen Abständen Zahlen der Muttersprachler und Fremdsprachler ausgewählter Sprachen erhoben, selten aber die Zahl mehrsprachiger Sprecher. Allerdings gibt es für die EU Erhebungen (regelmäßig publiziert in *Eurobarometer*), denen man – wenn auch nicht unbedingt direkt – beiderlei Daten entnehmen kann. Die EU-Erhebungen sind de Swaan bekannt, und er denkt womöglich an sie bei folgendem Hinweis, der sich vermutlich auf Zentralität$_2$ bezieht: „In those cases where reliable data on mother-tongue and second-language skills [*Fremdsprachen*! U.A.] are available, the Q-value yields results that correspond with an informed assessment of the constellation" (ebd.: 34). Für die ganze Welt liegen jedoch mit Sicherheit keinerlei Daten zur Zentralität$_2$ vor; allerdings auch nur lückenhaft für Zentralität$_1$, sogar für die – hier besonders interessierenden – superzentralen Sprachen. Außerdem handelt es sich meist nur um Zahlen für Fremdsprachenlerner, nicht Fremdsprachen*könner*, um die es hier eigentlich geht und für deren genaue Erfassung noch das Kenntnisniveau wichtig wäre.

Prävalenz und Zentralität von L$_a$ zusammen ergeben, wie gesagt, den „Kommunikationswert" oder das „Kommunikationspotential" von L$_a$, das de Swaan (2001a: 34) als Produkt beider Werte definiert. Vielleicht spricht de Swaan deshalb vom „Q-value", um anzudeuten, dass es sich nur um *eine* von verschiedenen Möglichkeiten der Operationalisierung des allgemeineren Begriffs ‚Kommunikationspotential' handelt. Ich verwende im Weiteren den Terminus *Kommunikationspotential* auch im Sinne von de Swaan's Q-value, soweit vom Kontext her klar wird, was gemeint ist. Entsprechend den beiden Lesarten von Zentralität gibt es auch dafür zwei verschiedene Verständnismöglichkeiten:

Kommunikationspotential$_1$ = Prävalenz x Zentralität$_1$ und
Kommunikationspotential$_2$ = Prävalenz x Zentralität$_2$.

Beide unterscheiden sich deutlich und können zu stark divergierenden Zahlen führen. Da sich für Zentralität$_1$ nie eine größere Zahl ergeben kann als für Zentralität$_2$ (in Extremfällen höchstens eine gleich große), ist Kommunikationspotential$_1$ fast immer kleiner als Kommunikationspotential$_2$.

Problematisch ist, dass – in beiden Fällen – für Sprachen ohne Muttersprachler oder ohne Fremdsprachler in G, also mit Prävalenz 0 bzw. Zentralität 0 (Zentralität$_1$ ebenso wie Zentralität$_2$) in G, sich auch ein Kommunikationspotential 0 ergibt (Faktor 0 → Produkt 0). Diese Möglichkeit ist z.B. für Esperanto (keine Muttersprachler dieser Sprache) bzw. für manche Minderheitssprachen (keine Fremdsprachler dieser Sprache) keineswegs ausgeschlossen. Jedoch widerspricht es unserer Intuition, solchen Sprachen jegliches „Kommunikationspotential" in der betreffenden Gesellschaft abzusprechen, zumindest im Falle von mehr als einem Sprecher. Vielleicht will sich de Swaan auch vor diesem Einwand mit dem Terminus „Q-Value" anstelle von „Kommunikationspotential" schützen.

Allerdings berührt dieser Mangel auch den Wert des Q-Values als eines theoretischen Begriffs, den de Swaan vor allem darin sieht, dass der Q-Value die Wahl von Fremdsprachen und deren Aufstieg und Fall erklärt. De Swaan ist nämlich – wie schon zuvor angedeutet – der Auffassung, dass sich Fremdsprachenlerner bei der Wahl ihrer Fremdsprachen vom Q-Value (Kommunikationspotential) der Sprachen leiten lassen – eine Auffassung, die ich weitgehend teile, aber doch im Weiteren relativieren möchte. De Swaan hält den Q-Value für den gewichtigsten – fast hat man sogar den Eindruck, den einzigen – Faktor für die Wahl von Fremdsprachen. Danach hätten Sprachen mit dem Q-Value 0, also ohne Muttersprachler oder ohne Fremdsprachler, als Fremdsprachen keine Chance. Dies ist jedoch schwerlich vereinbar mit Tatsachen wie dem gar nicht so seltenen Erlernen von Esperanto oder dem Aufstieg bislang verschmähter Sprachen zu begehrten Fremdsprachen. Ich frage mich, ob sich dieser Mangel des Q-Values als theoretischer Erklärungsbegriff nicht beheben ließe, wenn man Prävalenz und Zentralität addierte, statt sie zu multiplizieren – muss aber gestehen, dass ich eventuelle Nachteile dieser einfach anmutenden Lösung nicht absehen kann.

Abram de Swaan's Analyseansatz und Begriffsvorschläge sind von der Fachwelt mit Interesse und ganz überwiegend positiv aufgenommen worden. Zu Recht. Ihr besonderer Vorzug besteht darin, dass sie auf sprachliches Handeln oder sprachliche Kommunikation abheben, also darauf, was Menschen mit Sprachen unterschiedlicher Verbreitung zu ihrem Vor- und Nachteil tun können, und auf dieser Grundlage zu Erklärungen für Sprachwahl, -loyalität, -umstellung, -erhalt und -verlust anregen. Meine Bemängelungen sollen diesen

Vorzug nicht in Frage stellen. Erst recht sind die folgenden Hinweise auf mögliche Ergänzungen nicht als grundsätzliche Kritik gemeint.

De Swaan's Q-Value bezieht sich global auf G, also die jeweilige Gesellschaft, für welche die Stellung der Sprache L_a ermittelt werden soll, je nachdem z.B. auf die ganze Welt, einen Staatenverbund (z.B. EU), einen Staat usw. Der Ansatz legt aber den Gedanken nahe, große Gs in darin enthaltene kleinere Gs aufzuteilen und dann die Verteilung der Sprachen auf diese Gs näher zu betrachten. So kann man z.b. die ganze Welt in einzelne Staaten, große Staaten in Regionen oder (autonome) Provinzen/ Kantone usw. aufteilen (**G** = {G_1, G_2, ... , G_n}).

Dann lässt sich die Gleichmäßigkeit oder Schiefe der Verteilung von Prävalenzen, Zentralitäten und Kommunikationspotentialen einer Sprache auf diese Gs in Zahlen ausdrücken. So kann man z.b. zunächst den Mittelwert (arithmethisches Mittel) über alle Gs errechnen und danach die Streuung (Standardabweichung) um diesen Mittelwert, jeweils für Prävalenz, Zentralität und Kommunikationspotential. Die Standardabweichung wächst proportional zur Schiefe (Unausgewogenheit) der Verteilung und schrumpft umgekehrt mit zunehmender Gleichmäßigkeit (Ausgewogenheit) der Verteilung, bis schließlich zum Extremwert 0. So ließe sich – bei vorhandenen Daten – die Gleichmäßigkeit oder Schiefe der Verteilung von Muttersprachlern (Prävalenz), Fremdsprachlern (Zentralität) und Kommunikationspotential von Sprachen über größere Territorien, Staaten oder die ganze Welt messen. Im Hinblick darauf ist z.B. anzunehmen, dass die Muttersprachler von Spanisch (Kastilisch) in Spanien, über die verschiedenen Provinzen des Gesamtstaates gleichmäßiger verteilt sind als die Muttersprachler von Baskisch, Galizisch oder Katalanisch oder auch, dass die Fremdsprachler von Englisch über alle Staaten der Welt, also global, gleichmäßiger verteilt sind als die Fremdsprachler irgendeiner anderen Sprache, auch Deutsch (vgl. dazu Kap. K.7). Ebenso darf für beide Fälle ein höherer Mittelwert der Zentralität und damit vermutlich auch des Kommunikationspotentials erwartet werden. Für Englisch wäre damit die Stellung als „hyperzentrale Sprache" der Welt rechnerisch nachgewiesen.

Nun noch, wie angekündigt, kurz meine Einschätzung des Q-Values als Faktor (oder auch Indikator) der Attraktivität von Sprachen als Fremdsprachen. In de Swaan's Worten (2001a: 39): „The Q-value is an indicator of the communication value of a language. But it also purports to reconstruct the ‚value' that speakers attribute to that language, an evaluation that guides their choices of foreign languages to learn." Mir scheint, dass de Swaan diesen ganz auf die Sprecherzahlen beschränkten Faktor, neben dem er keine anderen Faktoren nennt, überbewertet. Zwar lässt sich kaum bezweifeln, dass die Sprecherzahlen von Sprachen in Kosten-Nutzen-Schätzungen für die Fremdsprachenwahl eine

Rolle spielen, jedoch liegt ebenso auf der Hand, dass es weitere gewichtige Faktoren gibt. Einer davon ist sicher das wirtschaftliche Gewicht der Sprachgemeinschaften, denn anders lässt sich z.B. die aufschießende Nachfrage nach Japanisch als Fremdsprache in den 1980er Jahren (vgl. Coulmas 1989) oder von Chinesisch in jüngster Zeit kaum erklären. Jedenfalls ist die Zahl der Muttersprachler dieser Sprachen in dieser Zeit kaum gewachsen. Dagegen hatte z.B. Bengalisch kräftigen Sprecherzuwachs (geschätzte Sprecherzahl 1964: 85 Mio., 1999: 211 Mio. – S. H. Muller 1964 bzw. *Ethnologue* 2000: 392). Jedoch ist seine Attraktivität als Fremdsprache deswegen nicht nennenswert gewachsen. Der offenkundige Unterschied besteht im viel kräftigeren wirtschaftlichen Aufschwung Japans und Chinas (mit Folgen für Technologie, Wissenschaft und anderes) als in Bangladesch. Diesem Faktor der Wirtschaftskraft der Sprachgemeinschaft für die Wahl von Fremdsprachen trägt William Mackey's (1976; 1989) komplexerer Begriff des „Status einer Sprache" („status des langues") eher Rechnung als de Swaan's Q-Value. Allerdings ziehe ich selbst den Terminus „Stellung einer Sprache" vor, weil „Status" in einem juristisch festgelegten Sinn missverstanden werden kann.

Ein letzter Hinweis ist nicht als Kritik an de Swaan gemeint, der sich des Problems sicher bewusst ist. Seine Prävalenz, Zentralität und Q-Value haben letztlich die Form von Verhältnisskalen. Dies macht die Einteilung in genau vier Ränge (oder Typen) von Sprachen fragwürdig, zu der – wie mir scheint – die astronomische Metaphorik verleitet. Vielleicht ist sogar die auf den ersten Blick plausibel erscheinende Zahl von genau einem Dutzend „superzentraler" Sprachen jener Metaphorik geschuldet (zwölf Monate, Sternzeichen). Beim von dieser Metaphorik befreiten Vorgehen würden die kontinuierlichen Übergänge zwischen den Rängen deutlicher zu Tage treten. Vielleicht ließen sich die Ränge dann in Form von Clustern – mit womöglich anderen Grenzziehungen und Zuordnungen – rekonstruieren. Allerdings ist ein solches Verfahren bislang – mangels Daten – kaum konsequent durchführbar. Jedoch wäre ein Ausblick in diese Richtung angezeigt gewesen. Im Grunde entwirft de Swaan ein Forschungsprogramm, das er für eine Reihe von Gesellschaften (einzelne Staaten, Staatengruppen und Staatenbünde) auch durchspielt, wenngleich – aufgrund ihm nicht anzulastender Datenlücken – zum Teil unvollkommen: für Indien und Indonesien, für je drei Konstellationen des frankophonen und des anglophonen Afrika, für Südafrika und die Europäische Union. Noch interessanter wäre für das Thema des vorliegenden Buches ein Versuch, die 10 bis 12 – wie auch immer definierten – „superzentralen" Sprachen (für unsere Zwecke natürlich einschließlich der deutschen Sprache) im Weltmaßstab nach Prävalenz, Zentralität und Kommunikationspotential in eine Rangordnung zu bringen oder, besser noch, auf eine Verhältnisskala abzubilden (dazu Ammon 2010c).

8. Sprachensupervielfalt, Welt-Imperien, Globalisierung, postnationale Konstellation

Sprachliche Supervielfalt ist seit kurzem ein Schlagwort in der Soziolinguistik. Eigentlich nur „(linguistic) super diversity", vermutlich geprägt von Jan Blommaert (z.B. 2010: 8-13; 2013). Jedoch übersetze die ich den Terminus so ins Deutsche. Blommaert bezieht ihn vor allem auf sprachliche Landschaften (siehe Kap. A.5), wie sie in neuen Immigrantenvierteln von Großstädten entstehen, in denen Zuzügler aus vielerlei Sprachgebieten zusammenkommen. Sie verkehren untereinander in vielerlei verstümmelten („truncated") Sprachen. Aber auch Linguae francae sind in Gebrauch. In Antwerpen z.b., wo Blommaert wohnt und viel forscht, ist darunter auch Deutsch, neben Englisch, Französisch und Niederländisch (Blommaert 2010: 8). Sprachliche Supervielfalt gibt es in zahlreichen Großstädten der Welt. So nannten z.B. in Essen befragte Schüler 122 verschiedene häusliche Sprachen (Baur/ Chlosta/ Ostermann/ Schroeder 2004; mehr Beispiele in Reich 2008: 522f.). Solche oder ähnliche Verhältnisse gab es zwar schon früher in Einwanderungsstaaten. Jedoch sind sie heute weltweit verbreitet. Vor allem aber sind viele entsprechende Wohngebiete durch neue Zu- und Abwanderung ständig im Umbau begriffen, so dass sprachliche Supervielfalt zum Dauerzustand wird.

Für unser Thema ist ein in der Soziolinguistik wenig beachteter Ausschnitt aus der sprachlichen Supervielfalt besonders relevant: der immer kurzzeitiger werdende Aufenthalt von Geschäftsleuten in immer mehr sprachverschiedenen Ländern. Diese Tendenz ist für das Thema dieses Buches noch bedeutsamer als die Zustände in den Immigranten- und Migrantenvierteln der Städte, weil sie sich noch stärker auswirkt auf die Stellung der großen – „superzentralen" (Kap. A.7) – Sprachen in der Welt, wozu eben auch Deutsch zählt. Sie erschwert die gezielte sprachliche Vorbereitung auf die einzelnen Aufenthaltsländer. Abb. A.8-1 veranschaulicht die Tendenz zu „Short-term assignments", wie es in der Quelle heißt.

Die Speerspitze dieser Entwicklung bildet Nordamerika – sei es aufgrund der schon stärker „globalisierten" Unternehmensstruktur oder aufgrund der geringeren sprachlichen Behinderung aufgrund besserer Verfügung über die globale Lingua franca, die „hyperzentrale Sprache" Englisch (Kap. A.7). Damit ist schon das Schlagwort genannt, *Globalisierung*, das häufig zur übergreifenden Kennzeichnung der neueren Entwicklung der globalen Sprachenkonstellation, auch der Stellung der deutschen Sprache in der Welt, dient (z.B. Maurais/ Morris 2003; Gardt/ Hüppauf 2004; Bechdolf/ Johler/ Tonn 2007).

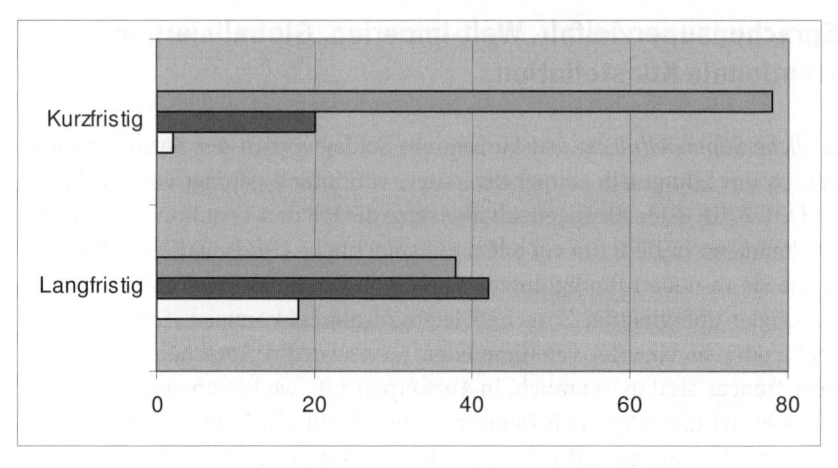

Dauer des Auslandsaufenthaltes, Prozent der nordamerikanischen Firmen

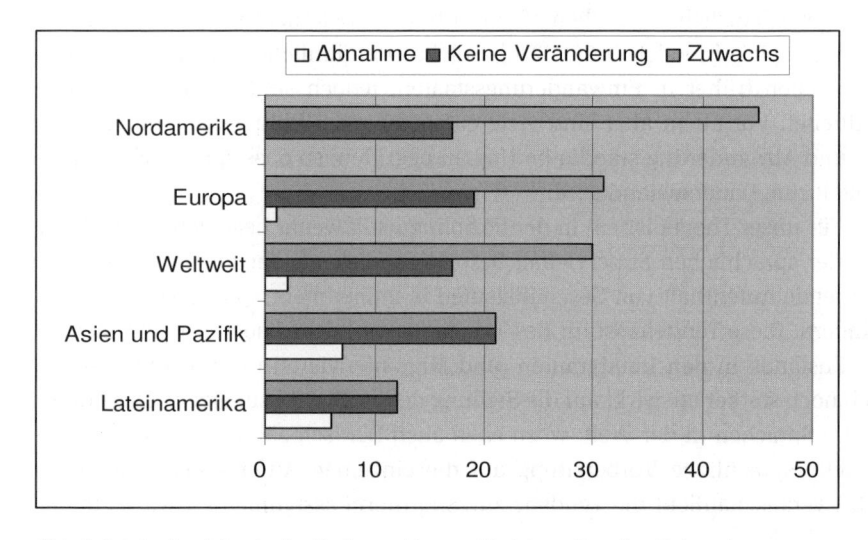

Abb. A.8-1: Auslandslandaufenthalte von Personal in internationalen Unternehmen (Quelle: *The Economist,* 24. Juni 2006: 76)

Auch die geschäftlichen Aufenthalte in den deutschsprachigen Ländern sind oft nur von kurzer Dauer, was zur Folge haben kann, dass die Besucher auf die sprachliche Vorbereitung verzichten, ähnlich dem Gros der Touristen (Kap. I.2; I.3).

In vielleicht noch stärkerem Maße als die wechselnden, kurzen Aufenthalte und Besuche wirken die vielfältigen internationalen Kontakte über die neuen Medien in eine ähnliche Richtung. Sie nötigen geradezu zum Gebrauch einer globalen Lingua franca. David Crystal (2003: 13) verbindet beide Tendenzen, Kommunikation über neue Medien und Kurzaufenthalte, bei seinem Erklärungsansatz für die weltweite Dominanz von Englisch als Lingua franca. Er schildert – sicher fiktiv, aber realitätsgerecht – einerseits das Gespräch übers Internet zwischen einem schwedischen, italienischen und indischen Physiker und andererseits die vom Chef eines japanischen Unternehmens arrangierte Begegnung mit deutschen und saudi-arabischen Partnern in einem Hotel in Singapur. Man wird ihm zustimmen müssen: In beiden Fällen ist die einfachste Verständigungsmöglichkeit der Gebrauch einer einzigen gemeinsamen Sprache („to make use of the same language") – und diese ist heute fast immer Englisch. Sie ist eben die weltweit bevorzugte Lingua franca (Kap. A.7). Über die Gründe, warum gerade Englisch, gibt es zahlreiche Publikationen, darunter – ganz prominent – eben auch Crystal (2003; zudem z.B. Graddol 2000; 2006; Phillipson 1992; 2006b; Phillipson/ Skutnabb-Kangas 1999).

Dennoch möchte ich mich im vorliegenden Kap. noch kurz mit dieser Frage befassen:
1) Warum ist gerade Englisch die globale Lingua franca geworden? Und außerdem mit der weiteren Frage:
2) Warum hat Englisch alle anderen Sprachen so weit hinter sich gelassen?

Dabei stütze ich mich auf Erklärungsansätze, die von Crystal und Graddol gar nicht oder – im Gegensatz zu Phillipson und erst recht Skutnabb-Kangas – nicht als Potential für Kritik an der Entwicklung gesehen werden. Dieses sind die folgenden drei mit einander verflochtenen Entwicklungen der neueren Zeit:

a) der Aufstieg der englischsprachigen Staaten zur wirtschaftlichen und politischen Vormachtstellung in der Welt („world-empires", Wallerstein 2004; Shannon 1996),
b) die Globalisierung (Beck 1997) und
c) die Tendenz zur „Postnationalen Konstellation" (Habermas 1998a).

Mehr als eine skizzenhafte Darstellung ist allerdings im vorliegenden Rahmen nicht möglich.

Für Frage 1) gehe ich von der Annahme aus, dass die Wirtschaftskraft der Muttersprachler ein wichtiger Faktor und brauchbarer Indikator sein kann für die Stellung und Verbreitung einer Sprache in einem Gemeinwesen (Kap. A.7, gegen Ende; Kap. C.4; C.5). Entsprechendes gilt für die ganze Welt bezüglich der Wirtschaftskraft der „Mutterländer" der Sprache, also der Staaten, in denen die Sprache Muttersprache der Bevölkerungsmehrheit und nationale Amtssprache ist. Allerdings gibt es die Fortdauer der Stellung einer Sprache nach dem Niedergang oder Zusammenbruch des Mutterlandes, z.B. Latein im Mittelalter. Sie erklärt sich aus dem allgemeinen Gesetz der „Trägheit der Stellung einer Sprache" (de Swaan 1993a: 222; Ammon 1998: 192-194). Eine andere Ausnahme ist die Nicht-Verbreitung der Sprache eines wirtschaftlich starken Landes nach außen aufgrund von Abschottungspolitik, z.b. im Falle Chinas, das in der Zeit von ca. 1000 bis 1500 nach unserer Zeitrechnung die weitaus stärkte Wirtschaftsmacht der Welt war (Maddison 2007: 157-165), ohne seine Sprache weit zu verbreiten. Bei den späteren europäischen Kolonialstaaten war dies ganz anders. Unter den Kommunikationsbedingungen der modernen Welt stärkt die wirtschaftliche Macht eines Landes in aller Regel die Stellung seiner Sprache – im Land oder weltweit: über den Markt, den die Sprache eröffnet, und den Zugang zu Wissenschaft, Technik und Kultur.

Jedoch ist gerade unter wirtschaftlichen Gesichtspunkten beim Rückblick in die Geschichte der Vorrang von Englisch nicht so selbstverständlich, wie er aus heutiger Sicht erscheint. Anhaltspunkte dafür liefert Immanuel Wallerstein mit seiner Analyse des „Welt-Systems" („world-system") der Staaten. Er kommt dabei zu dem Ergebnis, dass es in der bisherigen Weltgeschichte zwar wirtschaftliche, nicht aber politische „Welt-Imperien" („world-empires") gegeben hat, wobei er in der neueren Geschichte insgesamt drei wirtschaftlich hegemoniale Staaten identifiziert. Dafür bezieht Wallerstein nicht die Wirtschaftskraft allein ein, sondern auch das weltweite Wirtschaftsengagement. Der erste derart hegemoniale Staat waren in der Mitte des 17. Jh. die Niederlande („The first was the United Provinces (today called the Netherlands) in the mid-seventeenth century"; Wallerstein 2004: 57). Ich muss zugeben, dass mich diese Nennung überrascht hat und ich auf Spanien getippt hätte – allerdings für das 16. Jh. Ebenso ist heute weitgehend in Vergessenheit geraten, dass auch die Sprache dieser einst prominenten Wirtschaftsmacht, das Niederländische, zu früheren Zeiten eine beachtliche internationale Stellung hatte (van der Sijs/ Willemyns 2009: 122-149; Willemyns 2013: 181-233). Dies gilt vor allem für Ostasien bis weit ins 19. Jh. hinein, wie die ersten Deutschlehrer in Japan erfuhren (Naka 1994: 237f.). Die niederländische Epoche macht uns bewusst, dass die Dominanz der englischsprachigen Welt nicht allzu weit in die Geschichte zurückreicht. Als zweites wirtschaftliches Welt-Imperium nennt Wallerstein (2004: 57) dann allerdings Großbritannien seit Mitte des 19. Jh., und als drittes und bislang letztes die USA, seit Mitte des 20. Jh. Die beiden letzten Nennungen begründen die heutige Weltstellung des Englischen. China sieht Wallerstein noch nicht in dieser Linie.

Zu dieser wirtschaftlich begründeten Abfolge dominierender Staaten passt auch Angus Maddison's (2007) Befund der technologischen Führerschaft als einer Grundlage wirtschaftlichen Erfolgs. Er unterscheidet technologische

"Führungsstaaten" („lead countries") von technologischen „Nachfolgestaaten" („follower countries") und kommt dabei zu folgender Abfolge: "Since 1500 there have been four leading countries, northern Italy in the sixteenth century, the Netherlands from the sixteenth century until the Napoleonic wars, when the UK took over. The British lead lasted until around 1890, and the US has been the leader since then." (Ebd: 304) Keine Erwähnung eines deutschsprachigen Staates. Aber, was mich mehr erstaunt hat, auch nicht von Frankreich, für das ich zumindest zur Zeit Napoleons, also gegen Ende des 18. und Beginn des 19. Jh. einen ähnlichen wirtschaftlichen und technologischen Rang wie für Großbritannien erwartet hätte.

Jedenfalls reicht die wirtschaftliche und technologische Vorrangstellung Großbritanniens, wenn wir sowohl Wallerstein als auch Maddison folgen, nicht weiter zurück als um die Wende vom 18. zum 19. Jh., wobei die USA als zweite bedeutende englischsprachige Macht zu dieser Zeit noch kaum ins Gewicht fielen. Jedoch überflügelten sie Großbritannien an Wirtschaftskraft schon gegen Ende des 19. Jh., und ebenso das nach der Reichsgründung, 1871, erstarkende Deutschland, das um die Wende vom 19. zum 20. Jh. Großbritannien ebenfalls, wenn auch geringfügig, wirtschaftlich – und vielleicht auch technologisch – überholte. Die ökonomische Grundlage des Englischen als vorrangige internationale Sprache entwickelte sich also im 19. Jh., und sie beschleunigte sich im 20. Jh.

Die langfristige Entwicklung der Wirtschaftskraft der größten Staaten von mehreren wichtigen internationalen Sprachen, einschließlich der Vorläufer dieser Staaten, illustriert Abb. A.8-2, die Markus Taube auf der Grundlage hauptsächlich von Maddison (2007) erstellt und mir freundlicherweise zur Verfügung gestellt hat (vgl. zur Schätzmethode des hier zugrunde gelegten Bruttoinlandsprodukts, auch vergangener Zeiten, Maddison 2007: 294-316). Taubes Vorlage wurde von Jana Knigge in die jetzige Form gebracht. Leider fehlen die Staaten so wichtiger internationaler Sprachen wie Spanisch, Portugiesisch und Arabisch. Die Erstellung eines umfassenderen Vergleichs ist daher ein Desiderat.

Solche Blicke auf die wirtschaftlichen Hintergründe von Sprachen sind erhellend, teilweise auch ernüchternd. Dabei sei noch einmal daran erinnert, dass die Wirtschaftskraft der Mutterländer zwar ein gewichtiger, aber nicht der einzige Faktor für die Stellung einer Sprache in einer Gemeinschaft oder in der Welt ist. So verfügte China für 2000 Jahre, schon lange vor Beginn unserer Zeitrechnung bis Anfang des 19. Jh.s, ununterbrochen über eine größere Wirtschaftskraft als Großbritannien und die USA zusammen; jedoch fand seine Sprache – aus verkehrs- und kommunikationstechnischen Gründen und wegen zurückhaltender Politik – keine weite Verbreitung.

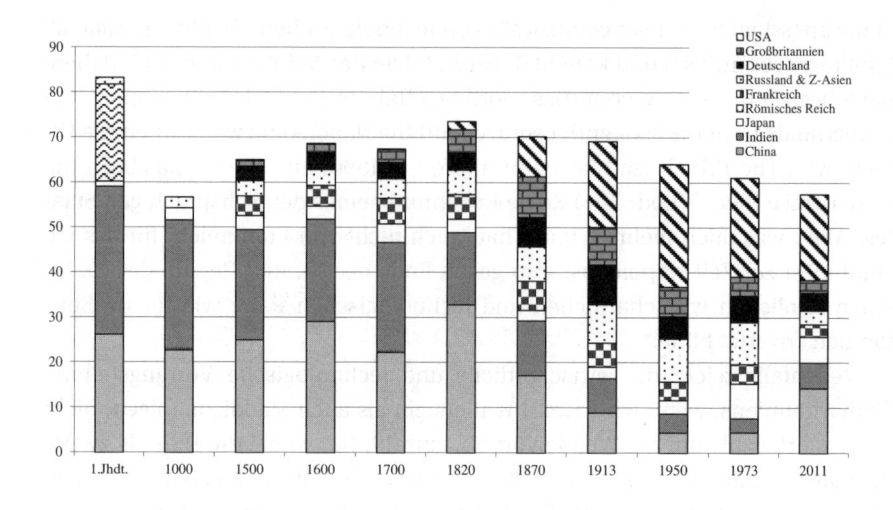

Abb. A.8-2: Die Wirtschaftskraft der wichtigsten Staaten mehrerer internationaler Sprachen im Verlauf von 2 Jahrtausenden (Markus Taube, aufgrund hauptsächlich von Maddison 2007)

Für die Ausdehnung des Englischen, und in kleinerem Maßstab auch anderer europäischer Sprachen, war zusätzlich zur Wirtschaftskraft die globale Kolonialpolitik ausschlaggebend. Dabei war die Sprachverbreitung teilweise eine praktische, verwaltungstechnisch oder missionarisch motivierte Begleiterscheinung dieser Politik, aber teilweise auch machtpolitisch motiviertes eigenständiges Ziel (vgl. Ammon 1991a: 524-566; 1994e; 2009a; Ammon/ Kleineidam 1992; Phillipson 1992; Kap. L.2; L.5). Solche Sprachenpolitik hat auch dazu beigetragen, dass vor allem Französisch, bis zu einem gewissen Grad aber auch Deutsch, bis in die ersten Jahrzehnte des 20. Jh. eine beachtliche, wenngleich dem Englischen nicht wirklich ebenbürtige Stellung in der Welt hatten, Französisch vor allem in der Diplomatie und Deutsch in der Wissenschaft (vgl. Kap. H.1 bzw. G.1).

Erst nach dem Ersten Weltkrieg begann der dann fast konkurrenzlose Aufstieg des Englischen zur weltweit bevorzugten oder dominierenden Lingua franca. Dafür bildete nun die Volkswirtschaft der USA die entscheidende Grundlage, die schon vor dem Krieg ein ähnliches Volumen erreichte wie die Volkswirtschaften Deutschlands und Frankreichs zusammen und schließlich bis Mitte des 20. Jh auf den Umfang der Volkswirtschaften ganz Europas anwuchs (Maddison 2007). Jedoch wurde die Schubkraft der Wirtschaft noch unterstützt durch eine vor allem von Großbritannien, weniger auffällig aber auch von den USA betriebene Politik zur Stellungsstärkung und Verbreitung des Englischen (Phillipson 1992). Symptomatisch dafür war unter anderem die Durchsetzung von Englisch neben Französisch nach dem Ersten Weltkrieg als Vertragssprache von Versailles und Amtssprache des Völkerbundes (vgl. Kap. H.1, H.2, jeweils gegen Ende).

Während Wallerstein (2004: 58) der Auffassung ist, dass kein Staat je in der Lage war, seine wirtschaftliche Hegemonie auszubauen zu einer auch politischen Hegemonie („transforming the world-economy into a world-empire was never possible"), sehen andere Theoretiker die USA in der zweiten Hälfte des 20. Jh. auch als politische globale Hegemonialmacht. Michael Hart und Antonio Negri (2000: xiiif.) weisen in ihrem Bestseller *Empire* auf diese verbreitete Auffassung hin, die sie selbst allerdings zurückweisen und den USA nur eine „privilegierte Stellung" in der heutigen Welt einräumen. Ihr Terminus „Empire" bezieht sich auf die Struktur der ganzen Welt, nicht die Herrschaft eines einzelnen Staates (ebd.: 9). Dennoch verrät ihre Beschreibung dieser globalen Struktur allenthalben die durchdringende Machtfülle der USA, wie auch die Vorrangstellung ihrer Sprache, des Englischen (das Hart/ Negri nicht von ungefähr selbst für ihr Buch gewählt haben). Denn welche Sprache sollte die verschiedentlich beschworene „common tongue" ihres „Empires" (ebd.: z.B. 362) sonst sein?

„Empire" im Sinne von Hart/ Negri hin oder her, die englischsprachigen Staaten zusammen, mit dem Schwergewicht USA, verfügen seit mindestens 150 Jahren, mit sprunghaften Anstiegen jeweils nach den beiden Weltkriegen, über die mit Abstand stärkste Wirtschaftskraft aller Sprachgemeinschaften (vgl. Kap. C.4; C.5), wie auch über die größte politische und militärische Machtfülle. Ihren weltweiten Einfluss haben sie noch gesteigert durch ihre enge Kooperation, wie auch den – wenngleich teilweise loseren – Zusammenhalt aller Staaten des sogenannten inneren Kreises der englischen Sprache (Kachru 1982; 1986): die USA, Großbritannien, Kanada, Australien, Neuseeland und auch Irland. Keine andere Sprache basiert auf einer Staatengruppe mit auch nur annähernd gleicher wirtschaftlicher und politischer Macht, die nun schon eineinhalb Jahrhunderte jeder Staatengruppe anderer Sprache überlegen ist. Vor diesem Hintergrund wäre es erstaunlich, wenn nicht Englisch, sondern eine andere Sprache die globale Lingua franca wäre. Damit ist, in anderen Worten, ausreichend erklärt, wenn auch viele Details fehlen, warum gerade Englisch diese privilegierte Stellung hat. Ins Einzelne gehende Darstellungen und Begründungen der Entwicklung finden sich in zahlreichen Veröffentlichungen, wie z.B. in Truchot (1990), Phillipson (1992), Graddol (2000; 2006), Crystal (2003) und auch Ammon (2000d).

Bei Frage 2) läge es nahe, die überwältigend größere Gebrauchshäufigkeit des Englischen als Lingua franca, das Ausmaß seiner Bevorzugung gegenüber allen anderen Sprachen, a) allein aus der überlegenen Machtfülle der anglophonen Länder zu erklären. Jedoch kommen noch andere Faktoren dazu, wie vor allem b) die Globalisierung und c) die – damit zusammenhängende – politische Tendenz der Welt in die Richtung einer „postnationalen Konstellation" (kognitive und technische Gründe in Kap. A.10).

Die Globalisierung hängt zusammen mit den revolutionierten Verkehrs- und Kommunikationsmitteln, die einem beträchtlichen, ständig wachsenden Teil der Erdbevölkerung vielfältige, weltweite Kommunikation ermöglichen (vgl. z.B. Beck 1997; auch „Globalisierung" in Wikipedia). Es ist fast trivial, die einschlägigen Techniken aufzuzählen wie Luftfahrt, Telefon, Satellitentechnik, Digitalisierung und Internet mit ihren inzwischen von Mia. Menschen genutzten, vielfältigen Möglichkeiten. Im Zusammenhang damit sind auch die politischen Grenzen viel durchlässiger geworden als in früheren Zeiten, was wesentlich zum Wachstum des zwischenstaatlichen und weltweiten Personen-, Kapital-, Waren- und Dienstleistungsverkehrs beigetragen hat. Schließlich ist die weltweite politische und wirtschaftliche Zusammenarbeit organisatorisch gefestigt und verstetigt worden, in Form der Vereinten Nationen mit ihren zahlreichen Unterorganisationen und anderer Regierungs- und Nichtregierungsorganisationen sowie globalen Konzernen und ihren Verflechtungen.

Für unsere Fragestellung ist vor allem wichtig, dass als Folge davon unzählige sowohl mehr oder weniger stabile Netzwerke (Habermas 1998a: 102) als auch kurzfristige Kontakte entstanden sind und laufend entstehen. Diese sind sehr häufig international und verbunden mittels interlingualer Kommunikation (vgl. zum Terminus Kap. A.3), schließen also Personen und Organisationen aus mehreren Nationen und Sprachgemeinschaften ein. Dabei treten Situationen ein, wie anfangs dieses Kap. geschildert, in denen eine gemeinsame Sprache für die Kommunikation gefunden werden muss.

Hinzu tritt der ganz zu Anfang dieses Kap. geschilderte Unterschied gegenüber früher, dass die Kommunikationspartner häufig wechseln und so immer wieder andere Sprachen ins Spiel kommen. Diesem Hin und Her von Sprachen können die Kommunikanten nicht Rechnung tragen und z.B. Französisch, Arabisch, Chinesisch, Deutsch usw. lernen. Zudem bilden Dolmetsch- und Übersetzungsmöglichkeiten – zumindest bislang – keine vollwertige Alternative (vgl. Kap. A.10). Die einfachste Lösung bleibt daher eine Lingua franca, wobei eine einzige alles in allem ökonomischer ist als mehrere (vgl. Kap. G.12). Der wirtschaftlich und machtpolitisch gestützte Aufstieg von Englisch in dieser Funktion wird weiter angetrieben von seiner weltweiten Bevorzugung als Fremdsprache. Als die weltweit meist gelernte und durchschnittlich best beherrschte Fremdsprache hat Englisch in der Terminologie Abram de Swaan's (2001a: 33-40; auch Kap. A.7) die größte „Zentralität" aller Sprachen in der Welt (Hyperzentralität).

Die internationalen Kontakte waren zu früheren Zeiten nicht nur seltener, sondern auch stabiler – wobei beides miteinander zusammenhing. Außerdem divergierten die wirtschaftlichen und politischen Gewichte der Mutterländer verschiedener Sprachen nicht so eklatant. Es gab – grob gesprochen – drei wirtschaftlich, politisch und wissenschaftlich annähernd gleichrangige Zentren: die englisch-, französisch- und deutschsprachigen Staaten, sowie beachtliche, nachgeordnete Zentren wie Italien oder Russland. Daher konnten Personen oder Organisationen, die sich für Fremdsprachen wie Französisch oder Deutsch entschieden hatten, ihre – begrenzte – internationale Kommunikation mit diesen Sprachen bewältigen oder sogar mit nur einer davon. Dagegen stößt man heute mit jeder anderen Sprache als Englisch schneller an Kommunikationsgrenzen. Allerdings mangelt es, wie mir scheint, an empirischen Untersuchungen hierzu – vielleicht weil sie aufgrund so vieler persönlichen Erfahrungen überflüssig erscheinen. Jedoch könnte die genauere Erforschung solcher Kommunikationsgrenzen, dem Thema des Buches entsprechend speziell beim Gebrauch von Deutsch, bezüglich bestimmter Personengruppen und Situationen durchaus aufschlussreich sein.

Für die verbreitete Hinwendung zu einer globalen Lingua franca liegt als weiterer Grund die Entwicklungsrichtung hin zur „postnationalen Konstellation" nahe, wie sie Jürgen Habermas (1998a) genannt hat: die Lockerung der nationalstaatlichen Aufteilung der Welt (dazu Kap. A.3) und der Bindung von Bürgern oder Bewohnern an die Nationalstaaten durch ihre soziale Identität. Diese Lockerung ist eine Begleiterscheinung oder sogar Komponente der Globalisierung (ebd.: 101-110). Die Exponenten der postnationalen Tendenz sind die Angehörigen der „transnationalen Klasse", auf die unter anderen Jürgen Gerhards (2010: 54f.) hingewiesen hat, die gesellschaftlich privilegierten und vorrangigen Mitspieler der Globalisierung, die es in vielen Staaten gibt. Weil sie „transnational agieren, in transnationale Netzwerke eingebunden sind, löst sich ihre Bindung an den Nationalstaat auf." (Ebd.) Ich selber spreche lieber vorsichtiger nur von der *Lockerung* der Bindung, die dann vielleicht auch die weniger intensiv in die Globalisierung Eingebundenen einbezieht. Nach Gerhards empfindet oder sieht diese neue soziale Klasse die globale Lingua franca Englisch nicht nur als „transnationales sprachliches Kapital" (in Anlehnung an Pierre Bourdieu), sondern auch als Gemeinschaftssymbol (für ihre soziale Klasse), so dass sie Bestandteil ihrer sozialen Identität wird.

Auf jeden Fall weist diese Entwicklung in die Richtung einer Schwächung der nationalen Symbolkraft der eigenen Sprache, bei Deutschen bezüglich Deutsch bei Franzosen bezüglich Französisch usw. Damit fällt der Verzicht auf den Gebrauch der eigenen Sprache zugunsten einer anderen Lingua franca leichter – was im vorliegenden Buch immer wieder anklingt oder zur Sprache kommt. Globalisierung und postnationale Konstellation erklären so – zumindest bis zu einem gewissen Grad – die immense Gebrauchshäufigkeit und Bevorzugung von Englisch als Lingua franca. Dass diese – als Nebenwirkung – die Stellung anderer Sprachen in der Welt, auch von Deutsch, beeinträchtigt, liegt wohl auf der Hand.

9. Internationale Stellung von Sprachen und kulturelle Ausstrahlung

Hätten ein Rückgang des Deutschlernens in der Welt oder eine Einbuße der deutschen Sprache an internationaler Stellung auch einen Verlust an Ausstrahlung und Kenntnis der deutschen Kultur zur Folge? Gemeint ist die Kenntnis der in den deutschsprachigen Ländern, in der deutschen Sprachgemeinschaft oder im deutschen Sprachgebiet (Kap. B.4) geschaffenen Kultur, ihrer Kenntnis weltweit, in Regionen oder unter Personen anderer Sprache. Oder ist diese gelegentlich geäußerte Sorge unbegründet? Für die Beantwortung dieser Frage ist es hilfreich, den Zusammenhang der Verbreitung von Sprache und Kultur näher zu betrachten, speziell der Verbreitung über das eigene Sprachgebiet hinaus (allgemeiner zum Zusammenhang von Sprache und Kultur, Risager 2000). Als Ansatz dafür eignet sich eine Typologie von Kulturgütern nach ihren Sprachanteilen. Von den Sprachanteilen hängt es nämlich ab, ob und inwieweit für den Konsum oder die Rezeption Sprachkenntnisse erforderlich sind, woraus man dann auf den Zusammenhang von Sprach- und Kulturverbreitung schließen kann. Dabei geht es beim Thema dieses Buches selbstverständlich vor allem um Kenntnisse der deutschen Sprache.

Nach den Sprachanteilen lassen sich Kulturgüter grob wie folgt einteilen:

1) Sprachfreie Kulturgüter, die keine wesentliche sprachliche Komponente haben. Sie können in anderen Sprachgebieten ohne Kenntnis einer bestimmten Sprache (der Sprache ihrer Herkunftsstaaten, Herkunftssprachgemeinschaft oder Herkunftsregion) konsumiert oder rezipiert und folglich unabhängig von vorhandenen Sprachkenntnissen exportiert werden (z.B. Malerei, Instrumentalmusik, Bau-, Keramik-, Porzellankunst, körperliche Artistik).

2) Kulturgüter, die sowohl wesentliche sprachliche als auch wesentliche nicht-sprachliche Komponenten haben. Von ihnen können bei fehlender Kenntnis der betreffenden Sprache nur die nicht-sprachlichen Anteile konsumiert oder rezipiert werden. Entsprechend eingeschränkt sind ihre Verbreitungsmöglichkeiten. Um auch ihre sprachlichen Komponenten für Personen ohne entsprechende Sprachkenntnisse zugänglich zu machen, müssen diese

übersetzt oder gedolmetscht werden, was ihre Verbreitung aufwändig machen kann (z.B. Comic Strips, Vokalmusik).

3) Sprachliche Kulturgüter, die gänzlich sprachgebunden sind, also keine wesentlichen sprachfreien Komponenten haben. Sie sind ohne Kenntnis der Sprache, in der sie verfasst sind, überhaupt nicht, also auch nicht in Teilen konsumier- oder rezipierbar, sondern müssen übersetzt oder gedolmetscht werden (Texte jeglicher Art, z.B. belletristische Literatur, Sachliteratur, wissenschaftliche Texte).

So simpel diese Differenzierung ist, lassen sich an ihr doch einige elementare Aspekte der Abhängigkeit der Verbreitung von Kulturgütern von der Verbreitung einer Sprache verdeutlichen, speziell ihrer Verbreitung außerhalb der Sprachgemeinschaft, in der sie entstanden sind. Die Typologie zeigt auch, dass es durchaus sprachfreie Kulturgüter gibt (Typ 1), deren Verbreitung mithin vom Rückgang von Deutschkenntnissen in der Welt nicht, zumindest nicht direkt betroffen ist. Auf indirekte Auswirkungen komme ich gegen Ende dieses Kap. noch zu sprechen. Daneben gibt es jedoch offenkundig auch Kulturgüter, die mit der Herkunftssprache untrennbar verflochten sind und die für die Verbreitung außerhalb ihrer Herkunftssprachgemeinschaft überarbeitet werden müssen.

Allerdings ist diese Typologie so, dass man schnell auf Übergangstypen und Abgrenzungsprobleme stößt. Anstelle einer umfassenden Systematik, die – wie mir scheint – aufwändig wäre, beschränke ich meine Überlegungen zur Verfeinerung auf einige Beispiele. Ein Typ, der im Übergangsbereich zwischen Typ 2 und Typ 3 liegt, sind solche wissenschaftlichen Texte, die zu so großen Teilen in einer universalen Wissenschaftssprache verfasst sind, dass sie ohne die wortsprachlichen Teile – mehr oder weniger – verstanden werden können (z.B. Fachtexte der Mathematik, der Chemie, der Physik oder der Architektur). Auf andere Weise können ungewöhnliche Arten des Umgangs mit Kulturgütern Brücken zwischen den drei Typen bilden. Beispiele sind das Betrachten oder Hören von Texten ohne inhaltliches Verständnis, etwa des Druckformats eines sprachlichen Kunstwerks als sei es eine kunstvolle Graphik, wie bei konkreter Poesie, oder das Hören einer Lyrikdiskette als sei es eine Musikaufnahme, wie vielleicht bei Rap. So können bestimmte Fälle des Typs 3 rezipiert oder konsumiert werden, als gehörten sie zu Typ 2 oder sogar 1.

Außerdem lässt sich Typ 3, teilweise auch Typ 2, nach Graden der Übersetzbarkeit der Sprachanteile weiter differenzieren. So sind z.B. wissenschaftliche Texte (Typ 3) vollständiger übersetzbar als belletristische Texte, und in der Belletristik sind wiederum Prosatexte vollständiger übersetzbar als Lyrik. Ich bin sogar der Auffassung, dass wissenschaftliche Texte vollständig (restlos) übersetzbar sind, jedenfalls hinsichtlich der – für sie ja wesentlichen – *wissenschaft-*

lichen Inhalte (dazu auch Kap. G.6). Dies setzt allerdings voraus, dass die Zielsprache ausreichend „ausgebaut" ist, also über die für die entsprechenden wissenschaftlichen Texte notwendigen Terminologien und Textkonventionen verfügt (vgl. Kap. G.1: Anfang; G.11).

Dagegen erscheint es mir plausibel, dass belletristische Texte grundsätzlich nicht vollständig übersetzbar sind. Für sie ist nämlich auch die Textform einschließlich der Details des sprachlichen Ausdrucks, nicht nur der Textinhalt wesentlich, und diese ändert sich unweigerlich bei einer Übersetzung. Dies betrifft nicht nur den oberflächlichen Ausdruck, sondern – aufgrund von unterschiedlichen Ausdrucksvieldeutigkeiten in verschiedenen Sprachen – auch die Textbedeutung. Dies lässt sich vor allem an Metaphern mit ihren mindestens zweierlei Bedeutungen erläutern: der wörtlichen Bedeutung (Quellbedeutung) und der übertragenen Bedeutung (Zielbedeutung). So lässt sich z.B. die Metapher *alte Schachtel* mit a) ‚alter Behälter' und b),unansehnliche alte Frau' nicht unter Wahrung beider Bedeutungen ins Englische übersetzen. *Old box* würde nur als ‚alter Behälter' verstanden; für ‚unansehnliche alte Frau' müsste man *old trout* sagen, womit jedoch eine ganz andere Nebenbedeutung ins Spiel käme. Ähnliche Schwierigkeiten bieten zahlreiche Redewendungen wie z.B. *Luftlinie – as the crow flies, hinter dem Mond leben – to be way behind the times, nicht hinter dem Berg halten mit etwas – to make no bones about something* usw.

Die „Übersetzung" von Lyrik in andere Sprachen erfordert geradezu Neuschaffung, da die für sie wesentliche sprachliche Form dabei allenfalls bruchstückhaft reproduziert werden kann, wenn der Textsinn (einigermaßen) gewahrt bleiben soll. Damit werden Abhängigkeiten der Verbreitung von Kultur von der Verbreitung einer Sprache sichtbar. Sie betreffen am massivsten den oben spezifizierten Typ 3 der Verflechtung von Sprache und Kultur, und darin wieder vor allem die Sprachkunstwerke.

Typ 2 der Kulturgüter, mit sowohl einer wesentlich sprachlichen als auch einer wesentlich nicht-sprachlichen Komponente, lässt sich leichter verbreiten als Typ 3. Dafür braucht nur die nicht-sprachliche Komponente für sich genommen attraktiv zu sein. Dies gilt offenbar für gewisse populäre Musik. So fand z.B. Nenas Lied „99 Luftballons" vielerorts auch Hörer ohne Deutschkenntnisse. Ähnliches gilt für Bands wie Silbermond oder Tokio Hotel (beide aus Deutschland), die ausländische Teenager sogar dazu motiviert haben sollen, Deutsch zu lernen („Deutsch lernen mit Tokio Hotel", *Stern.de* 19.11.2007; www.spiegel.de /schulspiegel/ausland/junge-israelis-lernen-deutsch-der-tokio-hotel-effekt-a-542212.html – abgerufen 25.06.2012) – wobei allerdings zumindest Tokio Hotel im Ausland auch häufig mit englischsprachigen Texten auftreten.

Es wäre untersuchenswert, ob sogar die Auftritte auf Englisch zum Deutschlernen motivieren – vielleicht weil Fans einen tieferen Einblick in die Lebenswelt der beliebten Band gewinnen möchte. Verwandt mit diesem denkbaren Motive fürs Deutschlernen ist die gezielte Übersetzung besonders eindrucksvoller geisteswissenschaftlicher deutschsprachiger Werke ins Englische in der Hoffnung, dass nicht-deutschsprachige Wissenschaftler sich dann durch Deutschlernen breiteren Zugang zu derartigen wissenschaftlichen Schätzen zu verschaffen suchen (vgl. Kap. G.13). Dies wären Fälle der Verbreitung der deutschen Sprache über Englisch als Weltsprache.

Unzweifelhafte Beispiele erfolgreicher Verbreitung von Kulturgütern des Typs 2 aufgrund der Attraktivität der nicht-sprachlichen Komponenten sind klassische Werke der Vokalmusik wie z.B. Bachs Kantaten oder Schuberts Lieder, die weltweit auch ein Publikum finden, das über keine Deutschkenntnisse verfügt. Gelegentlich werden sogar deutsche Texte von Sängern ohne Deutschkenntnisse gesungen. Ein Beispiel ist der vierte Satz von Beethovens Neunter Symphonie, den in Japan in der Vorweihnachtszeit große Laienchöre in vielen Städten darbieten, und zwar im Originaltext, wobei ein Großteil der Sänger über keine Deutschkenntnisse verfügt (J. Ziegler 1994). Sie singen den Wortlaut ohne Verständnis der Bedeutungen – bei Kenntnis allerdings des pauschalen Textsinns.

Auf einen doch engeren Zusammenhang von Sprach- und Kulturverbreitung, der nicht ohne weiteres aus der obigen Grobeinteilung in drei Typen folgt, weisen andere Beobachtungen. Weltweit versuchen Kaufhäuser in der Vorweihnachtszeit die Kauflust der Kunden durch Berieselung mit Weihnachtsliedern anzuregen. So auch, besonders intensiv, in Japan. Bei einem Gastaufenthalt in den 1990er Jahren befragte ich Kunden eines Kaufhauses in Tokyo nach dem Abspielen von „Stille Nacht", woher dieses Lied ursprünglich stamme. Von ca. 20 Befragten nannten alle die USA, nur einer Deutschland (nicht Österreich). Allerdings fragte ich mangels ausreichender Japanischkenntnisse auf Englisch, und wurde auch das Lied auf Englisch gesungen („Silent Night"). Trotz der dadurch möglichen Verzerrung könnte die überwältigende Nennung des Herkunftslandes USA indizieren, dass ausländische Kultur bevorzugt der Sprachgemeinschaft oder den Staaten zugeordnet wird, deren Sprache man vor Ort am häufigsten begegnet oder sie als Fremdsprache lernt. Diese Sprache ist heute fast überall Englisch, das dann mit dem „inneren Kreis" der englischsprachigen Staaten (Kachru 1982; 1986) in Zusammenhang gebracht würde, am ehesten den USA oder Großbritannien. Es wäre untersuchenswert (wenn es nicht schon entsprechende Untersuchungen gibt, die mir nicht bekannt sind), ob nicht Kulturgütern aus der deutschen Sprachgemeinschaft auf diese Weise häufig die Herkunft aus englischsprachigen Staaten, meist wohl den USA, zugeschrieben wird. Lehrer von Deutsch als Fremdsprache aus Brasilien haben mir berichtet, dass dort die Meinung, Grimms Märchen stammten aus England, verbreitet sei.

In Frage kämen für solche Irrtümer allerdings hauptsächlich Kulturgüter des Typs 1, also ohne Sprachanteil, wie Instrumentalmusik, Malerei, bildende Kunst einschließlich Volkskunst wie Weihnachtsschnitzereien oder sonstige Sachkultur.

Teilweise könnte einer solchen Zuschreibung von Kulturgütern auch von deutscher Seite Vorschub geleistet worden sein: durch geflissentliches Verschweigen ihrer Herkunft in Staaten und Gesellschaften, wo verkaufsschmälernde anti-deutsche Ressentiments befürchtet wurden oder werden. Vielleicht hätte sich deshalb BMW die mir bei einem früheren Aufenthalt in England genannte Deutung des Firmennamens als „British Motor Works" gerne gefallen lassen – „or so" fügte damals der Gesprächspartner hinzu. Aus demselben Grund wurden vielleicht auch Namenseindeutschungen akquirierter ausländischer Firmen und ihrer Produkte vermieden, wofür die 1981 von Daimler-Benz übernommene riesige US-Lastwagenfirma „Freightliner" ein Beispiel sein könnte.

Abgesehen von solchen durch die spezielle Geschichte Deutschlands bedingten Besonderheiten, darf angenommen werden, dass die Verbreitung und der Export aller Güter einschließlich Kulturgütern durch Sprachverbreitung erleichtert wird. Dies war und ist bis heute ein häufig genanntes Motiv für die Politik der Verbreitung der deutschen Sprache (vgl. auch Kap. A.1; L, vor allem L.1; Ammon 2009a: passim). Nicht selten wurde dabei der ökonomische Nutzen betont, nicht zuletzt auch von Seiten der deutschen Mittlerorganisationen der Auswärtigen Kulturpolitik, um die eigene Regierung zu vermehrter Förderung zu bewegen. Eines von vielen Beispielen lieferte der frühere Leiter des Goethe-Instituts in Washington D.C., Ulrich Braeß, mit dem Ausspruch in einem Interview: „Wer deutsch lernt, der kauft deutsch und wer Sympathien für Deutschland hegt, der ist ein guter Kunde für die exportorientierte Wirtschaft in Deutschland" (www.business-on.de/muenchen/wer-deutsch-spricht-kauft-deutsch_id3464.html – abgerufen 25.06.2012). Ähnlich hat sich auch der frühere Leiter der Kulturabteilung des deutschen Auswärtigen Amtes, Barthold Witte (1985c; 1987), geäußert.

Tatsächlich wird über das Deutschlernen in der Regel ein eher positives als negatives Bild von den deutschsprachigen Staaten verbreitet. Auf dieser Grundlage kann sich auch ein besonderes Interesse an deren Kultur entwickeln. Kulturgüter der Typen 2 und erst recht 3, mit Sprachanteilen, sind sogar häufig Bestandteil des Lehrmaterials. Jedoch kann das Interesse sich dann auch auf Kulturgüter des Typs 1, ohne wesentliche Sprachanteile, erstrecken. Durch Stärkung der internationalen Stellung einer Sprache gewinnen die Mutterländer ganz allgemein an kultureller Ausstrahlung. „Wo liegen die Gründe für den ‚kulturellen Vorsprung'?" fragt die Zeitschrift *Kulturaustausch* (Heft 1, 2010) im

Klappentext zum Themenheft „Großbritannien". In der Weltstellung der Sprache, muss wohl die Antwort lauten, oder zumindest ist diese ein gewichtiger Faktor. Insofern ist die Sorge, dass der internationale Stellungsverlust der deutschen Sprache auch die Verbreitung der Kultur der deutschen Sprachgemeinschaft beeinträchtigen könnte, nicht ganz falsch. Für die genaue Abschätzung dieser Wirkung fehlt es allerdings an gezielten Untersuchungen, womit – wenn ich nichts Wesentliches übersehen habe – wieder einmal ein Forschungsdesiderat identifiziert wäre.

10. Kognitive Grenzen der Vielsprachigkeit und Überwindungsversuche

Hätten Menschen ein weit leistungsfähigeres Gehirn, dann gäbe es überhaupt keinen Bedarf an internationalen Sprachen. Denn dann könnte jede Sprache bei Bedarf schnell gelernt werden. Allerdings bräuchte das Gehirn dafür unvorstellbar viel Aufnahme- und Speicherkapazität – mehr als, soweit ich sehe, die meisten Utopien zukünftiger Evolution, und sei es einer neuen Spezies (Homo sapiens sapiens *sapiens*), ernsthaft erwägen. Mir persönlich erscheint zudem zweifelhaft, bei zugegeben laienhaftem Urteilsvermögen, ob die Aufbesserung des Organs, das unsere Spezies allen anderen Lebewesen überlegen macht, durch technische Behelfsmittel (Implantate oder Exo-Prothesen) dafür je ausreichen wird. Diese Zweifel habe ich auch bezüglich Stephen Hawking's Vision: „Neuronale Implantate werden für verbesserte Gedächtnisleistungen und die Speicherung kompletter Informationspakete sorgen, etwa das perfekte Erlernen einer Sprache [...] in Minutenschnelle." (Hawking 2001: 175; umfassendere Utopie ebd.: Kap. 6) Falls Hawking recht behielte, könnte vor jedem internationalen Kontakt die jeweilige Sprache aus einem geeigneten Informationspaket in wenigen Minuten „perfekt" gelernt werden. Bei Reisen wäre dies Teil der Vorbereitung, wie das Kofferpacken, und bei Kontakten über Medien gehörte es zur Herstellung der Verbindung, wie man heute einen Computer in Gang setzt. Dann ließen sich letztlich auch die ca. 2.000 Sprachen der heutigen Welt ziemlich problemlos erhalten und erübrigten sich die Sorgen um den grassierenden „Tod" der Kleinsprachen (vgl. Haarmann 2001a) – die häufig kursierende Zahl von über 7.000 noch „lebenden" Sprachen ist weit übertrieben (6.912 in *Ethnologue* 2005: 7, 16; vgl. kritisch dazu Kap. B.1). Allerdings scheint Hawking seine unzweifelhafte physikalische Kompetenz zu unbedacht auf biologisch-chemische Vorgänge übertragen zu haben. Die erhofften Implantate könnten doch nur funktionieren, wenn sie mit den bislang nur ansatzweise verstandenen Vorgängen beim Denken und Abspeichern von Informationen im Gehirn kompatibel wären. Dies, so scheint mir, ist bislang – auch bei den ausgefeiltesten Chips oder dergleichen – nicht in Sicht.

In Ermangelung dieser phantastischen Möglichkeiten wurden in der bisherigen Menschheitsgeschichte internationale Sprachen für sprachübergreifende Kontakte ausgewählt und – in der Regel mühsam – erlernt. Heute sind dies rund 10 Sprachen (vgl. Kap. A.3; A7), mit Englisch unangefochten an der Spitze und – beim heutigen Kenntnisstand – arbiträrer Abgrenzung nach unten hin. Aber auch diese kleine Auswahl von, sagen wir, 10 Sprachen überfordert noch die Lernkapazität der weitaus meisten Menschen. Dadurch entsteht eine Art „Auslese" unter diesen Sprachen bezüglich ihrer internationalen Stellung, der eben auch die deutsche Sprache unterliegt. Diese Auslese ist einerseits sozial bedingt (sozial in einem weiten Sinn), indem sie z.B. von der Sprecherzahl und der ökonomischen Stärke der Sprachgemeinschaft abhängt (vgl. Kap. A.7; Kap. C); andererseits aber auch physiologisch, durch die begrenzte Sprachlernkapazität unserer – unterbemittelten – Spezies. Wenn die meisten Menschen wenigstens 10 Sprachen mühelos und vor allem schnell lernen könnten, wäre die Stellung der internationalen Sprachen, auch die der deutschen Sprache, weniger umkämpft und bedroht.

Jedoch ist die Wirklichkeit anders. Wie heute fast jede Person weiß oder selbst erfahren hat, erfordert schon das Erlernen bescheidener Kenntnisse einer Fremdsprache beträchtlichen Zeitaufwand. Ein semesterlanger Abendkurs an der Volkshochschule führt kaum weiter als zur – linguistisch gesprochen – „Kompetenz" in einfacher Alltagskommunikation, wie sie z.B. für den Urlaub nützlich ist. Dagegen benötigt man für die Art von sprachlichen Anforderungen, auf die sich Kap. F, G und H des vorliegenden Buches beziehen, weit umfassendere Kompetenzen. Geht es doch dort in erster Linie um die sprachlichen Kompetenzen von Managern, Wissenschaftlern bzw. Diplomaten, zu deren wesentlichen Tätigkeiten das Aushandeln von Geschäftsverträgen, das Kommunizieren über wissenschaftliche Fragen in Vorträgen und Publikationen bzw. das Verhandeln internationaler Abkommen und Verträge gehören. Dafür werden umfassende und präzise Sprachkenntnisse benötigt.

Um Anhaltspunkte zum notwendigen Lernaufwand für so gründliche Fremdsprachenkenntnisse zu gewinnen, habe ich mich unter anderem an den renommierten Esperantisten und Psychologen Claude Piron (Schweiz) gewandt, der Anhänger des Esperanto als Weltsprache ist und im Zusammenhang damit auch den Aufwand des Fremdsprachenlernens untersucht hat. Er hat mir, quasi als Quintessenz seiner Studien, Folgendes geantwortet: „Most people whose foreign language was very good had had a few years of study in a university of the relevant country, or had worked at a rather high level in such a country.

They had at least 10,000 hours of language exposure." Dies gelte aber nur für „white collar workers", nicht für „blue collar workers", über die Piron folgende Beobachtungen gemacht hat: „Even after 10 years of working in the relevant linguistic setting, their language level was rather poor in most cases [...] compared with the language of their counterparts speaking their mother tongue." Körperlich Arbeitende, um den Gegensatz zu vereinfachen, haben also noch größere Schwierigkeiten, das Kompetenzniveau ihrer muttersprachlichen KollegInnen zu erreichen, als geistig Arbeitende. Piron wollte damals seine Befunde nicht veröffentlichen, vermutlich wegen der – mir gegenüber betonten – methodischen Unzulänglichkeit der Untersuchungen: „I didn't have the time to device a really rigorous method [...]" (Brief Piron's vom 06.01.2000), tat es aber dann doch kurz darauf (Piron 2001: 95 – Hinweis Jan Kruse). Auf jeden Fall aber liefern seine langjährigen Beobachtungen ernst zu nehmende Hinweise auf die Größenordung des Aufwandes für den Erwerb von Fremdsprachen-Kompetenzen, die übrigens auch mit meiner eigenen Erfahrung kompatibel sind. Der Aufwand für umfassende und sichere Kenntnisse lässt sich ahnen, wenn man bedenkt, dass 10.000 Stunden einer Lernzeit von annähernd 5 Jahren entsprechen (4 Jahre, 9 Monate, 20 Tage), bei durchgehender 40-Stunden-Woche ohne Urlaub.

Diese Lernzeit-Schätzung regt auch an zu einem ökonomischen Ausblick, der nur die Größenordung anzeigen soll und deshalb stark vereinfacht bleiben kann. Wie hoch wären die Kosten, wenn, sagen wir, die ganze Bevölkerung Deutschlands mit entsprechenden Englischkenntnissen ausgestattet würde? Gehen wir von dem – ja für die nahe Zukunft schon anvisierten – Mindestlohn von 10 € pro Lernstunde aus, dann wären es 100.000 € pro Einwohner (10.000 Stunden x 10 €). Für 80.000.000 Einwohner dann 8.000.000.000.000 € = 8 Bio. € (10^5 x 8^7). Im Jahr 2012 lag der Bundeshaushalt Deutschlands bei ca. 295 Mia. € und das Bruttosozialprodukt Deutschlands bei ca. 2,6 Bio. €. Demnach beliefen sich die Gesamtkosten auf ca. 27 ganze Bundeshaushalte bzw. 3 Bruttosozialprodukte Deutschlands. Auch wenn man wegen vorhandener Englischkenntnisse nur mit der Hälfte der Kosten rechnen dürfte (13,5 Bundeshaushalte bzw. 1,5 Bruttosozialprodukte), würde vor der Finanzierung vermutlich jeder Finanzminister kapitulieren. Dabei sind die personellen und institutionellen Kosten für die Lehrtätigkeit noch gar nicht berücksichtigt.

Auch wenn die Lernzeit-Schätzung Piron's einigermaßen hoch gegriffen sein mag – Piron spricht ja auch nur von „language exposure", nicht aktiver Lernzeit – lässt sich die Riesenhaftigkeit des Aufwandes, schon rein ökonomisch, kaum ernsthaft bezweifeln. Dies bleibt auch so, wenn man verschiedene modifizierende Faktoren berücksichtigt. Tatsächlich variiert der Lernaufwand für den Fremdsprachenerwerb einerseits aufgrund – bislang schwerlich beeinflussbarer – individueller Begabung und andererseits aufgrund – sehr wohl beeinflussbarer – folgender Bedingungen:

1) Zielsprache und deren linguistische Distanz von der Ausgangssprache,
2) Abfolge des Lernens (im Falle mehrerer Fremdsprachen),
3) angestrebtes Kompetenzniveau,
4) Lehrmethode und Engagement (der Lehrenden),
5) Motivationsstärke und Lernmethode (der Lerner).

Ich beschränke mich hier auf einige Hinweise zu den Faktoren (oder unabhängigen Variablen) 1 bis 3, deren Einfluss auf den Lernaufwand sich verhältnismäßig leicht verdeutlichen lässt. Bei den Faktoren 4 und 5 erscheint mir diese Verdeutlichung schwieriger, wenn man sich nicht mit mehr oder weniger trivialen Aussagen begnügen will.

Andreas Guder (2005) erläutert am *Gemeinsamen Europäischen Referenzrahmen für Sprachen* (siehe z.B. www.goethe.de/Z/50/commeuro/ – abgerufen 01.01.2011; auch Kap. A.2), dass die Lernzeit für das Erreichen der dort spezifizierten Kompetenzniveaus je nach Ausgangs- und Zielsprache erheblich divergieren kann, und bezieht sich dabei auf die Angaben des Goethe-Instituts. Er befasst sich des Näheren mit der vorgesehenen Unterrichtszeit für das Niveau der zum Hochschulzugang berechtigenden Fremdsprachenkenntnisse. Dabei ist zu beachten, dass die Unterrichtszeit nur einen, meist kleineren Teil der Lernzeit ausmacht, zu der das häusliche Lernen hinzukommt.

Guder (2005: 70, Anm.4) bemängelt, dass die Unterrichtszeit nur nach der Ziel- und nicht auch nach der Ausgangssprache differenziert wird: „Für Deutsch wird davon ausgegangen, dass zum Hochschulzugang berechtigende Sprachkenntnisse (Niveau C1) innerhalb von 700 bis 1000 Unterrichtseinheiten erreicht werden können, während der Chinesisch-Lehrplan für die Hochschulzugangsberechtigung [...] etwa 1600 Unterrichtseinheiten vorsieht." Dabei liegt die Zielvorstellung für Chinesisch sogar um eine Stufe tiefer, nämlich bei B2, als für Deutsch. (Der Referenzrahmen erstreckt sich auf die 6 aufsteigenden Kompetenzstufen A1, A2, B1, B2, C1, C2.) Für Chinesisch wird also ungefähr die doppelte Lernzeit wie für Deutsch gerechnet. Zugrunde liegen offenbar indoeuropäische Ausgangssprachen, ohne dass dieser Bezug allerdings explizit gemacht wird. Daher erklärt sich zumindest ein Teil des geringeren Lernaufwandes für Deutsch. Ganz sicher wäre auch der Lernaufwand für Chinesisch auf der Grundlage einer linguistisch verwandten Ausgangssprache, z.B. Kantonesisch, deutlich geringer.

Einen Überblick über den teilweise weit auseinander klaffenden Lernaufwand zwischen verschiedenen Ausgangs- und Zielsprachen liefert Si-Ho Chong

(2003c: 306-308), wobei er sich auf diverse empirische Untersuchungen stützt. So benötigen z.b. US-Amerikaner – untersucht wurden Diplomaten – fürs Erreichen des jeweils gleichen gewünschten Kompetenzniveaus in verschiedenen Fremdsprachen sehr unterschiedliche Zahlen von Unterrichtsstunden: Für germanische oder romanische Sprachen wie Deutsch, Niederländisch, Französisch oder Spanisch nur 575-600, dagegen für Arabisch, Chinesisch, Koreanisch oder Japanisch 2.200 (ebd.: 306). Der Lernaufwand für Fremdsprachen variiert also erheblich in Abhängigkeit von der linguistischen Distanz (oder umgekehrt: Ähnlichkeit/ Verwandtschaft) zwischen Ausgangs- und Zielsprache. „Dies bedeutet [...], dass die vom Goethe-Institut und anderen veranschlagte vergleichsweise niedrige Stundenzahl für Deutsch primär für Muttersprachler affiner Fremdsprachen (Franzosen, Amerikaner, Polen etc.) berechnet wird und z.b. chinesische Muttersprachler [...] weitaus mehr Zeit benötigen, um ein entsprechendes Niveau in der deutschen Sprache zu erreichen." (Guder 2005: 70, Anm. 5)

Diese Annahme gilt uneingeschränkt allerdings nur für den Fall, dass Deutsch für Chinesen die erste Fremdsprache ist. Hier kommt nun unser oben genannter Faktor 2 ins Spiel: die Abfolge des Lernens im Falle mehrerer Fremdsprachen. In heutiger Zeit lernen alle Chinesen Englisch als erste Fremdsprache und damit eine dem Deutschen verwandte Sprache (mit geringer linguistischer Distanz von Deutsch). Dabei lernen sie zugleich das lateinische Alphabet, so dass für Deutsch nur noch die Umlautbuchstaben (ä/Ä, ö/Ö, ü/Ü) sowie das ß hinzukommen. Für „diese Lerner [ermöglicht! U.A.] das vorab über viele Jahre gelernte Schulenglisch als zum deutschen affine erste Fremdsprache nun vergleichsweise schnelle Lernprozesse im Fach Deutsch [...]" (ebd.). Der Lernaufwand für eine Fremdsprache hängt also – im Falle mehrerer Fremdsprachen – auch ab von der Reihenfolge des Lernens. So hilft es den Chinesen beim Deutschlernen, wenn sie vorher Englisch gelernt haben; dagegen hilft den Deutschen das vorherige Englischlernen beim späteren Chinesischlernen kaum, es sei denn aufgrund der zusätzlichen allgemeinen Erfahrung im Fremdsprachenlernen. Diese Wirkung der Reihenfolge ist weitgehend unabhängig von besonderen Schwierigkeiten der involvierten Sprachen, z.B. der Grammatik des Deutschen für Chinesen oder der Schrift und Aussprache (Töne) des Chinesischen für Deutsche.

Es versteht sich von selbst, dass der Lernaufwand für eine Fremdsprache außer von den bisher erläuterten Bedingungen auch abhängt vom angestrebten Kenntnisniveau, womit wir beim obigen Faktor (oder der unabhängigen Variablen) 3 angelangt sind. Im Hinblick darauf ist für unsere momentane Argumentation die begründete Annahme besonders relevant, dass die oben genannten Kompetenzniveaus des Gemeinsamen Europäischen Referenzrahmens für den

Hochschulzugang, C1 für Deutsch und B2 für Chinesisch, ein Minimum des wirklich Erforderlichen darstellen. In Wirklichkeit reicht dieses Kenntnisniveau – nach allen mir bekannten Hinweisen – für ein erfolgreiches Studium kaum aus. So sind vermutlich z.B. für Chinesen mit C1-Kompetenz in Deutsch Vorlesungen in deutscher Sprache schon rein sprachlich nur teilweise verständlich. Allgemein ist für Chinesen das Hörverstehen von Deutsch besonders schwierig, auch weil sie dabei keinen Einfluss auf die Geschwindigkeit des Vorgangs haben und ihre Dekodierung daran anpassen müssen. Aber auch in den anderen Sprachfertigkeiten, außer vielleicht Lesen, bleibt die Kompetenzstufe C1 unterhalb des für ein Hochschulstudium wirklich notwendigen Niveaus. Dies könnte ein wesentlicher Grund gewesen sein, wenngleich sicher nicht der einzige, für den zeitweilig hohen Anteil von chinesischen Studienabbrechern an deutschen Hochschulen von rund 70% – gegenüber einer Abbrecherrate bei deutschen Studierenden von 25% (Meng 2005: 292). Allerdings haben inzwischen die chinesischen Studierenden – sicher aufgrund ihres sprichwörtlichen Fleißes – die niedrigste Abbrecherquote aller Bildungsausländer von nur 20% erreicht (Heublein/ Richter/ Schmelzer/ Sommer 2012: 36-38 – Hinweise Jun He; siehe auch He 2012: Kap. F.3.1).

Aber nicht nur das Lernen einer Fremdsprache bis zu einem für anspruchsvolle Kommunikation notwendigen Kompetenzniveau ist aufwändig, sondern auch die Aufrechterhaltung des einmal erreichten Niveaus. So verlieren Chinesen sogar während ihres Deutschlandaufenthaltes oft einen Teil ihrer anfänglichen Deutschkenntnisse, weil sie hauptsächlich mit Chinesen und nicht mit Deutschen Kontakte pflegen und womöglich zudem englischsprachige Studiengänge studieren (Chen 2012; zu englischsprachigen Studiengängen an deutschen Hochschulen Kap. G.8).

Aufgrund all dieser Hinweise sollte nun ausreichend plausibel sein, dass es für Manager, Wissenschaftler oder Diplomaten, auf die sich spätere Kap. dieses Buches beziehen, einen großen Aufwand bedeutet, das für ihre kommunikativen Bedürfnisse erforderliche Kompetenzniveau in mehreren internationalen („superzentralen") Sprachen zu erwerben und aufrecht zu erhalten. Dabei geht es wohlgemerkt nicht um Small Talk, sondern um die für ihre Berufstätigkeit wesentliche, anspruchsvolle Kommunikation. Solche Sprachkenntnisse in allen 10 in Kap. A.3 und A.7 identifizierten internationalen Sprachen überfordern „Normalsterbliche". Daher gibt es von der kognitiven Kapazität der Akteure her einen Auslesedruck auf die internationalen Sprachen, der zu ihrer Rangabstufung und Aufgabenteilung oder schließlich zur Verdrängung aus dieser Kategorie von Sprachen führt.

Es sei denn, es gebe eine technische Lösung für das Problem – wobei die zu Beginn dieses Kap. angedeutete Möglichkeit erweiterter Gehirnkapazität durch

Implantate oder Ähnliches vermutlich noch lange Zeit Utopie bleibt. Die einzige technische Alternative wäre – soweit ich sehe – das Dolmetschen und Übersetzen. Jedoch reduziert das persönliche Dolmetschen und Übersetzen den Druck in Richtung Auswahl und Verringerung der internationalen Sprachen nicht nachhaltig – weil es zu teuer ist und vielleicht auch – trotz aller technischen Fernverbindungen – zu wenig mobil, d.h. nicht immer dort verfügbar, wo es gerade gebraucht wird. Eine praktikable technische Lösung wären dagegen Dolmetsch- oder Übersetzungsmaschinen, die allenthalben verfügbar wären und schnell und zuverlässig arbeiteten.

Für das schriftliche Übersetzen scheinen praktikable Lösungen in Reichweite. Man kann sich dies vor Augen führen an den über das Internet verfügbaren Angeboten z.B. von Microsoft (www.bing.com/translator) oder von Google (translate. google.de/#auto/en/). Dort kann man einen beliebigen Link einer in einer Fremdsprache verfassten Webseite eingeben und erhält eine übersetzte Version. Ebenso kann man einen Text in der eigenen Sprache einfügen und übersetzen lassen (Hinweis Philipp Ammon). Man versteht den Inhalt der Übersetzung immerhin ungefähr. Allerdings bleiben erhebliche sprachliche Fehler in Wortwahl, Syntax und Stil, was die Genauigkeit des Textverständnisses unter Umständen gravierend einschränkt. Jonathan Pool (2010: 148) demonstriert diese Mängel am Beispiel der teilweise weit auseinander klaffenden Übersetzungen ein und desselben englischen Satzes ins Französische durch 9 verschiedene aktuelle automatische Übersetzungssysteme. „Even though [...] existing automatic translation systems are limited to about 1 percent of the world's languages, they have produced results far inferior to expert human translations." (Ebd: 147) Pool zeigt aber auch vielfältige Wege und Versuche der zukünftigen Leistungsverbesserung, von denen er sogar erhofft, dass sie das derzeit in Gang befindliche Verschwinden der kleineren Sprachen in absehbarer Zeit aufhalten könnten (ebd. 149-159). Allerdings lässt Pool offen, jedenfalls nach meinem Verständnis, wie es um die Möglichkeit nicht nur schriftlichen Übersetzens, sondern auch mündlichen Dolmetschens steht, die für den hinreichenden Ersatz von Fremdsprachenkenntnissen notwendig wäre.

David Crystal (2003: 27) beschreibt ein fiktives Beispiel eines für mündliches Dolmetschen geeigneten Geräts: „The Babel fish, inserted into the ear, thus making all spoken languages (in the galaxy) intelligible [...]", wozu er angeregt wurde durch Douglas Adams' Roman *The Hitch-Hikers Guide to the Galaxy* (London: Pan 1979: Kap. 6). Für unsere Zwecke brauchten es nicht einmal alle Sprachen zu sein; die 10 internationalen würden vorläufig genügen. Jedoch gilt bislang auch für sie, dass ein solcher Babelfisch bislang nichts weiter ist als „an intriguing concept." Trotz aller Fortschritte in automatischer Spracherkennung und Übersetzung ist „the state of the art in real-time speech-to-speech automatic translation [...] still primitive." (Ebd.)

Der Physiker Wolfgang Hilberg ist auch bezüglich einer maschinellen Lösung dieses – außerordentlich komplexen – Problems optimistisch, wie schon der Titel eines seiner programmatischen Aufsätze ahnen lässt: „Die babylonische Sprachverwirrung wird ein Ende finden – durch Technik und nicht durch das Diktat einer Einheitssprache!" (Hilberg 2000a; ähnlich 2000b). Er avisiert dafür Spracherkennung und Lernen ohne explizite Grammatikanalyse, indem ganze Texte oder Textteile als textuelle Netzwerke identifiziert und analysiert werden, so wie – seiner Meinung nach – auch Kinder sprachliche Äußerungen verstehen und Sprache lernen. Auf dieser Grundlage ließen sich schnelle und preiswerte Dolmetschmaschinen – er spricht von „Übersetzungsapparaten" – bauen, so „dass man sie vielleicht in den Telefonnetzen anwählen und mieten kann. Dazu könnte man z.B. in Deutschland in ein Mikrophon sprechen, während der Geschäftspartner in Japan das Gesagte in seinem Hörer auf Japanisch hört. Umgekehrt wird der Japaner in seiner Muttersprache sprechen und der Deutsche es in seiner Muttersprache hören können", und „eine solche Technik wird uns schon in verhältnismäßig naher Zukunft zur Verfügung stehen." „Die einsetzende Nanoelektronik" kann „sogar die erwähnten futuristischen ‚Ohrenfische' [Crystal's oben erwähnten ‚Babelfisch'! U.A.] in ein paar Jahrzehnten zu gängigen Produkten machen." (Hilberg 2000a: 307) Ich habe mit Hilberg über diese Vision korrespondiert, muss aber gestehen, dass ich sie nicht nachvollziehen, allerdings auch nicht widerlegen kann. Er betont dabei ein statistisches Vorgehen, „ohne daß überhaupt Grammatikregeln zur Anwendung kommen" (Brief Hilberg 12.12.2000) – was mir, wie ich ihm antwortete, nicht kompatibel erscheint mit der in der Linguistik vorherrschenden Auffassung regelgeleiteten sprachlichen Handelns oder Sprachgebrauchs. Allerdings finden sich ähnliche Ansätze verschiedentlich, z.B. für Spracherkennung (dazu „Britischer ‚Internet-Milliardär' verläßt sich auf Mathematik. Automy entwickelt Spracherkennungssoftware, die auf Wahrscheinlichkeit statt auf Linguistik basiert", *FAZ* 06.01.2002: 21; für Geschriebenes: Google-Übersetzung).

Jedoch wurden Hilbergs oder ähnliche andere Visionen bislang nicht verwirklicht und ist mir auch kein entscheidender Schritt dorthin bekannt geworden. Auch Hilbergs neueres Buch (2008) scheint mir keinen klaren Weg zur Verwirklichung aufzuzeigen. Christa Hauenschild (2004: 765) sieht denn auch den wichtigsten „Impuls aus dem Maschinellen Dolmetschen" darin, dass es „zu mehr Problem- und Realitätsbewusstsein" führt, und bewertet es „zunächst als hoffnungslos unrealistisches Unterfangen". Diese Einschätzung teilt auch Philippe van Parijs (2011: 38f.). Allem Anschein nach kann demnach die Menschheit auf absehbare Zeit nicht auf das Fremdsprachenlernen verzichten und bleibt daher der oben angesprochene Druck auf die internationalen Sprachen und die Konkurrenz um ihre Stellung weiterhin bestehen.

11. Historischer Abriss der internationalen Stellung der deutschen Sprache

Bei diesem gestrafften Überblick über die Geschichte der Stellung der deutschen Sprache in der Welt geht es hauptsächlich um Deutsch als Fremdsprache (DaF) außerhalb des deutschen Sprachgebiets (des Siedlungsgebiets der Sprecher von Deutsch als Muttersprache; Kap. B.4), in Anlehnung an den Anfangsteil eines kürzlichen Aufsatzes (Ammon 2010a: 89-92). Für ein etwas umfassenderes Verständnis richtet der Blick sich jedoch auch auf die Verbreitung von Deutsch als Muttersprache und Zweitsprache, um die Verbreitung als Fremdsprache stringenter erklären zu können. Unter den zahlreichen für das Thema dieses Kap. relevanten Darstellungen möchte ich vor allem das erst kürzlich erschienene Buch von Karl-Heinz Göttert (2013: vor allem Kap. 2 – 5) hervorheben. Ich beginne meine Darstellung mit Hinweisen auf den Zusammenhang zwischen der Verbreitung des Deutschen als Muttersprache und seiner Verbreitung als Fremdsprache.

Durch die mittelalterliche Ostkolonisation in der Zeit vom 8. bis zum 14. Jh. wurde das geschlossene deutsche Sprachgebiet nach Osten über die Elbe und Saale und nach Norden über die Donau hinaus ausgedehnt bis nach Ostpreußen, Schlesien und in das Gebiet der heutigen Slowakei hinein. Die autochthone slawische Bevölkerung wurde großenteils sprachlich assimiliert. Die verbleibende, überwiegend weiter östlich siedelnde slawischsprachige Bevölkerung lernte Deutsch häufig als Fremdsprache, was freilich erst für spätere Zeiten belegt ist. Die im späteren Mittelalter, seit dem 12. Jh., nach Osteuropa wandernden muttersprachlich deutschsprachigen Bevölkerungen bildeten dort großenteils „Sprachinseln" (Kap. E.1) und trugen teilweise dazu bei, die anderssprachige Umgebung zum Deutschlernen zu motivieren.

Die Emigration muttersprachlich deutschsprachiger Gruppen in überseeische Gebiete begann im 16. Jh. und verstärkte sich seit dem 17. Jh. Sie führte zunächst vor allem nach Nordamerika, später auch nach Süd- und Mittelamerika sowie Australien und Süd-/Südwestafrika. Auch die kurze Episode der Kolonialpolitik Deutschlands mit der Eroberung und Verwaltung von Kolonien in der Zeit von 1884 bis 1918 trug zur Aussiedlung aus den deutschsprachigen Staaten bei. Diese verschiedenartige und unterschiedlich motivierte Emigration führte auf mehreren Kontinenten und in einer ganzer Reihe von Staaten zur

Bildung deutschsprachiger Minderheiten (Born/ Dickgießer 1989; Ammon 1991a: 86-114; Kap. E). Ein Großteil von ihnen wurde später sprachlich assimiliert. Ihre Nachfahren pflegen jedoch teilweise bis heute intensivere Kontakte zu den deutschsprachigen Staaten und lernen häufiger DaF als die übrigen Bevölkerungsteile der betreffenden Staaten.

Zusätzlich zur Auswanderung nahm vor allem im 19. Jahrhundert die internationale Geschäftstätigkeit der deutschsprachigen Staaten zu. Auch im Zusammenhang damit gelangten mehr und mehr Muttersprachler des Deutschen ins Ausland, viele allerdings nur vorübergehend. Sowohl diese Expatriates (manche sprechen auch von „Kontraktdeutschen") als auch die Auswanderer entwickelten vielfältige kulturelle Tätigkeiten im Ausland, in denen die deutsche Sprache eine Rolle spielte (siehe z.B. Majtanova 2015). Eine ihrer besonders wichtigen Komponenten waren die deutschen Auslandsschulen, von denen eine beträchtliche Zahl im 19. Jh. entstand. Sie wurden zwar zunächst für Muttersprachler errichtet, entwickelten sich jedoch im Verlauf der Zeit auch zu Verbreitungszentren von DaF, nicht zuletzt durch den Zugang nichtdeutschsprachiger Schüler (Kap. K.3). Die Zahl der vorübergehend aus geschäftlichen Gründen im nichtdeutschsprachigen Ausland weilenden Muttersprachler des Deutschen nimmt bis heute zu. Wo sie sich konzentrieren, entstehen bisweilen deutschsprachige Firmenschulen oder deutschsprachige kulturelle Zentren. Diese motivieren dann nicht selten auch Teile der einheimischen Bevölkerung zum Erlernen von DaF.

Somit trug und trägt die Ausbreitung von Deutsch als Muttersprache vielfach in der einen oder anderen Weise auch zur Verbreitung von DaF bei. Dabei gab es im Verlauf der Geschichte auch Verbreitungsansätze ohne Kontinuität in die heutige Zeit. Das vielleicht gewichtigste Beispiel aus älterer Zeit ist die Ausbreitung des Niederdeutschen als Lingua franca in Nordeuropa, vor allem im skandinavischen und baltischen Raum, durch die deutsche Hanse vom 13. bis zum 15./16. Jh. Das Erlöschen des Niederdeutschen als nordeuropäische Lingua franca ist allerdings nicht allein durch den Niedergang der Hanse bedingt, sondern auch durch die mangelnde Kontinuität vom Niederdeutschen zum Hochdeutschen. Ohnehin ist seine Einbeziehung hier und damit die Einordnung in dieselbe Sprache wie das Hochdeutsche, eben Deutsch, anfechtbar (vgl. Kap. B.1; B.2).

Es folgt nun der kurze historische Abriss der Verbreitung von DaF und seiner damit zusammenhängenden Entwicklung als internationale Sprache. Die Darstellung ist stark vereinfacht, weil in den späteren Kap. zu spezielleren Entwicklungen detailliertere Darstellungen folgen, vor allem für die Handlungsfelder (auch „Terrains") Wirtschaft, Wissenschaft, Politik, Tourismus, Medien und Sprachkunst (Kap. F – J).

Die Forschung zur Ausbreitung von DaF ist vielfältig, aber weit verstreut und von sehr unterschiedlicher Qualität. Breite Überblicke über die Entwicklung in Europa „vom Mittelalter bis zur Barockzeit" und „im Zeitalter der Aufklärung, der Klassik und der Romantik" liefert Helmut Glück (2002; 2013). Ansonsten vorliegende Untersuchungen zur Entwicklung in einzelnen Staaten oder Sprachgebieten reichen verschieden weit zurück und setzen unterschiedliche, oft weitgehend intuitiv gewählte Schwerpunkte (z.B. Lévy 1950/52 für Frankreich; Ortmanns 1993 für Großbritannien; Ammon 1994 für Japan; Ammon/ Chong 2003 für Korea; Ammon/ Reinbothe/ Zhu 2007 für China; Ammon/ Kemper 2012; Beiträge zu Helbig/ Götze/ Henrici/ Krumm 2001, Bd. 2, Kap. XXIII; Krumm/ Fandrych/ Hufeisen/ Riemer 2010, Bd. 2, Kap. XIX und zum *Jahrbuch für Internationale Germanistik* 2002 – 2007). Die hier vorgeschlagene Epocheneinteilung und Hervorhebung besonders wirkungsmächtiger Ereignisse bedarf der Ergänzung und Korrektur durch die zukünftige Forschung.

Die Zeit bis zum ausgehenden 18. Jh.

Diese Abgrenzung zur neueren Zeit hin erscheint gerechtfertigt aufgrund von zwei bedeutsamen (Gruppen von) Ereignissen. Die ersten dieser Ereignisse sind die drei polnischen Teilungen 1772, 1793 und 1795, durch welche die Herrschaftsgebiete Preußens und Österreichs (Habsburger Lande) erheblich nach Osten bzw. Nordosten ausgeweitet wurden. Das zweite Ereignis ist die dekretierte Institutionalisierung der deutschen Sprache als Amtssprache sämtlicher Habsburger Lande in der Regierungszeit von Kaiser Joseph II. zwischen 1780 und 1790. Sie wirkte nach, obwohl Joseph II. sie auf seinem Sterbebett widerrief (Stark 2002: 92). Durch beide Ereignisse wurde das Amtssprachgebiet des Deutschen weit über seine Muttersprachregion hinaus ausgedehnt, vor allem auf muttersprachlich slawisch- und ungarischsprachige Regionen. Als Folge davon waren viele Nicht-Muttersprachler des Deutschen mehr oder weniger gezwungen, Deutsch zu lernen. Je nach Umständen und Begriffsfestlegung kann man dabei von DaF oder Deutsch als Zweitsprache sprechen (Kap. A.3). Vordergründig wurde dadurch zwar die Stellung der deutschen Sprache in Osteuropa gestärkt; der bedeutsame Hintergrund dieser Entwicklung ist jedoch, dass diese Maßnahmen von der nicht-deutschsprachigen Bevölkerung vielfach als gewaltsam empfunden wurden und Widerstände hervorriefen, die der Stellung des Deutschen in Osteuropa, auch seiner internationalen Stellung, auf längere Sicht unzuträglich waren und womöglich bis heute ungünstig nachwirken (Grucza 1995: 718f.).

Deutsch wurde zunächst lange Zeit überwiegend ungesteuert, im Kontakt erlernt, vor allem in den osteuropäischen Randgebieten, wo es – anders als in

West- und Südeuropa – gegenüber den Nachbarsprachen meist das höhere Prestige hatte. Seit dem 17. Jh. entwickelte sich dann jedoch punktuell auch gesteuerter Unterricht von DaF, der in verschiedenen europäischen Staaten erteilt wurde: von Privatlehrern, an Ritterakademien und vereinzelt auch an Schulen und Hochschulen. z.B. in Polen (Grucza 1995: 722; dort, nach Glück 2002: 372, vermutlich schon im 16. Jh.). Indizien für gesteuerten Unterricht sind Grammatiken und Wörterbücher, die teilweise schon im Untertitel ihre Bestimmung als Lehrmaterialien verraten. Ein früher Beleg aus Frankreich ist eine Grammatik von Daniel Martin (1635), die offenbar hauptsächlich französischen Soldaten im 30-jährigen Krieg dazu dienen sollte, Deutsch zu lernen (*Acheminement à la langue allemande ... pour toutes occurrences, dressez à l'usage de la Soldatesque Françoise*...; Lévy 1950: 93). Ein anderes Beispiel ist die 1680 in England erschienene Grammatik *High Dutch Minerva à la Mode*, mittels der laut Untertitel: „the English may both easily end exactly, learne the Neatest Dialect of the German Mother-Language used throughout all Europe" (Glück 2002: 334; van der Lubbe 2007).

Die Motive für das Deutschlernen sind vielfältig: religiöse Interessen, z.B. an den Schriften Luthers, ferner wirtschaftliche Kontakte und Bildungsbedürfnisse verschiedenster Art. Als Beispiel für letztere sei nur an den russischen Aufklärer Michael W. Lomonossow (1711-1765) erinnert, der in Marburg und Freiberg studierte und dort natürlich auch Deutsch lernte. Speziell in Russland diente Deutsch auch zum Kontakt mit ansässigen Deutschen und wohl auch als Lingua franca unter Ausländern (Glück 2002: 283).

Das 19. Jh. bis zur Gründung des Wilhelminischen Reichs

Würde ich mich hier bei der Zeiteinteilung an den Inhalten des Germanistikstudiums orientieren, so müsste diese den literarischen Epochen folgen und dementsprechend anders aussehen (z.B., weiter zurückreichend, Glück 2013). Desgleichen entstünde ein anderes Bild der Entwicklung, wenn ich der Einschätzung mancher prominenter Zeitgenossen vertraute. Im Grunde erschiene dann die Zeit der deutschen Klassik (ca. 1790-1830) als Gipfelpunkt auch des Erlernens von DaF. Diese Einschätzung wäre sogar durch dokumentierte Äußerungen des deutschen Klassikers par excellence gestützt, der von der Mitteilung eines englischen „Ingenieuroffiziers" berichtet, „daß jetzt fast kein junger Engländer von guter Familie ist, der nicht Deutsch lernte" (*Eckermanns Gespräche mit Goethe*, Jahr 1895. Geiger L. (ed.) (1902). Leipzig: 101f.; siehe auch Kap. C.3). Jedoch ist ein besonders großer Umfang des Lernens von DaF in jener Zeit durch andere Dokumente nicht belegt. Einen Unsicherheitsfaktor für Quantifizierungen bildet der beträchtliche Anteil des Privatunterrichts in früherer Zeit, dessen

Umfang sich kaum abschätzen lässt. In den öffentlichen Bildungsstätten hat sich der Unterricht von DaF in der für diesen Abschnitt spezifizierten Zeitspanne nur zögerlich entwickelt, am ehesten in Ansätzen in der seit Mitte des Jahrhunderts langsam nach dem Vorbild Preußens in Europa sich ausbreitenden Realbildung. Einer ihrer Bestandteile waren „lebende" an Stelle der bislang dominanten klassischen Fremdsprachen. Unter ihnen war auch Deutsch, wenngleich es allenthalben lange Zeit an Bedeutsamkeit weit hinter Französisch zurückblieb. Wichtig ist jedoch einerseits, dass in dieser Zeitspanne vielerorts die Grundsteine gelegt wurden für die stürmische Entwicklung nach 1870. Andererseits ist speziell für Osteuropa bedeutsam, dass die Widerstände gegen die Durchsetzung des Deutschen als vorherrschende Amtssprache der Habsburger Lande heftiger wurden. Sie führten schließlich zum Erfolg, indem Ungarn – nach der Schwächung Österreichs infolge der Niederlage gegen Preußen 1866/67 – innerhalb der Habsburger Lande Autonomie und damit die Möglichkeit zur (Re-)Magyarisierung erlangte.

Das Wilhelminische Reich

Die hier gewählte Bezeichnung dieser Zeitspanne sollte nicht den Blick verstellen auf die anderen deutschsprachigen Staaten, vor allem Österreich und die deutschsprachige Schweiz. Sie sollte nur hervorheben, dass die Dynamik der Entwicklung maßgeblich von diesem neu gegründeten Deutschland bestimmt wurde. Die Zeit zwischen 1871 und 1914 war die dynamischste Phase der Ausbreitung von DaF in der bisherigen Geschichte bis heute. Deutsch wurde in allen wirtschaftlich und technologisch fortgeschrittenen Staaten der damaligen Zeit reguläres Lehrfach an Schulen oder Hochschulen. Es stieg insbesondere auf zu einer der Weltwissenschaftssprachen, ähnlichen Rangs wie Englisch und Französisch (Kap. G.1). Die Grundlage dieser Entwicklung bildete der wirtschaftliche und technologische Aufschwung der deutschsprachigen Staaten, insbesondere Deutschlands, einschließlich dessen militärischer Stärke, die sich im Krieg 1870/71 gegen Frankreich erwies, ferner der Aufbau wissenschaftlicher Institutionen in den deutschsprachigen Staaten, die wissenschaftliche Spitzenleistungen hervorbrachten. Schließlich trug auch, wie schon erwähnt, die deutsche Kolonialpolitik zur Verbreitung der deutschen Sprache in der Welt bei. Da die – bezüglich der Verbreitung von DaF und des Aufstiegs von Deutsch als internationale Sprache – besonders expansive Epoche des Wilhelminischen Reichs in späteren Kap. noch verschiedentlich zur Sprache kommt, sei auch sie an dieser Stelle nur durch die Nennung einiger markanter Entwicklungen charakterisiert: In den USA und in Frankreich wurde Deutsch damals die meist gelernte Fremdsprache (Kap. K.2); Japan orientierte die Modernisierung seines

Staats und seiner Gesellschaft maßgeblich am Wilhelminischen Reich, nahm den Unterricht in DaF auf (Naka 1994) und übertrug ihn auf das von ihm kontrollierte Korea (Ammon/ Chong 2003); Wissenschaftler aus vielen Staaten lernten Deutsch, besuchten deutschsprachige Universitäten und publizierten auch in deutscher Sprache (Kap. G.1; Ammon 1998: 1-15). Die Politik der Verbreitung der deutschen Sprache, die das Wilhelminische Reich, wenn auch erst in Ansätzen, entwickelte (Reinbothe 1992), war Teil seiner imperialen Bestrebungen.

Vom Ende des Ersten Weltkriegs bis zum Ende der NS-Zeit

Der Erste Weltkrieg und die Niederlage Deutschlands und Österreich-Ungarns hatten nachhaltig ungünstige Folgen für die Verbreitung der deutschen Sprache in der Welt. Das Amtssprachgebiet des Deutschen in Osteuropa wurde beträchtlich reduziert, und zwar um die zuvor preußischen und teils muttersprachlich deutschen Gebiete des wieder entstandenen Polens und um die nichtmuttersprachlich deutschen Gebiete Cisleithaniens (einstige österreichische Hälfte der Donaumonarchie), die außerhalb des neu geformten Österreichs lagen; ferner um alle überseeischen Kolonialgebiete. Der Verlust aller Kolonien schränkte das Deutsche als Amtssprache nachhaltig auf Europa ein und festigte sein – im Vergleich zu den Sprachen der großen europäischen Kolonialmächte – regionales Image. Die ehemaligen deutschen Kolonien wurden von anderen Kolonialstaaten übernommen und vergrößerten die Amtssprachgebiete von Englisch und Französisch (siehe Kap. D.4, Karte D.4-1).

Auch als Wissenschaftssprache verlor Deutsch international an Boden. Wissenschaftler der alliierten Siegermächte verhängten einen Boykott gegen Deutsch als internationale Wissenschaftssprache, den sie mit der nicht unberechtigten Kritik an der vorbehaltlosen Unterstützung der deutschen Kriegsführung durch das Gros der besonders prominenten deutschen Wissenschaftler begründeten und der sich – auch aufgrund späterer deutscher Versöhnungsunwilligkeit – bis in die Nazizeit hinzog (Ammon 2000b: 68-73; Reinbothe 2006). Hinzu kam die nachhaltige Schwächung Deutschlands und Österreichs als Wissenschaftsstandorte auf Grund wirtschaftlicher Kriegsfolgen. Infolge dieser abträglichen Entwicklungen wurde Deutsch in einer Reihe von Staaten auch als Schul- oder Hochschulfach zurückgestuft; insbesondere fiel es in Frankreich hinter das Englische sowie in den USA hinter das Französische und später auch das Spanische zurück. Als Kompensation für die machtpolitische Schwächung Deutschlands, aber auch mit Blick auf die Rückgewinnung verlorener Positionen, entwickelte die Weimarer Republik, teilweise in Fortsetzung von Ansätzen aus der Vorkriegszeit, einen differenzierten Apparat zur Verbreitung der deutschen Sprache und zur Stärkung ihrer Stellung in der Welt (Ammon 1991a: 531-533; Kap. L.2). In diesem Rahmen entstand unter anderem das Goethe-Institut, das 1932, anlässlich des 100. Todestages seines Namensgebers, aus der „Praktischen Abteilung" der 1925 geschaffenen Deutschen Akademie hervorging.

Die Zeit des Nationalsozialismus war bezüglich der Lernerzahlen von DaF von gegenläufigen Entwicklungen gekennzeichnet. Zuwächsen in manchen Staaten, z.B. Frankreich, standen Einbußen in anderen gegenüber, z.B. USA. Hinzu kamen in manchen Staaten harte einschränkende Maßnahmen gegen deutsche Schulen, teils als Reaktion auf deren Instrumentalisierung für die NS-Propaganda, z.B. im Baltikum, und teils aus eigenem Sprachnationalismus z.B. in Brasilien (Thierfelder 1938: 129-136; Oberacker 1979: 233-237). Die Institutionen zur Sprachförderung, denen man in der Weimarer Republik zum Schutz gegen einseitige politische Vereinnahmung bewusst den Status privater Vereine verliehen hatte, wurden politisch gleichgeschaltet.

Während der Kriegszeit wurde in den von Deutschland besetzten oder kontrollierten Gebieten eine rabiate, rassenpolitisch motivierte Sprachenpolitik betrieben, die den „rassisch wertvollen" oder für „germanisierbar" gehaltenen Bevölkerungsgruppen die deutsche Sprache aufzuzwingen suchte, während sie den Angehörigen „minderwertiger Rassen" nur die für den Empfang von Befehlen notwendigen Grundkenntnisse zugestand (Scholten 2000a; b). Die Kriegs- und Rassenpolitik der Nationalsozialisten, einschließlich der Rückführung deutscher Minderheiten aus Osteuropa als Komponente von Hitlers Politik „Heim-ins-Reich", zerstörten den größten Teil der muttersprachlich deutschsprachigen Bevölkerungen in Osteuropa. Sie hatte auch die Auflösung der „Autonomen Sozialistischen Sowjetrepublik der Wolgadeutschen" (1924-1941) (Dubinin 2011; Kap. E.4.8) und der meisten deutschen Sprachinseln zur Folge wie den Verlust der deutschen Gebiete jenseits von Oder und Neiße (Kap. E.4.4; E.4.6; E.4.7). Außerdem vernichtete sie die der deutschen Sprache verbundenen und sie maßgeblich bereichernden jiddischsprachigen Juden. Durch den wirtschaftlichen, wissenschaftlichen und moralischen Ruin der deutschsprachigen Staaten (mit Ausnahme der deutschsprachigen Schweiz und Liechtensteins) verlor das Deutschlernen wesentliche Pfeiler seiner Motivationsbasis. Außerdem wurde dadurch die nachfolgende Politik zur Förderung von DaF belastet und bleibt es teilweise bis heute und in die absehbare Zukunft.

Die Zeit nach dem Zweiten Weltkrieg

Jedoch weitete sich das Lernen von DaF, trotz der verheerenden Geschehnisse und deutschen Verbrechen bis 1945, in der Nachkriegszeit auf mehr Regionen und Staaten aus als je zuvor, nicht zuletzt auch in manchen durch Entkolonialisierung neu entstandenen Staaten. Dies war einerseits bedingt durch den Wiederaufbau der deutschsprachigen Staaten und andererseits durch die weltweite Mobilität und Kommunikation und die dadurch ermöglichte Internationalisierung und Globalisierung. Diese Entwicklung motivierte vielerorts zu mehr Fremdsprachenlernen. Sie hat aber auch die Gewichte zwischen den Fremdsprachen verschoben. So wurde vor allem Englisch die weltweit absolut vorherrschende Fremdsprache. Außerdem sind neue Fremdsprachen wie Japanisch und später Chinesisch sowie teilweise auch Arabisch aufgekommen, und haben zudem traditionelle Fremdsprachen wie Spanisch und bis zu einem gewissen Grad auch Portugiesisch an Bedeutung gewonnen (Kap. A.7; K.7). Diese veränderte Konstellation gilt es bei Prognosen der Chancen von Deutsch als internationaler Sprache ebenso zu berücksichtigen wie bei Förderversuchen. In diesen Zusammenhang gehört auch das zunehmend gründlichere Englischlernen der Deutschen, aufgrund dessen manchen potentiellen Lernern der Erwerb von Deutschkenntnissen für die Kommunikation mit Deutschen überflüssig erscheinen könnte (H. Wagener 2012; Kap. K.9.3; K.9.10).

Ein solcher historischer Rückblick regt an zu umfassenden Einschätzungen des heutigen Zustandes der deutschen Sprache. Die staatlichen Sprachforschungs- und Sprachpflege-Institutionen liefern dazu besänftigende Befunde. Ein Beispiel ist der *Erste Bericht zur Lage der deutschen Sprache* (Deutsche Akademie für Sprache und Dichtung 2013), wo sowohl das Akademie-Mitglied Peter Eisenberg als auch der Direktor des *Instituts für Deutsche Sprache*, Ludwig Eichinger, ausgesprochen beruhigende Befunde mitteilen. Demnach droht der deutschen Sprache unter dem Druck des Englischen keineswegs der Verfall. Dies sollte auch die Jahrestagung des Instituts für Deutsche Sprache zum Thema „Sprachverfall? Dynamik – Wandel – Variation" beweisen (Mannheim, 12. – 14.03.2013). Ähnlich tröstend äußerte sich wiederholt der frühere Präsident der *Gesellschaft für deutsche Sprache*, Rudolf Hoberg (z.B. 2002b; 2012). Jedoch beziehen sich diese Beruhigungspillen hauptsächlich auf die Struktur, nicht die Stellung der deutschen Sprache. In Bezug auf sie sind die Lageschilderungen – übrigens auch Hobergs – düsterer.

Dies gilt auch für manche Prognosen, die allerdings – wegen der Vielzahl wirksamer Faktoren – treffender als „Spekulationen" bezeichnet werden sollten (dazu z.B. Mackey 2003). Der mangelnden Zuverlässigkeit ist sich Gerhard Stickel, der frühere Direktor des Instituts für Deutsche Sprache, bewusst, der über die langfristigen Zukunftsaussichten für die deutsche Sprache nachgedacht hat. Fast lassen seine kühnen Prognosen vermuten, dass er sich durch die Distanz vom Amt aus der Pflicht zur Beruhigung der Öffentlichkeit befreit fühlt. Von verschiedenen denkbaren Szenarien für die nächste Jahrhundertwende, also um 2100, würde er sich – wen wundert es – wünschen, dass die deutsche Sprache ihre heutige, noch recht beachtliche Stellung behält. Realistischer erscheint ihm jedoch, dass Deutsch bis dahin nicht nur seine internationale Stellung gänzlich verliert, sondern sogar innerhalb der eigenen Sprachgemeinschaft die prestigeträchtigsten Domänen, so dass „wichtige Angelegenheiten in Politik, Wirtschaft und Wissenschaft zunehmend auf Englisch verhandelt" werden und sich der Gebrauch von Deutsch „auf die F-Domänen: Familie, Freunde, Freizeit und Folklore" beschränkt (Stickel 2009b: 389-394, siehe 393; ähnlich Stickel 2012). Das entsprechende Szenario zeichnet Susanne Mühleisen (2003) für die Zukunft aller bislang noch internationalen, und erst recht der nur nationalen Sprachen. Englisch würde dann – in Anlehnung an die Terminologie der *Diglossie* – zur ‚Hohen Sprache' gegenüber allen anderen ‚Niedrigen Sprachen' (Ferguson 1959, der sich allerdings auf Varietäten, nicht Sprachen bezieht: „High" – „Low Variety"; Übertragung auf Sprachen bei Fishman 1967; zu „Diglossie" auch Kloss 1976a; Kremnitz 2004; zum Unterschied ‚Varietät' – ‚Sprache' Kap. B.1; B.2). An sprachenpolitischen Vorschlägen, wie diese Entwicklung abzuwenden wäre, und an Bemühungen darum besteht kein Mangel (Kap. L.3.1 – L.3.5); sie wirken aber nicht unbedingt realistischer als die spekulativen Prognosen selbst. Dies gilt auch für Versuche, die Anglizismen, also Entlehnungen aus dem Englischen, aufzuhalten, was lange Zeit das Hauptanliegen des *Vereins deutsche Sprache* war (dazu z.B. Voigt 1999: 237-243; Kap. L.3.4).

B. ‚Deutsche Sprache', ‚deutsches Sprachgebiet': Was dazu gehört und was nicht, und die Frage einer deutschen Ethnie

1. Strittige Varietäten und ihre Zuordnung zur deutschen Sprache

Wenn man die Stellung der deutschen Sprache, sei es weltweit oder in einer bestimmten Region, einigermaßen genau ermitteln will, muss man wissen, welche Äußerungen oder – abstrakter – welche Sprachsysteme zur deutschen Sprache gehören; kurz, man muss den Begriff ‚deutsche Sprache' spezifizieren. Bei näherer Betrachtung zeigt sich nämlich, dass nicht nur unter Laien, sondern auch in Fachkreisen über seinen Inhalt und Umfang kein Konsens herrscht. Daraus können auch divergierende Befunde bezüglich der internationalen Stellung der deutschen Sprache erwachsen.

Um das komplexe Thema besser zugänglich zu machen, behandle ich es in zwei Kap. Im vorliegenden, ersten diskutiere ich Streitfälle der Zugehörigkeit oder Nicht-Zugehörigkeit zur deutschen Sprache. Dazu führe ich die Kriterien ein, die meines Erachtens die Zuordnung rechtfertigen bzw. ausschließen. Zur Illustration der Streitfälle dienen Textproben (in normaler deutscher Orthographie), und zwar jeweils zunächst nur zwei Sätze zur Veranschaulichung, denen am Ende des Kap. längere Texte folgen. Im zweiten, nächsten Kap. vertiefe ich die Erläuterung (Explikation) einschlägiger Begriffe und die Begründung der Kriterien, so dass sie über die vorliegenden Beispiele hinaus sowie auch auf andere Sprachen, jedenfalls desselben Typs wie Deutsch (Standardsprachen, im noch zu spezifizierenden Sinn), anwendbar werden.

Eine elementare Schwierigkeit bei der Definition des Begriffs ‚deutsche Sprache' entspringt aus der Mehrdeutigkeit des Ausdrucks *Sprache*. So hört man im Alltag Äußerungen wie „Die *Sprache* der Kölner ist eine Art Singsang" (authentisches Beispiel) oder „Mancher erkennt vielleicht erst beim Lesen von Mundartdichtung, was für eine eigenständige *Sprache* sein Dialekt [Schweizerdeutsch! Hervorhebung U.A.] ist." (Lötscher 1983: 75) oder „Die deutsche Sprache umfasst viele Dialekte" (aus den folgenden Ausführungen ableitbar). Im vorliegenden Zusammenhang ist vor allem die Bedeutung im letzten Satz wichtig, die den Unterschied zu Dialekten betont. In einem ähnlichen Verhältnis stehen z.B. Schriftdeutsch, die deutsche Fachsprache der Medizin und dergleichen zur (ganzen) deutschen Sprache. Solche „Ausprägungen", „Existenzformen" oder „Erscheinungsformen" einer Sprache, wie man sie gelegentlich charakterisiert, nenne ich mit einem inzwischen gängigen Terminus *Varietäten (einer Sprache)* oder *Sprachvarietäten* (vgl. z.B. Ammon 1987; 2004b; Ammon/ Bickel/ Ebner u.a. 2004), im Gegensatz zu einer *(ganzen, eigenständigen) Sprache*. Deutsch ist eine solche *Sprache* – die adjektivische Spezifizierung kann entfallen, wenn klar ist, dass diese Bedeutung gemeint ist. Dagegen sind Dialekte wie Sächsisch, Schwäbisch „nur" Varietäten und keine (eigenständigen) Sprachen. Dies gilt auch für „Hochdeutsch" in der Bedeutung von „deutscher Hochsprache", „Schriftsprache", „Literatursprache", „Einheitssprache" oder „Standardsprache", wie es je nach Blickwinkel unterschiedlich benannt wird. Auch dabei handelt es sich nur um eine Varietät, obwohl jemand, der „die deutsche Sprache" lernt, dies leicht vergisst; vermutlich hat jedoch noch nie jemand die ganze deutsche Sprache, also alle Varietäten, zu lernen versucht. Übrigens nenne ich die Varietät, die oft „Hochdeutsch" genannt wird, im Weiteren *Standarddeutsch*. Auf sie bezieht man sich oft als pars pro toto für die deutsche Sprache, und sie gilt weithin als deren korrekteste oder sogar einzig korrekte Varietät.

Hiermit dürfte klar geworden sein, dass ich hier eine Sprache, also auch die deutsche Sprache, als eine Menge von Varietäten verstehe. Dies lässt sich verdeutlichen mit der Schreibkonvention der Mathematik, wo Mengen mit Großbuchstaben und ihre Elemente mit Kleinbuchstaben (oder in Normalorthographie, einschließlich großer Anfangsbuchstaben) geschrieben werden, also z.B.: DEUTSCHE SPRACHE = {Schwäbisch, Standarddeutsch, ...}.

Die Auslassungspunkte deuten an, dass die deutsche Sprache noch mehr Varietäten umfasst; es sind sogar viel mehr. Dagegen bestehen kleine Sprachen (dazu Haarmann 2001a), mit einer kleinen Zahl von Sprechern, oft nur aus wenigen Varietäten. Vielleicht gibt es sogar Sprachen (L), zumindest sind sie denkbar, mit nur einer einzigen Varietät (V): $L_a = \{V_a\}$. Wenn man in Menge-Element-Beziehungen denkt, *enthalten* sie diese Varietät, sind also – etwas fachlicher ausgedrückt – zwar extensional, aber nicht intensional damit identisch (gleicher Begriffsumfang, aber verschiedene Begriffsinhalte).

Beim gegenteiligen Extrem großer Sprachen, zu denen auch Deutsch zählt (vgl. Kap. C), sind die Verhältnisse dadurch zusätzlich kompliziert, dass manche bei der ersten Aufteilung gefundenen Varietäten weiter teilbar sind, sich also ihrerseits als Mengen verstehen lassen, z.B:
SCHWÄBISCH = {Westschwäbisch, Mittelschwäbisch, ...}
STANDARDDEUTSCH = {Österreichisches Standarddeutsch, Schweizer Standarddeutsch, ...}.

Für bestimmte Zwecke mag es aufschlussreich sein, mit der Zerlegung fortzufahren und erst bei nicht weiterer Aufteilbarkeit von einzelnen „Varietäten" zu sprechen und sonst eben von „Mengen von Varietäten". Erst solche Einzelvarietäten sind dann im Grunde auch Systeme im Sinn der strukturellen Linguistik. Jedoch genügt für unsere Zwecke ein umfassenderer Begriff von Varietät, der sich auch auf Mengen von Varietäten erstrecken kann, solange sie nur nicht die Extension ganzer Sprachen haben. Damit sind eben auch Schwäbisch oder Standarddeutsch Varietäten, trotz weiterer Zerlegbarkeit in Varietäten. Grundsätzlich ist auch nicht ausgeschlossen, dass eine Varietät sich auf mehr als eine Sprache erstreckt, wie z.B. manche, gewissermaßen grenzüberschreitende Dialekte auf die deutsche und die niederländische Sprache. Sprachen sind also hinsichtlich ihrer Varietäten nicht unbedingt disjunkt, worauf ich im Weiteren zurückkomme.

Schließlich erscheint mir der Hinweis wichtig, dass ich die Zuordnung von Äußerungen zu Varietäten hier nicht erörtere. Die Möglichkeit von gemischten Äußerungen (z.B. teils Bairisch, teils Schwäbisch oder sogar teils elsässischer Dialekt, teils Französisch) verrät die Komplexität dieser Frage. Sie stellt sich aus der Mikro-Perspektive – im Gegensatz zur hier und weitgehend im ganzen Buch eingenommenen Makro-Perspektive. Mag es auch viele Grenzfälle der Zuordnung von Äußerungen zu Varietäten geben, so doch auch zahlreiche Fälle, die von Muttersprachlern eindeutig zugeordnet werden können – auf deren Intuition ich mich nach linguistischer Gepflogenheit berufe. Insofern ich den Begriff ‚Varietät' nicht von der Mikro-Perspektive her kläre, behandle ich ihn letztlich als (teilweise nicht explizierten) Grundbegriff.

Die Unterscheidung zwischen ‚Varietät' und ‚Sprache' soll gewährleisten, dass die deutsche Sprache einerseits möglichst vollständig als Gesamtsprache (mit allen Varietäten) berücksichtigt wird, aber andererseits auf sich beschränkt bleibt als Einzelsprache (nur zugehörige Varietäten). In früheren, nationalistisch oder imperialistisch gestimmten Zeiten bestand die Neigung zur Ausweitung. Eine Ahnung davon liefert z.B. – in einer Anwandlung von ethnischem und sprachlichem Vereinigungsrausch – Jacob Grimm ([1948] 1968: [V], auch 500) in seiner *Geschichte der deutschen Sprache*. Er schwärmt dort von der einstigen Einheit und zukünftigen Vereinigung aller Germanen in Form eines einzigen Volkes und damit wohl implizit auch von einer einzigen germanischen Sprache – ohne allerdings gleich den Namen „Deutsch" dafür vorzuschlagen. Eine ähnliche Neigung verrät die frühere deutsche Dialektologie, deren Karten der „deutschen" Dialekte häufig ins Niederländische hineinreichten (z.B. noch Bach 1950: 8). In neuerer Zeit besteht dagegen – vielleicht als Reaktion auf ehemals übertriebene Vereinigungswünsche und Vereinnahmungsversuche – umgekehrt die Tendenz, Varietäten, die einst als Bestandteile der deutschen

Sprache galten, daraus auszugliedern und zu eigenständigen Sprachen zu deklarieren. In einigen Fällen ist dies nach den in diesem Kap. vorgeschlagenen Kriterien a) gerechtfertigt, in anderen b) zweifelhaft und in weiteren c) nicht gerechtfertigt. Beispiele sind:

a) die Nationalsprache Luxemburgs: Luxemburgisch oder Letzeburgisch (gerechtfertigt – letztere Benennung, eine Nachbildung der Eigenbenennung *Lëtzebuergesch*, geht auf Heinz Kloss (1952: 239) zurück, wird aber neuerdings oft abgelehnt (Fehlen 2009: 11, Anm. 2));
b) Pomerisch [sic!] in Brasilien (zweifelhaft);
c) Niederdeutsch in Deutschland (nicht gerechtfertigt).

Dagegen war und ist die Bezeichnung „Österreichisch" (für österreichisches Deutsch) kaum je im Sinne einer Ausgliederung aus der deutschen Sprache gebräuchlich (vgl. dazu Ammon 1995a: 129; 1996). Meine hier in Klammern beigefügten Urteile werde ich nachfolgend begründen. Eben für solche Begründungen ist die Unterscheidung von Varietäten und (eigenständigen) Sprachen notwendig oder zumindest zweckmäßig.

Es bedarf weiterhin eines Terminus, um auf sprachliche Systeme (Systeme in einem weiten Sinn) Bezug nehmen zu können, von denen noch nicht klar ist, ob es sich um Varietäten oder Sprachen handelt oder um Mengen von Varietäten, die jedoch keine ganzen Sprachen sind (z.B. „Österreichisches Deutsch" in der Bedeutung von: österreichisches Standarddeutsch ∪ österreichische deutsche Dialekte). Als Bezeichnung für diesen übergreifenden Begriff, also als Hyperonym für „Varietät" und „Sprache", verwende ich neben dem Terminus „Sprachsystem" – in Anlehnung an Heinz Kloss (z.B. [1952] 1978: 23) – den Terminus „Idiom" (der allerdings auch noch in der Bedeutung ‚feststehende Wendung, Redensart' gebräuchlich ist). In dieser Vieldeutigkeit – des möglichen Bezugs auf eine Varietät, eine Varietätenmenge, eine Sprache oder vielleicht sogar eine Sprachengruppe – wird sonst häufig auch einfach der Terminus „Sprache" gebraucht, was jedoch im vorliegenden Zusammenhang verwirrend wäre. Ich schreibe also z.B. „Bairisch ist ein schönes Idiom", solange ungeklärt ist, ob es sich um eine Varietät oder eine Sprache handelt.

Wenn die bisherigen begrifflichen Unterscheidungen eine präzise Definition des Begriffs ‚deutsche Sprache' ermöglichen sollen, muss sich jedes fragliche Idiom als Varietät oder als Sprache identifizieren und müssen sich alle Varietäten entweder der deutschen oder einer anderen Sprache zuordnen lassen. Ein umfassenderes Ziel wäre eine Taxonomie aller Idiome der Welt überhaupt zu Sprachen und den jeweils zugehörigen Varietäten (vgl. Kap. B.2). Beim Thema dieses Buches geht es jedoch vorrangig um die Sichtung und Prüfung aller als

Bestandteile der deutschen Sprache infrage kommenden Varietäten und um Einbeziehung oder Ausschluss.

Hierzu ist die Unterscheidung und Identifikation von zwei Arten von Varietäten erforderlich, nämlich „Standardvarietäten" und „Nonstandardvarietäten". Hierfür soll im vorliegenden Kap. eine verkürzte Erläuterung genügen, der in Kap. B.2 eine fundiertere und ausführliche folgt. Standardvarietäten erkennt man unter anderem daran, dass es für sie gültige Nachschlagewerke gibt: (Sprach)Kodizes, z.b. von der Art der Dudenbände, wobei mit Gültigkeit gemeint ist, dass man dort berechtigterweise nachschlägt. Solche Kodizes dienen als Grundlage sprachlicher Korrekturen und Anleitung zum „richtigen" Gebrauch der kodifizierten Varietät. Die Kodifizierung einer Varietät ist ein entscheidender Schritt zu ihrer Standardisierung und macht sie – etwas verkürzt ausgedrückt – von einer Nonstandardvarietät zu einer Standardvarietät. Nonstandardvarietäten, z.B. Dialekte, sind zwar auch oft wissenschaftlich detailliert beschrieben; jedoch dienen diese Beschreibungen nicht zu Sprachkorrekturen. Dagegen haben Sprachkodizes gerade diesen Zweck und dienen als Grundlage für Korrekturen nonstandardsprachlichen Sprechens und Schreibens in Richtung der Standardvarietät. Eine zentrale Institution für solche Korrekturen ist die Schule; aber sie finden auch in vielen anderen gesellschaftlichen Bereichen (Domänen) statt. Dabei werden die Schüler von den Lehrern (oder Untergebene von Vorgesetzten) in die Richtung der Standardvarietät korrigiert. Ihre korrigierte Sprech- und Schreibweise, ihre Nonstandardvarietäten, werden dann von der betreffenden Standardvarietät „überdacht", wie ich es in Anlehnung an eine von Heinz Kloss (1978: 60; Muljačić 1989) eingeführte Terminologie nennen möchte. So wird z.B. der in einem Teil Südwestdeutschlands vorherrschende schwäbische Dialekt vom Standarddeutschen, genauer dem Standarddeutsch Deutschlands, überdacht. Die Schüler erfahren durch die Korrekturen, dass die Standardvarietät die „korrekte" Version (Varietät) ihrer Sprache ist, genauer: als solche gilt. Ich gehe fürs Weitere davon aus, dass einerseits nur Standardvarietäten überdachungsfähig sind, selbst aber nicht überdacht werden können, und andererseits nur Nonstandardvarietäten überdacht werden können, selbst aber nicht überdachungsfähig sind. Diese Eigenschaften betrachte ich als wesentliche Eigenschaften dieser beiden Varietätentypen oder als ihnen inhärent. ‚Überdachung' ist somit eine strikt asymmetrische Relation von Standardvarietäten gegenüber Nonstandardvarietäten. Dies schließt konkurrierende Überdachungen seitens mehrerer Standardvarietäten bezüglich ein und derselben Nonstandardvarietät (Mehrfachüberdachungen) nicht grundsätzlich aus, und die Überdachung mehrerer Nonstandardvarietäten seitens einer einzigen Standardvarietät ist sogar der Normalfall (Näheres in Ammon 1995a: 73–88).

Dieser Gedankenausflug war notwendig, weil ‚Überdachung' eines der gesuchten Kriterien für die Zuordnung von Varietäten zu Sprachen ist. Die Überdachung ordnet die überdachten Nonstandardvarietäten (oft Dialekte) derselben Sprache zu, der auch die sie überdachende Standardvarietät zugehört. Solche Überdachung gelingt vollkommen, wenn bei den Korrekturen in Richtung Standardvarietät erst gar nicht der Gedanken aufkommt, die Zielvarietät (Standardvarietät) könnte zu einer anderen Sprache gehören. Zur Unterdrückung eines solchen Gedankens kann die Inszenierung der Korrekturen beitragen. Allerdings findet sie ihre Grenzen im Grad der linguistischen Ähnlichkeit zwischen überdachender und überdachter Varietät.

Die Zuordnung zur selben Sprache ist den von der Überdachung betroffenen Personen nur zu vermitteln, wenn beide Varietäten eine wenigstens noch entfernt erkennbare linguistische Ähnlichkeit mit einander haben. Damit sind wir beim zweiten Zuordnungskriterium von Varietäten zu Sprachen: ihrer linguistischen Ähnlichkeit oder – umgekehrt – ihrer linguistischen Distanz. Man kann dieses Kriterium als das fundamentalere begründen. Zum einen ist seine Veränderung in der Regel schwieriger und aufwändiger als die von Verdachungen. Diese lassen sich durch politische Umwälzungen, z.B. Gebietsannexionen, schneller verschieben. Veränderungen der linguistischen Ähnlichkeit ziehen sich dagegen in der Regel über Generationen hin. Vor allem aber würde es sich danach gar nicht mehr um dieselben Varietäten handeln. Es widerspricht aus guten Gründen unserer Intuition, Varietäten, die sich nicht – noch erkennbar – ähnlich sind, derselben Sprache zuzuordnen. Dies hat auch den funktionalen Grund, dass dann auch beim besten Willen keine Kommunikation mehr zwischen Sprechern von Varietäten derselben Sprache mehr möglich wäre. Die Zuordnung von Varietäten zu Sprachen für Gebiete und zu Zeiten ohne Standardvarietäten wäre dann im Grunde beliebig.

Statt von Kriterien kann man auch von Faktoren der Zuordnung von Varietäten zu Sprachen sprechen, die so auf das Bewusstsein der Sprecher einwirken, dass sie die Zugehörigkeit beider Varietäten zur gleichen Sprache akzeptieren oder ablehnen. Sie lehnen sie ab bei fehlender linguistischer Ähnlichkeit. Umgekehrt bedarf es der Überdachung unter Umständen gar nicht, wenn sich beide Varietäten außerordentlich ähnlich sind. Ein Indiz dafür ist die Mühelosigkeit der Kommunikation zwischen Sprechern beider Varietäten. Jedoch wird die Überdachung wesentlich, wenn die Ähnlichkeit geringer ist; sie muss aber, wie gesagt, noch erkennbar sein – weshalb ich von mittlerer Ähnlichkeit sprechen möchte (zwischen großer Ähnlichkeit und fehlender Ähnlichkeit/ Unähnlichkeit). Dieser mittlere Grad von Ähnlichkeit besteht zwischen Standarddeutsch und vielen deutschen Dialekten. Das erfahren Sprecher des Standarddeutschen zuweilen in der – mühsamen, aber bei gutem Willen noch möglichen – Kommunikation mit Sprechern deutscher Dialekte (sofern diese kein Standarddeutsch sprechen können oder wollen).

Aufgrund des Zusammenwirkens von einerseits mindestens mittlerer linguistischer Ähnlichkeit und andererseits Überdachung entwickeln die Sprecher das Bewusstsein der Zugehörigkeit ihrer Varietäten zur gleichen Sprache und finden sie oft selbstverständlich. Dieses Bewusstsein oder diese Einstellung entwickeln die Sprecher aller Dialekte, die von derselben Standardvarietät jeweils mindestens mittlerer Ähnlichkeit überdacht werden: im Falle der deutschen Sprache also die Sprecher von Schwäbisch, Ostfränkisch, Sächsisch usw. Aufgrund dessen wird die Standardvarietät zu einer Art Zentralvarietät der Sprache.

Dies schließt nicht aus, dass in einer einzigen Sprache mehrere Standardvarietäten existieren. Sie müssen jedoch große, nicht nur mittlere Ähnlichkeit mit einander haben, damit sie derselben Sprache zugeordnet werden, denn ihnen fehlt – anders als bei den Dialekten – der Zusammenhalt durch eine sie gemeinsam überdachende Varietät. Diese Verhältnisse bestehen speziell auch im Falle der deutschen Sprache, insofern Österreich, Deutschland und die Schweiz unterschiedliche, aber einander sehr ähnliche Standardvarietäten haben. Solche Sprachen mit mehreren Standardvarietäten heißen plurizentrische Sprachen (siehe Kap. B.2; Ammon 1995a; Ammon/ Bickel/ Ebner u.a. 2004; Schmidlin 2011).

Dagegen werden Standardvarietäten von geringerer, nur mittlerer Ähnlichkeit verschiedenen Sprachen zugeordnet – wegen der, wie schon gesagt, fehlenden Überdachung. Ein Beispiel ist das Standardluxemburgische (-letzeburgische) im Verhältnis zu den Standardvarietäten des Deutschen (Deutschlands, Österreichs oder der Schweiz), weshalb Letzeburgisch nicht mehr zur deutschen Sprache gehört. Das entsprechende Bewusstsein wird auch seinen Sprechern, sowohl in der Schule als auch im übrigen Leben, vermittelt.

Wenn schließlich zwischen zwei Varietäten keinerlei (für Laien) erkennbare Ähnlichkeit besteht, lassen sie sich auch durch Überdachung nicht derselben Sprache zuordnen. Dann ist den Sprechern die Zugehörigkeit zur gleichen Sprache einfach nicht mehr zu vermitteln. So fehlt z.B. den elsässischen Dialekten die dafür ausreichende Ähnlichkeit mit dem Standardfranzösischen. Die linguistische Distanz lässt sich durch noch so geschickt inszenierte Korrekturen nicht überbrücken, weshalb diese Dialekte eben keine Varietäten der französischen Sprache sind.

Somit lassen sich die Kriterien für die Zuordnung von Varietäten zu Sprachen nun folgendermaßen zusammenfassen und abstufen, bei gleichzeitigem Bezug auf die hier vor allem interessierende deutsche Sprache:

(I) Linguistische Ähnlichkeit mit einer Standardvarietät des Deutschen:
1) groß, 2) mittel (1 und 2 = vorhandene Ähnlichkeit), 3) fehlend (keine Ähnlichkeit).
(II) Überdachung durch eine Standardvarietät des Deutschen:
1) vorhanden, 2) fehlend (keine).

Anhand dieser Kriterien möchte ich nun kurz die Zuordnung einiger bekannter, fraglicher Varietäten zur deutschen Sprache begründen und so den Umfang des dem vorliegenden Buch zugrunde liegenden Begriffs ‚deutsche Sprache' verdeutlichen. Jede dieser Varietäten (mit einer Ausnahme, aufgrund von Nicht-Verfügbarkeit) wird dabei sogleich mit einer kurzen Textprobe illustriert, der am Kap.-Ende eine längere Textprobe mit Verfasser-Namen folgt. Sowohl die Frage der linguistischen Ähnlichkeit mit Standardvarietäten des Deutschen als auch der Überdachung durch sie wird jeweils veranschaulicht und kurz erläutert. Dabei verlasse ich mich auf die intuitive Verständlichkeit und verzichte auf die – unvermeidlich höchst diffizilen – Versuche genauer Messung (Näheres dazu in Kap. B.2).

Die Textproben sind nur in Buchstabenschrift, nicht in phonetischer Umschrift verfasst. Dies erleichtert linguistisch nicht geschulten Lesern den Zugang und reicht für den vorliegenden Zweck aus. Bei den hier einbezogenen Varietäten lässt sich die Aussprache grob aus der Buchstaben-Schreibweise erschließen (besser als z.B. im Standard-Englischen), weil die Rechtschreibung in diesen Standardvarietäten ganz überwiegend vom „phonetischen Prinzip" geprägt ist (neben weniger ins Gewicht fallenden Prinzipien wie z.B. der Unterscheidung von Homophonen: *Stiel* ≠ *Stil* und anderen) und weil bei den Schreibweisen der Nonstandardvarietäten erst recht möglichst lautgetreu verfahren wurde. Ausgangspunkt war ein konstruierter Text im Standarddeutsch Deutschlands, von dem aus so wortwörtlich wie möglich übersetzt wurde, soweit es mit Grammatik und Pragmatik der Zielvarietäten vereinbar war. Die Ähnlichkeitseinschätzung kann sich daher vor allem an der erkennbaren Entsprechung der Wortpaare orientieren. Die Unterschiede zwischen den 4 deutschen Standardvarietäten sind unterstrichen, aber nicht alle Unterschiede der 3 zuerst genannten gegenüber der an vierter Stelle genannten. Bei den nachfolgenden Varietäten wären Unterstreichungen wegen der Vielzahl der Unterschiede unübersichtlich geworden.

Standarddeutsch Deutschlands
Wäre ich Abstinenzler, dann wäre mir das nicht passiert. Nach dem Abendessen – Rinderbraten mit Bratkartoffeln und Rotkohl – trank ich noch ein Viertel [anderes Maß!] *Weißwein.*

Standarddeutsch Österreichs
Wäre ich <u>abstinent</u>, dann wäre mir das nicht passiert. Nach dem <u>Nachtmahl</u> – Rind<u>s</u>braten mit <u>Gerösteten</u> und <u>Blaukraut</u> – trank ich noch <u>ein Viertel</u> [anderes Maß!] *Wei<u>ß</u>wein.*

Standarddeutsch der Schweiz (Schweizerhochdeutsch)
Wäre ich <u>abstinent</u>, dann wäre mir das nicht passiert. Nach dem <u>Nachtessen</u> – Rind<u>s</u>braten mit <u>Bratkartoffeln</u> und <u>Rotkabis</u> – trank ich noch <u>einen Dreier</u> [anderes Maß!] *Wei<u>ss</u>wein.*

Mennonitisches Hochdeutsch (aus dem Chaco in Paraguay)
<u>Würde ich nicht Alkohol trinken</u>, dann wäre mir das nicht passiert. Nach dem <u>Abendessen</u> – <u>Asado</u> mit gebratene<u> </u> <u>Papas</u> und <u>Rotkohl</u> – trank ich noch <u>ein Viertel Glas</u> [anderes Maß!] *Weißwein.* (*Asado* ‚Braten', *Papas* ‚Kartoffeln', beides spanisch)

Zuordnung aller vier Varietäten zur deutschen Sprache: aufgrund Kriterien I.1 und II.2.

Diese Standardvarietäten, vor allem die drei zuerst genannten, sind die vielleicht am unstrittigsten der deutschen Sprache zuzuordnenden Varietäten. Ihre große linguistische Ähnlichkeit unter einander, offenkundig auch mit der an vierter Stelle genannten Standardvarietät, gewährleistet die Zuordnung zur gleichen Sprache, da keine Überdachung seitens einer anderen Standardvarietät vorliegt und damit auch keine Möglichkeit der Zuordnung auf diesem Wege zu einer anderen Sprache (Nicht-Überdachbarkeit von Standardvarietäten). Dabei handelt es sich hier um Textproben, in denen die Unterschiede massiert sind (unterstrichene Formen); in vielen anderen Textproben gleicher Länge fänden sich – jedenfalls bei Wiedergabe in Buchstabenschrift – gar keine Unterschiede.

Schwäbisch (Deutschland: Mittelschwäbisch)
Wär i Abschdinenzler, no wär mr des ned bassierd. Noch m Obadessa – Rendsbroda mid Brägela on Blaugraud – hao e no a Virdalle Weißwai drongga.

Bairisch (Deutschland: Freising, Oberbayern)
Boi i a Abstinenla waar, na waar ma dees ned passiad. Noochm Omdessn – Rindsbroon mit gräste Kadoffe und Blaugraud – howe no a Scheppal Weiwei drunga.

Zuordnung beider Varietäten zur deutschen Sprache: aufgrund Kriterien I.2 und II.1.

Die Schreibweise variiert zwischen den Textproben, da Dialekte nicht standardisiert sind. Man erkennt jedoch deutlich genug, dass die Unterschiede zum überdachenden Standarddeutsch Deutschlands größer sind als zwischen den drei standarddeutschen Varietäten. Andererseits ist aber auch die Ähnlichkeit (mittlere Ähnlichkeit) zum überdachenden Standarddeutsch unverkennbar. Sie ist beim Sprechen ebenfalls hörbar, jedenfalls nach kurzer Gewöhnung. Aus dem schwäbischen Raum sind mir keine ernsthaften Ansprüche auf sprachliche

Eigenständigkeit des Schwäbischen, also auf Nicht-Zugehörigkeit zur deutschen Sprache, bekannt. Allerdings nennt der *Ethnologue* (2005: 538), die in den USA erarbeitete, umfassendste Inventarisierung aller Sprachen der Welt, im Kap. „Germany" „Swabian (Schwäbisch, Suabian, Schwaebisch)" als „language". So auch – unter den jeweiligen Staaten – alle hier folgenden Varietäten, die ich der deutschen Sprache zuordne. Dass der *Ethnologue* tatsächlich eine eigenständige Sprache meint, schließe ich aus der gleichrangigen Aufzählung mit unstrittigen Sprachen wie Dänisch, Polnisch oder Türkisch (bei den insgesamt 29 „languages" für Deutschland). Jedoch steht diese Bewertung von Schwäbisch in krassem Widerspruch zur sonstigen Fachwelt.

Die Bewertung von Bairisch als eigenständige Sprache (*Ethnologue* 2005: 538, Namensvarianten „Bavarian (Bairisch, Bayerisch, Bavarian Austrian)" ist weniger abwegig, da auch einzelne Äußerungen aus (dem deutschen Bundesland) Bayern ein solches Verständnis nahe legen. Ein Beispiel liefert der „Förderverein Bairische Sprache und Dialekte e.V.", schon durch den Vereinsnamen, aber auch durch gelegentliche Äußerungen, wie im folgenden schriftlichen Grußwort des Vereinsvorsitzenden, Martin Bauer: „Liebe Mitglieder, liebe Freunde der bairischen Sprache, erst kürzlich hat die UNESCO die bairische Sprache als gefährdet und schützenswert eingestuft." (*Förderverein Bairische Sprache und Dialekte e.V. Rundbrief* 67/ XII, MMVIII: 1) Auf meine Anfrage hat mir der Verein jedoch – nach Rücksprache mit Ludwig Zehetner – mitgeteilt, dass er Bairisch selbstverständlich als Teil der deutschen Sprache verstehe. Das entspricht dann doch unseren Kriterien: mittlere Ähnlichkeit mit dem Standarddeutsch Deutschlands (Kriterium I.2) sowie davon überdacht (Kriterium II.1). Analog gilt dies für die Varietäten von Bairisch in Österreich, wo überall – wie es meist heißt – „Bairisch-Österreichisch" gesprochen wird (außer im Bundesland Vorarlberg: Alemannisch), und auch für das Bairische in Samnaun in der deutschsprachigen Schweiz (in der sonst nur Alemannisch gesprochen wird: „Schweizerdeutsch").

Basler Dialekt (Schweiz)
Wäär ych abschtinänt, so wäär mir das nit passiert. Noon em Nachtässe – Rindsbroote mit Broothärdöpfel und Rootkrut – hanni noon e Dreyerli Wysse drungge.

Senslerdialekt (Schweiz)
Weren i abstinent, de we mer das nit passiert. Nam Znacht – Ründsbrate mit pratete Häpperlini u blauem Chabis – han i no as Dryerli Wiissa truche.

Zuordnung beider Varietäten zur deutschen Sprache: aufgrund Kriterien I.2 und II.1.

Auch hier sind einerseits die Unterschiede zum Standarddeutschen deutlich größer als zwischen den drei standarddeutschen Varietäten und ist andererseits die Ähnlichkeit mit dem überdachenden Standarddeutsch der Schweiz unverkennbar. Diese Ähnlichkeit ist auch beim Sprechen nach kurzer Gewöhnung hörbar. Beide Varietäten sind Teil des „Schweizerdeutschen", das außerhalb der Schweiz häufig mit „Schweizerhochdeutsch", dem Standarddeutsch der Schweiz, verwechselt wird (vgl. dazu Ammon/ Bickel/ Ebner u.a. 2004). Der Unterschied gegenüber der Standardvarietät wird deutlicher, wenn man Schweizerdeutsch auf Schweizerdeutsch (im Dialekt) benennt: „Schwyzertütsch" – wofür es bezeichnenderweise, mangels Standardisierung, unterschiedliche Schreibweisen gibt.

Trotz der in der Fachwelt vorherrschenden Bewertung als Dialekt (der deutschen Sprache) ist die Benennung als „Sprache" keine Seltenheit. Ein Beispiel liefert der Untertitel des der Bestandsaufnahme dieser „Sprache" gewidmeten monumentalen Wörterbuchs: *Schweizerisches Idiotikon: Wörterbuch der schweizerdeutschen Sprache* (Antiquarische Gesellschaft, Hg., Frauenfeld: Huber 1881 ff., 17 geplante Bände, bislang 16 erschienen, Hinweis Hans Bickel). Ein anderes Beispiel findet sich im – in der Schweiz verbreiteten – Buch von Arthur Baur: *Was ist eigentlich Schweizerdeutsch?* (1983). Dort begründet der Autor im Kap. „Sprache oder weniger?" (Baur 1983: 37-41) seine Einschätzung, es handle sich um eine eigenständige Sprache, vor allem durch den umfassenden mündlichen Gebrauch, auch in ziemlich förmlichen Situationen. Jedoch gesteht er die fehlende Standardisierung ein, die in der fehlenden Orthographie augenscheinlich ist. „Wir Schweizer gratulieren uns heute, dass wir den Schritt zur Verselbständigung des Schweizerdeutschen als Schriftsprache nicht vollzogen haben, sondern bei der deutschen Standardsprache [Schweizerhochdeutsch! U.A.] geblieben sind, die uns beste Dienste leistet. Aus diesem freien Entscheid aber eine Abwertung unserer eigenen Sprache abzuleiten, indem man sie zwar als ‚Ausbaudialekt', aber eben doch als ‚Dialekt' qualifiziert, halte ich für nicht gerechtfertigt." (Baur 1983: 41) Das ubiquitäre Dialektsprechen, auch in der Öffentlichkeit (daher die Einstufung als „Ausbaudialekt", seit Kloss 1978: 117-127) und die gelegentliche Bewertung des Schweizerdeutschen als eigenständige Sprache sind – zumindest teilweise – eine symbolische Distanzierung von Deutschland, mit dem die deutsche Sprache offenbar enger verknüpft wird als mit der eigenen Nation, der Schweiz. In den 1930er Jahren wollte die „Schwyzer Schproch-Biwegig" tatsächlich eine eigene Sprache „Alemannisch" entwickeln (Baer 1936; Ammon 1995a: 239f., 296). Dennoch ordne ich aufgrund unserer Kriterien der mittleren Ähnlichkeit mit einer Standardvarietät des Deutschen („Schweizerhochdeutsch"; Kriterium I.2) und der Überdachung durch sie (Kriterium II.1) die alemannischen Dialekte der Schweiz der deutschen Sprache zu. Dies scheint mir auch die überwältigende Einstellung ihrer Sprecher zu sein, die sich in einer zugespitzten Befragung vermutlich erweisen würde (die aber offenbar bislang nicht durchgeführt wurde). Die entsprechende Zuordnung lässt sich verallgemeinern auf alle ober- und mitteldeutschen Dialekte, die von standarddeutschen Varietäten überdacht werden.

> Elsässischer Dialekt (Straßburg, Niederalemannisch mit rheinfränkischen Merkmalen)
> *Wenn i nix trinke dät, no wärd mr au nix pàssiert. Nooch m Znààchtesse – mr hàn Rindsbroote mit gebrädelte Grumbeere un Rotkrüt ghet – haw i noch e Viertele Wisser getrunke.*
> Zuordnung zur deutschen Sprache aufgrund Kriterien I.2 bezüglich Standarddeutsch und Kriterium I.3 bezüglich Standardfranzösisch.

Auch hier besteht mittlere linguistische Ähnlichkeit mit den deutschen Standardvarietäten, gleichermaßen wie bei den weitgehend identischen benachbarten deutschen Dialekten auf der östlichen Rheinseite. Überdacht wird das Elsässische jedoch vom Standardfranzösischen, jedenfalls hauptsächlich. Ähnlich sind die Verhältnisse bei den lothringischen Varietäten. Allenfalls besteht vor allem aufgrund zweisprachiger Schulen mit Deutsch als Unterrichtssprache (neben Französisch) auch seitens Standarddeutsch (Deutschlands, vielleicht auch der Schweiz) eine schwache Überdachung (vgl. zu Einzelheiten Kap. E.4.3; Ammon 2007c). Die Zuordnung zur französischen Sprache ist jedoch aufgrund der fehlenden Ähnlichkeit ausgeschlossen (Kriterium I.3). Zur – fast überflüssigen – Veranschaulichung vollkommen fehlender Ähnlichkeit hier unser Beispielsatz auf Französisch.

> *Si j'étais abstinent, alors cela ne me serait pas arrivé. Après le dîner, un rôti de bœuf avec pommes de terre sautées et chou rouge, je bus encore un quart de vin blanc.*

Wenn wir von der (schwachen) Überdachung auch durch das Standarddeutsche absehen, verlangt die Zuordnung der elsässischen und lothringischen Varietäten zu einer Sprache eine grundsätzliche weitere Entscheidung bezüglich der Anwendung unserer Kriterien. Wenn wir dabei bleiben, dass die Zuordnung zur selben Sprache bei fehlender linguistischer Ähnlichkeit ausgeschlossen bleibt, was angemessen erscheint, dann haben wir bezüglich solcher Varietäten wie der elsässischen und lothringischen nur die Wahl zwischen zwei Möglichkeiten: Entweder bewerten wir diese Varietäten als eigenständige Sprachen oder wir ordnen sie derjenigen Sprache zu, von deren Standardvarietät sie höchstens mittlere linguistische Distanz haben, auch wenn sie von ihr nicht überdacht werden. Mir erscheint die zweite Möglichkeit angemessener, schon um ausufernde Glottotomie (Sprachaufspaltung) zu vermeiden. Hierzu scheint auch Heinz Kloss (1978: 60-63), der solche Varietäten als „dachlose Außenmundarten" bezeichnet, zu neigen, wie schon sein Terminus nahelegt, ohne dass er allerdings die Frage ihrer Zuordnung zu Sprachen ausdrücklich erörtert. Jedoch besteht bezüglich dieser Zuordnung weiterer Begründungsbedarf (dazu Kap. B.2).

Speziell bei den elsässischen und lothringischen Varietäten ist die – wenngleich schwache – zusätzliche Überdachung seitens des Standarddeutschen ein kaum abzuweisender weiterer Grund für die Zuordnung zur deutschen Sprache. Jedoch sind manche Formulierungen in Frankreich auffällig darauf bedacht, diese Zuordnung zu vermeiden. Dies gilt vor allem für französische Regierungsverlautbarungen früherer Zeiten (Born/ Dickgießer 1989: 89) oder für Schriften, die um scharfe, auch sprachliche Distanz zu Deutschland bemüht sind. Dort ist dann nur die Rede vom *dialecte* (ohne Bezug auf eine Sprache), *dialecte alsacien* oder *dialecte lorrain* auch nur vom *alsacien* bzw. *lorrain* (Born/Dickgießer 1989: 89; Grossmann 1999). Bei bloßem *alsacien* oder *lorrain* wird womöglich eine eigenständige Sprache insinuiert, ohne dies auszusprechen (jedoch z.B. „l'alsacien, ma langue", Grossmann 1999: 11). Auch die neuerdings beliebte Ausdrucksweise vom „[e]lsässer Dialekt, dessen nächststehende Kultursprache oder ‚langue de référence' das Standarddeutsche" sei (Morgen 2007: 66), vermeidet letztlich die Einbeziehung (im Sinne einer Element-Menge-Beziehung) in die deutsche Sprache.

Dennoch halte ich diese Zuordnung aus den genannten Gründen für gerechtfertigt – und sehe mich darin bestärkt durch manche französische Sprachwissenschaftler, die auch dazu neigen (z.B. E. Philipps, nach Ladin 1982: 12; „dialecte allemand" in Hartweg 1988; „dialectes de l'allemand" in Morgen 2003). Aufgrund allein linguistischer Ähnlichkeit wäre auch die Zuordnung zur letzeburgischen Sprache denkbar (siehe nächsten Abschnitt). Jedoch fehlt hier jegliche Überdachung. Erst recht ist das Elsässische keine eigenständige Sprache, im Sinne von Kloss' „Abstandsprache" (Kloss 1976b; 1978: 23-30; 63-66; Goebl 1989; Haarmann 2004). Dies ließe sich allenfalls vertreten, wenn es zu keiner Standardvarietät weltweit auch nur mittlere linguistische Ähnlichkeit hätte. Übrigens verrät die angedeutete Differenzierung zwischen „schwacher" und dann im Grunde „starker" Überdachung, dass sich nicht nur die ‚linguistische Ähnlichkeit', sondern auch die ‚Überdachung' nach Graden abstufen lässt (Näheres in Kap. B.2).

Standardletzeburgisch
Wier ech Abstinenzler, da wier mer dat net passéiert. No dem Owesiessen – Rëndsbrot, gebrode Gromperen a roude Kabes – hunn ech nach e Véierel wäisse Wäi gedronk.

Keine Zuordnung zur deutschen Sprache: aufgrund Kriterien I.2 und II.2, jeweils bezüglich Standarddeutsch.

Auch hier besteht mittlere Ähnlichkeit zu den standarddeutschen Varietäten, jedoch fehlt jegliche Überdachung, da es sich – wie schon der Name verrät – beim Standardletzeburgischen selbst um eine Standardvarietät handelt, die daher – laut meiner Festlegung oben – grundsätzlich nicht überdacht werden kann. Das Standardletzeburgische verfügt über eine eigene Kodifizierung (vor allem seiner Orthographie, aber auch in Form des *Luxemburger Wörterbuchs* 1950-1975/1977), und wird in seiner Standardsprachlichkeit als Amts- und Nationalsprache Luxemburgs gestützt (Näheres in Kap. D.2.5). Aufgrund überdies ausreichender linguistischer Distanz vom Standarddeutschen (nur mittlere, keine große Ähnlichkeit) gehört Standardletzeburgisch nicht zur deutschen Sprache; ebenso wenig die vom Standardletzeburgischen – und nicht vom Standarddeutschen überdachten Dialekte. Auch die Fachwelt bewertet heute das Letzeburgische ganz überwiegend als eigenständige Sprache; so auch schon Kloss (1978: 113), noch nicht aber um ungefähr die gleiche Zeit Wiesinger (1983a: 857), der es damals als moselfränkischen Dialekt noch der deutschen Sprache zuordnete.

> Niederdeutscher Dialekt (Mecklenburgisch-Vorpommersch)
> *Wenn ik nich so giern een' drinken dee, denn wür dat nich passiert. Nå denn Åbendäten – dat geef Rinnerbråden mit Bråttüffel un Rotkohl – heff ik noch'n poor Glas witten Wien drunken.*

> Niederdeutscher Dialekt (Raum Segeberg in Holstein)
> *Wenn ik een enthoolsame Minsch weer, denn weer mi dat nich passeert. Nah dat Avendeten - Rindsbraden mit Bratkatüffeln un Rotkohl - drunk ik noch een Viddel Wittwien.*

> Zuordnung zur deutschen Sprache: aufgrund Kriterien I.2 und II.1.

Zwar sind die niederdeutschen Dialekte dem Standarddeutschen – auch dem Deutschlands, von dem sie vor allem überdacht werden – linguistisch weniger ähnlich als die meisten bisher besprochenen Varietäten; jedoch bleibt die Ähnlichkeit unverkennbar. Dadurch hat sich vermutlich die herkömmliche deutsche Dialektologie gerechtfertigt gesehen, die niederdeutschen Dialekte der deutschen Sprache zuzuordnen, was die Dialektkarten des *Deutschen Sprachatlasses* (1927-1956) verraten. Auch Jan Goossens (1977: 48-50) vertritt ausdrücklich diese Zuordnung.

Allerdings gibt es eine ältere Tradition der Trennung in zwei verschiedene Sprachen, die z.B. im *Deutschen Wörterbuch* der Brüder Grimm aufscheint (Hinweis Birte Kellermeier-Rehbein). Sie meinen, dass die sprachgeschichtlichen Erkenntnisse, vor allem die hochdeutsche Lautverschiebung, sie daran „hindern, wie jedermann einsieht, niederdeutsche Wörter in ein deutsches Wörterbuch aufzunehmen [...]" (Grimm/ Grimm 1854: XV). Diese Bewertung des

Niederdeutschen als eigenständige Sprache hat neuerdings wieder Anhänger gefunden. Eine Rechtfertigung dafür liefert erneut Heinz Kloss (1978: 68), der Niederdeutsch als „scheindialektisierte Abstandsprache" charakterisierte. Er meinte damit, dass es sich eigentlich – mangels ausreichender linguistischer Ähnlichkeit mit dem (Hoch)Deutschen [nach unseren Begriffen: mit einer Standardvarietät des Deutschen] – um eine eigenständige Sprache handle, es jedoch infolge von Sprachengeschichte und -politik irrtümlich, sogar von den eigenen Sprechern, für einen Dialekt (eine Dialektgruppe) des (Hoch)Deutschen gehalten werde. Dieser Auffassung haben sich namhafte germanistische Linguisten angeschlossen (vgl. z.B. „Briefe an die Herausgeber" im *contact bulletin* des Europäischen Büros für Sprachminderheiten, Frühjahr 1997: 3f.). Die Einschätzung als eigenständige Sprache liegt zudem sprachengeschichtlich nahe aufgrund der einst bedeutsamen Funktion des Niederdeutschen für die – auch internationale – Verständigung in Nordeuropa und des Prestiges zur Zeit der Hanse, vor allem im 14. und 15. Jahrhundert. Außerdem hat die deutsche Regierung Niederdeutsch aufgenommen unter die „Minderheitensprachen" gemäß der *Europäischen Charta der Regional- oder Minderheitensprachen* des Europarates und der EU (Ratifizierung der Charta seitens Deutschlands mit Wirkung ab 01.01.1999; conventions.coe.int/treaty/Commun/QueVoulezVous.asp?CL=GER &NT=148 – abgerufen 28.07.2012; siehe auch Kap. E.2). Schließlich sind sogar die Landesverfassungen mehrerer Bundesländer Deutschlands in niederdeutsche Varietäten übersetzt (Bremen, Hamburg, Niedersachsen, Schleswig-Holstein und Mecklenburg-Vorpommern).

Jedoch gibt es keine Standardvarietät des Niederdeutschen, sondern wird dieses vom (hochdeutschen) Standarddeutsch Deutschlands überdacht. Die Versuche in Richtung einer „niederdeutschen Schriftsprache" waren bisher erfolglos (Elmentaler 2009b: 41-43). Aufgrund der – auch für Laien noch erkennbaren – linguistischen Ähnlichkeit, also mittlerer Ähnlichkeit, mit dem Standarddeutsch Deutschlands ist Niederdeutsch daher nach unseren Kriterien Teil der deutschen Sprache.

Plautdietsch (der „Russland-Mennoniten" in Nord- und Südamerika. Siehe auch Kap. E.4.11)
Wan etj enn enthoolsame Mensch wea, dan wea mie daut nijch passeat. Noh de Owendkost - Rindsbrohden mett jebrohdne Eadschocke enn rote Komst - drunk etj noch een Veadel Wittwien.
Zuordnung zur deutschen Sprache: aufgrund Kriterien I.2 und II.1.

Denn diese Varietät wird überdacht vom Mennonitischen Hochdeutsch, das – wie oben demonstriert – den übrigen deutschen Standardvarietäten sehr ähnlich ist und wovon Plautdietsch ungefähr dieselbe linguistische Distanz hat wie die übrigen niederdeutschen Varietäten vom Standarddeutsch Deutschlands. Längere Textproben von Plautdietsch und Mennonitischem Hochdeutsch finden sich gegen Ende des vorliegenden Kap.

> Pomerisch (sic! Südbrasilien, Dorf Santa Maria de Jetibá im Staat Espírito Santo)
> *"Mijn windmail däit ni gåa. Wat is lous? Dijn windmail is kaput? Jå, dai is kaput. Dai funtionijrt ni. Nai nai, dai is ni kaput. Nau dait dat ni winda."*
> (Lehrbuchtext. Höhmann 2011: 189) (‚Meine Windmühle geht nicht. Was ist los? Deine Windmühle ist kaputt? Ja, die ist kaputt. Die funktioniert nicht. Nein nein, die ist nicht kaputt. Nur windet es nicht.')
>
> Zuordnung zur deutschen Sprache zweifelhaft: aufgrund Kriterien I.2 und II.1 oder II.2.

Für diese Varietät konnte ich keine mit den übrigen Textproben sinngleiche Textprobe beschaffen. Es handelt sich bei dieser Varietät um eine Entwicklung aus dem niederdeutschen Dialekt Pommerisch, wobei die Schreibweise („Pomerisch") die Besonderheit, den Statusunterschied gegenüber einem regulären Dialekt, ausdrücken soll. Die Varietät ist in Ansätzen standardisiert durch Kodifizierung in einem Wörterbuch, das der örtliche Pfarrer Ismael Tressmann (2006) verfasst hat, wovon ich die hier verwendete Schreibung übernommen habe (Wörterbuchtitel: *Pomerisch – Portugijsisch Wöirbauk*). Zudem gibt es Lehrmaterialien für die Grundschule, wo diese Varietät – mit staatlicher Genehmigung – unter dem Motto „Pomerisch in dai schaul" als Unterrichtssprache eingeführt ist (zu Einzelheiten Höhmann 2011; Savedra/ Höhmann 2013). Tressmann's Standardisierungsversuch verrät die absichtliche Distanzierung von der deutschen Sprache, z.B. orthographisch: durch Kleinschreibung von Substantiven (wie in der umgebenden Mehrheitssprache Portugiesisch), durch diakritische Zeichen (*àwendmål* ‚Abendmahl', *blåsa* ‚blasen') und durch Vokaldoppelungen und -kombinationen (*düütsch* ‚deutsch', *mään* ‚Mähne', *sruuw* ‚Schraube', *stijga* ‚steigen'). Es ist nicht ganz ausgeschlossen, dass hier eine eigenständige Sprache in einer einst deutschsprachigen Minderheit entsteht; jedoch ist der Spracherhalt auf Dauer zweifelhaft. Die politisch-ökonomische Grundlage des Versuches, aus einer Varietät des Deutschen eine eigenständige Sprache zu machen, ist weit schwächer als im Falle des Letzeburgischen. Zurzeit ist die Entwicklung noch in einem Experimentierstadium, weshalb ich die Zuordnung zur deutschen Sprache offen lasse. Der Standardisierungsversuch und seine möglichen Folgen im Hinblick auf die Entstehung einer selbstständigen Sprache wird in den meisten Berichten über diese Varietät schlicht ignoriert (z.B. in „Pommern im Urwald. Global Village: Wie ein deutscher Dialekt in Brasilien überlebte", *Der Spiegel* 25.09.2013: 92). Ein umfassender Überblick über eventuelle weitere solche Versuche ist ein Forschungsdesiderat und erscheint mir sprachenpolitisch relevant.

> Saterfriesisch (Gemeinde Saterland, Landkreis Cloppenburg, Niedersachsen)
> *Waas iek aan Woaterdrinker, dan waas mie dät nit geböard. Ätter't Äiwendieten – Bäisteflaask mäd brätte Tuwwelke un Roodkool – droank iek noch een Fjondel Wietwien.*
>
> Nordfriesisch (Bökingharder Dialekt, Deutschland)
> *Wus ik foonouf e bråmen, dan wus me dåt ai schänj. Eefter e nåchtert – bäistebroos ma brooskantüfle än rüüdjküülj – drunk ik nuch en gou glees witwin.*
>
> Keine Zuordnung zur deutschen Sprache: aufgrund Kriterien I.3 und ansatzweise II.2.

Die friesischen Varietäten haben teilweise unter einander so geringe linguistische Ähnlichkeit, dass sie als drei verschiedene Sprachen gelten. Nur die beiden hier präsentierten werden in Deutschland gesprochen; die dritte, Westfriesisch, mit den weitaus meisten Sprechern, dagegen in der Provinz Groningen in den Niederlanden. Die Ausführungen des früheren Direktors der Friske Akademie, Durk Gorter (2008), erscheinen einerseits kompatibel mit der Auffassung, dass es sich um drei Varietäten einer einzigen Sprache handelt – „the Frisian language", wie er schreibt (ebd.: 335). Andererseits hat er meine Frage, ob er West- , Sater- und Nordfriesisch für drei Varietäten derselben Sprache oder für drei verschiedene Sprachen halte, eindeutig im Sinne der in der Fachwelt vorherrschenden Auffassung beantwortet: „For me they are three (or in the case of North Frisian perhaps even more) different languages: historically, linguistically, politically, socially." (E-Mail Gorter 10.12.2012) Dass Gorter dabei noch andere als die von mir hier vorgeschlagenen Kriterien erwähnt, möge als Hinweis auf die von mir vorgenommene Simplifizierung verstanden werden, die ich jedoch – speziell im Hinblick auf die deutsche Sprache für zweckmäßig halte.

Die Textproben indizieren, dass die linguistische Ähnlichkeit des Saterfriesischen und Nordfriesischen mit dem Standarddeutschen, speziell dem hier in Frage kommenden Standarddeutsch Deutschlands, merklich geringer ist als die des Niederdeutschen. Ob sie damit aber auch unser Kriterium mittlerer Ähnlichkeit nicht mehr erfüllt, muss beim derzeitigen Forschungsstand offen bleiben. Mir ist keine gut begründete exakte Grenzziehung für dieses Kriterium bekannt (siehe Kap. B.2). Somit bleibt mir in diesem Fall kaum eine andere Wahl, als mich der Mehrheit der Experten anzuschließen und die friesischen Varietäten nicht mehr zur deutschen Sprache zu zählen. Jan Goossens (1977: 50) ist der prominenteste mir bekannte Fachmann in neuerer Zeit, der für die Zuordnung zur deutschen Sprache plädiert.

Ausschlaggebend für meine Entscheidung ist allein ist die beträchtliche linguistische Distanz vom Standarddeutsch. Eine eigene Standardvarietät liegt zumindest beim Sater- und Nordfriesischen nicht oder allenfalls in Ansätzen vor (vgl. zu Einzelheiten Munske 2001; Walker 1983; Fort 2001). Dagegen verfügt das Westfriesische über eine eigene Standardvarietät (Kloss 1978: 165-171; Gorter 2008: 337-344), die jedoch das Saterfriesische und das Nordfriesische nicht überdacht. Ihre erhebliche linguistische Distanz vom Sater- und Nordfriesischen ist – gerade auch für Laien – offenkundig, wie die Übersetzung unseres Beispieltextes illustriert (dankenswerterweise angefertigt von Durk Gorter):

> Standardwestfriesisch
> *As ik hielûnthâlder wêze soe dan wie der neat bard. Nei it jûnsiten - rosbyf mei earpels en reade koal - dronk ik noch in fearn wite wyn.*

Wenn sich die linguistische Distanz zwischen den friesischen Varietäten als noch mittel (nicht groß) begründen ließe, könnte man die Annahme einer einzigen friesischen Sprache (mit mehreren Varietäten) in Bezug auf das Standardwestfriesische analog vertreten wie für das Elsässische und Lothringische bezüglich des Standarddeutschen: Westfriesisch wäre durch seine Standardvarietät – bei mindestens mittlerem Abstand von den Standardvarietäten aller anderer Sprachen (Niederländisch, Deutsch) – als eigenständige Sprache (bzw. als Kern einer solchen) gesichert, und Saterfriesisch und Nordfriesisch würden zur gleichen Sprache gehören, weil sie zum Standardwestfriesischen noch mittlere linguistische Ähnlichkeit hätten. Der Unterschied gegenüber Elsässisch und Lothringisch bestünde – bezüglich unserer Kriterien – nur darin, dass dessen fehlende Ähnlichkeit mit dem überdachenden Standardfranzösisch außer Zweifel steht, was bei den beiden friesischen Varietäten bezüglich des Standarddeutschen nicht so eindeutig ist. Jedoch spricht das Gesamtbild recht deutlich gegen die Einbeziehung jeglicher friesischer Varietäten in die deutsche Sprache. Allerdings ist diese Frage mehr prinzipieller Natur als von nennenswerter Relevanz für die internationale Stellung der deutschen Sprache.

> Standardniederländisch
> *Was ik geheelonthouder, dan zou mij dat niet overkomen zijn. Na het avondeten – rundsgebraad met gebakken aardappels en rode kool – dronk ik een vierde liter witte wijn.*

> Standardafrikaans
> *As ek 'n geheelonthouer was, sou dit nie met my gebeur het nie. Na aandete – beesbraaivleis met gebakte aartappels en rooikool – het ek nog 'n kwartbottel witwyn gedrink.*

> Standardjiddisch (Ostjiddisch)
> *Volt ikh geven a ti-touteler, volt dos nisht hobn getrofn mit mir. Nochn vetshere – rinderbrotn mit gebrotene kartofl un roytkroyt – ob ikh getrunkn noch a fertl wayswayn.*

> Keine Zuordnung zur deutschen Sprache: aufgrund Kriterien I.2 und II.2.

1. Strittige Varietäten und ihre Zuordnung zur deutschen Sprache — 125

Alle drei Varietäten sind standardisiert und haben höchstens linguistisch mittlere (keine große) Ähnlichkeit mit standarddeutschen Varietäten. Somit ist für alle drei Varietäten die Zuordnung zur deutschen Sprache auszuschließen. Dies gilt gleichermaßen für alle von diesen Standardvarietäten überdachten Varietäten, die entweder zur niederländischen, zur afrikaansen oder zur jiddischen Sprache gehören (siehe zu Jiddisch Biehl 2008).

Nachfolgend nun die ausführlicheren Textproben zu den besprochenen Varietäten (außer Pomerisch) in Form eines sinngleichen Textes, der von Varietät zu Varietät möglichst wortgetreu übersetzt ist, natürlich unter Wahrung sprachlicher Korrektheit (Grammatikalität). Ausgangstext war das Standarddeutsch Deutschlands. Dass die wortgetreue Übersetzung nicht unproblematisch war, sei am Beispiel des Wortes *Bratkartoffeln* verdeutlicht. Als Entsprechung in der schweizerhochdeutschen Varietät schien sich das typisch schweizerische Wort *Rösti* anzubieten (schweizerische Schreibung meist *Röschti*); jedoch sind Rösti anders als Bratkartoffeln. Für Österreich erschien statt *Geröstete* auch *geröstete Erdäpfel* möglich. Jedoch werden diese nach der – allerdings nicht unumstrittenen – Auskunft eines Experten ebenfalls anders zubereitet als Bratkartoffeln. Vielleicht wäre *Braterdäpfel* treffender gewesen, denn ich habe so bezeichnete Bratkartoffeln bei Linz selbst verspeist. Auf die Beifügung verschiedener Übersetzungsvarianten wurde verzichtet; im Zweifelsfall wurden einerseits die dem Standarddeutsch Deutschlands Wort für Wort eher entsprechenden (möglichst ähnliche Wortfolge) und andererseits die davon lexikalisch, morphologisch oder orthographisch stärker abweichenden Varianten gewählt. Die Namen der Übersetzer, denen ich hiermit herzlich danke, sind jeweils in Klammern beigefügt. Die Unterschiede zwischen den drei zuerst illustrierten deutschen Standardvarietäten sind unterstrichen; ferner alle Unterschiede der vierten (Mennonitisches Hochdeutsch) gegenüber den drei zuerst genannten, nicht aber – wie schon bei den kurzen Textproben – umgekehrt auch alle Unterschiede der drei zuerst genannten Standardvarietäten gegenüber der an vierter Stelle genannten Standardvarietät.

Standarddeutsch Deutschlands (Ulrich Ammon)
Wäre ich Abstinenzler, dann wäre mir das nicht passiert. Nach dem Abendessen – Rinderbraten mit Bratkartoffeln und Rotkohl – trank ich noch ein Viertel [anderes Maß!] *Weißwein. Dann schwang ich mich auf mein Fahrrad, um zu meiner Wohnung zu fahren, die in einem alten Fachwerkhaus innerhalb der Stadtmauer liegt. Mir wurde plötzlich so schwindelig, dass ich die Kontrolle verlor und zuerst einen Omnibus streifte und dann auf ein Auto auffuhr, das gerade an der Ampel wartete. Der Autofahrer stieg aufgeregt aus. Er war aber nur um sein Auto besorgt und kein bisschen um meine etwaige Verletzung. Er wollte mich gleich anzeigen, als er den Kratzer in seinem Kotflügel sah, und drohte mit Polizei und Rechtsanwalt. Ich wurde vor Aufregung ohnmächtig. Als ich wieder aufwachte, lag ich auf dicken Kis-*

sen. Über mir hörte ich ein_ Radio. Es war zuerst die Rede vom Zugverkehr und dann von einem betrunkenen Radfahrer, der einen Verkehrsunfall verursachte. Es war das erste Mal, dass im Rundfunk über mich berichtet wurde.

Standarddeutsch Österreichs (Herbert Tatzreiter)
Wäre ich abstinent, dann wäre mir das nicht passiert. Nach dem Nachtmahl – Rindsbraten mit Gerösteten und Blaukraut – trank ich noch ein Viertel [anderes Maß!] Weißwein. Dann schwang ich mich auf mein Fahrrad, um zu meiner Wohnung zu fahren, die in einem alten Fachwerkhaus innerhalb der Stadtmauer liegt. Mir wurde plötzlich so schwindlig, dass ich die Kontrolle verlor und zuerst einen Bus streifte und dann auf ein Auto auffuhr, das gerade vor der Ampel wartete. Der Autofahrer stieg aufgeregt aus. Er war aber nur um sein Auto besorgt und kein bisschen um meine allfällige Verletzung. Er wollte mich gleich anzeigen, als er den Kratzer an seinem Kotflügel sah, und drohte mit Polizei und Anwalt. Ich wurde vor Aufregung ohnmächtig. Als ich wieder aufwachte, lag ich auf dicken Pölstern. Über mir hörte ich ein_ Radio. Es war zuerst die Rede vom Zugsverkehr und dann von einem betrunkenen Radfahrer, der einen Verkehrsunfall verursachte. Es war das erste Mal, dass im Rundfunk über mich berichtet wurde.

Standarddeutsch der Schweiz/ Schweizerhochdeutsch (Walter Haas)
Wäre ich abstinent, dann wäre mir das nicht passiert. Nach dem Nachtessen – Rindsbraten mit Bratkartoffeln und Rotkabis – trank ich noch einen Dreier [anderes Maß!] Weisswein. Dann schwang ich mich auf mein Velo, um zu meiner Wohnung zu fahren, die in einem alten Riegelhaus innert der Stadtmauer liegt. Mir wurde plötzlich so schwindlig, dass ich die Kontrolle verlor und zuerst einen Autocar streifte und dann in ein Auto hinein fuhr, das gerade vor dem Lichtsignal wartete. Der Automobilist stieg aufgeregt aus. Er war aber nur um sein Auto besorgt und kein bisschen um meine allfällige Verletzung. Er wollte mich gleich verzeigen, als er den Kratzer an seinem Kotflügel sah, und drohte mit Polizei und Advokat. Ich wurde vor Aufregung ohnmächtig. Als ich wieder zu mir kam, lag ich auf dicken Kissen. Über mir hörte ich einen Radio. Es war zuerst die Rede vom Zugverkehr und dann von einem betrunkenen Velofahrer, der einen Verkehrsunfall verursachte. Es war das erste Mal, dass im Radio über mich berichtet wurde.

Mennonitisches Hochdeutsch (aus dem Chaco in Paraguay; Joachim Steffen)
Würde ich nicht Alkohol trinken, dann wäre mir das nicht passiert. Nach dem Abendessen – Asado mit gebratene_ Papas und Rotkohl – trank ich noch ein Viertel [anderes Maß!] Glas Weißwein. Dann nahm ich mein Fahrrad, um zu meiner Wohnung zu fahren, die in einem alten Fachwerkhaus innerhalb der Stadtmauer liegt. Mir wurde plötzlich dieslich, dass ich die Kontrolle verlor und_erst einen Omnibus streifte und dann gegen ein Auto prallte, das gerade an der Semáforo anhielt. Der Autofahrer stieg nervös aus. Er war aber nur um sein Auto besorgt und nicht um meine mögliche Verletzung. Er wollte mich gleich verklagen, als er den Kratzer an seinem Fender sah, und drohte mit der Polizei und Abogado. Ich wurde vor Nervosität besinnungslos. Als ich wieder zu mir kam, lag ich auf dicken Kissen. Über mir hörte ich ein_ Radio. Es war zuerst die Rede vom Zugverkehr und dann von einem betrunkenen Radfahrer, der einen Accidente verursacht hatte. Es war das erste Mal, dass im Radio von mir erzählt wurde.

(*Asado* ‚Braten', *Semáforo* ‚Ampel', *Abogado* ‚Rechtsanwalt, *Accidente* ‚Unfall', alle aus dem Spanischen; *Papas* ‚Kartoffeln', aus dem Quechua; *Fender* ‚Kotflügel' aus dem US-Englischen; Hinweise Bettina Thode)

Schwäbisch (Mittelschwäbisch; Ulrich Ammon)
Wär i Abschdinenzler, no wär mr des ned bassierd. Noch m Obadessa – Rendsbroda mid Brägela on Blaugraud – hao e no a Virdalle Weißwai drongga. No ben uf mei Fahrrad khopfd, om zo meire Wohnung z fahra, wo em a alda Fachwerkhaus ennerhalb va dr Stadmauer leid. Mir isch bletzlich ganz durmelich worra, dass e d Kondrall vrlaora hao on zaerscht an Omnibus gsdroefd hao on no uf a Audo nufgfahre be, wo grad an arra Ambl gwarded had. Dr Audofahrer isch ufgregd ausgschdiega. Er isch aber bloß om sei Audo bsorgd gwä on koa bissle om mei efentwelle Vrletzung. Er had me glei ozeiga wella, wia r den Gratzr en seim Kodfliegl gsea had, on had mr mit dr Bolizei on am Rechtsowald drohd. I be vor Ufreging omächtig worra. Wia e widder ufgwacht be, ben e uf digge Kissa gläga. Iber mir hao e an Radio ghaerd. Zaerscht had r vom Zugvrkehr gschwädzd on no vom a bsoffena Radfahrer, wo an Verkehrsofall vrursachd had. S war s aerscht Mol, dass em Rondfonk iber mi berichded worra isch.

Bairisch (Freising, Oberbayern; Ludwig Zehetner)
Boi i a Abstinenla waar, na waar ma dees ned passiad. Noochm Omdessn – Rindsbroon mit gräste Kadoffe und Blaugraud – howe no a Scheppal Weiwei drunga. Na howa me auf mei Raadl gschwunga und wäi zu meina Wohnung fahrn. De is in an oidn Fachwerkhaus glei hinta da Stoodmaua. Auf oamoi is ma so schwindle woan, daas i s nimma darissn hob und zeascht an Omnibus gstroafft hob, und nachad bin i auf a Auto grumped. Des hood grod an da Ampe gwart. Da Fahra is ausgstiing, ganz naarisch. Er hod se bloß um sei Auto kimmad, um mi hod a se iwahaupts nix gschissn. O-zoang hod a me glei woin, wia-r a den Gratza gseng hod auf sein Kotfliigl. Mid da Bolizei waar a daher kema und mi n Rechtsanwoit. Schwummerlich is ma woan voa lautta Aufregung, ohnmächde bin e woan. Wia-r e wiida wach woan bi, bin e auf dicke Boista gleng. Owa meina howe an Radio ghead. Zeascht hams vo de Ziig gredt und da'nooch vo am bsuffan Raalfahra, dea wo schuid war an am Vakeasumfoi. Dees is as easchte Moi gwen, daas da Radio woos iwa mi brocht hod.

Basler Dialekt (Schweiz; Simone Ueberwasser)
Wäär ych abschtinänt, so wäär mir das nit passiert. Noon em Nachtässe – Rindsbroote mit Broothärdöpfel und Rootkrut – hanni noon e Dreyerli Wysse drungge. Denn han ych mii ufs Velo gschwunge, zem zue myynere Wohnig z fahre, wo im ene alte Riigelhuus innerhalb vo dr Stadtmuure liggt. Mir isch plötzlig so sturm worde, ass ych d Kontrolle verloore und zerscht e Bus gstreift ha und denn in en Auti gfahre bi, wo grad am Liechtsignal gwaartet het. Dr Autifahrer isch uffgreggt uusgstige. Er isch aber nume um sy Auti bsorgt gsi und kai Bitzeli um myyni möögligi Verletzige. Er het mi grad welle aazeige, won er dr Gratzer an sym Kotflügel gseh het, und het mit Bolizey und Aawalt droht. Ych bi vor Uffreegig ohmächtig worde. Won ych wiider uffgwacht bi, bin ych uff eme digge Küssi glääge. Üüber mir han ych e Radio ghöört. Zerscht isch d Reed gsi vom Zugsverkehr und denn vomene bedrunggene ("bsoffene") Velofahrer wo ne Verkehrsunfall verursacht het. Es isch s erschte Mool gsi, wo im Radio über mii brichtet worde isch.

Sensler Dialekt (Schweiz, Kanton Fribourg; Raphael Berthele)
Weren i abstinent, de we mer das nit passiert. Nam Znacht – Ründsbrate mit pratete Häpperlini u blauem Chabis – han i no as Dryerli Wiissa truche. Näi han i mier uf ds Wölo gschwunge fur zu mir Wonig z faare, wo im ena aute Riguhuus innerhaub va de Stadtmuur ligt. Mier isch plötzlich schwindlig cho, ass i d Kontrola verlore ha u zersch a Car gstreift ha u näi in as Outo ychigfaare bü, wa grad vor um Liechtsignaau gwaartet het. De Outofaarer isch ufgregt usgstige. Är isch aber nume um sis Outo psorget gsi u kis bitzli um miner aufälige Verletzige. Är het mi grad wöle aazige, wen er de Chräbu a sym Kotflügu gse het, u het mit Polizii u Aawaut trot. I bü vor Ufregig ohnmächtig cho (i d Öpfle kiit). Wen i ummi zue mer cho bü, bün i uf ama dicke Chüssi gläge. Obet mier han i a Radio kört. As isch zersch d Red gsi vam Zugsvercher u näi vam ena psuffene Wölofaarer, wan a Verchersunfau verursacht het. As isch zerscht Mau gsi, ass im Radio über mier prichtet cho isch.

Elsässisch (Straßburg: Niederalemannisch mit rheinfränkischen Merkmalen; Dominique Huck)
Wenn i nix trinke dät, no wärd mr au nix pàssiert. Nooch m Znààchtesse – mr hàn Rindsbroote mit gebrädelte Grumbeere un Rotkrüt ghet – haw i noch e Viertele Wisser getrunke. Dann hàw i mi uf sVélo gschwunge fir haamzefàhre. Ich hàb e Wohnung im e àlte Fachwerickhüs, wo innerhàlb von de Stàdtmüre steht. Mir isch s uf aamol so schwindli worre, àss i nix meh im Griff hàb ghet: zerscht hàw i e Autobüs [otobys] gstreift un bin dànn geje e Auto gfàhre, wo gràd àm rote Licht gewärt het. De Autofàhrer isch ufgerejt üs em Auto gstöje. Er het numme geluejt, ob sin Auto nix het und het sich nit ums Geringschte drum gekimmert, ob ich verletzt bin. Er het mi glich anzaje welle, wie r e Kràtzer uf m Kotflejel gsähn het un het d Polizei welle hole un e Advokàt. Vor Ufrejung bin ich zàmmekheit. Wie i widder zue mir komme bin, bin i uf dicke Kisse geläje. Iwer mir hàw i e Radio ghöert. Zerscht hàn se vum Zuckverkehr geredt un no vum e Vélofahrer, wo voll isch gsin un wo àm e Unfàll Schuld isch gsin. Es isch s erschte Mol gsin, àss iwer mich im Radio ebs gsààt worre isch.

Standardlëtzebuergesch (Fernand Hoffmann, aktualisiert von Peter Gilles)
Wier ech Abstinenzler, da wier mer dat net passéiert. No dem Owesiessen – Rëndsbrot, gebrode Gromperen a roude Kabes – hunn ech nach e Véierel wäisse Wäi gedronk. Du hunn ech mech op mäi Vëlo gschwong fir a meng Wunneng ze fueren, déi an engem ale Fachwierkhaus bannent der Stadmauer läit. Et ass mir op eemol esou schëmmeleg ginn, datt ech d'Kontroll verluer hunn a fir d'éischt en Omnibus gesträift hunn an du an en Auto geknuppt sinn, dee grad bei der Verkéierssluucht gewaart huet. De Chauffer ass opgereegt erausgeklomm. Hien huet sech awer nëmme fir säin Auto Suerge gemaach a kee bësselche fir meng eventuell Blessur. Hie wollt mer gläich e Pretekoll maache loossen, wéi hien d'Schréips u sengem Schutzblech gesinn huet, an hien huet mer mat der Police a mam Affekot gedreet. Ech si vun elauter Opreegung schwaach gefall. Wéi ech erëm erwächt sinn, louch ech op décke Këssen. Iwwer mir hunn ech e Radio héieren. Et goung fir d'éischt d'Ried vum Zuchverkéier an du vun engem volle Vëlosfuerer, deen e Verkéiersakzident verursaacht hat. Et war déi éischte Kéier, datt am Radio iwwert mech beriicht gouf.

Niederdeutsch (Mecklenburgisch-Vorpommersch, Deutschland; Renate Herrmann-Winter)
Wenn ik nich so giern een' drinken dee, denn wür dat nich passiert. Nå denn Åbendäten – dat geef Rinnerbråden mit Bråttüffel un Rotkohl – heff ik noch'n poor Glas witten Wien drun-

ken. Denn heff ik mi up mien Fohrrad sett' un bün to mi Nåhus führt. Ik wåhn in een' ollen Fachwarkhus, dat innerhalf de Stadtmuer licht. Mit eis wür mi so schwummerich, dat ik nich mihr fohren künn un tauierst een Bus anrammeln dee un denn up een' Auto rupfuhr, wat grå an'e Ampel töben dee. De Autofohrer steech ganz upgerecht ut. He har œwer bloss Angst üm sien Auto un gor nich'n bäten üm mi un mien Weihdåch. As he de Kratzer an sien Kotflügel gewohr wür, hett he mi draucht mit Polizei un denn Afkåten. Mi wür ganz schwart för Oogen un ik föll üm. As ik wedder to mi keem, leech ik up dicke Küssen, un œwer mi dudelte een Radio. Tauierst hemm se vertellt, wurans de Iesenbåhn führen deit un denn von een' besåpen Radfohrer, wecker een' Unfall måkt hett. Dat wier dat ierste Mål, dat in'n Rundfunk œwer mi schnackt wür.

Niederdeutsch (Raum Segeberg in Holstein; Joachim Steffen)
Wenn ik een enthoolsame Minsch weer, denn weer mi dat nich passeert. Nah dat Avendeten - Rindsbraden mit Bratkatüffeln un Rotkohl - drunk ik noch een Viddel Wittwien. Denn swung ik mi op mien Fohrrad, üm to miene Wahnung to fohrn, de in een oolet Fachwarkhuus binnen de Stadtsmuur liggt. Mi wor miteens so swindelig, dat ik de Kuntrull verleer un toeerst een Bus striepen dee un denn op een Auto ropfohr, dat grad bi eene Ampel töv. De Autofohrer steeg fuchtig ut. Man he weer bloots üm sien Auto besorgt un keen beeten üm miene etwaige Verletzung. He wull mi glieks anteegen, as he den Kratzer in sien Kotflünken seeg, un droh mit Polizei un Afkaat. Ik full vör Opreegung in Amidaam. As ik opwak, leeg ik op een dicket Küssen. Över mi hör ik een Radio. Dor weer toeerst de Reed vun den Togverkehr un denn vun een bedrunken Fohrradfohrer, de een Verkehrsunfall verursaken dee. Dat weer dat eerste Mal, dat in't Radio över mi bericht wor.

Plautdietsch (Dialekt der „Russland-Mennoniten", hier Brasilien; Joachim Steffen)
Wan etj enn enthoolsame Mensch wea, dan wea mie daut nijch passeat. Noh de Owendkost - Rindsbrohden mett jebrohdne Eadschocke enn rote Komst - drunk etj noch een Veadel Wittwien. Dan schwung etj mie opp mien Foahraud, om to mien Wohninj to foahre, de ennerhaulf fonn de Staudtsmie liedjt. Mie woa platzlijch soo dieslijch, daut etj de Kontroll veloah, enn toeascht eene Bos striepje deed enn dan opp eene Koah noppfoah, de jrods aun de Ampel wachten deed. De Foahrer steajch fuchtijch üt. He wea oba bloß om siene Koah besorjt enn tjeen bätje om miene määjlijche Velatzung. He wull mie jlitj aunkloage, auss he de Schraum enn sien Koahflijcht sach, enn he dreiwt mie mett Pliez enn Aufkoht. Etj woa fea Oppräajung bewusstloos. Auss etj wada oppwoak, lajch etj opp een ditjet Tjesse. Äwa mie heah etj een Radio. Doa fetalen see toeascht fonn den Süachvetjea enn dan funn een bedrunkene Foahraudfoahra, de een Vetjeasonnfaul feüasoake deed. Daut wea daut easchte Mol, daut enn't Radio ewa mie berejcht woa.

Saterfriesisch (Gretchen Grosser, vermittelt durch Pyt Kramer)
Waas iek aan Woaterdrinker, dan waas mie dät nit geböard. Ätter't Äiwendieten – Bäisteflaask mäd brätte Tuwwelke un Roodkool – droank iek noch een Fjondel Wietwien. Dan smeet iek mie ap mien Rääd, uum ätter mien Woonenge tou fiehren, ju in een oold Fäkwierkhuus binnen fon ju Muure fonne Stääd lait. Toumoal wuud mie so duusich, dät iek ju Kontrolle ferloos un toueerst an Omnibus tou nai koom un dan ap een Auto apfiehrde, dät juust an een Ampel täiwde. Die Autofiehrer steech apgerägt uut. Hie waas oaber bloot uum sien Auto besuurged un nit een bietje deeruum, of iek fillicht n'Pliete oukriegen hiede. Hie wüül mie fluks anzeigje, as hie dän Kratser an sin Kotflügel saach un truude mäd Dräguner un Rechts-

anwalt. Iek wuud foar Aprägung beduust. As iek wier apwoakede, liech iek ap tjukke Kääsene. Uur mie heerde iek een Radio. Toueerst waas dät een Baalen fon'n Suchferkiehr un dan fon aan beseepenen Räädfiehrer, die skäild an aan Ferkiehrsuunfall waas. Dät waas dät eerste Moal, dät in't Radio uur mie begjuchtet wuud.

Nordfriesisch (Mooringer Mundart, Bökingharder Dialekt; Uwe Johannsen, vermittelt durch Alastair Walker)
Wus ik foonouf e bråmen, dan wus me dåt ai schänj. Eefter e nåchtert – bäistebroos ma brooskantüfle än rüüdjküülj – drunk ik nuch en gou glees witwin. Dan stäk ik aw min fiilj, am tu min boog tu käären, dåt lait önj en üülj fäägehüs baner e stääsmööre. Aw iinjtooch wörd me sü swöömi, dåt ik e balangse ferlüüs än tujarst en bus straife däi än dan linj en auto kjard, wat jüst bai rüüdj hül. Di kutscher stäk üt suner ferstånd. Hi wus hiilj besörid am san woin än ouerhood ai am me, weer ik me siir dänj häi. Hi wälj me stråks malde, as'r en kratser önj sin schutsblak såch än trüwed me ma politii än afkoot. Ouerdåt feel ik önj swööme. As ik wiiken wörd, läi ik aw tjuke häigene. Ouer me hiird ik en råådio. Tujarst wörd er am suchferkiir än dan am en drunkenen fiiljkäärer snååked, wat malöör önj e ferkiir mååged häi. Dat wus dat jarst tooch, dåt huum ouer me önjt råådio beruchte däi.

Standardniederländisch (Sonja Vandermeeren)
Was ik geheelonthouder, dan zou mij dat niet overkomen zijn. Na het avondeten – rundsgebraad met gebakken aardappels en rode kool – dronk ik een vierde liter witte wijn. Dan sprong ik op mijn fiets, om naar mijn woning te rijden, die in een oud vakwerkhuis binnen de stadsmuren gelegen is. Ik werd ineens zo duizelig, dat ik de controle over het stuur verloor, eerst een omnibus raakte en dan op een auto inreed, die net aan de verkeerslichten wachtte. De autobestuurder steeg opgewonden uit. Hij was echter enkel bezorgd over zijn auto en niet in het minst over mijn eventuele verwonding. Hij wou mij meteen aangeven, toen hij de schram op zijn spatbord zag, en dreigde met de politie en een advocaat. Ik viel van opwinding in onmacht. Toen ik weer wakker werd, lag ik op dikke kussens. Boven mij hoorde ik een radio. Eerst sprak men over het treinverker en dan over een dronken fietser, die een verkeersongeval veroorzaakte. Het was de eerste keer, dat op de radio over mij bericht werd.

Standardafrikaans (Riana Roos)
As ek 'n geheelonthouer was, sou dit nie met my gebeur het nie. Na aandete – beesbraaivleis met gebakte aartappels en rooikool – het ek nog 'n kwartbottel witwyn gedrink. Toe het ek op my fiets gespring om na my woonstel, wat in 'n ou vakwerkhuis binne die stadsmuur gelê is, te ry. Ek het plotseling so duiselig geword dat ek beheer verloor het en eers teen 'n bus geskurr en toe teen 'n motor wat by die verkeerslig gewag het, vasgery het. Die bestuurder het ontsteld uitgeklim. Hy was egter net oor sy motor besorg en nie eens 'n bietjie oor my moontlike besering nie. Hy wou my dadelik aangee toe hy die krapmerk op sy stamper sien en het met die polisie en 'n prokureur gedreig. Ek het van ontsteltenis flou geword. Toe ek weer wakker word, het ek op dik kussings gelê. Bo my het ek 'n radio gehoor. Eers het hulle oor die treinverkeer gepraat en toe oor 'n dronk fietsryker wat 'n verkeersongeluk veroorsaak het. Dit was die eerste keer wat daar oor die radio oor my berig is.

Standardjiddisch (Ostjiddisch; Jürgen Biehl)
Volt ikh geven a ti-touteler, volt dos nisht hobn getrofn mit mir. Nochn vetshere – rinderbrotn mit gebrotene kartofl un roytkroyt - ob ikh getrunkn noch a fertl wayswayn. Noch dem hob

ikh sikh geworfn af rnayn velosiped, keday zu forn zu mayn woynung in a halb-gehiltsten hoyz, wos iz gelegn ineweynik fun der shtotmoyer. Plutsim iz mir geworn azoy shvindldik, az ikh hob farloyren dem control. Ersht hob ikh fartshepet an oytobus un noch dem bin ikh arayngeforn in an oyto, wos hot gewart far a trafik fayer. Der forer fun dem oyto hot sikh tsekokht. Er iz ober nor geven in sorg vegn sayn oyto un nisht a bisl vegn a vund, wos ikh kent gehat. Vi azoy er hot bamerkt dem krats in sayn schitsblekh, hot er teykev gevolt mikh farshiltn. Er hot gestrashet mit politsay un advocat. Far ufregung bin ikh gefaln in kishn. Wen ikh bin ufgewakht, bin ikh gelegn af groyse kishns. Ikh hob gehert a radia iber mir. Ersht hobn sey geredt vegn banfaker un noch dem vegn a shikern velosiped-forer, wos hot farshaft a trafik-umglikfal. Es iz geven dos ershte mol, az epes iz barikhtet gevorn vegn mir.

2. Allgemeine Regeln der Zuordnung von Varietäten zu Sprachen

Dieses Kap. soll die im vorausgehenden Kap. B.1 recht kurz gebliebenen Hinweise auf Möglichkeiten der Zuordnung von Varietäten zu Sprachen vertiefen und kann von Lesern, die direkter an der Stellung der deutschen Sprache in der Welt interessiert sind, ohne größeren Nachteil übersprungen werden. Vor allem werden die Zuordnungsmöglichkeiten hier in die Form allgemeiner Regeln gebracht. Dabei stütze ich mich auf die beiden schon in Kap. B.1 identifizierten Kriteriengruppen:

1) Linguistische Distanz (Gegenteil: linguistische Ähnlichkeit), mit den drei Abstufungen: klein (groß), mittel (mittel) und groß (klein) sowie
2) Überdachung: vorhanden, fehlend.

Bei beiden Kriterien oder Kriteriengruppen handelt es sich um Beziehungen zwischen jeweils 2 Varietäten (V), aufgrund deren sie derselben Sprache oder verschiedenen Sprachen zuzuordnen sind. Die Beschränkung auf diese beiden Kriterien ist rigoros. Die meisten Vorschläge der Zuordnung von Varietäten zu Sprachen, sofern sie Varietäten und Sprachen überhaupt konsequent unterscheiden, bringen weitere Kriterien ins Spiel: vor allem die Einschätzung von Sprechern – Sprecher der Varietät selbst (emisch) oder Sprecher linguistisch ähnlicher oder geographisch benachbarter Varietäten (etisch) – oder historische Verbindungen zwischen den Varietäten. Jedoch schwindet mit solchen zusätzlichen Kriterien in aller Regel jede Möglichkeit einigermaßen eindeutiger Entscheidungen. Dagegen erleichtert die Beschränkung auf unsere beiden Kriterien klare Zuordnungen und reicht diesbezüglich sehr weit, weshalb ich hier bewusst diesen Versuch wage.

Die Beschränkung auf nur eines dieser beiden Kriterien ist dagegen, wie mir scheint, aussichtslos. Anregungen in Richtung einer solchen Beschränkung gibt es nur für die linguistische Distanz, nicht die Überdachung. So lassen sich z.B. die Spracheinteilungen des *Ethnologue* (1984 und folgende Aufl.) so verstehen (siehe Kap. C.1; C.2). Die linguistische Distanz ist aber nicht hinreichend im Falle von Kontinua zwischen den Varietäten, wie sie für Dialekte, als *Dialektkontinua*, vielerorts in der Welt bestehen. Jedoch gelten die folgenden Überlegungen analog für Kontinua jeglicher Art von Varietäten. Ein annäherndes Beispiel eines Dialektkontinuums ist das Westgermanische, von Südtirol bis an die niederländische Nordseeküste, oder es war jedenfalls ein solches Kontinuum, ehe es durch Überdachung in verschiedene Sprachen aufgeteilt wurde.

In einem solchen Dialektkontinuum haben benachbarte Dialekte immer so geringe linguistische Distanz von einander, dass sie unzweifelhaft derselben Sprache zuzuordnen sind. Durchschreitet man das Gebiet jedoch in eine bestimmte Richtung, dann addieren sich die geringen linguistischen Distanzen zu einer so großen linguistischen Distanz (wie auch immer sinnvoll definiert), dass sich der Ausgangsdialekt nicht mehr derselben Sprache zuordnen lässt. Damit entsteht das folgende Problem: Beginnt man mit der Zuordnung zu Sprachen bei Dialekt 1 (D_1), so gehört nach Maßgabe der linguistischen Distanz wohl noch D_5, nicht aber mehr D_6 zur gleichen Sprache; jedoch gehört D_6 noch zur gleichen Sprache wie D_2. Entsprechendes gilt für D_7 und D_3 usw. Statt weniger, klar abgegrenzter Sprachen erhält man also eine große Zahl einander hochgradig überlappender „Sprachen". Bei einer linguistischen Distanz, die jeweils 5 Dialekte zusammenfasst, erhalten wir im Falle von 10 Dialekten 5 solche überlappende Sprachen, bei 20 Dialekten 15 usw. Der Verlass allein auf linguistische Distanz ermöglicht also keine adäquate Begriffsexplikation, weil dies zu keiner mit gängigen Vorstellungen zu vereinbarenden Definition von Sprachen führt. Das zeigt sich schon daran, dass die Sprecher jedes einzelnen Dialekts zugleich Sprecher von mehreren, im vorliegenden Fall 5 verschiedenen Sprachen würden.

Die linguistische Distanz ist also kein hinreichendes, wohl aber ein notwendiges Kriterium für die Zuordnung von Varietäten zu Sprachen. Dabei ist zu beachten, dass die linguistische Distanz das strikte Gegenteil, also *konvers* zur linguistischen Ähnlichkeit ist: Wenn die Distanz klein ist, dann ist die Ähnlichkeit groß und umgekehrt, wie es oben bei 1) die Hinzufügungen in Klammern andeuten. Wichtig sind weiter die Symmetrie und die nicht vorhandene Transitivität dieser Beziehung(en): linguistische Ähnlichkeit und Distanz; eigentlich ist es, wie gesagt, ein und dieselbe Beziehung, nur aus entgegengesetzten Blickrichtungen betrachtet.

2. Allgemeine Regeln der Zuordnung von Varietäten zu Sprachen — 133

Aufgrund der Symmetrie gilt, dass der Ähnlichkeitsgrad von V_a nach V_b gleich groß ist wie der Ähnlichkeitsgrad von V_b nach V_a. Die Messung in eine Richtung ergibt also dasselbe Ergebnis wie in die andere; andernfalls stimmt die Messmethode nicht. Ist z.B. Österreichisches Standarddeutsch dem Standarddeutsch Deutschlands sehr ähnlich, was bei einem metrischen Maß in einer Zahl ausgedrückt würde, so ist auch das Standarddeutsch Deutschlands dem Österreichischen Standarddeutsch sehr, nämlich genau gleich ähnlich. Jedoch gilt dies nicht unbedingt für indirekte Messungen mittels Indikatoren, z.B. der Verständlichkeit zwischen zwei Varietäten, die von V_a nach V_b anders sein kann als von V_b nach V_a.

Die Ähnlichkeit zwischen Varietäten ist jedoch nicht transitiv. Diese Eigenschaft hat sich schon oben bei den Dialektkontinua erwiesen, hat aber weitergehende Bedeutung für die Definition von Sprachen. Diese Nicht-Transitivität heißt Folgendes: Wenn sowohl zwischen V_a und V_b als auch zwischen V_b und V_c große Ähnlichkeit besteht, so folgt daraus nicht, dass auch zwischen V_a und V_c große Ähnlichkeit besteht. Vielmehr können sich die linguistischen Distanzen von V_a nach V_b und von V_b nach V_c so addieren, dass zwischen V_a und V_c keine große linguistische Ähnlichkeit mehr besteht.

Die Nicht-Transitivität gebietet Vorsicht bei der Anwendung mancher Regeln für die Zuordnung von Varietäten zu Sprachen. Dies gilt z.B. für die folgende Regel (ia), die besagt, dass zwei Standardvarietäten (SV) bei großer linguistischer Ähnlichkeit derselben Sprache zuzuordnen sind. Hier mahnt die fehlende Transitivität zu folgender Vorsicht: Wenn sowohl zwischen SV_a und SV_b als auch zwischen SV_b und SV_c große Ähnlichkeit besteht, kann daraus noch nicht auf große Ähnlichkeit zwischen SV_a und SV_c geschlossen werden. Das Problem erscheint zwar nicht dringlich für die deutsche Sprache – davon bin ich in Kap. B.1 ausgegangen, da sich deren drei wichtigste Standardvarietäten (die Deutschlands, Österreichs und der Schweiz) allesamt linguistisch sehr ähnlich sind –, es kann aber bei anderen Sprachen auftreten. Man muss die linguistische Ähnlichkeit zwischen allen SV messen, ehe man sie derselben Sprache zuordnet.

Sollte sich bei der Messung herausstellen, dass zwar SV_a und SV_b sowie SV_b und SV_c sich sehr ähnlich sind, nicht aber mehr SV_a und SV_c, dann steckt man in der oben für Dialektkontinua gezeigten Schwierigkeit. Eben wegen Nicht-Transitivität von Ähnlichkeit (oder umgekehrt Distanz) lassen diese sich nicht ohne Weiteres in Sprachen einteilen, wenn die Summe ihrer Distanzen den für Sprachen als zulässig festgelegten linguistischen Ähnlichkeitsgrad überschreitet (dazu Chambers/ Trudgill: 1980: 10-14; Ammon 1989b: 31-47). Die Einteilung in Sprachen bedarf dann zusätzlicher Kriterien.

Bei Dialektkontinua eignet sich hierfür die Überdachung durch Standardvarietäten, sofern es diese gibt (dazu schon Kap. B.1). Bei Kontinua von Standardvarietäten ist dies ausgeschlossen, weil – wie in Kap. B.1 begründet und festgelegt – Standardvarietäten keine Überdachung haben können. Ich gehe jedoch davon aus, dass daraus bei der deutschen Sprache für die Zuordnung von Varietäten kein unlösbares Problem entsteht, da an der großen Ähnlichkeit *aller* in Frage kommenden Standardvarietäten kein ernsthafter Zweifel besteht. Jedoch kann dies bei komplexeren Sprachen, mit einer größeren Zahl fraglicher Standardvarietäten anders sein, z.B. bei der englischen Sprache und ihren fraglichen Varietäten.

Nun jedoch zu den einzelnen Regeln der Zuordnung von Varietäten zu Sprachen im Falle von Standardsprachen. Diese Regeln gelten wohlgemerkt nicht für Nonstandardsprachen (*Vernakularsprachen*), also bei fehlender Standardvarietät (Kap. B.1). Ob sie für Standardsprachen erschöpfend sind, bleibt eine Aufgabe weiterer Forschung. Die Regeln sind gedacht zur Klassifikation von Varietäten zu Sprachen und knüpfen an frühere eigene Überlegungen an, auch in ihrer Anordnung nach dem Zusammenhang der Kriterien (vgl. Ammon 1991a: 19-31; 1995a: 1-9). Sie basieren – wie ihre Formulierung ahnen lässt – auf Annahmen (Hypothesen), wie Sprecher selbst bei solchen Zuordnungen verfahren und damit Sprachgemeinschaften bilden. Zunächst die Regel für die Zuordnung zweier Standardvarietäten zur selben oder zu verschiedenen Sprachen:

(i) Zwei Standardvarietäten, SV_a und SV_b, gehören unter folgenden Bedingungen zur selben bzw. zu verschiedenen Sprachen:

(ia) Wenn die linguistische Ähnlichkeit zwischen SV_a und SV_b groß ist, gehören beide zur selben Sprache;

(ib) Wenn die linguistische Ähnlichkeit zwischen SV_a und SV_b nur mittel oder klein ist, gehören beide zu verschiedenen Sprachen.

Regel (ia) gewährleistet, dass die verschiedenen (nationalen oder regionalen) Standardvarietäten einer „plurizentrischen" Sprache (vgl. Ammon 1995a) derselben Sprache zugeordnet werden. Im Falle der deutschen Sprache handelt es sich dabei vor allem um das Standarddeutsch Deutschlands, Österreichs und der Schweiz. Die Textbeispiele am Ende von Kap. B.1 illustrieren die große linguistische Ähnlichkeit: Die drei Texte unterscheiden sich – jedenfalls schriftlich – nur in den unterstrichenen Formen.

Regel (ib) gewährleistet, dass Standardvarietäten von „Nachbarsprachen" (linguistisch gesehen) des Deutschen nicht der deutschen Sprache zugeordnet werden. Die Textbeispiele am Ende von Kap. B.1 illustrieren die nur mittlere linguistische Ähnlichkeit mit dem Standarddeutschen. Sie ist beim Standardletzeburgischen unverkennbar, weil – trotz noch erkennbarer Ähnlichkeit – zahlreiche Formen vom Standarddeutschen (von jeder der drei Standardvarietäten des Deutschen) abweichen. Beim Standardniederländischen, Standardafrikaans und Standardjiddischen ist die Ähnlichkeit mit dem Standarddeutschen noch geringer, wenngleich ebenfalls – sogar für linguistische Laien – noch erkennbar. Da keine dieser vier Standardvarietäten große linguistische Ähnlichkeit mit einer Standardvarietät der deutschen Sprache hat, ist – nach Regel (ib) – auch keine von ihnen Bestandteil der deutschen Sprache.

Nun zur Frage, wie Standardvarietäten und Nonstandardvarietäten derselben oder verschiedenen Sprachen zuzuordnen sind. Die beiden übergeordneten Regeln (ii) und (iii) sind hier durch die umfangreiche Erläuterung von einander getrennt.

(ii)   Eine Standardvarietät SV_a und eine Nonstandardvarietät NSV_b gehören unter den folgenden Bedingungen zur selben bzw. zu verschiedenen Sprachen:

(iia)   Wenn die SV_a die NSV_b überdacht und zugleich die linguistische Ähnlichkeit zwischen beiden mindestens mittel (mittel oder groß) ist, so gehören beide zur selben Sprache. Dies gilt auch dann, wenn NSV_b einer anderen Standardvarietät SV_c linguistisch ähnlicher ist als SV_a, aber von SV_c nicht überdacht wird. Was Überdachung heißt wurde in Kap. B.1 vorläufig und wird im Fortgang dieses Kap. näher erläutert.

Diese in (iia) angesprochene Beziehung besteht zwischen einer Standardvarietät und den von ihr überdachten Dialekten (und Umgangsvarietäten, von denen ich hier der Einfachheit halber weitgehend absehe). Die linguistische Ähnlichkeit einer Standardvarietät mit den Dialekten derselben Sprache ist häufig mittel, kann aber auch groß sein; die linguistische Ähnlichkeit mit Umgangsvarietäten ist meist groß. In Kap. B.1 finden sich Beispiele für Dialekte, die vom Standarddeutsch Deutschlands überdacht werden: Textproben des Schwäbischen und Bairischen, sowie Beispiele für Dialekte, die vom Standarddeutsch der Schweiz überdacht werden: Textproben des Basler Dialekts und des Senslerdialekts. Vergleicht man sie mit Texten des Standarddeutschs Deutschlands bzw. der Schweiz (ebenfalls am Ende von Kap. B.1), so erkennt man die mittlere Ähnlichkeit. Die Unterschiede sind ähnlich groß wie zwischen dem Standarddeutsch Deutschlands und dem Standardletzeburgischen. Im Gegensatz zum Standardletzeburgischen gehören diese Dialekte aber zur deutschen Sprache, weil sie von Varietäten des Standarddeutschen überdacht werden.

Der letzte Satz in Regel (iia) schließt aus, dass z.B. der moselfränkische Dialekt auf deutscher Seite, der dem Standardletzeburgischen ähnlicher ist als dem

Standarddeutsch Deutschlands, der letzeburgischen Sprache zugeordnet wird. Er ist vielmehr der deutschen Sprache zuzuordnen. Entscheidend dafür ist, dass er nicht vom Standardletzeburgischen, sondern vom Standarddeutsch Deutschlands überdacht wird. Die in Luxemburg fast gleichen Dialekte – sie werden in Deutschland wie in Luxemburg dem Moselfränkischen zugeordnet – gehören in Luxemburg zur letzeburgischen Sprache. Bei solchen Zuordnungen können Dialekte oder Nonstandardvarietäten gewissermaßen geteilt werden, indem linguistisch identische Formen (Varietäten) beidseits der Grenze verschiedenen Sprachen zugeordnet werden. Die Aufteilung und Zuordnung geschieht dabei also nicht nach linguistischen, sondern nach politisch-soziologischen Maßstäben. Ebenso gehören nach Regel (iia) alle niederdeutschen Dialekte diesseits der deutschen Grenze zur deutschen und nicht zur niederländischen Sprache, wogegen die sehr ähnlichen Dialekte auf niederländischer Seite zur niederländischen Sprache gehören. Auch zwischen Standarddeutsch und den niederdeutschen Dialekten besteht noch mittlere linguistische Ähnlichkeit. (Zwar sind die Ähnlichkeitsgrade dehnbar, worauf ich weiter unten näher zu sprechen komme, aber nicht grenzenlos dehnbar.)

Bei fehlender linguistischer Ähnlichkeit zwischen SVa und NSVb greift die folgende Regel.

(iib) Wenn keine linguistische Ähnlichkeit zwischen einer Standardvarietät SVa und einer Nonstandardvarietät NSVb vorliegt (Unähnlichkeit = geringere als mittlere Ähnlichkeit), dann gehören SVa und NSVb zu verschiedenen Sprachen. Ob Überdachung vorliegt oder nicht, ist dabei irrelevant. Gibt es in diesem Fall eine andere Standardvarietät SVc, die mit NSVb mindestens mittlere Ähnlichkeit hat, so gehört NSVb zur selben Sprache wie SVc, ob SVc die NSVb überdacht oder nicht. Andernfalls gehört NSVb zu einer eigenständigen, anderen Sprache ohne Standardvarietät, also einer Nonstandardsprache (*Vernakularsprache*), zu der noch weitere Nonstandardvarietäten, die große Ähnlichkeit mit NSVb haben, gehören können. (Vgl. die etwas andere Formulierung, in Form von zwei Regeln, in Ammon 1995a: 8)

Regel (iib) begründet unter anderem, warum z.B. die alemannischen und rheinfränkischen Dialekte im Elsass und in Lothringen nicht zur französischen, sondern zur deutschen Sprache gehören, obwohl sie vom Standardfranzösischen Frankreichs überdacht werden, jedenfalls viel stärker überdacht als vom Standarddeutsch Deutschlands oder der Schweiz. Hätten diese Varietäten jedoch auch mit keiner Standardvarietät der deutschen Sprache wenigstens mittlere Ähnlichkeit, so wären sie einer dritten Sprache (vielleicht „Elsässisch") zuzuordnen. Regel (iib) würde bei noch vorhandener mittlerer Ähnlichkeit des Saterfriesischen und des Nordfriesischen mit dem Standard-Westfriesischen alle drei Varietäten derselben Sprache, Friesisch, zuweisen. Westfriesisch verfügt über eine Standardvarietät (Gorter 2008: 337-344), was bei Saterfriesisch oder Nordfriesisch zweifelhaft ist (Fort 2001 bzw. Walker 1983). Standard-Westfriesisch hat aber mit keiner anderen Standardvarietät, auch nicht dem Standardniederländischen, große linguistische Ähnlichkeit, weshalb es (den Kern) eine(r) eigenständige(n) Sprache bildet.

Abb. B.2-1 veranschaulicht die aufgestellten Regeln anhand der Zuordnung der in Kap. B.1 vorgestellten Varietäten zu Sprachen.

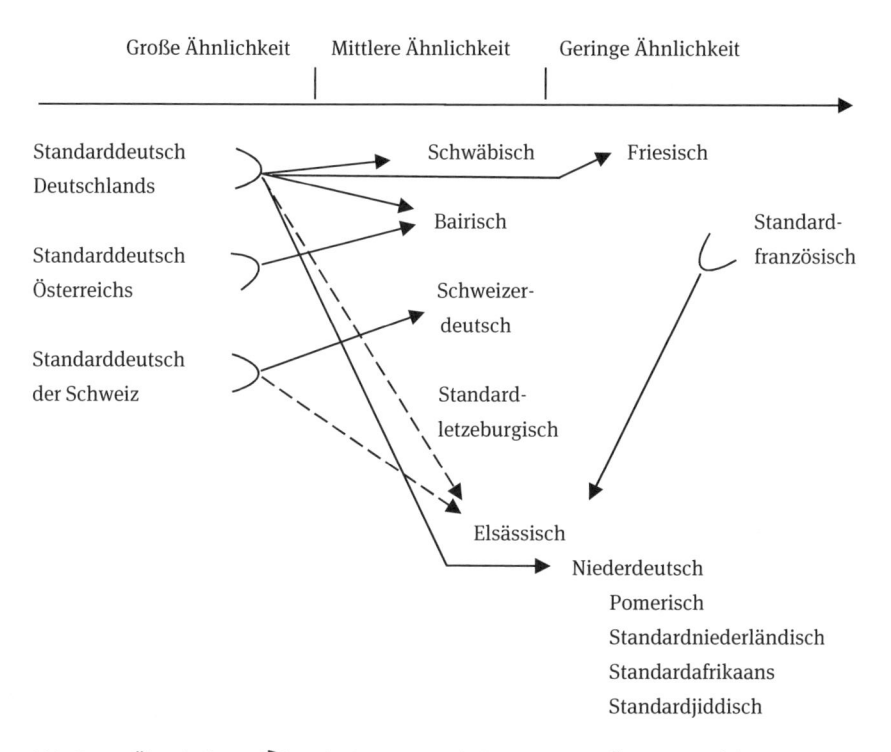

```
Große Ähnlichkeit    Mittlere Ähnlichkeit    Geringe Ähnlichkeit
        |                    |                       |
────────────────────────────────────────────────────────────▶

Standarddeutsch              Schwäbisch         Friesisch
Deutschlands
                             Bairisch                      Standard-
Standarddeutsch                                            französisch
Österreichs
                             Schweizer-
                             deutsch
Standarddeutsch
der Schweiz                  Standard-
                             letzeburgisch

                             Elsässisch
                                            Niederdeutsch
                                            Pomerisch
                                            Standardniederländisch
                                            Standardafrikaans
                                            Standardjiddisch
```

Abb. B.2-1: Überdachung (⊃) und relevante Grade linguistischer Ähnlichkeit (→) für die Zuordnung von Varietäten zu Sprachen (am Beispiel der deutschen Sprache)

Bei aller (hoffentlich vorhandenen) logischen Stimmigkeit bleiben unsere Regeln (ia) bis (iib), wie das zuletzt besprochene Beispiel des Friesischen ahnen lässt, hochgradig vage. Die Ungenauigkeit rührt von der fehlenden Operationalisierung wesentlicher Begriffe. Diese Operationalisierung ist keine Kleinigkeit, sondern so schwierig, dass ich hier keine zufriedenstellende Lösung bieten kann. Ob dies auf der Grundlage einer umfassenden Rezeption vorliegender einschlägiger Forschung möglich wäre, weiß ich nicht, weil ich diese aufgrund ihres Umfangs nicht überblicken konnte. Daher müssen hier einige verhältnismäßig grobe Hinweise auf Operationalisierungsmöglichkeiten genügen.

Die beiden operationalisierungsbedürftigen Begriffe sind einerseits die ‚linguistische Ähnlichkeit' (oder ihre Konverse: die ‚linguistische Distanz') und andererseits die ‚Überdachung'. Die Diskussion von Operationalisierungsfragen erscheint mir bezüglich der linguistischen Distanz einfacher als bezüglich der linguistischen Ähnlichkeit. Jedoch sind beide Operationalisierungen in einander übersetzbar. Dies folgt aus der konversen Beziehung zwischen linguistischer Distanz und linguistischer Ähnlichkeit. Bei der Regelformulierung mittels linguistischer Distanz muss aufgrund der obigen Regel (ia) die linguistische Distanz innerhalb einer (dann plurizentrischen) Sprache zwischen allen Standardvarietäten klein sein (also weniger als mittel), und darf aufgrund der Regeln (iia) und (iib) die linguistische Distanz zwischen jeder Nonstandardvarietät und der sie überdachenden Standardvarietät höchstens mittel (also nicht groß) sein.

Daraus folgt für die maximale linguistische Distanz innerhalb einer einzelnen Sprache:

mittel + klein + mittel = klein + 2 x mittel (NSV$_1$ – mittel – {SV$_1$ – ... klein ... – SV$_m$} – mittel – NSV$_n$)

(Beispiel: Hochalemannisch – mittel – Schweizer Standarddeutsch – klein – Standarddeutsch Deutschlands – mittel – Niederdeutsch).

Die für die Messung linguistischer Distanz möglichen Maße sind vielfältig und in ihrer Anwendung teilweise sehr aufwändig (vgl. z.B. Casad 2005; Gooskens 2007; Gooskens/ Heringa 2004; Mackey 1976: 221-368; Kloss 1978: 64; Goebl 1989: 280f.; Ammon 1989b: 32). Für eine grobe Orientierung kann man Texte der fraglichen Varietäten, die bei (Wahrung grammatischer Korrektheit) möglichst wortwörtlich übersetzt sind, nach der Anzahl von Wortpaaren vergleichen, deren paarweise Entsprechung aufgrund formaler Ähnlichkeit auch für linguistische Laien erkennbar ist. Sowohl die ‚Erkennbarkeit der Wortentsprechungen' als auch die ‚Bedeutungsgleichheit' bedürften näherer Präzisierung, die hier jedoch zu weit führen würde. Auch bezüglich der in Frage kommenden Vergleichstexte sind zahlreiche Bedingungen zu beachten, von denen die Zuverlässigkeit und Gültigkeit der Messung abhängt. Bedeutsam ist vor allem die Repräsentativität der Texte für die jeweiligen Varietäten hinsichtlich Schreib- und Aussprachebesonderheiten, Lexik, Grammatik und Pragmatik. Dabei hängt die Vergleichsmöglichkeit nach Schreibung oder Aussprache davon ab, in welcher Form die Texte vorliegen: schreibsprachlich (wie die konstruierten Textbeispiele in Kap. B.1), bei Standardvarietäten orthographisch, oder in phonetischer

Umschrift oder sogar als Tonaufnahmen. Für gehobene Ansprüche sind Originaltexte konstruierten Texten vorzuziehen, wobei für die Vergleichbarkeit meist doch Eingriffe erforderlich sind.

Statt ganzer Texte sind Vergleiche nur von Wortpaaren oft handlicher. Solche Vergleiche dienen der „Lexikostatistik" oder der „Glottochronologie" als Anhaltspunkte für die Zeitspannen, zu denen sich vermutlich eine einst einheitliche Sprache oder Varietät in nachfolgend verschiedene Sprachen oder Varietäten geteilt hat, wie z.B. Latein in die verschiedenen romanischen Sprachen (Swadesh 1955; 1972). Dafür werden Wörter ausgewählt, die für die alltägliche Kommunikation vieler Sprachgemeinschaften zentral und in diesem Sinn für die zu vergleichenden Varietäten repräsentativ sind („Grundwortschatz"). Diese diachronisch (historisch) ausgerichtete Methode lässt sich im Prinzip auf synchronische Ähnlichkeitsmessungen zwischen Varietäten übertragen. Allgemeiner gesprochen, können linguistische Distanzmessungen am Vergleich entweder ganzer Texte oder nur von Strukturmerkmalen oder der Lexik von Varietäten durchgeführt werden, selbstverständlich auch zugleich in all diesen Hinsichten. Auf Strukturmerkmale bezieht sich meist auch die „Dialektometrie", vor allem auf die für die Ermittlung geographischer Dialektgrenzen (Isoglossen) genutzten Merkmale, wobei die linguistische Distanz in der Regel mit wachsender geographischer Entfernung vom Ausgangspunkt des Messens wächst (ausführlich Goebl 1984).

Meist werden bei solchen Messungen alle Strukturmerkmale, z.B. phonetisch-phonologische, morphologische und lexikalische, gleich gewichtet, da Kriterien für unterschiedliche Gewichtungen schwer zu begründen sind; jedoch bleibt diese Unklarheit ein Problem. Hinzu kommt die weitere Schwierigkeit, dass Gewichtungsversuche von Merkmalen aufgrund verschiedener Grammatiktheorien unterschiedlich ausfallen können (analog unterschiedlicher Variablenregeln in Abhängigkeit von der Grammatik; W. Klein 1974: 142-148).

Allerdings besteht kaum ein Zweifel, dass die Unterschiede zwischen Varietäten auf verschiedenen Zeichenebenen oder grammatischen Stufen (Schreibung/ Orthographie, Phonetik, Lexik usw.) auf Sprecher und Hörer unterschiedlich wirken. Dies zeigt sich vor allem bei indirekten Messungen der linguistischen Distanz aufgrund des Indikators der gegenseitigen Verständlichkeit. So korrelierten in Experimenten von Charlotte Gooskens (2007) phonetische Unterschiede in so gut wie allen Textsorten und Textausschnitten ungefähr gleich hoch mit der Verständlichkeit des Textes für Sprecher anderer Varietäten, während der Zusammenhang der Verständlichkeit mit lexikalischen Unterschieden erratisch und schwer prognostizierbar war. Gooskens (2007: 461) unterscheidet dabei „cognate words" (etymologisch verwandte Wörter, eine Teilmenge der von mir so genannten ‚erkennbaren Wortentsprechungen') von

„non-cognate words": „One single non-cognate word in a sentence or even a larger part of a text can lower intelligibility considerably if the non-cognate word is a central concept. On the other hand, if the non-cognate words in a text have little semantic content, intelligibility is less heavily influenced. Furthermore, not all non-cognates are necessarily unintelligible. Foreign words (from for example English or Latin decent) may help to facilitate mutual understanding." Vermutlich flacht der entsprechende Wirkungsunterschied von phonetischen und lexikalischen Unterschieden bei langen Textproben aus. Der Unterschied zwischen ‚cognates' und ‚erkennbaren Entsprechungen' tritt am Zitatende zutage. Den Vorrang „not of genetic relationship, but of some measure of similarity" für die Zuordnung von Varietäten zu Sprachen zu einem bestimmten Zeitpunkt hat übrigens auch Charles Ferguson (1966: 320) betont.

Gooskens (2007) und Gooskens/ Heringa (2004) konzentrieren ihre Untersuchung der linguistischen Distanz auf eine Reihe germanischer Varietäten, allerdings weniger der deutschen Sprache (dankenswerter Hinweis auf diese und ähnliche Untersuchungen von Marian Sloboda). Sie bedienen sich des von Vladimir I. Levenshtein entwickelten Algorithmus der Distanzmessung (genauer: Messung wahrgenommener Distanz – „perceived dialect distance measurement"), auf der Grundlage experimentalphonetischer Analysen von Tonaufnahmen. Diese Methode stellt erhebliche Ansprüche an die Anwender; ihre Darstellung würde hier zu weit führen (einführend: de.wikipedia.org/wiki/Levenshtein-Distanz – abgerufen 10.12. 2012).

Die indirekte Messung linguistischer Distanz über den Indikator gegenseitiger Verständlichkeit (*mutual intelligibility*) ist seit langem üblich und wurde vor allem im Zusammenhang mit der Verschriftung und damit beginnenden Standardisierung von Dialekten und Sprachen vom *Summer Institute of Linguistics*, später umbenannt in *SIL International*, entwickelt (en.wikipedia.org/wiki/SIL_International – abgerufen 10.12.2012; zur Verständlichkeit als Indikator linguistischer Distanz: Casad 2005: 1267f.). Die traditionell gängigen Methoden sind weit weniger aufwändig als die von Gooskens und Heringa angewandten, indem sie einfach Muttersprachlern von Varietät V_a isolierte – allerdings sorgfältig konstruierte – Sätze oder ganze Texte von Varietät V_b vorspielen sowie Muttersprachlern von V_b Texte von V_a (Satztest bzw. Texttest) – und dann den Grad des Verstehens durch Fragen nach dem Sinn des Vorgespielten ermitteln. Als Probanden kommen nur Personen in Betracht, die keine Vorkenntnisse der anderen Varietät haben. Zu beachten ist, dass im Gegensatz zur linguistischen Distanz die gegenseitige Verständlichkeit zwischen zwei Varietäten nicht unbedingt symmetrisch ist. Dass auch unterschiedliche Einstellungen (Attitüden) zu den Varietäten und zu ihren Sprechern, also Sympathien oder Antipathien, die Verstehensbereitschaft beeinflussen können, ist spätestens seit der Untersuchung durch Hans Wolff (1959) bekannt. Daher sind solche Verständlichkeitstests zwar verhältnismäßig leicht anwendbar, bedürfen aber umsichtiger Handhabung.

An dieser Stelle erscheint mir ein kurzer Exkurs angebracht. Während sich die großen Sprachen Europas durch weite Dehnung der mittleren linguistischen Distanz (im obigen Sinn) auszeichnen und damit viele Varietäten, vor allem Dialekte, inkorporieren, neigt das Summer Institute of Linguistics, in der Tradition des Kolonialismus mit seiner Devise des „Teile und herrsche", zur Glottotomie (Sprachzerstückelung). Auf die dadurch entstandene Kleinteilung von Sprachen, deren Tendenz noch im heutigen *Ethnologue* nachwirkt, haben afrikanische Sprachforscher kritisch hingewiesen (z.B. Prah 2004). Hätte man sich an den Dimensionen der großen europäischen Sprachen orientiert, so wäre die Sprachenwelt Afrikas heute übersichtlicher. Im Gegensatz zu der Kritik an der Glottotomie greift heute auch in Europa, die – in meinen Augen – fragwürdige Neigung um sich, die europäischen Sprachen im Zeichen der „Emanzipation" unterdrückter Varietäten oder ihrer Sprecher und der Förderung „lokaler Identitäten" zu zerstückeln. Die Anfänge dieser Entwicklung hat schon Kloss (1952; 1978) detailliert, aber keineswegs kritisch thematisiert. Sie fördert als Gegenbewegung die Ausbreitung von Englisch als – einziger – Lingua franca zur Aufrechterhaltung überregionaler Kommunikation.

Dem ist ein Hinweis zur schon erwähnten Dehnbarkeit der hier unterschiedenen linguistischen Ähnlichkeits- bzw. Distanzgrade hinzuzufügen. Eine entsprechende Dehnbarkeit objektiver Unterschiede und Grenzziehungen ist im menschlichen Zusammenleben weit verbreitet, wenn nicht durchgängig. So z.B. bei Kategorisierungen objektiv biologisch basierter Unterschiede wie ‚noch nicht erwachsen' – ‚erwachsen', ‚noch (oder schon) lebend' – ‚tot', ‚Mann' – ‚Frau' (vgl. die neuerdings hervortretenden Intersexuellen), ‚heterosexuell' – ‚homosexuell', ‚geistig/ körperlich behindert' – ‚nicht behindert' usw. In all solchen Fällen kommen gesellschaftliche, subjektive Faktoren bei der genauen Grenzziehung ins Spiel, was jedoch keinesfalls bedeutet, dass die objektive, biologische Grundlage irrelevant wird. Vielmehr wird sie durch die gesellschaftlich-subjektiven Faktoren nur in ihrer kategorisierenden Wirkung gedehnt, verengt oder verschoben. Analog ist es bei der genauen Festlegung der hier thematisierten sprachlichen Ähnlichkeits- bzw. Distanzgrade, die durch die Struktur (im weiten Sinn) der jeweiligen Varietäten objektiv vorgegeben sind, aber durch die Wahrnehmungsgewohnheiten und Einstellungen der Sprecher sowie die politischen Verhältnisse je nach Ort und Zeitpunkt modifiziert und genauer festgelegt werden.

Nun zum Kriterium der *Überdachung*. In Kap. B.1 wurde schon darauf hingewiesen, dass Standardvarietäten Nonstandardvarietäten (z.B. Dialekte) durch

Überdachung in dieselbe Sprache inkorporieren. Ferner, dass nur Standardvarietäten überdachungsfähig sind, selbst aber nicht überdacht werden können, und nur Nonstandardvarietäten überdacht werden können, selbst aber nicht überdachungsfähig sind (Asymmetrie der Überdachungsrelation). Die Überdachung geschieht im Wesentlichen dadurch, dass die Sprecher der Nonstandardvarietäten in Richtung der Standardvarietät korrigiert werden und ihnen damit die Einstellung vermittelt wird, dass beide Varietäten zur selben Sprache gehören (was nur gelingt, wenn die linguistische Distanz zwischen beiden Varietäten höchstens mittel ist). Schließlich wurde als Charakteristikum von Standardvarietäten die Kodifizierung genannt, das Vorhandensein von Nachschlagewerken, die berechtigterweise zum Nachschlagen des „richtigen" Sprachgebrauchs (der Standardvarietät) benützt werden (präskriptiv), während für Nonstandardvarietäten nur wissenschaftliche Beschreibungen vorliegen, die nicht zur Korrektur des Sprachgebrauchs dienen (deskriptiv). Diese Andeutungen sollen nun besser fundiert und stärker differenziert werden.

Für den Einstieg eignet sich die nähere Charakterisierung von Standardvarietäten. Dabei ist wichtig, das diese sich nicht nur durch Kodifizierung von Nonstandardvarietäten unterscheiden, sondern von mehreren sozialen Kräften geformt werden, die in Abb. B.2-2 einschließlich ihres Zusammenspiels illustriert sind (dazu Ammon 1995a: 73-88; 2005b).

Der sprachliche Kodex ist das Nachschlagewerk für die richtigen Formen der Standardvarietät. Seine „Gültigkeit" wird durch eine Hierarchie von Normautoritäten gewährleistet, die in der Regel letztlich bis zur Staatsspitze hinaufreicht, z.B. indem die Kultusbürokratie im Zweifelsfall festlegt, an welchen Nachschlagewerken sich die Lehrmaterialien für die Schulen zu orientieren haben. In Falle der deutschen Sprache sind für Deutschland die Dudenbände, für Österreich das *Österreichische Wörterbuch* und für die Schweiz vielleicht das *Schweizer Wörterbuch* (K. Meyer 2006) die zentralen Bestandteile des Kodexes der jeweiligen Standardvarietät. Allerdings ist dies nicht explizit so festgelegt, sondern erweist sich erst in Konflikten um sprachliche Richtigkeit. In der Schweiz ist auch der Rechtschreib-Duden anerkanntes Nachschlagewerk, ob nur für die Rechtschreibung oder auch für den darin enthaltenen Wortschatz ist nicht zweifelsfrei geklärt. Die unscharfe Abgrenzung ist geradezu typisch für sprachliche Kodizes, wie übrigens auch für die anderen drei in Abb. B.2-2 dargestellten sozialen Kräfte. Dies heißt allerdings nicht, dass diese Kräfte nicht existieren oder keinen Einfluss auf die Festlegung der Formen der jeweiligen Standardvarietät haben.

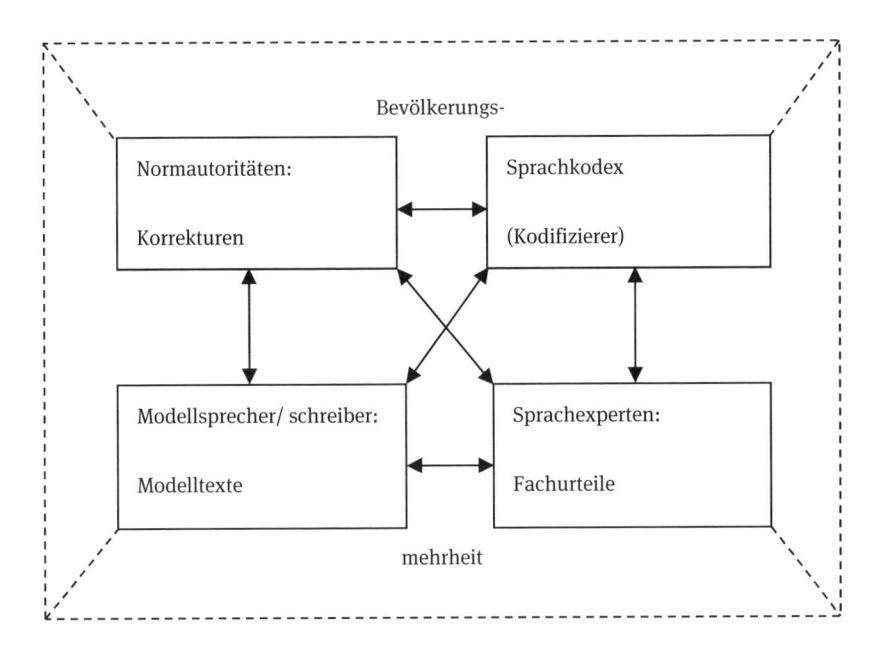

2. Allgemeine Regeln der Zuordnung von Varietäten zu Sprachen — 143

```
                    Bevölkerungs-
   ┌─────────────────┐       ┌─────────────────┐
   │ Normautoritäten:│ ←───→ │ Sprachkodex     │
   │ Korrekturen     │       │ (Kodifizierer)  │
   └─────────────────┘       └─────────────────┘
           ↕          ╳              ↕
   ┌─────────────────┐       ┌─────────────────┐
   │ Modellsprecher/ │       │ Sprachexperten: │
   │ schreiber:      │ ←───→ │                 │
   │ Modelltexte     │       │ Fachurteile     │
   └─────────────────┘       └─────────────────┘
                      mehrheit
```

Abb.: B.2-2: Die maßgeblichen sozialen Kräfte, die eine Standardvarietät setzen

Sprachliche Kodizes können praktisch nie sämtliche Formen einer Standardvarietät enthalten, schon weil dies den Wandel der Standardvarietät zwischen den Kodexauflagen unmöglich machen würde. Eine wesentliche Rolle in diesem Wandel spielen die Modellsprecher und -schreiber. Dies sind Personen, deren Sprachgebrauch als vorbildlich gilt, unabhängig davon, ob sie sich dabei am Kodex orientieren. Eine zentrale Stellung in dieser Personengruppe haben Berufssprecher und -schreiber, heute vor allem die Nachrichtensprecher überregionaler Massenmedien bzw. die Journalisten überregionaler Zeitungen. Früher waren es vor allem die Schauspieler an großen Bühnen bzw. Buchautoren, mehr von Sachbüchern als der Belletristik, da letztere für ihren oft bewussten Gebrauch auch von Nonstandardformen bekannt sind. Die Modellsprecher und -schreiber sind gewissermaßen die Vorreiter standardsprachlicher Neuerungen, die dann – wenn sie eine gewisse Gebräuchlichkeit erreicht haben – in die nächste Kodexauflage übernommen werden.

Die Doppelpfeile in Abb. B.2-2 sollen die Wechselbeziehung zwischen allen vier sozialen Kräften anzeigen: Die Modellsprecher werden auf der Grundlage des Sprachkodexes ausgebildet (z.B. in Deutschland die Sprecher der Fernsehnachrichten beim ZDF in Mainz anhand des Duden-Aussprachewörterbuchs, aber – wenngleich weniger genau – schon in der Schule, auch aufgrund der in

Übereinstimmung mit dem Kodex verfassten Lehrmaterialien). In der Berufstätigkeit entwickeln sie aber sprachliche Besonderheiten, die dann vielleicht in den Sprachkodex übernommen werden. Ähnlich ist das Verhältnis zwischen Modellschreibern und Kodifizierern. Beide Seiten beeinflussen sich also – im Sinne der Pfeilrichtungen – gegenseitig. Außerdem orientieren sich die Modellsprecher und mehr noch die Modellschreiber auch am sich wandelnden Sprachgebrauch der Bevölkerungsmehrheit, deren Sprachgebrauch jedoch – was die fehlenden Pfeile in Abb. B.2-2 anzeigen sollen – nicht direkt auf die Formen der Standardvarietät einwirkt.

Die Sprachnormautoritäten sind Personen, die von Berufs wegen verpflichtet sind, den Sprachgebrauch von ihnen diesbezüglich untergebenen Personen, der Normsubjekte (treffender: *Normunterworfene*), zu korrigieren – nämlich in Richtung der Standardvarietät. Die wichtigste Gruppe der Sprachnormautoritäten sind die Lehrer, die ihre Schüler entsprechend korrigieren; sie sind zu solcher Korrektur verpflichtet, und zwar in Richtung der Standardvarietät, und dürfen keineswegs auf Korrekturen einfach verzichten oder diese auf beliebige Varietäten, z.B. ihren Lieblingsdialekt, hin ausrichten. Auch Verlagslektoren gehören zu den Sprachnormautoritäten, und in früheren Zeiten waren es nicht zuletzt die Drucker, über deren Texteingriffe z.B. Martin Luther sich – freilich vergebens – geärgert haben soll. Die Hauptaufgabe oder -funktion der Sprachnormautoritäten ist eigentlich die Verbreitung (auch *Promulgation*) der Standardvarietät; als Kollektiv können sie aber die Form der Standardvarietät auch beeinflussen. Ein mögliches Beispiel boten Österreichische Lehrervereine, indem sie die 35. Neuauflage des *Österreichischen Wörterbuchs* (1979) ablehnten und so vermutlich dazu beitrugen, dass schon bald, 1985, eine revidierte 36. Auflage erschien, die viele der beanstandeten Formen nicht mehr enthielt.

Bleiben schließlich die Sprachexperten in Abb. B.2-2, zu denen vor allem die Linguisten zählen, die durch Rezensionen des Kodexes oder durch Kritik des Sprachgebrauchs der Modellsprecher und -schreiber oder auch der Korrekturgepflogenheiten der Sprachnormautoritäten auf die Formung der Standardvarietät einwirken. Zu dieser Gruppe zählen aber nicht die Kodifizierer, obwohl auch sie Linguisten sind, da ihre Einwirkungsmöglichkeit auf die Form der Standardvarietät eine ganz andere ist. Allerdings lassen sich beide Gruppen nicht strikt personell, sondern nur funktional (nach Rollen, nicht nach Personen) auseinander halten, da manche Personen beide Funktionen neben einander ausüben können, z.B. als linguistische Hochschullehrer sowie als Verfasser des oder Mitarbeiter am Sprachkodex. Ähnliches gilt für die Personalunion von Sprachexperten und Sprachnormautoritäten oder auch Modellschreibern oder sogar -sprechern.

Die hiermit skizzierten sozialen Kräfte und ihr Zusammenspiel bei der Formung einer Standardvarietät lassen sich normtheoretisch weiter vertiefen. Von den mir bekannten Normtheorien erscheint mir dafür diejenige von Henrik von Wright (1963; siehe zur Begründung z.B. Ammon 1991f) besonders geeignet; aber wichtige Anregungen finden sich auch bei Renate Bartsch (1985) und Klaus Gloy (1975). Hierzu nun nur noch einige wenige Hinweise, hauptsächlich unter Bezug auf von Wright. Von den 9 Arten von Normen, die von Wright – ohne Anspruch auf Vollständigkeit oder Exaktheit der Abgrenzung – unterscheidet, fallen Standardvarietäten am ehesten unter die „Vorschriften" (*prescriptions*) – im Gegensatz zu den Nonstandardvarietäten, die eher zu den „Bräuchen" (*customs*) zählen (von Wright 1963: 7-9). Bräuche werden nicht von persönlichen Normautoritäten ausgegeben und oft nicht sprachlich, schon gar nicht schriftlich vermittelt, sondern sind Teile der Lebensweise von Gruppen, die durch Nachahmung gelernt werden. Ihre Nichtbefolgung hat eher die Nicht-Aufnahme in oder den Ausschluss aus der Gruppe zur Folge als – wie bei Vorschriften – speziellere Sanktionen (Strafen). Diese Kennzeichnung von Bräuchen erinnert an den Erwerb und Gebrauch traditioneller Dialekte. Dagegen werden Vorschriften sprachlich oder sogar schriftlich vermittelt (man denke bei Standardvarietäten an die Kodifizierung, von Wright 1963: 95), von persönlichen Normautoritäten ausgegeben (man denke an die Lehrer) und wird ihre Nichtbefolgung durch spezielle Sanktionen bestraft (z.B. schlechte Schulnoten, erschwerter sozialer Aufstieg). Die Klammerzusätze stammen von mir; von Wright befasst sich gar nicht mit Standard- und Nonstandardvarietäten.

Erhellend ist auch von Wright's Unterscheidung von „kategorischen" und „hypothetischen Normen" (*categorical* bzw. *hypothetical norms*; ebd.: 129f., 168-171). Erstere gelten unbedingt, letztere dagegen nur in bestimmten Situationen oder unter bestimmten „Anwendungsbedingungen" (*conditions of application*). Offenkundig gehören Standardvarietäten zu letzteren, denn ihr Gebrauch ist keineswegs in allen Situationen vorgeschrieben. Entsprechend dem hauptsächlichen Grund für die Entwicklung von Standardvarietäten aus den Dialekten und ihrer wichtigsten Funktion ist ihr Gebrauch vor allem oder sogar nur in der Öffentlichkeit vorgeschrieben. Darauf bereitet auch die Schule vor, auch indem sie im Klassenzimmer eine Art von Öffentlichkeit inszeniert. Nur dort in der Regel, nicht auf dem Schulhof, besteht die Vorschrift des Gebrauchs der Standardvarietät. Bei genauerer Betrachtung besteht diese sprachliche Gebrauchsvorschrift in allen Fächern, was sich unter anderem daran zeigt, dass richtiger Gebrauch der Standardvarietät beim Lehrer als normal gilt und bei Schülern nicht korrigiert wird; wenn dagegen auch Dialekt- oder sonstige Nonstandard-Varietäten akzeptiert werden, dann im Sinne eines pädagogischer Katalysators oder Entgegenkommens (um die Schüler nicht zum Verstummen zu bringen), aber nicht als auf Dauer wünschenswerter Normalfall oder als Lehrziel. Am deutlichsten ausgeprägt ist die Vorschrift des Standardgebrauchs im Muttersprachunterricht, bei unserem Thema also im Fach Deutsch. Entsprechend abgestuft nach dem Grad der Öffentlichkeit ist die Vorschrift auch außerhalb der Schule, wo auf kommunaler oder auch regionaler Ebene eher die nur partielle Annäherung an die Standardvarietät erlaubt oder sogar geboten sein kann als auf nationaler Ebene (z.B. repräsentative Körperschaften in Deutschland auf Gemeinde-, Landes- und Bundesebene).

Wichtig ist auch der Hinweis von Wright's auf die Hierarchien von Normautoritäten, aufgrund deren rangniedrigere Autoritäten durch höhere verpflichtet oder ermächtigt sind, Vorschriften zu erteilen (ebd.: 189-207). Vorschriften existieren zwar schon, wenn sie von Normautoritäten ausgegeben werden, vorausgesetzt, diese haben die Macht, sie durch glaubhafte Sanktionen durchzusetzen; sie werden aber erst „gültig" (*valid*), wenn ihre Ausgabe von einer höheren Autorität geboten oder erlaubt ist. Auch dies erinnert an Standardvarietäten, deren Erwerb und Gebrauch z.B. in der Schule nicht vom Lehrer allein, sondern von der darüber stehenden Kultusbürokratie vorgeschrieben ist. Die Hierarchie von Normautoritäten reicht also, wie schon angedeutet, bei Standardvarietäten oft bis hinauf zur Staatsspitze. In Demokratien ist damit der Souverän, die Gesamtheit der Staatsbürger, die höchste Normautorität, die – indirekt, über die gewählte Regierung – diese Vorschrift erteilt, der sie dann selbst unterworfen ist.

Um nur noch eine weitere Anregung, von verschiedenen möglichen, aus von Wright's Werk zu erwähnen: Er weist darauf hin, dass Systeme von Vorschriften oder überhaupt von Normen, häufig nicht abgeschlossen sind (ebd.: 85-90). In diesem Sinn unterscheidet er „starkes" und „schwaches Erlaubtsein" von Handlungen (ebd.: 86). Stark ist das Erlaubtsein eines ganz bestimmten Norminhalts; bei unserem Thema entspräche dem der Gebrauch einer bestimmter Sprachform, z.B. eines konkreten Wortes. Schwaches Erlaubtsein beschränkt sich dagegen auf alle Handlungen, die nicht ausdrücklich verboten sind. Letzteres entspricht eher der Art von Vorschriften bei Standardvarietäten, vor allem ihrem ständigen Wandel. Daher sind ja, wie oben ausgeführt, Kodifizierungen grundsätzlich unvollständig; Lehrer entsprechen dem, oder sollten es zumindest, indem sie den noch nicht kodifizierten Sprachgebrauch von Modellsprechern und -schreibern dulden oder sogar belohnen.

Das normtheoretische Verständnis von Standardvarietäten als Überdachung von Nonstandardvarietäten erklärt trennscharf die Unterteilung von Dialektkontinua in Sprachen oder – im Falle plurizentrischer Sprachen – in „Sprachzentren" (Ammon 1995a; Ammon/ Bickel/ Ebner u.a. 2004; Schmidlin 2011). Normtheoretisch gesehen, hört das Dach geographisch dort auf, wo – vor allem in den Schulen – in die Richtung verschiedener Standardvarietäten von mindestens mittlerer linguistischer Distanz korrigiert wird.

Die Grenze bleibt dagegen reichlich unklar auf der theoretischen Grundlage vom „Ausbau" von Varietäten zu Sprachen, im Sinne ihres Gebrauchs in Domänen mit hohen sprachlichen Anforderungen, z.B. in Hochschulen oder in der Wissenschaft, wie ihn Kloss (1978: 23-60) vorgeschlagen hat (siehe auch Muljačić 1989; Ammon 1989: 78-82; Haarmann 2004). Dasselbe gilt für die eigentlich nur terminologische Alternative von J. K. Chambers und Peter Trudgill (1980: 10-14), die statt von „Ausbau" von „Autonomie" (der ausgebauten Varietät) und „Heteronomie" (der nicht ausgebauten) sprechen. Noch unklarer bleibt die Grenzziehung bei einer astronomischen Metaphorik, bei der Standardvarietäten gewissermaßen als Sonnen und Nonstandardvarietäten als Planeten gesehen werden, die im Schwerefeld der Sonne kreisen, die den Mittelpunkt der Sprache bildet. Die linguistische Distanz entspräche dabei der Reichweite der Gravitation, deren Erstreckung bei dieser Metapher allerdings ungeklärt bleibt (vgl. auch Kap. A.7 im vorliegenden Buch).

Immerhin wird in all diesen Versuchen die Standardvarietät als entscheidend gesehen für die Aufteilung von Dialektkontinua in Sprachen mit mehreren Varietäten. Andernfalls stünde man vor dem formal ähnlichen Problem wie bei der Einteilung der Lebewesen in Arten, das Richard Dawkins (2011: 38-42) anschaulich, auch in Bildern, darstellt. Denn wo bitte beginnt – im historischen Rückblick – unsere eigene Art, Homo sapiens? Zwischen Eltern und Kindern besteht immer eine äußerst kleine – in diesem Fall genetische – Distanz, wodurch die – für die Zuordnung zur gleichen Art entscheidende – gemeinsame Fortpflanzungsfähigkeit gewährleistet ist (abgesehen vom Inzest/Inzucht-Problem). Somit lässt sich an keiner Stelle der Generationenfolge eine Aufteilung in Arten vornehmen. Erst die Überschreitung zahlreicher Zwischenstufen schafft die für die Trennung in Arten notwendige genetische Distanz. Der dann unterbrochenen gemeinsamen Fortpflanzungsfähigkeit entspricht die linguistische Distanz von einer Größenordnung, die gegenseitige Verständlichkeit unmöglich macht. Die Analogie lässt sich sogar weiter treiben bis zu unseren drei Distanzgraden. Dann entspricht der problemlosen Verständlichkeit bei kleiner linguistischer Distanz die gemeinsame Fortpflanzungsfähigkeit auch noch bei den Nachkommen, der mühsamen Verständlichkeit bei mittlerer linguistischer Distanz die gemeinsame Fortpflanzungsfähigkeit bei allerdings unfruchtbaren Nachkommen (z.B. beim Maulesel als Nachkommen von Pferd und Esel) und der völligen Unverständlichkeit bei großer linguistischer Distanz die gänzliche Nicht-Fortpflanzungfähigkeit. Bei Sprachen können solche Distanzen durch Wanderungen oder Isolation von Bevölkerungen entstehen. Der andere Fall der Aufteilung von Dialektkontinua in Sprachen, die keine Analogie in der Biologie hat, teilt Dialektkontinua auf und überbrückt mittlere linguistische Distanzen durch – aus den Dialekten entwickelte, überdachende – Standardvarietäten.

Die dauerhafte Festigung einer Standardvarietät als Dach über den Nonstandardvarietäten beginnt bei Kindern im frühen Alter, in den Schulen, fast als eine Art Gehirnwäsche, erfolgt aber auch sonst in vielen, oft subtilen Formen in zahlreichen Situationen. Dadurch werden im Bewusstsein der Sprecher Standard- und Nonstandardvarietäten fest mit einander verbunden. Die Bewertung der Standardvarietät als die „richtige" Form der eigenen Sprache wird Bestandteil der sprachlichen Identität aller Sprecher der betreffenden Sprache. So entsteht eine – die verschiedenen Varietäten umfassende – größere „Sprachgemeinschaft" der Sprecher aller von derselben Standardvarietät überdachten Nonstandardvarietäten. Diese verinnerlichen dabei meist auch die Standardvarietät als „Muttersprache", wenngleich vielleicht mit einer bleibenden gewissen inneren Distanz. Diese identitäts- und damit im engeren Sinn sprachgemeinschaftsbildende Funktion von Standardvarietäten, auf die Renate Bartsch (1985: 254) hingewiesen hat, ist eine bedeutsame Folge der hier geschilderten Bildung von Sprachen durch Überdachung (siehe zum politischen Zusammenhang mit Nationsbildung z.B. Anderson 1983; Ahlzweig 1989; Kap. B.3).

3. Der schwierige Begriff ‚deutsche Ethnie'

Im Zusammenhang mit deutschen Minderheiten (Kap. E), aber auch gelegentlich sonst im vorliegenden Buch, kommt unvermeidlich der Begriff ‚deutsche Ethnie' ins Spiel (vgl. dazu auch Kap. A.3). Ungefähr denselben Begriffsumfang haben die Termini *deutsche Sprachnation* und *deutsche Kulturnation*, die im Bestimmungswort ausdrücken, wodurch die deutsche Ethnie – nach Auffassung der Anhänger dieser Termini – zusammengehalten oder konstituiert wird und damit jeweils spezifische Konnotationen haben. Prominente historische Vertreter der Auffassung von der deutschen Sprachnation waren Ernst M. Arndt (dazu sein Lied „Des Deutschen Vaterland", 1813) sowie Jacob und auch Wilhelm Grimm (Deutsches Wörterbuch, Bd. 1, 1854: Vorwort; Jacob Grimm [1848] 1868), und der Auffassung von der deutschen Kulturnation Friedrich Meinecke ([1907] 1969: 12; ausführlich Ammon 1995a: 18-30). Allerdings lehne ich die beiden Termini ab, schon weil ich den Terminus *Nation* nur in Bezug auf Staaten, also im Sinne von *Staatsnation*, gebrauche (Kap. A.3). Eher geeignet für den Gebrauch wäre der Terminus *deutsches Volk*, der mit *deutscher Ethnie* ebenfalls synonym ist, aber andere, teilweise ausgesprochen konservative Konnotationen hat. Die verwandten Termini *deutsche Volksgruppe* und *deutsche Nationalität* bezeichnen eher nur eine Teilmenge der deutschen Ethnie, z.B. die deutsche Volksgruppe oder Nationalität *in Ungarn*.

Während sich die meisten dieser Termini nur auf Gruppen beziehen, kann *deutsche Nationalität* auch die Eigenschaft einer Person bedeuten: A *hat deutsche Nationalität*, synonym mit A *ist deutscher Nationalität* oder A *ist Angehörige(r) der deutschen Nationalität*. Der auf eine Ethnie bezogene entsprechende Eigenschafts-Terminus lautet *Ethnizität*: *hat deutsche Ethnizität/ ist deutscher Ethnizität/ ist Angehörige(r) der deutschen Ethnie/* ist *ethnisch Deutsche(r)* oder *ist ethnisch deutsch*. Dementsprechend verwende ich hier und auch sonst im vorliegenden Buch die Termini *Ethnie* für ganze Gruppen und *Ethnizität, ethnisch* für die Eigenschaft der Zugehörigkeit zu einer bestimmten Ethnie. Die anderen genannten Termini gebrauche ich als Varianten eher im Sinne von Zitaten, wo sie vor Ort gängig sind. Sie können in bestimmten Kontexten unerwünschte Assoziationen erwecken, jedenfalls eher als *Ethnie, ethnisch* und *Ethnizität*. Joshua Fishman (2010: xxv-xxvii) verweist auf das eigentlich hohe Alter der *Ethnie*-Terminologie wie auch auf Herder als Spiritus rector von Fishman's eigenem Bedeutungs-Verständnis (ebd.: xxx-xxxi).

Die Bedeutung des Terminus *Ethnie* lässt sich leichter von damit zu verwechselnden Termini absetzen als positiv fassen. Sie darf vor allem nicht mit ‚Staatsbürgerschaft' verwechselt werden, d.h. der rechtlich geregelten Zugehörigkeit zu den Bürgern eines Staates (einer (Staats)Nation). Ebenso wenig darf die juristische Definition einer Ethnie oder Ethnizität durch einzelne Staaten mit dem allgemeinen Begriff gleichgesetzt werden. So definiert z.B. das Bundesvertriebenengesetz, § 6 (1), als „deutschen Volkszugehörigen" eine Person, die „sich in ihrer Heimat [außerhalb Deutschlands! U.A.] zum deutschen Volkstum bekannt hat, sofern dieses Bekenntnis durch bestimmte Merkmale wie Abstammung, Sprache, Erziehung, Kultur bestätigt wird."

„Wer nach dem 31. Dezember 1923 geboren worden ist, ist deutscher Volkszugehöriger, wenn er von einem deutschen Staatsangehörigen oder deutschen Volkszugehörigen abstammt und sich bis zum Verlassen der Aussiedlungsgebiete durch eine entsprechende Nationalitätenerklärung oder auf vergleichbare Weise nur zum deutschen Volkstum bekannt oder nach dem Recht des Herkunftsstaates zur deutschen Nationalität gehört hat. Das Bekenntnis zum deutschen Volkstum oder die rechtliche Zuordnung zur deutschen Nationalität muss bestätigt werden durch die familiäre Vermittlung der deutschen Sprache." (Ebd.: § 6 (2); www.gesetze-im-internet.de/bundesrecht/bvfg/gesamt.pdf – abgerufen 08.08 2013)

Diese „deutsche Volkszugehörigkeit" ist viel enger gefasst als die „Abstammung von deutschen Volkszugehörigen", um – wie man sich denken kann – Ansprüche einzuschränken. Eine entsprechende allgemeine Einengung des

Begriffs ‚deutsche Ethnizität' lässt sich damit nicht rechtfertigen. Entgegen solcher Definitionen von außen, woher auch immer, erscheint die Definition aufgrund des Bekenntnisses einer Person zur deutschen Ethnie (Volkszugehörigkeit/ Nationalität) zunächst einmal offener und angemessener. Ein Problem bleibt dabei unter Umständen allerdings die Möglichkeit der Erschwindelung von Ansprüchen. Jedoch ist dies eine letztlich kriminologische Frage, die über die bloße Begriffsexplikation hinausführt.

Wir können also vorläufig festhalten, dass eine Ethnie eine größere Gruppe von Menschen ist, die nicht staatsbürgerlich oder nach den Gesetzen einzelner Staaten definiert sind und die an Gemeinsamkeiten ihrer Geschichte, Sprache, Kultur oder Religion glauben (Bergem 2000; Fishman 1972a; siehe auch Kap. A.3). Der Glaube ist dabei letztlich ausschlaggebend. Zwar dürfen die Tatsachen damit nicht allzu unvereinbar sein; jedoch wird in der Regel das mit den Glaubensinhalten Unverträgliche verdrängt und durch Geschichtsmythen überformt. Auch wegen dieses Vorrangs des Glaubens an die Gemeinsamkeit, vor deren Wirklichkeit, ist das Bekenntnis zu einer Ethnie das angemessene Kriterium der Zugehörigkeit. Hermann Bausinger (2000: 103-111) hat die Konstruktion der deutschen Geschichte anschaulich beschrieben, die man, scheint mir – auch entsprechend den oben angesprochenen Unterschieden – als fortschreitende Verengung von weit gefassten Vorformen der Germanen (mit Hermann dem Cherusker) über den engeren ethnischen Begriffsumfang (deutsche Sprach- oder Kultur„nation" – Sieg über Napoleon) bis hin zur verengten Staatsnation Deutschland (mit den drei Kaisern, vor allem Wilhelm I. und II.) sehen kann.

Man sieht leicht, dass Ethnien und ethnische Identitäten, je nach Verständnis, sich überlappen können. Dies gilt durchaus auch für ehrliche Bekenntnisse, die aufrichtigen Selbstzuordnungen von Personen. Es gilt sogar für nationale Identitäten und Zugehörigkeiten. So kenne ich z.B. selbst Staatsbürger Deutschlands, die sich nicht sicher sind, ob sie eher dem deutschen oder dem türkischen „Volk" angehören und sich schließlich für die doppelte Zugehörigkeit entscheiden. Mit solch „schwebendem Volkstum" (Born/ Dickgießer 1989: 164), also schwankender oder doppelter Ethnizität (deutsch + x), ist vielerorts in der Welt zu rechnen, vor allem bei deutschen oder deutschsprachigen Minderheiten, z.B. rumänisch + deutsch, russisch + deutsch usw. Die Duplizität ist nicht identisch, aber verwandt mit der häufigen Unschärfe und auch Fluktuation des Ethnie-Begriffs, worauf Kathleen N. Conzen (1986: 149, 151) am Beispiel der „Deutschen" (*Germans*) in den USA hingewiesen hat.

Die Bedeutung von ‚deutscher Ethnie/ Ethnizität' scheint in und zwischen verschiedenen Regionen und Nationen erheblich zu divergieren. Zum Teil hängt dies mit Schwierigkeiten der Unterscheidung von der Staatsbürgerschaft Deutschlands zusammen, z.B. bei deutschsprachigen Schweizern und Österreichern, die sich deshalb nicht gerne als „Deutsche" den anderen Ethnien im Land gegenüberstellen lassen, sondern nur als „deutsch*sprachige* Schweizer" bzw. „Österreicher". Als „Deutsche" kann man dort nur die Einwohner Deutschlands bezeichnen (E-Mails von Hans Bickel, Schweiz, und Rudolf de Cillia, Österreich, 14.05.2013). Vermutlich möchte man sich gegen jeden Verdacht großdeutscher Neigungen verwahren. Die Schweizer „Romans" (Französischsprachige) haben dagegen weniger Hemmungen, auf ihre deutschsprachigen Landsleute einfach als „les Allemands" zu verweisen (Mitteilung Simone Ueberwasser), was sich ja nur im ethnischen Sinn verstehen lässt. So beginnt auch der gleichnamige Artikel der französischen Wikipedia: „Les Allemands (allemand: Deutsche) peuvent être définis comme un groupe ethnique [...]" (fr.wikipedia.org/wiki/Allemands – abgerufen 09.08.2013). Entsprechend darf man in Österreich, vielleicht auch in der Schweiz, Minderheiten außerhalb des eigenen Staates (und natürlich auch außerhalb Deutschlands, wo sie ja keine Minderheit wären) durchaus als „Deutsche" bezeichnen, was ja nur ethnisch gemeint sein kann, so z.B. die „Deutschen Sloweniens" (*Der Kärntner* 92 (2011): 12). Entsprechend sind unter vielen Minderheiten vor Ort Fremd- und Selbstbezeichnungen wie „Ungarn*deutsche*", „Rumänien*deutsche*", „Russland*deutsche*" usw. selbstverständlich (Kap. E.4.6; E.4.7; E.4.8).

Umsicht ist geboten bei speziellerer Ethnizität, die gerne ohne weiteres als Spezialfall der deutschen Ethnizität zugeordnet wird. In vielen Fällen ist dies auch berechtigt. So hat mir der Dialektologe Arno Ruoff auf meinen Beitrag „Zur sprachlichen Integration der Schwaben im Ruhrgebiet" zu seiner Festschrift (Bausinger 1990: 1-8), worin ich auch kulinarische Vorlieben schildere, geschrieben: „Wenn Ihnen Panhas noch nicht schmeckt, sind Sie dem lieben Vaterland noch nicht verloren" (undatierter Brief 1990. Panhas ist eine im Ruhrgebiet gängige Art Blutwurst). Mit dem „Vaterland" hat er sich nach meinem Verständnis leicht ironisch auf die *Ethnie* der Schwaben bezogen. An der Enthaltenseinsbeziehung {ethnische Schwaben} ⊂ {ethnische Deutsche} scheint mir in diesem Fall kein Zweifel zu bestehen. So auch, wenn Personen in Ungarn als „Schwaben" bezeichnet werden (mündliche Bestätigung Elisabeth Knipf-Komlósi) oder in Brasilien als „Hunsrücker" (Kap. E.4.10). Hier handelt es sich um Gruppen, traditionell Sprecher von Dialekten, die sowohl in der Selbst- als auch Fremdzuordnung fast ausnahmslos als ethnisch Deutsche klassifiziert werden.

Es gibt jedoch auch ähnliche ethnische Spezifizierungen, die weniger eindeutig als Spezialfälle der deutschen Ethnie zu bewerten sind. Beispiele sind die Elsässer, über die der elsässische Kabarettist Roger Siffer gesagt hat: „Ein guter Elsässer ist ein Franzos! Und ein sehr guter Elsässer ist ein halber Schwob" („Zwischen Erbfreunden", *FAZ* 04.08.2013: 3). Soll dies heißen, dass sich manche Elsässer außer zur französischen auch zu einer Spur deutscher Ethnizität bekennen, also zur Schwebe: hauptsächlich französisch, aber ein bisschen auch deutsch (Kap. E.4.3)? Ein anderes Beispiel von Unklarheit sind die „Schlesier" im heutigen Polen, die von national gesonnenen Polen der ethnischen Selbstzuordnung zu den Deutschen verdächtigt werden, von Deutschen dagegen der Abwendung von deutscher Ethnizität (Kap. E.4.4). Schließlich ordnen sich die Amischen in Nordamerika kaum noch der deutschen Ethnie zu, wenn sie auch teilweise von außen so gesehen werden (Kap. E.4.11). Ein andersartiger Fall sind die deutschsprachigen Südtiroler, die – im Gegensatz zu den Elsässern oder Schlesiern – ihre Zugehörigkeit zur deutschen Sprachgemeinschaft (=Muttersprache Deutsch; Kap. A.3) nicht bezweifeln, aber vielleicht dennoch statt zur einseitig deutschen eher zur doppelten Ethnizität deutsch + italienisch neigen (Kap. D.3.2; Grote 2009). Auf all diese Fälle könnten jedoch, um es zu wiederholen, Schwierigkeiten der Unterscheidung zwischen Ethnizität und Staatsangehörigkeit einwirken.

Teilweise spielen auch Unsicherheiten bei der Zuordnung der eigenen Varietät zur deutschen Sprache eine Rolle (Kap. B.1; B.2), vor allem, wenn die eigene „Muttervarietät" (wie man hier statt „Muttersprache" genauer sagen sollte) als unlösbar zusammenhängend mit der Ethnie gesehen wird. Jedoch ist auch hinsichtlich dieses Zusammenhangs Vorsicht geboten. Wenn es auch berechtigt ist, die Muttersprache – also eine deutsche Standardvarietät oder einen deutschen Dialekt – als besonders ausdrucksstarkes Symbol deutscher Ethnizität zu bewerten, so besteht dennoch kein zwingender Zusammenhang. In fast allen in Kap. E beschriebenen „deutsch(sprachig)en" Minderheiten gibt es Angehörige, die nicht Deutsch als Muttersprache haben, sich weder dazu bekennen noch darin kompetent sind, aber an ihrer deutschen Ethnizität festhalten. Der umgekehrte Fall – Muttersprache Deutsch, aber keine deutsche Ethnizität – ist schwieriger nachzuweisen, aber auch nicht grundsätzlich auszuschließen.

Für die Begriffsklärung von ‚Ethnie' und ‚Ethnizität' ist der Rückgriff auf einen Terminus fast unvermeidlich, dessen ich mich bisher enthalten habe: *Identität*. Die ‚ethnische Identität' einer Person ist eine Facette ihrer – oft ungemein vielfältigen – *sozialen* Identität, und zwar ihrer *Gruppenidentität* – im Gegensatz zur *Rollenidentität*, die sich auf ihre sozialen Positionen in Gruppen beziehen (Gruppentheorie z.B. Homans 1991, zur Rollentheorie z.B. Dahrendorf 1965). Darüber hinaus lässt sich unter Einbeziehung individueller Eigenschaften eine *individuelle Identität* konzipieren. Der Facettenreichtum von Gruppenidentität erweist sich an der möglichen gleichzeitigen Mitgliedschaft in so verschiedenen Gruppierungen wie Geschlecht, Sozialschicht, Berufsgruppe, politischer Partei, Vereinen usw. – und eben auch einer Ethnie oder, bei doppelter Ethnizität, in zwei Ethnien.

Zu Mitgliedschaften in oder Zugehörigkeiten zu Gruppen sind Menschen – so die heute vorherrschende Auffassung – infolge der Evolution genetisch disponiert. Menschen konnten und können nur in Gruppen überleben; ein Robinson-Leben war immer und ist heute mehr denn je unrealistisch (Dobelli 2012: 157). Daher ergreifen Menschen oft schon die geringfügigsten Gemeinsamkeiten als Gelegenheit zur Gruppenbildung und identifizieren sich dann mit den Gruppenmitgliedern. Für den experimentellen Nachweis ist vor allem Henri Tajfel berühmt geworden (1974; 1978; dazu auch Gerhards 2010: 37-44; Pinker 2013: 772f.). Bei der psychischen Bindung an Gruppen denke man nur an Sportwettkämpfe, die so gut wie immer, oft sogar gleichzeitig mehrfach, auf Gruppen bezogen sind (Verein, Ortschaft, Firma, (Staats(Nation)). Auch Ethnien oder Sprachgemeinschaften (Menschen gleicher Muttersprache) sind solche Gruppen, deren Angehörige sich den anderen Angehörigen der Gruppe verbunden fühlen, sich mit ihnen „identifizieren". Jedoch sind Begriff und Theorien der ‚Identität' ein uferloses Thema (siehe zu differenzierten Hinweisen z.B. Krappmann 2004). Auch zur Frage der (staats)nationalen und ethnischen Identität und ihrem Zusammenhang mit Sprache gibt es eine kaum noch überschaubare Fülle an Publikationen, von denen hier nur eine kleine Auswahl genannt sei (in chronologischer Reihenfolge nach Erscheinungsjahr): Isajiw 1990; Hobsbawm 1996; Myhill 1999; Pedersen 2000; Riehl 2000; S. Wolff 2000; Ammon 2003b; de Cillia/ Wodak 2006; Gerner 2006; Carl/ Stevenson 2009; Edwards 2009; 2010; Grote 2009; Gilles/ Seela/ Sieburg/ Wagner 2010; Krumm 2011.

Wichtig ist, dass ich im Rahmen dieses Buches Identität grundsätzlich als Eigenschaft eines Individuums verstehe, und zwar als Einstellung (Attitüde) (Spitzley 2003). Ethnische Identität ist dann die Einstellung zu einer Ethnie, bei doppelter Ethnizität zu zwei Ethnien, der bzw. denen sich die betreffende Person selbst zuordnet. Voraussetzung dafür ist die Unterscheidung vor allem von ‚nationaler Identität' im Sinne der Zuordnung zur Bevölkerung eines Staates (Kap. A.3). Jedoch sind dafür keine klaren Vorstellungen von den Zugehörigkeitskriterien und vom Umfang der Ethnie notwendig. Die vielfältig variierenden Vorstellungen von den typisch deutschen Eigenschaften, bei denen die deutsche Ethnie und Deutschland oft in einander fließen, wurden in zahlreichen Büchern illustriert und thematisiert (z.B. Bausinger 2000; Asserate 2013). Der Unterschied wird deutlich in dem historischen Überblick in Wiegrefe/ Pieper (2007), dessen Beiträge die größere Region der deutschen Ethnie mit der heutigen nationalen Vielfalt (wenn auch nicht so benannt) und das später entstandene, begrenztere Deutschland von einander absetzen.

Für die ethnische Identität genügt der – ziemlich diffuse – Glaube an Gemeinsamkeiten der Geschichte, Abstammung, Sprache, Kultur und vielleicht auch Religion oder einer Teilmenge dieser Gemeinsamkeiten. Wie Einstellungen generell, so ist auch ethnische Identität weiter zerlegbar zumindest in eine kognitive Komponente (Glauben an und Wissen um die ethnische Zugehörigkeit), eine evaluative (positive, negative oder neutrale Bewertung dieser Zugehörigkeit), affektive/ emotionale (starke oder schwache Gefühle bezüglich dieser Zugehörigkeit) sowie schließlich eine praktische Komponente (Handlungsbereitschaft bezüglich dieser, also der ethnischen Zugehörigkeit, der Angehörigen der Ethnie und der Ethnie als Ganze) (siehe zu den Komponenten von Einstellungen Gardner/ Lambert 1972; Lasagabaster 2004; Garrett 2005; Garrett/ Coupland/ Williams 2003; zur Handlungsbereitschaft Pinker 2013: 826-830).

Besonders relevant im Zusammenhang dieses Buches ist die Einstellung von Personen deutscher Ethnizität zu einer der am häufigsten genannten Gemeinsamkeiten der deutschen Ethnie, nämlich der deutschen Sprache, einschließlich der Differenzierung in ihre Varietäten (Kap. B.1; B.2). Ist die Einstellung positiv, gleichgültig oder negativ? Und welche Handlungsbereitschaft, welche konkreten Handlungen folgen aus einer positiven, gleichgültigen oder negativen Einstellung? Diese Fragen werden in den meisten Kap. des vorliegenden Buches berührt und kommen besonders in Kap. E über die deutsch(sprachigen) Minderheiten ausführlich zur Sprache.

4. ‚Deutschsprachige Länder', ‚deutsches Sprachgebiet' und verwandte Begriffe

Dieses Kap. dient vor allem der Klarstellung von Begriffen und Definition von Termini, die im vorliegenden Buch durchgehend gebraucht werden. Es kann – auch weil es keine schwierigen theoretischen Anforderungen stellt – kurz bleiben. Allerdings bedarf es, wenn die zur Definition (als Definiens) herbeigezogenen Termini nicht ausreichend klar sind, des Nachschauens in den jeweils anzeigten Kap., in denen sie ausführlicher erläutert oder veranschaulicht werden. Dies gilt vor allem für die auf den Terminus *Amtssprache* bezogenen Fälle (dazu Kap. D; auch Karte D.1-1 in Kap. D.1). Im Folgenden sind die eingeklammerten Teile des Terminus jeweils redundant und können daher weggelassen werden; die in Klammern hinzugefügten ganzen Termini sind dagegen synonym und mögliche terminologische Alternativen (Varianten).

Zunächst zu den Verbindungen mit den Termini *Staat* oder *Land*. Davon gibt es einerseits *die Staaten (Länder) mit Deutsch als nationaler Amtssprache* (Kap. D.1; D.2), nämlich Deutschland, Österreich, Schweiz, Liechtenstein und Luxemburg (n=5), und andererseits *die Staaten (Länder) mit Deutsch als regionaler Amtssprache* (Kap. D.1; D.3), nämlich Belgien und Italien (n=2).

Die Staaten (Länder) mit Deutsch als (staatlicher) Amtssprache (ohne adjektivische Spezifizierung) umfassen dann alle Staaten mit Deutsch als nationaler oder regionaler Amtssprache (n=7).

Die deutschsprachigen Länder (Staaten) definiere ich als diejenigen Länder (Staaten), in denen Deutsch sowohl nationale Amtssprache als auch die Muttersprache (Kap. A.3) der Bevölkerungsmehrheit ist. Dies sind alle Staaten mit Deutsch als nationaler Amtssprache außer Luxemburg, wo die Bevölkerungsmehrheit sich mehrheitlich nur zu Letzeburgisch als Muttersprache bekennt (Kap. D.2.5). Die *deutschsprachigen Länder (Staaten)* umfassen demnach Deutschland, Österreich, die Schweiz und Liechtenstein (n=4).

Daran lassen sich auch leicht die *Länder (Staaten) mit Deutsch als Nationalsprache* anschließen: Dies sind die 4 deutschsprachigen Länder und – allerdings in einem eingeschränkten Sinn – auch Namibia (dazu Kap. E.4.9) (n=5). Meist gilt eine Sprache als Nationalsprache eines Landes (Staates), wenn es die Muttersprache der Bevölkerungsmehrheit oder eines traditionell wichtigen, sich zum Land bekennenden Bevölkerungsteils ist – wobei letzterer Zusatz offenkundig viel Spielraum für unterschiedliche Festlegungen lässt. Jedoch verdeutlicht diese Begriffserläuterung, warum Deutsch trotz nationaler Amtssprachlichkeit keine Nationalsprache Luxemburgs ist (schon weil nur wenige Luxemburger sich dazu als Muttersprache bekennen) und warum Deutsch bei nur regionaler Amtssprachlichkeit keine Nationalsprache Belgiens oder Italiens (eben wegen der Beschränkung auf eine – im Verhältnis zum ganzen Land – sehr begrenzte Region, die zudem erst nach dem Ersten Weltkrieg und sehr wahrscheinlich gegen den Willen der Mehrheit der dortigen deutschsprachigen Bevölkerung akquiriert wurde).

Es mag naheliegen, den Terminus *deutschsprachige Staaten* in anderer, speziellerer Bedeutung festzulegen als den Terminus *deutschsprachige Länder*, und zwar am ehesten als Kurzform für *Staaten mit Deutsch als nationale Amtssprache*. Damit würde außer den deutschsprachigen Ländern auch Luxemburg dazu zählen. Allerdings würde dieser Terminus *deutschsprachige Staaten* sicher oft als synonym mit dem Terminus *deutschsprachige Länder* missverstanden, weshalb ich auf diese speziellere Bedeutungsfestlegung verzichte und allenfalls beide Termini synonym verwende, wenn die Synonymie vom Kontext her klar ist.

Nun zu den Verbindungen mit den Termini *Gebiet* sowie *Region* und *Territorium*. Synonym damit werden zudem noch die Termini *Areal* und *Raum* gebraucht, Letzteres z.B. in diversen Beiträgen zum *Handbuch Deutsch als Fremd- und Zweitsprache* (Krumm/ Fandrych/ Hufeisen/ Riemer 2010). Auch ich gebrauche diese fünf Termini synonym, die letzteren beiden aber selten. All diese

Termini können ebenfalls auf den Terminus *Amtssprache* bezogen sein, wie sie auch ohne diesen Bezug vorkommen.

Das deutsche Amtssprachgebiet (die deutsche Amtssprachregion) umfasst die gesamten Gebiete der Staaten mit Deutsch als nationaler Amtssprache, also Deutschlands, Österreichs, Liechtensteins und Luxemburgs (Kap. D.2.1-D.2.3 und D.2.5) – für die Schweiz aber nur das nach dem Territorialitätsprinzip (auch *Territorialprinzip*) amtssprachlich deutsche Teilgebiet (Kap. D.2.4), sowie die Teilgebiete der Staaten Belgien und Italien mit Deutsch als regionaler Amtssprache, also die als amtssprachlich deutsch festgelegten Regionen in Ostbelgien und Südtirol (Kap. D.3.1; D.3.2).

Davon zu unterscheiden ist *das zusammenhängende deutsche Sprachgebiet (in Mitteleuropa)*. Synonym damit, und sogar gängiger, ist der Terminus *geschlossenes deutsches Sprachgebiet*, der mir aber neuerdings wegen der Assoziation mit der notorischen Diskussion in der EU um Grenzüberschreitungen und Niederlassungsfreiheit missverständlich erscheint und den ich deshalb vermeide. Die gebräuchliche Hinzufügung: *in Mitteleuropa*, kann man sich ersparen, da es andernorts kein zusammenhängendes deutsches Sprachgebiet gibt. Es erscheint mir am zweckmäßigsten, den Terminus *zusammenhängendes deutsches Sprachgebiet* so festzulegen, dass er sich nicht nur auf das gesamte deutsche Amtssprachgebiet erstreckt, sondern noch darüber hinaus auf die angrenzenden – allerdings nur die angrenzenden! – Gebiete deutschsprachiger Minderheiten, nämlich in Frankreich, Dänemark, Polen, Tschechien und Ungarn. Die Festlegung dieser Gebiete ist jedoch schwierig, und zwar sowohl bezüglich der tatsächlichen oder anerkannten Angrenzung und Abgrenzung als auch der tatsächlichen oder anerkannten Zusammenhängigkeit des jeweiligen Gebietes (dazu Kap. E.4.2-E.4.6). Dies betrifft allerdings nicht die Logik des Begriffs, sondern seine empirische Spezifizierung oder Operationalisierung. Zur deutlicheren Unterscheidung vom Terminus *deutsches Amtssprachgebiet* kann man ausführlicher auch vom *zusammenhängenden deutschen Sprachgebiet einschließlich angrenzender Minderheitsgebiete* sprechen.

Das deutsche Sprachgebiet schließlich umfasst das *zusammenhängende deutsche Sprachgebiet* sowie die Gebiete aller deutschsprachigen Minderheiten (dazu Kap. E), wobei deren genaue Feststellung oder Festlegung zahlreiche, kaum überschaubare Schwierigkeiten aufwirft.

Die Negationen dieser Termini die Bezeichnungen des logischen Gegenteils der Begriffe, sind teilweise noch problematischer. Sie lassen sich einerseits leicht mit der vorangestellten Präposition *außerhalb (von)* bilden: *Außerhalb der Staaten (Länder) mit Deutsch als nationaler Amtssprache, der Staaten (Länder) mit Deutsch als regionaler Amtssprache, des zusammenhängenden deutschen Sprachgebiets, des deutschen Sprachgebiets*. Selbstverständlich gibt es dann bei den Bedeutungen der negierten Termini dieselben empirischen Abgrenzungsprobleme wie bei den unnegierten. Jedoch drücken sie ihre Bedeutungen klarer aus als manche Negationen mit *nicht(-)* oder *ohne*. Ein Beispiel solcher Unklarheit bietet der naheliegende Terminus *nicht-deutschsprachige Länder*. Als strikte Negation von *deutschsprachige Länder* müsste er nicht nur Luxemburg, sondern auch alle Länder (Staaten) mit deutschsprachigen Minderheiten umfassen. Jedoch kann der Terminus auch missverstanden werden im Sinne von nur ‚alle Länder (Staaten) ohne nennenswerte deutschsprachige Bevölkerung', womöglich also auch ohne deutschsprachige Minderheiten. Offenkundig klaffen beide Begriffe weit auseinander: Das zweite Verständnis umfasst weit weniger Staaten als das erste. Daher verwende ich derartige Negationen allenfalls zusammen mit Erläuterungen des Gemeinten. Entsprechendes gilt bei anderen möglicherweise missverständlichen Negierungen. Die meisten hier nicht im Einzelnen durchgespielten negierten Termini sind zwar ziemlich eindeutig, werden aber selten gebraucht, wie z.B. *die Länder (Staaten) ohne Deutsch als (staatliche) Amtssprache = alle Länder außer der 7 mit Deutsch als (staatlicher) Amtssprache*.

C. Sprecherzahl und ökonomische Stärke von Deutsch

1. Heutige Sprecherzahl (numerische Stärke) von Deutsch

Die Sprecherzahl oder in anderer Ausdrucksweise die „numerische Stärke" einer Sprache ist in der Regel gemeint, wenn man von „großen" oder „kleinen" Sprachen spricht. Sie gilt vielen Experten als gewichtiger Faktor oder bedeutsamer Indikator für die Stellung einer Sprache in der Welt, so z.B. Abram de Swaan (2001a: 27-33, vor allem 31f.). Mit größerer Sprecherzahl wachsen die Chancen des Kontakts mit der Sprache. Die Erfahrung ihres „Kommunikationspotentials" (Kap. A.7), auch bei internationalen Kontakten, kann zum Erlernen der Sprache motivieren, womit die Chancen ihres interlingualen und internationalen Gebrauchs weiter steigen. Jedoch darf man die Sprecherzahl nicht verwechseln mit dem internationalen Gebrauch der Sprache, vor allem nicht mit ihrem internationalen Gebrauch im engeren Sinn, also nicht nur nations-, sondern auch sprachübergreifend (interlingual; Kap. A.3).

Schon deshalb gilt es, die bloße Sprecherzahl als Faktor oder Indikator der Stellung einer Sprache in der Welt nicht zu überschätzen (vgl. Kloss 1974b; Lieberson 1982). Eine Warnung sollte uns die relativ schwache internationale Stellung von manchen numerisch starken Sprachen sein, z.B. von Bengali, mit ca. 211 Mio. Erst- und Zweitsprachlern (*Ethnologue* 2005: 320). Daher kongruiert die Rangordnung der Sprachen nach der Sprecherzahl auch nicht mit ihrer – wie auch immer spezifizierten – Rangordnung nach ihrer Stellung in der Welt. Dennoch besteht an der positiven Korrelation beider Rangordnungen kein Zweifel, jedenfalls bei den zahlenstärkeren Sprachen. Die große Sprecherzahl ist offenbar eine weitgehend notwendige, nicht jedoch hinreichende Bedingung für eine bedeutsame Stellung in der Welt. Von den – je nach Zählung 2.500 bis über 7.000 – Sprachen in der heutigen Welt (6.912 „lebende" Sprachen, von 7.299 insgesamt erfassten, in *Ethnologue* 2005: 10 bzw. 16) spielen nur die zahlenstärkeren eine nennenswerte Rolle in der internationalen Kommunikation. Die einzige Ausnahme ist die Plansprache Esperanto (vgl. Sakaguchi 1987; 1989), mit recht wenigen Sprechern, die jedoch besonders häufig international kommunizieren. Schätzungen der Zahl ihrer Sprecher, darunter nur ganz wenige Muttersprachler, variieren von 500.000 bis 2 Mio. (de.wikipedia.org/wiki/Esperanto – abgerufen 19.08.2012).

Für die Sprecherzahlen von Sprachen ist es zweckmäßig, verschiedene Sprechertypen auseinander zu halten, vor allem Muttersprachler, Zweitsprachler und Fremdsprachler (dazu Kap. A.3). Wenn man den Muttersprachlern die Zweitsprachler gegenüber stellt, versteht man die Muttersprachler meist als Erstsprachler, die diese Sprache im Verlauf ihres Lebens als erste gelernt haben. Dabei sind auch mehrere Erstsprachen als Muttersprachen nicht ausgeschlossen, die von Anfang an parallel gelernt wurden. Muttersprach-Mehrsprachigkeit ist auch vereinbar mit anderen, nicht auf die Lernchronologie bezogenen Begriffen von ‚Muttersprache'. Dabei können auch später erlernte Sprachen als Muttersprachen gelten, wenn sie z.b. inzwischen regelmäßig gebraucht oder ebenso gut beherrscht werden wie die Erstsprache(n) oder wenn die Sprecher selbst sie als (eine ihrer) Muttersprache(n) bewerten. Auch der Begriff ‚Zweitsprache' wird nicht nur chronologisch verstanden. Zwar ist es für eine Zweitsprache ein wesentliches Merkmal, dass sie lebensgeschichtlich nicht als erste gelernt wurde; jedoch muss – beim vorherrschenden Verständnis – hinzu kommen, dass sie alltäglich gebraucht wird, und zwar in der Regel auch mit Muttersprachlern. Andernfalls ist es nur eine ‚Fremdsprache'. So ist z.B. Deutsch für Türken, die es in der Türkei gelernt haben, eine Fremdsprache, solange sie in ihrem Heimatland bleiben, wird aber zur Zweitsprache, wenn sie in ein deutschsprachiges Land auswandern (sofern sie dort nicht quasi ghettoisiert leben, ohne Deutsch zu sprechen).

Auf dieser Grundlage lassen sich 3 Typen von Sprechern einer Sprache unterscheiden: Muttersprachler, Zweitsprachler und Fremdsprachler. Für den Bezug auf bestimmte Sprachen eignen sich auch Wortzusammensetzungen, z.B. für Deutsch: *Deutsch-Sprecher* bzw. *Deutsch-Muttersprachler*, *Deutsch-Zweitsprachler*, *Deutsch-Fremdsprachler*. In statistischen Angaben bleibt die genaue Abgrenzung zwischen diesen Typen oft unklar oder sind mit „Sprechern" nur Muttersprachler oder nur Muttersprachler und Zweitsprachler gemeint. Selten sind auch die Fremdsprachler (im oben erläuterten Sinn) einbezogen, die aber doch auch zu den Sprechern im Sinne der ‚(die betreffende Sprache) sprechen Könnenden' gehören.

Die Muttersprachler bilden – außer bei Plansprachen – gewissermaßen das Grundkapital einer Sprache, ihr Potential, sich zu einer internationalen Sprache zu entwickeln. Sprachen mit vielen Muttersprachlern werden – bei Gleichheit anderer Faktoren – häufiger als Fremdsprachen gelernt als Sprachen mit wenigen Muttersprachlern. Man vergleiche diesbezüglich z.B. die größeren europäischen Sprachen (Deutsch, Englisch, Französisch usw.) mit den kleineren (z.B. Dänisch, Griechisch, Tschechisch usw.). Bei größeren Sprachen „lohnt sich" – aufgrund von Kosten-Nutzen-Überlegungen – das Lernen eher, wegen des größeren Kommunikationspotentials. Zusätzliche Zweit- oder

Fremdsprachler verstärken dieses Motiv, da sie ein „Zusatzkapital" bilden, und können so die Entwicklung in Richtung einer internationalen Sprache beschleunigen. Eine große Zahl von Fremdsprachlern kann die stellungsstärkende Wirkung der Muttersprachler sogar übertreffen. Man denke nur an Englisch, das in der Europäischen Union deutlich weniger Muttersprachler, aber weit mehr Fremdsprachler hat als Deutsch und weltweit weniger Muttersprachler, aber viel mehr Fremdsprachler als Chinesisch (dazu z.B. Graddol 1999; 2006). Abram de Swaan hat daher zurecht betont, dass die Fremdsprachler für die Stellung einer Sprache in einer Gemeinschaft (z.B. der EU oder der ganzen Welt) oft schwerer wiegen als die Muttersprachler (vgl. Kap. A.7). Die Fremdsprachler demonstrieren das Kommunikationspotential der Sprache über die muttersprachliche Sprachgemeinschaft hinaus und motivieren damit zum Erlernen.

Allerdings ist die Zahl der Muttersprachler für sich ein wichtiger Faktor für die Stellung einer Sprache in einer Gemeinschaft. Nicht nur als Kommunikationspotential, sondern auch weil von ihrer Zahl oft auch die Zahl der Zweitsprachler abhängt, da Sprachgemeinschaften mit vielen Muttersprachlern tendenziell auch vielen Zweitsprachlern Raum bieten. Dabei geht es weniger um die geographische Ausdehnung als um die Gruppengröße. In diesem Sinn verfügt z.B. Deutschland über mehr – sozialen – Raum, als manche geographisch größeren Staaten.

Allerdings hängt die Zahlenstärke von Zweitsprachlern von weiteren Faktoren ab als der Zahl von Muttersprachlern, z.B. von der Stellung als Amtssprache in einem Staat (vgl. Kap. D.1), die – auch bei kleiner Muttersprachgemeinschaft – zu deren Erlernen und Gebrauch als Zweitsprache motivieren kann. Ein Beispiel ist Indonesisch (Bahasa Indonesia), das – als geplante Sprache – zwar verhältnismäßig wenige Muttersprachler (ca. 23 Mio.), aber infolge der Stellung als Amtssprache eines großen Staates zahlreiche Zweitsprachler hat (ca. 140 Mio.; nach *Ethnologue* 2005: 391).

Solche Beispiele legen erneut nahe, dass es bezüglich Sprecherzahlen von Sprachen angebracht wäre, Muttersprachler und Zweitsprachler auseinander zu halten. Erst recht sollten Fremdsprachler gesondert betrachtet werden. Sogar bloße Fremdsprachenlerner einer Sprache sollten einbezogen werden, nicht nur weil ihre Abgrenzung von den Sprechern (wirkliche Fremdsprachler) zweifelhaft sein kann, sondern auch, weil schon bloße Lerner bisherige Nicht-Lerner zum Lernen motivieren können, auch wenn sie selbst noch keine anwendbaren Sprachkenntnisse haben und vielleicht sogar nie erreichen – wie in dem authentischen Beispiel: „Ich lerne jetzt Arabisch", so Christoph zu Jan. „Interessant. Kann ich mal mitkommen?"

Allerdings lassen sich diese Sprecher- und Lernertypen einfacher definieren als statistisch erfassen. Probleme bereitet unter Umständen schon die Selbsteinschätzung, z.B. ob sie die chronologisch später gelernte, aber jetzt sogar besser beherrschte Sprache auch als „Muttersprache" bewerten sollen (zusätzlich zur Erstsprache). Schwierig zu unterscheiden sind auch Fremdsprachler mit brauchbarer (wie auch immer definierter) Sprachkompetenz gegenüber Lernern noch ohne solche Kompetenz. Von Deutschlernern gibt es einigermaßen gesicherte weltweite Daten (z.B. Netzwerk Deutsch 2010; Kap. L.3.2), aber für Deutsch-Sprecher nur für beschränkte Regionen wie die Europäische Union und angrenzende Länder (definiert nach Selbsteinschätzung, auf Deutsch ein Gespräch führen zu können; z.B. *Eurobarometer special* (2012); auch Kap. H.4.4). Auch bei Muttersprachlern kommt die sprachliche Kompetenz als Definitionskriterium in Betracht. Oder kann man Auswanderer der zweiten Generation aus dem deutschen Sprachgebiet, die Deutsch als Muttersprache reklamieren aber kaum noch sprechen können, wirklich als Deutsch-Muttersprachler gelten lassen? Solchen „Deutsch-Muttersprachlern", die Deutsch nur gebrochen sprechen und auch kaum verstehen konnten, bin ich persönlich in den USA begegnet. Dies sind zugleich Warnsignale vor unbekümmertem Vertrauen auf Selbsteinschätzungen (dazu de Vries 2005: 1110f.; 1992). Wenn – wie in vielen Fällen – keine andere Erhebungsmethode möglich ist, empfiehlt sich zumindest ein behutsamer Umgang mit den Befunden. Übereinstimmende Ergebnisse bei wiederholten Erhebungen gewährleisten eine gewisse Zuverlässigkeit.

Datenerhebungen sind von Region zu Region unterschiedlich schwierig. Für Mutter- und Zweitsprachler lassen sie sich im Amtssprachgebiet von Deutsch (Kap. D) recht genau ermitteln. Außerhalb davon, bei den deutsch(sprachig)en Minderheiten (Kap. E), ist es schon viel schwieriger, ganz zu schweigen bei den weltweit verstreuten Kleingruppen und Einzelpersonen, dem „Streudeutschtum" (Kloss 1935; Ammon 1991a: 91). So weit ich sehe, mangelt es schon an Konzeptionen, wie man dafür praktikabel vorgehen könnte.

In Anbetracht dieser Lage erscheint mir für die Abschätzung der Gesamtsprecherzahl der deutschen Sprache die Aufteilung in die folgenden drei Gruppen zweckmäßig:

(i) die Deutsch-Muttersprachler und die Deutsch-Zweitsprachler im Amtssprachgebiet von Deutsch (in Mitteleuropa) (Kap. D);
(ii) die Deutsch-Muttersprachler und eventuell Deutsch-Zweitsprachler bei den deutsch(sprachig)en Minderheiten außerhalb des Amtssprachgebiets von Deutsch (Kap. E);
(iii) die Deutsch-Fremdsprachler einschließlich aller Deutschlerner weltweit, der einstigen und der aktuellen mit brauchbarem Kompetenzniveau (vgl. Kap. C.1, gegen Ende) – wobei die Abgrenzung solcher „Könner" von bloßen Lernern aufgrund von Daten besonders aussichtslos erscheint.

Zunächst zu (i): Deutsch-Muttersprachler und Deutsch-Zweitsprachler im Amtssprachgebiet von Deutsch. Auch ihre Feststellung ist nicht frei von Mängeln an Gültigkeit und Zuverlässigkeit der Zahlen (dazu z.b. Crystal 1985; Graddol 1999; Haarmann 2002a: 21-29; Coulmas 2005a: 151-157). Anhaltspunkte bieten Volkszählungen (Zensus) mit repräsentativen Daten – für die allerdings gerade Sprecherzahlen oft fehlen, und erst recht vermisst man nach Sprechertypen differenzierte Daten. Dabei hat schon der erste Internationale Statistische Kongress in St. Petersburg im Jahr 1872 für Volkszählungen vorgeschlagen, zumindest die „im gewöhnlichen Verkehr gesprochene Sprache" als eine von 12 bedeutsamen Eigenschaften der Bevölkerungen zu erfassen (Nr. 8 der Liste von 12 dieser Eigenschaften; de.wikipedia.org/wiki/ Volksz%C3% A4hlung – abgerufen 18.08.2012). Dessen ungeachtet ist in vielen Volkszählungen Sprache überhaupt kein Thema, oder sind die Fragen vage formuliert oder variieren zwischen verschiedenen Zeitpunkten und Staaten, was Vergleiche erschwert. Hinzu kommt die eingeschränkte Gültigkeit und Zuverlässigkeit der Daten aufgrund Selbsteinschätzung der Informanten (de Vries 2005).

Diese Mängel haften auch den Volkszählungen der deutschsprachigen Länder und des deutschen Sprachgebiets an (Kap. B.4). Dabei könnten solche Zahlen der Politikplanung, nicht nur bezüglich Sprachen wichtige Orientierungen liefern, vor allem differenziert in a) Deutsch-Muttersprachler, b) Deutsch-Zweitsprachler, c) Deutsch-Lerner und d) weder Deutsch sprechende noch lernende Einwohner.

Stattdessen hat die neueste Volkszählung von 2011 für Deutschland auf jegliche explizit auf Sprache bezogene Frage verzichtet. Dabei gab es im Vorfeld durchaus entsprechende Forderungen, die auf Deutschkenntnisse und -gebrauch als Integrationsindikatoren für Zuwanderer und mithin Orientierungshilfen für eine der Ghettoisierung entgegen wirkende Politik hingewiesen haben (Zensuskommission des Bundesinnenministeriums; de.wikipe dia. org/wiki/Volksz%C3%A4hlung_2011#Deutschland – abgerufen 25.08.2012; auch „Plädoyer für eine Volkszählung", *FAZ* 07.09.2005: 35, 37). Daher waren auch von der für 2014 avisierten Auswertung dieser Volkszählung keine entsprechenden Informationen zu erwarten. Für die anderen Staaten mit Deutsch als Amtssprache gibt es aufgrund von Volkszählungen unterschiedliche Informationen zu den Deutschkenntnissen.

Dennoch ermöglichen die vorliegenden Daten, wie ich zeigen möchte, einigermaßen brauchbare Schätzungen. Im Hinblick auf einen einheitlichen Überblick empfiehlt sich für jeden Staat oder Staatsteil mit Deutsch als Amtssprache eine Zweiteilung der Einwohner in Staatsbürger und nicht eingebürgerte Ausländer mit – wie es in Deutschland nach dem Aufenthaltsgesetz seit 01.01.2005 für Bürger aus Nicht-EU-Staaten heißt – „zeitlich unbefristeter Niederlassungserlaubnis"; EU-Bürger haben sowieso diese unbefristete Erlaubnis (www.bundesauslaenderbeauftragte.de/aufenthaltsberechti gung.html – abgerufen 02.05.2014). Ich spreche im Weiteren allgemeiner, nicht nur auf Deutschland bezogen, von Ausländern mit unbefristeter Aufenthaltsberechtigung. Nur solche oder ähnlich definierte Ausländer werden auch in der Regel bei Volkszählungen erfasst – wobei die Definitionsunterschiede zwischen den deutschsprachigen Staaten quantitativ wohl kaum ins Gewicht fallen, weshalb ich sie im Weiteren ignoriere. Hinzuzufügen ist, dass sich die Volkszählungen in der Regel auf Erwachsene und Jugendliche beschränken (und Kinder nicht einbeziehen), ich im Folgenden aber die Proportionen auf die Gesamtbevölkerung übertrage.

In den Staaten oder Staatsteilen mit Deutsch als einziger Amtssprache zähle ich – vereinfachend – alle Staatsbürger als Deutsch-Sprecher und überdies sogar als Deutsch-Muttersprachler. Dabei nehme ich an, dass in den enthaltenen Minderheitsgebieten, in denen Deutsch neben der Minderheitssprache ebenfalls Amtssprache ist (z.B. in der Lausitz), so gut wie alle Minderheitssprachler Deutsch auch als – vielleicht zweite – Muttersprache einstufen. Diese Vergröberung wäre in Kontrolluntersuchungen zu prüfen. Gewissermaßen als Ausgleich zähle ich alle Ausländer als Nicht-Muttersprachler, und zwar den größeren Teil (nach gleich anschließend zu erläuternden Kriterien) als Zweitsprachler des Deutschen und den kleineren Teil als Nicht-Deutschsprachige. Letztere sollten eigentlich weiter differenziert werden in (aktuelle) Deutsch-Lerner und Nicht-Lerner, jedoch liegen dazu keine brauchbaren Daten vor.

Auch die Abgrenzung der Deutsch-Sprecher von den Nicht-Sprechern muss mangels Daten unspezifiziert bleiben. Sie ist nur relevant für Zweitsprachler, für die vielleicht die Kompetenzstufe B1 des Gemeinsamen Europäischen Referenzrahmens als Mindestniveau für Deutsch-Sprecher in Frage käme, weil sie in Deutschland oft für die Einbürgerung verlangt wird („Kann sich einfach und zusammenhängend über vertraute Themen und persönliche Interessengebiete äußern" – so die verkürzte Beschreibung; dazu Li 2014). Wohlgemerkt geht es jedoch bei den Zweitsprachlern (aufgrund der Zuordnung aller Staatsbürger zu den Muttersprachlern) nur um Ausländer mit unbefristeter Aufenthaltsberechtigung. Denkbar wäre aber auch das Kompetenzniveau A2, zumal ich es im Fortgang des vorliegenden Kap. für Deutsch-Fremdsprachler vorschlage (zur Abgrenzung von bloßen Lernern, die noch keine Deutsch-Sprecher sind: „Kann sich in einfachen, routinemäßigen Situationen verständigen, in denen es um einen einfachen, direkten Austausch von Informationen über vertraute und geläufige Dinge geht" – vereinfachte Beschreibung). Andernfalls fielen A2-

Kompetenzler innerhalb des Amtssprachgebiets von Deutsch ganz aus der Sprecher-Zählung heraus, da sie aufgrund unbefristeter Aufenthaltsberechtigung in der Muttersprachgemeinschaft auch kaum als Fremdsprachler gelten können. Jedoch bleiben solche Überlegungen bloße Theorie. Dies gilt erst recht für das weitergehende Desiderat von Zahlen für nach Sprachkompetenz differenzierte Sprecher, um womöglich die internationalen Sprachen (Kap. A.3) diesbezüglich zu vergleichen – eine angesichts der Forschungslage völlig illusorische Vorstellung.

Die folgenden Überlegungen beziehen sich zunächst auf Deutschland (dazu Kap. D.2.1), dann auf die übrigen Staaten und Staatsteile mit Deutsch als staatlicher Amtssprache (Kap. D.2.2 – D.3.2) und schließlich auf die deutsch(sprachig)en Minderheiten ohne amtlichen Status ihrer Sprache (Kap. E.). Wegen fehlender Abgrenzung der Nicht-Sprecher von Sprechern (nach einem definierten Deutsch-Kompetenzniveau für Zweitsprachler) müssen grobe Schätzungen genügen, teils auch aufgrund unrepräsentativer Daten (dankenswerte Hinweise von Ingrid Gogolin und Liudmila Li). Dazu möchte ich vorausschicken, dass die Befunde über die Deutschkenntnisse von Ausländern nicht ganz den vielfachen Alarmmeldungen entsprechen. Vielleicht sind dabei aber gelegentlich eingebürgerte Einwanderer einbezogen, die ich nicht zu den Ausländern zähle, z.B. bei Einteilungen nur nach Generationen: „Die Einwanderer der zweiten Generation verfügen fast alle über gute Deutschkenntnisse." (W. Werner 2005: 11) In anderen Fällen erstrecken sich die Befunde wahrscheinlich auf Personen ohne unbefristete Aufenthaltsberechtigung, die ich eigentlich gar nicht mitzählen möchte: „Die kompetente Nutzung von Deutschkenntnissen in unterschiedlichen Alltagssituationen [...] ist für die meisten Migrantengruppen relativ unproblematisch." (Haug 2008: 6) Nach einer repräsentativen Telefonrundfrage (n=1.000) in Nordrhein-Westfalen im Jahr 2011 bezeichnen 98,9% türkische (Im)Migranten der dritten Generation ihre Deutschkenntnisse als sehr gut oder gut, und auch in der zweiten Generation schon 86,3%. Zwar sind die Zahlen bei zu Lebzeiten Eingewanderten (erste Generation) niedriger (43,6%); jedoch zeigen die hohen Zahlen der in Deutschland Aufgewachsenen die Tendenz der Entwicklung (Sauer 2012: 5 – dankenswerter Hinweis von Haci-Halil Uslucan). Hierzu passt eine Zeitungsmeldung, die ich allerdings nicht weiter bestätigen konnte, wonach 95% befragter Türken „fordern, dass alle türkischstämmigen Kinder eine Kindertagesstätte besuchen, [...] damit sie bei Schulbeginn gut Deutsch sprechen [...]". Diese Erhebung erstreckte sich auf alle „in Deutschland lebenden Türken", somit wohl einerseits auf Staatsbürger und andererseits auf Personen ohne unbefristete Aufenthaltsberechtigung (*WAZ* 18.08.2012: 2 – keine Antwort des Verfassers auf Anfrage). Dabei zählen Türken bekanntlich zu den besonders integrationsresistenten Zuwanderern (Haug

2008: 6). Auch sie wissen allerdings inzwischen großenteils, dass der Schulerfolg hoch positiv korreliert mit Deutschkenntnissen, speziell mit Deutsch als Familiensprache, was der „Zweite Integrationsbericht für die Beauftragte der Bundesregierung für Migration, Flüchtlinge und Integration" erneut bestätigt hat (Engels/ Köller/ Koopmans/ Höhne 2011: 157-159). Man darf annehmen, dass dies inzwischen Allgemeinwissen unter Ausländern ist und als ständiger Druck in Richtung des Deutschlernens und Deutschgebrauchs wirkt.

Ein günstigeres Bild als in den vielen Negativmeldungen entsteht auch, wenn man weniger nach den Deutschmängeln der Ausländer fragt als danach, wie viele von ihnen Deutsch gut genug sprechen für den täglichen Bedarf. So ergab eine repräsentative Befragung verschiedener Gruppen (Türken, ehemalige Jugoslawen, Italiener, Griechen und Polen) in Deutschland in den Jahren 2006/7 niedrige Zahlen für schlechte Kenntnisse. Nach Selbsteinschätzung der Informanten bewegten sich die Deutschkenntnisse des Niveaus „Gar nicht/ schlecht" für die verschiedenen Fertigkeiten in folgenden Spannen: Für „[Hör]Verstehen" von 0,7% (Italiener) bis 5,5% (Polen), für „Sprechen" von 0,8% (Italiener) bis 7,7% (Polen), für „Lesen" von 3,5% (frühere Jugoslawen) bis 11,1% (Polen) und für „Schreiben" von 7,6% (frühere Jugoslawen) bis 16,7% (Polen) (von Gostomski 2010: 119). Der Umkehrschluss liefert entsprechend hohe Prozentsätze (meist über 90%) für nicht so schlechte Deutschkenntnisse. Allerdings könnten die Informanten zur Beschönigung geneigt haben, zumal die Interviewer aufgrund ihrer Gespräche zum Teil schlechtere Sprechkompetenz attestierten als die Sprecher selbst – nach Geschlechtern differenziert: bei 29,4% der Türkinnen, 16,3% der Griechinnen und 19% der polnischen Männer (den deutschunkundigsten Gruppen). Die Sprechkompetenz der übrigen Gruppen bewerteten sie jedoch besser als die Sprecher selbst, und völlig fehlende Kenntnisse meldeten sie für keine Gruppe (ebd.: 117f.). Alles in allem zeigen diese Befunde ein positiveres Bild als die vielfachen Klagen über die Deutschdefizite der Ausländer – die freilich bezüglich Schule und Arbeitswelt dennoch berechtigt sein mögen.

Diese Befunde erlauben es, zumindest die Ausländer mit unbefristeter Aufenthaltsberechtigung größerenteils als – wenngleich nicht sonderlich kompetente – Sprecher von Deutsch als Zweitsprache einzustufen. Was Deutschland angeht, entscheide ich mich für einen – vielleicht etwas optimistischen – Anteil von 90% der Ausländer (immer mit unbefristeter Aufenthaltsberechtigung) als Zweitsprachler von Deutsch. Zwar zielen die zuvor genannten 95% für Türken noch nicht auf die derzeitige, sondern erst auf die nächste Generation; jedoch sind andere Ausländer oft integrationsbereiter. Wenn man demnach die Staatsbürger, wie gesagt, zu 100% als Deutsch-Muttersprachler zählt und die Ausländer zu 90% als Deutsch-Zweitsprachler, so errechnet sich für Deutschland die Gesamtzahl der Personen mit Deutschkenntnissen folgendermaßen:

Σ Deutsch-Sprecher = 100% der Staatsbürger + 90% der Ausländer.

Von dieser Formel lasse ich mich auch bezüglich der anderen Länder und Staatsteile mit Deutsch als vorherrschender Muttersprache und einziger – im Falle ganzer Staaten einziger nationaler – Amtssprache leiten, also Österreich, Liechtenstein und Ostbelgien. Bei Ländern oder Staatsteilen mit Deutsch als verbreiteter Muttersprache und einer von mehreren Amtssprachen verfahre ich sinngemäß, indem ich die Ausländer proportional zu den Deutsch-Muttersprachlern zuteile (Schweiz, Bozen-Südtirol). Dabei berücksichtige ich vorliegende Daten, vor allem über Sprachkenntnisse von Ausländern, und modifiziere entsprechend. Ein Sonderfall ist Luxemburg mit Deutsch als einer von drei Amtssprachen, aber nicht Muttersprache eines größeren Bevölkerungsteils. Hier stufe ich alle Staatsbürger als Zweitsprachler von Deutsch ein, und von den Ausländern – sehr grob geschätzt – 50%. Zwar stammen die Ausländer überwiegend aus romanischsprachigen Staaten, aber ihre Kinder lernen – bisher – in Deutsch Lesen und Schreiben (dazu Kap. D.2.5) und erhalten in Deutsch auch einen beträchtlichen Teil des sonstigen Schulunterrichts, so dass der gewählte Prozentsatz zumindest für die nähere Zukunft nicht überzogen erscheint.

Für Deutschland (Kap. D.1) liegen nach Angaben des Statistischen Bundesamtes für Ende 2011 die folgenden Zahlen vor, die vielleicht noch – jedoch sicher geringfügig – korrigiert werden. Eine Gesamteinwohnerzahl von 81.843.743, davon 7.409.753 Ausländer, also 74.433.990 Staatsbürger. Letztere zählen nach dem Vorausgeschickten als Deutsch-Muttersprachler, von den Ausländern 90%, also 6.668.778 Personen, als Deutsch-Zweitsprachler (wobei der Anteil der Ausländer mit unbefristeter Aufenthaltsberechtigung unklar bleibt). Muttersprachler + Zweitsprachler sind dann 81.102.768 Deutsch-Sprecher (www.destatis.de/DE/Publikationen/Thematisch/Bevoelkerung/Bevoelkerungsstand/VorlBevoelkerungsfortschreibung5124103119004.pdf?__blob = publicationFile – abgerufen 06.09.2012).

Für Österreich (Kap. D.2.2) rechtfertigen vorliegende Daten die Annahme, dass rund 90% der Ausländer über Deutschkenntnisse verfügen. Dies sei sogar „sicher eine sehr vorsichtige Schätzung", meint Rudolf de Cillia (E-Mail 28.08.2012; von de Cillia auch weitere Hinweise). In der Volkszählung von 2001 gaben nur 2,8% der Einwohner Österreichs an, dass sie im täglichen Umgang kein Deutsch sprechen, dagegen 88,6% nur Deutsch und 8,6% Deutsch und zusätzlich eine andere Sprache (de Cillia 2012). Der Anteil von Ausländern lag in Österreich im Jahr 2012 bei 11,5% der Bevölkerung (Statistik Austria u.a. 2012: www. integrationsfonds.at/zahlen_und_fakten/statistisches_jahrbuch_2012 – abgerufen 29.08.2012). Zwar wären dann die 2,8% Nicht-Anwender von Deutsch

24% der Ausländer, womit nur 76% der Ausländer Deutsch-Anwender wären; jedoch darf der Anteil von Deutsch-Könnern wahrscheinlich schon 2001, und erst recht heute, höher veranschlagt werden. Die Gesamtbevölkerung Österreichs lag Ende des Jahres 2011 bei 8.420.900 (www.statistik.at/web_de/statis tiken/bevoelkerung/index.html – abgerufen 04.05.2012). Das wären bei den für 2012 genannten Prozentsätzen 7.452.497 Staatsbürger und Deutsch-Muttersprachler sowie 868.403 Ausländer und 781.563 Deutsch-Zweitsprachler.

Zu Liechtenstein (Kap. D.2.3) nennt das dortige Amt für Statistik für 2011 eine Gesamtbevölkerung von 36.476 (2010: 36.149), davon einen Ausländeranteil von 33.3% (www.llv.li/pdf-llv-as-bevoelkerungsstatistik_vorlaeufige_ ergebnisse_31.12.2011 – abgerufen 05.09.2012). Für das Jahr 2010 heißt es zu dem „Drittel der Bevölkerung [...] ausländischer Staatsangehörigkeit", dass es sich dabei „vorwiegend um schweizerische, österreichische und deutsche Staatsangehörige handelt." (Landesverwaltung Fürstentum Liechtenstein: www.llv.li/llv-as-bevoelkerung – abgerufen 05.09.2012) Ich veranschlage daher – grob geschätzt – 90% der Gesamtbevölkerung als Deutsch-Muttersprachler (32.824 Personen), und von den angenommenen 10% Ausländern aus nichtdeutschsprachigen Staaten 90% als Deutsch-Zweitsprachler (3.283 Personen). Man bedenke, dass es sich bei allen, auch Letzteren, um Personen mit unbefristeter Aufenthaltsberechtigung handelt.

Die Deutschsprachige Gemeinschaft in Ostbelgien (Kap. D.3.1) hatte 2006 eine Gesamtbevölkerung von 73.119 Einwohnern. Davon waren 80,9% Belgier und 14,9% zugezogene Deutsche, aber nur 4,3% Ausländer aus anderen Staaten (www.katho-nrw.de/uploads/media/7._Die_Deutschsprachige_Gemeinschaft_ Belgiens.pdf – abgerufen 05.09.2012). Da Deutsch einzige Amtssprache ist, dürfen auch die Belgier, wie die zugezogenen Deutschen, als Deutsch-Muttersprachler gezählt werden (95,8% = 70.048 Personen), und die übrigen Ausländer (3.144) zu 90% als Deutsch-Zweitsprachler (2.830 Personen). Dies ergibt insgesamt 72.878 Deutsch-Sprecher.

Für die Schweiz (Kap. D.2.4) hat mir Christoph Freymond (Stellvertretender Sektionschef im dortigen Bundesamt für Statistik) dankenswerterweise detaillierte Zahlen mitgeteilt, nach denen 2010 bei der letzten Volkszählung 65,6% der Bevölkerung Deutsch als „Hauptsprache" angaben, und weitere 6,9% Deutsch als Sprache, die sie „zuhause und bei der Arbeit/ in der Ausbildung sprechen". Zur Begriffsklärung erläuterte Freymond: „Die Hauptsprache haben wir definiert als die Sprache, in der eine Person denkt und die sie am besten beherrscht. Umgangssprachlich ist die Hauptsprache also das, was wir Muttersprache nennen." Somit sprechen mindestens 72,5% der Schweizer Bevölkerung Deutsch, von denen – cum grano salis – 65,6% als Muttersprachler und 6,9% als Zweitsprachler gelten dürfen (1,3% der Muttersprachler verwenden Deutsch nicht in den genannten Situationen). Die ständige Wohnbevölkerung der Schweiz betrug im Jahr 2010: 7.870.134 Personen (Bundesamt für Statistik: Leporello_Bevölkerung_2010_D_web.de – abgerufen 05.09.2012). Davon waren dann aufgrund der Daten 5.705.847 Deutsch-Sprecher, und zwar 5.162.808 Muttersprachler und 543.039 Zweitsprachler.

Für Bozen-Südtirol in Italien (Kap. D.3.2) beziffert das Landesinstitut für Statistik für das Jahresende 2011 die Gesamtbevölkerung auf 511.750 Einwohner, mit einem Ausländeranteil von 8,7% (www.provinz.bz.it/astat/news/news_d.asp?cate_id=9737 – abgerufen 05.09.2012). Daraus ergeben sich 467.228 Staatsbürger und 44.522 Ausländer. An den Staatsbürgern sind die Sprachgruppen folgendermaßen beteiligt: Deutsch-Muttersprachler 69,41% (324.303 Personen), Italienisch-Muttersprachler 26,06% (121.760 Personen) und Ladinisch-Muttersprachler 4,3% (30.091 Personen) (de.wikipedia.org/wiki/Ethnischer _Proporz_%28S%C3%BCdtirol%29 – abgerufen 06.09.2012). Die Italienisch- und die Ladinisch-Muttersprachler lernen in der Schule Deutsch als Schulfach. Wie viele davon Deutsch später können und gebrauchen, scheint nicht bekannt zu sein, weshalb ich gewissermaßen aufs Geratewohl je 50% als Zweitsprachler veranschlage. Dies wären 75.926 Personen. Bei den Ausländern nehme ich wie für die anderen Gebiete 90% Kenntnisse in mindestens einer der 3 Sprachen an und teile diese entsprechend den Muttersprachproportionen auf. Dies ergibt für Deutsch 37.812 Zweitsprachler und zusammen mit den Zweitsprachlern bei den 75.926 Italienisch- und Ladinisch-Muttersprachlern insgesamt 113.738 Deutsch-Zweitsprachler. Alles in allem dann, mit den 324.303 Deutsch-Muttersprachlern, also 438.041 Deutsch-Sprecher.

Für Luxemburg (Kap. D.2.5) gibt das „Institut national de la statistique" für das Jahr 2011 eine (gerundete) Gesamteinwohnerzahl von 511.800 an, davon 221.300 Ausländer und unter diesen wiederum 12.100 Deutsche, also dann 290.500 Staatsbürger. (www.statistiques.public.lu/catalogue-publications/luxembourg-en-chiffres/luxemburg-zahlen.pdf – abgerufen 06.09.2012) Die Staatsbürger dürfen in toto als Zweitsprachler des Deutschen gelten. Von den Ausländern (abzüglich der Deutschen) zähle ich, wiederum aufs Geradewohl, die Hälfte als Deutsch-Zweitsprachler, also 104.600, was dann 395.100 Deutsch-Zweitsprachler ergibt, und die 12.100 Deutschen als Deutsch-Muttersprachler. Alles in allem wären es dann also 407.200 Deutsch-Sprecher.

Beim vorsichtigen Blick in die Zukunft sei an die scherzhafte, aber ernst zu nehmende Redensart erinnert, dass Prognosen „schwierig sind, besonders wenn sie die Zukunft betreffen". Vermutlich entwickelt sich die Zahl der Deutsch-Sprecher im Amtssprachgebiet von Deutsch ungefähr proportional zur Bevölkerungszahl.

	Muttersprachler	Zweitsprachler	Deutsch-Sprecher insgesamt
Deutschland	74.433.990	6.668.778	81.102.768
Österreich	7.452.497	781.563	8.234.060
Liechtenstein	32.824	3.283	36.107
Schweiz	5.162.808	543.039	5.705.847
Italien (Bozen-Südtirol)	324.303	113.738	438.041
Belgien (Deutschsprachige Gemeinschaft)	70.048	2.830	72.878
Luxemburg	12.100	395.100	407.200
Summe	87.488.570	8.508.331	95.956.901 (≈ 96 Mio.)

Tab. C.1-1: Deutsch-Sprecher (Mutter- und Zweitsprachler) von Deutsch im Amtssprachgebiet von Deutsch (in Mio.)

Alles in allem sieht es, im Gegensatz zu gelegentlichen Kassandrarufen, eher nach – allerdings verhaltenem – Wachstum aus als nach Schrumpfung. Jedoch könnte der Anteil der Deutsch-Muttersprachler ab- und der Anteil der Deutsch-Zweitsprachler zunehmen, denn in allen hier betrachteten Staaten oder Staatsteilen sinkt schon seit Jahren die Geburtenrate der staatsbürgerlichen Bevölkerung und wächst die Zuwanderung, wobei die Zuwanderung den (durch sinkende Geburtenzahlen bedingten) Bevölkerungsschwund in allen Staaten mit Deutsch als staatlicher Amtssprache tendenziell übertrifft, nachdem auch Deutschland zu verstärkter Zuwanderung zurückgefunden hat.

Allerdings erscheint die Unsicherheit im Falle Deutschlands am größten, wo nach jahrelangem Bevölkerungsschwund (wegen niedriger Geburtenraten bei abgeschwächter Zuwanderung) die Trendwende noch schwach entwickelt ist. Jedoch wird wegen der günstigen Wirtschaftslage weiterhin mit einem positiven Saldo gerechnet. Ausgehend von 79,75 Mio. Einwohnern um 1990 (zur Zeit der Wiedervereinigung) stieg die Zahl bis 2002 ziemlich stetig auf den bisherigen Höchstpunkt von 82,54 Mio., sank dann aber langsam wieder ab auf 81,75 Mio. im Jahr 2010, um erst 2011 auf 81,84 Mio. wieder leicht zu wachsen (Statistisches Bundesamt: de.statista.com/statistik/daten/studie/2861/umfrage/entwicklung-der-gesamtbevoelkerung-deutschlands/ – abgerufen 03.09.2012; vgl. auch „Deutschlands Bevölkerung wächst", *FAZ* 25.07.2012). Dagegen ist die Einwohnerzahl Österreichs in den letzten Jahrzehnten – allerdings auch nur durch Zuwanderung – ziemlich stetig gestiegen: von 7,68 Mio. im Jahr 1990 auf 8,42 Mio. 2011 – und wird von den eigenen Statistikern selbstbewusst prognostiziert auf 8,99 Mio. (also rund 9 Mio.) für 2030 (Statistik Austria: www.statistik.at/web_de/statistiken/bevoelkerung/index.html – abgerufen 03.

09.2012). Die Schweiz verzeichnet ein noch deutlicheres, stetiges Bevölkerungswachstum durch Zuwanderung, von 7,26 Mio. im Jahr 2001 auf 7,95 Mio. 2011 (Statistik Schweiz: www.bfs.admin.ch/bfs/portal/de/index/themen/01/02/blank/key/bevoelkerungsstand.html – abgerufen 03.09.2012). Offenbar wurde im Jahr 2012 sogar die 8 Mio.-Grenze überschritten, wie einzelne Zeitungen – nicht ohne triumphierenden Unterton – gemeldet haben. Weit vorausblickend rechnen die eigenen Statistiker mit fortdauerndem Wachstum bis 2055 („mittleres Scenario"; Statistik Schweiz: www.bfs.admin.ch/bfs/portal/de/index/themen/01/03/blank/key/intro.html – abgerufen 03.09.2012). Auch alle übrigen, kleineren Staaten und Staatsteile mit Deutsch als Amtssprache zeigen ein kontinuierliches Bevölkerungswachstum aufgrund von Zuwanderung.

Ob dadurch auf längere Sicht die Zahl der Deutsch-Sprecher steigt, durch neue Deutsch-Zweitsprachlern und deren womöglich teilweise Umstellung auf Deutsch-Muttersprachler, hängt von der sprachlichen Integrationskraft der aufnehmenden Sprachgemeinschaften ab. Es ist nicht auszuschließen, dass die sprachliche Integration im Zuge verstärkter postnationaler Tendenzen und Globalisierung schwächelt (vgl. Kap. A.8). Eine Folge davon könnte sein, dass Zugewanderte zunehmend Englisch als Lingua franca beibehalten und damit zurecht kommen, weil die staatsbürgerlichen Bevölkerungen immer umfassender mit Englischkenntnissen ausgestattet werden (vgl. Kap. A.5; Wagener 2012). Schon heute sprechen 4,1% der ständigen Wohnbevölkerung der Schweiz zu Hause Englisch ([Schweizer] Bundesamt für Statistik: Medienmitteilung 19.06.2012).

Nun zum nächsten Schritt unserer Bestandsaufnahme: (ii) die Deutsch-Muttersprachler und eventuell -Zweitsprachler außerhalb des Amtssprachgebiets von Deutsch (vgl. Kap. E). In einigermaßen intakte Muttersprachler-Netzwerke können immer auch Zweitsprachler eingebunden werden. Die Zahl wirklicher Deutsch-Sprecher weltweit zu ermitteln, wäre wohl ein Forschungs-Großprojekt. Stattdessen kann ich hier nicht mehr bieten als einen Überblick über – zweifelhafte – publizierte Schätzzahlen. Die schon zuvor für das Amtssprachgebiet des Deutschen genannten Methodenprobleme treten hier potenziert auf: die Frage eines angemessenen Kompetenzniveaus als Kriterium und die Unsicherheit von Selbsteinschätzungen. Vor allem aber fehlen Erhebungen sogar solch unsicherer Daten. Vorfindliche Zahlenüberblicke gleichen oft schlechten Wörterbüchern, die Angaben früherer Quellen, die auch schon unzureichend recherchiert sind, einfach fortschreiben.

Schon im Amtssprachgebiet von Deutsch sind gewisse interessenbedingte Verzerrungen von Einschätzungen und Zuordnungen nicht ausgeschlossen. Ein Beispiel ist vielleicht die Überschätzung der Zahl der Deutschsprachigen in Bozen-Südtirol. Dort könnten sich manche Italienisch-Muttersprachler zu

Deutsch-Muttersprachlern umbekannt haben – die Zuordnung zu den Sprachgruppen beruht allein auf Bekenntnis –, um ihren Zugang zu öffentlichen Ämtern zu verbessern. Aufgrund des sprachgruppenbezogenen Stellenproporzes besteht nämlich seit längerem ein Nachholbedarf für Deutschsprachige infolge vorausgehender Bevorzugung italienischsprachiger Bewerber. Allerdings dürfte sich die durch solche Umbekennung bedingte Verzerrung der Zahlen in engen Grenzen halten (Kap. D.3.2).

Bei Sprachminderheiten außerhalb des deutschen Amtssprachgebiets können interessenbedingte Verzerrungen der Sprecherzahlen indes ganz andere Dimensionen annehmen. Ein Beispiel bieten die Deutschsprachigen in Ungarn, die in der Zeit vor dem 1989 einsetzenden politischen Umbruch von der Regierung auf 20.000 beziffert wurden (aufgrund einer Volkszählung) und von der Interessenvertretung der deutschen Volksgruppe auf 220.000 (Born/Dickgießer 1989: 229). Da von der Größe der Sprach- oder Volksgruppe der Umfang der staatlichen Förderung abhing, liegen die denkbaren Motive für die Zahlendiskrepanz auf der Hand. Auch heute noch können ähnliche Interessen bei Zahlenangaben eine Rolle spielen. Aber auch bei neutraler Betrachtung ist die Ermittlung gut begründeter Sprecherzahlen oft eine Herausforderung. Wer jemals „deutsche" Minderheiten vor Ort besucht hat – wie ich z.B. in Pennsylvania (USA: Amische), in Rio Grande do Sul (Südbrasilien) und im Kaliningrader Gebiet (Oblast Kaliningrad in Russland) – bekommt schnell einen Eindruck von den Schwierigkeiten der Abgrenzung von – wie auch immer definierten – wirklichen Deutsch-Sprechern.

Daher beschränke ich mich hier notgedrungen auf vorhandene Zahlenangaben und auf deren Durchschnitte als vorläufige Schätzwerte (Tab. C.1-2). Die so erzielten Zahlen sind wahrscheinlich zu hoch gegriffen, gelegentlich vielleicht sogar viel zu hoch. Jedoch verfüge ich über keine gesicherten Anhaltspunkte für realitätsgerechte Absenkungen. Mögen die genannten Zahlen daher als Provokation verstanden werden und zur Korrektur motivieren.

Aufgenommen sind nur Staaten, in denen Deutsch keine staatliche Amtssprache ist (vgl. Kap. D). Zudem wurden getilgt,
wegen Auflösung der Staaten:

- aus Born/ Dickgießer 1989: Sowjetunion und Tschechoslowakei.

Weil es sich um keine wirklichen Minderheiten handelte (vgl. zum Begriff Kap. E.1), sondern um Expatriates (Kontraktdeutsche), saisonale oder Grenzsiedler:

1. Heutige Sprecherzahl (numerische Stärke) von Deutsch — **173**

	Born/ Dickgießer 1989	*Ethnologue* 2009	„Deutsche Sprache" in Wikipedia	Durchschnitt
Argentinien	0,300	0,400	0,330-0,350	0,347
Australien	0,109	0,135	0,200	0,148
Belize	0,003	0,069	k.A.	0,036
Bolivien	0,011	0,160	k.A.	0,086
Bosnien und Herzegowina	-	Genannt, o.Z.	k.A.	-
Brasilien	0,500-1,500	1,506	0,850-0,900	1,127
Chile	0,020-0,035	0,035	0,020	0,028
Dänemark	0,020	0,026	0,020	0,022
Dominikanische Republik	k.A.	k.A.	0,030	0,030
Ecuador	0,002-0,003	0,032	k.A.	0,018
Estland	-	0,001	0,002	0,002
Frankreich (Elsass/ Lothringen)	1,200	1,500	1,200	1,300
Israel	0,096	0,200	0,200	0,165
Kanada	0,439	0,641	0,438	0,506
Kasachstan	-	0,050	0,358	0,204
Kirgisistan	-	0,101	0,020	0,061
Kroatien	-	0,003	0,003	0,003
Kolumbien	0,010-0,012	k.A.	k.A.	0,011
Lettland	-	k.A.	0,003	0,003
Litauen	-	k.A.	0,003	0,003
Mexiko	0,050	0,040	0,080-0,090	0,058
Moldau	-	0,007	k.A.	0,007
Namibia	0,020	0,023	0,030	0,024
Paraguay	0,125	0,038	0,166	0,110
Peru	0,005	k.A.	k.A.	0,005
Philippinen	k.A.	0,001	k.A	0,001
Polen	1,100	0,523	0,150	0,591
Puerto Rico	k.A.	0,001	k.A.	0,001
Rumänien	0,200-0,220	0,045	0,045	0,100
Russland	-	0,647	0,862	0,756
Serbien	-	k.A.	0,005	0,005
Slowakei	-	0,005	0,006	0,006
Slowenien	-	0,002	0,002	0,002
Südafrika	0,041	0,012	0,300-0,500	0,151
Tadschikistan	-	Genannt, o.Z.	k.A.	-
Tschechien	-	0,039	0,030	0,035
Ukraine	-	0,038	0,035	0,037
Ungarn	0,220	0,033-0,088	0,035-0,200	0,133
Uruguay	0,008-0,009	0,029	k.A.	0,019
USA	1,610	1,488	1,100	1,395
Usbekistan	-	0,040	k.A.	0,040
Venezuela	0,025	Genannt, o.Z.	k.A.	0,025
Summen	6,114-7,153	7,870-7,925	6,523-6,968	7,493

Tab. C.1-2: Mutter- und Zweitsprachler von Deutsch außerhalb des Amtssprachgebiets von Deutsch in Mio. („-" = damals kein autonomer Staat; „k.A." = keine Angabe; „o.Z." = ohne

Zahlenangabe; Quellen: Born/ Dickgießer 1989; *Ethnologue* 2009; „Deutsche Sprache" in Wikipedia: de.wikipedia.org/wiki/Deutsche Sprache: 17f. – abgerufen 28.08.2012)

- aus „Deutsche Sprache" in Wikipedia: Griechenland, Großbritannien („Vereinigtes Königreich"), Irland, Niederlande, Spanien, Thailand und Türkei;
- aus *Ethnologue* 2009: Mosambik, Philippinen, Puerto Rico und Vereinigte Arabische Emirate.

Einbezogen als zur deutschen Sprache gehörig wurden die Varietäten Hutterisches Deutsch, Pennsylvanisches Deutsch und Mennonitendeutsch sowie Schlesisch und „Unserdeutsch", die allerdings allesamt quantitativ wenig ins Gewicht fallen, so z.b. Letzteres, das für Australien und Papua-Neuguinea genannt ist, nur mit 100 Sprechern (*Ethnologue* 2009: 581, 640).

Die Summe der letzten Spalte (7,493 Mio.) darf nicht als Mittelwert der drei in derselben Zeile davor stehenden Summen verstanden werden, sonst wäre ihr Wert niedriger. Jede der ersten drei Spalten enthält nämlich eine kleinere Zahl von Angaben als die Spalte, die alle Angaben der ersten drei Spalten einbezieht. Die Werte der letzten Spalte sind die Mittelwerte der jeweiligen Zeile, ausgenommen – aus dem genannten Grund – in der letzten Zeile, deren Wert (7,493 Mio.) aus all diesen Mittelwerten der letzten Spalte summiert ist. Diese Summe lege ich hier fürs Weitere zugrunde, in der Annahme, dass jede der 3 Quellen die eine oder andere Minderheit übersehen haben könnte, aber wohl keine hinzu erfunden hat. Es bedarf kaum des Hinweises, dass diese Schätzung dennoch empirisch auf schwachen Beinen steht.

Die Unsicherheit von Zahlenschätzungen deutscher Minderheiten kommt vor allem im Text von Born/Dickgießer deutlich zum Ausdruck, wo die Verschiedenheit der dort zugrunde liegenden Quellen thematisiert wird. Sie zeigen sich nicht zuletzt in den Zahlenspannen für manche Staaten, wie z.B. Brasilien oder Ungarn. Für Polen lagen Born/ Dickgießer (1989: 161f.) überhaupt keine Zahlen zu den Deutsch-Muttersprachlern vor, sondern nur zu den von der polnischen Regierung als „Autochthone" und von der damaligen Bundesregierung als deutsche Staatsangehörige (einstige Deutsche) anerkannten Personen. Born/Dickgießer (1989: 15f.) beziehen nur die Zahlen für Kanada, Mexiko (und damals der Sowjetunion) ausdrücklich auf Deutsch-Muttersprachler. Die Benennung ihrer übrigen Kategorien variiert entsprechend ihren Quellen: „Deutschsprachige" (Argentinien, Belize, Bolivien, Chile, Dänemark, Namibia, Paraguay, Uruguay und Venezuela), „Deutschsprechende" (Peru), „Sprecher des Deutschen" (Brasilien), „Deutsch als Haussprache" (Australien, USA), „Deutsch als Haus- bzw. Umgangssprache" (Südafrika), „passiv des Deutschen mächtig" (Frankreich), „deutsche Staatsangehörige/ Eingebürgerte deutschsprachiger Herkunft", "aus Deutschland und Österreich", "Deutsche" und "deutscher Nationalität" (Ecuador, Israel, Kolumbien, Rumänien, Tschechoslowakei, Ungarn). Vor allem bei den zuletzt genannten Kategorien führt meine Umdeutung in Deutsch-Sprecher sicher zu einer Überschätzung der Zahlen.

Überschätzungsgefahr besteht vereinzelt sogar für die Kategorie "Deutsch-Muttersprachler", wofür z.b. in Kanada der Zensus die in Tab. C.1-2 aufgenommene, viel größere Zahl nennt als für die Kategorie "Haussprache" (0,439 Mio. gegenüber 0,113 Mio.). Wie schon weiter oben angemerkt, nennen Immigranten, nicht nur in Kanada, bisweilen eine "Muttersprache", die sie gar nicht mehr gebrauchen oder auch kaum noch beherrschen. Der Verzicht auf den Gebrauch ist meist die Folge starken sprachlichen Integrationsdrucks oder "integrativer Motivation" der Sprachwahl (Kap. A.5; K.8; Gardner/ Lambert 1959; 1972; G. Schmidt 2011: 143-148). Dementsprechend könnte jedoch die Zahl der Deutsch-Muttersprachler für die USA in Tab. C.1-2 (Spalte 1) realistisch sein, denn sie entspricht den Angaben des Zensus für "Deutsch als Haussprache". Die Zahlen für die USA aus den anderen Quellen haben eine ähnliche Größenordnung, zeigen jedoch erwartungsgemäß einen leichten Rückgang. Dagegen repräsentieren die Zahlen aus dem US-Zensus 1970 von 5,7 Mio. und 1975 auch noch von 4,2 Mio. für Deutsch als Muttersprache wohl kaum regelmäßige Deutsch-Sprecher, vielleicht nicht einmal Deutsch-Könner (*Forschungsstandbericht Deutsch als Muttersprache* 1988: 164f.). Vermutlich sind also die Zahlen in Tab. C.1-2 nicht durchgehend zu hoch gegriffen. Zu berücksichtigen ist auch, dass es noch in weiteren Ländern kleinere Gruppen von Muttersprachlern des Deutschen gibt ("Streudeutschtum"; Kloss 1935), die hier nicht einbezogen sind.

Aufgrund der Addition der Zahlen aus Tab. C.1-1 und Tab. C.1-2 (96 Mio. im Amtssprachgebiet von Deutsch + 7,5 Mio außerhalb davon) ergibt sich die geschätzte Gesamtzahl von Mutter- und Zweitsprachlern des Deutschen von 103,5 Mio.

In den häufig genannten Quellen für die entsprechenden Zahlen liegen die Angaben etwas niedriger, jedenfalls für die neueste Zeit, vielleicht sogar zu niedrig. So z.B. für die Gesamtzahl der Deutsch-Muttersprachler bei 92 Mio. (*Fischer Weltalmanach* 1990: 758; Finkenstaedt/ Schröder 1990: 14); 100, 95 und 90 Mio. (*Ethnologue* 2000; 2005 bzw. 2009) oder 101 Mio. (Haarmann 2002a: 33). Bei Haarmann sind vermutlich sogar die Zweitsprachler eingeschlossen, jedenfalls für Deutschland (ebd.: 74). Im *Ethnologue* (2000; 2005; 2009) sind ausdrücklich auch Zahlen für die Deutsch-Zweitsprachler genannt, und zwar in allen drei Auflagen gleichbleibende 28 Mio. Damit addieren sich die Zahlen für Mutter- + Zweitsprachler auf 128, 123 bzw. 118 Mio. Dies ergibt alles in allem eine abnehmende Tendenz, aufgrund der schrumpfenden Zahl der Muttersprachler.

Der *Ethnologue* (2000) – nur diese Auflage, die späteren nicht mehr – verweist als Quelle für seine Zahlen (Muttersprachler und Gesamtzahl, implizit also auch die Zweitsprachler) auf *World Alamanac and Book of Facts* (1999). Schaut man dort jedoch nach, unter der Rubrik „The Principal Languages of the World", so wird man auf den *Ethnologue* zurück verwiesen. Die in den späteren Auflagen des *Ethnologue* genannten Quellen sind reichlich betagt. So datiert noch für die neueste Ausgabe, die mir vorlag, die jüngste Quelle aus dem Jahr 1990 (*Ethnologue* 2009: 553). Der einst zirkuläre Verweis und das Alter der Quellen sind beredte Warnzeichen vor einer Überschätzung der Zuverlässigkeit der Zahlen. Entsprechende Skepsis ist auch bezüglich der anderen Quellen angebracht, von denen fast keine nähere Angaben zu den Quellen oder zur Ermittlung der Zahlen macht, so dass grundsätzliche Zweifel an deren Zuverlässigkeit erlaubt sind. Dass dies auch für die oben von mir vorgeschlagenen Zahlen gilt, habe ich schon angemerkt.

Die Zahlen der Mutter- und Zweitsprachler von Sprachen, vor allem großer Sprachen, zu ermitteln, ist schwierig genug. Bei den Fremdsprachlern ist es jedoch noch viel schwieriger. Wie ich zu Beginn des Kap. angedeutet habe, sind damit nicht die Fremdsprachenlerner gemeint. Vielmehr geht es um diejenigen Personen, welche die Sprache als Fremdsprache gelernt haben und a) weiterhin beherrschen, aber b) keine Zweitsprachler oder gar Muttersprachler geworden sind. Um b) an einem Beispiel zu verdeutlichen: Eine Türkin, die als Jugendliche in der Türkei Deutsch als Fremdsprache (DaF) gelernt hat und jetzt in Deutschland lebt, zählt nicht mehr zur Gruppe der Deutsch-Fremdsprachler, sondern nun der Deutsch-Zweitsprachler. Sie wird durch unser Erhebungsverfahren aufgrund der gesonderten Betrachtung des Amtssprachgebiets von Deutsch auch entsprechend erfasst.

Viel schwieriger ist der Umgang mit dem Kriterium a): der ausreichenden Deutsch-Kompetenz, aufgrund deren Deutsch-Sprecher von Nicht-Sprechern des Deutschen abzugrenzen wären. Diese Grenzziehung, die Festlegung einer Mindest-Kompetenz, ist hier zumindest deshalb noch dringlicher als bei den Zweitsprachlern, weil es um viel größere Zahlen und entsprechende Verzerrungsmöglichkeiten geht. Wie bei den Mutter- oder Zweitsprachlern wäre natürlich statt einer bloßen Zweiteilung die Verteilung über eine ganze Kompetenzskala wünschenswert, ist jedoch bei den Fremdsprachlern noch illusorischer. Für die Zweiteilung in Sprecher und Nicht-Sprecher habe ich oben bei den Zweitsprachlern das Kompetenzniveau A2 des Gemeinsamen Europäischen Referenzrahmens vorgeschlagen („Kann sich in einfachen, routinemäßigen Situationen verständigen [...]"). Bei den Fremdsprachlern könnte man sogar an A1 denke („Kann sich auf einfache Art verständigen, wenn die Gesprächspartnerinnen und Gesprächspartner langsam und deutlich sprechen und bereit sind zu helfen" – so die verkürzt wiedergegebenen Erläuterungen beider Niveaus). Jedoch würden dann die A1-Sprecher zwar außerhalb des Amtssprachgebiets von Deutsch zu den Deutsch-Sprechern gezählt, aber innerhalb dieses Gebiets nicht mehr. Zur Vermeidung dieser Inkonsistenz empfiehlt sich für die Definition von Fremdsprachlern dasselbe Kompetenzniveau wie für Zweitsprachler.

Ich erspare mit jedoch die weitere Vertiefung dieser Überlegungen, da sie bezüglich der praktischen Sprecher-Zählung – jedenfalls hier – zur reinen Luftnummer geriete. Es besteht ja hinsichtlich der weltweiten Zahlen, um die es hier geht, zurzeit keinerlei Möglichkeit, das Deutsch-Kompetenzniveau von Lernern von DaF, eben auch einstiger Lerner, nur einigermaßen repräsentativ zu ermitteln. Vielmehr rekurriere ich auf die zweifelhafte Schätzmethode, mit der ich mich schon bei einem früheren Versuch beholfen habe (Ammon 1991a: 38-40). Dabei setze ich an bei den Lernerzahlen für DaF, die in den letzten Jahrzehnten in regelmäßiger werdenden Abständen weltweit erhoben wurden. Sie berücksichtigen nicht das informelle Lernen, z.B. durch Kontakt oder im Eigenstudium, sondern nur Lernen in förmlichen Unterrichtsprozessen. Insofern sind es Unterschätzungen der tatsächlichen Zahlen; jedoch könnten andererseits Motive hereinspielen, z.b. dass DaF-Abteilungen die Meldung aufgerundeter Zahlen für vorteilhaft halten, die der Überschätzung Vorschub leisten. Die folgenden Gesamtzahlen sind addiert aus allen Staaten mit DaF-Unterricht. Da diese oft aus den amtlichen Schul- und Hochschul-Statistiken dieser Staaten stammen, dürfen sie – bei aller Unsicherheit – doch als einigermaßen zuverlässig bewertet werden (vgl. zur Güte der Zahlen auch Kap. K.7).

Solche Zahlen für die weltweiten Lerner von DaF liegen vor für die folgenden Jahre:

- 1982/83: rund 16,8 Mio. (genau 16.836.172 = Summe der Spalten der verschiedenen Arten von Lernern in *Bericht* 1985: 46f.).
- 1995: 17,5 Mio. (genau 17.476.665 = Summe der Spalten der verschiedenen Arten von Lernern in Goethe-Institut 2000: letzte Seite, keine Paginierung)
- 2000: rund 20,2 Mio. (genau 20.167.616; StADaF 2005: 15)
- 2005: rund 16,7 Mio. (genau 16.718.701; StADaF 2005: 15)
- 2010: rund 14,5 Mio. (genau 14.500.940) (Netzwerk Deutsch + mir vom Goethe-Institut zugestellte Nachträge).

Hilfreiche Anhaltspunkte für die wirklichen Deutsch-Fremdsprachler (ab Kompetenzniveau A2 des Gemeinsamen Europäischen Referenzrahmens) könnten Schätzzahlen liefern, wie viele aktuelle oder einstige DaF-Lerner Deutsch einigermaßen regelmäßig verwenden. Jedoch liegt die einzige mir bekannte

Schätzung weit zurück – sie basiert auf den Jahresberichten der auswärtigen Vertretungen der BRD 1982/83 –, und ihre Zuverlässigkeit ist aufgrund fehlender Angaben zur Erhebungsmethode zweifelhaft. Die damals genannte Zahl liegt bei 40 Mio. (Bericht 1985: 47; vgl. auch Witte 8.7.1987)

Das folgende Zahlenspiel hat fast keinen ernst zu nehmenden Realitätsgehalt, sondern ist als Anregung gedacht, in welcher Richtung vielleicht vorgegangen und stichprobenartige Daten erhoben werden könnten. Die Obergrenze der gesuchten Gesamtzahl von Deutsch-Fremdsprachlern bildet die weltweite Gesamtheit der heutigen DaF-Lerner und der früheren, die heute noch leben. Dabei könnte man einerseits von der geschätzten durchschnittlichen Lebenserwartung ausgehen, sagen wir 65 Jahre (im Jahr 2008 lag die durchschnittliche Lebenserwartung weltweit bei 68,9 Jahren: de.wikipedia.org/wiki/Lebens erwartung – abgerufen 10.09.2012). Andererseits wäre ein durchschnittlicher Lernbeginn vielleicht bei 15 Jahren anzusetzen, woraus für die Gesamtheit der einzubeziehenden DaF-Lerner eine Zeitspanne von 50 Jahren resultierte, die sich, sagen wir, über die Jahre 1962 – 2011 erstrecken würde. Aus den oben genannten Lernerzahlen errechnet sich für diese Zeit ein Jahresdurchschnitt von rund 17 Mio. Lernern (wenn man bis zurück zum Jahr 1962 ähnliche Lernerzahlen wie 1982/83 annimmt). Nun benötigt man noch eine durchschnittliche Lernzeit, die man vielleicht bei 3 Jahren ansetzen könnte, womit in die Zeitspanne von 50 Jahren rund 17 Generationen von Lernern passen würden (genauer 16,7 Mio. – eine durchschnittliche Lernzeit von 2 Jahren wäre vermutlich realistischer, was die Schätzzahl der Lerner erheblich erhöhen würde, allerdings auf Kosten der erreichten Kenntnisse: 25 statt 17 Generationen). Bei den 17 Generationen hätten wir eine Gesamtzahl von 289 Mio. heute noch lebender einstiger und heutiger DaF-Lerner (bei 25 Generationen: 425 Mio. Lerner). Wenn man der oben genannten einstigen Schätzzahl der Anwender und damit Sprecher von 40 Mio. auch noch für heute einen gewissen Realitätswert zuschriebe und sie aufgrund der späteren höheren Lernerzahlen als Untergrenze annähme, ergäben sich damit die – bei unserem heutigen Wissensstand nicht mehr spekulativen, sondern fiktiven – Zahlenspannen für die weltweiten Deutsch-Fremdsprachler von

> 40 – 145 Mio. (bei Veranschlagung der Hälfte der 289 Mio. Lerner als Sprecher) oder
>
> 40 – 289 Mio. (bei der gänzlich unrealistischen Veranschlagung aller Lerner als Sprecher).

Wenn man die solchermaßen geschätzten Zahlen der Muttersprachler einschließlich der Zweitsprachler (Tab. C.2-1 und C.2-2) und unsere spekulativen

Zahlen der Fremdsprachler von Deutsch (40 – 145 Mio.) addiert, dann erhält man folgende Gesamtzahl der Sprecher von Deutsch (Muttersprachler, Zweitsprachler und Fremdsprachler): 143,5 – 248,5 Mio.

Die Gesamtzahl der Lerner bleibt dabei außer Betracht. Jedoch verdienen auch die bloßen DaF-Lerner, die keine Deutsch-Sprecher sind, weil sie entweder nie ein dafür ausreichendes Kompetenzniveau erreichten oder es wieder verloren haben, Beachtung. Sie sollten nicht einfach in den Wind geschrieben werden, wie es heute – soweit ich sehe – großenteils geschieht. Es sind nämlich Menschen, die mit den deutschsprachigen Staaten und ihrer Sprache und Kultur immerhin näher bekannt wurden als Personen, die nie Deutsch gelernt haben. Daher bilden sie durchaus ein gewisses Potential für internationale Kontakte, das näher zu untersuchen sich für die deutschsprachigen Staaten und ihre Bewohner lohnen könnte – wenn sie an der Entwicklung und Pflege internationaler Kontakte interessiert sind. Dieses Potential hat beachtliche Dimensionen; denn die oben genannten Zahlen für DaF-Lerner haben mehr Realitätsgehalt als die Zahlen für DaF-Sprecher. Die Größenordnung von insgesamt rund 300 Mio. noch lebenden einstigen + aktuellen Lernern ist keineswegs abwegig. Sich um diese Personen, die schon Berührung mit der deutschen Sprache und Kultur hatten, Gedanken zu machen und sich um sie womöglich auch, wenigstens selektiv, zu kümmern, gehört zur nachhaltigen Förderung der Stellung der deutschen Sprache in der Welt (Kap. L). Wie wichtig die Nachhaltigkeit für den Erfolg von Bemühungen sein kann, ist seit einiger Zeit ein Thema in vielen Handlungsfeldern (Henn-Memmesheimer/ Bahlo/ Eggers/ Mkhitaryan 2012). Auf die Bedeutsamkeit auch für die Zukunft der deutschen Sprache haben neuerdings Irina Khaleeva (2011) für Deutsch in Russland sowie Louise Jansen und Gabriele Schmidt (2011) für das Deutschlernen in Australien aufmerksam gemacht.

2. Sprecherzahlen von Deutsch im Vergleich mit anderen Sprachen

Einige der in diesem Kap. vorgelegten Zahlen für die Sprecher (oder für die numerische Stärke) einer Reihe von Sprachen halten vermutlich ernsthafter Prüfung nicht Stand. Ich habe keinen eigenen Versuch unternommen, Sprecherzahlen für andere Sprachen als Deutsch zu ermitteln, da mich diese Aufgabe überfordert hätte, sondern stütze mich dafür ganz auf andere Autoren. Großenteils war ich dazu auch bei den Zahlen für die deutsche Sprache genötigt, bemühte mich jedoch durch vielerlei Vergleiche um Gültigkeit und Zuverlässigkeit. Die ausführliche Darstellung in Kap. C.1 sollte auch grundsätzliche Fragen und Schwierigkeiten der Ermittlung von Sprecherzahlen, jedenfalls bei größeren Sprachen, verdeutlichen.

Die Zahlen für Deutsch, die ich dabei erzielte, stimmen zwar nicht ganz überein mit den im vorliegenden Kap. präsentierten Zahlen anderer Autoren, weichen aber auch nicht allzu sehr davon ab. Was jedoch die Zahlen für die übrigen hier einbezogenen Sprachen betrifft, so braucht man nicht lange zu suchen, um ganz andere als die nachfolgend genannten zu finden. Dies gilt besonders für Spanisch oder Französisch, für die teilweise weit höhere Zahlen kursieren als die in Tab. C.2-1 präsentierten. Allerdings stammen die besonders hohen Zahlen nicht selten aus Quellen, die durch sprachenpolitische Interessen verzerrt sein könnten. Nicht selten tendieren nämlich die Mutterländer und die Staaten mit der betreffenden Amtssprache oder die damit in Verbindung stehenden Institutionen und Personen zu Übertreibungen, weil sie vermuten, dass hohe Sprecherzahlen der Verbreitung der Sprache zuträglich sind. Vielleicht verrät Kap. C.1, dass ich selbst – als Muttersprachler des Deutschen und Germanist – bei der deutschen Sprache eher zum Aufrunden als zum Abrunden neige, ungeachtet aller Bemühung um Neutralität. Hohe Sprecherzahlen motivieren nämlich zum Erlernen der Sprache als Fremdsprache und verleihen Ansprüchen auf eine privilegierte Stellung der Sprache, z.B. in internationalen Organisationen oder in Schulcurricula, Nachdruck.

Um im Folgenden interessenbedingte Verzerrungen zugunsten einzelner Sprachen in Grenzen zu halten, habe ich mich auf Quellen beschränkt, die für sämtliche im vorliegenden Zusammenhang interessierenden Sprachen, nicht nur für einzelne davon, Zahlen liefern, und habe eigene Nachbesserungen, die ich nur für einen Teil der Sprachen hätte leisten können, vermieden. Durch solche partielle Nachbesserungen wären nämlich vermutlich zusätzliche Verzerrungen ins Spiel gekommen. Allerdings gewährleistet dieser Verzicht keine umfassend neutrale Sicht und erst recht keine gleichartige Erhebungs- oder Berechnungsmethoden der herangezogenen Quellen. Nicht einmal die Prüfung der Erhebungsmethoden war mir möglich, da die Quellen mit umfangreichen Vergleichszahlen meist Sekundär- oder Tertiärquellen sind, die nicht einmal immer die Primärquellen nennen, auf die sie sich ihrerseits stützen, und erst recht keine näheren Angaben zu deren Erhebungsmethoden machen.

In vielen Fällen ist mit der Sprecherzahl einer Sprache nur die Anzahl der Muttersprachler (Erstsprachler) gemeint (z.B. ausdrücklich bei Crystal 2010: 297). Auch in den für Tab. C.2-1 ausgewählten Fällen scheint dies großenteils so zu sein, ohne dass es sich den Quellen immer eindeutig entnehmen lässt. Darauf lassen z.B. manche verhältnismäßig niedrigen Zahlen für Englisch, Französisch und teilweise auch Deutsch schließen. Bei Einbeziehung auch der

Zweitsprachler müssten diese und andere Zahlen höher liegen. Zweifellos eingeschlossen sind Zweitsprachler in Tab. C.2-1 nur bei Dalby (1999/ 2000) und *Ethnologue* (2005, zweite Spalte) sowie zumindest teilweise in *Ethnologue* (1984; dort z.B. 315: „probably includes second language speakers and Low German") sowie in *Ethnologue* (2009).

	Muller 1964		Culbert 1977		*Ethnologue* 1984		Comrie 1987	
1.	Chinesisch	515	Chinesisch	821	Chinesisch	700	Chinesisch	1.000
2.	Englisch	265	Englisch	369	Englisch	391	Englisch	300
3.	Hindi+Urdu	185	Hindi+Urdu	278	Spanisch	211	Spanisch	280
4.	Spanisch	145	Russisch	246	Hindi+Urdu	194	Russisch	215
5.	Russisch	135	Spanisch	225	Russisch	154	Hindi+Urdu	200
6.	Deutsch	100	Arabisch	134	Portugiesisch	120	Indonesisch	200
7.	Japanisch	95	Portugiesisch	133	Deutsch	119	Arabisch	150
8.	Arabisch	90	Bengali	131	Arabisch	117	Portugiesisch	150
9.	Bengali	85	Deutsch	120	Japanisch	117	Bengali	145
10.	Portugiesisch	85	Japanisch	113	Indonesisch	110	Japanisch	115
11.	Französisch	65	Indonesisch	101	Bengali	102	Deutsch	103
12.	Italienisch	55	Französisch	95	Französisch	63	Französisch	68

	Dalby 1999/2000		*Ethnologue* 2005			*Ethnologue* 2009		
1.	Chinesisch	1.000	Chinesisch	873	1.051	Chinesisch	1.213	(+178)
2.	Englisch	1.000	Hindi+Urdu	425	588	Spanisch	329	(+60)
3.	Hindi+Urdu	900	Englisch	309	508	Englisch	328	(+?)
4.	Spanisch	450	Spanisch	322	382	Hindi+Urdu	243	(+224)
5.	Russisch	320	Russisch	145	255	Arabisch	221	(+246)
6.	Arabisch	250	Arabisch	206	246	Bengali	181	(+69)
7.	Bengali	250	Bengali	171	211	Portugiesisch	178	(+15)
8.	Portugiesisch	200	Portugiesisch	177	192	Russisch	144	(+110)
9.	Japanisch	130	Indonesisch	23	163	Japanisch	122	(+1)
10.	Deutsch	125	Japanisch	122	123	Deutsch	90	(+28)
11.	Französisch	125	Deutsch	95	123	Französisch	68	(+50)
12.	Italienisch	70	Französisch	65	115	Italienisch	62	(+?)

Tab. C.2-1: Sprecherzahlen von Deutsch im Vergleich mit anderen Sprachen (in Mio.)

Bei Comrie (1987) wird zwar Sprache um Sprache als Einheit abgehandelt; es sind jedoch bisweilen nur Teilsprecherzahlen für die verschiedenen Regionen einer Sprache angegeben; diese Teilzahlen habe ich dann – wo es erforderlich war – zur hier angegebenen Gesamtsprecherzahl addiert. In den meisten herangezogenen Quellen lassen sich die hier genannten Zahlen mühelos finden. Im *Ethnologue* stehen sie jeweils bei den größeren Staaten mit der betreffenden Amtssprache, bei Dalby (1999/2000: 291f.) in einer separaten Liste.

Zum *Ethnologue*, der seit Jahren umfangreichsten Inventarisierung der Sprachen der Welt, erscheint mir ein ausführlicher Hinweis angebracht. Er betrifft einerseits die unverkennbare Tendenz zur Sprachenspaltung (Glottotomie). Sie kommt z.B. darin zum Ausdruck, dass die deutschen Dialekte als eigenständige Sprachen geführt werden. Neben diesbezüglich diskutablen Fällen wie „German, Swiss" oder „Saxon, Low", sind dies in der neuesten Auflage: „Bavarian" „Saxon, Upper", „Kölsch", „Mainfränkisch", „Pfaelzisch" und „Swabian" – so die eigentümliche Auswahl mit den lemmatischen, also übergeordneten Benennungsvarianten (*Ethnologue* 2009: 553-555).

Um dieser Neigung des *Ethnologue* zur Sprachenspaltung entgegen zu wirken, habe ich umfassende Sprecherzahlen für alle Varietäten der betreffenden Sprache einbezogen, soweit dies einigermaßen eindeutig möglich war, und mich andernfalls auf die Zahlen für die Standardvarietät gestützt. So habe ich z.B. im *Ethnologue* (1984) für Arabisch die Zahlen von „Eastern Colloquial Arabic", „North Eastern Colloquial Arabic", „Western Colloquial Arabic", „Sudanese Arabic" und „Egyptian" addiert; ab *Ethnologue* (2005: 508) lagen dann Zahlen für „Arabic, Standard" vor. Außerdem habe ich durchgehend die Zahlen für Hindi und Urdu zusammengefasst (Sprache: Hindi-Urdu).

In der neuesten Auflage, die mir zur Verfügung stand (*Ethnologue* 2009), sind die Angaben für „L2 speakers" (Zweitsprachler) unvollständig. Sie fehlen bei den hier einbezogenen Sprachen für Englisch, was besonders problematisch ist, und für Italienisch. Außerdem werden für manche Sprachen unterschiedliche Zahlen für die Standardvarietät einerseits und alle der gleichen Sprache zugerechneten Varietäten andererseits genannt, teils in einer Übersichtsliste (*Ethnologue* 2009: 21f., für die hier einbezogenen Sprachen), teils unter deren wichtigsten Staaten. Für („Chinese, Mandarin") sind es 845.456.760 „L1 speakers" (Muttersprachler), zuzüglich 178.000.000 „L2 speakers" (ebd.: 339), für alle Varietäten von „Chinese" dagegen 1.213 Mio., anscheinend als Muttersprachler gemeint (ebd.: 20). Für „Arabic, Standard" sind es 206.000.000 „L1 speakers" (ebd.: 523); für „Arabic" im Sinne aller arabischen Varietäten jedoch 221 Mio. (ebd.: 21). Hinzu kommen 246.000.000 „L2 speakers of all Arabic varieties" (ebd.: 523). Für Bengali schließlich, bei dem Standard und andere Varietäten nicht unterschieden werden, sind es 181 Mio. Muttersprachler (ebd.: 21); genauer: 181.272.900 und 250.000.000 „including L2 speakers", also Mutter- und Zweitsprachler (ebd.: 328).

In all diesen Fällen habe ich die Sprecherzahlen sämtlicher der betreffenden Sprache zugeordneten Varietäten in Tab. C.2-1 einbezogen, und zwar in der Annahme, dass in absehbarer Zeit so gut wie alle Angehörigen dieser umfassenderen Sprachgemeinschaften auch die jeweiligen Standardvarietäten (einigermaßen) sprechen können; verstehen können die meisten sie schon heute. Vorbehalte hiergegen sind am ehesten gerechtfertigt bei Arabisch: „In most Arab countries only the well-educated have adequate proficency in Standard Arabic, while over 100,500,000 do not." (*Ethnologue* 2009: 523) Jedoch liegt auch für Arabisch die Vermutung nahe, dass unter dem Einfluss der Massenmedien in absehbarer Zeit fast alle Bevölkerungsschichten zumindest passive Kenntnisse einer „transnational standard form" erwerben, „as Al Jazeera and similar international agencies provide a model equivalent to ‚BBC English' " (Graddol 2006: 61).

Wegen der unvollständigen Angaben zu den Zweitsprachlern erlaubt der *Ethnologue* (2009) für sie keinen umfassenden Sprachenvergleich. Daher habe ich die Angaben zu den Zweitsprachlern nur in Klammern beigefügt. Die nicht eingeklammerten Angaben der letzten Spalte beziehen sich also nur auf die Muttersprachler (Erstsprachler), mit den genannten Einschränkungen für Chinesisch und vor allem Arabisch.

Deutsch bewegt sich nach diesen Befunden nach der Zahl der Muttersprachler zwischen den Rängen 6 und 11 aller Sprachen der Welt. Dabei liegt im Falle der Einbeziehung von Zweitsprachlern Französisch neuerdings mit Deutsch gleichauf (*Ethnologue* 2009), und zwar auf Rang 10, den sich Deutsch zuvor mit Japanisch geteilt hat (*Ethnologue* 2005). Chinesisch, Englisch, Hindi-Urdu (auch nur Hindi), Spanisch und Russisch liegen nach allen Zählungen vor Deutsch; teilweise übertrifft ihre Sprecherzahl die von Deutsch sogar um ein Mehrfaches. Arabisch, Portugiesisch, Bengali und Japanisch liegen nur nach einem Teil der Quellen vor Deutsch, allerdings nach den Quellen jüngeren Datums.

Die längerfristige Tendenz erweckt den Eindruck eines Rangverlustes von Deutsch. Es lohnt sich, diese Frage in Kap. C.3 wieder aufzugreifen. Allerdings würde diese längerfristige Tendenz nicht alle Schwankungen der Sprecherzahlen erklären. Zusätzlich gibt es kurzfristige Schwankungen, die durch Unterschiede in der Einbeziehung von Zweitsprachlern oder der Datengewinnung und Berechnungsmethode bedingt sein müssen, vielleicht auch durch Fortschreibung älterer Zahlen. Solche Gründe liegen im Falle von Deutsch nahe z.B. für den Sprung um zwei Ränge nach oben von 1977 (Culbert) bis 1984 (*Ethnologue*) und den anschließenden Sturz um 4 Ränge bis 1987 (Comrie).

Vergleicht man die in Tab. C.2-1 genannten Sprachen mit den besonders hochrangigen internationalen Sprachen (siehe Kap. A.7; F.1; G.1; H.1), so zeigt sich recht klar folgender Zusammenhang: Die international bedeutsamen Sprachen gehören zugleich zur Gruppe der numerisch stärksten Sprachen. Alle Sprachen, die in der internationalen wirtschaftlichen, wissenschaftlichen oder diplomatischen Kommunikation eine vorrangige Rolle spielen, finden sich unter den 12 numerisch stärksten Sprachen der Welt. Man bedenke dabei, dass derzeit noch mindestens 2.500 Sprachen in der Welt gesprochen werden (Kap. A.7). Allerdings zeigen sich auch auffällige Diskrepanzen zwischen numerischer Stärke (nach Maßgabe der Mutter- und auch Zweitsprachler) und internationalem Rang. So spielen einerseits die numerisch starken Sprachen Hindi-Urdu und Bengali in der internationalen Kommunikation (zum Begriff Kap. A.3) kaum eine Rolle. Andererseits sind Englisch und Französisch als internationale Sprachen weit bedeutsamer als manche numerisch stärkeren Sprachen. Englisch ist international bedeutsamer als alle anderen Sprachen, und Französisch ist international bedeutsamer als alle numerisch stärkeren Sprachen außer Englisch und vielleicht Spanisch.

Ein engerer Zusammenhang zwischen internationaler Bedeutsamkeit und numerischer Stärke würde sich vermutlich herausstellen, wenn man die numerische Stärke nicht nur nach der Zahl der Mutter- und Zweitsprachler, sondern einschließlich der Fremdsprachler (Sprecher der Sprache als Fremdsprache) bestimmen könnte. Jedoch liegen mir dazu keine Vergleichszahlen für verschiedene Sprachen vor.

Lediglich die Zahl der aktuellen Fremdsprachen-Lerner konnte ich ungefähr schätzen und verweise dazu auf Tab. K.7-3 (Kap. K.7; auch Ammon 2010c: 105). Manche dieser Zahlen mögen schon heute oder doch in nächster Zukunft überholt sein. Allerdings ist gegenüber hoch gestochenen Erwartungen von interessierter Seite Skepsis geboten. So bleibt z.B. abzuwarten, ob sich die von Graddol (2006: 63) berichtete Prognose der chinesischen Regierung tatsächlich erfüllt, dass die Lernerzahlen des Chinesischen als Fremdsprache „[will] rise to around 100 million in the next few years."

Vor allem aber dürfen die Lernerzahlen keinesfalls gleichgesetzt werden mit den Zahlen für die wirklichen Fremdsprachler (Sprecher der Sprache als Fremdsprache; vgl. Kap. A.3; C.1). Sogar die Annahme gleicher Proportionen wäre unzulässig, da die traditionellen Fremdsprachen über einen größeren Stamm einstiger Lerner verfügen als die erst in neuerer Zeit populär gewordenen Fremdsprachen, wie vor allem Chinesisch, aber auch noch Japanisch. Jedoch liegen mir keine Zahlen vor, wie viele der einstigen Lerner heute noch wirkliche Sprecher sind.

3. Langzeitentwicklung der Sprecherzahlen der großen europäischen Sprachen

Die unterschiedlichen Zahlen für die gleichen Sprachen in Tab. C.2-1 (Kap. C.2) sind zwar sicher teilweise methodisch bedingt, vor allem manche erratischen Auf-und-Ab-Bewegungen; zum Teil zeigen sie aber auch Veränderungen im Verlauf der Zeit an. So ist es kaum sonderlich überraschend, dass in den letzten 45 Jahren (Zeitspanne in Tab. C.2-1) die Sprecherzahlen (Muttersprachler) für Chinesisch, Arabisch, Bengali, Hindi-Urdu, Portugiesisch (vor allem in Brasilien) und Spanisch stärker gewachsen sind als für Deutsch oder dass dies für den Anfang dieser Zeitspanne auch für Japanisch galt, aber das Wachstum wie bei Deutsch in den letzten Jahrzehnten stagnierte. Diese Entwicklungen lassen sich erklären aus dem starken Bevölkerungszuwachs in den Mutter- und Amtssprachgebieten der betreffenden Sprachen gegenüber der stagnierenden Bevölkerungsentwicklung in den deutschsprachigen Staatsgebieten oder in neuerer Zeit auch in Japan. Aus diesem Grunde hat sich auch der Abstand in den Sprecherzahlen zu denjenigen Sprachen weiter vergrößert, die schon zu Beginn dieser Zeitspanne vor Deutsch rangierten. Bei Chinesisch und Spanisch z.B. hat sich der Abstand mehr als verdoppelt, nämlich von 1 : 5,15 auf 1 : 13,71 bzw. von 1 : 1,45 auf 1 : 3,66 (jeweils *Ethnologue* 2009 im Vergleich zu Muller 1964).

Allerdings bin ich vielleicht beim Chinesischen zu unkritisch dem *Ethnologue* (2009) gefolgt, indem ich die Zahlen für alle Varietäten des Chinesischen, nicht nur für Mandarin einbezogen habe (1.213 Mio. gegenüber 845 Mio. Muttersprachlern + 178 Mio. Zweitsprachlern; vgl. Kap. C.2), von denen manche womöglich nach dem Kriterium linguistischer Ähnlichkeit als selbstständige Sprachen gelten müssten (vgl. Kap. B1; B.2). Allerdings gelten sie nach der offiziellen Sprachenpolitik der Volksrepublik China als *fangyán* ‚Dialekt(e)' der chinesischen Sprache und werden von der Mandarin-Standardvarietät (*Putonghuà*) überdacht, so dass Letztere auf dem Weg ist, allgemeine Zweitsprache zu werden. Auch für Arabisch sind die dem *Ethnologue* (2009) entnommenen Sprecherzahlen vermutlich überhöht (vgl. Kap. C.2). Jedoch steht ungeachtet solcher möglicher Verzerrungen das proportionale Schrumpfen der Sprecherzahl von Deutsch außer Frage.

Man kann sich das Zurückbleiben der Sprecherzahlen von Deutsch auch verdeutlichen in Bezug auf die gesamte Weltbevölkerung. Dabei wird zugleich erkennbar, dass diese Entwicklung nicht erst in jüngster Zeit einsetzte, sondern vermutlich schon vor dem Ersten Weltkrieg, vielleicht sogar Ende des 19. Jh. begann. In sehr grober Annäherung läuft die proportionale Schrumpfung der

Sprecherzahl von Deutsch im 20. Jh. Hand in Hand mit dem Wachstum der Weltbevölkerung, das in den Entwicklungsländern stärker ist als in den Industrieländern. Infolge dieses unterschiedlichen Bevölkerungswachstums belief sich das Zahlenverhältnis von Deutsch-Muttersprachlern zur Weltbevölkerung um 1925 noch auf ungefähr 5% (1: 20; Winkler 1927: 26), während es heute bei weniger als 2% liegt (< 1: 50; vgl. Zahlen Ende Kap. C.1 und Tab. C.2-1 bei einer Weltbevölkerung von rund 7 Mia.).

Für eine Analyse der langfristigeren Entwicklung bedarf es:
1) der Sprecherzahlen von Deutsch im Verhältnis zu anderen Sprachen,
2) der Sprecherzahlen von Deutsch im Verhältnis zur Weltbevölkerung.

Für 1) liegen mir nur Zahlen für 6 europäische Sprachen vor, also nicht für alle heute internationalen Sprachen (vgl. Kap. A.7). Vor allem fehlt Portugiesisch, und für die nicht-europäischen Sprachen fehlen mir ältere Zahlen gänzlich. Abb. C.3-1 (aufgrund meiner Daten erstellt von Jana Knigge) veranschaulicht die Entwicklung für diese 6 europäischen Sprachen seit dem Jahr 1500, mit einzelnen Lücken.

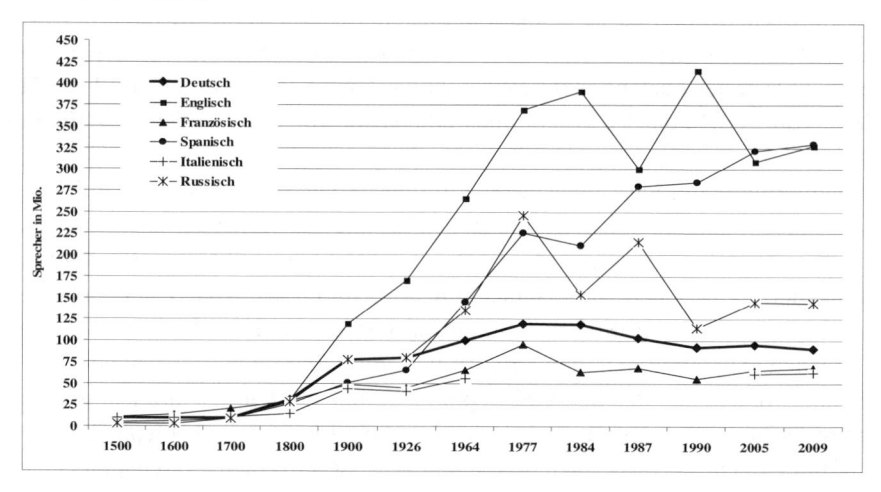

Abb. C.3-1: Langzeitentwicklung der Sprecherzahlen (Muttersprachler) von sechs europäischen Sprachen in Mio. (Quellen: Bis 1926 Jespersen 1933: 229, danach *Ethnologue* 1984; 1990; 2005, 2009. Nannten die Quellen Zahlenspannen, so wurde ihr Mittelwert genommen; für Italienisch lagen mir von 1977 bis 1990 keine Zahlen vor)

Bedauerlicherweise verschweigt Jespersen seine Quellen – ausgenommen für das Jahr 1926, wo er Tesnière (1928) nennt (Jespersen 1933: 229, Anm. 1). Außerdem bleibt bei ihm unklar, ob sich die Zahlen nur auf Muttersprachler beziehen. Aufgrund der Zahlen Tesnière's (für das in Abb. C.3-1 nicht einbezogene Jahr

1920) hat Jespersen für 1926 ursprünglich höher angesetzte Zahlen für Deutsch verkleinert und ursprünglich niedriger angesetzte für Englisch vergrößert. In einer früheren Auflage (1926: 229) nennt Jespersen für 1920 die folgenden Sprecherzahlen: Englisch 150 (163), Deutsch 90 (120), Russisch 90 (117), Französisch 45 (60), Spanisch 55 (80) und Italienisch 40 (41). Ausgeklammert sind jeweils die niedrigsten und eingeklammert die höchsten Zahlen, die Jespersen in seinen Quellen fand. Burney (1966: 67) präsentiert ähnliche Zahlen, die für Englisch und Französisch sogar noch weiter zurückreichen: um 1100 n. u. Z. für Englisch 1,5 Mio. und für Französisch 8 Mio.

Abb. C.3-1 veranschaulicht zwar deutlich die quantitativen Proportionen, zeigt aber nicht genau die Verhältnisse zu zwei Zeitpunkten, die bezüglich der deutschen Sprache besonders interessant sind. Es sind die beiden Zeiten, zu denen Deutsch nach Sprecherzahlen aus den Vergleichssprachen herausragt, nämlich um 1500: pari passu mit Französisch, und um 1800: als zahlenstärkste europäische Sprache. In der Zwischenzeit wird es von Französisch und danach von Englisch deutlich übertroffen – in der neueren, nicht mehr von Jespersen erfassten Zeit außerdem vor allem von Spanisch (wenn man sich auf die hier einbezogenen Sprachen beschränkt; vgl. zu anderen Sprachen Tab. C.2-1). Zur Verdeutlichung der beiden Zeitpunkte sind Jespersen's Zahlen hier noch einmal tabellarisch wiedergegeben (Tab. C.3-1). Eine herausragende Stellung gewinnt Deutsch zu den beiden Zeitpunkten vor allem dann, wenn man annimmt, dass die nicht eingeklammerten Zahlen die Muttersprachler (ohne Zweit- oder Fremdsprachler) am besten repräsentieren.

Sprache Jahr	Englisch	Deutsch	Russisch	Französisch	Spanisch	Italienisch
1500	4 (5)	**10**	3	10 (12)	8,5	9,5
1600	6	10	3	14	8,5	9,5
1700	8,5	10	3 (15)	20	8,5	9,5 (11)
1800	20 (40)	**30** (33)	25 (31)	27 (31)	26	14 (15)
1900	116 (123)	75 (80)	70 (85)	45 (52)	44 (58)	34 (54)
1926	170	80	80	45	65	41

Tab. C.3-1: Langzeitentwicklung der Sprecherzahlen von sechs europäischen Sprachen in Mio. (nach Jespersen 1933: 229)

Es wäre untersuchenswert, ob zwischen dem – im Verhältnis zu anderen Sprachen – vorübergehend größeren Reservoir der deutschen Sprache an Muttersprachlern und der ungefähr gleichzeitigen kulturellen Blüte im deutschsprachigen Gebiet ein ursächlicher Zusammenhang besteht. Um 1500 sind dies der von der italienischen Renaissance inspirierte Humanismus und die Reformation, und um 1800 die deutsche Klassik. Immerhin betonte der Exponent der deutschen Klassik, Goethe, selbst die – für ihn offenbar schon in den ersten Jahrzehnten des 19. Jh. erahnbare – Internationalität und den kulturellen Rang der deutschen Sprache. So lobte er z.B. um 1825 – laut Aufzeichnung seiner Gespräche – einen englischen „Ingenieuroffizier", der ihn in Weimar besuchte, mit den Worten: „Sie haben wohlgetan [...], daß Sie, um Deutsch zu lernen, zu uns herübergekommen sind [...]". Von seinem Gesprächspartner erfuhr er dann, das Interesse an der deutschen Sprache sei inzwischen in England so groß, „daß jetzt fast kein junger Engländer von guter Familie ist, der nicht Deutsch lernte." Darauf erwiderte der Dichter, „daß wenn einer jetzt das Deutsche gut versteht, er viele andere Sprachen entbehren kann", da „wir die vorzüglichsten Werke [...]" in „guten deutschen Übersetzungen lesen" können. Offenbar erschien ihm die Befassung mit der Originalsprache nicht so unverzichtbar wie manchen heutigen Beschwörern des Sprachlernens. Lediglich das Französische hielt Goethe ausdrücklich für nicht ersetzbar durch Deutsch, da es „die Sprache des Umgangs und ganz besonders auf Reisen unentbehrlich" sei (Eckermanns Gespräche mit Goethe, Jahr 1825, Geiger, L. (ed.) (1902) Leipzig: Hesse, 101f.). Das damalige Interesse in England an der deutschen Sprache wird von weiteren Zeitgenossen bestätigt, so z.B. im Bericht einer Reise aus dem Jahr 1928 von Johanna Schopenhauer (1930: 128), bei der Schilderung einer englischen Reisegesellschaft am Niederrhein. Dabei sind auch „ein paar Kinder, deren Erziehung auf Reisen vollendet werden soll. Denn Deutschlernen ist jetzt in England Mode; ich sah in Godesberg eine Familie mit drei oder vier Knaben und Mädchen, die den nächsten Winter in Innsbruck zubringen wollte, um ihre Kinder dort in der deutschen Sprache unterrichten zu lassen." (Dankenswerter Hinweis von Michael Schloßmacher)

Die hohen Sprecherzahlen für Französisch bzw. Englisch (Tab. C.3-1) korrelieren jeweils positiv – zumindest grob – mit Phasen besonderer politischer Machtstellung der Mutterländer. Typisch ist für Deutsch die Zweitplazierung hinter der jeweils zahlenstärksten europäischen Sprache. Interessant sind auch die einst verhältnismäßig niedrigen Zahlen für Russisch und Englisch. Portugiesisch war für Jespersen zur damaligen Zeit offenbar noch gar nicht erwähnenswert. Zu den Zeiten von Jespersen's Daten wirkte sich nämlich die Kolonisationstätigkeit der Mutterländer erst ansatzweise auf die Sprecherzahlen ihrer Sprachen aus.

Im Verhältnis zur Weltbevölkerung ist die Sprecherzahl von Deutsch in den rund 500 Jahren zunächst gestiegen und hat sich dann, ungefähr seit der Mitte des 20. Jh. wieder verringert. Die relative Verringerung wird sich vermutlich in den nächsten Jahrzehnten fortsetzen. Die Weltbevölkerung lag um das Jahr 1500 bei rund 500 Mio. (nach Schätzung der Vereinten Nationen) und überschritt erst „1804 [...] eine Milliarde Menschen [...]. Innerhalb des 20. Jh. hat sich die Weltbevölkerung fast vervierfacht. 1927: 2 Milliarden, 1960: 3 Milliarden, 1974: 4 Milliarden, 1987: 5 Milliarden, 1999: 6 Milliarden und 2011: 7 Milliarden Menschen." „Die UNO erwartet [...] bei mittlerer Projektion bis 2025 8,17 Milliarden und bis 2100 10,9 Milliarden Menschen." (de.wikipedia.org/wiki/ Weltbev%C3%B6lkerung – abgerufen 14.09.2012) Unter Rückgriff auf Tab. C.2-1 und C.3-1 ergibt sich dann ungefähr die in Tab. C.3-2 dargestellte Abfolge von Proportionen, ohne die – immer reichlich unsicheren – Prognosen für die kommenden Jahrzehnte.

1500	2%	10 :	500 Mio.
1800	3%	30 :	1.000 Mio.
1927	4%	80 :	2.000 Mio.
1960	3,3%	100 :	3.000 Mio.
1987	2,7%	133 :	5.000 Mio.
1999	2,1%	125 :	6.000 Mio.
2011	1,5%	104 :	7.000 Mio.

Tab. C.3-2: Langzeitentwicklung der Sprecherzahlen von Deutsch im Verhältnis zur Weltbevölkerung (Deutsch-Muttersprachler in Prozent der Weltbevölkerung) (Sprecherzahlen 1500 bis 1926 nach Jespersen 1933: 229; 1964 nach Muller 1964; 1987 nach *Ethnologue* 1984; 1999 nach Dalby 1999/2000; 2011 nach Kap. C.1, gegen Ende)

4. Ökonomische Stärke der Sprachgemeinschaften im Vergleich

Außer der Sprecherzahl ist die ökonomische Stärke (=Wirtschaftskraft) einer Sprache ein bedeutsamer Faktor, der ihre Stellung in der Welt beeinflusst. Gemeint ist damit natürlich die Wirtschaftskraft der Sprecher oder Sprachgemeinschaft – wie sich ja auch die numerische Stärke auf die Sprecher oder Sprachgemeinschaft bezieht. Die Rede von der numerischen bzw. ökonomischen Stärke *einer Sprache* sind nur verkürzte Ausdrucksweisen. Bei gleicher Sprecherzahl und sonst ähnlichen Bedingungen sind die internationalen Kontakte einer Sprachgemeinschaft in der Regel intensiver, wenn sie über eine größere ökonomische Stärke verfügt. Sie kann sich dann internationale Kontakte eher leisten und pflegt sie gewöhnlich auch: geschäftliche, wissenschaftliche, diplomatische und kulturelle Beziehungen, Auslandsstudien, Studienangebote für Ausländer/ Anderssprachige im eigenen Land, Auslandstourismus, Medienangebote fürs Ausland usw. Alle derartigen Aktivitäten tragen zur Stärkung der Stellung der Sprache in der Welt bei.

Alle numerisch und ökonomisch einigermaßen starken Sprachgemeinschaften der Welt konkurrieren heutzutage um die Stellung ihrer Sprache in der Welt. Dies zeigt das vorliegende Buch in vielfältiger Weise (z.B. Kap. A.1, A.5. A.6, A.8, A.9; F1; G1; H.1). In Anbetracht dieser Konkurrenz ist ein Blick auf ihr ökonomisches Potential interessant, einschließlich dessen Entwicklung in neuerer Zeit. Tab. C.4-1 gibt einen Überblick über schon vorliegende Zahlen (aus Mackey 1976; Ammon 1991a: 49) sowie von mir – unter Mitarbeit von Jana Knigge – neu ermittelte Zahlen (für 2005 und 2009).

Die Zahlen bedürfen der Erläuterung, zumal sie nicht durchgehend auf dieselbe Weise ermittelt und errechnet wurden. William Mackey (1976: 199-220) hat bei seiner Berechnung der ökonomischen Stärke einer Sprachgemeinschaft angesetzt beim durchschnittlichen Pro-Kopf-Einkommen („revenu moyen") und dieses dann mit der Sprecherzahl multipliziert. Dabei hat er sich allem Anschein nach nur auf die Muttersprachler bezogen. Wegen dieses Bezugs auf die Zahl der (muttersprachlichen) Sprecher nennt er die so ermittelte Größe – meines Erachtens etwas missverständlich – den *demographischen Faktor der Sprache* („facteur démographique"; Mackey 1976: 205). Er hat diese – von mir umbenannte – ökonomische Stärke von Sprachgemeinschaften für 10 Sprachen errechnet (Tab. C.4-1, erste Spalte), deren Auswahlkriterien er allerdings nicht spezifiziert. Sicher handelt es sich nicht um die seinerzeit 10 ökonomisch stärksten Sprachgemeinschaften der Welt, denn Japanisch fehlt. Außerdem sind verschiedene numerisch starke Sprachen (Chinesisch, Hindi-Urdu, Bengali und Portugiesisch) nicht einbezogen. Die Werte beziehen sich ungefähr auf das Veröffentlichungsdatum von Mackey's Buch, gemessen in Mia. US-Dollar.

Aufgrund neuerer Daten habe ich die ökonomische Stärke der Sprachgemeinschaften ein wenig anders ermittelt, nämlich im Bezug auf das Bruttosozialprodukt, nicht das Einkommen der Sprecher. Außerdem habe ich Mutter- und Zweitsprachler einbezogen, nicht aber Fremdsprachler. Die Einbeziehung der Zweitsprachler erscheint mir aufgrund der stabileren Sprachzugehörigkeit eher gerechtfertigt als die der Fremdsprachler – für die außerdem keine umfassenden Zahlen vorliegen. Die Abgrenzung wirklicher Sprecher von bloßen Lernern ist hier schwierig (Kap. A.3; C.1).

Bei der vorliegenden Berechnung wurde von den Sprecherzahlen ausgegangen, wofür der *Ethnologue* (1984; 2005; 2009) als Quelle diente, der für jeden Staat der Welt Sprecherzahlen aller jeweils vorkommenden Sprachen liefert (zur Kritik siehe Kap. B.1; C.2). Allerdings bleibt beim *Ethnologue* von 1984 unklar, inwieweit Zweitsprachler einbezogen sind. Über seine Quellen führt er aus: „Some do not distinguish first language speakers from second language speakers." (*Ethnologue* 1984: vii)

Das Bruttosozialprodukt der Staaten wurde jeweils dem *Fischer Weltalmanach* 1990, 2007 und 2012 entnommen, bei einzelnen kleinen Staaten, deren Bruttosozialprodukt nicht angegeben war, behelfsweise das Bruttoinlandsprodukt. Dabei wurde der *Fischer Weltalmanach*, dessen Angaben meist etwas im Verzug sind, zeitlich jeweils möglichst genau auf das Erscheinungsjahr des *Ethnologue* abgestimmt. Allerdings gewährleistet die Abstimmung keine Präzision, da die Erhebungsjahre für die Sprecherzahlen im *Ethnologue* eklatant divergieren. Präzisierende eigene Erhebungen waren mir jedoch nicht möglich (vgl. Kap. C.1).

Sodann wurde für jeden Staat das Bruttosozialprodukt pro Einwohner errechnet (Gesamtbruttosozialprodukt : Einwohnerzahl) und danach jeweils mit der Sprecherzahl der fraglichen Sprache im betreffenden Staat multipliziert (=ökonomische Stärke der Sprachgemeinschaft im jeweiligen Staat). Schließlich wurden alle so ermittelten Werte für jede Sprache über alle Staaten der Welt addiert (=ökonomische Stärke der Sprache insgesamt). Nach der prinzipiell gleichen Methode hat allem Anschein nach auch Graddol (1997: 28f.) die ökonomische Stärke von Sprachen für das Jahr 1994 berechnet, ohne jedoch Quellen und Methode näher zu spezifizieren.

c	1975		1984		2005		2009	
1.	Englisch	944	Englisch	4.271	Englisch	12.717	Englisch	14.187
2.	Russisch	266	Japanisch	1.277	Japanisch	4.598	Chinesisch	5.379
3.	Deutsch	204	Deutsch	1.090	Deutsch	3.450	Japanisch	5.029
4.	Französisch	141	Russisch	801	Spanisch	3.204	Spanisch	5.001
5.	Spanisch	88	Spanisch	738	Chinesisch	2.399	Deutsch	4.257
6.	Italienisch	78	Französisch	669	Französisch	2.215	Französisch	3.109
7.	Niederländisch	37	Chinesisch	448	Italienisch	1.207	Portugiesisch	1.866
8.	Arabisch	26	Arabisch	359	Arabisch	985	Arabisch	1.703
9.			Italienisch	302	Portugiesisch	872	Italienisch	1.687
10.			Portugiesisch	234	Russisch	584	Russisch	1.185
11.			Niederländisch	203	Hindi-Urdu	215		
12.			Hindi-Urdu	102	Bengali	113		

Tab. C.4-1: Entwicklung der ökonomischen Stärke der wirtschaftsstärksten Sprachgemeinschaften in neuerer Zeit (Quellen: Mackey 1976; *Ethnologue* 1984 und *Fischer Weltalmanach 1990*; *Ethnologue* 2005 und *Fischer Weltalmanach 2007*; *Ethnologue* 2009 und *Fischer Weltalmanach 2012*)

Bei den Veränderungen im Verlauf der dokumentierten Zeitspanne von 34 Jahren, die ich hier nur für die Sprachen auf den höheren Rängen kommentiere, fällt bei Deutsch die lange Stabilität des Rangplatzes auf (Rang 3 von 1984 bis 2005). Erst in neuerer Zeit wurde Deutsch von diesem „angestammten" Platz verdrängt, besonders deutlich von Chinesisch und in schwächerem Maße auch von Spanisch.

Die Verdrängung durch Chinesisch ist kaum erstaunlich, wenn man an die ständigen Medienberichte über den Aufstieg des Reiches der Mitte zur wirtschaftlichen Weltmacht denkt, das womöglich bald auch die USA wirtschaftlich überholt. In Anbetracht dessen ist auch die Größenordnung des wirtschaftlichen Vorsprungs der chinesischen vor der deutschen Sprachgemeinschaft (ca. 21%) keine Überraschung – und sicher inzwischen noch weit größer geworden. Allerdings könnte die in Tab. C.4-1 für 2009 angegebene ökonomische Stärke des Chinesischen auch überzogen sein, da ihr – entsprechend *Ethnologue* (2009) – nicht nur die Sprecherzahlen des Mandarin, sondern aller Varietäten des Chinesischen zugrunde lagen (1.213 Mio. gegenüber 845 Mio. Muttersprachlern + 178 Mio. Zweitsprachlern; vgl. Kap. C.2).

Weniger zu erwarten war die größere wirtschaftliche Vorrangstellung auch der spanischen Sprachgemeinschaft. Sie ist trotz der deutlichen größeren Sprecherzahl (numerischen Stärke) zumindest aus europäischer Sicht erstaunlich, da ja speziell über das europäische Ursprungsland der Sprache, Spanien, seit Jahren wirtschaftliche Hiobsbotschaften verlauten. Vermutlich wird dessen wirtschaftliche Schwäche aber durch lateinamerikanische Staaten wie z.B. Mexiko ausgeglichen, die in neuerer Zeit – auch im Rahmen und infolge der NAFTA (North American Free Trade Agreement) – ein schnelleres Wirtschaftswachstum an den Tag legen konnten als die deutschsprachigen Staaten. Vielleicht also basiert die in den letzten Jahren aufschießende Popularität von Spanisch als Fremdsprache (vgl. Kap. K.7) doch auf einer festeren Grundlage als der Sehnsucht nach Flamenco und nach Ferien an sonnigen Stränden.

5. Ökonomische Stärke im Vergleich zur numerischen Stärke

Wie schon in Kap. C.4 angedeutet, kongruiert die Rangordnung der Sprachgemeinschaften nach ihrer ökonomischen Stärke (Bruttosozialprodukt) nicht mit der Rangordnung nach ihrer numerischen Stärke (Sprecherzahl). Dies zeigt der Vergleich von Tab. C.2-1 mit Tab. C.4-1 (Kap. C.2 bzw. C.4). Die folgenden Abb. C.5-1 und C.5-2 veranschaulichen den Vergleich für zwei Erhebungsjahre, für die Daten zu beiden Größen: ökonomische und numerische Stärke, vorliegen. Daran knüpfe ich hier weitere, teilweise auch spekulative Überlegungen an.

Bei der Interpretation von Abbildungen C.5-1 und C.5-2 und Erklärungsversuchen der Befunde darf die Grobheit der Daten nicht vergessen werden, die vor allem bedingt ist durch die zweifelhaften Sprecherzahlen, aufgrund unklarer Erhebungsmethoden und divergierender Erhebungszeiten (Kap. C.2). Daher beschränke ich mich auf für das Thema des vorliegendes Buches besonders wichtige und auf deutlich ausgeprägte Befunde.

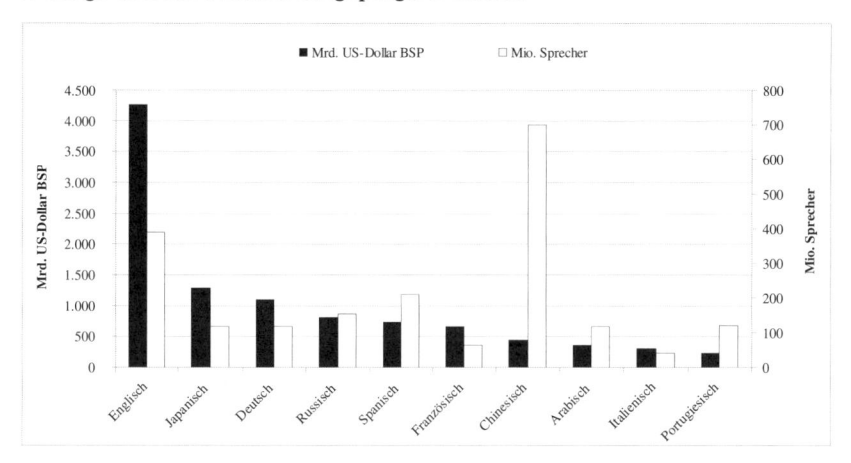

Abb. C.5-1: Ökonomische Stärke der deutschen Sprachgemeinschaft im Vergleich zu anderen Sprachgemeinschaften um 1984 in Mia. US $ (Quellen: *Ethnologue* 1984 und *Fischer Weltalmanach 1990*)

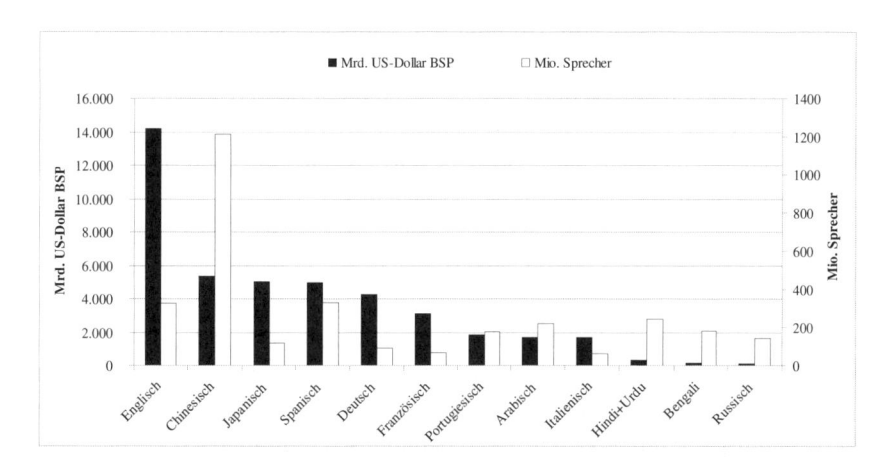

Abb. C.5-2: Ökonomische Stärke der deutschen Sprachgemeinschaft im Vergleich zu anderen Sprachgemeinschaften um 2009 in Mia. US $ (Quellen: *Ethnologue* 2009 und *Fischer Weltalmanach 2012*)

Von unmittelbarer Relevanz für das Thema dieses Buches ist das Zurückfallen der deutschen Sprachgemeinschaft nach der ökonomischen Stärke von Rang 3 auf Rang 5. Für die Erklärung wichtig erscheint mir das gleichzeitige Zurückfallen nach der Sprecherzahl von Rang 7 auf Rang 10. Diese Parallelität legt den Schluss nahe, dass der ökonomische Rangverlust hauptsächlich durch den numerischen Rangverlust bedingt ist. Ökonomisch ist Deutsch in der Zeit von 1984 bis 2009 zurückgefallen hinter Chinesisch und Spanisch, vor denen es 1984 – und sogar noch 2005 (vgl. Tab. C.4-1) – rangierte.

Genauer haben sich die Proportionen in der Zeitspanne 1984 – 2009 wie folgt verändert (vgl. Tab. C.2-1, C.4-1 – hier aufgrund der nicht-gerundeten Zahlen, wodurch z.B. „1,9" statt „2,0" für ‚Chinesisch : Deutsch' bei „Numerisch" entsteht).

Chinesisch : Deutsch
Numerisch 13,5 (2009) : 6,9 (1984) (Wachstumsquote der Proportionen 1,9)
Ökonomisch 1,3 (2009) : 0,4 (1984) (Wachstumsquote der Proportionen 3,3).

Spanisch : Deutsch
Numerisch 3,7 (2009) : 1,8 (1984) (Wachstumsquote der Proportionen 2,1)
Ökonomisch 1,2 (2009) : 0,7 (1984) (Wachstumsquote der Proportionen 1,7).

Daraus lässt sich schließen, dass die chinesische Sprachgemeinschaft die deutsche Sprachgemeinschaft ökonomisch hauptsächlich überholt hat aufgrund stärkeren ökonomischen Wachstums (nach Bruttosozialprodukt), die spanische dagegen hauptsächlich aufgrund stärkeren numerischen Wachstums (Sprecherzahl). Die chinesische Sprachgemeinschaft ist also in dieser Zeit vor allem wirtschaftlich stärker gewachsen als die deutsche, die spanische dagegen hauptsächlich nach der Bevölkerungs-/ Sprecherzahl.

Wenden wir uns nun noch einem Befund zu, der die deutsche Sprache oder Sprachgemeinschaft nicht direkt betrifft, aber sie indirekt doch nachhaltig tangieren könnte. Es handelt sich um die Diskrepanz zwischen numerischer und ökonomischer Stärke bei der chinesischen Sprachgemeinschaft. Sie ist z.B. viel geringer bei der spanischen Sprachgemeinschaft, was sich schon daran zeigt, dass sie nach beiden Kriterien jeweils einen ähnlichen Rangplatz belegt: 1984 ökonomisch 5, numerisch 3; 2009: ökonomisch 4, numerisch 2 – pari passu mit Englisch. Dagegen belegt die chinesische Sprachgemeinschaft 1984 ökonomisch nur Rang 7, aber numerisch Rang 1. Allerdings haben sich beide Ränge 2009 stark angenähert: ökonomisch Rang 2, numerisch Rang 1. Der Intervallabstand bleibt aber augenscheinlich groß, auch wenn man berücksichtigt, dass die Maßzahlen nicht unmittelbar vergleichbar sind.

Auffällig – und wenn man so will, ominös – ist auch der Unterschied zwischen der chinesischen und der englischen Sprachgemeinschaft. Während bei der chinesischen die numerische Stellung die ökonomische bei weitem übertrifft, ist es bei der englischen umgekehrt, aber auch bei der japanischen, deutschen, französischen und – schwächer ausgeprägt – bei der spanischen. Dieser Befund legt die Vermutung nahe, dass die chinesische Sprachgemeinschaft mehr ökonomisches Wachstumspotential hat als die englische, japanische, deutsche, französische und auch spanische.

Dies wäre jedenfalls dann der Fall, wenn dem weiteren Bevölkerungswachstum in der heutigen Welt engere Grenzen gesteckt sind als dem reinen Wirtschaftswachstum. Dafür sprechen die nach meiner Einschätzung seit langem geäußerten Warnungen vor der Überbevölkerung der Welt, die mir besser begründet erscheinen als die ebenfalls zu vernehmenden Warnungen vor mehr Wirtschaftswachstum, deren mögliche schädliche, vor allem ökologische Folgen eher durch neue Techniken kontrollierbar sein dürften. Außerdem flacht sich das Bevölkerungswachstum in den höher entwickelten Staaten generell ab, so dass für sie daraus kaum zusätzliches Wirtschaftswachstum zu generieren ist (de.wikipedia.org/wiki/Bev%C3%B6lkerungsexplosion – abgerufen 22.10.2012). Dies gilt speziell für die hier zur Diskussion stehenden Staaten: die englisch-, japanisch-, deutsch- und französisch- und in geringerem Maße auch die spanischsprachigen. Allerdings überschreitet diese Frage den – wenn auch interdisziplinär ausgedehnten – fachlichen Horizont des vorliegenden Buches und sollte letztlich von kompetenterer Seite beantwortet werden.

Immerhin indizieren unsere Daten eine Tendenz, die mit dieser Annahme unterschiedlicher wirtschaftlicher Wachstumschancen kompatibel ist. Ich möchte dies hier zeigen anhand der – im Zusammenhang mit der vorliegenden Thematik immer wieder aufkommenden – Frage, ob die chinesische Sprache (Sprachgemeinschaft) nicht auf dem Weg sei, die englische an ökonomischer Stärke insgesamt zu überholen. Diese Frage bezieht sich meist genau auf die Diskrepanz zwischen numerischer und ökonomischer Stärke in der chinesischen Sprachgemeinschaft, die ein Aufholpotential nahe legt, das die seit Jahren gemeldeten Zahlen zum Wirtschaftswachstum unterfüttern. Offenkundig wäre die ökonomische Stärke der chinesischen Sprachgemeinschaft weit größer als die der englischen, wenn sie zur numerischen Stärke proportional wäre, nämlich – nach unseren Daten für 2009 (vgl. Tab. C.2-1) – rund 3,7 mal so groß, also bei über 50.000 Mia. US $.

Tatsächlich hat Chinesisch gegenüber Englisch schon in der hier betrachteten Zeitspanne an ökonomischer Stärke erheblich aufgeholt. Darüber sollte auch die immer noch beeindruckende absolute Spitzenstellung von Englisch nicht hinwegtäuschen. Denn die Proportionen sind im Verlauf dieser 25 Jahre geschrumpft von 9,6 : 1 auf 2,6 : 1. Bei linearer Fortdauer dieser proportionalen Verschiebung würde die chinesische Sprache (Sprachgemeinschaft) die englische im Verlauf des Jahres 2018 einholen und danach immer weiter hinter sich lassen, bis sie Mitte des Jahres 2031 die 3,7-fache Größe erreicht hätte.

Dies lässt sich errechnen mit Hilfe der nach den Veränderungen von 1984 bis 2009 (Tab. C.2-1 und C.4-1) anzusetzenden linearen Funktion y = −7/25 x + 9,6 (auf deren Vereinfachung durch die lineare Modellierung ich gleich zurückkomme). Dabei lege ich den Schnittpunkt auf der y-Achse bei x = 0 auf 9,6 (Proportion am Anfang der betrachteten Zeitspanne). Die Steigung (hier: das Gefälle) setze ich an mit −7/25 (Schwund der Proportion im Verlauf der betrachteten Zeitspanne von 25 Jahren: 9,6 − 2,6 = 7). Die Schnittstelle mit der x-Achse (y = 0) ergibt sich dann bei +9,3 (Lösung nach x der Gleichung 0 = −7/25 x + 9,6). Bezogen auf das Jahr 2009 (Ende der betrachteten Zeitspanne von 25 Jahren) erreichen wir damit das Jahr 2018,3 (2009 + 9,3). Daher das prognostizierte Einholen des Chinesischen von Englisch bezüglich ökonomischer Stärke im Verlauf des Jahres 2018, am Ende des ersten Viertels dieses Jahres. Wenn wir weiter unverändertes proportionales Wachstum annehmen (lineare Funktion), reduziert sich die Proportion fortlaufend um 7/25 und erreicht schließlich 1 : 3,7 statt 9,6 : 1 nach 47,5 Jahren (ausgehend von 1984 als x = 0; gesetzt y = −3,7; Lösung nach x der Gleichung −3,7 = −7/25x + 9,6). Die 47,5 Jahre sind dann zu 1984 hinzu zu addieren, womit wir die Mitte des Jahres 2031 erreichen.

Allerdings lassen sich gegen diese Prognose in Form einer linearen Extrapolation drei nachdrückliche Einschränkungen vorbringen. Eine davon wurde schon angedeutet: Die Linearität des Wachstums ist höchst zweifelhaft. Wahrscheinlicher erscheint es, dass sich das chinesische Wachstum abschwächt, wie es im Zuge der „Reifung" von Wirtschaften von unterentwickelten zu entwickelten regelmäßig beobachtet wurde. Ein markantes Beispiel ist Japan, dessen Wirtschaftwachstum bei Angleichung an das technologische Niveau der konkurrierenden Staaten sich auch auf deren Wachstumsgeschwindigkeit verlangsamt hat. Statt einer linearen Modellierung wäre also vermutlich eine logarithmische, mit sich abflachendem Verlauf realitätsgerechter, für deren Präzisierung mir freilich keine brauchbaren Anhaltspunkte vorliegen.

Ein zweiter Einwand folgt aus meiner schon in Kap. C.2 und C.3 ausgeführten Entscheidung, dass ich für das Chinesische − in vielleicht zu unkritischer Anlehnung an den *Ethnologue* (2009) − die Sprecherzahlen für alle Varietäten, nicht nur für Mandarin einbezogen habe (1.213 Mio. gegenüber 845 Mio. Muttersprachlern + 178 Mio. Zweitsprachlern). Möglicherweise wurde damit das numerische Potential des Chinesischen überschätzt.

Auch der dritte und gewichtigste Einwand gegen die vorliegende Prognose bezieht sich auf die numerische Stärke der Sprachgemeinschaften, spezieller die Beschränkung des Maßstabes der ökonomischen Stärke einer Sprache oder

Sprachgemeinschaft auf die Mutter- und Zweitsprachler (Kap. C.4). Nähme man die Fremdsprachler hinzu, so bliebe Englisch auch für Chinesisch ganz unerreichbar. Die Lerner und die Sprecher von Englisch als Fremdsprache übertreffen die Fremdsprachler des Chinesischen um ein Vielfaches und haben offenbar die Tendenz der Ausdehnung auf die gesamte Weltbevölkerung (vgl. Kap. A.7; C.2 Schluss; K.7; Graddol 2000; 2006; Crystal 2003). Wenn man deren ökonomisches Potential in das Maß für die ökonomische Stärke einer Sprache einbezieht, bleibt Englisch – soweit heute abschätzbar – auf unbestimmte Zeit mit Abstand die ökonomisch stärkste Sprache.

Allerdings passt dann die hier bezüglich ökonomischer Stärke praktizierte terminologische Gleichsetzung von Sprache und Sprachgemeinschaft nicht mehr ohne weiteres. Es liegt nun nahe, nur von ökonomischer Stärke der Sprache, nicht der Sprachgemeinschaft zu sprechen – außer man dehnt den Begriff der Sprachgemeinschaft ausdrücklich aus auch auf die Fremdsprachler. Eine terminologische Alternative wäre die Rede von der „ökonomischen Stärke der Sprecher einer Sprache", was dann die Fremdsprachler einschlösse.

D. Deutsch als staatliche Amtssprache

1. Begriffsklärung und Länderüberblick Deutsch als staatliche Amtssprache

Wie die Sprecherzahl (Kap. C), so dient auch die Zahl und Größe der Staaten, in denen eine Sprache staatliche Amtssprache ist, nicht selten zur Charakterisierung oder als Indikator ihrer Stellung in der Welt (z.B. Conrad/ Fishman 1977: 7-13; Haut Conseil 1986: 14f.; Jernudd 1987). Bei mehreren Staaten mit gleicher Amtssprache wird diese Sprache zwischen ihnen bevorzugt gebraucht, also für „internationale Kommunikation im weiteren Sinn" (nations-, aber nicht sprachübergreifend; Kap. A.3); sogar im Falle von Kontakteinschränkungen aus politischen Gründen, wie z.B. früher zwischen BRD und DDR oder nach wie vor zwischen Süd- und Nordkorea, wird bei den – dann selteneren – Kontakten eher in der gemeinsamen Amtssprache als in einer anderen Sprache kommuniziert. Unter ansonsten gleichen Bedingungen erhöht sich dadurch auch für andere die Wahrscheinlichkeit, mit der Sprache in Berührung zu kommen und ihr Kommunikationspotential zu erfahren, was zu ihrem Erlernen motivieren kann (Kap. A.7). Daher ist die Verankerung in mehreren Staaten potentiell ein stellungsstärkender Faktor für eine Sprache. Sie kann eine Rolle spielen bei der Gewährung einer privilegierten Stellung in internationalen Organisationen oder Konferenzen (dazu Kap. H.3). Ebenso kann sie sich auf curriculare Entscheidungen über zu erlernende Fremdsprachen auswirken. Außerdem gewährt jeder Staat seinen Amtssprachen Schutz und Förderung, nicht zuletzt durch ihre damit in der Regel verbundene bevorzugte Stellung im Schulsystem (Kloss 1969b: 549). All dies kann die Stellung der Sprache in der Welt stärken wie auch die Chancen ihres Erhalts innerhalb des betreffenden Staates. Ernsthaft bedroht vom „Aussterben", dem gänzlichen Außer-Gebrauch-Kommen, sind nur solche Sprachen, die nirgendwo staatliche Amtssprache sind. Dagegen können sogar größere Sprachen in denjenigen Staaten außer Gebrauch kommen, in denen sie nur Minderheitssprache, aber nicht staatliche Amtssprache sind (dazu Kap. E). Diese Zusammenhänge rechtfertigen es, dem Thema ‚Deutsch als staatliche Amtssprache' im Rahmen des vorliegenden Buches ein eigenes Kap. zu widmen.

Da die einschlägige Terminologie nicht ohne Weiteres klar ist, empfiehlt sich die Erläuterung, auch der zugehörigen Begriffe. Nicht selten vermisst man Klarstellungen sogar in bedeutsamen Nachschlagewerken. So bleibt z.B. der

Terminus „official language", das übliche englische Äquivalent von „Amtssprache", völlig unerläutert in dem traditionsreichen *Political Handbook of the World* ([1928] Banks/ Muller/ Overstreet 2007), das ich – neben anderen Quellen – zur Länderauszählung staatlicher Amtssprachen herangezogen habe. Vor allem hätte man sich Klarstellungen gewünscht, ob speziellere Funktionen die staatliche Amtssprachlichkeit implizieren. So lautet z.B. der Eintrag bei Luxemburg: „*Official language*: Letzeburgish. As a general rule, French is used for administrative purposes, and German for Commerce" (ebd.: 740). Ob Französisch und Deutsch damit ebenfalls Amtssprachen Luxemburgs sind, was der Fall ist (Kap. D.2.5), müssen die Leser selbst erraten. Der Eintrag für Belgien lautet lakonisch: „Official languages: Dutch, French, German" (ebd.: 110). Dabei entsteht der falsche Eindruck, die drei Sprachen seien als Amtssprachen Belgiens gleichgestellt – was nicht zutrifft (vgl. Kap. D.3.1). Im Gegensatz dazu erläutert der *Der Fischer Weltalmanach*, z.B. *2009* (2008: 811 bzw. 815) „Amtssprache" deutlicher als „Offizielle → Sprache in einem Staat (bei Behörden, Gerichten etc.) oder einer internationalen Organisation", wovon er speziellere Fälle absetzt als „Sprachen: Neben der → Amtssprache die wichtigsten gesprochenen Sprachen [im betreffenden Staat! U.A.]". (Hervorhebungen des Originals eliminiert)

Hilfreiche Spezifizierungen des Begriffs ‚staatliche Amtssprache' finden sich in Conrad/ Fishman (1977: 7-13) oder auch in Korkisch (1978). So kann die staatliche Amtssprachlichkeit d*eklariert* sein oder nicht. Selbstverständlich ist es bedeutsam, in welchen Gesetzen eine staatliche Amtssprache deklariert ist (z.B. in der Verfassung oder nur in Bestimmungen niedrigeren Ranges). Die staatliche Amtssprachlichkeit kann auf bestimmte staatliche Domänen beschränkt sein. Jedoch erstreckt sie sich, wenn nicht näher spezifiziert, meist auf Regierung und Parlament, staatliche Verwaltung, Rechtswesen, Exekutive (Polizei) und Militär, die deshalb manchmal als *amtliche* (oder *offizielle*) *Domänen* bezeichnet werden. In fast allen Fällen ist die staatliche Amtssprache auch schulische Unterrichtssprache oder wenigstens obligatorisches Schulfach, zumindest in den öffentlichen Schulen – was aber für sich genommen keine hinreichende Bedingung für die amtssprachliche Stellung ist. Die Amtssprachlichkeit regelt nur den dienstlichen (förmlichen) Gebrauch in den betreffenden Domänen, nicht die dort stattfindende private (informelle) Kommunikation.

Eine deklarierte Amtssprache lässt sich meist einfacher feststellen (aus der Regelung) als eine bloß faktische, die unter Umständen empirische Untersuchungen erfordert. Für die Funktion macht die Deklaration oft keinen Unterschied. Daher kann der Unterschied – bei entsprechend reduzierten Ansprüchen an die Genauigkeit – auch für Zählungen der Amtssprachen von Staaten ignoriert werden. So verfahre auch ich beim weltweiten Vergleich (Kap. D.4).

Jedoch sollte man sich des Unterschieds bewusst sein, da er für manche Fragen relevant ist. Der terminologische Gegensatz von *amtlichem Status* (deklariert) gegenüber *amtlicher Funktion* (faktisch) bezieht sich auf denselben Unterschied (Conrad/ Fishman 1977: 8; Fasold 1984: 20, 72), auch im vorliegenden Buch. Gelegentlich wird eine deklarierte Amtssprache etwas unbeholfen als „offizielle Amtssprache" bezeichnet. Bei amtlicher Funktion (mit oder ohne amtlichen Status) wird auch von *Arbeitssprache* gesprochen. Jedoch kann dies auch einen besonderer Status oder eine besondere Funktion in einer internationalen Organisation oder Institution eines Staatenverbundes wie der EU bedeuten (Kap. H.3; H.4.2).

Es gibt mindestens drei Kombinationen von amtlichem Status und amtlicher Funktion:

(i) amtlicher Status mit untergeordneter amtlicher Funktion (z.B. Suaheli in Kenia; unter anderem sind alle Parlamentsbeschlüsse auf Englisch zu fassen; Ogechi 2003: 287),
(ii) amtliche Funktion ohne amtlichen Status (z.B. Englisch in Malaysia, subsidiär neben vorherrschendem Malaiisch),
(iii) amtlicher Status und volle amtliche Funktion (z.B. Englisch in Kanada).

Amtlicher Status ganz ohne amtliche Funktion kommt kaum vor und ist auch im Falle des gelegentlich als Beispiel genannten Suaheli in Kenia eine Übertreibung. Die amtliche Funktion kann jedoch stark divergieren, zum einen nach Art und Anzahl der amtlichen Domänen, in denen eine Sprache verwendet wird, und zum anderen nach dem Umfang der Verwendung in den Domänen. Daraus können Abgrenzungsprobleme bezüglich nur funktionaler (nicht deklarierter) Amtssprachen erwachsen. Deklarierte Amtssprachen gelten in der Regel ohne weiteres als Amtssprachen, auch bei geringer amtlicher Funktion; dagegen werden rein funktionale Amtssprachen bisweilen übersehen. Daher sollte für genauere Zwecke spezifiziert werden, welche Art der Verwendung für ihre amtliche Stellung konstitutiv ist, am besten durch Angabe der Domänen ihres Gebrauchs und ihre Ko-Existenz mit anderen Amtssprachen. Conrad/ Fishman (1977: 8) unterscheiden vor allem die Verwendung

(1) zur Kodifizierung der Gesetze („recording of laws"),
(2) in parlamentarischen Debatten („conduct of parliamentary debates"),
(3) in der staatlichen Administration („administrative record keeping") und
(4) in der Rechtsprechung („operation of the courts").

Man könnte noch das eine oder andere hinzufügen, z.B. für (5) den schriftlichen und amtlichen mündlichen Verkehr der Polizei oder (6) des Militärs.

Die Funktion als staatliche Amtssprache lässt sich dann definieren als logische Konjunktion (1 und 2 und ...) oder als logische Alternative (1 und/oder 2 und/oder ...). Korkisch (1978) deutet eine mögliche Begriffsausweitung an, indem er unter der Überschrift „Amts- und Gerichtssprache" auch noch die Sprachen des Vereinswesens, der Wirtschaft, der Religionsgemeinschaften und der Selbstverwaltungskörperschaften ethnischer Gruppen erörtert, und zwar auch im internen Gebrauch, nicht nur mit staatlichen Stellen. Jedoch ist für die Abgrenzung zwischen ‚Deutsch als staatliche Amtssprache' (Kap. D) und ‚Deutsch als Minderheitssprache' (Kap. E) ein engerer Begriff von ‚staatlicher Amtssprache' zweckmäßiger. Daher beschränke ich mich auf den Vorschlag von Conrad/ Fishman (1977), allenfalls erweitert um (5) und (6). Allerdings besteht keine Gewähr, dass den Statistiken, auf die ich mich für den Zahlenvergleich von Deutsch mit anderen Sprachen stütze (Kap. D.4), derselbe enge Begriff zugrunde liegt.

Sowohl der Unterschied zwischen deklarierter und bloß funktionaler Amtssprache als auch die Differenzierung nach Domänen spielt nur eine Rolle für Staaten, für die ernsthaft in Frage steht, ob sie mehr als nur eine Amtssprache haben. Adjektivisch kann man alleinige Amtssprachen bei Bedarf als *solo-offiziell* und andere als *ko-offiziell* bezeichnen (Substantivierungen: *Solo-/ Ko-Offizialität*), oder genauer auch: als *ko-offiziell mit 1 weiteren Sprache, ko-offiziell mit 2 weiteren Sprachen* usw. Ein Staat mit der Amtssprache La lässt sich auch – terminologisch bislang ungewöhnlich – als *Amtssprach-Staat von La* bezeichnen. Allerdings wird die weitere Differenzierung dieses Terminus nach Solo- und Ko-Offizialität umständlich. Falls keine größere Präzision erforderlich ist, kann man daher unter den Terminus *Amtssprach-Staaten von La* alle Staaten mit La als Amtssprache subsumieren, ob solo- oder ko-offiziell. Dann gehört z.B. für Deutsch die Schweiz ebenso dazu wie Deutschland. Bei Bedarf kann man weiter differenzieren, dass es für Deutsch drei *Solo-* und vier *Ko-Amtssprach-Staaten* gibt (Deutschland, Österreich, Liechtenstein bzw. Schweiz, Luxemburg, Italien, Belgien). Jedoch führen solche Ausdrucksweisen einerseits in die Richtung von Terminologie-Ungetümen und tragen andererseits einem ebenfalls wichtigen Unterschied nicht Rechnung.

Gemeint ist der Unterschied zwischen *nationaler* und *regionaler Amtssprache*. Kloss (1972: 220) hat mit ähnlicher Bedeutung die terminologische Differenzierung von *Amtssprache des Staates* und *Amtssprache im Staat* vorgeschlagen, die allerdings nicht geläufig geworden ist (vgl. auch Korkisch 1978: 118f.). Der Unterschied ‚national – regional' darf nicht verwechselt werden mit dem Unterschied ‚solo-offiziell – ko-offiziell'. So ist z.B. Deutsch sowohl in Österreich als auch in Luxemburg nationale Amtssprache, aber in Österreich solo- und in Luxemburg ko-offiziell (Kap. D.2.2 bzw. D.2.5); in Belgien und Italien ist Deutsch dagegen regionale Amtssprache, aber in Belgien (in der Deutschsprachigen Gemeinschaft) solo-offiziell und in Italien (in der Provinz Bozen-Südtirol) ko-offiziell (Kap. D.3.1 bzw. D.3.2). Noch komplizierter sind die Verhältnisse in der Schweiz, wo Deutsch zwar ko-offiziell, aber immerhin nationale Amtssprache ist, jedoch das „Territorialitätsprinzip" seinen Gebrauch regional einschränkt (Kap. D.2.4). Nationale Amtssprache ist es aufgrund von Status und Funktion in der Regierung und im Parlament des Bundes (in Bern), und zwar für die ganze Schweiz, und regional eingeschränkt ist es auf die Deutschschweiz für die sonstigen amtlichen Domänen und die Schulsprache.

Bei ‚regionalen Amtssprachen' kann gelegentlich die Abgrenzung von ‚anerkannten Minderheitssprachen' (vgl. Kap. E) zweifelhaft sein. Ein Beispiel liefert ein Wikipedia-Artikel, der für Deutsch als „Amtssprache" die folgenden Vorkommnisse nennt (zusätzlich zu den am Ende dieses Kap. als nationale bzw. regionale Amtssprachen genannten Staaten und Staatsteilen):

„Deutsch ist Amtssprache in:
[...]
Dänemark: in Gebieten der deutschen Minderheit in Nordschleswig (zusammen mit Dänisch)
[...]
Slowakei: in Gemeinden, in denen die deutsche Minderheit über 20 % der Bevölkerung ausmacht (das ist tatsächlich nur in den Gemeinden Chmeľnica und Krahule der Fall) (zusammen mit Slowakisch)
Vatikanstadt: offizielle Amtssprache der Schweizergarde (zusammen mit Italienisch)"
(de.wikipedia.org/wiki/Liste_der_Amtssprachen – abgerufen 17.11.2012).

Im Gegensatz dazu und zu den offenbar angewandten, aber nicht explizierten Kriterien ist für unseren Begriff der staatliche Charakter der Amtssprachlichkeit wesentlich, auch bei regionalen Amtssprachen, selbst wenn das verdeutlichende Adjektiv (*staatlich*) bisweilen der Prägnanz zum Opfer fällt. Solche staatliche Amtssprachlichkeit ist der Zulassung auf kommunaler Ebene oder für Spezialfunktionen wie bei der Schweizergarde in Vatikanstadt übergeordnet. Dafür müssen Funktionen von Deutsch auf höherrangiger als der nur kommunalen Verwaltungsebene vorliegen: in einer politischen Entität mit mindestens kultureller Autonomie gegenüber der nationalen Zentralregierung und auch mit eigener Regierung (Kabinett und Regierungschef von der Art eines – wie auch immer titulierten – Ministerpräsidenten). Ein weiteres notwendiges, aber nicht hinreichendes Kriterium ist die Stellung von Deutsch in dieser politischen Entität als verbreitete Unterrichtssprache, nicht nur an einzelnen Schulen. Diese Kriterien erfüllen für Deutsch nur die *Deutschsprachige Gemeinschaft* im Osten

Belgiens und die *Provinz Bozen-Südtirol* im Norden Italiens (siehe Karte D.1-1 am Ende dieses Kap.).

Zwar ist der Begriff ‚regionale Amtssprache' damit nicht unbedingt ausreichend geschärft für die eindeutige Anwendung auf alle Sprachen der Welt, weshalb quantifizierende Vergleiche zwischen den Sprachen, z.B. nach der Zahl der Staaten, in denen sie „regionale Amtssprache" sind, fragwürdig bleiben (vgl. Kap. D.4). Außerdem ist der Terminus insoweit missverständlich, als mit „Regionen" auch andere politische Entitäten bezeichnet werden. So sind sowohl die Deutschsprachige Gemeinschaft in Belgien als auch die Provinz Südtirol in Italien in andersartige „Regionen" des eigenen Staates eingebunden: die „Region" *Wallonien* in Belgien bzw. die „Region" *Trentino-Südtirol* in Italien. Hinzu kommen einzelstaat-übergreifende, wenn auch verhältnismäßig lockere regionale Zusammenschlüsse: im Falle der Deutschsprachigen Gemeinschaft die Einbindung in die Europaregion *Euregio Maas-Rhein* (niederländisch *Maas-Rijn/ Meuse-Rhin*) im Grenzraum Belgien/ Deutschland/ Niederlande (de.wiki pedia.org/wiki/Liste_der_Europaregionen – abgerufen 17.12.2012) und im Falle Südtirols in die *Arbeitsgemeinschaft Alpenländer* (*ARGE ALP*), die außer den italienischen Regionen Trentino-Südtirol (einschließlich der Provinz Bozen-Südtirol) und Lombardei noch die österreichischen Bundesländer Tirol und Vorarlberg, die Schweizer Kantone Graubünden, St. Gallen und Tessin sowie die deutschen Bundesländer Baden-Württemberg und Bayern umfasst (Grote 2009: 226 – detailliert zu den regionalen Einbindungen Südtirols ebd.: 225-249). Jedoch haben all diese „Regionen" keine eigenen Regierungen, so dass die mit dem Terminus *regionale Amtssprache* bezeichneten politischen Entitäten sich davon deutlich abheben. Außerdem aber erscheint der Terminus *regionale Amtssprache* trotz Mehrdeutigkeit mangels treffender Alternative zweckmäßig, weil er mit der hier spezifizierten Bedeutung (im Bezug auf Entitäten mit staatsähnlicher Struktur) schon weitgehend gängig ist (dazu auch Ammon 1991a: 65-80) – wobei im Falle möglichen Missverständnisses die Spezifizierung als *staatliche* regionale Amtssprache ratsam erscheint.

Vor dem 21. März 1990 hatte Deutsch auch einen amtlichen Status in Namibia, auf den ich früher ebenfalls den Terminus *regionale Amtssprache* angewandt habe (Ammon 1991a: 75-80). Tatsächlich war bei seiner Gewährung von der „Region der Weißen" die Rede, worauf dieser Status – in offenkundig von südafrikanischem Apartheidsdenken beeinflusster, rassistischer Ausrichtung – beschränkt war. Jedoch fehlte dieser „Region" die eigene staatliche Struktur, so dass der hier nun entsprechend spezifizierte Terminus *regionale Amtssprache* nicht mehr zutrifft. Ohnehin aber hat Deutsch jenen amtlichen Status eingebüßt, als Namibia aufgrund des Sieges der *South West Africa People's Organisation* (*SWAPO*) volle staatliche Unabhängigkeit erlangte (07. – 11.11.1989 Wahlen zur verfassunggebenden Versammlung, 21.03.1990 Unabhängigkeitserklärung). Allerdings hat Deutsch in Namibia noch den erklärten Status einer *Nationalsprache*, in Anerkennung seiner Sprecher (Muttersprachler) als einer autochthonen, schon vor der Staatsgründung anwesenden, bedeutsamen Ethnie oder Volksgruppe (siehe Kap. E.4.9).

Diesen Begriff ,Nationalsprache' gilt es vom Begriff ,Amtssprache' zu unterscheiden, und für das folgende Kap. E auch vom Begriff ,Minderheitssprache'. Sein wesentliches Merkmal ist die Symbolik für die Nation (siehe Kap. A.3). Allerdings kann eine solche Nationalsprache auch die traditionelle Muttersprache nur einer einzelnen Ethnie (oder Nationalität) in einem multinationalen Staat, also auch eine Minderheitssprache, sein. Dagegen ist die Nationalstaatsidee mit einer solchen multiethnischen Staatsnation nicht kompatibel, sondern sieht sich letztlich nur erfüllt in einem monoethnischen und monolingualen Staat. Die historischen Entwicklungen in die Richtung solcher Nationalstaaten werden gesellschaftspolitisch unterschiedlich gesehen und bewertet im Rahmen marxistischer und nicht-marxistischen Gesellschaftstheorien (z.B. Ising 1987 gegenüber Anderson 1983). Jedoch betonen beide die Entstehung von Standardvarietäten und deren Verbindung mit Nonstandardvarietäten zu einer einzigen Gesamtsprache – allerdings ohne die im vorliegenden Buch angewandte Terminologie (*Varietät, Standardvarietät, Überdachung* usw.; Kap. B.1; B.2; Ammon 1995a: 18-34).

Voraussetzungen für eine Nationalsprache ist es, dass sie Muttersprache eines „wichtigen" Teils der Bevölkerung der betreffenden Staatsnation ist. Die Wichtigkeit bedarf nicht unbedingt einer großen Sprecherzahl (numerischen Stärke), sondern eher der Bedeutsamkeit für die Geschichte der Staatsnation. Eine weitere Voraussetzung ist die Autochthonie (Indigenität), die Präsenz in der Regel schon vor der Staatsgründung (Kap. E.1). Dies ist der Fall z.B. bei Deutsch in Namibia (Kap. E.4.9).

Eine Nationalsprache kann also Mehrheits- oder Minderheitssprache sein. Sie kann außerdem – analog einer Amtssprache – als solche deklariert sein oder auch nicht (*deklarierte* versus *faktische Nationalsprache*, auch *De-jure-* versus *De-facto-Nationalsprache*), wobei die zuverlässige Feststellung des nicht deklarierten bloßen Faktums hier oft schwieriger ist als bei Amtssprachen. Dies gilt vor allem, wenn eine Ethnie sich mehr zu seiner Muttersprache bekennt, als sie aktiv zu gebrauchen oder auch nur zu beherrschen. Zudem kann der Begriff ,Muttersprache' ideologisch vorbelastet sein (Ahlzweig 1989), was auch den Begriff ,Nationalsprache' belasten und zur skeptischen Distanzierung motivieren kann.

Eine Nationalsprache kann nationale oder regionale Amtssprache sein, muss es aber nicht (vgl. Heine 1979: 15-18). So ist z.B. in Luxemburg das Letzeburgische sowohl deklarierte Nationalsprache als auch deklarierte nationale Amtssprache, während Deutsch und Französisch nur letzteres sind. Sie dienen nur zur amtlichen Kommunikation, sind aber keine Nationalsymbole für Luxemburg (Kap. D.2.5).

Luxemburg ist der einzige Staat, in dem Deutsch nationale Amtssprache, aber weder Nationalsprache noch Muttersprache eines für die Geschichte des Landes wichtigen Bevölkerungsteils ist. Die Zahl solcher Staaten (in denen eine Sprache nationale Amtssprache, aber nicht National- oder bedeutsame Muttersprache ist) haben Fishman und Conrad (1977: 6) als möglichen Indikator, neben anderen, für den Internationalitätsgrad einer Sprache vorgeschlagen. Offenkundig würde Deutsch danach nicht sehr hoch rangieren.

Deutsch ist in jedem Staat (außer Luxemburg), in dem es nationale Amtssprache ist, auch Nationalsprache, zumindest faktische, wenn auch nicht unbedingt als solche deklariert (Muttersprache eines autochthonen, gewichtigen Bevölkerungsteils, sogar stets der Bevölkerungsmehrheit). Bei Amtssprachlichkeit auf bloß regionaler Ebene trifft dies aber in keinem Fall zu: Weder ist Deutsch aufgrund der Deutschsprachigen Gemeinschaft Nationalsprache in Belgien, noch aufgrund der Provinz Bozen-Südtirol in Italien.

Schließlich sei zur Terminologie noch hinzugefügt, dass ich neben *Amtssprache* gelegentlich synonym *offizielle Sprache* verwende. Dagegen mache ich keinen Gebrauch vom Terminus *Staatssprache*, der bisweilen in der Bedeutung von ‚nationaler Amtssprache' vorkommt (Glück 2010: 665), sondern zitiere ihn nur (z.B. bei Österreich und Liechtenstein; Kap. D.2.2, D.2.3). Ebenso verfahre ich mit dem Terminus *Landessprache*, dem man bisweilen anstelle von *Nationalsprache* oder auch von *regionaler Amtssprache* begegnet.

Diese Begriffe erlauben nun den folgenden Überblick über alle Staaten, in denen die deutsche Sprache eine besondere Stellung hat (außer der einer Fremdsprache oder von Streudeutschtum), bei Nennung der Staatsnamen jeweils in alphabetischer Reihenfolge:

Nationale Amtssprache, solo-offiziell:
- Deutschland, Liechtenstein, Österreich (Kap. D.2.1-D.2.3)

Nationale Amtssprache, ko-offiziell:
- Luxemburg (mit Französisch, Letzeburgisch), Schweiz (mit Französisch, Italienisch, Rätoromanisch) (Kap. D.2.4; D.2.5)

Regionale Amtssprache, solo-offiziell:
- Belgien (Deutschsprachige Gemeinschaft) (Kap. D.3.1)

Regionale Amtssprache, ko-offiziell:
- Italien (Provinz Bozen-Südtirol, mit Italienisch) (Kap. D.3.2)

Nationalsprache:
- Belgien, Deutschland, Italien, Liechtenstein, Namibia, Österreich, Schweiz (Kap. D.2.1-D.3.2)

Minderheitssprache, aber nicht staatliche Amtssprache:
- Argentinien, Australien, Belize, Bolivien, Bosnien und Herzegowina, Brasilien, Chile, Dänemark, Dominikanische Republik, Ecuador, Estland, Frankreich (Elsass/Lothringen), Israel, Kanada, Kasachstan, Kirgisistan, Kroatien, Kolumbien, Lettland, Litauen, Mexiko, Moldau, Namibia, Paraguay, Peru, Philippinen, Polen, Puerto Rico, Rumänien, Russland, Serbien, Slowakei, Slowenien, Südafrika, Tadschikistan, Tschechien, Ukraine, Ungarn, Uruguay, USA, Usbekistan, Venezuela (Kap. E; vgl. auch Kap. C.1: Tab. C.1-2).

Mit Termini wie *die Staaten mit Deutsch als Amtssprache* oder *die Amtssprachstaaten von Deutsch* sind meist die 7 Staaten mit nationaler oder regionaler Amtssprache gemeint, also (in alphabetischer Reihenfolge) *Belgien, Deutschland, Italien, Liechtenstein, Luxemburg, Österreich, Schweiz*. Sie werden allerdings meist genannt in der Reihenfolge nationale > regionale Amtssprache, größere > kleinere Sprecherzahl, Nationalsprache > keine Nationalsprache: *Deutschland, Österreich, Schweiz, Liechtenstein, Luxemburg, Italien, Belgien*. Das *deutsche Amtssprachgebiet* ist dann das gesamte Gebiet dieser Staaten, in dem – unter Berücksichtigung von Territorialitätsprinzip und regionaler Beschränkung – Deutsch staatliche Amtssprache ist. Als *die deutschsprachigen Staaten* oder, häufiger, *die deutschsprachigen Länder* gelten meist nur, und auch, wenn nicht anders spezifiziert, im vorliegenden Buch diejenigen mit Deutsch sowohl als nationaler Amtssprache als auch Nationalsprache (verbreitete Muttersprache), also *Deutschland*, Österreich, *Schweiz* und *Liechtenstein* (dazu auch Kap. B.4).

Karte D.1-1 gibt einen Überblick über die Staatsgebiete mit Deutsch als staatlicher Amtssprache.

Karte D.1-1: Deutsch als staatliche Amtssprache

2. Deutsch als nationale Amtssprache

2.1 Deutschland

(„Bundesrepublik Deutschland"; ca. 82 Mio. Einwohner, davon 75 Mio. Deutsche (91%) und 7 Mio. Ausländer (9%), mit den Türken als größter Gruppe, 1,63 Mio.: de.wikipedia.org/wiki/Deutschland – abgerufen 22.02.2013)

Vor der deutschen Wiedervereinigung – oder nach der Wortwahl einzelner Scharfsichtiger: „Neuvereinigung" – am 3. Oktober 1990 war Deutsch auf dem Gebiet des heutigen Deutschlands nationale Amtssprache in 3 Staaten oder staatsähnlichen politischen Einheiten: der Bundesrepublik Deutschland (BRD), der Deutschen Demokratischen Republik (DDR) und im halbautonomen West-Berlin. Einseitigem Zahlendenken könnte die Wiedervereinigung als Verlust an staatlich-amtssprachlichem Reichtum erscheinen und damit als Schwächung einer der Grundlagen der internationalen Stellung der deutschen Sprache (Kap. D.1). Es bedarf jedoch kaum des Hinweises auf die Verkürztheit dieser Sichtweise; bei der das wirtschaftliche, wissenschaftlich-technologische und politische Gewicht der Staaten unberücksichtigt bleibt. Allerdings kommt gelegentlich bei sprachenpolitischen Entscheidungen die bloße Zahl von Staaten, in denen eine Sprache staatliche Amtssprache ist, ins Spiel, oder es scheint jedenfalls so (z.B. bei Spanisch oder später Arabisch für die Gewährung des Status einer Amtssprache der Vereinten Nationen; Kap. H.3).

Deutsch ist in Deutschland – amtlich der *Bundesrepublik Deutschland*, da bei der Wiedervereinigung die ehemalige Deutsche Demokratische Republik der ehemaligen Bundesrepublik Deutschland beigetreten ist – die einzige nationale Amtssprache. Es ist außerdem als Muttersprache der überwältigenden Mehrheit (vgl. Kap. C.1) Nationalsprache Deutschlands (vgl. Kap. D.1). Darüber hinaus ist Deutschland der einzige Staat, dessen Name – genauer: das Bestimmungswort des Namens – mit dem Sprachnamen übereinstimmt. Insofern ist die Stellung von Deutsch als nationaler staatlicher Amtssprache wie auch Nationalsprache eigentlich eine Selbstverständlichkeit. Dies ist sicher ein wesentlicher Grund, warum in dem als Verfassung geltenden Grundgesetz Deutschlands eine entsprechende Deklaration fehlt. Es gibt nur verschiedene speziellere Regelungen, die den amtlichen Gebrauch von Deutsch festlegen: das Verwaltungsverfahrensgesetz (VwVfG), §23, das Zehnte Sozialgesetzbuch (SGB X), §19, jeweils als Amtssprache, das Beurkundungsgesetz, §5, als Sprache für notarielle Urkunden und das Gerichtsverfassungsgesetz, §184, als Gerichtssprache (de.wikipedia.org/wiki/Deutsche_Sprache#Deutschland – abgerufen 17.11.2012).

Die Gewissheit, aufgrund der den Verfassern des Grundgesetzes ein Sprachenartikel zugunsten von Deutsch überflüssig erscheinen musste, ist jedoch seit einigen Jahren erschüttert. Vermutlich haben dazu mehrere Ereignisse beigetragen: die Ausbreitung des Englischen als Lingua franca, in Europa und weltweit, und sein vermehrter Gebrauch auch in Deutschland (vgl. H. Wagener 2012); die zahlreichen Migranten in den deutschsprachigen Staaten und mehr noch ihre teilweise zögerliche Umstellung auf die deutsche Sprache; die Sprachenpolitik Frankreichs und dessen Verfassungsergänzung durch Hinzufügung von Paragraph 2 im Jahr 1992: „La langue de la République est le français" (www.culture.gouv.fr/culture/dglf/ressources/dates.htm – abgerufen 17.11.2012); schließlich die Kampagne in den USA für ein „Constitutional Amendment" durch einen Verfassungsparagraphen, der Englisch als nationale Amtssprache deklarieren sollte. Während sich der Sprachenparagraph in Frankreich vor allem gegen die Regionalsprachen und Englisch richtet, war die entsprechende Kampagne in den USA ein Abwehrversuch gegen das von lateinamerikanischen Immigranten importierte Spanische, fand jedoch keine ausreichende Mehrheit.

Die Sorgen um die Stellung von Deutsch sogar in Deutschland sind keine bloßen Chimären. Der Status von Deutsch als nationale staatliche Amtssprache hat nicht verhindert, dass Deutsch aus besonders prestigeträchtigen Institutionen oder Domänen durch Englisch zurückgedrängt, wenn auch nicht ganz verdrängt wurde. Besonders sind dabei zu nennen: Die Hochschulen, vor allem die Kommunikation in der Forschung, aber auch in der Lehre (vgl. Kap. G.1; G.3; G.8), ebenso in der Forschung von Unternehmen. Deren international operierende Firmen, die *Global Players*, haben meist Englisch zur einzigen oder vorrangigen Geschäftssprache gemacht, und ihre Aufsichtsräte tagen – zumindest teilweise – auf Englisch (Kap. F.7). Sogar beim Gericht ist in Deutschland neuerdings Englisch als Verhandlungssprache zugelassen, zumindest bei Wirtschaftsprozessen, an denen nicht-deutschsprachige Parteien beteiligt sind (*SZ* 27.01.2010: 6; *FAZ* 10.02 2010: 19; 17.11.2010: 21; 09.01. 2011. Siehe zu Englisch in Deutschland auch Hüllen 2007). Ähnliche Entwicklungen gibt es in allen Staaten mit Deutsch als staatlicher Amtssprache, nicht selten in Richtung noch stärkerer Stellungseinbußen von Deutsch als in Deutschland.

Angesichts solcher Entwicklungen wurde in Deutschland gefordert, das Grundgesetz zu ergänzen durch einen Artikel: „Die Sprache in der Bundesrepublik Deutschland ist Deutsch" (oder ähnlich). Die Resonanz auf diese Bemühungen blieb in der breiten Bevölkerung zwar beschränkt, jedoch weckten die Aufrufe vielleicht das Interesse an der deutschen Sprache und an Sprachfragen. Jedenfalls zeigt sich neuerdings deutlich ein solches Interesse in Umfragen (vgl. Hoberg/ Eichhoff-Cyrus/ Schulz 2008: besonders 41-43; Projektgruppe Spracheinstellungen 2011: besonders 7-11, 47-49). Jedoch entbrannte unter den Sprach-Engagierten eine heftige Kontroverse um die Grundgesetzergänzung, bis hinauf in die höchsten politischen Ränge. So befürwortete ein CDU-Parteitag im Oktober 2010 mit großer Mehrheit den Sprachartikel im Grundgesetz, während sich die Parteivorsitzende und Bundeskanzlerin Merkel dagegen aussprach: „Ich persönlich finde es nicht gut, alles ins Grundgesetz zu schreiben." (www. sueddeutsche.de/politik/ cdu-vorstoss-aergert-merkel-deutsch-ins-grundgesetz-1.37 2377 – abgerufen 19.11.2012) Bundestagspräsident Norbert Lammert war ein beredter Befürworter, während die ehemalige Vorsitzende des Bundesverfassungsgerichts und spätere Präsidentin der Goethe-Instituts, Jutta Limbach, den Gedanken entschieden zurückwies: „Der vorgeschlagene Verfassungsartikel zeugt nur von Kleinmut. Er inkorporiert den Zweifel in unser wichtigstes Verfassungsdokument. Selbst die erhoffte symbolische Funktion verspricht wenig

Einfluss auf das gesellschaftliche Verhalten." (Limbach 2008: 35, ausführlicher 34-38) Die Befürworter hofften, der Verfassungsartikel könnte der Bevölkerung bewusst machen, dass die deutsche Sprache der nachdrücklichen Verwendung und Pflege bedürfe, und den Gebrauch von Deutsch bei beruflichen oder institutionellen Sprachwahl-Konflikten stärken. Ähnlich schroff wie manche Politiker standen sich die Sprachvereine gegenüber, vor allem der *Verein Deutsche Sprache* (VDS) als Befürworter und die *Gesellschaft für deutsche Sprache* (GfdS) als Gegner eines solchen Artikels. Bislang, also bis zur Drucklegung dieses Buches, wurde die Grundgesetzergänzung nicht beschlossen und scheint auch nicht anzustehen; vielmehr ist der Streit darüber – wohl unter dem Eindruck anderer Probleme – in letzter Zeit abgeklungen. Einzelheiten sind im Internet reichlich dokumentiert.

Man könnte meinen, jene Kontroverse hätte zumindest die gesamte politische Elite Deutschlands bezüglich der prekären Stellung der eigenen Sprache – im eigenen Land wie international – nachhaltig sensibilisiert. Jedoch erweckt eine spätere programmatische Rede des Staatsoberhauptes, Bundespräsident Gauck, zur Europäischen Union (am 22.02.2013) den Eindruck mangelnden Problembewusstseins, wenn er als Lichtblick für die Zukunft der EU mit Genugtuung hervorhebt: „[D]ie junge Generation wächst ohnehin mit English als Lingua franca auf" – ohne jeglichen Vorbehalt bezüglich der Folgen für die nationale und internationale Stellung der deutschen Sprache (Abdruck der Rede in *FAZ* 23.02.2013: 8).

Vermutlich hat die Übereinstimmung von Staats- und Sprachnamen in Deutschland zu einer verbreiteten Selbstgewissheit bezüglich der deutschen Sprache beigetragen, auch in dem Sinn, dass dieses Land gewissermaßen über die deutsche Sprache gebietet. Diese Selbstgewissheit wurde und wird sicher gestärkt durch den Größenunterschied gegenüber den anderen deutschsprachigen Staaten, wo allerdings die in Deutschland verbreitete Einstellung zur deutschen Sprache gelegentlich als arrogant empfunden wird. Ein Aspekt dieser Einstellung ist die Auffassung, das in Deutschland „richtige" Deutsch (Standarddeutsch, „Hochdeutsch") sei in allen deutschsprachigen Staaten wenn nicht gängig so doch zumindest korrekt. Jedoch ist diese Einschätzung falsch. Sie gilt allenfalls für die Rechtschreibung, insofern die in Deutschland gültigen Formen auch in den anderen deutschsprachigen Staaten als korrekt anerkannt sind; jedoch haben sogar in der Rechtschreibung Österreich und die Schweiz daneben eigene, dort jeweils als korrekt geltende Formen (z.B. *Kücken* neben *Küken* in Österreich oder generell *ss* anstelle von *ß* in der Schweiz). Vor allem im Wortschatz verfügen darüber hinaus alle deutschsprachigen Staaten über nationale, teilweise auch interne regionale (z.B. norddeutsche – süddeutsche) Besonderheiten in ihrem Standarddeutsch: so genannte *nationale* bzw. *regionale*

Varianten. Diese standarddeutschen Besonderheiten sind „korrektes" Deutsch, das im jeweiligen Staat bzw. in der Region anstandslos im öffentlichen Sprachgebrauch verwendet werden kann und daher nicht – wie es häufig geschieht – mit dem Dialekt verwechselt werden darf. Die Deutschen sind sich der Besonderheiten ihres Standarddeutschs meist nicht bewusst, weil sie dieses im ganzen deutschen Sprachgebiet für gültig halten. Jedoch sind Wörter wie *Abitur, Apfelsine* oder *Sonnabend* und viele andere nur in Deutschland gebräuchlich, ebenso die stimmhafte Aussprache von *s* am Silbenanfang, das Substantivgenus *der Joghurt* statt *das Joghurt, die SMS* statt *das SMS*, Perfektbildungen von Verben wie *gelegen/ gesessen/ geschwebt* usw. mit *haben* statt mit *sein* (*habe gelegen – bin gelegen* usw.), Fugenzeichen in Wortkomposita wie *Schweinebraten, Rinderbraten* statt *Schweinsbraten, Rindsbraten*, Grüße wie *Guten Tag* statt *Grüß Gott* (in Österreich) und *Grüetzi* in der Schweiz sowie vieles mehr. An solchen Besonderheiten werden Deutsche von Deutschsprachigen außerhalb Deutschlands, vor allem von Schweizern und Österreichern, leicht erkannt, Norddeutsche mehr noch als Süddeutsche, weil das süddeutsche Standarddeutsch mit dem der Schweiz und Österreichs teilweise übereinstimmt. Die Besonderheiten des Standarddeutschs Deutschlands und ihre Bezeichnung als *Teutonismen* werden erörtert in Schneider-Wiejowski/ Ammon 2013.

Sprachmerkmale, die jemandes Gruppenzugehörigkeit verraten, ohne dass die Sprecher selbst dies ahnen, nennt man in der Soziolinguistik „Schibboleths" – nach einer Bibelepisode, in der die siegreichen Gileader die besiegten Ephraimiter als solche identifizierten aufgrund ihrer Aussprache des Wortes *Schibboleth* (hebräisch für ‚Getreideähre'). Sprachen sie am Wortanfang [s] statt [ʃ], so galten sie als Ephraimiter (Buch der Richter 12, 5-6). Sprachbesonderheiten können den Gruppenmitgliedern aber auch bewusst sein und dann gelegentlich demonstrativ als Gruppensymbole eingesetzt werden. Vor allem Österreicher neigen bisweilen zu solch nationalsymbolischem Gebrauch ihres Standarddeutschs, zur Absetzung von Deutschen. Dagegen sprechen Deutschschweizer eher Dialekt, wenn sie ihre nationale Zugehörigkeit hervorkehren wollen (dazu Ammon 1995a: 181-196, 214-227, 301-307, 375-377). Eine ausführliche Bestandsaufnahme aller nationalen und regionalen Besonderheiten im Standarddeutschen findet sich im *Variantenwörterbuch des Deutschen* (Ammon/ Bickel/ Ebner u.a. 2004), eine Darstellung ihrer Entstehungsgeschichte, einschließlich der politischen Hintergründe, in Ammon (1995a). In den hier folgenden Kap. zu Deutsch als nationale und regionale Amtssprache weise ich durchgehend kurz auf nationale Besonderheiten des jeweiligen Standarddeutschs hin.

Grundsätzlich schließt die Monopolstellung einer Sprache als nationale Amtssprache eines Staates nicht aus, dass auf niedrigeren regionalen oder kommunalen Ebenen noch andere Sprachen eine amtliche Stellung haben. So auch im Falle Deutschlands. Allerdings handelt es sich in diesem Fall nicht um regionale Amtssprachen in dem für das vorliegende Buch spezifizierten Sinn, also für politische Entitäten mit eigener staatsähnlicher Struktur und einer Regierung (Ministerpräsident und Minister oder entsprechende Funktionen) (vgl. Kap. D.1).

In Deutschland haben vor allem Niederdeutsch und Sorbisch in größeren Regionen auf kommunaler Ebene eine deklarierte amtliche Stellung, neben Deutsch, dem sie allerdings, vor allem für Kontakte mit nationalen Institutionen, deutlich untergeordnet sind. Auf Niederdeutsch liegen auch Übersetzungen der Verfassungen verschiedener Bundesländer vor: Mecklenburg-Vorpommern, Brandenburg, Schleswig-Holstein, Niedersachsen, Hamburg und Bremen – was aber nicht die Stellung als regionale Amtssprache impliziert. Eine amtliche Stellung auf kommunaler Ebene hat Niederdeutsch nur in Schleswig-Holstein. Vor allem müssen dort die örtlichen Behörden eingehende Anfragen und Anträge auf Niederdeutsch bearbeiten und sind auch berechtigt, wenngleich nicht unbedingt verpflichtet, sie auf Niederdeutsch zu beantworten (de.wikipedia.org/wiki/Niederdeutsche_Sprache – abgerufen 17.11.2012). Reguläre Unterrichtssprache an allgemeinbildenden Schulen ist Niederdeutsch allerdings nirgendwo, was es allein schon deutlich von einer regionalen Amtssprache im Sinne von Kap. D.1. unterscheidet.

Dies ist anders im Falle von Sorbisch, das aus zwei Sprachen besteht: Ober- und Niedersorbisch, die wegen ihrer linguistischen Distanz von einander (mittel, nicht klein) und mangels einer gemeinsamen Standardvarietät nicht als Varietäten derselben Sprache gelten (vgl. Kap. B.1; B.2). Ihre amtliche Stellung in der Lausitz, in den Gebieten um Bautzen (Oberlausitz mit Obersorbisch) und Cottbus (Niederlausitz mit Niedersorbisch), war in der DDR garantiert durch Verfassungsartikel 40. Im vereinigten Deutschland ist die einstige Stellung „im Einigungsvertrag [...] von 1990 in Artikel 35 indirekt, sowie in den Verfassungen der Bundesländer Brandenburg und Sachsen explizit verankert. Das Gerichtsverfassungsgesetz (GVG) gewährleistet mit §184 das Recht, ‚in den Heimatkreisen der sorbischen Bevölkerung vor Gericht sorbisch zu sprechen' ". (de.wikipedia.org/wiki/Sorbische_Sprachen – abgerufen 16.11.2012) Außerdem sind die beiden sorbischen Sprachen Unterrichtssprachen an regulären zweisprachigen allgemeinbildenden Schulen (Sorbisch/ Deutsch); für Obersorbisch gilt dies am Sorbischen Gymnasium in Bautzen sogar bis zum Abitur.

Schließlich ist in Deutschland auch Dänisch Amtssprache, zusammen mit Deutsch, und zwar in den Kommunen der Region der dänischen Minderheit in Südschleswig. Dort gibt es 48 dänische Schulen, 2 mit gymnasialer Oberstufe, mit Dänisch als Unterrichtssprache, allerdings auch Deutsch, mindestens in dem Fach, das auf Muttersprachniveau unterrichtet wird (Details zu den kommunalen Amts- und den Minderheitssprachen in Deutschland in www.bmi. bund.de/SharedDocs/Downloads/DE/Broschueren/2008/Regional_und_Minder heitensprachen.pdf? – abgerufen 23.11.2012. Zu Dänisch ebd.: 8-16; de.wiki pedia.org/wiki/D%C3%A4nischer_Schulverein_f%C3%BCr_S% C3%BCd schles wig – abgerufen 18.12.2012).

2.2 Österreich

(„Republik Österreich"; ca. 8,44 Mio. Einwohner. Das Zahlenverhältnis von Einheimischen zu Ausländern konnte ich nicht ermitteln. Die größten Gruppen der Ausländer sind die Serben, gefolgt von den Montenegrinern und den Deutschen: de.wikipedia.org/wiki/%C3%96sterreich – abgerufen 22.02.2013)

Für Österreich (wozu ich Rudolf de Cillia für Hinweise danke) ist Deutsch ebenfalls nationale Amtssprache. Außerdem ist es Nationalsprache, entsprechend unserer Definition des Begriffs als „Muttersprache" der Bevölkerungsmehrheit oder eines gewichtigen autochthonen Teils der Bevölkerung (Kap. D.1). Allerdings fehlt im Falle von Österreich die Namensübereinstimmung von Sprache und Staat, was vermutlich zur Deklaration von Deutsch als „Staatssprache" motiviert hat. Deutsch ist die einzige Sprache dieses deklarierten Status und somit auch einzige nationale Amtssprache. Die Deklaration geht zurück auf das Jahr 1920, als die nach dem Ersten Weltkrieg auf das deutschsprachige Gebiet reduzierte Republik Österreich eine neue Verfassung (Bundesverfassung) erhielt, die später mehrfach novelliert wurde. Der noch heute gültige Sprachenartikel, 8 (1), lautet: „Die deutsche Sprache ist, unbeschadet der den sprachlichen Minderheiten bundesgesetzlich eingeräumten Rechte, die Staatssprache der Republik." (www.wien-konkret.at/politik/gesetz/bundesverfassung – abgerufen 16.11.2012; de Cillia/ Wodak 2006: 21-23) Sogar sämtliche Bundesländer Österreichs, mit Ausnahme Wiens, deklarieren in ihren Verfassungen ausdrücklich Deutsch als „Staatssprache" (in diesem Fall zur Bestätigung auch der regionalen Amtssprache) oder als „Landessprache" oder „Geschäftssprache der Behörden und Ämter" (Veiter 1970: 462-471).

Nach dem Zweiten Weltkrieg und den Erfahrungen mit dem Nationalsozialismus und dem „Anschluss" an Deutschland (1938 – 1945) zögerten manche Kreise in Österreich, sich weiterhin vorbehaltlos zu Deutsch als nationale Amts- oder Nationalsprache zu bekennen, was z.B. in der Umbenennung des muttersprachlichen Schulunterrichts in „Unterrichtssprache" zum Ausdruck kam. Jedoch folgte schon 1952 die Rückbenennung des Fachs in „Deutsche Unterrichtssprache" und 1955 wieder einfach in „Deutsch". Allerdings hat Österreich dann der staatlichen Eigenständigkeit durch staatliche Förderung nationaler Besonderheiten der deutschen Sprache symbolischen Ausdruck verliehen: Durch die Pflege einer österreichischen Nationalvarietät, der auch ein staatlich finanziertes *Österreichisches Wörterbuch* (1. Aufl. 1951; 42. Aufl. 2012) dient (dazu Ammon 1995a: 126-136). Die Ernsthaftigkeit der Pflege einer eigenen nationalen Varietät der deutschen Sprache trat auch beim Insistieren Österreichs auf der amtlichen Anerkennung von Austriazismen beim EU-Beitritt zutage (ebd.: 201-213; de Cillia 1997; 1998). Das österreichische Standarddeutsch weist eine große Zahl von Besonderheiten (Austriazismen) auf allen sprachlichen Ebenen auf: in der Rechtschreibung (z.B. *Geschoß* neben *Geschoss*, *Krem* neben *Creme*, *Szepter* neben *Zepter*), in der Aussprache (z.B. [mate'matik] ‚Mathematik' statt [matema'tik]), in der Wortbildung (z.B. *Ferialarbeit* statt *Ferienarbeit*), im Genus der Substantive (z.B. *die Dress* statt *der Dress*, *das Triangel* statt *der Triangel*), in der Flexion (z.B. Plural *die Pölster* (Bedeutung ‚Kissen') statt *die Polster*), im Wortschatz (z.B. *Karfiol* statt *Blumenkohl*) und in der Pragmatik (z.B. Titel und ihre Anwendung, wie *Mag.*, schriftlich für eine Person mit Magisterabschluss) (dazu Ebner [1969] 2009; Ammon/ Bickel/ Ebner u.a. 2004).

Neben Deutsch haben auch in Österreich mehrere Minderheitssprachen eine amtliche Stellung in den Kommunen mancher Regionen, und zwar: Slowenisch im südlichen Kärnten und in kleinen Teilen der Steiermark sowie Kroatisch und Ungarisch in Teilen des Burgenlandes. Die Grundlagen dafür finden sich im Staatsvertrag vom 15.05.1955, Art. 7, und im Volksgruppengesetz 1976, in der Fassung vom 20.07.2011 (www.sochorek.cz/de/pr/blog/1147731529-regionale-amtssprachen-in-osterreich.htm – abgerufen 16.11.2012; de Cillia/ Wodak 2006: 44-52).

2.3 Liechtenstein

(„Fürstentum Liechtenstein"; ca. 36.500 Einwohner, davon 24.000 gebürtige Liechtensteiner (65,8%) und 12.500 Mio. Zugezogene (34,2%), mit 11% Schweizern, 6% Österreichern und 3,4% Deutschen als den größten Gruppen: de.wikipedia.org/wiki/Liechtenstein – abgerufen 22.02.2013)

In dem kleinen Staat Liechtenstein gibt es keine andere Sprache als Deutsch mit amtlicher Stellung (Status oder Funktion), auch nicht auf kommunaler Ebene. Dies ist damit der einzige amtlich rein deutschsprachige Staat. Diese Stellung von Deutsch steht auch nicht in Frage durch den hohen Anteil von Ausländern, die ein Drittel der Wohnbevölkerung bilden, aber größtenteils aus den deutschsprachigen Staaten kommen (Schweiz, Österreich, Deutschland – in dieser Reihenfolge der Häufigkeit (ebd.).

Als nationale Amtssprache Liechtensteins ist Deutsch deklariert in der noch heute gültigen Verfassung des Fürstentums vom 5. Oktober 1921, Art. 6: „Die deutsche Sprache ist die Staats- und Amtssprache." „Staatssprache" ist ein traditioneller Terminus meist für *nationale Amtssprache* (Glück 2010: 665). Diese Bedeutung wird hier durch das Hendiadyoin betont.

Deutsch ist aufgrund der großen Mehrheit von Bürgern mit Deutsch als Muttersprache auch Nationalsprache Liechtensteins. Der Titel der meistgelesenen Tageszeitung „Liechtensteiner Vaterland" [sic!] – mit den beiden Namensteilen in unterschiedlicher Größe auf dem Titelblatt – symbolisiert vielleicht auch bis zu einem gewissen Grad die vorherrschend positive Einstellung zu Deutsch als Muttersprache. In eine ähnliche Richtung weist das für den kleinen Staat erstaunliche Engagement zur Förderung der deutschen Sprache, z.B. beim – allerdings vergeblichen – Versuch, für Deutsch die Stellung einer Amtssprache des Europarats zu erlangen (siehe Kap. H.4.6). Ein Beispiel des Engagements für die deutsche Sprache konnte ich selbst erleben bei einer vorbereitenden Sitzung zum Treffen der Staatsoberhäupter der vier deutschsprachigen Staaten (Liechtenstein, Deutschland, Österreich und Schweiz) in der Liechtensteiner Botschaft in Berlin am 20. Januar 2011, zu der ich als fachlicher Berater eingeladen war.

Das Standarddeutsch Liechtensteins stimmt weitgehend überein mit dem Schweizer Hochdeutsch, hat aber auch einige Besonderheiten (nationale Varianten) im Wortschatz (Ammon 1995a: 393-397). So heißt z.B. der Amtsarzt *Landesphysikus*, die Oma *Nana*, der Opa *Neni* (jeweils mit der Konnotation von Zuneigung), eine Handelsgesellschaft bisweilen *Anstalt* oder der Pfannkuchen *die Kratzeti*, im Plural, da er typischerweise in Streifen geschnitten und Beilage zu einem Hauptgericht ist (Weiteres in Ammon/ Bickel/ Ebner u.a. 2004).

2.4 Schweiz
(„Schweizerische Eidgenossenschaft", „Confédération suisse" (französisch), „Confederazione Svizzera" (italienisch), „Confederaziun svizra" (rätoromanisch), „Confoederatio Helvetica" (CH) (lateinisch); ca. 8,041 Mio. Einwohner, davon 6,190 Mio. Staatsbürger (77%) und 1,851 Mio. Ausländer (23%); deutschsprachig (ansässig im deutschsprachigen Territorium) sind 72,5% der Bürger bzw. 63,7% der Gesamtbevölkerung, französischsprachig 21,0% der Bürger bzw. 20,4% der Gesamtbevölkerung, italienischsprachig 6,5% der Bürger bzw. 4,3% der Gesamtbevölkerung und rätoromanischsprachig 0,6% der Bürger bzw. 0,5% der Gesamtbevölkerung; unter den 1,851 Mio. Ausländern bilden die Italiener die größte Gruppe (16,3% der Ausländer), gefolgt von den Deutschen (14,9%) und den Portugiesen (12%): de.wikipedia.org/wiki/Schweiz – abgerufen 22.02.2013)

In der Schweiz wie auch in Luxemburg (Kap. D.2.5) ist Deutsch zwar auch nationale Amtssprache, aber nicht wie in Deutschland, Österreich und der Schweiz solo-, sondern ko-offiziell, also zusammen mit anderen nationalen Amtssprachen. Allein diese Teilung der Stellung als nationale Amtssprache mit anderen Sprachen bedeutet eine Stellungseinschränkung, ähnlich der Aufteilung des Nutzungsrechtes an einem Besitztum auf mehrere Personen (z.B. des Nutzungsrechts an einem Tennisplatz, einem Fischwasser usw.). Darüber hinaus kann die Aufteilung unausgewogen sein. Dabei interessieren beim Thema des vorliegenden Buches vor allem Unausgewogenheiten, die – direkt oder indirekt – die Stellung der involvierten Sprachen in der Welt, vor allem der deutschen Sprache, tangieren. Von den vielen derartigen Möglichkeiten erscheinen mir hinsichtlich der beiden hier in Frage stehenden Staaten, Schweiz und Luxemburg, vor allem die folgenden relevant:

i) Die Häufigkeit der Wahl der verschiedenen ko-offiziellen Sprachen bei Kontakten
   – von Bürgern untereinander,
   – von Ausländern mit unbefristeter Aufenthaltsberechtigung (siehe Kap. C.1) untereinander,
   – zwischen Bürgern und Ausländern mit unbefristeter Aufenthaltsberechtigung.

Dabei wären jeweils Muttersprachler und Nicht-Muttersprachlern im Hinblick auf intra- oder interlinguale Kommunikation auseinander zu halten (Kap. A.3). Jedoch liegen zu diesen beiden Aspekten für die Schweiz und auch Luxemburg kaum aussagekräftige Daten vor.

ii) Unterschiedliche Häufigkeiten des Gebrauchs der verschiedenen ko-offiziellen Sprachen in prestigeträchtigen Domänen des betreffenden Staates (z.B. in Luxemburg die Kodifizierung des Rechts ausschließlich auf Französisch, bei Ausschließung von Deutsch aus dieser Domäne).

iii) Distanzierende im Gegensatz zu akzeptierenden Einstellungen der Sprecher zu den Sprachen. Dafür gibt es unterschiedliche Indikatoren. Ein denkbarer Indikator ist z.B. die Akzeptanz der Standardvarietät der Sprache, und damit der Sprache insgesamt, als Muttersprache seitens der Dialektsprecher. Dieser Indikator basiert auf der Annahme, dass die Standardvarietät die Sprache eher in ihrer Gesamtheit repräsentiert, als es Nonstandardvarietäten, z.B. regionale Dialekte, tun. Somit indiziert das Bekenntnis zur Standardvarietät als Muttersprache eine akzeptierende und seine Verweigerung eine distanzierende Einstellung zur betreffenden Sprache. Beispiele für Distanzierung von der betreffenden Sprache sind die Charakterisierung der Standardvarietät als „Fremdsprache" oder die Forderung, den (eigenen, muttersprachlichen) Dialekt als „(selbstständige) Sprache" anzuerkennen, die ebenfalls – implizit die Standardvarietät aus dieser Sprache ausschließt. Auf solche Aspekte weise ich im Folgenden bei Gelegenheit hin, ohne ihnen – mangels aussagekräftiger Daten – gründlich nachgehen zu können.

Für die Schweiz (dankenswerte Hinweise dazu von Hans Bickel) bestimmt Art. 4 der Bundesverfassung der Schweizerischen Eidgenossenschaft vom 18.04.1999, in Fortsetzung früherer Regelungen: „Die Landessprachen sind Deutsch, Französisch, Italienisch und Rätoromanisch." Während man diese „Landessprachen" in unserer Terminologie auch Nationalsprachen nennen könnte (vgl. Kap. D.1), spezifiziert Art. 70 weiter:

1) „Die Amtssprachen des Bundes sind Deutsch, Französisch und Italienisch. Im Verkehr mit Personen rätoromanischer Sprache ist auch das Rätoromanische Amtssprache des Bundes." Demnach sind Deutsch, Französisch und Italienisch uneingeschränkte nationale Amtssprachen der Schweiz, während die Stellung des Rätoromanischen als nationale Amtssprache eingeschränkt ist. Dem folgen Angaben zu den regionalen Sprachrechten.

2) „Die Kantone bestimmen ihre Amtssprachen. Um das Einvernehmen zwischen den Sprachgemeinschaften zu wahren, achten sie auf die herkömmliche sprachliche Zusammensetzung der Gebiete und nehmen Rücksicht auf die angestammten sprachlichen Minderheiten." Es folgen Hinweise auf die Unterstützung durch Bund und Kantone für die Förderung des Austausches zwischen den Sprachgemeinschaften und durch den Bund für die mehrsprachigen Kantone und den Schutz des Italienischen und Rätoromanischen. (www.admin.ch/ch/d/sr/1/101.de.pdf – abgerufen 18.11. 2012)

Das Entscheidungsrecht der Kantone über ihre Amtssprachen begründet das in der Soziolinguistik so genannte „Territorialitätsprinzip" (Altermatt 1995: 46-48; Haas 2006: 1775f.), wonach auch die nationalen Amtssprachen (des Bundes) nur in denjenigen Kantonen kantonale Amtssprachen sind, die sie dazu bestimmt haben (aufgrund Art 4 (2) der Bundesverfassung). Das Territorialitätsprinzip hat dabei Vorrang vor dem „Personalprinzip", das jedem Individuum die Freiheit der Sprachenwahl zugestehen würde. Die in diesem Sinn festgelegten Amtssprachen der Kantone sind dann auch die Unterrichtssprachen in den Schulen der betreffenden Kantone. Die meisten Kantone sind in diesem Sinn einsprachig, einige wenige aber auch mehrsprachig. Einen Überblick über die so festgelegten Sprachgebiete der Schweiz und die kantonale Gliederung liefert Karte D.2.4-1.

Schweiz: Sprachgebiete

- Deutsch
- Französisch
- Italienisch
- Rätoromanisch

AG Aargau
AI Appenzell I.R.
AR Appenzell A.R.
BE Bern
BL Basel-Landschaft
BS Basel-Stadt
FR Freiburg
GE Genf
GL Glarus
GR Graubünden
JU Jura
LU Luzern
NE Neuenburg
NW Nidwalden
OW Obwalden
SG St. Gallen
SH Schaffhausen
SO Solothurn
SZ Schwyz
TG Thurgau
TI Tessin
UR Uri
VD Waadt
VS Wallis
ZG Zug
ZH Zürich

Kartographie: Harald Krähe

Karte D.2.4-1: Sprachgebiete und Kantone der Schweiz

Der Karte lässt sich entnehmen, welche Kantone deutschsprachig sind. Von den insgesamt 26 Kantonen sind 17 ganz und 4 teilweise deutschsprachig. In 3 der teilweise deutschsprachigen Kantone ist zusätzlich Französisch Amtssprache (Bern (dieser Kanton sollte nicht verwechselt werden mit der gleichnamigen Bundesstadt), Freiburg, Wallis) und in 1 zusätzlich Rätoromanisch und Italienisch (Graubünden). 4 Kantone sind ganz französischsprachig (Neuenburg, Genf, Jura, Waadt), und 1 ist ganz italienischsprachig (Tessin). Allerdings genießt die deutschsprachige Gemeinde Ederswiler im Kanton Jura sprachliche Sonderrechte (Haas 2006: 1775); in der Gemeinde Bosco/Gurin im Tessin sind entsprechende Sonderrechte bedroht, da sich in einer Volkszählung im Jahr 2000 die Mehrheit der – allerdings weniger als 100 – Einwohner zur italienischen Sprache bekannt hat (de. wikipedia.org/wiki/Bosco/Gurin – abgerufen 23.12.2012). Auch in der nicht als Kanton verfassten „Bundesstadt Bern" – so der offizielle Name, unter Vermeidung der Bezeichnung „Hauptstadt" – ist Deutsch einzige Amtssprache (außer den mehrsprachigen Regelungen für die Organe des Bundes).

Eine viel diskutierte und auch oft beschriebene Besonderheit speziell der deutschsprachigen Schweiz (in der Schweiz meist als „Deutschschweiz" bezeichnet) ist die „Diglossie" mit den beiden Sprachvarietäten Schweizerdeutsch („Schwyzertüütsch") und Schweizer Hochdeutsch (auch „Schweizerhochdeutsch"). Die Schreibweise von *Schwyzertüütsch* variiert. So wie hier schreibt z.B. Arthur Baur (1983), dagegen Kloss (1978) *Schwyzertütsch*; daneben gibt es weitere Varianten. Gemeint ist mit *Schweizerdeutsch* der Dialekt, nicht das Schweizer Hochdeutsch (Standarddeutsch). Die Spezifizierung als *„Schweizer Hochdeutsch"*, nicht einfach „Hochdeutsch" oder „Standarddeutsch", unterstreicht seine Besonderheiten, vor allem in Aussprache und Wortschatz, aber auch in Schreibung, Grammatik und Phraseologie, auf die ich im Weiteren noch zu sprechen komme.

Ein wesentlicher Aspekt der Diglossie in der Deutschschweiz besteht darin, dass alle Sozialschichten der Bevölkerung auch Dialekt (Schweizerdeutsch) sprechen. Außerdem ist Dialektsprechen bis weit in die öffentlichen Domänen hinein, auch in den Massenmedien, gängig. Wegen der dadurch bedingten Offenheit des Dialekts für Bildungs- und Fachausdrücke, die in anderen deutschsprachigen Staaten und Regionen weniger besteht, wurde Schweizerdeutsch auch als „Kulturdialekt" oder „Ausbaudialekt" bezeichnet (Terminologievorschläge von Haarmann 1973a: 33, bzw. Kloss 1978: 58). Im Gegensatz dazu ist Schweizer Hochdeutsch mehr als das Standarddeutsch anderer deutschsprachiger Staaten und Regionen beschränkt auf die schriftliche Kommunikation und den Kontakt mit Ausländern sowie auf die öffentlichen Domänen, insbesondere Schulen und Universitäten, in einigen Kantonen auch das Parlament, während in Kirchen und Massenmedien je nach Formalitätsgrad auch Dialekt gesprochen wird. Die Befunde neuerer Erhebungen des doch häufigeren Gebrauchs von Standarddeutsch, vor allem in Großstädten, müssen vorsichtig interpretiert werden. So sprechen – nach eigenen Angaben – zwar rund drei Viertel der Züricher (in der Schweiz „Zürcher") bei der Arbeit Dialekt, mehr als die Hälfte daneben aber auch regelmäßig „Hochdeutsch", und von denen, die bei der Arbeit Dialekt sprechen, ziehen sogar 13% zu Hause Standarddeutsch vor (*Tages-Anzeiger*, Zürich, 11.10.2012, aufgrund der neuesten Volkszählung – Zusendung Simone Ueberwasser). Kenner der Schweizer Verhältnisse sind jedoch überzeugt, dass sich der häusliche Gebrauch von Standarddeutsch auf Personen mit zugezogenen Familienmitgliedern beschränkt und „es keine Hinweise darauf gibt, dass DeutschschweizerInnen im Verkehr unter einander zunehmend zum Hochdeutschen tendieren" (E-Mail Hans Bickel 21.12.2012).

Die peinliche Vermeidung von Standarddeutsch bei deutschsprachigen Schweizern, jedenfalls im Gespräch unter sich im privaten Bereich, kann man als – wenn auch vielleicht milde – Distanzierung von der deutschen Sprache deuten (siehe Punkt iii zu Beginn dieses Kap.). In die gleiche Richtung weist die gelegentliche Charakterisierung des Standarddeutschen als „Fremdsprache" (A. Baur 1983: 10; Ammon 1995a: 298f.), sofern sie nicht rein scherzhaft gemeint ist, oder auch das Insistieren darauf, dass Schweizerdeutsch eine „(eigenständige) Sprache" sei (A. Baur 1983: 37-41; kritisch dazu Rupp 1983: 36; Ammon 1995a: 295-297). Dabei ist zu bedenken, dass sich diese Charakterisierung durchaus auch auf das eigene Schweizer Hochdeutsch bezieht. Allerdings haben Sara Hägi und Joachim Scharloth durch sorgfältige Befragung und Analyse festgestellt, dass es sich bei der Behauptung, „Hochdeutsch" (die alltagssprachliche Bezeichnung von Standarddeutsch) sei für die Schweizer eine Fremdsprache, in erster Linie um einen Topos zur Charakterisierung der allgemeinen Lage in der deutschsprachigen Schweiz handelt, dass jedoch nur eine Minderheit (30% der 98 Informanten) diese Behauptung für sich selbst gültig findet (Hägi/ Scharloth 2005: 6f.).

Verglichen mit den Deutschschweizern neigen die französisch- oder italienischsprachigen Schweizer kaum zum Dialektsprechen oder zur Charakterisierung der eigenen Standardvarietät als Fremdsprache oder des eigenen Dialekts als „(eigenständige) Sprache", wobei diese Dialekte allerdings auch verhältnismäßig schwach ausgeprägt sind und vom Standardfranzösischen bzw. Standarditalienischen geringere linguistische Distanz haben als das Schweizerdeutsche vom Standarddeutschen, auch vom Schweizer Hochdeutschen. Dieser Befund lässt sich alles in allem dahingehend interpretieren, dass die deutschsprachigen Schweizer sich die deutsche Sprache als ganze weniger zu eigen machen, sich in diesem Sinn also weniger mit ihr „identifizieren", als die französisch- und italienischsprachigen Schweizer die französische bzw. italienische Sprache.

Trotz dieser Einstellung der Sprecher gehören die schweizerdeutschen Dialekte jedoch zur deutschen Sprache, da sie von einer Standardvarietät des Deutschen überdacht werden, von der sie nur mittlere (keine wirklich große) linguistische Distanz haben. Diese überdachende Standardvarietät, das Schweizer Hochdeutsch, ist wegen der großen Ähnlichkeit mit den anderen Standardvarietäten des Deutschen, vor allem Deutschlands und Österreichs, unzweifelhaft Bestandteil der deutschen Sprache (dazu Kap. B.1; B.2; auch Ammon 1995a: 1-11). Außerdem erscheint die Annahme berechtigt, wenngleich offenbar keine empirische Prüfung vorliegt, dass sich bei ernsthafter Befragung die überwiegende Mehrzahl der Sprecher schweizerdeutscher Dialekte zur Zuordnung dieser Dialekte zur deutschen Sprache bekennen würde (siehe Hägi/ Scharloth

2005). Diese Zuordnung sowohl der schweizerdeutschen Dialekte als auch des Schweizer Hochdeutschs zur deutschen Sprache ist ein wichtiger Unterschied zum Letzeburgischen in Luxemburg (Kap. D.2.5). Weil es sich sowohl bei Schweizerdeutsch (Dialekt) als auch bei Schweizer Hochdeutsch um Varietäten der deutschen Sprache handelt und das vorliegende Buch sich mehr auf die ganze deutsche Sprache als auf einzelne Varietäten richtet, verzichte ich hier auf die nähere Darstellung der Verteilung der beiden Varietäten auf verschiedene Domänen (Näheres dazu z.B. in Schwarzenbach 1969; Ammon 1995a: 283-300; Rash 1998: 49-72; Haas 2006).

Auch zu den strukturellen Besonderheiten des Schweizer Hochdeutschen (*den Helvetismen*) mögen hier wenige Hinweise genügen. Wie gesagt, ist Schweizer Hochdeutsch den anderen Standardvarietäten des Deutschen linguistisch sehr ähnlich, obwohl sich seine Besonderheiten auf alle sprachlichen Ebenen erstrecken: Aussprache (z.B. [a'si:l] statt [a'sy:l] *Asyl*, [fi'sik] statt [fy'sik] *Physik*), Rechtschreibung (z.B. *Cliché* neben *Klischee*, *Communiqué* neben *Kommunikee*), Wortbildung (z.B. *Badmeister* statt *Bademeister*, *Wartsaal* statt *Wartesaal*), Genus der Substantive (z.B. *das E-Mail* statt *die E-Mail*), Flexion (z.B. Plural *die Pärke* neben *die Parks*), Wortschatz, der das Gros der Spezifika bildet (z.B. *Velo* für *Fahrrad*), und Phraseologie (z.B. *mit abgesägten Hosen dastehen* statt *den Kürzeren ziehen*). Auch in der Pragmatik unterscheidet sich Schweizer Hochdeutsch von anderen Standarddeutschs (z.B. bei Bestellungen im Restaurant: *Könnte ich bitte ein ... haben* statt des als ausgesprochen unhöflich geltenden *Ich kriege ein ...*); jedoch sind die pragmatischen Besonderheiten nicht im gleichen Sinn von sprachlicher Richtigkeit normiert wie diejenigen in der Aussprache, Rechtschreibung, Grammatik und im Wortschatz (dazu K. Meyer 2006; Ammon/ Bickel/ Ebner u.a. 2004; Dürscheid/ Businger 2006). Die strukturellen und pragmatischen Besonderheiten des Schweizerhochdeutschen werden zwar von manchen, auch prestigeträchtigen Schweizer Institutionen gezielt angewandt, z.B. von der *Neuen Zürcher Zeitung* (laut internem Leitfaden „Vademecum"; E-Mail von Korrektor Stephan Dové an Karina Schneider-Wiejowski 22.01.2013); jedoch sind viele deutschsprachige Schweizer nicht leicht abzubringen von der Bewertung als nicht ganz einwandfreie Abweichungen vom „richtigen" Deutsch (Hägi/ Scharloth 2005: 6f.; Ammon 1995a: 436-447).

Trotz Zugehörigkeit ihrer Varietäten zur deutschen Sprache wahren die Deutschschweizer allem Anschein nach mehr Distanz zur deutschen Sprache als die Einwohner anderer deutschsprachiger Staaten (mit einer Mehrheit von Muttersprachlern des Deutschen). Vielleicht neigen sie auch stärker zum Gebrauch von Englisch. Jedenfalls legen verschiedene Untersuchungen dies nahe, obwohl Vergleichsuntersuchungen mit anderen deutschsprachigen Staaten fehlen (Dürmüller 1986; 1991; 1994; 2001; 2002; Murray/ Wegmüller/ Kan 2000;

Murray/ Dingwall 2001; Watts/ Murray 2001). Im Zusammenhang damit zeichnet sich die Möglichkeit ab, dass die individuelle Mehrsprachigkeit in der Schweiz mit der Zeit der Zweisprachigkeit ‚1 staatliche Amtssprache + Englisch' weicht, wohin – jedenfalls in Ansätzen – auch neuere Entwicklungen der schulischen Fremdsprachencurricula tendieren (Baschera 2008). Die besonders starke Neigung zum Gebrauch von Englisch könnte auch bedingt sein durch die zahlreichen multinationalen Firmen und internationalen Institutionen, auch der Vereinten Nationen, sowie durch den intensiven Tourismus aus aller Welt.

Für die Fragestellung des vorliegenden Buches wäre es besonders interessant, ob Deutschschweizer mehr zum Englischgebrauch neigen als französisch- oder italienischsprachige Schweizer. Jedenfalls berichteten mir zwei Seminarteilnehmer von Telefonaten mit deutschschweizerischen KommilitonInnen, die Englisch mit ihnen sprachen und darauf beharrten, weil sie sich – so ihre Begründung – dabei „wohler fühlten" als beim Gebrauch von Deutsch – wobei allerdings hinzuzufügen ist, dass die Deutschen aus dem Ruhrgebiet stammten und vielleicht auf die Schweizer norddeutsch wirkten. Das sprachliche Unterlegenheitsgefühl gegenüber Norddeutschen, die im Standarddeutschen geübter sind, gehört geradezu zu den Stereotypen deutschschweizerischer Sprachunterlegenheit (Ammon 1995a: 308-316, besonders 311f., 315). Inwieweit es sich bei dieser Sprachwahl um außergewöhnliche Einzelfälle handelte, bedürfte spezieller Untersuchung. Jedoch passt diese Sprachwahl ins Bild einer gewissen Distanzierung von der deutschen Sprache. Diese lässt sich wiederum als symbolische Distanzierung von Deutschland erklären. In dasselbe Bild fügen sich Beobachtungen, die auch ich selbst gemacht habe, dass Schweizerdeutsche gelegentlich in ihrem Dialekt mit Deutschen zu kommunizieren suchen und sich gegen die Kommunikation auf Standarddeutsch sperren. Dies geschieht vor allem in gemischten Gruppen von Deutschschweizern und Nichtschweizern, auch ohne Rücksicht auf eventuelle Verstehensschwierigkeiten Letzterer. Aufgrund solcher Erfahrungen sollen sogar manche Lehrer von Deutsch als Fremdsprache ihren Schülern von Gastaufenthalten in der Schweiz abraten (mündliche Mitteilung Csaba Földes). Allerdings ist diese für das Thema des vorliegenden Buches relevante Annahme offenbar nicht zuverlässig belegt. Allerdings wäre die in solcher Sprachwahl zum Ausdruck kommende Distanz zu Deutschland und seinen Bürgern verständlich, und würde von manchen Deutschen mit Verständnis aufgenommen. Sie ließe sich erklären vor allem aus der unheilvollen Geschichte der ersten Hälfte des 20. Jh., teilweise aber auch aus den Steuerstreitigkeiten Deutschlands mit der Schweiz und der massiven Zuwanderung aus Deutschland in die Deutschschweiz.

2.5 Luxemburg

(„Groussherzogtum Lëtzebuerg" (letzeburgisch), „Großherzogtum Luxemburg" (deutsch), „Grand-Duché de Luxembourg" (französisch); ca. 524.800 Einwohner, davon 298.100 Einheimische (57%) und 226.700 Ausländer (43%), mit den Portugiesen (81.800 ≈ 16% der Gesamtbevölkerung), Franzosen (30.950 ≈ 6% der Gesamtbevölkerung) und Italienern (19.900 ≈ 4% der Gesamtbevölkerung) als den größten Gruppen: de.wikipedia.org/wiki/Luxemburg – abgerufen 22.02.2013)

Kommen wir nun zum fünften und letzten Staat mit Deutsch als nationale Amtssprache: Luxemburg (wichtige Hinweise dazu von Peter Gilles). Auch hier ist Deutsch ko-offiziell, zusammen mit den beiden anderen nationalen Amtssprachen Französisch und Letzeburgisch. Jedoch gibt es in Luxemburg im Gegensatz zur Schweiz kein Territorialprinzip, schon wegen Kleinheit des gesamten Staatsgebiets. Dadurch ist die Verteilung der drei ko-offiziellen Sprachen auf die Domänen, auf gleichem Territorium, komplizierter als in der Schweiz und bedarf einer detaillierteren Darstellung (aktuelle Analysen, teils auch mit historischen Rückblicken, in Fehlen 2009 – besonders gründlich; Gilles 2009; Gilles/ Moulin 2009; Gilles/ Seela/ Sieburg/ Wagner 2010).

Ein bedeutsamer Unterschied gegenüber Deutschland, Österreich, Liechtenstein und – wenngleich weniger ausgeprägt – auch der Schweiz (Deutschschweiz) besteht darin, dass die Luxemburger Deutsch entschieden nicht als ihre Muttersprache betrachten. Als diese gilt ihnen vielmehr das Letzeburgische (auf Deutsch auch das *Luxemburgische*, auf Letzeburgisch *Lëtzebuergesch* – ich gebrauche hier die der einheimischen Benennung nachgebildete Bezeichnung *Letzeburgisch*, in Anlehnung an Heinz Kloss, 1952: 239, im Gegensatz zur häufig bevorzugten Bezeichnung *Luxemburgisch*; vgl. Fehlen 2009: 11, Anm. 2). Wegen der fehlenden Muttersprachlichkeit von Deutsch wird Luxemburg in der Regel nicht, auch hier nicht, zu den „deutschsprachigen Ländern" oder den „deutschsprachigen Staaten" gezählt (Kap. B.4). Auch die Luxemburger Regierung betont gelegentlich ihre Distanz zur deutschen Sprache, wofür etwa die ausdrückliche Nicht-Beteiligung an der rezenten Rechtschreibreform des Deutschen ein Beispiel war (Fehlen 2009: 46).

Jedoch sind alle drei Sprachen: Deutsch, Französisch und Letzeburgisch, als nationale Amtssprachen deklariert. In der revidierten Verfassung von 1948, Art. 29, wurde zunächst nur bestimmt, dass die staatliche Verwaltungssprache durch Gesetz festzulegen sei („L'emploi de la langue d'administration sera réglé par la loi"; Kramer 1984: 186). Fernand Hoffmann (1979: 34) hat den damaligen Verzicht auf eine explizite Regelung erklärt mit dem geringen zeitlichen Abstand vom Nationalsozialismus, unter dem Luxemburg nicht nur die üblichen

Repressalien erlitt, sondern als eigenständiger Staat liquidiert und dem deutschen Reich einverleibt wurde (Besetzung 1940 – 1945, im August 1942 als Teil des „Großdeutschen Reiches" deklariert; dazu auch Kap. L.2). Daher mochten die Luxemburger 1948 Deutsch nicht schon wieder zur Amtssprache erklären – aber auch nicht Französisch, das dann eine gleichfalls unerwünschte amtliche Monopolstellung erlangt hätte. Man wollte nämlich die seit langem bestehende Amtsmehrsprachigkeit beibehalten. Solange die vorgesehene Regelung unterblieb, war im Grunde der diesbezügliche Paragraph 30 der alten Verfassung von 1848 weiter wirksam, der Deutsch und Französisch gleichberechtigt als Amtssprachen zuließ (Hoffmann 1987a: 95f.).

Jedoch war den Luxemburgern die Einstellung zur deutschen Sprache gründlich vermiest worden, unter anderem auch durch die „Personenstandsaufnahme" am 10.10.1941 – eine Volksbefragung, die von den Luxemburgern ein Bekenntnis zu Deutsch als Muttersprache forderte. Ihre eigene Sprache war in der begleitenden Propaganda und einer Erläuterung auf dem Fragebogen als bloße „Mundart", wie „Plattdeutsch", und somit als Muttersprache nicht möglich qualifiziert worden. Es war offenkundig, dass die Befragung die Annexion durch NS-Deutschland legitimieren sollte. Jedoch wurden die Ergebnisse nicht ausgewertet, als erkennbar war, dass sich die Luxemburger mit überwältigender Mehrheit zu Letzeburgisch und nicht zu Deutsch als ihrer Muttersprache bekannten (Fehlen 2009: 31f.; Newton 1987: 164, 170; Ammon 1995a: 398f.).

„Nach der Befreiung ist der Hass auf die Deutschen größer denn je. [...] Luxemburgisch ersetzt Deutsch in den Parlamentsdebatten und offizielle Schriftstücke werden nur noch in französischer Sprache redigiert." (Fehlen 2009: 33) Unter Bezugnahme auf diese Sprachverschiebung hat der spätere luxemburgische Ministerpräsident Jean-Claude Juncker die Stimmung im Lande rückblickend, im April 2010, in einem Interview so geschildert: „Die Gesetze werden auf Französisch publiziert. Das war nicht immer so. Vor dem Zweiten Weltkrieg wurde die Gesetzgebung in zwei Sprachen erlassen, in deutscher Sprache und in französischer Sprache. Nach der deutschen Besatzungszeit, 1940 bis 1945, hat man so viele Verletzungen festgestellt, herbeigeführt durch alles was Deutsch war, dass man seitdem darauf verzichtet, die Gesetze auch in deutscher Sprache zu erlassen. Die werden nur noch in französischer Sprache erlassen." (www.gouvernement.lu/salle_presse/ interviews/ 201004-avril/ 05-juncker/ind ex. html – abgerufen 11.12.2010) Vermutlich wirkt die Geschichte teilweise bis heute nach in der ausgesprochen negativen Bewertung der deutschen Sprache seitens der Mehrheit der Luxemburger Bevölkerung als – jedenfalls im Vergleich zu Letzeburgisch, Französisch oder Englisch – hässlich („laid") oder unkultiviert/ brutal („brutal") und dergleichen (Fehlen 2009: 45, 195).

Erst am 24.02.1984 wurde das Verhältnis der Amtssprachen schließlich durch ein besonderes Sprachengesetz festgelegt (dazu Hoffmann 1989). In dessen parlamentarischer Vorbereitung trat die Sprachensituation Luxemburgs facettenreich zutage, nicht zuletzt auch die Einstellung der Luxemburger zur deutschen Sprache, z.B. bei der Bekanntmachung von Auszügen aus der damaligen rechtsradikalen deutschen Presse, in denen die nationalsozialistische Sprachenpolitik nachklang (*Rapport de la Commission Speciale* 1983: 6; Zusendung Harald Fröhlich).

Im Sprachengesetz von 1984 erhielt auch Letzeburgisch eine – zuvor nicht eingeräumte – amtliche Stellung, die es als eigenständige Sprache stabilisierte. Während Kloss (1978: 23-37, 105-116) die sprachliche Eigenständigkeit des Letzeburgischen schon früher mit dessen „Ausbau" begründete, erscheint mir dafür eher die Standardisierung entscheidend, genauer: Die Schaffung einer eigenen Standardvarietät, die von den Standardvarietäten der linguistisch nächststehenden, also der deutschen Sprache eine ausreichende, nämlich mittlere linguistische Distanz hat (Kap. B.1; B.2). Eine Standardvarietät mit solcher linguistischer Distanz von den Standardvarietäten Deutschlands und Österreichs fehlt der Deutschschweiz (Kap. D.2.4). Vor allem ist die Orthographie des Letzeburgischen, deren letzte Reform 1999 durchgeführt wurde, mit markanten Unterschieden zu allen Standardvarietäten des Deutschen kodifiziert: Mit dem Buchstaben ë, französischen Akzentzeichen und möglichst aussprachegetreuer Buchstabenwahl, wie es auch für deutsche Dialekte möglich und in der Dialektliteratur üblich ist (vgl. die Textprobe des Standardletzeburgischen in Kap. B.1). Die amtliche Stellung des Letzeburgischen beruht außer auf dem deklarierten Status auf seiner diesem entsprechenden, auch schriftlichen Funktion (Hoffmann 1989: 48-50), die einer Standardvarietät bedarf.

Das neue Sprachengesetz schreibt den Vorrang des Französischen als Gesetzessprache fest. Art. 2 : „Langue de la législation: Les actes législatifs et leur règlement d'exécution sont rédigés en français. Lorsque les actes législatifs et réglementaires sont accompagnés d'une traduction, seul le texte français fait foi." (*Mémorial, Remeil de Législation*, A-No 16 vom 27.2.1984: 196)

Jedoch ist Deutsch neben Französisch und Letzeburgisch zugelassen für die Verwaltung und Rechtsprechung (Art. 3), besonders für Anfragen an die Verwaltung (Art. 4). Solche Anfragen sind in derjenigen der drei Amtssprachen zu beantworten, in der sie gestellt werden, allerdings nur ‚soweit möglich' („dans la mesure du possible"), wie immer dies zu verstehen ist.

Art. 3: „Langues administratives et judiciaires: En matière administrative, contentieuse ou non contentieuse, et en matière judiciaire, il peut être fait usage des langues française, allemande ou luxembourgeoise, sans préjudice des dispositions spéciales concernant certaines matières."

Art. 4: „Requêtes administratives: Lorsqu'une requête est rédigées en luxembourgeois, en français ou en allemand, l'administration doit se servir, dans la mesure du possible, pour sa réponse de la langue choisie par le requérant." (*Mémorial* 27.02.1984: 197)

Hervorzuheben ist noch, dass dieses Gesetz außerdem das Letzeburgische als einzige der drei Amtssprachen zur Nationalsprache Luxemburgs deklariert, was es als Muttersprache der Bevölkerungsmehrheit indes faktisch ohnehin ist (Kap. D.1).

Art. 1: „Langue nationale: La langue nationale des Luxembourgeois est le luxembourgeois." (*Mémorial* 27.02.1984: 196) Die Stellung als Nationalsprache betrifft nicht die Amtlichkeit, sondern nur die nationale Symbolik, in einer Reihe mit Hoheitszeichen, Nationalhymne und dergleichen (vgl. Kap. D.1; auch Hoffmann 1987c; Näheres zu Letzeburgisch als Nationalsprache in Gilles/ Moulin 2009: vor allem 184f.).

Damit ist Deutsch gegenüber beiden anderen nationalen Amtssprachen abgewertet: Gegenüber Letzeburgisch als Nicht-Muttersprache und Nicht-Nationalsprache und gegenüber Französisch als nicht gleichrangige Amtssprache, weil nicht Gesetzessprache. Diesen Rangunterschied verraten auch die Ortsschilder, auf denen Französisch stets oben, also an erster Stelle platziert ist, Letzeburgisch darunter und Deutsch fehlt. Auch auf sonstiger Beschilderung und öffentlicher Beschriftung, also allenthalben in der „sprachlichen Landschaft" Luxemburgs, tritt Deutsch vor allem gegenüber Französisch stark in den Hintergrund (detaillierte Analyse in Gilles/ Seela/ Sieburg/ Wagner 2010: 91-101). Vielleicht wird es deshalb bisweilen von ausländischen Besuchern – wie mir persönlich verschiedentlich berichtet wurde – kaum als Amtssprache des Staates wahrgenommen. Die Einschränkung der Stellung von Deutsch in Luxemburg im Vergleich zu Französisch und teilweise auch Letzeburgisch, geht – wie die folgenden Ausführungen verdeutlichen sollen – viel weiter, als es die gesetzliche Regelung von 1984 ahnen lässt (vgl. Hoffmann 1979; 1987a; b; c; 1988 a; Davis 1989; Ministère de l'éducation [...] 1985; detailliert in Berg 1993: 18-85; Fehlen 2009 passim).

In den Parlamentsdebatten ist nach dem Zweiten Weltkrieg Letzeburgisch an die Stelle von Deutsch getreten, das dort – wie allerdings auch Französisch – kaum noch eine Rolle spielt. Jedoch hat Französisch gegenüber Deutsch den Vorrang, dass der Parlamentspräsident es spricht. Vor allem aber erscheinen seit einiger Zeit die schriftlichen Kurzberichte über die Parlamentsdebatten auf Französisch, unter dem Titel *Compte rendu des séances publiques*, und zwar sowohl als Druckversion wie auch online (www.chd.lu). Nach dem Zweiten Weltkrieg wurden sie noch geraume Zeit als *Analytische Kammerberichte* auf Deutsch verfasst und kostenlos an die Haushalte verteilt.

Die Unterordnung von Deutsch in der staatlichen Verwaltung zeigt sich auch daran, dass die verwaltungsinterne schriftliche Kommunikation sich ganz auf Französisch abspielt. Nur der Kontakt mit den Bürgern, auch der schriftliche, findet in allen drei Amtssprachen statt. Jedoch überwiegt auch dabei Französisch, vor allem in der schriftlichen Kommunikation, während die mündliche Kommunikation hauptsächlich auf Letzeburgisch stattfindet. Der Schriftwechsel zwischen den Gemeinden verläuft zwar teilweise noch auf Deutsch, jedoch auch mehr auf Französisch, vor allem die Kommunikation mit der gewichtigsten Gemeinde, Luxemburg (Hoffmann 1979: 61). Immerhin sind aufgrund der Amtlichkeit aller drei Sprachen die Beamten meist dreisprachig.

Wegen der komplizierten Verhältnisse erscheinen mir noch ein paar Hinweise über den engeren amtlichen Gebrauch hinaus angebracht (siehe auch Berg 1993: 34-85). Die Kommunikation zwischen den verschiedenen Gerichtsinstanzen geschieht fast ausnahmslos auf Französisch. Früher wurden die Urteile generell auf Deutsch verkündet (Hoffmann 1979: 51f.), heute jedoch nur noch in den eher seltenen Fällen, wenn Deutsche, also Nicht-Luxemburger, am Verfahren beteiligt sind. Außerdem ist es zweifelhaft, ob alle Anwälte – wie es eigentlich vorgeschrieben ist – die drei Amtssprachen beherrschen. Da viele aus Frankreich und Belgien kommen, mangelt es hauptsächlich an Deutschkenntnissen.

Im Militärwesen spielt Deutsch so gut wie keine Rolle. Als Kommandosprache dient Französisch, meist auch zur Kommunikation unter Offizieren, während man in den Mannschaften gewöhnlich Letzeburgisch spricht.

Auch im Geschäftsleben spielt Französisch eine wichtigere Rolle als Deutsch und gewinnt Letzeburgisch an Bedeutung. Das verrät schon die Sprachwahl der Stellenanzeigen, sogar in der vorwiegend deutschsprachigen Zeitung *Luxemburger Wort*, und noch deutlicher die in den Ausschreibungen verlangten Sprachkenntnisse (Pigeron-Piroth/ Fehlen 2005: 15f.). Diese Studie wird laufend aktualisiert, wobei Französisch und Letzeburgisch sich als die deutlich am häufigsten verlangten Sprachen erweisen (www.statisques.public.lu/fr/publications/thematique/population-emploi/langues/rapport/pdf). Dieselben Tendenzen treten zutage in Fehlen (2009: 140-142). „Französisch selbst wird auch als ‚lingua franca' angesehen für weite, jedoch nicht alle Teile der Arbeitswelt und vor allem im Dienstleistungssektor (z.B. in der Gastronomie)". (Gilles/ Moulin 2009: 192) Allerdings „erweist sich für die Luxemburger Deutschland als das meistbesuchte Nachbarland." (Gilles/ Seela/ Sieburg/ Wagner 2010: 77)

Das Schulwesen zielt ab auf die Dreisprachigkeit der gesamten Bevölkerung (Kramer 1986), die jedoch oft nur unvollkommen erreicht wird. Die Vorschule findet hauptsächlich auf Letzeburgisch statt (3 Jahre; Schulpflicht ab dem 4.

Lebensjahr), das dort „als Betreuungssprache vorgesehen" ist (Gilles/ Moulin 2009: 187). In der folgenden sechsjährigen Primärschule wird in Deutsch Lesen und Schreiben gelernt (Alphabetisierung), jedoch wird im Unterricht weiter viel Letzeburgisch gesprochen. Ab dem 2. Primärschuljahr tritt Französisch als Unterrichtssprache hinzu und wird dann in dieser Funktion vorrangig in der Sekundarstufe, wo es „in den höheren Klassen, mit Ausnahme der Fächer Deutsch und Englisch, zur alleinigen Unterrichtssprache wird." (Fehlen 2009: 51) Die Sekundarstufe besteht aus zwei alternativen Zweigen: Dem allgemeinbildenden *Lyceum*, das 3 Jahre und damit bis zum Ende der Schulpflicht dauert, und dem je nach Fachrichtung 3- bis 5-jährigen berufsbildenden Lyceum (Horner/ Weber 2008: 87-89; Davis 1989: 158f.).

Wegen der zahlreichen Immigranten aus romanischsprachigen Staaten empfehlen manche Soziolinguisten die Umstellung der Alphabetisierung von Deutsch auf Französisch oder zumindest deren Aufteilung auf diese zwei Sprachen (z.B. J. Weber 2009; auch Horner/ Weber 2008: 87-89). Mit diesem Vorschlag haben sie sich allem Anschein nach beim Regierungswechsel Ende des Jahres 2013 durchgesetzt, denn die neue sozialdemokratisch beherrschte Regierung Luxemburgs sieht vor, „dass Kinder von Einwanderern aus südeuropäischen Ländern, etwa aus Portugal, sich künftig bei der Einschulung für die französische statt die deutsche Sprache entscheiden können." („Einigung in Luxemburg auf die ‚Gambia'-Koalition", *FAZ* 02.12.2013: 6) Eine Ausweitung dieser Regelung auf die letzeburgisch-sprachige Bevölkerungsmehrheit ist allerdings nicht zu erwarten, da für diese die deutsche Sprache wegen der nur mittleren linguistischen Distanz vom Letzeburgischen leichter zugänglich ist als die französische. Daher steht für die Bevölkerungsmehrheit die Wahl von Deutsch für das Lesen- und Schreibenlernen eher im Einklang mit der traditionsreichen, nach wie vor geltenden UNESCO-Empfehlung der Alphabetisierung in der Muttersprache (UNESCO 1953) als die Wahl von Französisch. Man wird sehen, wie sich die Aufteilung der Alphabetisierung auf zwei Sprachen verwirklichen lässt. Sie könnte die „Zersplitterung" in eine französisch- und eine deutschsprachige Bevölkerung fördern (Gilles/ Moulin 2009: 187) – was eine im modernen Europa bislang einmalige Folge und auf längere Sicht vielleicht sogar ein Präzedenzfall der durch die EU-Gesetze ermöglichten massiven Zuwanderung in ein kleines Land wäre.

Womöglich stehen Forderungen nach Einschränkung von Deutsch als Alphabetisierungssprache auch noch in der hartnäckigen Tradition der Distanzierung von Deutschland aufgrund der oben geschilderten deutschen Übergriffe, die in vielen Darstellungen der sprachlichen Verhältnisse Luxemburgs anklingt (z.B. Berg 1993; M. Klein 1995; Fehlen 2009). Sie könnte weiter anhalten und zur künftig noch stärkeren Abkehr von der deutschen Sprache führen. Mehr Gewicht hat aber sicher die überwältigende Bevorzugung des Französischen durch die Immigranten aus romanischsprachigen Staaten, vor allem Portugal (Zahlen zu dieser Bevorzugung in Fehlen 2009: 77).

In die gleiche Richtung wirkt vermutlich außerdem der Vorrang des Französischen als Arbeitssprache der EU-Institutionen (vgl. Kap. H.4.2 - H.4.6), zumal aufgrund der Standorte in Luxemburg, der geographischen Nähe von Brüssel und der Tatsache, dass luxemburgische Politiker in diesen Institutionen eine für die Größe ihres Staates überproportionale Rolle spielen.

Seit 2003 hat Luxemburg die mehrsprachige Universität Luxemburg, die – im Einklang mit der sonstigen Vermeidung von Deutsch im öffentlichen Sprachgebrauch – meist unter dem Namen „Université du Luxembourg" firmiert. Sie ist ausgestattet mit den drei Fakultäten 1) Naturwissenschaften, Technologie und Kommunikation, 2) Rechts-, Wirtschafts- und Finanzwissenschaften und 3) Sprachwissenschaften und Literatur, Geisteswissenschaften, Kunst und Erziehungswissenschaften. Die Sprachen der Lehre sind Französisch, Deutsch und Englisch – und im Fach Letzeburgisch, aber nur da, auch Letzeburgisch (Auskunft Lehrstuhlinhaber Peter Gilles).

Während im katholischen Luxemburg vor dem Zweiten Weltkrieg die nichtlateinischen Anteile kirchlichen Sprachgebrauchs deutschsprachig waren, wurden sie danach weitgehend letzeburgisch. Diese Tendenz verstärkte sich nach dem II. Vatikanischen Konzil (1962-65), das die Verwendung der Volkssprachen empfahl (Hoffmann 1979: 49f.). Jedoch wird in den Messen, vor allem in der Liturgie, auch noch häufig Deutsch gesprochen (Hinweis Peter Gilles).

In den mündlichen Massenmedien spielt Deutsch eine untergeordnete Rolle neben Französisch und auch Letzeburgisch. Der lokale Sender RTL Radio Lëtzebuerg (www.rtl.lu) sendet ausschließlich auf Letzeburgisch. Daneben gibt es den grenzüberschreitenden deutschsprachigen Sender RTL Radio (www. rtlradio.lu/), der mehr in Deutschland und in der Deutschsprachigen Gemeinschaft in Belgien gehört wird als in Luxemburg. Auch die kommerzielle Station *Radio-Télévision Luxemburg (RTL)* strahlt deutschsprachige Sendungen aus – neben solchen auf Französisch, Letzeburgisch, Englisch und Sprachen der Arbeitsmigranten.

Es gibt vier Tageszeitungen in Luxemburg, mit in folgender Anordnung abnehmender Auflagenhöhe: das *Luxemburger Wort*, das *Tageblatt*, das *Lëtzeburger Journal*, die *Zeitung fir d'lëtzeburger Vollek*. Deutsch überwiegt in allen vier Blättern, die jedoch auch Beiträge auf Französisch und im Lokalteil, wenngleich eher selten, auch auf Letzeburgisch enthalten (Berg 1993: 41). „Wenn man von Blättern absieht, die sich an die ausländische Wohnbevölkerung richten, sind luxemburgische Zeitungen und Zeitschriften hauptsächlich in deutscher Sprache geschrieben." (Fehlen 2009: 45)

Hoffmann (1979: 65-111) spricht von der Existenz *der Literatur in den drei Sprachen* in Luxemburg, womit er die Belletristik in Deutsch, Letzeburgisch und Französisch meint (Hoffmanns Reihenfolge). Er gibt einen detaillierten Überblick über die reichhaltige und teilweise offenbar anspruchsvolle Literatur in allen drei Sprachen (dazu auch Honnef-Becker/ Kühn 2004; Honnef-Becker 2006). Die deutschsprachige Literatur luxemburgischer Provenienz (vgl. auch Hoffmann 1988b) findet in Luxemburg, wie es scheint, größere Verbreitung als die eher elitäre französischsprachige Literatur. Auch die letzeburgische Literatur spielt eine nicht zu übersehende Rolle.

Das Luxemburger Deutsch hat auch einige lexikalische Besonderheiten in Form von Entlehnungen aus dem Französischen, dem Letzeburgischen und auch dem Englischen. Das *Variantenwörterbuch des Deutschen* (Ammon/ Bickel/ Ebner u.a. 2004) enthält 30 spezifische, also auf Luxemburg beschränkte Wort-Luciburgismen, wie z.B. *arrangieren* in der Bedeutung ‚von Vorteil, hilfreich sein', *Benevolat* ‚unbezahlte, gemeinnützige Tätigkeit', *eindampfen* ‚eindämmen', *Klassensaal* ‚Klassenzimmer', *recyklieren* ‚recykeln', *Stagiar* ‚Praktikant`' oder *Samu* ‚Rettungsdienst' – gesprochen [sa'my:], Akronym von *Service d'Assistance Médicale Urgente*. Zwar wurden diese Wörter den Luxemburger deutschsprachigen Zeitungen (als „Modelltexten") entnommen; sie werden jedoch – nach Einschätzung von Fehlen (2009: 47) – meist nur „als zu vermeidende persönliche Fehlleistungen angesehen". Berg (1993: 134-144) zieht gleich gar nicht in Betracht, gängige und somit zumindest ansatzweise akzeptierte Besonderheiten des Luxemburger Deutschs zu unterscheiden von „Interferenzen", die zwischen allen drei Amtssprachen unterlaufen. Anders als in der Schweiz, gibt es nach meiner Kenntnis in Luxemburg keine Institution, die sich bemüht, die Besonderheiten des Luxemburger Deutschs anzuwenden oder gar zu pflegen. Inwiefern dennoch – unter Bezugnahme auf die normsetzenden Instanzen (Ammon 1995a: 80) – auch für Luxemburg von einem spezifischen korrekten Deutsch gesprochen werden kann, wäre eine gesonderte Untersuchung wert. Abstriche von der allgemeinen Anerkennung der nationalen Varianten als einwandfreies, „korrektes" Deutsch gibt es ja in schwächerer Ausprägung auch in der Schweiz und sogar in Österreich (Ammon 1995a: 436-447).

Abschließend erscheint mir die nochmalige Hervorhebung wichtig, dass in Luxemburg Deutsch nationale (nicht nur regionale) Amtssprache ist, ohne zugleich Muttersprache der Bevölkerungsmehrheit zu sein. Es ist der einzige Staat, auf den dies zutrifft. Ich habe schon darauf hingewiesen (Kap. D.1, gegen Ende), dass die Anzahl solcher Staaten gelegentlich als Indikator für den Internationalitätsgrad einer Sprache dient (Fishman/ Conrad 1977: 6). Man könnte auch – fast gleichbedeutend – sagen: Luxemburg ist der einzige Staat, wo Deutsch nationale Amtssprache, aber nicht (faktische) Nationalsprache ist. Daher wird

Luxemburg auch nicht zu den „deutschsprachigen Staaten" oder den „deutschsprachigen Ländern" gezählt (Kap. D.1; B.4, gegen Ende) – von vereinzelten Ausnahmen abgesehen (z.b. Akstinat 2012/13: 7, der es ausdrücklich zu den bei ihm dann 5 „deutschsprachigen Staaten" zählt).

3. Deutsch als regionale Amtssprache

3.1 Die Deutschsprachige Gemeinschaft in Belgien
(75.700 Einwohner, annähernd 0,7% der belgischen Bevölkerung (fast 11 Mio.); kleine Gruppe französischsprachige Belgier in den nördlichen Gemeinden Kelmis, Lontzen und Eupen: de.wikipedia.org/wiki/Deutschsprachige_Gemeinschaft_Belgiens – abgerufen 22.02.2013)

Die Stellung als regionale Amtssprache kann sich von der Stellung als nationale Amtssprache tiefgreifend unterscheiden. Dies ist jedenfalls so bei Deutsch in Belgien wie auch in Italien – im Gegensatz zu Deutsch in Deutschland, Österreich, Liechtenstein, der Schweiz und auch Luxemburg. Diesen Unterschied indiziert schon die Tatsache, dass Deutsch in Belgien und in Italien oft in Listen von „weniger verbreiteten Sprachen" oder Sprachminderheiten der Europäischen Union erscheint (z.B. des früheren Europäischen Büros für Sprachminderheiten EBLUL = *European Bureau of Lesser-Used Languages*), also zusammen mit Minderheitssprachen, die keine amtssprachliche Stellung haben (z.B. Das Europäische Büro für Sprachminderheiten (1993-1995) *Einheit in der Vielfalt* [ebenso in 5 weiteren Sprachen]; *Euromosaic* 1996: Table 1 und 3). Tatsächlich gibt es bedeutsame Parallelen zwischen nur regionalen Amtssprachen und Minderheitssprachen ohne amtssprachlichen Status. Eine davon ist die fast gleiche Asymmetrie gegenüber der/n Mehrheitssprache/n. Sie besteht vor allem in Folgendem: So gut wie alle Sprecher (Muttersprachler) regionaler Amtssprachen und von Minderheitssprachen ohne amtssprachlichen Status lernen und gebrauchen die Mehrheitssprache/n, weniger aber umgekehrt. Jedenfalls ist dies so in der heutigen Zeit, die für „Sprachinseln" kaum noch Raum lässt (vgl. Kap. E.1). Das Zusammenleben im gemeinsamen nationalen Rahmen zwingt die Sprecher von Minderheitssprachen und von nur regionalen Amtssprachen zum Lernen und Gebrauch der Mehrheitssprache/n, auch bei so großzügigen Sprachenrechten, wie sie heute in Belgien und Italien für die Regionen mit Deutsch als Amtssprache gelten.

Die aktuelle, einerseits privilegierte und andererseits tendenziell prekäre Stellung von Deutsch als regionale Amtssprache in Belgien und Italien wird verständlicher beim Rückblick in die Geschichte, der hier jedoch abrissartig bleiben muss. Die beiden deutschsprachigen Regionen gelangten erst nach dem Ersten Weltkrieg an ihre heutigen Staaten – durch Annexion und, wie man vermuten muss, gegen den Willen ihrer Bevölkerungsmehrheit. In Italien gab es keinerlei Befragung, und in Belgien nur die Möglichkeit individuellen schriftlichen Protests an die belgischen Behörden, wovon nur eine verschwindende Minderheit (271 Personen) Gebrauch machte – was angesichts der Aussichtslosigkeit, angesichts weit größerer belgischer Gebietsforderungen, vorhersehbar war (Pabst 1997: 26). Beide Gebietsabtretungen waren unvereinbar mit dem politischen Selbstbestimmungsrecht ethnischer Gruppen, das die 14 Punkte des US-Präsidenten Wilson für die Friedensgestaltung nach dem Ersten Weltkrieg zumindest nahelegten. Punkt 7 über Belgien blieb zwar diesbezüglich etwas undeutlich, jedoch ist die Rede nur von Wiederherstellung, nicht von Ausdehnung des belgischen Territoriums: „Belgium, the whole world will agree, must be evacuated and restored, without any attempt to limit the sovereignty which she enjoys in common with all other free nations […]". Punkt 9 über Italien gebietet jedoch unzweifelhaft die Einhaltung ethnischer Grenzen: „A readjustment of the frontiers of Italy should be effected along clearly recognizable lines of nationality." (en.wikipedia.org/wiki/Fourteen_Points – abgerufen 19.12. 2012). Georg Grote's (2009: 9-27) nationalismustheoretische Erklärung der Annexion Südtirols durch Italien, aufgrund der Theorie von Peter Alter (1985), lässt sich mutatis mutandis auf die Politik Belgiens übertragen. Dabei wird zugleich der Zusammenhang dieser Politik mit der vorausgehenden Politik der gegnerischen Seite, Österreich-Ungarns bzw. des Deutschen Reichs, deutlich.

Die Annexion führte in beiden Regionen zu langwierigen Konflikten der deutschsprachigen Bevölkerung mit den Zentralregierungen und der staatlichen Mehrheitsbevölkerung, die erst in neuerer Zeit, Jahrzehnte nach dem Zweiten Weltkrieg, mit der Entstehung und Festigung der Europäischen Union weitgehend abgebaut wurden. Die Spannungen zwischen der deutschsprachigen Bevölkerung und der Mehrheitsbevölkerung Belgiens nach Nationalsozialismus und Zweitem Weltkrieg und ihre dann im Großen und Ganzen erfolgreiche Überwindung hat – mit Schwerpunkt auf der Entstehungszeit des belgischen Föderalsystem, 1968 - 1972 – Hubert Jenniges (2001) geschildert.

Die folgende Darstellung mag manchen Belgiern einseitig auf deutsche Interessen oder die Interessen der deutschen Sprachgemeinschaft hin ausgerichtet erscheinen. In der Tat wäre eine Ergänzung und erforderlichenfalls Korrektur aus belgischer Sicht, speziell des französisch- und niederländischsprachigen Belgiens, wünschenswert, was mir mangels Kenntnissen nicht möglich war. Umfassende, wenn auch nicht ganz aktuelle Überblicke, meines Erachtens tendenziell auch aus deutschsprachiger Sicht, bieten die drei Bände von Heinrich

Rosensträter (1985), der von Peter Nelde (1979b) herausgegebene Band *Deutsch als Muttersprache in Belgien* und ein Aufsatz von Michael Hinderdael/ Nelde (1996; zum Sprachenrecht Belgiens auch Pan/ Pfeil 2006: 42-58).

Das belgische Gebiet mit Deutsch als Amtssprache umfasst den östlichen Teil des im Friedensvertrag von Versailles mit Wirkung zum 10.01.1920 Belgien zugesprochenen Territoriums. Es war vordem Teil des größeren, zum Deutschen Reich gehörenden Gebiets von Eupen-Malmedy. Die Abtretung der französischsprachigen Städte Malmedy und Waimes mit Umland an Belgien entsprach dem Geist von US-Präsident Wilson's 14 Punkten, wogegen die Abtretung auch des deutschsprachigen Gebietsteils anders begründet wurde, nämlich als Entschädigung für die enormen Zerstörungen, die der Angriff Deutschlands in dem neutralen Land verursacht hatte (zur Geschichte detailliert Rosensträter 1985; auch Brüll 2005; Berge/ Grasse 2003: 168-172).

Dieses deutschsprachige Gebiet Belgiens, heute die *Deutschsprachige Gemeinschaft*, ist – durch einen west-östlich verlaufenden Korridor um Malmedy und Waimes – geteilt in eine nördliche Hälfte (mit Eupen als Hauptstadt der ganzen Gemeinschaft) und eine südliche (mit der kleineren Stadt St. Vith). Es grenzt im Norden an die Niederlande, im Süden an Luxemburg und im Osten an Deutschland (Karte D.1-1, Kap. D.1). Genauer umfasst es laut Gesetz vom 30.07.1963 die folgenden, durch Gebietsreform arrondierten neun Gemeinden (von Süden nach Norden): Burg-Reuland, Sankt Vith, Amel, Büllingen, Bütgenbach, Eupen, Raeren, Lontzen und Kelmis (Rat der deutschen Kulturgemeinschaft 1978: 10-14).

Das Gebiet der Deutschsprachigen Gemeinschaft sollte nicht verwechselt werden mit den westlich und südlich davon gelegenen, einst ebenfalls germanophonen Gebieten um die Stadt Arlon (auf Deutsch auch „Areler Land"), die schon vor dem Ersten Weltkrieg belgisch waren („Alt-Belgien"), in denen Deutsch nicht Amtssprache ist, aber die autochthonen Dialekte noch reliktartig und ohne Überdachung existieren (Nelde 1987: 11; vgl. auch Nelde 1979a; b; historische Details der endgültigen Trennung beider Gebiete in Jenniges 2001: 55-57). Allerdings werden diese Dialekte oft allzu unumwunden der deutschen Sprache zugeordnet, wogegen ihre Zuordnung zum Letzeburgischen, seit dieses unzweifelhaft eine eigenständige Sprache ist, auch nach unseren eigenen Kriterien angemessener wäre (Kap. B.1; B.2). Nebenbei bemerkt, trafen diese Zuordnung auch die Protagonisten der „Wiederbelebung" der autochthonen Dialekte, angeführt von der Organisation „Arelerland a Sprooch (ALAS)" – ich ziehe anstelle des Terminus „Sprach-Wiederbelebung" den Terminus *sprachliche Rück-Umstellung* vor (siehe Kap. E.1). Es könnte sein, dass diese Zuordnung – statt der früheren Zuordnung zur deutschen Sprache – zum Desinteresse der Bevölkerung an der sprachlichen Rück-Umstellung und zum Scheitern dieser Bestrebungen beitrug, weil das Letzeburgische ein vergleichsweise geringes Kommunikationspotential (Kap. A.7) und damit eingeschränkten praktischen Wert hat (vgl. dazu Darquennes 2011b: 100f, 105f.; dort auch umfassend zu den sprachlichen Verhältnissen in Altbelgien und den Rück-Umstellungsversuchen auf die autochthonen Dialekte; weiterführend Darquennes 2005; 2011a; 2013).

Seit 1963 werden in Belgien per Gesetz verschiedene Sprachgebiete unterschieden, darunter auch das deutschsprachige (vgl. Verdoodt 1968: 33). Die damit verbundene offizielle Anerkennung des deutschsprachigen Gebiets signalisierte zugleich das Ende sprachlicher Diskriminierung der Deutschsprachigen in Belgien, die nach dem Zweiten Weltkrieg infolge des Nationalsozialismus, der Kollaboration eines Teils der örtlichen Bevölkerung mit den deutschen Aggressoren und der vorübergehenden Rückgliederung des Gebiets in das Deutsche Reich (1940 – 1944) vorherrschte (dazu z.B. Jenniges 2001: Teile I und II). Seit der Verfassungsreform von 1970 ist „Neu-Belgien" (so die informelle Bezeichnung im Gegensatz zu „Alt-Belgien") amtssprachlich einsprachig deutsch – ebenso wie Flandern einsprachig niederländisch und Wallonien einsprachig französisch sind, im Gegensatz zur zweisprachigen Hauptstadt Brüssel (französisch und niederländisch); jedoch wird Französisch im Einklang mit den rechtlichen Bestimmungen in der Deutschsprachigen Gemeinschaft subsidiär verwendet. „Das Deutsche ist zwar gültige Territorialsprache, von ihr kann aber auf Wunsch frankophoner Bürger abgewichen werden" (Berge/ Grasse 2003: 194; auch 195-202 passim; Vogel 2005). Vor Ort spricht man auch von „Spracherleichterungen (*facilités linguistiques*)".

Wichtig für das Verständnis der politischen Struktur Belgiens ist die Unterscheidung zwischen Sprachgebieten, die seit der Verfassungsreform von 1978 *Gemeinschaften* heißen (zuvor, seit 1963, *Kulturgemeinschaften*), und *Regionen*. Die zusätzliche Einteilung in 10 *Provinzen* (seit 1994, davor 9) spielt demgegenüber wegen deren geringen Befugnissen eine untergeordnete Rolle. Nicht ganz übersehen werden sollte auch die zusätzliche lockere Einbindung in die Europaregion *Euregio Maas-Rhein* (niederländisch *Maas-Rijn/Meuse-Rhin*) im Grenzraum Belgien/ Deutschland/ Niederlande (de.wikipedia.org/wiki/Liste_der_ Europaregionen – abgerufen 17.12.2012).

Während das amtssprachlich deutschsprachige Gebiet zwar eine eigene Gemeinschaft bildet, neben der niederländischsprachigen in Flandern (vor Ort: „flämische Sprachgemeinschaft/ Vlaamse Gemeenschap/ Communauté flamande") und der französischsprachigen in Wallonien (vor Ort „Fédération Wallonie-Bruxelles") (insgesamt drei Gemeinschaften), ist es keine eigene Region, sondern Teil der Region Wallonien, neben der noch die Regionen Flandern und Brüssel-Hauptstadt existieren (insgesamt drei Regionen). Übergeordnet bleibt den Gemeinschaften, Regionen und Provinzen der Zentralstaat, auf dessen

Ebene Deutsch allenfalls rudimentäre amtssprachliche Funktion hat, vor allem in Form deutschsprachiger Fassungen grundlegender Gesetze (Christen 2005; Henkes 2005; Berge/Grasse 2003: 196). Der Gebrauch in königlichen Ansprachen an die Nation wurde jüngst erweitert, indem der neue König Philippe (seit 21.07.2013) seine Weihnachtsansprache nicht – wie bisher üblich – nur auf Französisch und Niederländisch, sondern „auch komplett in deutscher Sprache gehalten hat." Es verlautete, „Philippe wolle damit ein Zeichen setzen und die Einheit des Landes hervorheben." (*FAZ* 27.12.2013: 9)

Zwar ist die Deutschsprachige Gemeinschaft in den zentralen Parlamenten vertreten: Im *Senat*, der mehr beratend als entscheidend wirkt, ist ihr mindestens ein Sitz garantiert, und in die mit mehr Entscheidungsbefugnis ausgestattete *Abgeordnetenkammer* gelangen ihre Vertreter durch Zusammenarbeit mit politisch nahestehenden wallonischen Parteien (Berge/ Grasse 2003: 137-141). Jedoch spricht man in den zentralen Parlamenten aufgrund der Bevölkerungsproportionen und dementsprechend schwachen Vertretung kein Deutsch. Die Deutschsprachige Gemeinschaft hat mit (je nach Quelle) 75.000 bis 80.000 Angehörigen nur einen Anteil von rund 0,7% an der Bevölkerung Belgiens.

Die Verfassungsänderung von 1988/89 hat die Gemeinschaften deutlich gestärkt. Insbesondere wurde ihnen die Befugnis über kulturelle Angelegenheiten und das Unterrichtswesen einschließlich der dort verwendeten Sprachen erteilt (*Blick auf den Bundesstaat Belgien* 1989). Jede der drei Gemeinschaften hat eine eigene Regierung mit eigenem Parlament als Legislative für ihre Zuständigkeitsbereiche. Die Deutschsprachige Gemeinschaft hat ihren Regierungssitz in Eupen und verfügt über vier Minister (www.dglive.be – abgerufen 03.03.2013), von denen einer der Ministerpräsident ist. Das Parlament, der *Rat* der Deutschsprachigen Gemeinschaft, der am 30.01.1984 eingesetzt wurde, ebenfalls mit Sitz in Eupen, hat 25 Abgeordnete. In der Zentralregierung in Brüssel sind keine deutschsprachigen Minister garantiert – dies entspräche nicht der geringen Größe der Deutschsprachigen Gemeinschaft –, dagegen eine gleiche Anzahl von niederländisch- und französischsprachigen Ministern, ohne Festlegung für den Premierminister.

In der Deutschsprachigen Gemeinschaft wird Deutsch allgemein verwendet in Parlament, Regierung und Verwaltung, auch der 9 Gemeinden. Für den inneren Dienstverkehr der Verwaltung oder für auf Privatpersonen bezogene Akten ist schon seit den Sprachgesetzen von 1963 ausschließlich die deutsche Sprache vorgesehen (Art. 10, 13), während Formulare und der nach außen gerichtete Schriftverkehr zweisprachig (deutsch und französisch) sind, und Bescheinigungen ein- oder zweisprachig nach Wunsch (Art. 11, 14; Verdoodt 1968: 34). Für die eigentlich als zweisprachig vorgeschriebenen Formulare hat man „eine praktische und kostensparende Lösung in dem Sinne gefunden", dass sie „auf Französisch nur auf Anfrage ausgehändigt werden." (Rat der Deutschsprachigen Gemeinschaft 1989: 6) Im Prinzip ist die Verwaltung jedoch im Kontakt mit der Bevölkerung zweisprachig.

Auch alle Gesetze und Verordnungen (*Dekrete*) innerhalb der deutschsprachigen Gemeinschaft sind zweisprachig (Rosensträter 1985: 386). Dagegen finden Gerichtsverhandlungen normalerweise auf Deutsch statt, nachdem die Deutschsprachige Gemeinschaft seit 1988 über ein eigenes Gericht in Eupen verfügt (Henkes 2005: 179-188; Berge/ Grasse 2003: 197). Auch die Dekrete des Rates der Wallonischen Region (*Wallonischer Regionalrat*) erscheinen in deutscher wie in niederländischer Übersetzung, nicht dagegen die Dekrete des Rates der Französischen Gemeinschaft, die nur ins Niederländische, und die Dekrete des Rates der Flämischen Gemeinschaft, die nur ins Französische übersetzt werden (Sondergesetze 1988/89 über institutionelle Reformen, Art. 55). Allgemein kann sich die Deutschsprachige Gemeinschaft vor allem mit Gesetzesänderungsvorschlägen und dergleichen auf Deutsch an den Rat der Wallonischen Region wenden (Sondergesetze 1988/89, Art. 53). Die eigenen Planstellen in der Verwaltung der Deutschsprachigen Gemeinschaft „dürfen nur mit Kandidaten besetzt werden, die die nötige Kenntnis der deutschen Sprache nachweisen können" (Rat der Deutschsprachigen Gemeinschaft 1989: 6).

In den Schulen der Deutschsprachigen Gemeinschaft ist Deutsch allgemein Unterrichtssprache wie auch Schulfach, und zwar auf allen Stufen, vom Kindergarten bis zum Ende der Sekundarstufe (Details in Darquennes 2004). Allerdings tritt schon in der Primarstufe, spätestens ab dem 3. Schuljahr, Französisch als Schulfach hinzu, und in der Sekundarstufe ist es in einem Teil der Fächer auch Unterrichtssprache. Dies entspricht dem Interesse der meisten deutschsprachigen Eltern, die im Hinblick auf Studienmöglichkeiten in Belgien sowie spätere Berufschancen Wert darauf legen, dass ihre Kinder zweisprachig (deutsch/ französisch) werden (Rosensträter 1985: 377-393). Dies geht sogar so weit, dass „entgegen den (sprach)gesetzlichen Bestimmungen [...] zahlreiche eigenständige französische Sektionen an den einzelnen Schulen" existieren (Berge/ Grasse 2003: 199f.), um deren rechtliche Regelung man allerdings bemüht ist (siehe dazu das „Dekret über die Vermittlung und den Gebrauch der Sprachen im Unterrichtswesen: www.rml2.future.eu/NR/rdonlyres/7D142316-BC21-4DBA-84F7-6A01D76EAA6F/0/BildungswesenDGBelgienSenster.pdf – abgerufen 12.12.2013). Gleichwohl sind die französischen Sektionen im Schulwesen der Deutschsprachigen Gemeinschaft in Belgien ein Indiz dafür, dass nicht nur bei Minderheiten ohne amtssprachlichen Status ihrer Sprache (Kap. E), sondern auch bei nur regionalem Amtssprachstatus der Spracherhalt ständiger Anstrengung bedarf. Dies gilt – bei aller anscheinenden Stabilität der sprachlichen Verhältnisse – auch für Südtirol (Kap. D.3.2). Immerhin stehen in diesen

Fällen Muttersprachler hinter der Sprache – anders als in Luxemburg, wo die Muttersprachler fehlen und daher trotz nationalem Amtssprachstatus Stellungsschmälerungen von Deutsch ohne entschiedenen Widerstand möglich erscheinen.

Im Bildungssektor fehlt der Deutschsprachigen Gemeinschaft in Belgien – aufgrund ihrer geringen Größe – eine Universität. Immerhin aber kann sie sich der – wenn auch kleinen – privaten *Autonomen Hochschule in der Deutschsprachigen Gemeinschaft (AHS)* in Eupen rühmen, „der einzigen deutschsprachigen Hochschule in Belgien", die hervorgegangen ist aus den beiden Lehrerseminaren für PrimarschullehrerInnen und KindergärtnerInnen (seit 1962; Rosensträter 1985: 425) und Studienmöglichkeiten anbietet „mit Bezug zur allgemeinen Pädagogik, zur Primarschullehrer-, Kindergärtner- oder Krankenpflegerausbildung [...]" (www.ahs-dg.be/desktopdefault.aspx/tabid-1470/2424_read-28671/ – abgerufen 14.01.2013).

Die Kirchensprache der – mit Ausnahme einer kleinen protestantischen Gemeinde in Eupen – durchgehend katholischen Deutschsprachigen Gemeinschaft ist ausschließlich Deutsch, trotz der Zugehörigkeit zum ansonsten französischsprachigen Bistum Lüttich, dessen derzeitiger Bischof (im Jahr 2013), Aloys Jousten, übrigens ein deutschsprachiger Belgier ist.

In der belgischen Armee herrschen Französisch und Niederländisch vor; jedoch kann die Aufnahmeprüfung für eine Armeelaufbahn auf Deutsch abgelegt werden (Berge/ Grasse 2003: 196f.).

Seit 1961 besteht ein deutschsprachiger Radiosender, und seit 2001 sendet der öffentlich-rechtliche *Belgische Rundfunk (BRF)* ein 24-Stunden-Programm auf Deutsch, das über Eupen, St. Vith, Lontzen und auch Lüttich und Brüssel ausgestrahlt wird. Hinzu kommen deutschsprachige Privatsender in Eupen, St. Vith, Kelmis und Raeren. Auch eigenes Fernsehen gibt es inzwischen, und zwar aus Eupen, stundenweise von Montag bis Freitag, in Form des Nachrichtenmagazins „BRF-blickpunkt", mit „Beiträgen aus der Region" und „Landesnachrichten in der deutschen Sprache" (www.dglive.be/desktopdefault.aspx/tabid-112/414_read-17005; brf.be/tv/blickpunkt/ – abgerufen 02.03.2013). Das *Handbuch der deutschsprachigen Presse im Ausland* (Akstinat 2012/13: 30-42) nennt für die Deutschsprachige Gemeinschaft in Belgien 24 periodische Zeitungen und Zeitschriften, einschließlich kirchlicher Blätter. Am prominentesten ist jedoch die seit 1927 erscheinende Tageszeitung *GrenzEcho* in Eupen, die mit der ehemaligen *St. Vither Zeitung* vereinigt ist. Sie hat eine verkaufte Auflage von 11.500 bis 13.000 (de.wikipedia.org/wiki/Grenz-Echo – abgerufen 14.02.2013; Akstinat 2012/13: 34; zur Geschichte www.grenzecho.be/Das-Unternehmen/Historie.aspx). Außerdem existieren deutschsprachige Werbeblätter und werden die – von den ortsansässigen Blättern zum Teil als lästige Konkurrenz empfundene –

Aachener Volkszeitung sowie andere Zeitungen und Zeitschriften aus Deutschland angeboten. (Berge/ Grasse: 197f.; Rosensträter 1985: 635)

Es erscheinen auch regelmäßig gebietsbezogene, zum Teil ansprechend aufgemachte populäre Bücher, vor allem im *Grenz-Echo Verlag (GEV)* (Rosensträter 1985: 431f.). Seit den 1960er Jahren gibt es zudem ein experimentierfreudiges literarisches Leben (Kohnemann 1986). Der Rat der Deutschsprachigen Gemeinschaft fördert u. a. auch „die Verbreitung literarischer Werke im In- und Ausland" durch „Gewährung von Zuschüssen, Preisen, Stipendien [...]" (Rat der Deutschsprachigen Gemeinschaft 1989: 3).

Die Ortsschilder, ein Teil der „sprachlichen Landschaft", sind in der Deutschsprachigen Gemeinschaft seit 1977 einsprachig deutsch und signalisieren so die kollektive sprachliche Identität, während sie zuvor zweisprachig, französisch und deutsch, waren (Rosensträter 1985: 386). Von Seiten Deutschlands bestehen intensive Einkaufs- und touristische Kontakte, und umgekehrt arbeiten mehrere Tausend Ostbelgier in Deutschland (Berge/ Grasse 2003: 181-183). Jedoch dominiert in den Supermärkten, oftmals Niederlassungen gesamtbelgischer Ketten, das Französische und sind auch viele Waren nur auf Französisch ausgezeichnet (ebd.: 200). Auch dies vielleicht ein Indiz für die – bei allen unzweifelhaften Autonomierechten – anhaltenden Schwierigkeiten des Spracherhalts.

Der deutsche Dialekt (im Norden Niederfränkisch und Ripuarisch, im Süden Ripuarisch und Moselfränkisch) ist in der älteren Generation noch gebräuchlich; jedoch zieht die jüngere Generation Standarddeutsch vor. Dieses belgische Standarddeutsch weist einige Wortschatzbesonderheiten auf, vor allem Entlehnungen aus dem Französischen, wie z.B. *Bic* ‚Kugelschreiber', *(die) Camionette* ‚Lieferwagen', *(ein Auto) depanieren* ‚abschleppen' oder *(der) Prison* ‚Gefängnis' (dazu Ammon 1995a: 412-416; Ammon/ Bickel/ Ebner u.a. 2004). Die vor Ort zeitweilig gängigen Charakterisierungen als „Abweichungen vom Standard-Deutsch" oder als „Hochdeutsch mit Streifen" (Jenniges 2001: 176) verraten Unsicherheiten der Bewertung, die heute mehr und mehr der Anerkennung als – für Ostbelgien – korrektes Deutsch weichen.

Inzwischen ist die Bevölkerung der Deutschsprachigen Gemeinschaft weitgehend zweisprachig in Deutsch und Französisch, vor allem die jüngere Generation, was für die Übernahme gehobener Berufspositionen und den sozialen Aufstieg, auch innerhalb der Deutschsprachigen Gemeinschaft, vorteilhaft ist (Rosensträter 1985: 383, 445, Anm. 7). Dagegen beherrscht von der französisch- und mehr und mehr auch von der niederländischsprachigen Mehrheitsbevölkerung Belgiens, vor allem in der jüngeren Generation nur eine Minderheit Deutsch, was bei Kontakten die Wahl einer anderen Sprache, immer öfter Englisch, erforderlich macht. Diese Asymmetrie der gegenseitigen Sprachkenntnisse und die entsprechende Sprachwahl bei Kontakten sind im Falle regionaler Amtssprachen geradezu typisch und finden sich bezüglich Deutsch und Italienisch auch in der italienischen Provinz Bozen-Südtirol. Die Wahl von Englisch bei Kontakten mag zusätzlich bedingt sein durch tendenziell auch abnehmende Französisch- bzw. Italienischkenntnisse. Jedenfalls hört man in Belgien gelegentlich Klagen über abnehmende Französischkenntnisse der nichtfranzösischsprachigen Belgier (Hinweis Jeroen Darquennes).

3.2 Die Autonome Provinz Bozen-Südtirol in Italien
(„Autonome Provinz Bozen-Südtirol (kurz auch einfach *Südtirol*)", „Provincia autonoma di Bolzano Alto Adige" (italienisch), „Provinzia Autonoma de Balsan-Südtirol" (Gadertalisch ladinisch) oder „Provinzia Autonoma de Bulsan-Südtirol" (Grödnerisch ladinisch). Insgesamt 511.750 Einwohner, davon 467.400 Einheimische und 44.350 Ausländer (8,7 % der Bevölkerung, mit den Albanern (5.560 Personen), Deutschen (4.680) und Marokkanern (3.570) als den größten Gruppen. An den Einheimischen haben die drei anerkannten Sprachgruppen folgende Anteile: Deutschsprachige 324.380 (69,4%), Italienischsprachige 122.000 (26,1%) und Ladinischsprachige 21.030 (4,5%): de.wikipedia. org/wiki/S%C3%BCdtirol – abgerufen 22.02.2013)

Über die sprachlichen Verhältnisse in Südtirol liegen inzwischen zahlreiche Publikationen vor; für wichtige Hinweise danke ich Franz Lanthaler. Gründliche Darstellungen der Geschichte Südtirols seit der Annexion durch Italien finden sich – mit politiktheoretischer Fundierung – in den Büchern von Georg Grote (2009) und – mit vielen wichtigen Details – in Michael Gehler (2008). Beide Darstellungen sind vielleicht etwas deutschlastig, indem sie die Interessen der deutschsprachigen Südtiroler und Österreichs und – indirekt – der ganzen deutschen Sprachgemeinschaft in den Vordergrund rücken. Allerdings scheinen mir diese Interessen in der neueren Geschichte Südtirols auch besonders berührt zu sein – im Gegensatz zur Geschichte vor dem Ersten Weltkrieg, als italienische Interessen stärker verletzt wurden. Dennoch wäre eine Darstellung auch aus italienischer Sicht eine wünschenswerte Ergänzung, die mir – wie schon bei Belgien – mangels Kenntnissen nicht möglich war. Eine detaillierte Darstellung der amtlichen Funktion von Deutsch in Südtirol findet sich in Ruth M. Volgger (2008: 95-148), des relevanten Minderheitenrechts in Peter Hilpold (2001; 2009; kürzer in Pan/ Pfeil 2006: 219-241), vielfältige Überblicke über die sprachlichen Verhältnisse bieten Voltmer/ Lanthaler/ Abel/ Oberhammer (2007), Franz Lanthaler (2012a) und Ludwig Eichinger (1996).

In Italien ist Deutsch staatliche Amtssprache in der Autonomen Provinz Bozen-Südtirol, neben Italienisch und tälerweise Ladinisch; seine Stellung ist dort also ko-offiziell (Karte D.1, Karte D.1-1,). Südtirol grenzt an Österreich und ist Teil der italienischen Region Trentino-Südtirol, die heute freilich nur noch geringe Bedeutung besitzt. Sie ist ihrerseits Teil des lockeren regionalen Zusammenschlusses der *Arbeitsgemeinschaft Alpenländer* (*ARGE ALP*), die außer der Region Trentino-Südtirol (einschließlich Südtirols) noch die italienische Region Lombardei sowie die österreichischen Bundesländer Tirol und Vorarlberg, die Schweizer Kantone Graubünden, St. Gallen und Tessin sowie die deutschen Bundesländer Baden-Württemberg und Bayern umfasst (Grote 2009: 226, ausführlich zu den regionalen Einbindungen Südtirols 225-249).

Südtirol gehörte bis zum Ende des Ersten Weltkriegs zu Österreich und wurde 1919 von den Alliierten ohne Volksabstimmung Italien zugesprochen. Dies war der Lohn Italiens für den Übertritt zu den Alliierten und seinen Kriegseintritt gegen die Mittelmächte, zu dessen scheinbarer Legitimation eine pseudowissenschaftliche Begründung des italienischen Politikers und späteren Faschisten Ettore Tolomei diente. Die nähere Darstellung, auch der Umstände, durch die US-Präsident Wilson – gegen die seinen 14 Punkten zugrunde liegenden Prinzipien – zur Zustimmung bewegt wurde, findet sich in Grote (2009: 43-47 bzw. 49-58).

Nach der Annexion folgte eine lange Phase der Repressionspolitik gegen die deutsche Sprache, ab 1925 auch des strikten Verbots als Unterrichtssprache, flankiert durch die organisierte Umsiedlung von Süditalienern und Ansiedlung italienischer Großbetriebe, vor allem im städtischen Zentrum Bozen. Den Höhepunkt dieser Politik bildete schließlich ein Abkommen Hitlers vom 22.06.1939 mit Mussolini, den Hitler als Bündnispartner brauchte, mit dem Ziel der vollständigen ethnischen und sprachlichen Italianisierung Südtirols. Sie sollte erreicht werden, indem die Südtiroler vor die Wahl gestellt wurden, entweder

– auszuwandern ins Deutsche Reich – einschließlich Österreichs, das 1938 durch „Anschluss" (Annexion), mit Billigung Mussolinis, Teil des Deutschen Reichs geworden war, oder

– auf italienischem Staatsgebiet zu bleiben und sich damit auf lange Sicht der völligen Assimilierung auszusetzen.

Angesichts dieser „Option ohne Option" (Grote 2009: 103-140) entschieden sich bis Ende 1939 nicht weniger als 86% der Südtiroler für die Auswanderung ins Deutsche Reich. Immerhin 37% (75.000) führten dieses Vorhaben – trotz Kriegswirren – aus, von denen höchstens 25.000 nach dem Zweiten Weltkrieg nach Südtirol zurückkehrten. Ein Auswanderungsverlust also von mindesten 50.000. (Grote 2009: 137)

Jene Erfahrung der Sprach- und Kulturrepression innerhalb des eigenen Staates und des Im-Stich-Gelassenwerdens von anderen Staaten, auch der gleichen Sprachgemeinschaft, hat die Entwicklung nach dem Zweiten Weltkrieg wesentlich geprägt. Ihre Eckpfeiler sind einerseits das entschlossene Engagement der deutschen Sprachgruppe für den Erhalt ihrer ethnischen und sprachlichen Identität, andererseits die Unterstützung von außen, vor allem durch den österreichischen Staat, sowie schließlich die – wenngleich zunächst zögerliche – Gewährung verhältnismäßig großzügiger Sprachenrechte seitens des eigenen, italienischen Staates. Eine wichtige Stütze war die Rückendeckung der Vereinten Nationen, unter anderem durch Anerkennung Österreichs als „Schutzmacht" für die Rechte der Südtiroler (auch „Garantiemacht", beide Termini in einschlägigen Texten). Allerdings muss ich die völkerrechtliche Präzisierung, auch die Rolle Österreichs bezüglich Südtirols, Fachleuten überlassen.

Vorbereitet waren die späteren Sprachenrechte der Südtiroler schon im Pariser Vertrag zwischen Österreich und Italien vom 05.09.1946, dem „Gruber-De-Gasperi-Abkommen", unterzeichnet vom österreichischen Außenminister Karl Gruber und vom italienischen Ministerpräsidenten Alcide De Gasperi. (Egger 1977: 50) Jedoch wurde der Vertrag von Italien zunächst restriktiv ausgelegt, wogegen sich Österreich im Jahr 1960 erfolgreich an die Vereinten Nationen wandte. Deren Generalversammlung verpflichtete Italien zur Ausarbeitung einer großzügigeren Lösung (Lüsebrink 1986: 62, Anm. 8, 69), die schließlich im „Autonomiestatut" von 1972 vorgelegt wurde. Ein wichtiger Aspekt dieses Statuts war die weitgehende politische Loslösung der Provinz Südtirol – dort selbst spricht man vom „Land Südtirol" oder der "Provinz Bozen" – von der Region Trentino-Südtirol, deren Teil Südtirol zuvor war und in der die – nahezu vollständig italienischsprachigen – Trentiner zusammen mit den italienischsprachigen Südtirolern die Mehrheit bildeten. Maßgeblichen Anteil an diesem Erfolg und seiner Konsolidierung hatte die *Südtiroler Volkspartei*, die einflussreichste politische Interessenvertretung der deutschsprachigen, aber auch der ladinischsprachigen Südtiroler.

Die Durchführungsbestimmungen des Autonomiestatuts bilden die Grundlage der heute weitgehenden Gleichberechtigung der deutschen und italienischen Sprachgruppe wie auch der Rechte der ladinischen Sprachgruppe in Südtirol (Egger 1990: 79f.). Sie umfassen die folgenden Garantien, deren Verwirklichung ich hier gleich mit skizziere.

1) Proporz der drei Sprachgruppen in der öffentlichen Verwaltung
Binnen 30 Jahren (ausgehend von 1972) sollten die öffentlichen Verwaltungsstellen proportional zur Zahlenstärke der Sprachgruppen besetzt werden – zuvor hatten die Italienischsprachigen einen überproportionalen Anteil. Die Zahlenstärke war alle 10 Jahre in Volkszählungen zu überprüfen, und zwar durch Selbstzuordnung (Bekenntnis- statt Feststellungsprinzip). Die Einzelheiten der Regelung sind kompliziert. So machen z.B. die Eltern für unter 14-Jährige die

Angaben, und müssen sich verschiedensprachige Eltern auf eine Sprache einigen; außerdem ist seit 2005 jederzeit die Umbekennung möglich, die jedoch erst nach 2 Jahren wirksam wird.

Wie Tab. D.3.2-1 zeigt, haben sich die Proportionen zwischen den drei Sprachgruppen im Verlauf der Zeit leicht zugunsten der Deutsch- wie auch der Ladinischsprachigen und zu Ungunsten der Italienischsprachigen verschoben. Ein Teil dieser Verschiebung mag durch Umbekennung statt tatsächlichem Zuwachs zustande gekommen sein, motiviert durch die unterschiedlichen Zugangsmöglichkeiten zu öffentlichen Ämtern, infolge des angestrebten Proporzes – wegen der vorausgehenden Bevorzugung der italienischsprachigen Bevölkerung (Tyroller 1986: 21; Lüsebrink 1986: 75). Vielleicht gab es vereinzelt auch Sprachumstellungen, die durch die eher stärkere als schwächere Stellung der deutschen Sprache in der Welt erleichtert wurden (vgl. Kap. A.7; C.4; K.7). Die unterschiedlichen Zugangsmöglichkeiten zu öffentlichen Ämtern haben teilweise zu politischen Spannungen geführt, da sich die italienischsprachige Gruppe nun benachteiligt fühlte. Außerdem ist – ohne Bezug auf den Proporz – der Anteil von Sprechern anderer Sprachen durch Zuwanderung gewachsen: von 2,2% im Jahr 1981 auf 8,7% im Jahr 2011 (Zahlen, einschließlich eigener Berechnung auf dortiger Grundlage, aus den Artikeln „Südtirol" und „Ethnischer Proporz (Südtirol)" in *Wikipedia* – entnommen 19.02.2013).

	1981	1991	2001	2011
Deutsch	66,43	67,99	69,15	69,41
Italienisch	29,38	27,65	26,47	26,06
Ladinisch	4,20	4,36	4,37	4,53

Tab. D.3.2-1: Entwicklung des Proporzes der drei Sprachgruppen in Südtirol 1981 – 2011 (in Prozent, jeweils bezogen auf alle drei Sprachgruppen zusammen = 100%)

Die Proporzvorschrift ist in neuerer Zeit gelockert worden, wegen der politischen Spannungen, aber auch weil es nicht immer in jeder Sprachgruppe ausreichend viele Bewerber gab. Außerdem sind die ca. 4.000 Beschäftigten des Innen- und des Verteidigungsministeriums vom Proporz ausgenommen.

2) Die Vorschrift für alle Verwaltungsbeamten, mündliche und schriftliche Kenntnisse in beiden Sprachen, gebietsweise auch in Ladinisch, nachzuweisen
Sie hat zur Folge, dass alle Verwaltungsbeamten entsprechende Zertifikate vorzuweisen oder Sprachprüfungen abzulegen haben.

3) Die amtliche Verwendung dieser Sprachkenntnisse
Zwar ist in „Akten mit Gesetzeskraft" und in Texten von überregionaler Geltung weiterhin die Formulierung in der nationalen Amtssprache, also „der italieni-

sche Wortlaut maßgebend" (§ 99 des Autonomiestatuts von 1972). Jedoch darf nun auf allen amtlichen Ebenen innerhalb der Provinz auch Deutsch, gebietsweise ebenso Ladinisch, verwendet werden. In Sitzungen der Organe der Provinz sowie der Gemeinden und öffentlichen Körperschaften ist auch Deutsch allein zulässig (Egger 1977: 49-54). Die einzige ausschließlich dem Italienischen vorbehaltene Domäne ist das Militär, speziell die Kommandosprache (§ 100 des Autonomiestatuts von 1972). Eine detaillierte Darstellung von Regelungen und Praxis der Sprachwahl, besonders in Bezug auf Deutsch, liefert Volgger (2008), unter anderem über Gebührenabrechnungen und öffentliche Ausschreibungen (ebd.: 95-100), beim Verkehr mit Kunden (ebd.: 105-109), für Etikettierungen und Beipackzettel von Medikamenten (ebd.: 111-117) und auf verschiedenen Ebenen des Rechtswesens (ebd.: 121-137).

4) Die Gleichberechtigung von Deutsch und Italienisch, unter Einbeziehung auch von Ladinisch, in den Schulen
Diese Bestimmung hat vermutlich die nachhaltigste spracherhaltende Wirkung (für einen breiten, auch historischen Überblick über die Schulpolitik in Südtirol siehe S. Baur/ Mezzalira/ Pichler 2009). Für beide größeren Sprachgruppen, gebietsweise auch die ladinische, wurden autonome Schulämter eingerichtet. Die Sprachgruppen erhielten getrennte Schulen. Deutsch und Italienisch sind in den Schulen ihrer Sprache jeweils die einzige Unterrichtssprache, und zwar vom Kindergarten bis zum Ende der Sekundarstufe. Im ersten Grundschuljahr kommt in den italienischsprachigen Schulen Deutsch und in den deutschsprachigen Schulen Italienisch als Pflichtfach hinzu und bleibt es jeweils bis zum Ende der Sekundarstufe, wobei der Unterricht von Muttersprachlern zu erteilen ist. Neuerdings kommen die italienischsprachigen Südtiroler schon im Kindergarten in Kontakt mit Deutsch, wie umgekehrt früher oder später die deutschsprachigen mit Italienisch (S. Baur/ Mezzalira/ Pichler 2009: 417-426). Dagegen ist in den ladinischen Schulen das Ladinische nur Schulfach, und werden von den übrigen Fächern die Hälfte auf Deutsch und die andere Hälfte auf Italienisch erteilt, wobei das Schulamt die Fächeraufteilung festlegt (Wehrmann 1988: 24). Diese Schulstruktur soll einerseits das Recht auf Unterricht in der Muttersprache gewährleisten und andererseits die generelle Zweisprachigkeit sichern, bei den Ladinern sogar die Dreisprachigkeit. Für jede Sprachgruppe sind Schulen in ausreichender Zahl vorhanden und, wenngleich manchmal aufwändig, auch verkehrstechnisch erreichbar.

Frühere Berichte erwecken den Eindruck, dass die Zwei- und sogar Dreisprachigkeit bis zum Schulabschluss tatsächlich generell erreicht wird (Lüsebrink 1986: 74; Egger 1977: 117-122; Kramer 1981: 86-96). Jedoch nähren spätere Meldungen Zweifel. Vor allem gibt es Anzeichen für die Asymmetrie der Kenntnisse zugunsten der nationalen Amtssprache Italienisch und zu Lasten der nur regionalen Amtssprache Deutsch – auf die allgemeine Kenntnis der Minderheitssprache Ladinisch ist das Schulsystem ohnehin nicht ausgerichtet. Offenbar verfügen viele deutschsprachigen und ladinischsprachigen Schulabgänger über gute Italienischkenntnisse, die ladinischsprachigen zudem über ordentliche Deutschkenntnisse. Dagegen bleiben die Deutschkenntnisse der italienischsprachigen Schulabgänger häufig unzureichend (Egger/ Heller 1997: 1352). Dies trägt dazu bei, dass Kontakte zwischen den Sprachgruppen („interlinguale Kontakte"; Kap. A.3) ganz überwiegend nur auf Italienisch stattfinden. Allerdings hapert es bei den Deutschsprachigen bildungsferner Schichten oder auf dem Land auch an Italienischkenntnissen. Nach Einschätzung von Franz Lanthaler (1990 und E-Mail-Mitteilung 07.03.2013) hängt die Bevorzugung von Italienisch bei interethnischen Kontakten auch mit der Neigung der deutschsprachigen Südtiroler zum Dialektsprechen und einer gewissen Distanz zum Standarddeutschen zusammen.

Zwar gibt es gegen diese Bevorzugung des Italienischen bisweilen Proteste der deutschsprachigen Südtiroler, die bislang jedoch wirkungslos geblieben sind. So berichtet Gehler (2008: 440) über folgende missbilligende Forderung des Obmanns der Südtiroler Volkspartei Siegfried Brugger aus den 1990er Jahren: „Die Italiener in der Provinz sollten gefälligst Deutsch lernen [...]: ‚Jeder pakistanische Kellner spricht es besser als so mancher italienische Maturant.' " Jedoch scheinen sich durch solche Ermahnungen weder die Deutschkenntnisse der italienischsprachigen Bevölkerung Südtirols zu verbessern noch die Asymmetrie Italienisch – Deutsch zu verringern. Offenbar behält auch in Südtirol, ähnlich wie in Belgien (vgl. Kap. D.3.1), die nationale Amtssprache letztlich das Übergewicht in der Sprachwahl. Man kann dies als Signal dafür verstehen, dass – trotz großzügiger Sprachenrechte – der Erhalt von Deutsch auch in Südtirol fortdauernder Bemühung bedarf. Vielleicht gilt dies generell für nur regionale Amtssprachen im Verhältnis zu nationalen Amtssprachen, wenn auch weniger dringlich als für Minderheitssprachen ohne amtssprachliche Stellung (vgl. Kap. E). Allerdings ist speziell im Fall Südtirols die erodierende Asymmetrie abzuwägen gegen die oben, unter Punkt 1), aufgezeigte stabilisierende Tendenz des – wenn auch langsam – wachsenden numerischen Anteils der deutschen Sprachgruppe.

Die Domäne Bildung wurde bis zur höchsten Stufe erweitert durch Gründung der Freien Universität Bozen im Jahr 1977 (S. Baur 2009: 391-394; www.unibz.it/de/public/university/default.html – abgerufen 12.01.2014). Die Universität umfasst fünf Fakultäten: Wirtschaftswissenschaften, Bildungswissenschaften, Informatik, Design und Künste, Naturwissenschaften. Ein zusätzliches „Forschungszentrum Sprachen" hat außerdem wissenschaftliche und beratende Aufgaben. Die Sprachen der Lehre sind Deutsch, Italienisch und

Englisch, allerdings nicht in gleichem Maße in allen Fakultäten. So dominiert in den Wirtschaftswissenschaften und in der Informatik Englisch, während in den Bildungswissenschaften Deutsch und Italienisch vorherrschen. In den Bildungswissenschaften werden Lehrer für die deutschsprachigen Schulen aller Schulstufen, vom Kindergarten bis zur Sekundarstufe, ausgebildet; selbstverständlich auch für die italienisch- und die ladinischsprachigen Schulen.

Kommen wir nun zu den weiteren Domänen. Außer in der staatlichen und kommunalen Verwaltung ist Deutsch dem Italienischen gleichgestellt als Sprache der Provinzregierung. So ist Deutsch uneingeschränkt zugelassen im Südtiroler Landtag, mit 35 Abgeordneten, und zwar in den parlamentarischen Debatten ebenso wie in den Ausschüssen und der Verwaltung. Die Regierung der Provinz („Landesregierung") besteht seit 2008 aus 9 Landesräten/ Assessori (Ministern) einschließlich „Landeshauptmann/ Presidente" (Ministerpräsident). Die *Südtiroler Volkspartei* ist seit 1945 regelmäßig die stärkste Partei, die auch stets den Landeshauptmann gestellt hat, und wird von der Mehrheit der Deutschsprachigen wie auch der Ladinischsprachigen gewählt. Sie vertritt die kulturelle Autonomie im Sinne der 1972 gewährten Rechte – im Gegensatz zu den mehr rechts gerichteten Parteien *Die Freiheitlichen* und *Süd-Tiroler Freiheit*, die mit der – unrealistischen – vollständigen Autonomie eines Freistaates liebäugeln. Im nationalen Parlament und in der nationalen Regierung in Rom ist Deutsch als Arbeitssprache nicht zugelassen.

In den religiösen Institutionen hat Deutsch innerhalb der deutschen Sprachgruppe fast eine Monopolstellung. Die Kirchensprache der – mit Ausnahme kleiner evangelischer Gemeinden in Bozen und Meran – rein katholischen Provinz ist für die deutschsprachige Bevölkerung nur Deutsch, gemäß dem Prinzip, dass das religiöse Angebot in der Muttersprache erfolgen soll. Daher erhält jede Sprachgruppe ihre Gottesdienste in der eigenen Sprache. Zweisprachige Gottesdienste mit Rücksicht auf anderssprachige Besucher, vor allem Touristen, sind die Ausnahme. Seit 1964 bildet Südtirol die einheitliche Diözese Bozen-Brixen; zuvor war es aufgeteilt auf die Diözese Brixen und die Erzdiözese Trient.

Aufgrund der Funktion als Amts-, Schul- und Kirchensprache ist Standarddeutsch in Südtirol gut etabliert und überdacht die dort gesprochenen Dialekte, hauptsächlich Südbairisch mit Übergängen zum Alemannischen im Westen (vielfältige Aspekte zu Dialekt und Standarddeutsch in Südtirol in Egger/ Lanthaler 2001; Lanthaler 2012a). In den privaten Domänen sprechen die deutschsprachigen Südtiroler unter sich überwiegend Dialekt, dessen lokale Varianten allerdings allmählich durch großräumigere Formen ersetzt werden (detailliert zur Südtiroler Dialektsoziologie Lanthaler 1990; außerdem mehrere Beiträge in Lanthaler 2012a).

Das Südtiroler Standarddeutsch weist vor allem Übereinstimmungen mit dem Standarddeutsch Österreichs, teilweise aber auch Deutschlands auf. Darüber hinaus hat es Besonderheiten im Wortschatz, vor allem aufgrund von Entlehnungen aus dem Italienischen, aber auch durch aus dem Dialekt entwickelte Lexik. Beispiele sind *ajournieren* ‚aktualisieren', *Aranciata* ‚Orangenlimonade', *Barist* ‚Barbetreiber, Barmann (der ausschenkt)', *Basisarzt* ‚Hausarzt', *Carabiniere* ‚Polizist', *Hydrauliker* ‚Klempner', *Laureat* ‚Hochschulabschluss, Diplom', *Obstmagazin* ‚Obstgarten', *Partikularsekretär* ‚persönlicher Referent (eines Politikers)', *sequestrieren* ‚(behördlich) beschlagnahmen', *Supplenz* ‚Vertretung einer Lehrperson an einer Schule' bzw. *Äpfelklauber* ‚Apfelpflücker (als Erntehelfer)', *Gerstsuppe* ‚Graupensuppe', *Halbmittag* ‚Zweites Frühstück', *Kübelmilch* ‚Buttermilch', *Notspur* ‚Standstreifen' (ausführlich in Abfalterer 2007; Lanthaler 1996; 2012b; Ammon/ Bickel/ Ebner u.a. 2004; auch Ammon 1995a: 405-411; zum Südtiroler Standarddeutsch in der Schule Lanthaler 2012c).

Inwieweit die standardsprachlichen Südtirolismen als gruppenspezifische Symbole fungieren wurde – soweit ich sehe – bislang nicht untersucht. Für die Fachwelt gilt bislang vor allem der Dialekt als Symbol der Südtiroler Identität (Riehl 2000; 2004: 146-153; bei Grothe 2009 schon durch den Titel angedeutet: „I bin a Südtiroler").

Der Kontakt mit deutschsprachigen Touristen, vor allem aus Deutschland, ist intensiv und vermutlich ein gewichtiger Faktor für die Erhaltung der deutschen Sprache. Die deutschsprachige Bevölkerung überwiegt in den ländlichen Gebieten. Dagegen konzentriert sich die italienischsprachige Bevölkerung – infolge der Ansiedlungspolitik – in den Städten; so liegen ihre Anteile an der Einwohnerschaft in den vier größten Städten Bozen, Leifers, Meran und Brixen bei 74 %, 72 %, 49 % und 26 % (de.wikipedia.org/wiki/S%C3%BCdtirol – abgerufen 23.02.2013). Viele Südtiroler haben Nebeneinkünfte aus dem Tourismus. Außerdem sind – nach allerdings älteren Zahlen – mehr als 20.000 Südtiroler, über 10% aller Erwerbstätigen, vollberuflich im Gastgewerbe tätig (Zahlen von 1981 in Dolde/Lüsebrink/Rowley/Schnabel/Warter 1988: 9f.).

In der ganzen Provinz sind sowohl italienisch- als auch deutschsprachige Fernseh- und Hörfunksendungen zu empfangen. Es gibt eine ganze Reihe örtlicher deutschsprachiger Radiostationen, darunter *Radio Holiday* und *Südtirol 1*. Deutschsprachige Sendungen werden von den deutschsprachigen Südtirolern auch bevorzugt rezipiert, Fernsehen vor allem vom Sender *RAI Bozen*. Eine Ausnahme sind vielleicht italienische Fernseh-Sportsendungen (Dolde/ Lüsebrink/ Rowley/ Schnabel/ Warter 1988: 75f.; E-Mail-Mitteilung Franz Lanthaler 07.03.2013). Die führende deutschsprachige Tageszeitung heißt *Dolomiten* und erscheint beim traditionsreichen Verlagshaus Athesia in Bozen; daneben gibt es noch, weniger auflagenstark, ebenfalls in Bozen die *Neue Südtiroler Tageszei-*

tung (täglich verkaufte Auflagen ca. 56.300 bzw. 16.000; nach *iw-dienst* 35, 30.08.2012: 8). An Wochenblättern sind *ff-Das Südtiroler Wochenmagazin*, das *Katholische Sonntagsblatt* und die *Südtiroler Wirtschaftszeitung* zu nennen. Das *Handbuch der deutschsprachigen Presse im Ausland* (Akstinat 2012/13: 98-157) nennt für Südtirol insgesamt die fast unwahrscheinlich anmutende Zahl von 252 periodischen Zeitungen und Zeitschriften, einschließlich kleinster Vereinsmitteilungen und Kirchenblättern, 96 davon allein in Bozen. Hinzuzufügen ist, dass Südtirol auch eine erstaunlich reiche Belletristik hervorbringt, die teils vom Verlagshaus Athesia, aber nicht unbeträchtlichen Teils auch in Österreich verlegt wird (vgl. Gruber 1989; Riedmann 1984). Kultur- und sprachpflegende Institutionen, wie vor allem das *Südtiroler Kulturinstitut* in Bozen (www.kulturinstitut.org/), stärken zusätzlich die kollektive Identität der deutschsprachigen Südtiroler.

Schließlich ist erwähnenswert, dass die Ortsschilder – als Teil der sprachlichen Landschaft – zweisprachig sind: italienisch und deutsch (oben platziert jeweils die Sprache der örtlichen Bevölkerungsmehrheit), in den ladinischen Tälern auch dreisprachig. Jedoch scheint bezüglich der sprachlichen Landschaft der ewige Friede noch nicht gesichert. So haben noch in jüngster Zeit Versuche, Wegweiser im ländlichen Bereich – unter Hinweis auf die Tradition – nur deutschsprachig zu beschriften, heftige Proteste aus Rom provoziert (*FAZ* 31.07.2010: 4; auch 23.01.2010: 33).

4. Weltweiter Sprachenvergleich nach Verbreitung als staatliche Amtssprache

Die Verankerung von Sprachen als staatliche Amtssprache ist für das Thema des vorliegenden Buches relevant, insofern sich daraus Anhaltspunkte für die Stellung der Sprachen in der Welt ergeben. Die detaillierte Darstellung für Deutsch ging über diese enge Zielsetzung hinaus; jedoch sollte auch das breitere Bild Ausblicke darauf eröffnen, inwieweit die Verankerung als staatliche Amtssprache eine Stütze für die Stellung der deutschen Sprache in der Welt bildet. Wie schon in Kap. D.1 ausgeführt, gilt die Verankerung einer Sprache als Amtssprache von Staaten als ein – wenngleich hinsichtlich Gewicht und Zuverlässigkeit zweifelhafter – Faktor bzw. Indikator für diese Stellung. Dabei liegt es auf der Hand, dass es nicht nur auf die Zahl der Staaten, sondern auch auf andere Eigenschaften ankommt.

Wünschenswert wäre ein Vergleich aller internationalen Sprachen (dazu Kap. A.3, A.7) nach dem Grad ihrer weltweiten Verankerung als staatliche Amtssprache. Jedoch ist mir ein solcher Vergleich nur ansatzweise möglich. Vor allem fehlt es an einem einheitlichen Maß. Stattdessen muss sich der Vergleich auf unterschiedliche Dimensionen erstrecken, die sich kaum in einen stringenten Zusammenhang bringen und zu einem einheitliche Maß kombinieren lassen. Dies sind vor allem die folgenden Dimensionen:

1) die Zahl der Staaten, in denen die Sprachen staatliche Amtssprache sind,
2) die Größe der Territorien dieser Staaten,
3) die geographische Streuung dieser Territorien,
4) die Sprecherzahlen der Staaten,
5) die Wirtschaftskraft der Staaten,
6) die nationale oder nur regionale Stellung als staatliche Amtssprache.

Da das Buch schon andernorts detaillierte Angaben zu den Sprecherzahlen und zur Wirtschaftskraft der Sprachgemeinschaften liefert (Kap. C) und für die Dimension 6) umfassende Daten fehlen, beschränke ich mich hier auf die Dimensionen 1), 2) und 3).

Misslicherweise haben diese Dimensionen erhebliche Mängel als Indikatoren für die Stellung von Sprachen in der Welt, wie sich leicht erkennen lässt. Nach Dimension 1) wären z.B. Griechisch oder Schwedisch (mit je 2 „Amtssprachstaaten": Griechenland, Zypern bzw. Schweden, Finnland) und erst recht Niederländisch (mit 3 Amtssprachstaaten: Niederlande, Belgien, Surinam) nach der Stellung ihrer Sprache in der Welt höher platziert als Japanisch (mit nur 1 Amtssprachstaat: Japan). Ich gebrauche den Terminus *Amtssprachstaat* aus Praktikabilitätsgründen hier und gelegentlich auch sonst, obwohl er ziemlich ungebräuchlich ist. Auch die Dimensionen 2) und 3) kongruieren nicht mit der Stellung der Sprachen in der Welt. Nach 2) müssten z.B. Sprachen wie Deutsch, Japanisch und Italienisch hinsichtlich dieser Stellung weit hinter Russisch rangieren, und sowohl nach 2) als auch nach 3) hinter Portugiesisch, was jedoch nach anderen Kriterien, z.B. den weltweiten Lernerzahlen als Fremdsprache, nicht zutrifft (vgl. Kap. K.7). Trotz dieser Einschränkungen erscheinen alle 3 Dimensionen geeignet als zumindest grobe Indikatoren für die Stellung der Sprachen in der Welt.

Bezüglich Dimension 1) ist zu berücksichtigen, dass die autonomen Staaten der Welt, auf die sich diese Dimension stützt, keinen besonders festen Bestand haben, sondern einige in verhältnismäßig kurzen Zeitspannen entstehen und vergehen. Außerdem besteht fast zu keiner Zeit ein allgemeiner Konsens darüber, welche politischen Einheiten überhaupt als autonome Staaten gelten sollen. Neuere Beispiele für die Fluktuation sind die Staaten aus der Auflösung der Sowjetunion und Jugoslawiens. In beiden Fällen ist die Entwicklung vielleicht noch nicht abgeschlossen. Außerdem divergiert die Anerkennung politischer Einheiten als autonome Staaten. Beispiele für divergierende Zuordnungen und schnellen Wandel bieten die Sprachen Chinesisch und Deutsch. Was Chinesisch betrifft, so gilt Taiwan in den in Tab. D.4-1 genannten Quellen noch durchgehend als autonomer Staat, findet sich aber nicht mehr in der aktuellen Liste der von den Vereinten Nationen anerkannten Staaten (de.wikipedia.org/wiki/Liste_der_Staaten_der_Erde – abgerufen 26.02.2013). Bei Deutsch ist die Zahl der Amtssprachstaaten durch zweierlei neuere politische Entwicklungen geschrumpft. Eine davon ist die Wiedervereinigung im Oktober 1990. Davor zählte Banks (1987) sogar West-Berlin als separate politische Einheit, also als eine Art eigenständigen Staat, wohl aufgrund des Viermächtestatuts. Die zweite für Deutsch bedeutsame politische Entwicklung geschah im Falle von Namibia, bei dessen Konstituierung als autonomer Staat im Jahr 1990 Deutsch seine Stellung als staatliche Amtssprache verlor (die allerdings rassistisch auf die „weiße Bevölkerung" eingeschränkt war; Kap. E.4.9). Aufgrund beider Entwicklungen reduzierte sich die Zahl von Staaten mit Deutsch als staatlicher Amtssprache, wie der Vergleich von 1987 mit 2007 in Tab. D.4-1 zeigt.

Die legitimste Grundlage für die Zählung der autonomen Staaten ist die Anerkennung durch die Vereinten Nationen (VN/ UNO). Zur Zeit der Abfassung dieses Textes (im Februar 2013) belief sich deren Zahl auf 193. „Hinzu kommen jedoch elf weitere Staaten, Nationen, Länder oder Territorien, bei denen entweder die Staatseigenschaft umstritten ist oder sie sich in freier Assoziierung zu anderen Staaten befinden." (de.wikipedia.org/wiki/Liste_der_Staaten_der_Erde – abgerufen 26.02.2013)

Angesichts der Fluktuation in der vorausgehenden Zeit waren Auszählungen, die ich vor wenigen Jahren mit Unterstützung Jana Knigges durchgeführt hatte, überholt. Dennoch habe ich sie in Tab. D.4-1 einbezogen. Allerdings habe ich noch die Zahlen der Liste „Amtssprachen aller Staaten nach Kontinenten" hinzugefügt, die erstellt wurde von Ernst Kausen und auf die ich gestoßen bin über die Internet-Datei *de.wikipedia.org/wiki/Liste_der_Amtssprachen* (abgerufen 22.02.2013). Diese Liste erschien mir nach diversen Vergleichen mit anderen Internet-Dateien verhältnismäßig zuverlässig und repräsentativ – obgleich der Verfasser diese Einschätzung auf meine Anfrage hin relativierte: „[D]ie Zusammenstellung ist schon älter, dürfte aber noch weitgehend stimmen. Ich bin den *Fischer Weltalmanach* und andere Factbooks durchgegangen und habe die einschlägigen Wikipedia-Artikel herangezogen. (Die sind, was solche Angaben angeht, in der Regel recht zuverlässig.)" (E-Mail Kausen 26.02.2013). Dagegen erschien mir die Wikipedia-„Liste der Amtssprachen" selber für meine Zwecke ungeeignet, da ihr ein erheblich weiterer Begriff von ‚Amtssprache' zugrunde liegt als der von mir festgelegte einer ‚*staatlichen* Amtssprache' (dazu Kap. D.1).

Das zeigt sich schon daran, dass Deutsch in der Wikipedia-Liste auch für Dänemark, die Slowakei und Vatikanstadt als „Amtssprache" genannt wird: Letzteres als „offizielle Amtssprache der Schweizergarde (zusammen mit Italienisch)" und Erstere als „in Gebieten der deutschen Minderheit in Nordschleswig (zusammen mit Dänisch)" bzw. „in Gemeinden, in denen die deutsche Minderheit über 20 % der Bevölkerung ausmacht [...]" (de.wikipedia.org/wiki/Liste_der_ Amtssprachen – abgerufen 22.02.2013).

	Banks 1987	*Fischer Weltalmanach 1987*	Banks 2007	*Fischer Weltalmanach 2007*	Kausen 2013
1. Englisch	63 (19+44)	59 (30+29)	53	50	49 (26+23)
2. Französisch	34 (11+23)	27 (15+12)	26	29	29 (11+18)
3. Arabisch	22 (14+2)	23 (18+5)	23	22	24 (19+5)
4. Spanisch	23 (15+8)	21 (17+4)	21	21	21 (16+5)
5. Portugiesisch	7 (6+1)	7 (7+0)	6	7	7 (7+0)
6. Deutsch	8 (4+4)	9 (4+5)	7	7	7 (3+4)

Tab D.4-1: Die 6 häufigsten staatlichen Amtssprachen der Welt nach Anzahl der Staaten (Rangordnung nach Kausen 2013. In der Klammer an erster Stelle die Zahl der Staaten, in denen die betreffende Sprache solo-offiziell, an zweiter Stelle die, in denen sie ko-offiziell ist; Portugiesisch vor Deutsch wegen höherer Veranschlagung von Solo-Offizialität als von Ko-Offizialität)

Eine etwas ältere Auszählung der staatlichen Amtssprachen von Björn Jernudd und Willard Shaw (1979) kommt zu einer ähnlichen Rangordnung wie Tab. D.4-1. Sie zählten allerdings nicht nur autonome Staaten, sondern auch *Dependancen*, deren Definition unklar bleibt. Dadurch gelangten sie insgesamt zu höheren Zahlen. Ich habe den hier folgenden Zahlen von Jernudd/ Shaw die Zahlen für die autonomen Staaten in Klammern beigefügt, wobei ich mich an dem nur wenig später erschienenen Nachschlagewerk *Die Staaten der Erde* (1983) orientiert und Jernudd/ Shaw's Liste im Einzelnen damit verglichen habe. 1. Englisch 85 (52), 2. Französisch 40 (31), 3. Arabisch 24 (24), 4. Spanisch 23 (21), 5. Portugiesisch 11 (7). Jernudd/ Shaw differenzieren nicht zwischen Solo- und Ko-Offizialität und machen für Deutsch keine Angaben.

Den Zahlen in Tab. D.4-1 sind noch folgende Sprachen hinzuzufügen, die wegen ihrer Stellung in der Welt für das vorliegende Buch von Interesse sind: 7. Italienisch (4 Staaten: 1+3, ist damit die nach Zahl der Amtssprachstaaten rangnächste Sprache hinter Deutsch), 8. Chinesisch (3 Staaten: 2+1), 9. Russisch (2 Staaten: 1+1), 10. Japanisch (1 Staat: 1+0). Diese Zahlen sind gleich in Banks 2007, *Fischer Weltalmanach 2007* und Kausen 2013.

Erwähnenswert sind außerdem noch Niederländisch und Tamilisch, die nach der Zahl der Amtssprachstaaten ranggleich sind mit Chinesisch (2+1). Dass außerdem mehrere weitere Sprachen über 2 Amtssprachstaaten verfügen, habe ich schon oben erwähnt. Es sind Griechisch und Schwedisch sowie Malaiisch, Quechua, Suaheli, Türkisch, Ungarisch und Urdu (alle nach Kausen 2013).

Tab. D.4-1 differenziert zwar zwischen solo- und ko-offizieller Stellung, jedenfalls für einen Teil der Erhebungsjahre, nicht aber zwischen nationaler und regionaler staatlicher Amtssprache. Diese Unterscheidung war in den Quellen nicht konsequent durchgeführt und konnte von mir auch nicht hinreichend zuverlässig ermittelt werden. So fehlt z.B. in der ansonsten recht zuverlässigen Liste von Kausen (2013) die Spezifizierung von Deutsch in Belgien als nur regionale Amtssprache. War bei einem Staat mehr als eine Sprache genannt, so habe ich alle Sprachen als ko-offiziell klassifiziert, ungeachtet eventueller Spezifizierungen als regional.

Dass die bloße Zahl von Amtssprachstaaten ein unzuverlässiger Indikator für den internationalen Rang einer Sprache ist, habe ich schon oben hervorgehoben. Außerdem habe ich aber darauf hingewiesen, dass diese Zahl nicht völlig nichtssagend ist (Kap. D.1). Die betreffenden Staaten kooperieren gelegentlich wirkungsvoll zur Stellungsstärkung ihrer Sprache. So hat in manchen internationalen Organisationen oder Konferenzen bei bestimmten Entscheidungen jeder Mitglieds- bzw. Teilnehmerstaat, unabhängig von Einwohnerzahl oder Wirtschaftskraft, eine Stimme, und haben dann kleine Staaten ein überproportionales Gewicht. Beispiele sind die Vereinten Nationen oder die Europäische Union (vgl. Kap. H.3, H.4.2 – H.4.6). Auf diesen Zusammenhang hat schon Heinz Kloss (1974b: 46, auch 26f.) hingewiesen: „Im Zeitalter der VN [Vereinten Nationen] und ihres egalitären one country – one vote-Grundsatzes [...] würden sieben kleine Staaten, deren soziokulturelle Emanzipation sie veranlaßt, sich zu einem großen Bundesstaat zusammenzuschließen, dadurch erheblich an internationalem Einfluß verlieren – und besonders würde es ihre Sprache."

Dennoch haben natürlich Staaten größerer Wirtschaftskraft wirkungsvollere Möglichkeiten zur Stärkung der Stellung der eigenen Sprache. Wie sehr Zahl und Gewicht der Amtssprachstaaten auseinander klaffen können, sei noch am Beispiel der englischen Sprache illustriert, wobei ich mich auf die Amtssprachstaaten mit Englisch als solo-offizielle Sprache beschränke. Ich nenne sie hier in etwas willkürlicher Zweiteilung: Auf der einen Seite die nach Wirtschaftskraft und Einwohnerzahl gewichtigeren und auf der anderen Seite die weniger gewichtigen (jeweils in alphabetischer Reihenfolge; Amtssprachstaaten nach Kausen 2013): Australien, Großbritannien, Nigeria im Gegensatz zu Antigua & Barbadu, Bahamas, Barbados, Belize, Dominica, Gambia, Ghana, Grenada, Guyana, Jamaica, Liberia, Marshall-Inseln, Mauritius, Mikronesien, Namibia, Salomonen, Sambia, Sierra Leone, Simbabwe, St. Kitts & Nevis, St. Lucia,

4. Weltweiter Sprachenvergleich nach Verbreitung als staatliche Amtssprache — 253

St. Vincent & Grenadines, Trinidad & Tobago. Hinzuzufügen wäre natürlich, dass Englisch außerdem über ausgesprochen mächtige Amtssprachstaaten verfügt, in denen es allerdings ko-offiziell ist, wie Indien, Südafrika, Kanada, vielleicht wäre auch Irland hier zu nennen, vor allem aber die USA. In den USA ist Englisch wohl eher solo-offiziell als nur ko-offiziell; jedoch bin ich hier, wie bei den anderen Staaten, Kausen (2013) gefolgt, der für die USA zusätzlich Spanisch als, freilich regionale, staatliche Amtssprache nennt.

Wenden wir uns nun den zu Anfang des Kapitels genannten Dimensionen 2) und 3) zu: 2) Größe der Territorien dieser Staaten, 3) geographische Streuung der Territorien dieser Staaten.

Einen anschaulichen Überblick über die Territorien der internationalen Sprachen (gemäß Kap. A.3) liefert Karte D.4-1.

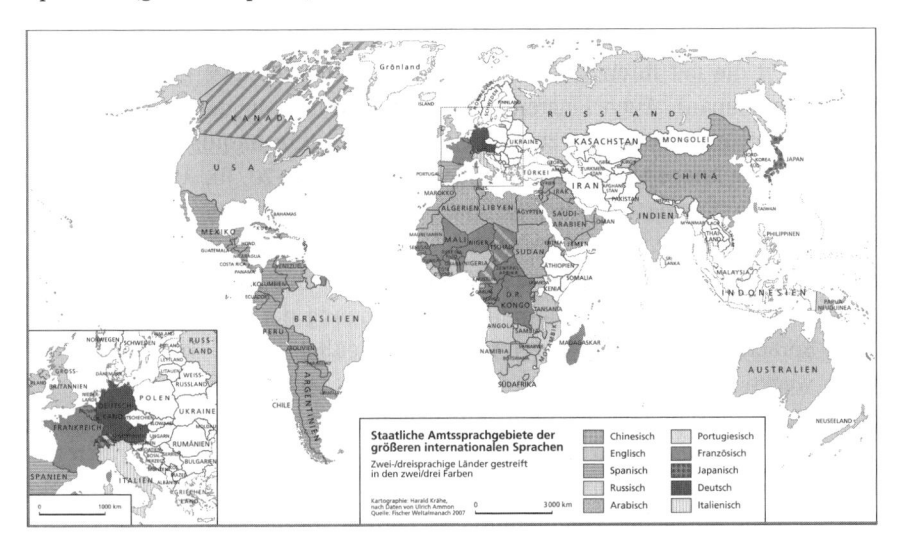

Karte D.4-1: Staatliche Amtssprachterritorien der 10 bedeutendsten internationalen Sprachen

Die Ermittlung der genauen Größe der Amtssprachterritorien hieße, die Aussagekraft dieser Dimension zu überschätzen, jedenfalls als Indikator der internationalen Stellung der Sprachen. Bemerkenswert ist jedoch zumindest die Zweiteilung in Sprachen mit verhältnismäßig großen gegenüber solchen mit verhältnismäßig kleinen Amtssprachterritorien. Zu ersteren gehören (jeweils in alphabetischer Reihenfolge): Arabisch, Chinesisch, Englisch, Französisch, Portugiesisch, Russisch und Spanisch und zu letzteren Deutsch, Italienisch und Japanisch.

Was die Verteilung auf die Kontinente betrifft, so ergibt sich die folgende Rangordnung nach der Zahl der Kontinente:

1. Englisch 5 (Afrika, Amerika, Asien, Europa, Ozeanien einschließlich Australien)
2. Französisch 4 (Afrika, Amerika, Europa, Ozeanien einschließlich Australien)
3. Portugiesisch, Spanisch 3 (Afrika, Amerika, Europa)
4. Arabisch, Russisch 2 (Asien, Europa)
5. Deutsch, Italienisch (Europa), Chinesisch, Japanisch (Asien) 1.

Der Überblick über die Größe und weltweite Verbreitung der Amtssprachterritorien der internationalen Sprachen gleicht einer Projektion der Geschichte ihrer „Mutterländer" auf die Gegenwart: Hier die erfolgreichen Kolonialmächte (Großbritannien, Frankreich, Portugal, Spanien, „Arabien", Russland und auch China, dort die mit ihren kolonialen Ambitionen Gescheiterten (Deutschland, Italien und Japan). Auch Letztere haben nach Kräften in der Kolonialpolitik mitgemischt; nur kamen sie zu spät und verloren ihre Akquisitionen schnell wieder in den kriegerischen Auseinandersetzungen des 20. Jh. Andrew Conrad und Joshua Fishman (1977; auch Fishman 1977b; Fishman/ Cooper/ Rosenbaum 1977) haben nachgewiesen, dass es einer langjährigen Kontrolle über die Kolonien bedurfte, um die Sprache der Kolonialmacht dort so fest zu verankern, dass die ehemaligen Kolonien später, bei Erringung der Unabhängigkeit, auf diese Sprachen angewiesen waren und sie schließlich sogar – bei aller Abneigung wegen der Assoziation mit der kolonialen Demütigung – zur eigenen staatlichen Amtssprache machten. Ein begünstigender Faktor für diese Entscheidung war, dass die örtlichen Eliten die Kolonialsprache in der langen Kolonialzeit gelernt hatten und beherrschten und damit über einen ebenso spektakulären wie nützlichen Qualifikationsvorsprung vor der breiten Bevölkerung verfügten, durch den sie ihre privilegierte soziale Stellung legitimieren konnten.

E. Deutsch als Minderheitssprache, aber nicht staatliche Amtssprache

1. Allgemeine Charakterisierung der heutigen deutschsprachigen Minderheiten

Auch außerhalb des Gebietes, in dem Deutsch staatliche Amtssprache ist (Kap. D), leben zahlreiche Personen mit Deutsch als Muttersprache. Um sie geht es in diesem Kap., soweit Deutsch eine Minderheitssprache ist. (Ich bevorzuge das Bestimmungswort *Minderheits-* (*Minderheitssprache, Minderheitsrechte* usw.) anstelle des vielleicht gängigeren Bestimmungswortes *Minderheiten-* (*Minderheitensprache, Minderheitenrechte* usw.)). Auch die deutschsprachigen Minderheiten sind für die Stellung der deutschen Sprache in der Welt relevant – allein schon dann, wenn sie mit Deutschsprachigen in anderen Staaten auf Deutsch kommunizieren. Dabei findet nämlich internationale Kommunikation im weiteren Sinn statt: zwischen Muttersprachlern (bei Deutsch als Fremdsprache (DaF) ist es internationale Kommunikation im engeren Sinn; Kap. A.3). Die deutschsprachigen Minderheiten stärken die Stellung der deutschen Sprache aber noch aus anderen Gründen: Wenn sie über Schulen verfügen mit Deutsch als Unterrichtssprache oder zumindest als Schulfach, über Medien, Vereine und dergleichen und durch sie oder durch sonstige persönliche Kontakte Nicht-Deutschsprachige mit deutscher Sprache und Kultur in Berührung bringen. Vielleicht motivieren sie dadurch auch zum Erlernen der deutschen Sprache. Bemerkenswerte Beispiele finden sich in Ungarn, Rumänien oder Namibia (Kap. E.4.6; E.4.7; E.4.9). Deutschsprachige Minderheiten können sogar beitragen zur Festigung von DaF in den Schulcurricula ihres Staates.

Diese möglichen Einwirkungen auf die Stellung der deutschen Sprache in der Welt rechtfertigen ein eigenes Kap. über die deutschsprachigen Minderheiten im vorliegenden Buch. Dabei geht es vor allem um diese Einwirkungen, aber auch um den Fortbestand der Minderheiten und ihre Erhaltung der deutschen Sprache. Weniger relevant für das Thema dieses Buches sind dagegen strukturelle Einzelheiten ihres jeweiligen Deutschs, die Form ihres Dialekts. Dabei hat sich die bisherige Minderheitsforschung gerade für diesen im engeren Sinn sprachwissenschaftlichen Aspekt besonders interessiert. Im vorliegenden Zusammenhang sind sprachstrukturelle Fragen relevant für die Zuordnung der

Varietät der Minderheit zur deutschen Sprache (Kap. B.1; B.2) sowie als Faktoren oder Indikatoren von Spracherhaltung oder Sprachumstellung (siehe Ende dieses Kap.; auch Kap. E.2).

Die Termini *Spracherhaltung* oder *Spracherhalt* (auch *Sprachbewahrung*) verstehen sich weitgehend von selbst. *Spracherhalt* akzentuiert mehr die Zustandsbeschreibung und *Spracherhaltung* das Handeln oder die Handlungsbereitschaft der Sprecher (natürlich im vorliegenden Fall bezüglich der *deutschen* Sprache, nicht von Sprache überhaupt) (früher Beleg bei Kloss 1927). Spezieller könnte man auch von *Deutsch*erhalt(ung) sprechen. Dabei geht es vor allem um die Weitergabe von Deutsch an die folgenden Generationen und den Gebrauch in den bisherigen Situationen (Domänen). Das Gegenteil ist *Sprachumstellung* oder *Sprachverlust* (englisch *language maintenance, language shift* und *language loss*). Für *language shift* ist im Deutschen *Sprachwechsel* gängiger als *Sprachumstellung*. Jedoch bevorzuge ich den Terminus Sprachumstellung, den Michael Clyne vorgeschlagen hat (1975: 127, Anm. 1, mit Clyne's Dank an Hildegund Tophinke für diese Übersetzung von *language shift*). *Sprachumstellung* drückt deutlicher die Dauerhaftigkeit aus, wogegen *Sprachwechsel* missverständlich ist als bloß temporäres, sogar nur situatives Umschalten auf eine andere Sprache. Statt des dafür möglichen Terminus *Sprachumschaltung* wurde im Deutschen die Entlehnung *Code-Switching* gebräuchlich (z.B. Riehl 2000: „Code-switching" 19-27; „Sprachwechsel" im Sinne von ‚Sprachumstellung', „Spracherhalt" 156-169). Zu der von mir bevorzugten Terminologie gehört dann noch die *Sprachrückumstellung* für die Wiedereinführung einer früheren Muttersprache, anstelle des üblicheren Terminus *Sprachwiederbelebung* (engl. *language revival*), die ich zu biologistisch finde.

Erläuterungsbedürftig ist auch die Kapitelüberschrift „Deutsch als Minderheitssprache (aber nicht staatliche Amtssprache)". Deutsch ist dabei immer Muttersprache (Kap. A.3), wozu auch das bloße Bekenntnis zu Deutsch als Muttersprache gehört oder – in Grenzfällen – das Bekenntnis zu einem Dialekt als „Muttersprache", den die Sprecher selbst nicht der deutschen Sprache zuordnen, dessen Zuordnung aber nach Kap. B.1 und B.2 gerechtfertigt ist (vgl. Kap. E.4.3, Elsass, oder E.4.11, religiöse Minderheiten).

Für die hier interessierenden Minderheiten ist außer ‚Deutsch als Muttersprache' auch die ‚deutsche Ethnie (Volksgruppe, Nationalität)' relevant (dazu Kap. B.3). Dabei lässt sich keine der denkbaren Kombinationen von – a) ‚Deutsch als Muttersprache' und b) ‚deutsche Ethnizität' – ausschließen. Zu rechnen ist also mit i) a und b, ii) a ohne b, iii) b ohne a. Die hier beschriebenen Minderheiten müssen allerdings immer das Merkmal a) ‚Deutsch als Muttersprache' haben – so meine definitorische Festlegung; Gruppen ohne Muttersprachler des Deutschen beziehe ich also hier nicht ein. Bezüglich Spracherhalt-

Chancen sind jedoch auch Personen mit Merkmalkombination b ohne a (deutsche Ethnizität ohne Deutsch als Muttersprache) relevant, weil sie vielleicht zur Sprachrückumstellung (Sprachwiederbelebung) neigen oder diese fördern oder auch – vielleicht die eigenen Kinder – zum Erlernen von DaF motivieren. Der Gesamtumfang der betrachteten Minderheit ist also jeweils die Vereinigungsmenge aller Personen mit den Merkmalkombinationen i, ii und iii: {i}∪{ii}∪{iii}.

Der Begriff ‚deutsche Ethnizität' (oder die Bedeutung von *Deutsch* als Ethnonym) hat keineswegs denselben Umfang wie ‚Deutschland' oder ‚aus Deutschland stammend', mit Bezug auf den 1871 entstandenen Staat und seine Nachfolgestaaten (dazu auch de.wikipedia.org/wiki/Deutsche#Deutsche_als_ Ethnie – abgerufen 25.07.2013). Häufig setzen sich die deutschsprachigen Minderheiten nämlich zusammen aus Nachfahren von Emigranten aus allen möglichen Teilen des deutschsprachigen Gebiets vor der Entstehung des deutschen Reichs und haben dann die entsprechend weitläufige deutsche Ethnizität (fast wie in Ernst Moritz Arndts Lied von 1813 „Des deutschen Vaterland", abzüglich des Chauvinismus; dazu auch Ammon 1995a: 18-30). Der Begriffsumfang kann jedoch von Fall zu Fall unterschiedlich sein. Jedenfalls darf ‚deutsche Ethnizität' weder auf den Staat Deutschland eingeschränkt noch mit dessen Staatsangehörigkeit verwechselt werden.

Allerdings kann die Feststellung deutscher Ethnizität, sogar von Deutsch als Muttersprache, schwierig sein, vor allem wegen politischer Sensitivitäten, denn je nach politischer Wetterlage kann das betreffende Bekenntnis nachteilig oder vorteilhaft sein oder dafür gehalten werden. Beispiele finden sich zuhauf in den ost- und ostmitteleuropäischen Staaten der Nachkriegszeit. Einer langen Phase von tatsächlichen oder imaginierten Nachteilen folgte in neuerer Zeit die Aussicht auf – nicht zuletzt finanzielle – Förderung aus Deutschland oder Österreich. Solche möglichen Verzerrungen gilt es bei Zahlenangaben aus entsprechenden Erhebungen (Volkszählungen) zu berücksichtigen. Um den oft unscharfen Umfang der hier besprochenen Minderheiten anzudeuten, verwende ich bisweilen den Terminus „deutsch(sprachig)e Minderheit", um anzuzeigen, dass außer den auf jeden Fall einbezogenen Deutschsprachigen (Deutsch als Muttersprache) auch die bloß ethnisch Deutschen in den Blick genommen werden.

Im Gegensatz zu Kap. D beschränkt sich dieses Kap. auf Regionen und auch Staaten, in denen Deutsch keine staatliche Amtssprache ist. Ausgeschlossen sind also alle 7 in Kap. D besprochenen Staaten: mit Deutsch als nationaler Amtssprache (mit Geltung im ganzen Staat oder nur in festgelegten Territorien) und mit Deutsch als regionaler Amtssprache. Zwar kann beim Territorialprinzip oder bei nur regionaler Amtssprache Deutsch in anderen Gebieten des betreffenden Staates noch Minderheitssprache ohne amtlichen Status sein; jedoch befasse ich mich mit solchen Minderheiten hier nicht. Ein Beispiel wäre das Areler Land in Altbelgien – falls sich die Minderheitsvarietät nicht der letzeburgischen, sondern der deutschen Sprache zuordnen lässt (vgl. Kap. D.3.1). Andere Beispiele finden sich in Norditalien, außerhalb Südtirols (vgl. Kap. D.3.2), nämlich die Fersentaler und Zimbern (Rowley 1996: vor allem 266; de.wikipedia.org/wiki/Fersental; de.wikipedia.org/wiki/Zimbern – beide abgerufen 19.03.2013), eine sehr kleine Minderheit mit – Mitte der 1990er Jahre – insgesamt nur ca. 2.000, auf 27 Ortschaften verteilten Sprechern.

Angesichts solcher Zahlen stellt sich allgemein die Frage nach der Mindestgröße der in das vorliegende Kap. einbezogenen Minderheiten. Einen Abgrenzungshinweis liefert Heinz Kloss (1935; Ammon 1991a: 91) mit dem Terminus „Streudeutschtum", der nicht abschätzig gemeint ist. Er bezieht sich auf deutschsprachige Individuen, Einzelfamilien oder auch Kleingruppen, die es weltweit in fast allen Staaten gibt. Zwar können auch sie, wenngleich jeweils minimal, auf die Stellung der deutschen Sprache in der Welt einwirken, indem sie z.B. Nachbarn zum Deutschlernen und zu einem Aufenthalt in einem deutschsprachigen Land motivieren. Diesbezüglich gibt es Mikro-Forschungsaufgaben, die mich jedoch im Rahmen dieses Buches überfordert hätten. Stattdessen habe ich mich auf größere Gruppen beschränkt, spezieller solche, die aufgrund eigener Institutionen als Gruppe *institutionalisiert* sind. Solche Institutionen sind Schulen, religiöse Organisationen, Medien oder Vereine verschiedener Zwecke wie Sport, Musik, Theater, Tanz, Gastronomie, Kunstgewerbe, Sprachpflege, Gesellschaftsspiele oder Inszenierung „deutscher Gemütlichkeit". Allerdings konnte ich aus Kapazitätsgründen nicht einmal alle derartigen deutsch(sprachig)en Gruppen einbeziehen, sondern musste ich mich auf die – nach subjektiver Einschätzung aufgrund des Studiums einschlägiger Literatur – bekanntesten und markantesten beschränken. Die vollständigere Erfassung und Beschreibung, ausgehend vom Überblick von Joachim Born und Sylvia Dickgießer (1989) und der Bibliographie von Born und Gerhard Jakob (1990), bleibt ein Forschungsdesiderat (anregend auch der wikepedia-Artikel „Deutsche Sprache": de.wikipedia.org/wiki/Deutsche_Sprache – abgerufen 18.05.2014).

Im Vordergrund stehen im vorliegenden Kap. die *autochthonen*, auch *indigenen* (alteinheimischen) Minderheiten. Nur Kap. E.5 macht auf *allochthone*, auch *exogene* (neu entstandene) Minderheiten aufmerksam, die bisher wenig erforscht sind. Die Autochthonie ist oft ein Kriterium für die Gewährung von Minderheitsrechten, z.B. im „Mercator-Project" zum Schutz von Sprachminderheiten in den Mitgliedstaaten von EU und Europarat (mercator-education.org/minority-languages/facts-figures – abgerufen 21.02.07). Auch die *Europäische Charta der Regional- oder Minderheitensprachen* gilt nur für Minderheitssprachen, „die *herkömmlicherweise* in einem bestimmten Gebiet eines Staates von Angehörigen dieses Staates gebraucht werden […]" (Art. 1.a, 1.i; Hervorheb. U.A.). Vorgelegt wurde die Charta vom Europarat, aber auch von der EU übernommen und den Mitgliedstaaten empfohlen (conventions.coe.int/Treaty/Commun/QueVoulezVous.asp?CL=GER&NT =148 – abgerufen 06.03.2013). Dabei ist die Spezifizierung als „in einem bestimmten Gebiet […] gebraucht" offenkundig zweitrangig, denn sie wird im weiteren Text zurückgenommen, indem ausdrücklich „nicht territorial gebundene Sprachen", z.B. das Romani der Roma und Sinti, einbezogen sind (Art. 1.c). Dagegen bleibt die Spezifizierung „herkömmlicherweise […] gebraucht" aufrechterhalten. Aufgrund angeblich fehlender Autochthonie wurde meine eigene Anregung (über finnische KollegInnen an die deutsche Botschaft in Finnland im Jahr 2006), auch für die deutschsprachige Minderheit in Finnland die Charta-Rechte zu beantragen, von der deutschen Botschaft – nach Rücksprache mit dem Europarat in Straßburg – für aussichtslos erklärt (E-Mail-Mitteilung Jarmo Korhonen 04.02.2007).

Die Charta liefert keine weitere Erläuterung von ‚Autochthonie', als dass sie auf die *„geschichtlich gewachsenen* Regional- oder Minderheitensprachen" anzuwenden sei (Präambel: Abschnitt 2 – Hervorheb. U.A.). Damit sollen die Sprachen neuerer Immigranten und Migranten ausgeschlossen sein. Ein Grund dafür, der sich Kritikern dieses Ausschlusses entgegenhalten lässt, ist der Schutz (von Sprechern) kleiner Amts- und Nationalsprachen, um dessentwillen sich die Förderung der „Regional- oder Minderheitensprachen" „nicht nachteilig auf die Amtssprachen […] auswirken sollte" (Präambel: Abschnitt 5). Andernfalls könnten nämlich – zumindest in der EU mit ihrer garantierten Freizügigkeit – Immigranten durch Zuwanderung kleine Mitgliedstaaten schließlich sprachlich dominieren.

Eine allgemein praktikable und zudem scharfe Definition von ‚Autochthonie (einer Minderheit oder Sprache)' ist mir nicht bekannt. Die Festlegung nach der absoluten Dauer der Anwesenheit oder der Zahl bisheriger Generationen ist schwierig. Eher konsensfähig erscheint mir ein Definitionsvorschlag von Paul Philippi (2009: 33 – Hervorheb. im Original): „Autochthon sind Minderheitengruppen jedenfalls dann, wenn ihre Existenz älter ist als das Staatsgebilde, zu dem sie heute gehören. Älter vor allem als der Staat, der sich aufgrund der Mehrheit *einer* der auf dem Territorium vorhandenen ethnischen Gruppen zum Nationalstaat gerade dieser einen ethnischen Gruppe erklärt hat." Dieser Definition schließe ich mich an und betrachte folgende Personen oder Gruppen als allochthon (nicht autochthon; Kap. E.5):

- Die in neuerer Zeit aus den deutschsprachigen Staaten in anderssprachige Staaten Ausgewanderten, außer sie schließen sich dortigen Gruppen an, die

nach Philippis Kriterium autochthon sind, denen sie dann unter Umständen zugezählt werden können;
- die von deutschen Firmen ins Ausland entsandten Expatriates („Kontraktdeutsche", Ammon 1991a: 91), die sich dort nur vorübergehend aufhalten (Thema Kap. F);
- Wissenschaftler aus deutschsprachigen Ländern im Ausland (Thema Kap. G);
- die von Regierungen oder Behörden der deutschsprachigen Staaten ins Ausland beorderten Personen (Thema Kap. H);
- die Ferien- oder Rentnerkolonien aus den deutschsprachigen Staaten, z.B. in Spanien, die außer in Kap. E.5 noch in Kap. I, „Tourismus", zur Sprache kommen.

Zu beachten ist allerdings, dass Philippis Definition eng gefasst ist, was er selbst damit andeutet, dass die betreffenden Minderheiten „jedenfalls" autochthon seien (Philippi 2009: 33), womit er Ausweitungsmöglichkeiten einräumt. Andernfalls würden vielleicht Gruppen ausgeschlossen, die sonst allgemein als autochthon gelten. Ein Beispiel sind die – allerdings nur in Resten erhaltenen – „deutschen Sprachinseln" in Russland (Kap. E.4.8). Sie würden ausgeschlossen, wenn die Sowjetunion nicht als staatliche Neugründung verstanden würde – denn sie sind erst *nach* der Gründung des russischen Zarenreiches entstanden (dazu auch Berend 1994; 2006; 2011; Rosenberg 1994; 2003a; b; Dubinin 2005; 2011). Außerdem sollten Gruppen einbezogen bleiben, deren Autochthonie als Minderheit sich in einem anderen nicht-deutschsprachigen Staat als ihrem heutigen gebildet hat. Beispiele sind die deutschsprachigen Mennoniten, die aus Russland weiter gewandert sind nach Nordamerika und dort sowie in verschiedenen lateinamerikanischen Staaten neue Siedlungen gegründet haben (Kap. E.4.11; G. Kaufmann 1997; 2003; 2004; Steffen 2006; Steffen/ Altenhofen im Druck). Diese Ausweitung des Begriffs ‚Autochthonie' entspricht gängigem Verständnis.

Die so spezifizierten deutschsprachigen Minderheiten haben eine Reihe gemeinsamer Eigenschaften, die sie von anderen Sprachminderheiten unterscheiden und die für ihren Fortbestand bedeutsam sind. Umfassende Typologien von Sprachminderheiten, die allen Forschungsinteressen gerecht werden, liegen bislang – soweit ich sehe – nicht vor. Entsprechende Versuche enden in der Regel in einer Sammlung von Dimensionen oder Faktoren, die weiterer Differenzierung und Operationalisierung bedürfen, oder in einer Liste offener Fragen. Ein Beispiel, das zwar nicht mehr ganz neu, aber inhaltlich noch aktuell ist, hat John Edwards (1992) geliefert (zum Thema auch Riehl 2004: 55-62). Er erwähnt zunächst einige rudimentäre Typologie-Versuche und bespricht dann die systematischeren von Paul White (1987 – bibliographische Angabe fehlt bei Edwards; Ergebnis meiner Recherche in der Bibliographie), von Einar Haugen (1972b) und Harald Haarmann (1986), um sie indes allesamt als unvollständig und ungenau zu kritisieren. Allerdings liefert auch er nur 33 „major perspectives" (Untersuchungsdimensionen), jeweils mit „sample questions" (mögliche Forschungsfragen) (Edwards 1992: 49f.), die ebenfalls nur vage Forschungsperspektiven eröffnen. Anknüpfend an solche, auch neuere Typologie-Vorschläge habe ich meinerseits (Ammon 2011a) 47 Faktoren (mögliche Ursachen) identifiziert und teilweise operationalisiert, die den Spracherhalt von Minderheiten beeinflussen können. Ihre ernsthafte empirische Überprüfung, vor allem ihres Gewichts und Zusammenspiels, bleibt aber Zukunftsmusik. Sie ist, abgesehen vom fast unermesslichen Aufwand, wegen der zu geringen Zahl vergleichbarer Minderheiten allenfalls mit großen Einschränkungen möglich. Dennoch orientiere ich mich im nächsten Kap., E.2, an dieser Faktorenliste, um zu verdeutlichen, was im Auge zu behalten wäre, wenn man die Ursachen von Spracherhaltung oder Sprachumstellung umfassend untersuchen wollte.

Ich schließe dieses Kap. ab mit der allgemeinen Charakterisierung der heutigen deutschsprachigen Minderheiten. In dem erwähnten Aufsatz (Ammon 2011a) habe ich eine vermutete allgemeine Eigenschaften durch ihre Bezeichnung als „Diaspora-Minderheiten", ebenfalls von Philippi (2009: 33f.) entlehnt, auszudrücken versucht. Damit wollte ich einerseits die Verstreutheit in der Welt ausdrücken und andererseits den Unterschied gegenüber Minderheiten, die nirgendwo über einen Staat verfügen, in dem die Muttersprachler ihrer Sprache die Mehrheit bilden oder die Sprache staatliche Amtssprache ist („Minderheiten ohne Mehrheit oder Amtssprachstaat andernorts", siehe folgenden Punkt 1 unten). Jedoch ist die Bezeichnung als Diaspora-Minderheit fragwürdig, wenn man mit ‚Diaspora' auch den Bezug auf eine andere, eigentliche Heimat als Bestandteil der Identität meint (Karim 2000b; Sinclair/ Cunnningham 2000). So jedenfalls verstehe ich Philippis Erläuterung dieser Bezeichnung: „Alle deutschen Minderheiten verbindet, dass ihre Identität sowohl von Deutschland als auch von der politischen Klasse ihrer Heimatstaaten *durch ihre Beziehung zu Deutschland (mit-)definiert wird* [...]" (ebd.: 34 – Hervorheb. im Original). Philippi sieht dies im Zusammenhang einerseits mit dem heutigen „Nationalstaatsbewusstsein" in den Heimatstaaten, „welches auch autochthone Minderheiten als ‚Gäste' der Mehrheitsethnie ansieht" (ebd.: 33), und andererseits damit, „dass auch die Bundesrepublik Deutschland die deutschen Minderheiten aus dem Blickwinkel ihrer Beziehung zum deutschen Staat betrachtet und gewichtet (Welche Bedeutung hat diese oder jene autochthone deutsche Minderheit für die Bundesrepublik Deutschland?)" (ebd.: 34). Vielleicht ist diese Charakterisierung zutreffend für die ostmittel-, osteuropäischen oder auch zentralasiatischen

Minderheiten der GUS-Staaten (die Philippi im Auge hat), wobei allerdings außer an Deutschland auch an Österreich, vielleicht sogar die Schweiz zu denken wäre. Für manche deutschsprachige Minderheiten gilt sie jedoch nicht, z.B. für die Elsässer (Kap. E.4.3) oder die Amischen, vielleicht auch nicht die Mennoniten und Hutterer (Kap. E.4.11). Daher wäre die Bezeichnung als „Diaspora-Minderheiten" eine Übergeneralisierung.

Für die von mir vermuteten allgemeinen Merkmale, die mir für das vorliegende Buch besonders relevant erscheinen, habe ich keine griffigen Termini gefunden. Die folgenden acht Merkmale sind nach meiner Einschätzung a) allgemeingültig für die deutschsprachigen Minderheiten (gelten also – mit gewissen Einschränkungen – für *alle*), b) spezifisch (gelten in der Summe weitgehend nur für sie) und c) relevant für den Erhalt der deutschen Sprache – wobei 1 und 2 dem Spracherhalt eher förderlich, 3 bis 8 dagegen eher abträglich sind.

1) Mit Deutsch verfügen die deutschsprachigen Minderheiten über eine internationale Sprache (Kap. A.3; A.7)

Wie bei allen internationalen Sprachen (außer Esperanto) handelt es sich auch bei Deutsch zugleich um eine numerisch starke Sprache, mit über 100 Mio. Mutter- und Zweitsprachlern sowie zudem einer ebenfalls in die Millionen gehenden, wenn auch kaum präzise benennbaren Zahl von Fremdsprachlern (Kap. C1; C2; K.7). Hinzu kommt, dass die Sprecher von Deutsch, Mutter- und Zweitsprachler, eine der wirtschaftlich stärksten Sprachgemeinschaften der Welt bilden (Rangplatz vier oder fünf; Kap. C.4). Hierdurch unterscheiden sich die deutschsprachigen Minderheiten tiefgreifend von Minderheiten mit kleinen oder wirtschaftlich schwachen Sprachgemeinschaften, z.B. den Friesen oder Sorben (die nur wegen ihrer Kleinheit auch wirtschaftlich schwach sind) bzw. den vielen kleinen Sprachminderheiten in Afrika oder Indien (die auch aus anderen Gründen als ihrer Kleinheit wirtschaftlich schwach sind). Man kann auch ähnlich unterscheiden zwischen „Minderheiten mit Mehrheit andernorts" (deutschsprachige) und „Minderheiten ohne Mehrheit andernorts". Allerdings sollte man nicht übersehen, dass Deutsch eine internationale Sprache nur zweiten Ranges ist, die vor allem weit hinter Englisch rangiert (Kap. A.7; auch Merkmal 4 unten). Dennoch ist die Stellung der deutschen Sprache in der Welt gewichtiger als die der Sprachen vieler anderer Minderheiten.

Sprachgemeinschaften mit sehr kleinen Sprecherzahlen gehören oft zu den „Minderheiten ohne Mehrheits- oder Amtssprachstaat". Edwards (1992: 39) spricht in Anlehnung an White für den spezielleren Fall, dass nirgendwo sonst in der Welt weitere Sprechergruppen derselben Sprache existieren, von „unique minorities", für den allgemeineren Fall der „small and stateless languages"

(Edwards 2010: 69f.), genauer: „small and stateless language communities" besteht oft kaum eine andere Möglichkeit, als sich auf eine statushöhere Sprache umzustellen. Die gängige Ausdrucksweise vom „Aussterben der Sprache" oder „Sprachtod" verschleiert die sozialen Ursachen. Sprachen sind keine biologischen Organismen und verschwinden aus ganz anderen Gründen. Sie kommen meist außer Gebrauch, weil ihr Kommunikationspotential und ihre Nutzanwendung zu gering wird (dazu Kap. A.7). Dann erschöpft sich ihre Funktion in der Symbolik für die soziale Identität ihrer Sprecher. Fragen des Erhalts solcher Sprachen „touch essentially upon *identity*" (Edwards 2010: 14 – Hervorheb. im Original). Dabei geht es darum, ob die Identitätssymbolik die erhofften Vorteile von Sprachumstellung aufwiegt.

Im Gegensatz dazu braucht sich die Spracherhaltung bei deutschsprachigen Minderheiten nicht auf Identität zu beschränken. Denn die deutsche Sprache verfügt – andernorts in der Welt – über Amtssprachstaaten und Mehrheiten der Muttersprachler (Kap. D). Die Aussichten, mit ihnen zu kommunizieren und zu kooperieren, können die Spracherhalt-Bemühungen deutschsprachiger Minderheiten stärken. Schon die Existenz anderer deutschsprachiger Minderheiten kann dementsprechend wirken. Vor allem die religiösen deutschsprachigen Minderheiten sind oft über große Entfernungen vernetzt. Sie bilden „Spracharchipele" – so ein treffender Terminus, vermutlich aus der Erforschung südosteuropäischer deutscher Sprachinseln (mündlicher Hinweis von Kurt Rein; auch Kap. E.4.11; Steffen 2006; Steffen/ Altenhofen im Druck). Hierbei dient Deutsch als muttersprachliche Brücke über Fremdsprachgebiete hinweg (nicht zu verwechseln mit einer Lingua franca, die als Fremdsprache unterschiedliche Muttersprachen überbrückt; Kap. A.3). Schon für die früheren deutschen Sprachinseln, die per definitionem „von ihrem [sprachlichen! U.A.] Hauptgebiet" getrennt sind (Mattheier 1994: 334 – anknüpfend an Wiesinger 1980: 491; Földes 2005: 283-286), war die mögliche Brücke zu den Mehrheits- und Amtssprachgebieten ein Spracherhalt-Faktor, der in der Forschung vielleicht zu wenig Beachtung fand. Allerdings schützt auch solche Verheißung nicht zuverlässig vor Sprachumstellung, wie gerade manche deutschsprachige Minderheiten zeigen (dazu Merkmal 8 unten).

Die nächstliegende Motivation, eine Sprache von internationaler Stellung und wirtschaftlichen starken Mehrheitsgebieten zu erhalten, sind Kosten-Nutzen-Überlegungen: Aussichten auf Märkte, Berufe und Bildungsmöglichkeiten. Der Appell von Peter Clever, Mitglied der Hauptgeschäftsführung der Bundesvereinigung der Deutschen Arbeitgeberverbände (BDA), an Absolventen deutscher Auslandsschulen gilt ähnlich für deutschsprachige Minderheiten, nämlich dass für andere Menschen „vor allem die Sprache [...] eine große Hürde auf dem Weg nach Deutschland ist". Für sie aber bestünden „über Praktika konkret Perspektiven hier in Deutschland [...], [...] hinsichtlich einer beruflichen Ausbildung in einem deutschen Unternehmen oder eines Studiums an einer deutschen Hochschule." (*Begegnung. Deutsche Arbeit im Ausland* 33 (4), 2012: 9-11) Dies gilt auch für deutschsprachige Minderheiten, solange sie an der deutschen Sprache festhalten. Vielleicht eröffnen sich sogar Berufsaussichten im eigenen Land in Firmenniederlassungen aus deutschsprachigen Staaten (Beispiel Rumänien, Kap E.4.7). Hierdurch entsteht eine „instrumentelle Motivation" zur Spracherhaltung, entsprechend dem von Robert Gardner und Wallace Lambert (1959: 267f.; auch Gardner 2001) eingeführten Terminus für das auf Nutzen abzielende Sprachenlernen (Kap. K.8).

Anders die „integrative Motivation", das Bestreben nach Einfügung in eine Gruppe (dazu auch G. Schmidt 2011: 51-53). Sie hängt zusammen mit der sozialen Identität. Spracherhaltung wird dann zu „Akten der (sozialen) Identität" (Le Page/ Tabouret-Keller 1985; auch Tabouret-Keller 1998; Tabouret-Keller/ Luckel 1981), zur Einfügung in eine Gruppe, deren Sprache für sie wesentliches Symbol, ein *zentraler Wert* ist („core value"; Smolicz 1980a; b; 1981). Allerdings ist die Gruppenzugehörigkeit nur *eine* Facette sozialer Identität (vgl. Kap. B.3), und die Sprache nur eines von dafür möglichen Symbolen. An ihre Stelle können unter Umständen andere Symbole treten (vgl. zu den vielfältigen ethnischen Symbolen der „Amerikadeutschen" Conzen 1986), bei deren Wechsel die „Identität" – wie es der Ausdruck nahelegt – im Kern identisch bleibt (zur Gruppenidentität Tajfel 1974; 1978; im Sinne der Zugehörigkeit zu einer Sprachgemeinschaft J. Edwards 2009; 2010; auch Gerhards 2010: 37-44).

Beide Motive (oder Motivkomplexe), instrumentell und integrativ (oder identifikatorisch), sind für die Spracherhaltung relevant. Jedoch bleibt, wie gesagt, den ausschließlich minderheitlichen Minderheiten (ein anderer möglicher Terminus) nur die integrative Motivation, zu der bei Minderheiten mit Amts- und Mehrheitssprachgebieten andernorts und sogar einer internationalen Sprache die instrumentelle Motivation hinzukommen kann. Bei manchen deutschsprachigen Minderheiten ist sie vielleicht vorherrschend, weil die Identifikation mit der eigenen Sprachgemeinschaft infolge der deutschen Geschichte geschwächt ist (Merkmal 7 unten).

2) Die deutschsprachigen Minderheiten können von den deutschsprachigen Staaten bei der Spracherhaltung gefördert werden

Dieses Merkmal hängt mit dem vorausgehenden zusammen. Die deutschsprachigen Staaten haben die notwendigen ökonomischen Ressourcen, um die deutschsprachigen Minderheiten bei der Erhaltung ihrer Sprache zu fördern – anders als bei Minderheiten ohne Mehrheits- oder mit nur kleinem Amtssprachstaat. Edwards nennt letztere (2012: 69) „small state languages" und als Beispiele Irisch, Finnisch und sogar Schwedisch und Niederländisch. Die baltischen Sprachen wären unzweifelhaftere Fälle. Im Gegensatz dazu ordnet Edwards (2012: 70) Deutsch den „languages of wider communication" zu, in unserer Terminologie: den internationalen Sprachen (Merkmal 1). Die deutschsprachigen Staaten verteilen allerdings ihre Förderung der deutschsprachigen Minderheiten recht unterschiedlich (vgl. Kap. E.4.2 – E.4.11), teils als eine Art Lastenausgleich für die Folgen von Nationalsozialismus und Krieg (Förderung der osteuropäischen Minderheiten durch Deutschland), teils aufgrund erhoffter eigener Vorteile.

Der Spracherhalt bei den deutschsprachigen Minderheiten ist nämlich für die deutschsprachigen Staaten selber vorteilhaft, schon weil er die internationale Stellung der deutschen Sprache stärkt. Ein speziellerer Vorteil ist die mögliche Funktion der deutschsprachigen Minderheiten als Türöffner vor Ort. Außerdem sind sie – wie schon unter Merkmal 1 angedeutet – potentielles „Humankapital" (ein trotz Verdammung als „Unwort des Jahres" zweckmäßiger Terminus), vor allem für Fachkräfte, nach denen die deutschsprachigen Staaten lechzen. Daher lohnt sich die Förderung ihrer Spracherhaltung.

Sie ist auch Teil der Auswärtigen Kulturpolitik (AKP) der deutschsprachigen Staaten, vor allem Deutschlands und Österreichs (ausführlich zur AKP der deutschsprachigen Staaten Kap. L). Ein Beispiel ist die Förderung der ostmitteleuropäischen deutschsprachigen Minderheiten durch das *Institut für Auslandsbeziehungen* (ifa) in Stuttgart, das vom Auswärtigen Amt Deutschlands, dem Land Baden-Württemberg und der Stadt Stuttgart finanziert wird (Webseite: www.ifa.de; auch *ifa-Newsletter*; Kap.L.3.3). Die Förderung richtet sich vor allem auf Jugend und Medien. Auch das führende deutsche auswärtige Kulturinstitut ist entsprechend engagiert: „Seit über zehn Jahren fördert das Goethe-Institut im Auftrag des Auswärtigen Amtes deutsche Minderheiten in Mitteleuropa, Osteuropa und Zentralasien." (www.goethe.de/lhr/prj/dtm/deindex.htm – abgerufen 20.03.2013) Die deutsche Politik hilft teilweise auch direkter, so z.B. beim *Handbuch der deutschsprachigen Presse im Ausland*, das „[m]it Unterstützung des Auswärtigen Amtes" erstellt wurde und dessen Nutznießer an erster Stelle die „Angehörige[n] deutschsprachiger Minderheiten im Ausland" sind (Aksinat 2012/13: Titelblatt bzw. 13). Sogar die – wegen ihrer Lebensweise berühmten – Amischen (Kap. E.4.11) sind in den Genuss staatlicher Förderung aus Deutschland gekommen, durch Zuwendungen des Landes Rheinland-Pfalz für die halbjährliche, an Sie ausgelieferte Zeitung *Hiwwe wie Driwwe. Die Pennsylvaanisch-Deitsch Zeiding* (Akzinat 2012/13: 310; de.wikipedia.org/wiki/ Hiwwe_wie_Driwwe#F.C3.B6rderung – abgerufen 11.03. 2013). Auch Österreich, die Schweiz, Liechtenstein und gelegentlich sogar Südtirol und Ostbelgien beteiligen sich in begrenztem Umfang an solcher Minderheitenförderung (nicht jedoch Luxemburg). Man darf annehmen, dass diese für Minderheiten einer großen Sprachgemeinschaft und internationalen Sprache typische Förderung der Spracherhaltung zuträglich ist. Vermutlich wäre die Sprachumstellung bei den deutschsprachigen Minderheiten andernfalls noch weiter fortgeschritten. Allerdings lässt sich die faktische Spracherhalt-Wirkung der Förderung schwer abschätzen – auch aufgrund anderer, entgegengesetzt wirkender Faktoren, als welche bei den deutschsprachigen Minderheiten die folgenden Merkmale überwiegend wirken.

3) Deutsch ist für die deutschsprachigen Minderheiten nur eine von 2, meist sogar von 3 Sprachen

Die deutschsprachigen Minderheiten müssen heutzutage immer auch die Mehrheitssprache lernen und gebrauchen. So z.B. die deutschsprachige Minderheit in Rumänien Rumänisch oder die deutschsprachige Minderheit in Brasilien Portugiesisch (Kap. E.4.7; E.4.10). „Sprachinseln", die von der umgebenden sprachlichen Mehrheit (weitgehend) abgeschnitten sind, gibt es heute nicht mehr (vgl. die Beiträge in Berend/ Mattheier 1994; Berend/ Knipf-Komlósi 2006; Eichinger/ Plewnia/ Riehl 2008). Sogar die herkömmlichen „religiösen Isolate", wie die aus Glaubensgründen von der Mehrheitsgesellschaft sich abschottenden Religionsgemeinschaften gelegentlich genannt werden, sehen sich heute genötigt, sich zur Mehrheitsgesellschaft und ihrer Sprache hin öffnen. Die größten derartigen deutschsprachigen Gruppen sind die Amischen, die Mennoniten und die Hutterer in verschiedenen Staaten Anglo- und Ibero-Amerikas (Kap. E.4.11; Huffines 1980; 1994; Enninger/ Raith/ Wandt 1989; Louden 2003; 2006a; b; G. Kaufmann 1997; 2004; Rein 1977; 1979; 1984).

Zweisprachigkeit ist für fast jedes einzelne Mitglied deutschsprachiger Minderheiten unverzichtbar. Die Bedeutsamkeit dieser Tatsache für die Spracherhaltung lässt sich ahnen anlässlich von Vorschlägen, den Anteil einsprachiger Minderheitsangehöriger als Indikator für gut gesicherten Spracherhalt zu verwenden (Grin 1992: vor allem 73). Dagegen gilt bei Zwei- oder Mehrsprachigkeit der gesamten Minderheit der Erhalt der Minderheitssprache als gefährdet. Allerdings gibt es als Besonderheit auch stabile Zweisprachigkeit, z.B. bei den schon erwähnten Amischen (Louden 2003; 2006a). In den deutschsprachigen Minderheiten sind heute nur noch Angehörige der alten Generation einsprachig. Zweisprachigkeit ist häufig die Vorstufe völliger Umstellung auf die Mehrheitssprache. Dies bedeutet das Ausscheiden aus der deutsch*sprachigen* Minderheit und den Verbleib allenfalls in der diffuseren *deutschen* Minderheit, im ethnischen Sinn (Kap. B.3).

Zweisprachigkeit ist für deutschsprachige Minderheiten oft sogar das notwendige Minimum an Sprachkenntnissen und Sprachgebrauch. Es reicht meist nur aus, wenn Englisch die umgebende Mehrheitssprache ist. Bei jeder anderen Mehrheitssprache bekommen die deutschsprachigen Minderheiten zu spüren, dass Deutsch – wie jede andere Sprache außer Englisch – in seiner internationalen Stellung eingeschränkt ist und manche internationale und erst recht globale Kommunikation nur auf Englisch gelingt (Merkmal 1 oben; Kap. A.7). Gelegentlich finden sie sich vielleicht sogar in Situationen, in denen die Kommunikation mit Deutschsprachigen aus anderen Staaten auf Englisch üblich ist (bei gewissen internationalen Wirtschafts- oder Wissenschaftskontakten), was die beschränkte internationale Stellung von Deutsch drastisch illustriert. Zudem ist in den meisten Staaten deutschsprachiger Minderheiten Englisch obligatorische Schulfremdsprache. Alle zusätzlich erforderlichen Sprachen erschweren jedoch tendenziell den Erhalt von Deutsch.

Im Hinblick auf die unumgängliche Zwei- oder Mehrsprachigkeit gleichen die deutschsprachigen Minderheiten den Minderheiten ohne Mehrheits- oder Amtssprachstaat – außer dem allerdings bedeutsamen Unterschied, dass ihre eigene Sprache ein immerhin höheres Kommunikationspotential hat, weshalb sich ihr Erhalt ökonomisch eher lohnt (Merkmal 1). Es ist wichtig, die unverzichtbare Zwei- oder Mehrsprachigkeit (Merkmal 3) ernst zu nehmen, um die Spracherhalt-Schwierigkeiten der deutschsprachigen Minderheiten im ganzen Ausmaß richtig einzuschätzen.

4) Deutsch ist für die deutschsprachigen Minderheiten oft nur noch eine „Nähesprache"

Nicht selten bleibt die berufliche Anwendbarkeit von Deutsch mehr eine Hoffnung als tatsächliche Praxis. Sogar bei deutschen Firmen vor Ort wird oft wenig auf Deutsch kommuniziert (Kap. F.5; F.7). Erst recht beschränkt ist meist der öffentliche Gebrauch von Deutsch im Wohngebiet der Minderheit. Öffentliche Diskussionen oder Kontakte mit staatlichen Ämtern, in Krankenhäusern, Geschäften usw. finden überwiegend in der Mehrheitssprache statt. Damit fungiert Deutsch zumindest großenteils nur noch als „Nähesprache" (Glück 2010: 448; Koch/ Oesterreicher 1985). Man könnte auch von einer *auf die Alltagskommunikation beschränkten Sprache in einer Diglossie* sprechen: in der Familie, mit Freunden, in informellen Domänen wie Gasthaus und Kneipe sowie spezifischen Minderheitsveranstaltungen (Feste und Versammlungen). Allerdings handelt es sich nicht um eine klassische Diglossie, mit zwei Varietäten derselben Sprache (Ferguson 1959), sondern um eine „Außendiglossie". So bezeichnete Heinz Kloss (1976a) gesellschaftliche Zweisprachigkeit in zwei verschiedenen

Sprachen, die funktional verteilt sind, typischerweise in alltägliche und öffentliche Kommunikation. Mit der Beschränkung auf die familiären Domänen und auf spezielle Minderheitsereignisse wird Deutsch zwar gestärkt als Sprache der Emotionen und Gruppenidentität. Andererseits wird es aber in seinem Prestige beeinträchtigt.

Die entgegen gesetzte „Distanzsprache" gewinnt dagegen an Prestige, das von den Domänen, in denen sie vorherrscht, auf sie abfärbt. Nur die sonstige ökonomische, wissenschaftliche und kulturelle Potenz der deutschen Sprachgemeinschaft und die internationale Stellung von Deutsch bilden unter Umständen ein Gegengewicht. Dies gilt vor allem dann, wenn die Mehrheitssprache diesbezüglich nicht selbst einen ähnlichen oder womöglich sogar höheren Rang hat. In dieser Hinsicht sind die Spracherhalt-Möglichkeiten für die meisten deutschsprachigen Minderheiten in Osteuropa günstig: bei Mehrheitssprachen wie Rumänisch, Ungarisch, Tschechisch oder Polnisch – außer vielleicht bei Russisch.

Allerdings erleben auch dort die deutschsprachigen Minderheiten die Unterordnung der eigenen Sprache unter die Mehrheitssprache als staatliche Amtssprache und vorherrschende Schul- und Berufssprache. Dies gilt besonders, wenn Deutsch keine Unterrichtssprache an Schulen, sondern nur Schulfach oder nicht einmal dies ist. Dadurch entsteht ein Druck bis hinein in die Familien zum Gebrauch der Mehrheitssprache, um die Kinder sprachlich auf die Schule vorzubereiten, was Deutsch auch als Nähesprache einschränkt und leicht zur vollständigen Sprachumstellung führt.

Deutsch in der Schule als Unterrichtssprache und nicht nur Schulfach ist eine besonders wichtige Bedingung für den Spracherhalt. Gerade daran hapert es jedoch häufig. Selten gibt es Unterricht in deutscher Sprache oder allenfalls beschränkt auf einen Teil der Minderheit oder auf bestimmte Schulformen oder -stufen oder sogar nur auf das Fach Deutsch, wobei nicht einmal dies immer gewährleistet ist. Dabei wäre auch Deutsch in Kindergärten oder Vorschulen wichtig zur Festigung der Sprachkompetenz und der Symbolik für die soziale Identität (Cummins 1995). An solchen Angeboten mangelt es aber häufig. Erst recht fehlen meist eigene Hochschulen und Studiengänge mit Deutsch als Sprache der Lehre; oft gibt es nur das Studienfach Deutsch oder Germanistik. Wieder einmal war es Heinz Kloss (1927), der schon früh auf die Wichtigkeit eigener Hochschulen oder zumindest eigener Studiengänge für die Festigung der Selbstachtung und den Sprach- und Kulturerhalt von Minderheiten hingewiesen hat.

5) Die deutschsprachigen Minderheiten sind zahlenmäßig schwach

Richard Bourhis (2001: 102-106) hat in einem Überblick über den Erfolg der *Sprachrückumstellung* (engl. „reversal of language shift") der französischen Sprachgemeinschaft in Quebec (Kanada) auf die Wichtigkeit der *demographischen Variablen* („demographic variables") hingewiesen. (Ich spreche von *Sprachrückumstellung*, in Erweiterung des Terminus *Sprachumstellung*, statt – entsprechend der schon erwähnten biologistischen Metapher – von *sprachlicher Wiederbelebung*.) Die bloße Sprecherzahl ist jedoch nur *eine* Variable aus einem ganzen Bündel der Demographie; eine weitere kommt beim folgenden Merkmal 6 zur Sprache. Jedoch ist schon die bloße Sprecherzahl wichtig, weil andere spracherhaltende Merkmale von ihr abhängen. Für die Rückumstellung zu mehr Französisch in Quebec war sie mit entscheidend: Immerhin nannten ca. 7 Mio., über 80 % der Bevölkerung Quebecs, Anfang der 1970er Jahre, als die Sprachrückumstellung in Gang kam, Französisch als Muttersprache (zur Bevölkerungsentwicklung: de.wikipedia.org/wiki/Qu%C3%A9bec – abgerufen 08.03. 2013). Eine große Sprecherzahl gilt allgemein als gute Grundlage für erfolgreiche Spracherhaltungspolitik (Bourhis 2001: 105).

Die deutschsprachigen Minderheiten sind jedoch von Zahlen wie für Französisch in Quebec weit entfernt. Keine einzige erreicht heute noch mehr als 1,5 Mio. Sprecher; die meisten liegen weit darunter, oft nur bei wenigen Tausend (Kap. C.1: Tab. C.1-2). Damit ist der Aufbau und die Aufrechterhaltung eigener Institutionen, vor allem Schulen und Medien, ganz zu schweigen von Hochschulen, schwierig – was die Spracherhaltung erschwert.

6) Die deutschsprachigen Minderheiten wohnen verstreut, ohne sprachlich homogene Siedlungsgebiete

Die Angehörigen deutschsprachiger Minderheiten leben selten in größerer Zahl beisammen. Oft haben sie hauptsächlich anderssprachige Nachbarn. Ganze Ortschaften mit ausschließlich Deutschsprachigen gibt es fast nur bei religiös motivierten Gruppen (Amische, Mennoniten, Hutterer; Merkmale 2 und 3 oben; Kap. E.4.11). Diese Siedlungsstruktur ist ein ebenfalls wichtiger Aspekt der Demographie. *Sprachliche Homogenität* (oder *Kohärenz*) des Wohngebiets – Edwards (1992: 39f.) spricht von „cohesiveness" – gilt als wichtige Bedingung des Spracherhalts bei Minderheiten. Ein ähnlicher Aspekt ist die *Kompaktheit* oder *Dichte* der Ansiedlung, deren Fehlen (das Weit-Auseinander-Wohnen) mit Siedlungshomogenität vereinbar ist (dazu Ammon 1991a: 106f.; 2011a: 52). Jedoch erscheint mir dieser Faktor schon wegen seltenerer deutlicher Ausprägung für die Spracherhaltung weniger relevant als die sprachliche Homogenität der Ansiedlung.

Bei sprachlicher Gemischtsiedlung, mangelnder sprachlicher Siedlungshomogenität, lässt sich das Territorialprinzip in der Regel nicht verwirklichen, das den Spracherhalt besonders gut sichert, im Gegensatz zum Personalprinzip (Myhill 1999; auch Kap. D.2.4), denn das Territorialprinzip schreibt auch den Gebrauch der Sprache in wichtigen Institutionen vor. Dagegen schränkt Gemischtsiedlung die Anwendbarkeit der Sprache ein, und zwar umso mehr, je höher der Anteil von Sprechern anderer Sprachen ist.

Gemischtsiedlung begünstigt auch die sprachliche *Exogamie*, die Heirat von Muttersprachlern anderer Sprachen, meist der Mehrheitssprache. Sie ist unter deutschsprachigen Minderheiten weit verbreitet. Es gibt nur wenige Ausnahmen, vor allem – aber auch nicht unbedingt rigoros – die orthodox religiösen Gruppen, wie die Amischen, Mennoniten oder Hutterer, die um Endogamie in der eigenen Gruppe bemüht sind (Kap. E.4.11; Louden 2006a: 93). Bei sprachlicher Exogamie wird die Familie meist zweisprachig. Unter dem Druck der Schule entsteht dann leicht „subtraktive Zweisprachigkeit", zu Lasten der Minderheitssprache, d.h. Deutsch tritt in den Hintergrund. Die Folge ist die Nichtmehr-Weitergabe der Muttersprache an die nächste Generation und damit die Umstellung auf die Mehrheitssprache (de Vries 1992: 220).

Jede auf eine andere Sprache umgestellte Person verringert die Gebrauchsmöglichkeit der Minderheitssprache, die mit ihr möglichen Kontakte. Eine in diese Richtung laufende Entwicklung lässt sich nur schwer aufhalten oder gar umkehren (dazu die Beiträge in Fishman 2001a; vor allem Fishman 2001b; 2001 c). In dieser Phase befinden sich heute viele deutschsprachige Minderheiten. Bisweilen erlernen die Kinder dann das in der Familie aufgegebene Deutsch wieder in der Schule, oft mehr schlecht als recht – und als Fremdsprache, mit entsprechend eingeschränkter identifikatorischer Funktion.

7) Alle deutschsprachigen Minderheiten haben traumatische ethnische und sprachliche Diskriminierungen erfahren, mit Nachwirkungen und mancherorts – wenn auch abgeschwächter – Fortsetzung

Es bedarf kaum des Hinweises, dass es bei der Darstellung dieses Merkmals nicht um den Versuch einer Schuldverschiebung geht. Die Leiden der deutschsprachigen Minderheiten sind größtenteils die Folge der verheerenden Politik des größten deutschsprachigen Staates, Deutschlands. Allerdings wurden sie auch verschärft durch örtliche Politik, vor allem der stalinistischen in der Sowjetunion, die auch die osteuropäischen Staaten beeinflusste, oder der nationalistischen Politik des *Estado Novo* unter Präsident Getúlio Vargas (Regierungszeit 1930-45) in Brasilien (Kap. E.4.8 bzw. E.4.10). Ausnahmslos alle nachfolgend näher beschriebenen deutschsprachigen Minderheiten erfuhren im

Verlauf des 20. Jh. Zeiten massiver Repression und Diskriminierung der eigenen Sprache, häufig mit vollständigem Gebrauchsverbot, zumindest in der Öffentlichkeit. Heute scheinen die Ressentiments gegen „Deutsche" oder Deutschland als Folge von Kriegen und Nationalsozialismus verschwunden. Aber „Es ist nie vorbei", betitelte die *FAZ* (18.03.2012: 27) ein Interview mit Nico Hofmann zu seinem Film „Unsere Mütter, unsere Väter" über den Zweiten Weltkrieg und die Nazi-Zeit. Tatsächlich prägt die Erinnerung daran noch vielerorts die Einstellung zu Deutschland. Neuerliche Indizien traten zutage bei Protesten gegen die Sparpolitik in den Euro-Staaten. Viele Indizien sprechen dafür, dass auch an den Symbolen dieses Deutschlands etwas hängen geblieben ist, nicht zuletzt an der deutschen Sprache. Ein Beispiel, dem sich viele weitere hinzufügen ließen, liefert die Begründung des Ministerpräsidenten von Luxemburg, Junker, warum die deutsche Sprache für die Kodifizierung des Luxemburger Rechts nicht mehr in Betracht kommt (Kap. D.2.5).

Diese Abneigung ist durchaus eine ernst zu nehmende Erschwerung der Spracherhaltung bei deutschsprachigen Minderheiten, wenn auch ihre Wirkung stark variiert und sich nur schwer abschätzen lässt. Es ist vor allem nicht nur eine Wirkung von außen auf die Sprachminderheiten, seitens der umgebenden Sprachmehrheiten, sondern auch, vielleicht sogar noch stärker in den Minderheiten oder Teilen davon selbst. Vielleicht gibt es sogar den Import solcher Haltung aus deutschsprachigen Staaten in die Minderheiten hinein; denn natürlich ist – bei der anhaltenden, zweifellos berechtigten vielseitigen Erinnerung an die deutschen Verbrechen – sogar für Deutsche selbst eine entschieden positive Einstellung zu ihrer nationalen Identität und zur deutschen Sprache schwierig. Peter Nelde (2000: 127) sprach von einer „kollektiven Neurose" mancher deutschsprachigen Minderheiten.

Mit einer reservierten Einstellung zu allem Deutschen einschließlich der deutschen Sprache ist bei allen Akteuren der Spracherhaltung zu rechnen: den Minderheiten selbst, den umgebenden Sprachmehrheiten und den Bevölkerungen und Regierungen der deutschsprachigen Staaten. Aus all diesen Richtungen kann eine solche Einstellung den Erhalt oder die Förderung der Minderheitssprache beeinträchtigen. Sie erschwert den Deutschsprachigen das Eintreten für die eigene Sprache und erleichtert den Anderen die Ablehnung entsprechender Ansprüche. Davon sind womöglich alle deutschsprachigen Minderheiten betroffen, wenn auch unterschiedlich. In Osteuropa (Kap. E.4.4 – E.4.8) ist die Erinnerung an Krieg und NS-Grausamkeiten weiterhin wach (vgl. dazu auch die Auswärtige Sprachpolitik in der Nazi-Zeit, Kap. L.2). Wo ehemalige deutsche Staatsgebiete annektiert wurden, wie in Polen und Tschechien (E.4.4; E.4.5), dämpfen womöglich zusätzliche Sorgen vor Ansprüchen von deutscher Seite die Bemühungen um die Spracherhaltung bei deutschsprachigen Minderheiten; bei vielleicht vereinzelt gegenteiliger Wirkung aufgrund von Schuldgefühlen wegen kollektiver Aussiedlungen von Deutschen nach dem Krieg. Auch in den westlichen Staaten ist die Erinnerung an NS-Zeit und Holocaust noch präsent und prägt das Deutschland- und Deutschenbild vielleicht mehr als der Krieg, z.b. in Dänemark (Kap. E.4.2) oder auch Frankreich, wobei im letzteren Fall vielleicht die Konkurrenz mit Deutschland um Sprachenrechte in der EU zusätzlich ungünstig wirkt (Kap. E.4.3). In Namibia ist das Bild getrübt durch Erinnerungen an die Kolonialzeit und die Apartheid, die zwar von Südafrika ausging, woran aber die deutschsprachige Minderheit teilnahm (Kap. E.4.9). In Einzelfällen wie Brasilien kommt die Erinnerung hinzu an das langjährige Verbot von Deutsch (wie die Unterdrückung aller Sprachen außer Portugiesisch) in Schulen und Öffentlichkeit, das auch insofern vielleicht nachwirkt, als das Verbot als Unterrichtssprache de jure, wenn auch nicht de facto, weiterhin in Kraft ist (Kap. E.4.10).

8) Die deutschsprachigen Minderheiten neigen zur Sprachumstellung der Muttersprache und teilweise zur Rückumstellung auf Deutsch als Fremdsprache (DaF)

Dieses Merkmal hat deutlicher als die bisherigen Merkmale auch eine sprachstrukturelle Seite. Die Merkmale 3 bis 7 wirken zusammen in Richtung subtraktiver Zweisprachigkeit zu Lasten von Deutsch und zur Sprachumstellung auf die Mehrheitssprache. Diese Entwicklung zeigt sich in zahlreichen Entlehnungen und Transferenzen aus der Mehrheitssprache, dem von Czaba Földes so genannten „Kontaktdeutsch" (siehe Földes 2005: 68-209), und in geschrumpfter Kompetenz (englisch *attrition*) im Deutschen, vor allem in reduziertem Wortschatz und vereinfachter Morphologie (siehe z.B. Schwartzkopff 1987; R. Born 1995; 2003; Riehl 2004: 74-77). Sie sind die Folge fortlaufender Gebrauchsbeschränkung von Deutsch, sogar in der Familie und in den privaten Domänen, also als Nähesprache (Merkmal 4). Die Eltern liefern den Kindern nur noch verarmten Sprach-Input, so dass sie sich mangels Ausdrucksnot auf die Mehrheitssprache umstellen. Diese Entwicklung variiert in Abhängigkeit von verschiedenen Faktoren, wie ethnisch deutscher Identität (Kap. B.3), Bildungsniveau, Kontakthäufigkeit mit der deutschen Sprache oder beruflichen Vorteilen der Spracherhaltung. Von solchen Faktoren, vor allem der Wahrung ethnisch deutscher Identität und den mit Deutschkenntnissen verbundenen Berufsperspektiven, hängt es auch ab, ob die nächste Generation sich dann Deutsch wieder als *einer Art* Fremdsprache zuwendet – als Zweitsprache nach Abfolge und Art des Lernens (erst in der Schule), zu der sie sich aber vielleicht als ihre zweite (oder womöglich sogar eigentliche) „Muttersprache" bekennt.

Abschließend möchte ich, so trivial es ist, darauf hinweisen, dass all diese

Merkmale der deutschsprachigen Minderheiten komplex sind und weiterer Prüfung und Analyse bedürfen. Einen Versuch dazu unternehme ich im folgenden, breiteren Überblick über Ursachen oder Faktoren der Spracherhaltung und der Sprachumstellung. Dabei möchte ich – wenigstens ansatzweise und ohne Anspruch auf Vollständigkeit – zeigen, welche Vielfalt von Faktoren bei umfassenden Untersuchungen von Spracherhaltung und Sprachumstellung deutschsprachiger Minderheiten im Grunde zu berücksichtigen und hinsichtlich ihrer Wirkung zu prüfen wären. Die tatsächliche Prüfung würde mich jedoch überfordern. Ich bezweifle die methodisch einwandfreie Möglichkeit sogar grundsätzlich, wegen der einerseits großen Zahl von Variablen und andererseits kleinen Zahl vergleichbarer Minderheiten. Daher bleibt auch meine Darstellung von Beispielen einzelner Minderheiten (Kap. E.4.2 – E.5) – bei allem Bemühen um Berücksichtigung möglichst vieler Faktoren von Spracherhaltung und Sprachumstellung – in hohem Maße subjektiv.

2. Ursachen (Faktoren) des Spracherhalts und der Sprachumstellung

In einem Gespräch am Rande einer Konferenz berichtete ich einer Kollegin, dass ich in einem Versuch, mir einen Überblick über die Ursachen von Spracherhalt und Sprachumstellung bei Sprachminderheiten zu verschaffen, eine Liste von 47 Faktoren erstellt habe; jedoch ließe sich leicht zeigen, dass diese Liste unvollständig ist, dass das Gewicht der Faktoren von Fall zu Fall variiert und viele dieser Faktoren – wieder von Fall zu Fall unterschiedlich – mit anderen Faktoren zusammenhängen, teils in einseitiger Abhängigkeit und teils in Form von Rückkoppelung (Ammon 2011a). Die Kollegin antwortete nach kurzer Überlegung, dass die Verhältnisse unzweifelhaft kompliziert seien, dass es aber ebenso klar sei, dass ein einziger Faktor absolut ausschlaggebend sei, nämlich ob die Minderheit eigene Schulen habe – mit Deutsch als Unterrichtssprache, ergänzte ich, was selbstverständlich gemeint war. Im Moment stimmte ich zu, zumal ich sogleich in ein anderes Gespräch verwickelt wurde, bis mir später dämmerte, dass ich in die „Falle des *einen* Grundes" (englisch: „Fallacy of the single cause") getappt war – einer der vielen Denkfehler, auf die Rolf Dobelli (2012: 201-203) so allgemeinverständlich wie plausibel aufmerksam gemacht hat. Plötzlich war ich auf den selbstbewusst vorgetragenen Einwand der Kollegin hereingefallen und hatte die langwierigen Überlegungen, die mich zu meiner umfangreichen Faktorenliste bewogen hatten, verdrängt. Dabei lässt sich doch leicht erkennen, dass das Vorhandensein eigener Schulen nicht viel hilft, wenn die Schüler kein Interesse an Deutsch haben, vielleicht weil sie mit Deutschkenntnissen später nichts anfangen können (fehlende instrumentelle Motivation) oder weil die Eltern kaum noch eine deutsche (sprachlich oder ethnisch deutsche) Identität haben und deshalb in der Familie kein Deutsch gesprochen wird usw.; ebenso, dass eigene Schulen wieder von anderen Faktoren abhängen, z.b. der Zahlenstärke der Minderheit, der Homogenität und Kompaktheit der Siedlung, der Sprachenrechte im jeweiligen Staat usw. Kurz, „der einzige Grund" ist tatsächlich ein Denkfehler, dessen Verlockung diejenigen meist erlegen sind, die den „wahren Grund" einer Entwicklung finden oder ihr „auf den Grund gehen" wollen. Um diesen Denkfehler zu vermeiden, versuche ich in den folgenden Darstellungen deutschsprachiger Minderheiten (Kap. E.4.2 – E.5) eine beträchtliche Zahl von Faktoren zu berücksichtigen, die ich aufgrund einigermaßen umfangreicher Lektüre theoretischer Arbeiten und Fallstudien zu Sprachminderheiten sowie von persönlichen Besuchen bei deutschsprachigen Minderheiten als für Spracherhalt oder Sprachumstellung relevant einschätze. Allerdings variiert ihr Gewicht und ihr Zusammenhang unter einander von Fall zu Fall und lässt sich beim heutigen Forschungsstand teilweise nur subjektiv abschätzen. Dabei ist Deutsch als schulische Unterrichtssprache, deren Verlust z.B. die Sprachumstellung der Amerika-Deutschen beschleunigt hat (Schiffman 1987), sicher in vielen Fällen ein besonders gewichtiger Faktor. Nur hängt auch dann seine Wirkung immer mit anderen Faktoren zusammen. Die mir relevant erscheinenden Faktoren, zugleich auch Indikatoren, von Spracherhalt oder Sprachumstellung, werden im vorliegenden Kap. beschrieben und begründet.

Die Termini *Spracherhalt(ung)* und *Sprachumstellung* (letzterer Terminus nach Clyne 1975: 127, Anm. 1) habe ich schon in Kap. E.1 (dritter Abschnitt) erläutert. Wichtig ist vor allem die Dauerhaftigkeit bei Sprachumstellung, die durch den häufig mit gleicher Bedeutung gebrauchten Terminus *Sprachwechsel* nicht so deutlich ausgedrückt wird, weil dieser auch als bloß temporäres, sogar nur situatives Umschalten auf eine andere Sprache missverstanden werden kann, das Linguisten meist *Code-Switching* nennen.

Wenn man von dem frühen Aufsatz „Spracherhaltung" des vielfältigen Pioniers Heinz Kloss (1927) absieht, darf man Joshua A. Fishman (1964; 1965) als Nestor der neueren Spracherhalt-Forschung bezeichnen. Der unter seiner Leitung entstandene Band *Language Loyalty in the United States. The Maintenance and Perpetuation of Non-English Mother Tongues by American Ethnic and Religious Groups* (Fishman/ Nahirny/ Hofmann/ Hayden 1966) liefert schon einen breiten und detaillierten Überblick über einschlägige Fragen. Allerdings halte ich den von Uriel Weinreich ([1953] 1974: 100) geprägten und von Fishman übernommenen Terminus „Sprachloyalität" (*language loyalty*) für eine fragwürdige Personifizierung von Sprache, und finde den Bezug von Loyalität auf eine Sprachgemeinschaft (statt einer Sprache) angemessener (z.B. „Loyalität zur deutschen Sprachgemeinschaft" statt „Loyalität zur deutschen Sprache"). Dabei bin ich mir des gängigen Sprachgebrauchs durchaus bewusst (z.B. Schabus 1994; Greule 1999; Hoberg 2013) – wonach man z.B. sogar einer Automarke „die Treue halten" kann. Dennoch kann die betreffende Personifizierung gerade in der Sprachenplanung und -politik problematisch werden, indem z.B. ob der Sorge um die Sprache die Interessen der Sprecher oder der Sprachgemeinschaft (hier vor allem der Sprachminderheit) aus dem Blick schwinden. Die Möglichkeit, dass Sprachumstellung bisweilen durchaus im Interesse der Sprecher sein kann, kommt dann oft nicht mehr in Betracht.

Fishman hat nicht nur die Ursachen von Spracherhalt und Sprachumstellung eingehend untersucht, sondern sich auch praktisch für Spracherhaltung engagiert, nicht zuletzt für den Erhalt seiner eigenen Muttersprache, Jiddisch. Dabei hat er in der eigenen Familie, im US-amerikanischen Umfeld, die Schwierigkeiten der Umsetzung von Theorie in Praxis erfahren. Während seine älteren Enkel von sich aus noch Jiddisch sprechen, tun es die jüngeren nur noch gewissermaßen nach Aufforderung, „when I ask them a question" (Hornberger/ Pütz 2006: 24). Solche Erfahrungen verraten, dass es schwierige Umstände für den Erhalt einer Sprache geben kann. Damit ist auch bei deutschsprachigen Minderheiten zu rechnen (Kap. E.1).

Zwischen Deutsch als Minderheitssprache und Jiddisch gibt es die für den Spracherhalt wichtige Übereinstimmung des Sprecherschwundes – als mehr oder weniger direkte Folge hauptsächlich der Politik Deutschlands (Kloss 1973; Kap. E.1, Merkmal 7). Die Jiddisch-Sprecher wurden großenteils im Holocaust ermordet. Bei Deutsch als Minderheitssprache sind die Ursachen für den Sprecherschwund komplexer. Schon die Wilhelminische Politik und der Erste Weltkrieg trugen zur Erschwerung des Spracherhalts und damit zum Sprecherschwund bei, vor allem in den angelsächsischen Auswanderungsländern und den ehemaligen deutschen Kolonien. Später haben dann die NS-Politik und die Reaktionen darauf im Ausland die deutschsprachigen Minderheiten in Osteuropa zerrüttet (Kap. L.2). Ein Teil davon waren die Umsiedlungen: Die von den Nationalsozialisten selbst initiierten unter dem Motto „Heim ins Reich" (de.wikipedia.org/wiki/Heim_ins_Reich: „Umsiedlungen" – abgerufen 21.03. 13), die stalinistischen Antworten auf den deutschen Angriff auf die Sowjetunion schon während des Krieges und dann die Zwangsaussiedlungen aus mehreren osteuropäischen Staaten nach dem Krieg (Kap. E.4.3; E.4.5; E.4.8). In der Zeit danach erfuhren die verbliebenen Minderheiten weitere Einschränkungen, vor allem durch Beschneidung von Sprachenrechten und feindselige Einstellungen der Mehrheitsbevölkerung zu den „Deutschen" und ihrer Sprache, aber auch aufgrund von Identitätsverunsicherung der Minderheiten selbst infolge des Nationalsozialismus und aufgrund der vom Ost-/Westgegensatz geprägten politischen und ökonomischen Verhältnisse (zum Begriff ‚Gruppenidentität' Faktorenbündel X unten). Hinweise auf Nachwirkungen der Geschichte auf die Minderheiten lassen sich zum Teil über „Sprachbiographien" ermitteln, wie in den Beiträgen zu Stevenson/ Carl (2010) für Ostmitteleuropa. Auf diese Weise lässt sich zumindest teilweise rekonstruieren, wie Jahrhunderte alte „Sprachinselmentalität" (Mattheier 1994: 335) im Verlauf des 20. Jh. zerstört wurde.

Diese Hinweise sollen andeuten, dass die jeweiligen Bedingungen für Spracherhalt und Sprachumstellung sich ohne Rückblick auf die politische Geschichte nicht umfassend verstehen lassen. Daher beginnen die folgenden Darstellungen deutschsprachiger Minderheiten (Kap. E.4.2 – E.4.11, nicht aber E.5) jeweils mit einem kurzen historischen Rückblick.

Jedoch sind auch in der Gegenwart, als Ergebnis der Geschichte, Faktoren identifizierbar, die aktuell den Spracherhalt begünstigen oder erschweren. Sie erweisen sich – wie oben zu Anfang des Kap. schon angedeutet – bei näherer Betrachtung als außerordentlich komplex. Beim Versuch ihrer Identifizierung und der Abschätzung ihrer Wirkung gerät man schnell in folgende Schwierigkeiten:

- Viele Faktoren sind abhängig von anderen oder gegenseitig von einander und werden dadurch in ihrer Wirkung verstärkt oder geschwächt. Manche lassen sich auch nur schwer so isoliert spezifizieren oder operationalisieren, dass sie sich nicht schon definitorisch mit anderen überlappen. Außerdem lauern hinter den meisten Faktoren weitere, „tiefer liegende Ursachen", deren Aufdeckung zumindest meinen Wissenshorizont übersteigt.
- Das Gewicht der Faktoren variiert zwischen den Sprachminderheiten. Es ändert sich auch im Verlauf der Zeit, z.B. in Abhängigkeit von politischen Umständen oder technischen Neuerungen. Schon aufgrund dieser Variabilität lässt sich das Gewicht der Faktoren oft schwer abschätzen, aber auch aufgrund fehlender einschlägiger Forschung oder lückenhafter eigener Kenntnis der Forschung.
- Die Vielzahl der involvierten Faktoren – bei gleichzeitig ungenauer Kenntnis der einzelnen Wirkung – erschwert die Abschätzung der kombinierten Wirkung und damit die Formulierung übergreifender Gesetzmäßigkeiten und Prognosen des Spracherhalts oder der Sprachumstellung. Damit sind auch für einzelne Sprachminderheiten Prognosen höchst unsicher, zumal es oft an den nötigen empirischen Daten fehlt. Vor allem längerfristige Prognosen bleiben hochgradig spekulativ (hierzu wieder – zwar populärwissenschaftlich, aber klar – Dobelli 2011: 165-167).

Die kaum überschaubare Zahl der Faktoren lässt sich damit verdeutlichen, dass die objektiven Faktoren subjektive Entsprechungen haben können, und zwar in den Vermutungen der Minderheitsangehörigen bezüglich der objektiven Faktoren. Diese Vermutungen können selbst als Faktoren des Spracherhalts oder der Sprachumstellung wirksam werden. So sind z.B. die ‚Sprecherzahl einer Minderheit', die ‚beruflichen Karrierechancen von Minderheitsangehörigen bei Kenntnis der Minderheitssprache' oder die ‚Förderung der Minderheit durch die Staaten, in denen die Minderheitssprache Amts- oder Mehrheitssprache ist' objektive (potentiell wirksame) Spracherhalt-Faktoren. Ebenso können aber die Vermutungen der Minderheitsangehörigen bezüglich dieser objektiven Faktoren die Spracherhaltung oder Sprachumstellung beeinflussen. Diese Vermutungen können nämlich den Spracherhaltwillen der Minderheitsangehörigen – nach der Art selbst erfüllender Prophezeiungen – stärken oder schwächen, was den Spracherhalt selbst beeinflusst. Bourhis, Giles und andere haben aufgrund solcher Überlegungen das Forschungsinstrument des „subjective vitality questionnaire" entwickelt (Bourhis/ Giles/ Rosenthal 1981) und als Indikator für die „Lebendigkeit" der Minderheitssprache und somit auch für die Chancen des Erhalts vorgeschlagen und angewandt. Sie haben damit aussagekräftige Forschung oder zumindest als aussagekräftig geltende Forschung zum Spracherhalt initiiert. Mit der Einbeziehung subjektiver Entsprechungen zu den objektiven Faktoren wächst aber die Zahl der Faktoren; sie verdoppelt sich sogar, wenn zu jedem objektiven Faktor ein subjektiver hinzutritt. Spitzfindige könnten darüber hinaus noch die Vermutungen über Vermutungen (Meta-Vermutungen) als potentielle Faktoren in Betracht ziehen, wodurch sich ihre Gesamtzahl weiter erhöhen würde.

Stattdessen beschränke ich mich im Folgenden weitgehend auf objektive Faktoren, abgesehen von Einstellungen zu Sprache und Spracherhalt. Die von mir vorgeschlagenen Faktoren lassen sich so oder ähnlich aus vorliegenden – allerdings oft kürzeren, weniger detaillierten – Zusammenstellungen entnehmen oder aus Typologien von Sprachminderheiten ableiten. Ich habe mich für die anschließende Liste hauptsächlich auf die folgenden Vorarbeiten gestützt und mich dabei auf Faktoren beschränkt, die mir für die deutschsprachigen Minderheiten – entsprechend ihrer Charakterisierung in Kap. E.1 – besonders relevant erschienen. Außer meinen eigenen Ansätzen (Ammon 1991a: 105-114; 2007c; 2011a) waren die folgenden Publikationen für mich wichtige Quellen (alphabetische Reihenfolge der AutorInnen): Born/ Dickgießer 1989; Bourhis 2001; Bourhis/ Giles/ Rosenthal 1981; Bourhis/ Lepicq 2004; Clyne 2001a; Darquennes 2005; 2011a; b; Edwards 1992; Ehala 2009; Fishman 1991a; 2001a; Fishman/ Nahirny/ Hofman/ Hayden u. a. 1966; Giles/ Bourhis/ Taylor 1977; Grenoble/ Whaley 1998b; Haarmann 1986; Haarwood/ Giles/ Bourhis 1994;

Hyltenstam/ Stroud 1996; Johnson/ Doucet 2006; G. Kaufmann 2006; Kloss 1927; 1966; Mattheier 1994; 1996; McConnell 1996; Riehl 2004: 166f.; P. Rosenberg 1994; 2003a; b; Sasse 1992; Wiesinger 1980: 495f.).

Entgegen meinen oben geäußerten Vorbehalten gegen Verallgemeinerungen von Faktorengewichten und -abhängigkeiten, jedenfalls beim derzeitigen Forschungsstand, legen manche weithin rezipierten Theorien des Spracherhalts, der Sprachumstellung und der Sprachrückumstellung („Wiederbelebung") solche Verallgemeinerungen nahe. Ein Beispiel sind Fishman's (2001a; 2001c: 466) fast schon berühmten „Stages of reversing language shift". Eigentlich ist es eine Anleitung zur Sprachrückumstellung, die zweifellos stark beeinflusst ist vom Erfolg Israels mit dem Hebräischen (Ivrit); die aber doch zugleich auf allgemeinen Annahmen über gegenseitige Abhängigkeiten von Spracherhalt-Faktoren basiert. Demnach beginnt erfolgreiche Sprachrückumstellung bei der linguistischen Rekonstruktion der Sprache (Aufbau vor allem von Wortschatz und Grammatik und der entsprechenden Kodifizierung). Dieser Schritt kann für die Rückumstellung auf Deutsch bei einer Sprachminderheit übersprungen werden. Die Sprachrückumstellung setzt sich dann fort mit dem Erlernen der Sprache durch die Erwachsenen. Darauf folgt die Einführung in die Familienkommunikation, die Sozialisierung der Kinder in der Sprache und damit die Etablierung als Muttersprache. Schließlich geschieht von dieser Grundlage aus die Verankerung in außerfamilialen, auch öffentlichen Domänen wie – besonders grundlegend – in Schulen und Medien (insgesamt 8 große Stufen oder eigentlich 9, da die 4. Stufe in a und b unterteilt ist).

Sind also, könnte man daraus schließen, der regelmäßige Gebrauch der Sprache in den drei Domänen der Familie, der Schule und den Medien die entscheidenden Stützen des Spracherhalts? Diese Hervorhebung einzelner oder auch anderer Ankerpunkte des Spracherhalts provoziert die Gegenfrage, *wie* diese Haltepunkte überhaupt verloren gehen können, was sogleich weiterführt zu der Frage, *wie* sie wieder zu gewinnen sind. Die logische Antwort scheint mir zu sein: Eben durch weitere, andere Faktoren. Denn doch sicher nicht aus sich selbst heraus! Diese Antwort gilt für jeden Schritt in Fishman's Abfolge, und sie führt dann bei konsequenter und hartnäckiger weiterer Analyse zur letztlich unergründlichen Vielfalt von Spracherhalt-Faktoren, von denen ich hier nachfolgend die mir für deutschsprachige Minderheiten besonders wichtig erscheinenden herausstelle und erläutere.

Analoge Fragen stellen sich bei allen mir bekannten Versuchen drastischer Faktorenreduzierung, wie sie z.B. typisch sind für Definitionsvorschläge von Schwellenwerten oder griffige Indikatoren für den Spracherhalt (z.B. Grin 1992 bzw. McConnell 1996; Überblick über Indikatoren in Castonguay 2005). Auch die dort fokussierten Faktoren eröffnen nur den Blick auf weitere Faktoren. In einem Fall erweisen sich plötzlich charismatische Wortführer als wichtig für den Spracherhalt: Die „presence and quality of leaders who can head the formal and informal institutions representing the ethnolinguistic group [...]", der „activists and protoelites who succeed in mobilizing ethnolinguistic groups [...] (Harwood/ Giles/ Bourhis 1994: 170; siehe im folgenden Faktorenbündel X: 2)). In einem andern Fall vermisst man – so Gorter (2001: 216f.) bei Fishman (2001a) – transnationale Faktoren, die auf den Spracherhalt einwirken. Ein Beispiel ist die *Europäische Charta der Regional- oder Minderheitensprachen*, über die der Europarat und die EU Druck auf ihre Mitgliedstaaten ausüben, die Sprachminderheiten beim Spracherhalt zu fördern (siehe Faktorenbündel XIII: 1)). Solche Faktoren liegen jenseits von Fishman's Ansatz, schon weil dieser im nationalen Rahmen verbleibt.

Eine andere Frage ist die Gruppierung (Klassifikation) der Faktoren. Bourhis/ Giles/ Rosenthal (1981; auch Bourhis 2001: 103) schlagen die Dreiteilung in „Demographic Factors", „Institutional Support and Control Factors" und „Status Factors" vor. Sie erscheint mir jedoch zu grob, weil man sich in der Vielfalt der dann zu subsumierenden Einzelfaktoren verliert. Deshalb habe ich mich schon auf der obersten Klassifikationsstufe für eine detailliertere Einteilung in 12 Gruppen (Klassen) mittlerer Differenziertheit entschieden. Ähnlich verfährt im Prinzip die UNESCO Ad Hoc Expert Group (2003), die sich allerdings auf Sprachminderheiten ohne Mehrheits- oder Amtssprachstaaten der eigenen Sprache beschränkt, wodurch eine ganze Reihe der nachfolgenden Faktoren entfallen, aufgrund dessen die Sprachen leicht ganz außer Gebrauch geraten („aussterben). Auch Johnson/ Doucet (2005) hüten sich vor einer allzu groben Einteilung und boten mir auch deshalb wichtige Anhaltspunkte.

Auf die Gefahr hin zu langweilen, wiederhole ich, dass der so entstandene, folgende Überblick über die Spracherhalt-Faktoren (die Spracherhalt oder Sprachumstellung beeinflussen) subjektiv geprägt und verbesserungsbedürftig ist, wozu ich hiermit ermuntern möchte. Ebenso ist die Gruppierung der Faktoren einschließlich der Benennungen der Gruppen (Überschriften) – wie manche vielleicht erzwungen anmutende Zuordnung verrät – nur ein vorläufiger Versuch. Die hier besprochenen Faktoren sind zugleich potentielle Indikatoren des Spracherhalts oder sollten zumindest bei der Konstruktion solcher Indikatoren als Komponenten in Betracht gezogen werden. Das vorliegende Kap. und die Wiederholung in Kurzform als Liste der Spracherhaltfaktoren in Kap. E.4.1 sind nicht zuletzt als Checkliste gedacht für Beschreibungen von Sprachminderheiten im Hinblick auf ihre Spracherhalt-Chancen. Sie eignen sich vor allem für Minderheiten wie die deutschsprachigen (Kap. E.4.2 – E.5), deren Sprache (Muttersprache) zu den internationalen Sprachen gehört (unterhalb des Niveaus der globalen Sprache Englisch; Kap. A.7), die in mindestens einem Staat nationale staatliche Amtssprache ist (Kap. D) und die eine wirtschaftlich und numerisch starke Sprachgemeinschaft hat (Kap. C). Die Checkliste lässt Spielraum für die Einbeziehung weiterer Faktoren sowie unterschiedlicher Faktorengewichtung und -operationalisierung. Ihre Anwendbarkeit ist selbstverständlich abhängig von den verfügbaren Daten.

I. Identifikation der Minderheit

Im Rahmen dieses Buches geht es nur um sprachliche, nicht anderweitige Minderheiten, und spezieller um deutschsprachige Minderheiten. Für sie ist Deutsch als Muttersprache definitorisch, d.h. einbezogen werden nur Minderheiten, die Angehörige (Mitglieder) haben, deren Muttersprache Deutsch ist. Ein hinreichendes Kriterium dafür, dass sie als Muttersprachler des Deutschen gelten können, ist ihr Bekenntnis zu Deutsch als Muttersprache. In den meisten Fällen ist dabei die Zuordnung zur deutschen Sprache eindeutig, entweder aufgrund des unmittelbaren Bekenntnisses zur deutschen Sprache oder aber – mittelbar – zu einem Dialekt, den die Probanden auf Nachfrage als deutschen Dialekt (Dialekt der deutschen Sprache) anerkennen. In manchen Fällen kann jedoch die Selbstzuordnung zur deutschen Sprache seitens der Minderheitsangehörigen zweifelhaft sein, indem viele Minderheitsangehörigen diese Zuordnung nicht vollziehen oder sogar bestreiten oder nur ein kleiner Teil, typischerweise Funktionäre von Minderheitsangelegenheiten oder Intellektuelle, sie akzeptieren (z.B. bei den Amischen, Kap. E.4.11). In solchen, allerdings seltenen Fällen richtet sich die Zuordnung zur deutschen Sprache nach den in Kap. B.1 und B.2 begründeten und spezifizierten Kriterien: mindestens mittlere linguistische Ähnlichkeit des Dialekts mit der überdachenden Varietät und zugleich große linguistische Ähnlichkeit der überdachenden Varietät mit den Standardvarietäten des Deutschen in den deutschsprachigen Staaten (Beispiel Amische, Kap. E.4.11) oder mindestens mittlere Ähnlichkeit des Dialekts mit den Standardvarietäten des Deutschen in den deutschsprachigen Staaten und zugleich fehlende Überdachung durch eine dem Dialekt linguistisch ebenso ähnliche oder ähnlichere Standardvarietät einer anderen Sprache (Beispiel Elsass, Kap. E.4.3).

Muttersprachler des Deutschen stützen meist den Erhalt der deutschen Sprache. Dies sogar oft auch dann, wenn sie die eigene Varietät selbst nicht der deutschen Sprache zuordnen, indem sie z.B. in – wenn auch bisweilen mühsamer – Kommunikation mit Deutschsprachigen immerhin den Nutzen von Deutschkenntnissen und damit den Wert des Erhalts erfahrbar machen. – Die sprachliche Kompetenz der Minderheitsangehörigen im Dialekt oder Standarddeutschen ist natürlich für den Spracherhalt ebenfalls wichtig; ihr trägt jedoch das Faktorenbündel XII bis zu einem gewissen Grad Rechnung.

Eine andere Frage ist die ethnische Zuordnung der Minderheit. Peter Rosenberg (1994: 158) und Harald Weydt (Rosenberg/ Weyth 1992) haben darauf hingewiesen, „dass es einen immer größeren Teil von Deutschen in der GUS [Gemeinschaft Unabhängiger Staaten! U.A.] gibt, die sich selbst als ‚deutsch' verstehen, ohne Deutsch zu sprechen." Ähnliches lässt sich für andere hier interessierende Minderheiten nachweisen, z.B. die „Ungarndeutschen" (Kap. E.4.6). Auch nur ethnisch Deutsche (Kap. B.3) können für den Spracherhalt wichtig sein, weil sie nicht selten Erhaltbemühungen um die deutsche Sprache unterstützen, z.b. indem sie ihre Kinder auf deutschsprachige Schulen schicken. Sie haben in aller Regel eine kombinierte Identität (deutschrussisch, ungarndeutsch oder ähnlich), die auch entsprechend differenziert und umsichtig erfragt oder anderweitig erhoben werden sollte. Besonders gilt es zu beachten, dass die „deutsche" Ethnizität meist eine größere Extension hat als die irgendeines der deutschsprachigen Staaten, weil sie auch historisch aus der Zeit vor der Entstehung eines deutschen Nationalstaates, des Deutschen Reichs (1871), stammt. Auch die ethnische und sprachliche Zuordnung der Minderheitsangehörigen seitens der Mehrheits- oder Titular-Ethnie, kann den Spracherhalt beeinflussen, insofern z.B. die eingeräumten Sprachenrechte davon abhängen.

Bei der Erhebung der ethnischen Zuordnung, der eigenen seitens der Minderheit oder derjenigen seitens der Mehrheit, ist die – möglichst klare – Unterscheidung von ‚Ethnie (Volksgruppe/ Nationalität)' und ‚Staat', also der ethnischen bzw. staatsbürgerlichen Zugehörigkeit, wichtig (Kap. B.3). Die staatsbürgerliche Zugehörigkeit ist im Falle solcher Minderheiten immer die des Wohnstaates, zu der allerdings bei manchen Minderheitsangehörigen eine zweite oder sogar dritte hinzukommen kann (doppelte bzw. dreifache Staatsbürgerschaft). Unter manchen der nachfolgend dargestellten Minderheiten ist die zweite Staatsbürgerschaft eines deutschsprachigen Staates, vor allem Deutschlands, keine Seltenheit.

Der in diesem Anschnitt angesprochene Komplex kann mit vielerlei Methoden erhoben und untersucht werden, am einfachsten, aber unter Umständen auch am oberflächlichsten mittels Fragebögen. Des Weiteren können Äußerungen von Wortführern aufschlussreich sein oder Berichte und Kommentare in den Massenmedien, wobei die Repräsentativität für die gesamte Population geprüft werden sollte. Anhaltspunkte liefern auch gängige Stereotypen, Autostereotypen unter der Minderheit selbst, oder Heterostereotypen bezüglich der Minderheit seitens der Mehrheit. In Frage kommen für die Erhebung vor allem die folgenden Aspekte.

1) Ethnische Selbstbezeichnung und ethnische Selbstzuordnung
2) Ethnische Bezeichnung und ethnische Zuordnung seitens der Mehrheit
3) Selbstbezeichnung der Minderheitsvarietät und sprachliche Selbstzuordnung
4) Bezeichnung der Minderheitsvarietät und sprachliche Zuordnung seitens der Mehrheit
5) Muttersprachlichkeit der definierenden Varietät

II. Demographie der Sprachminderheit

Die sprachlichen und ethnischen Zuordnungen sollten möglichst weitgehend auch quantifiziert werden, um vor allem unterschiedliche Selbst- und Fremdzuordnungen aufzuzeigen. Damit kommen wir zur Demographie der Sprachminderheit. Ihre Bedeutsamkeit für den Spracherhalt steht außer Zweifel. Eine kleine Sprecherzahl erschwert den Spracherhalt, schon wegen des geringen Kommunikationspotentials der Sprache (vgl. de Swaan 2001a: vor allem Kap. 2). Statt Sprachumstellung ist allerdings auch Mehrsprachigkeit möglich. Zur Demographie einer Minderheit gehören – entsprechend den Differenzierungen unter I - auch die Personen, die sich sprachlich umgestellt haben, aber sich noch der betreffenden deutschen Ethnie zuordnen (im Sinne von Faktorenbündel I oben; auch Kap. B.3), da sie vielleicht für eine Rückumstellung zu gewinnen sind oder andere Personen zum Deutschlernen motivieren.

Aufgrund dieser Überlegungen schlage ich für den Spracherhaltfaktor Demographie einer Sprachminderheit die folgende Aufteilung vor.

1) *Zahlenstärke* – a) der Ethnie („Deutsche"), b) der Sprecher der Minderheitssprache (Deutsch), c) der einsprachigen (monolingualen) Deutschsprachigen, d) der mehrsprachigen Deutschsprachigen (Deutsch und Mehrheitssprache): d.α) vorrangig deutschsprachig, d.β) gleichrangig mit Mehrheitssprache, d.γ) nachrangig deutschsprachig (bis hin zu nur noch rudimentären Kenntnissen).

Die Daten für a), manchmal auch b) bis d), lassen sich oft den Volkszählungen entnehmen, dann allerdings auf Basis des Bekenntnisprinzips (Selbstzuordnung der Informanten). Die Differenzierungen nach d.α) bis d.γ) bedürfen jedoch meist zusätzlicher Erhebungen und außerdem der angemessenen Abgrenzung von Sprechern und Nicht-Sprechern (bei d.α bezüglich der Mehrheitssprache, bei d.γ bezüglich der Minderheitssprache). Bei Volkszählungen umfasst die ethnische Zugehörigkeit (Nationalität) ‚deutsch' (*German, Nemetzki, Alemán* usw.) meist auch österreichische, deutschschweizerische und andere deutschsprachige Herkunft, jedoch ist dies im Einzelfall zu prüfen. Es liegt auf der Hand, dass eine große Zahlenstärke von Personen mit sowohl Merkmal a) als auch b) den Erhalt der Minderheitssprache stärkt. Ein Gesamtbild ergibt sich allerdings erst aus der Kenntnis der Zahlen und Anteile aller Merkmale (vgl. z.B. Kap. 4.6 „Ungarn").

Aufschluss über Entwicklungstendenzen liefern außerdem folgende Faktoren:

2) *Geburtenrate*, differenziert zumindest nach 1.a) und 1.b) und

3) *Ein- und Auswanderungsrate*, wieder differenziert nach 1.a) und 1.b).

Die Geburtenrate ist abhängig von den – oftmals religiös motivierten – Regeln der Geburtenkontrolle. In manchen Sprachminderheiten ist Geburtenkontrolle verpönt oder verboten, z.B. bei den Amischen in Nordamerika. Deren Zahl wächst daher, was den Spracherhalt stabilisiert (Kap. E.11; Louden 2006).

Spracherhaltend wirkt auch die Einwanderung von Sprechern der Minderheitssprache, und umgekehrt schwächt die Auswanderung den Spracherhalt. Neu Eingewanderte erhöhen die Sprecherzahl und modernisieren unter Umständen auch die jeweilige Varietät. Sie intensivieren die gruppeninterne Kommunikation, solange sie der Mehrheitssprache unkundig sind. So hat die Zuwanderung lange Zeit den Erhalt der deutschen Sprache in Einwanderungsstaaten wie den USA gestützt. Umgekehrt hat die massive Auswanderung die deutschsprachigen Minderheiten in Osteuropa in neuerer Zeit nachhaltig geschwächt (dazu z.B. Berend 1994; Dingeldein 2006; 2006; Gabanyi 1988; Steinke 1979).

III. Geographie der Sprachminderheit

Von der geographischen Entfernung zu den Staaten, in denen die Sprache Mehrheitssprache oder staatliche Amtssprache ist, hängen die Kontaktmöglichkeiten ab, in nicht unerheblichem Maße auch noch heute, trotz moderner Kommunikations- und Verkehrsmittel. Eine simplifizierte Einteilung danach, die bei weitem nicht alle Möglichkeiten erschöpft, ist die in Grenzminderheiten gegenüber Sprachinseln, entsprechend der vorhandenen oder nicht-vorhandenen Grenzlage zu den deutschsprachigen Staaten. Wie unzureichend diese Zweiteilung ist, verrät schon die Tatsache, dass keineswegs alle Minderheiten ohne Grenzlage deshalb schon Sprachinseln sind (Wiesinger 1980; Berend/ Mattheier 1994). Etwas differenzierter, wenn auch zunächst recht vage, ist schon die folgende Einteilung.

1) *Geographische Entfernung von den deutschsprachigen Staaten*: a) Grenzminderheiten, b) grenznahe Minderheiten, c) weit entfernte Minderheiten.

Eine für deutschsprachige Minderheiten praktikable Unterscheidung von noch ‚grenznah' und schon ‚entfernt' ist die Lage ‚innerhalb' und ‚außerhalb der EU'. Die Grenzlage erleichtert vor allem persönliche Kontakte zu anderen Deutschsprachigen, aber auch den Zugang zu deutschsprachigen Medien, und außerdem – soweit ich sehe – die Förderung seitens deutschsprachiger Staaten. Die einstigen politischen Barrieren des „Eisernen Vorhanges" sind verschwunden, müssen aber beim Rückblick in die Geschichte, der für eine Erklärung der heutigen Lage unabdingbar ist, berücksichtigt werden.

Außer der geographischen Entfernung gibt es noch andere für den Spracherhalt relevante Aspekte der Geographie von Sprachminderheiten (dazu Edwards 1992), vor allem:

2) *Sprachliche Homogenität des Siedlungsgebiets.*

Damit ist gemeint, dass alle Bewohner des Siedlungsgebiets dieselbe Muttersprache sprechen, wenn auch vielleicht unterschiedliche Varietäten (Dialekte). Die sprachliche Homogenität war typisch für Sprachinseln und hat ihren Spracherhalt erleichtert (Mattheier 1994: 334). Sie findet sich aber heute allenfalls noch bei den „religiösen Isolaten" der Amischen, Mennoniten, Hutterer und vielleicht Templer. Die traditionellen Sprachinseln in Osteuropa wurden durch Krieg, Nationalsozialismus und Stalinismus aufgelöst. In anderen Regionen, z.B. in Brasilien, verwandelten sie sich in sprachliche Mischgebiete. Die Ursachen dafür waren sozio-ökonomische Veränderungen, die – je nach vorherrschendem Theorieansatz – mit Termini wie *Modernisierung, Urbanisierung* (Verstädterung) oder auch *Industrialisierung* bezeichnet werden (siehe z.B. zur Sprachinselauflösung Wiesinger 1980: 496). Sie führten zur deutlicheren Trennung von Wohn- und Arbeitsplatz, zur Reduzierung der Mehr-Generationen-Familien auf Kleinfamilien und dadurch zu intensiveren Kontakten mit der Mehrheitssprache, auch bei den Kindern, vor allem sofern keine Schulen in der eigenen Sprache zur Verfügung standen.

Für die sprachliche Homogenität des Siedlungsgebiets bietet sich als Maß der modifizierte Simpson-Index (auch „Gibbs-Martin-Index") an (Ammon 2011a: 51f.), der das Gegenteil von Homogenität, nämlich Diversität (D) misst, die sich dabei zwischen den Extremwerten 0 (Minimum) und 1 (Maximum) bewegt (*wikipedia.org/wiki/Diversity_index* – abgerufen 29.09.2010). Die Umkehrung in ein Maß der Homogenität (H) (Minimum 0, Maximum 1) ergibt sich leicht durch folgende Umformung, bei der ich die Einteilung der Minderheit nach Faktorenbündel 2: 1) oben verwende (II.1.a, I.1.b, ...):

$D = 1 - \Sigma n_i (n_i - 1) : N (N-1) \rightarrow H = \Sigma n_i (n_i - 1) : N (N-1)$.

Veranschaulichende Beispielrechnung:

N = Gesamtpopulation (des definierten Territoriums)

n_i = Zahl der Individuen jeder Kategorie (n_1, n_2, ..., n_k)
Kategorien: M (Minderheitsangehörige = II.1.a oder II.1.b oder II.1.c oder II.1.d), Nicht-M (Nicht-Angehörige der Minderheit = weder II.1.a noch II.1.b noch II.1.c noch II.1.d).
Angenommene Gesamtpopulation: 10.000.
Beispiel 1: 5.000 M und 5.000 Nicht-M.
Homogenitätsgrad des Territoriums ≈ 0,5
((5.000 · 4.999 + 5.000 · 4.999) : (10.000 · 9.999)) = (49.990.000 : 99.990.000);
Beispiel 2: 8.000 M und 2.000 Nicht-M.
Homogenitätsgrad des Territoriums ≈ 0,74
((8.000 · 7.999 + 2.000 · 1.999) : (10.000 · 9.999)) = (73.991.000 : 99.990.000).

Der Unterschied zwischen beiden Beispielen entspricht unserer Intuition, wonach die Homogenität im zweiten Beispiel größer sein muss als im ersten (auch van Parijs 2007b).

In meinen früheren Versuchen der Identifikation von Spracherhalt-Faktoren habe ich auch die *Dichte der Besiedelung* vorgeschlagen (Ammon 1991a: 106f.; 2011a: 52). Für sie liegen verhältnismäßig einfache Maße vor, wie der Quotient ‚Anzahl der Minderheitsangehörigen : Fläche des Minderheitsterritoriums' (der allerdings die nicht immer unproblematische Abgrenzung beider Größen voraussetzt). Jedoch erscheint mir jetzt dieser potentielle Faktor für den Spracherhalt von untergeordneter Bedeutung. Für den ebenfalls gängigen Begriff ‚*Kompaktheit* der Ansiedelung' wäre die Kombination von Homogenität und Dichte der Besiedelung ein zweckmäßiges Definiens; jedoch erscheint mir nun auch dieser Begriff nicht sonderlich wichtig für Spracherhaltfragen, zumindest im Hinblick auf deutsch(sprachig)e Minderheiten.

Das folgende Merkmal hängt eng mit der Einstellung der Minderheitsangehörigen zu ihrer Sprache, aber auch der Einstellung, vor allem der Toleranz der sprachlichen Mehrheit zu deren Gebrauch zusammen und könnte daher auch der Merkmalgruppe X zugeordnet werden.

3) *Sprachlandschaft in der Minderheitssprache*.

Mit *Sprachlandschaft* (Shohamy/ Gorter 2009) sind Aufschriften auf Schildern, Plakaten, auch Graffiti und dergleichen gemeint, mit denen auf Geschäfte, Restaurants, Museen oder Versammlungsorte hingewiesen wird oder auch politische Stellungnahmen geäußert werden. Ortsschilder und Wegweiser können ebenfalls als Teil der Sprachlandschaft gelten. Eine reichhaltige Sprachlandschaft in der Minderheitssprache motiviert auch zum sonstigen Gebrauch der Sprache und festigt damit ihren Erhalt. Eine vielfältige Sprachlandschaft in der Minderheitssprache gilt Minderheitsforschern als Indiz pulsierender „Vitalität" einer Sprachgemeinschaft (Landry/ Bourhis 1997).

IV. Kontakte zur sprachlichen Mehrheit und zu anderssprachigen Minderheiten im eigenen Staat

Wichtig für den Spracherhalt sind auch die Außenkontakte der Minderheitsangehörigen zur sprachlichen Mehrheit oder auch zu anderssprachigen Minderheiten im gleichen Staat. Sie waren bei den traditionellen Sprachinseln äußerst beschränkt, was deren Spracherhaltung erleichtert hat. Ein solches Maß an Isolation von der Umgebung ist bei den heutigen deutschsprachigen Minderheiten ausgeschlossen. Sogar die religiös motivierten können nur noch bedingt „Isolate" genannt werden, da auch sie mehr oder weniger regen Kontakt nach außen pflegen. Vor allem die bei den meisten deutschsprachigen Minderheiten vorherrschende Mischsiedelung macht Kontakte zur Sprachmehrheit oder auch anderen Sprachgruppen unvermeidlich.

Aufschlussreich hinsichtlich Spracherhalt oder Sprachumstellung ist dabei der soziale Charakter dieser Kontakte (privat – geschäftlich), ihre Häufigkeit und die Sprachwahl. Für letztere darf man in fast allen Fällen ausschließlich die Mehrheitssprache vermuten, und bei Kontakten mit anderssprachigen Minderheiten deren Funktion als Lingua franca. Die eventuell doch vorkommende Wahl der eigenen Minderheitssprache verdient besondere Beachtung und ist ein mögliches Indiz von starker Spracherhaltung.

1) *Kontakte zur Sprachmehrheit im eigenen Staat*: a) geschäftlich/ dienstlich, α) häufig, β) selten; b) privat, α) häufig, β) selten.

Ein besonders intensiver Kontakt entsteht im Falle sprachlicher, auch ethnischer Mischehen, die meist häufig sind.

2) *Häufigkeit sprachlicher Exogamie.*

Die Muttersprache der Partner von außen ist meist die Mehrheitssprache, kann aber auch die Sprache einer anderen Minderheit sein. Die Sprachwahl in der Familie wird dann entscheidend dafür, ob die Minderheitssprache an die Kinder weitergegeben wird. Ein geringer Kontakt zum Großelternpaar der Minderheitssprache erschwert deren Weitergabe, zumindest den Erwerb voller sprachlicher Kompetenz. Wenn die Mutter die Minderheitssprache spricht, ist – bei traditioneller Familienstruktur – die Weitergabe an die Kinder eher gesichert als beim Vater. Entscheidend ist allerdings die Einstellung beider Elternteile zur Minderheitssprache (Faktorengruppe X).

Ein weiterer relevanter Spracherhaltfaktor, den – im Anschluss an Lesley Milroy (1980) – Göz Kaufmann (1996) und Johanna Bottesch (2008) in ihre Untersuchungen einbezogen haben, sind sprachliche Netzwerke. Die sprachliche Zusammensetzung solcher Netzwerke von Angehörigen der Minderheit, vor allem der Anteil von Mehrheitsangehörigen, und die Sprachwahl bei Kontakten sind zweifellos untersuchenswert. Dies kann allerdings aufwendig sein, wenn sich die Erhebungsmethode nicht auf bloße Befragung beschränkt.

3) *Sprachliche Zusammensetzung sozialer Netzwerke.*

V. Ökonomische Stärke und soziale Struktur der Sprachminderheit

In Bezug auf die sozioökonomische Struktur der Minderheit lassen sich – je nach Perspektive – unterschiedliche Spracherhalt-Faktoren konzipieren. Wichtig ist auf jeden Fall die

1) *Wirtschaftskraft der Minderheit insgesamt.*
Über welche Ressourcen verfügt die Minderheit für spracherhaltende Maßnahmen, z.B. für die Einrichtung und den Unterhalt eigener Schulen einschließlich der Anstellung qualifizierter Lehrer, für die Finanzierung eigener Medien, eigener identitätsstärkender Kulturveranstaltungen usw.?

2) *Wohlstand im Vergleich zur sprachlichen Mehrheit.*
Solider Wohlstand stärkt das Prestige und das Selbstbewusstsein einer Gruppe. Gemeint ist der durchschnittliche Wohlstand der Minderheitsangehörigen, besser der Median als das arithmetische Mittel, damit die Extreme nicht übermäßig verzerren. Er darf nicht verwechselt werden mit der Wirtschaftskraft der Minderheit insgesamt, die von ihrer Zahlenstärke abhängt. Innerhalb wohlhabender Gruppen bestehen meist auch gute Möglichkeiten sozialen Aufstiegs. Dass der Wohlstand in traditionellen Sprachinseln oft höher war als in der Mehrheitsbevölkerung hat den Spracherhaltwillen gefestigt, denn die Umstellung auf die Mehrheitssprache erschien ökonomisch wenig verlockend. Generell ist der Spracherhalt aussichtsreicher bei Minderheiten, in denen der Wohlstand höher ist als in der Mehrheitsbevölkerung. Ein handliches Maß dafür wäre das durchschnittliche Bruttoinlands- oder auch Bruttosozialprodukt pro Person in der Sprachminderheit, gemessen als Median, verglichen mit der Sprachmehrheit. Allerdings liegen selten Zahlen vor, die einen solchen Vergleich ermöglichen, so dass der Wohlstandsvergleich sich meist auf weniger zuverlässige Anhaltspunkte stützen muss.

3) *Vorhandensein aller Sozialschichten.*
Relevant ist auch eine möglichst komplette Sozialstruktur der Minderheit, insbesondere dass die Bildungsschicht nicht unterrepräsentiert ist. Diese ist bei den meisten osteuropäischen deutschsprachigen Minderheiten in neuerer Zeit großenteils abgewandert. Damit fehlen unter Umständen erfahrende Organisatoren und wirkungsvolle Wortführer des Spracherhalts, aber auch Modellspre-

cher und -schreiber, die als Vorbilder des „korrekten" Sprachgebrauchs dienen könnten (dazu Ammon 1995a: 80). Gravierende Lücken in der Sozialschichtung können zudem Prestige und Selbstbewusstsein einer Minderheit unterminieren und dadurch den Spracherhaltwillen beeinträchtigen.

VI. Gebrauch der Minderheitssprache in der Gesamtheit der Domänen

Statt von Domänen könnte man auch von Situationen oder Situationstypen des Sprachgebrauchs sprechen, für die bestimmte Orte, Teilnehmer (in bestimmten gesellschaftlichen Rollen) und Regeln der Sprachwahl und des Sprachgebrauchs charakteristisch sind. Beim Versuch einer umfassenden, allgemeingültigen Typologie von Domänen stößt man schnell auf das Problem enormer Differenzierungsmöglichkeiten, die sich zu einer riesigen Zahl von Domänen ausweiten können. Beim Versuch einer übersichtlichen Grobeinteilung wird man auch in neueren Abhandlungen (z.B. Werlen 2004: 336) zurück verwiesen auf Georg Schmidt-Rohr (1932: 183), der allerdings nicht von Domänen, sondern „Typen von Mehrsprachigkeit" schrieb. Auf ihn beruft sich auch Fishman (1964; 1965; 1972b), der auf die soziolinguistische Bedeutsamkeit des Domänenbegriffs aufmerksam und ihn weithin bekannt gemacht hat, und folgt Schmidt-Rohrs Einteilung in Grundzügen. Vermutlich wusste Fishman nichts von der schon in der Zweitauflage von Schmidt-Rohrs Buch (1933) offenkundigen Hinwendung des Autors zur NS-Ideologie (dazu Simon 1979b), die indes seine „Typen von Mehrsprachigkeit" (Domänen) nicht tangiert: „Familie, Spielplatz, Straße, Unterrichtssprache, Unterrichtsfach, Pausen und Unterhaltungssprache, Kirche, Literatur, Zeitung, Heer, Gericht, Verwaltung" (Schmidt-Rohr 1932: 183; 1933: 179).

In Grundzügen ist diese Einteilung noch heute brauchbar. Im Hinblick auf Spracherhalt ist auch Schmidt-Rohrs starke Gewichtung der Schule (mit 3 Domänen) bemerkenswert. Der Schulhof kann durchaus aufschlussreich sein; so wurde z.B. im Elsass nach dem Zweiten Weltkrieg dort das Sprechen von „le dialecte" strikt unterbunden, was vor allem als Deutschverbot gedacht war. Das Beispiel verrät auch, dass im Verlauf des einzelnen Lebens unterschiedliche Domänen wichtig werden, weshalb zumindest folgende Dreiteilung des Lebenszyklus beachtet werden sollte: a) Lebensabschnitt vor der Berufstätigkeit, b) während der Berufstätigkeit (einschließlich Tätigkeit im Haushalt) und c) nach der Berufstätigkeit. Des Weiteren sollten bei Sprachminderheiten bezüglich der Domänen jeweils die folgenden Fragen gestellt werden: Ist der Gebrauch der Minderheitssprache in der betreffenden Domäne α) selbstverständlich, β) möglich oder γ) unmöglich? Die Verfeinerung der Analyse nach der tatsächlichen

Häufigkeit des Gebrauchs im Falle von α) und β) ist darüber hinaus wünschenswert. Außerdem ist die von der Domäne selbst ausgehende Sprachwahl zu unterscheiden von der Sprachwahl der dort verkehrenden Personen, so z.B. bei Gaststätten die von der Domäne ausgehende Sprachwahl der Bedienungen (oder deren Sprachkenntnisse) und auf der Speisekarte von der Sprachwahl unter Gästen. Nur erstere ist spezifisch für die Domäne ‚Gaststätten', während letztere in die private Domäne ‚Freunde und Bekanntenkreise' fällt.

Von diesen Überlegungen ist vielleicht die folgende Domäneneinteilung für die Untersuchung von Sprachminderheiten brauchbar, wobei sich diese meist stillschweigend auf diejenigen Domänen beschränken wird, in denen der Gebrauch der Minderheitssprache überhaupt möglich ist: Familien, Freundes- und Bekanntenkreise (private Netzwerke), Schulen (Schulstufen und -formen, Unterrichtssprache, Schulfach), Religionsausübung (vor allem Gottesdienste), Rechtswesen (Anwaltsbüros, Gerichtsverfahren), Behörden (Rathäuser, sonstige Ämter), Gesundheitsbereich (Arztpraxen, Krankenhäuser), Altersheime, Banken, Versicherungen, Gaststätten und Hotels, Geschäfte (Supermärkte, Fachgeschäfte), Medien (Zeitungen, Radio, Fernsehen, Internet: eigene und besuchte Webseiten sowie soziale Medien), Feste und kulturelle Veranstaltungen. Manche denkbaren Domänen habe ich auch anderen Faktorengruppierungen zugewiesen, z.B. die „Sprachlandschaft" der „III. Geographie der Sprachminderheit", ebenso die „Ortsschilder", um deren Sprachwahl es Konflikte zwischen verschiedenen Sprachminderheiten oder mit der Sprachmehrheit geben kann. Auch sie könnten vielleicht unter die Domänen subsumiert werden.

Grundsätzlich ist der Spracherhalt umso aussichtsreicher, in je mehr Domänen die Sprache regelmäßig gebraucht wird. Jedoch kommt den Familien, Schulen und Medien besonderes Gewicht zu. Im Hinblick darauf sollte der Gebrauch der Minderheitssprache vor allem in den folgenden Domänen beachtet und weiter differenziert werden:

1) *In den Familien*: a) unter Großeltern, b) zwischen Großeltern und Eltern, c) unter Eltern, d) zwischen Eltern und Kindern, e) unter Kindern– jeweils unterteilt in α) ausschließlicher Gebrauch, β) Gebrauch neben einer oder mehreren anderen Sprachen, γ) kein Gebrauch.
2) *In den Schulen*, differenziert nach den wichtigsten Schulstufen und -formen: a) als Unterrichtssprache, unterteilt in α) ausschließlicher Gebrauch, β) Gebrauch neben einer oder mehreren anderen Sprachen, γ) kein Gebrauch; b) als Schulfach.
3) *In den Medien*: a) Zeitung/ Zeitschriften, b) Radio, c) Fernsehen, d) Handy und Smartphone (Soziale Medien), e) Internet (Webseiten, Zugriff), wiederum unterteilt in α) ausschließlicher Gebrauch, β) Gebrauch neben einer oder mehreren anderen Sprachen, γ) kein Gebrauch.

Die Sprachwahl zwischen Großeltern, Eltern und Kindern in 1) ist ein Indikator für den besonders wichtigen Spracherhalt-Faktor der „Weitergabe zwischen den Generationen" (englisch „intergenerational continuity and maintenance"; Bourhis 2001: 110). Zugleich handelt es sich dabei um eine Differenzierung des Faktorenbündels II „Demographie der Minderheit". Diese und weitere denkbare Differenzierungen stoßen aber schnell an Grenzen der Forschungskapazität. Daher liegen für keine deutschsprachige Minderheit repräsentative, aktuelle Daten zu allen Domänen vor, so dass nur die fragwürdige Abschätzung aus zweifelhaften Quellen bleibt.

VII. Für den Spracherhalt wichtige Rechte der Minderheit im eigenen Staat

Der Gebrauch der Minderheitssprache ist in manchen Domänen rechtlich geregelt. So war z.B. der Gebrauch von Deutsch in den Zeitungen im Elsass nach dem Zweiten Weltkrieg lange Zeit rechtlich stark beschnitten, oder war Deutsch als Unterrichtssprache in Namibia nach der Unabhängigkeit des Landes, 1990, an staatlichen Schulen nur bis zum dritten Schuljahr zugelassen (Kap. E.4.3; E.4.9). Lediglich die Sprachwahl in der Privatsphäre (Familien, Freundes- und Bekanntenkreise (private Netzwerke)) unterliegt fast nie direkten rechtlichen Vorschriften. Aber auch in den übrigen Domänen stimmen rechtliche Regelungen und tatsächliche Sprachwahl oft nicht überein und sollten daher auseinander gehalten werden. Einerseits gibt es nämlich häufig keine rechtliche Regelung der Sprachwahl und andererseits richtet sich die tatsächliche Sprachwahl nicht immer nach dem geltenden Recht. So sind z.B. in Brasilien in staatlichen Schulen rechtlich außer Portugiesisch keine anderen Sprachen als Unterrichtssprachen erlaubt. Dennoch gibt es seit einiger Zeit im Süden des Landes eine Reihe – zumindest privater – Schulen mit Deutsch als Unterrichtssprache, denn das geltende Schulsprachenrecht wird nicht konsequent durchgesetzt.

Anhaltspunkte zu möglichen rechtlichen Regelungen liefert z.B. die *Europäische Charta der Regional- oder Minderheitensprachen* des Europarates und der EU (47 bzw. 28 Mitgliedstaaten im Jahr 2014) (conventions.coe.int/Treaty/Commun/QueVoulezVous.asp?CL=GER&NT=148 – abgerufen 25.03.2013). Die Charta erstreckt sich auf die Domänenkomplexe „Bildung" (Art. 8), „Justizbehörden" (Art. 9), „Verwaltungsbehörden und öffentliche Dienstleistungsbetriebe" (Art. 10), „Medien" (Art. 11), „Kulturelle Tätigkeiten und Einrichtungen" (Art. 12), „Wirtschaftliches und soziales Leben" (Art. 13) und „Grenzüberschreitender Austausch" (Art. 14). Die Charta bezieht sich also nicht nur auf Domänen, sondern auch auf grenzüberschreitende Kontakte zwischen „den Staaten [...], in denen dieselbe Sprache in derselben oder ähnlicher Form gebraucht wird [...]". Die Mitgliedstaaten sollen „Übereinkünfte" treffen, um „Kontakte zwischen den Sprechern derselben Sprache in den betreffenden Staaten in den Bereichen Kultur, Bildung, Information, berufliche Bildung und Weiterbildung zu fördern" (Art. 14). Allerdings haben die Mitgliedstaaten die Wahl zwischen verschiedenen Fördermöglichkeiten.

Wichtig sind auch Rechte für eine Minderheit zur politischen Betätigung. Besondere Hervorhebung verdienen dabei folgende Rechte:
1) *Recht der Minderheit auf einen eigenen Interessenverband.*
2) *Recht der Minderheit auf eigene Vertretung*, in der Regel durch den Interessenverband, *in kommunalen Verwaltungen oder einer regionalen oder der nationalen Regierung.*

Die rechtlichen Regelungen sind teilweise so komplex, dass Soziolinguisten (ich natürlich eingeschlossen) gut beraten sind, für ins Einzelne gehende Analysen juristische Fachleute einzubeziehen oder auf andernfalls wahrscheinliche Mängel ihrer Darstellung hinzuweisen (zu rechtlichen Minderheitsfragen z.B. Pan/Pfeil 2006; Hilpold 2001; 2009; Heintze 1998; de Varennes 1996).

VIII. Unterstützung für den Erhalt der Minderheitssprache von außerhalb des eigenen Staates

Die soeben skizzierte *Europäische Charta der Regional- oder Minderheitensprachen* ist ein Beispiel für die Unterstützung von Minderheiten beim Spracherhalt von außerhalb ihres eigenen Staates. Allerdings ist es weder eine materielle noch eine politisch durchsetzbare Unterstützung, da die Mitgliedstaaten des Europarates und der EU in kulturellen Fragen, zu denen die Spracherhaltung zählt, autonom sind. Es handelt sich nur um eine Empfehlung einer nicht weisungsbefugten, aber übergeordneten Instanz. Allerdings haben sich die Mitgliedstaaten, welche die *Charta* ratifiziert haben, zur Einhaltung verpflichtet. Aber auch durch ihre Öffentlichkeitsarbeit wirken der Europarat und die EU sprachrepressiven Maßnahmen entgegen, wie z.B. in den vielfältigen Veranstaltungen im *Europäischen Jahr der Sprachen* (2001). Solcher, gewissermaßen ideologische Rückenwind kommt auch von den Vereinten Nationen, speziell der UNESCO, die schon seit langem die Spracherhaltung bei Minderheiten durch Empfehlungen einer dafür geeigneten Politik unterstützt. Diese Empfehlungen können zuwiderhandelnde Regierungen zumindest in Legitimationsschwierigkeiten bringen.

Substantiellere Hilfe von außen erhalten deutschsprachige Minderheiten von den deutschsprachigen Staaten und von privaten Organisationen, vor allem

Stiftungen. Deutschland und Österreich, aber auch die Schweiz (im Rahmen ihrer Möglichkeiten als mehrsprachiger Staat), fördern die deutsche Sprache in der Welt in vielfältiger Weise (Ammon 1991a: 524-562; 2009a; Kap. L.3; L.4). Solche Förderung von außen kann z.b. bestehen in der Lieferung von Schulbüchern oder Zur-Verfügung-Stellung von Lehrern, in Medienangeboten oder finanzieller Unterstützung des Interessenverbandes der Minderheit, wovon die deutschsprachigen Minderheiten profitieren. Diese Hilfen, die Minderheiten kleiner Sprachen nicht erhalten, sind ernst zu nehmende Spracherhalt-Faktoren (Kap. E.1: 1)).

Allerdings gibt es – soweit ich sehe – für die systematische Beschreibung der Spracherhalthilfen von außerhalb des eigenen Staates kaum brauchbare Vorarbeiten. Vielleicht eignet sich die folgende Einteilung zur Orientierung:

1) *Ideelle Unterstützungen* seitens a) der Vereinten Nationen, b) sonstiger internationaler Regierungs- und Nicht-Regierungs-Organisationen (GOs und NGOs), c) der EU, d) einzelner Staaten oder Staatsteile gleicher Mehrheits- oder Amtssprache (Deutschland usw.).
2) *Materielle Zuwendungen* seitens der Staaten oder Staatsteile gleicher Mehrheits- oder Amtssprache: a) über Kulturinstitute vor Ort, b) für Schulen, c) für Medien, d) für kulturelle Zwecke, e) Sonstiges.

Es versteht sich von selbst, dass die verschiedenen Rubriken jeweils zu spezifizieren sind. Die spracherhaltende Wirkung der Hilfen von außen, sprich ihre Evaluation, ist nicht weniger schwierig als bei den übrigen Faktoren des Spracherhalts und der Sprachumstellung.

IX. Kontakte der Sprachminderheit zu Staaten und Regionen deutscher Sprache

Von der Unterstützung und den Zuwendungen von außen sind die *Kontakte* von und nach außen zu unterscheiden, von denen im Falle der deutschsprachigen Minderheiten vor allem die Kontakte zu den deutschsprachigen Staaten bedeutsam sind. Zwar gibt es auch Kontakte zu anderen deutschsprachigen Minderheiten oder auch zu Lernern von Deutsch als Fremdsprache; sie spielen aber wegen ihres geringen Umfangs oft nur eine marginale Rolle. Eine Ausnahme sind Spracharchipele (siehe 9) weiter unten). Die Kontakte zu den deutschsprachigen Staaten sind jedoch potentiell bedeutsame Spracherhalt-Faktoren. Ein bedeutender Faktor und Indikator ist die doppelte oder mehrfache Staatsbürgerschaft, darunter die eines deutschsprachigen Staates. Sie könnte auch ein Indikator für eine Diaspora-Einstellung sein und wäre dann der nächsten Faktorengruppe X zuzuweisen (zu Diaspora-Minderheiten Kap. E.1). Um Verdoppelungen zu vermeiden, belasse ich sie jedoch in der vorliegenden Faktorengruppe. Sie liefert ohnehin nur grobe Anhaltspunkte, die jeweils näher zu prüfen sind.

1) *Anzahl Minderheitsangehöriger mit doppelter Staatsbürgerschaft, darunter eines deutschsprachigen Staates*: a) Absolute Zahl; b) relative Zahl.

Von den Kontakten zu den deutschsprachigen Staaten verdienen die folgenden besondere Beachtung.

2) *Kontakte über Niederlassungen von Firmen aus deutschsprachigen Staaten*: a) Arbeitsplätze vor Ort; b) Arbeit oder Praktika am Hauptsitz oder in Filialen in deutschsprachigen Staaten (siehe Kap. F.7).
3) *Kontakte über Schulen oder Hochschulen*: a) vor Ort, z.B. deutsche Auslandsschulen (Kap. K.3), b) bei Schul- oder Hochschulbesuchen in deutschsprachigen Ländern.
4) *Kontakte über Tourismus*: a) aus den deutschsprachigen Staaten, b) in diese (Kap. I.2 – I.4).
5) *Kontakte mittels Medien, Massenmedien und Privatmedien, vor allem aus und zu deutschsprachigen Staaten*: a) Zeitungen/ Zeitschriften, b) Radio, c) Fernsehen, d) Internet, e) Handy und Smartphone, f) E-Mail, g) Facebook und ähnliches (Kap. J.1). Vor allem bei e – f kann auch die Kommunikation aus der Minderheit in die deutschsprachigen Staaten, also in umgekehrter Richtung, den Deutscherhalt bei der Minderheit festigen. Allerdings liegen hierzu so gut wie keine repräsentativen Daten vor und sind Erhebungen unter Umständen aufwändig (Kap. J.1.4).
6) *Kontakte über Kulturinstitute deutschsprachiger Staaten*, z.B. das Österreich Institut (Kap. L.4; L.3.3).
7) *Sonstige kulturelle Kontakte*: a) Besuche z.B. von Künstlern aus den deutschsprachigen Staaten, b) Besuche z.B. eigener Künstler in den deutschsprachigen Staaten. Dabei ist jeweils zu spezifizieren, ob die Kommunikation bei diesen Kontakten a) überwiegend in deutscher Sprache oder b) überwiegend in einer anderen Sprache stattfindet.
8) *Sportliche Kontakte*: a) Besuche aus den deutschsprachigen Staaten, b) Besuche in den deutschsprachigen Staaten.
9) *Kontakte über Spracharchipele*.

Damit ist die Verteilung von Minderheiten gleicher Sprache, hier also Deutsch, auf große Gebiete unterschiedlicher Amts- oder Mehrheitssprachen gemeint (Steffen 2006: 39f.; Steffen/ Altenhofen im Druck; Kap. E.1; E.4.11). Sofern diese Minderheiten vernetzt sind und die Kommunikation in der eigenen Sprache stattfindet, kann diese Verteilung den Spracherhalt festigen, weil der kommunikative Nutzen in der Überbrückung verschiedener Sprachgebiete, wie auf dem amerikanischen Kontinent des Portugiesischen, Spanischen und Englischen, offenkundig ist (siehe Kap. E.1: 1); E.4.11).

X. Einstellungen zur Ethnie und Sprache der Minderheit seitens der Minderheit selbst und seitens der Mehrheit

Die Erhaltung der eigenen Sprache ist eher möglich bei entschlossenem Spracherhaltwillen, zumindest bei einem Teil der Minderheit. Ebenso bedarf der Erhalt der Minderheitssprache der Toleranz, wenn nicht Unterstützung der Bevölkerungsmehrheit. Vor allem bei sprachlichen Mischehen (Faktor IV.2) hängt die Weitergabe der Minderheitssprache an die Kinder von der „ethnolinguistischen" Einstellung der Eltern ab. Eine diesbezüglich konservative Einstellung (im wörtlichen Sinn) entspricht Uriel Weinreich's ([1953] 1974: 100) „Sprachloyalität" (*language loyalty*). Verbreitet wurde diese Terminus vor allem von Joshua Fishman (ausgehend von dem reichhaltigen Band von Fishman/ Nahirny/ Hofmann/ Hayden 1966). Ich habe allerdings schon zu Anfang dieses Kap. begründet, dass ich den Terminus wegen der impliziten Personifizierung von Sprache problematisch finde.

Angemessener fände ich den Bezug von Loyalität auf eine menschliche Gruppe, eine Sprachgemeinschaft oder auch eine Ethnie, wofür die betreffende Sprache symbolisch ist. Sie kann damit auch – nach Jerzy J. Smolicz (1980; 1981) – ein „zentraler Wert" (*core value*) für die betreffende Gruppe sein. Damit ist gemeint, dass die Ethnie existentiell mit der betreffenden Sprache – als Muttersprache ihrer Angehörigen – verbunden ist, so dass sich die Ethnie bei Umstellung auf eine andere Sprache auflöst. Allerdings wird der Terminus *Sprachloyalität* auch für Sprachen gebraucht, ohne dass deren existentieller Zusammenhang mit ihren Sprechern impliziert ist.

In anderen Theoriezusammenhängen wird die eigene Sprache als wichtiges Symbol von *Gruppenidentität*, speziell von *ethnolinguistischer Identität* gesehen (Tajfel 1978). Durch diese symbolische Funktion stärkt die gemeinsame Sprache den Gruppenzusammenhalt. Auch diese Sichtweise wird gerne angewandt auf Minderheiten (z.B. S. Wolff 2000; Edwards 2009; 2010). Diese ethnolinguistische Identität ist eine Einstellung, als welche Identitäten wohl generell verstanden werden können (Spitzley 2003). Ihre Träger sind die Angehörigen der Minderheit. Sie bilden aufgrund der Übereinstimmung hinsichtlich dieser Einstellung eine Gruppe, also ein Kollektiv. Zudem bezieht sich die Einstellung inhaltlich auf das Kollektiv der Gruppe, deren Symbol die Sprache ist. Mir scheint, dass mit dem verbreiteten Terminus *kollektive Identität* oft auf beides angespielt wird: auf die Subjekte der Einstellung als Kollektiv wie auch auf den Inhalt der Einstellung, auf die Gruppe als Kollektiv. Wie alle Einstellungen hat auch die Identität mit der eigenen Sprachgemeinschaft oder Ethnie, zugleich die Loyalität zu ihr, eine kognitive, affektive und pragmatische (handlungsleitende) Komponente. Die Individuen nehmen sich als zugehörig zur selben Gruppe wahr, entwickeln ein Zusammengehörigkeitsgefühl (*Wir-Gefühl*) und sind disponiert, kollektiv zu agieren. Eine solche Einstellung festigt in der Regel den Spracherhalt (Giles/ Bourhis/ Taylor 1977).

Diesbezüglich lassen sich die folgenden Faktoren unterscheiden:
1) *Einstellung der Minderheit zur eigenen Sprache*: a) positiv, b) negativ, c) gleichgültig.
2) *Einstellung der Minderheit zur eigenen Ethnie:* a) positiv, b) negativ, c) gleichgültig.
3) *Einstellung der Mehrheit (oder auch anderer Minderheiten) zur Minderheitssprache:* a) positiv, b) negativ, c) gleichgültig.
4) *Einstellung der Mehrheit (oder auch anderer Minderheiten) zur Minderheitsethnie:* a) positiv, b) negativ, c) gleichgültig.

Wie schon in Kap. E.1 (Punkt 7) ausgeführt, ist aus historischen Gründen mit einer unsicheren ethnischen Identität deutscher Minderheiten zu rechnen. Sie lässt sich vielleicht am besten so verstehen, dass sich darin ausgesprochen positive und ausgesprochen negative Bewertungen der eigenen Ethnie verbinden. Ähnlich disparat, mit vermutlich stärkerer Ausprägung der negativen Bewertung, mögen die Einstellungen bei der Mehrheit sein.

Wichtige Indizien für eine positive Einstellung zur eigenen Ethnie und Sprache sind:
5) Eine eigene Interessenvertretung der Minderheit in Form einer Organisation.
6) Sprachenpolitische Zielsetzung der Erhaltung der eigenen Sprache.
7) Engagierte Anführer der eigenen Organisation.
8) Engagierte Meinungsführer für den Spracherhalt.

XI. Stellung von Minderheitssprache und Mehrheitssprache in der globalen Sprachenkonstellation (Kap. A.7) und linguistische Distanz (Kap. B.2) zwischen ihnen

Auch das soziolinguistische Verhältnis zwischen Minderheits- und Mehrheitssprache kann Spracherhalt bzw. -umstellung bei der Minderheit beeinflussen. Spracherhalt ist wahrscheinlicher, wenn die Minderheitssprache bei weltweitem Vergleich einen deutlich höheren Rang hat als die Mehrheitssprache, vor allem als internationale gegenüber einer eher lokalen oder als eine numerisch starke Sprache (mit zahlreichen Sprechern) gegenüber einer numerisch eher schwachen Sprache, oder wenn sie aus anderen Gründen ein höheres Prestige hat als die Mehrheitssprache, z.B. aufgrund der traditionellen Funktion als Wissenschaftssprache. Letztlich teile ich die Auffassung Uriel Weinreich's (1974: 79, Anm. 34), dass „ ‚prestige' had better be restricted to a language's value in social advance, or dispensed with altogether as too imprecise."

Aus diesen Überlegungen ergeben sich die folgenden Spracherhaltfaktoren: 1) *Internationale Stellung und Prestige von Minderheitssprache und Mehrheitssprache*: a) Internationalitätsgrad, b) numerische Stärke, c) sonstiges Prestige, z.B. als Wissenschaftssprache.

In all diesen Hinsichten rangiert insbesondere Englisch vor Deutsch, was vor allem in englischsprachigen Ländern bei Deutsch als Minderheitssprache in Richtung Sprachumstellung wirkt, wenn nicht gewichtige andere Faktoren, z.B. religiös motivierte Isolation, dem entgegenstehen. Bei den meisten osteuropäischen Sprachen ist das Prestige-Verhältnis zu Deutsch dagegen umgekehrt.

Große linguistische Distanz (strukturelle Unähnlichkeit) der Minderheits- von der Mehrheitssprache erschwert die Umstellung und kann deshalb den Spracherhalt begünstigen, während linguistische Ähnlichkeit die Umstellung erleichtert und folglich den Spracherhalt erschwert (Clyne 2001a; de Bot 1996. Zu ‚linguistischer Distanz' Kap. B.2).

2) *Linguistische Distanz zwischen Minderheitssprache und Mehrheitssprache.*

Auch in dieser Hinsicht erleichtert Englisch die Sprachumstellung aus dem Deutschen, während schon die slawischen Sprachen und erst recht Ungarisch wegen größerer Schwierigkeit für Deutschsprachige die Umstellung bremsen, also zur Erhaltung motivieren.

XII. Kompetenz der Minderheit in der eigenen Sprache

Das traditionelle interne Kommunikationsmittel der hier interessierenden Minderheiten ist in aller Regel ein Dialekt des Deutschen. Ist die Kompetenz in der traditionellen Minderheitsvarietät eingeschränkt, so ist dies oft ein Indiz für Sprachumstellung auf die Mehrheitssprache und damit erschwerten Deutscherhalts. Dies gilt besonders, wenn die Minderheit restlos betroffen ist, also sogar die in der Minderheitsvarietät relativ versiertesten Sprecher Kompetenzmängel aufweisen. Solch sprachlicher Kompetenzverlust (englisch *language attrition*) kann sich zeigen in der Grammatik, vor allem der Wortgrammatik (z.B. Substantivgenus), der Morphologie (z.B. Kasusendungen, Flexion starker Verben), im Wortschatz (Übergeneralisierung von Wortbedeutungen, Transferenzen aus der Mehrheitssprache, nicht nur feste Entlehnungen) oder auch in der Pragmatik (vor allem Sprechakt-Transferenzen aus der Mehrheitssprache) (z.b. Schwartzkopff 1987; Keel 2003; Born 1994; 2003; Riehl 2000: 74-77; Überblick in Földes 2005: 68-209). Nicht selten ist auch häufiges Code-Switching ein Indikator für beginnende Sprachumstellung (Rindler-Schjerve 1998; Földes 2005: 230-239). Allerdings ist bei der entsprechenden Bewertung Vorsicht geboten, da es auch Akte doppelter sprachgemeinschaftlicher oder ethnischer Identität im Sinne von Le Page/ Tabouret-Keller (1985) sein können.

Als relevante Spracherhaltfaktoren ergeben sich daraus:

1) *Kompetenz im Dialekt*: a) Absolute Zahl Minderheitsangehöriger; b) relative Zahl – mit α) voller Kompetenz, β) (deutlich) eingeschränkter Kompetenz, γ) keiner Kompetenz.

Bei Kompetenzeinbußen verspüren die Sprecher oft selbst die Ausdrucksschwierigkeiten und verlieren dann den Mut zum konsequenten Gebrauch der Minderheitsvarietät.

Auch die Einschränkung der Kompetenz auf einen Dialekt kann den Spracherhalt erschweren. Unter bestimmten Umständen, bei Isolation der Gruppe oder fortdauernden traditionellen Lebensformen, kann Dialektsprechen zwar das Wir-Bewusstsein und den Gruppenzusammenhalt festigen, denn der Dialekt ist ein spezifischeres Symbol für die Minderheit als eine Standardvarietät, die eher größere Teile der Sprachgemeinschaft symbolisiert (vgl. dazu die Vorliebe für den Dialekt in der Schweiz; Ammon 1995a: 283-300). Jedoch ist zur Modernisierung sowie beim Aufbau und Besuch eigener Schulen, die mangelnde Beherrschung einer deutschen Standardvarietät oft hinderlich. Die dabei auftretenden Sprachschwierigkeiten können zur Resignation und zur Sprachumstellung führen. Eine behutsame Hinführung zum Standarddeutschen, ohne die Diskriminierung von Dialektsprechern, ist eine herausfordernde Aufgabe für eine Sprachdidaktik und Sprachenpolitik, die auf Spracherhaltung abzielt (Anregungen in Földes 1995). Dabei sollten folgende Aspekte berücksichtigt werden.

2) *Kompetenz im Standarddeutschen*: a) Absolute Zahl Minderheitsangehöriger; b) relative Zahl – mit α) voller Kompetenz, β) (deutlich) eingeschränkter Kompetenz, γ) keiner Kompetenz.

Damit ist der Überblick über die Spracherhaltfaktoren, die mir für die deutschsprachigen Minderheiten besonders wichtig erscheinen, abgeschlossen. Er ist vor allem gedacht als Checkliste für ihre Beschreibung im Hinblick auf die Spracherhalt-Chancen. Diese Checkliste eignet sich vermutlich auch zur entsprechenden Beschreibung anderer Sprachminderheiten mit einer Sprache ähnlichen Ranges wie die deutsche: einer der internationalen Sprachen unterhalb des Niveaus der globalen Sprache Englisch; Kap. A.7), die nationale staatliche Amtssprache von Staaten ist (Kap. D.4) und deren Sprachgemeinschaft zu den wirtschaftlich und numerisch verhältnismäßig starken Sprachgemeinschaften der Welt gehört (Kap. C.2). Die vorliegende Checkliste lässt Spielraum für die Einbeziehung weiterer Faktoren sowie für unterschiedliche Gewichtungen und Operationalisierungen. Ihre Anwendbarkeit ist selbstverständlich abhängig von den verfügbaren Daten.

3. Überblick über die deutschsprachigen Minderheiten

Joachim Born und Sylvia Dickgießer (1989) haben deutschsprachige Minderheiten in 25 Staaten beschrieben, in denen Deutsch keine staatliche Amtssprache ist. (Insgesamt erfassen sie sogar 27 Staaten, da sie auch die Deutschsprachige Gemeinschaft in Ost-Belgien und die Provinz Bozen-Südtirol in Italien einbeziehen, wo Deutsch jeweils regionale staatliche Amtssprache ist; Kap. D.3.1; D.3.2). Zur damaligen Zeit waren die Sowjetunion, Jugoslawien und die Tschechoslowakei noch nicht aufgelöst, sondern jeweils noch ein einziger Staat. Abgesehen davon sind Born/ Dickgießer vermutlich bis heute die im globalen Maßstab umfassendste Bestandsaufnahme deutschsprachiger Minderheiten (bibliographisch ergänzt durch Born/ Jakob 1990). Auf Born/ Dickgießer habe ich mich in einer früheren Kurzbeschreibung deutschsprachiger Minderheiten (Ammon 1995a: 86-114) hauptsächlich gestützt. Soweit von der Aufteilung der Staaten her möglich sind ihre Befunde, auch in die folgenden Tabellen E.3-1 und E.3-2 einbezogen, die sich auf Staaten ohne Deutsch als staatliche Amtssprache beschränken (Anregungen auch in Wiesinger 1980; 1983b).

Darüber hinaus habe ich drei andere Quellen für diese Tabellen hinzugezogen, die allesamt aus der Zeit nach der Auflösung der Sowjetunion (1991) sowie Jugoslawiens und der Tschechoslowakei (beide 1992) datieren. Der *Ethnologue* 2005 nennt 34 und der *Ethnologue* 2009 36 Staaten ohne Deutsch als staatliche Amtssprache mit deutschsprachigen Minderheiten (jeweils unter „Germany" oder unter den einzelnen Staaten). Die ebenfalls einbezogene *Wikipedia*-Webseite „Deutsche Sprache" listet 29 solche Staaten (de.wikipedia.org/wiki/ Deutsche Sprache: 17f. – abgerufen 28.08.2012; siehe auch Tab. C.1-2 in Kap. C.1).

Tabelle E.3-1 nennt alle in diesen vier Quellen genannten entsprechenden Staaten in alphabetischer Reihenfolge, und zwar mit folgenden Kennzeichnungen:

- die in allen vier Quellen genannten Staaten sind kursiv geschrieben und nicht weiter markiert,
- die nur von einem Teil der Quellen erfassten Staaten sind recte (nicht kursiv) geschrieben, mit Angabe der Quellen in angehängter Klammer (b = Born/ Dickgießer, 5 = *Ethnologue* 2005, 9 = *Ethnologue* 2009 und w = *Wikipedia*-Webseite „Deutsche Sprache", immer auch in dieser Reihenfolge).

Argentinien, Australien, Belize (b,9), Bolivien (b,5,9), Bosnien und Herzegowina (5,9), *Brasilien, Chile, Dänemark,* Dominikanische Republik (w), Ecuador (b,5,9), Estland (5,9,w), Finnland (5), *Frankreich, Israel, Kanada,* Kasachstan (5,9,w), Kirgisistan (5,9,w), Moldau/ Moldawien (5), Mexiko (b,9,w), *Namibia, Paraguay,* Peru (b), Philippinen (5,9), *Polen,* Puerto Rico (5,9), *Rumänien,* Russland (5,9,w), Serbien (w), Slowakei (5,9,w), Slowenien (5,9,w), *Südafrika,* Tadschikistan (5,9), Tschechien (5,9,w), Ukraine (5,9,w), *Ungarn,* Uruguay (b,5,9), *USA,* Usbekistan (5,9), Venezuela (b,5,9), Vereinigte Arabische Emirate (5).

Tab. E.3-1: Die in allen vier berücksichtigten Quellen genannten Staaten mit Deutsch als Minderheitssprache, aber nicht staatlicher Amtssprache

Als Kernbestand definiere ich auf dieser Grundlage diejenigen Staaten, die von mindestens 3 Quellen genannt werden, insgesamt 28 (Tab. E.3-2). Aus nachfolgend dargestellten Gründen habe ich auch Belize hinzu genommen, obwohl es nur in 2 Quellen genannt ist.

Argentinien	*Israel*	Slowakei (5,9,w)
Australien	*Kanada*	Slowenien (5,9,w)
Belize (b,9)	Kasachstan (5,9,w)	*Südafrika*
Bolivien (b,5,9)	Kirgisistan (5,9,w)	Tschechien (5,9,w)
Brasilien	Mexiko (b,9,w)	Ukraine (5,9,w)
Chile	*Namibia*	*Ungarn*
Dänemark	*Paraguay*	Uruguay (b,5,9)
Ecuador (b,5,9)	*Polen*	*USA*
Estland (5,9,w)	*Rumänien*	Venezuela (b,5,9)
Frankreich	Russland (5,9,w)	

Tab. E.3-2: Die – mit Ausnahme von Belize – in mindestens 3 von 4 Quellen genannten Staaten mit Deutsch als Minderheitssprache, aber nicht staatlicher Amtssprache (bei 4 Nennungen Kursivschreibung, andernfalls Quellenangaben in Klammern).

Die folgenden Staaten aus Tabelle E.3-1 sind in weniger als 3 Quellen genannt und sind daher nicht in Tabelle E.3-2 einbezogen – mit Ausnahme von Belize: (Belize), Bosnien und Herzegowina, Dominikanische Republik, Finnland, Moldau/ Moldawien, Peru, Philippinen, Puerto Rico, Serbien, Tadschikistan, Usbekistan, Vereinigte Arabische Emirate. Die Nachprüfung in verschiedenen Quellen hat ergeben, dass in all diesen Fällen die deutschsprachigen Minderheiten tatsächlich entweder ausgesprochen klein oder aber nicht autochthon sind, weshalb sie für die nähere Betrachtung im vorliegenden begrenzten Rahmen nicht in Betracht kommen. Anstelle aller von mir durchgeführten Recherchen in Fachliteratur und Internet mögen hier die Belege aus den folgenden 3 Quellen genügen (zusätzlich zu den Quellen, auf denen Tabellen E.3-2 und E.3-1 beruhen):

- *Sprachen-Almanach* von Harald Haarmann (2002): unter den einzelnen Staaten;
- *Der neue Fischer Weltalmanach 2013*: bei den einzelnen Staaten unter der Rubriken „Amtssprache(n)" und „Bevölkerung [...] Sprachen";
- *Wikipedia* (deutschsprachige Version): auf den Webseiten über die einzelnen Staaten, unter den Rubriken „Sprachen" und „Ethnien" – abgerufen 30./31.03.2013.

Deutsch ist in keiner dieser Quellen genannt für die folgenden Staaten: Bosnien und Herzegowina, Dominikanische Republik, Moldau/ Moldawien, Philippinen, Serbien.

Für die übrigen Staaten ist Deutsch als Minderheitssprache belegt, jedoch sind danach die deutschsprachigen Minderheiten entweder

- sehr klein (Finnland, Puerto Rico), wenn nicht sogar im Verschwinden begriffen
- (Tadschikistan – siehe die folgende Darstellung in *Wikipedia*) oder
- nur noch ethnisch deutsch, nicht mehr deutschsprachig (Usbekistan) oder
- nur allochthon (Vereinigte Arabische Emirate). Die einzige Ausnahme ist Belize.

Im Einzelnen lauten die Beschreibungen wie folgt (alphabetische Anordnung der Staaten, in denen deutschsprachige Minderheiten genannt sind):

- *Sprachen-Almanach* von Harald Haarmann (2002), jeweils unter der Überschrift „Deutsch":
Belize „(Plattdeutsch, Mennonitendeutsch)" 5-10.000;
Finnland 1-3.000;
Puerto Rico 1-3.000;
Tadschikistan 20-50.000;
Usbekistan 20-50.000.

– *Fischer Weltalmanach 2013*:
Belize „Sprachen: [...] deutscher Dialekt (Mennoniten)". Einzige Nennung von Deutsch bei den fraglichen Staaten.
– *Wikipedia* (deutschsprachige Version, jeweils Webseite über den Staat):
Belize: „*Plautdietsch*. Insbesondere bei den niederdeutschsprachigen Mennoniten ist zudem *Standarddeutsch* als Gottesdienst- und religiöse Unterweisungssprache in Gebrauch. Daneben wird in manchen (mennonitischen) Kolonien auch das *Pennsylvania-Deutsch* verwendet";
Tadschikistan: „Deutsche Minderheit[.] In Tadschikistan lebt auch heute noch eine kleine Minderheit von *Deutschstämmigen*. Ihre Zahl ist jedoch stark zurückgegangen, insbesondere nach dem Zerfall der Sowjetunion:

Jahr	Angehörigenzahl
1979	39.000
1989	20.000
2006	ca. 1.700

Die Deutschen gehören heute zur ärmsten Bevölkerungsschicht Tadschikistans [...]"
Usbekistan: Kein Bezug auf die deutsche Sprache, aber unter „Ethnien [...] Im Jahre 2001 gab es noch 24.000 *Deutsche* in Usbekistan. *Stalin* deportierte in den Vierziger Jahren rund 40.000 Wolgadeutsche nach Taschkent."
Vereinigte Arabische Emirate: Nur unter Liste „Ausländer: [...] *Deutschland*: 8.000".

Aus den damit verbleibenden 29 Staaten (Tab. E-3-2) kann im Weiteren aufgrund von Platz und Aufwand nur eine begrenzte Auswahl näher beschrieben werden. Dafür habe ich die Minderheiten grob geordnet nach Merkmalen, die mir für Spracherhalt oder Sprachumstellung wichtig erscheinen, aber keinesfalls für eine systematische Typologie ausreichen (dazu Kap. E.2). Falls im betreffenden Staat mehrere deutschsprachige Minderheiten existieren, habe ich meist die zahlenstärkste, gelegentlich auch eine besonders markante ausgewählt. Die folgende Liste enthält 19 Minderheiten, die sich den Merkmalen verhältnismäßig gut zuordnen lassen; die übrigen 10 Minderheiten aus Tabelle E.3-2, mit undeutlicher ausgeprägten, komplexeren Merkmalen, sind hier weggelassen. Teilweise überschneiden sich die Zuordnungsmöglichkeiten, vor allem bei ‚ehemalige Sprachinseln' und ‚Minderheiten mit religiöser Identität'. Die autochthonen Minderheiten, die ich in den 10 Kap. E.4.2 bis E.4.11 (3 in E.11) beschreibe, sind mit Asteriskus markiert.

- Grenz- und grenznahe Minderheiten (*Dänemark, *Frankreich, *Polen, Slowakei, Slowenien, *Tschechien, *Ungarn)
- Eine Minderheit aus der Kolonialzeit: *Namibia
- Ehemalige Sprachinseln: *Brasilien, *Rumänien, *Russland
- Minderheiten mit religiöser Identität: Australien (Templer), *Belize, Bolivien, Ecuador, *Mexiko, *Paraguay, Uruguay (jeweils Mennoniten), *Kanada (Hutterer), *USA (Amische, Mennoniten). Die Beschreibung in Kap. E.11 erstreckt sich auf Mennoniten, Amische und Hutterer, teilweise über mehrere Staaten hinweg.

Kap. E.5 gibt darüber hinaus einen Ausblick auf allochthone deutschsprachige Minderheiten, die in den oben genannten Quellen kaum berücksichtigt sind. Eine Ausnahme ist Saudi-Arabien, an dessen Stelle ich jedoch – aufgrund der Forschungslage – Malaysia, speziell die Hauptstadt Kuala Lumpur, gewählt habe (Majtanova 2015).

4. Ausgewählte deutschsprachige Minderheiten näher betrachtet

4.1 Beschreibungsschema

In den folgenden 11 Kap. E.4.2 – E.4.11 und auch E.5 beschreibe ich kurz eine Reihe deutsch(sprachig)er Minderheiten, deren Auswahl ich in Kap. E.3 begründet habe. Manche Kap. umfassen auch mehrere, einander in wesentlichen Aspekten ähnliche Minderheiten. Die Kürze der Beschreibung ist geboten, um dieses Buch nicht übermäßig auszuweiten. Die Beschreibung folgt durchgehend den in Kap. E.2 erläuterten und begründeten Aspekten, bei denen es sich vor allem um Faktoren oder Indikatoren des Spracherhalts handelt. Damit sollen sich jeweils, wenigstens in groben Zügen, einerseits die Chancen der Erhaltung der deutschen Sprache und andererseits Fördermöglichkeiten abschätzen lassen. Allerdings konnte ich für viele Aspekte oder Faktoren nur grobe oder zweifelhaft abgesicherte Daten ermitteln, auch weil ich die – sich bisweilen fast ins Uferlose ausdehnende – Forschung nicht zufrieden stellend aufarbeiten konnte. Daher sind die folgenden Beschreibungen weit entfernt von meinen Wunschvorstellungen. Sofern die Lücken nicht einfach durch meine unzureichenden Recherchen bedingt sind, sollten sie als Forschungsaufgaben verstanden werden. Selbstverständlich sind auch die zugrunde gelegten Beschreibungsaspekte und Spracherhalt-Faktoren verbesserungsbedürftig.

Für alle 11 nachfolgenden Beschreibungen (Kap. E.4.2 – E.5) habe ich bedeutsame Unterstützung von fachlich hervorragenden KollegInnen, meist vor Ort, erhalten, sowohl durch Hinweise auf wichtige einschlägige Publikationen als auch durch Korrekturen und Ergänzungen meiner ersten Textentwürfe. Dafür bin ich sehr dankbar und nenne die betreffenden KollegInnen am Anfang jedes Kap. Dass ich gerade sie und keine anderen angesprochen habe, war selbstverständlich einerseits fachlich bedingt, andererseits aber auch durch vorherige Bekanntschaft, wobei ich mir der einschlägigen Fachkompetenz auch vieler anderer KollegInnen bewusst bin.

Jede der folgenden Beschreibungen beginnt mit einer Skizze der Geschichte der Minderheit, mit Schwerpunkt auf der neueren Geschichte. Die weitere Darstellung orientiert sich an den in Kap. E.2 entwickelten Aspekten, die ich hier zur besseren Orientierung für die Leser nummeriert in Form einer Liste noch einmal wiedergebe. In den Beschreibungen selbst verzichte ich allerdings auf die Nummerierung. Außerdem variiere ich dort Reihenfolge und Gewichtung der Aspekte je nach der bei der jeweiligen Minderheit vermuteten Bedeutsamkeit für den Spracherhalt, wobei intuitive Entscheidungen unvermeidbar waren. Die Beschreibungsaspekte heben die so gut wie durchgängige Zwei- oder Mehrsprachigkeit der Minderheiten nicht eigens hervor, ebenso wenig die selbstverständliche Existenz der Mehrheitssprache oder der nationalen Amtssprache, deren Gebrauch auch in der Minderheit selbst den Gebrauch der eigenen Sprache meist dominiert. Die Klammerschreibweise „deutsch(sprachig)", der ich mich häufig bediene, verbindet sprachlichen und ethnischen Bezug (deutsche Sprachgemeinschaft sowie Ethnie der Deutschen im weiten Sinn), die dann beide für das Selbstverständnis und die Definition der Minderheit relevant sind. Jedoch ist der Bezug auf die deutsche Sprache immer notwendiges Definitionsmerkmal; andernfalls würde die Minderheit nicht in dieses Buch gehören.

Die Beschreibungsaspekte sind:
I. Identifikation der Minderheit
   1) Ethnische Selbstbezeichnung und ethnische Selbstzuordnung
   2) Ethnische Bezeichnung und ethnische Zuordnung seitens der Mehrheit
   3) Selbstbezeichnung der Minderheitsvarietät und sprachliche Selbstzuordnung
   4) Bezeichnung der Minderheitsvarietät und sprachliche Zuordnung seitens der Mehrheit
   5) Muttersprachlichkeit der definierenden Varietät.

II. Demographie der Minderheit
   1) Zahlenstärke der Ethnie
   2) Zahlenstärke der Sprecher a) Muttersprachler, b) Nicht-Muttersprachler
   3) Ein- und Auswanderungsrate.

III. Geographie der Sprachminderheit
   1) Geographische Entfernung von den deutschsprachigen Staaten
   2) Sprachliche Homogenität des Siedlungsgebiets
   3) Sprachlandschaft in der Minderheitssprache.

IV. Kontakte zur Sprachmehrheit und zu anderssprachigen Minderheiten im eigenen Staat
   1) Kontakte zur Sprachmehrheit im eigenen Staat
   2) Häufigkeit sprachlicher Exogamie
   3) Sprachliche Zusammensetzung sozialer Netzwerke.

V. Ökonomische Stärke und soziale Struktur der Sprachminderheit
   1) Wirtschaftskraft der Minderheit insgesamt
   2) Wohlstand im Vergleich zur Sprachmehrheit
   3) Vorhandensein aller Sozialschichten.

VI. Gebrauch der Minderheitssprache in der Gesamtheit der Domänen
   1) Familien
   2) Schulen
   3) Medien: Massenmedien, Individualmedien
   4) Religiöser Bereich
   5) Kulturelle Veranstaltungen.

VII. Für den Spracherhalt wichtige Rechte der Minderheit im eigenen Staat
   1) Sprachenrechtliche Garantien und Regelungen
   2) Eigener Interessenverband
   3) Eigene Vertretung auf kommunaler, regionaler, nationaler Regierungsebene.

VIII. Unterstützung für den Erhalt der Minderheitssprache von außerhalb des eigenen Staates
   1) Politische und ideelle Unterstützung
   2) Materielle Zuwendungen.

IX. Kontakte der Sprachminderheit zu Staaten und Regionen deutscher Sprache
   1) Anzahl Minderheitsangehörige mit doppelter Staatsbürgerschaft
   2) Kontakte über Niederlassungen von Firmen
   3) Über Schulen oder Hochschulen
   4) Über Tourismus
   5) Mittels Medien: Massenmedien, Privatmedien
   6) Über Kulturinstitute
   7) Sonstige kulturelle oder sportliche Kontakte

8) Spracharchipele.

X. *Einstellungen zur Ethnie und Sprache der Minderheit seitens der Minderheit selbst und seitens der Mehrheit*
   1) Einstellung der Minderheit zur eigenen Sprache
   2) Einstellung der Minderheit zur eigenen Ethnie
   3) Einstellung der Mehrheit zur Minderheitsprache
   4) Einstellung der Mehrheit zur Minderheitsethnie
   5) Eigene Interessenvertretung der Minderheit
   6) Sprachenpolitische Zielsetzung der Erhaltung der eigenen Sprache
   7) Engagierte Anführer der eigenen Interessenvertretung
   8) Engagierte Meinungsführer für die Spracherhaltung.

XI. *Stellung von Minderheitssprache und Mehrheitssprache in der globalen Sprachenkonstellation und linguistische Distanz zwischen ihnen*
   1) Internationale Stellung und Prestige von Minderheitssprache und Mehrheitssprache
   2) Linguistische Distanz zwischen Minderheitssprache und Mehrheitssprache.

XII. *Kompetenz der Minderheit in der eigenen Sprache*
   1) Im Dialekt
   2) Im Standarddeutschen.

4.2 Dänemark

Nordschleswig, im Süden Dänemarks, fiel infolge des Versailler Vertrags 1920 aufgrund einer Volksabstimmung wieder an Dänemark. Zuvor hatte Dänemark durch einen Eroberungskrieg seitens Österreichs und Preußens (1864) ganz Schleswig-Holstein an Preußen (1867) und später an Deutschland (1871) verloren (Pedersen 1996: 39-41; 2000: 16-18). Die Aufteilung von Schleswig im Jahr 1920 ist vielleicht die einzige von beiden beteiligten Staaten als ziemlich fair betrachtete Grenzänderung Deutschlands nach den beiden Weltkriegen. Zur Entspanntheit der Lage hat sicher beigetragen, dass die Abtrennung Nordschleswigs nicht einmal von Nazi-Deutschland ernsthaft infrage gestellt wurde, so dass Dänemark nie begründete Sorgen vor Gebietsansprüchen Deutschlands oder Zweifel an der staatsbürgerlicher Loyalität seiner deutschen Minderheit haben musste. Darin unterscheiden sich die Verhältnisse in Dänemark wesentlich von denen in Frankreich (Elsass und Lothringen), Polen und Tschechien (Kap. E.4.3-E.4.5). Dennoch ist auch in Dänemark bis heute die Erinnerung an die nationalsozialistische Zeit lebendig, vor allem an die Zeit der Besatzung durch deutsche Truppen 1940 – 1945. Für wichtige Hinweise zu diesem Kap.

danke ich Karen Margrethe Pedersen (siehe auch Pedersen 1996; 2000; 2005; Byram 1986; außerdem www.agdm.fuen.org/land/dk.html; de.wikipedia.org/ wiki/Deutsche_Minderheit_in_D%C3%A4nemark – beide abgerufen 03.04. 2013).

„Die deutsche Volksgruppe", wie sie – auf Deutsch – offiziell heißt, in Nordschleswig in Dänemark zählt zwischen 10.000 und 20.000 Angehörige (10 – 15.000 nach Pedersen 2000: 18; ca. 15.000 nach Pedersen 1996: 33; auch nach Bund der Nordschleswiger: www.bdn.dk/ – abgerufen 13.05.2013; 15 – 20.000 nach de.wikipedia.org/wiki/ Deutsche_Minderheit_in_D%C3%A4nemark; 25.900 nach *Ethnologue* 2009: 549) – bei einer Gesamtbevölkerung von 250.000 in Nordschleswig und im ganzen Staat Dänemark 5.574.000 (*Fischer Weltalmanach 2013*: 94). Es ist die einzige anerkannte autochthone Minderheit Dänemarks. Offiziell nennen sich ihre Angehörigen „deutsche Nordschleswiger", inoffiziell auch nur „Nordschleswiger" und junge Leute „deutsche Südjüten". Sie betrachten sich vermutlich – wie die offizielle und die Selbstbezeichnung nahelegen – vor allem ethnisch als Deutsche, haben aber ebenso eine feste Beziehung zur deutschen Sprache, die auch ihre Bezeichnung als „deutschsprachige Minderheit" rechtfertigen würde. Allerdings hat nur ein Drittel Deutsch als wirkliche Muttersprache. Die dänischen Volkszählungen ermitteln die Zahlenstärke nicht, weil sie nach der ethnischen Zugehörigkeit und nach der Muttersprache oder Ähnlichem nicht fragen dürfen bzw. nicht fragen. Die Zahlenstärke der Minderheit ist über die Jahre ziemlich konstant geblieben, bei vermutlich leicht abnehmender Tendenz. Gewissermaßen komplementär zur deutschen Minderheit in Dänemark leben im Norden Deutschlands, in Südschleswig, ca. 50.000 dänisch(sprachige) Staatsbürger Deutschlands (Selbstbezeichnung eher "Südjüten" als „dänische Südschleswiger") (siehe zur Reziprozität beider Minderheiten Ipsen 1997). An der staatspolitischen Loyalität der „deutschen Nordschleswiger" als Staatsbürger Dänemarks und der „dänischen Südschleswiger" als Staatsbürger Deutschlands bestehen keine Zweifel, was sicher wesentlich zum entspannten Verhältnis zur jeweiligen sprachlichen und ethnischen Mehrheit (der Titularnation) beiträgt.

Die Zugehörigkeit zur deutschen Minderheit basiert auf Selbstzuordnung, meist aufgrund von Familientradition. Das Verhältnis zur deutschen Sprache ist kompliziert, da die Primärsozialisation viel seltener in Standarddeutsch stattfindet als in einem Dialekt, *Sønderjysk* (Südjütisch), der nach der linguistischen Distanz nicht zur deutschen, sondern zur dänischen Sprache gehört. Deutsch – in Form norddeutsch gefärbten Standarddeutschs – wird dann erst in der Sekundärsozialisation erlernt, allerdings schon früh, im Kindergarten. Dennoch ist das Verhältnis zur deutschen Sprache nicht das zu einer Fremdsprache, sondern treffender charakterisiert als „zweite Muttersprache". Die deutsche

Sprache ist nämlich ein wesentliches Symbol der ethnischen Zugehörigkeit zur deutschen Volksgruppe.

Das Siedlungsgebiet der deutschsprachigen Minderheit beginnt an der Grenze zu Deutschland, bei mit wachsender Entfernung von der Grenze nach Norden hin abnehmender Siedlungsdichte. Es konzentriert sich auf die Ortschaften Hoyer (Højer), Tondern (Tønder), Tingleff (Tinglev), Sonderburg (Sønderborg) – dies sind die vier Orte in Grenzlage – sowie Lügumkloster (Løgumkloster), Rothenkrug (Rødekro), Apenrade (Aabenraa) und Hadersleben (Hadersev) (die dänischen Namen in Klammern; detaillierte Karten in Pedersen 1996: 29, 33). In keiner dieser Ortschaften bilden die Deutsch(sprachig)en die Mehrheit oder sind auch nur auffällig nachbarschaftlich konzentriert. Aber sie verlieren auch bei entfernter Ansiedlung nicht den Kontakt zur eigenen Sprachgruppe, werden also nicht zum Streudeutschtum. Sprachliche Exogamie, also die Heirat mit rein Dänischsprachigen, ist nicht ungewöhnlich. Die Nachbarschaft hauptsächlich Dänischsprachiger und die Exogamie erschweren zwar die Bildung deutschsprachiger Netzwerke (Kontakte unter Deutschsprachigen), bewirken aber kaum je die gänzliche Sprachumstellung aufs Dänische.

Ebenso wenig bewirkt das Fehlen einer sprachlichen Landschaft in Deutsch, die es allenfalls in Ansätzen in Apenrade gibt, die Umstellung aufs Dänische. Auch alle Ortsschilder sind einsprachig dänisch. Nur Hinweisschilder zu Institutionen der Minderheit sind in Deutsch. Bei zweisprachigen Ortsschildern scheint die sonstige Toleranz der dänischen Mehrheit zu enden. So wurde einem im Jahr 2007 vorgetragenen Vorschlag aus den Reihen der Minderheit, zweisprachige Ortsschilder einzurichten, nicht stattgegeben – trotz der für die dänische Minderheit in Deutschland von der schleswig-holsteinischen Landesregierung anstandslos genehmigten, wenn auch nur spärlich durchgeführten Ortsschild-Zweisprachigkeit. Stattdessen erinnerten einflussreiche dänische Zeitungen, vor allem in Leserbriefen, im Zusammenhang mit dieser Frage an die deutsche Okkupation zur Nazi-Zeit („Dänen laufen Sturm gegen deutsche Ortsschilder": www.welt.de/welt_print/article965319/Daenen-laufen-Sturm-gegen-deutscheOrtsschilder.html – abgerufen 04.04 2012). Die deutsche Minderheit wurde damit daran erinnert, dass auch in Dänemark, wie in anderen Staaten mit deutsch(sprachig)en Minderheiten, die Schrecknisse jener Zeit nicht vergessen sind und die Harmonie zwischen beiden Volksgruppen keine Selbstverständlichkeit ist. (Eine von Peter Hoop erstellte Auswahlbibliographie zur Geschichte der deutschen Minderheit in Dänemark, mit Schwerpunkt auf der Zeit des Nationalsozialismus, aber auch einschließlich der Zeiten davor und danach, findet sich auf der Webseite: www.akens.org/akens/lit/Nationale%20Minderheiten.pdf – abgerufen 05.4.2013).

Das Wohngebiet der deutschen Minderheit ist überwiegend ländlich strukturiert. Ökonomische Verhältnisse und Lebensstandard gleichen denen der dänischen Bevölkerungsmehrheit. Ebenso sind alle Sozialschichten vertreten. Trotz des in der Familienkommunikation vorherrschenden Dialekts ist der Erwerb gründlicher Kenntnisse des Standarddeutschen für alle Minderheitsangehörigen gesichert. Die deutsche Minderheit verfügt über ein vorbildliches System von Kindergärten und Schulen mit Deutsch als Unterrichtssprache, das auch allen entfernt und verstreut Wohnenden durch kostenlose Verkehrsverbindungen gut zugänglich ist. Die Schulen erstrecken sich auf alle Schulstufen; nur eine eigene Hochschule fehlt aufgrund der geringen Zahlenstärke der Minderheit. Im Jahr 2013 gab es 22 Kindergärten, 14 Schulen für die mittlere Altersgruppe (Primarstufe und Sekundarstufe I), von denen 9 über 8 Schuljahre und 5 über 11 Schuljahre führten, sowie eine Art Gymnasium bis zum Abitur in Apenrade (www.deutschesgym.dk/) (Gesamtschülerzahl 1.247, Gymnasium 160; Nachschule Tingleff 178. Mitteilung K.M. Pedersen). Im Gymnasium wird ein kleinerer Teil des Unterrichts in Mathematik, nur in diesem Fach, auch auf Dänisch erteilt, was aber den Deutschkenntnissen nicht abträglich sein soll (Pedersen 1996: 43-48, siehe 48). Selbstverständlich ist auch Dänisch in allen Schulen wichtiges Schulfach. Alle Schulabschlüsse werden sowohl in Dänemark wie in Deutschland anerkannt. Mehr als die Hälfte der Lehrer in den Minderheitsschulen kommt aus Deutschland und bildet das Gros der Zuwanderer (Pedersen 2000: 19). Die Schülerzahlen insgesamt waren allerdings in der Zeit von 1967 (1.654) bis 1988 (1.176) rückläufig (Pedersen 1996: 51); neuere Zahlen lagen mir nicht vor. Organisatorisch hilft der „Deutsche Schul- und Sprachverein für Nordschleswig" (de.wikipedia.org/wiki/Deutscher_Schul-_und_Sprachverein_f%C3%BCr_Nordschleswig – abgerufen 15.04.2013). Von den Abiturienten studieren ca. zwei Drittel in Dänemark und ein Drittel in Deutschland.

Zugang zu Standarddeutsch bietet auch die Religionsausübung, die durchgehend in Standarddeutsch stattfindet (Gottesdienste, religiöse Feiern und Zeremonien). Wie die Lehrer kommen auch die meisten Pfarrer aus Deutschland oder wurden dort ausgebildet.

Für den Spracherhalt wichtig ist der vielfältige Zugang der Minderheit zu deutschsprachigen Medien, auch aus dem angrenzenden Deutschland. Prominent ist vor allem die vor Ort hergestellte Tageszeitung *Der Nordschleswiger* (Aufl. ca. 3.000, nach Akstinat 2012: 56; 4.000 nach Wikipedia), mit zusätzlicher Online-Ausgabe. Hinzu kommen unterschiedliche Periodika wie Schul- und Vereinsblätter, von denen Akstinat (2012/13: 55-62) für 2012 alles in allem 32 nennt. Die Nordschleswiger-Redaktion produziert an Werktagen auch mehrmals täglich Nachrichten in deutscher Sprache, die über das dänische private *Radio Mojn* gesendet werden und im Internet, auch auf deutscher Seite, abrufbar sind (www.radio700.de und www.radio-flensburg.de). Eigene Fernsehsendungen gibt es jedoch nicht. Außerdem stehen gedruckte und elektronische Medien (auch über Computer, Handy und Smartphone) aus Deutschland zur Verfügung (Pedersen 1996: 55).

Die Minderheit genießt großzügige Rechte seitens des dänischen Staates, die vor allem auf den „Bonn-Kopenhagener Erklärungen" von 1955 basieren (je eine Erklärung Dänemarks und Deutschlands; Pedersen 2005). Danach ist das Bekenntnis zur jeweiligen Minderheit frei und darf nicht nachgeprüft werden (zu Einzelheiten: www.wahlrecht.de/doku/doku/19550329.htm – abgerufen 04.04.2013). Die deutsche Minderheit in Dänemark hat wie die dänische in Deutschland auch das Recht auf eigene Interessenvertretungen. Die wichtigste Interessenvertretung der deutschen Minderheit ist der *Bund Deutscher Nordschleswiger*, mit engagierten Vorsitzenden wie Hans Heinrich Hansen (1993-2006) und Hinrich Jürgensen (seit 2007; bemerkenswert z.B. Hansen's Rede zum 50-jährigen Jubiläum der Bonn-Kopenhagener Erklärungen im Jahr 2005, www.nordschleswig.dk/uploads/HHH-Rede-290305.pdf). Andere bedeutsame Interessenvertretungen sind die *Schleswigsche Partei*, mit Vertretungen in Tondern, Sonderburg, Apenrade und Hadersleben, sowie mehrere Jugend-, Turn- und kirchliche Vereine, aber auch die dialektpflegende *Æ Synnejysk Forening*, in der sich Deutsch- und Dänischsprachige zusammenfinden und vor allem Südjütisch sprechen.

Deutsch ist zwar keine amtliche Verwaltungssprache in den Rathäusern, jedoch werden Minderheitsangehörige in den genannten Ortschaften nicht selten auf Deutsch bedient. In der politischen Öffentlichkeit spielt Deutsch jedoch keine Rolle (Pedersen 1996: 54). Auch die Schleswigsche Partei als politische Interessenvertretung hat landesweit – entsprechend der geringen Zahlenstärke der Minderheit – wenig Gewicht und konnte nur kurze Zeit, 1973-1979, einen Abgeordneten ins dänische Parlament (*Folketing*) entsenden. Jedoch gibt es beim Parlament seit 1965 einen „Kontaktausschuss für die deutsche Minderheit" und außerdem seit 1983 ein staatlich gefördertes „Sekretariat der deutschen Minderheit" in Kopenhagen (de.wikipedia.org/wiki/Schleswigsche_Partei – abgerufen 03.04.2013).

Eine wichtige Stütze für die deutsche Minderheit ist die Förderung von außerhalb des eigenen Staates. Ideelle Unterstützung kommt vom Europarat und bis zu einem gewissen Grad auch von der EU, deren beider Mitglied Dänemark ist. Die Schutzvorstellungen des Europarats für Minderheiten hat Dänemark durch Übernahme der *Europäischen Charta der Regional- oder Minderheitensprachen* (conventions.coe.int/treaty/ger/Treaties/Html/148.htm) zu seinem geltenden Recht gemacht (Ratifizierung 08.09.2000, Inkraftsetzung 01.01.2001).

Außerdem erhält die Minderheit bedeutsame Hilfe aus Deutschland. Die von dort kommenden Lehrer und Pfarrer habe ich schon erwähnt. Hinzu kommen finanzielle Hilfen. Die Zuwendungen vom Land Schleswig-Holstein belaufen sich nach einem im Jahr 2012 mit dem Bund Deutscher Nordschleswiger abgeschlossenen Vertrag auf jährlich 1,9 Mio. €, vorläufig bis 2016 („Deutsche Minderheit erhält Geld", *Kieler Nachrichten* 28.11.2012). Das Geld kommt vor allem dem Schulwesen der Minderheit zugute (Finanzierung von Gebäuden und Schulbussen), aber auch ihrem Büchereiwesen, das zu zwei Dritteln aus Deutschland (und zu einem Drittel vom dänischen Staat) gefördert wird. Manche Betrachter halten die Förderung aus Deutschland für so bedeutsam, dass sie den Fortbestand der Minderheit, jedenfalls in ihrer heutigen Form, ohne sie gefährdet sehen (Pedersen 2000: 28 – zustimmende Zitierung von Byram 1986: 113).

Diese Einschätzung mag übertrieben sein. Jedoch hat der Erhalt der deutschen Sprache keine besondere Stütze in Niederlassungen von Firmen aus den deutschsprachigen Ländern, die in dieser Region kaum vorhanden sind. Auch der Grenzverkehr nach Deutschland ist gering. Für das Jahr 2007 wurden aus der Minderheit nur ca. 1.200 Pendler nach Deutschland, aber 11.500 nach Dänemark gezählt. (www.pendler.org., Mitteilung Pedersen).

Stabilisierend wirkt aber sicher die zumindest abstrakte Vorstellung, dass Deutsch eine nicht unbedeutende Fremdsprache ist. Dieser Eindruck entsteht allein schon aufgrund der im Vergleich zu Dänisch hohen Sprecherzahl, also des Kommunikationspotentials der deutschen Sprache, aber auch aufgrund der Wirtschaftskraft der deutschen Sprachgemeinschaft – wenn auch Deutsch als Fremdsprache in neuerer Zeit weit hinter Englisch zurück gefallen ist. Daher ist die Einstellung der dänischen Mehrheit gegenüber den Angehörigen der deutschen Minderheit vielleicht nicht nur – wie gelegentlich konstatiert wurde – gleichgültige Toleranz, sondern „they might even be envied for their proficiency in German." (Pedersen 2000: 27) Durch diesen Eindruck findet Deutsch auch eher Halt in den Familien der Minderheit auf dänischer Seite als Dänisch auf deutscher Seite (Pedersen 1996: 48, 55f.), so dass die deutsche Minderheit sogar gelegentlich Zuwachs gewinnt „of people who originally belonged to the Danish majority but have come to identify more and more with German culture, eventually choosing to be a member of the minority even if they were born in Copenhagen." (Pedersen 2000: 19)

Alles in allem erscheint daher der Erhalt der deutschen Sprache bei der deutschen Minderheit in Dänemark auf absehbare Zukunft gesichert, und zwar in Form einer stabilen Zweisprachigkeit Dänisch und Deutsch. Vielleicht wird die Aufrechterhaltung auch erleichtert durch die linguistische Ähnlichkeit beider Sprachen, wenn diese auch Transferenzen und Entlehnungen Vorschub leistet (Pedersen 1996: 53).

Allerdings ist die „Dreisprachigkeit" leicht rückläufig auf Kosten des Dialekts, indem in den Familien Standarddeutsch allmählich etwas gebräuchlicher wird. Vielleicht trägt zu dieser Entwicklung indirekt die zunehmende Bedeutung von Englisch bei, womit eine weitere Sprache ins Spiel kommt, die den Dialekt allmählich zur Last werden lässt. Allgemein ist in Dänemark die Stellung von Englisch als Fremdsprache sowie als Geschäfts- und Wissenschaftssprache noch stärker als in Deutschland, was einer der Gründe ist für das landesweit abnehmende Interesse an Deutsch als Fremdsprache (vgl. Kap. K.7; K.10) – und was auf längere Sicht auch die Zweisprachigkeit Deutsch – Dänisch destabilisieren könnte. In den dänischen Schulen ist Deutsch nur noch Wahlfach, und auch in den Firmen, sogar in der Region der deutschen Minderheit, ist Englisch vorherrschende Geschäftssprache (Mitteilung K.M. Pedersen).

4.3 Frankreich

Das Elsass (l'Alsace) und Lothringen (Lorraine) liegen im Osten Frankreichs und grenzen an Süddeutschland und südlich an die Schweiz. Ein Großteil des Gebietes fiel 1648 im Westfälischen Frieden an Frankreich, das 1681 auch Straßburg (*Strasbourg*) annektierte, 1766 folgte Lothringen durch Erbschaft, aus dem Nachlass des Polenkönigs Leszczynski, und 1798 trat die Stadt Mülhausen (*Mulhouse*, im Elsass) aus eigenem Entschluss dem revolutionären Frankreich bei. Im Jahr 1871 annektierte das neu entstandene Deutsche Kaiserreich einen großen Teil des Gebietes, der dann nach dem Ersten Weltkrieg, 1918, durch den Versailler Vertrag wieder an Frankreich fiel. Nazi-Deutschland besetzte das Gebiet 1940 – 1944, ohne es förmlich zu annektieren, zwang aber die Bevölkerung zum Militärdienst. Eine eigene Entscheidung der Bevölkerung über die staatliche Zugehörigkeit hat es nie gegeben, außer beim selbst gewählten Beitritt von Mülhausen. Jedoch begann schon früh, und verstärkt dann seit der Französischen Revolution, eine Sprachenpolitik der Assimilation an die jeweilige nationale Amtssprache, die – abgemildert – bis heute fortgesetzt wird (Petit 1997: 1224-1235; Bister-Broosen 1998: 19-35; Broadbridge 2000: 52-55; Verdoodt 1968: 71-79).

Die repressive Sprachenpolitik in neuerer Zeit seitens der jeweils im Besitz befindlichen Seite hängt zusammen mit den gegenseitigen Gebietsansprüchen im Verlauf der Geschichte. Darin unterscheiden sich die Verhältnisse in Frankreich wie auch in Polen und Tschechien tiefgreifend von denen in Dänemark (Kap. E.4.2; E.4.4; E.4.5). Noch heute werden Geschichte und Gegenwart der sprachlichen Situation und der Sprachenpolitik in Elsass und Lothringen teilweise unterschiedlich beurteilt, in Nachwirkung gegensätzlicher Interessen der inzwischen befreundeten Nationen Deutschland und Frankreich, teilweise aber auch aufgrund unterschiedlicher Interessen der Bewohner selbst. Beispiele interner Bewertungsgegensätze liefern Robert Grossmann (1999) und Pierre Klein (2007). Eine ausgewogene Darstellung ist daher schwierig (dazu z.B. Hartweg 1988; Bothorel-Witz 2001; Huck 2007). Auch meine Sicht in der hier folgenden Darstellung (oder in Ammon 2007c) wirkt sicher auf manche LeserInnen einseitig. Für wichtige Hinweise zum vorliegenden Kap. danke ich vor allem Dominique Huck. Umfassendere oder besser fundierte Darstellungen, als hier aus Platzgründen möglich sind, finden sich in Hartweg 1981; 1983; 1997; Harnisch 1996; Petit 1997; Bister-Broosen 1998; Broadbridge 2000; Bothorel-Witz 2001; Huck 1999; Huck/ Bothorel-Witz/ Geiger-Jaillet 2007; auch schon in Verdoodt 1968: 58-132.

Bei der Identifikation der hier interessierenden Minderheit ist zu berücksichtigen, dass nach den Annexionen in neuerer Zeit jeweils aus dem Inneren des neuen Besitzerstaates eine von dort geförderte Zuwanderung stattfand, also nach 1871 aus Deutschland und nach 1918 sowie nach 1945 aus Frankreich, und eine Abwanderung in die umgekehrte Richtung. Die aus Inner-Frankreich Zugewanderten gehören nicht zu der hier interessierenden Minderheit, denn sie sind weder deutschsprachig noch in irgendeinem Sinn ethnisch deutsch. Auch bei den autochthonen ElsässerInnen liegt die entsprechende Zuordnung nicht auf der Hand. Dagegen besteht an der staatsbürgerlichen Zugehörigkeit zu Frankreich keinerlei Zweifel. Bezüglich der ethnischen Zuordnung nehme ich an, dass von den autochthonen ElsässerInnen heute so gut wie keine mehr sich einer – wie weit auch immer gefassten – deutschen Ethnie (Volk, Nationalität; Kap. B.3) zuordnen würde, nicht wenige jedoch eine kulturelle Nähe, die schon oberflächliche Ähnlichkeiten der Architektur der Ortschaften oder der Speisen nahelegen, einräumen würden. Unter Zwang würden vermutlich die meisten „Alcasien" als ethnische Zugehörigkeit nennen, bei Betonung der staatsbürgerlichen Zugehörigkeit zu Frankreich, und damit auf eine Kategorie vor der Entstehung der Nationalstaaten zurückgreifen (vgl. Kap. B.3). Jedoch stünde diese Einschätzung der Einbeziehung des Elsass und – ähnlich – Lothringens in die im Rahmen dieses Buches interessierenden Minderheiten nicht im Wege. Allerdings bedarf die Begründung dafür des zusätzlichen Blicks auf die Sprache.

Nach der Muttersprache befragt, würden die autochthonen ElsässerInnen (nicht die Zugezogenen) vermutlich – wie bei der Ethnie – „l'alcasien" oder auch nur „le dialecte" sagen. Aber die wenigsten würden diesen Dialekt der französischen Sprache zuordnen – allerdings auch nicht, zumindest nicht ohne Weiteres, der deutschen Sprache. Jedenfalls lassen darauf die Antworten in einem einzelnen Dorf, Zillisheim, schließen, mit 8,6% Zuordnungen des Dialekts zur französischen Sprache, 60,1% ‚keine Meinung' („no opinion" – die französischen Antworten sind nicht angegeben) bei der Frage nach der Zuordnung zur deutschen Sprache, sowie 37,3% Verweigerung jeglicher Antwort auf die Frage nach der Zuordnung (Broadbridge 2000: 56). Etwas zugespitzt und möglicherweise einseitig interpretiere ich diesen Befund als geahnte, aber nicht eingestandene oder als innerlich abgelehnte Selbstzuordnung zur deutschen Sprache. Wie dem auch sei, ordne ich selbst, die Perspektive wechselnd, die autochthonen Dialekte von Elsass und Lothringen, die in der traditionellen Dialektologie als alemannisch oder rheinfränkisch klassifiziert werden, der deutschen Sprache zu – was ich in Kap. B.1 und B.2 begründet habe. Diese Begründung ist auf die heutigen Verhältnisse bezogen: Nur mittlere (keine große) linguistische Distanz vom Standarddeutschen, bei Überdachung durch eine Standardvarietät (Standardfranzösisch), deren linguistische Distanz zu groß ist für die Zuordnung zur gleichen Sprache. Andere Sprachwissenschaftler würden vermutlich die lange historische Überdachung durch das Standarddeutsche als unterstützendes weiteres Kriterium hinzuziehen (dazu z.B. Huck/ Botherel-Witz/ Geiger-Jaillet 2007: 21-38). Diese Zuordnung, die ziemlich alle deutschen und auch nicht wenige französische Sprachwissenschaftler teilen (z.B. Petit 1993; 1997; Hartweg 1988; tendenziell Huck 1995a), rechtfertigt die Befassung mit Elsass und Lothringen in einem Kap. über die „deutschsprachigen Minderheiten" – wobei ich in diesem Fall die ethnische Spezifizierung als „deutsche Minderheit" vermeide.

Die Gebiete des Elsass und – spezieller – Ostlothringens (*Lorraine thioise*), um das es hier geht, gehören zu Frankreichs *Départements Haut-Rhin* (Oberelsass), *Bas-Rhin* (Unterelsass) und *Moselle* (Ostlothringen) (detaillierte Karte in Petit 2007: 1223). Die folgenden Ausführungen konzentrieren sich auf das Elsass, weil dort die deutsche Sprache eher erhalten ist und schon immer durchgängiger verbreitet war. Allerdings sind die Bemühungen speziell um zweisprachige Kindertagesstätten deutsch – französisch auf beiden Seiten der Grenze Ostlothringen – Saarland/ Rheinland Pfalz beachtlich und erstaunlich erfolgreich (H. Wagener 2012: 108f.).

Die unsichere ethnische und auch sprachliche Zuordnung erschwert quantitative Angaben zu der fraglichen Minderheit. Sie verrät natürlich auch die gegensätzlichen Sprachinteressen Deutschlands, das mit der Zuordnung der Dialekte zur deutschen Sprache keine Probleme hat, und Frankreichs (dazu z.B. Botherel-Witz 1997). In Frankreich spricht man gerne nur vom „dialecte" („dialecte alsacien" oder „dialecte lorrain"), ohne Bezug auf eine Sprache, oder auch nur von „alsacien" bzw. „lorrain", was dann den Anspruch auf eine eigenständige Sprache nahe legt. Dem entspricht die entschiedene Ablehnung der ethnischen Zuordnung „Deutsch" und die Akzeptanz von „Elsässisch", die man als Kompromiss zwischen gegensätzlichen Vereinnahmungsversuchen verstehen kann, ähnlich der Identität „Südtirolisch" oder der Identität „Schlesisch" in Polen (siehe Kap. B.3; D.3.2; E.4.4). Die entsprechende Neigung habe ich schon im Fall von Südtirol thematisiert (Kap. D.3.2).

Die Sprecherzahl der autochthonen Dialekte im Elsass wird bis in die 1990er Jahre nicht selten auf ca. 1,2 Mio. beziffert (z.B. Petit 1997: 1224; in *Euromosaic* 1996: [68] sogar 1,8 Mio.) – wobei die Dialekte meist unumwunden der deutschen Sprache zugeordnet werden, die Zahl also zugleich als Sprecherzahl für Deutsch präsentiert wird. Jedoch musste eigentlich durch Wolfgang Ladins (1980; 1982) aufrüttelnde Untersuchung klar sein, dass diese Zahl schon damals zu hoch gegriffen war. Vergleichszahlen für die erwachsene Bevölkerung aus den Jahren 1962 bis 1998, mit Details zum Jahr 1998, liefern Huck/ Bothorel-Witz/ Geiger-Jaillet (2007: 30-34; die zugrunde liegenden Originaldaten, vor allem von Le Guen 2002, habe ich nicht inspiziert).

	1962	1979	1986	1991	1998
19- bis 24- Jährige	82,4	65,5	52,2	40	37
65-Jährige und älter	94,6	88,3	90,7	k. A.	84

Tab. E.4.3-1: Prozent erwachsener ElsässerInnen über die Jahre 1962 – 1998, die nach Selbsteinschätzung Dialekt sprechen konnten (Huck/ Bothorel-Witz/ Geiger-Jaillet 2007: 30, Tabellenausschnitt)

1998	Spreche oft/ fließend „couramment"	Spreche ab und zu	Verstehe, aber spreche nicht	Verstehe nicht und spreche nicht
18- bis 24- Jährige	22	15	24	39
65-Jährige und älter	79	5	10	6

Tab. E.4.3-2: Dialektgebrauch und -kenntnis erwachsener ElsässerInnen 1998, nach Selbsteinschätzung, in Prozent (Huck/ Bothorel-Witz/ Geiger-Jaillet 2007: 30, Tabellenausschnitt)

Die Tabellen zeigen die unverkennbare Abnahme des Dialektsprechens, von Gebrauch wie Kompetenz, vor allem in der jüngeren Generation. So schätzen Jugendliche die Entwicklung auch selbst ein (Bister-Brossen 1998: 153-169). Der Generationenunterschied lässt sich nicht plausibel allein aus dem Lebenszyklus erklären, wonach ältere Personen generell mehr dem Dialekt zuneigen als jüngere. Außerdem wird die Abwendung vom Dialekt durch weitere Zahlen bestätigt (z.B. Harnisch 1996: 416, 428-432). Ähnlich stark wie in der jungen im Vergleich zur älteren Generation ist die Abwendung vom Dialekt in Städten verglichen mit dem Land (Huck/ Bothorel-Witz/ Geiger-Jaillet 2007: 31). Dialekt sprechen also fast nur noch alte Leute auf dem Land. Auf die Dramatik dieser

Entwicklung haben auch die Medien verschiedentlich hingewiesen (z.B. „In Münster sprechen von 90 Grundschülern nur noch zwei Elsässisch", Schätzung des elsässischen Schriftstellers Martin Graff in „ELSASS: Schonungslose Freundschaft", *Focus* 9, 25.02.1995).

Die Umstellung vom Dialekt geht jedoch nicht in Richtung des Standarddeutschen, sondern des Französischen, das allerdings vom Dialekt gefärbt bleibt (Harnisch 1996: 420f.). Standarddeutsch ist sogar noch weniger verbreitet als Dialekt, wenngleich mehr als im übrigen Frankreich. Als fast schon typisch erschien mir nach solchen Lageberichten die zufällig gehörte Reportage im Deutschlandfunk zur Gebietsreform im Elsass, in der von vier interviewten Einheimischen niemand ein Wort Deutsch sprach – wogegen anschließend eine Grönländerin aus ihrer Heimat fließend auf Deutsch berichtete (05.04.2013). In Lothringen ist die Umstellung auf das Französische noch durchgreifender als im Elsass.

Sie zeigt sich in beiden Gebieten deutlich auch in den Familien. Mangels Gebrauchs wird der Dialekt höchstens noch an 10% der Kinder weitergegeben – gegenüber 80% in den 1960er Jahren (Huck/ Bothorel-Witz/ Geiger-Jaillet 2007: 31, auch 32f.). Somit gleichen die Verhältnisse fast dem „melting-pot" in Einwanderungsstaaten wie den USA. Dort verläuft die Sprachumstellung meist nach dem „3-Generationen-Gesetz" (auch „3-Generationen-Modell", womit die Modellierung im Sinne einer Theorie gemeint ist): Die Eltern sprechen noch die Muttersprache (aktiv), die Kinder verstehen sie noch (passiv), die Enkel nicht mehr (weder aktiv noch passiv). An diese Gesetzmäßigkeit erinnert Jean Petit (2007: 1234), sicher im Bewusstsein gelinder Übertreibung, bezüglich Elsass und Lothringen.

Nach der, wie es scheint, in Frankreich vorherrschenden Auffassung, hat die elsässische Bevölkerung die Sprachumstellung überwiegend bereitwillig vollzogen, auch gewissermaßen als Dank für die Befreiung von der Nazi-Herrschaft, und bewertet diese Entwicklung heute noch mit Genugtuung. Jedoch wurde die Einstellung der autochthonen Elsässer zur Sprachumstellung bislang nicht gründlich untersucht. Die Befunde von Helga Bister-Broosen (1998: 160-163) zur Einstellung Jugendlicher in Colmar indizieren eher Unzufriedenheit: Der Dialekt solle nicht verschwinden, Dialektsprecher seien sympathisch, alle Elsässer sollten den Dialekt zumindest verstehen, und der Staat solle seinen Erhalt fördern. Diese Einstellung äußern auch Nicht-Dialektsprecher, wenngleich nicht so überwiegend wie Dialektsprecher.

Im Gegensatz dazu legen sonstige Kommentare oft volle Zufriedenheit mit der Entwicklung, nahe, zumindest für Frankreich insgesamt, nicht zuletzt auch im Rückblick auf die vorausgehende Politik Deutschlands. So z.B. Broadbridge (2000: 55), indem er Stephen's (1978: 351) Äußerung zustimmend zitiert: „Nazism did more for the French cause in Alsace than all the French patriots in Paris in the years up to 1939". Allerdings konzediert er damit zugleich sowohl entsprechende französische Interessen wie auch in diese Richtung gehenden sprachenpolitischen Druck. Ein Element des Letzteren war schon der staatlich gesteuerte Zuzug aus Inner-Frankreich, der die sprachliche Homogenität aufbrach. Mit den Zuwanderern konnte nur auf Französisch kommuniziert werden, was sich besonders in den Städten und prestigeträchtigen Domänen bemerkbar machte, wo diese sich konzentrierten. Dadurch wurde die Aufrechterhaltung oder Bildung von Netzwerken von Sprechern des Dialekts oder des Standarddeutschen schwieriger. Auch sprachliche Exogamie und die Umstellung auf Französisch in den Familien wurden dadurch häufiger.

Hinzu kam das jahrelange Verbot von Deutsch, einschließlich des Dialekts, in der Schule, das auch auf dem Schulhof energisch durchgesetzt wurde. Behördlich war der Deutschunterricht in den Volksschulen zwar nur im Zeitraum 1945 – 1952 untersagt; jedoch dauerte die Nachwirkung fort. Auch auf die Medien erstreckte sich das Deutschverbot. So waren für die Presse in Rubriken, die Jugendliche besonders interessieren, wie Sport, nur Französisch erlaubt, und auch im Radio und Fernsehen war allenfalls Dialekt zugelassen, aber kein Standarddeutsch (Petit 1997: 1234). Diese Reglementierung trug dazu bei, dass die zunächst längere Zeit teilweise deutschsprachigen Zeitungen schließlich eingingen (Zahlen zum Rückgang bei Harnisch 1996: 426f.; Huck 2007: 28; Huck/ Botherel-Witz/ Geiger-Jaillet 2007: 34-38; Bericht „Das Elsass spricht Französisch", 06.06 2012, über das Ende der letzten deutschsprachigen Tageszeitung *Dernières Nouvelles D'Alsace* im – nur noch wöchentlichen Nachfolgeorgan – *Forum*). Heute gibt es nur noch deutschsprachige Beilagen zu Zeitungen, wie *L'Alsace* (in Mülhausen), sowie bescheidene, meist zweisprachige Gemeinde- und sonstige Mitteilungsblätter (siehe Akstinat 2012/13: 68-80). Im Radio ist nun allerdings regelmäßig Dialekt zu hören, so z.B. mehrere Stunden täglich in *Radio France Bleu Elsass* – allerdings nur auf der nicht gerade empfängerfreundlichen Mittelwelle. Natürlich sind auch deutschsprachige Zeitungen oder Radio- und Fernsehen aus Deutschland oder der Schweiz zugänglich; jedoch lagen mir keine Daten zur Rezeption im Elsass oder in Lothringen vor. In den sonstigen öffentlichen Domänen ist vor allem Deutsch, aber auch der Dialekt, auf wenige Sonderfälle beschränkt (Harnisch 1996: 426).

Mehr als Deutschverbote wirken heute noch fortdauernde Negativbewertungen, die vor allem in der Nachkriegszeit auch offiziell geäußert wurden. Noch immer ist Französisch weit eher „chic" als Deutsch, dem nach wie vor eine Spur von „langue des nazis", wie es nach dem Krieg hieß, anhängt (Huck/ Botherel-Witz/ Geiger-Jaillet 2007: 29). Diese Bewertung wird sicher unterstützt durch die tatsächlich höhere internationale Stellung des Französischen in internationalen Organisationen und vor allem in den EU-Institutionen (Kap. H.3 bzw. H.4.2).

Die Entwicklung einer Sprachlandschaft in Deutsch war unter solchen Umständen undenkbar, die natürlich ohnehin nur neben vorherrschendem Französisch in Frage gekommen wäre. Entsprechende Versuche würden noch heute als nationale Illoyalität interpretiert (persönliche Einschätzung André Weckmanns mir gegenüber um 2005). Ein Sonderfall sind die Ortsnamen, die vor allem bei kleineren Ortschaften schriftlich deutschsprachig geblieben sind, wenn auch eher dialektal als standarddeutsch und ohne deutsche Buchstaben (Umlaute, ß). Größere Städte haben jedoch französische Namen. Außerdem signalisiert das konsequente Fehlen zweisprachiger Ortsschilder – abgesehen von einzelnen Hinzufügungen des Dialektnamens aufgrund von Lokalinitiativen – die offizielle Grundeinstellung gegen Zweisprachigkeit (zur fortschreitenden Französisierung von Orts- und Flurnamen siehe Otto 2013).

Bemerkenswert ist auch die vollständige Zurückhaltung der deutschsprachigen Staaten, speziell Deutschlands, hinsichtlich der rigorosen Abwendung von der deutschen Sprache. Weder hat es von dort nennenswerte ideelle noch materielle Versuche gegeben, dieser Entwicklung entgegen zu wirken, jedenfalls nicht von offizieller, staatlicher Seite. Der entscheidende Grund war vermutlich, dass man die deutsch-französische Freundschaft nicht stören wollte, die – verständlicherweise – im Vergleich zum Spracherhalt als das weit höhere Gut galt und gilt.

Offenbar misst man von deutscher Seite der nationalen Symbolik der Sprache in Frankreich nach wie vor beträchtliche Bedeutung zu, was vermutlich realistisch ist (dazu z.B. Coulmas 1991b; S. Wright 2000: Ammon 1995a: passim). Speziell für Frankreich genügt es anscheinend für keine Region, dass Französisch, die nationale Amtssprache, in der ganzen Bevölkerung und in allen Domänen fest verankert ist, sondern darf daneben keine andere Sprache eine nur entfernt vergleichbare Stellung haben. So jedenfalls kann man z.B. die Entscheidung des französischen Verfassungsgerichts verstehen, die *Europäische Charta der Regional- oder Minderheitensprachen* als mit der französischen Verfassung für unvereinbar zu erklären (Urteil des *Conseil Constitutionnel* vom 15.06.1999; siehe auch Ammon 2007c: 110). Dieses Urteil fügt sich in das umfassendere Bild der Nicht-Anerkennung der deutschsprachigen Elsässer und Lothringer als Minderheit. „Rechtliche Grundprinipien des Minderheitsschutzes sind in der französischen Gesetzgebung nicht vorhanden." (Harnisch 1996: 427; auch 422-427; ausführliche rechtliche Hintergründe in Pan 2006)

Hinzu kommt eine – aufgrund der Geschichte – besondere Beargwöhnung von Deutsch als Muttersprache, die sich z.B. schon daran zeigte, dass Elsass und Lothringen von den sprachlichen Zugeständnissen an die Regionen im *loi*

Deixonne (1951) ausgeschlossen wurden (wie Korsika und Flandern; Petit 1997: 1235). An die Stelle der Geschichte, deren Gewicht allmählich schwindet, tritt in neuerer Zeit vielleicht die Sprachenkonkurrenz mit Deutschland in der EU. Sie wird für Frankreich gelegentlich spürbar bei Ansprüchen Deutschlands auf Deutsch als EU-Arbeitssprache, neben Französisch und natürlich Englisch (dazu Ammon 2007c: 112-115). Womöglich bremsen solche Konkurrenzsorgen Frankreichs Zugeständnisse für Deutsch in Elsass und Lothringen (obwohl sie angesichts der Vorrangstellung von Französisch in den EU-Institutionen unbegründet erscheinen). Jedoch bedarf es vermutlich einer koordinierten Sprachenpolitik Frankreichs und Deutschlands, damit Englisch nicht bald alleinige EU-Arbeitssprache wird, und beteiligt sich Deutschland an einer solchen Politik nur dann, wenn auch für Deutsch die Aussicht auf wenigstens eine Arbeitssprach-Nische besteht (dazu auch Ammon 2006g; Kap. H.4.5-H.4.7).

Vorläufig bleibt, wie es scheint, für die Dialekte in Elsass und Lothringen nur eine folkloristische oder ländlich rückständige Funktion. Allerdings könnte auch sie die Motivation zum Erlernen von Standarddeutsch stärken. Ein Ansatz dazu sind die seit 1991 entstandenen zweisprachigen Schulen mit Deutsch als Unterrichtssprache, neben dem letztlich natürlich vorrangigen Französisch. Jedoch erscheinen mir die von manchen Beobachtern damit verbundenen Hoffnungen teilweise übertrieben, nämlich auf „une renaissance du fr.-ald." (Petit 1997: 1239; fr. = (langue) française, ald. = (langue) allemande). Einzelheiten, auch zum Stand der zweisprachigen Schulen im Verlauf der Zeit liefern Huck 1995a; b; Huck/ Bothorel-Witz/ Geiger-Jaillet 2007: 57-85; Morgen 2004; 2006; 2007; Geiger-Jaillet 2004; 2010. Zwar sind eine Reihe solcher Schulen heute fest etabliert, jedoch scheint die weitere Entwicklung zu stagnieren. Im Schuljahr 2008/9 – neuere Zahlen lagen mir nicht vor – gab es davon im Elsass an staatlichen Schulen 143 Vorschulen, 125 Grundschulen, 41 *Collège* und 11 *Lycées* (Gymnasien), mit insgesamt ca. 17.500 Schülern, was 10 % der Gesamtschülerzahl der Region entsprach. Hinzu kamen 10 Privatschulen mit 54 Klassen und ca. 1.100 Schülern, 8 davon im Elsass und 2 in Lothringen, die gefördert wurden vom Verein „Association pour le Bilinguisme en Classe dès la Maternelle – Zweisprachigkeit (ABCM Zweisprachigkeit)" (www.fvfz.de/formulare.html – abgerufen 11.04.2013). Förderung für die zweisprachigen Schulen kam zudem von der EU-Kommission sowie von privaten Quellen aus Deutschland wie der „Robert Bosch Stiftung" und dem 1992 gegründeten „Förderverein für die Zweisprachigkeit im Elsaß und im Moseldepartement e.V.", mit Sitz in Duisburg (dessen früherem Vorsitzenden, Otto Hornschu, ich wertvolle Hinweise verdanke). Anlass zur Gründung dieses Vereins war ein Unterstützungsaufruf der elsässischen Vereine „ABCM Zweisprachigkeit" und „René-Schickele-Kreis", die sich für Zweisprachigkeit im Elsass einsetzen. Ob die zweisprachigen Schulen

Deutsch teilweise als zweite Muttersprache etablieren können, neben Französisch, bleibt abzuwarten; eher stabilisieren sie es vielleicht für einen Teil der Bevölkerung als Nachbarsprache in einer Funktion zwischen Mutter- und Fremdsprache (siehe zur Typologie Huck 2007).

Die Vorteile von Deutschkenntnissen werden seit langem von verschiedener Seite betont. Sie lassen sich ahnen angesichts der beträchtlichen Zahl von Pendlern nach Deutschland und in die Schweiz; 1999 waren es 36.606 bzw. 33.224 (Huck/ Bothorel-Witz/ Geiger-Jaillet 2007: 89). Heute, im Jahr 2014, winken aufgrund der Wirtschaftslage sogar noch mehr Arbeitsplätze. Hinzu kommen Stellen in den Firmenniederlassungen aus Deutschland und der Schweiz in Elsass und in Lothringen – die auf Deutschkenntnisse mindestens eines Teils ihres Personals Wert legen und den Standort in der Hoffnung darauf gewählt haben. Gewisse Deutschkenntnisse sind zudem von Vorteil für den aus Deutschland kommenden, nicht zuletzt kulinarisch motivierten Tourismus. Dass die am Kontakt mit Deutschland oder auch der Schweiz interessierten oder Kontakt pflegenden Elsässer meist auch Deutsch können und gebrauchen, belegen die Befunde von Bernd Finger zur Sprachenwahl bei der grenzüberschreitenden Kommunikation zwischen Südbaden und dem Elsass. Dabei „stellte sich das Deutsche [und zwar Standarddeutsch, nicht Dialekt! U.A.] als dominierend heraus", ausgenommen bei „politischen-offiziellen Kontakten", bei denen „Wert darauf gelegt wird, dass Deutsch und Französisch gleichberechtigt gebraucht werden" (Finger 2000: 142; Zahlen und Details 60-140).

Dennoch bleiben die Perspektiven für Deutsch im Elsass und in Lothringen ungewiss. Als Fremdsprache ist auch dort, wie in ganz Frankreich, Englisch am beliebtesten. Es wird auch schon im Kontakt mit Deutschen verwendet, sogar in nachbarschaftlichen Begegnungen, wenngleich, wie Finger (2000: 145) fand, nur als „Aushilfssprache, die in seltenen Fällen hinzugezogen wird." Jedoch legen fremdsprachliche Vorlieben und Fremdsprachenpolitik (H. Wagener 2012) die Vermutung nahe, dass der Gebrauch von Englisch zunehmen könnte – womit die deutsche wie auch die französische Sprache weiterer Steinchen aus den Pfeilern ihrer internationalen Stellung verlustig gingen. In Frankreich insgesamt rangiert seit einiger Zeit auch Spanisch als Fremdsprache vor Deutsch (Kap. K.9.2), nicht jedoch in Elsass und Lothringen. Dort wird Deutsch immer noch bewertet als Nachbarsprache und – zumindest von Teilen der Bevölkerung – als traditionelle Sprache der Region, mit größerer linguistischer Nähe zum örtlichen Dialekt als die französische Sprache.

4.4 Polen

Dramatischer oder tragischer kann die Geschichte einer Minderheit kaum sein, außer bei völliger physischer Vernichtung wie im Falle der Juden in der Nazi-Zeit. Die deutsch(sprachig)e Minderheit in Polen besteht im Wesentlichen aus denjenigen „Deutschen" und ihren Nachkommen, die nicht geflohen sind und sich der Zwangsaussiedlung der Deutschen aus dem Gebiet des heutigen Polen nach dem Zweiten Weltkrieg entziehen konnten und sich später als „Deutsche" bekannten. Mit „deutsch" („Deutsche") ist in diesem Kap., wenn nicht anders spezifiziert, die ethnische Zuordnung (auch „Volks-/ Nationalitätszugehörigkeit") selbstverständlich polnischer Staatsbürger gemeint. Die Zwangsaussiedlung war Teil der Westverlagerung Polens. Dabei wurde das Gebiet Polens östlich der nach dem Ersten Weltkrieg festgelegten Curzon-Linie von Russland annektiert, und erhielt Polen als Ersatz die bis dahin deutschen Gebiete südliches Ostpreußen, östliches Pommern (Hinterpommern), Ost-Brandenburg sowie Nieder- und Oberschlesien (Karten in Panzer 1997; Lasatowicz/ Weger 2008: 145; Wikipedia-Artikel „Deutsche Minderheit in Polen": de.wikipedia.org/wiki /Deutsche_Minderheit_in_Polen, sowie „Polen": de.wikipedia.org/wiki/Polen – beide abgerufen 28. 04. 2013). Dort wurde ein Großteil der polnischen Bevölkerung aus dem früheren Osten Polens angesiedelt. Es bedarf kaum des Hinweises, dass diese – hier stark vereinfacht skizzierte – Gebiets- und Bevölkerungsverschiebung nach Westen eine Folge des von Nazi-Deutschland entfachten und verlorenen Krieges war, durch den Polen besonders gelitten hat. Es sei nur daran erinnert, „dass unter deutscher Besatzung über zwei Millionen nichtjüdische polnische Zivilisten zu Tode kamen" („Gefangen in einer ausweglosen Hölle", *FAZ* 07.05.2013: 30). Ebenso darf nicht vergessen werden, dass während der deutschen Besatzungszeit 1939 – 1945 der Gebrauch der polnischen Sprache rigoros unterdrückt wurde (Kneip 1999: 145-155; Urban 2000: 46-49) und die preußische Sprachenpolitik gegenüber der polnischsprachigen Bevölkerung schon vor dem Ersten Weltkrieg ausgesprochen repressiv war (Glück 1979) sowie dass Preußen schon an den drei Teilungen Polens 1772, 1793 und 1795 maßgeblich mitwirkte (zusammen mit Russland und Österreich). Durch diese Teilungen wurde Polen (außer einem kurzen Zwischenspiel 1807 – 1815) als Staat eliminiert und erst 1918 restituiert.

Es ist daher nicht verwunderlich, dass in der Sprachenpolitik Polens gegenüber der deutschen Minderheit noch immer Sorgen um Revisionsversuche Deutschlands nachschwingen. Eine detaillierte und abgewogene Darstellung dieser Politik bis 1998 liefert Matthias Kneip (1999: 156-294; auch Urban 2000: 101-208). Ähnliche Besorgnis färbt – wenngleich mit großen Unterschieden – die Sprachenpolitik anderer Staaten mit ehemals überwiegend deutschsprachigen Gebietsteilen, wie Tschechiens (Kap. E.4.5) oder sogar Frankreichs (Kap. E.4.3) – bei allerdings wachsender Zuversicht aufgrund der Verbundenheit in der EU. Überblicke über das Thema des vorliegenden Kap., wie auch speziellere Darstellungen, finden sich in Kneip 1999; Urban 2000; Lasatowicz/ Weger 2008; Rokoszowa 1997; Wiktorowicz 1997; Cordell 2000; Scholtz-Knobloch 2002; Jaworska 2009; Kamusella 2009: 573-644; Europarat 2011 (www.ostdeutschesforum.net/EUFV/PDF/Uebersetzung-Bericht-Europarat.pdf) und in den Wikipedia-Artikeln „Deutsche Minderheit in Polen" und „Polen"; für wichtige Informationen danke ich Maria K. Lasatowicz, Werner Jost und Karina Schneider-Wiejowski.

Wie schon gesagt, ist hier mit der Benennung der Minderheit als „deutsch" die ethnische Zuordnung gemeint, in der Regel aufgrund der Selbstzuordnung der Minderheitsangehörigen. Wirklich deutschsprachig ist nur der kleinere Teil, auch was das bloße Bekenntnis zu Deutsch als Muttersprache angeht, und erst recht hinsichtlich der sprachlichen Kompetenz. Ein wesentlicher Grund für die oft mangelnde Deutschkompetenz ist das nachdrückliche, lange währende Verbot des Deutschsprechens in der Zeit nach dem Zweiten Weltkrieg, und zwar nicht nur in der Öffentlichkeit, sondern auch privat, was die nachwachsenden Generationen am Erlernen der Sprache hinderte. Zwar sind nur Teile der deutschen Minderheit (DM) auch Sprecher von Deutsch als Muttersprache (SDM); jedoch dürfen alle, die sich zu Deutsch als Muttersprache bekennen, zur deutschen Minderheit gezählt werden (DM ⊃ SDM; siehe dazu Kap. A.3; B.3). Außerdem gehört ein Teil der Minderheitsangehörigen zu den Lernern von Deutsch als Fremdsprache, deren Zahl neuerdings in Polen größer ist als in allen anderen Staaten der Welt (Netzwerk Deutsch 2010; Kap. K.9.5).

Die Quantifizierung der deutschen Minderheit in Polen ist vertrackt, auch weil neuerdings die ethnisch gemeinte Selbstzuordnung „Schlesisch" um sich greift, und zwar zu Lasten von „Deutsch". Dabei anerkennt das polnische Minderheitenrecht „Schlesisch"– im Gegensatz zu „Deutsch" – gar nicht als ethnische Kategorie. Die Zuordnung zu „Deutsch" liegt nahe, und auch Oppositionsführer Jaroslaw Kaczynki hat dieses Bekenntnis als „verstecktes Deutschtum" bezeichnet („Pole oder Deutscher? Nein Schlesier", *WAZ* 11.04.2011). Man kann es als eine „Kompromiss-Identität" verstehen, ähnlich dem „Südtirolischen" oder „Elsässischen", die durch den Rückgriff auf eine vor-nationalstaatliche Kategorie gegensätzlichen Vereinnahmungsversuchen ausweicht (Kap. B.3; D.3.2; E.4.3). Es wäre zu prüfen, inwieweit die betreffenden Bekenner, wenn sie zu wählen hätten, sich eher der deutschen oder der polnischen „Nationalität" (Ethnie) zuordnen würden.

Im Jahr 2002 bekannten sich laut Volkszählung noch 153.000 polnische Bürger zur Ethnie „Deutsch", 2011 jedoch nur noch 109.000, davon 49.000 zu

„nur Deutsch" und 60.000 zu „Deutsch und Polnisch" (doppelte ethnische Zugehörigkeit). Außerdem bekannten sich 2011 nicht weniger als 809.000 als „Schlesisch", davon 362.000 ausdrücklich nicht auch als „Polnisch". Die genannten Zahlen sind allerdings einer Zeitung entnommen („Pole oder Deutscher? Nein Schlesier" und „Wundersamer Deutschenschwund in Polen", WAZ 11.04.2011 bzw. 30.04.2012). Nach Lasatowicz/ Weger (2008: 149) waren es 2002 nur 147.094 Deutsche und 173.148 Schlesier, und im oben genannten Wikipedia-Artikel „Deutsche Minderheit in Polen" wird die Gesamtzahl der Personen, die sich zu „Deutsch" bekannten (einschließlich doppelter ethnischer Zuordnungen), für 2011 auf 148.000 beziffert. Damit wäre die Zahl im vergangenen Jahrzehnt stabil geblieben. Die deutsche Botschaft in Polen geht sogar von ca. 300.000 polnischen Bürgern deutscher Nationalität aus, was aber im Vergleich zu anderen Angaben übertrieben erscheint.

Wie viele ethnisch Deutsche es heute auch genau sein mögen, so verteilen sie sich jedenfalls hauptsächlich auf den Südwesten und Nordosten Polens, also das ehemalige Oberschlesien, südlich von Wrocław (Breslau), und Ostpreußen, spezieller Mazury (Masuren), südlich von Olsztyn (Allenstein) (Karte Duschanek 1997b; Lasatowicz/ Weger 2008: 145). Dabei bildet Ersteres den ganz überwiegenden Schwerpunkt, und zwar vor allem der Verwaltungsbezirk („Wojewodschaft" oder „Woiwodschaft") Opole (Oppeln). Dieses Wohngebiet liegt grenznah, aber nicht direkt an der Grenze zu Deutschland.

Für den Spracherhalt noch ungünstiger als die fehlende Angrenzung an einen deutschsprachigen Staat ist es, dass die ethnisch Deutschen in Polen in keiner Region, also auch nicht in der Woiwodschaft Opole, eine Mehrheit bilden. Sogar im Gebiet relativ höchster Konzentration erreicht ihr Anteil woiwodschaftsweit kaum mehr als 10% der Einwohner. Allerdings liegt der Anteil in 28 Gemeinden der Woiwodschaft Opole bei über 20% (Wikipedia „Deutsche Minderheit in Polen": 5).

Infolge der Verstreutheit und Minderzahl in den einzelnen Ortschaften ist der häufige Kontakt zur ethnisch polnischen und selbstverständlich polnischsprachigen Mehrheit unvermeidlich. Ebenso sind Mischehen häufig (ethnische Exogamie). Beides wirkt in Richtung Sprachumstellung auf die Mehrheitssprache (Polnisch), indem es die Bildung von Netzwerken unter Deutschsprachigen und damit die Anwendbarkeit und den Gebrauch der deutschen Sprache einschränkt.

Auch die ökonomische Stellung der deutschen Minderheit erleichtert den Spracherhalt nicht. Sie unterscheidet sich nach Lebensstandard oder Wirtschaftskraft nicht wesentlich von den Polen. Nachteilig für den Spracherhalt könnte zudem sein, dass die Bildungsschicht wegen überproportionaler Abwanderung nach Deutschland möglicherweise unterrepräsentiert ist; jedoch liegen mir dazu keine Daten vor. Andererseits haben die Angehörigen der deutschen Minderheit (aller Sozialschichten) seit über 20 Jahren ökonomische Vorteile durch leichtere Arbeitsmigration in die deutschsprachigen Länder. Eine der Grundlagen dafür ist die doppelte Staatsbürgerschaft (Lasatowicz/ Weger 2008: 154), die bis zum Jahr 2005 schon 288.000 polnischen Bürgern gewährt wurde (Wikipedia „Deutsche Minderheit in Polen": 11). Die Arbeitsmigration in einen deutschsprachigen Staat festigt die Deutschkenntnisse und motiviert zu ihrem Erwerb.

Das schon erwähnte, lang andauernde Verbot des Deutschsprechens nach dem Krieg (Kneip 1999: 156-247; Urban 2000: 67-100) bewirkte, dass in den meisten Familien fast nur noch Polnisch gesprochen wurde. Damit folgte die Weitergabe von Deutsch und Deutschkenntnissen weitgehend der 3-Generationen-Gesetzmäßigkeit: Die ältere Generation gebrauchte es und verfügte darüber noch aktiv, die mittlere Generation nur noch passiv, und die dritte Generation überhaupt nicht mehr.

Besonders nachhaltig in Richtung Sprachumstellung wirkte die Beschränkung des schulischen Deutschunterrichts, der speziell in Oberschlesien bis gegen 1990 gänzlich verboten war, sogar der Unterricht von Deutsch als Fremdsprache. Zur darauf folgenden politischen Wende trug die Gewerkschaftsbewegung Solidarność wesentlich bei, und Persönlichkeiten wie der erste nichtkommunistische Ministerpräsident Tadeusz Mazowiecki förderten die Annäherung an Deutschland (Kneip 1999: 256). Der vielleicht wichtigste Schritt war der *Vertrag zwischen der Republik Polen und der Bundesrepublik Deutschland über die Bestätigung der zwischen ihnen bestehenden Grenze* (14.11.1990; Kneip 1999: 262). Ihm folgte als breitere Rechtsgrundlage der *Vertrag zwischen der Bundesrepublik Deutschland und der Republik Polen über gute Nachbarschaft und freundschaftliche Zusammenarbeit* von 1991 (Lasatowicz/ Weger 2008: 157). Er erlaubte wieder sowohl den öffentlichen und privaten Gebrauch von Deutsch als auch deutsche Vor- und Familiennamen einschließlich der Rückgängigmachung von Polonisierungen (Kneip 1999: 264f.). Detaillierter auf die Minderheiten ausgerichtet war dann die *Europäische Charta der Regional- oder Minderheitensprachen*, der Polen beigetreten ist (Ratifizierung 12.02.2009, In-Kraft-Setzung 01.06.2009. Siehe conventions.coe.int/Treaty/Commun/ChercheSig.asp?NT=148&CM=&DF=&CL=GER – abgerufen 18.04.2013).

Seit den frühen 1990er Jahren ist „muttersprachlicher" Deutschunterricht erlaubt und auch in Oberschlesien – wie in ganz Polen – Unterricht in Deutsch als Fremdsprache. Ebenso ist die deutschsprachige Ausübung von Religion gestattet. Allerdings ist der so genannte Unterricht lange Zeit Unterricht von Deutsch als Fremdsprache (DaF) geblieben, mit nur 3 Wochenstunden (Kneip 1999: 270-272; Urban 2000: 154-158), und ist es größtenteils noch heutig. Dies ist bei der teilweise beeindruckenden offiziellen Statistik zu beachten. Laut Zentralem Statistischem Amt gab es im Schuljahr 2011/12 in Polen 299 Primarschulen mit 24.756 Schülern, 84 Sekundarstufen I-Schulen mit 5.566 Schülern und 7 Sekundarstufen II-Schulen mit 126 Schülern, in denen Deutsch unterrichtet wurde (Główny Urząd 2012: 147f.). Diese Mitteilung findet sich unter den Angeboten der „regional languages" für „national and ethnic minorities" (so die offizielle englische Übersetzung). Die *Deutsche Bildungsgesellschaft*, eine Institution der deutschen Minderheit in Polen, hat mir folgende Zahlen von Schulen mit Unterricht von Deutsch als Muttersprache (DaM) mitgeteilt (E-Mail Martyna Halek, 04.06.2013): in den Wojewodschaften Opele 148 Kindergärten, 202 Grundschulen, 56 Gymnasien, 2 Berufsschulen, 1 Lyzeum, 1 Technikum; in Śląskie (Schlesien) 28 Kindergärten, 101 Grundschulen, 26 Gymnasien; außerdem kleinere Zahlen in Lubuskie (Lublin), Warmińsko-mazurskie (Ermland-Masuren) und Pomorskie (Pommern). Diese Zahlen bedeuten allerdings nicht DaM-Unterricht auf allen Klassenstufen, geschweige denn in allen Klassen. Laut Verordnung des Bildungsministeriums umfasst dieser Unterricht 3 Wochenstunden Sprache und im Verlauf des 5. Schuljahres zusätzliche 30 Stunden Geschichte, Kultur und Geographie Deutschlands. Nach Auskunft von Martin Chichon (E-Mail 03.06.2013), der die Lehrpläne für letzteren Zusatzunterricht geschrieben hat, unterscheidet sich der DaM-Sprachunterricht meist nicht von DaF-Sprachunterricht, trotz unterschiedlicher Curricula, zumal viele Schüler teilnehmen, die nicht der deutschen Minderheit angehören – da die Eltern sich davon bessere Berufschancen für die Kinder versprechen. Daher ist Deutsch als Unterrichtssprache schon aufgrund unzureichender Sprachkenntnisse der Schüler so gut wie ausgeschlossen. Jedoch ließen sich nur durch solchen Unterricht, am besten in mehreren Fächern, wirklich gute Deutschkenntnisse erreichen.

An solchen zweisprachigen Schulen herrscht jedoch eklatanter Mangel. So existierte im Jahr 2013 in ganz Polen nur ein einziger zweisprachiger Kindergarten Polnisch – Deutsch (in der Woiwodschaft Opole) und eine einzige zweisprachige Grundschule (in der Woiwodschaft Śląskie) – beide gefördert aus Deutschland. Auf der Sekundarstufe war Deutsch nirgendwo Unterrichtssprache, sondern mit nur den mageren 3 Wochenstunden ausgestattetes Schulfach. Dieses Angebot hat der Europarat als nicht vereinbar mit der *Europäischen Charta der Regional- oder Minderheitensprachen* kritisiert. Zudem bemängelte er die Festlegung der Mindestschülerzahl für muttersprachlichen Deutschunterricht in der Sekundarstufe auf 14 Teilnehmer, im Gegensatz zu der angemessenen Zahl von 7 Schülern bei Kindergärten und Grundschulen. (Europarat 2011: 26f.) Auch eine geeignete Lehrerausbildung für Deutsch als Minderheitssprache (Muttersprache) existiert bislang nicht. Nur im Bereich der katholischen Kirche ist Deutsch in zweisprachigen Messen und anderen Formen etabliert (Kneip 1999: 283-289).

Durchgängige Unterrichtssprache ist Deutsch nur in der einzigen deutschen Auslandsschule in Polen, der Willy-Brandt-Schule in Warschau, die jedoch vom Siedlungsgebiet der deutschen Minderheit zu weit entfernt ist. Sie führt vom Kindergarten (ca. 75 Schüler) bis zum Abschluss der Sekundarstufe II (ca. 180 Schüler) und hat auch einen polnischen Zweig, in dem aber „die Schüler mit Beginn der 10. Klasse das sprachliche Niveau deutscher Muttersprachler erreicht haben müssen, um gemeinsam mit ihren Mitschülern des deutschsprachigen Zweiges am Deutschunterricht der 10. Klasse teilnehmen zu können." (www.wbs.pl/ – abgerufen 19.04.2013)

Auch die deutschsprachigen Studiengänge an polnischen Hochschulen sind nicht in erster Linie für die deutsche Minderheit gedacht (www.studieren-in-polen.de/132,1,sprache.html – abgerufen 06.05.2013). Allerdings hat mir Maria Lasatowicz geschrieben, dass an dem von ihr geleiteten Germanistischen Institut an der Universität Opole (Oppeln), das 1990 gegründet wurde, inzwischen „gegen 2000 Absolventen das fünfjährige Germanistikstudium beendet" haben, von denen „die meisten, gegen 90% [...] Kinder der deutschen Minderheit" sind, die nun in Polen „in den Schulen, Massenmedien, [...] beim Verband der deutschen sozial kulturellen Gesellschaften" und „in der Wirtschaft als Dolmetscher" wirken. „Sie helfen die Generationslücke zu füllen, die sprachlichen und kulturellen Traditionen der Grosseltern aufzunehmen und weiter zu pflegen." (E-Mail 28.05.2013)

Indes sind die Institutionen, die der deutschen Minderheit zur Verfügung stehen, nach wie vor bescheiden, besonders die Ausstattung mit Medien (Kneip 1999: 279-283). Vor allem gibt es keine Tageszeitung – jedoch immerhin das zweisprachige *Wochenblatt.pl*, mit den Beilagen „Schlesisches Wochenblatt" und „Oberschlesische Stimme", sowie die Beilage „Heimat" zur ebenfalls wöchentlichen Zeitung *Nowa Trybuna Opolska*, die alle in Oppeln erscheinen. Akstinat (2012/13: 200-211) nennt für Polen sogar insgesamt 52 Periodika mit deutschsprachigen Anteilen, einschließlich Tourismusbroschüren, aber keineswegs nur für die deutsche Minderheit. Im Rundfunk gibt es einzelne kurze Zeitfenster in Deutsch, darunter z.B. „Schlesien Aktuell" (Montag bis Freitag 15 Minuten); eines auch im Fernsehen: „Schlesien Journal" (2 Mal die Woche, je 11 Minuten), dessen Sendungen auch auf YouTube zu sehen sind (alle Angaben für 2013, Mitteilung Werner Jost und Karl-Georg Stephan). Auffällig sind seit den 1990er Jahren die Satellitenantennen und -schüsseln für den Empfang von Fernseh- und Radiosendungen aus den deutschsprachigen Staaten, vor allem Deutschland.

Bemerkenswert ist auch, dass Deutsch seit 2012 verschiedentlich den Status einer örtlichen Amtssprache hat (Hinweis Karina Schneider-Wiejowski). Dies wird von 22 Ortschaften berichtet, die wegen eines deutschen Anteils an der Bevölkerung von mindestens 20% für zweisprachig erklärt wurden (z.B. Biała/ Zülz, ..., Walce/ Walzen – Beispiele vom Anfang und Ende der alphabetischen Reihenfolge). Dort sind für Rathäuser deutschsprachiges Personal und Formulare in deutscher Sprache vorgesehen („Steinbach: Polens Regierung macht Hausaufgaben nicht", *RP* 14.11.2012). Über die Verwirklichung lagen mir keine Daten vor.

Auch eine deutschsprachige Landschaft bildet sich zaghaft, jedenfalls in Form zweisprachiger Ortsschilder, über die inzwischen 19 Gemeinden verfügen (Polnisch oben, Deutsch unten, in gleich großer Schrift). Solche – in den deutsch-polnischen Verträgen nicht vorgesehenen – Ortsschilder bedürfen der Zustimmung der Gemeinderatsmehrheit und sogar des Innenministeriums. Vereinzelt wurden auch zweisprachige Bahnhofsschilder errichtet. Allerdings gerieten die deutschen Ortsnamen teilweise zum Zankapfel, weil manche erst in der Nazi-Zeit durch Germanisierung zuvor slawischer Namen entstanden sind. Verschiedentlich wurden deutschsprachige Aufschriften auf Orts- und Bahnhofsschildern durch Vandalismus zerstört (Wikipedia „Deutsche Minderheit in Polen": 8-10; zum Streit um Orts- und Straßennamen Urban 2000: 159-163).

Die – wenngleich mäßigen – Erfolge der Wiedereinführung von Deutsch wären nicht möglich gewesen ohne wirksame politische Vertretung der deutschen Minderheit. Sie ist sogar im Sejm, dem nationalen Parlament, vertreten; 1 Abgeordneter ist bei Aufhebung der 5%-Klausel garantiert (Urban 2000: 121-128). Außerdem stellt die deutsche Minderheit 24 Bürgermeister und ist in 278 Gemeindeselbstverwaltungen vertreten (Mitteilung Werner Jost). Hinzu kommen – rechtlich garantierte – eigene Interessenverbände in größerer Zahl, die sich 1991 zusammenschlossen zum „Verband der deutschen sozial-kulturellen Gesellschaften in Polen (VdG)", mit rund 200.000 Mitgliedern. Engagierter Vorsitzenden ist seit 2009 Bernard Gaida, der sich in Fortsetzung einer schon zuvor eingeleiteten Kurswende weniger um die große Politik in Warschau kümmern möchte als um die eigenen Schulen vor Ort, um Sprachkenntnisse und Identität zu festigen („Neuanfang in Polen"; „Kurswechsel": *FAZ* 12.05.2009: 6 bzw. 23.05.2009: 12; de.wikipedia.org/wiki/Verband_der_deutschen_sozial- kulturellen_Gesellschaften_in_Polen – abgerufen 20.04.2013).

Ein Beispiel erfolgreicher Interessenvertretung ist die verhinderte Schließung einer zweisprachigen Grundschule im Stadtteil Studzienna (Studen) der Stadt Racibórz (Ratibor), die nicht zu den offiziell zweisprachigen Ortschaften zählt. Dabei hat Hilfe aus dem Ausland zum Erfolg beigetragen, nämlich der in Bonn ansässigen „Gesellschaft zur Unterstützung der Deutschen in Schlesien,

Ostbrandenburg, Pommern, Ost- und Westpreußen e. V. (AGMO)" (AGMO e.v. 2012 – Material von Karina Schneider-Wiejowski). Außer von privaten Organisationen und Stiftungen erhält die Minderheit auch staatliche Unterstützung aus Deutschland für Spracherhalt-Bemühungen, ideell durch Stellungnahmen politischer Organe Deutschlands, auch des Bundestages, und materiell von Mittlerorganisationen Auswärtiger Kulturpolitik wie dem Institut für Auslandsbeziehungen (ifa) und dem Goethe-Institut (Goethe-Institut 2011: 12; weitere Beispiele in Scholtz-Knobloch 2002; 66-69; AGMO e.v. 2012: 79-92).

Für den Spracherhalt besonders wichtig sind die Kontakte nach Deutschland und auch Österreich durch Arbeitsmigration, Studien- und Praktika-Aufenthalte sowie Verbindungen zu dorthin ausgewanderten Freunden und Verwandten. Dagegen ist der Tourismus in beide Richtungen nur wenig entwickelt. Ebenso mangelt es bislang an Niederlassungen deutscher oder österreichischer Firmen in den Minderheitsgebieten.

Unter den gegebenen Umständen bleibt die Rückumstellung auf Deutsch als zweite Muttersprache, natürlich unter Beibehaltung von Polnisch, schwierig. Geradezu aussichtslos erscheint mir die Rückkehr zum traditionellen Dialekt, die das ethnische Bekenntnis zu Schlesisch nahelegt, da ihm die praktische Brauchbarkeit für Kontakte zu den deutschsprachigen Staaten fehlt. Diese Kontakte bedürfen des Standarddeutschen – auch als Kontaktdeutsch (Földes 2005), mit Entlehnungen und Transferenzen aus dem Polnischen. Erst seine Beherrschung eröffnet die mit solchen Kontakten verbundenen Chancen und die Möglichkeit der identifizierenden Zuordnung zur deutschen Sprachgemeinschaft im weiten Sinn (dazu Kap B.3). Der Erhalt von Deutsch neben Polnisch könnte zusätzlich begünstigt werden durch die, wenn auch geschwächte, internationale Stellung der deutschen Sprache. Allerdings ist für global orientierte polnische Bürger Englisch attraktiver, was – wie bei allen deutsch(sprachig)en Minderheiten – dem Deutscherhalt abträglich sein kann. Maria Lasatowicz hat mir dazu mitgeteilt: „[I]mmer weniger Kinder wollen Deutsch lernen, Englisch wird bevorzugt, die bilingualen Klassen in den Oberschulen werden geschlossen." (E-Mail 28.05.2013) Unter diesen Bedingungen wird auch die Rückumstellung auf Deutsch als tatsächliche Familiensprache (neben Polnisch, das selbstverständlich erhalten bleibt), also als funktionale und nicht nur symbolische Muttersprache, eine echte Herausforderung (vgl. Fishman 2001c: 466). Sie bedarf eines umfassenderen Schulangebots mit Deutsch als Unterrichtssprache, als sich bisher abzeichnet, und zwar – nach Einschätzung von Maria Lasatowicz (E-Mail 28.05.2013) – beginnend „mit ganz konkreten Maßnahmen" schon „auf der Ebene des Kindergartens". Dass sich ein solches Angebot bei entsprechender Toleranz der Mehrheit und Entschlossenheit der Minderheit durchaus verwirklichen lässt, auch bei verstreuter Ansiedlung, zeigt das Beispiel Dänemarks (Kap. E.4.2).

4.5 Tschechien

Wie im Falle von Polen, so ist auch die Geschichte der deutsch(sprachig)en Minderheit in Tschechien kaum dramatischer oder tragischer vorstellbar. Aus deutscher oder österreichischer Sicht blickt man zurück auf eine ruhmvolle Geschichte deutscher Sprache im Gebiet des heutigen Tschechien, die gefeiert wird mit Topoi wie vom Prager Kanzleideutsch Karls IV. (1316-1378; römisch-deutscher König ab 1346; Kaiser 1355-1365) oder Prag als ältester deutschsprachiger Universität (Gründung 1348) bis zu den weltberühmten Autoren noch des 20. Jh.s, wie Franz Kafka und Emigranten wie Franz Werfel. Aus tschechischer Sicht war es dagegen eher eine Geschichte deutscher sprachlicher Dominanz, gegen die schon früh, und ganz entschieden seit dem 19. Jh., aufbegehrt wurde. Als Ergebnis dieses Aufbegehrens entstand nach dem Ersten Weltkrieg die Tschechoslowakei als autonomer Staat. Dieser umfasste eine große deutschsprachige Minderheit, vor allem die „Sudetendeutschen" im Westen, aber auch die Deutschsprachigen im Norden am Iser-, Riesen- und Adlergebirge, deren Integration sich als schwierig erwies. Jahren der Spannung folgten schließlich die Annexion des deutschsprachigen westlichen Teils der Tschechoslowakei im Jahr 1938 und bald darauf die Okkupation des ganzen Staates durch Nazi-Deutschland, mit demütigender Aufoktroyierung der deutschen Sprache (Scholten 2000a: 134-200; 2000b; Kap. L.2). Nach dem Krieg kehrte sich die Stoßrichtung um, mit der Zwangsaussiedlung aller Deutsch(sprachig)en, außer Antifaschisten, Partnern in ethnisch gemischten Ehen und gewissen Fachkräften (Näheres z.B. in Tišerová 2008: 179-189; Stevenson/ Carl 2010: 50-66). Heute sind beide Sprachen und Kulturen schärfer geschieden, als es angesichts der langen gemeinsamen Geschichte und unmittelbaren Nachbarschaft vorstellbar erscheint. Ähnlich wie in Polen und teilweise in Frankreich (Kap. E.4.4; E.4.3) spielen in die Sprachenpolitik Tschechiens vielleicht noch Sorgen vor Ansprüchen aus Deutschland, in diesem Fall auch aus Österreich, herein, die sich aber durch die Gemeinsamkeit in der EU verlieren dürften. Informative Übersichten, teilweise auch speziellere Darstellungen zum Thema dieses Kapitels finden sich in Tišerová 2008, worauf ich mich beim Folgenden hauptsächlich stütze; Povejšil 1997; Nekvapil 1997a; 2000; 2003a; b; Nekvapil/ Neustupný 1998: 123f.; Stevenson 2000a: 118-121; Goethe-Institut Prag 2001; Zich 2001; Wassertheurer 2003; Dovalil 2006; Kamusella 2009: 714-802; Stevenson/ Carl 2010; Wikipedia-Artikel „Deutsche Minderheit in Tschechien" – abgerufen 12.04.2012; wichtige zusätzliche Hinweise erhielt ich von Viték Dovalil).

In Bezug auf die hier zu skizzierende Minderheit spricht man eher von den „Deutschen" im ethnischen Sinn oder von der deutschen „Nationalität" als von den „Deutschsprachigen", was meine Einklammerung oben andeuten soll. Die Rede von den „Deutschen" oder von der „deutschen Minderheit" darf keinesfalls im staatsbürgerlichen Sinn missverstanden werden. Selbstverständlich handelt es sich heute durchgehend um Bürger des tschechischen Staates. Vor dem Zweiten Weltkrieg waren alle ethnisch Deutschen auch deutschsprachig, mit Deutsch als Muttersprache, und viele Tschechen sprachen zusätzlich zur Muttersprache ebenfalls Deutsch. Heute sind jedoch mehr Bürger Tschechiens ethnisch deutsch (nach eigenem Bekenntnis oder auch nach Eintrag im Pass) als deutschsprachig, obwohl sich vermutlich die meisten zu Deutsch als Muttersprache bekennen. Stevenson/ Carl (2010: 200) sprechen, aufgrund der Analysen von Sprachautobiographien – bei den Deutschen in Tschechien wie in Ungarn – von der „wider cultural identification with the ‚German-speaking world' following the 1989 *Wende*."

Von den annähernd 3 Mio. einstigen (ethnisch) Deutschen (alle, wie gesagt, mit Deutsch als Muttersprache), die um 1938 in der damaligen Tschechoslowakei lebten, waren 1947 infolge der Zwangsaussiedlung nur noch ca. 180.000 übrig. Ihre – nach Bekenntnis festgestellte – Zahl schrumpfte danach ständig weiter, und zwar mehr infolge von Abwanderung nach Deutschland als durch ethnische Umbekennung. 1980 belief sie sich noch auf ca. 62.000. Bei der Volkszählung 2001 bekannten sich noch 41.328 zur „Erstsprache" Deutsch und 39.106 zur „deutschen Nationalität", und bei der letzten Volkszählung, 2011, nur noch 14.148 zur Erstsprache Deutsch und 18.658 zur deutschen Nationalität (Hinweis Dovalil). Somit darf man davon ausgehen, dass im Jahr 2013 (bei Abfassung dieses Berichts), beide Zahlen unter 20.000 lagen. Bemerkenswert ist die Umkehrung des Zahlenverhältnisses ‚Sprecher – Nationalitätsangehörige' zwischen 2001 und 2011, die zusätzlich zu dem dramatischen Schwund beider Zahlen auf die fortschreitende Sprachumstellung von der Muttersprache Deutsch auf die Muttersprache Tschechisch schließen lässt. Als Teil des Schwundes in den 1990er Jahren muss man berücksichtigen, dass sich die Slowakei, mit ebenfalls einer deutschen Minderheit, 1992 von Tschechien abgespalten hat (www.czso.cz/csu/2008edicniplan.nsf/engt/24003E05E7/$File/403 2080117.pdf – abgerufen 17.04.2013; auch Tišerová 2008: 176f., 196, 241). Dort werden noch ca. 6.000 Deutsche („Karpatendeutsche") angenommen (de.wiki pedia.org/wiki/Deutschsprachige_Minderheiten – abgerufen 16.04. 2010; siehe auch Plewnia/ Weger 2008). Jedoch scheint die gänzliche Umstellung auf Slowakisch weit fortgeschritten zu sein, wie aktuelle Meldungen – unter Kritik an der slowakischen Minderheitspolitik – mitteilen, z.B. „Deutsche Sprache kämpft in der Slowakei ums Überleben" (www.europeonline-magazine.eu/deutsche-sprache-kaempft-in-der-slowakei-ums-ueberleben_2772 61.html – abgerufen 25.04.2013, Hinweis Werner Voigt). Aktuelle Zahlen über den Gebrauch der deutschen Sprache bei der deutschen Minderheit in Tschechien oder über das Kompetenzniveau lagen mir nicht vor. Jedoch scheint unter der verbliebenen Minderheit eine ausgesprochen positive Einstellung zur deutschen Sprache verbreitet zu sein (Tišerová 2008: 219-229).

Das Siedlungsgebiet der Minderheit liegt an der Grenze zu Deutschland: im nördlichen Egerland, um Sokolov (Falkenau), im Großraum Karlovy Vary (Karlsbad) und um Ústi nad Labem (Aussig an der Elbe) sowie an der Grenze zu Polen um Liberec (Reichenberg) und Ostrava (Ostrau). Allerdings kann von einem geschlossenen Siedlungsgebiet keine Rede sein (Karten in Duschanek 1997a; Tišerová 2008: 171). Selbst im Gebiet größter Konzentration erreicht der Anteil an der Bevölkerung in keinem Landkreis auch nur 5% (ebd.: 178f.). Im oben genannten Wikipedia-Artikel „Deutsche Minderheit in Tschechien" werden 18, durchgehend sehr kleine Ortschaften genannt mit einem Anteil von „Deutschen" über 10%. Daher sind die Kontakte zur tschechischen Mehrheit intensiv. Ebenso ist ethnisch-sprachliche Exogamie häufig. Die Bildung von deutschsprachigen Netzwerken (Kontakte unter Deutschsprachigen) und damit die Anwendbarkeit und der Gebrauch der deutschen Sprache sind dadurch erschwert.

Es gibt auch keine sprachliche Landschaft in Deutsch, allenfalls einzelne Hinweise für Touristen. Ebenso wenig existieren zweisprachige Ortsschilder. Alle ehemals deutschsprachigen Ortsnamen sind amtlich vollständig auf Tschechisch umgestellt.

Ungünstig für die Pflege der deutschen Sprache ist überdies, dass die deutsche Minderheit sozial und wirtschaftlich eher schlechter gestellt ist als die tschechische Mehrheit. Ein Großteil sind Arbeiter. Die Bildungselite ist unterrepräsentiert, nicht zuletzt aufgrund von Abwanderungen, vor allem um 1968, der Zeit des „Prager Frühlings", und nach 1989 (Tišerová 2008: 177-179).

In den Familien vollzog sich nach dem Krieg die Sprachumstellung von Deutsch auf Tschechisch weitgehend nach der 3-Generationen-Gesetzmäßigkeit: Für die bis 1938 Geborenen war Deutsch einzige oder vorrangige Familiensprache, die nach 1939 Geborenen lernten es noch verstehen, und den nach 1980 Geborenen wurde es in der Familie fast gar nicht mehr vermittelt – jedoch lernte es ein Teil davon dann in der Schule, meist nach Art einer Fremdsprache (dazu, etwas anders akzentuiert, ebd.: 203).

Lange Zeit herrschte unter der ethnisch tschechischen Bevölkerung allgemein eine ausgesprochen feindselige Stimmung gegen alles Deutsche, auch gegen den Gebrauch der Sprache. Ziel der staatlichen Politik war die vollständige sprachlich-kulturelle Assimilation. Vor allem wurde der öffentliche Gebrauch der deutschen Sprache unterbunden. Er bleibt auch heute, wenngleich vor allem wegen des geringen Bevölkerungsanteils ihrer Sprecher, beschränkt auf Minderheitsveranstaltungen, und auch dort mehr auf die symbolische als eine wirklich kommunikative Funktion.

Eigene Schulen hat die Minderheit nur in sehr beschränktem Umfang, obwohl Deutsch als Unterrichtssprache seit 1968 zugelassen ist. Erst 1991 wurde eine zweisprachige Klasse mit Deutsch und Tschechisch an einer staatlichen Grundschule in Český Krumlov (Krummau) eingerichtet, der später einzelne Grundschulen folgten. Die Barriere für die Einrichtung solcher Klassen war früher höher als für deutsche Minderheiten in manchen anderen Staaten, z.B. in Dänemark oder auch Polen (Kap. E.4.2; E.4.4), da für die Einrichtung von Klassen mit Deutsch als Unterrichtssprache im Allgemeinen mindestens 30 Schüler verlangt wurden (Stevenson/ Carl 2010: 65; Neustupný/ Nekvapil 2003). Im neuen Schulgesetz (Nr. 561/2004 SL, vor allem § 14, Abs. 2 und 3) ist diese Forderung jedoch deutlich abgeschwächt. Nun werden für Minderheitssprach-Klassen in Kindergärten nur noch mindestens 8, in Grundschulen 10 und in Mittelschulen 12 teilnehmende Schüler gefordert. Für die Umstellung der ganzen Schule auf die betreffende Unterrichtssprache werden in Kindergärten insgesamt mindestens 8, in Grundschulen im Durchschnitt pro Klasse 12 und in Mittelschulen im Durchschnitt pro Klasse 15 teilnehmende Schüler verlangt (Hinweis Dovalil). Wie viele Klassen oder ganze Schulen unter diesen Bedingungen Deutsch als Unterrichtssprache erhalten haben, konnte ich nicht ermitteln.

Erwähnenswert ist noch, dass es seit 1991 auch eine kleine private deutsch-tschechische Grundschule in Prag gibt, die allerdings weniger der Minderheit als deutschen Expatriates dient (Kap. E.5). Dasselbe gilt für das Thomas-Mann Gymnasium in Prag, das ca. 150 Schüler besuchen. Dort ist Deutsch vorrangige Fremdsprache, und „[e]inige Fächer, wie Mathematik, Geographie, Biologie, Deutsche Geschichte, Deutsche Literatur und Kunstgeschichte werden teilweise auf Deutsch unterrichtet." (www.pasch-net.de/par/spo/eur/tcr/de3348851.htm – abgerufen 22.04.2013; Tišerová 2008: 197f.) Dieselbe Klientel hat die „Deutsche Schule Prag", mit knapp 450 Schülern, die 1989 von der DDR gegründet und später vom vereinigten Deutschland übernommen wurde. Es ist eine „Deutsche Auslandsschule" (vgl. Kap. K.3) in Form einer deutsch-tschechischen „Begegnungsschule", mit privater Trägerschaft und Unterstützung vom deutschen und tschechischen Staat. Sie führt vom Kindergarten bis zum Abitur und hat neben Deutsch als Unterrichtssprache auch einen tschechischsprachigen Zweig, in dem Deutsch aber obligatorisches Schulfach ist (www.dsp-praha.org/die-schule-stellt-sich-vor/ – abgerufen 16.04.2013). Auch das Österreichische Gymnasium Prag (dazu Kap. L.4), mit knapp 200 Schülern, ist nicht für die deutsche Minderheit gedacht.

An deutschsprachigen Medien sind vor allem die wöchentlich erscheinende *Prager Zeitung* (Aufl. 15.000) zu nennen sowie die 14-tägige *LandesZeitung der Deutschen in der Tschechischen Republik* (Aufl. 2500), die speziell die Minderheit anspricht (www.pragerzeitung.cz/; www.landeszeitung.cz/ – abgerufen 16.04. 2013). Darüber hinaus gibt es diverse fachliche und touristische Blätter; Akstinat (2012/13: 276-282) nennt für 2012 insgesamt 25 Titel.

Für die Rechte der deutschen Minderheit ist es wichtig, dass Tschechien die *Europäische Charta der Regional- oder Minderheitensprachen* sowohl ratifiziert als auch in Kraft gesetzt hat (15.11.2006 bzw. 01.03.2007. Siehe conventions.coe.int/Treaty/Commun/ChercheSig.asp?NT=148&CM=&DF=&CL=GER – abgerufen 15.04.2013; zu sonstigen Minderheitsrechten, auch speziell der deutschen Minderheit, in Tschechien Dovalil 2006; Stevenson/ Carl 2010: 68-74). Die deutsche Minderheit hat auch das Recht auf einen eigenen Interessenverband, der sich schon vor geraumer Zeit zu entwickeln begann. Nachdem 1968 die damalige Tschechoslowakei die Existenz einer deutschen Minderheit schließlich anerkannte, wurde 1969 ein „Kulturverband der Bürger Deutscher Nationalität der ČSSR" gegründet, in dessen Rahmen auch der Gebrauch der eigenen Muttersprache möglich war. Nach 1989 entstanden Verbände in den Regionen, 1990 als Dachorganisation der „Verband der Deutschen" (in Nachfolge des Kulturverbandes) und schließlich 1993, nach Abspaltung der Slowakei, zusätzlich die „Landesversammlung der Deutschen in Böhmen, Mähren und Schlesien", so dass heute zwei Dachverbände und mehrere Regionalverbände existieren, mit insgesamt ca. 8.500 Mitgliedern. Die Zusammenarbeit ist zwar harmonisch, aber aufgrund der Streusiedlung nicht einfach.

Die Arbeit der Verbände wird jedoch erleichtert durch Förderung aus Deutschland und auch Österreich, nicht zuletzt über „Begegnungszentren" mit geeigneten Räumlichkeiten, die aufgrund eines Vertrags zwischen Deutschland und der damaligen ČSSR aus dem Jahr 1992 erstellt wurden. (Tišerová 2008: 191-194) Beteiligt an der Förderung sind vor allem das Goethe-Institut, mit einem Voll-Institut in Prag und in Zusammenarbeit mit verschiedenen Partnerbibliotheken (in Plzeň (Pilsen), Olomouc (Ölmütz), Brno (Brünn), Liberec (Reichenberg) und Ostrava (Ostrau); www.goethe.de/ins/cz/pra/net/dls/deindex.htm – abgerufen 16.04.2013). Auch das Institut für Auslandsbeziehungen (ifa) in Stuttgart beteiligt sich an der Förderung der deutschen Minderheit (www.ifa.de/ foerderung/integration-und-medien/foerdern-durch-projekte/foerderschwerpu nkte.html – abgerufen 06.05.2013).

Die Arbeit der Verbände beschränkt sich nicht auf kulturelle nationale Veranstaltungen, sondern erstreckt sich auch auf Kontakte mit Partnerstädten in

Deutschland und Österreich. Die Grenzlage erleichtert solche Beziehungen, auch zwischen Bildungseinrichtungen. Zusätzlich verleiht ein nicht unbedeutender Tourismus aus dem nahen Deutschland und Österreich, besonders um Karlovy Vary (Karlsbad), Mariánské Lázně (Marienbad) und Cheb (Eger), der deutschen Sprache eine gewisse Präsenz.

Weitere Stützen für Deutsch, die noch gestärkt werden könnten, sind Studienaufenthalte und Arbeitsmöglichkeiten in den deutschsprachigen Staaten und – vielleicht noch wichtiger – Berufschancen bei Joint Ventures oder Niederlassungen deutscher Firmen in Tschechien. Ein wirtschaftlich besonders erfolgreiches Beispiel ist Škoda, mit der Muttergesellschaft Volkswagen. Dort werden Deutschkenntnisse in der Regel geschätzt – wenn auch die tschechische Seite eine dominante Stellung der deutschen Sprache in Betrieben auf tschechischem Boden ablehnt (dazu Höhne/ Nekula 1997; Möller/ Nekula 2002; Nekula 2002; Nekula/ Šichová 2004; Nekula/ Nekvapil/ Šichová 2005a; b; Nekula/ Marx/ Šichová 2009). Sicher wirkt im gelegentlichen Widerstand gegen zu viel Deutsch die schmerzliche Geschichte österreichischer und deutscher Bevormundung nach.

Die deutsche Sprache wird sowohl von der Minderheit als auch Teilen der Bevölkerungsmehrheit als nützlich eingeschätzt, obwohl allgemein bekannt ist, dass ihre internationale Stellung heute nicht nur weltweit, sondern sogar innerhalb Europas weit bescheidener ist als die des Englischen. Daher ist inzwischen Englisch auch in Tschechien die wichtigere Fremdsprache. Jedoch rangiert Deutsch nach der Gesamtzahl der Lerner in Tschechien an zweiter Stelle (Dovalil 2006: 113f.). Vielleicht neigen auch Angehörige der deutschen Minderheit eher aus instrumentellen als aus identifikatorischen Motiven (Kap. K.8) zum Deutschlernen, nach der Sozialisation in der Familie, als eine Art Fremdsprache.

Inwieweit Deutsch wieder als nicht nur bekundete Muttersprache, sondern wirkliche Familiensprache, etabliert werden kann, selbstverständlich neben Tschechisch, ist ungewiss. Jedenfalls erscheint mir dies kaum möglich in der Form des traditionellen Dialekts, da dessen praktische Anwendbarkeit zu beschränkt ist. Eine Zukunft hat vermutlich nur das Standarddeutsche, auch als Kontaktdeutsch (Földes 2005), mit Entlehnungen und Transferenzen aus dem Tschechischen. In dieser Form bestehen aber aufgrund der Kontaktmöglichkeiten und Berufsperspektiven durchaus realistische Erhaltaussichten. (Tišerová 2008: 199-231 passim)

Dabei wird es auf eine Förderung des Spracherhalts ankommen, die der ungünstigen Siedlungsstruktur und Demographie Rechnung trägt. Eine Rückumstellung auf Deutsch als vorherrschende Familien- und Muttersprache ist jedoch – außer in besonderen Fällen – nicht zu erwarten (vgl. zu möglichen Stationen dorthin Fishman 2001c: 466). Auch der Erhalt oder die Etablierung neben Tschechisch oder diesem untergeordnet bedarf wesentlicher Verbesserungen des Schulangebots, vor allem weit mehr Deutsch als Unterrichtssprache. Wie das Beispiel Dänemarks zeigt (Kap. E.4.2), ist der Erhalt einer Minderheitssprache auch bei Streusiedlung und geringem Bevölkerungsanteil der Minderheit durchaus möglich. Allerdings bedarf es dazu eines entschlossenen Spracherhaltungswillens der Minderheit selbst und der ideellen und finanziellen Unterstützung sowohl des eigenen Staates als auch mindestens eines deutschsprachigen Staates. Im vorliegenden Fall wären Deutschland und Österreich gefordert.

4.6 Ungarn

Die Geschichte der deutschen Minderheit in Ungarn gleicht sowohl hinsichtlich der stolzen Tradition als auch des Schicksals in neuerer Zeit anderen deutschen Minderheiten in Ostmitteleuropa (gründlich und ausführlich Seewann 2012, Bd. 1: *Vom Frühmittelalter bis 1860*, Bd 2: *1860 – 2006*). Die Ansiedlung im größeren Gebiet der Pannonischen Tiefebene (Karpatenbecken) reicht zwar ins Mittelalter zurück; im heutigen Ungarn wanderte das Gros der Deutschen jedoch erst im 18. Jh. ein. Schon im 19. Jh. gerieten die Deutschen unter starken Magyarisierungsdruck, weshalb Teile, vor allem der städtischen Bildungsschicht, sich auf Ungarisch als Familien- und Muttersprache umstellten. Der größere Teil, vor allem der bäuerlichen Schicht, stabilisierte sich jedoch sowohl ethnisch als auch sprachlich und konnte nach dem Ersten Weltkrieg, in dem durch den Vertrag von Trianon (1920) beschnittenen Ungarn, in geschlossenen Siedlungen auf dem Land ihre Eigenart erhalten. Dem folgten jedoch tiefe Einbrüche nach dem Zweiten Weltkrieg (Knipf-Komlósi 2008: 270-277; Stevenson/ Carl 2010: 50-66).

Den nachhaltigsten Verlust bewirkte die umfangreiche Zwangsaussiedlung nach dem Zweiten Weltkrieg. Sie betraf Personen, die sich bei der Volkszählung von 1941 zur deutschen Nationalität oder Muttersprache bekannt (Stevenson/ Carl 2010: 52, 52) oder die Magyarisierung ihres Namens rückgängig gemacht oder im Krieg zu einer bewaffneten deutschen Formation gehört hatten. Völkerrechtlich war die Ausweisung legitimiert durch Artikel XIII des Potsdamer Abkommens zur Umsiedlung der deutschen Bevölkerung aus Ungarn (sowie Polen und der Tschechoslowakei). Die Volkszählung von 1941 hatte rund 477.000 Personen deutscher Muttersprache ermittelt, von denen sich 300.000 zur deutschen Nationalität bekannten. Davon wurden zunächst ca. 130.000 nach Westdeutschland bzw. die spätere BRD ausgesiedelt und danach noch weitere 50.000 nach Ostdeutschland bzw. die spätere DDR (Wikipedia-Artikel „Ungarndeutsche"). Jedoch sind diese Angaben überprüfungsbedürftig (Hinweis Knipf-

Komlósi). Überblicksdarstellungen zur Geschichte und Gegenwart wie auch zu spezielleren Fragen der Ungarndeutschen finden sich in Knipf-Komlósi 1988; 2001; 2003; 2006; 2008 – worauf ich mich für das Folgenden hauptsächlich stütze; Hutterer 1991; Wild 1985; 1992 (Deutschunterricht); Seewann 1994; 2012; Eichinger 1995; Erb 1994; 1995; 2010; Erb/ Knipf-Komlósi; Hessky 1995; Manherz 1998; Bradean-Ebinger 1999; Fenyvesi 1998; Földes 2001a; 2001b; 2004b; Kern 1999a; b; Deminger 2004; Gerner 2006; Kontra 2006; Kamusella 2009: 645-713; Maitz/ Sándor 2009; Stevenson/ Carl 2010; Müller 2010a; b; 2012; Wikipedia-Artikel „Ungarndeutsche": de.wikipedia.org/wiki/Ungarndeutsche – abgerufen 07.05. 2013. Wichtige weitere Hinweise erhielt ich von Elisabeth Knipf-Komlósi und Márta Müller.

Die Selbstbezeichnung der Minderheit als „Ungarndeutsche" (mit Varianten wie „Deutsche in Ungarn") verrät die ethnische Identität (zur Identitätsbildung der Ungarndeutschen Gerner 2006). Speziellere Selbstbezeichnungen, wie vor allem als „Schwaben" (nur im Ausland „Donauschwaben"), sind Hyponyme (für Unterbegriffe), deren Zuordnung zur Ethnie (Volksgruppe/ Nationalität) der Deutschen jedoch außer Zweifel steht. Auch seitens der Bevölkerungsmehrheit, der Titularnation der Ungarn, ist diese Zuordnung, auch der „Schwaben", gängig. Auch Personen vom Umfeld der „Schwaben" werden diesen oft zugeordnet, obwohl sie sich selbst gar nicht als solche sehen (Seewann 2012, Bd. 2: 411). Viele Angehörige der deutschen Ethnie, vor allem der zwischen 1950 und 1980 Geborenen, sind nicht mehr deutschsprachig im Sinne sicherer Beherrschung oder regelmäßigen Gebrauchs einer Varietät der deutschen Sprache. Außerdem bekennt sich nur eine Minderheit zu Deutsch als Muttersprache, auch wenn sie ihre Deutschkenntnisse als immerhin „ganz gut" oder „mittelmäßig" einstufen (ebd: 409). Dabei haben sich die Deutschkenntnisse in neuerer Zeit verbessert, während der Deutschgebrauch eher abgenommen hat (ebd: 411). Bei mangelnden Deutschkenntnissen und aufgrund der bei allen Minderheitsangehörigen selbstverständlichen ungarischen Staatsbürgerschaft sind sich manche auch unsicher bezüglich der ethnischen Zuordnung („schwebende" Identität; Kap. B.3) oder bekennen sich zu doppelter ethnischer Identität (deutsch + ungarisch). Daher kann sogar, wie die Zahlen im nächsten Abschnitt belegen, das Bekenntnis zur Muttersprache Deutsch kombiniert sein mit dem Nicht-Bekenntnis zur deutschen Ethnie. Womöglich unterscheiden die Informanten nicht immer klar zwischen Staatsbürgerschaft und Ethnie, so dass ihnen die ungarische Staatsbürgerschaft mit der Zugehörigkeit zur deutschen Ethnie unvereinbar erscheint (zu Unsicherheiten der nationalen und ethnischen Identität bei Ungarndeutschen Gerner 2006: 157-161). Im Sinne meiner vorausgehenden begrifflichen Festlegung liegt jedoch beim Bekenntnis zu Deutsch als Muttersprache immerhin eine „deutschsprachige Identität" vor (siehe Kap. B.3; A.3). Die doppelte Staatsbürgerschaft (Ungarn + Deutschland oder Österreich) ist bei Ungarndeutschen ungewöhnlich (Hinweis Knipf-Komlósi); aber Daten lagen mir dazu nicht vor.

Das Bekenntnis zur deutschen Ethnie war im Verlauf der neueren Geschichte politisch sensibel, weshalb die ermittelten Zahlen zeitlich stark schwanken (z.B. 1960: 8.640 – 2001: 62.233 – 2011: 131.951). Erst seit 2001 sind die Volkszählungen anonym (Knipf-Komlósi 2008: 269f.). Die heutige Zahlenstärke der Ungarndeutschen (nach eigenem Bekenntnis) liegt nach der Volksbefragung von 2011 bei ca. 132.000, von denen sich 62.233 als deutschsprachig (Deutsch als Muttersprache) erklärten. Zu Deutsch als Muttersprache bekannten sich auch ca. 32.000 Ungarn, die sich nicht der deutschen Ethnie zuordneten – vielleicht, wie schon angedeutet, aufgrund fehlender Unterscheidung von Staatsbürgerschaft und Ethnie. Somit lassen sich die Muttersprachler von Deutsch auf ca. 94.000 beziffern. Zählt man die Personen mit Bekenntnis zur Muttersprache Deutsch (auch bei Nicht-Bekenntnis zur Ethnie Deutsch) hinzu, so steigt die Zahl der Ungarndeutschen auf 164.000 (132.000 ethnische Bekenner + 32.000 Muttersprachler). Die Minderheitsorganisationen selbst tendieren sogar zu noch höheren Zahlen. So jedenfalls meine Deutung der durch Verweise auf Erhebungen belegten Angaben im Wikipedia-Artikel „Ungarndeutsche".

Das Siedlungsgebiet ist weit verstreut über 13 der insgesamt 19 Komitate (Verwaltungsbezirke) (Wild 1985), aber mit Konzentration in Westungarn, vor allem um die Städte Sopron/ Ödenburg und Győr/ Raab, Szombathely/ Steinamanger, jeweils an der österreichischen Grenze, ferner Veszprém/ Vesprim, nördlich des Balaton/ Plattensee und Budapest, sowie in der Umgebung von Pécs/ Fünfkirchen (Schwäbische Türkei) und Baja/ Frankenstadt (Batschka) (Knipf-Komlósi 2008: 268; Karten: Duschanek 1997b; Knipf-Komlósi 2008: 265). In keiner Ortschaft bilden die Ungarndeutschen auch nur annähernd die Mehrheit. Die Verstreutheit der Siedlung war zwar schon historisch angelegt, wurde aber verschärft nach dem Zweiten Weltkrieg durch die Zwangsaussiedlung und die Umstrukturierung auf dem Land zu Landwirtschaftlichen Produktionsgenossenschaften (LPGs). Die mangelnde Homogenität des Siedlungsgebiets ist typisch für die heutigen deutsch(sprachig)en Minderheiten, vor allem in Ostmittel- und Osteuropa, und macht ständige Kontakte mit der Sprachmehrheit unvermeidlich. Außerdem begünstigt sie sprachliche Exogamie (ethnische Mischehen). Beides wirkt in Richtung Sprachumstellung auf die Mehrheitssprache (Ungarisch), indem es die Bildung von deutschsprachigen Netzwerken (Kontakte unter Deutschsprachigen) und damit die Anwendbarkeit und den Gebrauch der deutschen Sprache einschränkt. Sprachliche Mischehen (Exogamien) können auch die Funktion von Deutsch als Familiensprache und damit auch die

Weitergabe an die nächsten Generationen beeinträchtigen. Mindestens 10% der laufenden Eheschließungen von Ungarndeutschen sind „ethnische Mischehen" (Seewann 2012, Bd. 2: 413).

Wegen fehlender Geschlossenheit und Dichte der Ansiedlung mangelt es in Ungarn auch an einer sprachlichen Landschaft in Deutsch, abgesehen von Hinweisen für Touristen. Allerdings haben so gut wie alle Dörfer, wo Ungarndeutsche leben, zweisprachige Ortsschildern Ungarisch/ Deutsch. Deutsche Ortsnamen sind offiziell wieder zugelassen, neben den ungarischen Varianten, und werden auch in den deutschsprachigen Medien Ungarns konsequent verwendet (Knipf-Komlósi 2008: 281). In Sopron/ Ödenburg und Pilisvörösvár/ Werischwar (mit offiziell 3,5 % bzw. 23,7 % Ungarndeutschen) gibt es auch zweisprachige Straßenschilder und deutsche Straßennamen (Wikipedia-Artikel „Ungarndeutsche"), in Pilisvörösvár sogar Straßenschilder in bairischem Dialekt (Hinweis Müller).

Die Sozialstruktur der Ungarndeutschen wurde geschwächt durch Ausdünnung der Bildungsschicht, die schon im 19. Jh. zum Umzug in die Städte und zur Sprachumstellung neigte und auch überproportional teilnahm an der neueren Auswanderung, die durch die politische Liberalisierung schon seit den späteren 1950er Jahren möglich war, wenn auch nicht übermäßig genutzt wurde. So hatte die politische Liberalisierung einerseits die Schwächung der Ungarndeutschen zur Folge. Andererseits stärkte sie den Spracherhalt, indem sie – auch unter dem Eindruck des repressiven Umgangs der Nachbarstaaten mit den ungarischen Minderheiten – den Minderheiten in Ungarn mehr Rechte einräumte (Knipf-Komlósi 2008: 273-276).

Dennoch gibt es heute – wie entsprechend in den anderen ostmitteleuropäischen Staaten – keine monolingual deutschsprachigen Ungarndeutschen mehr, sondern herrscht in den meisten Familien die ungarische Sprache vor, bis hin zur vollständigen Sprachumstellung. Die Entwicklung folgte auch hier ungefähr der – bisweilen über mehrere Generationen hingezogenen – 3-Generationen-Gesetzmäßigkeit: Umfassender Deutschgebrauch (Dialekt) in der älteren Generation, passiver Gebrauch in der mittleren Generation und völlige Umstellung in der jungen Generation (Knipf-Komlósi 2008: 281-283; 303-307).

Allerdings wurde die gänzliche Sprachumstellung durch neue Entwicklungen, insbesondere ein bemerkenswertes Schulangebot, aufgehalten und in spezieller Form ansatzweise sogar rückgängig gemacht. In dieser Hinsicht gibt es Parallelen zu Rumänien (Kap. E.4.7). Seit Ende der 1970er und in den 1980er Jahren, besonders aber infolge des Minderheitengesetzes (Nr. LXXVII) und des Bildungsgesetzes (Nr. LXXIX), beide 1993, ist ein Schulsystem entstanden, das dem Erhalt der deutschen Sprache förderlich ist. Dabei wird Deutsch als „Minderheitensprache", auch als „Nationalitätensprache" oder „Zweitsprache" bezeichnet (ungefähr im Sinn einer zweiten Muttersprache) und unterrichtet mit ausdrücklichem Bezug auf die ethnische Identität und die Geschichte der Ungarndeutschen. In zweisprachigen Minderheitsschulen werden wenigstens 50% der Schulfächer auf Deutsch unterrichtet: Deutsche Sprache und Literatur, Geschichte, „Minderheitenkunde", Geographie und manchmal auch Biologie und Mathematik (Müller 2010b: 104f.).

In noch größerem Umfang ist Deutsch allerdings Fremdsprache, übertroffen nur noch von Englisch. Jedoch überschneiden sich die Zuordnungen und Formen des Lernens als Minderheitssprache und als Fremdsprache. Am besten kann man sie vielleicht auseinander halten nach der Motivation der Lerner, die im Falle der Fremdsprache nur instrumentell (oder utilitaristisch) und im Falle der Minderheitssprache zusätzlich identitäts- und traditionsbezogen ist. Aber in beiden Fällen spielen Kosten-Nutzen-Überlegungen im Hinblick auf Berufsperspektiven eine wesentliche Rolle.

Mit dem reinen Fremdsprachenlernen befasse ich mich hier nicht, sondern verweise auf Kapitel K; wie gesagt, überschneidet es sich aber mit dem Lernen als Minderheitssprache. Entscheidend ist, dass Deutsch nicht nur Schulfach, sondern – in zweisprachigen Schulen – auch Unterrichtssprache ist, neben Ungarisch. Das entsprechende Schulangebot reicht vom Kindergarten bis zur Hochschule. So berichtet Knipf-Komlósi (2008: 280) für das Jahr 2000 von 284 „Schulen" mit 45.240 Schülern, ca. 250 Kindergärten, 13 zweisprachigen Gymnasien sowie 5 Hochschulen mit Studiengängen für die Ausbildung der Lehrkräfte für diese Schulen (zum ungarischen Schulwesen in Müller 2010a; b). Neuere Zahlen lagen mir nicht vor. Bemerkenswert sind vor allem „ganztägige Betreuungen in deutscher Sprache" in den Kindergärten, also im für den Spracherwerb wichtigsten Schulalter (zur Identitätsbildung Cummins 1995). Auch die Deutsche Auslandsschule am „Ungarndeutschen Bildungszentrum Baja/ Frankenstadt" richtet sich an die Ungarndeutschen.

Abiturienten, die „Deutsch als Minderheitensprache" weiterstudieren wollen, können zwischen 4 Studiengängen mit folgenden Schwerpunkten wählen:

1) Kindergartenpädagogik in 5 Universitäten und Hochschulen,
2) Grundschullehrerpädagogik an 8 Universitäten und Hochschulen,
3) Germanistik/ Deutsch als Muttersprache (BA) an 3 Universitäten und Hochschulen und
4) Germanistik/ Deutsch als Muttersprache (MA) an 2 Universitäten (Müller 2012: 108f.).

Dagegen sind andere deutschsprachige Bildungs- und Studienangebote in Ungarn nicht für Ungarndeutsche gedacht und werden von ihnen auch kaum genutzt. Dies gilt für die Deutsche Schule Budapest, für die Andrássy Gyula Deutschsprachige Universität Budapest (seit 2002) und deutschsprachige Studiengänge an 8 weiteren Universitäten (www.studieren-in-ungarn.de/486,1,stu diengaenge_auf_deutsch.html – abgerufen 08.05.2013).

An deutschsprachigen Medien, die vor Ort hergestellt werden, gibt es speziell für die Ungarndeutschen die wöchentliche *Neue Zeitung* und das alle 2 Monate erscheinende *Sonntagsblatt* – während sich die *Budapester Zeitung* oder die *Balaton-Zeitung* an Expatriates und Touristen aus den deutschsprachigen Ländern richten (mehr unter www.press-guide.com/hungary.htm). Alles in allem nennt Akstinat (2012/13: 288-297) 42 gedruckte Periodika für 2012. Außerdem wendet sich *Radio Pécs/ Funkhaus Fünfkirchen* täglich 10–12 Uhr auf Deutsch an die Ungarndeutschen (www.funkforum.net/index.php?Page=RED AKTION&subpage=PECS – abgerufen 08.05.2013). Andere gelegentliche Sendungen sind eher für Touristen gedacht. Eigenes deutschsprachiges Fernsehen gab es im Jahr 2013 wöchentlich 1 Stunde (de.delicast.com/tv/Ungarn/ M1_TV – abgerufen 28.06.2013). Zudem sind im ganzen Minderheitsgebiet Medien jeglicher Art aus Deutschland und Österreich zugänglich, online sowieso; inwieweit sie genutzt werden, wurde aber offenbar noch nicht untersucht.

Die Bemühungen um Spracherhalt haben eine Stütze in den Minderheitsrechten. Das erste Minderheitengesetz wurde 1993 erlassen und 2011 modifiziert. Eine Selbstverständlichkeit ist inzwischen der eigene Verband, gegründet schon 1955 als „Kulturverband der Deutschen Werktätigen in Ungarn", umbenannt 1969 in „Demokratischer Verband Ungarnländischer Deutscher", 1978 in „Demokratischer Verband der Ungarndeutschen" und 1989 schließlich in „Verband der Ungarndeutschen" (Kerekes 2010: 153). Seit 1993 existiert die „Landesselbstverwaltung der Ungarndeutschen (LdU)" (www.ldu.hu/menu/1 – abgerufen 15.06.2013) als Dachorganisation der 378 lokalen Minderheitsselbstverwaltungen (zur Entstehung und Struktur Seewann 2012, Bd. 2: 403-406). Sie organisiert die Minderheitskommunen und zahlreiche kulturelle Veranstaltungen, die zur Identitätsfestigung beitragen (Knipf-Komlósi 2008: 277-279; Wikipedia-Artikel „Ungarndeutsche"). Eine weitere Stütze der Minderheitsrechte ist die von Europarat und EU getragene *Europäische Charta der Regional- oder Minderheitensprachen*, der Ungarn früh beitrat (Ratifizierung 26.04.1995, In-Kraft-Setzung 01.03.1998: conventions.coe.int/Treaty/Commun/ChercheSig. asp?NT=148&CM=&DF=&CL=GER). Seit 1990 gibt es kommunale Selbstverwaltungen der Minderheit. Um 1997 bestanden sie in 321 Ortschaften und bildeten in 38 davon die Gemeindeverwaltungen. Hinzu kommen Regionalbüros in den von Ungarndeutschen bewohnten Komitaten. Allerdings verfügt die Minderheit über keine Vertretung im nationalen Parlament, die das ungarische Minderheitengesetz von 1993 nicht vorsieht (Knipf-Komlósi 2008: 277).

Eine nicht zu unterschätzende Stütze bildet die Hilfe von außen, die – wie für andere ostmittel- und osteuropäische Minderheiten – vor allem aus Deutschland und Österreich kommt. Dazu gehören auch entsandte Lehrkräfte (Gastlehrer) für die Minderheitsschulen (Knipf-Komlósi 2008: 280), deren Zahl allerdings in jüngster Zeit stark zurückgegangen ist. An der Minderheitsförderung beteiligen sich das Goethe-Institut, das Institut für Auslandsbeziehungen (ifa) und verschiedene private Vereine, z.B. die Donauschwäbische Kulturstiftung (Stuttgart). Sie unterstützen auch Kulturvereine wie den „Verband Ungarndeutscher Autoren und Künstler (VUdAK)", wo sich allmählich wieder eine deutschsprachige Literatur entfaltet (siehe: kulturportal-west-ost.eu/institutions/ver band-ungarndeutscher-autoren-und-kunstler-vudak/ – abgerufen 09. 05.2013).

Auf einen weiteren wichtigen Faktor des Deutscherhalts in Ungarn verweist der im Internet ausgesprochene Dank Peter Rejtö's, des österreichischen Handelsdelegierten in Ungarn, an das Österreich Institut Budapest: „Mit € 5 Mrd. investiertem Kapital aus Österreich und vielen Tausend Niederlassungen ist der Bedarf an deutschsprachigem Personal enorm." (www.oesterreichinstitut.at/ index.php?id=5770 – abgerufen 05.05.2913) Es sind die beruflichen Perspektiven der Anstellung bei oder Zusammenarbeit mit Firmenniederlassungen aus den deutschsprachigen Ländern sowie die Möglichkeiten der Ausbildung, des Studiums und der Berufstätigkeit in den deutschsprachigen Ländern, vor allem in Deutschland und Österreich. Sie sind oder scheinen zumindest für die Angehörigen der deutschen Minderheit eher greifbar als für andere. Ohne sie könnte die Zuneigung der Ungarndeutschen und anderer Ungarn zur deutschen Sprache, die Beobachter immer wieder betonen (Knipf-Komlósi 2008: passim), mit der Zeit erlöschen – eine häufige Folge des Verlustes ökonomischer Perspektiven.

Für Investitionen und Firmenniederlassungen aus den deutschsprachigen Ländern in Ungarn gibt es vielfältige Belege (z.B. Koch 2007: vor 15-20, Tabelle 4; „Top 10 der deutschen Investoren in Ungarn", *Budapester Zeitung* 04.11.2011). Dagegen mangelt es an Daten über die Beziehungen der Firmen zu den Ungarndeutschen oder sonstige direkte oder indirekte wirtschaftliche Kontakte der Minderheit zu den deutschsprachigen Ländern. Auch die Kontakte von Deutschlernern und Deutschabteilungen an Hochschulen zu deutschen Firmen oder ihren Verbänden scheinen wenig entwickelt oder erforscht zu sein. Solcher Kontaktmangel wäre bedauerlich angesichts der potentiellen Bedeutung für die Zukunft von Deutsch in Ungarn. Vielleicht könnten derartige Kontakte manche Ungarndeutsche sogar motivieren zur – wenigstens partiellen – Rückumstellung auf Deutsch als Familien- und Muttersprache, neben weiterhin vorrangigem Ungarisch (Familienzweisprachigkeit). Allerdings schätzen Kenner der Verhältnisse die Chancen dafür gering ein und vermuten eher die weitere Reduktion der ungarndeutschen Identitätsymbole auf eine „für die Feiertage hervorgeholte Vorzeigekultur" mit „Tanz, Gesang, Tracht" (Seewann 2012: 412). Sicher aber könnte die Wiedereinführung von Deutsch als Familiensprache nicht in Form des Dialekts erfolgen (Knipf-Komlósi 2001), sondern nur in für die Kommunikation mit der übrigen deutschsprachigen Welt funktionalem Standarddeutsch, ungarisch gefärbtem „Kontaktdeutsch" (Földes 2005).

Vielleicht erschwert die schon vorhandene Dominanz von Englisch als Fremdsprache eine derartige Rückumstellung. Jedenfalls ist der Weg dorthin über Deutsch als Fremdsprache teilweise verbaut, wenn statt Deutsch oder auch nur vor Deutsch Englisch gelernt wird, was im Osten des Landes häufiger geschieht als im Westen. Die Komplexität dieser Zusammenhänge zu untersuchen, auch im Hinblick auf praktische Hilfen für den Erhalt von Deutsch oder für die Rückumstellung, ist – soweit ich sehe – noch Forschungsdesiderat.

4.7 Rumänien

Die Geschichte der Rumäniendeutschen ist zwar in neuerer Zeit von ähnlicher Dramatik wie die anderer ostmitteleuropäischer deutsch(sprachig)er Minderheiten, aber doch mit markanten Unterschieden, sowohl in älterer Zeit als auch in der jüngeren Vergangenheit. Die Rumäniendeutschen gliedern sich auch deutlicher auf in unterschiedliche Gruppen mit verschiedenen Siedlungsgebieten. So unterscheidet Johanna Bottesch (2008: 333-344) die folgenden 8 Gruppen nach Siedlungsgebiet und Geschichte: **Die Siebenbürger Sachsen, *Sathmarer Schwaben, *Banater Berglanddeutschen, **Banater Schwaben, *Landler, Zipser, Buchenlanddeutschen und Dobrudschadeutschen (ebenso Baier/ M. Bottesch/ Nowak/ Wiecken/ Ziegler 2011: 19-36). Nur die hier mit Asteriskus markierten sind heute noch in nennenswerter Zahl vertreten, am stärksten die mit doppeltem Asteriskus. Die „Stammes"namen („Sachsen", „Schwaben") dürfen nicht für bare Münze genommen werden, denn die tatsächliche Herkunft ist uneinheitlich. Die Ansiedlung geht teilweise zurück bis aufs 12. Jh., mit den Siebenbürger Sachsen als den ältesten Einwanderern, verteilt sich aber über die Gruppen bis ins 19. Jh. Zwar betraf die zum Teil gewaltige Gebietsfluktuation des rumänischen Staates zwischen dem Ende des Ersten und dem Ende des Zweiten Weltkrieges auch die deutsche Nationalität. Gravierender war jedoch die Aussiedlung der Dobrudscha-, Bessarabien- und Bukowina-Deutschen und die Flucht großer Teile der nordsiebenbürgischen und Banater Deutschen nach Deutschland und Österreich aufgrund Rumäniens wechselnder Kriegserfolge und Allianzen. Ihnen folgte die zeitweilige Enteignung und Kollektivierung der Verbliebenen unter sowjetischem Einfluss. Aufgrund der bedrängten Situation entschlossen sich in der Zeit 1967 – 1989 insgesamt 226.654 Rumäniendeutsche zur Auswanderung nach Deutschland (bei „Freikauf" seitens des deutschen Staates; Baier/ M. Bottesch/ Nowak/ Wiecken/ Ziegler 2011: 114); für die Zeit 1950 – 1989 belief sich damit die Gesamtzahl auf 242.320 (ebd.: 115). Nach dem Zusammenbruch des Ceaușescu-Regimes verließen im Jahr 1989 weitere 111.150 Rumäniendeutsche das Land. Damit hat sich ihre Zahl in Rumänien von einst mehr als einer halben Million auf heute nur noch 36.900 verringert. Nur noch so wenige rumänische BürgerInnen bekannten sich bei der Volkszählung 2011 zur deutschen Nationalität, und sogar nur 27.019 zu Deutsch als Muttersprache – die endgültigen Zahlen lagen jedoch Mitte 2013, bei Abfassung dieses Berichts, noch nicht vor. Die Zahlendifferenz ist vielleicht ein Indiz für Sprachumstellungen von Deutsch auf Rumänisch. Bei der Volkszählung 1992 hatten sich noch 120.000 zur deutschen Nationalität bekannt, aber bei der Volkszählung 2002 schon nur noch 59.764 (Zahlen nach Lăzărescu 2013: 375f.: Anm. 15; ältere Zahlen auch bei Dingeldein 2006: 68; in beiden Texten auch prägnante historische Überblicke). Wichtige weitere Informationsquellen mit unterschiedlichen Themenschwerpunkten zu den hier hauptsächlich interessierenden Zusammenhängen und Hintergründen sind Baier/ M. Bottesch/ Nowak/ Wiecken/ Ziegler 2011; Herta/ Jung 2011; Lăzărescu 2005; 2011; Scheuringer 2008; Dingeldein 2004; M. Bottesch 1997; M. Bottesch/ Grieshofer/ Schabus 2002; U.-P. Wagner 2002; Gadeanu 1998; Gündisch 1998; Kroner 1998; Rein 1997; Sundhausen 1992; McArthur 1990; E. Wagner 1990; Gabanyi 1988; Steinke 1979; Barcan/ Millitz 1977. Wertvolle zusätzliche Hinweise habe ich erhalten von Ioan Lăzărescu.

Die hier interessierende Minderheit bezeichnet sich selbst in ihrer Gesamtheit als „Rumäniendeutsche" und bezogen auf Teilgruppen als „Siebenbürger Sachsen", „Sathmarer Schwaben", „Banater Schwaben", „Banater Berglanddeutsche" und „Landler", also eher mit ethnischem als sprachlichem Bezug (z.B. kaum als „deutschsprachige Rumänen"). Dieser Bezug herrscht auch vor in den Bezeichnungen von außen, seitens der Sprachmehrheit in Rumänien (auf Rumänisch natürlich) und seitens der deutschsprachigen Länder. An der Zuordnung der jeweiligen Dialekte zur deutschen Sprache bestehen allerdings keine Zweifel. Erst recht nicht natürlich an der rumänischen Staatsbürgerschaft aller Rumäniendeutschen. Wie viele doppelte Staatsbürgerschaften (Rumänien + deutschsprachiger Staat) es gibt, konnte ich nicht ermitteln. Jedoch findet sich in der *Siebenbürger Zeitung* (10.06.2010) die für die Rumäniendeutschen wichtige Meldung: „Innerhalb der Europäischen Union ist die doppelte Staatsbürgerschaft akzeptiert, so dass dieser Schritt heute sehr einfach ist." (www.siebenbuerger.de/zeitung/pdfarchiv/suche/doppelte%20staatsb%FCrgerschaft/ – abgerufen 24.05.2013)

Wie bei den meisten deutsch(sprachig)en Minderheiten gibt es um den Kern kompetenter Muttersprachler einer Varietät des Deutschen (Dialekt oder Standarddeutsch) einen Kreis von sprachlich teilweise an die Mehrheitssprache, Rumänisch, Assimilierten, die sich gleichwohl der deutschen Minderheit zuordnen, so dass die Gruppe der ethnisch sich als Rumäniendeutsche Verstehenden eine Obermenge bildet über den (nach Kompetenz und/ oder Gebrauch) tatsächlich Deutschsprachigen: Rumäniendeutsche ⊃ Sprecher einer Varietät der deutschen Sprache. Die Unschärfe der Zuordnung in den definitorischen Randzonen erschwert genaue Zahlenangaben, was auch eine gewisse Vorsicht bezüglich aktueller Bezifferungen – wie der oben genannten 36.900 – ratsam erscheinen lässt (Bestätigung der Zahl aus der Volkszählung 2011 in „Die Deutschen und Ungarn erreichten historisches Tief", *Allgemeine Deutsche Zeitung* 21.05.2013; www.adz.ro/artikel/artikel/die-deutschen-und-ungarn-erreichten-historisches-tief/ – abgerufen 21.05.2013). Manche auf dieselbe Zeit bezogenen Angaben zur Verteilung auf die verschiedenen Gruppen addieren sich jedoch zu höheren Gesamtzahlen, z.B. auf 49.250: Siebenbürger Sachsen 18.000, Banater Schwaben 19.000, Sathmarer Schwaben 6.000, Banater Berglanddeutschen 6.000, Landler 250 (Wikipedia „Rumäniendeutsche"). Den neuesten Volkszählungen von 1992, 2002 und 2011 (alle unter: www.recensamant.ro/ – abgerufen 21.05.2013) konnte ich keine wesentlich anderen Informationen entnehmen.

Die massenhafte Auswanderung, in mehreren Wellen seit dem Zweiten Weltkrieg, hat die einst stattliche Zahl der Rumäniendeutschen drastisch reduziert. Der Schwund ist jetzt aber offenbar zum Stillstand gekommen. Allerdings gibt es umgekehrt auch nicht die – gelegentlich erhoffte – große Rückwanderung, jedenfalls nicht bislang; sondern nur die mehr oder weniger regelmäßige saisonale Rückkehr einiger einst Ausgewanderter, vor allem aus Deutschland, der „Sommer-Rumänen", die Freunde und Verwandte besuchen oder noch Immobilien vor Ort besitzen.

Die heutige deutsche Minderheit konzentriert sich geographisch einerseits im Zentrum Rumäniens, in Siebenbürgen (oder „Transsilvanien"), nördlich von Sibiu/ Hermannstadt und östlich davon bei Brașov/ Kronstadt, und andererseits im Westen, im Banat, um die Städte Temeschwar/ Timișoara (der deutsche Name wird in den rumänischen Medien bevorzugt; Hinweis Lăzărescu) und Reșița/ Reschitza, in kleineren Gebieten im Nordwesten um Satu Mare/ Sathmar und im Norden – innerhalb der Minderheit sind die deutschen Ortsnamen noch weithin gebräuchlich, allerdings mündlich eher als schriftlich (Bottesch 2008: 365). Die wichtigste Organisation der deutschen Minderheit, *Das Demokratische Forum der Deutschen in Rumänien*, trifft und begründet in ihrer Satzung (§ 25) folgende Aufteilung in 5 Gebiete, für die jeweils ihre Regionalverbände zuständig sind: „Siebenbürgen = Siebenbürger Sachsen, Landler; Nordsiebenbürgen = Sathmarer Schwaben, Zipser; Banat = Banater Schwaben, Berglanddeutsche; Bukowina = Buchenlanddeutsche; Bukarest = Deutsche aus dem ‚Altreich' " (www.fdgr.ro/ de/statutul_organizatiei/5.html – abgerufen 22.05.2013). Eine wichtige Rolle spielt außerdem die Stadt Cluj-Napoca/ Klausenburg, als eine Art kulturellen Zentrums der deutschen Minderheit, mit beachtlichen deutschsprachigen Studiengängen an der Universität (Kap. K.6; Gebietskarten: Steinke 1997; Bottesch 2008: 329; Dingeldein 2006: 75). Auch in der Hauptstadt București/ Bukarest finden sich verstreute Minderheitsangehörige und ebenso, wie sonst vielerorts, Spuren deutschsprachiger Vergangenheit und Provenienz (Scheuringer 2008; Herta/ Jung 2011).

Da die Entfernung zu den deutschsprachigen Ländern nicht allzu groß ist, sind Besuche mit dem eigenen Auto noch einigermaßen bequem möglich. Allerdings erschwert die Entfernung teilweise den Empfang elektronischer und die Übermittlung gedruckter Medien. Jedoch findet man leicht Indizien für die große Zahl von Kontakten nach Deutschland oder Österreich, die sich allerdings auf weit mehr Rumänen als nur die deutsche Minderheit erstrecken, wenn man treffende Suchausdrücke bei Google eingibt (wie „Rumänienforum", dort z.B. unter rennkuckuck.de/php/phorum/ – abgerufen 21.05.2013).

Im Land selbst sind die Kontakte der deutschen Minderheit zur Titularnation, den Rumänen, intensiv. Im Westen des Staates auch zur ungarischen Minderheit, die heute viel größer ist als die deutsche (6,7% gegenüber 0,3% der Gesamtbevölkerung), weshalb Ungarisch im Gegensatz zu Deutsch auch regionale Amtssprache ist. Allerdings hat sich neuerdings eine neue deutschsprachige Gruppe unter den Rumänen gebildet, auf die ich sogleich zurückkomme, die auch die Chancen der deutschen Minderheit auf deutschsprachige Kontakte außerhalb der Familie vergrößert. Dennoch freilich bleiben die rumänisch- und gebietsweise auch ungarischsprachigen Bevölkerungsteile allerorts in der Überzahl. Ortschaften mit mehrheitlich deutschsprachiger Bevölkerung sind Vergangenheit. Sprachliche Exogamie ist häufig und die Pflege rein deutschsprachiger sozialer Netzwerke fast ausgeschlossen. Daher sind so gut wie alle Angehörigen der deutschen Minderheit mindestens zweisprachig, und ist Rumänisch die vorherrschende Alltagssprache.

Allerdings ist der Lebenskreis vieler Angehörigen der deutschen Minderheit ohnehin eingeschränkt, da sie aus Altersgründen nicht mehr berufstätig sind, abgesehen von teilweiser landwirtschaftlicher Selbstversorgung. Die Überalterung der deutschen Minderheit infolge der Massenauswanderung ist eine besondere Schwachstelle für die Erhaltung der deutschen Sprache, jedenfalls als Muttersprache. Mangels nachfolgender Generationen stellt sich oft gar nicht mehr die Frage nach der Weitergabe von Deutschkenntnissen und Deutschgebrauch an Kinder und Enkel. Aber auch sonst ist die Weitergabe an die jüngste

Generation keine Selbstverständlichkeit mehr. In nicht wenigen Familien ist Rumänisch die vorherrschende Kommunikationssprache und in diesem Sinn auch die besser verankerte Muttersprache – wenn auch Deutsch oft als das speziellere Identitätssymbol fungiert und auf die entsprechende Frage genannt wird.

Die massenhafte Auswanderung hat auch die Sozialstruktur der Minderheit aus der Ordnung gebracht. Es gibt keine ausgewogene Verteilung aller Sozialschichten, was auch den Gebrauch des Deutschen in den Domänen außerhalb der Familien beeinträchtigt – etwa, um nur einige Beispiele zu nennen – beim Einkauf, Arztbesuch, bei Rechtsauskünften oder in der örtlichen Verwaltung. In diesen und anderen Domänen findet man nur sporadisch Angehörige der deutschen Minderheit, mit denen man auf Deutsch kommunizieren könnte, eher allerdings noch in Siebenbürgen und im Banat als in den kleineren deutschen Siedlungsgebieten (Bottesch 2008: 379). Die möglichen Netzwerke auf Deutsch hat Johanna Bottesch (ebd.: 371-381) aufgrund einer Befragung von 33 Informanten in Siebenbürgen detailliert dargestellt. Wegen des Auszugs vor allem aus den ländlichen Regionen ist „[e]in deutsches Gemeinwesen [...] heute mit wenigen Ausnahmen nur noch in Städten möglich." (Baier/ M. Bottesch/ Nowak/ Wiecken/ Ziegler 2011: 116).

Aufgrund des durchgehend geringen Sprecheranteils an der Bevölkerung ist Deutsch nirgends, in keiner Ortschaft, auch nur lokale Amtssprache, jedenfalls nicht statusmäßig, sondern allenfalls teilweise praktisch aufgrund zufälligen Personals – die Ausbildung in Verwaltungsdeutsch gibt es z.B. in den Begegnungszentren (Bottesch 2008: 379). Auch die sprachliche Landschaft, die Präsenz öffentlicher Aufschriften in deutscher Sprache, ist bescheiden. Zwar sind gesetzlich Ortsschilder vorgeschrieben in Sprachen von Minderheiten, bei deren Anteil an den Einwohnern von mindestens 20%; jedoch erreicht die deutsche Minderheit diesen Anteil nirgendwo (Bottesch 2008: 348). Dennoch gibt es einige zweisprachige Ortsschilder in den traditionellen Zentren der deutschen Minderheit, mit dem deutschen Namen unten auf dem Schild, in kleinerer Schrift, z.B. „Municipiul Sibiu/ Hermannstadt". Jedoch konnte ich mir keinen Gesamtüberblick über deutschsprachige Orts- und Straßenschilder verschaffen.

Im kirchlichen Bereich spielt die deutsche Sprache noch eine gewisse Rolle, vor allem in deutschsprachigen Gottesdiensten. Besonders die Evangelische Kirche (Augsburger Bekenntnisses), der ungefähr ein Drittel der Rumäniendeutschen angehört, trägt auch sonst bei zur Aufrechterhaltung einer gewissen deutschsprachigen Infrastruktur (Dingelstein 2006: 68f.). Mehrere Theaterbühnen und Forschungsinstitute gebrauchen ebenfalls die deutsche Sprache (Bottesch 2008: 345).

An eigenen Medien sind vor allem Druckwerke hervorzuheben, darunter auch – mehr als heute in den anderen ostmittel- und ostdeutschen Minderheiten – anspruchvolle belletristische Literatur. Der Wikipedia-Artikel „Rumäniendeutsche Literatur" nennt 26 namhafte neuere rumäniendeutsche Autoren (de.wikipedia.org/wiki/Rum%C3%A4niendeutsche_Literatur – abgerufen 23.05.2013), darunter allerdings auch inzwischen Ausgewanderte, die jedoch weiter Kontakte zum Herkunftsland pflegen, wie die Nobelpreisträgerin Herta Müller. Der Verlag Kriterion (*Editura Kriterion*) hat eine beachtliche Tradition als rumäniendeutsches Publikationshaus (neue Titel unter: www.siebenbuerger.de/suche/alle/kriterion%20verlag/). An periodischen Veröffentlichungen ist vor allem die täglich außer sonntags erscheinende *Allgemeine Deutsche Zeitung für Rumänien* (www.adz.ro – abgerufen 22.05.2013) zu nennen, die der wichtigste Verband der Minderheit, *Das Demokratische Forum der Deutschen in Rumänien*, mit finanzieller Unterstützung des rumänischen Staates herausgibt (Auflage ca. 3.000). Sie hat die *Karpatenrundschau* und die *Banater Zeitung* als wöchentliche Beilagen. Außerdem gibt es die wöchentliche *Hermannstädter Zeitung* und eine größere Zahl periodisch erscheinender fachlicher, vor allem germanistischer, sowie kirchlicher und Vereinsmitteilungen, von denen Akstinat (2012/13: 214-226) insgesamt 45 nennt. Nicht weniger als 6 rumänische Radiosender strahlen deutschsprachige Programme aus, zwischen täglich und wöchentlich einer Stunde. Hinzu kommen staatliche Fernsehsendungen des TVR1, TVR2 von wöchentlich zwischen einer halben und eineinhalb Stunden (Bottesch 2008: 346) – TVR Cultural, der bis dahin auch auf Deutsch sendete, wurde am 15.09.2012 eingestellt (Hinweis Lăzărescu). Über Schüsseln sind zudem Radio- und Fernsehsendungen aus den deutschsprachigen Ländern zugänglich, und – allerdings verhältnismäßig teuer – auch gedruckte Medien; jedoch kenne ich keine Zahlen zum Umfang der Rezeption.

Der spektakulärste Spracherfolg der Rumäniendeutschen ist ihr Schulsystem. Was die Ungarndeutschen anstreben (siehe Kap. E.4.6), haben die Rumäniendeutschen durchgreifend verwirklicht, nämlich dass die ehemals von der deutschen Minderheit besuchten Schulen nun hauptsächlich von der Mehrheitsbevölkerung und vereinzelt auch von anderen Minderheiten besucht werden, die Unterricht auf Deutsch erhalten, in Teilen auch in der eigenen Sprache. Heinrich Dingeldein (2006: 69-72) skizziert die Lage treffend dahingehend, dass sich „die Bildungseinrichtungen von ‚Schulen der deutschen Minderheit' zu ‚Schulen in der Sprache der deutschen Minderheit' gewandelt" haben (ebd.: 71). Im Schuljahr 1993/94 hatten von den 21.000 Schülern in den deutschsprachigen Kindergärten und Schulen 60 bis 80 % keine Eltern deutscher Nationalität. Die Zahlen sind inzwischen zwar vielleicht etwas zurückgegangen, sicher aber nicht im Vergleich mit dem zu Anfang genannten stärkeren Zahlenschwund von Angehörigen der deutschen Nationalität (1992: 120.000, 2002: 59.764, 2011: 36.900). Ioan Lăzărescu (2013: 384, dort auch Anm. 44) verweist auf Statistiken der Landesschulkommission, wonach im Schuljahr 2012/13 in 196 Einrichtungen unterhalb der Hochschulebene, mit insgesamt 14.296 Schülern, auf Deutsch unterrichtet wurde. Diese Einrichtungen umfassten 59 Schulen der Klassen I – VIII, 26 Gymnasien (*Lyzeen*), davon 5 mit ausschließlich deutscher Unterrichtssprache, und 111 Kindergärten. Dieses Schulsystem ist fachlich und pädagogisch gut abgesichert durch Ausbildungsstätten an Hochschulen und Universitäten, in denen qualifiziertes Personal in Deutsch als Mutter-, als Fremdsprache und im Sachfachunterricht ausgebildet wird. Lediglich der Lehrermangel bereitet gewisse Schwierigkeiten, die jedoch durch Überstellungen von Fachkräften aus den deutschsprachigen Ländern gemildert werden.

Motiviert sieht Johanna Bottesch (2008: 383) den Zustrom von Rumänen zu den deutschsprachigen Schulen durch eine „Kosten-Nutzen-Kalkulation" hinsichtlich der Berufsperspektiven. Mit anderen Termini und Begriffen (Kap. E.2) kann man auch von „instrumenteller Motivation" sprechen. Dass die Motivation bei den Rumänen – anders als unter den Rumäniendeutschen – nicht „integrativ" ist (so der Gegenbegriff), zeigt sich daran, dass Deutsch für sie in aller Regel „Berufssprache" bleibt und nicht „Gebrauchssprache im Alltag" oder „Familiensprache" wird (Bottesch 2008: 383f.). Damit bleibt der Erhalt dieser Beziehung zur deutschen Sprache aber auch anfälliger für wirtschaftliche Rezessionen als bei muttersprachlicher Verankerung, die für Sprachminderheiten typisch ist.

Der deutschen Minderheit in Rumänien wurden nach dem Zweiten Weltkrieg schneller umfangreiche Sprachrechte eingeräumt als den anderen deutschen Minderheiten in Mittelost- und Osteuropa. In neuerer Zeit wurden sie verbreitert, unter anderem durch Rumäniens Anerkennung der *Europäischen Charta der Regional- oder Minderheitensprachen* (Ratifizierung 29.01.2008, In-Kraft-Setzung 01.05.2008. Siehe conventions.coe.int/Treaty/Commun/Cherche Sig.asp?NT=148&CM=&DF=&CL=GER – abgerufen 23.04.2013). Diese Sprachenrechte stützen das Schulsystem, aber erlauben auch ausdrücklich die Einrichtung eigener Verbände, als deren wichtigster ich *Das Demokratische Forum der Deutschen in Rumänien* schon genannt habe. Es wird kurz auch einfach „Deutsches Forum" genannt und unterhält oder unterstützt – mit staatlicher Hilfe – Begegnungszentren, Kulturvereine und -veranstaltungen und die Tageszeitung. Der Vorsitzende (im Jahr 2013), Paul-Jürgen Porr, ist in weiteren mit der deutschen Minderheit verbundenen Organisationen tätig.

Wie schon angedeutet, sind die Beziehungen der deutschen Minderheit zu den deutschsprachigen Ländern, vor allem Deutschland und Österreich, eng (Bottesch 2008: 380). Außer staatlicher Förderung von dort, vor allem über die

Kulturinstitute und Mittlerorganisationen, über die auch Lehrer und Dozenten (z.B. DAAD-Lektoren) vermittelt und teilweise finanziert werden, sind die wirtschaftlichen Kontakte dorthin von großer Bedeutung. Sie bilden die wesentliche Grundlage der schon angesprochenen „instrumentellen Motivation" für den Besuch der deutschen Schulen. So sind Berichte wie der folgendermaßen überschriebene leicht im Internet zu finden: „Continental, Siemens, Marquardt, Metro – an den Hallen des Hermannstädter Industrieparks prangen auffällig viele deutsche Firmennamen. Derzeit stellen deutsche Firmen 55 Prozent aller Jobs im Kreis Sibiu." (www.reporterreisen.com/zehn-tage-siebenbuergen/re portagen/fast-made-in-germany/ – abgerufen 23.05.2013) Außer den Arbeitsmöglichkeiten vor Ort gibt es Praktika und Berufschancen in den deutschsprachigen Ländern selber. Solange dies so bleibt, werden Deutschkenntnisse für Rumänen interessant sein, was den Deutscherhalt unter den Rumäniendeutschen stützt.

Allerdings bestehen für den Erhalt des Dialekts, auch in den Minderheitsfamilien, auf längere Sicht nur geringe Aussichten, da dieser für die vorherrschende Kommunikationspraxis wenig brauchbar ist (Bottesch 2008: 372f.). Jedoch bleibt das mündliche Standarddeutsch vom Dialekt gefärbt, auch als regionales Identitätssymbol zwischen den verschiedenen rumänien-deutschen Gruppen (ebd.: 386). Das geschriebene Standarddeutsch ist dagegen nach wie vor vom österreichischen Deutsch beeinflusst und bleibt es vermutlich aus Traditionsbewusstsein weiterhin. Jedoch sind die Einflüsse oft indirekt und kommen auch aus anderen Richtungen. Die Spezifika des rumänischen Standarddeutschs – kein Dialekt, wohlgemerkt! – beschränken sich weitgehend auf den Wortschatz. Beispiele sind *Bizikel* ‚Fahrrad', *Motorin* ‚Dieselöl', *Primar* ‚Bürgermeister', *promulgieren* ‚verabschieden (z.B. im Parlament ein Gesetz)', *Titularisierung* ‚Verbeamtung', *ultrazentral* ‚sehr zentral (für Wohnlage)' (Lăzărescu 2013: 381f.). Hierbei handelt es sich um rumänische nationale Varianten der deutschen Sprache („Rumänismen"), aufgrund deren das rumänische Deutsch eine – wenn auch nicht sehr ausgeprägte – nationale Varietät des Deutschen ist (siehe zur Terminologie Ammon 1995a: 61-100). Die Rumänismen werden derzeit für die Neuauflage des *Variantenwörterbuchs des Deutschen* systematisch untersucht (1. Aufl.: Ammon/ Bickel/ Ebner u.a. 2004; siehe auch Lăzărescu 2006; 2011); zuständiger Bearbeiter der Rumänismen für die Neuauflage ist Ioan Lăzărescu (2013). Möglicherweise jedoch neigen die heutigen Deutschlehrer und ihre Ausbilder in Rumänien nicht uneingeschränkt zur Akzeptanz von Rumänismen, vor allem nicht Entlehnungen aus dem Rumänischen, wobei sie aber für ein behutsames Heranführen der Lernenden ans Standarddeutsche plädieren (vgl. M. Bottesch 1997: 9-21).

Der Erhalt von Deutsch ist auch abhängig von den anderen Fremdsprachen, unter denen Deutsch, bei allem Zuspruch, erst an dritter Stelle rangiert: noch hinter Französisch (wegen der Sprachverwandtschaft des Rumänischen sowie traditionellen Beziehungen zu Frankreich, heute über die Francophonie). Erst recht liegt Deutsch weit hinter Englisch. Johanna Bottesch (2008: 379) hat bei jugendlichen Rumänen schon die Neigung zum Fernsehen auf Englisch festgestellt. Wenn deutsche Firmen, wie zum Teil in anderen Weltregionen (Kap. F. 5; F.7), auch in Rumänien auf Englisch kommunizieren oder sich mit Englischkenntnissen rumänischer Angestellter zufrieden geben, könnte dies dem Deutschlernen abträglich sein. Es wäre untersuchenswert, welches motivationale Gewicht die Aussicht auf Aufenthalte in oder Kontakte zu den deutschsprachigen Ländern dann noch behielte.

4.8 Russland

„Russlanddeutsche" ist hier in einem weiten Sinn gemeint, der Nachkommen einstiger deutschsprachiger Agrarkolonisten (einschließlich Schweizern) wie auch nicht ausgewanderte Mennoniten (siehe zu den Mennoniten Kap. E.4.11) umfasst. Große Teile dieser Russlanddeutschen wurden in der Zeit der Sowjetunion in Gebiete der heutigen GUS-Staaten umgesiedelt (GUS = Gemeinschaft Unabhängiger Staaten: 11 Mitgliedstaaten einschließlich Russland im Jahr 2013; amtliche Bezeichnung für Russland: „Russische Föderation"). Jene Zwangsumsiedlung hat sich auf diese Minderheit so katastrophal ausgewirkt, dass fast schon Untergangsszenarien naheliegen (Berend 1994; Risse/ Roll 1997; Eisfeld 1999: 165-174; *FAZ* 01.08.1998: 10), ähnlich den Wirkungen der Zwangsaussiedlungen aus Tschechien (zur Zeit der Tschechoslowakei) und Polen auf die dortigen deutschen Minderheiten (Kap. E.4.4; E.4.5). Dabei können auch die Russlanddeutschen, wie andere deutsch(sprachig)e Minderheiten, auf eine respektable Geschichte zurückblicken. Sie wurden von den russischen Regierungen gerufen, um das Land zu bevölkern und zu bereichern. Nach Anfängen der Einwanderung in früheren Jahrhunderten gab es den ersten größeren Zustrom zur Regierungszeit der Zarin Katharinas II. (1763-96), aufgrund von Aufrufen mit großzügigen Zusagen, vor allem des Manifests von 1763. Die damaligen und späteren Zuwanderer formten die in der Dialektologie berühmten russlanddeutschen „Sprachinseln" (Berend/ Mattheier 1994; Berend 2011; Rosenberg 2003a: 199-201; Detlef Brandes in Eisfeld 1999: 12-44). Die lange Zeit wohlgesonnene Haltung der russischen Regierung gegenüber dieser Minderheit verschlechterte sich in der Regierungszeit Zar Alexanders III. (1865-81). Die Russlanddeutschen verloren Teile ihrer Privilegien, einerseits infolge der Umstellung auf eine kapi-kapitalistische Wirtschaftsstruktur, mit der die Aufhebung der Leibeigenschaft 1861 und die folgende Schulgesetzgebung in Richtung Russisch als obligatorische Unterrichtssprache zusammenhing, andererseits aber vielleicht auch unter dem Eindruck der als bedrohlich empfundenen deutschen Reichsgründung (1871). Dies veranlasste vor allem Teile der Mennoniten zur Auswanderung; andere Teile folgten Ende der 1920er Jahre wegen der Kollektivierung der Landwirtschaft (Wilhelm Kahle in Eisfeld 1999: 219-213). Dabei hellte sich die Lage der Russlanddeutschen nach der Oktoberrevolution 1917 zunächst auf, als sie infolge der Lenin'schen Nationalitätenpolitik im Jahr 1924 in ihrem Hauptsiedlungsgebiet die *Autonome Sozialistische Sowjetrepublik der Wolgadeutschen (ASSRdWD)* gründen konnten (zur Geschichte Dubinin 2011; Eisfeld 1999: 120-134). Ihre Lage verdüsterte sich jedoch erneut durch die Einschränkung von Rechten unter Stalin in den 1930er Jahren, die schließlich gipfelte in der gänzlichen Liquidierung der Autonomen Wolgarepublik am 28.08.1941 und Aufteilung ihres Territoriums auf die benachbarten Gebiete Saratow und Stalingrad, nach dem Angriff Nazi-Deutschlands auf die Sowjetunion und dem Durchbruch der Wehr-macht in Richtung Wolga. Mit dieser Liquidierung, die der Kollaboration der Wolgadeutschen mit den Invasoren vorbeugen sollte, verband sich die vollständige Enteignung und Deportation aller rund 377.000 „deutschen" Bewohner der Autonomen Republik. Jedoch betraf die Zwangsumsiedlung auch die Russland-deutschen in anderen europäischen Gebieten der Sowjetunion, wodurch die Gesamtzahl der Deportierten auf annähernd 700.000 Personen anwuchs. Sie wurden in den Sowjetrepubliken Mittelasiens und in Sibirien weit verstreut angesiedelt und während des Krieges großenteils zu Zwangsarbeit in sogenannten „Arbeitsarmeen" (*Trudarmija*) verpflichtet, wobei ein Großteil umkam (Eisfeld 1999: 125). Die Rückkehr in ihre einstigen Wohngebiete blieb ihnen auch nach dem Krieg verwehrt. Die Wiedererrichtung der Autonomen Wolgarepublik erwies sich nach vorübergehend aufkeimender Hoffnung spätestens Anfang der 1990er Jahre als aussichtslos (Eisfeld 1999: 165), allein schon weil inzwischen Angehörige der Titularnation das ganze Gebiet besiedelt hatten. Die offizielle Amnestie der Russlanddeutschen im Jahr 1955 beinhaltete auch keineswegs die Wiederherstellung sonstiger Rechte, die für den Spracherhalt wichtig gewesen wären. Vor allem blieben ihnen Schulen mit Deutsch als Unterrichtssprache verwehrt. Zudem setzte sich die im Krieg geschürte breite Ablehnung des Gebrauchs der deutschen Sprache, sowohl in den öffentlichen als oft auch den privaten Domänen, und die soziale Diskriminierung ihrer Sprecher fort (dazu z.B. Stricker 2000). Die sich unter diesen Bedingungen wandelnde Einstellung der Russlanddeutschen zur eigenen Ethnie – vom Stolz, bei fragloser Loyalität zum russischen Staat, über bodenlose Ängste und Schamgefühle nach dem Krieg zu zaghaftem neuem Selbstbewusstsein seit Glasnost – fasst Najdič (1997: 198) eindrucksvoll zusammen. Die hier nun folgende Lagebeschreibung beschränkt sich auf die heutige Zeit, und vor allem auf die Bedingungen des Erhalts der deutschen Sprache. Umfangreichere oder speziellere Darstellungen als hier möglich, auch mit historischen Rückblicken, finden sich in Berend 1994; 2006; 2011; Klaube 1994; 1997; Krindac 1997; Risse/ Roll 1997; Barbasina 1999; Eisfeld 1999; Stricker 2000; Bruhl 2003; Rosenberg 2003a; b; Dubinin 2005; 2011; Berend/ Riehl 2008; Blankenhorn 2008; Riehl 2008; Schirokich 2008; Damus 2011; Djatlova 2011; Troshina 2004; 2010; 2011; 2013; Wikipedia „Russlanddeutsche": de.wikipedia.org/wiki/Russlanddeutsche – abgerufen 04.06. 2013). Für wichtige Hinweise zum Folgenden danke ich Nina Berend und Sergej I. Dubinin.

Der Begriff ‚Russlanddeutsche' wird oft in noch umfassenderem Sinn gebraucht als hier, nämlich einschließlich sämtlicher aus dem Gebiet der früheren Sowjetunion, heute der GUS-Staaten, nach Deutschland (kaum in andere deutschsprachige Länder) ausgewanderten deutschstämmigen Personen (Eisfeld 1999: 188-197). Diese sind inzwischen zahlreicher als die in Russland oder auch den GUS-Staaten verbliebenen „Russlanddeutschen", um die es – mit Schwerpunkt Russland – im vorliegenden Kap. geht. Die Bezeichnung „Russlanddeutsche" ist ethnisch zu verstehen (im Sinne der Nationalität). „Maßgeblich für die Zuordnung ist dabei der Nationalitäteneintrag im russischen Pass, nicht die tatsächliche Verbundenheit mit der deutschen Kultur oder die Beherrschung der deutschen Sprache" (Wikipedia „Russlanddeutsche"). Er ist in der Regel ein hinreichendes Kriterium, womit dieser ungewöhnliche Eintrag außerordentlich wichtig wird.

Anbei einige Zahlen zu den aus der Ukraine und den zentralasiatischen GUS-Staaten nach Deutschland Ausgewanderten aus den 1990er Jahren (entnommen Eisfeld 1999: 171f.):

– Aus der Ukraine, in den Jahren 1992 – 98: 21.796, keine Zahlenangabe zu den Verbliebenen
– aus Kasachstan, ebenfalls 1992 – 98: 683.559, ca. 250.000 Verbliebene
– aus Kirgisistan, bis Ende 1998: 101.000, ca. 10.000 Verbliebene
– aus Usbekistan, 1992 – 98: 21.263, 25.000 bis 30.000 Verbliebene im Jahr 1996.

Die Auswanderung setzte sich danach fort, so dass die Zahl der Verbliebenen weiter zurückgegangen ist. Ein kleinerer Teil der Auswanderer aus den zentralasiatischen GUS-Staaten zog nach Russland, z.B. 20.000 bis 25.000 aus Kasachstan. Ein nicht unbedeutender Grund für das Verlassen der zentralasiatischen Staaten war die Einführung der jeweils eigenen Sprache (Kasachisch usw.) als staatliche Amts- und schulische Unterrichtssprache, die den Russlanddeutschen, die nur Russisch und Deutsch konnten, fremd war. Der wichtigste Grund, nicht gleich nach Deutschland zu ziehen, war vermutlich – wie auch für die in Russland selbst verbliebenen Russlanddeutschen – die Aufnahmeverweigerung seitens Deutschlands aufgrund unzureichender Vertrautheit mit der deutschen Sprache (Eisfeld 1999: 172) – denn nach dem Bundesvertriebenengesetz gilt (Neufassung von 2007): „Das Bekenntnis zum deutschen Volkstum oder die rechtliche Zuordnung zur deutschen Nationalität muss bestätigt werden durch die familiäre Vermittlung der deutschen Sprache" (§ 6 (2); www.gesetze-im-internet.de/bundesrecht/bvfg/gesamt.pdf). Dies ist eine Umschreibung von praktizierter Muttersprachlichkeit, nicht bloßen Bekenntnisses dazu. Ein für die Zukunft der Russlanddeutschen wichtiges Thema ist die Wirkung von Aufnahmeverweigerungen seitens der deutschsprachigen Länder; sie könnte manche betroffenen Russlanddeutschen zur Abkehr von ihrer ethnischen Identität motivieren und die Minderheit damit erheblich schwächen.

Die heutigen Siedlungsgebiete der Russlanddeutschen in Russland liegen hauptsächlich in Sibirien, in der weiteren Umgebung von Omsk und Novosibirsk (Nowosibirsk) in Westsibirien und Ekaterinburg (Jekaterinburg) im Ural, sowie – aufgrund neueren Zuzugs – im Gebiet der ehemaligen Autonomen Wolgarepublik und kleinen Teils um Kaliningrad (ehemals Königsberg) (Karte Berend/ Riehl 2008: 17; Wikipedia „Russlanddeutsche"). In Wikipedia „Russlanddeutsche" findet sich folgende differenziertere Aufzählung der Wohngebiete, die ich hier vollständig zitiere, weil zu jedem Gebiet ein Link zu einer detaillierten Beschreibung mit Karte führt (Oblast = größerer Verwaltungsbezirk unterhalb der Ebene der Republiken). „Oblast Kaliningrad (Königsberg), Region Altai (Barnaul), Oblast Nowosibirsk, Oblast Omsk (darunter im *Nationalkreis Asowo*), Oblast Orenburg, Oblast Tomsk, Oblast Saratow, Oblast Wolgograd, Republik Chakassien, Republik Komi". Wichtig sind die beiden beigefügten Hinweise: „Die im Altai lebenden Deutschen sind zum größten Teil ausgewandert, dennoch gibt es auch hier wieder einen deutschen Nationalkreis." „Im Jahr 2010 stellten die Russlanddeutschen nur noch in der Region Altai und im Gebiet Nowosibirsk die größte *Minderheit*" [Kursivschreibung U.A.] – ohne zugleich die größte ethnische Gruppe zu sein; die Russen waren zahlreicher. In allen übrigen Gebieten waren die Russlanddeutschen nicht einmal die größte Minderheit.

Die aktuelle Gesamtzahl der Russlanddeutschen in Russland lässt sich vermutlich nur grob schätzen. In Wikipedia („Russlanddeutsche") heißt es dazu: „Heute leben noch etwa 800.000 Russlanddeutsche in der Russischen Föderation [...]". Dazu passt nicht ohne weiteres der Zusatz: „[D]ie letzte Volkszählung

(2002) nennt eine Gesamtzahl von 597.212 Deutschen, davon 350.000 in Sibirien". Eher liegt aufgrund der Entwicklung heute die Zahl von insgesamt weniger als 500.000 Russlanddeutschen in Russland nahe. Jedoch stimmen vermutlich die Proportionen, wonach in Sibirien mehr (oder zumindest im Verhältnis zur sonstigen Bevölkerung mehr) Russlanddeutsche leben als im übrigen Russland. Die Volkszählung von 1989 ermittelte noch 842.295 Russlanddeutsche in Russland (die beiden Angaben zu den Volkszählungen auch bei Berend/ Riehl 2008: 20; zur Problematik solcher Statistiken Bruhl 2003, Bd.2: 469f.).

Nur ein kleiner Teil der Russlanddeutschen in Russland beherrscht die deutsche Sprache noch einigermaßen sicher. Jedoch lagen mir dazu keine Zahlen vor, die natürlich abhängig wären vom vorausgesetzten Kenntnisniveau, und ebenso wenig Zahlen zum Anteil derjenigen, die sich zu Deutsch als Muttersprache bekennen.

Zwar hat Deutsch keine amtliche Stellung auf staatlicher Ebene (dazu Kap. D.1), jedoch auf Gemeindeebene in zwei „Deutschen Nationalen Rayons" (Landkreisen), und zwar seit 1991 im Rayon Halbstadt bei der Stadt Slawgorod in der Altai-Region (gründliche Darstellung Klaube 1997; auch Bruhl 2003, Bd.2: 430-443, 450-460) und seit 1992 im Rayon Asowo im Gebiet (Oblast) bei Omsk (Berend/ Riehl 2008: 25; Bruhl 2003, Bd. 2: 443-450), beide nahe der Nordostgrenze Kasachstans. Zum Rayon Halbstadt gehören 16 Dörfer „mit insgesamt 20.700 Einwohnern, davon 18.600 Deutsche [...]. 1998/99 lebten im Gebiet Halbstadt und in Slawgorod rund 39.000 Russlanddeutsche" (www.russlanddeutschegeschichte.de/geschichte/teil4/glasnost/rayon.htm – abgerufen 05.06.2013). Die Größenordnung wird deutlicher, wenn man erfährt, dass Halbstadt, das Regierungszentrum des Rayons, ein Dorf mit nur ca. 1.750 Einwohnern ist, und die Stadt Slawgorod, die bei geographischen Lagebeschreibungen oft als Orientierungspunkt dient, kaum 33.000 Einwohner zählt. Asowo ist ebenfalls ein Dorf, aber immerhin mit fast 6.000 Einwohnern; jedoch sollen im ganzen Rayon Asowo nur noch ca. 5.000 Russlanddeutsche wohnen, die damit sogar im eigenen Landkreis eine deutliche Minderheit von lediglich 24% der Einwohner bilden (de.wikipedia.org/wiki/Nationalkreis_Asowo – abgerufen 05.06.2013). Die Stellung als Minderheit erschwert die Netzwerkbildung innerhalb der eigenen Nationalität. Ausnahmen mit größerer Dichte von Deutschsprachigen sind allenfalls einige kleine Dörfer nicht ausgewanderter Mennoniten in Sibirien und im Gebiet Orenburg, deren konservativer Lebensstil dem Spracherhalt zuträglich ist (Berend 2006: 85).

Aus der geringen Größe der Siedlungen und deren geographischer Lage lässt sich schließen, dass die heutigen Russlanddeutschen – wie tendenziell seit je – hauptsächlich im landwirtschaftlichen Milieu leben. Die in die Städte Abgewanderten wurden sprachlich und auch ethnisch assimiliert, jedenfalls größtenteils. Dies waren vor allem die Bildungsschichten, deren nicht assimilierten Teile dann auswanderten. Aber auch bei den Verbliebenen ist die Umstellung auf die russische Sprache die Regel, sogar in den Deutschen Rayons. Gründe dafür sind die Häufigkeit von Kontakten mit Personen, vor allem Angehörigen der Titularnation, die des Deutschen unkundig sind, auch aufgrund der zahlreichen ethnischen Mischehen (Exogamien); außerdem aber die langjährige und subtil fortdauernde Stigmatisierung, die den Verzicht aufs Deutsch-Sprechen schon dann ratsam erscheinen lässt, wenn es nur von anderen gehört werden könnte. „Für viele Vertreter der älteren und mittleren Generation war die Diskriminierung aufgrund ethnischer Zugehörigkeit eine maßgebliche Ursache dafür, dass sie mit den Kindern weniger Deutsch sprachen und viele Vertreter der mittleren Generation sogar ganz aufhörten, mit ihren Kindern oder auch ihren Eltern Deutsch zu sprechen." (Djatlova 2011: 400f.) Die Kinder können größtenteils überhaupt kein Deutsch mehr (bezüglich Sibirien Blankenhorn 2008). Nur in einzelnen Dörfern ist der Spracherhalt fester, bei allerdings ebenfalls schwächelnder Tendenz (zu Baschkirien, Schirokich 2008: 72).

In der sprachlichen Landschaft ist Deutsch auch in den Deutschen Rayons so gut wie inexistent. Auch Ortsschilder in Deutsch fehlen. In den meisten Institutionen, vor allem den Ämtern, bleibt der Gebrauch von Deutsch – trotz expliziter rechtlicher Genehmigung – weitgehend symbolisch. Sogar in den Altai-Dörfern wird mit „ArbeitskollegInnen oder NachbarInnen [...] nur selten Deutsch und häufiger Russisch gesprochen. In öffentlichen Kontexten, etwa in der örtlichen Politik oder beim Einkaufen im Dorf, ist Russisch die Regel [...]" (Damus 2011: 34). Schon für die Zeit 1991 – 1996 charakterisiert Manfred Klaube (1997: 381-384) den Deutschen Rayon Halbstadt mit der Überschrift: „Sprachlich wie kulturell dominiert das Russische."

Für die Zukunft besonders wichtig ist das Schulangebot. Zwar sind zweisprachige Schulen Russisch/ Deutsch für Russlanddeutsche bei kompakter Ansiedlung ab 2.000 Personen rechtlich vorgesehen (Berend/ Riehl 2008: 26f.); verwirklicht sind sie aber bislang nicht. Ernsthafte Ansätze dazu gab es vereinzelt nur für Deutsch als Fremdsprache (DaF), die jedoch nicht fortgeführt wurden (Baur/ Chlosta/ Wenderoff 2000; Baur/ Mamporija/ Schymiczek 2011a). Dabei schienen die Aussichten auf muttersprachlichen Unterricht einst günstig, da er nach der Amnestie 1955 von staatlicher Seite schon „für das Schuljahr 1957/58 [...] ab der zweiten Klasse in Gebieten mit einer höheren Konzentration der deutschen Bevölkerung angeordnet" wurde (Eisfeld 1999: 137f.). Allerdings ließ die Durchführung immer zu wünschen übrig. Auf die Verhältnisse heutzutage wirkt sich ungünstig aus, dass Russland hinter den meisten anderen Mitgliedstaaten des Europarates (dessen Mitglied es ist) bezüglich Anerkennung von Minderheitsrechten herhinkt. So hat es auch die *Europäische Charta der*

Regional- oder Minderheitensprachen nicht ratifiziert, jedenfalls nicht bis zum Zeitpunkt dieses Berichts, Juli 2013 (conventions.coe.int/Treaty/Commun/ ChercheSig.asp?NT=148&CM=&DF=&CL=GER).

Wenn heute Russlanddeutsche überhaupt Deutsch in der Schule lernen, dann – so weit mir bekannt – fast immer in Form von DaF (Berend/ Riehl 2008: 27f.; Berend 2006: 86) – was allerdings meist auch ihrem Kenntnisniveau von Deutsch entspricht. Dies gilt sogar für die Deutschen Nationalen Rayons, in denen Deutsch „als Pflichtfremdsprache gelernt wird" (Damus 2011: 34), und zwar von allen Einwohnern. Immerhin jedoch ist in Russland DaF als erste Fremdsprache alternativ zu Englisch (EaF) wählbar und diesem nicht zwingend als nur zweite Fremdsprache nachgeordnet (Kap. K.9.6). Der Fremdsprachenunterricht beginnt im 5. Schuljahr, und die Sprachwahl geschieht in der Regel „aufgrund einer Beratung durch die Schuladministration in der Elternversammlung" (Perfilowa 2011: 140). Die Eltern von Russlanddeutschen haben also Einflussmöglichkeiten, wenn sie in ausreichender Zahl auftreten oder andere Nationalitäten mitziehen können – was möglich erscheint mit dem abgewandelten Argument des Goethe-Instituts, dass die Schüler eh später Englisch lernen, aber Deutsch dann „ein Plus" ist. In den DaF-Schulklassen sind die Russlanddeutschen allerdings immer zusammen mit Schülern anderer Nationalität.

Etwas anders sieht es aus beim außerschulischen Deutschunterricht, der vor allem in Deutsch-Russischen Häusern und Begegnungszentren durchgeführt wird (zur Lage um 2003 Berend/ Riehl 2008: 28). So verweist z.B. das Bildungs- und Informationszentrum (BIZ) im Deutsch-Russischen Haus in Moskau auf seine „Deutschkurse, auch für Sprachlehrer, Jugend- und Ausbildungsprojekte", und seine Unterstützung von „13 Begegnungsstätten in: Neudorf (Strelna), Murmansk, Nowodwinsk, Petrosawodsk, Pskow, Sewerodwinsk, Tosno, Kotlas, Kolpino, Kirischi, Gatschina, Wyborg, Wolchow", die vermutlich ebenfalls Deutschkurse anbieten (www.ornis-press.de/deutsch-russisches-begeg nungszentrum-an-der-petrikirche-st--petersburg.676.0.html – abgerufen 06.06. 2013). Deutsch-Russische Häuser, die immer Deutschkurse anbieten, gibt es „in den russischen Städten Kaliningrad, Moskau, Nowosibirsk, Tomsk, Smolensk und Barnaul [...]", mit „Zweigstellen in den jeweiligen Gebietseinheiten (den russischen Oblasts)". Diese Häuser sind auch „wichtige Begegnungsstätten der Russlanddeutschen" und „tragen zur Erhaltung der kulturellen Identität der Russlanddeutschen bei" – oder haben zumindest dieses Ziel (de.wikipedia.org/ wiki/Deutsch-Russisches_Haus – abgerufen 06.06.2013). Den Gesamtumfang der von den Deutsch-Russischen Häusern und den Begegnungsstätten angebotenen Deutschkurse und die Teilnehmerzahlen konnte ich nicht ermitteln, erst recht nicht den Anteil an Russlanddeutschen. Nach Einschätzung von Sergej Dubinin hängt letztlich der gesamte noch vorhandene Sprachunterricht für

Russlanddeutsche am Goethe-Institut und ist an Schulen und Hochschulen inzwischen ganz eingestellt. Ebenso kann ich nicht beantworten, inwieweit die Russlanddeutschen zum Deutschlernen aufgrund von Tradition und ethnischer Identität oder – wie andere russische DaF-Lerner – beruflich und wirtschaftlich motiviert sind. Bei einer repräsentativen Befragung von Deutsch-Schülern und -Studierenden in Russland (n beantwortete Fragebögen 732) bekannten sich die weitaus meisten, 92,7%, zum folgenden für sie wichtigsten Motiv für die Sprachwahl: „Die Kenntnis der deutschen Sprache sichert mir eine gute Arbeit" (Voronina 2011: 280; auch Radtschenko 2011a). Dabei wurden Russlanddeutsche, von denen vermutlich nur wenige dabei waren, nicht gesondert betrachtet.

Seit der Amnestie 1955 gibt es auch wieder deutschsprachige Medien in Russland (Eisfeld 1999: 137). Auch heute noch existiert eine Reihe von Zeitungen, die allerdings nur wöchentlich bis monatlich in kleinen Auflagen erscheinen. *Neues Leben* (Moskau), die wichtigste Zeitung der Nachkriegszeit, erscheint heute nur noch unregelmäßig; daneben gibt es seit langem auch die *Zeitung für Dich* (Region Altai, heute monatliche Beilage zu *Altajskaja Prawda*). Die folgenden Blätter sind dagegen Neugründungen nach 1990: *Ihre Zeitung* (Deutscher Rayon Asowo, zweisprachig, wöchentlich, 1.500), *Königsberger Express* (Kaliningrad, monatlich, 5.000), *Moskauer Deutsche Zeitung* (zweisprachig, 14-tägig, 25.000), *Neue Zeit/ Nowoje* Wremja (Deutscher Rayon Halbstadt, zweisprachig, 2 bis 3 mal die Woche, 3.000), *Orenburger Zeitung* (monatlich), *Rundschau* (Uljanowsk, wöchentlich), *Sibirische Zeitung* (Nowosibirsk, zweisprachig, monatlich, 600) und *Wolga-Kurier* (Samara, alle 2 Monate, 500). Die Angaben, auch mit den betreffenden Datenlücken, habe ich Akstinat (2012/13: 227-236) entnommen, der zudem 25 weitere Blätter wie Gemeindebriefe oder Fachzeitschriften nennt. Ab 1957 gab es auch deutschsprachiges Radio in den Gebieten Orenburg, Omsk und Nowosibirsk (Eisfeld 1999: 137); heute aber, wie es scheint, nicht mehr. Die letzten wöchentlichen Sendungen, über Radio 7 in Samara, wurden im Jahr 2000 eingestellt (Mitteilung Dubinin). Erst recht gibt es kein deutschsprachiges Fernsehen. Jedoch sind den Russlanddeutschen in Russland über das Internet nicht nur Zeitungen und andere Printmedien, sondern auch Radio- und Fernsehsendungen aus den deutschsprachigen Ländern zugänglich, und deutschsprachige Radiosendungen auch über den russischen Auslandsender *Stimme Russlands* (www.press-guide.com/Radio-Russland.htm – abgerufen 06.06.2013). Galina Woronenkowa (2011: 251) sieht sogar die „mediale Grundversorgung in deutscher Sprache und aus Deutschland als gesichert über das Internet [...]". Die Versorgung mit deutschsprachigen Printmedien in Papier, auch Büchern, ist jedoch spärlich.

Allgemein sind die Kontakte der Russlanddeutschen zu den deutschsprachigen Ländern schwieriger als bei den deutsch(sprachig)en Minderheiten innerhalb der EU, sowohl aus politischen Gründen der erschwerten Grenzüberschreitung als auch wegen der oft großen geographischen Entfernung. Diese beträgt bei den Deutschen Rayons rund 4.000 km, die sich nur per Flugzeug überwinden lassen. Wie es scheint, sind Kontakte zu den deutschsprachigen Ländern hier mehr als bei anderen deutsch(sprachig)en Minderheiten ein Privileg von Organisationsvorsitzenden und Funktionären. Unter der breiten Bevölkerung würden moderne Individualmedien (im Gegensatz zu Massenmedien), wie E-Mail und Telefonie, vor allem kostengünstige Internet-Telefonie wie Skype, Kontakte mit weit entfernten Verwandten und Bekannten ermöglichen; jedoch lagen mir dazu keine Daten vor. Zur Ausstattung mit diesen Techniken und ihrer Anwendung besteht Forschungsbedarf bei allen deutsch(sprachig)en Minderheiten.

Auch Kontakte zu Firmen aus deutschsprachigen Ländern, sonst in Russland zahlreich vertreten (Martynova 2010; 2011), spielen für die zumeist auf dem Land lebenden Russlanddeutschen kaum eine Rolle. Für die Beschäftigung in solchen Firmen müssten sie in der Regel umziehen in die Stadt. Deshalb ist für Russlanddeutsche das schon erwähnte, sonst in Russland vorherrschende Motiv für das Deutschlernen oder den Deutscherhalt, nämlich der berufliche Nutzen, nicht unbedingt relevant.

Eine wichtige Verbindung zu den deutschsprachigen Ländern besteht jedoch über die gezielte Unterstützung von dort. Diese war und ist, besonders seitens Deutschlands, beachtlich, und zwar sowohl wirtschaftlich als auch politisch (Bruhl 2003, Bd. 2: 450-452, 461-468; Berend/ Riehl 2008: 24f.: Eisfeld 1999: 156-174 passim). Seit Glasnost und Perestroika bestehen vielfältige Fördermöglichkeiten, wie sich vor allem bei den – freilich letztlich vergeblichen – Bemühungen um die Wiederherstellung der Autonomen Wolgarepublik zeigte, aber auch bei der Gründung und Versorgung der deutschen Rayone Azovo und Halbstadt. Bruhl (2003, Bd. 2) nennt exorbitante Finanzhilfen aus Deutschland, z.B. 90 Mio. DM für den Rayon Halbstadt von 1991 bis 1996 (ebd.: 452) und 200 Mio. DM für den Rayon Azovo von 1993 bis 2000 (ebd.: 461) – die zum Teil vor Ort auch verschwendet wurden, wie durch den Bau überdimensionierter Einzelwohnhäuser (ebd.: 463f.). Auch heute noch werden die Russlanddeutschen von deutscher Seite großzügig, aber kontrollierter als früher, gefördert. Beispiele sind das schon erwähnte Goethe-Institut, das den Deutschunterricht organisiert, sowie die Deutsch-Russischen Häuser und Begegnungszentren, die allesamt hauptsächlich von Deutschland finanziert werden. So deklariert z.B. die Deutsche Gesellschaft für Technische Zusammenarbeit (GTZ) ihre Zuwendungen an das Bildungs- und Informationszentrum (BIZ) des Deutsch-Russischen Hauses in Moskau ausdrücklich auch als „Hilfen für die deutsche Minderheit in Russland, der Ukraine und Mittelasien" (www.giz.de/Themen/en/dokumente/

BIZ-de.pdf – abgerufen 07.06.2013). Und das Bundesministerium des Innern, dem das GTZ untersteht, gibt bekannt, dass die deutsche Bundesregierung in den Jahren 2012 und 2013 jeweils 9,3 Mio. € „zugunsten der in der Russischen Föderation lebenden Russlanddeutschen zur Verfügung gestellt" hat – zusammen mit 285,4 Mio. Rubel (≈ 6,76 Mio. €) der russischen Regierung (www.bmi. bund.de/SharedDocs/Pressemitteilungen/ DE/2013/05/ deu-rus-regierungskom mission.html – abgerufen 07.06.2013). Dabei hat die deutsche Regierung vermutlich die Initiative zu dieser Förderung ergriffen, ohne die der russische Anteil vielleicht geringer ausgefallen wäre. Weitere Unterstützungen, auch seitens privater Stiftungen und internationaler Kulturgesellschaft, ließen sich hinzufügen (z.B. Ost-West-Gesellschaft Baden-Württemberg mit Förderungen für Samara). Eine gewisse Rolle spielen auch Städte-Partnerschaften. Sehr wahrscheinlich trägt diese Förderung bei zur Erhaltung der deutschen Sprache, soweit noch vorhanden, vielleicht sogar in manchen Fällen zur Rückumstellung auf sie, natürlich unter Beibehaltung von Russisch. Die tatsächliche diesbezügliche Wirkung bleibt allerdings Spekulation, solange keine Evaluierung dazu vorliegt.

Eine wichtige Vermittlerrolle bei der Unterstützung aus Deutschland spielen die Verbände der Russlanddeutschen, die sich infolge der Amnestie im Jahr 1955 nach und nach gebildet haben. Allerdings hat es auch dabei – ähnlich wie bei anderen deutsch(sprachig)en Minderheiten – Organisationsschwierigkeiten gegeben, sowohl bei der internen Koordination als auch der Zusammenarbeit mit der deutschen Seite. Außerdem tendierten und tendieren die Führungskräfte dazu, sich mehr in Deutschland als in Russland aufzuhalten, wo doch die „ohnehin dünne deutsche Bildungsschicht [...] durch Auswanderung entscheidend geschwächt" ist (Eisfeld 1999: 173f.). Wie bei anderen deutsch(sprachig)en Minderheiten fehlt es auch an Kontakten zu den russischen Verbänden für DaF und Germanistik (siehe zu diesen Verbänden Guseynova 2011; Belobratow 2011). Eine gewichtige Rolle spielte die 1989 gegründete Gesellschaft „Wiedergeburt", deren Hauptziel die Restitution der Autonomen Wolgarepublik war. Von der „Wiedergeburt" spaltete sich 1991 der „Verband der Deutschen in der UdSSR" ab. Nach einer Zeit der Umbenennungen und Konflikte ist heute der „Internationale Verband der deutschen Kultur (IVDK)" die einflussreichste Organisation: „Das Hauptziel der Verbandstätigkeit ist die Erhaltung der kulturellen Identität und Gemeinschaft der Russlanddeutschen." (www.rusdeutsch.eu/?menu00=6 – abgerufen 10.06.2013). Neben dem IDVK und in Verbindung mit ihm gibt es die „Föderale Nationale Kulturautonomie der Russlanddeutschen (FNKA)", mit dem Hauptziel der „Stärkung des rechtlichen Status der deutschen Minderheit (Fortsetzung der rechtlichen Rehabilitierung der Russlanddeutschen)" (de. wikipedia.org/wiki/F%C3%B6derale_Nationale_Kulturautonomie_der_Russlan ddeutschen – abgerufen 10.06.2013).

Ob die deutsche Sprache unter denjenigen, die sie noch nicht aufgegeben haben, erhalten werden kann, ist ungewiss (Risse/ Roll 213f.). Dies hängt sicher vor allem ab von den Schulen, aber auch von den Verbindungen zu den deutschsprachigen Ländern und dem – auch beruflichen – Nutzen von Deutschkenntnissen, wozu auch Ausbildungs- und Studienmöglichkeiten zählen. Für die eventuelle teilweise Rückumstellung auf Deutsch, neben unverzichtbarem Russisch, kommt wohl nur Standarddeutsch in Frage, auch in Form von „Kontaktdeutsch" (Földes 2005) mit russischen Transferenzen. Jedoch könnte sich das Erlernen auf Dialektkenntnisse, soweit noch vorhanden, stützen (Damus 2011: 36). Eine wichtige Aufgabe ist auch die Erhaltung bloß ethnischer Identität, vor allem bei denjenigen, denen die Auswanderung in einen deutschsprachigen Staat verweigert wurde.

4.9 Namibia

Namibia ist der einzige Staat, der aus einer ehemaligen Kolonie Deutschlands hervorging, mit einer deutsch(sprachig)en Minderheit entsprechend den für das vorliegende Buch konzipierten Kriterien (Kap. E.3). In allen anderen ehemaligen deutschen Kolonien finden sich nur noch Spuren oder historische Reminiszenzen der ehemaligen Kolonialherrschaft (siehe dazu z.B. Mühlhäusler 1977; 1979; 1980; Forschungsgruppe „Koloniallinguistik" am Institut für Deutsche Sprache in Mannheim: de.wikipedia.org/wiki/Koloniallinguistik – abgerufen 18.06. 2013). Einen ausgewogenen, auch kolonialkritischen Gesamtüberblick über die Geschichte der Deutschen in Namibia bis zur Zeit kurz nach der staatlichen Unabhängigkeit hat Walter G. Wentenschuh (1995) vorgelegt. Entscheidend für die Besonderheit Namibias war, dass es – begünstigt durch Klima, Größe des Landes, geringe Bevölkerungsdichte und nicht allzu große Entfernung von Deutschland – bevorzugte „Siedlungskolonie" wurde, im Gegensatz zu den übrigen „Ausbeutungskolonien", um das Verhältnis zum „Mutterland" scharf, aber nicht unangemessen zu charakterisieren (ausführliche, zeitlich ausgedehnte Chronik in Kube/ Kotze 2002). Die Kolonialzeit mit ihren Grausamkeiten gegenüber der schwarzen, autochthonen Bevölkerung, vor allem bei der Niederschlagung von Aufständen, ist bis heute eine moralische Belastung für Deutschland und die Deutschnamibier, auch bezüglich der Ansprüche auf sprachliche Rechte. Deutsche Kolonie, unter dem Namen *Deutsch-Südwestafrika*, war das Gebiet des heutigen Namibia von 1884 bis 1915 oder – je nach Definition – bis 1920, als es vom Völkerbund dem damals von Großbritannien kontrollierten Südafrika zur Verwaltung mandatiert wurde. Ein Großteil der deutschen Siedler wurde zunächst ausgewiesen, jedoch später – zur Stärkung des Anteils der Europäer an der Bevölkerung – wieder zurückgerufen (siehe u.a. Interessengemeinschaft Deutschsprachiger Südwester 1980; mehrere Beiträge dazu in Hess/ Becker 2002). Der Zuzug Deutscher setzte sich, wenn auch abgeschwächt, bis in die neueste Zeit fort. Aufgrund der Verständigung der deutschen Siedler mit Südafrika, einschließlich Unterstützung der Apartheidspolitik, erhielt Deutsch 1983 wieder den Status einer staatlichen Amtssprache Namibias, wenn auch nicht so unumschränkt wie in der Kolonialzeit, sondern nur für das Gebiet der Weißen, neben den übergeordneten staatlichen Amtssprachen Afrikaans und Englisch (dazu Ammon 1991a: 75-80). Schriftstücke im Landestag der Weißen mussten auch auf Deutsch vorgelegt werden, entsprechend der Bestimmung, „dat proklamasies, ordonnansies, regulasies en kennisgewings [...] in die Afrikaanse, Duitse en Engelse taal moet geskied" (Protokoll der Landestagssitzung vom 9.11.1983). Ebenso erschien das Amtsblatt in deutscher Sprache. Jedoch verlor Deutsch seinen amtlichen Status wieder bei der Gründung Namibias als unabhängiger Staat am 21. März 1990, ebenso Afrikaans, und wurde Englisch zur einzigen staatlichen Amtssprache. Die Bevorzugung von Englisch lag – trotz geringer Verankerung in der Bevölkerung – nahe, wegen seiner überragenden Stellung in der Welt, der Funktion als Lingua franca der *South West Africa People's Organisation of Namibia* (*SWAPO*), die Namibias Unabhängigkeit erkämpft hatte, und weil es nicht wie Afrikaans und Deutsch mit rassistischer Politik (Apartheid) konnotiert war. Jedoch erhielt Deutsch immerhin den geringeren Status einer „Nationalsprache" Namibias und damit anerkannten Minderheitssprache, zusammen mit Afrikaans und 6 Sprachen der autochthonen, schwarzen Bevölkerung, die bis dahin keinen offiziellen Status hatten (Khoekhoegowab, OshiKwanyama, Oshindonga, Otjiherero, RuKwangali, Silozi). Allerdings ist der Status als Nationalsprache, anders als bei der nationalen Amtssprache, nicht in der Verfassung verankert, sondern nur in untergeordneten Erlassen erklärt (dazu *The Language Policy for Schools in Namibia Discussion Document*, January 2003: www. moe.gov.na/files/downloads/b8e_ Language_Policy%20for%20schools_discussion %20document%202003.pdf.pd f; *The language policy for schools 1992 – 1996 and beyond*: www.nied.edu.na/ images/Language%20Policy% 20For%20schools%201992_1996%20and%20bey ond.pdf). Untersuchenswert bezüglich des Erhalts der deutschen Sprache in Namibia wäre auch die Geschichte der „DDR-Kinder", die Verbringung von 425 namibischen Kindern während des Unabhängigkeitskrieges in die DDR in der Zeit 1979 – 1985, von wo sie 1990 – mit ausgezeichneten Deutschkenntnissen und durchaus positiven Eindrücken von Deutschland – nach Namibia zurückkehrten (Erfahrungen in Engombe 2004, Zeittafel 378f.) – Zur Geschichte und gegenwärtigen Lage finden sich ausführlichere oder speziellere Darstellungen in: Interessengemeinschaft Deutschsprachiger Südwester 1980; Esslinger 1985;

1990; 2002; M. Pütz 1991; 1992; 1995; 2007; Junge/ Tötemeyer/ Zappen-Thomson 1993; Worbs 1993a; b; Gretschel 1994; 1995; Wentenschuh 1995; von Nahmen 2001; Hess/ Becker 2002 (darin: Düxmann; Esslinger; Hofmann; Kube/ Kotze; Weck/ Glaue; Weitzel/ Nöckler; Crüsemann-Brockmann; von Wietersheim/ Grellmann; Zappen-Thomson 2002a); Zappen-Thomson 2002 b; 2012; Böhm 2003: 518-578; Ammon 2012a; Klinner 2012; Lipp 2012; Kellermeier-Rehbein im Druck; Wikipedia: „Deutsche Sprache in Namibia": de.wikipedia.org/wiki/ Deutsche_Sprache_in_Namibia; Wikipedia „Deutschnamibier": de.wikipedia.org/wiki/Deutschnamibier – beide abgerufen 12.06.2013. Die folgende Skizze der heutigen Lage soll vor allem die Chancen des Erhalts der deutschen Sprache erhellen. Für wichtige Hinweise danke ich Dieter Esslinger und Marianne Zappen-Thomson.

Die in Deutschland politisch korrekte Bezeichnung der hier betrachteten Minderheit ist „Deutschnamibier". Sie „bezeichnen sich selbst häufig als *Deutsche* und benennen Deutsche aus Deutschland als ‚Deutschländer'. Teilweise bezeichnen sie sich selbst weiterhin als *Südwester* oder *Südwesterdeutsche.*" (Wikipedia „Deutschnamibier") Viele bekennen sich vor allem gegenüber Besuchern aus Deutschland stolz als *Namibier* und sind selbstverständlich stets im Besitz namibischer Staatsbürgerschaft; allerdings besitzen einige – Zahlen konnte ich nicht ermitteln – zusätzlich auch die Staatsbürgerschaft Deutschlands, woran sie früher deshalb festhielten, weil sie sich der Entwicklung ihres Staates nicht sicher waren, und heute aus Gründen der Bequemlichkeit beim Reisen und des leichteren Zugangs ihrer Kinder zu Schulen oder Hochschulen in Deutschland. Um die Zeit vor und nach der Unabhängigkeit gab es vereinzelte Rückwanderungen nach Deutschland; Zahlen dazu und zur aktuellen Ein- und Auswanderungsbilanz konnte ich jedoch nicht finden.

Diejenigen, die den Kontakt nach Deutschland nicht abbrechen lassen wollen, sind wahrscheinlich besonders bemüht um den Erhalt der deutschen Sprache. Jedoch bewahren die Deutschnamibier generell entschiedener als manche andere deutsch(sprachig)e Minderheit Deutsch als ihre Muttersprache, bekennen sich dazu und gebrauchen es regelmäßig. Zudem aber beherrschen und gebrauchen die meisten auch Afrikaans, eine weiterhin bedeutsame Lingua franca Namibias (Böhm 2003: 530f.), und erst recht Englisch, die staatliche Amtssprache. Mit Englisch wird die junge Generation schon deshalb gründlich vertraut, weil es in allen staatlichen Schulen Unterrichtssprache und in allen Privatschulen zumindest gewichtiges Schulfach ist. Die starke Stellung beider Sprachen in Namibia erschwert den Erhalt von Deutsch, da Dreisprachigkeit zu einer kognitiven Last werden kann. Dagegen haben die autochthonen Sprachen der Schwarzen keine verdrängende Wirkung.

Ungünstig für den Erhalt der Muttersprache ist auch die geringe Zahlenstärke der Deutschnamibier, die unterschiedlich beziffert wird. Gängig sind Angaben zwischen 20.000 und 25.000, wie z.b. die Angabe von 1% der Bevölkerung (*Fischer Weltalmanach 2013*: 325), wonach es ca. 23.240 Deutschnamibier wären (von 2,324 Mio.). Manche Angaben liegen noch darunter, z.B. 19.500 in: de.wikipedia.org/wiki/Liste_der_Sprachen_in_Namibia – abgerufen 13.06.2013), andere wiederum deutlich höher, z.B.: „30.000 Namibier sprechen Deutsch als Muttersprache, und mehrere zehntausend Menschen in Namibia, zumeist englisch- oder afrikaanssprechende Weiße [aber durchaus auch Schwarze! U.A.], sprechen Deutsch als Fremdsprache [DaF]." (Wikipedia „Deutsche Sprache in Namibia") Genauere Zahlenangaben zu denjenigen, die außer den Deutschnamibiern Deutsch können, deren Kenntnisniveau dann zu spezifizieren wäre, lagen mir nicht vor. Jedoch ist die Präsenz von Deutsch in Namibia auffälliger, als es die Zahl der Deutschnamibier vermuten lässt.

Das Siedlungsgebiet der Deutschnamibier streut fast über das ganze Staatsgebiet hinweg, bei Konzentration auf die zentralen Landesteile. Schwerpunkte sind die Hauptstadt Windhoek („Windhuk" in der aus der Kolonialzeit stammenden Schreibweise des deutschen Auswärtigen Amtes) und die Städte Swakopmund, Omaruru, Karibib, Otavi, Otjiwarongo und Grootfontein, aber auch ländliche Farmen, von denen ein beträchtlicher Teil, besonders der großen Güter, im Besitz von Deutschnamibiern ist (Karte Namibias in de.wikipedia.org/wiki/Namibia – abgerufen 13.06.2013). Eine Karte zur geographischen Verteilung der Deutschnamibier konnte ich nicht finden; jedoch bieten die genannten und nachfolgenden Ortschaften gewisse Indizien.

Die Deutschnamibier gehören unverkennbar zur höheren Sozialschicht der Bevölkerung, sowohl bezüglich Bildung als auch Besitz, was ihnen die Netzwerkbildung unter einander und die Pflege der deutschen Sprache erleichtert. Jedoch sind sie im Kontakt mit der Mehrheitsbevölkerung meist auf Afrikaans oder Englisch angewiesen – außer bei eigenen Angestellten, die oft Deutsch können, oder bei manchen Hereros oder Damaras, die eher als andere schwarze Ethnien über Deutschkenntnisse verfügen. Auch in sprachlichen Mischehen (Exogamien), häufig vor allem mit Afrikaans-Sprachigen, ist oft deren Sprache oder Englisch innerhalb der Familie vorherrschend. Jedoch lagen mir zu all diesen Fragen keine Zahlen vor.

Gleichwohl ist die öffentliche Präsenz von Deutsch, in der sprachlichen Landschaft, im Verhältnis zur Sprecherzahl beachtlich. Sie ist bedingt durch die Tradition, aber sicher auch durch die starke wirtschaftliche Stellung der Deutschnamibier. Auffällig sind eine Reihe von deutschen Ortsnamen, wie die größere Ortschaft *Mariental* und die kleineren oder auch nur Bahnstationen *Altenstein, Aus, Bethanien, Bodenhausen, Brandberg, Grünau, Grünental, Halb,*

Helmeringhausen, Hochfeld, Kalkfeld, Klein Aub, Kolmannskuppe, Königstein, Maltahöhe, Sooheim, Steinhausen, Teufelsbach, Uhlenhorst, Warmbad, Wilhelmstal und *Witputz* (Karte in commons.wikimedia.org/wiki/File: NamibiaDetailFinal.jpg – abgerufen 11.06.2013). Auch Beschilderungen von Geschäften und Sehenswürdigkeiten sowie Straßennamen sind häufig auf Deutsch, vor allem in größeren Städten wie Windhoek oder Swakopmund und an touristischen Hotspots (Beispiele in Wikipedia „Deutsche Sprache in Namibia"; „Deutschnamibier"). Allerdings wurden einige Straßen nach der Unabhängigkeit umbenannt in Englisch, meist in Verbindung mit inhaltlicher Abkehr von Reminiszenzen des Kolonialismus (z.b. in Windhoek „Kaiserstraße" zu „Independence Avenue", 1990, in Swakopmund „Kaiser-Wilhelm-Straße" zu „Sam Nujoma Avenue", 2001). Außerdem gibt es eine gewisse Tendenz, das Grundwort des Straßennamens zu anglisieren (z.B. „Uhlandstraße" zu „Uhlandstreet" in Windhoek). Hinzu kommt neuerdings die Rückbenennung deutscher Orts- und Gebietsnamen wie des Ortes „Lüderitz" (nach dem deutschen Koloniegründer) zu „Naminüs" oder der Region „Caprivi" (nach dem einstigen Reichskanzler) zu „Sambesi". Hiergegen gab es – allerdings vermutlich wirkungslose – Proteste, nicht nur von Deutschsprachigen oder Deutschstämmigen, in denen Sorgen um den Tourismus vorgebracht wurden („Namibia: www.welt.de/; „Lüderitz heißt wieder Naminüs", *WAZ* 17.08.2013: Reisejournal).

Deutsch ist in allen Domänen zulässig und unter Deutschnamibiern gebräuchlich, wie auch mit Angehörigen anderer Ethnien, sofern sie die Sprache beherrschen – nur nicht dienstlich in den Institutionen staatlicher Politik und Verwaltung, die auf Englisch arbeiten. Vor allem gibt es viele Geschäfte, Gasthäuser sowie Touristenunterkünfte und -ziele, wo man auf Deutsch verkehren kann. Häufig bieten Geschäfte auch Waren deutschen Stils an, nicht nur deutschsprachige Bücher, sondern auch Brot, Wurst und dergleichen, fast wie in Deutschland. Ebenso ist Deutsch die allgemein vorherrschende Sprache in den Familien von Deutschnamibiern. Auch das religiöse Leben, dessen Bedeutung für die Deutschnamibier durch die in Windhoek auf stadtbeherrschendem Hügel stehende evangelisch-lutherische *Christuskirche* symbolisiert wird, findet bis heute hauptsächlich in deutscher Sprache statt – sowohl evangelisch als auch katholisch, wodurch beide Glaubensrichtungen zur Spracherhaltung beitragen (Kuntze 2002; Wolf 2002).

Besonders wichtig für die Spracherhaltung ist die Stellung von Deutsch an den Schulen (Esslinger 1985; 1990; 2002; Zappen-Thomson 2002a; b; 2012). Dort besteht zwar einerseits ein breites Angebot, zeigen sich aber andererseits auch auffällige Schwachstellen. Problematisch ist vor allem, dass nur an Privatschulen Deutsch als Unterrichtssprache in allen Schuljahren zugelassen ist (Esslinger 2002). Herausragend ist diesbezüglich vor allem die Deutsche Höhere Privatschule (DHPS) in Windhoek, die ca. 1.200 Schüler, nicht nur Deutschnamibier, zum deutschen Abitur hinführt, wie auch zum Hochschulzugang für Namibia und Südafrika, und als Deutsche Auslandsschule das Deutsche Sprachdiplom vergibt (dazu Weitzel/ Nöckler/ Crüsemann-Brockmann 2002; de.wikipedia.org/wiki/Deutsche_H%C3%B6here_Privatschule_Windhoek – abgerufen 17.06.2013). Weitere deutschnamibische Privatschulen gibt es in Grootfontein, Omaruru, Otavi (www.deutsche-privatschule-otavi.de/ – abgerufen 17.06.2013), Otjiwarongo und Swakopmund. Windhoek verfügt zudem über zahlreiche deutschsprachige Kindergärten. Allerdings ist in keiner dieser Schulen Deutsch einzige Unterrichtssprache; sogar die DHPS hat einen englischsprachigen Zweig, dabei allerdings Deutsch als obligatorisches Hauptfach (Lipp 2012). Jedoch hat die Schülerzahl an den deutschen Privatschulen in den letzten Jahren kontinuierlich zugenommen: von insgesamt 3.702 im Jahr 2005 auf 4.758 im Jahr 2013 (Mitteilung Monika Hoffmann, Geschäftsführerin Arbeitsgemeinschaft Deutscher Schulvereine/ AGDS; E-Mail Esslinger 07.08.2013). An staatlichen Schulen ist Deutsch als Unterrichtssprache uneingeschränkt nur in den ersten 3 Schuljahren erlaubt. Ab dem 4. Schuljahr wird schrittweise Englisch obligatorische Unterrichtssprache; ab dem 5. Schuljahr dürfen andere Sprachen wie Deutsch nur noch Schulfach sein, wobei der Übergang im vierten Schuljahr schrittweise erfolgt. Dieses Deutsch-Angebot ist sicher unzureichend für den Erwerb gründlicher Deutschkenntnisse. Es gibt sogar deutschnamibische Schüler, deren Zahl mir nicht bekannt ist, die Schulen ganz ohne Unterrichtssprache Deutsch besuchen, es also nur in einem Schulfach wie eine Fremdsprache lernen, oder nicht einmal das. Jedoch vermittelt Deutsch als Schulfach Deutschkenntnisse auch an anderssprachige Namibier (Zappen-Thomson 2002; 2012).

Eine wesentliche Verbesserung wären staatliche Schulen mit Deutsch als Unterrichtssprache auf allen Schulstufen (oder wenigstens mit einem entsprechenden deutschsprachigen Zug) und der staatlichen Amtssprache Englisch als schwerpunktmäßigem Fach – wofür die Schulen für die deutschen Minderheiten in Dänemark, Ungarn oder Rumänien Vorbild sein könnten (Kap. E.4.2; E.4.6; E.4.7). Bis vor Kurzem schienen solche Wünsche für die Regierung Namibias inakzeptabel, vermutlich weil analoge Lösungen für die Nationalsprachen der Schwarzen unmöglich oder zumindest sehr kostspielig sein könnten. Dagegen ließ sich einwenden, dass die rechtliche Zulassung auch zum Ausbau dieser Sprachen motivieren könnte (zum Sprachausbau Kloss 1978: 37-63) und dass es für die Entwicklung eines Landes nicht unbedingt günstig ist, die Bildung *eines* Bevölkerungsteils einzuschränken, weil *anderen* Bevölkerungsteilen derzeit noch nicht dasselbe Bildungsniveau gewährt werden kann. Tatsächlich scheint sich die namibische Regierung dieser Ansicht zu öffnen. Eine Konferenz, die 18. – 20. Juni 2013 stattfand, hat einen Vorschlag ausgearbeitet, wonach die Muttersprachen bis einschließlich zum 7. Schuljahr als Unterrichtssprachen zugelassen werden sollen. Allerdings muss das zuständige Ministerium dem noch zustimmen. (E-Mail Marianne Zappen-Thomson 03.07.2013) Natürlich ist die Kolonialgeschichte für eine solche Politik eine psychopolitische Barriere, die größter Berücksichtigung bedarf. – Ein weiteres Schulproblem ist der Mangel an Deutschlehrern, bedingt hauptsächlich durch die schlechte Lehrerbezahlung in Namibia (Worbs 1993b: 9). Der Lehrermangel ist abgemildert an den Privatschulen, vor allem an der DHPS, wohin Lehrer aus Deutschland entsandt werden, was jedoch Spannungen mit den namibisch besoldeten Lehrern hervorrufen kann.

An der 1992 gegründeten Universität Namibia in Windhoek gibt es eine germanistische Abteilung, die auch Deutschlehrer ausbildet (Zappen-Thomson 2012). Allerdings ist nur in diesem Fach Deutsch auch Sprache der Lehre, sonst so gut wie ausschließlich Englisch. Dadurch bleibt den Studierenden auch die deutsche Fachterminologie fremd, auch in Berufen mit viel Kontakt zur Bevölkerung wie Ärzten oder Lehrern (außer Deutschlehrern). Zudem studieren viele Namibier in Südafrika, auf Englisch oder Afrikaans, und verhältnismäßig wenige in deutschsprachigen Ländern. Allerdings sind die vom Deutschen Akademischen Austauschdienst (DAAD) für Deutschland ausgewiesenen Zahlen zu niedrig, da sie Studierende mit doppelter Staatsbürgerschaft nicht erfassen, deren Anteil unter den in Deutschland studierenden Namibiern vermutlich hoch ist. So zählte der DAAD z.B. im Wintersemester 2007/8 in Deutschland nur 28 Studierende aus Namibia (wobei allerdings vielleicht nur Postgraduierte einbezogen waren) – gegenüber z.B. 172 aus Guinea (gezählt wurden nur Bildungsausländer, also mit Schulbildung außerhalb Deutschlands).

Die Ausstattung der Deutschnamibier mit Medien ist für ihre Zahlenstärke beachtlich (von Nahmen 2001; Hofmann 2002). Überragende Bedeutung hat die *Allgemeine Zeitung*, mit einer nun fast 100-jährigen, politisch wechselhaften Tradition (Gründung 1916) und einer Auflage von 5.000 – 6.000. Es ist die Zeitung die täglich erscheint (außer samstags und sonntags). Hinzu kommen wechselnde werbefinanzierte Blätter, vor allem aber literarische und fachliche Zeitschriften (z.B. *Felsgraffiti*) sowie Organe von Verbänden, Schulen und Kirchen. Akstinat (2012/13: 185-189) nennt außer der *Allgemeinen Zeitung* 17 Periodika. Wichtig ist auch das deutschsprachige Radio der Namibia Broadcasting Corporation (Herma-Herrle 2002), das täglich – trotz dünner Personaldecke – 24 Stunden lokale und internationale Nachrichten und Unterhaltung auf Deutsch ausstrahlt und von Deutschnamibiern viel gehört wird (de.wikipedia.org/wiki/NBC_Deutsches_H%C3%B6rfunkprogramm – abgerufen 14.06.2013). Seit 2012 gibt es zusätzlich noch den Privatsender Hitradio Namibia (www.hitradio.com.na – abgerufen 12.07.2013). Deutschsprachiges Fernsehen ist aber nur über

Satellit aus Deutschland zugänglich und dabei teuer und nicht ganz zuverlässig. Hier wäre mehr Unterstützung aus Deutschland geboten.

Die Deutschnamibier haben zwar keine politischen Sonderrechte, z.B. keinen garantierten Sitz im namibischen Parlament, sind jedoch – schon aus Tradition – zivilgesellschaftlich gut organisiert und werden daran auch nicht gehindert. Von besonderer Bedeutung für den Spracherhalt sind – auf unterschiedlichen Ebenen – die *Arbeitsgemeinschaft Deutscher Schulvereine* (*AGDS*) (Kreutzberger/ Springer 2002), die *Namibia Wissenschaftliche Gesellschaft* (*NWG*) (Gühring 2002) und die *Namibisch-Deutsche Stiftung für kulturelle Zusammenarbeit* (*NaDS*). Die AGDS veranstaltet in Verbindung mit dem *Deutschen Kulturrat* (*DKR*) Lehrertagungen, Redner-, Lese-, Schreib- und Kulturfeste, veröffentlicht die Literaturzeitschrift *Felsgraffiti* und vergibt Stipendien an Lehramtsanwärter für das Fach Deutsch an den 10 Mitgliedsschulen (im Jahr 2013 waren es 14 Stipendien, die freilich den Bedarf nicht deckten). Bei den Aktivitäten dieser Organisationen erweist sich auch die Wichtigkeit engagierter Meinungsführer, als deren Beispiel hier nur der Schokoladenfabrikant Dieter Springer genannt sei, der unter anderem lange Zeit die AGDS geleitet hat. Seine Motivation lässt sich erahnen aus einem Interview mit Walter G. Wentenschuh (1995: 175) aus der Zeit kurz nach der staatlichen Selbstständigkeit, das mit seiner sorgenvollen Prognose überschrieben ist: „Der junge Deutsche verliert seine Deutschkenntnisse", mit der er aber – wie mir in Namibia versichert wurde – nur dazu anspornen wollte, dass die „deutsche Gesellschaft im Lande" dafür sorgt, „dass ihre Kultur erhalten bleiben kann" – wobei diese Kultur für ihn die deutsche Sprache einschließt. Es scheint unklar, ob gelegentliche Klagen, die heutige Generation der Deutschnamibier sei weniger engagiert, berechtigt sind, was dem Erhalt der deutschen Sprache abträglich wäre, oder ob es sich nur um Vorurteile älterer Menschen gegenüber jüngeren handelt.

Wichtig für den Erhalt des Deutschen ist einerseits seine Funktion als Identitätsmerkmal (Junge/ Tötemeyer/ Zappen-Thomson 1993), als Symbol der Zugehörigkeit zu den Deutschnamibiern, aber andererseits auch sein Nutzen, vor allem für Bildung und Beruf. Hierzu gibt es – soweit ich sehe – nur spärliche Hinweise. Andreas Worbs (1993a) hat in einer nun schon über 20 Jahre zurückliegenden Fragebogenerhebung unter Firmen in Namibia (weitgehend repräsentativ für Firmen aller Branchen und nationalen Provenienz) ermittelt, dass für die Management-Ebene 19% gute Kenntnisse und 30% Grundkenntnisse in Deutsch erwarten und für die „mittlere" Firmenebene 8% gute Kenntnisse und 24% Grundkenntnisse (für die „untere" Ebene keine). Damit wäre Deutsch ein durchaus beachtliches berufliches Qualifikationsmerkmal. Jedoch fehlt eine Nachuntersuchung zur heutigen Lage. Aus eigener Erfahrung möchte ich das Beispiel einer Teppichmanufaktur in Windhoek bei meinem Aufenthalt im Jahr

2005 hinzufügen, deren deutschnamibische Besitzerin mir versicherte, dass sie Personen mit Deutschkenntnissen anderen Bewerbern vorziehe, aber grundsätzlich allen Beschäftigten Deutschkenntnisse vermittle; Deutsch sei einfach die interne Betriebssprache. Von der fließenden mündlichen Beherrschung konnte ich mich bei einem Teil der – überwiegend schwarzen – Belegschaft von ca. 20 Personen selbst überzeugen. Diese Befunde belegen den Vorteil von Deutschkenntnissen, auch als Fremdsprache (Gretschel 1994; 1995; Zappen-Thomson 2002a; b), und ebenso den ökonomischen Nutzen der Erhaltung als Muttersprache (Zappen-Thomson 2012).

Noch deutlicher zeigt sich der ökonomische Vorteil allerdings im Tourismus, einschließlich dessen an Bedeutung nicht zu unterschätzender Komponente der Großwildjagd (Weck/ Glaue 2002; von Wietersheim/ Grellmann 2002). Der Anteil der Touristen aus den deutschsprachigen Ländern ist weitaus höher als aus allen anderen Ländern (außer afrikanischen Nachbarländern), so z.B. 2011: 87.072 (nächstfolgend Großbritannien 25.717, USA 17.826), und mit besonders dynamischem Anstieg (www.namibiatourismus.com.na/uploads/file_up loads/Tourists_Arrival_Statistics_Report_MET_2011.pdf – abgerufen 10.07. 2014). Die Touristen aus Deutschland wären weit weniger zahlreich, wenn ihnen nicht so gut wie überall – mit Selbstverständlichkeit – auf Deutsch begegnet würde (Ammon 2012a). Damit wären wir beim Thema der besonderen Beziehungen zwischen den Deutschnamibiern und den deutschsprachigen Ländern, vor allem Deutschland (dazu auch www.deutschinnamibia.org).

Die Entsendung von Lehrern an die Deutsche Höhere Privatschule und deren Bezahlung seitens Deutschlands habe ich schon erwähnt. Ebenso das Studium von Deutschnamibiern in Deutschland, meist unterstützt durch deutsche Stipendien, die es allerdings nur für Postgraduierte gibt. Hinzuzufügen ist die regelmäßige Entsendung eines DAAD-Lektors an die Deutschabteilung der Universität Namibia. Wichtig ist auch das Goethe-Zentrum in Windhoek, das allerdings nicht das Format eines vollen Goethe-Instituts hat, das Deutschland bei der Unabhängigkeit Namibias versprach (Heß 1993). Dennoch stärken die Kulturveranstaltungen des Instituts die ethnische Identität der Deutschnamibier, und stützen die Deutschkurse, wenn auch primär als DaF, die Stellung von Deutsch im Land und damit indirekt die Spracherhaltung. Auch die übrigen Verbände der Deutschnamibier beziehen regelmäßig Zuwendungen aus Deutschland. Anlässlich des Besuchs von Namibias Präsident Pohamba in Berlin hob Bundeskanzlerin Merkel „die besonderen Beziehungen zu Namibia hervor. Deutschland setze die höchste Pro-Kopf-Entwicklungshilfe in der ehemaligen deutschen Kolonie ein." („Namibischer Präsident verteidigt Enteignungen", *FAZ* 29.11.2005: 6) Dennoch empfinden die Deutschnamibier das Engagement Deutschlands als nicht gerade überwältigend, auch im Vergleich zu den sprachenpolitischen Anstrengungen Frankreichs, das gleich nach der Unabhängigkeit ein Kulturinstitut in Windhoek errichtete, neben dem das Goethe-Zentrum bescheiden wirkt.

Besonders wichtig für den Deutscherhalt wäre eine stärkere Beteiligung der deutschen Wirtschaft, die sich – aus verständlichen ökonomischen Gründen – mehr für Südafrika und Angola interessiert. In Stellungnahmen, auch von deutscher Seite, wurde bezüglich der deutsch-namibischen Wirtschaftsbeziehungen immer wieder „ein großes bisher nicht ausreichend genutzten Potential" beschworen (z.B. Gräfin Strachwitz 2002: 10) – das aber, wie es scheint, bis heute nicht wirklich genutzt wird. Würden sich mehr Betriebe aus deutschsprachigen Ländern in Namibia niederlassen, die Deutschkenntnisse honorierten und (natürlich neben Englisch) pflegten, so wäre der Spracherhaltung vielleicht besser gedient als mit jeder anderen Maßnahme. Vielleicht könnten zudem die Bundesregierung bei der Entwicklungszusammenarbeit oder auch die *Deutsch-Namibische Gesellschaft* (Sitz in Deutschland; www.dngev.de/ – abgerufen 16.12.2013) bezüglich deutsch-namibischer Wirtschaftsbeziehungen den konsequenteren Gebrauch der deutschen Sprache anregen, natürlich nur soweit ökonomisch vertretbar – wobei aufgrund fehlender Weisungsbefugnis gegenüber den Firmen ohnehin nur ein Anraten möglich ist.

Wie in aller Regel bei größerer geographischer oder politischer Entfernung vom übrigen Sprachgebiet haben die Deutschnamibier besondere Formen ihres Deutschs entwickelt, die auch schon in linguistischer Unterhaltungsliteratur veröffentlicht wurden (z.B. Joe Pütz 2001; siehe auch Kellermeier-Rehbein im Druck). Die meisten Besonderheiten finden sich im Wortschatz und sind großenteils Entlehnungen, überwiegend aus dem Afrikaans, seltener aus dem Englischen, aber auch deutschsprachigen Ursprungs. Manche davon sind standardsprachlich geworden, insofern sie in „Modelltexten", wie z.B. der *Allgemeinen Zeitung*, gebraucht und von Lehrern in der Schule, auch in schriftlichen Arbeiten, akzeptiert werden, z.B. *Ram*, Pl. *-en* ‚Widder, männliches Schaf', *Veld*, kein Pl. ‚offenes Grasland (im Gegensatz zur bestellten landwirtschaftlichen Fläche)', aber auch Wörter für Sachspezifika (Realia), die es in den deutschsprachigen Ländern nicht gibt, wie (*das*) *Rivier*, Pl. *-e* ‚Trockenfluss', (*das Rivier*) *kommt ab* ‚führt zum ersten mal Wasser', während man dort sonst ein *Braai veranstalten* ‚grillen' könnte. Es gibt also nationale Varianten der deutschen Sprache in Namibia („Namibismen") und damit eine – wenn auch nur in Ansätzen ausgebildete – eigene nationale Varietät des Deutschen (siehe zu den Begriffen, auch der Definition von ‚standardsprachlich', Ammon 1995a: 61-100). Diese Namibismen werden in die in Arbeit befindliche 2. Auflage des *Variantenwörterbuchs des Deutschen* aufgenommen (1. Aufl.: Ammon/ Bickel/ Ebner u.a. 2004); zuständig für ihre Sammlung und Systematisierung ist Jörg Klinner (2013).

4.10 Brasilien – Hunsrücker

In Amerika könnten mehrere Staaten hinsichtlich deutsch(sprachig)er Minderheiten näher betrachtet werden, zumindest die bei Born/Dickgießer (1989) beschriebenen, und zwar im anglophonen Amerika: Kanada und USA, in Lateinamerika (von Norden nach Süden): Mexiko, Belize, Venezuela, Kolumbien, Ecuador, Peru, Brasilien, Bolivien, Paraguay, Uruguay, Argentinien und Chile (dazu auch Ammon 1991a: 86-114). Stattdessen muss hier aus Kapazitätsgründen eine enge Auswahl genügen: Einerseits der nicht-religiös konstituierten Gruppe der „Hunsrücker" in Brasilien und andererseits der in mehreren Staaten ansässigen religiös konstituierten Gruppen der Mennoniten (schwerpunktmäßig), Amischen und Hutterer. Diese Auswahl erscheint mir für die zahlenstärksten und sprachkonservativsten Gruppen deutsch(sprachig)er Minderheiten in den verschiedenen Staaten Amerikas einigermaßen repräsentativ und gestattet eine charakteristische Lagebeschreibung.

Wenn ich hier die „Hunsrücker" den religiös konstituierten deutsch(sprachig)en Minderheiten (Kap. E.4.11) gegenüberstelle, soll dies keineswegs implizieren, dass sie areligiös seien oder die Religion für ihre Spracherhaltung und ethnische Identität keine Rolle spiele (dazu z.B. Diel 2001). So holzschnittartig diese Gegenüberstellung anmutet, so vereinfacht bleibt hier auch – wie bei allen in Kap. E.4 betrachteten Minderheiten – die Skizze der Geschichte der Hunsrücker. Nach sporadischen Anfängen deutscher Einwanderung eröffnen brasilianisches Kolonisationsgesetz 1820 sowie Verfassung 1824, indem sie auch nicht-katholische Einwanderung zulassen, den nachhaltigen Zuzug aus den deutschsprachigen Ländern. Als eine Art Initialzündung gilt die Ankunft einer Gruppe Deutschsprachiger schon 1824 im Gebiet der späteren Stadt São Leopoldo (Stadtgründung 1846). Diese alten Kolonien dehnten sich später aus (Altenhofen 1996: 76f.; Damke 1997: 30-32), und weitere deutschsprachige Einwanderer folgten nach, so dass die Deutschsprachigen allmählich größere Teile der klimatisch gemäßigten südbrasilianischen Bundesstaaten Rio Grande do Sul, Santa Catarina, Paraná und Espírito Santo besiedelten. Allerdings gab es in diesen Bundesstaaten auch portugiesische Kolonisten, und kamen weitere Einwanderer hinzu, besonders aus Italien. Die brasilianische Regierung, jedenfalls der republikanischen Zeit, ab 1889, betrieb gezielt eine Politik der ethnisch gemischten Ansiedelung, um die sprachliche Assimilation und die Umstellung auf das Portugiesische zu fördern (Altenhofen 1996: 68f.). Jedoch lebten viele

Deutschsprachige weiterhin lange Zeit ziemlich isoliert (Altenhofen 2013: [6]) und konnten mühelos nur in der eigenen Sprache verkehren. Störungen in der Entwicklung verursachten der Heydtsche Erlass 1859 in Preußen (benannt nach Finanzminister August von der Heydt), der die Einwanderung von dort bremste, aber 1896 für Südbrasilien wieder aufgehoben wurde, und das Verbot deutschsprachiger Vereinigungen und Veröffentlichungen in Brasilien nach der Kriegserklärung an Deutschland 1917, das jedoch nach dem Krieg rückgängig gemacht wurde. Nachhaltiger wirkte die lang andauernde, rigorose Einschränkung des schulischen und öffentlichen Gebrauchs aller Sprachen außer Portugiesisch zur Zeit des nationalistischen Präsidenten Getúlio Vargas (Regierungszeit 1930-45), der Brasilien als strikten Nationalstaat neu konzipierte. 1938 (nach manchen Quellen schon 1937), bei Beginn der Politik des *Estado Novo*, die offiziell bis 1945 dauerte, wurden – in ganz Brasilien – ca. 1.300 deutsche Privatschulen, 2.000 Vereine, 70 Zeitungen und Periodika sowie jeglicher Deutschunterricht verboten (zu Schulwesen und Presse Ilg 1979: 233-238). Zwar wurden diese Verbote nach dem Zweiten Weltkrieg allmählich gelockert und wurde 1961 Deutsch als Fremdsprache an Schulen wieder zugelassen; außerdem wurden einzelne Privatschulen mit Deutsch als Unterrichtssprache genehmigt. Jedoch wurde das alte Niveau deutschsprachiger Institutionen bei weitem nie wieder erreicht. So wurden z.B. 1930 in Rio Grande do Sul 937 Schulen und 36.933 Schüler mit Deutsch als Unterrichtssprache, dagegen 1994 nur noch 114 Schulen und ca. 17.000 Schüler mit Deutsch lediglich als Schulfach gezählt (nach Altenhofen 2013: [20], der sich auf andere Quellen stützt; Differenzierung in Unterrichtssprache ≠ Schulfach von mir hinzugefügt). Heute sind es aber vielleicht wieder gegen 250 Schulen (E-Mail-Mitteilung Altenhofen 10.07.2013). Die Schulverbote beeinträchtigten vor allem die Beherrschung des Standarddeutschen und begünstigten die Einschränkung auf den Dialekt, also das Hunsrückische, dessen Gebrauch jedoch zugleich mehr und mehr als Zeichen mangelnder Bildung stigmatisiert wurde (Altenhofen 1996: 69-72). Die abträgliche Wirkung dieser Entwicklung auf den Erhalt der deutschen Sprache liegt auf der Hand. Anders als z.B. in Südtirol (vgl. Kap. D.3.2) hat in Brasilien die repressive Staatspolitik keine Reaktion entschiedenen Spracherhaltwillens hervorgerufen. Vielmehr haben soziale und technische Entwicklungen wie Industrialisierung, Urbanisierung und verbesserte Verkehrsverbindungen die Öffnung zur portugiesischen Staatssprache noch verstärkt. Eine bedeutsame, potentiell dem Deutscherhalt förderliche Entwicklung war dagegen die umfangreiche Niederlassung deutscher Firmen in Brasilien, hauptsächlich in den Großstädten, mit Schwerpunkt São Paulo, aber auch im Süden des Landes, in den von den deutschsprachigen Siedlern bevorzugten Bundesstaaten (historische Überblicke in Oberacker 1979;

Ilg 1979; Zeittafel 1494 – 1977 in Fröschle 1979b; spezieller Damke 1997: 5-42; Kurzfassung Tornquist 1997: 2-12).

Die folgende Darstellung beschränkt sich auf die heutige Lage. Umfassendere Darstellungen, teilweise auch historisch vertieft, liefern Oberacker 1979; Ilg 1979; Born 1995: 141-148; Altenhofen 1996; 2013; Rosenberg 2003a; b; Steffen 2006; Steffen/Altenhofen im Druck; Koch 1996; A. Ziegler 1996; Damke 1997; Tornquist 1997; Dahme-Zachos 2001; Diel 2001; Kaestner 2003; Wikipedia „Riograndenser Hunsrückisch": de.wikipedia.org/wiki/Riograndenser_Hunsr%C3% BCckisch; Wikipedia: „Deutschbrasilianer": de.wikipedia.org/wiki/Deutschbrasilianer – abgerufen 17.06.2013. Wichtige zusätzliche Hinweise habe ich erhalten von Cléo V. Altenhofen und Joachim Steffen.

Die Bezeichnung „Hunsrücker", spezieller „Riograndenser Hunsrücker", benütze ich hier als Pars pro toto für die autochthonen Deutsch(sprachig)en in Südbrasilien, in Anlehnung an die – soweit ich sehe – von Altenhofen (1996: 4-8) zum wissenschaftlichen Terminus erhobene, zuvor umgangssprachliche Bezeichnung ihrer Sprechweise als „Hunsrückisch" (örtliche Bezeichnungsvarianten für das „Brasildeutsch" generell bei Damke 1997: 47). Meine Wahl dieser Bezeichnung, unter Bezug auf die Sprachvarietät, soll die Gruppe vor allem absetzen von den gleichfalls deutschsprachigen, aber nach Sprachvarietät und Lebensart deutlich verschiedenen Mennoniten, die in Kap. E.4.11 gesondert betrachtet werden. Spezifizierungen wie *Riograndenser* gegenüber *Ost-Catarinenser* Hunsrückern oder Hunsrückisch sind hier im Weiteren überflüssig, da keine Gefahr der Verwechslung mit den im Hunsrück in Deutschland Lebenden oder den dort gesprochenen Dialekten besteht.

Ebenso geht es im Folgenden nur um das Brasilianische Hunsrückisch (strukturell detailliert beschrieben in Altenhofen 1996: 24-27, 127-346), nicht die moselfränkischen oder rheinfränkischen Dialekte, die im Hunsrück in Deutschland gesprochen werden (ebd: 16-24). Beim Riograndenser Hunsrückisch handelt es sich um einen aus jenen und anderen deutschen Einwandererdialekten entstandenen Mischdialekt, der in Südbrasilien unter Deutschsprachigen vorherrscht und teilweise als Brücken-Varietät fungiert: „Der Terminus *Hunsrückisch* [...] gilt [...] als Synonym für Deutsch in Brasilien" und kann „außer in wenigen geschlossenen Siedlungen als lingua franca der deutschen Dialekte in Brasilien bezeichnet werden" (Damke 1997: 46; genauer Altenhofen 2013: [13]). Damit ist schon angedeutet, dass sich daneben auch andere Dialekte finden, vor allem schwäbisch-alemannische, bairisch-österreichische, westfälische und pommerische, deren Sprecher aber zum Hunsrückischen hin tendieren. Jedoch verzichte ich hier auf die differenzierte Betrachtung und beziehe mich auf die ganze Dialektgruppe, beziehungsweise ihre Sprecher, mit „Hunsrückisch/ Hunsrücker". Dies ist vertretbar, weil es hier nicht um die linguistisch genaue

Beschreibung der Sprechweise geht, sondern um den Erhalt der deutschen Sprache und die dafür relevante Lebensweise. In dieser Hinsicht gleichen sich die Sprecher der verschiedenen Dialekte – wobei allerdings untersuchenswert wäre, ob das Hunsrückische als eine Art Konvergenzdialekt stabilisierend gewirkt hat. Ein Sonderfall ist wegen seiner größeren linguistischen Distanz von den anderen Dialekten das Pommerische/ Pomerische, für das die folgenden Ausführungen nur eingeschränkt gelten (vgl. dazu Kap. B.1; Höhmann 2011; Savedra/ Höhmann 2013).

Die allgemeinere Selbstbezeichnung der hier beschriebenen Minderheit ist nach Altenhofen (2013: [7]) und meinem eigenen Hör-Erlebnis „Daitsch(e)" (Altenhofen 1996: 5, dort in phonetischer Umschrift) oder auch „Taitsche" (Damke 1997: 46, jedenfalls mit entrundetem Diphthong). Als solche identifizieren sie sich sogar meist dann noch, wenn sie im Alltag kein Deutsch mehr sprechen und ihre deutschen Sprachkenntnisse eingeschränkt sind. Entsprechend – auf Portugiesisch – werden sie auch von anderen Brasilianern bezeichnet (*alemão*), um sie von sonstigen brasilianischen Ethnien zu unterscheiden. Ebenso neigen die Hunsrücker dazu, sich – auch bei eingeschränkter Sprachbeherrschung – zu Deutsch als ihrer Muttersprache zu bekennen, oder meist zu Deutsch und Portugiesisch (Muttersprachzweisprachigkeit). So jedenfalls das Bekenntnis nach außen; nach innen, gegenüber anderen Deutschsprachigen, ist „Hunsrückisch" die „Muttersprache". Allerdings ist die ethnische Zuordnung der brasilianischen Staatsbürgerschaft und nationalen Identität untergeordnet, die außer Zweifel steht. Die Distanz zum deutschen Sprachgebiet in Europa und seinen Bewohnern ist nicht nur geographisch, sondern auch bezüglich des Zusammengehörigkeitsgefühls deutlich größer als bei den europäischen und mittelasiatischen deutsch(sprachig)en Minderheiten. Symptomatisch dafür ist, dass der Gedanke doppelter Staatsbürgerschaft (z.B. die Deutschlands, neben der Brasiliens) so gut wie keine Rolle spielt. Die Bezeichnung als „Diaspora-Minderheit" (dazu Kap. E.1) wäre demnach irreführend.

Das heutige hauptsächliche Siedlungsgebiet der Hunsrücker liegt noch immer in den Bundesstaaten Rio Grande do Sul, Santa Catarina, Paraná und Espírito Santo. Es erstreckt sich aber auch auf die nordöstliche Provinz Misiones in Argentinien und auf Gebiete in Ostparaguay, die ich hier nicht näher betrachte (detailliert Altenhofen 2013: [3-6]. Außerdem sind nicht wenige Hunsrücker in städtische Zentren Brasiliens anderer Bundesstaaten umgezogen, São Paulo oder Rio de Janeiro, wo sie oft sprachlich assimiliert wurden. Dagegen haben in den vier bevorzugten brasilianischen Bundesstaaten, auf die sich die folgenden Ausführungen konzentrieren, viele ihr Deutsch zumindest teilweise erhalten.

Dort sind auch in den Städten erkennbare Bestandteile der sprachlichen Landschaft deutsch. Noch auffälliger als sprachliche sind freilich ikonischfolkloristische Symbole (z.b. an Gaststätten bairisch-tirolische Personenabbildungen mit Filzhut und Bierkrug). Außerdem sind eine Reihe deutscher Ortsnamen erhalten (z.b. *Blumenthal*, *Harmonia* (vor Ort mündlich in Deutsch „Harmonie") oder *Selbach*) sowie deutsche Straßennamen oder Teile davon. Auch sonst gibt es bei deutscher Besiedelung so gut wie immer einen inoffiziellen deutschen Namen neben dem offiziellen portugiesischen (z.B. *Neuschneis – Linha Nova, Kaffeschneis – Picada Café* usw.).

Viele Hunsrücker wohnen ziemlich kompakt in Dörfern, die jedoch insgesamt kein homogenes oder kohärentes Siedlungsgebiet bilden; jedoch implizieren die als „Kolonien" bezeichneten historischen Siedlungsgebiete (*regiões coloniais*) eine gewisse Einheitlichkeit. Die örtlichen Experten fassen die Dörfer gleicher Sprache (ähnlicher Dialekte), zwischen denen auch lebhaftere Kontakte bestehen als zwischen sprachverschiedenen Dörfern, als „Spracharchipele" zusammen (Altenhofen/ Steffen im Druck – der Terminus ist noch treffender bei der Verteilung von Siedlungen auf verschiedene Sprachgebiete wie bei den Mennoniten; Kap. E.4.11). Im Hinblick auf den intensiveren Austausch könnte man auch von „Kommunikationsarchipelen" sprechen. (Karten zum Siedlungsgebiet in Rio Grande do Sul, Santa Catarina, Paraná, Espírito Santo in Born/ Dickgießer 1989: 61-63; nur für Rio Grande do Sul in Altenhofen 1996: 52f., Anhang – übernommen von Altenhofen in Tornquist 1997: Anhang)

Die Zahlenstärke insgesamt oder auch nur in den 4 genannten Bundesstaaten ist nicht leicht zu bemessen. Die Angaben für Muttersprachler des Deutschen in Brasilien insgesamt, von denen die Hunsrücker (im hier vertretenen weiten Sinn) das Gros bilden, schwanken zwischen 600.000 und 1,5 Mio., und für „Deutschstämmige", die ungefähr gleich gesetzt werden dürfen mit ethnisch Deutschen, zwischen 2 und 5 Mio. (Wikipedia „Deutschbrasilianer"). Verschiedene Indizien legen nahe, dass die jeweils niedrigeren Zahlen eher realistisch sind (siehe auch Tab. C.1-2, Kap. C.1). Jedoch hat mich Cléo Altenhofen (E-Mail 10.07.2013) auf die Fragwürdigkeit offizieller Zahlen hingewiesen. Die letzte Volksbefragung fand 1950 statt (dazu Roche 1959), und die damaligen Zahlen wurden später oft einfach fortgeschrieben, ohne den Bevölkerungszuwachs zu berücksichtigen. Zuverlässig ist jedoch die Tatsache einer Zahlendifferenz zwischen Deutschstämmigen und Deutschsprechern, die sich als Tendenz zur Sprachumstellung aufs Portugiesische erklären lässt. Soweit ich sehe, ist das Zahlenverhältnis von 1) regelmäßigem Gebrauch der deutschen Sprache zu 2) der Beherrschung im Sinn fließenden Sprechenkönnens zu 3) dem Bekenntnis zu Deutsch als Muttersprache und zu 4) dem Bekenntnis zur deutschen Ethnizität ein Forschungsdesiderat – aber wegen möglicher ständiger Veränderung vielleicht ein allzu herausforderndes. Jedoch wird man mit einiger Sicherheit zumindest annehmen dürfen, dass 1) und 3) Teilmengen von 4) sind (also {1, 3}

⊂ {4}), dass es aber bezüglich 2) Überlappungen gibt, da zu 2) auch Nicht-Muttersprachler (Fremd- oder Zweitsprachler) von Deutsch und ethnisch Nicht-Deutsche gehören könnten. Dagegen gibt es vermutlich kaum Personen, die sich zu Deutsch als Muttersprache bekennen, ohne sich auch als ethnisch Deutsche zu verstehen (sofern die Begriffe den Befragten verdeutlicht werden können, was die Unterscheidung von Staatsbürgerschaft und ethnischer Zugehörigkeit voraussetzt). Wie dem aber auch sei, fasse ich – wie hier ziemlich durchgehend – (das Bekenntnis zur) Muttersprache Deutsch als hinreichendes (aber nicht notwendiges) Kriterium für die Zuordnung zur Ethnie der Deutschen auf (Kap. B.3). Die Zahlenstärke der Hunsrücker entwickelt sich vermutlich hauptsächlich in Abhängigkeit von Sprach- und Ethnie-Umstellungen, teilweise auch von Abwanderung in die Städte mit folgender schnellerer Assimilation, kaum jedoch noch aufgrund von Wanderbewegungen zwischen Brasilien und den deutschsprachigen Ländern.

Die Umstellungen werden gefördert durch die Verstreutheit und auch sprachliche Gemischtheit der Siedlungen. Diese begünstigen nicht nur die Kontakte mit Nicht-Deutschsprachigen, sondern auch sprachliche und ethnische Mischehen (Exogamien), in denen es dann schwierig sein kann, Deutsch als Familiensprache aufrecht zu erhalten. Jedoch lagen mir zu den Exogamien keine Zahlen vor. Allem Anschein nach neigen die Hunsrücker immer noch eher zur Endogamie, vermutlich nicht nur aus Tradition, sondern auch wegen des beachtlichen Prestiges ihrer Gruppe, das auf sozialen und wirtschaftlichen Erfolgen beruht.

In den ethnisch homogenen Familien kann Deutsch die vorherrschende Familiensprache bleiben. Jedoch wird mit den Kindern dennoch oft Portugiesisch gesprochen, mit Rücksicht auf deren schulische Sprachanforderungen, Fernsehgewohnheiten oder bevorzugte Sprachwahl mit Gleichaltrigen außerhalb der Familie. Tornquist (1997: 45) berichtet von einer Untersuchung (allerdings einer kleinen Stichprobe von n = 30), die ergab, dass in nur einem Drittel der Familien, in denen die Eltern unter sich auf Deutsch verkehrten, mit den „Enkelkindern" noch Deutsch gesprochen wurde. Dazu passt Altenhofens (2013: [22]) häufige Beobachtung bei Spracherhebungen, dass „sich die Befragten mitten im Interview, das auf Hunsrückisch stattfindet, mit Minderjährigen in Portugiesisch unterhalten." Diese Befunde zeugen nicht gerade von entschiedenem Spracherhaltwillen. Ein solcher ist auch nicht Bestandteil der zentralen Wertvorstellungen, die Tornquist (1997: 101-141) bei den Hunsrückern fand. Wie viele Kinder unter solchen Bedingungen überhaupt noch Deutsch lernen, und auf welchem Kompetenzniveau, also das tatsächliche Ausmaß der Sprachumstellung, ist nicht genau bekannt. Allerdings sind in abgelegenen Regionen vollständig deutschsprachige Familien und dörfliche Sprachgemeinschaften noch keine Seltenheit. So fand z.B. Ciro Damke (1997: 56) im Bezirk São Paulo das Missões in Paraná „die Verwendung des HR [Hunsrückischen! U.A.] in den meisten innerfamiliären und den ebenfalls als familiär empfundenen Sprechsituationen in der [von ihm untersuchten! U.A.] Ortschaft." Eine repräsentative Untersuchung der Sprachweitergabe in den Familien erscheint mir jedoch als Forschungsdesiderat.

Ein grundlegendes Problem ist das Schulangebot fürs Deutschlernen. Dabei geht es weniger um die deutsch-brasilianischen Schulen oder die deutschen und Schweizer Auslandsschulen (Kap. K.3; L.4). Davon gibt es in den Bundesstaaten der Hunsrücker die Pastor Dohms Schule in Porto Alegre (Rio Grande do Sul) sowie die Schweizer Schule in Curitiba und die drei Colégios Erasto Gaernter, Fritz Kliewer und Imperatriz Leopoldina in Entre Rios (alle vier in Paraná) (je nach Klassifikation schwankt ihre Gesamtzahl für Brasilien, z.B. sind es 16 nach www.brasil.diplo.de/Vertretung/brasilien/de/09_Kultur/Deutsch_lernen/ D_Schule.html – abgerufen 19.06.2013, und „22 Privatschulen (davon vier Deutsche Auslandsschulen und 18 Sprachdiplomschulen" nach Bundesverwaltungsamt 2013a: 23). Sie haben jedoch überwiegend eine andere Klientel als die Hunsrücker. Im vorliegenden Zusammenhang interessieren vor allem die für die Hunsrücker unmittelbar zugänglichen örtlichen Schulen. Wie schon oben erwähnt, beläuft sich ihre Zahl zwar inzwischen auf stattliche ca. 250 Schulen. Jedoch verfügt so gut wie keine davon über Deutsch als Unterrichtssprache. Über experimentelle Einzelfälle wurde auf dem 2. Deutschlehrerkongress des Mercosul in São Leopoldo im Jahr 2002 in Vorträgen berichtet, die aber nicht aufgenommen sind in den Tagungsband (Kaufmann/ Bredemeier/ Volkmann 2003). Wenn es Deutsch in der Schule gibt, dann in aller Regel nur als Fach, meist ohne deutliche Unterscheidung ob für Muttersprachler oder Fremdsprachler.

Bei meinem Besuch im Jahr 2007 konnte ich solchem Unterricht in Missal, einem Dorf von ca. 4.500 Einwohnern in Paraná, beiwohnen (freundliche Vermittlung durch Ciro Damke). Dabei war mein Haupteindruck das an den Tag gelegte Desinteresse eines Teils der Schüler – trotz bewundernswertem Lehrer-Engagement, wobei allerdings auch die Lustlosesten einigermaßen Deutsch sprechen konnten. Ich erwähne diese – selbstverständlich ganz unrepräsentative – Beobachtung nur, um auf die Untersuchung der Schulsituation als mögliches weiteres Forschungsdesiderat aufmerksam zu machen. Es lässt sich nämlich kaum bezweifeln, dass die Erhaltung der deutschen Sprache besonders vom Schulangebot abhängt, wobei Deutsch als Unterrichtssprache die nachhaltigste Wirkung hätte (vgl. Kap. E.2: Anfang). Nach Cléo Altenhofen (E-Mail 10.07.2013) findet Deutsch allerdings mehr Zuspruch als die meisten anderen

Siedler- und Fremdsprachen. Er bemängelt aber die in Brasilien zu geringe Förderung auch anderer Sprachen als der staatlichen Amtssprache, Portugiesisch.

Jedoch scheint für die Ausbildung von Deutschlehrern gut gesorgt zu sein, so z.B. – im Gebiet der Hunsrücker – an der *Universidade Federal do Rio Grande do Sul*, der *Pontificia Universidade Catolica do Rio Grande do Sul*, beide in Porto Alegre, der Universität *Unisinos* in São Leopoldo, der *Universidade Federal de Pelatos* in Capão do Leão oder der *Universidade Estadual do Oeste do Paraná* in Cascavel (Campus de Marechal Cândido Rondon).

Die von mir beobachtete Lustlosigkeit der Hunsrücker Schüler, ob typisch oder nicht, legt die Frage der Motivation zum Deutschlernen und zur Deutscherhaltung nahe, und diese wiederum die Frage nach der Gebrauchsmöglichkeit und dem Nutzen von Deutschkenntnissen für die Hunsrücker. Die elementarste Gebrauchsmöglichkeit besteht in der schon erwähnten Kommunikation in der Familie und der damit verbundenen Ausdrucksmöglichkeit ethnischer Identität (eben als „Hunsrücker" und „Daitsche"). Daran könnten deutschsprachige Netzwerke mit Freunden und Bekannten anknüpfen, auch in der geographisch ausgedehnten Form von Spracharchipelen. Jedoch ist diese Netzwerkbildung und -pflege erschwert, und zwar einerseits durch die ethnisch und sprachlich gemischte Ansiedlung in vielen Ortschaften und andererseits die ubiquitären Portugiesischkenntnisse, die bei vielen Hunsrückern besser sind als ihre Deutschkenntnisse. Die besser beherrschte Sprache wird bereitwilliger gebraucht als die schlechter beherrschte. Unter solchen Bedingungen bedarf es eines entschiedenen Spracherhaltwillens, auf der Grundlage gefestigter ethnischer Identität, um einigermaßen regelmäßig auf Deutsch zu kommunizieren. Welchen Hunsrückern dies unter welchen Bedingungen gelingt, kann ich nicht abschätzen. Ebenso wenig, inwieweit in den örtlichen öffentlichen Domänen auf Deutsch kommuniziert werden kann, z.B. in kommunalen Verwaltungen, Geschäften, beim Arzt oder im Krankenhaus. Allerdings war bei meinem Besuch in der Gegend um Missal (Paraná) im Jahr 2007 in den Rathäusern das Deutschsprechen kein Problem und wurde von den – freilich nicht immer jugendlichen – Gesprächspartnern beim gemütlichen Mate-Tee geradezu gepflegt.

Eine für manche Minderheitsangehörigen wichtige öffentliche Domäne ist auch die Kirche. Jedoch finden Gottesdienste bei den Hunsrückern nur noch selten auf Deutsch statt; auch weil örtliche Priester oder Pfarrer ihr Standarddeutsch („Hochdaitsch") nicht für ausreichend halten und nicht auf Hunsrückisch predigen wollen (Hinweis Altenhofer). Schon in den 1960er Jahren betonten Kirchenberichte in Deutschland, dass bei der Entsendung von Pfarrern nach Brasilien (ohne regionale Spezifizierung) auch auf gute Portugiesischkenntnisse zu achten sei, weil die Gemeinden immer weniger Deutsch verstünden (Ammon 1991a: 518f.).

Wichtig für die Spracherhaltung sind auch Medien in der betreffenden Sprache. Wegen der großen Entfernung haben die Hunsrücker zu Massenmedien aus den deutschsprachigen Ländern fast nur online Zugang. Inwieweit sie diesen auch nutzen, z.B. online-Ausgaben deutscher Zeitungen, ist bislang nicht untersucht. Fernsehen gibt es über die Deutsche Welle, wofür aber eine spezielle Satellitenschüssel und ein Digital-Receiver notwendig sind, worüber nur wenige Hunsrücker verfügen – und dann allerdings begeistert sind. Jedoch ist auch online-Empfang möglich (www.dw.de/programm/s-9093-9800). Die Ausstattung der Hunsrücker mit eigenen Medien ist ausgesprochen bescheiden. Nach der Bestandsaufnahme von Askinat (2012/13: 44-49) sind ihre deutschsprachigen Druckmedien beschränkter als bei allen anderen hier beschriebenen Minderheiten (Kap. E.4.2 – E.4.9; E.4.11). Sie verfügen nicht einmal über eine wöchentliche, geschweige denn eine Tageszeitung, sondern fast nur über Gemeindeblätter, die monatlich oder in noch größeren Zeitabständen erscheinen, oder über jährliche Kalender. Zwei traditionsreiche Zeitungen, ohnehin jedoch mehr auf die größeren Städte ausgerichtet, siechen dahin: die *Deutsche Zeitung* erscheint nur noch monatlich, und die Wochenzeitung *Brasil-Post* ist „in einer Erscheinungspause", also – zumindest vorläufig – eingestellt. Alles in allem nennt Askinat für Brasilien 26 bescheidene deutsch- oder zweisprachige Periodika (Deutsch/ Portugiesisch), einschließlich der Organe von Auslandsschulen und Wirtschaftsverbänden. Altenhofen 2013: [20f.] bestätigt für Rio Grand do Sul an gedruckten Periodika gar nur noch 3 Kirchenblätter (Zahlen zum Rückgang ebd.: [21]). Darf man daraus schließen, dass die Hunsrücker Deutsch allenfalls noch sprechen, aber nicht mehr lesen? Jedenfalls legt der Vergleich mit deutschsprachigen Druckmedien früherer Zeiten einen dramatischen Niedergang der Lesekultur nahe (historische Rückblicke in Tornquist 1997: 144-146; Born/ Dickgießer 1989: 59; Oberacker 1979: 237f.; Ilg 1979: 277). Offenbar gilt dies auch für die deutschsprachige Belletristik der Hunsrücker, die eine beachtliche Geschichte aufweist (Ilg 1979: 249-251). Sie war nach Einschätzung von Joachim Born (1995: 146) schon Anfang der 1990er Jahre „sei es wegen fehlender Sprachkenntnisse, sei es aufgrund mangelnden Leserinteresses [...] weitgehend zum Erliegen gekommen." Altenhofen (2013: [18]) bestätigt diese Tendenz für die Gegenwart und erklärt sie mit der Sprachumstellung aufs Portugiesische: „Während die ältere Generation eine stärkere Lesekompetenz im Hochdeutschen nachweist, hingegen Schwierigkeiten im Lesen des Portugiesischen zeigt, sind in der jüngeren Generation große Schwierigkeiten beim Lesen des deutschen Textes festzustellen, und umgekehrt eine fließende Kompetenz beim Lesen des Portugiesischen nachzuweisen."

Mehr Zuspruch finden kulturelle Veranstaltungen, vor allem Feste, wie z.B. der seit 1924 jährlich am 25. Juli begangene „Tag der deutschen Einwanderung" in São Leopoldo. Sie dienen allerdings mehr der Identitätsstärkung als der Spracherhaltung. Dieser eher förderlich ist das teilweise noch rege Vereinsleben. Dazu gehören – wie in manchen anderen deutsch(sprachig)en Minderheiten – die Laienchöre (vgl. Ammon 1991a: 418-420; zur Tradition Oberacker 1979: 254). So boten mir in allen vier Dörfern, die ich im Jahr 2007 in Paraná besuchte, die örtlichen Gesangvereine Darbietungen traditioneller deutscher Volkslieder.

Ortsübergreifende kulturelle Aktivitäten spielen zwar keine große Rolle, nehmen aber zu, unter Namen *wie Kartoffelfest, Früchte-Fest, Mai-, September-, November-Fest*; jedoch bleibt die Funktion der deutschen Sprache dabei meist bescheiden, ausgenommen die *Deutsche Woche* (in der Präfektur São João de Oeste in Santa Catarina). Der Spracharchipel scheint vor allem privat zu funktionieren. Es fehlt an zugkräftigen kulturellen und sprachpflegerischen Verbänden. Überhaupt sind die Hunsrücker im Vergleich zu den europäischen deutsch(sprachig)en Minderheiten kaum übergreifend organisiert.

Politische Verbände existieren gar nicht, und von einer politischen Vertretung im Gefüge der nationalen oder regionalen Regierungen in Brasilien kann keine Rede sein. Nur auf lokaler Ebene, in den Rathäusern, sind die Hunsrücker vertreten, aber einfach aufgrund ihres Einwohneranteils, ohne Zusammenhang mit einem Verband. Ebenso fehlen prominente überregionale Meinungsführer, die den Zusammenhalt fördern könnten.

Bei meinem Besuch ist mir auch der geringe Kontakt der Hunsrücker zu den deutschsprachigen Ländern aufgefallen. Als sei ich ein Außerirdischer ging die Kunde von mir durchs Dorf: „Do is enne von driebe". Die Gesangvereine klagten über fehlende Liederliteratur und sahen die Ursache in den mangelnden Beziehungen zu Vereinen in den deutschsprachigen Ländern. Wie weit Kontakte über individuelle Medien wie E-Mail, Internet-Telefonie (Skype) oder Handy gepflegt werden, konnte ich nicht ermitteln. Gegenseitige Besuche von Hunsrückern und europäischen Deutschsprachigen sind selten und meist beschränkt auf wenige Funktionäre, z.B. das Festkomitee von São Leopoldo, das anlässlich der 180-Jahr-Feier deutscher Einwanderung im Jahr 2004 in den Hunsrück nach Deutschland reiste (www.brasilienfreunde.de/Archiv/Jahr%202004.htm – abgerufen 19.06.2013). Der Tourismus aus Deutschland nach Brasilien ist generell spärlich. Darauf wiesen deutsche Zeitungen hin anlässlich der Proteste in Brasilien gegen Armut und Korruption Mitte Juni 2013. So z.B. *Die Rheinpfalz* (21.06.2013), eine Zeitung in der Nachbarschaft des deutschen Hunsrücks: „Deutsche Touristen sind davon [von den Protesten! U.A.] so gut wie nicht betroffen. Denn das Land wird nur von wenigen Bundesbürgern bereist." Der geringe Tourismus aus Deutschland geht zudem weitgehend an den Hunsrückern vorbei, wohl auch weil sie in Deutschland kaum bekannt sind und stattdessen Deutsche in Brasilien mit dorthin ausgewichenen Nazis in Zusammenhang gebracht werden. In umgekehrter Richtung existiert fast überhaupt kein Tourismus. Der Kontaktmangel hängt damit zusammen, dass die meisten Verwandtschaftsbeziehungen durch den großen Zeitabstand seit der Einwanderung und die geographische Distanz abgebrochen sind. Damit verliert auch die deutsche Sprache einen Teil ihrer möglichen Funktion. Dieses Bild bestätigte Jochen Steffen aus seiner Erfahrung vor Ort weitgehend, wandte jedoch ein, dass er gleichwohl erstaunlich häufig junge Leute getroffen habe, deren Verwandte in Deutschland verheiratet seien, weshalb man sich auch gegenseitig besuche, dass Genealogen in Deutschland und Brasilien sich zunehmend vernetzten und auch gegenseitig besuchten und dass mehrere aktive Städtepartnerschaften bestünden (z.B. schon länger St. Wendel – São Vendelino, neuerlich Simmern – Igrejinha). Außerdem würden immer häufiger brasilianische Jugendliche für Praktika, vor allem in Garten- und Landschaftsbaubetrieben, nach Deutschland gelockt. Solche Beziehungen und ihre Auswirkungen auf die Deutscherhaltung böten aufschlussreiche Forschungsmöglichkeiten. Cléo Altenhofer berichtete mir von zurückkehrenden Hunsrückern, die freudig erklärten, jetzt sei ihnen aufgegangen, dass Deutschkenntnisse doch „einen Wert hätten" (*en Weat honn*).

Besondere Möglichkeiten für die Deutscherhaltung böte das Engagement der deutschen Wirtschaft in Brasilien. Der Bundesverband der Deutschen Industrie (BDI) schildert die Beziehungen wie folgt: „Bereits heute ist Brasilien der wichtigste Wirtschaftspartner Deutschlands in Lateinamerika. Deutsche Firmen sind eng mit der brasilianischen Wirtschaft verknüpft. Der Beitrag deutscher Firmen an der industriellen Produktion Brasiliens liegt bei rund 16%. Das Potential für einen weiteren Ausbau der wirtschaftlichen Kooperation zwischen beiden Ländern ist groß." (www.bdi.eu/DBWT2012.htm – abgerufen 20.06.2013) Jedoch konzentrieren sich die Niederlassungen deutscher Firmen in den Großstädten, mit dem Schwerpunkt São Paulo, worüber Slogans kursieren wie „Deutschlands größte Industriestadt liegt in Brasilien" (www.brasilieninitiative. de/index.php?option=com_content&view=article&id=183%3Awirtschaftsstand ort-sao-paulo-&Itemid=50 – abgerufen 22.06.2013). Jedoch sind deutsche Firmen auch in den vier Bundesstaaten der Hunsrücker gut vertreten. So schildert z.B. die „Deutsch Brasilianische Industrie- und Handelskammer Porto Alegre" in einer nicht datierten Meldung um 2010 eine ganze Reihe größerer deutscher Firmen in Rio Grande do Sul (www.bitkom.org/files/documents/Deutsche _Investitionen_im_Sueden_Brasiliens.pdf – abgerufen 22.06.2013). Von solchen Firmen geht ein Flair ökonomischen Nutzens von Deutschkenntnissen aus. Bei meiner Reise 2007 bin ich mehreren Hunsrückern begegnet, die entweder bei deutschen Firmen angestellt waren oder im Hinblick auf sie an den Wert von Deutschkenntnissen glaubten. Diese Zusammenhänge wissenschaftlich zu untersuchen und womöglich praktisch zu fördern erscheint mir lohnend, sowohl hinsichtlich der Erhaltung von Deutsch als auch dessen ökonomischen Nutzen für die Hunsrücker. Zudem sind vielleicht die Kontakte von örtlichen Schulen oder Hochschulen, die Deutsch unterrichten bzw. erforschen, zu den deutschen Firmen vor Ort entwicklungsfähig, wie bei anderen deutsch(sprachig)en Minderheiten.

Die Förderung von Seiten der deutschsprachigen Länder ist zwar geringer als bei den deutsch(sprachig)en Minderheiten in Osteuropa. Jedoch sind immerhin 2 der 6 Goethe-Institute und 2 der 10 DAAD-Lektorate Brasiliens im Gebiet der Hunsrücker platziert: jeweils in Porto Alegre (Rio Grande do Sul) und in Curitiba (Paraná) (www.goethe.de/ins/br/lp/lrn/wdl/ wls/goe/deindex.htm bzw. www.daad.org.br/de/18304/index.html – abgerufen 20.06.2013). Über die Angebote von Schul- und Studienaufenthalten oder Praktika in Deutschland sowie sonstige Förderungen konnte ich mir keinen Überblick verschaffen.

Eine Schwierigkeit des Spracherhalts könnte auch die – wie es scheint – verbreitete Unsicherheit der Hunsrücker bezüglich ihrer speziellen Varietät des Deutschen sein: Die offenbar tief sitzende Vorstellung, dass ihr Dialekt schlechtes Deutsch sei. Darauf muss die Sprachdidaktik größtmögliche Rücksicht nehmen (Anregungen in Földes 1995). Wichtig ist vor allem die Klarstellung, dass auch in den deutschsprachigen Ländern weithin Dialekt gesprochen wird und man sich dessen nicht zu schämen braucht. Allerdings erscheint mir eine Strategie gezielter Erhaltung ausgeprägten Dialekts wenig aussichtsreich. Im Hinblick auf intensivere Kontakte mit den deutschsprachigen Ländern bietet die Heranführung ans Standarddeutsche – ruhig unter Beibehaltung einheimischer Dialektfärbung, auch der zum festen Sprachbestandteil gewordenen Entlehnungen aus dem Portugiesischen – die aussichtsreichere Perspektive auf dauerhaften Fortbestand der deutschen Sprache. Lagebeschreibungen, wie dass die „Deutschstämmigen in Rio Grande do Sul" sich im „letzten Stadium einer Sprachanpassung [Sprachumstellung! U.A.]" befänden (A. Ziegler 1996: 178), finde ich zu pessimistisch. Ob den Hunsrückern indes die Erhaltung der deutschen Sprache auf Dauer gelingt, hängt sowohl von ihnen selbst als auch den deutschsprachigen Ländern und ihrer Sprachförderung ab.

4.11 Mennoniten, Amische, Hutterer

Die Zusammenfassung der drei Gruppen deutschsprachiger Minderheiten nötigt – bei der Kürze der Darstellung – zu fragwürdigen Vergröberungen. Sie erscheinen mir jedoch vertretbar angesichts der Ähnlichkeit der Gruppen. Es handelt sich in allen drei Fällen um „Täufer" (auch „Wiedertäufer/ Anabaptisten" –

treffender wäre „Erwachsenentäufer"), die bei der protestantischen Reformation in Europa entstanden sind (de.wikipedia.org/wiki/T%C3%A4ufer – abgerufen 26.06.2013). Die Entstehung dieser Gruppen, ihre Geschichte einschließlich der teilweise verwickelten Wanderungen und ihr Fortbestand bis heute war und ist wesentlich religiös motiviert. Wegen der Zusammenfassung von drei letztlich doch auch deutlich unterscheidbaren Gruppen ist die Darstellung etwas anders aufgebaut als bei den zuvor besprochenen Minderheiten (Kap. E.4.2 – E.4-10). In der auch hier am Anfang stehenden historischen Skizze halte ich die drei Gruppen auseinander und stelle sie nach der Größenordnung in absteigender Reihenfolge vor: Mennoniten, Amische, Hutterer. Dabei enthalten diese historischen Skizzen schon mehr Daten, die für den Spracherhalt relevant sind, als bei den zuvor besprochenen Minderheiten. An Ende jeder historischen Skizze nenne ich die mir für die betreffende Gruppe besonders wichtig erscheinende Fachliteratur sowie auch die Experten, die mir mit zusätzlichen Hinweisen behilflich waren.

Ich beginne also mit den *Mennoniten. Diese* gleichen den beiden anderen Gruppen, Amischen und Hutterern, nicht nur darin, dass sie in der europäischen Reformation wurzeln, sondern auch hinsichtlich des strikten Pazifismus, durch den sie immer wieder in Konflikt mit ihren Wohnstaaten geraten sind. Außerdem leben sie wie die beiden anderen Gruppen mehr oder weniger abgeschottet von der umgebenden Gesellschaft, zugespitzt ausgedrückt: als „religiöse Isolate". Die Abschottung scheint vor allem dadurch motiviert, dass sie keine Möglichkeit sehen, ihre zentralen Dogmen mit Erkenntnissen der modernen Naturwissenschaften (z.B. der Evolutionstheorie und der Entstehungstheorie des Universums) in Einklang zu bringen – anders als andere christliche Denominationen oder andere Religionen, die ihre nicht weniger unwahren Glaubensgrundlagen durch immer verschlungenere Formulierungen oder die Behauptung von zweierlei „Wahrheiten" (wissenschaftlichen und religiösen) zu retten suchen. Die Mennoniten haben zweierlei Ursprung, einerseits die „Schweizer Brüder", von denen sich später die Amischen abgespalten haben, und die Russland-Mennoniten, wie ich sie (angeregt durch Mark Louden) hier nennen möchte. Die schweizstämmigen Mennoniten sind wie die Amischen ziemlich direkt, über einen Zwischenaufenthalt in der Pfalz, nach Nordamerika gekommen, wo sie heute oft benachbart mit den Amischen leben. Diese Mennoniten streife ich hier nur, und zwar in den Abschnitten über die Amischen. Die „Russland-Mennoniten" sind dagegen erst nach längerer Wanderung, eben auch über Russland, zu ihren heutigen Wohnorten gelangt sind. Beide Gruppen von Mennoniten sprechen auch unterschiedliche Varietäten, die schweizstämmigen Mennoniten sprechen Pennsylvania German und die Russland-Mennoniten Plautdietsch. Die Hutterer schließlich sind im Mit- und Gegeneinander parallel zu den schweizstämmigen Mennoniten entstanden.

Bezüglich der Mennoniten beschränke ich mich hier auf die Russland-Mennoniten, deren Geschichte prägnant dargestellt ist unter anderem in G. Kaufmann (1997: 59-62) und Steffen (2006: 14-22), die sich auf C. Dyck (1993) bzw. Penner (1972) stützen. Die Mennoniten nennen sich nach dem aus dem niederländischen Friesland stammenden Theologen Menno Simons (1496 – 1561). Die Russland-Mennoniten zogen – um Glaubensverfolgungen zu entgehen – von ihren angestammten Gebieten niederländisch Flandern und Friesland zunächst, Mitte des 16. Jh., ins Weichseldelta und fanden dort auch – im Kontakt mit ihrer sprachlichen Umgebung – zu ihrem spezifischen, niederdeutschen Dialekt *Plautdietsch* (dazu Siemens 2012), den viele von ihnen heute noch sprechen. Daneben gebrauchten und gebrauchen die konservativen Gruppen ein archaisch anmutendes Standarddeutsch, das *Mennonitenhochdeutsch* (dazu Kap. B.1), das sie selbst „Hüagdietsch" nennen (Kaufmann 1997: 65 und passim). Als ihnen Ende des 18. Jh. infolge der Übernahme des Gebiets durch Preußen (siehe zu den „Teilungen Polens" Kap. E.4.4) die Militärpflicht drohte, zogen die meisten weiter in die Ukraine, die damals zu Russland gehörte, wo sie zwei große Siedlungen (Chortitza und Molotschna) errichteten und auch ihre bis heute vorherrschende, hauptsächlich auf die Landwirtschaft ausgerichtete Wirtschaftsstruktur entwickelten. Als ihnen in Russland die Unterrichtssprache Russisch drohte und sie womöglich zum Militärdienst verpflichtet werden sollten, emigrierten Teile von ihnen seit 1873 nach Nordamerika, wo es heute noch bedeutsame Siedlungen im mittleren Kanada und in der nördlichen Mitte der USA gibt. Weil sie auch dort in Bedrängnis kamen durch Schulgesetze, die Englisch als Unterrichtssprache vorschrieben, aber auch aufgrund von Anfeindungen als Deutsche zur Zeit des Ersten Weltkrieges, zogen Teile von ihnen nach Lateinamerika und errichteten Siedlungen in Mexiko und Paraguay, von denen aus sie sich weiter nach Belize und Bolivien ausbreiteten. Andere kamen 1930 aus der Sowjetunion, die sie aufgrund der sozialistischen Umstrukturierung der Landwirtschaft verließen, nach Brasilien, und weitere, die im ursprünglichen Siedlungsgebiet geblieben waren, nach dem Zweiten Weltkrieg aus dem ehemaligen Westpreußen und Danzig nach Uruguay. Letztere sprechen kein Plautdietsch, sondern niederdeutsch gefärbtes Hochdeutsch. Die Wanderungen waren häufig verbunden mit Schismen, ohne aber zum gänzlichen Bruch zu führen. Inzwischen gibt es Mennoniten rund um die Welt. Die Mennonitische Weltkonferenz bezifferte sie im Jahr 2009 auf ca. 1,6 Mio., einschließlich Mitgliedern nahestehender Kirchen: in Afrika 592.106, Nordamerika 523.969, Lateinamerika 169.864, Asien 265.447 und Europe 64.740, insgesamt also 1.616.126 (oldsite. mwc-cmm.org/en15/index.php?option=com_content&view=article&id=384: 08-

oct-2009-2009-new-global-map-locates-16-million-anabaptists – abgerufen 17. 06.2013). Allerdings handelt es sich hierbei größtenteils um später Missionierte, die kein Plautdietsch sprechen. Die folgenden Ausführungen beschränken sich auf Nachfahren der Russland-Mennoniten, und zwar in Paraguay, Mexiko, außerdem Belize (bis 1973 „British Honduras", seit 1981 unabhängiger Staat) und Texas in USA – nach Belize und Texas sind sie jeweils von Mexiko gekommen sind (Steffen 2006: 19-22; Kaufmann 1997: 70f.) – sowie Brasilien. Bei den Mennoniten gibt es, wie bei den beiden anderen Gruppen, deutliche Unterschiede zwischen orthodoxen und modernen Richtungen (dazu Huffines 1980; 1989; Louden 2003) – wobei die folgenden Ausführungen sich hauptsächlich auf erstere beziehen, mit den „Mennoniten alter Ordnung" als den konservativsten.

Einschlägige Darstellungen, meist auch der sprachlichen Verhältnisse, sind Penner 1972; Moelleken 1987 (Kanada, Mexiko); Klassen 1988 (Paraguay); 1995; 1998 (beide Brasilien); Rohkohl 1993; Brandt 1992 (Mexiko); C. J. Dyck 1993; G. Kaufmann 1997 (Mexiko, USA); 2004a; 2004c (beide Brasilien, Paraguay); Steffen 2006 (Belize); Steffen/ Altenhofen im Druck (Brasilien); Dück 2011 (Brasilien); *Mennonitisches Lexikon* (1913-1967); Wikipedia „Mennoniten": de.wikipedia.org/wiki/Mennoniten – abgerufen 26.06.2013). – Wichtige weitere Hinweise erhielt ich von Göz Kaufmann und Joachim Steffen.

Die Amischen spalteten sich im Jahr 1693 ab von den schweizstämmigen Mennoniten. Sie hatten zunächst ihre Basis außer in der Schweiz im Elsass und auch in der Pfalz, von deren Dialekt ihre Sprechweise am stärksten geprägt ist. Ihr Namensgeber, der Schweizer Jakob Ammann, forderte eine besonders rigorose Abschottung von der übrigen Welt und schlichte Lebensweise, die es auch in Kleidung und Haarschnitt auszudrücken galt. Um der Verfolgung in Europa zu entgehen, wanderten die Amischen bald nach ihrer Gründung größtenteils aus nach Nordamerika, wo sie noch heute siedeln. Die ersten trafen dort ein zwischen 1736 und 1770 und ließen sich im Gebiet der späteren USA nieder, im Lancaster County in Pennsylvania, das gemäß Staatsgründer William Penn großzügige Religionsfreiheit gewährte. Eine zweite Einwanderungswelle von 1815 bis 1860 verteilte sich auf die Bundesstaaten Illinois, Indiana, Iowa und Ohio sowie das kanadische Ontario. Dort überall, einschließlich Lancaster County in Pennsylvania, ist auch heute noch das hauptsächliche Wohngebiet. Alles in allem erstreckte es sich im Jahr 2010 auf 427 Siedlungen in 28 Bundesstaaten der USA, mit Schwerpunkten in Pennsylvania und Indiana (je ca. 50.000), und im Bundesstaat Ontario in Kanada (Details in de.wikipedia.org/wiki/Amische – abgerufen 28.06.2013). Ihre Gesamtzahl liegt mittlerweile bei über 250.000 – und soll sich laut kursierenden (mir übertrieben erscheinenden) Schätzungen wegen des Verzichts auf Geburtenkontrolle bis auf Weiteres ungefähr alle 20 Jahre verdoppeln. Die Lebensweise der Amischen ist noch mehr als bei den Mennoniten auf die Landwirtschaft ausgerichtet, wobei sie auf technische Neuerungen möglichst verzichten. Symbolisch dafür ist der Gebrauch von Pferdekutschen statt motorisierten Fahrzeugen. Allerdings haben Meinungsverschiedenheiten, auch bezüglich Modernisierung, zur Aufspaltung geführt, vor allem einerseits in die konservativen Altamischen („Amische alter Ordnung" oder „Alt-Amische", informell auch „amische Leit", englisch „Old Order Amish"), um die es im vorliegenden Kap. hauptsächlich geht, und andererseits in modernere Gruppen, z.B. die „Beachy Amish". Nur Erstere, nicht aber Letztere, sprechen noch den in Amerika entstandenen, hauptsächlich pfälzisch beeinflussten Mischdialekt des *Pennsylvania-Deitsch*, wofür es im Englischen verwirrenderweise zweierlei Namen gibt: *Pennsylvania German* und *Pennsylvania Dutch*. Letztere Namensvariante entsprang wohl eher der früher breiteren Bedeutung von *Dutch*, die auch ‚Deutsch' umfasste, als – wie oft vermutet wird – der Lautähnlichkeit von „Deutsch" (oder „Deitsch") und „Dutch". Jedoch war die Verwechslung den Sprechern zu Zeiten antideutscher Stimmungen in Nordamerika, vor allem während der beiden Weltkriege, teilweise willkommen (Louden 2006: 91, Anm. 4; Yoder 1980). Neben dem Pennsylvania German gebrauchen sie ein lutherisch altertümliches Standarddeutsch, ähnlich dem der Mennoniten, für die Gottesdienste, Chorlieder und ihr auf den Religionsunterricht bezogenes Schulfach.

Einschlägige Darstellungen, meist auch der sprachlichen Verhältnisse, sind Huffines 1980; 1989; 1994; Längin 1996; Louden 2003; 2006a; b; Raith 1991; 2004; Johnson-Weiner 1992; 1999; Hostetler 2008; Langwasser 2008; Wikipedia „Amische": de.wikipedia.org/wiki/Amische – abgerufen 28.06.2013. Wichtige weitere Hinweise erhielt ich von Mark L. Louden und Michael Werner.

Die Hutterer, die sich selbst „Hutterische Brüder" nennen (Rein 1994: 249), berufen sich auf Jakob Hutter (auch *Huter* oder *Hueter*, Bedeutung ‚Hutmacher') als ihren Begründer (zu ihrer Geschichte, einschließlich strukturlinguistischer Herkunftsanalysen des hutterischen Dialekts, Rein 1977: 216-267). Hutter stammte aus dem Südtiroler Pustertal, und sein Vorbild war die Jerusalemer Urgemeinde. Als im Jahr 1529 Kaiser Karl V. alle Täuferbewegungen verbot, begannen die Anhänger Hutters auszuwandern. Er selbst wurde 1536 in Innsbruck hingerichtet. Die Hutterer wandten sich zunächst nach Mähren, bis sie ein Erlass Kaiser Ferdinands II. im Jahr 1622 vor die Wahl stellte, entweder katholisch zu werden oder zu emigrieren. Der größere Teil zog weiter nach Ungarn, vor allem ins Gebiet der heutigen Slowakei und Rumäniens (Siebenbürgen), sowie später nach Russland. Auch diese vermeintliche Zuflucht verließen sie schließlich, wie die Mennoniten, aufgrund veränderter Schulgesetze und Einführung der Wehrpflicht 1874, in Richtung Nordamerika, um sich zunächst in den USA in South Dakota niederzulassen. Als sie dort ebenfalls durch Schulgesetz und Wehrdienst bedrängt und überdies im Ersten Weltkrieg als „Germans" diskriminiert wurden, zogen sie geschlossen weiter nach Kanada. Aufgrund von Anfeindungen auch dort in der Zeit des Zweiten Weltkrieges kehrte ein Teil zurück in die USA. Heute leben die Hutterer so gut wie ausschließlich in USA und Kanada. Ihre Gesamtzahl beläuft sich auf rund 50.000, von denen drei Viertel in Kanada leben (in British Columbia, Alberta, Manitoba, Saskatchewan) und ein Viertel in den USA (Washington, Oregon, Montana, Nord-Dakota, Süd-Dakota und Minnesota). Sie verteilen sich auf ca. 465 „Bruder-Höfe", wie sie ihre Siedlungen selbst nennen, mit jeweils etwa 60 bis 150 Bewohnern (Details in de.wikipedia.org/wiki/Hutterer – abgerufen 30.06.2013). Auch bei den Hutterern gibt es deutliche Unterschiede zwischen verschiedenen Gruppen nach dem Grad der Offenheit gegenüber der Mehrheitsgesellschaft. Jedoch leben alle bis heute relativ abgeschottet (zur Lebensweise Schabus 2007), und alle sprechen noch das *Hutterische* oder, wie sie es selbst nennen, das *Tyrolische* (Rein 1984: 250) als Muttersprache, einen Mischdialekt mit auch Kärntnerischen Merkmalen (ebd: 253), aber diffuserem „oberdeutsch-südbairische[m] Grundcharakter" (Rein 1977: 265). Außerdem gebrauchen sie standarddeutsche Varietäten, einschließlich „Predigerhutterisch" (Rein 1977: 279; 1984: 253), das in Struktur und Funktion dem Standarddeutsch der Mennoniten und Amischen nahe steht.

Einschlägige, meist auch auf die sprachlichen Verhältnisse bezogene Darstellungen sind Hostetler 1974; Rein 1977; 1979; 1984; Längin 1996; Brednich 1998; Allert 2006; Kirkby 2007; Wikipedia „Hutterer": de.wikipedia.org/wiki/ Hutterer – abgerufen 30.06.2013. Wichtige weitere Hinweise erhielt ich von Kurt Rein.

Die soziale Identität der drei hier beschriebenen Gruppen ist primär religiös, was in ihren Selbstbezeichnungen wie auch den Fremdbezeichnungen seitens ihrer Umgebung zum Ausdruck kommt (*Mennoniten, (Alt-)Amische, Hutterer*, bzw. Entsprechungen in der jeweiligen staatlichen Amtssprache). Inwieweit auch eine Art deutscher Ethnizität besteht (nicht eingeengt auf den Bezug zu Deutschland und über die bloße Deutschsprachigkeit hinausgehend; Kap. B.3), bei welchen Personen und in welcher Ausprägung, ist weniger klar. Göz Kaufmann (2006c: 257) berichtet über Selbstzuordnungen von Mennoniten in Paraguay und Brasilien (Rio Grande do Sul), von denen sich jeweils 13% als „Deutsche" und „deutsche Paraguayer" (je 5 von 38; Σ=26%) bezeichneten bzw. 28% als „Deutsche" (*Dietsche*) und 17% als „Deutschbrasilianer" (13 und 8 von 47; Σ=47%). Die Bezeichnung als Deutsche bezog sich aber keinesfalls auf Deutschland, sonst hätte sie „Deutschländer" gelautet. Zwar ist es jeweils weniger als die Hälfte, die anderen bekennen sich nur zur Nationalität ihres Staates, also als Paraguayer bzw. Brasilianer. Jedoch scheint der Befund nahe zu legen, dass ein – zwischen den Siedlungen variierender – Teil der Mennoniten eine in einem weiten Sinn deutsche ethnische Identität hat. Allerdings ist Göz Kaufmann (E-Mail 11.07.2013) überzeugt, dass dieses Bekenntnis nur sprachlich, nicht ethnisch zu verstehen sei, also allenfalls eine deutsch*sprachige* Identität vorliege (aufgrund von Deutsch als Muttersprache; Kap. A.3). Um hier Klarheit zu schaffen, bedürfte es gezielter Untersuchungen mit schärfer zugeschnittener Fragestellung, vielleicht der Möglichkeit von Mehrfachantworten, bei denen eine zweite oder dritte ethnische Identitätsfacette zutage treten könnte. Vielleicht wäre der Befund bei den Hutterern ähnlich. Kurt Rein vermutet bei ihnen jedoch ein deutliches Bewusstsein ihrer sprachlich-kulturellen deutschen Herkunft. Dagegen sind die Amischen offenbar weiter entfernt sowohl von einer ethnisch deutschen als auch einer deutschsprachigen Identität, vermutlich weil sie schon länger in Nordamerika und von den deutschsprachigen Ländern getrennt sind. Eine Vergleichsuntersuchung der drei Gruppen nach der Selbstzuordnung zu verschiedenen Kategorien des „Deutsch-" und „Deutschsprachlich-Seins" fehlt offenbar bislang.

Bei US-Wissenschaftlern variiert die Zuordnung der Täufer zu den ethnisch Deutschen. Don Yoder (1986) bleibt letztlich offen, inwieweit die „pennsylvaniadeutsche Identität" ein Sonderfall der deutschamerikanischen und damit – in einem weiten Sinn – ethnisch deutschen Identität ist. Jedenfalls bilden für ihn „die Mennoniten, die Amischen (Amish) und die ‚Brüder' (Tunker)" eine Art Kern, wenn auch bei weitem nicht die einzigen „Pennsylvania Deutschen" (ebd.: 69). (Die Tunker – von *tunken* ‚(ganz) eintauchen' bei der Taufe – sind eine sprachlich inzwischen assimilierte, pietistische Gruppe, auch „Schwarzenauer Neutäufer" genannt, die ich hier nicht bespreche. Dazu M. Meier 2008; auch de.wikipedia.org/wiki/Schwarzenau_Brethren – abgerufen 27.06.2013). Andere US-Wissenschaftler, z.B. Kathleen N. Conzen (1986), erwähnen die Täufer gar nicht in Abhandlungen über die „Deutschamerikaner", zu denen sie nur sonstige Einwanderer aus den deutschsprachigen Gebieten Europas zählen, deren ethnisch-deutsche Symbole (von Kant bis Biergarten) mit denen der Täufer auch kaum verträglich sind. Dies sind – in den Worten von Michael Werner (persönliche Mitteilung) – die „Neudeutschen", die späteren, nicht hauptsächlich religiös motivierten Einwanderer aus den deutschsprachigen Ländern.

Eher als eine ethnisch deutsche Identität kommt demnach bei Teilen der drei hier besprochenen Gruppen eine deutsch*sprachige* Identität, die Zuordnung zur deutschen Sprachgemeinschaft, in Frage. Jedoch bestehen auch daran ernsthafte Zweifel bei den Amischen, wie auch bei oben erwähnten schweizstämmigen Mennoniten, die nicht immer leicht von den Amischen unterscheidbar sind, schon weil sie ebenfalls Pennsylvania German sprechen. Mark Louden (2008: 92) schreibt zur Identität der konservativen Teile der Amischen und entsprechenden Mennoniten, die er als „Pennsylvania Germans" bezeichnet:

„Pennsylvania Germans as a group have never viewed themselves as Germans in America, or even German Americans, but simply as Americans, albeit a minority group within American society. Regardless of the label that one attaches to Pennsylvania German, the crucial fact remains that its speakers have formed a sociolinguistic identity independent of any association with German (dialect) speakers in Europe or elsewhere." Jedoch erscheint mir vor allem letzterer Satz fraglich, weil ich persönlich im Lancaster County in Pennsylvania im Gespräch mit Amischen nicht nur keinerlei Ablehnung des – doch keineswegs inhaltsleeren – "labels" „Pennsylvania *German*" erfahren habe, sondern man mir, als ich Schwäbisch sprach, freudig bekundete, dass es diesem ganz ähnlich und gut verständlich sei. Auch Louden's Hinweis an späterer Stelle (ebd.: 95) scheint die Zuordnung zur deutschen Sprache nahe zu legen, nämlich dass „there is a strong connection perceived between using Pennsylvania German and Standard German in worship services, and Pennsylvania German in other intragroup settings." Und erst recht die Äußerung eines Amischen, die Louden (ebd.: 98) zitiert, zur Notwendigkeit guter Englischkenntnisse, aber auch des Erhalts des "German dialect" und der "German Bible": „[I]t would be wrong not to make an effort to express ourselves better in the English language. But it would be just as wrong to fail to keep and pass on the German to our children – that rich language our forebears left for us." All dies klingt nach deutschsprachiger Identität, also der Selbstzuordnung zur deutschen Sprachgemeinschaft (in einem weiten Sinn). Ebenso die Selbstbezeichnung ihrer Sprechweise als „pennsilfaanisch-Deitsch" (Enninger 1983: 351). Den scheinbaren Widerspruch hat mir Michael Werner einleuchtend so aufgelöst, dass die Zuordnung zur deutschen Sprache und Sprachgemeinschaft bei den Gebildeten, vor allem den religiösen Funktionsträgern, und damit bei höchstens 10% der Amischen oder benachbarten Mennoniten zu verzeichnen sei, nicht aber bei der großen Mehrheit der Gruppenangehörigen. Vermutlich ist die betreffende Zuordnung bei den Russland-Mennoniten und Hutterern häufiger vorhanden und deutlicher ausgeprägt, auch weil ihre Trennung von den deutschsprachigen Ländern, wie schon angedeutet, später oder weniger rigoros erfolgt ist. Bei den Mennoniten legt schon die Benennung ihrer Alltagsvarietät die Zuordnung deutlicher nahe (keine Wortbildung mit „Dutch"), wenn auch in Dialektform (Plaut*dietsch*). Zwar gilt dies weniger für die Hutterer, die – wie schon erwähnt – „ihre Sprechweise selbst auf Befragen ,Tyrolisch' nennen" (Rein 1984: 250); jedoch ist auch diese Bezeichnung mit der Zuordnung zur deutschen Sprache vereinbar. Außerdem hat das „Tyrolische" eine geringere linguistische Distanz vom Standarddeutschen der deutschsprachigen Länder als das Plautdietsch der Mennoniten.

Dennoch ist bei keiner der drei Gruppen die Zuordnung ihrer Alltagsvarietät zur deutschen Sprache eine Selbstverständlichkeit. Jedoch zweifelt offenbar die

US-Botschaft in Deutschland nicht daran, jedenfalls nach folgender Mitteilung auf ihrer Webseite (Abschnitt „Die deutsche Sprache heute"): „Nur in einigen Glaubensgemeinschaften wird [in den USA! U.A.] im täglichen Leben noch Deutsch bzw. ein deutscher Dialekt gesprochen. Für die Amischen der Alten Ordnung, die Mennoniten der Alten Ordnung und die Hutterer ist die Bewahrung der deutschen Sprache Teil der religiösen Überzeugung; sie bildet außerdem ein Schild gegen Einflüsse der modernen Außenwelt." (usa.usembassy.de/deutschamerikaner-language.htm – abgerufen 15.07.2013) Allerdings erscheint mir die Zuordnung auch entsprechend der Begründung in Kap. B.1 und B.2 gerechtfertigt, wenn auch mit Einschränkungen. Es lässt sich nämlich jeweils vertreten, dass einerseits der alltägliche Dialekt wenigstens partiell von einer Standardvarietät überdacht wird, von der er keine – für die Zuordnung zur gleichen Sprache – zu große linguistische Distanz hat, und andererseits diese überdachende Varietät immerhin so große linguistische Ähnlichkeit mit den anderen standarddeutschen Varietäten hat, speziell denen der deutschsprachigen Länder (Kap. D), dass man sie berechtigterweise derselben Sprache wie diese, also der deutschen Sprache, zuordnen kann (dazu auch Ammon 1995a: 1-11). Auch bei den Amischen, wo Zweifel am nächsten liegen, sind ihr Hochdeutsch und das Standarddeutsch der deutschsprachigen Länder gegenseitig verständlich (linguistische Ähnlichkeit), wenn nicht allzu schnell gesprochen wird (und wenn man von der gotischen Schrift des Amischhochdeutsch absieht). Die religiösen Funktionsträger und die Sänger amischhochdeutscher Lieder stellen auch durchaus die für Überdachungen typische Beziehung zu ihrer pennsylvaniadeutschen Alltagsvarietät her. Die Mennoniten, vor allem in Mexiko und Paraguay, gebrauchen ihr Standarddeutsch sogar in fast allen, nicht nur religiösen Druckerzeugnissen und benützen viele Bücher aus Deutschland, so dass die Überdachung ihres Plautdietsch sogar durch das Standarddeutsch Deutschlands auf der Hand liegt. Außerdem finden sie auf elektronischem Weg Zugang zu modernem Deutsch, das den Texten in ihren Zeitungen, z.B. der *Deutsch-Mexikanischen Rundschau*, oft in Klammern hinzugefügt ist. Und diese Zeitungen werden auch von den konservativen Mennoniten, jedenfalls in Chihuahua, gelesen (E-Mail Steffen 21.07.2013). Die folgende Lagebeschreibung verdeutlicht die Überdachung der Alltagsvarietät durch Standarddeutsch, zumindest in einzelnen Kolonien der Russland-Mennoniten (unveröff. Stellungnahme an das Sekretariat der Ständigen Konferenz der Kultusminister zur Abnahme des Deutschen Sprachdiploms in mennonitischen Schulen in Chihuahua, Mexiko, Zusendung Joachim Steffen, 23.10.2007):

> „Obgleich die Hauptumgangssprache in der Kolonie das mennonitische Niederdeutsch [Plautdietsch! U.A.] ist, ist das Hochdeutsche die vornehmliche Schriftsprache der Ge-

meinde und wird als solche auch zu offiziellen Anlässen, so zum Beispiel im für die Gemeinschaft zentralen Bereich des religiösen Lebens, verwendet und gepflegt. Aus diesem Grunde und aufgrund der engen sprachlichen Verwandtschaft des Plattdeutschen [Plautdietsch! U.A.] zum Hochdeutschen kann der Unterricht an der Álvaro-Obregón-Schule und an den ihr angegliederten Einrichtungen in hochdeutscher Sprache stattfinden, wodurch die Schüler in kurzer Zeit eine fast muttersprachliche Kompetenz in der Standardvarietät erlangen, zumal das Hochdeutsche durch das kontinuierliche Bemühen des Schulkomitees mittlerweile eine zunehmend bedeutende Rolle auch im Alltagsleben spielt."

Auf der Grundlage solcher Überlegungen und Daten halte ich die Zuordnung der Varietäten der hier beschriebenen religiösen Minderheiten zur deutschen Sprache für berechtigt – ohne den weiteren Klärungsbedarf zu bestreiten, den die Einwände von Göz Kaufmann (E-Mail 11.07.2013) nahelegen, der sowohl die Überdachung als auch die ausreichende linguistische Ähnlichkeit anzweifelt. Auch bei den Hutterern ist die linguistische Ähnlichkeit ihres Standarddeutschs mit dem der deutschsprachigen Länder begrenzt. Dies gilt für religiöses „Prediger-Hutterisch" und „Hutterisches Schriftdeutsch" wie auch erst recht für das „Standard-Hutterische" der sonstigen Gemeinde-Öffentlichkeit – gemäß Differenzierung des Hutterischen Standarddeutschs durch Kurt Rein (1977: 271-276; 1984: 252f.). Dennoch aber ordnen Kenner der Verhältnisse die Varietäten der Hutterer – sicher nicht im Gegensatz zur Selbstzuordnung der Sprecher – meist vorbehaltlos der deutschen Sprache zu. So auch Rein (ebd.: 269), der (1984: 249) die Hutterer sogar zum „härtesten Kern der Deutschsprachigen in Amerika" zählt.

Bei den Amischen erscheint die funktionale Einschränkung der Standardvarietät besonders groß und bei den Mennoniten die linguistische Distanz vom alltäglichen niederdeutschen Plautdietsch. In beiden Fällen sehe ich aber keine Zweifel an der für die Zuordnung zur gleichen Sprache ausreichenden linguistischen Ähnlichkeit der jeweiligen Standardvarietät mit den Standardvarietäten der deutschsprachigen Länder (dazu Ammon/ Bickel/ Ebner 2004) – ungeachtet der dialektalen Bezeichnung „Hüagdietsch" des Mennoniten-Standarddeutschs (Kaufmann 1997: 65 und passim). Für die Amischen habe ich die Selbstzuordnung zur deutschen Sprache im vorigen Abschnitt begründet. Dass die Mennoniten selbst ihre Varietäten der deutschen Sprache zuordnen, lässt sich schließen aus selbstverständlichen Zuordnungen genauer Beobachter (z.B. Rohkohl 1993) oder auch der Schilderung von Carsten Brandt (1992: 11-23, 27), der für eine Mennoniten-Siedlung in Mexiko in modernem Standarddeutsch die Zeitung (*Menno-Zeitung*) redigierte und Radiosendungen moderierte, sicher im Standarddeutsch Deutschlands. Brandt macht keinerlei Andeutungen, dass die Mennoniten dieses nicht als eine Varietät ihrer eigenen Sprache akzeptiert hätten.

Allerdings ist klar, dass eine solche Zuordnung keineswegs auch den Erhalt der deutschen Sprache sichert. Ein Warnzeichen ist schon die offenkundige Tendenz aller drei religiösen Gruppen, sich zur umgebenden Mehrheitsgesellschaft zu öffnen und deren Sprache zu lernen und zu gebrauchen, wenn auch weniger *anstelle* als *neben* der herkömmlichen eigenen. Eine elementare Grundlage für den Spracherhalt ist die Zahlenstärke der Gruppe, sowohl die Gesamtzahl als auch die der einzelnen Siedlungen. Wegen des Verbots von Geburtenkontrolle haben alle drei Gruppen reichlich Nachwuchs, wovon aber ständig Teile zur Mehrheitsgesellschaft überwechseln. Außerdem haben sich ganze Gruppen abgespalten, wie die „Beachy Amischen" in den USA, die sich vollständig auf die englische Sprache umgestellt haben. Fortdauerndes Ausscheiden aus den Gruppen ist bedingt durch die als beengend empfundenen Lebensregeln. Die Heranwachsenden entscheiden jeweils zur Zeit der Taufe, ob sie Mitglieder der Gruppe bleiben, was z.B. bei den Altamischen im Lancaster County durchschnittlich ca. 85% tun (Wikipedia „Amische"). In allen drei Gruppen ist der Zuwachs größer als die Abwanderung. Außerdem bleibt die Geschlossenheit der Gruppe durch die weitgehend eingehaltene Endogamie gewahrt. Dies gilt auch für die Hutterer, die sich oft – unter dem typischen Motto „controlled acculturation" – bewusst und gezielt um den Erhalt der Zweisprachigkeit und damit ihres Deutschs bemühen und sich klar von der umgebenden „English Community", der Mehrheitsgesellschaft, absetzen.

Die „Siedlungen", wie ich sie bisher genannt habe, heißen wegen ihrer Geschichte, in der die Erschließung neuer Anbaugebiete eine wichtige Rolle spielt, meist „Kolonien". Die Siedlungsform ist bei allen drei Gruppen ähnlich: Eine Kombination von einerseits Geschlossenheit und Dichte der einzelnen Kolonien und andererseits deren Verstreutheit noch über den jeweiligen Wohnstaat hinaus. Bei den Mennoniten Amerikas verteilen sich die Kolonien sogar über Staaten dreier unterschiedlicher staatlicher Amtssprachen (Kanada: Englisch (keine Kolonien in Quebec), Mexiko: Spanisch, Brasilien: Portugiesisch). Trotz großer geografischer Entfernungen findet zwischen den Kolonien ein reger Austausch statt, denn die gruppeninterne Kommunikation wird der gruppenexternen vorgezogen, um den Kontakt mit religiös und weltanschaulich Andersdenkenden in Grenzen zu halten. Dabei bleibt man nämlich unter seinesgleichen. Diese staatenübergreifende Interaktion rechtfertigt die Bezeichnung der ganzen Religionsgemeinschaft als „Gruppe", nicht nur als „Gruppierung" mit gemeinsamen Merkmalen. Welche Rolle moderne Medien dabei spielen, scheint bislang nicht untersucht zu sein. Untersuchenswert wären vor allem Individualmedien (E-Mail, SMS, Skype, traditionelles Telefon etc.) und Soziale Medien (Facebook und dergleichen; Kap. J.1.4), deren Gebrauch aufgrund der Ablehnung moderner Techniken und Außenkontakten zwar sicher eingeschränkt, aber nicht strikt unterbunden ist. Dabei ist mit erheblichen Unterschieden zwischen den Kolonien zu rechnen, z.B. Offenheit in Paraguay und großen Teilen Mexikos gegenüber Geschlossenheit in Mexiko bei der Kleinen Gemeinde und der Konferenzgemeinde oder in Belize. Die Zeitung *Mennonitische Post* ist auch über Facebook verfügbar, so dass die in Amerika verstreuten Gruppen eine gemeinsame Austausch-Plattform haben. Immerhin waren Anfang Juli 2013 dort 291 Leser registriert, vor allem wohl junge Mennoniten (Hinweis Karina Schneider-Wiejowki). Außerdem werden in der Druckversion der *Mennonitischen Post* Leserbriefe aus ganz Amerika veröffentlicht, die sich meist an alle Mennoniten richten. Engere Bindungen als über Medien entstehen aber vermutlich über Besuche und verwandtschaftliche Beziehungen, die sich oft über mehrere Staaten erstrecken.

Dabei, wie mittels Medien, findet – bei Überbrückung von Staatsgrenzen – internationale Kommunikation statt. Besonders wichtig ist für das Thema des vorliegenden Buches, dass bei den Mennoniten die internationalen Kontakte zwischen den Kolonien – zumindest teilweise – auf Plautdietsch stattfinden, da die Beteiligten oft nur die Amtssprache des eigenen Wohnstaates und – allenfalls mühsam – Standarddeutsch sprechen. Auch mit Englisch sind die lateinamerikanischen Partner nicht immer hinreichend vertraut. Zu beachten ist, dass Plautdietsch in dieser internationalen Kommunikation keineswegs eine Lingua franca im Sinne üblichen Verständnisses ist. Denn es ist keine Fremdsprache, mittels der sich Personen unterschiedlicher Muttersprachen verständigen (Kap. A.3). Vielmehr überbrückt hier die *gemeinsame Muttersprache* verschiedene nationale Amtssprachen. Man kann von „muttersprachlicher Brückensprache" oder Ähnlichem sprechen, um die Verwechslung mit einer echten Lingua franca auszuschließen. Die Geographie solcher Kommunikation veranschaulicht treffend der Terminus „Spracharchipel", der in der Forschung zu den südosteuropäischen deutschen Sprachinseln eine schon längere Tradition hat (mündlicher Hinweis von Kurt Rein), aber in der neueren Sprachinselforschung zunächst wenig Beachtung fand; Klaus Mattheier (1996: 813) erwähnt ihn nebenbei. Joachim Steffen (2006) war vermutlich der erste, der ihn in den Titel eines Buches (seine Dissertation) aufgenommen hat und ihn am Beispiel der Mennoniten in Belize illustriert. Statt nur „der Bezeichnung Sprachinseln" findet er „die Metapher eines Archipels gleichartiger Inseln, zwischen denen sprachlicher Kontakt besteht, in einem Meer autochthoner Sprachen gerechtfertigt [...]" (ebd: 41; vertieft in Steffen/ Altenhofen im Druck). Vermutlich tragen solche Spracharchipele durchaus bei zum Erhalt des Alltagsdeutschs der religiösen Minderheiten, speziell des Plautdietschs. Diese potentiell spracherhaltende Wirkung von Spracharchipelen sollte gezielter als bisher erforscht werden. Sie betrifft vom allem die Mennoniten, die über unterschiedliche Sprachgebiete verstreut sind. Dagegen können die auf die USA und den anglophonen Teil Kanadas beschränkten Amischen und Hutterer zwischen ihren Kolonien auch auf Englisch kommunizieren.

Allerdings ist – trotz möglicher Archipelwirkung – bei den Mennoniten die Spracherhaltung nicht unbedingt fester als bei den Amischen oder Hutterern. So sah sich z.B. Göz Kaufmann (2004c: 272) bei den Mennoniten in Brasilien mitten drin im „ablaufenden Sprachwandel [=Sprachumstellung! U.A.] vom Plattdeutschen [=Plautdietsch! U.A.] zur Mehrheitssprache, dem Portugiesischen [...]" (siehe zu dieser Tendenz detaillierter Dück 2011). Dagegen neigten die Mennoniten in Paraguay nicht zur Umstellung auf die staatliche Amtssprache, Spanisch (Kaufmann 2004c: 278). Als Ursachen, neben anderen, nennt Kaufmann einerseits, dass es in Paraguay – im Gegensatz zu Brasilien – nie repressive Maßnahmen gegen den Gebrauch der deutschen Sprache gab, andererseits – worauf ich gleich zurückkomme – die Hilfe aus Deutschland in Schulfragen. Restriktive Maßnahmen gegen die deutsche Sprache gab es außer in Brasilien (dazu Kap. E.4.10) auch in den USA und Kanada (dazu auch Kap. K.2). Sie waren sicher auch dort dem Spracherhalt abträglich – und haben nicht etwa, wie in Südtirol (Kap. D.3.2), den Spracherhaltwillen gestärkt. Jedoch konnten sich vor allem die Amischen den antideutschen Repressionen weitgehend entziehen, nicht zuletzt durch den Decknamen „Pennsylvania *Dutch*". Außerdem hat ihnen, wie auch den besonders konservativen Mennoniten alter Ordnung und den Hutterern, die höhere Gruppenfestigkeit den Dialekterhalt erleichtert. So erklärt auch Louden (2006: 106) die – im Zusammenspiel mit Englisch – stabile Zweisprachigkeit: „Stable and active use of both Pennsylvania German and English by Old Order Amish and Mennonites is the norm [...]. The health of Pennsylvania German today is a direct consequence of the stability of the Old Order spiritual communities [...]".

Jedoch bleibt auch ihnen letztlich keine andere Wahl als eine gewisse Öffnung, zumindest zur umgebenden Mehrheitsgesellschaft, um ihre Erzeugnisse zu verkaufen oder auch dort zu arbeiten. Hinzu kommen die einströmenden Touristen, die ihnen als Begaffer ihrer antiquierten Lebensweise zwar lästig, aber als Käufer ihrer landwirtschaftlichen oder folkloristischen Produkte willkommen sind. Dennoch sind die Außenkontakte der Hutterer sowie der Amischen und Mennoniten alter Ordnung vermutlich geringer als die der weniger konservativen Richtungen der Mennoniten (Bilder zu deren Außenkontakten in Steffen 2006: Anhang Fotos 12, 24, 35).

Symptomatisch für eine gewisse Offenheit ist die Nutzung von Massenmedien, auch die Verfügung über eigene, die sich vor allem bei den Mennoniten findet. Sie haben fast überall Zugang zu eigenen Radiostationen, die teilweise auch die Kolonien verbinden. Aber auch Printmedien sind bei ihnen verbreitet.

So dokumentiert das *Handbuch der deutschsprachigen Presse im Ausland* (Akstinat 2012/13) für die Wohnstaaten in Amerika folgende Zeitungen und Zeitschriften, die allerdings in keinem Fall täglich, sondern höchstens wöchentlich erscheinen (Seitenzahl bei Akstinat und Leserschaft in Klammern): *Der Leserfreund* (43, Zeitschrift von und für Mennoniten) in Belize; *Menno-Bote* (43, Zeitschrift für deutschstämmige Mennoniten in Bolivien); *Bibel und Pflug* (44, mennonitische Familienzeitschrift), *Infoblatt* (46, Mennonitenkolonie Witmarsum) beide in Brasilien; *Das Blatt* (162, Kinder- und Jugendzeitschrift der Mennoniten in Nord- und Südamerika), *Die Mennonitische Post* (165, Zeitung für Mennoniten in Nord- und Südamerika) beide in Kanada; *Deutsch-Mexikanische Rundschau* (181, mennonitische Zeitschrift), *Kurze Nachrichten aus Mexiko* (182, mennonitisches Mitteilungsblatt) beide Mexiko; *Gemeinde unter dem Kreuz des Südens* (196, Mitteilungsblatt des Dachverbandes von sieben mennonitischen Kirchengemeinden), *Mennoblatt* (198, Zeitschrift für die mennonitische Siedlung Fernheim) und 7 weitere für Mennoniten in Paraguay; *Konferenz-Nachrichten der deutschen Mennonitengemeinden Uruguays* (298), *Wegweiser* (298, mennonitischer Gemeindebrief), beide Uruguay.

Besondere Schwachstellen des Erhalts der deutschen Sprache sind bei den meisten Gruppen die unterentwickelten Schulen, mit – im Vergleich zur Mehrheitsgesellschaft – deutlich kürzerer Schulpflicht (mit Ausnahmen wie der schon erwähnten Álvaro-Obregón-Oberschule in Blumenau, Chihuahua, und Tochterschulen). Außer bei den Mennoniten in den spanischsprachigen Staaten ist die jeweilige nationale Amtssprache, also Englisch bzw. Portugiesisch, vorherrschende Unterrichtssprache (zu den Hutterern Rein 1977: 282f.). Deutsch wird dann nur als Fach und für die religiöse Erziehung gebraucht. Oft ist es zudem ein archaisches Deutsch, das weitgehend nur durch Lesen sowie gelegentliches Abschreiben und Auswendiglernen vermittelt wird (Rein zu den Hutterern 1977: 279; 1984: 259; Moelleken zu den Mennoniten alter Ordnung 1986: 69). Somit bleiben die Kenntnisse oft rudimentär (zu den Mennoniten Brandt 1991: 16). Seine „Funktionen [...] werden in immer größerem Maße vom Englischen übernommen." (Rein 1977: 280) Es wird fast zu einem Hagiolekt, nur für religiöse Zwecke, der von Teilen der Sprachgemeinschaft kaum verstanden wird, fast wie Latein in der katholischen Kirche. Bei den Hutterern gilt das vor allem für das „Schriftdeutsch", von dem Rein das „Standardhutterische", eine gemäßigte Dialektvarietät, unterscheidet. Letztere wurde in den 1970er Jahren noch „von allen Sprechergruppen gesprochen". Inwieweit dies heute noch zutrifft, konnte ich nicht ermitteln. Somit scheint es bei diesen religiösen Gruppen teilweise Grenzfälle von Überdachung der Alltagsvarietät durch Standarddeutsch zu geben, was die Zuordnung der Alltagsvarietät zur deutschen Sprache erschweren kann (zur Überdachung und zum Spezialfall des „Pomerischen" Kap. B.1; B.2).

Allerdings trifft diese Charakterisierung wohl eher auf die Amischen und die Hutterer zu als auf die Mennoniten. So berichtet z.B. Brandt (1991: 17), dass bei den von ihm untersuchten Mennoniten in Mexiko der „Rechenunterricht [...] als zusätzliches Fach in der Schule ebenfalls auf Hochdeutsch unterrichtet" wurde, was sicher weder nur in archaischem Deutsch noch ohne ein Mindestmaß an Kompetenz möglich war. Nach Kaufmann (1997: 64) wurde in manchen Kolonien, wie der „Kleingemeinde" in Mexiko, „das Hüagdietsche nicht mehr nur aus der traditionellen Fibel und religiösen Schriften gelernt, sondern es kamen relativ moderne Lehrhefte zum Einsatz" – was das sprachliche Verstehen der Texte voraussetzte. In der Grundschule (*primaria*) wurde immerhin ein Teil der Fächer auf Hüagdietsch, ein anderer auf Spanisch unterrichtet, wogegen auf der Sekundarstufe (*secundaria*) Hüagdietsch nur noch Schulfach war (ebd.: 66). Steffen (2006) betont für Belize den besseren Deutschunterricht für diejenigen Mennoniten, die innerhalb der Kolonie leben, als für diejenigen außerhalb (ebd.: 56) sowie überhaupt Unterschiede in der Qualität des Unterrichts, aufgrund deren „sowohl der Stellenwert des Hochdeutschen als auch dessen Beherrschung in den Kolonien deutlich variieren." (Ebd.: 25) Es sei auch noch einmal an das hohe Niveau standarddeutscher Ausbildung an der erwähnten Escuela Álvaro Obregón in Blumenau im mexikanischen Bundesstaat Chihuahua erinnert.

Auffällig ist der festere Spracherhalt in den lateinamerikanischen im Vergleich zu den angloamerikanischen Staaten. Vielleicht ist diese Gegenüberstellung zu grob, aber sicher nicht ganz falsch. Kaufmann (1997) fand deutliche entsprechende Unterschiede zwischen den Mennoniten in Mexiko und USA (Texas). So war Hüagdietsch in Mexiko bei der „Kleingemeinde" noch Unterrichtssprache, in Texas aber nur noch Schulfach (ebd.: 73). Entsprechend gingen Kompetenz und Gebrauch auseinander. „Das Hüagdietsch kann in Mexiko bezüglich der Kompetenz noch als überdachender Standard angesehen werden, da es knapp vor dem Spanischen steht, während es in den USA schon fast als verloren angesehen werden muß, da es dort vom Englischen überflügelt wurde." Auch das Plautdietsche, das allgemein im Alltag noch vorherrscht, hat in Texas deutlicher als in Mexiko an Boden verloren (ebd.: 140). Besonders Jugendliche neigten in Texas stärker zur Sprachumstellung als in Mexiko. „Diese Entwicklung ließ vermuten, dass in Texas ein Trend zum englischen Monolingualismus vorliegt." (Ebd.: 142) Möglich ist allerdings auch, vor allem bei den konservativen Mennoniten, die Stabilisierung einer Diglossie Plautdietsch – Englisch, mit einer auf einen Hagiolekt beschränkten Funktion des Hüagdietsch, das dann nur noch rudimentär verstanden wird, ähnlich wie das Standarddeutsche der Alt-Amischen.

Der Unterschied zwischen Mexiko und USA ist mit unterschiedlichen Attitüden unzureichend erklärt. Diese bedürfen ihrerseits der Erklärung, wofür die Schmelztiegel-Wirkung der USA zu pauschal ist. Spezifischer sind die zwei damit zusammenhängenden Faktoren einerseits der ökonomischen Potenz der Umgebung und andererseits des Prestiges der Mehrheitssprache. In beiden Hinsichten bietet Mexiko die typische Grundlage für eine „Sprachinselmentalität" (Mattheier 1994: 335): Die mennonitischen Kolonien sind wirtschaftlich gesünder als die umgebende Mehrheitsgesellschaft, und ihre Sprache, Deutsch, hat ein eher höheres als niedrigeres Prestige – was sich unter anderem daran zeigt, dass vor allem Frauen kein Interesse an Kenntnissen der Mehrheitssprache, Spanisch, zeigten, die für sie sogar „weitgehend ein Tabu" war (Kaufmann 1997: 144). In Texas ist es umgekehrt, wenn auch die Mennoniten mit der Zeit ökonomisch mit ihrer Umgebung gleichzogen; vor allem hat Englisch ein deutlich höheres Prestige als Deutsch.

Aufgrund geringerer Abschottung nutzen die Mennoniten auch einen bislang in seiner Wirkung wenig untersuchten Faktor des Deutsch-Erhalts, den ich oben schon gestreift habe und auf den Kaufmann (2004c: 278) hinweist: als einen Grund, neben anderen, für den Deutscherhalt der Kolonie Fernheim in Paraguay (siehe zur detaillierter Beschreibung der Kolonie Rohkohl 1993). Dies ist die Unterstützung aus Deutschland, und zwar durch entsandte Lehrer und Fachberater (dazu auch www.auslandsschulwesen.de/nn_2143686/Auslandsschulwesen/NeuesausderZfA/2013/VillaBallesterAustauschParaguay.html – abgerufen 05.07.2013). Solche Unterstützung von außen fehlt den Hutterern, und erst recht den Amischen, weil sie ‚Einmischungen von außen' ablehnen. Fragt sich, welche Hilfen für die Deutsch-Erhaltung der religiösen Minderheiten sonst noch aus den deutschsprachigen Staaten kommen. Leider konnte ich mir darüber keinen Überblick verschaffen. Zur Schule für Fernheim kommen, ebenfalls für Mennoniten, hinzu die Schule Loma Plata für die Kolonie Menno, die zudem über eine von Bayern finanzierte Berufsschule verfügt, die Concordia-Schule in Paraguays Hauptstadt Asuncion und die schon erwähnte Escuela Álvaro Obregón in Blumenau im mexikanischen Bundesstaat Chihuahua (www.auslandsschulwesen.de/nn_2162674/Auslandsschulwesen/Auslandsschularbeit/Fachberater/Nord-Mittelamerika/Mexiko-Stadt/Aktuelles/2010/inhalt_Blumenau.html – abgerufen 05.07.2013). Vermutlich existieren weitere Schulhilfen, die mir aber nicht bekannt sind. Eine ausführliche Darstellung der „Deutschsprachigen Siedlerschule in Paraguay", speziell auch der Kolonien in Menno und Fernheim, findet sich bei Warkentin (1998: 160-181).

Wichtig für den Spracherhalt wären auch sonstige Kontakte zu den deutschsprachigen Ländern, über die ich jedoch ebenfalls nur sporadische Informationen finden konnte. So z.B., dass die Mennoniten in Paraguay solche Kontakte durchaus pflegen und regelmäßig Studierende mit Vollstipendien nach Deutschland schicken. Ansonsten sind jedoch die religiösen Gruppen an solchen Kontakten weniger interessiert als die bisher besprochenen Minderheiten (Kap. E.4.2 – E.4.10), umso weniger, je fundamentalistischer ihre Religionsauffassung ist. Sie fürchten nämlich, dass von außen, gerade aus den deutschsprachigen Ländern, Inhalte eingeschleppt werden, die ihren Glauben unterminieren. Sogar bei den Mennoniten, in Belize, vermutet Steffen (2006: 57f.) die „sprachliche Abkapselung von Deutschland [...]". „Die Mennonitenkolonien erhalten also ihren spracharchipelhaften Charakter auch bewußt in der Absicht, äußere Einflüsse von der Gemeinschaft fernzuhalten." Dennoch sind Besuchskontakte zu deutschsprachigen Ländern, so selten sie bei den religiösen Gruppen insgesamt sein dürften, am ehesten bei den Mennoniten zu erwarten. Dies schon deshalb, weil es auch in den deutschsprachigen Ländern recht viele Mennoniten gibt, die insbesondere in neuerer Zeit, nach dem Zweiten Weltkrieg und nach der Öffnung des Eisernen Vorhangs, aus Osteuropa zugewandert sind. Allein in Deutschland sind es rund 40.000 (www.mennoniten.de/deutschland. html – abgerufen 06.07. 2013), deren Plautdietsch übrigens als Varietät des Niederdeutschen im Rahmen der *Europäischen Charta der Regional- oder Minderheitensprache* von der deutschen Regierung geschützt ist.

Zu den Amischen und Hutterern gibt es lediglich einen spärlichen Kultur-Tourismus aus den deutschsprachigen Ländern, für den gelegentlich geworben wird, wie in einem ganzseitigen Zeitungsartikel über „Amische in Ohio", wo „Besucher [...] gern gesehen" seien. Zwar erwähnt der Artikel auch, dass sie noch „in der achten Auswanderergeneration" Deutsch sprächen und Englisch „erst an der Dorfschule als Fremdsprache" lernten; unterstreicht aber nicht, zumindest nicht explizit – wie die typische Tourismuswerbung für Namibia (Kap. E.4.9) – die besondere Attraktivität als Reiseziel für Deutschsprachige („Leben wie vor 250 Jahren", *WAZ* 13.07.2013: Reiseteil). Auf Gegenseitigkeit scheinen zwischen Amischen oder Hutterern und Deutschsprachigen in Europa nur Forschungskontakte einigermaßen zu florieren. Im Zusammenhang damit gibt es auch zaghafte Spracherhalt-Hilfen. Ein Beispiel bietet die 2003 gegründete *German-Pennsylvanian Association*, unter Beteiligung deutscher Wissenschaftler, die unter anderem Internetverbindungen einrichtet, den monatlichen Newsletter *Deutsch-Pennsylvanisches Echo* (in PDF) herstellt, die Errichtung bilingualer Ortsschilder Englisch/ Pennsylvania German im Wohngebiet anstrebt und seit 1996 die halbjährliche pennsylvaniadeutsche Zeitung *Hiwwe wie Driwwe* herausgibt (redigiert von Michael Werner, Universität Mannheim;

dpak.wordpress.com/2012/12/ – abgerufen 27.06.2013: dort auch die 10-jährige Geschichte der Gesellschaft).

Besonders wirksam wären Beziehungen zu Firmenniederlassungen deutschsprachiger Länder oder längere Aufenthalte im geschlossenen deutschen Sprachgebiet in Europa, wie Schulbesuche, Studien und Praktika. Sie böten nämlich eine materiell fundierte, instrumentelle Motivation zum Erhalt der deutschen Sprache auf längere Sicht. Teilweise werden sie von den aufgeschlossenen Teilen der religiösen Minderheiten gesucht, vor allem in Brasilien. Jedoch tun sich die konservativen Gruppen damit schwer. Ob für sie die fundamentalistisch religiöse Identifikation und Motivation auf Dauer den Erhalt der deutschen Sprache gewährleistet, erscheint zweifelhaft.

5. Emigranten, Remigranten, Expatriates und Rentnerkolonien

Bisher ging es ausschließlich um *autochthone* Minderheiten, die in ihren Wohnstaaten einheimisch (alteingesessen) und in der Regel auch als autochthone Minderheiten anerkannt sind – ohne dass dies unbedingt die Gewährung besonderer Minderheitsrechte bedeutet. Im diesem abschließenden Kap. möchte ich noch auf *allochthone* Deutsch(sprachig)e in Staaten, in denen Deutsch keine staatliche Amtssprache ist, aufmerksam machen, vor allem natürlich auf ihre Relevanz für die Stellung der deutschen Sprache in der Welt. Allochthone Personen oder Gruppen werden von der Minderheitenforschung wenig beachtet, auch nicht oder kaum von der Forschung über die deutsch(sprachig)en Minderheiten und sind meist kein Thema in einschlägigen Abhandlungen oder Sammelbänden (z.B. Hinderling/ Eichinger 1996; S. Wolff 2000; Eichinger/ Plewnia/ Riehl 2008).

Zu den *allochthonen* Deutsch(sprachig)en außerhalb der Staaten mit Deutsch als Amtssprache gehören die gewissermaßen „gewöhnlichen" Auswanderer (Emigranten) aus den deutschsprachigen Ländern, solange sie dort noch nicht als autochthon gelten und an der deutschen Sprache oder der deutschen Ethnizität in dem in Kap. B.3 definierten Sinn festhalten; erst recht natürlich, solange sie die Staatsbürgerschaft eines deutschsprachigen Landes besitzen. Wirkliche Emigranten, die in ihrem Zielland wohnen bleiben und womöglich dessen Staatsbürgerschaft annehmen, integrieren sich in der Regel bald in die neue, anderssprachige Umgebung, bis hin zur sprachlichen Assimilation, also vollständiger Sprachumstellung auf die Amtssprache des Ziellandes. Indem sie damit aus der deutschen Sprachgemeinschaft ausscheiden, sind sie auch, wie es scheint, für die mit der deutschen Sprache befasste Wissenschaft und Politik kaum noch interessant. Allerdings pflegen manche von ihnen, sogar sprachlich völlig Umgestellte, weiterhin besondere Beziehungen zu ihrem Herkunftsland.

Noch bedeutsamer für das Thema dieses Buches ist es, dass den heutigen Emigranten die modernen Kommunikationstechniken ungeahnte Möglichkeiten fortdauernder Kontakte bieten. Daher sind auch die „gewöhnlichen" Emigranten nicht mehr irrelevant für die Stellung der deutschen Sprache in der Welt. Dennoch finden sie wissenschaftlich wenig Beachtung. Ein Teil von ihnen hätte vielleicht der Arbeitsmigranten-Forschung in ihren Zielstaaten ins Blickfeld geraten können. Aber auch da ist Fehlanzeige zu melden. Den Emigranten oder Migranten aus den deutschsprachigen Ländern fehlen nämlich die typischen Eigenschaften von „Gastarbeitern", wie sie sich vielleicht am deutlichsten – inzwischen politisch inkorrekt – bezeichnen lassen, für die sich diese Forschung hauptsächlich interessiert. Allenfalls kämen dafür Arbeitssuchende aus den neuen Bundesländern Deutschlands in Betracht, die jedoch hauptsächlich in der Schweiz und in Österreich tätig sind und daher kaum unter den typischen Sprachschwierigkeiten leiden. Daher tauchen Deutsch(sprachig)e auch nicht auf in der Arbeitsmigranten-Forschung der nicht-deutschsprachigen Länder (siehe z.B. Bernhard 2008; V. Edwards 2008; Extra 2008; Gadet 2008 oder in J. Edwards 1984). Nicht einmal die neuere, umfassendere Migrationslinguistik jener Staaten interessiert sich für sie, obwohl sie doch Gegenstand zumindest der Migrationssoziolinguistik sein könnten. Was die Migrationslinguistik der deutschsprachigen Länder selber betrifft, so richtet sich diese lieber auf die Immigranten (einschließlich Flüchtlingen und Asylsuchenden) als auf die Emigranten, weil die Probleme der Immigranten präsenter sind. Die *Remigranten* (zurückkehrende „Gastarbeiter") aus den deutschsprachigen Ländern sind zwar ein Thema der Migrationsforschung, aber offenbar nicht hinsichtlich sprachlicher Fragen; dabei sind sie für die Stellung der deutschen Sprache in der Welt von naheliegendem Interesse.

Eine womöglich noch größere Abstinenz zeigt die sprachwissenschaftliche Forschung (einschließlich Soziolinguistik) bezüglich der beiden weiteren hier thematisierten Gruppierungen: der *Expatriates*, der ins Ausland abgestellten Firmenangestellten oder der Diplomaten der deutschsprachigen Länder, und der *Rentnerkolonien* in den typischen Feriengebieten. Vermutlich lässt allein schon die augenscheinliche Privilegiertheit dieser Gruppierungen ihre sprachwissenschaftliche Untersuchung überflüssig erscheinen. Für die Stellung der deutschen Sprache in der Welt sind jedoch auch sie von Belang. Mangels Vorarbeiten oder aufgrund meiner Unfähigkeit, sie ausfindig zu machen, bleiben die folgenden Ausführungen zu all diesen allochthonen Deutsch(sprachigen) außerhalb der deutschsprachigen Länder beschränkt auf sporadische Daten und das Aufzeigen von Forschungslücken. Dabei geht es, versteht sich, vor allem um das Verhältnis dieser Personen zur deutschen Sprache und ihren Umgang mit ihr – im Hinblick auf die internationale Stellung der deutschen Sprache, aber auch mit Blick auf die auswärtige Sprachpolitik der deutschsprachigen Länder (Kap. L).

Auswanderer (Emigranten) aus den deutschsprachigen Ländern sind Personen, die auf Dauer im Ausland bleiben wollen. Die meisten sind oder waren jedenfalls bisher sprachlich-kulturell integrativ motiviert (Gardner 2001; auch Kap. K.8), also bereit, sich an das Zielland anzupassen, was in der Regel zur vollständigen Sprachumstellung führte, die meist spätestens bei den Enkeln vollzogen war („Drei-Generationen-Regelmäßigkeit"; Kap. E.1; E.2). Solche Personen können dann keine Sprachminderheit mehr bilden, so dass sie sich grundsätzlich von den in Kap. E.4.2 – E.4.11 besprochenen autochthonen Minderheiten unterscheiden. Die Gesamtzahl der im Verlauf der Zeit aus den deutschsprachigen Ländern Ausgewanderten liegt sicher weit über 10 Mio. Allein via Bremerhafen emigrierten zwischen 1830 und 1974, dem Jahr des letzten Auswanderungsschiffes, ungefähr 7 Mio. (laut Passagierlisten), davon über 90% in die USA (www.deutsche-auswanderer-datenbank.de/index.php?id=478 – abgerufen 10.07.2013). Die Auswanderung aus den deutschsprachigen Ländern setzt sich bis heute fort und verstärkte sich sogar vorübergehend, speziell aus Deutschland, nach der Wiedervereinigung, infolge gestiegener Arbeitslosigkeit. Zwar ist die Auswanderung aus Deutschland in jüngster Zeit aufgrund verbesserter wirtschaftlicher Verhältnisse zurückgegangen und liegt inzwischen zahlenmäßig deutlich unter der Einwanderung („Einwanderung in Deutschland 2012 auf Rekordniveau", *FAZ* 08.05.2013: 1; „Neue Statistik: Zuwanderung so hoch wie seit 20 Jahren nicht mehr", *Spiegel Online* 05.01.2014); jedoch findet nach wie vor Auswanderung aus allen deutschsprachigen Ländern statt.

Der weit überwiegende Teil der früheren Emigranten ist, wie schon angedeutet, in ihren Zielstaaten sprachlich assimiliert (zu USA z.B. Eichhoff 1986) – abgesehen von Ausnahmen wie die in den Kap. E.4.2 – E.4.11. geschilderten sowie im vorliegenden Buch nicht erfassten, kleineren Gruppen. Die Sprachumstellungen wie auch manche vergeblichen Spracherhalt-Versuche sind vor allem für Nordamerika reichlich dokumentiert (siehe z.B. Huffines 1986; Schiffman 1987; Schwarzkopff 1987; die Mehrzahl der Beiträge in Auburger/ Kloss 1977; Auburger/ Kloss 1979; Auburger/ Kloss/ Rupp 1979; Kloss 1985). Ebenso gibt es diverse Darstellungen kultureller Kontinuität in Form des ethnischen Folklorismus (zum Teil ebd.; außerdem Conzen 1986 und weitere Beiträge in Trommler 1986).

Was jedoch weitgehend fehlt, sind Untersuchungen zu fortdauernden Beziehungen der sprachassimilierten Emigranten zu ihren Herkunftsstaaten, für die es diverse Anzeichen gibt. Offenbar pflegt ein Teil von ihnen nach wie vor oder neuerdings wieder solche Beziehungen – die durchaus relevant sein können für die Stellung der deutschen Sprache in der Welt. Beispiele finden sich in der seit Jahren wachsenden Ahnenforschung. Die Erkundung der eigenen Herkunft verbindet sich nicht selten mit Reisen in die Herkunftsländer und längeren Aufenthalten dort. Solche Erfahrungen stärken das Herkunftsbewusstsein, das gelegentlich auch zum Erlernen von Deutsch motivieren kann. Vor allem können Eltern auf die Kinder und Großeltern auf die Enkel einwirken, Deutsch als Fremdsprache zu lernen oder Germanistik zu studieren (siehe z.B. für Australien Ammon 1991b: 80-90). Jedoch konnte ich hierzu keine repräsentativen, wirklich aussagekräftigen Daten beibringen, und erst recht nicht zu der umfassenderen Frage sonstiger Beziehungen sprachlich assimilierter Emigranten zu ihren deutschsprachigen Herkunftsstaaten und zur deutschen Sprache.

Die technischen Neuerungen der letzten Jahrzehnte haben die Kontaktmöglichkeiten von Auswanderern zu ihren Herkunftsstaaten grundlegend verbessert. Diese Entwicklung hat auch ihre Einstellung zur Endgültigkeit und Tiefe der Trennung von den Herkunftsstaaten verändert. Vermutlich ist die Trennungsbereitschaft besonders eingeschränkt bei Zielstaaten, die keinen höheren Lebensstandard als der Herkunftsstaat versprechen. Ebenso zögern Auswanderer bei sprachlicher Assimilation, also vollständiger Umstellung im Falle von Zielland-Sprachen geringeren Prestiges oder geringerer internationaler Stellung als Deutsch. Aber sogar bei – sowohl wirtschaftlich als auch bezüglich der internationalen Stellung der Sprache – verlockenden Ländern ist die sprachliche Assimilation oft keine Selbstverständlichkeit mehr. Jedenfalls gilt dies für alle meiner rund ein Dutzend Bekannten, die in den letzten 50 Jahren aus Deutschland in die USA oder nach Australien ausgewandert sind. Sie alle pflegen weiter Kontakte zu Deutschland und erhalten geflissentlich ihre Deutschkenntnisse wie auch die ihrer Kinder, nicht nur diejenigen, die mit der Rückkehr liebäugeln. Mir scheint, dass es für heutige Auswanderer, jedenfalls aus den deutschsprachigen Ländern, geradezu typisch ist, den endgültigen Bruch mit ihrem Herkunftsstaat zu vermeiden.

Es liegt auf der Hand, dass sich eine solche Haltung auch stärkend auf die Stellung der deutschen Sprache vor Ort auswirken kann, worauf vielerlei Aktivitäten hinweisen. Beispiele sind die Teilnahme an Veranstaltungen, vielleicht an der örtlichen Hochschule, die in deutscher Sprache stattfinden oder auf sie bezogen sind, die Unterstützung deutscher Sprachkurse, die Teilnahme der Kinder daran, die Motivierung der Kinder zu Kontakten mit Deutschsprachigen oder die Abonnierung und Weiterreichung deutschsprachiger Zeitungen und Zeitschriften sowie sonstige Medienkontakte. Ich komme auf solche Einstellungen und Aktivitäten unten, bei den Expatriates, noch einmal zu sprechen. Hinweise darauf lassen sich zahlreichen Quellen entnehmen, z.B. den periodischen

Berichten, Jahrbüchern oder Zeitschriften des Goethe-Instituts (G-I), des Instituts für Auslandsbeziehungen (ifa), der Zentralstelle für das Auslandsschulwesen (ZfA) und des Pädagogischen Austauschdienstes (PAD), des Auswärtigen Amtes (AA) oder des Vereins für Deutsche Kulturbeziehungen im Ausland (VDA). Die Sammlung und Zusammenstellung von Aktivitäten, die Emigranten aus den deutschsprachigen Ländern zur Stärkung der deutschen Sprache vor Ort entfalten, wäre meines Erachtens ein lohnendes Unterfangen und eine wichtige Grundlage für die systematische Erforschung einer vermutlich beachtlichen Stütze der Stellung der deutschen Sprache in der Welt.

Von vielleicht ebenfalls nicht zu unterschätzender entsprechender Bedeutung sind die *Remigranten*, und zwar diejenigen aus den deutschsprachigen Ländern in ihre Herkunftsstaaten – nicht zu verwechseln mit Rückkehrern aus der Emigration in die deutschsprachigen Länder. Die größte Gruppe der hier in erster Linie interessierenden Remigranten sind ehemalige „Gastarbeiter", um sie, wie schon erwähnt, mit dem politisch nicht mehr korrekten Ausdruck möglichst eindeutig zu bezeichnen. Auch ehemalige Asylsuchende wären untersuchenswert; jedoch sind die „Gastarbeiter" durchschnittlich gründlicher mit der deutschen Sprache vertraut geworden. Der Beitrag dieser Remigranten zur internationalen Stellung der deutschen Sprache ist – soweit ich sehe – bislang ebenfalls unzureichend wissenschaftlich untersucht. Nilüfer Tapan (2002: 29; auch Kap. K.9.7) hat in einer Abhandlung über die deutsche Sprache in der Türkei darauf hingewiesen, dass zwar „fast 3 Mio. türkische Staatsbürger [...] in der deutschsprachigen Region Europas" leben – aber dass auch, weniger beachtet in den deutschsprachigen Ländern, „etwa 5 Mio. [...] von dort wieder zurückgekehrt sind." Großes Forschungsinteresse daran hat ihr Hinweis allerdings nicht erweckt, jedenfalls nicht unter Sprachwissenschaftlern. Ebenso wenig mein ins gleiche Horn stoßender Vortrag an der Universität Oldenburg, der veröffentlicht wurde unter dem Titel „Der Status des Deutschen in Remigrationsländern: Weder Nationalsprache noch Lingua Franca [sic!]". Offenbar hat auch meine Beschwörung kein Interesse entzündet, es sei „ein riesiger Vorteil für die deutsche Sprachgemeinschaft, wenn Personen, die Deutsch gelernt haben, diese Sprachkenntnisse behalten", und deshalb sei es „eigentlich eine Aufgabe der deutschen Sprachenpolitik, deutsche Sprachkenntnisse überall in der Welt zu erhalten und ihren Erwerb zu fördern." (Ammon 2004c: 39) Zwar habe ich zur damaligen Zeit vielleicht das Interesse der deutschen Politik an der auswärtigen Förderung der deutschen Sprache unterschätzt, dessen Mangel ich in jenem Vortrag für die im Bundestag vertretenen Parteien einzeln aufzeigte (ebd.: 41f.); bezüglich der Remigranten war und ist die Bemängelung aber gerechtfertigt.

Bis heute findet die sprachliche Seite der Remigration wenig Interesse in Wissenschaft und Politik. Mir scheint jedoch untersuchenswert, wie die Remigranten, die sich hauptsächlich in verschiedenen Mittelmeer-Anrainer-Staaten konzentrieren, die Stellung der deutschen Sprache vor Ort stützen. Ich kenne eine größere Zahl solcher Remigranten persönlich, die dort als Schul- oder Hochschullehrer der deutschen Sprache bzw. der Germanistik tätig sind oder im Tourismusgeschäft oder als Journalisten zumindest teilweise deutschsprachig arbeiten oder in eigenen oder fremden Firmen auf der Grundlage ihrer Deutschkenntnisse Beziehungen zu den deutschsprachigen Ländern pflegen. Bezeichnend ist auch, dass die meisten heutigen Remigranten die doppelte Staatsbürgerschaft wünschen und viele sie schon haben. Schon dieser Wunsch indiziert, dass sie ihre Beziehungen zu den deutschsprachigen Ländern nicht abbrechen und dann sicher auch an den deutschen Sprachkenntnissen festhalten wollen (dazu z.B. www.dw.de/doppelpass-pl%C3%A4ne-als-signal-f%C3%BCr-einwanderer/a-16947081 – abgerufen 16.07.2013). Vereinzelt gibt es auch dauerhafte Beziehungen zwischen Remigranten und ehemaligen deutschen Freunden oder Bekannten, die über moderne Kommunikationsmittel aufrecht erhalten werden. Dabei und bei gelegentlichen gegenseitigen Besuchen wird in der Regel Deutsch gesprochen wird, teilweise zusätzlich auch die Remigrantensprache. Auch in Städtepartnerschaften spielen Remigranten häufig eine wichtige Rolle, nicht zuletzt als Dolmetscher.

Wie sehr solche Remigranten an der deutschen Sprache hängen können, verraten die Hinweise an mich von Janine Dahinden (E-Mail 18.07.2013), aufgrund der Forschungen zu ihrem Buch *Prishtina – Schlieren. Albanische Migrationsnetzwerke im transnationalen Raum* (2005). Bei ihren RemigrantInnen handelte es sich sowohl um ehemalige Gastarbeiter als auch Asylsuchende:

> „Die Deutsche Sprache war bei RückkehrerInnen im Kosovo häufig ein Distinktions-, aber auch ein Identifikationskriterium. – Eine Rückkehrerin aus Deutschland bspw. hörte/sah den ganzen Tag nur Deutsches Fernsehen. Dieses verband sie mit ihren Deutschen Freundinnen, die für sie eine wichtige Identifikationsfunktion hatten. Denn diese Interviewpartnerin fühlte sich nach der Rückkehr – die wie sie immer wieder betonte freiwillig erfolgte – als 'Ausländerin' im Kosovo und fand keinen Zugang zu den lokalen Frauennetzwerken. Mit ihren Freundinnen aus Deutschland kommunizierte sie häufig, sie kamen sie auch besuchen. – Die Situation war damals vor allem bei zurückkehrenden Kindern teils dramatisch: Denn diese verbrachten bisher den größten Teil ihres Lebens, v.a. Schullebens im Deutschsprachigen Raum und waren deshalb des Albanischen nicht wirklich mächtig als sie zurückkamen. Häufig wurde mir erzählt, dass sich diese Kinder und Jugendlichen auf dem Schulhof im Kosovo auf Deutsch unterhielten und Deutsch hier erneut nicht nur Identifikationssprache, sondern ebenfalls Distinktionsmerkmal zu den 'anderen' war. – Und noch eine Beobachtung persönlicher Art: Ich habe diesen Forschungsteil im Kosovo damals ausschließlich auf Deutsch oder Französisch durchgeführt.

Die Rückkehrenden waren jeweils sehr stolz und freudig, dass sie mit mir Deutsch resp. Französisch sprechen konnten. Inwiefern sie diese Sprache später weiterverwenden konnten, darüber weiss ich nichts. Ich habe gehört, dass einige in internationalen Organisationen ihr Deutsch nutzen konnten [...]."

Eine weitere allochthone deutschsprachige Gruppierung, deren Bedeutung für die Stellung der deutschen Sprache in der Welt zu wenig Beachtung findet, sind die *Expatriates*. Der Terminus bezieht sich meist auf Firmenangestellte, die eine begrenzte Zeit lang im Ausland tätig sind, jedoch kann man ihn auch in einem weiteren Sinn gebrauchen, so dass er vor allem die im Ausland tätigen Diplomaten einschließt. Dabei geht es hier – der Logik dieses Kap. folgend – um Angestellte und Diplomaten aus den deutschsprachigen Ländern. Nur nebenbei sei aber erwähnt, dass auch die Expatriates aus anderen Staaten, die in den deutschsprachigen Ländern tätig sind, zur Festigung der internationalen Stellung der deutschen Sprache beitragen können, insofern sie nämlich bei diesen Aufenthalten oft ihre Deutschkenntnisse verbessern und womöglich später andernorts anwenden – womit sie ein wenig den Remigranten gleichen.

Eine erste Untersuchung der Expatriates aus den deutschsprachigen Ländern hat Miroslava Majtanova (2015) vorgelegt, und zwar über Kuala Lumpur, die Hauptstadt Malaysias. Es ist die bisher einzige mir bekannte derartige Untersuchung. Majtanova erklärt die Aktivitäten dieser Expatriates hauptsächlich aufgrund ihrer nationalen und Sprachgemeinschafts-Identität (dazu Kap. E.1; E.2 des vorliegenden Buches). Jedoch verraten verschiedene ihrer Beobachtungen auch eine instrumentelle Motivation, die sich auf die Nützlichkeit von Deutschkenntnissen bezieht. Die Expatriates aus den deutschsprachigen Ländern in Kuala Lumpur haben sich in verschiedenen Vereinen organisiert, die englischsprachige Namen haben (entsprechend dem örtlichen Vorrang von Englisch als Geschäfts- und Wissenschaftssprache, wenn auch nicht staatliche Amtssprache Malaysias): „The Malaysian-German Society", „The Swiss Club of Malaysia" (der allerdings im Jahr 2007 aufgelöst wurde), „German Language Association of Malaysia" und „German Alumni Association Kuala Lumpur". Hinzuzufügen sind die „Malaysian-German Chamber of Commerce and Industry", die „Swiss-Malaysian Business Association" und diverse christliche Gemeinden, in denen auch Katholiken und Protestanten eng zusammen arbeiten (Majtanova 2015: Kap. B.2). In all diesen Organisationen wird zumindest teilweise auf Deutsch kommuniziert. Manche, wie die Malaysian-German Society führen sogar Deutschunterricht für Einheimische durch, was dazu beigetragen hat, dass das Interesse der Einheimischen am Erlernen der deutschen Sprache gestiegen ist. Das Goethe-Institut vor Ort steht dann bereit, um die gestiegene Nachfrage zu befriedigen. Alle diese Organisationen sind unter einander in –

wenngleich oft loser – Verbindung und stärken gemeinsam die Kenntnis – und damit die internationale Stellung – der deutschen Sprache. Ähnliches gibt es zweifellos Hunderte Male in der Welt. Jedoch fehlt es bislang sowohl an Einzeluntersuchungen als auch an einem Gesamtüberblick.

Als letzte für das Thema des vorliegenden Buches relevante allochthone Gruppierung von Deutschsprachigen außerhalb der deutschsprachigen Länder sind die *Rentnerkolonien* interessant. Dies sind konzentrierte Ansiedelungen von Personen aus deutschsprachigen Ländern, die sich dort dauerhaft oder periodisch längere Zeit niederlassen und eine Art deutschsprachiger Gemeinschaft bilden, einschließlich deutschsprachiger Einrichtungen und Geschäfte – aber alles mit Urlaubsambiente. Prototypisch finden sie sich an relativ wenigen Stellen vor allem in der Türkei und in Spanien, besonders auf Mallorca. In lockerer Form sind sie darüber hinaus vor allem in weiteren mediterranen Staaten verbreitet. Ein typisches Beispiel skizziert ein *Spiegel*-Bericht (10.12.2006) mit dem Titel „Türkische Riviera: Die Kolonie der blassen, blonden Menschen" folgendermaßen: „In Alanya leben über 10.000 Deutsche. Sie haben ihre Heimat als Rentner oder Arbeitslose verlassen, um an der türkischen Riviera ein neues Glück zu versuchen." Deshalb, erfährt man, nennen die örtlichen Türken die Stadt auch „Alemania". Anfang der achtziger Jahre kamen die Deutschen, „erst als Urlauber, später als Langzeit-Urlauber." „Alanya hat 99 deutsche Geschäfte, 2446 Deutsche haben eine unbefristete Aufenthaltsgenehmigung, und fast 3000 besitzen eine Immobilie." „Sie kamen, weil sie in Deutschland mit ihren kleinen Renten nichts waren". „Man spricht heute überall Deutsch in Alanya." (www.spiegel.de/reise/fernweh/tuerkische-riviera-die-kolonie-der-blassen-blonden-menschen-a-453538.html – abgerufen 17.07.2013) Ähnliches findet man im Internet auch über Spanien, wie z.B. einen *Focus*-Bericht (30.05.1998), der sich auf Mallorca konzentriert, mit dem Titel „Spanien: Gäste, die ihre Probleme mitbringen": „Die meisten deutschen Langzeitgäste in Spanien sind [...] nicht Unternehmer, sondern Rentner. [...] ‚Diese älteren Deutschen kaufen Wohnungen und Häuser schneller als Klamotten [...]', klagt ein Diplomat in Madrid." „Heute leben 500 000 Deutsche unter 40 Millionen Spaniern." 1997 wollte sogar „der deutsche ‚Wurstkönig' Horst Abel, 58, auf Mallorca die Partei ‚Deutsche Freunde in Spanien' zur Verteidigung deutscher Interessen gründen", gab die Idee aber aufgrund der starken Ablehnung unter den Einheimischen wieder auf. Der Roman *Das Mallorca der Deutschen* von Carlos Garrido [1998. Palma de Mallorca: Verlag José J. de Olañeta! U.A.] schildere, so der *Focus*-Bericht, wie die Deutschen die Macht auf Mallorca übernommen hätten. „Früher hätten sie sich noch integriert, heute aber nicht mehr." (www.focus.de/politik/ausland/spanien-gaeste-die-ihre-probleme-mitbringen_aid_170860.html – abgerufen 17.07.2013) Mancherorts versuchen wirtschaftlich bedrängte

Staaten deutschsprachige Siedler anzulocken, woraus dann vielleicht in Zukunft weitere Rentnerkolonien entstehen. So wirbt z.B. Portugal um deutsche Rentner und Pensionäre, nicht nur mit den Vorzügen des Mittelmeerklimas und der Schönheit der Algarveküste, sondern auch mit steuerlichen Begünstigungen (Bericht im *auslandsjournal* des ZDF, 10.07.2013, 22.25-22.55 Uhr).

In den prototypischen derartigen Kolonien kann man sich ganz auf Deutsch verständigen. Außer deutschsprachigen Geschäften, Restaurants und diversen Dienstleistungen gibt es auch Radiosendungen und Printmedien in deutscher Sprache, z.B. die 14-tägige *Mallorca Zeitung* und die Zeitschrift *Mallorca und die Deutschen*. Auch die Einheimischen können sich, soweit sie mit den deutschsprachigen Siedlern zu tun haben, weitgehend auf Deutsch verständigen. Ihr Verhältnis zu den fremden Siedlern ist allerdings oft auch gespannt, weil sie sich zum Teil verdrängt oder auf ein Bedienstetenverhältnis herabgestuft fühlen. Inwieweit solche Kolonien ein tieferes oder breiteres Interesse an der deutschen Sprache erwecken, das auch über sie hinaus auf die Umgebung oder andere Gebiete ausstrahlt, muss hier offen bleiben. Jedoch verdienen auch solche Rentnerkolonien, dass sie hinsichtlich ihrer potentiellen Relevanz für die Stellung der deutschen Sprache in der Welt wissenschaftlich untersucht werden (zu Zielländern von Touristen aus deutschsprachigen Ländern Kap. I.4 – I.6).

F. Deutsch in der internationalen Wirtschaftskommunikation

1. Sprache und Wirtschaft international und global

Bisher war der Blick auf die Sprecher der deutschen Sprache gerichtet (im Vergleich zu anderen Sprachen): auf ihre Anzahl und ökonomische Stärke sowie ihre Verteilung auf Staaten und Regionen. Nun sollen einzelne große Bereiche/ Gebiete (Sektoren) der Gesellschaft näher betrachtet werden. Die genannten Termini sind jedoch zu global, z.B. „gesellschaftliche Bereiche" (oder „Gesellschaftsbereiche"), wofür unter anderem genannt werden: „Geistesleben", „Rechtsleben" und „Wirtschaftsleben" (de.wikipedia.org/wiki/Soziale_Dreiglie derung – abgerufen 15.08.2013) oder „Arbeit", „Religion" usw. (roedljo.de/ gesellschaftliche-bereiche.html – abgerufen 15.08.2013). Diese Bereiche sind umfassender als das hier Gemeinte oder stehen quer dazu. Entsprechendes gilt für „Gesellschaftssektoren", meist im Sinne von „Primärem" (Rohstoffgewinnung), „Sekundärem" (Rohstoffverarbeitung) und „Tertiärem Sektor" (Dienstleistungen). Treffender erscheint mir, wenngleich ebenfalls nicht zielgenau, der Terminus (Gesellschaftliches) Handlungsfeld.

Solche Handlungsfelder sind umfassender als die in der Soziolinguistik gängigen „Domänen". Unter Domänen versteht man speziellere Situationstypen – mit meist eigenen Lokalitäten, vor allem Besonderheiten der Sprachwahl, Sprachwahlerwartungen oder -anforderungen –, zwischen denen Individuen teilweise im Verlauf eines Tages, teilweise im Verlauf ihres Lebens wechseln und die für sie in verschiedenen Abschnitten ihres Lebens unterschiedlich wichtig sind. Beispiele sind Familie, Freundeskreis, Schule, Arbeitsplatz und dergleichen. Dabei sind vielfach noch speziellere Unterteilungen möglich, wie im Falle

– der Familie: Kommunikation mit dem Vater – mit der Mutter usw.,
– der Schule: Schulhof – Unterricht (eventuell weiter differenziert nach Fächern oder nach Lehrer-Schüler- – Schüler-Schüler-Kommunikation).

Entscheidend für eine einzelne Domäne – im soziolinguistischen Sinn – ist jedoch die Auffassung als Situationstyp mit einigermaßen feststehenden Erwartungen oder Normen bezüglich der Sprachwahl, also der Wahl von Sprachen oder Varietäten (vgl. Fishman 1972b; Ammon 1989b: 70-78; Werlen 2004). Dagegen können ganze Handlungsfelder (in der hier gemeinten Bedeutung) bezüglich der Sprachwahl sehr verschiedenartige Situationstypen (Domänen) umfassen, die jedoch durch übergreifende gesellschaftliche Aufgaben, durch Ziele und Werte der darin agierenden Individuen und eventuell durch spezifische rechtliche Bestimmungen zusammenhängen. Beispiele solcher Handlungsfelder sind die Wirtschaft, die Wissenschaft, die Politik, die Kunst (oder verschiedene, nach Medien eingeteilte Kunstrichtungen), der Sport oder der Tourismus. So umfasst z.B. das Handlungsfeld Wirtschaft recht verschiedenartige Institutionen (Produktions-, Handelsbetriebe, Banken usw.), mit wiederum jeweils unterschiedlichen Domänen (z.B. in der Herstellung, im Vertrieb, im Management usw.). „Handlungsfelder sind zusammengehörige Aufgabenkomplexe mit beruflichen sowie lebens- und gesellschaftsbedeutende[n] Handlungssituationen. Sie sind immer mehrdimensional, indem sie berufliche, gesellschaftliche und individuelle Problemstellungen miteinander verknüpfen." (www.Wikipedia.de: „Handlungsfeld" – abgerufen 06.02.06) Diese Formulierung umschreibt einigermaßen zutreffend das hier Gemeinte.

Bei dieser zugegebenermaßen vagen Begriffserläuterung muss es hier bleiben, obwohl sich auf dieser Grundlage Handlungsfelder nicht exakt abgrenzen lassen. Eine präzise, allgemeingültige Definition erscheint mir so schwierig, dass ich stattdessen hier nur mit Beispielen arbeite. Erschwert wird die Abgrenzung vor allem durch – von mir jedenfalls nicht auflösbare – Überlappungen, wonach ein Teil der dem Handlungsfeld A zuzuordnenden Domänen und Handlungen zugleich Handlungsfeld B, ein anderer Teil Handlungsfeld C usw. zuzurechnen ist. In diesem Sinn greifen beispielsweise die Handlungsfelder Wirtschaft, Wissenschaft und Diplomatie (Politik) ineinander (Kap. F, G, H). Ähnlich ist es ja bei ministeriellen Ressorts in der Politik, deren Einteilung den hier gemeinten Handlungsfeldern in mancher Hinsicht gleicht und auch nominell damit übereinstimmt und bei denen Unsicherheiten in der Abgrenzung von Aufgaben oder Querelen um Zuständigkeiten notorisch sind. Der Kern des Problems besteht darin, dass moderne Gesellschaften aus einer solchen Vielfalt teils vertikal (hierarchisch) gegliederter, teils horizontal ineinander greifender Institutionen und Situationstypen bestehen, dass sie mit einfachen Einteilungen oder simplen Dichotomien – wie Handlungsfeldern einerseits und Domänen andererseits – nur schwer, wenn überhaupt, erschöpfend und disjunkt gegliedert werden können. Dies ist daher auch nicht von der hier vorgenommenen Einteilung zu erwarten, die sich in Umrissen den Kapitelüberschriften entnehmen lässt. Vor allem war mir keine, bei weitem keine vollständige Erfassung möglich. Vielmehr habe ich nur solche Handlungsfelder herausgegriffen, die mir für die Stellung von Sprachen in der Welt besonders bedeutsam erscheinen, wodurch hoffentlich dennoch ein für die Fragestellung des vorliegenden Buches einigermaßen repräsentatives Gesamtbild entsteht.

Im Handlungsfeld Wirtschaft sehen viele Fachleute – sicher berechtigterweise – den hauptsächlichen Antrieb für die Internationalisierung und Globalisierung unserer Welt. Für seine entsprechende Entfaltung bedarf es freilich geeigneter politischer Rahmenbedingungen, die durch den Zusammenbruch der Sowjetunion und die Öffnung Chinas maßgeblich erweitert wurden. Ebenso wichtig ist die Entwicklung geeigneter Verkehrs- und Kommunikationstechniken. Insofern spielen auch die Handlungsfelder Diplomatie (Politik) sowie Wissenschaft und Technologie (Kap. G, H) eine unverzichtbare Rolle. Ohne ihre Grundlagen und Fortbildungen kann sich auch der weltweite, freie Verkehr mit Handelsgütern (Produkten), Dienstleistungen, Kapital und von Personen nicht voll entwickeln. So schränken politische Hemmnisse diesen Verkehr weiterhin ein, vor allem den Personenverkehr: Die Beweglichkeit und Verweildauer des „Humankapitals" – der als Synonym für dieses „Unwort des Jahres" 2004 vorgeschlagene Terminus „Humanvermögen" ist noch immer weniger gebräuchlich und kaum allgemein verständlich.

Aufgrund der Einschätzung als fundamental für die Globalisierung, vor allem als Antriebsmotor, wende ich mich dem Handlungsfeld Wirtschaft zuerst zu. Dabei geht es nur um die für das vorliegende Buch wesentlichen Aspekte aus dem riesigen Themenkomplex ‚Sprache und Wirtschaft' (Überblicke z.B. Vaillancour 1985; Grin/ Vaillancour 1997; Coulmas 1992a; b; 2005b). Die Leitfrage ist dabei dieselbe wie für die anderen Handlungsfelder: Welche Rolle spielt Deutsch im Vergleich zu anderen Sprachen in der internationalen Kommunikation, also zwischen Deutsch- und Anderssprachigen (in asymmetrischer Kommunikation) sowie unter Nicht-Deutschsprachigen verschiedener Muttersprachen (als Lingua franca; Kap. A.3; A.4)? Diese Frage erstreckt sich auf die Verwendung der deutschen Sprache – und auch anderer Sprachen als Deutsch, vor allem Englisch – außerhalb und in gewissen Hinsichten auch innerhalb des deutschen Sprachgebiets. Eine der auf Erklärung abzielenden Fragen lautet, inwieweit die Stellung von Deutsch (in einem Land oder in der Welt) mit der Stellung anderer Sprachen, insbesondere Englisch, zusammenhängt. Eine weitere Frage ist, inwieweit Stellungsverschiebungen der Sprachen durch die Globalisierung bedingt sind und auf sie zurückwirken.

Für die Rolle der deutschen Sprache in der internationalen Wirtschaftskommunikation ist die Wirtschaftkraft der deutschen Sprachgemeinschaft eine grundlegende Größe. Wie Kap. C.4 belegt, rangiert die deutsche Sprachgemeinschaft hinsichtlich Wirtschaftskraft (BSP) auf dem fünften oder vielleicht auch vierten Rangplatz aller Sprachgemeinschaften der Welt, hinter der englischen, chinesischen, japanischen und vielleicht auch der spanischen. Von noch unmittelbarerer Wirkung auf die Stellung der deutschen Sprache in der internationalen Wirtschaftskommunikation sollte jedoch, könnte man meinen, die Beteiligung der deutschsprachigen Länder (mit Deutsch als nationaler Amtssprache und häufigster Muttersprache; Kap. B.4) am internationalen Handel sein. Auch in dieser Hinsicht gehören die deutschsprachigen Länder zu den weltweit prominentesten Mitspielern. Dies gilt besonders für Deutschland, das schon seit vielen Jahren – vor der Vereinigung auch schon die BRD – zu den im Welthandel führenden Ländern zählt. Tab. F.1-1 gibt einen Überblick über die in neuester Zeit handelsstärksten Länder der Welt (im Jahr 2011; neuere Vergleichszahlen lagen bei Abfassung dieses Textes noch nicht vor). – Nicht berücksichtigt sind dabei allerdings regionale Schwerpunkte der Handelsbeziehungen, z.B. Deutschlands hoher Handelsanteil mit den EU-Staaten, den die folgenden Zahlen für die 10 wichtigsten Partnerstaaten Deutschlands, ebenfalls für das Jahr 2011, belegen (*Fischer Weltalmanach 2013*: 97).

Export (aus Deutschland): Frankreich 10%, USA 7%, Niederlande 7%, Großbritannien 6%, China 6%, Italien 6%, Österreich 5%, Schweiz 4%, Belgien 4%, Polen 4% (7 EU-Staaten von 10).

Import (nach Deutschland): Niederlande 9%, China 9%, Frankreich 7%, USA 5%, Italien 5%, Großbritannien 5%, Russland 4%, Belgien 4%, Österreich 4%, Schweiz 4% (6 EU-Staaten von 10).

In früheren Jahren, von 2003 bis 2007, belegte Deutschland bei der Ausfuhr von Handelsgütern sogar Platz eins (vor den USA). Allerdings offenbar noch nie bei der Ausfuhr von Dienstleistungen. Vielmehr ist hierfür Platz drei, hinter den USA und Großbritannien, aber vor Frankreich oder neuerdings China (Tab. F.1-1), typisch – wobei China noch weiter vorne läge, wenn Hongkong nicht separat geführt würde. Außerdem scheint die stärkere Position bei der Ausfuhr als bei der Einfuhr, also der Außenhandelsüberschuss Deutschlands, geradezu ein Dauerzustand zu sein. Er besteht seit vielen Jahren auch in der Summe von Handelsgütern und Dienstleistungen, aufgrund des bislang insgesamt höheren Geldwertes der Handelsgüter. Auf die Diskrepanzen: stärker in Handelsgütern (mehr Export als Import) als in Dienstleistungen (mehr Import als Export), komme ich sogleich noch zu sprechen.

Auch die beiden anderen größeren deutschsprachigen Länder (Österreich, Schweiz) sind hinsichtlich ihres Anteils am Welthandel verhältnismäßig weit vorne platziert, wie die Staatenrangplätze 2011 zeigen (gleiche Quelle wie für Tab. F.1-1).

Handelsgüter				Dienstleistungen			
Export		Import		Export		Import	
China	10,4	USA	12,3	USA	13,9	USA	10,0
USA	8,1	China	9,5	Großbritannien	6,6	Deutschland	7,3
Deutschland	8,1	Deutschland	6,8	Deutschland	6,1	China	6,0
Japan	4,5	Japan	4,6	China	4,4	Großbritannien	4,3
Niederlande	3,6	Frankreich	3.9	Frankreich	4,0	Japan	4,2
Frankreich	3,3	Großbritannien	3.5	Japan	3,4	Frankreich	3,5
Südkorea	3,0	Niederlande	3,2	Spanien	3,4	Indien	3.1
Italien	2,9	Italien	3,0	Indien	3,3	Niederlande	3,0
Russland	2,9	Südkorea	2,8	Niederlande	3,2	Irland	2,9
Belgien	2,6	China: Hongkong	2,8	Singapur	3,1	Italien	2,9
Großbritannien	2,6	Kanada	2,5	China: Hongkong	2,9	Singapur	2,9
China: Hongkong	2,5	Indien	2,5	Irland	2,6	Kanada	2,5

Tab. F.1-1: Die weltweit führenden Handelsstaaten: Export und Import von Handelsgütern und Dienstleistungen im Jahr 2011 (Weltanteile in Prozent; Daten von World Trade Organization/ WTO) (www.wto.org/english/res_e/statis_e/its2012_e/its12_world_trade_dev_e.htm – abgerufen 17.08.13)

Handelsgüter: Export: Schweiz Rangplatz 23, Österreich 29; Import: Schweiz 23, Österreich 26; Dienstleistungen: Export: Schweiz Rangplatz 14, Österreich 21; Import: Schweiz 25, Österreich 27. – Hinzuzufügen ist noch, im historischen Rückblick, dass auch die frühere DDR zumindest innerhalb des Comecon ein gewichtiger Handelspartner war.

Allerdings haben die deutschsprachigen Länder in neuerer Zeit – im Überblick betrachtet – gewisse, wenngleich begrenzte Stellungs- und Anteilsverluste am Welthandel hinnehmen müssen. Damit korreliert auch der – freilich wiederum geringfügige – Rangverlust der deutschen Sprachgemeinschaft an Gesamtwirtschaftskraft (BSP) im Vergleich zu konkurrierenden Sprachgemeinschaften von Platz 3 noch im Jahr 2005 auf Platz 4 oder 5 im Jahr 2009 (Kap. C.4: Tab. C.4-1). Diese Stellungseinbuße im Welthandel verrät auch z.B. der Vergleich des Jahres 2011 mit dem – zufällig herausgegriffenen – Jahr 2004 (Stellung/ Prozent Deutschland sowie Stellung Österreich und Schweiz für 2004 außerhalb Klammern, für 2011 in Klammern).

Handelsgüter: Export: Deutschland 1/ 10,0 (3/ 8,1); Österreich 22 (29); Schweiz 21 (23); Import: Deutschland 2/ 7,6 (3/ 6,8); Österreich 17 (26); Schweiz 18 (23);

Dienstleistungen: Export: Deutschland 3/ 6,0 (3/ 6,1); Österreich 12 (21); Schweiz 18 (14); Import: Deutschland 2/ 9,2 (2/ 7,3); Österreich 14 (27); Schweiz keine Angabe (25).

(Daten aus Tab. F.1-1 sowie *The Economist* 23 April 2005: 101; 7 May 2005: 97. Auch www.wto.org/english/res_e/statis_e/its2005_e/itsosoverview_e.pdf – abgerufen 12.6.06)

Die Einbußen sind sicher bedingt durch die Anteils- und Stellungsgewinne von Schwellenstaaten wie vor allem der BRICS-Staaten (Brasilien, Russland, Indien, China, Südafrika; de.wikipedia.org/wiki/BRICS-Staaten – abgerufen 16.08.2013), von denen China mit Abstand das größte Gewicht hat. An China hat Deutschland im Jahr 2009 auch seine bis kürzlich währende Stellung als „Exportweltmeister" verloren (de.wikipedia.org/wiki/Exportweltmeister – abgerufen 09.11.2013). Dennoch haben die deutschsprachigen Länder nach wie vor eine prominente Stellung im Welthandel – und ist stärkeres Zurückfallen in absehbarer Zukunft nicht zu erwarten.

Müsste nun aber der hohe Rang der deutschsprachigen Länder im Welthandel (Staatengruppen nach Sprachen) nicht auch eine starke Stellung der deutschen Sprache in der internationalen Wirtschaftskommunikation zur Folge haben? Und müsste diese Stellung nicht auch Deutsch als Fremdsprache stärken, aufgrund der damit gegebenen ökonomischen Verwertbarkeit von Deutschkenntnissen? Diese Annahme wird gestützt durch diverse Beobachtungen, z.B. die Verbreitung von Japanisch als Fremdsprache in den 1980er Jahren, die sich kaum anders erklären lässt als durch die damals unbremsbar scheinende Wirtschaftsentfaltung Japans, seine Rolle im Welthandel und die Verheißungen seines Marktes (vgl. Coulmas 1989). So meinte z.B. auch Gage (1986: 374. Übs. U.A.) über Deutsch und Japanisch gleichermaßen: „Es ist ihre Wichtigkeit im internationalen Handel, die diesen Sprachen ihre überregionale Bedeutung verleiht." In dasselbe Erklärungsmuster passt die Verbreitung des Chinesischen als Fremdsprache in neuester Zeit (Zahlen zum Fremdsprachenlernen in Kap. K.7).

Allerdings ist das Erlernen als Fremdsprache noch von anderen Faktoren abhängig als von der Funktion der Sprache in der internationalen Wirtschaftskommunikation. Außerdem wirkt sich die Stärke im Welthandel nicht in jedem Fall besonders förderlich auf die Stellung der betreffenden Sprache in der internationalen Wirtschaftskommunikation aus. Im Falle der deutschsprachigen Länder ist die stellungsstärkende Wirkung unter anderem eingeschränkt durch die Diskrepanz zwischen Export und Import, auf die ich bei der Kommentierung von Tab. F.1-1 schon hingewiesen habe. Der Außenhandelsüberschuss ist zwar vermutlich wirtschaftlich vorteilhaft, aber für die Stellung der deutschen Sprache im internationalen Handel vielleicht sogar nachteilig.

Dies gilt jedenfalls, wie seit Adam Smith ([1776] 2003: 79-83) bekannt, wenn das „Angebot" (supply) an Waren größer ist als die „Nachfrage" (demand), wenn also – bezogen auf den vorliegenden Zusammenhang – die Exporteure um den Absatz ihrer Waren konkurrieren. Dies ist aber die auf dem heutigen Weltmarkt, und vermutlich meist in der Warenwirtschaft, vorherrschende, wenngleich keineswegs durchgängige Situation. In den meisten Fällen besteht eine mehr oder weniger scharfe Konkurrenz zwischen verschiedenen potentiellen Exporteuren. Ausnahmen sind Monopolstellungen, z.B. bei Waren mit Kultcharakter (vielleicht Tabletcomputer, iPhones) oder knappen Rohstoffen (vielleicht Seltene Erden) – die jedoch kaum zu den aus den deutschsprachigen Ländern exportierten Waren gehören. In der im Allgemeinen vorherrschenden Konkurrenzsituation haben die Exporteure (Verkäufer) weniger Macht als die Importeure und müssen diese umwerben – entsprechend dem zugespitzten Motto: „Der Kunde ist König" (dazu auch Kap. F.2; A.2). Solches Umwerben erfordert größtmögliche Höflichkeit. Sie ist auch geboten bezüglich der Sprachwahl für die Kommunikation zwischen Exporteur und Importeur. Der gebotenen Höflichkeit entspricht dabei am besten die Wahl der Muttersprache (oder auch Amtssprache) des Importeurs.

Dieses asymmetrische Machtverhältnis kann sich – etwas vereinfacht gesehen – summa summarum dahingehend auswirken, dass die Sprachen der großen Import-Länder eher als Fremdsprache gelernt werden als die Sprachen der großen Export-Länder. Jedenfalls wenn diese Asymmetrie über lange Zeiten besteht, was ja – wie oben ausgeführt – im vorliegenden Fall zutrifft. Diese Sicht ist zwar insoweit verkürzt, als es noch andere gewichtige Motive des Fremdsprachenlernens gibt als die Verkaufs- oder Exportförderung (siehe Kap. K.8); sie ist aber nur übertrieben, nicht verkehrt. Diese Sicht legt nahe, dass die – wirtschaftlich vielleicht günstigere – Exportlastigkeit der deutschsprachigen Länder im Welthandel die internationale Stellung der deutschen Sprache nicht unbedingt stärkt, sondern dass eine – wirtschaftlich ungünstige – Importlastigkeit dafür vielleicht sogar förderlicher wäre.

Eine solche Importlastigkeit ist bei den angelsächsischen Ländern, jedenfalls den größten von ihnen, recht ausgeprägt und vor allem bei den USA in neuerer Zeit notorisch. Sie wird in der Summe nicht aufgewogen durch die Exportstärke der USA in den Dienstleistungen, zumal hier vielleicht zum Teil Monopolstellungen bestehen (die kein sprachliches Entgegenkommen des Exporteurs erfordern). Vermutlich ist diese Importlastigkeit – entgegen ihrem wirtschaftlichen Nachteil – ein die internationale Stellung der englischen Sprache zusätzlich stärkender Faktor, wenn auch vielleicht nicht von großem Gewicht. Die Weltstellung des Englischen hat andere schon länger wirksame und gewichtigere Gründe (dazu Kap. A.7 sowie z.B. Graddol 2000; 2006; de Swaan 2001a; Crystal 2003). Jedoch ist die Importlastigkeit ein möglicher zusätzlicher Faktor.

Hinzuzufügen ist, dass die starke Stellung der eigenen Sprache in der Welt selbst ein wirtschaftlicher Vorteil für ihre „Mutterländer" und Amtssprachstaaten ist (dazu z.B. Grin 2000; 2001). Die wirtschaftlichen Vorteile einer stellungsstarken Sprache zeigen sich recht deutlich im Falle des Englischen. Im Umkehrschluss wäre dann die im Vergleich zum Englischen schwächere Stellung der deutschen Sprache in der Welt ein wirtschaftliches Handicap und die Stellungsstärkung der deutschen Sprache ein wirtschaftlicher Vorteil für die deutschsprachigen Länder.

Gewisse wirtschaftliche Vorteile der anglophonen Länder und ihrer Betriebe aufgrund der Weltstellung ihrer Sprache (vgl. Kap. A.7) und korrespondierende Nachteile der Länder anderer Sprachen (aller Sprachen außer Englisch) liegen auf der Hand. Sie lassen sich am deutlichsten formulieren als wirtschaftliche Wettbewerbsvorteile bzw. -nachteile. Einer der Aspekte sind die vorteilhaften Geschäftsbeziehungen zu Staaten des „äußeren Kreises der englischen Sprache", vor allem zu den ehemaligen angelsächsischen Kolonien – genauer: den „Ausbeutungskolonien". Demgegenüber zählen die „Siedlungskolonien" USA, Kanada, Australien, Neuseeland sowie das „Mutterland" Großbritannien wie auch Irland zum „inneren Kreis" (insgesamt 6 Staaten; Kachru 1982; 1986) – und gehören übrigens auch alle außer Irland zum berüchtigten „Five-eyes Klub", dessen Geheimdienste eng zusammenarbeiten („ ‚Five Eyes': Der exklusive Spionageklub", *Die Presse* 06.07.2013). Zu den im Vergleich dazu sprachbedingten wirtschaftlichen Nachteilen der nicht-anglophonen Länder hat sich z.B. der Hauptgeschäftsführer der deutschen Auslandshandelskammer in Indien, Bernhard Steinrücke, wie folgt geäußert: „Sagen Sie einem deutschen Mittelständler [...], er müsse seine Geschäfte [in Indien! U.A.] auf [E]nglisch führen, [so] geht das erste Ohr zu [...]. Die Amerikaner tun sich dank ihrer Sprache und ihres hohen indischstämmigen Bevölkerungsanteils spürbar leichter." („Risiken in Indien nicht übersehen", *FAZ* 25.8.2006: 13) Dieser Hinweis lässt sich dahingehend verallgemeinern, dass auf Englisch der Zugang zu allen ehemaligen britischen Kolonien leichter ist als auf Deutsch. Jedoch gilt dies nicht nur für die ehemaligen britischen Kolonien, sondern auch für zahlreiche andere Länder, und zwar aus dem einfachen Grund, weil Englisch weltweit als Fremdsprache häufiger gelernt und besser beherrscht wird als andere Fremdsprachen, eben auch als Deutsch (K.7; K.9.2 – K.9.14). Dadurch sind auch alle Länder auf Englisch eher zugänglich als in einer anderen Fremdsprache und sind die anglophonen Länder alles in allem sprachlich gegenüber den nicht-anglophonen Ländern im Vorteil.

Allerdings ist die Abschätzung des – allein durch die unterschiedliche Verbreitung der Sprachen bedingten – wirtschaftlichen Vorteils der anglophonen Länder ungemein schwierig, vor allem die Bemessung der Größenordnung dieses Vorteils. Bisweilen wird der Vorteil unter Hinweis auf die Exporterfolge Deutschlands, Japans und neuerdings Chinas auch grundsätzlich infrage gestellt. Jedoch ließe sich dagegen halten, dass deren Exporterfolge ohne ihr sprachliches Handicap noch größer wären. Grundsätzlich lässt sich wohl kaum bezweifeln, dass leichtere sprachliche Verständigung ein Katalysator wirtschaftlicher Kontakte und damit auch Erfolge ist. Möglicherweise wird die Sprachüberlegenheit der Angelsachsen jedoch gelegentlich zum Handicap, wenn sie als Arroganz empfunden wird oder an die Kolonialzeit erinnert. Das damit angedeutete Faktorengeflecht ist, soweit ich sehe, bislang nur unzureichend entwirrt. Unklar ist vor allem, welches Gewicht die sprachliche Verständigung im Verhältnis zur Attraktivität der angebotenen Waren hat. Über unbefriedigende Geschäfte Großbritanniens sogar mit Indien, trotz ausgezeichneter Sprachbedingungen, berichtet der *Economist* („Chasing an elephant", 20.01.07: 39f.). Er hebt einerseits hervor, dass „India's elite speaks impeccable English", beklagt aber andererseits, dass „the House of Commons select committee on trade and industry recently declared that British business had been left behind. Exports [nach Indien! U.A.] have grown slowly compared with those from other big economies" – wobei sicher auch an Deutschland gedacht war.

Der beklagte Rückstand Großbritanniens gilt wohl eher für Handelsgüter als für Dienstleistungen, die in der Regel stärker sprachgebunden sind. Der Export von Dienstleistungen wird durch die gemeinsame Sprache in höherem Maße erleichtert bzw. durch Sprachverschiedenheit erschwert. Diese Annahme wird auch gestützt durch die führende Stellung der englischsprachigen Länder im Dienstleistungsexport. Diese lässt sich Tab. F.1-1 entnehmen, wonach außer USA und Großbritannien auch Irland zu den 10 führenden Staaten zählt. Sogar Indien und Singapur, die zum „äußeren Kreis" der anglophonen Länder gehören (Kachru 1982; 1986), sind dabei. Die Dominanz der englischsprachigen Welt in der Entwicklung und im Export von Dienstleistungen besteht seit Jahrzehnten – und erscheint auch in absehbarer Zukunft nicht gefährdet. Selbstverständlich behaupte ich nicht, dass sie allein durch die Weltstellung der englischen Sprache bedingt sei, sondern nur, dass diese ein möglicher begünstigender Faktor ist.

Im Bereich der Dienstleistungen erleichtert sprachliche Gemeinsamkeit in besonderem Maße die Kooperation. Dabei ist auch der unmittelbarere Zugriff der anglophonen Länder, vor allem der USA und Großbritanniens, auf das preisgünstige „Humankapital" in den Schwellen- und Entwicklungsländern ein wichtiger Wettbewerbsvorteil. In geringerem Maße gilt dies aber auch für die Produktion und den Vertrieb von Handelsgütern. Speziell für mittelständische und kleine Firmen in den nicht-anglophonen, also auch den deutschsprachigen Ländern können aus den Fremdsprachanforderungen erhebliche Zusatzbelastungen, so genannte „Transaktionskosten" (Hauschildt/ Vollstedt 2002), erwachsen (Kap. F.7).

Nebenbei bemerkt, haben auch die englischsprachigen Entwicklungs- und Schwellenländer – im Vergleich zu ansonsten vergleichbaren Ländern anderer Sprache – Vorteile von ihrer sprachlichen Ausrichtung. Ein Beispiel ist gerade wieder Indien, dessen Englischkenntnisse aus der Kolonialzeit seinem Aufstieg zu einer der weltweit führenden Software-Schmieden förderlich waren (Zingel 2002). Solche Beispiele motivieren auch andere Länder, verstärkt in den Aufbau eigener Englischkenntnisse zu investieren. Ein Beispiel dafür ist China, das Englisch – wie viele andere Länder – zur einzigen obligatorischen Fremdsprache all seiner – sowieso nur staatlichen – Schulen gemacht hat (Kap. K.9.13).

Im Zusammenhang mit diesen Überlegungen stellt sich auch die Frage, inwieweit die Stellung von Englisch als Weltsprache und global angebotener Dienstleistungen, besonders von Bankgeschäften, die prominente wirtschaftliche Stellung angelsächsischer Metropolen gefördert hat. Ein Beispiel dafür ist London, das nicht nur in Europa, sondern auch im Weltmaßstab einen Spitzenplatz belegt, nicht zuletzt die Londoner Börse – und dies, obwohl Großbritannien nach der Gesamtwirtschaftsleistung nicht einmal in Europa an erster Stelle, sondern hinter Deutschland und Frankreich rangiert. Anders aber die Londoner Börse! „Im Jahr 2003 kontrollierte sie 36 Prozent des europäischen Aktienhandels, die Deutsche Börse [Frankfurt a. M.] und Euronext [Paris, Brüssel, Amsterdam] kontrollierten nur 19 Prozent beziehungsweise 13 Prozent." (*Die Zeit* 10.03.2005: 11) Seitdem konnte London seinen Vorrang noch weiter ausbauen, und verlagern führende Banken anderer Staaten, nicht zuletzt die Deutsche Bank, ihre Geschäftstätigkeit mehr und mehr dorthin.

Ein weiterer Vorteil der anglophonen Länder ist ihr direkterer Zugriff auf „Humankapital". Die anglophonen Länder sind leichter zugänglich für Zuwanderer aus aller Welt, weil die meisten von ihnen eher Englisch als andere Sprachen können. Die weltweit geringere Kenntnis der deutschen Sprache ist ein gewichtiger Grund, warum sich die deutschsprachigen Länder mit der Einwerbung der so dringend benötigten Fachkräfte viel schwerer tun als die anglophonen Länder. Entsprechend ergeht es mutatis mutandis allen nicht-anglophonen Ländern.

Während die wirtschaftlichen Auswirkungen in den bisher angesprochenen Hinsichten von verschiedenen Seiten immer wieder relativiert oder in Frage gestellt werden, bezweifelt niemand ernsthaft die weit auseinander gehenden Chancen der eigentlichen „Sprachindustrie". Sie hängen wesentlich von der Stellung der jeweiligen Sprache in der Welt ab. Die Sprachindustrie umfasst die Wirtschaft des Sprachunterrichts und der unmittelbar an Sprache gebundenen Güter, wie Druckerzeugnisse, Filme und sonstige Medien (McCallen 1989; J.A. Edwards/ Kingscott 1997). Hier ist die Dominanz der englischsprachigen Länder geradezu erdrückend, und liegen die Gründe dafür fast auf der Hand. Denn dass alle Welt in erster Linie die „Weltsprache" erlernen will, lässt sich bei nur geringer Aufmerksamkeit an vielen Ecken und Enden alltäglich beobachten (Angebote an und Nachfrage nach Fremdsprachenunterricht, Sprachreisen, Sprache der Massenkultur wie Popmusik usw.; dazu auch z.B. Grin 1999a). Dies braucht hier nicht ausdrücklich belegt und näher begründet zu werden, zumal das Thema an späterer Stelle, z.B. bei den Handlungsfeldern Medien und Sprachkunst (Kap. J.1.4; J.2.3) und im Kap. übers Fremdsprachenlernen (vor allem K.7), wieder aufgegriffen und vertieft wird. Nur eine Zeitungsmeldung dazu: „Unverändert zählt der FDSV [Fachverband Deutscher Sprachreiseveranstalter! U.A.] jährlich um die 160.000 deutsche Sprachreisende, die Hälfte davon Erwachsene. Über 80 Prozent von ihnen wollen Englisch lernen." (www.zeit.de/karriere/beruf/ 2010-06/weiterbildung-business-english – abgerufen 17.08.2013)

Obwohl zu den Sprachen der internationalen Wirtschaftskommunikation in den letzten Jahren eine Reihe wichtiger Untersuchungen und Umfragen durchgeführt wurden, besteht kein Mangel an Kenntnislücken. Bei vielen Untersuchungen wären weitergehende Differenzierungen wünschenswert gewesen, die ich allerdings auch nicht zufriedenstellend leisten konnte. Ein Beispiel ist die Unterscheidung zwischen Branchen oder Wirtschaftszweigen mit unterschiedlichen Kommunikationsbedingungen. Häufig werden nicht einmal Dienstleistungen und sonstige Handelsgüter konsequent auseinander gehalten, wobei die scharfe Unterscheidung stellenweise auch schwierig ist. Besonders unbefriedigend bleibt oft, wie auch hier nachfolgend, die Differenzierung zwischen verschiedenen Abteilungen der Unternehmen wie Leitung (Management), Produktion, Forschung und Entwicklung sowie Vertrieb und damit auch die Untersuchung der jeweiligen Kommunikation, speziell der Sprachwahl, innerhalb und zwischen diesen Abteilungen. Zudem überschneidet sich die Forschung und Entwicklung in den Unternehmen mit dem Handlungsfeld Wissenschaft (und Technologie) (dazu Kap. G, vor allem Kap. G.4).

Was besonders fehlt, sind direkte Beobachtungen zur Sprachwahl bei internationalen Wirtschaftskontakten, im Gegensatz zu bloßen Auskünften oder Berichten darüber. Vor allem liegen zur Sprachwahl in den Leitungsorganen von Firmen, z.B. bei Vorstandssitzungen, nur sporadische Hinweise vor. Ebenso zu den Deutschkenntnissen der Vorstände von Global Players mit Stammhaus in einem deutschsprachigen Staat. Auch wenn die offizielle Firmensprache bekannt ist, bleibt die tatsächliche Sprachwahl meist im Dunkeln. Gerade sie wäre jedoch im Hinblick auf die internationale Stellung der deutschen Sprache interessant, vor allem bezüglich der Kommunikation zwischen deutschen Stammhäusern und Tochterunternehmen im anderssprachigen Ausland sowie innerhalb der Tochterunternehmen.

Untersuchenswert wäre außerdem die Sprachwahl in den Organisationen der großen Interessengruppen (sozialen Klassen) im Handlungsfeld Wirtschaft: den Gewerkschaften und Unternehmerverbänden, bei internationalen Kontakten. Leider konnte ich dazu keinerlei aussagekräftige Informationen beibringen, so dass das ganze Thema Forschungsdesiderat bleibt.

Thematisiert werden im Weiteren dagegen folgende für das Thema des vorliegenden Buches relevanten Aspekte, wenngleich in unterschiedlicher Differenziertheit:

- die Größenordnung der Unternehmen, z.B. große – mittelständische – kleine Betriebe und die Möglichkeiten eigener Sprachdienste oder Ausstattung mit Fremdsprachenkenntnissen;
- die internationale Struktur der Unternehmen, z.B. geozentrisch – ethnozentrisch, und die Auswirkungen auf die Unternehmens- und Standortsprachen;
- die Standorte der Unternehmensteile und deren staatliche Amts- oder vorherrschende Muttersprachen und die Auswirkungen auf die Unternehmens- und Standortsprachen;
- die Hauptsitze oder Stammsitze von Unternehmen und die internationale Stellung der dortigen staatlichen Amtssprachen und die Sprachwahl bei Außenkontakten;
- die Art der Geschäftsbeziehungen zwischen Unternehmen als Verkäufer/ Anbieter oder Einkäufer/ Abnehmer und die Auswirkungen auf die Sprachwahl.

Vor der ins Einzelne gehenden Darstellung empfiehlt sich – wegen häufiger Unsicherheit in der Fachliteratur – noch ein terminologischer Hinweis. Ich verwende im Weiteren den Terminus *Unternehmen* in umfassender Bedeutung, ohne strikte Festlegung auf ein bestimmtes Wirtschaftssystem (markt- oder planwirtschaftlich). In der Betriebswirtschaftlehre für die Marktwirtschaft, nach deren Regeln die im Fortgang dieses Kap. thematisierten Unternehmen aufgrund ihrer gesellschaftlichen Einbettung arbeiten, ist der zugehörige Begriff selbstverständlich entsprechend spezifiziert. So definieren Wöhe/ Döring (2013: 30) „Unternehmung" (eine terminologische Variante des von mir bevorzugten

Terminus *Unternehmen*) als „Betrieb im marktwirtschaftlichen Wirtschaftssystem". Diese Definition legt nahe, dass die Bedeutungen beider Termini, „Unternehmung/ Unternehmen" und „Betrieb", dieselbe Extension haben, sich auf dieselben Sachen beziehen – aber aus unterschiedlichen fachlichen Blickwinkeln. Dies legt auch die Definition von „Betrieb" in Wöhe/ Döring (2013: 27) nahe: „Als Betrieb bezeichnet man eine planvoll organisierte Wirtschaftseinheit, in der Produktionsfaktoren kombiniert werden, um Güter und Dienstleistungen herzustellen und abzusetzen." Die Bedeutung der beiden Termini scheint aber nicht gesetzlich festgelegt zu sein. Jedoch ist dies der Fall beim Terminus *Firma* (§ 17 Handelsgesetzbuch), nämlich als „Name, unter dem ein Kaufmann seine Geschäfte betreibt" (so die mit der gesetzlichen Regelung übereinstimmende Definition bei Wöhe/ Döring 2013: 30). Gemeinsprachlich werden – nach meiner Beobachtung – die drei Termini teilweise synonym gebraucht, teilweise aber auch im Sinne von Enthaltenseinsbeziehungen, wonach z.B. das „Unternehmen" Volkswagen mehrere „Firmen" umfasst (Audi, Seat, Skoda, VW u.a.), für die jeweils wieder unterschiedliche „Betriebe" zuständig sein können, darunter z.B. Produktions- und Servicebetriebe. Solche extensionalen Differenzierungen gibt es aber in der Regel nur bei großen, nicht bei kleinen Betrieben.

2. Prinzipien der Sprachwahl bei internationalen Wirtschaftskontakten

Internationale Wirtschaftskontakte haben vielerlei Formen und Zusammensetzungen. Dementsprechend unterliegt die Sprachwahl bei solchen Kontakten vielfältigen Bedingungen. Nur eine der möglichen Konstellationen, die allerdings häufig auftritt und geradezu charakteristisch ist, soll hier näher betrachtet werden: die zwischen Verkäufern (oder Exporteuren) und Käufern (Importeuren). Sie erscheint hinsichtlich der Wahl der deutschen oder einer anderen Sprache besonders relevant und wurde schon in Kap. F.1 im Zusammenhang mit der „Exportlastigkeit" der deutschsprachigen Länder angesprochen.

Es lässt sich leicht zeigen, dass die Sprachwahl noch von vielerlei anderen Bedingungen abhängt. Dazu nur vorab wenige Hinweise. Man könnte z.B. meinen, dass sich die Frage der Sprachwahl nur für Kommunikationspartner mit verschiedenen Sprachen (Muttersprachen oder Amtssprachen) stellt. Jedoch müssen auch Kommunikationspartner gleicher Sprache unter Umständen Rücksicht nehmen auf mögliche spätere Rezipienten (Hörer oder Leser). Solche Rücksicht auf spätere Kommunikationsteilnehmer kann im Geschäftsleben vor allem für dokumentierte, besonders schriftliche Texte relevant sein. Daher wählen deutschsprachige Kommunikationspartner unter Umständen auch für die Korrespondenz mit ihresgleichen die englische und nicht die deutsche Sprache. Indirekt kann auch auf solche Sprachwahl die Rollenbeziehung zwischen Exporteur und Importeur einwirken.

Bezüglich der Sprachwahl sind Sprachenlernen und Kommunikation auseinander zu halten. Für die Kommunikation haben Beteiligte nur die Wahl aus den Sprachen, die sie beherrschen – es sei denn, sie nehmen Sprachdienste zu Hilfe (Übersetzen, Dolmetschen). Fürs Sprachenlernen bestehen jedoch umfassendere Wahlmöglichkeiten. Die denkbare Auswahl ist allerdings faktisch auch da eingeschränkt, für Kinder z.B. durch das Schulangebot oder die Finanzlage der Eltern. Die folgenden Ausführungen beziehen sich direkt nur auf die Sprachwahl in der Kommunikation, gestatten aber teilweise auch den Transfer auf das Sprachenlernen. Für die Sprachwahl in der Kommunikation gelten Regeln der Höflichkeit, nicht zuletzt auch zwischen Exporteur und Importeur. So gilt es im Allgemeinen als höflich, sich in der Kommunikation – im Falle vorhandener Sprachkenntnisse – sprachlich an den Partner anzupassen. Diese Regel lässt sich tendenziell auch auf das Sprachenlernen übertragen. Wegen des größeren Aufwandes müsste der Grad der Höflichkeit dabei sogar noch größer erscheinen. So z.B. wenn Angestellte einer Firma die Sprache des Geschäftspartners lernen, die Amtssprache seines Staates oder seine Muttersprache, um ihm sprachlich entgegenkommen zu können. Im Weiteren weise ich nicht immer hin auf derartige Parallelen zwischen der Sprachwahl für die Kommunikation und für das Erlernen. Ebenso wenig auf triviale Randbedingungen wie die Beschränkung der Sprachwahl für die Kommunikation durch vorhandene Sprachkenntnisse oder fürs Erlernen durch die verfügbaren Möglichkeiten. Eine umfassendere Darstellung zu Fragen der Sprachwahl hat Florian Coulmas (2005) vorgelegt.

Auch sonst sind in den letzten Jahren verschiedene Untersuchungen erschienen, die für die Sprachwahl in der Wirtschaft relevant sind. Auf die dort erarbeiteten wichtigsten Faktoren konzentrieren sich die folgenden Ausführungen. Einer dieser die Sprachwahl beeinflussenden Faktoren ist die soziale Identität. Die Untersuchung dieses Faktors geht davon aus, dass eine Person mit der Wahl einer bestimmten Sprache eine bestimmte soziale Identität ausdrückt (zum Ausdruck bringt), wenn auch – wegen des Hereinspielens noch anderer Faktoren – unterschiedlich deutlich. Die allgemeinste Identität, die eine Person mit einer Sprachwahl ausdrücken kann, ist die Zugehörigkeit zur betreffenden Sprachgemeinschaft (Kap. B.3). Dies gilt nicht nur für die Wahl der eigenen Muttersprache, sondern auch einer Fremdsprache, dann eben die Zugehörigkeit zur Gruppe der Fremdsprachler dieser Sprache (z.B. der Sprecher von Deutsch als Fremdsprache, der „DaFler"). Insofern die Muttersprache jedoch tiefer in der Psyche einer Person verankert ist, drückt ihre Wahl eine fundamentalere Gruppenidentität aus: die Zugehörigkeit zu den Muttersprachlern der Sprache.

Bei fehlenden Fremdsprachenkenntnissen ist die „Wahl" der Muttersprache eine Selbstverständlichkeit, sogar unvermeidlich – auf Englisch: die „default choice". Bei vorhandener Wahlmöglichkeit kann diese Wahl jedoch die Gruppenidentität gezielt demonstrieren. Dies mag der Fall sein, wenn eine Person die eigene Muttersprache wählt, obwohl ihre Sprachkenntnisse auch die Wahl einer anderen Sprache zuließen, die ihre Gesprächspartner besser verstünden. Allerdings kann eine derartige Wahl auch anders motiviert sein, z.B. um den Gesprächspartnern dafür Anerkennung zu zollen, dass sie diese Sprache (die Muttersprache des Sprechers) als Fremdsprache gelernt haben – wenn z.B. ein Deutscher einem Japaner mit Deutschkenntnissen – behutsam – auf Deutsch (und nicht auf Englisch) begegnet. Auf diese Art der Sprachwahl, die keine Demonstration der eigenen Identität bedeuten muss, komme ich im Weiteren noch zu sprechen.

Der Gebrauch einer Sprache verrät immer die Zugehörigkeit zur betreffenden Sprechergruppe (als Muttersprachler oder Fremdsprachler) und ist insoweit auch Ausdruck der betreffenden Gruppenidentität. Besonders wirkt dies so bei einer regionalen oder sozialen Varietät einer Sprache. Da diese jedoch ein Element der ganzen Sprache ist (Kap. B.1; B.2), impliziert ihre Wahl, ihr Gebrauch, die Zugehörigkeit auch zur ganzen Sprachgemeinschaft. So drückt z.B. das Schwäbisch-Sprechen die Identität als Schwabe als, und diese impliziert die Identität als Angehöriger der deutschen Sprachgemeinschaft – meist auch die Identität als Deutscher (Staatsangehöriger Deutschlands), aber nicht zwingend, denn es könnte sich auch um eine EmigrantIn handeln. Die regional spezifischere Identität wirkt – metaphorisch ausgedrückt – meist farbiger, die umfassendere dagegen blasser.

Wenn – um bei dem Beispiel zu bleiben – Schwaben Englisch sprechen, so verraten sie durch ihren Akzent meist immer noch ihre regionale Herkunft (jedenfalls für Kenner) und zugleich die Zugehörigkeit zur riesengroßen Gruppe der Sprecher von Englisch als Fremdsprache (EaFler). Sie können damit aber auch eine spezifische, vielleicht kosmopolitische Identität ausdrücken oder – im Fall entsprechender Absicht – diese Identität sogar demonstrieren. Auf diese Möglichkeit hat Jennifer Jenkins (2007: 197-235; auch 1997) bezüglich des „International English", des nicht-muttersprachlichen Englischs, hingewiesen und sie begründet (dazu auch Seidlhofer 2005a; 2005b; 2011). Die Wahl von Englisch (als Fremdsprache) für die Kommunikation kann darüber hinaus die soziale Rolle einer Person verraten bzw. ihre Rollenidentität ausdrücken, die spezieller sein kann als die Gruppenidentität. Ein Beispiel ist die Rolle des Inhabers (oder „Trägers") einer leitenden Funktion, z.B. in einer Firma, weil die „Bezugsgruppen" für diese Rolle das Englischsprechen(können) in bestimmten Situationen erwarten (zur Rollentheorie Dahrendorf 1965).

Die Sprachwahl kann also motiviert sein durch die soziale Identität, spezieller die Gruppen- und/oder die Rollenidentität. Als einen anderen wichtigen Faktor der Sprachwahl habe ich darüber hinaus zu Anfang des Kap. die Höflichkeit genannt. Beide Faktoren kommen bei internationalen Kontakten oft zusammen ins Spiel (Kap. A.6). Ihr Zusammenspiel hat Jim O'Driscoll (2001a; b) näher untersucht, speziell das Zusammenwirken *nationaler* und – wie auch er sie nennt – *kosmopolitischer Identität* (zwei Ausprägungen von Gruppenidentität) mit *Höflichkeit* und ihrer Negation (fehlender Höflichkeit) oder ihrem Gegenteil (Unhöflichkeit). Je nach Ausprägung und Wirkung dieser Faktoren zeigen nach O'Driscoll's – von Erving Goffman entlehnter – Terminologie die Kommunikationspartner ein unterschiedliches „Gesicht" („ethnisch" oder „kosmopolitisch", „höflich" oder „unhöflich"). Ich möchte den Terminus Gesicht jedoch nicht in Bezug auf beide Faktoren gebrauchen, sondern – wie in der Soziolinguistik üblicher – nur im Hinblick auf die Höflichkeit (nach Brown/ Levinson 1987; Brown 2005), worauf ich sogleich zurückkomme.

O'Driscoll vertritt die plausible Annahme, dass sich eine nationale (oder auch ethnische) Identität besonders deutlich ausdrückt durch die Wahl ausgesprochen nicht-internationaler, nur nationaler oder ethnischer Sprachen, eine kosmopolitische Identität dagegen durch die Wahl der „Lingua franca" (so O'Driscoll), nämlich der Weltsprache Englisch. Im Hinblick auf eine Rangskala von nationaler bis kosmopolitischer Identität lässt sich O'Driscoll's Annahme auch folgendermaßen formulieren: Eine nationale (oder ethnische) Identität kommt umso deutlicher zum Ausdruck, je geringer die internationale Stellung der gewählten Sprache ist (z.B. durch Tschechisch eher als durch Deutsch), und eine kosmopolitische Identität um so deutlicher, je höher ihre internationale Stellung ist (z.B. durch Englisch eher als durch Deutsch; dazu Kap. A.3). Diese Beispiele verraten, dass die Bezeichnung kosmopolitisch allenfalls für den Endpunkt der Skala, mit der Weltsprache Englisch, treffend ist. In Bezug auf Sprachen wie Deutsch, also internationale Sprachen untergeordneten Ranges, ist es angemessener, von *transnationaler Identität* oder Ähnlichem zu sprechen – im Gegensatz etwa zu Tschechisch als Ausdruck nationaler und ethnischer Identität. Verglichen mit Letzterer bleibt Deutsch im ethnischen Sinn, bezogen auf alle Muttersprachler des Deutschen, blass (Kap. B.3). Eine weitere Differenzierung wäre möglich in Richtung ethnischer, aber nicht nationaler Identität, die sich z.B. durch die Wahl von Sorbisch ausdrücken ließe.

Für den Grad der sprachlichen Höflichkeit macht es vermutlich ebenfalls einen Unterschied, ob eine internationale Sprache gewählt wird oder nicht. Zwar zeigt sich sprachliche Höflichkeit grundsätzlich in der Anpassung an die Sprache der Gesprächspartner (ihre Muttersprache oder Amtssprache), wobei es sich für den Anpassenden um eine Fremdsprache handeln muss (andernfalls kann man kaum von Anpassung sprechen). Jedoch wirkt die Anpassung an eine nur nationale oder ethnische Sprache meist noch höflicher als die Anpassung an eine internationale oder die Weltsprache. Die Anpassung ans Tschechische wirkt also – um bei unserem Beispiel zu bleiben – in der Regel höflicher als die Anpassung ans Deutsche, und diese wirkt wiederum höflicher als die Anpassung ans Englische.

Zur Begründung solcher Höflichkeitsunterschiede bei der Kommunikation muss man, wie mir scheint, auf die Motive für die Sprachwahl beim Fremdsprachenlernen zurückgreifen. Vermutlich fließt nämlich in die Bewertung der Sprachwahl bei der Kommunikation die Bewertung der Sprachwahl für das Lernen mit ein. Dabei wird veranschlagt, dass das Erlernen einer internationalen Sprache nicht durch das spezielle Interesse an der Nation oder Ethnie des Kommunikationspartners motiviert sein muss, da sich eine internationale Sprache ja gerade durch umfassendere Kommunikationsmöglichkeiten auszeichnet. Die denkbare andere Lernmotivation verwässert gewissermaßen die Höflichkeit bei der Wahl einer internationalen Sprache. Wer dagegen eine nur nationale oder ethnische Sprache als Fremdsprache gelernt hat und dies durch Sprachwahl in der Kommunikation demonstriert, erweist dem Kommunikationspartner unverwässerte nations- oder ethnie-bezogene Höflichkeit.

In der Soziolinguistik sind die Bedingungen sprachlicher Anpassung (engl. *accomodation*) an Kommunikationspartner seit Jahrzehnten ein beachtetes Forschungsgebiet, das nicht zuletzt mit Howard Giles in Zusammenhang gebracht wird (grundlegend dazu z.B. Giles 1977; Giles/ Bourhis/ Taylor 1973; 1977). Dabei gilt sprachliche Anpassung in der Kommunikation, vor allem im Gespräch, als menschliches Grundbedürfnis, das letztlich sogar genetisch verankert sein könnte (Burgeon/ Stern/ Dillman 1995; Capella 1997; Pellech 2002 – Hinweise von Peter Trudgill). Als Indiz dafür wird gelegentlich darauf hingewiesen, dass der „polyglotte Dialog" (Posner 1991b), bei dem abwechselnd verschiedene Sprachen verwendet werden, in der Regel als mühsam oder geradezu unnatürlich empfunden wird. Polyglotter Dialog heißt ein Gespräch zwischen Personen verschiedener Muttersprachen, die jeweils die eigene Muttersprache sprechen und die andere(n) Sprache(n) verstehen (Kap. A.3). Allerdings lässt sich das Gefühl der Unnatürlichkeit des polyglotten Dialogs durch Erziehung und Übung zumindest teilweise überwinden.

Aus dem Bedürfnis zur sprachlichen Anpassung folgt noch nicht, wer sich an wen anpasst oder wer – in Anknüpfung an das Gesagte – welche Identität ausdrückt oder höflicher ist. Dies hängt vor allem ab von den Machtverhältnissen zwischen den Kommunikationspartnern, die sich in ihren Rollenbeziehungen konkretisieren, sowie vom kulturellen Rahmen und den situativen Umständen. Einen wichtigen Aspekt der Machtverhältnisse in wirtschaftlichen Beziehungen, der charakteristisch ist für moderne Marktwirtschaften, verrät der geläufige Slogan „Der Kunde ist König". In modernen Marktwirtschaften besteht an den meisten Waren und Dienstleistungen ein Überangebot, was die Anbieter (Verkäufer) in eine schwächere Position bringt als die Abnehmer (Kunden, Käufer), also auch die Exporteure im Verhältnis zu den Importeuren. Die Abnehmer sind in der Regel die „ökonomisch dominanten Geschäftspartner" (Bungarten 2001: 31). Die Anbieter müssen sich mehr Mühe geben als die Abnehmer, damit ein Geschäft zustande kommt. Dieses asymmetrische Machtverhältnis in der Marktwirtschaft bewirkt, dass Anbieter in der Regel den Abnehmern gegenüber höflicher auftreten als umgekehrt. Im Falle eines Mangels an Waren, wie er häufig in Planwirtschaften auftritt, ist es dagegen umgekehrt. In Einzelfällen können auch wichtige Zulieferer in der stärkeren Position sein (ein Beispiel für Zulieferer aus Deutschland ins Elsass nennen Bothorel-Witz/ Choremi 2009: 126).

Eine Komponente dieser Höflichkeit, neben anderen, ist die Anpassung der Anbieter an die Sprache der Abnehmer. „[W]henever he or she is able to do so, the merchant speaks the customer's language" (Coulmas 1992b: 166. Vgl. auch schon den Titel von Bowen 1980: „Death of a monoglot salesman" oder Titel von Büchern über das Sprachenlernen für die Wirtschaft wie "Die Sprache des Kunden", Beneke/ Freudenstein 1994). Dauerhafte derartige Marktbeziehungen motivieren auch zum entsprechenden Sprachlernen. Es ist anzunehmen, dass Anbieter vor allem dann dazu neigen, sich die betreffenden Sprachkenntnisse anzueignen, wenn der zu erwartende zusätzliche Nutzen (der Verkaufserlös) die zusätzlichen Kosten (den Lernaufwand) übersteigt. Dies wird umso eher der Fall sein, je kaufkräftiger der potenzielle Absatzmarkt, die betreffende Sprachgemeinschaft, ist. Bei ungefähr gleichem wirtschaftlichen Entwicklungsniveau ist die Kaufkraft annähernd proportional zur Zahlenstärke der Sprachgemeinschaften. Hier sind die wirtschaftlichen Gründe zu suchen, warum große (numerisch starke) Sprachen eher gelernt werden als kleine und folglich – ceteris paribus – in der Regel eine höhere internationale Stellung haben (Kap. A.7).

Warum in der modernen Warenwirtschaft Anbieter sich sprachlich eher an Abnehmer anpassen als umgekehrt, erklärt sich einerseits aus der Marktstruktur, aufgrund deren sich erstere um letztere mehr bemühen müssen, und andererseits aus den Mühen des Fremdsprachengebrauchs und -erlernens, die

der schwächere Kommunikationspartner auf sich nehmen muss, um sie dem stärkeren zu ersparen. Neuere Höflichkeitstheorien vertiefen diese Erklärung noch. Sie gehen von zwei Grundbedürfnissen jeder Person aus, nämlich einerseits nach Anerkennung und andererseits nach Handlungsfreiheit, geschütztem Raum oder „eigenem Territorium" (vgl. zu Einzelheiten Brown/ Levinson 1987). Das Bedürfnis nach Anerkennung ist in anderen Worten auch eines der „Wahrung des positiven Gesichts", in Anlehnung an die Redensart, dass man „sein Gesicht verlieren" kann. In Erweiterung dieser Terminologie entspricht dann das Bedürfnis nach Handlungsfreiheit – nicht ganz unmissverständlich – dem nach „Wahrung des negativen Gesichts". Dementsprechend können Akte gegenüber einer Person in zweierlei Hinsicht „gesichtspflegend" (höflich) oder „gesichtsverletzend" (unhöflich) sein, so dass sich zwei Arten von Höflichkeit und zwei Arten von Unhöflichkeit unterscheiden lassen: Pflege des positiven Gesichts (Anerkennung) und des negativen Gesichts (Eröffnung von Handlungsspielraum) bzw. Verletzung des positiven Gesichts (Herabsetzung) und des negativen Gesichts (Handlungseinschränkung). Der Sinn von „positiv" und „negativ" erschließt sich besser, wenn man an die damit verbundene Zuwendung (Anerkennung zollen) bzw. Nicht-Zuwendung (Handlungsspielraum lassen) denkt. In unserem Zusammenhang spielt das negative Gesicht allerdings kaum eine Rolle, so dass sich die folgenden Ausführungen weitgehend auf das positive Gesicht beschränken können.

Die Wahl der Sprache (Mutter- oder nationale Amtssprache) einer Kundin (oder eines Kunden) ist allerdings höflicher in Bezug auf beide Arten von Gesicht. Sie lässt ihr einerseits mehr Handlungsspielraum (Pflege des negativen Gesichts), denn es bleibt der Kundin unbenommen, ihrerseits die Muttersprache des Anbieters zu wählen, falls sie diese beherrscht. Andererseits verleiht ihr die Wahl ihrer Muttersprache einen kommunikativen Vorteil (Muttersprachvorteil) und damit auch ein Überlegenheitsgefühl; der Anbieter begibt sich in die kommunikativ schwächere Position, nimmt den „Fremdsprachnachteil" auf sich. Zudem lässt sich diese Sprachwahl schon für sich genommen, ungeachtet kommunikativer Vor- oder Nachteile, als Anerkennung der Sprache und Kultur der Kundin verstehen. Sie wirkt daher in doppelter Hinsicht als Pflege ihres positiven Gesichts.

Sharon Millar und Astrid Jensen (2009: 100) zitieren lebhafte Schilderungen solcher Einsichten von dänischen Geschäftsleuten, z.B.: „I think you experience no matter what country you come to that if you try to use the local language, perhaps with the exception of France, you get some kind of good will for it. That you bother to try in that broken Spanish even if it definitely sounds like something any professor at a Spanish university would be horrified at." Die Ausnahme Frankreich, so wird im Weiteren deutlich, besteht darin, dass man dort, wie

der Informant meint, nur gutes, nicht "gebrochenes" Französisch schätzt. Die Schilderung impliziert auch, dass es sich vor allem um die Begegnungssprache handelt, in der nicht auch über die Geschäfte verhandelt wird.

Die Gewährung des kommunikativen Vorteils auch bei den geschäftlichen Verhandlungen bezeugt natürlich besondere Höflichkeit, wenn sie nicht anders bedingt ist. Dass jedoch schon die Wahl der Muttersprache zur Begegnung als respektvolle Anerkennung wirkt, lässt sich unter Rückgriff wieder auf die Identitätstheorie erklären. Dabei wird häufig mit dem verschwommenen Terminus „sprachliche Identität" operiert. Gemeint ist damit in der Regel die zu Anfang dieses Kap. angesprochene Funktion der Muttersprache als Ausdruck der nationalen oder ethnischen Identität einer Person (Kap. E.1). Zwar ist die Wahl der Muttersprache einer Person in der Kommunikation mit ihr deshalb noch nicht in jedem Fall respektbezeugend, vor allem nicht bei einem generell ungünstigen Image ihrer Sprechergruppe. Die Wahl des Dialekts einer sozialen Gruppe mit geringem Prestige und damit die demonstrative Zuordnung des Kommunikationspartners zu dieser Gruppe kann sogar als boshafte Herabsetzung wirken. Ebenso lässt sich eine ganze Sprache oder ihre Standardvarietät in bestimmten Situationen herabwürdigend einsetzen (z.B. Deutsch zur Verunglimpfung des Kommunikationspartners als Nazi). Jedoch liegen solche Deutungen in den meisten Verkaufssituationen fern. Daher wirkt die Wahl der Muttersprache einer Kundin in aller Regel als respektvolle Anerkennung ihrer nationalen oder ethnischen Identität.

Diese Sprachwahl von Anbietern gegenüber Abnehmern dient der sprachlichen Höflichkeitsforschung gelegentlich sogar als Paradebeispiel (z.B. Ide 1982: 367). Ebenso empfehlen Verkaufsstrategen diese Sprachwahl: „Customers consider it a courtesy to be addressed by a foreign supplier in their own language." (*Hopper 5*, September/Oktober 1988: 16) Dementsprechend gehen kommunikative Missverständnisse aufgrund unterlassener Sprachanpassung zu Lasten des Anbieters. So war z.B. die Beibehaltung des Namens *Irish Mist* (deutsch ‚Irischer Nebel') für einen Whiskey-Kräuter-Likör aus Irland im deutschen Sprachgebiet ein Risiko, der Kunden abstoßen – vielleicht aus Neugier aber auch anlocken – konnte.

Das Bemühen um sprachliches Entgegenkommen der Anbieter belegt eine Befragung ausländischer Verkäufer und deutscher Einkäufer (n = 1.300). Italienische Verkäufer meldeten dabei sprachliche Verständigungsschwierigkeiten (79% der Befragten), aber auch französische (50%) und englische (49%), weniger dagegen schwedische (20%) – Letztere hatten sicher die besten Deutschkenntnisse. Dass die deutschen Einkäufer weniger zur sprachlichen Anpassung neigten als die ausländischen Verkäufer lässt sich daraus schließen, dass sie weniger Sprachschwierigkeiten wahrnehmen als ihre Partner: Vis-à-vis italienischen Verkäufern nur 29% der deutschen Einkäufer (umgekehrt 79%), gegenüber Franzosen 44% (umgekehrt 59%), gegenüber Engländern 27% (umgekehrt 49%) und gegenüber Schweden 7% (umgekehrt 20%) (Kutschker/ Kirsch 1979: 98-100). Allerdings bestand die sprachliche Anpassung der Verkäufer an die Einkäufer wohl kaum immer in der Wahl ihrer Muttersprache, sondern haben sich manche sicher mit dem partiellen Entgegenkommen durch eine Lingua franca begnügt – zweifellos meist Englisch (dazu Haberland 2013: 836).

Auch die Wahl einer Lingua franca ist prinzipiell höflicher als die der eigenen Sprache, wenngleich weniger als der Muttersprache des Adressaten. Dabei verzichten die Sprecher nämlich ebenfalls auf den Muttersprachvorteil und pflegen so – wenn auch abgeschwächt – das positive Gesicht des Gegenübers. Allerdings gelingt die Gesichtspflege nur, wenn der Adressat die Lingua franca hinreichend beherrscht. Dabei spielt es zunächst keine Rolle, welchen internationalen Rang diese Lingua franca hat. Allerdings sind beidseitige Sprachkenntnisse bei einer internationalen Sprache höheren Ranges wahrscheinlicher, besonders bei Englisch. Daher ist die Wahl von Englisch gewissermaßen der Normalfall. Dennoch ist sie nicht in jedem Fall höflich. Sie ist dann sogar besonders gesichtsverletzend, wenn die AdressatIn – wider die Regel – über keine ausreichenden Kenntnisse verfügt. Sie wird dadurch nämlich bloßgestellt als jemand, dem es an moderner Sprachbildung mangelt.

Dementsprechend changiert auch die Bewertung der heute schon fast automatischen Wahl des Englischen seitens seiner Muttersprachler. Einerseits wird ihnen diese Wahl und damit der Muttersprachvorteil nachgesehen, weil Englischkenntnisse fast schon als selbstverständlich gelten. Andererseits wird jedoch die unverblümte derartige Erwartung unter Umständen auch als arrogant und unhöflich empfunden, so dass ihre ansonsten weitgehende Akzeptanz umkippen kann in Ablehnung.

Sieht man von diesen – wenn auch nicht unbedingt seltenen – Grenzfällen ab, so gilt gleichwohl, dass die Wahl einer Sprache bei internationalen Kontakten als umso normaler (oder natürlicher) und damit auch akzeptabler gilt, je bedeutender ihre internationale Stellung ist. Dies gilt gerade auch für die eigentlich unhöflichste Variante der Sprachwahl, nämlich der eigenen Muttersprache. Wenn diese Einschätzung zutrifft, dann veranschlagen viele deutsche Geschäftsleute und Betriebe den Internationalitätsgrad der deutschen Sprache anscheinend als ausgesprochen gering. Diesen Schluss legt jedenfalls Marina Vollstedts (2005: 266) Resümee ihrer Befragung schleswig-holsteinischer kleiner und mittlerer Unternehmen nahe: „Die große Mehrzahl der Befragten sieht Deutsch [...] offenbar nicht als eine ernst zu nehmende Option in der internationalen Geschäftskommunikation an: ‚Deutsch ist keine Sprache, mit der man auftreten kann, auch nicht als Käufer' – so ein Befragter." Allerdings gibt es Hinweise darauf, dass Deutsch von deutscher Seite bisweilen geringer geachtet wird als seitens ausländischer Partner. So kann man z.B. den Befund von Carola Bleich (2005: 281, auch 282) bei einer Befragung zur Sprachwahl in deutsch-schwedischen Wirtschaftskontakten verstehen: „Die schwedischen Unternehmen stufen durchweg bei allen Aktivitäten Deutschkenntnisse als wichtiger ein als die deutschen Unternehmen [...]".

Als übergreifende, vereinfachte Regel entspricht jedoch bei internationalen (und interlingualen) Kontakten folgende Sprachwahl in abnehmendem Maße dem Motto „Der Kunde ist König":

1) am vollkommensten die Muttersprache des Kunden,
2) etwas weniger eine Lingua franca,
3) noch weniger die Muttersprache des Anbieters.

Voraussetzung ist bei 2) und 3), dass der Kunde die Sprache hinreichend beherrscht; andernfalls ist die Sprachwahl – der fortdauernde Gebrauch auch nach Feststellung unzureichender Kenntnisse beim Adressaten – grob unhöflich. Außerdem wirken 2) oder 3) umso normaler (natürlicher), je mehr es sich um eine bedeutende internationale Sprache handelt.

Weitere Differenzierungen wären hinzuzufügen. Ist die Muttersprache des Kunden eine ethnische Sprache, die nicht Amtssprache seines Staates ist, so gilt ihre Wahl meist als noch höflicher als die Wahl der Amtssprache; sie wird allerdings bei kleiner Sprachgemeinschaft kaum je ernsthaft erwartet. In besonderen Fällen kann jedoch auch die Amtssprache höflicher wirken als die Muttersprache. Ein mögliches Beispiel ist das Elsass, wo sogar manche Sprecher des örtlichen Dialekts lieber auf Französisch als auf Deutsch (oder sogar als im ganz ähnlichen alemannischen oder südrheinfränkischen Dialekt Deutschlands oder der Schweiz) angesprochen werden, weil sie sich andernfalls grenzüberschreitend vereinnahmt fühlen (vgl. Kap. E.4.3).

Allerdings hängen die Höflichkeitsregeln – wie schon zu Anfang des Kap. angedeutet – auch von den Marktbedingungen ab, vom Verhältnis von Angebot zu Nachfrage. Dieses kann variieren vom reichlichen Warenangebot und Konkurrenz unter den Anbietern (höchstes Höflichkeitsgebot) bis hin zur Knappheit begehrter Waren und Konkurrenz unter den Abnehmern (geringes Höflichkeitsgebot). Im letzten Fall reicht die sprachliche Höflichkeit der Anbieter selten weiter als bis zur Lingua franca: „To be sure, there are also markets in which a lingua franca is used by all participants, especially oligopolistic markets such as the crude oil or grain markets." (Coulmas 1992: 166) Bei Warenmangel kann sich das Höflichkeitsgebot zwischen Anbietern und Kunden sogar umkehren: Erstere werden zu Königen, denen Letztere höflich begegnen.

Auseinander zu halten sind auch mindestens zwei Phasen des Kontakts:

a) Begegnungsphase, in der vielleicht auch erst die Sprachkenntnisse erkundet werden;
b) Arbeitsphase, in der das eigentliche Geschäft ausgehandelt wird.

In der Begegnungsphase herrscht meist größere Sensibilität bezüglich Identität und Höflichkeit als in der Arbeitsphase. Darauf wird oft Rücksicht genommen in Form von symbolischer Verwendung der Sprache des Partners, mit Gruß und sonstigen Kontaktformeln (Entschuldigungen, Prosit-Wünsche und dgl.). In der Arbeitsphase sieht man dann von solchen Rücksichten ab und bedient sich aus praktischen Gründen der beiderseits best beherrschten oder zumindest einer ausreichend vertrauten Sprache.

Wenn auch die Wahl einer Sprache höheren internationalen Ranges zunächst einmal natürlicher ist als die einer Sprache niedrigeren internationalen Ranges, so sind doch wichtige Sonderfälle zu beachten. So gibt es Geschäftspartner, auch Kunden, die sich mit großem Aufwand Kenntnisse einer weniger verbreiteten Sprache angeeignet haben. Auf diese Kenntnisse sind sie – zu Recht – stolz und möchten sie weiter pflegen. Ob dieser Fall vorliegt, lässt sich in der Begegnungsphase eruieren. Wenn dem so ist, dann kann die Wahl gerade dieser Sprache höflicher sein als die Wahl jeder anderen, denn sie verbürgt den höchsten Grad der durch Sprachwahl möglichen Anerkennung (Pflege des positiven Gesichts) und bietet dem Partner zudem Gelegenheit zum weiteren Aufbau dieser speziellen Qualifikation oder – in den Worten Bourdieus – seines „kulturellen Kapitals". Diese Möglichkeit wird offenbar im Falle der deutschen Sprache oft vergessen. Harald Weyth (2004) und Si-Ho Chong (2006) schildern Beispiele der Verweigerung des Deutschsprechens durch Deutschsprachige, darunter deutsche Wirtschaftsführer und Spitzenpolitiker, die von Kennern und Lernern von Deutsch als Fremdsprache (DaF) nicht nur als entmutigend, sondern als geradezu beleidigend empfunden wurden. Allerdings ist die Empfindlichkeit in dieser Hinsicht nicht unbedingt am größten bei Handelspartnern, sondern bei Lehrern und Dozenten von DaF, deren berufliche Existenz am Lernen von DaF hängt.

Personen mit Kenntnissen von DaF neigen unter Umständen aber auch zu einer ambivalenten Haltung bezüglich Deutschgebrauchs mit Muttersprachlern, sei es im Gespräch oder in schriftlicher Kommunikation. Sie können sich anerkannt fühlen für ihre – zweifellos große – Lern- und Kommunikationsleistung (Pflege ihres positiven Gesichts); unter Umständen fühlen sie sich aber auch benachteiligt wegen des Muttersprachvorteils der Kommunikationspartner (Verletzung des positiven Gesichts). Daher ist seitens der Muttersprachler größte Behutsamkeit geboten. Sie setzt voraus, dass sich die Muttersprachler der sprachlichen Asymmetrie bewusst sind. Nur dann können sie sich gezielt darum bemühen, die sprachliche Leistung ihrer Kommunikationspartner zu würdigen, und diese Würdigung auch angemessen zum Ausdruck bringen. Ich möchte hier nicht verschweigen, dass ich stattdessen zu meinem Leidwesen immer wieder Sensibilitätsmangel und Arroganz deutscher Muttersprachler, gerade auch Akademiker, gegenüber DaFlern erlebt habe.

Außer den für die Sprachwahl in der Fachwelt weitgehend anerkannten Faktoren A) Identität und B) Höflichkeit möchte ich noch einen weiteren Faktor zu Bedenken geben, der die Sprachwahl bei internationalen Wirtschaftskontakten beeinflussen kann. Wie die Faktoren A) und B) kann dieser Faktor auch eine Rolle spielen bei der Sprachwahl in anderen Handlungsfeldern, besonders in Wissenschaft und Politik (Kap. G und H). Es handelt sich bei diesem Faktor C) um das soziolinguistische Wissen einer Person, und zwar das Wissen a) um die Vorteile einer bedeutenden internationalen Stellung der eigenen Sprache, die Vorteile für sich selbst und für die eigene Sprachgemeinschaft, und b) um die stellungsstärkende Wirkung des Gebrauchs der eigenen Sprache. Man darf annehmen, dass eine Person, die um diese Zusammenhänge weiß, sich bei der Sprachwahl in bestimmten Situationen anders verhält als eine Person, die davon keine Ahnung hat.

Allerdings befinden sich die Personen, die über diese Zusammenhänge Bescheid wissen, in manchen Situationen im „Gefangenendilemma" der Spieltheorie, auf das ich mich in diesem Buch verschiedentlich beziehe (vor allem in Kap. A.2). Sie handeln nämlich einzeln und nicht in Koordination mit ihren „Sprachgemeinschaftsgenossen", die im selben Dilemma stecken. Könnten sie sich unter einander abstimmen und auf die Absprache vertrauen, so würden sie sich vermutlich in manchen Situationen anders verhalten. Sie würden vor allem eher die eigene Sprache zur Kommunikation wählen, sogar bei einem gewissen Risiko, dass sie dabei des maximalen Augenblicksvorteils verlustig gehen könnten, weil ihr Gesprächspartner diese Sprachwahl vielleicht als nicht ganz höflich empfindet. Dies würden sie jedoch vielleicht riskieren, um die internationale Stellung der eigenen Sprache zu stärken, weil dies auf längere Sicht für sie selbst vorteilhaft wäre. Da sie sich aber nicht abstimmen können, müssen sie fürchten, von den eigenen, mit ihnen wirtschaftlich konkurrierenden „Sprachgemeinschaftsgenossen" ausgebootet zu werden. Die von einander isolierten Konkurrenten neigen um der Augenblicksvorteile willen zum Verzicht auf die eigene Sprache. Der durch viele derartige Einzelentscheidungen eintretende massenhafte Verzicht auf den Gebrauch der eigenen Sprache schwächt dann deren internationale Stellung – zum Nachteil der ganzen Sprachgemeinschaft.

Ich gebe auch dazu noch eine Einschränkung zu bedenken. Zwar wird die Stellung der eigenen Sprache durch den geschilderten Mechanismus geschwächt. Jedoch sind die Folgen für die betreffende Sprachgemeinschaft auf lange Sicht nicht unbedingt allgemein nachteilig, vor allem nicht für alle Angehörigen. Sie könnten wirtschaftlich mit der Zeit sogar vorteilhaft sein. Diese Möglichkeit legt ganz allgemein schon die Auffassung von Adam Smith oder des wirtschaftlichen Liberalismus nahe, die – simplifiziert – lautet, dass es letztlich für alle Mitglieder einer Gemeinschaft vorteilhaft sei, wenn jedes Mitglied nach dem persönlich größten Vorteil strebt (vgl. Kap. A.2). Allerdings widerspricht dem die – hier ebenfalls verkürzte – gewissermaßen sozialistische Gegenposition, wonach die ungehemmte Verfolgung des Einzelvorteils für die Allgemeinheit oder sonstige Angehörigen der Gemeinschaft abträglich ist. Gemeint wäre hiermit selbstverständlich die Sprachgemeinschaft oder auch die Nation mit der betreffenden staatlichen Amtssprache oder vorherrschenden Muttersprache. Die Verfolgung des Einzelvorteils würde im vorliegenden Fall zur weiteren Schwächung der internationalen Stellung der deutschen Sprache führen und – komplementär dazu – zur verstärkten Umstellung auf die englische Sprache, vor allem für die internationale Kommunikation. Wäre dies für die deutsche Sprachgemeinschaft aufs Ganze gesehen ein Nachteil oder ein Vorteil? Für welche Teile, und in welcher Hinsicht? Diese Frage stellt sich im vorliegenden Buch an verschiedenen Stellen. Eine fundierte Antwort muss ich aber letztlich anderen, fachlich kompetenteren Personen überlassen.

3. Korrespondenzsprachen deutscher Unternehmen

Für die Sprachwahl von Firmen in den Außenkontakten haben sich zum Teil staatenspezifische Gepflogenheiten herausgebildet. Sie können sich zu Erwartungen oder Normen verfestigen, so dass sogar die Wahl der eigenen Sprache des Anbieters, auch wenn sie für den Abnehmer eine Fremdsprache ist, nicht unbedingt als Zumutung empfunden wird. Dies gilt z.B. in vielen Fällen für die Wahl von Englisch seitens angelsächsischer Firmen. Ziemlich unproblematisch ist es, wenn das kontaktierte Unternehmen sowieso über die betreffenden Sprachkenntnisse verfügt. Andernfalls bestehen verschiedene Möglichkeiten: Das Unternehmen kann sich die betreffenden Fremdsprachenkenntnisse zulegen – je nach vermuteter Dauerhaftigkeit der Geschäftsbeziehungen durch Anstellung sprachkundigen Personals, durch Personalschulung oder durch Kauf von Sprachdiensten. Es kann aber auch auf eine

Lingua franca, meist Englisch, ausweichen oder – etwas brüsk und unhöflich – mit der eigenen Sprache kontern.

Den Stand dieser Gepflogenheiten erhebt – soweit relevant für deutsche Firmen – von Zeit zu Zeit die Handelskammer Hamburg. Die Veröffentlichung dient den international operierenden deutschen Unternehmen zur Orientierung und geeigneten Sprachwahl. Von besonderer Bedeutung sind dabei die so genannten „Korrespondenzsprachen", neben länderspezifischen Sprachvorschriften für Warenbezeichnungen, Garantiescheine oder Verpackungsbeschriftungen. Diese Korrespondenzsprachen, die sich in erster Linie auf den Schriftverkehr, teilweise aber auch auf den mündlichen Verkehr der deutschen Unternehmen mit ausländischen Partnern beziehen, sind für 180 Staaten (Deutschland eingeschlossen) veröffentlicht im *Export-Nachschlagewerk „K und M" – Konsulats- und Mustervorschriften* (Handelskammer Hamburg 2005). Über wichtige Aspekte ihrer Definition und Erhebung erhielt ich dankenswerte Auskunft von Ulrich Baar, dem zuständigen Bearbeitung dieses Bereichs bei der Handelskammer Hamburg (von dem die nicht anderweitig gekennzeichneten, folgenden Zitate stammen). Danach gelten die Korrespondenzsprachen in beide Richtungen, d.h. auch Unternehmen des betreffenden Staates wählen sie „in der Regel" im Kontakt mit deutschen Partnern.

Nach Baars Einschätzung wird jedoch „Deutsch vom Ausland her seltener gewählt als von deutscher Seite." Dies widerspricht allerdings Befragungsergebnissen Sonja Vandermeerens (1998; Kap. F.5). Vielleicht haben die ausländischen Firmen bei ihren Angaben gegenüber Vandermeeren die Häufigkeit der Wahl von Deutsch überschätzt, oder die deutschen Unternehmen haben ihre Wahlhäufigkeit der Fremdsprache unterschätzt, oder die von Vandermeeren gefundene häufigere Verwendung von Deutsch stimmt und wird von der Handelskammer Hamburg nicht wahrgenommen. Nach Baars Einschätzung jedenfalls „gelten diese Korrespondenzsprachen gleichermaßen, ob man *verkaufen* oder *einkaufen* will" (Hervorhebung U.A.!). Dies ist wiederum nicht vereinbar ist mit der theoretisch plausiblen und empirisch in Ansätzen bestätigten größeren sprachlichen Anpassungsbereitschaft von Anbietern an die Abnehmer (Kap. F.2).

Im Falle mehrerer Korrespondenzsprachen sind sie im *Export-Nachschlagewerk „K und M"* (Handelskammer Hamburg 2005) meist, aber nicht immer alphabetisch geordnet. Die alphabetische Reihenfolge bedeutet nicht unbedingt Gleichrangigkeit, wohl aber „bedeutet eine vom Alphabet abweichende Reihenfolge eine dementsprechende Rangordnung (Platz 1 = bestgeeignete Sprache usw.)". Das damit vereinzelt angezeigte länderspezifisch unterschiedliche Gewicht der Sprachen wurde nicht in die Tab. F.3-1 und F.3-2 eingearbeitet.

Für die Korrespondenzsprachen in der hier zugrunde liegenden 36. Aufl. (2005) wird beansprucht, dass sie in keinem Fall eine bloße „Fortschreibung der Angaben in der vorausgehenden Auflage" sind, sondern für jeden Staat neu ermittelt wurden. Informationsquellen waren allerdings nicht die „Firmen, die Erfahrungen mit dem betr. Land haben", sondern jeweils „die Auslandshandelskammern". Hinzu kamen Befragungen von „Botschaften, Konsulaten, Wirtschaftsverbänden. Zum Teil nationale Vorgaben (Auswertung von [...] vorliegenden Vorschriften, z.B. über die Warenmarkierung)" und die „Auswertung von div[ersen] Publikationen, z.B. der Monatszeitschriften der Auslandshandelskammern. Zu beachten sind auch die Gesetze über die Verwendung der einheimischen Sprache (der arabischen, der polnischen, der französischen Sprache usw.). Unabhängig von der Korrespondenzsprache wird dann bei der Warenbezeichnung, beim Garantieschein oder der Verpackung die zu verwendende Sprache bestimmt." Die zuletzt genannten Angaben zu den gesetzlichen Bestimmungen habe ich nicht im Einzelnen ausgewertet.

Tab. F.3-1 enthält alle Staaten, insgesamt 37, mit deren Unternehmen deutsche Unternehmen auf Deutsch korrespondieren können. Jedoch ist nur im Falle von Österreich Deutsch die einzige Korrespondenzsprache. Ich spreche von *Solo-Korrespondenzsprache*, andernfalls von *Ko-Korrespondenzsprache*. Liechtenstein, wofür Deutsch sicher ebenfalls Solo-Korrespondenzsprache ist, fehlt in der Quelle – ebenso wie manche sonstige kleine Staaten. Alle Veränderungen gegenüber der vorausgehenden Auflage (1989) sind markiert.

Die Zahl der Staaten für Deutsch hat sich seit der Ausgabe von 1989 um 10 erhöht, was allerdings ausschließlich auf die Entstehung neuer Staaten in Ost- und Südosteuropa zurückzuführen ist, die früher Teil der UdSSR, Jugoslawiens oder der Tschechoslowakei waren. In Wirklichkeit ist der Anwendungsbereich von Deutsch eher geschrumpft, da Island, Israel und die Türkei weggefallen sind. Dieser Verlust mag angesichts der Gesamtzahl der auf Deutsch zugänglichen Staaten gering erscheinen. Er beläuft sich aber immerhin auf 7,5% der Staaten (bei der Zahl 40, einschließlich der verlorenen Staaten, als Basis der Prozentuierung). Zudem sind die drei verlorenen Staaten nicht unbedeutend, sei es wegen traditionell enger wirtschaftlicher und politischer Beziehungen zu Deutschland (alle drei) oder ihrer Größe (Türkei). Zum Teil erwecken die Staatsnamen auch ungute Erinnerungen, wie Israel, aufgrund der Geschichte, oder Island, wegen der dortigen Schließung des Goethe-Instituts 1998 und auch noch des Goethe-Zentrums 2006. Vor allem aber liegen sie in der Linie einer für die internationale Stellung der deutschen Sprache längerfristig bedrohlichen Entwicklung, nämlich die Ersetzung von Deutsch durch Englisch oder durch die örtliche Amtssprache für die internationale Kommunikation. In allen drei Fällen ist Englisch als Korrespondenzsprache der deutschen Wirtschaft genannt und im Falle von Island und der Türkei zusätzlich jeweils die eigene Sprache (Isländisch bzw. Türkisch).

Europa			Außerhalb Europas
Albanien	(Jugoslawien)	Schweden	A m e r i k a
*Andorra	*Kroatien	Schweiz	Chile ("evtl.")
*Armenien	*Lettland	*Serbien und Montenegro	
*Belarus	*Litauen	*Slowakische Republik	A f r i k a
Belgien	Luxemburg	*Slowenien	Namibia
*Bosnien-Herzegowina	*Mazedonien	*Tschechische Republik	
	*Moldau	(Tschechoslowakei)	N a h o s t
Bulgarien	Niederlande	(UdSSR)	(Israel)
Dänemark	Norwegen	*Ukraine	
*Estland	Österreich	Ungarn	A s i e n u n d
Finnland	Polen	(Türkei)	O z e a n i e n
Griechenland	Rumänien		(Afghanistan)
(Island)	*Russland		*Aserbaidschan
Italien			*Kasachstan
			Mongolei

* = neu, 1989 nicht genannt; (...) = getilgt, 1989 noch genannt

Tab. F.3-1: Staaten mit Deutsch als Korrespondenzsprache für den deutschen Handel in den Jahren 2005 und 1989 (nach Handelskammer Hamburg 2005; 1989)

Die Erweiterung der Korrespondenzsprachen der deutschen Wirtschaft um diese und zahlreiche andere Sprachen – um 17 in den 16 Jahren zwischen den beiden Auflagen (Tab. F.3-2) – spiegelt einen Aspekt der Sprachenpolitik der deutschen Wirtschaft wider, den eine Untersuchung des Instituts der deutschen Wirtschaft schon durch den Titel, „Vorsprung durch Fremdsprachentraining", hervorhebt (Schöpper-Grabe/ Weiß 1998 – siehe Kap.F.5). Ein im vorliegenden Zusammenhang aufschlussreicher Befund war dabei, dass die deutschen Unternehmen ihre Fremdsprachenkenntnisse erweitern, um ausländische Märkte besser zu erschließen. Allerdings können diese Bemühungen indirekt die internationale Stellung der deutschen Sprache schwächen (vgl. Kap. F.2, gegen Ende) – eine Nebenwirkung, die wohl kaum erwünscht, aber womöglich nicht bedacht ist. Die Verwendung der deutschen Sprache erübrigt sich nämlich, soweit sich die deutschen Unternehmen sprachlich an ihre Partner anpassen. Selbstverständlich erübrigt sie sich auch im Falle der Verwendung von Englisch.

Ansonsten hat sich die Verbreitung von Deutsch als Korrespondenzsprache gegenüber der vorigen Auflage (1989) wenig verändert, wenn man anstelle der früheren UdSSR und Jugoslawiens die dort entstandenen Staaten nimmt. Auffällig bleibt, dass Deutsch in Ost- und Südosteuropa sowie im nördlichen

Asien fast allgemein anwendbar ist (vgl. allerdings Kap. F.5), sich seine Reichweite darin aber auch weitgehend erschöpft. Die großen außereuropäischen Wirtschaftszentren Nordamerika sowie östliches und südliches Asien sind – nach Maßgabe dieser Quelle – nicht über die deutsche Sprache zugänglich. In ganz Afrika ist es nur Namibia, und in ganz Lateinamerika nur Chile, das mit der Einschränkung „evtl." versehen ist. Selbst in Europa ist Deutsch für wirtschaftlich so wichtige Staaten wie Frankreich, Großbritannien und Spanien keine Korrespondenzsprache. Karte F.3-1 gibt einen weltweiten Überblick.

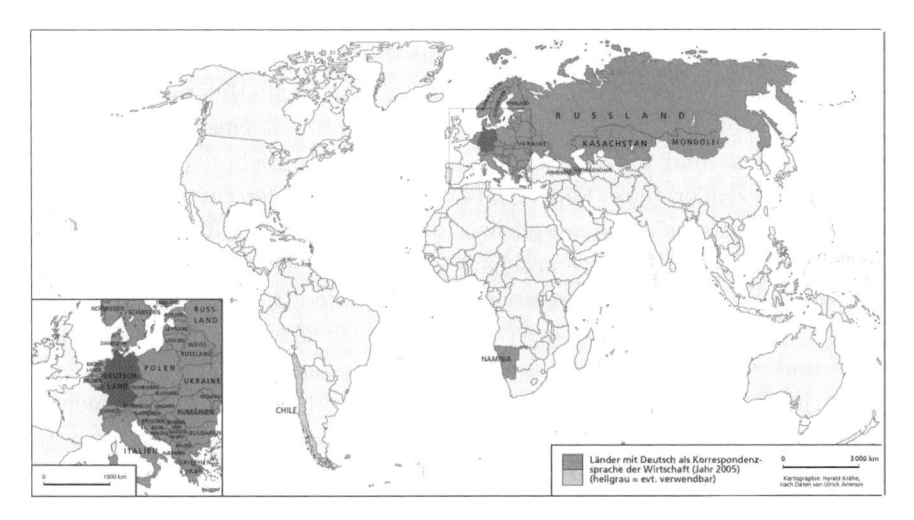

Karte F.3-1: Staaten mit der Korrespondenzsprache Deutsch für die deutsche Wirtschaft 2005 (nach Handelskammer Hamburg 2005)

Für die Einschätzung sollte man nicht vergessen, dass es sich um Leitlinien speziell für die deutsche Wirtschaft handelt. Vermutlich kann z.B. eine britische Firma mit einer österreichischen Firma ziemlich problemlos auf Englisch korrespondieren, auch als Anbieter, obwohl das *Export-Nachschlagewerk „K und M"* (Handelskammer Hamburg 2005) für Österreich Deutsch als alleinige Korrespondenzsprache nennt – was für Unternehmen aus Deutschland sicher auch die in aller Regel angemessene Sprachwahl ist. Wieweit die angegebenen Korrespondenzsprachen speziell auf Deutschland bezogen sind, ließe sich nur durch die Auswertung entsprechender Quellen auch für andere Staaten ermitteln. So aufschlussreich eine solche Auswertung für die internationale Stellung der großen Sprachen in der Wirtschaft wäre, bleibt sie vorläufig Desiderat.

Allerdings ist die Vermutung nicht abwegig, dass eine derart umfassende Analyse bezüglich des Verhältnisses von Deutsch zu anderen Sprachen kein völlig andersartiges Bild ergäbe. Dies liegt nahe, weil in der vorliegenden Quelle bei vielen Staaten auch Sprachen genannt sind, die für die Kontakte deutscher Unternehmen (wofür die Quelle ja bestimmt ist) nur eine periphere Rolle spielen dürften, wie für Albanien außer Englisch und Deutsch auch Italienisch und Französisch ((noch?) nicht Albanisch!) oder für Litauen außer Englisch, Litauisch und Deutsch auch Russisch. Diese Angaben indizieren das Bemühen des Bearbeiters um umfassende, nicht allein für deutsche Unternehmen relevante Informationen über die Korrespondenzsprachen einzelner Staaten.

Aufschlussreich wäre auch eine globale Untersuchung, welcher Anteil und welche Art der Korrespondenz deutscher Unternehmen mit Unternehmen nichtdeutschsprachiger Länder tatsächlich deutschsprachig ist, einschließlich Angaben, inwieweit und unter welchen Bedingungen die nicht-deutschsprachige Seite dies akzeptiert (dazu Kap. F.5). Dabei könnten Länder, für die Deutsch als Korrespondenzsprache gilt, verglichen werden mit solchen, für die dies nicht gilt. Damit ließe sich die Trennschärfe zwischen beiden Typen von Ländern prüfen. Denn sicher wird vereinzelt auch mit Unternehmen in Ländern wie, sagen wir, Portugal oder Brasilien (wofür Deutsch in keiner der beiden Auflagen 1989 und 2005 Korrespondenzsprache ist) oder Island oder Türkei (wofür Deutsch den Status neuerdings eingebüßt hat) auf Deutsch korrespondiert. Umgekehrt gibt es Belege dafür, dass deutsche Unternehmen auch bei Ländern mit Deutsch als Korrespondenzsprache zur Verwendung von Englisch neigen (Kap. F.5). Wichtig wären vor allem Informationen über laufende Verschiebungen im Gebrauch von Deutsch.

Vermutlich sehen sich heute noch Unternehmen gelegentlich in ähnlicher Lage wie um 1990 das Handelsunternehmen für Kosmetik und Lebensmittel KMS GmbH (Mönchengladbach, damals 90 Mitarbeiter), dem Englisch als Korrespondenzsprache mit seinem polnischen Geschäftspartner (150 Mitarbeiter) willkommen gewesen wäre, hätte dieser nicht anstandslos Deutsch akzeptiert. Der Geschäftsführer von KMS, Werner Scholten (dem ich diese Information verdanke), kommentierte dies in einem Schreiben an mich (1990) folgendermaßen: „Klüger [seitens des polnischen Partners! U.A.] wäre sicherlich die Anstellung einer englischsprachigen Korrespondentin [gewesen]; unser Geschäftspartner hat aber von sich aus eine deutschsprachige Mitarbeiterin eingestellt." KMS verfügte nämlich schon über die Korrespondenzfähigkeit in Englisch, das schon in den Geschäftsbeziehungen mit „EG-Staaten, Hongkong, Korea, Taiwan, Japan, USA, Schweden [...] (schriftlich und mündlich)" angewandt wurde. Ausschlag gebend für das sprachliche Entgegenkommen des polnischen Partners war wohl, dass er zum Zeitpunkt der Kontaktnahme über keinerlei fremdsprachliche Korrespondenzfähigkeit verfügte, auch keine englischsprachige, und dass seitens der KMS die „erste Kontaktaufnahme mit dem polnischen Partner auf Deutsch" stattfand. Dieser war zunächst genötigt, auf Polnisch zu antworten, worauf die KMS nicht eingerichtet war. „Unser Mittelsmann in Polen empfahl dann unserem neuen Geschäftspartner die Anstellung einer deutschsprachigen Mitarbeiterin."

Deutsch war somit zunächst die einzige Fremdsprache, über die der polnische Betrieb verfügte und die er vermutlich dann weiter zu nutzen suchte. Dieses Beispiel verrät auch, wie prägend die Sprachwahl beim ersten Kontakt sein kann. Die spätere Sprachumstellung ist allerdings nie auszuschließen, vor allem wenn sie von der Gegenseite anstandslos hingenommen wird. Wenn die Wirtschaftskontakte mit englischsprachigen Staaten später Englischkenntnisse erfordern, wird vielleicht versucht, diese auch gegenüber deutschen Unternehmen zu nutzen und die Deutschkenntnisse mit der Zeit einzusparen.

Tab. F.3-2 enthält alle Korrespondenzsprachen für die deutsche Wirtschaft, geordnet nach der Häufigkeit der Staaten. Gegenüber 1989 hat sich ihre Zahl fast verdoppelt, von 18 auf 35. Für über zwei Drittel davon, 24, wird nur ein einziger Staat genannt, weshalb sich insgesamt nur 12 Rangplätze ergeben. Englisch und – mit einigem Abstand – auch Französisch und Spanisch überragen deutlich alle anderen Sprachen. Sie sind – im Gegensatz zu den gleichfalls zahlenstarken Sprachen Russisch, Arabisch und Portugiesisch – auch häufig Solo-Korrespondenzsprachen. Betriebe, die mit den betreffenden Staaten Wirtschaftsbeziehungen unterhalten, können also nicht auf andere Sprachen ausweichen – zumindest nicht, darf man annehmen, wenn sie sich in der Rolle des Anbieters befinden.

Englisch hat vermutlich noch größeres Gewicht als Tab. F.3-2 anzeigt, denn es ist Solo-Korrespondenzsprache für die Wirtschaftsgiganten USA und Japan, aber auch für Großbritannien und Indien sowie Ko-Korrespondenzsprache für China. Außerdem ist anzunehmen, dass Englisch als Ko-Korrespondenzsprache besonders intensiv genutzt wird. Es ist auch häufig Lingua franca, also Fremdsprache für beide Seiten, allerdings dann meist nur Ko-Korrespondenzsprache.

Erstaunlich ist, dass Englisch auch Solo-Korrespondenzsprache ist für Japan und dass dessen Sprache unter den Korrespondenzsprachen der deutschen Wirtschaft gänzlich fehlt (Handelskammer Hamburg 2005: 285), obwohl sie doch inzwischen recht häufig an deutschen Hochschulen und vereinzelt auch Schulen gelernt wird.

	Solo- oder Ko-Korrespondenzsprache	Solo-Korrespondenzsprache	Ko-Korrespondenzsprache
1. Englisch	137 (122)	52 (64)	85 (58)
2. Französisch	58 (57)	18 (25)	40 (32)
3. Deutsch	37 (26)	1 (1)	36 (25)
4. Spanisch	28 (26)	16 (17)	12 (9)
5. Russisch	23 (1)	0 (0)	23 (1)
6. Arabisch	17 (12)	0 (0)	17 (12)
7. Portugiesisch	13 (8)	0 (0)	13
8. Italienisch	9 (4)	0 (0)	9 (4)
9. Niederländisch	7 (8)	0 (0)	7 (8)
10. *Chinesisch	3	0	3
11. *Kroatisch	2	0	2
12. Bahasa Indonesia	1 (1)	0 (0)	1 (1)
*Belarussisch	1	0	1
Dänisch	1 (1)	0 (0)	1 (1)
Finnisch	1 (1)	0 (0)	1 (1)
*Estnisch	1	0	1
*Georgisch	1	0	1
*Griechisch	1	0	1
*Isländisch	1	0	1
*Lettisch	1	0	1
*Litauisch	1	0	1
*Malayisch	1	0	1
Norwegisch	1 (1)	0 (0)	1 (1)
*Philippinisch	1	0	1
*Persisch	1	0	1
Polnisch	1 (1)	0 (0)	1 (1)
*Rumänisch	1	0	1
*Schwedisch	1 (1)	0 (0)	1 (1)
*Slowakisch	1	0	1
Slowenisch	1 (1)	0 (0)	1 (1)
Tschechisch	1 (1)	0 (0)	1 (1)
*Türkisch	1	0	1
*Ukrainisch	1	0	1
*Ungarisch	1	0	1
*Usbekisch	1	0	1

* = neu; Zahlen von 1989 in Klammern

Tab. F.3-2: Korrespondenzsprachen für die Unternehmen Deutschlands mit Zahl der Länder 2005 außerhalb Klammern und 1989 in Klammern (nach Handelskammer Hamburg 2005; 1989)

Dass demgegenüber Sprachen wie Estnisch oder Usbekisch zu den Korrespondenzsprachen der deutschen Wirtschaft zählen, erscheint mir mit schlechten Englischkenntnissen oder der Abneigung gegen das Russische vor Ort oder auch schlechten Russischkenntnissen auf deutscher Seite nur unzureichend erklärt.

Französisch ist bedeutsam als Solo-Korrespondenzsprache für Frankreich, einem besonders wichtigen Wirtschaftspartner Deutschlands (Rang 1 Exporte aus Deutschland, Rang 3 Importe nach Deutschland im Jahr 2011; *Fischer Weltalmanach 2013*: 97). Allerdings fällt beim Vergleich mit Englisch auf, dass Französisch nur dann Solo-Korrespondenzsprache ist, wenn es zugleich den Status einer nationalen Amtssprache hat und vorrangige Muttersprache zumindest der Führungsschicht des Staates ist. Es ist also in geringerem Maße echte Lingua franca als Englisch. Spanisch wie auch Deutsch gleichen in dieser Hinsicht dem Französischen. Inwieweit Deutsch in der Rangordnung von Tab. F.3-2 – wegen der Fokussierung auf Deutschland – als internationale Korrespondenzsprache der Wirtschaft überschätzt ist, muss hier offen bleiben.

4. Sprachen der deutschen Auslandshandelskammern

Die Auslandsbeziehungen der gewerblichen Wirtschaft werden zu erheblichen Teilen vermittelt durch die Auslandshandelskammern. Die ersten Auslandshandelskammern deutschsprachiger Länder entstanden schon vor über 100 Jahren, als erste die Österreichisch-Ungarische Handelskammer in Konstantinopel. Die erste Auslandshandelskammer des Deutschen Reichs wurde 1894 in Brüssel gegründet (*Der Große Brockhaus*, 1954, Bd. 5: 670), der dann bald weitere folgten. In dieser Tradition stehen die heutigen Auslandshandelskammern Deutschlands.

Im Jahr 2006, worauf sich die Zahlen im Fortgang dieses Kap. beziehen, gab es in 90 Staaten einschließlich Staatengruppen (z.B. Zentral-Amerika, Südliches Afrika) deutsche Auslandshandelskammern und Büros von Delegierten und Repräsentanten, wobei 4 dieser Staaten über Nachbarstaaten betreut wurden (z.B. Luxemburg über Belgien, Sudan über Ägypten). Damit war die ganze Welt ziemlich gut abgedeckt. Auffällige Lücken klafften lediglich in Schwarzafrika. Dort bestanden damals nur 3 deutsche Auslandshandelskammern (Nigeria, Südliches Afrika, Westafrika), zu denen bis zum Jahr 2013 jedoch 3 weitere hinzu kamen (Angola, Ghana, Kenia) (ahk.de/ahk-standorte/ – abgerufen 24.08.2013. Ebd. auch eine etwas andere Verteilung als 2006, nämlich „120 Standorte in 80 Ländern"). Im nördlichen, arabischen Afrika gab es 2006 immerhin 6 Auslandshandelskammer (Algerien, Ägypten, Libyen, Marokko, Sudan – über Ägypten, Tunesien), denen sich weitere in den arabischen Staaten des Mittleren Ostens anschlossen. Gegenüber den Zeiten vor dem Zusammenbruch der UdSSR und Jugoslawiens fielen vor allem die neuen Kammern in fast allen Nachfolgestaaten und auch in China (Vertretung in 4 Städten) und Vietnam (2 Städte) auf. Auch ansonsten gab es in den großen Staaten meist Niederlassungen in mehreren Städten (Brasilien 3, USA 4). Die dichteste Belegung fand sich naturgemäß in Westeuropa.

Fachlich betreut wurden die Auslandshandelskammern und Delegiertenbüros von einer eigenen Abteilung des Deutschen Industrie- und Handelstages (DIHT), der Dachorganisation der 81 deutschen Industrie- und Handelskammern, denen im Jahr 2006 insgesamt rund 3,6 Mio. gewerbliche Unternehmen angehörten. Die Auslandshandelskammern beraten einerseits die deutschen Unternehmen in ihren Auslandskontakten, und zwar insbesondere kleine und mittlere Unternehmen, die keine eigenen Auslandsvertretungen unterhalten können, stellen ihnen Informationen zur Verfügung und knüpfen Verbindungen zu Wirtschaftsverbänden und Auslandsunternehmen; andererseits leisten sie den ausländischen Unternehmen im betreffenden Land entsprechende Dienste für ihre Verbindungen zu Deutschland. (www.dihk.de/inhalt/dihk/index.html – abgerufen 28.6.2006) Über diese Webseite waren auch zahlreiche Portale und Links zugänglich (z.B. www.e-trade-center.com), mit einer Fülle von Informationen und Hilfsangeboten für Wirtschaftskontakte zwischen deutschen und ausländischen Unternehmen.

Die früher in Zeitschriften oder Informationsblättern veröffentlichen landesspezifischen Informationen werden heute über Webseiten bereitgestellt. Sie sind – wie früher schon in den Zeitschriften – überwiegend zwei- oder mehrsprachig: auf Deutsch und in der nationalen Amtssprache des jeweiligen Staates oder einer Lingua franca/ Verkehrssprache (z.B. Englisch für China und Korea, Französisch für Algerien). Teils werden in den verschiedenen Sprachen dieselben, teils verschiedene Informationen mitgeteilt – je nach Adressaten und Interessenten. Die Anzeigen sind überwiegend adressatenspezifisch entweder in der einen oder anderen Sprache gehalten, kaum je parallel in mehreren Sprachen. Einen Überblick über die Sprachen der länderspezifischen Webseiten gibt Tab. F.4-1.

Albanien ?	Guatemala D/S	Mazedonien ?	Serbien und
Algerien D/F	Honduras S/D	Mexiko S/D	Montenegro D
Argentinien D/S	Indien E	Neuseeland E/D	Singapur E
Australien E	Indonesien In/D/E	Nicaragua S/D	Slowakei Sk/D
Ägypten E	Iran Fa/D	Niederlande Ni/D	Slowenien Sl/D
Belgien D/Ni/F	Irland E/D	Nigeria E	Spanien D/S
Bolivien S/D	Island D/Is	Norwegen D/No	Sudan (s. Ägypten)
Bosnien-Herzegowina D	Israel He/D	Oman siehe VAE	Südliches Afrika E
	Italien I/D	Österreich D	Taiwan Ch/D
Brasilien P/D	Japan J/D	Palästinensische	Thailand E

Bulgarien D/Bu	Kanada E/F/D	Gebiete D/E/A	Tschechien Ts/D
Chile D/S	Kasachstan ?	Panama D/S	Tunesien F/D
China E	Kolumbien S/D	Paraguay S/D	Türkei D/Tr
Costa Rica S/D	Korea E	Peru S/D	Ukraine D/Uk
Dänemark D/Dä	Kosovo ?	Philippinen E	Ungarn Un/D
Dominikanische Republik D/S	Kroatien Kr/D	Polen Po/D	Uruguay S/D
	Lettland D/Es/ Le/Li	Portugal P/D	USA D/E
Ecuador D/S	Libanon E	Rumänien Rm/D	Venezuela S/D
El Salvador D	Libyen (s. Ägypten)	Russische Föderation R/D	Ver. Arabische Emirate E/D
Estland D/Es/Le/Li	Litauen D/Es/Le/Li		
Finnland Fi/D/E/Sw	Luxemburg (siehe Belgien)	Saudi Arabien D/E	Vietnam E/D
Frankreich F/D		Schweden Sw/D/E	Weißrussland R/D
Griechenland Gr/D	Malaysia E/D	Schweiz D	Westafrika E
Großbritannien D/E	Marokko F/D		Zentral-Amerika S/D

? = Keine Webseite, A = Arabisch, Bu = Bulgarisch, D = Deutsch, Dä = Dänisch, E = Englisch, Es = Estnisch, F = Französisch, Fa = Farsi (Persisch), Fi = Finnisch, Gr = Griechisch, He = Hebräisch, I = Italienisch, In = Indonesisch, Is = Isländisch, J = Japanisch, Kr = Kroatisch, Le = Lettisch, Li = Litauisch, Ni = Niederländisch, No = Norwegisch, Sk = Slowakisch, Sl = Slowenisch, Sw = Schwedisch, P = Portugiesisch, Po = Polnisch, R = Russisch, Rm = Rumänisch, Ts = Tschechisch, S = Spanisch, Sl = Slowakisch, Tr = Türkisch, Uk = Ukrainisch, Un =Ungarisch

Tab. F.4-1: Sprachen der länderspezifischen Webseiten deutscher Auslandshandelskammern, Delegierten und Repräsentanten der deutschen Wirtschaft (www.ahk.de – abgerufen 08.06.2006)

Warum auch in einzelnen Ländern, in denen nicht ohne weiteres mit durchgängigen Deutschkenntnissen gerechnet werden kann, die Webseiten nur deutschsprachig waren (Bosnien-Herzegowina, Serbien und Montenegro, El Salvador), ist unklar. Es ist auffällig, dass die Verwendung von Deutsch (als zusätzliche Sprache) weit über den Bereich der Korrespondenzsprachen (nach Handelskammer Hamburg 2005) hinausreicht und sich auf fast ganz Amerika, Asien und Ozeanien erstreckt. Der entscheidende Grund dafür ist sicher, dass die Webseiten hauptsächlich der Information deutscher Geschäftsleute und Unternehmen dienen, wogegen die für die ausländische Seite relevanten Informationen in der jeweiligen nationalen Amtssprache oder einer Verkehrssprache zur Verfügung stehen.

Deutsche Unternehmen benötigen als einzige Fremdsprache zwingend nur Englisch für die ihnen von den deutschen Auslandshandelskammern bereitgestellten Informationen. Über die weitaus meisten Staaten wird auch auf Deutsch informiert, über insgesamt 11 Staaten, darunter auch China, aber nur auf Englisch.

Insgesamt kamen im Jahr 2006 auf den Webseiten 33 verschiedene Sprachen zur Anwendung. In den Zeitschriften der Kammern im Jahr 1988 waren es dagegen nur 12 Sprachen (Ammon 1991a: 174). Die Auslandshandelskammern haben also ihr Fremdsprachenrepertoire erheblich erweitert – und zwar, überraschenderweise, bei gleichzeitiger Einschränkung des Gebrauchs von Englisch. 1988 war Englisch in 34% der Zeitschriften der Auslandshandelskammern vertreten, 2006 aber nur noch in 28% der Webseiten. Die Auslandshandelskammern waren also offenbar bemüht, und sind es sicher weiterhin, ihre ausländischen Geschäftspartner in deren eigener Sprache anzusprechen. Sie bieten ihnen aber darüber hinaus auch häufig die deutsche Sprache an (in 73% der Webseiten).

Diese Ausweitung ist kompatibel mit dem Befund, dass die deutschen Unternehmen ihre Fremdsprachenkenntnisse in neuerer Zeit vermehrt haben (Schöpper-Grabe/ Weiß 1998), stützt jedoch – wegen der gleichzeitig umfassenderen Verwendung von Deutsch – nicht zwingend ihren umfassenderen Gebrauch von Fremdsprachen. Inwiefern auch Texte in anderen Sprachen als Deutsch oder Englisch von den deutschen Unternehmen genutzt werden, bedürfte einer zusätzlichen Untersuchung.

Für die bessere Abschätzung des Ranges von Deutsch und anderen Sprachen als internationale Sprachen der Wirtschaft wären Informationen darüber aufschlussreich, in welchen Sprachen die Webseiten der Auslandshandelskammern (oder entsprechender Organisationen) anderer Staaten erscheinen. Eine noch genauere Vorstellung von diesem Rang ergäbe allerdings die Ermittlung, wie viele Nicht-Muttersprachler die Webseiten in den verschiedenen Sprachen nutzen (internationale Kommunikation im engeren Sinn; vgl. Kap. A.3).

5. Sprachwahl zwischen Unternehmen deutsch- und nicht-deutschsprachiger Länder

Die Wirtschaftskontakte zwischen den deutschsprachigen und den nicht-deutschsprachigen Ländern und Regionen finden auf vielerlei Ebenen statt. Die Unterscheidung dieser Ebenen ist wichtig – um am Ende auch ihr Zusammenspiel zu verstehen, was im Rahmen dieses Buches allerdings weitgehend Desiderat bleibt. Zur Klarstellung sei betont, dass sich das vorliegende Kap. auf die Kommunikation zwischen Unternehmen mit Stammhaus in deutschsprachigen Ländern und Unternehmen mit Stammhaus in nicht-deutschsprachigen Ländern konzentriert. Nicht berücksichtigt ist also die Kommunikation zwischen Stammhäusern in deutschsprachigen Länder und Tochterunternehmen außerhalb davon (dazu Kap. F.6) wie auch nicht zwischen Stammhäusern außerhalb deutschsprachiger Länder mit Tochterunternehmen in deutschsprachigen Ländern. Selbstverständlich auch nicht die Kommunikation innerhalb von Ländern gleicher Sprache. Dies ist jedenfalls die Absicht für dieses Kap., mag auch die klare Unterscheidung bei den einbezogenen Daten nicht immer gewährleistet sein.

Man darf annehmen, dass die Sprachwahl bei solchen „wirtschaftlichen Außenkontakten" deutscher Unternehmen von vielerlei Umständen abhängt. Eine gewisse Rolle können gesetzliche Regelungen spielen (Bungarten 2001: 28); als Beispiel werden gelegentlich die rigorosen Vorschriften des Französischgebrauchs aufgrund des *Loi 101* in Québec genannt (Much 2008: 28). Zum Teil sind schlicht praktische Voraussetzungen wie die vorhandenen Sprachkenntnisse entscheidend. Wenn z.B. beide Seiten die nationale Amtssprache des einen, nicht aber des anderen Partners beherrschen, wird wahrscheinlich zunächst diese gewählt. Die ungefähre Verteilung dieser Sprachkenntnisse ließe sich aus der Statistik des Fremdsprachenlernens für die einzelnen Länder erschließen (Anhaltspunkte in *Sociolinguistica* 24 (2010)). Mit ihnen hängen bis zu einem gewissen Grad auch die zwischen den Ländern entstandenen Sprachwahl-Konventionen zusammen, die „traditionelle Sprachenwahl in den beiderseitigen Beziehungen" (Bungarten 2001: 31), die sich unter anderem in den gängigen „Korrespondenzsprachen" niedergeschlagen hat (Kap. F.3). Hinzu kommen dann von Fall zu Fall die marktwirtschaftlichen Rollen der Beteiligten (Anbieter/ Verkäufer – Abnehmer/ Käufer; Kap. F.2). Jedenfalls wird deren Bedeutung für die Sprachwahl immer wieder betont, z.B. „Die beste Sprache ist immer die des Kunden." (*vdi nachrichten* 17.08.1990; siehe auch Bungarten 2001: 32). Oder: „ ,If you wish to buy from us, there is no need to speak German. But if you wish to sell to us […]' (German Trade Minister)" (Lo Bianco 1987: 53 – weitere Beispiele in Kap. F.2).

Allerdings fügen sich die Daten über die tatsächliche Sprachwahl bei internationalen Wirtschaftskontakten nicht nahtlos in diese Hypothesen, was zum Teil sicher daran liegt, dass sie teilweise in entgegengesetzte Richtungen wirken, statt sich in ihrer Wirkung zu addieren. So ist es z.B. möglich, dass die Fremdsprachenkenntnisse den marktwirtschaftlichen Rollen entgegenstehen. Man denke nur an den Fall, dass im Land A Sprache L_b (des Landes B) nicht gelernt wird, wohl aber in B Sprache L_a (des Landes A), dennoch aber die Unternehmen aus A viel mehr nach B exportieren (verkaufen) als umgekehrt.

Einige grobe Anhaltspunkte liefert die im Auftrag der Europäischen Kommission durchgeführte Fremdsprachenbedarfsuntersuchung, die unter dem Kürzel *ELAN* (2006) veröffentlicht wurde („Auswirkungen mangelnder Fremdsprachenkenntnisse in den Unternehmen auf die europäische Wirtschaft").

Befragt wurden kleine und mittlere Unternehmen (KMU) in 29 europäischen Ländern, meist der EU. Geantwortet haben 1.989, bei sehr geringem Rücklauf (dem höchsten in Spanien, mit 5,5%, und dem niedrigsten in den Niederlanden, mit 0,4%; ebd.: 74). Die *ELAN*-Erhebung enthält auch Hinweise zur Fremdsprachenverwendung. Danach wird Englisch – nach Angaben der antwortenden Unternehmen – „für den Handel in über 20 verschiedenen Märkten eingesetzt, einschließlich den vier englischsprachigen Ländern GB, USA, Kanada und Irland. Deutsch wird beim Export in 15 Märkte verwendet (einschließlich Deutschland und Österreich), Russisch wird beim Handel mit den baltischen Staaten, Polen und Bulgarien verwendet, und Französisch wird in 8 Märkten verwendet, einschließlich Frankreich, Belgien und Luxemburg." Der Befund, dass Englisch nicht die erwartete, absolut vorherrschende Verbreitung hat, wird damit erklärt, dass die „Unternehmen dazu neigen, möglichst die Heimatsprache des Exportmarktes zu verwenden." (ebd.: 23. Weiteres zu *ELAN* in Kap. F.6).

Aufschlussreicher sind für unsere Fragestellung, jedenfalls für dieses Kap., die Befunde einer Untersuchung zum Deutschgebrauch zwischen Unternehmen aus Deutschland und Unternehmen verschiedener nicht-deutschsprachiger Länder, die Sonja Vandermeeren (1998) mittels Fragenbögen und Interviews durchgeführt hat. Von insgesamt 1.611 kontaktieren Unternehmen (579 deutsche und 1.032 anderer Länder) haben annähernd 30% geantwortet haben (zwischen 25% und 31% je Land; ebd.: 142-144). Die Frage an die Unternehmen (bei Vandermeeren „Firmen") der verschiedenen Länder lautete (formuliert in jeweils geeigneten Erhebungssprachen): „Wie oft verwendet Ihre Firma in Geschäftskontakten mit folgenden Ländern die genannten Sprachen? Bitte für jedes Land und jede Sprache einkreisen: 0 = nie, 1 = selten, 2 = regelmäßig, 3 = immer." Als mögliche Antworten waren vorgegeben: „Landessprache", „Englisch", „Deutsch" – andere Möglichkeiten, z.B. Französisch, waren nicht vorgesehen (ebd.: 295). Die übergreifende Tendenz der Antworten wird zusätzlich gestützt durch diverse Einzeluntersuchungen unterschiedlicher Repräsentativität und Gültigkeit sowie Untersuchungen zum Fremdsprachenbedarf (Überblick ebd.: 103-134; auch Ammon 1991a: 182-195). Die in unserem Zusammenhang wichtigsten Befunde Vandermeerens sind dargestellt in Abb. F.5-1.

Die Befunde entsprechen nicht ohne weiteres den Erwartungen aufgrund der bisherigen Überlegungen und Daten. Am meisten überrascht der häufige Deutschgebrauch. Seine Verteilung steht nicht im Einklang mit den von der Handelskammer Hamburg (2005, aber auch 1989) publizierten „Korrespondenzsprachen" der deutschen Wirtschaft (Kap. F.3; Karte F.3-1). Danach hätten die Unternehmen Deutschlands gegenüber denen Italiens, Frankreichs, Spaniens und Portugals kein Deutsch gebrauchen dürfen, und die Unternehmen Frankreichs und Portugals nicht gegenüber den Unternehmen Deutschlands.

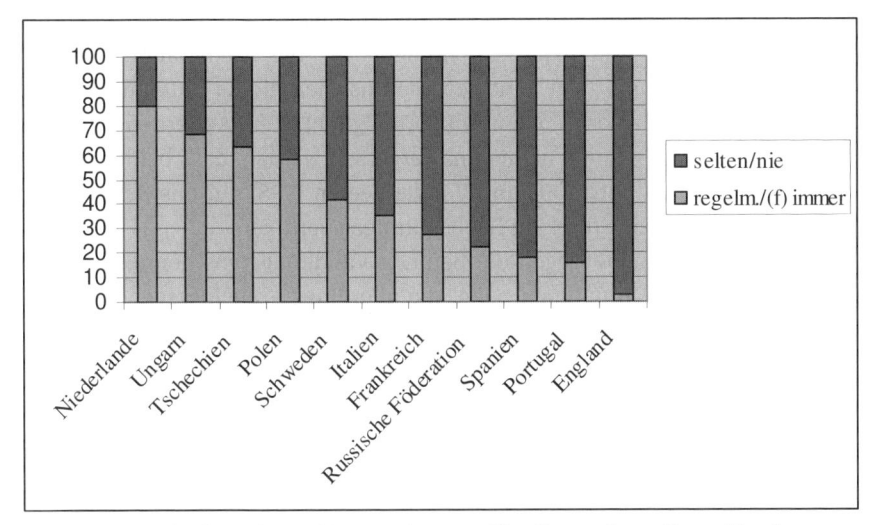

5. Sprachwahl zwischen Unternehmen deutsch- und nicht-deutschsprachiger Länder — 445

Unternehmen Deutschlands gegenüber Unternehmen nicht-deutschsprachiger Länder

Unternehmen nicht-deutschsprachiger Länder gegenüber Unternehmen Deutschlands

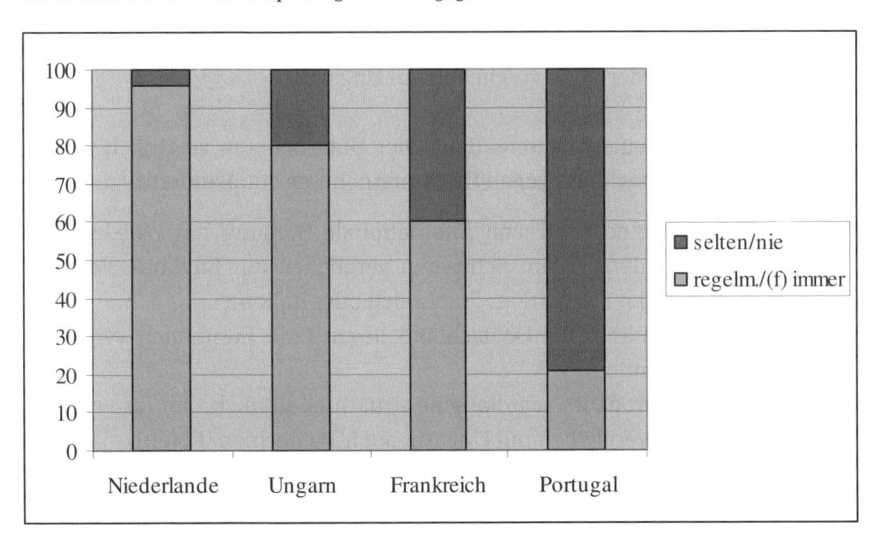

Abb. F.5-1: Deutschgebrauch zwischen Unternehmen Deutschlands und verschiedener nicht-deutschsprachiger Länder Europas (nach Angaben der befragten Unternehmen; Vandermeeren 1998: 242f.)

(Für England ist Vandermeerens Befund des Deutschgebrauchs so minimal, dass er den Erwartungen entspricht.) Die Vermutung liegt nahe, dass die befragten Unternehmen, vor allem der nicht-deutschsprachigen Länder, sich in der

Rolle des Anbieters, nicht des Abnehmers sahen; dazu passt auch ihr häufigerer Deutschgebrauch gegenüber deutschen Unternehmen als umgekehrt, den der Vergleich beider Kommunikationsrichtungen für die Niederlande, Ungarn, Frankreich und Portugal zeigt. Eine gewisse Unsicherheit der Dateninterpretation entspringt auch den begrenzten Antwortmöglichkeiten. Außerdem sollte bei der Beurteilung der Befunde nicht ganz vergessen werden, dass beide Quellen, Handelskammer Hamburg 2005 und Vandermeeren 1998, nur aus Befragungen schöpfen und über keine direkten Beobachtungen verfügen.

All dessen ungeachtet legen die Befunde Vandermeerens dennoch die folgenden allgemeinen Annahmen nahe, die allerdings – auch wegen ihrer teilweise schwachen Ausprägung – der weiteren Prüfung bedürfen.

Unternehmen nicht-deutschsprachiger Länder wählen gegenüber Unternehmen Deutschlands eher Deutsch:

a) Wenn die eigene Sprache eine verhältnismäßig schwache internationale Stellung hat (Niederlande, Ungarn verglichen mit Frankreich, Portugal);
b) wenn ihr Land geografisch näher bei Deutschland liegt (Frankreich verglichen mit Portugal);
c) wenn die eigene Sprache der deutschen Sprache strukturell ähnlich, mit ihr verwandt ist (Niederlande verglichen mit Ungarn).

Für die Wahl von Deutsch seitens deutscher Unternehmen zeigt sich analog, dass sie eher Deutsch wählen gegenüber Unternehmen von Ländern:

a') Deren Sprache eine schwache internationale Stellung hat (Niederlande, Ungarn, Tschechien, Polen, Schweden verglichen mit England, Portugal, Spanien, Russische Föderation, Frankreich oder Italien);
b') die geografisch näher bei Deutschland liegen (z.B. Frankreich verglichen mit Portugal, Spanien);
c') deren Sprache der deutschen Sprache strukturell ähnlich, mit ihr verwandt ist (Niederlande verglichen mit Ungarn, auch Tschechien, Polen).

Zusätzlich zu erwägen sind die folgenden, ebenfalls naheliegenden Faktoren:

d) Lange währende historische Beziehungen zum deutschen Sprachgebiet mit einer Tradition eher asymmetrischer Kommunikation, mit Deutsch als dominanter Sprache, die nachwirken. Dieser Faktor verstärkt vermutlich bei manchen kleineren Nachbarländern Deutschlands den häufigeren Gebrauch von Deutsch.

e) Umgekehrt ist vielleicht die frühe Abwendung von Deutsch als erster Fremdsprache und Hinwendung zu Englisch dem Deutschgebrauch abträglich.
f) Eine Art übergreifender, trivialer Faktor, der wiederum von mehreren der genannten Faktoren abhängt, ist schließlich der Umfang der Deutschkenntnisse in der Bevölkerung der nicht-deutschsprachigen Länder wie auch der Kenntnisse ihrer Sprache in Deutschland.

Bezüglich Deutschkenntnissen bilden die von Vandermeeren einbezogenen Länder folgende Rangordnung nach Prozent der erwachsenen Bevölkerung (15-jährig und älter), die nach eigenen Angaben ein Gespräch auf Deutsch führen können: Niederlande (66%), Tschechien (31%), Schweden (28%), Polen (19%), Ungarn (16%), Frankreich (7%), Großbritannien (6%), Italien (4%), Portugal und Spanien (je <0,5%) – für Russland liegen keine vergleichbaren Zahlen vor (Erhebung Mai/Juni 2005: europa.eu.int/comm/public_opinion/archives/ebs/ebs_237.en.pdf: 4 – abgerufen 16.08. 2010).

Da die Daten so, wie sie vorliegen, keine gezielte statistische Prüfung und erst recht keine Gewichtung der Faktoren erlauben, bleiben diese Vermutungen reichlich spekulativ. Sie legen jedoch die weitere Prüfung folgender Faktoren nahe, von denen die Sprachwahl zwischen Unternehmen verschiedener Länder mit verschiedenen Sprachen abhängen kann:

i) Internationalitätsgrad beider Sprachen,
ii) geografische Entfernung beider Länder,
iii) linguistischer Ähnlichkeitsgrad (Verwandtschaft) beider Sprachen,
iv) Grad der Hinwendung beider Länder zu Englisch,
v) Historische, speziell sprachenpolitische Beziehungen zwischen beiden Ländern,
vi) Umfang der Kenntnisse der jeweils anderen Sprache in den beiden Ländern.

Dass die geographische Nähe ein wichtiger Faktor ist, wurde am Beispiel von Grenzlagen zu Deutschland und zum deutschen Sprachgebiet verschiedentlich nachgewiesen. Ein Beispiel ist eine Untersuchung „im deutsch-niederländischen Grenzgebiet" (Frietman/ Buis/ Broekhoven/ Busse 2001), die sich allerdings auf den Fremdsprachenbedarf bezieht (Kap. F.6), von dem man in diesem Fall aber auf die Häufigkeit des Gebrauchs schließen darf. Danach hatten 91% der niederländischen Betriebe Bedarf an Deutschkenntnissen. Jedoch zeigte sich die Wirkung der Grenzlage auch am Bedarf an Niederländischkenntnissen auf deutscher Seite, der „mit 32% gleichauf mit dem Bedarf an Französischkenntnissen" lag (ebd.: 33) – wogegen im Durchschnitt Deutschlands der Bedarf an Französischkenntnissen weit höher ist als an Niederländischkenntnissen. Ein anderer Beleg für die Wirkung der geographischen Nähe ist die Tatsache, dass an der deutsch-französischen Grenze Deutsch häufiger gebraucht wird als in Innerfrankreich (Finger 2000), wobei im Elsass vermutlich historische Gründe hinzukommen (vgl. Kap. E.4.3). Außer diesen gibt es jedoch Gründe, die spezifisch sind für die Grenzlage, von denen einer z.B. in der Begründung eines Elsässer Unternehmens für die Häufigkeit des Lernens und Gebrauchs von Deutsch zutage tritt: „Cette incitation à l'apprentissage de l'allemand est motivée par le souci de la direction de pouvoir rivaliser avec lec concurrents allemands ou s'adapter à la langue des fournisseurs [...]" (Bothorel-Witz/ Choremi 2009: 126). Man möchte also auch sprachlich mithalten mit der nahen Konkurrenz in Deutschland. Ein weiterer Beleg für den Faktor Grenznähe ist der häufige Gebrauch von Deutsch in den Grenzgebieten Tschechiens zu Deutschland. Auch dafür spielt außer naheliegenden historischen Gründen (dazu Kap. E.4.5) die geographische Nähe eine Rolle, die – seit dem Fall des Eisernen Vorhangs – enge Kontakte ermöglicht (Zich 2001: vor allem 33).

Jedoch zurück zur Untersuchung von Vandermeeren (1999). Sie wundert sich einerseits über folgenden unerwarteten Befund: „Die Art der Geschäftsbeziehung (Einkauf oder Verkauf) scheint nach den Berichten der Befragten nur einen geringen Einfluss auszuüben (nur 5 bis 15%). Das widerspricht der wiederholt vertretenen Auffassung, dass Unternehmen eher die Landessprache ihres Geschäftspartners verwenden, wenn dieser als Käufer auftritt." (Ebd.: 129) Dabei wird vielleicht übersehen, dass es auch Abhängigkeiten von Lieferanten, also Verkäufern von Gütern gibt, die zur Sprachanpassung motivieren – wenn nämlich der Empfänger (Käufer) auf die Waren angewiesen ist (Kap. F.2). Jedoch lässt Vandermeerens resümierende Einschätzung diese Möglichkeit offen: „Je mehr man bei der Geschäftsanbahnung die Muttersprache bzw. Landessprache der potentiellen Geschäftspartner verwendet, umso häufiger kommt es zu Geschäften mit ihnen." (Ebd.: 131) Die genauen Bedingungen der Sprachwahl lassen sich jeweils nur in Detailuntersuchungen ermitteln. Schon der Geschäftserfolg war nicht Teil von Vandermeerens quantifizierender Befragung.

Es ist zu vermuten, dass die von Vandermeeren (1998: 36-47; prägnanter 1999) unterschiedenen Strategien der Sprachwahl je nach Umständen unterschiedlich erfolgreich sind, aber ohnehin, wie sie selbst betont, selten in reiner Form praktiziert werden:

- „Adaptation": die Verwendung der Sprache (Muttersprache oder staatliche Amtssprache) des jeweiligen Geschäftspartners;
- „Standardisierung": die Verwendung nur einer einzigen Sprache, als Lingua franca, in der Regel Englisch;

– „Nicht-Adaptation": die Verwendung nur der eigenen Sprache.

Bei Unternehmen englischsprachiger Länder kongruieren in der Regel Standardisierung und Nicht-Adaptation, was häufig als ‚mangelnde Fremdsprachenkenntnisse' diagnostiziert und hinsichtlich Verkauf oder Geschäftsabschluss für hinderlich gehalten wird (vgl. z.B. *ELAN* 2006).

Wenn wir nun einzelne Länder und die Sprachwahl zwischen Unternehmen in den deutschsprachigen Ländern und Unternehmen außerhalb davon näher betrachten, bestätigt sich zunächst einmal in groben Zügen, dass die geographische Nähe ein relevanter Faktor ist. Diese Annahme stützen ja schon die Korrespondenzsprachen der deutschen Wirtschaft (Kap. F.3; Karte F.3-1). Zur Relevanz des geographischen Faktors passt der Befund, dass z.B. zwischen südkoreanischen und deutschen Unternehmen so gut wie nie auf Deutsch kommuniziert wird, sondern fast ausschließlich auf Englisch (Kim 2003). Und dies trotz der beachtlichen Tradition des Deutschlernens in Korea (Ammon/ Chong 2003). Allerdings lässt der bis heute geringe Anwendungsbezug des Deutschlernens und -studiums in Korea (Kostrzewa 2009) kaum Anderes erwarten. Dies gilt auch für Südkorea (Republik Korea), worauf ich mich hier beschränke.

Die Nicht-Verwendung von Deutsch ist auch typisch für deutsch-japanische Geschäftskontakte, obwohl Japan eine Geschichte geradezu als Leuchtturm des Deutschlernens vorzuweisen hat (Ammon 1994d; Kap. F.9.14). Auf die Nicht-Verwendung von Deutsch lassen Befunde schließen, die nur indirekt mit dieser Frage zusammenhängen, z.B. die äußerst spärliche Nachfrage nach Deutschkenntnissen auf dem Stellenmarkt in Japan (Ammon/ Kato 1994c) oder der minimale Anteil von Deutsch in der Arbeit japanischer Übersetzungsbüros (Yamashita 1994). In eine ähnliche Richtung weisen die Ergebnisse einer Befragung bei 120 Niederlassungen deutscher Unternehmen (Rücklauf n=77; 64%): „Deutsche Geschäftsleute in Japan verwenden die deutsche Sprache untereinander, messen ihr jedoch bei der Ausführung ihrer Geschäfte keine besondere Rolle bei." Nicht nur verwenden deutsche Geschäftsleute in Japan vor Ort bevorzugt Englisch, sondern „in manchen Fällen wird von der Verwendung des Deutschen abgeraten" oder „dem Englischen der Vorzug gegeben, obwohl die Verwendung des Deutschen möglich wäre." (Coulmas 1994: 80f.) Auch die Tatsache, dass japanische Unternehmen, die in Deutschland ansässig sind, ganz ohne den Gebrauch von Deutsch erfolgreich wirtschaften (Kap. F.8), ist nicht vereinbar mit der Annahme, dass deutsche und japanische Unternehmen auf Deutsch miteinander kommunizieren.

Sowohl mit Korea als auch mit Japan kommunizieren deutsche Unternehmen also ganz überwiegend auf Englisch. Der Verzicht auf Deutsch ist weniger direkt bedingt durch die geographische Entfernung, sondern mehr noch durch eine Folge dieser Entfernung, nämlich den geringen Anteil der deutschsprachigen Länder an den wirtschaftlichen Außenbeziehungen Koreas und Japans. Dieser ist jedenfalls viel geringer als die Anteile von näher bei Korea und Japan liegenden Ländern wie China und USA oder von Korea und Japan unter einander. Im Jahr 2011 hatten diese Länder die folgenden Anteile (nach *Fischer Weltalmanach 2013*: 82, 236, 269):

- An den Exporten Japans: Deutschland 3%, China 25%; USA 15%, Südkorea 8%. Deutschland liegt bei den in der Quelle genannten 7 wichtigsten Exportländern Japans an siebter Stelle.
- An den Exporten Südkoreas: Deutschland [<2%], China 30%; USA 11%, Japan 7%. Deutschland findet sich überhaupt nicht unter den 7 wichtigsten Exportländern Koreas.

Für das riesige China ist der Deutschgebrauch bei bilateralen Kontakten mit Unternehmen aus den deutschsprachigen Ländern unklarer. Dies ist angesichts des Größenunterschied zwischen den deutschsprachigen Ländern und China und der vergleichsweise bescheidenen Tradition des Deutschlernens in China (Ammon/ Reinbothe/ Zhu 2007) zwar erstaunlich, aber sicher großenteils bedingt durch den späten Wirtschaftsaufstieg Chinas und die noch nicht ganz überwundene Stellung als technologisches Schwellenland. So berichtet Jin Zhao (1999) aufgrund einer sorgfältigen Befragung von recht ausdehntem Deutschgebrauch bei in China ansässigen deutschen Unternehmen. Allerdings beteiligten sich an der Befragung mehr mittelständische als große Unternehmen (55,9% gegenüber 44,1%) (ebd.: 584). Jedoch wurden dabei immerhin folgende Gesamthäufigkeiten des Gebrauchs von Deutsch genannt: „als Verkehrssprache in der mündlichen Kommunikation": „fast immer" (20% der Unternehmen), „recht viel" (14,3%) und „etwas" (42,9%). Allerdings bleibt unklar, inwieweit deutsche Firmen auch im Kontakt mit chinesischen Unternehmen Deutsch gebrauchen. Außerdem haben die deutschen Unternehmen in der Erhebung von Zhao die Häufigkeit des Gebrauchs von Englisch doch höher beziffert als von Deutsch (54,3%, 22,9%, 22,9%) (ebd.: 586; Näheres zu dieser Untersuchung in Kap. F-6). Yuqing Wei (2007) und Hans-Werner Hess (1992) berichten von ausgesprochen wenig Deutschgebrauch zwischen Unternehmen in China und in Deutschland, und Hess (2007: 340) fasst seine Einschätzung – allerdings nur aufgrund persönlicher Erfahrung und zufälligen Informationen, keiner systematischen Untersuchung – wie folgt zusammen: „Selbst deutsche Firmen [in China! U.A.] pflegen nämlich den hauptsächlichen Teil ihrer Kommunikation intern oder mit chinesischen Partnern auf Englisch abzuwickeln."

Höhere Erwartungen scheinen gerechtfertigt bezüglich des Deutschgebrauchs in Russland, schon aufgrund der dortigen Stellung von Deutsch als Korrespondenzsprache (Kap. F.3; Karte F.3-1). Olga Martynova (2010; 2011) hat 108 deutsche und 36 russische Unternehmen befragt; mehr deutsche aufgrund besserer Zugänglichkeit (obwohl die Exploratorin als russische Muttersprachlerin die Befragung in beiden Sprachen durchführen konnte). Ihr übergreifendes Ergebnis war, dass die deutschen Unternehmen in ihrer Kommunikation mit Unternehmen in Russland tatsächlich die deutsche Sprache gebrauchen, wenn auch mit den eigenen dortigen Tochtergesellschaften häufiger als mit rein russischen Unternehmen. Außerdem bestätigen die Befunde von Martynova (2011: 295; 2010: 147-150) die Erwartung (entsprechend Kap. F.2), dass Unternehmen (aus Russland), die nach Deutschland exportieren, häufiger Deutsch gebrauchen als deutsche Unternehmen, die nach Russland exportieren (22,2% gegenüber 12,3%). Weniger im Einklang mit verbreiteten Vorstellungen ist jedoch der Befund, dass größere deutsche Unternehmen mehr Deutsch gebrauchen als kleinere (>200 Mitarbeiter 39,9%, ≤200 nur 18,6%; Martynova 2011: 295). Hinzu kommen diverse bislang nicht thematisierte Besonderheiten wie der häufige Englischgebrauch bei Chemieunternehmen (69,2%; ebd. 296) und die erstaunliche Variation der Sprachwahl in unterschiedlichen Kommunikationssituationen (Martynova 2010: 152-168). Alles in allem jedoch verwenden deutsche Unternehmen auch gegenüber russischen mehr Englisch und außerdem mehr Russisch als Deutsch, vor allem für Verträge (ebd.: 160). Nicht umsonst also gilt Deutsch für alle Länder außer Österreich nur als *Ko*-Korrespondenzsprache (Kap. F.3; Tab. 3-2). Sogar im eigenen Sprachunterricht deutscher Unternehmen in Russland rangiert Deutsch nicht immer an erster Stelle. Obwohl „russische Befragte [...] Deutsch sogar vorziehen [würden]", „werden von einigen befragten [deutschen! U.A.] Unternehmen in ihren russischen Filialen häufiger Englisch- als Deutschkurse angeboten." Begründet wird dies meist mit dem hohen Wert einer einheitlichen Kommunikationssprache für das gesamte international agierende Unternehmen. (Martynova 2011: 299f.; dazu auch Kap. F.7)

Untersuchungen liegen auch vor zur Wahl von Deutsch bei deutsch-finnischen Wirtschaftskontakten. Eine Befragung im Frühjahr 1994 von Uta Müntzel und Liisa Tiittula (1995: 126) richtete sich auf die „Zielgruppe [der] für den finnisch-deutschen Handel zuständige[n] Finnen in Finnland und Deutschland." Diese Einschränkung nur auf Finnen, ohne Berücksichtigung von Deutschen, gilt es zu beachten. Jedoch erfasste die Untersuchung immerhin 326 Unternehmen in Finnland (bei 744 angeschriebenen; Rücklauf 44%) und 111 in Deutschland (bei 322 angeschriebenen; Rücklauf 34%), und zwar vor allem kleine Unternehmen, die sich indes auf ziemlich alle Branchen verteilten. Dabei ergab sich, dass bei diesen durch Finnen vermittelten deutsch-finnischen Kontakten „in allen Kommunikationssituationen am häufigsten Deutsch benutzt wird, in der mündlichen etwas mehr als in der schriftlichen Kommunikation". Daneben spielte nur noch Englisch eine nennenswerte Rolle, Finnisch und Schwedisch jedoch so gut wie keine. Allerdings war in Finnland der Gebrauch von Englisch häufiger als in Deutschland (Tab. F.5-1).

	Mündliche Kommunikation in Finnland	Mündliche Kommunikation in Deutschland	Schriftliche Kommunikation in Finnland	Schriftliche Kommunikation in Deutschland
Deutsch	76,4/ 6,7	93,8/ 2,1	73,6/ 11,3	97,9/ 1,0
Englisch	12,0/ 11,0	1,0/ 6,3	12,6/ 15,3	1,0/ 7,3

Tab. F.5-1: Gebrauchshäufigkeit „fast immer/ oft" bei den für den deutsch-finnischen Handel zuständigen Finnen in Unternehmensniederlassungen in Finnland und Deutschland (Prozent der Befragten; nach Müntzel/ Tiittula 1995: 137-139)

Wenig überraschend ist, dass die Häufigkeit des Deutschgebrauchs bei den Unternehmen in Finnland abhing von der „Bedeutung der Geschäftsbeziehung mit Deutschland, [von deren! U.A.] Anteil am Umsatz" (ebd.: 268 – Frage 9 des Fragebogens):

- Bei <25% der Gesamtgeschäfte: „fast immer Deutsch" – mündlich 72,2%, schriftlich 66,7%;
- bei 76 – 100% der Gesamtgeschäfte: „fast immer Deutsch" – mündlich 91,8%, schriftlich 95,9%.

Eine weitere Erhebung machten Ewald Reuter und Eila Minkkinen (2003) im Jahr 2001 bei 326 finnischen und 96 deutschen Unternehmen. Von den Befunden sind folgende im vorliegenden Zusammenhang besonders wichtig (ebd.: 38f.): Ganz überwiegend verwendeten die Unternehmen Deutsch weniger mündlich als schriftlich – nach Größenunterschieden der Unternehmen war dies so bei ca. einem Drittel der Kleinunternehmen (≤9 Mitarbeiter), drei Fünftel der mittelgroßen Unternehmen (50-249 Mitarbeiter) und drei Viertel der Großunternehmen (≥250 Mitarbeiter) –, wobei die Lücke zwischen Klein- und mittelgroßen Unternehmen der faktischen Verteilung der Mitarbeiterzahlen entsprochen haben dürfte. Bei Kleinunternehmen war also der mündliche Gebrauch häufiger als der schriftliche. Allerdings gab es übergreifende Anzeichen für den Rückgang schriftlichen Gebrauchs. Im Vergleich zu einer früheren Erhebung „scheint das Schreiben [auf Deutsch! U.A.] von immer mehr Personen immer problematischer empfunden zu werden." Jedenfalls beurteilten es nur 32,5% der Befragten als problematisch in Müntzel/ Tiitula (1995: 217), aber 45,6% bei Reuter/ Minkkinen (2003: 39). Beim Lesen und Textverstehen zeigte sich dagegen kein solcher Kompetenzschwund – als welchen man, wie mir scheint, diesen Befund deuten darf. Dass es sich um Kompetenzschwund handelt, lässt sich auch schließen aus der zunehmenden Inanspruchnahme unternehmensexterner Sprachendienste, von nur 2,7% auf 28% der Betriebe in dieser Zeitspanne (ebd.: 39). Somit entsteht alles in allem doch ein Bild des Rückgangs des Deutschgebrauchs in der deutsch-finnischen Unternehmenskommunikation.

Ein breiteres, wenngleich nicht gerade deutliches Bild von den Verhältnissen vor 35 Jahren unterbreitet eine Befragung aus dem Jahr 1989, die ich für mein früheres Buch *Die internationale Stellung der deutschen Sprache* durchführte (Ammon 1991a: 155-162). Sie belegt vor allem, dass Deutsch schon damals nicht nur eine für internationale Geschäftskontakte untergeordnete Rolle spielte, sondern auch als rückläufig gesehen wurde. Ich wandte mich damals an den *Bundesverband der Deutschen Industrie* (BDI), Abteilung Außenwirtschaft- und Marketingpolitik, mit der Bitte, mir vorliegende Erkenntnisse oder geeignete Quellen zur Stellung der deutschen Sprache in den international tätigen deutschen Unternehmen mitzuteilen. Da dem BDI keine Kenntnisse vorlagen, verwies er mich auf die Mitgliederverbände mit Unternehmen starker internationaler Verflechtung: *Verband der Automobilindustrie, Hauptverband der Deutschen Bauindustrie, Verband der Chemischen Industrie, Wirtschaftsvereinigung Stahl, Zentralverband Elektrotechnik und Elektroindustrie und Verband Deutscher Maschinen- und Anlagenbau*. An sie wandte ich mich mit den mich interessierenden Fragen. Die Verbände reichten diese entweder an ihre Mitgliedsunternehmen weiter oder sandten mir Listen von in Betracht kommenden Unternehmen. Am Ende konnte ich 27 Unternehmen mit starken internationalen Verflechtungen identifizieren und anschreiben und erhielt 15 brauchbare Antworten.

Noch aufschlussreicher als die Unternehmensbefragung war das Antwortschreiben des Hauptverbandes der Deutschen Bauindustrie (29.08.1989), mit Lagebericht und Begründung:

> „Im Bereich der internationalen Organisationen und Verbände, mit denen wir in ständigem Kontakt stehen, spielt die englische Sprache eindeutig die wichtigste Rolle. Das liegt mit Sicherheit an ihrer weiten Verbreitung, was vor allem historische, politische und wirtschaftliche Gründe hat. Englisch hat die Funktion einer Lingua franca übernommen. Dies gilt sowohl auf globaler als auch auf europäischer Ebene.
> Im europäischen Rahmen tritt Französisch hinter der englischen Sprache an die zweite Stelle. Die herausragende Bedeutung des Französischen ist vermutlich weniger auf die Vormachtstellung dieser Sprache in vergangenen Zeiten zurückzuführen als auf politische Entscheidungen und Entwicklungen seit dem II. Weltkrieg und die geographische Lage des frankophonen Raums innerhalb Westeuropas, was eine Ansiedlung zahlreicher internationaler Organisationen in diesem Bereich bewirkt hat […].
> Generell lässt sich feststellen, dass sowohl anglo- als auch frankophone Entscheidungsträger häufig dazu neigen, andere europäische Sprachen als nicht gleichberechtigt zu be-

trachten. So sind internationale Dokumente, die unter Leitung eines anglo- oder frankophonen Entscheidungsträgers erstellt werden, zuweilen entweder nur in deren Sprachen oder aber erst mit Verzögerung in einer Übersetzung oder gar einer so miserablen Übersetzung erhältlich, dass es ratsam ist, sich gleich mit dem Ursprungstext zu befassen.
Derartige Erscheinungen sind über den administrativ politischen Bereich hinaus auch im Verbandswesen festzustellen. Sie beruhen zum Teil auf der Abneigung mancher Entscheidungsträger, sich der Mühe zu unterziehen, eine Fremdsprache zu erlernen und darin zu arbeiten. Eine wichtige Rolle spielt aber sicherlich auch der Wettbewerbsfaktor, denn über das Medium Sprache erzielter verstärkter Informationsfluss gewährt auch verstärkten Handlungsspielraum. Gelingt es, diesen Wettbewerbern gegenüber einzuengen, ergibt sich für eine Seite ein echter Wettbewerbs- und Handlungsvorsprung." – Soweit die Antwort des Hauptverbandes der Deutschen Bauindustrie.

Meine Befragung der einzelnen Unternehmen bezog sich vor allem auf die Sprachwahl zwischen deutschem Stammhaus und ausländischen Tochtergesellschaften. Hier eine kleine Auswahl:

- Frage 3a): Hat sich die Sprachwahl in den letzten Jahren oder Jahrzehnten zugunsten von Deutsch oder zugunsten von anderen Sprachen verschoben?
- Frage 3b): Welche anderen Sprachen haben dabei vor allem an Boden gewonnen?"

Die Antworten der 15 Unternehmen lauteten: Verschiebung zugunsten von Englisch 9, Verschiebung zugunsten von Deutsch 0, keine Änderung 3, keine Antwort 2.

2 der 9 Unternehmen, die eine Verschiebung zugunsten von Englisch konstatierten, sahen zugleich eine Verschiebung zugunsten anderer Fremdsprachen, in einem Fall ausdrücklich Französisch. Im Gegensatz dazu wurde in der Kommunikation einer anderen Firma durch das Vordringen von Englisch nicht nur Deutsch sondern auch ‚Französisch stark zurückgedrängt'. Bemerkenswert sind vielleicht noch geographische Hinweise von 2 Unternehmen: Vor allem werde auf Englisch kommuniziert mit Tochterunternehmen in Fernost und in Brasilien – auch dorthin nicht auf Portugiesisch. Eine Verschiebung zugunsten von Deutsch wurde von keinem Unternehmen gemeldet. Was die Verschiebung der Sprachwahl angeht, hätte sich vermutlich für die Kommunikation von Stammhäusern im Deutschland mit Stammhäusern in nicht-deutschsprachigen Ländern eine ähnliche Tendenz gezeigt.

Jedenfalls passt diese Tendenz zu den Anstrengungen deutscher Unternehmen, sich mit Fremdsprachenkenntnissen auszustatten. Diese Tendenz haben Sigrid Schöpper-Grabe und Reinhold Weiß (1998) in einer repräsentativen Umfrage unter deutschen Unternehmen belegt (663 Antworten auf 5089 versandte Fragebögen: Rücklauf 13%; ebd.: 28, 30, 35; siehe auch Schöpper-

Grabe 2009). Von den antwortenden Unternehmen meldeten 69,1% Bedarf an Fremdsprachen, und zwar an insgesamt 28: von Englisch bis Rumänisch (Schöpper-Grabe/ Weiß 1998: 47). Am dringlichsten waren Bedarf (und am umfangreichsten vermutlich auch Kenntnisse) in den Bereichen Geschäftsführung, Export, Import, Logistik und Technik (ebd.: 54). Auf den Begriff ‚Bedarf' komme ich in Kap. F.6 zu sprechen, das sich mit dem Bedarf an Deutsch- und anderen Fremdsprachenkenntnissen bei Unternehmen in nicht-deutschsprachigen Ländern befasst. Für die vorliegende Frage, wie und in welchem Umfang die Unternehmen ihren Fremdsprachenbedarf befriedigten, genügt ein intuitives Begriffsverständnis. Die wichtigste Maßnahme war das vielfältige innerbetriebliche Angebot des Fremdsprachenerwerbs an die Mitarbeiter (ebd.: 61, 65, 71, 76, 86). Eine andere häufige Lösung war die vermehrte Anstellung fremdsprachlich qualifizierter Mitarbeiter (ebd.: 76). Fast 50% der Unternehmen beteiligten sich an den Kosten der Mitarbeiter für die Fremdsprachenweiterbildung (ebd.: 91, 93). Bemerkenswert ist, dass große und kleine Unternehmen im Bemühen um die Ausstattung mit Fremdsprachenkenntnissen nicht signifikant divergierten – jedenfalls nach eigenen Angaben (ebd.: 125).

Es ist anzunehmen, dass sich diese Tendenz fortsetzt und die deutschen Unternehmen ihre Fremdsprachenkenntnisse weiter ausbauen und ihre Bereitschaft größer wird, den Geschäftspartnern in deren Sprache zu begegnen. Diese Entwicklung wäre dem Gebrauch der deutschen Sprache abträglich, aber vermutlich dem Geschäftserfolg zuträglich. Jedoch wäre es vermessen, wollte ich hier eine Gesamtbilanz der Folgen solcher – bislang weitgehend hypothetischen – Sprachwahl versuchen, und sei es nur der Folgen für die Stellung der deutschen Sprache in der Welt. Zwar liegt diesbezüglich eine abträgliche Wirkung nahe. Jedoch lässt sich die Möglichkeit einer zuträglichen Wirkung nicht grundsätzlich ausschließen. So könnten bessere Kenntnisse und vermehrter Einsatz von Fremdsprachen zu besseren Geschäftserfolgen deutscher Unternehmen führen, aufgrund deren sich ihr Prestige und damit auch das ihres Landes und dessen Sprache erhöhten, was dann vielleicht zu vermehrtem Deutschlernen motivieren würde. Ich muss allerdings zugeben, dass ich persönlich die Wahrscheinlichkeit einer solchen Wirkung eher gering veranschlage.

Noch ein Blick auf ein anderes deutschsprachiges Land: Österreich. Dort zeigen neuere Untersuchungen ein ähnliches Bild wie für Deutschland, wenn die Daten auch keinen genauen Vergleich gestatten. Besonders informativ ist die Erhebung von Sabine Archan und Helmut Dornmayr (2006), mit einer Umfrage bei 26.817 Unternehmen, von denen 2.017 antworteten (Rücklauf 7,5%; ebd.: 39-41). Tab. F.5-2 gibt einen Überblick über die Antworten auf die Frage: „In welcher Sprache erfolgt überwiegend die Kommunikation mit den nicht-deutschsprachigen Ländern, zu denen Geschäftsbeziehungen bestehen?" Die verhältnismäßig häufige Verwendung von Deutsch vor allem im Kontakt mit Ostmitteleuropa kongruiert, wenn auch nur grob, mit der Verteilung von Deutsch als Korrespondenzsprache für Deutschland (Kap. F.3; Karte F.3-1).

	Deutsch	Englisch	Landes-sprache	Andere Sprache
USA	2	98	-	-
Großbritannien	3	97	-	-
China	5	92	3	1
Portugal	8	84	7	2
Russland	8	79	11	2
Lateinamerika	6	75	17	2
Spanien	8	21	20	1
Polen	24	67	8	1
B&H, K, S&M	29	59	11	1
Frankreich	12	54	31	3
Slowakei	37	54	8	1
Slowenien	39	53	8	1
Tschechien	40	51	9	1
Italien	25	49	25	2
Ungarn	47	45	8	1
Weitere Länder	18	71	10	1

Tab. F.5-2: Sprachwahl österreichischer Unternehmen mit Geschäftspartnern in nicht-deutschsprachigen Ländern (in Prozent – nach Archan/ Dornmayer 2007: 51 – B&H = Bosnien/Herzegowina, K = Kroatien, S&M = Serbien & Montenegro; Großbritannien, USA: Landessprache = Englisch).

6. Bedarf an Deutschkenntnissen bei Unternehmen nicht-deutschsprachiger Länder

Die Sprachenplanung und Soziolinguistik bedient sich kaum der Terminologie und Begrifflichkeit der klassischen marktwirtschaftlichen Volkswirtschaftslehre, in der Tradition vor allem von Adam Smith ([1776] 2003: Book 1), wonach das Thema dieses Kap. als Zusammenspiel von „Angebot" (*supply*) und „Nachfrage" (*demand*) zu entfalten wäre. Spezieller ginge es dabei um das Angebot seitens der Unternehmen von Stellen, für die Deutschkenntnisse gewünscht oder gebraucht werden, und die Nachfrage nach solchen Stellen seitens arbeitswilliger Personen mit entsprechenden Kenntnissen – oder umgekehrt: um sich anbietende Personen und nachfragende Unternehmen. Dabei gilt die Grundregel: Wenn das Angebot an Stellen höher ist als die Nachfrage seitens qualifizierter

Personen, wenn es also mehr Stellen gibt als Personen, die solche Stellen suchen, dann steigen die Löhne, weil die Unternehmen um die qualifizierten Personen konkurrieren, und die Löhne sinken, wenn weniger Stellen angeboten werden, als Stellen suchende Personen auf dem Markt sind. Statt auf der Grundlage dieses theoretischen Ansatz, der sicher gewisse Vorteile hätte und manche Aspekte des Themas deutlicher hervortreten ließe, folge ich hier im Weiteren der in der Soziolinguistik üblicheren Terminologie, weil sich die Untersuchungen, über die ich berichte, hauptsächlich daran orientieren.

Dabei werden vor allem Gebrauch und Bedarf von Sprachen in der Wirtschaft gegenüber gestellt, die allerdings, auch in empirischen Untersuchungen, nicht immer klar auseinander gehalten werden und in der Tat mit einander zusammen hängen. Daher überschneidet sich dieses Kap. teilweise mit dem vorausgehenden Kap. F.5. Sowohl Gebrauch als auch Bedarf, vor allem als Fremdsprachen, sind aussagekräftige Indikatoren für die Stellung von Sprachen in den internationalen Wirtschaftsbeziehungen. Dabei ist die Stellung in der Wirtschaft selbstverständlich nur ein Teil der internationalen Stellung insgesamt; Entsprechendes gilt für Gebrauch und Bedarf. Was den – objektiven – ‚Bedarf' angeht, so sollte dieser nicht verwechselt werden mit dem subjektiven ‚Bedürfnis (der Individuen)', die betreffende Sprache zu erlernen. Vielleicht möchten mehr Menschen die Sprache lernen, als die Gesellschaft – in einem von den Lernbedürfnissen unabhängig zu spezifizierenden Sinn – braucht. Vom ‚Bedürfnis nach Lernen' unterscheidet Christ (1987: 213f.) noch die – wiederum objektive – ‚Nachfrage nach Lernen', die durch den tatsächlichen Entschluss dazu entsteht. Ihr kann das Angebot an Lernmöglichkeiten, vor allem durch die Schulcurricula, mehr oder weniger entsprechen.

Der wirtschaftliche Bedarf an einer Sprache zeigt sich vor allem an den Stellen (Berufspositionen) der Unternehmen, für die Kenntnisse in der betreffenden Sprache gewünscht oder verlangt werden. Ein Indikator dafür sind z.B. geforderte oder gewünschte Kenntnisse der Sprache in Stellenausschreibungen. Im vorliegenden Kap. geht es vor allem um Stellen in der Wirtschaft (weniger z.B. bei Behörden) – wobei Untersuchungen von Stellenausschreibungen diesbezüglich meist nicht konsequent unterscheiden. Sie differenzieren meist auch nicht danach, ob die Stellen von Unternehmen des betreffenden Landes oder von Niederlassungen von Unternehmen deutschsprachiger Länder angeboten werden. Außer dem unumgänglichen Verzicht auf diese Differenzierung befasse ich mich im Weiteren auch nicht mit Details der gewünschten oder geforderten Sprachkenntnisse (dazu allgemein z.B. Funk 2010 und spezieller z.B. Müntzel/ Tiittula 1995, auch *ELAN* 2006; zu Letzteren beiden mehr weiter unten).

Eine im vorliegenden Zusammenhang wichtige Größe sind die in der jeweiligen Gesellschaft ‚vorhandenen Kenntnisse der betreffenden Sprache' (Beispiele in Kap. K.9.2 – K.9.15). Dabei sei noch einmal an die schon in Kap. F.5 berichteten Deutschkenntnisse erinnert, die sich im Jahr 2005 wie folgt auf einige europäische Staaten verteilten (Prozent der erwachsenen Bevölkerung, die ein Gespräch führen konnten): Niederlande (66%), Tschechien (31%), Schweden (28%), Polen (19%), Ungarn (16%), Frankreich (7%), Großbritannien (6%), Italien (4%), Portugal und Spanien (je < 0,5%) (Erhebung Mai/Juni 2005) (europa.eu.int/comm/public_opinion/archives/ebs/ebs_237.en.pdf: 4 – abgerufen 16.08.2010). Bedarf und Kenntnisse können mehr oder weniger genau übereinstimmen. Bei Diskrepanzen kann man von *Kenntnisüberschuss* bzw. *nicht befriedigtem Bedarf* sprechen. Den Terminus *Bedarf* könnte man auch nur im letzteren Sinn, also des ‚nicht befriedigten Bedarfs', verstehen; jedoch verzichte ich hier auf dieses verengte Verständnis.

Wie schon für den Gebrauch von Sprachen in der Wirtschaft liegen – nach meinen Recherchen – auch für ihren Bedarf nur bruchstückhafte Daten vor. Vor allem mangelt es an für ganze Länder repräsentativen quantitativen Angaben. Sie finden sich am ehesten für europäische Staaten, sind aber auch da meist von fraglicher Repräsentativität. Bei unserer Fragestellung geht es dabei vor allem um den Bedarf an Fremdsprachenkenntnissen, und zwar im Sinne anderer Sprachen als der jeweiligen staatlichen Amtssprache oder verbreiteten Muttersprachen. Im Hinblick darauf spreche ich im Weiteren von *Fremdsprachenbedarf*. Selbstverständlich interessiert im Rahmen dieses Buches vor allem der betreffende Bedarf an Deutschkenntnissen. Leider wurden ältere Forschungen, z.B. die niederländischen von Theo van Els und Maria Oud-de Glas (1983; auch Claessen/ van Galen/ Oud-de Glas 1978; 1979), in neuerer Zeit nicht fortgesetzt (bestätigt von Theo van Els, E-Mail 09.09.2013). Jedoch wären umfassendere Recherchen und Sichtungen vorliegender Untersuchungen, als mir hier möglich waren, wünschenswert.

Die vorausgehenden Kap. F.1-F.5 lassen keine Zweifel daran, dass Englisch die weltweit vorherrschende Sprache für internationale Wirtschaftskontakte ist. Dementsprechend ist in der Wirtschaft auch der Bedarf an Englischkenntnissen am größten, was schon die Wünsche und Anforderungen in Stellenanzeigen verraten (z.B. Glück 1992; Ammon/ KATO 1994; Augustin 2003c). Allerdings heißt dies nicht unbedingt, dass dieser Bedarf auch am wenigsten befriedigt oder am schwierigsten zu befriedigen ist, es sich also zugleich um den größten nicht-befriedigten Bedarf handelt. Ein Gegenindiz ist die verbreitete Einschätzung, dass Englischkenntnisse oft als so selbstverständlich gelten, dass sie in Stellenausschreibungen gar nicht mehr erwähnt werden. Vielleicht lässt sich – aufgrund ubiquitären Englischlernens (Kap. K.7) – der große Bedarf der Wirtschaft an Englischkenntnissen oft umstandsloser befriedigen als der geringere Bedarf an Kenntnissen anderer Fremdsprachen. Misslicherweise bleibt jedoch der Unterschied zwischen befriedigtem und nicht-befriedigtem Bedarf in vielen Untersuchungen – Analysen von Stellenausschreibungen oder Befragungen von Unternehmen – unklar und liegen dazu kaum einschlägige Zahlen vor.

Einen schon etwas älteren Überblick über den Fremdsprachenbedarf in mehreren europäischen Staaten liefert eine Analyse von Stellenanzeigen von Helmut Glück (1992). Dabei ist Deutschland nicht berücksichtigt, weil es um die internationale Stellung der deutschen Sprache ging, die sich an Deutsch als Fremdsprache erweist. Einbezogen wurden alles in allem 10.000 Stellenanzeigen mit Fremdsprachenanforderungen aus den jeweils repräsentativsten, auf die Wirtschaft ausgerichteten Zeitungen (Tab. F.6.-1).

	Englisch	Französisch	Deutsch	Spanisch
Großbritannien	-	15,3	6,9	5,6
Frankreich	71,1	-	10,7	5,4
Italien	68,8	9,4	6,2	2,3
Spanien	60,1	21,0	7,5	-
Ungarn	36,7	3,4	40,0	0,0
Polen	46,4	6,6	25,6	0,8

Tab. F.6.-1: Die vier Fremdsprachen mit der höchsten Nachfrage in Zeitungs-Stellenanzeigen in 6 europäischen Staaten um 1990 (Prozentwerte je Staat, nach Glück 1992)

Schon damals ist Englisch fast überall deutlich vorherrschend, außer in Ungarn. Dort, wie auch in Polen, fallen die beeindruckenden Zahlen für Deutsch auf, die sich damals vermutlich in großen Teilen Ostmitteleuropas gezeigt hätten – aber inzwischen geschrumpft und fast überall weit hinter Englisch zurückgefallen sein dürften. Dies entspräche jedenfalls dem allgemeinen Stellungsverlust der deutschen Sprache in dieser Region (Földes 2001a; b; 2002; 2004b). Eine Bedarfsanalyse von Viktoria Ilse (2011), die für Ungarn noch recht günstige Zahlen nahelegt, beschränkt sich auf 10 Unternehmen mit deutscher Beteiligung und basiert auf Einschätzungen von Dozenten und Studierenden von Wirtschaftsdeutsch an der Technischen und Wirtschaftswissenschaftlichen Universität Budapest (ebd.: 40f. bzw. 84-106).

Einen Überblick über den Bedarf an Fremdsprachenkenntnissen in der europäischen Wirtschaft gibt die im Auftrag der Europäischen Kommission durchgeführte Untersuchung, die unter dem Kürzel *ELAN* (2006) publiziert wurde („Auswirkungen mangelnder Fremdsprachenkenntnisse in den Unternehmen auf die europäische Wirtschaft"; Kurzfassung Hagen 2010). Befragt wurden kleine und mittlere Unternehmen (KMU) in 29 europäischen Staaten, meist der EU, aber auch anderer, einschließlich der Türkei. Geantwortet haben 1.989 Unternehmen – allerdings bei durchschnittlich sehr geringem Rücklauf, der Zweifel an der Repräsentativität der Befunde nahe legt (zwischen 5,5% im Falle Spaniens und 0,4% im Falle der Niederlande) (*ELAN* 2006: 74).

Zu den Zweifeln an der Repräsentativität der Befunde kommen solche an der Validität hinzu, die in erster Linie dasjenige Ergebnis der Untersuchung betreffen, dem die meiste Publizität zuteil wurde, nämlich die Höhe des durch mangelnde Fremdsprachenkenntnisse verursachten wirtschaftlichen Schadens. Ich möchte diese Zweifel, die sich auf mögliche Auswirkungen unbefriedigten Fremdsprachenbedarfs beziehen, hier einschieben, und erst danach auf die Größe des Fremdsprachenbedarfs zurückkommen. Meine Zweifel an der Validität der Schadensabschätzung haben zwei Gründe:

– Die Formulierung der Erhebungsfrage: „Besteht die Möglichkeit, dass Ihrem Unternehmen jemals aufgrund mangelnder Fremdsprachenkenntnisse eine Gelegenheit entging, einen Exportauftrag zu gewinnen?" (ebd.: 20). Ich halte diese Frage für so suggestiv, dass es geradezu einer psychischen Kraftanstrengung bedarf, sie zu verneinen? Dennoch haben sie nur 11% der befragten Unternehmen bejaht.
– Die Folgerung aus diesen Bejahungen, die darauf beruht, dass die 11% bejahenden Antworten auf den Gesamtexport aller Unternehmen des betreffenden Typs (KMU) in der EU bezogen und als 11% Verluste in diesem Gesamtexport veranschlagt wurden. Damit – so die Schlussfolgerung – „beläuft sich der Totalverlust für die EU-Volkswirtschaft aufgrund mangelnder Fremdsprachenkenntnisse im KMU-Sektor auf ca. 100 Mrd. € pro Jahr." (Ebd.: 21) Abgesehen von den aufgrund der Fragestellung vermutlich zu hoch gegriffenen 11%, wird nicht bedacht, dass die verlorenen Aufträge vermutlich oft von konkurrierenden Unternehmen, gerade in der EU, übernommen wurden und dann keine Verluste für die EU-Wirtschaft insgesamt wären.

Ähnliche Zweifel erscheinen gerechtfertigt bezüglich der unmittelbarer auf unsere Fragestellung bezogenen Befunde zu den einzelnen Sprachen, deren fehlende Kenntnisse von den Unternehmen als „Grund für verpasste Exportaufträge genannt wurden". Sie sind dennoch anregend, auch für Folgeuntersuchungen, vor allem ihre Differenzierung in Funktionen oder Situationen des Gebrauchs (Tab. F.6-2). Nicht weiter differenziert nach Sprachen und Situationen bleibt eine Restkategorie „andere Sprachensituationen" mit 38% (ebd.).

Bei dem für Deutsch und Französisch – im Vergleich zu Englisch – erstaunlich hohen Bedarf handelt es sich wahrscheinlich um nicht-befriedigten Bedarf (im oben erläuterten Sinn), dessen Größenordnung aufgrund der weniger verbreiteten Kenntnisse von Deutsch und Französisch nicht abwegig erscheint.

	Verhandlungen	Korrespondenz	Auf Messen
Englisch	11	8	-
Deutsch	5	11	-
Französisch	8	7	3
Italienisch	3	-	-
Russisch	3	-	-
Chinesisch	3	-	-

Tab. F.6-2: Prozent entgangener Aufträge aufgrund mangelnder Kenntnis der betreffenden Sprachen in den angegebenen Situationen bei kleinen und mittleren Betrieben der EU (nach *ELAN* 2006: 22f.)

Ebenso plausibel ist es, dass solcher Bedarf für Deutsch eher bezüglich Korrespondenz und für Französisch eher bezüglich Verhandlungen besteht. Noch beeindruckender ist der Bedarf an Deutschkenntnissen bei den Antworten auf die Frage zu den Sprachen, „die sich Unternehmen in den nächsten drei Jahren aneignen müssen." Dabei nannten folgende Prozent Unternehmen folgende Sprachen: Englisch 25,8%, Deutsch 17,8%, Französisch 13,2%, Russisch 11,7%, Spanisch 6,6%, Italienisch 4,7%, Chinesisch 4,1%, Polnisch 2,7%, Arabisch 1,8% und weitere mit schwindenden Prozentsätzen (ebd.: 45; Hagen 2010: 27). Inwieweit sich die Antworten auf nicht-befriedigten Bedarf beziehen, bleibt wiederum unklar. Dass dies jedoch zumindest teilweise der Fall ist, darf man aufgrund der fast gleich hohen Zahlen für Deutsch wie für Englisch annehmen.

ELAN legt indes noch einen anderen möglichen Grund dafür nahe, „dass Englisch nicht weiter verbreitet ist" (sowohl bezüglich des Bedarfs als auch des Gebrauchs), nämlich dass es „daran liegt, dass Unternehmen dazu neigen, möglichst die Heimatsprache des Exportmarktes zu verwenden, und wenn nicht, dann eine der führenden europäischen Sprachen wie Deutsch oder Französisch." (Ebd. 23) Demnach würden Bedarf und Gebrauch von Englisch vielleicht oft überschätzt. Allerdings könnten auch die methodischen Mängel der *ELAN*-Untersuchung, nicht zuletzt die fehlende Spezifizierung von *Bedarf* als ‚nicht befriedigter Bedarf', zur Überschätzung der anderen Sprachen und Unterschätzung von Englisch geführt haben. Hierzu wären gezielte Nachuntersuchungen wünschenswert. – Die sonstigen *ELAN*-Ergebnisse, bezüglich Anstellung von Personal mit entsprechenden Sprachkenntnissen oder speziellen Gebrauchs der verschiedenen Sprachen (ebd.: 24-41), führen für unsere Fragestellung zu sehr in die Details.

Für den folgenden Überblick habe ich die Länder möglichst weltweit verteilt ausgewählt, um einen globalen Eindruck zu vermitteln, natürlich auch im Hinblick auf jeweils vorliegende Daten, so unrepräsentativ diese für das jeweilige Land gelegentlich sind. Wegen der unterschiedlichen Fragestellungen und

Methoden der Untersuchungen sind auch nur selten Vergleiche mit früheren Befunden möglich (siehe dazu Ammon 1991a: 182-195), die historische Entwicklungen anzeigen könnten. Im Hinblick darauf wäre eine umfassendere Bestandsaufnahme und Auswertung vorliegender, zeitlich auseinander liegender Untersuchungen wünschenswert, die mir aus Kapazitätsgründen nicht möglich war. Eine umfassende Bestandsaufnahme ist schon deshalb aufwändig, weil viele Untersuchungen, auch in den Staaten kleiner Sprachgemeinschaften, nur in der örtlichen Sprache publiziert sind.

Vor allem aus europäischen Staaten wird häufig über eine Diskrepanz zwischen niedrigen Lerner- oder Studierendenzahlen für Deutsch und höherer Nachfrage nach Deutschkenntnissen in der Wirtschaft berichtet. In **Großbritannien** erschallt seit Jahrzehnten die Klage größeren Fremdsprachenbedarfs als die von den Schülern nachgefragten und erworbenen Kenntnisse. Die wortführende Zeitung ist der *Guardian*. Auf eine Webseite mit einschlägigen Artikeln hat mich Martin Durrell hingewiesen (www.scoop.it/t/language-teaching-and-learning-in-higher-education – abgerufen 12.09.2013). Er hat mir mit gleicher Mail (06.09.2013) den umfangreichen Bericht übermittelt, den Teresa Tinsley (2013), unterstützt von KollegInnen, über den Fremdsprachenbedarf in Großbritannien verfasst hat und den Grad seiner tatsächlichen und möglichen Befriedigung („demand and supply"). Das dem Bericht vorangestellte Gesamtbild ist düster (ebd.: 9 – Hervorhebungen im Original hier aufgehoben):

- „There is strong evidence that the UK is suffering from a growing deficit in foreign language skills at a time when globally, the demand for language skills is expanding
- The range and nature of languages being taught is insufficient to meet current and future demand
- Language skills are needed at all levels in the workforce, and not simply by an internationally-mobile elite
- A weak supply of language skills is pushing down demand and creating a vicious circle of monolingualism
- Languages spoken by British school children, in addition to English, represent a valuable future source of supply – if these skills can be developed appropriately."

Von den vielen Einzelbefunden ist hier vor allem Folgendes interessant: „French and German are the two languages which are currently most sought after, in some cases in combination with each other. In the more recent survey 15% of employers requested both French and German." (Ebd.: 57; ähnlich, 16%, in Mulkerne/ Graham 2011: 3) Dieser Befund überrascht angesichts der seit Jahren regelmäßigen Medienberichte über Spanisch als der einzigen Fremdsprache mit nachhaltig steigenden Lernerzahlen, wogegen diese bei Deutsch und Französisch seit langem und neuerdings auch bei Japanisch und Chinesisch rückläufig sind (Coleman 2012). Das Interesse an Spanisch wird in der britischen Presse meist mit der Assoziation von Urlaubsfreuden und beglückender südamerikanischer Lebensart begründet. Dagegen spiele berufliche Nutzanwendung, so die Implikation, für britische Schüler bei der Fremdsprachwahl eine allenfalls untergeordnete Rolle.

Die Sprachwahl britischer Lernender erscheint auf den ersten Blick irrational. Sie wird jedoch – entgegen vieler Verlautbarungen – durch Untersuchungen der Verdienstmöglichkeiten von Personen mit Fremdsprachenkenntnissen bestätigt. Zwar beziehen in manchen Staaten Personen mit Deutsch-, Französisch- oder Italienischkenntnissen durchschnittlich höhere Gehälter als ohne Fremdsprachenkenntnisse, jedoch nicht in Großbritannien: „The bad news for British graduates is that ‚only in the UK is there apparently no income return to using a second language on the job' " (Williams 2011: 388, zit. nach Coleman 2012: 14 – Hinweis Martin Durrell). Dieser – methodisch sorgfältig ermittelte – Befund mahnt auch zur Skepsis bezüglich Schadensmeldungen, die der britischen Wirtschaft angeblich durch mangelnde Fremdsprachenkenntnisse entstehen – wobei allerdings fehlende Gratifikation der Mitarbeiter wirtschaftlichen Schaden für die Unternehmen nicht ausschließt. Dennoch bedürfen entsprechende Schadensmeldungen der Prüfung, wie ich schon oben bezüglich ELAN verdeutlicht habe. Auf die diesbezüglich häufig fragwürdige Argumentation hat mich auch Sue Wright hingewiesen (E-Mail 06.09.13) und mir entsprechende Zeitungsartikel übermittelt und sah sich in ihrer Skepsis von ihrem sachkundigen Kollegen Ros Mitchell (University of Southampton) bestärkt.

Dass britische Jugendliche unter dem Eindruck, mit der Weltsprache Englisch, also der eigenen Sprache, könne man sich notfalls überall verständigen, den praktischen Zweck des Fremdsprachenlernens weitgehend aus den Augen verloren haben, beruht zwar auf einer undifferenzierten Wahrnehmung der sprachlichen Verhältnisse unserer Welt. Jedoch neigen ihre Kritiker zur umgekehrten Übertreibung, dass man mit „English only" außerhalb der angelsächsischen Welt schnell an kommunikative Grenzen stößt. Zwar sind solche Kommunikationsbarrieren nicht zu bestreiten, jedoch ebenso wenig ist es die Tatsache, dass man sich mit Englisch erstaunlich weithin behelfen kann (dazu Kap. F.8).

Veränderungen gegenüber früher sind aufgrund der weitgehenden Unvergleichbarkeit der Untersuchungen kaum empirisch nachweisbar (zu früheren Untersuchungen Ammon 1991a: 192-195). Jedoch ergaben ältere Untersuchungen von Hagen in verschiedenen Regionen Großbritanniens (1986; 1988; Ammon 1991a: 194f.), dass der Bedarf an Deutschkenntnissen in der Wirtschaft in den 1980er Jahren höher war als für jede andere Fremdsprache. Dabei dürfte es sich allerdings um ‚nicht befriedigten Bedarf' aufgrund wenig verbreiteter Kenntnisse im zu Anfang des Kap. erläuterten Sinn gehandelt haben. Besonders gute Anstellungschancen bei Deutschkenntnissen hat später auch noch Martin Durrell für England berichtet (2004a: 29). Allerdings hat er sich in einer neueren Korrespondenz mit mir korrigiert und darauf hingewiesen, dass jene Daten, die „showed very high employability for German, were – unfortunately – flawed for a number of reasons. In practice [...] the employability of modern languages graduates is no better and no worse than that for other subjects." (E-Mail 01.11.2013) Durrell beruft sich dabei auch auf seine Korrespondenz mit Jim Coleman und auf dessen oben zitierten Artikel (Coleman 2012).

Aufschluss über den wirtschaftlichen Deutschbedarf in **Frankreich** und umgekehrt den Französischbedarf in Deutschland liefert eine Untersuchung von Christof Römer, Sigrid Schöpper-Grabe, Anne Wegner und Reinhold Weiß (2004), die unter dem Titel *Bilateraler Fremdsprachenbedarf in Deutschland und Frankreich* erschienen ist (www.europrofession.de/uploads/media/bilateraler_ Fremdsprachenbedarf.pdf – abgerufen 16.09.2013). Sie hatte nicht zuletzt das sprachenpolitische Ziel, durch nachgewiesenen Bedarf in der Wirtschaft zum Erlernen der beiden Nachbarsprachen als Fremdsprachen zu motivieren (ebd.: 2f., 38-46).

Dabei weisen die VerfasserInnen auf einen wichtigen Befund aus früheren Untersuchungen hin, der bei der Erklärung von Bedarfszahlen Beachtung verdient: „Der Bedarf an Französisch-/ Deutschkenntnissen ist nicht direkt aus dem Umfang der Kundenbeziehungen ableitbar. Mit anderen Worten: Der Bedarf an Französischkenntnissen fällt – paradoxerweise – umso höher aus, je schwächer die Wirtschaftsbeziehungen zu Frankreich sind. Denn Unternehmen mit hohen Marktanteilen in Frankreich dürften das Geschäft mit den Kunden weitgehend über ihre ausländischen Niederlassungen oder Tochtergesellschaften abwickeln." (Ebd.: 36) Entsprechendes, darf man annehmen, ist auch bei französischen Unternehmen bezüglich Deutschkenntnissen möglich.

Auf französischer Seite konnten 35 der größten Unternehmen zur Teilnahme an einer Telefonbefragung gewonnen werden (von 55 kontaktierten; Rücklauf 64%), auf deutscher Seite 42 (von 50, die – allerdings aus unterschiedlichen Betriebsteilen – 47 Fragebogen- und Telefon-Antworten lieferten; Rücklauf 71%).

Obwohl hier vor allem der Bedarf auf französischer Seite interessiert, sind doch auch mitgeteilte Befunde aus einer früheren Befragung von 39 deutschen Unternehmen aufschlussreich. Ihre Antworten auf die Frage, welche Unternehmenssprachen sie im Falle erforderlicher Festlegung gewählt hätten, bestätigt die vermutete Rangordnung: 36 Unternehmen nur Englisch, 2 Englisch und Französisch und 1 Englisch und Spanisch (ebd.: 53; dazu Kap. F.7). Dabei wurde sicher nur nach fremdsprachlichen Unternehmenssprachen gefragt, denn Deutsch taucht überhaupt nicht auf. Erhellend ist der weitere Befund für deutsche Unternehmen: „Dass 34 Befragte [81%! U.A.] bei Kontakten mit französischen Geschäftspartnern Englisch sprechen [...]". „Es zeigt sich, dass der Kontakt mit französischen Gesprächspartnern auf Englisch überwiegend problemlos ist, da die Funktion der Konzernsprache Barrieren auf beiden Seiten abbaut." (Ebd.: 55f.)

Auch französische Unternehmen, um den Blick nun auf sie zu richten, haben keine grundsätzlich anderen sprachlichen Prioritäten. Trotz Betonung des Wertes der örtlichen Sprachen gilt für sie: „Englisch ist [...] für die französischen Unternehmen eindeutig die wichtigste Fremdsprache. [...] Alle Unternehmen hielten Englisch für sehr wichtig [...]. Danach folgt Spanisch, das im Durchschnitt für wichtig bis weniger wichtig eingestuft wurde. Deutsch stufen die Unternehmen als drittwichtigste Sprache ein, als eher weniger wichtig." (Ebd.: 74) Die „Unternehmen, die Deutsch für wichtig hielten, wiesen darauf hin, dass das ‚deutschsprachige Gebiet (...) der [für sie! U.A.] wichtigste Markt' sei." „Entsprechend dem wenig ausgeprägten Bedarf halten es nur 5 Unternehmen [14%! U.A.] für notwendig, dass die leitenden Angestellten deutsch sprechen." (Ebd.: 74f. – „(...)" = Auslassung im Original) Allerdings melden 8 der französischen Unternehmen [23%! U.A.] sprachlich bedingte „Probleme" und 1 Unternehmen sogar „große Probleme" im Kontakt mit deutschen Geschäftspartnern (ebd.: 76). Am ehesten würden Deutschkenntnisse benötigt von ‚Chefsekretärinnen', ‚Industriekaufleuten', [...] ‚kaufmännischen Mitarbeitern und Mitarbeitern aus dem Bereich Kommunikation/ Öffentlichkeitsarbeit' oder ‚Mitarbeitern auf Reisen zu den zwei Firmensitzen'. (Ebd.: 77) Allerdings fanden die meisten französischen Unternehmen die kulturellen Unterschiede noch wichtiger und unter Umständen schwieriger als die rein sprachlichen (ebd.: 80f.).

Neuere Zahlen aus Frankreich deuten auf einen vielleicht stärkeren Deutschbedarf hin – womöglich infolge der inzwischen geringeren Arbeitslosigkeit in den deutschsprachigen als in den anderssprachigen Mitgliedstaaten der EU (übermittelt von Odile Schneider-Mizony, E-Mail 17.09.13, erstellt von Frédéric Auria, Vorsitzender der ADEAF/ Association pour le développement de l'enseignement de l'allemand en France). Diese Zahlen sollen auch, wie ihre Herkunft nahe legt, für das Deutschlernen werben – wobei ich mit diesem Hinweis keine Zweifel an ihrer Seriosität nahe legen möchte. Tab. F.6-3 enthält die demnach in Frankreich bei Stellenangeboten am häufigsten „verlangten" (*demandées*) vier Fremdsprachen.

Englisch	Deutsch	Italienisch	Spanisch
29.430 (72%)	4.907 (12%)	3.468 (9%)	2.980 (7%)

Tab. F.6-3: Die vier in Frankreich bei Stellenangeboten am häufigsten verlangten Fremdsprachen (Zeitspanne 01.01. – 12.12.2012; Prozente auf Basis der 4 Sprachen)

Ergänzend dazu werden die Arbeitschancen bei den entsprechenden Sprachkenntnissen im Ausland, also außerhalb Frankreichs, beziffert, und zwar qua offener Stellen in der Zeit vom 01.01 bis 31.12.2012: „Nombre d'emplois offerts dans les pays dont les langues sont enseignées en France" (soweit – so meine Interpretation der Beschreibung – die Zahlen in Frankreich bekannt wurden und die Kenntnis der jeweiligen staatlichen Amtssprache für die betreffende Stelle gewünscht oder gefordert war).

Deutsch: Deutschland 2137 + andere deutschsprachige Staaten 2336 = 4.437
Englisch: Großbritannien 396 + andere englischsprachige Länder 444 = 840
Spanien: Spanien 281 + andere spanischsprachige Länder 74 = 355
Italien: =105

Wiederum lassen sich aufgrund fehlender wirklich vergleichbarer älterer Zahlen (Ammon 1991a: 191f.) auch für den Bedarf die Tendenzen der Entwicklung nicht abschätzen.

Nun zum wirtschaftlichen Bedarf an Deutschkenntnissen in **Italien**. Hierzu liegen nach meinen Recherchen und Rückfragen keine einschlägigen neueren Untersuchungen vor (auch Sandro Moraldo, E-Mail 31.08.2013: „Also mir sind keine neueren Untersuchungen bekannt"). Allerdings hat mich Goranka Rocco (E-Mail 10.10.2013) auf Erhebungen hingewiesen, die zumindest indirekte Anhaltspunkte liefern. Danach nennen italienische Unternehmen Deutschkenntnisse nicht als Faktoren ihres Erfolgs auf dem deutschen Markt. Jedoch bleibt dabei offen, ob sie Deutschkenntnisse für so selbstverständlich halten – vor allem als Teil des ihnen wichtigen Kundendienstes –, dass sie ihnen gar nicht erwähnenswert scheinen, oder ob sie sich weitgehend ohne Deutschkenntnisse behelfen, vor allem über Englisch als Lingua franca mittels deutscher Partner oder Vermittler. Der für unsere Fragestellung wichtigste Abschnitt eines Berichts über die Befragung von 146 kleinen und mittleren italienischen Unternehmen in den Jahren 2008 und 2009 lautet:

> „Die wichtigsten Erfolgsfaktoren für den deutschen Markt sind, laut Angaben der Unternehmen der Stichprobe, die Qualität der Produkte und Dienstleistungen und die Einhaltung von Fristen. An dritter Stelle steht der Kundenservice, während der wettbewerbsfähige Preis erst an vierter Stelle zu finden ist. Die Antworten bestätigen, dass der deutsche

Markt herausfordernd ist und in strukturierter Form, mit qualitativ hochwertigen Produkten und besonderer Kundenbetreuung bearbeitet werden muss. Diese Wettbewerbssituation bietet den italienischen Unternehmen bessere Marktchancen als der reine Preiswettbewerb."

Ein Bedarf an Deutschkenntnissen scheint also nicht einmal erwähnenswert. (Deutsch-Italienische Handelskammer (2010: 11)

Umgekehrt heben jedoch deutsche Unternehmen Italienischkenntnisse für ihren Geschäftserfolg in Italien als förderlich hervor. Hier der einschlägige Abschnitt aus der Zusammenfassung der Befunde für 516 Unternehmen: „47% der befragten Unternehmen verfügt über italienisch sprechendes Personal. Diese Unternehmen empfanden ihre Position auf dem italienischen Markt als deutlich besser (51%) als die, bei denen dies nicht der Fall ist (33%)." (Deutsch-Italienische Handelskammer 2008: 21) Der Umkehrschluss, dass deutschsprachiges Personal, und mithin Deutschkenntnisse, auch italienischen Unternehmen für ihre Geschäfte in Deutschland förderlich wären, liegt zwar nahe, bedürfte aber gesonderter Untersuchung.

Für **Spanien** konnte ich keine einschlägigen Untersuchungen ausfindig machen. Nach mehreren vergeblichen Anfragen bei KollegInnen konnten mir auch der Kulturreferent der Deutschen Botschaft in Madrid, Max Meier, und der Leiter von Personalservice & Ausbildung der Deutschen Handelskammer für Spanien, Marcelo Scocco, nicht weiter helfen (E-Mails 10.10. bzw. 15.10.2013). Letzterer fügte seinem Schreiben hinzu: „Bei Anfragen von Unternehmen in Deutschland für die Gewinnung von Fachkräften aus Spanien ist das Thema Sprache immer ein wichtiger Punkt. Sie erwarten immer, dass die Kandidaten Deutsch sprechen, was leider in den meisten Fällen unrealistisch ist. Deshalb werden meistens Kompromisse getroffen und viele Unternehmen akzeptieren auch, dass die Kandidaten die Bereitschaft haben, Deutsch zu lernen." Jedoch handelt es sich bei diesem Bedarf um einen im vorliegenden Kap. sonst nicht thematisierten Spezialfall.

Für die **Niederlande** haben mir Kees de Bot und Theo van Els (E-Mail 10.09.2013 bzw. 09.09.2013) ein heute geringes wissenschaftliches Interesse an dieser Frage mitgeteilt – im Gegensatz zur oben erwähnten Tradition (z.B. van Els/ Maria Oud-de Glas 1983). Nicht ganz untypisch, vor allem für westeuropäische Staaten, ist de Bot's abschließender Hinweis: „Emotions run high about the threat of English due to the enormous growth of bilingual education in recent years, but economic value seems to be seen as irrelevant!" Jedoch gibt es eine von örtlichen deutschen Vertretungen veranlasste und herausgegebene einschlägige Untersuchung (Schirbel u.a. 2005). Einen Teil davon bildet eine Fragebogenerhebung bei 36 „Arbeits- und Personalvermittlungsagenturen". Sie erbrachte bei Stellenanzeigen, in denen Sprachkenntnisse gewünscht oder gefordert werden, die folgenden Anteile für die am häufigsten genannten Sprachen (Mittelwerte der Häufigkeitsangaben): Englisch 80,6%, Deutsch 13,9% und Französisch 3%. Außerdem gaben 44% der Befragten an, „dass die Beherrschung der deutschen Sprache einen Vorteil für Arbeitssuchende beinhaltet", und 34% erklärten sich „ganz einverstanden" sowie 19% „einverstanden" mit der Aussage „Ist es schwierig heut zu tage Menschen zu finden, die ausreichend Deutschkenntnisse haben?". Schließlich wurde ein Bedarf an Deutschkenntnissen vor allem vermutet in den Bereichen „Technik" (30,6% der Befragten) sowie „Einkauf und Logistik" (25%). (Ebd.: 23-25 – Orthographie sic!) Der Bedarf, auch der nicht befriedigte, erscheint also verhältnismäßig hoch. Er wird allerdings weniger von niederländischer als von deutscher Seite artikuliert. Auch die geschilderte Befragung reiht sich letztlich ein in Anspornversuche zum Deutschlernen aus Deutschland, ebenso wie folgender Appell an die Niederländer, den seine Verfasser für „überfällig" erklären: „Denn als Handelskammer haben wir schon seit vielen Jahren die Rückmeldungen von Unternehmen, dass deutschsprachiges Personal fehlt. Deshalb ist der Aufruf an niederländische Schüler, die deutsche Sprache wieder zu lernen, ganz wesentlich und auch im Interesse der niederländischen Wirtschaft [...]" (www.dradio.de/dlf/sendungen/europaheute/1672011/ – abgerufen 12.09.2013).

Das *Wieder*-Erlernen erinnert an bessere Zeiten. Statt auf Deutsch wird heute oft auf Englisch kommuniziert oder – wohl mehr als früher – in polyglottem Dialog, wobei beide Seiten die eigene Sprache sprechen und die andere verstehen. Weitgehend jedenfalls. Jedoch reichen passive Kenntnisse oder die bloße Ähnlichkeit zwischen beiden Sprachen nicht immer aus für die reibungslose Kommunikation. Darüber kursieren scherzhafte Anekdoten wie die vom niederländischen Lastwagenfahrer, der auf die Frage nach seiner Tätigkeit antwortete: „Hähnchen verführen" – entsprechend niederländisch *vervoeren* für ‚ausliefern' (<oe> wird als [u:] ausgesprochen). Bei all dem ist zu bedenken, dass Deutschland für die Niederlande der mit Abstand wichtigste Exportmarkt ist (24% des Exports, vor Belgien mit 12% und Frankreich 9% – im Jahr 2011. *Fischer Weltalmanach 2013*: 332). – Auch unter einem anderen Aspekt könnten Deutschkenntnisse für Niederländer nützlich sein. Daran erinnerten die Bürgermeister der grenznahen Städte Groningen, Enschede, Arnheim, Maastricht und Venlo in einem Aufruf gegen Pläne der Reduzierung des Deutschunterrichts an den niederländischen Berufsschulen. Auf deutscher Seite gebe es bessere Jobmöglichkeiten für Jugendliche als in der von Jugendarbeitslosigkeit geplagten niederländischen Grenzregion. („Niederländer setzen sich für Deutschunterricht ein", *Welt am Sonntag* 08.12.2013: 14)

Erwähnt sei auch noch einmal (vgl. Kap. F.5) die auf das deutsch-niederländische Grenzgebiet beschränkte Untersuchung von Frietman/ Buis/ Broekhoven/ Busse (2001), bei der 91% der niederländischen Betriebe einen Bedarf an Deutschkenntnissen melden, aber auch 32% der grenznahen deutschen Unternehmen einen Bedarf an Niederländisch, „gleichauf mit dem Bedarf an Französischkenntnissen" (ebd.: 33). Dieser hohe Niederländisch-Bedarf ist durch die Grenzlage bedingt; im übrigen Deutschland ist er weit niedriger als der Französisch-Bedarf. Entsprechend liegt – wie die berichtete Untersuchung belegt (Schirbel u.a. 2005) – der durchschnittliche Deutsch-Bedarf für die Niederlande insgesamt weit unterhalb des grenznahen Bedarfs.

Wenn auch aus methodischen Gründen kein stringenter Vergleich mit früheren Befunden aus den Niederlanden möglich erscheint, liegt doch die Annahme einer Verschiebung weg von Deutsch und hin zu mehr Englisch nahe. So wurden in Stellenanzeigen in den Niederlanden im Jahr 1985 in 21,8% Deutschkenntnisse und in 30,2% Englischkenntnisse gewünscht (nach Beermans 1987: 36), und nannten in einer Erhebung 1983 noch 74% befragter niederländischer Manager Deutsch als „eine der beiden wichtigsten Verhandlungssprachen" (Englisch 95%) und 95% als „eine der drei wichtigsten Verhandlungssprachen" (Englisch ebenfalls 95%) (Ulijn/ Gorter 1989; weitere ältere Befunde in Ammon 1995a: 183f.). Eine Befragung heute erbrächte sicher bescheidenere Zahlen für Deutsch im Vergleich zu Englisch.

Auch für **Belgien** insgesamt liegen keine neueren Erhebungen zum Fremdsprachenbedarf vor (E-Mail Jeroen Darquennes 31.08.2013), sondern nur eine – allerdings nicht sonderlich aussagekräftige – für Brüssel (Mettewie/ van Mensel 2009). Dabei meldeten die dortigen Unternehmen (repräsentative Stichprobe n = 595) für Deutsch allein überhaupt keinen Bedarf, sondern nur in Kombination mit Französisch, Niederländisch und Englisch, also als Element in Viersprachigkeit, und sogar nur 2 Unternehmen (0,3%). Allerdings wurde auch für Englisch allein kein Bedarf genannt, sondern nur in Verbindung mindestens mit Französisch und Niederländisch, wiederum nur von einer geringen Zahl, nämlich 43 Unternehmen (7,2%). (Ebd.: 141) Immerhin jedoch war Deutsch die einzige explizit genannte Fremdsprache neben Englisch. Allerdings war aufgrund der amtlichen Zweisprachigkeit Brüssels bei Französisch und Niederländisch wohl keine Unterscheidung zwischen Mutter- und Fremdsprache möglich. Verhältnismäßig viele Unternehmen meldeten jedoch den faktischen *Gebrauch* von Deutsch: 38,4% „using it outside the company and 27% inside [...], due to the importance of the markets located in Germany and Eastern Europe." Den Gebrauch von Englisch meldeten 85,4%, von Spanisch 16,8% und Italienisch 8,7% der Unternehmen. (Ebd.: 138) Die Befunde legen nahe, dass sich einerseits Deutsch nicht durch Englisch ersetzen lässt, andererseits aber der aktuelle Bedarf durch die vorhandenen Kenntnisse weitgehend gedeckt ist. Interessant ist auch folgendes Resümee der Exploratoren: „Strikingly neither fashionable business languages such as Chinese, nor migrant languages do significantly appear in the companies' practices, contrary to neighbouring languages such as German." (Ebd.: 147) Auch kein Bedarf wird für diese Sprachen angemeldet. Dass Deutsch – trotz fehlender Bedarfsmeldung – eine wichtige Fremdsprache für die belgische Wirtschaft ist, liegt eigentliche nahe, einerseits aufgrund seiner Stellung als regionale staatliche Amtssprache (vgl. Kap. D.3.1) und andererseits, weil Deutschland der wichtigste Exportmarkt des Landes ist (18% der Exporte), wenngleich dicht gefolgt von Frankreich (17%, danach Niederlande 12% – für 2011. *Fischer Weltalmanach 2013*: 58).

Wiederum sind die neueren Befunde mit den älteren aus den 1970er und 1980er Jahren (Ammon 1995a: 185f.) kaum vergleichbar. Jedoch gibt es vereinzelte Anhaltspunkte für eine Verschiebung hin zu mehr Englisch. So nannten noch Anfang der 1980er Jahre die Unternehmen in Brüssel Deutsch als für sie gleich wichtig wie Englisch (Verdoodt/ Sente 1983: 278).

Für **Norwegen** gibt es Anhaltspunkte für wirtschaftlichen Bedarf an Deutschkenntnissen, bei gleichzeitig abnehmendem Interesse am Deutschlernen. Ein Beispiel für Letzteres ist „das zweijährige Studium *Wirtschaftsdeutsch und internationaler Handel* in Halden, das 1995 ganze 40 Studienplätze hatte, im Jahr 2002 jedoch nur noch 15." Im Gegensatz dazu besteht offenbar durchaus ein wirtschaftlicher Bedarf an Deutschkenntnissen, wobei allerdings die Relation letztlich unklar bleibt: „Englisch hat Deutsch nicht verdrängt; in der Berufswelt sind Deutschkenntnisse immer noch nachgefragt." Die Erkundigung beim örtlichen „Arbeitsamt (AETAT) hat im Februar 2001 ergeben, dass das Tagesangebot für Deutsch hoch ist: Es gab im Durchschnitt 220 Stellen, bei denen Deutschkenntnisse in irgendeiner Form explizit nachgefragt waren. Es gibt also eine deutliche Diskrepanz zwischen der Nachfrage nach Deutschkenntnissen in Stellenanzeigen und der Nachfrage nach Studienplätzen für Deutsch [...]" (Kvam 2003: 73). Inwieweit sich auch in Norwegen in den letzten Jahrzehnten der Bedarf weiter in Richtung Englisch verschoben hat, lässt sich aufgrund der Unvergleichbarkeit früherer Untersuchungen (Ammon 1991a: 189) nicht abschätzen.

Ähnlich wie in Norwegen sieht es aus in **Island**. So betont Oddný Sverrisdóttir (2003: 92-94; auch 2005; Ögmundarson 2002), dass angesichts der intensiven isländischen Wirtschaftsbeziehungen zu Deutschland (z.B. 16,4% des isländischen Außenhandels im Jahr 2000), vor allem aufgrund des Fischexportes, Fachkräfte mit Deutschkenntnissen bei isländischen Unternehmen „sehr begehrt" seien, aber nicht im ausreichenden Umfang zur Verfügung stünden. Umso größer war offenbar, nach verschiedenen Berichten, die Frustration in Island über die Schließung nicht nur des dortigen Goethe-Instituts im Jahr 1998, sondern auch noch des verkleinerten Goethe-Zentrums im Jahr 2006.

Anders vielleicht in **Dänemark**. Dort ist man sich, wie Martin Nielsen (2003: 105) hervorhebt, der begrenzten Größe der eigenen Sprachgemeinschaft bewusst (ca. 5,5 Mio. Sprecher) und hat sich sprachlich darauf eingestellt: „Mündliche und schriftliche Wirtschaftskommunikation mit Nicht-Dänischsprachigen erfolgt bis heute deshalb fast ausschließlich in der Sprache des jeweiligen Kommunikationspartners." Dementsprechend habe man auch 1993 das Grundstudium und 1996 das Hauptstudium „im Bereich Wirtschaftskommunikation auf Deutsch erneuert und den neuen Anforderungen moderner Wirtschaftsunternehmen angepasst." Tatsächlich scheint es so, als stehe in Dänemark das Deutschlernen mit dem Deutschbedarf und der Deutschnachfrage in der Wirtschaft weitgehend im Einklang. Die verhältnismäßig hohen Deutschkenntnisse in den Unternehmen, die sich aus den Zahlen des Deutschgebrauchs schließen lassen, passen jedenfalls zu dieser Einschätzung. Bei einer repräsentativen Befragung in der Zeitspanne 2006 – 2011 nannte die folgende Zahl befragter Unternehmen den täglichen Gebrauch an Sprachen: 169 Englisch (42%), 134 Deutsch (34%), 72 Französisch (18%) und 23 Spanisch (6%) (Miller/ Jensen 2009: 90 – allerdings ist den Verfasserinnen ein Rechenfehler bei den Prozentwerten unterlaufen). Bemerkenswert ist jedoch, dass die Unternehmen trotz der geringen Häufigkeit des Gebrauchs die größten Kommunikationsschwierigkeiten bei Französisch und Spanisch sahen. Vermutlich verfügten sie selbst über besonders geringe Kenntnisse dieser Sprachen. Ominös hinsichtlich Deutsch ist ihre hauptsächliche Begründung der Kommunikationsschwierigkeiten, nämlich dass die Unternehmen der französisch- und spanischsprachigen Länder, vor allem westafrikanische bzw. lateinamerikanische, kaum über Englischkenntnisse verfügten (ebd.: 99-102). Dies legt nämlich im Umkehrschluss nahe, dass mit den Unternehmen aus den deutschsprachigen Ländern auch auf Englisch, der überwältigend bevorzugten Unternehmenssprache in Dänemark, kommuniziert werden kann. Wird vielleicht deshalb der Bedarf an Deutschkenntnissen nicht als dringlich empfunden?

Diese Möglichkeit legt eine „elektronische Fragebogenaktion" im Herbst 2007 nahe, von der Charlotte Rønhof (2010: 63) berichtet: „English is the language that basically all enterprises use when they communicate and trade at the international market." Hauptsächlich lagen Durchführung und Berichterstattung der Fragebogenaktion bei Lisbeth Verstraete-Hansen (2008; Kurzfassung 2010) in Zusammenarbeit mit der Dansk Industri. Daran nahmen 312 von 957 kontaktierten Unternehmen teil (Rücklauf 32,6%), von denen 267 (85,6%) angaben, internationale Beziehungen zu pflegen. Folgende Befunde sind im vorliegenden Zusammenhang wichtig:

- „Kleine und mittelgroße Unternehmen brauchen vor allem Englisch (26,2%), gefolgt von Deutsch (19,4%), den nordischen Sprachen (14,1%) und Französisch (13,6%). Einen Bedarf an Chinesisch und Russisch geben 11,2% bzw. 10,7% an.
- Die großen Unternehmen (mit über 250 Angestellten) geben einen großen künftigen Bedarf an Russisch (21,3%) an, gefolgt von Chinesisch (13,1%). Englisch wurde von 11,5% angegeben, während Französisch (6,6%), Spanisch (4,9%) und besonders Deutsch (3,3%) schwächer repräsentiert sind."
- „Fast 60% der befragten Unternehmen (59,7 der kleinen und mittelgroßen Unternehmen sowie 57,4% der großen Unternehmen) verwenden ausschließlich Englisch in der Kommunikation mit ihren ausländischen Handelspartnern, wohingegen nur 8,7% der kleinen und mittelgroßen Unternehmen und 4,9% der großen Unternehmen sich der Sprache des Handelspartners bedienen.
- Insgesamt 31,5% der befragten Unternehmen (33,5% der kleinen und mittelgroßen Unternehmen sowie 24,6% der großen Unternehmen) haben erlebt, dass der Mangel an Fremdsprachenkenntnissen die internationalen Aktivitäten des Unternehmens behindert. Die negativen Erfahrungen umfassen eine Reihe von Situationen wie z.B. den Verlust von Aufträgen, die Aufgabe oder den Abbruch von Marketingkampagnen und Marktvorstößen und ganz besonders Probleme bei Verhandlungen."
- „Dänische Unternehmen stoßen am häufigsten in China auf sprachlich bedingte Schwierigkeiten, gefolgt von Frankreich, Deutschland und Russland.
- Insgesamt 41,4% der befragten Unternehmen (41,3% der kleinen und mittelgroßen Unternehmen und 42,6% der großen Unternehmen) erleben Probleme, die sie der fehlenden Fremdsprachenkompetenz ihrer ausländischen Handelspartner zuschreiben. [...] Sehr häufig werden mangelnde bzw. fehlende Englischkenntnisse der ausländischen Geschäftspartner als Grund für Verständigungs- bzw. Kommunikationsprobleme angegeben."
- „Die befragten Unternehmen halten – trotz ihrer negativen Erfahrungen mit mangelnden Englischkenntnissen ausländischer Handelspartner – andere Fremdsprachen als Englisch für die am wenigsten notwendige Mitarbeiterkompetenz in internationalen Handelsbeziehungen."
- „Im Gegensatz zu technischem, naturwissenschaftlichem, wirtschaftlichem und juristischem Wissen werden Sprachkenntnisse nicht als gewinnbringendes Wissen betrachtet, in das es sich zu investieren lohnt." (Verstraete-Hansen 2008: 74f. – Hinweis auf diese Untersuchung von Sonja Barfod 10.10.2013, über Hartmut Haberland)

Alles in allem deuten die Befunde zwar auf einen Bedarf an Deutschkenntnissen hin, der jedoch nicht deutlich wahrgenommen wird, weil die Kommunikationsschwierigkeiten mit deutschen Geschäftspartnern auf deren mangelnde Englischkenntnisse zurückgeführt werden (vgl. zu den schlechten Englischkenntnissen in der deutschen Wirtschaft auch „Hällo, sis is Dieter koling!" *FAZ* 12./13.10. 2013: C1; allgemeiner zu den Englischkenntnissen in Deutschland: „I understand only railway station", *FAZ* 06.11.2013: 7). Demnach kommunizieren dänische Unternehmen mit deutschen häufig, wenn auch beschwerlich, auf Englisch (vgl. dazu auch Pogarell 2007). Ein Vergleich mit älteren Befunden ist wieder schwierig (dazu Ammon 1991a: 186-188). Jedoch indizieren auch hier die Daten alles in allem den vermehrten Gebrauch von Englisch und wohl auch wachsenden Bedarf daran.

Für **Polen** liegen keine spezifischen Untersuchungen zum Bedarf an Deutschkenntnissen in der Wirtschaft vor (Rückmeldungen Ulrike Würz und Michael Falz, Goethe-Institut Warschau). Maciej Mackiewicz (E-Mail 22.11.2013) hat jedoch bei seinen von mir erbetenen Recherchen eine Analyse von Sprachanforderungen bei Stellenausschreibungen im polnischen Job-Portal <pracui.pl> gefunden, allerdings nur für die kurze Zeitspanne 01.01. – 24.02. 2013. Dabei verteilten sich die gewünschten Sprachkenntnisse folgendermaßen auf die ausgeschriebenen Stellen: Englisch 57,6%, Deutsch 12,2%, Französisch 4,2%, Russisch 2,0%, Spanisch 1,9%, Italienisch 1,7%, Tschechisch 0,8%, Schwedisch 0,5%, weitere Sprachen in Spuren. Immerhin liegt Deutsch dabei deutlich an zweiter Stelle. Seine Wichtigkeit für Polen zeigt sich auch daran, dass es nach der neuesten weltweiten Erhebung inzwischen das Land mit den höchsten Lernerzahlen von Deutsch als Fremdsprache ist (2.345.480 „Deutschlerner Gesamt", nach Netzwerk Deutsch 2010: 10). Seine starke Stellung tritt auch zutage in Mackiewicz's (2013) Evaluation der vom Goethe-Institut Warschau organisierten „Deutsch-Wagen-Tour", mit der fürs Deutschlernen in Polen geworben wurde.

Für **Tschechien** liegt eine Untersuchung zu den in Stellenanzeigen geforderten Sprachkenntnissen vor von Marek Nekula, Christoph Marx und Kateřina Šichová (2009: 73-82). Sie basiert auf einer Erhebung von Nekula (2004), wurde jedoch durch zusätzliche Daten ergänzt auf dann insgesamt 2.230 Anzeigen, alle aus der Wirtschaftstageszeitung *Hospodářské noviny*. Da es sich um eine Panel-Erhebung handelt, bildet sie auch Veränderungen in der Zeit ab. Die örtliche Amtssprache wurde in die Auswertung einbezogen (Tab. F.6-4).

Meist wurde nur die Kenntnis einer einzigen Fremdsprache verlangt, allerdings mit der Tendenz zur Ausweitung auf zwei Sprachen (1997 in 90% und 2007 in 83% der Anzeigen).

	1997	2002	2007
Tschechisch	78	75	86
Englisch	18	24	13
Deutsch	3	1	0,7
Französisch	1	-	-
Polnisch	-	-	0,3

Tab. F.6-4: Verlangte Sprachkenntnisse in Stellenanzeigen in Tschechien 1997 – 2007 (Nekula/ Marx/ Šichová 2009: 74)

Der Anteil von Deutsch ist durchgehend sehr gering und überdies rückläufig, was die Verfasser indes teilweise darauf zurückführen, dass die von ihnen gewählte Zeitung auf „white collar"-Berufe abziele. In Zeitungen, „die stärker auch ‚praktische' Berufe bzw. Berufe ohne Hochschulabschluss und Personalverantwortung" ansprechen, dürfte sich „eine stärkere Nachfrage nach Deutsch" finden (ebd.: 78). Dies wäre eigentlich zu erwarten bei der „Präsenz der deutsch-tschechischen Unternehmen mit Deutsch oder Deutsch und Englisch als Firmensprachen". „Auf der anderen Seite können sich auch deutsch-tschechische Unternehmen kaum dem Englischen als Lingua franca der sich globalisierenden Wirtschaft entziehen [...]" (ebd.: 80f.). Letzteres gilt sicher für die Unternehmen, mit oder ohne deutsche Beteiligung, der meisten hier einbezogenen Länder. Für Tschechien bestätigt es auch Silke Gester (2011: 85), vor allem für Großunternehmen. Im Gegensatz dazu ergab eine Umfrage der Deutsch-Tschechischen Industrie- und Handelskammer im Februar 2010 für Tschechien „in kleinen und mittelständischen Unternehmen mit deutscher bzw. österreichischer Beteiligung", „dass Deutschkenntnisse wichtiger eingestuft wurden als Englischkenntnisse" und „[d]rei Viertel der befragten Unternehmen" „Deutschkenntnisse ihrer Mitarbeiter" als „sehr wichtige Qualifikation" sahen, dagegen nur 40 Prozent auch Englischkenntnisse (Gester 2011: 86). Offenkundig besteht angesichts dieser nicht ohne Weiteres vereinbaren Befunde weiterer Klärungsbedarf.

Aus der Untersuchung von Uta Müntzel und Liisa Tiittula (1995) über den Deutschgebrauch zwischen **Finnland** und Deutschland, über die ich schon in Kap. F.5 berichtet habe, lässt sich nur beschränkt auf den Bedarf an Deutschkenntnissen in der finnischen Wirtschaft schließen – denn alleinige „Zielgruppe waren für den finnisch-deutschen Handel zuständige Finnen in Finnland und Deutschland." (Ebd.: 126) Mit dem Untertitel „Bedarfsanalyse" zu ihrem Bericht beziehen sich die Exploratorinnen hauptsächlich auf die Textsorten, deren Beherrschung sich für diese Informanten als besonders wichtig erweist (Fragebogenfragen ebd.: 270; 274). Über den Gesamtbedarf an Deutschkenntnissen in der finnischen Wirtschaft geben die Befunde keinen Aufschluss. Die schon im Frühjahr 1994 durchgeführte Befragung erfasste 326 Unternehmen in Finnland (bei 744 angeschriebenen; Rücklauf 44%) und 111 in Deutschland (bei 322 angeschriebenen; Rücklauf 34%). Dabei bleibt unklar, wie viele – vor allem der deutschen – Unternehmen schon deshalb nicht antworteten, weil bei ihnen keine Finnen tätig waren. (Ebd.: 127f.) Einbezogen waren ganz überwiegend kleine Unternehmen, die sich allerdings auf ziemlich alle Branchen verteilten. Ein wichtiger Befund ist, dass die traditionelle Zweiteilung der Wirtschaftskommunikation in Korrespondenz und Verhandlungen aufgrund der neuen Medien an Klarheit verliert, insofern erstere – mittels E-Mail (zunehmend auch über Smartphone) – statt nur von Sekretärinnen mehr und mehr auch von Führungskräften übernommen werden. Auch die antwortenden Informanten, die in den betreffenden Unternehmen in erster Linie über Deutschkenntnisse verfügten und sie benötigten, waren ganz überwiegend Führungskräfte (Geschäftsführer, Direktoren). Zahlen liegen vor für den Gebrauch, wovon nur mit Vorsicht auf den Bedarf geschlossen werden darf. So ergab sich, „daß in allen Kommunikationssituationen am häufigsten Deutsch benutzt wird, in der mündlichen etwas mehr als in der schriftlichen Kommunikation" – vor Englisch, Finnisch und Schwedisch, in dieser Reihenfolge (Tab. F.6-5). Jedoch gebrauchten die in Finnland Tätigen deutlich häufiger auch Englisch als die in Deutschland Tätigen.

	Mündliche Kommunikation in Finnland	Mündliche Kommunikation in Deutschland	Schriftliche Kommunikation in Finnland	Schriftliche Kommunikation in Deutschland
Deutsch	76,4	93,8	73,6	97,9
Englisch	12,0	1,0	12,6	1,0
Finnisch	4,3	2,1	3,1	2,1
Schwedisch	0,9	-	0,9	2,1

Tab. F.6-5: Gebrauchshäufigkeit „fast immer" seitens der für den deutsch-finnischen Handel zuständigen Finnen in Unternehmensniederlassungen in Finnland und Deutschland (Prozent der Befragten; nach Müntzel/ Tiittula 1995: 137-139)

Es sei noch einmal betont, dass sich diese Zahlen nur auf Personen beziehen, die in finnischen Unternehmen, und auf Finnen, die in deutschen Unternehmen jeweils für den finnisch-deutschen Handel zuständig waren. Auch für Finnland lässt sich aufgrund der Unvergleichbarkeit früherer Untersuchungen (Ammon 1991a: 189f.) die anzunehmende Verschiebung des Bedarfs in Richtung Englisch nicht abschätzen.

Für **Estland** hat Viktoria Umborg (2003: 127) aus Stellenausschreibungen in Zeitungen folgende Proportionen verlangter Fremdsprachenkenntnisse ermittelt: Englisch 62, Russisch 38, Deutsch 15, Finnisch 9, Schwedisch 1. Aufgrund einer repräsentativen Befragung hat sie zudem für estnische Unternehmen die Häufigkeit des Gebrauchs von Fremdsprachen erhoben (Tab. F.6-6). Daraus gewinnt man den Eindruck, dass – jedenfalls zur Erhebungszeit – ausreichend Deutschkenntnisse in den Unternehmen vorhanden waren, denn der Gebrauch ist proportional höher als der Bedarf und die Nachfrage. Hier scheint nahe liegend, dass aus der sowjetischen Zeit des verhältnismäßig umfangreichen Deutschlernens ausreichend viele Deutschsprecher vorhanden sind, so dass der aktuelle Bedarf noch gedeckt ist. Dies könnte sich mit sinkenden Lernerzahlen in Zukunft ändern.

	Als Hauptfremdsprache	Als zusätzliche Fremdsprache
Englisch	63	95
Deutsch	20	66
Russisch	8	71
Andere	0	13

Tab. F.6-6: Zahl befragter Unternehmen in Estland mit betreffendem Fremdsprachengebrauch (nach Umborg 2003: 133)

Für **Russland** liegen nur schemenhafte und unrepräsentative einschlägige Daten vor, die den wirtschaftlichen Bedarf an Deutschkenntnissen nur vage ahnen lassen. Olga Martynova (2011; auch 2010) hat bei ihrer Befragung von 108 deutschen und 38 russischen Unternehmen die deutliche Priorisierung von Englisch vor Deutsch festgestellt. Dies zeigte sich am auffälligsten bei Verhandlungen und Verträgen „aus Gründen der Rechtssicherheit: Man stütze sich auf die INCOTERMS-Definitionen und -Regeln (*International Commercial Terms*, deutsch: Internationale Handelsklauseln), so dass man statt zwei Vertragsversionen (eine Spalte Russisch, eine Spalte Deutsch), für die in der Regel wiederum Übersetzer benötigt werden, eine einheitliche, nämlich englische, hat, die nach Meinung dieser Unternehmen juristische Missverständnisse ausschließt." (Martynova 2011: 298) Auch die für die Zukunft prognostizierte Sprachwahl zwischen russischen und deutschen Unternehmen lässt auf einen dem Englischen deutlich nachgeordneten Bedarf an Deutschkenntnissen schließen. So prognostizierten für die Zukunft die deutschen Unternehmen, dass Englisch ca. dreimal so häufig bei deutsch-russischen Wirtschaftskontakten gebraucht wird wie Deutsch oder Russisch, und die russischen Unternehmen, dass Englisch ca. 2,4 mal so häufig gebraucht wird wie Deutsch und 5 mal so häufig wie Russisch (so jedenfalls meine Interpretation der nicht ganz eindeutigen Zahlen, ebd.: 299, Tab. 2). Die Unterordnung von Deutsch unter Englisch spricht auch aus der Schilderung von Natalia Troshina (2011: 227f.), die betont, dass von den „großen international agierenden deutschen, österreichischen und Schweizer Firmen" den angestellten „russischen Fachleuten" in erster Linie „Business-Englisch-Kurse verordnet werden und von den Unternehmen meist auch bezahlt werden. Für eine weitere erfolgreiche Karriere gelten allerdings auch Deutschkenntnisse als eine wichtige Voraussetzung" (ähnlich Troshina 2013: 484-486). Desgleichen deutet das avisierte „Tätigkeitsspektrum" von Deutschlernern an der Moskauer Staatlichen Linguistischen Universität (MGLU) auf diese Rangordnung der Sprachen und damit den Bedarf in der Wirtschaft hin, das Olga Titkova (2011: 208) wie folgt schildert, wobei zu berücksichtigen ist, dass die deutsche Sprache für die MGLU ein Schwerpunkt von Lehre und Forschung ist: „Die Studierenden sind bereit [...] mit Englisch anzufangen, hoffen jedoch, bei der Arbeit auch Deutsch verwenden zu können." Beim Jobben neben dem Studium verwenden „85,5% der Studierenden der höheren Semester [...] Englisch", und „30% verwenden Deutsch." Schließlich weist Oleg Radtschenko (2011a: 288) darauf hin, dass zukünftige russische Bankmanager, deren Ausbildung von deutschen Unternehmen finanziell gefördert wird, an der „Frankfurt School of Finance and Management – [...] vorwiegend in englischer Sprache – ausgebildet werden" – sicher, wie man annehmen darf, aufgrund des vorrangigen Bedarfs an entsprechenden Sprachkenntnissen für die deutsch-russischen Wirtschaftskontakte.

Für **China** berichtete mir Jun He (E-Mail 17.11.2013), dass es bezüglich des Fremdsprachenbedarfs in der Wirtschaft vor allem an „Studien mit sicheren und weit angelegten Daten" mangele, was vermutlich auch durch die „flächenmäßige Größe Chinas" bedingt sei. Wenn man jedoch die „Anzahl der Fremdsprachenabteilungen an chinesischen Hochschulen" als Indikator nehme, so ergebe sich folgende „grobe Top-5 Liste in Bezug auf den Fremdsprachenbedarf in China [...]: 1. Englisch 2. Japanisch 3. Französisch 4. Deutsch 5. Spanisch." Wie mir scheint, wäre zu prüfen, ob der Rangplatz von Französisch vor Deutsch speziell auch für die Wirtschaft gilt. Ausgeschlossen ist das nicht, wenn man über Europa hinaus an andere Staaten mit Französisch als Amtssprache denkt, an das kanadische Quebec oder das westliche Afrika und die dortigen chinesischen Interessen. Aber vor allem in der Diplomatie hat Französisch eine stärkere Stellung als Deutsch (siehe Kap. H.3; H.4.2). He fügte seiner Mail (17.11.2013) noch folgende Einschätzung hinzu, die ich teile: Er „vermute [...], dass eher Französischkenntnisse von französischen Firmen honoriert werden als Deutschkenntnisse von deutschen Firmen. Meines Wissens genießen eher die chinesischen Mitarbeiter an französischen Unternehmen nach dem Berufseinstieg eine sprachliche Ausbildung, damit sie in der Zukunft z.B. bei der Dienstreise in Frankreich die französische Sprache gebrauchen können, da die Franzosen gegenüber Nicht-Muttersprachlern bekanntermaßen nicht so gern direkt auf Englisch ausweichen. Hingegen sind die Deutschen bei der internationalen Kommunikation viel bereiter zu diesem sprachlichen Umstieg vom Deutschen ins Englische."

Anhaltspunkte für den Bedarf an Deutsch in China liefert am ehesten die schon in Kap. F.5 erwähnte Untersuchung von Jin Zhao (1999), die sich allerdings auf deutsche Unternehmen in China beschränkt, einschließlich Beteiligungen an chinesischen Unternehmen in allen möglichen Formen. Die Erhebung richtete sich mehr an kleine und mittelständische als große Unternehmen (55,9%). Von den angeschriebenen 70 Unternehmen sandten 35 den Fragebogen ausgefüllt zurück (Rücklauf 50%). (Ebd.: 584) Erfragt wurde hauptsächlich der faktische Gebrauch von Deutsch (im Sinne von Kap. F.5), von dem sich nur bedingt auf den Bedarf schließen lässt. Vor allem blieb der zu Beginn des vorliegenden Kap. definierte „unbefriedigende Bedarf" weitgehend im Dunkeln. Mündlich wird Deutsch offenbar mehr gebraucht als schriftlich, vor allem in „[i]nformellen Zusammenkünften" (in 40,0% der Unternehmen), „Verhandlungen" (24,3%), „Besprechungen" (26,8%) und „Telefonaten" (29,3%). Allerdings wurde Englisch für alle Kommunikationssituationen häufiger genannt als Deutsch (56,1% – 62,2%); nur bei informellen Zusammenkünften war der Unterschied gering (Englisch 43,8%). Besonders dominant war Englisch für „Unternehmenspräsentationen" und „Produktpräsentationen", kurz: für die Öffentlichkeitsarbeit (71,9% und 78,6% gegenüber Deutsch 15,6% und 10,7%). Chinesisch wurde durchgehend seltener gebraucht als Deutsch (am häufigsten noch bei Besprechungen: 17,1%). (Ebd.: 587) Schriftlich war Englisch noch prominenter als mündlich („fast immer" 54,3%, „recht viel" 25,7% der Unternehmen – gegenüber Deutsch 14,3%, 17,1% und Chinesisch 5,7%, 11,4%; ebd.: 588). Jedoch erscheint ein Bedarf für Deutsch durchaus gegeben, wenn man vom Gebrauch auf den Bedarf schließen kann. Dies gilt besonders für den „Geschäftsbereich" der Unternehmen (ebd.: 590f.). Hinzuzufügen ist allerdings, dass die Unternehmen betonten, dass für Deutsch- oder Germanistikkenntnisse allein so gut wie kein Bedarf bestehe, sondern mindestens sowohl betriebs- als auch volkswirtschaftliche Grundkenntnisse erforderlich seien (ebd.: 593).

Die Vorrangstellung von Englisch darf auch beim Blick nach Fernost nicht vergessen werden. Dies gilt unter anderem für **Japan** (dazu Coulmas 1994, siehe Kap. F.5). Dort habe ich 1991/92 – mit wesentlicher Unterstützung durch Naoki Kato – 6.836 Stellenanzeigen der *Japan Times* analysiert (Ammon 1994c mit Kato: 106-112). Dabei ist zu beachten, dass es sich um eine englischsprachige Zeitung handelt, weshalb der Anteil von Englisch vermutlich höher ist als in japanischsprachigen Zeitungen, obgleich auch dort die Vorrangstellung von

Englisch überwältigend sein dürfte. Die Ergebnisse der Analyse sind zusammengefasst in Tab. F.6-7.

Englisch	Französisch	Deutsch	Spanisch	Italienisch	Chinesisch
90,36	3,19	2,95	1,45	0,73	0,53

Koreanisch	Russisch	Portugiesisch	Kantonesisch	Thailändisch
0,36	0,34	0,15	0,10	0,10

Tab. F.6-7: Geforderte oder gewünschte Fremdsprachenkenntnisse in Stellenanzeigen der *Japan Times* 1991-1992 (Prozent der Anzeigen mit Fremdsprachenanforderungen; nach Ammon 1994c mit Kato: 108f.)

Neuere Erhebungen konnte ich – auch mit Hilfe von KollegInnen vor Ort – nicht ausfindig machen. Jedoch sind sich alle einig, dass Bedarf und Lernumfang von Chinesisch inzwischen beträchtlich angestiegen und auf den zweiten Rangplatz gerückt sind und dass das Lernen von Spanisch zugenommen und von Französisch und Deutsch weiter abgenommen hat – ohne dass hierfür jeweils klare Bedarfsänderungen erkennbar sind. Shinishi Sambe (E-Mail 02.10.2010) hat mir dazu geschrieben, dass man heutzutage den Bedarf an Fremdsprachenkenntnissen „eigentlich in Japan nicht als eine ernste Frage" betrachtet, „sondern [...] einfach nur davon aus[geht! U.A.], dass es außer Englisch keine brauchbare Sprache gebe, wenn es um Wirtschaft geht." „Die Niederlassungen der deutschen Unternehmen in Japan interessieren sich nur sehr wenig für Deutschkenntnisse der Stellenbewerber. So gibt es z.B. in der Niederlassung von Lufthansa oder Daimler-Benz in Tokyo nur eine einzige Stelle, [für die! U.A.] sehr gute Deutschkenntnisse erforderlich sind, nämlich die Sekretärin des deutschen Direktors. Daher sind die Berufschancen der erfolgreich Lernenden auch sehr gering." „Aus wirtschaftlichen Gründen lernt in Japan kaum jemand Deutsch. Deutsch wird eher als Kultursprache gelernt. Das ist eben die Schwäche und Stärke des Deutschunterrichts in Japan." Das Fehlen einschlägiger Untersuchungen in Japan und dass dabei sowieso „das Englische der alleinige Gewinner" wäre, hat Fumiya Hirataka bestätigt (E-Mail 08.11.2013). Allerdings liegt nahe, dass auch ein Bedarf an Chinesisch für die japanische Wirtschaft besteht.

Für **Korea** hat Matthias Augustin (2003b) eine methodisch an Ammon mit Kato (1994c) angelehnte Analyse von Stellenanzeigen durchgeführt, und zwar von Stichproben der Zeitungen *Korea Times* und *Chosun Ilbo* aus den Jahren 1996 – 2000 und aus dem Internet in den Jahren 2000 und 2001. Aus Augustins verschiedenen Tab., die inhaltlich nicht allzu sehr divergieren, habe ich hier für Tab. F.6-8 zwei mir typisch erscheinende Befunde ausgewählt.

	Englisch	Japanisch	Chinesisch	Deutsch	Französisch	Spanisch	Russisch
Chosun Ilbo 2000	69,9	20,8	6,0	1,5	1,1	07	-
Internet 2000-1	70,7	23,8	3,6	0,7	0,7	0,2	0,2

Tab. F.6-8: Geforderte oder gewünschte Fremdsprachenkenntnisse in Stellenanzeigen in Korea, in der Zeitung *Chosun Ilbo* im Jahr 2000 und im Internet 2000-2001 (Prozent der Anzeigen mit Fremdsprachenanforderungen; nach Augustin 2003c: 150f.)

Wie vermutlich in Japan, so ist auch in Korea nach allen mir vorliegenden Informationen der Anteil des Chinesischen neuerdings gewachsen. Er rangiert heute sicher vor Japanisch, allerdings weiterhin klar hinter Englisch. Deutsch und Französisch haben vermutlich auch hier weiter an Boden verloren – soweit dies überhaupt noch möglich war.

Machen wir einen Sprung nach Nordamerika. Für die **USA** liefern Recherchen im Internet nur ältere spezifische Äußerungen zum Thema ‚Fremdsprachenbedarf in der Wirtschaft', und auch nur Forderungen, keine Untersuchungen, wie z.B. einen Aufruf zum Fremdsprachenlernen von 1992 von Geoffrey M. Voght and Ray Schaub des Titels „Foreign Language Needs in Today's Business World", mit unter anderem folgender Ermahnung: „Although English is widely used in European business, it is still not seen [as] a totally international language. In France and Germany, for example, it is necessary to use French and German. In a survey of leading executives in European countries, only thirty-one percent reported using English for professional purposes. Increasingly, English alone cannot be used to penetrate the non-English speaking markets." (voices.yahoo.com/foreign-language-needs-todays-business-world-312373.html – abgerufen 31.08.13) Das „Increasingly" erscheint allerdings zweifelhaft; jedenfalls gibt es kaum Anhaltspunkte, wonach Englisch im Begriff ist, die Eignung zur Erschließung europäischer Märkte einzubüßen.

Der Mangel an einschlägigen Untersuchungen für die USA, zumindest solchen neueren Datums, wurde mir von KollegInnen bestätigt (E-Mails Herbert Arnold 31.08.2013; Tom Lovik 02.09.2013). Auch Helga Bister-Broosen (E-Mail 05.09.2013) teilt diese Auffassung, und auch ihre Lageschilderung, nämlich „dass überall die Fremdsprachenprogramme verkleinert, mit anderen Programmen zusammengelegt oder ganz abgeschafft werden", lässt kaum auf nennenswerten Bedarf schließen. Nach Einschätzung von José Camacho (mündliche Mitteilung 25.09.2013) herrscht in den USA die Auffassung vor, dass sich der wirtschaftliche Bedarf an Fremdsprachenkenntnissen weitgehend von selbst regelt und deshalb kaum wissenschaftlicher Untersuchung bedürfe; eher neige man zu Fremdsprachen-Bedarfsuntersuchungen für militärische Zwecke. Obgleich Spanisch in den USA die mit Abstand meist gelernte Fremdsprache ist, sei beim Bedarf für die Wirtschaft fast nur von Chinesisch die Rede.

Auch in Lateinamerika gibt es offenbar keine Fremdsprachen-Bedarfsuntersuchungen, jedenfalls nicht in den größten Staaten. Dies hat mir für **Mexiko** Rainer E. Hamel bestätigt, der sich nach vielen Seiten umgeschaut hat (E-Mail 17.10.2013). Denselben Befund hat mir Joachim Steffen (E-Mails 14. und 22.10.2013) aus **Brasilien** mitgeteilt, der sich bei seinen Recherchen auch bei der Außenhandelskammer (AHK, Martin Gebhard) sowie bei den Goethe-Instituten in Porto Alegre (Adrian Kissmann) und São Paulo (Eva Fiedler) erkundigte. Für das geringe Interesse an Deutsch für die Wirtschaft in Brasilien spricht auch, dass das Goethe-Institut Porto Alegre im Verlauf der letzten Jahre dreimal Kurse speziell für Wirtschaftsdeutsch angeboten hat, für die es keine einzige Anmeldung gab. Ein so extrem mangelndes Bedürfnis nach Deutschlernen speziell für die Wirtschaft lässt auch mit einiger Sicherheit auf einen geringen Bedarf schließen. Damit ist jedoch durchaus vereinbar, dass die Nachfrage nach sonstigem Deutschlernen neuerdings sogar gestiegen ist (Kap. K.9.11).

Ähnliches trifft auf **Indien** zu (vgl. Kap. K.9.12). Nach ergebnislosen eigenen Recherchen habe ich folgende Anfrage an Kolleginnen der Universität Pune gerichtet: „Kennen Sie irgendwelche neueren Untersuchungen zum Fremdsprachenbedarf in Indien? Untersuchungen vor allem, welche Fremdsprachen für die indische Wirtschaft besonders wichtig sind. Anhaltspunkte böten z.B. auch Analysen von Stellenanzeigen mit Anforderungen/ Wünschen von Fremdsprachkenntnissen – oder aber natürlich Befragungen bei Unternehmen." Die Quintessenz der Antwort lautete: „Meines Wissens gibt es weder von der IGCC [Indo-German Chamber of Commerce! U.A.] in Pune noch von anderen GermanistInnen eine Studie zu der von Ihnen genannten Frage." Diese Mitteilung von Swati Acharya, bestätigte Anja Hallacker (beide E-Mails 11.10.2013) und fügte erläuternd hinzu: „Fuer grosse Firmen wie BASF und Siemens ist die Konzernsprache auch in Deutschland Englisch. Fuer mittelstaendische Unternehmen ist die Firmensprache zuhause zwar Deutsch, aber die Schnittstellen zwischen den Mutterfirmen und den Firmenhaeusern in Pune sind wenige und werden meist allein vom deutschen Leiter bearbeitet. Grosse Firmen wie Volkswagen, deren Firmensprache zuhause Deutsch ist, geben qualifizierten MitarbeiterInnen in Pune ein inhouse-training in deutscher Sprache."

Auch im pazifischen Raum scheint es keine neueren Untersuchungen zum Fremdsprachenbedarf zu geben. Dies hat mir Gabriele Schmidt für **Australien** bestätigt (E-Mail 02.09.2013). Der Mangel an Untersuchungen liege „vermutlich daran […], ‚dass der Rest der Welt eh Englisch spricht' " – so jedenfalls die „down under" verbreitete Vorstellung. Allenfalls „haben offizielle Regierungsleitlinien [...] die Bedeutung von asiatischen Sprachen hervorgehoben." Ein Beispiel ist das unter der Leitung des früheren Premierministers Kevin M. Rudd veröffentlichte Dokument: *Asian Languages and Australia's Economic Future. A Report Prepared for the Council of Australian Governments on a Proposed National Asian Languages/ Studies Strategy for Australian Schools* (February 1994: Queensland Government Printer). Ähnlich stark betont den Nutzen asiatischer Sprachen das 2012 erschienene „Weißbuch" (asiancentury.dpmc.gov.au/whitepaper – abgerufen 15.09.2013). Wissenschaftliche Nachweise des Bedarfs an asiatischen Sprachen fehlen allerdings dort wie auch sonst (Bestätigung durch Brian Taylor; E-Mail 18.09.2013).

Entsprechendes gilt für **Neuseeland**, von wo mir Kristina McGuiness-King (E-Mail 09.09.2013), die selbst keine neuere Bedarfsuntersuchung ausfindig machen konnte, die folgende Einschätzung Judith Geare's, der Sprachbeauftragten des Goethe-Instituts in Wellington, übermittelte: „I cannot (alas) think of any study since Jeffrey Waite's *Aoteareo: Speaking for ourselves*. There is a definite push from somewhere for Chinese and Spanish, but I don't think it is based on any academic research, rather the numbers of speakers and NZ'S position in the Pacific with South America to the right and China to the left (geographically speaking!). ILEP in Auckland (International Languages Exchanges [&] Pathways [eine von der Regierung finanzierte Sprachenberatungsinstitution! U.A.]) has a broader focus and there are still advisers in the 5 key languages: Chinese, French, German, Japanese, Spanish [...]". Die Studie von Waite (1992) befasst sich vor allem mit den Sprachproblemen der Maori.

Dieser Überblick über die weltweit verteilten Staaten bleibt zwar teilweise diffus, weshalb eine umfassendere Studie wünschenswert ist, zeigt aber doch einige übergreifende Tendenzen. Während in der geographischen Nähe zu den deutschsprachigen Ländern ein wirtschaftlicher Bedarf an Deutschkenntnissen aufscheint, verliert er in weiterer Entfernung an Bedeutung. Man vergleiche nur Großbritannien oder auch das schon entferntere Russland mit Japan oder Australien. Der Unterschied zeigt sich auch in der Motivation zum Deutschlernen. So findet Galina Voronina für Russland, dass das Motiv „ ‚Die Kenntnis der deutschen Sprache sichert mir eine gute Arbeit' ganz oben mit großem Abstand rangiert" und dass – allerdings nicht ganz im Einklang mit anderen Befunden (z.B. Radtschenko 2011a: 289) – auch tatsächlich „100% der Befragten" im Rahmen derselben Untersuchung „[d]ank der Kenntnis der deutschen Sprache [...] eine gute Arbeit" finden (Voronina 2011: 280 bzw. 283f.). Dagegen spielen die Berufsaussichten als Motiv für das Deutschlernen in Japan (E-Mail Sambe 02.10.2010) oder in Australien (G. Schmidt 2011) so gut wie keine Rolle, sondern steht das – wie auch immer verstandene – kulturelle Interesse ganz im Vordergrund. Darüber hinaus spielen in den anglophonen Ländern – unabhängig von der geographischen Distanz von den deutschsprachigen Ländern – berufliche Perspektiven des Deutschlernens kaum eine Rolle wegen der verbreiteten Vorstellung, dass man mit Englisch überall zurechtkommt. Dass diese Vorstellung jedoch übertrieben ist, verrät der – wenn auch begrenzte – Bedarf in der britischen Wirtschaft. Andere Befunde zeigen, dass der Hang zur englischsprachigen Kommunikation bei den Unternehmen der deutschsprachigen Länder den Bedarf an Deutschkenntnissen einschränkt. Umgekehrt erschweren aber auch unzureichende Englischkenntnisse bei den deutschen Unternehmen (oder sogar fehlende Bereitschaft zur Kommunikation in einer Fremdsprache) gelegentlich deren Kommunikation mit ausländischen Unternehmen. Daraus kann ein Zwiespalt des Bedarfs an Deutschkenntnissen entstehen, der sich z.B. in Dänemark zeigt (siehe oben), aber vermutlich auch in anderen Ländern. Die tatsächliche Lage bleibt oft unklar, weil die Untersuchungen den ‚wirtschaftlichen Gesamtbedarf an Deutschkenntnissen' und ‚nicht befriedigten Bedarf (aufgrund fehlender Deutschkenntnisse)' nicht auseinander halten. Die deutschen Unternehmen kommen der ausländischen Wirtschaft sprachlich zunehmend entgegen, indem sie sich mit Kenntnissen in deren Sprachen ausstatten (Schöpper-Grabe/ Weiss 1998; 2000), aber auch indem sie Englisch zur Unternehmenssprache machen (Vollstedt 2002; Hauschildt/ Vollstedt 2002; Much 2008). Letzterer Tendenz, die allgemeiner durch die Globalisierung der Weltwirtschaft motiviert und bedingt ist, wende ich mich im nächsten Kap. zu.

7. Sprachplanung für die interne Kommunikation deutscher Unternehmen

Die bisherigen Ausführungen zur Stellung der deutschen Sprache in der internationalen Wirtschaftskommunikation bezogen sich hauptsächlich auf die externe Geschäftstätigkeit der Unternehmen deutschsprachiger Länder: den Export ihrer Produkte, seien es Handelsgüter oder Dienstleistungen. Im vorliegenden Kap. geht es dagegen in erster Linie um die interne Unternehmenskommunikation. Sie hängt zusammen mit der Stellung der deutschen Sprache in der Welt aufgrund von Unternehmenserweiterungen oder Verlagerungen von Unternehmensteilen ins Ausland, auch ins nicht-deutschsprachige Ausland. Diese Art der Internationalisierung von Unternehmen ist Teil der weltweiten Verflechtung aller Gesellschaften und Länder (außer noch einzelner Isolate, wie z.B. Nordkorea), die mit dem Schlagwort Globalisierung benannt wird (zur Globalisierung siehe z.B. Beck 1997). Bei der damit verbundenen geographischen Ausdehnung erfahren die Unternehmen aller Sprachgemeinschaften die begrenzte Reichweite ihrer jeweils eigenen nationalen Amtssprache. Sogar die Unternehmen der englischsprachigen Länder entdecken dabei immer wieder, dass die Bezeichnung ihrer Sprache als „Weltsprache" eine Übertreibung ist, denn noch immer spricht nur der kleinere Teil der Weltbevölkerung Englisch (vgl. Crystal 2003; Graddol 2006). Aber die Länder der zweitrangigen internationalen Sprachen (dazu Kap. A.7), zu denen auch Deutsch gehört, erfahren die beschränkte Reichweite ihrer Sprache viel nachdrücklicher, und die Länder kleiner Sprachgemeinschaften (wie Finnisch, Tschechisch usw.) sind sich deren seit langem bewusst. Die Länder der zweitrangigen internationalen Sprachen, wie Deutsch, können zwar einen – wenn auch meist kleineren – Teil ihrer Kommunikation mit dem anderssprachigen Ausland noch in der eigenen Sprache durchführen, müssen jedoch zusätzlich zwingend auf andere Sprachen zurückgreifen, unter denen Englisch als die in der Welt am weitesten verbreitete Sprache die prominenteste Rolle spielt.

Dabei erfahren sie, was Theo Bungarten (2001:24f.) verallgemeinert so beschreibt:

> „Die Sprache und ihr zielgerichteter instrumenteller Gebrauch in Kommunikationshandlungen ist in der Wirtschaft ein ökonomischer Kostenfaktor ebenso wie dies Rohstoff-, Produktions-, Vertriebs- und Verkehrs- sowie Dienstleistungskosten sind. Wir können hier von Kommunikationskosten sprechen. [...] Wirtschaftspartner, die im wirtschaftlichen Austausch ihre Muttersprache verwenden (können), müssen folglich geringere Kommunikationskosten aufwenden als Handelspartner, für die die Wirtschaftssprache eine Fremdsprache ist (Ausbildungskosten für den Erwerb der Fremdsprache, laufende Sprachtrainingskosten, laufende Kosten für Übersetzer, Dolmetscher oder die Einstellung von Mitarbeitern mit fremdsprachlicher Kompetenz [und! U.A.] Kosten durch den verzögerten Transfer von wirtschaftsrelevanten Informationen [...]".

Allerdings beschränken sich diese Kosten oder deren Einsparung nicht auf die Kontakte mit anderen Handels- oder Kooperationspartnern, sondern entstehen auch in der unternehmensinternen Kommunikation, besonders im Kontakt mit Niederlassungen des eigenen Unternehmens im anderssprachigen Ausland. Darauf – und weniger auf den Austausch mit anderen Geschäftspartnern – richtet sich das vorliegende Kap. Die Kommunikationskosten sind Teil der „Transaktionskosten", die – wie sich gezeigt hat – „in nationalen Unternehmen deutlich geringer sind als in internationalen." (Hauschildt/ Vollstedt 2002: 175) Sie gehören zu den „Reibungsverlusten" des Geschäftslebens (Picot 1993: 4194f.), die zu minimieren Teil der Aufgabe ist, die Unternehmenskosten zu senken. Dies geschieht häufig durch Planung der Unternehmenssprachen, nicht selten durch Hinzunahme von oder Umstellung auf Englisch, so dass die Kommunikation möglichst effizient (kostengünstig) und konfliktfrei (allgemein akzeptabel) verläuft (siehe auch das Interview mit Hauschildt unter: www.dw.de/herausforderung-englisch-als-unternehmens sprache/a-1805008 – abgerufen 26.08.2013).

Die Dringlichkeit solcher Regelungen und die Probleme, die sich dabei stellen, hängen in nicht unbedeutendem Maße ab von der Unternehmensstruktur. Ein elementarer Unterschied ist der zwischen großen und mittelständischen oder kleinen Unternehmen. Nach einer Definition der Europäischen Union von 2005 gelten Unternehmen als mittelständisch (im Gegensatz zu großen), wenn sie höchstens 250 Personen beschäftigen und der Jahresumsatz nicht mehr als 50 Mio. € beträgt, und als klein bei höchstens 50 Personen und 10 Mio. € (www.hk24.de/standortpolitik/mittelstandspolitik/367862/mittelstand_definitio nen.html – abgerufen 06.04. 2014). Dieser Definition folgten auch Strobel/ Hoberg/ Vogt (2009) bei einer Online-Befragung mittelständischer Unternehmen in Deutschland im Herbst 2008/ Frühjahr 2009 (effektive Stichprobe n=79). Dabei stellten sie eine hohe Wertschätzung guter Deutschkenntnisse fest: 95% legten „sehr großen Wert auf gute Deutschkenntnisse" ihres Personals, nur 24% auch auf entsprechende Englischkenntnisse (ebd.: 180). Bei der Frage allerdings, „welche Sprachen in der eigenen Firma in absehbarer Zukunft eine wichtige Rolle spielen werden, räum[t]en die Unternehmen dem Englischen (45%) und Deutschen (43%) einen annähernd gleich wichtigen Status ein". (Ebd.: 182) Da aber trotzdem 31% „entschieden keinen" und 43% „eher keinen Nachteil [...] gegenüber Unternehmen aus anglophonen Ländern" sahen, zusammen also 74% (ebd.: 184), hatte sicher allenfalls eine Minderheit das Bedürfnis, Englisch als Unternehmenssprache einzuführen. Die Vorliebe für Deutsch wird auch von Niederlassungen mittelständischer Unternehmen der deutschsprachigen Länder im Ausland bestätigt. Eine entsprechende Befragung „in kleinen und mittelständischen Unternehmen mit deutscher bzw. österreichischer Beteiligung" in Tschechien im Februar 2010 „erbrachte sogar, dass Deutschkenntnisse wichtiger eingestuft wurden als Englischkenntnisse. Drei Viertel der befragten Unternehmen gaben an, dass Deutschkenntnisse ihrer Mitarbeiter eine sehr wichtige Qualifikation seien, wohingegen nur 40 Prozent aller Befragten Englisch für wichtig hielten." (Gerster 2011: 86)

Dies ist – nach verbreiteter, wenngleich nicht unbedingt repräsentativ belegter Auffassung – bei Großbetrieben anders. „Mächtige Global Player wie Siemens oder Continental haben sich [...] längst auf Englisch als konzerninterne Verkehrssprache verständigt." (Ebd.: 85) Allerdings hängt das Ausmaß des Englisch-Gebrauchs auch bei ihnen von der Unternehmensstruktur ab. Im Hinblick auf ein besseres Verständnis dieser Abhängigkeit unterscheidet Marina Vollstedt (2002: 108-120) verschiedene Unternehmenstypen, wobei sie sich anlehnt an Anregungen von Howard Perlmutter (1969). Vollstedts Typologie eignet sich auch gut zur Erläuterung grundsätzlicher Probleme der Sprachenplanung internationaler Unternehmen, auf die ich im Fortgang dieses Kap. noch zu sprechen komme. Ihre Typologie hebt hauptsächlich ab auf das Verhältnis zwischen Stammhaus und ausländischen Tochtergesellschaften, wobei es bei unserem Thema vor allem um Stammhäuser in deutschsprachigen Ländern oder Regionen und um Tochtergesellschaften im nicht deutschsprachigen Ausland geht. Dabei bleiben Unternehmen, deren Niederlassungen (Stammhäuser und Tochtergesellschaften) ausnahmslos in deutschsprachigen Ländern oder Regionen liegen und die man als „intranational" bezeichnen kann (analog zur „intranationalen Kommunikation", Kap. A.3), außer Betracht. Die Typologie Vollstedts steigt auf vom niedrigsten Rangplatz oder Grad der Internationalität von Unternehmen bis zum höchsten.

Eine „ethnozentrische" Unternehmensstruktur ist ganz auf das Stammhaus ausgerichtet, dem allein die strategische Planung obliegt. Dabei haben eventuelle ausländische Tochtergesellschaften unter einander kaum Kontakt. Diese Struktur ist typisch für kleine, vielleicht auch mittlere Unternehmen, die im Ausland nur Vertriebs- und keine Produktionsgesellschaften betreiben. Die Kommunikation zwischen Stammhaus und ausländischen Tochtergesellschaften erfolgt fast ausschließlich in der „Stammhaussprache". Dabei kann es allerdings zu Kommunikationsschwierigkeiten mit Mitarbeitern vor Ort kommen, falls es dort keine gut qualifizierten zweisprachigen Vermittler gibt. (Vollstedt 2002: 111f.)

Diese Schwierigkeiten werden gemildert bei einer „polyzentrischen" Unternehmensstruktur, bei der die ausländischen Tochtergesellschaften über größere Autonomie und lokale Führungskräfte verfügen. Sie beherrschen auch die lokale „Standortsprache", aber in aller Regel ebenso die Stammhaussprache, sind also mindestens zweisprachig. Die Kommunikationsbedingungen sind unterschiedlich, je nachdem die Tochterunternehmen reine Vertriebsgesellschaften sind, also Know-how und Produkte aus dem Stammhaus kommen, oder Produktionsgesellschaften mit eigener Herstellung und womöglich sogar eigener Forschung. Dementsprechend könnte man die polyzentrisch strukturierten internationalen Unternehmen in „mehr" und „weniger stammhausbestimmte" subtypologisieren – wobei Vollstedt auf diese Unterscheidung zumindest terminologisch verzichtet. Bei letzteren muss sich unter Umständen auch das Stammhaus um gewisse Kenntnisse der Standortsprachen bemühen, vor allem wenn produzierende Tochterfirmen eine herausragende Position im Unternehmen gewinnen. Jedoch sind bei ethnozentrisch strukturierten Unternehmen „nur eine geringe Zahl von Mitarbeitern an der internationalen Kommunikation beteiligt", die größtenteils auf das Stammhaus ausgerichtet bleibt. (Ebd. 113-116 bzw. 116)

Dies ändert sich mit der zunehmenden Vernetzung der Tochterfirmen unter einander, wodurch „regiozentrische" oder „geozentrische" Unternehmensstrukturen entstehen. Im Falle einer regiozentrischen Struktur kommt es bei solcher Vernetzung zur Bildung regionaler Zentren innerhalb größerer staatenübergreifender Regionen, neben dem Stammhaus-Zentrum. Bei geozentrischer Struktur entstehen solche regionalen Zentren sogar rund um die Welt (ebd. 116-119).

Wenn Vollstedt (2002: 119) diese Typologie als „idealtypisch" bezeichnet, meint sie sicher, dass die Typen in Wirklichkeit abgestuft oder sogar in der Form eines Kontinuums ineinander übergehen: von ethnozentrischen über mehr und weniger stammhausbestimmte polyzentrische zu regiozentrischen und schließlich geozentrischen, oder dass auch Mischformen vorkommen. Ein Beispiel für Letztere hat neuerdings Siemens geliefert, indem der neue Vorstandsvorsitzende, Joe Kaeser, die Eigenständigkeit der um die ganze Welt verteilten Regiozentren für regionale „Cluster" von Tochterunternehmen aufgelöst und die direkte Anbindung der Tochterunternehmen ans Stammhaus verstärkt hat. In Wirklichkeit bleibt die Struktur weiterhin noch komplizierter als die skizzierte Typologie, indem die Tochterunternehmen zusätzlich länderweise zusammengefasst sind: „Die ‚Cluster-Ebene', in der verschiedene Länder zu bestimmten Gruppen bislang zusammengefasst waren, wird aufgelöst. Damit werden künftig die Länderchefs, die sich in erste[r] Linie um den Vertrieb kümmern, statt an die Cluster als aufwendige Zwischeninstanz wieder direkt an den Vorstand angebunden [...]." („Siemens kassiert Löscher-Entscheidungen", *FAZ* 16.10.2013: 16) Auch Vollstedt belegt die Vermischungen und Übergänge durch Beispiele, die zudem zeigen, dass die Unternehmenssprachen nicht gänzlich von dieser Typologie bestimmt, sondern von weiteren Faktoren beeinflusst werden, wie z.B. von den rechtlichen Bestimmungen einzelner Länder, als deren Beispiel immer wieder der Französischzwang in Quebec genannt wird (ebd.: 115; auch Coulmas 1992: 134f.; Bungarten 2001: 28f.), oder von Widerständen der Belegschaften aufgrund der Funktion der eigenen Sprache als Identitätssymbol und daraus entstandenem Sprachstolz (Bungarten 2001: 32f.; auch Ende dieses Kap.).

Dennoch ist leicht nachvollziehbar, dass die Stammhaussprachen in der Reihenfolge (Rangordnung) der skizzierten Typologie als interne Unternehmenssprachen Schritt um Schritt an Bedeutung verlieren, also an Stellung und Funktion Einbußen erleiden. Sie sind noch völlig zureichend bei einer intranationalen Struktur, die noch außerhalb der Typologie internationaler Unternehmen liegt. Allerdings gilt dies auch hier nur für die unternehmensinterne Kommunikation, auf die sich das vorliegende Kap. beschränkt. Für die unternehmensexterne Kommunikation, z.B. bei Geschäftskontakten mit ausländischen Unternehmen, kann jedoch durchaus der Gebrauch weiterer Sprachen erforderlich werden (vgl. Kap. F.2). Auch auf der untersten Rangstufe internationaler Unternehmen, bei einer ethnozentrischen Struktur, genügt die Stammhaussprache noch weitgehend für die unternehmensinterne Kommunikation, solange die ausländischen Unternehmensteile ganz auf das Stammhaus ausgerichtet bleiben. Jedoch ändert sich das mit der Lockerung dieser Ausrichtung von einer mehr zu einer weniger stammhausbestimmten Struktur. Bei einer regiozentrischen, und erst recht einer geozentrischen Struktur, bei der die ausländischen Unternehmensteile beträchtliche Autonomie gewinnen und überdies untereinander vernetzt sind, reicht die Stammhaussprache für die unternehmensinterne Kommunikation nicht mehr aus – ganz zu schweigen natürlich für die unternehmensexterne Kommunikation. Am ehesten genügt die Stammhaussprache dann vielleicht noch, wenn es sich bei ihr um die global am weitesten verbreitete Sprache, Englisch, handelt; aber sogar in diesem Fall kann in Zentren mit einer eigenen gewichtigen Sprache (zweiten Ranges der Internationalität; Kap. A.7) der zusätzliche Gebrauch dieser weiteren Sprache notwendig werden. Ganz sicher aber genügen bei einer voll entwickelten regio- oder geozentrischen Struktur andere Sprachen als Englisch – des zweiten Ranges von Internationalität, zu denen Deutsch zählt (Kap. A.7) – nicht mehr auch nur für die interne Unternehmenskommunikation. Eine ideale Ergänzung zur Stammhaussprache wäre eine uneingeschränkte Weltsprache. Da Englisch diesem Ideal am ehesten nahekommt, wenngleich mit beträchtlichen Abstrichen, wird es häufig als Unternehmenssprache hinzugenommen, so dass es zusammen mit der Stammhaussprache als Sprache des gesamten Unternehmens (aller Unternehmensteile) gilt und fungiert.

Nicht selten wird Englisch sogar zur einzigen Sprache des gesamten Unternehmens erklärt und die Stammhaussprache „entthront", also aus der paritätischen Stellung verdrängt. Unter Umständen wird sie sogar in Richtung Stammhaus als Standortsprache eingeschränkt. Bei wachsender Selbstständigkeit der Unternehmensteile werden die Leitungspositionen an den einzelnen Standorten mit örtlichen Kräften besetzt, denn – so *The Economist* (24 June, 2006: 73-76, siehe 74): „having locals in top jobs can be a boon in foreign markets." Einheimische sind mit den Bedingungen des örtlichen Marktes besser vertraut und daher geschäftlich oft erfolgreicher als aus dem Stammhaus überstelltes Personal. Von ihnen können dann deutsche Stammhäuser womöglich keine Deutsch-, sondern nur noch Englischkenntnisse erwarten, neben der örtlichen Sprache. Die Erwartung von Deutschkenntnissen kann in der Konkurrenz der Betriebe um Spitzenkräfte vor Ort sogar hinderlich sein. Dies gilt in Extremfällen vielleicht schon für Spezifizierungen von Stellenausschreibungen dahingehend, dass Deutschkenntnisse für Bewerber vorteilhaft seien, wenn dann fehlende Deutschkenntnisse als Manko verstanden werden können, das es auszugleichen oder zu beheben gilt – denn schon ein solcher Zuschnitt der Ausschreibung könnte fachlich qualifizierte, aber des Deutschen unkundige Kräfte von der Bewerbung abhalten.

In diesem hier schematisch geschilderten Geflecht von Unternehmensstrukturen und Unternehmenssprachen sehen sich die Unternehmen in der heutigen Welt der Globalisierung, eben auch die Unternehmen mit Stammhaus im deutschen Sprachgebiet. Die genaue Verortung in diesem Geflecht wäre, wie mir scheint, für jedes einzelne Unternehmen wichtig, für sein Selbstverständnis, sein Sprachenmanagement und seine zielgerichtete interne Sprachenplanung und Sprachenpolitik. Jedoch ist diese Verortung aus verschiedenen Gründen kompliziert. Schon die umfassende Zuordnung von Unternehmen zu den genannten Typen ist schwierig – wie sich an Zuordnungsversuchen einzelner Beispiele zeigen lässt. Erst recht hinderlich sind mangelnde Kenntnisse der Fakten, wofür der wenig entwickelte Stand einschlägiger Forschung verantwortlich ist, aber – allem Anschein nach – auch die begrenzte Zugänglichkeit der Unternehmen hinsichtlich relevanter Fragen und Daten. Jedenfalls hat Thomas Much (2008: 58; ausführlicher 58-60) erfahren, dass „die meisten der aus dem Raum Essen und Düsseldorf kontaktierten Unternehmen" einer Untersuchung ihrer Unternehmenssprachen und Sprachenplanung „von vorneherein ablehnend gegenüber standen." Vielleicht gilt das Thema als heikel, weil mehr negativ als positiv zu bewertende Befunde erwartet werden, die auch an die Öffentlichkeit dringen könnten. Allein schon die Feststellung irgendwelcher Sprachen- oder Kommunikationsprobleme wäre kein Imagegewinn, ebenso wenig die vielleicht entdeckten unzureichenden Englischkenntnisse von Personen in leitender Stellung. „Da Sprachkenntnisse – zumindest Englischkenntnisse – heute als unverzichtbare Zusatzqualifikation von Fach- und Führungskräften gelten, gibt kein Mitarbeiter gerne zu, in diesem Bereich Probleme zu haben. Folglich wird das Thema in vielen Unternehmen tabuisiert und nicht aktiv zu lösen versucht." (Vollstedt 2002: 55) Auch unternehmensinterne Widerstände gegen für notwendig gehaltene Regelungen, z.B. gegen die Stärkung der Stellung und des Gebrauchs von Englisch, wären keine gute Werbung. Womöglich käme das Unternehmen sogar ins Kreuzfeuer von Sprachschützern, z.B. des gegen „das Vordringen" des Englischen kämpfenden, medienwirksamen Vereins Deutsche Sprache (VDS) (dazu Kap. L.3.4), und erhielte am Ende noch dessen von allen Medien berichteten, verunglimpfenden Titel „Sprachpanscher des Jahres". Vielleicht überschätze ich aber – aufgrund nur punktueller Erfahrungen und Informationen – die Vorbehalte der Unternehmen gegen die Mitteilung einschlägiger Daten und ihre Abneigung gegen wissenschaftliche Untersuchungen ihrer sprachlichen Verhältnisse und Planungen. Jedenfalls erscheinen mir die vorliegenden Kenntnisse der Problematik lückenhaft und deren Vertiefung und Erweiterung wünschenswert.

Eine Kenntnislücke, die ich – mit den mir zur Verfügung stehenden Mitteln und Zeitspannen – nicht wirklich zu schließen vermochte, waren die Unternehmenssprachen (für die ganzen Unternehmen). Hierzu finden sich zwar diverse Hinweise in den Medien, die sich aber auf Einzelfälle beschränken und deren Zuverlässigkeit zweifelhaft ist. Hierzu ein Beispiel: „Die Welt spricht Englisch. Besser gesagt: die Wirtschaftswelt. Als die Bertelsmann AG 1999 immer mehr englische Bücher herausgegeben hat, hat der Verlag Englisch zu seiner offiziellen Konzernsprache gemacht. Weitere Verlage folgten. Ähnlich ist es auch im Bankenwesen: Die Fusion der HypoVereinsbank mit der italienischen Großbank Unicredito im November 2005 führte auch dazu, dass dort, wo ehemals Deutsch und Italienisch gesprochen wurde, jetzt Englisch die offizielle Verkehrssprache ist." (www.dw.de/herausforderung-englisch-als-unternehmenssprache/a-1805008, 11.12.2005 – abgerufen 26.08.2013)

Nicht einmal einen zuverlässigen Überblick über die Unternehmenssprachen der größten 10 bis 20 Unternehmen mit Stammhaus in Deutschland konnte ich mir verschaffen. Dabei sollte man unterscheiden zwischen deklarierten (offiziellen) und faktischen, also tatsächlich gebrauchten Unternehmenssprachen sowie – worauf ich hier nicht näher eingehe – analog zwischen deklarierten und faktischen Standortsprachen, zu denen als Sonderfall auch die Stammhaussprache gehört, sofern sie keine Unternehmenssprache (fürs ganze Unternehmen) ist. Bezüglich faktischer Unternehmenssprachen sind weitere Differenzierungen – nach Unternehmensbereichen (Domänen) der Anwendung, Personal mit Kenntnissen unterschiedlichen Niveaus sowie Umfang des Gebrauchs – und Kenntnisse darüber wünschenswert.

Allem Anschein nach halten sich viele Unternehmen zurück bei der Deklaration von Unternehmenssprachen. So fand Vollstedt (2002: 51f.) bei ihrer Befragung von 20 Unternehmen in Deutschland (allerdings nicht alle mit Stammhaus in Deutschland) nur ein einziges, nämlich die Bayer AG, in dem „die Konzernsprachen [=Unternehmenssprachen! U.A.] [...] in den Guidelines festgelegt" waren, und zwar in diesem Fall Deutsch und Englisch; „konkrete Vorgaben zu ihrem Gebrauch – beispielsweise zur Verwendung in bestimmten Kommunikationssituationen oder Textsorten – [wurden] jedoch nicht gemacht." Befragt wurden (außer Bayer) Alcatel Alsthom, BASF, Bertelsmann, BMW, Boehringer Ingelheim, DaimlerChrysler, Danisco, Continental, Drägerwerk, Heidelberg Prepess, Hugo Boss, MaK, Porsche, Rheinmetall, Schering, Siemens, Unilever und VW. Bei Bertelsmann, DaimlerChrysler, Danisco und Siemens waren „die Unternehmenssprachen [jeweils Deutsch und Englisch! U.A.] zwar nicht offiziell festgeschrieben. Sie [waren] jedoch bekannt, weil regelmäßig in Mitarbeiterzeitungen oder Weiterbildungsangeboten darauf hingewiesen" wurde. „Die meisten Unternehmen reagierten dagegen mit Unverständnis auf die Frage nach einer offiziellen Sprache der internen Kommunikation. Die Sprachwahl wurde – so die Befragten – pragmatisch gehandhabt."

Aufgrund ähnlichen Unverständnisses bei ersten Anfragen zur Vorbereitung einer von mir selbst durchgeführten Unternehmensbefragung (dazu Kap. F.5, gegen Ende) verzichtete ich von vornherein auf die Frage nach deklarierten Unternehmenssprachen (was ich allerdings nachträglich bedaure). Bei meiner telefonischen Anfrage bei der Niederrheinischen Industrie- und Handelskammer Duisburg (21.08.2013), bei der ich mit verschiedenen Stellen verbunden wurde, wusste man von keiner Quelle, der man die deklarierten Sprachen großer Unternehmen in Deutschland entnehmen könnte, und auch Reiner Pogarell (E-Mail 23.08.2013), der Leiter des Instituts für Betriebslinguistik in Paderborn, beantwortete meine Anfrage dazu negativ: „Ich glaube nicht, dass es eine solche Liste [deklarierter Unternehmenssprachen von Unternehmen in Deutschland! U.A.] gibt", und fügte hinzu: „Auch wenn es sie gäbe, wäre deren Aussagekraft gleich null."

Diesen Zusatz begründete Pogarell damit, dass Deklaration und tatsächlicher Sprachgebrauch unweigerlich auseinander klaffen würden. In der Tat liegt der Gedanke nahe, dass die Unternehmen die Beleuchtung solcher Diskrepanzen und eventuell daran ansetzende Kritik vermeiden möchten. Bei den verschiedentlich in den Medien mitgeteilten Unternehmenssprachen – z.B. VW und Porsche (jetzt Teil von VW): nur Deutsch, BASF: Englisch und Deutsch, und dergleichen – bleibt meist unklar, ob eine Deklaration vorliegt und wie verbindlich diese ist. Hauschildt/ Vollstedt (2002: 174) berichten zwar über die oben erwähnte Befragung Vollstedts (2002: 51-53), dass sich 6 der 20 befragten Unternehmen „[f]ür eine radikale Einführung des Englischen als Unternehmenssprache [...] entschieden" haben, wovon allerdings „drei Tochtergesellschaften ausländischer Mütter" waren. „In 11 der 20 Unternehmen wird Englisch neben dem Deutschen als Konzernsprache akzeptiert, gepflegt, aber nicht zwingend eingeführt", also wurde es wohl auch nicht als solche deklariert. „Nur in zwei Unternehmen hat man sich bewusst gegen das Englische und für die Beibehaltung des Deutschen entschieden – vorerst noch." (Ein Unternehmen hat wohl nicht geantwortet.)

Um welche Unternehmen es sich jeweils handelte, teilen die Verfasser nicht mit; jedoch lässt sich zumindest bezüglich der Entscheidung nur für Deutsch, aus verschiedenen Meldungen – mit einiger Vorsicht – auf Porsche und Volkswagen (VW) schließen, die damit sicher ihre „deutsche Identität" ausdrücken möchten. Vor allem Porsche dürfte bei aller unstrittigen Qualität seiner Produkte zumindest ein Quäntchen seines Rufes (und der damit verbundenen sagenhaften Gewinnspanne) auch dieser Identität verdanken. Dennoch ist gerade für dieses Unternehmen – heute eine Firma innerhalb des Unternehmens VW, mit den USA als Hauptabsatzmarkt – Deutsch als Unternehmenssprache keine Selbstverständlichkeit. Jedoch wurden auch kommunikative Vorteile genannt, jedenfalls nach folgender Zeitungsmeldung:

> „Der Sportwagenhersteller Porsche setzt intern ganz auf die deutsche Sprache. Weil der Einfallsreichtum der Ingenieure dann größer ist. [...] Tatsächlich lassen sich mit dem konsequenten Gebrauch der deutschen Sprache als Konzernsprache – so wie es Porsche durchzusetzen versucht – entscheidende Vorteile erzielen. [...] Porschechef Wendelin Wiedeking betonte hierzu schon vor einiger Zeit im Spiegel: ‚Natürlich können sich die Manager in Englisch verständigen. Aber das ist nicht auf allen Arbeitsebenen der Fall. Ganz schwierig wird es, wenn es um Details geht, um die Einzelteile eines Motors beispielsweise. Doch gerade bei diesen Themen müssen sich die Mitarbeiter perfekt verständigen [...]' " („Beispiel Porsche: Sprache in Firmen. Schlechtes Deutsch besser als gutes Englisch", *SZ* 11.05.2010 – Hervorhebungen im Original hier getilgt).

Über Deutsch oder Englisch als Unternehmenssprache habe ich mit dem „Head of Communications" der „Volkswagen Group India", Alexander Skibbe, korrespondiert, einschließlich der Frage, warum Inder, die bei deutschen Unternehmen arbeiten wollen, die deutsche Sprache lernen sollten, worauf er mir „14 Gründe" für Deutsch mitgeteilt hat (seine E-Mail 29.01.2013), von denen ich hier drei wiedergebe:

„1. Trotz Globalisierung ist Deutsch immer noch die Hauptsprache bei allen Multinationalen Unternehmen mit Hauptsitz in Deutschland.
2. Besprechungen mit internationaler Beteiligung werden zwar in Englisch gehalten, manchmal aber in Deutsch kommentiert. Mit Deutschkenntnissen versteht man auch die Kommentare und Informationen zwischen den Zeilen.
3. Small Talk öffnet viele Türen. Wenn man mit einem Deutschen in seiner Muttersprache plaudert, öffnet er sich meist schneller als im Englischen."

Im Gegensatz dazu betonen viele Unternehmen die Vorzüge von Englisch als Unternehmenssprache (siehe Hauschildt/ Vollstedt 2002). Alles in allem herrscht vermutlich vielerorts Unsicherheit, weshalb sich die Unternehmen mit eindeutigen Antworten und Entscheidungen zurückhalten: „Die meisten Befragten [...] bedeuteten uns, die Sprachwahl werde pragmatisch gehandhabt. Es solle auf jeden Fall vermieden werden, den Mitarbeitern bürokratische Regelungen vorzugeben."

Aufgrund derartiger Vorsicht oder auch Unsicherheit könnte man vermuten, dass Planungen und sprachenpolitische Entscheidungen bei der Hinzunahme weiterer Unternehmenssprachen zur Stammhaussprache oder bei der Ersetzung der bisherigen Unternehmenssprache durch eine andere, in der Regel Englisch, überflüssig oder womöglich sogar kontraproduktiv seien. Jedoch handelt es sich bei einer solchen dauerhaften Sprachumstellung – im Gegensatz zu kurzfristigem, situationsgebundenem Sprachwechsel (Code-Switching) – um einen tiefgreifenden Wandel mit weitreichenden Folgen. Es ist daher nicht erstaunlich, dass seine Bewältigung immer wieder nachdrücklich als eine wichtige, sogar unverzichtbare strategische Aufgabe des Managements gesehen wurde, die nur mit Hilfe wohl überlegter Sprachenplanung und -politik gut gelingen könne (Vollstedt 2002; Hauschildt/Vollstedt 2002; Much 2008).

Eine grundlegende Frage ist dabei die Rentabilität einer solchen Sprachumstellung, die sich in ganz allgemeiner Form als Kosten-Nutzen-Analyse stellen lässt: Übertrifft der wirtschaftliche Nutzen der Umstellung, in Geldwert, am Ende schließlich tatsächlich die dabei anfallenden Kosten? Und mit welcher Methode oder Kombination von Methoden der Umstellung lassen sich die Kosten minimieren und der Nutzen maximieren? Florian Coulmas (1992b: 132-138) legt einerseits die Kosten verschiedener sprachenpolitischer Projekte und Maßnahmen dar und andererseits den ökonomischen Nutzen („payoff"; ebd.: 138-152). Dabei erörtert er auch die Grenzen der Genauigkeit der Abschätzungen, und damit auch entsprechender Kosten-Nutzen-Analysen. Die Ungenauigkeit von Kostenabschätzungen – auch bei viel übersichtlicheren Vorhaben – erweist sich ja ständig, indem die späteren Kosten die Voranschläge überschreiten. Dabei sind bei der Sprachenplanung die Kosten noch eher kalkulierbar als der Nutzen, schon weil sie nicht so weit in der Zukunft liegen, während die Abschätzung des Nutzens viel stärker von der grundsätzlichen Unsicherheit von Prognosen betroffen ist. Wegen der hochgradigen „prognostic nature [is] the calculation of the benefits often characterized by a high degree of uncertainty." (Ebd.: 140) Coulmas verdeutlicht die Unwägbarkeiten an Beispielen wie den Maßnahmen zur Stärkung der internationalen Stellung der deutschen oder der französischen Sprache („language export promotion"), der Förderung des Fremdsprachenunterrichts an US-Schulen, der Ersetzung von Russisch durch Englisch als erste Fremdsprache in den ostmitteleuropäischen Ländern, vor allem in Polen, der Einführung von Englisch als Sprache der Hochschullehre in den Niederlanden sowie der irischen Sprachenpolitik.

Zwar sind die vermutlich besonders hohen Unwägbarkeiten von Kosten-Nutzen-Analysen bei Sprachplanungen unbestreitbar, hilfreich sind solche Planungen aber dennoch, denn sie helfen bei der Ordnung der Prioritäten und der Abschätzung der für die angestrebten Ziele erforderlichen Maßnahmen (ebd.: 150). Dies gilt auch für die Umstellung auf eine andere Unternehmenssprache, die Coulmas nicht thematisiert. Der Versuch einer Kosten-

Nutzen-Analyse bringt meist auch die sowieso nicht in Heller und Pfennig kalkulierbaren Faktoren ans Licht, die bei den meisten sprachenpolitischen Maßnahmen hereinspielen und dort besonders schwer wiegen, „where a language is subject to strong emotional attachment, or closely linked to other social attributes." „Cost-benefit analysis can only reckon with factors which can be operationalized by means of economic value assessment." (Ebd.: 150 bzw. 152)

Bei der Umstellung von Unternehmenssprachen lassen sich nicht einmal alle relevanten Faktoren sicher voraussagen. Man versucht ihnen aber so weit wie möglich Rechnung zu tragen unter übergreifenden Aspekten wie „Prestigeplanung", „Akzeptanzplanung" und jeweils „-politik", auf die ich gleich zu sprechen komme. Überhaupt spielt bei den mir bekannten Konzeptionen zur Umstellung auf andere Unternehmenssprachen die in der Soziolinguistik entwickelte Sprachenplanung eine zentrale Rolle (Vollstedt 2002; Hauschildt/ Vollstedt 2002; Much 2008). Diese von Heinz Kloss (z.B. 1927; 1969a), Einar Haugen (z.B. 1966; 1987), Joshua Fishman (z.B. 1974) und anderen entworfene Forschungsrichtung wird heute meist in der zusammenfassenden und ergänzten Version von Robert Cooper (1989) angewandt. Cooper hat vor allem der zuvor nur unterschiedenen „Statusplanung" und „Korpusplanung" die „Akquisitionsplanung" (acquisition planning) hinzugefügt. Bei der Planung von Unternehmenssprachen kann dieser Terminus jedoch geradezu stören, „da er in der Betriebswirtschaftslehre semantisch als Erwerb ganzer Unternehmen belegt ist." Daher ersetzen ihn Hauschildt/ Vollstedt (2002: 177) durch den Terminus „Spracherwerbsplanung". Vollstedt (2002: 215-223) fügt den bisher genannten Planungskomponenten noch die von Haarmann (1984a; 1990) vorgeschlagene „Prestigeplanung" hinzu (dazu auch Ammon 2012b), die man – wie mir scheint – unter spezielleren Gesichtspunkten auch als „Akzeptanzplanung" bezeichnen könnte (vgl. Vollstedt 2002: 216f.; 222f.). Dabei haben Status- und Korpusplanung eher strategischen Charakter, aber Spracherwerbs-, Prestige- und Akzeptanzplanung, die zur „Implementierung" der Sprachenpolitik gehören, eher operativen Charakter. (Hauschildt/ Vollstedt 2002: 176) All diese Aspekte, die in einander übergehen und teilweise kaum genau von einander abgrenzbar sind, kommen zur Sprache in den mit einander zusammenhängenden Planungsvorschlägen von Vollstedt (2002: 98-223) und Hauschildt/ Vollstedt (2002: 176-182).

Die Statusplanung richtet sich darauf, welche Personen (in welchen Stellungen oder Funktionen) im Unternehmen die Sprache in welchen Kommunikationssituationen und Textsorten gebrauchen (und folglich über entsprechende Kenntnisse verfügen) sollten. Oft beschränkt sich der Gebrauch der neuen Sprache weitgehend auf die Unternehmensleitung oder die Forschungs-

und Entwicklungsabteilungen. Die Korpusplanung betrifft die zu gebrauchenden Sprachformen, vor allem die zentralen technischen Termini, die imageprägenden und identitätsbildenden Schlagworte und Formeln sowie den Sprachstil (z.B. informell – förmlich, schlicht – elaboriert) – das Bestimmungswort *Korpus-* (hier meist mit maskulinem Genus: *der Korpus*) ist von der Idee des ‚Sprachkörpers' hergeleitet und ohne klarstellenden Kontext missverständlich (z.B. im Sinne der ganz andersartigen „Korpuslinguistik"). Dagegen drückt der Terminus *Spracherwerbsplanung* deutlich genug aus, was gemeint ist, nämlich wer welche Sprachen oder welche Komponenten von Sprachen bis zu welchem Niveau auf welche Weise und innerhalb welcher Zeitspanne lernen soll – was natürlich hinreichend klare Vorgaben der Status- und Korpusplanung voraussetzt. Die Prestigeplanung soll schließlich den Wert der neuen Unternehmenssprache(n) begründen, herausstellen und der Belegschaft vermitteln und sie damit zur Akzeptanz der Neuerung motivieren (Akzeptanzplanung). Es versteht sich, dass dies beim Englischen, um das es meist geht, vor allem durch Betonung seiner Stellung als „Weltsprache" und der kommunikativen Vorzüge seiner Beherrschung geschieht.

Trotz der – oben berichteten – Vorbehalte von Unternehmen gegen die nähere Untersuchung ihrer Sprachenplanung und -politik liegen inzwischen mehrere detaillierte Bestandsaufnahmen von Sprachumstellungen vor. Vollstedt (2002: 46-97) beschreibt für drei Unternehmen die Kommunikationssituation, Motive der Sprachenplanung, Ziele und Durchführung und die Reaktion der Mitarbeiter. Allerdings nennt sie die Unternehmen nicht beim Namen, sondern charakterisiert sie nur – hier verkürzt wiedergegeben – als:

1) Unternehmen der Chemiebranche im Rhein-Main-Gebiet mit 18.000 Mitarbeitern und 60 Produktionsstandorten in 20 Ländern,
2) Hundertprozentige Tochter eines US-Mineralölunternehmens mit fast 20.000 Mitarbeitern in Deutschland mit offenbar regiozentrischer oder sogar geozentrischer Struktur („von regionalen Managern geführt"),
3) Mischunternehmen mit Stammhaus im Rhein-Main-Gebiet mit über 170 eigenen Gesellschaften in 48 Ländern und eigenen Produktionsstätten in 25 Ländern. (Ebd. 56, 69f., 80)

Der durchgehend hohe Internationalitätsgrad ist also offenkundig. Eine ähnliche Beschreibung liegt vor von Hauschildt/ Vollstedt (2002) über das Spezialglas-Unternehmen Schott mit ca. 10.000 Mitarbeitern in Deutschland und ebenso vielen an Produktionsstandorten in 20 und Vertriebsgesellschaften in weiteren fast 20 Ländern. Außerdem hat Much (2008: 58-82) einen Bericht vorgelegt über die Sprachumstellung der TÜV Rheinland Group, die über insgesamt 12.500 Mitarbeiter und 360 Niederlassungen in 62 Ländern verfügt.

Die umfassende Schilderung dieser verschiedenen Sprachenplanungen und -implementierungen würde hier zu weit führen. Stattdessen begnüge ich mich mit einigen Hinweisen auf ihren Erfolg, der, wie sich zeigt, in hohem Maße von der Prestige- und Akzeptanzplanung abhängt. Die dabei zutage tretenden Probleme werfen auch ein Licht voraus auf das Thema des folgenden Kap. F.8.

Eine wichtige Voraussetzung des Erfolgs der Sprachumstellung deutscher Unternehmen, besonders der Einbeziehung von Englisch oder sogar Ersetzung von Deutsch durch Englisch, ist offenbar eine Zielsetzung, die sich nicht auf die kommunikative Funktion von Sprache beschränkt, sondern auch Aspekte der Identität und des Sprachstolzes berücksichtigt. Dies ist eine zentrale Aufgabe der Prestige- und Akzeptanzplanung. Einerseits ist es erforderlich, dass die „Sprache vor Ort, inklusive Deutsch, weiterhin respektiert wird", und andererseits, dass die neue Sprache, also in der Regel Englisch, zusätzlich zu kommunikativen Vorzügen emotionale Bedürfnisse befriedigt. Sie soll dazu beitragen, „das Unternehmen als weltoffen und innovativ darzustellen und ein besseres Image zu vermitteln." Mehr noch: Durch die neue, für alle Unternehmensteile geltende Sprache „soll das Zusammengehörigkeitsgefühl der Mitarbeiter gestärkt und eine konzerneinheitliche Unternehmenskultur weltweit entwickelt werden." (Hauschildt/ Vollstedt 2002: 174) Diese die Emotionen einbeziehende Zielsetzung steht im Gegensatz zu der – infolge des programmatischen Aufsatzes von Hüllen (1992) – häufig behaupteten Unvereinbarkeit von „Identifikationssprache" und „Kommunikationssprache" (dazu auch Kap. E.1; E.2, F.2). Eine Politik der Sprachumstellung muss, wenn sie erfolgreich sein will, beide möglichen Funktionen von Sprachen verbinden und darauf abzielen, dass die Neuerung „auch gefühlsmäßig von der Sprachgemeinschaft" – hier den Mitarbeitern des Unternehmens – „angenommen" wird, was dadurch gefördert wird, dass sie „als besonders prestigeträchtig gilt" (Vollstedt 2002: 215, 217).

Bei solcher Sprachenplanung wird der Zusammenhang zwischen Sprache und Kultur zwar regelmäßig thematisiert, aber nicht unbedingt problematisiert. Jedoch kann er auch zum Verwirrspiel werden, schon aufgrund unterschiedlicher Begriffsfestlegungen, z.B. von ‚Kultur' in einem weiten Sinn, der Sprache umfasst, oder einem engeren Sinn, wonach Sprache und Kultur disjunkt sind (dazu z.B. Risager 2000). Zwar thematisiert Vollstedt diese Frage nicht, sie versteht aber Unternehmenssprachen als wichtige Unternehmenssymbole (ebd.: 2002: 27), die sie – wie ich sie verstanden habe – beiden von ihr unterschiedenen Symbolgruppen zuordnet: den interaktionalen Symbolen (zu denen auch Riten, Rituale, Zeremonien und Feiern zählen) und den objektivierten Symbolen (wie auch Logos, Fahnen, Geschenke, Urkunden, Kleidung und Auszeichnungen). Der Symbolik von Unternehmenssprachen sind sich inzwischen auch Unternehmensberatung und Werbeindustrie bewusst – wie ein Blick ins Internet verrät, wo man leicht Texte folgenden Inhalts findet: „Die Unternehmenssprache [hat! U.A.] genauso ihren Anteil an der Markenbildung wie ein Logo und ein komplettes, visuelles Erscheinungsbild. Trotzdem wird dem Corporate Design oft ungleich mehr Aufmerksamkeit als der Corporate Language geschenkt." (Sabine Hilliger „Von der E-Mail zum Kundengespräch: Corporate Language: Sprachstil eines Unternehmens"; de.slideshare.net/qbusagentur/unternehmenssprache – abgerufen 22.08.2013) Allerdings richten sich die Überlegungen dort meist nicht auf Sprachumstellungen.

Vollstedt thematisiert oder berührt noch die folgenden Konsequenzen und möglichen Probleme der Umstellung von Deutsch auf Englisch, die mit der unterschiedlichen Symbolik der Sprachen zusammenhängen. Aufgrund der divergierenden Symbolik ist mit Identitätskonflikten zu rechnen. Die deutsche Sprache drückt eher eine bestimmte nationale Identität oder auch die Zugehörigkeit zu einer bestimmten – eben der deutschen – Sprachgemeinschaft aus, die englische Sprache dagegen eher eine kosmopolitische Identität, die Zugehörigkeit zur Weltgemeinschaft (Kap E.1; E.2; F.2). Allerdings kann Englisch auch die Zugehörigkeit zu einer der angelsächsischen Nationen symbolisieren. Im Hinblick darauf bewerten Deutschsprachige die Umstellung von Deutsch auf Englisch unter Umständen als unfaires Spiel, bei dem sie künftig als Fremdsprachler mit Muttersprachlern konkurrieren sollen.

Die Sprachumstellung kann sich überdies auf die Sozialbeziehungen innerhalb des Unternehmens auswirken. Ein Katalysator dieser Veränderung können die verschiedenen Anredeformen, vor allem der Pronomengebrauch, im Deutschen und Englischen sein, die unterschiedliche soziale Distanz signalisieren. Siezen geht auf Englisch nicht mehr, und die Anrede mit Vornamen wird auf einen größeren Personenkreis ausgedehnt. Auch die sonstigen englischen Ausdrucksmittel für soziale Distanz und Förmlichkeit sind mit den deutschen nicht kongruent und bei weitem nicht so leicht handhabbar wie das Siezen.

Zudem sind wichtige Textsorten in beiden Sprachen unterschiedlich strukturiert. So sind im Englischen wissenschaftliche Texte geradliniger aufgebaut (weniger Exkurse), weniger explizit (keine Ausschweifungen), näher bei der Mündlichkeit (weniger papierener Stil) und persönlicher im Ausdruck als im Deutschen (Clyne 1984; 1987; House 2002a; 2003b). Entsprechende Divergenzen, die auch verschiedene Einstellungen oder andere Sozialbeziehungen zwischen Schreibern und Lesern ausdrücken, gibt es in Geschäftstexten.

All diese Unterschiede sollten einerseits bedacht, aber andererseits nicht überbewertet werden. Teilweise bestehen nämlich ähnliche Unterschiede auch innerhalb des deutschen Sprachgebiets: Zwischen Nord- und Süddeutschland, Österreich und der Schweiz oder auch den alten und neuen Bundesländern – und sogar innerhalb eines Gebietes zwischen den Sozialschichten. Außerdem verbindet sich mit der englischen Sprache keine homogene Kultur, sondern eher ein kulturelles Potpourri – mit den USA, Großbritannien, Südafrika, Australien, Indien, Singapur usw. Schließlich wird die deutsche Kultur seit mindestens einem halben Jh. massiv angelsächsisch beeinflusst, vor allem seitens der USA.

Dennoch ist die Sprachumstellung kein rein kognitives und rationales Unterfangen. Vielmehr geht es dabei ebenso um die emotionale Zustimmung der Mitarbeiter. Um ihretwillen werden oft vielfältige Mittel und Methoden eingesetzt: Von der konsequent vorbildlichen Sprachwahl der Unternehmensführung über die Verwendung der neuen Sprache auch als Unterrichtssprache in den Sprachkursen und in der Unternehmenszeitschrift bis hin zu allerlei Mätzchen wie witzigen Rundschreiben und Werbegeschenken (Vollstedt 2002: 219-223). Es versteht sich von selbst, dass die Erfolge – entsprechend der unwägbaren Wirkung pädagogischer Methoden – bezüglich der Akzeptanz bei den Mitarbeitern unterschiedlich ausfallen können (ebd.: 68f., 79f., 90). „Der TÜV Rheinland wird erst nach einigen Jahren bewerten können, ob die interne Kommunikation [zwischen den Niederlassungen in den verschiedenen Ländern! U.A.] tatsächlich reibungsloser und zielgerichteter abläuft." (Much 2008: 80) Auf Dauer genügt auch nicht die einmalige große Umstellung in einem einzigen Kraftakt von Sprachenplanung und Sprachenpolitik, sondern es bedarf hiernach des fortdauernden „Sprachenmanagements" als einer Aufgabe der Unternehmensleitung (Hauschildt/ Vollstedt 2002: 182; Coulmas 1992b: 152; Neustupný/ Nekvapil 2003; Neustupný/ Nekula 2006; umfassender zu „Sprachenmanagement" Spolsky 2009).

8. Erfolgreich wirtschaften in Deutschland ohne Gebrauch der deutschen Sprache

Man sollte meinen, dass Firmen in Deutschland nicht ohne Deutschgebrauch wirtschaften können und sich erst nicht erfolgreich leiten lassen von Personen, die über keine Deutschkenntnisse verfügen. Ein warnendes Beispiel ist das Scheitern von Wal-Mart in Deutschland: „The first error was to appoint a boss for Germany who spoke no German", kommentierte *The Economist* (05.08.2006: 54) diesen Fall. Allerdings nennt er für den vollständigen Rückzug der US-Supermarktkette aus Deutschland noch andere Gründe, die Andreas Knorr und

Andreas Arndt (2003) sowie Reiner Pogarell (2007: 19-26) ausführlich dargelegt haben (siehe auch „Wal-Mart in Deutschland: Chronologie eines Scheiterns", www.spiegel.de/wirtschaft/wal-mart-in-deutschland-chronologie-eines-scheite rns-a-429049.html – 28.07.2006). Eine Rolle spielten sicher Fehlinvestitionen. Außerdem aber war das gesamte Geschäftsgebaren einschließlich der dargebotenen Unternehmenskultur nicht an deutsche Gepflogenheiten angepasst. Es mangelte also sowohl an Sprach- als auch an Kulturkenntnissen, was sich – und dies könnte ausschlaggebend gewesen sein – bis zum Kundenkontakt hin auswirkte. Nicht von ungefähr ist Wal-Mart auch in Südkorea gescheitert.

Im Gegensatz zu Wal-Mart scheint innerhalb von Stammhäusern deutscher Unternehmen der Gebrauch der englischen Sprache bei angemessener Beschränkung den Geschäften nicht unbedingt abträglich zu sein. Häufig ist er schon selbstverständlich geworden oder gilt sogar als geboten. In diesem Sinn wurde z.B. der frühere Vorstandsvorsitzende der Deutschen Post AG, Zumwinkel, in der *Bild am Sonntag* (05.12.1999: 4) zitiert: „Beim Umgang mit unseren Kunden, aber auch bei der Steuerung des wachsenden Konzerns gehört die englische Sprache zum alltäglichen Handwerkszeug unserer Führungskräfte." Unproblematisch erscheint dies vor allem bei Zweisprachigkeit, also der Fähigkeit, bei Bedarf auf Deutsch umzuschalten. Fehlende Deutschkenntnisse gelten jedoch nach wie vor als Manko. So bemühte sich die neue Karstadt-Chefin darum: „ ,Ich lerne Deutsch', sagt sie" – in deutlicher Distanzierung vom vorausgehenden britischen Manager, der „einen Großteil der Beschäftigten nur über Dolmetscher erreicht hat [...]" („Karstadt gibt sich bodenständig. Die neue Chefin Eva-Lotta Sjöstedt will einiges besser machen als ihr Vorgänger [...]", *WAZ* 04.01.2014).

Gleichwohl haben manche Vorstände und Aufsichtsräte deutscher Stammhäuser auch Mitglieder ohne Deutschkenntnisse, natürlich Ausländer. Beispiele boten die Deutsche Bank oder die Allianz, die solche des Deutschen unkundige Vorstandsmitglieder aufgenommen haben („Seilschaften sind Auslaufmodelle", „Radikaler Konzernumbau bei der Allianz", *Die Welt* 02.08.2000 bzw. 13.9.2005), woraufhin Englisch wenn nicht die einzige, so doch die vorherrschende Arbeitssprache der Unternehmensspitze auch in Deutschland wurde. Sogar dies scheint kaum zu stören, solange die Unfähigkeit, auf Deutsch zu kommunizieren, sich auf die interne Arbeit der Unternehmensleitung beschränkt.

Schwieriger wird es beim darüber hinaus gehenden Kontakt mit der deutschen Öffentlichkeit oder der eigenen Belegschaft. Ein Beispiel lieferte der fränkische Puppenhersteller Zapf Creation – ein dafür geradezu bezeichnender Name –, als er seine Hauptversammlung in Rödental bei Coburg auf Englisch veranstaltete, weil den drei spanischen Investment-Managern, die den

Aufsichtsrat bildeten, ausreichende Deutschkenntnisse fehlten. Trotz Simultandolmetschens gab es dagegen heftigen Protest der Deutschen Schutzvereinigung für Wertpapierbesitz, die diese Sprachwahl als „extrem aktionärsunfreundlich" bezeichnete. Die *FAZ* (23.08.2006: 15), die darüber berichtete, bemerkte dazu: „Zwar gibt es bei zahlreichen [deutschen! U.A.] Firmen ausländische Aufsichtsratschefs, doch lassen sie sich bei Aktionärstreffen meist von einem deutschsprachigen Mitglied des Aufsichtsrats als Versammlungsleiter vertreten."

Fehlende Deutschkenntnisse gelten bei Leitern deutscher Unternehmen, die in Deutschland öffentlich auftreten, noch immer als Manko. Allerdings wird gebrochenes Deutsch weitgehend akzeptiert, auch in der Öffentlichkeit, solange es verständlich bleibt und die Terminologie stimmt, wie z.B. beim früheren Pressesprecher von MAN, dem Schweden Håkan Samuelssen, der sich regelmäßig bei den Hauptversammlungen so präsentierte (z.B. am 21.02.2006). Deutschkenntnisse galten auch als zwingende Voraussetzung für die Berufung des Niederländers Marijn Dekkers zum Vorstandsvorsitzenden der Bayer AG, jedenfalls nach Einschätzung der *RP* (16.09.2009: C3): „Ohne diese Sprachkenntnisse wäre er nicht Bayer-Chef geworden." Dem Verlangen nach Deutsch in deutscher Öffentlichkeit hat auch das führende deutsche Bankhaus entsprochen: „Die Hauptversammlung der Deutschen Bank begann mit einer Überraschung. Der Ko-Vorstandsvorsitzende Anshu Jain eröffnete das Treffen in der vergangenen Woche mit einer Rede auf Deutsch – es war das erste Mal, dass der gebürtige Inder nicht auf Englisch zu den Aktionären sprach." (*Frankfurter Allgemeine Sonntagszeitung*, 26.05.2013: 33)

Erst recht sind Deutschkenntnisse in der Regel im Umgang mit deutschsprachigen Kunden erforderlich, nicht nur wegen möglichen Nicht-Verstehens, sondern auch aufgrund der in der Marktwirtschaft gebotenen Höflichkeit. Sie verlangt normalerweise die Wahl der Sprache des Kunden oder Abnehmers. Diese Regel kann nur dann ohne Risiko missachtet werden, wenn die zum Verkauf angebotenen Güter für den Kunden unverzichtbar sind oder das Angebot konkurrenzlos ist. (siehe Kap. F.2)

Angesichts all dieser Umstände ist es erstaunlich, dass es ausländische Unternehmen gibt, die ganz ohne Deutschkenntnisse der Firmenleitung schon seit Jahrzehnten in Deutschland erfolgreich wirtschaften. Sie tun dies allerdings in einem Umfeld, in dem die Mitarbeiter für viele alltägliche Bedürfnisse die eigene Sprache gebrauchen können. Man könnte von einer Art Ghetto sprechen, wenn man damit keinerlei Zwang seitens der Mehrheitsumgebung meint; denn die weitgehende Beschränkung auf die eigene Sprache – und, muss man hinzufügen, auf die eigene Kultur – ist vollkommen selbstbestimmt. Vielleicht gibt es Derartiges ansatzweise unter Türken. Mehr noch könnte man es unter Chinesen vermuten, in einer Art „Chinatowns", die jedoch erst neuerdings entstanden sein könnten. Denn „[i]n Deutschland gibt es keine richtige Chinatown mehr, seitdem die Nationalsozialisten das kleine chinesische Viertel in St. Pauli räumten und die Bewohner deportierten." Bisher bestehen nur Pläne für Chinatowns in Hamburg, das eine Städtepartnerschaft zu Shanghai pflegt, und für Oranienburg bei Berlin. Auch in Österreich gibt es keine Chinatown. (de.wikipedia.org/ wiki/Chinatown – abgerufen 22.10.2013) Dabei ist China inzwischen der wichtigste Wirtschaftspartner Deutschlands. Jedoch sind die chinesischen Unternehmen nirgendwo besonders gebündelt.

Dies ist dagegen der Fall bei den japanischen Firmen, die zudem eine viel längere Tradition der Niederlassung in Deutschland haben. So konzentrieren sich in Düsseldorf und Umgebung insgesamt rund 530 japanische Unternehmen und bilden in ihrem Umkreis eine Art „Japantown", wie man sie – auch in Andeutung der bevorzugten Fremdsprache, Englisch – nennen könnte. Sie hat ihr wirtschaftliches und kulturelles Zentrum im Stadtteil Stadtmitte und die Schwerpunkte der Ansiedlung in den Stadtteilen Ober- und Niederkassel, westlich des Rheins. Die Düsseldorfer Japantown wird alltagssprachlich auch *Nippon am Rhein* genannt. Die in Nordamerika gängige und nach dem Muster „Chinatown" gebildete Bezeichnung „Japantown" ist allerdings in Düsseldorf weniger gebräuchlich. Als Zeichen der Wichtigkeit auch für Japan darf der Besuch des japanischen Kaiserpaares Akihito und Michiko im Jahr 1993 gewertet werden. Ein detaillierter und in hohem Maße zutreffender Überblick über die Japaner in Düsseldorf findet sich in Wikipedia (de.wikipedia.org/wiki/Japaner_in_Düsseldorf – abgerufen 22.10.2013).

Die japanischen Firmen in Düsseldorf können allerdings nicht gänzlich auf Japanisch wirtschaften. Aber statt des Deutschen gebrauchen sie ergänzend hauptsächlich die von ihnen am besten beherrschte Fremdsprache: Englisch (vgl. Kap. K.9.14). Diese Sprachkenntnisse, die von der seit Ende des Zweiten Weltkriegs herrschenden Schul- und Hochschulbildung (Hirataka 1994) in Japan vorgegeben sind, werden auch oft als wesentlicher Grund dafür gesehen, dass sich japanische Firmen lange Zeit lieber in Großbritannien als auf dem europäischen Kontinent angesiedelt haben. Jedenfalls ist dies eine verbreitete Meinung. „Die englische Sprache, die Japans Managern noch am leichtesten fällt, hat [...] dazu beigetragen, dass sie sich fast immer für das Inselreich am Rande Europas [als Produktionsstandort! U.A.] entscheiden." („Immer mehr Japaner wollen in Europa Autos bauen", *WAZ* 13.10.1989) Welches Gewicht dieser Faktor aber neben anderen tatsächlich hat, bedürfte sorgfältigerer Untersuchung; vielleicht haben „härtere" ökonomische Faktoren wie zeitweilig niedrigere Löhne oder Steuervergünstigungen eine größere Rolle gespielt. Inzwischen haben sich die härteren Faktoren aber teilweise angeglichen. Vor allem sind die Mietpreise in London fast unerschwinglich teuer geworden. Jedenfalls hat der Präsident der japanischen Industrie- und Handelskammer, Takayoshi Nakano, Düsseldorf als für japanische Unternehmen nunmehr attraktiver erklärt als London (www.rp-online.de/region-duesseldorf/duesseldorf/ nachrichten/duesseldorf-ist-wichtiger-als-london-1.1124192; 21.01.2008 – abgerufen 24.10.2013).

Eine wichtige Bedingung der Hochschätzung von Düsseldorf ist sicher die ausgezeichnete Infrastruktur, getragen von ca. 8.200 ortsansässigen Japanern, bei insgesamt ca. 12.000 in Nordrheinwestfalen. Sie gewährleistet, dass alle alltäglichen und vor allem die unbedingt notwendigen Tätigkeiten auf Japanisch ausgeführt werden können. Eine Art imposanten Mittelpunkt bildet das Hotel Nikko, in dessen Gebäude auch die japanische Handelskammer und das japanische Generalkonsulat untergebracht sind. Diese Infrastruktur umfasst aber zudem (so im Jahr 2013) nicht weniger als ca. 30 japanische Restaurants, 2 Supermärkte, 10 Lebensmittelgeschäfte, 2 Bäckereien, diverse Foto- und Elektrogeschäfte, 6 Friseursalons, 18 Speditionsfirmen sowie – noch wichtiger – 3 Kindergärten, eine Japanische Internationale Schule bis zum Ende der Sekundarstufe I (www.jisd.de/about_jisd/deutsch/charakter_der_schule.html), eine buddhistische Kirche, das EKO-Haus (www.trinosophie.info/zeitgeschehen/eko-haus-duesseldorf-buddhistischer-kraftort-der-stille – abgerufen 28.10. 2013) und mehrere Vereine (siehe z.B. www.jc-duesseldorf.de/index.php/de/). Außerdem gibt es Tageszeitungen und Zeitschriften, Video-Verleih, gelegentliche Filmvorführungen und natürlich Satellitenfernsehen. Genaue Zahlenangaben sind bisweilen schwierig, weil manche Einrichtungen gemischt japanisch und deutsch sind (dankenswerte Angaben von Yasuo Inadome, Vorstandssprecher des Japanischen Clubs Düsseldorf). Schließlich bietet die Universität Düsseldorf noch einen Studiengang „Modernes Japan" an. Somit können die nicht arbeitenden Familienmitglieder ganz in der japanischen Sprache zurechtkommen, außer in Spezialfällen, z.B. bei bestimmten Arztbesuchen.

Emi Morita (1989) hat – allerdings vor geraumer Zeit – die alltäglichen Umstände und Möglichkeiten näher untersucht und dazu auch bei einer Zufallsstichprobe von 84 japanischen Frauen und Männern in Düsseldorf, alle verheiratet und mit Kindern, eine Fragebogenerhebung durchgeführt. Entgegen vielleicht verbreiteter Meinung erwarb danach allerdings – trotz Vollversorgung auf Japanisch im Alltag – ein Großteil während des Düsseldorf-Aufenthaltes Deutschkenntnisse. Von den nicht berufstätigen Familienmitgliedern war es sogar ein noch etwas höherer Teil (95%) als von den berufstätigen (88%). Nicht berufstätig waren fast ausnahmslos die Frauen. Dass von ihnen die überwiegende Mehrzahl Deutsch lernte, wenigstens bis zum Niveau elementarer Alltagskommunikation, hat Kaori Okamoto (1991) in einer Zusatzuntersuchung japanischer Frauen in Düsseldorf festgestellt. Es gibt keine Anhaltspunkte dafür, dass sich die Verhältnisse inzwischen geändert haben. Offenbar sind Deutschkenntnisse beim Zurechtkommen im außerberuflichen Alltagsleben noch eher hilfreich als für das Berufsleben.

Im Düsseldorfer Berufsleben sind Deutschkenntnisse für Japaner deshalb nicht sonderlich dringlich, weil in den japanischen Firmen zwischen Japanern und Deutschen weniger auf Deutsch als auf Englisch kommuniziert wird. 55% der von Morita (1989) befragten Japaner gaben an, am Arbeitsplatz nur Englisch, 19% nur Deutsch und 26% Deutsch und Englisch zu sprechen. Nur 17% derjenigen, die nur Englisch sprachen, hielten ihre Sprachkenntnisse nicht für ausreichend, was sich eher auf unzureichende Englisch- als Deutschkenntnisse bezogen haben dürfte. Für die Kommunikation mit dem Stammhaus in Japan werden nicht unbedingt Englisch- und schon gar keine Deutschkenntnisse benötigt, da sie überwiegend auf Japanisch, allenfalls gelegentlich auch auf Englisch stattfindet. Für das operative Geschäft werden meist deutsche Manager eingesetzt, und manche Bereiche wie Verkauf, Logistik oder Finanzen werden auch von anderen Europäern geleitet. Für die Auswahl der Mitarbeiter seitens der japanischen Unternehmen spielen Deutschkenntnisse kaum eine Rolle (so auch Merz 1987: 263-268). Auch gibt es für die Japaner keine Auflagen seitens ihrer Unternehmen, während ihres Aufenthaltes in Düsseldorf Deutsch zu lernen. Wer dies tut, macht es freiwillig, wobei das erworbene Kenntnisniveau vermutlich stark variiert.

Mit der weitgehenden Vermeidung der deutschen Sprache als Kommunikationsmittel am Arbeitsplatz schlagen die Japaner gewissermaßen zwei Fliegen mit einer Klappe, ohne dass dies freilich unbedingt beabsichtigt ist. Einerseits überlassen sie den Deutschen nicht den Muttersprachvorteil, der diesen eine kommunikative Überlegenheit verschaffen würde, die nicht ihrer niedrigeren Stellung in der Betriebshierarchie entspräche; andererseits schließen sie die deutschen Mitarbeiter von der besonders wichtigen Kommunikation (unter anderem mit dem Stammhaus) aus, die auf Japanisch stattfindet, dessen die Deutschen – abgesehen von einzelnen Ausnahmen – nicht mächtig sind. Umgekehrt verfügen freilich auch die deutschen Mitarbeiter mit Deutsch über eine Art Geheimsprache.

Allerdings kann eine solche Sprachaufteilung und die Kommunikation der Betriebsleitung in einer für große Teile der Belegschaft fremden Sprache auch störend wirken und Verständnisschwierigkeiten hervorrufen, die vielleicht das Betriebsklima beeinträchtigen und sich – trotz Mittlerdiensten – am Ende sogar ungünstig auf das Marketing auswirken. Darauf hat z.B. das Aufsichtsratsmitglied der Bank of Tokyo, Osamu Watanabe (1989), hingewiesen. Dass die Kommunikation nicht immer reibungslos verläuft, ist auch dadurch bedingt, dass die Englischkenntnisse auf beiden Seiten zu wünschen übrig lassen. So die Einschätzung verschiedener Beobachter, die nicht unbedingt genannt werden wollten.

Nicht nur die Japaner, sondern auch die deutschen Mitarbeiter bringen ihre Englischkenntnisse großenteils schon aus der Schule mit und ebenso, wenigstens bis zu einem gewissen Grad, die Bereitschaft, sich – gewissermaßen mitten in Deutschland – auf Englisch zu verständigen. Sowohl das Können als auch die Anwendungsbereitschaft sind eine Folge der überragenden internationalen Stellung der englischen Sprache und ihres Vorrangs in den schulischen Fremdsprachencurricula. Aber auch des allgegenwärtigen Englischs in der Öffentlichkeit in Deutschland (Kap. F.9). Dagegen wäre es in Großbritannien mit Sicherheit ausgeschlossen, mit den britischen Mitarbeitern überwiegend auf Deutsch zu kommunizieren. Dort müssen die Japaner den britischen Mitarbeitern wohl oder übel den Muttersprachvorteil einräumen. Vielleicht fällt ihnen dies weniger schwer, als man glauben könnte, und wird seine Bedeutsamkeit für die kommunikative Gleichrangigkeit überschätzt. Vielleicht aber auch nicht, und trägt die Sprachunterlegenheit der Japaner in Großbritannien sogar ein bisschen bei zu der oben erwähnten Hinneigung zu Deutschland.

Das Beispiel der Japaner, die gewissermaßen mitten in Deutschland weitgehend ohne den Gebrauch der deutschen Sprache wirtschaften können, ist einerseits ein Symptom für die bescheidene internationale Stellung der deutschen Sprache. Dass die Japaner in einem – nach wie vor – nicht-englischsprachigen Land Englisch als Arbeitssprache gebrauchen, ist andererseits ein Symptom für die schon beachtliche Stellung des Englischen in Deutschland. Fast könnte man es als Kriterium für die Einbeziehung Deutschlands in den „expandierenden Kreis" (expanding circle) der englischen Sprache im Sinne von Braj Kachru (1986) heranziehen (dazu auch Ammon 2006f; Hüllen 2007). Die Japaner kämen allein auf Japanisch sicher nicht zurecht, sondern sie brauchen Englischkenntnisse, mit denen sie auch auf deutscher Seite rechnen können. Diese Englischkenntnisse ermöglichen ihnen zudem die notwendige internationale Kommunikation außerhalb des deutschen Sprachgebiets, vor allem mit Partnern in den übrigen europäischen Staaten.

9. Werbung auf Deutsch außerhalb des deutschen Sprachgebiets

Innerhalb der deutschsprachigen Länder werden andere Sprachen als Deutsch häufig als Mittel der Wirtschaftwerbung gebraucht. Hierfür mögen wenige

Beispiele am Anfang dieses Kap. genügen. Für das Thema des vorliegenden Buches interessiert nämlich mehr der Gebrauch von Deutsch in werbender Absicht außerhalb der deutschsprachigen Länder und Regionen, womit ich mich daher etwas ausführlicher befasse: mit deutschsprachigen Benennungen von Unternehmen nicht-deutschsprachiger Länder und ihrer Produkte und mit der Werbung „deutscher" Unternehmen (mit Stammhäusern in deutschsprachigen Ländern oder Regionen) für ihre Produkte.

Es bedarf kaum des Hinweises, dass Englisch die mit Abstand vorherrschende Fremdsprache der Wirtschaftswerbung in den deutschsprachigen Ländern ist. Sie ist allgegenwärtig: auf Litfaßsäulen, im Fernsehen und Hörfunk, in Zeitungsannoncen, Kinos und neuerdings in den Werbespots im Internet, denen Benutzer von Computern oder Smartphones ausgeliefert sind. Englisch erscheint allenthalben, geschrieben und gesprochen, für ausländische wie auch inländische Produkte, als Produktname ebenso wie als Slogan oder auch längerer Werbetext. So wirbt in Deutschland z.B. nicht nur das deutsche Unternehmen Daimler für seine Autos – außer deutschsprachiger Werbung – auch auf Englisch (Werbespruch „Intelligent Drive"), sondern auch das französische Unternehmen Renault (Werbespruch „Drive the Change") – um nur zwei von unzähligen entsprechenden Produktwerbungen zu nennen. Erst recht tun dies naheliegenderweise Unternehmen aus englischsprachigen Ländern (z.B. Coca Cola zur Fußballweltmeisterschaft 2006 in Deutschland: „It's your Heimspiel!"). Die betreffenden Unternehmen und ihre Werbeagenturen müssen überzeugt sein, dass die Konsumenten in den deutschsprachigen Ländern, jedenfalls die von ihnen anvisierten, sich durch englischsprachige Werbung mindestens eben so stark angesprochen fühlen wie durch deutschsprachige. Weniger häufig sind englischsprachige Namen oder auch nur teilweise oder verballhornt englischsprachige für deutsche Unternehmen, wie z.B. „ThyssenKrupp Steel Europe", „Douglas", „Jack Wolfskin", bzw. „Tom Tailor" oder „Symrise". Solche Unternehmen werben auch oft auf Englisch, auch in Deutschland, z.B. preist sich Douglas an als „YOUR PARTNER IN BEAUTY". Sicher wollen die Unternehmen damit ihre internationale oder sogar globale Ausrichtung, vielleicht auch ihre Modernität signalisieren. So viel Englisch in der Wirtschaft trägt vermutlich – neben dem häufigen sonstigen Vorkommen, z.B. in der Wissenschaft oder in der Popmusik – zur Gewöhnung der deutschen Bevölkerung an die englische Sprache und zur Akzeptanz ihres öffentlichen Gebrauchs bei (Ammon 2006f; Hüllen 2007).

Im Vergleich zu Englisch spielen Französisch, Italienisch oder andere Fremdsprachen heute eine bescheidene Rolle in der Werbung, wie auch im sonstigen öffentlichen Gebrauch in Deutschland und anderen deutschsprachigen Ländern. In der Werbung dienen sie vermutlich hauptsächlich als eine

Art Echtheitssymbol für Produkte aus ihren „Mutterländern". Dementsprechend firmieren ausländische Unternehmen mit Namen oder Produktbezeichnungen in der eigenen Sprache, bisweilen auch mit Schriftzeichen, wie chinesischen oder japanischen, die deutsche Konsumenten nicht einmal auszusprechen wissen.

Aber auch einzelne deutsche Unternehmen haben sich für bestimmte eigene Produkte, in seltenen Fällen sogar für das Unternehmen selbst, Namen in Sprachen zugelegt, deren Mutterländer für Qualität oder Eleganz der betreffenden Erzeugnisse stehen, vor allem Frankreich und Italien. Ein Beispiel für den Namen sowohl des Unternehmens als auch seiner Produkte ist „Montblanc" (Schreibwaren). Beispiele nur für Produkte sind „(Karmann) Ghia" oder „(VW) Scirocco" (Automodelle).

Hinzu kommen Sachspezifika der Mutterländer mit – gelegentlich auch partiell eingedeutschten – Originalnamen, seit langem gängige wie „Cognac", „Pommes frites" bzw. „Spaghetti", „Campari" oder erst in neuerer Zeit gebräuchliche wie „Cidre", „Baguette" bzw. „Panettone", „Cannelloni" usw. In Spuren setzt sich hier unter anderem die traditionsreiche Dominanz des Französischen als Sprache der Höfe und bevorzugte Fremdsprache der deutschsprachigen Länder fort. Oft wurden überhaupt erst in neuerer Zeit für französischsprachige Wörter deutschsprachige Entsprechungen (Alternativen oder Varianten) geschaffen und nach der Gründung des Deutschen Reiches (1871) durch die „Verdeutschungsbücher des Allgemeinen Sprachvereins" verbreitet, wie z.B. im Bändchen *Deutsche Speisekarte* (1911).

Der Gebrauch der deutschen Sprache für die Wirtschaftswerbung im nichtdeutschsprachigen Ausland bezieht sich ebenfalls teilweise auf spezifisch deutsche Produkte. Außerdem stützt er sich aber allgemeiner auf ein positives Image der speziell in Deutschland hergestellten Erzeugnisse, dessen Hintergrund Asfa-Wossen Asserate (2013: 35f.) in seinem Buch über *Deutsche Tugenden* mit viel Sympathie schildert. Es geht um die mit dem Signum „Made in Germany" assoziierten Werte. Dieses wurde 1887 von der britischen Regierung für Waren aus Deutschland eingeführt. „Dies, glaubte man, sei ein wirksames Mittel, um Käufer abzuschrecken und sie dazu zu bewegen, britische Waren zu kaufen." „Es kam bekanntlich anders." Die deutschen Unternehmen konzentrierten sich auf die Qualitätsverbesserung, und „Made in Germany" wurde „zum weltweiten Gütesiegel [...] Und das ist es bis heute geblieben." (Zu detaillierteren historischen Hintergründen: www.process.vogel.de/index.cfm?pid=2995&title=Made_in_Germany – abgerufen 26.10.2013)

Zur Funktion als Gütesiegel noch eine kurze Bemerkung, bevor ich auf die deutschsprachige Werbung für deutsche Produkte im nicht-deutschsprachigen Ausland zu sprechen komme. Der Kauf deutscher durch ausländische Un-

ternehmen geschieht sicher teilweise auf dem Hintergrund der mit „Made in Germany" assoziierten Werte. Wie man regelmäßig in deutschen Zeitungen liest, sind in dieser Hinsicht neuerdings chinesische Unternehmen besonders aktiv. Gelegentlich sind offenbar auch die bloßen Namen deutscher Unternehmen gesucht. Dies legen jedenfalls Meldungen nahe wie „Deutsche Firmennamen locken Investoren" (*Handelsblatt* 11.08.2012), wenn auch die Lektüre den bloßen Namen als weniger wichtig erweist: „Ein italienischer Mittelständler kauft deutsche Firmen wegen ihres guten Rufs. Denn ein deutscher Name hilft auf dem Weltmarkt weiter." Immerhin jedoch hob auch ihn der Käufer hervor. Es handelte sich um Gianluigi Nova, den Vorstandsvorsitzenden von „Tenova – einem italienischen Hersteller von Hochöfen und Maschinen für die Stahlindustrie und den Bergbau: ‚Auf dem Weltmarkt hilft es, wenn man sich mit einem deutschen Firmennamen und einer Visitenkarte mit deutschen Namen präsentiert', sagt er." (www.handelsblatt.com/unternehmen/mittelstand/uebernahmen-deutsche-firmennamen-locken-investoren/6968450.html – abgerufen 28.10.2013)

Ein etwas anders gelagertes Beispiel ist die Kreation eines deutschsprachigen Markennamens in Russland:

> „ ‚Erich Krause' ist eine russische Handelsmarke für Schreibwaren, die meistens in Südost-Asien hergestellt und in Russland vertrieben werden. Der Besitzer ist die russische Firma ‚Office Premier', die 1994 in Moskau vom russischen Unternehmer Dmitrij Beloglasov gegründet wurde. Der Markenname wurde von der Werbeagentur ‚Megapro' entwickelt. Das Werbekonzept ist mit der traditionellen Verbrauchervorstellung verbunden, deutsche Schreibwaren seien besonders verlässlich." (Natalia Troshina, E-Mail 30.01.2013)

Ein kurios anmutendes Beispiel wird aus Indien berichtet: „KÖNIG – WORLD's # 1 IN OFFSHORE TRAINING" (# = Nr.; das Ö im Namen ist bunt ausgefüllt). Aus dem erläuternden Text:

> „Ein indisches Unternehmen, beheimatet in Delhi, mit einem deutschen Namen? Na klar [...] Und was war die Motivation der Inder?" „My father started a manufacturing business in India in the 1960's for import substitute electromechanical components such as microswitches. German and Japanese goods were held in high esteem so [...] [t]his time he chose Koenig, and Koenig Electronics was born. [...] In 1990's after graduating from college I was looking for a name for my company and [...] switched to the Koenig name. Koenig is difficult to pronounce and marketeers say it is not a good choice [...]. But it has proven lucky for us." (www.werner-brandl. de/wordpress/tag/indien/ – abgerufen 28.10.2013)

Verglichen mit anderen Sprachen – wie natürlich Englisch, aber auch Französisch, Italienisch oder Chinesisch – sind deutschsprachige Ausdrücke in

der Öffentlichkeit im nicht-deutschsprachigen Ausland ziemlich selten. Allerdings fehlt eine über verschiedene Länder und Städte ausgedehnte Vergleichsuntersuchung. Für Tokyo z.B. fand Peter Backhaus (2007: 71) folgende Proportionen öffentlicher Aufschriften, die für Deutsch auch dann kläglich bleiben, wenn man die ostasiatische, entfernte Lage bedenkt: Englisch 2266, Chinesisch 62, Koreanisch 40, Französisch 20, Portugiesisch 12, Spanisch 8, Latein 6, Thai 5, Italienisch 4, Deutsch 2. Diese Spärlichkeit ist vielleicht teilweise eine Nachwirkung der deutschen Geschichte, die nicht zuletzt die Deutschen selbst bis heute hindert, sich öffentlich – auch in der eigenen Sprache – darzustellen. Dabei besteht wegen des heutigen Ansehens Deutschlands in der Welt dazu eigentlich kein Grund: „In einer [von der BBC veranlassten! U.A.] jährlich in 24 Ländern durchgeführten Umfrage bleibt Deutschland auch 2014 das Land, dessen ‚Einfluss auf den Gang der Dinge in der Welt' am besten beurteilt wird." Ein Befund wie mehrere ähnliche in vorausgehenden Jahren. („Umfrage: Deutschland behält positives Image", www.auswaertiges-amt.de/DE/Aussenpolitik/AktuelleArtikel/140604_GlobeScan-Umfrage.html – abgerufen 04.06.2014) Ein gewichtigerer Grund sind vermutlich die in Deutschland vorherrschend hergestellten Waren, mit einem hohen Anteil an Investitionsgütern, die generell weniger stark öffentlich beworben werden als Luxuskonsumgüter und Modeartikel, die eher aus Frankreich oder Italien kommen. Dennoch benützen sogar ausländische Unternehmen deutschsprachige Namen für ihre Produkte. So heißt z.B. ein mit Minispielzeug gefülltes Schokoladen-Ei des italienischen Unternehmens Ferrero, das auch außerhalb von Italien vertrieben wird, „Kinder ÜBERRASCHUNG". Andere Beispiele sind Namen von Biersorten wie *Steinbräu* (Wuhan, China) oder *Rheingold* (USA), wobei Letzteres zugleich der Firmenname ist. Allerdings sind auch deutschsprachige Biernamen im Verhältnis zum Ruf des deutschen Biers nicht gerade häufig.

Bisweilen gibt es auch Namensmodifikationen, die für Einheimische deutschen Bezug anzeigen – der sich Deutschsprachigen selbst nicht ohne Weiteres erschließt. So hat mich Tom Lovik (E-Mail 28.10.2013) auf den Namen „Uberon" eines Bieres der Bells Brewery in Kalamazoo, MI (USA), hingewiesen, „eine Mischung einer Biersorte namens ‚Oberon' mit dem beliebten deutschen Präfix ‚über' [...]. Wie du wahrscheinlich weißt, ist die Präposition ‚über' im Englischen sehr beliebt und sehr produktiv" [dazu unten mehr bezüglich Südafrika! U.A.]. Die Präposition „über" wird der potentiellen Kundschaft in den USA durch das ‚U' angezeigt. „Der Umlaut hat keine Bedeutung für amerikanische Marketingleute." – Allerdings warb Volkswagen in den USA um 1990 mit „Fahrvergnügen. It's what makes a car a Volkswagen", mit Umlaut in Schrift und Aussprache.

Gelegentlich werden eigene Produkte ausländischer Firmen zwar nicht deutsch benannt, aber deutschsprachig beworben. Darüber berichtet die *SZ* (22.10.2011) unter der Überschrift „Renault und Opel werben in Frankreich auf Deutsch ‚Isch bin ein Berliner' " – wobei die Werbung von Opel zu einer Kategorie gehört, auf die ich gleich noch zu sprechen komme. Die Werbung von Renault gehört jedoch in die Kategorie der Werbung im nicht-deutschsprachigen Ausland für von dortigen Unternehmen hergestellte Produkte:

> „Nun setzt sogar der französische Hersteller Renault in seinem Heimatland auf die deutsche Sprache. Mit deutsch-französischem Kauderwelsch werden die eigenen Automobile in Szene gesetzt, und das in einem Land, das sich sehr gegen Sprach-Invasoren wendet und zum Beispiel Anglizismen bannt. Auf allen Fernsehkanälen Frankreichs ist derzeit ein sympathischer Franzose zu sehen, der halb auf Deutsch, halb auf Französisch die Vorzüge des neuen Mégane 3 anpreist, mit französischen Untertiteln. Der Werbespot gipfelt im Spruch: ‚Isch bin ein Berliner.' La berline, das ist das französische Wort für Limousine. Es geht um ‚Qualität auf französische Art'."

Weniger überraschend ist, dass auch deutsche Unternehmen oder deutsche Töchter ausländischer Unternehmen im nicht-deutschsprachigen Ausland auf ihre Produkte mit deutschsprachigen Werbesprüchen aufmerksam machen. Hierauf bezieht sich der zweite Teil jenes Artikels in der *SZ* (22.10.2011): „Die Rüsselsheimer [Standort von Opel! U.A.] haben in Frankreich seit einem Jahr ganze Werbespots auf Deutsch gesendet. Die kommen nicht besonders schüchtern daher, sind aber glücklicherweise mit Selbstironie versehen. Der französische Ableger des Werbekonzerns McCann Erickson hat sich die Kampagne für bislang vier Modelle (Corsa, Zafira, Astra und Meriva) ausgedacht."

Die Betonung liegt immer auf der herausragenden Qualität von Opel (die nicht unbedingt dem deutschen Image der Marke entspricht). „In Frankreich enden alle deutschen Opel-Spots mit einem feisten Kommentar in der Sprache Molières: ‚Es ist nicht nötig, Deutsch zu sprechen, um zu verstehen, dass dies ein echtes deutsches Auto ist.' " Auch aus Italien und aus Tschechien wurde mir deutschsprachige Werbung berichtet; „Opel – Wir leben Autos" (Sandro Moraldo bzw. Marie Vachkova, E-Mails 06.11.2013). Im Jahr 2012 versuchte Opel auf den australischen Markt zu kommen, begleitet von „viel Straßenwerbung mit dem Slogan ‚Guten Tag Australien' ", hatte aber geringen Erfolg, vermutlich wegen des fehlenden flächendeckenden Händlernetzes, und zog sich von Australien wieder zurück (Gabriele Schmidt, E-Mail 13.11.2013).

Der Artikel in der *SZ* wendet sich noch VW zu, auch über Frankreich hinaus:

> „Der Einsatz der Originalsprache im Ausland durch germanische Anbieter hat Tradition. VW pries einst in den USA – unübersetzt – das ‚Fahrvergnügen'. Längst künden die

Wolfsburger in aller Welt von ‚Das Auto', ganz so als gäbe es nur eins, das von Volkswagen. Die Konzerntochter Audi wiederum protzt auch fern der Heimat mit dem in Deutsch gehaltenen Slogan ‚Vorsprung durch Technik'." (www.sueddeutsche.de/wirt schaft/renault-und-opel-werben-in-frankreich-auf-deutsch-isch-bin-ein-berliner-1.1172245 – abgerufen 27.10.2013)

Derartige deutschsprachige Werbung von Volkswagen und verschiedenen zum Konzern gehörenden Firmen wurde mir aus ganz unterschiedlichen Ländern berichtet, so z.B. aus Italien: „Golf. Das Auto." (Sandro Moraldo, E-Mail 27.10.2013); aus Tschechien und Malaysia „Volkswagen. Das Auto." (Marie Vachkova bzw. Miroslava Majtanova, E-Mails 06.11.2012 bzw. 28.10.2013); aus China: „Werbungen von VW, gleich bei welchem Typ oder Modell, enden immer mit den deutschen Worten ‚Das Auto', die nicht nur als Untertitel erscheinen, sondern tatsächlich deutsch ausgesprochen werden" (Jun He, E-Mail 28.10.2013; Yu Chen, E-Mail 29.10.2013); entsprechend in USA (Tom Lovik, E-Mail 28.10.2013), Argentinien (Joachim Steffen, E-Mail 29.10.2013), Russland (Dirk Kemper, E-Mail 29.10.2013), Finnland (Jarmo Korhonen, E-Mail 09.11.2013) und Japan, wo außerdem Audi weiterhin mit seinem traditionellen Slogan „Vorsprung durch Technik" wirbt (Hitoshi Yamashita, E-Mail 06.11.2013). Ganz offenkundig ist Volkswagen das global führende deutsche Unternehmen – bezüglich Werbung in deutscher Sprache (aber vielleicht auch darüber hinaus). In Südafrika warb VW 2013 auch im Radio mit: „ ‚Wunder-bar' im Sinne von bar für die Obergrenze, die das Auto finanziert pro Monat kostet, nämlich wenig – und endet mit ‚isn't this wundervoll?' " (Kirstin Mbohwa-Pagels, Goethe-Institut Johannesburg, E-Mail 28.10. 2013).

Auch mittlere Unternehmen mit Stammhaus in Deutschland werben bewusst weltweit auf Deutsch. So z.B. der Hersteller von Sanitärarmaturen Grohe, mit dem neu kreierten Leitspruch „Pure Freude am Wasser", der weit verwendet und bei Tonpräsentation mit Beethovens ‚Ode an die Freude' musikalisch untermalt wird. Damit werde, so der gebürtige britische Vorstandsvorsitzende David Haines, die Qualität der Erzeugnisse unterstrichen. („Grohe bekennt sich zu seinen deutschen Wurzeln", *FAZ* 13.03.2013: 25). Das Unternehmen Miele, das Haushaltsmaschinen herstellt, wirbt in Australien mit dem Werbeslogan „IMMER BESSER", meist unter dem Logo oder am Ende einer Anzeige (Brian Taylor, E-Mail 03.11.2013).

Aus Südafrika meldete Matthias Jakus (Goethe-Institut Johannesburg, E-Mail 28.10. 2013) zum schon erwähnten Wörtchen „über": „[E]in verbreiteter und momentan sehr angesagter Begriff in der Werbesprache (und in der Kreativszene) ist die adverbiale Ergänzung ‚über', die so interessanterweise ja gar nicht im Deutschen gebraucht wird. Was ‚über' ist, ragt hervor und ist einfach das Beste: Man kann ein ‚über luxury penthouse' kaufen, Audi bietet ‚über offers' an und Restaurants werben mit ‚über starters' und ‚über pasta'." Offenbar könnte man „über" in die nächste Auflage des Buches *Ausgewanderte Wörter* aufnehmen (Limbach 2007); wie andere Einträge dort ist es freilich nicht wirklich ausgewandert, da ja weiter in den deutschsprachigen Ländern gängig; nur hat sich sein Gebrauch im Ausland geändert.

Beispiele für Werbung auf Deutsch wurden mir für aus Deutschland exportierte Lebensmittel aus Russland berichtet: „Sehr schön auch: Ritter Sport-Schokolade. Der gesamte Text auf der Packung ist russisch/ kyrillisch, nur eine Zeile in fetten Lettern deutsch/ lateinisch: ‚Quadratisch. Praktisch. Gut.' " (Dirk Kemper, E-Mail 29.10.2013) „Der Slogan von Media-Markt heißt [in Russland! U.A.]: ‚Fantastisch Markt! Media-Markt!' Dieser grammatische Fehler ("fantastisch" anstatt "fantastischer") wird [nach Auffassung von Natalia Troshina, von der diese Mitteilung kommt! E-Mail 30.10.2013] „absichtlich gemacht, um eine Assoziation mit dem Slogan vom ‚Ritter Sport' auszulösen. Dadurch entsteht also ein morphologischer Werbekontext." Gelegentlich versucht man es auch skurril. So warb z.B. in Australien ALDI zusammen mit einem Autohaus auf großen Straßenplakaten mit dem Spruch „Learning do Speak German": „SEI KEINE DUMME WURST!" über der Abbildung einer Bratwurst mit Hut und Schnurrbart (Gabriele Schmidt, E-Mail 13.11.2013).

Ein Sonderfall ist die Werbung in deutscher Sprache im Umfeld von Siedlungsgebieten deutsch(sprachig)er Minderheiten (vgl. Kap. E). So berichtet Joachim Steffen (E-Mail 28.10.2013) aus Brasilien (vgl. dazu Kap. E.4.10): „[I]n Chihuahua gibt es eine ganze Menge Werbung (auch) auf Deutsch auf Schildern am Straßenrand." Auch nicht Deutschsprachige werben auf Deutsch, neben der örtlichen Sprache, Portugiesisch, so z.B. ein Arzt mit der Aufschrift: „Untersuchungen vom Körper mit Computer und ‚Rayon X' ".

Um Aufschluss zu erhalten über Ausbreitung oder Rückgang deutschsprachiger Werbung außerhalb der deutschsprachigen Länder wären Panel-Untersuchungen über eine längere Zeitspanne notwendig, die bislang nicht vorliegen. Nach den zahlreichen deutschsprachigen Benennungen für Produkte japanischer Unternehmen, die Harald Haarmann Anfang der 1980er Jahre in Japan fand, hat man eher den Eindruck von Rückgang. So nennt er (Haarmann 1984: 36f.; 1989: 30 f.): „Mein Knäcke" (Knäckebrot), „Alpen Weiss" (Süßigkeit), „Auslese" (Haarwasser), „Märchen" (deodorierende Duftpackung), „Sahne" (Hautcreme), „Märzen" (Bier), „Alpen Horn" (Käsesorte) und „Brigitte" (Uhr); außerdem – wenn auch selten vorkommend – Produktcharakterisierungen wie „schick" (statt französisch chic) für einen japanischen Wagen, oder sogar ganze Slogans wie „ich hab' Märzen [eine Biersorte! U.A,] als Sommergeschenk bekommen", mit beigefügter japanischer Übersetzung. Damals fand Haarmann

Deutsch in Japan nach der Häufigkeit der Verwendung in der Werbung auf dem dritten Rangplatz der Fremdsprachen, zwar Welten hinter Englisch und auch hinter Französisch, jedoch ungefähr pari passu mit Italienisch und Spanisch. Hiergegen fällt der oben geschilderte Rangplatz von Deutsch in der sprachlichen Landschaft von Tokyo weit ab. Englisch symbolisierte nach Haarmanns (1984: 35) Einschätzung die Internationalität eines Produkts, während die übrigen Sprachen für speziellere Qualitäten standen, die zum Stereotyp von den Angehörigen der jeweiligen Sprachgemeinschaft passten. So die deutschsprachige Werbung zum Stereotyp von den fleißigen, ordentlichen oder auch gemütlichen Deutschen.

Untersuchenswert wäre außerdem, welche Teile der jeweiligen Bevölkerung die deutschsprachige Werbung wie verstehen. Vermutlich erkennen große Teile sie nicht einmal als deutschsprachig. Dabei würde die Identifikation der Sprache schon den Zweck der Sprachwahl erfüllen, weil sie mit der positiven Bewertung des „Made in Germany" assoziiert werden könnte. So gesehen, erscheint die Werbung auf Deutsch vor allem für Güter sozial privilegierter oder gebildeter Schichten geeignet, weil sie Sprachen eher identifizieren können. Vermutlich gehören zu solchen Gütern – wegen des hohen Preises – z.B. Autos

10. Deutsche Wirtschaft zwischen globaler Kommunikation und Spracherhaltung

Man könnte auch von einem Dilemma sprechen, in dem sich die Unternehmen der deutschsprachigen Länder befinden (dazu auch Kap. B.2). Sie müssten nach ihrer Interessenlage zugleich zwei Ziele verfolgen, die sich grob folgendermaßen beschreiben lassen: 1) Stärkung der internationalen oder sogar globalen Handlungsfähigkeit und 2) fortdauernde Verbundenheit mit der eigenen Sprachgemeinschaft und Nation. Beide Ziele haben ökonomische Vorteile: den eines unbeschränkten Marktes bzw. den eines guten Rufes („Made in Germany") und einer zuverlässigen Produktionsbasis. Die Verfolgung von Ziel 1) bedarf internationaler Kommunikationsfähigkeit und damit der englischen Sprache. Die Verfolgung von Ziel 2) verlangt Kommunikationsfähigkeit in der eigenen, also der deutschen Sprache. Beide Ziele sind nicht ohne Weiteres vereinbar. Auf den ersten Blick erscheinen sie sogar inkompatibel: Die Verfolgung eines der beiden Ziele scheint jeweils die Erfolgsmöglichkeit beim anderen zu schmälern. Allerdings handelt es sich keinesfalls um eine Aporie im Sinne einer strikten oder logischen Unvereinbarkeit beider Zielsetzungen – was z.B. der Fall wäre, wenn eine Person sich zum Ziel setzte, ihr Körpergewicht sowohl zu vergrößern als auch gleichzeitig zu verkleinern. Für eine derartige Einschätzung (als Aporie) sind die Beziehungen von Sprache und Wirtschaft zu komplex. Daher lässt sich auch die Vereinbarkeit beider Ziele nicht zwingend ausschließen, die sich etwas anders auch so formulieren lassen: 1') einerseits vermehrte internationale Wirtschaftstätigkeit, bessere Englischkenntnisse und häufigerer Englischgebrauch und 2') andererseits bleibende Verbundenheit mit der eigenen Sprachgemeinschaft und Nation und Festhalten an Deutschkenntnissen und deren konsequenter Verwendung, sogar – soweit möglich – Deutschgebrauch für internationale Kommunikation (zur Definition von ‚internationaler Kommunikation' Kap. A.3). Sogar Bestrebungen und Maßnahmen zur Stärkung der internationalen Stellung der deutschen Sprache erscheinen nicht a limine unvereinbar mit Ziel 1) oder 1').

Allerdings kommt der Anschein von Unvereinbarkeit beider Zielsetzungen nicht von ungefähr. Vielleicht sind sie auch in vielen Fällen praktisch nicht zu vereinbaren. Auf jeden Fall bedarf die Vereinbarkeit einer Strategie sorgfältiger Balance zwischen beiden Zielsetzungen und Bemühungen. Entsprechendes gilt für andere in diesem Buch besprochene Handlungsfelder. Vor einer analogen Herausforderung – bezüglich des jeweiligen Handlungsfeldes und seiner Kommunikationsbedingungen – sehen sich deutschsprachige Wissenschaftler und Diplomaten, aber auch Künstler, Touristen usw., kurz alle international kommunizierenden Angehörigen der deutschen Sprachgemeinschaft. Insofern sind die folgenden Überlegungen teilweise auf sie transferierbar. Sie beinhalten also eine allgemeine Problematik. Im Grunde sehen sich die Sprecher aller internationalen Sprachen (außer Englisch), teilweise auch der nur nationalen Sprachen, diesbezüglich in einer ähnlichen Lage (zur Definition ‚internationaler Sprachen' Kap. A.3; A.7).

Für das Verständnis dieser Lage ist es hilfreich, von der Annahme auszugehen, dass die Akteure jeweils bestrebt sind, vor allem möglichst erfolgreich in ihrer spezifischen Rolle im eigenen Handlungsfeld zu agieren: als Unternehmer, Wissenschaftler usw. Dies bedeutet bezüglich des im vorliegenden Kap. thematisierten Handlungsfeldes, möglichst erfolgreich zu wirtschaften. Was genau man hierunter zu verstehen hat, übersteigt allerdings bei weitem meine Fachkenntnisse. Unter dem Suchausdruck (Suchbegriff) „Erfolgreiches Wirtschaften" fanden sich bei Google Ende Oktober 2013 über 100.000 Einträge. Bei einem Blick auf sie wird einem schnell klar, dass es beim erfolgreichen Wirtschaften weniger um kurzfristigen Profit als um nachhaltige Profitabilität (des eigenen Unternehmens) geht und dass diese von einer großen Zahl von Faktoren abhängt. Statt des Versuchs einer systematischen oder gar umfassenden Analyse ‚erfolgreichen Wirtschaftens' beschränke ich mich daher hier notgedrungen auf die – nach wirtschaftswissenschaftlichen Maßstäben zugegebenermaßen laienhafte – Darstellung einiger weniger Beispiele, die allerdings eine Reihe wichtiger Aspekte der angesprochenen Problematik verdeutlichen.

Ein Unternehmen eines deutschsprachigen Staates könnte sich ganz auf die Unternehmenssprache Englisch umstellen, um Transaktionskosten zu sparen und – jedenfalls sprachlich – eine einheitliche Unternehmenskultur zu entwickeln (dazu Kap. F.7). Womöglich erhofft es sich von dieser Sprachvereinheitlichung – bei ausdrücklichem Verzicht auf Deutsch als Unternehmenssprache – sogar die verstärkte Identifizierung der Belegschaft mit dem Unternehmen. Jedoch könnten die Planer genau hinsichtlich dieser letzteren Hoffnung enttäuscht werden. Die Unternehmenssprache Englisch ist nämlich die unspezifischste überhaupt. Sie ist in der Welt am weitesten verbreitet. Dies kann auch ihre identifikatorische Bindekraft einschränken. Verglichen damit ist die Unternehmenssprache Deutsch viel spezieller – und damit auch ein markanteres Symbol für ein Unternehmen. Aus kommunikationspraktischen Gründen mag Englisch für international operierende Unternehmen mit Stammhaus in einem deutschsprachigen Staat als Unternehmenssprache unverzichtbar sein. Die Beschränkung darauf ist aber vermutlich der Identifikation der Belegschaft mit dem Unternehmen abträglich. Dies gilt besonders für Belegschaften außerhalb des deutschen Sprachgebiets. Chinesen, Inder, Chilenen usw. entwickeln vermutlich durch die Unternehmenssprache Deutsch eine stärkere Identifikation mit dem Unternehmen als durch die ausschließliche Unternehmenssprache Englisch. Wenn sie Deutsch – womöglich bis zu einer gewissen Kommunikationsfähigkeit – gelernt haben, verfügen sie über das „Plus" des von Jutta Limbach für das Goethe-Institut eingeführten Werbespruchs „Englisch ist ein Muss, Deutsch ist ein Plus". Deutschkenntnisse als Qualifikation und die deutsche Sprache als Symbol des Unternehmens sind etwas Spezifisches, das die Bindung zwischen Unternehmen und Mitarbeitern von beiden Seiten aus stärken kann. Unter Absehung von jeglichem Pathos denke man nur an die Kosten, vor allem den Zeitaufwand des Deutschlernens, um zu ermessen, dass Mitarbeiter diese Qualifikation nicht unüberlegt dadurch preisgeben, dass sie zu einem Unternehmen wechseln, wo diese Qualifikation nichts gilt. Dabei dürfte sich der Hinweis erübrigen, dass das Verhältnis von Mitarbeitern zu Unternehmen noch von vielen anderen, auch gewichtigeren Faktoren geprägt ist.

Durch Deutsch als Unternehmenssprache, auch der Niederlassungen im nicht-deutschsprachigen Ausland, wird das Deutschlernen dort gefördert – eben weil dann aufgrund von Deutschkenntnissen bessere Berufsaussichten bestehen, nämlich der Anstellung bei den betreffenden Firmen. Die daraus erwachsende Motivation zum Deutschlernen, zur Wahl von Deutsch als

Fremdsprache schon in der Schule, soweit dies möglich ist, sollte nicht unterschätzt werden (Kap. K.8).

Deutschkenntnisse im Ausland kommen aber – tendenziell – auch den betreffenden Unternehmen zugute, indirekt sogar ihren Stammhäusern in den deutschsprachigen Ländern. Ein drastisches Beispiel ist das seit Jahren vor allem in Deutschland verlautende Lamentieren über den Mangel an Fachkräften für die Wirtschaft (z.B. „Deutschland umwirbt Fachkräfte aus Schuldenländern", *Welt Online* 18.07.2011). Im Zusammenhang damit wurden die mangelnden Deutschkenntnisse im Ausland häufig genug als gewichtiges Hindernis für die Zuwanderung diagnostiziert, neben der in Deutschland unterentwickelten „Willkommenskultur". Nach einer Studie des Jobvermittlers Stepstone stellen viele deutsche Unternehmen herkömmlich „ihre Joboferten auch nur in deutscher Sprache ins Netz. Vorbildliche Jobseiten hätten die Deutsche Post, BASF, Metro oder BMW. Continental, Eon und Siemens hätten dagegen Defizite." (www.shortnews.de/id/686895/konzerne-veroeffentlichen-jobangebote-oft-nur-in-deutscher-sprache, 28.10.2007 – abgerufen 21.08.2013) Zwar hat sich dies gebessert und hat die Zuwanderung vor allem jugendlicher Fachkräfte aus den Mittelmeer-EU-Staaten nach Deutschland in den Jahren 2012 bis 2014 zugenommen, aber gelöst ist das damit verbundene Problem noch keineswegs: „[T]he numbers of newcomers from the euro crisis countries increased the most [...]. But the absolute numbers [...] are still modest. [...] That is mainly because of language." Ein junger Spanier, der dennoch nach Berlin kam, fand zwar die Deutschen schwierig im Umgang, „but the language is ‚the hardest part'." („More southern Europeans are going where the jobs are. But not enough", *The Economist* 26.02.2012) In weit höherem Maße als nach Deutschland drängten die spanischen Arbeitslosen nach Großbritannien, obwohl dort weniger offene Stellen zur Verfügung standen („Spain's lost generation toiling in Britain", *Gulf News* 26.01.2013: B7). Entsprechende Meldungen finden sich im Verlauf der Jahre 2012 und 2013 allenthalben in deutschen Zeitungen (z.B. „Ja, wo bleibt ihr denn?", *Welt am Sonntag* 24.06.2012: 31; „Die verlorene Generation", *WAZ* 20.07.2013).

Zwar wurde gleichzeitig vom Andrang der Südeuropäer auf die Goethe-Institute berichtet (z.B. „Tausende von Italienern büffeln Deutsch", *Spiegel Online* 28.10.2012); jedoch hätten schon zuvor vorhandene Deutschkenntnisse den Weg zu den Arbeitsplätzen in Deutschland schneller und leichter eröffnet. Deutsch als zusätzliche Unternehmenssprache, auch im nicht-deutschsprachigen Ausland, könnte dort zu häufigerem Deutschlernen motivieren, vor allem wenn die Deutschkenntnisse dann bei der Anstellung honoriert würden.

Mangelnde Deutschkenntnisse haben vermutlich auch das Programm der deutschen „Greencard" beeinträchtigt, „das zwischen 2000 und Ende 2004 bestehende ‚Sofortprogramm zur Deckung des IT-Fachkräftebedarfs' [...] Über die Greencard kamen in diesem Zeitraum 17.931 IT-Experten nach Deutschland." (de.wikipedia.org/wiki/Greencard_%28Deutschland%29 – abgerufen 31.10.2013) Der erwartete Ansturm auf Deutschland blieb jedoch aus; es wurden nicht einmal alle 20.000 Greencards in Anspruch genommen. Auch die Nachfrage nach der daran anschließenden „Blue Card" war deutlich geringer als erwartet, obwohl Bedingungen wie die Höhe des jährlichen Gehalts oder der Nachweis fester Anstellung abgeschwächt wurden. Bleibende Barrieren waren – nach Einschätzung von Beobachtern – *„die Sprache*, Essgewohnheiten und kulturelle Unterschiede". [...] „Am beliebtesten sind englischsprachige Länder." („Zuwanderung von IT-Fachkräften Deutschland? Muss nicht sein", *Spiegel Online* und *Manager Magazin Online* 11.05.2012 – Hervorheb. U.A.). Eine dieser Barrieren würde durch mehr Deutschkenntnisse in den potentiellen Herkunftsländern der gesuchten Fachleute abgebaut – ein Stück weit jedenfalls.

Allerdings möchte ich mit diesen Hinweisen keinesfalls implizieren, dass sich mit Deutsch als Unternehmenssprache ein breiter Umschwung im Lernen von Deutsch als Fremdsprache bewirken ließe. Dieser Gedanke wäre wohl illusorisch. Jedoch könnte die konsequente Einbeziehung und Pflege von Deutsch als Unternehmenssprache die Motivation zum Deutschlernen immerhin ein wenig stärken. Daneben haben offenkundig andere Faktoren, nicht zuletzt die schulische Fremdsprachenpolitik des jeweiligen Staates, mehr Gewicht. Zumindest jedoch zeigen die geschilderten Zusammenhänge, wie mir scheint, dass fortdauerndes oder verstärktes Lernen von Deutsch als Fremdsprache oder, allgemeiner, eine stärkere Stellung der deutschen Sprache in der Welt den Unternehmen in den deutschsprachigen Ländern und ihrer Gesellschaft zugute käme – eben aufgrund der damit möglichen leichteren Gewinnung von Arbeitskräften (oder von „Humankapital") aus dem nicht-deutschsprachigen Ausland.

Dies würde allerdings nicht bedeuten, dass auf Englisch als – zumindest faktische, wenn auch nicht unbedingt deklarierte – zusätzliche Unternehmenssprache verzichtet werden könnte. Ohne Englisch lässt sich nämlich heute kaum noch international agieren. Deutsch als Unternehmenssprache, neben Englisch, schließt auch den Gebrauch von Englisch innerhalb der deutschsprachigen Länder nicht kategorisch aus. In vielen Fällen könnte es unabdingbar bleiben, „englischsprachige Bewerbungen zu akzeptieren oder den Arbeitsvertrag auf Englisch anzubieten", als Komponente eines freundlich aufgeschlossenen Empfangs („Wir brauchen mehr Willkommenskultur", *FAZ* 3./4.11.2012: C12). Bei entschiedenem Festhalten an Deutsch als Unternehmenssprache könnten sich allenfalls die sprachlichen Gewichte ein wenig verschieben.

Die Schwierigkeit, ja Unmöglichkeit, Englisch aus dem Wirtschaftsleben in Deutschland und den anderen deutschsprachigen Ländern herauszuhalten, erweist sich am Gesetzesvorhaben „Englisch als Sprache deutscher Gerichte". Worum geht es? „Gerade die interessantesten – und für Staatskasse wie Anwälte lukrativsten – Prozesse, an denen deutsche Unternehmen als Kläger oder Beklagte beteiligt sind, werden auf Wunsch ausländischer Geschäftspartner meist vor angelsächsischen oder vor privaten Schiedsgerichten verhandelt. [...] ‚Der Gerichtsstandort Deutschland leidet darunter, dass das Gerichtsverfassungsgesetz Deutsch als Gerichtssprache vorschreibt', sagte Müller-Piepenkötter", die damalige Justizministerin von Nordrheinwestfalen und eine der Initiatorinnen eines Änderungsantrags zu diesem Gerichtsverfassungsgesetz. („Deutsche Gerichte verhandeln nun auch auf Englisch", *FAZ* 09.01.2010: 11; zum gleichen Thema auch z.B. „Good morning, Hohes Gericht", *WAZ* 22.02.2010). Dieser Antrag wurde bei einer Expertenanhörung im Bundestag mit großer Mehrheit befürwortet (www.bundestag.de/dokumente/text archiv/2011/36400205_kw45_pa_recht/ – abgerufen 02.10.2013). Er lag bei der Abfassung dieses Kap. beim Bundesrat zur Beratung und Bewilligung. Die Zustimmung und nachfolgende Verabschiedung der Gesetzesänderung erschien wahrscheinlich.

Gegen naheliegende Bedenken wegen sprachlicher Nöte deutscher Richter oder Übersetzungsschwierigkeiten wurde schon im Vorfeld eingewandt, dass immer mehr Vertreter dieses Berufsstandes in internationalen Anwaltskanzleien oder in einem angelsächsischen Zusatzstudium ‚Master of Laws' ausreichend gute Englischkenntnisse erwerben. Im Übrigen dürfe speziell in Nordrheinwestfalen beim Oberlandesgericht Köln bei Prozessen von Unternehmen gegen einander jetzt schon Englisch gesprochen werden; nur Schriftsätze und Urteile müssten noch auf Deutsch abgefasst sein. Es sieht also ganz danach aus, dass die englische Sprache ins deutsche Rechtswesen fest eingeführt wird, zumindest für Wirtschaftsprozesse.

Ist die Stellung von Englisch in Deutschland und anderen deutschsprachigen Ländern, seine Omnipräsenz und institutionelle Verankerung, nur analog zur Stellung von Französisch im 18. Jh.? Diese Parallele wurde verschiedentlich gezogen, z.B. von Werner Hüllen (2007: 19): „A summing up of these observations leads to the view that, in the historical perspective, the modern presence of English in Germany (and also in Europe) is nothing extraordinary. It can even be regarded as a return to the past before linguistic nationalism was popular, i.e. before the French Revolution and the Napoleonic wars." Mir erscheint die Parallelisierung des heutigen Englisch mit dem einstigen Französisch jedoch falsch. Im Gegensatz zum damaligen Französischen sieht es ganz danach aus, dass Englisch auf lange Sicht bleibt – und seine Stellung sogar weiter verstärkt. Die einzige Sperre dagegen wären, wie mir scheint, Technologien, die bisher utopisch anmuten und die einen tiefgreifend anderen Umgang mit Sprachen ermöglichen würden (dazu Kap. A.10). Der – allerdings nur randständige – Kampf gegen Englisch in den deutschsprachigen Ländern ist eine Donquichotterie. Stattdessen geht es darum, eine optimale Balance zwischen Deutsch und Englisch wie auch anderen Fremdsprachen zu erreichen und zu erhalten – zum langfristigen Vorteil, möglichst nicht nur für die deutsche Sprachgemeinschaft, sondern auch für alle mit ihr kooperierenden anderen Sprachgemeinschaften.

G. Deutsch in der internationalen Wissenschaftskommunikation

1. Von einer Weltwissenschafts- zu einer Nischensprache: Stationen und Ursachen

Für das Handlungsfeld Wissenschaft ist besonders gut belegt, wie die deutsche Sprachgemeinschaft in früheren Zeiten allmählich dazu übergegangen ist, die eigene Sprache zu verwenden. Der Übergang zu Deutsch als Wissenschaftssprache war ein langwieriger Prozess, der im Spätmittelalter mit der Abwendung vom Lateinischen begann, zeitweilig unterbrochen schien durch vorübergehende Hinwendungen, vor allem im 17. und 18. Jh., zum Französischen (vgl. Pörksen 1983; 1986; 1989; Schiewe 1991; 1996) und der erst in der zweiten Hälfte des 19. Jh. zum Abschluss kam (Überblick in Skudlik 1988; 1990: 4-24). Diese Entwicklung lässt sich erklären im Rahmen der Nationsbildung in Europa und folgt im Wesentlichen, wenngleich auf Umwegen und mit Verzögerungen, denselben Gesetzmäßigkeiten wie bei anderen europäischen Nationen (vgl. z.B. Andersen 1983; Gellner 1983). Typisch dafür sind, in schematischer Vereinfachung: die Entwicklung überdachender Schreibsprachen auf der Grundlage eines Kontinuums von Dialekten und, daraus hervorgehend, einer regional weitgehend vereinheitlichten Standardsprache, sowie im Zuge dieser Entwicklung dann auch die durchgreifende Umstellung von Fremdsprachen auf diese deutsche Standardsprache als Wissenschaftssprache. Im Wechselverhältnis mit der Standardsprache entstand zugleich eine deutschsprachige Kommunikationsgemeinschaft, auch über verbleibende staatliche und nationale Grenzen – vor allem zwischen Deutschland, Österreich und der Schweiz – hinweg. Diese Kommunikationsgemeinschaft bildete – aufgrund ihrer Wirtschaftskraft und der Leistungsfähigkeit ihrer akademischen Institutionen und industriellen Forschung – eines von drei weltweit führenden Wissenschaftszentren, neben der französisch- und englischsprachigen Kommunikationsgemeinschaft. Im Zuge dieser Entwicklung wurde Deutsch schließlich, neben Englisch und Französisch, eine der drei weltweit vorherrschenden Wissenschaftssprachen. Dabei weitete sich die deutsche Kommunikationsgemeinschaft aus auf Fremdsprachler vieler Länder. Mit der Internationalität der Wissenschaftssprachen entstanden Kommunikationsgemeinschaften aus Muttersprachlern und Fremdsprachlern, die sich jedoch – wegen der verbreiteten Mehrsprachigkeit der beteiligten Individuen – überlappten und nicht disjunkt waren. Neben den drei gewichtigsten Wissenschaftszentren bildeten sich weitere, kleinere Zentren, z.B. mittels der italienischen und der niederländischen Sprache.

Die neuere Geschichte von Deutsch als internationale Wissenschaftssprache habe ich schon dargestellt in meinem Buch „Ist Deutsch noch internationale Wissenschaftssprache?" (1998: Kap. A.1), dem ich hier in wesentlichen Teilen folge, wie ich mich auch in anderen Teilen des vorliegenden Kap. G teilweise auf jenes Buch stütze. Einen Ausschnitt aus der Geschichte der großen Wissenschaftssprachen der neueren Zeit, mit vielen Daten und stringenten Erklärungen für einzelne Entwicklungen, bietet das Buch von Michael D. Gordin (2015) *Scientific Babel*. Es konzentriert sich auf die wechselnden Wissenschaftssprachen der Chemie, ohne sich darauf zu beschränken, und zwar vor allem auf Französisch, Deutsch, Esperanto, Russisch und Englisch, und erklärt ihre jeweilige Stellung aus dem zeitgenössischen wissenschaftsgeschichtlichen, politisch-ökonomischen und soziolinguistischen Kontext.

Der Erste Weltkrieg, der Nationalsozialismus und der Zweite Weltkrieg sowie deren Folgen zerstörten das labile Gleichgewicht zwischen den drei gewichtigsten Wissenschaftszentren. Die englische Sprachgemeinschaft erlangte – unter Führung der USA – eine wirtschaftliche Vorrangstellung in der Welt und wurde das vorherrschende Weltwirtschaftszentrum (Wallerstein 1974; 1980; 1983; 1998; 2004; Kap. A.8) und – im Zusammenhang damit – auch das dominante Weltwissenschaftszentrum (vgl. zum Zusammenhang zwischen Wirtschaftskraft und wissenschaftlicher Leistungsfähigkeit de Solla Price 1986). Die sprachlichen Auswirkungen, die wegen der Trägheit etablierter Sprachgewohnheiten und -kenntnisse verzögert zutage traten (Ammon 1998: 192-194), zeigten sich unübersehbar seit dem letzten Drittel des 20. Jh.

Sie hängen auch zusammen mit der Globalisierung und der Lockerung nationaler Gefüge bei der in Ansätzen entstehenden „postnationalen Konstellation" (Habermas 1998; Kap. A.8). Die im vorliegenden Zusammenhang bedeutsamste Komponente der Globalisierung ist die Herausbildung einer globalen Kommunikationsgemeinschaft und einer einzigen globalen Sprache (Englisch), unter Zurückbleiben oder auch Zurückdrängung der anderen internationalen Kommunikationsgemeinschaften und Sprachen, vor allem Deutsch und Französisch. Die Lockerung nationaler Bindungen fördert auch bei deren Muttersprachlern die Umstellung auf das Englische für die internationale Kommunikation und die Akzeptanz seiner Vorrangstellung. Die der postnationalen Konstellation entsprechende Einstellung bildet somit das sozialpsychische Fundament der globalen Kommunikationsgemeinschaft und Sprache. Zwar simplifiziere ich die Geschichte damit krass, jedoch eignet sich das dadurch

1. Von einer Weltwissenschafts- zu einer Nischensprache: Stationen und Ursachen —— 521

gewonnene Schema zur – wenn auch vergröberten – Erklärung größerer Zusammenhänge. In Wirklichkeit verlief die Entwicklung weniger linear und weit komplizierter, wovon ich nun einige Details etwas näher vorstellen möchte (dazu auch Ammon 1998: 1-15; 1999; 2000b; Reinbothe 2006: 23-30; 2013).

Die deutsche Sprachgemeinschaft konnte sich im Grunde nur in der verhältnismäßig kurzen Zeitspanne der zweiten Hälfte des 19. und ersten Hälfte des 20. Jh. für ihre wissenschaftliche Kommunikation weitgehend auf die eigene Sprache beschränken. Dies war möglich, weil Deutsch in dieser Zeit, mehr als je zuvor oder danach, eine internationale Wissenschaftssprache war. Seine Verwendung für die wissenschaftliche Kommunikation blieb nicht auf die Muttersprachler beschränkt, sondern andere Sprachgemeinschaften nutzten ebenfalls das Deutsche, indem sie vor allem darin verfasste Texte lasen. Dies gilt zwar ähnlich für die gleichfalls internationalen Wissenschaftssprachen Englisch und Französisch, jedoch war für Deutsch die prominente Stellung in der Wissenschaft charakteristischer, während Französisch in der Diplomatie und Englisch im weltweiten Handel vorherrschten (vgl. Ammon 1991a: Kap. 7 – Kap. 9). „Der deutschen Sprache wird ein Weltstatus vorwiegend im Bereiche der Wissenschaft sowie der Technik zuerkannt." (Zabrocki 1978: 184f.) So oder ähnlich lautet häufig die Begründung, wenn Deutsch zu den bedeutsamen internationalen Sprachen oder sogar „Weltsprachen" gezählt wird (z.B. Braga 1979: 39f.; Ostrower 1965: 148). Tatsächlich hatte Deutsch im Handlungsfeld Wissenschaft eine Zeit lang Weltgeltung: „Indeed at one time it was almost true to say that the language of science was the language of Heidelberg and Göttingen." (Savory 1953: 152) Allerdings wäre es übertrieben, von einer Monopolstellung zu sprechen, wie Savory es nahe legt, denn Englisch und Französisch spielten daneben eine ebenbürtige, wenn auch je nach Fächern unterschiedliche Rolle.

Schon zur napoleonischen Zeit waren die deutschen Universitäten im Ausland zwar geachtet, galten aber als überwiegend spekulativ. So fand Germaine de Staël vor allem das protestantische Norddeutschland „rempli d'universités les plus savantes de l'Europe", machte aber den Vorbehalt, dass „tout s'y passe en théorie" (de Staël [1810] 1968: 137). Erst seit der Jahrhundertwende und dann vor allem in der zweiten Hälfte des 19. Jh. wandten die deutschen Universitäten sich verstärkt der empirischen, vor allem der naturwissenschaftlichen Forschung zu und machten mit einer zunehmenden Zahl gewichtiger wissenschaftlicher Erkenntnisse international auf sich aufmerksam. Um sich diese zugänglich zu machen, lernten viele Wissenschaftler Deutsch und machten es damit zu einer internationalen Wissenschaftssprache.

Die Weltstellung des Deutschen als Wissenschaftssprache ist vielfältig belegt. So erinnert der schon zitierte britische Biologe Savory (1953: 152) an den „advice that at one time was commonly given to young scientists, given with every desire to be helpful. It was that they should learn to read German." Er verweist auf eine von ihm selbst erstellte Bibliographie zur Biologie von Spinnen, von deren Titeln „almost exactly [...] one third were German", und fährt fort: „Many scientists will agree that in the first forty years of the present century [20. Jh.! U.A.] it was if not impossible at least exceedingly difficult to keep abreast of any branch of biology or medical science if one did not read German."

In der Tat, wenn man irgendeine repräsentative Bibliographie biologischer Fachliteratur aus der zweiten Hälfte des 19. oder der ersten Hälfte des 20. Jh. aufschlägt, ist der Anteil deutschsprachiger Titel beeindruckend. So findet man z.B. in den US-amerikanischen *Biological Abstracts* (1926ff.), vor allem in den 1920er Jahren, nicht nur einen hohen Anteil deutschsprachiger Publikationen, sondern auch russisch- oder japanischsprachige Titel „with German résumé" (z.B. in Band 1, 1926/1927, Titel Nr. 32 bzw. 74) sowie deutschsprachige Beiträge japanischer Autoren, die überdies in japanischen Zeitschriften mit deutschen Titeln erschienen waren (ebd. Nr. 104 in der Zeitschrift *Berichte des Ohara Instituts für Landwirtschaftliche Biologie Okayama Universitaet*), und dergleichen mehr.

Zur Illustration der Verhältnisse zu etwas früherer Zeit, vor dem Ersten Weltkrieg, habe ich drei Spalten des britischen *Zoological Record* (1864ff.) aus dem Jahr 1910 nach einem Zufallsverfahren herausgegriffen (Abb. G.1-1). Daran sieht man nicht nur den hohen Anteil deutschsprachiger Publikationen in dieser – wohlgemerkt in britischer Regie erstellten! – Bibliographie, sondern auch die Funktion von Deutsch als eine Lingua franca der Zoologie, indem z.B. russisch- oder norwegischsprachige Titel (Nr. 42, 50 bzw. 132) mittels deutsch- und nicht englischsprachiger Übersetzung zugänglich gemacht sind. (Bei den portugiesischen Titeln ist der deutsche Paralleltext kein Indiz für Deutsch als Lingua franca, sondern auf Zweisprachigkeit der Originalartikel zurückzuführen, wie Roswitha Reinbothe (2006: 33f., Anm. 29) meine frühere Deutung richtiggestellt hat. Jedoch halte ich Reinbothes (2006: 32f.; 2011: 50, Anm. 6) grundsätzlichen Einwand nicht für stichhaltig, diese Quelle sei kein aussagekräftiger Beleg für die prominente Stellung des Deutschen, weil der *Zoological Record*, der als Teil des *International Catalogue of Scientific Literature* 1902-1914 jährlich erschien, von dessen deutschem Büro besonders großzügig mit Literaturangaben versorgt wurde. Dies ändert nämlich nichts an der hier ausschlaggebenden Tatsache, dass die abschließende Bearbeitung gleichwohl in britischer Hand lag, mit Erscheinungsort London. Dazu auch: *„The International Catalogue of Scientific Literature was an annual index covering scie*ntific literature from all major areas of science. The *Catalogue* was produced by an international committee and was published by the Royal Society of London.

Bäbler, Emil. Die wirbellose, terrestrische Fauna der nivalen Region. Ein Beitrag zur Zoogeographie der Wirbellosen. Rev. Suisse Zool. Genève 18 1910 (761–916) 1 Taf. 4 Karten. 41

[Babuškin, N. I.] Бабушкинъ, Н. П. Задачи новой ветеринарно-биологической лабораторіи Зоологическаго сада. [Die Aufgaben des neuen veterinär-biologischen Laboratoriums am (Moskauer) zoologischen Garten.] Moskva Dnevn. zool. sada 4 1910 (239–246). 42

Bachmann, Hans. Die dänische arktische Station auf Disko (Grönland). Arch. Hydrobiol. Stuttgart 5 1910 (199–216). 43

Backman, E. Louis und Runnström, I. Physikalisch-chemische Faktoren bei der Embryonalentwicklung. Der osmotische Druck bei der Entwicklung von *Rana temporaria*. (Vorl. Mitt.) Biochem. Zs. Berlin 22 1909 (290–298). 44

Baglioni, S. Die Grundlagen der vergleichenden Physiologie des Nervensystems und der Sinnesorgane. [In: Handbuch d. vergl. Physiologie, hrsg. v. H. Winterstein. Bd 4, 1. Hälfte.] Jena (G. Fischer) 1910 (1–22). 45

Bailey, Frederick R. and Miller, Adam M. Text-book of embryology. London 1909 (xvi + 209) 46

Banks, Charles S. The polyscopic cell. A new microscopical accessory. Philippine J. Sci. Manila D. Ethnol. Anthrop. Gen. Biol. 5 1910 (79–82) pls. i ii. 47

Banks, Charles S. A new accessory for dissection work. Philippine J. Sci. Manila D. Ethnol. Anthrop. Gen. Biol. 5 1910 (131–132) pl. i. 48

Barfurth, Dietrich. Regeneration und Involution. 1f08. Anat. Hefte Wiesbaden Abt. 2 18 (1908) 1910 (288–352). 49

[Bartenef, A. N.] Бартеневъ, А. Н. Списки коллекцій безпозвоночныхъ Зоолог. Музея Имп. Томскаго Университета. XI. Коллекція стрекозъ (Odonata) изъ Мацуямы (Японія), пожертвованная братьями М. и С. А. Сапожниковыми (Москва). [Verzeichnisse der Evertebraten-Sammlungen des Zoolog. Museums der Kais. Universität Tomsk xi. Collection of Matsuyama (Japan) dragonflies.] Tomsk 1909 (1–11 + engl. Res. 11–16) pl. ii. 26 cm. 50

Dodd, S. Piroplasmosis of cattle in Queensland. J. comp. path. ther. Edinburgh 23 1910 (141–160). 127

Dodd, S. *vide* Gilruth, J. A.

Dönitz, W. und Hartmann, Max. Parasitische Protozoen und ihre Überträger. I. Taf. 1–9. Mit Text. II. Taf. 1. 2. Leipzig (W. Klinkhardt) 1910. 128

Doflein, F. Studien zur Naturgeschichte der Protozoen. VI. Experimentelle Studien über die Trypanosomen des Frosches. Arch. Protistenkunde Jena 19 1910 (207–231) Taf. xi–xiii. 129

Dogiel, Valentin. Beiträge zur Kenntnis der Gregarinen. IV. *Callynthrochlamys phronimae* Frenz. u. a. m. Arch. Protistenkunde Jena 20 1910 (60–78) Taf. vii. 130

Dogiel, V. Untersuchungen über einige neue Catenata. Zs. wiss. Zool. Leipzig 94 1910 (400–446) pls. xiii & xiv. 131

Dons, Carl. Zoologiske notiser. I. Bemerkninger om forveksling av *Folliculina* med *Filellum*. Med. 1 pl. [Verwechselung von *Folliculina* und *Filellum*.] Tromsø Mus. Aarsh. 31–32 1908–1909 (1910) (189–194) 1 pl. 132

Douvillé, Henri. La Craie et le Tertiare des environs de Royan. Paris Bull. Soc. géol. sér. 4 10 1910 (51–61). 133

Douvillé, Robert. Lépidocyclines et *Cycloclypeus* malgaches. Bruxelles Ann. Soc. roy. Malac. Belg. 44 1909 (125–139) pls. v & vi. 134

Drew, Harold G. Some notes on parasitic and other diseases of fish. (2nd series.) Parasitol. Cambridge 3 1910 (54–61) pl. ix. 135

Dreyer, W. Ueber durch Protozoen im Blut hervorgerufene Erkrankungen bei Menschen und Thieren in Aegypten. Arch. Schiffshyg. Leipzig 14 1910 (37–45). 136

Dschunkovski, E. und Luhs, J. Entwickelungsformen von Piroplasmen in Zecken. (Forms of development in the body of ticks; Formes de développement des Piroplasmes chez les tiques.) Ber. IX Int. thierärztl. Congr. Haag 1909 (reprint 1–5 14 & 15 20) 1 pl. 137

Dschunkovski, E. und Luhs, J. Protozoen - Krankheiten des Blutes

Hall, S. G. The Australian camel trade and trypanosomiasis. J. trop. vet. sci. Calcutta 5 1910 (72–88). 222

Halberstaedter, L. *vide* Morgenroth, J.

Hamerton, A. E. *vide* Bruce, David.

Hartmann, Max. Notiz über eine weitere Art der Schizogonie bei *Schizotrypanum cruzi* Chagas. Arch. Protistenkunde Jena 20 1910 (361–363). 223

Hartmann, Max. Untersuchungen über Bau und Entwicklung der Trichonymphiden (*Trichonympha hertwigi* n. sp.). [In: Festschr. für R. Hertwig. Bd 1.] Jena (G. Fischer) 1910 (349–396) Taf. xxvii–xxx. 224

Hartmann, Max. Nova ameba intestinal, *Entamœba testudinis* n. sp. (Ueber eine neue Darmamöbe, *Entamœba testudinis* n. sp.). [Portuguese and German in parallel columns.] Rio de Janeiro Mem. Inst. Oswaldo Cruz 2 1910 (3–10) pl. i. 225

Hartmann, M. Ueber Chlamydozoen. Centralbl. Bakt. Jena Abt. 1 47 Referate Beih. 1910 (94*–98*). 226

Hartmann, Max und Chagas, Carlos. Vorläufige Mitteilung über Untersuchungen an Schlangenhämogregarinen nebst Bemerkungen zu der vorstehenden Arbeit von E. Reichenow über *Haemogregarina stepanovi*. Arch. Protistenkunde Jena 20 1910 (351–360). 227

Hartmann, Max and Chagas, Carlos. Estudos sobre flajelados. (Flagellaten-Studien.) [Portuguese and German in parallel columns.] Rio de Janeiro Mem. Inst. Oswaldo Cruz 2 1910 (64–125) pls. iv–ix. 228

Hartmann, Max and Chagas, Carlos. Sobre a divizao nuclear da *Amoeba hyalina* Dang. (Ueber die Kerntheilung von *Amœba hyalina* Dang.) [Portuguese and German in parallel columns.] Rio de Janeiro Mem. Inst. Oswaldo Cruz 2 1910 (159–167) pl. x. 229

Hartmann, Max und Jollos, Victor. Die Flagellatenordnung „Binucleata". Phylogenetische Entwicklung und systematische Einteilung der Blutprotozoen. Arch. Protistenkunde Jena 19 1910 (81–106). 230

Hartmann, Max *vide* Dönitz, W.; Kisskalt, K.

Abb. G.1-1: Auszug aus *Zoological Record* 1910 (S. 6, 10, 14)

It was published from 1902–1921, and indexed scientific literature published from 1901 – 1914." (en.wikipedia.org/ wiki/International_Catalogue_of_Scientific_Literature – abgerufen 02.10.2012)

Noch bedeutsamer als in der Biologie oder spezieller Zoologie war die Stellung des Deutschen als Wissenschaftssprache in der Chemie (Hopf 2011; Gordin 2015). Für sie, wie für andere Naturwissenschaften, ließen sich leicht ähnlich hohe Anteile deutschsprachiger Publikationen nachweisen. Ein Indiz für die Bedeutsamkeit der deutschen Sprache in der Chemie auch jenseits der deutschsprachigen Länder ist die Verbreitung als obligatorischer Studienbestandteil. Zumindest Lesefähigkeiten in Deutsch galten vielerorts als unverzichtbar (vgl. Sheppard 1935). An US-amerikanischen Universitäten waren in den 1930er Jahren sogar deutschsprachige Lehrbücher der Chemie im Gebrauch (Ray 1963: 54).

Besonders wichtige Wissenschaftssprache war Deutsch in den kleineren Nachbarstaaten des deutschen Sprachgebiets: in Skandinavien (Wiggen 1995a: 73; Saari 2000), den Niederlanden sowie den mittel- und osteuropäischen Ländern einschließlich Baltikum und Jugoslawien (damals „Südslawien"). Die Verwendung reichte weit über die Naturwissenschaften hinaus in ganz unterschiedliche Fachrichtungen. Nahm doch „die deutsche Wissenschaft eine Spitzenstellung in Europa ein", „wo man in Akademikerkreisen" – ziemlich unabhängig von der Fachrichtung – zumindest „ohne Schwierigkeiten Deutsch las" (Hagège 1996: 76). Auch in manchen eher am Rande Europas liegenden und sogar überseeischen Staaten spielte Deutsch eine wichtige Rolle, nicht nur in den Naturwissenschaften einschließlich der Medizin (vgl. zu Japan Kakinuma 1994; zu Korea Chong 2003a), sondern darüber hinaus. So bildete es verschiedenen Orts für Juristen einen obligatorischen Studienbestandteil, z.B. in Portugal (W. Ross 1967: 221; 1972) oder Japan (Mori 1994; Murakami 1989), und „[b]is zum Zweiten Weltkrieg war Deutsch language requirement für jeden Psychologie-Studenten in den USA [...]" (Heckhausen 1986: 32).

In Japan waren Deutschkenntnisse für verschiedene Wissenschaften unabdingbar (vgl. Beiträge in Ammon 1994d). In der Medizin wurde auch weitgehend die deutschsprachige Terminologie gebraucht und führten sogar praktizierende Ärzte ihre Krankenkarteien auf Deutsch (Doi 1982: 20; Kakinuma 1994). Eine Begründung für die allgemeine Hochschätzung findet sich im Vorwort des ersten Bandes der *Zeitschrift für Deutsche Sprache*, die ab 1898 in Tokyo erschien. Dort heißt es unter anderem (S. 1, Orthographie des Originals):

> „Es ist eine oft wiederkehrende Thatsache, dass der, welcher eine fremde Sprache zu lernen beabsichtigt, aus Unkenntniß der jeder Sprache eigentümlichen Vorzüge eine seinen künftigen Zwecken nicht entsprechende Sprache lernt und dadurch viel Zeit und Mühe verliert.

> Es sollen daher hier einige der hervorstechendsten Vorzüge der deutschen Sprache, besonders auf dem Gebiete der Wissenschaften angegeben und gezeigt werden, wie hoch alle wissenschaftlichen Studien bei den Deutschen entwickelt sind und in welchem Ansehen diese Nation deshalb bei den übrigen Völkern Europas und Amerikas steht.
>
> Deutschland hat jetzt den Ruf, das in den Wissenschaften am weitesten fortgeschrittene Land zu sein, und das mit Recht. Denn aus allen Ländern gehen lernbegierige Studenten dahin, um auf deutschem Boden weitere Untersuchungen in allen Zweigen der Wissenschaft zu machen. Auch von unseren Studenten werden die tüchtigsten, nachdem sie ihren Kursus in der Universität durchgemacht haben, gewöhnlich nach Deutschland geschickt, auch wenn sie die englische Sprache gelernt haben und gewöhnlich nur wenig deutsch verstehen [...]"

Das Japan der Meiji-Zeit (1868-1912) war in seinen Modernisierungsbestrebungen an den naturwissenschaftlichen und technischen Erkenntnissen der deutschsprachigen Länder interessiert. Sie zu studieren war dem Land wichtig genug, um den dafür notwendigen Unterricht in der deutschen Sprache einzuführen. Die Gründung der Zeitschrift, woraus das Zitat stammt, steht damit im Zusammenhang (vgl. Ammon 1992a; 1994d; zusätzliche politische Motive der Orientierung an Deutschland in Naka 1994). Offenbar entwickelte sich das Interesse für die deutsche Sprache maßgeblich unter dem Eindruck der wissenschaftlichen Leistung der deutschsprachigen Länder in verschiedenen Disziplinen. Wiederum am Beispiel der Medizin wies der Japaner Shigeru Nakayama (1981: 48) nach, dass die Orientierung Japans an Deutschland zweckmäßig war. In seiner statistischen Auswertung der Medizingeschichte von Fielding H. Garrison (1924) kam er zu dem Ergebnis, dass in der Zeit von 1830 bis etwa 1910 die deutschsprachigen Länder am meisten zu den Entdeckungen dieser Disziplin beitrugen.

Ein anderes Beispiel bildet die Chemie (Gordin 2015), in der im ersten Jahrzehnt des 20. Jh. 5 von insgesamt 10 und im zweiten Jahrzehnt 3 von 8 Nobelpreisen nach Deutschland gingen (Skudlik 1990: 22; Hermann u.a. 1978). Auch die Physik gehört zum Kreis der Wissenschaften, in denen die deutschsprachigen Länder zeitweilig, vor allem im ersten Drittel des 20. Jh. führend waren (vgl. Hermann 2000). Dass sich dies auf die Sprachwahl anderssprachiger Wissenschaftler auswirkte, belegt das Beispiel des japanischen Nobelpreisträgers von 1965, Tomonaga. Er verbrachte die Jahre 1937 – 1939 in Leipzig, und sein Schriftenverzeichnis weist bis 1942 hauptsächlich deutschsprachige Publikationen auf (Skudlik 1990: 180).

Aus heutiger Sicht erscheint folgendes Indiz für die wissenschaftliche Geltung von Deutsch besonders anrührend: Die Planungskommission für das Jüdische Institut für Technische Erziehung in Haifa, das „Technion", eine der bedeutendsten Erziehungsanstalten des wiedererstehenden Staates Israel, entschied sich 1913 für Deutsch als – sogar einzige! – Unterrichtssprache (I. Cohen 1918: 12f.; Hinweis Bernard Spolsky). Allerdings wirkte auch die Außenpolitik des Deutschen Reichs darauf ein, die den deutschen Einfluss im nahen Osten gegen britische und französische Ambitionen zu stärken suchte (Sadmon 1994; „Kaiser Wilhelms Beteiligung nicht belegt", *FAZ* 24.04.2012: 12). Außerdem könnte die aus Württemberg zugewanderte, in Haifa angesiedelte deutschsprachige religiöse Gruppe der Templer (nicht zu verwechseln mit dem mittelalterlichen Ritterorden der Templer!) unterstützend gewirkt haben (Carmel 1973). Die genaue Erforschung der Hintergründe scheint noch auszustehen. Zwar gab es Proteste gegen Deutsch in dieser Funktion, jedoch nur von Anhängern des Hebräischen; andere Fremdsprachen wie Englisch oder Französisch standen nicht ernsthaft zur Debatte. Dass die Entscheidung für Deutsch infolge der weiteren politischen Entwicklung – schon durch den Ersten Weltkrieg, ganz zu schweigen vom Nationalsozialismus – dann nicht realisierbar war, liegt auf der Hand.

Für das Ansehen der Wissenschaft in den deutschsprachigen Ländern, vor allem der Naturwissenschaft, sprechen die zahlreichen Besuche nicht-deutschsprachiger Studierender und Forscher (Weinrich 1986: 190). Das Folgende galt entsprechend weit über die USA hinaus: „[U]p to the First World War most American Scientists did their graduate work in Europe, particularly in Germany." Die Attraktivität hielt nach dem Ersten Weltkrieg noch eine Zeit lang an, z.B. in der Physik, auf die sich das folgende Zitat bezieht: „The Rockefeller-supported International Education Board's program of post-doctoral fellowships allowed promising Americans to absorb the newest approaches in and around Germany". (Beide Zitate Hoch/ Platt 1993: 136)

Betrachtet man die Lebensläufe der naturwissenschaftlichen Nobelpreisträger des ersten Drittels unseres Jh., so wird deutlich, dass die deutschsprachigen Länder für deren Ausbildung und fachliche Inspiration eine zentrale, wenn auch keine exklusive Rolle spielten. Die folgenden Beispiele sind den Lebensgeschichten der Nobelpreisträger bis 1937 von T. W. Mac Callum/ Stephen Taylor (1938) entnommen und beziehen sich nur auf solche Preisträger, die weder in einem deutschsprachigen Land geboren noch dort hauptberuflich tätig waren (vgl. außerdem Martin 1985). Allerdings waren für die Kontakte dieser Wissenschaftler auch England, Frankreich, die Niederlande, Dänemark, Schweden und die USA wichtig, ohne dass ich hier jeweils darauf hinweise.

Wenn ich im vorliegenden Zusammenhang auf den Nobelpreis als Indikator wissenschaftlicher Spitzenleistungen Bezug nehme, so ist dies eine grobe Vereinfachung; sie erscheint mir jedoch bis zu einem gewissen Grad gerechtfertigt – trotz der Zufälle bei der Preisvergabe (vgl. zur Vergabepraxis Küppers/ Weingart/ Ulitzka 1982; Wilhelm 1983: 39-50). Andere Anhaltspunkte sind entweder ebenfalls problematisch oder im vorliegenden Rahmen zu aufwändig; das Thema ist ja die Sprache der Wissenschaft, nicht die Wissenschaft selbst. Unabhängig von der Validität als Indikator tatsächlicher wissenschaftlicher Leistungen spielt der Nobelpreis eine wichtige Rolle für die öffentliche Wahrnehmung von Spitzenwissenschaft. Die Bezugnahme auf ihn ist also zumindest in dieser Hinsicht gerechtfertigt.

Anbei nun Beispiele von Nobelpreisträgern aus nicht-deutschsprachigen Ländern mit intensiven Kontakten zu den deutschsprachigen Ländern: Ihr Studium oder ihre Arbeit bezieht sich jeweils, wenn nicht anders spezifiziert, auf die örtliche Universität (in Klammern beigefügte Seitenzahlen aus Mac Callum/ Taylor 1938).

Chemie:
- Svante Arrhenius, Schweden, Nobelpreis 1903, studierte in Leipzig (S. 115).
- William Ramsay, Großbritannien, Nobelpreis 1904, begann seine Karriere in Tübingen (S. 118).
- Theodore W. Richards, USA, Nobelpreis 1914, war Austauschprofessor in Berlin (S. 137).
- Theodor Svedberg, Schweden, Nobelpreis 1926, war zweimal zur Weiterbildung in Berlin und einmal in Wien (S. 148).
- Irving Langmuir, USA, Nobelpreis 1932, promovierte in Göttingen (S. 160).
- Petrus J. W. Debye, Niederlande, Nobelpreis 1936, erhielt sein Diplom von der TH Aachen (S. 166).
- Walter N. Haworth, Großbritannien, Nobelpreis 1937, promovierte in Göttingen (S. 167).

Physik:
- Albert A. Michelson, USA, Nobelpreis 1907, studierte in Berlin und Heidelberg (S. 46).
- Gabriel Lippmann, Luxemburg/Frankreich/Kanada, Nobelpreis 1908, studierte in Heidelberg und Berlin (S. 48).
- Gustav Dalén, Schweden, Nobelpreis 1912, machte Examen in Zürich (S. 58).
- Heike K. Onnes, Niederlande, Nobelpreis 1913, studierte in Heidelberg (S. 60).
- Manne G. Siegbahn, Schweden, Nobelpreis 1927, studierte in Göttingen und München (S. 80).
- James Chadwick, Großbritannien, Nobelpreis 1935, arbeitete an der Physikalisch-Technischen Reichsanstalt in Charlottenburg (S. 100).

Medizin:
- Elie Metchnikov, Russland, Nobelpreis 1908, studierte in Gießen, Göttingen und München (S. 191).
- Allvar Gullstrand, Schweden, Nobelpreis 1911, studierte in Wien (S. 198).
- Archibald Hill, Großbritannien, Nobelpreis 1922, arbeitete in Berlin und Heidelberg (S. 205).
- John J. R. Macleod, Großbritannien, Nobelpreis 1923, studierte in Leipzig (S. 208).
- Johannes A. G. Fibiger, Dänemark, Nobelpreis 1926, studierte in Berlin (S. 211).
- Christjaan Eijkman, Niederlande, Nobelpreis 1929, studierte in Berlin (S. 217).
- Sir Henry H. Dale, Großbritannien, Nobelpreis 1936, arbeitete in Frankfurt a. M. (S. 239).
- Albert de Szent-Györgyi, Ungarn, Nobelpreis 1937, studierte und arbeitete in Berlin (S. 243).

Hinzuzufügen ist, dass ins Ausland berufene Wissenschaftler aus deutschsprachigen Ländern sich sprachlich oft nicht umstellten, sondern auf Deutsch zumindest weiterhin publizierten. Genauere quantifizierende Daten scheinen dazu allerdings nicht vorzuliegen. Eines von vermutlich vielen Beispielen ist der seit 1898 in Stockholm lehrende Chemiker Hans von Euler-Chelpin (Nobelpreis 1929. Beispiele seiner deutschsprachigen Veröffentlichungen nach 1898: *Die qualitative chemische Analyse* 1907; *Grundlagen und Ergebnisse der Pflanzenchemie* 1908/09; *Chemie der Enzyme* 1910; *Chemie der Hefe und der alkoholischen Gärung* 1915. Mac Callum/ Taylor 1938: 153).

Deutsch war seit spätestens Mitte des 19. Jh. auch eine Sprache, neben Französisch und Englisch, über die Wissenschaftler weniger internationaler Sprachen Verbreitung ihrer Erkenntnisse und höheres Ansehen anstrebten. So legte der russische Chemiker Alexander M. Butlerow Wert darauf, dass sein *Lehrbuch der Organischen Chemie* ins Deutsche übersetzt wurde (Leipzig: Quandt & Händel 1868), um sich international einen Namen zu machen. Der russische, heute weltbekannte Chemiker Dmitri I. Mendelejew ließ seine *Grundlagen der Chemie* ins Deutsche übersetzen (St. Petersburg 1890), allerdings auch ins Französische und Englische, um so seinen Prioritätsanspruch auf die Entdeckung des chemischen Periodensystems auf internationaler Ebene zu unterstreichen, vor allem gegen den Tübinger Konkurrenten um diese Ehre, Lothar Meyer. „Russian counted less than German", begründet Michael Gordin (2012: 94) diese Sprachwahl und schildert noch weitere russische Beispiele und ihre Hintergründe.

1. Von einer Weltwissenschafts- zu einer Nischensprache: Stationen und Ursachen — 529

Zudem war für nicht-deutschsprachige Wissenschaftler, auch für außerhalb des deutschen Sprachgebiets wirkende, das Publizieren auf Deutsch nichts Ungewöhnliches. Ein Beispiel dafür ist die grundlegende Abhandlung des russischen Nobelpreisträgers der Medizin Metchnikov: *Die Lehre von den Phagozyten und deren experimentellen Grundlagen* (1913; Mac Callum/ Taylor 1938: 192). Die Vorzüge dieser Sprachwahl verrät folgender Hinweis auf die bahnbrechende Veröffentlichung des russischen Begründers des Behaviorismus, Iwan P. Pawlow: „It was only when, in 1899, his book [...] ‚The Activity of the Digestive Glands' was translated into German that his reputation as a physiologist became international." Weitere Werke Pawlows folgten in den 1920er Jahren gleich auf Deutsch. (Mac Callum/ Taylor 1938: 179; vgl. auch Wickler 1986: 30)

Außerdem erschienen in verschiedenen nicht-deutschsprachigen Ländern deutschsprachige Zeitschriften. Beispiele aus der Medizin – aus der Zeit vor dem Ersten Weltkrieg, teilweise auch noch später – sind:

- in Russland die *St. Petersburger medicinische Wochenschrift* und die *Pharmaceutische Zeitschrift für Russland,*
- in Ungarn die *Pester medizinisch-chirurgische Presse* und die *Homöopathischen Blätter,*
- in der Tschechoslowakei die *Prager medicinische Wochenschrift* und die *Verhandlungen des naturforschenden Vereins in Brünn* und
- in Japan das *Archiv für Japanische Chirurgie*. (Lippert 1986: 40f.)

Verschiedene Indizien verraten auch unverkennbar, dass vor dem Ersten Weltkrieg Deutsch auf internationalen Konferenzen gängige Vortragssprache war. So hat z.B. Max Weber auf dem großen internationalen „Congress of Arts and Science" in St. Louis (USA) auf Deutsch vorgetragen (Scaff 2011: 60). Dasselbe darf von anderen deutschen Kongress-Teilnehmern unterschiedlicher Fachrichtungen angenommen werden wie Werner Sombart, Ferdinand Tönnies, Johannes Conrad, Paul Hensel, Wilhelm Ostwald u.a., vor allem von dem Theologen Adolf von Harnack (ebd.: 54-66), der nach dem Ersten Weltkrieg das Angebot, deutscher Botschafter in Washington zu werden, wegen mangelnder Englischkenntnisse ablehnte.

In besonderem Maße wurde die Stellung des Deutschen als internationale Wissenschaftssprache dadurch gestärkt, dass in wichtigen Fächern die besten Bibliographien und Referatenorgane oder Abstractdienste – moderner gesprochen: bibliographische Datenbanken –, auf die Wissenschaftler weltweit angewiesen waren, in deutscher Sprache erstellt wurden. So beginnt John E. Flynn, der langjährige Hauptherausgeber der US-amerikanischen *Biological Abstracts* seinen autobiographischen Rückblick mit den folgenden Worten: „Up to 1914

American biologists relied mainly on German abstracting periodicals – the botanists on Botanisches Zentralblatt, Just's Botanischer Jahresbericht, Hedwigia and the Zeitschrift für Pflanzenkrankheiten; zoologists on Zoologischer Bericht and Berichte über die Wissenschaftliche Biologie; bacteriologists on the Zentralblatt für Bakteriologie, etc." (Flynn 1951: 1; ähnlich Davis 1987: 3; Davis/ Schmidt 1995: 5; auch Skudlik 1990: 28f.; ausführlich Reinbothe 2006).

Schließlich verraten die zahlreichen, immer wieder neu aufgelegten Lehrbücher für Wissenschaftsdeutsch, vor allem seit der zweiten Hälfte des 19. Jh., den internationalen Rang von Deutsch als Wissenschaftssprache (z.B. Hodges 1880; Gore [1891] 1893; Phillips [1913, 1915] 1924).

Allerdings gibt es spätestens seit dem Ersten Weltkrieg Indizien für Stellungseinbußen. Wichtige Referatenorgane gingen um diese Zeit ein, z.B. das *Zentralblatt für Zoologie* (1894-1918). Der Rückblick von Flynn berührt solche Veränderungen:

> „After the outbreak of World War I these German abstracting agencies were no longer available to American scholars. The lack of abstracting service was so keenly felt that the Botanical Society of America and the Society of American Bacteriologists decided to provide abstracts in English, covering the respective fields. Botanical Abstracts, under the auspices of the Botanical Society of America, and Abstracts of Bacteriology, under the auspices of the Society of American Bacteriologists, were thus established, and began publication in 1917 and 1918, respectively." (Flynn 1951: 1f.; vgl. auch Steere u.a. 1976)

Den Ersten Weltkrieg als Wendepunkt zu sehen, ist vermutlich eine Vereinfachung. In Ansätzen findet man nämlich schon leichte Stellungseinbußen von Deutsch als internationale Wissenschaftssprache kurz vor und zu Beginn des Ersten Weltkrieges. So überflügelte z.B. in der Chemie die US-Zeitschrift *Journal of the Chemical Society* als Zitatenquelle US-amerikanischer Publikationen alle deutschsprachigen chemischen Zeitschriften in den Jahren 1911-1915, während sie 1906-1910 noch zweitplatziert war hinter *Berichte der deutschen chemischen Gesellschaft* und 1896-90 sogar nur viertplatziert, auch noch hinter *Liebigs Annalen der Chemie* und der *Zeitschrift für physikalische Chemie* (Ammon 1998: 43, Tab. B-1 – aufgrund von Gross/ Gross 1927 einschließlich deren Zeitspannen-Einteilung; siehe zu Details der Untersuchung von Gross/ Gross Kap. G.3). Als Hintergrund dieser Entwicklung erscheint erwähnenswert, dass die USA schon vor dem Ersten Weltkrieg zur stärksten Wirtschaftsmacht der Welt aufstiegen und das Deutsche Reich von der Spitzenstellung verdrängten, das zuvor Großbritannien überflügelt hatte.

Bei aller möglichen Überbewertung als Wendepunkt verbinden sich dennoch mit dem Ersten Weltkrieg verschiedene Ereignisse, welche die Stellung von Deutsch als internationale Wissenschaftssprache – und überhaupt als internationale Sprache – stark beeinträchtigten. Dies schließt nicht aus, dass auch danach noch einzelne Wissenschaften überwiegend deutschsprachig geprägt waren. Dies gilt nicht zuletzt für Neuentwicklungen. So war offenbar „[d]ie Verhaltensforschung [...] in ihrem Aufkommen eine deutsche bzw. eine deutschsprachige Disziplin. Auf internationalen Kongressen jener Zeit [zwischen den Weltkriegen! U.A.] war selbstverständlich zunächst Deutsch vorherrschend. Das lag nicht an der überwiegenden Zahl deutscher Teilnehmer, sondern einfach daran, dass die Terminologie deutschsprachig und die grundlegenden und wichtigen Arbeiten in deutscher Sprache verfasst waren" (Diskussionsbeitrag Wickler in Kalverkämper/ Weinrich 1986: 80) – wobei man allerdings hinzufügen muss, dass es auch anderssprachige Stammväter gab, wie z.B. den Franzosen Jean-Henri C. Fabre (1823-1915).

Die bisherige Skizze bezieht sich unterschiedslos auf Indikatoren und ursächliche Faktoren der Stellung von Deutsch als internationale Wissenschaftssprache. Oft ist die Unterscheidung auch schwierig, da dieselben Ereignisse sowohl als Stellungsindikatoren wie auch als Faktoren der weiteren Entwicklung gesehen werden können. Ein Beispiel ist die Verfügung über international führende periodische Bibliographien oder Datenbanken. Sie können einerseits Stellungsindikatoren sein und andererseits Faktoren, indem sie die Publikationen in der eigenen Sprache bevorzugen oder sie sogar als Lingua franca gebrauchen. Eindeutigere Faktoren sind dagegen wirtschaftliche und politische Entwicklungen, soweit sie der Entwicklung der Wissenschaften in den betreffenden Sprachgemeinschaften förderlich sind oder deren Sprachen begünstigen.

Dabei liegt es nahe, noch weiter in die Geschichte zurück zu blicken als bisher und zumindest die großen, wirkungsmächtigen Ereignisse kurz in Erinnerung zu rufen. Hierzu gehören der 30-jährige Krieg, der die deutschsprachigen Länder nachhaltig ruiniert hat, vielleicht auch der 7-jährige Krieg, der nicht zuletzt die Stellung Großbritanniens als Kolonialmacht und damit die englische Sprache gestärkt hat, die napoleonischen Kriege und Frankreichs Verlust sowohl der kolonialen Gleichrangigkeit mit der englischsprachigen Welt als auch der klaren Vormachtstellung auf dem europäischen Kontinent, der wirtschaftliche und machtpolitische Aufstieg der deutschsprachigen Länder im 19. Jh. und die Entstehung des Deutschen Reichs und seine Weltmachtpolitik, der Erste Weltkrieg und seine Folgen (u. a. wirtschaftlicher Ruin Deutschlands und Österreichs, Auflösung der Donaumonarchie und Verlust der deutschen Kolonien), der Nationalsozialismus und der Zweite Weltkrieg mit seinen Folgen, die Schaffung der Europäischen Union sowie schließlich die Herstellung des neu vereinigten Deutschlands als mittlere Macht (im Kreis etablierter und aufsteigender Großmächte). All diese Großereignisse sind grundlegende Faktoren mit nachhaltiger Wirkung auf die Stellung der deutschen Sprache in der Welt, auch als Wissenschaftssprache, können jedoch in diesem Kap. nur angedeutet werden (vgl. dazu systematischer Kap. A.8; A.11).

Zu den Folgen des Ersten Weltkriegs, die im vorliegenden Zusammenhang unmittelbar interessieren, gehören die Ereignisse, die mit dem Stichwort „Sprachboykott" zusammengefasst wurden. Damit ist der organisierte und gezielte Ausschluss der deutschen Sprache von der internationalen Wissenschaftskommunikation gemeint, der in der Zeit nach dem Ersten Weltkrieg von Wissenschaftlern der Siegermächte jahrelang betrieben wurde. Nach vorausgehenden Darstellungen dieser Vorgänge in Grundzügen (Schröder-Gudehus 1966: 111-120; Schroeder-Gudehus 1973; 1990; Kevles 1971; Weindling 1996; Ammon 2000b: 68-72) hat Roswitha Reinbothe (2006) sie in akribischen Archivstudien umfassend untersucht. Auf ihre Befunde stützt sich hauptsächlich der folgende Kurzbericht. Die Verbreitung von Deutsch als internationale Wissenschaftssprache wurde, wie schon angedeutet, durch den Aufbau umfassender Bibliographien und Referatenorgane in Deutschland gestärkt. Hinzu kam die Mitarbeit bei entsprechenden Projekten in anderen Ländern, vor allem beim *International Catalogue of Scientific Literature*, der in England erschien (1902 – 1914), unter geflissentlicher Zulieferung von Daten über deutschsprachige Veröffentlichungen (Reinbothe 2006: 30-36). Mindestens ebenso wichtig war die einflussreiche Stellung deutscher Wissenschaftler in den aufkommenden internationalen Wissenschaftsverbänden, von denen die bedeutendsten – wie die *Internationale Assoziation der Akademien* (seit 1899) – von Deutschland aus gegründet worden waren (Reinbothe 2006: 23-110, besonders 37-41; Ammon 2000b: 68f.). Das durch Referatenorgane und Wissenschaftsorganisationen institutionalisierte internationale Netzwerk der deutschen Wissenschaftler wurde durch den Ersten Weltkrieg zerrissen und die Verwendung der deutschen Sprache für die internationale wissenschaftliche Kommunikation gezielt unterbunden. Dies geschah während des Krieges zunächst von deutscher, im weiteren Verlauf und nach dem Krieg aber dann hauptsächlich von alliierter Seite.

Der tiefer liegende Grund war das Hin und Her der nationalen Konkurrenz und beim Sprachboykott nach dem Krieg dann das Bestreben in Kreisen der Siegermächte, deutsche Ansprüche nicht nur militärisch, sondern auch auf wissenschaftlicher und sprachlicher Ebene in die Schranken zu weisen. Eine Rolle spielte außerdem, dass deutsche Wissenschaftler in beherrschender Stellung teilweise nicht nur zu Arroganz und Megalomanie, sondern auch zu unerbittlicher Durchsetzung der deutschen Sprache neigten. Als Anlass des Sprachboykotts und zur Legitimation (oder auch nur als Legitimationsvorwand) diente jedoch der „Aufruf an die Kulturwelt!" (Kellermann 1915), mit dem sich am 4. Oktober 1914, also kurz nach Kriegsbegin, 93 prominente deutsche Wissenschaftler und Künstler an die Weltöffentlichkeit wandten, um den Krieg aus der Sicht der Mittelmächte zu rechtfertigen, und dem am 16. Oktober eine inhaltlich ähnliche „Erklärung der Hochschullehrer des Deutschen Reiches" mit nicht weniger als 3.000 Unterschriften folgte (Reinbothe 2006: 96-110, besonders 97-100). Die deutschen Wissenschaftler präsentierten sich damit der Weltöffentlichkeit in großer Geschlossenheit als unkritische Leugner der deutschen Mitverantwortung für den Kriegsbeginn und für die Grausamkeiten auf dem Schlachtfeld. Außerdem äußerten sie sich offen rassistisch, indem sie sich über das „schmachvolle Schauspiel" der Alliierten beklagten, „Mongolen und Neger auf die weiße Rasse zu hetzen" (Kellermann 1915: 65).

Hinzu kamen schon während des Krieges von Deutschland selbst ausgehende wissenschaftliche Boykottmaßnahmen wie die Aufkündigung deutscher Mitarbeit an internationalen Projekten und das Verbot der Ausfuhr deutscher Fachliteratur. So stellte die deutsche Seite die Mitarbeit am *International Catalogue of Scientific Literature* ein, was dessen Ende im Jahr 1914 bedeutete (Reinbothe 2006: 113). Über die Vorzensur von in Deutschland veröffentlichten wissenschaftlichen Texten bezüglich kriegswichtiger Informationen hinaus verfügte die deutsche Regierung generell „das Verbot der Ausfuhr wissenschaftlicher Bücher und Zeitschriften nicht nur ins feindliche, sondern sogar ins verbündete und neutrale Ausland", sogar für medizinische Fachliteratur (ebd.: 116). Zwar wurde dieses Verbot später aufgrund massiver Proteste, auch aus verbündeten Ländern, wieder gelockert, jedoch blieben schmerzliche Nachwirkungen, wie z.B. die Behinderung amerikanischer Wissenschaftler, auf die, wie oben berichtet, Flynn hinwies. Zudem fiel die kritiklose Haltung der deutschen Wissenschaftler zu diesen Maßnahmen unvorteilhaft ab gegenüber derjenigen französischer Gelehrter, die sich gegen Ausfuhrverbote eigener, vor allem medizinischer Fachliteratur stark machten (ebd.: 126, umfassend 111-127).

Allerdings hielt diese humanitärere Haltung die französischen Gelehrten nicht davon ab, gegen Ende des Krieges und danach für einen umfassenden Boykott gegen die Wissenschaftler der Mittelmächte, also vor allem Deutschlands und Österreichs, einzutreten und – in unserem Zusammenhang noch wichtiger – für den Ausschluss der deutschen Sprache von der internationalen wissenschaftlichen Kommunikation. Sie wurden dabei vor allem von belgischen Wissenschaftlern unterstützt, konnten aber auch Wissenschaftler der übrigen Siegermächte und neutraler Staaten zur – wenn auch teilweise widerwilligen – Mitwirkung gewinnen.

Die entscheidenden Maßnahmen für die Verwirklichung des Boykotts waren die Gründung neuer internationaler Wissenschaftsverbände unter rigorosem Ausschluss sowohl deutscher als auch österreichischer Wissenschaftler und von Deutsch als Verbands-, Konferenz- und Publikationssprache. Diese

Maßnahmen erstreckten sich über ziemlich alle naturwissenschaftlichen Disziplinen. In den Geisteswissenschaften war der Boykott zwar weniger rigoros, jedoch wurde die deutsche Sprache von der neu gegründeten *Union académique internationale* ebenfalls ausgeschlossen, die sich auf Französisch als Verbandssprache beschränkte (ebd.: 164). Reinbothe (2006) schildert detailliert den „Ausschluß der deutschen Sprache" aus den neuen internationalen Wissenschaftsverbänden (ebd.: 149-163), die „Kritik, Ächtung und Verdrängung des Deutschen als internationale Publikationssprache der Wissenschaft" (ebd.: 165-201) und die „Ausschaltung des Deutschen als internationale Kongreßsprache" (ebd.: 202-243).

Der Boykott schloss allerdings nicht aus, dass einzelne prominente deutsche Wissenschaftler ihre Gastvorträge im Ausland weiterhin auf Deutsch hielten. Ein berühmtes Beispiel ist Albert Einstein bei seinem Auftreten 1921 in England und 1922 in Japan (Neffe 2005: 300f. bzw. 141). Solche Begegnungen haben sicher zur Entspannung der Beziehungen beigetragen. Schließlich signalisierten auch die neuen Wissenschaftsverbände, vor allem anlässlich des Beitritts Deutschlands zum Völkerbund 1926, die Bereitschaft, ihre Boykottmaßnahmen zu lockern. Jedoch erwiesen sich nun die maßgeblichen deutschen Wissenschaftler als sperrig und bestanden auf voller organisatorischer Gleichberechtigung und unbeschränkter Wiederzulassung der deutschen Sprache für alle Zwecke wissenschaftlicher Kommunikation. Reinbothe (2006: 345-363) wertet diese Forderungen als „überzogen" und spricht sogar von „Gegenboykott" (auch Ammon 2000b: 71f.). Zu den Planungen und Maßnahmen hatte schon Brigitte Schröder-Guedehus (1966: 181-211) wichtige Befunde vorgelegt, die sich allerdings mehr auf machtpolitische und organisatorische Fragen als direkt auf Sprachenpolitik bezogen. Jedoch gelang der deutschen Seite weder die personelle noch die sprachliche Gleichstellung. Vor allem in der Sprachenfrage blieben ihre langwierigen Verhandlungen mit den neuen internationalen Wissenschaftsverbänden am Ende erfolglos (Reinbothe 2006: 345-397). Das Ergebnis aller deutschen Bemühungen in der zweiten Hälfte der 1920er Jahre war – in den Worten von Reinbothes Überschrift ihres einschlägigen Kap. (S. 399-424) „[d]ie Dominanz der französischen und englischen Sprache und der Rückgang des Deutschen". Übrigens dauerten die sprachenpolitischen Ambitionen Frankreichs, auch in der Wissenschaft, noch in späterer und neuester Zeit an. Ein jüngeres Beispiel ist das europäische Gemeinschaftsprojekt CERN, das in den 1950er Jahren hauptsächlich zwischen Frankreich und der damaligen BRD gegründet wurde und seinen Standort auf Betreiben Frankreichs auf französischsprachigem Boden, in Meyrin bei Genf, erhielt. Seine beiden Amtssprachen sind auch nur Französisch und – allerdings mehr und mehr vorherrschend – Englisch, und sein Acronym steht für „Conseil Europeénne pour la Recherche Nucleaire" (Hermann 2000: 226f.).

Vermutlich hätte Deutsch einen Teil seiner einstigen internationalen Stellung als Wissenschaftssprache auch ohne den Ersten Weltkrieg und dessen Folgen nach und nach eingebüßt. Jedoch haben die damaligen Einbrüche diese Tendenz beschleunigt. Sie sind auch deshalb für das Thema des vorliegenden Buches bedeutsam, weil Deutsch, wie zu Anfang dieses Kapitels erwähnt, vor allem in der Wissenschaft eine herausragende internationale Stellung hatte. Durch den ruinösen Krieg hat die Wissenschaft in den deutschsprachigen Ländern wesentliche Teile ihrer ökonomischen Basis verloren. Sogar die prominenteste Forschungsorganisation des deutschen Reichs, die Kaiser-Wilhelm-Gesellschaft, die Vorläuferin der Max-Planck-Gesellschaft, war in so großer Geldnot, dass japanische Sponsoren sich ihrer annahmen (Friese 1990: 811-827). Demgegenüber gingen vor allem die USA ökonomisch gestärkt aus dem Krieg hervor und konnten ihre wissenschaftlichen Institutionen nachhaltig ausbauen (vgl. Kap. G.9).

Vorbild für die Beschränkung der wissenschaftlichen Verbands- und Kongresssprachen auf Englisch und Französisch war der als Bestandteil des Versailler Vertrags neu gegründete Völkerbund, der sich ebenfalls auf diese beiden Amtssprachen Französisch und Englisch beschränkte (vgl. Kap. H.3). Jedenfalls wurde auf diese Beschränkung in den Ablehnungen von Deutsch als wieder gleichberechtigter dritter Wissenschaftssprache verschiedentlich hingewiesen (Reinbothe 2006: passim).

Allerdings hüteten sich die Beteiligten, den von ihnen organisierten Sprachboykott an die große Glocke zu hängen, wohl aus Sorge vor Kritik. Wegen der Ausheckung und Durchsetzung hinter den Kulissen blieb der Boykott sogar zeitgenössischen Forschern, die sich mit den internationalen Wissenschaftssprachen befassten, weitgehend verborgen. So haben z.B. die amerikanischen Forscher P. L. und E. M. Gross (1927) oder Herbert N. Shenton (1933) davon offenbar nichts gewusst.

Gross und Gross (1927) stellten in einer Zitatenanalyse für das Jahr 1926 noch keinen dramatischen Rückgang der Nutzung deutschsprachiger chemischer Fachzeitschriften durch US-Wissenschaftler fest, wohl aber, wie schon oben erwähnt, die verstärkte Nutzung einer in ihre Analyse einbezogenen – natürlich englischsprachigen – US-Zeitschrift (ausführlichere Darstellung in Kap. G.3). In Shenton's Untersuchungen zeigt sich dagegen schon deutlicher, dass Deutsch keine erstrangige Rolle mehr spielte. In einem größeren Überblick als Flynn, über den oben berichtet wurde, verweist Shenton auf die in den 1920er Jahren in den USA entstehenden wissenschaftlichen Abstract-Dienste für immer mehr Disziplinen und bewertet ihre Bedeutung für die Zukunft der Wissenschaftssprachen folgendermaßen: „Yet when all the work is done in these digests, information is only available to the scientists who know English." Die entsprechenden Dienste in deutscher Sprache sieht er schon damals – wie man vermuten muss, realistisch – als vergleichsweise kleinformatig: „A minor service of similar sort in the field of Economics is rendered by the Jahrbücher für Nationalökonomie und Statistik [...]" (in Shenton/ Sapir/ Jespersen 1931: 31). In einer weltweiten Untersuchung bestätigte Shenton dann zwar Ende der zwanziger Jahre Deutsch immer noch als drittwichtigste Sprache internationaler Konferenzen, aber als dem Französischen und Englischen nachgeordnet (Shenton 1933: 223, 229; vgl. auch Ammon 1991a: 242-245).

Im Grunde zog sich der Sprachboykott, mit seiner Kehrseite des Gegenboykotts, fort bis in die NS-Zeit, die noch ganz andere Abträglichkeiten für den internationalen Rang von Deutsch als Wissenschaftssprache mit sich brachte – deren detaillierte Erforschung noch immer aussteht. Offenbar war schon in den 1920er Jahren der Deutschgebrauch unter Wissenschaftlern sogar der kleineren Nachbarstaaten Deutschlands keine Selbstverständlichkeit mehr. So hat Werner Heisenberg während eines Forschungsaufenthalts in Kopenhagen bei Niels Bohr seinen Vortrag zunächst auf Dänisch vorbereitet, bis ihm Bohr kurz vor der Veranstaltung sagte, es sei „wohl selbstverständlich, dass wir Englisch sprechen." (Hermann 2000: 220; vgl. auch Kap. G.12: Anfang)

Die wissenschaftliche und wissenschaftssprachliche Selbstzerstörung Deutschlands – und auch Österreichs – durch den Nationalsozialismus lässt sich nur schwer im ganzen Umfang abschätzen. Da ist zum einen die massenhafte Vertreibung und Ermordung der eigenen, vor allem jüdischen Wissenschaftler. Schon bis 1936 wurden 1.617 deutsche, nicht nur jüdische Hochschullehrer ins Ausland verdrängt, von denen 1.160 in angelsächsische Länder gingen, 825 in die USA (Kröner 1983: 13; siehe auch Löffelholz/ Trendelenburg 2008). Manche von ihnen sprachen zwar weiter Deutsch, aber eher im privaten Bereich. In ihrer wissenschaftlichen Tätigkeit bemühten sie sich um den Gebrauch von Englisch, wenn es auch – wie das Beispiel Einsteins belegt, der weitgehend beim Deutschen blieb (Hermann 2000: 224; Neffe 2005: 410) – nicht immer leicht fiel. Typisch waren ansonsten zumindest ein deutlich deutscher Akzent, aber auch grammatische, lexikalische und pragmatische Transferenzen aus dem Deutschen. Vor allem für den schriftlichen Sprachgebrauch bevorzugten die emigrierten deutschsprachigen Wissenschaftler das Englische. Viele Opfer der nationalsozialistischen Politik wandten sich sogar bewusst von der deutschen Sprache ab, vor allem, wie Paul Weindling (1996: 218) festgestellt hat, Flüchtlinge aus Mittelosteuropa.

Ein besonders schwierig abzuschätzender Schaden durch den Nationalsozialismus ist der Ansehensverlust deutscher Wissenschaft, deren – auch international renommierte – Vertreter in großer Zahl bereitwillig mit dem Regime kooperierten (vgl. Weinreich [1946] 1999). Nicht zuletzt die Protagonisten der Perversion von Wissenschaft, der „Rassenlehre", mit ihren mörderischen Konsequenzen, die sich auf das Prestige deutscher Wissenschaft beriefen (ebd.: 35f.), trugen zum Ansehensverlust bei. Aber auch die Bewertung von wissenschaftlicher Leistung nicht nach dem inhaltlichen Niveau, sondern nach der – pseudowissenschaftlich ermittelten – Rassenzugehörigkeit der Verfasser, wie sie sich durch die Aberkennung von Doktorgraden jüdischer Promovierter zeigte. So wurden in der Zeit von 1933 bis 1945 allein an der Universität zu Köln 65 Personen ihre Doktorgrade aberkannt – und übrigens erst 2005 wieder zuerkannt (Szöllösi-Janze/ Freitäger 2005).

Hinzu kam die vom Regime erzwungene Isolierung der nicht-emigrierten Wissenschaftler, für die das Verbot, Nobelpreise anzunehmen, symptomatisch war (Beyerchen 1982: 217), das Hitler 1937, nach der Verleihung des Friedenspreises an Carl von Ossietzky verfügte. So mussten 1939 drei deutsche Wissenschaftler, die ihnen zuerkannten Nobelpreise mit einem rüden Schreiben ablehnen, das offenbar von Hitler selbst geprüft war, worauf hin bis Kriegsende kein Deutscher mehr geehrt wurde („Sie sollen sich dies hier abholen. Als Hitler den Chemie-Nobelpreis stahl [...]", *FAZ* 28.9.2004: 44). Aufgrund solch selbstzerstörender Politik geriet Deutschland sogar in kriegswichtigen Wissenschaften wie der Physik in Rückstand, was immerhin – den freilich ungewissen – Trost zulässt, die deutschen Wissenschaftler hätten Hitler die Atombombe verweigert. Eine vergleichsweise harmlos anmutende, aber für Deutsch als internationale Wissenschaftssprache nicht unbedeutende destruktive Folge des Nationalsozialismus ist das Ende weiterer deutscher Referatenorgane, z.B. – aus dem zu Anfang des Kap. thematisierten Fachgebiet – des *Zoologischen Berichts* (1922 – 1943/44).

Nach dem Zweiten Weltkrieg hatte Deutsch weitgehend die Grundlagen für seine Stellung als internationale Wissenschaftssprache eingebüßt, wenn dies auch noch Jahre, sogar Jahrzehnte lang nicht auffiel. Die internationale Stellung einer Sprache hat nämlich in der Regel wegen der damit verbundenen weit verzweigten Sprachkenntnisse ein beachtliches Beharrungsvermögen. Daher findet man noch in den folgenden Jahrzehnten geradezu schwärmerische Beschwörungen des Ranges von Deutsch als internationale Wissenschaftssprache (z.B. Ross 1972; dort weitere Beispiele). Jedoch tauchen auch realistischere Einschätzungen auf. Ein frühes Beispiel ist der Sprachenvergleich des US-amerikanischen Esperantisten Mario Pei. Er präsentiert alle lebenden Sprachen, die damals als Weltsprachen in Betracht kamen, als Akteure eines Spiels. Dabei werden die 9 ernsthaften Kandidaten (sowie Finnisch als aussichtsloser Bewerber) jeweils zunächst von einem Fürsprecher in ihren Vorzügen vorgestellt und danach von einem Gegner, der offenbar die Auffassung des Autors wiedergibt, auf ihre Mängel hingewiesen. Der Einwand gegen die deutsche Sprache lautet wie folgt: „You are, despite your extent, a highly localized language. What overseas possibilities you once had you have lost. [...] Your former scientific appeal is waning [...]. You are a tongue of the past, not of the future." (Pei 1958: 228f.) Der Hinweis auf Übersee bezieht sich auf den Verlust der deutschen Kolonien nach dem Ersten Weltkrieg, der zwar nicht direkt die Stellung von Deutsch als Wissenschaftssprache, aber seine allgemeine Stellung in der Welt nachhaltig geschwächt hat.

Allerdings erscheint angesichts anderer zeitgenössischer oder noch späterer Feststellungen jenes Urteil Pei's Ende der 1950er Jahre verfrüht. So berichtet z.B. Wilson O. Aiyepeku (1973: 53) von einer repräsentativen Untersuchung der Sprachenanteile an den weltweiten Publikationen einer – freilich nicht unbedingt gewichtigen – Nahrungswissenschaft und Technologie („food science and technology"), die noch Mitte der 1960er Jahre ergab, „that approximately 40% of the papers were in English, 20% in German, 14% in Russian, 6% in French, 4% in Italian and 2% in Spanish", und schließt daraus: „This shows quite convincingly that any researcher in this field must be familiar with at least English and German to cover about 60% of the literature." Ein Indiz für die nach dem Nationalsozialismus zunächst noch fortdauernde Hochschätzung von Deutsch als Wissenschaftssprache ist auch der Umstand, dass Deutschkurse mit dem Ziel zumindest von Lesefähigkeiten an US-Universitäten weiterhin obligatorischer Bestandteil von Ph.D.-Studien verschiedener Fachrichtungen blieben (vgl. auch F. X. Braun 1954).

Die von Pei aber schon früh wahrgenommenen Tendenzen traten erst später deutlich hervor. Im Verlauf der 1960er Jahre rückten sie in den USA ins öffentliche Bewusstsein, als die Fremdsprachenanforderungen für Studierende der Naturwissenschaften diskutiert wurden (vgl. dazu z.B. die Leserbriefe in der Zeitschrift *Science*: Ross/ Shilling 1966; Wren 1966; Hartman 1967; Di Pietro 1967; außerdem Andmussen 1967; Stern/ Rudowski 1968; de Santis/ Huber/ Pearce 1972). Die Begründung für eine repräsentative Befragung zu diesen Anforderungen um 1970 lautete: „It is not surprising that language requirements have come under mounting criticism as being of doubtful utility [...]" (Wiltsey 1972, Part 1: 7). Allerdings ergab eine Befragung dann, dass die Mehrheit der US-Hochschulen an Fremdsprachenanforderungen für den Ph.D. festhalten wollte, wobei diese Haltung bemerkenswerterweise zum Teil ausdrücklich mit der wissenschaftlichen Forschung in den deutschsprachigen Ländern begründet wurde. Ihre Verfechter stützten sich unter anderem auf drei deutsche Nobelpreisträger (Rudolf Mössbauer, Karl Ziegler, Feodor Lynen), nach deren Einschätzung „the majority of important German scientific works are neither translated into English in their entirety nor in the form of comprehensive digests." (Stern/ Rudowski 1968: 432)

Jedoch war das Abbröckeln der Fremdsprachenanforderungen, gerade auch von Deutschkenntnissen, für US-Wissenschaftler seit den 1960er Jahren nicht aufzuhalten. Es zeigt sich am fortschreitenden Abbau der „foreign language requirements" an den US-Hochschulen – der übrigens keineswegs nur ein Indiz, sondern zugleich ein gewichtiger ursächlicher Faktor des weiteren Stellungsverlusts von Deutsch war und ist. Da immer weniger US-Wissenschaftler Deutsch lernten, konnten deutsche und des Deutschen kundige Wissenschaftler mit dem dominanten Zentrum der wissenschaftlichen Welt (vgl. Kap.anfang) nicht mehr auf Deutsch kommunizieren, auch nicht mittels deutschsprachiger Publikationen, und mussten deutsche Wissenschaftsverlage aufs Englische umstellen, wenn sie auf dem großen angelsächsischen Markt bestehen wollten.

Spätestens in den 1980er Jahre kommt es zu tiefen Einbrüchen in die Tradition des Deutschlernens für wissenschaftliche Zwecke. Um diese Zeit endet auch weitgehend die Herstellung und Verlegung von Lehrbüchern für Wissenschaftsdeutsch in der angelsächsischen Welt. Das letzte von ihnen, das im Mai 1997 in *WORLDCAT*, der weltweit größten Online-Bibliothek mit Zugriff auf damals schon über 36 Mio. Bände, ausgewiesen wurde, war *Readings in Scientific German* (1983). Ähnlich, wenngleich teilweise später, haben sich auch die Hochschulen und Wissenschaftler anderer Staaten mehr und mehr von Deutsch als Kommunikationsmittel verabschiedet oder pflegen es heute hauptsächlich noch aus Gründen der Tradition (vgl. z.B. für Japan und Korea die Beiträge in Ammon 1994c; Ammon/ Chong 2003). Ausnahmen oder fortdauernde „Nischen" für Deutsch als internationale Wissenschaftssprache kommen in den folgenden Kapiteln G.6 und G.7 zur Sprache.

2. Fächerunterschiede, Typen wissenschaftlicher Kommunikation und Datenlage

Die Umstellung von Deutsch auf Englisch als internationale Wissenschaftssprache ist nicht in allen Fächern (oder Disziplinen) zur gleichen Zeit und gleich konsequent geschehen. Gewisse Unterschiede, die teilweise in Kapitel G.1 angeklungen sind, treten schon in dem von Hartwig Kalverkämper und Harald Weinrich (1986) herausgegebenen Band *Deutsch als Wissenschaftssprache* zutage. Deutlicher wurden sie dann von Sabine Skudlik (1990: z.B. 215f.) formuliert (auch Ammon 1991a: 230f.) und ausführlicher – an Skudlik und an Ammon (1991a) anknüpfend – von mir selbst (Ammon 1998: 38f. und passim) sowie im

Sammelband von Debus/ Kollmann/ Pörksen (2000). Seitdem wird in Publikationen zu Deutsch und Englisch als internationale Wissenschaftssprachen immer wieder auf diese Unterschiede hingewiesen.

Die Differenzierungsversuche der Fächer im Hinblick auf die Stellung von Deutsch und Englisch sind zunächst der traditionellen Einteilung in die drei Fächergruppen Natur-, Sozial- und Geisteswissenschaften gefolgt, wobei die heute meist davon abgesetzten Strukturwissenschaften (Mathematik, Logik und darauf bezogene philosophische Richtungen) den Naturwissenschaften zugeordnet wurden. Darüber hinaus hat Skudlik die Unterschiede zwischen theoretischen und angewandten Wissenschaften, vor allem in den Naturwissenschaften, aber auch die Möglichkeit der „Nischenfächer" von Deutsch als Wissenschaftssprache betont – wobei letzterer Terminus vermutlich von Harald Weinrich stammt (Deutscher Bundestag, Referat Öffentlichkeitsarbeit 1986: 196). Jedoch ist bis heute die genaue Zuordnung mancher Fächer zu diesen Fächergruppen nicht geklärt. Vermutlich wäre sie auch – schon aufgrund der fortschreitenden Interdisziplinarität – nicht immer einvernehmlich lösbar. Dennoch habe ich mich bei der weiteren Kapiteleinteilung im Großen und Ganzen an der genannten Fächereinteilung orientiert, ungeachtet verbleibender Überlappungen und unscharfer Abgrenzungen:

(1) Naturwissenschaftliche Grundlagenwissenschaften, auch theoretische (oder „reine") Naturwissenschaften, und Strukturwissenschaften – im Weiteren oft einfach „Naturwissenschaften" (Kap. G.3);
(2) Angewandte Wissenschaften (Kap. G.4), wobei vor allem angewandte Naturwissenschaften und Technologien im Gegensatz zu den naturwissenschaftlichen Grundlagenwissenschaften gemeint sind;
(3) Sozialwissenschaften (Kap. G.5);
(4) Geisteswissenschaften ohne die Nischenfächer (Kap. G.6);
(5) (Geisteswissenschaftliche) Nischenfächer, wobei die Klammer Redundanz andeuten soll, also dass es nur unter den Geisteswissenschaften solche Nischenfächer gibt (G.7).

Motiviert ist diese Fächereinteilung durch Hypothesen zu Unterschieden in der Stellung von Deutsch und Englisch, die partiell empirisch gestützt, aber weiter reichlich überprüfungsbedürftig sind. Dies gilt auch für die Begründungen der Hypothesen. Dabei handelt es sich vor allem um – teilweise sicher übergeneralisierte – Erklärungsversuche vermuteter Unterschiede in der Neigung zu Deutsch und Englisch, wobei für die genannten Faktoren bei verschiedenen Fächern, auch innerhalb derselben Fächergruppe, unterschiedliches Gewicht anzunehmen ist. Unter diesen Vorbehalten stehen die folgenden Annahmen für die genannten Fächergruppen.

a) Global gegenüber national relevanter Thematik
Bei den naturwissenschaftlichen Grundlagenwissenschaften beziehen sich Fragestellungen und Gegenstände eher auf universelle Gesetzmäßigkeiten, wogegen die angewandten Natur- sowie die Sozial- und Geisteswissenschaften die nationalen Besonderheiten stärker berücksichtigen. Da grundlegende naturwissenschaftliche Erkenntnisse meist von globalem Interesse sind, werden sie auch eher weltweit kommuniziert. Dafür eignet sich die englische Sprache aufgrund ihrer Weltstellung am besten. Dagegen sind anwendungs-, sozial- und erst recht geisteswissenschaftliche Fragen öfter auf die eigene Sprachgemeinschaft oder Nation fokussiert und richten sich dann auch eher an diesen begrenzten Kreis von Adressaten und Interessenten. Daher ist für sie sowohl gegenstands- als auch adressatenbedingt die eigene Sprache (staatliche Amtssprache oder Muttersprache) oft angemessener.

b) Hoher gegenüber geringerem Grad fachlicher Spezialisierung und Kooperation in Gruppen
In den Naturwissenschaften ist die fachliche Spezialisierung weiter fortgeschritten als in den Sozial- und Geisteswissenschaften. So werden in den Sozial- und vor allem den Geisteswissenschaften öfter Professuren ausgeschrieben, die ein großes Fach „in seiner ganzen Breite" vertreten sollen. Bei größerer fachlicher Spezialisierung, wie sie bei den Naturwissenschaften eher vorliegt, finden sich innerhalb einzelner Sprachgemeinschaften öfter nur wenige Vertreter desselben Fachgebiets, so dass Partner für den Ideenaustausch außerhalb, womöglich weltweit gesucht werden müssen.

Diese Annahme wird gestützt durch Beobachtungen, dass sich in neuerer Zeit vor allem in den Natur-, aber auch den Sozialwissenschaften, *unsichtbare Kollegien* („invisible colleges") gebildet haben (de Solla Price 1974: 74-102). Dies sind Gruppen von Wissenschaftlern desselben engen Spezialgebiets, die oft international zusammen gesetzt sind und eng kooperieren (meist nicht mehr als ca. 100 Mitglieder). Solche Kooperation verspricht speziell in den Naturwissenschaften schnelleren Erkenntnisfortschritt als die Einzelforschung. Bei Geisteswissenschaftlern ist sie jedoch weniger beliebt. Hier ist die individuelle Forschung nach wie vor typischer. In den Naturwissenschaften („science") ist die Auffassung verbreitet und vermutlich gerechtfertigt, dass in solcher Gruppenkooperation „knowledge can grow more rapidly than any individual can move by himself. The humanities, by resting with the capability of the individual, eschew this growth rate and certainty. " (de Solla Price 1970: 6) Aufgrund dieser unterschiedlichen Sozialstruktur der Forschung ist der Gebrauch von Englisch, wegen seiner weltweiteren Verbreitung, in den Naturwissenschaften dringlicher als in den Geisteswissenschaften.

c) Schwierige gegenüber leichter Zugänglichkeit für Laien
Die Verstehenskluft zwischen Fachleuten und Laien ist in den Naturwissenschaften größer als in den angewandten, den Sozial- und den Geisteswissenschaften. Nach der Verständlichkeit für Laien befinden sich die theoretischen Naturwissenschaften einschließlich der Mathematik am striktesten im sprichwörtlichen Elfenbeinturm. Dagegen impliziert die Kritik z.B. am „Soziologen-Chinesisch" im Grunde eigentlich die Erwartung, dass die Soziologie – wie auch die übrigen Sozial- und Geisteswissenschaften – allgemein verständlich sein sollten. Daran denkt bei den theoretischen Naturwissenschaften von vornherein niemand, weshalb es auch keine entsprechende Polemik gegen das „Physiker-" oder „Chemiker-Chinesisch" gibt. Die Fachsprachen der theoretischen Naturwissenschaften sind mit ihren Formeln einschließlich der höheren Mathematik sowieso nur für Experten zugänglich. Die Umstellung auf eine Fremdsprache bedeutet daher keine nennenswerte Erschwerung des Verständnisses für Laien oder für die Kommunikation mit der umgebenden Gesellschaft. Allenfalls schließt sie den Elfenbeinturm zusätzlich symbolisch ab, an den man sich aber schon gewöhnt hat. Dagegen kann in den angewandten Wissenschaften eine Fremdsprache ein beträchtlicher kommunikativer Störfaktor sein. Dies ist zumindest der Fall, solange die Anwender die Fremdsprache unzureichend beherrschen – was im Falle des Englischen im deutschen Sprachraum vermutlich auch unter Akademikern noch verbreitet ist (Haße 2002: 4 – unter Bezug auf *16. Sozialerhebung Deutsches Studentenwerk 2000*: Frage 71; auch Ammon 1991a: 269-277; Kap. G.10).

d) Leichte gegenüber schwieriger Übersetzbarkeit in eine Fremdsprache
Bei den Naturwissenschaften erleichtert die Struktur ihrer Fachsprache die Umstellung auf eine Fremdsprache, also Englisch. Neben den Formeln spielen graphische und sonstige bildhafte Darstellungen eine große Rolle, wodurch den verbalen Textteilen geringeres Gewicht zukommt. Die Symbolsprachen sind weitgehend universal, nicht nur die der Mathematik, sondern auch die der Sachfächer, z.B. der Chemie, wie schon einschlägige Titel signalisieren (z.B. Warrs (1988) *Chemical Structures: the International Language of Chemistry*). Demgegenüber spielen in den Sozial- und Geisteswissenschaften formale Sprachen zwar eine gewisse, aber geringere Rolle, z.B. in der Linguistik, und sind die typischen Geisteswissenschaften der Formalisierung sogar gänzlich abhold. Außerdem basiert in den Naturwissenschaften die Terminologie konsequenter auf griechischen oder lateinischen Wurzeln und ist aufgrund dieser „Internationalismen" zwischen verschiedenen Sprachen fast austauschbar. Auch die Textstruktur folgt in den Naturwissenschaften eher bestimmten Schemata von

Theorie, Hypothesen, Prüfung und Diskussion der Ergebnisse und ist somit international einheitlicher. Aus diesen Gründen ist in den Naturwissenschaften die Umstellung von der Muttersprache auf eine Fremdsprache leichter. Vor allem machen die Sozialwissenschaften und mehr noch die Geisteswissenschaften von der Gemeinsprache umfassenden Gebrauch und nutzen deren reiche stilistische Variation (Oksaar/ Skudlik/ von Stackelberg 1988). In manchen Geisteswissenschaften werden an die wissenschaftlichen Texte geradezu ästhetische Maßstäbe angelegt (vgl. Kap. G.6: Anfang). Solche Textnormen erschweren die Umstellung auf eine Fremdsprache außerordentlich, da sie ein gehobenes, im Grunde muttersprachliches Kenntnisniveau erfordern (C2 des *Gemeinsamen Europäischen Referenzrahmens*; Quetz 2002). Hinzu kommt, dass in den Sozial- und vor allem den Geisteswissenschaften die Termini wegen ihrer Verzahnung mit der Gemeinsprache nicht nur im Ausdruck zwischen verschiedenen Sprachen stark divergieren, sondern auch semantisch von Sprache zu Sprache weniger kongruieren als in den Naturwissenschaften, wo Internationalismen überwiegen. Damit wird die Sprachumstellung oder das Übersetzen zur diffizilen Interpretation, bei der ganze Wortfelder aufeinander abzustimmen sind. Geisteswissenschaftler müssen daher eine Fremdsprache, in der sie qualifiziert kommunizieren wollen, gründlicher beherrschen als Naturwissenschaftler. Schon deshalb beharren sie lieber bei der eigenen Sprache (Muttersprache oder staatliche Amtssprache) und lehnen die Umstellung auf eine Fremdsprache ab.

e) Nicht-Übereinstimmung von Wissenschaftssprache (Metasprache) und Objektsprache

Dieser Faktor wird gerne ins Spiel gebracht in Anbetracht der besonders starken, auch internationalen Stellung der deutschen Sprache im Fach Germanistik, die „in der Natur der Gegenstände" liege (z.B. Wissenschaftsrat 2006: 16; Kap. G.7). Gemeint ist wohl, dass Deutsch dadurch, dass es zugleich Objektsprache (Sprache des Untersuchungsgegenstandes) ist, auch die Stellung von Deutsch als Wissenschaftssprache (Metasprache) festige, wogegen der Mangel an solcher Übereinstimmung in den anderen Fächern (deren Gegenstand sowieso meist nicht sprachlicher Natur ist) die Umstellung auf die Wissenschaftssprache Englisch erleichtere. In der Tat erscheint eine gewisse Wirkung dieses Faktors plausibel. Sein Gewicht bedarf allerdings der – sicher nicht ganz einfachen – Überprüfung und sollte nicht vorschnell überschätzt werden. Sonst ließe sich kaum erklären, warum Deutsch in Fächern wie der Finno-Ugristik oder Teilen der Slawistik eine bisweilen prominentere internationale Stellung hatte als die eigenen Sprachen oder warum in der Germanistik außer Deutsch auch andere Sprachen, also Fremdsprachen, als Wissenschaftssprachen dienen (vgl. Kap. G.7). Der Faktor e) ‚Metasprache = Objektsprache' ist bei der Germanistik nur auffälliger aber nicht unbedingt gewichtiger, als es die Faktoren a) bis d) sind, die mit der Geisteswissenschaftlichkeit des Fachs zusammenhängen.

Aufgrund dieser Unterschiede zwischen den Fächergruppen lassen diese sich nach dem zu vermutenden Anteil von Englisch und Deutsch an der (vom deutschen Sprachgebiet ausgehenden) wissenschaftlichen Kommunikation in eine – zumindest partielle – Rangordnung bringen. Dabei besteht die Tendenz, dass der Anteil von Deutsch (im Durchschnitt der in den Fächergruppen enthaltenen Fächer) von (1) nach (5) hin zunimmt und der von Englisch abnimmt. Diese – wegen unzureichender empirischer Überprüfung noch immer in erheblichem Maße hypothetische – Rangordnung findet sich auch bei anderen Sprachen als Deutsch im Verhältnis zu Englisch, z.B. bei Französisch, Italienisch oder Niederländisch. In Kurzform lässt sich somit der Anteil von Deutsch an der wissenschaftlichen Kommunikation in den fünf Fächergruppen, entsprechend ihrer Nummerierung zu Anfang dieses Kap., wie folgt schematisch darstellen. Wenn wir mit „x>y" einen höheren Anteil von Deutsch oder einer ähnlich aufgestellten anderen Sprache in Fächergruppe x als in Fächergruppe y bezeichnen, dann gilt: (5)>(4)>(3)≈(2)>(1). Für (3) und (2), also Sozialwissenschaften und angewandte Wissenschaften, ist ein Rangunterschied fraglich.

Außer den schon zuvor ausgesprochenen Warnungen vor der ungenauen Abgrenzung zwischen den Fächergruppen (1) bis (5) und der pauschalen Formulierung der Faktoren a) bis e) ist noch die Einschränkung wichtig, dass englischsprachige und deutschsprachige Kommunikation deutscher Wissenschaftler nicht unbesehen gleichgesetzt werden dürfen mit internationaler bzw. intranationaler Kommunikation (entsprechend Kap. A.3). Denn natürlich kann z.B. englischsprachige Kommunikation auch unter Muttersprachlern des Deutschen stattfinden. Wolfgang Klein (2000: 289) hat den Eindruck, dass seine englischsprachigen Publikationen „selbst in Deutschland" „stärker rezipiert" werden als die deutschsprachigen. Außerdem können Nicht-Muttersprachler des Deutschen auch auf Deutsch (als Fremdsprache) kommunizieren, z.B. ein an einer deutschen Universität forschender oder lehrender nicht-deutschsprachiger Immigrant mit einer nicht-deutschsprachigen Kollegin im Ausland. Allerdings wird man annehmen dürfen, dass englischsprachige Kommunikation deutscher Wissenschaftler häufiger international ist als deutschsprachige, und umgekehrt deutschsprachige häufiger intranational als englischsprachige.

Über die Präferenz der Fächer für Deutsch oder Englisch und den Internationalitätsgrad der Kommunikation lässt sich einigermaßen genau nur sprechen in Bezug auf bestimmte Kommunikationssituationen. So kann eine WissenschaftlerIn z.B. einerseits häufig englischsprachige Texte lesen, aber nie englischsprachige Vorträge halten. Daher müssen wir uns zunächst die für Wissenschaftler wichtigsten Kommunikationssituationen vergegenwärtigen, wobei diese teilweise nach Beruf und Fachrichtung divergieren. In den anschließenden Kap. kommen vor allem die folgenden typischen Kommunikationssituationen von Hochschullehrern zur Sprache:

- Lektüre von Fachliteratur,
- Nutzung bibliometrischer Hilfsmittel wie bibliographische Datenbanken und Zitatenindexe,
- schriftliches Publizieren,
- mündliche Konferenzvorträge,
- informelle Fachgespräche in der Forschung, speziell Laborgespräche und
- akademische Lehre.

Andere Kommunikationssituationen werden allenfalls am Rande berührt, wie z.B. fachbezogene oder soziale E-Mail-Kommunikation, akademische Prüfungen, Sprechstunden mit Studierenden oder Kommunikation im Rahmen der akademischen Selbstverwaltung und mit der Hochschulverwaltung, weil mir dazu entweder keine aussagekräftigen Daten vorlagen oder ich keine oder keine andersartigen Unterschiede als sonst zwischen den Fächern erwartet habe.

Die oben genannten Kommunikationssituationen sind wichtig für Hochschullehrer aller Fächer, ausgenommen das Laborgespräch, das weitgehend auf die Naturwissenschaften beschränkt ist. Bei einem weit gefassten Verständnis dieser Kommunikationssituationen lassen sie sich teilweise auch beziehen auf die wissenschaftliche Kommunikation in Unternehmen im Sinne des Begriffs ‚Research and Development (R&D)'. Allerdings fehlt in den Unternehmen einerseits weitgehend die Lehre oder hat eine andere Form und stechen andererseits die Patente oder deren Erstellung und Anmeldung als wichtige Textsorte mit diversen Kommunikationsformen und spezifischen Bedingungen der Sprachwahl hervor.

Generell betrachte ich die Kommunikationssituationen nicht umfassend, sondern nur selektiv, hinsichtlich Sprachwahl und sie bedingender Faktoren. Dabei stellen sich schwierige Fragen sowohl bezüglich geeigneter Datenquellen als auch bezüglich der Aussagekraft verfügbarer oder erlangbarer Daten. Diese Daten erfüllen fast nie wirklich die gängigen Gütekriterien empirischer Forschung wie Gültigkeit (Validität) oder Zuverlässigkeit (Reliabilität). Sofern ihre Validität gegeben erscheint, mangelt es meist an Reliabilität, vor allem an Repräsentativität für eine wohl definierte Grundgesamtheit. Ein Beispiel sind die Sprachenanteile von Publikationen, vor allem natürlich der deutschen Sprache, die in weltweit ausgerichteten bibliographischen Datenbanken erfasst sind, wie sie für eine Reihe von Fächern vorliegen. Sie dienen als Indikator, von dem ich auf die tatsächlichen Sprachenanteile in den weltweiten Publikationen schließe, in der Annahme, dass beide wenigsten ungefähr übereinstimmen. Dabei ist klar, dass a) diese Datenbanken heute ganz überwiegend in angelsächsischen oder dem Englischen als Wissenschaftssprache zugewandten Ländern (z.B. USA bzw. Niederlande) hergestellt werden und deshalb vermutlich zugunsten englischsprachiger Titel verzerrt sind und b) dass so gut wie keine Datenbank auch nur annähernd alle tatsächlichen weltweiten Publikationen eines Faches erfasst. Darüber hinaus aber geht es im vorliegenden Buch letztlich nicht nur um die Sprachenanteile an den weltweiten Publikationen, sondern um den Umfang der internationalen Kommunikation, die mittels dieser Publikationen in den verschiedenen Sprachen stattfindet (vgl. Kap A.3). Zwar erscheint es plausibel, dass a) und b) sich bezüglich des Ausmaßes der Verzerrung nicht addieren, sondern eher a) die Verzerrung durch b) reduziert, aufgrund der Übergewichtung weiter verbreiteter und englischsprachiger Titel. Doch basiert diese Hypothese im vorliegenden Buch nur auf Plausibilität und nicht, wie es eigentlich sein sollte, auf empirischer Überprüfung. Dennoch schließe ich von den Anteilen der in den Datenbanken aufgenommenen deutschsprachigen Publikationen auf den Umfang internationaler Kommunikation in deutscher Sprache. Im Grunde setze ich beide Anteile gleich, ohne dass ich – in Ermangelung von Größen wie der Standardabweichung – einen Vertrauensbereich angeben kann. Offenkundig bleibt viel Raum für die Überprüfung der Validität und Reliabilität solcher Indikatoren, also ein umfangreiches Forschungsdesiderat.

In hohem Maße gültig als Indikator zumindest der rezeptiven Sprachwahl, beim Lesen wissenschaftlicher Publikationen, erscheint dagegen die Zitierhäufigkeit. Jedoch ist die Nutzung der bekannten Zitatenindexe (*Science Citation Index*, *Social Sciences Citation Index*, *Arts & Humanities Citation Index*) wiederum fragwürdig, da sie sehr wahrscheinlich zugunsten der englischen Sprache verzerrt sind, wie die Sprachenpolitik ihres Begründers, Eugene Garfield, vermuten lässt (Garfield 1977b; Ammon 1998: 34) und wie teilweise auch nachgewiesen wurde (Sandelin/ Sarafoglou 2004). Diese Verzerrung habe ich zu vermeiden versucht durch eigene Untersuchungen (mit maßgeblicher Unterstützung durch Stefan Michels), die sich allerdings nur auf die Jahre 1920 bis 1990 erstrecken, also die neueste Entwicklung nicht mehr berücksichtigen.

Die direkte, zuverlässige Feststellung internationaler Kommunikation ist aufwändig. Repräsentative Daten sind Mangelware. Vor allem für die Sprachwahl in Labors bei internationaler Zusammensetzung des Personals, die für die Naturwissenschaften so wichtig sind, scheinen nur informelle Berichte zur Verfügung zu stehen. Ähnlich unrepräsentativ sind – zumindest für die neuere Zeit – Informationen zur Sprachwahl auf internationalen Kongressen. Repräsentativere Informationen liegen vor über die Amtssprachen internationaler Wissenschaftsverbände, die so gut wie immer auch als Kongresssprachen zugelassen sind; jedoch besagen sie wenig über die tatsächliche Sprachwahl auf den Kongressen. Vielleicht aber darf man informellen oder auch nur anekdotischen Informationen dennoch eine gewisse Beweiskraft zubilligen, wenn sie unabhängig von einander sind und in eine einheitliche Richtung weisen. Jedenfalls sehe ich mich im Folgenden des Öfteren auf diese Notlösung angewiesen.

3. Theoretische Naturwissenschaften und Strukturwissenschaften

Zu der Fächergruppe der „theoretischen" oder auch „reinen" Naturwissenschaften (auch „naturwissenschaftliche Grundlagenwissenschaften") zähle ich – in Anknüpfung an frühere Untersuchungen mit ähnlicher Zielsetzung – vor allem die Biologie, Chemie, Physik und (Human)Medizin (ohne die klinische Medizin). Nicht selten wird außerdem die Geologie als eine zentrale Naturwissenschaft genannt, hat jedoch in den bisherigen Untersuchungen zum vorliegenden Thema bislang kaum Beachtung gefunden und bleibt auch hier weitgehend unberücksichtigt. Zusammen mit den theoretischen Naturwissenschaften erörtere ich auch die Strukturwissenschaften, und zwar vor allem deshalb, weil ihr zentrales Fach, die Mathematik, in der bisherigen Forschung häufig mit ihnen zusammen analysiert wurde. Die Zusammenfassung erscheint bis zu einem gewissen Grad durch die Ähnlichkeit der Kommunikationsbedingungen – jedenfalls bezüglich internationaler Kommunikation und Sprachwahl – gerechtfertigt. Die genannten Großfächer lassen sich in zahlreiche Teilfächer weiter unterteilen, z.B. die Mathematik in die 62 „Klassen" der „Mathematical Subject Classification", die von der *American Mathematical Society* zusammen mit dem *Zentralblatt MATH* erstellt wurde und von Zeit zu Zeit modifiziert wird (www.ams.org/msc → „Select a Mathematics subject classification" – abgerufen 02.05.2011).

Von den verschiedenen wissenschaftlichen Kommunikationssituationen (Kap. G.2, gegen Ende) lassen sich repräsentative Daten am ehesten zum schriftlichen Publizieren ermitteln. Die besondere Berücksichtigung solcher Daten wird zudem der Tatsache gerecht, dass die Internationalität von Deutsch als Wissenschaftssprache seit je in erster Linie auf schriftlichen Publikationen beruht, weshalb sich auch das Deutschlernen ausländischer Wissenschaftler auf die Lesefähigkeit konzentriert hat (siehe Kap. G.1). Die elementarsten einschlägigen Daten sind die Anteile deutschsprachiger Publikationen an der weltweiten Gesamtmenge der naturwissenschaftlichen Publikationen, auch im Vergleich zu anderen Sprachen. Es erscheint einigermaßen plausibel, dass der Umfang internationaler Kommunikation durch diese Texte (ihre Lektüre und sonstige Verwendung durch Nicht-Deutschsprachige; vgl. Kap. A.3) ungefähr proportional ist zu ihrem weltweiten Anteil und sich dieser folglich eignet als – wenngleich grober – Indikator für die internationale Stellung der Sprache (in der betreffenden Wissenschaft). Allerdings ist damit zu rechnen, dass ein Teil der Publikationen, dessen Größenordnung nicht bekannt ist, nur zur sprachgemeinschaftsinternen, also nicht zur internationalen Kommunikation dient. Außerdem basiert die Begründung dieses Indikators auf Plausibilitätsüberlegungen, die der Überprüfung durch gesonderte Untersuchungen bedürften, was jedoch wegen des Aufwandes im vorliegenden Rahmen nicht möglich war. Dies ist eine der vielen Forschungslücken, auf die ich hier – wie in vielen anderen Fällen – nur hinweisen kann. Allerdings liefern andere Daten dieses Kap., z.B. zur Zitierhäufigkeit von Texten in Deutsch und anderen Sprachen (Zitatenanalysen), direktere Indizien.

Die repräsentativsten Daten zur Publikationshäufigkeit, die zudem leicht zugänglich sind, lassen sich periodischen Bibliographien oder bibliographischen Datenbanken mit globalem Anspruch entnehmen. Einwandfreie Repräsentativität ist allerdings auch bei ihnen nicht gewährleistet; vielmehr besteht der begründete Verdacht der Verzerrung zugunsten des jeweils eigenen Standorts, also der Übergewichtung der eigenen oder nahe stehender Sprachen und Kulturen. Da die neueren bibliographischen Datenbanken ganz überwiegend in angelsächsischen oder dem Englischen als Wissenschaftssprache zugewandten Staaten erstellt werden (z.B. USA bzw. Niederlande), sind sie der Verzerrung zugunsten englischsprachiger Titel verdächtig. Dagegen hatten frühere große Bibliographien häufiger ihren Standort auch in anderen Sprachgebieten.

Die zunehmende Ballung in anglophonen oder anglophilen Staaten ist selbst ein – wenngleich sehr indirekter – Indikator für die Vorrangstellung von Englisch als internationale Wissenschaftssprache bzw. für den Stellungsverlust von Deutsch und anderen Sprachen. In der Tat wurden die einst zum Teil führenden oder gleichrangigen deutschen periodischen Bibliographien größtenteils entweder durch angelsächsische ersetzt oder von ihnen absorbiert (vgl. zum Aufstieg von *Biological Abstracts* Kap. G.1). So ging das *Chemische Zentralblatt* (das seit 1830 bestanden hatte) im Jahr 1969 auf in *Chemical Abstracts*, und wurden die *Physikalischen Berichte* (die seit 1845 erschienen waren) – nach Umbenennung in *Physics Briefs* 1979 und einer Zeit des Dahinkümmerns – im Jahr 1995 von *Physics Abstracts* übernommen (Näheres in Ammon 1998: 141).

Für die Verzerrung zugunsten des eigenen Standortes und der eigenen Sprache – vermutlich übrigens bei jedem derartigen Unternehmen, nicht nur bei den angelsächsischen – gibt es diverse Anhaltspunkte. Für die Zeitspanne 1890 bis 1980 habe ich die Sprachenanteile der größten naturwissenschaftlichen periodischen Bibliographien aus Deutschland, Frankreich, Russland und den USA verglichen mit den Sprachenanteilen nur der US-Datenbanken, und zwar aufgrund der Daten Tsunoda's (1983). Dabei blieb der Anteil des Englischen im Durchschnitt aller Datenbanken (aller 4 Staaten) zurück hinter dem der US-Datenbanken, im letzten Auswertungsjahr, 1980, fast 10%, (64,1% gegenüber 73,6%).

Allerdings sollte man die nationale oder sprachgemeinschaftsspezifische Verzerrung auch nicht überschätzen, denn der Mittelwert aller Datenbanken zeigte ebenso einen kontinuierlichen Anstieg englischsprachiger Publikationen und Schwund sämtlicher anderen Sprachen wie die US-Datenbanken für sich genommen (Ammon 1991a: 219-222, 253f.). Wenn man den Nicht-US-Datenbanken eine ungefähr gleich große *Unter*schätzung des Englischanteils unterstellt wie die *Über*schätzung bei den US-Datenbanken, dann darf man die Verzerrung bei den US-Datenbanken auf weniger als 3% taxieren (denn der übergreifende Mittelwert enthält 3 Nicht-US-Datenbanken und die US-Datenbank). Dies entspräche für das Jahr 1980 einem berichtigten Anteil englischsprachiger Publikationen von immer noch über 70%.

Bei aller Skepsis sollte man also das Kind nicht mit dem Bade ausschütten. Vielmehr scheint die Annahme berechtigt, dass auch die einseitig auf die angelsächsische Welt verteilten Datenbanken – zur Wahrung von Ansehen und Geschäftsinteressen – auf einigermaßen ausgewogene Repräsentativität bedacht sind, in neuerer Zeit wegen wachsamerer Kritik sogar mehr als früher. Dennoch haben diese Kritik und einzelne Kontrolluntersuchungen gewisse Verzerrungen zugunsten von Englisch nachgewiesen, z.B. für die medizinische Datenbank *Medline* (Guardiolo/ Banos 1993; dazu auch Navarro 1996a: 1564). Andererseits erbrachte aber eine von mir selbst durchgeführte, wenngleich auf wenige Jahrgänge beschränkte Vergleichsuntersuchung einen gegenteiligen Befund. Beim Vergleich der beiden größten bibliographischen Datenbanken der Mathematik: den in den USA erstellten *Mathematical Reviews*, mit dem in Deutschland erarbeiteten *Zentralblatt für Mathematik* erwies sich der Anteil englischsprachiger Publikationen in der deutschen Datenbank sogar als höher. Er übertraf den englischsprachigen Anteil in der US-Datenbank in allen 4 verglichenen Jahrgängen 1980 – 1983, und zwar um 3,9% bis 11% (Ammon 1998: 144, 150). Offenbar sind also nicht immer die angelsächsischen Datenbanken am stärksten zugunsten von Englisch verzerrt. Vollends wäre es abwegig, wegen des Verzerrungsverdachts die „Dominanz" von Englisch als internationale Wissenschaftssprache zu einer bloßen Fata Morgana bibliographischer Datenbanken zu erklären.

Den ausgewogensten Befund zu den Sprachenanteilen an den weltweiten Publikationen erhält man vermutlich aufgrund von Datenbanken mit globalem

Anspruch aus Staaten möglichst vieler verschiedener Sprachen. Eine gewisse Breite hinsichtlich Staaten und Sprachgemeinschaften existiert allerdings – wie schon angedeutet – nur für frühere Zeiten. Dies gilt für einen Großteil der Zeitspanne 1890 – 1980, für die ich mich auf die schon erwähnten Daten von Tsunoda (1983) gestützt habe. Dabei wurden die Werte zweimal gemittelt (jeweils ungewogenes arithmetisches Mittel): zunächst über alle Fächer innerhalb jedes Staates (oder jeder Sprachgemeinschaft) und dann über alle Staaten (Ammon 1991a: 219-222, 254). Für die nachfolgende Zeitspanne, 1980 – 2005, habe ich mich notgedrungen ganz auf Datenbanken angelsächsischer oder englischgeneigter Staaten (USA bzw. Niederlande) gestützt. Nur in der Mathematik hätte mit dem in Deutschland erstellten *Zentralblatt der Mathematik* eine ungefähr gleichrangige Quelle zur Verfügung gestanden, deren Einbeziehung aber mangels computerisierter Analysemöglichkeit von Sprachenanteilen zu aufwändig war. Jedoch wurde dadurch die Verzerrung in Richtung Englisch vermutlich sogar verkleinert, da – wie oben berichtet – englischsprachige Titel im *Zentralblatt* offenbar überrepräsentiert sind. Für die neuesten Jahrgänge konnte die Mathematik überhaupt nicht mehr berücksichtigt werden, da auch *Mathematical Reviews* keine Auszählung nach Sprachenanteilen mehr ermöglichen – als hielten sie dies angesichts der Hegemonie von Englisch für überflüssig.

Einbezogen wurde jeweils die weltweit repräsentativste Datenbank des Faches. Daneben existieren meist weitere, teils auch fächerübergreifende Datenbanken. Entsprechende Hinweise findet man leicht in Beständen großer Bibliotheken, so – um ein beliebiges Beispiel zu nennen – der University of California, Santa Barbara, die unter der Überschrift „Chemistry 184/283: Chemical Literature" 24 bibliographische Datenbanken listet, die zumindest teilweise in die Chemie hineinreichen – wobei die für die folgende Analyse benutzten *Chemical Abstracts* gesondert unter „Indexes und Abstracts" als umfassendste Titelsammlung des Fachs beschrieben werden (www.library.ucsb.edu/classes/chem184/184index.html – abgerufen 03.05.2011). Bei der Auswertung neuerer Jahrgänge aller einbezogenen Datenbanken, ab 1996, wurde ich unterstützt von Abdulkadir Topal und Vanessa Gawrisch und bei der Erstellung der Diagramme von Bettina Thode und Wenting Sheng. Die Anteile anderer Sprachen lagen durchgehend unter 1%.

Wie Abb. G.3-1 zeigt, sind die Anteile fast aller Sprachen außer Englisch (2005: 92,7%) im Verlauf der Zeit mehr oder weniger kontinuierlich geschrumpft. Für Deutsch, Französisch und Russisch sinken sie sogar unter 1% (2005 je 0,6%). Dramatisch sind die Einbußen bei Russisch, das noch um 1970 beachtliche Anteile verzeichnete (20,5%).

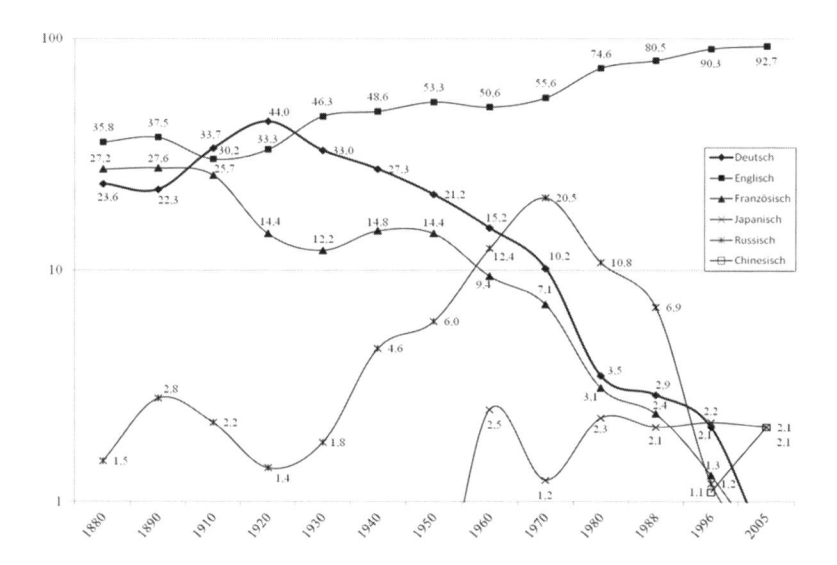

Abb. G.3-1: Sprachenanteile an den naturwissenschaftlichen Publikationen weltweit 1880 – 2005 (Mittelwerte verschiedener Disziplinen aus Datenbanken verschiedener Staaten in Prozent, logarithmiert zur Unterscheidbarkeit in den niedrigen Prozentbereichen; ältere Zahlen aufgrund von Tsunoda 1983, jüngere nach Ammon 1998: 146-151 und aus Analysen von Ammon, Topal und Gawrisch von *Biological Abstracts* (Biologie, nur bis 2004), *Chemical Abstracts* (Chemie), *Medline* (Medizin), *INSPEC* (Physik) und *Mathematical Reviews* (Mathematik, nur bis 1996)

Nur Japanisch bleibt einigermaßen stabil, wenn auch auf niedrigem Niveau (2005 2,1%), und Chinesisch, das erst in neuester Zeit hinzukommt, ist die einzige Sprache mit wachsendem Anteil, jedoch noch mit großem Rückstand gegenüber Englisch (2005 ebenfalls 2,1%). Chinesisch erreicht erst 1999 1%, was hier jedoch, um die Darstellung einigermaßen übersichtlich zu halten, bei 1996 eingetragen ist. Um das Knäuel zu entwirren, das die Sprachen außer Englisch in neuerer Zeit aufgrund durchgehend niedriger Werte bilden, ist die Ordinate logarithmiert, so dass die Ordinatenstrecke für 1 – 10% gleich groß ist wie für 10 – 100%. Auf Werte <1% wird hier verzichtet, auch weil die logarithmische Darstellung die Proportionen zu sehr verzerrt (gleiche Strecke für 0,1 – 1% wie für 1 – 10%).

Wie schon angedeutet, spiegeln die Sprachenanteile in den bibliographischen Datenbanken die Anteile an den Publikationen nicht ganz unverfälscht wider. So ist die auffällige Wölbung der Kurve bei Deutsch in den ersten Jahrzehnten des 20. Jh. möglicherweise eine Verzerrung aufgrund übereifriger Zulieferung deutscher Bibliographen an den *International Catalogue of Scientific Literature* (Hinweis Roswitha Reinbothe; vgl. Kap. G.1) sowie die Bevorzugung deutscher Titel in den deutschen Datenbanken um die Kriegszeit, die in die Durchschnittsberechnung eingegangen ist.

Keine klaren Anhaltspunkte bietet der Kurvenverlauf auch für einen Vorgang, der für unser Thema von größter Bedeutung ist und über den aus anderen Zusammenhängen gewisse Informationen vorliegen: Die Umstellung der Wissenschaftler von Deutsch auf Englisch als ihre Publikationssprache. Eigentlich würde man erwarten, dass sie sich in der Kurve als Knick abbildet. Vermutlich wird dieser Verlauf dadurch überdeckt, dass die Sprachumstellung in verschiedenen Fächern zu unterschiedlichen Zeiten erfolgte. In der Mathematik z.B. geschah (nach den Zahlen von *Mathematical Reviews*) die massivste Umstellung schon in den frühen 1980er Jahren, in der Biologie dagegen (nach *Biological Abstracts*) erst in den 1990er Jahren. So stieg der Anteil von Autoren aus Deutschland an den englischsprachigen Titeln der Mathematik zwischen 1980 und 1985 von 6,0% auf 12,2%, während er sich in der Biologie in dieser Zeit kaum veränderte, aber dann zwischen 1988 und 1995 von 3,1% (1991 sogar nur 1,4%) auf 5,3% anwuchs. Im Gegensatz dazu sprang in der Mathematik der Anteil von Autoren aus Deutschland an den deutschsprachigen Titeln zwischen 1980 und 1985 von 2,1% auf 38,3% und in der Biologie zwischen 1988 und 1995 von 26,7% (1992 sogar nur 10,7%) auf 77,2%. (Allerdings könnten die Zahlen für die Biologie für 1992 – wie mir *Biological Abstracts/ Biosis* mitteilte: E-Mail J.W. Schnepp, 09.02.1998 – durch Umstellung der Adressenaufnahme verzerrt sein.) Der Anstieg der Anteile deutscher Wissenschaftler an den englischsprachigen Titeln lässt sich nur erklären durch ihre Umstellung auf Englisch als Wissenschaftssprache, der Anstieg ihrer Anteile an den deutschsprachigen Titeln dagegen durch die Flucht anderssprachiger Wissenschaftler aus dem Deutschen. Diese Fluchtbewegung ist – wie die Zahlen zeigen – besonders dramatisch und hat zur Folge, dass die deutschsprachigen Wissenschaftler mit ihrer Sprache mehr und mehr unter sich bleiben oder, anders gesehen, ihre Sprache die Stellung als internationale wissenschaftliche Publikationssprache verliert. In der Mathematik geschieht diese Sprachumstellung also rund 10 Jahre früher als in der Biologie (detaillierter in Ammon 1998: 154f.). Aufgrund solcher Phasenverschiebungen zwischen den Fächern entsteht der falsche Eindruck, dass Deutsch kontinuierlich statt in Schüben an Boden verliert – bis es sich auf niedrigem Niveau wieder etwas stabilisiert.

Leider verraten auch solche Differenzierungen nicht, wie präzise die Publikationsanteile (bzw. die in den bibliographischen Datenbanken ausgewiesenen Anteile) den internationalen Gebrauch der Sprachen widerspiegeln (Kap. A.3). Zwar korrelieren sie sicher höher mit dem schriftlichen Gebrauch als dem mündlichen Gebrauch, aber dennoch bleibt der Anteil von Lesern oder gar Autoren außerhalb der eigenen Sprachgemeinschaft ungewiss, also bei den deutschsprachigen Publikationen der Anteil von Nicht-Muttersprachlern und Bürgern nicht-deutschsprachiger Länder an der Kommunikation. Der Verdacht, dass die nicht-englischsprachigen Publikationen ganz überwiegend nur innerhalb der eigenen Sprachgemeinschaft kursieren, liegt besonders nahe bei den sogar anteilsstärkeren Sprachen Japanisch und Chinesisch, da diese erst in neuerer Zeit weltweit als Fremdsprachen gelernt werden (Kap. K.7). Die teilweise verzweifelten Versuche, chinesischer und japanischer Wissenschaftler, vor allem Naturwissenschaftler, auf Englisch zu publizieren, stützen diese Annahme (dazu Flowerdew 2007; Ammon 2012c). Diese Versuche lassen überdies vermuten, dass auch der Anteil der eigenen Sprachen dieser Wissenschaftler am Gesamtaufkommen wissenschaftlicher Publikationen nicht allzu weit ansteigen wird, jedenfalls nicht in absehbarer Zeit. Der Anteil des Japanischen ist, wie Abb. G.3-1 zeigt, nach kurzem Anstieg sogar wieder leicht gesunken.

Viele informelle Berichte und Einzelbeobachtungen deuten darauf hin, dass Englisch inzwischen vor allem in den theoretischen Naturwissenschaften als internationale Wissenschaftssprache fast eine Monopolstellung erlangt hat, auch was die Rezeption schriftlicher Publikationen betrifft. Schon Sabine Skudlik (1990: 114f.) nennt die theoretischen Naturwissenschaften die „anglophonen Wissenschaften" und – sicher in absichtlicher Zuspitzung – zudem die „Nobelpreis-Wissenschaften". Außerdem attestiert sie auch den nicht-anglophonen Wissenschaftlern dieser Fächer „perfekte Englischkenntnisse", die aber „mit einer exklusiven Zweisprachigkeit erkauft" würden, also unter Verzicht auf andere Fremdsprachenkenntnisse. Wenn diese Kennzeichnung auch übertrieben sein dürfte, besonders bezüglich der perfekten Englischkenntnisse, so erscheint sie doch in der Tendenz zutreffend, vor allem hinsichtlich der Entwicklungsrichtung.

Näher heran an die tatsächliche internationale Kommunikation als die bloßen Publikationszahlen führt ein anderer Indikator, nämlich die Häufigkeit, mit der Publikationen aus verschiedenen Sprachen zitiert werden (vgl. dazu Ammon 1998: 31-89). Freilich verbürgt sogar das Zitieren nicht die Lektüre, sondern kann aus zweiter Hand stammen oder nur Titelnennung sein, aber wohl eher als Ausnahme denn als Regel. Die heute repräsentativste Dokumentation der Zitierhäufigkeit von Texten ist allerdings in besonderem Maße der Verzerrung zu Gunsten von Englisch verdächtig. Es sind die drei Zitatenindexe von *Thomson Reuters Corporation* (ehedem *Institute for Scientific Communication* in Philadelphia, USA): *Science Citation Index*, *Social Sciences Citation Index* und *Arts & Humanities Citation Index*. Für sie haben Bo Sandelin und Nikias Sarafoglou (2004) die Verzerrung zugunsten englischsprachiger Texte nachgewiesen. Dieser Befund war bei dem unverhohlenen Eintreten ihres Gründers, Eugene Garfield (z.B. 1977b), für die Beschränkung auf eine einzige Wissenschaftssprache –

Englisch eben, weil es sowie schon dominant sei – nicht überraschend. Auch andere Untersuchungen nähren Zweifel an der Ausgewogenheit des dort ermittelten *Impact-Faktors* (Einflussfaktor, Wirkungsfaktor) wissenschaftlicher Publikationen, z.B. die Kontrollrechnung einer US-Forschergruppe, die für die von Thomson Reuters genannten Texte abweichende Zahlen fand (Rossner/ van Epps/ Hill 2007 – Hinweis von Roswitha Reinbothe; Näheres zum Impact-Faktor in Ammon 1998: 36-38; Winkmann/ Schlutius/ Schweim 2002a: 132; 2002b: 139).

An der prinzipiellen Brauchbarkeit von Zitatenanalysen für unsere Zwecke besteht jedoch kein Zweifel. Ein frühes, aussagekräftiges Beispiel aus den 1920er Jahren lieferten P. L. K. Gross und E. M. Gross (1927; vgl. auch de Solla Price 1986: 72 und 280, Anm. 15). Sie wollten damit die in den USA am meisten beachteten chemischen Fachzeitschriften ermitteln und so den US-Hochschulbibliotheken Anschaffungshilfen geben. Hierfür erfassten sie alle Zitate im Jahrgang 1926 (mit Ausnahme von Zitierungen der Zeitschrift selbst) aus *The Journal of the American Chemical Society*, der damals renommiertesten US-Fachzeitschrift der Chemie (nicht zu verwechseln mit dem in Tab. G.3-1 genannten britischen *Journal of the Chemical Society*). Die Zitierquellen (247 verschiedene Zeitschriften) der auf diese Weise erfassten 3.633 Zitate ordneten sie einerseits chronologisch und werteten sie andererseits nach Sprachen aus. Unter den vier am häufigsten zitierten Zeitschriften, aus denen 43% aller Zitate stammten, waren nicht weniger als drei aus deutschsprachigen Ländern. Außerdem war Deutsch die mit Abstand häufigste Sprache aller Zitierquellen (vgl. die Ergebnisauszüge in Tab. G.3-1 und G.3-2). Im Grunde ist die Zitierhäufigkeit deutschsprachiger Quellen zu jener Zeit nicht sonderlich erstaunlich, wenn man das Prestige der damaligen chemischen und der gesamten naturwissenschaftlichen Forschung der deutschsprachigen Länder bedenkt, die damals mehr naturwissenschaftliche Nobelpreise gewannen als die englischsprachigen Länder (Kap. G.1; Ammon 1991a: 256-260).

Aus diesen sprachlichen Befunden zogen die Autoren unter anderem folgende, in unserem Zusammenhang interessante Konsequenz: „Certainly it should be insisted that a reading knowledge of German be required of every student majoring in chemistry in college. French can hardly be accepted as a substitute [...]" (Gross/ Gross 1927: 388; vgl. auch Kap. G.1).

Allerdings wird aus Tab. G.3-1 auch schon eine rückläufige Tendenz von Deutsch sichtbar, am deutlichsten am Zahlenverlauf der *Berichte der deutschen chemischen Gesellschaft* im Vergleich zum britischen *Journal of the Chemical Society*.

	1871-1875	1876-1880	1881-1885	1886-1890	1891-1895	1896-1900	1901-1905	1906-1910	1911-1915	1916-1920	1921-1925	Summe
Berichte der deutschen chemischen Gesellschaft	33	44	53	56	60	64	79	115	67	30	78	668
Journal of the Chemical Society	-	1	2	5	20	21	47	45	60	37	122	390
Liebigs Annalen der Chemie	-	13	18	19	21	22	23	33	37	8	26	278
Zeitschrift für Physikalische Chemie	-	-	-	6	16	28	19	29	21	6	53	191

Tab. G.3-1: Anzahl der Zitate aus den vier meistzitierten Zeitschriften in *The Journal of the American Chemical Society* im Jahr 1926 (nach Gross/ Gross 1927)

	Anzahl Zitate	Prozent
Deutsch	1667	53
Englisch	1557	35
Französisch	300	9
Andere	87	3

Tab. G.3-2: Sprachenanteile aller nicht-amerikanischen Zitierquellen in *The Journal of the American Chemical Society* 1926 (nach Gross/ Gross 1927)

Jedoch muss hier offenbleiben, ob die Entwicklung der Zahlen, vor allem das Zurückfallen von *Liebigs Annalen* und der *Zeitschrift für Physikalische Chemie* hinter das britische *Journal* schon vor dem Ersten Weltkrieg, sogar als – wenn auch noch geringer – relativer Einflussverlust deutschsprachiger Publikationen schon in dieser frühen Zeit interpretiert werden darf. Meist wird die Stellungseinbuße von Deutsch als internationale Wissenschaftssprache erst auf die Zeit nach dem Ersten Weltkrieg datiert. Immerhin finden aber auch Arnold Thackray u.a. (1985: 160) in einer späteren Langzeitanalyse einen früheren Einflussverlust der deutschen Chemie nach der Zitierhäufigkeit in amerikanischen, britischen und deutschen Zeitschriften, sogar schon seit 1890 („decline in the importance of German chemistry since 1890").

Wie dem auch sei, für die Zeit nach dem Ersten Weltkrieg belegen die Zahlen von Gross/ Gross die Einbußen deutlich genug. Die verheerende Wirkung dieser „Urkatastrophe" des 20. Jh., speziell für Deutschland (Mommsen 2002), ist inzwischen weithin bekannt und auch erklärt. Das wissenschaftliche Leistungsniveau in den deutschsprachigen Ländern und die internationale Stellung der deutschen Sprache wurden unmittelbar beeinträchtigt durch die ungeheure Zerstörung wirtschaftlicher und wissenschaftlicher Ressourcen (Ammon 1998: 183f.; 2000b: 68-71), durch die Repression aller mit Deutschland zusammenhängenden Kulturgüter in der angelsächsischen Welt, besonders in den USA (Finkelmann 1993; Schiffman 1987) und dann noch durch den Nachkriegs-Boykott seitens Wissenschaftlern der Siegermächte gegen deutsche und österreichische Wissenschaftler und gegen Deutsch als internationale Wissenschaftssprache (Reinbothe 2006; Kap. G.1).

Meine eigene umfangreiche Zitatenanalyse chemischer Fachzeitschriften, auf Basis von Vorarbeiten von Stefan Michels, gibt Aufschluss über die Entwicklung im Zeitraum zwischen 1920 und 1990 (detailliert in Ammon 1998: 46-56). Dafür wurden die jeweils wichtigsten chemischen Fachzeitschriften von 6 Staaten in 10-Jahres-Abständen ausgewertet. Die Wichtigkeit der Zeitschriften wurde – trotz der oben genannten Vorbehalte – nach dem Impact-Factor ermittelt (nach *Science Citation Index 1990* (1991) *Journal Citation Reports*) oder, wo kein solcher vorlag, nach dem Urteil örtlicher Experten (zum Impact-Factor z.B. Ammon 1998: 36-38; Bräuninger/ Haucap/ Muck 2011: 5f.). Ausgewählt wurden so für folgende Staaten die folgenden Zeitschriften: USA (*Journal of the American Chemical Society* und *Chemical Reviews*), Sowjetunion (*Schurnal Obtschschei Chimii/ Journal of General Chemistry* und *Uspechi Chimii* [Erfolge der Chemie]), Frankreich (*Bulletin de la Société Chimique* und *Biochimie*), Niederlande (*Recueil des travaux chimique des Pays-Bas* und *Analytica Chimica Acta*), Polen (*Przemysł chemiczny* [Chemische Wirtschaft] und *Chemia analityczna* [Analytische Chemie]) sowie Ungarn (*Acta Chimica Hungaria*). Weil es um die internationale Stellung der deutschen Sprache ging, wurden keine Zeitschriften deutschsprachiger Länder einbezogen. Deshalb wurden dann auch für Englisch die Zahlen der US-Zeitschriften und für Französisch die Zahlen der Zeitschriften Frankreichs herausgenommen. Die Zitatenanteile der Sprachen, also von Titeln in der betreffenden Sprache, wurden ansonsten ungewogen gemittelt, im ersten Schritt über die beiden Zeitschriften des betreffenden Staates (wo zwei vorlagen) und im zweiten Schritt über die verschiedenen Staaten. Es zeigte sich, dass als Sprachen, aus denen zitiert wurde, nur Deutsch, Englisch und Französisch eine durchgängige Rolle spielten. Auch Russisch war nicht überall und nicht während der ganzen Zeitspanne vertreten, folgte aber nach der Häufigkeit auf die drei genannten Sprachen. Japanisch taucht erst in den letzten Jahren auf, jedoch mit leicht steigender Tendenz. Darüber hinaus finden sich sporadische Zitate aus den folgenden Sprachen – hier in der Rangordnung nach Zitierhäufigkeit (Zahl der Zeitschriften mit Zitaten aus diesen Sprachen): Italienisch, Spanisch, Polnisch, Chinesisch, Tschechisch und Niederländisch.

Wie Abb. G.3-2 zeigt, ist der Anteil deutschsprachiger Zitate zu Anfang der Untersuchungszeit ausgesprochen hoch, was der damaligen prominenten Stellung von Deutsch als Wissenschaftssprache der Chemie entspricht (vgl. Kap. G.1), nimmt jedoch im Verlauf der Zeit kontinuierlich ab. Dies gilt gleichermaßen für alle analysierten Zeitschriften, wobei jedoch der Zitatenanteil aus Deutsch in den Nachbarstaaten des deutschen Sprachraums, besonders in Ungarn, höher bleibt als in weiter entfernten Staaten (USA und Sowjetunion).

Augenscheinlich ist auch, dass sich der englischsprachige Anteil umgekehrt zum deutschsprachigen entwickelt und während der gesamten Untersuchungszeit wächst. Nur zu Beginn liegt er unter dem deutschsprachigen Anteil – was mit den Befunden von Gross/ Gross (1927) sowie Thackray u.a. (1985: 159) übereinstimmt. Dies spricht für die Annahme, dass Deutsch noch um 1920 die international höherrangige Wissenschaftssprache der Chemie war als Englisch (vgl. auch Ammon 1991a: 251-256). Andererseits gewinnt Englisch nach und nach einen so unumschränkten Vorrang, wie ihn Deutsch nie hatte. So zitieren – nach diversen informellen Daten – US-Zeitschriften in den Naturwissenschaften praktisch nur noch englischsprachige Literatur.

Allerdings wäre diese Annahme noch systematisch zu prüfen, zumal sie allzu nahtlos dem Stereotyp vom ganz auf die eigene Sprache eingeschränkten US-Wissenschaftler entspricht (vgl. zu dessen – allerdings auch datengestützter – Entstehung in der Psychologie Finison/ Whittemore 1975; Traxel 1975; außerdem Braun/ Glänzel/ Schubert 1987; Braun u.a. 1994; Louttit 1957).

Ansonsten zeigen sich in der berichteten eigenen Zitatenanalyse durchaus nationale Unterschiede in der Neigung zum Englischen. So z.B. unter den westeuropäischen Staaten, wo vor allem die niederländischen Zeitschriften stärker zum Englischen tendieren als die französischen, was sicher mit der unterschiedlichen internationalen Stellung der Sprachen zusammenhängt: Die stärkere internationale Stellung von Französisch stützt dessen Position auch auf nationaler Ebene und umgekehrt (vgl. Kap. A.5).

Französisch ist in unserer Untersuchungszeit die drittwichtigste, aber dem Englischen und Deutschen deutlich nachgeordnete Fachsprache der Chemie. Insgesamt weist seine Entwicklung aber in dieselbe Richtung wie bei Deutsch. Während jedoch der Zitatenanteil von Deutsch fortlaufend schrumpft, bleibt der von Französisch bis mindestens zum Ende des Zweiten Weltkriegs konstant oder wächst sogar noch. Dies gilt besonders für die Niederlande (wo allerdings der französischsprachige Titel der Zeitschrift deren besondere Nähe zur Francophonie vermuten lässt) sowie für Polen.

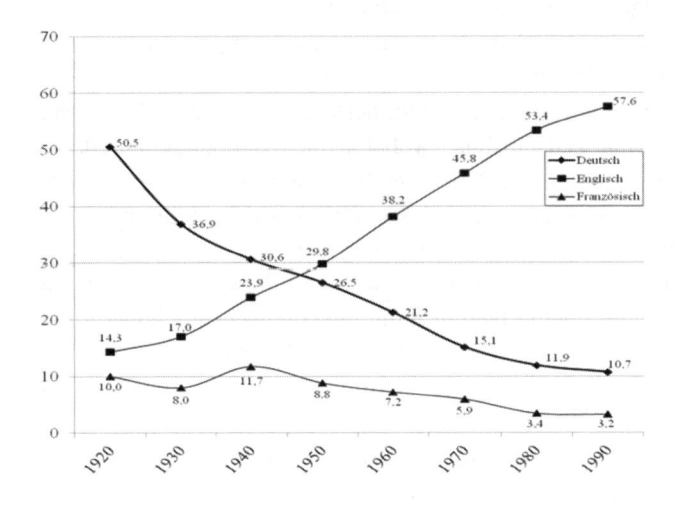

Abb. G.3-2: Anteile der deutsch-, französisch- und englischsprachigen Zitate in chemischen Fachzeitschriften 1920 – 1990 (in Prozent; nach Ammon 1998: 53)

Erst nach dem Krieg schwindet auch der französischsprachige Zitatenanteil kontinuierlich. Möglicherweise erklärt sich die zeitweilige Stabilisierung teilweise als Flucht aus dem Deutschen, ohne gleich zum Englischen hinzuführen.

Aktuellere repräsentative Zitatenanalysen scheinen nicht vorzuliegen. Zwar liegt die Annahme nahe, dass solche Analysen die weiter gewachsene Dominanz von Englisch bestätigen würden; jedoch sind gewisse Gegenbewegungen: vereinzeltes bewusstes Publizieren und Rezipieren von Texten in anderen Sprachen als Englisch, aufgrund der vielstimmigen Kritik am „Monolingualismus der Wissenschaften" (vgl. Ende dieses Kap. und Kap. G.10 – G.13), nicht ausgeschlossen. Eine nachhaltige Abwendung von Englisch ist allerdings nicht in Sicht und erscheint, zumindest in absehbarer Zeit, geradezu unmöglich.

Als Neigung des Festhaltens an Deutsch als der eigenen, einst gerade in den Naturwissenschaften so prominenten Wissenschaftssprache oder wenigstens des Ausdrucks nostalgischen Nachempfindens könnte man die immer noch vorhandenen deutschsprachigen Namen der wissenschaftlichen Fachverbände in Deutschland, Österreich und auch der deutschsprachigen Schweiz interpretieren. Beispiele dafür sind (mit der Zahl der deutschsprachigen Namen im Verhältnis zur Gesamtzahl der Gesellschaften in Klammern):

Biologie („Biology"):
- Deutschland: *Gesellschaft für Biologische Systematik* (10 von 14),
- Österreich: *Vereinigung Österreichischer Biologen* (3 von 4),
- Schweiz: (0 von 2);

Chemie („Chemistry"):
- Deutschland: *Gesellschaft Deutscher Chemiker* (7 von 10),
- Österreich: *Gesellschaft österreichischer Chemiker* (8 von 10),
- Schweiz: *Schweizerische Chemische Gesellschaft* (3 von 7);

Physik („Physics"):
- Deutschland: *Deutsche Physikalische Gesellschaft* (4 von 9),
- Österreich: *Österreichische Physikalische Gesellschaft* (5 von 5),
- Schweiz: *Schweizerische Physikalische Gesellschaft* (1 von 1);

Medizin („Medicine"):
- Deutschland: *Internationale Forschungsgemeinschaft für Bioelektronische Funktionsdiagnostik und Therapie* (50 von 61),
- Österreich: *Österreichische Gesellschaft für Anästhesiologie, Reanimation und Intensivmedizin* (20 von 23),
- Schweiz: *Schweizerische Gesellschaft für Allgemeine Medizin* (9 von 13, 2 französisch) (Kirchner 2006: 545f., 551f., 614, 594-597).

Die vier als Beispiele genannten Disziplinen sind in der herangezogenen Datenquelle *World Guide to Scientific Associations and Learned Societies* (Kirchner 2006) offenbar eng gefasst und keineswegs repräsentativ für die theoretischen Naturwissenschaften insgesamt. Neben diesen mit einem Simplex benannten Wissenschaften (*Biology* etc.) gibt es viele Sub- und Interdisziplinen („Biochemistry", „Biophysics" usw.) mit meist zahlreichen eigenen Verbänden. Aber auch in diesen sind, wie ein kursorischer Überblick zeigt, die Fachverbände in den deutschsprachigen Ländern noch großenteils deutschsprachig benannt, bzw. in der Schweiz, wie oben in einer der Disziplinen, auch französisch. Allerdings bleibt es höchst unsicher, von der Sprache des Verbandsnamens auf die Verwendung der Sprache für die internationale Kommunikation, z.B. auf Konferenzen, zu schließen.

Nach allen mir vorliegenden Informationen erscheinen in den theoretischen Naturwissenschaften vor allem Kurzberichte über aktuelle Forschungen weltweit auf Englisch. Auch die Zeitschriften sind fast überall nur englischsprachig (S. Michels 1991). In den deutschsprachigen Ländern sind sie so gut wie vollständig auf Englisch umgestellt, so dass deutschsprachige Beiträge nicht mehr publiziert werden. Manchmal ging der Umstellung eine Zwischenstufe mit mehreren zugelassenen Sprachen voraus, bisweilen unter lateinischem Zeitschriftentitel. Beispiele von Zeitschriften (schon genannt bei Lippert 1986 und Karger 1986), die aufs Englische umgestellt und dann später zum Teil auch von Verlagen außerhalb der deutschsprachigen Länder übernommen wurden, sind:

- Deutschland: *Archiv für Kreislaufforschung > Basic Research in Cardiology*
  Zeitschrift für Kinderheilkunde > European Journal of Pediatrics
  Zeitschrift für Tierpsychologie > Ethology;
- Österreich: *Österreichische Botanische Zeitschrift > Plant Systematics and Evolution*;
- Schweiz: *Archiv für Verdauungskrankheiten > Gastroenterologia > Digestion*
  Radiologische Rundschau > Radiologia Clinica > Diagnostic Imaging.

Neugründungen von Zeitschriften mit deutschsprachigen Titeln oder deutschsprachigen Beiträgen gibt es heutzutage in den theoretischen Naturwissenschaften nicht mehr. Zur Vermeidung von Missverständnissen sei darauf hingewiesen, dass die Anglisierung in den angewandten (Natur)Wissenschaften nicht in gleichem Maße durchgeführt ist. So gibt es z.B. in der klinischen im Gegensatz zur theoretischen Medizin durchaus noch überwiegend deutschsprachige Zeitschriften (*Deutsche Medizinische Wochenschrift, Der Chirurg* u.a.; vgl. Kap. G.4).

Bei Handbüchern und Nachschlagewerken ist die Sprachumstellung von Deutsch auf Englisch ähnlich verlaufen wie bei Zeitschriften. Ein Beispiel ist das traditionsreiche *Beilsteins Handbuch der organischen Chemie*, mit folgender Geschichte: „Die Grundlage des heutigen Beilstein-Systems wurde 1907 von B. Prager und P. Jacobson entwickelt [...] Die Mühe einer neuen Auflage wurde dann beim Beilstein nur noch einmal gemacht. Seit 1918 erscheint die 4. Auflage, zu der seit 1984 das 5. Ergänzungswerk, umfassend die Literatur von 1960 bis 1979, nur in englischer Sprache erscheint": *Beilstein. Handbook of Organic Chemistry* (www.tu-harburg.de/b/hapke/beilst.html#Beilstein – abgerufen 21. 01.2011).

In einschlägigen Verlagen deutschsprachiger Länder hat sich mit der Zeit die gesamte Produktion von der deutschen zur englischen Sprache verschoben. Schon 1989 schätzte (Julius) Springer, der größte deutsche Wissenschaftsverlag, dass 70% seiner Publikationen englischsprachig seien, bei 35-prozentigem Anteil von Autoren aus deutschsprachigen Ländern – gegenüber einst, 1927, 0,5% englischsprachigen Publikationen und 90% Autoren aus deutschsprachigen Ländern (briefliche Mitteilung Bernhard Lewerich, Springer-Verlag).

Auch auf internationalen Konferenzen der theoretischen Naturwissenschaften hat sich die Rolle der drei Sprachen Deutsch, Englisch und Französisch ähnlich entwickelt wie bei den Publikations- und Zitatenanteilen. Vor dem Ersten Weltkrieg waren alle drei Sprachen ungefähr gleichrangig. Nach dem Krieg spielten Englisch und Französisch dann eine etwas gewichtigere Rolle als Deutsch. Jedenfalls hat dies Herbert N. Shenton (1933) für die Zeitspanne von 1923 bis 1929 festgestellt (ausführlichere Darstellung in Ammon 1991a: 243-245; vgl. auch Thierfelder 1933: 299-303). Shenton's Untersuchung beschränkte sich allerdings nicht auf wissenschaftliche und erst recht nicht auf theoretisch naturwissenschaftliche Organisationen, was auch eine mögliche Erklärung dafür ist, dass er den Boykott gegen Deutsch als Wissenschaftssprache (Reinbothe 2006) als möglichen Faktor nicht beachtet hat. Seine Befunde zeigen jedoch keine nennenswerten Unterschiede zwischen wissenschaftlichen und anderen Organisationen. Er klassifiziert die insgesamt 298 Organisationen, die Angaben zu 1088 von ihnen durchgeführten internationalen Konferenzen machten, in 14 Gebiete. Für das Gebiet Kunst/ Wissenschaft ergaben sich dabei die in Tab. G.3-3 dargestellten Häufigkeiten unterschiedlicher Funktionen für die vorkommenden Sprachen.

	Offiziell	Übersetzung	Zugelassen
1. Französisch	31	4	23
2. Englisch	21	4	25
3. Deutsch	15	4	25
4. Italienisch	5	2	25
5. Spanisch	2	2	23

Tab. G.3-3: Häufigkeit der Sprachen nach Funktionen auf internationalen Konferenzen im Gebiet Kunst/Wissenschaft in den 1920er Jahren (nach Shenton 1933: 241-243)

Meines Wissens gibt es keine vergleichbar umfassende Untersuchung der Sprachwahl auf wissenschaftlichen Konferenzen in neuerer Zeit. Die von Roswitha Reinbothe durchgeführte Untersuchung mit dem Titel „Mehrsprachigkeit auf internationalen wissenschaftlichen Kongressen" war weniger quantifizierend ausgerichtet, sondern zielte mehr ab auf den organisatorischen Hintergrund der Kongresse und markante Einzelbeispiele – jedenfalls nach dem Vorbericht (Reinbothe 2013). Danach blieben deutsche Wissenschaftler von maßgeblichen internationalen wissenschaftlichen Dachverbänden bis lange nach dem Zweiten Weltkrieg ausgeschlossen. Außerdem waren sie nach dem Krieg zu internationalen Kongressen zunächst oft nicht zugelassen (vor allem in der Chemie, Physik, Zoologie und Chirurgie, eher dagegen in der Mathematik und in geisteswissenschaftlichen Fächern). Außerdem fanden die großen Kongresse meist in den USA und in Großbritannien statt und waren englischsprachige Referenten schon deshalb weit in der Überzahl. Daher konnten sogar die um Beteiligung ihrer eigenen Sprache bemühten Franzosen sich nicht durchsetzen – ganz zu schweigen von den ausgeschlossenen oder eher zurückhaltenden Deutschen. Einzelne Fälle wie der Internationale Chemikerkongress 1959 in München, wo sogar mehr Sektionsvorträge auf Deutsch als auf Englisch gehalten wurden, blieben die Ausnahme, die es in späteren Jahren nicht mehr gab (ebd.: 7f.). Englisch wurde mehr und mehr die ausschließliche Konferenzsprache zumindest in den Naturwissenschaften. Anhaltspunkte dafür liefert auch die Befragung Sabine Skudliks von Münchener und Bielefelder Universitätswissenschaftlern nach deren Einschätzung, wie sich „auf internationalen Kongressen und Tagungen" ihres Faches „die Referate auf die verschiedenen Sprachen verteilen" (Skudlik 1990; 326, Frage 11). Die insgesamt etwas diffusen Befunde bestätigen tendenziell den dominierenden Gebrauch des Englischen vor allem in den theoretischen Naturwissenschaften – weniger dagegen in den angewandten Naturwissenschaften und den Sozial- und Geisteswissenschaften (detaillierte Darstellung in Ammon 1991a: 246f.).

Aufgrund vieler weiterer Einzelhinweise gehe ich davon aus, dass internationale Konferenzen in den theoretischen Naturwissenschaften heute weltweit fast ausschließlich auf Englisch stattfinden, jedenfalls was die offizielle Sprachwahl betrifft. Auch in den deutschsprachigen Ländern ist bei internationalen Konferenzen in den theoretischen Naturwissenschaften in aller Regel Deutsch weder für die schriftliche Kommunikation (eingereichte Papiere, Konferenzberichte) noch für die mündliche Kommunikation (Vorträge, Diskussionen) zugelassen. Sogar nationale oder sprachgemeinschaftsinterne Konferenzen mit ausschließlich deutschsprachigen Teilnehmern beschränken sich oft auf den Gebrauch von Englisch.

Auch in Laborgesprächen in den deutschsprachigen Ländern herrscht Englisch vor (vgl. schon Markl 1986: 21f.; Diskussionsbeitrag Markl in Kalverkämper/Weinrich 1986: 60) und wird Deutsch kaum noch international, also im Falle nicht-deutschsprachiger Teilnehmer, verwendet. Sogar unter ausschließlich Deutschsprachigen wird nicht selten Englisch gesprochen und protokolliert. „Selbst wenn sie [ausländische Gäste an deutschen Universitäten! U.A.] Deutsch gelernt haben, schon mehrere Jahre in Deutschland zugebracht haben und ihre Sprachkenntnisse gerne anwendeten, wird ihnen von den deutschen Kollegen oft konsequent die englische Sprache aufgenötigt." (Mocikat 2006: 12f.: „Beobachtung des Verfassers [Mocikat! U.A.] in verschiedenen Arbeitsgruppen mehrerer großer deutscher Forschungszentren"; vgl. auch Mocikat „Die deutsche Sprache in den Naturwissenschaften"; www.goethe.de/lhr/prj/mac/ mac/spb/de4244182.htm – abgerufen 01. 09. 2011). Dabei kann der Englischgebrauch – ähnlich wie bei Konferenzen mit nur deutschsprachigen Teilnehmern – unterschiedlich motiviert sein: Durch vorliegende, ausschließlich englischsprachige Fachliteratur, auf die Bezug genommen wird, oder dadurch, dass er die Außenkommunikation (das Weiterreichen von Papieren und Ergebnissen an Andersprachige) erleichtert oder auch einfach zur Übung der englischen Sprache und des dazugehörenden Kommunikationsstils. Solcher Englischgebrauch – unter Muttersprachlern einer anderen Sprache – ist zweifellos ein starkes Indiz der Hegemonie von Englisch in den betreffenden Kommunikationssituationen. Er tendiert dazu, sich zur Norm der Sprachwahl zu verfestigen, deren Einhaltung unter Umständen sogar erwartet wird, wenn sie kommunikativ nicht zweckmäßig ist (vgl. zu Regeln der Sprachwahl Kap. A.6).

In Extremfällen wenden sich naturwissenschaftliche deutsche Forschungsinstitute sogar auf Englisch an die deutsche Öffentlichkeit. So äußerte sich z.B. eine Sprecherin des Instituts für Primatenforschung der Universität Leipzig bei einem Interview mit der Fernsehjournalistin Marietta Slomka zum ‚Jahr des Gorillas' auf Englisch, das gedolmetscht werden musste, an die deutsche Fernseh-Öffentlichkeit („heute-journal" 08.06.2009).

Es ist nicht verwunderlich, dass gegen diese Tendenzen auch rebelliert wird. Eine grundsätzliche Gegenposition vertritt vor allem der „Arbeitskreis Deutsch als Wissenschaftssprache/ ADAWiS" (www.adawis.de – abgerufen 04.05.2011). Aber auch sporadische demonstrative Verweigerungen von Englischgebrauch kommen vermutlich vor: hartnäckiger Deutschgebrauch, wo er kommunikativ nicht funktional ist. Zu den Gegenmaßnahmen gehört zudem die vom „Verein Deutsche Sprache/ VDS" regelmäßig geforderte Eindeutschung englischsprachiger Termini, um den „Ausbaurückstand" der deutschen Sprache auszugleichen (vgl. zum Terminus und zum Sachverhalt schon Ammon 1991a: 277-288). Allerdings besteht noch Klärungsbedarf, inwieweit und in welcher Hinsicht genau die Wissenschaftskommunikation durch die Anglisierung effizienter oder womöglich auch weniger effizient wird und welche realistischen Alternativen es dazu gibt (vgl. Kap. G.11; G.13).

4. Angewandte Wissenschaften

Nach Sabine Skudlik (1990: 98f., 214-216) sind alle anderen Wissenschaften weniger „anglophon" als die theoretischen Naturwissenschaften (naturwissenschaftliche Grundlagenwissenschaften). Das gilt vor allem für die Geistes-, aber auch die Sozialwissenschaften, die Skudlik als „nationalsprachlich geprägt" bezeichnet. Zwischen den „anglophonen" und den „nationalsprachlich geprägten" platziert sie als dritte Gruppe noch die „anglophon geprägten Wissenschaften", die bezüglich der Verwendung von Englisch und Deutsch eine Mittelstellung einnehmen. Aus dieser nach Skudlik (1990: 215) „so heterogenen" mittleren Gruppe habe ich die „angewandten Wissenschaften" herausgehoben (Ammon 1991a: 233-235), da sie – wie mir scheint – besonderen Kommunikationsbedingungen unterliegen (vgl. Kap. G.2). Diese Bedingungen und ihre Wirkung auf die Verwendung von Deutsch und Englisch sollen im Folgenden näher betrachtet werden, nicht zuletzt auch im Hinblick auf die Frage, inwieweit sie für die internationale Stellung von Deutsch oder die Stellung der deutschen Sprache in der Welt bedeutsam sind.

Den Unterschied zwischen angewandten Wissenschaften auf der einen Seite und theoretischen oder Grundlagenwissenschaften auf der anderen gibt es tendenziell auch in den Sozial- und sogar den Geisteswissenschaften. So verstehen sich z.B. in den Wirtschaftswissenschaften Diplomkaufleute eher anwendungsorientiert als Betriebs- oder erst recht Volkswirte, weshalb es nicht ganz zufällig ist und auch schon das Thema dieses Kap. berührt, dass erstere sich entschiedener gegen Anglisierungsversuche wehren und eher an einem deutschsprachigen Hochschultitel („Diplom-Kaufmann") sowie an Deutsch als Sprache der Lehre festhalten als letztere („Teach it in German, please", *FAZ* 08./09.05.2010). Den Unterschied zwischen theoretischer und angewandter Ausrichtung verrät auch eine Umfrage unter deutschsprachigen Wirtschaftswissenschaftlern, bei der sich die englischsprachigen Zeitschriften im Vergleich zu deutschsprachigen als theoriebezogener erwiesen und eine höhere „Reputation" hatten. Jedoch wurde den deutschsprachigen Zeitschriften, die eher anwendungsbezogen waren, trotz geringer Zitierhäufigkeit eine verhältnismäßig hohe „Relevanz (für die eigene Arbeit)" zugeschrieben, wenngleich niedriger als den weit häufiger zitierten englischsprachigen Zeitschriften: „Bei der Bewertung der Relevanz werden internationale englischsprachige Zeitschriften am besten bewertet, Zeitschriften aus dem deutschsprachigen Raum schneiden jedoch deutlich besser ab als dies auf Basis zitationsbasierter Verfahren zu erwarten wäre." (Bräuninger/ Haucap/ Muck 2011: 1) Von den „Zeitschriften aus dem deutschsprachigen Raum" war die große Mehrheit deutschsprachig oder hatte mindestens einen deutschsprachigen Titel (19 der 30 relevantesten). Befragt wurden 2.991 Mitglieder des *Vereins für Socialpolitik*, die „bis zu 150 ausgewählte ökonomische Fachzeitschriften" bewerten sollten (Rücklauf 909 = 30,4%). „Dabei sollte (a) die Bedeutung der jeweiligen Zeitschrift für die eigene Arbeit sowie (b) die Reputation auf einer Skala von 0 (keine Bedeutung/ Reputation) bis 5 (sehr hohe Bedeutung/ Reputation) beurteilt werden." (Ebd.: 6) Es darf angenommen werden, dass die „Relevanz/ Bedeutung für die eigene Arbeit", bei der die deutschen Zeitschriften besser abschnitten als bei der „Reputation", tendenziell im Sinne von Anwendbarkeit verstanden wurde.

Ein weiteres Beispiel der Unterscheidung von theoretischer und angewandter Ausrichtung bietet die Linguistik, in der es – in Absetzung von der hauptsächlich als theoretisch verstandenen Richtung – die „Angewandte Linguistik" gibt, mit dem deutschen Verband der *Gesellschaft für Angewandte Linguistik (GAL)* und dem Weltverband *Association Internationale de Linguistique Appliquée (AILA)*. Auch die Philosophie neigt neuerdings zu einer solchen Differenzierung. So entnahm ich der Pressemitteilung der Universität Duisburg-Essen die Stellenausschreibung „W2-Professur für Philosophie mit dem Schwerpunkt Praktische Philosophie" (01.06.2011). Ähnliche Tendenzen zeigen sich in der Literaturwissenschaft. Das Wissenschaftsministerium Nordrhein-Westfalens genehmigte in den 1970er Jahren der Universität Duisburg eine Germanistikprofessur „Angewandte Literaturwissenschaft", die dann mit dem Schriftsteller Gerhard Köpf besetzt wurde.

Trotz solcher mühelos vermehrbarer Beispiele erscheint mir der Gegensatz von Theorie und Anwendung in den Naturwissenschaften ausgeprägter als in den Sozial- und erst recht den Geisteswissenschaften, weshalb ich mich in den folgenden Ausführungen auf die angewandten Naturwissenschaften einschließlich ihrer Technologien konzentriere. Allerdings bleibt die Abgrenzung oft nach verschiedenen Richtungen unscharf. So mag sie z.B. bei der klinischen Medizin gegenüber der theoretischen Humanmedizin einigermaßen unstrittig sein, nicht jedoch die Zuordnung zu den angewandten Naturwissenschaften oder deren Technologien. Viele Anzeichen für Abgrenzungsschwierigkeiten findet man in bibliometrischen Analysen, wie im *Global Research Report Materials Science and Technology* von Thomson Reuters, der auf den Gegensatz von „more fundamental research of universities" gegenüber „more application-oriented research of national laboratories" hinweist und damit auf den Spagat dieser Fächergruppe zwischen theoretischen und angewandten Wissenschaften (research analytics.thomsonreuters.caom/ m/pdfs/grr-materialscience.pdf: 6 – abgerufen 04.07.2011).

Dieser Bericht vermittelt auch einen Eindruck von der enormen Größenordnung der angewandten Wissenschaften, da schon der angewandte Teil der Materials Science and Technology ca. 30.000 Publikationen jährlich umfasst (wenn man die Gesamtzahl von 60.000 hälftelt in theoretische und angewandte), die nur 2,5% (die Hälfte der insgesamt 5%) der im *Web of Science* für die Fächergruppe indizierten Titel ausmachen (ebd.: 4). Dagegen belaufen sich die Ingenieurwissenschaften („engineering"), die insgesamt den angewandten Wissenschaften zugerechnet werden dürfen, auf einen Anteil von 9% und demnach – im Sinne dieser groben Schätzung – auf ca. 108.000 indizierte Titel jährlich. „Indiziert" heißt hier, dass diese Titel in die Analysen von Thomson Reuters einbezogen werden, die nur die nach den dortigen Maßstäben wichtigsten

Publikationen erfassen, wobei die Zahl der unberücksichtigten Titel, also die Gesamtzahl im Dunkeln bleibt.

Einen ungefähren Überblick über das riesige Gebiet der angewandten Wissenschaften liefern bibliographische Datenbanken, wie z.B. *Applied Science & Technology Abstracts*, die in den USA erscheinen (bei H.W. Wilson Company) und nach eigenen Angaben die folgenden Fächer oder Disziplinen („subjects") abdecken:

„Acoustics, Aeronautics, Applied Mathematics, Artificial Intelligence, Atmospheric Sciences, Automatic Control, Automotive Engineering, Chemical Engineering, Chemistry, Civil Engineering, Communication & Information Technology, Computer Databases & Software, Construction, Electrical & Electronic Engineering, Engineering & Biomedical Materials, Energy Resources & Research, Environmental Engineering, Fire & Fire Prevention, Food & Food Industry, Geology, Industrial Engineering, Machine Learning, Machinery, Marine Technology, Mechanical Engineering, Metallurgy, Mineralogy, Mining Acoustics, Aeronautics, Applied Mathematics, Artificial Intelligence, Atmospheric Sciences, Automatic Control, Automotive Engineering, Chemical Engineering, Chemistry, Civil Engineering, Communication & Information Technology, Computer Databases & Software, Construction, Electrical & Electronic Engineering, Engineering & Biomedical Materials, Energy Resources & Research, Environmental Engineering, Fire & Fire Prevention, Food & Food Industry, Geology, Industrial Engineering, Machine Learning, Machinery, Marine Technology, Mechanical Engineering, Metallurgy, Mineralogy, Mining Engineering, Neural Networks, Nuclear Engineering, Oceanography, Optical & Neural Computing, Petroleum & Gas, Physics, Plastics, Robotics, Solid State Technology, Space Science, Textile Industry & Fabrics, Transportation, Waste Management, Other Industrial & Mechanical Arts".

Trotz der Vielfalt der Fächer ist keine Vollständigkeit gewährleistet. So sind offenbar naheliegende Gebiete wie „Biotechnologie" oder „Agrarwissenschaft" unterbelichtet. Andererseits würden wohl manche Geologen ihr Fachgebiet („Geology") nicht ohne weiteres zu den angewandten Wissenschaften zählen, sondern dann anwendungsbezogene Spezifizierungen erwarten (vgl. Kap. G.3, Anfang – aber auch Tab. G.4-1).

Jedoch wäre diese Datenbank, die Publikationen vielfältigen Typs in den genannten Fächern bis zurück zum Jahr 1993 erfasst, repräsentativ genug für eine Analyse von Sprachenanteilen wie in Kap. G.3, zumal, könnte man argumentieren, der Standort im heutigen Weltzentrum der Wissenschaften, den USA (vgl. Kap. G.1, gegen Ende), die globale Repräsentativität zusätzlich verbürgt. Dennoch eignet sich diese Datenbank nicht für die Analyse nach Sprachenanteilen, denn sie verrät – im Gegensatz zu den für die theoretischen Naturwissenschaften herangezogenen Datenbanken – deutlich genug, dass sie nicht um Sprachen-Ausgewogenheit bemüht ist, sondern das Englische einseitig bevorzugt: „English-language periodicals published in the United States and elsewhere are covered; non-English language articles are included if English abstracts are provided." (www.hwwilson.com/newdds/aa.cfm – abgerufen 05.05.2011) Wie viele nicht englischsprachige Titel mangels englischsprachiger Abstracts unberücksichtigt bleiben, lässt sich nicht ermessen.

Möglicherweise ist die Konzentration dieser Datenbank auf das Englische bei der vorliegenden Fächergruppe anders bedingt als die generelle Vorliebe fürs Englische bei den theoretischen Naturwissenschaften (vgl. auch Winkmann/ Schlutius/ Schweim 2002a; b; Blümle/ Antes 2006). Es handelt sich beim Englischen ja zugleich um die „eigene" Sprache der US-Datenbank, die staatliche Amtssprache ihres Standortes – und die Bevorzugung der eigenen Sprache ist vermutlich geradezu ein Charakteristikum der Fächergruppe. Dann wäre es auch kein Zufall, dass ich für diese Fächergruppe keine global repräsentative bibliographische Datenbank mit wenigstens einigermaßen unverzerrten Sprachenanteilen finden konnte.

Auf diese gewagte Hypothese stützt sich die hier gesonderte Betrachtung der angewandten Wissenschaften. Sie ist bislang schwach empirisch abgesichert und lautet deutlicher formuliert: Bei den angewandten Naturwissenschaften handelt es sich um eher nationale und weniger internationale oder – bezogen auf die beiden hier hauptsächlich interessierenden Sprachen – um mehr deutsch- und weniger englischsprachige Fächer als bei den theoretischen Naturwissenschaften. Begründen lässt sich diese Hypothese damit, dass die theoretischen Naturwissenschaften in erster Linie eine Angelegenheit von Fachwissenschaftlern – in ihrem sprichwörtlichen Elfenbeinturm – sind und sich deshalb einer anderen Sprache als ihre Umgebung bedienen können, nämlich Englisch. Dagegen müssen die angewandten Wissenschaften grundsätzlich zu den Anwendern, teilweise auch wissenschaftlichen Laien hin geöffnet sein, weshalb für sie die Sprache der umgebenden Gesellschaft – in der Regel die nationale Amtssprache, in unserem Fall also Deutsch – unverzichtbar bleibt (Kap. G.2).

Dieser Unterschied müsste sich im deutschen Sprachgebiet unter anderem zeigen an den Anteilen von Deutsch und von Englisch an den wissenschaftlichen Publikationen. Der Anteil von Deutsch müsste in den angewandten Wissenschaften größer und der Anteil von Englisch kleiner sein als in den theoretischen Naturwissenschaften. Es erscheint kaum übertrieben, diese Hypothese als eine der empirisch am schlechtesten überprüften im Themenkomplex unterschiedlicher Sprachwahl zwischen den Fächergruppen zu bezeichnen. Der weitere Forschungsbedarf ist eklatant. Bezeichnend ist, dass Skudliks Auswertung der Jahresbibliographien der Universitäten München von 1972 und 1982 und Heidelberg 1982 (Skudlik 1990: 73-75, 87-91 und 269f, Tab. 9, 10) noch immer eine der einschlägigsten Datenquellen ist. So betagt und lückenhaft diese Daten bezüglich des Unterschieds zwischen theoretischen und angewandten Naturwissenschaften sind, bestätigen sie doch immerhin diesen Unterschied, und zwar im Sinne der folgenden beiden spezielleren Hypothesen:

1) In den angewandten Wissenschaften (z.B. Forstwirtschaft, Veterinärmedizin) übertrifft die Zahl der auf Deutsch publizierenden Wissenschaftler die Zahl der auf Englisch publizierenden, während es in den thematisch verwandten theoretischen Wissenschaften (z.B. Biologie, (theoretische) Humanmedizin) umgekehrt ist (Skudlik 1990: 269, Tab. 9);

2) In den angewandten Wissenschaften ist der Anteil deutschsprachiger Veröffentlichungen an der Gesamtzahl der Veröffentlichungen größer als in den thematisch verwandten theoretischen Wissenschaften (Skudlik 1990: 270, Tab. 10).

Beide Hypothesen hängen offenkundig inhaltlich zusammen, allerdings ohne dass eine von der anderen streng logisch ableitbar ist. Tab. G.4-1 kontrastiert diejenigen Wissenschaften, die bezüglich theoretischer und angewandter Ausrichtung besonders deutlich vergleichbar erscheinen (Daten aus Skudlik 1990: 262-266), indem sie die inhaltlich verwandten durch gleiche (hochgestellte) Indexziffern verbindet. Auch Skudlik hält die Geowissenschaft für ein angewandtes Fach, ähnlich wie die zu Beginn dieses Kap. zitierte Datenbank (dort Geologie) (vgl. dagegen Kap. G.3, Anfang).

	Anteil auf oder auch auf Deutsch publizierender Wissenschaftler	Anteil auf oder auch auf Englisch publizierender Wissenschaftler	Anteil der Publikationen auf Deutsch	Anteil der Publikationen auf Englisch
Angewandte Wissenschaften				
Geowissenschaft[1]	98,5	97,0	72,5	26,0
Forstwirtschaft[2]	100	95,0	Keine Ang.	Keine Ang.
Klinische Medizin[3]	Keine Ang.	Keine Ang.	78,6	20,0
Theoretische Wissenschaften				
Mathematik	84,5	100	30,5	67,5
Physik[1]	73,5	98,5	18,0	81,0
Chemie[1]	86,5	96,5	47,5	51,5
Biologie[2]	84,5	97,5	12,0	88,0
Humanmedizin[3]	97,0	97,0	34,2	74,2
	(Humanmedizin insgesamt)		(Theoretische Humanmedizin)	

Tab. G.4-1: Anteile des Publizierens auf Deutsch und/oder auf Englisch in angewandten gegenüber theoretischen Naturwissenschaften (in Prozent; aufgrund von Skudlik 1990: 269f., Tab. 9 und 10)

Die Zahlen in Tab. G.4-1 sind arithmetische Mittel aus den Jahresbibliographien 1982 der Universitäten München und Heidelberg; jedoch ist die statistische

Aussagekraft durch Datenlücken und teilweise winzige Teilstichproben stark eingeschränkt, abgesehen von fehlenden Signifikanztests. Sie bestätigen aber – mit diesen Einschränkungen – beide Hypothesen 1) und 2). Weiter gestützt wird die Annahme der Sprachunterschiede zwischen angewandten und theoretischen Wissenschaften durch die Sprachwahl von Publikationsorganen.

So sind vor allem Zeitschriften und Nachschlagewerke in den angewandten Wissenschaften weniger konsequent von Deutsch auf Englisch umgestellt. Allerdings gibt es durchaus vollständige Umstellungen, wie z.B. bei dem traditionsreichen Nachschlagewerk *Ullmanns Enzyklopädie der technischen Chemie* (1914-1922), letztmalige, 4. Auflage auf Deutsch 1972 > *Ullmann's Encyclopedia of Industrial Chemistry* (1996; 7. Aufl. 2010 online, 2011 gedruckt). Außerdem entdeckt man leicht ausführliche Listen englischsprachiger Nachschlagewerke angewandter Wissenschaften, wie z.B. die folgende im Katalog der Universitätsbibliothek Stuttgart (www.ub.uni-stuttgart.de/suche/ebooks/ueber sicht01.phtml – abgerufen 07.05.2011):

- *Encyclopedia of Computational Mechanics*
- *Encyclopedia of Cryptography and Security*
- *Encyclopedia of Energy*
- *Encyclopedia of Environmetrics*
- *Encyclopedia of Hydrological Sciences*
- *Encyclopedia of Information Systems*
- *Encyclopedia of Multimedia*
- *Encyclopedia of Software Engineering*
- *Encyclopedia of Soils in the Environment*
- *Springer Handbook of Electronic and Photonic Materials*
- *Springer Handbook of Engineering Statistics*
- *Springer Handbook of Materials Measurement Methods*
- *Springer Handbook of Nanotechnology*
- *Springer Handbook of Robotics*
- *Ullmann's Encyclopedia of Industrial Chemistry - Water Encyclopedia*

Aber bezeichnenderweise findet sich unmittelbar bei dieser Liste, ganz im Sinne unserer Hypothese, folgender Hinweis: „Es stehen insgesamt ca. 1.000 deutschsprachige Titel der Erscheinungsjahre 2005 – 2010 des Springer-Verlags zur Verfügung. Zum Angebot gehören auch die Titel der Verlage Teubner und Vieweg. Das Angebot wird fortlaufend um neu erscheinende Titel 2010 ergänzt." Derartige aktuelle Angebote sind für die theoretischen Naturwissenschaften nicht zu erwarten.

Des Weiteren wird in den angewandten Wissenschaften bei der Einführung von Englisch in deutschsprachige Nachschlagewerke Deutsch nicht unbedingt ganz aufgegeben. So sind in manchen Enzyklopädien der klinischen und der Zahnmedizin zwar den deutschen Termini englische beigefügt, die deutschsprachigen Texte jedoch beibehalten. Friedbichler/ Friedbichler/ Türp (2008a: 795) nennen als Beispiele dafür *Pschyrembel. Klinisches Wörterbuch* (2007, 261. Aufl., Berlin: de Gruyter) und *Roche Lexikon Medizin* (1998, 4. Aufl. München: Urban & Schwarzenberg).

Allgemein ist die Anglisierung in den theoretischen Naturwissenschaften durchgreifender erfolgt. So wurden vor allem die einst deutschsprachigen Zeitschriften so gut wie vollständig auf Englisch als einzige Publikationssprache umgestellt (vgl. Kap. G.1; G.3). Dagegen haben sich in den angewandten Wissenschaften eine ganze Reihe deutschsprachiger Zeitschriften gehalten, wie z.B. in der Medizin die *Zeitschrift für Orthopädie und Unfallchirurgie*, das *Medizinische Wochenblatt*, das *Zentralblatt für Chirurgie* und *Der Chirurg*, oder sie lassen deutschsprachige Beiträge nach wie vor zu, neben englischsprachigen.

Nicht untypisch ist bei Zeitschriften die Zweigleisigkeit, bei der zu einer deutschsprachigen Version eine englischsprachige hinzutritt. Diese Lösung praktiziert schon seit 1962 mit großem Erfolg die Zeitschrift *Angewandte Chemie* (seit 1887), deren englischsprachige Version in ihrem Fach zu einer der weltweit führenden Zeitschriften aufgestiegen ist, jedenfalls nach Maßgabe des Impact-Faktors – wie der Werbetext des Verlags triumphierend verkündet: „*Angewandte Chemie International Edition*, with its excellent Impact Factor of 11.829 (2009) strengthens its leading position among the general chemistry journals. It is one of the prime chemistry journals in the world, with an Impact Factor higher than those of comparable journals." (www.wiley-vch.de/publish/en/journals/alphabeticIndex/2001/ – abgerufen 23.11.2010. Näheres zum Impact-Faktor in Ammon 1998: 36-38; Winkmann/ Schlutius/ Schweim 2002a: 132; 2002b: 139) Auch *Deutsches Ärzteblatt* (seit 1872), das Standesorgan der Bundesärztekammer und der Kassenärztlichen Bundesvereinigung, hat der deutschsprachigen gedruckten Version im Jahr 2008 eine englischsprachige online hinzugefügt (www.aerzteblatt.de/int/ – abgerufen 24.11.2010; Baethge 2008; 2011). Darüber hinaus sind mehrsprachige Zeitschriften nicht selten, wie z.B. die *Schweizer Monatsschrift für Zahnmedizin/ Revue mensuelle suisse d'odontostomatologie/ Rivista mensile svizzera di odontologia e stomatologia*. Gänzliche Sprachumstellungen von Deutsch auf Englisch sind in den angewandten Wissenschaften seltener. Ein Beispiel ist jedoch die *Schweizerische Medizinische Wochenschrift > Swiss Medical Weekly*, worüber die Website meldet: „[W]e have switched from our multilingual tradition to an English-only journal" (www.vet-magazin.com – abgerufen 08.05.2011). Alles in allem indizieren die Daten indes doch, dass die deutsche Sprache in den angewandten Wissenschaften eine wichtigere Rolle spielt als in den theoretischen, wenn auch keinesfalls eine exklusive.

Bei genauerer Betrachtung finden sich auch Anhaltspunkte für die zu Beginn dieses Kap. (und in Kap. G.2) vorgeschlagene Erklärung des stärkeren Festhaltens der angewandten als der theoretischen Wissenschaften an Deutsch, nämlich aufgrund des Kontaktes mit den Anwendern, über den engen fachwissenschaftlichen Kreis hinaus, als mindestens eines von vielleicht mehreren Faktoren. Dagegen erscheint dieses Festhalten nicht gestützt durch eine gewichtigere internationale Stellung von Deutsch (vgl. Kap. A.2), für die es keine Anhaltspunkte gibt. Gegen eine starke internationale Stellung sprechen unter anderem der niedrigere Impact-Faktor und die geringere Auflagenhöhe der deutschsprachigen gegenüber den englischsprachigen Versionen von Zeitschriften. Sie entsprechen dem verhältnismäßig kleinen Markt der deutschen Sprachgemeinschaft im Vergleich zum globalen Markt für die englischsprachigen Versionen. So ist der Impact-Faktor der deutschsprachigen Zeitschrift *Der Chirurg* niedriger (0,539 im Jahr 2007) als der englischsprachigen *Langenbeck's Archives of Surgery* (1,533 im Jahr 2007; Haße/ Fischer 2010: 362; siehe auch: www.springer.com/medicine/surgery/journal/423 – abgerufen 06.05.2011), obwohl beide Zeitschriften ähnlich ausgerichtet sind und sogar im gleichen Verlag erscheinen (Julius) Springer). Auch hat *Der Chirurg* sicher eine weit niedrigere Auflage (5.480 verkaufte und 5.700 „verbreitete" Exemplare im Jahr 2010. www.fachzeitungen.de/seite/p/titel/titelid/1002640376 – abgerufen 24.04.2011) als *Langenbeck's Archives of Surgery*, das laut Website „belongs in the top ten journals in general and GI-tract surgery worldwide" (www.springerlink.com/content/3k9exwek3uyw923n/ – abgerufen 09.05.2011). Sicher werden deutschsprachige Zeitschriftenversionen nicht von angelsächsischen Chirurgen genutzt, deren Zahl allein schon in USA und Großbritannien 2,6 Mal so groß ist wie in allen deutschsprachigen Ländern zusammen (Haße/ Fischer 2010: 363), aber wahrscheinlich auch kaum von Chirurgen sonstiger nicht-deutschsprachiger Staaten.

Bei aller mangelnden Repräsentativität solcher Daten legen sie doch die Annahme nahe, dass die etwas stärkere Stellung von Deutsch in den angewandten im Vergleich zu den theoretischen Wissenschaften allein durch die sprachgemeinschaftinterne und nicht durch die internationale Kommunikation bedingt ist. Für eine geringe internationale Verbreitung der deutschsprachigen angewandten Publikationen sprechen auch Indizien wie, dass zahnmedizinische deutschsprachige Publikationen, speziell über klinische Studien, nur sehr unvollständig in die US-Datenbank *Medline* aufgenommen sind: je nach Ausrichtung nur zur Hälfte oder allenfalls zu drei Vierteln (Türp/ Schulte/ Antes 2002; Blümle/ Antes 2006; „Schieflage. Deutsche Publikationen in Datenbanken unterschlagen", *FAZ* 16.02.2005: N1). In den theoretischen Naturwissenschaften dürfte der Mangel an deutschsprachigen Titeln in den US-Datenbanken allein schon durch deren faktisch geringe Zahl bedingt sein. In den angewandten Wissenschaften haben vermutlich andere Ursachen wie vor allem fehlende Fremdsprachenkenntnisse möglicher Rezipienten größeres Gewicht. Schon die starke Fokussierung auf das Englische der eingangs zitierten Datenbank könnte hauptsächlich so motiviert sein (*Applied Science & Technology Abstracts*. www.hwwilson.com/newdds/aa.cfm – abgerufen 05.05.2011; siehe oben im vorliegenden Kap.). Insoweit erscheint Skudliks (1990: 215) Spezifizierung mancher Disziplinen als „nationalsprachlich geprägt" auch für die angewandten Wissenschaften zutreffend.

Nur als Einschub sei hier bemerkt, dass es allerdings kurzsichtig wäre, die hauptsächlich sprachgemeinschaftsinterne Funktion von Deutsch als für die internationale Stellung irrelevant einzuschätzen (vgl. Kap. A.5). Immerhin haben Deutschlerner davon einen potentiellen Nutzen, z.B. wenn sie in einem deutschsprachigen Land studieren oder arbeiten. Ich komme auf diese Überlegung am Ende dieses Kap. noch mal zurück.

Im Gegensatz zum hier für die angewandten Wissenschaften angenommenen Grund sieht Skudlik (1990: 215) bei ihren „nationalsprachlich geprägten" Fächern das Festhalten an Deutsch allerdings fundamentaler bedingt, nämlich „als ursächlich mit der Sprache, in der ihre Erkenntnisse formuliert sind, verquickt", also im Sinne von Sprache „als Erkenntnisinstrument". Daher ihre Beschränkung dieser Fächer auf die Geisteswissenschaften (vgl. auch Kap. G.6; G.7). Verglichen damit ist der von mir bei angewandten Wissenschaften vermutete Grund für das Festhalten an Deutsch banaler. Es sind vor allem die mangelnden Fremdsprachenkenntnisse der Klientel. In der Tat taxierten in neueren Erhebungen nur 56% der erwachsenen deutschen Bevölkerung ihre Englischkenntnisse als „gut genug", „um sich darin zu unterhalten" (*Eurobarometer Spezial* 2006: 14), und auch für Akademiker sind mangelnde Englischkenntnisse belegt (Haße 2002: 7, Tab. 3; Ammon 1991a: 266-277; Kap. G. 10).

Die mangelnden Englischkenntnisse sind, wie mir scheint, ein weniger fundamentaler Grund für den Stellungserhalt von Deutsch als der für die Geisteswissenschaften angenommene Zusammenhang von Sprache und Erkenntnis. Er würde sich weitgehend auflösen bei Ausstattung der gesamten Bevölkerung mit ausreichenden Englischkenntnissen – woran die Bildungspolitik aller deutschsprachigen Staaten intensiv arbeitet (siehe zu Deutschland Quetz 2010; H. Wagener 2012; zu Österreich de Cillia/ Krumm 2010). Hinzu kommen müsste allerdings die Akzeptanz des Fremdsprachengebrauchs, die auch eine Frage der sprachlichen und nationalen Identität ist (Kap. B.3). Jedoch scheint dieses Hindernis gering, wenn man an die breite Aufgeschlossenheit der deutschsprachigen Bevölkerung gegenüber Anglizismen sowie englischsprachiger Werbung und Popmusik denkt. Dagegen könnten bei den Geisteswissenschaften auch Englischkenntnisse der gesamten deutschsprachigen Fachwelt, sogar der ganzen Bevölkerung, den Anker der deutschen Sprache nicht ausreißen – falls die Verankerung richtig diagnostiziert ist (vgl. Kap. G.6).

Fast scheint es so, als ahnten manche Wortführer gegen die Anglisierung des Wissenschaftsbetriebs in Deutschland die größere Anfälligkeit der angewandten Naturwissenschaften, denn unter ihnen spielen die (der ärztlichen Praxis nahestehenden) Mediziner eine prominente Rolle. So ist der Medizinprofessor und Arzt Wolfgang Haße (Berlin) Mitbegründer und Vorsitzender des „Arbeitskreises Deutsche Sprache in der Chirurgie (ADSiC)" und zudem engagiert im „Arbeitskreis Deutsch als Wissenschaftssprache (ADAWIS" (www.hart mann-in-berlin.de/7thesen/start; vgl. auch Haße/ Fischer 2003). Auch der ADAWIS-Vorsitzende, Ralph Mocikat (München), könnte, obwohl Professor medizinischer Grundlagenforschung, durch den Blick auf die (ärztliche) Praxis motiviert sein (vgl. dazu z.B. Mocikat 2006; 2007; 2010; Haße u.a. 2007; Haße/ Fischer 2010). Beide engagieren sich seit Jahren für die Erhaltung und Stärkung von Deutsch als Wissenschaftssprache. Dabei steht es im Einklang mit meiner oben formulierten Einschätzung, dass sich ihr Engagement auf Deutsch in der innerdeutschen Kommunikation richtet und sie für die internationale Kommunikation die Berechtigung von Englisch nicht bestreiten. Allerdings betonen sie zudem – wie Skudlik für die Geisteswissenschaften – die erkenntnisleitende Funktion der (Mutter)Sprache, bemühen sich aber nicht ernsthaft um den Nachweis für ihr Fach.

Dass sich allerdings auch in der anwendungsbezogenen Medizin Englisch ausbreitet, zumindest in ihren Publikationen, weist Nicolle Reinhöfer (2009) für die Zahnmedizin nach (Hinweis Han Guo). In den drei wichtigsten deutschsprachigen Fachzeitschriften ist der Anteil englischsprachiger Zitate in der Zeitspanne 1970 – 2005 stetig gewachsen (ebd.: 11f., 19-25; *Deutsche Zahnärztliche Zeitschrift, Deutsche Stomatologie/ Stomatologie der DDR, Österreichische Zeitschrift für Stomatologie*). Zudem stellt die Verfasserin, neben traditionellen Anglizismen, seit 1995 regelmäßig neu hinzukommende Anglizismen fest, vor allem „zur Bezeichnung neuer Methoden und Werkstoffe" (ebd. 38; Liste der Anglizismen 39-41).

Besondere Erwähnung verdienen noch die Patente als eine wirtschaftlich wichtige Publikationsform der angewandten Naturwissenschaften. Sie werden in der Regel in den staatlichen Patentämtern in der nationalen Amtssprache angemeldet, in den deutschsprachigen Ländern also auf Deutsch, z.B. in Deutschland beim Deutschen Patent- und Markenamt (Standorte in München, Jena und Berlin). Für die deutsche Sprache, vor allem ihre internationale Stellung, ist außerdem das Europäische Patentamt (München) von beträchtlicher Bedeutung, bei dem Patente auf Deutsch, Englisch oder Französisch eingereicht werden können. Um die zulässigen Sprachen für europäische Patente im Rahmen der EU gab es Jahre lang ein erbittertes Ringen. Gegen die schließliche Einigung von 12 Mitgliedstaaten auf die 3 Patentsprachen Deutsch, Englisch und Französisch haben Italien und Spanien Widerstand angemeldet, weil ihre Sprachen – um Übersetzungskosten zu sparen – nicht einbezogen sind („Der Weg für das EU-Patent ist frei" und „Durchbruch für das EU-Patent", *FAZ* 15.12.2010: 13 bzw. 25.05.2011:9).

China hat in den letzten Jahren im Weltmaßstab eine prominente Position bei den Patentanmeldungen errungen und im Jahr 2008 in der Chemie, der angewandten muss man wohl hinzufügen, speziell der Pharmazie, Japan vom Führungsplatz verdrängt hat („China Leads All Nations in Publication of Chemical Patents", www. cas.org/newsevents/releases/chinesepatents112309.html – abgerufen 22.02.2011). Die chinesischen Patente sind, soweit mir bekannt, auf Chinesisch und Englisch verfasst. Es wäre vorschnell, aus der Verfügbarkeit auf Englisch zu schließen, dass sie für die Stellung des Chinesischen in der Welt irrelevant wären. Immerhin sind sie eben auch auf Chinesisch zugänglich und bieten somit einen zusätzlichen Nutzen für Chinesischlerner – so gering dieser Faktor für die internationale Stellung der chinesischen Sprache zu veranschlagen sein mag, im Vergleich zu anderen Faktoren, die aus dem Aufstieg Chinas zur Weltmacht erwachsen.

Entsprechend ist die Zugänglichkeit von Patenten auf Deutsch nicht ganz bedeutungslos für die Stellung der deutschen Sprache in der Welt. Immerhin „steht Deutschland mit 7,4% aller Patentanmeldungen weltweit auf dem vierten Platz" (www.ip-notiz.de/was-die-zahl-der-patentanmeldungen-uns-sagen-kann /2008/09/30/, Beilage zur *FAZ* 17.09.2008). Ebenso stärkt das Festhalten an der deutschen Sprache bei Zeitschriften, Nachschlagewerken und anderen Fachtexten die internationale Stellung der deutschen Sprache bis zu einem gewissen Grad – obwohl es hauptsächlich sprachgemeinschaftsintern motiviert ist. Dadurch kann sich nämlich die Lehre an Hochschulen oder die Fortbildung in Betrieben auf deutsche Texte stützen. Damit erhalten Deutschkenntnisse ausländischer Gäste in den deutschsprachigen Ländern einen erkennbaren Nutzen, der die Motivation zum Deutschlernen stärken kann. Dagegen haben Deutschkenntnisse in den theoretischen Naturwissenschaften diesen Nutzen inzwischen eingebüßt.

Vielleicht lernen angewandte nicht-deutschsprachige Wissenschaftler deshalb insgesamt häufiger Deutsch als theoretische Wissenschaftler – trotz der primär sprachgemeinschaftsinternen statt internationalen Funktion von Deutsch als Wissenschaftssprache. Diese Vermutung erscheint plausibel, wenn man an die Beliebtheit von „Deutsch als Anwendungsfach" für die technologische Modernisierung, z.B. in Ländern wie China, denkt (J. Zhu 2007; Hess 2007). Jedoch bleibt die Prüfung dieser sehr allgemein formulierten Hypothese und die genauere Untersuchung der Zusammenhänge hier wieder einmal Forschungsdesiderat.

5. Sozialwissenschaften

Bei aller Skepsis gegen *Wikipedia* eignet sich die Internet-Enzyklopädie doch gut für erste Überblicke, so auch über die gewöhnlich den Sozialwissenschaften zugeordneten Fächer, die dort 2011 folgende 20 Einträge umfasste (hier jeweils durch Strichpunkte getrennt, zur Unterscheidung von Kommatrennungen innerhalb der Einträge):

> Anthropologie (Sozial- und Kulturanthropologie); Demografie (Bevölkerungswissenschaft); Erziehungswissenschaft (u. a. Schulpädagogik, Erwachsenenbildung, Sozialpädagogik, Sonderpädagogik); Ethnologie (Völkerkunde) und Volkskunde (Europäische Ethnologie); Kindheitsforschung (interdisziplinär); Kommunikationswissenschaft, Medienwissenschaft und (ehedem) Zeitungswissenschaft; Kunstwissenschaft, Kulturwissenschaft; Linguistik und Sprachwissenschaft; Ökotrophologie (Haushalts- und Ernährungswissenschaft); Pädagogik (interdisziplinär); Politikwissenschaft (Politologie); Psychologie (interdisziplinär), zumal Sozialpsychologie; Rechtswissenschaft und (ehedem) Staatswissenschaften, Verwaltungswissenschaft; Religionswissenschaft; Soziale Arbeit (Sozialpädagogik, Sozialarbeitswissenschaft); Sozial- bzw. Humangeographie; Sozialgeschichte (Historische Sozialwissenschaft); Sozialmedizin, Salutologie, Pflegewissenschaft, Diakonik; Sozialphilosophie, Sozialethik; Soziologie; Sportwissenschaft; Wirtschaftswissenschaften (Betriebswirtschaftslehre und Volkswirtschaftslehre) (de.wikipedia.org/wiki/ Sozialwissenschaft – abgerufen 11.05.11).

Ähnliche Listen findet man verschiedentlich, z.B. auch bei den später in diesem Kap. genutzten Datenbanken *International Bibliography of the Social Sciences (IBSS)* (www.proquest.co.uk/en-UK/catalogs/databases/detail/ibss-set-c.shtml) und *Sociological Abstracts* (www.csa.com/factsheets/socioabs-set-c.php). Der Vergleich insbesondere mit Fächerlisten für die Geisteswissenschaften (Kap. G.6) belegt die schon mehrfach angesprochene Überlappung der hier unterschiedenen Fächergruppen. Besonders hervorgehoben sei die Rechtswissenschaft (Jura, Jurisprudenz), die von *Wikipedia* den Sozialwissenschaften zugewiesen wird, wie auch sonst nicht selten (z.B. Rottleuthner (1973) *Rechtswissenschaft als Sozialwissenschaft*), aber hier unter den Geisteswissenschaften zur Sprache kommt (Kap. G.6; dazu auch Kretschmer (2007) *Rechts- als Geisteswissenschaft*).

Ähnlich zweifelhaft ist die Zuordnung der Psychologie, die oft als fächergruppen-übergreifend charakterisiert, aber hier unter den Sozialwissenschaften behandelt wird – wie in der bibliographischen Datenbank *International Bibliography of the Social Sciences (IBSS)* oder, obgleich spezifiziert („Psychologie, zumal Sozialpsychologie"), in der obigen Liste aus *Wikipedia*. Die Psychologie eignet sich besonders gut als Beispiel für die Entwicklung der Sprachwahl in neuerer Zeit, weil diese von ihren Fachvertretern intensiv untersucht und diskutiert wurde (vgl. auch Ammon 1998: 16-18).

Die Psychologen in Deutschland wurden in den 1970er Jahren gewahr, dass ihre deutschsprachigen Publikationen außerhalb des deutschen Sprachgebiets kaum noch Beachtung fanden und sogar die im eigenen Land verlegten Zeitschriften englischsprachige Beiträge forderten. Ich dokumentiere die im Zusammenhang damit entstandene Forschung und Diskussion, einschließlich der wichtigsten Publikationen, hier ausführlicher als es im vorliegenden Kontext unbedingt notwendig wäre, weil sie die Problematik besonders gründlich und vielseitig beleuchtet hat. Werner Traxel (1975) plädierte trotz nachgewiesener Nichtbeachtung der „deutschsprachigen Psychologie", wie sie in der Diskussion meist genannt wird, für das Festhalten an Deutsch als Publikationssprache deutschsprachiger Psychologen. Eines seiner Argumente war, dass sie in einer Fremdsprache mit ihren angelsächsischen Kollegen nie ernsthaft konkurrieren könnten. Sein Fachkollege Gustav A. Lienert (1977) trat dieser Auffassung entgegen und ermutigte die deutschsprachigen Psychologen zur Hinwendung zum Englischen, um wieder international wirksam zu werden. Von den zahlreichen Stellungnahmen zu dieser Streitfrage, auch über die Fachgrenzen hinaus oder mit Zeitverzögerung, nahmen die meisten eine vermittelnde Position ein oder tendierten in die Richtung von Traxel (Traxel 1979; Reinhardt 1979; Eysenck 1980; Süllwold 1980; Marx 1989; R. J. Smith 1981; Roth 1989; A. F. Sanders 1989; Weingart 1989; aber Freeman 1976; vgl. auch Heckhausen 1986). Die *Empfehlungen des Vorstandes der Deutschen Gesellschaft für Psychologie* (1985) befürworteten die Beibehaltung von Deutsch als ausschließliche Publikationssprache der „deutschsprachigen Zeitschriften der Psychologie", empfahlen aber zusätzliche englischsprachige Abstracts. Außerhalb der Zeitschriften überließen sie die Sprachwahl jedoch ausdrücklich den einzelnen Autoren, weil „die internationale Fachöffentlichkeit nicht-englische Publikationen kaum noch zur Kenntnis nimmt".

Joachim H. Becker (1980; auch 1994a) wies empirisch nach, dass die deutschsprachigen Psychologen zunehmend auf Englisch publizierten und dass US-Zeitschriften der Psychologie weltweit viel häufiger zitiert wurden als deutsche. Sogar das weitest verbreitete deutsche Fachorgan, die *Zeitschrift für Sozialpsychologie*, wurde „nicht nur in den Vereinigten Staaten von Amerika, sondern auch in anderen, uns geographisch näheren Nationen [...] kaum oder gar nicht rezipiert" (Becker 1981: 334). Dagegen entnahm Becker (1980: 357) den älteren Untersuchungen des US-Amerikaners S. W. Fernberger (1917; 1926; 1936; 1946; 1956), dass Deutsch vor dem Ersten Weltkrieg an den weltweiten Publikationen der Psychologie mehr Anteil hatte als jede andere Sprache (30 – 55%, Englisch 25 – 30%), weshalb gute deutsche Lesekenntnisse für US-Psychologen als unabdingbar galten. Seit Ende des Ersten Weltkriegs begann jedoch der Anteil deutschsprachiger Publikationen zu schrumpfen: bis schließlich auf nur noch 4 – 7% in den 1980er Jahren, während der englischsprachige Anteil bis dahin auf ca. 90% anwuchs.

Zudem fand Becker (1994b), dass sich zwar einerseits die internationale Rezeption der deutschen Zeitschrift *Psychological Research* 4 Jahre nach der 1974 erfolgten Umstellung von Titel und Beiträgen aufs Englische nicht verbessert hatte (zuvor *Psychologische Forschung*), dass jedoch andererseits die englischsprachigen Publikationen deutscher Psychologen, vor allem in renommierten internationalen Zeitschriften, mehr rezipiert wurden als ihre deutschsprachigen. Auch weitere Untersuchungen bestätigten, dass deutschsprachige Publikationen, speziell deutschsprachige Zeitschriften, außerhalb der deutschsprachigen Länder kaum noch zur Kenntnis genommen wurden (Schoepflin 1989; Montada u.a. 1995; vgl. auch Markowitsch 1996; Strack 1996; Wolke 1996; Montada/ Schoepflin/ Baltes 1996; Frese 1990; Keul/ Gigerenzer/ Stroebe 1993). Allerdings fehlt es an weiter zurückreichenden diachronen Untersuchungen, die vielleicht manchenorts, z.B. in den USA, auch schon für frühere Jahre nach dem Ersten Weltkrieg eine geringe Rezeption deutscher Psychologie gefunden hätten. So berichten Finison/ Whittemore (1975) über die „Linguistic Isolation" speziell der US-Sozialpsychologie bis zurück in die 1920er Jahre.

Ansonsten lässt dieser historische Abriss der Entwicklung in der Psychologie zunächst keinen wesentlichen Unterschied zu den theoretischen Naturwissenschaften erkennen (vgl. Kap. G.3) – außer dass die Entwicklung heftiger diskutiert und weniger als unumgänglich hingenommen wurde. Dies mag teilweise daran liegen, dass manche Richtungen der Psychologie nach Allgemeinheit der Methoden und der angestrebten Erkenntnisse fast schon zu den theoretischen Naturwissenschaften passen. Jedoch sollten, dürfte man meinen, für andere Richtungen der Psychologie die folgenden Bedingungen gelten, die für die Sozialwissenschaften im Großen und Ganzen einen geringeren Grad der Anglisierung nahelegen als für die theoretischen Naturwissenschaften (vgl. Kap. G.2):

a) Die häufiger auf die eigene Nation oder Sprachgemeinschaft bezogenen Themen und die entsprechend eingeschränkten Interessenten, für die eine Fremdsprache wie Englisch unpraktisch wäre;

b) der geringere Grad fachlicher Spezialisierung (der allerdings fraglich ist und noch nachzuweisen wäre), aufgrund dessen sich mehr Fachkollegen in der eigenen Sprachgemeinschaft finden, mit denen man am einfachsten in der eigenen Sprache, Deutsch, kommuniziert;

c) die – aufgrund der geringeren Formalisierung der Fachsprache – leichtere Zugänglichkeit der Texte für Laien, die durch eine Fremdsprache eingeschränkt würde;

d) die schwierigere Übersetzbarkeit von Texten in eine Fremdsprache, weil die Alltags- oder Umgangssprache mit allen stilistischen Feinheiten anzuwenden ist.

Erste Aufschlüsse für einen groben Vergleich der Sozialwissenschaften insgesamt mit den theoretischen Naturwissenschaften versprechen wieder die Sprachenanteile an den weltweiten Publikationen nach Maßgabe bibliographischer Datenbanken, die allerdings, wie es scheint, für die Sozialwissenschaften weniger weltweit repräsentativ sind als für die Naturwissenschaften. In Frage kommen vor allem die *International Bibliography of the Social Sciences (IBSS)* und die *Sociological Abstracts*. Beide erstrecken sich auf eine ganze Reihe von Sozialwissenschaften, und beide gehörten zur Zeit der vorliegenden Analyse der Firma ProQuest mit Sitz in Cambridge (England). Die *International Bibliography of the Social Sciences* (IBSS) ist wohl stärker auf Europa ausgerichtet, denn sie hatte ihren Verlagssitz zunächst in Frankreich (Paris; Gründung 1951), ehe dieser 1989 nach England verlegt wurde. Abb. G.5-1 zeigt die Entwicklung der Sprachenteile in der Zeit von 1951 bis 2005. Bei den Analysen der Datenbanken waren Vanessa Gawrisch und Wenting Sheng behilflich, bei der Erstellung der Diagramme Bettina Thode und Wenting Sheng.

Es sei noch mal ausdrücklich auf die Logarithmierung der Ordinate hingewiesen, die der Entzerrung der Anteile der anderen Sprachen als Englisch dient, aber dafür deren beträchtlichen Abstand zu Englisch eskamotiert. Offenkundig ist auch in den Sozialwissenschaften Englisch die – mit großem Abstand – häufigste Publikationssprache. Sein Anteil wächst in der untersuchten Zeitspanne merklich, von 48% im Jahr 1951 auf 76% im Jahr 2005. Allerdings bleibt er erheblich niedriger als bei den theoretischen Naturwissenschaften, mit 92,7% im Jahr 2005 (vgl. Abb. G.3-1).

Die beiden Sprachen, die daneben noch durchaus nennenswerte Anteile erreichen, sind Deutsch und Französisch. Sie liegen am Ende der Erhebungszeit ungefähr gleichauf (7,2% bzw. 6,9%). Während der Anteil von Deutsch in der ganzen Zeitspanne ziemlich konstant bleibt und sogar leicht expandiert (von 5,9% im Jahr 1951 auf 7,2% im Jahr 2005), schrumpft der Anteil von Französisch merklich (von 17,9% im Jahr 1951 auf 6,9% im Jahr 2005). Alle anderen Sprachen zeigen vergleichsweise geringe Anteile. Besonders auffällig ist der tiefe

Fall des Japanischen, schon Ende der 1970er Jahre unter 1%, nach 8,4% zu Beginn der Erhebungen im Jahr 1951. Dieser steile Abfall nährt allerdings den Verdacht der verzerrten Auswertung durch die Datenbank zu Gunsten europäischer oder „westlicher" Sprachen, bei Vernachlässigung asiatischer oder „östlicher" Sprachen. Allerdings tangiert diese Einseitigkeit wohl kaum den Anteil von Deutsch im Verhältnis zu anderen europäischen Sprachen, gegenüber denen er – wie auch der Anteil von Französisch – beachtlich bleibt.

Sociological Abstracts ist, wie es scheint, stärker als *IBSS* auf die USA ausgerichtet. Es besteht seit 1952 und hat seinen Verlagssitz in Ann Arbor (MI, USA), gehört aber ebenfalls zur Firma ProQuest (Cambridge, England) und wird seit 2007 gemeinsam von den Firmen ProQuest Information and Learning und CSA erstellt.

Der auffälligste Unterschied gegenüber *IBSS*, speziell bei Deutsch, ist dessen Zurückfallen in neuerer Zeit, seit dem Jahr 2000, hinter Spanisch (Anteil von 3,9% gegenüber 3,0% im Jahr 2006). Ob sich daraus allerdings Prognosen für die Zukunft extrapolieren lassen, ist zweifelhaft. Vermutlich ist die Umkehrung der Proportionen zwischen den beiden Sprachen vor allem durch die unterschiedlichen geographischen Schwerpunkte der beiden Datenbanken bedingt (*Sociological Abstracts*: USA – *IBSS*: Europa); in den USA ist Spanisch sowohl als Immigrantensprache weit verbreitet wie auch mit Abstand meistgelernte Fremdsprache. Deutlicher ausgeprägt ist der höhere Anteil von Französisch als von Deutsch in *Sociological Abstracts*.

Die Zahlen widerspiegeln sicher ungefähr die tatsächlichen Publikationshäufigkeiten; wie genau lässt sich ohne Kenntnis möglicher Verzerrungen jedoch nicht abschätzen.

Dass Verzerrungen vorliegen, ist unter anderem daraus zu schließen, dass der Anteil von Englisch in *IBSS* in der Untersuchungszeitspanne in beiden Datenbanken beträchtlich divergiert und in *IBSS* stetig wächst (von 52,3% im Jahr 1975 bis 76% im Jahr 2005), aber in *Sociological Abstracts* stagniert (75,7% im Jahr 1974 und 70.7% im Jahr 2006). Allerdings könnte der Rückgang in *Sociological Abstracts* im letzten Zeitabschnitt durch einen Rückstand bei den Auswertungen bedingt sein, der vielleicht auch das Bild bei Deutsch beeinträchtigt.

Im Bereich unterhalb der 1-Prozent-Schwelle, der – hauptsächlich wegen des Zerrbilds durch die Logarithmierung (Höhe 0,1 – 1% = 1 – 10%) – hier weggelassen ist, zeigt sich, dass Chinesisch langsam an Bedeutung gewinnt. So wächst sein Anteil vor allem in *Sociological Abstracts*, und zwar von 0,04% beim erstmaligen Erscheinen im Jahr 1995 bis auf 0,7% im Jahr 2006, mit aufwärts gerichteter Tendenz. Chinesisch ist außer Spanisch die einzige Sprache mit zunehmendem Anteil. Dagegen stagniert Japanisch (0,1% beim erstmaligen Erscheinen 1980, 0,4% dann 1983 und ebenso immer noch 2006).

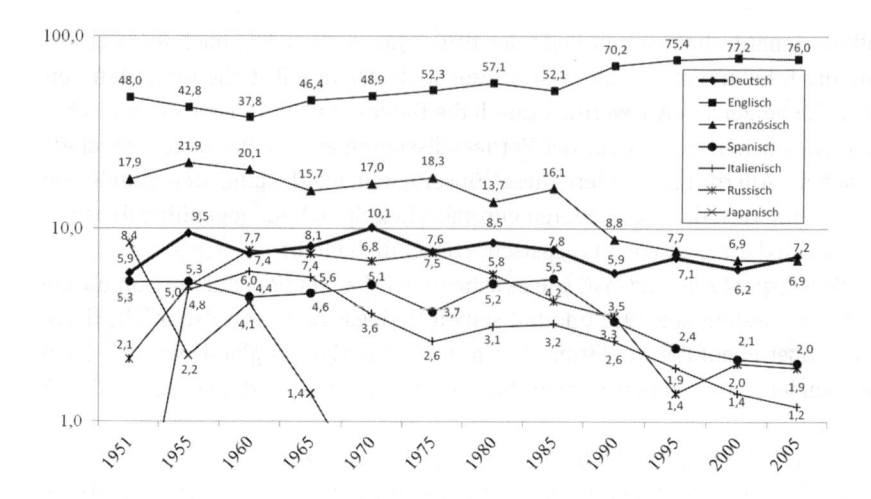

Abb. G.5-1: Sprachenanteile an den sozialwissenschaftlichen Publikationen weltweit 1951 – 2005 (in Prozent; aufgrund von *International Bibliography of the Social Sciences (IBSS)*. Ordinate zur besseren Übersichtlichkeit logarithmiert. Analysen von Ammon/ Gawrisch)

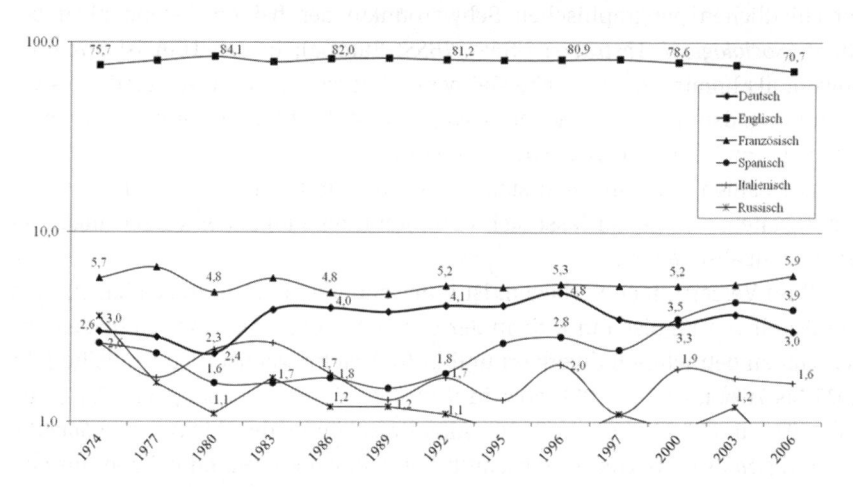

Abb. G.5-2: Sprachenanteile an den sozialwissenschaftlichen Publikationen weltweit 1974 – 2006 (in Prozent; aufgrund von *Sociological Abstracts*. Ordinate zur besseren Übersichtlichkeit logarithmiert. Analysen von Ammon/ Wenting Sheng)

Wie bei den Naturwissenschaften interessieren auch bei den Sozialwissenschaften nicht nur die weltweiten Publikationsanteile, sondern ebenso die Zitierhäufigkeiten deutschsprachiger Quellen, für die glücklicherweise Daten vorliegen, wenn auch leider nicht mehr für die neueste Zeit. Wie schon zuvor betont, indiziert das Zitiertwerden den internationalen Gebrauch der Sprache direkter als die bloße Publikationsmenge. In der Zitatenanalyse, über die ich hier berichte, habe ich als Pars pro toto für die Sozialwissenschaften die *Wirtschaftswissenschaften* ausgewählt. Diese nehmen nicht nur wegen des inhaltlichen Bezugs auf die Gesellschaft (und nicht die Natur oder den „Geist"), sondern auch wegen der angewandten Methoden eine Zwischenstellung zwischen den „harten" Naturwissenschaften und den „weichen" Geisteswissenschaften ein (vgl. dazu de Solla Price 1986: 155-179; 1970) und fügen sich somit gut in die Trias von Natur-, Sozial-, und Geisteswissenschaften. Ihre beiden Hauptzweige: „Economics" (*Volkswirtschaft*) und „Business & finance" (*Betriebswirtschaft*), bilden auch je eines von insgesamt 50 sozialwissenschaftlichen Fächern im *Social Sciences Citation Index* (1972ff. thomsonreuters.com/products_services/science/science_products/a-z/social_sciences_citation_index/ – abgerufen 14.05. 2011). Die folgende Zitatenanalyse beschränkt sich jedoch auf die Volkswirtschaft (zu Details Ammon 1998: 56-66).

Nach der Durchführung der Zitatenanalyse – leider erst danach – erscheint mir die Fachwahl allerdings zweifelhaft. Zusätzliche Informationen, auf die ich später in diesem Kap., nach dem Bericht über die Zitatenanalyse, zurückkomme, legen nahe, dass die Soziologie vermutlich anders aussehende Befunde geliefert hätte. Im Gegensatz zur Chemie als Beispiel für die theoretischen Naturwissenschaften (Kap. G.3) sind die Wirtschaftswissenschaften anscheinend eine Sozialwissenschaft, zu der die deutschsprachigen Länder einen verhältnismäßig bescheidenen Beitrag geleistet haben. Ein Indiz dafür ist z.B., dass bislang nur ein einziger Nobelpreis an einen Vertreter eines deutschsprachigen Landes gegangen ist: an den Deutschen Reinhard Selten im Jahr 1994. Dies bleibt auch dann ein magerer Gewinn, wenn man berücksichtigt, dass der Nobelpreis für dieses Fach erst seit 1969 vergeben wird (Katz 1989), für die Naturwissenschaften dagegen schon seit 1901. Friedrich A. von Hayek, der 1974 den Nobelpreis für Wirtschaftswissenschaft erhielt, stammt zwar aus Österreich und lehrte überdies in den 1960er Jahren in Freiburg i. Br., arbeitete jedoch während seiner produktivsten Jahre in Großbritannien, dessen Staatsbürgerschaft er auch annahm, sowie in den USA. Von Hayek stammte aus der „Österreichischen Schule", wozu auch Carl Menger, Eugen von Böhm-Baweck, Friedrich von Wieser und Ludwig von Mises gehörten. Sie fand vor allem in den 1920er Jahren weltweite Beachtung, kam jedoch unter dem Nationalsozialismus zum Erliegen, als ihre wichtigsten Köpfe emigrierten (vgl. Magill 1991: 101-106). Erwähnung verdienen ferner Werner Sombart (1863-1941), Joseph A. Schumpeter (1883-1950) und John von Neumann (1903-1957). Die beiden Letztgenannten emigrierten in den 1930er Jahren in die USA. Von Neumann, der Vater der mathematischen Spieltheorie, stammte aus Ungarn (ursprünglicher Vorname *Janski*), publizierte aber bis weit in die 1930er Jahre hinein auf Deutsch. Reinhard Selten folgte insoweit seinen Fußstapfen, als er die mathematische Spieltheorie und ihre Anwendung auf die Ökonomie weiterentwickelt hat.

Die folgende Zitatenanalyse erstreckt sich – wie bei der Chemie (Kap. G.3) – auf die wichtigsten Fachzeitschriften, ermittelt nach dem Impact-Faktor (gemäß *Social Sciences Citation Index 1990* (1991) *Journal Citation Reports*) oder, wo dieser nicht vorlag, nach dem Urteil örtlicher Experten. So wurden für die folgenden Staaten die folgenden Zeitschriften ausgewählt: USA (*American Economic Review* und *The Journal of Political Economy*), Sowjetunion (*Voprosy ekonomiki* [Fragen der Ökonomie]) und *Mirovaja ekonomika i meschunarodnyje otnoschenija* [Globale Ökonomie und internationale Verhältnisse]), Frankreich (*Revue économique Française* und *Revue économique*), Niederlande (*De Economist* und *Journal of International Economics*), Polen (*Ekonomista* [Ökonom] und *Gospodarka planowa* [Planwirtschaft]) und Ungarn (*Acta Oeconomica*). Weil vor allem die internationale Stellung der deutschen Sprache interessiert, wurden keine Zeitschriften deutschsprachiger Länder einbezogen. Zwecks Vergleichbarkeit wurden dann auch bei Englisch die Zahlen der US-Zeitschriften und bei Französisch der Zeitschriften Frankreichs herausgenommen. Die Zitatenanteile der Sprachen, also von Titeln in der betreffenden Sprache, wurden ungewogen gemittelt, im ersten Schritt über beide Zeitschriften des betreffenden Landes (wo zwei vorlagen) und im zweiten Schritt über die verschiedenen Staaten.

Der übergreifende Befund war, dass nur aus den Sprachen Deutsch, Englisch und Französisch durchgehend zitiert wurde (Abb. G.5-3). Jedoch spielten noch andere Sprachen als Zitatenquellen eine gewisse Rolle, und zwar in folgender Rangordnung (nach der Zahl von Zeitschriften mit Zitaten aus den Sprachen): Russisch, Italienisch, Spanisch, Polnisch, Niederländisch = Schwedisch = Tschechisch, Dänisch = Finnisch = Norwegisch = Portugiesisch = Serbokroatisch = Ungarisch.

Wie man sieht, ist die Entwicklung der Anteile der englisch- und der deutschsprachigen Zitate ähnlich wie in der Chemie (vgl. Abb. G.3-2): nach oben bzw. nach unten gerichtet. Allerdings ist der Anteil von Englisch im Untersuchungszeitraum von Anfang an größer als von Deutsch, wobei für die neuere Zeit der den Unterschied verkleinernde Eindruck der Logarithmierung zu beachten ist. Der etwas erratische Verlauf von Deutsch lässt sich nur teilweise mit Blick auf die politische Geschichte erklären, am ehesten wohl der Niedergang während und infolge der Nazi-Zeit. Wie in der Chemie wird in neuerer Zeit Englisch in den US-Zeitschriften absolut dominant, ähnlich auch in den niederländischen Zeitschriften. In den osteuropäischen Zeitschriften erreicht der Anteil von Englisch innerhalb der Untersuchungszeit keine so eklatante Vorrangstellung; jedoch dürfte sich das in der Zeit nach der Auflösung der Sowjetunion geändert haben.

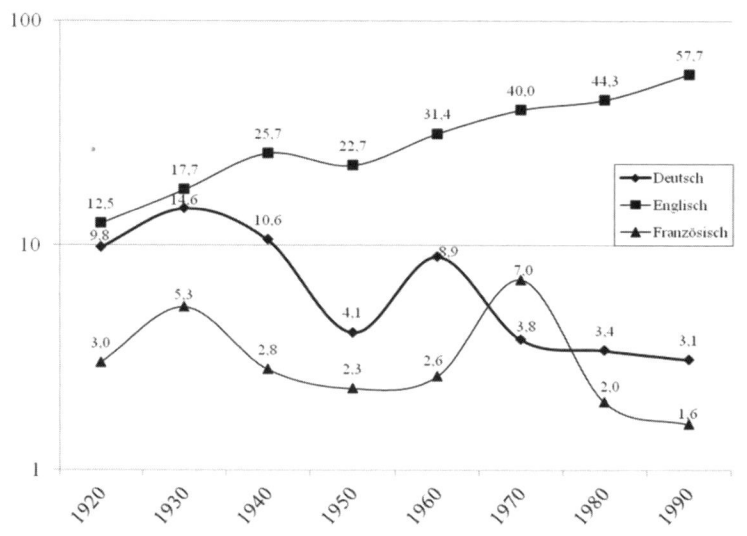

Abb. G.5-3: Anteile deutsch-, französisch- und englischsprachiger Zitate in wirtschaftswissenschaftlichen Fachzeitschriften 1920 – 1990
(in Prozent. Ordinate zur besseren Übersichtlichkeit logarithmiert. Nach Ammon 1998: 64)

Außerdem weisen die Zeitschriften von näher am deutschen Sprachgebiet gelegenen Staaten, zumindest in früheren Zeiten, mehr deutschsprachige Zitate auf als weiter entfernter Staaten (USA und UdSSR). Aufs Ganze gesehen hat Deutsch einen etwas größeren Anteil als Französisch, wobei der Unterschied im Vergleich zu Englisch gering ist, vor allem in neuerer Zeit. Russisch ist die nach Französisch wichtigste Zitatensprache. In den Zeitschriften der UdSSR ist sie, wie man sich denken kann, dominant (1960 73% und 1990 42% gegenüber Englisch 23% bzw. ebenfalls 42%). Auch in den Zeitschriften Polens spielt Russisch eine dem Deutschen und Französischen annähernd ebenbürtige Rolle (1960 Russisch 4% und 1990 0%, Deutsch 11% bzw. 1%, Französisch 2% bzw. 3%). Allerdings sinkt die Bedeutung des Russischen von 1980 bis 1990 allenthalben merklich – und vermutlich in der Zeit nach der Auflösung der Sowjetunion noch deutlicher. Im Vergleich mit den chemischen Zeitschriften fällt in der Wirtschaftswissenschaft auf, dass Japanisch und Chinesisch innerhalb der Untersuchungszeit als Zitatenquellen überhaupt keine Rolle spielen.

Der im Bezug auf die Fragestellung entscheidende Befund ist jedoch, dass der Zitatenanteil aus deutschsprachigen Texten nicht etwa höher ist als in der theoretischen Naturwissenschaft, sondern sogar niedriger (3,1% deutschsprachige Zitatenanteile in den wirtschaftswissenschaftlichen gegenüber 10,7% in den chemischen Fachzeitschriften im Jahr 1990. Abb. G.3-2). Demnach ist die untersuchte Sozialwissenschaft keineswegs ein sichererer Hort der internationalen Stellung der deutschen Sprache als die untersuchte (theoretische) Naturwissenschaft. Im Gegenteil.

Wenn die beiden ausgewählten Disziplinen, Wirtschaftswissenschaft (Volkswirtschaftslehre) und Chemie, für ihre jeweilige Wissenschaftsgruppe charakteristisch sind, könnte also auch für die Sozialwissenschaften wie für die angewandten Wissenschaften gelten, dass zwar der deutschsprachige Anteil am weltweiten Publikationsaufkommen größer ist als in den Naturwissenschaften (vgl. Abb. G.5-1 und G.5-2 mit G.3.1), aber nur deshalb, weil die deutschsprachigen Wissenschaftler entschiedener an Deutsch als Publikationssprache festhalten. Dem entspricht das Rezeptionsverhalten, das Sabine Skudlik (1990: 149) für die BRD in den 1980er Jahren festgestellt hat, nämlich dass die Naturwissenschaftler schon mehr zur Rezeption englischsprachiger als deutschsprachiger Literatur neigten, während es bei den Geisteswissenschaftlern umgekehrt war. „In den Wirtschaftswissenschaften" dagegen „verteilt[e] sich das Lektüreprogramm in etwa gleichmäßig auf deutsche und englische [deutsch- bzw. englischsprachige! U.A.] Fachliteratur." Jedoch verbindet sich mit dem stärkeren Festhalten an der deutschen Sprache nicht deren stärkere internationale Stellung im betreffenden Fach, da die deutschsprachigen Publikationen gleichwohl kaum von anderssprachigen Wissenschaftlern rezipiert werden. Entsprechendes habe ich hier weiter oben aus der Psychologie berichtet, was eine übergreifende derartige Tendenz in den Sozialwissenschaften nahelegt.

Jedoch könnten unsere Zahlen, vor allem in der Deutlichkeit ihrer Ausprägung, auch eine Besonderheit der beiden verglichenen Disziplinen sein. In der Chemie waren deutschsprachige Wissenschaftler eben besonders erfolgreich, und sind es weiterhin. Daher auch die nach wie führenden Unternehmen, wie z.B. BASF als größter Chemiekonzern der Welt. Dagegen haben die Wirtschaftswissenschaften, wie oben dargestellt, in den deutschsprachigen Ländern eine vergleichsweise ruhmlose Tradition. Vielleicht hätte eine Zitatenanalyse für die Soziologie andere Relationen erbracht – eine Möglichkeit, auf die ich sogleich zurückkomme.

Zuvor sei nur noch darauf hingewiesen, dass vielleicht auch die Namen der Wissenschaftsverbände in den deutschsprachigen Ländern das Festhalten an Deutsch als Wissenschaftssprache indizieren, wobei allerdings nicht ohne Weiteres von der Sprache des Verbandsnamens auf die Sprachverwendung, schon gar nicht für die internationale Kommunikation, geschlossen werden darf. Für die folgenden wirtschaftswissenschaftlichen Fächer ist je ein Namensbeispiels angegeben sowie die Zahl deutschsprachiger Namen im Verhältnis zur Gesamtzahl der Gesellschaften in Klammern (nach Kirchner 2006):

- Volkswirtschaft („Economics"): Deutschland: *Deutsche Weltwirtschaftliche Gesellschaft* (33 von 38), Österreich: *Volkswirtschaftliche Gesellschaft Österreich* (13 von 17), Schweiz: *Forschungsgemeinschaft für Nationalökonomie* (5 von 7 – 1 französisch);
- Management („Business Administration, Management"): Deutschland: *Deutsche Gesellschaft für Personalführung* (21 von 23), Österreich: *Österreichisches Produktivitäts- und Wirtschaftlichkeits-Zentrum* (3 von 3), Schweiz: *Schweizerische Management Gesellschaft* (5 von 6);
- Marktforschung/ Vertrieb („Marketing"): Deutschland: *Gesellschaft für Konsum-, Markt- und Absatzforschung* (3 von 3), Österreich: *Verband der Marktforscher Österreichs* (1 von 1), Schweiz: *Schweizerische Gesellschaft für Marketing* (2 von 3 – 1 französisch).

Nun noch der angekündigte kurze Blick auf die Soziologie. Dort hätte es um die Jahrhundertwende einen Impuls in Richtung internationaler Verwendung von Deutsch geben können. Damals ermittelte der Internationale Soziologenverband („International Sociological Association, ISA") in einer weltweiten Befragung die 10 soziologischen Bücher des 20. Jh., die nach Einschätzung der Mitglieder den stärksten Einfluss auf die Entwicklung der Disziplin hatten. Tab. G.5-1 zeigt das Ergebnis, das auf einer Handreichung beim Weltkongress des Verbandes in Montreal 1998 vorgestellt wurde.

Die von mir hinzugefügten Unterstreichungen markieren die ursprünglich auf Deutsch verfassten Titel, die allerdings später alle ins Englische übersetzt wurden. Auch Berger und Luckmann waren deutschsprachige Autoren, die indes schon damals – das Buch erschien 1966 – auf Englisch schrieben. Der Befund motivierte den Präsidenten der Gesellschaft, Immanuel Wallerstein, sich in Montreal nachdrücklich und öffentlich für Deutsch als weitere Amtssprache des Weltverbandes auszusprechen, zumal zu den ursprünglichen beiden Amtssprachen Englisch und Französisch kürzlich noch Spanisch hinzu gekommen war, nicht zuletzt infolge von Studentenprotesten gegen die „(wissenschaftliche) Vorherrschaft der ‚Gringos' und ihrer Sprache" beim Weltkongress 1982 in Mexico-City.

> In 1997 the ISA program committee surveyed members to identify the ten books published in the twentieth century that respondents considered to be the most influential for sociologists. This produced a 16% response rate and the list of books below.
>
> Max Weber, *Economy and Society*
> C. Wright Mills, *The Sociological Imagination*
> Robert K. Merton, *Social Theory and Social Structure*
> Max Weber, *The Protestant Ethic and the Spirit of Capitalism*
> Peter Berger and Thomas Luckmann, *The Social Construction of Reality*
> Pierre Bourdieu, *Distinction: A Social Critique of the Judgment of Taste*
> Norbert Elias, *The Civilizing Process: Power and Civility*
> Jürgen Habermas, *The Theory of Communicative Action*
> Talcott Parsons, *The Structure of Social Action*
> Erving Goffman, *The Presentation of Self in Everyday Life*

Tab. G.5-1: Die Bücher des 20. Jh. mit dem größten Einfluss auf die Soziologie, aufgrund weltweiter Befragung des Internationalen Soziologenverbandes 1998 (Unterstreichung ursprünglich deutschsprachiger Titel U.A.) (www.isa-sociology.org/bookswww.isa-sociology.org/books – abgerufen 03.03. 2011)

Wallerstein äußerte mir gegenüber persönlich, dass er für Deutsch eine Chance sehe, unter anderem weil der Zugang zu klassischen (soziologischen) Texte in der Originalsprache nicht an mangelnden Sprachkenntnissen scheitern sollte, dass es dafür aber einer kraftvollen Kampagne bedürfe (vgl. meinen Artikel „Viele Sprecher machen noch keine Wissenschaft. Weil man die Klassiker verstehen muß: In der Soziologie könnte das Deutsche wieder an Reputation gewinnen", *Die Welt* 20.10.1998: 11). Es hätte also vor allem des Engagements der Soziologen in den deutschsprachigen Ländern bedurft, um Wallersteins Initiative Nachdruck zu verleihen. Jedoch blieb dieses Engagement aus und verlief die Initiative folglich im Sande.

Diese Episode wirft die Frage sowohl nach den Möglichkeiten als auch der Wünschbarkeit der gezielten Verbesserung der internationalen Stellung für Sprachen wie Deutsch auf – zunächst in der Wissenschaft (vgl. Kap. G.13), aber auch in anderen Handlungsfeldern. Im Rahmen des vorliegenden Kap. stellt sich außerdem die Frage, ob sich für die Soziologie nicht andere Proportionen bei der Zitatenanalyse ergeben hätten als für die Wirtschaftswissenschaften (Volkswirtschaft), die eine Mittelstellung der Sozialwissenschaften hinsichtlich der internationalen Stellung der deutschen Sprache zwischen theoretischen Naturwissenschaften und Geisteswissenschaften bestätigt hätten. Solange eine solche, auch gegenwartsbezogene Untersuchung aussteht, liegt eher die Annahme nahe, dass in den Sozialwissenschaften – ähnlich wie den angewandten Wissenschaften – deutschsprachige Wissenschaftler zwar mehr an der eigenen Sprache festhalten als in den Naturwissenschaften, aber Deutsch dennoch keine stärkere internationale Stellung hat. Daraus könnte man weiter schließen, dass die deutschsprachigen Sozialwissenschaftler international stärker isoliert, um nicht zu sagen provinzialisiert sind als die Naturwissenschaftler, die aufgrund ihrer entschiedenen Sprachumstellung aufs Englische intensiver an der globalen Wissenschaftskommunikation teilnehmen. Bleibt zu prüfen, ob sich wenigstens für die Geisteswissenschaften noch eine nennenswerte internationale Stellung der deutschen Sprache nachzuweisen lässt.

6. Geisteswissenschaften

Unter Interessenten oder Kennern unserer Thematik herrscht weitgehend Konsens, dass die Geisteswissenschaften noch am ehesten ein Hort der deutschen Sprache sind und die geringste Neigung zur englischen Sprache zeigen (z.B. Oksaar/ Skudlik/ Stackelberg 1988; Skudlik 1990: 221-225; Ammon 1991a: 226-231; 1998: 162-170). Diese Einschätzung spricht auch aus den Empfehlungen des Wissenschaftsrates (2006: 15f.) zur Entwicklung der Geisteswissenschaften in Deutschland, vor allem für bestimmte Fächer. Dabei werden die Geisteswissenschaften – wie meist und auch hier, im vorliegenden Buch – im Rahmen einer Dreiteilung der wissenschaftlichen Disziplinen gesehen, in Gegenüberstellung zu den Sozial- und den Naturwissenschaften. Weniger gängig ist dagegen die Zweiteilung der Wissenschaften, wobei die Geistes- und Sozialwissenschaften zusammen den Naturwissenschaften gegenübergestellt werden.

Die Geisteswissenschaften werden gelegentlich gegenüber den Naturwissenschaften – im Anschluss an Wilhelm Windelbands ([1894] 1904) Straßburger Antrittsvorlesung – charakterisiert als idiographisch statt nomothetisch, interessiert an historischen Einzelheiten statt an allgemeinen Gesetzmäßigkeiten. Heinrich Rickert (1899) hat für die „Kulturwissenschaften", die weitgehend den Geisteswissenschaften entsprechen, betont, dass auch die Idiographie abstrahieren muss, indem sie von den kulturell irrelevanten Aspekten absieht, um sich auf die kulturell bedeutsamen zu konzentrieren. Jedoch müssen idiographische und nomothetische Vorgehensweise ohnehin kein strenger Gegensatz sein, da sich einzelne Fakten unter Umständen aus allgemeinen – mit entsprechenden Schlussverfahren auch aus statistischen – Gesetzmäßigkeiten (und empirischen „Randbedingungen") erklären lassen (nach dem Hempel-Oppenheim-Schema wissenschaftlicher Erklärungen). Nach einem anderen Spezifizierungsversuch der Geisteswissenschaften ist ihr hauptsächliches Erkenntnisziel das „Verstehen" im Gegensatz zum „Erklären" bei den anderen Wissenschaften. Solches Verstehen richtet sich auf den Sinn von Texten oder auch anderer Artefakte. Diese Auffassung hat auch methodische Konsequenzen: Die – trotz Objektivierungsversuchen – subjektiv bleibende Hermeneutik gilt für solches Verstehen als geeignete Erkenntnismethode, besser geeignet sogar als die stärker objektivierten Verfahren empirischer Forschung oder die formale Logik und Mathematik der anderen Wissenschaften. Allerdings lässt sich dagegen einwenden, dass die Hermeneutik keine Beweismethode, sondern Heuristik ist, also nur auf Plausibilität basierende Hypothesen hervorbringt. Die Unsicherheit der Erkenntnis wird noch vergrößert und zudem legitimiert, wenn sich Geisteswissenschaftler auf die Rede Jacob Grimms beim ersten Germanistentag 1846 in Frankfurt berufen: „Über den Werth der ungenauen Wissenschaften" (Grimm 1884). Diese Auffassung kursiert immer noch; so stellt z.B. Uwe Pörksen (1986: 43) ausdrücklich die „Geisteswissenschaften" den „exakten Wissenschaften" gegenüber. Jedoch genügen diese Hinweise sicher nicht für eine genaue Definition der Geisteswissenschaften zwecks eindeutiger Zuordnung aller Disziplinen. Die eindeutige Fächerzuordnung ist zusätzlich erschwert aufgrund fortschreitender Interdisziplinarität.

Ein Beispiel für die schwankende Zuordnung ist die Rechtswissenschaft (= Jura, Jurisprudenz – in Österreich und der Schweiz „Jus", gelegentlich auch pluralisch „Rechtswissenschaften"), die manchmal den Sozial- und manchmal den Geisteswissenschaften zugewiesen wird (siehe auch Ende dieses Kap.). So bezieht z.B. der Wissenschaftsrat (2006: 17) die Rechtswissenschaften nicht in seine Empfehlungen zur Entwicklung der Geisteswissenschaften in Deutschland ein, „obwohl sie wissenschaftssystematisch vielfach den Geisteswissenschaften zugeordnet werden" und fasst stattdessen „unter den Begriff der Geisteswissenschaften die Philosophie, die Sprach- und Literaturwissenschaften, die Geschichtswissenschaften, die Regionalstudien, die Religionswissenschaften, die Ethnologie sowie die Medien-, Kunst-, Theater- und Musikwissenschaften". Seine detaillierte „Übersicht über die geisteswissenschaftlichen Studienfächer nach der Systematik des Statistischen Bundesamtes [der Bundesrepublik Deutschlands! U.A.]" umfasst 2 Fächergruppen: „Sprach- und Kulturwissenschaften" und „Kunst, Kunstwissenschaft", mit 12 bzw. 5 (also insgesamt 17) „Studienbereichen", mit wiederum 66 bzw. 30 (insgesamt also 96) Fächern (Wissenschaftsrat 2006: 122). Hinsichtlich dieser Fächer fallen einerseits – vermutlich teilweise typisch deutsche – Überlappungen oder Enthaltenseins-Beziehungen auf (z.B. „Geschichte" und zusätzlich „Mittlere und neuere Geschichte" sowie „Alte Geschichte") wie andererseits Lücken (z.B. „Japanologie" vorhanden – „Koreanistik" fehlt). Dementsprechend ist in den Geisteswissenschaften im internationalen Vergleich noch weniger als in den Natur- und Sozialwissenschaften mit genauen Fächer-Entsprechungen zu rechnen (siehe zur Fächervielfalt und -systematik auch Wissenschaftsrat 2006: 64-70 oder Behrens u.a. 2010: 4-7). Die Entsprechung der *Geisteswissenschaften* insgesamt sind im Englischen die *Arts and Humanities*, die ebenfalls meist in eine Trias der Wissenschaften eingebunden sind, der unter anderem die Zitatenindexe folgen: *Arts- & Humanities Citation Index* (Geisteswissenschaften), *Social Sciences Citation Index* (Sozialwissenschaften) und *Science Citation Index* (Naturwissenschaften).

Auf die Verwandtschaft der Geisteswissenschaften mit den Künsten (*Arts*) oder auf deren Inklusion (vgl. den „Studienbereich" „Kunst, Kunstwissenschaft" oben) wird gelegentlich auch bezüglich des Umgangs mit der Sprache angespielt. So stellt Theodor Berchem (2003: 26) in dieser Hinsicht „rhetoric, philosophy or literature" auf eine Ebene und parallelisiert die Geisteswissenschaften mit der Sprachkunst. Hier sei der Umgang mit Sprache anders als bei den „exakten Wissenschaften" (Berchem): „In the exact sciences it may be less important to exploit all the nuances of a language." Dagegen sei bei den im Umkehrschluss ungenauen Wissenschaften, womit die Geisteswissenschaften gemeint sind, „not ‚what' is said but ‚how' it is put [...] an essential part of the message, or even, as is the case in poetry, if the ‚how' is the ‚what'. 'Everything always becomes slightly different when you actually say it.' " Er beruft sich dabei auf Hermann Hesse, der so die Schwierigkeit des treffenden Ausdrucks begründet: "If this remark by Hermann Hesse is true of the mother tongue, how much more true must it be for everything expressed in a foreign language." In die gleiche Richtung zielt Carl F. Gethmann (2011: 61), wenn er die Unmöglichkeit einer „sprachebenen-adäquate[n] Übersetzung", also – nach meinem Verständnis – einer ‚stilistisch äquivalenten Übersetzung', vom Deutschen ins Englische an einem Satz mit dem umgangssprachlichen Ausdruck „ausgelutschte Hypothese" zu illustrieren versucht.

Mit der Schwierigkeit des treffenden Ausdrucks berühren wir eine der naheliegenden Ursachen, warum die deutschsprachigen Geisteswissenschaftler zur Fremdsprache Englisch eine größere Distanz pflegen als die Natur- und auch die Sozialwissenschaftler – ein Gedanke, den ich gleich wieder aufgreife. Hinzu kommen als weitere vermutliche Ursachen, die auch eine größere Distanz der angewandten Naturwissenschaftler und der Sozialwissenschaftler gegenüber Englisch bedingen als der theoretischen Naturwissenschaftler: der vorwiegende thematische Bezug auf die eigene Sprachgemeinschaft und damit auch die Ausrichtung auf die eigenen „Sprachgenossen" als die hauptsächlichen Interessenten an den wissenschaftlichen Erkenntnissen und Adressaten der wissenschaftlichen Texte und – im Zusammenhang damit – schließlich die Rücksicht auch auf interessierte Laien (nicht nur Fachwissenschaftler) als Textrezipienten. Für vier Besonderheiten der Geisteswissenschaften – 1) Ausdrucksästhetik einschließlich Sprachnormansprüchen, 2) eigene Sprachgemeinschaft als hauptsächliche Adressatengruppe und 3) Laien als zusätzliche Adressatengruppe – wäre der Gebrauch einer Fremdsprache abträglich, und für eine weitere – 4) Themenbezug eigene Sprachgemeinschaft – wäre sie zumindest nicht zuträglich (vgl. Kap. G.2, G.3 und G.4, jeweils Anfang).

Ich möchte hier allerdings hinzufügen, dass ich persönlich skeptisch bin einerseits bezüglich der Höherbewertung des Wie als des Was von Äußerungen bei Wissenschaften, auch bei Geisteswissenschaften, und andererseits bezüglich der Verwischung von Grenzen zwischen Wissenschaft und Kunst. Jede dieser Auffassungen impliziert im Grunde die Unübersetzbarkeit geisteswissenschaftlicher Texte. Dies entspricht zwar vermutlich dem Selbstverständnis mancher Geisteswissenschaftler, jedoch teile ich im Gegensatz dazu Hans-Martin Gaugers (2000: 36) Auffassung des Verhältnisses aller Wissenschaften, einschließlich der Geisteswissenschaften, zu den sprachlichen Ausdrucksmitteln: „[D]ie Inhalte wissenschaftlichen Redens sind ablösbar erstens (und zunächst) von ihrer jeweiligen Formulierung *innerhalb* einer bestimmten Sprache, zweitens sind sie ablösbar von der Sprache, in der sie formuliert wurden. Dies eben kennzeichnet wissenschaftliche Inhalte als solche, dass sie so oder so oder so ausgedrückt werden können. Dies heißt, das sie stets auch in unbestimmt vielen *anderen* Sprachen ausdrückbar sind [...]. Wenn somit behauptet würde, ein bestimmter Inhalt könne nur gerade *so* und nur gerade mit den Mitteln *dieser* Sprache ausgedrückt werden, wäre dieser Inhalt – man muss es in dieser Schärfe sagen – wissenschaftlich unerheblich." Mit dieser Skepsis verabschiedet sich Gauger im Grunde zugleich von der Humboldt-Sapir-Whorf-Hypothese in Bezug auf wissenschaftliche Erkenntnis, jedenfalls von deren radikalem Verständnis, wonach Sprachen aufgrund ihrer spezifischen Struktur Erkenntnisschranken sein könnten und bekennt sich zur Aristotelischen oder rationalistischen im Gegensatz zur Humboldt'schen (oder, wenn man so will, „romantischen") Sprachauffassung, um es in einem vereinfachenden Dualismus auszudrücken, auf den ich noch näher zu sprechen komme (vgl. dazu Trabant 2011: 16-20).

Auch ich bin – mit Gauger – der Auffassung, dass Sprachen keine grundsätzlichen Erkenntnisschranken bilden oder zumindest durch geeigneten „Ausbau", vor allem der Terminologie, solcher Schranken entledigt werden können (vgl. zum Begriff ‚Ausbau' Kloss 1978: 37-63; Ammon 1989: 78-82; Kap. G.11 im vorliegenden Buch). Dies gilt meines Erachtens auch für die in diesem Zusammenhang häufig genannten Beispiele der Unübersetzbarkeit deutscher Philosophen, vor allem Hegels und Heideggers (Gethmann 2001: 61). Das Problem liegt hier vor allem in der Mehrdeutigkeit von Termini (z.B. bei Hegel von „aufheben", bei Heidegger von „zuhanden"), für die dann eben z.B. im Englischen mehrere Bedeutungsvarianten als mögliche Interpretationen angeboten werden müssen. In manchen Fällen kann die Übersetzung aufwändig sein, z.B. vom Deutschen ins Englische im Privatrecht, insoweit die Termini mit sehr unterschiedlichen Rechtssystemen zusammenhängen (vgl. Hermann 2011). Aber sogar dann ist das Gemeinte letztlich auch auf Englisch verstehbar und denkbar – sofern überhaupt klar wird, was gemeint ist (vgl. dazu polemisch Florian Coulmas „Unsinn redet deutsch", *SZ* 17.3.2003: 31). Auch ich kann mich des Eindrucks nicht erwehren, dass jene Philosophen manche ihrer Gedanken mittels der deutschen Sprache mehr verdunkelt als erhellt haben, was natürlich – unter anderem durch mehrdeutige Ausdrücke – möglich ist. Heidegger nutzt dafür auch noch die Vermengung von etymologischen und aktuellen Wortbedeutungen oder die separate, wörtliche Bedeutung von Komposita-Teile, die in der gängigen Gesamtbedeutung aufgegangen sind. Leider eröffnen mir diese Techniken keine „tiefe Einsicht" – im Gegensatz zu Jürgen Trabant (2003: 318-322), der diese an Heidegger-Zitaten zu erläutern versucht, die ich eher verrätselnd und verdunkelnd als erhellend finde. Jedoch halten Kenner meine Einschätzung bestimmt für naiv.

Allerdings schließt die Auffassung der grundsätzlichen Überwindbarkeit von Erkenntnisschranken einzelner Sprachen, nämlich durch ihren Ausbau, eine gemäßigte Version der Humboldt-Sapir-Whorf-Hypothese nicht aus, also dass – im rein heuristischen Sinn – Sprache A (aufgrund ihrer Syntax, Wortsemantik, Idiomatik, Metaphorik oder Pragmatik) eher als Sprache B gewisse wissenschaftliche Erkenntnisse nahe legt. So verstehe ich z.B. auch Peter Eisenbergs (2012: 53) Hinweis auf die außerordentlich reichen Möglichkeiten der „Bildung von Komposita oder von komplexen Verbstämmen" im Deutschen, womit „sich Begriffsgebäude errichten [lassen], die durchsichtig, semantisch dicht und bei Bedarf an die Alltagssprache rückbindbar sind" – und die sicher auch, möchte ich hinzufügen, manchen Gedankenblitz auslösen können. Mit dieser heuristischen Funktion, die jedoch nicht überschätzt werden sollte, lassen sich auch die bisherigen Forschungsbefunde zur „sprachlichen Relativität" vereinbaren (Werlen 1989; 2002; 2005; dazu auch Biere/ Liebert 1997; Kuhn 1993; Gerhards 2010: vor allem 75-79; auch Lakoff/ Johnson 1980 und Kap. G.11 im vorliegenden Buch). Sogar die martialisch gegen den „language hoax" der „sprachlichen Relativität" daher kommende, lesenswerte Polemik von John H. Whorter (2014) ist vereinbar mit einer – allerdings, wie diesem Buch zu entnehmen, gerne überbewerteten – heuristischen Funktion lexikalischer, grammatischer und pragmatischer Besonderheiten einzelner Sprachen.

Jedoch folgt aus all diesen Überlegungen nicht, dass die Geisteswissenschaften gegen die Anglisierung oder, allgemeiner, gegen eine Fremdsprache als ihre Wissenschaftssprache „gefeit" sind, zumindest nicht gegen eine so weit ausgebaute Fremdsprache wie Englisch, deren Ausdrucksmöglichkeiten notfalls noch spontan durch Umschreibung oder einzelne Wortneuprägungen erweitert werden können. Man arbeitet ja auch auf Deutsch geisteswissenschaftlich über andere, fremde Sprachen und Kulturen. Außerdem liefert die Auslandsgermanistik viele Beispiele gelungener geisteswissenschaftlicher Leistungen mittels Deutsch als Fremdsprache. Die entscheidenden Ursachen für den geringeren Anglisierungsgrad der Geisteswissenschaften sind weniger fundamental als, wie Gauger zu Recht hervorhebt, „praktisch" bedingt, nämlich vor allem durch unzureichende Beherrschung der englischen Sprache, bei den Verfassern wie auch bei den Rezipienten der Texte. Hinzu kommt – bei den Geisteswissenschaften aufgrund ihrer Thematik vielleicht mehr als bei den Sozial- und Naturwissenschaften – sprachnational und durch nationale Identität motiviertes Festhalten an der deutschen Sprache und Ablehnung des Gebrauchs einer Fremdsprache.

Allerdings ist die praktische Barriere der ausreichenden Sprachbeherrschung in den Geisteswissenschaften besonders hoch und – unter den bisherigen Bedingungen des Fremdsprachenerwerbs – schwer überwindbar. Dies liegt vor allem an der umfänglichen Einbeziehung der stilistisch äußerst nuancenreichen Gemeinsprache in die wissenschaftlichen Diskurse und Texte, die bei den Natur- und auch Sozialwissenschaftlern aufgrund eines größeren Anteils terminologischer Internationalismen und fachlicher Formelsprachen eine geringere Rolle spielt. Durch den Gebrauch der Gemeinsprache bestehen in den Geisteswissenschaften sprachnormative und ästhetische Erwartungen an die Texte, die sich in einer Fremdsprache schwer erfüllen lassen. Diese Texte dienen oft nicht nur der Erkenntniserweiterung, sondern auch der Erbauung, nicht zuletzt für die Laien-Rezipienten. Das für ihre Herstellung benötigte Niveau von Sprachkenntnissen kann in der Regel nur erworben werden durch einen ausgedehnten Aufenthalt im „Mutterland" der betreffenden Sprache, im Fall des Englischen im „inneren Kreis" der englischsprachigen Länder, nämlich USA, Großbritannien, Irland, Kanada, Australien oder Neuseeland (siehe zur Abgrenzung dieses „inneren Kreises" Kachru 1986; Crystal 2003). Bei einer Telefonanfrage bei 20 Hochschul-Anglisten in Deutschland im Jahr 1990 bekannten 19, dass sie bei der Abfassung von Texten für Publikationen auf stilistische Hilfen von Muttersprachlern angewiesen seien; nur einer bestritt das (Ammon 1991a: 273). Offenbar ist Gauger (2000: 35) davon überzeugt, dass die damit angedeuteten Barrieren die Anglisierung der Geisteswissenschaften auf Dauer ausschließen. Er hält zwar eine „internationale Gemeinsprache" (also Lingua franca) auch für die Geisteswissenschaften für „wünschenswert" – aber, so seine Auffassung: „[M]öglich, unter den Bedingungen, wie sie einmal sind, ist die Anglisierung der Geisteswissenschaften nicht. Es wird einfach nicht geschehen. Jedenfalls nicht in einer ganzen Reihe geisteswissenschaftlicher Disziplinen." Mir jedoch erscheint diese Behauptung angesichts der Unwägbarkeiten zukünftiger Entwicklungen zu apodiktisch.

Immerhin spricht Vieles dafür, dass in den Geisteswissenschaften die deutschsprachigen Wissenschaftler besonders entschieden an Deutsch als Wissenschaftssprache festhalten. Noch wichtiger ist allerdings für das vorliegende Buch, ob in den Geisteswissenschaften – womöglich auch aufgrund sprachkonservativer Haltung deutschsprachiger Wissenschaftler, deren Texte international inhaltlich interessant sind – auch anderssprachige Wissenschaftler Deutsch noch in höherem Maße als in anderen Fächern verwenden, ob Deutsch hier also tatsächlich nach wie vor internationale Wissenschaftssprache ist. Wäre dem so, dann müsste sich dies zumindest bezüglich der rezeptiven Sprachverwendung nachweisen lassen, vor allem der Lektüre von Fachtexten. Dafür darf wieder – wie schon bei den anderen Fächergruppen (vgl. vor allem Kap. G.3 und G.5) – der Anteil von Deutsch am weltweiten Aufkommen geisteswissenschaftlicher Publikationen als ein – wenngleich schwacher – Indikator gelten, zumal insoweit er durch internationale bibliographische Datenbanken belegt ist. Sprachen, die darin mit nennenswerten Anteilen von Texten ausgewiesen sind, werden – so die zugrunde liegende Vermutung – eher international gebraucht, wenigstens rezeptiv, als Sprachen, die dort fehlen. Zudem ermöglichen bibliographische Datenbanken einen – wenngleich nur tendenziellen – Vergleich der Geisteswissenschaften mit den Sozial- und Naturwissenschaften.

Dieser Fächervergleich ist allerdings eingeschränkt durch den praktisch unvermeidlichen Fokus auf bestimmte Fächer, denn für die Geisteswissenschaften liegen keine fächerübergreifenden Datenbanken vor, wie die *International Bibliography of the Social Sciences (IBSS)* oder auch, trotz spezieller klingendem Titel, die *Sociological Abstracts* für die Sozialwissenschaften (vgl. Kap. G.5), und lassen sich auch keine so repräsentativen Kombinationen von Fächergruppen und Datenbanken bilden wie für die Naturwissenschaften (Kap. G.3). Als geisteswissenschaftliche Fächer habe ich die Philosophie und die Geschichte (=Geschichtswissenschaft) gewählt, für die sich als bibliographische Datenbanken anbieten: *The Philosopher's Index*, der die Theologie und Religionswissenschaft einschließt, bzw. *Historical Abstracts*, die allerdings die Geschichte der USA und Kanadas ausdrücklich ausschließen. Bei den Analysen der Datenbanken und bei der Erstellung der Diagramme war Wenting Sheng behilflich.

Bei der Interpretation der Befunde ist zu berücksichtigen, dass *The Philosopher's Index* in den USA erstellt wird (am Philosopher's Information Center an der Bowling Green State University, OH), also in einem Land, in dem neben Englisch als Amtssprache auch Spanisch als Immigranten- und als Fremdsprache weit verbreitet ist. Schon in Kap. G.5 bestand aufgrund des Vergleiches zweier Datenbanken (*International Bibliography of the Social Sciences (IBSS)* und *Sociological Abstracts*) Grund zu der Annahme, dass in den USA Spanisch – neben Englisch – bevorzugt berücksichtigt wird.

Darauf könnte auch im vorliegenden Fall der – jedenfalls aus europäischer Perspektive – überraschend hohe Anteil für Spanisch (6,4% im Jahr 2006) zurückzuführen sein, wobei das Ausmaß der hier vermuteten Verzerrung ungeklärt bleibt. Immerhin aber rangiert der Anteil von Deutsch unter den Sprachen außer Englisch an zweiter Stelle (3,3% im Jahr 2006), dicht gefolgt von Italienisch (3%), das erstaunlicherweise vor Französisch (2%) liegt. Dennoch sind alle diese Anteile bescheiden, verglichen mit dem erwartungsgemäß dominierenden Englisch, dessen Einbruch im Jahr 1994 ich allerdings nicht erklären kann.

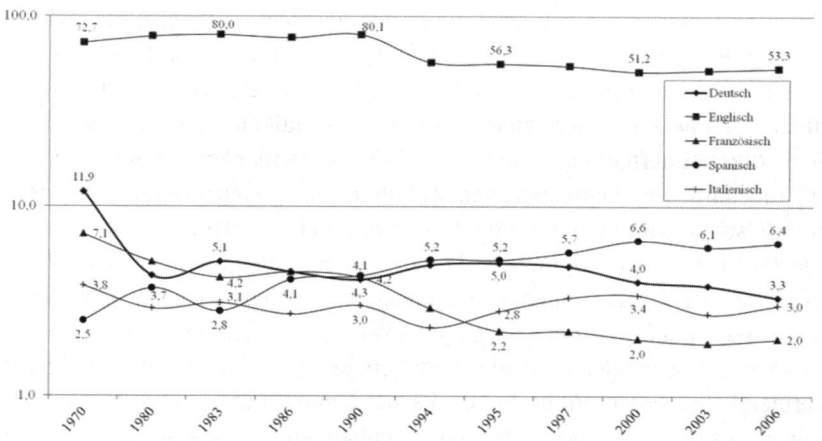

Abb. G.6-1: Sprachenanteile an den Publikationen der Philosophie weltweit 1970 – 2006 (in Prozent; aufgrund von *The Philosopher's Index*. Ordinate zur besseren Übersichtlichkeit logarithmiert. Analysen von Ammon/ Wenting Sheng)

Im Jahr 2009 schnellt der Anteil von Englisch übrigens (wieder) hoch auf 70,9%; jedoch wurde dieses späte Jahr – wegen möglicher Verzerrung aufgrund verzögerter Auswertung von Texten mancher Sprachen durch die Datenbank – nicht in das Diagramm G.6-1 einbezogen.

Dem Blick auf das zweite ausgewählte geisteswissenschaftliche Fach, die Geschichte, sei folgender Hinweis vorausgeschickt: Dass die ansonsten besonders repräsentative bibliographische Datenbank *Historical Abstracts* die Geschichte der USA und Kanadas (laut Selbstbeschreibung) ausschließt, müsste eigentlich einen verringerten Anteil englischsprachiger Publikationen und damit einen höheren Anteil von Publikationen in anderen Sprachen zur Folge haben, da für die Geschichtsschreibung über die beiden nordamerikanischen Staaten Englisch sicher bevorzugt wird. Allenfalls könnte diese Auslassung – wegen des französischsprachigen Quebec (als kanadischem Staat) und der Verbreitung spanischsprachiger Bevölkerung in USA und in den an der US-Geschichte interessierten Nachbarstaaten – auch die Anteile von Französisch und Spanisch schmälern. – Jedoch erweist sich zumindest die Rangordnung der Sprachen als von diesen Einschränkungen nicht betroffen.

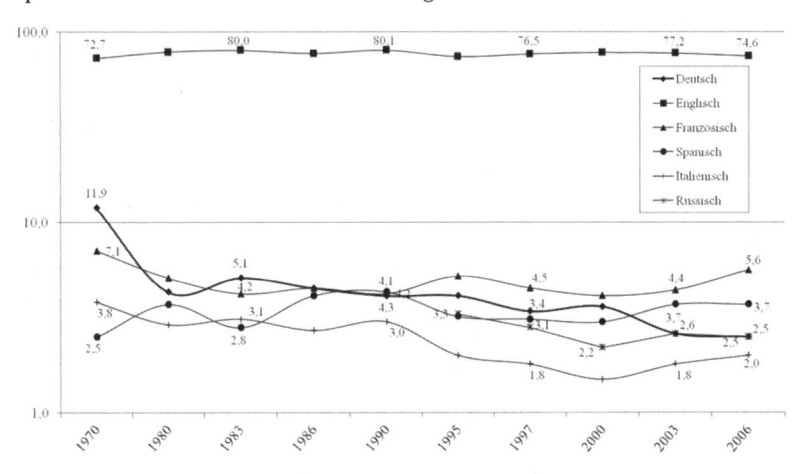

Abb. G.6-2: Sprachenanteile an den Publikationen zur Geschichte weltweit (außer zur Geschichte der USA und Kanadas) 1970 – 2006 (in Prozent; aufgrund von *Historical Abstracts*. Ordinate zur besseren Übersichtlichkeit logarithmiert. Analysen von Ammon/ Wenting Sheng)

Englisch ist, wie erwartet, die mit Abstand anteilsstärkste Sprache (74,6% im Jahr 2006), und danach rangieren – mit ebenfalls erwartetem großem Abstand – Französisch (5,6%) und Spanisch (3,7%). Erst danach folgt Deutsch, gleichauf mit Italienisch, mit nur 2,5% Anteil im Jahr 2006. Dieser Befund spricht nicht gerade für eine besonders bedeutsame internationale Stellung der deutschen Sprache im Fach Geschichte (einschließlich der in diese Datenbank einbezogenen Theologie und Religionswissenschaft).

Eher erwecken die festgestellten Anteile an den weltweiten Publikationen in Philosophie (G.6.1) und Geschichte (G.6.2) den Verdacht, dass Deutsch zumindest in diesen nicht gerade peripheren Fächern der Geisteswissenschaften international nur oder nur noch eine geringe Rolle spielt. Dies muss man jedenfalls aus den obigen Befunden schließen, wenn die Anteile deutschsprachiger Publikationen an den betreffenden Datenbanken wenigstens grobe Indikatoren für die internationale Stellung von Sprachen sind, vor allem für die Rezeption

von in diesen Sprachen verfassten Texten. Jedoch möchte ich an dieser Stelle noch einmal hervorheben, dass die Zuverlässigkeit dieser Indikatoren bislang ungeklärt und ihre wissenschaftliche Prüfung ein Desiderat ist. Allerdings ist die Neigung zur Übersetzung deutschsprachiger Standardwerke ins Englische ein weiteres Indiz für eine bescheidene internationale Stellung der deutschen Sprache im Fach Geschichte. Ein Beispiel ist Karl Dietrich Erdmanns *Ökumene der Historiker* (1987; engl. *Toward a Global Community of Historians*, New York/ Oxford 2005. Siehe dazu auch „Globalisierung der Geschichtswissenschaft", *FAZ* 27.09.2008: 8).

Allerdings wäre eine schwache internationale Stellung von Deutsch durchaus vereinbar mit bevorzugt sprachgemeinschaftsinterner Kommunikation, also unter deutschsprachigen Wissenschaftlern und Textrezipienten, worauf die – freilich etwas betagten – Befragungsergebnissen Sabine Skudliks (1990: 149) hinweisen. Danach waren bei deutschen Wissenschaftlern in der „Geschichte [...] die Nennungen für deutschsprachige Lektüre deutlich höher als für englischsprachige", wogegen bei Naturwissenschaftlern umgekehrt englischsprachige Texte überwogen und bei Sozialwissenschaftlern beide Sprachen ausbalanciert waren. Jedoch lassen diverse Fakten vermuten, dass sogar im Fach Geschichte Englisch innerhalb der deutschen Sprachgemeinschaft um sich greift. Ein mögliches Indiz dafür ist die kürzliche Verleihung des „Preises des Historischen Kollegs" an den in Cambridge (England) lehrenden Historiker Christopher Clark. Dieser „zehnte Preisträger ist der erste, der seine Bücher nicht in deutscher [, sondern englischer! U.A.] Sprache schreibt" („Wer über Toleranz mitreden möchte [...]", *FAZ* 08.11.2010: 27).

Wenden wir uns nun – wie schon bei den Natur- und Sozialwissenschaften (Kap. G.3, G.5) – einem zuverlässigeren Indikator der internationalen Stellung von Sprachen zu, zuverlässiger vor allem hinsichtlich der Rezeption von Texten in den betreffenden Sprachen, nämlich der Häufigkeit des Zitiertwerdens, und zwar in anderssprachigen Texten. Darüber soll wieder eine Zitatenanalyse Aufschluss liefern, die allerdings abermals nicht in die neueste Zeit hineinreicht. Außerdem beschränkt sie sich auf die Geschichte, weshalb ich einen kurzen Exkurs über den Beitrag der deutschsprachigen Länder zu dieser Disziplin einschiebe – der zugleich ein Nachtrag ist zur vorausgehenden Ermittlung der deutschsprachigen Publikationsanteile. Für die Philosophie verzichte ich auf einen solchen Nachtrag, weil am wesentlichen Beitrag deutschsprachiger Wissenschaftler zu dieser Disziplin kein Zweifel besteht. Dass auch der Beitrag deutschsprachiger Wissenschaftler zur Geschichte (Geschichtswissenschaft) beachtlich ist, wenn auch vielleicht weniger spektakulär als für die Philosophie, ist weniger bekannt. Diese Einschätzung belegen jedoch einschlägige internationale Nachschlagewerke, z.B. durch Bemerkungen wie folgende: „[H]istorical

study as one of the most important methods available to the human mind was begun by Edmund Burke and German writers like Herder and Wilhelm von Humboldt [...]. The work of RANKE placed German historians in the vanguard and, particularly after the establishment of the German Empire in 1871, historians in many countries modelled themselves upon German methods." (Cannon u.a. 1988: 193) Ähnlich heißt es andernorts über die Geschichte als wissenschaftliche Disziplin: „Inaugurated in German universities in the eighteenth century [...]. In 1800, there were a dozen chairs in German universities, but none in France. By 1900, there were 175 in Germany and 71 in France, while the number of university professors of history in the United States rose in a single decade, 1884 – 1894, from 20 to 100." Und weiter: „Leopold von Ranke (...) emerged as the most highly regarded and influential historian of the nineteenth century." (Boia u.a. 1991: X) In beiden Werken werden zudem zahlreiche andere Historiker aus deutschsprachigen Staaten genannt, deren Einfluss über den deutschen Sprachraum hinaus gereicht habe, z.B. der Schweizer Jakob Burckhardt oder die Deutschen Friedrich Meinecke, Georg Waitz oder auch Heinrich Schliemann, sowie außerdem wegweisende Geschichtsphilosophen wie Georg F. W. Hegel, Karl Marx und Friedrich Engels, Wilhelm Windelband, Heinrich Rickert und Wilhelm C. L. Dilthey. Bemerkenswert ist zudem vielleicht, dass in Lucian Boia u.a. (1991), aus weltumspannender Perspektive, insgesamt eine größere Zahl von Historikern aus Deutschland besprochen wird, insgesamt 51, als aus irgendeinem anderen Land ausgenommen den USA (USA 52, Italien 46, Frankreich 43, Großbritannien 29). Als zusätzliches Indiz für das internationale Ansehen der deutschen Geschichtswissenschaft sei der Wiederabdruck oder die Neuauflage von Werken im Ausland genannt, z.B. des *Lehrbuchs der historischen Methode und der Geschichtsphilosophie* von Ernst Bernheim [1914] in den USA (1960). Diese Hinweise belegen, dass die deutschsprachigen Staaten auch aus der Sicht von Fachleuten anderssprachiger Nationen bedeutsame Beiträge zur Entwicklung der Geschichte als Wissenschaft geleistet haben.

Wie schon die zuvor betrachteten Disziplinen gliedert sich auch die Geschichte in viele Teilgebiete. Die *Historical Abstracts* (Bd. 47, 1996) differenzieren z.B. nach (1) Themen („General", „International Relations", „Wars and Military History" usw.), (2) Regionen und Länder („Africa and the Middle East", „Asia and the Pacific Area", [...], „Europe" usw.) sowie (3) Epochen („Modern History", „Twentieth Century" usw.). Im Hinblick auf diese Einteilung erwartet man – entsprechend meinen obigen Annahmen für die Geisteswissenschaften allgemein – eine Fokussierung der Geschichte in deutschsprachigen Ländern auf die eigene Region und auf Europa und eine entsprechende Verteilung von Zitaten aus deutschsprachigen Geschichtswerken. Diese regionale Fokussierung ist für die Geschichte in höherem Maße anzunehmen als für die Wirtschaftswissenschaften (Kap. G.5) und erst recht die Chemie (Kap. G.3). Sie sollte bei der Erklärung der Befunde nicht ganz vergessen werden, wenn sie auch hier mangels klarer Indizien nicht weiter thematisiert wird (vgl. zur detaillierten Darstellung der folgenden Untersuchung Ammon 1998: 66-77).

Für die Zitatenanalyse wurden die Zeitschriften meist nach dem Urteil örtlicher Experten ausgewählt, einige aber auch nach dem *Impact-Faktor*, soweit er im *Social Sciences Citation Index 1990* (1991) *Journal Citation Reports* erfasst war. Für den fachlich einschlägigeren *Arts & Humanities Citation Index* gab es keine *Journal Citation* Reports. Auf diese Weise wurden für die folgenden Länder die folgenden Zeitschriften einbezogen: USA (*American Historical Review* und *The Journal of American History*), Sowjetunion (*Istoritscheskij schurnal/ Istorija* [Historische Zeitschrift/ Geschichte] und *Voprosy Istorii* [Fragen der Geschichte]), Frankreich (*Revue Historique* und *Annales Historiques de la Révolution Française*), Niederlande (*Tijdschrift voor Geschiedenis* und *International Review of Social History*), Polen (*Polska/ Polska i swiat wspó łczesny* [Polen und moderne Welt]/ *Acta Poloniae Historica* und *Wiadomości historyczne* [Historische Nachrichten]) sowie Ungarn (*Acta Antiqua Academica Scientiarum Hungaricae* und *Acta Historiae Artium Academiae Scientiarum Hungaricae*). Weil es um die internationale Stellung der deutschen Sprache ging, wurden keine Zeitschriften deutschsprachiger Länder berücksichtigt. Deshalb wurden auch bei Englisch die Zahlen der US-Zeitschriften und bei Französisch der Zeitschriften Frankreichs herausgenommen. Die Zitatenanteile der Sprachen, also von Titeln in der betreffenden Sprache, wurden ansonsten ungewogen gemittelt, im ersten Schritt über die beiden Zeitschriften des betreffenden Landes (wo zwei vorlagen) und im zweiten Schritt über die verschiedenen Länder. Abb. G.6-3 gibt einen Überblick über die Resultate.

Wie schon für die Chemie (Kap. G.3) und die Wirtschaftswissenschaft (Kap. G.5) waren Deutsch, Englisch und Französisch die einzigen Sprachen, die als Zitatenquellen durchgängig eine Rolle spielten. Darüber hinaus finden sich aber mehr oder weniger sporadische Zitate aus den folgenden Sprachen – hier in der Rangordnung nach Zitierhäufigkeit (der Zahl der Zeitschriften mit Zitaten aus diesen Sprachen): Italienisch = Russisch, Spanisch = Niederländisch = Polnisch = Tschechisch = Ungarisch, Arabisch = Latein = Portugiesisch = Rumänisch, Japanisch = Litauisch = Schwedisch = Serbokroatisch = Slowakisch = Türkisch = Ukrainisch, Afrikaans = Armenisch = Bulgarisch = Chinesisch = Estnisch = Finnisch = Georgisch = Griechisch = Hebräisch = Jiddisch = Mazedonisch = Norwegisch = Persisch = Urdu.

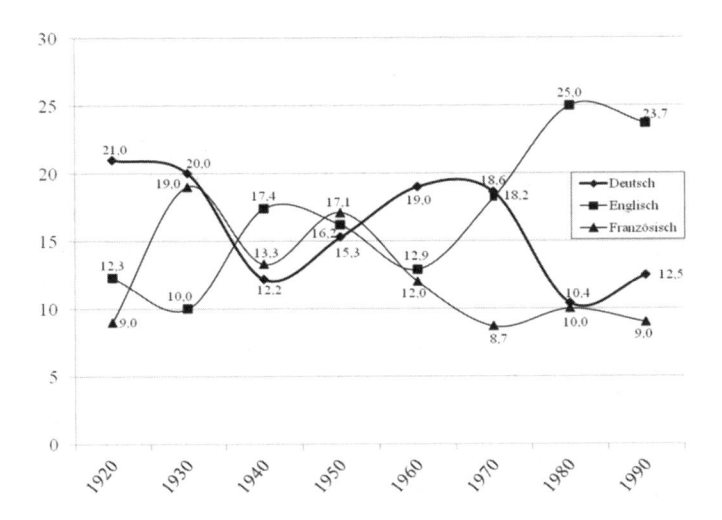

Abb. G.6-3: Anteile der deutsch-, französisch- und englischsprachigen Zitate in Fachzeitschriften der Geschichte 1920 – 1990 (in Prozent; nach Ammon 1998: 75)

Nach Abb. G.6-3 war Deutsch noch in neuerer Zeit beachtenswerte Zitatensprache, was auf die entsprechende Rezeption deutschsprachiger Texte seitens nicht-deutschsprachiger Wissenschaftler schließen lässt. Zugleich ist sichtbar, dass Deutsch in keiner Phase der Untersuchungszeit gegenüber den beiden anderen Sprachen als Wissenschaftssprache dominant war, jedoch – wie zu erwarten – eine gewisse Vorrangstellung zu Beginn des 20. Jh. hatte. Eine zusätzliche Detailuntersuchung hat außerdem – über das in Abb. G.6-3 Sichtbare hinaus – enthüllt, dass die Nachbarländer der deutschsprachigen Region in ihren Zeitschriften mehr aus deutschsprachigen Texten zitierten als entfernte Länder (USA, UdSSR). Eine Ausnahme bildet Frankreich, dessen Zeitschriften verhältnismäßig wenige deutschsprachige Zitate enthalten. Ansonsten variieren die Anteile deutschsprachiger Zitate überall, auch in den Nachbarländern, erheblich zwischen den Jahrzehnten, vermutlich in Abhängigkeit von politischen Gegebenheiten und Themen der Beiträge. Aufs Ganze gesehen ist der deutschsprachige Zitatenanteil rückläufig, auch in den Nachbarländern Niederlande, Frankreich und Ungarn. Jedoch erlangt Englisch insgesamt keinen überragenden Vorrang, etwa wie in der Chemie (Abb. G.3-3), und bleiben seine Anteile auch geringer als in der Wirtschaftswissenschaft (Abb. G.5-3). Französisch und Deutsch bewahren eine gewisse internationale Stellung – bei besonders starker Verdrängung (außerhalb der USA) in den Niederlanden, deren Zeitschriften besonders reich sind an englischsprachigen Zitaten.

Abb. G.6-3 zeigt auch, dass Französisch während der Untersuchungszeit insgesamt eine, wenn auch geringfügig, schwächere Rolle spielte als Deutsch, und erst recht als Englisch. Allerdings verrät die Detailanalyse für Polen die teilweise umgekehrte Tendenz: In früheren Zeiten, vor und auch noch nach dem Zweiten Weltkrieg, war Französisch dort die wichtigere Zitatensprache und wird erst in späteren Jahren von Deutsch übertroffen. Auffällig ist, dass Japanisch und Chinesisch innerhalb der Untersuchungszeit so gut wie keine Rolle spielen.

Diese Befunde für die Geschichte stimmen im Wesentlichen überein mit den Ergebnissen einer etwas neueren Zitatenanalyse für die Fächer ‚Geschichte, Klassik, Linguistik und Philosophie' („history, classics, linguistics, and philosophy") (Kellsey/ Knievel 2004), die von ihren Autoren als repräsentativ für die Geisteswissenschaften („humanities") insgesamt gesehen werden. Dabei wurden ähnlich wie oben die Sprachenanteile der Zitate in je einer Zeitschrift dieser Fächer analysiert, und zwar jeweils der Jahrgänge 1962, 1972, 1982, 1992 und 2002. Neben hier weniger interessierenden Befunden heben die Verfasser hervor: „Another interesting result of this study is the finding that German and French remain the most important non-English languages of scholarship for the humanities. As with the citation analysis in the Hutchins, Pargeter and Saunders study, this study found that German was more cited than French." (Ebd.: 202) Die erwähnte Untersuchung von Hutchins/ Pargeter/ Saunders (1971) ist allerdings so viel älter, dass ihre Befunde fast noch den „großen Zeiten von Deutsch" als internationale Wissenschaftssprache zuzurechnen sind. Leider teilen Kellsey/ Knievel die Sprachenanteile an den Zitaten nur über alle Jahre zusammengefasst mit: Englisch 78,8%, Deutsch, 7,8%, Französisch 5,7%, Italienisch 2%, Latein 1,2% und Spanisch 0,6% (ebd.: 201), so dass eventuelle zeitliche Veränderungen verborgen bleiben. Sie weisen allerdings (ohne Zahlenangaben) darauf hin, dass die absoluten Zahlen von Zitaten aus dem Deutschen und Französischen über die Jahre ziemlich konstant geblieben seien, aber proportional zu Zitaten aus dem Englischen abgenommen hätten. Außerdem beklagen sie – als in ihren Augen „worrisome" – „the decline in the study of German in the United States" als eine Tendenz, die sich schon ungünstig niederschlage in den „cataloging and collection development needs in U.S. research libraries" (ebd.: 202). Offenbar sehen sie deshalb für Deutsch als internationale Wissenschaftssprache ungünstigere Zukunftsaussichten als für Französisch und erst recht Spanisch.

Ich möchte dieses Kap. nun beschließen mit einem kurzen Blick auf die Rechtswissenschaft (auch „Rechtswissenschaften" im Plural, in Anbetracht der Teilfächer wie Rechtsgeschichte, Rechtsphilosophie, Rechtstheorie, Rechtssoziologie, Rechtsdogmatik und Methodenlehre). Das Recht, das – zusammen mit sonstigen Normen und Bräuchen – das Zusammenleben der Menschen in einem

Gemeinwesen regelt, ist in besonderem Maße sprachgebunden, was beim kodifizierten Recht auf der Hand liegt, aber auch für das Gewohnheitsrecht (*common law*) gilt, wie sich spätestens bei der Anwendung in der Rechtsprechung zeigt. Außerdem ist das Recht normativ (vorschreibend), nicht nur deskriptiv (beschreibend), und dadurch inhaltlich umfassender vom menschlichen Geist geprägt als bloße Beschreibungen oder Erklärungen von Sachverhalten. Daher ist es plausibel, die mit dem Recht befasste Wissenschaft den Geisteswissenschaften zuzuordnen. Entsprechend ist die Textauslegung (Exegese, Interpretation) ein wesentlicher Zugang zum Gegenstand, deren Methoden an die Literaturwissenschaft oder die Quellenanalyse der Geschichte erinnern, wie z.B. die „Canones" von Friedrich Carl von Savigny (1779-1861), die grammatische, historische, systematische und teleologische Aspekte unterscheiden, oder die Berufung auf die Hermeneutik. Insoweit allerdings das Recht zudem stets von der Sozialstruktur und Kultur des jeweiligen Gemeinwesens geprägt ist, kann man die damit befasste Wissenschaft auch den Sozialwissenschaften zuordnen, jedenfalls reicht sie in diese hinein mit ihrem Teilfach Rechtssoziologie (siehe Kap. G.5, Anfang).

Es besteht kein Zweifel, dass die in den deutschsprachigen Ländern entwickelte und betriebene Rechtswissenschaft nach wie vor ganz überwiegend deutschsprachig ist. Aber wieweit reicht sie, in ihrer Deutschsprachigkeit, auch in anderssprachige Länder hinein? Der vielleicht markanteste Fall ist Japan (zu Einzelheiten Mori 1994). Dieses Land orientierte sich für seine Modernisierung nach dem Fall des Shogunats, in der Meiji-Zeit (1868-1912), an westlichen Rechtssystemen und übernahm, nach anfänglicher Ausrichtung hauptsächlich an Frankreich, große Teile seines Rechts vom eben entstandenen Deutschen Reich, vor allem das Handelsrecht, das Zivilprozessrecht, das Gerichtsverfassungsrecht, zum Teil auch das Strafrecht und verkündete 1889 auch noch „die Verfassung des japanischen Reichs (*Dai-Nihon-Teikoku-Kenpô*) nach preußischem Modell" (Mori 1994: 53). Das Deutsche Reich erschien als politisches Vorbild besser geeignet für den autoritären Tenno-Staat als die westlichen Demokratien (dazu auch Naka 1994). „Wie man sich leicht vorstellen kann, entstand hieraus eine Abhängigkeit der japanischen Rechtswissenschaft von der deutschen" (Mori 1994: 53), die durch die spätere Nähe zu Nazi-Deutschland, besiegelt durch den Anti-Kominternpakt 1936, noch befestigt wurde. Allerdings wurde das einstige Vorbild durch die Geschichte, vor allem die gemeinsame Niederlage im Zweiten Weltkrieg, ramponiert.

Nach dem Krieg begann die Hinwendung zu den USA und zu deren Recht. Dieser Umorientierung entsprach auch die absolute Bevorzugung von Englisch als Schulfremdsprache (vgl. Hirataka 1994). Entsprechend verlief auch die Umorientierung der japanischen Rechtswissenschaft, die weiterhin im Gange ist.

Allerdings erweist sich die Tradition als zählebig. Isamu Mori's Einschätzung der Entwicklung und Zukunftsperspektive ist zwiespältig. Einerseits schreibt er mit Blick auf Deutschland: „Es wird wohl kaum so weit kommen, daß man in Japan den Blick auf das Recht und die Rechtswissenschaft desjenigen Landes aufgibt, an das sich das Recht und die Rechtswissenschaft Japans bislang angelehnt haben", und fügt nach dem Hinweis auf die „großen Sammlungen deutscher juristischer Fachliteratur" an japanischen Universitätsbibliotheken hinzu: „[I]nfolgedessen wird auch die deutsche Sprache für japanische Rechtswissenschaftler weiter wichtig bleiben, so daß sie auch in Zukunft als eine Fremdsprache gilt, die es intensiv zu erlernen gilt." (Mori 1994: 57) Andererseits stellt er – im Widerspruch dazu – fest: „Die Bereitschaft der Studierenden, Deutsch zu lernen, geht jedoch mehr und mehr zurück [...]. Die Vernachlässigung des Deutschen in der gesamten Ausbildung [...] wird dazu führen, daß die Absolventen der juristischen Fakultäten immer häufiger nur noch geringe oder überhaupt keine Deutschkenntnisse mehr haben. Diese Tendenz wird sich in Zukunft sicher noch verstärken." (Ebd. 59f.)

Für Korea, wohin Japan deutsches Recht und deutsche Rechtswissenschaft einschließlich der deutschen Sprache zur Zeit der kolonialen Herrschaft über das Land (1910-1945) exportiert hat, zeichnet Soon-Im Kim (2003) ein ähnliches Bild, mit womöglich noch stärkerem Rückgang der deutschen Sprache.

Die Entsprechung dazu ist die Übernahme von Teilen des angelsächsischen Rechts in neuerer Zeit. Dies gilt sogar für die deutsche Wirtschaft selbst, wo Unternehmen immer häufiger „einen ausländischen Gerichtsstand" vereinbaren und schon „ganze Verträge in englischer Sprache abfassen" („Das deutsche Recht hat an Boden verloren" und „Prozesse auf Englisch", *FAZ* 27.12.2008:12 bzw. 17.11.2010: 21; auch schon Berns 1992).

In die sprachlich gleiche Richtung weisen englisch benannte und englischsprachige Studiengänge und Fachrichtungen an deutschen Universitäten (vgl. Kap. G.8). Ein Beispiel bietet die „Faculty of Law" für das Graduiertstudium an der Universität Düsseldorf, worüber sich der deutsch-amerikanische Soziologieprofessor Günther Lüschen (University of Illinois) beim dortigen Rektor beschwert hat, „weil gerade die Rechtswissenschaft typischer Weise immer national ausgerichtet ist" (briefliche Mitteilung Lüschens an mich 25.01.2009). Man müsste sagen, dass sie bislang national ausgerichtet *war*, in den deutschsprachigen Ländern, was aber für die Zukunft nicht gesichert ist.

Neues Interesse am deutschen Recht und damit auch an der deutschen Sprache scheint stellenweise in den EU-Mitgliedstaaten aufzukeimen. Auf Studierende von dort zielen hauptsächlich Angebote wie das folgende der Universität Bonn ab: „Im Rahmen seines Programms ‚Deutsch als Fremdsprache' bietet der rechtswissenschaftliche Fachbereich seinen ausländischen Studierenden die Möglichkeit, sich in unterschiedlichen Kursen mit der deutschen Rechtsterminologie vertraut zu machen. Sowohl ausländische Hauptfach- und Magisterstudierende als auch Studierende, die sich im Rahmen des ERASMUS-Programms in Bonn aufhalten, finden hier sämtliche relevanten Informationen." (www.jura.uni-bonn.de/index.php?id=4486 – abgerufen 01.06.2011)

Alles in allem spielt die deutsche Sprache in den Geisteswissenschaften also durchaus eine bedeutendere Rolle als in den anderen hier betrachteten Wissenschaftsgruppen. Aber allem Anschein nach schränkt sich der Gebrauch auch hier mehr und mehr ein auf die sprachgemeinschaftsinterne Kommunikation. Das folgende Kap. sucht spezieller nach noch vorhandenen geisteswissenschaftlichen „Nischenfächern", in denen Deutsch weiterhin eine bedeutende internationale Stellung hat.

7. Nischenfächer für Deutsch als internationale Wissenschaftssprache?

Zwar neigen in den Geisteswissenschaften deutschsprachige Wissenschaftler mehr zu Deutsch und weniger zu Englisch als in den Sozial- und erst recht den Naturwissenschaften (vgl. Kap. G.6, G.5, G.3). Jedoch ist innerhalb der Fächergruppe mit großen Unterschieden zu rechnen, z.B. zwischen der Germanistik (Neigung zu Deutsch) und der Anglistik (Neigung zu Englisch). Außerdem kann sich der Gebrauch von Deutsch weitgehend auf die Kommunikation innerhalb der deutschen Sprachgemeinschaft beschränken. Im vorliegenden Kap. soll indes der Frage nachgegangen werden, in welchen geisteswissenschaftlichen Fächern Deutsch auch international noch eine bedeutende Stellung hat. Fächer mit einer solchen Stellung werden nach einem Terminologievorschlag Harald Weinrichs (Deutscher Bundestag 1986: 196) oft „Nischenfächer (des Deutschen)" genannt. Intensional kann man weiter differenzieren in „Nischenfächer des Deutschen (nur) als sprachgemeinschaftsinterne Wissenschaftssprache" und „des Deutschen als internationale Wissenschaftssprache"; extensional könnten sich jedoch beide als – zumindest weitgehend – identisch erweisen (vgl. zum Zusammenhang zwischen nationaler und internationaler Stellung Kap. A.5). Jedoch muss ich aus Kapazitätsgründen auf die ernsthafte Prüfung dieser Hypothese verzichten. Jedenfalls sind die Nischenfächer des Deutschen als internationale Wissenschaftssprache für dieses Buch von vorrangigem Interesse und bezieht sich im Weiteren das Kürzel „Nischenfächer" unmittelbar auf sie. Diese Fächer werden seit ca. 30 Jahren immer wieder als – womöglich letzte – Bastionen von Deutsch als internationale Wissenschaftssprache beschworen;

jedoch mangelt es an methodisch sorgfältigen Versuchen ihrer eindeutigen Identifizierung und gründlichen Untersuchung. Auch im Folgenden bleiben viele Fragen unbeantwortet und somit reichlich Spielräume für weitere Forschung. Zunächst identifiziere und benenne ich die vermutlichen Nischenfächer. Danach versuche ich, sie nach ihrer internationalen Stellung in eine Rangordnung zu bringen. Hierauf folgen Erwägungen zu den Zukunftsperspektiven ihrer internationalen Stellung, die mit Erklärungsansätzen theoretisch fundiert werden. Die Fächer Geschichte, Philosophie und Rechtswissenschaft wurden zwar schon in Kap. G.6 näher betrachtet, kommen aber im Folgenden noch mal als potentielle Nischenfächer zur Sprache.

Näher spezifiziert wurden die Nischenfächer erstmals von der Weinrich-Schülerin Sabine Skudlik (1990: 216), die dafür folgende 7 Kandidaten nennt: „die Theologie, die Archäologie, die Klassische Philologie", „die Finnougristik, die Assyriologie, die Slavistik oder Indogermanistik". Bei einer eigenen Befragung von geisteswissenschaftlichen deutschen Verlagen im Jahr 1997, die von 7 Verlagen beantwortet wurde (mehr dazu im Fortgang des Kap.), habe ich selbst die folgenden 5 Fächer als potentielle Nischen für Deutsch als internationale Wissenschaftssprache vorgegeben (Fächertrennung durch Satzzeichen; „und" verbindet Teile desselben Faches): Klassische Archäologie (von 5 Verlagen bestätigt) sowie Klassische Philologie, Evangelische Theologie, Musikwissenschaft, Theologie insgesamt (von je 3 Verlagen bestätigt). Außerdem haben die Verlage auf meine Bitte um weitere Nennungen die folgenden 7 Fächer hinzugefügt: Philosophie (von 2 Verlagen genannt) sowie Ägyptologie, Vorderasiatische Archäologie, Vor- und Frühgeschichte, Kunstgeschichte, Judaistik, Orientalistik (von je 1 Verlag genannt; Ammon 1998: 176), womit sich die Gesamtzahl auf 12 erhöhte. Der größte deutsche Exportverlag wissenschaftlicher Literatur, Harrassowitz, hat mir für die neuere Zeit 13 ganz ähnliche Nischenfächer genannt (dankenswerte E-Mail von Direktor Knut Dorn am 19.01.2009), und zwar eingeteilt in drei Fächergruppen in folgender Rangordnung nach der Stellung von Deutsch als Publikationssprache: 1) „eigene [deutschsprachige! U.A.] Literatur und eigene deutschsprachige Kritik und Auseinandersetzung mit ihr [Germanistik! U.A.]"; 2) „Archäologie, Religionsgeschichte, Theologie, Philosophie, Klassische Altertumswissenschaft, Musik, Kunst"; 3) „Orientalistik, Slawistik, Judaistik, Ägyptologie, Indogermanistik".

Im Jahr 2009 führte ich per E-Mail eine Expertenbefragung durch, und zwar unter Germanistik-ProfessorInnen außerhalb des deutschen Sprachgebiets, die sich mit dem Thema ‚internationale Stellung der deutschen Sprache' befasst hatten (je 1 aus Australien, Brasilien, Finnland, Frankreich, Großbritannien, Italien, Japan, Türkei und USA). Die im vorliegenden Zusammenhang relevante Frage lautete: „In welchen Fächern werden aus Ihrer Sicht in Ihrem Land [...]

noch wissenschaftliche Publikationen auf Deutsch rezipiert?" In den Antworten wurden insgesamt die folgenden 23 Fächer genannt (Häufigkeit der Nennung in Klammern), wobei die Germanistik sicher von allen bestätigt worden wäre, aber wegen der Selbstverständlichkeit nicht von allen genannt wurde (Fächer durch Kommas getrennt, Namensvarianten hinter Schrägstrich): Geschichte/ Geschichtswissenschaft (7), Philosophie (6), Germanistik, Musik/ Musikwissenschaft, Theologie (je 4), Rechtswissenschaft, Altertumswissenschaften (je 3), Allgemeine Sprachwissenschaft/ Linguistik, Altphilologie/ Klassische Philologie, Archäologie, Kunstgeschichte, Literaturwissenschaft, Soziologie (je 2), Hermeneutik, Indologie, Iranistik, Islamwissenschaften, Kulturologie, Multikultur, Philologie der nah- und fernöstlichen Sprachen, Politologie, Theaterwissenschaft und Terminologiewissenschaft (je 1).

Für eine kürzliche umfangreiche Befragung zur „internationalen Positionierung der Geisteswissenschaften in Deutschland" (gemeint sind die in Deutschland vertretenen Geisteswissenschaften) wurden die folgenden 9 Fächer ausgewählt: Afrikanistik, Ägyptologie, Islamwissenschaften und Arabistik, Germanistik, Geschichte, Kommunikations- und Medienwissenschaft, Kunstgeschichte, Musik oder Musikwissenschaft sowie Religionswissenschaft (Behrens u.a. 2010: 5). Wenngleich sie weder als Nischenfächer von Deutsch als internationale Wissenschaftssprache spezifiziert noch genaue Auswahlkriterien angegeben werden, legt die Intention der Untersuchung doch eine in diese Richtung gehende Auswahl nahe. Beeinflusst war die Untersuchung vom Wissenschaftsrat in Deutschland, auf dessen *Empfehlungen zur Entwicklung und Förderung der Geisteswissenschaften in Deutschland* die Autoren hinweisen (Behrens u.a. 2010: 5; Wissenschaftsrat 2006). Nach der Auffassung des Wissenschaftsrates (2006: 15f.) „stellen deutsche Wissenschaft und Sprache zentrale Bezugspunkte dar und genießen weltweit hohes Ansehen" in den Fächern Altertumskunde, Ägyptologie und Altorientalistik. Ähnlich charakterisierte der Wissenschaftsrat auch die Germanistik und die Philosophie, in denen Deutsch „noch heute internationale Kongresssprache" sei, ebenso wie „auf dem Gebiet der Altorientalistik und Ägyptologie", und „Fachliteratur wird in den beiden letztgenannten Disziplinen in der Regel nicht in andere Sprachen übersetzt." Dies sind also offenbar nach Einschätzung des Wissenschaftsrates 5 Nischenfächer des Deutschen, wenn der Terminus auch nicht gebraucht wird. Tab. G.7-1 liefert einen Überblick über alle soweit genannten Fächer einschließlich der Untersuchungen und Quellen sowie der Gesamthäufigkeit der jeweiligen Nennung.

Vereinzelt sind die Fächernamen in Tab. G.7-1 gekürzt, z.B. „Islamwiss." für „Islamwissenschaft und Arabistik". Außerdem sind gewisse Fächerüberschneidungen unverkennbar oder könnte man die fachliche Eigenständigkeit in Frage stellen. Dennoch wird man die 14 Mehrfachnennungen als eine Art Kernbestand potentieller Nischenfächern annehmen dürfen, also: Germanistik, (Klassische) Archäologie, Ägyptologie, Musik(wissenschaft), Philosophie, Theologie (je 4 Nennungen, n=6), Altertumswissenschaft, Kunstgeschichte, (Alt)Orientalistik, Klassische Philologie (je 3 Nennungen, n=4) sowie Geschichte, Islamwissenschaft, Judaistik und Slawistik (je 2 Nennungen, n=4).

	Skudlik 1990	Verlage 1997	Wissenschaftsrat 2006	Harrassowitz 2009	Experten 2009	Behrens u.a. 2010	N
(Klass.)Archäol.	x	x		x	x		4
Ägyptologie		x	x	x		x	4
Germanistik			x	x	x	x	4
Musik(wiss.)		x		x	x	x	4
Philosophie		x	x	x	x		4
Theologie	x	x		x	x		4
Altertumswiss.			x	x	x		3
Kunstgeschichte		x			x	x	3
(Alt)Orientalistik		x	x	x			3
Klass. Philologie	x	x			x		3
Geschichte					x	x	2
Islamwiss.					x	x	2
Judaistik		x		x			2
Slawistik	x			x			2
Afrikanistik						x	1
Assyriologie	x						1
Evang. Theologie			x				1
Finnougristik	x						1
Hermeneutik					x		1
Indogermanistik				x			1
Indologie					x		1
Iranistik					x		1
Kulturologie					x		1
Komm.-/Medienwiss.						x	1
Kunst				x			1
Linguistik					x		1
Literaturwiss.					x		1
Multikultur					x		1
Nah-/fernöst. Philologie					x		1
Politologie					x		1
Rechtswiss.					x		1
Religionswiss.						x	1
Soziologie					x		1

Theaterwiss.					x		1
Terminologie-wissenschaft					x		1
Vorderasiat Archäologie		x					1
Vor-/Früh-geschichte		x					1

Tab. G.7-1: Nischenfächer von Deutsch als internationale Wissenschaftssprache nach verschiedenen Untersuchungen und Quellen (Rangordnung nach Gesamthäufigkeit der Nennung; alphabetisch bei gleicher Gesamthäufigkeit)

Manche davon lassen sich unter größeren Dächern zusammenfassen, wie vor allem unter ‚Geschichte' oder auch enger unter ‚Alte Geschichte'. Dabei formieren sich die folgenden deutlich unterscheidbaren 5 Fächer oder Fächergruppen: Germanistik, Musik(wissenschaft), (Alte) Geschichte (einschließlich Archäologie, Ägyptologie, Altertumswissenschaft, Kunstgeschichte, Altorientalistik, Klassische Philologie), Philosophie und Theologie (einschließlich Islamwissenschaft, Judaistik).

Ein Teil dieser Fächer wird durch weitere Befunde der in Tab. G.7-1 einbezogenen Online-Befragung bestätigt (Behrens u.a. 2010; www.his.de/publi kation/bericht – abgerufen 07.04.2011; Kurzfassung Fischer/ Minks 2010), woran sich 1.030 Wissenschaftler in Deutschland (Rücklauf 22%) und 181 in Australien, Großbritannien und USA (Rücklauf 14%) beteiligten (Behrens u.a. 2010: 4f.). 6 der einbezogenen 9 Fächer gehören zum obigen Kernbestand von 14 Fächern, nämlich Germanistik, Ägyptologie, Geschichte, Kunstgeschichte, Musik(wissenschaft) und Islamwissenschaft, während 3 von keiner der anderen Quellen für Tab. G.7-1 genannt werden, sich aber teilweise mit dortigen Nennungen überlappen: Afrikanistik, Kommunikations- und Medienwissenschaft, Religionswissenschaft.

Die Antworten der Wissenschaftler Australiens, Großbritanniens und der USA wurden in Berens u.a. (2010) aus statistischen Gründen nicht nach Fächern differenziert. Für die zusammengefassten 9 Fächer ergaben sich die folgenden Proportionen der „Fremdsprachen, in denen Geisteswissenschaftler(innen) aus Australien, Großbritannien und den USA am häufigsten wissenschaftliche Veröffentlichungen lesen (Mehrfachnennungen, Befragte aus dem Ausland, in %)": Französisch 69, Deutsch 59, Italienisch 21, Spanisch 17, Niederländisch 12 (Behrens u.a. 2010: 32). Zwar bleibt etwas unklar, ob damit sämtliche Fremdsprachen gemeint sind, in denen die Probanden überhaupt Texte lesen, oder nur diejenigen, in denen sie am häufigsten Texte lesen (vgl. die divergierende Formulierung in Behrens u.a. 2010: 31 unten gegenüber 32 Tabellenbeschriftung); jedoch ist eindeutig, dass mehr als die Hälfte (59%) Deutsch nennen. Somit rangiert Deutsch zwar hinter Französisch (69%), aber deutlich vor allen anderen Fremdsprachen. (Dass 100% der Informanten Texte in der eigenen Sprache (Mutter- oder Zweitsprache), also hier in Englisch, lesen, versteht sich von selbst.) Demnach ist Deutsch noch heute, zusammen mit und hinter Französisch, verbreitete wissenschaftliche Lektüresprache im „inneren Kreis" der angelsächsischen Staaten (Kachru 1986; Crystal 2003), dicht hinter Französisch und mit größerem Abstand vor Italienisch, Spanisch und Niederländisch. Schade, dass bezüglich dieses Befundes keine Aufteilung in einzelne Fächer möglich war.

Die Antworten der Wissenschaftler in Deutschland auf die gleiche Frage, in welchen „Fremdsprachen" sie „am häufigsten wissenschaftliche Veröffentlichungen lesen (Mehrfachnennungen, Befragte aus Deutschland)" verweisen auf dieselben internationalen Wissenschaftssprachen wie bei den angelsächsischen Wissenschaftlern: Englisch 97%, Französisch 65%, Italienisch 32%, Spanisch 17% und Niederländisch 14% (Behrens u.a. 2010: 32). Dabei versteht sich wieder von selbst, dass 100% dies auch in der eigenen Sprache, also in Deutsch tun. Auch die Rangordnung der Sprachen ist – unter Berücksichtigung der jeweils eigenen Sprache – in beiden Fällen gleich.

	Lingua franca	Gleichbedeutend mit anderen Wissenschaftssprachen	Geringere Bedeutung als andere Wissenschaftssprachen	Nur im deutschsprachigen Raum von Bedeutung
Germanistik	66	13	5	16
Musik(wiss.)	9	51	23	17
Geschichte	5	38	28	29
Kunstgeschichte	6	29	45	20
Afrikanist./ Arabist./Islamwiss./ Ägyptologie	-	28	42	30
Komm.-/ Medienwiss.	1	9	24	66
Gesamt	24	28	22	26

Tab. G.7-2: Stellung von Deutsch als internationale Wissenschaftssprache in verschiedenen Fächern nach Einschätzung von Fachvertretern in Deutschland in Prozent (nach Behrens u.a. 2010: 33)

Die befragten Wissenschaftler aus Deutschland maßen Deutsch als Wissenschaftssprache je nach Fach oder Fächergruppe eine unterschiedliche internationale Stellung zu, wobei die Antwort „nur im deutschsprachigen Raum von Bedeutung" als Verneinung einer internationalen Stellung interpretiert werden darf. Dabei ist zu beachten, dass die Frage sich hier nicht auf die Lektüre beschränkt. Tab. G.7-2 zeigt die Befunde in der Fächerzusammenfassung von Behrens u.a. (2010: 33), und zwar in der (von mir hergestellten) Rangordnung nach der Summe der beiden ersten Spalten. Außer in der Germanistik sehen die Probanden auch eine nicht unbedeutende internationale Stellung von Deutsch, vereinzelt sogar als Lingua franca, in der Musikwissenschaft, Geschichte und Kunstgeschichte.

Für die 3 anglophonen Länder (Australien, Großbritannien und USA) ergibt sich – wieder ohne Fächerdifferenzierung – ein weitgehend kompatibler Befund (G.7-3), so dass die beiden Einschätzungen sich erneut gegenseitig stützen.

	Lingua franca	Gleichbedeutend mit anderen Wissenschaftssprachen	Geringere Bedeutung als andere Wissenschaftssprachen	Nur im deutschsprachigen Raum von Bedeutung
Insgesamt ohne Germanistik	1	31	37	31
Insgesamt	8	32	33	27

Tab. G.7-3: Stellung von Deutsch als internationale Wissenschaftssprache in 8 bzw. 9 geisteswissenschaftlichen Fächern nach Einschätzung von Fachvertretern in Australien, Großbritannien und USA in Prozent (Behrens u.a. 2010: 33)

Zusätzliche Einzelstimmen, auch aus den qualitativen Interviews mit je 1 Vertreter der 9 Fächer in den 3 anglophonen Ländern und je 1 Vertreter Japans von 5 dieser Fächer, passen in dasselbe Bild. So bemerkt z.B. eine Musikwissenschaftlerin aus den USA: „Every serious American and British musicologist has to learn German." (Behrens u.a. 2010: 39) Weiter stellen Fischer/ Minks (2010: 10f.) fest, dass Deutschkenntnisse eher notwendig seien in der „islamischen Mystik" und der „Bibelforschung" als „für andere Gebiete der Religionswissenschaft" und fassen die Befunde insgesamt so zusammen, dass „Lesekompetenz in der deutschen Sprache in vielen Bereichen noch heute unabdingbar ist", nämlich für „die Ägyptologie, die Arabistik/ Islamwissenschaft, die Kunstgeschichte, die Musikwissenschaft, die Religionswissenschaft und natürlich die Germanistik".

Auch in meiner eigenen Expertenbefragung bestätigten die Informanten die Notwendigkeit von Lesekenntnissen in Deutsch für die im Wesentlichen gleichen Fächer, z.B. in Australien: „An unserem Institut [an der University of Sydney! U.A.] werden seit Jahren Lesekurse in Deutsch fuer Akademiker angeboten. In diesen Kursen sitzen Kollegen vor allem aus der Archaeologie, den Altertumswissenschaften, den Islamwissenschaften, der Indologie, der Iranistik, der Geschichte, die sagen, es gaebe nach wie vor nie uebersetzte Wissenschaftsliteratur, die so grundlegend ist, dass man sie einfach auf Deutsch lesen muss." (DAAD-Lektor Andreas Jäger, E-Mail 21.01.2009) Professor Brian Taylor, der diese Lesekurse durchführte, fasste in späterer Korrespondenz mit mir die Auffassung der zu jener Zeit promovierenden Kursteilnehmer der Fächer „klassische Archaeologie, römische Geschichte und mittelalterliche Geschichte" folgendermaßen zusammen: „[T]here's a huge body of literature on all aspects of my thesis topic in German." (E-Mail 24.03.2010)

Weiteren Aufschluss liefert die schon zu Anfang des Kap. erwähnte und in Tab. G.7-1 einbezogene Fragebogenerhebung im Jahr 1997 unter deutschen Verlagen, die mit Hilfe von Bibliothekaren der Universitätsbibliothek Duisburg im Hinblick auf die potentiellen Nischenfächer ausgewählt wurden. Angeschrieben wurden die 10 Verlage: Dr. Rudolf Habelt (Bonn), Otto Harrassowitz (Wiesbaden), Peter Lang (Frankfurt a. M.), Konrad Theiss (Stuttgart), Georg Olms (Hildesheim), Dr. Hans Schneider (Tutzing), Schott Musik International (Mainz), Franz Steiner (Stuttgart), B. G. Teubner (Stuttgart) und Philipp von Zabern (Stuttgart), von denen 6 den Fragebogen ausfüllten und einer brieflich und unvollständig antwortete. Bei allen Antworten handelt es sich um intuitive, nicht durch Statistiken gestützte Einschätzungen.

Zunächst sollten folgende Fächer „nach der internationalen Stellung des Deutschen in eine Rangordnung" gebracht werden (durch Zuordnung von Zahlen): Klassische Archäologie, Musikwissenschaft, Klassische Philologie, Evangelische Theologie, Theologie insgesamt. Anschließend wurde um Nennung weiterer Nischenfächer gebeten, die mit beigefügten Zahlen in die zuerst hergestellte Rangordnung eingepasst werden sollten, entweder durch höhere Zahlen (= niedrigere Ränge) oder Dezimalbrüche (0,5 = vor 1; 1,5 = zwischen 1 und 2; 1,3 und 1,6 = beide Fächer zwischen 1 und 2 usw.). Tab. G.7-4 stellt die Ergebnisse zusammenfassend in Form einer Rangordnung dar.

1. <u>Klassische Archäologie</u> = <u>Klassische Philologie</u> (5)
2. <u>Evangelische Theologie</u> (3)
3. <u>Musikwissenschaft</u> (3)
4. <u>Theologie insgesamt</u> (3)
5. Philosophie (2)
6. Ägyptologie = Vorderasiatische Archäologie = Vor- und Frühgeschichte (1)
7. Kunstgeschichte (1)
8. Judaistik (1)
9. Orientalistik (1)

Tab. G.7-4: Nischenfächer von Deutsch als internationale Wissenschaftssprache nach Einschätzung deutscher Fachverlage (Rangordnung; die im Fragebogen vorgegebenen Fächer sind unterstrichen)

Dafür wurden die Fächer geordnet, und zwar zunächst nach Häufigkeit der Nennung (Zahlen in Klammern) und bei gleich häufiger Nennung nach Summe der Rangzuweisungen. Das Gleichheitszeichen zeigt einen aufgrund dieser Kriterien gleichen Rangplatz an (alphabetische Anordnung auf gleichem Rang).

Wenn auch das Ergebnis sicher beeinflusst ist von den Vorgaben im Fragebogen (vgl. die Rangplätze der unterstrichenen Fächer) wie auch von der fachlichen Spezialisierung der Verlage, von denen mehrere betonten, sie könnten nur für die von ihnen vertretenen Fächer sprechen, so ist doch die beträchtliche Übereinstimmung mit anderen Nennungen von Nischenfächern bemerkenswert. 9 Fächer wurden auch von anderen Quellen genannt, 8 davon sogar von 2 oder mehr anderen Quellen, und die 3 übrigen (Evangelische Theologie, Vorderasiatische Archäologie, Vor- und Frühgeschichte) überlappen sich mit anderweitig genannten (vgl. Tab. G.7-1).

In der dritten Frage wurden die Verlage um Nennung derjenigen Sprachen gebeten, die neben dem Deutschen (um dessen Nischenfächer es ging) international ebenfalls „eine wichtige Rolle spielen". Sprachen, „die eine stärkere internationale Stellung haben als das Deutsche", sollten unterstrichen werden. Tab. G.7-5 gibt einen Überblick über die Sprachangaben zu den Fächern. Dabei wird der Rangordnung in Tab. G.7-4 gefolgt, jedoch sind Fächer mit identischem Sprachenprofil zusammengerückt.

Klassische Archäologie	E> (2), E= (1), E (2) - F (4) - I (3) - NG (1) - S (1)
Klassische Philologie	E> (2), E (3) - F (4) - I (3) - S (1)
Evangelische Theologie	E (3) - N (1)
Musikwissenschaft	E> (1), E (2) - F (2) - I (2) - S (1)
Theologie insgesamt	E> (1), E (1), F (2), I (1), S (1)
Philosophie = Orientalistik	E (1), F (1)
Ägyptologie = Vorderasiatische Archäologie = Vor- und Frühgeschichte	E= (1), F (1), I (1)
Kunstgeschichte	E (1), F (1), I (1)
Judaistik	E (1), H (1)
Orientalistik	E (1), F (1)

Tab. G.7-5: Internationale Wissenschaftssprachen außer Deutsch in den Nischenfächern des Deutschen nach Einschätzung deutscher Fachverlage
(E=Englisch, F=Französisch, H=Hebräisch, I=Italienisch, N=Niederländisch, NG=Neugriechisch, S=Spanisch; nachgestellt „>" bedeutet die ausdrückliche Angabe ‚wichtiger als Deutsch', nachgestellt „=",gleich wichtig wie Deutsch'; bei Zahlengleichheit alphabetische Anordnung)

Nur Englisch hielten die deutschen Verlage für wichtiger als Deutsch. Daneben nannten sie aber weitere Sprachen, was im Einklang steht mit den vorausgehenden Befunden, dass Nischenfächer des Deutschen meist zugleich solche vor allem des Französischen sind, aber auch des Italienischen, Spanischen oder Niederländischen. Hebräisch und Neugriechisch beschränken sich dagegen auf Einzelfächer.

Gewisse Anhaltspunkte für die gesuchten Nischenfächer von Deutsch liefern auch Bibliotheksbestände nicht-deutschsprachiger Universitäten. Ein möglicher Indikator sind hier z.B. die Sprachen der abonnierten Zeitschriften. Allerdings liegen mir dazu nur – wiederum nicht ganz aktuelle – Daten von der University of North Carolina, Chapel Hill (USA) vor, und auch nur für 2 Fächer bzw. Fächergruppen: der Klassischen Archäologie sowie zusammengefasst der Klassischen Philologie und Klassischen Geschichte. Im Zweifelsfall wurde die Zuordnung zu den Sprachen nach dem Zeitschriften-Untertitel getroffen, z.B. *Akroterion. Quarterly for the Classics in South Africa* → Englisch, *Germania. Anzeiger der Römisch-Germanischen Kommission des Deutschen Archäologischen Instituts* → Deutsch. (Tab. G.7-6).

	Klassische Archäologie	Klassische Philologie und Klassische Geschichte
Englisch	39	207
Deutsch	22	104
Französisch	17	105
Italienisch	17	70
Andere Sprachen	13	144

Tab. G.7-6: Sprachenanteile der Zeitschriften für Klassische Archäologie sowie zusammengefasst Klassische Philologie und Klassische Geschichte an der Bibliothek der University of North Carolina, Chapel Hill, im Jahr 1996 (nach *Classical Periodicals in Davis Library* 1996; fachliche Zuordnung durch Gerhard Koeppel)

In Wirklichkeit war die Stellung von Deutsch allerdings bescheidener, als sie hier erscheint, weil die Zeitschriften mit deutschsprachigem Titel auch anderssprachige, vor allem englischsprachige Beiträge enthielten; ebenso die Zeitschriften mit französisch- oder italienischsprachigem Titel. Dagegen fanden sich in Zeitschriften mit englischsprachigem Titel kaum anderssprachige Beiträge. Dennoch indizieren diese Zahlen, auf schmaler empirischer Basis, eine gewisse internationale Stellung von Deutsch und anderen schon zuvor bestätigten Sprachen in den besagten Fächern.

Bei einem Versuch, repräsentativeren Aufschluss über die Bibliotheken außerhalb des deutschen Sprachgebiets zu gewinnen, wandte ich mich wieder den US-Hochschulbibliotheken zu, und zwar zur Gewährleistung einerseits scharfer Testbedingungen (denn die USA stehen im Ruf, andere Sprachen als Englisch zu vernachlässigen) und andererseits globaler Repräsentativität (die das wissenschaftliche Zentrum der heutigen Welt am ehesten versprach; vgl. Kap G.1, gegen Ende). Die tatsächlichen Bibliotheksbestände erschienen mir allerdings weniger aussagekräftig, weil vielleicht teilweise veraltet, als Idealvorstellungen von einem ausgewogenen Bestand, wie sie sich in Anleitungen für Bibliothekare zum Aufbau von US-Hochschulbibliotheken finden, mit den für die einzelnen Fächer vorgeschlagenen Titeln. Die renommiertesten derartigen Anleitungen sind Sheehy (1976/80/82) und Balay (1996) – letztere auch noch die aktuellste im Jahr 2012 (Beratung durch John Rutledge, Fachbibliothekar an der University of North Carolina in Chapel Hill, NC). Vor allem die für fragliche Nischenfächer des Deutschen genannten grundlegenden Werke („reference works": Überblicksliteratur, Nachschlagewerke) sollten Anhaltspunkte liefern über die internationale Stellung von Deutsch.

Für Sheehy musste allerdings die Analyse aus Gründen der Arbeitskapazität auf vier ausgewählte Fächer beschränkt werden, wofür ich die lutherische Theologie, die Archäologie, die Klassische Philologie und die Musikwissenschaft wählte (zu Details Ammon 1998: 171-175).

Zur lutherischen Theologie gelangt man über → Geisteswissenschaften → Religion → Christentum → Protestantismus → „Lutheran" (1 von 13 protestantischen Denominationen). Der Suchpfad verrät die Kleinheit dieser Nische, in der sich gleichwohl kein einziger deutschsprachiger Titel fand – trotz des deutschsprachigen Begründers, der zudem geradezu ein Nationalsymbol Deutschlands ist und als Bahnbrecher des heutigen Standarddeutschs gilt. Auf deutschsprachige Werke führte jedoch die umfassendere Suche über die Theologie, wo Deutsch dann immerhin unter „General Works" und „Christianity" mit 24 Titeln von insgesamt 257 vertreten war (9%). Ähnlich groß war der Anteil von Französisch, wogegen englischsprachige Titel erwartungsgemäß dominierten. Damit war dann doch die Theologie, wenn auch nicht speziell die lutherische, als – allerdings kärglich besetzte – Nische von Deutsch als internationale Wissenschaftssprache belegt.

Die Archäologie findet man ausgehend von „History and area studies" über mehrere Schritte unter „Archeology and prehistory" sowie „Classical antiquities". Dort sind dann von den insgesamt 71 Titeln immerhin 15 (21%) deutschsprachig (43 englisch-, 7 französisch-, 3 russisch-, 2 spanisch- und 1 ungarischsprachig) (Sheehy 1976: 603f.). Damit ist die Archäologie als Nische für Deutsch als internationale Wissenschaftssprache solide ausgewiesen. Bei näherer Betrachtung der deutschsprachigen Titel stellt man allerdings fest, dass sie sich weitgehend auf die Region des Mittelmeers und Vorderen Orients beschränken. Jedoch hat die auf diese Region ausgerichtete Klassische Archäologie die anderen Archäologien theoretisch und methodisch stark beeinflusst und bildet in westlichen Ländern vielerorts nach wie vor den Kern der ganzen Disziplin.

Für die Klassische Philologie erschienen die bei Sheehy (1976/80/82) so genannten „Classical languages" als beste Entsprechung, die man nicht unter „Linguistics", sondern unter „Literature" findet. Von den dafür genannten insgesamt 68 Titeln sind 9 (13%) deutschsprachig, immerhin also ein größerer Anteil als in der Theologie, jedoch kleiner als in der Archäologie. Wieder ist der Anteil von Französisch ähnlich groß und entfällt auf Englisch der Löwenanteil. Auch für die Klassische Philologie ist damit Deutsch als internationale Wissenschaftssprache ausgewiesen. In vielen Ländern sind für das Studium der Klassischen Archäologie und der Klassischen Philologie, zumindest für höhere Abschlüsse, nach wie vor Lesekenntnisse in Deutsch obligatorisch oder werden zumindest empfohlen, neben solchen in Französisch und in einschlägigen klassischen Sprachen. Speziell in den USA werden diese Kenntnisse jedoch oft unzureichend vermittelt, aber gleichwohl zertifiziert (Hinweis von Gerhard Koeppel, Archäologe an der University of North Carolina, Chapel Hill).

In der Musik(wissenschaft) („Music") insgesamt schließlich sind nur 7% der Titel deutschsprachig (25 von 356); allerdings ist der Anteil unter der Rubrik Bibliographien („Bibliography") höher (22%; 11 von 49 Titeln). Die Musikwissenschaft liegt als Nische des Deutschen nahe aufgrund der weltweiten Verbreitung klassischer Musik der deutschsprachigen Länder (vgl. z.B. Ziegler 1994), der darauf bezogenen praktischen Ausbildung und vieler Hinweise auf die Wichtigkeit von Deutschkenntnissen für Musikstudien (Ammon 1991a: 411-420). So ergab eine – allerdings schon betagte – Erhebung der in den USA für den Ph.D. geforderten Fremdsprachenkenntnisse (um 1970) zwar die Bevorzugung von Deutsch in den Naturwissenschaften und von Französisch in den Sozial- und Geisteswissenschaften – bei Letzteren jedoch „except music, which had a higher percentage using German." Dieselbe Untersuchung weist auch darauf hin, dass die Musik-Abteilungen an den US-Hochschulen sich oft gegen die Abschaffung der „foreign language requirements" für Ph.D-Studierende sträubten und auf Fremdsprachenkenntnissen insistierten, womit demnach vor allem Deutschkenntnisse gemeint sein mussten. (Wiltsey 1972, Part I: 55, 72 bzw. 41)

Nach der gleichen Methode wie Sheehy habe ich Balay u.a. (1996) analysiert und dabei mehr Fächer einbezogen. Tab. G.7-7 gibt einen Überblick über die Anteile von Deutsch an den grundlegenden Werken in allen berücksichtigten Fächern (in den englischen Originalbezeichnungen). Die Prozentzahlen erlauben den Vergleich mit Sheehy, dessen Zahlen in eckigen Klammern hinzugefügt sind. Zwar zeigt der Vergleich in mehr Fächern Rückgänge (3) als Zuwächse (1), jedoch sind die Fächer vielleicht nicht genau gleich definiert. Für die lutherische Theologie ergab sich wieder, wie bei Sheehy, Fehlanzeige.

	Religion				Language, Linguistics, Philology	
	General Works	The Bible	Christianity/ Lutheran	Lutheran	Slavic Language	Iranian/ Indo-European Languages
Englisch	90 (81)	93 (106)	86 (214)	100 (6)	43 (6)	71 (5)
Deutsch	4 (4)	2 (2)	4; Σ = 8 [9] (11)	- [-]	21 (3)	29 (2)
Französisch	2 (2)	2 (2)	4 (11)	-	-	-
Spanisch	-	-	-	-	-	-
Italienisch	-	-	2 (4)	-	-	-
Russisch	1 (1)	-	-	-	21 (3)	-
Andere	2 (2)	4 (4)	4 (9)	-	14 (2)	-

	Music	General History		
		Archeology and Ancient History		
		General Works	Classic Studies	Ancient Egypt
Englisch	83 (330)	74 (23)	83 (25)	83 (5)
Deutsch	8 [7] (31)	19 (6)	10 [13] (3)	17 [21] (1)
Französisch	5 (18)	3 (1)	3 (1)	-
Spanisch	2 (7)	-	3 (1)	-
Italienisch	1 (4)	-	-	-
Russisch	1 (2)	3 (1)	-	-
Andere	2 (6)	-	-	-

Tab. G.7 -7: Nischenfächer des Deutschen aufgrund von Anteilen an grundlegenden Werken (in Prozent, absolute Zahlen in Klammern, nach Balay u.a. 1996. Prozente für Deutsch bei Sheehy in eckigen Klammern, unter „Religion" die Summe von „General Works" und „Christianity")

Diese zusätzlichen Analysen bestätigen im Großen und Ganzen die 14 durch Tab. G.7-1 ausgewiesenen Nischenfächer für Deutsch als internationale Wissenschaftssprache, nämlich Germanistik, (Klassische) Archäologie, Ägyptologie, Musik(wissenschaft), Philosophie, Theologie (je 4 Nennungen), Altertumswissenschaft, Kunstgeschichte, (Alt)Orientalistik, Klassische Philologie (je 3 Nennungen) sowie Geschichte, Islamwissenschaft, Judaistik und Slawistik (2 Nennungen). Zumindest finden sich keine damit unvereinbaren Daten.

Zugleich wurden aber auch Schwächen und Lücken der Daten sichtbar. So sind die Repräsentativität der Stichproben und die Auswahl und Spezifizierung der untersuchten Fächer fraglich. Der bedenklichste Mangel ist jedoch das fast vollständige Fehlen von Beobachtungen des tatsächlichen Sprachgebrauchs, auch auf internationalen Kongressen. Hier bestehen dringende Forschungsdesiderate, auch im Hinblick auf eventuelle Fördermaßnahmen.

Entsprechend zweifelhaft sind Prognosen zur sprachlichen Zukunft der – immerhin ansatzweise identifizierten – Nischenfächer des Deutschen. Ist für sie mit dem Erhalt von Deutsch als internationale Wissenschaftssprache zu rechnen, oder – wie für das Gros der Wissenschaften – mit Sprachumstellung, vor allem auf das Englische? In Richtung Umstellung, jedenfalls auf längere Sicht, weisen diverse Äußerungen von Informanten in Behrens u.a. (2010), indem sie die zunächst bestätigte internationale Stellung von Deutsch nachträglich relativieren. So z.B. für das Fach Geschichte in den USA: „German is a very important language for European historians because so much high quality work is written in the language. [...] On the other hand [...] English has become the international language obviously." (Fischer/ Minks 2010: 11) Letzteres betont auch eine Musikwissenschaftlerin, ebenfalls USA: „I think a German musicologist who does not read English cannot be internationally competitive" (Behrens 2010: 39). Ebenso, ähnlich, ein britischer Islamwissenschaftler: „I suspect that German is beginning to slip quite seriously in the field and increasingly German colleagues will just write in English because they are [...] much more likely to have an impact if they write in English as if they still write in German." (Behrens u.a. 2010: 35) Andere Äußerungen verraten den schon eingetretenen Stellungsverlust von Deutsch, so z.B. die Kritik eines deutschen Ägyptologen an der fehlenden Deutschlernbereitschaft im Ausland: „Ich mache auch da durchaus dem einen oder anderen ausländischen Kollegen einen gewissen Vorwurf, dass sie da etwas lernfaul sind, denn ich finde, das Deutsche als Wissenschaftssprache ist etabliert" (Behrens u.a. 2010: 36).

Ähnlich pessimistische Andeutungen erbrachte meine eigene Befragung von DaF- und GermanistikprofessorInnen, z.B.:

– Aus Italien: „In Italien sieht die Lage [die Stellung von Deutsch als Wissenschaftssprache! U. A.] außerhalb der Germanistik eher düster aus. Traditionelle Fächer wie Altertumswissenschaften und Philosophie können teilweise noch eine Ausnahme sein, aber langfristig kaum" (Sandro Moraldo, E-Mail 02.01.2009).

- Aus Brasilien: „Als Wissenschafts- und Kultursprache ist das Deutsche, wenn auch relativ selten, noch in den Geisteswissenschaften geläufig, [...] aber praktisch nur unter denen, die ihre Ausbildung in Deutschland gemacht haben" (Cléo V. Altenhofen, E-Mail 22.01.2009).
- Aus Frankreich: „Allerdings beginnt [...] die Überlegung bei Akademikern der Germanistik [...], seinen ‚internationalen' Publikationen zumindest gelegentlich eine englischsprachige hinzuzufügen" (Odile Schneider-Mizony, E-Mail 15.01.2009).
- Aus der Türkei: „Jedoch gibt es in der letzten Zeit [sogar in der Germanistik! U.A.] eine leichte Tendenz dazu, in den Vorlesungen Türkisch zu sprechen. Der Grund dafür sind die immer geringer werdenden Deutschkenntnisse der Studierenden" (Nilüfer Tapan, E-Mail 11.01.2009).

Sogar die Germanistik, die als Nischenfach wegen der Selbstverständlichkeit oft gar nicht genannt wird, ist also vor Stellungsverlusten von Deutsch nicht gefeit. Auch ein britischer Germanist meint zu den Publikationssprachen seines Fachs: „I think increasingly the Weltsprache is English, I am afraid not just Weltsprache Deutsch. But I think increasingly you have to publish either in the language of the country, and/or English." (Behrens u.a. 2010: 38) All dies klingt mehr oder weniger deutlich nach Stellungseinbußen und Sprachumstellung. Freilich hatte Deutsch nie ein Monopol als Publikationssprache, nicht einmal in der Germanistik. Jedoch ist die Zunahme englischsprachiger Publikationen vor allem in der germanistischen Linguistik eine neuere Erscheinung. Aber sogar in der germanistischen Literaturwissenschaft gewinnt Englisch an Boden. Sein Anteil an den Publikationen lag schon Mitte der 1990er Jahre höher als der aller anderen Fremdsprachen zusammen: Deutsch 80%, Englisch 12,8%, Französisch 3,3% und Italienisch und Russisch je 1% – also alle Sprachen ohne Deutsch und Englisch zusammen 7,2% (Collins/ Rutledge 1996: 76f.; vgl. auch Detering 2000).

Meine ältere Befragung von 1997 bei deutschen Verlagen zielte ausdrücklich auf die Chancen des Erhalts von Deutsch in den Nischenfächern von Deutsch: „Wie ist die Entwicklungstendenz der internationalen Stellung des Deutschen in den wichtigsten Nischenfächern?" Im Falle der Bestätigung einer bedeutsamen internationalen Stellung von Deutsch folgte die Bitte um Einschätzung der Stabilität dieser Stellung. Tab. G.7-8 zeigt, wie viele Verlage die vorgegebenen Antworten bejahten.

Entwicklungstendenz der internationalen Stellung von Deutsch in den Nischenfächern von Deutsch:

Eher zunehmend	Ziemlich stabil	Eher abnehmend
-	4	2

Gefahr des Stellungsverlusts von Deutsch in den Nischenfächern:

Kein Verlust	Verlust auf lange Sicht	Verlust auf mittlere Sicht	Baldiger Verlust
3	2	1	-
Keine Gefahr	Geringe Gefahr	Mittlere Gefahr	Starke Gefahr
3	-	3	-

Tab. G.7-8: Zukunftsperspektiven für Deutsch als internationale Wissenschaftssprache in den Nischenfächern von Deutsch nach Einschätzung deutscher Fachverlage

Offenbar waren die Verlage uneins: Ungefähr die Hälfte hielt die internationale Stellung von Deutsch in den Nischenfächern für stabil, die andere Hälfte für – zumindest längerfristig – gefährdet. Jedoch schätzte kein Verlag den internationalen Gebrauch von Deutsch als „eher zunehmend" ein. Auch auf verschiedenen Konferenzen zum Thema in jüngster Zeit haben Vertreter von Nischenfächern Stellungseinbußen von Deutsch bestätigt, sogar dass deutschsprachige Texte von anderssprachigen Wissenschaftlern immer weniger gelesen werden, z.B. auf der Tagung „Deutsch in der Wissenschaft" (Tutzing, 10. – 12.01.2011) oder bei der Podiumsdiskussion „Ist das Erbe verspielt? Die deutschen Geisteswissenschaften im Spiegel der Welt" (Bonn, 24.02.2010).

Jedoch steht die Entwicklungstendenz in der bisherigen Forschung weniger im Fokus als die aktuelle Lage. So haben z.B. Behrens u.a. (2010) ihre umfangreiche Stichprobe nicht dazu genutzt, nach Generationen zu differenzieren. Ob in der jüngeren Generation immer noch 59% der Australier, US-Amerikaner und Briten (ebd.: 32) deutschsprachige Fachliteratur lesen, womöglich sogar am häufigsten (abgesehen von englischsprachiger)? In meiner eigenen, von Stefan Michels unterstützten Befragung um 1996 von Wissenschaftlern 7 nichtdeutschsprachiger Länder (Frankreich, Japan, Niederlande, Polen, Russland, Ungarn und USA) besaßen nach eigenen Angaben Unter-45-Jährige deutlich seltener Deutschkenntnisse (60%) als Über-45-Jährige (71%), ähnlich stand es um die Französischkenntnisse (43% gegenüber 57%), während die Proportionen bei den Englischkenntnissen – wenn auch schwach ausgeprägt – umgekehrt waren (92% gegenüber 91%) (Ammon 1998: 131). Ebenso las von den Unter-45-Jährigen ein kleinerer Teil deutschsprachige Texte (36%) als von den Über-45-Jährigen (45%), bei Englisch dagegen umgekehrt (69% gegenüber 63%)

(ebd.: 135). Allerdings waren bei diesen Zählungen Natur-, Sozial- und Geisteswissenschaftler zusammengefasst. Eine auf die Nischenfächer bezogene, statistisch aussagekräftige Generationen- und Tendenzanalyse fehlt bislang.

Die Spannung zwischen Stabilität und Rückgang von Deutsch in den Nischenfächern spiegelt sich auch in der Geschichte und Sprachwahl großer Nachschlagewerke. Der deutsche Althistoriker Hartmut Leppin (E-Mail 15.01.2011) hat mir grundlegende Werke und Projekte seines Fachs genannt, „die Deutschkenntnisse [...] zwingend voraussetzen:

- *Altägyptisches Wörterbuch*: enthält auch Französisches und lehnt Englisches nicht grundsätzlich ab, der Kern ist aber ausschließlich deutsch (www. bbaw.de/forschung/altaegyptwb)
- *Reallexikon für Antike und Christentum*: ausschließlich deutsch, auch wenn angelsächsische Autoren schreiben (www.akdw.nrw.de/awk/forschung/ forschungsvorhaben/rac_jbac/index.php)
- *Augustinus-Lexikon*: Nebeneinander deutscher, englischer und französischer Artikel, der Benutzer muss alle drei Sprachen können (www. adwmainz.de/index.php?id=39)
- Edition und Bearbeitung byzantinischer Rechtsquellen (www.uni-goettin-gen.de/de/10175.html)."

Andererseits jedoch liegt das traditionsreiche, vielbändige Nachschlagewerk *Paulys Realencyclopädie der classischen Altertumswissenschaften* (begonnen 1837) neuerdings in englischer Übersetzung vor: als *BRILL'S New Pauly*, laut Verlagsprospekt „the English edition of the authoritative DER NEUE PAULY, published by Verlag J.B. Metzler since 1996". Neuerdings sogar online: *New Pauly Online: Encyclopedia of the Ancient World*. Ebenso wird das *Lexikon der Ägyptologie* seit einiger Zeit in Kalifornien auf Englisch fortgesetzt unter dem Titel *The UCLA Encyclopedia of Egyptology*, wobei die jetzigen Bearbeiter die sprachliche Umstellung folgendermaßen begründen: „For an English reading public, the LÄ [Lexikon der Ägyptologie! U.A.] poses a number of problems. For example, most of the texts and all entry titles are in German [...]" (www.egyptology.ucla.edu/page files/encyplo-info.html – abgerufen 20.12. 2010). Diese Beispiele relativieren die Aussage des Wissenschaftsrates (2010: 16), dass in der „Altorientalistik" und „Ägyptologie" die „Fachliteratur [...] in der Regel nicht in andere Sprachen übersetzt" werde.

Von deutscher Seite aus versucht man neuerdings, die Außenwirkung der geisteswissenschaftlichen Forschung einschließlich der Nischenfächer zu verstärken. Diesem Ziel soll vor allem das groß angelegte Unterfangen der „Übersetzung herausragender geistes- und sozialwissenschaftlicher Werke in die englische Sprache" dienen, das seit 2008 die Fritz Thyssen Stiftung, die VG Wort, der Börsenverein des Deutschen Buchhandels und das Auswärtige Amt unter dem Programmnamen „Geisteswissenschaften International" mit jährlich rund 600.000 € finanzieren (www.boersenverein.de/de/portal/Uebersetzungs foerderung/186810 – abgerufen 14.06.2011). Vermutlich fördert dieses Programm tatsächlich die Bekanntheit der deutschen geisteswissenschaftlichen Forschung im Ausland. Ob es aber auch zum vermehrten Deutschlernen motiviert, ist zweifelhafter. Auf diese Wirkung scheinen die Förderer ebenfalls zu hoffen. Vielleicht verlockt das hohe wissenschaftliche Niveau, das bei den ausgewählten Texten anzunehmen ist, einige Fachleute zum Deutschlernen, um Zugang zu noch nicht übersetzten Wissenschaftsschätzen zu finden. Jedoch könnte die Wirkung auch gegenteilig sein: Die Zugänglichkeit der bedeutendsten deutschsprachigen Veröffentlichungen, als welche die Auswahl erscheint, in englischer Übersetzung könnte dazu verleiten, sich das Deutschlernen oder gar die Pflege vorhandener Deutschkenntnisse in Zukunft zu ersparen. Welche der beiden denkbaren Wirkungen überwiegt, ließe sich nur durch empirische Untersuchungen feststellen.

Ein Indiz für die Abwendung des heutigen Weltzentrums der Wissenschaften, der USA, von der deutschen Sprache ist auch die Personalpolitik der US-Hochschulbibliotheken, zu der mir James Campbell (Fachbibliothekar für Deutsch an der University of Virginia Library, Charlottesville) schrieb (E-Mail 03.01.2011):

> "The truly interesting thing is that people [...], who selected books in German for many subject areas, are retiring and they are not being replaced. Our *Fachreferenten* are typically monoglots – or perhaps know a little of one European language. They will buy the occasional German book if a professor or graduate student specifically asks for it, but have neither the linguistic ability nor the knowledge of German scholarship and publishing to build collections.
>
> This has been true for many years at less well-funded libraries, but recently has affected even elite institutions. Yale and Chicago used to have 2 – 3 *Referenten* for European literatures. This last year after a retirement and a resignation they decided to make do with one person (in neither case a *Germanist* as it happens)."

Der mit einer solchen Personalpolitik verstärkte Stellungsschwund von Deutsch als internationale Wissenschaftssprache tangiert auch die Nischenfächer. Auch sie geraten in den globalen Kommunikationszusammenhang. Dies verkünden schon manche Namen von deutschen Forschungszentren wie das „Dahlem Humanities Center" in Berlin, das sich wie folgt vorstellt: Es „bündelt die deutschlandweit einzigartige Breite geisteswissenschaftlicher Forschung an der Freien Universität." „Zum anderen unterstreicht die bereits aufgenommene

Zusammenarbeit mit Humanities Centers an herausragenden amerikanischen und europäischen Universitäten [...] die klare internationale Ausrichtung des Centers" (www.fu-berlin.de/sites/dhc/ – abgerufen 02.01.2011). Im globalen Kommunikationszusammenhang werden einerseits auch in den Nischenfächern die deutschsprachigen Wissenschaftler zu einer Minderheit und verlieren andererseits womöglich, was noch schwerer wiegt, die wissenschaftliche Meinungsführerschaft. Letzteres klingt z.B. an in den Worten eines italienischen Philosophen, der eine fachliche Kooperation in deutscher Sprache mit der Universität Halle pflegt: „Ich glaube, dass an unserer Uni die Tendenz, deutsche Philosophen auf Deutsch zu lesen, bleiben wird; das Problem ist nur, dass die Hegemonie der deutschen Philosophie langsam nachlässt" (Gian Franco Frigo, Universität Padua, E-Mail 11.01.2011).

Nur in der Germanistik scheint die Stellung von Deutsch als internationale Wissenschaftssprache unerschütterlich – denn bei ihr liegt es nach Auffassung des Wissenschaftsrats (2006: 16) „schon in der Natur der Gegenstände", dass „herausragende Forschung ohne Kenntnis der deutschsprachigen Forschungsliteratur nicht betrieben werden kann." Dass der Wissenschaftsrat diese Begründung mit der „Natur der Gegenstände" auch auf die Philosophie ausdehnt, klingt weniger plausibel. Für die Germanistik jedoch erscheint Deutsch als Wissenschaftssprache ebenso „natürlich" wie Englisch für die Anglistik oder Französisch für die Franco-Romanistik (Französistik/ Franzistik). Allerdings lassen Warnungen aufhorchen, wie z.B. der „Aufschrei" des österreichischen Romanisten Hans Goebl (2010) wegen des zunehmenden Gebrauchs von Englisch auf Romanistenkongressen. Offenbar schützt die „Natur der Gegenstände" dagegen nicht. Ebenso hat die Natur der Gegenstände Deutsch nicht am Aufstieg zur prominenten Wissenschaftssprache der Finnougristik oder Slawistik gehindert. Dass der vermeintliche „natürliche" Zusammenhang nicht zwingend verbindet, wird klarer bei der Unterscheidung von Objektsprache und Metasprache. Die wissenschaftliche Metasprache muss nicht identisch sein mit der Objektsprache; so ist z.B. Englisch als Metasprache für die Objektsprache Französisch keineswegs ausgeschlossen oder ebenso wenig Deutsch für Finnisch. Allerdings kann auf die Kenntnis der Objektsprache nicht verzichtet werden – außer bei der Beschränkung auf Aspekte, die von der Struktur der Objektsprache unabhängig sind. Dafür sind z.B. die „German Studies" in den USA berüchtigt; auch bestimmte Richtungen der vergleichenden Literaturwissenschaft begnügen sich mit Übersetzungen anstelle der Originaltexte. Dagegen ist eine andere Metasprache als die Objektsprache sogar unumgänglich, wenn die Objektsprache terminologisch nicht ausgebaut ist und daher wissenschaftlichen Anforderungen nicht genügt. Gleichwohl folgt aus diesen Überlegungen, dass kein Fachgegenstand (Objekt) „von Natur aus" die Stellung von Deutsch als internationale Wissenschaftssprache zuverlässig schützt.

Einen vermutlich sichereren Schutz bieten für manche Fächer, speziell die Germanistik, das Interesse der eigenen Sprachgemeinschaft und die daraus erwachsende staatliche Förderung (Kap. L.3.3; L.3.4). Allerdings ist ein entsprechendes Eigeninteresse auch bei Fächern wie Finnougristik oder Slawistik anzunehmen, weshalb die jeweiligen Sprachen – zusätzlich zu Englisch – die Stellung von Deutsch als internationale Wissenschaftssprache einschränken könnten.

Eine weitere nicht unbedeutende Ursache für die Standhaftigkeit von Deutsch, neben staatlichem Schutz, liegt „in der Geschichte [im Sinne von Tradition! U.A.] der Disziplinen begründet", wie es der Wissenschaftsrat (2006: 16) für die „Altertumswissenschaften" annimmt, der man andere Nischenfächer wie Klassische Philologie, Archäologie, Theologie oder Musikwissenschaft hinzufügen könnte. Sogar für die Germanistik wirkt die Tradition zusätzlich stabilisierend.

Ungünstig ist dagegen die – wenn auch teilweise nur vermeintliche – wirtschaftliche Bedeutungslosigkeit vieler Nischenfächer oder überhaupt der Geisteswissenschaften. Bei allen anders lautenden Bekundungen – nicht enden wollend z.B. im „Jahr der Geisteswissenschaft" in Deutschland, 2007 – bleibt deren finanzielle Förderung im Großen und Ganzen doch weit hinter derjenigen der Naturwissenschaften zurück, wobei die wirtschaftliche Geringerbewertung auch das Ansehen mindert.

Hinzu kommt schließlich als weiteres Handicap die Kleinheit vieler Nischenfächer – ausgenommen die Germanistik und vielleicht die Theologie. Die kleinen Fächer sehen sich vor allem bedrängt von Regulierungen des Studiums, neuerdings der „Bologna-Reform" (vgl. z.B. Fischer/ Minks 2010: 2 bzw. „Sterben die Spezialisten aus? Professoren kleiner Fächer sehen ihre Disziplinen durch die Bologna-Reform geschwächt", *Welt am Sonntag* 12.12.2010: NRW 10. Siehe zur Identifizierung kleiner, aber keineswegs nur geisteswissenschaftlicher Fächer die „Potsdamer Arbeitsstelle Kleine Fächer": www.kleinefaecher.de – abgerufen 16.02.2011). Die Kleinheit mancher Nischenfächer im Gefüge der Wissenschaften wird auch sichtbar in der oben erwähnten Analyse der Anleitung von Sheehy (1976/80/82) für den Aufbau von US-Hochschulbibliotheken. Folgt man dort z.B. für die lutherische Theologie den Klassifikationsstufen, so führen diese zunächst über 4 Großbereiche der Wissenschaften, von denen die Geisteswissenschaften einer sind. Diese werden weiter unterteilt in 8 Bereiche, mit der Religion als einem davon. Sie gliedert sich wieder, wie schon oben angesprochen, in 9 Bereiche mit dem Christentum als einem davon, das dann 7-fach aufgeteilt ist, mit den protestantischen Denominationen als einem dieser Teile, und dieser zerfällt dann noch einmal in 13 Segmente, wovon einer die lutherische Denomination bzw. ihre Theologie, also die zunächst gesuchte Nische, ist. Wenn wir die Schritte bis dahin als Teilungsschritte der Gesamtmenge ‚Wissenschaftliche Disziplinen' auffassen (bei Vernachlässigung sonstiger Größenunterschiede), dann bildet die lutherische Theologie nur 1/26208 (0,04 Promille) aller wissenschaftlichen Disziplinen.

8. Hochschullehre

Die bisherigen Analysen bezogen sich im Wesentlichen auf die Kommunikation in der Forschung, also zwischen Wissenschaftlern, und zwar vor allem auf die schriftliche Kommunikation, da für die mündliche – informelle Kontakte wie auch Konferenzen – bislang offenbar keine repräsentativen Daten für die neuere Zeit vorliegen. Die Forschung bildet aber nur den innersten Bereich des universitären Elfenbeinturms, der – vor allem in den theoretischen Naturwissenschaften und der Mathematik – für Laien weitgehend unverständlich bleibt. Damit ist diese Forschung auch der Öffentlichkeit kaum zugänglich, so dass dort der Übergang zu einer Fremdsprache, Englisch, nicht sonderlich auffällt, außer wenn er von Medien, Sprachpflegern oder Politikern publik gemacht wird.

Dies ist anders bei der Hochschullehre, die hier nun beleuchtet werden soll. Sie ist weniger hermetisch von der umgebenden Gesellschaft abgeschlossen als die Forschung. Dies gilt auch für die Hochschulverwaltung, die jedoch im vorliegenden Buch nicht weiter thematisiert wird. Bei der Hochschullehre handelt es sich um die Vermittlung von wissenschaftlichen Kenntnissen an Nicht-Wissenschaftler oder erst teilweise ausgebildete Wissenschaftler und insofern zum Teil noch Laien. Ein Indiz für die Durchlässigkeit der Hochschullehre zur Öffentlichkeit sind die Gaststudierenden, deren Zahl an den Hochschulen der deutschsprachigen Staaten in neuerer Zeit zugenommen hat. Die volle Einbindung der Studierenden in die wissenschaftliche Tätigkeit und damit die Verbindung der Hochschullehre mit der Forschung, entsprechend Wilhelm von Humboldts Universitätsidee oder zumindest deren verbreitetem Verständnis, konnte kaum je ernsthaft verwirklicht werden – und ist im Bachelor-Studium, das neuerdings im Zuge des Bologna-Prozesses an den Hochschulen deutschsprachiger Staaten eingeführt wurde, vollends unrealistisch geworden. Das dort mögliche wissenschaftliche Niveau entspricht weitgehend dem einer breiteren, gebildeten Öffentlichkeit, ähnlich dem der Wissenschaftsjournalistik. Auf diesem Niveau werden wissenschaftliche Erkenntnisse an den Großteil der jeweils eigenen Gesellschaft vermittelt, der die wissenschaftlichen Institutionen dienen sollen. Entsprechend hat der langjährige Präsident der Deutschen Forschungsgemeinschaft, Hubert Markl, Hochschullehre und Öffentlichkeit parallelisiert, als er sich zur Frage von Deutsch oder Englisch in der Wissenschaft äußerte. Während er einerseits entschieden englischsprachiges Publizieren verfocht, vor allem für die Naturwissenschaften, sah er andererseits für deutschsprachige Wissenschaftler „die unabweisbare Verpflichtung, in Lehrbüchern, in populärwissenschaftlichen Schriften, über alle verfügbaren Medien und durch intensives, offenes, geduldiges Zusammenwirken mit den Wissenschaftsjournalisten alles zu tun, um Wissenschaft nicht nur in Form von Sensationen, Hiobsprognosen, politischen Pauken und Trompeten oder schlimmeren Schlagzeugen, sondern in ihrer ganzen Vielfalt, Aussagekraft und Schönheit jedem Aufnahmebereiten *auf Deutsch und in möglichst gutem Deutsch* zugänglich zu machen." (Markl 1986: 24 – Hervorhebung U.A.; siehe auch Ammon 1998: 226).

Markls Anmahnung deutschsprachiger Lehrbücher bezog sich vermutlich auf den schon zur damaligen Zeit, in den 1980er Jahren, zunehmenden Gebrauch schriftlicher englischsprachiger Lehrmaterialen. Die mündliche Lehre vollzog sich jedoch dessen ungeachtet in Deutschland und den anderen deutschsprachigen Ländern weiterhin allgemein auf Deutsch, außer in Fremdsprachenfächern oder bei Gastaufenthalten ausländischer Wissenschaftler. Dies änderte sich dann jedoch bald, im Zusammenhang mit der Einführung „Internationaler Studiengänge", die ich nun näher betrachten möchte. Der hier in ersten Linie interessierende Typ solcher Studiengänge ist nicht inhaltlich, durch eine internationale Thematik definiert, sondern durch seine internationalen Teilnehmer (vgl. Hellmann/ Pätzold 2005: 19-22). Charakteristisch und im vorliegenden Zusammenhang von besonderem Interesse ist dabei, dass – gerade mit Rücksicht auf diese Teilnehmer – zumindest ein Teil der Lehre auf Englisch stattfindet. Um die Verwechslung mit bloß inhaltlich internationalen Studiengängen auszuschließen, spreche ich im Weiteren übergeneralisierend von „englischsprachigen Studiengängen", obwohl oft zumindest Teile der Lehre deutschsprachig sind und einzelne auch in anderen Fremdsprachen, vor allem Französisch, gelehrt werden.

Diese englischsprachigen Internationalen Studiengänge begannen in Deutschland im Wintersemester 1997/98 an 18 Hochschulen, an 9 für „undergraduates" (Nicht-Graduierte) und an 16 für „graduates" (Graduierte), an 7 davon auf beiden Stufen (Ammon 1998: 227-252; Ammon/ McConnell 2002; Motz 2005a). Sie wurden vom Bundesministerium für Bildung, Wissenschaft, Forschung und Technologie (bmb+f) finanziell gefördert und vom Deutschen Akademischen Austauschdienst (DAAD) zentral verwaltet. Zunächst war vor allem an die Fachrichtungen „Wirtschaftswissenschaften/ Betriebswirtschaftslehre, Ingenieurwissenschaften (einschließlich Informatik), Mathematik [und] Naturwissenschaften" gedacht (DAAD [1997] *Ausschreibung* [...]: 2). Die Broschüren, in denen sie vorgestellt wurden, waren bezeichnenderweise anfangs nur englischsprachig (Deutscher Akademischer Austauschdienst 1997a; b). Die neuen Studiengänge erregten sofort die – ganz überwiegend zustimmende – Aufmerksamkeit der deutschen Presse (z.B. „Studieren in Deutschland darf kein Auslaufmodell werden"; „Das Bildungsministerium fördert internationale Studiengänge", *FAZ* 22. 9. 1997: 14 bzw. 06. 10. 1997: 27; „Studium in Englisch: Visionär", *Die Zeit* 09. 05. 1997: 17). Offenkundig fielen sie – vermutlich wegen des direkteren öffentlichen Zugangs – der umgebenden Gesellschaft mehr auf als die vorausgehende Anglisierung der Forschung oder schriftlicher Lehrmaterialien. Der anfänglichen Zustimmung folgte aber bald auch heftige Kritik (z.B. Ehlich 2002; 2004; weitere Hinweise in Ammon/McConnell 2002: 85f.).

Das primäre Motiv für die Einführung war – wie die Planungspapiere, aber auch die zitierten Titel der Zeitungsberichte verrieten – nicht die Herstellung der sprachlichen Einheit von Forschung und Lehre für die deutschen Studierenden, sondern die Öffnung der Universitäten Deutschlands für Studierende aus nicht-deutschsprachigen Ländern („ausländische Studierende"). Aus Hochtechnologieländern wie USA und Japan, aber auch aus Schwellenländern kamen nämlich immer weniger Studierende nach Deutschland, trotz weltweit wachsender Studierendenzahlen (Rüttgers 1997; „Türöffner gesucht. Manager schlagen Alarm: Zuwenig ausländische Studenten kommen an deutsche Hochschulen", *Die Zeit* 01.09.1997: 19). Die meisten zog es stattdessen in die Staaten des „inneren englischsprachigen Kreises" (Kachru 1986; Crystal 2003). Diese Tendenz wurde umso greller wahrgenommen, als bundesdeutsche Politiker nur 15 Jahre vorher noch Restriktionsmöglichkeiten gesucht hatten „angesichts des hohen Zustroms ausländischer Studienbewerber zu den deutschen Hochschulen" (Deutscher Bundestag 1981: 41). Stattdessen ertönten nun Klagen wie z.B. von Entwicklungsminister Spranger: „Die Anzahl der Studenten aus Asien ist seit fünf Jahren rückläufig. Nicht einmal hundert Indonesier beginnen pro Jahr ein Studium in Deutschland, aber Tausende strömen in die USA". Sogar das Interesse an deutschen Stipendien schwinde, so der gleiche Zeitungsartikel, und diese Abwendung habe zur Folge, dass wissenschaftliche Kontakte ins Ausland immer schwieriger würden: „Diese Entwicklung macht auch der Alexander von Humboldt-Stiftung Sorgen. Denn viele, die sich um ein Stipendium bewerben, waren vorher schon als Studenten in Deutschland und haben die deutsche Sprache auf diesem Weg gelernt. Ohne diesen Background verstärkt sich die Tendenz, lieber gleich in die USA zu gehen. Das beobachtet die Stiftung zur Zeit vor allem in den asiatischen Ländern." („Die Humboldt-Mafia", *Die Zeit* 04.07.1997: 17)

Als gewichtiger Grund dieses Malheurs wurden vielfach die rückläufigen Deutschkenntnisse im Ausland diagnostiziert (vgl. Kap. K.2; K.4; K.7). Die dadurch entstehende „Sprachbarriere" hoffte man durch englischsprachige Lehre zu überwinden, wodurch die deutschen Hochschulen Ausländern wieder leichter zugänglich werden sollten. (Daneben entstanden freilich weiter aufwändige Studien „zur Attraktivität deutscher Hochschulen für ausländische Studierende", ohne die Sprachenfrage überhaupt zu thematisieren, z.B. Jensen 2001.) Die Dominanz von Englisch als Wissenschaftssprache spielte in der Argumentation um die englischsprachige Lehre eine untergeordnete Rolle. Sonst wäre ihre Bedeutsamkeit für deutsche – vor allem für graduierte – Studierende stärker betont worden. Stattdessen wurden für die Postgraduierten-Studiengänge anfänglich ausschließlich „ausländische" Studierende als Zielgruppe genannt, wogegen in den „grundständigen Studienangeboten" nur „[e]twa die Hälfte der Studierenden [...] Ausländer sein" sollten, die andere Hälfte also Deutsche (DAAD [1997] *Ausschreibung [...]*: 1). Allerdings wurden dann bald auch ausdrücklich deutsche Studierende in die Postgraduierten-Studiengänge einbezogen, damit sie durch bessere Vertrautheit mit Englisch für den globalen wissenschaftlichen Wettbewerb fit werden würden. Dieselbe Zielsetzung galt für die Forschenden und Lehrenden, die durch die neuen Studiengänge ihr Englisch perfektionieren sollten.

Mittlerweile ist die Zahl englischsprachiger Studiengänge mächtig angewachsen. Außerdem wurden solche Studiengänge – ungefähr zur gleichen Zeit wie in Deutschland – nicht nur in allen deutschsprachigen Ländern, sondern fast in ganz Europa, auch über die EU-Grenzen hinaus eingeführt (Ammon/ McConnell 2002; Maiworm/ Wächter 2002; 2003; 2008). Zudem erstrecken sie sich heute auf eine Vielzahl von Fächern, von denen nur einzelne Geisteswissenschaften, vor allem Nischenfächer des Deutschen ausgenommen sind (vgl. Kap. G.6; G.7). Schon im Jahr 2011 belief sich die Gesamtzahl englischsprachiger Studiengänge an deutschen Hochschulen auf über 700 – wobei man diese allerdings ins Verhältnis setzen muss zu über 14.000 Studiengängen in Deutschland (www.daad.de/deutschland/hochschulen/00413.de.html – abgerufen 23. 06.2011). Der Anteil englischsprachiger Studiengänge liegt also nur bei rund 5%. Tab. G.8-1 gibt einen Überblick über Zahlen und Niveaustufen für das Wintersemester 2011/12.

Für die internationale Stellung der deutschen Sprache, speziell als Wissenschaftssprache sind die englischsprachigen Studiengänge nicht a limine abträglich. Sie könnten der deutschen Sprache sogar durch Erleichterung des Zugangs für Ausländer zum Studium in Deutschland neue Lerner und Sprecher zuführen.

Englischsprachige Studiengänge	Abschluss				
	Bachelor	Master	Magister	Staats-examen	**Gesamtzahl**
Staatlich	65	540	3	7	615
Privat	45	71	0	0	116
Kirchlich	0	2	0	0	2
Gesamtzahl	110	613	3	7	733

Nicht-englischsprachige Studiengänge	Abschluss				
	Bachelor	Master	Magister	Staats-examen	**Gesamtzahl**
Staatlich	6.178	5.194	284	1.694	13.350
Privat	413	232	6	4	655
Kirchlich	130	111	12	73	326
Gesamtzahl	6.721	5.537	302	1.771	14.331

Tab. G.8-1: Anzahl und Niveaustufen englischsprachiger und nicht-englischsprachiger Studiengänge in Deutschland im Wintersemester 2011/12
(Quelle: Stiftung zur Förderung der Hochschulrektorenkonferenz: www.hochschulkompass.de. Stand 15.07.2011. Auswertung Jana Knigge)

Voraussetzung dafür wäre allerdings, dass die Ausländer während ihres Studiums mit der deutschen Sprache vertraut gemacht würden. Eine Möglichkeit wären begleitende, möglichst obligatorische Deutschkurse, die zu einem fortgeschrittenen Kenntnisniveau führen. Man könnte z.B. an das Niveau B2 oder C1 des Gemeinsamen Europäischen Referenzrahmens (GER) denken (Quetz 2002) – wobei allerdings beachtet werden muss, dass der GER nicht speziell auf Wissenschaftssprache, sondern nur die Gemeinsprache bezogen ist. Daher wäre die Hinführung zur Teilnahme an deutschsprachigen Lehrveranstaltungen für Studierende und womöglich spätere Wissenschaftler zweckmäßiger. Allerdings erscheint ein solches Ziel wohl nur realistisch, wenn das ganze Studium einschließlich Grundstudium in Deutschland oder einem deutschsprachigen Land stattfindet, nicht für kürzere Aufenthalte.

Vor allem ist aber zu beachten, dass die Zielgruppe ausländischer Studierender hinsichtlich Studienzielen heterogen sein kann. Vielleicht ist nur ein Teil davon überhaupt an Deutschkenntnissen interessiert, und für den größten Teil hat vermutlich die fachliche Ausbildung Vorrang vor dem Fremdsprachenlernen, so dass ähnliche Zielkonflikte entstehen können wie für deutsche Studierende oder Wissenschaftler im Verhältnis zur deutschen und zur englischen Sprache (Kap. A.2).

Tab. G.8-2 gibt einen Überblick über das Angebot an Bachelor/ Baccalaureus-Studiengängen im Wintersemester 2011/12. (19 in der Quelle ebenfalls gelistete Studiengänge der Anglistik/ Amerikanistik/ Englisch wurden – an den durch die Nummerierung erkennbaren Stellen – als Sonderfälle herausgenommen, so dass die verbleibende Zahl sich nur auf 91 beläuft).

	Studiengang	Abschluss	Hochschulname
1	Agribusiness	Bachelor of Arts	Hochschule Rhein-Waal
15	Applied and Computational Mathematics (Angew. Mathematik)	Bachelor	Jacobs University
16	Applied Biology	Bachelor	Hochschule Bonn-Rhein-Sieg
17	Aviation Management	Bachelor of Arts	Fachhochschule Worms
18	Baltic Management Studies	Bachelor	Fachhochschule Stralsund
19	Betriebswirtschaftslehre (Aviation Management)	Bachelor of Science	European Business School Oestrich-Winkel
20	Betriebswirtschaftslehre (General Management)	Bachelor of Science	European Business School Oestrich-Winkel
21	Betriebswirtschaftslehre (General Management, Studienrichtung International Business Studies)	Bachelor of Science	European Business School Oestrich-Winkel
22	Betriebswirtschaftslehre/ Management	Bachelor of Science	Wissenschaftliche Hochschule für Unternehmensführung Vallendar
23	Biochemical Engineering	Bachelor	Jacobs University
24	Biochemistry and Cell Biology (Biochemie/Zellbiologie)	Bachelor	Jacobs University
25	Bioinformatics and Computational Biology (Bioinformatik)	Bachelor	Jacobs University
26	Biology/Neuroscience (Biologie)	Bachelor	Jacobs University
27	Biomaterials	Bachelor of Science	Hochschule Rhein-Waal
28	British and American Studies (BAST)	Bachelor	Universität Konstanz
29	Business Administration	Bachelor of Arts	SRH Hochschule Berlin
30	Business Administration with Informatics	Bachelor	Fachhochschule Südwestfalen
31	Chemistry (Chemie)	Bachelor	Jacobs University

32	Computer Engineering	Bachelor (1-Fach)	Universität Duisburg-Essen
33	Computer Science and Communications Engineering	Bachelor (1-Fach)	Universität Duisburg-Essen
34	Computer Science (Computerwissenschaft)	Bachelor	Jacobs University
35	Digital Media	Bachelor of Arts	Hochschule Darmstadt
36	Earth and Space Sciences (Geowissenschaften/Astrophysik)	Bachelor	Jacobs University
37	Electrical and Computer Engineering	Bachelor	Jacobs University
38	Electrical and Electronic Engineering	Bachelor (1-Fach)	Universität Duisburg-Essen
39	Electrical Engineering and Computer Science (Elektrotechnik/Computerwissenschaft)	Bachelor	Jacobs University
40	Electronics	Bachelor of Science	Hochschule Rhein-Waal
41	Elektrotechnik und Informationstechnik	Bachelor	Hochschule Ravensburg-Weingarten
42	Energiemanagement	Bachelor of Arts	Internationale Karlshochschule
43	Engineering Physics (Technische Physik) (Kooperationsstudiengang)	Bachelor of Engineering	Universität Oldenburg, Fachhochschule Emden/Leer
50	Environment and Energy	Bachelor of Science	Hochschule Rhein-Waal
51	Eventmanagement	Bachelor of Arts	Internationale Hochschule Bad Honnef - Bonn
52	General Engineering Science	Bachelor	Technische Universität Hamburg-Harburg
53	Global Economics and Management	Bachelor	Jacobs University
54	Hotelmanagement	Bachelor of Arts	Internationale Hochschule Bad Honnef-Bonn
55	Industrial Engineering	Bachelor of Science	Hochschule Rhein-Waal
56	Information and Communication Design	Bachelor of Arts	Hochschule Rhein-Waal
57	Information Engineering	Bachelor	Hochschule für Angewandte Wissenschaften Hamburg
58	Informations- und Kommunikationsmanagement	Bachelor	Hochschule Zittau/Görlitz
59	Integrated Cultural Studies	Bachelor	Jacobs University
60	Integrated Environmental Studies	Bachelor	Jacobs University
61	Integrated Social and	Bachelor	Jacobs University

	Cognitive Psychology (Psychologie)		
62	Integrated Social Sciences (Sozialwissenschaften)	Bachelor	Jacobs University
63	Intercultural Relations and Behavior (Interkulturelle Beziehungen und Verhalten)	Bachelor	Jacobs University
64	Interkulturelles Management und Kommunikation	Bachelor of Arts	Internationale Karlshochschule
65	International Business	Bachelor	Hochschule für Technik und Wirtschaft Berlin
66	International Business	Bachelor of Arts	Internationale Karlshochschule
67	International Business	Bachelor	Cologne Business School (CBS)
68	International Business	Bachelor	Hochschule Reutlingen
69	International Business Administration	Bachelor	Europa-Universität Frankfurt (Oder)
70	International Business and Social Sciences	Bachelor of Arts	Hochschule Rhein-Waal
71	International Business and Social Sciences	Bachelor of Arts	Hochschule Rhein-Waal
72	International Business Management	Bachelor	Hochschule für Wirtschaft und Recht Berlin
73	International Business Management	Bachelor	Hochschule Furtwangen
74	International Business/Management	Bachelor	Touro College Berlin
75	International Culture and Management	Bachelor	Cologne Business School (CBS)
76	Internationale Betriebswirtschaft (englisch)	Bachelor	Hochschule Nürnberg
77	Internationales Hotelmanagement	Bachelor of Arts	Internationale Hochschule Bad Honnef-Bonn
78	Internationales Marketing	Bachelor of Arts	Internationale Karlshochschule
79	Internationales Tourismusmanagement	Bachelor of Arts	Internationale Hochschule Bad Honnef-Bonn
80	Internationales Tourismusmanagement	Bachelor of Arts	Internationale Karlshochschule
81	International Logistics (Logistik)	Bachelor	Jacobs University
82	International Management	Bachelor of Arts	Internationale Hochschule Bad Honnef-Bonn
83	International Management	Bachelor	Fachhochschule Deggendorf

84	International Management	Bachelor	Hochschule Osnabrück
85	International Politics and History (Politikwissenschaft und Geschichte)	Bachelor	Jacobs University
86	International Program Media and Communication (English)	Bachelor of Arts	Macromedia Hochschule für Medien und Kommunikation
87	International Relations	Bachelor of Arts	Hochschule Rhein-Waal
88	International Retail Management	Bachelor	Hochschule Ingolstadt
89	International Taxation and Law	Bachelor of Arts	Hochschule Rhein-Waal
90	International Tourism Management	Bachelor	Cologne Business School (CBS)
91	Kulturmanagement	Bachelor of Arts	Internationale Karlshochschule
92	Literatur- und Kulturwissenschaften, angewandte	Bachelor of Arts	Technische Universität Dortmund
93	Logistik	Bachelor	Hochschule für angewandte Wissenschaften, Fachhochschule Würzburg-Schweinfurt
94	Luftverkehrsmanagement	Bachelor of Arts	Internationale Hochschule Bad Honnef-Bonn
95	Management and Economics	Bachelor	Universität Magdeburg
96	Mathematics (Mathematik)	Bachelor	Jacobs University
97	Mechanical Engineering	Bachelor (1-Fach)	Universität Duisburg-Essen
98	Messe, Kongress- und Eventmanagement	Bachelor of Arts	Internationale Karlshochschule
99	Mobility and Logistics	Bachelor of Science	Hochschule Rhein-Waal
100	Molecular Ecosystem Sciences	Bachelor	Universität Göttingen
101	Physics (Physik)	Bachelor	Jacobs University
102	Physik (IPSP)	Bachelor of Science	Universität Leipzig
103	Rechtswissenschaften: Bachelor-Studiengang im englischen und deutschen Recht der Universität zu Köln	Bachelor of Laws	Universität zu Köln
104	Shipping & Ship Finance	Bachelor	Hamburg School of Business Administration
105	Sprachwissenschaften, angewandte	Bachelor of Arts	Technische Universität Dortmund
106	Sustainable Agriculture	Bachelor of Science	Hochschule Rhein-Waal

107	Systems Engineering	Bachelor of Science	Hochschule Rhein-Waal
108	Textile and Clothing Management	Bachelor	Hochschule Niederrhein
109	Tourismus and Travelmanagement	Bachelor of Arts	Internationale Hochschule Bad Honnef-Bonn
110	Umwelt- und Ressourcenmanagement	Bachelor	Technische Universität Cottbus

Tab. G.8-2: Englischsprachige Studiengänge (Englisch als Hauptunterrichtssprache) in Deutschland im WS 2011/12 mit dem Abschluss Bachelor/ Bakkalaureus – ohne die Fächer Anglistik/ Amerikanistik/ Englisch (Quelle: www.hochschulkompass.de. Stand: 20.07.2011. Auswertung Jana Knigge)

Das Spektrum der 91 Bachelor-Studiengänge (ohne Anglistik/ Amerikanistik/ Englisch) scheint auf den ersten Blick fachlich und institutionell breit gestreut. Jedoch entdeckt man bei näherer Betrachtung leicht Einseitigkeiten der Verteilung. So sind die großen natur- und strukturwissenschaftlichen Fächer wenig oder gar nicht vorhanden: Biologie, Chemie, Physik, Medizin und Mathematik. Dies ist umso erstaunlicher, als gerade sie sich in der Forschung besonders gründlich auf Englisch umgestellt haben (Kap. G.3). Jedenfalls sind in dem in Tab. G-8-2 erfassten Angebot englischsprachiger Studiengänge die angewandten Naturwissenschaften und technischen Fächer stärker vertreten, aber auch die Sozialwissenschaften, darunter vor allem die Wirtschaftswissenschaften. Dass die Geisteswissenschaften nur schwach dabei sind, ist nicht überraschend (Kap. G.6; G.7). Auffällig ist auch das Übergewicht privater, kleiner Hochschulen. So entfallen nicht weniger als 20 Studiengänge auf die Jacobs University in Bremen und 13 weitere auf die Hochschule Rhein-Waal in Kleve. Im Vergleich dazu sind die staatlichen, großen Universitäten unterrepräsentiert.

Die für diese Befunde in Betracht kommenden Erklärungen bleiben spekulativ und schließen sich vor allem nicht gegenseitig aus. Die Abstinenz der naturwissenschaftlichen Fächer und der staatlichen Hochschulen mag teilweise kapazitär bedingt sein. Vielleicht sind sich die theoretischen Fächer in Deutschland auch ihres Images nicht sicher – vor allem im Vergleich zu den angelsächsischen „Elite-Universitäten" und scheuen daher die englischsprachige Lehre, während sich die anwendungsbezogenen Fächer aufgrund der Ausstrahlung von „Made in Germany" (Kap. F.9) der Attraktivität für Ausländer eher gewiss sein können.

Ein in andere Richtung gehender Erklärungsansatz wäre das spezielle sprachenpolitische Interesse von Wissenschaftlern (vgl. Kap. A.1). Während es im Interesse der deutschen Sprachgemeinschaft insgesamt ist, ausländische Studierende zur deutschen Sprache hinzuführen (unbeschadet der Beibehaltung des Englischen), sind (deutsche) Wissenschaftler und Universitäten eher an der

Hinführung deutscher Studierender wie auch Lehrender und Forschender zum Englischen interessiert (denn Deutsch kennen sie schon). Erstere möchten die internationale Stellung der deutschen Sprache stabilisieren, wogegen letztere deutsche Hochschulen und Forschung sprachlich konkurrenzfähig machen wollen für den globalen Wettbewerb.

Leider konnte ich im Rahmen des vorliegenden Buches keine dieser Hypothesen ernsthaft prüfen. Einzelhinweise stützen allerdings das Bemühen um Hinführung der deutschen Studierenden zum Englischen. So verlautet z.B. über den an der Universität Duisburg-Essen neu eingerichteten 8-semestrigen Studiengang „Energy Science", der in Tab. G.8-2 noch nicht verzeichnet ist: „Ab der zweiten Studienhälfte wird nur noch in Englisch unterrichtet." (*WDR/ Rhein und Ruhr aktuell*, 21.07.2011) Die Aussage impliziert, dass dies in der ersten Studienhälfte, also bis zum Bachelor, nicht der Fall. Es wird also von Deutsch als Sprache der Lehre hingeführt zu Englisch, nicht umgekehrt. Allerdings muss hier offen bleiben, wie viele Studiengänge diese Sprachenabfolge vorsehen oder die umgekehrte Richtung oder sogar – für unterschiedliche Teilnehmer – beide Richtungen.

Trotz der Unausgewogenheit der in Tab. G.8-2 aufgeführten Studiengänge bezüglich Hochschulen und Fächern ist ihre Vielfalt beeindruckend und darf eine fachlich breit gestreute Teilnehmerschaft angenommen werden. Allerdings konnte ich keine Gesamtzahlen ermitteln. Es scheint keine Berechnungen zu geben, wie viele der an deutschen Hochschulen studierenden „Bildungsausländer" – im Wintersemester 2009/10 waren es 181.249 – in englischsprachigen Studiengängen eingeschrieben waren. (Bildungsausländer sind diejenigen Ausländischen Studierenden, die ihre Schulbildung im Ausland erhielten; nicht dazu zählen „Bildungsinländer", die ihre Schulbildung in Deutschland absolvierten, aber als Ausländer gelten, solange sie keine deutschen Staatsbürger sind.) Die Zahlen der Bildungsausländer werden seit 1993 ermittelt. Damals waren es 74.612, 1997 dann 100.033 und weitere 5 Jahre später, 2002, schon 142.786. Der Zuwachs war demnach in den 5 Jahren nach Einführung der englischsprachigen Studiengänge (im Wintersemester 1997/98) deutlich steiler als in den 5 Jahren davor (43% gegenüber 34%), und seit ihrer Einführung hat sich die Zahl sogar fast verdoppelt (alle Zahlen in www.wissenschaft-weltoffen. de/daten/1/1/2 – abgerufen 22.07.2011). Diese Tendenz hat sich im Weiteren fortgesetzt („So viele Studenten aus dem Ausland wie nie", *FAZ* 19./20.07.2014: C.1). Es könnte also durchaus sein, dass die englischsprachigen Studiengänge zusätzliche ausländische Studierende angelockt haben. Jedenfalls böte ihre Zahl die Möglichkeit, der deutschen Sprache neue Lerner und Sprecher zuzuführen.

Jedoch wird diese Möglichkeit offenbar nur begrenzt genutzt. Jedenfalls deuten darauf mehrere Untersuchungen hin. So „tut" z.B. die Jacobs University in Bremen „zu wenig", fanden Klaus und Mandy Boehnke (2007: 177), „für die Verbesserung der Deutschkenntnisse ihrer Studierenden". Zwar werden Deutschkurse angeboten, sind aber nicht obligatorisch. Vielleicht fürchtet die Universität, dass sie bei Einführung obligatorischen Deutschlernens diejenigen Studierenden verliert, die „nicht speziell an Deutschland und der deutschen Sprache interessiert sind" (ebd. 178). Solche Bedenken erscheinen bei Selbstzahlern legitim, zumal die Universität finanziell auf sie angewiesen ist. Jedoch könnte man an staatlichen Universitäten, an denen das Studium auch ausländischer Studierender erheblich subventioniert wird, von diesen eher ein Interesse an der Sprache des Gastlandes erwarten und den Besuch von Deutschkursen sogar obligatorisch machen.

Dies läge zum Teil auch im Interesse der Studierenden selbst, was übrigens gleichermaßen für die Privatuniversitäten gilt. Allerdings wohl weniger in ihrem fachlichen als in ihrem sozialen Interesse. Beides sollte man in der Analyse auseinander halten. Bezüglich des fachlichen oder wissenschaftlichen Interesses kann man auch von einer instrumentellen Motivation des Fremdsprachenlernens sprechen, und bezüglich des sozialen Interesses von einer integrativen. Erstere zielt ab auf Beruf und Karriere und letztere auf die Integration in eine soziale Gruppe oder, allgemeiner, auf Sozialkontakte (Kap. K.8). So können sich am Campus der Jacobs University die Studierenden zwar ohne Deutschkenntnisse durch ihr Studium „durchwursteln" (Boehnke/ Boehnke 2007: 177), aber – darf man annehmen – nur eingeschränkt soziale Kontakte pflegen, die über den Campus hinaus reichen, ganz zu schweigen von der Integration in die deutsche Gesellschaft für einen längerfristigen Aufenthalt. Vielleicht hilft ihnen dabei bis zu einem gewissen Grad das Prestige ihrer Englischkenntnisse. Jedoch würden sich ihre Chancen durch zusätzlich Deutschkenntnisse zweifellos verbessern. Welches Niveau dieser Kenntnisse dafür angemessen wäre, scheint bislang nicht gesichert zu sein. Liudmilla Li (2012) hält B1 des Gemeinsamen Europäischen Referenzrahmens für die Einbürgerung, für die es in der Regel vorgeschrieben ist, für unzureichend. Dies gälte dann wohl entsprechend für längere Arbeitsaufenthalte nach absolviertem Studium. Es versteht sich von selbst, dass Studierende mit solchen Absichten auch an entsprechenden Deutschkenntnissen interessiert sind – oder bei richtiger Einschätzung ihrer Interessenlage interessiert sein müssten.

Auch in den Interviews, die Clive W. Earls (2013b: 200-210) mit 42 Studierenden in Internationalen Studiengängen an drei deutschen Hochschulen führte (die er aus Datenschutzgründen nicht nennt), äußerten viele ausländische Studierende den Wunsch nach besseren Deutschkenntnissen zur Kontaktpflege und Integration. Deutsch galt ihnen außerdem als ausgesprochene „Prestigesprache" für den Kontakt mit deutschen Studierenden (ebd.: 212, 215). In die gleiche Richtung weisen Befunde über ausländische Studierende in englischsprachigen Studiengängen in Deutschland von Katja Petereit und Elke Spielmanns-Rome (2010: 172), die sie in die Worte zusammenfassen: „Sprecht Deutsch mit uns! Ausländische Studierende in englischsprachigen Studiengängen wollen mehr Deutsch lernen". Dabei beschränkte sich diese Untersuchung auf Master-Studiengänge. Bei Bachelor- oder Langzeitstudiengängen mit längerem Deutschlandaufenthalt ist dieser Wunsch erst recht zu erwarten. Nach Petereit/ Spielmanns-Rome (2010: 172) „beeinträchtig[en]" fehlende Deutschkenntnisse „den Gesamteindruck und die Zufriedenheit mit dem internationalen Studiengang." Diese Einschätzung erstreckt sich vermutlich auch auf das Studium selber und damit auf die instrumentelle Motivation. Deutlicher in diese Richtung weisen die Befunde von Marcus Motz (2005b: 134) in seiner Dissertation, wonach viele Studierende in den Internationalen Studiengängen außer Englischkenntnissen auch Deutschkenntnisse zu erwerben hoffen, auch weil sie sich davon höhere berufliche Chancen versprechen. Vielleicht sind die unbefriedigenden Möglichkeiten des Deutschlernens sogar einer der Gründe, sicher neben anderen, für das – gerade bei ausländischen Studierenden häufige – Scheitern im Studium. „Deutschland ist bei ausländischen Studenten beliebt. Aber die Hälfte kommt nicht zurecht, bricht das Studium ab." („Hier leben? Nein danke", *FAZ* 13.09.2009: 14) Womöglich wirken die schlechten Aussichten auf Integration nach dem Studium, aufgrund unzureichender Deutschkenntnisse, demotivierend auf das Studium selbst. Alarmzeichen für schlechte Möglichkeiten des Deutschlernens gibt es von verschiedenen Seiten. So hat Yu Chen (2012) im Rahmen ihrer Dissertation an der Universität Duisburg-Essen festgestellt, dass viele chinesische Studierende im Verlauf ihres Studiums in Deutschland ihre anfänglichen Deutschkenntnisse eher wieder abbauen, als sie zu verbessern.

Einen ernüchternden Eindruck von den Deutschkenntnissen ausländischer Studierender in den Internationalen Studiengänge gewannen auch Christian Fandrych und Betina Sedlaczek (2012) bei ihrer Untersuchung von postgradualen, „ganz oder dominant englischsprachigen Studiengängen" an deutschen Universitäten. Eine kleine Auswahl aus den Befunden ist für unsere Zwecke aussagekräftig genug. Von den Teilnehmern an 3 Masterstudiengängen (Humboldt-Universität Berlin, Universität Stuttgart, Technische Universität Dresden; n = 48) zeigte der größte Teil beklagenswert schlechte Deutschkenntnisse: weder „eine angemessene alltagssprachliche produktive Kompetenz" noch „eine rezeptive Grundkompetenz im Wissenschaftsdeutschen" (ebd.: 24). 95,5% erreichten im aktiven Wortschatz und 93% im rezeptiven Wortschatz nicht das

Niveau B1 (des Gemeinsamen Europäischen Referenzrahmens; Quetz 2002) (Fandrych/ Sedlaczek 2012: 23f.). Jedoch werden von Fachleuten mindestens die Niveaus B2, besser noch C1, für das Studium an einer deutschen Hochschule als notwendig erachtet, woran sich auch die Hochschulzugangstests orientieren (www.testdaf-pruefungszentrum.de – abgerufen 22.07.2011). Das Niveau B2 wurde auch im Schreiben, worin die Test-Teilnehmer noch am besten abschnitten, von 90,5% nicht erreicht (Fandrych/ Sedlaczek 2012: 24). Somit erwiesen sich diese Studierenden nicht nur gänzlich studierunfähig bezüglich deutschsprachiger Studienteile, sondern waren sicher auch in ihren Sozialkontakten sprachlich erheblich behindert. Diese Bewertung erscheint umso mehr zulässig, als es sich beim Sprachtest von Fandrych/ Sedlaczek nicht nur um die gemeinsprachliche Kompetenz handelt, wie beim Gemeinsamen Europäischen Referenzrahmen, sondern um eine deutlicher auf Studierfähigkeit zugeschnittene Sprachkompetenz.

Ein schon angedeuteter anderer Aspekt solcher Befunde ist aus deutscher Sicht ebenfalls problematisch. Eine Untersuchung von Ammon/ McConnell (2002: 148f.) erbrachte, dass ein erheblicher Teil der ausländischen Studierenden in den englischsprachigen Studiengängen das Studium in Deutschland nur als Durchgangsstation betrachtete und an fortdauernden Kontakten zu Deutschland nach dem Studium wenig interessiert war. Tab. G.8-3 zeigt die Anteile von Teilnehmern solcher Studiengänge an den Universitäten Duisburg-Essen und Aachen (n=70, 31 Duisburg-Essen, 39 Aachen), die später beruflich in Deutschland bzw. lieber in einem englischsprachigen Land (USA, Großbritannien, Australien, Kanada) tätig werden wollten (siehe auch meine Glosse „Die Green Card reicht nicht. Derzeit bilden wir ausländische Studenten wider alle Vernunft in erster Linie für die USA aus", *Die Welt* 01.12.00: 11).

Bevorzugte Länder für die spätere Berufstätigkeit	Erste Präferenz	Zweite Präferenz	Dritte Präferenz
Deutschland	27,5	12,1	19,5
Englischsprachiges Land	34,7	34,1	24,4

Tab. G.8-3: Bevorzugte Länder ausländischer Studierender an deutschen Hochschulen für die spätere Berufstätigkeit (Prozent) (Quelle: Ammon/ McConnell 2002: 148f.)

Auch bei Fandrych/ Sedlaczek (2012: 39) wollten nur 27% (bei dieser Frage n = 83) der befragten ausländischen Studierenden später „in einem deutschsprachigen Land" arbeiten, 32% „in einem englischsprachigen Land" und 18% „in einem anderen Land". Andere Berichte bestätigen das geringe Interesse am Verbleib: „Ausländische Studenten gibt es viele in Deutschland. Doch nur wenige wollen langfristig bleiben." („Ein Umzug für immer", *FAZ* 17./18. Mai 2014: C1).

Allerdings gibt es in dieser Hinsicht Anzeichen für einen Wandel in jüngster Zeit, auch weil sich der Arbeitsmarkt in Deutschland verbessert hat und bürokratische Hürden für den Verbleib abgebaut wurden. Immerhin bekundeten in Earls' Interviews 57% der ausländischen Studierenden eines Vollzeitstudium, „that they intend to remain in Germany beyond their current degree programme, while 14% are undecided between Germany and another non-English-speaking country. The remaining 39% of permanent international students intend on working or studying further in an English-speaking country, predominantly the US [...]" (Earls 2013b: 236). Allerdings folgt daraus noch kein Brain Gain für Deutschland aus den Internationalen Studiengängen, denn dem Gewinn an Ausländern steht ein Verlust an Inländern gegenüber, die ebenfalls an diesen Studiengängen teilnehmen: „61.6% of all German students surveyed intend leaving Germany upon completion of their Bachelor degree programme." „26.8% rank studying further while 34.8% rank working in an English-speaking country as their top choice under future plans as opposed to 17% and 21.4% for Germany respectively." (Ebd.: 231) Als Auswanderungshilfen – womöglich auch noch für heiß begehrte Fachkräfte – sind die Internationalen Studiengänge von deutscher Seite aus sicher nicht gedacht. Vielleicht denken die betreffenden Studierenden aber nur an vorübergehende Auslandsaufenthalte.

Trotz gewachsenem Interesse bleibt die dauerhafte Niederlassung für Ausländer in Deutschland weiterhin schwierig. Ein gewichtiger Hinderungsgrund sind unzureichende Deutschkenntnisse. Deren Mangel ist ein Dauerthema im Bemühen um die von der deutschen Wirtschaft benötigten Fachkräften aus dem Ausland: „Viele Bewerber sind zwar fachlich versiert, wenn aber Deutschkenntnisse fehlen, wird es schwierig" („Deutschland umwirbt Fachkräfte aus den Schuldenländern", *Welt Online* 18.07.2011). Vielfach scheint die Lage in den englischsprachigen Studiengängen immer noch weitgehend so, wie sie Gunde Kurz (2000: 585 und 585, Anm.1) vor mehr als einem Jahrzehnt schilderte, nämlich dass „die sprachlichen Anforderungen [...] stark variieren". Einerseits werde „teilweise grundsätzlich die DSH [Deutsche Sprachprüfung für den Hochschulzugang! U.A.] verlangt, wenn ein Studierender die Universität mit einem Abschluß verlassen will", aber „teilweise wird die DSH bzw. ein geeigneter Nachweis von Deutschkenntnissen hier ‚endlich' nicht mehr verlangt mit der kurzsichtigen Begründung: ‚alles ist Englisch'."

Während einerseits die Hinführung ausländischer Studierender zur deutschen Sprache in Deutschland zu wünschen übrig lässt, unternimmt man andererseits Anstrengungen, ihre Englischkenntnisse zu verbessern. Bei den ausländischen Studierenden in den englischsprachigen Studiengängen hapert es nämlich häufig nicht nur an Deutsch-, sondern auch an Englischkenntnissen. Diese werden bei Studienbeginn oft kaum geprüft. Fandrych/ Sedlaczek (2012: 26) fanden auch die Englischkenntnisse der Studierenden in den Internationalen Studiengängen unzureichend. „Insgesamt zeigt sich anhand der Sprachtestergebnisse für die verschiedenen Fertigkeiten, dass die internationalen Studierenden nicht nur geradezu erschreckende Schwierigkeiten im Deutschen, sondern auch deutliche Defizite im Englischen haben." Auch Betrachter von außen (z.B. Durrell 2013) kommen aufgrund dieser Befunde zu der Einschätzung, dass die Internationalen Studiengänge die in sie gesetzten Hoffnungen bislang nicht erfüllen.

Auch Anja Soltau (2008a; b) fand, dass die Überprüfung von Englischkenntnissen uneinheitlich und nicht selten unzulänglich war. Stattdessen bieten deutsche Hochschulen häufig studienbegleitende Englischkurse an (mündliche Mitteilung Hans Wagener, der mit solchen Kursen an der Universität Duisburg-Essen betraut war). Im Grunde wird damit eine der sprachenpolitischen Möglichkeiten dieser Studiengänge geradezu konterkariert. Sie dienen nicht mehr – oder zumindest nicht mehr nur – dazu, Ausländern durch ein Englischangebot den Studienzugang zu erleichtern, sondern die Ausländer mit besseren Englischkenntnissen auszustatten. Damit beteiligt sich Deutschland direkt an der Verbreitung der englischen Sprache und unterstützt darin die englischsprachigen Staaten – zu Lasten der internationalen Stellung der eigenen Sprache.

Zur Ergänzung dieser Sprachenpolitik wird den ausländischen Studierenden auch noch der Verzicht auf das Deutschlernen erleichtert, indem ihre Kontaktpersonen an den deutschen Hochschulen mit Englischkenntnissen ausgestattet werden. Ausrichter entsprechender Kurse ist u.a. der DAAD, genauer: die Internationale DAAD Akademie (iDA), die Kurse anbietet z.B. für „English in International Academic Relations" (*DAAD Seminare und Workshops 1. Halbjahr 2008*: 10), „Englisch für Dozenten" oder „Englisch für Betreuer/innen" (21/22.09.2010 bzw. 23./24.08.2010 – E-Mails an die Hochschulen am 12.07. 2010, boecker@daad.de bzw. 04.08.2010, jacobs@daad.de). Eine solche Sprachenpolitik ist – wenngleich sicher unbeabsichtigt – bestens geeignet, die internationale Stellung der deutschen Sprache weiter zu untergraben (vgl. Kap. A.4; A.5).

Allerdings sei vor einer Verdammung dieser Politik an die möglicherweise auseinander gehenden Interessen erinnert: einerseits die Förderung der Wissenschaft in Deutschland und andererseits die Förderung der internationalen Stellung der deutschen Sprache (Kap. L.3.2). Für die Hochschulen und die dort tätigen Wissenschaftler, wie auch für die auf die Wissenschaften ausgerichteten Mittlerorgisationen (Kap. L.3.3) hat – im Falle der Unvereinbarkeit – die Förderung der Wissenschaft Vorrang. Die weltweite Ausdehnung der Hochschul- und Wissenschaftskontakte sind im Zweifelsfall wichtiger als die Stärkung der internationalen Stellung der eigenen Sprache. Die sprachlichen Folgen lassen sich noch nicht sicher abschätzen.

Die skizzierten Maßnahmen schließen die Zuführung neuer Deutschlerner durch die englischsprachigen Studiengänge nicht grundsätzlich aus. Allerdings weisen Einzelbeobachtungen auch in die entgegengesetzte Richtung, wie z.b. aus einer Untersuchung deutsch-chinesischer Studienprogramme: „[A]ufgrund der Möglichkeit, während des Deutschlandaufenthaltes auch auf Englisch zu studieren, ist laut Aussage einer Hochschule der Wunsch nach dem Erwerb der deutschen Sprache stark zurückgegangen." (Rogler 2005: 140 – Hinweis Hans Wagener; einschränkend aber He 2012) Vorschub leistet dieser Tendenz die Reduktion geforderter Deutschkenntnisse für Ausländer, die englischsprachige Studiengänge studieren wollen. Für solche Studierende hat z.B. das Land Nordrhein-Westfalen die Deutschanforderungen für die „Feststellungsprüfung zur Aufnahme eines Hochschulstudiums" zugunsten der Englischanforderungen gesenkt. Dazu wurden die bislang für Studierende „Internationaler Studiengänge" geforderten Niveaus für Deutsch und Englisch vertauscht: Zuvor Deutsch C1 und Englisch B1 des Gemeinsamen Europäischen Referenzrahmens und nun umgekehrt – wobei jetzt Deutsch B1 sogar nur noch mündlich geprüft wird: „Für die Vorbereitung auf Studiengänge, die ganz oder teilweise in englischer Sprache stattfinden, kann die Feststellungsprüfung in englischer Sprache abgelegt werden. In diesem Fall wird das Fach Englisch anstelle des Faches Deutsch geprüft." (Prüfungsordnung von 2010, §2: recht.nrw.de/lmi/owa/br_vbl_detail_text?anw_nr=6&vd_id=11990&ver=8&val=11990&menu=1&vd_back=N)

Zwar gibt es die „Rahmenordnung über deutsche Sprachprüfungen für das Studium an Deutschen Hochschulen", die im Jahr 2004 von Hochschulrektorenkonferenz und Kultusministerkonferenz beschlossen wurde (www.fh-kiel.de/fileadmin/data/studium/Studienangebot/Rahmenordnung_Sprachnachweis.pdf – abgerufen 20.06.2014). Von ihr werden für Studierende an deutschen Hochschulen „deutsche Sprachkenntnisse verlangt, die zum Studium an einer Hochschule befähigen (sprachliche Studierfähigkeit)" (§2 (1)). Inwiefern die Rahmenordnung aber als Bollwerk gegen weitere solche Verschiebungen fungiert, bedürfte einer gesonderten Untersuchung. Die Ordnung erlaubt eben auch „[d]ifferenzierte sprachliche Eingangsvoraussetzungen" und geringere Voraussetzungen, wenn dafür „studienbegleitend weiterführende Sprachkurse" absolviert und nachgewiesen werden (§1 (4), (5)). Außerdem ist nur für ein Vollstudium (einschließlich Bachelorstudium) der Nachweis der Sprachprüfungen in Deutsch für den Hochschulzugang in Deutschland erforderlich: die Deutsche Sprachprüfung für den Hochschulzugang (DSH) oder Test Deutsch als Fremdsprache (TestDaF) (ebd.) – denen man das Deutsche Sprachdiplom der Kultusministerkonferenz II (DSD) hinzufügen kann, das an Deutschen Auslandsschulen und den Sprachdiplomschulen erworben wird (Kap. K.3). Bei Aufbaustudien, für die das Grundstudium schon im Ausland geleistet wurde, nämlich Master- oder Promotionsstudien, entfallen diese Anforderungen bezüglich Deutschkenntnissen; in vielen Fällen sogar jegliche Ansprüche an Deutschkenntnisse (dazu z.B. Fandrych/ Sedlaczek 2012).

Solcher Verzicht ist im Grunde eine indirekte Englischförderung. Susanne Hilgendorf (2005: 64) sieht Deutschland infolge seiner – auch schulischen – Englischförderung möglicherweise sogar aufrücken in den von Braj Kachru (1986) vorgeschlagenen 3 Stufen der Ausbreitung von Englisch als Weltsprache: vom „expanding circle" zum „outer circle" und damit näher zum „inner circle" (ähnlich Erling 2004; Erling/ Hilgendorf 2006a; b; in anderem Zusammenhang auch Berns 1995a; b).

Diese von mir zugespitzte Argumentation soll die englischsprachigen Studiengänge keinesfalls grundsätzlich in Frage stellen, was sowohl unrealistisch als auch für die deutschen Hochschulen abträglich wäre (vgl. dazu Wächter/ Maiworm 2007; Soltau 2008a). Es gilt, beide angedeuteten Ziele und Interessen im Auge zu behalten: die Internationalisierung der Wissenschaft in den deutschsprachigen Ländern und den Erhalt der internationalen Stellung der deutschen Sprache – die mit ihrer Funktion als sprachgemeinschaftsinterne, nationale Wissenschaftssprache zusammenhängt (vgl. Kap. A.5). Einseitige allgemeine Forderungen sind schwierig, selbst wenn sie beide Interessen zu verbinden suchen, wie etwa die Vizepräsidentin der TU München, Liqiu Meng. Sie schlägt einerseits zur Internationalisierung der deutschen Wissenschaft vor, zwar Ausländern durch Englisch den Einstieg in das Studium zur erleichtern und womöglich zu fordern, dass „auch deutsche Studierende zunächst mit Englisch anfangen." Fügt dem aber zum Erhalt von Deutsch als Wissenschaftssprache die Forderung hinzu: „Das Examen sollte dann aber wieder auf Deutsch sein. Die deutsche Sprache ist Teil unserer Wissenschaftskultur." („Deutsch ist das Problem", *Die Zeit* 30.04.2009: 73) Die abschließende Empfehlung von Fandrych/ Sedlaczek (2012: 147) klingt deutlicher nach Unverzichtbarkeit von Deutsch in den Internationalen Studiengängen, und zwar nicht nur für die soziale Integration, sondern auch für die wissenschaftliche Kommunikation: „Letztendlich muss das Deutsche in der Wissenschaft und als Bestandteil von internationalen Studiengängen als Markenzeichen etabliert werden, Mehrsprachigkeit als wesentliches Qualifizierungsmerkmal betrachtet werden, wenn man den Wissenschaftsstandort Deutschland langfristig zu einer attraktiven Option auf dem ‚Hochschulmarkt' etablieren möchte." Unverbindlicher vereint der Deutsche Akademische Austauschdienst beide Sprachziele in seinem „Memorandum zu Deutsch als Wissenschaftssprache" im Jahr 2010, mit dem Titel „Offen für Englisch, Einsatz für Deutsch" (www.daad.de/portrait/presse/presse mitteilungen/2010/13058.de.html – abgerufen 20.06.2014): „Während auf der einen Seite [mittels Englisch! U.A.] die weltweite Kommunikationsfähigkeit der Forschung gewährleistet sein muss, soll auf der anderen Seite deutschen Wissenschaftlern die Möglichkeit erhalten bleiben, ihre Erkenntnisse in der eigenen Muttersprache [...] zu erzielen und zu vermitteln." In die Richtung solcher Mehrsprachigkeit äußerten sich auch andere Mittlerorganisationen, z.B. – zusammengefasst – in der „Gemeinsamen Erklärung der Präsidenten von AvH [Alexander von Humboldt-Stiftung], DAAD, Goethe-Institut und HRK [Hochschulrektorenkonferenz]", die mit dem in ihren „Aktivitäten umgesetzten Konzept der Mehrsprachigkeit [...] dem Deutschen als Wissenschafts- und Kultursprache eine nachhaltige Lebendigkeit sichern wollen" (Aufruf im Jahr 2009: www.goethe.de/lhr/prj/diw/dos/de7753902.htm – abgerufen 21.06.2014; dazu auch Kap. L.3.3). Jedoch ist der durchgehende Erhalt in allen Internationalen Studiengängen schon heute nicht mehr gewährleistet. Wohl aber ist inzwischen Englisch in vielen dieser Studiengänge, vor allem in der wachsenden Zahl der Privathochschulen, fest verankert.

Neuerdings bereiten die Schulen in den deutschsprachigen Ländern den Boden für einen englischsprachigen Einstieg auch deutscher Studierender in das Hochschulstudium in Deutschland. Der Englischunterricht wurde in den letzten Jahren gegenüber allen anderen Fremdsprachen nachhaltig ausgedehnt (vgl. Quetz 2010). Vielerorts wurde sogar englischsprachiger Fachunterricht eingeführt („Sachfachunterricht"), wiederum vor allem in den sich ausbreitenden privaten, aber auch in den staatlichen Schulen. Hinzu kommen die zunehmenden Privatschulbesuche in den anglophonen Staaten des „inneren Kreises" (Kachru 1986), vor allem in Großbritannien und USA, von Kindern der aufkommenden global agierenden sozialen Klasse (der Reichen) in den deutschsprachigen Ländern – Jürgen Gerhards (2010: 54) spricht von einer „transnationalen Klasse" (größere Unternehmer, Manager, Spitzenpolitiker und dergleichen). Zwar ist englischsprachiger Fachunterricht in allgemeinbildenden Schulen der deutschsprachigen Länder noch nicht obligatorisch wie in manchen Entwicklungs- und Schwellenländern (vgl. z.B. zu Malaysia Gill 2004; 2007 – heute wieder zurückgenommen; zu Singapur Pakir 2004). Jedoch ist nicht ausgeschlossen, dass die derzeitige Tendenz eines Tages zum weitgehenden Verzicht – in nicht-geisteswissenschaftlichen Fächern – auf Deutsch als Sprache der höheren Schulbildung und der Hochschullehre hinführt.

Einen Hauch von Panik atmet das im Verein Deutsche Sprache entworfene „Kaskadenmodell" möglicher zukünftiger Entwicklung (Abb. G.8-1, Übermittlung Heino Jückstock, E-Mail 13.05.2012), das aber dennoch ernsthafte Beachtung verdient. Das Modell soll veranschaulichen, wie die elementaren Bildungsinstitutionen auf die höheren vorbereiten könnten. Werden Englischkenntnisse an den Hochschulen gefordert oder sind dort von Vorteil, so bereiten bald die höheren Schulen darauf vor, usw. – bis schließlich hinunter zum Kindergarten und sogar hinein in die Familien. Diese Annahme hat einen historischen Vorläufer in der Ausbreitung des Standarddeutschen vis-a-vis den Dialekten, ausgehend von den Anforderungen in der Schule, hinein in die Familien (Ammon 1973). Wie hierbei sind auch bezüglich Englisch soziale Diskrepanzen und sprachliche Benachteiligungen zu erwarten: Die Bildungsschichten stellen sich schneller auf die neue Sprachanforderung ein als die bildungsfernen Schichten, die in der Konkurrenz um eine gute Ausbildung zurückbleiben. So spekulativ diese Perspektive heute anmuten mag, abwegig ist sie nicht. Auch weil die Verbreitung des Englischen noch von anderen Handlungsfeldern her vorangetrieben wird, vor allem der Wirtschaft, der Politik und den sozialen Medien (vgl. z.B. Kap. F.7; Kap. H.4.6; Kap. J.1.4.2).

Abb. G.8-1: Kaskadenmodell der Einführung von Englisch im deutschen Sprachgebiet (Konzeption Heino Jückstock, Erstellung Lucie Eschricht)

9. Stellungsverlust von Sprache und Wissenschaft Hand in Hand?

Der Gedanke liegt nahe, dass der Stellungsverlust von Deutsch als internationale Wissenschaftssprache die Folge wissenschaftlichen Rangverlusts der deutschsprachigen Länder im Vergleich zu Staaten anderer Sprachen ist, oder zumindest, dass dieser Rangverlust einen gewichtigen Faktor in einem komplexeren Wirkungsgefüge bildet. Dabei ist vor allem ein Vergleich mit den englischsprachigen Ländern von Interesse. Der Rangverlust der deutschsprachigen Länder kann sich auf die tatsächlichen wissenschaftlichen Leistungen im Vergleich mit Staaten anderer Sprachen oder auf die Bewertung der wissenschaftlichen Leistungen beziehen oder auf beides. Die tatsächlichen wissenschaftlichen Leistungen von Staatengruppen gleicher Sprache lassen sich mittels diverser Indikatoren messen, die jedoch – soweit mir bekannt – entweder schwierig zu handhaben oder von zweifelhafter Aussagekraft (Validität und Reliabilität) sind. Aussagekräftige, einigermaßen direkte Indikatoren wären z.B. die Zahl und die „Bedeutsamkeit" neuer wissenschaftlicher Erkenntnisse (Methoden, Theorien, empirische Befunde und Praktiken); jedoch übersteigt deren Definition, Ermittlung und Messung meine Möglichkeiten. Stattdessen muss ich mich auf indirektere Indikatoren für wissenschaftliche Leistungen beschränken, vor allem auf die wirtschaftliche Basis von Wissenschaft in den deutschsprachigen Ländern – im Vergleich zu den englischsprachigen Ländern. Nach diesem Vergleich wende ich mich der Bewertung der wissenschaftlichen Leistungen der deutschsprachigen und der englischsprachigen Länder zu.

Zur übergreifenden Orientierung im globalen Rahmen eignet sich wieder das Modell von Zentren, in diesem Fall *wissenschaftlichen Zentren* der Welt (vgl. Kap. A.8; Gizycki 1973). Die historischen Ereignisse, die vor allem die heutigen Verhältnisse geprägt haben, treten am deutlichsten hervor, wenn wir bis vor den Ersten Weltkrieg zurückblicken. Über diese Zeit schreibt Bernhard vom Brocke (1996: 5) unter Verweis auf Ben-David Joseph (1977): „Im 19. Jahrhundert hatte Deutschland die älteren wissenschaftlichen ‚Weltzentren' – England im 17., Frankreich im 18. Jahrhundert – abgelöst." (vgl. auch Gizycki 1973; Alter 1987: 89-137) Dem lässt sich hinzufügen, dass dann im 20. Jh. Deutschland als Weltzentrum der Wissenschaft von den USA abgelöst wurde. Statt von „Deutschland" könnte man in Erweiterung auch von den „deutschsprachigen Ländern" und statt von den „USA" von den „englischsprachigen Ländern" oder genauer ihrem „inneren Kreis" sprechen (Kachru 1986; Crystal 2003), worin Deutschland bzw. die USA jeweils das größte Gewicht haben. Diese Abfolge der Zentren simplifiziert zwar die Verhältnisse, denn die „abgelösten" Zentren bestehen jeweils weiter und haben fortdauerndes, nicht unbeträchtliches Gewicht; die Simplifizierung dient jedoch der Fokussierung auf die Schwerpunkte der Entwicklung.

Für wissenschaftliche Zentren ist es charakteristisch, dass sie sowohl hinsichtlich der wissenschaftlichen Leistung als auch hinsichtlich deren Bewertung führend sind. Ein kruder, aber dennoch aussagekräftiger Indikator für die wissenschaftliche Leistung von Staaten oder Sprachgemeinschaften sind die ihnen zur Verfügung stehenden Finanzmittel (vgl. Ammon 1998: 186-188). Offenkundig indizieren diese direkt eher nur das wissenschaftliche Potential, einschließlich des einschlägigen „Humankapitals", denn Spitzenwissenschaftler kann man bekanntlich bis zu einem gewissen Grad „kaufen"; jedoch darf, wie mir scheint, in der Regel mit einer hohen positiven Korrelation von Potential und tatsächlicher Leistung gerechnet werden. Kurz, erfolgreiche Wissenschaft, in der Spitze und in der Breite, bedarf großzügiger Finanzierung, besonders in den Naturwissenschaften und ihrer Anwendung, der Technik. Wie aber hat sich die Finanzierung von Wissenschaft in der neueren Geschichte, seit der Zeit vor dem Ersten Weltkrieg bis heute, entwickelt? Soweit mir bekannt, war die Finanzierung von Wissenschaft in den deutschsprachigen Ländern vor dem Ersten Weltkrieg großzügig, vor allem im Deutschen Reich, dessen Regierung, nicht zuletzt Kaiser Wilhelm II. selbst, Wissenschaft als Machtmittel verstand. Zwar liegen mir keine genauen Vergleichszahlen vor, jedoch stützen die mir bekannten Darstellungen die Annahme, dass damals die deutschsprachigen Länder hinsichtlich der Finanzierung von Wissenschaft sich durchaus messen konnten mit den englischsprachigen Ländern, und erst recht mit den Ländern anderer Sprachen (vgl. z.B. Kroll 2003: 60f.; vom Brocke 2005).

Der Erste Weltkrieg brachte jedoch einen tiefen Einbruch in diese Finanzierung, der zudem dauerhaft war, insofern nämlich das nach dem verlorenen Krieg klaffende Minus gegenüber den englischsprachigen Ländern, deren Führung die USA übernahmen, später zu keiner Zeit mehr ausgeglichen werden konnte. Somit haben die englischsprachigen Länder seit nunmehr fast 100 Jahren ununterbrochen bis heute über – wenn auch mit Schwankungen im Ausmaß – größere Finanzmittel für Wissenschaft verfügt als die deutschsprachigen Länder. Die Differenzen waren besonders spektakulär während und nach dem Ersten und Zweiten Weltkrieg, aber auch in den übrigen Zeiten beträchtlich. Die Zahlen für die Gegenwart, die gleich folgen werden, lassen die Dimensionen erahnen.

Sicher determiniert die finanzielle Grundlage von Wissenschaft nicht unmittelbar die wissenschaftlichen Leistungen oder deren Bewertung. Diese Einschätzung spricht auch aus Max Plancks Äußerung im November 1918: „[E]ins hat uns noch kein äußerer und innerer Feind genommen: das ist die Stellung, welche die deutsche Wissenschaft in der Welt einnimmt" (zit. nach vom Brocke 1990: 203). Der prominente Platz wurde bestätigt durch das Füllhorn eingeheimster naturwissenschaftlicher Nobelpreise nach dem Ersten Weltkrieg (siehe ebd.). Jedoch setzt anhaltende Unterfinanzierung auf Dauer jeder wissenschaftlichen Leistung zu und schließlich auch deren Bewertung, wobei allerdings durchaus mit – teils sogar erheblichen – Verzögerungen zu rechnen ist, solange die Wissenschaftler und die Institutionen von den einmal erworbenen Fähigkeiten und Ausstattungen zehren können. Die nach dem Ersten Weltkrieg alsbald ausbrechende Finanzkrise musste jedoch schon bald Zweifel an der Dauerhaftigkeit deutscher Spitzenstellung wecken. Sie erschütterte sogar die prominenteste staatliche Forschungsinstitution: die Kaiser-Wilhelm-Gesellschaft (vom Brocke 1990: 227-238) und konnte nur etwas gedämpft werden durch substanzielle finanzielle „Japanische Hilfe für die deutsche Wissenschaft", um die Überschrift eines einschlägigen Kap. zu diesem Thema von Eberhard Friese zu zitieren (1990: 811-827; vgl. auch Kap. G.1: gegen Ende). Nach einer gewissen finanziellen Erholung folgte erneut eine dramatische Geldnot in der Weltwirtschaftskrise 1929 – 1932 (vom Brocke 1990: 330-335).

Danach schleuste der Nationalsozialismus die vorhandenen Mittel einseitig in rüstungs- und ideologierelevante Bereiche, unter Vernachlässigung der Grundlagen- und Breitenforschung (Andeutungen bei vom Brocke 1996: 11; Kriekhaus 2005: 232). Hinzu kam die massenhafte Ermordung und Vertreibung vor allem von jüdischen, aber auch nicht-jüdischen politisch missliebigen Wissenschaftlern (Beyerchen 1982; Kröner 1983; Ammon 2000b: 68-73), und der Ansehensverlust deutscher Hochschulen und Wissenschaft, von deren Vertretern sich allzu viele in den Dienst des Nationalsozialismus gestellt hatten (vgl. Weinreich [1946] 1999). Armin Hermann (2000: 223-226) belegt überzeugend für das Fach Physik, wie Deutschland seine schon in der Weimarer Republik geschwächte Führungsrolle durch die NS-Politik vollends an die USA verlor. Michael Gordin (2015: Chapter 7: „Unspeakable") zeigt detailliert dieselbe Entwicklung auf für die Chemie. Eine Folge dieser Politik war überdies der wirtschaftliche Ruin Deutschlands, der zum fortdauernden Braindrain auch nach dem Krieg, abgeschwächt teilweise bis heute, wesentlich beitrug. Trotz Nachkriegs-„Wirtschaftswunder" und Aufbauerfolgen in Deutschland und Österreich konnte die Finanzierung von Wissenschaft in der zweiten Hälfte des 20. und zu Beginn des 21. Jh. nie mehr dem Niveau der englischsprachigen Länder unter Führung der USA angenähert werden; vermutlich hat sich der Abstand im Verlauf der Zeit sogar noch vergrößert.

Die aktuellen Proportionen werden in Tab. G.9-1 sichtbar an den Gesamtausgaben für Forschung und Entwicklung/ F&E (Research and Development/ R&D) der zwanzig in der Welt in dieser Hinsicht führenden Staaten. Die drei größten deutschsprachigen Länder: Deutschland, Österreich und die deutschsprachige Schweiz, erreichen zusammen nur einen Bruchteil der Ausgaben der größten englischsprachigen Länder: USA, Großbritannien, englischsprachiges Kanada und Australien. Wenn man entsprechend dem deutsch- und englischsprachigen Anteil der Einwohner 64% der Mittel für die Schweiz bzw. 77% der Mittel für Kanada einbezieht, bieten die deutschsprachigen Länder jährlich 82,6 Mia. US $ auf gegenüber 478,3 Mia. US $ der englischsprachigen Länder (Verhältnis 1 : 5,8), wobei die USA allein fast das Fünffache des Gesamtaufkommens der drei deutschsprachigen Länder erreichen.

Rang	Staat	Mia. $	% BSP	Rang	Staat	Mia. $	% BSP
1	USA	405,3	2,7%	11	Brasilien	19,4	0,9%
2	China	153,7	1,4%	12	Italien	19,0	1,1%
3	Japan	144,1	3,3%	13	Taiwan	19,0	2,3%
4	Deutschland	69,5	2,3%	14	Spanien	17,2	1,3%
5	Süd-Korea	44,8	3,0%	15	Australien	15,9	1,7%
6	Frankreich	42,2	1,9%	16	Schweden	11,9	3,3%
7	Großbritannien	38,4	1,7%	17	Niederlande	10,8	1,6%
8	Indien	36,1	0,9%	18	Israel	9,4	4,2%
9	Kanada	24,3	1,8%	19	Österreich	8.3	2,5%
10	Russland	23,1	1,0%	20	Schweiz	7,5	2,3%

Tab. G.9-1: Ausgaben für Forschung und Entwicklung der 20 weltweit führenden Staaten im Jahr 2011 (in Mia. US $, nach Kaufkraftparität/ KKP und nach Anteil am Bruttosozialprodukt/ BSP) (Quelle: en.wikipedia.org/wiki/List_of_countries_by_research_and_ development_ spending: www.battelle.org/aboutus/rd/2011.pdf, nach www.reporter.ir/ archives/89/10/006635.php – abgerufen 07.07.2011)

Es ließe sich einwenden, dass ein beträchtlicher Teil der US-Aufwendungen in "big science" (Weinberg 1961; de Solla Price 1963) und vor allem in die militärische Forschung fließt; jedoch dürfte auch Letztere der wissenschaftlichen Leistung, zumindest in den Naturwissenschaften und ihrer technischen Anwendung, förderlich sein. Denkbar wäre allerdings, dass die Folgen der wirtschaftlichen Unterlegenheit Deutschlands gemildert werden durch eine der Forschung zuträglichere institutionelle Struktur, wie die Verbindung von Forschung und Lehre in den von Wilhelm von Humboldt geprägten Universitäten, flankiert von staatlichen Forschungsinstituten wie der früheren Kaiser-Wilhelm- und späteren Max-Planck-Gesellschaft. Jedoch haben vor allem die USA wesentliche Elemente dieser Struktur übernommen oder sogar noch verbessert, insbesondere die Verbindung von Forschung und Lehre im universitären Graduiertenstudium (Ben-David 1977: 93-126). Daher erscheint es unwahrscheinlich, dass die deutschsprachigen Länder ihre wirtschaftliche Unterlegenheit durch strukturelle Vorteile ausgleichen konnten oder können. Wenn man stattdessen realistisch davon ausgeht, dass die englischsprachigen Länder wissenschaftlich nicht wesentlich ineffizienter arbeiten, darf man ihre wissenschaftliche Leistungsfähigkeit und vermutlich auch die tatsächliche Leistung ebenfalls auf ein Mehrfaches der deutschsprachigen Länder veranschlagen. Außer den USA sind ja noch Großbritannien, Kanada (der größere englischsprachige Teil), Australien, Irland und teilweise auch Indien und Südafrika englischsprachig, die zusammen eine andere Größenordnung erreichen als die zu Deutschland hinzukommenden deutschsprachigen Länder Österreich, deutschsprachige Schweiz und Liechtenstein.

Auch die Definition von ,Forschung und Entwicklung', in eventueller Abweichung von anderen Definitionen von ,Wissenschaft', rechtfertigt keine wesentlich andere Einschätzung, zumindest nicht die Annahme von Parität oder gar umgekehrten Proportionen. Eine weitgehend repräsentative Definition lautet: „Forschung und Entwicklung ist die systematische Suche nach neuen Erkenntnissen unter Anwendung wissenschaftlicher Methoden in geplanter Form. Während unter Forschung der generelle Erwerb neuer Kenntnisse zu verstehen ist, setzt sich die Entwicklung mit deren erstmaliger konkretisierender Anwendung sowie praktischer Umsetzung auseinander." (wirtschaftslexikon.gabler.de/Definition/forschung-und-entwicklung-f-e.html – abgerufen 07.07.2011) Der Begriff umfasst also – wie unsere vorausgehenden Kap. – sowohl Grundlagen- als auch angewandte Wissenschaft. Hinzuzufügen ist, ohne dass die Definition dies explizit macht, die betriebliche Forschung, die im vorliegenden Kap. G. (insgesamt) zwar nicht ausdrücklich einbezogen, aber auch nicht ausgeschlossen ist, vor allem nicht im Falle der Angewandten Wissenschaft (Kap. G.4).

Mit all dem soll keinesfalls nahegelegt werden, dass die deutschsprachigen Länder heute wissenschaftlich bedeutungslos seien. Vielmehr sind sie – auch im Vergleich mit den englischsprachigen Ländern – durchaus beachtenswerte globale Mitspieler. Für ihre fortdauernden Leistungen gibt es zahlreiche Indizien. Einige davon finden sich z.B. in den Berichten des Medienkonzerns Thomson Reuters, der Wissenschaftlern wegen seiner weltweit genutzten Zitatenindexe bekannt ist. So rangiert Deutschland in einem der neueren Berichte, dem *Global Research Report Materials Science and Technology* (researchanalytics.thomsonreuters.caom/m/pdfs/grr-materialscience.pdf: 6 – abgerufen 04.07.2011), in der Auswertungsphase 2006-2011 nach der Gesamtzahl der erfassten Publikationen an 4. Stelle aller Staaten: 16.832 – hinter China 55.003, USA 38.189 und Japan 25.473, noch vor Südkorea 15.261, Indien 12.693, Frankreich 12.344 und Großbritannien 11.611 (ebd.: 5). Zugleich deuten diese Zahlen jedoch auf weitere gewichtige wissenschaftliche Mitspieler hin, neben den englischsprachigen Ländern. Allerdings muss hier offen bleiben, inwieweit die in diesem Bericht *erfassten* Publikationen den *tatsächlichen* Publikationszahlen entsprechen. Vielleicht sind sie schon durch eine bewertende Auswahl verzerrt. Sowieso aber besagen bloße Häufigkeiten nur wenig über die wissenschaftliche Qualität der Publikationen. Im Hinblick darauf ist die Zitateneinwirkung ("citation impact") aussagekräftiger, die definiert ist als die durchschnittliche Zitierhäufigkeit der Publikationen (ebd.: 5). Allerdings ist die Zitierhäufigkeit ebenfalls kein unverfälschter Indikator für wissenschaftliche Qualität, da auch sie vom wissenschaftlichen Ansehen beeinflusst ist – wenn dieses auch seinerseits auf Qualität oder der Qualitätstradition beruht. Die berühmteste Version der Zitateneinwirkung ist der *Impact-Faktor* (Näheres dazu in Ammon 1998: 36-38; Winkmann/ Schlutius/ Schweim 2002a: 132; 2002b: 139): Der Impact-Faktor kann definitionsgemäß auch groß sein bei kleineren Zahlen von Publikationen (vgl. Ammon 1998: 36f.). Leider finden sich zum Impact-Faktor im vorliegenden Bericht keine Angaben zu Deutschland oder den deutschsprachigen Ländern, sondern nur zur EU-15 (also der Europäischen Union vor der Erweiterung von 2004). Die Rangordnung ist dabei: USA 5,53, EU-15 4,07, Japan 3,37, Taiwan 3,14, Süd-Korea 3,10 und China 2,61 (researchanalytics.thomsonreuters. caom/m/pdfs/grr-materialscie nce.pdf: 6 – abgerufen 04.07.2011). Die USA liegen also nach diesem – für wissenschaftliche Leistungen, aber auch wissenschaftliches Ansehen – aussagekräftigen Indikator an der Spitze. Dass kein einziger EU-Staat einzeln betrachtet wird, Deutschland also auch nicht, lässt vermuten, dass Thomson Reuters sie als weniger aussichtsreiche Aspiranten auf eine wissenschaftliche Weltspitzenstellung einschätzt als die einzeln betrachteten asiatischen Staaten. Dies würde dann auch eine einschränkende Bewertung von Deutschlands wissenschaftlichem Potential und – wegen des Größenverhältnisses Deutschlands – dieses Potentials der deutschsprachigen Länder insgesamt bedeuten.

Bei den Institutionen (nicht den ganzen Staaten) mit dem weltweit größten Impact-Faktor wird die Dominanz der USA und damit der englischsprachigen Länder noch deutlicher. Die ersten 10 Rangplätze werden von US-Universitäten belegt, ebenso die Plätze 12-17. Immerhin aber rangiert dazwischen Deutschlands Max-Planck-Gesellschaft auf Platz 11 (ebd.: 6), also vor allen Institutionen anderer Staaten. So beachtlich diese Stellung ist, verrät sie dennoch die Proportionen, ist doch die Max-Planck-Gesellschaft weit leistungsstärker als jede deutsche Universität, von denen keine einzige in dieser Rangordnung erscheint.

Beim Impact-Faktor wird man an den (in Kap. G.3 und G.5 berichteten) Schwund deutschsprachiger natur- und sozialwissenschaftlicher Publikationen als Zitatenquelle im Verlauf des 20. Jh. erinnert. Jedoch ist dabei ein wichtiger

9. Stellungsverlust von Sprache und Wissenschaft Hand in Hand? — 649

Unterschied zu beachten. In den Kap. G.3 und G.5 ging es um die Zitateneinwirkung deutschsprachiger Texte; bei den soeben berichteten Zahlen dagegen um den aller (erfassten) in Deutschland entstandenen Publikationen – von denen bei der fraglichen wissenschaftlichen Disziplin zweifellos ein Großteil englischsprachig ist. Die englischsprachigen Publikationen sind heute in vielen Disziplinen vermutlich gewichtiger für die Bemessung der wissenschaftlichen Leistung Deutschlands und der deutschsprachigen Länder insgesamt sowie für deren Bewertung als die deutschsprachigen Publikationen.

Mir scheint, dass die berichteten und ähnliche weitere Befunde anzeigen, dass die Wissenschaft in Deutschland und auch in den übrigen deutschsprachigen Ländern sich zwar von den ungeheuren Schäden durch Kriege und Nationalsozialismus bis zu einem gewissen Grad erholt, aber nicht zu den englischsprachigen Ländern aufgeschlossen hat. Aus dem einstigen Hauptzentrum ist ein Subzentrum geworden, neben anderen und neu aufstrebenden Subzentren; aus dem einst großen Format wurde ein mittleres. Dies schließt nicht aus, dass im verkleinerten Rahmen noch immer Spitzenleistungen erzielt werden. Solche werden nicht zuletzt für die Geisteswissenschaften reklamiert (Wissenschaftsrat 2006: 15; Behrens/ Fischer/ Minks/ Rösler 2010; Kap. G.6 und G.7), wo die deutschsprachigen Länder womöglich auch eine noch vergleichsweise respektablere Größenordnung aufweisen als in den Natur- und Sozialwissenschaften.

Allerdings findet man sogar bezüglich der Geisteswissenschaften Hinweise auf Rangeinbußen Deutschlands, und mithin wieder der deutschsprachigen Länder insgesamt, wobei tatsächliche Leistung und Leistungsbewertung schwer auseinander zu halten sind. So sieht Wolfgang Klein (1985) einen wesentlichen Grund für die Einflusslosigkeit der heutigen deutschen Sprachwissenschaft im Vergleich zum 19. Jh. in ihrer mangelnden Originalität. Auch das von englischsprachigen Autoren verfasste Buch „Grimm's Grandchildren" schreibt den gegenwärtigen Vertretern der Sprachwissenschaft in Deutschland indirekt ein geringeres Format zu als dem berühmten Vorfahren (Jacob Grimm) des 19. Jh. (Herbst/ Heath/ Dederding 1980; siehe vor allem das *Preface*). Als Beispiel aus den Sozialwissenschaften betont der US-Amerikaner T. O. Beidelmann (1986: 663f.) in der Rezension des sozialanthropologischen Werkes eines deutschen Kollegen zwar frühere bahnbrechende Leistungen deutscher Theoretiker wie Max Weber, Georg Simmel, Alfred Schütz, Werner Sombart oder Karl Marx, zeigt sich aber enttäuscht über die heutige „relative theoretical barrenness of many German anthropological writings", die – was in unserem Kontext wichtig ist – auch entsprechende Sprachpräferenzen rechtfertige: „Most senior American and British social anthropology professors tend to suggest French, Russian, Spanish, or even Arabic, Japanese or Chinese as more useful linguistic priorities for new graduate students. German comes very far down the list of languages

for American or British anthropology students to learn, except in physical anthropology."

Jenseits der Geistes- und Sozialwissenschaften entdeckt man ähnliche Hinweise auf Leistungs- und Bewertungseinbußen. So findet der Japaner Shigeru Nakayama (1981: 48) aufgrund statistischer Auswertungen der Geschichte der Medizin von H. F. Garrison (1929), dass zwar in der Zeit von etwa 1830 bis 1910 die deutschsprachigen Länder am meisten zu den Entdeckungen in der Medizin beitrugen. Jedoch seien danach die USA in der medizinischen Forschung führend geworden. Für die neueste Zeit formuliert sein Landsmann Toshio Aoki (1989: 69) sogar folgendes abschätzige Urteil, das er auch gleich auf die deutsche Sprache ausdehnt: „Die deutsche Medizin und deutsche Jura, die seit der Meiji-Zeit [1868 - 1912! U. A.] immer unser Vorbild waren, sind es nicht mehr. Jetzt ist die amerikanische Wissenschaft an diese Stelle getreten. Mit einem Wort, Deutsch macht keinen Spaß mehr, Deutsch hat die intellektuelle Anziehungskraft verloren." Allerdings sind all diese Einschätzungen schon ein wenig betagt.

Ein grober, doch vermutlich aussagekräftiger Indikator für die wissenschaftliche Leistung, mehr noch für deren weltweite Bewertung, sind die wissenschaftlichen Nobelpreise. Sie beeinflussen sicher das wissenschaftliche Ansehen von Staaten und Sprachgemeinschaften. Daher ist die Entwicklung des Anteils der deutschsprachigen Länder daran interessant. Auch hier kann man ernüchternde Beobachtungen machen. Ein Beispiel ist die Humboldt-Universität in Berlin, deren Eingangshalle die Häupter der 29 Nobelpreisträger schmücken, die an dieser Alma mater wirkten. Jedoch datiert die letzte Preisverleihung, an Erwin Schrödinger, aus dem Jahr 1933, als die Hochschule noch, bis 1946, Friedrich-Wilhelms-Universität hieß. Allerdings ist diese Chronologie auch eine Folge der deutschen Teilung, während der die Humboldt-Universität zur DDR gehörte; westdeutsche Wissenschaftler und Wissenschaftler anderer deutschsprachiger Länder haben seitdem durchaus wissenschaftliche Nobelpreise errungen. Jedoch war die Teilung Deutschlands eine zusätzliche wissenschaftliche Schwächung, allein schon aufgrund der wirtschaftlichen Misere der DDR.

Ein repräsentativeres Bild vom Verlauf der Preiszuweisungen liefert eine Gesamtstatistik der Nobelpreise vom Beginn der Vergabe bis zur Gegenwart. Dabei beschränke ich mich auf die naturwissenschaftlichen Preise, da der Preis für Wirtschaftswissenschaften erst seit 1969 vergeben wird und die Preise für Literatur und Frieden zu einer anderen Kategorie gehören. Zwecks Arbeitsersparnis stütze ich mich auf die von Sabine Skudlik bis 1986 durchgeführte Auszählung, die Jana Knigge bis 2010 fortgesetzt hat, unter Beibehaltung der von Skudlik vorgenommenen Staatengruppierung, die misslicherweise die ganze

Schweiz einschließt (Skudlik 1990: 319, Tab. 34 – zur Einbeziehung von Österreich und Schweiz siehe ebd. 177). Wie bei Skudlik, die darauf hinweist (ebd.: 177), dass viele Nobelpreisträger „Wissenschaftsmigranten" sind, war für die Zuordnung die Nationalität zur Zeit der Preisvergabe maßgeblich. Diese Zuordnung sollte für das Weitere nicht vergessen werden. Bei doppelter Staatsbürgerschaft eines Preisträgers zum Zeitpunkt der Preiszuteilung wurde jedem Staat ein halber Nobelpreis zugeordnet. Wie Tab. G.9-2 zeigt, stellen bis zu Beginn des Zweiten Weltkrieges die deutschsprachigen Länder rund ein Drittel aller – so ermittelten – naturwissenschaftlichen Nobelpreisträger. Bis 1920 ist ihr Anteil sogar höher als der aller anglophonen Staaten zusammen (USA + Staatengruppe um Großbritannien) und 1921 – 1930 gleich hoch; danach fällt er jedoch dramatisch ab, während die anglophonen Staaten, bei klarer Dominanz der USA, ihren Anteil überwältigend steigern.

	Deutschland Österreich Schweiz	USA	Großbritannien Irland Kanada	Frankreich Belgien Niederlande	Sonstige Staaten	Gesamtzahl der Preisträger
1901 - 1910	36,1	2,8	13,9	27,8	19,5	36
1911 - 1920	33,3	4,2	12,5	33,3	16,7	24
1921 - 1930	33,3	6,1	27,3	15,2	18,2	33
1931 - 1940	37,1	25,7	20,0	11,4	5,8	35
1941 - 1950	19,4	41,7	19,4	0,0	19,5	36
1951 - 1960	5,8	51,9	21,2	1,9	19,2	52
1961 - 1970	8,5	45,8	20,3	8,5	17,0	59
1971 - 1980	9,0	58,2	19,4	6,0	7,5	67
1981 - 1990	16,8	51,0	11,1	2,8	18,3	64
1991 - 2000	13,9	53,9	8,0	12,2	11,9	62
2001 - 2010	9,7	48,6	13,6	6,1	21,9	76

Tab. G.9-2: Nationale Herkunft der naturwissenschaftlichen Nobelpreisträger (Physik, Chemie, Medizin – in Prozent)

Die frankophonen Staaten (einschließlich der niederländischsprachigen) zeigen einen ähnlichen Anteilsschwund wie die deutschsprachigen Länder, der sogar schon früher einsetzt. Bemerkenswert sind allerdings bei beiden Staatengruppen die – wenngleich moderaten – Erholungen in neuester Zeit, worauf ich am Ende dieses Kap. zurückkomme. Die Anstiege sind besonders auffällig im neuesten Jahrzehnt bei den „sonstigen Staaten", was an die weiter oben berichtete Beachtung asiatischer Staaten (Japan, China, Süd-Korea) im Forschungsbericht von Thomson Reuters erinnert (researchanalytics.thomsonreuters.caom/m/pdfs/grr-materialscience.pdf: 6 – abgerufen 04.07.2011).

Betrachtet man den Anteil der deutschsprachigen Länder an den naturwissenschaftlichen Nobelpreisen als Indikator zumindest für ihr wissenschaftliches Ansehen, vielleicht sogar ihre wissenschaftlichen Leistungen, so stellt sich die Frage, inwieweit die internationale Stellung von Deutsch als Wissenschaftssprache damit korreliert. Diese Frage wird – zumindest teilweise – beantwortet durch Abb. G-9.1, wo die Entwicklung der Nobelpreisanteile mit der Entwicklung der Sprachenanteile an den weltweiten naturwissenschaftlichen Publikationen verglichen wird. Über letztere habe ich schon in Kap. G.3 berichtet, und zwar über die Zeitspanne 1880-2005 (Abb. G.-3.1), wodurch nun der Vergleich zwischen der deutschen und englischen Sprache und den Nobelpreisen der zugehörigen Staaten möglich ist. Das Liniendiagramm (Abb. G-9.1) lässt keinen Zweifel an einer hohen positiven Korrelation.

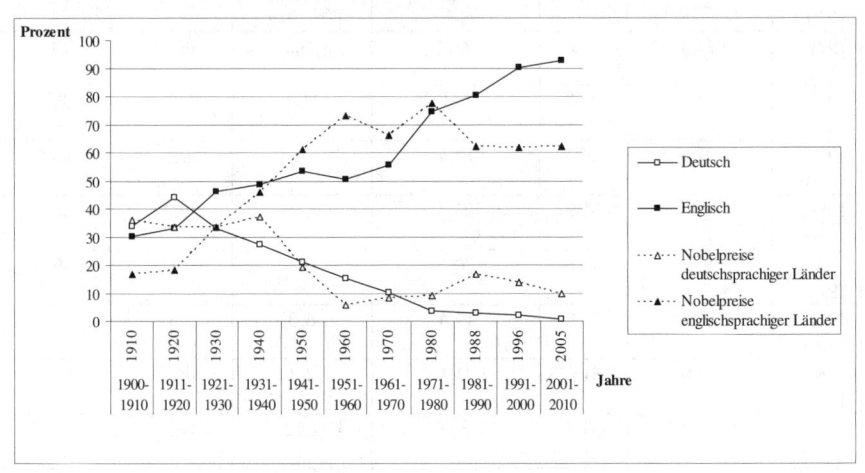

Abb. G-9.1: Anteile der deutschsprachigen und englischsprachigen Länder an den naturwissenschaftlichen Nobelpreisen im Vergleich zu den Anteilen von Deutsch und Englisch an den naturwissenschaftlichen Publikationen

So wie die deutschen Anteile an beiden Parametern sinken, steigen die angelsächsischen Anteile, wenn auch jeweils nicht ganz parallel. Ein noch engerer Zusammenhang war aber aus mehreren Gründen gar nicht zu erwarten. Abgesehen von der schon erwähnten Ungenauigkeit des Indikators Nobelpreise für wissenschaftliches Ansehen und erst recht für tatsächliche wissenschaftliche Leistungen reagieren beide Parameter mit Verzögerung. Die Nobelpreise werden meist lange nach den erbrachten Leistungen vergeben, und eine Wissenschaftssprache hält sich noch geraume Zeit nach dem Verlust ihrer Basis, nämlich der wissenschaftlichen Leistung ihrer Sprachgemeinschaft, da Wissenschaftler die einmal erworbenen Sprachkenntnisse weiter nutzen und sich nur langsam auf eine neue Sprache umstellen – wie berühmte Beispiele belegen: „Einstein blieb [nach seiner Auswanderung in die USA! U. Ammon] beim Deutschen, weil er die neue Sprache nicht mehr richtig lernen konnte" (Hermann 2000: 224; vgl. auch Ammon 1998: 192-194). Oft geschieht die Umstellung erst in der folgenden Generation.

Wie das Beispiel des mittelalterlichen Lateins zeigt, kann sich eine Wissenschaftssprache sogar sowohl gegenüber ihrer staatlichen oder gesellschaftlichen Basis (Römisches Reich) wie auch gegenüber ihrer muttersprachlichen Verankerung (Latein als Muttersprache) verselbständigen. Diese Möglichkeit regt an zu einer Erklärung der in Abb. G-9.1 sichtbaren Differenzen zwischen den Publikationsanteilen der Sprachen und den Anteilen an den Nobelpreisen in den jüngsten drei bis vier Jahrzehnten, seit den 1980er Jahren. Bei den englischsprachigen Ländern geht der Anteil an den Nobelpreisen im Vergleich zum Publikationsanteil ihrer Sprache zurück, und bei den deutschsprachigen Ländern ist es genau umgekehrt: Ihr Anteil an den Nobelpreisen steigt im Vergleich zum Publikationsanteil ihrer Sprache. Eine mögliche Erklärung dafür ist, dass die englische Sprache sich gegenüber ihrer staatlich-gesellschaftlichen und muttersprachlichen Basis verselbständigt hat. Sie wird als Publikationssprache – und sicher auch als sonstige Sprache der Forschung, teilweise sogar der Lehre – genutzt von anderssprachigen Wissenschaftlern und Staaten, die damit sogar Nobelpreise gewinnen. Dies gilt für deutschsprachige Wissenschaftler wie auch andere, z.B. die oben erwähnten asiatischen Wissenschaftler.

Der Anteil der deutschsprachigen Länder an den Nobelpreisen ist in den letzten Jahrzehnten wieder gestiegen (abgesehen vom letzten ausgewerteten Jahrzehnt), wenn auch langsam; dagegen ist der Anteil der deutschen Sprache an den weltweiten naturwissenschaftlichen Publikationen weiter geschrumpft. Aufgrund vielerlei Informationen steht außer Zweifel, dass die Naturwissenschaftler der deutschsprachigen Länder seit geraumer Zeit ihre Nobelpreise hauptsächlich durch Veröffentlichungen in englischer Sprache gewinnen. Zudem haben viele von ihnen ihre Nobelpreise aufgrund der Tätigkeit in einem anglophonen Land, meist den USA, gewonnen. Beispiele von deutschen Nobelpreisträgern, die zur Zeit der Preisvergabe in den USA arbeiteten, sind:

- Johann Deisendorfer, Physik, 1988
- Hans G. Dehmelt, Physik, 1989 (doppelte deutsche und US-Staatsbürgerschaft)
- Horst L. Störmer, Physik, 1998
- Günter Blobel, Physiologie/Medizin, 1999 (doppelte deutsche und US-Staatsbürgerschaft)
- Herbert Kroemer, Physik, 2000
- Wolfgang Ketterle, Physik, 2001.

Insgesamt arbeiteten zur Zeit der Preisvergabe in den USA (1988 – 2010): von den Preisträgern Deutschlands 33,3% (6 von 18), Österreichs 100% (2) und der deutschsprachigen Schweiz 20% (1 von 5).

Entsprechendes gilt cum grano salis für Wissenschaftler anderer Muttersprachen, z.B. für frankophone. Anhaltspunkte dafür liefert der Vergleich von Tab. G.9-2 mit Abb. G.3-1 in Kap. G.3.

Selbstgefälligkeit ob der gestiegenen Nobelpreisanteile deutschsprachiger Wissenschaftler oder Länder wäre fehl am Platz. Ob die wissenschaftlichen Erfolge *durch* oder *trotz* der Umstellung auf Englisch erzielt wurden, ist damit noch nicht beantwortet. Dass sie aber – im Zweifelsfall trotzdem – immerhin erzielt wurden, wird in Polemiken gegen Englisch als Lingua franca der Wissenschaft meist tunlichst verschwiegen (z.B. in S. Klein 2007), ebenso die – sicher wissenschaftlich nicht abträgliche – Zusammenarbeit mit anglophonen KollegInnen und Institutionen. Dadurch wirken solche Polemiken bisweilen grotesk, sogar wenn die von ihnen beklagten Sprachschwierigkeiten von Nicht-Muttersprachlern zutreffen (vgl. Kap. G.10).

10. Sprachprobleme und Wirkungsverluste von Wissenschaftlern und Verlagen

Mit Englisch als vorherrschender internationaler Wissenschaftssprache haben die deutschsprachigen Wissenschaftler noch Glück. Ist doch Englisch mit der deutschen Sprache so eng verwandt, dass jammernde deutsche Kollegen den Scherz, es handle sich ja nur um einen Dialekt ihrer eigenen Sprache, in der Regel zwar als maßlose Übertreibung, aber nicht als blanken Unsinn verstehen. In der Tat ist der Lernaufwand von der deutschen Sprache aus weit geringer als von strukturell entfernteren Ausgangssprachen, wie z.B. Chinesisch, Japanisch oder Koreanisch (dazu Chong 2003b: 306-308). Dennoch ist das Jammern auch bei deutschen Wissenschaftlern nicht grundlos. Die Weltstellung von Englisch ist nämlich entstanden auf Kosten der internationalen Stellung von Deutsch, wie auch anderer Sprachen, wenn auch die „Konkurrenz der Sprachgemeinschaften" kein restloses Nullsummenspiel ist (vgl. Kap. A.2 und A.7).

Probleme haben deutschsprachige Wissenschaftler schon dann, wenn sie der Verlockung der – teilweise nur scheinbaren – Leichtlernbarkeit des Englischen trotzen und strikt bei Deutsch als Wissenschaftssprache bleiben. Sie schneiden sich damit weitgehend von der internationalen Kommunikation ab – je nach Wissenschaft in unterschiedlichem Grad: stärker in den Natur- als in den Geisteswissenschaften, am wenigsten in der Germanistik (vgl. Kap. G.3 – G.7). Ihre Publikationen werden dann vielleicht kaum jenseits der deutschen Sprachgemeinschaft zur Kenntnis genommen oder – sogar im Falle bahnbrechender Neuerungen – mit erheblicher Verspätung. So blieb z.B. laut Wolfgang Gerok (2000: 235) die Erfindung des Herzkatheters von Werner Forßmann aufgrund der Veröffentlichung nur in der deutschsprachigen *Klinischen Wochenschrift* international lange „völlig unbeachtet", und erhielt der Erfinder den Nobelpreis für Medizin schließlich erst nahezu 30 Jahre später. Winkmann/ Schlutius/ Schweim (2002b: 138, 141) stellten, wiederum für die Medizin, fest, dass deutschsprachige Zeitschriftenbeiträge zwar auch in englischsprachigen Artikeln zitiert werden, aber „64% der englischsprachigen zitierenden Artikel trugen Institutsadressen im deutschen Sprachgebiet, 13,5% solche in den USA." Wissenschaftler, die sich auf Deutsch als einzige Publikationssprache beschränken, riskieren also zumindest das geringere internationale Bekanntwerden. Sie verbauen sich damit zudem weitgehend die Mitarbeit an international verbreiteten Zeitschriften, da diese heute in fast allen Fächern größtenteils englischsprachig sind. Sie können dort weder publizieren noch mitwirken: weder als Herausgeber noch als Mitglied im Editorial Board oder als Gutachter von Beiträgen. Ebenso ist ihre Mitwirkung in vielen internationalen Forschergruppen ausgeschlossen, forschend ebenso wie gutachtend, allenfalls in bi- oder vielleicht trilateralen Gruppen (z.B. deutsch – französisch bzw. deutsch – italienisch – spanisch). Unter Umständen sind sie sogar beeinträchtigt in der Rezeption fachlicher Neuerungen. Hinzu kommen Beschränkungen in der Forschungsförderung. Zwar sind in manchen internationalen Förderinstitutionen Anträge auf Deutsch zulässig, z.B. bei der European Science Foundation, jedoch verzögert sich oft die Begutachtung – was schon ein Blick in die Gutachterlisten vermuten lässt.

Ein verschiedentlich aufgezeigtes Hindernis für die internationale Verbreitung deutschsprachiger Veröffentlichungen ist die fehlende Beachtung in der englischsprachigen Welt. So fanden z.B. Wolfgang Klein (1985) and Peter Eisenberg (1987), dass deutschsprachige linguistische Forschung in den USA völlig ignoriert wird (vgl. auch Georgas/ Cullars 2006). Besonders folgenreich ist die einseitige Bevorzugung englischsprachiger Publikationen in den bibliographischen Datenbanken der anglophonen Staaten. Das Forschungsinstitut Senckenberg in Frankfurt a.M. hat ca. 75.000 deutschsprachige Buch- und Zeitschriftenpublikationen des Fachgebiets Biologie der Jahre 1970 – 1996 identifiziert, die in der einschlägigen Datenbank *Biological Abstracts*, die in den USA erstellt wird und globale Repräsentativität beansprucht, fehlten (biolis.ub.uni-frankfurt.de/about.html#zugang – abgerufen 11.03.2011; Hinweis John Rutledge, früherer Fachreferent an der Bibliothek der University of North Carolina, Chapel Hill). Bisweilen wird die Vernachlässigung nicht-englischsprachiger Forschung in angelsächsischen Publikationen sogar von Angelsachsen selbst beklagt, wie z.B. in der Rezension eines Buches von Robert Bickers: „The ‚Scramble For China' [Titel des Buches. London: Allen Lane! U.A.] is based largely on English-language sources, which leaves the reader sometimes yearning for more insight from other actors: the Germans and the Russians [...]" (*The Economist* 19.02.2011: 76).

Eine zentrale Rolle bei der Ausblendung nicht-englischsprachiger wissenschaftlicher Literatur spielen nach verbreiteter Auffassung die marktbeherrschenden Zitatenindexe (*Science Citation Index, Social Sciences Citation Index* und *Arts & Humanities Citation Index*; vgl. Ammon 1998: 31-38), die von Eugene Garfield gegründet wurden und heute in der Hand des Dienstleistungskonzerns Thomson Reuters sind. Vor allem die beiden erstgenannten haben großen Einfluss auf die weltweite Verbreitung wie auch Bewertung wissenschaftlicher Veröffentlichungen und Erkenntnisse. Sie begünstigen unzweifelhaft englischsprachige Publikationen, schon deshalb, weil sie sich auf die am meisten zitierten Publikationen konzentrieren. Ihr hauptsächliches Messinstrument ist der Impact-Faktor, der regelmäßig in den *Journal Citation Reports* veröffentlicht wird (Erläuterung in Ammon 1998: 36-38; Finzen 1998: 130; Winkmann/ Schlutius/ Schweim 2000a: 132; kritisch Mocikat 2009).

Die damit gemessene Zitierhäufigkeit wirkt sich aus auf das Ranking und damit das internationale Ansehen von Hochschulen. Das weltweit beachtete, wenngleich vielfach kritisierte Universitäts-Ranking der Shanghai Jiao Tong University basiert hauptsächlich auf der Zitierhäufigkeit des Personals der Hochschulen nach Maßgabe des Impact-Faktors (dazu Tonkin 2008). Wie unvermittelt davon die Bewertung von Hochschulen beeinflusst werden kann, verraten Artikel in der Presseschau der Hochschulrektorenkonferenz (HRK) Deutschlands mit Titeln wie „Studie: TU München beste deutsche Universität" (18.08.2011, *dapd Nachrichtendienste* 16.08.2011). Diese Bewertung stützt sich uneingeschränkt auf das Shanghai Jiao Tong-Ranking (kritisch allerdings die HRK-Stellungnahme „Internationale Rankings bleiben fragwürdig". www.hrk.de/de/download/dateien/HRK_PM_Rankings_05072011.pdf – abgerufen 05.07.

2011). Mit dem Hinweis auf das Universitäts-Ranking und den Impact-Factor hat der Prorektor für Forschung der Universität Duisburg-Essen, der Chemiker Eckart Hasselbrink, die „Hochschullehrerinnen und -lehrer" in einem Rundschreiben (11.10.2006) aufgerufen, „Publikationen in renommierten international wahrgenommenen Fachzeitschriften anzustreben."

Manche Staaten vergeben ihre Auslandsstipendien nur an Hochschulen auf vorderen Plätzen von Universitäts-Rankings. Daher finanzierte z.b. Armenien lange Zeit keine Stipendien für deutsche Universitäten; erst neuerdings wurde Heidelberg einbezogen (Mitteilung Deutschdozentin Liana Badalyan, Eriwan). Ganz sicher sind beim Ranking die Hochschulen englischsprachiger Staaten im Vorteil und können nicht zuletzt deshalb hohe Studiengebühren fordern, was wiederum ihrer Qualität zugute kommt (vgl. „Amerika profitiert von Auslandsstudenten", *FAZ* 20.11.2007: 12; „Arrogante Briten", *Die Zeit* 12.05.2010: 75).

Die Zitierhäufigkeit von Publikationen nach Maßgabe des Impact-Faktors dient in vielen Staaten der Welt, inklusive der deutschsprachigen, auch als Berufungskriterium für Hochschul-Wissenschaftler, wenn auch neben anderen Kriterien. In Italien ist der Impact-Faktor das überhaupt häufigste Kriterium zur Messung wissenschaftlicher Leistung (E-Mail-Mitteilung Augusto Carli 01.04. 2006). Es wird vor allem auf Natur- und Sozialwissenschaftler angewandt, während Geisteswissenschaftler bislang weitgehend verschont bleiben. „Schreiben in der Wissenschaftssprache Englisch" sind begehrte Seminarangebote für deutsche Hochschullehrer, die meist schnell ausgebucht sind (und zudem teuer, z.B. eintägig für 359,- € für Nichtmitglieder des Deutschen Hochschulverbandes; www.karriere-und-berufung.de/cms/index.php?id=226 – abgerufen 19.05.2008).

Zitierhäufigkeit oder Impact-Factor sind sicher einigermaßen brauchbare Indikatoren für die internationale Verbreitung von Publikationen oder auch, allgemeiner, für den internationalen Kommunikationsradius von Wissenschaftlern und Institutionen. Dagegen sind sie als Maßstäbe wissenschaftlicher Qualität keineswegs unmittelbar einleuchtend. Unfair sind sie in jedem Fall, insoweit sie nicht-anglophone Wissenschaftler benachteiligen, worauf ich im Fortgang dieses Kap. zurückkomme. Allerdings ist sogar die Publikationssprache Englisch als Indikator wissenschaftlicher Qualität von Publikationen nicht gänzlich abwegig, so haarsträubend dies auf den ersten Blick erscheint. Außer Zweifel steht, dass englischsprachige Publikationen, vor allem Zeitschriftenartikel, häufiger zitiert werden als deutschsprachige (vgl. z.B. für die Medizin Winkmann/ Schlutius/ Schweim 2001a: 136; 2001b; Kap. G.4 im vorliegenden Buch). Damit ist anzunehmen, dass sie auch häufiger rezipiert werden. Häufigeres Rezipiert- und Zitiertwerden bewirken dann, dass mehr und besonders ehrgeizige Wissenschaftler in den betreffenden Zeitschriften (mit hohem Impact-

Faktor) zu publizieren suchen. Dadurch wird das Angebot an Beiträgen größer und vermutlich – vor allem in der Spitze – auch qualitativ besser. Ähnlich ist vielleicht eine größere Auflagenhöhe förderlich für das Angebot und die Qualität von Beiträgen. Diesen Rückkoppelungsprozess (Zitierhäufigkeit – Qualität – Verbreitung – Zitierhäufigkeit ...) charakterisiert Wolfgang Gerok an Beispielen aus der Medizin wie folgt und belegt ihn mit den in Tab. G.10-1 wiedergegebenen Zahlen – die dort genannten auflagenstärkeren englischsprachigen Zeitschriften haben jeweils auch einen höheren Impact-Faktor als ihre deutschsprachigen fachlichen Entsprechungen: „Die hohe Auflage englischsprachiger Zeitschriften erlaubt deren Herausgebern, bei der Auswahl der Beiträge besonders kritische und hohe Maßstäbe anzulegen; die Quote der abgelehnten, nicht zur Publikation angenommene[n] Beiträge ist deshalb in englischsprachigen Zeitschriften höher als in vergleichbaren deutschsprachigen. Damit erhöht sich zugleich die Attraktivität und Qualität der Zeitschrift." (Gerok 2000: 234) Es bedarf kaum des Hinweises, dass diese Zusammenhänge der sorgfältigeren Untersuchung bedürfen als der mir hier nur möglichen skizzenhaften Hinweise.

Titel der Zeitschrift	Abonnenten	Ablehnungsquote %
Deutsche Medizinische Wochenschrift	17.500	40
Medizinische Klinik	6.000	30
Journal of the American Medical Association	360.000	84
New England Journal of Medicine	240.000	90
Zeitschrift für Kardiologie	2.500	30
Cardiovascular Research	29.000	65
Zeitschrift für Gastroenterologie	4.000	50
Gastroenterology	15.000	75

Tab. G.10-1: Abonnentenzahl und Ablehnungsquote angebotener Beiträge bei englisch- und deutschsprachigen Zeitschriften (nach Gerok 2000: 235)

Die Diskussion und Kritik dieser Zusammenhänge hat sich vielleicht zu einseitig auf den Impact-Faktor als Indikator der Verbreitung und auf die daraus gefolgerte Bewertung wissenschaftlicher Leistung kapriziert. In der Tat sind die ursprünglichen Absichten seines Begründers, Eugene Garfield, wissenschaftliche Publikationen schnell weithin zugänglich zu machen, verzerrt oder sogar pervertiert worden durch den Gebrauch zur wissenschaftlichen Leistungsmessung (dazu Finzen 1998; auch Wiese 2006). Aber diese Tendenz ist der Konzeption immanent aufgrund der Auswahl gemäß Zitierhäufigkeit und der Vernachlässigung oder Außerachtlassung selten zitierter Texte (Wiese 2006).

Ein maßgeblicher Faktor dieser Verzerrung ist die Weltstellung von Englisch. Sie bildet die Grundlage des skizzierten Rückkoppelungsprozesses. Allein schon aufgrund ihrer Weltstellung, eben auch als Wissenschaftssprache (Kap.

G.1), verleiht die englische Sprache Publikationen ein höheres Prestige (vgl. dazu Ammon 1998: 194-197). Diese Weltstellung lässt den skizzierten Rückkoppelungsprozess schon ahnen, ohne dessen bewusste Kenntnis, geschweige der Kenntnis des Impact-Faktors. Mit Blick auf das überragende Prestige von Englisch als Wissenschaftssprache schrieb schon vor geraumer Zeit J. P. Vanderbroucke (1989: 1461) über Dissertationen in der Medizin: „By the language a thesis is written in you immediately judge its quality." Die Äußerung bezog sich auf das Niederländische gegenüber Englisch; sie gilt aber – wenn auch in unterschiedlichen Graden – für alle Sprachen im Verhältnis zu Englisch (vgl. das globale Sprachensystem, Kap. A.7 im vorliegenden Buch). Charles Durand (2006) hat das Problem aus französischer Sicht in einem Artikel folgenden Titels beschrieben: „ ‚If it's not in English, it's not worth reading!' ". Der Einfluss der Sprachwahl auf die Bewertung der wissenschaftlichen Qualität des Inhalts wurde in Vergleichstests in Skandinavien nachgewiesen. Sie erbrachten, dass bei Texten gleichen Inhalts, aber in verschiedenen Sprachen „the majority of different aspects of scientific content was assessed to be better in English than in the national language version" (Nyllenna/ Riis/ Karlsson 1994: 151).

Solche unsinnigen Bewertungen aufgrund der Sprache, in der Texte verfasst sind, gemahnen an höchste Vorsicht bei der Beurteilung der wissenschaftlichen Qualität von Publikationen, speziell bezüglich Wertassoziationen jeweiliger Sprachen. Gleichwohl sind es keine zwingenden Gegenbeweise gegen statistische Schlüsse aufgrund der Annahme einer – wenngleich vielleicht nicht sehr hohen – positiven Korrelation im Sinne der durch Tab. G.10-1 angedeuteten Zusammenhänge. Auf dieser Grundlage könnte man geneigt sein, die Frage: „Tötet der ‚Impact Factor' die deutsche Sprache?" (Haller/ Hepp/ Reinold [1998] 1999) letztlich zu bejahen. Jedoch wäre hinzuzufügen, dass der Impact-Faktor diese Wirkung der Weltstellung der englischen Sprache verdankt. Allerdings „töten" weder der Impact-Factor noch die Weltsprache Englisch die deutsche Sprache, sondern sie unterminieren nur weiter ihre internationale Stellung, speziell als Wissenschaftssprache. Jedoch gibt es, soweit ich sehe, keinen verlustlosen Ausweg aus dieser Zwangslage (vgl. Kap G.13).

Darin sind alle nicht-anglophonen Sprachgemeinschaften gefangen. Der naheliegendste Ausweg für Wissenschaftler ist die Umstellung auf Englisch, vor allem als Publikationssprache. Für deutsche Wissenschaftler sei dieser Ausweg leicht zu beschreiben, haben mir – um am Kapitelanfang anzuknüpfen – chinesische, japanische und koreanische KollegInnen versichert. Jedoch würden sich viele deutschsprachige Wissenschaftler über diese Einschätzung wundern. In früheren Befassungen mit diesem Thema habe ich diverse Schwierigkeiten deutschsprachiger Wissenschaftler mit der englischen Sprache geschildert (Ammon 1989a; 1990c; vor allem aber 1991a: 266-277). So erzählte mir z.B. Jacob

Mey, der damalige Herausgeber des *Journal of Pragmatics*, deutsche Linguisten reichten Manuskripte nicht selten in so unidiomatischem Englisch ein, dass er sie zur Sprachkorrektur zurückschicken müsse. Ein deutscher Linguist zeigte sich bei einer Tagung in Brüssel (Contact + Conflict, 02. – 04.06.1988) erleichtert, dass er die ihm zugedachte englischsprachige Diskussionsleitung an einen Kollegen abtreten konnte, da seine Sprachkenntnisse, wie er meinte, nicht ausreichten, und fügte hinzu, dass er Tagungen auf Englisch gewöhnlich meide. Ein renommierter deutscher Wissenschaftsjournalist gestand, dass er zwar englischsprachige Texte lesen könne, „mit dem Sprechen und akustischen Verstehen hapert es aber beklagenswerterweise beträchtlich. Als besonders schmerzliches Handicap empfinde ich das Unvermögen, mich bei Diskussionen und als Vortragender [...] auf Englisch hinreichend differenziert ausdrücken zu können" (Hoimar von Ditfurth (1989) *Innenansichten eines Artgenossen*. Düsseldorf: Claassen: 26).

Sabine Skudlik (1990) hat in ihrer Befragung von Münchener und Bielefelder Universitätswissenschaftlern (zurückerhaltene Fragebögen n=933, Rücklauf 18,1%) aufgrund der 4 Fertigkeiten im Englischen (Lesen, Schreiben, mündliches Verstehen und Sprechen) „Teilkenntnisse" (1 bis 3 dieser Fertigkeiten) unterschieden von „Vollkompetenz" (alle 4 Fertigkeiten). Teilkenntnisse nannten 100%, aber Vollkompetenz nur 89% der Befragten. Also verfügten 11% nicht über alle 4 Fertigkeiten – wobei in Rechnung zu stellen ist, dass bei Selbsteinschätzung die Neigung zur Selbstüberschätzung besteht. Aus den Fächern Mathematik, Physik, Biologie, Psychologie und Sport gaben 95% und mehr Vollkompetenz an; aus den Fächern Jura und Literaturwissenschaft weniger als 85% und aus der Philosophie nur 75%. Diese Verteilung entspricht grob der unterschiedlichen Neigung zum Englischen in den verschiedenen Wissenschaftsgruppen (Kap. G.3 – G.7 im vorliegenden Buch).

In einer von mir selbst 1988 durchgeführten Fragebogenerhebung unter Wissenschaftlern an der Universität Duisburg und an zwei forschungsintensiven großen Industriebetrieben in Duisburg und Moers wurden die Fertigkeiten Lesen, mündliches Verstehen und Schreiben im Englischen auseinandergehalten und jeweils weiter differenziert in quasi perfekte Kenntnisse („praktisch so gut wie deutsch") und begrenzte Kenntnisse („mit Mühe") (Ammon 1990 c; 1991a: 272-277; zurückerhaltene Fragebögen n = 69; Rücklauf 65,7%). Bei der Auswertung wurden die Naturwissenschaftler den Geistes- und Sozialwissenschaftlern gegenübergestellt, und wurden die Industriewissenschaftler in einem zweiten Durchgang den Naturwissenschaftlern zugeschlagen. Tab. G.10-2 gibt einen Überblick über die Ergebnisse.

Kenntnisdefizite im Englischen nannten: im Lesen 25%, im mündlichen Verstehen 38% und im Schreiben sogar 57%. Außerdem bekannten 19%, dass der Zwang, sich des Englischen zu bedienen, sie zumindest gelegentlich von Konferenzbesuchen abhalte. Dieser Befund nährt den Verdacht, dass deutschsprachige Wissenschaftler auf internationalen Tagungen mit Englisch als Konferenzsprache nicht selten unterrepräsentiert sind, vor allem im Vergleich zu anglophonen, aber auch zu skandinavischen oder niederländischen Teilnehmern. Die empirische Überprüfung dieser – von mir informell beobachteten und mir auch in Gesprächen bestätigten – Vermutung wäre wünschenswert. Auch den Verzicht auf Kontakt mit KollegInnen, wenn er auf Englisch stattfinden müsste, räumten 25% der Befragten ein. Am bedenklichsten ist vielleicht der ebenfalls eingeräumte Verzicht auf englischsprachiges Publizieren. Ein Drittel (33%) der Befragten würde gelegentlich vom Publizieren absehen, wenn es auf Englisch zu geschehen hätte – was den Verzicht auf die Nutzung der weitreichendsten und prestigeträchtigsten wissenschaftlichen Kommunikationskanäle bedeutet. Ob dafür nicht nur Sprachschwierigkeiten, sondern auch Bedenken wegen befürchteter strengerer wissenschaftlicher Standards für englischsprachige Publikationen ausschlaggebend waren, bedürfte einer gesonderten Untersuchung. Die Unterschiede zwischen den Gruppen waren in all den hier genannten Hinsichten statistisch signifikant (aufgrund von χ^2-Tests).

		Universität (n=29)	Industrie (n=40)	Naturwissenschaftler (n=54)	Geistes- und Sozialwissenschaftler (n=15)	Gesamtheit (n=69)
Lesen	Quasi perfekt	83	70	76	73	75
	Begrenzt	17	30	24	27	25
	Gar nicht	-	-	-	-	-
Mündl. Verstehen	Quasi perfekt	76	53	61	67	62
	Begrenzt	24	48	39	33	38
	Gar nicht	-	-	-	-	-
Schreiben	Quasi perfekt	52	38	44	40	44
	Begrenzt	41	63	54	53	54
	Gar nicht	7	-	2	7	3

G.10-2: Englischkenntnisse von Universitäts- und Industriewissenschaftlern nach Selbsteinschätzung (Prozent; nach Ammon 1990c)

In Anbetracht der Untersuchungszeit, vor ca. 20 Jahren, liegt es vielleicht nahe, die Befunde unter „Tempi passati" abzutun. So fand schon Skudlik (1990: 306, Tab. 24) bessere Englischkenntnisse unter jüngeren als unter älteren Wissenschaftlern. Bei den Bis-40-Jährigen reklamierten 93% Vollkompetenz (in allen 4 Fertigkeiten), bei den 41-bis-50-Jährigen 89% und bei den Über-50-Jährigen nur 82%. Tatsächlich wird gegen Bedenken wegen Schwierigkeiten deutscher Wissenschaftler mit der englischen Sprache häufig eingewendet, diese Zeiten seien vorbei und heutige Wissenschaftler hätten damit keine Probleme mehr. Jedoch bedarf es keiner großen Aufmerksamkeit, um diese Besänftigung in Frage zu stellen. So führe ich in meinem Doktorandenkolloquium an der Universität Duisburg-Essen bis heute immer wieder „Probesitzungen" durch, in denen über englischsprachige Texte nur auf Englisch gesprochen wird – mit jeweils auffälligen quantitativen und qualitativen Einbrüchen in der Beteiligung sowie Klagen der Teilnehmer wegen Schwierigkeiten, vor allem mehr Zeitaufwand, schon bei der Lektüre der Texte und erst beim im mündlichen Ausdruck – was auch unüberhörbar ist. Dirk Scholten, Linguistik-Lehrbeauftragter an der Universität Wuppertal, übermittelte mir eine Reihe von anonymisierten Entschuldigungsschreiben, mit denen Seminarteilnehmer Referate über englischsprachige Texte ablehnten. Ein typisches Beispiel begann so: „Ich muss gestehen, dass meine Englischkenntnisse nicht so ausgeprägt sind [...]. Und wissenschaftliche Texte sind ja meistens kompliziert." Während meiner Zeit als Präsident der Gesellschaft für Angewandte Linguistik (GAL), 2003-2006, haben mehrere Sektionsleiter und Funktionsträger aus anderen Fächern als der Anglistik die aktive Teilnahme an der Weltkonferenz der Dachorganisation *Association of Applied Linguistics (AILA)* in Madison/ WISC (24. – 29.07.2005) mit dem Hinweis auf ihr „rostiges" Englisch abgelehnt. Auch auf der folgenden Weltkonferenz in Essen (24. – 29.08.2008) beteiligten sie sich aus demselben Grund nicht mit eigenen Beiträgen. Entsprechend haben mir bis zur Gegenwart immer wieder KollegInnen aus anderen geistes- und sozialwissenschaftlichen Fächern als der Anglistik in Gesprächen gestanden, dass sie weder schriftliche Texte auf Englisch verfassen könnten noch sich trauten, vor einem größeren Publikum Englisch zu sprechen. Darunter waren durchaus Vertreter der jüngsten Generation von Hochschullehrern. Allerdings habe ich von Naturwissenschaftlern, soweit ich sie mit solchen Fragen behelligen konnte, keine derartigen Bedenken gehört.

Lara Kopriviza (2010) hat im Rahmen einer Magisterarbeit unter Universitätswissenschaftlern in Nordrhein-Westfalen eine Fragebogenerhebung durchgeführt zur „Einstellung [...] zu Englisch als vorrangige internationale Wissenschaftssprache", in der sie auch nach Sprachkenntnissen und sprachbedingten Schwierigkeiten gefragt hat (zurückerhaltene Fragebögen n = 90, Rücklauf 30%). Die Befragung erstreckte sich auf alle Altersgruppen sowie auf Natur-, Sozial- und Geisteswissenschaftler; jedoch ließen sich die Gruppen wegen ungleicher Verteilung nicht sauber vergleichen. Tab. G.10-3 gibt einen Überblick über die im vorliegenden Zusammenhang wichtigsten Ergebnisse für die Gesamtheit (fehlende Prozentwerte entfallen auf fehlende Antworten).

Außerdem bekannten 90%, dass „ihre Ausdrucksweise im Englischen eingeschränkt" sei (ebd.: 67). Bei Vorträgen sahen sie ihre hauptsächlichen

Schwierigkeiten einerseits in der Aussprache (6% häufig, 54% manchmal) und andererseits in der Diskussion (9% häufig, 54% manchmal) (ebd.: 71f.). 14% gaben an, ihre englischsprachigen Aufsätze in der Regel zur Sprachkorrektur zurückzuerhalten, während es 60% verneinten (bei einem beträchtlichen Anteil von 26% fehlender Antworten; ebd.: 77f.). Den zeitlichen Mehraufwand für die Anfertigung eines englischsprachigen Textes bezifferten 6% auf über 100 Prozent, 21% auf 50-100 Prozent, 30% auf 25-50 Prozent und 33% auf unter 25 Prozent (ebd.: 79).

Englischkenntnisse in bzw. für	Sehr gut	Gut	Befriedigend	Grundkenntnisse
Mündliches Verstehen	50	34	14	1
Lesen	66	32	2	0
Schreiben	31	44	25	0
Sprechen	39	38	22	1
Vortrag	37	43	16	1
Diskussion	28	39	30	1
Konferenzen	30	42	23	1
Telefonat	22	45	29	2

Tab. G.10-3: Englischkenntnisse deutscher Wissenschaftler nach Selbsteinschätzung (in Prozent; nach Kopriviza 2010: 57f., 73f.)

„[Aus] sprachlichen Gründen schwierig [...] in englischsprachigen Zeitschriften zu publizieren" fanden es 38%, dagegen nicht schwierig 60% (ebd.: 81f.). Die Frage, ob sie sich gegenüber englischsprachigen Wissenschaftlern benachteiligt fühlten, beantworten 26% mit „ja", 40% mit „gelegentlich" und 32% mit „nein" (ebd.: 83). Auf die Frage, ob sie sich wünschten, „dass deutsche Wissenschaftler mehr Unterstützung bekommen zur Verbesserung ihrer Englischkenntnisse" antworteten 20% „ja, ist notwendig", 49% „ja, wäre von Vorteil", während es 30% für nicht notwendig hielten (ebd.: 84f.). Die Frage „Werden Wissenschaftler in der internationalen Szene ignoriert, wenn sie schlechtes Englisch aufweisen?" wurde wie folgt beantwortet: von 13% mit „ja", von 63% mit „eine solche Tendenz besteht" und von 19% mit „nein" (ebd.: 89). Nach der Überwindung von Schwierigkeiten mit der englischen Sprache, zumindest subjektiv empfundenen Schwierigkeiten, sehen diese Befunde nicht aus. Sie sind, was nicht überrascht, größer in der produktiven als in der rezeptiven Kommunikation und wohl am schmerzhaftesten beim Verfassen schriftlicher Texte für die Publikation.

Vermutlich fallen solche Sprachschwierigkeiten bei Naturwissenschaftlern nicht sonderlich ins Gewicht, bei denen man – wie Wolfgang Klein (2000: 290) es übertrieben ausgedrückt hat – „zur Not vielleicht auch den verbindenden

Text zwischen den Formeln weglassen könnte." Dagegen sehen sich Sozial- oder Geisteswissenschaftler oft fast unerreichbaren Normansprüchen an ihre Texte ausgesetzt, so dass sogar Anglisten in aller Regel Texte zur Publikation von Muttersprachlern des Englischen überarbeiten lassen (Ammon 1991a: 273). Die Korrektheitsansprüche an die mündliche Kommunikation sind weniger streng. Diese Differenzierung fehlt häufig in Warnungen vor dem „Bad English", „Pidgin-Englisch" oder auch „Globalesisch", das als Weltwissenschaftssprache um sich greife. Solche Warnungen erwecken den falschen Eindruck, dass für die internationale wissenschaftliche Kommunikation weithin auch ausgesprochen schlechtes Englisch akzeptiert werde.

Dass deutsche Wissenschaftler vor allem beim schriftlichen Verfassen englischer Texte Sprachschwierigkeiten haben, lässt sich schon daraus schließen, dass ganze Firmen von einschlägigen Hilfsleistungen leben. Jedenfalls erhalte ich ziemlich regelmäßig Angebote für Sprachkorrekturen per E-Mail. Hier eine beispielhafte Antwort von einem der Anbieter (mit Adresse) auf meine Anfrage zu den Kosten:

> „Hello,
> Thank you for requesting price information for optimal English text presentation. The costs of English language revision for texts written by non-native speakers vary depending on the text concerned (in general, 60-80 Euros per page).
>
> We will send you a definitive price quotation from us once we have received your draft, which we will treat as absolutely confidential at all times. After the price has been agreed, the turnaround time for delivery of the corrected text is very short.
>
> David John Williams, B.Sc., Life Science Editorial Ltd., Abergavenny, Monmouthshire,UK, July 23, 2011, <info@mylifesciences24.info>."

Offenkundig sind die Englisch-Schwierigkeiten deutscher Wissenschaftler eine lukrative Einnahmequelle für die „Sprachindustrie" der anglophonen Staaten (vgl. auch „Publishing in English?" Anzeige in *Forschung & Lehre* 6 (2001): 424; Athena Communications INC: *„Professional and Precise Translation and Editorial Services"*: athenacommunications.ca/resources – abgerufen 16.08.11; Burrough-Boenisch 2006).

Die sprachbedingten Schwierigkeiten deutscher Wissenschaftler seien hier noch ein wenig genauer betrachtet; jede von ihnen ist bei näherem Hinschauen komplex genug für ein ganzes Forschungsprojekt. Ähnliche – wenngleich nach sprachlicher Distanz und sozioökonomischen Bedingungen im Ausmaß weit divergierende – Schwierigkeiten haben alle nicht-anglophonen Wissenschaftler. Beispiele für Nicht-Deutschsprachige, meist auch mit mehr oder weniger weitreichenden Ausblicken, finden sich in Durand 2001 (Franzosen); Medgyes/

László 2001 (Ungarn); Carli/ Calaresu 2003 (Italiener); Flowerdew 1999; 2000; 2001; 2007 (Hongkong-Chinesen); G. Ferguson/ Perez-Llantada/ Plo 2011; Hamel 2006b; 2007; Vasconcelos u.a. 2008; Thode 2011 (Spanischsprachige); G. Ferguson 2007; Meneghini/ Packer 2007; Salager-Meyer 2008; Stolerman/ Stenius 2008 (alle übergreifend).

Ein elementares Problem hat der britische Biologe Theodore H. Savory (1953: 154f.) benannt und sich damit in die Tradition der Aufklärung gestellt, die in der sprachlichen Vielfalt hauptsächlich ein Hindernis der Wissenschaft sah: „[T]he time spent on languages is time lost to science" (vgl. auch Kap. G.12). Jedoch fügte er an seine Landsleute hinzu: „[I]t must not be forgotten that other languages than English are in fact also used by many scientists". Offenbar erschien ihm diese Ermahnung schon damals, in den 1950er Jahren, für britische Wissenschaftler angebracht. Heute wäre sie noch dringlicher. Dagegen fänden deutsche Wissenschaftler solche Ermahnung komisch, denn ihnen ist es sonnenklar, dass sie Fremdsprachen lernen müssen, Englisch zumindest und – für die meisten Fächer – auch zu allererst. Die ihnen für die Wissenschaft zur Verfügung stehende Zeit wird also unweigerlich um die für das Fremdsprachenlernen erforderliche Zeit beschnitten.

Ob das Fremdsprachen-, speziell das Englischlernen, wegen des Zeitaufwandes die Beschäftigung mit der Wissenschaft beeinträchtigt, ist ein Thema von herausfordernder Komplexität, das ich hier nur in Andeutungen behandeln kann. Die meisten Stimmen zu dieser Frage, sind – wenn ich es richtig sehe – eher gegenteiliger Auffassung. Ungeachtet der zutreffenden Antwort sind die angelsächsischen Wissenschaftler – wenn auch nicht aller Fachrichtungen – in der privilegierten Lage, dass sie die Wahl haben. Sie können sich für oder gegen das Fremdsprachenlernen entscheiden, je nachdem sie es für ihre wissenschaftliche Tätigkeit oder aus sonstigen Gründen vorteilhaft finden oder nicht (siehe zum Abbau der *foreign language requirements* an US-Hochschulen Kap. G.1, gegen Ende). Außerdem haben sie die Wahlmöglichkeit zwischen verschiedenen Fremdsprachen, die für sie allesamt ähnlich unwichtig sind. Dagegen haben nicht-anglophone Wissenschaftler keine Wahl und müssen auf jeden Fall Englisch lernen.

Denkbare Vorteile des Fremdsprachenlernens überhaupt lassen sich herleiten aus der Humboldt-Sapir-Whorf-Hypothese, wonach verschiedene Sprachen unterschiedliche Kognitionspotentiale enthalten, weshalb die Kenntnis mehrerer Sprachen einen kognitiven Vorteil verspricht (vgl. dazu auch Kap. G.6; G.12; Trabant 2003; 2011; auch Thielmann 2009; 2010). Der zusätzliche Gewinn aus Sprachenlernen und Mehrsprachigkeit, nämlich Intelligenz und Verstand anzuregen (Philipp/ Koch 2011), dürfte bei Wissenschaftlern, die keinen Mangel an geistigen Anregungen haben, kaum ins Gewicht fallen. Mir erscheint im Sinne der Humboldt-Sapir-Whorf-Hypothese plausibel, dass verschiedene Sprachen unterschiedliche heuristische Erkenntnisanregungen liefern können, aufgrund syntaktischer und semantischer Strukturunterschiede, pragmatischer Besonderheiten (Sprechaktausprägungen, Redensarten und dgl.) und vor allem Metaphern (vgl. Drewer 2003; Liebert 1997). Vermutlich sind z.B. die in diesem Zusammenhang häufig genannten Philosophien Hegel oder Heidegger von strukturellen Besonderheiten der deutschen Sprache, insbesondere Wort-Polysemien oder Wortbildungsmöglichkeiten, beeinflusst. Unhaltbar erscheint mir dagegen die Auffassung, dass Sprachstrukturen Erkenntnismöglichkeiten determinieren oder unüberwindbar beschränken (ähnlich die Einschätzung von Gerhards 2010: vor allem 75-79), vollends, wenn es wie im vorliegenden Zusammenhang um Deutsch und Englisch geht. Vielmehr lassen sich sprachstrukturell bedingte Ausdrucks- und Erkenntnisschranken grundsätzlich durch Ausbau der Sprache beheben (Kloss 1978: 37-63; Ammon 1989: 78-82; vgl. Kap. G.11). Solcher Ausbau orientiert sich in der Regel an einer im fraglichen Fach besser entwickelten oder allgemein wissenschaftstauglicheren (oder so eingeschätzten) Sprache. Fumio Inoue (2001) hat dargestellt, wie Japanisch durch Orientierung am Englischen für die moderne Wissenschaft und Technologie ausgebaut wurde. Entsprechend kann grundsätzlich auch das Englische von anderen Sprachen her erweitert werden. Deutsche Wissenschaftler brauchen sich daher nicht zu fürchten, durch terminologische Lücken und dergleichen im Englischen nachhaltig in ihren Ausdrucks- und Denkmöglichkeiten beschränkt oder auf unerwünschte Richtungen festgelegt zu werden. Diese Bedenken äußert z.B. Helmut Hesse (2000: 280): „Wer Englisch schreibt, unterwirft sich den angelsächsischen terminologischen Festlegungen, Fragestellungen und Forschungsmethoden. Dabei geht vieles verloren. Deutsche Ökonomen reden häufig von ‚Staatstätigkeit' und ‚Staatsausgaben'. Für den Begriff ‚Staatstätigkeit' findet sich in keinem englischen Wörterbuch eine Übersetzung." Dem lässt sich entgegenhalten, dass man dafür Wortneuprägungen schaffen oder auch fehlende Ausdrücke aus dem Deutschen ins Englische entlehnen kann, wie es im Falle von *Zeitgeist*, *Leitmotiv* usw. geschehen ist. Unter Umständen ist solcher Ausbau aufwändig und bedarf der gleichzeitigen Übertragung oder Vermittlung ganzer Theorien. Jedoch ist eine „Unterwerfung" unter die in der anderen Sprache vorherrschenden Denktraditionen nicht notwendig. Dementsprechend plädiert Abram de Swaan (2001b), der auch vom Niederländischen aus Terminologielücken im Englischen sieht (ebd.: 76), für den weiteren Ausbau des Englischen (ohne Verwendung des Terminus *Ausbau*) und schließt sich Pierre Bourdieus Ausruf an: „ ‚Il faut désangliciser l'anglais' [...]: English should be released from the English!" (ebd.: 79). Offenkundig läuft diese Forderung hinaus auf die Schaffung einer in ihren Ausdrucksmöglichkeiten unbeschränkten globalen Wissenschaftssprache.

Gleichwohl bleibt aus der Sicht der Humboldt-Sapir-Whorf-Hypothese das Erlernen einer (ausgebauten) Fremdsprache für Wissenschaftler ein möglicher Vorteil. Anglophonen Wissenschaftlern entgeht diese Möglichkeit, wenn sie sich das Fremdsprachenlernen ersparen. Allerdings lässt sich dieser Vorteil nur schwer genau fassen oder gar messen. Daher bleibt vorläufig ungeklärt, ob er nicht durch die für das Sprachlernen benötigte Zeit aufzehrt wird. Für Deutsche ist dieser Aufwand speziell beim Englischen geringer als für Chinesen, Japaner oder Koreaner, die weit mehr Lernzeit benötigen, vielleicht ist aber auch die gedankliche Anregung dürftiger – wegen der strukturellen und lexikalischen Ähnlichkeit.

Während der rein kognitive Gewinn des Englischlernens oder, allgemeiner, des Fremdsprachenlernens für Wissenschaftler zweifelhaft bleibt, brauchen die kommunikativen Vorteile von Englischkenntnissen hier nicht mehr ausgeführt zu werden. Sie sind in den bisherigen Kap. G.1 – G.10 vielfältig dargestellt und bilden selbstverständlich das Hauptmotiv für das Erlernen und den Gebrauch der englischen Sprache. Dagegen sind für anglophone Wissenschaftler auch die kommunikativen Vorteile des Fremdsprachenlernens zweifelhaft, und zwar in Bezug auf jede Fremdsprache. Sie benötigen – jedenfalls für viele Fächer – kaum Fremdsprachenkenntnisse, da heute Wissenschaftler jeglicher sprachlichen Provenienz Englisch können, wenigstens bis zu einem gewissen Grad, und die Menge wie auch Originalität wissenschaftlicher Publikationen in anderen Sprachen im Vergleich zu Englisch bescheiden ist oder zumindest so erscheint.

Offenkundige Nachteile deutschsprachiger gegenüber englischsprachigen Wissenschaftlern sind zum einen die zu investierende Lernzeit und zum andern die oft dennoch unzureichend bleibenden Kenntnisse der Zielsprache. Daraus entstehen Zeitverluste beim Texterstellen und Wirkungseinbußen bei der Kommunikation. Gelegentlich wird sogar die Auffassung vertreten, die Kenntnisse einer Fremd- oder Zweitsprache blieben grundsätzlich beschränkt, die z.B. Carl F. Gethmann (2011: 62f.) – allerdings im Sinne einer zu prüfenden Hypothese – vertritt: „Die Sprachkompetenz in einer Sprache des Zweitsprachenerwerbs ist nach allen Dimensionen gegenüber Lexikon, Konnotationen, Sprachstil, Sprachschichtenzuordnung, Neologismen usw. gegenüber der Sprache des ersten Erwerbs eingeschränkt." Vielleicht lässt sich dies nur vermeiden durch Spracherwerb schon in der Frühsozialisation oder durch langen Aufenthalt in sprachintensiven Domänen in Ländern, wo die betreffende Sprache vorherrschende Muttersprache und staatliche Amtssprache ist. Die Schwierigkeiten erstrecken sich außer auf die im engeren Sinn linguistischen Ränge und Ebenen (Phonetik, Orthographie, Grammatik, Lexik) auch auf Diskursphänomene und

Textaufbau (Clyne 1984a; 1987b; auch House 2003b). Jedoch implizieren die hier ins Spiel kommenden Darstellungskonventionen (Thielmann 2010) keine spezifischen Erkenntnismethoden. Erst recht nicht, scheint mir, keine „Unterwerfung" unter angelsächsische Forschungsmethoden, wie es Hans-Werner Hesse (2000: 280) nahelegt. Sind die Methoden in der englischsprachigen Welt denn wirklich anders als in der deutschen Sprachgemeinschaft? Und dies in einem Maße, dass deutschsprachige Wissenschaftler deshalb benachteiligt sind? Unzweifelhafter sind – außer deren schon genannten Belastungen (Lernzeit, unzureichende Sprachkenntnisse) – vordergründige Bürden der Konkurrenz, wie finanzielle Aufwendungen für Textkorrekturen, sei es durch eigens angestellte Hilfskräfte, für Übersetzungsbüros oder für auf die sprachliche Zubereitung wissenschaftlicher Texte spezialisierte angelsächsische Firmen.

Die deutschen Wissenschaftler haben sich noch nicht so gründlich auf die – inzwischen nicht mehr ganz neue – Weltwissenschaftssprache Englisch umgestellt wie vor allem die niederländischen und skandinavischen. Dies gilt auch für die Wissenschaftsverlage. Niederländische Verlage spielen heute fast in derselben Liga wie die Verlage angelsächsischer Staaten. Verglichen damit ist die Rolle deutschsprachiger Wissenschaftsverlage eher bescheiden, vor allem in Anbetracht ihrer Tradition und im Verhältnis zur Größe der Sprachgemeinschaften. Die Wissenschaftsverlage im deutschen Sprachgebiet kämpfen mit all den angesprochenen sprachbedingten Schwierigkeiten. Der Einfachheit halber nenne ich diese Verlage (mit Stammhaus im deutschen Sprachgebiet) „deutschsprachig" – auch wenn sie nicht nur in deutscher Sprache veröffentlichen.

Die Umstellung der nicht-deutschsprachigen Länder, im Grunde aller Länder, auf Englisch als bevorzugte Wissenschaftssprache hat den Markt für deutschsprachige Publikationen schrumpfen lassen. Infolgedessen sehen sich die deutschsprachigen Wissenschaftsverlage gezwungen, dem Trend zum Englischen zu folgen. Bei naturwissenschaftlichen Zeitschriften war die Umstellung aufs Englische unumgänglich (Beispiele in Kap. G.3, gegen Ende). In öffentlichen Bibliotheken außerhalb des deutschen Sprachgebiets werden im Falle von Sparmaßnahmen fremdsprachliche Zeitschriften eher abbestellt als englischsprachige. Außer den Absatzmöglichkeiten zwingt die Gewinnung renommierter Autoren zur Umstellung auf Englisch, denn – wie oben begründet – bevorzugen viele Autoren englischsprachige Zeitschriften für ihre Publikationen. Wegen der weiteren Verbreitung, aber auch, weil heute den meisten nicht-deutschsprachigen Autoren das Publizieren auf Englisch leichter fällt als auf Deutsch (dazu schon Schwabl 1986).

Die Einführung von Englisch nötigt die Verlage zur Anstellung anglophonen Personals und zur Umgestaltung von Herausgeberteams. Zwar zahlen sich die Mehrkosten dafür letztlich aus, jedoch bleiben den angelsächsischen Verlagen solche Kosten erspart. Trotz Sprachumstellung bleibt für die deutschsprachigen Verlage die Erschließung des angelsächsischen wie auch des übrigen nicht-deutschsprachigen Marktes schwierig, sowohl bezüglich des Absatzes von Publikationen als auch der Gewinnung von Autoren. So waren ca. 10 von mir informell befragte wissenschaftliche Verlage (Verleger oder Verlagsmitarbeiter) unisono der Meinung, dass die meisten Autoren einen Verlag in den USA oder Großbritannien vorzögen, wenn sie die Wahl haben. Die breite Rückkehr zu mehr Deutsch als Publikationssprache hielt keiner der Verlage für möglich.

Ich schließe dieses Kap. mit Hinweisen auf die Nachteile des Stellungsverlusts von Deutsch als internationale Wissenschaftssprache für die deutsche Sprachgemeinschaft, die deutschsprachigen Länder und ihre Bürger. Früher, als zahlreiche nicht-deutschsprachige Wissenschaftler Deutsch sprachen und schrieben, fungierte Deutsch als Transmissionsriemen für wissenschaftliche Erkenntnisse mit den anderen Sprachgemeinschaften. Besonders wertvoll war der direkte Wissensimport, wenn z.B. die Russen Mendelejew oder Pawlow ihre bahnbrechenden Theorien des Periodensystem der chemischen Elemente bzw. des Behaviorismus nach der Fassung in Russisch zuerst einmal auf Deutsch publizierten (Kap. G.1). Außerdem diente die internationale Stellung von Deutsch in umgekehrter Richtung dem Wissensexport. Dieser förderte das Prestige der deutschsprachigen Länder im Ausland und das Interesse dort, in einem deutschsprachigen Land wissenschaftlich zu arbeiten, zu studieren und sonstige Kontakt dorthin zu pflegen. Dieser Transmissionsriemen ist heute weitgehend verschlissen. Damit geht auch ein gewichtiges Motiv des Lernens von Deutsch als Fremdsprache (DaF) verloren, was – zumindest längerfristig – das Fach DaF, vor allem die Auslandsabteilungen beeinträchtigt. Hier ist eine der Ursachen zu suchen für den alles in allem zu verzeichnenden Lernerschwund in den letzten Jahrzehnten: von ca. 20 Mio. weltweit im Jahr 2000 auf ca. 14,5 Mio. im Jahr 2010 (Kap. K.7: Tab. K.7-1). Diesen Motivationsverlust verspüren die noch immer rund 140.000 DaF-Dozenten und -Lehrenden regelmäßig (Netzwerk Deutsch 2010). Durch den Lernerschwund in DaF schrumpfen nicht nur die internationalen Kommunikationsmöglichkeiten der deutschsprachigen Länder, sondern auch ihr Reservoir an sprachlich adäquat ausgestattetem „Humankapital", also der von der deutschen Wirtschaft so dringend benötigten Fachkräfte aus dem Ausland.

Die Nachteile des Stellungsverlusts von Deutsch als internationale Wissenschaftssprache habe ich andernorts ausführlicher dargestellt (Ammon 1998: 252-286). Hier noch einmal stichwortartig die wichtigsten Punkte:

- Beeinträchtigung der Qualität der Hochschullehre durch die Lehre auf Englisch, zumindest solange keine den Deutschkenntnissen äquivalenten Englischkenntnisse der Dozenten und Studierenden gewährleistet sind.
- Erschwerung der Kommunikation zwischen Wissenschaftlern und Laien und die zusätzliche
- Isolierung der Hochschulen von der umgebenden Gesellschaft als „Elfenbeintürme", solange nicht die gesamte Bevölkerung der deutschsprachigen Länder über gute Englischkenntnisse verfügt.
- Prestigeverlust der deutschen Sprache, sogar innerhalb der deutschsprachigen Länder, und damit eines Nationalsymbols (dessen Gewicht sich allerdings schwer abschätzen lässt). Für Deutschland zumindest war die deutsche Sprache eine wesentliche Orientierungsgröße der deutschen Nationalbewegung im 19. Jh. (Ammon 1995a: 18-34). Auch heute noch ist sie für viele Deutsche Ausdruck ihrer nationalen Identität. Man versuche sich nur eine/n „richtige/n" Deutsche/n vorzustellen, die/der kein Deutsch kann (vgl. auch die vielfältige Diskussion um „Deutsch ins Grundgesetz" oder als einen von zahllosen Texten zur Funktion als Nationalsymbol „Nationalstaaten im Zeitalter der Globalisierung", *FAZ* 25.07.2000: 14).

11. Ausbaurückstand der deutschen Sprache gegenüber Englisch?

Vereinfacht gesagt, dient der *Ausbau* einer Sprache dazu, dass man mit ihr alle, insbesondere alle modernen Gedanken ausdrücken und sprachlich ungehindert über alle Erkenntnisse und Gegenstände sprechen und schreiben kann. Der Terminus und die anfängliche Spezifizierung des Begriffs stammen von Heinz Kloss (1952: 24-37; 1978: 23-60) und gehören inzwischen zum gängigen Instrumentarium der Soziolinguistik (Haarmann 2004; Ammon 1989; 2004). Mit *Ausbau* bezeichnet man hauptsächlich die Erweiterung sprachlicher Ausdrucksmittel (vor allem Wörter und ihre Bedeutungen, Wort- und Satzbau sowie Textformen) für den Gebrauch einer Sprache in bestimmten Domänen, z.B. für den Elementarunterricht, für die Wissenschaft oder auch spezieller für die fortgeschrittenste Forschung in einem bestimmten Fach. In Anlehnung an die Sprachenplanung kann man genauer auch von *Korpusausbau* (oder *Strukturausbau*) sprechen und davon den *Statusausbau* (oder auch *Funktionsausbau*) unterscheiden, der sich auf die Schaffung der äußeren Bedingungen für den Gebrauch der Sprache in den betreffenden Domänen bezieht (rechtliche, institutionelle, ökonomische und personelle Voraussetzungen). Entsprechend unterscheidet man in der Sprachenplanung *Korpusplanung* von *Statusplanung*. Auch diese Unterscheidung stammt übrigens von Kloss (1952: 24-31; 1978: 37-63) und nicht – wie fälschlich kolportiert wird – von Einar Haugen, wenngleich sie hauptsächlich in dessen englischsprachiger Adaption („status planning"/ „corpus planning") verbreitet wurde (z.b. Haugen 1987). Im vorliegenden Kap. geht es hauptsächlich um Korpusausbau, und zwar in den „fortgeschrittensten" Domänen des Handlungsfeldes Wissenschaft, vor allem der Forschung, also um die Termini (Wörter und Wortkombinationen) und deren Bausteine sowie, seltener, Grammatik und wissenschaftliche Textformen. Ist in Bezug auf sie die deutsche Sprache gegenüber der englischen Sprache im Rückstand?

Einen *Statusrückstand*, wenn man es so ausdrücken will, von Deutsch gegenüber Englisch im Handlungsfeld Wissenschaft habe ich in den Kap. G.1 bis G.10 in verschiedenen Hinsichten aufgezeigt. In die Richtung eines solchen Rückstandes in der heutigen Zeit deuten auch Titel diverser Publikationen, sei es dass sie den „Domänenverlust" von Sprachen wie Deutsch (z.B. G. Ferguson 2007) oder zumindest eine untergeordnete Stellung an der Forschungsfront sehen oder sogar die Verbannung von dort nahelegen, wie z.b. der viel zitierte Titel von Hubert Markl (1986/ 2011) „Die Spitzenforschung spricht englisch" (ähnlich Schwabl 1986), oder womöglich die „Vitalität" der Sprache insgesamt für bedroht halten (Carli 2009). Dass in den Publikationen, vor allem der theoretischen Naturwissenschaften, Englisch vorherrscht und Deutsch marginalisiert ist, auch innerhalb der deutschsprachigen Staaten, lässt sich kaum bezweifeln. Weniger geklärt scheint, ob eine ähnliche Sprachumstellung auch mündlich stattgefunden hat, inwieweit also sogar in den deutschsprachigen Staaten speziell in der naturwissenschaftlichen „Spitzenforschung" überwiegend Englisch gesprochen und Deutsch gemieden wird. So jedenfalls die Einschätzung von Ralph Mocikat: „Inzwischen ist es nämlich so, dass [auch in Deutschland! U.A.] auf Tagungen ohne jede internationale Beteiligung, in internen Seminaren oder in alltäglichen Laborbesprechungen oft nur noch englisch gesprochen wird, auch wenn niemand anwesend ist, der des Deutschen nicht mächtig wäre" („Die deutsche Sprache in den Naturwissenschaften", www.goethe.de/lhr/prj/ mac/mac/spb/de4244182.htm – abgerufen 01.09.2011; ähnlich schon Diskussionsbeitrag Markl in Kalverkämper/ Weinrich 1986: 60). Die repräsentative Untersuchung der mündlichen Sprachwahl in verschiedenen Fächern und Situationen ist noch Forschungsdesiderat. Wird überhaupt noch auf Deutsch über Forschungspläne und -ergebnisse gesprochen? In den Geisteswissenschaften sicher und – vielleicht weniger durchgängig – in den Sozialwissenschaften. Aber auch in den theoretischen Naturwissenschaften? In welchen Situationen, in welchen personellen Konstellationen, bei welcher sprachlichen Zusammensetzung der Teilnehmer? Nur wenn Deutschsprachige unter sich sind? Sogar dann nur noch ausnahmsweise und unter bestimmten Bedingungen?

Obwohl Status- und Korpusausbau aufeinander angewiesen sind, beschränke ich mich hier im Weiteren auf letzteren Aspekt (Struktur, nicht Funktion der Sprache), was beim Terminus *Ausbaurückstand* auch naheliegt. Korpusausbau für die Wissenschaft, vor allem die Schaffung von Terminologie für die ungehinderte Kommunikation über fortgeschrittene Forschung, kann auf der Grundlage der *eigenen* Sprache geschehen (*indigener Ausbau*) oder durch Entlehnung von Bausteinen aus *anderen*, „fremden" Sprachen (*exogener Ausbau*). Oft wird hauptsächlich letzterer Weg beschritten. So haben deutsche Wissenschaftler seit der Zeit des Humanismus viele Termini oder deren Bestandteile aus dem Lateinischen, Altgriechischen und später aus dem Italienischen und vor allem dem Französischen entlehnt; heute ist Englisch die bei weitem vorherrschende Quelle (Gebersprache) solcher Entlehnungen. Daneben hat es aber oft auch indigenen Ausbau gegeben, sogar Sprachpurismus, durch den „Fremdwörter" eingedeutscht wurden, beginnend in Ansätzen schon im Humanismus und verstärkt dann seit der anti-napoleonischen deutschen Nationalbewegung bis über die Mitte des 20. Jh. hinaus (von Polenz 1999: 264-293). Als Beispiele seien nur Eindeutschungen genannt wie *Universum* > *Weltall* (Philipp von Zesen, 17. Jh.) oder *Avancement* > *Beförderung* (Amtssprach-Verdeutschung im Wilhelmischen Reich).

Zum indigenen Ausbau gehören auch Lehnübersetzungen (z.B. *black hole* > *Schwarzes Loch, fuzzy logic* > *unscharfe Logik* oder, vielleicht nicht ganz gelungen, *natural selection* > *natürliche Zuchtwahl*). Ebenso lässt sich zum indigenen Ausbau im weiteren Sinn die Wiederverwendung von Wortbausteinen (Konstituenten oder Komponenten) zählen, die ursprünglich aus einer anderen Sprache stammen, aber in der Nehmersprache schon integriert sind (z.B. das aus dem Französischen, ursprünglich aus dem Lateinischen stammende Verbsuffix *-ieren*: *konnotieren, kommutieren* usw.). Der heute für dieses Verfahren gängige Terminus lautet „Lehnwortbildung" (von Polenz 1999: 395-398). Für den Wortbestand im letzten Band des *Deutsches Fremdwörterbuches* (1913 – 1988, vor der Neubearbeitung durch das Institut für Deutsche Sprache (IDS)) wurde festgestellt, dass über ein Drittel der Lemmata (35,1%) nicht als Ganze ins Deutsche übernommen, sondern aus schon zuvor entlehnten Bestandteilen gebildet waren (Best 2001: 14). Solche Lehnwortbildung ist auch im Englischen gang und gäbe, und zwar im Falle wissenschaftlicher Terminologie vor allem unter Rückgriff auf ursprünglich altgriechische oder lateinische Bausteine. Entsprechendes gilt seit spätestens dem Humanismus für Deutsch und war auch in der „Blütezeit" von Deutsch als Wissenschaftssprache Ende des 19./ Anfang des 20. Jh. üblich, obwohl kein Ausbaurückstand gegenüber anderen Sprachen bestand.

Zum indigenen Ausbau gehören auch „Scheinentlehnungen", in neuerer Zeit im Rückgriff auf die englische Sprache. Dies sind Wortbildungen aus sprachstrukturell nicht eingedeutschten Bausteinen, die als ganze im Englischen nicht oder nur in anderer Bedeutung existieren. Alltägliche Beispiele sind *Handy* oder *Beamer* (engl. *mobile (phone)* oder *cellular (phone)* bzw. *(powerpoint) projector*).

Lehnwortbildungen (statt im engeren Sinn indigene Bildungen) sind kein Anzeichen von Ausbaurückstand; sonst wäre auch Englisch massiv betroffen. Sorgfältige Beachtung verdienen aber – im Bereich der Terminologie – die „echten Fremdwörter", auf die ich sogleich zurückkomme. Fast alle von mir informell befragten Kolleginnen und Kollegen, schätzungsweise 20, bejahen die Frage, ob „Deutsch als Wissenschaftssprache gegenüber Englisch einen Ausbaurückstand habe" oder neigten jedenfalls eher zur Bejahung als zur Verneinung. Dabei habe ich ‚Ausbaurückstand' so erläutert, dass treffende Fachausdrücke oder Termini für wissenschaftliche Neuerungen hie und da fehlen; um eine Begründung der Antworten habe ich jedoch nicht gebeten. Mir scheint, dass die Einschätzung, Deutsch sei im Ausbaurückstand gegenüber Englisch, vor allem auf den folgenden zwei Annahmen beruht:

1) Dass Anglizismen (Entlehnungen aus dem Englischen) im Sprachgebrauch deutschsprachiger Wissenschaftler oder in deutschsprachigen Wissenschaftstexten häufiger vorkommen als Germanismen (Entlehnungen aus dem Deutschen) im Sprachgebrauch englischsprachiger Wissenschaftler oder in englischsprachigen Wissenschaftstexten;

2) dass deutschsprachige Wissenschaftler überhaupt später über (gängige) Ausdrucksmöglichkeiten (vor allem Termini) für wissenschaftliche Neuerungen verfügen, im Durchschnitt jedenfalls, als englischsprachige Wissenschaftler, was im Grunde impliziert, dass sie den englischsprachigen Wissenschaftlern aufs Ganze gesehen in der Forschung hinterher hinken, jedenfalls eher als umgekehrt.

Ich vermute, dass bei Befragungen deutscher Wissenschaftler Annahme 2) eher verneint würde als Annahme 1). Annahme 2) lässt sich schwer überprüfen, sowohl direkt als auch durch Befragungen – weil sie stolzverletzend sein kann, was die Zustimmung erschwert. Deshalb verzichte ich hier darauf, die Haltbarkeit von 2) abzuschätzen (vgl. aber Kap. G.9, gegen Ende). Dagegen erscheint Annahme 1) eher einer Überprüfung zugänglich. Allerdings besteht auch hier die Gefahr verzerrter Sicht aufgrund der verbreiteten Anglizismen-Schelte in den Medien, insbesondere seitens des Vereins Deutsche Sprache (VDS).

In einem früheren Buch habe ich die häufigen Anglizismen im Deutschen (im Vergleich mit den wenigen Germanismen im Englischen) ohne Umschweife als Indiz für den Ausbaurückstand von Deutsch gegenüber Englisch bewertet (Ammon 1991a: 277-281; ähnlich Zimmer 1997: 213). Im Wissenschaftsdeutsch betrifft dies vor allem die Entlehnung von Termini aus dem Englischen ohne ihre Eindeutschung oder mit nur partieller Eindeutschung. Dieses Phänomen bestreiten auch solche Linguisten nicht mehr, die sonst eher den ungebrochenen Reichtum der deutschen Sprache hervorkehren, z.B. Peter Eisenberg (2012: 53 – Hinweis Werner Voigt): „Ein Domänenverlust führt zwangsläufig dazu, dass es bestimmte Termini oder ganze Begriffsgebäude [in meinem Verständnis „Ausdrucksgebäude"! U.A.] im Deutschen nicht mehr gibt und der Wortschatz etwa im Vergleich zu dem des Englischen Lücken aufweist. Eine Entwicklung in dieser Richtung lässt sich nicht bestreiten." Versteht man darunter die Wortbildung aus indigenen (deutschen) Bausteinen, so sind heutzutage alle Sprachen im Ausbaurückstand gegenüber Englisch. In diesem Sinn hat Grypdonck (1985: 17) von der „lexikalischen Menopause" aller Sprachen außer Englisch gesprochen. Vielleicht weisen sogar alle Sprachen nicht nur hinsichtlich Entlehnungen, sondern auch nach anderen Kriterien einen Ausbaurückstand gegenüber Englisch auf. Jedoch sind Anglizismen nicht unbedingt ein valides Kriterium für Ausbaurückstand. Sie sind nämlich voll gültige Bestandteile einer Sprache, wenn sie in deren Sprachgemeinschaft „aufgenommen" sind, also in Äußerungen oder Texten regelmäßig gebraucht werden – analog zu Immigranten mit Staatsbürgerschaft der neuen Heimat –, auch wenn man ihnen die fremde Herkunft noch ansieht (zur Dokumentation als europaweites Phänomen Görlach 2001; 2002a). Erst recht gilt die Zugehörigkeit zur deutschen Sprache für Anglizismen, die schon in Nachschlagewerken der deutschen Sprache kodifiziert sind, auch wenn es sich dabei um „Fremdwörter"-Bücher oder Fachlexika handelt. Der folgende, gekürzte Textauszug (aus Ammon 1991a: 278f.), dessen Beispiele ich nur geringfügig upgedatet habe, belegt also noch keinen Ausbaurückstand („upgedatet" ist nach Rechtschreibduden schon Bestandteil der deutschen Sprache):

> Schon über die Computertechnik, gelangen Anglizismen in alle Wissenschaften hinein. Das Wort *Computer* mit seiner englischen Orthographie (C) und Aussprache [...pju...] ist selbst ein Beispiel dafür – neben *Hard Disk, Double Density, Desk Info, Byte, Return-Taste* usw. Aber auch die spezifischen Fachsprachen der einzelnen Disziplinen nehmen mehr und mehr englische Ausdrücke uneingedeutscht auf, sogar in den Geistes-, Sozial- und angewandten Naturwissenschaften. So erscheinen z.B. in einer beliebig herausgegriffenen Ausgabe einer Zeitschrift für Chemietechnik, also der angewandten Chemie, Termini wie *Dead End Filtration, Cross Flow Microfiltration, Bio Process, Protein Engineering, protein design* usw. (*Nachrichten aus Chemie, Technik und Laboratorium* 37 (12) 1989: passim).

Allerdings habe ich darauf hingewiesen (ebd.), dass die Verwendung von Anführungszeichen oder auch Kleinschreibung von Substantiven Einschränkungen der Zugehörigkeit oder Integration in den deutschen Fachjargon und damit in die deutsche Sprache verraten. Dieser Hinweis erscheint mir jetzt als geeigneter Schlüssel zur angemessenen Spezifizierung des Begriffs ‚Ausbaurückstand'. Wie gesagt, kommt es auf die Gebräuchlichkeit (Gängigkeit) des Anglizismus in der Nehmersprache an. Haben Autoren daran Zweifel, so können sie dies durch Markierungen wie Anführungszeichen oder Kleinschreibung anzeigen. Umgekehrt können sie mit dem Verzicht auf solche Markierung die Gebräuchlichkeit des Anglizismus ausdrücken. Allerdings können Anführungszeichen auch Anderes bedeuten: Zitierung oder metasprachlichen Gebrauch. Jedoch interessiert im vorliegenden Zusammenhang vor allem die mögliche Bedeutung des Noch-Nicht-zur-Empfängersprache-Gehörens.

Dabei ist besonders wichtig, dass solche eingeschränkte Zugehörigkeit zur deutschen Sprache von der anglophonen Form unabhängig ist. Entscheidend dafür sind nicht sprachstrukturelle oder etymologische, sondern soziolinguistische und pragmatische Bedingungen. Diese Einschätzung steht im Einklang mit einer schon seit längerem vorgeschlagenen Definition auch von „Fremdwörtern" (von Polenz 1999: 298), wonach z.B. *Baby* oder *Computer* trotz exogener Struktur wegen ihrer Gebräuchlichkeit im Deutschen nicht mehr als Fremdwörter gelten. Entsprechend erscheint es mir angemessen, auch Termini oder Textformen nach Gebräuchlichkeit in Fachtexten, Bekanntheit in Fachkreisen oder, besonders eindeutig, aufgrund von Kodifikation in Nachschlagewerken als Bestandteile der deutschen Sprache (sprachlich integriert) von „fremden" (nicht integrierten) zu unterscheiden (vgl. oben auch „upgedatet").

Die Abgrenzung von ‚Zugehörigkeit zur deutschen Sprache', vollzogener Entlehnung, von nur vorläufiger „Transferenz" (Nicht-Zugehörigkeit) ist allerdings nicht immer einfach. Auch Anführungszeichen sind dafür kein zuverlässiges Indiz. Außerdem genügen Einzelbelege nicht für den Nachweis, da Verfasser sich täuschen können. Ziemlich sichere Anhaltspunkte liefern Kodifizierungen in zum Kodex zählenden Wörterbüchern der deutschen Sprache. In dieser Hinsicht stellen sich ähnliche Fragen wie bei der Abgrenzung von standardsprachlichen Sprachformen vom Nonstandard (dazu Ammon 1995a: 61-94; 2005b).

Damit liegt zumindest folgender „Rohling" für den Schlüssel zur Definition von ‚Ausbaurückstand' vor: Nur in Bezug auf im erläuterten Sinn fremde sprachliche Ausdrücke (oder ihre Bedeutungen) – bezüglich Wissenschaftssprache hauptsächlich *Termini* – lässt sich ein Ausbaurückstand einer Sprache gegenüber einer anderen einigermaßen klar feststellen. Dieser Rohling bedarf nun noch des Feinschliffs durch Hinzufügung von mindestens drei weiteren Bedingungen.

Zwei davon lauten: Ein Ausbaurückstand von Sprache L$_a$ (z.B. Deutsch) gegenüber Sprache L$_b$ (z.B. Englisch) liegt bezüglich eines einzelnen Terminus nur dann vor, wenn:

a) der in L$_a$ fremde (nicht gebräuchliche) Terminus (beim Ausbaurückstand gegenüber L$_b$) in L$_b$ gebräuchlich ist, und

b) wenn in L$_a$ kein Synonym zu diesem Terminus vorliegt (wobei ich hier Fragen auch der grammatischen oder pragmatischen Äquivalenz, also Möglichkeiten der Kollokation, Texteinbindung oder Ersetzbarkeit nach Stilebene nicht thematisiere).

Die dritte Bedingung – die sich auf die ganzen Sprachen (nicht nur einzelne Termini) bezieht – lautet: Sprache L$_a$ hat gegenüber L$_b$ bezüglich der Terminologie insgesamt einen Ausbaurückstand, wenn:

c) die Zahl der Termini in L$_a$ mit Ausbaurückstand gegenüber L$_b$ größer ist als die Zahl der Termini in L$_b$ mit Ausbaurückstand gegenüber L$_a$. (Entsprechend könnte das Kriterium über die Terminologie hinaus erweitert werden auf Grammatik und Textformen).

Die Anwendung der Kriterien kann, wie leicht erkennbar, bisweilen aufwändig sein, einerseits wegen der schon genannten Abgrenzungsschwierigkeit der Zugehörigkeit zu L$_a$, also der deutschen Sprache (Gebräuchlichkeit), und andererseits, weil zu beachten ist, dass der betreffende „Anglizismus" keine Lehnbildung und kein Scheinanglizismus sein darf, weil er damit Bedingung a) nicht erfüllen würde. Abgesehen davon erscheint mir die Definition jedoch für den momentanen Zweck ausreichend klar.

Aus ihr folgt, dass der Ausbaurückstand von L$_a$ gegenüber L$_b$ mit jeder Entlehnung (im Sinne sprachlicher Integration) eines Terminus aus L$_b$ in L$_a$ schrumpft. Die Definition schließt aber Ausbaurückstände einer Sprache L$_b$ gegenüber L$_a$ in Teilen nicht aus, auch wenn L$_b$ insgesamt weiter ausgebaut ist als L$_a$. So gibt es auch Indizien für partikularen Ausbaurückstand von Englisch gegenüber Deutsch. Lawrence Scaff (2011) behilft sich z.B. bei der Inhaltswiedergabe deutscher Texte, vor allem Max Webers, ins Englische gelegentlich mit beigefügten, kursiv geschriebenen deutschen Termini, deren Bedeutung er auf Englisch andeutet oder auf Erschließbarkeit aus dem Kontext vertraut, z.B. „ ‚spirit,' the *Geist* of capitalism" (S.21), „*Wirklichkeitswissenschaft* – that is, an experimental inquiry into the phenomena and actualities of the world" (S.58) bzw. „*Volkslied*" (S.48), „*Geisteswissenschaften*" (S.55), „*Drang*" (S.56). Auf terminologische Lücken im Englischen wurde verschiedentlich hingewiesen, vor allem für staatliche, soziale oder wirtschaftliche Strukturen oder auch Rechtssysteme. So fehlen offenbar schon Äquivalente für die unter deutschen Politologen und Ökonomen gängigen Termini *Staatstätigkeit*, *Staatsausgaben* oder *Mittelstand* (Hesse 2000: 280; Beispiele aus dem Niederländischen bei de

Swaan 2001: 76) oder Termini zur Unterscheidung von *sozialer Schicht* und *sozialer Klasse* (Ammon 2010b: 155). Hier wäre zu prüfen, inwieweit die deutschsprachigen Termini angelsächsischen Fachleuten vertraut sind und damit als Entlehnungen ins Englische gelten können. Der genaue Nachweis von Ausbaurückständen kann also aufwändige Untersuchungen erfordern, womit sich wieder, wie fortlaufend in diesem Buch, ein Forschungsfeld eröffnet.

Allerdings erscheint es mir nach den Befunden in verschiedenen Teilen von Kap. G wahrscheinlich, dass quantifizierende Forschung tatsächlich einen Ausbaurückstand von Deutsch gegenüber Englisch feststellen würde, vor allem in den Naturwissenschaften, aber auch insgesamt (nach wie auch immer festgelegten Fächern, Fächerzahlen und Messmethoden), wobei es in einzelnen Fächern, besonders geisteswissenschaftlichen, umgekehrt sein mag. Vermutlich entwickeln sich aus der Spannung dieses Ausbaurückstandes immer wieder Aufholjagden, wodurch sich Rückstände verringern oder schließen, ehe wieder neue aufbrechen. Das Aufholen geschieht heutzutage hauptsächlich durch die Entlehnung von Anglizismen. Sie werden oft nur, soweit es unvermeidlich scheint, notdürftig an deutsche Sprachstrukturen angepasst: Vor allem in der Schreibung (*Galaxie: ie* statt *y*) und in der Grammatik (z.B. Zuweisung eines anderen Genus, wie fem. für *Scientific Community* statt neutr.; vgl. Eisenberg 1998: 337f.; 1999: 421). Auch Mischformen sind nicht selten, wie z.B. *Pivot-Grammatik* in der Linguistik (Beschreibungsmethode für Stellungsregeln von Zwei-Wort-Äußerungen bei Kleinkindern; Bußmann 1990: 588) oder *patch-clamp-Technik* in der Medizin (Gerok 2000: 236; eine „Messmethode in der Elektrophysiologie, mit der sich der Strom durch einzelne Ionenkanäle in der Zellmembran einer Zelle darstellen lässt"; de.wikipedia.org/wiki/Patch-Clamp-Technik – abgerufen 28.08.2011).

Die Bewertung dieser strukturellen Anglisierung von Wissenschaftsdeutsch als Vor- oder Nachteil für die deutsche Sprachgemeinschaft, vor allem für deutschsprachige Wissenschaftler, divergiert weit, auch unter Wissenschaftlern. Pauschale Abwertungen als „Denglisch", „restringierte Lingua franca" und dergleichen helfen schon deshalb nicht weiter, weil sie den kategorischen Verzicht auf Anglizismen oder Englisch als Wissenschaftssprache für Nicht-Anglophone suggerieren, der mir weltfremd erscheint. Demgegenüber lassen andere Äußerungen eine überwiegende Befürwortung von aus dem Englischen entlehnter Terminologie oder überhaupt Englisch als Wissenschaftssprache erkennen, z.B. des Mediziners Wolfgang Gerok (2000: 236): „Wer deutsche wissenschaftliche Texte ins Englische übersetzt, macht die Erfahrung, dass die gute englische Übersetzung ebenso präzis, aber meist deutlich kürzer als der deutsche ursprüngliche Text ist. Es existieren auch viele englische Fachausdrücke, die kaum ins Deutsche übersetzbar sind, z.B. Clearance, patch-clamp-Technik, enhancer, Splicing, Capping. Für die Wissenschaftler sind diese Ausdrücke in ihrer Bildhaftigkeit hilfreich, aussagekräftig und einprägsam."

Allerdings erscheinen mir Schwierigkeiten der Übersetzung und Kürze des Ausdrucks für eine insgesamt positive Bewertung noch unzureichend. So verlieren manche Ausdrücke durch (vollständigere) Übersetzung kaum an „Pfiff" (z.B. *patch-clamp-Technik* > „E-(Zell)Membran-Messung" oder ähnlich). Rein sprachstrukturell bleibt auch unverständlich, warum die medizinische Terminologie früher durchaus indigen oder durch Lehnwortbildung ausgebaut wurde. Die Sprachstrukturen haben sich seitdem nicht wesentlich verändert, wohl aber die kommunikativen Bedingungen. Vermutlich werden schon deshalb keine ernsthaften Versuche zur Eindeutschung unternommen, weil angenommen wird, dass die heutigen deutschen Mediziner sie zwar vielleicht begrüßen (bekundete Einstellung), aber nicht anwenden (Praxis). Aber nur aufgrund tatsächlicher Anwendung könnten Neubildungen feste Bestandteile der deutschen Sprache werden. Allerdings ist – soweit ich sehe – die Bereitschaft zur Übernahme eingedeutschter Termini nicht ernsthaft untersucht worden. Sie lässt sich keineswegs zuverlässig erschließen aus bloßen Bekundungen, z.B. der Ablehnung von Englisch als „innerdeutsche" Publikations- oder Kongresssprache, wie sie gerade unter Medizinern in Befragungen festgestellt wurde (Haße/Fischer 2003; Haße u.a. 2007). Daher unterscheiden Einstellungstests zwischen Bewertung („evaluation") und Verhaltensverpflichtung („commitment"), wobei das tatsächliche Verhalten (Handeln) als besonders aufschlussreich zu beachten wäre. Die mögliche Diskrepanz tritt zutage bei bekundeter Ablehnung von Englisch als fachliche Arbeitssprache und gleichzeitiger Verschmähung deutscher Übersetzungen terminologischer Anglizismen.

Solche Diskrepanzen erheischen Erklärungen, vielleicht unter Einbeziehung weiterer Daten. So ist es denkbar, dass die Terminologie-Nutzer die größere internationale oder sogar globale Geltung der Anglizismen höher schätzen als eine deutschsprachige Form. Womöglich finden sie die „Kosten" strukturell deutschsprachiger Termini höher als den Nutzen, da die Termini zusätzlich zu den unverzichtbaren Anglizismen zu pflegen wären (weiterer Lernaufwand, Doppelkommunikation). Die Einstellungen zu ermitteln, die für die Akzeptanz und Anwendung („Adoption") strukturell deutscher Terminologie (anstelle nur unverbindlicher Befürwortung) relevant sind, wäre erneut eine Forschungsaufgabe. Sie könnte allerdings aufwändig werden, wenn man auch die den Einstellungen zugrunde liegenden Annahmen, z.B. Kosten-Nutzen-Abwägungen, auf Haltbarkeit prüfen wollte (vgl. dazu auch Kap. G.12).

Jedenfalls bleibt bemerkenswert, wie wenig eindeutschende Wirkung die bisweilen sehr deutliche Kritik an der Anglisierung der deutschen Wissenschaftsterminologie zeigt, die besonders nachdrücklich wieder aus Kreisen der

Medizin verlautet (z.B. Haße 2002; Mocicat 2006; 2007). Auch im *Arbeitskreis Deutsch als Wissenschaftssprache (ADAWIS)* spielen Mediziner eine gewichtige Rolle. Seine Forderung lautet,

> „dass neu gefundene Sachverhalte mit muttersprachlichen Bezeichnungen belegt werden, etablierte deutschsprachige Termini nicht gegen englische ausgetauscht werden und die Fachgesellschaften sich mit Fragen der deutschen Terminologie befassen und zur Nutzung der gefundenen Termini auffordern." (*Die Leitlinien des Arbeitskreises Deutsch als Wissenschaftssprache*, Berlin, Juni 2007).

Die Begründung dieser Forderung stützt sich unter anderem auf die Humboldt-Sapir-Whorf-Hypothese, die allerdings mehr gegen die gänzliche Ersetzung von Deutsch durch Englisch als Wissenschaftssprache herangezogen wird als gegen Anglizismen in der Terminologie: „Jede Sprache bildet die Wirklichkeit auf eigene Weise ab. Deshalb bedeutet die Verbannung einer Sprache aus ganzen Wissensgebieten geistige Verarmung [...]" (ebd.). Bloße Anglizismen implizieren keine geistige Verarmung, da sie ebenso mit reichhaltigen Bedeutungen („Begriffen", im linguistischen Sinn) verbunden sein können wie aus deutschsprachigen Bausteinen gebildete Termini. Dass deutsche Wissenschaftler die Fähigkeit verlieren, mit englischsprachigen Termini komplexe Begriffe zu verbinden, ist nicht vorstellbar. Peter Eisenberg (2012: 53) hält es sogar für unwahrscheinlich, „dass das Deutsche in einer absehbaren Zukunft die Fähigkeit verlieren wird, solche Begriffe zu bilden" – oder, wie ich ergänzen würde, Termini aus deutschsprachigen Bausteinen. „Für eine derartige Befürchtung gibt es ebenso wenig Plausibilitäten oder gar Anzeichen wie für eine Verarmung der Syntax."

Ein in meinen Augen plausiblere Besorgnis ist die Erschwerung der Kommunikation mit der umgebenden Gesellschaft und mit anderen Fächern: „Das alltagssprachlich-gesellschaftliche Umfeld wird für die Weitergabe und die Diskussion neuen Wissens an Bedeutung verlieren, damit werden auch innerwissenschaftlich die Formulierung und die Beantwortung inter- und transdisziplinärer Fragestellungen entscheidend erschwert." (Ebd.) Ähnlich der Mitverfasser der ADAWIS-Leitlinien, Ralph Mocikat, in diversen anderen Stellungnahmen (z.B. in „Wissenschaftssprache Englisch", *FAZ.Net* 01.11.2011): „Der Austausch mit der Öffentlichkeit wird schon jetzt immer schwieriger." Dieses von mir geteilte Argument (Ammon 1998: 273f.) betrifft vor allem die gänzliche Umstellung auf die englische Sprache. Die englischsprachige Terminologie ist zwar vielleicht weniger allgemein verständlich als die griechisch-lateinische, die vor allem in der Medizin verbreitet ist, aber auch für sie lassen sich die Eindeutschungen für Laien verwenden. Schwierig aufzulösen, auch für Fachleute, sind nur die bei Anglizismen offenbar beliebteren Akronyme, ob übernommen in die Gemeinsprache oder im Elfenbeinturm verblieben (z.B. *AIDS = Acquired*

Immune Deficiency Syndrome bzw. *Wimps = Weakly Interacting Massive Particles*, für Astrophysiker bei der Erforschung „Dunkler Materie" wichtig).

Allerdings scheint mir, dass es nicht nur praktische, auf Kommunikation und Erkenntnis bezogene Gründe sind, die den Kritikern der Anglisierung der deutschen Wissenschaftssprache „am Herzen liegen". Wenn z.b. die „Leitlinien" des ADAWIS vor der „Selbstaufgabe der Sprecher" beim Verzicht auf die eigene Sprache warnen (ebd., Juni 2007), geht es wohl mehr um „Wahrung sprachlicher Identität" (Kap. B.3). Ich habe diesbezüglich pathetisch von der „Sorge um die Auflösung der ‚deutschen Sprachnation' " gesprochen (Ammon 1998: 257-261). Es ist ein offenkundig ideologielastiges Motiv – das allerdings nicht einfach als antiquiert oder gefährlich abgetan werden sollte, sondern sorgfältige Analyse und Bewertung verdient. Das erkennbare sprachliche Nachhinken hinter der englischsprachigen Welt kann nationalen und sprachlichen Stolz verletzen. Die bisherigen Untersuchungen von Einstellungen der Deutschen zu ihrer Sprache erfassen solche Ressentiments nur unvollkommen (Hoberg/ Eichhoff-Cyrus/ Schulz 2008; Eichinger/ Plewnia/ Schoel/ Stahlberg 2012). Ihre gezielte Untersuchung, auch ob sie mit der Zeit zu- oder abnehmen, wäre wichtig für den angemessenen Umgang mit ihnen. Letzteres scheint naheliegend, sofern es zutrifft, dass Englisch eher als „Kommunikationssprache" denn als (nationale) „Identifikationssprache" dient (Hüllen 1992). Vielleicht trägt indes zur Identifikation auf längere Sicht die Funktion als globale Lingua franca, die wachsende Überzahl von Nicht-Muttersprachlern und die verstärkte Absorption von Elementen aus anderen Sprachen bei (dazu z.B. Crystal 2005: 172-177; Seidlhofer 2005a; b).

Aber auch mit Kommunikation und Erkenntnis zusammenhängende Probleme der Anglisierung der deutschen Wissenschaftssprache sind keine bloßen Petitessen. Dies gilt für manche „falschen Freunde", sprachliche Ausdrücke großer Ähnlichkeit aber verschiedener Bedeutung in beiden Sprachen. Ein alltägliches Beispiel ist die Einführung der Bedeutung ‚Begriff' des englischen Wortes *concept* als neue Bedeutung des deutschen Wortes *Konzept*. Vordem hatte *Konzept* die beiden Bedeutungen ‚skizzenhafter Entwurf, Rohfassung eines Textes' und ‚klar umrissener Plan für ein Vorhaben' (*Duden - Das große Wörterbuch der deutschen Sprache*, Bd. 8, 1994: 1957). Die Hinzufügung der Bedeutung ‚Begriff' für *Konzept* zog im Deutschen eine Bedeutungsverschiebung des Ausdrucks *Begriff* nach sich, der nun in der Bedeutung ‚(sprachlicher) Ausdruck' gebraucht wird. Damit hat ein *Begriff* nun eine Bedeutung, was früher dem sprachlichen *Ausdruck*, z.B. dem *Wort*, vorbehalten war. So wurde eine gut begründete Tradition deutscher Terminologie zerstört. Wie soll man nun den *Inhalt* und den *Umfang eines Begriffs*, die traditionellen deutschsprachigen Termini für ‚Intension' und ‚Extension', verstehen? Wie ist jetzt der berühmte

Einwand des Schülers gegen Mephisto in Goethes *Faust* zu deuten: „Doch ein Begriff muss bei dem Worte sein"? Worte (sprachwissenschaftlich „Wörter") sind ein bestimmter Typ sprachlicher Ausdrücke, neben anderen wie Wortgruppen, Sätzen usw. Dass dieser terminologische Wirrwarr (Vater 2000) auch von Linguisten mitgemacht oder womöglich sogar gefördert wird, ist sowohl zum Lachen als auch zum Weinen. Allerdings ist dieser „Unfall" nicht typisch für die terminologische Anglisierung und wurde womöglich über den Journalismus eingeführt und von dort in den wissenschaftlichen Diskurs übernommen. Ansonsten stört der Ausbau auf der Grundlage des Englischen die junge Generation kommunikativ vermutlich weniger als auf lateinisch-griechischer Grundlage, da sie mit dem Englischen vertrauter ist als mit den klassischen Sprachen – wobei, wie gesagt, die Entlehnungen aus dem Englischen auch großenteils lateinisch-griechisch basiert sind.

Zum Ausbau einer Sprache für die Wissenschaft gehören auch die geeigneten Stil- und Textformen. Diesbezüglich vernimmt man gerade aus dem angelsächsischen Raum immer wieder Verbesserungsbedarf an Klarheit und Lesbarkeit deutsch(sprachig)er Wissenschaftstexte – wie es im Titel der Diplomarbeit von Claudia Kalensky (2009), freilich mit Fragezeichen, anklingt: *Kompliziert – Komplizierter – Wissenschaftsdeutsch?*. In die gleiche Richtung weist das Motto eines einschlägigen Artikels von Clyne/ Hoeks/ Kreutz (1988: 457 – ein Zitat von Mary E. Wildner-Bassett): „For readers not extremely well-versed in German academic prose, the structure of the work limits its readability: chapter introductions and summaries as well as both an explicit cohesive element among the subchapters can be sought in vain." Inwieweit dies wirklich der typische „German academic style" ist (ebd.: passim) und er sich vielleicht durch angelsächsischen Einfluss in neuerer Zeit geändert hat, scheint immer noch nicht wissenschaftlich gesichert zu sein. Juliane House (2002a: 204-209; auch 2003a: 173-177) fand bei vergleichenden Untersuchungen deutscher und englischer Wissenschaftstexte keine derart krassen Unterschiede. Außerdem enthielten Texte, die aus dem Englischen ins Deutsche übersetzt waren, erstaunlich wenige Übernahmen von Diskurs- und Textstrukturen: „Cultural filtering is still operative, i.e., German textual norms are maintained" (House 2002a: 204). Bemerkenswert war vor allem die eher didaktische Perspektive in den deutschen Texten, indem mehr als in den englischen Ausgangstexten Leserfragen antizipiert und beantwortet wurden, was eigentlich nicht kompatibel ist mit der berüchtigten Schwerverständlichkeit deutscher Wissenschaftsprosa. Offenbar besteht weiterer Bedarf an Untersuchungen typischer Strukturmerkmale angelsächsischer im Vergleich zu deutschen Wissenschaftstexten (dazu auch Thielmann 2009). Weithin kolportiert wurden die Befunde von Michael Clyne (1984a; 1987b; 1991), wonach die englischen Texte sich tendenziell vor den deutschen auszeichnen durch die vorausgehende Erläuterung der Darstellungsziele (dessen, was man beweisen oder widerlegen möchte), linearere Gedankenführung (Vermeidung weitschweifiger Exkurse), Einschränkung unpersönlicher und passivischer Konstruktionen sowie abschließende Zusammenfassung und Diskussion der Ergebnisse. Auch makrostrukturelle Merkmale wie ein vorangestelltes Abstract und die Beschränkung von Fußnoten gelten als typisch angelsächsisch.

Wer auch immer wegbereitend war, so erscheint mir jedenfalls ziemlich sicher, dass auch die deutschen Wissenschaftstexte in diese Richtung tendieren. Wäre die angelsächsische Welt Wegbereiter dazu gewesen, so würde jedenfalls ich darob keinen Verlust deutscher Wissenschaftskultur beklagen. Eher fände ich es als eine Art Ausbau des Deutschen (im Textstrukturen umfassenden Sinn) durch Entlehnung aus dem Englischen begrüßenswert.

12. Vor- und Nachteile einer oder mehrerer internationaler Wissenschaftssprachen

Nach der Ablösung des mittelalterlichen Latein als europäische Lingua franca der Wissenschaften durch die Nationalsprachen, vor allem durch die großen Sprachen wie Französisch, Italienisch, Englisch, Spanisch und auch Deutsch (vgl. Kap. G.1: Anfang), seit ungefähr dem 16/17. Jh., rührte sich bald verschiedentlich auch Skepsis gegenüber der Sprachenvielfalt und den damit verbundenen Lernbelastungen. Berühmt ist die Klage des Mitherausgebers von Diderots großer Aufklärungs-Enzyklopädie, Jean d'Alembert, im Vorwort. Dort führt er aus, dass die Ausbreitung seiner Sprache, des Französischen, über ganz Europa dazu verleitet habe, „qu'il etoit tems de la substituer à la Langue latine, qui depuis la renaissance des Lettres étoit celle de nos Savans." Zwar habe dies zur Verbreitung der Aufklärung beigetragen, aber auch zur Nachahmung in anderen Nationen:

> „L'Angleterre nous a donc imité; l'Allemagne, où le Latin sembloit s'être refugié, commence insensiblement à en perdre l'usage: je ne doute pas q'elle ne soit bien-tôt suivie par le Suédois, les Danois, & les Russiens. Ainsi, avant la fin du dix-huitieme siecle, un Philosophe qui voudra s'instruire à fond des découvertes des ses prédécesseurs, sera contraint de charger sa mémoire de sept à huit Langues différentes; & après avoir consumé à les appredre le tems le plus précieux de sa vie, il mourra avant de commencer à s'instruire."

D'Alembert fürchtet also, dass der Gelehrte vor lauter Lernen von – wie er meint, sieben bis acht – Wissenschaftssprachen stirbt, ehe er mit seinen eigentlichen Untersuchungen beginnen kann („Discours préliminaire" 1749 : 39f., in *L'Encyclopédie ou Dictionnaire raisonné des sciences, des arts et des métiers*, http://gallica.bnf.fr/ark:/12148/bpt6k75325s/f2.image.r=grande+encyclop%EF%BF%BDdie.langFR.swf – abgerufen 04.06.2012 – dankenswerte Übermittlung Hans Goebl).

Seit der Aufklärung entstanden auch Anregungen zu einer einzigen Lingua franca der Wissenschaften, später dann auch im Zusammenhang mit Projekten einer künstlichen globalen Lingua franca (Weltverkehrssprache). Sie erreichten einen gewissen Höhepunkt bei einem Antrag an den Völkerbund im Jahr 1921, die entsprechenden Möglichkeiten der Kunstsprache Esperanto zu prüfen, der – was heute erstaunlich erscheint – initiiert wurde von der *British* und der *American Association for the Advancement of Science* (*Report of the Committee* [...] 1922), jedoch – auf maßgebliches Betreiben Frankreichs – zu keinem Ergebnis führte (siehe Ende dieses Kap.). Im deutschen Sprachgebiet fanden solche Bestrebungen allerdings keinen sonderlichen Anklang. Dies mag einerseits bedingt gewesen sein durch den starken Einfluss „romantischen Denkens", unter anderem infolge Wilhelm von Humboldts uneingeschränkt positiver Bewertung der Sprachenvielfalt, auch als Erkenntnisressource, und andererseits durch die internationale Stellung, die Deutsch als Wissenschaftssprache im Verlauf des 19. Jh. erlangte (vgl. Kap. G.1). Aufgrund dieser Stellung erlebten deutschsprachige Wissenschaftler die Zwänge der Sprachenvielfalt nur abgeschwächt oder ausnahmsweise, jedenfalls weniger massiv als Sprecher kleinerer Sprachen.

Die sprachlich privilegierte Lage deutschsprachiger Wissenschaftler in der zweiten Hälfte des 19. und bis ungefähr zur Mitte des 20. Jh. scheint gelegentlich auf in Einzelbeobachtungen; umfassende Forschungen dazu fehlen aber offenbar noch. Ein Beispiel liefert die USA-Reise des deutschen Soziologen Max Weber im Jahr 1904, der auf dem Weltkongress in St. Louis seinen Vortrag ohne Weiteres in deutscher Sprache halten konnte. Lawrence A. Scaff (2011), der über Webers Reise ein Buch verfasst hat, schrieb mir auf meine Frage nach den Deutschkenntnissen der damaligen US-Soziologen: „Among Weber's colleagues Du Bois, Seligman, and Hollander all knew German, for example, and they would have had no difficulty following Weber's lecture or conversing with him in German." Demnach hatte Weber also kaum Probleme mit der Sprachenvielfalt.

Allerdings deutete Scaff auch an, dass Deutschkenntnisse für US-Wissenschaftler auch damals nicht unbedingt eine Selbstverständlichkeit waren, worüber ihm jedoch leider Daten fehlten, die nur aufgrund detaillierter „biographical information" zu gewinnen wären. „But of course collecting accurate biographical data can be a lengthy and time-consuming process." (E-Mail Scaff 15.09.2011) Vielleicht erweckt die Rede von Deutsch als Weltwissenschaftssprache im vorliegenden Buch (Kap. G.1) gelegentlich übertriebene Vorstellungen von einst ubiquitären Deutschkenntnissen unter Wissenschaftlern. Die annähernde Gleichrangigkeit der drei Wissenschaftssprachen Englisch, Französisch und Deutsch bedeutete jedoch nicht, dass alle Wissenschaftler alle drei Sprachen beherrschten. Dies erfuhren gelegentlich auch deutschsprachige Wissenschaftler. Dazu hat Armin Hermann einschlägige Details geliefert, wie z.B. das folgende: „1905 ging der österreichische Physiker Ludwig Boltzmann als Gastprofessor nach Berkeley, wo er seine Vorlesungen in mühsam gelerntem Englisch hielt." (Hermann 2000: 210) Vermutlich hätte Boltzmann sich die sprachlichen Mühen erspart, wenn alle Hörer Deutsch verstanden hätten. Einstein sprach bei seinen Gastvorträgen 1921/22 im Ausland oft Deutsch. „In den U.S.A., in England und in Japan feierten ihn viele Rektoren [sogar! U.A.] mit einer deutschen Ansprache. Allerdings gab es von verschiedenen Seiten der Zeitungs-Berichterstatter Zweifel, wie viele Zuhörer Einsteins Deutsch verstanden hätten." In Paris und Jerusalem sprach er jedoch Französisch (ebd.: 218). Auch in Japan wurden Einsteins Vorträge teilweise gedolmetscht; eine japanische Karikatur zu einem seiner Vorträge zeigt neben ihm den Dichter und Physiker Jun Ishihara als Dolmetscher (Friese 1990: 809). Brigitte Schroeder-Gudehus (1990: 875) berichtet über einen Vortrag des deutschen Chemie-Nobelpreisträgers Fritz Haber 1927 in Paris, den er auf Französisch hielt, aber – wie sie in einem Klammerzusatz andeutet – nicht ohne gewisse Schwierigkeiten: „Sein schwungvolles (wenn auch sprachlich nicht ganz glattes) Bekenntnis zur gemeinsamen Arbeit am Fortschritt [...]". Offenbar erwartete Haber in Paris keine generellen Deutschkenntnisse, war aber seinerseits nicht ganz firm in Französisch. Auch ein berühmter Physik-Nobelpreisträger stieß mit der deutschen Sprache an Grenzen. „Bei seinem ersten Forschungsaufenthalt in Kopenhagen im Winter 1924/25 lernte Werner Heisenberg gleichzeitig [D]änisch und [E]nglisch." Nachdem er seinen Kolloquiumsvortrag auf Dänisch vorbereitet hatte, sagte ihm der Leiter der Veranstaltung, Niels Bohr, „eine halbe Stunde vorher" [...]: ‚Es ist wohl selbstverständlich, daß wir Englisch sprechen.'" (Hermann 2000: 220) Heisenberg mochte sich also einerseits nicht auf die Deutschkenntnisse vor Ort verlassen und erlebte andererseits – schon damals – die starke Stellung von Englisch als internationale Wissenschaftssprache, sogar in einem traditionell zur Fremdsprache Deutsch tendierenden Nachbarland – wobei allerdings zu berücksichtigen ist, dass Bohr lange Jahre in England tätig gewesen war. Englischkenntnisse waren damals unter deutschen Wissenschaftlern noch nicht sehr verbreitet. Auch Einstein hatte keine bei seiner Auswanderung in die USA im Jahr 1933, und erreichte auch später darin nie annähernde Perfektion (ebd.: 224). Sein Mitarbeiter Leopold Infeld berichtete, dass beim Besuch des italienischen Mathematikers Tullio Levi-Civita „ ‚die beiden in einer

Sprache redeten, die sie für English hielten'." „Zur Mitarbeit [ließ] er ausschließlich deutsch sprechende Assistenten zu [...]" „Das englische ‚th' [habe er, so sein Nachfolger Banesh Hoffmann] nicht aussprechen können" und „in Anlehnung an den deutschen Satzbau [habe] er drollige Sätze von der Art ‚I will a little tink' heraus[gebracht]" oder im „schwäbisch eingefärbten Englisch [...] ‚Oh, he is a very good formula' ". Und bei einer Fernsehansprache gegen die Wasserstoffbombe sprach „er ein so unverständliches Kauderwelsch, dass den Zuschauern englische Untertitel eingeblendet werden [mussten]." (Neffe 2005: 410f.)

Diese Beispiele legen nahe, dass man sich mit dem Aufwand (den Kosten und Schwierigkeiten) des Fremdsprachenlernens und des Fremdsprachengebrauchs, vor allem bei der wissenschaftlichen Tätigkeit in einer Fremdsprache, befassen muss, wenn man die Vorteile einer einzigen gegenüber mehreren internationalen Wissenschaftssprachen abschätzen möchte. Bei der umgekehrten Abwägung der Vorteile mehrerer gegenüber einer einzigen internationalen Wissenschaftssprache geht es dagegen um den Nachweis der größeren Ressourcen, die – nach der Humboldt-Sapir-Whorf-Hypothese (Kap. G.6) – darin bestehen, dass sich die kognitiven Potentiale der Sprachen addieren (soweit sie sich nicht überlappen), oder auch darin, dass der muttersprachliche Zugang zur Wissenschaft mehr Kreativität freisetzt als ein fremdsprachlicher. Bei mehreren Sprachen (L_a, L_b, ...) haben mehr Wissenschaftler unmittelbar mit ihrer Muttersprache Zugang zur Wissenschaft als bei einer einzigen Sprache (L_a), wodurch dann mehr Erkenntnisse erzielt werden müssten.

Allerdings ist es kaum möglich, diese potentiellen Vor- und Nachteile zuverlässig gegen einander abzuwägen, da vor allem die kognitiven Ressourcen mehrerer Sprachen im Vergleich zu einer einzigen Sprache ungeklärt sind, jedenfalls soweit ich sehe (vgl. Kap. G.6). Unklar ist schon, wie Sprachstrukturen und Ausbaugrade die Qualität solche Ressourcen beeinflussen, ob es diesbezüglich also unterschiedlich wirksame Sprachen gibt. Die sorgfältige Analyse und empirische Belegung vermisse ich im Grunde in allen Arbeiten, die ihre Bedenken gegen eine einzige Wissenschaftssprache hauptsächlich auf die kognitiven Ressourcen von Mehrsprachigkeit stützen, auch bei ihrem vielleicht eloquentesten Wortführer, Jürgen Trabant (2003; 2011; 2014).

Schwer abschätzbar ist z.B., ob und wie wissenschaftliches Arbeiten auch in einer Muttersprache, die nicht zu den internationalen Wissenschaftssprachen zählt, kognitiv stimuliert, wenn für die internationale Kommunikation dann eine andere Sprache gewählt werden muss. Dies erscheint umso fragwürdiger, je tiefer in Zeiten der Globalisierung die internationale Kommunikation in die nationale Wissenschaftskommunikation eindringt. Diese Tendenz besteht für alle Sprachen bzw. Sprachgemeinschaften außer der englischen. Dass wissenschaftliches Arbeiten in einer Fremdsprache schwieriger ist als in der Muttersprache habe ich in Kap. G.10 ausführlich begründet und belegt.

Der Lernaufwand, aber auch der Arbeitsaufwand, ist allem Anschein nach bei mehreren internationalen Wissenschaftssprachen größer als bei einer einzigen, was gegen Ende dieses Kap. auch bewiesen wird. Dies gilt für sprachlich eingeschlossene Wissenschaftler wie für sprachlich ausgeschlossene. Mit „sprachlich eingeschlossenen Wissenschaftlern" bzw. „sprachlich ausgeschlossenen" meine ich Wissenschaftler, deren Muttersprache zugleich internationale Wissenschaftssprache ist bzw. nicht ist, d.h. dass die Muttersprache zu den internationalen Wissenschaftssprachen zählt bzw. nicht dazu zählt. Die sprachlich eingeschlossenen Wissenschaftler können sowohl die internationale Kommunikation ohne Lernaufwand in ihrer Muttersprache führen als auch internationale und nationale Kommunikation sprachlich verbinden. Ihre internationale Wissenschaftskommunikation ist der eigenen Sprachgemeinschaft sprachlich direkt zugänglich, wodurch der Elfenbeinturm-Effekt geringer ist, als wenn die internationale Kommunikation in einer Fremdsprache geführt werden muss.

Allerdings könnte im Falle einer einzigen internationalen Wissenschaftssprache bei den sprachlich ausgeschlossenen Wissenschaftlern der (viel beschworene) kognitive Vorteil der Mehrsprachigkeit die zusätzliche Belastung ausgleichen. Dies setzt freilich voraus, dass einerseits die sprachlich eingeschlossenen Wissenschaftler einsprachig bleiben und andererseits die Mehrsprachigkeit tatsächlich diesen Vorteil hat. Das verbreitete Lamento über die Nachteile der nicht-anglophonen gegenüber den anglophonen Wissenschaftlern, zu dem ich auch selbst tendiere, erweckt bisweilen Zweifel an diesem kognitiven Vorteil oder verrät zumindest, dass viele potentielle Nutznießer dieses Vorteils selbst daran zweifeln (vgl. z.B. Ammon 2001a; 2007d; Carli/ Ammon 2007; La Madeleine 2007).

Im Falle mehrerer internationaler Wissenschaftssprachen hätten alle sprachlich eingeschlossenen Wissenschaftler (die Muttersprachler einer dieser internationalen Wissenschaftssprachen) den Vorteil der Mehrsprachigkeit, denn sie müssten auch die anderen internationalen Wissenschaftssprachen lernen, um in vollem Umfang an der internationalen Wissenschaftskommunikation teilnehmen zu können. Allerdings brauchten Sie im Grunde nur passive (rezeptive) Fertigkeiten in den anderen internationalen Wissenschaftssprachen. Dabei ist fraglich, wie weit sich auch mit nur passiver Mehrsprachigkeit kognitive Vorteile verbänden. Jedoch hätten sie den Vorteil geringerer Lernbelastung als die sprachlich ausgeschlossenen Wissenschaftler. Im Gegensatz zu diesen brauchten sie keine aktiven Fremdsprachenkenntnisse, die mehr Aufwand erfordern als passive, und nur gleich viele passive Kenntnisse (bei n internationalen Wissenschaftssprachen nur n-1). Aufgrund der heutigen globalen Sprachenkonstellation genießen die Muttersprachler des Englischen diesen Vorteil mit Abstand am meisten. Eine Ahnung davon verspüren aber auch die Muttersprachler aller anderen in Kap. G.3 bis G.7 genannten Sprachen: außer von Deutsch, das im vorliegenden Buch im Fokus steht, vor allem von Französisch, Spanisch, Italienisch, Russisch, Chinesisch und Japanisch.

Der Lernaufwand differiert in Abhängigkeit von der linguistischen Distanz zwischen den zu erlernenden Sprachen, einschließlich der Schriftsysteme (ideographische Schrift bei Chinesisch und Japanisch gegenüber Buchstabenschrift bei den anderen genannten Sprachen). Während – stark vereinfacht gesprochen – für Sprecher indoeuropäischer Sprachen die Schriften des Chinesischen oder Japanischen besondere Lernanforderungen stellen, sind es für Chinesen und Japaner die Grammatiken der anderen Sprachen (Chong 2003). Vor allem ist der Erwerb aktiver (produktiver) Sprachbeherrschung aufwändiger als passiver (rezeptiver). Vor dieser Herausforderung sehen sich alle nicht-englischsprachigen Wissenschaftler. Die größte Schwierigkeit bereitet in der Regel die Fähigkeit publikationsfähigen Schreibens, weil für schriftliche Veröffentlichungen besonders strenge Sprachnormvorschriften gelten (vgl. Kap. G.10). Dafür gibt es auch Anzeichen aus früheren Zeiten vermeintlich problemloser Wissenschaftsmehrsprachigkeit. Eine Ahnung vermitteln Äußerungen von Gutachtern oder Herausgebern über eingereichte Beiträge, so z.B. schon die Notiz des deutschen Physikers Max Planck im Jahr 1909 über ein Manuskript des niederländischen Physikers Cornelis J. Bakker für die Zeitschrift *Annalen der Physik*: „So wie es ist, kann es in keinem Fall gedruckt werden, denn es wimmelt darin von Sprachfehlern und fremdländischen Wendungen [...]" (Hermann: 212). Und dies bei einem Wissenschaftler aus einer für Fremdsprachen so aufgeschlossenen und linguistisch wie geographisch eng benachbarten Sprachgemeinschaft. Dabei sind die sprachlichen Maßstäbe für geisteswissenschaftliche Texte noch höher als für naturwissenschaftliche. Erinnert sei an meine Umfrage unter 20 Hochschul-Anglisten in Deutschland, die alle – mit einer einzigen Ausnahme – beim Verfassen englischsprachiger Publikationen auf die Hilfe von Muttersprachlern angewiesen waren (Kap. G.6; Ammon 1991a: 273).

Den Nachteilen der sprachlich ausgeschlossenen Wissenschaftler entsprechen auf der anderen Seite Vorteile der eingeschlossenen: die Fähigkeit schnelleren und sprachlich korrekten Verfassens von Texten oder sogar direkter finanzieller Gewinne durch Sprachkorrekturen wissenschaftlicher Texte, wofür die Ausgeschlossenen bezahlen (Kap. G.10; Ammon 2001a; 2003c; 2006d; 2007d; 2010b). Die enormen Schwierigkeiten von Nicht-Muttersprachlern beim Verfassen wissenschaftlicher Texte in einer Fremdsprache, in diesem Fall Deutsch (als Fremdsprache/ DaF), vor allem in den Geistes- und Sozialwissenschaften, habe ich als Herausgeber persönlich erfahren (beim Jahrbuch *Socio-*

linguistica sowie bei Ammon 1994d; Ammon/ Chong 2003; Ammon/ Reinbothe/ Zhu 2007; Ammon/ Kemper 2011; Ammon/ Dittmar/ Mattheier 1987/88; Ammon/ Dittmar/ Mattheier/ Trudgill 2004-06). Sogar Professoren von Germanistik oder DaF sahen sich vor unsäglichen Problemen.

Die geringsten Schwierigkeiten bereiten meist Lesefähigkeiten, außer bei ideographischen Schriften. Dagegen haben mir meine Erfahrungen mit ostasiatischen, neuerdings vor allem chinesischen Gaststudierenden und Doktoranden, gezeigt, dass mündliches Verstehen schwierig sein kann. Schon das vordergründig sprachliche Verstehen deutschsprachiger Lehrveranstaltungen ist, auch nach erfolgreicher DSH- oder TestDaF-Prüfung, meist ein Riesenproblem, dessen sich deutsche Dozenten selten bewusst sind. Offenbar fehlt es an gesicherten Kenntnissen, wie viel der Zeitaufwand für den Erwerb passiver Fertigkeiten geringer ist als für aktive Fertigkeiten – jeweils für erfolgreiche wissenschaftliche Kommunikation (dankenswerte Hinweise von Britta Hufeisen, Rupprecht Baur und Jürgen Quetz; auch Quetz 2002; zu Operationalisierungsfragen Quetz/ Vogt 2009). Die Vertiefung dieser Frage übersteigt meine Möglichkeiten im Rahmen dieses Buches. Den geringeren Lernaufwand passiver Fertigkeiten genießen – im Falle mehrerer internationaler Wissenschaftssprachen – die sprachlich eingeschlossenen Wissenschaftler. In der heutigen globalen Sprachenkonstellation in vollen Zügen nur noch die anglophonen.

Bleibt die Frage, was für die ganze Welt aufwändiger wäre: Eine einzige Wissenschaftssprache oder mehrere? Zur Beweisführung genügt ein einfaches Modell, das sich analog auf komplexere Verhältnisse übertragen lässt. Dazu gehe ich aus von 5 gleich großen Wissenschaftlergruppen à 10 Personen und verschiedenen Muttersprachen (L1, L2, ..., L5), und nehme an, dass alle Sprachen für alle Beteiligten gleich aufwändig zu lernen wären. Ferner nehme ich an, dass – für Verhältnisse wie die heutigen, mit Globalisierung und Interdisziplinarität – alle Wissenschaftler alle internationalen Sprachen lernen müssten. Dabei unterscheide ich a) den Aufwand für die Individuen vom b) Aufwand für ganze Sprechergruppen und vom c) Gesamtaufwand für alle (n=50).

Modell I (ohne Unterscheidung aktiver und passiver Fertigkeiten)

Fall 1: Nur 1 Sprache L (sagen wir L1) sei (internationale) Wissenschaftssprache. Dann brauchen die Sprecher (Muttersprachler) von L1 keine L zu lernen: 0 Sprachlernprozesse pro Individuum, 0 für die Gruppe (10 x 0). Die Sprecher von L2, L3, L4 und L5 müssen 1 L (L1) lernen: 1 Lernprozess pro Individuum, 40 für die Gruppe (40 x 1). Insgesamt sind es also 40 Sprachlernprozesse (0 + 40).

Fall 2: 2 L (L1 und L2) seien Wissenschaftssprachen. Dann müssen die Sprecher von L1 und L2 je 1 L lernen (L2 bzw. L1): 1 Sprachlernprozess pro Individuum, 20 für die Gruppe (20 x 1). Die Sprecher von L3, L4 und L5 müssen je 2 L lernen (L1 und L2): 2 pro Individuum, 60 für die Gruppe (30 x 2). Insgesamt sind dies 80 Sprachlernprozesse (20 + 60).

Fall 3: 3 L (L1, L2 und L3) seien Wissenschaftssprachen. Dann müssen die Sprecher von L1, L2 und L3 je 2 L lernen (L2 und L3 bzw. L1 und L3 bzw. L1 und L2): 2 Lernprozesse pro Individuum, 60 für die Gruppe (30 x 2). Die Sprecher von L4 und L5 müssen je 3 L lernen (L1, L2 und L3): 3 pro Individuum, 60 für die Gruppe (20 x 3). Insgesamt sind es 120 Sprachlernprozesse (60 + 60).

Fall 4: 4 L (L1, L2, L3 und L4) seien Wissenschaftssprachen. Dann müssen die Sprecher von L1, L2, L3 und L4 je 3 L lernen (L2, L3 und L4 bzw. L1, L3 und L4 usw.): 3 Lernprozesse pro Individuum, 120 für die Gruppe (40 x 3). Zudem müssen die Sprecher von L5 4 L lernen (L1, L2, L3 und L4): 4 pro Individuum, 40 für die Gruppe (10 x 4). Insgesamt werden es 160 Sprachlernprozesse (120 + 40).

Fall 5 schließlich: Alle 5 L seien Wissenschaftssprachen. Dann müssen alle 50 Sprecher je 4 L erlernen (alle außer der eigenen): 4 pro Individuum, 200 für die Gruppe (50 x 4). Auch insgesamt sind es 200 Sprachlernprozesse (50 x 4).

Der Lernaufwand insgesamt wächst also stetig mit der Zahl der Wissenschaftssprachen. Auch für die Individuen wird der Lernaufwand immer größer, jedoch nicht für alle stetig. Für die Sprecher von L5 steigt der Aufwand nicht weiter beim Übergang von Fall 4 nach Fall 5. Außerdem verschwindet in Fall 5, aber erst dort, die Asymmetrie zwischen den Gruppen. Diese Tendenzen gelten analog für größere Zahlen von Sprechern und Sprachen.

Das Modell wird wirklichkeitsgetreuer, wenn man die nur passive Beherrschung einer Sprache von der aktiven unterscheidet (aktive ≠ passive). Dann benötigen alle Wissenschaftler aktive Fähigkeit in (zumindest) einer der Wissenschaftssprachen, aber nur passive in den anderen. Dafür wird die Fähigkeit zum „polyglotten Dialog" vorausgesetzt (Posner 1991b; Kap. A.3), wobei eine Seite die Sprache aktiv und die andere sie passiv verwendet. Da – wie oben erwähnt – keine zuverlässigen, allgemein gültigen Quantifizierungen vorliegen, wie viel geringer der Lernaufwand für passive Fähigkeiten ist als für aktive, setze ich aufs Geradewohl zwei Möglichkeiten an: den 0,5ten und den 0,8ten Teil des Aufwandes für den Erwerb von aktiven Fähigkeiten – Angaben nachfolgend jeweils durch Schrägstrich getrennt (0,5/0,8).

Modell II (mit Unterscheidung aktiver und passiver Fertigkeiten)

Fall 1': Nur 1 L (L1) sei (internationale) Wissenschaftssprache. Dieser Fall bleibt von der Unterscheidung aktiv – passiv unberührt. Wieder brauchen die Sprecher (Muttersprachler) von L1 keine L zu lernen: 0 Sprachlernprozesse pro Individuum, 0 für die Gruppe (10 x 0), und müssen die Sprecher von L2, L3, L4 und L5 1 L (L1) aktiv beherrschen (beherrschen lernen): 1 Lernprozess pro Individuum, 40 für die Gruppe (40 x 1). Auch insgesamt sind es 40 Sprachlernprozesse (0 + 40).

Fall 2': 2 L (L1 und L2) seien Wissenschaftssprachen, von denen alle eine aktiv und eine passiv beherrschen müssen, wobei ich für die passive Beherrschung beide Größen des Aufwandes ansetze: 0,5/0,8. Die Sprecher von L1 müssen L2 und die Sprecher von L2 müssen L1 passiv beherrschen: 0,5/0,8 Sprachlernprozesse pro Individuum, 10/16 für die Gruppe (20 x 0,5/0,8). Die Sprecher von L3, L4 und L5 müssen je eine der beiden L (L1 oder L2) aktiv und die andere passiv beherrschen: 1,5/1,8 pro Individuum, 45/54 für die Gruppe (30 x 1,5/1,8). Insgesamt sind es 55/70 Sprachlernprozesse (10/16 + 45/54).

Fall 3': 3 L (L1, L2 und L3) seien Wissenschaftssprachen, von denen alle Wissenschaftler 1 aktiv und 2 passiv beherrschen müssen. Die Sprecher von L1, L2 und L3 müssen 2 L passiv beherrschen: 1/1,6 pro Individuum, 30/48 für die Gruppe (30 x 1/1,6). Die Sprecher von L4 und L5 müssen 1 L aktiv beherrschen und 2 passiv: 2/2,6 pro Individuum, 40/52 für die Gruppe (20 x 2/2,6). Insgesamt sind es 70/100 Sprachlernprozesse (30/48 + 40/52).

Fall 4': 4 L (L1, L2, L3 und L4) seien Wissenschaftssprachen, von denen alle Wissenschaftler 1 aktiv und 3 passiv beherrschen müssen. Die Sprecher von L1, L2, L3 und L4 müssen 3 L passiv beherrschen: 1,5/2,4 pro Individuum, 60/96 für die Gruppe (40 x 1,5/2,4). Die Sprecher von L5 müssen 1 L aktiv beherrschen und 3 passiv: 2,5/3,4 pro Individuum, 25/34 für die Gruppe (10 x 2,5/3,4). Insgesamt sind es 85/130 Sprachlernprozesse (60/96 + 25/34).

Fall 5': Alle 5 L seien Wissenschaftssprachen, von denen nun alle Wissenschaftler 4 passiv beherrschen müssen: 2/3,2 pro Individuum, 100/160 für die Gruppe (50 x 2/3,2). Auch insgesamt sind es 100/160 Sprachlernprozesse (50 x 2/3,2).

Zwar ist der Gesamtaufwand bei nur passiver Beherrschung geringer als in Modell I, steigt aber ebenso stetig Hand in Hand mit der Zahl der Wissenschaftssprachen. Wiederum erhöht sich für die Sprecher von L5 der Aufwand nicht weiter beim Übergang von Fall 4' nach Fall 5', und ebenso verschwindet in Fall 5', aber erst da, die Asymmetrie zwischen den Gruppen. Wiederum gelten diese Tendenzen analog für größere Zahlen von Sprechern und Sprachen.

Es zeigt sich also, dass der Lernaufwand für Individuen, Gruppen und die Gesamtheit jeweils am niedrigsten ist bei nur 1 internationalen Wissenschaftssprache und mit der wachsenden Zahl internationaler Wissenschaftssprachen stetig steigt. Dies ist vermutlich ein wesentlicher – wenn auch tief liegender – treibender Faktor für die faktische Tendenz in diese Richtung, mit Englisch als diese 1 „Weltsprache".

Außer der Ökonomie der Lösungen ist jedoch auch ihre Symmetrie oder Asymmetrie bedeutsam. Der ökonomischste Fall (1 = 1'), mit dem geringsten Aufwand für alle Beteiligten, ist keineswegs symmetrisch. Er ist aufgrund seiner Asymmetrie insofern unfair, als der Aufwand des Fremdsprachenlernens ungleich verteilt ist. Entsprechendes gilt für alle anderen Fälle – außer 5 und 5'. Sie sind allesamt aufgrund ihrer Asymmetrie unfair. Symmetrie und Fairness würden erfordern, dass alle Muttersprachen internationale Wissenschaftssprachen werden (Fall 5 und 5'). Offenkundig ist dies in der Wirklichkeit ausgeschlossen, da die Zahl der Sprachen zu groß ist.

Eine realisierbare faire und zugleich ökonomische Lösung bedürfte eines ganz anderen Ansatzes – in Richtung altbekannter Pfade: Die internationale Wissenschaftssprache dürfte niemandes Muttersprache sein. Dafür gibt es zwei Optionen:

1) Eine außer Gebrauch gekommene, „tote", vielleicht eine klassische Sprache, oder
2) eine neu geschaffene, „künstliche", eine Plansprache.

Nur eine solche Fremdsprache für alle wäre auch eine echte Lingua franca (vgl. Kap. A.3). Beide Vorschläge sind nicht neu, und als Kandidaten wurden am häufigsten Latein (klassische Sprache) bzw. Esperanto (Plansprache) vorgeschlagen. Alle Wissenschaftler müssten dann die betreffende Sprache lernen und könnten sich für die internationale Kommunikation darauf beschränken. Dadurch wären gleicher Lernaufwand und faire Verteilung der Lasten gewährleistet (wenn man von divergierenden Lernschwierigkeiten aufgrund unterschiedlicher linguistischer Distanz von den Ausgangssprachen absieht).

Die Option einer Plansprache als (einzige) Weltwissenschaftssprache schien – wie zu Anfang dieses Kap. schon erwähnt – vor weniger als 100 Jahren noch realistisch, als 12 Staaten sie im Jahr 1921 dem Völkerbund vorschlugen – aufgrund, wohlgemerkt, einer Initiative der *British* und der *American Association for the Advancement of Science*. Empfohlen wurde die „International Auxiliary Language" mit der Begründung: „The acceptance of any modern national language would confer undue advantages and excite jealousy; [...] Therefore an invented language is best." (*Report of the Committee* [...] 1922) Damals war Französisch noch prominenter als Englisch, weshalb Frankreich die Initiative blockiert hat; es hegte entsprechende Ambitionen für die eigene Sprache (vgl. Ammon 1975: 140; auch Lins 1988: 54-61). Heute hätte Frankreich vielleicht lieber eine Plansprache als Englisch.

Jedoch erscheint heute die Verwirklichung eines derartigen Vorschlags ausgeschlossen. Ein geringes Hindernis wären vermutlich die von Gegnern seit langem geschürten Vorurteile gegen „künstliche" Sprachen (vgl. auch dazu Ammon 1975: 140); sogar die politischen Widerstände der angelsächsischen Welt, die ihren Sprachvorteil verlieren würde, wären wohl nicht entscheidend. Viel größeres Beharrungsgewicht haben dagegen die inzwischen getätigten ungeheuren Investitionen, die in das Erlernen und den Gebrauch von Englisch, in geringerem Maße auch von anderen „lebenden" Fremdsprachen, investiert wurden. Diese Investitionen müssten abgeschrieben werden. Aber nicht nur das: Auch Millionen von Englisch- und anderen Fremdsprachenlehrern und -professoren sowie Übersetzern und Dolmetschern verlören ihre Existenzgrundlage. Daher hätte die Umstellung auf eine völlig andere, womöglich künstliche Weltwissenschafts- oder sogar Weltsprache unabsehbare ökonomische Folgen. Sie ist daher in heutigen Zeiten ökonomischer Dauerkrisen nicht zu erwarten.

Auf der anderen Seite erschwert die Asymmetrie zugunsten von Englisch den anderen Sprachgemeinschaften, auf die eventuell noch vorhandene begrenzte Stellung ihrer Sprache als internationale Wissenschaftssprache zu verzichten. Ein solcher Verzicht erscheint ihnen als vollständige Preisgabe von Prestige und Status ihrer Sprache an die anglophone Welt. Der völlige Verzicht ist auch nur schwer möglich. Solange z.B. in den deutschsprachigen Ländern Wissenschaft noch auf Deutsch betrieben wird und solange nicht-deutschsprachige Studierende und Wissenschaftler hier studieren bzw. arbeiten, lässt sich Deutsch als internationale Wissenschaftssprache (zumindest in Resten) aufrecht erhalten. Daran besteht seitens der deutschsprachigen Länder auch ein massives Interesse (vgl. Kap. A.1; G.13). Deutsch würde seine Stellung als internationale Wissenschaftssprache so gut wie ganz einbüßen, wenn alle Wissenschaft in den deutschsprachigen Ländern, an der Nicht-Deutschsprachige teilnehmen, auf Englisch oder in einer anderer Fremdsprache stattfände und die Deutschkenntnisse von Ausländern (Nicht-Deutschsprachigen) sich auf die Fähigkeit zur Alltagskommunikation zwecks „Gastintegration" beschränkten.

In Anbetracht dessen erscheint die Frage fast müßig, ob die Sprachschwierigkeiten internationaler Wissenschaftskommunikation größer sind bei nur einer einzigen internationalen Wissenschaftssprache oder bei mehreren. Sie mag sogar trivial erscheinen, da die Antwort fast auf der Hand liegt. Dennoch verdient die Frage eine genaue Prüfung, die hier nur ansatzweise stattgefunden hat, auch weil Mehrsprachigkeit fast schon ein Mantra der Wissenschaftlichkeit ist, vor allem in den Geisteswissenschaften, speziell in den deutschsprachigen Ländern und in Europa (vgl. z.B. die „Gemeinsame Erklärung der Präsidenten von DAAD [Deutscher Akademischer Austauschdienst], GI [Goethe-Institut], HRK [Hochschulrektorenkonferenz], AvH [Alexander von Humboldt-Stiftung] zu Deutsch als Wissenschaftssprache": www.goethe.de/lhr/prj/diw/dos/ de77539 02.htm, Zugang über www.daad.de/deutsch/veroeffentlichungen/18279.de.html – abgerufen 20.06.2014). Zwar stellen sich analoge Fragen für die internationale Kommunikation in der Wirtschaft (Kap. F), Diplomatie (Kap. H) und anderer Handlungsfelder; jedoch erscheint mir für die Wissenschaft die Antwort am dringlichsten, weil für sie Mehrsprachigkeit am emphatischsten gefordert wird.

Eine auf anglophone Wissenschaftler zugeschnittene Antwort liefert Scott L. Montgomery (2013) in seinem Buch, das mit einer grundlegenden Frage des vorliegenden Kap. betitelt ist: „Does Science Need a Global Language?" – die er, erwartungsgemäß, entschieden bejaht. Dennoch aber warnt er zugleich seine anglophonen Sprachgenossen, sich mit der eigenen Sprache zu begnügen, denn "[e]ven if that single tongue is global in extent. A native English speaker who can read material in another language of science – Chinese, Spanish, Russian, Portuguese, German, French, or Japanese – is in a much superior position to a monolingual speaker." (Ebd.: 185) Solange in der Tat in mehr als einer Sprache wichtige, womöglich bahnbrechende wissenschaftliche Entwicklungen publiziert und nicht sofort in immer dieselbe Sprache übersetzt werden, ist wissenschaftliche Einsprachigkeit ohne gleichzeitige Nachteile unmöglich, und zwar für Wissenschaftler jeglicher Muttersprache. Inwiefern heute noch diese Lage besteht, erscheint mir als offene, untersuchenswerte Frage.

13. Förderung von Deutsch als internationale Wissenschaftssprache?

Am besten gefördert würde Deutsch als internationale Wissenschaftssprache durch Spitzenleistungen der Wissenschaft in den deutschsprachigen Staaten. Dies ist eine alte Einsicht, die Wolfgang Klein (2000: 290f.) vor einiger Zeit wieder einmal formuliert hat: „Wenn an der Universität Göttingen über einige Jahre die beste experimentelle Physik, die innovativste Molekularbiologie, die interessanteste Kognitionspsychologie der ganzen Welt gemacht würden, dann würde man die entsprechenden Arbeiten lesen [...]". Er ergänzte dazu, dass man sie lesen würde, „gleich in welcher Sprache sie veröffentlicht werden – vielleicht nicht von heute auf morgen, aber sehr bald." Dem kann man noch hinzufügen, dass der Förderung von Deutsch als internationale Wissenschaftssprache am besten gedient wäre, wenn solche Spitzenforschung nicht in irgendeiner Sprache, sondern auf Deutsch oder sogar nur auf Deutsch veröffentlicht würde. Klein glaubt allerdings nicht an die Möglichkeit eines wissenschaftlichen Spitzenplatzes, der ja von einer gewissen Dauer sein müsste, um entsprechend zu wirken. In der Tat geben die Befunde in Kap. G.9 wenig Anlass zu solcher Hoffnung, trotz „Exzellenzinitiative" für die deutschen Universitäten, so leistungsfördernd diese sein mag, und dergleichen. Erst recht erscheint die Einschränkung auf Deutsch als Publikationssprache ausgeschlossen. Die Wissenschaftler würden sich weigern, wegen des unsicheren Erfolgs solcher Sprachenpolitik und des Risikos, außerhalb des deutschen Sprachgebiets verspätet wahrgenommen zu werden.

Dieser letzte Hinweis sollte dafür sensibilisieren, dass Fördermaßnahmen für Deutsch als internationale Wissenschaftssprache unerwünschte Nebenwirkungen haben können, die es jeweils sorgfältig zu prüfen gilt. Der Mangel solcher Prüfung ist meines Erachtens das Hauptmanko vieler Vorschläge. Mir scheint, dass bei fast jedem Fördervorschlag mit unerwünschten Nebenwirkungen zu rechnen ist, was dann stets zu einer schwierigen Gratwand zwischen beabsichtigter und unerwünschter Wirkung nötigt. Diese Warnung ist keinesfalls im Sinne pauschaler Ablehnung der folgenden Vorschläge gemeint, sondern nur als Mahnung zu sorgsamer Abwägung. Aus der Vielfalt an Vorschlägen habe ich hier nur einige mir besonders interessant erscheinende ausgewählt (Weiteres zu dem Thema in Kap. L.3.2).

In den Vorschlägen mit dem Ziel der Stellungsstärkung von Deutsch als (internationale) Wissenschaftssprache Sprache geht es – fast mehr noch als um die schon angesprochene Leistungssteigerung der Wissenschaft selber – um die angemessene Wahrnehmung wissenschaftlicher Leistungen außerhalb des deutschen Sprachgebiets. Ein Beispiel ist der schon vor Jahren ins Spiel gebrachte europäische Zitatenindex oder „eine europäische Zitatenbank", die z.B. der Arbeitskreis Deutsch als Wissenschaftssprache e.V. (ADAWIS) fordert (*Die Leitlinien des Arbeitskreises Deutsch als Wissenschaftssprache*: Spiegelpunkt 7). Die Hochschulrektorenkonferenz (HRK) hat diese Forderung zugespitzt: „[A]uf europäischer Ebene [soll] eine Alternative zu den aktuell genutzten bibliometrischen Instrumenten etabliert werden, die muttersprachliche Publikationen verstärkt berücksichtigt. [...] Auch zu den angelsächsischen Verfahren der Messung von Forschungsleistungen anhand von Zitationshäufigkeiten sollten alternative europäische Verfahren entwickelt werden." (*Empfehlung „Sprachenpolitik an den deutschen Hochschulen"* vom 12.11.2011: 3.1 Forschung: Publikationswesen). Gemeint ist eine Alternative zu den Zitatenindexen von Thomson Reuters, die – nicht zu unrecht – der einseitigen Bevorzugung englischsprachiger Titel beschuldigt werden (vgl. Kap. G.3). Das Ziel ist also nicht zuletzt, anderen Wissenschaftssprachen, eben auch Deutsch, breitere Aufmerksamkeit zu verschaffen. Dazu müssten allerdings die darin verfassten Publikationen auch entsprechend zitiert werden, denn ein Zitatenindex kann die Zitierhäufigkeit nicht ignorieren. Außerdem sind die Indexe von Thomson Reuters nun einmal weltweit etabliert und genießen, trotz aller Kritik, hohes Ansehen – das auch auf die Wissenschaftler ausstrahlt, deren Publikationen dort genannt werden. Abgesehen von den – zweifellos beachtlichen – Kosten alternativer Zitatenindexe, müssten sich diese auf eine lange Durststrecke mindern Ansehens einstellen, wenn sie überhaupt je gleichziehen könnten mit dem „Establishment". Womöglich wäre die Nennung dort dem wissenschaftlichen Ruf sogar abträglich, wenn sie nicht begleitet wäre von der Nennung auch in den etablierten Indexen. Dies ist besonders zu befürchten bei der geforderten Fokussierung auf nicht-englischsprachige Publikationen – angesichts der weltweiten Einschätzung, dass „die Spitzenforschung Englisch spricht" (Markl 1986). Die neuen Indexe müssten also die etablierten enthalten oder müssten als Ergänzungen dazu firmieren – was dem Ruf der Zweitklassigkeit der Einträge Vorschub leisten könnte. Kein Wunder also, dass dieser Plan – soweit mir bekannt – aufgegeben wurde.

Eine andere Maßnahme zur besseren Wahrnehmung deutscher Wissenschaft außerhalb des deutschen Sprachgebiets ist die Übersetzung hervorragender, vor allem geisteswissenschaftlicher Werke. Sie wird seit 2008 gefördert vom Börsenverein des deutschen Buchhandels, von der VG Wort, der Fritz Thyssen Stiftung und vom Auswärtigen Amt der Bundesrepublik Deutschland, zunächst mit 200.000 €, für „18 herausragende geistes- und kulturwissenschaftliche Werke in deutscher Sprache" (www.boersenverein.de/de/158446/ Pressemitteilungen/211720 – abgerufen 20.07. 2008) und für das Jahr 2012 schon mit 600.000 € für eine nicht vorab spezifizierte Zahl von Werken. „Ziel der Übersetzungsförderung ist es, zu einer weltweiten Verbreitung der geisteswissenschaftlichen Forschungsergebnisse aus Deutschland beizutragen und zugleich Deutsch als Wissenschaftssprache und Sprache der Erstveröffentlichung geisteswissenschaftlicher Werke zu erhalten." (www.boersenverein.de/de/por tal/Uebersetzungsfoerderung/186810 – abgerufen 24.11.2011) Ob diese Maßnahme auch zur Förderung von Deutsch als internationaler Wissenschaftssprache beiträgt, was freilich nicht ausdrücklich angestrebt wird, ist fraglich. Stattdessen könnte die Wirkung sogar umgekehrt sein und die immerhin noch vorhandene, wenngleich bescheidene internationale Stellung der deutschen Sprache in den Geisteswissenschaften (vgl. Kap. G.6 und G.7) unterminieren. Außerhalb des deutschen Sprachgebiets könnte nämlich der Eindruck entstehen, die wirklich lohnenden Publikationen würden künftig ohnehin ins Englische übersetzt, so dass man sich sowohl das Lesen deutschsprachiger Texte als auch das Erlernen der deutschen Sprache ersparen kann. Ob demgegenüber die auf Englisch zugänglich gemachten Werke in Übersetzung noch so brillant wirken, dass sie – der nicht übersetzten Wissenschaftsschätze wegen – zum Deutschlernen motivieren, bleibt abzuwarten und gelegentlich zu prüfen.

Ähnlich wie solche Übersetzungen könnten Berichte über die Forschung in den deutschsprachigen Ländern wirken, vor allem über wissenschaftliche Veröffentlichungen in deutscher Sprache. Allerdings werden sie, wie es scheint, inzwischen weniger von deutscher als von angelsächsischer Seite aus entwickelt. Sie dienen einerseits zur Information zunehmend fremdsprachenscheuer, vor allem angelsächsischer Wissenschaftler und sind vielleicht andererseits eine Reaktion auf Vorwürfe nicht-anglophoner Wissenschaftler, dass ihre Forschungen von der englischsprachigen Welt und auf globaler Ebene in geradezu unfairem Maße ignoriert würden (vgl. dazu Durand 2001; 2006; Ammon 2001a; b; 2003c; 2007d; 2010b; Carli/ Ammon 2007). Ein Beispiel ist die Zeitschrift *Language Teaching: Surveys and Studies* (Cambridge University Press), die auf Englisch über die nicht englischsprachige Forschung in ihrem Fachgebiet berichtet. Der Herausgeber, Graeme Porte, schrieb mir dazu (E-Mail 20. 01. 2011): „[W]e feel that too much L2 published research is L2 English focussed and that there is very often an implied assumption in the papers that one-size-fits-all in methodological terms for all languages, when this is clearly not the case." „This cyclical series has been welcomed by our readers and began with a review of L2 French and continued with L2 German, L2 Spanish and Italian [L2 = Zweit- oder Fremdsprache! U.A.]." Entsprechend könnte über die nicht-anglophone Forschung, eben auch die deutschsprachige, anderer Fächer berichtet werden. Wiederum sind hier beide Wirkungen denkbar: Zufriedenstellung der angelsächsischen und globalen Neugier in der Annahme, dass man ja nun über das wirklich Wichtige auf Englisch informiert wird, was die Stellung von Deutsch als internationale Wissenschaftssprache schwächen würde, oder Interessenweckung bis zum Bemühen, die Originaltexte anstelle der Berichte zu lesen, was Deutsch stärken würde. Im letzteren Fall, der durch – vermutlich ziemlich aufwändige – einschlägige Forschung zu prüfen wäre, würden sich solche Berichte als Ergänzung oder Alternative zur Übersetzung ganzer Texte ins Englische eignen.

Eine ganz andere Möglichkeit der Stärkung von Deutsch als internationale Wissenschaftssprache bieten vielleicht die Internationalen Studiengänge an den deutschen Hochschulen, die seit Wintersemester 1997/98 eingeführt und mindestens teilweise in englischer Sprache angeboten werden (Kap. G.8). Diese Perspektive verschwindet in der Regel hinter der Sorge vor der Abträglichkeit dieser Studiengänge für die Stellung der deutschen Sprache in der Welt. Sie sind nämlich zu erheblichen Teilen englischsprachig und sollen dadurch die deutschen Hochschulen für Ausländer leichter zugänglich machen sowie die internationale Kompetenz deutscher Akademiker, Studierender und Wissenschaftler, steigern. Jedoch könnten sie durch vermehrten Zuspruch seitens Ausländern der deutschen Sprache auch neue Lerner zuführen und damit – indirekt – die Stellung von Deutsch in der Welt fördern. Dies geschähe dann, wenn die angelockten Ausländer während ihres Deutschlandaufenthaltes Deutsch lernten. Wenn es dabei nicht nur beim Gemeindeutsch bliebe, zwecks sozialer Integration, sondern auch noch Wissenschaftsdeutsch erlernt würde, liefe es auf eine Stärkung auch von Deutsch als internationale Wissenschaftssprache hinaus. Am Zuwachs ausländischer Studierender und auch Wissenschaftlern besteht kein Zweifel (Kap. G.8), auch nicht am – sicher mit diesen Studiengängen verbundenen – Anstieg der an deutschen Hochschulen angestellten „Wissenschaftler ausländischer Herkunft", deren Zahl für das Jahr 2012 auf „rund 35.000" beziffert wurde, mit „einem Anstieg von etwa 60 Prozent gegenüber 2006" (www.bmbf.de/press/3611.php – abgerufen 18.06.2014). Jedoch bleibt der Erwerb und Gebrauch von Deutsch als Wissenschaftssprache ungewiss. Die Befunde für Studierende sind eher ernüchternd (Fandrych/ Sedlaczek 2012; Ammon/ McConnell 2002: 137-170). Für die Lehrenden und Forschenden liegen mir keine Daten vor.

Inwieweit entsprechende Deutschanforderungen ausländische Studierende und Wissenschaftler von den deutschen Hochschulen abzuschrecken oder hoch motivierte, leistungsstarke sogar geradezu anziehen würden, wäre zu untersuchen. Vor allem Privathochschulen könnten – bei ihren hohen Studiengebühren – kaum sprachliche Anforderungen stellen. Unproblematisch wäre nur allenthalben ein Angebot zum Deutschlernen, wohl vor allem zur Integration, nicht aber zur wissenschaftlichen Kommunikation. Aber auch dieses wäre immerhin der Verbreitung von Deutsch als Fremdsprache (DaF) und damit seiner Stellung in der Welt förderlich.

Eine weitere Fördermöglichkeiten von Deutsch als internationale Wissenschaftssprache, womit ich dieses Thema abschließen möchte, sind die neuerdings aufschießenden deutschen und deutschsprachigen Hochschulen oder Studiengänge im nicht-deutschsprachigen Ausland (Akstinat 2009; Kap. K.6; L.3.2). Der DAAD förderte im Jahr 2014 unter dem Titel „Transnationale Bildung" insgesamt 55 „Projekte deutscher Hochschulen im Ausland" (Zusendung Roman Luckscheiter, DAAD). Davon war in 3 Deutsch alleinige Sprache der Lehre und in 23 Deutsch zusammen mit einer oder zwei weiteren Sprachen; in 24 Fällen war Deutsch überhaupt nicht als Sprache der Lehre dabei, 22 von diesen waren ausschließlich englischsprachig. In 37 Fällen war Englisch als Sprache der Lehre dabei. In immerhin gut der Hälfte der vom DAAD geförderten Kooperationen oder Ausgründungen deutscher Hochschulen war also Deutsch Sprache der Lehre und wurde somit als Wissenschaftssprache gefördert. Englisch spielte aber die weitaus gewichtigere Rolle. In vielen Fällen ist allerdings – in den DAAD-Unterlagen nicht im Einzelnen genanntes – studienbegleitendes Deutschlernen obligatorisch, allerdings meist nur bis zu einem elementaren Niveau (A1 oder A2 des Gemeinsamen Europäischen Referenzrahmens; Quetz 2002). Jedoch sind diese Projekte durchaus ein Eingangstor für ein Studium in Deutschland. Insofern sind auch sie – über mögliche Weiterentwicklungen in Deutschland – potentielle Stützen für Deutsch als internationale Wissenschaftssprache.

Erwähnenswert sind noch Sonderfälle wie die Deutsch-Französische Hochschule (DFH)/ Université franco-allemande (UFA) mit Verwaltungssitz in Saarbrücken, „ein Verbund von 169 Partnerhochschulen aus Deutschland, Frankreich und – bei trinationalen Studiengängen – anderen europäischen Ländern […]" für „binationale Studiengänge mit Doppeldiplom-Abschluss sowie strukturierte binationale Doktorandenausbildungen und die Netzwerkbildung von Nachwuchswissenschaftlern" sowie „trinationale Studiengänge in weiteren europäischen Ländern (Bulgarien, Kanada, Spanien, Luxemburg, Niederlande, Polen, Großbritannien, Russland und der Schweiz) […]" (de.wikipedia.org/wiki/Deutsch-Franz%C3%B6sische_Hochschule – abgerufen 18.06.2014). Auch darüber wird sicher Deutsch als internationale Wissenschaftssprache gefördert – wenn auch in nicht im Einzelnen bekannten Umfang.

H. Deutsch in der Diplomatie und in der Europäischen Union (EU)

1. Zur Geschichte von Deutsch als Sprache der Diplomatie

Diplomatie ist „die *Regelung internationaler Beziehungen* zwischen den Staaten durch Verhandlung, die dabei angewandten Methoden und die Kunst der Unterhandlung." (*Der Große Brockhaus*, Bd. 3, 16. Aufl. 1953: 284) Detaillierter ist die Erläuterung oder Definition in *Wikipedia*: „Diplomatie ist die Kunst und Praxis im Führen von Verhandlungen zwischen bevollmächtigten Repräsentanten verschiedener Gruppen oder Nationen (Diplomaten). Der Begriff bezieht sich meist auf die internationale Diplomatie, also die Pflege zwischenstaatlicher und überstaatlicher Beziehungen durch Absprachen über Angelegenheiten wie Friedenssicherung, Kultur, Wirtschaft, Handel und Konflikte." (de.wikipedia.org/wiki/Diplomatie – abgerufen 17.05.2012; ähnlich Ostrower 1965: 99-107) Es liegt auf der Hand, dass die Diplomatie in diesem Sinn ein internationales Handlungsfeld par excellence ist, dessen Sprachgebrauch sich auf die Stellung von Sprachen in der Welt auswirkt. Dies betrifft den rein rechtlichen Status von Sprachen in internationalen Organisationen, aber auch die Funktion, den tatsächlichen Gebrauch von Sprachen bei diplomatischen Kontakten. Dementsprechend darf man davon ausgehen, dass die Sprachwahl bei diplomatischen Kontakten ein aussagekräftiger Indikator für die Stellung von Sprachen im Handlungsfeld der Diplomatie ist. Dies gilt für die Sprachwahl in internationalen Organisationen ebenso wie bei diplomatischen Begegnungen zwischen Staaten unterschiedlicher Amts- und Muttersprachen.

Zur Analyse solcher Sprachwahl eignen sich wieder die in Kap. A.3 eingeführten begrifflichen Unterscheidungen. Zwischen Ländern gleicher staatlicher Amtssprache wird gewöhnlich auch die betreffende Sprache gebraucht. Wegen der Sprachgleichheit beider Staaten handelt es nur um *internationale Kommunikation im weiteren Sinn* (international und intralingual), die für das Thema des vorliegenden Buches nicht sonderlich interessant ist. Anders die Sprachwahl zwischen Staaten mit unterschiedlicher staatlicher Amtssprache. Dabei handelt es sich um *internationale Kommunikation im engeren Sinn* (international und interlingual), die hier hauptsächlich interessiert. Sie lässt sich weiter unterteilen in *asymmetrisch dominante* und *symmetrische*. Letztere ist weiter differenzierbar in *Lingua-franca-Kommunikation*, die vorherrscht, und den ebenfalls symmetrischen *polyglotten Dialog* (oder *passiven Bi-* oder *Multilingualismus*), der selten vorkommt. Dabei gebrauchen die Partner jeweils die eigene Sprache aktiv und die der anderen Partner passiv. Die Wahl einer Sprache für internationale Kommunikation im engeren Sinn indiziert in der Regel ihre internationale Stellung und stärkt diese zugleich. Dabei gilt die folgende Rangordnung: 1. = höchstrangig als Indiz bzw. Stärkung der internationalen Stellung, ..., 4. = schwächstes Indiz oder keinerlei Stärkung der internationalen Stellung – am Beispiel von Deutsch gegenüber anderen Sprachen:

1. Lingua franca (z.B. Deutsch zwischen Tschechen und Ungarn)
2. Asymmetrische Dominanz (z.B. Deutsch zwischen Deutschen und Ungarn)
3. Polyglotter Dialog (z.B. Deutsch und Niederländisch zwischen Deutschen und Niederländern)
4. Nichtverwendung (z.B. Kein Deutsch zwischen Deutschen und Spaniern).

Die Beispiele dienen der Begriffserläuterung und sind keine Aussagen zur vorherrschenden Sprachwahl. Auf die Begriffsunterschiede wird im Folgenden immer wieder zurückgegriffen.

Die internationale Stellung einer Sprache in der Diplomatie lässt sich nicht zuverlässig aus ihrer internationalen Stellung in anderen Handlungsfeldern erschließen, denn es besteht kein zwingender Zusammenhang zwischen der Sprachwahl in verschiedenen Handlungsfeldern wie Wirtschaft, Wissenschaft, Diplomatie usw. Deren relative Eigenständigkeit betont der einst gängige Topos, Deutsch sei die Sprache der Wissenschaft, Englisch die des Handels und Französisch der Diplomatie (vgl. z.B. Scott 1924; Braga 1979: 39f.; Ostrower 1965: 148). Allerdings entspricht der Topos nicht mehr der Wirklichkeit. Englisch ist heute nicht nur die bei weitem bevorzugte Sprache der internationalen Wirtschafts-, sondern auch der Wissenschaftskontakte (Kap. F und G). Inwieweit Französisch noch eine wichtige Sprache der Diplomatie ist, wird sich im Fortgang dieses Kap. erweisen. Unser vorrangiges Interesse gilt freilich – entsprechend dem Titel dieses Buches – der Stellung von Deutsch in der Diplomatie. Dabei beginne ich wie bei den vorausgehenden Handlungsfeldern mit einem Blick zurück in die Geschichte.

Von der Zeit des Römischen Reiches bis ins 17. Jh., also über eine ausgedehnte Zeitspanne, war in Europa Latein die vorherrschende Sprache der Diplomatie (Scott 1924; Ostrower 1965; Gerbore 1964: 114f.; Rudolf 1972). Allerdings haben immer wieder auch die so genannten Volkssprachen, womit – im Unterschied zum späteren Latein – die „lebenden" Sprachen (mit Muttersprachlern) gemeint sind, eine gewisse Rolle in der Diplomatie gespielt. So ist z.B. zu vermuten, dass schon Karls des Großen Ausbaubemühungen um das Fränkische ihr

Pendant auch in dessen gelegentlicher Verwendung in der damaligen Diplomatie fanden, und dass dies erst recht gilt für die Einführung von Deutsch in die kaiserliche Kanzlei seit Ludwig dem Bayern (1314 – 1347). Auch die italienischen Stadtstaaten, mehr aber noch Frankreich unter König François I. (Regierungszeit 1515 – 1547), der für seine Bemühungen um die Durchsetzung des Französischen für die staatliche Verwaltung und dessen Standardisierung berühmt ist (Knecht 1994), gebrauchten ihre eigenen Sprachen auch in der Diplomatie. Dennoch blieb Latein bis gegen Mitte des 17. Jh. in Europa die am weitesten verbreitete Sprache in dem uns hier interessierenden Handlungsfeld.

Ab ungefähr dieser Zeit machte dann Französisch Latein ernsthaft den Rang streitig; genauer genommen taten es die Diplomaten Frankreichs, die einen zähen Kampf um die Stellung des Französischen in der Diplomatie aufnahmen – und in mancher Hinsicht noch heute führen. Ermutigt durch machtpolitische und kulturelle Erfolge begannen sie sowohl mündlich als auch schriftlich im Verkehr mit Vertretern anderer Länder ihre eigene Sprache anstelle des herkömmlichen Lateins zu verwenden. Man muss dabei bedenken, dass Französisch schon im Mittelalter eine führende Kultursprache war, allerdings in der Diplomatie Latein zunächst nicht verdrängen konnte. Innerhalb Frankreichs war es vor allem unter François I. (1515 – 1547) zur alleinigen nationalen Amtssprache geworden. Unter Louis XIV. (1643 – 1715) machten seine Verfechter dann entscheidende Fortschritte auf dem Weg zur vorherrschenden Sprache der Diplomatie in Europa, deren Verlauf ich hier nur anhand einiger besonders markanter Stationen nachzeichne (vgl. Ostrower 1965: 288-319).

Bei den Verhandlungen zum Westfälischen Frieden in Münster (1647 – 1648) verwendeten die französischen Unterhändler, wie die Kongressakten vermerken, notorisch Französisch statt des der Internationalität und sprachlichen Vielfalt der Teilnehmer gemäßeren Lateins. Schon ihre Verhandlungsvollmachten legten sie auf Französisch vor und desgleichen einen Vertragsentwurf. Allerdings setzten sich die übrigen Verhandlungspartner letztlich so weit durch, dass der eigentliche Vertrag noch lateinisch abgefasst wurde. Nach der Annexion Straßburgs durch Louis XIV. bestritten die französischen Gesandten bei den Verhandlungen in Mainz 1682 Kaiser und Reich das Recht auf Latein als einziger Vertragssprache und bestanden auf dem Recht Frankreichs, seine Verträge auf Französisch aufzusetzen. Allerdings bestanden die französischen Unterhändler – entgegen gelegentlich missverständlicher Darstellung (z.B. bei Rudolf 1972: 24) – nicht auf der asymmetrisch dominanten Verwendung von Französisch, sondern legten den Reichsvertretern die Verwendung von Deutsch anstelle von Latein nahe. Die französische Forderung richtete sich also weniger gegen die Symmetrie der Sprachwahl, in Form des polyglotten Dialogs, als gegen das von Frankreich offenbar für verstaubt gehaltene Latein, zumindest

gegen dessen ausschließlichen Gebrauch. Die autoritativen (rechtsgültigen) Vertragsfassungen sollten französisch und deutsch sein, mit einer Übersetzung ins Lateinische, das nur noch als Behelfssprache zur Verständigung dienen sollte. Der spätere Vertrag von Ryswijk, 1697, zwischen Frankreich und dem Reich, der die Eingliederung Straßburgs an Frankreich besiegelte, wurde zwar dann dennoch in Latein verfasst. Jedoch wurden während der Vertragsverhandlungen unwidersprochen französisch abgefasste Vollmachten und Dokumente vorgelegt. Auf dem Friedenskongress von Utrecht am Ende des Spanischen Erbfolgekrieges (Friedensschluss 1713) war dann von Beginn an Französisch Konferenzsprache (Rudolf 1972: 24) und wurde im Vertrag selbst gleichberechtigt neben Latein verwendet, teils parallel, teils komplementär in Unterverträgen mit verschiedenen Ländern (z.B. Frankreich – Holland: französisch, Frankreich – England: lateinisch). Ausschließlich auf Französisch verfasst war dann der Vertrag von Rastatt im Jahr 1714, den Prinz Eugen für Kaiser Karl VI. mit dem französischen Herzog von Villars schloss, obwohl der Prinz zunächst auf Latein insistiert hatte. Hier war der französische Delegierte in der Durchsetzung des Französischen sogar weitergegangen als sein König, dessen Bereitschaft, notfalls auch Latein zu akzeptieren, in einer Note dokumentiert ist (Ostrower 1965: 293). „Die Wende zum 18. Jh. war cum grano salis der Zeitpunkt, von dem an Französisch dominierend wurde." (Rudolf 1972: 25)

Im Gegensatz zu Französisch wurde die deutsche Sprache von den dafür zuständigen Regenten in diesen Zeiten kaum protegiert. Für das Heilige Römische Reich, welches das deutsche Sprachgebiet umfasste, aber weit darüber hinaus reichte, war Latein unangefochten die Sprache der Diplomatie, was sich teilweise aus der Vielsprachigkeit dieses Staatsgebildes erklärt. Der deutschen Sprache fehlte allerdings auch die machtpolitische Basis der französischen, deren Mutterland von der Mitte des 17. bis hinein ins 19. Jh. Kontinentaleuropa dominierte. Das deutsche Sprachgebiet wurde mehr nominell als machtpolitisch durch das Reich zusammengehalten, das fast ständig in der Defensive gegen innere und äußere Gegner stand. Dennoch hätte die konsequente Verwendung von Deutsch durch das Reich die Stellung von Deutsch in der Diplomatie vermutlich maßgeblich gestärkt. Ostrower (1965: 145f.) hält das Beharren des Heiligen Römischen Reiches auf Latein als Diplomatensprache für den maßgeblichen Grund, warum Deutsch als Sprache der Diplomatie im Vergleich zu Französisch von untergeordneter Bedeutung blieb: „The main reason for the failure of German as a language of political importance was the international organisation of the Holy Roman Empire, which strived to create the appearance of political continuity with the Ancient Empire of Rome. The official language of the Empire was Latin, and German linguistic advancement in international relations consequently suffered." Der Wiener Hof, der am ehesten die Tradition

des Heiligen Römischen Reiches fortsetzte, behielt Latein sogar bis zum Ersten Weltkrieg als offizielle Briefsprache bei (Rudolf 1972: 24).

Auf der Suche nach weiteren Gründen für das Zurückbleiben von Deutsch stößt man auch auf die persönliche Vorliebe einflussreicher deutschsprachiger Regenten für das Französische, unter denen Friedrich II. von Preußen das wohl prominenteste Beispiel ist (vgl. S. 715). Zwar war zu jener Zeit Französisch ohnehin schon etabliert, wurde jedoch in dieser Rolle von den frankophilen deutschen Herrschern noch gestärkt.

Auch schwere militärische Niederlagen Frankreichs erschütterten zunächst nicht die Stellung von Französisch als internationale Diplomatensprache in Europa. So wurde auf dem Wiener Kongress (1814 – 1815), trotz der Niederlage Napoleons, ausschließlich auf Französisch verhandelt und auch der abschließende Vertrag auf Französisch verfasst. Die unangefochtene Stellung des Französischen auf diesem Kongress ist vermutlich weniger dem sprichwörtlichen Geschick des französischen Delegationsleiters, Talleyrand, zuzuschreiben als der Tatsache, dass die Sprachen der übrigen Delegationen: Deutsch, Englisch und Russisch, den jeweils anderen Delegationen nicht ausreichend vertraut waren. Dies gilt besonders für Russisch, das dann Verhandlungs- und Vertragssprache hätte werden müssen, wenn der militärische Beitrag des Mutterlandes zum Sieg der Verbündeten für die Sprachwahl ausschlaggebend gewesen wäre. Aufgrund der damaligen zivilisatorisch-kulturellen Rückständigkeit Russlands war jedoch seine Sprache wenig attraktiv und wurde außerhalb des Landes kaum gelernt. Des Weiteren war vermutlich die Sprache des Besiegten unverfänglicher als die eines der Sieger, der dadurch symbolisch eine Vorrangstellung vor den anderen Verbündeten erlangt hätte.

Dass immerhin zwei der vier Siegermächte auf dem Wiener Kongress deutschsprachig waren, reichte ebenfalls nicht zur Wahl ihrer Sprache – obwohl auch noch der Tagungsort im deutschen Sprachgebiet lag. Aber es scheint sich auch keine der deutschsprachigen Verhandlungsparteien für die Verwendung der deutschen Sprache eingesetzt zu haben. Die Gedankenwelt der damals Regierenden war bekanntlich weit entfernt von der nationalen Gesinnung zeitgenössischer „Freiheitskämpfer". Erst als die Herrschenden selbst nationaler dachten, begannen sie auch, die eigene Sprache als Nationalsymbol zu sehen, und versuchten, deren Stellung gegenüber anderen Sprachen zu stärken.

Ansätze zur Stärkung von Deutsch auch als Sprache der Diplomatie gab es vielleicht zur Regierungszeit Kaiser Josefs II., der im Jahr 1784 Deutsch zur Amtssprache seines ganzen, vielsprachigen Reiches erklärte (dazu Kap. L.2; Stark 2002: 92). Er stieß damit allerdings teilweise auf erbitterten Widerstand bei den anderen Sprachgruppen, vor allem bei den Ungarn, so dass er sein Sprachdekret schon 1790, auf dem Sterbebett, annullierte. Untersuchungen zum damaligen Gebrauch oder Versuch des Gebrauchs von Deutsch in der Diplomatie sind mir nicht bekannt.

Belege solcher Versuche hinsichtlich des Deutschen habe ich erst für Bismarck gefunden, der überhaupt der Sprachwahl in der Diplomatie große Bedeutung beimaß und auch auf strenge Einhaltung der deutschen Amtssprache im Reichstag achtete (Nass 1978: 14f.). Dies waren offenbar auch die ersten *wirksamen* Versuche, die Stellung von Deutsch gegenüber Französisch in der Diplomatie zu stärken. Aus Bismarcks erkennbarem Interesse an der Sprache als Mittel der Diplomatie und Machtinstrument erwuchs auch die allenthalben kolportierte Anekdote, für die ich jedoch keinen Beleg finden konnte und die ich deshalb für ein Gerücht halte oder – mit der aus dem Englischen entlehnten, inzwischen gängigen Bedeutungserweiterung des Wortes – für einen „Mythos": „Bismarck soll 1888 gefragt worden sein, was er für den entscheidenden Faktor in der modernen Geschichte halte. Seine lakonische Antwort: dass die Nordamerikaner Englisch sprechen." (Limbach 2008: 66; auch van Parijs 2011: 217)

Wie stark die Position des Französischen in der Diplomatie noch zur Zeit der Gründung des Deutschen Reichs war, belegt z.B. die Tatsache, dass sogar der Friedensvertrag von Versailles von 1871 nach der Niederlage Frankreichs gegen Preußen/ Deutschland einsprachig französisch abgefasst wurde. Französisch war als Diplomatensprache so beherrschend geworden, dass in den deutschsprachigen Ländern selbst die Berichte der eigenen ausländischen Missionen an die Zentralregierung auf Französisch verfasst wurden. Bismarck führte jedoch 1862 als Ministerpräsident Preußens das Deutsche als Berichtssprache ein, nachdem er selbst als preußischer Gesandter in Petersburg von dort noch hatte auf Französisch berichten müssen (W. Zechlin 1960: 179, 195). Dem späteren Bestreben Bismarcks, Deutsch auch im Verkehr mit den ausländischen Missionen in Berlin zu verwenden, war jedoch zunächst kein Erfolg beschieden. „Als das Auswärtige Amt in Berlin seine Korrespondenz mit den dortigen diplomatischen Vertretungen in deutscher Sprache zu führen versuchte, antworteten diese auch in ihrer eigenen Sprache", so dass man notgedrungen wieder zur Korrespondenz auf Französisch zurückkehrte (Rudolf 1972: 27; auch Gerbore 1964: 116).

Eine andere Sprache als Französisch, das weiterhin als Lingua franca für die meiste diplomatische Kommunikation anerkannt wurde, wollte man im deutschen Auswärtigen Amt in Wilhelminischer Zeit aber keinesfalls akzeptieren. „Für das Auswärtige Amt in Berlin bestimmte Bismarck, daß deutsch geantwortet werden solle, wenn andere Staaten in ihrer eigenen Sprache schrieben, daß für diejenigen Länder aber, die französisch schrieben, das Französische als diplomatische Vermittlungssprache gebraucht werden solle." Gegenüber Frankreich selber pochte man jedoch auf Gleichberechtigung: „Frankreich gegenüber war deutsch zu antworten." (Rudolf 1972: 28)

Offenbar wollte man keine Asymmetrie in der Sprachwahl akzeptieren, speziell nicht zu eigenen Ungunsten (dominierte Asymmetrie). Man musste es aber wohl bisweilen. So soll z.b. Bismarck folgende Regel für die Identifizierung des französischen Botschafters in Berlin formuliert haben, die heute – wenngleich nicht ausnahmslos – mutatis mutandis auf den Botschafter der USA anwendbar wäre: „Wollen Sie den französischen Botschafter erkennen? Er ist das einzige Mitglied des diplomatischen Corps, welches nur französisch spricht." (Gerbore 1964: 118) Dominante Asymmetrie von Deutsch hätte man wohl nicht abgelehnt, konnte sie aber auch nicht durchsetzen. Ob es zu Bismarcks Zeit Versuche dazu gab, außer bezüglich der Korrespondenz mit den ausländischen Missionen in Berlin, ist mir nicht bekannt.

In Wilhelminischer Zeit, vor allem kurz vor und während des Ersten Weltkriegs, offenbaren sich solche Bestrebungen in den Vertragssprachen mit nichtfranzösischsprachigen Partnern. Zunächst war man bemüht, gegenüber nichtfranzösischsprachigen Partnern Deutsch zumindest symmetrisch in Vertragstexten zu verwenden, so beispielsweise gegenüber England, das seinerseits gegen die Vormachtstellung von Französisch Front machte (z.B. Samoa-Vertrag 1899, Yangtse-Abkommen 1900). Später scheute man sich dann auch nicht mehr vor dominant asymmetrischen Verträgen, die man freilich nur gegenüber nicht-französischsprachigen Partnern durchsetzen konnte. So wurde z.B. der Vertrag von Björkö mit Russland (1905) außer auf Französisch auf Deutsch abgefasst, nicht aber auf Russisch. Ähnlich verfuhr man während des Ersten Weltkriegs gegenüber manchen Verbündeten (Bündnisverträge Deutschland – Türkei 1914, Deutschland – Bulgarien 1914). Ausschließlich deutschsprachige Verträge mit nicht-deutschsprachigen Partnern hat es jedoch selbst in den aggressivsten Phasen der Wilhelminischen Zeit nicht gegeben, und erst recht nicht in der Zeit der Weimarer Republik.

Die Aussichten Deutschlands, die deutsche Sprache in die internationale Diplomatie einzuführen, verschlechterten sich nach dem Ersten Weltkrieg erheblich. Durch seinen Ausgang, wenngleich vermutlich nicht allein dadurch, blieb Deutsch von maßgeblichen neuen Institutionen der internationalen Diplomatie ausgeschlossen, in die Englisch neben Französisch Eingang fand (vgl. Kap. H.3). Die Versailler Vertragsverhandlungen spielten dafür eine nicht unwesentliche Rolle. Deutsch und auch Russisch kamen als Verhandlungssprachen aus unterschiedlichen Gründen nicht in Betracht: „Russia was in a state of revolutionary turmoil and the Germans were defeated in the field of battle, thus the Russian and German languages were out of contest." (Ostrower 1965: 360) Vor allem auf Betreiben des amerikanischen Präsidenten Wilson, des eigentlichen Kriegssiegers, aber auch des britischen Unterhändlers Lloyd George, wurde Englisch gegen den erbitterten Widerstand Frankreichs als zweite Verhandlungssprache von Versailles angenommen (Ostrower 1965: 360-371; Rudolf 1972: 93-96). Allerdings hatte Großbritannien ebenso wie die USA schon seit langem immer wieder die Suprematie des Französischen in der Diplomatie durch Einführung des Englischen zu untergraben versucht, freilich bis dahin ohne durchschlagenden Erfolg (zu Details Ostrower 1965: 347-359). Erst die unzweifelhafte Position der Stärke beider Länder nach dem Ersten Weltkrieg bahnte ihnen den Weg zum erstrebten Ziel. Englisch wurde nicht nur Verhandlungssprache in Versailles, sondern der Vertrag selber wurde außer auf Französisch auch auf Englisch verfasst.

Von großer Bedeutung für die zukünftige Stellung der beiden Sprachen in der Diplomatie war dabei, dass ein Teil dieses Vertrags, nämlich dessen erste 26 Artikel, zugleich die Satzung des neu gegründeten Völkerbundes bildete (Sitz in Genf, Tätigkeit ab 1920). Für diesen waren daher Französisch und Englisch natürlicherweise offizielle Sprachen (Amtssprachen) und Arbeitssprachen (gemäß Art. 10, 11, 16) und blieben es auch ausschließlich während der ganzen Zeit seiner Existenz bis 1945, dem Gründungsjahr der Vereinten Nationen als Nachfolgeorganisation (Ostrower 1965: 365; Rudolf 1972: 34f.). Deutsch wurde nie als offizielle Sprache des Völkerbundes in Betracht gezogen, umso weniger, als Deutschland erst 1926 in den Völkerbund aufgenommen wurde und unter nationalsozialistischer Herrschaft schon 1933 daraus wieder austrat. Übrigens wäre zur damaligen Zeit eine größere Zahl von Arbeitssprachen für die Erledigung der Geschäfte sehr hinderlich gewesen, da noch konsekutiv und nicht wie später in den Vereinten Nationen simultan gedolmetscht wurde. Die für Reden und Diskussionsbeiträge benötigte Zeit verdoppelte sich daher bei zwei Sprachen, verdreifachte sich bei drei usw. Dies war sicher auch einer der Gründe, warum zeitweilige Bestrebungen, Spanisch als dritte Arbeitssprache des Völkerbundes einzuführen, letztlich scheiterten.

Der Aufstieg von Englisch zu einer Sprache der internationalen Diplomatie, die dem Französischen gleichrangig war und es später sogar überflügelte, erklärt sich einerseits aus der wirtschaftlichen und militärischen Macht der angelsächsischen Welt, insbesondere der USA; er wurde andererseits aber auch gefördert durch die Fürsprache dritter Länder, in denen Englisch sogar nicht einmal Muttersprache oder Amtssprache war. So setzten sich beispielsweise Japan und Griechenland gegen Frankreich dafür ein, dass Englisch neben Französisch Amts- und Arbeitssprache des Ständigen Internationalen Gerichtshofes wurde, der – ebenfalls als Teil des Versailler Vertrags (Art. 14) – 1920 mit Sitz in Den Haag eingerichtet wurde. Diese Zweisprachigkeit wurde dann auch in Art. 39 des Statuts des Gerichtshofes ausdrücklich verankert. (Ostrower 1965: 367f.)

Auch Französisch konnte sich bei der Erhaltung seines hohen Rangs als internationale Sprache der Diplomatie auf die Fürsprache Dritter stützen. Die Unterstützung durch dritte Parteien (Nicht-Muttersprachler, Länder ohne amtlichen Status der betreffenden Sprache) gilt allgemein als wichtiger Faktor der Verbreitung einer Sprache (Lieberson 1982). Diese Fürsprache Dritter hat der deutschen Sprache jedoch in wichtigen Phasen der Etablierung internationaler Sprachen der Diplomatie so gut wie gänzlich gefehlt.

Durch den Verlust der deutschen Kolonien nach dem Ersten Weltkrieg war der deutschen Sprache überdies eine für die Zukunft bedeutsame Grundlage weiterreichender internationaler Geltung entzogen. Conrad/ Fishman (1977) haben gezeigt, dass Englisch außerhalb des Mutterlandes vor allem Amtssprache in denjenigen Staaten wurde, die früher Kolonien des Mutterlandes waren oder auch Kolonien einer früheren Kolonie des Mutterlandes, nämlich der USA. Entsprechendes lässt sich auch für Französisch, Spanisch und Portugiesisch bestätigen. Entscheidend für die Verankerung der Sprache der ehemaligen Kolonialherren als Amtssprache des betreffenden nachkolonialen Staates war dabei eine verhältnismäßig lang andauernde Kolonialherrschaft. Sie war im Falle der deutschen Kolonien nicht gegeben, weshalb Deutsch in keiner der ehemaligen Kolonien festen Halt gefasst hat – außer bis zu einem gewissen Grade in Namibia (vgl. Kap. E.4.9). Dies ist, wohlgemerkt, nur ein Hinweis zur Erklärung der verhältnismäßig untergeordneten internationalen Stellung von Deutsch, gerade in der Domäne der Diplomatie, und beileibe nicht etwa eine Klage darüber, dass die deutsche Kolonialherrschaft nicht länger dauerte.

In der Zeit der Weimarer Republik waren den Bemühungen, die Stellung von Deutsch in der Diplomatie zu stärken, keine erkennbaren Erfolge beschieden. In der anschließenden Zeit der nationalsozialistischen Gewaltherrschaft gab es einige durch bloße Rabiatheit erzielte Ausweitungen, denen jedoch, wie die Dinge sich entwickelten, nicht nur keine Dauer beschieden sein konnte, sondern die sich längerfristig sogar eher negativ auswirken mussten. So war z.B. für das Münchner Abkommen 1938 zwischen Deutschland, Großbritannien, Frankreich und Italien nur der deutsche Text maßgeblich (autoritativ), wenngleich es Übersetzungen ins Englische, Französische und Italienische gab. Desgleichen wurde der deutsch-französische Waffenstillstandsvertrag von Compiègne 1940 nur auf Deutsch abgefasst. Diese und andere den damaligen diplomatischen Sprachgewohnheiten krass zuwiderlaufenden Regelungen waren jedoch kaum geeignet, die Position von Deutsch als Sprache der Diplomatie zu festigen, zumal angesichts der Begleitumstände. Für die Festigung einer Sprache in einem Handlungsfeld oder einer Domäne ist es nämlich erforderlich, dass ihre dementsprechende Verwendung nicht nur notgedrungen aufgrund der Machtverhältnisse *akzeptiert*, sondern letztlich bereitwillig *übernommen* ("adoptiert"), d. h. im vollen Sinne einer Norm verinnerlicht wird (zu dieser normtheoretischen Unterscheidung Bartsch 1985: 218). Nichts konnte einer solchen Übernahme der Verwendung von Deutsch in der Diplomatie als Norm hinderlicher sein als das Verhalten des nationalsozialistischen Deutschlands.

Nach dieser Zeit wurde Deutsch verständlicherweise von den anderen Staaten zunächst einmal allgemein abgelehnt. Es hatte insbesondere überhaupt keine Fürsprecher bei der Gründung der Vereinten Nationen (1945), bei der maßgebliche Weichen für die Positionen der Sprachen in der heutigen internationalen Diplomatie gestellt wurden (Kap. H.3). Wie sollte unter diesen Umständen nachgeholt werden, was in Zeiten größerer Machtfülle, wenngleich nicht unbedingt großen Ansehens, nicht erreicht worden war, was Ostrower (1965: 148) nicht ohne Spott hervorhebt: „German [...] never acquired the position of a diplomatic form of linguistic expression, even under the Kaiser Wilhelm II. or Hitler, the most steadfast champions of the German idiom." Das Ergebnis dieser alles in allem von Inkompetenz geprägten, glücklosen sprachenpolitischen deutschen Bemühungen findet sich in Charakterisierungen der heutigen Lage oft so oder ähnlich zusammengefasst: „Englisch und Französisch gelten heute (wie schon seit Jahrhunderten) als weltweite Sprachen der Diplomatie. Beide sind die alleinigen Arbeitssprachen der Vereinten Nationen. Zudem sind sie Amtssprachen zahlreicher internationaler Organisationen (zum Beispiel UNESCO, NATO, Internationales Olympisches Komitee, Internationales Rotes Kreuz)." (de.wikipedia.org/wiki/Diplomatie – abgerufen 17.05.2012; Hervorhebungen und Verweise im Original hier aufgehoben) Allerdings ist Französisch im praktischen Sprachgebrauch weit hinter Englisch zurückgefallen. Neben den vielfältigen Gründen für Englisch als Weltverkehrssprache in Zeiten der Globalisierung (vgl. de Swaan 2001; Crystal 2003; Graddol 2006; Kap. A.7) wirkt speziell in der Diplomatie die wachsende Bedeutung informeller Konsultationen in Richtung der Dominanz von Englisch. Stephen B. Pearl (1996: 33) hat beobachtet, dass dieser „rise in the practice of informal consultation" fast immer zur Wahl von Englisch als Lingua franca führt – wie im Falle von 9 der 10 von ihm beobachteten informellen Beratungen in den VN, an denen Muttersprachler der anderen VN-Amtssprachen Arabisch, Chinesisch, Russisch, Spanisch „and even French" beteiligt waren. In diese Richtung wirkt offenbar die Minimex-Regel, wonach möglichst keine Beteiligten ganz aus der Kommunikation ausgeschlossen werden sollen (Minimierung des Ex/ Ausschlusses), weshalb diejenige Sprache gewählt wird, die alle wenigstens ein bisschen verstehen – was heute in den meisten Situationen Englisch ist (van Parijs 2007b: 39; 2011: 13-17; Kap. A.6).

Zur dominanten Stellung des Englischen in der Diplomatie passt auch, dass amerikanische Präsidenten sich allem Anschein nach gegenüber Regierungschefs anderer Staaten dadurch auszeichnen, dass sie keinerlei Fremdsprachen sprechen. Offenbar war Franklin D. Roosevelt der letzte US-Präsident, der außer der eigenen noch eine andere Sprache sprechen konnte (en.wikipedia.org/wiki/ List_of_multilingual_Presidents_of_the_United_States – abgerufen 10.02.2014). – Das nächste Kap. widmet sich der Geschichte von Deutsch als zwischenstaatliche Vertragssprache, und das übernächste wirft einen genaueren Blick auf die internationalen Organisationen.

2. Deutsch als zwischenstaatliche Vertragssprache

Die Datenlage erlaubt es, unsere historische Skizze speziell in Bezug auf zwischenstaatliche Verträge auch statistisch zu untermauern und zu differenzieren. Als Datenbasis dient dabei der *Vertrags-Plötz*, und zwar die Bände 3, 4a, und 4b (Rönnefart/ Euler 1958; 1959; 1963), die für den Zeitraum von 1492 bis 1963 eine – wie es scheint – ziemlich komplette Übersicht über die zwischenstaatlichen Verträge liefern und unter anderem Angaben enthalten über das Vertragsdatum, die beteiligten Staaten und in den meisten Fällen, wenngleich nicht immer, auch über die Vertragssprachen. Nicht selten wird bezüglich der Sprachen zwischen *autoritativen* (rechtsverbindlichen) und nicht-autoritativen Fassungen unterschieden. In solchen Fällen wurden bei der Auszählung nur erstere berücksichtigt. Die weitergehende vertragsrechtliche Begriffsdifferenzierung zwischen *autoritativ* und *authentisch* (Rudolf 1972: 52) war hierbei ohne Belang. Die den folgenden Abb. H.2-1, H.2-2 und H.2-3 zugrunde liegenden Daten habe ich in ähnlicher Form schon früher veröffentlicht (Ammon 1991a: 291-300; 1991d). Es versteht sich von selbst, dass die Fortsetzung der entsprechenden Analyse in die neueste Zeit wünschenswert wäre, die mir hier jedoch aus Kapazitätsgründen nicht möglich war.

Abb. H.2-1 zeigt, zu welchen Zeiten die Sprachen Deutsch, Englisch, Französisch, Latein und Russisch in welcher Häufigkeit verwendet wurden (Gesamthäufigkeit). Es handelt sich dabei um die fünf während des Untersuchungszeitraums in zwischenstaatlichen Vertragstexten (autoritative Fassungen) insgesamt am häufigsten verwendeten Sprachen.

Wenn man vom Zeitabschnitt vor und bis 1550 absieht, der wegen der geringen Anzahl der Verträge kein klares Bild ergibt, so zeigt sich, dass noch um das Jahr 1700 Latein als Vertragssprache mindestens so häufig gebraucht wurde wie Französisch. Erst danach übernimmt Französisch – zunehmend deutlich – die Führung und behält diese für lange Zeit, sogar bis zum Zeitabschnitt von 1900 bis 1949. Erst in der darauf folgenden Zeit, ab 1950, verliert Französisch dann seine führende Stellung an Englisch.

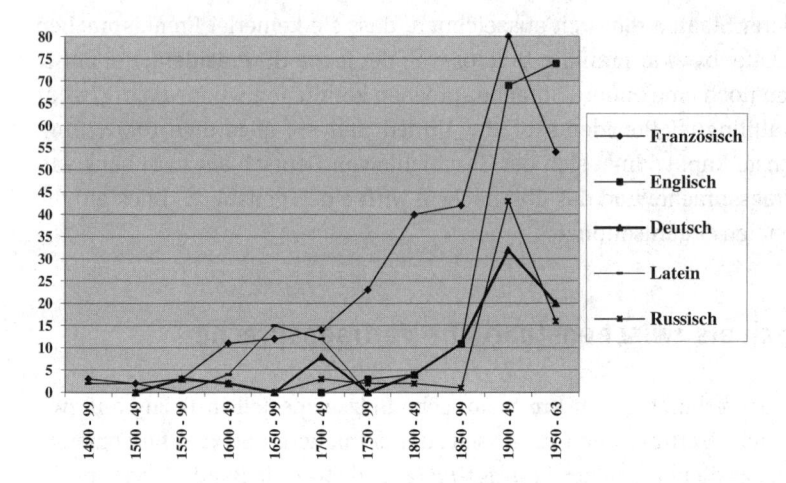

Abb. H.2-1: Gesamthäufigkeit der fünf insgesamt am häufigsten verwendeten Sprachen in zwischenstaatlichen Verträgen 1492 – 1963 (aufgrund von Rönnefart/ Euler 1958; 1959; 1963)

In der Zeit zwischen 1850 und 1899, und erst recht zwischen 1900 und 1949, nimmt auch die Zahl der auf Deutsch und der auf Russisch verfassten Verträge deutlich zu.

Schon seit Mitte des 16. Jh. spielt Deutsch – wie man sieht – eine, wenngleich bescheidene, Rolle als Vertragssprache, allerdings mit Unterbrechungen in der 2. Hälfte jeweils des 17. und des 18. Jh. Dabei ist der Hinweis wichtig, dass es sich um Hochdeutsch handelt, auf das ich mich im vorliegenden Buch stets beziehe, wenn ich den Terminus *Deutsch* ohne Spezifizierung verwende, nicht um Niederdeutsch. Dass im letzten Zeitabschnitt die Zahlen für alle Sprachen außer Englisch zurückgehen, mag einfach durch die Kürze des Zeitintervalls (13 Jahre gegenüber 50 Jahren) bedingt sein. Aufschlussreich ist jedoch die Zahlenrelation zwischen den Sprachen innerhalb dieses Zeitintervalls: Englisch 74, Französisch 54, Deutsch 20, Russisch 10. Arabisch übertrifft Deutsch innerhalb des letzten Zeitabschnitts noch mit 22 Verträgen, ist aber gleichwohl nicht einbezogen, weil es über den Gesamtzeitraum nicht zu den fünf häufigsten Sprachen gehört. Auch andere Sprachen, die während des neuesten Zeitabschnitts verhältnismäßig hohe Werte erzielen (Chinesisch 15, Spanisch 14, Portugiesisch 6), sind aus diesem Grunde nicht einbezogen.

Ein deutlicheres Bild von der Stellung der Sprachen in Verträgen zwischen den Staaten ergibt sich, wenn man sich auf ihre asymmetrisch dominante Verwendung (Kap. A.3) in Vertragstexten beschränkt. Asymmetrisch dominant, so unsere speziellere Definition im vorliegenden Fall, wird die Sprache eines Vertragspartners dann gebraucht, wenn die Sprache mindestens eines anderen Vertragspartners im betreffenden Vertrag nicht verwendet wird. Die ‚Sprache eines Vertragspartners' ist Muttersprache eines substantiellen Teils der Staatsbevölkerung und Amtssprache des betreffenden Staates. Diese Definition schließt offenkundig nicht aus, dass es bei einem multilateralen Vertrag mehrere asymmetrisch dominant verwendete Sprachen gibt, wenn dabei nur die Sprache mindestens eines der beteiligten Partner übergangen wird. Abb. H.2-2 gibt einen Verlaufsüberblick über die Sprachen, die in unserem Zeitraum insgesamt am häufigsten asymmetrisch dominant verwendet werden: Chinesisch, Deutsch, Englisch, Französisch und Russisch. Latein fehlt diesmal, weil es nicht die Muttersprache (eines substantiellen Bevölkerungsteils) irgendeines Vertragspartners ist.

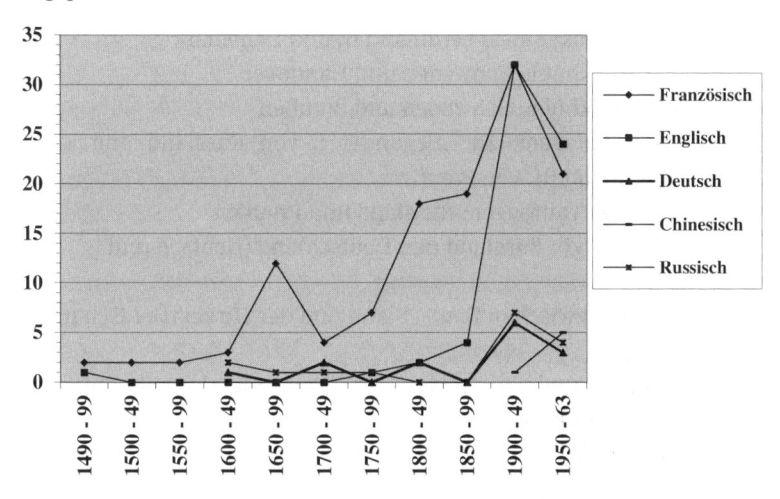

Abb. H.2-2: Häufigkeit der fünf am häufigsten asymmetrisch dominant verwendeten Sprachen in zwischenstaatlichen Verträgen 1492 – 1963 (nach Rönnefart/ Euler 1958; 1959; 1963)

Der Begriff ‚asymmetrisch dominante Verwendung' basiert auf dem Begriff ‚Sprache eines Staates (Vertragspartners)', der nicht unproblematisch ist. Er ist nicht in allen Quellen unbedingt genau so spezifiziert, wie ich es eben versucht habe. Ich habe mich für das Englische und Französische auf Conrad/ Fishman (1977: 6, 41, 57) gestützt, die sich ihrerseits auf Rustow (1968) berufen. Für die übrigen einbezogenen Sprachen war die Unterscheidung hinreichend klar. Ideologische Aspekte des Begriffs, die in anderem Kontext zweifellos wichtig sind (vgl. Ahlzweig 1989), stehen hier nicht zur Diskussion.

Im Großen und Ganzen zeigt sich für die asymmetrisch dominante Verwendung ein ähnlicher Verlauf wie für die Gesamthäufigkeiten. Erwähnenswert ist vielleicht einerseits, dass Englisch das Französische schon im Zeitabschnitt von 1900 bis 1949 einholt und dass Chinesisch im jüngsten bearbeiteten Zeitabschnitt Deutsch überrundet. Andererseits fällt ins Auge, dass die Zahlen im jüngsten Zeitabschnitt allgemein, also auch für Englisch, rückläufig sind. Ein maßgeblicher Grund dafür ist sicher wieder das kürzere Zeitintervall. Ein anderer könnte jedoch im Rückgang des Kolonialismus und der damit zusammenhängenden Ablehnung auch der symbolischen Ungleichheit zwischen Staaten zu suchen sein. Die asymmetrisch dominante Verwendung einer Sprache in Verträgen ist nämlich typisch für politische Dominanz und wird heutzutage meist vermieden (Rudolf 1972: 40, 54f.).

Es lohnt sich, die Verträge, in denen Deutsch asymmetrisch dominant verwendet wird, einzeln anzuschauen:

1629	Friede von Lübeck: Kaiser Ferdinand II. und Dänemark
1719	Friede von Stockholm: Schweden und Hannover
1720	Friede von Stockholm: Schweden und Preußen
1805	Vertrag von Potsdam: Zar Alexander I. von Russland und König Friedrich Wilhelm III. von Preußen
1812	Konvention von Tauroggen: Russland und Preußen
1905	Vertrag von Björkö: Russland und Deutschland (Deutsch und Französisch)
1914	Bündnisvertrag zwischen Deutschland und der Türkei (Deutsch und Französisch)
1915	Freundschafts- und Bündnisvertrag Deutschlands mit Bulgarien (Deutsch und Französisch)
1915	Militärkonvention zwischen Deutschland, Österreich-Ungarn und Bulgarien (Deutsch und Französisch)
1920	Friedensvertrag von Trianon zwischen Österreich, den Alliierten und Ungarn (Deutsch, Französisch, Englisch und Italienisch)
1922	Vertrag zu Rapallo zwischen Deutschland und der Sowjetunion (Deutsch und Französisch)
1938	Münchener Abkommen zwischen Deutschland, Großbritannien, Frankreich und Italien
1940	Waffenstillstandsvertrag von Compiègne zwischen Deutschland und Frankreich.

Auffällig sind zunächst die Vorkommnisse während des Ersten Weltkrieges sowie kurz vor und zu Beginn des Zweiten Weltkrieges; in beiden Situationen spiegelt die asymmetrisch dominante Verwendung von Deutsch deutlich eine zum Teil krude machtpolitische Dominanz wider. Abgesehen davon findet sich die asymmetrisch dominante Verwendung von Deutsch ausschließlich in Verträgen zwischen deutschsprachigen und skandinavischen (Dänemark, Schweden) oder osteuropäischen Partnern (Russland, Ungarn, Bulgarien). Diese geographische Verteilung hängt sicher zusammen mit der damaligen starken Stellung von Deutsch als internationale Sprache in den betreffenden Regionen, auf die ich sogleich noch zu sprechen komme.

Abb. H.2-3 zeigt die Häufigkeit der Lingua-franca-Verwendung von Sprachen in Vertragstexten. Als Lingua franca wird eine Sprache in einem Vertragstext dann verwendet, wenn sie nicht die Sprache mindestens eines der beteiligten Partner ist, also wenn z.B. Französisch in einem Vertrag zwischen Russland und Deutschland verwendet wird. Wiederum beschränke ich mich auf die fünf Sprachen, die im Untersuchungszeitraum insgesamt am häufigsten als Lingua franca verwendet wurden: Deutsch, Englisch, Französisch, Italienisch, Latein.

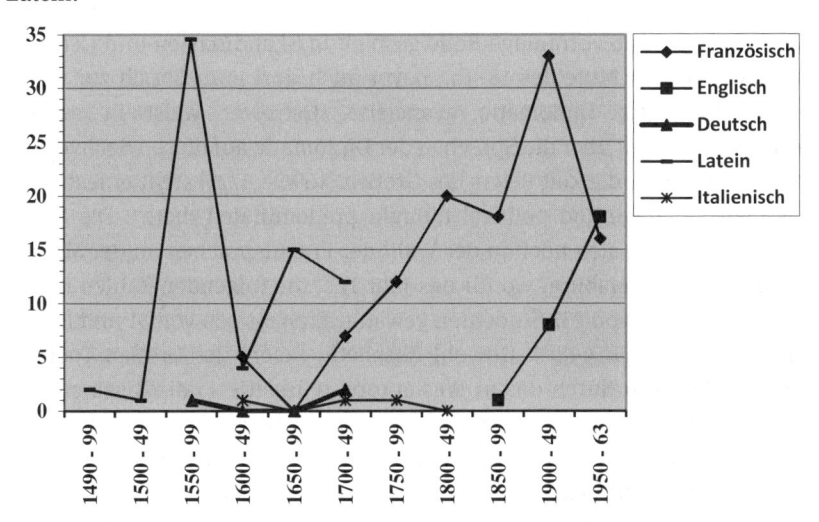

Abb. H.2-3: Häufigkeit der fünf am häufigsten als Lingua franca verwendeten Sprachen in zwischenstaatlichen Verträgen 1492 – 1963 (nach Rönnefart/ Euler 1958; 1959; 1963)

Hier treten nun drei Sprachen sehr deutlich in den Vordergrund, die in gewissem Sinne als die eigentlichen internationalen Sprachen der Diplomatie während des hier dargestellten Zeitraums angesehen werden dürfen. Eine davon ist Latein, und zwar in dieser Funktion als Lingua franca sogar bis um die Mitte des 18. Jh. – und dessen Häufigkeit als Lingua-franca sich mit seiner Gesamthäufigkeit deckt, da es (im Untersuchungszeitraum) in keinem Land Muttersprache eines substantiellen Bevölkerungsteils ist. Von der Mitte des 18. bis zur Mitte des 20. Jh. übernimmt dann Französisch die Rolle als wichtigste Lingua franca zwischenstaatlicher Verträge. Ab Mitte des 19. Jh. wird auch Englisch zu einer wichtigen Vertrags-Lingua-franca und läuft in neuester Zeit, nach 1949, Französisch sogar den Rang ab.

Deutsch hat dagegen offensichtlich in zwischenstaatlichen Vertragstexten kaum als Lingua franca fungiert. Ich konnte insgesamt nur die folgenden drei Verträge ausfindig machen:

1570 Friede von Stettin: Dänemark und Schweden
1720 Friede von Friedrichsburg: Dänemark und Schweden
1721 Friede von Nystad: Russland und Schweden.

Diese Verträge passen zu der geographischen Verteilung der asymmetrisch dominanten Verwendung von Deutsch, auf die ich schon hingewiesen habe. Wenn irgendwo, so hat – wie es scheint – Deutsch als Sprache der (internationalen) Diplomatie eine vorrangige Rolle gespielt in Skandinavien und Osteuropa, und zwar vor der Mitte des 18. Jh., bevor auch dort Französisch zur dominanten Sprache der Diplomatie avancierte. Ostrower weist in seinem historischen Überblick über die Sprachen der Diplomatie auf diesen Sachverhalt hin. Insbesondere für die Zeit Peters des Großen (1696 – 1725) stellt er fest, dass „the German language and political thought predominated there". Die Nachwirkung davon zeigte sich noch in der Wahl der Fremdsprachen an der Militärakademie von St. Petersburg, wo für das Jahr 1731 die folgenden Zahlen belegt sind: Deutsch wurde von 237 Studenten gewählt, Französisch von 51 und Latein von 15 (Ostrower 1965: 448f.). Obwohl Elisabeth, Peters des Großen Tochter, bemüht war, Deutsch durch das in Westeuropa reüssierte Französisch zu verdrängen, behielt Deutsch neben und nach Französisch eine starke Stellung am russischen Hof. Noch zur Zeit Alexanders I., also zu Beginn des 19. Jh., beklagte sich der englische Botschafter am russischen Hof, Lord George Forbes, über „the German linguistic assertions in Russia which forced him, at his age, to study that language." Allerdings machte Alexander I. dann Französisch ausdrücklich zur Amtssprache für das russische Außenministerium. (Ostrower 1965: 449)

Zwar kann man die Tatsache, dass sich Französisch als Diplomaten- und speziell Vertragssprache in Russland und Skandinavien später durchgesetzt hat als in Westeuropa, teils mit der geographischen Lage und teils mit der zivilisatorischen Rückständigkeit dieser Regionen gegenüber Westeuropa erklären. Man muss jedoch auch beachten, dass dort Deutsch als Sprache der Diplomatie von Französisch nie vollständig verdrängt wurde, anders als es der Topos vom Französischen als (ausschließlicher) Sprache der Diplomatie nahe legt. Andernfalls wäre seine fortdauernd verhältnismäßig starke Stellung in Ost- und Nordosteuropa kaum begreiflich.

Französisch wurde zwar ab dem 17. Jh. vorherrschend für Verträge von deutschsprachigen mit nicht-deutschsprachigen Staaten. Für Verträge deutschsprachiger Staaten untereinander blieb seine Verwendung jedoch alles in allem eher die Ausnahme. Sie findet sich im Grunde nur Mitte des 18. Jh., wobei auffälligerweise stets Preußen einer der Vertragspartner ist (vgl. S. 703). Es sind dies folgende Fälle:

1742 Friedenspräliminarien von Breslau: Preußen und Österreich
1745 Friede von Dresden: Preußen und Österreich bzw. Preußen und Sachsen
1779 Friede von Teschen: Preußen und Österreich.

Diese auch machtpolitisch von Preußen dominierten Verträge fügen sich in das bekannte Bild von der Vorliebe des preußischen, speziell des friderizianischen Hofes für die französische Sprache (Regierungszeit Friedrichs II.: 1740 – 86). Die Verwendung von Französisch in Verträgen zwischen deutschsprachigen Staaten scheint zu dieser Zeit auf Preußen beschränkt zu sein; jedenfalls habe ich zwischen anderen deutschsprachigen Staaten, ohne Beteiligung Preußens, keinen französischsprachigen Vertrag im 18. Jh. gefunden, und erst recht nicht in einem früheren Jh. Selbst Preußen hielt nicht lange an der Präferenz des Französischen gegenüber deutschsprachigen Staaten fest. Schon 1785, noch während der Regierungszeit Friedrichs II., schloss es den „Deutschen Fürstenbund" mit Hannover und Sachsen in deutscher Sprache ab.

Außer den preußischen Verträgen Mitte des 18. Jh. habe ich nur noch einen Fall ausfindig gemacht, wo Französisch zwischen deutschsprachigen Staaten Vertragssprache war. Es handelt sich um den 1813 zwischen Österreich und Bayern abgeschlossenen „Vertrag zu Ried". Dieser Vertragsabschluss liegt in einer Zeit, als Napoleon I. alle deutschsprachigen Länder beherrschte und Deutsch im französisch verwalteten deutschsprachigen Rheinland Amtssprache war (von Polenz 1994: 73; Pabst 1997). Es bleibt also festzuhalten, dass ab dem 17. Jh. von den deutschsprachigen Staaten Französisch zwar durchaus als asymmetrisch dominante Sprache (d.h. Deutsch wurde von Französisch dominiert) sowie als Lingua franca für Vertragstexte verwendet wurde, aber fast nur mit anderssprachigen Vertragspartnern.

Die Verwendung von Französisch zwischen deutschsprachigen Staaten geschah nur in seltenen Fällen, innerhalb von zwei, eng begrenzten Zeitabschnitten. Für Verträge zwischen deutschsprachigen Staaten war Deutsch während des gesamten Beobachtungszeitraums im Gebrauch, und zumeist sogar vorherrschend. Aufgrund dessen lässt sich auch annehmen, dass Deutsch terminologisch stets so weit ausgebaut war, wie es seine Verwendung für zwischenstaatliche Verträge erforderte. Dieser Hinweis ist wichtig, um verbreitete Vorstellungen von der Unausgebautheit der deutschen Sprache für die Diplomatie bis zum Ende des 18. Jh. zu relativieren.

Jedoch werden bis ins letzte Viertel des 19. Jh. hinein die meisten Verträge zwischen deutschsprachigen und nicht-deutschsprachigen Staaten nicht auf Deutsch, sondern in französischer, bzw. in früheren Zeiten in lateinischer Sprache abgefasst. Insbesondere sind bilaterale Verträge mit Frankreich immer französisch, so auch noch der Versailler Präliminarfrieden von 1871 und der im gleichen Jahr unterzeichnete Frankfurter Friedensvertrag – trotz des preußisch-deutschen Sieges. Erst gegen Ende des 19. Jh. werden Verträge mit nicht-deutschsprachigen Staaten zunehmend auch auf Deutsch abgefasst, und zwar in der Regel sowohl auf Deutsch als auch in der Sprache des Vertragspartners. Dies ist besonders der Fall zwischen dem Deutschen Reich und Großbritannien. Beispiele:

1898: Angola-Vertrag
1899: Samoa-Vertrag
1900: Jangtse-Abkommen.

Darin drückt sich aus, dass vor allem Großbritannien, wie übrigens die USA, aber auch das bekanntlich zunehmend imperialistisch auftretende Deutsche Reich den sprachlichen Vorrang des Französischen in der Diplomatie nicht mehr ohne weiteres anerkannten. Selbst gegenüber Frankreich akzeptierte das Deutsche Reich schließlich nicht mehr die asymmetrische Dominanz des Französischen. Das Marokko-Abkommen von 1909 zwischen Frankreich und Deutschland ist auf Französisch und Deutsch verfasst, wobei beide Fassungen gleichermaßen verbindlich waren.

Man kann sagen, dass sich Deutsch in der Wilhelminischen Zeit als Vertragssprache vom Französischen „emanzipiert" hat. Diesen Status hat Deutsch auch nach dem Ersten Weltkrieg beibehalten. Er wird durch eine Auszählung der Sprachen von Verträgen in den 1920er Jahren bestätigt (Hudson 1932). Sie ergibt unter anderem, dass in zwischenstaatlichen Verträgen mit Deutschland, Frankreich, den Vereinigten Staaten und Großbritannien die Sprachen dieser Länder so gut wie immer auch Vertragssprachen waren, was ansonsten von keinem Land bzw. seiner Sprache gesagt werden kann. In diesem Sinne zeigt sich also Deutsch statusgleich mit Französisch und Englisch. Allerdings herrschten Französisch und Englisch deutlich vor, wenn keines dieser vier Länder Vertragspartner war, also als Lingua franca (ebd.: 372).

In der veränderten Wahl der Vertragssprachen um die Jahrhundertwende verbinden sich zwei Tendenzen:

(1) der Versuch, die eigene Sprache zur dominanten Sprache der Diplomatie zu machen; daher auch die vereinzelt asymmetrisch dominante Verwendung von Deutsch, insbesondere während des Ersten Weltkrieges, der diese Tendenz natürlicherweise förderte;

(2) die Tendenz, allen Vertragspartnern eine Fassung in ihrer eigenen Sprache zur Verfügung zu stellen, insbesondere wenn es sich nur um wenige Vertragspartner handelt, also in bi- oder trilateralen Verträgen (vgl. auch Hudson 1932: 372).

Man könnte (1) das *Dominanzprinzip* und (2) das *Egalitätsprinzip* nennen. Das Dominanzprinzip war sicher ausschlaggebend dafür, dass der Waffenstillstand von Compiègne von 1918 nur auf Französisch und der Friedensvertrag von Versailles von 1919 nur auf Französisch und Englisch verfasst wurden. Das Egalitätsprinzip macht sich dann wieder nach dem Ersten Weltkrieg geltend, wenn in bilateralen Verträgen zwischen den Siegermächten und dem besiegten Deutschland Deutsch erneut neben der Sprache des Vertragspartners Verwendung findet (Beispiel: Friede von Berlin 1921 zwischen den USA und Deutschland: Deutsch und Englisch). Nach dem Zweiten Weltkrieg setzt sich schließlich das Egalitätsprinzip, vor allem im Zuge der Entkolonialisierung, ziemlich allgemein durch. Für die neuere Zeit kenne ich keine zwischenstaatlichen Verträge mehr, die Rechte deutschsprachiger Staaten unmittelbar betrafen und für die Deutsch keine autoritative Vertragssprache war.

3. Amts- und Arbeitssprachen internationaler Organisationen

Es ist eine Binsenweisheit, oder zumindest im Fortgang dieses Buches durch Wiederholung eine geworden, dass es für Personen und Institutionen vorteilhaft ist, wenn sie ihre eigene Sprache (Muttersprache oder staatliche Amtssprache) für internationale und interlinguale Kontakte (Kap. A.3) verwenden können. Dies gilt auch für Staaten bei der Pflege diplomatischer Beziehungen, wobei sie nicht nur kommunikative und – im Zusammenhang damit – psychologische, sondern auch finanzielle Vorteile haben, indem sie sich Übersetzungs- und Dolmetschkosten ersparen. So kommen heute englischsprachige Diplomaten, z.B. britische oder US-amerikanische, öfter ohne Dolmetscher aus, auch auf Reisen, als die Diplomaten anderer Sprachgemeinschaften. Daher ist es nicht verwunderlich, dass Staaten, die sich machtpolitisch dazu imstande fühlten, immer wieder versucht haben, die eigene Sprache als Kommunikationsmittel der Diplomatie zu etablieren. Besonders hartnäckig und auch erfolgreich war dabei Frankreich. Ostrower (1965: 267-319) und Rudolf (1972: 23-28) schildern detailliert, wie die französischen Kommissionen regelmäßig mit größter Beflissenheit Französisch als Verhandlungs- und Vertragssprache durchzusetzen versuchten (siehe Kap. H.1; H.2).

Die Vorteile für die sprachenpolitisch erfolgreichen Staaten haben allerdings – cum grano salis – die Kehrseite entsprechender Nachteile auf Seiten der sprachenpolitisch erfolglosen Staaten. Diese Einsicht der nicht-französischsprachigen Akteure trug wesentlich dazu bei, dass sie Französisch nie längere Zeit unwidersprochen als alleinige Sprache der Diplomatie akzeptierten. Sie bestanden bei Verträgen immer wieder auf Vorbehaltsklauseln, die das Französische als zukünftige Vertragssprache infrage stellten, so z.B. im Frieden von Rastatt von 1714 zwischen Frankreich und dem Reich (Ostrower 1965: 293) oder in der Wiener Kongressakte von 1815 (Gerbore 1964: 116; allgemeiner dazu Ostrower 1965: Kap. 11 und 13). Der Vorrang einer Sprache in der Diplomatie blieb daher eine Gepflogenheit auf zweifelhafter juristischer Grundlage, die immer wieder angefochten werden konnte.

Mehr Festigkeit erlangte die Bevorzugung bestimmter Sprachen durch die Einrichtung internationaler politischer Organisationen, in denen verschiedene Staaten dauerhaft kooperierten. Für sie wurden die zu verwendenden Sprachen in der Regel in Satzungen und damit rechtskräftiger festgelegt (vgl. Tavernier 1988). Auf solcher Grundlage lässt sich die bevorzugte Verwendung nicht so leicht anzweifeln; vielmehr bedürfen Änderungen einer – meist schwierigen – Revision der Satzung. Außerdem stärkt der satzungsmäßige Status einer Sprache in einer internationalen politischen Organisation auch ihre sonstige Stellung in der Diplomatie, und diese Ausstrahlung festigt dann rückkoppelnd wieder die Stellung in der eigenen Organisation. Für die Stellung der deutschen Sprache in der internationalen Diplomatie war es sicher abträglich, dass die beiden in der bisherigen Geschichte gewichtigsten internationalen politischen Organisationen jeweils in Zeiten ausgeprägter Schwäche der deutschsprachigen Staaten gegründet wurden: der Völkerbund nach dem Ersten Weltkrieg und die Vereinten Nationen (VN) nach dem Zweiten Weltkrieg (vgl. zum Zusammenhang mit der internationalen Stellung der deutschen Sprache Ammon 1991 d).

Der Völkerbund war ein Ergebnis des Versailler Vertrags von 1919. Dabei bildeten, wie schon in Kap. H.1 dargestellt, die ersten 26 Artikel des Versailler Vertrags zugleich die Satzung des Völkerbundes. Die Artikel 10, 11 und 16 legten Französisch und Englisch als die einzigen Amtssprachen des Völkerbundes fest. Dies war die quasi natürliche Folge der Tatsache, dass der Vertrag in diesen beiden Sprachen verhandelt worden und verfasst war.

Ostrower (1965: 360) weist für den Ausschluss von Deutsch und Russisch auf die Kriegsniederlage Deutschlands bzw. die Revolutionswirren in Russland hin. Deshalb („thus") seien die Sprachen beider Staaten als Amtssprachen des Völkerbundes außer Betracht geblieben. Implizit deutet er damit im Grunde an, dass Deutsch und Russisch vielleicht unter anderen politischen Bedingungen durchaus als Amtssprachen des Völkerbundes in Frage gekommen wären. Eine solche irreale Überlegung ist übrigens – entgegen verbreiteter Auffassungen – keine nutzlose Spekulation. Vielmehr berührt sie die Frage nach der Erklärung, unter welchen Bedingungen Sprachen einen amtlichen (=offiziellen) Status in internationalen politischen Organisationen erhalten. Im Hinblick darauf ist z.b. auch der empirische Befund wichtig, dass Russisch dann nach dem Zweiten Weltkrieg den Status einer Amts- und später auch Arbeitssprache in den VN erhielt. Dies legt die Annahme nahe, die Ostrower's Formulierungen auch implizieren, dass Sprachen von Siegerstaaten bessere Chancen haben, einen amtlichen Status in einer internationalen Organisation zu erlangen, als Sprachen von besiegten Staaten. Dies gilt besonders für internationale politische Organisationen, die unmittelbar nach dem betreffenden Krieg gegründet werden. Insofern war es auch für Frankreich wichtig, nach dem Zweiten Weltkrieg als Siegermacht anerkannt zu werden.

Selbstverständlich handelt es sich dabei immer nur um einen von mehreren Faktoren. Sowohl bei der Gründung des Völkerbundes als auch der VN hatte Französisch im Vergleich zu Deutsch eine weit gewichtigere Tradition als internationale Sprache der Diplomatie, aber im Vergleich zu Englisch die geringere globale Verbreitung und einen schwächeren numerischen und ökonomischen Rückhalt in seiner Sprachgemeinschaft (Kap. D.4 bzw. C.2 und C.4). Jedoch war das Ansehen von Deutsch nach dem Ersten Weltkrieg noch nicht so schwer beschädigt wie nach dem Zweiten Weltkrieg. Dass es dennoch auch im Fortgang der Geschichte als Amtssprache des Völkerbundes nicht in Betracht kam, war zusätzlich dadurch bedingt, dass – wie ebenfalls schon in Kap. H.1 erwähnt – Deutschland erst 1926 als Mitglied aufgenommen wurde und schon 1933 unter nationalsozialistischer Herrschaft schon wieder austrat.

Noch schlechter waren die Aussichten für Deutsch, nach dem Zweiten Weltkrieg Amtssprache der Nachfolgeorganisation des Völkerbundes, der VN zu werden. Da jedoch die Zahl der Sprachen, die für einen amtlichen Status in Betracht kamen, jetzt größer war als früher im Völkerbund, wurde auf der Gründungskonferenz in San Franzisko 1945 aufgrund von Zweckmäßigkeitsüberlegungen unterschieden zwischen *Arbeitssprachen* und *Nur-Amtssprachen*. Letzteren Terminus führe ich hier behelfsmäßig ein für einen eingeschränkten amtlichen Status. Im Gegensatz zu Nur-Amtssprachen spreche ich gelegentlich verdeutlichend auch von *Voll-Amtssprachen*, die dann immer auch Arbeitssprachen sind. Mengentheoretisch gilt dann die folgende Beziehung: Sprachen mit amtlichem Status (=Amtssprachen) = {Arbeitssprachen (=Voll-Amtssprachen) ∪

Nur-Amtssprachen}. Was die VN angeht, so findet sich in ihrem Gründungsvertrag kein ausdrücklicher Hinweis auf die Sprachen mit amtlichem Status; die ursprünglichen 5 Amtssprachen sind jedoch daran erkennbar, dass der Vertrag in allen 5 abgefasst ist. Von Anfang an verstand man sich darauf, dass zwar alle 5 Amtssprachen allgemein verwendet werden durften, dass aber nicht immer alle übersetzt oder gedolmetscht werden mussten. Dagegen wurde gleich von 1945 an aus dem Englischen und Französischen und ab 1948 auch aus dem Spanischen in alle anderen Sprachen übersetzt und gedolmetscht. In diesem Sinne waren diese Sprachen Arbeitssprachen, und waren – im Gegensatz dazu – Chinesisch und Russisch Nur-Amtssprachen, und blieben es zunächst auch trotz gegenteiligen Insistierens der Sowjetunion und Chinas (Ostrower 1965: 407-421, 422-427). Arabisch kam im Jahre 1973 als sechste Nur-Amtssprache hinzu, zunächst lediglich in der Generalversammlung und in deren sechs Hauptausschüssen, und unter der Bedingung der Selbstfinanzierung durch die arabischen Staaten in den ersten beiden Jahren.

Der Unterschied zwischen Arbeitssprachen und Nur-Amtssprachen wurde allerdings mit der Zeit verwässert, wenn er auch von Seiten mancher Anhänger der einst exklusiven Arbeitssprachen weiterhin betont wurde (z.B. Tavernier 1988). Die Nur-Amtssprachen wurden schließlich auch Arbeitssprachen. So fallen insbesondere in der Generalversammlung und im Sicherheitsrat „inzwischen die Amts- [=Nur-Amts-! U.A.] und Arbeitssprachen zusammen, so daß von jeder Sprache in jede gedolmetscht wird und alle Dokumente in allen Sprachen [den 6 Amtssprachen! U.A.] erscheinen." (Paqué 1980: 165). In den anderen Organen der VN behält allerdings die Unterscheidung weiterhin einen Sinn, insofern nämlich in die Arbeitssprachen (zumeist Englisch, Französisch und Spanisch) alles mündlich und schriftlich übersetzt wird, wogegen die Nur-Amtssprachen (zumeist Russisch, Chinesisch und Arabisch) nur als Originalsprachen verwendet werden dürfen (vgl. zu einem detaillierten, noch immer weitgehend gültigen Gesamtüberblick Tabory 1980: 7-20, vor allem 8, Table 1; aktueller, aber pauschaler Unser 2004: 185-187; Wu 2005: 47-50).

Es wäre zu einfach, die Nichtaufnahme von Deutsch unter die VN-Amtssprachen allein auf den Nationalsozialismus und seine verheerenden Folgen zurückzuführen. Man sieht das, wenn man die für die Auswahl der Amtssprachen von Sachkennern vermuteten Kriterien betrachtet. Diese Kriterien sind zwar rekonstruiert; sie lagen bei der Wahl der Amtssprachen nicht explizit vor, und die Wahl der 5 ursprünglichen Amtssprachen geschah ohne darauf bezogene Argumentation; sie erscheinen aber rückblickend plausibel. Diese Kriterien hätten damals nicht gereicht für die Einbeziehung der deutschen Sprache, zumindest wären sie dafür nicht zwingend gewesen. Sie würden vielleicht nicht einmal heute ausreichen, nachdem sich die deutschsprachigen Staaten von den unmittelbaren Folgen des Nationalsozialismus einigermaßen erholt haben. Die tieferen Ursachen, warum Deutsch diese Kriterien nicht erfüllte und vielleicht auch heute nicht erfüllt, sind in der Geschichte der deutschsprachigen Staaten zu suchen, aus der hier nur einige besonders markante Ereignisse angedeutet werden können. Eine weit in die Geschichte zurückreichende Ursache ist der fehlende politische Zusammenhalt der deutschsprachigen Gebiete durch anhaltenden Feudalismus sowie deren Zerstückelung und Zerstörung infolge konfessioneller Konflikte seit der Reformation, vor allem durch den Dreißigjährigen Krieg und den Westfälischen Frieden, anstatt der Entstehung eines vereinigten Nationalstaates wie in Spanien, Frankreich oder England. Weiter – infolge der späten Vereinigung zum Deutschen Reich – die beschränkte, kurzlebige Kolonialpolitik, die durch den Ersten Weltkrieg beendet wurde. Dadurch blieb Deutsch als nationale Amtssprache auf Europa beschränkt. Ferner die anfängliche Ausschließung (bis 1926) und – nach Aufnahme – baldige erneute Selbstverabschiedung Deutschlands aus dem Völkerbund (1933), wodurch die Chance der Re-Etablierung von Deutsch in der Diplomatie verspielt wurde. Vollends geschah dies dann durch den Nationalismus und dessen verheerende Folgen, die bis heute nachwirken.

Alexander Ostrower (1965: 406) hat die nach seiner Einschätzung wichtigsten Gründe für die Aufnahme unter die VN-Amtssprachen folgendermaßen zusammengefasst:

Sprachen	Gründe für Aufnahme
Französisch und Englisch	„two international languages with a distinguished record of past performance in diplomacy"
Spanisch	„language of [...] Central and South-American countries"; „better choice [than Portuguese]"
Russisch	„the language of one of the two dominant powers"
Chinesisch	„the idiom of the largest and most populous power on the Asiatic mainland".

Auf das 1973 einbezogene Arabisch trifft wohl der analoge Grund zu wie auf Spanisch (Sprache zahlreicher Staaten des Mittleren Ostens, Amtssprache von damals 22 Staaten, heute 23, nach Banks 2007, oder sogar 26, nach *Fischer Weltalmanach 2007*). Deutsch wird demnach von den VN-Amtssprachen übertroffen, und zwar zum Teil erheblich, entweder nach der Zahl der Staaten, in denen sie staatliche Amtssprache sind (Englisch, Französisch, Spanisch, Arabisch), oder nach der Sprecherzahl (Englisch, Spanisch, Russisch, Chinesisch, Arabisch) oder nach beidem (Englisch, Spanisch, Arabisch) und wäre aufgrund dieser Kriterien im Grunde legitimerweise nicht beteiligt. Jedoch sprächen für Deutsch die Wirtschaftskraft der deutschsprachigen Staaten, die den VN seit deren Aufnahme (Österreich 1955, BRD und DDR 1973, Liechtenstein 1990, Schweiz 2002) auch erkleckliche Beitragszahlungen beschert hat, ferner die weite Verbreitung als Fremdsprache in der Welt (Kap. K.7) sowie – jedenfalls noch in den 1970er Jahren, als die Aufnahme in die VN denkbar erschien – die große, allerdings inzwischen verblasste Tradition als internationale Wissenschaftssprache (Kap. G.1). Jedoch sind auf solchen Grundlagen bislang keine oder zumindest keine mehrheitlich anerkannten Kriterien für den amtlichen Status von Sprachen in den VN entwickelt worden.

Eine große Zahl von Staaten mit der betreffenden staatlichen Amtssprache gewährleistet nicht nur viele Stimmen für die Aufnahme unter die VN-Amtssprachen, sondern ermöglicht auch „Geschäfte auf Gegenseitigkeit", wie Ostrower (1965: 412f.) sie zwischen den spanischsprachigen und den arabischsprachigen Staaten sieht. Als die spanischsprachigen Staaten um die Statuserhöhung von Spanisch zur Arbeitssprache kämpften, wurden sie von den arabischsprachigen Staaten in der ausdrücklichen Erwartung unterstützt, dass sie ihrerseits zu gegebener Zeit die arabischsprachigen Staaten bezüglich Arabisch unterstützen würden, was dann auch geschah. Solche „Zusammenarbeit" war den deutschsprachigen Staaten schon wegen ihrer verhältnismäßig geringen Zahl (=Stimmenzahl) und späten Beitritte verwehrt. Wie schon erwähnt, sind die Schweiz und Liechtenstein den VN erst 2002 bzw. 1990 beigetreten, und auch BRD und DDR erhielten erst geraume Zeit nach der Gründung, 1973, Zutritt; nur Österreich wurde verhältnismäßig früh, 1955, Mitglied.

Dennoch gibt es diverse Indizien, dass die VN einen Antrag auf amtlichen Status der deutschen Sprache erwarteten, als BRD und DDR in die Organisation aufgenommen wurden (Tabory 1980: 43). Diese Erwartung wurde auch dadurch geweckt, dass das Arabische im gleichen Jahr zur VN-Amtssprache aufstieg. Die deutsche Seite stellte jedoch gar keinen Antrag. Dies wurde verschiedentlich, auch von mir selbst (z.B. Ammon 2005c: 92; 2009a: 122; 2010a: 98), als gravierendes Versäumnis der deutschen Auswärtigen Sprachpolitik kritisiert – mit weit reichenden, wenn auch schwierig zu ermessenden Folgen. Natürlich liegt der Einwand nahe, dass ein entsprechender Antrag nicht nur aussichtslos, sondern zudem für das Ansehen der Antragsteller schädlich gewesen wäre, weil er im Lichte der furchtbaren deutschen Geschichte als Mangel an Augenmaß und Sensibilität bewertet worden wäre. Dass hier Klärungsbedarf besteht, braucht wohl kaum hervorgehoben zu werden. Daher ist ein einschlägiges Forschungsprojekt, das die damaligen Hintergründe und Umstände aufarbeitet und eine sachlich angemessene Bewertung liefert, ein Desiderat.

Es lässt sich kaum ermessen, welch negative Wirkung auf die Stellung der deutschen Sprache in der Welt, speziell im Handlungsfeld der Diplomatie, der fehlende amtliche Status bei den VN hat. Weltweit werden von den Diplomaten zu allererst Kenntnisse in den VN-Amtssprachen erwartet, was schon ihre Anstellungsvoraussetzungen und Fremdsprachenschulung verraten. Auch für den deutschen Auswärtigen Dienst werden solide Kenntnisse von „zwei Amtssprachen der VN vorausgesetzt (Bernhard E. Hauer, Auswärtiges Amt, E-Mail 22.11.2010). Typisch ist, dass sogar an Hochschulen mit einem Schwerpunkt in Deutsch als Fremdsprache Deutsch in der Sprachausbildung für Diplomaten fehlt, so z.B. an der Staatlichen Linguistischen Universität in Moskau, wo es nur „Kurse für UN-Dolmetscher/ Übersetzer in den UN-Sprachen Englisch, Französisch und Spanisch" gibt (Alekseeva 2011: 131) – was sicher auch das sonstige Prestige von Deutsch vor Ort beeinträchtigt. Auch dass man die deutsche Sprache in den weltweit wahrgenommenen Verhandlungen der VN fast nie hört, geschweige denn auf Schriftbändern und dergleichen sieht, ist ihrer internationalen Stellung abträglich. So war es englischsprachigen Medien eine extra Meldung wert, als Außenminister Fischer eine Rede vor der Vollversammlung der VN auf Deutsch hielt (selbstverständlich gedolmetscht in die VN-Amtssprachen): „In New York last week, German Foreign Minister Joschka Fischer delivered a speech to the United Nations General Assembly. It wasn't the first time the statesman had done so, but until now, he's always spoken in English, without exception. This time he made his first official speech abroad in German." (www.dw.world.de/dw/article/0,1546,13454740,00.html – abgerufen 24.11.2004). Jedoch bleiben solche „Auftritte" der deutschen Sprache auf der diplomatischen Weltbühne bei fehlendem VN-Amtssprach-Status seltene Ausnahmen.

Immerhin wurde Deutsch rund ein Jahr nach Aufnahme der BRD und der DDR, also 1974, auf Antrag der drei damaligen deutschsprachigen Mitglieder (BRD, DDR, Österreich) *Dokumentensprache* der VN (Resolution 3355 (XXIX) der Generalversammlung vom 18.12.1974), und zwar mit Wirksamkeit zum 01.07.1975. Wertvolle Informationen zum Status von Deutsch in den VN verdanke ich dem Chefredakteur der Zeitschrift *Vereinte Nationen*, Volker Weyel, und dem ersten Direktor des Deutschen VN-Übersetzungsdienstes, Ruprecht Paqué. Aufgrund des Status einer Dokumentensprache werden die wichtigsten amtlichen Schriftstücke der Generalversammlung sowie die Resolutionen des Sicherheitsrates und des Wirtschafts- und Sozialrates ins Deutsche übersetzt. Hierfür wurde ein eigener Deutscher Übersetzungsdienst eingerichtet und der Hauptabteilung Konferenzdienste des Sekretariats der VN eingegliedert. Voraussetzung war allerdings, dass die Kosten bis auf Weiteres, faktisch offenbar auf Dauer, vollständig von den interessierten deutschsprachigen Staaten getragen werden – während die Übersetzungs- und Dolmetschkosten für die sechs Amtssprachen gänzlich von den VN übernommen werden. Auch finanziell ist also dieser Status einer Dokumentensprache viel ungünstiger als der einer Amtssprache. Dabei waren für das Arabische, das vor der Zeit als Amtssprache auch schon Dokumentensprache gewesen war (1955-1973), die Kosten von den VN getragen worden.

Die Kosten für Deutsch als Dokumentensprache teilten sich die BRD und Österreich, nachdem die DDR ihre anfängliche Beteiligung im Jahr 1982 aufkündigte („Verschiedenes [...]", *Vereinte Nationen* 5/ 1983: 164-166; *Bericht der Bundesregierung* 1985: 17, 90). Neuerdings werden die Kosten über einen Treuhandfonds beglichen, der aus Beiträgen Deutschlands, Österreichs, der Schweiz und Liechtensteins finanziert wird. Deutschland und Österreich haben einen Vertrag mit den VN unterzeichnet, der sie zur Zahlung eines Jahresbeitrags für die Finanzierung des Deutschen Übersetzungsdienstes verpflichtet. Die Schweiz und Liechtenstein zahlen freiwillig. Die Schweiz zahlt, sofern der Bundesrat dies genehmigt, einen Betrag proportional zu ihrem Jahresbeitrag zu den VN, Liechtenstein einen Beitrag von etwa 3.000 $ im Jahr. Der Rest wird von Deutschland und Österreich im Verhältnis 91,2% zu 8,8% getragen.

Im Terminus *Dokumentensprache*, der übrigens in der betreffenden Resolution der Generalversammlung nicht vorkommt, aber sich inzwischen eingebürgert hat, kommt auch zum Ausdruck, dass – im Unterschied zu den Amtssprachen – ins Deutsche nicht (mündlich) gedolmetscht, sondern nur schriftlich übersetzt wird (vgl. zu Details Jaschek 1977; Paqué 1980). Ein anderer bedeutsamer Unterschied gegenüber den Amtssprachen besteht darin, dass ins Deutsche nur die wichtigsten, also nicht alle Schriftstücke übersetzt werden, weshalb man genauer bisweilen auch von einer *Semidokumentensprache* spricht (Hinweis R. Paqué).

Obwohl die Kluft zwischen Dokumentensprache und Amtssprache der VN tief erscheint, haben sachkundige Beobachter sie nicht für unüberwindbar gehalten – trotz des Versäumnisses eines gleich anfänglichen Antrags auf den Status als Amtssprache. Tabory (1980) erinnert dabei an das Arabische als Präzedenzfall. Zwar bleibt die Parallelisierung von Deutsch und Arabisch wegen der größeren Sprecher- und Staatenzahl des Arabischen fragwürdig (Kap. C.2 bzw. D.4), jedoch ist die Einschätzung Tabory's – wenige Jahre nach der Etablierung von Deutsch als Dokumentensprache und unter ausdrücklichem Bezug darauf – gleichwohl interessant, zumal die Verfasserin als Lehrkraft der Universität von Tel Aviv (zur Zeit der Publikation ihres Buches) nicht im Verdacht steht, die Interessen der deutschsprachigen Staaten zu vertreten:

„Der Prozess der Hinzunahme von Deutsch zu den Sprachen der VN [„to the roster of United Nations languages"] hat schon begonnen. Die Entscheidung der Generalversammlung, bestimmte Dokumente ins Deutsche übersetzen zu lassen, [...] erinnert an die frühere Resolution [1974, mit Wirkung ab 1975! U.A.], die in ähnlicher Weise die Übersetzung mancher Dokumente der Generalversammlung ins Arabische vorsah. [...] Aufgrund der Erfahrung mit dem Arabischen könnte eine solche Maßnahme [Deutsch als Dokumentensprache aufzunehmen! U.A.] nur der erste Schritt sein, um schließlich noch eine weitere Amts- und Arbeitssprache der Generalversammlung hinzuzufügen. Die Delegationen, die einst die Übersetzung von Dokumenten ins Arabische befürworteten, glaubten nicht, dass sie damit einen Präzedenzfall für die Aufnahme weiterer Sprachen schaffen würden, aber diejenigen, die warnten, dass das Präzedens des Arabischen in Zukunft nur schwer ignoriert werden könne, mögen letztlich recht behalten." (Tabory 1980: 43. Übs. U.A.)

Wiederum jedoch hat es offenbar keinerlei Versuch seitens der deutschsprachigen Mitgliedstaaten der VN gegeben, entsprechend aktiv zu werden. Allerdings wäre ein solcher Versuch sicher nur in geringem Zeitabstand von der Etablierung als Dokumentensprache aussichtsreich gewesen. Nach einer längeren Zeit fragloser Hinnahme dieses Status hätte man einem solchen Antrag wohl kaum noch Verständnis entgegen gebracht.

Einen ähnlichen Status wie bei der Generalversammlung, beim Sicherheitsrat und beim Wirtschafts- und Sozialrat der VN, also als eine Art Dokumentensprache, hat Deutsch auch in einigen Sonderorganisationen der VN, nämlich im *Weltpostverein* (Tavernier 1988), in der *Ernährungs- und Landwirtschaftsorganisation* (*Bericht der Bundesregierung* 1985: 85), in der *Internationalen Arbeitsorganisation*, in der *Weltgesundheitsorganisation* und in der *Weltbank* (Paqué 1980: 170) sowie eine Art amtlichen Status in der *Weltorganisation für geistiges Eigentum*, wo Patentanmeldungen auf Deutsch eingereicht werden können (Tavernier 1988; de.wikipedia.org/wiki/Sonderorganisationen_der_Vereinten_ Nationen – abgerufen 14.12.2011).

Dagegen genießt Deutsch in anderen wichtigen Teilorganisationen der VN keinerlei bevorzugten Status, auch nicht – was besonders schwer wiegt – bei der UNESCO (United Nations Educational and Cultural Organisation). Die Nichtberücksichtigung speziell bei dieser Sonderorganisation wurde gelegentlich als ausgesprochene Diskriminierung bewertet (z.B. von Kloss, 1974b: 36). Diese Einschätzung ist nicht ganz von der Hand zu weisen, wenn man bedenkt, dass sowohl Italienisch als auch Hindi bei der UNESCO einen derartigen, bevorzugten Status erhalten haben – neben den sechs VN-Amtssprachen. Man muss dabei bedenken, dass Deutsch das Italienische in beiden für die VN-Amtssprachen offenbar maßgeblichen Kriterien (siehe oben!) übertrifft: der Sprecherzahl und der Anzahl der Staaten, in denen es Amtssprache ist, und dass es hinsichtlich des letzteren Kriteriums auch Hindi aussticht. Man kann sich daher des Eindrucks nicht erwehren, dass hier andere Kriterien im Spiel waren, wie vielleicht die deutsche Politik bis 1945 oder womöglich eine Geringerbewertung der deutschen Kultur – ganz im Gegensatz zum Topos vom „Volk der Dichter und Denker".

Kaum überraschend ist dagegen die Nicht-Amtlichkeit von Deutsch in anderen internationalen politischen Organisationen, vor allem solchen mit regionalen Schwerpunkten außerhalb Europas, aber auch z.B. der NATO, Letzteres schon als Folge der Kriege und weil kein deutschsprachiger Staat Atommacht ist (vgl. zu den Sprachenregelungen verschiedener internationaler Organisationen auch Haselhuber 2012: 12-14).

		Arbeits-sprache 1987	Arbeits-sprache 2007	Amts-sprache 1987	Amts-sprache 2007	Arbeits- oder Amts-sprache 2007
1.	Englisch	16	18	35	39	57
2.	Französisch	12	12	37	38	50
3.	Spanisch	9	10	19	23	33
4.	Arabisch	2	6	5	17	23
5.	Chinesisch	5	5	10	8	13
6.	Russisch	1	5	4	8	13
7.	Portugiesisch	0	2	3	9	11
8.	Deutsch	1	1	3	4	5
9.	Italienisch	0	0	2	3	3
10.	Niederländisch	1	1	2	2	3
11.	Kisuaheli	-	2	-	0	2
12.	Dänisch	0	0	2	2	2
13.	Schwedisch	-	0	-	2	2
14.	Estnisch	-	0	-	1	1
15.	Finnisch	-	0	-	1	1
16.	Griechisch	-	0	-	1	1
17.	Lettisch	-	0	-	1	1
18.	Litauisch	-	0	-	1	1
19.	Maltesisch	-	0	-	1	1
20.	Norwegisch	-	0	-	1	1
21.	Polnisch	-	0	-	1	1
22.	Slowakisch	-	0	-	1	1
23.	Slowenisch	-	0	-	1	1
24.	Tschechisch	-	0	-	1	1
25.	Ungarisch	-	0	-	1	1

Tab. H.3-1: Rangordnung der Sprachen nach dem Status in internationalen politischen Organisationen (Quellen : Banks/Muller 1987 und Banks/Muller/Overstreet 2007)

Tab. H.3-1 gibt einen Zahlenüberblick, in wie vielen internationalen politischen Organisationen welche Sprachen den Status einer Arbeitsprache oder einer Amtssprache (Nur-Amtssprache) haben. Die Daten wurden ermittelt aus dem

Political Handbook of the World: 1987/ 2007 von Banks (1987/ 2007), wobei für 1987 die mit „-" markierten Angaben nicht erfasst wurden. Die Rangordnung richtet sich – in der hier genannten Abfolge – nach 1) der addierten Gesamthäufigkeit 2007 (Häufigkeit als Arbeits- und Amtssprache, letzte Spalte), 2) dem Vorrang von Arbeitssprache vor Amtssprache 2007 (bei gleicher addierter Gesamthäufigkeit), 3) der alphabetischen Reihenfolge (bei Gleichheit hinsichtlich 2 und 3). Bei der Auszählung war Bettina Thode behilflich.

Offensichtlich spielt Deutsch eine verhältnismäßig geringe Rolle in internationalen politischen Organisationen, insbesondere im Vergleich zu Englisch, Französisch und Spanisch. Auffällig ist, dass genau die sechs VN-Amtssprachen obenan stehen und dass außer ihnen noch Portugiesisch vor Deutsch platziert ist. Somit liegt die Vermutung nahe, dass einerseits der amtliche Status in den VN den Zugang zu anderen internationalen politischen Organisationen erleichtert und dass andererseits eine weite Verbreitung als staatliche Amtssprache, möglichst auf mehrere Kontinente, dafür förderlich ist. So ist Portugiesisch als staatliche Amtssprache außer in Europa auch in Südamerika und Afrika verankert und gelangt dadurch in internationale politische Organisationen, die auf diesen Kontinenten ihre Schwerpunkte haben.

Bei näherer Betrachtung zeigt sich, dass Banks (2007) für Deutsch überhaupt nur in europäischen internationalen politischen Organisationen einen amtlichen Status ausweist, oder in solchen, die ihren Hauptsitz in Europa haben. Im Einzelnen handelt es sich dabei um folgende Organisationen (alphabetisch geordnet), deren weitere Amtssprachen, außer Deutsch, jeweils in Klammern beigefügt sind:

(1) Bank für internationalen Zahlungsausgleich (Sitz in Basel: außerdem Englisch, Französisch, Italienisch)
(2) Europarat (außerdem Italienisch, Russisch – sowie Englisch, Französisch als höherrangige „Amtssprachen", so die Terminologie des Europarats. Siehe unten!)
(3) Europäische Union (EU) (außerdem 23 weitere Amtssprachen, seit 01. 07. 2013)
(4) European Organisation for the Safety of Air Navigation (EUROCONTROL) (außerdem Englisch, Französisch, Niederländisch, Portugiesisch)
(5) *Ernährungs- und Landwirtschaftsorganisation* (FAO, Sonderorganisation der VN, Sitz in Rom: außerdem die 6 VN-Amtssprachen).

Die Angaben bei Banks bedürfen allerdings der kritischen Kommentierung. Die Angabe zu (5) FAO (als „official language", so Banks) ist falsch; Deutsch ist dort – wie oben angedeutet – nur Dokumentensprache. Mit gleichem Recht hätten

– wie ebenfalls oben dargelegt – auch der Weltpostverein, die Internationale Arbeitsorganisation, die Weltgesundheitsorganisation und die Weltbank genannt werden können, wo Deutsch ebenfalls Dokumentensprache ist. Ich habe trotz dieser Missverhältnisse die Zählung nach Banks in Tab. H.3-1 beibehalten, da ich seine Angaben für die anderen Sprachen nicht einzeln überprüfen und damit auch nicht entsprechend korrigieren konnte. Bei (3), der EU, ist die Kategorisierung als ‚internationale Organisation' höchst fragwürdig (vgl. Kap. H.4). Dieser Zweifel tangiert eine Reihe anderer Sprachen, die nur aufgrund des Status einer Amtssprache in der EU in Tab. H.3.-1 gelangt sind (11 von 25; ab 14., Estnisch, bis 25., Ungarisch, alle außer Norwegisch, und heute weiterer). Außerdem ist die Angabe für Deutsch als Nur-Amtssprache bei der EU nicht wirklich angemessen. Vielmehr kann man Deutsch mit einer gewissen Berechtigung durchaus als Arbeitssprache der EU kategorisieren. Diesen Status hat Deutsch besonders in der gewichtigen EU-Kommission, wenn es auch dem Englischen und Französischen im faktischen Gebrauch weit nachsteht (Näheres dazu in Kap. H.4.2 und H.4.6).

Die untergeordnete Stellung von Deutsch gegenüber Englisch und Französisch ist noch deutlicher im Europarat (2) (siehe zu Details During 1995). Für diesen sind die Sprachstatusangaben bei Banks grundsätzlich fragwürdig, da die Terminologie des Europarats der sonst üblichen und auch im vorliegenden Buch verwendeten entgegengesetzt ist. So lautet der Status von Deutsch im Europarat zwar „Arbeitssprache" („working language"), ebenso für Italienisch und Russisch, ist aber faktisch der einer Nur-Amtssprache. Die wirklichen Arbeitssprachen (=Voll-Amtssprachen) des Europarates sind Englisch und Französisch (aufgrund der Resolution 52 des Europarats vom 11.12.1970), die dort jedoch „Amtssprachen" heißen. Dementsprechend ist die Verwendung von Deutsch, Italienisch und Russisch im Vergleich zu Englisch und Französisch erheblich eingeschränkt. So werden etwa in der Parlamentarischen Versammlung und im Ministerkomitee die Abschlussberichte nur auf Englisch und Französisch verfasst (Regel 22 der Verfahrensordnung vom 02.03.1971). Zwar lassen sich demnach die Zahlen von Banks (2007) für Deutsch als Arbeitssprache und Amtssprache (Nur-Amtssprache) mit einer gewissen Berechtigung vertreten, sollten aber folgendermaßen zugeordnet werden: Arbeitssprache in der EU, (Nur-)Amtssprache im Europarat (siehe zu Deutsch im Europarat als Beispiel verfehlter Sprachenpolitik Deutschlands Kap. H.4.6: Abschnitt 4).

Der gegenüber Englisch und Französisch geringere Status im Europarat (47 Mitgliedstaaten 2012) hat übrigens zur Folge, dass Deutsch auch weder Arbeitssprache am Europäischen Gerichtshof für Menschenrechte noch am Europäischen Fremdsprachenzentrum in Graz sein kann, beides Organe des Europarats. Ferner, dass es keine, zumindest keine volle Unterrichtssprache ist an den Europakollegs in Brügge (Belgien) und Natolin (Polen), wo jährlich rund 400 Europa-Experten ausgebildet werden, ausgenommen bei der Ausbildung für die Sprachendienste – immerhin ist es jedoch Studienfach in einzelnen Studiengängen, vor allem für den Diplomatischen Dienst.

Ein Antrag der deutschsprachigen und einiger weiterer Mitgliedstaaten des Europarats auf Deutsch als „Amtssprache" (also Arbeitssprache) ist 1994 gescheitert, ebenso verschiedene weitere Vorstöße. „Bislang scheiterte es am Geldmangel im Europarat" (*Das Parlament* 11. 05. 2001: 17) – so der meist genannte Ablehnungsgrund (Merker 2006: 66f.). Jedoch tragen die deutschsprachigen Mitgliedstaaten mehr zum Budget des Europarats bei als die französisch- und englischsprachigen. Die Ablehnung des Antrags der deutschsprachigen Staaten ist vielleicht ein Lehrstück diplomatischen Geschicks im doppelten Sinn des Wortes (‚Schicksal' und ‚Geschicklichkeit'). Er lässt einerseits ahnen, wie schwierig es ist, eine Sprache lange Zeit nach der Gründung der Organisation dort als Amtssprache einzuführen (obwohl es den Arabischen Staaten bei den VN gelungen ist). Keiner der deutschsprachigen Staaten gehörte zu den Gründerstaaten des Europarates am 5. Mai 1949. Die BRD trat als erster deutschsprachiger Staat am 2. Mai 1951 bei. Der Antrag auf Amtssprach-Status für Deutsch folgte über 40 Jahre später. Andererseits zeigt das Beispiel die Folgen abträglicher Sparsamkeit, die sich vor allem Deutschland vorhalten lassen muss. Der Antrag auf Amtssprach-Status für Deutsch wurde Anfang der 1990er Jahre vor allem von Liechtenstein vorangetrieben. Er wäre vermutlich erfolgreich gewesen, wenn Deutschland seinen angemessenen Teil der Kosten übernommen hätte, die im niedrigen einstelligen Millionen-Bereich lagen. Österreich und Liechtenstein waren für ihren Teil dazu bereit (Merker 2006: 58f.). Typisch für die Laxheit der deutschen Haltung, auch noch später, die allem Anschein nach auf Unkenntnis der Folgen beruhte, ist die Bemerkung einer Mitarbeiterin der deutschen Delegation des Europarates bei einem Telefonat, „dass es doch nicht schlimm ist, dass Deutsch keine Amtssprache ist. Es wird ja alles gedolmetscht." Dem fügt Stefanie Merker (2006: 54), die hierzu recherchiert hat, hinzu: „ Diese Ansicht scheinen viele Delegierte zu teilen." Gemeint sind die Delegierten Deutschlands beim Europarat. Die genaueren Hintergründe der Zurückhaltung Deutschlands wird man freilich erst ermitteln können nach dem Ende der 30-jährigen Sperrfrist für die Dokumente, ab 2024. Jedoch erweckt auch die Sprachenpolitik Deutschlands bezüglich der EU nicht den Eindruck diplomatischen Weitblicks und Könnens (siehe auch Kap. H.4.6) – jedenfalls bei der Betrachtung von außen, auf die ich weitgehend angewiesen geblieben bin.

4. Deutsch in der Europäischen Union (EU)

4.1 Zielsetzungen und Geschichte der EU

Beim Thema ‚Deutsch in der EU' verfallen Deutschsprachige leicht ins Wehklagen. Dies geschieht nicht ganz grundlos, wie das ganze Kap. H.4 im Weiteren zeigt. Überblicke über Aspekte der EU-Sprachenpolitik mit Hinweisen und Ausblicken auf Defizite und auf Abträglichkeiten für die Stellung der deutschen und anderer Sprachen, in der EU oder in der Welt, liefern – mit unterschiedlichen Schwerpunkten und Differenzierung – z.B. Phillipson (2003); Lohse (2004); Ginsburgh u.a. 2005; Ehlich (2010); Haselhuber (2012) und Kruse (2012). Auch meine eigenen Abhandlungen über die EU-Sprachenpolitik neigen zur Betonung der Nachteile für die Stellung und Zukunft von Deutsch in der EU und weltweit (z.B. Ammon 2006g; 2007b; 2009b; 2009c). Jedoch geht die Unzufriedenheit, soweit mir bekannt, nie so weit, und sollte es meines Erachtens auch nicht, die – weit über Sprachfragen hinausreichenden – Vorzüge und Vorteile in Frage zu stellen, welche die EU auch und gerade für alle (oder so gut wie alle) Deutschsprachigen mit sich gebracht hat und für die weitere Zukunft noch verspricht. Im Zweifelsfall wäre die EU das höhere Gut als eine starke Stellung der deutschen Sprache in der Welt. Die EU ist – wenn man es auf das wichtigste Ziel reduziert – entstanden, um Kriege in Europa künftig unmöglich zu machen, was sie für ihre Mitgliedstaaten auch erreicht hat, sowie um anderer, damit zusammenhängender Ziele willen. Im Vergleich zu diesen überragenden Zielsetzungen und Leistungen erscheint die Problematik der angemessenen Stellung von Sprachen eher nebensächlich. Dieser Eindruck erscheint mir unabweislich angesichts der Geschichte Europas, mit all ihrem Unheil, zu dem gerade Deutschland – in neuerer Zeit – wesentlich beigetragen hat. Dennoch sollte die Sprachenfrage in ihrer Bedeutung in der EU nicht unterschätzt werden, weil die Bürger vermutlich nur bei einer Regelung, die sowohl für die Mehrheit wie auch für sprachenbewusste Minderheiten akzeptabel ist, auf Dauer mit dem Gemeinwesen zufrieden sein werden. Der Wichtigkeit dieser Frage waren sich Politiker und Theoretiker der EU von Anfang an bewusst und sind es bis heute, wobei es zur Zeit der Abfassung dieses Textes, im Sommer 2014, um das Thema verhältnismäßig still geworden ist.

Die EU ist keine Internationale Organisation; dafür sind die Mitgliedstaaten viel zu eng verflochten. Sie ist aber auch kein Staat – ihrer Struktur nach wäre sie ein föderativer Staat (Föderation); jedoch haben dazu die Mitgliedstaaten zu viel Selbständigkeit. Ihre Stellung zwischen diesen beiden Kategorien wird meist mit dem Terminus „Staatenbund" oder neuerdings auch „Staatenverbund" bezeichnet. Die Möglichkeit der Entwicklung zu einer Föderation ist allerdings schon vielfach thematisiert worden und erscheint nicht wenigen Politikern und Politikwissenschaftlern als realistische, wenn auch nicht zwingende Perspektive (z.B. Bericht „Debatte um föderales Europa – Gabriel (SPD) drängt auf ‚politische Union'. Die SPD setzt in der Euro-Krise auf die Vision eines föderalen Europas. SPD-Chef Sigmar Gabriel fordert eine gemeinsame Steuer- und Finanzpolitik, zumindest in der Euro-Zone – und beruft sich dabei auf Helmut Kohl." *EurAktiv.de* 27.12.2011). Diese Möglichkeit sollte auch von Sprachenplanern und -politikern bedacht werden.

Eine Besonderheit der EU besteht darin, dass alle oder so gut wie alle Mitgliedstaaten und ihre Völker (Ethnien) auf eine lange Geschichte politischer oder zumindest kultureller und sprachlicher Eigenständigkeit zurückblicken können. Bei aller Verworrenheit der Beziehungen zwischen Ethnien und Staaten hat die lange Geschichte ihres Zusammenhangs doch bei Angehörigen und Bürgern psychisch tief reichende Identitätsspuren hinterlassen. Diese Tatsache muss – wie Florian Coulmas (1991b) überzeugend dargestellt hat – jegliche EU-Sprachenpolitik in Rechnung stellen (auch Haselhuber 2012: 228-232). Tatsächlich hat die EU-Sprachenpolitik dies auch von Anfang an getan. Ein Indiz dafür ist ihr äußerst behutsamer – auf den ersten Blick manchmal fast skurril anmutender – Umgang mit der sprachlichen Vielfalt der Gemeinschaft.

Eine detaillierte Geschichte der EU ist hier nicht notwendig. Es genügt eine kurze, auf die Gegenwart zustrebende Skizze der wichtigsten Etappen, vor allem soweit sie ein Licht werfen auf die sprachlichen Regelungen und Verhältnisse. Solche Skizzen, auf die ich mich hier im Wesentlichen stütze, finden sich z.B. in Coulmas (1991b), Schloßmacher ([1994b] 1997: 7-11), A. Ross (2003: 15-20), auch Schreiner (2006a; 2006b) und Haselhuber (2012: 6-12).

Die Anfänge der EU waren wirtschaftliche Zusammenschlüsse, zunächst einmal die auf Anregung des französischen Außenministers Robert Schuman 1951 gegründete *Europäische Gemeinschaft für Kohle und Stahl (EGKS)*, auch „Montanunion" genannt, die schon für alle Mitgliedstaaten verbindliche Rechtsakte setzen konnte. Die Gründungsstaaten waren Belgien, Bundesrepublik Deutschland, Frankreich, Italien, Luxemburg und Niederlande. 1957 wurden dann die – ebenfalls auf wirtschaftliche Kooperation ausgerichtete – *Europäische Atomgemeinschaft (EURATOM)* und die *Europäische Wirtschaftsgemeinschaft (EWG)* gegründet, und alle drei Europäischen Gemeinschaften wurden durch die Römischen Verträge zusammengeschlossen. 1967 schlossen sich die drei Gemeinschaften (EGKS, EWG und EURATOM) zusammen zur *Europäischen Gemeinschaft (EG)*, und erhielten einen gemeinsamer *Rat* und eine gemeinsame *Kommission*. In mehreren Schritten baute man bis 1968 die Zölle zwischen den

Mitgliedstaaten ab und schuf einen gemeinsamer Außenzoll. Die *Europäische Union (EU)* entstand dann mit dem Vertrag von Maastricht, der 1992 unterzeichnet und 1993 in Kraft gesetzt wurde.

Offenbar gab es anfangs Bestrebungen der französischen Regierung, Französisch zur einzigen Amtssprache der Organe (Institutionen) zu machen, die jedoch von anderen Mitgliedstaaten abgelehnt wurden. Die genauen Hintergründe scheinen noch klärungsbedürftig zu sein. Nach Einschätzung eines Chronisten stemmte sich vor allem die deutsche Regierung gegen die – jedenfalls statutarische – Privilegierung des Französischen und verlangte die Gleichstellung der eigenen Sprache: „Dès le départ, les délégués allemands surprennent par la fermeté de leur propos concernant le régime linguistique. Ils exigent – sans compromis possible – que la langue allemande soit mise sur la même pied que la langue française. On envisage par conséquent quatre langue officielles [...]" (Hemblenne 1992: 112; Stark 2000b: 96). Nach anderen Rekonstruktionen damaliger Vorgänge war Belgien der – vermutlich unerwartet – entschlossene Gegner, denn „das empfindliche Gleichgewicht innerhalb Belgiens vertrug keine Bevorzugung der einen Sprache, selbst auf supranationaler Ebene [...]" (A. Ross 2003: 16, gestützt auf Hinweise in verschiedenen Texten).

Ungeachtet der von zukünftiger Forschung noch genauer zu klärenden Hintergründe wurden alle staatlichen Amtssprachen der sechs Gründungsstaaten, nämlich die vier Sprachen Deutsch, Französisch, Italienisch und Niederländisch formal gleichberechtigte Amtssprachen der neuen Gemeinschaft. Daneben bestand freilich der französische sprachliche „Vormachtanspruch" weiter, dem im faktischen Sprachgebrauch auch nachgegeben wurde (Haarmann 1973b: 122-130; vgl. auch den frühen Vorschlag verschiedener Modelle bei Haarmann 1974). Allerdings scheint daneben Deutsch durchaus eine beachtliche Rolle gespielt zu haben (K. Muller 2002: 46). Erst mit der späteren Einbeziehung des Englischen verlor Französisch seinen Vorrang und wurde Deutsch an den Rand gedrängt und ist heute geradezu marginalisiert (vgl. Kap. H.4.2, H.4.6).

Die gesamte Sprachenregelung, die auch mit dem französischen Lehnwort *Sprachenregime* bezeichnet wird, wurde 1958, gleich in der ersten Verordnung des gesetzgebenden Organs, des Rats, festgelegt. Diese bildete auch die Grundlage für die spätere Aufnahme der Sprachen weiterer Mitgliedstaaten in den Kreis der Amtssprachen der Gemeinschaft. Die entsprechende Verordnung Nr. 1/58 gilt im Wesentlichen – unter Hinzufügung zahlreicher weiterer Sprachen – bis heute. Ebenso gilt weiterhin die Bestimmung, dass sie nur durch ein einstimmiges Votum der Mitgliedstaaten geändert werden kann (Kap. H.4.2).

Durch den Beitritt von Großbritannien, Irland und Dänemark im Jahr 1973 erhöhte sich die Zahl der Mitgliedstaaten auf 9 und die Zahl der EU-Amtssprachen um Dänisch und Englisch auf 6. Im Jahr 1981 folgte Griechenland, und 1986 kamen Portugal und Spanien hinzu, wodurch die Zahl der EU-Amtssprachen um Griechisch, Portugiesisch und Spanisch auf 9 anwuchs. Durch die Wiedervereinigung Deutschlands im Jahr 1990 vergrößerte sich die EU um das Gebiet der vormaligen DDR. 1995 traten Finnland, Österreich und Schweden bei, wodurch die Zahl der EU-Amtssprachen um Finnisch und Schwedisch auf 11 anstieg. Dem folgte dann 2004 die Ost- und Südosterweiterung um die zehn Staaten Estland, Lettland, Litauen, Malta, Polen, Slowakei, Slowenien, Tschechien, Ungarn und Zypern (griechischer Teil) und die Vermehrung der EU Amtssprachen auf 20 (Hinzufügung von Estnisch, Lettisch, Litauisch, Maltesisch, Polnisch, Slowakisch, Slowenisch, Tschechisch und Ungarisch). Nach der Aufnahme des Maltesischen (trotz der Vertrautheit der Malteser mit dem Englischen) beantragte Irland auch für seine Nationalsprache, Irisch (Gälisch), den Status einer EU-Amtssprache, der gewährt wurde, was die Zahl auf 21 anhob. Danach wurden im Jahr 2007 Bulgarien und Rumänien als 26. und 27. Mitgliedstaat aufgenommen, was zur Zahl von 23 EU-Amtssprachen führte. Und im Juli 2013 kam schließlich Kroatien hinzu, womit sich die Zahl der Mitgliedstaaten auf 28 und die der EU-Amtssprachen auf 24 erhöht hat. Weitere potentielle Beitrittsstaaten mit neuen Amtssprachen stehen vor der Tür. Dies sind Island, das sich aber wieder zurückziehen möchte, und die Nachfolgestaaten Jugoslawiens: Montenegro, Serbien, aber auch Bosnien und Herzegowina sowie Kosovo, und außerdem Albanien und die Türkei. Hinzu kommt eine ganze Reihe von möglichen zukünftigen Beitrittskandidaten wie die EFTA-Staaten Norwegen, Liechtenstein und Schweiz sowie Länder östlicher Partnerschaft mit der EU oder europäische „Zwergstaaten" wie Andorra, San Marino usw. (de.wikipedia.org/wiki/Beitrittskandidaten_der_Europ%C3%A4ischen_Union – abgerufen 01.07.2014). Tab. H.4.1-1 fasst die zeitliche Entwicklung mit den jeweiligen Beitritten noch einmal zusammen.

1952/58	Belgien, Deutschland, Frankreich, Italien, Luxemburg, Niederlande
1973	Dänemark, Großbritannien (und Nordirland), Irland
1981	Griechenland
1986	Portugal, Spanien
1995	Finnland, Österreich, Schweden
2004	Estland, Lettland, Litauen, Malta, Polen, Slowakei, Slowenien, Tschechien, Ungarn, Zypern
2007	Bulgarien, Rumänien
2013	Kroatien

Tab. H.4.1-1: Entstehung der EU – zeitlich gegliedert nach Beitritt der Mitgliedstaaten

Mit ihren 28 Mitgliedstaaten hatte die EU schon im Jahr 2014, eine Bevölkerungszahl von über 500 Mio. und eine Wirtschaftskraft (Bruttosozialprodukt) ähnlicher Größenordnung wie die USA, also des (immer noch) wirtschaftlich stärksten Staates der Welt. Allerdings hat die EU nicht den inneren Zusammenhalt eines Staates (einer Föderation) und ist, wie neuerdings vor allem die wirtschaftlichen Diskrepanzen zwischen den Mitgliedstaaten und die daraus erwachsenen Verwerfungen zeigen, auch nicht gefeit vor erneutem Auseinanderdriften. Eine Währungskluft ist entstanden durch die Einführung des Euro (€) im Jahr 1999 zwischen den – nach dem Beitritt Estlands im Jahr 2011 und Lettlands im Jahr 2014 – nun 19 zugehörigen und den übrigen 9 Staaten. Zur Eurozone zählen seit 01.01.2015 Belgien, Deutschland, Estland, Finnland, Frankreich, Griechenland, Irland, Italien, Lettland, Litauen, Luxemburg, Malta, Niederlande, Österreich, Portugal, Slowakei, Slowenien, Spanien und Zypern. Von den restlichen 9 Staaten haben sich alle verpflichtet, den Euro einzuführen, sobald sie die Konvergenzkriterien erreichen – mit Ausnahme von Dänemark und Großbritannien.

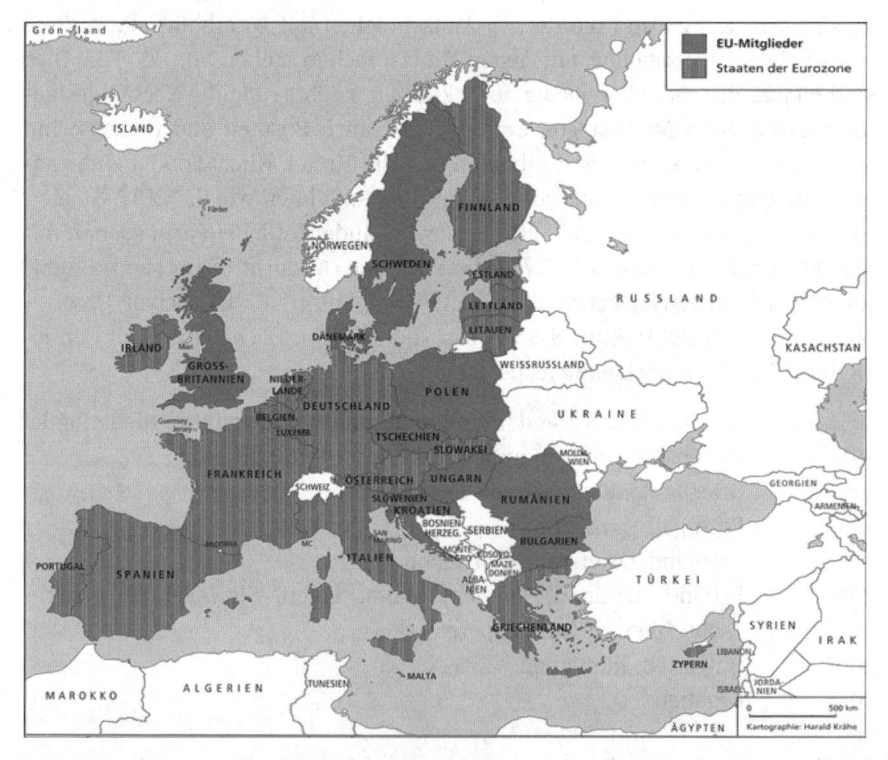

Karte H.4.1-1: Die Europäische Union und die Eurozone seit 01.01.2015

Bei allen verbleibenden Diskrepanzen ist doch auch die innere Integration mit der Zeit vorangekommen. Hierzu gehört die Erleichterung und Intensivierung von Grenzüberschreitungen, z.B. durch die Europaregionen, seit 1958 (Liste unter de.wikipedia.org/wiki/Liste_der_Europaregionen – abgerufen 04.07. 2014). Ein besonders wichtiger weiterer Schritt war das – 1985 von einer Kerngruppe von Mitgliedstaaten initiierte – Schengener Abkommen. Es wurde inzwischen, bis zum Jahr 2014, auf 30 Staaten ausgedehnt, darunter auch – mit eingeschränkter Teilanwendung – die Nicht-EU-Staaten Island, Liechtenstein, Norwegen und Schweiz. Alle neuen EU-Mitgliedstaaten sollen automatisch einbezogen werden. Ausnahmen bleiben Großbritannien und Irland, die bislang kein Interesse am Beitritt zeigen. Das Schengener Abkommen betrifft hauptsächlich die Abschaffung oder Einschränkung von Grenzkontrollen, aber auch die grenzüberschreitende Zusammenarbeit von Behörden, vor allem der Polizei. Die erleichterte und intensivierte Grenzüberschreitung hat auch – in der Summe von Mikro-Ereignissen – Folgen für die Sprachwahl und hat beigetragen zu Nachbarsprachprogrammen (vgl. dazu Raasch/ Cuny/ Bühler/ Magar 1992; Raasch 2002).

Spektakulärer und – nach meiner Einschätzung – für die sprachliche Zukunft der EU folgenreicher ist die Integration gewissermaßen auf höchster Ebene, die sich auch in den zentralen EU-Organen niedergeschlagen hat. Die bisherigen Organe mit ihren Sitzen in Brüssel, Luxemburg und Straßburg blieben dabei bestehen, bei zum Teil erweiterten Funktionen – wobei übrigens keines der traditionellen Organe außerhalb des französischen staatlichen Amtssprachgebietes platziert ist. Einen aktuellen Überblick gibt „Das Portal der Europäischen Union" im Internet (europa.eu/about-eu/institutions-bodies/index_ de.htm – abgerufen 02.07.2014). Von größter politischer Bedeutung sind dabei der Europäische Rat (Richtliniengebung), der Ministerrat (Gesetzgebung), das Europäische Parlament (Gesetzgebung und Kontrolle der Kommission), dessen Einfluss durch die achte Europawahl 22. – 25. Mai 2014 gestärkt wurde, und die Kommission (Exekutive und Gesetzesinitiative), wobei hier in Klammern jeweils nur die wichtigsten Funktionen in starker Vereinfachung angedeutet sind. Eine engere wirtschaftliche Verbindung entstand 1999 zwischen den Staaten der Eurozone, allerdings mit der – schon erwähnten – Kehrseite der Währungskluft gegenüber den Nicht-Beitrittstaaten. Die Eurozone erhielt auch die neue Institution der Europäischen Zentralbank in Frankfurt am Main und damit die erste gewichtige EU-Institution mit Sitz im deutschen Amtssprachgebiet (Kap. D.1) – Das ebenfalls im deutschen Amtssprachgebiet, in München, lokalisierte Europäische Patentamt, mit späteren Standorten auch andernorts wie Den Haag, ist keine Institution der EU, sondern eines Zusammenschlusses von 40 Staaten (im Jahr 2014).

Weitere Vertiefungen der EU, die alle Mitgliedstaaten betrafen, entstanden vor allem durch den „Lissabon-Vertrag" im Jahr 2007, der gewissermaßen als Ersatz dient für die nicht von allen Staaten akzeptierte EU-Verfassung, die 2005 in Frankreich und den Niederlanden in Referenda abgelehnt wurde. Der Lissabon-Vertrag brachte die schon zuvor auf den Weg gebrachte Außenpolitik der EU um ein gutes Stück voran. Sie war schon in der „Einheitlichen Europäischen Akte" von 1986 ins Leben gerufen und dann im Maastricht-Vertrag (in Kraft gesetzt 1993) präzisiert und als „Gemeinsame Außen- und Sicherheitspolitik (GASP)" deklariert worden. Nun wurde sie ausgestattet mit dem Amt des „Hohen Vertreters/ der Hohen Vertreterin (der EU für Außen- und Sicherheitspolitik)", das auf fünf Jahre besetzt wird und gekoppelt ist mit der Vizepräsidentschaft der Kommission. Warum allerdings gerade eine Britin, die Baroness Catherine Ashton, als Angehörige des Mitgliedstaates mit der größten Distanz zur EU, zur ersten Inhaberin dieses außerordentlich einflussreichen Amtes gewählt wurde, ist – zumindest für Außenstehende – schwer verständlich, zumal in Anbetracht ihrer eklatanten Unkenntnis von Fremdsprachen (vgl. Kap. H.4.6). Eine weitere, den inneren Zusammenhalt festigende Ämterreform war die Einführung einer Ratspräsidentschaft für die Dauer von zweieinhalb Jahren anstelle des bisher zwischen den Mitgliedstaaten halbjährlich rotierenden Amtes. Gewählt wurde dafür als erster Amtsinhaber der Belgier Herman Van Rompoy.

Beide durch diese Ämter so prominent gewordenen Politiker stehen übrigens der englischen und der französischen Sprache viel näher als der deutschen, deren einst flüchtig erworbenen Kenntnisse Baroness Ashton, wie sie selbst gestand, völlig vergessen hat. Auf Aussagen zu den Amts- oder Arbeitssprachen der Institutionen verzichtet der Lissabon-Vertrag ebenso wie der vorausgehende, abgelehnte Verfassungsentwurf, für den vor allem Linguisten wiederholt zumindest auf ein Bekenntnis zur Mehrsprachigkeit gedrängt hatten (vgl. Ammon 2005a: 196; zum Ziel der Mehrsprachigkeit in der EU Kruse 2012). Jedoch blieb die Bestimmung gewahrt, dass jegliche inhaltliche Änderung der grundlegenden Ratsverordnung Nr. 1 zur Sprachenfrage der EU weiterhin nur einstimmig möglich ist, also durch das Veto jedes einzelnen Mitgliedstaates blockiert werden kann (vgl. Kap. H.4.2).

4.2 Sprachenregelungen und Sprachwahl in den EU-Institutionen

Zur sprachlichen Situation in den EU-Institutionen, und zwar sowohl zu den rechtlichen Regelungen als auch zur sprachlichen Praxis, gibt es inzwischen eine große Zahl von Untersuchungen. Die folgenden Titel, eine kleine Auswahl aus der Gesamtheit einschlägiger Arbeiten, sind besonders informativ und sollten bei näherer Beschäftigung mit dem Thema zu Rate gezogen werden. Die meisten kommen bei den hier im Brennpunkt stehenden Fragen zur Stellung der deutschen Sprache in den EU-Institutionen in verschiedenen Teilen von Kap. H.4 zur Sprache: Haarmann 1973b; 1974; Coulmas 1991c; Mamadouh 1995; Schloßmacher 1994a; 1997; Bruha/ Seeler 1998; Oppermann 2001; de Swaan 2001a: Kap. 8; Phillipson 2003; A. Ross 2003; Lohse 2004; Ginsburgh/ Weber 2005; Wu 2005; Ehlich 2010; Kruse 2012; Ammon 2012e; Haselhuber 2012.

Wie wichtig die maßgeblichen EU-Politiker die Sprachenfrage von Anfang an nahmen, lässt sich daraus schließen, dass der Rat der einst neu gegründeten Europäischen Wirtschaftsgemeinschaft sich ihrer gleich in seiner ersten Verordnung annahm. Diese Ratsverordnung Nr. 1 galt für die Europäischen Gemeinschaften insgesamt und gilt in allen Punkten für die EU bis heute. Nur wurden den ursprünglich 4 Amtssprachen im Zuge der Erweiterung weitere 20 hinzugefügt. Damit belief sich ihre Gesamtzahl im Jahr 2014 auf 24 (seit 2013, dem Beitrittsjahr Kroatiens). Die Ratsverordnung Nr. 1 ist Teil des „Sekundärrechts", nicht des – in den Verträgen zwischen den Mitgliedstaaten festgelegten oder daraus ableitbaren – „Primärrechts". Dennoch gilt für sie nicht der für das Sekundärrecht mehr und mehr mögliche Modus der Festlegung durch Mehrheitsentscheidung. Vielmehr bedarf eine Änderung der Ratsverordnung Nr. 1 weiterhin der Zustimmung aller Mitgliedstaaten, kann also durch ein Veto jedes einzelnen Mitgliedstaates verhindert werden: „Die Regelung der Sprachenfrage für die Organe der Gemeinschaft wird unbeschadet der Satzung des Gerichtshofs vom Rat einstimmig getroffen." (Art. 290 des Vertrags von Nizza, 2003, der den früheren Art. 217 des Vertrags von Amsterdam enthält: eur-lex.euro pa.eu/de/treaties/dat/12001C/pdf/12001C_DE.pdf – abgerufen 05.03.2012) Die notwendige Einstimmigkeit einer Änderung wurde erneut bestätigt im Vertrag von Lissabon, der 2009 in Kraft trat (dazu Ginsburgh/ Weber 2011: 181). Dies verrät, welche Wichtigkeit die Mitgliedstaaten der Sprachenfrage weiterhin zuschreiben. Jürgen Gerhards (2010: 137f. – Kursivschreibung ebd.) spricht von „*interpretierter* ‚high politics' ", der – fragwürdigen – Zumessung einer ähnlichen Bedeutung wie den „Kernbereichen des Staates" (Sicherheit, Ressourcen und dergleichen). Solange keine Änderung der geltenden Regelungen zulässig ist, bleiben auch Erwägungen und Modelle zu „optimalen" Sprachenregimen (Sprachenregelungen) für die EU weitgehend Sandkastenspiele (z.B. Pool 1996; van Els 2001; 2003; 2005a; b; Grin 2004b; Gazzola 2006a; b; Ammon 2002; 2005a; 2006g; 2007b; Voslamber 2006). Dasselbe gilt für den bezüglich der deutschen Sprache großzügigen Vorschlag eines Sprachenartikels in der künftigen EU-Verfassung in einem britischen Nachrichtenmagazin: „*Languages* – English, French and German shall have equal standing as the sole official languages of the Union institutions." („A Constitution for the European Union", *The Economist* Oct. 28th 2000: 22).

Tab. H.4.2-1 zeigt die seit 2013 (mit Beitritt Kroatiens) geltende Fassung (bei Google leicht auffindbar unter „Verordnung Nr. 1 des Rates von 1958 zur Regelung der Sprachenfrage" (ausführlich zur institutionellen Sprachenregelungen der EU auch Wu 2005: 28-46).

„Der Rat der Europäischen Wirtschaftsgemeinschaft hat folgende Verordnung erlassen:

Artikel 1 Die Amtssprachen und die Arbeitssprachen der Organe der Gemeinschaft sind Bulgarisch, Dänisch, Deutsch, Englisch, Estnisch, Finnisch, Französisch, Griechisch, Irisch, Italienisch, Kroatisch, Lettisch, Litauisch, Maltesisch, Niederländisch, Polnisch, Portugiesisch, Rumänisch, Slowakisch, Slowenisch, Schwedisch, Spanisch, Tschechisch und Ungarisch.

Artikel 2 Schriftstücke, die ein Mitgliedstaat oder eine der Hoheitsgewalt eines Mitgliedstaates unterstehende Person an Organe der Gemeinschaft richtet, können nach Wahl des Absenders in einer der Amtssprachen abgefasst werden. Die Antwort ist in derselben Sprache zu erteilen.

Artikel 3 Schriftstücke, die ein Organ der Gemeinschaft an einen Mitgliedstaat oder an eine der Hoheitsgewalt eines Mitgliedstaates unterstehende Person richtet, sind in der Sprache dieses Staates abzufassen.

Artikel 4 Verordnungen und andere Schriftstücke von allgemeiner Geltung werden in den Amtssprachen abgefasst.

Artikel 5 Das Amtsblatt der Gemeinschaft erscheint in den Amtssprachen.

Artikel 6 Die Organe der Gemeinschaft können in ihren Geschäftsordnungen festlegen, wie diese Regelung der Sprachenfrage im Einzelnen anzuwenden ist.

Artikel 7 Die Sprachenfrage für das Verfahren des Gerichtshofes wird in dessen Verfahrensordnung geregelt.

Artikel 8 Hat ein Mitgliedstaat mehrere Amtssprachen, so bestimmt sich der Gebrauch der Sprache auf Antrag dieses Staates nach den auf seinem Recht beruhenden allgemeinen Regeln.

Diese Verordnung ist in allen ihren Teilen verbindlich und gilt unmittelbar in jedem Mitgliedstaat".

Tab. H.4.2-1: Verordnung Nr. 1 des Rates von 1958 (der damaligen Europäischen Wirtschaftsgemeinschaft) zur Regelung der Sprachenfrage (im Jahr 2014 für die EU geltende Fassung)

Artikel 1 nennt alle durch diese Verordnung festgelegten EU-Amtssprachen, die nur eine begrenzte Teilmenge aller in der EU gesprochenen Sprachen sind. Im

Grunde kommen nur nationale, nicht aber regionale Amtssprachen der Mitgliedstaaten in Betracht, also nicht einmal so zahlenstarke Sprachen wie Katalanisch, das eben in keinem EU-Mitgliedstaat nationale Amtssprache ist (lediglich in Andorra, das nicht zur EU gehört, in Spanien nur regionale Amtssprache – vgl. zum Unterschied zwischen nationalen und regionalen Amtssprachen Kap. D.1). Erst recht gehören Sprachen nicht dazu, die in keinem Mitgliedstaat einen höheren Status haben als den einer Minderheitssprache, sei sie autochthon oder allochthon (Immigranten-/ Migrantensprache), ganz zu schweigen von Dialekten.

Alle nationalen Amtssprachen von Mitgliedstaaten sind jedoch inzwischen in Artikel 1 aufgenommen, außer dem Letzeburgischen (dazu Kap. D.2.5). Luxemburg hat bislang auf die Einbeziehung seiner Nationalsprache (und dritten nationalen Amtssprache) verzichtet, da es mit Deutsch und Französisch, seinen beiden weiteren nationalen Amtssprachen (aber nicht Nationalsprachen), schon gut vertreten ist. Die gleiche Zurückhaltung kann man Malta und erst recht Irland nicht attestieren. Vielmehr hat Malta auf der Einbeziehung des Maltesischen in die EU-Amtssprachen bestanden, obwohl die Malteser – aufgrund der langen Geschichte als britische Kolonie – größtenteils auch Englisch können (ca. 95%). Darauf hin ist auch Irland aus seiner bisherigen Zurückhaltung erwacht und hat für das Irische (Gälische) den gleichen Status beantragt – und bekommen, obwohl alle Iren Englisch, aber nur kleineren Teils Irisch können. Von den 13 Abgeordneten im EU-Parlament sprachen zur Antragszeit sogar nur 4 Irisch, worauf hin die EU für die übrigen 9 Kurse in der eigenen „Muttersprache" angeboten hat (Gerhards 2010: 137). Eine solche Vermehrung der EU-Amtssprachen dient nicht mehr kommunikativen, sondern sprachnational(istisch)en Bedürfnissen. Wenn in dieser Weise Identitätsbedürfnisse anstelle von Kommunikationsbedürfnissen befriedigt werden, lässt sich kaum noch begründen, warum subnationalen ethnischen Gruppen nicht gleiche Sprachenrechte eingeräumt werden – was unabsehbare Ansprüche wecken könnte. In der Tat sah sich die spanische Regierung neuerdings gezwungen, die regionalen Amtssprachen des Landes auf EU-Ebene in bestimmten Situationen neben Spanisch zuzulassen und ihre Dolmetschung, ungeachtet eigener Wirtschaftskrise, selbst zu finanzieren. Hinzu kommt, dass die Vermehrung der EU-Amtssprachen den Bedarf an einer Lingua franca und damit die Dominanz von Englisch steigert. Der eindringliche Hinweis Abraham de Swaan's auf diese Gesetzmäßigkeit ist schon fast geflügeltes Wort: „The more languages the more English!" (de Swaan 2001a: Kap.8; Gerhards 2010: 148f.; vgl. Kap. H.4.3).

Der primäre Zweck der Artikel 2, 3, 4 und 5 von Verordnung Nr. 1 ist dagegen die Gewährleistung möglichst reibungsloser Kommunikation zwischen den EU-Institutionen und den EU-Mitgliedstaaten, die in der den Bürgern vertrauten

Sprache stattfinden soll. Eine solche Wahl von Sprachen wäre die angemessene Verwirklichung von Artikel 8. Für diese Kommunikation genügen in aller Regel die nationalen Amtssprachen und werden weder bloß regionale Amtssprachen noch zusätzliche, den Bürgern weniger geläufige Nationalsprachen benötigt.

Artikel 6 verdient besondere Beachtung, da er die Grundlage tief greifender Status- und Funktionsunterschiede zwischen den EU-Amtssprachen bildet. Sie heißen in Artikel 1 „[d]ie Amtssprachen und die Arbeitssprachen". Diese Ausdrucksweise lässt im Grunde offen, ob ein einheitlicher Begriff gemeint ist (was eindeutiger ausgedrückt wäre durch die Bezeichnung („Amts- und Arbeitssprachen") oder zwei verschiedene Begriffe (Amtssprachen ≠ Arbeitssprachen). Artikel 6 eröffnet die Möglichkeit des letzteren Verständnisses, da er den einzelnen Organen das Recht einräumt, für ihren speziellen Bedarf aus den in Artikel 1 genannten Sprachen Arbeitssprachen auszuwählen. Diese spezielleren Arbeitssprachen heißen in den EU-Institutionen meist „Verfahrenssprachen", wohl auch, um aus Artikel 1 entstehende Missverständnisse zu vermeiden. Ihre Auswahl ist einer der heftigsten Streitpunkte in der EU-Sprachenpolitik und von besonderer Relevanz für die deutsche Sprache, worauf ich im Fortgang des vorliegenden Kap. und in Kap. H.4.5 noch näher zu sprechen komme.

Dass Artikel 7 dem Europäischen Gerichtshof (EuGH), dem obersten Recht sprechenden Organ der EU (Sitz in Luxemburg), noch zusätzlich das Regelungsrecht für seine Verfahrenssprachen einräumt, erscheint in Anbetracht von Artikel 6 fast redundant (vgl. zum EuGH Alber 2004. Der EuGH sollte nicht verwechselt werden mit dem Europäischen Gerichtshof für Menschenrechte (EGMR) des Europarates mit Sitz in Straßburg).

Ich gebrauche im Weiteren den in der Sprachenpolitik gängigeren Terminus „Arbeitssprache" für „Verfahrenssprache" und setze davon bei Bedarf die „Nur-Amtssprachen" ab; dies sind dann diejenigen in Artikel 1 der Verordnung Nr. 1 genannten Sprachen, die den jeweils thematisierten Institutionen nicht im Sinne von Artikel 6 der Verordnung Nr. 1 als Arbeitssprachen (Verfahrenssprachen) dienen. Die in Artikel 1 genannten Sprachen nenne ich dagegen meist kurz einfach „(EU-)Amtssprachen".

Die Verordnung Nr. 1 des Rates regelt direkt vor allem die schriftliche Korrespondenz zwischen den EU-Institutionen und den Mitgliedstaaten und Bürgern. Dafür, dass sie in allen Amtssprachen erfolgen kann, sorgen die riesigen Übersetzungsdienste der EU. Allerdings sind sie – obwohl die größten derartigen Dienste weltweit – nicht wirklich in der Lage, alle relevanten Schriftstücke in die jeweiligen Amtssprachen zu übersetzen. So erhält z.B. der deutsche Bundestag erhebliche, allerdings nicht näher bezifferte Teile der ihm von der EU-Kommission übermittelten, durchaus auch „beratungsrelevanten" Texte nicht auf Deutsch, sondern auf Englisch (vgl. zu Einzelheiten Kruse 2013; Kruse/

Ammon 2013; Ammon/ Kruse 2013). Man wird davon ausgehen dürfen, dass allenfalls die englischsprachigen Mitgliedstaaten, Großbritannien und Irland, alle Texte von den EU-Institutionen in ihrer eigenen staatlichen Amtssprache erhalten.

Eklatanter sind jedoch die durch Artikel 6 legitimierten Funktionsunterschiede zwischen den EU-Amtssprachen, soweit sie den mündlichen Sprachgebrauch betreffen. Sie variieren erheblich zwischen den einzelnen Institutionen, die ich zunächst einmal im groben Überblick vorstellen möchte. Ein solcher Überblick findet sich auf der offiziellen Webseite der Europäischen Union unter „Institutionen" (www.google.com/?gws_rd=ssl#q=Portal+der+Europäischen+union – abgerufen 06.07.2014). Die mir besonders wichtig oder hinsichtlich Sprachregelungen bemerkenswert erscheinenden Institutionen, auf die ich im Weiteren einzeln Bezug nehme, werden in Tab. H.4.2-2 mit Spiegelstrichen hervorgehoben; einige andere sind danach noch en bloc aufgezählt. Bei den hervorgehobenen Institutionen sind jeweils in Klammern die Arbeitssprachen hinzugefügt, was freilich zum Teil noch der näheren Spezifizierung bedarf, die im Fortgang dieses Kap. erfolgt.

- *Europäischer Rat*: Legt die allgemeine Politikrichtung der EU fest. Staats- und Regierungschefs der Mitgliedstaaten sowie Präsident der Kommission. Vorsitzender ist für eine Amtszeit von 2,5 Jahren der Ratspräsident (alle 24 EU-Amtssprachen)
- *Europäisches Parlament*: Verabschiedet Rechtsvorschriften. Von den Bürgern direkt für eine 5-jährige Amtszeit gewählt (alle 24 EU-Amtssprachen)
- *Rat* (auch *Ministerrat*) *der Europäischen Union*: Verabschiedet Rechtsvorschriften. Vertretung der Regierungen der Mitgliedstaaten. Vorsitz durch die Mitgliedstaaten im Turnus (alle 24 EU-Amtssprachen; Englisch, Französisch vorherrschend)
- *Europäische Kommission*: Gesetzgeberische Initiative und Kontrolle der Rechtsumsetzung in den Mitgliedstaaten. Vertritt die Interessen der EU insgesamt. Vorsitzender ist für eine 5-jährige Amtszeit der/die Kommissionspräsident/in (Englisch, Französisch, beide vorherrschend, Deutsch)
- *Europäischer Auswärtiger Dienst (EAD)*: Vorsitzende/r ist für eine 5-jährige Amtszeit der Hohe Vertreter für die Außen- und Sicherheitspolitik (Englisch, Französisch)
- *Europäischer Gerichtshof (EuGH)*: Sorgt für Einhaltung des EU-Rechts (Französisch)
- *Europäische Zentralbank (EZB)*: verantwortet die Währungspolitik (Englisch)

- *Harmonisierungsamt für den Binnenmarkt*: Zuständig für die Eintragung der Gemeinschaftsmarken und Gemeinschaftsgeschmacksmuster (Deutsch, Englisch, Französisch, Italienisch, Spanisch).
- *Rechnungshof*: prüft die EU-Ausgaben; *Europäischer Wirtschafts- und Sozialausschuss*: vertritt Arbeitgeber und Arbeitnehmer; *Ausschuss der Regionen*: vertritt regionale und lokale Behörden; *Europäische Investitionsbank*: finanziert Investitionsvorhaben und unterstützt kleine Unternehmen; *Europäischer Bürgerbeauftragter*: untersucht Missstände in Verwaltung und Institutionen; *Europäischer Datenschutzbeauftragter*: schützt die persönlichen Daten der Bürger; *Amt für Veröffentlichungen*: veröffentlicht Informationen über die EU; *Europäisches Amt für Personalauswahl*: beschafft Personal für die EU-Institutionen; *Europäische Verwaltungsakademie*: organisiert Fortbildung für Mitarbeiter, u.a.

Tab. H.4.2-2: Überblick über wichtige EU-Institutionen mit ihren Arbeitssprachen

Eine detaillierte Liste der Institutionen einschließlich Arbeitssprachen liefert Huiping Wu (2005: 181f.; eine Auswahl Gerhards 2010: 130-133). Wu's Nennung der Arbeitssprachen ist jedoch – wie bei listenförmigen Kurzangaben unvermeidlich – verschiedentlich vereinfacht, was schon gewisse Abweichungen von den oben in Klammern angegeben Arbeitssprachen verraten (z.B. für die Kommission bei Wu „vollsprachig", also alle – damals 11 – EU-Amtssprachen, im Gegensatz zu den oben genannten lediglich 3 Arbeitssprachen). Ebenso simplifizieren die hier vorgenommenen Angaben zu den Arbeitssprachen die Verhältnisse. Sie verschleiern tief greifende funktionale Diskrepanzen zwischen den Sprachen, vor allem im mündlichen Sprachgebrauch, die hauptsächlich erwachsen aus den unterschiedlichen Bedingungen zwischen den förmlichen Sitzungen einerseits und den – zahlreichen – informelleren Arbeitsgruppen andererseits.

In den förmlichen Sitzungen des Europäischen Rats und des Ministerrats sind, soweit ich das ermitteln konnte, alle EU-Amtssprachen zugelassen und werden bei Bedarf simultan gedolmetscht. Der Europäische Rat „verfügt über keine Geschäftsordnung, da es sich nicht um ein Gemeinschaftsorgan handelt". Wohl aber hat der Ministerrat eine Geschäftsordnung, die jedoch keine Arbeitssprachen festlegt (europa.eu/legislation_summaries/other/o10003_de.htm – abgerufen 28.12.2011). Trotz der Möglichkeit umfassenden Simultandolmetschens haben im Ministerrat faktisch „Französisch und Englisch eine privilegierte Stellung", mit mehr und mehr Englisch („In Brüssel sticht Shakespeare Voltaire und Goethe aus", *FAZ* 03.06.2008: 17). Ein Indiz dafür ist auch die Tatsache, dass die Webseiten des Ministerrates im Verlauf der Zeit immer stärker nur noch in Englisch sowie Französisch und der Amtssprache des jeweiligen Ratsvorsitzenden erscheinen – unter Ausschluss von Deutsch (Wu 2005: 184-186). Zumindest war dies auffällig bis gegen Ende des Jahres 2009, solange der Ratsvorsitz halbjährlich zwischen den Mitgliedstaaten rotierte (seit 01.12.2009 besteht die zweieinhalbjährige Ratspräsidentschaft aufgrund des Vertrages von Lissabon, mit dem Belgier Herman van Rompuy als erstem Amtsinhaber). Dabei hatten Deutschland und Österreich sich gegen die Zurücksetzung von Deutsch im Ministerrat im Jahr 1999 resolut – und zunächst mit Erfolg – gewehrt, als Finnland das Deutsche in den informellen Ministerratssitzungen nicht mehr dolmetschen wollte (Kelletat 2001a – auch Kap. H.4.6). Am unumschränktesten fungieren in den öffentlichen Debatten des Europäischen Parlaments alle EU-Amtssprachen auch als Arbeitssprachen. So bestimmt die Geschäftsordnung: „Die Abgeordneten haben das Recht, sich in einer Amtssprache ihrer Wahl auszudrücken, während Rederecht und Redezeit strikt geregelt sind." (europa.eu/legislation_summaries/justice_freedom_security/citizenship_of_the_uni on/o10000_de.htm – abgerufen 06.04.10). Dem ist hinzugefügt (Fassung Januar 2007, Art. 2): „Die Ausführungen in einer der Amtssprachen werden simultan in alle anderen Amtssprachen sowie in jede weitere Sprache, die das Präsidium für erforderlich erachtet, übersetzt [gedolmetscht! U.A.]."

Bei 24 Amtssprachen sind 552 paarweise Sprachkombinationen möglich (n x (n-1), n = 24). So viele Dolmetscher würden gebraucht, wenn alle von nur einer Fremdsprache in die eigene Muttersprache dolmetschen würden. Jedoch wird die Zahl der Dolmetscher durch eine Reihe von Maßnahmen drastisch reduziert. Die angewandten Techniken werden detailliert beschrieben auf der Webseite der „European Commission Interpretation" (ec.europa.eu/dgs/scic/index_en.htm – abgerufen 04.03.2012). Zur möglichen Verringerung der Dolmetscherzahlen heißt es da im Kap. „Asymmetric" unter Berücksichtigung verschiedener Techniken: „A team [of interpreters! U.A.] interpreting back and forth between the current official languages requires 69 or more interpreters, but if you limit the active languages to three, you can get by with only a dozen or so interpreters." (ec.europa.eu/dgs/scic/what-is-conference-interpreting/asymmetric/index _en.htm – abgerufen 04.03.2012). Dies sind auch die Größenordnungen, mit denen bei 24 Amtssprachen zu rechnen ist. Allerdings ist asymmetrisches Dolmetschen – gemeint ist hier aus allen Amtssprachen in nur einige wenige, meist drei, die alle Beteiligten verstehen – nur selten oder im kleineren Rahmen möglich.

Die Wirkung der gängigsten Maßnahmen zur Einsparung von Dolmetschern sind – rein theoretisch und vereinfacht – folgende:

- Alle Dolmetscher dolmetschen aus mehreren Fremdsprachen. Schon beim durchschnittlichen Dolmetschen aus zwei Fremdsprachen reduziert sich die Zahl der benötigten Dolmetscher auf die Hälfte (276).
- Jedoch dolmetschen alle außer in die Muttersprache auch in Fremdsprachen („Retourdolmetschen"). Beim Dolmetschen in 1 Fremdsprache (außer in die Muttersprache), mehr ist kaum möglich, halbiert sich die Zahl noch mal (138).
- Schließlich wird nicht in alle Sprachen direkt gedolmetscht, sondern – vor allem zwischen den kleineren Sprachen (klein in der EU) – nur indirekt, über eine dazwischen geschaltete „Relaissprache" („Relaisdolmetschen"). Somit werden von kleinen zu kleinen Sprachen keine Dolmetscher benötigt. Wenn durchschnittlich zwischen 15 Sprachen nur indirekt gedolmetscht wird, entfallen 15/24 und bleiben 8/24 der soweit noch 138 Kombinationen, womit die benötigte Dolmetscherzahl auf 46 schrumpft. Wenn dann alle Kombinationen wegen der raschen Ermüdung von Dolmetschern und des dadurch notwendigen Wechsels doppelt besetzt würden, ergäbe sich ein Minimum von 92 Dolmetschern. Bei der Besetzung der Kabinen mit maximal 5 Dolmetschern (so die Ausstattung um 2004 nach Wu 2005: 66, 97) würden dann 19 Dolmetschkabinen benötigt. Diese Zahl könnte durch die Einbeziehung von Ferndolmetschern weiter gesenkt werden. In der Praxis sind die Kombinationen unregelmäßiger verteilt und führen zu noch weniger benötigten Dolmetschern.

Über Aufwand und Schwierigkeit der Volldolmetschung ist schon viel sinniert und auch gewitzelt worden (dazu auch Kelletat 2004a; b; Neff 2001; 2006). Vor allem über die Fehlerträchtigkeit infolge der unumgänglichen Sparmaßnahmen, also der Reduzierung von Sprachkombinationen und damit Dolmetschern. Besonders problematisch ist das Relaisdolmetschen, über das gespöttelt wird, die Sprecher der kleinen Sprachen (Finnen, Litauer etc.) lachten bei Witzen der Redner später als die Sprecher der großen Sprachen (Deutsch, Französisch etc.). Misslicher ist es allerdings, wenn sie gar nicht lachen oder sich bei gravierenden Problemen plötzlich erheitert zeigen, kurz: Wenn sie die Redner völlig missverstehen. Über solche Dolmetschunfälle, auch beim einfachen, nicht nur beim Relaisdolmetschen, wird in den Medien gelegentlich berichtet (Beispiele bei Gerhards 2010: 132f., aus einem Artikel von Daniela Weingärtner in *Die Zeit* 17.06.1999).

Das Relaisdolmetschen impliziert auch einen Funktionsunterschied zwischen den Relaissprachen, die zusätzliches Gewicht erhalten, auf der einen Seite und den übrigen Sprachen auf der anderen – wobei Deutsch allerdings zum Kreis der bevorzugten Relaissprachen zählt. Außerdem kann die Gefahr des Missverstandenwerdens durch Relaisverzerrungen die Sprecher kleiner Sprachen dazu motivieren, gleich eine Sprache zu sprechen, welche die meisten Teilnehmer verstehen, was in der Regel Englisch ist, dessen Stellung dadurch zusätzlich gestärkt wird. Zukünftig wird man sich sogar mehr und mehr auf generelle Englischkenntnisse verlassen können, wofür schon die Schulpolitik der EU-Mitgliedstaaten sorgt (vgl. *Sociolinguistica* 23 (2009); H. Wagener 2012).

Offenkundiger sind Stellungsunterschiede zwischen den EU-Amtssprachen in denjenigen Institutionen, die schon in ihren Statuten eine begrenzte Zahl von Arbeitssprachen festlegen. In zwei dieser Institutionen ist eine andere Sprache als Deutsch deklarierte vorrangige Arbeitssprache. Dies ist zum einen der Europäische Gerichtshof (EuGH), den Artikel 7 der Verordnung Nr.1 ausdrücklich zur gesonderten Sprachenregelung berechtigt. Dort findet die interne Beratung der Richter allein auf Französisch statt, wogegen für die Verhandlungen alle EU-Amtssprachen zugelassen sind. Zum andern ist es die Europäische Zentralbank (EZB), die als selbstständige Institution und nicht Organ der EU eigene sprachliche Festlegungen treffen kann und Englisch als einzige Arbeitssprache gewählt hat. Und dies – wie unzufriedene Anhänger der deutschen Sprache kritisch vermerkt haben – obwohl sie ihren Sitz in Frankfurt a.M., also im deutschen Amtssprachgebiet hat, wogegen doch sonst die örtliche staatliche Amtssprache meist auch Arbeitssprache der Institution ist. Ansonsten gibt es – soweit ich sehe – für keine EU-Institution eine explizite Regelung, die Deutsch als Arbeitssprache gegenüber anderen EU-Amtssprachen zurücksetzt. Eine faktisch geringere Funktion als Englisch und Französisch hat Deutsch jedoch in allen EU-Institutionen.

Für die Kommission, die – zumindest bislang nach Personalbestand und Außenwirkung – gewichtigste EU-Institution, liegt sogar die ausdrückliche Erklärung einer die deutsche Sprache einschließenden privilegierten Stellung vor. Sie hatte zunächst die Form eines Erlasses des früheren Kommissionspräsidenten Jacques Delors, der damit dem Drängen des damaligen deutschen Bundeskanzlers Helmut Kohl nachgab, mit folgendem Wortlaut: „Soweit Dokumente für den internen Gebrauch der Kommission vorgelegt werden, werden sie in den Arbeitssprachen Deutsch, Englisch und Französisch verfaßt" (*EG-Nachrichten* 34, 06.09.1993: 4). Danach fand diese Regelung, etwas präzisiert, auch Eingang in die Geschäftsordnung der Kommission, die in den drei Sprachen vorliegt. Auf Französisch lautet sie z.B.: „Les documents soumis à la Commission pour adopter par procédure orale ou écrite doivent être disponibles dans les langues procédurales (FR/EN/DE) " (*Manuel des procédures [...] de la Commission*: Exigences linguistiques en fonction de la procédure d'adoption: Art. 1 – laut Beschluss vom 20.07.2005).

Allerdings ist damit im Grunde nur verfügt, dass die Dokumente auf Deutsch vorzuliegen haben, nicht aber, dass sie auch auf Deutsch zu erarbeiten sind. Für die Vorlage genügt es, das Dokument ins Deutsche zu übersetzen, nachdem es in einer anderen Sprache erarbeitet wurde. Dabei fungiert Deutsch nur als Dokumenten-, nicht als wirkliche Arbeitssprache. Nach allen – informellen – Hinweisen, die ich zu dieser Frage erhalten habe, geschieht dies so häufig, dass es fast der Normalfall ist. Jedoch wird Deutsch ausdrücklich als „Arbeitssprache" bzw. „Verfahrenssprache/ langues procédurale/ language of procedure" bezeichnet. Offenbar hat diese Terminologie zwei mögliche Beutungen – mit weit auseinander klaffenden Konsequenzen: die einer bloße Dokumentensprache und die einer wirklichen Arbeitssprache. Faktisch dient Deutsch ganz überwiegend als bloße Dokumentensprache. Als wirkliche Arbeitssprache rangiert es in der Kommission, aber nicht nur da, seit je hinter Französisch und nach dem Beitritt Großbritanniens und Irlands auch hinter Englisch. „Before the UK and Ireland joined in the early 1970s, 60% of Commission texts were written in French and 40% in German. Today [2002! U.A.] English is the first language of 45% of Commission texts, French 40% and German 6%." (K. Muller 2002: 46) Englisch ist heute dominant, und Deutsch ist marginalisiert. Johannes Wachter (E-Mail 23.04.2008) hat mir nach 13-jähriger Beamtentätigkeit in der Kommission die Lage so geschildert: Deutschkenntnisse seien von Vorteil, aber nicht notwendig. „Ohne die Arbeitsfähigkeit in entweder Englisch oder Französisch ist ein ‚Überleben' in der Kommission allerdings faktisch unmöglich, wer nicht beides beherrscht, ist eindeutig im Nachteil."

Deutliche Indizien für den weiten Rückstand von Deutsch hinter Englisch und Französisch sind die Zahlen für die Sprachen der in der Kommission erarbeiteten Originaltexte, in denen diese auch konzipiert und beraten, also erarbeitet wurden. Tab. H.4.2-3 nennt die Zahlen der Originaltexte, die der Generaldirektion Übersetzung der Kommission im Jahr 2002 und 2006 zur Übersetzung vorlagen. Seitdem haben sich nach allen mir vorliegenden Informationen die Proportionen für Deutsch weiter verschlechtert; Kenner der Verhältnisse, die nicht genannt werden wollten, äußerten mir gegenüber sogar die Vermutung, dass die Zahlen für Deutsch zur Beruhigung der Gemüter getürkt würden und in Wirklichkeit gegen Null gingen. Der Autor der Zahlen in Tab. H.4.2-3, der langjährige Sprachkoordinator Deutsch in der Generaldirektion der Kommission, Reinhard Hoheisel, diagnostizierte auch den entscheidenden Grund für die Schwäche von Deutsch als Arbeitssprache: „Als Verständigungssprachen für eine mehrsprachige Organisation eignen sich die Sprachen am besten, die von den meisten Beteiligten als Muttersprache oder Fremdsprache hinreichend beherrscht werden. In der Europäischen Kommission sind dies Englisch und Französisch. Deutsch erfüllt diese funktionale Bedingung für eine Verständigungssprache in der Europäischen Kommission nicht. Optimisten schätzen, dass nur ein Drittel der Beamten hinreichend Deutsch sprechen oder verstehen können. Es spielt daher auch als Sprache, in der Texte erarbeitet und verfasst werden, nur eine geringe Rolle." (Hoheisel 2004: 79) Demnach war das einstige Drängen Kohls gegenüber Kommissionspräsident Delors nicht nachdrücklich genug. Es hätte sich außer auf den Erlass auf die Sprachkenntnisse und die entsprechenden Anforderungen bei Stellenbesetzungen in der Kommission erstrecken müssen. Nur dann hätte Deutsch wirkliche Arbeitssprache werden können (vgl. Kap. H.4.6: Abschnitt 7).

	Jahr 2002	Jahr 2006
1) Englisch	57,4 %	72%
2) Französisch	29,1 %	14,4%
3) Deutsch	4,6 %	2,8%
4) Italienisch	2,1 %	Keine Angabe
5) Spanisch	2,0 %	Keine Angabe

Tab. H.4.2-3: Anteile der Sprachen an den in der EU-Kommission erarbeiteten Originaltexten (Hoheisel 2004: 81; unveröff. Vortrag Hoheisel 2007, übermittelt von Dietrich Voslamber)

Wie schon oben angedeutet, vertieft sich die Kluft zwischen den Nur-Amtssprachen und den wirklichen Arbeitssprachen in den zahlreichen Ausschüssen und Arbeitsgruppen der Institutionen, die gemäß Artikel 6 der Verordnung Nr. 1 eine in der Regel sehr beschränkte Auswahl von Arbeitssprachen treffen. Im vermutlich weitaus größten Teil dieser Arbeitsgruppen, wofür mir aber keine Zahlen vorliegen, wird nicht gedolmetscht, wodurch – schon aus rein praktischen Gründen vorhandener Sprachkenntnisse – Englisch erstrangige und Französisch zweitrangige Arbeitssprache ist und Deutsch sowie andere Sprachen praktisch keine Rolle spielen. Offenbar wirkt bei fehlendem Dolmetschen die Minimex-Regel („Minimieren von Ex') stark in diese Richtung. Die – meist unwillkürlich befolgte – Regel besagt, dass kein Mitglied der Gruppe aufgrund fehlender Sprachkenntnisse ganz aus der Kommunikation ausgeschlossen sein soll (Kap. A.6; van Parijs 2007b: 39; 2011: 13-17).

Jedoch müssen nicht alle Arbeitsgruppen aufs Dolmetschen verzichten. In den vorbereitenden Ausschüssen und Arbeitsgruppen des Europäischen Parlaments und des Ministerrates wird durchaus, wenn auch nicht unbedingt immer, gedolmetscht. Dies gilt ebenso für den *Ausschuss der Ständigen Vertreter* der Mitgliedstaaten (*AStV* – häufig auch *COREPER = Comité des représentants permanents* genannt), gewissermaßen der Botschafter der Mitgliedstaaten, die über diesen Ausschuss die Interessen der Mitgliedstaaten unter einander sowie mit Parlament und Kommission abstimmen.

Um jedoch die Kosten für diese Dolmetschdienste zu begrenzen, wurde – auch auf Betreiben der deutschen Regierung – das „Marktmodell für ein reformiertes Sprachenregime" oder, anders benannt, das „Dolmetschen auf Anforderung" eingeführt, das seit Mai 2004 praktiziert wird. Es stellt jährlich einen für jede EU-Amtssprache gleich großen Betrag für das Dolmetschen aus EU-Mitteln zu Verfügung (ca. 2,5 Mio. € pro Sprache). Darüber hinaus gehende Dolmetschwünsche müssen die Mitgliedstaaten selbst finanzieren. Die Reform deckelt also die Dolmetschausgaben des EU-Haushalts. Zugleich vertieft sie aber auch die Kluft zwischen den „großen" Sprachen Deutsch, Englisch, Französisch, Italienisch und Spanisch und den „kleineren" Sprachen (groß bzw. klein in der EU). Hinter den großen Sprachen stehen nämlich Mitgliedstaaten, die generelles Dolmetschen finanzieren können und dies auch tun, was den Staaten der kleineren Sprachen kaum möglich ist. Dadurch trägt das Dolmetschen auf Anforderung dazu bei, dass sich die Gruppe der genannten fünf Sprachen als Arbeitssprachen, wenngleich nur eingeschränkte, von den übrigen Sprachen absetzt. Allerdings wird dadurch die von der deutschen Regierung gewünschte Annäherung von Deutsch an die Stellung von Französisch oder gar Englisch kaum begünstigt.

Die Sonderstellung der fünf Sprachen Deutsch, Englisch, Französisch, Italienisch und Spanisch ist in einem einzigen, wenn auch nicht besonders gewichtigen EU-Organ auch institutionalisiert: im *Harmonisierungsamt für den Binnenmarkt* – das ich aus diesem Grund in der Liste der EU-Institutionen weiter vorne im vorliegenden Kap. hervorgehoben habe. Da dieses Amt seinen Standort im spanischen Alicante hat, bestand Spanien auf Spanisch als eine der Arbeitssprachen, gemäß der sonstigen Gepflogenheit, wonach die staatliche Amtssprache am Standort der Institution auch zu ihren Arbeitssprachen zählt. Darauf hin forderte auch Italien für seine Sprache diesen Status, da Italienisch in der EU mehr Sprecher hat als Spanisch. Beiden Forderungen wurde stattgegeben.

Die Regelung der Arbeitssprachen im Harmonisierungsamt löste eine Disharmonie aus, die ein Licht auf die Gesetzmäßigkeiten solcher Sprachwahl wirft (vgl. Kap. H.4.5). Nach der Erweiterung der Arbeitssprachen auf fünf forderten die Niederlande die Einbeziehung auch ihrer Sprache, was jedoch abgelehnt wurde. Darauf hin beschritten die Niederlande den Rechtsweg beim EuGH, den sie, vertreten durch die Rechtsanwältin Christina Kik, bis zur letzten Instanz durchfochten, aber schließlich scheiterten (Kürten 2004: 103-119). Anspannung und Verbitterung waren, wie Kenner vermuten, nicht unerheblich. Die zugrunde liegende Gesetzmäßigkeit des Konfliktes, die zugleich eine Gesetzmäßigkeit solcher Sprachwahl ist, könnte man die „Verbitterung (oder Frustration) des ausgeschlossenen Rangnächsten" nennen. Die Niederländer sahen sich bezüglich der Stellung ihrer Sprache in der EU als die Rangnächsten, unmittelbar hinter den fünf gewählten Arbeitssprachen. Daher war der Ausschluss für sie besonders frustrierend.

Die entsprechende Haltung und Gesetzmäßigkeit war auch sonst in den Konflikten um die Stellung der Sprachen in der EU wirksam. So ist es geradezu ein Dauerkonflikt in der EU, dass Italien und Spanien den gleichen Status für ihre Sprachen verlangen wie für Deutsch, und dass sie bei – meist – ausbleibendem Erfolg Deutsch bisweilen geradezu boykottieren. Ein neueres Beispiel ist die entschiedene Ablehnung des „Europäischen Patents" (der EU) wegen dessen Beschränkung auf die Sprachen Deutsch, Englisch und Französisch, wogegen Spanien und Italien Klage beim EuGH einreichten (www.euractiv. de/ forschung- und-innovation/artikel/eugh-spanien-und-italien-kampfen-gegen-eu-patent-004896), wobei sich Spanien noch unnachgiebiger zeigte als Italien (www.finanzen.ch/ nachrichten/aktien/EU-Bewegung-im-Streit-um-EU-Patent-Italien-zieht-mit-58964 – beide abgerufen 03.03.2012).

Solche Konflikte führen nicht selten zur „Kooperation rangähnlicher Ausgeschlossener (oder Gefährdeter)". Einen anderen Fall mit anderen Sprachen und Mitgliedstaaten erfuhr der frühere Vizepräsident der EU-Kommission Neil Kinnock, zufällig ein Engländer. Er regte an, zur Einsparung von Übersetzungskosten zukünftige Beratungsvorlagen für die Kommission nur noch auf Englisch zu erstellen – was natürlich die Stellung von Englisch weiter gestärkt hätte. Dagegen opponierten vereint Frankreich und Deutschland und brachten so den Vorschlag zu Fall (Ammon 2010e: 1; „Fischer und Védrine gegen mehr English", *FAZ* 10.01.01; „Kinnock accused of trying to force English in Europe", *The Daily Telegraph* 15.08.2001 – Übermittlung Robert Phillipson). Aus der Erfahrung solcher Gefährdung der eigenen Sprache, auch in anderen Situationen, entstand dann die quasi vertragliche Abmachung der „Gemeinsamen deutsch-französischen Sprachenweisung" (Juni 2000), worin sich beide Staaten gegenseitige Unterstützung im Falle von Diskriminierungsversuchen gegen ihre Sprachen zusichern (Ammon 2009a: 124).

Allerdings wurde die Gemeinsame Sprachenweisung kaum angewandt. Stattdessen hat allem Anschein nach der die Sprachenweisung mit unterzeichnende französische Außenminister Védrine selbst angeregt, Deutsch als Arbeitssprache aus dem Ausschuss der Ständigen Vertreter des EU-Ministerrates auszuschließen, was freilich heftigen Protest seines deutschen Amtskollegen Fischer hervorrief („Babylon in Brüssel", *Der Spiegel* 33, 13.08.2001: 113). Ein nicht unwesentliches Hindernis konsequenterer sprachenpolitischer Kooperation beider Staaten ist vermutlich die viel stärkere Stellung von Französisch als von Deutsch in den EU-Institutionen. Womöglich fürchtet Frankreich, dass die regelmäßige sprachenpolitische Kooperation mit Deutschland der Parität beider Sprachen Vorschub leisten könnte, auf Kosten der Stellung des Französischen.

Bezüglich der *Europäischen Zentralbank* (EZB) gab es offenbar keine sprachenpolitische Zusammenarbeit zwischen Frankreich und Deutschland, obwohl beide Sprachen unberücksichtigt blieben: Englisch ist die einzige Arbeitssprache. Allerdings entstand die EZB lange vor der Gemeinsamen Sprachenweisung. Sie basiert auf dem Vertrag von Maastricht, der 1993 in Kraft trat, worauf sie in Frankfurt a.M. im Jahr 1998 errichtet wurde (www.bundesbank.de/ download/ ezb/publikationen/ezb_publication_geschichte.pdf – abgerufen 21.12.2011). Die Hintergründe für die Beschränkung auf die Arbeitssprache Englisch sind mir nicht bekannt. Die aus dem Englischen übersetzte, ausführliche Darstellung von Struktur und Geschichte der EZB von Hanspeter Scheller (2006) enthält keine Angaben zur Arbeitssprache – trotz des sprachsensiblen Hinweises im Impressum: „In Zweifelsfällen gilt der englische Originaltext." Als hauptsächliche Motive der Beschränkung auf Englisch sind Gesichtspunkte der Effizienz zu vermuten, einschließlich des besonders schnellen Entscheidungs- und Kommunikationsbedarfs, ferner die unzweifelhafte Dominanz von Englisch in der internationalen Geschäftswelt oder vielleicht auch die Vorrangstellung Londons als europäischer Finanzplatz (obgleich gerade Großbritannien die Distanz zur von der EZB betreuten Eurozone pflegt). Der Verzicht Deutschlands auf die eigene Sprache, trotz Standorts auf deutschem Amtssprachgebiet, war womöglich zusätzlich motiviert durch die Genugtuung, überhaupt den Standort-Zuspruch erhalten zu haben. Jedoch ist dies alles Spekulation, die durch spezielle Recherchen zu prüfen wäre.

Eine beispiellose Pleite deutscher EU-Sprachenpolitik ist der *Europäische Auswärtige Dienst* (*EAD*), der seine Arbeitssprachen – zumindest faktisch, wenn auch nicht statutarisch – strikt auf Englisch und Französisch beschränkt hat. Dabei gab es eine ganze Anzahl Vorstöße von deutscher Seite mit dem Ziel der Einbeziehung auch von Deutsch – denen die allseits wahrgenommene Wirtschaftskraft Deutschlands Nachdruck zu verleihen schien. Außenminister Westerwelle war einer der prominenten Wortführer des deutschen Arbeitssprachwunsches. Er machte wiederholte Vorstöße und forderte Deutschkenntnisse als Einstellungskriterium für den EAD, auch im direkten Kontakt mit der „Hohen Vertreterin", gewissermaßen der Außenministerin der EU, Baronesse Ashton (www.euractiv.de/globales-europa/artikel/deutsch-im-ead-westerwelle-frchtet-verfestigung-003838 – abgerufen 07.12.2010; Hinweis Jan Kruse). Ebenso haben mehrere Bundestagsabgeordnete direkte Anfragen an die Kommission oder die Hohe Vertreterin gerichtet. Jedoch wurden alle Vorstöße unverbindlich beschieden (ebd.). Schon bald war dann unübersehbar, dass die Stellenausschreibungen des EAD nur Englisch- und Französischkenntnisse forderten. Auch die

Homepage des EAD war nur in diesen beiden Sprachen und nicht auf Deutsch verfasst – worauf z.B. der ehemalige Bundesverfassungsrichter Peter M. Huber und der CSU-Abgeordnete des Deutschen Bundestages Johannes Singhammer in einem Artikel der *FAZ* hinwiesen („Die Diskriminierung der deutschen Sprache", 13.12.2010). Trotz wiederholter Proteste von deutscher Seite hat sich daran nichts geändert. Vielmehr wurde sogar ruchbar, dass Deutschland auch bei der Besetzung von Spitzenstellungen des EAD schlechter bedacht wurde als andere große und sogar manche kleine Mitgliedstaaten. So waren im September 2011 von bis dahin insgesamt 136 neu ernannten EU-Botschaftern nur 7 aus Deutschland, aber 15 aus Frankreich, 14 aus Italien, 14 aus Belgien, 11 aus Spanien und 9 aus Großbritannien (*EurActiv.de* 29.09.2011). Man könnte diese Ämterverteilung – etwas boshaft – als Versuch der Absicherung des Ausschlusses von Deutsch aus den EAD-Arbeitssprachen interpretieren.

Nun besteht allerdings kein Zweifel, dass Englisch und Französisch eine unvergleichlich stärkere Stellung in der internationalen Diplomatie haben als Deutsch, schon als Amtssprache der Vereinten Nationen, aber auch in Europa: nicht nur in der EU, sondern darüber hinaus im Europarat (Kap. H.3). Auch hat für die bisherigen Außenbeziehungen der EU Deutsch nie eine nennenswerte Rolle gespielt (Haselhuber 2012: 56-59), nicht einmal für die Beziehungen mit den mittelosteuropäischen Staaten, mit ihrer bedeutsamen Tradition des Deutschgebrauchs und -lernens. Auch für sie galt bei ihren Beitrittsgesuchen: „Wer mit der EU verhandeln wollte, musste Englisch sprechen und verstehen […]" (ebd.: 57). Ein weiteres Beispiel für den Verzicht auf Deutsch sind die Kontakte zu den AKP-Staaten, den assoziierten Entwicklungsländern. „Die Korrespondenz der Kommission mit den AKP-Staaten erfolgt in der Sprache der alten Kolonialherren des betreffenden Landes: Spanisch, Portugiesisch, Niederländisch, Englisch und Französisch." (ebd.: 56) Daraus und aus dem Status als Amtssprache der Vereinten Nationen könnte man sogar eher für andere EU-Amtssprachen den Anspruch auf die Stellung einer EAD-Arbeitssprache ableiten als für Deutsch, vor allem für Spanisch. Offensichtlich hängt die Entscheidung davon ab, ob man für die Legitimierung als EAD-Arbeitssprache die Stellung der Sprache innerhalb oder außerhalb der EU höher veranschlagt. Die AKP-Staaten sind übrigens keine Kleinigkeit. Es sind 79 Staaten, die große Teile Afrikas umfassen und sich auf die Karibik und die Pazifikregion erstrecken; meistenteils frühere Kolonien Großbritanniens und Frankreichs (de.wikipedia.org/wiki/AKP-Staaten – abgerufen 23.11.2011).

Trotz der Schwäche von Deutsch in der Diplomatie, vor allem im globalen Maßstab, erkennt die deutsche Regierung den Vorrang der englischen und französischen Sprache in der EU nicht an, zumindest nicht ausdrücklich. Einer der Versuche in Richtung von mehr Parität für Deutsch, der jedenfalls nach Äußerungen von Politikern mir gegenüber von deutscher Seite aus überwiegend so bewertet wurde, ist die schon einige Jahre zurückliegende Neuregelung der Beamtenbeförderung. Danach werden EU-Beamte, „deren erste Beförderung nach dem 30.4.2006 wirksam wird", nur noch befördert, wenn sie in drei EU-Amtssprachen arbeiten können: „Im Rahmen der Reform des Statuts [für Beamte in den EU-Organen! U.A.] hat der Rat beschlossen, dass künftig jeder Beamte in der Lage sein muss, in einer dritten Sprache zu arbeiten. Zur Umsetzung dieses Beschlusses ist nach Artikel 45 Absatz 2 des Statuts eine erste Beförderung nach der Einstellung unmittelbar an den Nachweis geknüpft, dass man in einer dritten Sprache arbeiten kann." (eur-lex.europa.eu/LexUriServ/ LexUriServ. do? uri=COM:2011:0042:FIN:DE:HTML – abgerufen 26.12.2011)

Tatsächlich sieht dieser Beschluss auf den ersten Blick ganz nach einer Festigung von Deutsch als EU-Arbeitssprache aus. Die genauere Betrachtung ist jedoch ernüchternd. Alle Beamten, darf man annehmen, sprechen schon eine EU-Amtssprache, eben die eigene (Bulgaren Bulgarisch, Dänen Dänisch usw.). Diejenigen aus den deutschsprachigen EU-Mitgliedstaaten (n=3, mit Luxemburg) wählen *zusätzlich zur eigenen Sprache* Englisch und Französisch. Die aus englisch- oder französischsprachigen Staaten (n=5, mit Belgien und Luxemburg) wählen Französisch bzw. Englisch + {Bulgarisch$_1$, Dänisch$_2$, Deutsch$_3$, ... , Ungarisch$_{22}$}, also eine aus dieser Menge von 22 Sprachen, in der sich Deutsch fast verliert. Diejenigen, die nicht aus englisch-, französisch- oder deutschsprachigen Staaten stammen (n=21 = 28-7: Großbritannien, Irland, Frankreich, Belgien, Luxemburg, Deutschland, Österreich), wählen Englisch und Französisch. Diese beiden Sprachen wählen alle, weil ihre Kenntnis unverzichtbar ist. Dagegen ist die Kenntnis von Deutsch viel eher verzichtbar, wenngleich sicher weniger als die kleinerer Sprachen wie Dänisch, Griechisch usw. Jedoch sind Italienisch, Spanisch, Portugiesisch oder auch Niederländisch und manche kleine Sprachen ebenfalls nicht nutzlos. Voraussichtlich stärkt also diese Neuregelung Deutsch als Arbeitssprache nur in beschränktem Maße. Viel stärker könnte sie dagegen dem Französischen zugute kommen und dessen prominente Stellung neben dem Englischen auch in Zukunft stützen.

4.3 EU-Sprachenpolitik: Deutsch im Schatten von Vielsprachigkeit und Lingua franca

Bei einem größeren Überblick über die von den EU-Institutionen konzipierte und von dort proklamierte und betriebene Sprachenpolitik kann man sich des Eindrucks nicht erwehren, dass der Erhalt und womöglich sogar die Vergrößerung der sprachlichen Vielfalt in der EU vorrangiges Ziel ist, hinter das alle anderen sprachenpolitischen Ziele zurücktreten, wenn sie ihm nicht sogar dienlich gemacht werden sollen. Ebenso offenkundig ist allerdings, dass die wirkliche Entwicklung in mancher Hinsicht anders, ja geradezu gegensätzlich verläuft (Grundsätzliches dazu z.b. in Ammon 2007b; 2009b; Ehlich 2010). So wurde in Kap. H.4.2 der Gegensatz evident zwischen der in der Ratsverordnung Nr. 1 betonten EU-Amtssprachen-Vielfalt und der Tendenz zur ein- oder allenfalls zweisprachigen Kommunikation in den EU-Institutionen, der die Artikel 6 und 7 der Verordnung – unauffällig, geradezu verschämt – Raum geben. Ein Blick über die Institutionen hinaus zeigt ein in wesentlichen Aspekten ähnliches Bild. Die Beschwörung und Förderung der Vielsprachigkeit bei gleichzeitig unaufhaltsamer und nur widerwillig zur Kenntnis genommener faktischer Tendenz zur übergreifenden Einsprachigkeit ist für die deutsche Sprache und andere Sprachen ähnlicher Stellung nicht folgenlos.

Zur Stärkung der Mehr- oder Vielsprachigkeit in der EU haben Rat, Kommission und Parlament der EU zahlreiche Regelungen in Kraft gesetzt und Programme durchgeführt, nicht selten in Verbindung mit dem Europarat oder sogar angeregt von ihm. Dabei hat die EU-Kommission eine Schlüsselrolle gespielt. Tab. H.4.3-1 enthält eine Auswahl besonders gewichtiger oder aufwändiger Beispiele:

- Ratsverordnung Nr. 1, seit 1958, zur Gewährleistung einer Vielzahl von EU-Amtssprachen (vgl. Kap H.4.2)
- „Europäische Charta der Regional- oder Minderheitensprachen", seit 1992, zum Schutz der autochthonen Minderheitssprachen (vgl. Kap. E.1)
- „Lingua", seit 1990: Programm zur Ausbildung von Fremdsprachenlehrern und Entwicklung von Lehrmaterialien (im Rahmen des Programms für lebenslanges Lernen)
- „Europäisches Jahr der Sprachen", 2001, mit dem erklärten Ziel, zum Erhalt der sprachlichen und kulturellen Vielfalt Europas beizutragen
- „Aktionsplan zur ‚Förderung des Sprachenlernens und der Sprachenvielfalt' ", 2004-2006 (aufschlussreich die Kommissionsmitteilung dazu mit dem Hinweis: „Die Programme SOKRATES und LEONARDO DA VINCI investieren zusammen alljährlich mehr als 30 Millionen € in Maßnahmen mit dem spezifischen Ziel des Fremdsprachenerwerbs" (ec.europa.eu/education/doc/official/keydoc/actlang/act_lang_de.pdf – abgerufen 30.11.2011)
- Einrichtung des Aufgabenbereichs „Mehrsprachigkeit", 2004-2006 und erneut ab 2010, im Kommissariat „Allgemeine und berufliche Bildung und Kultur"
- Einrichtung des eigenständigen Kommissariats „Mehrsprachigkeit", 2007-2009 (dazu: „The commissioner, the Romanian Leonard Orban, has con-

stantly reaffirmed the Commission's unequivocal support for multilingualism." S. Wright 2009: 96)
- Einberufung der „Hochrangigen Gruppe zum Thema Mehrsprachigkeit", 2006-2007, vom Kommissariat „Allgemeine und berufliche Bildung und Kultur" (Abschlussbericht: ec.europa.eu/education/policies/lang/doc/multireport_en.pdf – abgerufen 28.12.2011)
- Forschungsprojekte der EU-Kommission „Languages in a Network of European Excellence (LINEE)", 2006-2010, und „Dynamique des langues et gestion de la diversité (DYLAN)", 2007-2011 – beide mit dem Tenor, bei der allseitigen Untersuchung der Mehrsprachigkeit besonders auch deren Vorteile aufzuzeigen.

Tab. H.4.3-1: Programme und Maßnahmen der EU zur Förderung der Mehrsprachigkeit

All diese Regelungen, Pläne und Fördermaßnahmen hatten bzw. haben zum Ziel, teilweise neben anderen Zielen, die Mehr- oder Vielsprachigkeit in der EU zu erhalten oder zu fördern. Diese Zielsetzung erstreckt sich sowohl auf die *gesellschaftliche* Vielsprachigkeit: den Erhalt der Sprachen in den Wohngebieten und Domänen der jeweiligen Sprecher, als auch auf die *individuelle* Mehrsprachigkeit: die Ausstattung möglichst vieler EU-Bürger oder EU-Bewohner mit Kenntnissen verschiedener Sprachen. Das Ziel der individuellen Mehrsprachigkeit wurde in die Formel „M+2" gefasst. Damit ist gemeint, dass in Zukunft möglichst alle EU-Bürger über die Kenntnis von mindestens drei Sprachen verfügen sollen: Muttersprache + 2 Fremdsprachen (ausführlich dazu Kruse 2012).

Das Ziel M+2 ist z.B. deklariert im *Aktionsplan* (2004-2006: Abschnitt 1, Unterabschnitt 1), unter der Überschrift „ ‚Muttersprache plus zwei weitere Sprachen': vom jüngsten Kindesalter an". Dort wird die den Bürgern zum Erlernen anzubietende „Sprachenpalette" folgendermaßen spezifiziert:

> „Insgesamt sollte das Angebot ebenso die ‚kleineren' europäischen Sprachen wie auch die ‚größeren' Sprachen, Regional-, Minderheiten- und Migrantensprachen sowie Landessprachen und die Sprachen unserer wichtigsten Handelspartner in der ganzen Welt umfassen. Die bevorstehende Erweiterung der Europäischen Union wird auch die Erweiterung um eine Vielzahl von Sprachen aus mehreren Sprachfamilien mit sich bringen; es bedarf besonderer Anstrengungen, um sicherzustellen, dass die Sprachen der neuen Mitgliedstaaten in anderen Ländern umfassender [als bisher! U.A.] erlernt werden." (ec.europa.eu/education/doc/official/keydoc/actlang/act_lang_de.pdf – abgerufen 30.12.2011)

Im Hinblick auf die deutsche Sprache ist es bedeutsam, dass nicht nur die EU-Amtssprachen und darüber hinaus die Sprachen der wichtigsten Handelspartner weltweit genannt sind, sondern – entgegen der bisherigen Tradition des Fremdsprachenlernens – ausdrücklich „ebenso die ‚kleineren' europäischen Sprachen". Offenbar geht es also darum, das Fremdsprachenlernen mehr als bisher auch auf kleinere Sprachen auszurichten: auf die – wie es heißt – „Regional-, Minderheiten- und Migrantensprachen".

In diese Richtung weisen auch eine ganze Reihe der anderen Projekte und Maßnahmen. In der Sache, wenn auch nicht terminologisch, deutet sogar die *Europäische Charta der Regional- oder Minderheitensprache* (1992) in diese Richtung:

> „Im Bereich der Bildung verpflichten sich die Vertragsparteien in bezug auf andere Gebiete als diejenigen, in denen die Regional- oder Minderheitensprachen herkömmlicherweise gebraucht werden, Unterricht der Regional- oder Minderheitensprache oder Unterricht in dieser Sprache auf allen geeigneten Bildungsstufen zuzulassen, zu diesem Unterricht zu ermutigen oder ihn anzubieten [...]." (conventions.coe.int/Treaty/ger/Treaties/Html/148.htm: Artikel 8, Absatz 2 – abgerufen 30.12.2011).

Zwar legt hier der Kontext nahe, diesen Unterricht als muttersprachlichen zu verstehen; jedoch ist er nicht ausdrücklich darauf beschränkt, der Unterricht als Fremdsprache also keineswegs ausgeschlossen. Dabei kann man einerseits an große Sprachen denken, die in Minderheitsgebieten auch als Fremdsprachen gelernt werden (z.B. Deutsch in den deutschen Schulen im deutschen Minderheitsgebiet, etwa in Rumänien; Kap. E.4.7), andererseits aber auch an kleine Minderheitssprachen wie z.B. Friesisch in den Niederlanden oder Walisisch in Großbritannien.

Dieses Verständnis, auch die kleinen Sprachen als Fremdsprachen zu lernen, legen andere EU-Verlautbarungen deutlicher nahe. Ein Beispiel ist die Anregung des Vorsitzenden der von der EU-Kommission eingesetzten „Hochrangigen Gruppe ‚Mehrsprachigkeit'", Amin Malouf, möglichst viele EU-Bürger sollten eine der Sprachen in der EU als „persönliche Adoptivsprache" wählen und sie sich als Fremdsprache aneignen. Dies sollte tunlichst eine in den Schulcurricula nicht berücksichtigte, also kleinere Sprache sein. Der Vorschlag fand beachtliche Resonanz bei Planern der EU-Sprachenpolitik und wurde von prominenten Persönlichkeiten unterstützt, z.B. auch von der damaligen Präsidentin des Goethe-Instituts, Jutta Limbach (2008: 80-83). Auch der Kommissar für Mehrsprachigkeit stellte sich bei der Präsentation der Ergebnisse der Hochrangigen Gruppe speziell hinter die Fokussierung auf kleinere Sprachen: „Bei dieser Adoptivsprache würde es sich nicht um die Sprache handeln, die normalerweise für die internationale Kommunikation benutzt wird." (europa.eu/rapid/pressReleasesAction.do?reference=IP/08/129&format=HTML&aged=1&language=DE&guiLanguage=en – abgerufen 30.12.2011)

Allerdings wurde die Idee der Adoptivsprache nicht in den Abschlussbericht der Hochrangigen Gruppe aufgenommen, vermutlich weil sie rasch als unrealistisch in die Kritik geriet (z.B. Ammon 2009c). Dieser Abschlussbericht ist differenziert und, wie es scheint, ausgewogen, liegt aber in deutscher Übersetzung nur gekürzt vor (deutsch: ec.europa.eu/languages/documents/multi short_de.pdf; englisch: ec.europa.eu/education/policies/lang/doc/multireport_ en.pdf – abgerufen 31.12.2011). Die im vorliegenden Zusammenhang relevanten Inhalte finden sich zwar auch in der deutschen Kurzfassung; ich beziehe mich jedoch auf die englische Langfassung.

Zwar betont der Bericht erneut die Wichtigkeit der kleinen Sprachen: „Regional or minority languages are constituent elements of Europe's linguistic and cultural diversity and wealth" (ebd.: 18, in Kap. VI (1) „Regional and minority languages"). Jedoch enthält er auch deutliche Hinweise auf den in den meisten offiziellen EU-Verlautbarungen zur Sprachenpolitik weitgehend ausgesparten Sachverhalt des „elephant in the room", wie Sue Wright (2009) ihren couragierten Aufsatz dazu betitelt hat. Gemeint ist die fortschreitende Ausbreitung von Englisch als vorrangige Lingua franca in der EU (vgl. Kap. H.4.4). Wenn der Abschlussbericht der Hochrangigen Gruppe auch kein eigenes Kap. dazu enthält, so streift er doch das Thema verschiedentlich und vermerkt unter anderem: " [I]t may well be possible to recognise the role of a quasi *lingua franca* for European integration, while at the same time stressing the importance of multilingual competence." (Ebd.: 7) Die Abschwächung als "quasi" ist, wie der Kontext verrät, weniger im Sinne eines Zweifels an der Existenz dieser Lingua franca gemeint denn als Abwehr eines darauf gestützten denkbaren Einwandes gegen die Forderung der Mehrsprachigkeit für alle EU-Bürger, die der Bericht nachdrücklich aufrecht erhält.

Welche Sprachen außer der – letztlich unumgänglichen – Lingua franca sollen aber Bestandteile der Mehrsprachigkeit des zukünftigen EU-Bürgers sein? Der Bericht teilt sie in zwei Kategorien ein: einerseits die Sprachen mit „community value", nämlich „regional or minority languages" – womit vermutlich hauptsächlich, aber nicht ausdrücklich nur, die Muttersprachen gemeint sind; andererseits die Sprachen mit „world-wide value", als welche die folgenden ausdrücklich genannt werden: „Bengali, English [in dieser Kategorie noch mal! U.A.], Hindi, Japanese, Mandarin Chinese, Portuguese, Russian, and Spanish" (ebd.: 7). Dies ist eine befremdliche Liste, da einerseits der ‚weltweite Wert' von Bengali oder Hindi zweifelhaft ist und andererseits Französisch und – was vielleicht weniger erstaunlich ist – Deutsch und Italienisch fehlen. Hinzu kommt, dass Französisch wie auch Deutsch im ganzen Text keinerlei Erwähnung finden, und auch Italienisch nirgends wegen irgendwelchen Wertes („value") genannt wird, sondern nur als Beispiel von „edutainment" (der gelungenen

Verbindung von Sachinformation mit Sprachunterricht in den Medien) in Finnland (ebd.: 11).

Hinsichtlich der für das Thema dieses Buches wichtigsten Aspekte stellt sich demnach die EU-Sprachenpolitik dar einerseits als Bemühung um mehr Gleichrangigkeit der kleineren mit den größeren Sprachen der EU und andererseits widerwillige Anerkennung einer – alle anderen Sprachen überlagernden – Lingua franca. Beide Blickrichtungen gehen vorbei an den traditionellen Schulfremdsprachen Europas, zu denen Deutsch zählt, neben Französisch, Italienisch und Spanisch (vgl. dazu auch Ammon 2009b; 2009c). Vielleicht lässt sich die Vernachlässigung der großen EU-Sprachen (außer Englisch, das einfach nicht ignoriert werden kann) damit erklären, dass ethnische oder nationale Identitäten höchste Priorität genießen. Ihr hoher Rang als Orientierungspunkte der EU-Sprachenpolitik entspringt vermutlich der, wie mir scheint, richtigen Einschätzung, dass diese Identitäten einen besonders gefährlichen Sprengsatz für den Fortbestand der EU bilden. Jedenfalls lehrt dies die Geschichte Europas, bis hin zu den noch in die Gegenwart hereinreichenden Balkan- und neuerdings Ukraine-/ Russlandkonflikten. Der Zusammenhang von sprachlicher und nationaler Identität und sein Konfliktpotential wurden in vielen, auch sprachenpolitischen Studien überzeugend thematisiert und dargestellt (z.B. Coulmas 1991b; S. Wright 2000; Anderson 1983). Im Vergleich dazu erscheint den EU-Politikern die Sicherstellung der Kommunikation in der EU – trotz offenkundiger Unverzichtbarkeit – weniger dringlich. Eines der Indizien dafür ist allein schon, dass sie die Defizite der Übersetzungs- und Dolmetschdienste der Institutionen letztlich als unabänderlich hinnehmen (vgl. Kap. H.4.2). Ein anderes, dass sie die wachsende Vorrangstellung des Englischen und seine zunehmende Funktion als Lingua franca zwar nicht leugnen, aber gleichwohl keiner gründlichen Untersuchung, womöglich auch ihrer Vorteile, für wert erachten; jedenfalls nicht in gleichem Maße wie die Vielsprachigkeit. Erst in jüngster Zeit wird das Thema von Englisch als Lingua franca der EU auch in den EU-Institutionen offener diskutiert (vgl. Kap. H.4.4). Allem Anschein nach tendiert die EU-Politik – nach dem Erlass der Ratsverordnung Nr. 1 und der Etablierung der darauf basierenden Geschäftsordnungen für die Institutionen – bezüglich Sicherstellung der Kommunikation in der EU in Richtung eines Laissez-faire des Marktes und der politischen Kräfte (vgl. schon K. Muller 2002).

4.4 Demokratie und Zusammenhalt in der EU durch eine einzige Lingua franca?

Das Thema einer Verkehrssprache oder Lingua franca für die ganze EU ist in jüngster Zeit intensiv diskutiert worden, mit reichlicher Verspätung auch in den

EU-Institutionen selbst (z.B. European Commission 2011, *Lingua franca: Chimera or Reality?* Ec.europa.eu/dgs/translation/publications/studies/lingua_franca_en.pdf – abgerufen 11.11.11; Hinweis von Jan Kruse). Aufgrund seiner großen Komplexität berührt dieses Thema auch andere Kap. des vorliegenden Buches, vor allem F und G, wo es schon angesprochen wurde. Zweckmäßigerweise schränke ich seine Erörterung hier, entsprechend der Thematik von Kap. H, ein auf seine politischen Implikationen. Spezieller befasse ich mich mit der Relevanz für die Fortentwicklung der EU in Richtung einer politischen Gemeinschaft mit möglichst demokratischen Strukturen und einem festen Zusammenhalt, ob in Form eines lockeren „Staaten(ver)bundes" oder einer fester gefügten Föderation (föderativer Staat).

In einem stringent argumentierenden Aufsatz attackiert Sue Wright (2009) die übermäßige Ausrichtung der EU-Sprachenpolitik auf die Erhaltung und Förderung von Viel- und Mehrsprachigkeit (vgl. Kap. H.4.3), die nicht berücksichtige, dass die Union vor allem eine Kommunikationsgemeinschaft („community of communication") werden müsse. Nur so könnten unter anderem die wichtigen Politikfragen im Diskurs der EU-Bürger untereinander und mit der EU-Regierung erörtert werden. Für eine Kommunikationsgemeinschaft sei die gesellschaftliche Vielsprachigkeit aber ein schweres Hindernis und nicht etwa ein Vorteil. Zur Verdeutlichung möchte ich hier einfügen, dass die Nachteile schärfer zutage treten, wenn man statt von Vielsprachigkeit von „Sprachverschiedenheit" spricht. Statt der Vielsprachigkeit, so Wright, bedürfe eine wirkliche Kommunikationsgemeinschaft einer gemeinsamen Sprache, und zwar einer Lingua franca, die alle EU-Bürger beherrschten und in der sich alle verständigen könnten. Fast mit Bedauern fügt sie die – man kann schon sagen – Selbstverständlichkeit hinzu, dass als diese Lingua franca nur Englisch (zufällig ihre eigene Muttersprache) in Betracht komme und sowieso auf dem besten Weg dorthin sei. Daher bestehe die vorrangige sprachenpolitische Aufgabe der EU darin, die weitere Verbreitung dieser Lingua franca zu fördern. Allerdings seien ergänzende Maßnahmen zu planen, die mit Englisch als Lingua franca verbundene Benachteiligung der nicht-anglophonen EU-Bürger und -Einwohner auszugleichen oder zumindest zu mildern.

Für unser Thema der Stellung der deutschen Sprache in der Welt ist es relevant, dass sich Wright ausdrücklich für eine einzige Lingua franca und gegen mehrere Linguae francae ausspricht. Sie hält eine einzige Lingua franca entschieden für die beste Möglichkeit zur Überwindung der Sprachverschiedenheit. Mehrere Linguae francae – z.B. in Form der ‚drei großen Sprachen' Englisch, Französisch und Deutsch – hält sie wegen der damit verbundenen Lernbelastung für die Nicht-Muttersprachler nicht für praktikabel: „Seen from the viewpoint of speakers of languages other than ‚the big three', it must appear more burdensome [than just one lingua franca! U.A.]. To participate in flows, exchanges and networks, which may take place in any one of three languages that is not one's native language, represents an enormous language-acquisition load." Ihre Frage: "Who benefits from a plurality of lingua francas? We should keep asking this question", ist erkennbar rhetorisch. Sie erspart sich die Antwort, weil sie nach ihrer Meinung auf der Hand liegt: Die weiteren Linguae francae (zusätzlich zu Englisch), also z.B. Französisch oder auch noch Deutsch, wären allenfalls für deren Muttersprachler von Vorteil. Für alle anderen wären sie aber eine Last (Wright 2009: 109).

Philipp van Parijs (2011: 46-49, auch 221: Anm. 65) fügt dieser – von ihm grundsätzlich geteilten – Auffassung noch ein Argument hinzu. Er hält mehrere Linguae francae, vermutlich mehr als 2, für eine größere Lernbelastung sogar für ihre Muttersprachler, als es eine einzige Lingua franca wäre. Zwar könnten diese sich dann das Erlernen aktiver (produktiver) Fremdsprachenkenntnisse ersparen (da die eigene Sprache für den aktiven Lingua-franca-Gebrauch genügen würde), jedoch müssten sie sich passive (rezeptive) Fertigkeiten in den anderen Linguae francae aneignen. Wie das Aufwiegen zu messen wäre, lässt van Parijs offen – also auch die Frage, wie viele Linguae francae welcher Struktur (aufgrund notwendigen Erwerbs ihrer passiven Kenntnis) die Einsparung des Erwerbs aktiver Sprachkenntnisse aufwiegen. Dies hängt, wie hier schon in Kap. G.12 durchgespielt, auch von der linguistischen Ähnlichkeit der Linguae francae mit der Muttersprache ab. Vermutlich wird die Belastung oft schon bei 3, sicher aber bei mehr Linguae francae höher.

Außer der Lernbelastung der Nicht-Muttersprachler sehen Wright und van Parijs durchaus weitere Nachteile für die Nicht-Muttersprachler, z.B. bei der Texterstellung und kommunikativen Wirkung (vgl. dazu Kap. G.10). Auch diese wachsen mit der Zahl der Linguae francae, vor allem für die von den Linguae francae ganz Ausgeschlossenen. Die Rücksicht auf sie verbietet eigentlich, meinen Wright und van Parijs, die Forderung nach mehr als einer einzigen Lingua franca. Jedoch unterschätzen Wright und van Parijs, wie mir scheint, die Motive, die Muttersprachler bewegen, für eine starke Stellung ihrer Sprache zusätzliche Belastungen auf sich zu nehmen. Indizien dafür sind z.B. die langjährigen Kämpfe Italiens und Spaniens um Einbeziehung ihrer Sprachen in die EU-Arbeitssprachen. Und dies trotz der damit verbundenen Vermehrung auf sogar 5 Arbeitssprachen. Ein anderes Indiz ist der – freilich vergebliche – Kampf der Niederlande für ihre Sprache als EU-Arbeitssprache beim *Harmonisierungsamt für den Binnenmarkt* in Alicante (Kap. H.4.2). Kämpfe um ein Arbeitssprachenregime mit 5 oder gar 6 Sprachen können nicht primär ökonomisch (in Bezug auf den Lern- oder Handhabungsaufwand) motiviert sein, sondern bedürfen anderer Motive, wie z.B. der sprachlichen Identität (Sprachstolz) oder der Sorgen um die Folgen für die eigene Sprache und deren Stellung in der EU oder in der Welt (z.B. ihre Attraktivität als Fremdsprache) (vgl. Kap. H.4.5; K.8).

Wright begründet ihre Forderung einer Lingua franca für die EU wesentlich mit dem „gemeinsamen öffentlichen Raum", den eine wirkliche Demokratie brauche. Sie folgt darin einer von Jürgen Habermas ([1962] 1990) angeregten Idee. Danach sollte der „gemeinsame öffentliche Raum" eines Gemeinwesens allen Bürgern – selbstverständlich auch Bürgerinnen – zugänglich sein, um dort die ihnen politisch relevant erscheinenden Probleme zu diskutieren. Jedoch betont Wright mehr als Habermas die allgemeine *sprachliche* Zugänglichkeit des gemeinsamen politischen Raumes. Sie erscheint ihr für eine wirkliche Demokratie geboten und durch eine gemeinsame, am besten eine einzige Lingua franca am umfassendsten gewährleistet. Als diese Lingua franca sieht sie für die EU, wie schon erwähnt, Englisch als einzige realistische Möglichkeit (ähnlich Gerhards 2010; vgl. zu einer früheren Diskussion dieser Frage Bourdieu u.a. 2001). Dagegen streift Habermas (2001: 121f.; 2006) die Sprachenfrage lediglich, so als sei sie eigentlich kein Problem, indem er nur en passant auf Englisch als mögliche gemeinsame Sprache der EU hinweist (kritisch zu Habermas' fehlender Thematisierung der Sprachverschiedenheit Gerhards 2010; 56-59, speziell 59; auch Kraus 2008: 142).

Seit der ursprünglich von Habermas (1962) fokussierten Geschichtsepoche des aufsteigenden Bürgertums haben sich nicht nur die politischen, sondern auch die technischen Grundlagen gemeinsamer Öffentlichkeit nachhaltig gewandelt. Vor allem sind zur Presse die elektronischen Massenmedien hinzugetreten und spielen inzwischen eine vorrangige Rolle (Radio, Fernsehen, Internet). Jedoch fehlt in der EU den Massenmedien großenteils die für den gemeinsamen öffentlichen Raum notwendige Reichweite. Sie sind bislang weitgehend auf den Rahmen der Mitgliedstaaten oder allenfalls von Mitgliedstaaten gleicher Sprache eingeschränkt. Einzelne Medien oder Programme erscheinen zwar parallel in verschiedenen Sprachen. Ein Beispiel ist das Fernsehprogramm *Euronews* (Sitz in Lyon), das schon seit einigen Jahren in allen großen EU-Sprachen sendet und in den nächsten Jahren die Sprachenvielfalt auf 16 Sprachen, auch über die EU-Amtssprachen hinaus, erweitern will (de.wikipedia.org/wiki/Euronews – abgerufen 07.05.2012), aber im Vergleich zu nationalen Sendern sowohl hinsichtlich Programmbreite als auch Zuschauerzahl stark beschränkt ist.

Diese Einschränkung ist sicher erheblichenteils bedingt durch das Fehlen einer allen EU-Bürgern gemeinsamen Sprache. Diese Sprache könnte wegen der Vielfalt der Muttersprachen nur eine Lingua franca sein. Sie würde die EU-weite Massenkommunikation wesentlich erleichtern und beschleunigen. Mangels einer solchen Lingua franca sind bisher alle Versuche mit EU-weiten Zeitungen,

Rundfunk- und Fernsehsendungen gescheitert oder in Ansätzen stecken geblieben (A. Ross 2003: 110f., 121-123; auch Beierwaltes 2001: 20-25). Eine Nische bildet nur die vor allem von Jugendlichen rezipierte populäre Musik: „With the significant exception of music there is no European market for mass media content in any single language." (Berns/ de Bot/ Hasebrink 2007: 117) Indes setzt der Genuss von Musik, auch vokaler Musik, kein oder zumindest kein genaues Textverständnis voraus (dazu Ammon 1991a: 413-417), was ein entscheidender Grund für die EU-weite und sogar weltweite Durchdringung nationaler Medien mit englischsprachiger Vokalmusik sein dürfte (vgl. Kap. J.2.3). Jedoch ist die Vokalmusik sowieso allenfalls ein Randphänomen des vor allem als politisch verstandenen gemeinsamen öffentlichen Raumes (vgl. allerdings Pennycook 1994).

Neben der massenmedialen Öffentlichkeit sind andere Öffentlichkeitsformen politisch relevant, vor allem die „Veranstaltungsöffentlichkeit" und die informellere „Begegnungsöffentlichkeit" („Encounter-Öffentlichkeit" – Beierwaltes 2000; A. Ross 2003: 118). Auch deren EU-weite Entfaltung wäre durch eine gemeinsame Sprache erleichtert. Die Bedeutung dieser Formen von Öffentlichkeit für das gegenseitige Verständnis und die Deliberation politischer Interessen und Auffassungen und damit die Entwicklung einer lebendigeren Demokratie sollte nicht unterschätzt werden. Man denke bei der Veranstaltungsöffentlichkeit nur an Konferenzen, Kundgebungen, Demonstrationen, Feierlichkeiten oder Feste und den dabei stattfindenden Austausch. Ebenso an Zusammenkünfte und Kooperationen EU-weiter Parteien, Verbände, Vereine und sonstiger Organisationen. An der Teilnahme wären im Falle einer Lingua franca Bürger aus ganz verschiedenen Mitgliedstaaten nicht länger gehindert, jedenfalls nicht aus sprachlichen Gründen. Entsprechendes gilt für die Begegnungsöffentlichkeit, die ebenfalls für den Austausch nicht gering zu veranschlagen ist. Auch diesen Austausch würde eine Lingua franca erleichtern, z.B. bei gegenseitigen Besuchen im Rahmen von Städtepartnerschaften oder bei zufälligen Begegnungen, etwa in der Bahn oder im Flugzeug, wo dann über Sprachunterschiede hinweg kommuniziert werden könnte.

Ein weiterer Vorteil einer EU-weiten gemeinsamen Sprache wäre die größere Entfaltung der „vier Freiheiten", der ungehinderten Grenzüberschreitung zwischen den EU-Mitgliedstaaten von „Waren, Personen, Dienstleistungen und Kapital". Sie werden durch die EU-Verträge garantiert, z.B. durch Artikel 95 („Harmonisierungsregel") des „Vertrags zur Gründung der Europäischen Gemeinschaft" (EGV) (eur-lex.europa.eu/de/treaties/dat/12002E/pdf/12002E_DE. pdf – abgerufen 13.3.2012). Die vier Freiheiten sind von eminenter wirtschaftlicher Bedeutung. Ihre Entfaltung wäre aber auch der Entwicklung des gemeinsamen politischen Raums förderlich. Die dadurch wachsende transnationale

Mobilität würde den Kontakt zwischen EU-Bürgern verschiedener Mitgliedstaaten intensivieren. Dies käme der Begegnungs- wie auch der Veranstaltungsöffentlichkeit zugute, in die mehr EU-Bürger unterschiedlicher nationaler Herkunft einbezogen würden. Eine EU-weite gemeinsame Sprache würde diese Entwicklung beschleunigen. – Auch die Verwirklichung des von Ulrich Beck und Daniel Cohn-Bendit vorgeschlagenen „Freiwilligen Europäischen Jahres für alle", in dessen Rahmen möglichst viele EU-Bürger sich transnational für Europa engagieren und dazu längere Zeit in einem anderen EU-Land leben sollen, würde durch eine gemeinsame Sprache erleichtert (www.euractiv.de/wahlen-und-macht/artikel/wir-sind-europa-00626 – abgerufen 07.05.2012).

Eine zentrale Komponente eines EU-weiten gemeinsamen öffentlichen Raumes ist die Kommunikation der EU-Institutionen (einschließlich der EU-Regierung – im Wesentlichen die EU-Kommission) mit den EU-Bürgern. Ein Ausschnitt daraus sind die Pressekonferenzen der EU-Kommission. Ihre Zugänglichkeit für die Bürger ist durch die Sprachverschiedenheit eingeschränkt. Sie richten sich zwar direkt nur an Journalisten. Diese verstehen die verwendeten Sprachen, meist nur Englisch und Französisch, und leiten die Inhalte in Übersetzung weiter an ihr nationales Publikum (Ross 2003: 125). Jedoch könnten im Falle einer EU-weiten gemeinsamen Sprache die EU-Bürger die öffentlichen Mitteilungen der EU-Regierung über geeignete Medien (Radio, Fernsehen, Internet) auch direkt verfolgen. Sie wären dann nicht mehr auf die Filterung der Nachrichten durch Journalisten angewiesen, was die Distanz zur Regierung reduzieren und die politische Mündigkeit der EU-Bürger verbessern könnte.

Viel wichtiger für die Kommunikation zwischen EU-Institutionen und Bürgern sind die Debatten im Europaparlament. Dort spielen außer dem Diskurs, im argumentativen Sinn des Wortes, auch andere Kommunikationsmodi wie „Agitation" oder „Verlautbarung" (Neidhardt 1994; Ross 2003: 120) eine bedeutende Rolle. Zwar sind diese Debatten über bestimmte Medien, die man freilich kennen muss, allen EU-Bürgern zugänglich. Über das Fernsehen gibt es diesen Zugang nicht. Jedoch hat das Europaparlament eine eigene Übertragungs-Webseite (www.europarl.europa.eu/ep-live/de/schedule/ live-broadcast). Wenn man in der Adresse das Landeskürzel – hier also „de" – entsprechend ersetzt, kommt man zu den anderen Länder- oder Sprachenseiten, z.B. für Niederländisch: www.europarl.europa.eu/ep-live/NL/schedule/live-broadcast. Oben links kann man die Länderkürzel auch aus einer Liste auswählen. (Hinweise Jan Kruse)

Die EU-Bürger können so alle Debatteninhalte verfolgen, und zwar gedolmetscht (vgl. Kap. H.4.2). Jedoch ist durch das Dolmetschen die Kommunikation im Vergleich zu den nationalen Parlamenten beeinträchtigt. Zwar kommen grobe Dolmetschfehler selten vor, so gerne sie aufgrund ihrer Unterhaltsamkeit oder aus Häme kolportiert werden. Jedoch geht beim Dolmetschen unweigerlich ein Großteil der rednerischen Finesse verloren. Bei allem Vorrang der Inhalte beeinflusst auch die Form der Darbietung die performative Wirkung, weshalb Abgeordnete ihre Reden oft hingebungsvoll feilen. Dies ist aber im EU-Parlament im Gegensatz zu den nationalen Parlamenten großenteils verlorene Liebesmühe, was bei einer gemeinsamen Sprache anders sein könnte.

Es liegt nahe, den Gedanken einer EU-Lingua franca auf die EU-Amts- und Arbeitssprachen auszudehnen, deren Vielfalt aus analogen Gründen in Frage gestellt werden kann. Die konsequente Folge wäre eine einzige EU-Amts- und Arbeitssprache, was allerdings die Aufhebung der Ratsverordnung Nr. 1 voraussetzen würde (vgl. Kap. H.4.2). Für nur eine einzige EU-Arbeitssprache, natürlich Englisch, hat sich schon seit längerem Theo van Els (2003; 2005a; b; 2007) stark gemacht. Er hat dies – ähnlich der zu Anfang des Kap. dargestellten Argumentation Wright's und van Parijs' – sowohl mit besserer Arbeitseffizienz als auch größerer sprachlicher Fairness zwischen den Mitgliedstaaten und Sprachgemeinschaften begründet. Damit wäre – so lässt sich ableiten, ohne dass van Els das selbst deutlich äußert – auch der demokratischen Weiterentwicklung gedient. In einer einzigen institutionellen Arbeitssprache könnten alle EU-Beamten und Politiker viel umfassendere Fertigkeiten entwickeln als in mehreren. Damit verlören die Muttersprachler, also die Angelsachsen, weitgehend ihre sprachliche Überlegenheit. Da die Nicht-Muttersprachler die große Mehrheit wären, könnten sie mit der Zeit sogar eigene Sprach- und Kommunikationsnormen durchsetzen, denen sich die muttersprachliche Minderheit beugen müsste. Selbstverständlich könnte im Falle einer einzigen Lingua franca für die ganze EU auch die gesamte Kommunikation der EU-Institutionen mit den Mitgliedstaaten und Bürgern darin stattfinden. Zu klären wären dann nur noch die sozialen Folgen der Auflösung der umfangreichen EU-Sprachendienste, die „Versorgung" der zahlreichen Übersetzer und Dolmetscher. Die Überlegungen von van Els sind umso bestechender, als die tatsächliche Entwicklung schon heute in die beschriebene Richtung weist. Wie schon erwähnt, wurde die Tendenz in Richtung Englisch als EU-Lingua franca schon vielfach nachgewiesen (z.B. de Swaan 2001a: 144-175; van Parijs 2011: 6-9; H. Wagener 2012), aber auch in Richtung der vorrangigen EU-Arbeitssprache (z.B. Phillipson 2003: 105-138; Gahler 2004; Hoheisel 2004; Ammon 2007b). Spezieller haben Jan Kruse und ich (Ammon/ Kruse 2013; Kruse/ Ammon 2013; Kruse 2013) die wachsenden Anteile von Englisch an der Kommunikation zwischen der EU-Kommission und dem Deutschen Bundestag aufgezeigt.

Allerdings befassen sich die Protagonisten einer einzigen EU-Lingua franca nicht besonders gründlich mit einer leicht erkennbaren Schwäche ihres Vorschlags. Die damit ermöglichte Kommunikation reicht nämlich nicht weiter als der Beherrschungsgrad dieser Lingua franca unter den Bürgern. Auch dem gemeinsamen politischen Raum oder der EU-weiten Öffentlichkeit sind diese Grenzen gesetzt. Sie dürften bei einer Zweit- oder Fremdsprache, die eine Lingua franca per definitionem ist, für viele Bürger noch auf lange Sicht eng gezogen bleiben (vgl. dazu Kruse 2012). Van Parijs (2011: 30) räumt diesen Umstand ein, entzieht sich aber dem daraus konstruierbaren Einwand gegen die EU-Lingua franca durch eine – in meinen Augen bedenkliche – Flucht in ein elitäres Gesellschaftsmodell. Er hält die unzureichende Beherrschung der Lingua franca nur für ein Problem hinsichtlich der *aktiven* Teilnahme an der politischen Diskussion: „The average citizen only feels comfortable debating political issues in their mother tongue" (van Parijs' zustimmende Zitierung einer Äußerung von Will Kymlicka 1999: 121). Die Lingua franca würde also – als Nicht-Muttersprache – den "average citizen" (auch „ordinary citizen", ebd. 31) behindern bei der Diskussion politischer Fragen. So auch van Parijs' Einschätzung, der er jedoch nur pauschal mit der rhetorischen Frage begegnet: „But is there ever more than an elite that ‚feels comfortable debating political issues' even in their mother tongue?" Im Bemühen um Demokratie läge jedoch – im Anschluss an Will Kymlicka's Äußerung – die Frage nahe, ob der „average citizen" nicht in der Muttersprache politische Probleme immerhin besser diskutieren kann als in einer Lingua franca. Näher zu untersuchen bliebe dann, um wie viel besser. Der Befund könnte eine bedenkliche Einschränkung des Werts der angestrebten Lingua franca für die Fortentwicklung der EU in Richtung einer lebendigeren Demokratie implizieren.

Auch die Möglichkeit, dass dem ‚Durchschnittsbürger' sogar die passive Teilnahme an der politischen Diskussion, also deren Verstehen mangels Beherrschung der Lingua franca, verwehrt sein könnte, erwägt van Parijs nicht. Vielmehr überspringt er diese Frage mit dem leichtfertig anmutenden Hinweis, dass die Rezeption der Fremdsprache mühelos auch zum ungehinderten aktiven Gebrauch hinführen könne: „[G]iven appropriate socio-linguistic conditions, they [‚ordinary people' U.A.] can quickly feel comfortable enough debating in a language distinct from their mother tongue." (Ebd.: 31) Diese Annahme scheint mir kaum vereinbar mit der vorausgehenden Zustimmung zu Kymlicka's Äußerung. Daher ist es auch nicht verwunderlich, dass van Parijs sich die Spezifizierung der ‚angemessenen soziolinguistischen Bedingungen' erspart.

Eine zentrale Aussage van Parijs' (2011: 31) lautet, dass die gemeinsame Lingua franca „creates and expands a transnational demos, by facilitating direct communication, live or online, without the cumbersome and expensive mediation of interpretation and translation." Dass eine Lingua franca die Möglichkeiten direkter sprachlicher Kommunikation zwischen den EU-Bürgern ausdehnen könnte, lässt sich sicher nicht bestreiten. Ob dies jedoch gleichbedeutend wäre mit der Vergrößerung des „transnational demos" – und damit einer breiteren demokratischen Entwicklung – ist weniger überzeugend. Dies wäre nur dann unzweifelhaft der Fall, wenn die politische Diskussion in der Lingua franca zur politischen Diskussion in den von allen oder zumindest fast allen Bürgern gut beherrschten nationalen Muttersprachen hinzu käme und diese nicht, auch nicht teilweise, ersetzen würde.

Zur Erläuterung sei hier eingefügt, dass seit langem Konsens besteht, dass die EU kein einheitlicher *Ethnos* (Ethnie, Volk) werden kann, sondern allenfalls ein – politisch verbundener – *Demos* (Grimm 1995; Habermas 1995; Ross 2003: 101f.; Kraus 2008: 21-26). Zwar umfassen auch Nationalstaaten nicht genau eine Ethnie (alle ihre Angehörigen und nur sie), aber immerhin oft so weit, dass eine ethnische Einheitsillusion konstruiert werden kann. Ihr markantestes Symbol ist dann in aller Regel die gemeinsame Sprache, die zugleich als die Muttersprache aller Bürger gilt (Kap. A.3; B.3; Anderson 1983; Gellner 1983; Wright 2000; Ammon 2010a). Für die EU ist jedoch eine Entsprechung dafür nicht in Sicht: Eine Lingua franca eignet sich mangels Muttersprachlichkeit nicht als ethniebildendes Symbol.

Die politische Verbindung der Mitgliedstaaten der EU wie auch die Zugehörigkeit aller EU-Bürger zu einem einzigen Demos basieren auf den Gründungsverträgen. Noch verbindlicher wäre eine Verfassung (Grimm 1995; Habermas 1995), der aber die Verträge von Nizza (beschlossen 2000, in Kraft getreten 2003) und Lissabon (2009) schon annähernd entsprechen. Sie basieren auf gemeinsamen Werten, Interessen und politischen Anliegen („issues"). Klaus Eder (2000) spricht aufgrund der Ermangelung einer gemeinsamen Sprache von der EU als einer „issuespezifischen Kommunikationsgemeinschaft", die ihren Zusammenhalt und ihre Besonderheit in Themen und Anliegen findet, die viele oder alle Bürger interessieren und bewegen. Die Gemeinschafts-Anliegen, um Eders Ausdrucksweise einzudeutschen, werden in zahlreichen Netzwerken, übersetzt in verschiedene Sprachen, EU-weit verbreitet. Insoweit gibt es also eine – allerdings durch Übersetzung und Mehrsprachigkeit vermittelte – Kommunikationsgemeinschaft.

Als eine derart (durch Mehrsprachigkeit und Übersetzung) vermittelte Gemeinschaft grundlegend gleicher Werte, Interessen und Probleme, aber ohne gemeinsame Sprache, sieht Viviane Manz (2002: 197-213) auch die Schweiz, der deshalb jedoch – wie sie zu Recht hervorhebt – niemand ernsthaft demokratische Qualitäten abspricht. Manz sieht auch im Falle der EU die größere sprachliche und kulturelle Vielfalt nicht als ein grundsätzliches Hindernis für die Entwicklung in eine ähnliche Richtung, auch des emotionalen Zusammenhalts – die allerdings der Geduld und Zeit bedürfe (skeptischer dagegen beim Vergleich der EU mit der Schweiz: Altermatt 1995).

Offenkundig schließt diese Vision nicht aus, dass eine gemeinsame Lingua franca die demokratische Entwicklung beschleunigen könnte. Bleibt nur die Frage, welche unerwünschten Nebenwirkungen eine solche Lingua franca hätte. Im Rahmen des vorliegenden Buches interessieren dabei vor allem die potentiellen Auswirkungen auf die Stellung der deutschen Sprache in Europa und in der Welt, denen ich in den folgenden Kap. H.4.5 und H.4.6 nachgehe.

Zuvor möchte ich mich noch der vor allem von Jürgen Gerhards (2010: 37-49, 219-222) vertretenen Annahme zuwenden, dass eine gemeinsame Lingua franca auch eine „Vergemeinschaftungsfunktion" (im Sinne von Max Weber 1972: 21) hätte und somit den emotionalen Zusammenhalt der EU-Bürger stärken würde. Diese Wirkung liegt bei einer gemeinsamen Muttersprache wie – wenigstens annäherungsweise – im Falle des Nationalstaates auf der Hand. Dabei stört die eventuelle dialektale Vielfalt nicht wesentlich. Die Dialektsprecher akzeptieren nämlich meist ohne weiteres auch die Standardvarietät der betreffenden Sprache als ihre Muttersprache. Diese wird ihnen nachdrücklich, vor allem in der Schule als die eigentliche „richtige" Form ihrer Sprache vermittelt. Und nur sie bildet das den Sprechern verschiedener Dialekte gemeinsame sprachliche „Dach" (Kap. B.2). Jedoch kann es schon bei der Anerkennung der Standardvarietät als Muttersprache Probleme geben, vor allem bei erheblicher linguistischer Distanz, wie z.B. beim Schwyzerdütsch der Schweiz bezüglich des Standarddeutschen (vgl. Ammon 1995a: 283-300). Ganz unmöglich erscheint aber die Anerkennung einer allein aufgrund der linguistischen Distanz unzweifelhaft anderen Sprache (vgl. zu den Kriterien Kap. B.2), die im Falle der vorgeschlagenen EU-Lingua franca vorläge. Ein warnendes historisches Beispiel sind das Habsburger Reich oder vielmehr genauer dessen Teile, in denen Deutsch die Lingua franca war. Diese gemeinsame Lingua franca hinderte die Nationalitäten anderer Muttersprache als Deutsch keineswegs daran, im Verlauf des 19. und frühen 20. Jh. sich mehr und mehr zu verselbständigen und am Ende des Ersten Weltkrieges endgültig aus der Staatengemeinschaft zu verabschieden. Die solchen Tendenzen widersprechenden Belege Gerhards für die Vergemeinschaftungsfunktion von Englisch als Lingua franca sind dünn. Er legt zum einen Zahlen vor, nach denen sich Personen mit größeren Fremdsprachenkenntnissen häufiger „mit Europa verbunden fühlen" als Personen mit geringeren Fremdsprachenkenntnissen (Gerhards 2010: 221). Jedoch fragt sich, was hier Ursache und was Wirkung ist. Womöglich ist die trans- oder postnationale Einstellung eher die Ursache des Fremdsprachenerwerbs, als dieser die Ursache jener Einstellung ist. Auch ein gegenseitiger Rückkoppelungsprozess ist denkbar. Vor allem aber ist die Kenntnis von mehreren Fremdsprachen, auf die sich Gerhards' Argumentation stützt, keineswegs identisch mit der Funktion von Englisch als Lingua franca. Darüber hinaus beruft sich Gerhards vage auf Befunde, wonach „diejenigen, die mehrsprachig sind bzw. Englisch als Fremdsprache sprechen, sich vermehrt für die EU als Institution und für eine weitere Vertiefung der EU aussprechen [...]". Jedoch bleibt unerfindlich, warum er gerade diesbezüglich die Leser mit der Bescheid abspeist: „Ergebnisse werden hier nicht dargestellt" (ebd.: 221).

Gegen die Stärkung des emotionalen Zusammenhalts durch Englisch als Lingua franca, die Jennifer Jenkins ähnlich begründet hat (Kap. A.4, gegen Ende), spricht Werner Hüllens (1992) Gegenüberstellung von Linguae francae als „Kommunikationssprachen" und von Muttersprachen als „Identifikationssprachen". Sie stimmt skeptisch bezüglich der Vergemeinschaftungswirkung. Vor allem fehlt bei Englisch für die EU die Abgrenzung zu Englisch als Weltsprache (vgl. Graddol 2000; 2006; Crystal 2003). Diese wäre aber gruppenpsychologisch wichtig (vgl. Ammon 1995a: 311; Homans 1991: 121). Sie würde ein in der Form spezifisches EU-Englisch voraussetzen, das bislang nicht in Sicht ist, zumal viele Europäer eher amerikanisches als britisches Englisch sprechen.

Eine gezielte Politik zur Förderung einer einzigen EU-Lingua franca oder auch EU-Arbeitssprache müsste zu ihrer Legitimation von der Mehrheit der EU-Bürger befürwortet oder zumindest akzeptiert werden. In Bezug auf die EU hat Fritz W. Scharpf (1999) „input-" und „output-orientierte Legitimation" unterschieden (ebd.: 16-28; auch Ross 2003: 98f. und passim bis 141). Input-orientierte Legitimation betont die Herrschaft *durch* die Bürger (,Demos'), deren (mehrheitliche) „authentische Präferenzen" sich in den Regierungsentscheidungen widerspiegeln müssen. Dagegen betont die output-orientierte Legitimation die Herrschaft *für* die Bürger, so dass die Regierungsentscheidungen erkennbar deren Wohl oder das Wohl des Gemeinwesens fördern – wobei dieses Gemeinwesen nicht unbedingt auf einem Gemeinschaftsglauben oder auf kollektiver Identität basieren muss, wohl aber auf gemeinsamen Interessen (Scharpf 1999: 21). Die EU-Politik versucht, beiden Legitimationsdimensionen gerecht zu werden. Dies ist vor allem bezüglich der input-orientierten Legitimation schwieriger als bei Nationalstaaten, schon aufgrund der zusätzlichen Regierungsebene oberhalb der Mitgliedstaaten, aber auch aufgrund der sprachlichen Vielfalt (vgl. Kraus 2008: 37-75).

Eine ausgesprochen input-orientierte Lösung der Sprachenfrage (bezüglich einer einzigen EU-Lingua franca oder auch EU-Arbeitssprache) wäre ein Referendum (Volksentscheid) der EU-Bürger. Die Wahl durch die Bürger (bei gleichem, geheimem Stimmrecht) gilt gemeinhin als der höchst mögliche Grad demokratischer Legitimation („Über die Demokratie in Europa. Der demokratische Wahlakt ist in seiner Legitimationskraft unerreicht [...]", *FAZ* 09.02.2012: 7). Allerdings beschränkt sich diese Wahlmöglichkeit meist auf Parlamentsabgeordnete und erstreckt sich kaum auf die Zusammensetzung von Regierungen oder gar Sachentscheidungen. Den Bürgern wird in der Regel nicht zugetraut, dass sie die Konsequenzen schwieriger Entscheidungen so gut abschätzen können wie ihre Politiker. Jedoch gibt es Ausnahmen, auch zu hoch komplexen Fragen. So hat z.B. der CSU-Parteivorsitzende angesichts der Griechenlandkrise ein Referendum zur Zukunft des Euro gefordert („Seehofer fordert Euro-Volksabstimmung", *Welt am Sonntag* 12.02.2012: 1). Ähnlich der Vizepräsident des Bundesverfassungsgerichts, Ferdinand Kirchhof, mit folgender Begründung: „Direkte Demokratie ist dort angebracht, wo für die Unionsbürger grundlegende Entscheidungen getroffen werden sollen. Dazu zählen zum Beispiel die Verträge und auch der Euro" („Direkte Demokratie in der EU. Verfassungsrichter: Volk soll über Euro abstimmen", *FOCUS* 06.12.2012; auch www.focus.de/ finanzen/news/ staatsverschuldung/direkte-demokratie-in-der-eu-verfassungsri chter-volk-soll-ueber-euro-abstimmen_aid_711262.html – abgerufen 12.02.2012). Warum also nicht auch ein Referendum zur Frage einer einzigen EU-Lingua franca oder EU-Arbeitssprache?

Meinungsumfragen in diese Richtung – freilich keine Referenda – hat es schon gegeben. Im Jahr 1997 fand eine repräsentative Befragung in acht Mitgliedstaaten statt (insgesamt 7.515 Informanten). Allerdings ging es nicht um eine einzige EU-Lingua franca, sondern um die „offiziellen" EU-Sprachen, also die EU-Amtssprachen, was nicht ausschließt, dass viele Befragte dabei auch an eine EU-Lingua franca dachten. Immerhin 48% (ungewogenes arithmetisches Mittel über alle 8 Staaten) befürworteten eine einzige Sprache, mit dem höchsten Prozentsatz (72%) in Italien und – erstaunlicherweise – dem niedrigsten (31%) in Großbritannien. Vielleicht fürchteten die Briten damals noch, diese einzige Sprache könnte Französisch werden. Zudem sprach sich in allen Staaten eine Mehrheit für ein Referendum über diese Frage aus (Mittelwert 64%) – außer den Niederländern (52% Gegner), die womöglich fürchteten, dass ein Referendum den Trend zu einer einzigen EU-Arbeitssprache und EU-Lingua franca (Englisch) bremsen könnte. Die bevorzugten Sprachen waren Englisch (86% aller Befragten), Französisch (65%), Deutsch (47%), Spanisch (30%) und Italienisch (21%) (Roemen 1998). Speziellere Meinungsumfragen gab es um jene Zeit unter EU-Praktikanten, allerdings hinsichtlich der EU-Arbeitssprachen. Umso erstaunlicher war die Ablehnung einer nur einzigen Sprache. Bevorzugt wurde die Kombination Englisch+Französisch (38%) und – mit einigem Abstand – Englisch+Französisch+Deutsch (24%); für Englisch allein votierten nur 17% (sonstige Sprachen und Sprachenkombinationen durchgehend ≤2%; Quell 1997: 67). In jüngster Zeit wurde eine repräsentative Befragung in Deutschland durchgeführt (Hoberg/ Eichhoff-Cyrus/ Schulz 2008: 42f.). Dabei sprachen sich 78% gegen eine „gemeinsame Sprache [...] z.B. Englisch" aus, und 53% für „eine stärkere Verwendung der deutschen Sprache in der EU", mithin also – darf man annehmen – gegen Englisch als einzige EU-Lingua franca und auch als einzige Sprache in den EU-Institutionen.

Allerdings waren jüngere Befragte (16-19-Jährige) weniger entschieden gegen eine „gemeinsame Sprache" (73%) als ältere (≤60-Jährige: 81%) (ebd.: 43). Für Generationsunterschiede in Richtung größerer Zustimmung zu einer Lingua franca (Englisch) gibt es diverse Indizien. So stieß z.B. die Englischverweigerung von Außenminister Westerwelle bei einer Pressekonferenz in Berlin (29.09.2009) gegenüber einem Englisch sprechenden BBC-Reporter bei zwei Dritteln der jungen Befragten (14 bis 19 Jahre) auf kein Verständnis, während 54% aller Befragten Westerwelles Insistieren auf Deutsch begrüßten (www.welt.de/politik/article4733560/Westerwelle-und-die-schoene-deutsche-Sprache.html – abgerufen 20.05.2012; vgl. auch Kap. H.5.3). Jedoch bleibt abzuwarten, ob dieser „anscheinende" (engl. *apparent*) Einstellungswandel, wie Soziolinguisten sagen, ein tatsächlicher ist, ob also die heutigen Jugendlichen beim älter werden ihre Einstellung beibehalten oder dann wieder konservativer werden, wie es in vielen Fällen anscheinenden Einstellungs- oder Sprachwandels beobachtet wurde. Im letzteren Fall handelt es sich nur um *scheinbaren* Wandel.

Weitere repräsentative Umfragen gab es in den Jahren 2005 und 2012 in allen damaligen 25 bzw. 27 EU-Mitgliedstaaten (*Eurobarometer Spezial 243* (2006); *Eurobarometer Spezial 386* (2012)). Dabei wurden jeweils nur EU-Bürgerinnen und -Bürger (nicht andere Einwohner) befragt, von denen die in Tabelle H.4.4-1 genannten Prozentzahlen den folgenden Aussagen zustimmten:

1) „Jeder in der Union (bzw. ‚in der EU') sollte in der Lage sein, eine gemeinsame Sprache zu sprechen." (*Eurobarometer Spezial 243*: 55 bzw. *Eurobarometer Spezial 386*: 131, 136f.)

2) „Die europäischen Institutionen sollten sich auf eine Sprache einigen, in der sie mit den europäischen Bürgern kommunizieren" bzw. „Die Europäischen Institutionen sollten sich auf eine einzige gemeinsame Sprache für die Kommunikation mit den Bürgern einigen." (*Eurobarometer Spezial 243*: 55 bzw. *Eurobarometer Spezial 386*: 131f.)

Erhebungsjahr	2005	2012
Lingua franca unter EU-Bürgern	58	69
Lingua franca zwischen EU-Institutionen und Bürgern	55	53

Tab. H.4.4-1: Zustimmung der EU-Bürger zu einer einzigen Lingua franca für die Bürger und für die Kommunikation der EU-Institutionen mit den Bürgern (Prozent der Befragten)

Die „(einzige) gemeinsame Sprache" (Frage 1) wäre natürlich eine Lingua franca für alle Bürger, bei der sicher so gut wie alle Befragten an Englisch dachten. Zur

Kommunikation der EU-Institutionen mit den Bürgern dienen die EU-Amtssprachen. Wäre diese Kommunikation auf einzige Sprache beschränkt (Frage 2), so müsste auch dies eine Lingua franca für die Bürger sein; jedenfalls müsste sie von allen beherrscht werden. Auch diesbezüglich werden so gut wie alle Befragten an Englisch gedacht haben. Jedoch ist auffällig, dass die Zustimmung zu Frage 2) schwächer ist als zu Frage 1). Vielleicht hat die Sorge wegen eines Sprachdiktats aus den Institutionen zur Zurückhaltung motiviert, vielleicht auch einfach der erkennbare Zusammenhang mit politischer Macht. Dagegen wären solche Bedenken sicher geringer hinsichtlich der internen Kommunikation in den Institutionen; die Beschränkung auf eine einzige EU-Arbeitssprache stieße also vermutlich auf noch weniger Ablehnung. In diesem Zusammenhang stellt sich die große Frage, ob und wie weitgehend eine monolinguale interne Kommunikation in den EU-Institutionen auf die Institutionen beschränkt bleiben kann oder ob sie nicht unvermeidlich auf alle Lebensbereiche in der EU überschwappt. Die politische Außenkommunikation der EU könnte sich davon wohl kaum frei machen.

Die Frage nach der Beschränkung auf eine einzige Sprache richtet sich also auf dreierlei Bereiche (oder Domänen): a) die interne Kommunikation in den EU-Institutionen (EU-Arbeitssprache), b) die Kommunikation zwischen den EU-Institutionen und den EU-Bürgerinnen und -Bürgern (EU-Amtssprache) und c) die Kommunikation unter den Bürgern (EU-Lingua-franca). Die Komplexität der Implikationen und möglichen Folgen würde es erforderlich machen, dass ein Referendum zu diesen Fragen und einer in diese Richtung steuernden Sprachenpolitik durch eine eingehende öffentliche Diskussion vorbereitet wird, um populistischen Kurzschlüssen eine möglichst geringe Chance zu geben. Die Sorge erscheint nämlich nicht unberechtigt, dass viele EU-Bürger die Folgen einer solchen Sprachenpolitik nicht, sogar nicht einmal annähernd abschätzen können. Sie sind ja sogar – soweit ich sehe – wissenschaftlich nicht zufriedenstellend geklärt. Als weiteres Problem eines solchen Referendums könnte sich herausstellen, dass die Bürger für die betreffenden Fragen nur geringes Interesse zeigen, da sie ihnen – verglichen etwa mit „handfesteren" ökonomischen Problemen – als Bagatelle erscheinen.

Eine der dabei zu diskutierenden Fragen wäre, ob der Ausschluss der Sprache mit der größten Zahl von Muttersprachlern in der EU von Lingua-franca- und Arbeitssprach-Funktionen fair wäre. Dies ist immer noch die deutsche Sprache, wenn sie auch in den letzten Jahren an Boden verloren hat. Tab. H.4.4-2 enthält die Prozentzahlen von EU-Bürgerinnen und -Bürgern, die in den Jahren 2005 und 2012 sich zu den jeweiligen Sprachen bekannten: i) als ihre Muttersprache, ii) als eine Fremdsprache, die sie so weit beherrschten, dass sie darin ein Gespräch führen könnten.

	Englisch 2005 - 2012	Deutsch 2005 - 2012	Französisch 2005 - 2012	Italienisch 2005 - 2012	Spanisch 2005 - 2012
Muttersprache	13 - 13	18 - 16	12 - 12	13 - 13	9 - 8
Fremdsprache	38 - 38	14 - 11	14 - 12	3 - 3	6 - 7
Zusammen	51 - 51	32 - 27	26 - 24	16 - 16	15 - 15

Tab. H.4.4-2: Prozent EU-Bürgerinnen und -Bürger betreffender Muttersprache und Kenntnis dieser Sprache als Fremdsprache (Quellen: *Eurobarometer spezial 243* (2005): 8, 13; *Eurobarometer spezial 386* (2012): 12, 22)

Polnisch kommt bei den Muttersprachen mit 8% als gewichtig hinzu und Russisch bei den Fremdsprachen mit 6%; jedoch sind für diese Sprachen die Prozentwerte in der jeweils anderen Kategorie verschwindend klein. Für Spanisch fehlen für 2005 Angaben als Muttersprache, lassen sich jedoch auf den angegebenen Wert hin ermitteln (*Fischer Weltalmanach 2009*: 442; *Fischer Weltalmanach 2007*: 556). Für Italienisch als Fremdsprache gibt es ebenfalls keine Zahlen in den genannten Quellen, jedoch lassen sie sich aus *Eurobarometre 54 Special* (2001: 2) für die einstige EU (15 Mitgliedstaaten) auf 3% schätzen. Dieselbe Zahl hat Meinhard Moschner für mich aus den Rohdaten des *Eurobarometer spezial 386* für die EU mit 27 Mitgliedstaaten 2012 errechnet hat (genau 2,7%).

Für das Thema des vorliegenden Buches sind die Folgen einer einzigen EU-Lingua franca wie auch einer einzigen EU-Amts- und -Arbeitssprache von besonderem Interesse. Sie kommen daher im nächsten Kap. zur Sprache. Nicht weniger interessant sind jedoch die Ursachen für den Stellungsverlust von Deutsch in der kurzen Zeitspanne von 2005 bis 2012. Sie erklären sich sicher teilweise aus der Erweiterung der EU um 2 Mitgliedstaaten und dadurch bedingten Verwässerung der Zahlen für Deutsch, sowohl als Muttersprache wie auch als Fremdsprache. Jedoch spielen vermutlich weitere Faktoren eine Rolle, von denen die mit der Sprachenpolitik der EU zusammenhängenden in Kap. 4.6 thematisiert werden.

4.5 Die Sprachinteressen der deutschen und anderer Sprachgemeinschaften in der EU

In einem einschlägigen Aufsatz unterscheidet Gerhard Stickel (2007a: 134-137) zweierlei Interessen an einer Sprache: 1) die erhöhte Aufmerksamkeit auf sie oder Hinwendung zu ihr, 2) den Wunsch, über die Sprache zu verfügen oder sie zu erhalten. Im vorliegenden Kap. geht es vor allem um Letzteres, das aber Ersteres impliziert (jedenfalls eher als umgekehrt). Ich verzichte hier jedoch auf die von Stickel vorgeschlagene terminologische Unterscheidung (*Interesse an* –

Interesse für) und spreche und im Weiteren einfach von *Sprachinteresse(n)*. Spezieller geht es im vorliegenden Buch um das Interesse an der Stellung einer Sprache, in der betreffenden Gemeinschaft oder in der ganzen Welt (vgl. dazu auch Kap. A.1). Dieses Interesse kann dazu motivieren, sich für den Erhalt oder die Stärkung der Stellung dieser Sprache zu engagieren. Es kann überdies (mehr oder weniger) fundiert sein durch ein Wissen um die Vorteile einer starken und die Nachteile einer schwachen Stellung von Sprachen im betreffenden Gemeinwesen oder in der Welt. Außerdem kann das Sprachinteresse anderen Interessen unter- oder übergeordnet ist (Kap. A.2), z.B. wissenschaftlichen Interessen, so dass *Interessenprioritäten* oder *-hierarchien* entstehen. Bei all dem ist zu beachten, dass Sprachinteressen, in verschiedenen Ausprägungen und Beziehungen zu anderen Interessen, zunächst einmal Eigenschaften (Einstellungen) von Individuen sind. Sie können also innerhalb von Kollektiven, z.B. Gruppen, divergieren. So kann z.B. das Interesse an einer starken Stellung der deutschen Sprache in der Welt bei verschiedenen Angehörigen (Mitgliedern) der deutschen Sprachgemeinschaft weit auseinander gehen. Diese Aussage legt die Unterscheidung zwischen subjektiven (bewussten) und objektiven Interessen nahe, letztere in der Bedeutung, dass sie für bestimmte Personen gegeben sind, ob diese sich dessen bewusst sind oder nicht. So liegt – nach meiner Einschätzung – eine starke Stellung der deutschen Sprache im objektiven Interesse aller Angehörigen der deutschen Sprachgemeinschaft, ob sie sich dessen bewusst sind oder nicht. Dies schließt jedoch nicht aus, dass die individuellen Interessenhierarchien divergieren und für manche die Sprachinteressen sehr wichtig, für andere aber eher unwichtig sind. Zu einem differenzierten Bewusstsein der eigenen Interessenlage gehört jedoch nicht nur die (möglichst) richtige Einschätzung der eigenen Interessenlage, sondern auch die der anderen. Und zu diesen anderen gehören, speziell im Falle von Sprachinteressen, auch die Angehörigen anderer Sprachgemeinschaften, deren objektives Interesse sich entsprechend auf den Erhalt und die Stärkung der jeweils eigenen Sprache richtet. Erst bei einer so umfassenden Sichtweise kann man angemessen von einem „wohlverstandenen Interesse" sprechen. Wiederum ist dies zunächst einmal eine Eigenschaft von Individuen, mit unterschiedlicher Ausprägung bei verschiedenen Individuen und in unterschiedlicher Verteilung in verschiedenen Kollektiven, wobei auch die Regierung eines Landes ein spezielles derartiges Kollektiv darstellt. Diese Interessenvielfalt ist auch bei jeder auf die EU gerichteten Sprachenpolitik zu beachten.

Im vorliegenden Kap. H geht es – entsprechend dem Buchtitel – primär um das Interesse an einer starken oder schwachen Stellung der deutschen Sprache in der EU und ihren Institutionen (dazu auch Ammon 2006g; 2007b; 2010e). Die Vorteile für jede Sprachgemeinschaft bei einer starken Stellung der eigenen

Sprache in den EU-Institutionen liegen zum Teil fast auf der Hand, wogegen nennenswerte Nachteile kaum vorstellbar sind (Kap. A.1). Für die deutsche Sprache geht es in erster Linie um die Stellung (Status und Funktion) einer EU-Arbeitssprache. Diese Stellung des Deutschen ist nämlich, wie die vorausgehenden Kap. belegen, prekär. Für eine Sprachenpolitik, die auf Stellungserhalt oder sogar Stellungsstärkung der eigenen Sprache abzielt, ist es nicht nur wichtig, die Erfolgschancen abzuschätzen, sondern auch die mit eventuellen Erfolgen verbundenen Vorteile bzw. mit Misserfolgen verbundenen Nachteile richtig vorauszusehen. Im Gegensatz zur Stellung als EU-Arbeitssprache ist die Stellung von Deutsch als EU-Amtssprache – vorläufig – gesichert und daher weniger analysebedürftig. Auf einer anderen Ebene liegt die Stellung von Deutsch als Minderheitssprache in den EU-Mitgliedstaaten, die von der EU, zusammen mit dem Europarat, aufgrund der *Europäischen Charta der Regional- oder Minderheitensprachen* unterstützt wird (dazu Kap. E).

Der unmittelbare Vorteil von Deutsch als EU-Arbeitssprache besteht in der effizienteren Kommunikation der deutschsprachigen Staaten und aller deutschsprachigen Personen mit den EU-Institutionen wie auch der erleichterten Arbeit deutschsprachiger EU-Beamter oder EU-Abgeordneter. Jedoch ist im Zusammenhang mit dem Thema des vorliegenden Buches ein unauffälligerer, mittelbarer Vorteil vielleicht noch bedeutsamer. Er beruht auf der – wie mir scheint, plausiblen – Annahme, dass sich die EU mit der Zeit zu einem Staat, vermutlich einer Art Föderation weiter entwickelt (vgl. z.B. Habermas 2001/2006: 98-103, 124-129; auch Kap. H.4.1 und H.4.4) und dass dann die bisherigen EU-Arbeitssprachen die vorrangigen Sprachen der Zentralregierung dieses föderalen (=föderativen) Staates einschließlich seines Parlaments werden. Die Entwicklung dorthin ist zwar holprig und erschien bei Abfassung dieses Kap., im Sommer 2014, reichlich ungewiss, nicht zuletzt aufgrund der britischen Distanzhaltung. Jedoch waren die Anstöße in die Richtung einer langfristigen Entwicklung zur Föderation zeitweilig recht energisch und könnten in Zukunft wieder erstarken. Hierzu nur einige wenige Hinweise. Viel Aufmerksamkeit, auch Zustimmung fand die Grundsatzrede des damaligen deutschen Außenministers Joschka Fischer am 12.05.2000 an der Humboldt-Universität in Berlin über „Vom Staatenverbund zur Föderation – Gedanken über die Finalität der europäischen Integration", worin er allerdings das Prinzip der Subsidiarität betonte. (www.cvce.eu/obj/ rede_von_joschka_fischer_ueber_die_finalitat_der _europaischen_integration_berlin_ 12_mai_2000-de-4cd02fa7-d9d0-4cd2-91c9-2 746a3297773.html – abgerufen 10-07-2014) Der Gedanke wurde in den Jahren danach vielfältig aufgegriffen und unterstützt, auch noch bis kurz vor der – vereinfacht gesagt, durch Großbritannien ausgelösten – EU-Krise im Jahr 2014, wie folgendes Beispiel aus dem Jahr 2012 belegt: „Als langfristige Antwort auf die Schuldenkrise will Wolfgang Schäuble der EU deutlich mehr Kompetenzen als bislang einräumen. Man müsse jetzt eine politische Union Europas schaffen, sagte der Bundesfinanzminister bei der Karlspreis-Verleihung in Aachen" (E-Mail <info@euractiv.de> 18.05.2012). Diese „politische Union" – kaum anders vorstellbar denn als Föderation – würde einen erheblichen Teil staatlicher Aufgaben übernehmen, wodurch die politische Bedeutung der einzelnen EU-Mitgliedstaaten schrumpfte. Eine Tendenz in diese Richtung gibt es schon seit längerem in der heutigen EU; sie würde sich im Falle festeren staatlichen Zusammenschlusses erheblich verstärken. Dies beträfe auch die – politischen, wirtschaftlichen und militärischen – Außenbeziehungen. Diese würde die EU als Föderation dann mehr und mehr nur noch mittels ihrer Arbeits- sprich Regierungssprachen pflegen. Wäre die deutsche Sprache nicht bei diesen Sprachen dabei, so würde ihre internationale Funktion in der Diplomatie vollends hinfällig (mag auch manchen Beobachtern ihre weitere Marginalisierung kaum noch vorstellbar erscheinen).

Außerdem würde der Ausschluss des Deutschen aus den Arbeitssprachen der Föderation seine Stellung innerhalb der EU schwächen. Die vorrangigen Regierungssprachen der Föderation würden nämlich einen wachsenden Anteil an der Kommunikation zwischen Zentralregierung und Mitglied- sprich Bundesstaaten gewinnen. Ansätze dazu gibt es schon heute. So übermittelt z.B. die EU-Kommission mehr und mehr beratungsrelevante Dokumente an den Deutschen Bundestag unübersetzt auf Englisch, obwohl dies eigentlich unvereinbar ist mit der Ratsverordnung Nr.1, Art 3 (vgl. Kap. H.4.2). Der Anteil englischsprachiger Dokumente lag im Jahr 2011 bei ca. 25% aller von der Kommission übermittelten Dokumente – und wird vermutlich in Zukunft weiter steigen (vgl. Kap. H.4.6; Ammon/ Kruse 2013; Kruse/ Ammon 2013). Die zunehmende Gewöhnung des Deutschen Bundestages wie auch der Bundesregierung an die Arbeit mit englischsprachigen Texten erleichtert es auch anderen Staaten innerhalb und außerhalb der EU, ihre direkten Kontakte mit Deutschland zunehmend aufs Englische umzustellen.

Eine weitere anzunehmende Folge einer solchen Entwicklung wäre die Zurücksetzung von Deutsch in den Fremdsprachencurricula der Schulen in vielen Ländern und die schwindende Lernbereitschaft bei Schülern. Die Regierungssprachen der Föderation erhielten unweigerlich absoluten Vorrang in den Fremdsprachencurricula aller EU-Mitgliedstaaten. Sie würden infolge dessen auch außerhalb der EU bevorzugt, während das Interesse an den Nicht-Regierungssprachen der EU schwinden würde. Dies gilt umso mehr, je ausnahmsloser sich die Beziehungen sowohl zur EU als auch direkt mit den Mitgliedstaaten ganz in den EU-Regierungssprachen pflegen ließen. Es ist nicht ausgeschlossen, dass alle anderen Sprachen außer Englisch als Fremdsprachen an den Rand gedrängt würden – eine Intensivierung der schon aktuellen Tendenz (vgl. Kap H.4.4; Quetz 2010; H. Wagener 2012). Als Folge einer solchen Entwicklung würde Deutsch als Fremdsprache (DaF) wahrscheinlich auch erhebliche Teile seiner sonstigen Verbreitung in der Welt verlieren. Die Motivation zum Deutschlernen wäre nämlich um wesentliche pragmatische Komponenten (die Notwendigkeit von Deutschkenntnissen für den direkten Kontakt mit den deutschsprachigen Staaten und ihren Bürgern) geschwächt und würde weitgehend auf bloß noch „kulturelles Interesse" reduziert – wie schon heute in manchen englischsprachigen Staaten (G. Schmidt 2011: 153-155; Kap. K.9.15).

Um die Aussichten auf Abwendung einer solchen Entwicklung abzuschätzen, ist es wichtig zu wissen, dass die sprachliche Interessenlage der Mitgliedstaaten und ihrer Bürger unterschiedlich ist. Sie lässt sich vereinfacht wie folgt beschreiben. Im Grunde wären alle Mitgliedstaaten und ihre Bürger daran interessiert, dass die eigene Sprache, „ihre" EU-Amtssprache, auch EU-Arbeitssprache wäre. Jedoch ist dies für die meisten Sprachen illusorisch, da die Zahl der EU-Arbeitssprachen aus pragmatischen Gründen eng beschränkt bleiben muss. Daher haben die „kleinen Sprachen" keine Chance auf die Stellung einer EU-Arbeitssprache. In Frage kommen nur die großen, vor allem Englisch, Französisch, Deutsch, Italienisch und Spanisch (Kap. H. 4.4: Tab. H.4.4-2), ohne dass eine genaue Abgrenzung möglich wäre. Englisch ist die einzige unangefochtene EU-Arbeitssprache; die Arbeitssprachstellung aller anderen Sprachen ist gefährdet, wenn auch in unterschiedlichen Graden.

Jedoch machen sich alle Staaten großer Sprachen Hoffnung auf die Stellung einer EU-Arbeitssprache für ihre Sprache und bevorzugen entsprechende Arbeitssprachregime. Allerdings haben alle Staaten auch noch das zusätzliche Interesse, dass die Zahl der Arbeitssprachen nicht zu groß wird, um die Lern- und Kommunikationsbelastung in Grenzen zu halten. Für die Staaten und ihre Bürger, die keine Aussicht auf Arbeitssprach-Stellung ihrer eigenen Sprache haben, wäre sogar eine einzige EU-Arbeitssprache am ökonomischsten – als die allein Englisch in Betracht käme. Natürlich wäre dies auch für die englischsprachigen EU-Mitgliedstaaten und ihre Bürger die bequemste Lösung. In dieser Hinsicht kongruieren die Interessen der Staaten kleiner Sprachen mit denen der englischsprachigen Staaten. Im Gegensatz wäre für die übrigen Staaten mit großen Sprachen (außer den englischsprachigen Staaten) eine einzige Arbeitssprache nachteilig, weil ihre eigene Sprache dadurch von dieser Funktion ausgeschlossen wäre. Wenn sich allerdings ihre Hoffnung auf eine Arbeitssprach-Stellung ihrer eigenen Sprache zerschlüge, dann wäre auch für sie die Beschränkung auf eine einzige EU-Arbeitssprache das kleinere Übel als mehrere Arbeitssprachen (ohne die eigene). Generell gibt es also einerseits das Interesse, dass die eigene Sprache zu den Arbeitssprachen gehört, und dass andererseits die Zahl der Arbeitssprachen möglichst klein bleibt. Allerdings wird in diesen Überlegungen das Spracheninteresse auf objektive ökonomische Aspekte reduziert, wie Fremdsprachenlernaufwand, Dolmetsch-/ Übersetzungskosten und Einfachheit der Kommunikation. Damit muss das subjektive Interesse der Bürger oder Entscheidungsträger nicht übereinstimmen und folglich auch nicht das eventuelle Abstimmungs- oder Wahlverhalten. Jedoch könnte das objektive, wirtschaftliche Interesse das subjektive Interesse erheblich beeinflussen, vor allem bei geschickter Agitation.

Daher kann es sprachenpolitisch hilfreich sein, sich dieses Interesse klar zu machen – schon um eventuelle Schwierigkeiten einer in eine eventuell andere Richtung zielenden Politik vorauszusehen. Die geschilderte objektive Interessenlage der Mitgliedstaaten lässt sich prägnant in Form einer „Präferenztafel", wie ich sie nennen möchte, modellieren. Ich habe diese Darstellungsform von Abram de Swaan (1998: 23) übernommen. Jedoch spricht er von „voting cycles", nicht von Präferenzen oder Interessen, womit er einen engen Zusammenhang mit tatsächlichem Abstimmungsverhalten suggeriert, der mir zu kurz gegriffen erscheint. Statt von „Wahl" (*voting*) sollte man vorsichtiger von „Präferenz" (*preference*) sprechen. Die „Zyklen" (*cycles*) besagen, dass die Präferenzen umschlagen, wenn die eigene Sprache aus dem Arbeitssprachregime herausfällt. Jedoch bleibt die Interessenlage für viele Staaten stabil. Ich habe daher de Swaan's Modell umbenannt, modifiziert und auf die EU des Jahres 2014 zugeschnitten (Tab. H.4.5-1).

Das denkbare Sprachenregime D&F ist in Tab. H.4.5-1 nicht berücksichtigt, weil es mir – wegen des traditionell großen Vorrangs des Französischen als EU-Arbeitssprache vor Deutsch (Kap. H.4.2; H.4.6) – unrealistisch erscheint. Wie man sieht, sind – auf Grund dieser Analyse – nur insgesamt 7 EU-Mitgliedstaaten an mehr als einer Arbeitssprache (Englisch) interessiert und sogar dies nur bei der beträchtlichen Zahl von 5 Arbeitssprachen (E&F&D&I&S). Allerdings berücksichtigt Tab. H.4.5-1 nicht die Größe der Staaten. 5 der 7 mehrsprachig interessierten Staaten sind große Staaten der EU; Großbritannien ist der einzige große EU-Mitgliedstaat, der einsprachig interessiert ist. Grenzfälle sind Polen und eventuell die Niederlande zusammen mit Belgien (Flandern), deren Interessenlage – je nach Aussicht auf Arbeitssprach-Stellung auch ihrer Sprache (Polnisch bzw. Niederländisch) – zwischen beiden „Lagern" hin- und her schwanken könnte. Jedoch wurden mehr als fünf Arbeitssprachen bislang bei keiner EU-Institution eingeführt (Kap. H.4.2), außer beim Vollsprachenregime in Parlament und Rat – vermutlich wegen des damit verbundenen Aufwandes und auch wegen denkbarer Ansprüche weiterer Staaten.

Mitgliedstaaten	(N)	Arbeitssprachregime			
		E	E&F	E&F&D	E&F&D&I&S
Großbritannien, Irland	(2)	1.	2.	3.	4.
Frankreich, Belgien	(2)	4. (2.)	1.	2. (3.)	3. (4.)
Deutschland, Österreich	(2)	3. (2.)	4. (3.)	1.	2. (4.)
Italien, Spanien	(2)	2. (1.)	3. (2.)	4. (3.)	1. (4.)
Luxemburg	(1)	4. (3.)	1.	2.	3. (4.)
Andere	(19)	1.	2.	3.	4.
N Länder mit 1. Präferenz		21	2	3	2 ($\Sigma = 7$)

D = Deutsch, E = Englisch, F = Französisch, I = Italienisch, S = Spanisch

Tab. H.4.5-1: Präferenztafel für EU-Arbeitssprachen (bei Gleichgewichtung der Mitgliedstaaten: 1. = erste Präferenz, 2. = zweite Präferenz usw.)
Zugrunde liegende Annahmen: Präferiert werden Sprachrepertoires a) worin die eigene Sprache enthalten ist, und b) mit möglichst wenigen Sprachen

Nebenbei bemerkt, brauchen die Vereinten Nationen – im Gegensatz zur EU – keine weiteren Ansprüche zu fürchten, jedenfalls heute nicht mehr, nachdem seit 1974 kein Antrag auf zusätzliche Amtssprachen gestellt wurde. Vielleicht ist das ein Grund dafür, neben anderen, dass allen 6 Amtssprachen auch Arbeitssprachfunktionen, wenngleich begrenzten Umfangs, zugestanden wurden.

Wegen des ungefähren Gleichgewichts der an nur einer und der an mehr Arbeitssprachen interessierten Staaten (viele kleine versus wenige große) erscheint die dauerhafte Durchsetzung einer der beiden Lösungen schwierig. Auch wenn man die Interessenlage direkter auf die Sprachgemeinschaften statt auf die Mitgliedstaaten bezieht (wie in Tab. H.4.5-1, wo den Staaten gleicher nationaler Amtssprache gleiche Präferenzen zugeschrieben sind), bleibt dieses ungefähre Gleichgewicht bestehen. Es könnte sich jedoch bei neuen EU-Erweiterungen, vor allem solcher in Richtung kleiner Sprachgemeinschaften, verschieben.

Unklar bleibt, wie die beiden Annahmen, von denen die Interessenlage abgeleitet ist, im Verhältnis zu einander zu gewichten sind. Dies hängt unter anderem davon ab, inwieweit die *Ent*lastung durch Einbeziehung der eigenen Sprache die *Be*lastung durch zusätzliche Arbeitssprachen aufwiegt. Die Einbeziehung der eigenen Sprache erfordert lediglich passive Kenntnisse der übrigen Arbeitssprachen (vgl. Kap. H.4.4). Dies gilt allerdings nur bei voller Arbeitssprach-Funktion der eigenen Sprache, wenn also sämtliche anfallende Arbeit in ihr geleistet werden kann. Heute hat jedoch in den meisten Institutionen allein noch Englisch diese umfassende Funktion – so dass die Entlastung von aktiven Sprachkenntnissen bei sonstigen Arbeitssprachen begrenzt ist. Der – zumindest gelegentliche – aktive Gebrauch von Englisch ist in fast allen EU-Institutionen so gut wie unvermeidlich, so dass aktive Englischkenntnisse unverzichtbar sind. Eine Ausnahme ist vielleicht Französisch am Europäischen Gerichtshof.

Jedoch gibt es für Staaten und ihre Bürger noch andere Gründe als die Entlastung von Lern- und Kommunikationsschwierigkeiten, warum sie sich für die Stellung ihrer Sprache als EU-Arbeitssprache einsetzen, vor allem wenn es ihre Muttersprache ist. Dies verrät z.B. der langjährige Kampf Italiens und Spaniens um die Einbeziehung ihrer Sprachen in die EU-Arbeitssprachen, obwohl die Erweiterung auf dann 5 Sprachen (E&F&D&I&S) sicher mehr Aufwand bedeutet als die Beschränkung auf Englisch (vgl. das Arbeitssprachenregime des EU-*Harmonisierungsamtes für den Binnenmarkt* im spanischen Alicante, Kap. H.4.2). Auf dieser zusätzlichen Belastungsbereitschaft basieren die für Tab. H.4.5-1 angenommenen Präferenzen; in Klammern sind die (vermuteten) Präferenzen aufgrund bloßer Lernbelastung beigefügt, sofern sie abweichen. Ein Arbeitssprachenregime mit 5 Sprachen lohnt sich für keine Seite allein aufgrund von Lern- und Kommunikationseinsparungen, sondern nur wegen darüber hinausgehender Vorteile.

Für die deutsche Sprache liegt die Annahme nahe, dass ihre Stellung in der Welt von ihrer Stellung als EU-Arbeitssprache abhängt, womit ich den zu Anfang des Kap. begonnenen Gedankengang wieder aufgreife. Von den EU-Arbeitssprachen ausgeschlossen zu sein, würde ihr Prestige wie auch ihren praktischen Nutzen für die internationale Kommunikation schmälern. Mit der fortschreitenden politischen und wirtschaftlichen Integration der EU-Mitgliedstaaten verläuft ein wachsender Teil der für die deutschsprachigen EU-Staaten relevanten Kommunikation über die EU-Institutionen. Diese Kommunikation könnte praktisch nie auf Deutsch stattfinden, wenn Deutsch keine EU-Arbeitssprache wäre. Damit verlöre Deutsch einen – vermutlich beträchtlichen – Teil seines praktischen Wertes, was auch die Attraktivität von Deutsch als Fremdsprache auf längere Sicht nachhaltig beeinträchtigen dürfte. Es sei denn, die geschilderte Lage besteht schon heute, so dass sowieso nichts mehr zu verlieren ist. Jedenfalls aber trifft der Ausschluss aus den EU-Arbeitssprachen die deutsche Sprache mit voller Wucht, im Gegensatz zu anderen großen EU-Sprachen, da Deutsch als staatliche Amtssprache vollständig und als Muttersprache weitgehend (außer bei Sprachminderheiten) auf Europa einschränkt ist. Ähnlich stark auf Europa eingeschränkt ist von den großen EU-Sprachen sonst nur noch Italienisch. Daher ist der Ausschluss von den EU-Arbeitssprachen für diese beiden Sprachen (Deutsch und Italienisch) besonders folgenschwer für ihre zukünftige internationale Stellung und damit ihre Stellung in der Welt. So gesehen hatte – jedenfalls für Kenner – die auf Italienisch gehaltene Gedenkrede des deutschen Außenministers Steinmeier zusätzlichen Symbolwert („Steinmeier gedenkt der Opfer der deutschen Wehrmacht in Italien", *Die Welt* 29.06.2014). Karte D.4-1 (Kap. D.4) zeigt die globale Verteilung der internationalen Sprachen als staatliche Amtssprachen, die ein – nicht zu unterschätzender – Faktor und Indikator für ihre Stellung in der Welt ist.

Die Stellungseinbuße als internationale Sprache (infolge des Ausschlusses aus den EU-Arbeitssprachen) hätte eine Reihe bitterer Nachteile, woran sich die an die internationale Stellung ihrer Sprache gewöhnten Länder und ihre Bürger erst gewöhnen müssten. Sie wären schmerzlicher als für Sprecher von Sprachen, die mit den betreffenden Einschränkungen schon vertraut sind, weil ihre Sprache nie international war oder diese Stellung längst verloren hat. Hier sei noch einmal an die Vorteile der internationalen Stellung einer Sprache erinnert (Kap. A.1; auch z.B. Ammon 2007b: 102):

(1) Reibungslosere internationale wirtschaftliche, politische und kulturelle Kontakte;
(2) problemlosere Gewinnung von »Humankapital«, begehrter Fachleute, im Ausland;
(3) mehr Freunde weltweit: Personen, die eine Sprache (als Fremdsprache) lernen, entwickeln eher Sympathien zum Mutterland dieser Sprache und häufiger Kontakte dorthin;
(4) weiter reichende Verbreitung der eigenen Werte und Kultur: Personen, die eine Sprache lernen, rezipieren mehr Texte aus dem Mutterland der Sprache und lernen dadurch dessen Werte und Kultur kennen;
(5) Erhöhung des Gebrauchswerts (Nutzens) der Sprache durch den Zuwachs von Sprechern, vor allem Fremdsprachlern: Je mehr Sprecher eine Sprache, desto mehr potentielle Kommunikationspartner über sie;
(6) Einnahmen aus der „Sprachindustrie": Durch den Verkauf von Unterricht und Unterrichtsmaterialien der Sprache sowie von Waren, die an Sprache gebunden sind (Bücher, Filme, Fernsehsendungen, CDs, Online-Dienste und anderes);
(7) der immaterielle Vorteil der Identitätsstärkung, unter Umständen zugespitzt zum Sprachstolz: Durch die starke Stellung ihrer Sprache in der Welt fühlen sich die Sprecher (vor allem die Muttersprachler, aber unter Umständen auch die Fremdsprachler) bestätigt und aufgewertet.

Somit erscheint mir klar, dass es im Interesse der deutschsprachigen Staaten wie auch – letztlich – aller deutschsprachigen Personen liegt, diese Vorteile, soweit sie noch existieren, zu erhalten oder womöglich sogar zu mehren. Dazu könnte die Stellung von Deutsch als EU-Arbeitssprache beitragen. Dabei versteht es sich – entsprechend der Eingangsbemerkung zu diesem Kap. – fast von selbst, dass jede Politik zur Erhaltung oder Stärkung der Stellung der eigenen Sprache Rücksicht nehmen muss auf entsprechende Interessen der anderen Sprachgemeinschaften (dazu auch Kap. L).

4.6 Vereinigung Europas auf Kosten der internationalen Stellung der deutschen Sprache?

Die deutschsprachigen Länder waren in der Gründungsphase der EU und in deren Anfangsjahren in einer politisch extrem schwachen Position. Deutschland war geteilt, militärisch besiegt, seine Städte zerbombt und – was noch schwerer wog – durch die Nazi-Verbrechen und den Krieg moralisch hoffnungslos diskreditiert. Die anderen deutschsprachigen Länder blieben der EU fern, die Schweiz bis heute und Österreich bis 1995. Dem gegenüber war Frankreich Siegermacht, Gründungsmitglied der Vereinten Nationen und ständiges Mitglied in deren Sicherheitsrat sowie moralisch unbescholten – angesichts der Abhängigkeit des Vichy-Regimes von Nazi-Deutschland und seiner vergleichsweisen Harmlosigkeit. Außerdem war mit Belgien ein zweiter, damals vorrangig französischsprachiger Staat Gründungsmitglied, und neigte Luxemburg nach seinen Erfahrungen mit Nazi-Deutschland ebenfalls stärker zur französischen Sprache als zur deutschen (vgl. Kap. D.2.5). Im Grunde musste die damalige BRD es als großzügiges Entgegenkommen empfinden, dass Frankreich und die anderen Gründungsmitglieder (Belgien, Luxemburg, Niederlande und – das freilich auch nicht ganz unbelastete – Italien) sie als im Prinzip gleichrangigen Partner in diesen Staatenbund aufnahmen. Der Asymmetrie von Macht und Ansehen entsprach auch, dass die Initiative zum Zusammenschluss der europäischen Staaten mehr von Frankreich als von Deutschland (der BRD) ausging.

Es war in dieser Situation ganz natürlich, dass Französisch zunächst einmal die dominante Arbeitssprache der EU und ihrer Institutionen wurde (Haselhuber 2012: 24-27; vgl. aber die Einschränkung bei Stark 2002: 207). Außer der politischen und moralischen Überlegenheit Frankreichs sprachen dafür auch Umstände wie die größere weltweite Verbreitung des Französischen, damals noch in den französischen Kolonien, seine große Tradition als Diplomatensprache (vgl. Kap. H.1) und seine Stellung als Amts- und Arbeitssprache der Vereinten Nationen oder auch der NATO (vgl. Kap. H.3). In Anbetracht dessen erscheint es rückblickend sogar erstaunlich, dass der – nachvollziehbare – ursprüngliche Versuch Frankreichs, Französisch zur einzigen EU-Amts- und Arbeitssprache zu machen, von den übrigen Gründungsmitgliedern einschließlich der BRD abgewehrt werden konnte (Stark 2002: 207; Hemblenne 1992: 112). Die Vermutung liegt nahe, dass Frankreich damals nachgab in der Annahme, dass sich der Vorrang oder sogar die Monopolstellung des Französischen gewissermaßen naturgemäß entwickeln würden.

Dafür wurde auch der Boden bereitet durch die Ansiedelung aller Institutionen des neuen Staatenbundes auf französischem Amtssprach-Gebiet (Brüssel, Luxemburg, Straßburg), wenngleich an der geographischen Peripherie des Französischen, was den Eindruck geplanter Sprachdominanz abmilderte. Ein Schritt in die gleiche Richtung anscheinender Abmilderung der Dominanz des Französischen war die Ernennung von Walter Hallstein zum ersten Kommissionspräsidenten, der von 1958-1967 amtierte (vgl. Haselhuber: 26, dort auch Anm. 44). Fast liegt es allerdings nahe, von einer nur scheinbaren Abmilderung zu sprechen, denn Hallstein war – nach allem, was ich zu dieser Frage ermitteln konnte – der französischen Sprache kaum weniger zugeneigt als ein Franzose. Nicht nur sprach er bei fast jeder Gelegenheit Französisch, mit bestechender Perfektion, sondern akzeptierte auch dessen vorrangige Verwendung in allen Amtshandlungen der Kommission, abgesehen von der durch die Ratsverordnung Nr. 1 vorgeschriebenen Verwendung der anderen EU-Amtssprachen (vgl. Kap. H.4.2). Außerdem setzte er offenbar dem Aufbau der Kommissionsverwaltung nach dem strukturellen Vorbild der staatlichen Verwaltung in Frankreich keinerlei Widerstand entgegen. Die damaligen Verhältnisse ließen ihm wohl kaum eine andere Wahl.

Jedoch legte diese gleich anfängliche Priorisierung des Französischen und Hintanstellung von Deutsch und anderen Sprachen den Grundstein für die fortdauernde sprachliche Rangordnung in der sich entwickelnden Gemeinschaft. Die Stellung von Sprachen in Institutionen oder Staaten wird nämlich durch die anfänglichen Festlegungen meist auf lange Sicht geprägt. Ein Beispiel ist der Völkerbund, dessen Amtssprachen (Englisch und Französisch) in der Nachfolgeorganisation, den Vereinten Nationen, fraglos wieder amtlichen Status erhielten (Kap. H.3). Ein anderes Beispiel sind die überseeischen spanischen, portugiesischen, französischen und britischen Kolonien, deren von den ersten Siedlern (oder Eroberern) etablierte Sprachen (Spanisch, Portugiesisch, Französisch, Englisch) ihre Stellung gegenüber den andersprachigen späteren Zuwanderern hielten. Ein wesentlicher Grund für diese Beharrlichkeit ist der Aufwand institutioneller und staatlicher Sprachumstellungen, der nicht zuletzt bedingt ist durch die Schwierigkeit der Sprachumstellung für Individuen, deren Erwerb gründlicher neuer Sprachkenntnisse. Mit der Festlegung von Institutionen auf bestimmte Amtssprachen ist immer sowohl die Anstellung entsprechend sprachkundigen Personals verbunden als auch die Herstellung von Dokumenten in diesen Sprachen. Dieser Umstand zieht fast unumgänglich die

Rekrutierung von Personal derselben Sprachkenntnisse nach sich, so dass das Sprachenregime sich reproduziert. Diese – geradezu als Gesetzmäßigkeit aufzufassende – ‚Trägheit eines einmal etablierten Sprachenregimes' (Ammon 1998: 192-194) kann nur durch überaus starke Kräfte gebrochen werden – wie erst in neuerer Zeit die Dominanz des Französischen in den EU-Institutionen durch die überlegenen „Bataillone" des Englischen.

Die Kräfte, die hinter der deutschen Sprache standen, reichten jedoch zu keiner Zeit aus, die überlegene Stellung des Französischen in den EU-Institutionen ernsthaft zu gefährden. Auch der ökonomische Vorsprung, schon der BRD und später des vereinigten Deutschlands, war dafür nicht ausreichend. Ein Hemmnis waren die oben erwähnten objektiven Faktoren wie die fehlende Verankerung der deutschen Sprache in außereuropäischen Staaten und Institutionen (Vereinte Nationen, NATO) und die schwächere Stellung Deutschlands in internationalen Organisationen (später Zugang zu den Vereinten Nationen, kein ständiger Sitz im Sicherheitsrat). Ein nicht zu unterschätzendes weiteres Hindernis beim Engagement für deutsche Sprachinteressen und deren Durchsetzung war (und ist vielleicht auch noch heute) das infolge der Nazi-Zeit fortdauernde Misstrauen gegenüber Deutschland in den europäischen Nachbarstaaten, das sich auch in verbreiteten Einstellungen in den deutschsprachigen Staaten selber widerspiegelt. Dieses subjektive Faktorenbündel dürfte beträchtliches Gewicht haben, so schwierig es sich im Verhältnis zu den objektiven Faktoren abschätzen lässt. Die Fortdauer solcher Einstellungen zeigt sich immer wieder bei Konflikten zwischen Deutschland und anderen EU-Mitgliedstaaten. Ein neueres Beispiel ist Griechenland, dessen Presse deutsche Politiker dadurch als die Schuldigen an seiner Finanzkrise markierte, dass sie diese in Nazi-Kleidung abbildete („Der Griechen liebster Feind", *Der Spiegel* 9, 2012: 7, 144f.). Die britische Presse ist berüchtigt für ähnliche Anspielungen, besonders – auch scherzhaft gemeint – bei Sportwettkämpfen, vor allem Fußballspielen, gegen Deutschland, jedoch auch in ernsteren Berichten und Kommentaren. Typisch für die traditionelle Stimmung ist, wie mir scheint, ein Artikel anlässlich der Frage einer EU-Verfassung mit dem Titel: „Only now is Europe learning to stop fearing the Germans" (*Financial Times* 17.07.2007: 9).

Einen Hinweis auf die Beständigkeit solcher Einstellungen und ihre nachhaltige politische Wirkung liefert der langjährige Bundesminister und -kanzler Helmut Schmidt (2008), der einen Großteil der deutschen Nachkriegspolitik kennt, in seinem kürzlichen, vermächtnisartigen Rückblick „Außer Dienst". Zum Teil begründet er mit Blick auf diese Einstellungen auch den Vorrang Frankreichs – und implizit der französischen Sprache – in der EU, freilich ebenso aufgrund objektiver Faktoren. Er schreibt dort:

"Es wird noch einige Generationen dauern, bis bei allen unseren Nachbarn die schrecklichen Erinnerungen an deutsche Eroberung und Besatzung verblassen. [...] Ein Zwischenfall, ungeschicktes Auftreten oder provozierende Reden können das im kollektiven Gedächtnis der Nachbarn haftende negative Bild der Deutschen leicht wieder virulent werden lassen. [...] Wir dürfen keineswegs den Anschein erwecken [...], als ob Deutschland mit Hilfe seiner großen und leistungsfähigen Volkswirtschaft die Führung der EU anstrebe." (S.95) „Unter all unseren europäischen Nachbarn war es Frankreich, das nach Hitlers Weltkrieg als erstes Land uns Deutschen Zusammenarbeit und – später – Versöhnung angeboten hat. Auch die europäische Integration ist von Frankreich ausgegangen, von dort kamen immer wieder entscheidende Anstöße." (S. 97) „[A]llein Frankreich [hat] die Möglichkeit, eine Führungsrolle in Europa zu spielen. Dabei werden Frankreichs Position im Sicherheitsrat der Vereinten Nationen und seine atomare Bewaffnung vorhersehbar ein hohes Gewicht behalten. Innerhalb der EU aber wird Frankreich weiterhin als *primus inter pares* erscheinen." (S.101f.)

Die Annahme erscheint mir kaum übertrieben, dass solche oder ähnliche Einschätzungen und Einstellungen die EU-Politik Deutschlands, einschließlich der Sprachenpolitik, von der Gründung der EU bis zur Gegenwart geprägt haben, wenn auch sicher in schwankendem Ausmaß – und nicht ohne gelegentliche Ausbrüche und Frustrationsbekundungen. Dabei sollten die Beschreibung und die Erklärung der betreffenden Politik sorgfältig unterschieden werden von deren Bewertung. Für völlig unangemessen halte ich eine pauschale Abwertung der durch jene Einschätzungen und Einstellungen bedingten Zurückhaltung, die immerhin die Versöhnung mit den Nachbarstaaten und die Entwicklung der EU weniger gefährdete, als es eine forschere deutsche Politik getan hätte.

Dennoch finde ich die Frage berechtigt, welcher Grad von Zurückhaltung oder Verzicht speziell auch in der Sprachenpolitik angemessen gewesen wäre oder heute noch ist. Diese Politik und ihre Folgen trifft ja nicht die einstigen Täter, sondern die heutigen und zukünftigen Deutschen und die Bürger anderer deutschsprachiger Länder und Regionen wie letztlich sogar die weltweiten Lehrer und Lerner von Deutsch als Fremdsprache.

In der Sprachenpolitik Deutschlands nach 1945 gibt es auffällige Momente der Zurückhaltung, speziell in Bezug auf die EU. Die folgende Aufzählung gibt einen – zweifellos noch unvollständigen – Überblick über unterlassene Durchsetzungsversuche deutscher Sprachinteressen – auch über die EU hinaus, aber mit Rückwirkung auf die EU. Dabei konnte ich leider in den meisten Fällen die genauen Umstände und Hintergründe nicht aufarbeiten. Vor allem bleibt meist unklar, inwieweit Durchsetzungsversuche unmittelbarer eigener Interessen, vor allem Sprachinteressen, überhaupt erwogen oder nur als aussichtslos bewertet wurden oder inwieweit sich die Akteure der möglichen Konsequenzen für die Stellung der deutschen Sprache in der Welt bewusst waren. Hier herrscht größtenteils noch beträchtlicher Klärungs- und vermutlich auch Forschungsbedarf. Die folgende Liste schließt an die am Anfang dieses Kap. geschilderte Ausgangslage bei der Gründung der EU an, ohne die einschlägigen Ereignisse nochmals auszuführen. Sie sind hier nur Teil der Liste und als solche auch durch Kursivdruck hervorgehoben. Die Nummerierung entspricht keiner strengen Zeit- oder Rangordnung, sondern dient vor allem der Übersichtlichkeit.

1) *Akzeptieren der Platzierung aller EU-Standorte auf französischem Amtssprach-Gebiet*

Wie schon gesagt, war vermutlich damals die Platzierung von EU-Standorten auf deutschsprachigem Gebiet undenkbar. Immerhin war die Entfernung der gewählten Standorte vom deutschen Sprachgebiet recht gering oder hatten sie historische Bezüge zur deutschen Sprache: Straßburg im traditionell deutschsprachigen Elsass (Kap. E.4.3) und Luxemburg, wo Deutsch später auch wieder eine der drei Amtssprachen wurde (Kap. D.2.5).

2) *Förderung der Etablierung von Französisch als vorrangige EU-Arbeitssprache durch den deutschen, ersten Kommissionspräsidenten*

Daran, dass der erste Kommissionspräsident, Walter Hallstein, obwohl selbst Deutscher, den Vorrang des Französischen als Arbeitssprache der EU-Kommission anerkannte und praktizierte, besteht, soviel ich weiß, kaum ein Zweifel (einschränkend indes Stark 2002: 207). Jedoch wäre es vermutlich unfair, ihm deshalb persönliche Vorwürfe zu machen, weil er wohl keine andere Wahl hatte. Für eine angemessene Einschätzung sind mir die Details seines Umgangs mit Deutsch und Französisch zu wenig bekannt.

3) *Kein Antrag auf den Status einer Amtssprache der Vereinten Nationen (VN)*

Hier stellen sich die genannten Fragen bezüglich des Verzichts dringlicher. War der Verzicht motiviert durch die machtpolitische Einschätzung, und waren sich die Akteure der möglichen Folgen für die Stellung der deutschen Sprache in der Welt bewusst? Die BRD und die DDR wurden im Jahr 1973 in die VN aufgenommen – nach der Aufnahme Österreichs schon im Jahr 1955 (Kap. H.3). Offenbar wurde damals in den VN ein Antrag auf den Amtssprach-Status für Deutsch erwartet (Tabory 1980: 43), der jedoch ausblieb. Dabei hätte schon der Umstand, dass entsprechende Bemühungen für Arabisch im Gange waren, das dann 1974 auch VN-Amtssprache wurde, einen solchen Antrag nahe gelegt. Die VN hätten bei dieser Gelegenheit vielleicht beide Sprachen, Arabisch und Deutsch, zu ihren Amtssprachen gemacht. Zwar war Deutsch nicht in so vielen Staaten verankert wie Arabisch und erst recht in keinen Ölförder-Staaten (damals war die Zeit der Ölkrise), aber dafür hatte Deutsch eine – zu jener Zeit durchaus noch anhaltende – Tradition als internationale Wissenschaftssprache (vgl. Kap. G.1, gegen Ende) sowie als weltweit gelernte Fremdsprache. Dieses „Versäumnis" der auswärtigen deutschen Sprachenpolitik wurde verschiedentlich kritisiert, auch von mir selbst (z.B. Ammon 2005c: 92; 2009a: 122). In der Tat sind die abträglichen Folgen des fehlenden VN-Amtssprach-Status für Deutsch wahrscheinlich massiv, fast möchte man sagen unermesslich, womit auch angedeutet sei, dass sie sich kaum zuverlässig abschätzen lassen. Stattdessen erhielt Deutsch dann auf Antrag von BRD, DDR und Österreich 1975 den vergleichsweise kümmerlichen Status einer VN-Dokumentensprache, den die deutschsprachigen Staaten auch im Weiteren nicht aufzubessern versuchten. Jedenfalls ist mir kein Antrag auf VN-Amtssprach-Status bekannt. Dabei hatten es die arabischen Staaten 1974 geschafft, dass ihre Sprache von einer VN-Dokumentensprache (1955-1973) zu einer VN-Amtssprache aufgewertet wurde.

4) *Verzicht auf den Status einer „Amtssprache" (eigentlich Arbeitssprache) des Europarats*

In der Terminologie des Europarats bezeichnet „Amtssprache" – umgekehrt wie bei der EU – den höheren Status (alle Funktionen), den nur Englisch und Französisch genießen, und „Arbeitssprache" den niedrigeren Status (nur Teil der Funktionen) (siehe zu Deutsch im Europarat auch Kap. H.3, gegen Ende). Letzteren Status haben Deutsch, Italienisch und Russisch. Wie im Falle der EU waren die Ausgangsbedingungen für Deutsch ungünstig. Zu der historischen Hypothek kam hinzu, dass keiner der deutschsprachigen Staaten zu den Gründungsstaaten des Europarates gehörte (Gründung am 5. Mai 1949). Erst zwei Jahre nach der Gründung wurde die BRD als erster deutschsprachiger Staat aufgenommen (am 2. Mai 1951). Dann vergingen über 40 Jahre, bis Deutschland, Liechtenstein und Österreich, zusammen mit einigen als Bundesgenossen gewonnenen nicht-deutschsprachigen Mitgliedstaaten, einen Antrag auf Deutsch als „Amtssprache" (also eigentlich Arbeitssprache) stellten. Jedoch wurde dieser 1994 abgelehnt, ebenso mehrere weitere Vorstöße. „Bislang scheiterte es am Geldmangel im Europarat" (*Das Parlament* 11.05.2001: 17), wird der wiederholt genannte Ablehnungsgrund beschrieben – wo doch die deutschsprachigen Staaten regelmäßig mehr zum Budget des Europarats beitrugen und nach wie vor beitragen als die französisch- oder englischsprachigen Staaten.

Bemerkenswert ist auch, dass der Antrag auf Statusanhebung für Deutsch weniger von Deutschland als von Liechtenstein vorangetrieben wurde. Vermutlich wäre der Antrag sogar erfolgreich gewesen, wenn Deutschland sich nicht – im Gegensatz Liechtenstein und auch Österreich – geweigert hätte, seinen fairen Kostenanteil (proportional zur Einwohnerzahl) zu übernehmen, der im niedrigen einstelligen Millionen-Bereich lag (Merker 2006: 58f.). Diese Weigerung erscheint heute unfassbar, nicht nur angesichts der riesigen sonstigen Ausgaben, z.B. neuerdings für die EU-Schuldenkrise, sondern auch wegen der damals keineswegs unrealistischen Aussicht einer späteren Umlegung der Kosten auf das Europarats-Budget, analog den beiden anderen Amtssprachen Englisch und Französisch.

Der zweitrangige Status von Deutsch im *Europarat* (47 Mitgliedstaaten 2012) hat zur Folge, dass Deutsch auch keine Arbeitssprache zweier wichtiger Institutionen dieser Organisation ist: des Europäischen Gerichtshofs für Menschenrechte (Straßburg) und des Europäischen Fremdsprachenzentrums (Graz). Außerdem ist es deshalb keine volle Unterrichtssprache an den Europakollegs des Europarats in Brügge (Belgien) und Natolin (Polen), wo jährlich ca. 400 Europa-Experten ausgebildet werden. Es ist dort nur Unterrichtssprache in speziellen Studiengängen für die Sprachendienste sowie vereinzelt Studienfach, z.B. für den Diplomatischen Dienst.

Die sprachenpolitische Arglosigkeit, fast möchte man sagen Ahnungslosigkeit, mancher deutschen Akteure tritt zutage im Kommentar einer Mitarbeiterin der deutschen Europarats-Delegation in Straßburg, „dass es doch nicht schlimm ist, dass Deutsch keine Amtssprache ist. Es wird ja alles gedolmetscht." Dies berichtet Stefanie Merker (2006: 54) und resümiert aufgrund ihrer Recherchen: „Diese Ansicht scheinen viele Delegierte zu teilen." Gemeint sind die Delegierten Deutschlands. Die genaueren Hintergründe des Scheiterns der Bemühungen um den Amtssprach-Status für Deutsch lassen sich freilich erst ermitteln, wenn die 30-jährige Sperrfrist für die Dokumente im Jahr 2024 abläuft.

5) *Verzicht auf Deutschkenntnisse angelsächsischer EU-Beamter*

Unter EU-Beamten ist weithin bekannt, dass der französische Präsident Pompidou seinem britischen Amtskollegen, Ministerpräsident Heath, bei den britischen Beitrittsverhandlungen zur EU 1971 das Versprechen entlockte, dass „alle von Großbritannien entsandten Mitglieder der Gemeinschaftsorgane ‚die französische Sprache zu beherrschen haben'." (Stark 2002: 210, gestützt auf Décsy 1973: 242) Angeblich soll erst darauf hin Frankreich seinen zuvor mit einem zweimaligen Veto unterstrichenen Widerstand gegen den Beitritt Großbritanniens aufgegeben haben. Einen solchen Versuch der Absicherung von Deutschkenntnissen bei neuen EU-Beamten, die für die Funktion von Deutsch als EU-Arbeitssprache höchst bedeutsam gewesen wäre, hat es offenbar von deutscher Seite nie gegeben, auch bei keiner anderen EU-Erweiterung.

Es ist fraglich, ob die BRD damals überhaupt von dieser speziellen Absprache Pompidous mit Heath erfuhr. Nach der gründlichen Untersuchung von Katrin Ruecker-Guitelmacher (2009 – dankenswerte Übermittlung durch Wilfried Loth) beschränkte sich die Rolle der BRD bei den Beitrittsverhandlungen Großbritanniens weitgehend auf den Empfang gefilterter Informationen über die Gespräche. Ich zitiere aus dieser Arbeit etwas ausführlicher als sonst, weil sie auch die damaligen Machtverhältnisse in der EU ahnen lässt. Der deut-

sche Botschafter in Paris, Ruete, „n'a été que brièvement et très sommairement informé de la rencontre franco-britannique [...]". Er konnte daher letztlich nur spekulieren, worüber Pompidou und Heath sprachen. „Ruete pense que les deux chefs d'Etat et de gouvernement se sont entretenus sur l'avenir de l'Europe et son rôle dans le monde, la forme de l'Europe élargie, l'UEM, les accords de Yaoundé, les problèmes néo-zélandais, l'avenir de la langue française à Bruxelles ainsi que la défense nucléaire future des deux pays. " (Ebd.: 335)

Jedoch wurde schon in der Vorbereitung der Zweiergespräche deutlich, dass und warum Pompidou die Sprachenfrage wichtig war: „Georges Pompidou [...] juge [...] important certaines question qui n'ont à priori rien avoir avec de directives communautaires. Parmi ces questions, il y a celle de la langue. Le Président français veut préserver la prédominance de la langue française au sein du marché commun élargi. Selon lui, 'il faudra en tout cas, dans la pratique être farouche ['unbeugsam'! U.A.]. Non seulement ne jamais parler anglais, mais exiger que toute intervention en anglais soit traduite. Je [=Pompidou! U.A.] ne crois pas à une négociation dans ce domaine.' " (Ebd.: 298)

Jedoch berührte Pompidou in den 12-stündigen Gesprächen am 20./ 21. Mai 1971 in Paris, an denen außer den beiden Präsidenten lediglich zwei Dolmetscher teilnahmen (ebd.: 453), die Sprachenfrage sehr geschickt nur beiläufig, die Heath dann entsprechend nonchalant ganz in seinem Sinn beantwortete: „En ce qui concerne la langue française, *de facto* langue de travail dominante dans les instances communautaires, Pompidou y attache une certaine importance pour des raisons intellectuelles, nationales et européennes. Au-delà de l'élargissement du marché commun, la sauvegarde du français face à l'anglais est en effect l'une des préoccupations du président de la République. Aussi Heath, pour apparemment faire plaisir à Pompidou, assure-t-il d'envoyer des fonctionnaires capables de travailler en français à Bruxelles." (Ebd.: 464) Hier, wie durchgehend in der Schilderung Ruecker-Guitelmachers, wird auch die damalige enge Verbundenheit Frankreichs und Großbritanniens und die Randständigkeit der BRD deutlich. So betonte z.B. Heath nicht nur, dass er als Europäer das von vielen Briten bevorzugte Bündnis mit den USA wegen des Größenunterschieds der Länder ablehne, sondern unterstrich auch „la communauté du passé français et britannique commun comme celui d'anciennes puissances impériales, et la communauté de leur présent en tant que puissances européennes [...]" (ebd.: 460).

Das Versprechen von Heath hat zwar nicht verhindert, dass die britischen EU-Beamten bald durch – wie es den bisherigen Mitgliedstaaten erscheinen musste – sprachliche Rücksichtslosigkeit auffielen und sich dieselben Rechte auf den Gebrauch der eigenen Sprache herausnahmen wie zuvor die französischsprachigen Beamten. So berichtete der Generalsekretär des Ministerrates

schon 1973 über den „*bad habit* taken up by some UK representatives at General Affairs meetings to intervene in their own language, when it is *accepted practise* not to provide interpreting services at these meetings; the practise is accepted by all eight language groups, except for the UK." (Lenaerts 2001: 236) Dennoch dürfte die Heath-Pompidou-Vereinbarung über Jahre hinweg die Stellung von Französisch – zu Lasten von Deutsch – in den EU-Institutionen gestützt haben. Allerdings mehren sich in neuerer Zeit dort Stimmen, dass immer häufiger Briten auch ohne ordentliche Französischkenntnisse aufträten. Ein eklatantes Beispiel ist die einstige Hohe Vertreterin der EU-Außenpolitik (2010 – 2014), Ashton, deren Französischkenntnisse indes immer noch eine Spur besser waren als die gegen Null gehenden Deutschkenntnisse (Ammon/ Kruse 2011; www-stud.uni-due.de/~sfjakrus/UDE_Working_Paper_6_Rev062011.pdf – abgerufen 02.05.2012).

6) Verzichtsaufruf aus dem Sprachendienst des Auswärtigen Amtes

Ein Indiz für die Bereitschaft der deutschen Politik zu jener Zeit, auf Deutsch als EU-Arbeitssprache zu verzichten, ist das „Plädoyer für Pragmatik" von Hermann Kusterer (1980), dem damaligen Leiter des Sprachendienstes des Auswärtigen Amtes der BRD und zuvor langjährigen Chefdolmetscher mehrerer Bundeskanzler (vgl. dazu auch Kelletat 2001a: 56f.). Er schlug der deutschen Öffentlichkeit und der EU-Politik, neben unstreitig sehr bedenkenswerten Anregungen, ausdrücklich den Verzicht auf Deutsch als EU-Arbeitssprache und die Beschränkung auf Englisch und Französisch vor. Man kann sich denken, dass er diesen Vorschlag nicht veröffentlicht hätte, wenn die vorherrschende Stimmung im Auswärtigen Amt entgegengesetzt gewesen wäre; dies ist umso mehr anzunehmen, als der Vorschlag den Interessen des eigenen Berufsstandes widersprach, denn Vereinfachungen von Sprachenregimen verringern in der Regel auch den Bedarf an Dolmetschern und Übersetzern. Es war die Zeit der Kanzlerschaft Helmut Schmidts (1974 – 1982), wobei an den Anfang des vorliegenden Kap. erinnert sei, und von Außenminister Hans-Dietrich Genscher (1974 – 92). Auf einer internationalen Konferenz zur EU-Sprachenpolitik, 1989 in Bad Homburg, an der ich teilnahm, wurde Kusterers Aufruf wiederholt zitiert und vor allem von nicht-deutschen Teilnehmern fast ungläubig zur Kenntnis genommen (vgl. Coulmas 1991c; b). Welche Auswirkungen auf die Einstellung deutscher und nicht-deutscher EU-Politiker dieser Aufruf hatte, kann ich nicht abschätzen. Jedoch ist anzunehmen, dass die mehr oder weniger mit diesem Aufruf übereinstimmende Haltung des deutschen Auswärtigen Amtes und auch des Kanzleramts, ganz kompatibel mit der Pompidou-Heath-Vereinbarung, der Stellung von Deutsch in den EU-Institutionen alles andere als zuträglich war. Zudem ist zu vermuten, dass es sich bei dieser Haltung nicht um eine ephemere Laune, sondern eine lang andauernde und entsprechend wirksame Einstellung handelte. Sie äußerte sich auch in breitenwirksamen Kommentaren in den Medien, dass drei EU-Arbeitssprache „zu viel verlangt" seien („Deutsch als dritte EG-Sprache?" *FAZ* 08.07.1991; Nass 1999; „Warum nicht Deutsch?" *FAZ* 09.07.1999: 12).

7) *Kein Insistieren auf Verwirklichung des Arbeitssprachstatus von Deutsch in der EU-Kommission*

Die Haltung des Verzichts änderte sich unter der Kanzlerschaft Helmut Kohls (1982-1998), der schon bei seiner ersten Regierungserklärung am 04.03.1983 verkündete: „Wir werden neue Anstrengungen unternehmen, um die deutsche Sprache im Ausland wieder mehr zu verbreiten." (Ammon 1989c: 254; 1991a: 542) Bald, und verstärkt nach der deutschen Wiedervereinigung, richtete sich Kohls Verlangen auch auf die Stellung der deutschen Sprache in den EU-Institutionen. Schließlich gab Kommissionspräsident Delors seinem Drängen nach und erklärte Deutsch 1993 zur Arbeitssprache der EU-Kommission (Kap. H.4.2). Seiner Verfügung: „Soweit Dokumente für den internen Gebrauch der Kommission vorgelegt werden, werden sie in den Arbeitssprachen Deutsch, Englisch und Französisch verfasst" (EG-Nachrichten 34, 06.09.1993: 4), entspricht auch heute noch die Geschäftsordnung der Kommission. Sie enthält allerdings – was entscheidend ist – keinerlei Vorschriften zum Gebrauch von Deutsch auch als mündliche Arbeitssprache. Daher ist der Delors'schen Verordnung und ihrer Formulierung in der Geschäftsordnung der Kommission dann schon Genüge getan, wenn die auf Englisch oder Französisch erarbeiteten Dokumente anschließend vom Übersetzungsdienst ins Deutsche übertragen werden. Diese Möglichkeit und ihre Folgen wurden von deutscher Seite lange Zeit nicht, zumindest nicht in aller Schärfe gesehen.

Die geltende Bestimmung impliziert weder den mündlichen Gebrauch von Deutsch noch die für einen solchen Gebrauch notwendige Anzahl von Beamten mit Deutschkenntnissen. Entsprechend gering ist der Anteil solcher Beamten in der Kommission: „Optimisten schätzen, dass nur etwa ein Drittel der Beamten [der Kommission! U.A.] hinreichend Deutsch sprechen oder verstehen können." (Hoheisel 2004: 79) Tab. H.4.5-1 gibt ein zufällig herausgegriffenes, aber sicher typisches Beispiel für Sprachanforderungen bei EU-Stellenausschreibungen, mit den Anforderungen für die Kommission in Klammern. Die Vernachlässigung von Deutsch ist in Wirklichkeit vielleicht noch drastischer, als es diese Zahlen zeigen, weil in der Einstellungspraxis bei fehlender Spezifikation der Sprache meist ebenfalls Englisch- und Französischkenntnisse vorgezogen werden. In dieses Bild passen auch die Sprachkenntnisse der Kommissionspräsidenten, die immer Französisch und seit der EU-Mitgliedschaft Großbritanniens auch immer Englisch konnten, oft aber kein Deutsch, ebenso die Sprachkenntnisse der Kommissare, die z.B. im Jahr 2011 so aussahen: von 27 Kommissaren konnten (einschließlich ihrer Muttersprache) 25 Englisch, 23 Französisch, aber nur 14 Deutsch (Ammon/ Kruse 2011; www-stud.uni-due.de/~sfjakrus/ UDE_ Working_ Paper_6_Rev062011.pdf – abgerufen 02.05.2012).

Sprache	Insgesamt	Gefordert	Gewünscht
Englisch	89 (13)	85 (12)	4 (1)
Französisch	42 (9)	28 (4)	14 (5)
Deutsch	15 (1)	5 (1)	10
Spanisch	4 (2)	2 (2)	2
Portugiesisch	2	0	2
Griechisch	1	1	0
Italienisch	1	1	0
Maltesisch	1	1	0
Niederländisch	1	1	0
EU-Amtssprache unspezifiziert	78 (5)	50 (4)	28 (1)
Außereuropäische Sprache	4 (3)	4 (3)	0

Tab. H.4.5-1: Häufigkeit geforderter oder gewünschter Sprachkenntnisse in den Stellenausschreibungen für die EU-Institutionen (Zahlen für EU-Kommission in Klammern) (www.europa-kontakt.de/index.html?http://www.europa-kontakt.de/AD_stellen.html – abgerufen 09.11. 2006)

Die einseitigen Sprachanforderungen blieben von deutscher Seite aus lange Zeit unbeachtet oder zumindest unbeanstandet. Erst in den letzten Jahren werden von Seiten der deutschen Regierung oder aus dem Bundestag Forderungen nach stärkerer Berücksichtigung von Deutsch laut, die aber zu spät kommen und schon deshalb von den Lenkern der EU-Institutionen nicht wirklich ernst genommen werden.

8) *Hinnahme des Nicht-Gebrauchs von Deutsch in den MOE-Beitrittsverhandlungen*

Von der Erweiterung der EU nach Mittelosteuropa (MOE) wurde allgemein eine Stärkung der Stellung von Deutsch in der EU, auch in den EU-Institutionen erwartet. Besonders Frankreich war um die institutionelle Vorrangstellung seiner Sprache vor Deutsch besorgt und bemühte sich daher um die Festigung von Französisch in den neuen oder beitrittsbereiten Mitgliedstaaten. Einer seiner Erfolge in diesen Bemühungen war die Einbeziehung aller mittelosteuropäischen Staaten, einschließlich sogar Österreichs, in die Francophonie – zumindest mit Beobachterstatus, der zwar kein Stimmrecht beinhaltet, wohl aber die Anerkennung und Förderung des Französischen als globale Kultursprache (de.wikipedia.org/wiki/Frankophonie; Map-Francophonie organisation 2005. png – abgerufen 25.04.2012).

Zur Zeit des Zusammenbruchs der Sowjetunion war Deutsch in vielen MOE-Staaten die zweithäufigst gelernte Fremdsprache, nach Russisch (Ammon 1991a: 121-149), und in der älteren Generation bevorzugte Lingua franca (ebd.: 137). Zwar war Englisch in der jüngeren Generation unzweifelhaft auf dem Vormarsch, jedoch war an den Kontakten mit der EU im Zusammenhang mit den Beitrittsverhandlungen die deutschkundige, ältere Generation maßgeblich beteiligt. Dennoch war die deutsche Sprache aus diesen Verhandlungen fast vollständig verbannt. Die MOE-Erweiterungsverhandlungen fanden so gut wie ausschließlich auf Englisch, allenfalls noch auf Französisch, aber praktisch nie auf Deutsch statt. Dies ist umso erstaunlicher, als der deutsche Kommissar Günter Verheugen in der entscheidenden Zeitspanne 1999 – 2004 für die EU-Erweiterung zuständig war (danach bis 2010 für die Industrie- und Unternehmenspolitik).

Hinweise auf Einzelheiten dieser praktizierten Sprachenpolitik liefert der deutsche Fernsehjournalist Franz Stark (2002: 212f.). Er schreibt, dass die Politiker der mittelosteuropäischen Staaten bei ihren Kontakten mit der EU schnell bemerkten,

> „dass ohne den Gebrauch von Englisch und Französisch in Brüssel ‚nichts zu holen' war. Dies hat im Verlauf der 1990er Jahre erkennbar zu einem Verlust des Status und Prestige von Deutsch in Mittel- und Osteuropa geführt." „So wurde mir [=Stark! U.A.] von deutschen EU-Beamten vertraulich berichtet, dass sie vor Gesprächen in Warschau, Prag und Budapest von ihren Vorgesetzten ausdrücklich ermahnt wurden, keinesfalls die deutsche Sprache zu verwenden, selbst dann nicht, wenn ihre Partner das wünschten." „Bei internen Stellenausschreibungen der EU-Kommission für die neu eingerichteten Vertretungen im ehemaligen Ostblock wurden – ohne Rücksicht auf die tatsächliche Fremdsprachenverbreitung im Land – grundsätzlich nur englische und französische Sprachkenntnisse gefordert, nicht jedoch deutsche." „Als im Oktober 1992 der UN-Menschenrechtsbeauftragte, der frühere polnische Ministerpräsident Masowiecki, in Brüssel auf einer gemeinsamen Pressekonferenz mit dem damaligen Kommissionspräsident Jacques Delors seine Ausführungen in Deutsch machen wollte, unterbrach ihn Delors und forderte ihn auf, Polnisch zu sprechen, man habe für eine Übersetzung ins Französische vorgesorgt. Nach seiner verblüfften Erwiderung, Deutsch sei aber ‚doch eine Sprache Europas', wechselte Masowiecki zum Polnischen." (S. 212) „Ein aufmerksamer Beobachter der Vorgänge, der damalige Brüsseler Korrespondent der ‚Süddeutschen Zeitung' Winfried Münster, sagte dazu in einem Fernsehinterview 1992: ‚Letten, Esten und Russen, Polen und Ungarn möchten sich (mit der EU) in Deutsch unterhalten. Aber von hier aus, speziell von der Kommission, wird versucht, das zu untergraben, zu hintertreiben. [...] Dieser Sprachvorteil, den die Deutschen haben und den sie natürlich in wirtschaftliche Vorteile ummünzen können, wird ihnen geneidet' [...] Erneut haben sich weder die Bundesregierung noch die meisten deutschen Beamten in Brüssel gegen diese Vorgänge ernsthaft zur Wehr gesetzt [...]." (S. 213 – Abschnittbildungen aufgehoben! U.A.)

Ganz im Einklang mit der Hinnahme des Ausschlusses von Deutsch aus den EU-Kontakten mit den MOE-Staaten wurde von deutscher Seite auch die Ausbildung von Deutsch-Dolmetschern in diesen Staaten vernachlässigt (Kelletat 2004a; b).

Womöglich entsprang solche Nachlässigkeit der allzu großen Selbstgewissheit deutscher Politiker, die ihnen auch manche MOE-Politiker einflößten. „Die Deutschen sollten sich da keine Sorgen machen", zitierte ein *FAZ*-Artikel („Sprache ist Macht", 15.06.04) zustimmend einen ungarischen Politiker: „Das kommt von selbst" – gemeint war, Deutsch in Brüssel sei ein Selbstläufer.

9) *Kein Insistieren auf Dolmetschung des Deutschen in den informellen EU-Ratssitzungen*

Wegen des Dolmetschens in den informellen EU-Ratssitzungen gab es im Jahr 1999 den bislang größten Eklat um Deutsch als EU-Arbeitssprache, der ausführlich geschildert wird von Andreas F. Kelletat (2001a; vgl. auch „Deutsch hat ein Potential für internationale Kontakte", *Die Welt* 09.07.1999: 13). Als Finnland die damals halbjährlich rotierende EU-Präsidentschaft übernahm, verweigerte es die Dolmetschung von Deutsch bei den informellen Ratssitzungen zugunsten von nur Englisch, Französisch und der eigenen Sprache. Deutschland, unter Kanzler Gerhard Schröder und Außenminister Joschka Fischer, forderte jedoch die Dolmetschung von Deutsch unter Verweis auf eine in seinen Augen inzwischen etablierte Gepflogenheit – die allerdings, muss man einschränken, nicht lückenlos praktiziert worden war, vor allem nicht von Spanien und Italien, die für ihre notorischen Widerstände gegen Deutsch als EU-Arbeitssprache bekannt sind (Kelletat 2001a: 62). Vielleicht empfand die deutsche Regierung die Begründung Finnlands, dass mit dem Verzicht auf Deutsch Kosten eingespart werden sollten, als zusätzliche Provokation – in Anbetracht der in der EU allgemein bekannten Tatsache, dass Deutschland regelmäßig den höchsten Beitrag zum EU-Haushalt leistet. Als Finnland sich unbeugsam zeigte, boykottierte Deutschland – im Bund mit Österreich – die informellen EU-Ratssitzungen. Nach dem Boykott mehrerer Sitzungen gab Finnland schließlich nach, wenn auch nur für den verbleibenden kleineren Teil von „1,5 Ministertreffen" (ebd.: 63, auch 64).

Jedoch wurde jenes zähe Insistieren Deutschlands auf Dolmetschung auch von Deutsch und die damit verbundene Politik des Anspruchs auf Deutsch als Arbeitssprache des Ministerrats nicht konsequent fortgesetzt. Vielmehr hat Deutschland ähnliche Zurücksetzungen von Deutsch wie seitens Finnlands in den späteren Ratspräsidentschaften Dänemarks (2002) und Griechenlands (2003) hingenommen, wenngleich unter Protest (WU 2005: 65). Dies hat schließlich dazu geführt, dass heute Englisch und Französisch als die einzigen wirklichen Arbeitssprachen des Ministerrats gelten können – für dessen förmliche

Sitzungen allerdings Volldolmetschung aller EU-Amtssprachen zur Verfügung steht.

Eine nicht unwesentliche Bedingung für das deutsche Nachgeben dürfte die oben, an den Beispielen von Helmut Schmidt und Hermann Kusterer (Punkt 6) geschilderte Grundstimmung unter deutschen Diplomaten gewesen sein, von der die Haltung der Regierung Schröder gegenüber Finnland als unkonziliant abstach. Ihre plötzlich kompromisslose Haltung, die ja – wenngleich vorübergehende – Erfolge zeigte, wurde auch von einflussreichen Teilen der deutschen Presse abgelehnt, und zwar ausgerechnet von denen, die dieser Regierung parteipolitisch zuneigten. „Gerade in eher ‚regierungsfreundlichen' linksliberalen Blättern wie der *Süddeutschen Zeitung* oder der *Zeit* hatte man keinerlei Verständnis für das Agieren des Bundeskanzlers." Vielmehr sah man darin ein Zeichen verhängnisvoller Europa-Skepsis. *Die Zeit* (Nr. 28, 08.07.1999) nannte diese Haltung – in einem Leitartikel mit der Überschrift „Feindbild Europa" – „Sprach-Gaullismus", der den EU-Partnern wie „ein neuer Wilhelmismus" vorkomme, und Helmut Schmidt als Mitherausgeber dieser Zeitung forderte wieder einmal die Anerkennung der Führungsrolle Frankreichs in Europa. (Kelletat 2001: 31) Solcher Meinungsstreit legt im Grunde die Frage nahe, ob Deutsch als EU-Arbeitssprache mit dem Bestand der EU und erst recht deren integrativer Fortentwicklung in die Richtung einer Föderation letztlich unvereinbar ist.

10) *Verzicht auf Deutsch als Arbeitssprache der Europäischen Zentralbank (EZB)*

Die Europäische Zentralbank, die 1998 eröffnet wurde und mit dem Vertrag von Lissabon 2007 den Status eines Organs der EU erhielt, hat nur eine einzige Arbeitssprache: Englisch – obwohl ihr Sitz Frankfurt a.M. ist. Dagegen ist bei anderen EU-Organen die örtliche staatliche Amtssprache fast immer auch Arbeitssprache der betreffenden EU-Institution, zumindest wenn es sich um eine der großen Sprachen in der EU handelt. Ein bezeichnendes Beispiel ist das Harmonisierungsamt für den Binnenmarkt in Alicante in Spanien, zu dessen Arbeitssprachen eben auch Spanisch – und aufgrund des Einspruchs Italiens auch Italienisch – zählen, neben Englisch, Französisch und Deutsch. Warum Deutsch nicht auch Arbeitssprache der EZB in Frankfurt geworden ist, natürlich ohne Infragestellung von Englisch und auch von dessen Vorrang, konnte ich nicht ermitteln. Vielleicht wollte Deutschland den Zuschlag für den deutschen Standort nicht durch zusätzliche Sprachforderungen gefährden. Jedoch fügt sich die Nichteinbeziehung auch nahtlos in die lange Geschichte – „rücksichtsvollen" – deutschen Sprachverzichts.

11) *Verzicht auf Deutsch als Arbeitssprache des Europäischen Auswärtigen Dienstes (EAD)*

Bei der Einrichtung des Auswärtigen Dienstes der EU (EAD, aufgrund des Vertrags von Lissabon 2007 und der organisatorischen Festlegung 2010) schien es anfangs so, als bestehe die deutsche Regierung diesmal wirklich auf Deutsch als Arbeitssprache, neben Englisch und Französisch. Allerdings wurde bald klar, dass die erkorene „Hohe Vertreterin", die Britin Lady Ashton (selbstverständlich keine Deutsche!), wie sie selbst bekannte, ihr einst für kurze Zeit erlerntes Deutsch inzwischen vollkommen vergessen hatte; „bis auf ein paar Brocken Französisch hatte sie [auch noch im Frühjahr 2012! U.A.] keinerlei Fremdsprachenkenntnisse" („Catherine Ashton – Blasse Baronin", *Financial Times Deutschland* 05.12.2010; siehe auch Ammon/ Kruse 2011: 30; www-stud.uni-due.de/~sfjakrus/UDE_Working_Paper_6_Rev062011.pdf – abgerufen 02.05. 2012). Gleichwohl bestand der deutsche Außenminister in nachdrücklichem Ton darauf, dass Deutsch eine der Arbeitssprachen des Auswärtigen Dienstes der EU sein müsse. „In einem Brief an EU-Außenministerin Catherine Ashton forderte Westerwelle, die Einstellungskriterien für den Auswärtigen Dienst sollten ‚klare Anforderungen für die Beherrschung mehrerer Fremdsprachen, insbesondere auch der deutschen Sprache, enthalten'." („Westerwelle will Deutsch retten", *taz* 23.03.2010; www.taz.de/!50139/ – abgerufen 02.05. 2012) „[A]m Rande einer Veranstaltung in der Deutschen Gesellschaft für Auswärtige Politik (DGAP) in Berlin" sagte Westerwelle, „[e]r habe ‚mehrfach Cathy Ashton mit dem Thema der deutschen Sprache befasst. Ich habe auch entsprechende Zusagen. Wenn das dann aber in manchen Apparaten und Organisationseinheiten nicht in dem Maße berücksichtigt worden ist, wie das zwischen uns beiden [...] politisch vereinbart worden ist, haken wir unmittelbar nach.' " (26.10.2010; www.euractiv.de/globales-europa/artikel/deutsch-im-ead-westerwelle-frchtet-verfestigung-003838 – abgerufen 02.05.2012).

Dennoch haben diese Bemühungen offenbar nicht gefruchtet. Eine erste Bilanz noch im gleichen Jahr konstatiert: „[O]bwohl Catherine Ashton [...] Außenminister Westerwelle die [...] Zusage gemacht hat, Deutsch im Europäischen Auswärtigen Dienst (EAD) angemessen zu berücksichtigen, sprechen die Tatsachen eine andere Sprache: Die (vorläufige) Homepage des EAD ist auf Deutsch nicht verfügbar, und bei der Ausschreibung der ersten Stellen werden nur Englisch- und Französisch-, aber keine Deutschkenntnisse gefordert." („Die Diskriminierung der deutschen Sprache", *FAZ* 13.12.2010: 13) Dem ist hinzufügen, dass auch bis Frühjahr 2012 die EAD-Webseite nicht auf Deutsch vorlag und die EAD-Stellenausschreibungen weiter nur Englisch- und Französischkenntnisse verlangten. Offenbar war dies eben die – in den Augen der „Hohen Repräsentantin der EU für Außen- und Sicherheitspolitik" – „angemessene Berücksichtigung" der deutschen Sprache für den EAD. Nach allem Anschein hat sich die deutsche Außenpolitik mit der Randständigkeit von Deutsch im Europäischen Auswärtigen Dienst – wieder einmal – abgefunden. Sie ist nicht dadurch beseitigt, dass es dort in neuerer Zeit auch Webseiten gibt, die teilweise deutschsprachig sind (z.B. eeas.europa.eu/index_de.htm – abgerufen 12.07.2014).

12) Hinnahme der Kommunikation von EU-Institutionen mit dem Deutschen Bundestag auf Englisch

In letzter Zeit ist es immer selbstverständlicher geworden, dass EU-Institutionen mit dem Deutschen Bundestag auf Englisch kommunizieren (Ammon/ Kruse 2013; Kruse/ Ammon 2013). Auf bis zu 25% der von der EU-Kommission dem Bundestag zur Beratung übersandten Dokumente schätzen Kenner den englischsprachigen Anteil. Zwar schickt der Bundestagspräsident einen Teil davon unter Protest zurück und verlangt die Übersetzung ins Deutsche, was nach Art. 3 der Ratsverordnung Nr. 1 rechtens ist („Schriftstücke, die ein Organ der Gemeinschaft an einen Mitgliedstaat oder an eine der Hoheitsgewalt eines Mitgliedstaates unterstehende Person richtet, sind in der Sprache dieses Staates abzufassen"). Jedoch gibt es Ausnahmen bei besonders eiligen und wichtigen Fragen, die dann eben auf der Grundlage englischsprachiger Dokumente beraten werden. Außerdem ist nicht gewährleistet, dass spätere Bundestagspräsidenten ähnlich entschieden für die Stellung der deutschen Sprache eintreten wie der – zur Zeit der Abfassung dieser Zeilen amtierende – Norbert Lammert. Die Kommunikation der EU-Kommission mit dem Deutschen Bundestag auf Englisch ist ein eklatantes Beispiel dafür, dass die EU-Arbeitssprachen auch in die Mitgliedstaaten hineinwirken. Im vorliegenden Fall unterminiert der Gebrauch der Arbeitssprache Englisch die Stellung der deutschen Sprache im deutschen Parlament, insofern dadurch Deutschkenntnisse für die Arbeit dort nicht mehr ausreichen. Bemerkenswert ist, dass einige Parlamentarier einerseits gestanden, sie hätten beim Verständnis der englischsprachigen Dokumente Schwierigkeiten, aber andererseits – wie man denken sollte, im Widerspruch dazu – erklärten, sie könnten trotz dieser Dokumente ihre Abgeordnetentätigkeit ordnungsgemäß ausführen (Ammon/ Kruse 2013; Kruse/ Ammon 2013). Beginnt sich hier die Schleuse zu öffnen, dass mit dem Deutschen Bundestag – und dann auch der deutschen Regierung – ungehindert auf Englisch kommuniziert werden kann?

Einzelerfahrungen legen eigentlich nahe, dass es gar nicht so schwierig ist, die Sprachwahl in den EU-Institutionen zu beeinflussen. So hat das Vorstandsmitglied des Vereins Deutsche Sprache, Dietrich Voslamber, durch persönliche briefliche Interventionen mehrere bemerkenswerte Modifikationen erreicht, die er (in einem Vortrag an der Universität Hamburg am 09. Mai 2012) durch Dokumente belegt hat:

- Die internen Verwaltungsmitteilungen in den EU-Institutionen erschienen nach seinem Antrag auch auf Deutsch, neben Englisch und Französisch, wurden allerdings später ganz eingestellt (alle Sprachfassungen);
- als Ratspräsidentschaften noch rotierten, wurde Deutsch aufgrund von Voslambers Antrag an den jeweiligen Ratspräsidenten in die Internetauftritte einbezogen (nachdem zunächst nur Englisch, Französisch und des Ratspräsidenten eigene Sprache vorgesehen waren), zwar nicht von allen kontaktierten Staaten, aber von Belgien, Ungarn, Polen und Dänemark;
- auf dem symbolischen Schriftband bei Presseauftritten des Europäischen Rates in Pressekonferenzen und „Familien"fotos, die im Fernsehen aller Mitgliedstaaten gezeigt werden, wurde aufgrund seines Antrags zwar Deutsch nicht hinzugefügt, aber Englisch und Französisch dann auch weggelassen, so dass Deutsch nicht mehr zurückgesetzt war.

Voslamber begründete seine Forderung nach Einbeziehung von Deutsch mit der Sprecherzahl (teilweise auch mit dem Beitrag Deutschlands zum EU-Haushalt) und der zutreffenden Feststellung, dass es für die Zurücksetzung von Deutsch hinter Englisch und Französisch keinerlei rechtliche Grundlage gab – und übrigens bis heute nicht gibt. Könnte es sein, dass Privatpersonen oder -vereine in der EU sprachenpolitisch mehr erreichen können als die deutsche Regierung, deren Interventionen als „Bullying" des wirtschaftlich stärksten Mitgliedstaates empfunden werden und dementsprechenden Widerstand hervorrufen – ganz im Sinne der Warnung Helmut Schmidts (siehe Anfang des Kap.)? Jedenfalls sieht das Ergebnis der Sprachenpolitik Deutschlands bezüglich der EU danach aus.

Um zu resümieren, erinnere ich mich an die vielen Bekundungen bei der deutschen Wiedervereinigung, dass die deutsche Sprache künftig eine herausragende Stellung in Europa erlangen werde, die auch ihre Stellung in der Welt stärke (z.B. Davidheiser 1993). Ein typisches Beispiel habe ich in Singapur erlebt, wo ich auf meinem Weg zurück aus Japan ein paar Tage Station machte. Es war kurz nachdem Goh Chok Tong am 26. November 1990 das Amt des Premierministers übernommen hatte. Eines Abends wurde im Fernsehen des Stadtstaates ein neues Buch zur Werbung für den Stadtstaat im Ausland vorgestellt, das in den drei Sprachen Englisch, Chinesisch und Deutsch erschien. Dabei wurde die deutsche Version ausdrücklich damit begründet, dass sich Deutsch nach der Wiedervereinigung zu einer besonders gewichtigen Sprache Europas entwickeln werde. Jedoch hat sich diese Prognose offenkundig nicht erfüllt.

Könnte eine der Ursachen dafür (sicher nicht die einzige) sein, dass Deutschland und auch Österreich in die EU eingebunden sind und dass diese Einbindung nicht, wie man denken könnte, die Stärkung der Stellung ihrer Sprache zur Folge hat, sondern die Schwächung: in Europa – und infolge davon in der ganzen Welt? Ist die Einschätzung völlig verfehlt, dass Deutschland seine Mitgliedschaft in der EU mit Stellungseinbußen der deutschen Sprache in der Welt bezahlt hat – und die Weiterentwicklung der EU diese Tendenz noch verschärft? Diese Fragen kann ich nicht zuverlässig beantworten. Hier besteht zweifellos weiterer Forschungsbedarf – sowohl bezüglich der theoretischen Begründung der in diesem Kap. angedeuteten Zusammenhänge als auch ihrer empirischen Absicherung. Jedoch möchte ich einem möglichen Missverständnis vorbeugen: Die Vorteile der EU und der europäischen Integration für die deutschsprachigen wie auch die anderen Mitgliedstaaten wiegen insgesamt weit schwerer als die vermutlichen sprachlichen Nachteile. Selbst wenn diese bei gründlicheren Untersuchungen zweifelsfrei bestätigt würden, ließe sich daraus – in meinen Augen – keine plausible Ablehnung der EU ableiten, die den Europäern ein nie zuvor genossenes Maß an Frieden, Wohlstand und Freiheit beschieden hat.

4.7 Lösungsmöglichkeit unter Einbeziehung von Deutsch als EU-Arbeitssprache?

Als Vorüberlegung sei hier angeregt, dass die wahrscheinliche – wenngleich langfristige – Entwicklung der EU zu einer Föderation, einem föderativen Staat, auch – anders als in Kap. H.4.5 und H.4.6 beschworen – zur Stärkung von Deutsch als EU-Arbeitssprache genutzt werden könnte. Die EU könnte dann nämlich nicht mehr, wie heute noch häufig, als eine – wenn auch besondere – Art von internationaler Organisation firmieren. Damit entfiele das sprachenpolitisch oft mitschwingende Argument zugunsten von Englisch und Französisch als die unumstrittenen Arbeitssprachen internationaler Organisationen (vgl. Kap. H.1; H.3). Innerhalb eines Staates gelten andere Regeln als in internationalen Organisationen. Dann ließe sich nicht mehr so umstandslos rechtfertigen, dass die Sprache mit den zweitmeisten Sprechern (Muttersprachler+Fremdsprachler) als Arbeitssprache eklatant hinter der Sprache mit den nur drittmeisten Sprechern rangieren darf – wenn auch der Zahlenunterschied gering und in letzter Zeit geschrumpft ist (Englisch 51, Deutsch 27%, Französisch 24%, Italienisch 16%, Spanisch 14% der EU-Bevölkerung – Kap. H.4.4, gegen Ende; *Eurobarometer spezial 386* (2012): 12, 22). Allerdings wäre in Fortsetzung der nachgiebigen Sprachenpolitik Deutschlands (Kap. H.4.6) damit zu rechnen, dass auch dieses Argument von deutscher Seite nicht genutzt würde.

Auf jeden Fall aber ist mit weiterhin starkem Druck in die Richtung von Englisch als einziger EU-Arbeitssprache zu rechnen. Nach Theo van Els (2003; 2005a; b; 2007) oder Philippe van Parijs (2011) wäre die Beschränkung auf Englisch nicht nur die praktikabelste, sondern auch die alles in allem fairste Lösung für die EU-Arbeitssprachen. Jedoch gibt es andere Vorschläge (Ammon 2002: 32-35; 2005c: 94; 2005e: 321-324; 2007b: 104-108), auch neuerdings (Haselhuber 2012: 389-401; Ginsburgh/ Weber 2011). Eine rechtskräftige Regelung der EU-Arbeitssprachen würde allerdings eine Änderung der Ratsverordnung Nr. 1 voraussetzen, die kaum möglich ist, solange sie der Einstimmigkeit bedarf, also durch das Veto eines einzigen Mitgliedstaates verhindert werden kann (so die erneute Festlegung im Vertrag von Nizza, Art. 290, im Jahr 2003 und abermals im Vertrag von Lissabon 2009 – dazu Ginsburgh/ Weber 2011: 181; auch Kap. H.4.2). Es würde zu weit führen, hier die Möglichkeiten der Aufhebung dieser Bestimmung und einer Neuregelung aufgrund eines (qualifizierten) Mehrheitsvotums zu erörtern.

Jakob Haselhuber (2012) kommt auf der Grundlage von 10 Kriterien zu einem „Sprachenkorb" von 5 EU-Arbeitssprachen, nämlich Englisch, Deutsch, Französisch, Spanisch und Russisch, „der alle in der EU vertretenen großen Sprachenfamilien umfasst", „Russisch für die slawische Sprachenfamilie" (ebd.: 397). Nebenbei bemerkt, hat der klassische Dialektologe des Bairischen, Johann A. Schlemmer, schon 1815 einen auf Sprachenfamilien bezogenen Vorschlag von 4 „Hauptsprachen" für Europa unterbreitet: Französisch, Deutsch, Englisch und Russisch, wobei er mit Französisch die romanischen Sprachen ausreichend repräsentiert sah (Schlemmer 1998 – Hinweis Hans Goebl); jedoch hat die linguistische Begründung in der neueren Diskussion, speziell der EU-Arbeitssprachen, allenfalls eine untergeordnete Rolle gespielt. An Haselhubers Vorschlag erscheint fragwürdig, dass einerseits Russisch einbezogen ist, obwohl es nicht zu den EU-Amtssprachen zählt, und andererseits Italienisch fehlt. Der entscheidende Grund ist vermutlich die Verbreitung als Fremdsprache in der EU, die im Falle von Italienisch verhältnismäßig gering ist (2,7% der EU-Bevölkerung; Berechnung Meinhard Moschner aus Rohdaten des *Eurobarometer spezial 386*; Kap. H.4.4, gegen Ende), während sie bei Russisch auf gleichem Niveau liegt wie bei Spanisch (je 6% der EU-Bevölkerung; *Eurobarometer spezial 386* (2012): 22). Offenbar denkt Haselhuber aber auch an die Verbreitung als Fremdsprache über die EU hinaus (vgl. die folgende Liste, Kriterien 4 und 5). Die Verbreitung als Fremdsprache oder auch Verkehrssprache, ob innerhalb der EU oder darüber hinaus, ist dagegen keine Stütze für Polnisch, das andernfalls statt Russisch als „Vertreter der slawischen Sprachfamilie" in Frage käme, weil es EU-Amtssprache ist.

Die Kriterien Haselhubers für die EU-Arbeitssprachen sind im Einzelnen die folgenden (Haselhuber 2012: Kap. 390-392 – Hervorhebung durch Kursivschreibung wie im Original):

1) „*nur solche Sprachen [...], die in einem (gegenwärtigen wie künftigen) EU-MS [EU-Mitgliedstaat! U.A.] beheimatet sind* ";
2) „*die Zahl der muttersprachlichen Sprecher* ";
3) „*die Zahl der Staaten innerhalb der EU, in denen die einzelnen Sprachen Muttersprache sind* ";
4) Es „sollen *die großen europäischen Sprachenfamilien*, also die romanische, germanische und slawische repräsentiert sein [...], *die als Muttersprache in einem oder mehreren EU-MS sowie als Verständigungssprache über die Sprachgrenzen und die EU hinaus am weitesten verbreitet sind* ";
5) „die *Verbreitung und Verwendung der Sprachen als Fremdsprachen* ";
6) „die *Stellung der Sprachen in den internationalen Organisationen* ";
7) die „*Akzeptanz [der Sprachen! U.A.] durch die Bürger* ";
8) „der jeweilige *finanzielle Beitrag der EU-MS zum Haushalt der EU* ";
9) die Regelung soll „*einer Politisierung der Sprache [...] vorbeugen*";
10) die Regelung soll zur „*Vermeidung eines ungezügelten Wettbewerbs*" der Sprachen beitragen.

Diese Liste hat einerseits den Vorzug großer Reichhaltigkeit an Kriterien, enthält jedoch andererseits gewisse Unklarheiten. Ist z.B. Russisch in der EU „beheimatet" oder wird es das jemals sein (Kriterium 1), und geht es um „die Verbreitung und Verwendung der Sprachen als Fremdsprachen" innerhalb der EU oder auch weltweit? Besonders schwierig ist die Gewichtung der Kriterien im Verhältnis zu einander, die Haselhuber nicht thematisiert – und die auch in anderen Vorschlägen, einschließlich meines eigenen (gegen Ende dieses Kap.), unklar bleibt.

Der Vorschlag von Victor Ginsburgh und Shlomo Weber (2011) hat auch eine gewisse Resonanz in den deutschen Medien gefunden. So berichtete z.B. die *WAZ* darüber und kritisierte den in ihren Augen einseitig ökonomischen Blickwinkel („Wie viele Sprachen brauchen wir?", 11.02.2012). Ginsburgh/ Weber (2011) fallen aber darüber hinaus dadurch auf, dass sie die Bereitschaft der Mitgliedstaaten, ihre ‚sprachliche Entrechtung' hinzunehmen („sensitivy toward language disenfranchisement") als Kriterium für ein EU-Arbeitssprachen-Regime ins Spiel bringen. Diese Bereitschaft gilt ihnen als umso größer, je williger die Mitgliedstaaten ein Arbeitssprachen-Regime akzeptieren, das ihre eigene Sprache (also ihre EU-Amtssprache) nicht enthält. Das zweite wichtige Kriterium von Ginsburgh/ Weber ist ‚der Grad der Verständlichkeit' („the degree of comprehensiveness") des Sprachenregimes in der EU insgesamt (ebd.: 179). Andere Kriterien streifen Sie nur kurz, offenbar ohne sie für gleichermaßen bedeutsam zu halten.

Die Bereitschaft, die eigene ‚sprachliche Entrechtung' hinzunehmen, messen sie nach den Prozenten von Bürgern (Informanten der jeweiligen Stichprobe) der EU-Mitgliedstaaten, die folgende Frage bejahen, wobei sie sich auf die Daten aus dem Jahr 2005 stützen: „Die europäischen Institutionen sollten sich auf eine Sprache einigen, in der sie mit den europäischen Bürgern kommunizieren" (*Die Europäer und ihre Sprachen; Eurobarometer Spezial* 2006: 55). Die betreffenden Gesamtzahlen für die EU sind im vorliegenden Buch wiedergegeben in Kap. H.4.4: Tab. H.4.4-1. Für die in den Augen von Ginsburgh/ Weber wichtigsten Mitgliedstaaten der EU gilt im Einzelnen: Die Bereitschaft der Deutschen, eine gemeinsame Sprache, also eine Lingua franca, hinzunehmen liegt bei 62% (als Dezimalbruch 0,62 = 62% Bejahungen), der Franzosen bei 51% (0,51) und der Briten bei 48% (0,48). Das Gewicht dieser Bereitschaft (r) jedes Mitgliedstaates (k) innerhalb der EU messen Ginsburgh/ Weber dann nach seiner Einwohnerzahl (p_k) im Verhältnis zur Gesamteinwohnerzahl der EU (p), also $r_k = p_k : p$ (Summe aller p_k = 1). Allerdings ist es fraglich, ob die Antworten der Informanten auf jene Frage tatsächlich als Verzichtsbereitschaft auf die eigene Sprache als EU-Arbeitssprache interpretiert werden dürfen. Zumindest bleibt zweifelhaft, ob sie gleich ausfallen würden, wenn die Befragten auf die möglichen Folgen solchen Verzichts aufmerksam gemacht würden (vgl. Kap. H.4.4, gegen Ende). Daher ist nicht auszuschließen, dass bei vielleicht großer *Reliabilität* der Messung (bei Operationalisierung des Begriffs) deren *Validität* zu wünschen übrig lässt.

Mir ist außerdem nicht klar geworden, wie Ginsburgh/ Weber den Grad der Verständlichkeit des EU-Arbeitssprachen-Regimes in der EU ermitteln wollen; ihre Ausführungen dazu bleiben im Bereich vager Andeutungen. Eine Möglichkeit, die sie allerdings nicht nutzen, wäre die Messung anhand der Zahl von EU-Bürgern, welche die in verschiedenen Arbeitssprachen-Regimes enthaltenen Sprachen verstehen, wofür die erhobenen Sprecherzahlen pro Sprache Anhaltspunkte liefern. Wenn man Muttersprachler und Fremdsprachler zusammenfasst, hätten demnach – für den von Ginsburgh/ Weber untersuchten Zeitraum – folgende Prozente von EU-Bürgern die jeweiligen Sprachen verstanden: Englisch 51%, Deutsch 32%, Französisch 26%, Italienisch und Spanisch je 15%, Polnisch ca. 9% und Russisch ca. 7% – wobei ich den beiden zuletzt genannten Sprachen je geschätzte 1% Fremd- bzw. Muttersprachler hinzugefügt habe (*Eurobarometer Spezial* 2006: 8, 13; für Polen nach Einwohnerzahlen im Verhältnis zur ganzen EU: *Fischer Weltalmanach 2007*). Allerdings dürfen diese Zahlen für den Verständlichkeitsgrad der Sprachenregime nicht einfach addiert werden, da es Schnittmengen gibt, deren Mächtigkeit nicht bekannt ist (Personen, die Englisch und Deutsch, Deutsch und Französisch usw. können). Die Existenz solcher nicht-leerer Schnittmengen folgt schon daraus, dass die Summe weit über 100% hinaus geht. Man wird aber annehmen dürfen, dass die Verständlichkeit der Sprachenregime ungefähr proportional zu den genannten Prozentzahlen wächst, also z.B. durch Deutsch mehr als durch Französisch (32% gegenüber 26%). Mir ist unverständlich, warum Ginsburgh/ Weber sich derartige Überlegungen versagen. Stattdessen berechnen sie die zu erwartenden Voten im Falle eines Mehrheitswahlrechts in der Sprachenfrage – das jedoch wie zu Anfang des Kap. betont, weder vorliegt noch abzusehen ist. So kommen sie – nach unterschiedlichen Gesichtspunkten – zu zwischen 2 und 11 EU-Arbeitssprachen. Wegen des spekulativen Charakters der zudem recht komplexen Überlegungen verweise ich interessierte Leser auf den Originaltext (ebd.: 181-187).

Wichtig ist indes Ginsburgh/ Weber's Gedanke, dass die von den EU-Arbeitssprachen ausgeschlossenen EU-Mitgliedstaaten und -Bürger eine Kompensation erhalten sollten. Wiederum sind ihre Berechnungen dazu variantenreich und spekulativ (Ginsburgh/ Weber 187-199). Beachtenswert erscheint mir aber ihr Gedanke, dass die ausgeschlossenen Staaten ganz nach eigenem Gutdünken über diese – finanzielle – Kompensation verfügen sollten (ebd.: 200). Dazu regt auch mein eigener, hier anschließender Vorschlag an, den ich verschiedentlich veröffentlicht und in Vorträgen vorgestellt habe. Darin weise ich besonders darauf hin, dass die von den Arbeitssprachen ausgeschlossenen Mitgliedstaaten, ihre eigene Sprache aus der ihnen zu gewährenden finanziellen Kompensation fördern könnten.

Diesen eigenen Vorschlag stelle ich hier abschließend kurz vor (vgl. Ammon 2007b: 104-108, woraus ich im Weiteren auch zitiere, ohne jedes Zitat als solches zu kennzeichnen). Dabei bleibt die Frage der Umsetzung in geltendes Recht offen, weil sie – wegen der notwendigen Einstimmigkeit der Mitgliedstaaten zur Änderung der Ratsverordnung Nr. 1 – vorläufig aussichtslos erscheint (vgl. Anfang dieses Kap.). Ich beschränke mich auf die Frage, was eine legitime Regelung sein könnte, und deren Begründung. Wie schon in Kap. H.4.4 (gegen Ende) ausgeführt, würde ein EU-weites Referendum einer Neuregelung den höchsten Grad an Legitimität verleihen. In deren Vorfeld, notfalls auch an deren Stelle, lassen sich jedoch berechtigte Gründe diskutieren, worauf sich der vorliegende Vorschlag beschränkt. Sie sollten, wie mir scheint, abgeleitet werden von oder kompatibel sein mit Prinzipien und Werten, die – vermutlich – von der Mehrheit der EU-Mitgliedstaaten und -Bürger akzeptiert würden und auch die unterschiedlichen Interessen der EU-Mitgliedstaaten berücksichtigten.

Eine Systematik solcher Prinzipien, Werte und Interessen ist mir nicht bekannt. Allenfalls kenne ich Forderungen in diese Richtung (z.B. Phillipson 2003: passim) oder Anspielungen, die bestimmten, eher partikularen Interessen entsprechen. Ich nenne zunächst einige Prinzipien, die – entsprechend dem

Thema des vorliegenden Buches – die Einbeziehung der deutschen Sprache in ein EU-Arbeitssprachen-Regime stützen würden, und dann solche, bei denen dies weniger der Fall ist. Eine Stütze für Deutsch ist schon das an den Anfang gestellte Prinzip A, das der Wahl bestimmter Arbeitssprachen übergeordnet ist. Gegenüber anderen Vorschlägen beziehen sich meine Kriterien nicht auf die großen Sprachenfamilien in der EU: Germanisch, Romanisch und Slawisch, weil mir dieser Bezug zu fachlinguistisch begründet erscheint und nicht auf verbreiteten Werten oder Interessen der EU-Mitgliedstaaten und -Bürger beruht. Meines Wissens gibt es nämlich keine verbreiteten sprachenfamilien-bezogenen Identitäten in der EU.

Prinzip A: Mehrsprachigkeit ist auch bei den Arbeitssprachen der Einsprachigkeit vorzuziehen. Dieses Prinzip steht im Einklang mit der EU-offiziellen Befürwortung der Vielsprachigkeit in der EU, die als Ausdruck kultureller Vielfalt gilt (vgl. Kap. H.4.3; Kruse 2012; Lammert 2006: 171). Es wird außerdem gestützt durch die Annahme, dass sich die internen Arbeitssprachen nicht auf Dauer von der umgebenden EU-Gesellschaft abschotten lassen und Einsprachigkeit die gesamte EU, weit über die EU-Institutionen hinaus, durchdringen würde. Dafür sprechen einige Indizien, etwa dass schon heute die EU-Institutionen mit den Mitgliedstaaten teilweise auf Englisch kommunizieren und wichtige Texte vorrangig oder nur in den Arbeitssprachen veröffentlichen (Ammon/ Kruse 2013; Kruse/ Ammon 2013; Lammert 2006: 173 f.).

Prinzip B: Die Sprachen mit den meisten Sprechern in der EU (die numerisch stärksten Sprachen) sollten bei den Arbeitssprachen dabei sein. Dieses Prinzip entspricht Verstehenserwägungen (vgl. dazu Ginsburgh/ Weber oben) wie auch demokratischen Grundsätzen – entsprechend der Zahl möglicher Adressaten und Nutzer der Sprachen und der sich mit ihnen identifizierenden Bürger. Auch wenn hinter der deutschen Sprache bei weitem keine Mehrheit der EU-Mitgliedstaaten oder EU-Bürger steht, sollte sie als Sprache mit den insgesamt zweitmeisten Sprechern nach Englisch (Deutsch hat die meisten Muttersprachler und drittmeisten Fremdsprachler (Kap. H.4.4: Tab. H.4.4-2)) nicht von den EU-Arbeitssprachen ausgeschlossen sein, zumindest nicht von einem Arbeitssprachen-Regime von 2 oder mehr Sprachen (das durch Prinzip A begründet wird).

Prinzip C: Die Sprachen der in der EU wirtschaftlich stärksten Sprachgemeinschaften sollten bei den Arbeitssprachen dabei sein. Hinzufügen könnte man, dass die Sprachen, deren Mitgliedstaaten oder Sprecher *den größten Beitrag zum EU-Haushalt leisten*, bei den EU-Arbeitssprachen dabei sein sollten. Dieses Prinzip wird gerne als schnöde oder ähnlich abgetan, erscheint mir aber dennoch gerechtfertigt. Es würde natürlich Deutsch als Arbeitssprache stützen, da die deutschsprachigen Staaten, vor allem Deutschland, seit je den mit Abstand größten Nettobeitrag zum EU-Haushalt leisten.

Prinzip D: Die Sprache eines geographisch zentralen Territoriums gehört eher zu den Arbeitssprachen als die Sprache eines geographisch peripheren Territoriums. Dieses Prinzip hat in meinen Augen weniger Gewicht als die bisherigen. Jedoch ist auch sonst in der Sprach- und Sprachenplanung die zentrale geographische Lage ein Gesichtspunkt, z.B. bei der Wahl einer Standardvarietät für eine Sprache. Deutsch hat aufgrund seiner Zentrallage mehr Kontaktmöglichkeiten und mehr Nachbarsprachen als jede andere EU-Amtssprache.

Während die bisherigen Prinzipien die Einbeziehung von Deutsch in ein EU-Arbeitssprachen-Regime stützen, ist dies bei den folgenden Prinzipien weniger der Fall.

Prinzip E: Die EU-Arbeitssprachen sollten international weit verbreitet sein. Dies erleichtert die Außenkommunikation der EU und entspricht somit Nutzenserwägungen. Danach hätte nicht nur Englisch, sondern hätten auch Französisch und Spanisch Priorität vor Deutsch – sogar Portugiesisch, das jedoch aufgrund der anderen Prinzipien nicht zum engeren Kreis potentieller EU-Arbeitssprachen zählt.

Prinzip F: Die EU-Arbeitssprachen sollten mit einer bewunderten Kultur und politischen Geschichte verbunden sein. Dies gilt besonders im Hinblick auf die Perspektive, dass diese Sprachen die künftigen Regierungssprachen einer föderativen EU sein werden könnten, falls diese sich in die Richtung eines souveränen Staates weiter entwickelt (vgl. Kap. H.4.4 und H.4.5). Begründen lässt sich dieses Prinzip mit der Akzeptabilität der Sprachen für die EU-Bürger als symbolischer Ausdruck ihrer europäischen Identität. Die Anwendung dieses Prinzips, speziell die Feststellung einer entsprechenden Rangordnung der Sprachen, ist allerdings heikel. Bei Deutsch schlügen der Nationalsozialismus und schon der Wilhelminische Militarismus negativ zu Buche, vielleicht auch die Alltagskultur des größten deutschsprachigen Landes (Lebensstil, Kulinarisches, Mode). Indizien dafür sind die eigenen Vorlieben der Deutschen, die bisweilen Züge der Verachtung der eigenen Alltagskultur annehmen, wie z.B. auch die Neigungen der einst sprichwörtlichen „Toskanafraktion" unter den deutschen Politikern.

In verschiedenen Aufsätzen habe ich diese Prinzipien auf nur zwei reduziert, die mir für die Wahl von EU-Arbeitssprachen besonders wichtig erscheinen, und zwar auf B (Sprecherzahl in der EU) und E (internationale Stellung der Sprache) (z.B. Ammon 2006g: 336 – dort andere Nummerierung der Prinzipien; siehe auch die Zustimmung von Göttert 2013: 281-284). Wegen Schwierigkeiten der Operationalisierung (Abgrenzung der Sprachen aufgrund B, Messung von E – vgl. Kap. C.2 bzw. A.3 im vorliegenden Buch) erscheint die Beschränkung auf eine einfache Rangskala angemessen (3 Ränge: 1=höchster Rang usw.). Dadurch ergäbe sich folgende Rangordnung der Arbeitssprachen (ähnlich – bei der Beschränkung auf 3 Arbeitssprachen entsprechend A. Ross 2003: 145f.):

1. Englisch (B: 1, E: 1; Σ = 2)
2. Deutsch (B: 1, E: 3; Σ = 4) = Französisch (B: 2, E: 2; Σ = 4)
3. Spanisch (B: 3; E: 2; Σ = 5) = Italienisch (B: 2, E: 3; Σ = 5)

Ein besonders auffälliger Befund ist der, dass nach dieser Berechnung Deutsch gleichauf liegt mit Französisch, also besser positioniert wäre als in der Arbeitssprach-Wirklichkeit (vgl. Kap. H.4.2). Dies wäre sicher ein strittiger Punkt dieses Vorschlags – gegen dessen Rangordnung eventuell eingewandt werden könnte, dass der Internationalitätsgrad von Französisch im Vergleich zu Deutsch relativ höher ist die Sprecherzahl von Deutsch im Vergleich zu Französisch innerhalb der EU. Die Auseinandersetzung um den Rangunterschied dieser beiden Sprachen könnte umso erbitterter werden, wenn sich herausstellte, dass ein Arbeitssprach-Regime mit 2 Sprachen erheblich praktikabler wäre als eines mit 3 Sprachen, weil die EU-Beamten 2 Fremdsprachen noch einigermaßen meistern können (eine aktiv und die andere passiv), 3 aber nicht mehr (vgl. Kap. H.4.6; „Deutsch als dritte EG-Sprache?" *FAZ* 08.07.1991; Nass 1999; „Warum nicht Deutsch?" *FAZ* 09.07.1999: 12). Diese Schwierigkeit beträfe alle EU-Beamten, deren eigene Sprache nicht zu den Arbeitssprachen zählt. Sie könnte auch ein wesentlicher Grund sein für die faktische Vernachlässigung des Deutschen, sogar in der Kommission, obwohl es laut Geschäftsordnung Arbeitssprache („Verfahrenssprache") ist, neben Englisch und Französisch.

Diese Überlegung führt hin zu der grundsätzlichen Frage der Vereinbarkeit von Arbeitssprach-Mehrsprachigkeit und kommunikativer Effizienz. Dass mehrere Arbeitssprachen weniger effizient sind als eine einzige lässt sich einerseits kaum widerlegen (vgl. die Argumente zugunsten einer einzigen EU-Lingua franca in Kap. H.4.3). Andererseits haben, wie oben und in den vorausgehenden Kap. dargelegt, die Mitgliedstaaten und Bürger der französischen, deutschen, spanischen und italienischen Sprache ein legitimes Interesse an der Einbeziehung ihrer Sprachen in ein EU-Arbeitssprachen-Regime. Jedoch lässt sich die dafür notwendige Arbeitssprach-Mehrsprachigkeit auf Dauer nur mit erheblichen Kosten aufrecht erhalten. Damit die Aufrechterhaltung gelingt, müssten die interessierten Staaten zumindest die folgenden Bedingungen erfüllen:

a) Sich auf eine Abstufung der Arbeitssprachen nach Rängen und Aufgabenverteilung einigen und diese allgemein akzeptieren (vgl. das „abgestufte Arbeitssprachenmodell" von A. Ross 2003: 145f.);
b) auf dieser Grundlage zuverlässig kooperieren;

c) die gesamten Kosten der durch die Arbeitssprach-Mehrsprachigkeit verursachten Effizienzeinbußen übernehmen (abgestuft nach ihrer Wirtschaftskraft, d.h. proportional zu ihrem Beitrag zum EU-Haushalt), vor allem die Kosten für die Sprachendienste;
d) sich auf einen Verhaltenskodex einigen und ihn einhalten, der ihren Muttersprachvorteil reduziert, indem es z.B. als geradezu unanständig gälte, in der EU-Arbeit nur die eigene Muttersprache zu sprechen;
e) die erforderlichen Sprachkenntnisse ihrer Beamten sicherstellen;
f) Die englischsprachigen Mitgliedstaaten zur loyalen Kooperation bewegen; sie könnten diese nämlich verweigern mit dem Hinweis, dass es ohne Englisch gar nicht geht und sie folglich für die Stellung und Funktion von Englisch als Arbeitssprache auch keine Kompensation zu leisten hätten;
g) die Absicherung der technischen Voraussetzungen für funktionierende Arbeitssprach-Mehrsprachigkeit gewährleisten.

Die Bedingung g) ist ein Thema für sich. Zu den technischen Voraussetzungen gehört die umfassende Verfügbarkeit von Dolmetschern, auch für informelle Sitzungen, denn sonst werden die Arbeitsgruppen allzu häufig auf Englisch als einzige gemeinsame Sprache zurückgeworfen. Zu e) ist zu sagen, dass die Sprachkenntnisse in den Institutionen entsprechend proportional verteilt sein müssten. So müsste z.B. bei 3 oder bei 5 gleichberechtigten Arbeitssprachen einer Institution jede Sprache von mindestens 2/3 bzw. 2/5 der Beamten beherrscht werden, wenn man von allen Beamten den Umgang mit wenigstens zwei Arbeitssprachen verlangte. Dann erst könnten auch Arbeitsgruppen mit entsprechenden Sprachkenntnissen gebildet werden. Bezüglich f) wäre zu verdeutlichen, dass auch andere Mitgliedstaaten Leistungen über das für sie notwendige Maß hinaus erbringen, so z.B. Deutschland durch seinen finanziellen Beitrag zum EU-Haushalt, und dass diese Bereitschaft für eine solche Gemeinschaft und ihren Zusammenhalt unerlässlich ist. – Jedoch lassen diese Hinweise schon ahnen, dass der Erhalt von Arbeitssprach-Mehrsprachigkeit enorme Anforderungen stellt. Demgegenüber stimmt die tatsächliche Entwicklung der EU-Arbeitssprachen eher pessimistisch. Dies gilt erst recht für die Schulpolitik in der EU, die eine wesentliche Grundlage der zukünftigen Sprachenkonstellation in der EU bildet. Sie weist bei allen Mitgliedstaaten in die Richtung einer absoluten Bevorzugung von Englisch und der Vernachlässigung aller anderen Fremdsprachen (vgl. *Sociolinguistica* 24, 2010). Gegen die Folgen einer solchen Politik könnten alle Rettungsversuche von Arbeitssprach-Mehrsprachigkeit am Ende vergebens sein.

5. Sprachwahl bei diplomatischen Kontakten

5.1 Besuche, persönliche Begegnungen und öffentliche Reden deutscher Politiker im Ausland

Welche Sprachen verwenden deutsche oder deutschsprachige Politiker bei ihren Kontakten mit anderssprachigen, ausländischen Politikern, und welche Sprachen gebrauchen diese bei ihren Kontakten mit deutschsprachigen Politikern? Diese übergreifende Frage schwebte zum Teil schon über den vorausgehenden Kap., ohne dass sie ausdrücklich formuliert war. So weit ich sehe, gibt es dazu bislang keine einschlägige, systematische Forschung, obwohl ich diese schon vor geraumer Zeit angeregt habe (z.B. in Ammon 1991a: 315-322). Da mir selbst dazu die Kapazität gefehlt hat, kann ich auch hier nur einige – alles in allem unbefriedigende – Hinweise und Anregungen liefern.

Wie sowohl theoretische Überlegungen als auch Einzelbeobachtungen nahelegen, ist die Sprachwahl bei internationalen diplomatischen Kontakten von einer Vielzahl von Faktoren abhängig, die auch je nach Forschungsinteressen unterschiedlich systematisiert werden können. Jedoch sollten in der Regel die folgenden elementaren Unterschiede beachtet werden:

I) Ort der Begegnung

1) Im eigenen Land (z.B. deutsche DiplomatIn trifft ausländische DiplomatIn in Deutschland) gelten andere Regeln als 2) im Ausland, wofür weiter zu unterscheiden ist zwischen a) eigenem Land des ausländischen Diplomaten (z.B. Deutsche DiplomatIn trifft französische DiplomatIn in Frankreich), b) einem dritten Land (z.B. deutsche DiplomatIn trifft französische DiplomatIn in Italien), c) transnationale Kommunikation über Medien (z.B. deutsche DiplomatIn telefoniert aus Deutschland mit französischer DiplomatIn in Frankreich).

II) Ständiger Aufenthalt gegenüber Kurzbesuch

Die sprachlichen Erwartungen sind anders für ständig Anwesende, z.B. Botschaftsangehörige, als für kurzzeitige Besucher, schon wegen der unterschiedlichen sprachlichen Vorbereitungs- und Anpassungsmöglichkeiten. Zusätzlich kann auch hier der Ort der Begegnung eine Rolle spielen (z.B. deutsche BotschafterIn/ deutsche AußenministerIn in Buenos Aires – in Budapest).

III) Stellung der jeweiligen Sprache in der Welt oder spezieller in der Diplomatie

Von Diplomaten eines 1) angelsächsischen Landes wird (aufgrund von Englisch als „Weltsprache") weniger sprachliches Entgegenkommen erwartet als von Diplomaten 2) aus einem Land anderer Sprache, und vielleicht von einem

Diplomaten a) aus einem Land mit einer internationalen Sprache (Kap. A.7) weniger als b) aus einem Land mit einer Sprache ohne internationale Stellung.

IV) Förmliche gegenüber informeller Kommunikation
Bei 1) informellen Kontakten, im Small Talk, besteht in der Regel mehr Freiheit in der Sprachwahl als in 2) förmlicher Kommunikation, für die weiter zu unterscheiden sind: a) öffentliche Reden, b) Verhandlungen, c) persönlicher Gedankenaustausch.

V) Institutionelle Vorgaben
Die für bestimmte Institutionen nach Statuten oder Gepflogenheiten feststehenden Arbeits- und Amtssprachen lassen für förmliche Kommunikation nur begrenzte Sprachwahlmöglichkeiten (Arbeitssprachen bei Vereinten Nationen, Europarat, NATO, EU-Institutionen usw.; Kap. H.3; H.4.2).

Darüber hinaus werden weitere Gesetzmäßigkeiten und Regeln der Sprachwahl wirksam. So neigen Gruppen (im Gegensatz zu Einzelbegegnungen) zur „Minimex-Regel" (=„Maxi-min-Regel"), also zur Wahl der Sprache, „which [...] is best known by the member of your audience who knows it least well. This language I shall call the *maxi-min* language – the language of maximal minimal competence". Gemeint ist die Sprache, die besonders viele Teilnehmer zumindest ein bisschen verstehen – statt einer Sprache, die weniger Teilnehmer, wenn auch vielleicht besser, beherrschen (van Parijs 2011: 14; Kap. A.6). Hinzu kommen Effekte, vor allem in Zweier- oder Kleingruppen, der persönlichen Bekanntschaft und der Sprachkenntnisse der Diplomaten, der politischen Beziehungen zwischen ihren Ländern, vor allem dauerhafte oder momentane Machtverhältnisse und Abhängigkeiten, und der auch sonst bei internationalen Kontakten geltenden Höflichkeitsregeln für die Sprachwahl (aus Kap. F.2 mutatis mutandis übertragbar).

Diesem Geflecht potentiell wirksamer Faktoren kann ich hier nicht Rechnung tragen. Seine Komplexität sollte jedoch bei den folgenden rudimentären Ausführungen nicht ganz vergessen werden. Anstelle der wünschenswerten systematischen Darstellung beschränkt sich das Folgende auf einzelne Beispiele aus diplomatischen Besuchen, einschließlich gelegentlicher Warnungen vor vorschnellen Schlüssen oder Verallgemeinerungen und vereinzelten Hinweisen auf Forschungsdesiderate. Bei Erklärungs- und Interpretationsversuchen von Einzelbeobachtungen müssen vor allem die Details der Gesprächssituation berücksichtigt werden. So kann man z.B. aus der Tatsache, dass – wie im Fernsehen gelegentlich gezeigt – ein deutscher Politiker im Ausland auf Deutsch begrüßt wird, keinesfalls schließen, dass auch in den weiteren Situationen Deutsch gesprochen wird: in Verhandlungen, bei Tischreden, Presse-Interviews und -konferenzen, in Ansprachen an Parlamente, Versammlungen oder – seltener – an die Bevölkerung. Allenfalls lässt sich vermuten, dass die bei Begrüßungen verwendete Sprache in den weiteren Gesprächssituationen öfter gebraucht wird als die dabei nicht verwendete Sprache. Es kommt aber durchaus vor, dass sich die Verwendung in diesem einmaligen Gebrauch erschöpft und danach dauerhaft zur Sprache der anderen Seite oder einer Lingua franca (meist Englisch) gewechselt wird. Wenn z.B. ein polnischer Diplomat einen deutschen bei dessen Ankunft in Polen auf Deutsch begrüßt, mag dies zwar eine entsprechende Asymmetrie der Sprachwahlgepflogenheiten und Sprachkenntnisse verraten. Jedoch ist keineswegs ausgeschlossen, dass die polnischen Diplomaten in keiner weiteren Situation des betreffenden Besuchs (außer eben bei der Begrüßung) Deutsch sprechen, sondern beide Seiten sich fortan – mit Hilfe von Dolmetschern – der jeweils eigenen Sprache bedienen oder des Englischen (als Lingua franca); in seltenen Fällen spricht ein deutscher Diplomat auch Polnisch.

Nach eigenen Einzelbeobachtungen und mitgeteilten Einschätzungen wird vor allem in diplomatischen Kontakten mit Ländern kleinerer Sprachgemeinschaften, die das deutsche Sprachgebiet umgeben, nach wie vor häufiger Deutsch verwendet als die jeweils andere Sprache. Dies gilt für Kontakte mit den Benelux- sowie mit ostmitteleuropäischen und teilweise auch skandinavischen Staaten. Dafür finden sich zahlreiche Beispiele in einer meiner früheren Publikationen (Ammon 1991a: 316f.), denen ich hier noch einzelne weitere hinzufüge. So betitelte eine deutsche Tageszeitung ihren Bericht über Bundespräsident Köhlers Besuch in den Niederlanden mit „Arbeitssprache Deutsch" und führte aus, „dass die Arbeitssprache des Staatsbesuchs auf Vorschlag der Niederländer Deutsch war" (*FAZ* 12.10.2007: 12), oder berichtete der britische *Economist* (22.12.2007: 44), der polnische Premierminister Tusk spreche mit Angela Merkel „not only in her own language, but even using the intimate *Du* form." In einem Bericht über den Deutschland-Besuch des tschechischen Staatspräsidenten Klaus war dessen Notizzettel mit deutschen Stichwörtern abgebildet („nach der Verleihung", „Umweltschutz"), und es war dem Kontext zu entnehmen, dass Deutsch auch gesprochen wurde (*RP* 18.01.2008: A6). So konnte auch Bundesaußenminister Steinmeier seine Rede „Die Welt im Umbruch – wo steht Europa?" in Berlin in Anwesenheit des Tschechischen Außenministers Schwarzenberg problemlos auf Deutsch halten (E-Mail-Rundschreiben des Auswärtigen Amtes 25.01.09). Mangels geeigneter Vergleichsdaten muss hier allerdings offen bleiben, ob und gegebenenfalls wie stark solche Asymmetrien der Sprachwahl in jüngster Zeit abgebaut wurden. Dennoch liegt – allein schon aufgrund der Zahlenverhältnisse des Fremdsprachenlernens – die Vermutung nahe, dass zu diesen Nachbarstaaten Deutschlands eine gewisse Asymmetrie zugunsten von Deutsch andauert. Es lernen eben immer noch proportional mehr Angehörige der ostmitteldeutschen, skandinavischen oder Benelux-Staaten Deutsch, als Deutsche deren Sprachen lernen.

Allerdings sind die Zahlen der Deutschlerner in diesen Staaten seit längerem rückläufig (Kap. K.2, gegen Ende; Goethe-Institut 2000: 10; StaDaF 2005: 15; Netzwerk Deutsch 2010: 12). Dementsprechend gibt es diverse Indizien dafür, dass Deutschkenntnisse auch dort unter Diplomaten der jüngeren Generation beschränkter sind als in der älteren Generation. Dagegen sind gute Englischkenntnisse überall mehr und mehr eine Selbstverständlichkeit. Dies gilt vor allem auch für deutsche Diplomaten, denen somit meist ohne Verständnisschwierigkeiten auf Englisch begegnet werden kann. Darüber dürfen prominente Ausnahmen, vor allem der älteren oder in der früheren DDR sozialisierten Generation nicht hinwegtäuschen, wie z.B. der einstige Bundeskanzler Kohl, der wohl in keiner Situation eine Fremdsprache gebrauchte. Bundeskanzlerin Merkel spricht dagegen wohl besser Russisch als Englisch. „Frau Merkel hält keine Reden auf Englisch, tauscht sich jedoch mit ihren Politiker-Kollegen häufig auf Englisch aus." (Gunnar Hille, Sprachendienst des Auswärtigen Amtes in Deutschland, E-Mail 15.07.2014).

Sicher sind sich alle Diplomaten, ausländische wie deutsche, der Ausbreitung von Englisch als Lingua franca und – komplementär dazu – des internationalen Stellungsverlusts von Deutsch bewusst. Das Wissen um die Stellungsverschiebung der Sprachen und die geringeren Deutschkenntnisse ausländischer Diplomaten tragen zu unbefangenerem Englischgebrauch bei. So „ist in der internationalen Politik in den letzten Jahren oder gar Jahrzehnten die Tendenz zur Nutzung des Englischen festzustellen. Kanzler Kohl und auch noch sein Nachfolger Schröder waren die letzten, die sich aufs Deutsche beschränkten und alles dolmetschen ließen. Die Außenminister neigen seit Genschers Zeiten beim Smalltalk zum Englischen." (Gunnar Hille, E-Mail 11.07.2014)

Außerdem sehen sich vermutlich manche ausländischen Diplomaten, deren eigenes Idiom jetzt zu den internationalen Sprachen zählt (vgl. Kap. A.3), im Verhältnis zu Deutsch gewissermaßen als sprachliche Aufsteiger und zeigen ein entsprechend gewachsenes sprachliches Selbstbewusstsein. Dennoch wählen von ihnen einige in bestimmten Situationen noch Deutsch, sei es aufgrund einer gewissen Tradition, aus besonderer Höflichkeit oder auch zur Demonstration von Fremdsprachkenntnissen. Weithin bekannt wurde die Rede des russischen Staatspräsidenten Putin vor dem Deutschen Bundestag am 25.01.2001 (www.bundestag.de/kulturundgeschichte/geschichte/gastredner/putin/putin_wort/244966 – abgerufen 12.07.2014). Häufiger gibt es kurze Äußerungen oder nur Begrüßungen auf Deutsch, auch in Ländern ranghoher Sprachen. Beispiele wurden in deutschen Medien aus China berichtet, so von der China-Reise Bundeskanzler Schröders anlässlich der versehentlichen Bombardierung der chinesischen Botschaft in Belgrad durch die NATO: „Als Jiang Zemin Deutsch spricht, löst sich die Spannung", oder über den chinesischen Minister für Wissenschaft und Technik Wan Gang, der ausgezeichnete Deutschkenntnisse hat: „Ein ‚Deutscher' im Pekinger Kabinett" (*FAZ* 14.05.1999: 4 bzw. 25.08.2007: 6). Jedoch besteht am gewachsenen Sprachselbstbewusstsein kein Zweifel. Dies gilt vor allem für Politiker mit Sprachen wie Chinesisch oder Spanisch, in geringerem Maße auch Portugiesisch, Arabisch, Russisch oder Japanisch.

Für Französisch und erst recht Englisch hat das sprachliche Überlegenheitsgefühl eine lange Tradition (dazu auch Kap. H.4.6). Damit ist freilich nicht ausgeschlossen, dass für die Pflege besonderer Beziehungen dennoch Deutsch gesprochen wird oder auch eigens Politiker mit guten Deutschkenntnissen angestellt werden. Beispiele sind der ehemalige französische Europaminister „mit seinen tadellosen Deutschkenntnissen" („Ein Glücksgriff", *FAZ* 23.01.2009: 10) oder Jean-Marc *Ayrault*, ein ehemaliger Deutschlehrer, den der 2012 gewählte französische Präsident Hollande zum Premierminister machte, was die deutschen Medien erwähnenswert fanden. Gleichzeitig stellte Hollande allerdings den studierten Sinologen mit fließenden Chinesischkenntnissen Paul Jean-Ortiz als persönlichen politischen Berater an.

Die krass unterschiedliche Häufigkeit der gegenseitigen Sprachkenntnisse ist ein maßgeblicher Grund dafür, dass im Kontakt zwischen englisch- und deutschsprachigen Politikern viel häufiger Englisch als Deutsch gesprochen wird. Umso auffälliger sind einzelne Ausnahmen, wie z.B. der Amerikaner Henry Kissinger, der als gebürtiger Deutscher (Geburtsort Fürth) keinerlei Mühe mit der deutschen Sprache hat und ihre Verwendung gegenüber deutschsprachigen Politikern nicht scheut. Im Allgemeinen erwarten Deutsche einschließlich deutscher Politiker jedoch kaum Deutschkenntnisse von englischsprachigen Politikern. Daher akzeptieren sie aus englischsprachigem Mund auch bereitwillig „gebrochenes Deutsch". Ein Beispiel hat längere Zeit John Kornblum geliefert, der Deutschland in verschiedenen Funktionen verbunden und 1997 bis 2001 Botschafter in Berlin war und mit grammatisch eigenwilligem, aber fließendem Deutsch überall gut ankam – jedoch dann sein Deutsch perfektionierte. Auch US-Präsident John F. Kennedy's berühmter Ausspruch „Ich bin ein Berliner" (am 26.06.1963) bei seinem Berlin-Besuch wurde in der Wirkung wesentlich dadurch gesteigert, dass er überraschenderweise auf Deutsch erklang (Hintergründe in Eichhoff 1993). Grundsätzlich haben die Sprecher einer prominenten Sprache die Möglichkeit, durch Verwendung einer weniger prominenten Sprache deren Sprecher für sich einzunehmen, schon durch einen Gruß oder einzelnen Ausspruch (vgl. Kap. F.2; H.5.3).

Auch im Kontakt zwischen deutschsprachigen und französischsprachigen Politikern wird vermutlich mehr Französisch als Deutsch gebraucht. Jedoch sind die Verhältnisse hier weniger eindeutig als bei Englisch, was ein Indiz dafür ist, dass Französisch keine so prominente Sprache der Diplomatie mehr ist wie früher. Im 19. und auch noch in der ersten Hälfte des 20. Jh. stand die asymmetrische Dominanz des Französischen im Kontakt mit dem Deutschen noch außer Zweifel (vgl. Kap. H.1). Heute herrscht bei deutsch-französischen diplomatischen Kontakten Symmetrie der Sprachwahl vor. Zwischen Spitzenpolitikern wird gewöhnlich gedolmetscht. So schon bei der Besiegelung und Pflege der deutsch-französischen Freundschaft zwischen de Gaulle und Adenauer oder zwischen Mitterand und Kohl. Auch Bundeskanzlerin Merkel soll sich mit den französischen Präsidenten sprachlich so verständigen, wie mir ein Kenner sagte, der nicht genannt werden möchte. Bei den im Fernsehen gezeigten Zweierspaziergängen mit dem früheren Präsidenten Sarkozy seien die Dolmetscher herausgehalten worden; jedoch wurde mir von anderer Seite versichert, dass die Beiden sich auch mit Englisch behalfen. Vom Ausblenden der Dolmetscher wurde berichtet über Merkels Gespräche mit Ministerpräsident Wen Jiabao in China: „Das Protokoll hatte selbst beide Dolmetscher verscheucht, damit es auf den Filmaufnahmen zweisam wirkt." („Tiefes Gespräch mit Gefühlen", *FAZ* 28.07.2007: 2)

Nebenbei wirft es ein bezeichnendes Licht auf die nun über 50-jährige Freundschaft zwischen Frankreich und Deutschland (oder auf die Unwichtigkeit sprachlicher Gemeinsamkeit?), dass seit je von den Spitzenpolitikern kaum einer die Sprache des anderen sprechen konnte. So waren auch bei einem erneuten Treffen der beiden ehemaligen Außenminister Fischer und Védrine wieder „beide Staatsmänner mit Simultanübersetzungskopfhörern" ausgerüstet („Am Küchentisch", *FAZ* 14.05.2012: 29). Außer dem Dolmetschen spielt Englisch als Lingua franca zwischen deutschen und französischen Politikern eine bedeutende – wenngleich vor allem französischerseits ungeliebte – Rolle. Ein Beispiel dafür boten Bundeskanzler Helmut Schmidt und der mit ihm befreundete französische Präsident Valéry Giscard d'Estaing, wofür Letzterer von französischer Seite gescholten wurde. Beide Formen: Dolmetschen oder Englisch als Lingua franca, dürften auch meist zur mündlichen Verständigung deutschsprachiger Diplomaten mit spanisch-, italienisch- oder portugiesischsprachigen Diplomaten dienen. Jedenfalls ist die Asymmetrie zugunsten der einen oder anderen Sprache da ebenfalls unüblich.

Um zu erfahren, ob es von bundesrepublikanischer Seite Richtlinien für Diplomaten bezüglich der Sprachwahl bei Besuchskontakten gibt, und weitere Hinweise auf die tatsächliche Sprachwahl zu gewinnen, habe ich die folgenden Fragen schriftlich an das Auswärtige Amt gerichtet, und zwar für ein früheres Buch (Ammon 1991a) noch nach Bonn (am 04.01.1988) und für das jetzige nach Berlin (25.05.2012):

„a) Gibt es Richtlinien/ Empfehlungen für Diplomaten der Bundesrepublik bei Kontakten/ Gesprächen im nicht-deutschsprachigen Ausland, in bestimmten Fällen Deutsch zu sprechen, oder ist die Sprachwahl stets gänzlich ins Belieben der Diplomaten gestellt bzw. von ihren Sprachkenntnissen abhängig?
b) Für welche Diplomaten gelten ggf. diese Empfehlungen/Richtlinien und unter welchen Bedingungen?
c) Wie lauten diese Richtlinien/Empfehlungen, und welche Verbindlichkeit haben Sie?
d) Bei welchen Partnern in nicht-deutschsprachigen Ländern und auf welchen Ebenen der Diplomatie können Deutschkenntnisse vorausgesetzt werden?
e) Werden Dolmetscher/Übersetzer erforderlichenfalls vom Gastland bereitgestellt, oder werden sie von deutschen Diplomaten mitgebracht? Ist dies einheitlich geregelt oder von Land zu Land verschieden, und welche Unterschiede bestehen hier zwischen den Zielländern?"

Den Antworten des Auswärtigen Amtes in Bonn (13.1.1988) ließ sich entnehmen, dass für solche Besuchskontakte keine Regelungen im Sinne der Verwendung einer bestimmten Sprache bestanden. Nur für die Kontakte zu den ausländischen Missionen in der Bundesrepublik sowie zur Europäischen Gemeinschaft ist der Gebrauch der deutschen Sprache vorgeschrieben. „Darüber hinaus wird, sofern im Einzelfall nichts Näheres bestimmt ist, nach folgenden Gesichtspunkten pragmatisch verfahren: Mit Gesprächspartnern, die gut Deutsch sprechen, oder gegenüber einem Publikum, das Deutsch versteht (beispielsweise Deutschlehrer, Germanisten) wird Deutsch gesprochen, was auch ein Gebot der Höflichkeit gegenüber den deutschsprechenden ausländischen Partnern ist." Diese Regelung gilt weiterhin, wie mir das Auswärtige Amt in Berlin auf Anfrage bestätigte: „Die Sicht des Auswärtigen Amtes auf die Sprachenfrage bei Besuchskontakten von deutschen Diplomaten hat sich seit 1988 nicht geändert." (Frank Werner, Referat E01, E-Mail 05.07.2012) Nach einer neueren Auskunft aus dem Sprachendienst des Auswärtigen Amtes empfiehlt dieser heute deutlich, vielleicht deutlicher als früher, möglichst den Gebrauch von Deutsch. (Gunnar Hille, E-Mail 11.07.2014)

Allerdings gibt es nach mir vorliegenden Berichten immer wieder Probleme mit der Sprachwahl bei öffentlichen Reden deutscher Politiker im Ausland, weil unter den Zuhörern oft viel mehr Deutschlerner und -lehrer oder Personen mit Deutschkenntnissen sind als in der übrigen Bevölkerung – die dann, verständlicherweise, eine Rede auf Deutsch hören möchten. Dies erscheint ihnen auch wichtig zur Demonstration gegenüber den eigenen Politikern oder auch Geschäftsleuten, dass die deutsche Sprache für solche Gelegenheiten taugt und daher bildungspolitisch nicht vernachlässigt werden sollte. Außerdem bieten fast immer die örtlichen Hochschulabteilungen für Deutsch als Fremdsprache (DaF) oder Germanistik kostenlose Dolmetschdienste an, fürs Simultandolmetschen sowohl in die örtliche Sprache als auch ins Englische. Es ist schwer, die Bitterkeit der örtlichen Deutschlerner, -sprecher und -lehrenden zu beschreiben, wenn sie den Eindruck haben, dass auf ihre Wünsche keine Rücksicht genommen wird – wozu mir zahlreiche Hinweise vorliegen. Auch bei ausdrücklich aus dem Publikum geäußertem Begehren, Deutsch zu sprechen, stellen sich Politiker aus Deutschland nicht selten taub und antworten auf in Deutsch gestellte Fragen eisern nur auf Englisch. So beschränkte sich offenbar z.B. Altbundeskanzler Helmut Schmidt bei seinem Vortrag zu einem Deutschlehrerkongress im Jahr 1999 in Korea ganz aufs Englische (Trabant 2008: 2012). Auch der deutsche Botschafter in Südkorea in Seoul, Michael E. A. Geier, soll im April 2005 vor koreanischen, japanischen und deutschen Hochschullehrern seine Rede „komplett in englischer Sprache gehalten" haben (Hinweise Hyunjan Do). Ein weiteres Beispiel bot Außenminister Westerwelle bei seinem Besuch in Tbilisi, Georgien, an der Staatlichen Ivane Javakhishvili Universität im März 2012, indem er seinen Vortrag ganz in Englisch hielt und auch die auf Deutsch gestellten Fragen nicht auf Deutsch beantwortete, wofür er sich im persönlichen Gespräch danach mit dem Hinweis entschuldigte: „So war das Protokoll" (Mitteilung Eka Narsia, Ivane Javakhishvili Universität).

Allerdings kann das „Diplomatische Protokoll" wohl keinem Minister das Deutschsprechen verbieten, schon gar nicht für nur einen Teil der Rede oder die Beantwortung einzelner Fragen. Die Sprachwahl bei Auslandsbesuchen wird „zwischen Ministerbüro und Sprachendienst geklärt" [Ref. 105 des AA], der auch „dann den benötigten Dolmetscher" entsendet. Wie schon erwähnt, befürwortet der Sprachendienst des AA die Wahl von Deutsch, wo irgend möglich. „Das Plädoyer des Sprachendienstes an das Ministerbüro [lautet in aller Regel! U.A.]: führen Sie die Gespräche in deutscher Sprache, wir haben Dolmetscher für alle Zungen." (E-Mail Gunnar Hille 11.07.2014) Außerdem hatte die Javakhishvili Universität kostenlose Dolmetschung angeboten. Auch in seinem früheren Schreiben betonte das AA: „Es gibt keine Regelung, die bei mündlichen Kontakten die Verwendung einer bestimmten Sprache vorschreibt. Der Sprachendienst des Auswärtigen Amtes verfügt über Dolmetscher in 15 Sprachen, diese werden bei verschiedenen Besuchsreisen in Anspruch genommen." (E-Mail Frank Werner, Referat E01, 05.07.2012) Außerdem gilt auch das schon erwähnte „Gebot der Höflichkeit", mit „deutschsprechenden ausländischen Partnern" Deutsch zu sprechen, sicher vor allem gegenüber Deutschlernern, -lehrern und Germanisten.

Allerdings ist bei einem hinsichtlich Sprachkenntnissen und Sprachpräferenzen gemischten Publikum die Wahl oft schwierig. Zur Orientierung und Bewertung ist es hilfreich, sich die entsprechende Situation bei Besuchen ausländischer, anderssprachiger Politiker in Deutschland vorzustellen. Würde es z.B. in Deutschland begrüßt, wenn der chinesische oder japanische Regierungschef (Ministerpräsident) an der Freien oder der Humboldt-Universität in Berlin seine Rede auf Chinesisch bzw. Japanisch hielt, mit Simultanübersetzung ins Deutsche und Englische, womöglich durchgeführt von der lokalen universitären Chinesisch- bzw. Japanisch-Abteilung, und dann womöglich eine Rede mit – zumindest impliziter – Kritik an der Politik der deutschen Regierung? Genau das Entsprechende hat aber Bundeskanzlerin Merkel am 08.07.2014 an der Tsinghua-Universität in Beijing getan („Merkel ruft chinesische Studenten zu kritischem Denken auf", *Zeit Online* 08.07.2014). Aus deutscher Sicht offenbar eine Selbstverständlichkeit – aber aus Sicht der chinesischen Regierung?

Auch dürfen Deutschlerner und -lehrer nicht mit Diplomaten in einen Topf geworfen werden. Vermutlich finden es sogar Diplomaten mit Deutschkenntnissen oft angemessen, wenn ihnen auf Englisch begegnet wird, und fassen es als sprachliches Entgegenkommen auf, als Bemühen um Fairness durch Verzicht auf den Muttersprachvorteil. Vielleicht wirkt auf sie, auch bei vorhandenen Deutschkenntnissen, die umstandslose Verwendung von Deutsch, ohne einführende Entschuldigung, manchmal sogar unhöflich, nicht zuletzt in den kleineren Nachbarstaaten, wo forsches Deutschsprechen ungute Erinnerungen wecken kann.

Inwieweit solche Überlegungen bei der Sprachwahl deutscher Politiker im Ausland oder bei den Empfehlungen des Sprachendienstes an sie eine Rolle spielen, kann ich nicht abschätzen. Ein übergeordneter Gesichtspunkt scheint mir nach wie vor die möglichst reibungslose Kommunikation zu sein, d.h. die Sprachwahl nach vorhandenen Sprachkenntnissen oder Dolmetschmöglichkeiten. Sie entspräche der „pragmatischen" Verfahrensweise, die mir schon 1988 aus Bonn mitgeteilt wurde:

„Im geschäftsmäßigen mündlichen Verkehr mit Ausländern wird in der Regel die Sprache gewählt, in der man sich am schnellsten und mühelosesten präzise verständigen kann, sofern man sich nicht aus sprachlichen oder übergeordneten Gründen im Einzelfall durch einen Dolmetscher begleiten lässt. [...]

Jeder bringt üblicherweise seinen eigenen Dolmetscher mit. Ist dies nicht möglich oder nach gemeinsamer Auffassung nicht erforderlich, wird pragmatisch verfahren."

„Pragmatisch" heißt wohl, dass entweder in den Sprachen kommuniziert wird, die eine Verständigung erlauben oder die Dolmetscher beigezogen werden, die zur Verfügung stehen. Was die Dolmetscher betrifft, wäre es für die internationale Stellung von Sprachen aufschlussreich, für welche Sprachen welche Regierungen wie viele Dolmetscher ausbilden oder zur Verfügung haben. Dies wäre ein Indikator für die internationale Stellung von Sprachen in der Diplomatie – wozu mir leider keine aussagekräftigen Daten vorliegen.

Eine einschlägige Erhebung konnte ich einst wegen schon im Vorfeld zu geringer Resonanz nicht durchführen. Im Herbst 1989 schrieb ich dazu 25 in Bonn ansässige ausländische Botschaften an, von denen aber nur 5 antworteten (Indien, Indonesien, Italien, Jugoslawien und Polen). Alle 5 Botschaften erwarteten von sämtlichen Diplomaten ihres Landes Fremdsprachenkenntnisse, geringere vom technischen Personal. Die Frage, welche Fremdsprachen die Diplomaten ihres Landes überhaupt lernten, beantworteten nur 3 Botschaften (Indien, Indonesien, Jugoslawien): Englisch, Französisch, Russisch (in allen 3 Fällen) und Arabisch, Chinesisch, Deutsch, Spanisch (in 2 Fällen). Eine Botschaft nannte pauschal die „Sprachen in den Vereinten Nationen", also deren 6 Amtssprachen (Kap. H.3). Damit entsprachen die Antworten ziemlich genau der – allerdings inzwischen betagten – Liste der „diplomatic languages" bei Roudybush (1972: 3), nur dass dieser noch Portugiesisch hinzuzählt. Die Frage, welche Fremdsprachen von den eigenen Diplomaten am häufigsten gelernt werden, beantworteten 4 Botschaften (Indien, Indonesien, Italien, Jugoslawien) folgendermaßen: Englisch (alle 4), Französisch (3), Arabisch, Chinesisch, Deutsch und Russisch (je 1). Bei der indischen Botschaft habe ich Englisch selbst hinzugefügt, das man sicher nicht nannte, weil es nicht als Fremdsprache gilt. Vermutlich würde auch eine neue, repräsentative Erhebung ergeben, dass deutsch(sprachig)e Diplomaten bei Auslandsbesuchen zwar nicht selten, aber keineswegs immer mit Deutschkenntnissen rechnen können. Sie müssen sich viel häufiger als vor allem englischsprachige Diplomaten einer Fremdsprache oder des Dolmetschens bedienen. Wie sich diese eingeschränkte Stellung von Deutsch als Sprache der Diplomatie auf die Kommunikation deutscher Regierungsstellen in der deutschen Hauptstadt mit den dort ansässigen ausländischen Missionen auswirkt, ist Thema des nächsten Kap.

5.2 Verkehr mit den Auslandsvertretungen in Bonn und Berlin

Das Auswärtige Amt (AA) Deutschlands legt wert darauf, dass der Verkehr, zumindest der Schriftverkehr, zwischen den ausländischen Missionen in der deutschen Hauptstadt und der Bundesregierung auf Deutsch stattfindet. Dies hat mir einst schon das Auswärtige Amt in Bonn brieflich bestätigt (13.01.1988):

> „Im Verkehr mit den fremden Missionen in der Bundesrepublik Deutschland [...] ist der Gebrauch der deutschen Sprache in internen Dienstanweisungen geregelt, d.h. vorgeschrieben." Auf meine erneute Anfrage hat mir das Auswärtige Amt in Berlin die heute geltende Regelung wie folgt beschrieben: „Die Ergänzende Geschäftsordnung des Auswärtigen Amtes zur Gemeinsamen Geschäftsordnung der Bundesministerien schreibt vor, dass der Schriftverkehr des Auswärtiges Amtes mit den diplomatischen Missionen in Deutschland ausschließlich in deutscher Sprache geführt wird. Die deutschen Auslandsvertretungen passen sich bei ihrem Schriftverkehr mit den Behörden des Gastlandes den örtlichen Gegebenheiten an. Wird die deutsche Sprache gewählt, so wird diesem Schreiben eine Höflichkeitsübersetzung [gemeint ist vermutlich: in der Sprache des jeweiligen Landes oder in Englisch! U.A.] beigefügt. So verfährt z.B. auch die US-Botschaft in Berlin: offizielle Schriftstücke werden in englischer Sprache mit einer deutschen Höflichkeitsübersetzung übersandt. Informelle Kommunikation erfolgt sowohl in deutscher als auch in englischer Sprache." (E-Mail Frank Werner, Referat E01, 05.07.2012)

Dabei lässt sich nur der Schriftverkehr verhältnismäßig streng regeln, der Austausch von „Noten", wie die Schriftstücke der Diplomatie heißen (vgl. zu deren Formen Zechlin 1960: 169-180). Für den mündlichen Verkehr bedarf es oft größerer Flexibilität. Die heutige Regelung von deutscher Seite steht in einer langen Tradition, die zurückgeht bis auf Bismarcks Bemühungen, Deutsch in Berlin im Schriftverkehr mit den dortigen ausländischen Vertretungen einzuführen (vgl. Kap. H.1). Freilich hatte schon Bismarck Schwierigkeiten mit der Durchsetzung. Manche Missionen reagierten auf deutschsprachige Noten damit, dass sie in der eigenen Sprache antworteten, nicht einmal in der damaligen Lingua franca der Diplomatie, Französisch.

So folgt aus der Vorschrift für die bundesrepublikanischen Dienststellen in Bonn bzw. Berlin keineswegs zwingend, dass auch die Gegenseite sich der deutschen Sprache bedient. In Bonn jedenfalls waren deutschsprachige Noten ausländischer Missionen sogar eine Zeit lang eher unüblich. Nach Walter Zechlin war Deutsch in der Diplomatie in der Zeit nach dem Zweiten Weltkrieg sogar eine geradezu dominierte Sprache (zu dem Begriff Kap. A.3): Ausländische Missionen in Bonn antworteten nicht auf Deutsch, sondern in der eigenen Sprache; dagegen antworteten bundesdeutsche Missionen im Ausland in der dortigen Landessprache, und zwar nicht nur dem Außenministerium des Gastlandes, sondern sogar den dortigen Missionen.

> „Die Außenministerien schreiben in der Regel in ihren Landessprachen und die fremden Missionen in Bonn in ihren eigenen Sprachen, denen sie, wenn es sich um weniger bekannte Idiome handelt, eine Übersetzung eventuell in Englisch oder Französisch beifügen. In anderen Ländern werden die Schreiben an die Außenminister in der Landessprache geschrieben, was sich auch empfiehlt, wenn sie Dinge behandeln, die zur Zuständigkeit anderer Ministerien gehören. Im Ausland wird ein deutscher Diplomat im schriftlichen Verkehr mit den Vertretern anderer Staaten – abgesehen von Vertretern

deutschsprachiger Länder – die Sprache seines Gastlandes verwenden; denn wenn er sich seiner eigenen Sprache bedienen würde, müßte er darauf gefaßt sein, daß ihm nach dem Grundsatz der Gegenseitigkeit in einer Sprache geantwortet wird, die er nicht beherrscht und für die ihm vielleicht keine Hilfskräfte zur Verfügung stehen." (Zechlin 1960: 180 f.)

Angesichts dieser uneinheitlichen Informationen erschien mir die Sprachwahl seitens der ausländischen Botschaften in Deutschland mit deutschen Regierungsstellen untersuchenswert, denn sie indiziert bis zu einem gewissen Grad, inwieweit sie Deutsch als Sprache der Diplomatie anerkennen – genauer sogar als internationale Sprache der Diplomatie, da Deutsch dabei zwischen Diplomaten unterschiedlicher Nationen gebraucht wird (Kap. A.3). Einerseits wurde berichtet, dass die ausländischen Botschaften in Bonn auf den Gebrauch von Deutsch verzichteten, zumindest in der Zeit nach dem Krieg, und andererseits schrieb die Ergänzende Geschäftsordnung des Auswärtigen Amtes den Deutschgebrauch seitens deutscher Regierungsstellen gegenüber den in der deutschen Hauptstadt ansässigen Botschaften vor und verriet damit auch ernsthafte Bemühungen um die Stärkung der Stellung von Deutsch in der Diplomatie. Wie stand oder steht es nun tatsächlich um die Sprachwahl der ausländischen Botschaften in Deutschland mit deutschen Regierungsstellen? Um Hinweise darauf zu erhalten, bat ich im Frühjahr 1988 die Botschaften der folgenden 7 Staaten um briefliche Auskunft (in alphabetischer Reihenfolge): Australien, *Brasilien*, Frankreich, *Großbritannien*, *Japan*, *Sowjetunion* und *USA*, von denen die 5 kursiv gedruckten antworteten – nicht aber Australien und Frankreich, auch nicht auf Nachfrage. Die gleichen Fragen habe ich rund 20 Jahre später, im Herbst 2009, erneut an 16 ausländische Botschaften, diesmal in Berlin, gerichtet, darunter auch sämtliche zuvor schon in Bonn befragte Staaten (bei Berücksichtigung politischer Veränderungen: Sowjetunion → Russland). Diesmal antworteten 9 Botschaften (hier wieder kursiv gedruckt), während bei den anderen auch Nachfragen nicht halfen: *Australien*, Brasilien, China, *Frankreich*, Großbritannien, Indien, *Italien*, *Japan*, *Kanada*, *Mexiko*, *Niederlande*, Polen, Russland, *Spanien*, *Südafrika* und USA. Die US-Botschaft bedauerte, es sei ihr „leider nicht möglich [...], an einer Frageaktion teilzunehmen und einen Beitrag zu Ihrem [meinem! U.A.] Buch zu leisten"; jedoch erhielt ich zur Sprachwahl mit ihr die schon oben erwähnte Mitteilung vom deutschen Auswärtigen Amt, dass die US-Botschaft offizielle Schriftstücke in englischer Sprache mit deutscher „Höflichkeitsübersetzung" zustellt und dass sie informell mit deutschen Stellen auf Deutsch oder Englisch kommuniziert.

Die Fragen bezogen sich auf die Deutschkenntnisse des Botschaftspersonals und auf den schriftlichen und mündlichen Verkehr mit den deutschen Dienststellen der jeweiligen Hauptstadt. Sie wurden im Einzelnen wie folgt beantwortet (sinngemäße Wiedergaben sind mit ‚...' markiert; die Fragennummerierung weicht leicht ab von Ammon 1991a: 323-325):

Frage 1a): „Ist die Annahme richtig, dass zumindest ein Teil ihres Botschaftspersonals solide mündliche und schriftliche *Deutschkenntnisse* besitzt?"

1988: ‚Ja' alle 5;

2009: ‚Ja' alle 9.

Frage 1b): „Gehören solide mündliche und schriftliche Deutschkenntnisse zu den *Anstellungsbedingungen* wenigstens eines Teils ihres Botschaftspersonals?"

1988: ‚Ja' 4, ‚Nein' 1 (USA);

2009 ‚Ja' alle 9 – allerdings Mexiko mit der Spezifizierung: „Für die Ortskräfte sind Deutschkenntnisse unerlässlich, für die Diplomaten nicht".

Frage 1c): „Wird dieser Teil ihres Personals *schon im Heimatland* entsprechend sprachlich geschult, oder geschieht dies erst in der Bundesrepublik?"

1988: ‚Ausschließlich im Heimatland' 1 (Sowjetunion), ‚Sowohl als auch' 4 (Großbritannien, Japan, Spanien, USA);

2009: ‚Größtenteils im Heimatland' 5 (Frankreich, Italien, Japan, Kanada, Südafrika), ‚Sowohl als auch' 2 (Australien, Niederlande), ‚Gar nicht seitens des Entsendestaates' 2 (Mexiko: „In einigen Fällen bereiten sich die Diplomaten mit Sprachkursen auf den Einsatz in Deutschland vor. Es gibt aber keine generellen Schulungen", Spanien: „Diplomatisches Personal wird in Spanien nicht für die deutsche Sprache geschult, jeder Diplomat ist selbst für die Aneignung der Deutschkenntnisse zuständig").

Frage 2a): „Welcher Teil des Botschaftspersonals benötigt *überhaupt keine* Deutschkenntnisse?"

1988: ‚Keiner' 2 (Großbritannien, Sowjetunion), ‚Ein Teil' 3 (Brasilien: „10%", Japan: „Das technische Personal kommt mit geringen Deutschkenntnissen aus", USA: „Mitarbeiter, die keine Aussenkontakte benötigen");

2009: ‚Alle brauchen Deutschkenntnisse' 3 (Niederlande, Spanien, Südafrika), ‚Alle brauchen ein Minimum' 2 (Japan, Mexiko), ‚5%-15% brauchen keine' 3 (Frankreich, Italien, Kanada), ‚Keine Antwort' 1 (Australien). Einzelne Antworten scheinen nicht ganz stimmig, z.B. bei Südafrika, das alle Fragen ins Englische übersetzte und nur auf Englisch beantwortete – bei gleichzeitiger Betonung allgemein obligatorischer Deutschkenntnisse. Jedoch lautete die Antwort auf Frage 2a): „None, German language training is compulsary to all South African diplomats posted in Germany". Der scheinbare Widerspruch löst sich indes auf, wenn man die Einschränkung auf *Diplomaten* beachtet, neben denen es andere Botschaftsangehörige gibt.

Frage 2b): „Welcher Teil des Botschaftspersonals benötigt *keine mündlichen* Deutschkenntnisse?"

1988: Durchgängig gleiche Antworten wie auf Frage 2a);
2009: Gleiche Antworten wie auf Frage 2a) – außer Frankreich, das bei 2a) 10% angibt gegenüber 2b) 15%, sowie Kanada, das die Personen, die keine Deutschkenntnisse benötigen, spezifiziert als: „Kleiner Teil der Diplomaten in rein technischen und administrativen Abteilungen".

Frage 2c): „Welcher Teil des Botschaftspersonals benötigt *keine schriftlichen* Deutschkenntnisse?"

1988: Durchgängig gleiche Antworten wie auf Fragen 2a) und 2b) – außer Brasilien: „20 %";

2009: Gleiche Antworten wie auf Fragen 2a) und 2b) – außer Frankreich: 30%, Kanada gleich wie 2b), Mexiko: „Die Diplomaten benötigen nicht unbedingt schriftliche Deutschkenntnisse", Niederlande: „Ein kleiner Teil des Botschaftspersonals benötigt stellungsbedingt keine schriftlichen Deutschkenntnisse".

Demnach besteht eine gewisse Tendenz, schriftliche Deutschkenntnisse von einem kleineren Teil des Personals zu fordern als mündliche.

Frage 3a): „Geschieht der *mündliche Kontakt* mit deutschen Politikern oder Behörden überwiegend auf Englisch oder überwiegend auf Deutsch?"

1988: ‚Überwiegend auf Deutsch' 3 (Brasilien, Großbritannien, Sowjetunion – wo im letzteren Fall hinzugefügt ist: „Praktisch immer auf Deutsch"), ‚Überwiegend auf Englisch, nicht selten aber auch auf Deutsch' 1 (USA); „Trifft zu" 1 (Japan – wurde die Frage nicht verstanden?);

2009 war die Frage modifiziert: „Geschieht der *mündliche Kontakt* mit deutschen Politikern oder Behörden überwiegend auf *Deutsch*, überwiegend auf *Englisch* oder in einer *anderen Sprache* und dann welcher?" ‚Nur auf Deutsch' 3 (Italien, Japan, Südafrika – Italien genauer: „Der Kontakt wird nur auf Deutsch aufgenommen"), ‚Überwiegend auf Deutsch' 2 (Niederlande, Spanien), ‚Überwiegend auf Deutsch, aber auch auf [...]' 3 (Frankreich: „ ... , selten auf Französisch", Kanada: „ ... , zum Teil auf Englisch", Mexiko: „ ... , teils auf Englisch, teils auch auf Spanisch, da viele der für Lateinamerika zuständigen Vertreter in Behörden und Ministerien Spanisch sprechen"), ‚Auf Deutsch oder [...]' 1 (Australien: „ ... Englisch").

Wenn man unterstellt, dass die Antworten ‚Nur auf Deutsch' – manche lauten einfach „auf Deutsch" – übertrieben sein könnten (vgl. auch den Zusatz bei Italien!), dann herrscht ‚Überwiegend auf Deutsch' bei weitem vor. Nur die Antwort Australiens klingt nach Gleichhäufigkeit von Englisch. Jedoch werden die größeren Sprachen allesamt auch gebraucht, Spanisch mit der Begründung verbreiteter Spanischkenntnisse auf deutscher Seite.

Frage 3b): „Geschieht der *Schriftverkehr* mit deutschen Politikern oder Behörden überwiegend auf Englisch oder überwiegend auf Deutsch?"

1988: Durchgängig gleiche Antworten wie auf Frage 3a) – außer USA: „Überwiegend auf Englisch";

2009 war die Frage wieder modifiziert: „Geschieht der *Schriftverkehr* mit deutschen Politikern oder Behörden überwiegend auf *Deutsch*, überwiegend auf *Englisch* oder in einer *anderen Sprache* und dann welcher?" ‚Nur auf Deutsch' 5 (Italien, Japan, Niederlande, Spanien, Südafrika), ‚Überwiegend auf Deutsch' 3 (Australien: „Schriftverkehr wird vorwiegend auf Deutsch geführt", Frankreich: „Überwiegend auf Deutsch, selten auf Französisch", Kanada: „Ganz überwiegend auf Deutsch"), „Praktisch ausschließlich auf Deutsch" 1 (Mexiko).

Es wird deutlich, vor allem an den Ergebnissen für 2009, dass im schriftlichen Verkehr Deutsch stärker vorherrscht als im mündlichen: ‚Nur auf Deutsch' 5 (schriftlich) – 3 (mündlich), ‚Auf Deutsch oder [...]' 0 (schriftlich) – 1 (mündlich). Italien hebt hervor, dass „der Schriftverkehr ausschließlich auf Deutsch geführt" wird, wogegen mündlich nur „der Kontakt" stets auf Deutsch erfolgt. Spanien gibt an, den Schriftverkehr „ausschließlich", den mündlichen Verkehr aber nur „überwiegend" auf Deutsch zu führen. Australien, Kanada und Mexiko betonen den Vorrang von Deutsch für den schriftlichen Verkehr stärker als für den mündlichen.

Frage 4a): „Kommt es vor, dass der Botschafter/ die Botschafterin selber *bei seiner/ ihrer Ankunft* in der Bundesrepublik keine soliden Deutschkenntnisse hat?"

1988: ‚Nein' 4 (Brasilien, Großbritannien, Japan, Sowjetunion. Zusatz Sowjetunion: „Die Botschafter sollen nicht unbedingt solide Deutschkenntnisse haben, obwohl in der Tat alle bisherigen Botschafter Deutsch sprachen"), ‚Ja' 1 (USA);

2009: ‚Nein' 5 (Australien, Frankreich, Italien, Japan, Kanada), ‚Ja' 4 (Mexiko, Niederlande: „Ja, leider", Spanien, Südafrika: „It is likely, but all are required to acquire German language proficiency within a given time (2 years)").

Der seit August 2013 amtierende US-Botschafter in Berlin, John B. Emerson, hat zwar seitens seiner Großeltern „deutsche Wurzeln" und in der Schule Deutsch gelernt, bezeichnete aber seine Deutschkenntnisse bei Amtsantritt als „ein wenig ‚eingerostet' " („Deutsche Wurzeln", *FAZ* 27.08.2013) und beschränkte sich in seinen öffentlichen Äußerungen in Deutschland (bis Sommer 2014) – soweit mir bekannt – ganz auf Englisch, abgesehen von einer kurzen Grußformel zu Anfang (z.B. im Fernsehinterview mit Marietta Slomka im *heute-journal* am 31.10.2013).

Offenbar sind für die Botschafter selber andere Qualitäten oft wichtiger als Sprachkenntnisse.

Frage 4b): „Kommt es vor, dass der Botschafter/ die Botschafterin selbst während seiner/ ihrer Amtszeit in der Bundesrepublik keine soliden Deutschkenntnisse erwirbt?"

1988 ‚Nein' 4 (Brasilien, Japan, Großbritannien, Sowjetunion), ‚Sehr selten' 1 (USA);

2009 ‚Nein' 8 (Australien, Frankreich, Italien, Japan, Kanada, Mexiko, Niederlande, Spanien), ‚Höchst unwahrscheinlich' 1 (Südafrika: „Most unlikely").

Frage 5a):	Frage 5b):	Frage 5c):
„*Wie viele* verschiedene Botschafter hat Ihr Land bisher nach Deutschland entsandt?"	„*Wie viele* davon [der Botschafter] hatten bei ihrer *Ankunft* solide Deutschkenntnisse?"	„*Wie viele* davon [der Botschafter] hatten beim *Verlassen* solide Deutschkenntnisse?"
Antworten 1988:		
Großbritannien: 10	Alle	Alle
Japan: 12	Alle	Alle
Sowjetunion: Keine Antwort	Alle	Alle
Brasilien: 10	Keine Antwort	Keine Antwort
USA: 10	Etwa die Hälfte	Fast alle
Antworten 2009:		
Australien: Keine Antwort	Alle	Alle
Frankreich: 15	Alle (letzte Jahrzehnte)	Alle
Italien: nach der Wende 6	Alle	Alle
Japan: Seit 1949 21	Keine Angabe	Keine Angabe
Kanada: Keine Angabe	Keine Angabe	Keine Angabe
Mexiko: Seit 1952 19	Die Hälfte	Die Hälfte
Niederlande: Bonn 1948-99 9	Keine Antwort	Keine Antwort
Spanien: Seit 1949 13	Unbekannt	Unterschiedlich
Südafrika: Unbekannt	Unbekannt	Unbekannt

Fragen nur im Jahr 2009:

Frage 6: „Hat sich die *Sprachwahl* zwischen Ihrer Botschaft und deutschen Politikern und Behörden seit der *Wiedervereinigung* Deutschlands geändert?" „Wenn ja, *inwiefern*?"

‚Nein' 7 (Italien, Japan, Frankreich, Kanada, Mexiko, Niederlande, Spanien), ‚Ja, bis zu einem gewissen Grad' 1 (Südafrika: „Oral communication can be in English, but written communication remains in German"), ‚Ja, mit den neuen Bundesländern' 1 (Australien: „Mit der Einbeziehung der neuen Bundesländer [...] haben sich neue Kontakte ergeben, bei denen in der Kommunikation entsprechend der Sprachkenntnisse des jeweiligen deutschen Gesprächspartners Deutsch oder Englisch benutzt wird").

Offenbar ist die Sprachwahl meist gleich geblieben. Jedoch hat Südafrika dem Englischen im mündlichen Verkehr mehr Raum gegeben hat. Auch Australien nutzt Englisch, ebenfalls vor allem mündlich, soweit es die Sprachkenntnisse auf deutscher Seite erlauben.

Frage 7: „Haben sich die *sprachlichen Anforderungen oder Vorbereitungen* Ihres Botschaftspersonals seit *der Wiedervereinigung Deutschlands geändert?*" „Wenn ja, *inwiefern?*"

‚Nein' 6 (Australien (implizit), Italien, Japan, Mexiko, Niederlande, Spanien), ‚Ja' 3 (Frankreich: „Die Deutschsprachausbildung wurde noch verstärkt", Kanada: „Seit 1992 gibt es das CSFI [gemeint vermutlich das Online-Wörterbuch, auch „csfi" <www.linguee.de/englisch-deutsch/uebersetzung/csfi. html>], allerdings kein Zusammenhang zur Wiedervereinigung", Südafrika: „It has now become compulsory to learn German language" [sic! U.A.]).

Vor allem Frankreich und Südafrika legen jetzt mehr Wert auf Deutschkenntnisse als früher, obwohl Südafrika zugleich Englisch nutzt (Frage 6).

Alles in allem deuten die Ergebnisse darauf hin, dass Deutsch in der deutschen Hauptstadt zwischen der Bundesregierung und den ausländischen Missionen die bevorzugte Sprache ist. Diese Tendenz hat sich in Berlin im Vergleich zu Bonn gefestigt. Allerdings lassen sich die Befunde mangels Repräsentativität der Stichproben nicht verallgemeinern. Vielleicht gebrauchen die Botschaften kleinerer Staaten, die sich keine so gute Sprachschulung für das Personal leisten können, häufiger andere Sprachen, sicher meist Englisch.

Leider ließ sich auch nicht feststellen, ob die US-Botschaft in Berlin weiter wie einst in Bonn überwiegend auf Englisch mit der deutschen Regierung kommuniziert (Frage 3a: 1988). Immerhin teilte sie mir die Absage ihrer Teilnahme an der Berliner Befragung 2009 auf Deutsch mit (siehe oben!), was einen Wandel der bevorzugten Sprachwahl verraten könnte. Die Kommunikation überwiegend auf Englisch in Bonn wurde damals von allen Gesprächspartnern, denen ich davon berichtete, als Mangel an Fingerspitzengefühl bewertet – gerade angesichts der einseitigen Abhängigkeit der BRD von den USA. Auch bei meinem Besuch im Referat „Deutsche Sprache" des Auswärtigen Amtes in Bonn zeigte man sich überrascht. Die Referatsleiterin Mayer-Schalburg fragte gleich telefonisch bei einer (mir gegenüber nicht identifizierten) deutschen Regierungsstelle an, die über die Gepflogenheiten des Verkehrs mit der US-Botschaft informiert war, und erhielt eine Bestätigung meines Befundes. Meyer-Schalburgs halb erstaunte, halb entrüstete, wenn auch nicht ganz ernst gemeinte Antwort (sinngemäß): ‚Wie würden die wohl reagieren, wenn wir mit ihnen in Washington auf Deutsch verkehren wollten?" In dieses Bild fügte sich die einst in Bonner Pressekreisen kursierende Anekdote von einem amerikanischen Diplomaten, der zwei Jahre in Bonn verbrachte, ohne auch nur ein einziges deutsches Wort zu äußern. Erst bei seiner Abreise demonstrierte er den ganzen Umfang seiner Deutschstudien, indem er den Kollegen ein überraschendes „Auf Wiedersehen" zurief (Gerbore 1964: 119).

Für eine derartige Unwilligkeit, Deutsch zu lernen bzw. mit den deutschen Dienststellen auf Deutsch zu verkehren, sind zumindest dreierlei Gründe denkbar, die zusammenwirken können: Erstens das Bewusstsein politischer Abhängigkeit Deutschlands von den USA – man verkehrt in der Sprache des Mächtigeren; zweitens die überlegene internationale Stellung von Englisch im Vergleich zu Deutsch – man kommuniziert in der internationaleren Sprache. Zur Zeit der Dominanz des Französischen in der Diplomatie zeigten die französischen Diplomaten ein ähnliches Verhalten. So soll z.B. Bismarck folgende Regel für die Identifizierung des französischen Botschafters in Berlin formuliert haben, die heute vielleicht tendenziell auf amerikanische, womöglich auch britische Diplomaten anwendbar wäre: „Wollen Sie den französischen Botschafter erkennen? Er ist das einzige Mitglied des diplomatischen Corps, welches nur französisch spricht." (Gerbore 1964: 118) Ein dritter Grund mag die Besonderheit der Ausbildung der amerikanischen Diplomaten gewesen sein. Die US-Botschaft fügte 1988 der Frage 1b) die Erläuterung bei: „Das Personal wird für den weltweiten Einsatz angestellt." Gemeint war sicher die Anstellung als Diplomat in den USA. Unter Gesichtspunkten weltweiter Einsatzfähigkeit war – und ist vermutlich nach wie vor – aus Sicht der USA Deutsch keine für Diplomaten wichtige Sprache. Außerdem spielt in den USA die Sprachenausbildung traditionell eine eher untergeordnete Rolle. Zwar heißt es im *Foreign Service Act, Sect. 500* von 1946: „Foreign Service Officers shall have, to the maximum practicable extent, among their qualifications, a useful knowledge of the principal language of the country in which they are to serve" (zit. nach Rudolf 1972: 33, Anm. 44); jedoch gehören mangelnde Sprachkenntnisse geradezu zum Topos vom US-Diplomaten.

Hierzu führt z.B. Rudolf (1972: 33) Folgendes aus:

„In den USA legte man auch wenig Wert auf Sprachkenntnisse des diplomatischen Dienstes, woran sich bis heute nicht viel geändert hat. Die langjährige römische Botschafterin der USA, Mrs. Boothe Luce, hielt zwar die vernünftige Kenntnis der Sprache des Gastlandes unzweifelhaft für einen Vorteil bei diplomatischen und gesellschaftlichen Kontakten – sie hoffte aber, daß der Botschafter ‚will not try to conduct any business in it more important than ordering a meal in the Ritz or delivering a friendly little speech'. Um die Jahrhundertwende waren z.B. in Paris hintereinander zwei amerikanische Botschafter akkreditiert, die überhaupt nicht französisch sprechen konnten [Französisch war damals noch die unzweifelhaft dominante internationale Sprache der Diplomatie! U.A.], und während des Zweiten Weltkrieges soll es eine Zeit gegeben haben, wo unter dem umfangreichen Personal der amerikanischen Botschaft in Moskau nur ein Einzelner so viel Russisch verstand, daß er eine russische Konversation hat führen können." (Vgl. auch Gerbore 1964: 119)

Es ist anzunehmen, dass es auch noch in den meisten Berliner Botschaften neben Personal mit Deutschkenntnissen solches mit keinen oder minimalen Deutschkenntnissen gibt, vor allem das in manchen Antworten als „technisch" bezeichnete Personal. Auch die Botschafter selber müssen nicht unbedingt in Deutsch versiert sein. Vorbei scheinen die Zeiten von Charles Martens' *Guide Diplomatique* (5. Aufl. Leipzig 1866), der die Kenntnis der Sprache des Landes an die erste Stelle der Fähigkeiten stellte, über die ein Gesandter oder Botschafter verfügen muss. Wie auch sollte er sonst den Debatten des Parlaments folgen, die Presse lesen, „den Nationalcharakter studieren" oder „intime Beziehungen am Ort seiner Residenz anknüpfen"? (entnommen aus Gerbore 1964: 76). An anderer Stelle seines Buches erläutert Gerbore (1964: 119), warum moderne Botschafter vielleicht ohne Kenntnis der Landessprache auskommen: „Das ist möglich, weil inzwischen der Berufsdolmetscher, der abendländische Dragoman, als Nebenfigur des Diplomaten erschienen ist." Hinzuzufügen sind neuerdings die Übersetzungsmöglichkeiten über das Internet. Allerdings erfährt man bei Erprobung schnell ihre Mängel. Zudem gibt es für die mündliche Kommunikation keine auch nur annähernd äquivalente Entsprechung (siehe Kap. A.10). Ob daher diese personellen und technischen Möglichkeiten wirklich bei allen von Martens für wichtig gehaltenen Aktivitäten eines Botschafters ein voller Ersatz für gute eigene Sprachkenntnisse sind, erscheint mir zweifelhaft und verdiente genauere Untersuchung.

5.3 Stellungsstärkende Sprachwahl in der Diplomatie?

Für Diplomaten ist es von sekundärer Bedeutung, in welcher Sprache sie kommunizieren. Primär müssen sie ihr eigentliches – politisches – Ziel erreichen, wie es entsprechend Geschäftsleuten oder Wissenschaftlern hauptsächlich um ihre wirtschaftlichen bzw. wissenschaftlichen Ziele geht (siehe Kap. A.2). Anregungen zu dieser Priorität liefert Marcell von Donat (1999: 22), der seit 1958 in der Europäischen Gemeinschaft für Kohle und Stahl und von 1968 bis 1997 in der EU-Kommission tätig war. Nach seiner Auffassung sollten sich deutschsprachige Diplomaten bei der Frage, ob sie z.B. in den EU-Institutionen Deutsch sprechen oder nicht, allein (oder zumindest hauptsächlich) von dem Ziel leiten lassen, ihre Adressaten bestmöglich inhaltlich zu überzeugen. Der Verzicht auf das Deutschsprechen sei oft ‚für die Sache zweckmäßiger', und die beharrliche Sprachwahl diene bisweilen der ‚Selbstverwirklichung'. Diese Überlegung erscheint mir wichtig, und sie lässt sich – mutatis mutandis – auf die Sprachwahl bei anderen internationalen Kontakten übertragen, vor allem in Wirtschaft und Wissenschaft (vgl. Kap. F.10; G.13).

Allerdings fände ich die Verabsolutierung dieser Sicht und die völlige Ausblendung von Fragen der Sprachwahl und ihrer Folgen (die ich von Donat nicht unterstelle) fragwürdig. Zwar begünstigt die Konzentration auf die Kernaufgabe meist deren Erfüllung; jedoch untergräbt der achtlose Verzicht auf Gebrauch und Förderung der eigenen Sprache auch deren Stellung in der jeweiligen Domäne und damit im ganzen Handlungsfeld, wie auch schließlich ihre Stellung in der Welt. Dies schadet letztlich auch – wenngleich vielleicht sehr indirekt – der Politik, Wirtschaft und Wissenschaft in den deutschsprachigen Ländern (Kap. A.1). Es kommt also darauf an, das eine zu tun, ohne das andere zu lassen, wobei die Kernaufgabe in der Regel durchaus Priorität haben sollte. Diese Priorisierung, nicht Verabsolutierung, erscheint mir in der Regel angemessen – und letztlich meist vorteilhaft für die von den betreffenden Personen vertretenen sozialen Gruppen, auch für die ganze deutsche Sprachgemeinschaft und den Stellungserhalt der deutschen Sprache. Denn diplomatische, wirtschaftliche und wissenschaftliche Erfolge stärken – indirekt – auch die Stellung der betreffenden Sprache. Drastische Beispiele dafür sind – im Umkehrschluss – die Misserfolge der deutschen Diplomatie, die zum Ersten und Zweiten Weltkrieg führten – und als Folgen davon zu den enormen Stellungsverlusten der deutschen Sprache in der Welt in neuerer Zeit. Daher sollte die Kritik am Verzicht auf das Deutschsprechen, zugunsten vor allem von Englisch, stets die Kernaufgaben der betreffenden Personen im Auge behalten. Diese Umsichtigkeit fehlt mancher wohlfeilen Kritik an den Englisch sprechenden oder schreibenden deutschen Diplomaten, Geschäftsleuten oder Wissenschaftlern, die damit zu Sündenböcken für alle internationalen Stellungsverluste der deutschen Sprache gestempelt werden.

Allerdings ist nicht jede Kritik an der Sprachwahl deutscher Diplomaten unberechtigt (wie auch nicht an der von Geschäftsleuten oder Wissenschaftlern, um die es in Kap. F und G ging). Das fast schon zum Stereotyp geratene Bild des unbedacht zu einer Fremdsprache, meist Englisch, wechselnden deutschen Diplomaten (Managers oder Wissenschaftlers) ist nicht völlig realitätsfremd. Beispiele, die der unbedachten Sprachwahl verdächtig sind, habe ich schon in Kap. H.5.1 erwähnt. Weitere finden sich auf einer Webseite, die ich für das Goethe-Instituts zur Frage der angemessenen Sprachwahl bei internationalen Kontakten erstellt habe (www.goethe.de/ges/spa/prj/sog/fst/de4622069.htm –

abgerufen 22.05.2012). Hier einige weitere, teilweise von mir selbst erlebte Beispiele aus der deutschen Diplomatie:

- Beim Welt-Soziologenkongress in Neu Delhi 1986 überraschte der deutsche Botschafter die rund hundert Soziologieprofessorinnen und -professoren seines Landes, die er zum Abendessen in seine Residenz geladen hatte, mit einer Ansprache ganz in Englisch. Ich war dabei. Später wurde als Begründung für diese Sprachwahl getuschelt, dass auch *ein* britischer Gast erwartet wurde – der aber nicht gekommen war.
- Der langjährige Vorsitzende der Koreanischen Gesellschaft für Deutsch als Fremdsprache, Si-Ho Chong, berichtete von deren zehnjährigem Jubiläum im Jahr 2005. Nach dem Abendessen hielt der deutsche Botschafter in Seoul eine 15-minütige Rede an die versammelten Deutschlehrer und -lerner „– aber unerwarteter Weise auf englisch! Zu Beginn wies der Botschafter darauf hin, daß der Präsident [der Universität, an der die Tagung stattfand! U.A.] der einzige sei, der kein Deutsch verstehen könne. Deswegen sei es völlig in Ordnung, ein paar Minuten auf Englisch zu sprechen. Aber er sprach auch weiter nur Englisch. Ein deutscher Teilnehmer rief laut: ‚Bitte, nicht mehr auf englisch!' Aber der Botschafter hielt seine Rede nach wie vor auf englisch. Endlich wies die Leiterin des Symposiums noch einmal höflich darauf hin, daß alle Anwesenden Germanistinnen und Germanisten seien, und bat, deswegen nur auf deutsch zu sprechen. Trotzdem hielt der Botschafter seine Rede bis zum Ende auf englisch." („Dolchstoß aus Deutschland", *Sprachnachrichten* 01/ 2006: 29 – Orthographie des Originals)
- Nach seinem Rücktritt vom Amt des Außenministers (wegen Plagiatsvorwürfen hinsichtlich seiner Dissertation) stellte sich Karl-Theodor zu Guttenberg in Brüssel auf einer Pressekonferenz als künftiger Berater der EU-Kommissarin Neelie Kroes vor. „Das alles verkündete er auf Englisch, selbst als die Journalisten auf Deutsch fragten. Erst als Frau Kroes eine niederländische Frage auf Niederländisch beantwortete, fand sich Guttenberg zu ein paar deutschen Worten bereit." („Der talentierte Herr Guttenberg", *FAZ* 13.12.2001: 2) Dabei ist zu bedenken, dass Deutsch – anders als Niederländisch – deklarierte Arbeitssprache der EU-Kommission ist (Kap. H.4.2).
- Schließlich noch die (von mir selbst erlebte) Sprachwahl einer Diplomatin im weiteren Sinn, ein Beispiel, das eher zum Nachdenken als zur Kritik anregen sollte. Bei einer Konferenz am Goethe-Institut Paris 2004, die dieses zusammen mit einem französischen Partner veranstaltete, begrüßte die Institutsleiterin die Gäste ganz auf Französisch; der französische Partner – weniger überraschend – ebenfalls. Meine anschließende Frage unter vier Augen an die Institutsleiterin, ob nicht eine halb deutsche und halb franzö-

sische Ansprache angemessener gewesen wäre, bejahte sie umstandslos – allerdings mit der Anmerkung, dass die Sprachwahl oft schwierig sei und dazu nirgendwo praktikable Anleitungen vorlägen.

Vielleicht sind solche Missgriffe (wie in den ersten drei Beispielen) oder Nöte (wie im letzten Fall) neuerdings seltener geworden. Eine Sammlung von Beispielen missglückter Sprachwahl bei internationalen Kontakten – nicht nur von Diplomaten – mit kritischen Kommentaren zur Verweigerung des Deutschsprechens findet sich bei Harald Weydt (2004; vgl. auch Kap. A.6). Das Thema ist in den letzten Jahren häufiger an die Öffentlichkeit gekommen, vor allem durch die neu entstandenen, deutsch-pflegenden (bisweilen auch deutsch-tümelnden) Sprachvereine (Kap. L.3.4). Allerdings ist und bleibt die angemessene Sprachwahl bei internationalen Kontakten schwierig, auch für problembewusste Diplomaten und desgleichen für vor entsprechende Entscheidungen gestellte Wissenschaftler oder Geschäftsleute.

Die Versuche angemessener Sprachwahl gleichen nicht selten einer Fahrt durch Szylla und Charybdis, zwischen Erfüllung der Kernaufgabe und Förderung der eigenen Sprache. Einerseits liegt es nämlich auf der Hand, dass die fast sprichwörtliche deutsche „Sprachunterwerfung", das widerstandslose Umschalten auf die Sprache der Anderen oder aufs Englische, der Stellung der deutschen Sprache in der Welt abträglich ist. Andererseits kann jedoch allzu hartnäckiges Insistieren auf der eigenen Sprache die Erfüllung der Kernaufgabe beeinträchtigen: das Erreichen des diplomatischen Ziels, die Verbreitung wissenschaftlicher Erkenntnisse usw. Vorrangiges Insistieren auf der eigenen Sprache, das vor allem den Franzosen nachgesagt wird, kann nicht nur die Verständlichkeit der eigenen Äußerung beeinträchtigen, sondern Abwehrhaltungen wecken, die sich dann sogar auf den Inhalt der Äußerung erstrecken. Diese ungünstige Wirkung, die der Kernaufgabe abträglich ist, hat – nach Einschätzung mancher Beobachter – bisweilen die starre Vorschrift des Französischen Außenministeriums für alle seitens des Ministeriums weisungsgebundenen Franzosen in der EU: „les Français parlent leur langue" (van Parijs 2011: 214, Anm. 17).

Aber auch seitens deutscher Regierungsstellen gab – und gibt es noch heute – Anordnungen zu hartnäckigem Deutschgebrauch. So heißt es z.B. in einer „Verhaltensanleitung" des Bundesministeriums der Finanzen an weisungsgebundene Personen in den EU-Institutionen:

„ 1. Die Teilnahme an Sitzungen/ Tagungen (gleich ob Kommission oder Rat) erfolgt nur, wenn
– die Unterlagen einschließlich der Einladungen rechtzeitig in deutscher Fassung vorliegen und
– Dolmetschen ins Deutsche und aus dem Deutschen sichergestellt ist.

[...]
3. In den Sitzungen wird von den deutschen Vertretern nur Deutsch gesprochen."
(Bundesministerium für Finanzen, Abteilung Europapolitik (Juni 2000) *EU-Handbuch. EU-Verfahren und -Unterrichtsaufgaben der Bundesregierung, insbesondere im parlamentarischen Raum.* Referat E A 1: 85)

Diese Bestimmung gilt – soweit mir bekannt – noch heute. Sie hängt wahrscheinlich zusammen mit einer ähnlichen Regelung, die kurz zuvor beschlossen wurde und zu der mir das Auswärtige Amt in Berlin mitgeteilt hat: „Die Europa-Staatssekretäre der Bundesressorts haben im Februar 2000 folgenden Beschluss gefasst: ‚Sofern bei Treffen auf EU-Ministerebene kein volles aktives und passives Dolmetschen der deutschen Sprache vorgesehen ist, nehmen die Bundesressorts an solchen Treffen weder auf politischer noch auf Arbeitsebene teil'." (Frank Werner, Referat E01, E-Mail 05.07.2012) Darin ist im Grunde Punkt 3 der zuvor zitierten Regelung impliziert; jedoch beschränkt für „Treffen auf EU-Ministerebene".

Jedoch erscheint mir eine grundsätzliche Kritik dieser oder ähnlicher Regelungen unangebracht sofern sie, wie mir scheint, abzielen auf mehr Gleichrangigkeit von Deutsch als EU-Arbeitssprache mit Englisch und Französisch, die nach der statutarischen Gleichstellung der drei Sprachen seit 1993 gerechtfertigt wäre (Kap. H.4.2). Ein drängendes Ziel war zur Beschlusszeit sicher auch, den sprachlichen Wettbewerbsnachteil deutscher Unternehmen beim Zugang zu EU-Aufträgen zu verringern – denn damals war Deutschland noch das wirtschaftliche Sorgenkind Europas. Allerdings lässt sich schwer abschätzen, inwieweit mit solchen Regelungen tatsächlich mehr Gleichrangigkeit von Deutsch mit Englisch und Französisch erreicht wird, unter Vermeidung kontraproduktiver Abwehrreaktionen. Dies hängt sicher auch in hohem Maße ab vom diplomatischen Fingerspitzengefühl und der virtuosen Handhabung.

Wie kann man von Politikern erwarten, dass sie die komplizierten Bedingungen der Sprachwahl durchschauen, die auch Wissenschaftler nur ansatzweise verstehen (Kap. A.6; F.2)? Immerhin gibt es aber Anhaltspunkte dafür, dass viele Politiker sich der potentiellen Wirkung der Sprachwahl auf die Stellung von Sprachen im Prinzip bewusst sind. So erklärten bei einer Fragebogenerhebung unter EU-Abgeordneten aus Deutschland und Österreich im Jahr 2004 (Gesamtrücklauf n=25, 21% der Angeschriebenen) 52%, dass sie die Stellung von Deutsch in der EU durch den Gebrauch von Deutsch zu stärken versuchten, und weitere 18%, dass sie sich aktiv um deren Stärkung bemühten, indem sie z.B. KollegInnen entsprechend zu motivieren suchen. Nur 28% verneinten – meist mit dem Hinweis auf übergeordnete europäische Interessen – jegliche derartige Bemühung (1 Informant keine Antwort). Allerdings kamen die Exploratoren dennoch zu dem negativen Gesamturteil, „dass die befragten deutschsprachigen Parlamentsmitglieder [des EU-Parlaments! U.A.] keine besonderen Anstrengungen unternehmen, um ihre Sprache zu fördern." (Ollila/ Partanen 2004 – keine Paginierung)

Das Bewusstsein von Politikern bezüglich Wirkungen der Sprachwahl auf die internationale Stellung der deutschen Sprache wird geschärft durch Medienberichte über einschlägige Konflikte. Beispiele sind der deutsch-finnische Streit um die Arbeitssprache Deutsch in den informellen EU-Ratssitzungen (Kelletat 2001a; Kap. H.4.4) oder die Weigerung von Außenminister Westerwelle auf einer Pressekonferenz in Berlin (29.09.2009), die in Englisch gestellte Frage eines BBC-Reporters auch auf Englisch zu beantworten (ramonschack.word press.com/2009/09/29/7334/ – abgerufen 23.05.2012; Kap. A.5). Der Hype um solche Ereignisse sensibilisiert nicht nur Diplomaten für Sprachwahlprobleme bei internationalen Kontakten.

Eine angemessene Praxis lässt sich daraus aber nicht direkt ableiten. Auch bei vollem Bewusstsein eigener Sprachinteressen, speziell an der Stellungsstärkung von Deutsch, müssen deutsche Diplomaten ihre Kernaufgabe im Auge behalten und sich im Hinblick darauf bemühen um sprachliche Verständlichkeit, nationale Zurückhaltung (wegen der deutschen Vergangenheit) und Höflichkeit. Gelegentlich haben sie sogar Fremdsprachenkenntnisse und Weltläufigkeit zu demonstrieren. Dieses Bestreben kehren Kritiker unterlassenen Deutschsprechens gerne hervor und unterstellen als niedriges Hauptmotiv Angeberei. Jedoch wurde Westerwelles Englischverzicht von anderer Seite umgekehrt als mangelnde fremdsprachliche und kosmopolitische Aufgeschlossenheit verunglimpft – und noch lange danach „stufte er es auch als Fehler ein", den er auf Restalkohol aus einer Siegesfeier zurückführte, und bekannte bezüglich seiner Englischverweigerung: „Das hat mich ein Jahr lang geärgert." („Westerwelle bereut Spruch über Dekadenz", *WAZ* 23.03.2013). Dagegen bewerte ich seine Englischverweigerung auf jener Pressenkonferenz, die sich doch primär an ein deutsches Publikum richtete, als völlig angemessen – auch als ein wegweisendes Signal an ausländische Journalisten, dass sie, wenn sie effizient in Deutschland arbeiten wollten, Deutschkenntnisse benötigen.

Ein gewissermaßen gegensätzliches Beispiel ist die Kritik von Bundestagsvizepräsident Johannes Singhammer (CSU) daran,

> „dass Verteidigungsministerin Ursula von der Leyen (CDU) ihre Rede über die deutsche Verteidigungspolitik auf der Sicherheitskonferenz auf Englisch hielt. Singhammer sagte dem ‚Münchner Merkur': ‚Ich würde dringend dazu raten, so etwas auf Deutsch zu machen. Die wichtigste internationale Konferenz, die wir in Deutschland haben, sollte auch ein Aushängeschild für die deutsche Sprache sein.' Es sei schwierig, etwa bei der EU-Kommission in Brüssel für die deutsche Sprache zu werben, ‚wenn wir sie selbst nicht

sprechen. Es ist ein Problem der deutschen Elite, dass sie ihre Englischkenntnisse so gern zur Schau stellt.' " [...] Den Rednern sei die Sprachwahl laut Auskunft der Konferenzveranstalter freigestellt, Simultandolmetscher seien vorhanden." (www.merkur-online.de/aktuelles/politik/viel-englisch-singhammer-ruegt-leyen-3349115.html – abgerufen 09.02.2014)

Zwar fand das Ereignis in München, also auf deutschem Boden, statt, am 31.01.2014. Aber das Publikum war ausgesprochen international, darunter großenteils Mitglieder der NATO, in der Deutsch keine Amtssprache ist (Kap. H.3); insofern war die Sprachwahl nicht verkehrt. Jedoch kann ich nicht abschätzen, ob die gewünschte Wirkung der Rede auf Deutsch (simultan gedolmetscht) schlechter gewesen wäre.

Mir scheint zweierlei zum Abschluss dieses Kap. hervorhebenswert. Einerseits möchte ich wiederholen, was ich bezüglich internationaler Wirtschaftskontakte betont habe (Kap. F.2). Es gilt zu *bedenken, ob die Adressaten Sprecher, Lerner oder Lehrende der deutschen Sprache sind*. Ihnen gegenüber empfiehlt sich in aller Regel der Gebrauch der deutschen Sprache. Harald Weydt (2004: 127) hat eindringlich vor der Fehleinschätzung gewarnt, „dass es a priori höflich sei, uns jedes Mal, wenn wir mit einem Nicht-Deutschen sprechen, des Englischen zu bedienen. Das kann eine ganz große Kränkung sein." Bezüglich Deutschlernern und -lehrern lässt sich dies aus der Höflichkeitstheorie begründen, wie sie von Penelope Brown und Stephen Levinson (1987) konzipiert wurde, die Erving Goffman's (2003) Terminologie weiterführten, wonach Unhöflichkeit „gesichtsverletzend" ist. So können Deutschlerner oder -lehrer den Verzicht aufs Deutschsprechen empfinden, dass man ihnen nämlich keine ausreichenden Deutschkenntnisse zutraut. Selbstverständlich heißt das nicht, dass man auf Deutsch besteht, wenn die Adressaten nur schlecht Deutsch können oder es nicht gerne hören oder sprechen. Bei einem größeren Publikum ist es schwierig, die Präferenzen abzuschätzen. Hilfreich sein können jedoch Vorermittlungen oder partielle Rücksichtnahmen im Falle spontan geäußerter Wünsche: kurzzeitiger Sprachwechsel (*Code-Switching*) ins Deutsche, unterstützt durch Simultandolmetschen, wenn vorhanden, oder spontanes eigenes Dolmetschen ins Englische (wenn möglich).

Eine andere beherzigenswerte Regel ist der *konsequente Perspektivenwechsel*. Wie würde eine Person mit einer anderen Mutter- oder Amtssprache ähnlichen internationalen Ranges (dazu Kap. A.7) in einer entsprechenden Situation wirken? Wie also – um die Beispiele Westerwelle und von der Leyen aufzugreifen – ein französischer oder italienischer Außenminister, der auf einer Pressekonferenz für die eigene Bevölkerung in Paris bzw. Rom die englischsprachige Frage eines britischen Journalisten nicht auf Englisch beantworten würde? Oder eine französische bzw. italienische Verteidigungsministerin, die auf einer Fachkonferenz ihre kurze Rede in ihrer Muttersprache hielte (mit Simultandolmetschen ins Englische)? Eine zuverlässige Beurteilung der Wirkung bedürfte empirischer Untersuchungen. Jedoch erscheint es mir ziemlich wahrscheinlich, dass der Schaden für ihr Land in keinem Fall groß und ein gewisser Nutzen nicht auszuschließen wäre. Dieser Nutzen erwüchse unter anderem aus der Botschaft an die Fremdsprachenlerner und -lehrer, dass die Mutter- und Amtssprachgemeinschaft auf Stellungserhalt oder -stärkung der eigenen Sprache in der Welt bedacht ist und dass die Sprache tatsächlich – jedenfalls bei geeigneter Dolmetschung – auch auf der internationalen Bühne akzeptiert wird.

Oft ist wenigstens eine kurze Begrüßung auf Deutsch angemessen. In anderen Fällen sogar der vorrangige Gebrauch, der sich z.B. für von Guttenbergs Pressekonferenz bei der EU-Kommission empfohlen hätte, da Deutsch deklarierte Arbeitssprache der Kommission ist. Auch beim obigen Beispiel des Goethe-Instituts in Paris wäre Deutschgebrauch angemessen gewesen. In solchen Fällen, bei verhältnismäßig wenigen Teilnehmern, lässt sich oft leicht Flüsterdolmetschen für die einzelnen Deutsch-Unkundigen organisieren. Bei persönlichen Kontakten sollte man Deutschgebrauch, wenn gewünscht oder akzeptiert, keinesfalls verweigern. Im Falle von Gruppen oder in öffentlicher Rede lassen sich vorhandene Deutschkenntnisse auch durch Fragen an das Publikum feststellen. Wenn alle Anwesenden Deutsch können, dürfte die Wahl von Deutsch in der Regel kein Problem sein. Dennoch sollte ausdrücklich gefragt werden, ob alle einverstanden sind, und nur dann Deutsch gesprochen werden. Bei größerem Publikum ist die Notlösung des Flüsterdolmetschens meist schwierig oder wirkt penetrant.

In speziellen Situationen gilt es, die eigene Sprache sogar dann zu sprechen, wenn die Zuhörer sie nicht verstehen, z.B. um politische Eigenständigkeit zu demonstrieren. Allerdings muss dann für das gesamte Publikum simultan gedolmetscht werden. Außerdem empfiehlt sich, um dem Eindruck von Unhöflichkeit oder Dominanzgebaren vorzubeugen, eine symbolische Einlage in der im Publikum vorherrschenden Sprache oder zumindest einer Lingua franca, meist Englisch (vgl. Kap. A.6). Ein gelungenes Beispiel hat Bundeskanzlerin Merkel bei der Feier der deutsch-französischen Freundschaft am 8. Juli 2012 in Reims (Frankreich) geliefert, indem sie in ihre sonst ganz in Deutsch gehaltene Rede die Worte „Vive l'amitié franco-allemande!" einflocht – und damit das Freundschaftsangebot von Präsident de Gaulle wörtlich wiederholte, das dieser den Deutschen fünfzig Jahre zuvor bei seinem Deutschlandbesuch zugerufen hatte. („Merkel: Vive l'amitié franco-allemande!", *FAZ* 09.07.2012: 2) Der französische Präsident Hollande griff die Idee auf in seiner Eröffnungsansprache des Festaktes in Ludwigsburg am 21./22.09.2012 zum 50. Jahrestag der völkerverbindenden Rede de Gaulle's, indem er auf Deutsch ausrief: „Es lebe die deutsch-französische Freundschaft!" (www.tagesschau.de/inland/deutsch-franzoesische-freundschaft102.html – aufgerufen 22.09.2012).

I. Die deutsche Sprache im internationalen Tourismus

1. Zum Begriff ‚Tourist' und zu Methodenfragen

Bei einem weiten Begriff von ‚Tourismus' berührt dieser viele Themen des vorliegenden Buches. Er umfasst dann nämlich z.b. die Völkerwanderungen (auch die große europäische um und nach Beginn unserer Zeitrechnung), den Kolonialismus und die weit in die Geschichte zurückreichenden Wallfahrten (siehe zu diesem weiten Begriff z.B.: de.wikipedia.org/wiki/Tourismus#Wissenschaftliche_Definitionen – abgerufen 03.11.2013). Da jedoch manche mit diesen Themen zusammenhängenden Fragen schon in anderen Kap. behandelt werden, beschränke ich mich im vorliegenden Kap. auf den modernen Tourismus, dessen Beginn man vielleicht beim Reisen mit maschinellen Transportmitteln ansetzen kann. Genauer befasse ich mich sogar nur mit der neuesten Zeit, vom späten 20. Jh. bis zur Gegenwart. Es wäre interessant, die historische Entwicklung des Tourismus (siehe dazu Sigaux 1966) speziell in seiner Beziehung zur Internationalität der Sprachen genauer zu untersuchen. Aus Gründen der Arbeitskapazität kann ich darauf leider wieder einmal nur als Forschungsdesiderat aufmerksam machen.

Der Begriff ‚Tourist', die Bedeutung der Ausdrücke *Tourist* oder *Touristin*, gleicht vielen anderen geläufigen Begriffen darin, dass er auf den ersten Blick klarer erscheint, als er sich bei näherer Betrachtung erweist. Wie ich ihn hier verstehe, lässt sich erläutern auf der Grundlage seiner Festlegung bei der internationalen Reise- und Tourismus-Konferenz der Vereinten Nationen in Rom 1963. Diese geht aus vom Oberbegriff ‚Besucher' (*visitor*), als welche Personen definiert sind, die sich im betreffenden Land aufhalten, ohne dort wohnhaft zu sein. Dieser Oberbegriff wurde dann in zwei (1 und 2) und später drei (3) Unterbegriffe aufgeteilt:

(1) ‚Touristen': Temporäre Besucher, die sich mindestens 24 Stunden im betreffenden Land (nicht ihres Wohnortes) aufhalten, und zwar aus einem oder mehreren der folgenden Gründe: a) Müßiggang, Erholung, Ferien, Sport, Gesundheit, Studium, religiöse Tätigkeit oder b) Geschäft, Familie, Freunde, Mission, Treffen/ Begegnung.

(2) ‚Ausflügler': Temporäre Besucher, die sich weniger als 24 Stunden im betreffenden Land aufhalten.

(3) ‚Durchreisende': Personen mit einer Reisedauer dort von mehr als 24 Stunden, aber ohne Aufenthalt. (Robinson 1976: 54)

Die im Wesentlichen gleiche Definition findet sich in dem umfangreichen Buch von C. Michael Hall und Stephen J. Page (2002: 68f.), vor allem die umfassendere Zweckbestimmung als nur Erholung/ Müßigkeit, die auch ihr Titel verrät: *The Geography of Tourism and Recreation*. Dieser fachliche Begriff von ‚Tourist', (1), ist, wie schon Harry Robinson (1976: 54f.) hervorhebt, einerseits ausgesprochen weit, indem er Geschäftsreisende, Besucher jeglicher Konferenzen oder Missionare einschließt, die gemeinsprachlich nicht ohne Weiteres „Touristen" genannt werden. Dadurch umfasst er Personen, auf die sich teilweise auch die vorausgehenden Kap. beziehen: reisende Geschäftsleute (Kap. F), reisende WissenschaftlerInnen (Kap. G) und DiplomatInnen, mit denen man das Reisen fast fest verbindet (Kap. H). Allerdings habe ich in jenen Kap. das Reisen nicht ausdrücklich thematisiert, sondern nur gestreift oder implizit mitbehandelt. Die explizite Untersuchung einschließlich der Besonderheiten der dabei stattfindenden Sprachwahl wäre ein erwägenswertes zukünftiges Forschungsthema.

Die inhaltlichen Überlegungen beziehen sich im vorliegenden Kap. weniger auf Geschäftsreisende, Wissenschaftler, Diplomaten oder Missionare als auf Urlauber im weitesten Sinn einschließlich aller nicht aus primär beruflichen Gründen außerhalb ihres Heimatlandes temporär reisende Personen. Allerdings kann ich nicht grundsätzlich ausschließen, dass Zahlen zum Tourismus, die ich zu den folgenden Ausführungen heranziehe, bisweilen auch hauptsächlich beruflich reisende Personen und Tätigkeiten enthalten, weil sie in den Quellen nicht von den „Urlaubern" im weitesten Sinn unterschieden wurden.

Andererseits ist die Definition oben enger als das verbreitete Verständnis. Fragwürdig ist vor allem die Beschränkung auf staatsgrenzen-überschreitende Reisen. Die gemeinsprachliche Bedeutung des Wortes „Tourist" umfasst auch Reisende aus anderen Teilen desselben Landes („Binnentouristen"). Es liegt jedoch auf der Hand, dass die staatsgrenzen-überschreitenden Reisenden für das Thema des vorliegenden Buches von vorrangigem Interesse sind und sich daher der auf sie eingeschränkte Begriff gut eignet.

Allerdings bezieht sich die obige Definition, genau besehen, nur auf Einreisende und lässt Ausreisende außer Betracht, die aber für unser Thema ebenfalls und sogar besonders wichtig sind. Daher sollen sie hier einbezogen werden. Ich spreche, wenn es die Deutlichkeit erfordert, von *Einreise-* bzw. *Ausreise-Touristen* – sowie von *Binnen-Touristen*, die weder zu den Einreise- noch zu den Ausreise-Touristen zählen und für das vorliegende Buch von geringerem Interesse sind. Analog unterscheidet Albrecht Steinecke (2006: 15) „Binnenreiseverkehr (domestic tourism)", „Einreiseverkehr (inbound tourism)" und „Ausreiseverkehr (outbound tourism)".

Eine weitere Begriffsverengung der obigen Definition gegenüber der gemeinsprachlichen Bedeutung von Tourist ist der Ausschluss von Durchreisenden und Ausflüglern; jedenfalls ist die Gemeinsprache diesbezüglich nicht so rigoros. Für den wissenschaftlichen Terminus wird diese oder eine ähnliche Abgrenzung allerdings oft vollzogen. Darüber hinaus gibt es Versuche der Abgrenzung des Tourismus von allzu langen Aufenthalten. So zitiert Steinecke (2006: 14) einen Definitionsvorschlag, ohne sich deutlich davon zu distanzieren, wonach Personen nur dann als Touristen zählen sollen, wenn sie sich im betreffenden Land „nicht länger als ein Jahr ohne Unterbrechung aufhalten". Dann seien sie nämlich keine Besucher mehr. In eine ähnliche Richtung zielt die Abgrenzung von z.B. Migranten, Immigranten und Emigranten und Nomaden von den Besuchern und damit auch von den Touristen. Dass in solchen Fällen der Aufenthalt auf Dauer angelegt sein kann, ist für die Abgrenzung sicher wesentlicher als die tatsächliche Dauer des Aufenthaltes, deren Festlegung auf genau ein Jahr willkürlich ist. Dieser Hinweis verrät die Schwierigkeit einer exakten Definition von Touristen, die sich ja schon bei der Abgrenzung von anderen Reisenden oder Besuchern zeigt. Sie sollte bei der Einschätzung von Touristenstatistiken nicht ganz vergessen werden.

Außerdem ist bezüglich Touristenstatistiken zu beachten, dass es verschiedene Zählmethoden gibt, vor allem die Zahl der Einreisen im Unterschied zur Zahl der Übernachtungen oder auch der Zahl der Personen. So können bei Touristen-Zahlen, die für eine bestimmte Zeitspanne angegeben werden, einreisende Individuen mehrfach gezählt worden sein. Ich bin mir jedoch nicht sicher, ob die Behauptung von Robinson (1976: 55) auch heute noch stimmt: ‚Eintreffende ausländische Besucher zu zählen (*Counting foreign visitor arrivals*) ist das gängigste und meistakzeptierte Zählverfahren'.

Schließlich möchte ich noch darauf hinweisen, dass die in Kap. A.3 (Abb. A.3-2) vorgenommenen terminologischen Differenzierungen auch auf Touristen anwendbar sind. So bewegen sich z.B. a) Binnentouristen innerhalb der deutschsprachigen Schweiz „intranational" und „intralingual", b) aus der französischsprachigen Schweiz in die deutschsprachige Schweiz oder umgekehrt reisende Touristen dagegen „intranational" und „interlingual", c) aus der deutschsprachigen Schweiz nach Deutschland oder umgekehrt reisende Touristen „international" und „intralingual" und schließlich d) aus der französischsprachigen Schweiz nach Deutschland oder umgekehrt reisende Touristen „international" und „interlingual". Entsprechend kommunizieren sie auch, nämlich international nur c) und d), und zwar c) „international im weiteren Sinn" und d) „international im engeren Sinn", wobei für das vorliegende Buch letztere Art von Kommunikation von vorrangigem Interesse ist.

In keinem der umfassenderen Bücher zum Tourismus, jedenfalls derjenigen, die ich zu Rate ziehen konnte, wird das Thema der ‚Sprache(n)' oder ‚Sprach(en)wahl' behandelt (Robinson 1976; Steinecke 2006). Auch in dem vom Titel her verheißungsvollen Buch „Destinationsmanagement" (Steinecke 2013), zu dem – würde man meinen – doch auch das Management des sprachlichen Umgangs, der Sprachwahl gegenüber den eintreffenden Touristen gehört, findet sich darauf keinerlei Hinweis. Nicht einmal das ausführliche Werk von Hall/ Page (2002) berührt dieses Thema und führt in seinem detaillierten Index auch weder die Stichworte „language", noch „language choice" noch den Namen irgendeiner einzelnen Sprache, nicht einmal „English".

2. Die deutschsprachigen Länder und Regionen als Touristenziele

Für die internationale Stellung einer Sprache macht es einen Unterschied, ob das Land oder die Region, in der sie staatliche Amtssprache oder verbreitete Muttersprache ist, Ziel oder Ausgangspunkt von Tourismus ist (Einreise-Touristen gegenüber Ausreise-Touristen). Zwar kann beides zur internationalen Verbreitung der betreffenden Sprache beitragen, aber sicher in unterschiedlicher Weise. Im Grunde sollten dafür die deutschsprachigen Länder und Regionen (Kap. D.2, D.3) insgesamt betrachtet werden. Jedoch liegen nicht für alle Teile Zahlen vor. Erst recht gilt dies für die Länder und Regionen der anderen internationalen Sprachen, mit denen der Vergleich interessant wäre. Daher beschränkt sich die folgende Darstellung auf die größeren Länder, und auch für die deutsche Sprache liegt der Schwerpunkt auf Deutschland.

Es ist weithin bekannt, dass Frankreich, Italien und Spanien schon seit Jahrhunderten beliebtere Touristenziele sind als die deutschsprachigen Länder. „Das Deutsche Reich kam selten ins Programm, nach Möglichkeit mied man es auch bei der Durchreise. Es war berüchtigt für notorisch schlechte Straßen und Wirtshäuser [...]" („Am Anfang war das Fernweh", *Welt am Sonntag* 18./19.01. 2014: R4). Nicht mehr wegen schlechter Straßen, aber in kulinarischer Hinsicht gilt Deutschland heute noch – auch im Vergleich zu Österreich oder der deutschsprachigen Schweiz – als zweitklassig, wenn auch vielleicht unberechtigterweise. Hinzu kommt die teilweise irreparable Zerstörung einstiger Sehenswürdigkeiten im Zweiten Weltkrieg. Jedoch hat Deutschland in den Jahren 2009 bis 2011 als Aufnahmeland für Einreise-Touristen aus dem Ausland immerhin Rangplatz 8 unter allen Ländern der Welt eingenommen und ist im Jahr 2012 sogar auf Platz 7 vorgerückt (Tab. I.2-1). Auch die Türkei ist in dieser Zeit weiter vorangekommen, von Platz 7 auf 6, und Russland hat Mexiko aus den 10 aufnahmestärksten Ländern verdrängt. Dagegen ist Großbritannien von Platz 6 auf Platz 8 zurückgefallen. Allerdings lag Deutschland lange Zeit deutlich weiter zurück und erzielte erst einen „Beliebtheitsschub [...] im Zusammenhang mit der Fußballweltmeisterschaft 2006. ,Unser Land katapultierte sich durch diese Veranstaltung in einem Schritt von Platz 19 auf Platz 9 in der Rangfolge der beliebtesten Tourismus-Nationen'", wird Petra Hedorfer zitiert, die Vorstandsvorsitzende der Deutschen Zentrale für Tourismus (DTZ), mit Sitz in Frankfurt („Die Chinesen entdecken den Dresdner Barock", *FAZ* 09.03.2011: 17). Dazu und zum weiteren Aufrücken hat sicher auch die Werbung der DTZ beigetragen, die Deutschlands touristische Vorzüge im Ausland darstellt und dabei vor allem den Blick über die traditionellen Klischees von Schlössern und Münchner Oktoberfest hinaus zu erweitern sucht, ohne diese in ihrer fortdauernden Anziehungskraft zu beschädigen. Die DTZ wird unter anderem vom Bundeswirtschaftsministerium bezuschusst wird (im Jahr 2013 mit 28,3 Mio. €). Ihr „Ziel ist es, dass noch mehr ausländische Gäste nach Deutschland reisen." (www.bmwi.de/DE/Themen/Tourismus/Tourismuspolitik/Akteure/deutsche-zentrale-fuer-tourismus-e-v.html – abgerufen 10.11.2013) Im Übrigen bemühen sich alle Länder, den Tourismus, der in ihr Land strömt, zu fördern.

Staat	Frankreich	USA	China	Spanien	Italien
2012	83,0	67,0	57,7	57,7	46,4
Staat	Frankreich	USA	China	Spanien	Italien
2009	76,8	55,0	50,9	52,2	43,2

Staat	Türkei	Deutschland	Großbritannien	Russland	Malaysia
2012	35,7	30,4	29,3	25,7	25,0
Staat	Großbritannien	Türkei	Deutschland	Malaysia	Mexiko
2009	28,2	25,5	24,2	23,6	21,5

Tab. I.2-1: Zielländer von Touristen aus dem Ausland (Zahl der Ankünfte) in den Jahren 2012 und 2009 in Mio. (Quellen: UNWTO Tourism Highlights 2011: 6 und 2013: 6. mkt.unwto.org/sites/all/files/docpdf/unwtohighlights11enhr_3.pdf bzw. dtxtq4w60xqpw. cloudfront.net/sites/all/files/pdf/unwto_highlights13_en_lr_0.pdf – beide abgerufen 06.11.2013)

Die Rangordnung in Tab. I.2-1 würde sich verschieben, wenn man die Zahlen für Hongkong (23,8 Mio. für 2012 und 16,9 Mio. für 2009), die in den Quellen separat geführt sind, zu denen für China hinzurechnen würde. Diese beliefen sich dann auf 81,5 Mio. für 2012 und 67,9 Mio. für 2009. Damit würde China auf Rang 2 vorrücken und die USA auf Platz 3 weit hinter sich lassen; die übrigen Rangplätze, einschließlich Deutschland, blieben jedoch unverändert. Fast möchte man argwöhnen, die Getrenntführung Hongkongs habe den Zweck, die USA vor der – eklatanten – Überrundung durch China zu retten.

Hinzuzufügen ist der für unser Thema auch noch wichtige Befund, dass Österreich mit 24,2 Mio. für 2012 und 21,4 Mio. für 2009 dicht bei den 10 führenden Touristen-Aufnahmeländern liegt, die von den Statistiken gerne hervorgehoben werden, und dass die Schweiz mit 8,6 Mio. für 2012 und 8,3. Mio. für 2009 ebenfalls erkleckliche Zahlen vorweist. Österreich, aber auch die Schweiz, sind damit im Verhältnis zur Einwohnerzahl sogar deutlich attraktivere Touristenziele als Deutschland.

Bezieht man die Zahlen für die Schweiz auf den Anteil der deutschsprachigen Bevölkerung (63,7% der Gesamtbevölkerung, siehe Kap. D.2.4), so kann man dafür mit 5,5 Mio. ausländischen Touristen für 2012 und 5,3 Mio. für 2009 rechnen. Die Summe für die drei größten deutschsprachigen Länder (Schweiz nur mit deutschsprachigem Anteil) beläuft sich dann auf 63,2 Mio. für 2012 und 53,9 Mio. für 2009.

Allerdings treffen dabei keineswegs nur Anderssprachige auf Deutschsprachige. Die Kommunikation zwischen Touristen und Einheimischen ist also nicht immer international *im engeren Sinn* (dazu Kap. A.3). Zum erheblichen Teil begegnen sich dabei auch Deutschsprachige unter einander – Deutsche, deutschsprachige Schweizer und Österreicher –, die somit nur international *im weiteren Sinn* kommunizieren. Einerseits gehören nämlich die Österreicher und die Schweizer zu den größeren Touristengruppen in Deutschland. Die Österreicher und die deutschsprachigen Schweizer stellen nämlich jeweils einen Anteil an den Auslandstouristen in Deutschland von ca. 5%, zusammen also 10% (z.B. von Januar bis August 2013 je 5,1%, bei Veranschlagung von 63,7% der Schweizer Touristen, entsprechend dem deutschsprachigen Anteil an der Schweizer Bevölkerung, Kap. D.2.4; nach Statistisches Bundesamt 2013: 6). Allerdings wird in dieser Quelle nicht unbedingt gleich gezählt wie in derjenigen, die Tab. I.2-1 zugrunde liegt. Jedoch wird klar, dass die Zahl von Ausländern, mit denen international im engeren Sinn kommuniziert werden kann (Kap. A.3), um ca. 10% reduziert werden muss – also auf vielleicht rund 27 Mio. Zu den Ausländern zählen ja auch noch die Südtiroler, Ostbelgier und Liechtensteiner und die nach Amtssprache ebenfalls deutschsprachigen Luxemburger (Kap. D).

Unter den ausländischen Touristen in Österreich und in der Schweiz ist der Anteil aus den jeweils anderen deutschsprachigen Ländern, vor allem aus Deutschland, noch viel höher. Für Österreich wurden 2011 insgesamt 34.629.083 Einreise-Touristen und 126.002.551 „Nächtigungen" gezählt. Von den Nächtigungen waren 72,0% Einreise-Touristen (Ausländer). Davon aus 1. Deutschland 52,2%, 2. den Niederlanden 9,9%, 3. der Schweiz 4,7%, 4. Großbritannien 3,5%, 5. Italien 3,3%, 6. Belgien 2,8%, 7. Tschechien 2,2%, 8. Frankreich 2,1%, 9. Ungarn 1,8%, 10.-12. Polen, Russland und Dänemark 1,7%, 13. USA 1,4% (de.wikipedia.org/wiki/Tourismus_in_%C3%96sterreich; die in der Quelle auf die Gesamtzahl der Touristen bezogenen Prozentangaben habe ich auf die 72% Ausländer als Grundwert (=100%) bezogen; siehe zu ähnlichen Zahlen für 2007: de.wikipedia.org/wiki/Tourismus#.C3.96sterreich – abgerufen jeweils 05.11. 2013). Rund 55% der ausländischen Touristen in Österreich sind also deutschsprachig, so dass nur mit ca. 11 Mio. (von rund 24 Mio. Ausländern) international im engeren Sinn kommuniziert werden kann.

Für die Schweiz wurden im Jahr 2011 19,7 Mio. „Logiernächte" für Einreise-Touristen aus dem Ausland gezählt, die sich – nach Rangplätzen geordnet – wie folgt auf die am stärksten vertretenen Länder verteilten: 1.-2. Deutschland, Großbritannien je 26,4%, 3. Frankreich 7,1%, 4. Italien 5,0%, 5. Niederlande 4,1%, 6. Belgien 3,6%, 7.-9. Nordische Länder, Russland und Spanien je 2,5%, 10. Österreich 2,0% (Schweizer Tourismus-Verband 2012: 19). Demnach liegt der Anteil von deutschsprachigen Touristen in der Schweiz bei rund 28%, von denen wiederum 63,7% auf deutschsprachige Schweizer treffen (entsprechend dem Anteil Deutschsprachiger an der Schweizer Bevölkerung; Kap. D.2.4). Demnach entfallen ca. 18% der ausländischen Logiernächte, also rund 3,5 Mio. auf Deutschsprachige, so dass allenfalls 5 Mio. Anderssprachige bleiben – mit denen international im engeren Sinn kommuniziert werden kann. Dabei darf nicht vergessen werden, dass die Zahl der Personen auf jeden Fall kleiner ist als die der Logiernächte. Die Gesamtzahl der Ausländer in den drei deutschsprachigen Ländern, mit denen internationale Kommunikation im engeren Sinn möglich ist, liegt also – sehr grob geschätzt – bei ca. 40 Mio.

Fragt sich nun, aus welchen Ländern oder Sprachgemeinschaften die meisten ausländischen Touristen in die deutschsprachigen Länder und Regionen kommen. Hierzu bleiben noch die bevorzugt nach Deutschland kommenden Ausländer nachzutragen. Die Gesamtzahl der Ausländer-Übernachtungen lag von Januar bis August bei 49.012.430 Mio., demnach aufs Jahr überschlagen bei 73.686.45 Mio. Entsprechend ergibt sich die folgende Rangordnung nach Prozentanteilen: 1. Niederlande 16,4%, 2. Schweiz 7,5%, 3.-4. USA, Großbritannien je 6,6%, 5. Italien 4,7%, 6. Österreich 4,6%, 7. Frankreich 4,4%, 8.-9. Dänemark, Belgien je 4,2%, 10. Polen 3,0% (gemäß Statistisches Bundesamt 2013: 6).

Trotz der nicht ganz vergleichbaren Zahlen lassen sich damit – ohne Anspruch auf Genauigkeit – Niederländer, Briten und auch US-Amerikaner, Italiener, Franzosen, Belgier, Dänen sowie Polen, Tschechen, Ungarn, Russen und

Spanier (in dieser anteiligen Rangordnung) als die größten Gruppen von Auslandstouristen in den deutschsprachigen Ländern identifizieren.

Dabei unterscheiden sich Letztere – besonders vielleicht Polen, aber auch Tschechen, Ungarn, Russen, neuerdings vermutlich auch Spanier – tendenziell von Ersteren. Sie sind zum Teil Arbeitsmigranten. Als solche sind Deutschkenntnisse für sie entschieden vorteilhaft, weshalb sie diese vermutlich oft erwerben, wenn auch vielleicht nur auf rudimentärem Niveau.

Erstere – also Niederländer, Briten, US-Amerikaner, Italiener, Franzosen, Belgier und Dänen – kommen dagegen ganz überwiegend als zahlende Gäste. Hinzu kommen mehr und mehr die in der Statistik oben noch nicht ausreichend berücksichtigten Chinesen, die neuen Reiseweltmeister (Kap. I.4), und auch – schon länger – die Japaner und Koreaner. Für sie gilt – jedenfalls bis zu einem gewissen Grad – das marktwirtschaftliche Gesetz: „Der Kunde ist König" (vgl. Kap. F.2), wenn auch in einer für Touristen spezifischen Ausprägung. Dieses Gesetz beinhaltet, dass ihnen höflich zu begegnen ist, wozu die Wahl ihrer Sprache gehört. Sofern sich dieser Idealfall nicht realisieren lässt, gilt die zweithöflichste Sprachwahl, nämlich einer Sprache, die der Kunde meist auch versteht, nämlich Englisch. Ist Englisch sogar eine echte Lingua franca, also Fremdsprache für beide, dann begegnen die Anbieter – also Hoteliers, Gastwirte, Bedienungen, Verkäufer – den Kunden, also den Touristen, sprachlich wenigstens auf gleicher Augenhöhe. Erst recht fühlen sich anglophone Touristen, Briten und Amerikaner, höflich behandelt, wenn man ihnen auf Englisch begegnet. Vermutlich erwarten sie dies heute sogar meist und empfinden es als unhöflich, wenn ihnen die in der Tourismusindustrie Beschäftigten in einer für sie fremden Sprache begegnen. So sehr ist in ihren Augen die eigene Muttersprache, Englisch, schon Welt-Lingua franca, und der Rest der Welt tendiert ebenfalls in Richtung dieser Bewertung. Damit bleibt die für das vorliegende Buch wichtige Frage, welche Rolle die deutsche Sprache für die Einreise-Touristen in die deutschsprachigen Länder noch spielt oder ob und inwieweit der Einreise-Tourismus überhaupt zur Stärkung der Stellung der deutschen Sprache in der Welt beiträgt.

3. Einreise-Tourismus in die deutschsprachigen Länder und Deutschlernen

Zwar dürfen Einreise-Touristen in aller Regel mit sprachlichem Entgegenkommen der Gastländer rechnen. Jedoch gibt es Anhaltspunkte, dass auch die Touristen selbst sich bisweilen sprachlich auf ihre Zielländer vorbereiten. Fundierte empirische Untersuchungen dazu liegen aber meines Wissens nicht vor. Sie fehlen auch zum Reise- und Aufenthaltsverhalten der Touristen, so dass man davon einigermaßen gesichert auf die Sprachwahl und auf vorbereitendes oder während der Reise stattfindendes Sprachlernen schließen könnte. Es gibt jedoch Anhaltspunkte für vorbereitendes Sprachlernen. Man braucht nur die Fremdsprachenangebote der Volkshochschulen in Deutschland anzuschauen, wo häufig mit der Vorbereitung auf den Urlaub oder auf Reisen geworben wird. Hierzu passt auch die unter Fremdsprachendidaktikern verbreitete Einschätzung, dass die Attraktivität bestimmter Länder als Feriengebiete zum Erlernen ihrer Sprachen motiviert. So sehen darin offenbar Skandinavier und Briten ein Motiv dafür, sicher neben anderen Motiven, dass Spanisch bei Schülern und Studierenden als Fremdsprache besonders beliebt ist, und zwar sogar weiterhin, obwohl die schwierige Wirtschaftslage Spaniens und die Massenarbeitslosigkeit, vor allem Jugendlicher, inzwischen allgemein bekannt sind. Offenbar färbt der Traum von den Ferien an der Costa Brava ab auf die Sprache – auf die spanische, nicht die katalanische. Allerdings lassen sich mit Blick auf Lateinamerika auch ökonomische Motive für deren Attraktivität finden (vgl. Kap. C.4: Tab. C.4-1).

Jedoch verbindet sich, wie es scheint, mit dem Tourismus in die deutschsprachigen Länder kein Ambiente, das derartige Sehnsüchte weckt. Außerdem reisen fremdsprachige Touristen häufig in Gruppen an, oder sie buchen Pauschalreisen, oft von ziemlich begrenzter Dauer. Lange Aufenthalte oder Individualtourismus sind eher selten. Allerdings liegen mir auch hierzu keine Zahlen vor, erst recht keine Vergleichszahlen mit Ländern oder Regionen anderer Sprachen. Bei kurzer Reisedauer und bei Pauschal- oder Gruppenreisenden ist die Motivation, die örtliche Sprache zu lernen, vermutlich nicht sonderlich groß. Solche Reisen sind meist detailliert verplant. Für asiatische Touristen fast typisch ist eine Hetzfahrt durch Lande und Städte, die so gut wie keine Aufenthalte und Kontakte zur einheimischen Bevölkerung ermöglicht – „rund 440 Kilometer pro Tag" im Bus heißt es in einem stimmungsvollen Zeitungsbericht über chinesische Touristen („Eine kleine Tour ins neue Image", *FAZ* 02.12.2013: 9). Solche Reisen konzentrieren sich auf bestimmte Orte, im Falle der deutschsprachigen Länder auf Heidelberg, München, Wien, Zürich oder gewisse Bergregionen, wo man sich auf die Touristen sprachlich einigermaßen vorbereitet, da deren Herkunft in den Zielgebieten bekannt ist oder sich abschätzen lässt. Zudem verfügen Gruppenreisende meist über Reiseführer, die Sprachunkundigen helfen können, wodurch Kenntnisse der örtlichen Sprache erst recht überflüssig erscheinen.

Allerdings gibt es auch weltweit die Tendenz zu mehr Individualtourismus, die sich in Ansätzen auch schon auf die deutschsprachigen Länder ausdehnt

(„Der Welttourismus wächst rapide", *FAZ* 20.12.1990). „Eine Individualreise ist eine Reise, bei der der Reisende die erforderlichen Leistungen einzeln bucht. [Der] Gegensatz dazu ist die Pauschalreise. Neben dieser rechtlichen Definition bezeichnet der Begriff Individualreise zudem eine Reise, die durchgeführt wird, ohne zuvor Leistungen zu buchen. Die nötigen Leistungen – Unterkunft, Ausflüge, etc. – werden spontan vor Ort, je nach Bedarf erworben. Bei dieser Form der Reise wird in der Regel eine Anreise zuvor eingekauft oder geplant, alles andere ergibt sich dann während des Verlaufs der Reise." (de.wikipedia.org/wiki/Individualreise – abgerufen 05.11.2013) Dass hierfür auch die Kenntnis der örtlichen Sprache hilfreich, wenn nicht sogar unumgänglich erscheint, ist einleuchtend. Dies gilt umso mehr, als Individualreisen gerne auf die „ursprünglicheren", von Zivilisation und Globalisierung möglichst wenig berührten Gebiete abzielen, wo Englischkenntnisse weniger als andernorts verbreitet sind.

Es lässt sich derzeit, wie mir scheint, nicht abschätzbar, wie viele Touristen sich für Reisen in deutschsprachige Länder sprachlich vorbereiten, beispielsweise durch Kurse des Goethe-Instituts und dergleichen oder auch autodidaktisch, z.B. mittels Sprachführern für Touristen. Ebenso gibt es keine auch nur einigermaßen repräsentativen Daten darüber, bis zu welchem Kenntnisniveau solche Vorbereitungen in der Regel gehen. Vermutlich begnügen sich die meisten Touristen, die überhaupt sprachliche Vorbereitungen treffen, mit sehr rudimentären Kenntnissen: Floskeln der alltäglichen Begegnung und notwendige Fragen (*Guten Tag, Danke schön, Wo ist die Toilette?* usw.) sowie den Umgang mit einem Wörterbuch für dringliche Fälle, z.B. zum Verstehen von Wegzeigern, Speisekarten und dergleichen. So schätzte auch Gerhard Weiss (1987: 53) die Kurse „Touristen-Deutsch" ein, die sich in den USA „an vielen Community Colleges und im Abendprogramm mancher Sekundarschulen eingebürgert [haben]. Diese Kurse stellen nur minimale Sprachanforderungen, regen aber manchmal den Appetit für weiteres Lernen an. In den meisten Fällen jedoch kommt man nicht über ‚Einzelzimmer mit Bad' hinaus. Dennoch sollte man diese Kurse nicht als bloße Spielerei ablehnen. Für viele Amerikaner sind sie der einzige Kontakt mit der deutschen Sprache."

Inwiefern solche Kurse als „Appetitanreger" bisweilen doch schließlich zu vertieften Deutschkenntnissen hinführen, wäre untersuchenswert. Immerhin wurde die Absicht, in ein deutschsprachiges Land zu reisen, auch von Studierenden, die deutsche Sprachkurse an der Universität belegten, oder sogar von Germanisten als Lern- bzw. Studienmotiv genannt. Bei einer Fragebogenerhebung in Australien unter Deutschstudierenden des ersten und dritten Studienjahrs im Jahre 1987 (Ammon 1991b: 46-50) habe ich den Informanten (n=492) diverse mögliche Motive für ihre Wahl des Deutschstudiums vorgegeben. Sie hatten auf einer Skala anzukreuzen, ob sie der Annahme, dies sei ein Motiv für die Wahl ihres Studienfachs gewesen, zustimmten. Eines der insgesamt 20 vorgegebenen Motive lautete: „Ich studiere Deutsch, weil ich als Tourist in ein deutschsprachiges Land reisen möchte (*because I want to travel to a German-speaking country as a tourist*)." Tab. I.3-1 zeigt die Verteilung der Antworten.

Bejahung	87,8 %	(Starke Bejahung 57,1% + Bejahung 30,7 %)
Verneinung	5,6 %	(Starke Verneinung 1,9% + Verneinung 4,7 %)
Weiß nicht	5,7 %	

Tab. I.3-1: Reisepläne in ein deutschsprachiges Land als eines der Motive für die Fachwahl bei australischen Deutschstudierenden

Bei einer Bejahung von 87,8% und einem Modalwert (Wert größter Antworthäufigkeit) bei Starker Bejahung von 57,1% waren die touristischen Absichten eines der stärksten Motive für die Wahl eines Deutsch- oder Germanistikstudiums. Nur noch zwei weitere Motive hatten ihren Modalwert ebenfalls bei der Starken Bejahung.

Gabriele Schmidt (2011: 89f.) kam in einer neueren Untersuchung bei australischen Studierenden, im Jahr 2005, zu einem mit diesem Befund kompatiblen und ihn ergänzenden Ergebnis. Sie verwies auch auf eine weitere Studie, die ebenfalls, wie sie schreibt, „pointed to a strong link between a visit to the target country [als touristisches Ziel! U.A.] and studying the language at university" (Leal/ Bettoni/ Malcolm 1991: 357). Allerdings befragte Schmidt Studierende, die schon einmal in einem deutschsprachigen Land gewesen waren, warum sie sich zu diesem Besuch und Aufenthalt entschlossen hatten. Sie bot ihnen dafür die folgenden 8 möglichen Gründe (Motive) zur Auswahl an: „holiday; education (school exchange/ trip/ study/ research); to visit relatives/ friends/ partner; to work (including gap-year, au-pair); choir/ orchestra/ music tour; to learn German; lived there; other (including transit, parents' work, sport, refugee)." Der meist genannte Grund war „holiday", gefolgt von „education […]" und dann „to visit relatives […]", wobei letzterer für Besuche in der Schweiz vor „education […]" lag. Zwar bleibt unklar, inwieweit das Deutschlernen oder Germanistikstudium dem Besuch voraus gingen oder ihm folgten. Jedoch verrät diese Unklarheit die Möglichkeit, dass Touristen nicht nur zur Vorbereitung des Besuchs eines deutschsprachigen Landes Deutsch lernen können, sondern auch gewissermaßen zur Nachbereitung, angeregt durch die Reise. Schon die unterschiedliche Fragestellung beider Erhebungen relativiert die Vorstellung eines einseitigen Ursache-Wirkungs-Verhältnisses, wonach der Tourismus zum Deutschlernen motiviere. Auch das Umgekehrte ist nicht ausgeschlossen, dass Deutschkenntnisse, die aus anderen Gründen erworben wurden, erst zum Besuch deutschsprachiger Länder anregen. Vermutlich besteht eine Feed-back-Beziehung zwischen einerseits Tourismus in die deutschsprachigen Länder und andererseits Deutschlernen.

Allerdings darf nicht vergessen werden, dass es sich bei solchen Befragungen um Selbsteinschätzungen von Motiven handelt, die nicht identisch sein müssen mit den tatsächlichen Motiven. Außerdem besagen diese Befunde kaum etwas über diejenigen Touristen in den deutschsprachigen Ländern, die nicht Deutsch oder Germanistik studieren. In welchem Maße wie viele von ihnen durch diesen Tourismus dennoch motiviert werden, Deutsch zu lernen, oder gar, in welchem Umfang sie ihre Motivation verwirklichen und es tatsächlich lernen, bedürfte zusätzlicher Untersuchungen.

4. Die Zielländer und Zielregionen deutschsprachiger Touristen

Die deutschsprachigen Länder sind auch beachtlicher Ausgangspunkt oder Quelle von Tourismus, mehr sogar als Zielpunkt von Tourismus. Dies trifft vor allem für Deutschland zu, das weit mehr Ausreise- als Einreise-Touristen zählt. Es galt auch schon für die BRD vor der Wiedervereinigung; für die einstige DDR liegen mir dazu keine Zahlen vor. Die BRD hatte vermutlich während ihrer ganzen Zeit eine ausgesprochen negative Reisebilanz, oft die negativste aller europäischen Länder (*Diercke Weltatlas* 1979: 99. Zahlen für 1974). Schon im Jahr 1970 gaben die Bundesbürger als Touristen im Ausland mehr als das Doppelte an Geld aus (2,49 Mrd. DM), als ausländische Einreise-Touristen ins Land brachten (1,024 Mrd. DM). Dagegen nahmen Österreich und die Schweiz durch den Tourismus viel mehr Geld ein, als sie ausgaben, Österreich oft mehr als das Dreifache und die Schweiz mehr als das Doppelte (Robinson 1976: 252). Diese Tendenz besteht bis heute fort. Allerdings wäre der Eindruck falsch, die Deutschen wollten ihrem Land am liebsten entfliehen, denn immer wieder liest man auch Meldungen wie: „Beliebtestes Urlaubsziel der Deutschen bleibt in diesem Jahr aber das eigene Land"; rund ein Drittel – in dieser Befragung 37% der Mitglieder des Autoclubs ADAC – verbrachten dort im Jahr 2013 ihren Urlaub („Deutschland als beliebtestes Urlaubsziel", *RP Online* 16.11.2013).

Offenbar sind die Deutschen einfach reise- und urlaubsfreudig. Schon für die Zeit Anfang der siebziger Jahre zeigte sich Harry Robinson (1976: 281f.) erstaunt, dass die BRD – in absoluten Zahlen – mit den USA um den ersten Platz in der Welt als Ausgangsland des Tourismus konkurrierte. Über ein Drittel, mehr 20 Mio. von den nur rund 60 Mio. Westdeutschen reisten jährlich ins Ausland, was sie, so Robinson, zum reisefreudigsten „Volk" (*people*) der Welt machte – jedenfalls proportional zur Einwohnerzahl. Inzwischen mögen freilich einzelne kleinere Nationen proportional noch reisefreudiger sein, und haben einwohnerstärkere Nationen Deutschland an absoluten Zahlen von Auslandsreisenden übertroffen, vor allem die US-Amerikaner, seit Ende der 1980er Jahre auch die Japaner („Hohe Preise verleiden Lust auf Ausland", *WAZ* 25.04.1990) und neuerdings zudem die Chinesen (siehe weiter unten).

Leider übersteigt ein umfassender Vergleich aller internationalen Sprachen (Kap. A.7) hinsichtlich ihrer Ausreise-Touristen, der für das vorliegende Buch interessant wäre, ebenso meine Möglichkeiten wie schon bei den Einreise-Touristen (Kap. I.2). Stattdessen konnte ich Vergleichszahlen nur zu den größeren Ländern einiger weniger internationaler Sprachen beibringen. Misslicherweise beziehen sich aber auch diese weniger auf die Zahlen der Reisenden als auf die Höhe ihrer finanziellen Ausgaben im Ausland. Allerdings, scheint mir, haben auch Zahlen über die Ausgaben eine gewisse Aussagekraft hinsichtlich der potentiellen Wirkung des Tourismus auf die Verbreitung von Sprachen. Es ist nämlich denkbar, dass hohe finanzielle Ausgaben von Touristen die Gastgeber nicht weniger beeindrucken als ihre bloße Zahl. Dieser Gedanke liegt jedenfalls nahe, wenn die Touristen als Kunden gesehen werden und damit nach einem Credo der Marktwirtschaft als „Könige" (Kap. I.2, F.2), dessen sprachliche Wirkung allerdings auch nicht überschätzt werden sollte. Diesen Kunden müssten die Anbieter (Verkäufer), deren Bezeichnung als „Gastgeber" ihr ökonomisches Interesse euphemistisch verschleiert, möglichst höflich begegnen. Für die Sprachwahl heißt dies im Idealfall: in ihrer Muttersprache. Ich komme auf diesen Gedanken sogleich zurück. Zunächst die neuesten vorliegenden Zahlen zur Höhe der finanziellen Ausgaben der Touristen aus den ausgabenfreudigsten Ländern einiger internationaler Sprachen (Tab. I.4-1).

Land	China	Deutschland	USA	Großbritannien	Russland
2012	102,0	83,8	83,5	52,3	42,8
Land	Deutschl.	USA	China	Großbritannien	Frankreich
2011	85,9	78,2	72,6	51,0	44,1

Land	Frankreich	Kanada	Japan	Australien	Italien
2012	37,2	35,1	27,9	27,6	26,4
Land	Kanada	Russland	Italien	Japan	Australien
2011	33,3	32,9	28,7	27,2	26,7

Tab. I.4-1: Ausgaben im Ausland der Touristen der 10 ausgabenstärksten Länder in den Jahren 2011 und 2012 (Mia. US-$) (Quelle: *UNWTO Tourism Highlights* 2013: 13. dtxtq4w6Oxqpw.cloudfront.net/sites/all/files/pdf/unwto_highlights13_en_lr_0.pdf – abgerufen 06.11.2013)

Im Verhältnis zur Einwohnerzahl Deutschlands stehen die Deutschen nach ihren finanziellen Ausgaben für Ausreise-Touristen (Reisen ins Ausland) an der Spitze aller Länder, mit 1.223 US-$ pro Einwohner im Jahr 2012, gefolgt von den Australiern (1,210 US-$) und Kanadiern (1,007 US-$), wogegen die Ausgaben pro Kopf bei den Chinesen von den 10 einbezogenen Ländern am niedrigsten sind, bei nur 75 US-$. Allerdings muss hier offen bleiben, wie viel die einzelnen Touristen im Durchschnitt ausgeben, da ich keine wirklich vergleichbaren Angaben zur Zahl der Reisenden finden konnte. Vermutlich divergieren die Ausgaben teilweise erheblich, sei es wegen durchschnittlich unterschiedlich langer Reisezeiten oder unterschiedlicher Ausgabenfreudigkeit.

Wenn man – sicher unrealistischerweise – davon ausginge, dass die Touristen jedes Landes durchschnittlich gleich viel ausgeben, könnte man den proportionalen Anteil der Touristen an der jeweiligen Einwohnerzahl ihres Landes ausrechnen. Dies ergäbe z.B. für Deutschland den 13,6-fachen Anteil an der Bevölkerung als bei China (1.023 : 75), was dann hieße, dass ein Deutscher eine 13,6 mal höhere Chance hätte, Ausreise-Tourist zu sein, als ein Chinese. In Wirklichkeit dürfte die Relation weniger extrem sein, da Deutsche sicher schon wegen des durchschnittlich längeren Urlaubs pro Kopf mehr Geld ausgeben. Die Einwohnerzahl Chinas ist ca. 16,5 mal so hoch wie die Deutschlands (1.354 Mio. : 82 Mio. – gemäß derselben Quelle wie für Tab. I.4-1). Bei Annahme gleicher Ausgaben pro Kopf wäre dann die Zahl der chinesischen Auslandstouristen 1,19 mal höher als die der deutschen (16,5 : 13,6), also fast unbedeutend im Vergleich zum riesigen Unterschied in der Einwohnerzahl. Jedoch bilden diese luftigen Überlegungen keine zuverlässige Grundlage für die tatsächlichen absoluten Zahlen. In einer anderen Quelle wird die Zahl der chinesischen Auslandstouristen für das Jahr 2012 auf 83 Mio. beziffert („Chinese Join Ranks of Ugly Tourists", *The New York Times, In Collaboration with Süddeutsche Zeitung* 04.10.2013: 1); jedoch fehlen hier wiederum Vergleichszahlen für andere Länder, auch für Deutschland

Lägen zuverlässige Zahlen sowohl für die Einreise-Touristen in einzelne Länder als auch ihre jeweiligen Ausgaben vor, dann ließe sich untersuchen, welche Wirkungen die Zahl der Touristen und die Höhe ihrer Ausgaben auf sprachliches Entgegenkommen der Gastländer oder -regionen haben. Allerdings wären dabei weitere Variable zu kontrollieren. In Kap. I.2 habe ich schon den Grad der Höflichkeit der Gäste und ihre Bereitschaft, sich sprachlich an die Gastgeber oder das Gastland anzupassen, als weiteren möglichen Faktor ihrer sprachlichen Einwirkung auf das Zielgebiet genannt.

Zu diesen Faktoren, die das sprachliche Entgegenkommen der Gastgeber beeinflussen, gehören sicher auch die Organisationsform und Sozialstruktur der Reisenden. Ebenfalls in Kapitel I.2 habe ich dazu Unterschiede zwischen Individual- und Gruppentourismus skizziert. Allem Anschein nach ist Individualtourismus bei Deutschen recht beliebt, und neigen z.B. Ostasiaten eher zum Gruppentourismus; jedoch liegen mir dazu keine Zahlen vor. Auf größere Gruppen stellen sich die Zielgebiete vermutlich sprachlich eher ein als auf Einzelreisende, nicht nur wegen der größeren Zahl, sondern auch der meist besseren Vorhersagbarkeit des Eintreffens. Außerdem werden Gruppen oft von einem Leiter sprachlich „betreut", weshalb sich die einzelnen Gruppenmitglieder weniger genötigt sehen, sich auf ihre Zielorte sprachlich vorzubereiten. Jedoch sind Gruppenmitglieder teilweise doch auf sich selbst gestellt, vor allem beim beliebten Einkauf in den Geschäften, wo es dann für die örtliche Bevölkerung auch vorteilhaft ist, mit ihnen kommunizieren zu können oder ihnen zumindest durch Aufschriften in ihrer Sprache bei der Orientierung zu helfen. Dagegen stellen sich Individualtouristen eher von vornherein darauf ein, sich sprachlich allein zurechtfinden zu müssen, und bereiten sich darauf vor mit Grundkenntnissen der örtlichen Sprache oder zumindest einer Lingua franca, also in der Regel Englisch.

Wenn diese Einschätzung zutrifft, haben Individualtouristen eine geringere sprachliche Wirkung auf ihre Zielorte als Gruppentouristen. Übertragen auf deutsche und ostasiatische Touristen würde das bedeuten, dass es sich für die Zielorte weniger lohnt, für deutsche, eher individuell reisende Touristen z.B. Aufschriften in ihrer Sprache anzubringen oder Personal mit entsprechenden Sprachkenntnissen anzustellen, als für die in Gruppen, womöglich zu ziemlich zuverlässigen Zeiten eintreffenden Chinesen oder Japaner. Allerdings bleibt dieser Vergleich in hohem Maße hypothetisch und bedarf sowohl weiterer begrifflicher Differenzierung als auch empirischer Überprüfung. Eine Warnung vor vorschnellen Schlüssen liefern punktuelle Befunde, die nicht recht ins Bild passen, so z.B. bei Vergleichen zwischen solchen deutschen Touristen, die sich selbst als ausgesprochene Individualtouristen einschätzten, und anderen ohne diese Selbsteinschätzung. Zwischen beiden Typen von Reisenden zeigten sich keine nennenswerten Verhaltensunterschiede: „While most people view themselves as highly individual, their actual motives and activities are quite similar [to the others! U.A.]." (Prebersen/ Larsen/ Abelsen 2003: 416) Vielleicht gab es auch in der sprachlichen Ausrichtung auf die Zielorte, die allerdings nicht untersucht wurde, keine – jedenfalls keine auffälligen – Unterschiede.

Die hypothetisch unterschiedliche sprachliche Wirkung zwischen Gruppen- und Individualtourismus könnten auch durch eine unterschiedlich lange Tradition des Tourismus, z.B. eine viel längere aus den europäischen Ländern als den asiatischen, durch unterschiedliche Kontaktfreudigkeit der nationalen Gruppen, durch verschiedene Traditionen des Fremdsprachenlernens vor Ort, z.B.

eher Deutsch als Chinesisch, oder durch gegensätzliche Erwartungen bezüglich sprachlichen Entgegenkommens ausgeglichen werden.

Vor allem hinsichtlich des Letzteren sind zum Teil Unterschiede aufgrund der Nationalität der Touristen anzunehmen. Sie lassen sich z.B. erschließen aus der Erhebung „(Un)beliebteste Touristen der Welt" (www.bild.de/reise/2009/sauber-f1/laut-expedia-studie-8953956.bild.html – abgerufen 04.11.2013). Dabei landeten die Franzosen weit hinten, auf Platz 16 oder danach; der genaue Rangplatz bleibt unklar. Neben angeblich auch ansonsten mangelnder Höflichkeit der Franzosen (die mich, nebenbei, überraschte) wurde beanstandet: Sie „haben keine Lust auf die jeweilige Landessprache". Die Deutschen erreichten dagegen immerhin Platz 4, wozu neben sonstiger Höflichkeit (die mich, beim Vergleich mit Franzosen, wieder überraschte) beitrugen: „die Bemühungen, etwas von der Landessprache zu lernen". Offenbar wurde dabei die Bereitschaft zur sprachlichen Anpassung an den Zielort als Höflichkeit bewertet. Allerdings scheint dazu nicht zu passen, dass die „Engländer" (Briten?) und die Kanadier noch vor den Deutschen rangierten, nämlich auf Platz 2 bzw. 3 – wo doch die Bereitschaft vor allem der Briten zu sprachlicher Anpassung als geradezu sprichwörtlich gering gilt. Die scheinbare Unvereinbarkeit lässt sich jedoch auflösen wie folgt. Die Gastgeber erwarten von anglophonen Gästen gar keine sprachliche Anpassung (mehr), weil sie deren Sprache, Englisch, als Lingua franca akzeptieren und in der Regel auch selbst einigermaßen beherrschen. Sie empfinden daher die fehlende sprachliche Anpassungsbereitschaft gar nicht mehr als solche. Dagegen akzeptieren sie andere Fremdsprachen, wie Französisch oder Deutsch, nicht (mehr) als Linguae francae und bewerten deshalb fehlende sprachliche Anpassung ihrer Sprecher als unhöflich.

Im Lichte dieser Überlegung folgt aus den empirischen Befunden, dass die Deutschen sich sprachlich mehr an die örtlichen Gegebenheiten anpassen als die Franzosen. Naheliegende Erklärungen dafür wären, die vereinbar sind und zugleich zutreffen können, dass die Deutschen ihre eigene Sprache als weniger international einschätzen als die Franzosen oder dass sie (infolge ihrer Geschichte) weniger Nationalbewusstsein haben. Aus diesen Gründen läge es auch nahe, dass die Deutschen – wenn sie die örtliche Sprache nicht beherrschen – eher die Lingua franca Englisch sprechen als die Franzosen. Vielleicht zeigen auch die Japaner, die als die höflichsten Touristen bewertet wurden, das Bemühen um den Gebrauch von Englisch; aber zu ihrer Spitzenbewertung hat sicher auch ihre sonstige allgemeine Höflichkeit beigetragen.

Interessant wäre eine Untersuchung, ob die sprachliche Anpassungsbereitschaft der Deutschen – wenn sie denn gegeben ist – bewirkt, dass die Gastgeber auf den Gebrauch von Deutsch verzichten, und ob im Gegensatz dazu die Anpassungsverweigerung der Franzosen die Gastgeber zum Gebrauch des Französischen motiviert. Diese Annahme liegt zwar nahe, wäre aber zu prüfen, denn die durch die gegensätzliche Sprachwahl hervorgerufenen Sympathieunterschiede könnten auch gegenteilig wirken: Vielleicht begegnen die Gastgeber den sprachlich höflicheren Gästen selbst höflicher, indem sie sich um den Gebrauch ihrer Sprache bemühen, und verweigern den sprachlich unhöflicheren sprachliches Entgegenkommen. Allerdings wären bei einer solchen Untersuchung wiederum weitere Faktoren in Rechnung zu stellen, nicht zuletzt die Einschätzung des Internationalitätsgrades der verglichenen Sprachen, die vielleicht die Mehrzahl der Gastgeber bei Französisch höher veranschlagen als bei Deutsch. Eine Sprache, deren Internationalitätsgrad als höher gilt, wird häufiger gelernt und gesprochen, und ihr asymmetrischer Gebrauch (Kap. A.3) wird eher akzeptiert.

Jedoch gehört auch Deutsch zu den internationalen Sprachen (Kap. A.7), weshalb man seinen Sprechern vermutlich eher entgegenkommt als den Sprechern von Sprachen, die stärker auf einen nationalen Rahmen eingeschränkt sind. Von dieser Überlegung aus ist es interessant zu wissen, in welche Zielländer und -regionen die Touristen aus den deutschsprachigen Ländern hauptsächlich reisen. In den hauptsächlich von Deutschsprachigen bereisten Touristengebieten ist nämlich doch – bei allen denkbaren Zweifeln – ein gewisses sprachliches Entgegenkommen und die Verbreitung von Kenntnissen der deutschen Sprache, jedenfalls des gegenüber Touristen üblichen Niveaus, zu erwarten.

Die vorliegenden Statistiken zeigen einigermaßen deutlich, welches die bevorzugten Zielländer und -regionen der Ausreise-Touristen aus Deutschland sind. Einen Überblick gibt Tab. I.4-2.

Wahrscheinlich handelt es sich durchgehend um Zahlen der *Ankünfte* deutscher Touristen im betreffenden Land – außer für das Jahr 2005, wo Ankünfte und Übernachtungen klar auseinander gehalten sind. Dennoch lassen sich die Zahlen nicht ohne weiteres vergleichen.

Fraglich ist schon, ob es sich immer um Touristen in dem zu Anfang von Kap. I.1 definierten Sinn handelt. So ist z.B. die Tab., der die Zahlen für 1970 entnommen sind (Robinson 1976: 282) zwar überschrieben: „West German tourist destinations [...]", jedoch ist der Eintrag für Dänemark mit der Fußnote versehen: „Mainly border excursionists". Diese gehören aber gar nicht zu der vom Verfasser der Tab. selbst befürworteten Definition von ‚Tourist' (Robinson 1976: 54), der ich hier – soweit möglich – folge (Kap. I.1). Die Einbeziehung der Grenzausflügler erklärt die überragende Zahlenstärke und die vergleichsweise niedrigen pro-Kopf Ausgaben für Dänemark. Beides hätte sich vermutlich auch bei den Niederlanden gezeigt, wenn man die Grenzausflügler einbezogen hätte.

	1970	1985/86	1990	1996	2005 Ankünfte	2005 Übernachtungen	2012
1.	Dänem. 9,25	Österr. 19,0%	Spanien 7,20	Frankr. 13,38	Frankr. 13,20	Spanien 39,97	Spanien
2.	Österr. 5,38	Italien 18,4%	Italien 4,80	Spanien 10,03	Österr. 10,37	Österr. 30,85	Italien
3.	Spanien 2,08	Spanien 15,0%	Österr. 4,00	Österr. 9,88	Spanien 9,92	Italien 27,06	Österr.
4.	Italien 2,05	Jugosl. 8,7%	Frankr. 2,20	Italien 8,46	Italien 9,26	Türkei 20,14	Türkei
5.	Frankr. 1,90	Frankr. 7,0%	Ungarn 1,60	Großbr 2,96	Türkei 4,16	Ägypten 10,35	Frankr.
6.	Schweiz 1,56	Türkei 4,3%	Jugosl. 1,50	Niederl. 2,29	Großbrit. 3,32	Griechenl. 9,11	Skandinavien
7.	Großbrit. 0,66	Schweiz 4,0%	Griech. = USA 1,20	Türkei 2,07	Niederl. 2,56	Thailand 7,08	Griechenland
8.	Niederl. 0,55	Griechenl. 3,8%	Niederl. 1,10	USA 2,00	Griech. 2,24	Frankr. 7,00	Dänemark
9.	USA 0,18	Niederl. 2,9%	Schweiz 0,97	Griech. 1,91	Schweiz 2,01	Tunesien 6,64	Großbritannien
10.	?	Dänem. 2,8%	Türkei 0,90	Tschech. 1,67	Tschech. 1,61	Schweiz 5,56	Niederlande

Tab. I.4-2: Bevorzugte Zielländer von Touristen aus Deutschland über die Jahre 1970 – 2012 (Zahlen in Mio. oder % – Quellen: 1970 bis 1990: Ammon 1991a: 340 – aufgrund von Robinson 1976: 282 bzw. Statistisches Bundesamt 1988: 19 und *Saison* 1 1991: 137-147; 1996 und 2005: Statistisches Bundesamt 2006: 149-151 – keine Angaben zu Übernachtungen 1996 und zu Großbritannien bei Übernachtungen 2005; 2012: Mittelwerte aus: www.google.com/search ?y=Beliebteste+Reisel%C3%A4nder+der+Deutschen+Statistik&tbm – abgerufen 07.11.2013)

Dagegen liegt den Zahlen für 1985/86 sogar ein noch engerer Begriff von ‚Tourist' zugrunde als in Kap. I.1 festgelegt. Sie wurden erhoben vom Statistischen Bundesamt Wiesbaden (1983: 5), das, zumindest zur damaligen Zeit, nur einbezog: „alle Reisen zu einem Ziel außerhalb der Gemeinde des gewöhnlichen Aufenthalts [...], die fünf Tage oder länger gedauert haben und nicht zu dienstlichen oder geschäftlichen Zwecken unternommen worden sind." Für die anderen Spalten ist diese zeitliche Festlegung keineswegs immer klar und außerdem nicht, inwieweit Geschäftsleute, Wissenschaftler und Diplomaten einbezogen sind (gemäß Definition Kap. I.1) oder nur Urlaubs- und Erholungsreisende. Ersteres gilt sicher für 1970 (aus Robinson 1976: 282), nicht aber unbedingt für alle sonstigen Zahlen. Für die Rangordnungen ist es unproblematisch, dass manche Zahlen in Prozent und andere in absoluten Zahlen angegeben sind. Für 2012 habe ich – für eine Rangordnung ohne Zahlen – mehrere leicht unterschiedliche Zahlenreihen und Ränge gemittelt.

Unsicherheiten in den Daten scheinen ein verbreitetes Problem von Touristenstatistiken zu sein, weshalb bei der Interpretation von Details Vorsicht geboten ist. So kommt z.B. Dundler (1988) auf der Basis von Reiseanalysen des Studienkreises für Tourismus in Starnberg zu einer anderen Rangordnung (von freilich nur 6 Hauptzielländern) der bundesdeutschen Touristen als die Tab. I.4-2 zugrundeliegenden Quellen, nämlich für 1970: 1. Österreich, 2. Italien, 3. Spanien, 4. Frankreich = Griechenland = Jugoslawien; für 1986: 1. Spanien, 2. Italien, 3. Österreich, 4. Jugoslawien, 5. Frankreich, 6. Griechenland. Einen Methodenvergleich zwischen den Erhebungen des Statistischen Bundesamtes Wiesbaden und des Studienkreises für Tourismus in Starnberg liefert Wohlmann (1983). Dennoch dürften die Zahlen in Tab. I.4-2 übergreifende Tendenzen zutreffend anzeigen. Das gilt auch dann, wenn sich die Zahlen auf Urlaubsreisende beschränken, da diese meist das Gros der Touristen bilden (vgl. World Tourism Organization 1988, Bd. 1: 333-374; Bd. 2: 188-202).

Für Frankreich zeigen die Zahlen in Tab. I.4-2 für das Jahr 2005 eine interessante Diskrepanz zwischen den Ankünften (13,20 Mio.), wonach Frankreich souverän an der Spitze liegt, und den „Übernachtungen", wonach es nur Platz 8 erreicht (7,00 Mio.). Allerdings beschränkt sich die Quelle auf „Übernachtungen von Deutschen *in Hotels oder ähnlichen Beherbergungsbetrieben*" (Statistisches Bundesamt 2006: 161 – Hervorheb. U.A.!). Diese Spezifizierung lässt Raum für andere mögliche Übernachtungen, wofür bei Frankreich vor allem eigene Ferienimmobilien, vielleicht auch Unterkünfte bei Freunden und Bekannten, in Betracht kommen. Hierzu passen Hinweise auf beachtlichen Besitz deutscher Staatsbürger in Frankreich, wie z.B. in der Annonce einer Steuerberatungsfirma: „Jüngsten Schätzungen zufolge besitzen heute bereits weit mehr als 100.000 Bundesbürger eine private Ferienimmobilie in Frankreich." (www.iww.de/pistb/archiv/frankreich-private-ferienhaeuser-steueroptimal-vererben-f33341, 01.11.2005 – abgerufen 08.11.2013).

Bezüglich der Relation von Übernachtungen und Ankünften ist Frankreich ein Sonderfall. Bei allen anderen in Tab. I.4-2 einbezogenen Ländern ist das Verhältnis umgekehrt: Die Zahl der Übernachtungen ist größer als die der Ankünfte. Die zweitletzte Spalte von Tab. I.4-2 enthält vermutlich die 10 nach absoluten Zahlen wichtigsten Übernachtungsländer deutscher Touristen. Tendenziell dürften dies auch die wichtigsten Aufenthaltsländer sein, mit der Unsicherheit, dass private Aufenthalte der Statistik entgangen sind. Wenn man die Zahl der Übernachtungen durch die Zahl der Ankünfte dividiert, ergibt sich für diese 10 Übernachtungsländer folgende Rangordnung mit den angegebenen Intervallen. Für die in Tab. I.4-2 fehlenden Länder, die nicht zu den 10 ranghöchsten zählten, sind die Zahlen für die Ankünfte in Klammern beigefügt (alle Zahlen in Mio.): Thailand 16,1 (7,09 : 0,44), Tunesien 11,6 (6,64 : 0,57); Ägypten

10,6 (10,35 : 0,98), Türkei 4,8, Griechenland 4,1, Spanien 4,0; Österreich 3,0, Italien 2,9, Schweiz 2,8; Frankreich 0,5.

Vor allem die drei zuerst genannten Länder (Thailand, Tunesien, Ägypten) sind typisch für längere Aufenthalte – oder waren es bis zur Arabischen Revolution im Jahr 2010, in deren Folge Tunesien und Ägypten schwere Einbußen erlitten haben. Diese drei Länder kommen wegen der Entfernung von Deutschland für kurze Reisen weniger in Betracht als die meisten anderen. Allerdings gibt es auch für manche der anderen Länder Anhaltspunkte, dass sie für längere, urlaubsähnliche Aufenthalte sehr beliebt sind – aus ähnlichen wie soeben für Frankreich dargelegten Gründen. Ganz oben rangiert in dieser Hinsicht Spanien, wohin sich vor allem viele deutsche Rentner und Pensionäre zurückziehen (vgl. Kap. E.5). „Allein an der spanischen Mittelmeerküste sollen rund 240 000 Deutsche leben." („Aus dem Traum vom Lebensabend am Meer wurde ein Alptraum", *WAZ* 09.11.2013). Hinzuzufügen wären zahlreiche Domizilien auf den Balearen und Kanaren.

Die bevorzugten Reiseziele deutschsprachiger Touristen liefern Hinweise darauf, wohin die deutsche Sprache als Touristensprache vermutlich hauptsächlich verbreitet wird. Weitere Anhaltspunkte ergeben sich aus dem Anteil deutschsprachiger Touristen an der Gesamtheit der jeweiligen Touristen. Sie erschließen sich nicht aus den Zahlen der aus den deutschsprachigen Ländern ausreisenden Touristen. Diese waren z.B. nicht sonderlich groß für die im Indischen Ozean gelegenen Malediven in den 1980er Jahren, weshalb die Malediven auch nicht in Tab. I.4-2 auftauchen. Jedoch lag der Anteil der Touristen aus Deutschland in den Malediven 1987 bei 36,7% (World Tourism Organization 1988, Bd. 2: 44), zu denen sicher weitere deutschsprachige Touristen, vor allem aus Österreich und der Schweiz, hinzukamen. Bei einem so hohen Anteil von Touristen einer bestimmten Sprache erscheint es fast ausgeschlossen, dass die Zielorte sich nicht sprachlich auf sie einstellen, jedenfalls bei regelmäßigem Anteil in solcher Höhe.

Leider konnte ich mir jedoch keinen Überblick über die Länder mit besonders hohem Anteil deutschsprachiger Touristen verschaffen, die vor allem bei einer längeren Zeitdauer der Präferenzen ein plausibler hypothetischer Indikator für Deutschlernen und Deutschgebrauch gewesen wären – ohne dass sich die empirische Überprüfung damit erübrigt hätte. Stattdessen muss ich mich zu dieser Frage auf eine zeitlich überholte Statistik beschränken (Tab. I.4-3), die ich einst unter Einbeziehung einzelner zusätzlicher Daten angefertigt habe (Ammon 1991a: 341). Zudem fehlen darin eine ganze Reihe zweifellos wichtiger Zielländer deutscher Touristen, für die mir keine entsprechenden Angaben vorlagen, nämlich für – in alphabetischer Reihenfolge: Ägypten, Bulgarien, Dänemark, Finnland, Griechenland, Italien, Jugoslawien, Norwegen, Polen,

Rumänien, Schweden, Spanien und Türkei. Das Desiderat einer Vervollständigung, Aktualisierung und eines Überblicks über eine längere Zeitspanne brauche ich wohl kaum zu betonen.

Tschechoslowakei	46,5 %	Burma	19,3 %
Malediven	36,7 %	Israel	17,8 %
Frankreich	31,6 %	Island	14,4 %
Sri Lanka	28,8 %	Zypern	13,9 %
Griechenland	27,6 %	Großbritannien	13,4 %
Tunesien	27,2 %	Madagaskar	13,4 %
Ungarn	27,0 %	Bulgarien	13,1 %
Kenia	23,9 %	Seychellen	12,1 %
Bhutan	19,8 %	Malta	11,5 %

Tab. I.4-3: Länder mit über 10-prozentigem Anteil deutschsprachiger Touristen in den 1980er Jahren (hauptsächliche Quelle: World Tourism Organization 1988, Bd. 2: 1-84 und 354, 370f.)

Auffällig sind hier eine Reihe verhältnismäßig kleiner und aus deutschsprachiger Sicht teilweise auch exotisch anmutender Länder, von denen die folgenden unter den in Tab. I.4-2 genannten bevorzugten Zielländern von Touristen aus Deutschland fehlen: Malediven, Sri Lanka, Kenia, Bhutan, Burma, Israel, Island, Seychellen und Malta. Die Untersuchung im Einzelnen, ob und wie sich diese und die in Tab. I.4-2 genannten Länder sprachlich auf ihre deutschsprachigen Touristen einstellen, wäre ein interessantes und für das Thema des vorliegenden Buches aufschlussreiches Forschungsprojekt. Leider lassen die Hinweise hierauf im nächsten Kap. allzu viele Fragen offen.

5. Sprachliches Entgegenkommen der Zielländer deutschsprachiger Touristen

Der Einreise-Tourismus in die deutschsprachigen Länder (Kap. I.2) ist vermutlich weit weniger bedeutsam für die Stellung der deutschen Sprache in der Welt als der Ausreise-Tourismus aus den deutschsprachigen Ländern (Kap. I.4). Die sprachliche Vorbereitung auf die Einreise-Touristen in die deutschsprachigen Länder (Kap. 1.3) beläuft sich nämlich sehr wahrscheinlich summa summarum nur auf einen Bruchteil des Aufwandes, den die Zielländer und -gebiete gegenüber den aus den deutschsprachigen Ländern kommenden Touristen betreiben. Für viele dieser Zielländer und Regionen bildet der eintreffende Tourismus die

Grundlage eines bedeutenden Wirtschaftszweiges, bisweilen sogar des gewichtigsten ihrer ganzen Volkswirtschaft.

Für alle Sparten ihrer Tourismusindustrie liegt es im wirtschaftlichen Eigeninteresse, den Touristen als Kunden und damit – marktwirtschaftlich gesehen – wie „Königen" zu begegnen (Kap. F.2; I.2). An solcher Rücksicht können sie es, ohne Schaden zu nehmen, nur fehlen lassen, wenn die Nachfrage ihr Angebot an touristischen Attraktionen übersteigt; jedoch gibt es meist auch dann Zeiten, „außerhalb der Saison", in denen es an Touristen mangelt. Sprachlich begegnet man Touristen am höflichsten in ihrer Muttersprache oder staatlichen Amtssprache, allenfalls noch in einer verbreiteten Lingua franca, die auch die Gäste oft beherrschen, meist Englisch.

Dass die Zielgebiete oder Zielländer schon auf verhältnismäßig kleine Touristenzahlen sprachliche Rücksichten nehmen, zeigt das Beispiel Indiens. Dort erreichte die Zahl der Touristen aus der BRD, die das Gros der deutschsprachigen Touristen bildeten, im Jahr 1987 nur 101.170 Personen (6,8% aller ausländischen Touristen) (World Tourism Organization 1988, Bd. 2: 35) und 1988 (nach Angaben des *Department of Tourism* in Neu Delhi, das mir seine interne Statistik zur Verfügung stellte) 110.180. Wenn auch die BRD damit auf Platz 4 der Herkunftsstaat von Touristen rangierte (hinter Großbritannien, USA und Sri Lanka, aber vor Frankreich) und die Schweiz als (partiell) deutschsprachiger Staat auf Platz 13 folgte, blieb die Gesamtzahl deutschsprachiger Touristen dennoch bescheiden, besonders im Vergleich zur Bevölkerung des Ziellandes. Jedoch genügte sie, um Indien zum sprachlichen Entgegenkommen zu motivieren. Bei der Planung war unter anderem berichtet worden, verriet mir das Government of India Tourist Office in Neu Delhi, dass die „Deutschen" (*the Germans*), wie man beobachtet hatte, bereitwilliger englischsprachige Broschüren akzeptierten als „die Franzosen" (*the French*), die oft ausdrücklich Broschüren in der eigenen Sprache verlangten. Meine Gesprächspartner schlossen nicht aus, dass deshalb weniger deutschsprachige als französischsprachige Broschüren hergestellt wurden; den gänzlichen Verzicht habe man aber nie erwogen.

Damit ist die vielleicht häufigste Art sprachlichen Entgegenkommens genannt: die Bereitstellung von Broschüren in der Sprache der Touristen. Für Indien wurden diese nach Auskunft des India-Institute of Travel and Tourism Management in Neu Delhi zunächst in Französisch, Deutsch und Russisch angefertigt – letztere aus politischer Rücksicht auf die verbündete Sowjetunion, obwohl die Zahl russischer Touristen damals so gering war, dass sie nicht einmal zu den „top 15 countries" zählten. Die Broschüren lagen Ende der 1980er Jahre in ca. 150 Touristenbüros in Indien aus. Mir wurden in Neu Delhi freundlicherweise Exemplare folgender deutschsprachiger Titel geschenkt: „Diesen Sommer Indien", „Agra und das Taj", „Kerala und Kovalam", „Surajkunds

Kunsthandwerksfest", „Die Tempel von Khajuraho" und „Indien: Konarak, Bhubaneswar, Puri", die jeweils sprachlich einwandfreie Beschreibungen enthielten (vgl. dagegen Kap. I.6). Für sprachliche Richtigkeit war über das Indische Reisebüro in Frankfurt a.M. gesorgt worden. Insoweit deutsche Fassungen in Indien hergestellt wurden und werden, wäre dies ein – wenngleich bescheidenes – Beispiel dafür, wie deutschsprachige Touristen ihre Sprache „exportieren". Auch in weiteren Sprachen wurden damals schon Broschüren für Touristen hergestellt, nämlich (in alphabetischer Reihenfolge) in Arabisch, Italienisch, Japanisch, Niederländisch, Spanisch, Thailändisch und einzelnen skandinavischen Sprachen; diese wurden aber fast gänzlich im jeweiligen Staat erstellt und, wie mir gesagt wurde, nur in den indischen Reisebüros ihrer Heimatländer angeboten. Inzwischen hat sich das Angebot an Broschüren noch vergrößert, vor allem um Sprachen wie Chinesisch und Koreanisch.

Ein erster Zugang zu Feriengebieten wird meist auch durch Webseiten in den Besuchersprachen erleichtert. Als eines von vielen Beispielen sei auf die Rubrik „Mallorca im Internet" eines verbreiteten Reiseführers (Lipps/ Breda 2012: 56) hingewiesen, der allein für diese – allerdings bei Deutschen besonders beliebte – Insel 8 institutionelle, also nicht private Webseiten mit deutschsprachigen Fassungen nennt.

Eine weitere Art sprachlichen Entgegenkommens sind öffentliche Aufschriften als Teil der „sprachlichen Landschaft" (Landry/ Bourghis 1997; Backhaus 2007; Shohamy/ Gorter 2009). Auf Deutsch sind sie in Ländern wie Indien allerdings selten. Aber an internationalen Ankunftsorten wie Flughäfen findet man sie weltweit, z.B. „Willkommen" oder „Geldwechsel"; Letzteres z.B. am internationalen Flughafen von Mumbai.

Eine weitere an Touristen gerichtete Kategorie von Texten sind öffentliche Hotel-, Gasthaus- und Ladenaufschriften, z.B. – um noch einmal Indien zu nennen – ein Ladenschild „Tibetan Volkunst" (Tibetanische Volkskunst) in Leh in Ladakh, ebenfalls Ende der 1980er Jahre, oder in Pattaya in Thailand „Spezialist für Visa-Heirat-Reisepaß" (gezeigt in der ARD-Sendung „Exotisch, erotisch und treu. Bilder thailändischer Frauen" 17.02.1991). Auch Warnungen vor Gefahren sind nicht selten auf Deutsch, wie „Achtung, Lebensraum von Krokodilen", am Strand bei Cairns in Nord-Australien („Schwimmen mit Getier", *Welt am Sonntag* 01.06.2014: 68). Das Deutsch mancher Beispiele verrät, dass sie – obwohl öffentliche Aufschriften – nicht von Muttersprachlern des Deutschen verfasst wurden. Zwischen den Verfassern und den Touristen findet aber gleichwohl internationale Kommunikation im engeren Sinn auf Deutsch statt, asymmetrisch mit deutsch-muttersprachlichen Touristen und als Lingua franca mit deutsch-fremdsprachlichen Touristen (Kap. A.3). Dies gilt auch für andere nicht von Muttersprachlern des Deutschen hergestellte Schriftstücke wie – wenn von

Nicht-Muttersprachlern verfasst – die genannten Broschüren sowie Museumsbeschreibungen, Hinweise in Hotelzimmern (z.B. für den Fall eines Brandes), Speisekarten und dergleichen. In dieser Hinsicht wundert man sich bisweilen über großes Entgegenkommen – aber auch über das Gegenteil, z.b. mangelnde Beschriftungen auf Deutsch in französischen Museen, worüber mir mehrfach und gelegentlich auch in Zeitungen berichtet wurde: „Auch in Paris war keine deutsche Übersetzung zu finden bei all den prachtvollen historischen Stätten." (Leserbrief *FAZ* 23.12.2013: 8. Siehe auch Kap. A.7)

Noch häufiger als schriftlich findet im Tourismus mündlich internationale Kommunikation auf Deutsch statt. In zahlreichen Touristengebieten können sich Deutschsprachige vielerorts in der eigenen Sprache verständigen, jedenfalls für den gewöhnlichen Bedarf: in den örtlichen Reisebüros, Hotels oder sonstigen Übernachtungsquartieren, in Restaurants, Geschäften, beim Kauf von Eintrittskarten (z.B. für Museen), bei Führungen durch Sehenswürdigkeiten: hierbei durch sprachkundige Führer oder vom Band über Kopfhörer. Auf die Vielzahl fremdsprachlicher Anforderungen für die Einheimischen und auf Perspektiven ihrer Vermittlung weisen Gloria Bosch und Torsten Schalk (2013) hin, speziell für das Hotelgewerbe auf Mallorca (ebd.: 181). Zum sprachlichen Entgegenkommen gehört auch das Angebot an Touristenzeitungen, Radioprogrammen oder neuerdings orts- oder gebietsbezogenen Webseiten.

Nicht selten finden sich vor Ort auch dauerhaft oder nur saisonal ansässige Deutschsprachige, die im Tourismus sprachlich behilflich sind. Sie können auch bei all den genannten Textsorten und Schriftstücken mitwirken. Ich selbst habe in Jerusalem für einen palästinensischen Schmuckhändler, der mich auf der Straße darum bat, einen deutschsprachigen Text für ein Werbeplakat seines Geschäftes verfasst. Die zugezogenen oder auch nur durchreisenden Muttersprachler des Deutschen wirken meist im Verein mit den Einheimischen, in allen mit der Tourismusindustrie zusammenhängenden Berufszweigen. Von diesen verfügen je nach Staat und Region eine größere oder kleinere Zahl von Personen über Deutschkenntnisse unterschiedlichen Niveaus: von wenigen Brocken bei Strandverkäufern, Friseuren oder Animateuren bis hin zur muttersprachnahen Beherrschung bei Führern durch Museen und Sehenswürdigkeiten oder Hotelmanagern. Man darf annehmen, dass der Umfang und das Niveau dieser Kenntnisse mit der Zahl deutschsprachiger Touristen und der Regelmäßigkeit ihrer Erscheinung positiv korrelieren.

Einen auch nur einigermaßen gründlichen Überblick über die weltweiten Touristengebiete zu erstellen erscheint fast hoffnungslos aufwändig, sogar bei Beschränkung auf die von deutschsprachigen Touristen bevorzugten Gebiete. Eigene Recherchen und Rückfragen bei Tourismusexperten, z.B. Albrecht Steinecke (E-Mail 13.11.2013), haben erbracht, dass die Stellung und Funktion von

Deutsch an Touristenorten ein kaum erforschtes Thema ist. Daher bleiben meine Hinweise hier ausgesprochen bruchstückhaft, sowohl die empirischen Details als auch die damit ganz unzureichend gestützten Verallgemeinerungen oder Erklärungen.

Gründliche empirische Forschung könnte beginnen mit der eingehenden Beschreibung einzelner touristischer Hotspots, Orte oder Gebiete, nach allen für die Sprachwahl relevanten Gesichtspunkten, vor allem den vorhandenen Sprachkenntnissen und ihrer Anwendung in verschiedenen markanten Domänen. Anregungen dazu böte z.B. Wolfgang Wölcks (1976) Vorschlag zur Erstellung von „Ortsprofilen", wie man seinen Terminus *community profiles* übersetzen könnte, allerdings mit speziellem Zuschnitt auf touristische Aspekte. Einen Versuch in diese Richtung, freilich ohne ausdrücklichen Bezug auf Wölck, hat Sema Torgay (1996) unternommen und im Rahmen einer Magisterarbeit über die „Stellung von Deutsch und anderen Fremdsprachen im Tourismus in der Türkei" die Stadt Antalya und ihre Umgebung untersucht. Wenn sich auch die dortigen Verhältnisse seit Mitte der 1990er Jahre geändert haben, so hat das Thema doch weiterhin Aktualität wegen der fortdauernden Beliebtheit jener Region, der „Türkischen Riviera", bei deutschen Touristen („Alltours: Antalya voll im Trend", *WAZ* 13.11. 2013).

Torgay (1996) beschreibt zunächst den größeren Hintergrund von Antalya einschließlich der Touristenzahlen. In der Türkei insgesamt wurden die Touristen aus Deutschland im Verlauf der 1990er Jahre von den Touristen aus der Gemeinschaft Unabhängiger Staaten (GUS) zahlenmäßig vom ersten Platz verdrängt, lagen und liegen aber weiterhin deutlich vor den auf Platz drei folgenden „Engländern", womit vermutlich die Briten insgesamt gemeint sind (1994: GUS 1.429.316, Deutsche 994.268, Engländer 569.266; ebd.: 12). Für die sprachlichen Verhältnisse ist bedeutsam, dass es sich bei den GUS-Touristen zwar nicht nur um Russen handelt, sie aber alle Russisch sprechen, und dass die Engländer über die „Weltsprache" verfügen. Jedoch hatten und haben die Deutschen von Seiten der zahlreichen türkischen Rückkehrer aus Deutschland eine sprachliche Unterstützung (ebd.: 23; dazu auch Tapan 2002: 29).

In Antalya selbst waren die deutschen und erst recht die deutschsprachigen Touristen insgesamt noch die weitaus zahlenstärkste Gruppe (Deutsche 42% + Österreicher 5,6% = 47,6%), vor allem in den Wintermonaten – und sind es übrigens noch heute; die Russen stellten damals nur 5,8% und die Engländer 4,8% der Antalya-Touristen; die zweitgrößte Gruppe bildeten die Israelis (wegen der geographischen Nähe) (ebd.: 36), die vermutlich einesteils den Engländern und andernteils – wegen der Massenauswanderung aus der GUS nach Israel – den Russen sprachlich zugute kamen (ebd.: 36). Zur quantitativen Datenerhebung dienten unter anderem 120 Fragebögen, die an das Personal von

Hotels und Pensionen ausgeteilt wurden und von denen 99 ausgefüllt zurückkamen (Rücklauf 82,5%). Sie wurden qualitativ ergänzt durch Gespräche und Interviews.

Möge hier eine Auswahl aus der Vielzahl der Befunde genügen. Die – nach Selbsteinschätzung – meist beherrschten Fremdsprachen des einheimischen Hotelpersonals waren Englisch (13% sehr gute, 33% gute Kenntnisse), gefolgt von Deutsch (10% sehr gut, 12% gut) und Französisch (2% sehr gut, 0% gut) – keine anderen Fremdsprachen in nennenswertem Umfang. Ähnlich waren die Proportionen beim Pensionspersonal (ebd.: 49). Dieselbe Rangordnung zeigte die Einschätzung der Fremdsprachen nach Wichtigkeit: Englisch (für 55% der Befragten am wichtigsten, für 39% am zweitwichtigsten), Deutsch (8% bzw. 47%) und Französisch (2% bzw. 7%) (ebd.: 52). Beruf und persönliche Kontakte boten die häufigsten Gelegenheiten für Anwendung und Erhaltung der Fremdsprachenkenntnisse (ebd.: 54). Man darf also annehmen, dass Touristen dieser Sprachen entsprechend geringe Kommunikationsprobleme hatten. Sie waren auch gut versorgt mit Zeitungen und Zeitschriften (die aus den Heimatländern kamen und nicht vor Ort hergestellt waren): 87 englischsprachige, 24 deutschsprachige und 22 französischsprachige, aber so gut wie keine anderen Fremdsprachen (ebd.: 56). Hinzu kamen – in der Türkei produzierte – tägliche Nachrichten über Rundfunk (in Englisch, Deutsch und Französisch) und Fernsehen (nur Englisch und Deutsch) (ebd.: 60). Auch Aufschriften an Gebäuden – Geschäften, Museen, auch Moscheen – fanden sich reichlich und annähernd gleich häufig in allen drei Fremdsprachen (ebd.: 63-65). Erstaunlich schwach vertreten waren Deutsch und Französisch jedoch auf den Speisekarten von 10 über unterschiedliche Ortsteile hinweg nach Zufallsprinzip ausgewählten Restaurants (Deutsch in nur 1 Restaurant, mit deutschem Teilhaber, sonst nur Türkisch und Englisch), und auch auf Postkarten waren deutsche, aber auch andere fremdsprachliche Beschriftungen eine Seltenheit (Englisch 19% der angebotenen Postkarten, Deutsch 2%, kein Französisch) (ebd.: 60 bzw. 62).

Antalya ist ein Beispiel dafür, wie die deutsche Sprache den deutschsprachigen Touristen in ihre Zielorte nachfolgt. Ein breiter Überblick und genaue Informationen über Sprachkenntnisse und Bedingungen der Sprachwahl würden einen Ausschnitt aus der Stellung der deutschen Sprache in der Welt erhellen, der wissenschaftlich bislang kaum beleuchtet ist. Zu den Medienangeboten gehören heute sicher Webseiten, die auch über örtliche und weitere Ereignisse berichten. Vermutlich ist das sprachliche Zusammenwirken zugezogener Deutschsprachiger und deutschsprechender Einheimischer typisch für Touristenorte, wobei die Deutschkenntnisse der Einheimischen weit auseinander klaffen, vom rudimentären Strandverkäufer- und Kellnerdeutsch bis zum anspruchsvollen Niveau mancher Hotelmanager oder Fremdenführer. Zwischen ihnen und den Muttersprachlern des Deutschen findet internationale Kommunikation auf Deutsch statt (Kap. A.3), und die erkennbaren oder nur erahnten Vorteile von Deutschkenntnissen motivieren zum Erlernen der Sprache. Auch aus entfernten Ländern werden Deutschkenntnisse in der Tourismusindustrie berichtet, etwa im folgenden Beispiel: „Tatsächlich kommen von Jahr zu Jahr mehr deutsche Touristen nach Kenia, weshalb nun viele Kellner in den Ferienhotels mittlerweile ein paar Brocken Deutsch sprechen. Der junge Kenianer, der die TUI-Ausflugsgäste im Marineland nördlich der Bamburi Beach empfängt, hat sich sogar einen originellen Schweizer Dialekt zugelegt." (*Schöne Welt. Das Reisemagazin der Deutschen Bundesbahn*, Juni 1990: 19)

Nach Berichten, die vielleicht auch übertrieben sind, soll mancherorts während der Hochsaison in den Tourismusdomänen das einheimische Idiom kaum noch zu hören sein. So z.B. die Implikatur einer ironischen Aufschrift an einer Bar in Mallorca: „Hier spricht man auch spanisch", die in der Zeitschrift, die darüber berichtete, folgendermaßen kommentiert wurde: „Sollten etwa die Einheimischen eine solche Ermutigung brauchen? Und dazu noch auf Deutsch? Tatsächlich hat das Spanische auf der Ferieninsel zumindest während der Hochsaison Seltenheitswert." (*Freizeit und Reise. Ein Magazin der WAZ*, 02.09.1989: 3) Vielleicht gilt dies für einzelne Orte mit besonderer Konzentration Deutschsprachiger, auch fest ansässiger. Bevorzugte Wohngebiete der ca. 28.000 offiziell auf Mallorca angemeldeten Deutschen sind der „Hamburger Hügel" bei Santanyí und das „Düsseldorfer Loch" bei Andratx (Lipps/ Breda 2012: 34). „Die Gemeinden mit dem prozentual größten Anteil deutscher Einwanderer (gemeldeter Residenten) an der Gesamtbevölkerung sind Andratx (15,1%), Capdepera (13,8%), Santanyí (12,9%) und Sant Llorenç des Cardassar (11,1%)." (de.wikipedia.org/wiki/Mallorca#Sprachen – abgerufen 12.11.2013) Allerdings berichteten mir Kenner der Verhältnisse, dass auf Mallorca auch in der Hochsaison immer noch – oder wieder? – Spanisch ausgesprochen oft zu hören und so gut wie überall Englisch die meist gebrauchte Fremdsprache sei.

Untersuchenswert wäre, wie unterschiedliche Typen von Touristen auf ihre Zielorte und -länder sprachlich einwirken: Individual- gegenüber Gruppenurlaubern, Kurz- gegenüber Langzeitanwesenden, Bildungs- gegenüber Erholungsurlaubern, Stadt- im Vergleich zu Strandurlaubern, verstreut Wohnende gegenüber solchen in Resorts, Hotel- und Pensionsgäste im Vergleich zu Immobilienbesitzern. Außerdem wären Vergleiche zwischen verschiedenen Sprachgruppen interessant. So legen z.B. Einzelbeobachtungen nahe, dass Deutsche mit Immobilienbesitz, in Frankreich oder Spanien, sich oft sprachlich anpassen, wogegen Briten vor Ort weiter Englisch sprechen – auch weil die Einheimischen beiden sprachlich unterschiedlich entgegenkommen.

Die Auswirkungen verschiedener Sozialformen des Tourismus auf die sprachliche Vorbereitung der Zielorte und die in Deutsch stattfindende internationale Kommunikation lassen sich zwar teilweise vermuten, bedürfen aber selbstverständlich empirischer Überprüfung. So liegt zwar nahe, dass Club-Urlaub wegen der weitgehenden Abgeschlossenheit der Anlage die Einheimischen sprachlich kaum berührt. Wie Einzelbeobachtungen zeigen, kann er jedoch unter Umständen eine nachhaltigere sprachverbreitende Wirkung haben als andere Urlaubsformen. Denn gerade wegen der Konzentration einer einzelnen Sprachgruppe an einem Ort lohnt sich für die Einheimischen, die den Club versorgen, der Erwerb ihrer Sprache und wirkt Englisch als Lingua franca unangemessener als in einem Hotel mit Gästen ganz unterschiedlicher Sprachen. So lobt z.B. ein Bericht über den Club Aldiana am Golf von Siam in Thailand die einheimischen „Mitarbeiterinnen und Mitarbeiter, die allesamt einen Intensivkurs in Deutsch so erfolgreich absolviert haben, dass sie die Wünsche der Gäste nach Speis und Trank lächelnd und ohne Probleme erfüllen können." (*Freizeit und Reise. Ein Magazin der WAZ* 13.01.1990: 12)

Aber auch Hotelurlaube können sprachverbreitend wirken, wenn sie einigermaßen regelmäßig stattfinden. So hat z.B. ein Teil des Hotelpersonals großer internationaler Hotelketten in Indien Deutsch gelernt. Die Hotelkette Oberoi Inter-Continental schulte zukünftige Hotelmanager (*management trainees*), aber auch für die Küche zuständiges Personal (*kitchen trainees*), je zu ungefähr gleichen Teilen in Deutsch und Französisch (jährlich je 20 Auszubildende). Die Deutschkurse wurden – fachlich zugeschnitten – im Goethe-Institut Max Mueller Bhavan in Neu Delhi erteilt, unter dem Titel „Language Training Course for Tourism Executives. Intensive Diploma Course in German Language" (Informationen hierzu von Sulochana Dhongade, Dozentin der Kurse). Auch die Hotelkette Ashoka strebte nach Auskunft des Managers ihrer Niederlassung in Madurai danach, dass in jeder Niederlassung zumindest ein Angestellter mit Deutschkenntnissen verfügbar sei, wie auch mit Französisch- und Russischkenntnissen.

In vielen Ländern ist das Erlernen der Touristensprachen eine Privatangelegenheit der im Tourismus Beschäftigten. Jedoch sorgen, wie das Hotel Oberoi Inter-Continental belegt, auch ansässige Betriebe für Lernmöglichkeiten. Bisweilen kümmert sich sogar der Staat darum. Ansätze dazu gab es im Rahmen einer umfassenden Sprachenpolitik z.B. in Australien, wo eine vom Erziehungsministerium in Auftrag gegebene Studie den Tourismus als Grund für notwendiges Deutsch- und Japanischlernen ins Feld geführt hat. Der Bedarf der Tourismusindustrie (*tourist industry*) an Deutsch- und Japanischkenntnissen wurde mit der überdurchschnittlichen Ausgabefreudigkeit (*above average expenditure*) deutsch- und japanischsprachiger Touristen begründet sowie damit, dass durch den Tourismus jährlich 330 neue Jobs in Australien entstünden. (Lo Bianco 1987: 31, 35) In meiner Befragung australischer Studierender zu ihren Motiven für ein Deutsch- oder Germanistikstudium (dazu auch Kap. I.3) nannten immerhin 7% der Befragten (34 von 492) eine Tätigkeit in der Tourismusindustrie als ersten oder zweiten Berufswunsch. Unter den Berufen waren ‚Reiseleiter' (*Tour guide*), ‚Hotelmanager' (*Hotel manager*), ‚Reiseverkehrskauffrau/ mann' (*Travel agent*) (Ammon 1991b: 144-147, 184-188).

Ein nahe liegender Indikator für die Gebiete, wo vermutlich wegen deutschsprachiger Touristen Deutsch gelernt wird, wären die auf den Tourismus bezogenen faktischen Lernangebote. Jedoch ist deren Erhebung, unter Einbeziehung privater Sprachschulen, Sisyphusarbeit. Nicht einmal beim Goethe-Institut konnte ich mir einen Überblick über das einschlägige aktuelle Kursangebot beschaffen (trotz dankenswerter Hilfe von Jörg Klinner und Werner Jost); auch weil das Touristendeutsch dort inzwischen in die Kurse „Deutsch für den Beruf" integriert ist (Hinweis Claudia Kindler). Daher nenne ich hier erneut das weltweite Kursangebot aus den 1980er Jahren, das mir seinerzeit – ohne Vollständigkeitsgewähr – Karin Herrmann übermittelt hat (Tab. I.5-1).

Land	Stadt	Fachliche Thematik oder Zielgruppen
Italien	Palermo	Touristik
Spanien	Barcelona	Hotelkurse (zwei Leistungsstufen)
Türkei	Ankara	Hotelkurse (zwei Leistungsstufen)
Marokko	Casablanca	Deutsch für Flugpersonal
Ägypten	Kairo	Touristenführer, Restaurant-/Hotelangestellte
	Alexandria	Touristikstudenten
Syrien	Damaskus	Touristik
Lagos	Lomé	Hotelkurs
Kenia	Nairobi	Hotel und Touristik
Indien	Neu Delhi	Reisebüro-Angestellte
	Bangalore	Hotelkurs
	Madras	Hotelkurs
Sri Lanka	Colombo	Hotelkurs
Malaysia/Singapur	Singapur	Hotelkurs
Philippinen	Manila	Hotelkurs
Kanada	Montreal	Tourismus

Tab. I.5-1: Kurse im Fachdeutsch Tourismus des Goethe-Instituts in den Jahren 1984-1986

Beispiele für Lehrmaterialien, die damals solchen Kursen zugrunde lagen, sind Cohen/ Osterloh (1981; 1986) und Berberis/ Bruno (1987). Überblicke über aktuelle Lehrmaterialien finden sich jederzeit im Internet (z.B.: deutsch-lerner. blog.de/2008/10/01/materialien-deutsch-tourismus-9172505/ oder speziell für Griechischsprachige: repository.edulll.gr/edulll/retrieve/2803/862.pdf – abgerufen 17.11.2013).

Obwohl die Rolle der Touristen als Kunden dazu motiviert, ihnen in ihrer Muttersprache zu begegnen, darf man keine allzu hohe positive Korrelation zwischen der Zahl von Touristen einer Sprache und dem Umfang entsprechender Sprachkenntnisse in einem Touristengebiet erwarten. Der oben berichtete Befund für Antalya und viele weitere Indizien sprechen dafür, dass auch in Orten mit mehrheitlich deutschsprachigen Touristen meist Englisch die vorherrschende Fremdsprache ist. Dies gilt ebenso – wie in Antalya – für das örtliche Medienangebot, vor allem Zeitungen und Zeitschriften.

Jedoch gibt es in vielen Touristengebieten mit zahlreichen deutschsprachigen Besuchern auch regelmäßig sowohl aus den deutschsprachigen Ländern importierte wie auch vor Ort hergestellte Medienangebote (dazu auch Kap. J.1.2 und J.1.3). Ein – freilich nicht vollständiger – Überblick über vor Ort hergestellte ältere Titel, die dem Katalog *Deutschsprachige Medien in aller Welt* (Presse- und Informationsamt der Stadt Wuppertal 1984) entnommen sind, findet sich in Ammon 1991a (352: Tab. 56). Einzelne dort genannte Titel wurden auch in den deutschsprachigen Ländern als Werbematerial vertrieben.

Neuere Touristen-Zeitungen und -Zeitschriften lassen sich dem *Handbuch der deutschsprachigen Presse im Ausland* (Akstinat 2012/13) entnehmen; jedoch bedürften – wegen der Fluktuation – die Angaben der Überprüfung. Die Funktion für die Touristen wäre gesondert zu untersuchen, wobei die eventuelle Rezeption auch seitens Nicht-Deutschsprachiger von besonderem Interesse wäre. Tab. I.5-2 enthält Beispiele solcher Blätter (Belegseite bei Akstinat in Klammern).

Frankreich	*Riviera-Côte d'Azur Zeitung*, monatlich (79)
Griechenland	*Griechenland-Zeitung*, wöchentlich (81)
Italien	*Inselzeitung*, Gratiszeitung für Touristen auf der Insel Ischia (125)
	Urlaubstage in Südtirol, Gratis-Tourismusmagazin (153)
Kroatien	*Adria-Zeitung*, Touristenzeitschrift (174), *enjoyistra*, Gratis Tourismus-Magazin über Istrien in Englisch und Deutsch (175), *Istrien-Magazin*, Gratis Tourismus-Zeitschrift (176)
Lettland	*Lett-landweit*, Zeitschrift für deutschsprachige Touristen und die deutsche Minderheit Lettlands (178)
Namibia	*Travel News Namibia*, Tourismusmagazin – deutschsprachige Ausgabe (189)
Neuseeland	*Kiwiland*, Gratis-Tourismusmagazin (189)
Polen	*Dein Masuren*, Tourismus Zeitschrift (202)
Portugal	*Entdecken Sie Algarve*, Touristenmagazin (213)
Schweden	*Aktiv Schweden*, Touristenzeitschrift (236) *Schweden*, Magazin der staatlichen Tourismusbehörde (239)
Slowakei	*Panorama der Slowakei*, Reihe von touristischen Zeitschriften (241)

Spanien	*Al Paraiso*, Touristenzeitschrift (244), *Amigos*, Gratis-Magazin für Touristen und ausländische Residenten in Deutsch und weiteren Sprachen (244), *Buschtrommel*, Gratis-Magazin für Touristen und Residenten im Süden Gran Canarias (245), *das aktuelle spanienmagazin*, Zeitschrift für Touristen und Residenten (248)
Thailand	*Der Farang*, Gratis-Magazin für Touristen und Residenten (274)
Tschechien	*Isergebirgszeitung*, Gratiszeitschrift für Touristen in Nordböhmen (279), *RiesengebirgsSaison*, Gratis-Tourismuszeitung (281)
Tunesien	*Kulinarisch durch Tunesien*, Feinschmecker-Magazin über den tunesischen Lebensmittelmarkt (282)
Türkei	*Alaturka-Journal*, Kultur- und Tourismusmagazin auf Deutsch, Türkisch und Englisch (283), *Kleo*, Gratis-Magazin auf Deutsch und Englisch für die türkische Riviera (285)
Ungarn	*Balaton-Zeitung*, Zeitung für Urlauber am Plattensee (290)

Tab. I.5-2: Beispiele deutschsprachiger Zeitungen und Zeitschriften in Touristengebieten

Auch Hörfunk und Fernsehen in deutscher Sprache lassen sich in vielen Touristengebieten – analog zu den Druckmedien – aus den deutschsprachigen Ländern empfangen. Die frühere Beschränkung auf die Deutsche Welle (Köln) ist heute kaum noch vorstellbar. Hinweise auf Empfangsmöglichkeiten sind über das Internet leicht zu finden (z.B. für Mallorca unter: www.mallorcaforum.com/technik-it/faq-deutsches-fernsehen-im-urlaub-auf-mallorca/ – abgerufen 18.11.2013). Aber auch vor Ort werden in vielen Touristengebieten Sendungen hergestellt und ausgestrahlt. Ein Beispiel für örtliches Fernsehen, wiederum für Mallorca, ist der Online-Sender *Deutsches Mallorca TV* (www.deutsches-mallorca.tv/), der allerdings mit Schwierigkeiten kämpft (www.mallorcazeitung.es/lokales/2011/11/17/arger-um-deutsches-mallorca-tv/19951.html – abgerufen 18.11.2012). Einen aktuellen Überblick über die Rundfunkangebote der Zentren für den Tourismus aus den deutschsprachigen Ländern kann ich hier wegen zu großen Aufwandes nicht liefern. In Ammon 1991a (S. 352) finden sich zahlreiche Beispiele für die Zeit um 1990.

Der Tourismus eignet sich auch als Ansatzpunkt für Bemühungen um die auswärtige Förderung von Sprachen (Kap. L) und wurde speziell für Deutsch dazu gelegentlich genutzt. So wies z.B. der Präsident der *Internationalen Assoziation Deutschsprachiger Medien* e.V., Werner Bader, in einem Protestschreiben gegen die Verlegung der deutschsprachigen Rundfunksendungen Spaniens in die Nachtstunden auf die „Millionen von Urlaubern" aus den deutschsprachigen Ländern hin (*Internationaler Mediendienst* 16 (11) : 1). Ein noch deutlicheres Beispiel bietet Kenia, wo die „deutschen Touristen [...] die stärkste Besuchergruppe bilden. Dies [in Verbindung mit den Wirtschaftsbeziehungen! U.A.] ist von deutscher Seite zum Anlaß genommen worden, sich um die Einführung von Deutsch an einer Reihe von ausgewählten Sekundarschulen zu bemühen. Im Berichtsjahr [1988. U.A.] konnte die Zahl der Schulen, an denen Deutschkurse angeboten werden, auf 24 gesteigert werden." (Roeloffs 1989: 37)

Ein Sonderfall des Ausreise-Tourismus aus den deutschsprachigen Ländern sind die Gebiete deutschsprachiger Minderheiten (Kap. E). Manche von ihnen werben regelmäßig um Gäste aus den deutschsprachigen Ländern und bieten Unterkünfte und Versorgung mit deutschsprachigem Personal an. So versprechen Reiseangebote in Deutschland für das Elsass regelmäßig „Deutschsprachige Gästebetreuung" (z.B. über *trendtours Touristik*, 16.11.2013) oder wirbt Namibia mit den deutschen Sprachkenntnissen vor Ort (Ammon 2012a).

6. Das Tourismusdeutsch und das Deutsch deutschsprachiger Touristen

Wenn man mit *Tourismusdeutsch* dasjenige Deutsch bezeichnet, das von den Gastgebern am Zielort gegenüber deutschsprachigen Touristen verwendet wird, so entsteht womöglich der falsche Eindruck von Einheitlichkeit. Jedoch umspannt dieses Tourismusdeutsch vermutlich die ganze Variationsbreite von Lerner-Deutsch, von elementaren Anfängerstufen bis zu annähernd muttersprachlicher Perfektion. Es ist nicht anzunehmen, dass das Tourismusdeutsch sonstige linguistische Besonderheiten aufweist, außer den Transferenzen aus der jeweiligen Muttersprache oder auch aus Englisch sowie vielleicht den Fachtermini, die für Gastronomie, touristenspezifischen Zeitvertreib usw. charakteristisch sind.

Jedoch gibt es vermutlich soziolinguistische Spezifika des Tourismusdeutsch. Sie betreffen vor allem die Einstellungen zu Sprachnormabweichungen und den davon geprägten Umgang mit ihnen, und zwar bei den Sprechern/Schreibern, also den im Tourismus tätigen Einheimischen, wie auch bei den deutschsprachigen Touristen. Vermutlich nehmen die Touristen diese Abweichungen vom Standarddeutsch bisweilen nicht nur hin, sondern erwarten sie und schätzen sie vielleicht sogar – solange sie die Verständigung nicht ernsthaft beeinträchtigen (amüsante Beispiele in Sick 2013: 177-187). Und die Einheimischen spüren diese Erwartung mehr oder weniger und sind dann auch nicht sonderlich um korrekteres Deutsch bemüht.

Bei Gebrauchsanweisungen für nach Deutschland importierte Waren habe ich in den 1980er Jahren Beispiele geradezu hanebüchenen Deutschs gefunden

(Ammon 1991a: 206-209). Möge hier die Anleitung für eine aus Hongkong importiere Tischuhr als Beispiel genügen:

„Knotrolle der Normalenraige
1. Normalarraige reigt nach Druck aut S1 sbwechsalnd Siunden und Minuien/ Monal und Tao an.
2. Crtian Sie S1 nocheinmal so aircheinen nur die Sekunden. Um dre Normalerraige wiaderuerlangen wiedor S1 druchan.
3. Dia Schaller hdnnan mu dem Finger gedrilchi werden.

Einstellungsracharter:
4. Alle Einstellungen ertolgen duret, oruchan Van S2.
   Die Anreigen ertolgen in lolgender Fiethe: Munai, Tey, Sivndvn, Minuten.
5. Zum Andern einer Fuition druchen Sie S2 bie die re andornda Funition erscheint. Druchen Sie dann S1 bieige erwunichte Zehi arschaini. Wenn alles richtig eingestellt isluruchen Sie S2 bis Slunuen and Mirunan mii blindendern Coppalpunki arschetuen. Sollite die Duppelpunki ruchi blinish denn drucken Sie S1." (*Test* 20 (5) 1985: 9)

Jedoch gibt es Derartiges heute nicht mehr, sicher auch wegen der rechtlichen Bestimmungen, nach denen die Unternehmen bei Unfällen, die durch unverständliche Gebrauchsanweisungen verursacht sind, belangt werden können (Ammon 1991a: 204f.).

Solche Unfallgefahr besteht bei fehlerhaftem Touristendeutsch kaum – es sei denn in Extremfällen wie bei folgender – hier nicht ganz im Ernst zitierten – Anleitung für ein aromatisches Getränk aus einem Feinschmeckerlokal in Aosta, in Italien. Zum Verständnis muss man wissen, dass im Italienischen mit *grappa* sowohl der bekannte Tresterschnaps als auch eine Eisenklammer bezeichnet wird. Für die Überschrift „Unterkommen" hatte der Übersetzer zudem *ricetto* (dieser Bedeutung) mit *ricetta* ‚Rezept' verwechselt:

„Vorbereiten und mischen besonders:
- 4 Tassen kochend Kaffee
- 4 Kleinen Gläser Eisenklammer (50°-60°)
- 1 Glas 'Sambuca' oder 'Génépy
- Einige Zitrone und Orange Rinden
- 8-10 Zucker Teelöffeln

Alles in einem Kochtopf erwärmen dann, wenn sehr heiss ist, in dem Pokal vergiesen. Reichlich Zucker auf dem Pokal Bord ausstreuen und mit einsenklammer aufeuchten. An das Getränk Feuer geben indem mit einem Löffel mischen. Wann das Feuer aussterbt, können Sie den Kaffee schmecken." (*test* 5 1984: 400)

Im Allgemeinen verbinden sich mit fehlerhaftem Touristendeutsch keine Gefahren. Sonderfälle sind Anleitungen in Hotels, wie man sich im Falle eines Brandes zu verhalten hat, und dergleichen. Sie sind in aller Regel sprachlich korrekt genug, um verständlich zu sein. Sehr korrekt sind meist auch amtliche Schriftstücke, z.B. Broschüren von staatlichen Tourismusbüros (wie die in Kap. I.5 erwähnten Beispiele aus Indien) oder Beschreibungen amtlich verwalteter Sehenswürdigkeiten.

Anders bei privaten Beschriftungen, auch entsprechender Bestandteile der sprachlichen Landschaft. Hier ist das Touristendeutsch anzutreffen, bei dem Abweichungen vom Standarddeutschen geradezu die Regel sind. Sie werden, wie gesagt, von den Touristen auch erwartet oder sogar als Amüsement geschätzt. Manchen Touristen verschaffen sie ein sprachliches Überlegenheitsgefühl wegen der „Fehler". Eine solche Attitüde wird allerdings fragwürdig, wenn die Touristen die Sprache des Gastlandes schlechter beherrschen als die Gastgeber die Sprache der Touristen. Außerdem können sich die Verhältnisse umkehren. So erschien vielleicht vielen Italienern früher die Rollenverteilung unabänderlich, „daß deutsche Reisende, unterwegs ein Volk von Sittenrichtern und Oberlehrern, im Chor ein höhnisches Gelächter anstimmten, wenn sie im Hotel ein rührendes handgemaltes Schild sahen etwa mit dem hübschen Text: ‚Wir beten die Herren Klienten die Shlussel zu abgeben an die Empfangnis!'" Jedoch weist der Artikel, aus dem dieses Zitat stammt, darauf hin, dass inzwischen auch umgekehrt zahlreiche Italiener als Touristen in deutschsprachige Länder reisen, wo ihnen oft noch fehlerhafteres Italienisch geboten wird. Im Unterschied zu den deutschen Touristen würden sie aber meist nicht besserwisserisch, sondern mit höflichem Verständnis reagieren, was immer sie denken mögen. („Geehrete Herren!", *FAZ* 21.02.1990)

Noch verbreiteter als im schriftlichen Sprachgebrauch sind Normabweichungen im Mündlichen. Hier werden sie vielleicht auch noch mehr erwartet. Ein italienischer Kellner, Campingplatz-Verwalter oder Kioskbesitzer, der grammatisch völlig korrektes und womöglich akzentfreies Standarddeutsch spricht, wirkt auf deutschsprachige Touristen unter Umständen sogar irritierend – als sei er gar kein richtiger Italiener –, was er vielleicht dann ja auch nicht ist. Ohne den typischen Einschlag in seiner Sprechweise, einschließlich der „Fehler", fehlt das erwartete und gesuchte Ambiente. Auf einer solchen Erwartung beruht die spezifische, positive Einstellung zum Tourismusdeutsch.

Ein Indiz für diese Erwartung findet sich oft auch Im *Deutsch der deutschsprachigen Touristen*, wenn es ebenfalls anders lautet als zu Hause. Es gehört dann zur Kategorie der *Sprechweise gegenüber Fremden* (auch *Xenolekt*, englisch: *foreigner talk*), die Sprachwissenschaftlern schon seit längerem bekannt ist (vgl. z.B. J. Roche 1989). In diesem *Deutsch gegenüber Anderssprachigen* werden die für typisch gehaltenen Normabweichungen imitiert. Motivierend dafür ist offenbar die Annahme, dass dieses in mancher Hinsicht vereinfachte Deutsch von Nicht-Deutschsprachigen besser verstanden wird. Die Vereinfachungen bestehen unter anderem in der Ersetzung flektierter Formen durch unflektierte (Infinitiv statt finitem Verb), der Eliminierung von Pronomen und Artikeln, der Vermeidung von Nebensatzstellung, dem Vorziehen des Adverbs vor das Verb (*ich bald kommen*), allgemeinem Duzen und dergleichen. Bei grober Betrachtung sind dies durchaus Phänomene, die auch als Normabweichungen im Deutsch Fremdsprachiger und eben auch im Touristendeutsch zu beobachten sind. Bei genauerer Betrachtung zeigen sich freilich Unterschiede im Detail, wie sie für das Verhältnis von Imitation zu Imitat zu erwarten sind, sowohl in der Ausprägung einzelner Formen wie auch in deren Häufigkeit. Allerdings kann das Deutsch gegenüber Anderssprachigen als Feedback zur Verfestigung des Tourismusdeutschs beitragen. Mit diesen Fragen befasst sich die von Scaba Földes (2005) so benannte und umfassend konzipierte germanistisch-linguistische Forschungsrichtung des „Kontaktdeutschs".

Auf einer besonderen Ebene liegt die Literarisierung der Kontakt-Varietäten, ihre Abbildung (Widerspiegelung) in einem literarischen oder audiovisuellen Kunstwerk (Roman, Glosse bzw. Theater, Film, Fernsehen). Auch dafür darf man nicht davon ausgehen, dass die Abbilder mit den Urbildern kongruieren, also die fiktiven Texte dieselben linguistischen Merkmale aufweisen wie die realen Äußerungen. Daher sind Beschreibungen von Literarisierungen nie ein vollständiger Ersatz für Beschreibungen der Originale, auf die sie sich beziehen, die meist zumindest mehr Variation aufweist.

Ein Beispiel von Literarisierung sowohl des Tourismusdeutschs als auch des Deutschs gegenüber Anderssprachigen, das diese Absicht schon im Titel ausdrückt, ist das Drehbuch zum Film *man spricht deutsh* (Gerhard Polt/ Hanns C. Müller 1988. Zürich: Haffman). Darin spricht z.B. der italienische Kioskbesitzer Gian Carlo Tourismusdeutsch, wenn er zu Dr. Wilms sagt: „Is sie immer noch aha. Geht nicht die Klo?" „Ich schon kommen - hier ist die Schlüssel." In Wilms' Äußerungen gegenüber Gian Carlo fällt als Merkmal von Deutsch gegenüber Anderssprachigen auf, dass er zwischen Duzen und Siezen hin und her pendelt. (S. 11) Deutlichere Ausprägungen von Deutsch gegenüber Anderssprachigen zeigen die Äußerungen Erwins gegenüber der Italienierin Violetta „Ja, kommen. Mitkommen ..." „Io ... eh ... Germania ... eh ... retour ... heim ... verstehen?" (S. 55f.) und ebenso Irmgards Äußerungen gegenüber dem marokkanischen Strandverkäufer: „Nein, thank you, wirklich nix ... no no, ich nix brauchen!"

„Ich nix kaufen! No money, last day, letzte Tag ..." (S. 71) In Irmgards Äußerung sind zudem Deutsch und Englisch gemischt, was ebenfalls eine vermutlich gar nicht so seltene Eigenheit der Sprechweise deutschsprachiger Touristen abbildet.

Die Normabweichungen im Tourismusdeutsch angemessen zu beschreiben, ist aufwändig. Eine solche Beschreibung sollte darauf abzielen, Ansatzpunkte für eine Erklärung der Entstehung der Normabweichungen zu liefern. Dabei spielen zwei Faktorenkomplexe zusammen:

(1) Transferenzen aus der Muttersprache der Sprecher oder Schreiber. Die Beschreibung muss also Bezug nehmen auf die jeweilige Muttersprache. Manchmal kann ein zusätzlicher Bezug auf eine Fremdsprache zweckmäßig sein, die vom Sprecher oder Schreiber besser beherrscht wird als Deutsch und von der ebenfalls Transferenzen herkommen können.

(2) Besondere Schwierigkeiten der deutschen Sprache, die nicht nur Fremdsprachlern, sondern bisweilen auch Muttersprachlern zu schaffen machen (z.B. Unregelmäßigkeiten der Morphologie, Mehrfacheinbettungen im Satzbau). Sie sind unabhängig von der jeweiligen Ausgangssprache, müssen aber bei einer erklärungsadäquaten Beschreibung auch berücksichtigt werden. Sie werden von Anderssprachigen nicht beherrscht und von Deutschsprachigen gegenüber Anderssprachigen als schwer verständlich vermieden.

J. Deutsch in Medien und Sprachkunst außerhalb des deutschen Sprachgebiets

1. Medien

1.1 Medien und mediale Kommunikationsformen: Typen und Methodenfragen

Medium ist im Grunde alles, was – in der Terminologie des Kommunikationsmodells – der Übertragung von Information zwischen Sender und Empfänger dient. Im Falle gesprochener Sprache gehören dazu die Schallwellen, im Falle gestischer Taubstummensprache oder geschriebener Sprache die Lichtstrahlen, die den (von den Sprechwerkzeugen geformten) Laut ans Ohr bzw. die Gesten bzw. die (meist von der Hand gestalteten) Schriftzeichen zum Auge führen. Die Unverzichtbarkeit des Mediums zeigt sich sofort, wenn man zwischen Sender und Empfänger eine schalldichte Mauer errichtet oder die Lichtquelle verdeckt und vollständige Dunkelheit herstellt. Im Falle geschriebener Sprache denkt man beim Wort *Medium* eher als an die Lichtstrahlen an die Schriftträger wie Papier, vielleicht einschließlich Bleistift, und dergleichen. In Fortsetzung dieser Begriffsverengung versteht man unter Medien vor allem die technischen Hilfsmittel, die eine Verbindung herstellen zwischen Sender und Empfänger – z.B. mittels Radiowellen, einschließlich der Sende- und Umschaltgeräte. Eine solche Begriffsverengung liegt auch der Zweiteilung dieses Kap. in „Medien" und „Sprachkunst" zugrunde, die vielleicht merkwürdig anmutet, aber dem verbreiteten gemeinsprachlichen Verständnis entspricht.

Der unter der Überschrift *Medien* subsumierte Teil ist, wie mir scheint, der dynamischere. Vor allem die elektronischen Medien und die damit eröffneten Kommunikationsmöglichkeiten haben sich in jüngster Zeit rasant entwickelt, und eine Abschwächung des Tempos ist nicht Sicht. Die wichtigsten elektronischen Medien sind heute – nach einer von verschiedenen Einschätzungen: Telegraphie, Telefon[ie], *Rundfunk* mit *Hörfunk* und *Fernsehen*, *Internet*, Intranet, CD-ROM, E-Book, Elektronische Zeitschrift und *Handy* (de.wikipedia.org/wiki/Elektronische_Medien – abgerufen 19.11.2013). Dabei ist der Computer bei verschiedenen Beispielen vorausgesetzt. Von besonderer Bedeutung sind die Internet-basierten Medien (Kap. J.1.4) und darunter wieder die *Sozialen Medien*, die sich neuerdings mit ungeheurer Dynamik entwickeln (Kap. J.1.4.2). Auf die Internet-basierten Medien wird häufig pauschal mit dem Terminus „Neue Medien" Bezug genommen. Daneben bestehen aber traditionellere Medien fort, vor allem die *Printmedien* wie *Zeitung*, *Zeitschrift* und *Buch*, sowie die *Fotografie*, vor allem der *Film*. Ich habe jeweils diejenigen durch Kursivdruck hervorgehoben, die im vorliegenden Kap. hauptsächlich zur Sprache kommen. Zweifellos sind andere Einteilungen der Medien möglich, unter Berücksichtigung von Fällen, an die man bei dem Terminus nicht ohne Weiteres denkt, z.B. Hauswände für Graffiti oder Leinwand für Malerei.

Man könnte bei einem weiten Begriff von ‚Medien' auch die Graffiti oder die Malerei selber darunter fassen. Jedoch bietet sich dafür der speziellere Terminus der „medialen Kommunikationsformen" an (Schmitz 2004: 58). Diese ähneln den „Domänen" der Soziolinguistik, indem sie sich auf ganze Kommunikationssituationen beziehen (Fishman 1972b; Ammon 1989b: 70-78; Werlen 2004; Kap. F.1). Spezieller geht es beim Thema des vorliegenden Buches um den Gebrauch oder die Wahl von Sprachen in diesen Kommunikationsformen. Die für das vorliegende Kap. zentrale Frage lautet dann, in welchen medialen Kommunikationsformen welche Sprachen verwendet werden – vor allem, inwieweit auch die deutsche Sprache gebraucht wird.

Ulrich Schmitz (2004: 58) nennt die folgenden medialen Kommunikationsformen: *Buch*, *Presse*, *Hörfunk*, *Fernsehen*, *Video/ DVD*, *Kino* – *Telefon*, *Fax*, *SMS*, *Computer* (mit *Hypermedia*, *Chat*, *E-Mail*) und „Nebenbei-Medien". Letztere sind die von den Rezipienten oder Konsumenten nicht wählbaren, denen sie unwillkürlich ausgesetzt sind, wie Plakatwände oder Warenbeschriftungen (ebd.: 60). Entsprechend neueren Entwicklungen wäre zu spezifizieren, dass das Wort *Computer* im weiten Sinn zu verstehen ist, vor allem einschließlich Smartphone und Tablet, was allerdings zur Überlappung mit anderen Kommunikationsformen wie dem Telefon führt.

Die Beispiele zeigen, dass die Begriffe ‚Medien' und ‚mediale Kommunikationsformen' nicht strikt disjunkt sind. Auch erspare ich mir hier die Mühe eines disjunkten Definitionsversuchs, wegen des ungewissen Ausgangs. Eine wichtige Unterscheidung ist jedoch die zwischen einseitiger und beidseitiger Kommunikationsrichtung, die ich in der Liste der medialen Kommunikationsformen im vorausgehenden Abschnitt durch einen Trennstrich angezeigt habe. Letzteren sind außer Telefon und Fax, die ebenfalls zweiseitig sind, die meisten der schon erwähnten „Neuen Medien" zuzurechnen, die eigentlich – genauer, aber etwas pedantisch – *Neue mediale Kommunikationsformen* genannt werden sollten. Die Gruppe mit beidseitiger Kommunikation, von allerdings unterschiedlichen Möglichkeiten, bilden die *Sozialen Medien*, die eine, wie es scheint, immer wichtigere Rolle spielen. Die Rasanz ihrer Entwicklung wird z.B. daran deutlich, dass ihre bislang vielleicht erfolgreichsten Versionen, *Facebook* und *Twitter*, erst 2004 bzw. 2006 gegründet wurden (Näheres dazu in Kap. J.1.4.2).

Die Frage nach der Stellung der deutschen Sprache in diesen medialen Kommunikationsformen überlappt sich mit vielen anderen Themen des vorliegenden Buches, besonders – wenn auch natürlich unter anderen Gesichtspunkten – mit der Sprachwahl in bestimmten sozialen Gruppen und Handlungsfeldern. Diese Überlappung zeigt sich z.B. an der „Zielgruppe" der Deutschen Welle (1986: 5), deren hier wiedergegebene Schilderung auch heute noch gilt und die somit Thema von Kap. J.1.3 sind. Die dort genannten Gruppen von Personen sind schon in vorausgehenden Kap. zur Sprache gekommen, worauf die von mir eingefügten eckigen Klammern verweisen. Die Zielgruppe der Deutschen Welle umfasst die folgenden Personen: „Zum einen die deutschstämmigen Hörer in aller Welt [E. Minderheiten], zum anderen die kurzfristig im Ausland tätigen Landsleute [F. Wirtschaft; H. Diplomatie] sowie die große Zahl von Ausländern, die sich für Deutschland interessieren und die deutsche Sprache lernen, beziehungsweise vervollkommnen wollen [K. Deutsch als Fremdsprache]. Zu der Zielgruppe gehört auch die inzwischen beachtliche Zahl von Auslandsurlaubern [I. Tourismus], denen die Deutsche Welle mit diesem Programmangebot den Kontakt zur Heimat garantiert." Jedoch kommen mediale Kommunikationsformen, auf die das vorliegende Kap. abzielt, in sonstigen Kap. des vorliegenden Buches nur ansatzweise zur Sprache, so dass für das jetzige Kap. eine beträchtliche Restmenge eigenständiger Aspekte verbleibt.

Allerdings ist die für die Fragestellung dieses Buches einschlägige Forschung für kaum ein anderes Kap. – außer vielleicht I. Tourismus – so wenig entwickelt wie für die medialen Kommunikationsformen. Dies ist umso erstaunlicher, als der Gesamtumfang der Forschung zu Medien und medialen Kommunikationsformen außerordentlich groß ist, wie z.B. das üppige Literaturverzeichnis in Schmitz' Buch verrät, das immerhin schon vor einem Jahrzehnt erschienen ist (2004: 133-206). Jedoch liegen bislang kaum einschlägige Untersuchungen oder aussagekräftige Daten vor zu den Sprachen und zur Sprachwahl von „Sendern" und „Empfängern", wie sie in der traditionellen Kommunikationswissenschaft heißen. Vor allem mangelt es an Quantifizierungen und – bei den Neuen Medien aus naheliegenden Gründen – an longitudinalen Untersuchungen, die Entwicklungstendenzen zeigen könnten. Jedenfalls konnte ich, um vorsichtiger zu formulieren, kaum solche Untersuchungen finden, auch nicht nach Rücksprache mit zahlreichen fachkundigen KollegInnen.

Dass es jedoch bezüglich Sprachwahl und Stellung der deutschen Sprache markante Verteilungen in den medialen Kommunikationsformen gibt, lässt sich aus punktuellen Informationen schließen. Desgleichen gibt es Hinweise auf einschneidende Veränderungen im Verlauf der Zeit. Dies gilt auch für traditionelle Formen. Ein Beispiel ist das Kino, wofür sich vor allem Indizien finden, wonach sich die internationale Stellung der deutschen Sprache im Verlauf der Zeit verschlechtert hat.

So wäre etwa die zufällig herausgegriffene Nachricht aus den frühen 1930er Jahren heute unvorstellbar: „Paraguay: Aussichtsreicher Wettbewerb des deutschen Films mit dem amerikanischen (20 deutsche Filme in Asuncion)." (*Mitteilung der Akademie* [...]/ *Deutsche Akademie* 11 (1) 1933: 109) Dagegen wirkt heute der deutsche Film hinsichtlich internationaler Beachtung neben dem US-amerikanischen wie ein Gänseblümchen neben einem Mammutbaum. Entsprechend unterschiedlich ist die globale Präsenz der deutschen und der englischen Sprache in Kinofilmen. Sogar in den deutschsprachigen Ländern und Regionen dominieren Filme aus der angelsächsischen Welt. Ihren Vorrang wie auch den ihrer Sprache verrät der Umstand, dass Titel englischsprachiger Filme fürs deutsche Sprachgebiet oft gar nicht mehr ins Deutsche übersetzt werden. Suzanne Hilgendorf (2013) hat in Deutschland alle denkbaren Übergangsformen von rein englischsprachigen über vielfältige Sprachmischung bis zu rein deutschsprachigen und sogar ganz in Englisch neu formulierten Titeln für Filme aus den englischsprachigen Ländern festgestellt. Sie hat sich allerdings über die konsequente fortdauernde Synchronisierung aller Filme – im Gegensatz zu der in kleineren Sprachgebieten verbreiteten Untertitelung – gewundert. Ihre Erklärung dieser Offenheit fürs Englische bei Filmtiteln und Verschlossenheit gegen Englisch bei der eigentlichen Filmhandlung lässt sich zuspitzen als einerseits Kapitulation vor dem höheren Prestige des Englischen, das dieses auch für die Werbung in Deutschland geeignet macht, und andererseits Erhaltungswillen der eigenen Sprache (ebd.: 182). Im Gegensatz dazu würden schon deutschsprachige Filmtitel im englischen Sprachgebiet Aufsehen erregen.

Nach einer schon etwas betagten Statistik hatten im Jahr 1995 in der damaligen BRD die einheimischen Filme nur noch einen Marktanteil von 6,3% (Keidel 2002: 2671); für die anderen deutschsprachigen Länder lagen mir keine Zahlen vor. Nach einer neueren Statistik der UNESCO für 32 Staaten Europas und Nord-Amerikas war Englisch im Jahr 2009 bei mindestens 50% der jeweils populärsten (meist gespielten) Filme die Originalsprache, in Deutschland sogar bei ca. 80%. Nur ca. 20% der in Deutschland populärsten Filme hatten eine andere Originalsprache, sicher keineswegs immer Deutsch (www.uis.unesco.org/culture/Documents/fs17-2012-linguistic-diversity-film-en.5.pdf.: Figure 6. „Language of TOP 10 Movies in Europe and North America, 2009").

Es wäre interessant, solche Verschiebungen im Verlauf der Zeit genau zu untersuchen. Dabei könnte man auch der schwierigen Frage nachgehen, inwieweit die internationale Dominanz der englischen Sprache die weltweite Verbreitung von Filmen und anderen medialen Kommunikationsformen aus den anglophonen Ländern begünstigt hat und weiterhin begünstigt oder inwieweit die Überlegenheit der anglophonen Länder, vor allem der USA, in den betreffenden Industrien, z.B. der Filmindustrie, der Verbreitung der englischen Sprache Nachschub verleiht. Als hypothetische Antwort liegt nahe, dass es sich um einen sich gegenseitig verstärkenden Rückkoppelungsprozess handelt – was bezüglich des deutschen Films und der deutschen Sprache die entsprechende Frage rückkoppelnder Abschwächung aufwirft.

Im Grunde interessieren im Rahmen des vorliegenden Buches die medialen Kommunikationsformen nur, insofern internationale Kommunikation durch sie stattfindet, vor allem internationale Kommunikation im engeren Sinn (international und zugleich interlingual; Kap. A.3). Da dazu – wie für große Teile anderer Kap. dieses Buches – direkte Daten kaum zur Verfügung stehen, bin ich weitgehend auf Indikatoren für solche internationale Kommunikation angewiesen (siehe Kap. A.3, gegen Ende). Wenn man z.B. die Häufigkeit der Vorkommnisse deutschsprachiger Radio-Sendungen außerhalb des deutschen Sprachgebiets als Indikator heranzöge, so setzte man dabei mindestens voraus, dass diese Sendungen überhaupt gehört werden. Soweit sich die Rezeption auf Muttersprachler des Deutschen beschränkt, handelt es sich nur um internationale Kommunikation im weiteren Sinn. Für internationale Kommunikation im engeren Sinn bedarf es der Fremdsprachler (Nicht-Muttersprachler) des Deutschen. Von den oben zitierten Hörergruppen des deutschsprachigen Programms der Deutschen Welle wären dies nur die „Ausländer, die sich für Deutschland interessieren und die deutsche Sprache lernen". Die übrigen genannten Hörergruppen sind Muttersprachler.

Englischsprachige Sendungen erreichen dagegen – bei gleichem Zeitumfang und gleicher geographischer Ausdehnung – eine weit größere Zahl von Rezipienten, auch mehr Nicht-Muttersprachler, weil die Zahl der Personen, die sich für die USA, Großbritannien usw. interessieren und die englische Sprache lernen, viel größer ist (vgl. Kap. K.7). Dementsprechend fragwürdig sind Schlüsse von bloßen Sendehäufigkeiten auf den Umfang internationaler Kommunikation und darauf basierende Vergleiche zwischen Sprachen. Wenn z.B. in Englisch weniger gesendet würde als in einer anderen Sprache, wäre das noch kein zwingender Beweis für häufigere internationale Kommunikation im engeren Sinn in der andern Sprache. Dagegen ließe sich bei größerer Sendehäufigkeit in Englisch die größere Häufigkeit internationaler Kommunikation auf Englisch kaum ernsthaft bezweifeln. Allerdings lässt sich durch Aufzeigen möglicher Fehlschlüsse das Ausmaß von Fehldeutungen einschränken und können Quantifizierungen anderweitig begründbare Unterschiede untermauern. Daher sind Quantifizierungen der hier angedeuteten Art immer noch aufschlussreicher als der gänzliche Verzicht auf sie, der jeglicher Spekulation Tür und Tor öffnet. Dies gilt auch entsprechend für Zeitungen und Zeitschriften, denen sich das folgende Kap. unter der Überschrift „Presse" zuwendet.

1.2 Presse

1.2.1 Presseexport der deutschsprachigen Länder

Wer auf der Ginza in Tokyo, dem Broadway in New York, dem Janpath in Neu-Delhi oder auf den Boulevards anderer Weltstädte die Geschäfte und Kioske mit Druckerzeugnissen aufmerksam betrachtet, findet unter dem vielfältigen Angebot oft auch deutschsprachige Zeitungen und Zeitschriften. Sogar in den vom deutschen Sprachgebiet weit entfernten Metropolen stößt man z.B. auf *Die Zeit, Der Spiegel, Focus* oder auch *Bild, Bunte, Neue Post* oder *Freizeit Revue*, wenngleich meist nur auf wenige vorrätige Exemplare.

Zwar hat offenbar niemand einen Gesamtüberblick über den Export deutschsprachiger Zeitungen und Zeitschriften außerhalb des deutschen Sprachgebiets, wie schon bei meinen Recherchen um 1990 (Ammon 1991a: 378f.). Ein solcher Überblick ist schon dadurch erschwert, dass dieser Export über unterschiedliche Organisationen läuft. Jedoch war die größte dieser Organisationen, der *Deutsche Pressevertrieb GmbH* (*DPV*, Webseite: www.dpv.de/kontakt/), freundlicherweise bereit, mir einschlägige Zahlen zur Verfügung zu stellen (mit dankenswerter Unterstützung von Projektleiterin Business Development Angela Kohl). Einen Auszug aus den Daten liefert Tab. J.1.2.1-1.

Die Gesamtaufstellung belegt die Ausfuhr von Zeitungen und Zeitschriften aus Deutschland nach insgesamt 124 Ländern: von Österreich bis Paraguay, von denen die 30 nach Ausfuhrwert im Jahr 2012 ranghöchsten in Tab. J.1.2.1-1 aufgenommen sind. Die Ausfuhr in deutschsprachige Länder wie Österreich und Schweiz, auch Luxemburg, sind für das Thema des vorliegenden Buches von untergeordnetem Interesse. Die Statistik erfasst nicht die Publikationssprachen, so dass nicht garantiert ist, dass alle exportierten Blätter deutschsprachig sind; jedoch darf dies von der überwiegenden Mehrzahl angenommen werden. Zu beachten ist außerdem, dass nicht die Zahl der Blätter, sondern der Wert der Exporte in € angegeben ist, der aber sehr wahrscheinlich mit der Zahl der Blätter hoch positiv korreliert.

Die Wertentwicklung zeigt zwar insgesamt einen kontinuierlichen Rückgang während der 5 ausgewerteten Jahre 2008 – 2012; jedoch gilt dies keineswegs für alle Länder. So belegt Tab. J.1.2.1-1 für folgende Länder eine Zunahme: Schweiz, Dänemark, Luxemburg, Slowenien, Polen, Finnland, China, Ukraine, Rumänien und Kanada. Eine deutliche Abnahme zeigt sich dagegen, drastisch

(>50%) bei Großbritannien, Russland, Norwegen, Kroatien, und etwas weniger dramatisch (rund 25%) bei Tschechien, Griechenland, Türkei, Slowakei, Hongkong, USA und Zypern.

Die Erklärungen für diese Entwicklungen bleiben hier hochgradig hypothetisch, weshalb ich mich auf Andeutungen beschränke. Vermutlich darf man annehmen, dass dem Rückgang an Geldwert der Presseexporte in J.1.2.1-1 auch ein Rückgang an Stückzahlen entspricht. Aber auch noch unter dieser Voraussetzung sind Erklärungen schwierig und erfordern Detailkenntnisse, z.B. wo die Entwicklung sprunghaft ist, wie etwa in Polen mit dem abrupten Anstieg von 2011 nach 2012. Vermutlich sind veränderte Touristenzahlen aus den deutschsprachigen Ländern ein bedeutsamer Faktor. Dies wäre neuerdings für Polen zu prüfen, aber dann auch für Dänemark, Slowenien, Finnland, Rumänien und Kanada. Eine andere Möglichkeit sind intensivierte Geschäftsbeziehungen mit den deutschsprachigen Ländern und folglich mehr Reisende und Expatriates von dort, vielleicht für China oder auch die Ukraine. Umgekehrt können Abschwächungen dieser Faktoren Rückgänge der Zeitungs- und Zeitschriftenexporte bewirken. Nicht zu vergessen ist auch die vielleicht wachsende Hinwendung von Expatriates und Besuchern aus den deutschsprachigen Ländern zum Englischen oder auch zu anderen Fremdsprachen, die den Bedarf an deutschsprachigen Zeitschriften schmälert. Dies könnte den rückläufigen Export nach Großbritannien, USA oder auch nach Hongkong erklären. Vielleicht bewirkt die entsprechende Tendenz in manchen anderen nicht-anglophonen Ländern, dass sie mehr englischsprachige Zeitungen und Zeitschriften importieren und an Ausländer absetzen. Jedoch bedürfte die Analyse dieses Faktorenbündels gezielter Untersuchungen.

Länder	Jahr	2008	2009	2010	2011	2012
1 Österreich		237.599	214.572	217.871	197.664	218.815
2 Schweiz		157.666	158.311	156.935	175.804	159.686
3 Frankreich		89.278	72.240	69.437	67.379	71.270
4 Niederlande		46.976	44.224	56.941	52.491	43.892
5 Italien		50.734	46.454	48.294	50.258	48.492
6 Spanien		40.121	32.536	36.420	39.830	38.862
7 Großbritannien		42.334	33.973	30.877	25.123	12.758
8 Belgien		25.604	23.070	26.423	25.818	20.287
9 Dänemark		23.589	23.474	19.091	22.730	25.056
10 Luxemburg		19.935	20.158	21.909	21.396	22.052
11 Russische Föderation		44.669	16.333	12.112	7.981	7.434
12 Tschechische Republik		13.316	11.131	13.983	8.436	7.180
13 Schweden		9.873	7.352	7.943	8.052	7.653

14	Griechenland	8.300	6.827	7.178	6.339	5.381
15	Ungarn	4.978	4.803	4.671	5.265	4.587
16	Portugal	4.899	5.336	4.291	4.585	4.143
17	Norwegen	6.784	4.888	3.923	4.266	3.163
18	Slowenien	3.749	4.190	4.592	4.898	4.506
19	Polen	4.323	4.019	4.405	3.578	5.072
20	Finnland	3.180	2.983	5.060	5.413	3.980
21	Volksrepublik China	3.018	2.788	3.443	3.979	4.322
22	USA	3.885	2.932	2.712	2.543	2.415
23	Türkei	2.760	2.204	2.110	2.175	1.989
24	Slowakei	1.803	1.613	1.506	1.475	1.271
25	Ukraine	1.246	1.358	1.363	1.626	1.400
26	Rumänien	332	577	664	895	709
27	Hongkong	769	660	614	657	470
28	Zypern	712	559	726	676	495
29	Kanada	517	603	629	542	574
30	Kroatien	1395	600	278	273	289
Summe der Ausfuhren in alle Länder weltweit		863886	758887	773779	759192	734424

Tab. J.1.2.1-1: Entwicklung des Ausfuhr-Wertes von Zeitungen und Zeitschriften aus Deutschland in den Jahren 2008 – 2012 (aufgrund Mitteilung Angela Kohl, Projektleiterin des DPV Deutscher Pressevertrieb GmbH, 09.12.2013)

Über die Ausfuhren aus den anderen deutschsprachigen Ländern und Teilen von Ländern mit Deutsch als staatlicher Amtssprache und vorherrschender Muttersprache (Kap. D.) konnte ich keine entsprechenden Daten beschaffen. Interessant wären auch Vergleiche mit anderen internationalen Sprachen und der Ausfuhr von Zeitungen und Zeitschriften aus ihren Sprachgebieten, wofür mir ebenfalls keine Daten vorlagen. Jedoch darf man davon ausgehen, dass englischsprachige Zeitungen und Zeitschriften, vor allem aus den USA und Großbritannien, weltweit die weitaus größte Verbreitung haben und dass auch französischsprachige Blätter außerhalb ihres Sprachgebiets stärker vertreten sind als deutschsprachige. Jedoch sind alle Annahmen über die Rangordnung der externen Verbreitung von Zeitungen und Zeitschriften bei anderen Sprachen als Englisch überprüfungsbedürftig.

1.2.2 Deutschsprachige Presse im Ausland

Trotz des summa summarum vermutlich rückläufigen Exports deutschsprachiger Zeitungen und Zeitschriften in Länder anderer Sprache, den jedenfalls die Daten aus Deutschland nahelegen, wird man davon ausgehen dürfen, dass an solchen Medien in absehbarer Zukunft weiterhin beträchtlicher Bedarf besteht. Dies gilt ebenso für den Vertrieb von Printmedien anderer, vor allem internationaler Sprachen außerhalb ihres jeweiligen Sprachgebiets. Die Haupttriebfeder dafür sind die Auslandsreisen und längeren Auslandsaufenthalte, deren Zahlen ständig wachsen (de.statista.com/themen/702/tourismus-weltweit/ – abgerufen 18.07.2014). Viele der im Ausland Weilenden wollen laufend mit Nachrichten von zu Hause und mit Unterhaltung, auch in der eigenen Sprache, versorgt werden. Im vorliegenden Zusammenhang wäre es besonders interessant zu untersuchen, in welchem Umfang die exportierten Zeitungen und Zeitschriften der verschiedenen Sprachen auch von Nicht-Muttersprachlern gelesen werden. Allerdings könnte speziell der Zeitungs- und Zeitschriftenexport ins Ausland zunehmend unter Druck kommen seitens der rasant expandierenden neuen Medien (Kap. J.1.4). Vielleicht beschränkt sich der Rückgang, den Tab. J.1.2.1-1 anzeigt, nicht auf die deutsche Sprache, sondern werden Zeitungen und Zeitschriften als Informations- und Unterhaltungsquellen allenthalben teilweise durch mitgeführte Reise-Laptops, Tablets und Smartphones ersetzt.

Die innerhalb eines Sprachgebiets publizierten Zeitungen und Zeitschriften (redaktionell hergestellt, nicht unbedingt auch gedruckt) sind zu unterscheiden von den außerhalb des betreffenden Sprachgebiets publizierten, wenn sie auch vielleicht teilweise im gleichen Gebiet vertrieben werden. Wird z.B. die in der BRD publizierte deutschsprachige *Die Zeit* in Australien vertrieben, so gehört sie zur ersten Kategorie (sprachgebietsintern publiziert und sprachgebietsextern vertrieben), wogegen die in Australien publizierte und auch dort vertriebene *Die Woche in Australien* ein Beispiel für die zweite Kategorie ist (extern publiziert und extern vertrieben; von German Language Press Pty. Ltd., P.O. Box 279, Five Dock NSW 2046, Sydney). Wie es scheint, werden die extern publizierten (hergestellten) Zeitungen und Zeitschriften größtenteils auch extern vertrieben, teilweise auch über den Staat hinaus, in dem sie publiziert werden, z.B. *Die Woche in Australien* auch in Neuseeland oder die in Namibia publizierte *Allgemeine Zeitung* auch in Südafrika. Nur vereinzelt werden sie auch innerhalb des deutschen Sprachgebiets abgesetzt.

Die Nationalität der Besitzer der Titel lässt keine zuverlässigen Schlüsse auf die Publikationssprache zu. So haben sich Zeitungsverlage vor allem aus Deutschland, Frankreich und Spanien Anfang der 1990er Jahre in die europäischen Nachbarstaaten ausgebreitet, indem sie dortige Zeitungen und Zeitschriften übernommen haben (Röper 2002a: 2664-2666); jedoch blieben die Titel in fast allen Fällen, und die Sprachen, in denen sie veröffentlich wurden, so gut wie immer, davon unberührt.

Den umfassendsten Gesamtüberblick neueren Datums über die extern publizierten deutschsprachigen Periodika liefert das *Handbuch der deutschsprachigen Presse im Ausland* (Akstinat 2012/13). Es enthält allerdings nicht nur Zeitungen und Zeitschriften, wie schon die Spezifizierung im Untertitel verrät: „Verzeichnis deutschsprachiger Zeitungen, Zeitschriften, Mitteilungsblätter und Jahrbücher außerhalb Deutschlands, Österreichs, Luxemburgs, Liechtensteins und der Schweiz", und lässt die Zeitungen und Zeitschriften nicht immer klar von den übrigen Blättern unterscheiden (Pfarrbriefe, Gemeindeblätter, Vereinsmitteilungsblätter, Magazine und dergleichen). Dennoch habe ich mich für eine Gesamtauszählung pro Staat entschieden (Tab. J.1.2.2-1).

Den Zahlen aus Akstinat habe ich die Befunde aus früheren Auszählungen hinzugefügt, die detailliert dargestellt sind in Ammon 1991a (S. 380-383). Sie basierten auf dem Katalog des Presse- und Informationsamt[es] der Stadt Wuppertal (1984) *Deutschsprachige Medien in aller Welt*, der beanspruchte, alle deutschsprachigen Zeitungen und Zeitschriften für die frühen 1980er Jahre zu enthalten, die außerhalb von BRD, DDR, Österreich, Schweiz, Liechtenstein und Luxemburg publiziert wurden: Alles in allem 67 Zeitungen und 441 Zeitschriften, insgesamt also 508 sprachgebietsexterne deutschsprachige Organe. Im selben Jahr war für die gleichen Länder eine Zusammenstellung des Verein[s] für das Deutschtum im Ausland [VDA] (1984: *Leitfaden der deutschsprachigen Presse im Ausland*) erschienen, die jedoch nur insgesamt 348 Titel enthielt: 53 Zeitungen und 295 Zeitschriften. Allerdings war von all diesen Titeln mindestens ein Exemplar im Bundesarchiv des VDA archiviert, das damit vermutlich über die größte Sammlung von außerhalb des deutschen Sprachgebiets publizierten Zeitungen und Zeitschriften verfügte. Da auch diesen Fällen nicht unbedingt nur Zeitungen und Zeitschriften einbezogen sind, spreche ich von „Periodika".

In Tab. J.1.2.2-1 habe ich die Länder nach der Zahl der in Akstinat (2012/13) verzeichneten Titel in eine Rangordnung gebracht; im Fall mehrerer ranggleicher Länder sind diese alphabetisch geordnet. Die heutige Zahl von Titeln der den Rang definierenden Akstinat-Zahl ist fett gedruckt. Sie steht nur einmal auf jedem Rang, und zwar immer hinter einem einzigen oder dem zuerst genannten Ländernamen auf dem betreffenden Rang. Im Falle mehrerer Länder auf demselben Rang gilt sie also für alle diese Länder. Außerdem habe ich für jeden Staat die Zahl aus den beiden 1984 erschienenen Zusammenstellungen hinzugefügt. Befindet sich auf dem Rang nur ein Staat, so steht diese Zahl hinter der den Rang definierenden fett gedruckten Zahl (aus Akstinat 2012/13), sonst unmittelbar hinter dem Staatsnamen. Aufgelöste Staaten stehen in Klammern.

Rang	Länder	Zahl der Periodika		Erklärungshinweis
1.	Italien	301	(59)	*Deutsch regionale Amtssprache*
2.	Spanien	69	(16)	*Urlaubsstaat*
3.	USA	66	(48)	*Einwanderungsstaat*
4.	Belgien	56	(35)	*Deutsch regionale Amtssprache*
5.	Polen	52	(7)	*Nachbarstaat und Minderheit*
6.	Frankreich	51	(33)	*Nachbarstaat und Minderheit*
7.	Rumänien	49	(19)	*Minderheit*
8.	Ungarn	42	(14)	*Nachbarstaat und Minderheit*
9.	Kanada	40	(32)	*Einwanderungsstaat*
10.	Russland	36	(14 UdSSR)	*Minderheit*
11.	Dänemark	33	(11)	*Nachbarstaat und Minderheit*
12.	Großbritannien	30	(13), Südafrika (23)	
13.	Brasilien	26	(17)	*Minderheit*
14.	Australien	25	(20), Tschechien 25 (21 Tschechoslowakei)	
15.	Namibia	18	(17)	*Minderheit*
16.	Süd-Korea	17	(k.A.), Niederlande (12)	
17.	Türkei	16	(6), Japan (5)	
18.	Kroatien	14	(3 Jugoslawien), Finnland (10)	
19.	Paraguay	13	(6)	*Minderheit*
20.	Schweden	11	(13)	*Lutherische Konfession*
21.	Ägypten	10	(k.A.), Israel (14)	
22.	Griechenland	9	(5), Mexiko (4), Portugal (7), Thailand (1)	
23.	China	8	(4), Slowakei (21 Tschechoslowakei), Slowenien (3 Jugoslawien)	
24.	Chile	7	(6)	*Minderheit*
25.	Argentinien	6	(17), Estland (14 UdSSR), Norwegen (1), Peru (2)	
26.	Bulgarien	5	(3), Indien (6), Ukraine (14 UdSSR), Uruguay (3)	
27.	Aserbaidschan	4	(14 UdSSR), Bolivien (3), Indonesien (1), Kenia (2), Lettland (14 UdSSR), Mongolei (14 UdSSR), Singapur (1), Vereinigte Arabische Emirate 4 (1)	
28.	Irland	3	(1), Kolumbien (3), Neuseeland (k.A.), Taiwan (k.A.), Venezuela (3)	
29.	Äthiopien	2	(k.A.), Costa Rica (k.A.), Equador (2), Iran (1), Kasachstan (14 UdSSR), Litauen (14 UdSSR), Malaysia (k.A), Malta (1), Marokko (k.A.), Tunesien (k.A.)	
30.	Albanien	1	(k.A.), Belize (k.A.), Bosnien-Herzogwina (3 Jugoslawien), Dominikanische Republik (k.A.), El Slavador (k.A.), Georgien (14 UdSSR), Guatemala (k.A.), Honduras (k.A.), Island (k.A.), Jordanien (1), Kamerun (k.A.), Kuba (k.A.), Libanon (1), Nigeria (k.A.), Simbabwe (1), Surinam (k.A.), Tansania (k.A.), Vatikanstadt (1), Weißrussland (14 UdSSR), Zypern (1)	

Tab. J.1.2.2-1: Deutschsprachige Periodika außerhalb der deutschsprachigen Länder – Rangordnung nach Häufigkeit (Quellen: für aktuelle Zahlen, fett gedruckt, Akstinat 2011/12; für die Zahlen von 1984, in Klammern, Presse- und Informationsamt der Stadt Wuppertal 1984; Verein für das Deutschtum im Ausland 1984; k.A. = keine Angabe)

Für die Zahl in Klammern (von 1984) habe ich jeweils die größere Zahl der in den beiden Quellen ausgewiesenen Zahlen gewählt, also z.B. für Frankreich 33 aus Verein für das Deutschtum im Ausland 1984 (denn in Presse- und Informationsamt der Stadt Wuppertal 1984 waren es nur 30), oder für Rumänien 19 aus Presse- und Informationsamt der Stadt Wuppertal 1984 (in Verein für das Deutschtum im Ausland 1984 nur 11).

Für die ranghöheren Länder habe ich einen Erklärungshinweis zur verhältnismäßig großen Zahl von Periodika beigefügt (in der dritten Spalte, kursiv). In Italien und Belgien ist Deutsch regionale Amtssprache, und zwar in Südtirol bzw. Ostbelgien (Kap. D.3.2 bzw. D.3.1), wo auch die überwiegende Mehrzahl der aufgenommenen Periodika erscheinen. Die USA und Kanada sind Einwanderungsstaaten, und zwar nach wie vor, mit sprachlich teilweise noch nicht assimilierten Immigranten aus den deutschsprachigen Ländern. Außerdem gibt es in den USA und Kanada religiöse Minderheiten mit Sprachinselcharakter, die entschiedener an ihrer deutschen Herkunftssprache festhalten als sonstige Immigranten (Kap. E.4.11). Immigrantenstaaten, wenn auch weniger in neuerer Zeit, mit religiösen, teilweise auch sonstigen deutschsprachigen Minderheiten finden sich außerdem – wenn auch unterschiedlichen Umfangs – in Brasilien, Paraguay, Chile, Uruguay und Bolivien, um der Rangordnung in Tab. J.1.2.2-1 zu folgen. Sie kommen ebenfalls zur Sprache in Kap. E.4.11, aber auch in Kap. C.1 für die Abschätzung der Gesamtzahl von Muttersprachlern des Deutschen. In der dortigen Tab. C.1-2 werden auch andere Länder der Tab. J.1.2.2-1 wegen vorhandener deutschsprachiger Minderheiten genannt. Eine besondere deutschsprachige Minderheit lebt noch in Israel, gezeichnet von der deutschen Politik zur Nazi-Zeit (Pazi 1979; Betten/ Dunour 2000; Betten 2011; Zimmermann/ Hotam 2005; Zabel 2006). Die Bedingungen für den Spracherhalt bei deutschsprachige Minderheiten sind vielfältig (Kap. E.1 und E.2). Abgesehen von vielerlei divergierenden Bedingungen können sie die deutsche Sprache leichter erhalten in der Nachbarschaft oder Nähe deutschsprachiger Länder, wie in Polen (Kap. Kap E.4.4), Frankreich (Kap. E.4.3), Rumänien (Kap. E.4.7), Ungarn (Kap. E.4.6), Dänemark (Kap. E.4.2), Kroatien, oder auch Finnland – abermals geordnet nach der Rangfolge in Tab. J.1.2.2-1. Bei den Nachfolgestaaten der Sowjetunion (hier Russland) und Jugoslawiens (hier Kroatien) ist kein wirklicher Vergleich zwischen den beiden Zeitpunkten möglich. Ein Sonderfall ist Namibia mit seiner um Spracherhaltung bemühten, aus der deutschen Kolonialzeit überkommenen deutschsprachigen Minderheit (Kap. E.4.9), die teilweise mit deutschsprachigen Gruppen in Südafrika interagiert. In einigen der in Tab. J.1.2.2-1 prominenten Ländern werden die Periodika durch den Tourismus aus den deutschsprachigen Ländern gestützt (vgl. dazu Kap. I.4; I.5), teilweise auch durch mehr oder weniger dauerhaft oder saisonal ansässige Rentner- oder Pensionärskolonien (Kap. E.5), beides vor allem in Spanien, der Türkei und Griechenland. Schließlich spielen in einigen Ländern mit verhältnismäßig vielen deutschsprachigen Periodika die Fachorgane der Germanistik und der Didaktik für Deutsch als Fremdsprache eine gewisse Rolle, wie in Großbritannien (Kap. K.9.3), Süd-Korea und Japan (Kap. K.9.14). Nicht selten ist auch das einzige deutschsprachige Periodikum eines Staates ein solches Fachorgan, wie in Albanien und Kamerun, oder es ist das Gemeindeblatt einer religiösen Gruppe, z.B. in Belize und Guatemala, oder die Zeitschrift der örtlichen Deutschen Auslandshandelskammer, z.B. in El Salvador und Honduras. Diese Hinweise werden im Wesentlichen bestätigt durch Stichworte zu den Nutzern und Zielgruppen der Periodika in Akstinat (2012/13: 13f.).

Für das Thema des vorliegenden Buches wäre es interessant, die Rezeption der Periodika zu untersuchen. Dabei wäre zu fragen, inwieweit sie unter Umständen den Spracherhalt deutschsprachiger Minderheit stützen, die Sprachumstellung von Immigranten aus deutschsprachigen Ländern verzögern oder das Lernen und die Kenntnis von Deutsch als Fremdsprache unterstützen. Die Hinweise im vorausgehenden Abschnitt könnten der ersten Orientierung für die Auswahl von Ländern und die Formulierung von Untersuchungsfragen dienen.

Bei vielen Periodika ist mit einer erheblichen Fluktuation zu rechnen. Diese Annahme liegt schon nahe aufgrund der zum Teil beträchtlichen Divergenzen zwischen den Zahlen des Presse- und Informationsamtes der Stadt Wuppertal (1984) und des Vereins für das Deutschtum im Ausland (1984) einerseits und Akstinat (2012/13) andererseits. Schon der Verein für das Deutschtum im Ausland (1984: 7) weist auf dadurch bedingte Schwierigkeiten der Titelerfassung hin, „denn laufend fallen Titel weg (bedingt durch die schwache finanzielle Basis vieler Blätter), und Neugründungen kommen hinzu". Teilweise ist es unsicher, ob ein Organ überhaupt noch existiert, da es nur selten erscheint oder aber in einer Form, aufgrund deren man über die Berechtigung seiner Aufnahme in eine Dokumentation streiten kann. So wurden in die Sammlung des Vereins für das Deutschtum im Ausland (1984: 9) „auch hektographierte kleinere Schul- und Schülerzeitungen und Mitteilungsblätter von Kirchengemeinden und Vereinen, die mindestens zweimal jährlich erscheinen" einbezogen. Auf ähnliche Probleme weist Akstinat (2012/13: 14) hin, wie etwa das „Assimilierungsproblem: schwindende Leserzahlen, weil Auslandsdeutsche z.B. die deutsche Sprache verlernen" oder das „Nachwuchs-Problem: viele Medien finden vor Ort kaum Mitarbeiter mit ausreichenden Deutschkenntnissen + ausreichendem Fachwissen." Schließlich lassen die Auflagenhöhen, die allerdings in allen drei Dokumenten nur vereinzelt angegeben sind, auf zum Teil sehr bescheidene Blätter schließen.

Organe mit häufiger Erscheinungsfrequenz und einigermaßen hoher Auflage sind, im Verhältnis zur Gesamtzahl, ausgesprochen selten. Vor allem Tageszeitungen lassen sich an den Fingern abzählen. Tab. J.1.2.2-2 enthält die komplette Liste der Tageszeitungen für die frühen 1980er Jahre (gemäß Presse- und Informationsamt der Stadt Wuppertal 1984), mit Titeln, die damals mindestens fünfmal wöchentlich erschienen. Hinzugefügt sind die aktualisierten Angaben dazu für die heutige Zeit, also rund 30 Jahre später (nach Akstinat 2012/13).

		Frühe 1980er Jahre	Um 2012
Italien	*Dolomiten*	30.000	50.000 – 80.000
Belgien	*Grenz-Echo*	13.000	13.000
Frankreich	*Dernieres Nouvelles D'Alsace*	250.000	Seit 2012 nur noch französisch
	L'Alsace	134.000	Nur noch deutsche Beilage: 4.000
Dänemark	*Nordschleswiger*	3.000	3.000
Rumänien	*Neue Banater Zeitung*	18.000	k.A.
	Neuer Weg	40.000	*Allgemeine Deutsche Zeitung* 3.000
Ungarn	*Neueste Nachrichten*	15.000	k.A.
Sowjetunion/ (Russland)	*Freundschaft* (seit 1.1.1990 *Deutsche Allgemeine*)	?	k.A.
Namibia	*Allgemeine Zeitung*	5.000	5.000 – 6.000
Israel	*Israel-Nachrichten*	?	k.A.

Tab. J.1.2.2-2: Deutschsprachige Tageszeitungen außerhalb der deutschsprachigen Länder mit Auflagenhöhen in den frühen 1980er Jahren und um 2012 (Quellen: Presse- und Informationsamt der Stadt Wuppertal 1984; Akstinat 2012/13; k.A. = keine Angabe)

Dernieres Nouvelles D'Alsace war früher zweisprachig deutsch und französisch, heute gibt es nur noch eine deutschsprachige Beilage für Abonnenten auf besondere Bestellung. *L'Alsace* war früher ebenfalls zweisprachig und hat heute nur noch eine deutsche Beilage mit einer Auflage von 4.000. Für Rumänien ist die *Allgemeine Deutsche Zeitung für Rumänien*, so der vollständige Name, als „einzige deutschsprachige Zeitung Osteuropas" (Akstinat 2012/13: 214) Nachfolgerin von *Neuer Weg* (bis 1992). Zur *Neuen Banater Zeitung* findet sich in Akstinat (2012/13) keine Angabe. Für Ungarn enthält Akstinat (2102/13) zu *Neueste Nachrichten* auch keine Angabe; es gibt keine Tageszeitung mehr, jedoch die wöchentliche *Neue Zeitung*. Auch für Russland finden sich zu *Freundschaft* oder *Deutsche Allgemeine* keine Angaben bei Akstinat (2102/13); es gibt in Russland keine Tageszeitung mehr, jedoch die zweisprachige deutsch/ russische Wochenzeitung *Ihre Zeitung*. Für Israel hat Akstinat (2102/13) zu *Israel-Nachrichten* ebenfalls keine Angabe; dort gibt es nicht einmal mehr eine wöchentliche Zeitung.

Stabilität oder teilweise sogar Ausweitung zeigen nur Italien (Südtirol) sowie Belgien (Deutschsprachige Gemeinschaft) (Kap. D.3.2; D.3.1) sowie Dänemark und Namibia (Kap. E.4.2; E.4.9). Vereinfachte Erklärungen dafür sind: In den ersten beiden Fällen der Status als regionale Amtssprache, der maßgeblichen Schutz bietet, in den letzten beiden Fällen großzügige Minderheitsgesetze und die Nachbarschaft zu Deutschland bzw. der Stolz auf die eigene Sprache und Ethnie und das Spracherhaltungsengagement. In allen übrigen Fällen ist deutlicher, teilweise dramatischer Rückgang zu verzeichnen. Es ist anzunehmen, dass der Rückgang in den übrigen Fällen bedingt ist durch Sprachumstellung von der Minderheitssprache Deutsch auf die umgebende Mehrheitssprache. Allerdings könnte auch die ersatzweise Hinwendung zu den neuen Medien (Kap. J.1.4) eine Rolle spielen, nicht zuletzt vielleicht auch der Zugang zu Online-Versionen von Zeitungen und Zeitschriften der deutschsprachigen Länder. Die Prüfung dieser Annahme bedürfte einer gesonderten Untersuchung.

Der Schwund deutschsprachiger Periodika zeigt sich auch über einen längeren Zeitraum hin. So nennt z.B. das von Walther Heide (1935: 9) herausgegebene *Handbuch der deutschsprachigen Zeitungen im Ausland* für die 1930er Jahre noch 995 deutschsprachige „Zeitungen" außerhalb des geschlossenen deutschen Sprachgebiets. Von seiner Gesamtzahl 1.700 sind für den Vergleich mit neueren Zahlen 705 abzuziehen, nämlich die 236 in Österreich, 444 in der Schweiz, 3 in Liechtenstein und 22 in Luxemburg. Diese Länder sind nämlich im Katalog des Presse- und Informationsamtes der Stadt Wuppertal (1984), der sich am besten für den Vergleich eignet, nicht berücksichtigt. Wenn auch die Kategorien bei Heide und im Wuppertaler Katalog nicht ganz übereinstimmen, so zeigt der Vergleich doch einen kaum zu bezweifelnden Rückgang in der Anzahl der Blätter. Selbst wenn man im Wuppertaler Katalog die Zeitungen und Zeitschriften zusammenfasst, ist ihre Gesamtzahl nur gut halb so groß wie bei Heide, nämlich 508 gegenüber 995.

Ein ähnliches, aber viel weiter in die Geschichte zurückreichendes Bild liefert die Entwicklung in den USA, über die das Presse- und Informationsamt der Stadt Wuppertal (1984: 16) für die frühen 1980er Jahr noch vermerkt: „Die größte Zahl deutschsprachiger Zeitungen und Zeitschriften weisen immer noch die USA als das bedeutendste Einwanderungsland auf." Jedoch zeigt sich die Schrumpfung dort besonders deutlich. Für die USA liegen Langzeitzahlen vor, die sich über die gesamte Zeitspanne erstrecken, seit deutschsprachige Zeitungen dort überhaupt existieren (*Forschungsstandbericht Deutsch als Muttersprache im nichtdeutschsprachigen Ausland* 1988). Die Entwicklung wird ersichtlich aus Tab. J.1.2.2-3.

Jahr	Anzahl der Zeitungen	
1732	1	(Benjamin Franklin)
1840	40	
1860	ca. 80	
1890	727	
1914	537	
30er Jahre	174	
1960	69	
1983	16	(keine Tageszeitung mehr)

Tab. J.1.2.2-3: Anzahl deutschsprachiger Zeitungen in den USA über die Jahre 1732 – 1983 (Quellen: *Forschungsstandbericht Deutsch als Muttersprache im nichtdeutschsprachigen Ausland* 1988: 174; Heide 1935)

Der Klammerzusatz in der letzten Zeile von Tab. J.1.2.2-3 lässt schon vermuten, dass es sich bei dem Schwund an Titeln im Allgemeinen nicht um die Art von Konzentration handelt, wo bei abnehmender Titelzahl die Auflagenzahlen wachsen. Diese Vermutung bestätigt auch ein Vergleich der Auflagenhöhen für die einzelnen Zeitungen. Für die in Tab. J.1.2.2-4 genannten deutschsprachigen Zeitungen in den USA liegen Angaben über die Auflagenhöhen sowohl in den frühen 1930er als auch in den frühen 1980er Jahren vor.

Die Schrumpfung in der beobachteten Zeitspanne zeigt sich in mindestens einer, wenn nicht gleichzeitig in mehreren der folgenden Veränderungen: 1) Rückgang der Auflagenhöhe, 2) Verlangsamung des Erscheinungsturnus von täglich bzw. werktäglich auf wöchentlich und 3) Fusion verschiedener Organe. Auch im einzigen Fall, wo die Auflagenhöhe bei unverändertem Erscheinungsturnus gestiegen ist (*California Staats-Zeitung*), hat eine Fusion stattgefunden, deren einer Teil (*Neue Zeitung*) jedoch bei Heide (1935) nicht belegt ist.

Ähnliche langfristige Schrumpfungsprozesse bei den außerhalb der deutschsprachigen Länder publizierten deutschsprachigen Zeitungen lassen sich vermutlich in den meisten Gebieten deutschsprachiger Minderheiten feststellen (vgl. Kap. E). Sie verlaufen allerdings selten kontinuierlich, auch nicht in den USA, sondern geprägt vom Rhythmus von Einwanderung und politischen Umständen.

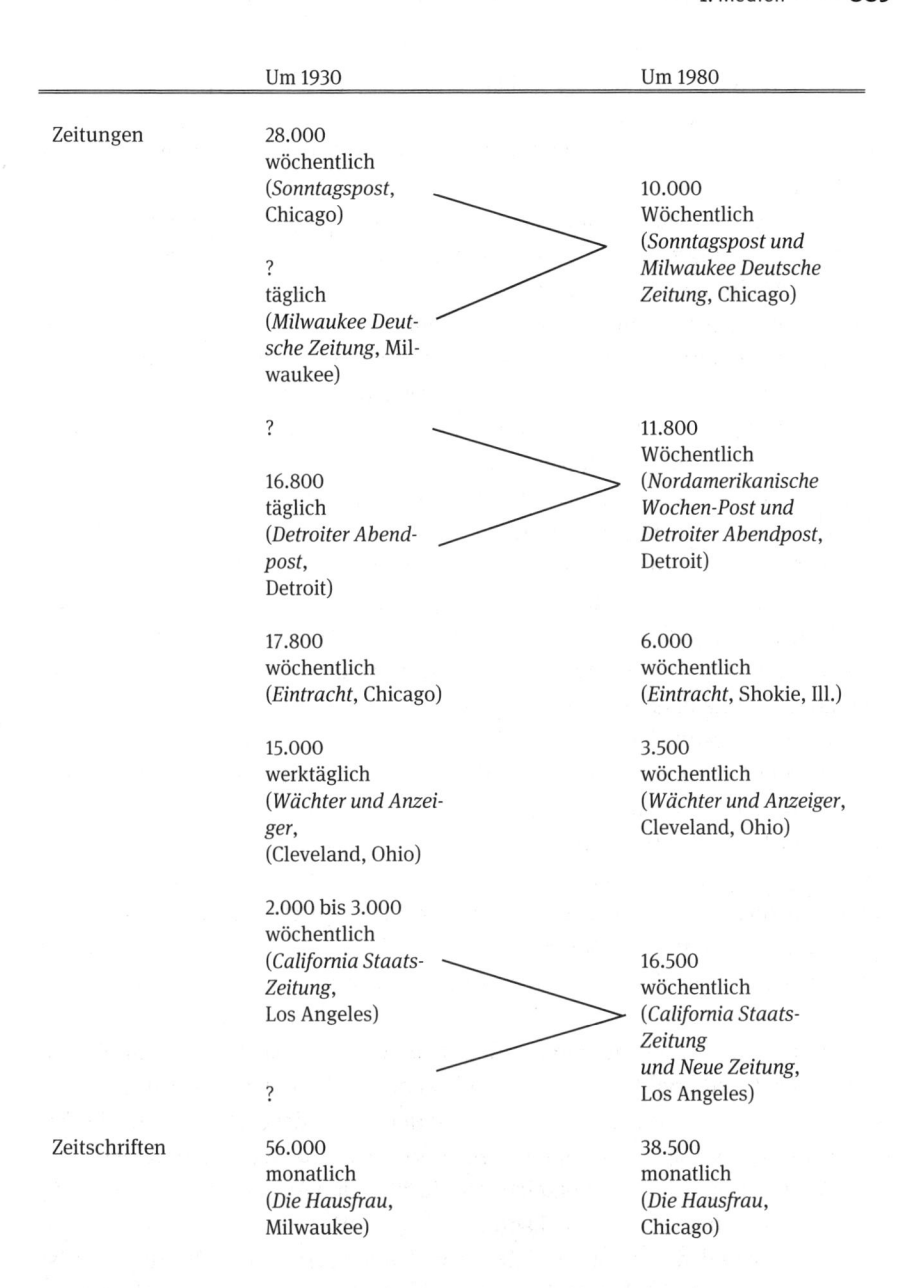

	Um 1930	Um 1980
Zeitungen	28.000 wöchentlich (*Sonntagspost*, Chicago)	10.000 Wöchentlich (*Sonntagspost und Milwaukee Deutsche Zeitung*, Chicago)
	? täglich (*Milwaukee Deutsche Zeitung*, Milwaukee)	
	?	11.800 Wöchentlich (*Nordamerikanische Wochen-Post und Detroiter Abendpost*, Detroit)
	16.800 täglich (*Detroiter Abendpost*, Detroit)	
	17.800 wöchentlich (*Eintracht*, Chicago)	6.000 wöchentlich (*Eintracht*, Shokie, Ill.)
	15.000 werktäglich (*Wächter und Anzeiger*, (Cleveland, Ohio)	3.500 wöchentlich (*Wächter und Anzeiger*, Cleveland, Ohio)
	2.000 bis 3.000 wöchentlich (*California Staats-Zeitung*, Los Angeles)	16.500 wöchentlich (*California Staats-Zeitung und Neue Zeitung*, Los Angeles)
	?	
Zeitschriften	56.000 monatlich (*Die Hausfrau*, Milwaukee)	38.500 monatlich (*Die Hausfrau*, Chicago)

Tab. J.1.2.2-4: Auflagenhöhe der bis 1980 fortbestehenden deutschsprachigen Zeitungen und Zeitschriften in den USA
(Quellen: Heide 1935; Presse- und Informationsamt der Stadt Wuppertal 1984;
? = Fehlen von Titel oder von Auflagenhöhe bei Heide 1935)

So ist z.B. in Australien die deutschsprachige Presse die älteste fremdsprachliche Presse im Lande und beginnt mit der von Carl Kornhardt gegründeten *Die Deutsche Post fuer die Australischen Kolonien* (Adelaide, Ersterscheinung 06.01.1848).

Sie entwickelt sich in der Zeit vor dem Ersten Weltkrieg in erstaunlicher Vielfalt, bis ihr das generelle Verbot deutschsprachiger Druckerzeugnisse durch die australische Regierung im Jahre 1917 ein vorläufiges Ende bereitet. Nach dem Ersten Weltkrieg entfaltet sich die deutschsprachige Presse in Australien dann erneut, kommt jedoch in der Zeit des Zweiten Weltkriegs wieder zum Erliegen. Danach ersteht sie abermals und wächst, wie es scheint, bis Ende der 1950er/ Anfang der 1960er Jahre, um schließlich zu stagnieren und allmählich zu schrumpfen. (Gilson/ Zubrzycki 1967: 4-13, 132-136)

Allerdings verzeichnen die außerhalb der deutschsprachigen Länder publizierten deutschsprachigen Zeitungen und Zeitschriften keinen einseitigen Schwund, sondern zwei gegenläufige Tendenzen: Einerseits die Kontraktion alter Organe (Fusion, Auflagenrückgang, langsamerer Erscheinungsturnus, Einstellung) und andererseits die Entstehung neuer Organe. Jedoch hat in neuerer Zeit die erstere Bewegung letztere quantitativ weit überwogen, so dass die Summe eine abnehmende Resultante ergibt.

Eine Trendwende ist nicht in Sicht. Kurt Schnöring hat darauf hingewiesen, dass die deutschsprachigen Printmedien vielenorts um ihre Existenz ringen, insbesondere in Süd- und Nordamerika (Presse- und Informationsamt der Stadt Wuppertal 1984: 15-18). Auch die schon weiter oben erwähnten „Probleme der deutschsprachigen Auslandspublikationen", die Akstinat (2012/13: 14) nennt, weisen in diese Richtung. Leserverluste und geringeres Anzeigenaufkommen unterminieren in vielen Fällen die ökonomischen Grundlagen. Zwar weist Schnöring auch auf florierende Neugründungen hin, wie z.B. die wöchentlich erscheinende *Amerika-Woche* in den USA. Nicht selten ersetzen solche Neugründungen jedoch auslaufende andere Organe, wobei sich per Saldo ein abnehmender Trend ergibt. Dies trifft gerade auch auf die *Amerika-Woche* zu. Dass ihr „8 deutschsprachige Zeitungstitel einverleibt" wurden, ist zwar für die Zeitung selbst ein Erfolg, aber zugleich ein Verlust für die deutschsprachige Auslandspresse als ganze. Zwar verzeichnete sie 2012 eine Auflage von über 30.000, erschien aber nur alle 14 Tage (Akstinat 2012/13: 301).

Der Schwund der extern publizierten deutschsprachigen Printmedien ist maßgeblich verursacht durch die sprachliche Assimilation der deutschsprachigen Immigranten und Minderheiten (Kap. E). Diese Entwicklung wird nicht voll ausgeglichen durch die Expansion internationaler Wirtschaftsbeziehungen und des Tourismus (Kap. I). Symptomatisch für die Entwicklung ist, dass die Zeitschriften der deutschen Auslandshandelskammern mehr und mehr durch Webseiten ersetzt wurden (Kap. F.4). Entsprechend besteht auch im Tourismus die Tendenz, die Kommunikation zunehmend auf die neuen Medien (Kap. J.1.4) zu verlagern.

Was nun noch fehlt und dringend erwünscht wäre, ist ein Vergleich mit der Presse anderer, vor allem der internationalen Sprachen (Kap. A.7), außerhalb ihres Gebiets oder der Länder, in denen sie vorrangige Muttersprache oder staatliche Amtssprache sind. Leider fehlen mir dazu brauchbare Zahlen. Wieder einmal liegt damit ein Forschungsdesiderat auf der Hand. Einen sehr groben Hinweis auf die stärkere Stellung vor allem von Englisch, aber auch von Französisch und Chinesisch liefern die für diese Sprachen vorhandenen globalen Nachrichtenagenturen, die allerdings nicht nur die Presse versorgen. Als die weitaus umfassendsten „Global News Agencies" nennt und beschreibt Thomas L. McPhail (2007: 175-191): *Reuters* (Großbritannien), *The Associated Press, United Press International, Bloomberg, Dow Jones & Company* (alle 4 in USA), *Agence France Presse* (Frankreich) und *Xinhua* (China). Die *Deutsche Presseagentur (dpa)* erwähnt er nicht, obwohl sie sich selbst im Internet präsentiert als „one of the world's leading news agencies" (www.dpa.de/english.82.0.html – abgerufen 01.12.2013). Offenbar ist sie im Vergleich doch nicht so global aufgestellt wie die von McPhail genannten anderen Agenturen. Einen direkten Zusammenhang mit der internationalen Stellung der Presse der betreffenden oder anderer Sprachen gibt es allerdings, wie mir scheint, nicht.

1.3 Rundfunk

1.3.1 Auslandsrundfunk der deutschsprachigen Länder

Der Terminus *Rundfunk* umfasst den Hörfunk und das Fernsehen, wird allerdings gemeinsprachlich häufig hauptsächlich im Sinne von ‚Hörfunk' gebraucht. Im Folgenden befasse ich mich zunächst mit dem Hörfunk und dann mit dem Fernsehen. Bei beiden Medien geht es – im Rahmen des vorliegenden Buches – um die internationale Kommunikation oder auch die Kommunikation außerhalb des geschlossenen deutschen Sprachgebiets in Mitteleuropa. Sie findet hauptsächlich statt durch Sender der deutschsprachigen Länder, die nach außen senden (*Auslandsdienste*), die ich zuerst behandle, teilweise aber auch durch Sender anderer Länder, die auf Deutsch senden (*Deutschsprachige Auslandssender*), die ich danach zur Sprache bringe.

Die Rundfunk-Auslandsdienste der deutschsprachigen Länder sind in den letzten Jahrzehnten beträchtlich eingeschränkt worden. *Radio Österreich International (RÖI)*, das seit 1955 deutschsprachige Auslandssendungen auf Kurzwelle ausstrahlte, hat – nach im Jahr 2000 einsetzenden finanziellen Kürzungen – im März 2003 seine Sendetätigkeit beendet. Nur der englischsprachige „Report from Austria" wurde noch einige Jahre lang aufrecht erhalten. Es wurde auch keine Alternative über das Internet eingerichtet. Private Fortsetzungsversuche sind allem Anschein nach inzwischen verstummt (zu Versuchen: www.asamnet.de/~bienerhj/at.html – abgerufen 28.11.2013).

Auch das *Schweizer Radio International (SRI)*, das seit den 1930er Jahren Sendungen in den drei Amtssprachen, also auch Deutsch (Kap. D.2.4), auf Kurzwelle ausstrahlte, hat am 30. Oktober 2004 seine Sendungen komplett eingestellt. Stattdessen bietet es Nachrichten im Internet an, und zwar unter der Adresse <swissinfo>. Dort werden auch die Sprachen angezeigt, in denen diese Nachrichten zugänglich sind, nämlich – außer in den nationalen Amtssprachen Deutsch, Französisch und Italienisch, nicht aber Rätoromanisch – in Englisch, Spanisch, Portugiesisch, Japanisch, Arabisch, Chinesisch und Russisch (so die Reihenfolge der Nennung).

Eine ähnliche Entwicklung zeigt der Auslandshörfunk aus Deutschland. Die Wiedervereinigung bedeutete das Ende des DDR-Senders *Radio Berlin International (RBI)* zum 3. Oktober 1990. Nur 21 der 130 – im Jahr zuvor noch 250 – Angestellten wurden von der *Deutschen Welle* übernommen („Kleine Meldungen", *FAZ* 15.10.1990), dem Auslandssender der BRD und des vereinigten Deutschlands. RBI hatte 1955 als *Abteilung Auslandsinformation* des DDR-Rundfunks mit Sendungen auf Französisch und Englisch begonnen, denen bald Sendungen in Deutsch sowie schließlich in insgesamt 10 Fremdsprachen folgten. Trotz der Statusanhebung der Abteilung zu einem selbstständigen Sender im Jahr 1959 blieb die Reichweite eingeschränkt, da keine Relais-Standorte im Ausland zur Verfügung standen, sondern nur die DDR-Stationen Berlin-Köpenick, Nauen bei Berlin, Burg, Leipzig und Königswusterhausen, wo vor dem Zweiten Weltkrieg der *Weltrundfunksender* stationiert war.

Damit bleibt die *Deutsche Welle (DW)* im heutigen Deutschland der einzige Auslandssender in den deutschsprachigen Ländern, der diese Bezeichnung verdient, jedenfalls der einzige öffentlich-rechtliche. Grundlegende – und im Großen und Ganzen korrekte – Informationen dazu liefert die englischsprachige Version von Wikipedia (en.wikipedia.org/wiki/Deutsche_Welle – abgerufen 29.11.2013). Allerdings muss man ganz bis zum Ende lesen, um zu erfahren, dass die deutschsprachigen Sendungen auf Kurzwelle Ende Oktober 2011 eingestellt wurden, wie auch in mehreren anderen Sprachen: „On November 1, 2011, DW discontinued shortwave broadcasts in German, Russian, Farsi and Indonesian and ended its English service outside of Africa. Chinese programming was reduced from 120 minutes to 60 minutes a week." (Ebd.) Auf einer neueren Webseite zu den „Frequenzübersichten – Radio" heißt es: „Seit dem 30. Oktober

2011 gibt es kein DW Radioprogramm in deutscher Sprache mehr, weder über Kurzwelle oder Satellit noch über Livestream." „Ein DW Radioangebot auf Kurzwelle und/ oder Satellit gibt es in den Sprachen Albanisch, Amharisch, Bosnisch, Dari, Englisch, Französisch, Griechisch, Haussa, Kisuaheli, Paschtu, Portugiesisch, Romanes, Türkisch und Urdu." (www.dw.de/frequenz% C3%BCbersichten-radio/a-435653 – abgerufen 30.11.2013) Die Einschränkung wird erst deutlich im Rückblick auf frühere Verhältnisse, als die Deutsche Welle Radio auf Kurzwelle in 33 „Fremdsprachen", demnach – mit Deutsch – in 34 Sprachen sendete (Deutsche Welle 1986: 5).

Allerdings wurden Radio-Sendungen, vor allem diejenigen über Kurzwelle, auch in den Auslandssendern anderer Länder reduziert oder eingestellt, da sie infolge Fernsehens und neuer Medien immer weniger Zuspruch fanden. Dies gilt sogar für die ganz großen Sender internationaler Sprachen wie *Radio China International*, *Voice of America*, *Stimme Russlands* (Голос Poccuu/ *Golos Rossii*), *BBC World Service*, *Radio France Internationale*, *Radio Japan* (NHK) oder *Radio Exterior de España*. Eine umfangreiche Zusammenstellung „Internationaler Auslandssender" mit – zumindest einstigen – Kurzwellensendungen nennt 37 Beispiele in rund 30 Ländern – die Zuordnung zu Ländern ist nicht immer klar. Welche davon heute noch senden, habe ich nicht recherchiert (de.wikipedia. org/wiki/Kurzwellenrundfunk#Auswahl_einiger_Kurzwellensender – abgerufen 30.11.2013).

Bevor ich auf die neuere Entwicklung der Deutschen Welle zu sprechen komme, gestatte ich mir einen kurzen Rückblick auf die Geschichte, der – weil diese weiter zurückreicht – etwas ausführlicher ausfällt als bei den Auslandssendern Österreichs und der Schweiz (zur Geschichte und zum staatlichen Auftrag sehr fundiert und ausführlich, aber ohne nennenswerte Thematisierung der deutschen Sprache oder Sprachwahl siehe Pieper 2000; kürzer in Deutsche Welle 2003; Krasteva 2007: 5-13; Ammon 1991a: 365-367). Die namentlichen sowie technischen und institutionellen Vorläufer entstanden in den 1920er Jahren, ein Sender namens *Deutsche Welle* schon 1926, und in Verbindung damit 1928 der *Weltrundfunksender* in Zeesen bei Königwusterhausen, der 1929 seinen ständigen Betrieb aufnahm. Ab 1932 strahlte er regelmäßig Sendungen nach Nordamerika aus und ab 1934 auch noch nach Mittel- und Südamerika, Afrika und Ostasien. Die NS-Regierung übernahm den Sender 1933 und benannte ihn um in *Deutschen Kurzwellensender*, dem dann später, 1953, die *Deutsche Welle* nachfolgte.

Im Verlauf des Zweiten Weltkriegs wurde die Sendekapazität zu Propagandazwecken stark erweitert. Während des Krieges legte Franz Thierfelder (1941) – übrigens nach dem Krieg einer der Neugründer des Goethe-Instituts und langjähriger Generalsekretär des Instituts für Auslandsbeziehungen – eine differenzierte Konzeption vor zur Verbreitung der deutschen Sprache mittels des Auslandsrundfunks, die zur nationalsozialistischen Machtpolitik passte (zu dieser Politik z.B. Simon 1979b; Ammon 1991a: 86f., 533-537; Scholten 2000a; b; Kap. L.2). Die *Deutsche Welle* der BRD (*DW*, Köln) nahm dann am 3. Mai 1953 ihren Betrieb auf.

Die Deutsche Welle hat als öffentlich-rechtlicher Sender nach Bundesrecht, finanziert aus Bundesmitteln – also aus Steuern, nicht aus Rundfunkgebühren – den Auftrag einer umfassenden, ausgewogenen Berichterstattung, der „pluralen Information", wie ihr früherer Intendant Erik Bettermann diesen Auftrag einmal zusammenfasste („Es geht um plurale Information", *FAZ* 20.11.2008: 40). Dabei geht es um „umfassende Darstellung", „mit allen Missständen und Erfolgen", wie es der neue Intendant Peter Limbourg formuliert hat (Berthold Stevens, Deutsche Welle, E-Mail 12.12.2013, auch mit vielen anderen wertvollen Hinweisen). Diese Formulierung ist durchaus vereinbar mit der Funktion einer "Visitenkarte Deutschlands", wie sie Hristina Krasteva (2007) im Titel ihrer Untersuchung charakterisiert hat (zum staatlichen Auftrag auch Gerwald 1995).

Diese Teile des Auftrags verlangen eine Sprachwahl, die möglichst alle Meinungsmacher weltweit, wenn nicht überhaupt alle Erdenbewohner erreicht. Dies ist zweifellos Englisch, auf dessen Gebrauch folglich nicht verzichtet werden kann. Die Deutsche Welle sieht sich dabei in der Konkurrenz mit den Auslandssendern anderer Länder, die ebenfalls Englisch gebrauchen. Eines der beiden Hauptziele der Deutschen Welle, eine Berichterstattung über Deutschland und über die deutsche Sicht der Welt, die möglichst viele Menschen weltweit erreichen soll, nötigt also zum Gebrauch der englischen Sprache. Daran hat der Intendant neuerdings erinnert und eine gewisse Umstrukturierung in diese Richtung angekündigt („Alles auf Englisch", *FAZ* 21.01.2014: 31). Ein zweites Ziel, das vielen als so selbstverständlich gilt, dass es weniger offen ausgesprochen wird, ist die Förderung oder Verbreitung der deutschen Sprache und Kultur in der Welt. Nicht wenige, vor allem Germanisten, scheinen es für das einzige oder zumindest vorrangige Ziel zu halten und kritisieren deshalb den Gebrauch anderer Sprachen, vor allem von Englisch. In der Tat heißt es zum zweiten Auftragsteil: „Die Deutsche Welle fördert dabei insbesondere die deutsche Sprache" (DW-Gesetz 2005, § 4, letzter Satz). Dieser Auftragsteil impliziert zweifellos den bevorzugten Gebrauch der deutschen Sprache. Ohne diesen erscheint auch kaum ein angemessenes Rundfunkangebot für deutschsprachige oder der deutschen Sprache zugeneigte Personen im Ausland und außerhalb des deutschen Sprachgebiets möglich, das ebenfalls zu den Aufgaben der Deutschen Welle gehört (siehe dazu und zur Geschichte des Senders 1953 – 2003 auch Deutsche Welle 2003: 24-30). Die Abwägung zwischen Deutsch und Englisch im Hinblick auf die beiden Aufgaben und Ziele wird damit zu einem schwierigen und potentiell konfliktreichen Balanceakt (vgl. dazu Kap. A.2).

Die deutschsprachigen Sendungen, die für dieses Buch von vorrangigem Interesse sind, richten sich hauptsächlich auf drei Zielgruppen, die sich mit der Zeit nur teilweise geändert und im Gewicht verschoben haben: 1) Emigranten aus den deutschsprachigen Ländern und Regionen einschließlich deutschsprachiger Minderheiten, die ihre Verbindung zur Herkunftssprache und -kultur aufrecht erhalten wollen, 2) Expatriates, im weiten Sinn des Wortes: aller vorübergehend im Ausland weilenden Bürger und Einwohner deutschsprachiger Länder und Regionen (Geschäftsleute, Diplomaten, Wissenschaftler, Lehrer, Entwicklungshelfer und Touristen) sowie 3) Lerner oder Sprecher von Deutsch als Fremdsprache (Krasteva 2007: 18).

Für die deutschsprachigen Sendungen haben sich die schwerpunktmäßigen Zielregionen im Verlauf der Jahre weniger verschoben als für die fremdsprachlichen Programme, die unmittelbarer politisch und ökonomisch motiviert sind und in neuerer Zeit vor allem in der islamischen Welt, in Ost- und Südeuropa sowie West-, Zentral- und Ostafrika liegen (ebd.: 17). Zu den traditionellen Zielregionen für die deutschsprachigen Sendungen sind allerdings – wegen der Expatriates aus den deutschsprachigen Ländern – Gebiete verstärkten Interesses für die deutsche Wirtschaft hinzugekommen, wie Russland, China und Indien. Die beiden anderen BRICS-Staaten, Brasilien und Südafrika, sind schon länger Schwerpunkte. Aufgrund von Hörerpost erwiesen sich außerdem schon in den 1980er Jahren Spanien, Polen, Israel, Namibia und Südafrika, Kanada, USA, Argentinien und Australien als wichtige Zielstaaten (briefliche Auskunft der Deutschen Welle 07.07.1988). Die „beachtlichen deutschen Kolonien", die bei Kanada und den USA in dem Schreiben erwähnt sind, waren sicher eher deutschsprachige Minderheiten (Kap. E.4.11) als sonstige Emigranten oder Expatriates (Kap. E.5).

Während die traditionelle Zielgruppe der deutschstämmigen Emigranten und Minderheiten nach Einschätzung der Deutschen Welle „gegenwärtig an Bedeutung verliert" (Krasteva 2007: 18), gewinnen Expatriates und die Lerner und Sprecher von Deutsch als Fremdsprache an Bedeutung. Allerdings gehören auch sie schon lange zur Klientel der Deutschen Welle. Dies verraten Hörerbriefe aus den 1980er Jahren, die mir die Deutsche Welle anonymisiert überlies, durch Häufungen bezeichnender Sprachfehler, wie z.B. „Angelegenheit die dem Alltag nicht *zupasst*"; „Von *die* Programme*n*"; „In neue*m* Form"; „Für *den* Charakteristiken in BRD". Solche Briefe von Nicht-Muttersprachlern stammten aus England, Jugoslawien, der Türkei, dem Iran, der damaligen UdSSR, Indien, der VR China, Indonesien, Kuba und Kolumbien. Das heutige Gewicht der Nicht-Muttersprachler als Adressatengruppe der Deutschen Welle wird am Angebot einer Telenovela zum Deutschlernen deutlich, die online läuft („Jojo sucht das Glück"), worüber auch Webseiten regelmäßig informieren (z.B: www.google. com/#q=Deutsche+Welle). Die große Zahl der Interessenten an solchen Kursen lässt sich ahnen bei Meldungen wie „241.091 Personen gefällt DW – Learn German." (DEUTSCH LERNEN | DW.DE – 03.12.2013). Die Deutsche Welle hat allerdings eine Tradition als „globales Klassenzimmer" für den Deutschunterricht (Weirich 2000). Auch eine ältere umfangreiche internationale Befragung des „Publikums für das Deutschsprachige Programm" (Schönbach/ Knobloch 1995: 183) bestätigte das Deutschlernen als wichtiges Motive für das einstige Hören der Deutschen Welle (Rücklauf: 9.868 von 78.428 versandten Fragebögen, mit guter Repräsentation auf allen Kontinenten). Zum „Hörzweck" „um die deutsche Sprache zu lernen bzw. um meine Kenntnisse aufzufrischen" bekannten sich folgende Prozente der Informanten verschiedener Regionen: Deutschland 1% [Migranten?], Übriges Europa 25%, Asien/Ozeanien 23%, Afrika 8%, Nordamerika 25%, Süd-, Mittelamerika 15%, kein fester Aufenthaltsort (Seeleute) 3% (ebd.: 191; ausführliche Darstellung der Untersuchung in Schönbach/ Knobloch 1994).

Zugang zu vielfältigen Informationen über die Deutsche Welle bietet die Homepage www.dw.de, die in 30 Sprachen vorliegt: von Albanisch bis Urdu – mit Deutsch als der zentralen Sprache, die in der Sprachenliste durch Ankreuzung hervorgehoben ist. Darüber hinaus gibt es diverse spezielle Webseiten, deren nicht immer einfacher Aufbau die komplexe Struktur der Organisation ahnen lässt (Hinweise von Dominic Großpietsch, Deutsche Welle, E-Mail 03.12.2013). So z.B. die Angebote „On Demand": „Bilder", „Videos", „Audios", „Live Streams", „Podcasts", „Deutsch lernen" (mediacenter.dw.de/german). Die Deutsche Welle geht erkennbar mit der Zeit und bietet Zugänge an über neueste, auch soziale Medien wie YouTube, Twitter und Facebook. Diese Zugangsmöglichkeiten bestehen in bis zu 30 Sprachen.

Anders steht es um die Sprachenvielfalt im Fernsehen. Dieses spielt unter den heutigen Sendungen eine prominente Rolle (Informationen auf der Webseite www.dw.de/programm/sendungen/s-9094-9798). Fernsehen verbreitet die Deutsche Welle über sechs Kanäle, jeweils für bestimmte Weltregionen und mit je spezifischen Sendesprachen (die Empfangsregionen überschneiden sich an den Rändern breit, bedingt durch die Abdeckung der Satelliten):

- Europa (vom östlichen Grönland bis hinter den Ural und von Spitzbergen bis zum Nordrand Afrikas, einschließlich Mittlerer Osten): 18 Stunden Englisch und sechs Stunden Deutsch;
- Amerika (ganz Nord- und Südamerika): 20 Stunden Deutsch und vier Stunden Englisch;

- Lateinamerika (ganz Südamerika sowie Nordamerika einschließlich Teilen der USA): 24 Stunden Spanisch;
- Arabische Welt (alle arabischen Staaten einschließlich Mittlerer Osten und Nordafrika): zehn Stunden Arabisch und 14 Stunden Englisch;
- Asien (ganz Asien und Ozeanien einschließlich Australien und Neuseeland sowie Osteuropa und Mittlerer Osten): 24 Stunden Deutsch (www.dw.de/programm/tv-programm/s-4765-9798 – abgerufen 03.12.2013).

Den Zuschauern in Asien bietet die Deutsche Welle parallel ihren sechsten Kanal, den Basiskanal DW – rund um die Uhr auf Englisch. Dieses Programm ist auch in Nordamerika, Afrika und Australien zu empfangen. Deutsch ist also im Fernsehen beschränkt auf Europa, Nord- und Südamerika sowie Asien, fehlt aber in ganz Afrika.

Über die Webseite kommt man zu einer Karte mit – rund um die Welt über alle Sendegebiete verteilten – 27 Ortspunkten, die man einzeln anklicken kann, um die Sendebedingungen zu erfahren. Allerdings lässt die Zugänglichkeit in vielen Ländern zu wünschen übrig, wie Fernreisende an den Fernsehapparaten ihrer Hotels erfahren können. Einen Gesamtüberblick über die Empfangsbedingungen und -möglichkeiten konnte ich mir nicht verschaffen. Der manchenorts schwierige Zugang ist zweifellos problematisch (Hinweise auf entsprechende Hotels unter www.dw.de/kann-ich-dw-an-meinem-urlaubsort-sehen/a-2514617 und www.dw.de/unternehmen/hotels/s-7456 – abgerufen 26.12.2013). Außerdem erscheint mir die Kritik am großflächigen Verzicht der Deutschen Welle auf die deutsche Sprache, speziell in Afrika, die Franz Stark (2000c) geäußert hat, noch heute berechtigt, auch wenn ihr mit einem weltweiten Online-Angebot (als Live-Stream und im Media Center auch on-Demand) teilweise entsprochen wurde. Bedenkenswert ist zudem – im Hinblick auf die Zuschauerzahlen – die gelegentliche Kritik an der Überbetonung von Information zu Lasten von Unterhaltung.

1.3.2 Deutschsprachiger Rundfunk im Ausland

Außer den Auslandsdiensten der deutschsprachigen Länder gibt es – analog zur Presse – auch in den nicht-deutschsprachigen Ländern hergestellte und dort ausgestrahlte Deutschsprachige Auslandssendungen. Sie beschränken sich weitgehend auf den Hörfunk und Webseiten im Internet; Fernsehprogramme sind vereinzelte, oft kurzlebige Ausnahmen. Dementsprechend werden die Sender oder Sendungen oft als „Deutsches Radio im Ausland" bezeichnet. Allerdings sehen sie sich nicht selten in ähnlicher Lage wie die deutschsprachige Presse im Ausland (Kap. J.1.2.2). Nicht wenige sind existenzgefährdet und stellen sich technisch um auf Sendungen nur noch via Satellit und/ oder übers Internet. Einen Eindruck von dieser Umstellung soll Tab. J.1.3.2-1 vermitteln. Dort habe ich die Länder mit deutschsprachigen Sendungen in großen, meist staatlichen Sendern aus einer älteren Webseite aufgenommen (www.pressguide.com/radio.htm – abgerufen 29.11.2013), vermutlich um das Jahr 1989; sie ist nicht genau datiert. Jedoch ist Portugal nicht mehr enthalten, dessen deutscher Dienst Ende September 1988 eingestellt wurde, wohl aber noch Südafrika, dessen Radio RSA seine deutschsprachigen Sendungen am 30.04.1990 beendete (laut: www.jans-radioseiten.de/im.html – abgerufen 30.11.2013). Somit ergeben sich für die damalige Zeit 45 nicht-deutschsprachige Länder mit deutschsprachigen Sendungen im jeweiligen staatlichen Rundfunk – die Schweiz, Belgien und Italien, die ebenfalls genannt sind, habe ich weggelassen. Statt „Serbien", das ich mit Asteriskus markiert habe, hieß es noch „Jugoslawien", jedoch war das genannte „Radio Jugoslavija, International Radio of Serbia and Montenegro" in Belgrad stationiert.

Ich habe diese Liste mit einer aktuelleren Webseite verglichen, die betitelt ist: „In Memoriam – Deutsch auf Kurzwelle und Mittelwelle", und mit den Worten beginnt: „Seit einigen Jahren kann man den Trend feststellen, dass viele Stationen ihre [deutschsprachigen! U.A.] Sendungen auf Kurzwelle und Mittelwelle komplett einstellen oder einzelne Sprachdienste geschlossen werden." (www.jans-radioseiten.de/im.html – abgerufen 30.11.2013). Die Webseite berichtet über Senderedukionen von Ende September 1988 bis 04.09.2013.

In Tab. J.1.3.2-1 sind alle Länder mit „?" markiert, deren meist staatliche deutschsprachige Sendungen inzwischen technisch umgestellt wurden (meist von Kurz- oder Mittelwelle auf Satellit und/ oder Internet); vielleicht wurden manche dabei auch im Umfang eingeschränkt, was nicht ganz klar wird. Die Markierung mit „??" bedeutet, dass die deutschsprachigen Sendungen gänzlich eingestellt wurden. Beispiel: „? Radio Vatikan": „Am 1. Juli 2012 stellte Radio Vatikan die Ausstrahlung auf Mittel- und Kurzwelle für Europa und Amerika ein. Das deutsche Programm ist dann nur noch via Internet, Satellit und Rebroadcasting zu empfangen." Beispiel „?? Frankreich": „Der deutsche Dienst von Radio France Internationale wurde komplett eingestellt. Seit Jahren waren die Sendungen schon nicht mehr auf Kurzwelle zu hören, sondern nur via Satellit, auf UKW in Berlin und im Internet." Die Angaben beziehen sich nicht auf kleinere, private Sender, auf die ich gleich noch zu sprechen komme.

Der Tab. lässt sich entnehmen, dass die großen, meist staatlichen Sender von 9 Ländern ihre deutschsprachigen Sendungen in den vergangenen Jahrzehnten eingestellt haben. Hinzu kommen mindestens 6 weitere, die nicht in der Vergleichstabelle genannt waren, nämlich Afghanistan, Finnland, Großbritannien, Italien, Südafrika, und – wie schon zuvor erwähnt – Portugal.

Ägypten	Ecuador	?? Kanada	Russland	? Tschechien
Albanien	?? Frankreich	Kasachstan	?? Schweden	Türkei
Argentinien	Georgien	Korea (Süd)	*Serbien	Tunesien
Armenien	Griechenland	Korea (Nord)	? Slowakei	Ukraine
Aserbaidschan	Indonesien	?? Malta	Slowenien	?? Ungarn
Australien	Iran	Namibia	Spanien	?? USA
?? Brasilien	Irak	Paraguay	Syrien	?? Usbekisten
? Bulgarien	Israel	? Polen	Taiwan	? Vatikanstadt
China	?? Japan	Rumänien	Thailand	Weißrussland

Tab. J.1.3.2-1: Länder mit deutschsprachigem Radioprogramm in großen, meist staatlichen Sendern (Stand November 2013; ? = umgestellte Sendetechnik; ?? = keine deutschsprachige Sendung mehr) (Quellen: www.press-guide.com/radio.htm; www.jans-radioseiten.de/im.html – abgerufen 30.11.2013)

Dies bedeutet den Verlust deutschsprachiger Radiosendungen großer, meist staatlicher Sender in mindestens 15 Ländern (zu vorausgehendem Schwund Ammon 1991a: 369).

Parallel sind sicher neue private Sender und Sendungen entstanden, die sich jedoch nur schwer überblicken lassen. Hinweise darauf finden z.B. auf der Webseite www.medienindex.de/Radio_Deutsch_Ausland.htm/ (abgerufen 02. 12.2013). Diese verrät auch die hohe Fluktuation dieser privaten, oft unterfinanzierten Sender. Sie nennt 53 deutschsprachige private Sender im Ausland, von denen jedoch nicht weniger als 21 schon wieder außer Betrieb sind („EINGESTELLT", „ZZT OFF AIR" usw.). Allerdings ist darunter auch die Webseite der *German-American Radio Programs*, die auf 51 US-Staaten mit deutschsprachigen Programmen verweist (www.cazoo.org/GARadio.htm – abgerufen 04.11.2013). Jedoch war die Webseite bei meiner Überprüfung lange Zeit nicht aktualisiert worden, letztmalig am 7. Juni 2008.

Ein ernsthafter quantitativer Vergleich von Deutsch mit anderen Sprachen bezüglich des Sendeumfangs außerhalb jeweils des eigenen Sprachgebiets war mir mangels geeigneter Quellen nicht mehr möglich. Bei einem früheren Versuch für Radiosendungen (Ammon 1991a: 374-377) habe ich mich wesentlich gestützt auf das *World Radio TV Handbook* (1989). Die neuen Auflagen enthalten jedoch unter der Rubrik „International Radio" nur einen kleinen Teil der Staaten der Welt, zudem von sehr unterschiedlicher Größe und ökonomischem Gewicht (*World Radio TV Handbook. Volume 66 – 2012* (2011): 431-510; *Volume 68 – 2014* (2013): 443-514). Vermutlich spiegelt dieses Sortiment von Ländern den Rückgang internationaler Radiosendungen in neuerer Zeit wider. Da es irreführend wäre, diese sehr unterschiedlichen Länder gleichrangig in eine Auszählung aufzunehmen und mir eine angemessene Gewichtung kaum möglich erscheint, beschränke mich auf die größeren Länder, soweit Angaben für sie vorliegen. Tab. J.1.3.2-2 gibt einen Überblick über die Sendesprachen ihres jeweiligen internationalen Radios, wobei ich mich auf die internationalen Sprachen beschränkt habe. Genauer: auf Abram de Swaan's (2001: 5) „superzentrale Sprachen", nämlich Arabisch, Chinesisch, Französisch, Deutsch, Hindi, Japanisch, Malaiisch [oder Indonesisch], Portugiesisch, Russisch, Spanisch und Suaheli (dazu Kap. A.7).

Sprachen Länder	Arabisch	Chinesisch	Französisch	Deutsch	Hindi
Australien		x			x
China	x	-	x	x	x
Frankreich		x	-		
Großbritannien	x		x		x
Italien	x		x		
Indien	x	x	x		
Indonesien	x	x	x	x	
Japan	x	x	x		x
Kanada	x	x	-		x
Nigeria	x		x		
Polen				x	
Russland	x	x	x	x	
Südafrika			x	x	
USA	x	x	x	x	x
Summe	10	8	10	6	6

Sprachen Länder	Japan.	Malai.	Portug.	Russ.	Span.	Suaheli
Australien	x	x				
China	x	x	x	x	x	x
Frankreich			x	x	x	x
Großbritannien					x	
Italien						
Indien	x	x			x	
Indonesien	x	-			x	
Japan	-	x	x	x	x	x
Kanada	x		x	x	x	x
Nigeria						x
Polen				x		
Russland	x		x	-	x	
Südafrika			x			x
USA		x	x	x	x	x
Summe	6	5	7	7	8	7

Tab. J.1.3.2-2: Sendesprachen im Internationalen Radio ausgewählter, größerer Länder (- = eigene staatliche Amtssprache. Quelle: *World Radio TV Handbook. Volume 66 – 2012* (2011): 431-510)

Englisch – bei de Swaan die „hyperzentrale Sprache" – habe ich weggelassen, weil es im internationalen Radio aller in die Tab. aufgenommenen Länder zu den Sendesprachen zählt. Im Falle mehrerer Sender, wie z.B. in den USA, oder mehrfachen Vorkommens einer Sprache wurde sie nur einmal gezählt. Ebenso blieben unterschiedlich lange Sendezeiten unberücksichtigt.

Die Stellung von Deutsch als internationale Radio-Sendesprache ist offenkundig eher schwach. Vermutlich hängt dies zusammen mit der verhältnismäßig geringen Zahl von Ländern mit Deutsch als staatlicher Amtssprache (Kap. D), vielleicht auch mit deren regionaler Einschränkung auf Mitteleuropa. Eine Rolle spielt sicher außerdem die beschränkte Funktion von Deutsch in der Diplomatie (Kap. H.1; H.3). Jedoch sind internationale Radiosendungen in der heutigen Zeit, in der andere mediale Kommunikationsformen eine immer größere Rolle spielen, keine besonders gewichtige Komponente der internationalen Stellung von Sprachen.

1.4 Neue Medien

1.4.1 Internet

Wie alles Neue sind auch „Neue Medien" nur beschränkte Zeit neu. Dies wird sofort klar, wenn man ältere entsprechende Titel zur Hand nimmt, z.B. den Band Hilmar Hoffmanns (2000), mit dem Untertitel „Neue Medien". Darin sucht man vergeblich nach den heute, zur Zeit der Abfassung des vorliegenden Textes weltweit verbreiteten „Sozialen Medien" wie vor allem Facebook oder Twitter. Dementsprechend folgt die Bedeutung des Terminus *Neue Medien* dem Lauf der Zeit. Für Linguisten kann man noch differenzieren, dass die Extension (oder das Designat) des Terminus dem Lauf der Zeit folgt, während die Intension (oder das Denotat) im Wesentlichen gleich bleibt. Ein weitgehender Konsens besteht vermutlich darüber, dass man – vom Blickwinkel des Erscheinungszeitpunktes dieses Buches aus – mit der Einführung des Internets von Neuen Medien sprechen darf. Eine Teilmenge davon, die spezielle Beachtung verdient und besonders rasant wächst, sind die genannten „Sozialen Medien" (Kap. J.1.4.2).

Die folgenden Ausführungen stützen sich teilweise auf eigene Vorarbeiten (Ammon 2000e; 2006c), die allerdings um wesentliche neue Informationen bereichert sind. Es gibt wohl keine technologische Neuerung, die so eng mit der angelsächsischen Welt assoziiert wird wie der Computer und, spezieller, das Internet. Ein Indiz dafür sind die überwiegend englischsprachigen darauf bezogenen Benennungen und Termini, die in die meisten Sprachen der Welt als Fremdwörter aus dem Englischen übernommen und nur partiell an die Struktur der Empfängersprachen angepasst wurden (*Computer, Internet, Hardware*; *Webseite, Netzwerk* usw.). Wenn auch für die Entwicklung des *World Wide Web (WWW)* Europa mit seinem *Zentrum für Teilchenphysik (CERN)* durchaus eine Rolle spielte, leisteten doch die USA den Anstoß und Hauptteil der Entwicklung, vor allem mit der Konstruktion von Übertragungsregeln und Zeichensätzen für den Datenfluss zwischen Computern in Form des *Advanced Research Projects Network (Arpanet)* (kurze Einführung in Ammon 2000e: 242f.).

Es war also kein reiner Zufall, dass die englische Sprache von Anfang an eine Vorrangstellung im Internet hatte, zunächst sogar geradezu eine Monopolstellung. David Crystal (1997: 11) begründete sogar den Bedarf an einer Weltsprache teilweise mit dem Internet. „Why do we need a global language?" „A conversation over the Internet between academic physicists in Sweden, Italy, and India is at present practicable only if a common language is available." (Ebd.) „At present a truly multilingual World Wide Web remains a long-term goal", und die erst dann ernsthaft mögliche Auseinandersetzung um die Monopolstellung des Englischen „will be an interesting battle 100 years from now." (Ebd.: 107 bzw. 22) In jenem Buch sieht Crystal für andere Sprachen vorläufig keinen Platz im Internet und betont die Notwendigkeit von Englischkenntnissen: „[I]f you want to take full advantage of the Internet there is only one way to do it: learn English [...]". Andernfalls, so legt er zumindest nahe, bleibt man Internet-Analphabet (ebd.: 107f.).

Jedoch vollzieht Crystal (2001) schon vier Jahre später in seinem speziell dem Internet gewidmeten Buch eine Kehrtwende. Nun betont er das – auch für ihn selbst sicher überraschende – Aufkommen anderer Sprachen neben Englisch. Er sieht nun sogar das Internet als ein besonders aussichtsreiches Medium für den Gebrauch – und wohl auch den Fortbestand – kleiner Sprachen, da dort das Publizieren viel preisgünstiger ist als in den traditionelleren Medien. Crystal's Landsmann David Graddol (1997) hat diese Entwicklung in seinem für den British Council verfassten Buch über die Verbreitung der englischen Sprache schon früher gesehen. Er schickt seinen Ausführungen über das Internet ein Kap. voraus mit dem Titel „The growth of local communities". Dabei weist er auf die Entwicklung nicht-öffentlicher Intranets von Gruppen hin, speziell von Firmen im Ausland. "This may [...] permit, say, a Swiss-based company to maintain a German-speaking culture amongst its employees." Aber auch im Internet selbst sieht er Raum für andere Sprachen als Englisch, besonders auf Webseiten und in E-Mails.

Wie bei anderen Themen geht es auch bezüglich des Internets für das vorliegende Buch besonders darum, wie viel internationale Kommunikation dort in anderen Sprachen als Englisch, speziell auch in Deutsch, stattfindet, vor allem internationale Kommunikation im engeren Sinn (Kap. A.3). Die Frage lässt sich darauf zuspitzen, in welchem Umfang Muttersprachler des Deutschen über das Internet mit Nicht-Muttersprachlern anderer Nationalität kommunizieren. Jedoch herrscht – wie bei vielen anderen Themen – an einschlägigen Daten zu dieser Frage ein beklagenswerter Mangel, jedenfalls an quantitativen, über das Anekdotische hinausgehenden Daten. Die vorliegenden Quantifizierungen beschränken sich auf die Häufigkeit des Gebrauchs verschiedener Sprachen, einschließlich intranationalen oder intralingualen Gebrauchs (Kap. A.3). Für den Umfang internationaler Kommunikation ist dies offenkundig ein zweifelhafter Indikator, aber besser als überhaupt keiner.

Die Gebrauchshäufigkeit von Sprachen im Internet wird gewöhnlich gemessen an der Zahl der Homepages und Websites oder der Internetnutzer oder Internetzugänge (kritischer Überblick über Methoden z.B. in Gerrand 2008: 2-7). Zur spezielleren Nutzung des Internets wie für E-Mails, Chats, Internet-Telefonie oder Soziale Netzwerke liegen keine entsprechenden Vergleichszahlen vor. Meist beziehen sich die Zahlen auf Länder, von denen dann auf die Sprachen geschlossen wird. Die Prüfung der Daten auf ihre Aussagekraft bedürfte jeweils sorgfältiger Analyse der Mess- und Erhebungsmethoden, die ich hier jedoch nicht leisten kann.

Graddol (1997: 51) beruft sich auf Zahlen der *Internet Society* zu den Anteilen der Sprachen an den Homepages und Webseiten, wobei Deutsch damals – 1995 und noch in den folgenden Jahren (Tab. J.1.4.1-1) – den erstaunlichen zweiten Platz belegt. Dieser Auszählung folgen später weitere, von denen ich die in meinen Augen aussagestärksten in Tab. J.1.4.1.-1 aufgenommen habe (dazu auch Ammon 2006c: 45f.). Die Angaben unter „3.7 Language" (in *Wikipedia.org* – abgerufen 16.10.2005) stimmen – aufgerundet auf ganze Zahlen – mit denen der Netz-Tipp Studie überein, werden aber schon damals als „probably already out of date" qualifiziert. Freundlicherweise hat mir der CEO von *Miniwatts Marketing Group* (Miniwatts de Colombia Ltda), Enrique de Argaez, der die periodischen *Internet World Stats News* erstellt und an die Abonnenten rundsendet, auf meine E-Mail-Anfrage seine neuesten Daten zur Sprachenwahl in den weltweiten Webseiten übermittelt: *Content Languages for Websites 2010*, mit der Entschuldigung, dass er über keine neueren Daten verfügt (E-Mail 05.12.2013): „Regarding websites by language, here is the source: http://w3techs.com/ technologies/overview/content_language/all." Sie führt hin zu der Webseite www.internetworldstats.com. Tab. J.1.4.1-1 ermöglicht einen Longitudinal-Vergleich, dessen Befunde allerdings wegen der nicht unbedingt gleichartigen und teilweise undurchsichtigen Zählmethoden nur im Sinne einer groben Tendenz zu verstehen sind. Methodisch gleichartige, einwandfreie Datenerhebungen sind – soweit ich sehe – ein Desiderat.

	1995	1997	1999		2002		2010
Englisch	84,3	82,3	62	Englisch	56,4	Englisch	55,4
Deutsch	4,5	4,0	13	Deutsch	7,7	Russisch	6,1
Japanisch	3,1	1,6	5	Französisch	5,6	Deutsch	5,9
Französisch	1,8	1,5	4	Japanisch	4,9	Japanisch	4,9
Spanisch	1,2	1,1	2	Spanisch	3,0	Spanisch	4,5
Schwedisch	1,1	0,6	2	Chinesisch	2,4	Französisch	3,9
Italienisch	1,0	0,8	2	Italienisch	2,0	Chinesisch	3,7
Portugiesisch	0,7	0,7	2	Niederländisch	1,9	Portugiesisch	2,3
Niederländisch	0,6	0,4	1	Russisch	1,7	Polnisch	1,8
Norwegisch	0,6	0,3	0,5	Koreanisch	1,5	Italienisch	1,7
	(Graddol 1997:51)	(Crystal 2001: 217)	(Ammon 2000: 251)	(Netz-Tipp-Studie 19.09.2005) (www.netz-tipp.de/sprachen.html)		Content Languages for Websites 2010	

Tab. J.1.4.1-1: Weltweite Sprachenanteile im Internet über die Jahre 1995 – 2010, aufgrund von Homepages und Webseiten (Prozent)

Eine andere Messgröße für die Anteile der Sprachen am Internet ist die Zahl der Internetnutzer. Hierbei schneidet Deutsch aufgrund seiner Sprecherzahlen schlechter ab als bei der Zahl der Webseiten und Homepages, jedenfalls bei der absoluten Zahl von Nutzern. Wie in Kap. C.2 (Tab. C.2-1) dargestellt und begründet, liegt Deutsch nach der Zahl der Muttersprachler nur an ungefähr 10. Stelle aller Sprachen. Jedoch ist im Verhältnis dazu der Rangplatz von Deutsch nach der Zahl der Internetnutzer immer noch ziemlich hoch. Einen Überblick über verschiedene Schätzversuche liefert Tab. J.1.4.1-2.

Spalte 2 ist wenig aussagekräftig, da außer Englisch und Deutsch nur romanische Sprachen einbezogen sind; das Untersuchungsinteresse lag dabei vor allem auf der Stellung des Spanischen und darauf, dessen Gewicht im Vergleich zu den übrigen romanischen Sprachen aufzuzeigen. Aussagekräftiger sind die Spalten 3 und 4. Für Spalte 3 wurden einerseits die Gesamtzahl der Muttersprachler für die einzelnen Sprachen herangezogen und andererseits die Prozentsätze der Internetnutzer in den gewichtigsten Ländern mit solchen Muttersprachlern.

Englisch	56	Englisch	47,6	Englisch	35,2	Englisch	26,8
Spanisch	24	Deutsch	6,1	Chinesisch	13,7	Chinesisch	24,2
Japanisch	22	Spanisch	4,5	Spanisch	9,0	Spanisch	7,8
Deutsch	13	Portugiesisch	3,7	Japanisch	8,4	Japanisch	4,7
Französisch	10	Französisch	3,1	Deutsch	6,9	Portugiesisch	3,9
Chinesisch	6	Italienisch	2,5	Französisch	4,2	Deutsch	3,6
Schwedisch	4	Rumänisch	0,13	Koreanisch	3,9	Arabisch	3,3
Niederländisch	4			Italienisch	3,8	Französisch	3,0
Italienisch	4			Portugiesisch	3,1	Russisch	3,0
				Niederländisch	1,7	Koreanisch	2,0
USA Today, Okt. 1998 – Mitteilung von Franz Stark		*Global Reach*, März 2001 (www.glreach.com)		*Global Reach*, Sept. 2004 (www.globalreach.biz/globstats/index.php3)		*Internet World Stats*, Mai 2011 (www.internetworldstats.com/stats7.htm – abgerufen 06.12. 2013)	

Tab. J.1.4.1-2: Weltweite Sprachen-Anteile nach Internetnutzern über die Jahre 1998 – 2011 (Prozent)

So ergab sich z.B. für Deutsch aufgrund unterschiedlicher Quellen für Deutschland, Österreich, die Schweiz, Italien und die USA eine Gesamtzahl von 55,3 Mio. muttersprachlichen Internetnutzern. Daraus darf geschlossen werden, dass die einbezogenen Zahlen zwar in der Regel nicht vollständig sind, aber sich doch auf den größeren Teil der Muttersprachler beziehen. Vermutlich wurde für Spalte 4 ähnlich verfahren; jedoch fehlten dazu in der Quelle die Angaben.

Die Synopse der in den verschiedenen Zahlen gespiegelten Entwicklung könnte folgendermaßen lauten: Die deutsche Sprache spielt heute im Internet eine durchaus merkliche Rolle, wenn auch in der zweiten Liga, auf ähnlichem Niveau wie Spanisch, Japanisch, Portugiesisch, Arabisch oder Französisch. Dagegen spielen Englisch und Chinesisch in der ersten Liga, zu der – nach Nutzerzahl – Chinesisch im letzten Jahrzehnt aufgeschlossen hat. Zwar hat sich der Abstand anderer Sprachen von Englisch mit der Zeit verringert, jedoch ist Englisch nach wie vor eine Klasse für sich und bleibt es vermutlich auf absehbare Zeit. Dies gilt vor allem für den Gebrauch in der internationalen Kommunikation, speziell der internationalen Kommunikation im engeren Sinn (international und interlingual, Kap. A.3). An dieser Spitzenstellung von Englisch ändert auch der Umstand nichts, dass Chinesisch – wegen der überragenden Sprecherzahl

(Kap. C.2) – nach der Zahl muttersprachlicher Nutzer inzwischen vermutlich vor Englisch rangiert, was seit längerem prognostiziert wird (z.B. „Chinese to become most-used language on web", *Financial Times* 07.12.2001: 12).

Internet World Stats (www.internetworldstats.com/stats7.htm – abgerufen 06.12.2103) liefert noch zwei weitere interessante Zahlenreihen, nämlich die „Internet-Durchdringung pro Sprache" (*Internet Penetration by Language*) und das „Wachstum [der Sprachen] im Internet 2000 – 2011" (*Growth in Internet 2000 – 2011*). Die ‚Internet-Durchdringung' ist definiert als „the ratio between the sum of internet users speaking a language and the total population estimate that speaks the specific language", also als Quotient von Zahl der Internet-Nutzer in der betreffenden Sprache und ihrer Gesamtsprecherzahl (vermutlich der Muttersprachler, vielleicht einschließlich Zweitsprachlern); das ‚Wachstum im Internet' ist definiert als die Zunahme der Nutzer in der betreffenden Zeitspanne. Vielleicht liegt die größte Unsicherheit dieser Angaben bei der geschätzten Gesamtzahl der Sprecher, die für die einzelnen Sprachen nicht mitgeteilt wird. Die Zahlen für beide Größen (Durchdringung und Wachstum) sind von mir in Tab. J.1.4.1-3 in Rangordnungen gebracht. Da die Quelle sich auf die 10 nutzerstärksten Sprachen beschränkt, bei denen es sich um Sprachen mit ziemlich großen Sprecherzahlen handelt, ist es keineswegs ausgeschlossen, dass manche Sprachen mit kleineren Sprecherzahlen eine höhere Durchdringung oder ein höheres Wachstum vorzuweisen hätten.

Internet-Durchdringung		Internet-Wachstum	
Deutsch	79,5	Arabisch	2.501,2
Japanisch	78,4	Russisch	1.825,8
Koreanisch	55,2	Chinesisch	1.478,7
Englisch	43,4	Portugiesisch	990,1
Russisch	42,8	Spanisch	807,4
Spanisch	39,0	Französisch	398,2
Chinesisch	37,2	Englisch	301,4
Portugiesisch	32,5	Deutsch	174,1
Arabisch	18,8	Japanisch	110,7
Französisch	17,2	Koreanisch	107,1

Tab. J.1.4.1-3: Internet-Durchdringung und Zunahme der Internetnutzer in der Zeitspanne 2000 – 2011 der nutzerstärksten Sprachen (in Prozent der Sprecher bzw. der Internet-Nutzer) (Quelle: Internet World Stats, Mai 2011. www.internetworldstats.com/stats7.htm – abgerufen 06.12.2103)

Was das Internet-Wachstum betrifft, liegt eine – wenn auch pauschale – Erklärung für die immensen Unterschiede nahe. Die Sprachgemeinschaften, die sich schon früh im Internet engagierten, weisen in der hier betrachteten späteren

Zeitspanne, ab dem Jahr 2000, ein geringeres Wachstum auf als die Spätkommer, weil sie ihre Kapazität schon vor der Bemessungszeitspanne weitgehend ausgeschöpft haben. Es sind, in etwas anderer Perspektive, die Sprachgemeinschaften, deren Länder schon zur Zeit der Entstehung des Internets technologisch hoch entwickelt waren. Im Vergleich zu ihnen hatten die Sprachen der einst technologisch weniger entwickelten Länder noch höhere Wachstumsmöglichkeiten.

Dass Deutsch bei der Internet-Durchdringung (unter den 10 Sprachen mit der größten Internetnutzung) ganz an der Spitze liegt, dürfte viele Leser überraschen. Man könnte argwöhnen, dieser Befund sei dadurch bedingt, dass die Gesamtsprecherzahl von Deutsch, also der Nenner des Quotientien, zu niedrig veranschlagt wurde. Jedoch sprechen andere Daten gegen diesen Verdacht. Sind also vielleicht doch die Deutschen oder, allgemeiner, die Deutschsprachigen – entgegen gelegentlichen Unkenrufen – besonders eifrige Internet-Nutzer? Nach der Aufschlüsselung der Zahlen von *Internet World Stats* nach den 20 weltweit einwohnerstärksten Einzelstaaten durch das Instituto Cervantes (2013: 45) sieht es ganz danach aus (Zusendung durch Alf Monjour, E-Mail 09.12.2013). Danach ist Großbritannien (83,6%) der einzige Staat, der bezüglich Internet-Durchdringung (*Penetración*) geringfügig über Deutschland (83,0%) liegt, was aber für die englische Sprache insgesamt durch anglophone Länder mit geringerer Durchdringung leicht aufgewogen werden könnte. Die genaue Analyse und Überprüfung dieses Befundes für Deutsch wäre eine reizvolle, überschaubare Forschungsaufgabe.

Ein Indiz für die eifrige Internetnutzung durch die Deutschsprachigen ist auch die starke Stellung der deutschen Sprache in der Internet-Enzyklopädie *Wikipedia*. Zwar ist Deutsch dort gegenüber früheren Jahren um einen Rangplatz zurückgefallen, von Platz 2 auf Platz 3 (zur früheren Stellung siehe Ammon 2006c: 49). Jedoch ist auch dieser Rangplatz beachtlich. Die 10 stärkstbeteiligten Sprachen wiesen Ende des Jahres 2013 die in Tab. J.1.4.1-4 genannten Zahlen von Artikeln und Nutzern auf – wobei die Umfänge der Artikel und die Dauer der Nutzung unberücksichtigt bleiben.

Erstaunlich ist die enorm hohe Artikelzahl für Niederländisch, vor allem angesichts der verhältnismäßig niedrigen Zahl „aktiver Nutzer", die so definiert sind, dass sie mindestens 5 Beiträge pro Monat leisten (Komus/ Wauch 2008: 56). Darunter müssen bei den Niederländischsprachigen eine ganze Reihe „sehr aktive" Nutzer sein, mit per definitionem mindestens 100 Beiträgen pro Monat (ebd.). Deutsch hat dagegen zwar fünfmal so viele aktive Nutzer, aber darunter offenbar viel weniger sehr aktive.

Sprachen	Artikel	Aktive Nutzer	Sprachen	Artikel	Aktive Nutzer
1. Englisch	4.354.737	127.156	6. Italienisch	1.071.258	8.224
2. Niederländisch	1.701.059	4.070	7. Russisch	1.054.089	10.874
3. Deutsch	1.642.592	20.298	8. Spanisch	1.052.656	17.089
4. Schwedisch	1.594.933	2.741	9. Polnisch	1.005.071	4.177
5. Französisch	1.436.906	16.329	10. Wáray-Wáray	919.683	90

Tab. J.1.4.1-4: Sprachen mit der größten Zahl von Artikeln in *Wikipedia* Ende 2013: Zahl der Artikel und aktiven Nutzer – abgerufen 10.12.2013

Dies legt die Vermutung nahe, dass die niederländischsprachigen Artikel durchschnittlich kürzer sind als die deutschsprachigen, und diese wiederum vermutlich kürzer als die englischsprachigen – wenn es zutrifft, dass die Schreiber vieler Artikel durchschnittlich kürzere Artikel schreiben.

Nicht an der Spitze platziert ist die deutsche Sprachgemeinschaft dagegen im Bemühen, das Internet zu nutzen zur Fortentwicklung der Welt hinsichtlich Politik und Menschenrechten („Internet activity relating to political development and human rights"). Diesbezüglich wurde für Deutschland im Jahr 2013 der Rangplatz 16 gemessen. Österreich lag weiter vorn, auf Platz 14 und die Schweiz unmittelbar dahinter auf Platz 17. Immerhin war Deutschland ein wenig vorgerückt gegenüber dem Jahr 2012, dem ersten Erscheinungsjahr des Indexes, als es auf Platz 18 lag, weit davor die Schweiz auf Platz 6, während Österreich gar nicht vertreten war, jedenfalls nicht unter den mir zugänglichen ersten 50 Ländern – vermutlich war es nicht in die Erhebung einbezogen (thewebindex.org/data/index bzw. wikipedia.org/wiki/Web_index – beide abgerufen 07.12.2013). Das benützte Maß, der *Web Index*, umfasst gleichgewichtig vier Komponenten: den „allgemeinen Zugang zum Netz" (*universal access*), die „relevanten Inhalte" (*relevant content*), die „Freiheit und Offenheit [des Zugangs]" (*freedom and openness*) und die „erzielte Wirkung und Befähigung" (*impact and empowerment*). Es ist ein Versuch, das politische Engagement der Internet-Nutzer und ihre Wirkung auf die Entwicklung der Welt zu messen, der sicher noch verbesserungsbedürftig ist, aber in Zukunft vielleicht mehr Beachtung findet. Der nur 16. Platz für Deutschland wurde schnell als Zeichen von politischer Desinteressiertheit der Deutschen gedeutet (www.dw.de/web-index-warns-against-online-ignorance/a-17249548 – abgerufen 06.12.2013); jedoch erscheint mir das angewandte Maß dafür zu undurchsichtig. Wie man die Maßzahlen für die drei einbezogenen deutschsprachigen Länder zusammenfassen und mit entsprechend kombinierten Zahlen von Ländern anderer internationaler Sprachen vergleichen könnte, ist mir vollends unklar. Jedoch wäre es ein, wie mir scheint, interessanter Versuch, den Einfluss – jedenfalls den über das

Internet ausgeübten – der ganzen Sprachgemeinschaften auf die Weltentwicklung abzuschätzen.

Bezüglich des Internets eröffnen sich zahlreiche speziellere Forschungsperspektiven. Ein Beispiel ist eine Untersuchung von Jannis Androutsopoulos (2006), wie „Diaspora-Minderheiten" in Deutschland – man könnte auch von Migranten oder Immigranten sprechen – sich über ihre Webseiten in ihrer ethnischen Identität darstellen und Kontakte pflegen: Türken, Russen, Inder und andere. Die Sprachwahl ihrer Webseiten variiert dabei von der Dominanz der Mehrheitssprache (hier Deutsch) über die Gleichgewichtigkeit beider Sprachen bis zur Dominanz der Muttersprache (z.B. Türkisch), mit unterschiedlich häufigem Code-Switching zur Welt-Lingua-franca Englisch. Bei Androutsopoulos' Stichprobe sind die „registrierten Besucher" (*registered users*) der Webseiten weit häufiger selbst Angehörige der Minderheit als ihrer Herkunftsgesellschaft. Jedoch könnte bei anderen Stichproben die Kontakt- und Identitätspflege mit der Herkunftsgesellschaft vorrangig sein, z.B. bei Türken in Deutschland mit Türken in der Türkei (dazu Kap. K.9.7). Untersuchungen dieser Art wären auch bezüglich deutscher Minderheiten (außerhalb des deutschen Sprachgebiets) interessant (Kap. E). Vielleicht spielen Webseiten auch eine Rolle für den internen Zusammenhalt und den Spracherhalt deutschsprachiger Minderheiten selber oder sogar deutschsprachiger Spracharchipele (Kap. E.4.11).

1.4.2 Soziale Medien

Gemeint sind damit – ganz allgemein definitiert – digitale Medien und mediale Kommunikationsformen, die eine Rückmeldung ermöglichen und damit den Austausch von Informationen und die gemeinsame Erstellung von Internettexten. Die bekannteste Form ist die *E-Mail*, an die man vielleicht gerade wegen ihrer schon verhältnismäßig langen und allgemeinen Verbreitung bei sozialen Medien weniger denkt als an neuere Formen wie *Blogs*, *Facebook*, *Twitter*, *LinkedIn* oder speziellere wie *Researchgate* usw. Über die Geschichte der bekanntesten sozialen Medien sowie die Grundzüge ihrer Zwecke und Funktionen kann man sich in Wikipedia-Artikeln einführend informieren und detaillierter, bis hin zu praktischen Anleitungen, auf speziellen Webseiten, wie z.B. zu Facebook unter: computer.howstuffworks.com/internet/social-networking/ networks/ facebook1.htm, oder zu Twitter – ein wenig kindisch, aber informativ unter: www.momthisishowtwitterworks.com/ (beide abgerufen 23.11.2013). Wegen der ungeheuren Dynamik der Entwicklung, aber auch aus persönlichen Gründen meines Alters (das die Motivation, noch voll mitzuhalten, dämpft), kann ich speziell zum Thema der sozialen Medien oder medialen Kommunikationsformen kaum mehr als ermutigende Hinweise für die zukünftige Forschung liefern.

Dabei beschränke ich mich auf Facebook und Twitter, wegen ihrer großen Popularität und weil für sie noch eher als für andere soziale Medien gewisse, anregende Informationen vorliegen.

Umfassende Untersuchungen fehlen bislang – soweit ich sehe, sogar für die schon fast traditionelle und weithin verbreitete E-Mail. Die übergreifende Frage richtet sich dabei nämlich darauf, in welchem Umfang auf Deutsch international, vor allem international im engeren Sinn kommuniziert wird (Kap. A.3). Daran schließt die weitere Frage an, ob die sozialen Medien dem internationalen Gebrauch von Sprachen wie Deutsch förderlich sind – oder aber abträglich und damit, muss man dann wohl annehmen, dem Englischen als Welt-Lingua franca weiteren Auftrieb verleihen.

Trotz vieler Recherchen und Anfragen bei zahlreichen potentiell informierten KollegInnen habe ich keine wirklich einschlägigen Forschungen gefunden. Erwägenswert erschien mir die Anregung von Michael Nentwig, Informationen einzuholen über die *Association of Internet Researchers (AoIR)* (aoir.org/) oder ihr deutsches Pendant, die *Deutsche Gesellschaft für Online-Forschung (DGOF)* (www.dgof.de/). Jedoch hätte dies den Beitritt erfordert, den ich mir wegen des unabsehbaren Aufwandes nicht leisten wollte. Den Tenor diverser Rückmeldungen zu meiner Frage trifft die E-Mail (25.11.2013) recht genau, mit der mir Thorsten Strufe, Head of the Peer-to-Peer Networking Group an der Technischen Universität Darmstadt, meine Anfrage zu Facebook beantwortet hat: „[...] ich habe jetzt mal ein wenig Zeit investiert und bin unsere Datensätze durchgegangen [...] Wir haben natürlich keinen vollständigen Überblick und wir haben auch keine detaillierten Statistiken angelegt. Es sieht jedoch danach aus, dass die deutsche Sprache weniger Verbreitung findet in den Daten, die wir haben. Die einzige Ausnahme scheinen universitäre Communities zu sein, in denen unterschiedliche ausländische Studierende mit deutschen Studierenden diskutieren (studentische Clubs/ Vereine). Ansonsten sieht man eher Fälle, in denen rein aus Deutschen bestehende Zirkel ebenfalls auf Englisch diskutieren (vielleicht in der Annahme der internationalen Sichtbarkeit)."

Aufgrund direkter Befragung von Bekannten, vor allem eigenen Seminarteilnehmern, kann ich – selbstverständlich ohne jede statistische Repräsentativität – für Studierende bestätigen, dass in Facebook-Zirkeln (oder „Freundeskreisen"), an denen sowohl Deutsche (Deutsch-Muttersprachler) als auch Ausländer (Deutsch-Fremdsprachler) beteiligt sind, viel auch auf Deutsch „gepostet" (gesendet) wird. Alles in allem ist das Bild jedoch recht bunt.

Mein Rundschreiben an ca. 25 Studierende, das von ihnen im Schneeball-Verfahren weiter verbreitet wurde, hatte – abgesehen von Vor- und Nachbemerkungen folgenden Wortlaut:

„Falls Sie in einem „Freundeskreis" von Facebook oder einer anderen Kommunikationsform der sozialen Medien aktiv sind [...], bitte ich Sie um Mitteilung der darin geübten Sprachenwahl. Bitte versuchen Sie abzuschätzen,
1) wie sich ihr Kreis (ungefähr) nach nationaler Zugehörigkeit und Muttersprachen zusammensetzt (grobe Zahlenangaben),
2) welche Sprachen insgesamt in dem Kreis gebraucht werden (wenn möglich auch grobe quantitative Schätzung) und
3) welche Nationalitäten und Muttersprachler von sich aus hauptsächlich in welcher Sprache ihre Mitteilungen machen (hier vielleicht auch einzelne Besonderheiten oder variable Verhaltensweisen)."

Darauf kamen die folgenden Antworten (Angaben generisch maskulin, wenn Geschlecht unbekannt):

Freundeskreis eines Deutschen mit 128 Freunden: Alle Nationalität Deutschland außer 3 Persien, 2 Argentinien, 2 Frankreich, 2 Spanien, 1 Kroatien, 1 Malaysia, 1 Serbien (alle Muttersprache nur Deutsch), 3 Schweden (2 Muttersprache auch Deutsch) (posteten alle fast nur in Deutsch), 2 Türken (1 Muttersprache auch Deutsch, 1 Muttersprache auch Deutsch + Englisch: fast nur in Türkisch), 1 Thai (Muttersprache auch Deutsch: fast nur in Englisch), 1 USA, 1 England, 1 Bulgarien (alle Muttersprache auch Deutsch: nur in Englisch), 1 Schottland, 1 Kanada, 1 Italien (Muttersprachen unbekannt).
Übergreifende Regeln der Sprachenwahl:
– Wenn Muttersprache Deutsch nicht erkennbar, dann nur in Landessprache
– Wenn Muttersprache Deutsch erkennbar, dann in Deutsch und Landessprache
– 1 Deutscher, der in Schweden lebt: nur in Schwedisch
– 1 Deutsche in Australien, 1 Deutsche in Neuseeland, beide nur in Englisch
– 10 – 15% der Deutschen kommunizieren auch in Englisch, wegen vieler internationaler Freunde. (Jan Oliver Ernst, E-Mail 06.01.2014)

Freundeskreis einer Deutschen mit 123 großenteils universitären Freunden: 101 Deutsche, 12 Schweizer, 4 Russen und je 1 Amerikaner, Chilenin, Französin, Spanier, Tscheche und Venezuelanerin: zu 80% in Deutsch, 10% Englisch und jeweils 2% Französisch, Russisch, Spanisch und Tschechisch. Deutsche Wissenschaftler oft in Englisch, auch unter sich. Die anderen Muttersprachler unter sich meist in eigener Sprache, aber auch in Deutsch kommentiert. (Karina Schneider-Wiejowski, E-Mail 11.12.2013)

Freundeskreis eines Deutschen, teils universitär, teils außeruniversitär, unbestimmter Größe: ca. 70% Deutsche, 11% Russen und jeweils 1 – 2% Österreicher, Polen, Türken sowie je 1 oder 2 Brasilianer, Chilenen, Engländer, Franzosen, Griechen, Inder, Indonesier, Italiener, Japaner, Kanadier, Kroaten, Mexikaner, Niederländer, Perser, Portugiesen, Schweden, Schweizer, Serben, Tunesier, Ukrainer, US-Amerikaner und Ungarn: ca. 72% in Deutsch, 13% in Russisch, 10% in Englisch, 1% in Portugiesisch und Spanisch sowie unter <1 % in Französisch, Griechisch, Indisch, Indonesisch, Italienisch, Japanisch, Kroatisch, Niederländisch, Polnisch, Serbisch und Türkisch. Öffentliche Facebook-Äußerungen nur in Deutsch (65%), Englisch (20%), Russisch (12%), Spanisch, Portugiesisch, Französisch (je 1%) und Indonesisch (<1%). „Ich selbst kommuniziere mit den entsprechenden Facebook-Personen und auf der Facebook-Plattform zu etwa 70% auf Deutsch, 20% auf Englisch und 10% auf Russisch." (Tim Brüning, E-Mail 11.12.2013)

> *Freundeskreis einer Chinesin, hauptsächlich Studierende, mit ca. 90 Freunden*: Ca. 80 Deutsche, 4 Chinesen, 3 Russen und 3 Marokkaner: nur in Deutsch. (Yanjun Wang, mündliche Mitteilung)
>
> *Freundeskreis einer Chinesin mit 270 Freunden*: Ca. 100 Deutsche, 60 Amerikaner, 50 Chinesen, sonst aus verschiedenen Ländern: ca. 60% in eigener Muttersprache, aber auch in Englisch und Deutsch als Lingua franca („wenn sie mit Freunden, die nicht aus demselben Land kommen, kommunizieren"). Zusätzlich berichtete die Informantin von einem „Kreis von Freunden" in Düsseldorf außerhalb Facebook, viele davon „Expats", die meist Englisch sprachen, selbst unter einander, darunter auch Deutsche, die mit einander nur Englisch sprachen. (Wenting Sheng, E-Mail 12.12.2013)
>
> *Freundeskreis unbestimmter Größe, einer Chinesin, mit Anteil Deutscher von ca. 85%, sonst überwiegend Chinesen*: Alle in eigener Muttersprache unter sich, die Chinesen mit Anderssprachigen aber überwiegend in Englisch. – Ähnlich sei es auch sonst bei Chinesen und anderen Nationalitäten im Ausland, die unter sich meist die Muttersprache, aber mit Anderssprachigen Englisch gebrauchten. „Aber mit mir wird Deutsch gesprochen (da sie auch Deutschlehrer sind)." (Han Guo, E-Mail 15.12.2013).

Die Beispiele deuten kaum auf einen vermehrten Gebrauch von Englisch als Lingua franca hin. Allerdings handelt es sich dabei, soweit Universitätsangehörige beteiligt sind, hauptsächlich um Geistes- und Sozialwissenschaftler. Wie aber sieht es aus in national und sprachlich ähnlich zusammengesetzten Zirkeln von Natur- und Strukturwissenschaftlern, und wie erst bei Studierenden oder Lehrenden englischsprachiger Studiengänge (vgl. Kap. G.8)? Von besonderem Interesse wären Zirkel, deren Mitglieder auf verschiedene, auch nichtdeutschsprachige Länder verteilt sind. Zu welchen Anteilen posten z.B. Lehrende oder Lernende von Deutsch als Fremdsprache, die in verschiedenen Ländern leben, unter einander auf Deutsch? Wer tut dies vielleicht sonst noch? Unter welchen Bedingungen geschieht dies, und unter welchen Bedingungen nicht – im Sinne von Joshua Fishman's „Who speaks what language to whom and when?" (1965)?

Interessante Beispiele für den Sprachengebrauch oder die Sprachwahl in Facebook außerhalb der akademischen Welt schildert Jordan Kraemer (2014) aufgrund von Beobachtungen in Berlin. Dabei geht es ihm allerdings vor allem um die in den Facebook-Zirkeln hergestellten Sozialbeziehungen. Jedoch sieht er Parallelen zwischen den Sozialbeziehungen und der Sprachwahl. So herrschte in hochgradig international zusammengesetzten Zirkeln der amerikanische, sehr weit gefasste Freundschaftsbegriff vor. Es war nur von „friends" die Rede, nicht auch von „acqaintances", auch auf Deutsch wurde nur von „Freunden" gesprochen (ebd.: 54-56, 71). Zugleich war in diesen Zirkeln der Gebrauch von Englisch sehr dominant (ebd.: 62, 66). Kraemer sieht eine mögliche Erklärung – allerdings mit Fragezeichen – für die Generalisierung der US-Sozialbeziehungen in den Prestige- und Machtverhältnissen zwischen den Nationen: „especially given its [Facebook's! U.A.] origin as an elite site for Harvard students [...]" (ebd.: 59). Jedoch scheint mir für die Bevorzugung von Englisch dessen Funktion als Welt-Lingua franca der gewichtigere Faktor zu sein.

Im Gegensatz dazu unterschieden überwiegend aus Deutschen bestehende Zirkel ziemlich konsequent zwischen „Freunden" und „Bekannten", was dann auch als „close friends" und „acqaintances" ins Englische übertragen wurde. Offenbar stellt heute Facebook – von solchen Vorgängen beeinflusst – generell diese „options" zur Verfügung, „to improve privacy management" (ebd.: 72). Außerdem posteten solche Zirkel, „primarily in German". Zwar neigten, wie schon erwähnt, internationaler zusammengesetzte Zirkel überwiegend zu Englisch. Jedoch gab es in solchen Zirkeln, mit Mitgliedern z.B. in USA und Kanada, durchaus Deutsche, die außer Englisch auch Deutsch gebrauchten („posted both English and German, depending on the context") (ebd.: 69). Diese interessanten Einzelbeobachtungen regen an zu repräsentativeren Untersuchungen.

Interessante Hinweise auf Unterschiede zwischen Sprachgemeinschaften liefert Jennifer Dailey-O'Cains' (2013) Vergleich von Bloggern in Deutschland und den Niederlanden bezüglich der Kommunikation auf Englisch, und zwar in „lifejournal blogs", die – wegen der unmittelbaren Verbindung („interconnectivity") zwischen den Kommunikanten – der Facebook-Kommunikation gleichen („which makes them more similar to social networking sites like Facebook"; ebd.: 149). Dailey-O'Cains fand bei der Analyse von 1.000 online Gesprächen von Frauen im Alter zwischen 20 und 30, dass Niederländer nicht nur weit mehr Englisch gebrauchen als Deutsche, sondern auch mit mehr Selbstverständlichkeit. Deutsche signalisieren („flagging") meist den Gebrauch von oder den Wechsel zu Englisch, treffen also eine bewusste Sprachwahl, während Niederländer Englisch fast so unbekümmert gebrauchen wie die eigene Sprache, Niederländisch (ebd. 162). Dailey-O'Cains (2013: 163) erklärt den Unterschied mit dem Größenunterschied der beiden Sprachgemeinschaften, der unterschiedlichen Stellung von Deutsch und Niederländisch im globalen Sprachensystem (vgl. Kap. A.7) und der daraus folgenden andersartigen Einstellung zu Englisch, das die Niederländer eher als Welt-Lingua franca, die Deutschen dagegen eher als Fremdsprache und Sprache der englischsprachigen Länder sehen. Diese Befunde regen an zum Sprachenvergleich, vor allem zwischen den internationalen Sprachen.

In diese Richtung bezüglich Facebook und Twitter hat mich der Jahresbericht des Instituto Cervantes (2013) gelenkt, den mir Alf Monjour übermittelte (E-Mail 09.12.2013). Allerdings möchte ich gleich vorweg schicken, dass auch die darüber zugänglichen Zahlen weiterer Überprüfung bedürfen. Zu Facebook stammen sie von *Socialbakers*, einer, laut Wikipedia, „Czech-based company that provides social media network statistics and analysis from Facebook, Twitter, Google+, LinkedIn and YouTube, helping companies monitor the effectiveness of their social media campaigns." (en.wikipedia.org/wiki/Socialbakers – abgerufen 13.12.2013) Einen Überblick über die nach dieser Quelle in Facebook am schnellsten wachsenden Sprachen liefert Tab. J.1.4.2-1. Wie die Zahlen ermittelt wurden, bleibt allerdings unklar.

Sprachen	Nutzer in Mio.		Zunahme der Nutzer in Mio.	
	November 2012	Mai 2010	Sprachen	Mai 2010 – November 2012
Englisch	359,8	213,2	Englisch	146,6
Spanisch	142,9	61,2	Spanisch	81,6
Portugiesisch	58,5	6,1	Portugiesisch	52,4
Französisch	44,4	23,5	Französisch	20,9
Indonesisch	43,8	20,5	Indonesisch	20,4
Türkisch	31,7	21,9	Deutsch	19,5
Deutsch	30,8	11,3	Arabisch	16,7
Italienisch	23,9	16,2	Chinesisch	10,5
Arabisch	20,2	3,5	Türkisch	9,8
Chinesisch	20,1	9,6	Italienisch	7,7

Tab. J.1.4.2-1: Die 10 Sprachen, die in Facebook am stärksten vertreten sind und am schnellsten wachsen (Quelle : www.socialbakers.com/blog/1064-top-10-fastest-growing-facebook-languages – abgerufen 13.12.2013)

Wie man sieht, liegt Deutsch ziemlich weit zurück, holt aber in der untersuchten Zeitspanne immerhin um einen Rangplatz auf. *Proportional* – man beachte diese Spezifizierung! – ist das Wachstum von Deutsch sogar das drittstärkste. Nur Portugiesisch und Arabisch wachsen proportional noch stärker. Den proportionalen Wachstumsschub von Deutsch kommentiert die Quelle so: „And why is the German language so popular? Because it's the second fastest growing Facebook country in Europe!" Als am schnellsten wachsend betrachtet die Quelle demnach wohl – auf Länder bezogen – Portugal, weil Portugiesisch in dieser Zeitspanne proportional am stärksten gewachsen ist. Allerdings dürfte dieses Wachstum der Sprache vor allem an Brasilien liegen und teilweise auch an Angola und Mosambik, wo ja Portugiesisch ebenfalls staatliche Amtssprache ist.

Zu Twitter sind, soweit ich sehe, die vorliegenden einschlägigen Informationen zum Thema dieses Buches noch bruchstückhafter. In Mocanu u.a. (2012: arxiv.org/pdf/1212.5238v1.pdf – abgerufen 14.12.2013), worin Quantifizierungsmöglichkeiten zu vielerlei Aspekten sozialer Medien auf technisch anspruchsvollem Niveau besprochen und ausschnitthafte Daten präsentiert werden, gibt es vor allem Anregungen für die zukünftige Forschung, aber auch vorläufige Befunde, die jedoch – wie mir scheint – besonders überprüfungsbedürftig sind. So findet man dort z.B. unter Abbildung 2 (*Figure 2*) eine Rangordnung von Ländern nach Twitter-Nutzern (*Twitter users*) pro Kopf der Bevölkerung, wo Deutschland an 7. Stelle liegt (hinter Kuweit, Spanien, Süd-Korea, Brasilien, Indonesien und Frankreich, aber vor der Ukraine und Polen – so die Reihenfolge der 10 höchst platzierten Länder). In einem anderen Teil derselben komplexen Abbildung findet man eine Rangordnung der Länder nach Twitter-Nutzern aufgrund von Befunden an jeweils 1.000 Personen (*Twitter users over a population of 1000 individuals*). Danach ist Deutschland sogar an 3. Stelle platziert, hinter USA und Kanada und vor Frankreich, Großbritannien, Indonesien, Italien und den Niederlanden.

Allerdings ist damit, jedenfalls nach meiner Einschätzung, eine weitere Rangordnung, die dort in Abbildung 4 präsentiert wird, nicht recht kompatibel. Dabei geht es diesmal um Sprachen, nicht Länder, und zwar um die Wahrscheinlichkeit der Zahlenstärke täglicher Tweets pro Sprache (*number of daily tweets grouped by language*). Sprachen, in denen täglich wahrscheinlich mehr „getwittert" wird (man sagt auch „zwitschern' ‚Tweets senden'), rangieren dabei höher als solche, in denen dies wahrscheinlich weniger geschieht. Hier nun ist Deutsch unter den – diesmal 8 – ranghöchsten Sprachen gar nicht mehr vertreten, sondern nur noch Englisch, Spanisch, Portugiesisch, Indonesisch, Japanisch, Niederländisch, Italienisch und Französisch – in dieser Reihenfolge. Ich konnte mir das gänzliche Fehlen von Deutsch in dieser Statistik zunächst nur so erklären, dass Deutsch gar nicht in diese spezielle Untersuchung einbezogen war. Jedoch wies mich Hans Wagener, vermittelt über seinen Sohn, auf Zahlen von Statista hin, „the world's largest statistical portal", wie es sich selbst vorstellt, die in die gleiche Richtung weisen. Auch darin fehlte Deutsch in einer im September 2013 durchgeführten Analyse unter den 10 weltweit häufigsten Tweets-Sprachen. Die 10 in den weltweiten Tweets am häufigsten vorkommenden Sprachen waren, mit folgenden Anteilen: Englisch 34%, Japanisch 16%, Spanisch 12%, Malaiisch 8%, Portugiesisch 6%, Arabisch 6%, Französisch 2%, Türkisch 2%, Thai 1% und Koreanisch 1%. Deutsch gehörte zur Gruppe der „weiteren Sprachen" mit Anteilen <1%, die nicht im Einzelnen mitgeteilt wurden. (www.social-secrets.com/2013/12/twitter-nutzer-sprechen-nur-selten-deutsch/ → Button „News" – abgerufen 27.11.2013) Die naheliegendste Erklärung für diese schwache Stellung von Deutsch wäre, dass deutschsprachige Personen verhältnismäßig wenig twittern, jedenfalls weniger als die Sprecher mancher anderen Sprachen. Zwar spricht der im vorigen Abschnitt erwähnte Befund, wonach Deutschland nach Twitter-Nutzern pro Kopf der Bevölkerung an 7. Stelle aller Länder liegt, gegen diese Erklärung; jedoch erscheint mir jene Untersuchung wenig repräsentativ. Eine weitere Erklärung wäre, dass deutschsprachige Twitterer eher eine andere als die eigene Sprache gebrauchen. Beide Umstände könnten auch zusammen zutreffen und sich in der Wirkung gegenseitig verstärken.

Wichtige Anhaltspunkte für beide Hypothesen liefert eine – technisch anspruchsvolle – Analyse, die Chris Biemann (Head of Language Technology im Computer Science Department, Technische Universität Darmstadt) und sein Mitarbeiter, Uli Fahrer, dankenswerter Weise zur weiteren Klärung durchgeführt haben. Dafür haben sie die Welt aufgeteilt in das deutsche Amtssprachgebiet (Deutschland, Österreich, deutschsprachige Schweiz, Liechtenstein, Luxemburg, Ostbelgien und Südtirol; vgl. Kap. D) einerseits und die übrige Welt andererseits. Aus der Gesamtheit der in den Jahren 2012 und 2013 weltweit abgesetzten Tweets haben sie eine Zufallsstichprobe von 1% ausgewählt. Daraus wurden mittels des Programms *Geotag* alle Tweets herausgefiltert, deren geographische Herkunft sich feststellen ließ, ca. 19.4 Mio. Diese wurden dann mittels zweier sich gegenseitig kontrollierender Spracherkennungsprogramme (*chromium-language-detector* und *github.com/shuyo/ldig*) in deutschsprachige und nicht-deutschsprachige aufgeteilt. Sodann wurde deren Verteilung auf das deutsche Amtssprachgebiet und die übrige Welt ermittelt.

Von den Befunden sind für unsere Fragestellung vor allem zwei aufschlussreich (Tab. J.1.4.2-2). Einmal, dass der Anteil der im deutschsprachigen Gebiet insgesamt abgesetzten Tweets über diesen Zeitraum von 0,73% (0,29 + 0,44) auf 0,33% (0,11 + 0,22) fiel, also auf weniger als die Hälfte.

Quartale	2012 – 1	2012 – 2	2012 – 3	2012 – 4
Deutsch außerhalb	0,03	0,04	0,03	0,03
Nichtdeutsch außerhalb	99,24	99,25	99,36	99,46
Deutsch innerhalb	0,29	0,28	0,21	0,16
Nichtdeutsch innerhalb	0,44	0,44	0,40	0,35
Quartale	2013 – 1	2013 – 2	2013 – 3	2013 – 4
Deutsch außerhalb	0,04	0,04	0,04	0,03
Nichtdeutsch außerhalb	99,51	99,51	99,58	99,64
Deutsch innerhalb	0,15	0,15	0,12	0,11
Nichtdeutsch innerhalb	0,31	0,31	0,26	0,22

Tab. J.1.4.2-2: Prozent der Tweets am weltweiten Aufkommen innerhalb und außerhalb des deutschen Amtssprachgebiets in den Jahren 2012 und 2013, eingeteilt in jeweils 4 Quartale (Analyse von Chris Biemann und Uli Fahrer, Technische Universität Darmstadt)

„Dies kommt durch ein größeres Wachstum von Twitter weltweit [gegenüber dem deutschen Amtssprachgebiet] zustande, die absoluten Zahlen sind mehr oder weniger stabil." (E-Mail Biemann 22.02.2014) Das deutsche Amtssprachgebiet fällt also beim Twittern gegenüber der übrigen Welt zurück.

Der zweite wichtige Befund war, dass die nicht-deutschsprachigen Tweets innerhalb des deutschen Amtssprachgebiets zahlreicher waren als die deutschsprachigen und vor allem, dass sie weniger stark schrumpften als die nicht-deutschsprachigen. Die Zahl der nicht-deutschsprachigen Tweets halbierte sich nur, (von 0,44% auf 0,22%), während die der deutschsprachigen sich fast drittelte (von 0,29% auf 0,11%). Der Anteil der deutschsprachigen Tweets schrumpfte also im Verhältnis zu den nicht-deutschsprachigen, was dasselbe bedeutet wie, dass der Anteil der nicht-deutschsprachigen Tweets wuchs.

Diese Befunde bestätigen beide vorausgehenden Annahmen, nämlich dass Deutschsprachige verhältnismäßig seltener twittern als die Sprecher mancher anderen Sprachen wie auch, dass deutschsprachige Twitterer dabei eher eine andere als die eigene Sprache gebrauchen. Beide Hypothesen legen nahe, dass zumindest Twitter, wenn nicht die sozialen Medien im Durchschnitt oder in ihrer Gesamtheit, der Stellung der deutschen Sprache in der Welt eher abträglich als zuträglich sind. Allerdings bedarf diese Hypothese angesichts der Komplexität und Dynamik der Entwicklung dieses Handlungsfeldes – man denke nur an *WhatsApp!* – weiterer Forschung.

2. Sprachkunst

2.1 Begriffserläuterung

Mit der Überschrift „Sprachkunst" ist kein damit vielleicht evozierter normativer Anspruch hoher künstlerischer Qualität gemeint, an den man womöglich denkt in Erinnerung an den langjährigen germanistischen Bestseller von Wolfgang Kayser (1948) *Das sprachliche Kunstwerk*. Der Ausdruck erscheint mir nur der treffendste gemeinsame Nenner für die beiden folgenden Kap. zu sein.

Diese unterscheiden sich also von denen im vorausgehenden Kap. J.1.2 – J.1.4 durch die Einengung auf ästhetische Texte oder Texte mit ästhetischem Anspruch. Diese Spezifizierung ist besonders wichtig für das folgende Kap. 2.2, da die äußeren Formen, z.B. als Buch oder Zeitschrift, auch – mit anderem Anspruch – unter manchen Themen früherer Kap. zur Sprache kommen, z.B. in G. *Wissenschaft*. Der Hauptzweck ist dort aber die sachbezogene Information, während er sich beim Gegenstand von Kap. 2.2 *Belletristik* als ästhetische Unterhaltung, Erbauung oder ähnlich charakterisieren lässt. Dies gilt auch für den Gegenstand von Kap. 2.3 *Vokalmusik*, jedenfalls dessen allergrößten Teil – wobei die Spezifizierung durch das Bestimmungswort *Vokal-* beim Thema des Buches fast überflüssig erscheint. Sie sollte nur möglichen Irritationen bei bloßer Betrachtung der Überschrift vorbeugen, falls jemand beim Wort *Musik* hauptsächlich an Instrumentalmusik denkt.

Dabei sind exakte Abgrenzungen wieder schwierig, wie fast bei allen Themen dieses Buches. So gibt es z.B. wissenschaftliche Publikationen (Thema von Kap. G) mit gleichzeitig ausgesprochenem Unterhaltungsanspruch. Ebenso wird manche Musik mit sprachlichem Anteil oft der Instrumentalmusik zugeordnet, weil diese darin dominiert, z.B. beim Gesang von Symphoniesätzen. Jedoch subsumiere ich diese in Kap. 2.3 auch der Vokalmusik, speziell den vierten Satz von Beethovens Neunter Symphonie, der dort zur Sprache kommt.

2.2 Belletristik

Dieses Kap. beschränkt sich weitgehend auf das belletristische Buch. Mit der Konzentration auf das Buch bezieht es sich auf eine bestimmte mediale Kommunikationsform, analog zu Zeitungen oder Zeitschriften (Kap. J.1.2). Durch die Fokusierung auf die Belletristik unterscheidet es sich von Inhalten vorausgehender Kap., vor allem von der Wissenschaft (Kap. G), die ebenfalls mittels Büchern, aber auch mittels Zeitschriften und anderen Formen kommuniziert. Jedoch könnte Germanisten die Befassung mit der Belletristik nur in einem Unterkapitel eines Buches zur Stellung der deutschen Sprache in der Welt unzureichend erscheinen. Steht die Belletristik doch im Zentrum des germanistischen Interesses, auch der Auslandsgermanistik wie teilweise auch der Interkulturellen Germanistik und des Faches Deutsch als Fremdsprache (DaF). Dies zeigt sich schon daran, dass ihr die einschlägigen Organe bevorzugte Aufmerksamkeit schenken, z.B. das *Jahrbuch für Internationale Germanistik*, das *Jahrbuch Deutsch als Fremdsprache/ Intercultural German Studies* oder die vielfältigen Periodika der nationalen Verbände von Germanistik oder DaF. Dies gilt speziell für das belletristische Buch gegenüber anderen medialen Kommunikationsformen.

Ob allerdings das belletristische Buch für die Stellung der deutschen Sprache in der Welt oder die internationale Kommunikation, um die es hier in erster Linie geht, tatsächlich so wichtig ist, erscheint fraglich. Vor der Gefahr der Überschätzung warnen schon Heinz Kloss' vielfältige Hinweise, dass der andersartige Gebrauch von Sprachen – auch in der schriftlichen und gedruckten Kommunikation – überwiegt: „Denn die breiten Volksmassen aller Stände schreiben ja keine Epen und Gedichte und, ach, es ist auch eine Minderheit, die Epen und Gedichte liest. Die meisten lesen nur Zeitungsartikel, Kirchenblätter, Briefe, Rechnungen und Fachaufsätze [...]" (Kloss 1952: 29). Als Konkurrenten des Buches kommen heute die immer gewichtiger werden elektronischen Medien hinzu, zum gebundenen Buch (Papierversion) das E-Book.

Dennoch behält auch das gebundene Buch, gerade in der Belletristik, worum es im vorliegenden Kap. hauptsächlich geht, vermutlich auf Dauer einen festen Platz im Kommunikationsverhalten breiter Schichten und bleibt damit relevant für unser Thema. Ein Indiz für die Bedeutung speziell des belletristischen Buches ist der sogar wachsende Anteil auf dem Buchmarkt Deutschlands: „Welche Warengruppe ist die wichtigste für den Buchmarkt [Deutschlands! U.A.]? [...] [E]indeutig die Belletristik. Sie spielt mit einem Anteil von 35,0 Prozent die Hauptrolle im Gesamtumsatz der Branche und hat ihre Vormachtstellung damit weiter gefestigt [...] 2003, im ersten Jahr der Erhebung lag der Anteil bei 29,5% [...]" (Börsenverein des Deutschen Buchhandels 2013: 13; dankenswerte Hinweise und Materialzusendung, auch fürs Folgende, von Tobias Voss, Geschäftsleiter Internationale Märkte der Frankfurter Buchmesse).

Allerdings handelt es sich dabei um Marktanteile (in Geldwert), nicht um die Zahl der Bücher. Bei diesen scheint der Anteil über längere Zeit ziemlich konstant geblieben zu sein. Er lag 1994 bei 18,4% und 2011 bei 18,5% der in Deutschland erschienenen Bücher, deren Gesamtzahl sich 1994 auf 70.643 und 2011 auf 82.048 belief. Die belletrischen Titel lagen 1994 bei 12.998 (errechnet aus dem Prozentwert) und 2011 bei 15.141 (Volpers 2002: 2652 bzw. Frankfurter Buchmesse 2013: [4]).

Für unsere Fragestellung wäre außerdem zu beachten, dass es sich dabei keineswegs nur um AutorInnen aus Deutschland oder auch nur aus deutschsprachigen Ländern oder Regionen handelt, und auch nicht nur um deutschsprachige Texte. Allerdings ist sicher der größte Teil der Titel deutschsprachig. Den Anteil konnte ich jedoch nicht ermitteln, da die meisten im Buchgeschäft tätigen Unternehmen darüber keine Statistik führen. Diese Unternehmen sind im deutschsprachigen Raum organisiert im *Börsenverein des Deutschen Buchhandels* (Deutschland), im *Schweizer Buchhändler- und Verleger-Verband (SBVV)* und im *Hauptverband des österreichischen Buchhandels* (de.wikipedia. org/wiki/Buchhandel).

Hinsichtlich der Gesamtzahl produzierter Bücher rangierte Deutschland 1994 unter allen Ländern der Welt an dritter Stelle, nur hinter China und Großbritannien und vor USA und Frankreich (Volpers 2002: 2652). Dagegen lag es 2011 nur noch auf Rangplatz sechs, hinter USA, China, Großbritannien, Russland und Indien, jedoch vor Japan und Iran (en.wikipedia.org/wiki/Books_ published_per _country_per_ year – abgerufen 18.12.2013), wobei allerdings Teile letzterer Rangordnung bezüglich der Zählmethode skeptisch stimmen.

Neben den Papierversionen gewinnen elektronische Bücher wachsende Bedeutung. So wurde schon vor Jahren international verkündet: „Some 1,300

German-language publishers have already made their in-copyright titles available in the Libreka! database, with 400 of them offering their e-books for sale on the platform." (publishingperspectives.com/2010/11/germanys-libreka-e-book store-opens-doors-to-us-and-foreign-publishers/ – Meldung 12.11.2010, abgerufen 16.12.2013) Im Online-*Adressbuch des Deutschen Buchhandels* konnte man später lesen: „Currently there are 270.000 ebooks for sale and more than 1.2 million books fully digitalized and searchable on libreka! amounting to more than 50 million book pages" – wozu sicher auch Bücher gehörten, die nicht in den deutschsprachigen Ländern hergestellt oder verlegt waren (www.mvb-online.de/international-clients/international-clients.html – abgerufen 16.12. 2013). *libreka!* ist ein Projekt des Börsenvereins des Deutschen Buchhandels für Speicherung, Durchsuchung, Anzeige und Verkauf digitaler Versionen gedruckter Bücher. Das E-Book-Wachstum verzeichnet zwar – aus dem Nichts kommend – einen großen prozentualen Anstieg; jedoch belief sich sein Anteil am Buchmarkt Deutschlands 2012 erst auf 2,4% (Börsenverein des Deutschen Buchhandels 2013: 23). Es könnte aber in Zukunft Art und Häufigkeit der mittels Büchern stattfindenden internationalen Kommunikation beeinflussen.

Als grober Indikator für die internationale Kommunikation eignet sich – analog zur Presse – der Buchexport. Allerdings lässt sich daraus kaum erschließen, wieviel internationale Kommunikation dadurch stattfindet, sei es nur im weiteren Sinn (zwischen Deutsch-Muttersprachlern) oder auch im engeren Sinn (mit Deutsch-Fremdsprachlern; Kap. A.3). Ohnehin verläuft die Kommunikation zwischen Abfassung und Rezeption von Büchern in der Regel mehrstufig: Außer Autoren und Lesern sind daran mehr oder weniger auch Lektoren, Herausgeber, Übersetzer, Rezensenten sowie Verkäufer und Käufer beteiligt. Vor allem aber sind – soweit ich sehe – die vorhandenen Statistiken für unsere Frage ausgesprochen grob. Der Buch-Export aus Deutschland ist nach „Kontinenten" klassifiziert, und die Belletristik ist nicht gesondert berücksichtigt. Und zwar wurden im Jahr 2011 insgesamt 1.182.889 Bücher aus Deutschland exportiert. Davon ins europäische Ausland, einschließlich deutschsprachiger Länder und Regionen, 1.028.752 (86% aller exportierten Bücher), nach Afrika 34.318 (2%), Amerika 62.872 (5%), Asien 54.182 (4%) und Australien 2.703 (0,2%) (Börsenverein des Deutschen Buchhandels 2013: 144). Wenn man bedenkt, dass es sich nicht nur um Belletristik handelt und außerdem Bücher in anderen Sprachen als Deutsch dabei sein können, erscheinen die Zahlen teilweise bescheiden.

Genaueres über die Ziele des Exportes konnte ich für die neuere Zeit nicht ermitteln, da sich der damit verbundene Aufwand als zu groß herausstellte. Es bleibt daher fraglich, inwieweit die über 20 Jahre alten Befunde meiner früheren Recherchen noch gültig sind (aus *Adressbuch für den deutschsprachigen Buchhandel* 1990/91: 733ff.; dazu Ammon 1991a: 392-394). Um 1990 stand der Buchhandel der Bundesrepublik Deutschland, Österreichs und der Schweiz mit 3.530 ausländischen Buchhandelsfirmen in Geschäftsverbindungen, die sich auf 79 Länder verteilten: 25 in Europa, 17 in Nord- und Südamerika, 12 in Afrika, 21 in Asien und 4 im pazifischen Raum (ebd.: 735-830). Unter den Adressen fielen die verhältnismäßig vielen deutschen Namen auf, einschließlich der Firmennamen, wie z.B. *Gutenberg-Buchhandlung* (Brüssel), *Bauzentrum Buchhandel* (Oslo), *Aufrechter Gang, Buchimport* (Lund, Schweden), *Deutsche Buchhandlung* (Teheran), *Buch-Bruecke* (Ballston Lake, NY, USA), *Lehmann, Ludwig, Buchhandlung* (Montevideo, Uruguay), *Luederitzbuchter Buchhandlung* (Luederitz, Namibia) usw. Nicht selten verwies der landessprachliche Name auf deutsche Bücher, z.B. *Calligrammes, Librairie Allemande* (Paris), *Türk-Alman Kitap Evi* (Istanbul), *German Book Post Language Center* (Breinigsville, PA, USA), *German Book Boutiques Ltd.* (Ottawa, Kanada), *Livraria Alemao Ltda.* (Blumenau, Brasilien), *Libreria Alemana S.R.L.* (Asunción, Paraguay), *German Book Centre* (Madras, Indien) usw. Oft handelte es sich um Universitäts- oder internationale Buchhandlungen. Welchen Anteil die deutschsprachigen Titel am Gesamtangebot der betreffenden Buchhandlungen hatten, war nicht ersichtlich, auch nicht der Anteil der Belletristik.

Die Entwicklung schien in verschiedenen Ländern unterschiedlich zu verlaufen, jedoch mit der übergreifenden Tendenz des allmählichen Rückgangs der Nachfrage nach deutschsprachigen Büchern, auch der Belletristik. Vor allem in den USA war dies offenkundig. Als der Suhrkamp-Verlag dort Ende des Jahres 1989 den Direktvertrieb deutscher Titel einstellte, erklärte ein Verlagsvertreter, „[n]atürlich sei das eine Reaktion darauf, daß ein ohnehin kleiner Markt weiter schrumpft [...]". Das Interesse der Germanistik konzentriere sich auf den Spracherwerb, wende sich also ab – so ist dieser Hinweis zu verstehen – von der Lektüre deutschsprachiger Belletristik („Goethe, Foucault und die anderen", *FAZ* 05.12.1989). Gleichzeitig verzeichneten Deutsch-Lehrbücher aus Deutschland verstärkten Absatz auch in den USA, aufgrund des nach Öffnung der Berliner Mauer zunächst deutlich vermehrten DaF-Lernens („Das Interesse für die deutsche Sprache wächst schon", *FAZ* 15.10.1990; auch Kap. K.2).

Vermutlich bewirkte diese politische Veränderung jedoch manchenorts wachsendes Interesse an deutschsprachiger Belletristik. Dies bestätigten mir jedenfalls auf briefliche Anfrage (April 1990) zwei Buchhandlungen in Paris (*Calligrammes. Librairie Allemande* und *Le Roi des Aulnes. Librairie-Galerie des Pays de Langue Allemande*). Die Prognose beider Buchhandlungen lautete, dass die Nachfrage nach deutschsprachiger Belletristik in Frankreich weiter steige. Allerdings waren schon damals ca. 80% der insgesamt nach Frankreich importierten Bücher englischsprachig, mit enormen jährlichen Verkaufssteigerungen („Channel crossing. Englische Bücher sind in Frankreich immer mehr gefragt",

Spotlight 1991 (1): 22). Viele neuere Indizien sprechen dafür, dass sich die Nachfrage nach deutschsprachiger Belletristik im nicht-deutschsprachigen Ausland seitdem abgeschwächt hat und weiterhin rückläufig ist.

Einen Zugang für Nicht-Deutschsprachige zu deutschsprachiger Belletristik gibt es teilweise auch aufgrund deutsch(sprachiger) Minderheiten ohne amtliche Stellung der deutschen Sprache (Kap. E), soweit diese deutschsprachige Belletristik publizieren. Dies gilt heute vor allem noch für Rumänien (Kap. E.4.7) und Namibia (E.4.9) sowie – wenngleich nur in Resten – für das Elsass in Frankreich (E.4.3). Die nähere Befassung mit den aktuellen Verhältnissen, vor allem mit der Frage, inwieweit die Sprecher der jeweiligen Mehrheits- oder benachbarter Minderheitssprachen diese Literatur beachten oder dadurch sogar zum Deutschlernen motiviert werden, bleibt indes Forschungsdesiderat.

Einige der bedeutendsten deutschsprachigen Autoren neuerer Zeit stammen aus Minderheitsgebieten, wie Franz Kafka, Max Brod und Franz Werfel (tschechisches Mehrheitsgebiet), Paul Celan (ukrainisches Mehrheitsgebiet), Elias Canetti (bulgarisches und benachbartes rumänisches Mehrheitsgebiet; Nobelpreis 1981) oder Herta Müller (rumänisches Mehrheitsgebiet; Nobelpreis 2009). In einer ähnlichen Kommunikationssituation befanden sich die dem Nationalsozialismus entronnenen Emigranten der 1930er-40er Jahre, von denen sich die meisten und renommiertesten zumindest zeitweilig in den USA aufhielten, wie Heinrich und Thomas Mann (Nobelpreis 1929), Berthold Brecht, Alfred Döblin, Carl Zuckmayer und Lion Feuchtwanger.

Außer diesen Stars gab es zahlreiche Deutsch schreibende Schriftsteller in deutsch(sprachig)en Minderheitsgebieten, die von kleineren Kreisen von Kennern und Liebhabern geschätzt wurden und werden. Über sie informiert u.a. die von Alexander Ritter herausgegebene Reihe *Auslandsdeutsche Literatur der Gegenwart* (1974ff., 25 Bände; Hildesheim: Olms). Sie liefert Überblicke über die deutschsprachige Literatur einzelner Regionen, wie Kasachstan und ehemalige Wolgarepublik mit Ukraine (UDSSR, 2 Bände), Rumänien, Elsaß (6 Bände), Südtirol, USA, Kanada (Ontario), Südosteuropa, Ungarn und Israel – aber auch Ostbelgien und Luxemburg, die nicht zu den Minderheitsgebieten ohne amtliche Stellung der deutschen Sprache zählen. Einige Bände sind einzelnen Autoren gewidmet, wie Nikolaus Berwanger, der von Rumänien in die BRD übersiedelte (2 Bände), Benno Fruchtmann aus Israel und Adrien Finck aus dem Elsaß. Band 15 enthält eine Bibliographie von Hartmut Fröschle zur „Deutsche[n] Sprache und deutschsprachige[n] Literatur im Ausland". Zu einzelnen Minderheitsgebieten gibt es zudem spezielle Bibliographien oder Literaturgeschichten, z.B. das auf 12 Bände geplante *Schriftsteller-Lexikon der Siebenbürger Deutschen* ([1868], Bd. 10, Harald Roth (ed.) 2012).

Ein Thema für sich, das unmittelbarer für Deutsch als Zweitsprache (Kap. A.3), aber damit letztlich auch für die Stellung der deutschen Sprache in der Welt relevant ist, sind die deutschsprachigen Bücher von ins deutsche Sprachgebiet zugezogenen Autoren fremdsprachlicher Herkunft. Es bedarf kaum des Hinweises, dass sie von der literaturwissenschaftlichen Fachwelt inzwischen sehr ernst genommen werden. Beispiele für weithin beachtete AutorInnen sind Lew Kopelew, Wladimir Kaminer oder Olga Martynova – nicht zu verwechseln mit der gleichnamigen Wissenschaftlerin, deren Titel sich in der Bibliographie am Ende dieses Buches finden! – (Muttersprache Russisch), Libuse Moníková (Muttersprache: Tschechisch), Guillermo Aparicio (Muttersprache: Spanisch), Irena Habalik (Muttersprache: Polnisch), Joao Costa (Muttersprache: Portugiesisch), Ertunç Barin, Zafer Senocak, Rumjana Zacharieva oder Feridun Zaimoglu (Muttersprache Türkisch), Nino Haratschiwili (Muttersprache Georgisch) oder Yoko Tawada (Muttersprache Japanisch). Schon 1985 gingen bei einem Preisausschreiben für deutschschreibende Autoren nicht-deutscher Muttersprache Beiträge von 330 Autoren ein, von denen rund drei Viertel in der BRD lebten. Fast ein Drittel davon waren Türken (*Informationen Deutsch als Fremdsprache* 13 (3) 1986: 284). Überblicke über dieses Thema liefern schon Corino (1981), Ackermann (1985), Ackermann/ Weinrich (1986) und Serke (1984; 1987).

Seit 1985 vergibt die Robert Bosch Stiftung den Adelbert-von-Chamisso-Preis an Deutsch schreibende AutorInnen nicht-deutscher Muttersprache, mit dem bis 2013 insgesamt 65 Schriftsteller aus über zwanzig Herkunftsländern ausgezeichnet wurden. Darüber hinaus wurde „[d]ie ‚Ehrengabe zum Adelbert-von-Chamisso-Preis der Robert Bosch Stiftung' [...] bisher an drei Persönlichkeiten vergeben, die durch ihr Lebenswerk in besonderer Weise im Sinne des Preises gewirkt haben: Jiří Gruša, Imre Kertész und Harald Weinrich." Der Preis ehrt „Autoren, deren Werk von einem Kulturwechsel geprägt ist. Die Preisträger verbindet zudem ein außergewöhnlicher, die deutsche Literatur bereichernder Umgang mit Sprache." (www.bosch-stiftung.de/ content/ language1/ html/ 14169.asp – abgerufen 17.02.2014) Weinrich gilt als Entdecker dieser „Migrationsliteratur", die einst als „Gastarbeiterliteratur" begann. Sie ist heute nicht selten auch Aushängeschild deutscher Auswärtiger Kulturpolitik. So veranstaltete, um nur ein Beispiel zu nennen, das Deutsche Haus in New York am 26.02.2014 eine Konferenz „German Literature Transnational: featuring ‚the celebrated Turkish-German author' Emine Sevgi Özdamar", die zugleich – so der Hinweis bei der Einladung – an die New York University auf den (von Deutschland mitfinanzierten) „DAAD Distinguished Chair in Contemporary Poetics" berufen wurde. Auch diese Autorin ist, neben anderen Auszeichnungen, Trägerin des Adelbert-von-Chamisso-Preises (1999). Fehlt nur noch die – methodisch herausfordernde – Untersuchung, inwieweit diese Art Literatur zusätzliches internationales Interesse an der deutschen Sprache und Kultur weckt.

Hierzu tragen sicher Übersetzungen aus dem Deutschen in andere Sprachen bei. Jedenfalls darf dies vermutet werden, ohne dass es meines Wissens bisher untersucht wurde (fürs Folgende Hilfe wieder von Tobias Voss, aber auch von Enrico Turrin, Deputy Director Federation of European Publishers). Heinz Kloss (1974: 12) sah in den Herübersetzungen aus einer Sprache sogar einen möglichen Indikator für ihre Internationalität oder ihre Stellung in der Welt: „Ein weiterer Maßstab für den internationalen Rang von Sprachen ist darin gegeben, ob aus ihr [sic!] zahlreiche Bücher in zahlreiche andere übersetzt worden sind." Er schränkt die Gültigkeit dieses möglichen Indikators allerdings – meines Erachtens zu Recht – zweifach ein: 1) „In vielen Fällen erklärt sich die große Zahl von Übersetzungen in erster Linie nicht aus dem internationalen, sondern aus dem innerstaatlichen Rang einer Sprache." Damit bezieht er sich auf multilinguale Staaten, die Übersetzungen in ihre weiteren Amtssprachen fördern. 2) „Ferner ist zu bedenken, daß gerade die zunehmende Verbreitung einer Sprache im Ausland dazu führen kann, Übersetzungen in dieser Sprache zu einem gewissen Grade überflüssig oder doch weniger dringlich zu machen." Damit berührt er einen – die internationale Verbreitung der Ausgangssprache womöglich sogar hemmenden – Effekt von Übersetzungen in andere Sprachen, wenn dadurch nämlich das Erlernen der Ausgangssprache überflüssig erscheint, weil die interessanten Texte offenbar übersetzt werden. Jedoch wecken Übersetzungen sicher oft auch Interesse an der Ausgangssprache: Bei einer großen Zahl von Übersetzungen erscheint ihr Schrifttum so reich, dass sich das Lernen lohnt, da sicher viel unübersetzt bleibt. Außerdem sehen Übersetzer, Sprachlehrer oder Medienfachleute berufliche Chancen bei Kenntnis einer solchen Sprache.

Für diese Frage sind die Herübersetzungen ins Deutsche (Deutsch als Zielsprache) weniger interessant als die Hinübersetzungen daraus (Deutsch als Ausgangssprache). Dennoch möchte ich auch die Herübersetzungen hier streifen. Tab. J.2.2-1 enthält die acht häufigsten Ausgangssprachen für Herübersetzungen ins Deutsche sowie die acht in Deutschland, jedenfalls an allgemeinbildenden Schulen, am häufigsten gelernten Fremdsprachen. Die Rangordnungen für die genannten Jahreszahlen entsprechen weitgehend einer längerfristigen Tendenz. Dies belegen Daten für die Jahre 2008 bis 2012 (Börsenverein des Deutschen Buchhandels 2013: 97). Für Tab. J.2.2-1 habe ich die Zahlen für 2009 gewählt, da sie den mir verfügbaren Zahlen für das Fremdsprachenlernen zeitlich nahe standen. Sie umfassen alle Arten von Publikationen. Nur für 2012 habe ich auch Zahlen speziell für die Belletristik-Übersetzungen gefunden, aber nur für die Herkunftssprachen, nicht für die umgekehrte Richtung.

Die Zahlenreihen in Tab. J.2.2-1 zeigen eine annähernde Parallelität der Rangordnung nach Häufigkeit zwischen den Herübersetzungen ins Deutsche und den in Deutschland erlernten Fremdsprachen, mehr in den hohen als in den niedrigen Rängen. Die Parallelität könnte durch Wirkungen in beide Richtungen bedingt sein, die sich nicht ausschließen: Einerseits könnten die in Deutschland vorhandenen Fremdsprachenkenntnisse zu Übersetzungen aus den betreffenden Sprachen motivieren, andererseits die Übersetzungen aus den betreffenden Sprachen zu deren Erlernen. Vermutlich hat Ersteres mehr Gewicht – jedoch ist die umgekehrte, im vorliegenden Zusammenhang hauptsächlich interessierende Wirkungsrichtung nicht auszuschließen. Daher interessieren auch bei den Hinübersetzungen die Zielsprachen.

Beim Vergleich von Texten aller Arten und Genres (Zeile 2) mit Texten nur der Belletristik (Zeile 3) fällt auf, dass die größeren, internationalen Sprachen bei ersteren (Zeile 2) mehr überwiegen als bei letzteren (Zeile 3). Vermutlich sind bei ersteren mehr wissenschaftliche Texte dabei, die bei letzteren, in den kleineren Sprachgemeinschaften (Skandinavien, Niederlande/ niederländisch Belgien), schon überwiegend auf Englisch publiziert werden. Jedoch haben die kleinen Sprachgemeinschaften noch eine reiche Belletristik in der eigenen Sprache.

Fremdsprachenlerner 2006/7	Engl. 7.372.865	Franz. 1.696.411	Lat. 825.275	Span. 285.480
Herübersetz. alle 2009	Engl. 6.874	Franz. 1.078	Jap. 547	Ital. 333
Herübersetz. Belletr. 2012	Engl. 3.196	Franz. 278	Ital. 115	Schwed. 112

Fremdsprachenlerner 2006/7	Russ. 99.991	Ital. 52.111	Griech. 15.909	Türk. 10.977
Herübersetz. alle 2009	Niederl. 219	Schwed. 205	Russ. 194	Span. 182
Herübersetz. Belletr. 2012	Russ. 70	Niederl. 50	Norw. 41	Dän. 30

Tab. J.2.2-1: Die 8 häufigst gelernten Fremdsprachen an allgemeinbildenden Schulen in Deutschland im Schuljahr 2006/7 und die häufigsten Ausgangssprachen für Übersetzungen ins Deutsche (Deutsch als Zielsprache) für Texte aller Art im Jahr 2009 und für Belletristik im Jahr 2012 (Quellen: Quetz 2010: 174; Börsenverein des Deutschen Buchhandels 2013: 97; de.statista.com/statistik/daten/studie/194342/umfrage/buchmarkt-hoerbuch-umsatz-nach-warengruppen/ – abgerufen 18.02.2014)

Die folgende Tab., J.2.2-2, enthält die acht häufigsten Zielsprachen für Übersetzungen aus dem Deutschen. Wie gesagt, lagen mir dazu keine Zahlen speziell für die Belletristik vor.

2008	Poln.	Russ.	Tschech.	Chin.	Engl.	Korean.	Ital.	Span.
	765	572	555	518	472	460	455	427
2010	Chin.	Span.	Poln.	Tschech.	Franz.	Niederl.	Russ.	Engl.
	876	638	588	526	516	451	396	390
2012	Chin.	Engl.	Span.	Tschech.	Ital.	Poln.	Russ.	Franz.
	1.055	529	434	405	392	367	331	330

Tab. J.2.2-2: Die 8 häufigsten Zielsprachen für Übersetzungen aus dem Deutschen (Quelle: Börsenverein des Deutschen Buchhandels 2013: 112)

Offenkundig sind die Zielsprachen für Übersetzungen aus dem Deutschen recht verschieden von den Herkunftssprachen. Sie korrelieren enger mit den Sprachgebieten oder Ländern, in denen Deutsch häufig als Fremdsprache gelernt wird. Man vergleiche damit die Karten K.7-1 und K.7-2 gegen Ende von Kap. K.7 sowie auch Kap. K.9.2 – K.9.15. Außerdem verraten die Zielsprachen für Übersetzungen aus dem Deutschen Interessenverschiebungen in neuerer Zeit, sowohl bezüglich des Lernens von Deutsch als Fremdsprache (DaF) als auch in wirtschaftlicher Beziehung. Dies gilt vor allem für die rückläufige Entwicklung bei den osteuropäischen Sprachen und Ländern und den Zuwachs bezüglich Chinesisch und China.

Ich habe für beide Tab., J.2.2-1 und J.2.2-2, die absoluten Zahlen gewählt, weil damit die Größenordnungen deutlicher sichtbar sind. Diese verraten einerseits die unverkennbare Asymmetrie der summa summarum kleineren Zahl von Übersetzungen aus dem Deutschen (Deutsch als Ausgangssprache) als ins Deutsche (Deutsch als Zielsprache), aber andererseits auch, dass diese Asymmetrie auf der Diskrepanz bei einem Teil der Sprachen beruht: extrem bei Englisch, auch Französisch, und weniger gewichtig Japanisch sowie Schwedisch (siehe auch Tab. J.2.2-3). Offenbar finden die deutschsprachigen Länder die in diesen Sprachen, vor allem in Englisch, entstandenen Texte interessanter und übersetzenswerter als umgekehrt. Bei Englisch ist der deutsche Übersetzungseifer umso erstaunlicher, als die Kenntnis dieser Sprache, zumindest die Lesekenntnis, innerhalb der deutschen Sprachgemeinschaft weiter verbreitet ist als die jeder anderen Fremdsprache – was schon Tab. J.2.2-1 anzeigt (dazu weiter z.B. Quetz 2010; Ammon 2006f.; Hüllen 2007; Gerhards 2010; H. Wagener 2012). Für die Sprecher der in Tab. J.2.2-3 aufgenommenen Sprachen Italienisch, Niederländisch, Russisch und Spanisch sind dagegen Texte der deutschen Sprache offenbar interessanter als umgekehrt.

Ausgangssprachen	Engl.	Franz.	Jap.	Ital.
Ränge 2009	6.874	1.078	547	333
Zielsprachen 2009	472	347	150	455
Zielsprachen	Poln.	Russ.	Tschech.	Chin.
Ränge 2008	765	572	555	518

Ausgangssprachen	Niederl.	Schwed.	Russ.	Span.
Ränge 2009	219	205	194	182
Zielsprachen 2009	306	83	572	427
Zielsprachen	Engl.	Korean.	Ital.	Span.
Ränge 2008	472	460	455	427

Tab. J.2.2-3: Ausgangs- und Zielsprachen von Übersetzungen aus dem Deutschen bzw. ins Deutsche im Vergleich (Quellen Tab. J.2.2-1, Tab. J.2.2-2; Börsenverein des Deutschen Buchhandels 2013: 112)

Bei der Erklärung und vor allem der Bewertung ist Behutsamkeit geboten. Keinesfalls kann von den Asymmetrien unmittelbar auf die – wie auch immer definierte – „objektive" Qualität oder Bedeutsamkeit von Texten in den verschiedenen Sprachen geschlossen werden, wozu die Befunde verleiten könnten. Es mag durchaus sein, dass manche Sprachgemeinschaften weniger aus anderen übersetzen als ihnen gut tut, nicht zuletzt aufgrund mangelnder eigener Fremdsprachenkenntnisse. Dieser Verdacht liegt vor allem bei den englischsprachigen Ländern nahe – denn „only about 3% of all books in the United States [vom Kontext her müsste es ‚United Kingdom' heißen! U.A.] are works in translation […] And that 3% figure includes all books in translation – in terms of literary fiction and poetry, the number is actually closer to 0.7%." (Donahay 2012: 5; auch 26) Im Gegensatz dazu bilden die allein aus dem Englischen übersetzten Titel rund 7% der Buchproduktion in Deutschland (93.124 im Jahr 2009, nach Börsenverein des Deutschen Buchhandels 2013: 80 – vgl. für den Prozentanteil Tab. J.2.2-3). Dabei ist zu bedenken, dass der Anteil von Personen in den englischsprachigen Ländern mit Lesekenntnissen in Deutsch deutlich kleiner sein dürfte als der Anteil von Personen mit Englisch-Lesekenntnissen in der deutschen Sprachgemeinschaft. Die größere Übersetzungsbereitschaft der deutschen als der englischen Sprachgemeinschaft kann vielerlei Gründe haben. Ein möglicher ist eben auch, dass die englischsprachigen Texte durchschnittlich mehr innovative, interessante Informationen enthalten. Die Belletristik bildet ja nur einen Teil. Wegen des möglicherweise ungleichen Informationsgehaltes sei nur an die unterschiedliche Anerkennung wissenschaftlicher Leistungen erinnert, die u.a. in der Zahl der Nobelpreise an deutschsprachige und englischsprachige Wissenschaftler zum Ausdruck kommt (vgl. Kap. G.1; G.9).

Dass die festgestellten Übersetzungs-Asymmetrien zwischen den Sprachen eine längere Tradition haben, vor allem im Verhältnis zu Englisch und Französisch, belegen die Befunde von Werner Bormann (1973: 30f.). Er spricht im Hinblick darauf von „Kulturbilanz", jedoch erscheint mir der Terminus *Übersetzungsbilanz* treffender. Sie ist für Deutsch in den 1969er bis 1980er Jahren nur gegenüber Englisch und Französisch negativ, gegenüber den anderen, in diesem Fall 9 Vergleichssprachen aber positiv: Niederländisch, Spanisch, Italienisch, Ungarisch, Dänisch, Tschechisch, Polnisch, Schwedisch und Russisch (Bormanns Reihenfolge). Zusätzlich zu den Zahlen Bormanns (1973: 31) für 1969 habe ich für diejenigen Sprachen, für die mir Daten zugänglich waren, die Zahlen für spätere Jahre ermittelt, und zwar aus dem von der UNESCO herausgegebenen *Statistical Yearbook* (1981; 1985; 1987). Wegen der besseren Übersichtlichkeit und breiteren Repräsentativität habe ich jeweils Durchschnittswerte aus mehreren Jahren gebildet (1975 – 1978 und 1979 – 1982) (Tab. J.2.2-4)

	1969	1975-1978	1979-1982
Deutsch --> Englisch	674	713	865
	-1404	-3627	-3932
Englisch --> Deutsch	2078	4340	4797
Deutsch --> Französisch	422	505	505
	-170	-556	-662
Französisch --> Deutsch	592	1061	1167
Deutsch --> Russisch	111	97	169
	+ 20	-638	-465
Russisch --> Deutsch	91	735	634
Deutsch --> Spanisch	372	731	715
	+314	+615	+201
Spanisch --> Deutsch	58	116	514
Deutsch --> Italienisch	331	276	297
	+234	+ 27	+ 36
Italienisch --> Deutsch	97	249	261
Deutsch --> Japanisch		256	205
		+236	+178
Japanisch --> Deutsch		20	27
Deutsch --> Arabisch		17	18
		- 3	- 6
Arabisch --> Deutsch		20	12

Tab. J.2.2-4: Übersetzungsbilanz zwischen Deutsch und anderen Sprachen (Quellen Bormann 1973: 31; UNESCO *Statistical Yearbook* 1981; 1985; 1987)

Offenbar hat sich die zunächst noch positive Bilanz gegenüber Russisch in den 1970er Jahren ins Negative gekehrt, was sicher durch die Abhängigkeit der damaligen DDR von der Sowjetunion bedingt war. Was das Französische betrifft, ist zu berücksichtigen, dass die Regierung Frankreichs schon seit langem Übersetzungen aus der französischen in andere Sprachen großzügig unterstützt.

Da es im vorliegenden Kap. primär um die Belletristik geht, liefert Tab. J.2.2-5 noch eine Rangordnung der zuvor einbezogenen 10 Sprachen nach der Anzahl der aus ihnen übersetzten belletristischen Bücher („Literature" in UNESCO *Statistical Yearbook* 1971; 1980; 1988). Sie wurde hergestellt nach der durchschnittlichen Zahl von Übersetzungen in den Jahren 1967 – 1969, 1973 – 1975 und 1980 – 1982. Die Durchschnittszahl und die Extremwerte (in Klammern) sind jeweils beigefügt. Leider konnte ich dazu keine aktuellen Vergleichszahlen erstellen, da die neueren UNESCO-Jahrbücher keine entsprechenden Statistiken mehr führen – vielleicht aufgrund der fraglichen Zuverlässigkeit von Teilen der beschafften Daten, die bei der Deutung zu berücksichtigen wäre.

1. Englisch	10.112	(7.368/12.841)
2. Französisch	2.562	(2.322/3.031)
3. Russisch	1.750	(1.448/2.098)
4. Deutsch	1.416	(1.272/1.688)
5. Spanisch	527	(313/1.080)
6. Italienisch	482	(405/561)
7. Japanisch	92	(52/148)
8. Arabisch	72	(38/120)
9. Chinesisch	66	(48/101)
10. Portugiesisch	64	(41/120)

Tab. J.2.2-5: Durchschnittliche Anzahl von Herübersetzungen belletristischer Bücher aus 10 Sprachen 1967 – 1982 (Quelle: UNESCO *Statistical Yearbook* 1971; 1980; 1988)

Der vierte Rangplatz für Deutsch in dieser Übersetzungsbilanz ist womöglich nicht ganz zufällig, denn er stimmt ungefähr überein mit dem sonstigen Ansehen von Deutsch als Sprache der Belletristik. Dieses ist vermutlich besonders abhängig von der „Spitzenbelletristik".

Es bedarf kaum des Hinweises, daß eine ernsthafte vergleichende Bewertung der Belletristik verschiedener Sprachen vermessen wäre und vermutlich sogar viele komparatistische Literaturwissenschaftler überfordern würde. Schon vergleichende Zusammenstellungen von Literaturen nach Sprachen gehören offenbar zu den selteneren wissenschaftlichen Unternehmungen (Beispiel: Amiet 1932). Stattdessen muss ich mich mit groben Anhaltspunkten dafür bescheiden, wie der Rang der deutschsprachigen Belletristik im Vergleich zur Belletristik anderer Sprachen von einer breiteren Weltöffentlichkeit wahrgenommen wird. Einen nicht ganz unmaßgeblichen Einfluss auf diese Wahrnehmung hat vermutlich die Zuteilung des Nobelpreises, der weltweit prestigeträchtigsten literarischen Auszeichnung. Das durch den Nobelpreis einmal verliehene literarische Prestige erscheint verhältnismäßig stabil gegenüber anderen Urteilen über den literarischen Rang der betreffenden Werke. Vom so wahrgenommenen Rang der Belletristik einer Sprache hängt vermutlich auch ein wenig der Anreiz zur Lektüre in der Originalsprache ab, also zum Erlernen der Sprache.

Auf deutschsprachige Autoren, also auf die deutsche Sprache, entfielen bislang insgesamt 13 Literaturnobelpreise. Die Preisträger waren Theodor Mommsen 1902, Rudolf Eucken 1908, Paul Heyse 1910, Gerhard Hauptmann 1912, Carl Spitteler 1919, Thomas Mann 1929, Hermann Hesse 1946, Nelly Sachs 1966, Heinrich Böll 1972, Elias Canetti 1981, Günter Grass 1999, Elfriede Jellinek 2004 und Herta Müller 2009.

Einen Überblick über die Verteilung der Nobelpreise auf die verschiedenen Sprachen gibt Tab. J.2.2-6. Der Sprache jedes Preisträgers wurde der Wert 1 zugemessen, auch wenn zwei Autoren sich den Preis teilten. Wenn jedoch ein Autor in zweierlei Sprachen schrieb (z.B. Czeslaw Milosz: Englisch und Polnisch), so wurde jeder der beiden Sprachen nur der Wert 1/2 zugeteilt. Tab. J.2.2-6 enthält nur Sprachen mit insgesamt mindestens 5 Nobelpreisen, die von links nach rechts in eine Rangordnung gebracht sind.

	Engl.	Franz.	Deutsch	Span.	Schwed.	Italien.	Russ.
1901-10	1	1,5	3	1	1	1	-
1911-20 (1914 nicht)	0,5	2	2	-	1	-	-
1921-30	3	2	1	1	-	1	-
1931-40 (1940 nicht)	3	1	-	-	1	1	1
1941-50 (1941-43 nicht)	3	1	1	1	-	-	-
1951-60	2	3	-	1	1	1	1
1961-70	1	2	1	1	-	-	2
1971-80	3	-	1	2	2	1	-
1981-90	2	1	1	3	-	-	1
1991-2000	4	-	1	-	-	1	-
2001-10	4	1	2	1	-	-	-
2010-13	1	-	-	-	1	-	-
Summe	27,5	14,5	13	11	7	6	5

Tab. J.2.2-6: Verteilung der Literaturnobelpreise auf die Sprachen bis zum Jahr 2013

Die übrigen Nobelpreise verteilen sich folgendermaßen auf die Sprachen: Dänisch 3, Norwegisch 3, Polnisch 3, Chinesisch 2, Japanisch 2, Neugriechisch 2,

Arabisch 1, Finnisch 1, Jiddisch 1 (2 x ½), Portugiesisch 1, Serbokroatisch 1, Tschechisch 1, Türkisch 1, Ungarisch 1, Bengalisch ½, Isländisch ½, Iwrith ½ und Okzitanisch ½. Offenbar sind zahlreiche Sprachen, sogar Amtssprachen der EU, noch ganz ohne Nobelpreis.

Wie man sieht, rangiert Deutsch an dritter Stelle, hinter Englisch und Französisch und vor Spanisch. Vor allem Englisch liegt wiederum deutlich an der Spitze, jedoch mit geringerem Intervallabstand als bei manchen Parametern für die Buchproduktion. Man kann also ohne Übertreibung Deutsch eine bedeutsame Stellung in der wahrgenommenen „Spitzenbelletristik" zuschreiben. Allerdings ist der Entwicklungsverlauf ungünstiger als bei manchen anderen Sprachen. Trotz der für einen ernsthaften statistischen Vergleich zu kleinen Zahlen zeichnen sich gewisse Tendenzen ab. So z.B. der Zuwachs für Spanisch, aber auch für Russisch, im Vergleich zu den übrigen größeren europäischen Sprachen. Dies wird deutlicher bei Zusammenfassung der Zehnjahresschritte zu nur drei Zeitabschnitten, und noch mehr bei nur zwei Zeitabschnitten. Letztere Zusammenfassung führt zu folgenden Proportionen für die Zeit bis 1950 im Verhältnis zur Zeit danach: Englisch 10 ½ : 17, Französisch 7 ½ : 7, Deutsch 7 : 6, Spanisch 3 : 8, Schwedisch 3 : 3, Italienisch 3 : 3 und Russisch 1 : 4. Dabei zeigt Deutsch die ausgeprägteste Stagnation der verglichenen Sprachen, so dass der Eindruck entsteht, dass Deutsch als Sprache der Belletristik im Vergleich insbesondere zu Spanisch, aber auch zu Russisch an Prestige und Boden verloren hat. Jedoch lässt sich daraus gewiss keine Prognose für die Zukunft ableiten.

2.3 Vokalmusik

Zwar ist es inzwischen ein Gemeinplatz, dass auch Musik keine „Weltsprache", sondern in Kulturkreise aufgeteilt ist (vgl. *Zeitschrift für Kulturaustausch* 54 (2) 2004 mit dem Titel „Weltsprache Musik"). Jedoch bestehen hinsichtlich der Ausbreitung der Musik durchaus Parallelen zu den Sprachen, auch – oder vielleicht sogar gerade – in der Zeit der Globalisierung. So interessant diese Frage ist, würde ein Antwortversuch doch über das Thema des vorliegenden Buches hinausführen. Stattdessen beschränke ich mich auf Musik *in Verbindung mit Sprache*, die ich allgemein – und damit pauschaler als üblich – *Vokalmusik* nenne. Vielfach werden sonst auch manche musikalischen Werke mit sprachlichen Anteilen der Instrumentalmusik zugeordnet, wenn nämlich ihre sprachliche Komponente insgesamt weniger Gewicht hat als die instrumentale.

Die Zuordnung kann sich tendenziell daran orientieren, wenn auch kaum im Sinne eines scharfen Kriteriums, ob und inwieweit die Rezeption ohne Verständnis des Textes gelingt. Dass dies möglich ist, steht außer Zweifel. Nicht alle

Menschen, die Opern mit italienischen Libretti, französischsprachige Chansons oder englischsprachige Popmusik hören und schätzen, sind zugleich vertraut mit der jeweiligen Sprache. Sogar die Produktion, das Singen fremdsprachlicher Texte kann sich weitgehend auf die Lautnachahmung beschränken und erfordert keine wirkliche Kenntnis der betreffenden Sprache. Dies gilt auch hierzulande, wie mir Beteiligte versicherten, für nicht wenige Mitglieder von Laienchören, z.B. beim Singen von Weihnachtsliedern mit (teilweise) lateinischen Texten.

Daraus folgt, dass die Verbreitung von Vokalmusik einer bestimmten Sprache nicht gleichzusetzen ist mit der Verbreitung der betreffenden Sprache. Allerdings ist doch ein gewisser – wenngleich loser – Zusammenhang zwischen beiden Äußerungsformen anzunehmen. Diese Annahme liegt z.B. gelegentlichen Meldungen zugrunde, dass manche international erfolgreichen deutschen Bands zum vermehrten Deutschlernen motivieren. So zitierte Deutschlandradio Kultur den Präsidenten des Goethe-Instituts, Klaus-Dieter Lehmann (Äußerung 14.01.2009), mit den Worten: „Wir haben derzeit Überbuchungen in Frankreich und in Israel, was die deutsche Sprache in den Goethe-Instituten betrifft, nur durch das Auftreten von ‚Tokio Hotel' ". (www.dradio.de/dkultur/sendungen/ fazit/904337/ – abgerufen 17.01.2009) Bei allem Argwohn gegenüber möglichen Übertreibungen erscheint es doch plausibel, dass die regelmäßige Rezeption oder gar Produktion von Vokalmusik in einer Fremdsprache das Bedürfnis nach wenigstens elementaren Kenntnissen der betreffenden Sprache wecken, um den Textsinn ungefähr zu verstehen. Wahrscheinlich trägt die regelmäßige Rezeption oder Produktion einer Sprache mittels Vokalmusik zudem zur positiven Bewertung der betreffenden Sprache bei, die als einer von vielen Faktoren ebenfalls die Bereitschaft, sie zu erlernen, fördert. Insofern ist die Vorstellung, dass die global verbreitete moderne Rock- und Popmusik bis zu einem gewissen Grad zur weltweiten Verbreitung des Englischen beiträgt, sicher nicht ganz falsch. Umgekehrt erleichtern schon vorhandene Kenntnisse der Sprache den Zugang zur betreffenden Vokalmusik, so dass – wie im Falle anderer Faktoren – eine Rückkopplung zwischen der Verbreitung einer bestimmten Sprache und der damit verbundenen Vokalmusik anzunehmen ist. Dabei dürfte die Wirkung bloßer Rezeption, des Hörens, in der Regel geringer sein als die Wirkung auch von Produktion, also des Singens. Außerdem spielt es sicher eine Rolle, in welchem sozialen Kontext und mit welcher Intensität beides geschieht, aber vermutlich auch, um welche vokalmusikalischen Genres es sich handelt, insofern darin den Anteilen von Sprache und Musik unterschiedliches Gewicht zukommt.

Wenden wir uns zunächst der Rezeption zu, und zwar von klassischer deutscher Vokalmusik. Zwar wird diese weltweit rezipiert: Kantaten, Oratorien,

Messen, Opern, auch Operetten, sowie Kunstlieder; jedoch ist ihr Anteil an der Gesamtheit rezipierter Vokalmusik, zumindest außerhalb des deutschen Sprachgebiets, vermutlich verschwindend gering. Dies gilt vor allem für die live-Rezeption, weitgehend aber auch für die Rezeption über Tonträger (CDs, Videos, Filme, auch übers Internet) oder Massenmedien (Hörfunk und Fernsehen). Allerdings liegen mir dazu keine Zahlen vor, auch nicht zur Häufigkeit von Übersetzungen oder Untertiteln, z.B. bei Opernaufführungen. Eine eingehende Untersuchung, speziell im Hinblick auf die Stellung der deutschen Sprache in der Welt, wäre interessant. Dabei müssten zunächst einzelne Genres für sich betrachtet und danach zu einem Gesamtbild zusammengefasst werden. Speziell bei den Opern steht der italienische Vorrang wohl außer Zweifel. Zwar wurden anlässlich des 200. Geburtsjahres Wagners die Millionen Liebhaber weltweit beschworen (z.B. www.ard.de/home/kultur/Verrueckt_nach_Wagner/84158/index.html – abgerufen 28.12. 2013); jedoch fehlte es auch nicht an Hinweisen auf die weit größere Popularität seines italienischen Zeitgenossen, wie in folgenden Beispielen: „Die Zahl der Verdi-Aufführungen in diesem Jahr übertrifft die Wagner-Veranstaltungen freilich deutlich: In der weltweiten Popularität war und ist der Italiener seinem deutschen Kollegen ein Stück voraus." (*Saarbrücker Zeitung* 19.07.2013) „Verdi ist der Opernkomponist mit der umfangreichsten Diskographie. *Operadis* verzeichnet zwischen 1907 und 2009 insgesamt 2327 Einspielungen." (de.wikipedia.org/wiki/Giuseppe_Verdi – abgerufen 28.12.2013)

Schon Untersuchungen einzelner Genres könnten in manchen Ländern Zusammenhänge mit der jeweiligen Geschichte von Deutsch als Fremdsprache ans Licht bringen, z.B in Japan oder auch Korea. So wird in Japan der vierte Satz von Beethovens Neunter zum Jahresende in vielen Städten mit großen Laienchören gegeben, und zwar ausschließlich im deutschen Originaltext (Ziegler 1994). Aus dem – inzwischen weniger rühmlich anderweitig bekannten – Fukushima wurde mir aus der Vorweihnachtszeit berichtet: „Der Chor bestand aus 200 Sängerinnen und Sängern, alle von hier [...]. Sie sangen die ‚Ode an die Freude' auswendig." (Jürgen Ziegler, Brief 18.01.1990) Ähnliches berichteten auch viele Zeitungen, wie dass „120 Jahre lang die drei ‚B' Bach, Beethoven, Brahms das japanische Musikleben beherrschten – so sehr, daß der Hit jeder Weihnachtszeit bis heute ‚Freude, schöner Götterfunke' heißt [...]" („Mozart – fernöstlich", *FAZ* 17.10.1990). Diese musikalische Vorliebe der Japaner steht wahrscheinlich im Zusammenhang mit der traditionellen, wenngleich schwindenden Bedeutung von Deutsch als Fremdsprache im Lande (dazu diverse Beiträge in Ammon 1994d, vor allem Hirataka 1994; Naka 1994; Haarmann 1994; Kap. K.9.14).

Eine repräsentative weltweite Vergleichsuntersuchung nach den Sprachen der Vokalmusik, speziell der jeweils fremdsprachlichen Vokalmusik, könnte

Aufschlüsse liefern über deren Zusammenhang mit der Stellung von Sprachen in der Welt. Dabei könnte sich z.B. erweisen, dass Italienisch zwar in klassischer Vokalmusik (quantitativ) vor Deutsch rangiert, nicht aber in anderen Hinsichten seiner Weltstellung. Allgemein könnte man so ermitteln, inwieweit die Beliebtheit der Vokalmusik einer Sprache mit deren Erlernen als Fremdsprache zusammenhängt. Der furchterregend anmutende Aufwand solcher Untersuchungen ließe sich durch geeignete Stichproben eingrenzen.

Ein einst im deutschen Sprachgebiet sehr populäres, aber auch weit darüber hinaus bekanntes Genre sind die „deutschen Volkslieder". Sie waren in früheren Zeiten allgemein sehr geschätzt. Kein Geringerer als Friedrich Engels ([1839] 1970: 417) empfahl den Arbeitern seiner Stadt Elberfeld, die bei Trunkenheit die „gemeinsten Zotenlieder" grölten, stattdessen nachdrücklich diese „Volkslieder, die sonst in ganz Deutschland bekannt sind und auf die wir wohl stolz sein dürfen." Ich nenne dieses Beispiel als Beleg dafür, dass sich der Stolz auf jene Lieder nicht auf konservative Kreise beschränkte. Allerdings ist er fast nur bei ihnen – bis zu einem gewissen Grad – erhalten geblieben. Ein gewichtiger Grund, neben vielleicht anderen, für die Abkehr großer Bevölkerungsteile war die Vorliebe der Nazis, aber auch anderer chauvinistischer deutscher Kreise für diese Lieder, die für sie – plakativ ausgedrückt – vom hohen Rang „deutschen Volksgeistes" zeugten. Die deutschen Volkslieder sind, wie mir scheint, ein eindrückliches Beispiel dafür, wie Sprachformen und Symbole durch politischen Missbrauch nachhaltig diskreditiert werden können. Sie wurden teilweise so massiv zur Anheizung des deutschen Chauvinismus eingesetzt, dass sie für große Teile späterer Generationen anrüchig wurden – eine Bewertung, die teilweise bis heute nachwirkt. Andere naheliegende Gründe für ihre weitgehende Geringschätzung in neuerer Zeit, z.B. dass sie Ausdruck eines überholten Weltbildes und Lebensgefühls seien, scheinen mir weniger gewichtig, da sie auch auf andere, weniger missachtete Genres von Vokalmusik zutreffen.

Ich komme auf die gleichwohl fortdauernde, spezielle Pflege deutscher Volksmusik, in einem späteren Teil des Kap. zurück, wo ich mich mit „Volkssängern" wie Heino und den außerhalb des deutschen Sprachgebietes verbreiteten deutschen Chören befasse. Zunächst einmal möchte ich jedoch die Umstellung deutschen populären Gesangs auf die in der englischsprachigen Welt entwickelten Genres skizzieren (dazu z.B. Mahlmann/ Zombik 2002). Dieser Skizze lässt sich die nur geringfügig übertriebene Aussage vorausschicken, dass die deutsche Sprache in diesen Genres nur eine Nebenrolle spielt und allein schon deshalb darin außerhalb des deutschen Sprachgebiets nur selten zu hören ist. Auch die oben erwähnte Gruppe Tokio Hotel, die wegen ihres zeitweiligen internationalen Erfolges Aufsehen erregte, hat sich für ihre internationalen Auftritte alsbald auf englischsprachige Texte umgestellt.

Diese Entwicklung und ihre Gründe sind allerdings komplizierter, als ich sie hier – nicht zuletzt aufgrund mangelnder musikgeschichtlicher Fachkenntnisse – skizzieren kann (dazu wieder Mahlmann/ Zombik 2002: vor allem 2683). Man muss diese Entwicklung wohl weniger als Fortsetzung der eigentlichen Volkslieder als der „volkstümlichen Lieder" und, spezieller, der „Schlager" sehen. Diese spielten seit dem Aufkommen der Massenkommunikationsmittel eine wichtige Rolle für die breite Bevölkerung im deutschsprachigen Gebiet, allerdings kaum darüber hinaus. Sie waren bis in die 1960er Jahr so gut wie ausschließlich deutschsprachig. So sehr, dass sogar amerikanische Sänger damit verwandter Genres, die in Deutschland auftraten, deutschsprachig sangen. Beispiele sind Bill Ramsey, der dann auch Deutscher wurde, oder Johnny Cash – und nicht zuletzt Elvis Presley in seinen Versuchen mit deutschen Volksliedern, allerdings nicht im eigenen Genre des Rock and Roll (*Rock 'n' Roll*). Wie sehr bis in die 1960er Jahre volkstümliche Musik in Deutschland deutschsprachig war, lässt sich auch daraus erahnen, dass sogar die Beatles den deutschen Markt auf Deutsch erschließen wollten und dafür deutschsprachige Versionen zweier Songs produzierten: „Sie liebt dich" (*She Loves You*) und „Komm gib mir deine Hand" (*I Want to Hold Your Hand*). Übersetzer war der Luxemburger Sänger und Radiomoderator Camillo Felgen, mit dem Pseudonym *Jean Nicolas* (en.wiki pedia.org/wiki/Komm,_gib_mir_deine_Hand/Sie_liebt_dich – abgerufen 29.11. 2013). Jedoch blieb der Erfolg der deutschsprachigen Versionen der Beatles tief im Schatten der in Deutschland viel beliebteren englischsprachigen Titel, weshalb sie ihr Deutsch-Singen alsbald aufgaben.

In der Tat war die Hinwendung des deutschen Publikums zu englischsprachigen Songs, nicht nur der Beatles, in den 1960er Jahren überwältigend – und hält seitdem, wenn auch mit gewissen Schwankungen, an. Diese Einschätzung kommt auch zum Ausdruck im rückblickenden Urteil über den deutschsprachigen Versuch der Beatles: „Today such an idea seems laughable [...]" (german.about.com/library/blmus_beatles.htm – abgerufen 11.12.2013). Einen Ansatz, neben zweifellos anderen, für eine Erklärung der – von „Freunden der deutschen Sprache" vielfach beklagten – Aufgeschlossenheit der Deutschen gegenüber der englischen Sprache bietet das Erwachen aus der Nachkriegsverdrängung der nationalsozialistischen Verbrechen. Die Öffnung hin zum Englischen fällt ziemlich genau in die Zeit der Studentenbewegung, die mit der eigenen deutschen Vergangenheit abzurechnen suchte. Dabei wurde einer breiten, wenngleich überwiegend akademischen Schicht bewusst, dass die NS-Verbrechen, aber auch der vorausgehende Chauvinismus der deutschen Nationalbewegung und des Kaiserreichs, auf Deutsch organisiert und propagiert worden waren. Die Folge dieser Bewusstwerdung war die Assoziation der deutschen Sprache mit jenem nunmehr verhassten Denken. Hinzu kam die – keineswegs abwegige – Vorstellung, dass die deutsche Sprache weltweit entsprechend negativ bewertet wurde.

Es geriete zu einer endlosen Geschichte, wollte ich dieses bodenlose Thema hier ergründen. Stattdessen müssen einige wenige Stichworte – oder Bohrlöcher – genügen. In den Kreis der Betrachtungen, die jene Bewertung teils vorbereiteten, teils rückblickend begründeten, gehören unter anderem *Aus dem Wörterbuch des Unmenschen* (Sternberger/ Storz/ Süskind 1957, mehrere Auflagen), die „Lingua Tertiae Imperii/ LTI" (in Klemperer 1966), die „gebellte Sprache" (mir wiederholt zu Ohren gekommener Ausdruck, eindringlich in Trabant 2007), das Bild der deutschen Sprache vielerorts als hässlich (dargestellt z.B. in Beiträgen zur Jahrestagung 2002 „Deutsch von außen" des Instituts für Deutsche Sprache; dazu auch „Hässlich und schwierig"?, *FR* 26.03.2002: 20) oder auch das Geständnis der einstigen Leiterin des Ausschusses für Kultur und Medien des Bundestages, Elke Leonhard, auf einer Podiumsdiskussion bei der Deutschen Welle im Jahr 2000 in Köln, dass sie sich gegenüber Ausländern oft gehemmt fühlte, ihre eigene Sprache zu sprechen, in der so viel Unmenschliches geäußert worden war. Dieses Geständnis habe ich mir notiert; es findet sich nicht im selektiv zusammengestellten Konferenzband (Deutsche Welle 2002). Gegenargumente gegen solche Bewertungen wie, dass nicht die Sprache, sondern gewisse Menschen, und keineswegs alle Deutschen, Ursache des Unheils waren, oder Hinweise auf die humanistische und klassische Tradition deutschen Denkens, das sich doch ebenfalls in der deutschen Sprache entfaltete, führten zu keinem Stimmungsumschwung. Eher wurde die auf jene bewundernswerte Tradition anspielende Selbstpreisung der Deutschen als „Volk der Dichter und Denker" nun als zynisch empfunden. Diese Sicht auf die politische Geschichte Deutschlands trug vermutlich zur Abwendung der Musiker wie auch Hörer von deutschsprachiger, speziell populärer Vokalmusik bei, neben zweifellos anderen Faktoren wie der medialen und ökonomischen Überlegenheit der angelsächsischen Welt.

Vor allem die ohnehin angelsächsisch geprägten Genres der populären Musik wie Rock, Pop und später Hiphop, Rap und andere (zu den „Modezyklen" Mahlmann/ Zombik 2002: 2682f.) wurden nun auch von deutschsprachigen Komponisten und Interpreten überwiegend auf Englisch getextet. Wie sollte unter diesen Bedingungen die Verbreitung und Rezeption deutschsprachiger populärer Vokalmusik außerhalb des deutschen Sprachgebiets möglich sein? Freilich sahen sich in dieser Hinsicht so gut wie alle Sprachgemeinschaften außer der englischen in einer ähnlichen Lage. Die englische Sprache – genauer genommen: die englische Sprachgemeinschaft – dominierte die betreffenden Genres weltweit, so dass alle anderen Sprachen – zumindest international – randständig blieben. Entsprechendes galt und gilt für eine Reihe anderer, in der angelsächsischen Welt entwickelter vokalmusikalischer Genres wie vor allem für den Jazzgesang oder das Musical, das nun vielfach – auch im deutschsprachigen Gebiet – der Operette vorgezogen wurde. Allerdings werden Musicals häufig in die örtliche Sprache übersetzt. Um sich aber den Umschwung von Deutsch auf Englisch bewusst zu machen, braucht man sich nur an die Zeiten zu erinnern, als italienische und französische Opern in Deutschland noch mit ins Deutsche übersetzten Libretti gesungen wurden – bis in die 1970er Jahren („Als Alfredo noch Alfred hieß", *WAZ* 23.08.2013; *Flieg, Gedanke. Verdi auf Deutsch*. EMI Elektrola, 10 CD mit Premieren). Im Gegensatz dazu nannte es Udo Lindenberg „superwichtig", dass sein deutschsprachiges Musical *Hinterm Horizont* für die Aufführung am Potsdamer Platz in Berlin mit englischen Übertiteln versehen wurde. (*WAZ* 14.01.2014)

Anders als der vereinzelte deutschsprachige Gesang außerhalb des deutschen Sprachgebiets motiviert die massenhafte englischsprachige Musik vermutlich durchaus zum Sprachlernen. Diese Wirkung auf die junge Generation wurde verschiedentlich hervorgehoben (z.B. Crystal 2003: 100-104; früh schon für die Tschechoslowakei Prucha 1983: 178). Mir selbst haben wiederholt Grundschüler gestanden, dass sie Englisch lernen wollten, um ihre Lieblings-Songs zu verstehen – wenn auch sicher viele kein entsprechendes Bedürfnis verspüren.

Im Jahr 1990 habe ich Schülern des 3. und 4. Schuljahres in Duisburg-Homberg einen Fragebogen mit folgenden Fragen vorgelegt: 1a) „Welches ist dein Lieblingslied?", 1b) „In welcher Sprache ist es?", 1c) „Was bedeutet der Text?", 2a) „Welches Lied gefällt dir noch sehr gut?" sowie 2b) und 2c) entsprechend 1b) bzw. 1c). Als Lieblingslied nannten 36 (57%, n = 63) ein englischsprachiges Lied, 27 davon David Hasselhoff's „I've been looking for freedom". Nur 19 (30%) nannten ein deutschsprachiges Lieblingslied und einer ein portugiesischsprachiges. Erstaunlicherweise gaben 5 der 19 Informanten mit deutschsprachigem Lieblingslied als Sprache des Textes Englisch an. Verlockte das größere Prestige der englischen Sprache zu dieser Falschangabe, da ein Lied auf Englisch unter Schülern mehr galt als eines auf Deutsch, oder wurde der Text einfach falsch gehört? Bei den englischsprachigen Liedern wurde die Sprache in allen Fällen richtig identifiziert (mit Ausnahme einer fehlenden Antwort). Das zweitliebste Lied („gefällt dir auch noch") war immerhin in 26 Fällen (41%) deutschsprachig, wobei allerdings wieder in 2 Fällen die Sprache falsch als Englisch angegeben wurde. 23 Nennungen (36,5%) fielen auf englischsprachige Lieder, vier auf portugiesischsprachige und eine auf ein griechischsprachiges Lied (bei 9 fehlenden Antworten).

Erstaunlich war der Grad der Unkenntnis der englischsprachigen Texte. Dabei muss offen bleiben, inwieweit dies die Beliebtheit der Lieder minderte oder zum Sprachlernen motivierte. Keine einzige SchülerIn schrieb einen der englischen Titel fehlerfrei, meist sogar bis an den Rand der Erkennbarkeit verstümmelt, wie z.B.: *Apiluki fon Fiden, Apip luken vor Fridom, Lukin vor enfredom, Abe lookink vor fredem, I Locking for Freedom, Open looking for Fredom, Apie Louki Friedom, Abel loking wor frieden, Ape lukin vor fredom, Abkink Forfriedom.* Auch die Bedeutung dieses Lieblingsliedes wurde in keinem Fall richtig angegeben. Die Angaben bewegten sich um zwei Varianten mit den Schlüsselwörtern *Süden* und *Frieden* (statt *Freiheit*): neunmal „auf der (einer) Straße nach Süden" und zwei weitere *Süden*-Fälle („einer fährt nach Süden", „Ich gucke nach Süden") (wohl aufgrund einer deutschsprachiges Adaption des Liedes), fünf *Frieden*-Fälle, alle verschieden (z.B. „Ich suche Frieden"). Außerdem der Einzelfall „Es ist Sonntagfrüh". In den übrigen 16 Fällen wurde keine Bedeutungsangabe gemacht.

Diese kleine Erhebung belegt, dass Lieder auch ohne Textverständnis geschätzt werden können, vor allem wohl bei angenehmen inhaltlichen Assoziationen. Wichtig scheint im vorliegenden Fall, dass es sich um eine Prestige-Sprache handelte, die womöglich der Verbreitung des Liedes förderlicher war als die eigene Sprache.

Zu dieser Vermutung passen Äußerungen bundesdeutscher Interpreten populärer Musik, die angeblich englischsprachige Texte aufgrund persönlicher Identität vorziehen, nicht etwa weil der Markt in dieser Sprache größer ist. So antwortete Sabine Sabine auf die Frage, warum sie nicht auch mal einen deutschsprachigen Text singe: „Das klingt nicht, das bin nicht ich" (WDR 1, Landesstudio Dortmund 09.02.1990). Manche deutschsprachigen SängerInnen populärer Lieder finden also ihre eigene Identität mehr in englischsprachigen als in deutschsprachigen Texten. Ob dies nur für Liedtexte gilt oder womöglich sogar für die Sprache allgemein, wäre näher zu untersuchen. Diese Frage stellt sich auch für die Hörer solcher Lieder – in Deutschland, aber auch in den anderen deutschsprachigen Ländern und Regionen. In diesem Zusammenhang bleibt erwähnenswert, dass bei der Feier zur Vereinigung Deutschlands in Berlin in der Nacht vom 2. zum 3. Oktober 1990 der Engländer Chris de Burgh mit ausschließlich englischsprachigen Liedern ein geschätzter Interpret war. Offenbar fand es kaum jemand unpassend, dass die deutsche Vereinigung unter englischsprachigen Gesängen stattfand – was immerhin ein positives Zeichen dafür ist, dass die heutigen Deutschen mehrheitlich keine Sprachchauvinisten sind (verschiedene Aspekte zu dieser Frage in Hoberg/ Eichhoff-Cyrus/ Schulz 2008: 36-40).

Eine Art Gegenbewegung gegen die vollständige Anglisierung der populären Musik in der deutschsprachigen Welt war die Stilrichtung *Neue Deutsche Welle*, die Ende der 1970er Jahre aufkam und zunächst von angelsächsischen

Vorbildern ausging, sich aber dann davon löste und – weshalb sie für das vorliegende Buch interessant ist – auch außerhalb des deutschen Sprachgebiets eine gewisse Anziehungskraft entwickelte: „[I]t quickly developed into an original and distinct style, influenced in no small part by the different sound and rhythm of the German language which many of the bands had adapted from early on. (en.wikipedia.org/wiki/Neue_Deutsche_Welle – abgerufen 30.11.2013) Berühmte Interpreten und „Bands", wie sie trotz aller Deutschheit hießen, waren Nena, Ideal, Spliff, Joachim Witt Trio und dann – bei Ausdehung des Begriffs auf alle modernen, deutschsprachigen Interpreten und Bands – auch BAP und Udo Lindenberg. Der einzige deutschsprachige Sänger, der in der RTL-Liste der „erfolgreichsten Hits der Welt" erscheint, der Österreicher Falco, zählte ebenfalls dazu (Übermittlung der Liste durch Karina Schneider-Wiejowki). Vielleicht darf es als Indiz der Schranken, die dem Welterfolg im Wege standen, bewertet werden, dass Falcos Song „Rock me Amadeus" nur teilweise deutschsprachig war und auch einen englischsprachigen Titel trug. Entsprechend eingeschränkt blieben dann doch aufs Ganze gesehen die internationalen Erfolge der Neuen Deutschen Welle. Immerhin gab es jedoch Erfolge, wenngleich kurzzeitig, in einer Reihe von Ländern, wo sie heute noch vereinzelt nachklingen, vor allem in osteuropäischen Radiosendern. So erinnere ich mich gut an Nenas „99 Luftballons" bei meinen diversen Russlandbesuchen. Zwar gelang erst der englischsprachigen Übersetzung „99 Red Balloons" das „topping the charts in the UK, Canada and Ireland." Jedoch blieb die deutschsprachige Version sogar in manchen englischsprachigen Ländern sehr beliebt: „American and Australian audiences preferred the original German version, which became the highest Billboard charting German song in US history when it peaked at number 2 in the US." (en.wikipedia.org/wiki/99_Luftballons – abgerufen 30.11.2013) Allerdings wird diese Behauptung nicht bestätigt durch die „Liste der deutschen Nummereins-Hits im Ausland", die eine Erstplazierung der deutschsprachigen Version für Neuseeland ausweist, für Australien aber nur der englischsprachigen Version, und für die USA Nena überhaupt nicht nennt (de.wikipedia.orf/ wiki/ Liste_der_deutschen-Nummer-ein-Hits_im_Ausland – abgerufen 20.11.2013: 10 bzw. 3 und 16f.). Hier wäre eine Nachprüfung angesagt.

Jene Liste „beinhaltet deutsche und deutschsprachige Künstler, Lieder und Alben, die es außerhalb Deutschlands, Österreichs und der Schweiz auf Platz 1 der dortigen offiziellen Single- oder Album-Charts schafften" (ebd.: 3; die ganze Liste 3-18). Dabei waren darunter in folgenden Ländern deutschsprachige Titel: Belgien (nur Flandern), Dänemark, Finnland, Irland, Italien, Neuseeland, Niederlande, Norwegen, Schweden und Tschechien.

Länder, in denen es „deutsche und deutschsprachige Künstler, Lieder und Alben" ebenfalls auf Platz 1 schafften, aber nur mit englischsprachigen Titeln, waren: Australien, Belgien (Wallonie), Frankreich, Griechenland, Georgien, Polen, Portugal, Rumänien, Ungarn, USA und Großbritannien. Außer diesen insgesamt 20 Ländern (21 bei der vorgenommenen Zweiteilung von Belgien) werden keine weiteren genannt.

Abgesehen von einzelnen Vorläufern wie Freddy Quinn in Flandern (1956) oder Heintje in den Niederlanden (1968), ballen sich die deutschsprachigen Erfolge Anfang der 1980er Jahre. Danach gibt es nur noch Einzeltreffer: Matthias Reim („Verdammt, ich lieb' Dich") 1990, Mo-Do („Eins, zwei Polizei") 1994, Schnappi („Schnappi, das kleine Krokodil") 2005 und Hansi Hinterseer („Ich hab dich einfach lieb") 2010 sowie mehrfach Rammstein 2004 bis 2009 („Reise, Reise"; „Rosenrot"; „Völkerball"; „Liebe ist für alle da"). Der internationale Erfolg der Neuen Deutsche Welle bleibt also begrenzt. Sie „war bald ohne substantielle internationale Resonanz verebbt, was angesichts der deutschsprachigen Produktionen nicht anders zu erwarten war." (Mahlmann/ Zombig 2002: 2686) Dieser Kommentar impliziert, dass die deutsche Sprache ein wesentliches Hemmnis der internationalen Verbreitung war. Sie wird dabei allerdings in den größeren Zusammenhang der Erkennbarkeit deutscher Herkunft eingebettet, denn – nach der mitgelieferten Erklärung – „fällt der Erfolg für deutsche Künstler leichter, wenn man die Herkunft und Identität der Musik nicht so einfach feststellen kann." (Ebd.) Diese ist aber am einfachsten festzustellen an der Sprache. Demnach möchte man fast dazu raten, nicht zu versuchen, die Stellung der deutschen Sprache in der Welt durch deutschsprachige Vokalmusik zu stärken, sondern auf die deutsche Sprache zu verzichten, um die Verbreitung von Musik aus Deutschland nicht zu beeinträchtigen. Übrigens erscheint in den genannten Charts später auch Tokio Hotel nirgendwo auf Platz 1. Dies gilt ebenso für alle anderen innerhalb des deutschen Sprachgebiets erfolgreichen deutschsprachigen Interpreten, die nach der Vereinigung unter dem Einfluss der neuen Bundesländer entstehen.

Alles in allem schmälern die Neue Deutsche Welle und die spätere Wirkung der neuen Bundesländer kaum die Dominanz englischsprachiger Titel in den Massenmedien der deutschsprachigen Länder und Regionen, nicht einmal in den 1980er Jahren (Daten dazu Ammon 1991a: 413f.). Teilweise beschweren sich deutsche Interpreten darüber, dass viele deutsche Hörer deutschsprachige Texte weiterhin ablehnten. Ein Beispiel ist der Sänger Jürgen Drews, der sich selber als Opfer dieser Einstellung sah: „Englische Texte sind keinen Deut intelligenter als unsere, die haben nur den Vorteil, daß sie keiner versteht" (*Hörzu* 29, 13.7.1990: 13) Im gleichen Bericht, der übrigens den Titel trägt: „Wir singen deutsch – leider", wird die Rock-Sängerin Veronika Fischer, die 1980 aus der DDR in die BRD übersiedelte, mit folgenden Worten zitiert: „Drüben waren 2500 Leute in meinen Konzerten, hier sind's 400. Ich bin Deutsche, ich möchte mich in meiner Sprache ausdrücken, aber honoriert wird das nicht. Ich spiel' immer mal wieder mit dem Gedanken, englisch zu singen."

Eine Studie im Auftrag des damaligen Staatsministers Nida-Rümelin von 94 öffentlich-rechtlichen und privaten Rundfunkprogrammen in Deutschland von Mai 2001 bis April 2002 ergab, dass nur in den „Sendeprofilen" „deutsche Schlager, Oldies, Volksmusik" deutschsprachige Titel überwogen. Dagegen bewegten sich in den Sendeprofilen „Rock- und Pop-Mainstreamformate" deutsche Produktionen bei nur 10 bis 20 Prozent. Vor allem aber, und für unser Thema besonders relevant: „Der Anteil deutschsprachiger Titel liegt in der Regel deutlich unter 10 Prozent. Von den untersuchten 94 Programmen weisen 51 einen Anteil von weniger als 5 Prozent deutschsprachiger Titel auf. Diese Sender erreichen immerhin mit 39 Mio. Hörern jeden zweiten Hörer." (Hoeren 2003: 4)

Diese Situation bot den Anlass dafür, dass sich auch der Deutsche Bundestag mit dem Thema befasste (Hinweis von Antje Vollmer; dazu z.B. auch „Pop im Parlament", *RP* 30.09.2004: A7). Im Jahr 2004 brachten die regierenden Fraktionen von SPD und Bündnis 90/ Die Grünen wie auch mehrere Abgeordneten der oppositonellen CDU/ CSU Anträge ein „Für eine Selbstverpflichtung öffentlich-rechtlicher und privater Rundfunksender zur Förderung von Vielfalt im Bereich von Pop- und Rockmusik von Deutschland" bzw. „Für eine freiwillige Selbstverpflichtung der Hörfunksender zugunsten deutschsprachiger Musik" (Bundestagsdrucksache 15/4521 bzw. 15/4495, eingebracht in die 149. Bundestagssitzung am 17.12.2004, Stenographischer Bericht: 14022). In der Begründung wurde bemängelt, dass die Radiosender häufig „ausgezeichnete" deutschsprachige Musik ignorierten. Ausdrücklich genannt wurden im Weiteren die Gruppen „Juli", „Silbermond", „2raumwohnung" und die Interpreten Patrick Nuo und Yvonne Catterfeld (ebd.: 14024). Während die SPD zunächst – unter Verweis auf die Wirksamkeit einer entsprechenden Regelung in Frankreich – zu einer Radioquote neigte, mit künftig „annähernd 35 Prozent deutschsprachiger bzw. in Deutschland produzierter Musik" (ebd.), einigten sich am Ende der Diskussion alle Antragsteller darauf, dass nur eine „freiwillige Selbstverpflichtung für deutsch gesungene oder in Deutschland produzierte Musik" in Frage komme (ebd.: 14024). Bemerkenswert sind die Worte der Abschlussrednerin Gitta Connemann (CDU/ CSU), unter allgemeinem Beifall: „[...] die *Quote* ist passé, auch wenn der Antrag von Rot-Grün anders klingt und wenn in ihm von einem Anteil von ‚annähernd 35 Prozent' gesprochen wird. Aber im Ergebnis sollen sich die Sender selbst verpflichten. Es ist eine bloße Scheinquote. Man kann auch sagen: Es ist eine Mogelpackung." (Ebd.: 14029) Offenbar war zum Schluss folgender, zuvor in die Diskussion eingebrachte Hinweis auf Frankreich vergessen: „Nachdem dort 1994 durch die eingeführte Quote der Anteil von französischer Musik im Rundfunk auf 40 Prozent wuchs, stiegen auch die Verkäufe nationaler CDs stark an." (ebd.: 14023) Ob diese Befassung des Bundestags mit dem Thema zur Erhöhung des Anteils deutscher oder deutschsprachiger Musik in den Medien beigetragen hat, lässt sich schwer abschätzen und wurde, wie es scheint, bislang nicht untersucht. Zweifel sind erlaubt. Im Gegensatz zur deutschen Politik griffen manche andere Länder das Thema schon ein Jahrzehnt früher auf und führten verbindliche Regelungen ein (Wedell/ Henley 2002: 2692). Sogar in jener Bundestagsdiskussion wurde damals vorgebracht: „Insgesamt 29 Länder haben die Quote" (Stenographischer Bericht: 14022: 14026). Vermutlich sah sich der Bundestag auch durch absehbare juristische Schwierigkeiten (dazu Hoeren 2003), die allerdings in der nur halbstündigen Behandlung des Themas kaum ansatzweise zur Sprache kamen (Bericht: 14025), an einer verbindlichen Festlegung gehindert.

Auch andere Versuche, der Dominanz englischsprachiger populärer Vokalmusik entgegen zu wirken, waren nicht sonderlich erfolgreich. Ein Beispiel sind die weitgehend auf deutschsprachige Unterhaltungsmusik festgelegten Sendungen von WDR 4 (seit 01.01.1984), denen Radio Bremen 3 und Hessischer Rundfunk 4 gefolgt sind. Der „Spitzenverband Deutsche Musik" (SPIDEM) unterstützte solche Bemühungen (briefliche Hinweise seines Generalsekretärs, Steinschulte). Ein Beispiel ist die Verleihung des *SPIDEM-Kristalls* als Auszeichnung an den Intendanten des WDR, Friedrich Nowottny, für seine Verdienste um WDR 4 (*Musikspiegel* 23, September 1987: 1-3). Als Verbreitungsbremse wurden immer wieder die mangelnde Qualität und der fehlende Bezug zum Zeitgeist, vor allem des deutschen Schlagers, diagnostiziert. Ein Beispiel aus damaliger Zeit ist der Verriss „Wir singen Tralala" (*FAZ* 30.10.1989) der Darbietungen in Dieter Thomas Hecks Fernsehsendung zum „Tag des deutschen Schlagers". Dass der Zuspruch zu diesem Genre, speziell bei deutschen Texten, außerhalb des deutschen Sprachgebiets eher im Abnehmen als Zunehmen begriffen ist, belegt unter anderem der auf Europa ausgerichtete, aber darüber hinaus reichende musikalische Wettbewerb „Eurovision Song Contest".

Seine Konzeption und Geschichte sind umfassend dargestellt in John K. O'Connor's Buch *The Eurovision Song Contest* (2010; auch in Feddersen 2002 und en.wikipedia.org/wiki/Eurovision_Song_Contest – abgerufen 01.01.2014). Speziell mit der Sprachwahl hat sich Eva-Maria Klapheck (2004) befasst, auf deren Befunde ich mich hier teilweise stütze. Die Erstaustragung in Lugano firmierte im deutschen Fernsehen unter dem Titel „Grand Prix Eurovision de la Chanson" (ebd.: 13), was einerseits an die deutsche Anerkennung des Vorrangs von Französisch vor Deutsch als Europasprache erinnert (vgl. Kap. H.4.2), aber auch einer gewissen Huldigung an das Französische im Fortgang des Wettbewerbs entsprach. Erst in den 1990er Jahren festigte sich dann der heutige englischsprachige Titel. Geboten werden alle Richtungen populärer Musik einschließlich Schlagern, aber keine „ ‚ernste Musik' (Oper, Sinfonie)' " und auch keine „progressive[n] oder radikale[n] Stilrichtungen" wie Heavy Metal, Hardrock und Techno – ohne dass es dazu scharfe Abgrenzungen gab (ebd.: 15). Die Interpreten repräsentieren jeweils ihr eigenes Land. Die Ausrichtung auf Europa war von Anfang an geographisch weit gefasst, so dass sie an den Europabegriff des Europarates erinnert (Kap. H.3), und umfasst heute auch eine ganze Reihe außereuropäischer Länder, vor allem arabische und Israel.

Daher ist dieser Sängerwettstreit auch ein gewisser Indikator für die internationale Stellung von Sprachen in der populären Vokalmusik. Dass der Wettbewerb auch zur Stärkung oder Schwächung dieser Stellung beitragen kann, war vermutlich einer der Gründe, warum die Sprachenfrage sich im Verlauf seiner Geschichte als heikle und strittige Frage erwies. „[B]is 1964 wurden die Lieder stets in der Landessprache [des vom Interpreten repräsentierten Landes! U.A.] präsentiert. Diesbezüglich gab es nur eine Ausnahme: Die für Deutschland startende Lale Andersen sang 1961 die letzte Strophe ihres Liedes auf Französisch." Für das Jahr 1965 wurde diese Vorschrift aufgehoben, um im folgenden Jahr 1965 wieder eingeführt und 1973 erneut aufgehoben zu werden. (Klapheck 2004: 19f.) Nicht zuletzt hatte speziell die deutsche Delegation Schwierigkeiten, eine klare Linie zu finden. So befürwortete sie z.B. 1977 einerseits erneut die Festlegung auf die Landessprachen, suchte aber zugleich um eine Ausnahme für Deutschland nach, das für dasselbe Jahr den ersten ganz auf Englisch verfassten Beitrag vorlegte (den Song „Telegram" mit Silver Convention als Interpreten; Überblick über die deutschen Teilnehmer unter de.wikipedia.org/ wiki/Deutschland_beim_Eurovision_Song_Contest – abgerufen 01.01.2014). Jedoch blieb – abgesehen von dieser Ausnahme die Festlegung auf die Landessprachen für die folgenden 22 Jahre intakt. (Klapheck 2004: 20) Schließlich war es wieder die deutsche Delegation, unter Leitung des NDR-Redakteurs Jürgen Meier-Beer, die maßgeblich darauf hinwirkte, dass ab 1999 jedem Teilnehmerstaat freie Hand bei der Wahl der Sprache für sein Lied gewährt wurde: „Participating Broadcasters may decide what language their artists may sing in", heißt es in der offiziellen Regelung. (Ebd.: 21)

Was danach folgte, kann als „stampede" (Massenflucht) zur englischen Sprache bezeichnet werden, als welche Abram des Swaan (2001a: 171) den weltweiten Drang hin zum Englischen charakterisiert hat. Allein in der Zeit von 1999 bis 2004 erhöhte sich der Anteil englischsprachiger Beiträge aus den nichtenglischsprachigen Ländern von 35% (9 von insgesamt 23) auf 58% (21 von insgesamt 36 Teilnehmern), bei stetiger Zunahme (ebd.: 95). Zuvor lag der Anteil aufgrund der Sprachenregelung bei 0%. Außerdem fielen von 1999 bis 2004 alle Siege an englischsprachige Titel, keiner übrigens an ein englischsprachiges

Land: 1999 Schweden, 2000 Dänemark, 2001 Estland, 2002 Lettland, 2003 Türkei, 2004 Ukraine. Nur im letzten Fall war der Text nicht ausschließlich englisch, sondern teilweise auch ukrainisch. (Ebd.: 98) Man kann sich denken, dass diese Siege zur vermehrten Wahl von Englisch ermutigt haben. Während bis 2001 die Interpreten aus Deutschland fast ausnahmslos deutsch sangen, schwenkten sie ab 2002 konsequent zum Englischen über. Einzige Ausnahme war Roger Cicero mit „Frauen regier'n die Welt", dessen 19. Rangplatz dann jedoch nicht zu weiterem Deutsch ermutigte (Liste und Rangplätze der deutschen Teilnehmer unter de.wikipedia.org/wiki/Deutschland_beim_Eurovision_Song_Contest – abgerufen 01.01.2014).

Die deutsche Sprache hat insgesamt in diesem internationalen Songtest eine ausgesprochen bescheidene Rolle gespielt. Sie war nur 2-mal unter den siegreichen Songs vertreten, 1966 und 1982, bei insgesamt 58 Wettbewerben (1956 – 2013). Außerdem war beide Male Französisch mit im Spiel. 1966 war Französisch, bei Udo Jürgens als Interpreten, vertreten im Titel des Liedes („Merci Chérie") und 1982 immerhin noch im Namen der Interpretin „Nicole" („Ein bisschen Frieden") – wobei der Name ein zugegeben weit hergeholter Gesichtspunkt ist. Letzterer Song brachte übrigens den insgesamt einzigen Sieg für Deutschland mit einem vollständig deutschsprachigen Lied (Udo Jürgens ist Österreicher); der – lediglich – zweite weitere Sieg, von Lena 2010, wurde mit dem vollständig englischsprachigen Lied „Satellite" errungen. Ebenso war der zweite österreichische Siegessong, der/ des ansonsten normbrechenden Conchita Wurst 2014 „Rise Like a Phoenix", ganz in Englisch. Fast könnte man meinen, das erwähnte Drängen der Delegation Deutschlands auf Freigabe der Sprachwahl sei dem Bestreben entsprungen, die deutschsprachigen Länder vom Wettbewerbsnachteil ‚deutsche Sprache' zu entlasten (der vielleicht – aufgrund fortdauernder Assoziation mit der politischen Geschichte Deutschlands und dem neuen Eindruck ökonomischer Überheblichkeit – weiterhin besteht). Jedenfalls ist die geringe Zahl der lediglich 2 Siegestitel in deutscher Sprache mit dieser Vermutung vereinbar, wenn man sie ins Verhältnis setzt zur Sprecherzahl des Deutschen in Europa (siehe Kap. H.4.4: Tab. H.4.4-2). Dagegen entfielen 29 Siegestitel auf Englisch, 14 auf Französisch und je 3 auf Niederländisch und Hebräisch (Ivrit). Allerdings waren es für Songs in Italienisch und Spanisch ebenfalls nur 2, wie für Songs in Norwegisch und Schwedisch, was indes wegen der sonstigen Stellung dieser Sprachen weniger erstaunt. Auf alle anderen Sprachen entfielen sogar noch weniger Siegestitel, 1 oder gar keiner. Bemerkenswert, aber zu meiner Einschätzung der Einstellung zu Französisch und Deutsch passend, ist es auch, dass beide erstplatzierte Interpreten der Schweiz und sämtliche 5 erstplazierte Luxemburgs französischsprachige Texte sangen und damit nicht weniger als die Hälfte der Siegestitel in französischer

Sprache beisteuerten. (en.wikipedia.org/wiki/List_of_Eurovision_Song_Contest _winners – S. 13, abgerufen 01.10.2014) Das ebenfalls mäßige Abschneiden italienisch- und spanischsprachiger Titel ermahnt allerdings zur Vorsicht bezüglich vorschneller Erklärungen allein aufgrund von Vorurteilen gegenüber Sprachen oder Sprechern. Jedenfalls aber, um dieses Thema abzuschließen, ist der Eurovision Song Contest kein Zeugnis einer bedeutenden internationalen Stellung der deutschen Sprache in der populären Vokalmusik – und erscheint nach der bisherigen Tendenz der Sprachwahl auch kaum geeignet, diese Stellung in Zukunft zu stärken.

Eine nur teilweise mit den dort engagierten Interpreten sich überschneidende Stilrichtung ist die volkstümliche Vokalmusik, zu der – wenn man den Begriff dehnt – so verschiedenartige Sänger wie der auch im Eurovision Song Contest erfolgreiche Österreicher Udo Jürgens oder der Deutsche Hannes Wader gezählt werden können, die so gut wie ausschließlich deutschsprachige Lieder singen. Anders Reinhard Mey, der auch auf Französisch singt (Hinweis Ulrike Schulz), damit in Frankreich Erfolge erzielte und dort als „Frédérik Mey" bekannt ist. Er gewann 1968 in Frankreich als erster Nicht-Franzose den *Prix International de la Chanson française* (en.wikipedia.org/wiki/Reinhard_Mey – abgerufen 01.01.2014). So bedeutende internationale Erfolge waren Hannes Wader – wohl wegen der Beharrung bei Deutsch – nicht beschieden, der aber dennoch in linken Kreisen auch international eine gewisse Bekanntheit erreichte (en.wikipedia. org/wiki/Hannes_Wader – abgerufen 01.01.2014). Wie er pflegt auch Heino eine – allerdings im Vergleich zu Wader ausgesprochen konservative – Tradition des deutschen Volksliedes, auch tatsächlicher Volkslieder, nicht nur daran orientierter Neukompositionen (en.wikipedia.org/wiki/Heino – abgerufen 01.01. 2014). Auch Heino hat eine begrenzte internationale Anhängerschaft, bei der er Kult-Charakter genießt, vor allem – wie mir scheint – unter Auswanderern und Expatriates aus deutschsprachigen Ländern und Regionen, vielleicht auch deutsch(sprachig)en Minderheiten, die den Kontakt zu ihren Herkunftsländern nicht abreißen lassen wollen. Die ARTE-Fernsehsendung „Heino – Made in Germany" (14.12.2013: 21.35-22.35 Uhr) hat über diese Kontakte berichtet. Dadurch trägt er, wie vielleicht andere Sänger ähnlicher Wirkung, bei zum Erhalt der deutschen Sprache außerhalb des deutschen Sprachgebiets.

Dies gilt auch, wenngleich in anderer Weise, für die deutschsprachigen Chöre, die es in vielen nicht-deutschsprachigen Ländern gibt. Allerdings möchte ich im Hinblick auf das Publikum deutschsprachiger Vokalmusik außerhalb des deutschen Sprachgebiets noch einmal darauf hinweisen, dass man sie durchaus auch hören kann, ohne die Texte zu verstehen. Dies habe ich an verschiedenen zuvor berichteten Beispielen verdeutlicht. Im Hinblick auf die deutschsprachigen Chöre möchte ich zusätzlich daran erinnern, dass man Texte einer Sprache sogar singen kann, ohne sie zu verstehen, um vor der vorschnellen Gleichsetzung des Singens in einer Sprache mit der Kenntnis dieser Sprache zu warnen. Wenn man jedoch eine bestimmte Sprache ausdrücklich zum Programm seiner Vokalmusik erhebt, wie dies z.B. die deutschsprachigen Chöre tun, so wird man in der Regel auch auf gewisse Kenntnisse dieser Sprache Wert legen. Über deutschsprachige Chöre in der Welt stehen mir zwar gewisse Daten zur Verfügung, jedoch keinerlei Vergleiche mit anderssprachigen Chören. Daher bleibt wie an vielen anderen Stellen dieses Buches der Vergleich mit anderen Sprachen ein Desiderat.

Die „Zentralstelle für den deutschsprachigen Chorgesang in der Welt" in Solingen, die 1976 gegründet wurde, sammelt Daten über die deutschsprachigen Chöre außerhalb des deutschen Sprachgebiets. Vor allem aber unterstützt sie diese Chöre durch Materialien und Weiterbildungsveranstaltungen und festigt ihren Zusammenhalt durch „Chorfestivals" (www.chorfestival-solingen.de). Ebenfalls unterstützend wirkt die „Stiftung Volkslied", die seit 1973 in Kassel besteht und ihre Aufgabe wie folgt beschreibt: „Verbreitung und Pflege des Volksliedes und des geistlichen Liedes in Deutschland und im Ausland. Versand von Liederbüchern, Chorliteratur, Sing- und Laienspielen in alle Kontinente. Versorgung von deutschen Chören, privaten deutschen Schulen, Kindergärten und Altenheimen mit Liederbüchern." (www.kulturfoerderung.org/dizk/details.htm?idKey=showOrgaDetails&idValue=946&selectedLocale=de – abgerufen 18.12.2013) Die Zentralstelle in Solingen unterhält Kontakte zu zahlreichen deutschsprachigen Chören im Ausland, besonders in Übersee, über die sie auch eine umfangreiche Kartei führt.

Eine Liste der Chöre für die Zeit um 1986 hat mir der frühere Leiter der Zentralstelle, Ulrich Renner, übermittelt, den aktuellen Stand für 2013 der jetzige Referent der Zentralstelle, Dieter Lein. Die Zahlen sind aufgenommen in Tab. J.2.3-1, allerdings ohne Österreich (mit 7 gelisteten Chören im Jahr 2013), Schweiz (4), Belgien, Italien und Liechtenstein (je 2). Diese Zahlen für das deutschsprachige Gebiet deuten auf Unvollständigkeit hin. Diese war vermutlich noch ausgeprägter als heute für das Jahr 1986, da vor allem die Zuordnung der Chöre zu einzelnen Ländern Lücken zeigte. Ich habe diese zu schließen versucht nach Angaben im *Jahrbuch des Deutschen Sängerbundes* 42 (1986. Köln: Verlags- und Vertriebsgesellschaft für Chorbedarf, 176-187). Dadurch setzt sich die damalige Zahl für Brasilien zusammen aus 69 dort aufgeführten + 120 weiteren, der Zentralstelle bekannten Chören. Dagegen sind die Chöre der aktuellen Liste durchgehend auch ihren Ländern zugeordnet. Die Differenzen zwischen beiden Listen sind also wohl teilweise durch Datenlücken für 1986 bedingt, teilweise aber auch durch faktische Veränderungen. So wurden allein seit dem Jahr 2008 einerseits 17 Chöre wegen Auflösung aus der Liste gestrichen, 6 davon in Brasilien; andererseits jedoch Chöre in Brasilien, China, Japan, Mexiko, Russland und Südafrika neu aufgenommen (E-Mail Dieter Lein 17.12.2013). Ein nicht unbeträchtlicher Teil von Neuaufnahmen nach 1990 stammt aus dem Gebiet der ehemaligen Sowjetunion, wohin früher keine Kontakte gepflegt werden konnten. Darunter sind sicher auch Neugründungen. Ob die Zahl der Chöre insgesamt sogar zugenommen hat, wie es ihre Summierung anzeigt, bedürfte der Überprüfung.

	2013	1986
USA	170	164
Ungarn	158	k.A.
Brasilien	56	189
Kanada	43	38
Südafrika	22	8
Australien	18	14
Argentinien	13	17
Paraguay	10	k.A.
Chile	9	8
Polen	8	k.A.
Mexiko	7	k.A.
Niederlande	5	k.A.
Namibia	3	11
Finnland, Kasachstan, Japan, Zaire	2	k.A.
Armenien, Bulgarien, China, Frankreich, Kamerun, Kolumbien, Neuseeland, Togo, Ukraine, Schweden, Venezuela	1	k.A.
Summe	541	449

Tab. J.2.3-1: Anzahl deutschsprachiger Chöre außerhalb des deutschen Sprachgebiets

Die Verteilung auf die Länder legt nahe, dass die Chöre überwiegend von Deutschstämmigen gegründet wurden und der Kultur- und Traditionspflege deutschsprachiger Immigranten und Minderheiten dienen (vgl. Kap. E.3). In vielen Fällen spricht die regionale Herkunft dieser Immigranten noch aus dem Chornamen: *Banater Männerchor* (Cleveland), *Rheinischer Gesangverein* (Chicago), *Schwäbischer Männerchor* (Detroit), *Schweizer Männerchor* (Edmonton, Kanada), *Donauschwaben-Verein* (Buenos Aires).

Jedoch stehen so gut wie alle Chöre auch Nicht-Deutschstämmigen offen. Nicht nur sie, sondern auch manche deutschstämmige Mitglieder sind des Deutschen nicht immer mächtig. Die Mitgliedschaft im Chor mag gelegentlich zur Folge haben, dass sie Deutsch lernen oder ihre Deutschkenntnisse verbessern, vor allem, wenn sie leitende Funktionen übernehmen. So werden besonders die Chorleiter von der Zentralstelle ermutigt, Deutsch zu lernen. Teil der in Solingen stattfindenden Chorleiter-Seminare ist die Schulung in „deutscher Hochsprache", die nicht nur für Fremdsprachler wichtig ist, sondern auch für Muttersprachler, die nur Dialekt sprechen.

Allerdings führt die Aufnahme nicht-deutschsprachiger Mitglieder nicht nur der deutschen Sprache neue Sprecher zu, sondern erschwert oft auch den Gebrauch von Deutsch zur allgemeinen Verständigung. Denn wenn nur ein einziges Chormitglied kein Deutsch versteht, müssen zumindest die wichtigen Angelegenheiten in der örtlichen Mehrheitssprache – Englisch, Portugiesisch, Russisch usw. – besprochen werden.

Niemand scheint derzeit einen Überblick zu haben, in welchem Umfang unter den Mitgliedern der deutschsprachigen Chöre heute überhaupt noch Deutsch gesprochen wird. Ulrich Renner schätzte um 1990, dass dies ungefähr in 30% der von der Zentralstelle betreuten Chöre der Fall war. In den Festschriften der Vereine, die zumeist zweisprachig, aber vor allem in den USA oft auch nur einsprachig englisch sind, wird viel geklagt über das grassierende Desinteresse an der deutschen Sprache. Gelegentlich wird jedoch auch auf das Interesse an deren Erhaltung hingewiesen, wie im folgenden, allerdings schon etwas betagten Beispiel: „Es gibt immer wieder Anzeichen, die dem Wunsch, deutsche Sprache und Kultur zu erhalten, gerecht werden. Es gibt bereits Vereine, die Schritte unternehmen, um eine Zusammenarbeit mit anderen deutschen Schulen und Vereinen zu erreichen; Organisationen, die für Kontakte zwischen den im deutschen Sprachraum Europas lebenden Menschen und ihren Verwandten und Freunden im Ausland arbeiten [...]." (*Nach 60jähriger Tätigkeit im Dienste der deutschsprachigen Gemeinschaft. La Sociedad Coral Alemana Villa Ballester en su 60⁰ aniversario.* [1983]. Villa Ballester, Argentinien: 5)

Neben den Chören deutschsprachiger Emigranten oder Minderheiten betreut die Zentralstelle in Solingen auch manche, die sich aus örtlichem deutschsprachigen Botschaftspersonal oder Angestellten deutscher Firmen, also Expatriates, zusammensetzen (dazu Kap. E.5). Vereinzelt sind es aber auch Chöre, die neben deutschsprachiger sehr bewusst anderssprachige Vokalmusik im Repertoire führen. Sie finden sich vor allem in Ländern, die keine nennenswerte Einwanderung aus dem deutschen Sprachgebiet zu verzeichnen haben, wie Japan oder Zaire. Es ist kaum anzunehmen, dass solche Chöre nennenswerte weitergehende Deutschkenntnisse pflegen, als es die einigermaßen korrekte Aussprache der Liedtexte erfordert. Allerdings sind die Anschreiben der Zentralstelle auch an diese Chöre meist in deutscher Sprache verfasst, nicht jedoch deren Antworten.

K. Deutsch als Fremdsprache (DaF) außerhalb des deutschen Amtssprachgebiets

1. Themen- und Begriffserläuterung

Das deutsche Amtssprachgebiet umfasst Deutschland, Österreich, die Schweiz (deutschsprachiger Teil), Liechtenstein, Luxemburg, Ostbelgien und Südtirol in Italien (siehe Kap. D.1: Karte D.1-1). Das vorliegende Kap. bezieht sich auf die Welt außerhalb dieses Gebiets, ohne immer genau mit dieser Grenzziehung zu kongruieren. Es beschränkt sich außerdem nicht strikt auf Deutsch als Fremdsprache (DaF), sondern erstreckt sich zum Teil auch auf Deutsch als Muttersprache (in Kap. K.3) und auf die Germanistik, und zwar nicht nur in Kap. K.4, dessen Überschrift dies anzeigt.

Jedoch ist das vorliegende Kap. stärker auf DaF eingeschränkt als das thematisch verwandte Kap. 12 in meinem früheren Buch *Die internationale Stellung der deutschen Sprache* (1991a: 421-523). So ist insbesondere die „Kirchliche Außentätigkeit" (1991a: 511-523) weggelassen, da sie sich hauptsächlich auf die deutsch(sprachig)en Minderheiten und Expatriates (Kap. E bzw. E.5) richtet und damit mehr auf Muttersprachler als auf Fremdsprachler des Deutschen.

Aus demselben Grund ist die Darstellung des Themas „Deutsche Auslandsschulen" (Kap. K.3) kürzer als früher (Ammon 1991a: 442-455), bezieht jedoch die Schulen der anderen deutschsprachigen Länder außer Deutschland konsequenter mit ein. Die Auslandsschulen der deutschsprachigen Länder dienen ebenfalls großenteils den deutsch(sprachig)en Minderheiten und Expatriates, also Muttersprachlern des Deutschen. Jedoch sind sie meist auch, wie es die Bezeichnung „Begegnungsschulen" für Auslandsschulen Deutschlands anzeigt, zugleich auf DaF-Lerner ausgerichtet. All diese Schulen werden von deutschsprachigen Ländern, vor allem von Deutschland, gefördert. Insofern überschneidet sich Kap. K.3 – wie teilweise auch andere Teile von Kap. K – mit Kap. L „Politik der Förderung der deutschen Sprache in der Welt".

Dass die strikte Einschränkung von Kap. K auf Deutsch *als Fremdsprache* kaum möglich ist, zeigt sich bei näherer Betrachtung der Begriffe ‚Fremdsprache' und ‚Muttersprache' (vgl. Kap. A.3; auch Skutnabb-Kangas/ Phillipson 1989; Dietrich 2004a; b; Davies 2003). Dabei gilt es vor allem zu unterscheiden zwischen der Beziehung von Individuen zu einer Sprache und der curricularen Stellung der Sprache (im Schul- oder Hochschulangebot). So kann Deutsch *im*

Schulcurricum als „Fremdsprache" gelten, wie es außerhalb des deutschen Amtssprachgebiets meist der Fall ist, jedoch für manche Schüler oder auch Lehrer dieser Schule *individuell* Muttersprache sein. Dies ist sogar typisch für Neueinwanderer aus einem deutschsprachigen in ein nicht-deutschsprachiges Land, die sprachlich noch nicht assimiliert sind. Es kommt aber auch bei Altansässigen vor, die – z.B. in einer deutschsprachigen Minderheit (Kap. E) – an Deutsch als Familiensprache und damit auch als Muttersprache festhalten. Dabei ist es sogar möglich, dass eine Person aufgrund ihrer Herkunft sich als MuttersprachlerIn des Deutschen versteht, obwohl sie/er kaum in Deutsch sozialisiert wurde und die Sprache auch nicht annähernd sicher beherrscht. Diesen Möglichkeiten entsprechen unterschiedliche Definitionen des Terminus *Muttersprache einer Person*: 1) Tradition in der Familie (Herkunftssprache), so dass die Person sie als „Muttersprache" bewertet oder sich mit ihr „identifiziert", 2) lebensgeschichtlich zuerst gelernte Sprache (Erstsprache), 3) in der die Person sozialisiert wurde, 4) die sie sicher beherrscht. Diese verschiedenen Möglichkeiten können divergieren oder kongruieren. Die im Fortgang dieses Kap. genannten Zahlen beziehen sich – wenn nicht anders spezifiziert – meist auf DaF im curricularen Sinn, also auf Lernende oder auch Lehrende von Deutsch als Fremdsprache, von denen manche individuell Muttersprachler des Deutschen sein können.

In den meisten Fällen ist Deutsch bloßes Schulfach und nicht Unterrichtssprache. Dieser Unterschied ist bedeutsam, weil die Unterrichtssprache in der Regel zu weit höherem Kenntnisniveau führt als das bloße Schulfach, da sie nicht nur im eigenen Fach, sondern auch in anderen Fächern eine wichtige Rolle als Kommunikationsmittel spielt. Auch in den Regionen der deutschsprachigen Minderheiten ist Deutsch oft hauptsächlich nur Schulfach, oder nur Unterrichtssprache in zusätzlichen Angeboten an Nachmittags- oder Wochenendschulen. Dagegen ist Deutsch in allen „Auslandsschulen" der deutschsprachigen Länder auch – wenngleich selten die einzige – Unterrichtssprache.

Aus all dem folgt, dass es bezüglich der curricularen Stellung wichtig ist, ob Deutsch als Muttersprach- oder Fremdsprachfach gilt. Die Stellung als Fremdsprachfach lässt sich nach folgenden Gesichtspunkten weiter differenzieren:

Nach Wählbarkeit
– als Pflichtfach, meines Wissens ist Deutsch dies außerhalb des deutschen Amtssprachgebiets und Teilen der nicht-deutschsprachigen Schweiz nirgendwo mehr;
– als Wahlpflichtfach in einer Gruppe von Sprachen, aus der eine zu wählen ist, wobei die Zusammensetzung der Gruppe für Deutsch folgenschwer sein kann;

- als bloßes Wahlfach, wieder meist in einer Gruppe von Sprachen, von denen aber keine gewählt werden muss;
- gar nicht angeboten.

In der Reihenfolge aufsteigender Schulklassen oder Semester
- erste Fremdsprache, in der untersten Klasse, in der Fremdsprachen angeboten werden, ist heute fast überall Englisch, Deutsch aber z.b. noch in Russland (Kap. K.9.6);
- zweite Fremdsprache;
- dritte Fremdsprache, eher seltenes Angebot.

Leider scheint bezüglich Wählbarkeit und Reihenfolge für DaF kein weltweiter Überblick vorzuliegen und bleiben die Verhältnisse auch für die im Folgenden ausgewählten Länder (Kap. K.9.2 – K.9.15) oft unklar.

2. Deutsch als Fremdsprache (DaF) an den Schulen

Vielleicht erscheint es auf den ersten Blick unwichtig, an welchen Institutionen außerhalb des deutschen Amtssprachgebiets (Kap. D.1: Karte D.1-1) Deutsch als (curriculare) Fremdsprache (DaF) gelernt wird. Jedoch zeigt die genauere Betrachtung, dass die Verankerung von Deutsch in der regulären Schule, als Fach oder womöglich sogar als Unterrichtssprache, die beste Gewähr für die Vermittlung solider Deutschkenntnisse bietet. Dabei ist die staatliche oder private Trägerschaft nebensächlich, solange die Schule nur als vollwertige Bildungsinstitution im Sinne der allgemeinen Schulpflicht anerkannt ist. Reguläre Schulen in diesem Sinn gewährleisten in der Regel ständigeres Lernen als außerschulische Einrichtungen. Außerdem ermöglicht Deutschunterricht schon in der Schule längeres Lernen, als wenn er erst auf der Hochschule beginnt.

Die meisten Länder, die schulischen Deutschunterricht anbieten, ermöglichen nämlich die Fortsetzung des Deutschlernens auf der Hochschule. Ausnahmen bilden nur wenige, meist kleine Länder mit einer geringen Zahl von DaF-Schülern. So gab es Anfang der 1980er Jahre Deutschunterricht zwar an der Schule, nicht aber an der Hochschule lediglich in El Salvador, Dominikanische Republik, Haiti, Paraguay, Burundi, Gabun, Ruanda, Tansania und Singapur (*Bericht der Bundesregierung über die deutsche Sprache in der Welt* 1985: 28-47). Um 2010 bestand Deutschlernen an der Schule, aber nicht auch an der Hochschule nur in Bosnien und Herzegowina, Costa Rica, Kenia, Kuwait, Mosambik, Uruguay sowie Trinidad und Tobago – also in 8 von insgesamt 136 Ländern mit Deutschunterricht (Netzwerk Deutsch 2010). Allerdings nennt diese Quelle den Zustand ‚Deutsch an Schulen, aber nicht an Hochschulen' auch für Länder, wo er nicht wirklich vorlag, insofern sie nämlich über eine Hochschul-*Germanistik* verfügen – in deren Rahmen in aller Regel auch weiteres Deutschlernen möglich ist. Es ist ein generelles Manko dieser Quelle (Netzwerk Deutsch 2010), dass sie keine Daten über die Germanistik enthält – wie übrigens auch nicht über die Kursteilnehmer an den Goethe-Instituten. Für die folgenden Länder entsteht dadurch der falsche Eindruck fehlender Lernmöglichkeiten für Deutsch an den Hochschulen, obwohl sie in Wirklichkeit – zumindest im Rahmen der Germanistik, verschiedentlich sogar von DaF – existieren, wie die hier in Klammern genannten Publikationen belegen: Bulgarien (Dimova 2010), Frankreich (Dalmas 2010), Georgien (Mindadse/ Bakuradze 2010), Ukraine (Pavlychko 2010) und Weißrussland/ Belarus (Furaschowa/ Kletschko 2010).

Gewissermaßen normale Proportionen zwischen Schulen und Hochschulen liegen dort vor, wo die DaF-Lernenden an den Schulen deutlich zahlreicher sind als an den Hochschulen (n DaFler an Schulen > n DaFler (einschließlich Germanisten) an Hochschulen). Die Zahlen dürfen allerdings an den Hochschulen nicht übermäßig schrumpfen, wenn im betreffenden Land einigermaßen breite Deutschkenntnisse erreicht werden sollen. Die jeweilige Proportion ‚Schule : Hochschule' hängt jedoch von verschiedenen Faktoren ab, vor allem von der örtlichen Tradition des Deutschlernens sowie vom wirtschaftlichen Bedarf an Deutschkenntnissen und den mit solchen Kenntnissen verbundenen Berufsaussichten (dazu Kap. F.6).

Schulisches Deutschlernen motiviert zur Fortsetzung auf der Hochschule, auch um die nun einmal getätigte Bildungsinvestition nicht zu vergeuden. Dieses Motiv wurde z.B. in Australien für die Wahl eines Deutschstudiums an der Hochschule nachgewiesen (Ammon 1991b: 57-64). „A relatively large number of responses [...] relate to the desire to continue with German after having started it at school or abroad." (G. Schmidt 2011: 127) Allein aus diesem Grund ist Deutschlernen schon in der Schule eine günstige Voraussetzung für den Erwerb solider Deutschkenntnisse. Dies unterstreicht, wie wichtig die Verankerung von Deutsch im regulären Schulcurriculum ist.

Ein früher Beginn – möglichst schon auf der Primarstufe oder sogar in der Vorschule oder im Kindergarten – ist gründlichen Deutschkenntnissen besonders zuträglich. Jedoch ist solcher Frühbeginn, obwohl schon lange gefordert, nach wie vor verhältnismäßig selten. In neueren umfassenden Erhebungen wurden dazu gar keine Daten mehr gesammelt (StADaF 2005; Netzwerk Deutsch 2010). Eine Erhebung im Jahr 1988 in 72 Ländern (*ADaF-Auswertung* 1990) erbrachte immerhin in 17 Ländern DaF-Unterricht auf der Primarstufe. Vielleicht beschränkte sich dieser aber – außer in besonderen Fällen (z.B. Australien: „community languages", Frankreich: Elsass) – weitgehend auf Auslandsschulen deutschsprachiger Länder (Kap. K.3). Bei der Erhebung im Jahr 1995 (Goethe-Institut 2000) wurden die Lernerzahlen an der „Grundschule" wahrscheinlich zu hoch angesetzt (3.056.447), weil die Unterscheidung von der Sekundarstufe nicht immer korrekt war, für die 13.630.335 Lernende ermittelt wurden. Diese Zahlen sind in der Publikation nicht ausdrücklich angegeben, lassen sich aber aus den Angaben für die Regionen addieren (ebd.: 10). Jedenfalls wurden für Skandinavien die Zahlen für die Sekundarstufe teilweise der Grundschule zugeordnet (mündliche Mitteilung Georgia Herlt, ehemalige Leiterin der Sprachabteilung des Goethe-Instituts Kopenhagen).

Vor der Betrachtung der gegenwärtigen Lage empfiehlt sich ein kurzer historischer Rückblick auf den DaF-Unterricht an Schulen, zumal daraus – zumindest in groben Zügen – die Entwicklung im Verhältnis zu anderen Fremdsprachen hervorgeht. Dabei verzichte ich – nicht zuletzt aus Platzgründen – einerseits auf einen Rückblick in die ältere Vergangenheit und beschränke mich auf das 20. Jh. In die regulären Schulen wurde der DaF-Unterricht erst im Verlauf des 19. Jhs. eingeführt (zur vorausgehenden Zeit sehr gründlich, auch weit über die reguläre Schule hinausblickend, Glück 2002; 2013; zu einem frühen Lehrbuch van der Lubbe 2007). Andererseits vertiefe ich mich – wiederum aus Platzgründen – nicht in die DaF-Geschichte in einzelnen Ländern, wofür zum Teil sehr gründliche Untersuchungen vorliegen (z.B. Lévy 1950/ 52 für Frankreich; Ortmanns 1993 für Großbritannien; kurze weitere Hinweise für einzelne Länder in Kap. K.9.2 bis K.9.15).

Stattdessen begnüge ich mich mit dem Aufzeigen von Entwicklungstendenzen seit dem 20. Jh., mit – soweit möglich – besonderer Beachtung folgender Parameter:

(1) Zahl der Länder mit schulischem DaF-Unterricht,
(2) Zahl der jeweiligen DaF-SchülerInnen und
(3) Jeweilige Lernzeit (als grober Indikator für die erreichten Sprachkenntnisse).

Die Beachtung aller drei Parameter wäre wichtig für den Vergleich mit anderen Fremdsprachen bezüglich ihrer Stellung an Schulen; jedoch sind die dazu vorliegenden Daten lückenhaft. Sie ermöglichen aber dennoch einen – wie mir scheint – tragbaren Vergleich zwischen Deutsch und den anderen in der untersuchten Zeitspanne am häufigsten gelernten Fremdsprachen. Misslicherweise erlaubt die Datenlage keine nahtlose Fortsetzung des Vergleichs in die neuere Zeit und Gegenwart. Dies bedürfte eines Aufwandes, der mir im Rahmen dieses Buches – wieder einmal – nicht möglich war, so dass mir erneut nur der Hinweis auf ein Forschungsdesiderat bleibt.

Die weltweite Entwicklung des Fremdsprachenunterrichts an den Schulen vom Beginn des 20 Jh. (1908) bis kurz vor dem Zweiten Weltkrieg (1938) wurde statistisch aufgearbeitet von Walter Fränzel (1938; 1939), und zwar auf der Grundlage von Vorarbeiten Viktor Frankes (1937b; vgl. auch Franke 1937a). Den Hinweis auf Fränzel verdanke ich Karl-Peter Ortmanns. Viele weitere Informationen speziell zum DaF-Unterricht in der Zeit vor dem Zweiten Weltkrieg finden sich in den Publikationen von Franz Thierfelder (1928/ 1929/ 1930/ 1931a; 1933; 1936). Frankes Untersuchung (1937b) basiert auf Berichten der Erziehungsminister von 48 Ländern, die vom *Bureau International d'Education* (damals in Genf) gesammelt wurden. Ich stütze mich hier auf die Statistik von Fränzel, und zwar in der Annahme, dass er einerseits Franke und dieser andererseits die ministeriellen Berichte korrekt ausgewertet hat, deren jeweilige statistische Zuverlässigkeit ich zudem voraussetze.

Die 48 Länder, deren Erziehungsminister dem *Bureau International d'Education* ihre Berichte einreichten, bilden das Gros der selbstständigen Staaten der damaligen Welt. Einige, darunter auch gewichtige, fehlen jedoch, nämlich die Sowjetunion, Österreich, die Tschechoslowakei und Südafrika, ebenso die meisten Kolonien und Mandatsgebiete (Liste aller einbezogenen Staaten in Fränzel 1939: 105, Anm. 1). Sofern einer der einbezogenen Staaten in Teilen der untersuchten Zeitspanne 1908 – 1938 nicht als solcher existierte, wurde der Fremdsprachenunterricht in der betreffenden Region zugrunde gelegt. Der Unterricht im jeweiligen Amtssprachgebiet der Sprachen blieb aus der Statistik, bei der es um den Unterricht als Fremdsprache ging, ausgeschlossen. Für jeden Staat wurde – so verstehe ich Fränzels Ausführungen – geschätzt, wie hoch der Anteil der Schüler der jeweiligen Sprache an der Gesamtheit der schulischen Fremdsprachenlerner war. Als Grundlage für die Schätzung dienten vor allem Angaben darüber, welche Sprachen auf welchen Schulstufen Pflicht- oder Wahlfach waren. Die zusammengefassten Prozentwerte über alle 48 Staaten wurden von Fränzel nicht einfach als arithmetisches Mittel der Staatenwerte errechnet, sondern gewichtet nach der Einwohnerzahl der Staaten (vgl. Fränzel 1939: 105-108). Diese nicht ganz unproblematischen Abstraktionsschritte sollten bei der Bewertung der Zahlen berücksichtigt werden.

Einen Überblick über den so gewonnenen Verlauf des Anteils von 5 Sprachen – die Fränzel einbezieht – am Fremdsprachenunterricht in der Welt liefert Abb. K.2-1. Die Abb. (erstellt von Jana Knigge, wie auch Abb. K.2-2) basiert auf den Zahlenangaben in Fränzels Tab. für die einzelnen Zeitpunkte zwischen 1908 und 1938 (Fränzel 1939: 110-116). Deutsch hatte demnach den (allerdings nicht übermäßig ausgeprägten) Gipfel seines Anteils am Fremdsprachenunterricht der Welt, auf dem dritten Rangplatz, schon vor dem Ersten Weltkrieg. Während des Krieges gab es einen markanten Einbruch, dem dann in den 1920er Jahren eine Erholung folgte, ohne jedoch – jedenfalls weltweit gesehen – die einstige Höhe vor dem Krieg wieder zu erreichen. In den 1930er Jahren nahm der Anteil von Deutsch am Fremdsprachenunterricht der Welt sogar wieder ab. Auch der Anteil des Französischen ist in der Gesamttendenz abwärts gerichtet. Dabei fällt die zum Deutschen gegenläufige Zwischenphase in der Zeit um den Ersten Weltkrieg auf, die eine Folge des Umsteigens vom Deutschen aufs Französische ist. Im Gegensatz zu diesen beiden Sprachen weist die Gesamttendenz von Englisch, der damals schon weltweit meist gelernten Fremdsprache, weiter nach oben; ebenso – wenngleich auf viel niedrigerem Niveau und weniger stark – die von Spanisch und auch Italienisch.

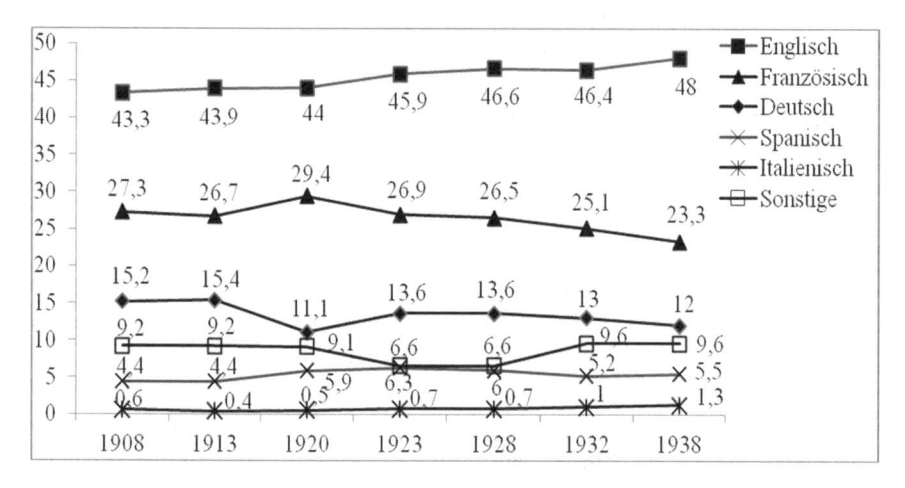

Abb. K.2-1: Anteile von 5 Sprachen am Fremdsprachenunterricht in den Schulen weltweit in der Zeit 1908 – 1938 (nach Fränzel 1939: 110-115)

Der Einbruch von Deutsch im Ersten Weltkrieg ist hauptsächlich bedingt durch Rückgänge in der angelsächsischen Welt, wobei den USA wegen ihrer großen Bevölkerungszahl und Wirtschaftskraft schon damals das größte Gewicht zukommt. Vor dem Ersten Weltkrieg war Deutsch in den USA die mit Abstand meist gelernte Fremdsprache. Für 1910 beispielsweise kommt Fränzel (1939: 111) auf einen Anteil des Deutschen von 65,6% am Fremdsprachenunterricht der USA, gegenüber einem Anteil des Französischen von nur 32,6% und des Spanischen von 8%. Nach Gilbert (1981: 263) standen im Jahr 1910 an den US-High Schools 216.869 Deutschlernenden nur 90.591 Französischlernende gegenüber. Nach dem Kriegseintritt der USA wurde der Unterricht von Deutsch so gut wie vollständig eingestellt. Stattdessen lernte man dort nun vor allem Französisch, aber auch Spanisch. Noch für 1922 beziffert Gilbert (1981: 263) die Deutschlernenden auf den US-High Schools auf nur 13.385 gegenüber überwältigenden 345.650 Französischlernenden. Auch später konnte Deutsch in den USA seine alte Vorrangstellung als Fremdsprache nie wieder zurückgewinnen, sondern blieb stets deutlich hinter Französisch und Spanisch zurück, wobei diese beiden Sprachen nach dem Zweiten Weltkrieg ihre Rangplätze tauschten (vgl. Gilbert 1981; auch Pentlin 1977). Auch in anderen angelsächsischen Ländern wie Großbritannien, Australien oder Kanada führte der Erste Weltkrieg bei DaF zu Einbrüchen, die später nie wieder voll ausgeglichen werden konnten.

Um aber die Auswirkungen des Ersten Weltkrieges, so dramatisch sie sind, doch etwas zu relativieren, sollte nicht übersehen werden, dass es vereinzelte Rückgänge von DaF auch schon davor gab. Ein Beispiel ist Argentinien, wo schon 1912 Deutsch, übrigens auch Italienisch, mangels Nachfrage aus den Curricula mancher Schulen und Schultypen gestrichen wurde und nur Englisch und Französisch als Fremdsprachen blieben (Fränzel 1939: 11). Auch Lévy (1952: 174) berichtet aus Frankreich schon über die Zeit vor dem Ersten Weltkriegs von einem leichten Rückgang von Deutsch, das übrigens damals auch dort weit vor allen anderen Fremdsprachen einschließlich des Englischen rangierte: „Paris montre cependant dès avant le guerre un léger, mais constant fléchissement de l'allemand." Gegenüber verbreiteten Übertreibungen relativiert auch Schwarzkopff (1987) den Ersten Weltkrieg als Faktor für den Rückgang von Deutsch – allerdings als Muttersprache – in den USA, ohne die Bedeutsamkeit des Faktors zu leugnen. Man fühlt sich dabei auch erinnert an – wenngleich zunächst kaum merkliche – Anteilsverluste von Deutsch als wissenschaftliche Publikationssprache (vgl. Kap. G.1). Vielleicht hingen diese Tendenzen letztlich mit einander zusammen und waren – direkt oder indirekt – eine Auswirkung des Aufstiegs der USA, die schon vor dem Ersten Weltkrieg das Deutsche Reich wirtschaftlich, nach der Größe des Bruttosozialprodukts, überholten und auf Platz Eins im Weltrang vorrückten, den sie seitdem halten. Man könnte den Gedanken dahingehend weiter spinnen, dass die deutsche Sprache in all diesen Hinsichten auch ohne Kriege und Nationalsozialismus in ihrer internationalen Stellung gegenüber Englisch weiter zurückgefallen wäre, allerdings weniger dramatisch als infolge jener Katastrophen (vgl. auch Kap G.9).

Die Einbußen im Ersten Weltkrieg in den Überseeländern, vor allem den USA, bewirkten auch die stärkere Einschränkung von DaF auf Europa. Allerdings war Deutsch schon vor dem Ersten Weltkrieg eine im Vergleich zu Englisch auf Europa konzentrierte Fremdsprache. So konstatiert Fränzel (1939: 109) für das Jahr 1908: „*Deutsch* kommt in Europa noch vor Englisch [allerdings hinter Französisch! U.A.], fällt aber in Übersee stark ab [...]". Nach dem Ersten Weltkrieg wurde diese geographische Verteilung noch ausgeprägter. Außer durch Einbußen in Übersee wurde die Schwerpunktbildung in Europa zusätzlich dadurch gefördert, dass in den aus früheren Bestandteilen Russlands neu entstandenen Ländern Osteuropas DaF eine ausgesprochen starke Stellung gewann. In dieser Hinsicht gibt es gewisse Parallelen zur Stärkung von DaF nach 1989 infolge der Auflösung der Sowjetunion (vgl. auch Kap. L.3.1). Die Europa-Zentrierung von DaF zeigt sich beim Vergleich von Abb. K.2-2 mit Abb. K.2-1: In Abb. K.2-2 (Europa-Bezug) erkennt man deutlich höhere Anteile von DaF als in Abb. K.2-1 (weltweiter Bezug).

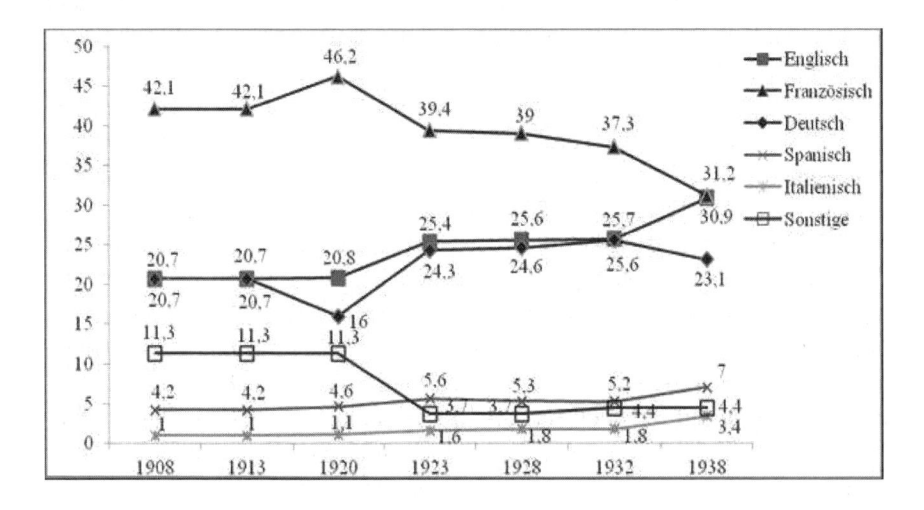

Abb. K.2-2: Anteile von 5 Sprachen am Fremdsprachenunterricht in den Schulen Europas in der Zeit 1908 – 1938 (nach Fränzel 1939: 110-115)

Bemerkenswert ist, dass – trotz der Zuwächse – sogar in Europa der Anteil von Deutsch am Fremdsprachenunterricht zwischen den beiden Weltkriegen nicht kontinuierlich anstieg, sondern, wie aus Abb. K.2-2 ersichtlich, in der Zeit 1932 – 1938 erneut sank (von 25,6% auf 23,1%) – ähnlich übrigens die Richtung der Entwicklung des Französischen, im Gegensatz zum stetigen Anstieg des Englischen. In diesen Zahlen kommt zum Ausdruck, dass DaF in manchen Ländern nach einer Phase des Aufschwungs, die oft gekennzeichnet war durch seine breite Einführung als Schulpflichtfach, wieder zurückgestutzt wurde. So insbesondere in Lettland und Estland, aber auch – wenngleich in geringerem Maße – in Litauen, Jugoslawien (damals „Südslawien"), Portugal und offenbar auch in einzelnen Überseeländern wie zum Beispiel Uruguay (Fränzel 1939: 114). Diese Zurückstufung von DaF geschah jeweils in den 1930er Jahren, nach der Machtergreifung der Nationalsozialisten in Deutschland, und zwar nicht selten, wenn auch nicht nur, in erkennbarer Abwehr gegen den Nationalsozialismus. Dieses Motiv für die Zurückstutzung von DaF geht aus den Berichten Thierfelders (1938: 129-136) über Lettland und Estland, in schwächerem Maße auch Litauen, deutlich hervor (vgl. auch Thierfelder 1936).

In anderen Fällen spielen vielleicht Bedarfsüberlegungen eine größere Rolle für den Rückgang von DaF. So scheint, wiederum nach einem Bericht Thierfelders (1938: 181f.), z.B. in Portugal, ähnlich wie in Spanien (ebd.: 180f.), die Sympathie der dortigen Regierung mit den Nationalsozialisten die Stellung von DaF zunächst gestärkt zu haben, was sich aber aus anderen Gründen nicht durchhalten ließ. Dass bei diesem Rückgang von DaF nicht nur politische, sondern auch Bedarfsgesichtspunkte im Spiel waren, ist auch deshalb zu vermuten, weil in fast allen Fällen Englisch, gelegentlich auch Französisch, an die Stelle von Deutsch trat. Auch in manchen Ländern, wo Deutsch zunächst noch als Fremdsprache dominierte, zeigte sich schon vor dem Zweiten Weltkrieg eine Tendenz hin zum Englischen. So berichtet Thierfelder schon 1938 (S. 137): „Auch in Finnland mehren sich die Anzeichen, daß Englisch im Vordringen ist."

Trotz dieser Verschiebungen zuungunsten von Deutsch und zugunsten von Englisch als Fremdsprache stellte sich zumindest den deutschen Fachleuten die Situation Ende der 1930er Jahre (vor Beginn des Zweiten Weltkrieges) weitgehend noch ähnlich dar wie vor dem Ersten Weltkrieg, nämlich „daß es im großen und ganzen auf der Welt nur die drei neueren Sprachen [als Fremdsprachen! U.A.] gibt [...], deutsch, französisch und englisch. Italienisch und spanisch spielen daneben nur eine untergeordnete Rolle, von den anderen Sprachen ganz zu schweigen." (Franke 1937a: 138. Orthographie sic!)

In der Tat waren die Rückgänge von DaF bis dahin nicht dramatisch. Dies zeigt auch die Betrachtung des Status von DaF als Pflichtfach an höheren Schulen, wenngleich in der Regel daneben andere Fremdsprachen Pflichtfach waren, vor allem Englisch oder Französisch. Tab. K.2-1 enthält die Länder, in denen 1908 und 1938 DaF Pflichtfach auf höheren Schulen war. Möglicherweise sind in diese Angaben Fränzels (1939) auch quantitative Überlegungen eingeflossen, so dass vielleicht angemessener von „verbreitetem Pflichtfach" gesprochen werden sollte. Aus den Lücken in Tab. K.2-1 sind die Veränderungen ersichtlich. Man erkennt, dass die Kontinuität nicht unbeträchtlich war und Veränderungen eher Ausnahmen sind. Die Anzahl von Ländern mit DaF als Pflichtfach auf höheren Schulen war 1938 sogar größer als 1908 (n=15 gegenüber 13), freilich nur aufgrund von 1918 neu entstandenen Ländern.

1908	1938
Belgien	Belgien
Dänemark	Dänemark
-	Finnland
Frankreich	Frankreich
Island	Island
-	Litauen
Luxemburg	Luxemburg

-	Niederlande
Norwegen	Norwegen
Rumänien	Rumänien
Schweden	Schweden
Schweiz	Schweiz (jeweils nicht-deutschsprachige Teile)
Tschechoslowakei	Tschechoslowakei
Ungarn	Ungarn
Argentinien	-
Japan	Japan

Tab. K.2-1: Länder bzw. Regionen mit DaF als Pflichtfach auf höheren Schulen 1908 und 1938 (nach Fränzel 1938: 191-193; 1939: 110-115)

Bei der Interpretation von Tab. K.2-1 ist zu beachten, dass die Stellung als Pflichtfach an den (höheren) Schulen nur partikularen Aufschluss über den Anteil von DaF am Fremdsprachenunterricht liefert. So wurde z.B. nach der Errichtung Polens „[d]er Schwerpunkt [des Fremdsprachenunterrichts! U.A.] auf Deutsch gelegt", das dort auch noch in den 1930er Jahren die mit Abstand am häufigsten gelernte Fremdsprache war; jedoch war Deutsch kein Pflichtfach an den Schulen, sondern bestand Wahlmöglichkeit zwischen Deutsch und Französisch (Thierfelder 1938: 128). Deutsch war sicher damals in Polen schon wegen der – nach dem Friedensvertrag von Versailles – beträchtlichen, in deutscher Tradition stehenden Bevölkerungsteile eine nachgefragte Sprache. Außerdem war es auch an den Schulen nicht nur Fremd-, sondern auch Muttersprache.

Nach Nationalsozialismus und Zweitem Weltkrieg hat DaF dann in den meisten Ländern früher oder später seine Stellung als allgemeines Schulpflichtfach an den höheren Schulen verloren. Insbesondere war es bald so gut wie nirgendwo mehr als erste Fremdsprache (in der Reihenfolge aufsteigender Schulklassen) obligatorisch. Ausnahmen sind nur die nicht-deutschsprachigen Teile der Schweiz, wo der Status von Deutsch als nationale Amtssprache seine starke Stellung auch als Fremdsprache bis heute stützt (Kap. D.2.4; Zellweger 1987), sowie der Sonderfall Luxemburg, wo Deutsch außer Amtssprache auch Unterrichtssprache war und ist (Kap. D.2.5). Außer in diesen beiden Fällen blieb Deutsch auch in keinem Land mehr meistgelernte Fremdsprache, auch nicht meistgelernt pari passu mit einer anderen Fremdsprache. Meistgelernte Fremdsprache wurde nach 1945 in so gut wie allen nicht-angelsächsischen Ländern Englisch, ausgenommen die Länder des Warschauer Pakts, wo – solange dieser Pakt existierte – allgemein Russisch den ersten Rangplatz besetzte. Eine kurze Ausnahme waren nur einzelne osteuropäische Länder nach Auflösung der Sowjetunion, vermutlich sogar nur Ungarn (Bassola 1995: 233; Földes 2004b: 112). Aber diese Phase ging schnell vorüber. Auch in Ungarn wurde schon im Verlauf der 1990er Jahre Englisch die unzweifelhaft am häufigsten gelernte Fremdsprache (Földes 2004b: 115; zur Hochschule Földes 2004a: 17). Während Englisch außerhalb der angelsächsischen Welt überall erste Schulfremdsprache wurde, gelangten in den angelsächsischen Ländern Französisch oder Spanisch (USA) auf Rangplatz 1. Sie könnten von dort mit der Zeit durch Chinesisch verdrängt werden – wenngleich ich dies noch auf längere Zeit für unwahrscheinlich halte.

Für einen ernst zu nehmenden Sprachenvergleich speziell bezüglich des schulischen Fremdsprachenunterrichts fehlen mir zuverlässige Daten. Zum Versuch eines Vergleichs der Gesamtlernerzahlen auf allen Bildungsstufen und -institutionen verweise ich auf Kap. K.7. Für die Entwicklung von DaF an den Schulen, ohne den Vergleich mit anderen Sprachen, gibt es allerdings recht brauchbare Zahlen. Für die 1980er Jahre liegen sie vor im *Bericht der Bundesregierung über die deutsche Sprache in der Welt* (1985) und der *ADaF-Auswertung* (1990) *Deutsch als Fremdsprache in den Gastländern des Goethe-Instituts*. Diese Zahlen habe ich in meinem Buch *Die internationale Stellung der deutschen Sprache* (1991a: 432-437) gründlich ausgewertet und verweise darauf für Detailfragen. Demnach wurde DaF 1982/83 in insgesamt 88 Ländern und 1988 in 83 Ländern auf der Schule gelernt. Innerhalb dieser Zeitspanne von 5 bis 6 Jahren zeigte sich für 41 Länder eine steigende Tendenz (2 waren neu hinzugekommen). Dagegen war die Tendenz in 28 Ländern sinkend (7 waren ganz weggefallen). Folglich war zwar die Zahl der Länder geringer geworden, aber waren die Lernerzahlen in den verbliebenen Ländern tendenziell gestiegen.

Allerdings darf man daraus nicht ohne weiteres auf eine damalige Zunahme der Gesamtzahl von DaF-Lernern an Schulen schließen. Vielmehr zeigt schon der Vergleich mit einer früheren Schätzung der Bundesregierung einen Schwund. So lagen die Zahlen für 1979 (Sprachatlas 1979) höher als für 1985 (*Bericht der Bundesregierung über die deutsche Sprache in der Welt* 1985), nämlich bei 16,4 Mio. (genau: 16.353.000) gegenüber 15,1 Mio. (genau: 15.079.640). Jedoch konnte man diesen Schwund hauptsächlich auf die Zahlen für die Sowjetunion zurückführen (Sturm 1987b: 11) – die vermutlich zum früheren Zeitpunkt übertrieben worden waren oder die vielleicht schon Verluste aufwiesen, die sich dann einige Jahren nach der Auflösung der Sowjetunion noch verstärkten (dazu Ammon 1991a: 436; Kap. K.9.6).

Überhaupt ist beim Umgang mit diesen Zahlen Vorsicht geboten. Wie schon oben angedeutet, sind die Zahlen für 1995 (Goethe-Institut 2000) nicht ganz korrekt, insofern für Skandinavien die Zahlen für die Sekundarstufe teilweise der Grundschule zugeordnet wurden. Außerdem wurden keine Zahlen für die Schulen insgesamt genannt, die sich aber addieren lassen sich aus den für die einzelnen Regionen genannten Zahlen der Grundschule und Sekundarschule (ebd.: 10). Die Broschüre für das Jahr 2000 habe ich nicht berücksichtigt, da ihre zusammengefassten Ergebnisse in StaDaF 2005 korrigiert sind („Errata der Broschüre 2000 sind erfasst und eingerechnet." StaDaF 2005: 15, Fußnote 21). Die in Netzwerk Deutsch 2010 (S. 12) angegebene Zahl für „DaF-Lerner Schulbereich 2010" von 12.303.657 war zunächst erkennbar zu niedrig, da die Angaben für mehrere Länder, in denen es unzweifelhaft DaF-Unterricht an Schulen gab, fehlten. Auch die Gesamtlernerzahl („Deutschlerner Gesamt") ist damit zu niedrig (14.042.789; ebd.). Auf meine Rückfrage hat der statistische Leiter der Auswertung, Rolf C. Peter (Goethe-Institut), eine Nacherhebung veranlasst, über deren Ergebnis mir mitgeteilt wurde: „Wir haben bestmöglich versucht, die ausstehenden Zahlen zu recherchieren und waren größtenteils erfolgreich mit diesem Vorhaben. Insgesamt kommen wir auf 14.500.940 Lerner." (E-Mail Nadja Kranz 01.04.2011) Die Detailbetrachtung zeigt, dass sich dabei vor allem die Zahlen für die Schulen erhöht haben, was in der mit Asteriskus markierten gerundeten Angabe in Tab. K.2-2 berücksichtigt ist.

1979	1985	1995	2000	2005	2010
16.363.000	15.079.640	16.686.782	17.163.871	14.498.374	*12.800.000

Tab. K.2-2: Zahlen der DaF-Lerner an Schulen in der Zeit 1979 – 2008 (Quellen: Sprachatlas 1979; *Bericht der Bundesregierung über die deutsche Sprache in der Welt* 1985; Goethe-Institut 2000: 10; StaDaF 2005: 15; Netzwerk Deutsch 2010: 12)

Bei allen Unwägbarkeiten dürften die Zahlen dennoch ziemlich wirklichkeitsgetreue Schätzungen sein. Für ihre Entwicklung bieten sich Erklärungen an, die ihre Zuverlässigkeit stützen. Dies sind die folgenden Bedingungen, die sich vermutlich langfristig abträglich auf DaF an Schulen auswirken:

1) Die Ausbreitung des Englischen als Welt-Lingua franca (Crystal 2003; Graddol 2000; 2006), wodurch die Kenntnis aller anderen Fremdsprachen, eben auch von Deutsch, weniger dringlich erscheint und vielleicht tatsächlich weniger dringlich wird (dazu z.B. Kap. A.4; A.6). Am deutlichsten zeigt sich diese Wirkung in der zu Beginn dieses Kap. beschriebenen verbreiteten Zurückstufung von DaF auf die zweite und nicht mehr obligatorische Stellung im Fremdsprachencurriculum der Schulen sowie im allgemeinen Rückgang des Fremdsprachenlernens in den angelsächsischen Ländern (dazu Kap. K.9.3; K.9.10).

2) Die energische Förderung des Englischlernens in den deutschsprachigen Ländern, die bei Ausländern den Eindruck erwecken kann, dass Deutschkenntnisse für den Kontakt mit Deutschsprachigen heute weniger dringlich sind als früher (dazu H. Wagener 2012; auch Quetz 2010).

3) Das Aufkommen konkurrierender internationaler Sprachen – zusätzlich zu den traditionellen, zu denen Deutsch gehört –, wie z.B. Japanisch und Chinesisch, insbesondere im weit gefassten pazifischen Gebiet. Damit vermehrt sich

auch die Zahl der Fremdsprachen, die an den Schulen angeboten werden und aus denen die Schüler auswählen können, so dass allein schon deshalb die Zahl der Schüler für Deutsch schrumpft oder Deutsch aus manchen Schulen ganz verdrängt wird.

4) Die Vermehrung von Lehrinhalten für die Schulen im Zuge des technologischen Fortschrittes, wie z.B. neue naturwissenschaftliche Erkenntnisse, Informatik, Umgang mit neuen Medien einschließlich Computer sowie sozial- und politikwissenschaftliches Wissen. Im Hinblick darauf stellt Vítek Dovalil (2010) bezüglich seines eigenen Landes die Frage, die auch DaF als Schulfach betrifft: „Sind zwei Fremdsprachen in der Tschechischen Republik realistisch?"

Diese übergreifenden, das DaF-Lernen einschränkenden Tendenzen werden in ihrer Wirkung unterbrochen und aufgehoben, allerdings nur vorübergehend durch

5) ein speziell für die deutsche Sprache einschneidendes geschichtliches Ereignis: die Wiedervereinigung Deutschlands. Sie bewirkte einen Deutsch-Boom, da sie vielerorts die Vorstellung einer nachhaltig wichtigeren Rolle Deutschlands in der Welt erweckte. Am lebhaftesten war dieser Glaube vielleicht in Osteuropa – und die deutsche Regierung förderte ihn, und ebenso, nicht zuletzt materiell, das Deutschlernen. Daher der Anstieg der Lernerzahlen, den Tab. K.2-2 für die Jahre 1995 und 2000 anzeigt.

Die Faktorengruppe 1) bis 4) hat sich dann allerdings als nachhaltiger erwiesen – wie ich es schon Anfang der 1990er Jahre vermutete, was aber damals angesichts der ubiquitären Begeisterung als miesmacherisch galt: „[J]edoch muß vor einer Überschätzung der Aussichten [auf Stellungserhalt von Deutsch in Osteuropa! U.A.] gewarnt werden." (Ammon 1991a: 149) Indes verrieten schon kurz nach der Wiedervereinigung Deutschlands diverse Interessenbekundungen die Bevorzugung von Englisch auch für Osteuropa. So schrieb z.B. die *Japan Times* („Signing up for English", 02.05.1990), dass auch für Länder mit einer „residual loyalty to German" Kenntnisse des Englischen wichtiger wären als des Deutschen, weil die Englischkenntnisse es den Nicht-Europäern – aus der Sicht dieser Zeitung natürlich vor allem den Japanern – erleichtern würden, dort zu investieren und Geschäfte zu betreiben.

Die rückläufige Nachfrage nach DaF an Schulen in vielen Ländern hat die Lehrerinnen und Lehrer oft in große Not gebracht. Nähere Untersuchungen dieser sozialen Frage erscheinen mir wichtig. Vielleicht ließen sich dabei Möglichkeiten der Abfederung der schlimmsten Bedrängnisse finden. Außerdem darf man sich von solchen Untersuchungen Aufschlüsse über die Umstände des DaF-Lernens erhoffen, die vielleicht anwendbar sind auf die gezielte Förderung von DaF in der Welt (Kap. L).

Allem Anschein nach gibt es neuerdings eine – wenn auch sicher nur begrenzte – Trendwende unter dem Eindruck des gewachsenen wirtschaftlichen und technologischen Ansehens der deutschsprachigen Länder, auch infolge ihrer inzwischen weltweit bekannten starken Stellung in Europa sowie Deutschlands und Österreichs in der EU. Es wäre untersuchenwert, ob und gegebenenfalls wie stark sich dieses Ansehen auch auf die Nachfrage nach schulischem DaF-Unterricht oder womöglich sogar curricular auswirkt – über die nachweisliche Wirkung auf das außerschulische und Erwachsenen-Fremdsprachenlernen hinaus (Kap. K.5).

Die deutsche Regierung hat in den letzten Jahren entschlossene Versuche unternommen, die Nachfrage auch in den Schulen wieder zu festigen. Dazu gehört die Werbung für DaF, z.B. mit dem „Deutsch-Wagen" in Frankreich, Brasilien, Polen und neuerdings dem „Deutschmobil" in China (Kap. K.9.2; K.9.5; K.9.11; K.9.13; Mackiewicz 2013). Umfassender und nachhaltiger ist aber die 2008 vom schon damaligen Außenminister Steinmeier gestartete „PASCH-Initiative (Schulen: Partner der Zukunft)", mit im Jahr 2014 schon über 1.700 Schulen in 115 nicht-deutschsprachigen Ländern, die DaF-Unterricht in Partnerschaft mit Schulen in Deutschland erteilen. Darunter sind auch rund 550 vom Goethe-Institut betreute „Fit-Schulen" (auch *FIT-Schulen*), an denen der DaF-Unterricht ausgebaut oder erweitert wird und die Jugendprüfungen „Fit in Deutsch 1+2" eingesetzt werden (E-Mail Judith Weyer, ZfA, 28.02.2014; Bundesregierung 2014: 22, 26; „Das Programm ist eine Erfolgsgeschichte ohne Wenn und Aber", *Begegnung* 34 (4) 2013: 40-42; Kap.L.3.2; L.3.3).

Ein Forschungsdesiderat von enormem Ausmaß wäre die Ermittlung der Stellung von DaF in den Schulcurricula aller Länder weltweit: als Pflichtfremdsprache (was wohl schnell abgetan wäre), als Wahlpflicht-Fremdsprache oder als Wahlfach-Fremdsprache, jeweils in welchen Schulen oder Teilen von Schulen und auf welchen Schulstufen. Kaum noch zu bewältigen, aber besonders aufschlussreich, wären zusätzlich die jeweiligen Schülerzahlen. Bei den weltweiten Erhebungen zum Deutschlernen in der Welt, die mittlerweile – meist unter Leitung des Goethe-Instituts – im 5-Jahres-Rhythmus stattfinden, fehlt – sicher aus Kapazitätsgründen – diese Differenzierung, weshalb sie darüber allenfalls dürftigen, indirekten Aufschluss geben.

3. Auslandsschulen der deutschsprachigen Länder

Zur Zeit der Abfassung dieses Kap. fand am 4. Juni 2014 in Berlin der „Weltkongress der Deutschen Auslandsschulen" statt, auf dem Außenminister Steinmeier die Begrüßungsrede hielt (mir übermittelt vom Auswärtigen Amt per E-Mail

05.06.2014: noreply@info.auswaertiges-amt.de). Die folgenden Sätze daraus zeigen in Umrissen, wie das Auswärtige Amt die Deutschen Auslandsschulen in die Auswärtige Kulturpolitik und diese in die aktuelle Außenpolitik Deutschlands einordnet:

> „Neue Mächte streben empor, in Asien und Lateinamerika: mit großem Selbstbewusstsein, mit Stolz auf die eigenen Traditionen, Kulturen, Lebensweisen. [...]
> Kein Grund zur Resignation – im Gegenteil: Lasst uns den Wettbewerb mit offenen Armen annehmen und der Welt das Beste mit auf die Suche geben, was wir zu bieten haben: das Erbe der europäischen Aufklärung. [...]
> Genau das tut die Auswärtige Kultur- und Bildungspolitik: das Goethe-Institut, der Deutsche Akademische Austauschdienst, und das ganze breite Netzwerk, das deutsche Kunst, Literatur, Musik und Sprache in die Welt hinausträgt.
> Und vor allem tun das Sie im Deutschen Auslandsschulwesen – jeden Tag, auf fünf Kontinenten, in 141 Auslandsschulen und über 1.800 Partnerschulen. Viele hier im Raum sind Teil dieses Netzwerks: Als Lehrerinnen und Lehrer, als Schulleiterinnen und Schulleiter, als DSD-Fachberater [DSD = Deutsches Sprachdiplom der Kultusministerkonferenz! U.A.], in beruflichen Bildungsabteilungen und in den Verwaltungen. [...]
> Und dafür haben wir die Förderung der DSD-Schulen im neuen Auslandsschulgesetz nach dem Zuwendungsrecht erstmals gesetzlich festgeschrieben. [...]
> Man kann nicht erwarten, dass scharenweise Anfang 20-Jährige aus dem Ausland zum Studium nach Deutschland kommen, die vorher noch nie mit der deutschen Sprache in Berührung gekommen sind. Dafür kennen wir alle die Tücken unserer Sprache ein bisschen zu gut.
> Deshalb müssen wir die Bildungsbiographie als Ganze im Blick haben, und dafür müssen unser nationales Bildungswesen und die Instrumente unserer auswärtigen Bildungspolitik ineinander greifen: vom Goethe-Institut mit Sprachkursen für die, die nicht in den Genuss einer Auslands- oder Partnerschule kommen, über die Studienförderung des DAAD, bis hin zur Rückbindung an die deutsche Wissenschaft mit der Alexander-von-Humboldt-Stiftung."

Schon diese wenigen Sätze verraten, dass die Deutschen Auslandsschulen oder allgemeiner: die Auslandsschulen der deutschsprachigen Länder, besondere Beachtung im Rahmen des vorliegenden Buches verdienen. Diese Schulen stärken nämlich die Stellung der deutschen Sprache in der Welt. Sie tun dies schon dadurch, dass sie die muttersprachlichen Deutschkenntnisse der Kinder von Auswanderern (ob Minderheiten oder „Streudeutsche") und Expatriates stützen. Erst recht wirken sie in diesem Sinn, indem sie den Kindern der örtlichen Bevölkerung, die diese Schulen besuchen – solide Kenntnisse von Deutsch als Fremdsprache (DaF) vermitteln. Die Vermittlung ist gründlicher als im üblichen Unterricht von DaF als bloßem Schulfach, weil Deutsch in den Auslandsschulen der deutschsprachigen Länder in aller Regel auch Unterrichtssprache ist. Diese soliden Deutschkenntnisse motivieren dann in vielen Fällen, schon um sie aufrecht zu erhalten und zu vertiefen, zur Pflege von Kontakten zu den deutschsprachigen Ländern. Nicht umsonst gelten deshalb die Auslandsschulen seit je als das wichtigste Instrument der Verbreitung deutscher Sprache und Kultur in der Welt (dazu auch Kap. L.2 – L.3.2; L.4; Schönrock/ Krath 2014; *ABC des Auslandsschulwesens* [2013]).

Außenminister Steinmeier spielte in seiner Rede darauf an, dass die Auslandsschulen Deutschlands am 01.01.2014 ein neues gesetzliches Fundament erhalten haben, das insbesondere fortdauernde finanzielle Zuschüsse aus Deutschland verbindlich festlegt und ihnen damit eine sichere, langfristige Planung ermöglicht (*Gesetz über die Förderung Deutscher Auslandsschulen* (*Auslandsschulgesetz/ ASchulG*): npl.ly.gov.tw/pdf/8415.pdf – abgerufen 31.03. 2014). „Das Gesetz stellt einen Meilenstein dar", betonte der langjährige Vorsitzende des Unterausschusses *Auswärtige Kultur- und Bildungspolitik* des Auswärtigen Ausschusses des Deutschen Bundestages, Peter Gauweiler: „Zum ersten Mal in ihrer 100-jährigen Geschichte haben die Deutschen Auslandsschulen einen gesetzlichen Anspruch auf Förderung durch die Bundesrepublik Deutschland." (*Begegnung* 35 (1) 2014: 9)

Die Deutschen Auslandsschulen werden verwaltet von der Zentralstelle für das Auslandsschulwesen (ZfA), die unter der Fachaufsicht des Auswärtigen Amtes steht. Die ZfA gibt auch die Zeitschrift *Begegnung. Deutsche schulische Arbeit im Ausland* heraus, die viermal jährlich erscheint und eine Fundgrube von Informationen über das Auslandsschulwesen Deutschlands ist, sowohl über Verhältnisse und Entwicklungen an einzelnen Schulen als auch über allgemeinere Fragen und Tendenzen. In einem neuen Heft findet sich z.B. ein prägnanter und dennoch umfassender, aktueller Überblick über die „deutsche Auslandsschularbeit" von Kim Laura Schönrock [sic!] und Stefany Krath (2014). Sie verweisen darin auch auf verwandte Schultypen, in weit größerer Zahl als die 141 Deutschen Auslandsschulen, die ebenfalls von der ZfA betreut werden, teilweise in Zusammenarbeit oder Arbeitsteilung mit dem Goethe-Institut: Rund 1.100 Schulen, die das Deutsche Sprachdiplom anbieten (DSD-Schulen), das den Zugang zu Hochschulen in Deutschland eröffnet, und inzwischen über 1.700 – Steinmeier spricht oben von über 1.800 – PASCH Schulen, die aus der im Jahr 2008 ins Leben gerufenen Partnerschul-Initiative entstanden sind (siehe auch Kap. K.2, gegen Ende). Diese Schultypen überlappen sich zum Teil, d.h. ein und dieselbe Schule kann zugleich zu mehr als einem dieser Schultypen gehören. Jedoch genießt in jedem Fall Deutsch, in diesen weiteren Schultypen in der Regel als Fremdsprache (DaF), besondere Förderung.

Der Schultyp ‚deutsche Auslandsschulen' ist, wie schon angedeutet, nicht beschränkt auf Deutschland. Vielmehr unterhalten drei der vier deutschsprachigen Länder (Kap. B.4) Schulen dieses Zuschnitts:

- Deutschland 141 „Deutsche Auslandsschulen" (weltweiter Überblick Kap. L.3.3: Karte L.3.3-1; Informationen von Judith Weyer, Zentralstelle für das Auslandsschulwesen/ ZfA, E-Mail 28.02.2014);
- Österreich 8 „Österreichische Auslandsschulen" (www.bmukk.gv.at/schulen/schulen/ausland/oesterr_auslandsschulen.xml. – abgerufen 11.01.2014; auch Kap. L.4);
- die Schweiz 17 „Schweizer Schulen im Ausland" (auch „Schweizerschulen im Ausland") (unterricht.educa.ch/de/schweizerschulen-ausland – abgerufen 11.01.2014; Informationen von Irène Spicher, Co-Geschäftsführerin des zuständigen Komitees *educationsuisse*, E-Mail 13.01.2014; auch Kap. L.4).

Nur das vierte deutschsprachige Land, Liechtenstein, hat – wohl aufgrund seiner geringen Größe – keine Schule im Ausland.

Die meisten der genannten Auslandsschulen liegen außerhalb der deutschsprachigen Länder. Ausnahmen sind die „formatio – Bilinguale Privatschule" (mit Deutsch und Englisch als Unterrichtssprache), eine Österreichische Auslandsschule in Liechtenstein – sowie die „Deutsche Schule Genf (DAS)", eine Deutsche Auslandsschule, die zwar in einem deutschsprachigen Land, aber außerhalb des deutschen Amtssprachgebiets liegt (Kap. D.1: Karte D.1-1). Innerhalb des deutschen Amtssprachgebiets, aber außerhalb der deutschsprachigen Länder liegen noch die 3 Deutschen Auslandsschulen in Eupen (Ostbelgien): das „Robert-Schumann-Institut", das „Königliche Athenäum" und die „Pater-Damian-Sekundarschule".

Alle Auslandsschulen eines deutschsprachigen Landes haben Deutsch als Unterrichtssprache und selbstverständlich auch als obligatorisches Schulfach, als solches auch Deutsch als Fremdsprache (DaF). Jedoch genießen nicht unbedingt alle Schulen außerhalb der deutschsprachigen Länder oder außerhalb des deutschen Amtssprachgebiets, die Deutsch als Unterrichtssprache haben, auch den Status einer Auslandsschule eines deutschsprachigen Landes, sondern allenfalls diejenigen, die Schulabschlüsse eines deutschsprachigen Landes anbieten, neben in aller Regel auch örtlichen Schulabschlüssen. Jedoch konnte ich nicht klären, welche Schulen es sonst noch gibt mit Deutsch als Unterrichtssprache, ohne den Status einer Auslandsschule eines deutschsprachigen Landes, und wo genau.

Alle Auslandsschulen eines deutschsprachigen Landes orientieren sich an Lehrplänen und insoweit auch an Schulgesetzen zweier Staaten: des jeweiligen deutschsprachigen Landes, das sie finanziell und personell fördert, und des Landes ihres Standorts. Diese Schulen sollten jedoch nicht verwechselt werden mit den von der EU geförderten „Europäischen Schulen", die hauptsächlich für Kinder von EU-Bediensteten gedacht, aber bei verfügbarem Platz auch örtlichen

Schülern zugänglich sind (de. wikipedia.org/wiki/Europäische_Schulen – abgerufen 14.01.2014). Die Europäischen Schulen, in verschiedenen EU-Mitgliedstaaten, verfügen über Schulzüge in mehreren Sprachen, darunter immer auch Deutsch. Dem Modell der bisherigen 14 derartigen Schulen folgen zurzeit Neugründungen, die aber nicht von der EU gefördert werden.

Ähnlich dienen die Auslandsschulen der deutschsprachigen Länder ihren Expatriates, um ihnen durch Vorbereitung der Kinder auf das heimische Schulsystem und Vermittlung von Deutsch- und Fachkenntnissen die Rückkehr zu erleichtern. Jedoch sind – im Gegensatz zu den Europäischen Schulen – die Auslandsschulen der deutschsprachigen Länder heute stets auch für einheimische Schüler zugänglich. Deren Anteil hat im Verlauf der Zeit sogar zugenommen. Bei den Deutschen Auslandsschulen lag er im Frühjahr 2014 bei ca. 75% (E-Mail Judith Weyer 28.02.2014). Bisweilen ist die Zulassung von örtlichen Schülern freilich beschränkt. So gilt bei den Schweizer Schulen im Ausland „ein Mindestprozentsatz an Schweizer Schülerinnen und Schülern", dessen Größenordnung variiert (Informationen von Irène Spicher, E-Mail 13.01.2014).

Die bevorzugte Stellung der deutschen Sprache gilt für die Auslandsschulen der – man beachte: viersprachigen! – Schweiz (Kap. D.2.4) nicht generell. Jedoch haben immerhin 15 der 17 Schulen deutschsprachige „Patronatskantone" und damit Deutsch als einzige „Basissprache" und damit Unterrichtssprache. Eine Ausnahme bildet die Schule in Bogota (Kolumbien), die „zusätzlich zu der deutschsprachigen, ebenfalls eine französischsprachige Abteilung vom Kindergarten bis zur Schweizer Maturität" unterhält. Ein weiterer Sonderfall ist die „Deutsch-Schweizerische Internationale Schule Hongkong", die neben Deutsch auch Englisch als Unterrichtssprache hat und eigentlich zu den Deutschen Auslandsschulen zählt, jedoch auch von der Schweiz mit 3 Lehrpersonen gefördert wird.

„Die Österreichischen Auslandsschulen werden in erster Linie von SchülerInnen des Gastlandes besucht, d.h. die österreichischen Lehrkräfte unterrichten dort ihre Fächer in deutscher Sprache für SchülerInnen, deren Muttersprache nicht Deutsch ist. [...] Die österreichischen Auslandsschulen orientieren sich dabei am jeweils für die Schulform gültigen österreichischen Lehrplan, nehmen aber auch Rücksicht auf landesspezifische curriculare Vorgaben. Die Österreichische Schule Liechtenstein [...] wird in der Mehrzahl von deutschsprachigen SchülerInnen besucht, der Unterricht wird bilingual in Deutsch und Englisch gehalten." (www.weltweitunterrichten.at/site/auslandsschulen/taetigkeit?SWS =36de043bc08434232591b083a0f3c568 – abgerufen 14.01. 2014)

4. DaF und Germanistik an den Hochschulen

Im Hochschulbereich muss man das Studium von Sprache und Literatur, im Falle der deutschen Sprache und Literatur das *Germanistikstudium*, unterscheiden vom überwiegend praktisch ausgerichteten Erlernen der Sprache (*Hochschulsprachkurse*), das in der Regel mit dem Studium anderer Fächer verbunden ist. Weitere hier zu nennende Studienrichtungen sind die *German Studies*, die nicht nur bezüglich ihres Namens, sondern auch der Studieninhalte typisch sind für angelsächsische Länder. In ihnen spielen Kenntnisse der deutschen Sprache oft eine – im Vergleich zur Germanistik – untergeordnete Rolle (siehe zur Entwicklung in den USA Lohner/ Nollendorfs 1976; Nollendorfs/ Markgraf 1986; Lützeler 1990; in Australien Veit 1984; in Indien Ganeshan 1990). Dies gilt noch stärker für Studienrichtungen, die sich auf größere, länderübergreifende und mehrsprachige Kulturgebiete erstrecken, wie die *European Studies*, zu deren *Language Studies* zwar auch Deutsch gehören kann, aber nicht muss (einführend dazu: en.wikipedia.org/wiki/Euro pean_studies – abgerufen 22.01. 2014). Inwieweit diese Studienrichtungen dem Deutschlernen insgesamt eher förderlich oder abträglich sind, indem sie entweder neue Motive zum Erlernen oder aber Ausweichmöglichkeiten eröffnen, scheint bislang ungeklärt zu sein oder muss hier jedenfalls offen bleiben. Aus Kapazitätsgründen beschränke ich mich im Weiteren auf die Germanistik und Deutsch als Fremdsprache (DaF) an den Hochschulen.

Eine gewisse Vorstellung von der weltweiten Verteilung der Germanistik liefert das *Online-Verzeichnis der Hochschulgermanistik*, das der Deutsche Akademische Austauschdienst (DAAD) und der Deutsche Germanistenverband (DGV) zusammen herausgeben und das Daten über GermanistInnen in 66 Ländern enthält, von Ägypten bis Zimbabwe (www.germanistenverzeichnis. phil.uni-erlangen.de/institutslisten/files/de/01400_de/1413_de.html – abgerufen 12.04. 2014). In der neuesten weltweiten Statistik zur deutschen Sprache (Netzwerk 2010) fehlen Zahlen zur Germanistik, so dass sich auch nicht entnehmen lässt, in welchen oder wievielen Ländern sie an Hochschulen vertreten ist. In der Erhebung von 2005 werden immerhin für 89 Länder Zahlen für „Germanistik-Studierende" angegeben, wenngleich teilweise sehr niedrige (z.B. für Malta 5; StADaF 2005: 12). Eine recht umfangreiche Zusammenstellung von Germanistik- und Deutschstudiengängen findet sich in „Deutschsprachige Studienangebote weltweit" von Björn Akstinat ([1997] 2009: 50-89; dazu auch Kap. K.6).

Die Zahl der Germanisten, von denen meist ein Großteil später Deutschlehrer werden möchte, ist im Durchschnitt aller Hochschulen außerhalb des deutschen Amtssprachgebiets deutlich kleiner als die der bloß Deutschlernenden

(Tab. K.4-1). Letzteren, den Lernern von Deutsch als Zusatzfach oder von „Hochschuldeutsch", wird seit geraumer Zeit wachsende Beachtung geschenkt (siehe z.B. für Japan Yamaji 1994; für Korea Yang 2003; für China J. Zhu 2007; für Russland Titkova 2011). Im großen Überblick zeigen seit einigen Jahrzehnten die Zahlen für GermanistInnen nach unten und die der Lerner von DaF nach oben – zumindest im Vergleich mit den GermanistInnen, wenn auch nicht unbedingt in absoluten Zahlen. Beispiele gibt es in vielen Ländern, sehr ausgeprägt auch an einzelnen Hochschulen. So hat mir Rupprecht Baur über die Universität Orenburg (in Russland, nahe der Grenze zu Kasachstan) berichtet, dass dort die Germanistik einen Großteil der Studierenden verloren hat, aber der DSH-Vorbereitungskurs (Deutsche Sprachprüfung für den Hochschulzugang) und die Deutschkurse in den Sprachenzentren der Universität jetzt so viel Zulauf haben, dass sich die Gesamtzahl der Deutschlernenden nicht verringert hat (allgemein zu Russland Kap. K.9.6).

Was das Verhältnis des Hochschulbereichs insgesamt zum Schulbereich betrifft, so vermittelt der Blick auf verschiedene Länder den Eindruck einer auf längere Sicht ungefähr parallelen Auf- oder Abwärtsentwicklung: Der Auf- oder Abstieg des Deutschlernens in der Schule geht in etwa einher mit dem entsprechenden Verlauf auf der Hochschule. Beispiele sind die annähernden Parallelen im Rückgang von einerseits Germanistik und DaF an den Hochschulen und andererseits des Deutschlernens an den Schulen nach dem Ersten Weltkrieg in den angelsächsischen Ländern und in Frankreich (zu den Schulen Kap. K.2). Für die USA weist Kloss (1971: 118f.) darauf hin, dass Deutsch nicht nur an den Schulen, sondern auch an Colleges und Universitäten die bevorzugte Fremdsprache war – bis zum Kriegseintritt der USA im Jahr 1917, dem auf beiden Bildungsstufen ein tiefer Einbruch folgte. Über Frankreich berichtet Lévy (1952: 224-228) ebenfalls von Rückgängen nach dem Krieg an den Schulen wie auch an den Universitäten, Grandes Écoles und Militärhochschulen (Écoles Militaires) und besonders an den Fachhochschulen (Écoles Polytechniques). „Encore en 1917, il y a 77% de germanisants contre 23 % d'anglicisants. En 1929 [...] il est tombé à 37% pour l'allemand contre 63% pour l'anglais." (Ebd.: 226)

Die Abhängigkeit des Germanistikstudiums an den Hochschulen vom Deutschunterricht an den Schulen liegt auf der Hand. Bei schrumpfendem Deutschunterricht an den Schulen schwinden auch die Berufsmöglichkeiten für Germanisten. Außerdem gewährleistet Deutschunterricht schon in der Schule besseren Nachwuchs für die Germanistik. Insofern gilt die Feststellung des *Berichts der Bundesregierung* (1985: 7) noch heute: „Nur in Ländern, in denen es ausreichende Berufsmöglichkeiten für Deutschlehrer an Schulen gibt, kann sich auch die germanistische und deutschlandbezogene Forschung gut entwickeln

[...]". Weniger schulabhängig ist dagegen das – meist studienbegleitende – bloße Deutschlernen an den Hochschulen.

Auf die entsprechende Entwicklung weist Stuckenschmidt (1989: 17) z.B. für Japan hin (Kap. K.9.14). Dort erlitt Deutsch erst nach dem Zweiten Weltkrieg einen einschneidenden Rangverlust (Hintergründe in Hirataka 1994). In der ersten Hälfte des 20. Jh. hatte Deutsch sowohl als Schul- wie auch als Hochschul-Fremdsprache einen hohen Rang (Beiträge in Ammon 1994d). Allerdings rangierte Deutsch – entgegen manchen einseitig auf die Stellung von Deutsch fixierten Darstellungen – zu keiner Zeit deutlich vor Englisch – außer vielleicht kurzzeitig während des Zweiten Weltkrieges, wonach es dann einen tiefen Einbruch gab. „Seitdem fristet Deutsch in Japan ein Dasein im gewaltigen Schatten des Englischen" (Ueda 1989: 33). Im Schulbereich wurde Deutsch eingeschränkt auf ganz wenige Schulen mit privater Trägerschaft (Itoi 1994). Infolge davon ist auch die Germanistik stark geschrumpft (Nakajima 1994). Dagegen blieb studienbegleitendes DaF-Lernen an den Hochschulen weit verbreitet. Erst in den letzten Jahrzehnten zeigt sich auch hier ein deutlicher Schwund (Yamaji 1994) – infolge der Konkurrenz mit neu aufgekommenen asiatischen Fremdsprachen wie Chinesisch und Koreanisch und der für Länder wie Japan zweifelhaften praktischen Brauchbarkeit von Deutschkenntnissen (dazu Kap. F.6; K.9.15).

Einen quantitativen Gesamtüberblick über den Stand von Germanistikstudium und DaF-Unterricht an den Hochschulen der nicht-deutschsprachigen Länder liefern wiederum die verschiedenen weltweiten Erhebungen, denen ich auch die Zahlen für das Deutschlernen an den Schulen entnommen habe (Kap. K.2). Der Vergleich der Zahlen für verschiedene Jahre bedarf allerdings auch hier der Interpretation und teilweise ergänzender Berechnungen. Für die Jahre 1985 und 1995 lässt sich die jeweilige „Zahl der Germanistikstudenten" und „Zahl der Teilnehmer an Hochschulsprachkursen" problemlos entnehmen aus Goethe-Institut 2000 (S. 175). Für die Jahre 2000 und 2005 nennt StADaF 2005 (S. 15) „Deutsch Studierende gesamt" und getrennt davon „Germanistik-Studierende". Zu ersteren wird erläutert (ebd.: 8, Anm. 7): „Hier sind Studenten von ‚deutschrelevanten Studiengängen' und Germanistikstudierende erfasst: Deutsch im Rahmen von Sprachkursen = Deutsch als Sprachkursunterricht. Als Nebenfach, Wahl- oder Pflichtkurs, in Fächerkombination mit einem anderen Studiengang oder als Kurswahl bei berufsbegleitenden Fachstudiengängen. Sowie Studium (als Haupt- oder als Nebenfach) der Germanistik, einer Deutschlehrer- oder Dolmetscherausbildung oder Deutschlandstudien in Kombination mit einem anderen Fach." Daher habe ich die Zahl der ‚Germanistik-Studierenden' von der Zahl der ‚Deutschstudierenden gesamt' abgezogen, um die Zahl der DaF-Lernenden (letzte Zeile Tab. K.4-1) zu erhalten. Für 2010 gibt es in Netzwerk 2010: (S. 12) nur „Deutschlernende Studierende gesamt 2010", aber keine Angaben zur Germanistik. Die Zahl umfasst demnach vermutlich sowohl DaF Lernende als auch Germanisten, mit zweifellos viel kleinerem Anteil der Germanisten. Bei gleicher Relation wie im Jahr 2005 wären es die in eckigen Klammern angegebenen hypothetischen Zahlen.

	1985	1995	2000	2005	2010
Germanistik	88.007	728.160	427.689	146.779	[117.890]
DaF-Lerner an Hochschulen	1.310.511	2.096.945	2.046.632	1.649.564	[1.355.733]
Summe	1.398.518	2.825.105	2.474.321	1.796.343	1.473.623

Tab. K.4-1: Zahlen der Germanisten und DaF-Lerner an Hochschulen in der Zeit 1985 – 2010 (Quellen: Für 1985 und 1995: Goethe-Institut 2000: 175; für 2000 und 2005: StADaF 2005: 15 und 8; für 2010: Netzwerk 2010: 12)

Bei aller mangelnden Vergleichbarkeit und Lückenhaftigkeit der Daten lassen sich doch zwei Tendenzen deutlich genug entnehmen und eine weitere erahnen:

1) Die DaF-Lerner an Hochschulen sind nicht nur viel zahlreicher als die Germanistikstudierenden, sondern steigen über die Gesamtzeit (1985 – 2010) sogar an, wenn auch – am Ende, nach einem Zwischenhoch – nur geringfügig. Deutlicher wird der Anstieg, wenn man – meines Erachtens berechtigterweise – die Zahlen für 1985 in Tab. K.4-1 anzweifelt. Der Zahlensprung bei den Germanisten von 1985 nach 1995 ist zu groß. Auch die Wiedervereinigung kann kaum eine Verachtfachung der Germanisten in diesen 10 Jahren bewirkt haben – bei nicht einmal einer Verdoppelung der DaF-Lerner. Mir erscheint keine andere Erklärung für diese Zahlen plausibel, als dass Germanisten und DaF-Lerner 1985 nicht richtig auseinander gehalten wurden und die wirkliche Zahl der DaF-Lerner 1985 kleiner war als in Tab. K.4-1 angegeben. Dagegen finde ich die Zahlen für die drei folgenden Erhebungsjahre eher vertrauenserweckend. Bei ihnen zeigen die Proportionen ‚Zahl der Germanisten : Zahl der DaF-Lerner an Hochschulen' eine kontinuierliche kräftige Verschiebung in Richtung der DaF-Lerner: Im Jahr 1995 – 1 : 2,88; im Jahr 2000 – 1 : 4,79; im Jahr 2005 – 1 : 11,2. Die Gesamtzahl bleibt hier allerdings rückläufig – während sie in Bezug auf 1985 etwas ansteigt (letzte Zeile der Tabelle).

2) Dies führt uns zur zweiten Tendenz: Dem geradezu dramatischen Rückgang der Germanistenzahl (zweite Zeile in Tab. K.4-1), auf die auch der Löwenanteil des Rückgangs der Gesamtzahlen entfällt (letzte Zeile in Tab. K.4-1). Die Germanistenzahl schrumpft über die 10 Jahre mit einigermaßen gesicherten Zahlen, 1995 bis 2005, von 728.160 über 427.689 auf 146.779, also auf ungefähr nur noch ein Fünftel oder 20%.

3) Eine soziale Folge dieser Entwicklung lässt sich mehr ahnen als durch die vorliegenden Zahlen erhärten. Sie betrifft das Schicksal der Fachvertreter, das jeder sozial sensiblen Person angesichts der Germanistikzahlen Sorgen bereiten muss. Leider gibt es aber zu den Lehrenden in der Germanistik keine Vergleichszahlen. Nur für 1985 und 1995 sind die „Hochschullehrer" beziffert, und zwar mit 8.336 bzw. 19.018 (Goethe-Institut 2000: 175), jedoch ohne Unterscheidung von Germanisten und DaF-Lehrenden. Die späteren Erhebungen weisen überhaupt keine Hochschullehrer mehr aus. Jedoch fällt auf, dass sich ihre Zahl von 1985 bis 1995 fast proportional zur Gesamtzahl der Studierenden (Germanisten + DaF-Lerner) entwickelt: Diese verdoppelt sich in den 10 Jahren (1 : 2,02), und desgleichen – noch etwas stärker – die Zahl der Hochschullehrer (1 : 2,28). Ich bewerte diesen Befund als ein – wenngleich empirisch schwach gestütztes – Indiz dafür, dass die Zahl der Hochschullehrer der Gesamtzahl der Studierenden (DaF + Germanistik) tendenziell folgt. Wenn man von dieser Annahme ausgeht, dann hätte sich die Zahl der Hochschullehrer insgesamt in den 10 Jahren von 1995 bis 2005, wofür Vergleichszahlen für die Studierenden vorliegen, um ungefähr ein Drittel verringern müssen (denn das Zahlenverhältnis der Studierenden 1995 : 2005 beträgt 1 : 0,64; nach Tab. K.4-1, letzte Zeile). Und für 2010 weisen die Studierendenzahlen weiter nach unten.

Wenn auch vielleicht die Personalpolitik an den Hochschulen nur mit Verzögerung auf die Studierendenzahlen reagiert, darf man doch annehmen, dass deren Schwund vielerorts einen erheblichen Druck auf die Kollegien und massive Existenzängste hervorgerufen hat. Dabei ist zu bedenken, dass unsere Zahl nur den durchschnittlichen Studierendenrückgang angibt (um ein Drittel in 10 Jahren), der demnach vielerorts noch ungünstiger, und bisweilen vermutlich dramatisch gewesen sein dürfte.

Zahlenschwund und Umstellung von Germanistik auf DaF-Lernen haben für die Lehrenden zweierlei Folgen: Einerseits gänzliche Stellenverluste und andererseits die Herabstufung von wissenschaftlicher Lehre auf bloßen Sprachunterricht. Letzteres ist eine Besonderheit auf Hochschulebene, während von Stellenstreichungen auch DaF-Lehrer an Schulen betroffen sind (Kap. K.2, gegen Ende). Auf derartige Entwicklungen haben mich zahlreiche Kollegen in mündlichen und postalischen Berichten hingewiesen, aus denen sowohl nackte Existenzsorgen sprachen als auch Demütigungen aufgrund erzwungener Umstellungen auf weniger anspruchsvolle Lehre oder womöglich sogar auf Englischunterricht. Dies betrifft vor allem Länder mit einer großen Tradition von Germanistik und DaF-Unterricht (wie Japan, Korea, Russland, Europa im engeren Sinn und Länder der europäischen Auswanderung), dagegen nicht Länder mit erst in neuester Zeit aufblühendem oder wieder aufkommendem Deutschlernen (wie Indien oder China) (siehe Kap. K.9.2 – K.9.15).

Die nähere Untersuchung solcher Probleme und Schicksale, die eine Folge der Einbrüche und Verschiebungen des Germanistikstudiums und Deutschlernens sind, erscheint mir geboten, schon aus sozialen Gründen, auch im Hinblick auf Möglichkeiten der Erleichterung und Abfederung. Jedoch könnten solche Untersuchungen auch Aufschlüsse über die Entwicklung des DaF-Lernens an den Hochschulen und des Studiums der Germanistik außerhalb des deutschen Sprachgebiets liefern, die sich vielleicht in Fördermöglichkeiten umsetzen ließen (Kap. L.3.2; L.3.5).

Nicht weniger interessant erschiene mir eine Untersuchung eventuell umgekehrter Entwicklungsrichtungen. Wo genau gibt es Ansätze einer Trendwende, wo einen Aufbruch zu neuen Ufern? Meldungen über neuerdings zunehmende Lernerzahlen – für DaF, nicht die Germanisten – sind ja inzwischen keine Seltenheit mehr (siehe z.B. Kap. K.5; K.9.4; K.9.12). Und diese Entwicklung erscheint auch plausibel in Anbetracht der gefestigten wirtschaftlichen Lage und des gewachsenen Ansehens der deutschsprachigen Länder, nicht zuletzt infolge ihrer beeindruckenden Stellung in Europa, speziell Deutschlands in der EU. Diverse Indizien berechtigen durchaus zu Hoffnungen, dass Deutschkenntnisse sich – nicht zuletzt wirtschaftlich – lohnen, was zu vermehrtem Deutschlernen motivieren kann. Die Auswirkungen müssten im begleitenden Deutschlernen an den Hochschulen oder im auf ein Hochschulstudium vorbereitenden Deutschlernen am unmittelbarsten zu spüren sein. Es fragt sich, ob und inwieweit sie sogar die Germanistik beleben.

5. DaF in der außerschulischen und außeruniversitären Bildung

Dieser kaum überschaubare Bereich erstreckt sich einerseits auf massenmediale Sprachkurse (Radio, Fernsehen), einschließlich Selbststudium mittels verschiedener Medien (Lehrbücher, CDs, Online im Internet), und andererseits auf persönlichen Unterricht (face-to-face mit Lehrpersonen) unterschiedlichster Art. Hierzu gehört Fremdsprachenunterricht in sprachverbreitenden Kulturinstituten (z.B. Goethe-Institut für Deutsch, Institut Française für Französisch usw.) oder in schulergänzenden Bildungsinstituten: berufsbezogen (von der Art wie die Carl-Duisberg-Sprach-Centren) oder allgemeinbildend (von der Art von Volkshochschulen bzw. Entsprechungen im Ausland), ferner Sprachunterricht in Unternehmen im In- und Ausland, außerdem auch in privaten Sprachschulen (wie *Berlitz*, *Inlingua* usw.) sowie schließlich auch individuelleres Lernen, wie z.B. im Fremdsprachentourismus. Jedoch kann ich aus dieser Vielfalt hier nur wenige Ausschnitte darstellen, und auch diese nur in Auszügen. Dabei geht es vor allem um DaF-Kurse:

1) deutscher Unternehmen im Ausland;
2) über Medien: Radio, Fernsehen und Internet;
3) staatlicher Kulturinstitute, vor allem des Goethe-Instituts, und
4) von Privatschulen, am Beispiel der Berlitz-Sprachschulen.

Nur für 2) bis 4) verfüge ich über weltweit einigermaßen repräsentative Zahlen für Deutsch, aber nur für 4) über Vergleichszahlen mit anderen Sprachen.

Was 1) betrifft, wären auch DaF-Kurse bei ausländischen Unternehmen von Interesse. Jedoch konnte ich dazu keine Daten finden. Vielmehr sind auch die Informationen über DaF-Kurse deutscher Unternehmen höchst bruchstückhaft geblieben. Solche Kurse, von denen diejenigen im Ausland für das vorliegende Buch von besonderem Interesse sind, dienen der Vermittlung von Deutschkenntnissen an fremdsprachliche Mitarbeiter vor Ort und sollten nicht verwechselt werden mit den „deutschen Firmenschulen" für Kinder von Expatriates aus deutschsprachigen Ländern, also von vorübergehend im Ausland weilenden Mitarbeitern (vgl. dazu Werner 1986b). Solche Schulen gleichen den Deutschen Auslandsschulen (Kap. K.3) und sind vermutlich teilweise in ihnen aufgegangen. Zu DaF-Kursen deutscher Unternehmen im Ausland sind – wie es scheint – sogar Untersuchungen für einzelne Länder Mangelware, ganz zu schweigen von länderübergreifenden Daten. Einen Bericht über DaF-Unterricht deutscher Unternehmen in Russland hat Natalia Troshina (2011) geliefert.

Offenbar liegen nur für frühere Jahre länderübergreifende Daten vor. So für 1988 die folgenden Zahlen, sicher nur Schätzungen, über DaF-Sprachkurse bundesdeutscher Unternehmen in 20 nicht-deutschsprachigen Ländern (Teilnehmerzahlen jeweils in Klammern. Quelle: *ADaF-Auswertung* 1990):

Europa:	Belgien (100), Dänemark (55), Niederlande (?), Schweden (200);
Nordamerika:	USA (300);
Lateinamerika:	Argentinien (1.000), Brasilien (1.000), Mexiko (560), Peru (33), Venezuela (40);
Afrika:	Elfenbeinküste (22), Ghana (10), Nigeria (55);
Asien und Ozeanien:	Hongkong (30), Indien (1.800), Malaysia (91), Neuseeland (150), Sri Lanka (30), Südkorea (30).

Es bedarf kaum des Hinweises, dass eine aktuelle Erhebung ein Desiderat ist. Um Tendenzen festzustellen, bedürfte es allerdings der wenigstens annähernden Vergleichbarkeit der Daten.

Was 2) angeht, DaF-Kurse über Medien: Radio, Fernsehen und Internet, ist die Datenlage günstiger. Dies hängt auch damit zusammen, dass die Regierungen von Ländern mit internationalen Sprachen (Kap. A.7) solche Kurse oft unterstützen, die dann auch leichter identifizierbar sind. Allerdings musste ich dennoch wegen mangelnder Arbeitskapazität auf eine Vergleichsuntersuchung verschiedener Sprachen verzichten. Dass es solche Kurse für Französisch, Spanisch und andere Sprachen gibt, steht jedoch außer Zweifel. Auch die deutsche Regierung, und vor der Vereinigung die Regierung der BRD, unterstützen bzw. unterstützten DaF-Kurse über Radio, Fernsehen und das Internet – nicht zu verwechseln mit Nachrichtensendungen und dergleichen in deutscher Sprache (Kap. J.1.3)! Somit überschneidet sich dieses Thema mit Kap. L „Politik der Förderung der deutschen Sprache in der Welt", vor allem L.3.1 und L.3.3. Die betreffenden DaF-Kurse erreichen oft große Teilnehmerzahlen, wobei allerdings der Lernerfolg meist weitgehend im Dunkeln bleibt. Insbesondere „hat das Auswärtige Amt verschiedene Rundfunk- und Fernsehsprachkurse entwickeln lassen, durch die eine weitaus größere Zahl von Lernenden erreicht werden kann als durch andere Maßnahmen der Sprachförderung" (*Bericht* 1985: 11). Auch im Ausland, in nicht-deutschsprachigen Ländern wurden schon Radio- und Fernseh-DaF-Kurse entwickelt und ausgestrahlt. In einzelnen Ländern haben solche Kurse eine große Tradition, mit hohen Teilnehmerzahlen, z.B. in Japan in den 1980er Jahren jährlich rund 400.000 (Stuckenschmidt 1989: 19). Einen Bericht über Japan hat Ichiro Sekiguchi (1994) geliefert und über Korea Chang-Uh Kang (2003).

Ein länderübergreifender Überblick für das Jahr 1988, über die damals 72 Länder mit Goethe-Instituten, findet sich in der schon erwähnten *ADaF-Auswertung* (1990). Er erfasste für jedes Land die Anzahl von DaF-Radio- oder -Fernsehkursen „mit mehreren Folgen in Serie" (lt. Anweisung zum Ausfüllen des Erhebungsbogens). Allerdings fehlen Angaben zu den Teilnehmerzahlen. Außerdem verzeichneten nur 26, also kaum mehr als ein Drittel der 72 Länder DaF-Medienkurse der einen oder anderen Art. Japan ragte mit insgesamt 4 Kursen im Jahr heraus, 2 Radio- und 2 Fernsehkursen. In 37, also mehr als der Hälfte der 72 Berichtsländer, gab es weder Radio- noch Fernsehkurse, und in 9 weiteren hatten die Berichterstatter von solchen Kursen nichts gehört; falls es einen gegeben hätte, war er bestimmt kein „Medienereignis". Dabei gehören die 72 Berichtsländer als Standorte von Goethe-Instituten sicher nicht zu den von der deutschen Sprache besonders wenig berührten Ländern der Welt.

Aus den folgenden Ländern wurden DaF-Medienkurse gemeldet (Anzahl der Radiokurse/ Anzahl der Fernsehkurse; - = keine Angabe):

Europa:	Belgien (0/2), Finnland (1/1), Griechenland (1/1), Großbritannien (0/1), Irland (2/1), Island (1/1), Italien (0/1), Norwegen (1/1), Schweden (1/1), Ungarn (1/0), Zypern (1/-);
Nordamerika:	Kanada (0/1), USA (1/1);
Lateinamerika:	Argentinien (0/1), Brasilien (1/0), Chile (-/1), Costa Rica (2/1), Mexiko (2/1), Uruguay (1/0);
Naher Osten:	Ägypten (1/0);
Asien und Ozeanien:	Australien (1/1), Japan (2/2), Philippinen (1/0), Sri Lanka (0/1), Südkorea (1/1), Thailand (2/0).

Vermutlich ist die Verteilung von DaF-Medienkursen heute noch ähnlich. Danach wäre das Angebot in Europa am dichtesten – wobei eigene Angebote in Grenzländern wie Dänemark oder Niederlande aufgrund erreichbarer Angebote aus dem deutschen Sprachgebiet überflüssig erscheinen mögen. Es ist anzunehmen, dass nicht nur für Englisch, sondern auch für Französisch als Fremdsprache das Kurs-Angebot in den auditiven und audiovisuellen Medien dichter und umfangreicher ist als für DaF.

Allerdings sind die Angebote des weitaus wichtigsten Senders von DaF-Kursen, der Deutschen Welle (DW) beeindruckend (dankenswerte Übermittlung durch Werner Neven, DW, E-Mail 17.02.2014). Sie begannen schon 1957 mit dem programmatischen Kurs „Lernt Deutsch bei der Deutschen Welle". Bis zum Jahr 2013 entstanden insgesamt 25 Kurse. Anfang des Jahres 2014 wurden 12 Online-Kurse für DaF-Lernende ausgestrahlt sowie einer für DaF-Lehrende: „Deutsch unterrichten. Praktische Angebote für Lehrer" (Überblick unter: www.dw.de/popups/pdf/29149215/deutsch-zum-mitnehmen-deutsch-pdf.pdf – abgerufen 21.02.2014). Die Zugriffe (*Page Impressions*) auf die Online-Angebote lagen monatlich stabil bei ca. 6 Mio. Zwar bleiben die tatsächlichen Lehr-/ Lern-Erfolge ein wenig ungewiss, da es keine persönlichen Erfolgskontrollen gibt und auch keine Zertifikate ausgestellt werden; jedoch haben die Nutzer die Möglichkeit von Selbstkontrollen und -korrekturen, wie schon die Titel mancher Sendungen ahnen lassen (z.B. „Jojo sucht das Glück"). Eine Fülle von fast ausschließlich positiven E-Mail-Rückmeldungen verrät auch die weltweite Rezeption. So entstammte die mir von der DW übermittelte kleine Auswahl, sicher eine Blütenlese an Begeisterung, aus Frankreich, Spanien, Tschechien, Polen, Ukraine, Südkorea, Senegal und Ecuador. Der allem Anschein nach wachsende Zuspruch ist sicher auf den zunehmenden Reichtum an Medienarten und, im Zusammenhang damit, auf breiteren Medienbesitz in der Bevölkerung auch ärmerer Gesellschaften zurückzuführen. In manchen Staaten nötigt allerdings auch das eingeschränkte Deutschlern-Angebot in den allgemeinbildenden Schulen (Kap.

K.2, gegen Ende) zum Lernen über die Medien – wie auch zu anderen Formen der außerschulischen und der Erwachsenenbildung.

Was 3), die Deutschkurse der staatlichen Kulturinstitute, betrifft, so spielt für DaF seit je das *Goethe-Institut* (Zentralstelle in München) eine herausragende Rolle, schon wegen seiner langen Tradition (seit 1932, Neugründung 1951; Kap. L.2; L.3.1), aber auch wegen seiner weltweiten Repräsentanz mit – im Jahr 2013 – 158 Instituten, davon 145 im Ausland, in 92 Ländern (*Jahrbuch [Goethe-Institut] 2012/13*: 105). Näheres zu den beeindruckenden Teilnehmerzahlen an den DaF-Kursen weiter unten! Auch die *Österreich Institute* (Kap. L.4) bieten DaF-Kurse an. Diese Institute wurden allerdings erst 1997 gegründet und beliefen sich 2013 auf eine Anzahl von 10, davon 9 im Ausland, in Ost- und Süd-Europa, und hatten übers Jahr ca. 10.000 DaF-Kursteilnehmer (de.wikipedia.org/wiki/ %C3%96sterreich_ Institut – abgerufen 12.02.2014). Auch die DDR bot in ihren zuletzt 12 *Kultur- und Informationszentren* DaF-Kurse an, deren Qualität zwar gerühmt wurde, Teilnehmerzahlen aber bescheiden blieben. Es gab diese Zentren in den Ländern des Warschauer Pakts sowie in Paris, Helsinki, Stockholm, Kairo, Damaskus und Beirut. Das *Herder-Institut* der Karl-Marx-Universität in Leipzig (Kap. L.3.1), unter dessen Leitung sie standen, bot selbst – anders als das Goethe-Institut – keine DaF-Kurse für die Erwachsenenbildung an, sondern nur zur Studienvorbereitung von Ausländern.

Den Jahrbüchern des Goethe-Instituts ist zu entnehmen, dass die Zahlen seiner Kursteilnehmer nach Wiederaufnahme der Kurse im Jahre 1951 in der Gesamttendenz kräftig, wenngleich nicht stetig, gewachsen sind. Die Teilnehmerzahlen an den Sprachkursen der Auslandsinstitute lassen sich für frühere Jahre nur mit großem Aufwand rekonstruieren. Auch für die jüngere Vergangenheit bedarf es der Durchsicht der Jahrbücher. Die Zahlen wurden mir dankenswerterweise vom Goethe-Institut in München übermittelt: einst, für die Jahre 1982/83 bis 1990, von Gabriele Siemers und neuerdings, für 1995 bis 2012, von Ursula Obers-Kraft (E-Mail 16.01.2014). Die beiden Zahlenreihen sind nicht ohne weiteres vergleichbar, da sich die älteren Zahlen auf Unterrichtsabschnitte (Kurse) zu einem bestimmten Zeitpunkt beziehen (Kursteilnehmer), die neueren dagegen auf die Teilnehmer übers ganze Jahr (Jahresteilnehmer). Da es pro Jahr meist mehrere Unterrichtsabschnitte gibt, müssten die älteren Zahlen für den Vergleich wohl verringert werden – um wieviel lässt sich jedoch nicht mehr rekonstruieren. Daher führe ich die Zahlenreihen in Tab. K.5-1 getrennt. Für die neuere Zeit standen Zahlen nicht nur für die Jahresteilnehmer, sondern auch für die Prüfungsteilnehmer zur Verfügung.

	Kursteilnehmer		Jahresteilnehmer	Prüfungsteilnehmer
Um 1967 rund	65.000	1995	157.695	47.760
1982/83	69.028	1997	147.504	51.542
1984	69.065	1999	149.765	50.868
1985	70.608	2001	152.565	63.104
1986	72.291	2003	155.031	78.350
1987	75.538	2005	159.820	91.366
1988	76.139	2007	175.990	109.129
1989	80.100	2009	184.219	161.692
1990	97.085	2011	197.951	184.027
		2012	207.113	201.345
		2013	220.486	245.955

Tab. K.5-1: DaF-Lernende an den Goethe-Instituten im Ausland: Kursteilnehmer um 1967 bis 1990 und Jahres- sowie Prüfungsteilnehmer 1995 bis 2013
(Quellen: *Bericht* 1967: 14; Zahlen 1982/83 bis 1990 von Gabriele Siemers, 1995 bis 2013 von Ursula Obers-Kraft, Ingrid Köster und Herbert Moosbauer, alle Goethe-Institut München)

Während für die Inlandsinstitute in den 1980er Jahren gelegentliche Rückgänge der Sprachkursteilnehmer zu verzeichnen waren, gab es bei den Auslandsinstituten kontinuierliche, wenn auch teilweise bescheidene Zuwächse. Zwischen 1989 und 1995 geschah dann ein gewaltiger Sprung, der unter anderem mit der Wiedervereinigung Deutschlands und den damit verbundenen Hoffnungen auf einen Aufschwung des Landes zusammenhängen dürfte – mehr aber vielleicht noch mit der Verlagerung von Instituten aus bevölkerungsarmen in bevölkerungsreiche Länder und in Länder, die einen Nachholbedarf im Deutschlernen verspürten und deren Bevölkerungen sich von Deutschkenntnissen Vorteile hinsichtlich Bildungs-, Berufsperspektiven und Auslandskontakten versprachen. Als Beispiele seien nur die Verlegungen von Instituten aus den skandinavischen Ländern nach China oder Russland genannt. Dass sich dadurch ein weit größerer Kreis möglicher Interessenten erschloss, liegt auf der Hand.

Hinzu kam in neuester Zeit die Verlockung des Arbeitsmarktes in den deutschsprachigen Ländern für die unter hoher Arbeitslosigkeit leidenden Mittelmeerstaaten, gerade auch der EU, der sich nur mit Deutschkenntnissen zu erschließen versprach. Darauf spielen Meldungen wie die folgende an, wenn auch die Zahlen nicht immer genau stimmen, weil die endgültigen Berechnungen noch ausstanden (vgl. Tab. K.5-1): „Nach Jahren eher konstanter Nachfrage konnten 2011 zweistellige Zuwachsraten erreicht werden. Im weltweiten Netzwerk des Goethe-Instituts gab es insgesamt 234.587 Kursteilnehmerinnen und Kursteilnehmer, 16.400 mehr als 2010. In Spanien (35% Anstieg), Portugal (20%) und Italien (14%) konnte von 2010 bis 2011 eine besonders starke Zunahme ausgemacht werden. Auch in Griechenland gab es Zuwächse von knapp

10 %." (*Reportagen, Bilder, Gespräche. Das Magazin des Goethe-Instituts* 2.12 2012: 5).
Der besonders starke Zuwachs der Prüfungen im Verhältnis zur bloßen Teilnahme stützt diese Erklärungsansätze. Dafür lassen sich nämlich kaum andere Gründe finden als die Zunahme praktischer, vor allem berufsbezogener Motive für das Deutschlernen (dazu Kap. K.8). Die Zahlenverhältnisse von Prüfungen zu Teilnahmen lagen 1995 bei 1 : 3,3, 2001 bei 1: 2,4, 2007 bei 1 : 1,6, und 2013 bei 1 : 0,9 (47.760 : 157.695, 63.104 : 152.565, 109.129 : 175.990 und 220.486 : 245.955). Die Zahl der Prüfungen überstieg also zuletzt sogar die der Kursteilnehmer.

Für 4), die privaten Sprachschulen, sind absolute Zahlen von Lernenden schwer erhältlich, weil man sie offenbar vor der Konkurrenz verbergen möchte. Zur Herausgabe von Vergleichszahlen zu den Anteilen verschiedener Sprachen sind die Schulen dagegen eher bereit. Vorliegende Daten aus einzelnen Ländern belegen, dass Deutsch durchaus zur Gruppe der häufig angebotenen und gelernten Sprachen gehört, zusammen mit Französisch, Spanisch und anderen internationalen Sprachen (Kap. A.7). Der Anteil an den Lernenden und Unterrichtsstunden liegt bei den privaten Sprachschulen bei Deutsch und anderen internationalen Sprachen jedoch durchschnittlich deutlich unter 10 %, wogegen er sich bei Englisch um 70 bis 80 % bewegt. Detaillierte Untersuchungen für einzelne Länder, manche allerdings nicht mehr ganz aktuell, haben z.B. vorgelegt für Japan Kayoko Noro (1994), für Korea Won-Kyung Lee (2003) und für Russland Olga Kostrova (2011).

Für einen weltweiten Überblick haben mir die Berlitz-Sprachschulen freundlicherweise Vergleichsdaten für verschiedene Sprachen zur Verfügung gestellt, die auch gewisse Entwicklungstendenzen anzeigen. Allerdings handelt es sich ebenfalls nur um Prozentzahlen, denn auch die Berlitz-Schulen halten – aus geschäftlichen Gründen – die absoluten Zahlen zurück. Die Zahlen beziehen sich nicht auf Lernende, sondern auf Unterrichtsstunden pro Sprache und hängen damit sowohl von der Zahl der Lernenden als auch von der Zeitdauer der Kurse ab. Peter Nelde (1975: 37) berichtete Zahlen aus der ersten Hälfte der 1970er Jahre (keine genaue Jahresangabe); die Zahlen für 1989 wurden mir übermittelt von Wolfgang Wiedeler (Geschäftsführer der Hauptverwaltung der Berlitz-Sprachschule in Frankfurt a.M.) und für 2012 von Heino Sieberath (Director Marceting, Berlitz Deutschland, E-Mail 10.01.2014). Tab. K.5-2 zeigt in den beiden linken Spalten die weltweiten Anteile der verschiedenen Sprachen Anfang der 1970er Jahre sowie 1989 und 2012 (1989/ 2012); außerdem in den drei rechten Spalten die regionale Verteilung der Anteile 1989 und 2012 (1989/ 2012) (jeweils in Kategorien der Berlitz-Statistik).

	Insgesamt		Regionale Verteilung		
	Anfang 1970er Jahre	1989/2012	Europa 1989/2012	Nord+Latein/ Ganz Amerika 1989/2012	Asien 1989/2012
Englisch	42	63/71,8	37/62,8	12+21/74,2	30/81,4
Deutsch	12	8/ 6,9	64/15,5	23+ 6/ 1,5	7/ 1,0
Französisch	25	11/ 5,9	54/ 8,0	34+ 5/ 7,4	7/ 1,3
Spanisch	12	9/ 3,8	24/ 3,0	62+12/ 7,9	2/ 0,6
Chinesisch	-	-/ 2,3	-/ 0,3	-/ 1,2	-/ 6,1
Niederländisch	-	1/ 1,3	96/ 3,2	4+ -/ 0,1	-/ 0,0
Portugiesisch	-	1/ 1,2	28/ 0,5	36+30/ 2,8	6/ 0,3
Italienisch	-	3/ 0,9	58/ 1,4	36+ 3/ 0,8	3/ 0,3
Japanisch	-	2/ 0,6	9/ 0,2	53+ -/ 0,7	38/ 1,2
Russisch	-	-/ 0,1	-/ 0,9	-/ 0,8	-/ 0,1
Sonstige	9	2/ 4,7	25/ 4,1	36+25/ 2,7	14/ 7,7

Tab. K.5-2: Anteile von Sprachen an den Unterrichtsstunden der Berlitz-Schulen (in Prozent) (Rangordnung nach Anteilen im Jahr 2012. - = keine Angabe. In den 3 letzten Spalten für jede Sprache (=100%) ihre Verteilung über die Kontinente)

Die auffälligste Veränderung im Verlauf der beobachteten Zeitspanne von rund 15 Jahren ist der Zuwachs von Englisch und der Rückgang von Französisch und in schwächerem Maße auch von Deutsch und Spanisch. Die drei Sprachen Deutsch, Französisch und etwas weiter zurück Spanisch (so die Rangordnung im Jahr 2012) sind heute ziemlich nahe beieinander. Veränderungen in den weniger nachgefragten Sprachen lassen sich mangels Vergleichszahlen (fehlende Aufschlüsselung der älteren Zahlen) nicht feststellen. Aussagekräftig sind die regionalen Verteilungen. So haben Deutsch und Französisch, aber auch Italienisch, ihren Hauptschwerpunkt in Europa und ihren Nebenschwerpunkt in Nordamerika, während es bei Spanisch umgekehrt ist. Englisch ist am gleichmäßigsten von allen Sprachen weltweit verteilt, mit naheliegender geringerer Repräsentanz (als Fremdsprache!) in seiner hauptsächlichen Muttersprachregion Nordamerika. Wie man sieht, hat von den bislang weniger gelernten Sprachen vor allem Chinesisch hinzugewonnen. Deutsch hat weniger abgenommen als Französisch oder Spanisch und liegt deshalb im Jahr 2012 – wenn auch geringfügig – vor diesen beiden Sprachen. Dies könnte einerseits an der inzwischen weithin bekannten vergleichsweisen guten wirtschaftlichen Lage in den deutschsprachigen Ländern und den dadurch geweckten Verheißungen liegen, die ich schon oben im Zusammenhang mit dem Goethe-Institut ansprach, vielleicht aber auch vereinzelt an Einschränkungen des regulären Schulangebots für Deutsch, die eine größere Nachfrage nach Lernmöglichkeiten außerhalb der Schule zur Folge haben.

6. Deutschsprachige Studiengänge und Lehrveranstaltungen an Hochschulen

In vielen Ländern versuchen die Hochschulen, ausländische Studierende mit fremdsprachlichen Studiengängen anzulocken. Dabei sind unter den fremdsprachlichen Studiengängen und Lehrveranstaltungen die englischsprachigen meist so vorherrschend, dass man die verhältnismäßig wenigen Angebote auch in anderen Fremdsprachen kaum noch wahrgenimmt. Dieses Bild bieten die deutschsprachigen Länder (vgl. Kap. G.8), aber weltweit auch die Länder anderer Sprachen. Jedoch gibt es auch außerhalb des deutschen Amtssprachgebiets Studiengänge und Lehrveranstaltungen in deutscher Sprache, nicht zuletzt, darf man annehmen, um Studierende aus den deutschsprachigen Ländern anzuziehen. Teilweise spielen jedoch andere Motive mit, wie das Bemühen, im Lande vorhandene deutsch(sprachig)e Minderheiten zu bedienen, Kooperationen mit Hochschulen in den deutschsprachigen Ländern zu erleichtern oder finanzielle Zuwendungen von dort zu erhalten. Die deutschsprachigen Angebote heben aber keineswegs nur auf die deutschsprachigen Länder ab, sondern werden, meist sogar größeren Teils, auch von Studierenden des jeweiligen Landes oder anderer Länder angenommen und sind damit für Deutsch als Fremdsprache (DaF) relevant. Repräsentative Angaben zur Herkunft der Studierenden und ihrer Mutter- oder Fremdsprachlichkeit von Deutsch lassen sich freilich kaum beschaffen; jedenfalls war dies mir – in der zur Verfügung stehenden Zeit – nicht möglich.

Überhaupt hat sich der Versuch, einen Überblick über die „Deutschsprachigen Studienangebote weltweit" zu gewinnen, als schwierig erwiesen – obwohl immerhin ein erstaunlich umfangreiches Buch genau dieses Titels vorliegt, und zwar zur Zeit der Abfassung dieses Kap. schon in der 6. Auflage (fünfmal überarbeitet; Akstinat [1997] 2009). Es ist eine wertvolle Orientierungshilfe für Studierende, die nach deutschsprachigen Studienmöglichkeiten außerhalb der deutschsprachigen Länder suchen. Für diesen nützlichen Zweck ist es auch, wie seine Gestaltung zeigt, hauptsächlich gedacht. Dementsprechend ist es gegliedert nach Fächern oder Fächerkombinationen, insgesamt 73, so dass Studierende sich leicht einen Überblick über die Angebote in ihren Studienfächern verschaffen können.

Allerdings sind die Angaben zu den einzelnen Studiengängen oder Vorlesungen sehr pauschal. „Spezielle Fragen bezüglich Zulassungsvoraussetzungen, eventueller Studiengebühren, etwaiger Aufnahmeprüfungen usw. sind direkt an die jeweiligen Hochschulen zu richten." (Ebd.: 5) Welche Rolle die deutsche Sprache in einem Studiengang spielt – wird eher selten mitgeteilt.

Manche sehr richtige Angaben sind diesbezüglich ernüchternd. So heißt es z.B. bei der *Deutsche[n] Universität Kairo*, für die 10 unterschiedliche Studiengänge genannt sind: „Hauptunterrichtssprache ist Englisch, aber die Dozenten können meist auch Deutsch" (ebd.: z.B. 26). Daraus lässt sich schließen, dass überhaupt nicht auf Deutsch gelehrt wird – was auch zutrifft (vgl. Kap. K.9.8). In anderen Fällen fehlen entsprechende Angaben gänzlich, wodurch der Eindruck entstehen kann, der gesamte Studiengang ließe sich auf Deutsch absolvieren. Dies ist zweifellos nicht einmal der Fall – wie die Einzelprüfung schnell erweist – bei zahlreichen Studiengängen unter der Hauptüberschrift „Germanistik/ Deutsch (eine Auswahl)", wo es am ehesten zu erwarten wäre und worauf die weitaus meisten Einträge entfallen (40 von 147 Seiten; ebd.: 50-89 aus 11-157). Vermutlich gibt es zwar in der Mehrzahl der genannten Studiengänge, vor allem der Germanistik, auch in Kombination mit anderen Fächern, einzelne Lehrveranstaltungen auf Deutsch; der überwiegende Teil dürfte jedoch in der jeweiligen staatlichen Amtssprache oder in Englisch stattfinden. Hierzu wären Angaben hilfreich – wobei jede Person, die entsprechende Erhebungen versucht hat, weiß, dass dies viel leichter gesagt als getan ist. Daher ist diese Bemängelung auch nicht als ernsthafte Kritik an dieser – gleichwohl verdienstvollen – Zusammenstellung gemeint. Vielleicht wäre jedoch eine behutsame Warnung vor übertriebenen Erwartungen in dem – ausgesprochen kurzen – Vorwort (ebd.: 5) angebracht gewesen, wo man auch Angaben zur Erhebungsmethode vermisst.

Man könnte sich einen quantitativen Eindruck über das reiche Angebot verschaffen, indem man über die 73 Fächer und 146 Seiten die Hochschulen und Studiengänge auszählte. Der Ertrag in Form bloßer Zahlen bliebe jedoch dürr im Verhältnis zum Aufwand. Dagegen erscheinen mir Kurzbeschreibungen einzelner – prominenter, da weithin bekannter – Beispiele von Hochschulen und ihren Studiengängen mit deutschsprachigen Teilen aufschlussreicher.

Eines davon ist die 2002 gegründete *Andrássy Gyula Deutschsprachige Universität Budapest* in Ungarn (dazu auch Kap. E.4.6), die 6 Studiengänge anbietet, die man ganz auf Deutsch studieren kann, nämlich: Betriebswirtschaftslehre, Europäische Studien, Ingenieurwesen, Politik, Rechtswissenschaft (Jura), Verkehrswesen (Automobil-Technik) (ebd.: 23, 48, 105, 132, 137, 150).

Ein anderes Beispiel ist die schon erwähnte, 2003 gegründete *Deutsche Universität Kairo* in Ägypten (dazu auch Kap. K.9.8), deren Lehrveranstaltungen zwar ganz auf Englisch stattfinden, an der jedoch alle Studierenden studienbegleitend Deutsch lernen müssen (wenn sie es nicht schon können), allerdings nur bis zum Kompetenzniveau A2 des Gemeinsamen Europäischen Referenzrahmens, und deren Dozenten großen Teils über Deutschkenntnisse verfügen. Sie bietet Studiengänge in den folgenden 10 Fächern an: Betriebswirtschaftslehre, Biotechnologie, Design (Gestaltung), Germanistik/ Deutsch, Informatik/

Informationstechnik, Ingenieurwesen, Materialwissenschaft, Medientechnik, Pharmazie, Wirtschaftsingenieurwesen (ebd.: 14, 26, 29, 50, 93, 98, 118, 121, 128, 155).

Für eine der Hochschulen wird im Buch Akstinats (2009: 20) wie folgt geworben: „Wussten Sie, dass unter allen Hochschulen außerhalb des deutschen Sprachraums die Universität Klausenburg in Rumänien die meisten deutschsprachigen Studiengänge anbietet?" (dazu auch Kap. E.4.7). Tatsächlich nennt Akstinat nicht weniger als 21 Studiengänge für die *Universität „Babeș-Bolyai"* in Cluj-Napoca/ Klausenburg. Darunter sind 5 „Masterstudiengänge"; die anderen sind „B.A.-Studiengänge" (ebd.: [161]). Angaben zu den jeweiligen deutschsprachigen Anteilen gibt es nicht. Dafür aber einen beeindruckenden Hinweis auf die Geschichte der Institution: „Die Universität wurde 1776 als deutschsprachige Hochschule gegründet" (z.B. ebd.: 19). Ich verzichte hier auf die Nennung all dieser Studiengänge (siehe dazu ebd.: 19, 20, 25, 28, 33, 42, 49, 91, 100, 104, 106, 108, 118, 120, 127, 129, 131, 140, 147, 151, 152).

Außer ganzen „deutschen", mit deutscher Hilfe gegründeten, oder erheblichenteils „deutschsprachigen" Hochschulen gibt es auch kleinere deutschsprachige Abteilungen, wie z.b. das im Jahr 1998 gegründete *Chinesisch-Deutsche Hochschulkolleg (CDHK)* an der Tongji-Universität in Shanghai, China, das vom Volkswagenwerk gefördert wird und an dem deutsche Professoren in Kompaktveranstaltungen lehren. Die Werbung im Buch von Akstinat (2009: 10) lautet: „Unsere Stärken: 30 Stifterlehrstühle · Umfangreiche Industriekontakte · 20 deutsche Partneruniversitäten · Internationale Forschungsprojekte · Blockvorlesungen deutscher Professoren · Einführung in chinesische Sprache und Kultur". Im Einzelnen werden die folgenden Fächer angeboten: Betriebswirtschaftslehre, Elektrotechnik, Ingenieurwesen, Maschinenbau, Rechtswissenschaft (Jura), Verkehrswesen (Automobil-Technik) (ebd.: 15, 18, 39, 98, 114, 133, 150).

Schließlich möchte ich noch das *Europainstitut Klaus Mehnert* an der Kaliningrader Staatlichen Technischen Universität in Kaliningrad, Russland (früher Königsberg), erwähnen (ebd.: 47, [162]). Es wurde von dem Aachener Politologen Winfried Böttcher initiiert und 2005 gegründet. Es bietet ein einjähriges Aufbaustudium „Europastudien" an, ganz in deutscher Sprache, mit – trotz beträchtlicher Studiengebühren – regelmäßig ca. 20 TeilnehmerInnen: ca. 90% Nicht-Muttersprachler des Deutschen, das Gros aus den GUS-Staaten, und ca. 10% Muttersprachler aus verschiedenen deutschsprachigen Ländern. Der Studiengang findet zur Gänze in deutscher Sprache statt. Jedoch können die Teilnehmer auch gut Englisch und können außerdem im Rahmen des Studiengangs noch einen Französischkurs besuchen. Das Curriculum besteht aus einer Serie von in der Regel einwöchigen Modulen zu vielen Aspekten der Europapolitik. Die im Turnus lehrenden DozentInnen, jeweils Spezialisten des Modul-Themas, kommen überwiegend aus Deutschland, zum Teil aber auch aus nichtdeutschsprachigen Ländern und sind dann Fremdsprachler des Deutschen. Ich bin selbst regelmäßig mit einem einwöchigen Kompaktkurs über die Sprachenpolitik der Europäischen Union dabei – und wünschte mir eine ähnlich hohe Motivation und Qualifikation der TeilnehmerInnen an allen anderen deutschsprachigen Studiengängen und Lehrveranstaltungen in der Welt.

7. Gesamtlernerzahlen und weltweite Verbreitung von DaF

Was grundsätzlich auch für viele andere Kap. dieses Buches zutrifft, muss für das vorliegende Kap. in besonderem Maße geltend gemacht werden, nämlich dass allein die Größenordnung von Zahlen auch schon eine wichtige Erkenntnis ist, nicht nur letzte Genauigkeit – ganz im Sinne der Ermahnung des Mathematikers Rudolf Taschner (2013: 53-55): „Nicht Rechnen, Schätzen will gelernt sein." Genaue weltweite Zahlen zu allen Lernern einer Sprache als Fremdsprache gibt es nämlich nicht, schon gar nicht für die größeren internationalen Sprachen. Erst recht gilt dies für Vergleichszahlen für verschiedene Sprachen. Diese müssten nämlich nicht nur auf denselben Zeitpunkt, sondern sollten zusätzlich auf dieselben Kenntnisniveaus (Kompetenzen) der Sprachen bezogen sein. In einigen Sprachen gibt es vielleicht hauptsächlich Anfängerkurse, in anderen dagegen auch einen hohen Anteil von Kursen für Fortgeschrittene. Derart differenzierte weltweite Zahlen gibt es – soweit mir bekannt – für überhaupt keine der internationalen Sprachen (Kap. A.7), um die es hier ja geht. Damit dürfte die Nicht-Verfügbarkeit exakter Vergleichszahlen ausreichend begründet sein. Die Mängel der vorliegenden Zahlen sind in der Tat eklatant. Dennoch erlauben die Zahlen, wie mir scheint, wenigstens annähernde Schätzungen von Größenordnungen.

Ich nenne im Folgenden zunächst relativ gut gesicherte, aber gleichwohl nur grob geschätzte Gesamtlernerzahlen für DaF und danach – in mancher Hinsicht viel fragwürdigere – Vergleichszahlen für die Fremdsprachenlerner anderer internationaler Sprachen. Manche der genannten Zahlen haben den Anschein von Präzision, da sie bis hinunter in den Einerbereich spezifiziert sind, aber es sind auch dann nur – vielleicht durch Addition gewonnene – Schätzungen.

Es handelt sich um Zahlen, die alle Lerner und Studierenden umfassen. Bei Deutsch als Fremdsprache (DaF) sind dies dann die Lernenden an den regulären Schulen, die Lernenden und Germanisten an den Hochschulen sowie die Lernenden außerhalb der Schulen und im Erwachsenenbereich. Solche Zahlen lassen sich für die letzten Jahrzehnte den weltweiten Erhebungen unter Federführung des Goethe-Instituts entnehmen. Ältere, ähnlich repräsentative Zahlen als die in Tab. K.7-1 genannten konnte ich nicht finden. Die Zahlen für 1995 umfassen nur „Grundschule", „Sekundarschule" und „Hochschule", also nicht die Lernenden außerhalb der Schule und in der Erwachsenenbildung. Letztere sind dann einbezogen in die Schätzzahlen der „Deutsch-Lerner gesamt" für 2000 und 2005 (StADaF 2005: 15) sowie der „Deutschlerner Gesamt" 2010 (Netzwerk Deutsch 2010: 12). Wie schon in K.2 berichtet, waren die Letztgenannten zunächst mit 14.042.789 beziffert; jedoch wurde die Zahl nach einer ergänzenden Erhebung auf 14.500.940 angehoben (E-Mail Nadja Kranz, Goethe-Institut, 01.04.2011).

1995	19.511.887
2000	20.167.616
2005	16.718.701
2010	14.500.940 (ursprünglich 14.042.739)

Tab. K.7-1: Gesamtlernerzahlen von Deutsch als Fremdsprache über die Jahre 1995 – 2010 (Quellen: Für 1995: Goethe-Institut 2000: 10; für 2000 und 2005: StADaF 2005: 15; für 2010: Nacherhebung des Goethe-Instituts – eingeklammerte Zahl aus Netzwerk Deutsch 2010: 12)

Offenkundig ist die übergreifende Tendenz der Zahlen rückläufig. Allem Anschein nach kann die Zunahme der Lernenden an den Goethe-Instituten und vielleicht überhaupt in der Erwachsenenbildung (Kap. K.5) den hauptsächlich an den regulären Schulen einschließlich der Hochschulen auftretenden Schwund nicht voll ausgleichen. Wie schon in Kap. K.2 für die Schulen erläutert, lässt sich diese Entwicklung hauptsächlich von den folgenden beiden Hintergründen her erklären.

1) Ausbreitung von Englisch als Welt-Lingua franca (Crystal 2003; Graddol 2000; 2006), wodurch Kenntnisse von Deutsch, aber auch anderer Fremdsprachen weniger dringlich erscheinen – und für die praktische Kommunikation vielleicht auch tatsächlich weniger dringlich sind (dazu z.B. Kap. A.4; A.7).

2) Aufstieg neuer internationaler Sprachen, wie Japanisch und vor allem Chinesisch, die den traditionellen Fremdsprachen, zu denen Deutsch zählt, Lernende entziehen.

Ältere, auf die Schule beschränkte Lernerzahlen (Kap. K.2: Tab. K.2-2) sind schon in den 1980er Jahren rückläufig, steigen dann aber in den 1990er Jahren wieder merklich an. Alles spricht dafür, dass dieser Aufschwung bedingt war durch die Wiedervereinigung Deutschlands und dadurch geweckte Vorstellungen von dessen zukünftiger wirtschaftlicher und politischer Bedeutung. Jedoch behielten die Faktoren 1) und 2) das größere Gewicht. Vielleicht hat die neuerliche wirtschaftliche Stärke Deutschlands, die vor allem in der EU auffiel und die weltweit berichtet wurde, einen erneuten Aufschwung bewirkt. Jedenfalls sieht es in den Goethe-Instituten ganz danach aus (Kap. K.5). Bestätigende Gesamtlernerzahlen dazu lagen jedoch bis Jahresmitte 2014 nicht vor.

Die Zahl der Länder, in denen DaF gelernt wird, ist vielleicht ein besonders fragwürdiger Indikator der Entwicklung. Dies wird deutlicher, wenn man sich klarmacht, dass nur diejenigen Länder einbezogen sind, für die DaF-Unterricht festgestellt wurde, wobei nicht auszuschließen ist, dass man ihn in manchen Ländern, weil vielleicht nur in Spuren vorhanden, übersehen hat. Am einfachsten zu erfassen ist DaF-Unterricht vermutlich an den Schulen und Hochschulen. Tab. K.7-2 zeigt, in wie vielen Ländern außerhalb der deutschsprachigen Länder und Luxemburgs (Kap. B.4) in der Zeitspanne von 1982/83 bis 2010 DaF-Unterricht an Schulen angeboten (festgestellt) wurde, mit Angabe der jeweiligen Quelle.

1982/83 Bericht 1985	1985 Goethe-Institut 2000	1995 Goethe-Institut 2000	2005 StADaF 2005	2010 Netzwerk Deutsch 2010
88	74	100	115	90

Tab. K.7-2: Anzahl der Länder mit schulischem DaF-Unterricht über die Jahre 1982/83 – 2010

Auf Angaben zur Zahl der Schulen verzichte ich, da sie mir besonders unzuverlässig erscheinen. Dazu nur wenige Hinweise. Für eine größere Zahl von Ländern fehlen die Angaben gänzlich, meist angezeigt durch eine Leerstelle („-") im Gegensatz zur Angabe „0". Für das Jahr 2005 (StADaF 2005) ist für 13 Länder und für 2010 (Netzwerk Deutsch 2010) für 6 Länder nur eine einzige Schule angegeben. Andere Zahlen von Schulen muten teilweise sehr hoch an, manchmal mit enormen Schwankungen innerhalb von lediglich 5 Jahren, so für 2005/ 2010 z.B. Ägypten 685/ 1.200 (vgl. Kap. K.9.8), Australien 1.600/ 1.300 (vgl. Kap. K.9.15), Kasachstan 2.700/ 1.551, Polen 17.422/ 17.090 (vgl. Kap. K.9.5), Russische Föderation 28.289/ 23.998 (vgl. Kap. K.9.6), Ukraine 7494/ 7.047. Manche dieser Zahlen entsprechen dem sonstigen Bild vom betreffenden Land, andere dagegen nicht. Die systematische Auswertung erschien mir angesichts der Unsicherheiten zu aufwändig.

Einen zuverlässigeren, vor allem aber anschaulicheren Überblick über die weltweite Geographie von DaF liefern die Karten K.7-1 und K.7-2. Sie zeigen die Verteilung der Lerner an Schulen und Hochschulen (einschließlich Germanisten) weltweit um die Jahre 1995 (Erhebungsjahr – Publikationsjahr 2000) und 2010. Je dunkler der Farbton, umso größer die Dichte des Lernens.

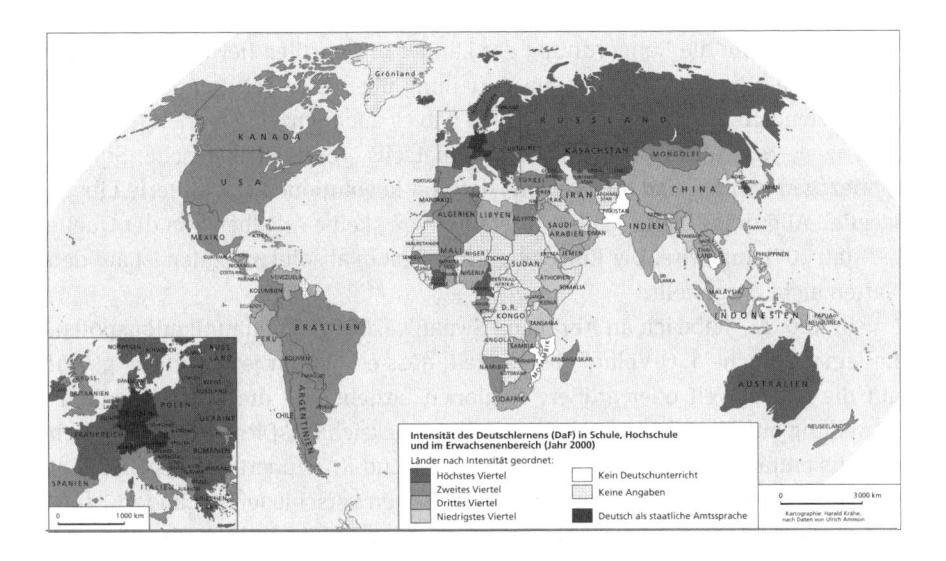

Karte K.7-1: Deutsch als Fremdsprache weltweit um 1995, Intensität des Lernens nach Gesamtzahl aller Typen von Lernern (aufgrund von Goethe-Institut 2000: „Deutschschüler an Sekundarschulen" + „Germanistikstudenten" + „Teilnehmer an Hochschulsprachkursen")

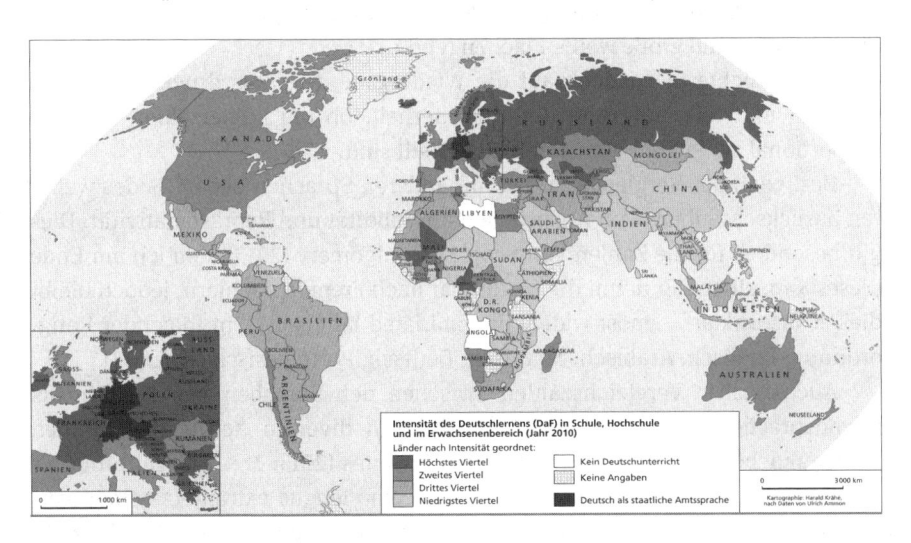

Karte K.7-2: Deutsch als Fremdsprache weltweit um 2010, Intensität des Lernens nach Gesamtzahl aller Typen von Lernern (aufgrund von Netzwerk Deutsch 2010: „Deutschlerner Gesamt")

Diese Dichte wurde errechnet, indem für jedes Land die Lernerzahl (DaF-Lernende insgesamt, einschließlich Germanisten) durch die Einwohnerzahl geteilt und dann die Rangordnung der Länder in Quartilen (jeweils 25%) abgestuft wurde. Wie man sieht, ist die Verteilung über diese Zeitspanne in Grundzügen ziemlich gleich geblieben. Jedoch gab es auch einzelne markante Veränderungen, vor allem in Afrika, wo einerseits zentralafrikanische Staaten einbezogen wurden und andererseits das von Revolutionen erschütterte Libyen wegfiel. Allerdings bleibt die Interpretation von „keine Angaben" (in der Quelle „-" statt „0") ungewiss. Der Rückgang insgesamt in absoluten Zahlen ist auf den Karten nicht dargestellt.

In Kap. A.7 habe ich an Abram de Swaan's (2001a) ‚Kommunikationspotential einer Sprache' („Q-Value") bemängelt, dass es sich für jede Sprache global auf die ganze Welt oder größere Regionen bezieht und die unterschiedliche Verteilung auf die einzelnen Länder nicht berücksichtigt. Diese Kritik lässt sich mutatis mutandis auf die beiden Karten K.7-1 und K.7-2 übertragen. Dabei geht es allerdings nicht um den Unterschied zwischen verschiedenen Ländern, sondern um die Verteilung innerhalb der besonders großflächigen Länder. Sie wurde von den Kartographen meines Beitrags zum *Nationalatlas der Bundesrepublik Deutschland* (Ammon 2005f.) berücksichtigt, indem sie Karte K.7-1 gemäß der Verteilung der Bevölkerung innerhalb der Länder differenziert haben. Dadurch werden z.B. Länder wie Russland oder Australien gesprenkelt in verdichtete Einfärbungen und große weiße Flächen (ebd.: 111).

Ich verzichte hier jedoch auf die Wiedergabe, teils aus drucktechnischen Gründen und teils aufgrund der Unsicherheit, ob die Lernerzahlen wirklich proportional zu den Einwohnerzahlen verteilt sind.

Bezüglich der Vergleichszahlen mit anderen Sprachen bedarf es des weiteren Zurückschraubens von Ansprüchen an Validität und Repräsentativität. Dies gilt besonders für die Zahlen von Scott L. Montgomery (2013), den ich am Ende dieses Kap. zitiere. Er nennt die – offenbar nach Fremdsprachlern, jedoch bleibt dies etwas unklar – „most widely disseminated languages" in folgender Rangordnung: Englisch, Arabisch, Spanisch, Deutsch, Portugiesisch (ebd.: 44).

Auch seriöse Vergleichszahlen zwischen den Sprachen von Lernern als Fremdsprache sind schwer zu ermitteln. Von diversen herumschwirrenden Zahlen machen diejenigen des Instituto Cervantes (2013: 11 – Übermittlung Alf Monjour) zu den „Idiomas más estudiados como lengua extranjera" einen verhältnismäßig seriösen Eindruck, basieren aber vielleicht nur auf den Teilnehmern an den Berlitz-Schulen. Dieser Verdacht liegt nahe aufgrund der nicht näher spezifizierten Quellenangabe „Primer Informe Berliz [sic!] sobre el estudio del español en el mundo, 2005" und der für die Berlitz-Schulen typischen Angabe nur von Prozentzahlen (siehe Kap. K.5). Danach bemessen sich die weltweiten Anteile der Sprachen an den Fremdsprachenlernern wie folgt: Englisch 69%, Französisch 7%, Spanisch 6%, Deutsch 5%, Italienisch 2%, Chinesisch 2% [diese Reihenfolge!] und „Resto" 9%.

In einem eigenen, auf verschiedene Quellen gestützten Versuch der Ermittlung absoluter Zahlen kam ich zu den in Tab. K.7-3 genannten Ergebnissen (größerenteils schon in Ammon 2010c: 105).

1. Englisch   750 ≤ 1.000, vielleicht > 2.000
2. Französisch   82,5
3. Chinesisch   30 (mit Schätzungen von 3 ≤ 30)
4. Deutsch   16,7
5. Spanisch   14
6. Italienisch   3 ≤ 14
7. Japanisch   3
Portugiesisch   ?
Russisch   ?

Tab. K.7-3: Weltweite Fremdsprachenlerner internationaler Sprachen um das Jahr 2005 in Mio. (Quellen: für English: Crystal, 1997a: 61; 2003: 68f.; 1997b: 360, der die „non-native speakers", nicht unbedingt identisch mit Lernern, auf 530 – 830 Mio. schätzt (1,200 – 1,500 Mio. insgesamt minus 670 "native or native-like speakers") bzw. auf vielleicht > 1,000, mit Vorbehalten in 2003: 68). Aber die Zahlen sind weiter gestiegen und bei den eigentlichen Lernern sicher höher (Graddol 2006); für Französisch: www.diplomatie.gouv.fr/en/france-priorities_1/francophony-french-language_1113/french-language_1934/promoting-french_4450/global-initiatives_4451/ promoting-and-teaching-french-abroad_6881.html?var_recherche= french+learners – abgerufen Januar 2010); für Chinesisch: Graddol (2006: 63) 30 Mio., mit dem Hinweis, die chinesische Regierung erwarte „in the next few years" 100 Mio., aber Schätzungen von Markus Taube, Ostasienwissenschaft Universität Duisburg-Essen, und *Fachverband Chinesisch* kaum > 3 Mio.; für Deutsch: StADaF 2005: 15; für Spanisch: *Enciclopedia del Español* 2006: 25, 27; für Italienisch: Schätzung Andrea E. Samà, Leiterin der Kulturabteilung der Botschaft Italiens in Berlin; für Japanisch: Japan Foundation 2008: 1; für Portugiesisch und Russisch keine durch Quellen gestützte Zahlen. Näheres in Ammon 2010c: 105)

Obwohl sie zweifellos in verschiedenen Hinsichten fragwürdig sind, wie man aus den Quellenangaben unterhalb der Tab. erschließen kann, dürften die Größenordnungen ungefähr stimmen. Die Zahlen für Englisch sind besonders fragwürdig – sowie offenkundig sehr ungenau, weil sich die Quellen vielleicht eher auf Fremdsprachensprecher als -lerner beziehen; jedoch ist der Vergleich zwischen den anderen, zweitrangigen internationalen Sprachen ohnehin interessanter. Für Spanisch kursieren vereinzelt sehr viel höhere Zahlen, z.B. „50 million to 70 million non-native learners" für das Jahr 2010 (Montgomery 2013: 46), für die ich aber keinen vertrauenswürdigen Beleg fand (die Webseite, die Montgomery nennt, war nicht mehr zugänglich). Die Zahlen für Französisch könnten dadurch überhöht sein, dass die westafrikanischen Staaten als Fremdsprachler anstatt – wie es bei der Amtssprache Französisch vielleicht angemessener wäre – als Zweitsprachler (Kap. A.3) gezählt wurden. Alles in allem hält sich Deutsch in diesem Feld scharfer Konkurrenz verhältnismäßig wacker, angesichts der geographischen Beschränktheit der deutschsprachigen Länder und des Amtssprachgebiets auf Mitteleuropa (Kap. D) sowie der schwachen Stellung in internationalen Organisationen (Kap. H). Allerdings sei an den weiteren Rückgang der Lernerzahlen insgesamt im Jahr 2010 auf 14.500.940 erinnert (Netzwerk Deutsch 2010: 12). Jedoch liegen mir für dieses aktuellere Jahr keine Vergleichszahlen für die anderen Sprachen vor. Mein subjektiver Eindruck aufgrund von Hinweisen aus verschiedenen Richtungen ist der, dass ziemlich alle Fremdsprachen gegenüber Englisch dabei sind, weiter zurückfallen – sogar Chinesisch, ungeachtet anderer Gerüchte oder auch der öffentlichen Unterstützung durch den britischen Primierminister David Cameron, der nach seiner Chinareise an sein Land appeliert haben soll: „Die Schulen sollten aufhören, den Kindern so viel Französisch und Deutsch beizubringen und sich stattdessen auf Chinesisch konzentrieren." (*RP Online* 06.12.2013)

Interessant wären auch die Zahlen der die betreffenden Sprachen tatsächlich gebrauchenden Personen (hörend, sprechend, lesend oder schreibend). Jedoch gerät man bei dieser Suche erst recht in ein Nebelloch. So nennt Montgomery (2103: 45) für die „Number[s] of nonnative speakers" „who employ each language for actual communication" die folgenden spekulativen Zahlen (in Mio.): Englisch 1.500 – 1.600, Hindi 120 – 150, Arabisch 100 – 150, Russisch 75 – 100, Spanisch 50 – 70, Bengali 30 – 50, Chinesisch und Portugiesisch 15 – 20, Deutsch 10 – 20, Japanisch <10. Französisch fehlt, da Montgomery es nicht zu den 10 Sprachen mit den meisten Muttersprachlern zählt, auf die er sich beschränkt. Mir scheint hier ein Grenzfall wissenschaftlicher Seriosität vorzuliegen. Immerhin aber erinnern uns die – wenn auch bezüglich der Erhebungsmethoden nicht nachvollziehbaren – niedrigen Zahlen für den Gebrauch von DaF an die im vorliegenden Buch immer wieder angesprochenen Anwendungsbehinderungen. Eine Ursache ist die teilweise radikale Umstellung von Deutsch auf Englisch als Wissenschaftssprache, vor allem in den Naturwissenschaften (Kap. G.1; G.3), die nicht nur deutschsprachige, sondern vor allem auch nichtdeutschsprachige Wissenschaftler wichtiger Anwendungsmöglichkeiten von Deutsch beraubt hat (Ammon 1998: 99f., 120f.). Ein anderer Grund sind vielleicht verfehlte Höflichkeitsvorstellungen, aufgrund deren manche Deutschsprachige auch mit solchen Ausländern unerbittlich Englisch sprechen, die DaF gelernt haben, und ihnen damit die Möglichkeit zur Anwendung nehmen (dazu z.B. Kap. A.6; F.2; F.5; H.3; I.5; Weydt 2004).

8. Zu den Motiven (Beweggründen), DaF zu lernen

Warum lernen Personen Deutsch als Fremdsprache (DaF) an Schulen oder Hochschulen oder studieren Deutsch oder auch Germanistik? Was sind ihre Motive (Beweggründe) für diese Wahl? Diese Frage, die sich bei der Schilderung der Verhältnisse in verschiedenen Ländern (siehe Kap. K.9.2 – K.9.15) immer wieder stellt, erweist sich bei näherer Betrachtung als komplex. Hier möchte ich nur ein paar Aspekte ansprechen, die mir besonders klärungsbedürftig erscheinen.

Wichtig ist zunächst einmal die Unterscheidung zwischen der Wahl einer Sprache als Gegenstand des Lernens oder Studierens im Gegensatz zur Wahl als Mittel der Kommunikation in einer bestimmten Situation: Weshalb lerne oder studiere ich Deutsch? – Weshalb spreche ich (in dieser Situation) Deutsch? (siehe zu diesem Unterschied auch Kap. A.6). Hier geht es nur um den ersten Fall: die Sprachwahl für das Lernen oder das Studium. Die Sprachwahl für die Kommunikation in bestimmten Situationen ist im vorliegenden Buch das Thema vieler Kap., so z.B. die Sprachwahl bei internationalen Wirtschaftskontakten (Kap. F.2; auch Bungarten 2001) oder in der Diplomatie (Kap. H.5.3).

Verwirrend kann auch sein, dass statt von Motiven oder Beweggründen nicht selten von „Motivation" gesprochen wird: Was ist die Motivation fürs Lernen von Deutsch oder fürs Studieren von Germanistik? Der Begriff ‚Motivation' kann sich aber nicht nur auf das Gelernte, dessen Gegenstand (oder Inhalt), sondern auch den Grad des Lern- oder Studieneifers erstrecken und die Dauerhaftigkeit des Eifers. Diese Fragerichtung führt dann hin zur Pädagogik und spezieller zu Lehrmethoden, mit denen sich ein möglichst großer und dauerhafter Lerneifer (eben die gewünschte „Motivation") erzielen lässt. Jedoch befasse ich mich mit diesem umfangreichen Fragenkomplex im vorliegenden Buch nicht. Um Missverständnisse in diese Richtung zu vermeiden, spreche ich hier von „Motiven" oder „Beweggründen" statt von „Motivation".

In der einschlägigen Fachliteratur findet man allerdings eine weitgehende Überschneidung der Terminologie. Von den folgenden Titeln, die allesamt für die Überlegungen dieses Kap. relevant sind, segeln manche gewissermaßen unter dem Banner „Motivation", wie z.B. – ohne expliziten Bezug auf DaF – Gardner/ Lambert 1959; 1972; Gardner/ MacIntyre 1991; Gardner 2001 oder – mit Bezug auf DaF – Riemer/ Schlak 2004; Riemer 2010; 2011 oder Mackiewicz 2013; 2014; andere dagegen schränken ihren Gegenstand ein auf „Motive", wie z.B. – speziell in Bezug auf DaF – Ammon 1991b, Honda 1994, Kwon 2003, G. Schmidt 2011 (spricht auch von „motivation" und „reason") oder Voronina 2011. Jedoch sind alle diese Arbeiten relevant für die *Motive* oder *Beweggründe* der Wahl von DaF als Gegenstand des Lernens.

Die Frage, warum bestimmte Personen *gerade* Deutsch lernen (oder Germanistik studieren), legt die weitere Frage nach der Rangordnung der Sprachen nach Prioritäten nahe. Ist Deutsch denn erste, zweite oder dritte Wahl für die Lernenden – z.B. nach Englisch, nach Englisch und Spanisch usw.? Diese Frage ist nicht unwichtig – da sie auch zusammenhängt mit der Stellung von Deutsch in den Fremdsprachencurricula der Schulen oder Hochschulen: Deutsch als (fast nirgendwo noch) erste, (sondern allenfalls) zweite oder (sogar) dritte Fremdsprache. Jedoch gehe ich dieser Frage der Priorität der Wahl von Deutsch gegenüber anderen Sprachen hier nicht weiter nach, weil diese Überlegungen komplizierter werden, als es mir für den Zweck dieses Kap. notwendig erscheint.

Wenn man nun Lernende und Studierende fragt, warum sie Deutsch lernen oder studieren, erhält man oft vielerlei Antworten. Hier eine kleine Blütenlese meiner Sammlung aus verschiedenen Orten und bei unterschiedlichen Gelegenheiten – wobei es sich nur um sinngemäße, nicht wörtliche Wiedergaben handelt. In Klammern ist jeweils eine übergeordnete Kategorie hinzugefügt, der sich die betreffende(n) Antwort(en) zuordnen ließe(n), worauf ich später zurückkomme. Mehrere der gleichen übergeordneten Kategorie zuzuordnende Antworten sind durch Schrägstriche getrennt.

Ich lerne Deutsch:
1) Weil ich in meiner Schule zwei Fremdsprachen lernen musste und es außer Englisch nur Deutsch gab (ist Ursache, kein Motiv);
2) weil ich in Österreich studieren möchte/ weil ich in Deutschland arbeiten möchte (instrumentelles Motiv);
3) weil ich in die deutschsprachige Schweiz auswandern möchte (integratives Motiv)
4) weil meine Familie aus Österreich stammt/ weil wir Lutheraner sind/ weil schon mein Vater Deutsch gelernt hat (identifikatorisches Motiv);
5) weil ich die deutsche Kultur schätze/ weil mir die deutsche Musik gefällt (kulturelles Motiv);
6) weil Deutsch eine Herausforderung ist (leistungsuchendes Motiv).

Zahlreiche weitere Beispiele von Nennungen finden sich z.B. in den Daten von Claudia Riemer (Hinweise in Riemer 2011) oder in Form der Zustimmung zu vorgegebenen Antworten in Ammon 1991b (S. 30-37) und G. Schmidt 2011 (S. 108-111), oder sie sind erschließbar aus den vielerlei Berufen, die mittels Deutschkenntnissen angestrebt werden (z.B. in Ammon 1991b: 184-188). Die in Klammern beigefügten übergeordneten Kategorien sind ein Vorschlag für eine –

von sicher verschiedenen – Möglichkeiten einer Typologie von Sprachwahl-Motiven, auf die ich zu sprechen komme nach den nun zunächst folgenden Hinweisen zum Begriff ‚Motiv/ Beweggrund'.

Dieser Begriff gilt als wichtig für die Erklärung menschlichen Handelns. Dabei werden ‚Motive/ Beweggründe' oft unterschieden von ‚Ursachen'. Manche WissenschaftlerInnen halten sie auch für Spezialfälle von Ursachen. Jedoch neige ich zu der Auffassung, die z.B. Georg H. von Wright in seinem Buch *Explanation and Understanding* (1971) darlegt, dass Gründe und Ursachen auseinander gehalten werden sollten. Ursachen sind etwas Objektives und bestehen vor und unabhängig von der Handlung, wogegen Gründe etwas Subjektives sind und mit der Handlung unlösbar zusammenhängen. Sie richten sich auf Zukünftiges, auf Ziele des handelnden Subjekts/ Akteurs. Demnach sind z.B. die Curricula der Schulen – Nennung 1 oben – (objektive) Ursachen dafür, dass bestimmte und keine anderen Sprachen gelernt werden, während die nachfolgenden Antworten 2 bis 6, warum die Informanten gerade Deutsch und keine andere Sprache lernen, subjektive, also echte Motive/ Gründe benennen.

Dabei gehören *Gründe* (oder *Beweggründe*) typischerweise zur Terminologie von Handlungstheorien und *Motive* zur Psychologie, können jedoch für unsere Zwecke als synonym betrachtet werden. *Motive* im Sinne der Sozialpsychologie lassen sich der übergeordneten Kategorie der Einstellungen zuordnen und dementsprechend nach kognitiven, affektiven und pragmatischen Aspekten analysieren. *Beweggründe* hängen im handlungstheoretischen Verständnis zusammen mit Intentionen und auch Entscheidungen (vgl. zu bewussten Entscheidungen z.B., allerdings mehr mit Bezug auf Sprachkultur als auf Sprachwahl fürs Lernen oder Studium, Janich 2004). Diese Überlegungen führen weiter zur – herkömmlich hauptsächlich in der Philosophie erörterten – Frage des menschlichen freien Willens, mit der ich mich hier nicht befasse. Die Unterscheidung zwischen Ursachen und Gründen (Motiven) bleibt bei der Frage, warum eine bestimmte Sprache gelernt wird, oft unberücksichtigt. So wird z.B. die fehlende Wahlmöglichkeit im Curriculum auch als „Grund" für die „Sprachwahl" genannt. Auch mir unterläuft im Weiteren diese laxere Terminologie, weil die strikte Vermeidung oft gekünstelt wirkt. Es erscheint auch nicht ganz unsinnig, die fehlende Wahlmöglichkeit (englisch *default choice*) – als Grenzfall – ebenfalls unter „Sprachwahl" zu subsumieren. Jedoch sollte der Unterschied bei bestimmten Fragen beachtet werden.

Nicht ganz unwichtig sind auch Hierarchien zwischen den Begriffen. So kann z.B. nicht nur ein bestimmtes Verhalten, sondern können auch Motive (Gründe) Ursachen haben. Vor allem aber spielen in den meisten Handlungen vielerlei Ursachen und Gründe zusammen, was bei ihrer Bezeichnung und methodischen Handhabung in der Statistik als „(unabhängige) Faktoren" deutlicher wird. Ein Beispiel für den Versuch, Motive fürs Fremdsprachenlernen, vielleicht auch für die Sprachwahl, auf tiefer liegende Ursachen zurückzuführen und von ihnen aus zu erklären, findet sich bei Maciej Mackiewicz (2014: Kap. 2.4), der sie auf Abraham Maslow's „Bedürfnishierarchie" (Maslow 1967) bezieht. Dabei wird auch deutlich, dass der Zusammenhang zwischen dieser Bedürfnishierarchie, die sich ontogenetisch entwickelt, und Gründen fürs Fremdsprachenlernen oder für die Wahl bestimmter Fremdsprachen von vielen weiteren Ursachen und Gründen (Faktoren) durchkreuzt werden kann.

Eine wichtige Frage für empirische Untersuchungen von Motiven ist die nach dem Grad, in dem Akteure sich ihrer bewusst sind. Nur soweit dies der Fall ist, lassen sie sich z.B. erfragen (mittels Fragebögen oder Interviews). Dabei ist sogar mangelnde Bewusstheit zum Zeitpunkt der Handlung nicht auszuschließen. Wie oft muss man sich eingestehen, dass man nicht weiß, warum man gerade das getan hat? In solchen Fällen spekuliert man, wenn man eine Erklärung sucht, oder bekommt Antworthilfen von anderen. Dabei kann man auch besten Glaubens Fehler machen – oder in bestimmten Fällen bewusst die Unwahrheit sagen. Die Selbsttäuschung ist umso wahrscheinlicher, je weiter die Handlung – also die Wahl von DaF oder einer anderen Fremdsprache – zeitlich zurückliegt oder auch, je öfter einem von verschiedenen Seiten mögliche Motive für die betreffende Sprachwahl suggeriert wurden. Dies erinnert ein wenig an die Wunder, auf denen alle Religionen beruhen und die schon David Hume allesamt auf Fehler in der Wahrnehmung oder der Berichterstattung zurückgeführt hat (Hume [1748] 2008: 79-95). Deshalb dürfen die von den Akteuren bei Befragung behaupteten (englisch *claimed*) Motive nicht schlichtweg für die tatsächlichen genommen werden. Allerdings besteht zu den tatsächlichen Motiven kaum ein anderer Zugang als über die Aussagen der Akteure. Immerhin erscheint die positive Korrelation der Berichte mit den Tatsachen (den tatsächlichen Motiven) nicht unwahrscheinlich – im Gegensatz zu Wundern, die (per definitionem) mit Naturgesetzen nicht kompatibel sind.

Zu beachten ist auch, dass sich die Motive im Verlauf des Lernprozesses ändern und spätere Ausprägungen frühere überlagern können, so dass sie, wie auch die Aussagen darüber, streng genommen immer mit Zeitindizes zu versehen wären. Dies gilt ebenso für den Grad des Lerneifers, also die zu Anfang des Kap. angesprochene Motivation. Sowohl die Motive als auch der Lerneifer können im Verlauf des Lernens oder Studiums konstant bleiben oder sich ändern. Davon hängen die Dauerhaftigkeit des Lernens oder die Nachhaltigkeit der Lehre ab – bis hin zum Abbruch des Prozesses und womöglich dem Umsteigen auf eine andere Sprache (dazu Jansen/ Schmidt 2011). Offenkundig sind dafür wiederum allerlei Ursachen und Gründe denkbar. Während des Prozesses muss die Frage nach den Motiven natürlich lauten, warum die InformantIn (nicht) *weiterhin* Deutsch lernt.

Stellt sich nun noch die Frage nach einer für unsere Zwecke, vor allem für die Beschreibung der DaF-Situation in einzelnen Ländern (Kap. K.9.2 – K.9.15) geeigneten Typologie von Motiven der Sprachwahl fürs Lernen. Ich spreche von *Typologie*, nicht nur von Klassifikation, um den Bezug auf Erklärungen der Verhältnisse anzudeuten, den die betreffende Einteilung gewährleisten sollte. Leider war mir die gründliche Befassung mit der umfangreichen Fachliteratur mangels Arbeitskapazität nicht vergönnt. Eine weithin rezipierte Grobeinteilung stammt von Gardner/ Lambert (1959; präzisiert und modifiziert in Gardner/ Lambert 1972; Gardner/ MacIntyre 1991; Gardner 2001): nämlich in *instrumentelle* und in *integrative* Motive (meist heißt es dort „Motivation"). Instrumentelle Motive richten sich, so jedenfalls eine mögliche Spezifizierung, auf ökonomische oder berufliche Ziele und integrative auf die Einfügung in soziale Gruppen. Beispiele sind die Nennungen 2 und 3 zu Anfang des Kap. Die kanadischen Forscher Gardner und Lambert bezogen sich z.B. auf nicht-englischsprachige Personen, von denen manche Englisch lernten, um eine gehobene berufliche Stellung zu erreichen, und andere, um sich wegen geplanter Auswanderung in ein englischsprachiges Land auf die Integration dort vorzubereiten. Entsprechend beim Deutschlernen nicht-deutschsprachiger Personen: einerseits für den Beruf oder andererseits für die Auswanderung in ein deutschsprachiges Land und die dortige sprachliche Integration. Offenkundig schließen sich die beiden Motive nicht aus.

Gardners Dichotomie wurde verschiedentlich als zu einfach kritisiert (dazu z.B. G. Schmidt 2011: 143-148). So findet man leicht Motive, die man auch anders spezifizieren kann. Beispiele sind die Nennungen 4 zu Anfang des Kap. Man könnte zwar auch sie zur Not als integrative oder auch instrumentelle Motive auffassen, jedoch erscheint der Bezug auf die Gruppenidentität der Informanten treffender. Zur Identität einer Österreich-Stämmigen oder eines Lutheraners gehören eben Deutschkenntnisse, wie auch zur betreffenden Familienidentität (Beispiel des Japaners unter 4) das Lernen von Deutsch (als Fremdsprache). Denn Gruppenmitglied ist man schon, und insoweit auch integriert. Es fehlt jedoch noch das sprachliche Symbol als persönlicher Ausdruck der Gruppenidentität für die Lernenden selbst. Vermutlich gibt es auch entsprechende Motive der Rollenidentität, als einer anderen Art sozialer Identität von Personen (Kap B.3), wenn z.B. ein ausländischer Botschafter in Deutschland Deutsch lernt, weil es seiner Berufsrolle entspricht. Auch dieses Motiv erschöpft sich nicht ohne weiteres in der Instrumentalität, da die angestrebte Stellung schon erreicht ist. Man könnte von *identifikatorischen* oder *identifikativen Motiven* sprechen.

Vollends passen die Motive von Gardners Dichotomie nicht mehr zu den Nennungen 5 oben: Weil ich die deutsche Kultur schätze/ weil mir die deutsche Musik gefällt. Gabriele Schmidt (2011: 148-150) fand diese Motivgruppe ‚Interesse an der deutschen Kultur und deshalb auch an der deutschen Sprache' stark belegt in Australien (siehe auch Kap. K.9.15). Es liegt nahe, vom *kulturellen Motiv* für die Wahl einer Sprache, eben auch von DaF, zu sprechen.

Schließlich fügen sich Nennungen wie unter 6 oben in keine der bisherigen Kategorien: Weil Deutsch eine Herausforderung ist. Dieses Motiv wird oder wurde früher nicht selten aus Frankreich berichtet: Deutsch sei etwas „für Köpfe", wie Harald Weinrich es verschiedentlich nannte und unter welchem Motto das Goethe-Institut heute noch Sprachwettstreite ausrichtet („Deutsch für helle Köpfe", z.B. www.goethe.de/ins/cz/prj/hel/deindex.htm – abgerufen 22.07. 2014). Ich nenne es das *leistungsuchende Motiv*. Man stellt sich der Herausforderung, eine als schwierig geltende Sprache zu lernen – ein wenig wie ein Bergsteiger, um sich selbst die Fähigkeit dazu zu beweisen. Dies bleibt auch ein eigenständiges Motiv, wenn eine instrumentelle Motivation mitschwingt, z.B. die Hoffnung, dass es sich irgendwie auch für die Karriere auszahlt.

Diese – sicher verbesserungsbedürftige – Typologie eignet sich zur Charakterisierung der Situation von DaF in einzelnen Ländern. Sie erschien mir indes zu unausgereift für die konsequente Anwendung auf die kurzen Länderbeschreibungen in Kap. K.9.2 – K.9.15 und auch den vielen KollegInnen zu unvertraut, die mir bei diesen Beschreibungen geholfen haben. Daher greife ich in den Länderbeschreibungen nur gelegentlich auf diese Typologie zurück.

9. DaF und Germanistik in einzelnen ausgewählten Ländern

9.1 Länderauswahl und Beschreibungsschema

In den folgenden Kap. 9.2 – 9.15 beschreibe ich die Stellung von Deutsch als Fremdsprache (DaF) und der Germanistik in 14 Ländern. Ich habe sie ausgewählt nach der möglichst gleichmäßigen Verteilung auf alle Kontinente sowie nach der Größe. Meine Bevorzugung großer Länder ist problematisch, weil die Verhältnisse in manchen kleinen Ländern in gewisser Hinsicht interessanter sein können. Jedoch schien mir die weltweite Repräsentativität als übergeordneter Gesichtspunkt besonders wichtig – zumal ich nicht genug Länder hätte einbeziehen können für einen systematischen Vergleich von großen und kleinen Ländern.

Der Stand der Forschung für die ausgewählten Länder variiert erheblich. Zahlreiche aktuelle Meldungen, die allerdings auf Zuverlässigkeit zu prüfen sind, findet man bei Google unter der Eingabe „Deutsche Sprache in X" (X = Name des Landes). Schon dabei erweist sich die im Grunde triviale Wahrheit, dass auch in größeren Ländern die im Rahmen des vorliegenden Buches interessierenden Verhältnisse sehr verschiedenartig sein können – je nach Beziehungen zu den deutschsprachigen Ländern, politischer und sozialer Struktur, Bildungssystem und Tradition des Fremdsprachen-, speziell des Deutschlernens und -studiums. Bei aller Verschiedenheit sollten sich aber auch Aspekte identifizieren lassen, hinsichtlich deren sich ganz verschiedene Länder nach der Stellung von DaF und Germanistik vergleichen lassen. Diese Aspekte galt es so zu wählen, dass sie – wenigstens ansatzweise – Anhaltspunkte liefern zur Einschätzung der Stellung von DaF und Germanistik und der Chancen zukünftigen Stellungserhalts. Die Aspekte sollten also auf Theorien des Stellungserhalts von Fremdsprachen (DaF) und ihrer Philologien und Linguistiken (Germanistik) in einer Gesellschaft oder in einem Land bezogen sein.

Ich spreche absichtlich von Theorien im Plural, da es – soweit ich sehe – keine einzelne kohärente Theorie zu dieser hoch komplexen Frage gibt, sondern nur vielerlei Theorieansätze, von denen ich eine ganze Reihe allgemeinere in Kap. A und speziellere in allen folgenden Kapiteln B bis J und auch K.2 – K.8 angesprochen und skizziert habe. Auf solche Theorieansätze beziehen sich, zumindest implizit, die zahlreichen vorliegenden Beschreibungen zu ‚Deutsch (DaF) oder Germanistik in einzelnen Ländern', wie z.B. für 40 Länder im Handbuch *Deutsch als Fremdsprache* (Helbig/ Götze/ Henrici/ Krumm 2001, Bd. 2: 1424-1690) oder für 55 Länder im Handbuch *Deutsch als Fremd- und Zweitsprache* (Krumm/ Fandrych/ Hufeisen/ Riemer 2010, Bd. 2: 1602-1842). Leider sind diesen reichhaltigen Sammlungen keine expliziten Beschreibungsaspekte oder -kriterien vorangestellt. Sie lassen sich jedoch – zumindest teilweise – daraus abstrahieren. Dies gilt auch für Schilderungen von DaF oder Germanistik einzelner Länder, vor allem in *Info DaF*, wie – um nur zwei Beispiele zu nennen, Australiens von Jäger/ Jasny (2007) oder Indonesiens von Kohlauf/ Maintz (2001), oder für die Beschreibungen im *Jahrbuch für Internationale Germanistik* und in den *Berichten aus dem Internationalen Wissenschaftlichen Rat* des Instituts für Deutsche Sprache – von denen ich hier nur diejenigen nenne, die sich auf die in Kap. K.9.2 – K.9.15 beschriebenen Länder beziehen: Frankreich (Schneider-Mizony 2002; 2008; Dalmas/ Metrich 2004; 2008), Türkei (Tapan 2002; Ülkü 2004; Akdoğan 2008), Japan (Takahashi 2002), Italien (Moraldo 2003; Di Meola/ Tonelli 2008), Großbritannien (Durrell 2004a; 2004b; 2007; 2008), USA (Lovik 2004a; b; Louden/ Lovik 2008), Brasilien (Kaufmann 2003), Russland (Dobrovols'kij 2004; 2008; Troshina 2004), China (Hernig/ Zhu 2004),

Australien (Kretzenbacher 2006; Clyne 2008). Geeignete Beschreibungsaspekte lassen sich auch den ganzen Büchern Deutsch in Japan/ Korea/ China/ Russland entnehmen (Ammon 1994d; Ammon/ Chong 2003; Ammon/ Reinbothe/ Zhu 2007; Ammon/ Kemper 2011). Schließlich gibt es noch Anregungen zum Deutsch- und Germanistikerhalt in länderübergreifenden Darstellungen, wie z.B. von Peter Duesberg (2006), oder in manchen Einführungen ins Fach Deutsch als Fremdsprache, z.B. von Marcus Hernig (2005).

Die zur Umfangsbegrenzung notwendige Kürze der Einzelbeschreibungen von Ländern in Kap. K.9.2 – K.9.15 erforderte die Konzentration auf wenige, möglichst aussagekräftige Aspekte. Dabei habe ich mich gegen die Versuchung gewehrt, mich auf diejenigen Aspekte zu beschränken, für die am ehesten Daten vorlagen oder zugänglich waren. Stattdessen habe ich lieber auf fehlende oder von mir nicht gefundene Daten und eventuelle Forschungsdesiderate hingewiesen – allerdings zur Vermeidung eines allzu penetranten Schematismus nicht strikt durchgehend. Leider ließen sich nicht alle Lücken schließen – trotz der dankenswerten, reichlichen Hilfen von Experten vor Ort, die im jeweiligen Kap. genannt sind. Zwar habe ich versucht, alle Aspekte 1) bis 10) auf jedes Land anzuwenden, aber mit der angemessenen Flexibilität. Dies gilt auch für die kurzen historischen Rückblicke und vorsichtigen Progosen. Mit diesen Einschränkungen bilden die folgenden Aspekte zusammengenommen das auf alle 14 Länder angewandte Beschreibungsschema.

1) Wirtschaftlicher Entwicklungsstand des Landes und wirtschaftliche Beziehungen zu den deutschsprachigen Ländern, vor allem zu Deutschland.
2) Sprachenvielfalt des Landes, internationale Stellung der eigenen nationalen Amtssprachen, deutsch(sprachig)e Minderheiten, Tradition des Deutschlernens.
3) Rechtliche und curriculare Grundlagen für DaF auf Schulebene.
4) DaF-Lernende auf Schulebene.
5) Rechtliche und curriculare Grundlagen für DaF und für Germanistik auf Hochschulebene.
6) DaF-Lernende und Germanistik-Studierende auf Hochschulebene.
7) DaF-Lernende außerhalb der Schule und in der Erwachsenenbildung.
8) Gründe und Motive für die Wahl von DaF oder Germanistik auf Schule und Hochschule.
9) Berufsaussichten von DaF-Lernenden und Germanisten.
10) Förderung von DaF und Germanistik durch die deutschsprachigen Länder und örtliche Organisationen.

9.2 Frankreich

Dieses Kap. wurde geprüft und ergänzt vor allem von Martine Dalmas (Université Paris-Sorbonne), aber auch von Odile Schneider-Mizony (Université de Strasbourg). Als hauptsächliche Quellen dienten außerdem Dalmas 2010; Dalmas/ Metrich 2004; 2008; Schneider-Mizony 2002; 2007; 2010; Schmale 2007a; b. Einen prägnanten historischen Rückblick liefert Artur Rosenberg (1953).

Zu Deutschland sind die Wirtschaftsbeziehungen Frankreichs enger als zu jedem anderen Land (17% der französischen Importe, 16% der Exporte im Jahr 2011; *Fischer Weltalmanach 2013*: 157f.). Außerdem deklarieren sich beide Länder seit vielen Jahren als besonders eng befreundet – nach einer bis zum Ende des Zweiten Weltkriegs dauernden jahrhundertelangen Gegnerschaft. Dennoch ist in Frankreich Deutsch als Fremdsprache weit hinter Englisch zurückgefallen und auch hinter Spanisch – fast spiegelbildlich übrigens zu Französisch in Deutschland. Die zahlreichen öffentlichen Ermahnungen seitens sowohl der französischen als auch der deutschen Wirtschaft wie auch Regierung (die man in großer Zahl leicht im Internet aufspüren kann) konnten diesen Trend nicht grundsätzlich umkehren. Die wirtschaftlichen Verheißungen der deutschsprachigen Länder motivieren Franzosen offenbar weniger als die Verlockungen der spanischsprachigen Welt zum Erlernen der jeweiligen Sprache. Arbeit hier – Urlaub dort und zudem die leichtere Erlernbarkeit der romanischen „Schwestersprache". Dazu passt der Befund von Claudia Riemer (2011: 335) in den Deutschlerner-Biographien von FranzösInnen, dass sich darin „instrumentelle Motive sehr selten, deutlich weniger als in anderen Ländern" zeigen (allerdings aufgrund der winzigen Stichprobe von nur 28 LernerInnen am Goethe-Institut in Nancy; S. 332). Ebenso fügt sich die von Fachleuten häufig vertretene Erklärung in dieses Bild, warum sich das Deutschlernen in Frankreich neuerdings stabilisiert und sogar leicht gebessert hat: Dies hänge zusammen mit dem aufgehellten Bild der Franzosen von den Deutschen, denen man nun auch eine gewisse Genussfähigkeit zugesteht statt wie herkömmlich nur Disziplin und Arbeitsversessenheit – ein Imagewandel seit der Fußballweltmeisterschaft in Deutschland 2006 (bei der Frankreich Platz 2 vor Deutschland, Platz 3, belegte).

Deutsch als Fremdsprache sieht sich in Frankreich nicht nur in Konkurrenz mit dem übermächtigen Englisch und dem populäreren Spanisch, sondern mit rund 10 anderen, darunter allen internationalen, Sprachen (Kap. A.7). Sie alle sind im Angebot der sprachenreichen Schulcurricula Frankreichs. Außerdem noch 6 Regionalsprachen, für die bilinguale Schulen eingerichtet wurden, wovon allerdings Deutsch im Elsass und in Lothringen – wenn auch nicht unbedingt als Fremdsprache – profitiert (Kap. E.4.3). Immerhin aber ist Deutsch über das ganze Land hin, wenn auch keineswegs an jeder Schule, als Fremdsprache erlernbar.

Auf der Primarstufe hat Englisch allerdings fast ein Monopol. Auf der Sekundarstufe gibt es auf den Collèges seit dem Jahr 2000 die zweisprachigen Klassen (*classes bilangues*), mit der Konzentration von Deutsch im Elsass. Die Kombination von Deutsch mit Englisch hat Deutsch einerseits gestärkt, war aber andererseits abträglich für Deutsch als zweite Fremdsprache, das nun aus manchen Collèges verschwand. Auf den Lycées, die grob den höheren Schulformen einschließlich Gymnasium in Deutschland entsprechen, entfaltet sich die Sprachenkonkurrenz am ungestörtesten, mit der inzwischen stabilen Rangordnung Englisch (absolut dominant) > Spanisch > Deutsch. Sowohl manche Collèges als auch Lycées verfügen seit 1992 über Europäische Sektionen (*sections européennes*) mit Verstärkung von Fremdsprachen, von denen zwei auch Unterrichtssprache sein müssen. Auch dabei dominiert freilich Englisch. Eine Stütze für Deutsch ist jedoch das *Abibac*, das deutsches Abitur mit französischem *baccalauréat* kombiniert. Allerdings ist der Mangel an Deutschlehrern, der zu häufigem Stundenausfall führt, ein übergreifendes Problem.

Die Entwicklung der Lernerzahlen auf der Sekundarstufe (*second degré*), also den collèges und lycées, zeigt Tab. K.9.2-1, auch im Vergleich zu Englisch und Spanisch.

	1995	2000	2005	2007	2009	2011
Deutsch	1.312.119 22,9%	1.031.144 18,5%	843.963 15,5%	821.082 15,4%	820.946 15,5%	828.377 15,3%
Spanisch	1.657.201 28,9%	1.911.789 34,2%	2.161.726 39,6%	2.111.391 39,4%	2.180.769 41,1%	2.394.277 44,2%
Englisch	5.334.128 93%	5.324.662 95,3%	5.303.854 97,2%	5.210.348 97,6%	5.198.267 98%	5.331.088 98,4%

Tab. K.9.2-1: Lernerzahlen von DaF auf der Sekundarstufe im Vergleich zu Spanisch und Englisch als Fremdsprachen über die Jahre 1995 – 2011 (Quelle: Hannequart 2013: [1] – Zusendung Martine Dalmas)

Die Zahlen zeigen einen recht dramatischen Rückgang an bis ungefähr 2005, aber dann eine Stabilisierung. Diese hält bis heute an. Für die jüngsten Jahre (bei Abfassung dieses Berichts) lagen mir keine absoluten Zahlen, sondern nur Prozentzahlen vor (bezogen auf die Gesamtzahl der Sekundarstufenschüler). Für das Jahr 2013 Deutsch 15,3%, Spanisch 46,1%, Englisch 98,2%. Ab 2006 gibt es nur noch kleine Schwankungen, mit Ab- und Aufschwüngen, deren Letztere immer wieder in der Presse gefeiert werden (z.B. „Aufschwung der deutschen Sprache in Frankreich, aber ...", *Journal interparlementaire franco-allemand* 01.04.2007; dfizeitungjournalinterparlementaire.wordpress.com/ 2007/ 04/ 01/

aufschwung-der-deutschen-sprache-in-frankreich-aber%E2%80%A6/ – abgerufen 22.02.2014). Eine Trendwende sind sie jedoch nicht, aber ein Zeichen doch unverkennbarer Konsolidierung. Vermutlich hat dazu nicht nur die Fußball-Weltmeisterschaft in Deutschland beigetragen, sondern auch die wirtschaftliche Erholung nach dem Abbau der Wiedervereinigungslasten, die beruflichen Nutzen von Deutschkenntnissen verspricht.

An den Hochschulen hat, wie auch in den meisten anderen Ländern, die auf hohem Niveau von Kultur- und Literaturwissenschaft arbeitende Germanistik stark an Boden verloren, während Deutsch in Studiengängen angewandter Fremdsprachen (*langues étrangères appliquées*) und vor allem in studienbegleitendem Deutschlernen anderer Fächer (*langue pour spécialistes d'autres disciplines/ LANSAD*) Zuspruch gefunden hat: in Naturwissenschaften und Techniken, aber auch Jura und Geisteswissenschaften. Inzwischen beteiligt sich die Germanistik an diesen – sie auch selbst stärkenden – Angeboten. Dass die Germanistik davon profitiert, zeigt die Entwicklung der Studierendenzahlen 1985: 12.000, 1995: 18.000 und 2005: 20.000. Sie bleiben allerdings weit zurück hinter dem fulminanten Anstieg im studienbegleitenden Deutschlernen – von 1995: 49.772 auf 2005: 150.000 (gleiche Quellen wie bei Tab. K.9.2-1, allerdings mit Lücken für die übrigen Jahre). Neuerdings greift außerdem die *Bidisciplinarité* um sich, mit Fächerkombinationen wie Germanistik + Geschichte, Germanistik + Mathematik, auch mit anderen Sprachen oder Naturwissenschaften, bei der die Studierenden zwei Bachelor-Diplome erhalten.

Vermutlich sind es auch instrumentelle, berufsbezogene Motive, welche die Zahl von DaF-Lernenden an außerschulischen/ außeruniversitären Einrichtungen (ohne Goethe-Institute) erhöht haben – von 1985: 15.000 und 1995: 12.000 auf 2005: 34.000 (Goethe-Institut 2000: [168]; StADaF 2005: 9). Diese Entwicklung spüren neuerdings auch die Goethe-Institute ein wenig, wie die Zahlen der Institute zusammen belegen (Bordeaux, Lille, Lyon, Marseille, Nancy, Paris, Straßburg, Toulouse): 1990: T – 11.312, P – 1.308; 2012: T – 4.660, P – 1.383; 2013: T – 4.774, P – 1.440 (T = Kursteilnehmer, P = Prüfungen; Mitteilung Ingrid Köster und Herbert Moosbauer, Goethe-Institut München). Danach hat sich die Lage nach einer ziemlich dramatischen Abnahme neuerdings stabilisiert, und zwar sowohl bei den Kursteilnehmern als auch bei den Prüfungen. Der frühere Einbruch mag durch Einschränkungen des Kursangebots verstärkt worden sein, das heute nur noch besteht in Lyon, Nancy, Toulouse – sowie Paris, mit dem Gros der Kursteilnehmer. Bremsend wirken sicher auch die hohen Kursgebühren (z.B. in Nancy 930 € für einen Jahreskurs mit 3 Wochenstunden, ein Mehrfaches der Kosten für ein Studienjahr an der Universität; E-Mail Odile Schneider-Mizoni, 07.03.2014). Hohe Kursgebühren können auch bewirken, dass preisgünstigere Lernmöglichkeiten außerhalb der Goethe-Institute wahrgenommen werden, z.B. medienunterstützter Selbstunterricht. Dies zeigt sich dann in niedrigen Zahlen der Kursteilnehmer und hohen Zahlen der Prüfungsteilnehmer. In Frankreich ist dieser Effekt an den Zahlen nicht erkennbar, wohl aber legen ihn die Zahlen für andere Länder nahe (z.B. Italien, Kap. K.9.4, und Japan, Kap. K.9.14).

Das Deutschlernen in Frankreich wird von französischer und deutscher, auch österreichischer Seite gefördert, wie umgekehrt das Französischlernen in Deutschland. Die rechtliche Grundlage bildet der Élysée-Vertrag 1963, durch den das *Deutsch-französische Jugendwerk (DFJW)/ Office franco-allemand pour la jeunesse (OFAJ)* gegründet wurde, das inzwischen über 300.000 Begegnungen und Austausche ermöglicht hat. Bemerkenswert ist auch die *Deutsch-französische Hochschule/ Université franco-allemande*, die 1997 entstand, mit Verwaltung in Saarbrücken und ca. 135 bilingualen, gelegentlich auch trilingualen Studiengängen an zahlreichen partnerschaftlichen französischen und deutschen Hochschulen. Neben dem Goethe-Institut sind die 2 Deutschen Auslandsschulen (Paris, Toulouse) und 25 DSD-Schulen (Angebot des Deutschen Sprachdiploms) zu nennen. Ferner ist der *Deutsche Akademische Austauschdienst (DAAD)*, mit über 50 Lektorenstellen an französischen Universitäten, an der Deutsch-Förderung beteiligt, aber – in kleinerem Umfang – auch der *Österreichische Austauschdienst*. Hinzu kommen Aktionen wie das *DeutschMobil* (www.deutsch mobil.fr/), das Frankreich – wie auch andere Länder – fürs Deutschlernen werbend bereist hat. Nicht zu vergessen, die Deutschwerbung der Verbände der Deutschlehrenden, vor allem des *Französischen Deutschlehrerverbandes/ Association pour le Développement l'Enseignement de l'Allemand en France (ADEAF* – Präsident Jean-Michel Hannequart), aber auch der *Internationalen Vereinigung für Germanistik (IVG*; Präsident Jean-Marie Valentin 2005 – 2010 und Weltkongress in Paris 2005).

9.3 Großbritannien

Dieses Kap. wurde von Martin Durrell (University of Manchester) und Gertrud Reershemius (Aston University, Birmingham) geprüft und ergänzt. Als hauptsächliche Quellen dienten außerdem Rösler 2001; Durrell 2004a; b; 2007; 2008; Reershemius 2010; Gould/ Riordan 2010; Mulkerne/ Graham 2011, für den Blick zurück in die Geschichte Ortmanns 1993.

Zu Deutschland sind die Wirtschaftsbeziehungen Großbritanniens enger als zu jedem anderen Land, wobei der Import aus Deutschland den Export dorthin überwiegt (13% der britischen Importe, 11% der Exporte im Jahr 2011; *Fischer Weltalmanach 2013*: 177). Großbritannien ist bemüht, seine Wirtschaftsbeziehungen nach Asien hin auszubauen, vor allem nach China, weshalb Premierminister David Cameron bei einem kürzlichen Chinabesuch die Bereitschaft seines Landes erklärte, das Chinesischlernen zu fördern („Mandarin & Money", *SZ* 06.12.2013) – eine mögliche Konkurrenz für die traditionellen Fremdsprachen.

Großbritannien hat 2 anerkannte autochthone Minderheitssprachen, aus der keltischen Sprachenfamilie: Walisisch und Gälisch, die in ihren Regionen auch Schul- und sogar Unterrichtssprachen sind. Hinzu gekommen sind in neuerer Zeit infolge der Kolonialgeschichte mehr allochtone Immigrantensprachen als in anderen Ländern (V. Edwards 2008). Aus beiden Umständen kann Konkurrenz für die traditionellen Fremdsprachen erwachsen. Viel hemmender auf deren Erlernen wirkt jedoch eine andere Folge britischer Kolonialpolitik: die heutige Stellung der eigenen Sprache als Welt-Lingua franca (Gould/ Riordan 2010: 205f.; Kap. A.7; A.11; Graddol 1997; 2000; 2006) – aufgrund deren es vielen Briten überflüssig erscheint, überhaupt noch Fremdsprachen zu lernen. Dass und inwieweit sie sich darin täuschen und die Verbreitung von Englisch in der Welt überschätzen, bildet den – wissenschaftlich bislang unzureichend untersuchten – Hintergrund des Fremdsprachen- und auch Deutschlernens auf dem Inselreich (eine Warnung vor dieser Überschätzung z.B. unter: www.britac.ac. uk/news/bulletin/Language_matters11.pdf. – abgerufen 06.03. 2014).

Ein Blick zurück in die Geschichte zeigt, dass in Großbritannien wie in den anderen angelsächsischen, aber auch weiteren Ländern das Deutschlernen seit dem Ersten Weltkrieg rückläufig ist, wenn auch mit zeitweiligen Erholungsphasen (vgl. Kap. K.2). Jedoch wird die Entwicklung in neuerer Zeit als dramatisch empfunden, weil sie für Institutionen des Deutschlernens, um das es hier geht, und die dort Beschäftigten existenzbedrohend geworden ist. Eine begleitende Dokumentation dieser Entwickung bietet die Zeitung *Guardian*.

Es waren nicht zuletzt Alarmrufe aus der Wirtschaft, auch wissenschaftlich untermauert (Hagen 1986; 1988; Kap. F.6), die schließlich die britische Regierung aufrüttelten und zu staatlichen Förderversuchen des Fremdsprachen- einschließlich des Deutschlernens motivierten (Durrell 2007: 38-44). Die nachhaltige Wirkung darf jedoch bezweifelt werden, vielleicht auch weil letztlich die Regierung selbst auf die Weltstellung des Englischen setzt. Alle Ansätze zur Stärkung des Fremdsprachenlernens, auch im Primarbereich, werden dadurch aufgewogen, dass „der Unterricht in modernen Fremdsprachen ab September 2004 an staatlichen Gesamtschulen zur Option [wurde! U.A.]." „[T]atsächlich haben die staatlichen Gesamtschulen ihr Lehrangebot in den Modernen Fremdsprachen drastisch reduziert, während es für die Privatschulen und *Grammar Schools* des Landes nach wie vor zum obligatorischen Bildungskanon gehört."

(Reershemius 2010: 1674f.) Fremdsprachenlernen wurde damit vollends zum elitären Privileg, während die bildungsferneren Sozialschichten – womit Großbritannien unter den Mitgliedstaaten der EU eine Sonderstellung hat – von Fremdsprachenkenntnissen unberührt bleiben können. Deutsch hat noch den zusätzlichen elitären „Bonus", dass es als besonders schwierig gilt.

Was die Lernenden-Zahlen angeht, besteht an gewissen elementaren Tatsachen kein Zweifel. Vor allem nicht daran, dass die Zahlen seit den 1990er Jahren drastisch gesunken sind und dass Deutsch seine Stellung als zweithäufigst gelernte Fremdsprache an Spanisch verloren hat. Französisch ist nach wie vor – wie schon seit dem Ersten Weltkrieg – die mit Abstand meist gelernte Fremdsprache. Wenn man die Schulabschlussprüfungen als vielleicht aussagekräftigsten Maßstab heranzieht, womöglich wegen der Zerstückelung des britischen Schulsystems sogar die einzigen verfügbaren, dann kommt man zu den in Tab. K.9.3-1 dargestellten Befunden – wobei zu unterscheiden ist zwischen gewissermaßen mittlerer Reife (*General Certificate of Secondary Education: GCSE*) und Hochschulreife (*General Certificate of Education, Advanced Level: GCE A-level*).

	2001		2003		2005	
	GCSE	A-level	GCSE	A-level	GCSE	A-level
Französisch	321.207	18.407	304.472	15.335	244.800	14.248
Deutsch	130.627	8.575	120.659	6.876	99.200	5.834
Spanisch	45.629	5.743	51.299	5.748	52.200	6.173

	2007		2011
	GCSE	A-level	GCSE
Französisch	189.400	14.615	141.700
Deutsch	75.800	6.406	58.300
Spanisch	53.800	7.152	58.700

Tab. K.9.3-1: Absolventenzahlen des *General Certificate of Secondary Education: GCSE* in England und Wales und des *General Certificate of Education, Advanced Level: GCE A-level* in England, Wales und Nordirland (Quelle 2001 – 2007: Durrell 2008: 83f.; 2011: www.cilt.org.uk/home/research_and_statistics/language_trends_surveys/secondary/2011.aspx, übermittelt von Durrell)

Wie man sieht, sinken die Zahlen für Deutsch, aber auch Französisch, kontinuierlich vor allem auf dem weniger anspruchsvollen *GCSE-level*. Auf dem anspruchsvolleren *GCE A-level* stabilisieren sie sich jedoch in neuerer Zeit (in Tab. K.9.3-1 im Jahr 2007; neuere Zahlen für den *GCE A-level* standen mir nicht zur Verfügung). Allerdings holt Spanisch das Deutsche auf diesem Level schon 2005 ein. Auf dem einfacheren *GCSE* erreicht Spanisch das Deutsche erst später (in Tab. K.9.3-1 im Jahr 2011). Inzwischen hat Spanisch – allem Anschein nach – auf allen Bildungsstufen, auch den Hochschulen, Deutsch überholt (dazu Reershemius 2010: passim).

Die Rückgänge in Deutsch sind einschneidend. So lernten 1994 an staatlichen Schulen in England noch 21% eines Schuljahrganges Deutsch, aber 2009 nur noch 11%; ähnlich in den übrigen Landesteilen. Diese Entwicklung schlug auch auf die Hochschulen durch, von denen im Jahr 2000 noch 126 Germanistik/ *German Studies* anboten, 2006 aber nur noch 65 (Reershemius 2010: 1667f.; Durrell 2007: 47-50; 2008: 86). Dabei arbeitet die Hochschulgermanistik auf wissenschaftlich hohem Niveau, wenn auch oft mit minimaler personeller Ausstattung (Durrell 2008: 87-89). Die Germanistik ist ähnlich vom Studierendenschwund betroffen wie die Schulen vom Rückgang von Deutschlernern (Durrell 2007: 50). Dagegen scheint sich das Deutschlernen in Begleitung anderer Studienfächer – wie auch in anderen Ländern – zunehmender Nachfrage zu erfreuen. So jedenfalls die Befunde der unter Federführung des Goethe-Instituts ermittelten Zahlen, die alle Deutschlerner an Hochschulen beinhalten, einschließlich der Germanisten (Tab. K.9.3-2). James Coleman (2004; 2012) und Michael Worton (2009) sprechen im Bezug darauf von der Verschiebung des Sprachlernens in universitäre Sprachzentren und deren Abtrennung von der disziplinären Forschung und Lehre.

	1995	2000	2005	2010
Hochschulen: Deutschlerner und Germanisten	5.884	[8.800]	5.325	4.920

Tab. K.9.3-2: Deutschlerner und Germanisten an Hochschulen über die Jahre 1995 – 2010 (Quellen für 1995: Goethe-Institut 2000: [168]; für 2000 und 2005: StADaF 2005: 9; für 2010: Netzwerk Deutsch 2010: 6; Zahl in eckiger Klammer daraus erschlossen, dass die Quelle für 2005 die Differenz von den nicht genannten Zahlen der „Deutsch Studierenden gesamt" für 2000 mit „-3.565" angibt)

Was ich hier und in den entsprechenden, meist umfangreicheren Tabellen der folgenden Kap. K.9.4 – K.9.15 „Deutschlerner und Germanisten" nenne, wird in den Quellen unterschiedlich bezeichnet. Die – zumindest weitgehende – inhaltliche Übereinstimmung lässt sich jedoch aus dem Kontext der anderen Kategorien erschließen. Eine ausführliche Definition findet sich aber nur in StADaF 2005 (S 8, Anm. 7) und zwar für die Bezeichnung „Deutsch Studierende gesamt": „Hier sind die Studenten von ‚deutschrelevanten Studiengängen' und Germanistikstudierende erfasst: Deutsch im Rahmen von Sprachkursen = Deutsch als Sprachkursunterricht. Als Nebenfach, Wahl- oder Pflichtkurs, in Fächerkombination mit einem anderen Studiengang oder als Kurswahl bei berufsbegleitenden Fachstudiengängen. Sowie Studium (als Haupt- oder Nebenfach) der Germanistik, einer Deutschlehrer- oder Dolmetscherausbildung oder Deutschlandstudien in Kombination mit einem anderen Fach." Siehe zur weiteren Definition Kap. K.9.4, unter Tab. K.9.4-2.

Dass Spanisch dem Deutschen den Rang abgelaufen hat, ist umso erstaunlicher, als Deutsch wirtschaftlich verheißungsvoller erscheint. Dies lässt sich einerseits dem ständigen Vergleich der EU-Länder in den Medien entnehmen, als es auch britische Fachleute aufgrund einschlägiger Untersuchungen im Lande unterstrichen haben: „German was the most requested language across all positions in the past twelve months; 1,581 jobs required German, about 25% of the total." (Mulkerne/ Graham 2011: 38). Außerdem ist Deutsch immer noch die bedeutsamere internationale Wissenschaftssprache, jedenfalls nach der Zahl der Publikationen (Kap. G.3 – G.7). Offenkundig haben aber andere Motive des Fremdsprachenlernens mehr Gewicht. In Großbritannien, und nicht nur dort, verbindet man Spanisch „mit Urlaubsreisen oder dem als exotisch empfundenen Lateinamerika", das Deutsche dagegen „schlimmstenfalls mit dem Zweiten Weltkrieg" oder mit „humorlosen, wenn auch effektiven Zeitgenossen" (Reershemius 2010: 1675). Allerdings wirken diese Assoziationen nur so stark auf die Sprachwahl, wenn es an instrumentellen, berufsbezogenen Motiven fehlt, wozu in Großbritannien sicher die – wenn auch überschätzte – Weltstellung der eigenen Sprache beiträgt.

Allerdings scheint diese Entwicklung mehr auf die Schulen als auf das außerschulische Sprachlernen zuzutreffen. Jedenfalls zeigen die Lernerzahlen an den Goethe-Instituten in Großbritannien neuerdings wieder nach oben – obwohl nur noch in London und Glasgow Institute bestehen, da Manchester und York nach dem Zusammenbruch der Sowjetunion geschlossen wurden, um Mittel für neue Institute in Osteuropa und Asien verfügbar zu machen. Tab. K.9.3-3 gibt einen Überblick.

	1990	2000	2005	2010	2011	2012	2013
Kursteilnehmer	6.300	3.121	2.938	2.689	2.405	3.004	3.086
Prüfungsteilnehmer	369	214	229	164	153	220	347

Tab. K.9.3-3: Zahlen von Kurs- und Prüfungsteilnehmern in Großbritannien über die Jahre 1990 – 2013 (Daten von Ingrid Köster und Herbert Moosbauer, Goethe-Institut München)

Hier scheinen sich doch instrumentelle Motive bemerkbar zu machen, vielleicht aufgrund der verbesserten Wirtschaftslage in Deutschland, die neuerdings auch in Großbritannien wahrgenommen wird. Im Zusammenhang damit hat sich auch das Deutschenbild aufgehellt (siehe z.B. „London entdeckt die Liebe zu den Deutschen", *FAZ* 27.02.2014: 3). Vielleicht wurde diese Entwicklung – wie andernorts – teilweise auch schon durch die Fußballweltmeisterschaft 2006 ausgelöst. Dabei kam es zu persönlichen Begegnungen, die oft festgefahrene Stereotypen auflösen helfen.

Jedenfalls hat sich in jüngster Zeit die Abwendung von der deutschen Sprache deutlich verlangsamt und in Ansätzen sogar ins Gegenteil verkehrt. Dazu hat sicher – schließlich – auch die Deutschförderung seitens Deutschlands, aber auch Österreichs beigetragen. In diesem Zusammenhang sind unter anderem zu nennen: die beiden Goethe-Institute, die Deutsche Auslandsschule und die DSD-Schule (Angebot des Deutschen Sprachdiploms) in London, der Deutsche Akademische Austauschdienst (DAAD) und der Österreichische Austauschdienst (OeAD), die Lektorate finanzieren, oder wie die Alexander von Humboldt-Stiftung Deutschlandaufenthalte für britische Dozenten ermöglichen. Nicht zu vergessen die landeseigenen Organisationen mit ihrer Werbe- und Lobbyarbeit, der britische Deutschlehrerverband (*Association for German Studies in Great Britain and Ireland* (*ASG*)).

Abschließend noch eine Bemerkung zur Fremdsprachenabwendung britischer Wissenschaftler, die auch als Vorbilder wirken. Bis in die Mitte des 20. Jh. waren auch für britische Wissenschaftler mindestens Lesekenntnisse in mehreren Fremdsprachen unverzichtbar (Kap. G.1). Als Beispiel selbstverständlichen Umgangs damit sei hier nur Charles Darwin genannt, der in seinem – weit über sein engeres Fachgebiet hinaus interessierenden – Buch *The Descent of Man* [...] 1871 (2011: 7-10 und passim) aus folgenden Sprachen zitiert, und zwar ohne die Zitate zu übersetzen: Deutsch, Französisch, Italienisch und Latein. Er verfügte also nicht nur selbst über die betreffenden Sprachkenntnisse, sondern setzte sie auch bei seinen Lesern voraus. Dagegen erregen britische Naturwissenschaftler heute geradezu Aufsehen, wenn sie auch aus einer anderen Sprache als der eigenen zitieren (Kap. G.3).

9.4 Italien

Dieses Kap. wurde von Claudio Di Meola (Università di Roma „La Sapienza"), Sandro M. Moraldo (Università di Bologna, Campus di Forlì) und Goranka Rocco (Università degli Studi di Trieste) geprüft und ergänzt. Als hauptsächliche Quellen dienten außerdem Ponti 2001; Moraldo 2003; 2009 und vor allem 2010; 2013; Foschi Albert 2005; Foschi Albert/ Hepp 2010; Di Meola/ Tonelli 2008; Rocco 2010; 2014; Langé/ Scifo 2012.

Zu Deutschland sind die Wirtschaftsbeziehungen Italiens enger als zu jedem anderen Land (16% der italienischen Importe, 13% der Exporte im Jahr 2011; *Fischer Weltalmanach 2013*: 232). Kein Wunder daher, dass Deutsch bei einer Umfrage in italienischen Unternehmen im Jahr 2011 am zweithäufigsten als wichtigste Fremdsprache genannt wurde (18,8%) – wenn auch natürlich weit hinter Englisch (59%), aber vor Französisch (16,2%) und erst recht Spanisch (4,3%) (Moraldo 2013: 402). Wirtschaftliche Erwägungen bis hin zur möglichen Berufstätigkeit oder universitären Fort- und Weiterbildung in einem deutschsprachigen Land (vgl. Kap. F.6) gehören daher, auch aufgrund hoher Jugendarbeitslosigkeit, zu den Motiven des Deutschlernens.

Italienisch ist eine internationale Sprache (Kap. A.3; A.7) von in mancher Hinsicht ähnlichem Rang wie Deutsch und konkurriert als Fremdsprache mit Deutsch in manchen Teilen der Welt, innerhalb in der EU und außerhalb, z.B. in Australien (Kap. K.9.15), was sich jedoch nicht auf Deutsch als Fremdsprache (DaF) in Italien auswirkt. Auch die weiteren Amts- oder Minderheitssprachen in Italien haben kaum Konsequenzen für DaF, allenfalls Französisch im Aostatal, das die dortigen Fremdsprachen stärker einschränkt, was aber im Verhältnis zum ganzen Land nicht ins Gewicht fällt. Deutsch als Muttersprache sowie Amts- und schulische Unterrichtssprache in Südtirol (Kap. D.3.2) ist nicht das Thema des vorliegenden Kap., in dem es nur um DaF geht.

Italien hat das von der EU proklamierte Sprachbildungsziel sehr ernst genommen, mit einer Schulreform im Jahr 2005 den Fremdsprachenunterricht auf den Beginn der Primarstufe vorverlegt und den Erwerb von 2 Fremdsprachen (2 FS) neben der Muttersprache (M) allgemein obligatorisch machte (M + 2 FS; Kruse 2012). Allerdings wurde die Obligatik zweier Fremdsprachen schon ein Jahr später wieder zurückgenommen und den Schulen erlaubt, die Stundenzahl der zweiten Fremdsprache für ‚verstärktes Englisch' (*inglese potenziato*) zu verwenden, „um den Schülern die Möglichkeit zu geben, in Englisch eine annähernd muttersprachliche Kompetenz zu erlangen." (Moraldo 2013: 397; Foschi Albert/ Hepp 2010: 1695) Zahlreiche Schulen nutzten auch diese Möglichkeit, im Zeitraum 2009 – 2012 für fast 3.000 Klassen; von den – prestigeträchtigen – Privatschulen taten dies 27% (Moraldo ebd.). Hinzu kommt, dass Englisch für alle Schulen zur obligatorischen Ersten Fremdsprache gemacht wurde, und zwar über die ganze Schulzeit bis zum Abitur (*Maturità*). Damit sind die gesetzlichen Regelungen mit den Fremdsprachenzielen der EU-Vorgaben nicht mehr vereinbar und weisen fast schon in die Richtung einer auch für andere EU-Mitgliedstaaten diagnostizierten „fremdsprachlichen Monokultur" (Quetz 2010).

Jedoch spielen die Zweiten Fremdsprachen, zu denen auch Deutsch zählt, immerhin eine beachtliche Rolle. In der Rangfolge der Lernerzahlen an den Schulen sind es Englisch, Französisch, Spanisch und Deutsch. Deutsch rangiert also auf Platz 4, mit stärkerer Verankerung im Norden als im Süden des Landes. Einen Zahlenüberblick liefert Tab. K.9.4-1.

Trotz der Lücken (auch in den Quellen) erkennt man wichtige Tendenzen. Die Lernerzahlen steigen im Verlauf der dokumentierten Zeitspanne für alle Fremdsprachen, sicher infolge der Schulreform.

Schulstufen	Sekundarstufe I			Alle Schulstufen
Schuljahr	2004/5	2007/8	2011/12	2008/9
Englisch	1.599.428	1.723.615	k.A.	7.209.773
Französisch	830.700	1.294.015	1.234.715	2.086.085
Spanisch	64.538	276.298	363.696	409.426
Deutsch	87.316	148.470	152.799	402.794

Tab. 9.4-1: Zahlen der Fremdsprachenlerner an den Schulen in Italien (Quellen: Moraldo 2013: 400; Foschi Albert/ Hepp 2010: 1695)

Allerdings ist der Anstieg für Deutsch schwächer als für Spanisch, jedoch für Französisch noch schwächer, das aber dennoch die mit Abstand zweithäufigste Fremdsprache bleibt. Englisch ist einsame Spitze und wird aufgrund schulrechtlicher Regelungen künftig von allen Schülern gelernt. Ein für Deutsch wichtiger Aspekt lässt sich Tab. 9.4-1 nicht entnehmen: Auf der Sekundarstufe II hält sich Deutsch besser als auf den niedrigeren Schulstufen. Dies zeigt besonders der Vergleich von Deutsch (2004/5: 196.631, 2008/9: 198.365) mit Spanisch (2004/5: 79.911, 2008/9: 124.525) (Foschi Albert/ Hepp 2010: 1695). Allerdings holt auch hier Spanisch auf. Vermutlich rührt die Stärke von Deutsch auf der höchsten Schulstufe daher, dass die Schulreform noch nicht voll bis zu dieser Schulstufe hin wirkt oder dort Motive der Sprachwahl ins Spiel kommen, die Deutsch begünstigen, wie der berufliche Nutzen.

Einen Überblick über vorliegende Zahlen im Verlauf der Zeit gibt Tab. K.9.4-2.

	1985	1995	2000	2005	2010
Schulen	270.513	195.957	[210.598]	228.314	401.577
Hochschulen: Deutschlerner und Germanisten	4.500	10.000	[37.800]	30.000	30.000
Davon Germanisten	4.500	10.000	k.A.	13.000	k.A.

Tab. K.9.4-2: Deutschlerner und Germanisten an italienischen Schulen und Hochschulen über die Jahre 1985 – 2010 (Quellen für 1985 und 1995: Goethe-Institut 2000: [169]; für 2000 und 2005: StADaF 2005: 10; für 2010: Netzwerk Deutsch 2010: 7)

Die Zahlen sind Schätzungen. Vielleicht ist die Vergleichbarkeit über die Jahre zusätzlich durch variierende Begriffe beeinträchtigt, was unterschiedliche Termini nahelegen. Für Tab. K.9.4-2 habe ich z.B. gleichermaßen unter „Schulen" subsumiert: „Deutschschüler an Sekundarschulen" (Goethe-Institut 2000) und „DaF-Lerner im Schulbereich" (StADaF 2005). Unter „Hochschulen: Deutschlerner und Germanisten" (Def. Kap. K.9.3, unterhalb Tab. K.9.3-2) habe ich subsumiert: die Summe der „Zahl der Germanistikstudenten" und der „Zahl der Teilnehmer an Hochschulsprachkursen" – letztere fehlen für Italien 1985 und 1990, so dass die Summe identisch ist mit der Zahl der Germanisten (beide Angaben Goethe-Institut 2000), ferner „Deutsch Studierende gesamt" (StADaF 2005) und „Deutschlernende Studierende gesamt" (Netzwerk Deutsch 2010). Auch die Germanisten sind in den Quellen nicht immer gesondert geführt. Die

Zahlen in eckigen Klammern basieren alleine darauf, dass die Quelle für 2005 die Differenzen von den nicht genannten Zahlen der „DaF-Lerner Schulbereich" für 2000 mit „17.716" und der „Deutsch Studierenden gesamt" mit „-7.800" angibt.

Für die Schulen wird nach dem Rückgang Ende des letzten Jahrhunderts der neuerliche Anstieg bestätigt. Auch für die Hochschulen zeigen die Zahlen – bei aller Lückenhaftigkeit – nach oben, vor allem bei den Germanisten. Der Grund für Letzteres ist offenbar die Hochschulreform, die 2001 in Kraft getreten ist (Di Meola/ Tonelli 2008; Moraldo 2010: 14). Sie hat der Linguistik durch Abtrennung von der Literaturwissenschaft Auftrieb verliehen und auch zur „Einrichtung zahlreicher neuer Planstellen" geführt, was auch ihrem wissenschaftlichen Niveau zuträglich war (Di Meola/ Tonelli 2008: 41f.). Zugleich jedoch hat die Zurückstufung von DaF an den Schulen auf nur noch Zweite Fremdsprache und die teilweise gänzliche Ersetzung durch Englisch zu einer „steigenden Zahl von Nullanfängern" an den Hochschulen geführt (ebd.: 43).

Während Französisch vielleicht vom Vorrang in den EU-Institutionen profitiert, hat das Deutschlernen eine vielseitiger berufsbezogene Stütze (Moraldo 2013: 402f.). Daher rühren vermutlich auch die verhältnismäßig hohen Zahlen von Prüfungsteilnehmern für die Zertifikate an den Goethe-Instituten (Genua, Mailand, Neapel, Palermo, Rom, Triest und Turin zusammen genommen), die sogar die Zahlen der Kursteilnehmer übertreffen: 1990: T – 8.052, P – 2.029; 2012: T – 5.065, P – 15.774; 2013: T – 6.145, P – 15.708 (T = Kursteilnehmer, P = Prüfungsteilnehmer; Mitteilung Ingrid Köster, Herbert Moosbauer, Goethe-Institut München). Die niedrigen Zahlen der Kursteilnehmer und hohen Zahlen der Prüfungsteilnehmer mögen auch dadurch bedingt sein, dass Kursgebühren vermieden und preisgünstigere Lernmöglichkeiten außerhalb der Goethe-Institute wahrgenommen werden, z.B. medienunterstützter Selbstunterricht.

Zwar ist der berufliche Nutzwert zweifellos das stärkste Motiv. In Befragungen von Geranka Rokko wurden ‚Arbeitsaussichten' als Grund für die Wahl von DaF im Jahr 2007/8 von 71% (n = 500) und 2013 von 81% (n = 300) der Studierenden genannt. Auch die Nennung des wissenschaftlich-akademischen Nutzwertes hat in dieser Zeit von 9% auf 19% zugenommen (Rocco 2010; 2014). Allerdings dürfen die instrumentellen Motive nicht verabsolutiert werden. Beide Untersuchungen belegen auch das Interesse an der mit der deutschen Sprache verbundenen Kultur und Lebensweise, das 2007/8 von 46% und 2013 von 38% der Informanten genannt wurde (Rokko 2010: 79-83, 121-126; 2014). Und zwar folgte dieses nicht nur dem Klischee von den ‚Dichtern und Denkern', sondern bezog sich auch auf die Alltagskultur, speziell Deutschlands, sicher aber auch der anderen deutschsprachigen Länder. Vielleicht hängt damit auch der wachsende Tourismus aus Italien zusammen, der gelegentlich auch zum Deutschlernen motivieren mag. Von den Germanistikstudierenden hofft ungefähr die Hälfte auf eine spätere Berufstätigkeit im Ausbildungsbereich, also als Schul- oder HochschullehrerIn, was jedoch nur für ca. 20% realistisch ist. Sonstige Berufsaussichten – auch bei Deutschkenntnissen ohne Germanistikstudium – bestehen besonders im Tourismus, vor allem aus den deutschsprachigen Ländern nach Italien, in der italienischen Industrie, auch in Joint Ventures (Geschäftskorrespondenz), oder als Übersetzer oder Dolmetscher in verschiedenen Domänen (Foschi Albert/ Hepp 2010: 1696).

DaF und Germanistik werden auch in Italien seitens der deutschsprachigen Länder, hauptsächlich Deutschlands, gefördert. Zu den Förderinstitutionen gehören das Österreich Institut in Rom sowie die 7 Goethe-Institute und 4 Goethe-Zentren (in Bologna, Lodi, Piacenza, Verona; Mitteilung Rüdiger Heise, Goethe-Institut München, seine Nennung von Goethe-Zentren auch für Palermo, Genua und Triest überlappt sich mit den Goethe-Instituten, Stand 2012). Hinzu kommen zahlreiche deutsche Kulturzentren mit „Aktivitäten zur Förderung der deutschen Sprache und Kultur" (cms.ifa.de/popup/italien/kulturgesellschaft-acit-und-icit/ – abgerufen 04.04.2014). Weiter sind, mit Deutsch teilweise als Unterrichtssprache, zu nennen: 4 Schweizer Schulen im Ausland (in Bergamo, Catania, Mailand, Rom – eine weitere in Como unterrichtet auf Italienisch) sowie 3 Deutsche Auslandsschulen (in Genua, Mailand, Rom) und, mit verstärktem DaF-Unterricht, 27 DSD-Schulen (Angebot des Deutschen Sprachdiploms). An der Förderung von DaF beteiligt sich auch der Deutsche Akademische Austauschdienst (DAAD) mit einer größeren Zahl von Lektoraten (12 im Jahr 2014) und Intensiv-Deutschkursen vor Ort wie auch Stipendien für italienische und deutsche Studierende und Gastdozenten. Das deutsche Familienministerium (Bundesministerium für Familie, Senioren, Frauen und Jugend) leistet Finanzhilfen für berufsspezifische Deutschkurse anlässlich der Einführung des dualen Berufsausbildungssystems in Italien (ebd: 403f.), und die Alexander von Humboldt-Stiftung ermöglicht italienischen Wissenschaftlern Forschungsaufenthalte in Deutschland. Hinzu kommen finanzielle Zuwendungen, auch seitens Österreichs und der Schweiz, für deutsch-fördernde Konferenzen und Veranstaltungen. Schließlich spielen auch die eigenen Verbände eine nicht unwichtige Rolle für die Förderung von DaF: der Italienische Deutschlehrerverband (*Associazione Nazionale Insegnanti Lingue Straniere*), der Mitglied ist im *Internationalen Deutschlehrerverband* (*IDV*), dessen Präsidentin Marianne Hepp (*Universitate degli Studi de Pisa*) ist (seit 2009; wiedergewählt bis 2017), und der Italienische Germanistenverband (*Associazione Italiana di Germanistica*) sowie die zahlreiche Mitgliedschaft der italienischen Germanisten in der *Internationalen Vereinigung für Germanistik* (IVG).

9.5 Polen

Dieses Kap. wurde von Sambor Grucza (Uniwersytet Warszawski) und Maciej Mackiewicz (Uniwersytet im. Adama Mickiewicza w Poznaniu) geprüft und ergänzt. Als weitere wichtige Quellen dienten Oschlies 1982; Orlowski 1988; F. Grucza 2001; 2010; 2014; F. Grucza u.a. 1999; Czarnecki 2004; Mackiewicz 2013; 2014.

Die Wirtschaftsbeziehungen Polens zu den deutschsprachigen Ländern sind eng, zu Deutschland enger als zu irgendeinem anderen Land der Welt. Im Jahr 2011 gingen 26% der polnischen Exporte nach Deutschland (an zweiter Stelle Frankreich, Großbritannien und Tschechien mit je 6%) und 22% der polnischen Importe kamen aus Deutschland (an zweiter Stelle Russland mit 12%) (*Fischer Weltalmanach 2013*: 368). Hinzu kommt intensives Wandern und Pendeln von Arbeitskräften, mehr aus Polen nach Deutschland als umgekehrt, nachdem Ende April 2011 alle Arbeitsbeschränkungen für die am 1. Mai 2004 neu in die EU aufgenommenen Staaten, zu denen auch Polen zählt, aufgehoben wurden (www.euractiv.com/de/soziales-europa/freizgigkeit-arbeitnehmer-eu-27/article-129654). Daher gibt es – außer einer langen Tradition des Deutschlernens – auch praktische, berufliche Gründe und instrumentelle Motive für Polen, Deutsch als Fremdsprache (DaF) zu lernen. „Zweifelsohne lernen viele Leute Deutsch in erster Linie aus ökonomischen Gründen, also deshalb, weil sie sich so bessere Chancen auf einen Job bzw. auf einen besseren Arbeitsplatz ausrechnen" (F. Grucza 1995: 720; anders akzentuiert in Mackiewicz 2014: 103-105). Den Zusatz Franciszek Grucza's, dass manche auch „auf eine Arbeitsmöglichkeit in Deutschland spekulieren", kommentierte sein Sohn, Sambor Grucza (E-Mail 31.03.2014), mit dem Hinweis: Die „meisten studieren [heute! U.A.] in Polen und zielen auf einen Job in Polen".

Bei Schülern kommen äußere Zwänge dazu, die man auch als Ursache (statt Motiv) für die Sprachwahl auffassen kann (vgl. Kap. K.8). So wählten unter befragten Oberschülern (n = 675), warum sie „angefangen [haben], Deutsch zu lernen", 58% die Antwortmöglichkeit: „Ich musste die Sprache in der Schule wählen". 27% der Befragten wählten die Antwortmöglichkeit „Ich möchte mit Deutschen kommunizieren", der wohl ein instrumentelles, berufs- oder fortbildungsbezogenes Motiv zugrunde liegt, vielleicht aber auch ein integratives, z.B. der Wunsch nach sozialer Einordnung bei einem Aufenthalt in einem deutschsprachigen Land (Mackiewicz 2013: 29f.). Die allgemein stärker ausgeprägte Motivation zum DaF-Lernen im Westen im Vergleich zum Osten des Landes, worauf die häufigere Zustimmung zu allen vorgegebenen Gründen schließen lässt (ebd.: 32), legt eher instrumentelle als integrative Motive nahe (zur Unterscheidung Kap. K.8).

Allerdings sind bei der deutsch(sprachig)en Minderheit im Westen Polens, im Gebiet des bis 1945 zu Deutschland gehörenden Schlesiens, auch identifikatorische Motive denkbar (Kap. K.8). Dort besteht Deutsch in Resten als Muttersprache (DaM), in der jungen Generation allerdings nur als zweite Muttersprache, die teilweise wieder aufgebaut („wiederbelebt") werden (dazu ausführlich Kap. E.4.4).

Jedoch geht es im vorliegenden Kap. nur um DaF. Schwerer fassbar als die genannten Umstände ist die motivationale Wirkung der Einstellung zu den Deutschen und Deutschland. Sie ist immer noch geprägt von der repressiven Geschichte seitens Preußens und Österreichs und später Deutschlands: von den polnischen Teilungen Ende des 18. Jh. bis zum Ende des Zweiten Weltkriegs, unterbrochen nur durch die Zwischenkriegszeit (F. Grucza 1995: 717-719; 2001: 1529f.; 2014: 14-17; Kap. E.4.4, Anfang). Darauf folgte in Polen nach 1945 eine, allerdings viel kürzere, Zeit der Repression und Negativbewertung alles Deutschen. Jedoch gibt es auch positive Aspekte des polnischen Deutschlandbildes, sogar preußischer „Prinzipien" wie „Ordnung" (F. Grucza 2014: 27). Vor allem aber hat sich in neuerer Zeit das Verhältnis zwischen den beiden Staaten wesentlich verbessert, so dass die offiziellen Freundschaftserklärungen für beide Bevölkerungen glaubhaft klingen. Die nachbarschaftliche Freundschaft gleicht ein wenig derjenigen zwischen Frankreich und Deutschland, die schon länger besteht (Kap. E.4.3; K.9.2).

Allerdings sind die sprachlichen Beziehungen aus historischen, politischen und wirtschaftlichen Gründen weniger symmetrisch als zwischen Frankreich und Deutschland, insofern in den deutschsprachigen Ländern weniger Polnisch gelernt wird als Deutsch in Polen. Dieses, wenn man so will, Missverhältnis haben auch verschiedene Anstrengungen beider Seiden nicht aufheben, sondern nur abmildern können. Ein Beispiel für gelungene Gegenseitigkeit ist die Europa-Universität Viadrina in Frankfurt an der Oder mit deutsch- und polnischsprachigen Studiengängen. Bezeichnenderweise gibt es dort aber auch englischsprachige Studiengänge (wie in ganz Europa; Ammon/ McConnell 2002), was darauf aufmerksam macht, dass in Polen (wie in Deutschland und im Grunde weltweit) Englisch die meist gelernte Fremdsprache ist. Allerdings folgt in Polen Deutsch an zweiter Stelle, als zweithäufigst gelernte Fremdsprache.

Eine wichtige Stütze für DaF war die Einführung einer zweiten obligatorischen Fremdsprache für Gymnasien ab dem Schuljahr 2009/10 – entsprechend dem Bildungsziel der Europäischen Union (EU) für alle zukünftigen EU-Bürger: „Muttersprache + 2 [Fremdsprachen]" (ausführlich dazu Kruse 2012). „Bereits im ersten Schuljahr nach Erweiterung der Fremdsprachenpflicht ist die Zahl der Deutschlernenden an Gymnasien um über 48% gestiegen [...]" (Mackiewicz

2013: 24). Allerdings ließ sich damit die Tendenz nur abbremsen, nicht aufhalten, dass Deutsch gegenüber Englisch weiter an Boden verliert (ebd.: 25f.; F. Grucza 2014: 23f.; Mackiewicz 2014).

Dessen ungeachtet ist Polen neuerdings das Land mit den meisten DaF-Lernern, das zuvor Russland war. Jedenfalls weist dies die neueste weltweite Erhebung der Lernerzahlen aus, mit der Zahl „Deutschlerner Gesamt" für Polen von 2.345.480 – vor der zweitplatzierten Russischen Föderation mit 2.312.512 (Netzwerk Deutsch 2010: 10). Trotz der Nazi-Gräuel wurde nach 1945 bald wieder Deutsch gelernt. In den 1980er Jahren gab es dann Meldungen wie „Deutsche Sprache in Polen wieder gefragt. 200.000 Schüler lernen Deutsch als fakultative Westsprache", so der Titel eines Berichts (Oschlies 1982), und sogar schon wieder eine „Deutscholympiade in Polen" (Orlowski 1988). Die neue Souveränität Polens aufgrund der Auflösung der Sowjetunion und der Beitritt zur EU haben diese Entwicklung beschleunigt. Zu Beginn dieser Zeit hatten die Lernerzahlen von Englisch, Deutsch und Russisch eine ähnliche Größenordnung, die sich aber bald zugunsten von Englisch verschob (F. Grucza 1995: 723f.; 2001: 1534f.).

Tab. K.9.5-1 zeigt für die Zeit 1993 – 1996 die Zunahme von Deutsch, Englisch und Französisch und die Abnahme von Russisch für alle Schulformen der Sekundarstufe. Man sieht aber auch, dass in den Berufsschulen Deutsch und vor allem Russisch vor Englisch rangieren, unter anderem vermutlich aufgrund der Sprachanforderungen in den nicht-akademischen Berufen, aber auch weil die Russischlehrer weiter beschäftigt werden mussten (E-Mail Machiewicz 06.04.2014). In der folgenden Zeit dringt dann Englisch weiter vor, während Russisch zurückfällt und Französisch zurückbleibt. Dass sich Deutsch zwar hinter Englisch, aber deutlich vor Französisch einpendelt, verrät, dass wirtschaftlicher Nutzen stärker zum Erlernen einer Fremdsprache motivieren kann als politische Freundschaft, die von seiten Polens zu Frankreich eine größere Tradition hat als zu Deutschland. Bei Russland kommt zur politischen Distanz aufgrund der Erfahrungen mit der Sowjetunion die – verglichen mit den deutschsprachigen Ländern – rückläufige wirtschaftliche Bedeutung hinzu.

Trotz wachsender Priorität des Englischen „[nimmt] das Interesse an Deutsch [...] weiter zu". So eine Schilderung der Jahre 2001/2, die auch die Fundierung von DaF durch die „germanistische Linguistik" unterstreicht, in der schon „an 16 Universitäten und pädagogischen Hochschulen" „40 Professoren bzw. Dres habil." und „weitere 45 promovierte Hochschullehrer" tätig sind (Czarnecki 2004: 47; zur neueren Entwicklung F. Grucza 2010: 1762). Die Entwicklung der Zahlen von DaF-Lernenden und Germanistikstudierenden über die Jahre zeigt Tab. K.9.5-2.

	Allgemeinbildende Lyzeen				Fachlyzeen				Berufsschulen			
	D	E	R	F	D	E	R	F	D	E	R	F
1993	334	421	274	118	332	280	178	47	115	56	512	11
1996	420	579	223	127	386	405	130	56	134	67	408	12

Tab. K.9.5-1: Fremdsprachenlernende in Tausend an Schulen in Polen 1993 und 1996 (D = Deutsch, E = Englisch, R = Russisch, F = Französisch; Quelle F. Grucza u.a. 1999: 125)

	1985	1995	2000	2005	2010	2012
Schulen	453.000	780.500	[2.131.781]	2.194.000	2.328.940	2.280.000
Hochschulen: Deutschlerner und Germanisten	22.267	85.751	k.A.	k.A.	16.540	661.000
Davon Germanisten	2.267	9.266	k.A.	14.300	k.A.	4.000

Tab. K.9.5-2: Deutschlerner und Germanisten an polnischen Schulen und Hochschulen über die Jahre 1985 – 2012 (Quellen für 1985 und 1995: Goethe-Institut 2000: [173]; für 2000 und 2005: StADaF 2005: 13; für 2010: Netzwerk Deutsch 2010: 10; für 2012: F. Grucza 2014: 24)

Die Zahlen sind Schätzungen. Vielleicht ist die Vergleichbarkeit über die Jahre zusätzlich durch variierende Begriffe beeinträchtigt, was unterschiedliche Termini nahelegen. Für Tab. K.9.5-2 habe ich z.b. gleichermaßen unter „Schulen" subsumiert: „Deutschschüler an Sekundarschulen" (Goethe-Institut 2000) und „DaF-Lerner im Schulbereich" (StADaF 2005). Unter „Hochschulen: Deutschlerner und Germanisten" (Def. Kap. K.9.3, unterhalb Tab. K.9.3-2) habe ich subsumiert: Summe von „Zahl der Germanistikstudenten" + „Zahl der Teilnehmer an Hochschulsprachkursen" (beide Angaben Goethe-Institut 2000), „Deutsch Studierende gesamt" (StADaF 2005), „Deutschlernende Studierende gesamt" (Netzwerk Deutsch 2010), Summe der Studierenden in „nichtgermanistischen Studiengängen" + „Germanistik" + „Angewandte Linguistik" (F. Grucza 2014: 24). Die Germanisten sind in den Quellen nicht immer gesondert geführt. Die Zahlen in eckigen Klammern basieren allein darauf, dass die Quelle für 2005 die Differenz von den nicht genannten Zahlen der „DaF-Lerner Schulbereich" für 2000 mit „62.219" angibt.

Bei allen Zweifeln an der Genauigkeit lässt sich zumindest ablesen, dass die Zahlen an den Schulen stark gestiegen sind, bei leichtem Rückgang in neuester Zeit. An den Hochschulen ist die Entwicklung weniger eindeutig, auch wegen der Lückenhaftigkeit der Daten. Jedoch fällt der Abstand von der großen Zahlenstärke an den Schulen auf. An den Schulen wird auch viel Deutsch gelernt, weil es obligatorisch ist. So waren im Schuljahr 2011/2012 ca. 1.869.000 Deutschschüler (38,9%) vom obligatorischen DaF-Unterricht erfasst (ORE 2013: 4). Für die darüber hinausgehende Wahl von DaF liegt die Erklärung nahe, dass sie eher praktisch, beruflich als wissenschaftlich motiviert ist, bisweilen aber doch auch mit Blick auf ein Studium in einem deutschsprachigen Land. Dazu passt auch die schon erwähnte „territoriale Verteilung der Deutschlernenden;

Deutsch wird naturgemäß am häufigsten in den westlichen Gebieten Polens, insbesondere an der polnisch-deutschen Grenze gewählt" (F. Grucza 2010: 1761), wobei sich im Gebiet um Oppeln in Oberschlesien DaF und DaM (als zweite Muttersprache) nicht immer auseinander halten lassen.

Berufsbezogene Motive haben sicher auch dazu beigetragen, dass DaF „in einer Vielzahl von außerschulischen Einrichtungen angeboten" wird, was „jedoch statistisch kaum zu fassen ist" (F. Grucza 2010: 1761 bzw. 2014: 24). Nur für das frühe Jahr 1985 liegt dafür die Zahl von 100.000 DaF-Lernenden vor (Goethe-Institut 2000: [173]), die aber immerhin eine Größenordnung andeutet. An den Goethe-Instituten hat sich die Teilnahme – im langfristigen Überblick – wie folgt entwickelt, Krakau und Warschau zusammengenommen (T = Kursteilnehmer, P = Prüfungen). 1990: T – 0, P – 0; 2000 T – 2529, P – 1145; 2005: T – 2834, P – 628; 2010: T – 2600, P – 534 ; 2012: T – 2.857, P – 66; 2013: T – 2.930, P – 864 (Mitteilung Ingrid Köster und Herbert Moosbauer, Goethe-Institut München). 1990 gab es noch kein Kursangebot. Danach ist die übergreifende Tendenz, positiv gesehen, Stabilität und, negativ gesehen, Stagnation. Nur die neuesten Zahlen zeigen einen deutlichen Anstieg, der mit der wirtschaftlichen Stärke der deutschsprachigen Länder in der Europäischen Union zusammenhängen könnte.

Angebracht ist noch eine kurze Bemerkung zur Entwicklung der Germanistik in Polen (ausführlich, auch zur Geschichte, F. Grucza 2001: 1535-1542). Während in der preußischen Zeit kaum Polen auf germanistische Lehrstühle gelangten, erhielten sie nach 1918 Zugang zu den zusätzlich eingerichteten Professuren. An die von den Nationalsozialisten unterbrochene Tradition wurde nach 1945 angeknüpft; die Weiterentwicklung war aber erst in der nachstalinistischen Zeit, nach 1956, möglich. Neben der Literaturwissenschaft wurde die Germanistik dann erweitert zunächst um eine eigenständige Linguistik und dann Übersetzungswissenschaft, Landeskunde und Didaktik, mit Ausrichtung auf den DaF- und sogar DaM-Unterricht („fünfteiliger Begriff der Germanistik"). Allerdings leidet das Fach, wie auch die Lehrerausbildung und der Lehrerberuf, bis heute unter finanziellen Engpässen (ebd.: 1540-1542; zur neueren Entwicklung der Germanistik F. Grucza 2010: 1763-1765).

DaF und Germanistik werden auch in Polen seitens der deutschsprachigen Länder, hauptsächlich Deutschlands, gefördert. So wurden nach der Auflösung der Sowjetunion umfangreiche Fortbildungsmaßnahmen für Deutschlehrer „häufig mit deutschen Mitteln finanziert" (Mackiewicz 2013: 25). Neuerdings wird wie in Frankreich mit der vom Goethe-Institut organisierten Deutsch-Wagen-Tour fürs Deutschlernen geworben (Mackiewicz 2013) – anscheinend mit Erfolg, denn 58% der nach dem ersten Zyklus befragten Schüler gaben an, dass sie nun „eine größere Lust zum Deutschlernen verspüren" (ebd.: 34). An DaF-

Förderinstitutionen sind außer den 2 Goethe-Instituten (in Warschau und Krakau) und dem Goethe-Zentrum in Lublin zu nennen: 3 Österreich Institute (Warschau, Krakau und Breslau/ Wrocław), die Deutsche Auslandsschule in Warschau und 94 DSD-Schulen (Angebot des Deutschen Sprachdiploms). Hinzu kommen vom Deutschen Akademischen Austauschdienst finanzierte deutsche Lektoren in Polen sowie Stipendien für polnische und deutsche Studierende und Gastdozenten, ferner Stipendien der Alexander von Humboldt-Stiftung für Deutschlandaufenthalte polnischer Dozenten sowie finanzielle Zuwendungen für deutsch-fördernde Veranstaltungen einschließlich Konferenzen, woran sich von Fall zu Fall auch Österreich und die Schweiz beteiligen. Große Bedeutung für die DaF- und Germanistik-Förderung haben die polnischen Verbände: der *Polnische Deutschlehrerverband* (*PSNJN*), der Mitglied ist im *Internationalen Deutschlehrerverband* (*IDV*), und der *Verband Polnischer Germanisten* (*VPG*) (siehe Czarnecki 2004: 47), sowie die zahlreiche Mitgliedschaft der polnischen Germanisten in der *Internationalen Vereinigung für Germanistik* (*IVG*). Der Warschauer Germanist Franciszek Grucza war von 2005 bis 2010 Präsident der IVG und hat deren Weltkongress 2010 in Warschau ausgerichtet.

9.6 Russland (Russische Föderation)

Dieses Kap. wurde von Dirk Kemper (Russische Staatliche Universität für Geisteswissenschaften Moskau/ RGGU) und Natalia Troshina (Institut für Geisteswissenschaften an der Akademie der Wissenschaften Russlands, Moskau) geprüft und ergänzt. Als hauptsächliche Quellen dienten außerdem Domaschnew 2001; Dobrovolśkij 2004; 2008; Dubinin 2005; Troshina 2004; 2010; 2011; 2013; Kemper 2011; Voronina 2011; Perfilowa 2011; Titkova 2011; Kostrova 2011; Alekseeva 2011; Guseynova 2011; Martynova 2011; 2012; Radtschenko 2011a; b; Baur/ Chlosta/ Wenderoff 2000; Baur/ Mamporija/ Schymicik 2011a; b.

Zu Deutschland sind die Wirtschaftsbeziehungen der Russischen Föderation, kurz: Russlands, enger als zu jedem anderen Land außer zu China und zu den Niederlanden (12% der russischen Importe (China 16%), 7% der Exporte (Niederlande 12%, China 7%) im Jahr 2011; *Fischer Weltalmanach 2013*: 377). Dem ist hinzuzufügen, dass Deutschland aus Russland begehrte Rohstoffe, vor allem Erdgas, bezieht. Sowohl aus diesem Grund als auch, weil Deutschland aus russischer Sicht dennoch grosso modo eher als ein Land erscheint, von dem man einkauft als in das man verkauft, ist Russland eher in der stärkeren als der schwächeren Handelsposition (vgl. Kap. F.2).

Der offizielle Staatsname „Russische Föderation" trägt den vielen ethnischen Minderheiten Rechnung, deren Zahl auf annähernd 100 beziffert wird, mit den Tataren als größter Gruppe (de.wikipedia.org/wiki/Russland#V. C3.B6lker_und_Sprachen – abgerufen 05.03.2014). Dazu zählt auch die durch Abwanderung geschrumpfte deutsche Minderheit (Kap. E.4.8). Eventuelle Unterschiede im Lernen von Deutsch als Fremdsprache (DaF) scheinen bislang nicht untersucht zu sein.

Das Lernen von DaF hat in Russland eine große Tradition (Perfilowa 2011; Dubinin 2005). In der jüngeren Vergangenheit war Russland längere Zeit das Land mit der größten Zahl von DaF-Lernenden – eine Stellung, die es erst bei der letzten weltweiten Zählung (Netzwerk Deutsch 2010) knapp an Polen verlor. Deutsch war von der Sowjetunion als Sprache der linientreuen sowie ökonomisch und technologisch vergleichsweise florierenden DDR gegen das als Kapitalismussymbol geltende Englisch sprachenpolitisch gefördert worden. Nach einer alten Quotierung aus den fünfziger Jahren sollten 60% des universitären Fremdsprachenunterrichts auf Englisch entfallen, 20% auf Deutsch, weitere 20% auf Französisch und andere Sprachen (so bis heute in Weißrussland). Um die Zeit der Auflösung der Sowjetunion und der Wiedervereinigung Deutschlands kursierten sogar Vorstellungen von Deutsch als zukünftig meist gelernter Fremdsprache in Russland, die allerdings nie realistisch waren. Aber noch um die Jahrhundert- oder Jahrtausendwende stellte Anatoli Domaschnew (2001: 1557) dem in anderen Ländern schon verbreiteten Jammern über den Rückgang von DaF die andauernde „Stabilität der Stellung des Deutschen als Schulfach" und das „allgemeine Interesse an der deutschen Sprache" in Russland gegenüber. Allerdings ist dann doch, wie in der übrigen Welt, Englisch recht schnell zur mit Abstand führenden Fremdsprache avanciert (Dobrovolskij 2004: 67).

Dahinter folgt jedoch nach wie vor – wenn auch mit großem Abstand – Deutsch. Die fortdauernd starke Stellung setzt allerdings voraus, dass die Schulen eine zweite Fremdsprache anbieten. Eine Zeitlang schien es so, als würde an den staatlichen Schulen eine zweite Fremdsprache allgemein obligatorisch (Perfilowa 2011: 153; Ammon/ Kemper 2011: 12). Stattdessen enthält die neue russische Schulgesetzgebung (gültig seit 2013) nur die Empfehlung an die Schulen, eine zweite Fremdsprache obligatorisch zu machen, verpflichtet sie aber nicht dazu. Außerdem bleibt es den Schulleitungen überlassen, welche Fremdsprachen sie führen. (Tatjana Egorowa, Goethe-Institut Moskau, E-Mail 04.04. 2014) Zwar bleibt Deutsch weiterhin an vielen Schulen als erste Fremdsprache wählbar; jedoch fällt die Wahl der Schüler ganz überwiegend auf Englisch. Als zweite Fremdsprache hat Deutsch allerdings immer noch eine prominente Stellung, die durch die intensiven Wirtschaftsbeziehungen zu den deutschsprachigen Ländern motivational und berufsperspektivisch gestützt ist. Einen Überblick über vorliegende Zahlen im Verlauf der Zeit gibt Tab. K.9.6-1.

	1985	1995	2000	2005	2010
Schulen	9.200.000	3.868.969	[4.000.000]	2.572.172	1.612.512
Hochschulen: Deutschlerner und Germanisten	185.000	1.371.882	[617.500]	750.000	700.000
Davon Germanisten	k.A.	k.A.	k.A.	14.300	k.A.

Tab. K.9.6-1: Deutschlerner und Germanisten an russischen Schulen und Hochschulen über die Jahre 1985 – 2010 (Quellen für 1985 und 1995: Goethe-Institut 2000: [173]; für 2000 und 2005: StADaF 2005: 13; für 2010: Netzwerk Deutsch 2010: 10)

Die Zahlen sind Schätzungen. Vielleicht ist die Vergleichbarkeit über die Jahre zusätzlich durch variierende Begriffe beeinträchtigt, was unterschiedliche Termini nahelegen. Für Tab. K.9.6-1 habe ich z.b. gleichermaßen unter „Schulen" subsumiert: „Deutschschüler an Sekundarschulen" (Goethe-Institut 2000) und „DaF-Lerner im Schulbereich" (StADaF 2005). Zu den Germanistik-Studierenden fehlen die Angaben meist. Sie sind dann vermutlich enthalten in der Zahl der „Hochschulen: Deutschlerner und Germanisten" (Def. Kap. K.9.3, unterhalb Tab. K.9.3-2), worunter ich auch „Deutsch Studierende gesamt" (StADaF 2005) und „Deutschlernende Studierende gesamt" (Netzwerk Deutsch 2010) subsumiert habe. Die Zahlen in eckiger Klammer basieren alleine darauf, dass die Quelle für 2005 die Differenzen von den nicht genannten Zahlen der „DaF-Lerner Schulbereich" für 2000 mit „-1.427.828" und „Hochschulen Deutschlernende gesamt" mit 132.500 angibt.

Bei allen Zweifeln an der Genauigkeit lässt sich ablesen, dass die Zahlen vor allem an den Schulen stark gefallen sind. Dies bestätigen auch Zahlen über kürzere, neuere Zeitspannen, z.B. der DaF-Schulabgänger von verschiedenen Schulformen. Man vergleiche diesbezüglich Zeile 3 mit Zeile 2 in Tab. K.9.6.2 (Zahlen von 2006/7 und 2007/8 mit derselben Tendenz in Troshina 2010: 1777). Allerdings nimmt sich der Rückgang der Deutschlernerzahlen quantitativ dramatischer aus als qualitativ. Verschwunden ist die meist mehrjährige, aber ineffektive schulische Begegnung mit der deutschen Sprache. Wo Deutsch berufs- oder studienqualifizierende Funktion hat, bleiben Nachfrage wie Ausbildungsniveau hoch. Für die Hochschulen ist zu bedenken, dass ein erheblicher Prozentsatz auf den häufig nicht wahlfreien studienbegleitenden Fremdsprachen- respektive Deutschunterricht entfällt.

An den Hochschulen ist die Entwicklung unregelmäßiger. Vielleicht waren bei den Zählungen von 1985 und 1995 die Institutionen unterschiedlich aufgeteilt, so dass der Rückgang an den Schulen übertrieben erscheint.

In neuerer Zeit stabilisiert sich die Lage, bei allerdings fortdauerndem wenn auch nicht dramatischem weiteren Rückgang.

	Allgemein-bildende Schulen	Schulen mit erweitertem DaF-Unterricht	Gymnasien	Lyzeen	Σ
Schuljahr 2006/7	382.133	4.993	4.058	1.069	392.253
Schuljahr 2007/8	309.280	5.461	3.493	711	318.945

Tab. K.9.6-2: DaF-Schulabgänger von verschiedenen Schulformen (nach Troshina 2010: 1777)

Außerdem hört man an den Hochschulen Klagen über verschlechterte Deutschkenntnisse der Schulabgänger, von denen deshalb manche bei Studienbeginn Aufbaukurse in Deutsch besuchen müssen. Einige versuchen dies auch außerhalb der Hochschule. Während Deutsch seine Stellung als internationale Wissenschaftssprache fast völlig verloren hat, wird es neuerdings als Standortsprache (wenn auch nicht immer Unterrichtssprache) deutscher Hochschulen wieder stark nachgefragt, vor allem für MA-Studien. Auffällig ist die Verschiebung von der Germanistik, die stark geschrumpft ist, zum studienbegleitenden Deutschlernen oder zur Vorbereitung auf einen Studienaufenthalt in Deutschland, wofür die Zahlen manchenorts kräftig gestiegen sind (vgl. Kap. K.4).

Zum außerschulischen/ außeruniversitären Deutschlernen (ohne die Goethe-Institute) liegt nur für das Jahr 1995 eine Zahl vor: 530 Teilnehmer (Goethe-Institut 2000: [173]). Olga Kostrova (2011) schildert ein reiches aktuelles Angebot an privaten Sprachschulen, das den „europäischen Volkshochschulen" ähnelt und der „Vorbereitung auf das Auslandsstudium oder auf die Einheitliche Staatsprüfung, Vorschulentwicklung, berufliche Karriere, Tourismus und Identitätssuche" dient (ebd.: 241); Lernerzahlen nennt sie jedoch nicht. Vermutlich hat sich das außerschulische/ außeruniversitäre Deutschlernen (ohne die Goethe-Institute) ungefähr parallel zum Deutschlernen an den Goethe-Instituten entfaltet. Tab. K.9.6-3 zeigt die summierten Zahlen über alle Goethe-Institute in Russland. Jedoch boten während der ganzen Zeit nur die beiden Institute in Moskau und St. Petersburg Kurse und Prüfungen an, nicht das dritte Institut in Russland in Nowosibirsk.

Die Zahlen zeigen einen kontinuierlichen Anstieg über die ganze Zeitspanne von 1995 bis 2013, der nicht stetiger sein könnte. Wenn die Zahlen auch im Vergleich zu den Schulen und Hochschulen bescheiden bleiben, verraten sie doch deutlich ein fortdauerndes Interesse an der deutschen Sprache.

Diese Erkenntnis erscheint mir wichtig in Anbetracht von gelegentlich allzu pessimistischen Äußerungen zur Zukunft von Deutsch als Fremdsprache in Russland.

	1990	1995	2000	2005	2010	2011	2012	2013
Kursteilnehmer	0	1.279	2.733	5.221	7.089	7.364	7.673	8007
Prüfungsteilnehmer	0	140	227	323	2.343	2.981	3.398	4.093

Tab. K.9.6-3: Kurs- und Prüfungsteilnehmer an den Goethe-Instituten in Russland über die Jahre 1990 – 2013 (Daten von Ingrid Köster und Herbert Moosbauer, Goethe-Institut München)

Allem Anschein nach gibt es durchaus bemerkenswerte instrumentelle, auf berufliche Karrieren ausgerichtete Motive für die Wahl von Deutsch als zweite Fremdsprache, nach Englisch, entsprechend dem – von Jutta Limbach kreierten – Slogan des Goethe-Instituts: „Englisch ist ein Muss, Deutsch ist ein Plus!". Deutschkenntnisse sind für diverse Berufe eine Zusatzqualifikation (Titkova 2011; Martynova 2011; 2012). Dies belegt auch verschiedentlicher betrieblicher Deutschunterricht in Russland (Troshina 2011). Mit der Wahl von Deutsch als zweite Fremdsprache versprechen sich Schüler und Studierende bessere Karrierechancen (Voronina 2011; Radtschenko 2011; Kap. F.6). Zur Chancenverbesserung gibt es auch Spezialausbildungen, z.B. das Übersetzen (Alekseeva 2011).

Gemäß dem neuen Bedarf wurde das Deutschlernen auch didaktisch und methodisch in verschiedener Hinsicht modernisiert (Perfilowa 2011) – wenngleich manche vielversprechenden Ansätze, z.B. bilinguales Lernen an Schulen oder Fachunterricht in deutscher Sprache an Hochschulen (Baur/ Chlosta/ Wenderoff 2000 bzw. Baur/ Mamporija/ Schymicik 2011a; b), bislang kaum in die Praxis umgesetzt wurden. Die Sprachwissenschaft und DaF bilden immer den Kern der – eben so verstandenen – Germanistik (Troshina 2010: 1780; Dobrovol'skij 2008: 48), heute oft unter dem Label „Interkulturelle Kommunikation". Die Literaturwissenschaft ist formal nach wie vor an anderen Instituten/ Lehrstühlen angesiedelt (z.B. Lehrstühlen für Weltliteratur) und steht explizit oder implizit unter komparatistischen Vorzeichen (Kemper 2011). Wertet man die sprach- und literaturwissenschaftlichen Dissertationsthemen aus, so neigen beide – als Reaktion auf die seit den 1990er Jahren aufgehobene Trennung von Forschung (Akademie) und Lehre (Universitäten) – sowohl zur Verwissenschaftlichung als auch zur Internationalisierung. Zu manchen dieser neuen Entwicklungen wären repräsentativere empirische Untersuchungen als bisher wünschenswert.

Auch in Russland werden DaF und Germanistik seitens der deutschsprachigen Länder, hauptsächlich Deutschlands, gefördert (Ammon 2011d). Außer den 3 Goethe-Instituten im Lande (Ebert 2011) gibt es das Österreichische Kulturforum (Gerschner 2011), ferner die Deutsch-Russischen Häuser, vor allem das Deutsch-Russische Haus Moskau, das auch für die Deutsche Minderheit da ist (Troshina 2010: 1775f.), zudem 2 Deutsche Auslandsschulen (Moskau, St. Petersburg) und 90 DSD-Schulen (Angebot des Deutschen Sprachdiploms), den Deutschen Akademischen Austauschdienst (DAAD) (Berghorn 2011) mit einer größeren Zahl von Lektoraten und Stipendien für russische und deutsche Studierende und Gastdozenten, die Alexander von Humboldt-Stiftung (Radtschenko 2011b), die Kontakte zwischen deutschen und russischen Wissenschaftlern und Deutschlandaufenthalte ermöglicht, sowie finanzielle Zuwendungen für deutsch-fördernde Veranstaltungen einschließlich Konferenzen, woran sich von Fall zu Fall auch Österreich und die Schweiz beteiligen. Hinzu kommen die organisatorischen und werbenden Aktivitäten des Germanisten- und Deutschlehrerverbands Russlands (Guseynova 2011), der mit 10 föderalen Verbänden Mitglied ist im Internationalen Deutschlehrerverband (IDV; www.idvnetz.org/verbaende_weltweit/verbaende_weltweit.htm – abgerufen 01.04.2014), und des Russischen Germanistenverbandes (Belobratow 2011).

9.7 Türkei

Dieses Kap. wurde von Feruzan Gündoğar (Akdoğan) (Marmara-Universität) und Nilüfer Tapan (Universität Istanbul) geprüft und ergänzt. Weitere wichtige Quellen waren Knöß 1986; Emmert 1987; Tapan 1996; 2001; 2002; 2004; 2010; Torgay 1997; Balci 1997; Polat/ Tapan 2003; Polat 2004; Kuruyazıcı 2004; Ozil 2004; Ülkü 2004; Akdoğan 2003; 2004; 2008.

Zu den deutschsprachigen Ländern sind die Wirtschaftsbeziehungen der Türkei eng, zu Deutschland enger als zu jedem anderen Land. Im Jahr 2011 gingen 10% der türkischen Exporte nach Deutschland, mehr als in irgendein anderes Land, und kamen 10% der türkischen Importe aus Deutschland (gleich viel nur noch aus Russland 10%; *Fischer Weltalmanach 2013*: 469). Hinzu kommen die engen persönlichen Verbindungen aufgrund der umfangreichen Zuwanderung aus der Türkei nach Deutschland: „Die meisten der 15,96 Millionen Personen mit Migrationshintergrund stammen aus der Türkei (18,5 Prozent), gefolgt von Polen (9,2 Prozent), Russland (7,7 Prozent) und Italien (4,9 Prozent)." (www.bpb.de/nachschlagen/zahlen-und-fakten/soziale-situation-in-deutschland/61646/migrationshintergrund-i – abgerufen 24.03.2014) So der Stand im Jahr 2011, der auch im Frühjahr 2014, zur Zeit des Zugriffs auf diese Quelle, noch weitgehend galt.

Viele dieser Zuwanderer sind Zweitsprachler des Deutschen (Kap. A.3), oder ihre Kinder werden es (Kap. C.1). Annähernd 3 Mio. türkischstämmige Menschen leben in Deutschland, und ca. 2 Mio. einst dort lebende sind wieder in die Türkei zurückgekehrt. Diese Wanderungsbewegungen und die zahlreichen fortdauernden Verbindungen wirken sich auch nachhaltig aus auf den Unterricht von Deutsch als Fremdsprache (DaF) in der Türkei (Tapan 2001: 1567-1570; 2010: 1818). Eine der Folgen davon war, dass an manchen türkischen Universitäten Studierende mit sehr geringen Deutschkenntnissen sich KommilitonInnen mit nahezu muttersprachlichen Deutschkenntnissen gegenüber sahen (Ozil 2004: 271). Vorübergehend gab es Reintegrationsschulen mit Deutsch als Unterrichtssprache, zumindest in einem Teil der Fächer (Emmert 1987: 67). Diese Reintegrationsschulen wurden später in die sogenannten ‚fremdsprachorientierten Anadoluschulen' umgewandelt, die wegen ihrer hohen Gewichtung von Fremdsprachen heute noch eine wichtige Funktion im türkischen Schulsystem erfüllen.

Die länderübergreifenden wirtschaftlichen und persönlichen Beziehungen haben dazu beigetragen, dass Deutsch die zweitwichtigste Fremdsprache in der Türkei geworden ist, hinter Englisch, aber vor dem einst prominenteren Französisch (als in den Schulen zweitplatziert noch für 1982/83 bestätigt von Knöß 1986: 241, nicht mehr aber kurz darauf, nach Emmert 1987: 64). Deutschkenntnisse werden gebraucht für die zahlreichen Geschäftsverbindungen zwischen der Türkei und den deutschsprachigen Ländern und für den intensiven Tourismus aus den deutschsprachigen Ländern, vor allem aus Deutschland (Balci 1997: 621; Torgay 1997; Kap. I.5). Jedoch hat die Rückwanderung zeitweilig zur weitgehenden Deckung des Bedarfs an deutschen Sprachkenntnissen geführt, weshalb das Fach DaF sich längere Zeit in der Krise sah und Deutschlehrer Schwierigkeiten bei der Stellensuche hatten, die sich erst neuerdings allmählich abmildern (Balci 1997; Tapan 2010: 1821f.).

Für die Wahl und das Lernen von DaF in der Türkei sind heute instrumentelle, auf Studium, Beruf und Karriere bezogene Motive vorrangig. Jedoch spielen vor allem für den andauernden Nachzug von Familienangehörigen in die deutschsprachigen Länder auch integrative Motive eine Rolle, und für die Rückkehrer aus Deutschland, die manchmal „Deutschländer" genannt werden, vielleicht sogar identifikatorische Motive (vgl. Kap. K.8).

Eher bescheiden ist dagegen die Fortsetzung einer wissenschaftlichen Tradition, die einst gestärkt wurde durch die 1933 vor dem Nationalsozialismus in die Türkei flüchtenden deutschen Akademiker, hauptsächlich Hochschullehrer. Sie leisteten einen wichtigen Beitrag zur Neugründung der Universitäten Istanbul und Ankara und zum Aufbau der türkischen Germanistik (Kuruyazıcı 2004; Emmert 1987: 61f.). In jener Zeit waren Vorlesungen in deutscher Sprache keine Seltenheit. Dagegen sind die heutigen Universitäten mit deutschsprachigen Studiengängen Neugründungen und knüpfen nicht an diese Tradition an: die *Marmara-Universität* mit einem Lehrangebot in vier Sprachen (Türkisch, Englisch, Deutsch, Französisch), 14 Standorten und 103 Studiengängen und die noch im Aufbau begriffene *Türkisch-Deutsche Universität* in Istanbul, mit 5

Fachbereichen (de.wikipedia.org/wiki/Marmara-Universit%C3%A4t;de.wikipe dia.org/wiki/T%C3%BCrkisch-Deutsche_Universit%C3%A4t – abgerufen 24.03. 2014).

Die breitere Grundlage von DaF bilden jedoch die Schulen. Man könnte dabei an die Tradition der *Deutschen Schule* und des österreichischen *St.-Georgs-Gymnasiums*, beide in Istanbul, denken, die 1886 bzw. 1889 gegründet wurden; jedoch ging es dort in der Gründungszeit hauptsächlich um Unterricht von Deutsch als Muttersprache. DaF nahm erst später Gestalt an. Für die heutige Lage ist die Schulreform von 1997 ausschlaggebend (ausführlich in Tapan 2010: 1817-1821), die im Jahr 2011 noch leicht revidiert wurde (zum vorausgehenden Zustand Emmert 1987). Mit dieser Reform wurde Fremdsprachenunterricht an den staatlichen Schulen generell schon ab dem 4. Schuljahr der Primarstufe obligatorisch. Auf der Sekundarstufe kommt eine zweite Fremdsprache in den staatlichen Gymnasien fakultativ hinzu; in den „Anadolu-Gymnasien (*Anadolu Liseleri*) mit fremdsprachlichem Schwerpunkt" ist sie obligatorisch. Auf beiden Schulstufen sind Englisch, Deutsch und Französisch Wahlpflichtfächer, was zur Folge hat, dass vor allem auf der Primarstufe fast alle SchülerInnen Englisch wählen. Ausnahmen bilden einige Privatschulen, die vom ersten Schuljahr an Deutsch als erste Fremdsprache anbieten. Sie sind zwar auf Großstädte beschränkt, und ihre Zahl ist gering, sie sind aber wegen der hohen Unterrichtsqualität und starken Gewichtung des Deutschunterrichts stark gefragt. Ein Sonderfall sind die Deutschen Auslandsschulen (1 in Ankara, 3 in Istanbul), die ihr Curriculum freier gestalten können. Eine wichtige Rolle spielen die Anadolu-Gymnasien mit Deutsch als erster Fremdsprache, von denen es landesweit 30 gibt. Für die meisten ist Deutsch zwar Hauptfremdsprache, mit hoher Stundenzahl, aber in nur noch 12 dieser Schulen ist Deutsch auch Unterrichtssprache (bei selbstverständlich türkischem Lehrplan und auch obligatorischen Türkischkenntnissen). Sie werden von Deutschland unterstützt, auch durch entsandte Lehrer.

Für die Ausweitung des Fremdsprachenunterrichts in die Richtung einer zweiten Fremdsprache spielte das Bestreben der Türkei, der Europäischen Union (EU) beizutreten, eine Rolle, denn deren für alle zukünftigen EU-Bürger gewünschtes Bildungsziel lautet: „Muttersprache + 2 [Fremdsprachen]" (ausführlich Kruse 2012). Die Proportionen der drei wichtigsten Fremdsprachen der Türkei treten zutage an den Schülerzahlen. Im Schuljahr 2007/8 waren die Schülerzahlen in Primar-// Sekundarstufe wie folgt verteilt: Englisch 6.392.318// 2.530.286 – Deutsch 33.060// 258.089 – Französisch 9.382// 22.580 (Tapan 2010: 1819). Vielleicht haben sich die Proportionen inzwischen etwas verschoben, wohl kaum aber zu Ungunsten von Englisch.

Die Entwicklung der Zahlen für DaF und Germanistik über eine längere Zeitspanne zeigt Tab. K.9.7-1. Noch etwas ältere, aber lückenhafte Zahlen finden sich bei Knöß (1986).

	1985	1995	2000	2005	2010
Schulen	280.000	80.000	[225.000]	260.000	309.069
Hochschulen: Deutschlerner und Germanisten	2.500	7412	[34.450]	20.000	7.691
Davon Germanisten	1.000	6.142	k.A.	3.000	k.A.

Tab. K.9.7-1: Deutschlerner und Germanisten an türkischen Schulen und Hochschulen über die Jahre 1985 – 2010 (Quellen für 1985 und 1995: Goethe-Institut 2000: [175]; für 2000 und 2005: StADaF 2005: 15; für 2010: Netzwerk Deutsch 2010: 12)

Die Zahlen sind Schätzungen. Vielleicht ist die Vergleichbarkeit über die Jahre zusätzlich durch variierende Begriffe beeinträchtigt, was unterschiedliche Termini nahelegen. Für Tab. K.9.7-1 habe ich z.b. gleichermaßen unter „Schulen" subsumiert: „Deutschschüler an Sekundarschulen" (Goethe-Institut 2000) und „DaF-Lerner im Schulbereich" (StADaF 2005). Unter „Hochschulen: Deutschlerner und Germanisten" (Def. Kap. K.9.3, unterhalb Tab. K.9.3-2) habe ich subsumiert: Summe von „Zahl der Germanistikstudenten" + „Zahl der Teilnehmer an Hochschulsprachkursen" (beide Angaben Goethe-Institut 2000), „Deutsch Studierende gesamt" (StADaF 2005), „Deutschlernende Studierende gesamt" (Netzwerk Deutsch 2010). Die Germanisten sind in den Quellen nur gelegentlich gesondert geführt. Die Zahlen in eckigen Klammern basieren alleine darauf, dass die Quelle für 2005 die Differenzen von den nicht genannten Zahlen der „DaF-Lerner Schulbereich" für 2000 mit „35.000" der „Deutsch Studierenden gesamt" mit „-14.450" angibt.

Trotz Zweifeln an der Genauigkeit lässt sich als übergreifende Tendenz ein – wenn auch mäßiger – Anstieg sowohl an den Schulen als auch an den Hochschulen feststellen. Der Einbruch an den Schulen von 1985 auf 1995 könnte durch die Remigration bedingt sein, weil Rückkehrer mit guten Deutschkenntnissen keinen Bedarf an zusätzlichem Deutschunterricht sahen – was jedoch eine ungesicherte Vermutung bleibt. Die hohen Zahlen an den Schulen im Vergleich zu den Hochschulen und der Zuwachs der Deutschlernenden an den Hochschulen gegenüber den Germanisten lassen auf ein eher praktisches als ein akademisches oder wissenschaftliches Interesse schließen, was den schon erwähnten intensiven Geschäftsbeziehungen zwischen der Türkei und Deutschland entspräche. Allerdings konnte ich keine aktuellen Zahlen ermitteln.

Instrumentelle, berufsbezogene Motive haben vermutlich auch das DaF-Lernen an außerschulischen/ außeruniversitären Einrichtungen belebt. Zahlen ohne die Goethe-Institute liegen vor für die Jahre 1985: 4.100, 1995: 2.000 (Goethe-Institut 2000: [175]) und 2005: 8.000 (StADaF 2005: 15). An den Goethe-Instituten hat sich die Teilnahme – im langfristigen Überblick – wie folgt entwickelt, Ankara, Istanbul und Izmir genommen (T = Kursteilnehmer, P = Prüfungen): 1990: T − 13.084, P − 668; 2000: T 9.729 − P 133; 2012: T − 8.261, P − 12.847; 2013: T − 9.420, P − 11.811 (Mitteilung von Ingrid Köster und Herbert Moosbauer, Goethe-Institut München). Die übergreifende Tendenz ist hier weitgehende Konstanz bei den Teilnehmern, aber neuerdings deutliche Zunahme bei den Prüfungen. Man legt also Wert auf die Zertifizierung von Deutschkenntnissen. Dieses Bestreben könnte mit Studienabsichten in deutschsprachigen Ländern oder mit Berufsplänen zusammenhängen.

Ein wichtiger Fortschritt für DaF in der Türkei ist die gründliche Modernisierung der Lehrerausbildung, die sowohl auf die Reform, nicht zuletzt auf Deutsch als zweite Fremdsprache (hinter Englisch), ausgerichtet ist als auch auf die erstrebte Zukunft des Landes als Mitglied der EU. Als Folge davon hat die türkische Ausbildung von DaF-Lehrern heute internationales Niveau. Hierzu gibt es eine Reihe sehr gründlicher Darstellungen (Akdoğan 2003; 2004; 2007; Polat 2004; Tapan 2004; Polat/ Tapan 2003). Im Zusammenhang mit der Verbesserung der Ausbildung hat auch der Lehrerberuf an Attraktivität gewonnen (Ülkü 2004: 83f.). An den Hochschulen sind die zweierlei Lehrstühle hervorzuheben: für die Germanistik und für die Deutschlehrerausbildung.

DaF und Germanistik werden auch in der Türkei von den deutschsprachigen Ländern, hauptsächlich von Deutschland, gefördert. Eine traditionsreiche Institution ist das österreichische Gymnasium *St. Georgs-Kolleg* in Istanbul (de.wikipedia.org/wiki/St._Georgs-Kolleg − abgerufen 23.03.2014; Emmert 1987: 61). Von deutscher Seite sind die 3 Goethe-Institute wichtig, aber auch die 4 Deutschen Auslandsschulen (1 in Ankara, 3 in Istanbul) und 17 DSD-Schulen (Angebot des Deutschen Sprachdiploms). Der Deutsche Akademische Austauschdienst (DAAD) finanziert Lektoren aus Deutschland und DAAD-Stipendien für türkische und deutsche Studierende und Gastdozenten. Die Alexander von Humboldt-Stiftung ermöglicht Deutschlandaufenthalte türkischer DozentInnen. Hinzu kommen Zuwendungen für deutsch-fördernde Veranstaltungen einschließlich Konferenzen, woran sich von Fall zu Fall auch Österreich und die Schweiz beteiligen. Eine wichtige Rolle für die Förderung von DaF und Germanistik spielen die örtlichen Organisationen: der *Türkische Deutschlehrerverband (T.A.Ö.D.)*, der Mitglied ist im *Internationalen Deutschlehrerverband (IDV)*, und der *Türkische Germanistenverband (GERDER)*, mit zahlreichen Mitgliedern in der *Internationalen Vereinigung der Germanistik (IVG)*. Beide Verbände geben regelmäßig Publikationen heraus und führen Tagungen durch (www.google.com/#q=Türkische+Deutschlehrerverband bzw. www.gerder.org.tr/genel_bilgiler_de.html − beide abgerufen 26.03.2014).

9.8 Ägypten

Dieses Kap. wurde von den beiden Kolleginnen Iman Schalabi (Ain-Shams-Universität Kairo) und Julia Wolbergs (DAAD Kairo) geprüft und ergänzt. Weitere wichtige Quellen waren Aref 1983/84; Gottzmann 1984; Rau 1986; Arras 2001; Böhm 2003: 182-197; M. Maher 2008 und Khattab 2010.

Ägypten pflegt mit den deutschsprachigen Ländern enge Wirtschaftsbeziehungen. Im Jahr 2011 kamen 8% der ägyptischen Importe aus Deutschland (mehr nur aus USA und China, je 9%); jedoch spielten die deutschsprachigen Länder für die Exporte aus Ägypten eine geringere Rolle, indem ein halbes Dutzend Länder vor Deutschland rangierten (*Fischer Weltalmanach 2013*: 26). Allerdings hatten sich die Verhältnisse schon 2011 infolge der Ägyptischen Revolution (seit Januar 2011) in die Richtung eines höheren Importanteils aus und niedrigeren Exportanteils nach Deutschland verschoben und haben sich seitdem vermutlich weiter verändert. Durch die politische Unsicherheit ist vor allem der Tourismus aus den deutschsprachigen Ländern beeinträchtigt, der zuvor sehr intensiv war und mit dem sich nicht unbedeutende instrumentelle Motive für das Lernen von Deutsch als Fremdsprache (DaF) verbanden (Arras 2001: 1607; vgl. auch Kap. I.4; I.5).

Die einzige Amtssprache Ägyptens ist Arabisch. Gesprochen wird die nationale, aber in allen arabischen Ländern verständliche Varietät des Ägyptisch-Arabischen, neben dem als Schriftsprache das Hocharabische (des Korans) fungiert. Außerdem gibt es vereinzelt Nubisch und die Berbersprache Siwi. In der Bildungschicht sind die Fremdsprachen Französisch und, seit einigen Jahrzehnten zunehmend, Englisch verbreitet. (Böhm 2003: 185; de.wikipedia.org/wiki/%C3%84gypten#Sprachen – abgerufen 22.03.2014) DaF ist diesen Fremdsprachen, vor allem dem Englischen, nachgeordnet und auf weniger Institutionen beschränkt. Eine wichtige davon ist die *Deutsche Universität in Kairo*, die 2003 ihren Lehrbetrieb aufnam. Bezeichnenderweise ist ihr Namenskürzel *GUC*, gemäß der vorherrschenden Bezeichnung *German University Cairo*. „Die Unterrichtssprache ist Englisch, für alle Studierenden sind jedoch Kurse im Deutschlernzentrum der GUC Pflicht." (www.daad.de/hochschulen/hochschulprojekte-ausland/hochschulen-ausland/18489.de.html – abgerufen 22.03.2014) Somit erlangen die durchschnittlich rund 7.500 Studierenden regelmäßig auch Deutschkenntnisse. Der verpflichtende Unterricht führt bis zum Kompetenzniveau A2 des Gemeinsamen Europäischen Referenzrahmens (Quetz 2002); darüber hinaus kann freiwillig weitergelernt werden. Jedoch könnte man die Deutsche Universität in Kairo, wie manche andere deutsche Hochschuleinrichtung im Ausland (Kap. K.6), auch als Beitrag Deutschlands zur Verbreitung des Englischen in der Welt bewerten (dazu H. Wagener 2012).

An Schulen hat DaF eine lange, wenngleich institutionell begrenzte Geschichte, deren ältester Beleg für eine Sprachenschule auch wegen der ursprünglichen Bezeichnung als ‚österreichische Sprache' (*al-Lugha ennimsayewa*, statt *deutsche* Sprache) interessant ist (Khattab 2010: 1603). Damals, 1863, war Österreich noch Führungsmacht der deutschen Vereinigungsbewegung, ehe es in der Schlacht bei Königgrätz (tschechisch *Hradec Králové*), 1866, daraus verdrängt wurde (zu den sprachlichen Folgen Ammon 1995a: 120f.). Eine fortdauernde Tradition des Deutschunterrichts gibt es seit dem späteren 19. und frühen 20. Jh., und zwar an den *Deutschen Schulen der Borromäerinnen* (*DSB*), eine in Alexandria (seit 1884) und die andere in Kairo (seit 1904), sowie der *Deutschen Evangelischen Oberschule* (*DEO*) in Kairo, die heute zu den insgesamt 8 Deutschen Auslandsschulen zählen. Diese 8 Schulen sind zugleich Partnerschulen (PASCH-Schulen), betreut von der Zentralstelle für das Auslandsschulwesen (ZfA), ebenso wie weitere 3 Deutsches-Sprachdiplom-Schulen (DSD-Schulen) und 18 FIT-Schulen (Fachspezifische Schulen für Individualisierte Teilausbildungen), beide Gruppen betreut vom Goethe-Institut (siehe auch Kap. K.3). Außerdem wurde Deutsch seit 1957 (Aref 1983/84: 44) nach und nach an einer größeren Zahl von Schulen als zweite Fremdsprache eingeführt, nachgeordnet dem Englischen und alternativ zu Französisch. Im Schuljahr 1997/98 waren dies 211 öffentliche und 40 private Schulen (Arras 2001: 1604). Allerdings ließ sich diese Zahl im Jahr 2014 nicht mehr verifizieren. Die DAAD Außenstelle Kairo schrieb mir dazu (E-Mail 07.04.2014, verkürzte Wiedergabe):

> „An normalen staatlichen Schulen ist Englisch Pflichtfach ab Klasse 6. Auch eine zweite Fremdsprache ist ab Klasse 10 obligatorisch; meist in der Wahlpflicht zwischen Französisch oder Deutsch. In weiteren allgemeinbildenden Schulen (darunter Experimentalschulen, preiswerte öffentliche Eliteschulen u.a.) beginnt der Fremdsprachenunterricht oft schon in der 1. Klasse, mit Englisch oder Französisch, und in der 4. Klasse kommt die zweite Fremdsprache, darunter auch Deutsch, hinzu. An privaten, allgemeinbildenden Schulen sind alle Varianten ab dem Kindergarten möglich. Am Privatschulsektor besteht heute eine wachsende Nachfrage nach Deutsch, und an manchen wird Deutsch auch als Erste Fremdsprache angeboten. Darüber hinaus gibt es technische Institute und Berufsschulen im öffentlichen Bereich und ausländische Schulen im privaten Bereich. Das Schulsystem ist also sehr divers. Jedoch scheint Deutsch an technischen Sekundarschulen und an Azhar-Schulen immer noch keine Rolle zu spielen."

Ferner bieten 6 staatliche Universitäten germanistische Studiengänge und DaF an (Ain Shams U., Al-Azhar U., Kairo U., Minia U., Minofeia U., Helwan U.), unter denen die Ain-Schams- und die Azhar-Universität hervorstechen. Neben Literatur- und Sprachwissenschaft sind Übersetzung und Übersetzungswissenschaft wichtige Bestandteile von Forschung und Lehre. An der Azhar-Universität ist DaF integriert in die Islamwissenschaft. Die spezielle Relevanz von Deutschkenntnissen hierfür begründeten mir die Studierenden bei meinem Besuch dort vor einigen Jahren unter anderem damit, dass es gelte, deutschsprachigen Menschen den Islam zu erläutern, z.b. durch Richtigstellung der Bedeutung von *Dschihad*. Diese sei nämlich nicht, wie häufig kolportiert, ‚heiliger Krieg', sondern ‚ernsthaftes Bemühen – und zwar auf dem Weg zu Gott', wobei der Zusatz für mich im Dunkeln blieb. Immerhin jedoch erfuhr ich damit ein vermutlich nur in der islamischen Welt vorkommendes Motiv fürs Deutschlernen.

Tab. K.9.8-1 zeigt die Entwicklung der Zahlen über die Zeitspanne 1985 – 2010.

	1985	1995	2000	2005	2010
Schulen	9.200	83.600	[100.000]	72.279	100.000
Hochschulen: Deutschlerner und Germanisten	1.720	7.770	[6.000]	14.369	12.695
Davon Germanisten	1.170	2.400	k.A.	4.937	4.715

Tab. K.9.8-1: Deutschlerner und Germanisten an ägyptischen Schulen und Hochschulen über die Jahre 1985 – 2010 (Quellen für 1985 und 1995: Goethe-Institut 2000: [166]; für 2000 und 2005: StADaF 2005: 8; für 2010: Netzwerk Deutsch 2010: 4; zu „Germanistik-Studierende" 2010: Julia Wolbergs (E-Mail 31.03.2014))

Die Zahlen sind Schätzungen. Vielleicht ist die Vergleichbarkeit über die Jahre zusätzlich durch variierende Begriffe beeinträchtigt, was unterschiedliche Termini nahelegen. Für Tab. K.9.7-1 habe ich z.B. gleichermaßen unter „Schulen" subsumiert: „Deutschschüler an Sekundarschulen" (Goethe-Institut 2000) und „DaF-Lerner im Schulbereich" (StADaF 2005). Unter „Hochschulen: Deutschlerner und Germanisten" (Def. Kap. K.9.3, unterhalb Tab. K.9.3-2) habe ich subsumiert: Summe von „Zahl der Germanistikstudenten" + „Zahl der Teilnehmer an Hochschulsprachkursen" (beide Angaben Goethe-Institut 2000), „Deutsch Studierende gesamt" (StADaF 2005), „Deutschlernende Studierende gesamt" (Netzwerk Deutsch 2010). Die Germanisten sind in den Quellen nicht durchgehend gesondert geführt. Die Zahlen in eckigen Klammern basieren alleine darauf, dass die Quelle für 2005 die Differenzen von den nicht genannten Zahlen der „DaF-Lerner Schulbereich" für 2000 mit „-27.721" und der „Deutsch Studierenden gesamt" mit „8.369" angibt.

Ungeachtet der Zweifel an der Genauigkeit lässt sich ablesen, dass die Zahlen sowohl an den Schulen als auch an den Hochschulen stark gestiegen sind. Dies belegen speziell für die Schulen ganz ähnliche Zahlen von Böhm (2003: 186). Die Entwicklung der Germanistik könnte unter den folgenden Problemen leiden: Ihre „Studieninhalte sind der gegenwärtigen Situation im Land [...] nicht mehr angemessen. Mit dem Wegfall der Arbeitsplatzgarantie im öffentlichen Dienst 1998 wurde es für Germanistikabsolventen schwieriger, einen Beruf zu finden." Dabei wird, wie es scheint, einerseits ein schon lange eingeschlagener Weg fortgesetzt (Gotzzmann 1984; Rau 1986): Einerseits in die Richtung „methodisch-didaktische[r] Fragestellungen zum Unterricht von Deutsch als Fremdsprache", für zukünftige Lehrer und andererseits in die Richtung von in Wirtschaft, einschließlich Tourismus, und Wissenschaft anwendbaren, auch fachsprachlichen Deutschkenntnissen (Arras 2001: 1606f.). Im Widerspruch dazu gibt es Warnungen vor einem zu engen Wirklichkeitsbezug, da die möglichen Berufsziele zwar zahlreich sind: „Übersetzer, Dolmetscher, Deutschlehrer [...], im Tourismus [...], in Presse, Rundfunk und Fernsehen [...], im Außenministerium [...]; man könnte sogar Botschafter werden", aber alles in allem doch begrenzt bleiben (M. Maher 2008: 8). Daher plädiert Maher für die fortdauernde Erziehung zu „Intellektualität" und zur Wertschätzung der deutschen Literatur (ebd.: 12-15). Seit Wintersemester 2008 besteht im Rahmen des Bologna-Prozesses der binationale DaF-Masterstudiengang in Kooperation von Ain Schams Universität und Universität Leipzig. Weitere Masterstudiengänge sind an der Ain Shams- und der Azhar-Universität in Kooperation mit deutschen Universitäten im Entstehen begriffen.

Jedoch weist die Entwicklung, auch der Sprachlerner-Zahlen, eher in die instrumentell motivierte, praktische Richtung. Sie zeigen eine steil steigende Tendenz (Tab. K.9.8-1: Zeilen 1 und 2). Dies gilt weniger für die DaF-Lernenden an außerschulischen/ außeruniversitären Einrichtungen. Für Einrichtungen ohne die Goethe-Institute liegen Zahlen vor für die Jahre 1985: 4.150, 1995: 150 (Goethe-Institut 2000: [166]) und 2005: 800 (StADaF 2005: 8). An den Goethe-Instituten hat sich die Teilnahme – im langfristigen Überblick – wie folgt entwickelt, Kairo und Alexandria zusammen genommen (T = Kursteilnehmer, P = Prüfungen): 1990: T – 5.118, P – 253; 2000: 5.292, P – 112; 2010: T – 7.455, P – 1.168; 2013: T – 7.105, P – 3.624 (Daten von Ingrid Köster und Herbert Moosbauer, Goethe-Institut München). Jedoch verrät vor allem die Zahl der Prüflinge ein steigendes Interesse. An den Goethe-Instituten wird die breitere Lernbereitschaft für DaF sicher durch finanzielle Nöte vieler Familien gebremst, denn die Kurse sind – wie in vielen anderen Ländern – im Verhältnis zu den Durchschnitts-Einkünften in Ägypten ausgesprochen kostspielig. Staatliche finanzielle Engpässe beeinträchtigen darüber hinaus die Ausstattung der Schulen einschließlich der Zahl und Gehälter der Lehrer (Böhm 2003: 184), was sich neuerdings durch die unsichere politische Lage noch verschärft hat.

Jedoch werden DaF und Germanistik auch in Ägypten seitens der deutschsprachigen Länder, hauptsächlich Deutschlands, gefördert. Außer den 2 Goethe-Instituten gibt es die 8 schon erwähnten Deutschen Auslands- und zugleich Pasch-Schulen (2 in Alexandria, 5 in Kairo, 1 in Hurghada) sowie weitere 21 PASCH-Schulen (3 DSD- und 18 FIT-Schulen). Hinzu kommen 7 Lektorate des DAAD (einschließlich 2 Ortskraftlektoraten) und 2 Sprachassistenten sowie eine umfangreiche Individualförderung des DAAD, in deren Genuss im Jahr 2012 nicht weniger als 2.016 Personen kamen: ägyptische und deutsche Studierende und Gastdozenten. Ferner sind Stipendien der Alexander von Humboldt-Stiftung für Deutschlandaufenthalte ägyptischer Dozenten zu nennen sowie einigermaßen regelmäßige finanzielle Zuwendungen für deutsch-fördernde Veranstaltungen einschließlich Konferenzen, woran sich gelegentlich auch Österreich und die Schweiz beteiligen. Ein neueres Beispiel war der gut besuchte Deutschlehrertag des Goethe-Instituts in Kairo am 02.11.2013 (www.goethe.de/ins/eg/kai/kul/mag/spr/deindex.htm – abgerufen 17.03.2014). Nicht zu vergessen der eigene *Ägyptische Deutschlehrerverband*, der Mitglied ist im Internationalen Deutschlehrerverband (IDV) und seine Aktivitäten (aeg-dv.page.tl/; die dort annoncierte Homepage www.aeg-dv.org/ blieb mir allerdings in mehreren Versuchen im Frühjahr 2014 unzugänglich). Jedoch verfügt Ägypten über keinen eigenen Germanistenverband.

9.9 Südafrika

Dieses Kap. wurde von Carlotta von Maltzan (University of Stellenbosch) und Kathleen Thorpe (University of the Witwatersrand, Johannesburg) geprüft und ergänzt. Weitere wichtige Quellen waren Welz 1986; Blumer 1987; Bodenstein 1995; Schmitt 1995; Kußler 2001; Böhm 2003: 589-633; Annas 2004; Laurien 2006; Rode 2008; von Maltzan 2009; 2010; Augart 2012.

Die *Republik Südafrika* pflegt enge Wirtschaftsbeziehungen mit den deutschsprachigen Ländern, mit Deutschland engere als mit jedem anderen europäischen Land: 11% der südafrikanischen Importe im Jahr 2011 (mehr nur aus China, 14%), 7% der südafrikanischen Exporte (mehr nach China 14%, USA 10%, Japan 9%) (*Fischer Weltalmanach 2013*: 439). Hinzu kommt das Wirtschaftsengagement vor Ort: „Etwa 600 deutsche Firmen haben sich in Südafrika niedergelassen und beschäftigen insgesamt über 90.000 Arbeitnehmer. Einige dieser Unternehmen zählen zu den wichtigsten und modernsten Produktionsbetrieben des Landes." (www.southafrica.diplo.de/Vertretung/suedafrika/de/06 __Wirtschaft/1__Deutschl__Suedafrika/DEU__Firmen.htm – abgerufen 16.03.2014) Somit besteht eine gewisse Grundlage für instrumentelle, berufsbezogene Motive der Wahl und des Lernens von Deutsch als Fremdsprache (DaF), wobei der umfangreiche Tourismus aus den deutschsprachigen Ländern als mögliche Triebfeder hinzukommt (Kußler 1999: 372). Eine typische Meldung des *Department of Tourism* Südafrikas lautet: „The United Kingdom, the US and Germany were among the 10 leading overseas countries visiting South Africa" (www.tourism.gov.za/AboutNDT/Ministry/News/Pages/December_2013_tourism_stats.aspx – abgerufen 22.04.2014).

Seit der Überwindung der Rassen-Apartheid mit der politischen Umwälzung im Jahr 1994 sind in der Verfassung insgesamt 11 Sprachen als staatliche Amtssprachen anerkannt, 2 von europäischer Provenienz (Englisch, Afrikaans) und 9 afrikanische (von Maltzan 2009: 205; Böhm 2003: 599, 603-606). Davon ist Englisch inzwischen die meist verbreitete und die vorherrschende Verkehrssprache, die auch von fast allen Einwohnern in der Schule gelernt wird. Bei den Muttersprachlern anderer Sprachen X kommt DaF daher in der Schule erst an dritter Stelle in Betracht (nach X + Englisch). Außerdem ist Deutsch als Fremdsprache im übrigen Afrika weniger präsent als Französisch und auch Portugiesisch und konkurriert überdies noch mit Sprachen wie Arabisch, Spanisch, Italienisch u.a. (Böhm 2003: 609; aktueller zu Mehrsprachigkeit und Sprachenpolitik in Südafrika von Maltzan 2009; weitere Literaturhinweise in Augart 2012: 8).

Allerdings ist Deutsch in der Verfassung ausdrücklich als ‚Sprache Südafrikas' ausgewiesen – weil dort außer den staatlichen Amtssprachen „eine Anzahl weiterer Sprachen in der Verfassung genannt werden, die zwar nicht zu den Nationalsprachen gezählt, aber durchaus als förderungswürdig angesehen und von Minderheiten [...] gesprochen werden. Explizit genannt werden in der Verfassung (Chapter 1, §6) Deutsch, Griechisch, Gujarati, Hindi, Portugiesisch, Tamil, Telegu und Urdu." (von Maltzan 2009: 206) Jedoch gilt die folgende Einschränkung: „Die genannten Sprachen, darunter Deutsch, sind nur beispielhaft aufgeführt und stehen für ein offenes Kontinuum, in dem nach der Verfassung prinzipiell jede Sprache, die in Südafrika gesprochen wird, den Status einer schützenswerten südafrikanischen Sprache genießen kann." (Laurien 2006: 440). Überhaupt ist es fraglich, ob diese Nennung von Deutsch und seine Stellung auch als Muttersprache sich speziell auf DaF positiv auswirken, da es damit weniger förderungsbedürftig erscheinen könnte (Kußler 2001: 1615f.; Augart 2012: 11. Zum Nachbarland Namibia siehe Kap. E.4.9).

Deutschunterricht ist in Südafrika bis zurück in die erste Hälfte des 19. Jh. belegt (Kußler 1999: 365). Später geriet er ins Fahrwasser der Apartheid und war weitgehend auf die Schulen der „Weißen" beschränkt (von Maltzan 2010: 1806), vornehmlich die der Afrikaanssprachigen. Die vertrackte Lage von DaF und vor allem Germanistik zur Zeit der Apartheid geht hervor aus Schilderungen z.B. von Welz (1986) oder Blumer (1987). Beeinträchtigend wirkten auch Veränderungen der Zulassung zu den Hochschulen: „Der stetige Rückgang von DaF begann Ende der 70er Jahre mit der Abschaffung der sog. dritten Sprache (nach Englisch und Afrikaans) als Bedingung für eine Universitätszulassung" (von Maltzan 2010: 1806). Eckhard Bodenstein (1995: 47) belegt den Rückgang für die Schulen in der Zeitspanne 1989 – 1992 und begründet ihn zusätzlich mit der zu erwartenden Umverteilung der Bildungsressourcen auf alle Schulen beim absehbaren Ende der Apartheid. Die Apartheid und ihre Folgen gelten als eine der abträglichen Seiten in dem bis zur Gegenwart anhaltenden Spannungsfeld des DaF-Unterrichts in Südafrika. Die eher Auftrieb versprechende Seite tritt zutage in der unmittelbar an Bodenstein anschließenden Mahnung Marco Schmitts (1995: 56) vom Deutschen Generalkonsulat Kapstadt, die mit dem – reichlich übertriebenen – Resümee schließt: „[A] language such as German is an asset comparable to computer skills for finding meaningful employment in an economy attracting ever increasing German investment." Die weitere Entwicklung ist jedoch hauptsächlich gekennzeichnet von nachhaltigen Rückgängen an Schulen und Hochschulen, nicht zuletzt eben in Nachwirkung der Apartheid (Kußler 1999: 367f., 370). Hinzu kommt die um sich greifende Funktion von Englisch, dem gegenüber alle anderen Sprachen, auch Deutsch, fast nebensächlich anmuten.

Einen Überblick über die Entwicklung der Zahlen im Verlauf der Zeit gibt Tab. K.9.9-1

	1985	1995	2000	2005	2010
Schulen	32.000	11.120	[8.500]	11.900	7.523
Hochschulen: Deutschlerner und Germanisten	3.009	628	[967]	1.357	1.000
Davon Germanisten	3.009	628	1999: 861	266	k.A.

Tab. K.9.9-1: Deutschlerner und Germanisten an südafrikanischen Schulen und Hochschulen über die Jahre 1985 – 2010 (Quellen für 1985 und 1995: Goethe-Institut 2000: [174]; für 2000 und 2005: StADaF 2005: 14; für 2010: Netzwerk Deutsch 2010: 11; für Germanistik-Studierende 1883 – 1999: Böhm 2003: 611)

Die Zahlen sind Schätzungen. Vielleicht ist die Vergleichbarkeit über die Jahre zusätzlich durch variierende Begriffe beeinträchtigt, was unterschiedliche Termini nahelegen. Für Tab. K.9.7-1 habe ich z.B. gleichermaßen unter „Schulen" subsumiert: „Deutschschüler an Sekundarschulen" (Goethe-Institut 2000) und „DaF-Lerner im Schulbereich" (StADaF 2005). Unter „Hochschulen: Deutschlerner und Germanisten" (Def. Kap. K.9.3, unterhalb Tab. K.9.3-2) habe ich subsumiert: Summe von „Zahl der Germanistikstudenten" + „Zahl der Teilnehmer an Hochschulsprachkursen" (beide Angaben Goethe-Institut 2000), „Deutsch Studierende gesamt" (StADaF 2005), „Deutschlernende Studierende gesamt" (Netzwerk Deutsch 2010). Da sich aber unter „Zahl der Teilnehmer an Hochschulsprachkursen" in Goethe-Institut 2000 keine Angaben finden, habe ich die „Zahl der Germanistikstudenten" für „Hochschulen: Deutschlernende gesamt" genommen. Die Zahlen in eckigen Klammern basieren alleine darauf, dass die Quelle für 2005 die Differenzen von den nicht genannten Zahlen der „DaF-Lerner Schulbereich" für 2000 mit „3.400" der „Deutsch Studierenden gesamt" mit „390" angibt.

Trotz berechtigter Zweifel an der Genauigkeit lässt sich von den Zahlen doch mit Sicherheit ein starker Rückgang, vor allem an den Schulen und in der Germanistik, ablesen. Vielleicht wurden bei der Zählung die beiden Kategorien für die Hochschulen nicht immer exakt auseinander gehalten. Heute ist eines der – für

Schwellen- und erst recht Entwicklungsländer – typischen Probleme der Mangel an Lehrern, aufgrund der verhältnismäßig schlechten Bezahlung (Rode 2008). Zum Teil werden die in der Schule versäumten Deutschkenntnisse außerschulisch nachgeholt. Am Goethe-Institut in Johannesburg und dem 1999 hinzugefügten Goethe-Zentrum in Kapstadt hat sich die Teilnahme – im langfristigen Überblick – wie folgt entwickelt (T = Kursteilnehmer, P = Prüfungen):
Jahr 2000: T – 337, P – 31;   2005: T – 273, P – 18;   2010: T – 0, P – 129;
    2011: T – 340, P – 202;   2012: T – 0, P – 182;   2013: T – 422, P – 221
(Mitteilung Ingrid Köster und Herbert Moosbauer, Goethe-Institut München). Neuerdings ist – soweit erkennbar – die übergreifende Tendenz für DaF, in allen Institutionen zusammen, Stabilität oder in Ansätzen sogar Zunahme. Vielleicht ist dies eine Wirkung des inzwischen fast weltweit verbreiteten Images wirtschaftlicher Stabilität der deutschsprachigen Länder, das auch andernorts die Nachfrage nach Deutschkenntnissen stärkt (z.B. in Frankreich oder Italien, Kap. K.9.2; K. 9.4). Für die Hochschulen belegen dies die Zahlen für die Universität Stellenbosch (Tab. K.9.9-2).

	1997	2000	2004	2008	2012	2013	2014
Deutsch	218	261	258	329	306	316	319
Französisch	155	228	289	337	310	348	366
Chinesisch	0	19	35	95	110	93	83

Tab. K.9.9-2: Studierenden- und Lernerzahlen aller Studiengänge dreier Sprachen an der Universität Stellenbosch über die Jahre 1997 – 2014 (Übermittlung Carlotta von Maltzan)

Allerdings sind die Zahlen nicht repräsentativ für das ganze Land (wofür mir Daten fehlen). Erst recht darf der Sprachenvergleich nicht verallgemeinert werden, denn Stellenbosch hat die größte Deutschabteilung in Südafrika und auch den einzig verbliebenen Lehrstuhl der Germanistik.

Die vorausgehenden Einbußen und Stellenverluste waren tiefgreifend. Vor allem in der Germanistik gab es gravierende Einbrüche bei den Deutsch-Lernern und -Studierenden (siehe Tab. K.9.9-1) und auch massive Streichungen von Stellen, sogar ganzer Abteilungen (Kußler 2001: 1616; von Maltzan 2009: 211). Möglicherweise hat dazu auch das Festhalten der Germanistik an traditionell literaturwissenschaftlichen Inhalten beigetragen, das die Inhaltsverzeichnisse der Fachzeitschriften verraten: *Acta Germanica/ German Studies in Africa: Jahrbuch des Germanistenverbandes im Südlichen Afrika* (seit 1966) und der schulnähere *Deutschunterricht im Südlichen Afrika* (*DUSA*) (bis 1998), danach *Deutschunterricht in Südafrika* (*DUSA*), mit der elektronischen Form *eDUSA* (zugänglich über: www.sagv.org.za/publ_dusa.htm). Allerdings zeigen die Publikationen auch die allmähliche Umstellung auf den breiteren Themenfächer einer Art German Studies, die – bei allen durch Stelleneinschränkungen bedingten Zwängen – auch der Überblick über die neueren Lehrangebote belegt (Augart 2012: 11-15, 17-19; zu Fragen des Stellenmangels und Möglichkeiten kompensierender regionaler Kooperation Annas 2004: 186).

Zu den Motiven der Wahl von DaF an Schulen oder – auch der Germanistik – an Hochschulen und zu den späteren Berufsaussichten von Lernenden oder Studierenden gibt es, soweit ich sehe, speziell für Südafrika keine aussagekräftigen Untersuchungen. Als Motive liegen nahe: die Hoffnung auf Anstellung bei Niederlassungen deutscher Unternehmen vor Ort oder bei südafrikanischen Unternehmen, die entsprechende Geschäftsbeziehungen pflegen, oder der Wunsch, eine Zeitlang in einem deutschsprachigen Land zu studieren oder zu arbeiten; sicher auch auf Tätigkeiten im Bereich der Schule oder auch Hochschule, ungeachtet beschränkter Aussichten und geringer finanzieller Verlockungen.

DaF und Germanistik werden auch in Südafrika seitens der deutschsprachigen Länder, hauptsächlich Deutschlands, gefördert (Kußler 1999: 369; von Maltzan 2010: 1806). Eine wichtige Funktion haben das Goethe-Institut in Johannesburg und das Goethe-Zentrum in Kapstadt, auch aufgrund ihrer Tagungen für DaF-Lehrende (siehe z.B. www.goethe.de/ins/za/de/joh/acv.cfm?fure action=events.details&event_id=8048937) sowie die 4 Deutschen Auslandsschulen (Hermannsburg, Johannesburg, Kapstadt, Pretoria) und 11 DSD-Schulen (Angebot des Deutschen Sprachdiploms). Die diplomatische Vertretung Deutschlands hebt die aus ihrer Sicht sonst wichtigsten Deutsch-Förderungen wie folgt hervor:

> „Deutscher Akademischer Austausch Dienst (DAAD), Alexander von Humboldt-Stiftung (AvH) und Deutsche Forschungsgemeinschaft (DFG) sind in ZAF gut platziert. Es existieren über 90 formalisierte Hochschul-Kooperationsabkommen.
>
> Der DAAD unterhält seit 1997 ein Informationsbüro (Stipendienberatung) an der Witwatersrand Universität Johannesburg [...].
>
> [Der] DAAD vergab 2009 rd 150 Stipendien, darunter ‚Surplace' und für das Studium in Deutschland." (www.southafrica.diplo.de/Vertretung/suedafrika/de/07_Kultur/Kultur/ Kulturbeziehung_DE_SA.html – abgerufen 17.03.2014)

Hinzuzufügen sind überdies die Sprachassistenzen des DAAD in Johannesburg, Kapstadt und Stellenbosch. Außerdem nicht zu vergessen die gelegentlichen, wichtigen Zuwendungen für deutsch-fördernde Veranstaltungen einschließlich Konferenzen, auch seitens Österreichs und der Schweiz. Schließlich sind eine wichtige Komponente der DaF-Förderung die organisatorischen und werbenden

Aktivitäten der landeseigenen Verbände: *Germanistenverband im Südlichen Afrika/ Association for German Studies in Southern Africa*, mit Mitgliedern in der *Internationalen Vereinigung für Germanistik (IVG)*, und die *Deutsche Pädagogische Vereinigung im Südlichen Afrika*, Mitglied des *Internationalen Deutschlehrerverbandes (IDV)*.

9.10 USA

Dieses Kap. wurde geprüft und ergänzt von Monika Chavez (University of Wisconsin, Madison) und Thomas Lovik (Michigan State University, East Lansing). Als wichtige Quellen dienten außerdem Gilbert 1971; Arnold 1983; Huffines 1986; Trommler 1986; 1989; Lützeler 1990; Byrnes 1996; Bister-Broosen/ Good 1997; Hermand 1999; James/ Tschirner 2001; Andress u.a. (2002); Lovik 2003; 2004; Louden/ Lovik 2008; Davidheiser/ Wolf 2009; ACTFL 2010; Furman/ Goldberg/ Lusin 2010; Tatlock 2010; Ecke 2010; 2011.

Die USA pflegen zu Deutschland intensivere Wirtschaftsbeziehungen als zu jedem anderen europäischen Land außer Großbritannien, allerdings noch intensivere zu einer Reihe nicht-europäischer Länder: 5% der US-Importe im Jahr 2011 (aus China 18%, Kanada 14%, Mexiko 12%, Japan 6%, Großbritannien 2%), 3% der US-Exporte (Kanada 19%, Mexiko 13%, China 7%, Japan 5%, Großbritannien 4%) (*Fischer Weltalmanach 2013*: 492). Jedoch scheinen auf Wirtschaftsbeziehungen und entsprechende Berufe bezogene Motive für die Wahl von Deutsch als Fremdsprache (DaF) nur eine begrenzte Rolle zu spielen (Hermand 1999: 335). Allerdings hat mich Monika Chavez (E-Mail 18.03.2014) darauf hingewiesen, dass zumindest an ihrer Universität ein „größerer Prozentsatz unserer Studenten (nicht majors, sondern Sprachlerner – obwohl auch einige majors dabei sind) von Engineering oder auch diversen Bio Sciences kommt. [...] Praktika [in Deutschland! U.A.] sind sicher ein großer Anziehungspunkt [...]; manche advisors setzen sich sehr dafür ein, dass ihre Studenten Deutsch lernen (um auch in Deutschland zu studieren oder zu arbeiten." Über eine positive und womöglich anregende Erfahrung mit dem DAAD Programm *Research Internships in Science and Engineering* (*RISE*) berichtet Condray (2007). Chavez unterstreicht solche Indizien instrumenteller Motivation mit dem Hinweis, dass der Anteil von Männern bei Deutsch deutlich höher liegt als z.B. bei Französisch. Außerdem zögen Asiaten Deutsch vor, vielleicht im Hinblick auf Berufe, aber möglicherweise auch, weil sie in ihren Herkunftsländern damit mehr vertraut wurden.

Eine weitere Grundlage der Fremdsprachenwahl bildet die traditionsreiche Einwanderung aus den deutschsprachigen Ländern, wobei der Sonderfall der religiösen Sprachinseln (dazu Kap. E.4.11) für DaF von untergeordneter Bedeutung ist. Die Herkunft „German" ist schon geraume Zeit „the most frequently reported category of ancestry in the U.S.", auch noch im letzten mir zugänglichen Zensus von 2005 (Ecke 2011: 57). Dabei liegt dieser Kategorie eine Art ethnisches, an die Herkunftssprache gebundenes Verständnis von ‚deutsch' zugrunde, das sich auf alle deutschsprachigen Länder erstreckt (dazu Kap. B.3; B.4). Zu den „Germans" in den USA und zur Einwanderungsgeschichte gibt es eine kaum überschaubare Zahl von Publikationen, von denen hier stellvertretend genannt seien Gilbert (1971), Huffines (1986) und vor allem Trommler (1986). Die zahlreiche Einwanderung war sicher auch ein begünstigender Faktor – neben der einstigen politischen, ökonomischen und wissenschaftlichen Bedeutung der deutschsprachigen Länder – dafür, dass Deutsch in der Zeit vor dem Ersten Weltkrieg die meist gelernte Fremdsprache in den USA war (dazu Kap. K.2). Infolge dieses Krieges und seitdem rangiert es jedoch nur noch an dritter Stelle, mit großem Abstand vor allem hinter Spanisch, aber auch Französisch. Dass die ethnische Herkunft weiterhin auf die Fremdsprachenwahl nachwirkt, belegen diverse Befunde. So nannten z.B. 59% befragter DaF-Schüler an High Schools (n=4.711) den „family background" als Grund für die Wahl von DaF (Andress u.a. 2002: 3; Ecke 2011: 56; siehe Kap. K.8 zur Unterscheidung von ‚genanntem Grund' und ‚tatsächlichem Motiv'). Der nach wie vor relativ häufige Gebrauch von Deutsch als häusliche Sprache wurde durch den neuesten *Census Bureau American Community Survey* (2014) belegt (www.census.gov/acs/www/ – abgerufen 20.05.2014). In 16 Bundesstaaten ist es die dritthäufigste Haussprache – allerdings weit hinter Englisch und auch Spanisch. Nach der Sprecherzahl in ganz USA rangiert es auch hinter Chinesisch („Let's talk Deutsch", *SZ* 14.05.2014 – Hinweis Barbara Maier).

In den USA ist zwar die Unterrichtssprache aller Schulen einschließlich der Hochschulen gesetzlich festgelegt: in der Regel Englisch, abgesehen von Ausnahmen, vor allem für religiöse Minderheiten. Jedoch bleibt es weitgehend den einzelnen Institutionen überlassen, welche Sprachen sie als Fächer anbieten. Dies hängt hauptsächlich ab von der Nachfrage seitens der Klientel, also der Eltern und Schüler oder Studierenden.

Einen Überblick über die Entwicklung der Zahlen im Verlauf der Zeit gibt Tab. K.9.10.-1.

Man wird davon ausgehen dürfen, dass in der Quelle für die Jahre 1985 und 1995 die Zählungen von „Hochschulen: Deutschlerner und Germanisten" und „Davon Germanisten" durcheinander geraten sind. Wenn man davon jedoch und von den weiteren Lücken absieht, passen die Zahlen doch ungefähr zu sonstigen Informationen.

	1985	1995	2000	2005	2010
Schulen	319.913	415.000	[373.234]	332.995	400.000
Hochschulen: Deutschlerner und Germanisten	151.000	108.263	[89.020]	91.100	94.265
Davon Germanisten	1.000	108.263	k.A.	7.000	k.A.

Tab. K.9.10-1: Deutschlerner und Germanisten an US-Schulen und -Hochschulen über die Jahre 1985 – 2010 (Quellen für 1985 und 1995: Goethe-Institut 2000: [175]; für 2000 und 2005: StADaF 2005: 15; für 2010: Netzwerk Deutsch 2010: 12)

Die Zahlen sind Schätzungen. Vielleicht ist die Vergleichbarkeit über die Jahre zusätzlich durch variierende Begriffe beeinträchtigt, was unterschiedliche Termini nahelegen. Für Tab. K.9.7-1 habe ich z.B. gleichermaßen unter „Schulen" subsumiert: „Deutschschüler an Sekundarschulen" (Goethe-Institut 2000) und „DaF-Lerner im Schulbereich" (StADaF 2005). Unter „Hochschulen: Deutschlerner und Germanisten" (Def. Kap. K.9.3, unterhalb Tab. K.9.3-2) habe ich subsumiert: Summe von „Zahl der Germanistikstudenten" + „Zahl der Teilnehmer an Hochschulsprachkursen" (beide Angaben Goethe-Institut 2000), „Deutsch Studierende gesamt" (StADaF 2005), „Deutschlernende Studierende gesamt" (Netzwerk Deutsch 2010). Da für 1995 die Angaben für die „Zahl der Teilnehmer an Hochschulsprachkursen" fehlen, habe ich für „Hochschulen: Deutschlernende gesamt" die „Zahl der Germanistikstudenten" eingesetzt. Die Germanisten sind in den Quellen nur gelegentlich gesondert geführt. Die Zahlen in eckigen Klammern basieren nur darauf, dass die Quelle für 2005 die Differenzen von den nicht genannten Zahlen der „DaF-Lerner Schulbereich" für 2000 mit „-40.239" und der „Deutsch Studierenden gesamt" mit „2.080" angibt.

Dies gilt vor allem für den Zuwachs in den Schulen zu Anfang der 1990er Jahre, vielleicht auch für die Hochschulen, wenn man bedenkt, dass die Zahlen für ‚Teilnehmer an Hochschulsprachkursen' fehlen. Diesem Aufschwung, sicher bedingt durch die Wiedervereinigung Deutschlands, folgte dann wieder ein Schwund (zu diesem Auf und Ab, Lovik 2003: 26f.; 2004: 97f.; James/ Tschirner 2001: 1425) und jetzt neuerdings wieder ein – wenn auch bescheidener – „upward trend" (Ecke 2011: 62; Louden/ Lovik 2008: 75f.). Diesen Trend belegt der *American Council on the Teaching of Foreign Languages* (ACTFL 2010: 8) mit der Zunahme von DaF in der 12. Klasse der „Public Schools" vom Schuljahr 2004/5 zum Schuljahr 2007/8 von 4,2% auf 4,4% der Fremdsprachenschüler. Desgleiches stellten Furman/ Goldberg/ Lusin (2010: 3, 11) an den Hochschulen den „modest gain" für DaF von 2,2% im Jahr 2009 (gegenüber dem Vorjahr) fest. Während Spanisch und Französisch jedoch an den High Schools in dieser Zeit leicht schrumpften, hatten diese beiden Sprachen an den Hochschulen einen noch kräftigeren Zuwachs als Deutsch – vermutlich in Fortwirkung früherer Zuwächse. Dies wäre, nebenbei bemerkt, ein Indiz für die Wichtigkeit, eine in den High Schools entfachte „Flamme" in die Hochschulen hinüber zu retten (Davidheiser/ Wolf 2009). Die Proportionen zwischen den drei genannten Sprachen werden deutlich am Beispiel der Lernerzahlen in der 12. Klasse der Public High Schools, z.B. im Schuljahr 2007/8: Deutsch 395.019, Französisch 1.254.243, Spanisch 6.418.331 (ACTFL 2010: 8). Außer diesen drei führenden Fremdsprachen konnten neuerdings verschiedene andere Sprachen Zugewinne erzielen, vor allem Chinesisch; nach den absoluten Lernerzahlen liegen aber alle weiterhin hinter DaF zurück.

Was DaF letztlich fehlt, ist eine zündende instrumentelle Motivation, wenn es auch vielversprechende Ansätze zu deren Entwicklung gibt (Condray 2007; vgl. Chavez, zu Anfang dieses Kap.). Eine Befragung in North Carolina von Deutschlernenden an der Hochschule erbrachte vielerlei, wenn auch nicht hinreißende Gründe für die Sprachwahl (Bister-Broosen/ Good: 55), am häufigsten „reisen" oder bei 12,5% die „Herkunft Deutsch". Hinsichtlich eher schwacher instrumenteller Motive gleichen die USA anderen geografisch von den deutschsprachigen Ländern weit entfernten, wirtschaftlich und technologisch hoch entwickelten Ländern (z.B. Japan, Kap. K.9.14). So spielt das Motiv, in einem deutschsprachigen Land studieren oder arbeiten zu wollen, trotz vereinzelter Nennungen, eine insgesamt untergeordnete Rolle. Diesbezüglich hat Deutschland nur siebte Priorität, hinter Großbritannien, Italien, Spanien, Frankreich, China und Australien (Ecke 2011: 65). Allerdings folgt „study abroad" ohnehin nicht nur akademischen Maßstäben.

Noch abträglicher für die instrumentelle Motivation von Fremdsprachen-, eben auch DaF-Lernen ist vermutlich die Einschätzung von Englisch als Welt-Lingua franca, womit man inzwischen fast überall kommunikativ durchzukommen glaubt (dazu Kap. A.7). Darin gleichen die USA anderen anglophonen Ländern wie Großbritannien oder Australien (Kap. K.9.3; K.9.15). Wie für diese Länder gilt auch hier, dass diese Einschätzung zwar übertrieben, aber auch nicht ganz falsch und daher kaum zu erschüttern ist. Sie findet ihre Bestätigung in der Sprachwahl von Niederlassungen deutscher Firmen in den USA.

Neben oder auch anstelle der instrumentellen Motive spielen die Tradition, die Suche nach der ethnischen Herkunft oder Identität, die mit der deutschen Sprache verbundene Kultur (wie in Japan oder Australien) und nicht zuletzt Modeströmungen eine Rolle bei der Wahl von DaF. Der gelinde neuerliche Aufschwung könnte dadurch begünstig sein, dass sich das Bild von Deutschland und den Deutschen in den letzten Jahren aufgehellt hat. Bei einer Umfrage im Jahr 2009 sahen ungefähr die Hälfte der Amerikaner, besonders junge Hochschulabsolventen, Deutschland positiv: Als besonders wichtigen Wirtschaftspartner, vor allem in der Hochtechnologie – allerdings im politischen Zusammenspiel nur auf Platz 5 („Die Deutschen sind wieder wer in den USA", www.spiegel.de/politik/ausland/0,1518,681124,00.html, 2010 – abgerufen 01. 03.2014). Die zum Teil modische Hinwendung zu DaF verrät sich in bisweilen unsinnigen Begründungen (siehe z.B. „Have you hier Schillers ‚Jungfrau von New Orleans'?", *FAZ* 08.03.2014: 9).

All diese Unsicherheiten bedeuten jedoch nicht, dass DaF in den USA existenzbedroht ist – entgegen den schon notorischen Diagnosen von seiner „galoppierenden Schwindsucht" (Arnold 1983: 73). Auch andere Fremdsprachen erleiden die demotivierende Wirkung der Welt-Lingua franca. Einen aufmunternden Ausblick liefert, bei allem Realitätssinn, Tatlock (2010), mit ausführlichen Zahlen zu Deutsch in den einzelnen Staaten und Hochschulen sowie zu den Studierenden und Ph.D.s. Ebenfalls im Gegensatz zum verbreiteten Pessimismus belegen, wie es scheint, auch die US-Joblisten, „that there is a continuous strong interest in and need for teachers of German" (Ecke 2011: 69, auch 70-73; ausgewogen dazu Lovik 2003: 27). Einen couragierten „Action Plan for the Profession" hat Heide Byrnes (1996: 259-261) vorgeschlagen, aufgrund von Lageanalysen in Berichten von Teilnehmern an fachlichen Zusammenkünften.

Jedoch passt die geringe Zahl von Prüfungen an den Goethe-Instituten im Verhältnis zur Zahl der Kursteilnehmer zur eher schwachen instrumentellen Motivation: Man legt wenig Wert auf Zertifikation seiner Deutschkenntnisse. Die in Anbetracht der Zahl der Institute insgesamt geringen Zahlen indizieren ebenfalls mangelnde instrumentelle Motive. Für alle Institute zusammen (Goethe-Institute in Boston, Chicago, Los Angeles, New York, San Franciso, Washington DC; Goethe-Zentren in Atlanta, Cincinnati, Houston, Seattle, St. Louis; T = Kursteilnehmer, P = Prüfungen):

1990: T – 3.432, P – 287;   2012: T – 2.936, P – 448;   2013: T – 2.878, P – 591.
(Mitteilung Ingrid Köster und Herbert Moosbauer, Goethe-Institut München)

Die USA haben übrigens selbst erheblich zum Verlust der instrumentellen Motive allen Fremdsprachenlernens beigetragen. Ein Schritt in diese Richtung ist – wie in Kap. G.1 dargestellt – der Abbau der „foreign language requirements" an den US-Hochschulen seit den 1960er Jahren (dazu auch Ammon 1998: 13f.). Infolge davon haben die WissenschaftlerInnen des dominanten Wissenschaftszentrums der Welt, der USA, verlernt, mit anderssprachigen Wissenschaftlern, eben auch den deutschsprachigen, in deren Sprache zu kommunizieren, und mussten diese sich aufs Englische umstellen, mehr und mehr dann auch, wenn sie überhaupt noch jenseits der eigenen Sprachgemeinschaft wahrgenommen werden wollten. Inwieweit heute dennoch DaF, in Resten, als studienbegleitendes Wahl- oder sogar Pflichtfach an US-Hochschulen gelernt wird, am ehesten wohl noch in manchen Geisteswissenschaften, ist, wie mir scheint, ein Forschungsdesiderat.

Hervorzuheben ist noch, dass die US-Germanistik – nicht zuletzt aufgrund von Existenznöten – eine beeindruckende Vielfalt an Lehrinhalten und Forschungsinteressen entwickelt hat (Classen 1988: 371; Trommler 1989; Lützeler

1990; James/ Tschirner 2001: 1426; Lovik 2004: 98-100; Louden/ Lovik 2008: 77-79; Ecke 2010: 1836f.).

Die Förderung von DaF und Germanistik in den USA seitens der deutschsprachigen Länder wird gelegentlich als wenig zielgerichtet und kaum effektiv kritisiert („Die Bildungspolitik schläft mal wieder", *FAZ* 12.09.2012: N5). Sie hat jedoch einen nicht unbeachtlichen Umfang. Außer den 6 Goethe-Instituten und 5 Goethe-Zentren sind zu nennen: 5 Deutsche Auslandsschulen (Boston, New York, Portland OR, Silicon Valley CA, Washington DC) und 92 DSD-Schulen (Angebot des Deutschen Sprachdiploms), ferner der Deutsche Akademische Austauschdienst (DAAD), der deutsche Lektoren und Stipendien für amerikanische und deutsche Studierende und Gastdozenten gewährt, die Alexander von Humboldt-Stiftung, die Deutschlandaufenthalte amerikanischer Dozenten ermöglicht, das Deutsche Haus in New York mit seiner Darbietung deutscher Kultur sowie die Zuwendungen für Konferenzen und dergleichen aus verschiedenen Quellen, auch Österreichs und der Schweiz. Nicht zu vergessen die Förderung durch landeseigene Organisationen der DaF- und Germanistik-Lehrenden in den USA, vor allem die *American Association of Teachers of German* (*AATG*), *German Studies Association* (*GSU*), *Society of German-American Studies* (*SGAS*) und die *Society of Germanic Linguistics* (*SGL*) (James/ Tschirner 2001: 1424; 1429).

9.11 Brasilien

Dieses Kap. wurde von Katja Reinecke (DAAD São Paulo), Paulo Soethe (Universidade Federal do Paraná (UFPR) in Curitiba) und José Simões (Universidade de São Paulo) geprüft und ergänzt. Andere wichtige Quellen waren Jacobi 1979; Rosenthal 1980; Leutner 1989; Altenhofen 1996; Xavier de Oliveira 1997; Sartingen 2001; Oliveira 2002; Galle 2002; Heise/ Aron 2002; Nitschak 2002; Altenhofen/ Gonzaga de Souza 2003; G. Kaufmann 2003; Soethe 2002; 2010.

Brasilien pflegt enge Wirtschaftsbeziehungen zu den deutschsprachigen Ländern, zu Deutschland engere als zu jedem anderen europäischen Land außer teilweise (im Export) zu den Niederlanden: 7% der brasilianischen Importe (aus USA 15%, China 15%, Argentinien 8%), 4% der brasilianischen Exporte (China 17%, USA 10%, Argentinien 9%, Niederlande 5%, Japan 4%) (*Fischer Weltalmanach 2013*: 69). São Paulo, besser: dessen Großraum, „ist [vorsichtiger ausgedrückt: gilt als! U.A.] die größte ‚deutsche' Industriestadt weltweit mit über 1.000 Niederlassungen von deutschen Unternehmen" (Soethe 2010: 1624). Bei der Eröffnung des Brasilianischen Deutschlehrerkongresses in São Leopoldo im Juni 2002 sprach der deutsche Botschafter in Brasilien – vor allem im Hinblick auf die wirtschaftliche Zusammenarbeit beider Länder – von einer „strategischen Partnerschaft" (Kaestner 2003). Zu den wirtschaftlichen Beziehungen kommen gemeinsame politische Interessen hinzu, z.B. an je einem ständigen Sitz im Sicherheitsrat der Vereinten Nationen. Beträchtlichen Einfluss auf DaF und Germanistik in Brasilien erwartet Paulo Soethe (E-Mail 29.04.2014) vom deutschen Programm *Wissenschaft ohne Grenzen* für Brasilien (dazu: www.csf-alemanha.de/de/index.html – abgerufen 30.04.2014).

Die beiden Städte São Paulo und São Leopoldo stehen für zwei bezüglich der deutschen Sprache unterschiedliche, wenngleich in einander übergehende Regionen Brasiliens. São Leopoldo, das im Ballungsraum der Großstadt Porto Alegre liegt, ist charakteristisch für bestimmte Regionen in den drei südlichen Bundesstaaten Rio Grande do Sul, Santa Catarina und Paraná, wo sich die Nachfahren aus den deutschen Ländern konzentrieren, von denen immer noch viele an Deutsch als Haussprache, also auch als zweiter Muttersprache (DaM) neben Portugiesisch, festhalten (Kap. E.4.10; Altenhofen 1996; Damke 1997) und die einer der besten Kenner der Verhältnisse im Auge hat, wenn er schreibt: „Außerhalb Europas gibt es nirgendwo so viele Sprecher des Deutschen wie im Süden Brasiliens" (Kaufmann 2003: 29). Dabei ist vor allem Deutsch als Muttersprache gemeint (worum es in Kap. E.4.10, aber nicht im vorliegenden Kap. geht); jedoch wird auch für diese Region – wegen der grassierenden Sprachumstellung – Deutsch als Fremdsprache (DaF) immer wichtiger. Allerdings konnte ich mir dort von der Unlust vieler Schüler, Deutsch zu lernen (Jacobi 1979), bei Schulbesuchen selbst ein Bild machen. Im nördlich daran anschließenden Bundesstaat São Paulo, mit weniger oder nur verstreut siedelnden Immigranten aus den deutschsprachigen Ländern, geht es dagegen hauptsächlich um DaF. Dieses wird zwar nach Norden hin seltener gelernt als im südlichen Teil des Landes (Soethe 2010: 1624); jedoch verrät die rege Nachfrage nach einem erst kürzlich eingerichteten Fernstudium ein reges Interesse (E-Mail Simões 28.04.2014).

Brasilianische curriculare Richtlinien und Schulordnungen bevorzugen, dass die Schulen Portugiesisch als Unterrichtssprache festlegen und erst ab der 5. Klasse eine Fremdsprache obligatorisch machen. Für diese haben die Schulen zwar Wahlfreiheit, die jedoch fast generell auf Englisch oder Spanisch hinausläuft. In der Sekundarstufe kommt nicht selten eine zweite Fremdsprache dazu, für die von der brasilianischen Zentralregierung Spanisch favorisiert wird, vor allem wegen der Einbindung des Landes in die – bislang allerdings nur langsam zusammenwachsende – lateinamerikanische Wirtschaftszone Mercosul (portugiesisch)/ Mercosur (spanisch). Befürchtungen einer unüberbrückbaren Dominanz des Spanischen durch das obligatorische Angebot dieser Sprache an brasilianischen Schulen erscheinen jedoch übertrieben. Spanisch ist zwar seit 2010 Pflichtfach an allen Schulen, aber ausschließlich in den Klassen 9 bis 11 der

Sekundarstufe, was Deutsch ab der 5. Klasse kaum gefährdet. Außerdem ist zwar das Angebot des Spanischen verpflichtend, nicht aber die Wahl des Faches durch die Schüler. Daher ist die Prognose einer schwarzen Zukunft für Deutsch wegen Spanisch falsch (E-Mail Soethe 29.04.2014; auch Soethe/ Weininger 2009). Hinsichtlich der ersten Fremdsprache geht man in den drei Südstaaten „oft so vor, dass man von der fünften (manchmal auch früher) bis zur achten Klasse Deutsch unterrichtet, in den letzten drei Schuljahren aber zum Englischen übergeht" (Kaufmann 2003: 32). Übrigens ist dort die Stellung von Italienisch der von Deutsch ähnlich, wegen der ebenfalls zahlreichen Einwanderer aus dem Mutterland. Wie in anderen Schwellenländern herrscht auch in Brasilien allenthalben ein Mangel an gut ausgebildeten Deutschlehrern (Xavier de Oliveira 1997: 24f.; Soethe 2010: 1625). Einen gewissen Ausgleich bieten im Bundesstaat São Paulo die in verschiedenen Städten eingerichteten Sprachzentren (*Centros de Estudo de Línguas*), die DaF als Wahlfach für Schüler an öffentlichen Schulen anbieten (E-Mail Simões 28.04.2014).

Für die fremdsprachlichen Teile der auslaufenden Aufnahmeprüfung zu den Universitäten (*Vestibular*) und für die den Zugang zur Universität mitbestimmende Abschlussprüfung der Sekundarstufe ist so gut wie ausschließlich Englisch relevant; was sich ungünstig auswirkt auf das Interesse an DaF wie auch auf den Erhalt von DaM. Wegen des begrenzten DaF- oder DaM-Unterrichts an den Schulen beginnen auch Germanisten ihr Studium häufig mit unzureichenden Deutschkenntnissen (Heise/ Aron 2002: 53). Die Germanistik wird an 16 Universitäten angeboten, mit der Universität von São Paulo als landesweit größter Abteilung (ebd. 54f.). Die Bundesuniversität von Paraná in Curitiba bietet seit 2009 in Zusammenarbeit mit der Universität Leipzig einen bilateralen Masterstudiengang in Deutsch als Fremdsprache an. Daneben gibt es DaF aber auch studienbegleitend für andere Fächer. Wie in nicht wenigen anderen Ländern sieht sich in Brasilien die Germanistik seit längerem in der Krise (Rosenthal 1980; Heise/ Aron 2002) und ist bemüht um Ausweitung in die oder Ergänzung um Kulturwissenschaften (Sartingen 2001: 1447; Galle 2002; Nitschak 2002), Übersetzungswissenschaft, Linguistik und DaF, wie auch um lokalen Bezug (Oliveira 2002; Soethe 2002) und die Kooperation mit anderen Fächern, z.B. Philosophie (Altenhofen/ Gonzaga de Souza 2003). Die Berufsziele von GermanistInnen ähneln denen in vielen anderen Ländern und reichen von Lehrer und Hochschullehrer über Übersetzer bis – vor allem bei studienbegleitendem Deutschlernen – zur Tätigkeit in Niederlassungen deutscher Firmen oder in brasilianischen Firmen mit Beziehungen zu den deutschsprachigen Ländern (Sartingen 2001: 1447). Inwieweit immer noch eine „steigende Nachfrage nach ausgebildeten Übersetzern" besteht, die einst „auf Jahre hinaus nicht zu decken" schien (Leutner 1989: 100), konnte ich nicht ermitteln. Vielleicht liegt es an der großen Entfernung, dass die Tätigkeit im Tourismus, wie es scheint, kaum eine Rolle spielt.

Entgegen gewissen Stimmungen zeigen die Lerner- und Studierendenzahlen eigentlich keine ungünstige Entwicklung. Einen Überblick über eine längere Zeitspanne gibt Tab. K.9.11-1.

	1985	1995	2000	2005	2010
Schulen	17.900	7.915	[51.000]	52.000	65.430
Hochschulen: Deutschlerner und Germanisten	2.726	5.476	[4.925]	6.500	9.750
Davon Germanisten	1.236	2.176	k.A.	2.000	k.A.

Tab. K.9.11-1: Deutschlerner und Germanisten an brasilianischen Schulen und Hochschulen über die Jahre 1985 – 2010 (Quellen für 1985 und 1995: Goethe-Institut 2000: [167]; für 2000 und 2005: StADaF 2005: 08; für 2010: Netzwerk Deutsch 2010: 5)

Die Zahlen sind Schätzungen. Vielleicht ist die Vergleichbarkeit über die Jahre zusätzlich durch variierende Begriffe beeinträchtigt, was unterschiedliche Termini nahelegen. Für Tab. K.9.7-1 habe ich z.b. gleichermaßen unter „Schulen" subsumiert: „Deutschschüler an Sekundarschulen" (Goethe-Institut 2000) und „DaF-Lerner im Schulbereich" (StADaF 2005). Unter „Hochschulen: Deutschlerner und Germanisten" (Def. Kap. K.9.3, unterhalb Tab. K.9.3-2) habe ich subsumiert: Summe von „Zahl der Germanistikstudenten" + „Zahl der Teilnehmer an Hochschulsprachkursen" (beide Angaben Goethe-Institut 2000), „Deutsch Studierende gesamt" (StADaF 2005), „Deutschlernende Studierende gesamt" (Netzwerk Deutsch 2010). Die Germanisten sind in den Quellen nur gelegentlich gesondert geführt. Die Zahlen in eckigen Klammern basieren alleine darauf, dass die Quelle für 2005 die Differenzen von den nicht genannten Zahlen der „DaF-Lerner Schulbereich" für 2000 mit „1.000" der „Deutsch Studierenden gesamt" mit „1.585" angibt.

Bei allen Zweifeln an der Genauigkeit lässt sich doch ablesen, dass die Zahlen der DaF-Lernenden sowohl an den Schulen als auch an den Hochschulen gestiegen und bei den Germanisten – sofern die Lückenhaftigkeit überhaupt ein Urteil erlaubt – stabil sind. Letzteres bestätigt auch die seit Jahren konstante Zahl von jährlich ca. 100 Studienanfängern in Germanistik an der Universität São Paulo (E-Mail Simões 28.04.2014). Auffällig ist vor allem der Anstieg von DaF-Lernenden an den Schulen, aber auch an den Hochschulen, den Paulo Soethe (2010: 1626) bestätigt.

Der Zuwachs auch der Deutschlernenden an den Hochschulen legt nahe, dass Deutschkenntnisse für relevant, vermutlich auch für beruflich nützlich gehalten werden (ebd.: 1627), vielleicht auch im Hinblick auf Studium oder Praktikum in den deutschsprachigen Ländern. Die Botschaft der Medien weltweit über die neuerdings florierende Wirtschaft in den deutschsprachigen Ländern, vor allem im Vergleich zu anderen EU-Staaten, könnte diese Einstellung noch verstärken. Inwieweit solche instrumentellen Motive oder aber identifikatorische (Kap. K.8), mit Blick auf die Zugehörigkeit zur Gruppe der Deutschstämmigen, überwiegen, könnte eine lohnende Forschungsaufgabe sein.

Für die instrumentelle Motivation spricht auch das DaF-Lernen in außerschulischen/ außeruniversitären Einrichtungen. Für dieses (ohne die Goethe-Institute) liegen Zahlen vor für die Jahre 1985: 11.600, 1995: 5.700 (Goethe-Institut 2000: [167]), 2005: 12.000 (StADaF 2005: 8) und 2010: 16.788 (Netzwerk Deutsch 2010: 5). Sie sind deutlich aufwärts gerichtet. An den Goethe-Instituten hat sich die Teilnahme – im langfristigen Überblick – wie folgt entwickelt, Belo Horizonte, Brasília, Curitiba, Porto Alegre, Rio de Janeiro, Salvador Bahia und São Paulo zusammen genommen (T = Kursteilnehmer, P = Prüfungen):
1990: T – 14.030, P – 1.338; 2012: T – 8.938, P – 802; 2013: T – 8.616, P – 1.465. Hier ist die übergreifende Tendenz Abnahme bei den Kursteilnehmern, aber – vor allem neuerdings – Zunahme bei den Prüfungen. Die Abnahme bei den Kursteilnehmern könnte durch zu hohe Gebühren bedingt sein. Sie bewirken vermutlich, dass Sprachkurse an den Universitäten besucht werden, die weit kostengünstiger sind, und sich manche Teilnehmer ihre Kenntnisse dann an den Goethe-Instituten zertifizieren lassen. (Kaufmann 2003: 38) Die brasilianische Bundesregierung fördert seit 2013 die Fortbildung von Deutschlehrern des öffentlichen Schulbereichs. Nach Englisch ist Deutsch die zweite Fremdsprache im Land, die aus der bundesministerialen Agentur CAPES diese Form von Förderung erfährt.

Trotz erkennbarer Verbesserungsmöglichkeiten ist die Förderung von DaF und Germanistik in Brasilien seitens der deutschsprachigen Länder, hauptsächlich Deutschlands, nicht unbeachtlich. Außer den 7 Goethe-Instituten und dem Goethe-Zentrum in der Hauptstadt Brasília sind zu nennen: 2 Schweizer Schulen im Ausland (in Curitiba und São Paulo), 4 Deutsche Auslandsschulen (2 in São Paulo, je 1 in Valinhos bei Campinas und Rio de Janeiro) und 18 DSD-Schulen (Angebot des Deutschen Sprachdiploms) sowie eine größere Zahl von zusätzlichen PASCH-Schulen (Partnerschulen von Schulen in Deutschland). Die Deutschen Auslandsschulen sind immer auch PASCH-Schulen – dies gilt weltweit (Auskunft Judith Weyer, ZfA, E-Mail 28.02.2014). Hinzu kommen vom Deutschen Akademischen Austauschdienst (DAAD) geförderte deutsche Lektorate in Brasilien sowie Gastaufenthalte deutscher und brasilianischer Hochschullehrer im jeweils anderen Land. Darüber hinaus finanziert die Alexander von Humboldt-Stiftung Stipendien für herausragende brasilianische Dozenten, seit 2010 in einem gemeinsamen Programm mit der brasilianischen bundesministerialen Förderungsagentur CAPES. Schließlich gibt es noch finanzielle Zuwendungen für deutsch-fördernde Veranstaltungen einschließlich Konferenzen, woran sich von Fall zu Fall auch Österreich und die Schweiz beteiligen (siehe z.B. das Impressum von Kaufmann/ Lenhard Bredemeier/ Volkmann 2003). Die wissenschaftlich-technische Kooperation, wie durch Besuche einer größeren Zahl von Wissenschaftlern im jeweils anderen Land, wird von beiden Seiten unterstützt (schon um das Jahr 2000 waren jährlich je ca. 50 Wissenschaftler beteiligt; Sartingen 2001: 1446). Die beidseitige Unterstützung betrifft verschiedene Kooperationsformen, die auch DaF zugute kommen, z.b. das *Zentrum für brasilianisch-deutsche Zusammenarbeit/ Centro de Cooperação Internacional Brasil-Alemanha* in Curitiba (www.cciba.ufpr.br/site_german/institucional/objetivos.html - abgerufen 26.03.2014). Von großer Bedeutung für die Förderung von DaF und Germanistik in Brasilien sind außerdem der *Brasilianische Deutschlehrerverband/Associação Brasiliera de Associações de Professores de Alemão (ABraPA)* (mit rund 900 Mitgliedern), der Mitglied ist im *Internationalen Deutschlehrerverband (IDV)*, und der *Lateinamerikanische Germanistenverband*, mit Mitgliedern in der *Internationalen Vereinigung für Germanistik (IVG)*. Im Jahr 2013 wurde außerdem der *Brasilianische Germanistenverband* gegründet.

9.12 Indien

Dieses Kap. wurde von Anja Hallacker (DAAD Pune) und Rekha Kamath Rajan (Jawaharlal Nehru University, New Delhi) geprüft und ergänzt. Weitere wichtige Quellen waren Dasgupta 1978; Sasalatti 1978; 1990; Ganeshan 1990; Mohr-Sobkowiak 2005; Bhatti 2001; 2007; Deutscher Akademischer Austauschdienst 2006; Rajan 2001; 2010.

Indien pflegt zu Deutschland und zur Schweiz so enge Wirtschaftsbeziehungen wie zu kaum einem anderen europäischen Land, außer teilweise Großbritannien und den Niederlanden: je 4% der indischen Importe aus Deutschland und der Schweiz im Jahr 2011 (aus China 12%, Vereinigte Arabische Emirate 7%, Saudi Arabien 5%, USA 6%, Saudi Arabien 5%, Australien 5%, Iran 4%) und 3% der indischen Exporte nach Deutschland (Vereinigte Arabische Emirate 14%, USA 11%, China 10%, Singapur 4%, Großbritannien 4%, Niederlande 4%) (*Fischer Weltalmanach 2013*: 196). Zudem konzentrieren sich in manchen Regionen, z.B. um Bangalore, New Delhi oder Pune, die Niederlassungen deutscher Firmen, wodurch die engen Wirtschaftsbeziehungen noch deutlicher zu Tage treten, als die Prozentzahlen für das ganze Land ahnen lassen.

Indien ist nicht nur das – zukünftig wahrscheinlich – bevölkerungsreichste Land der Welt, mit ca. 1,21 Mia. Einwohnern (laut Volkszählung 2011. *Fischer Weltalmanach 2013*: 196) und schnellerem Bevölkerungswachstum als China; es ist auch eines der sprachenreichsten Länder. Schon die insgesamt 23 staatlichen Amtssprachen sind ein Rekord, 2 nationale (Hindi, Englisch) und 21 meist regionale, bundesstaatliche, außer dem überregionalen Sanskrit. Englisch ist nicht in der Verfassung genannt, fungiert aber als im Grunde dominante nationale Amtsprache. Hinzu kommen ca. 100 Minderheitssprachen (de.wikipedia.org/wiki/Sprachen_Indiens – abgerufen 15.03.2014). Ein Zusammenhang der Sprachenzugehörigkeit mit dem Deutschlernen scheint nicht belegt zu sein; jedoch ist bei Muttersprachlern von Minderheitssprachen die Beeinträchtigung aufgrund von Sprachbelastung denkbar – trotz der vielgerühmten individuellen Vielsprachigkeit bei Indern.

Seit Jahren gehört Deutsch zwar zu den beachteten, aber doch keineswegs vorrangigen Fremdsprachen Indiens. Lageberichte, die kaum älter sind als ein Jahrzehnt, zeichnen eine ausgesprochen bescheidene Stellung (z.B. Rajan 2001; 2010 – ältere Berichte sind Das Gupta 1978; Sasalatti 1978; 1990; Ganeshan 1990). Französisch hat eine längere Tradition, von einst erheblicher Bedeutung. Auch Japanisch hat nach Lernerzahlen in den letzten Jahrzehnten vor Deutsch rangiert, und vermutlich tut dies neuerdings auch Chinesisch, vielleicht sogar Portugiesisch und Spanisch (Englisch zählt nicht zu den Fremdsprachen). Die aktuelle Rangordnung der Fremdsprachen und eventuelle neueste Verschiebungen konnte ich jedoch nicht ermitteln. Rekha Rajan (E-Mail 19.03.2014) hält eine neuerdings stärkere Stellung von Deutsch für möglich, vielleicht sogar vor Japanisch und Chinesisch.

Die Stellung von DaF und anderen Fremdsprachen an den Schulen ist außerordentlich vielfältig: Wahlpflichtfach oder bloßes Wahlfach, Beginn schon auf der Primarstufe oder erst der Sekundarstufe, zusammen mit nur einer anderen Fremdsprache oder mehreren. Ein genauer Überblick ist auch wegen der kulturellen Autonomie der Bundesstaaten, die meist den einzelnen Schulen großen Entscheidungsspielraum lassen, kaum möglich. Besonders vielfältig ist die Lage an den zahlreichen Privatschulen.

Aufgrund wirtschaftlicher Verheißungen sind bei InderInnen instrumentelle, berufsbezogene Motive für die Wahl von Deutsch als Fremdsprache (DaF) oder Germanistik naheliegend, auch wegen des Überschusses an Arbeitsuchenden im Verhältnis zum Angebot attraktiver Arbeitsmöglichkeiten im eigenen Land. Punktuelle Untersuchungen ergaben ein ausgesprochen positives Bild der Inder von Deutschland, z.B. als politisch stabil, gut organisiert, getragen von politischem Verantwortungsbewusstsein statt Korruption (Schülerbefragung in Mumbai, allerdings nur n=42, Mohr-Sobkowiak 2005: 154-190, siehe 179). Vor allem aber hat sich die stabile Wirtschaftslage der deutschsprachigen Länder mittlerweile auch in Indien herumgesprochen. Die deutschsprachigen Länder, besonders Deutschland, haben zu diesem Image beigetragen, auch zu der Einschätzung, dass diese Länder aufgrund rückläufiger Demographie Fachkräfte benötigen. Entsprechende Werbung hat junge InderInnen auch in dem Wunsch bestärkt, in einem deutschsprachigen Land zu studieren, was nun vielleicht das häufigste Motiv für die Wahl von DaF an Schulen und Hochschulen ist.

Die Notwendigkeit von Deutschkenntnissen für Studium und Beruf in den deutschsprachigen Ländern trat zutage, auch teilweise in Indien, als die „Bluecard"-Kampagne Deutschlands (analog zur US-„Greencard"), zwecks Gewinnung von IT-, vor allem Software-Fachleuten, nicht den erwarteten Zuspruch fand. Zu den Barrieren für die ausbleibenden InderInnen, wurde diagnostiziert, „gehören die Sprache, Essgewohnheiten und kulturelle Unterschiede" („Deutschland? Muss nicht sein", *Der Spiegel* 11.05.2012. www.spiegel.de/karriere/ausland/it-fachkraefte-blue-card-lockt-kaum-spezialisten-aus-indien-an-a-83 2090.html – abgerufen 18.03.2014). Zumindest die Sprache, der allem Anschein nach komplizierteste Teil, sollte zukünftig kein entscheidendes Hindernis mehr sein.

Dafür wurde von deutscher Seite geworben, und die Botschaft wurde in Indien vernommen. Seit einigen Jahren finden sich in den deutschen Medien Berichte über deutsche Politiker, die in Indien fürs Deutschlernen werben, sowie auch frohlockende Meldungen über steigende Lernerzahlen. Ein Anlass war der Besuch des früheren Außenministers im Mai 2011 in New Delhi: „Westerwelle war beeindruckt vom Interesse der Schüler an Deutschland und der deutschen Sprache [...]: ‚Wir wollen, dass in den nächsten Jahren insgesamt 1.000 Schulen in Indien Deutsch als Fremdsprache anbieten.' " („ ‚Deutsch an 1000 Schulen' in Indien", *Magazin für Europa und Internationales* 1 (2012): www.bundesregierung.de/Content/DE/Magazine/03MagazinEuropaInternationales/2012/01/Doorpage-01.html?context=Inhalt%2C3 – abgerufen 15.03.2014). Zeitungsüberschriften wie die folgenden sind zahlreich im Internet dokumentiert: „Sprachunterricht an indischen Schulen Hindi, Englisch, Deutsch" (*SZ* 25.02.2013: www.sueddeutsche.de/bildung/sprachunterricht-an-indischen-schulen-hindi-englisch-deutsch-1.1608869 – abgerufen 14.03.2014), „Gauck in Indien ‚Wir haben Platz in Deutschland' " (*Rheinische Post* 08.02.2014: www.rp-online.de/politik/ausland/wir-haben-platz-in-deutschland-aid-1.4020830 – abgerufen 14.02.2014). Schließlich berichtete die deutsche Botschaft in Indien auch über ein Ereignis am 21.02.2014, das die Geschichte von DaF in Indien aufscheinen lässt: „Pune feiert 100 Jahre Deutschunterricht in Indien – Der deutsche Botschafter feiert mit: Genau vor einem Jahrhundert wurde Deutsch zum 1. Mal in Indien als Unterrichtsfach eingeführt. Pioniere waren das Fergusson College und die New English School [in! U.A.] Pune." Bezeichnenderweise gab es am Rande der Feierlichkeiten auch „Firmenbesuche bei den deutschen Unternehmen", im vorliegenden Fall bei „Knorr Bremse und Trumpf" (www.india.diplo.de/Vertretung/indien/de/_pr/Kultur/BotschafterSteiner_Pune.html – abgerufen 14.03.2014).

Etwas weiter zurückreichende Zahlen der Deutschlerner verraten ein schon länger wachsendes Interesse, noch vor dem aktuellen Hype. Einen Überblick über die Entwicklung der Zahlen im Verlauf der Zeit gibt Tab. K.9.12-1.

	1985	1995	2000	2005	2010
Schulen	1.943	870	[12.800]	14.900	18.550
Hochschulen: Deutschlerner und Germanisten	4.800	4.498	[4.200]	4.500	11.000
Davon Germanisten	4.800	2.224	k.A.	230	k.A.

Tab. K.9.12-1: Deutschlerner und Germanisten an indischen Schulen und Hochschulen über die Jahre 1985 – 2010 (Quellen für 1985 und 1995: Goethe-Institut 2000: [169]; für 2000 und 2005: StADaF 2005: 10; für 2010: Netzwerk Deutsch 2010: 6)

Die Zahlen sind Schätzungen. Vielleicht ist die Vergleichbarkeit über die Jahre zusätzlich durch variierende Begriffe beeinträchtigt, was unterschiedliche Termini nahelegen. Für Tab. K.9.7-1 habe ich z.b. gleichermaßen unter „Schulen" subsumiert: „Deutschschüler an Sekundarschulen" (Goethe-Institut 2000) und „DaF-Lerner im Schulbereich" (StADaF 2005). Unter „Hochschulen: Deutschlerner und Germanisten" (Def. Kap. K.9.3, unterhalb Tab. K.9.3-2) habe ich subsumiert: Summe von „Zahl der Germanistikstudenten" + „Zahl der Teilnehmer an Hochschulsprachkursen" (beide Angaben Goethe-Institut 2000), „Deutsch Studierende gesamt" (StADaF 2005), „Deutschlernende Studierende gesamt" (Netzwerk Deutsch 2010). Da für 1985 die Angaben für die „Zahl der Teilnehmer an Hochschulsprachkursen" fehlen, habe ich für „Hochschulen: Deutschlernende gesamt" die „Zahl der Germanistikstudenten" eingesetzt. Die Germanisten sind in den Quellen nur gelegentlich gesondert geführt. Die Zahlen in eckigen Klammern basieren alleine darauf, dass die Quelle für 2005 die Differenzen von den nicht genannten Zahlen der „DaF-Lerner Schulbereich" für 2000 mit „2.100" der „Deutsch Studierenden gesamt" mit „300" angibt.

Bei allen Fragen bezüglich Genauigkeit lässt sich doch ablesen, dass die Zahlen der DaF-Lernenden sowohl an den Schulen als auch an den Hochschulen ziemlich kontinuierlich gestiegen sind. Offenbar wurden Deutschlernende und Germanisten an den Hochschulen oft nicht ordentlich unterschieden. Vielleicht lassen sich die lückenhaften Angaben dennoch so interpretieren, dass die an Hochschulen Deutsch Lernenden zugenommen, die Germanisten aber womöglich abgenommen haben.

Man vergleiche nun aber diese alles in allem bescheidenen Zahlen (dazu auch Rajan 2010: 1680) mit denen in den oben genannten und folgenden Medienberichten! Die neuesten Daten gleichen demgegenüber geradezu einer Explosion. Durch die deutschen Medien geistern Zielvorstellungen von 1 Mio. Deutschlernern allein an den Schulen: „Am RA Podar College [in Mumbai! U.A.] wird schon seit Jahrzehnten Deutsch unterrichtet. Nun ziehen auch andere Schulen nach, die Kendriya Vidyalaya Schulen zum Beispiel. Die Schulkette für Kinder von Regierungsmitarbeitern möchte Deutsch bis 2017 an mindestens 1000 ihrer Schulen anbieten. Etwa eine Million Schüler könnten dann Deutsch als erste Fremdsprache lernen." („ ‚Namaste und Guten Tag!' – Deutschlernen in Indien", *Deutsche Welle* 01.10.2013: www.dw.de/namaste-und-guten-tag-deutschlernen-in-indien/a-17114871 – abgerufen 17.03.2014). Rekha Rajan (2010: 1685) lässt zu Recht eine gewisse Sorge durchblicken, dass diese Entwicklung „von den Bedingungen des Arbeitsmarktes abhängig ist", dessen Veränderungen „seismographisch [...] registriert werden" könnten.

Die steigende Nachfrage wird auch von den Goethe-Instituten bestätigt, wo sich die Teilnahme – im langfristigen Überblick – wie folgt entwickelt hat, wobei Bangalore, Madras, Hyderabad, Kalkutta, Mumbai, New Delhi und Pune zusammengefasst sind (T = Kursteilnehmer, P = Prüfungen): 1990: T – 6.118, P – 919; 2012: T – 13.116, P – 16.897; 2013: T – 14.511, P – 23.071 (Mitteilung Ingrid Köster und Herbert Moosbauer, Goethe-Institut München). Auffällig ist die stärkere Zunahme bei den Prüfungen als bei den Kursen, was auf anderweitigen Kenntniserwerb schließen lässt. Weil die Goethe-Institute für die Kurse an ihre Kapazitätsgrenze stoßen, bieten mehr und mehr Privatschulen Vorbereitungen auf die Goethe-Prüfungen an, in der Regel zu denselben Kosten.

Die Germanistik in Indien ist – neben ihrem Angebot an Deutschunterricht – thematisch breit interessiert (dazu z.B. Bhatti 2001; 2007; Rajan 2010: 1681-1683; auch Mohr-Sobkowiak 2005 und schon Ganeshan 1990). Diese Breite verrät auch die Zeitschrift *German Studies in India. Aktuelle Beiträge aus der indischen Germanistik/ Germanistik in Indien* (München: Iudicium, seit 2006), die neben Literatur- und Sprachwissenschaft vor allem auch Themen der Kolonialgeschichte und der Kulturwissenschaften behandelt.

In Indien werden DaF und Germanistik nicht weniger als andernorts seitens der deutschsprachigen Länder, hauptsächlich Deutschlands, gefördert. Zu nennen ist vor allem das *Goethe-Institut/ Max Müller Bhavan* (benannt nach dem berühmten Indologen), das inzwischen außer über 5 reguläre Institute in Chennai, Kalkutta, Mumbai, New Delhi und Pune noch über 7 Goethe-Zentren verfügt, und zwar in Ahmedabad, Chandigarh, Coimbatore, Hyderabad, Jaipur, Rourkela und Trivandrum (Mitteilung Rüdiger Heise, Goethe-Institut München). Hinzu kommen 2 Deutsche Auslandsschulen (Mumbai, New Delhi) und 11 DSD-Schulen (Angebot des Deutschen Sprachdiploms), außerdem der Deutsche Akademische Austauschdienst (DAAD), mit Lektoraten an verschiedenen Hochschulen und der Finanzierung von Stipendien für indische und deutsche Studierende und Gastdozenten, die Alexander von Humboldt-Stiftung, die Deutschlandaufenthalte indischer Dozenten ermöglicht sowie unterschiedliche finanzielle Zuwendungen für deutsch-fördernde Veranstaltungen, woran sich von Fall zu Fall auch Österreich und die Schweiz beteiligen. Wichtig sind darüber hinaus die *Goethe-Society India* (goetheindia.wordpress.com/ – abgerufen 08.04.2014), deren germanistische Fachkonferenzen ebenso vom DAAD unterstützt werden wie die Aktivitäten diverser germanistischer Institutspartnerschaften (z.B. der Universitäten Göttingen, Pune und Mumbai). Hinzu kommen als Interessenvertretungen die Organisationen der SchullehrerInnen (Rajan 2010: 1684), vor allem die *IndoGerman Teachers Association*, die Mitglied ist im *Internationalen Deutschlehrerverband* (*IDV*), und die HochschullehrerInnen, die Mitglied sind in der *Internationalen Vereinigung für Germanistik* (*IVG*).

9.13 China

Dieses Kap. wurde von Yu Chen (Tongji Universität, Shanghai) und Jun He (Southwest Jiaotong University, Chengdu) geprüft und ergänzt; wichtige Hinweise erhielt ich auch von Jianhua Zhu. Als Quellen dienten außerdem Ciu 2007 [richtiger Name: Xiaohu Feng]; Fan/ Li 2007; Fluck 1985; 2007; H.-W. Hess 1992; 2001; 2007; Zhao 1999; Gauler/ Treter 2007; Hernig 2007; 2010; Kong 2007; Reinbothe 1992; 2007a; b; Hansgünther Schmidt 2007a; b; Song 2007; Wang 2007; J. Zhu 2007; X. Zhu 2007; Huang 2011; Chen 2012; He 2013.

China pflegt zu den deutschsprachigen Ländern rege Wirtschaftsbeziehungen, zu Deutschland regere als zu jedem anderen europäischen Land; allerdings rangieren einige nicht-europäische Länder noch davor: 5% der chinesischen Importe kamen 2011 aus Deutschland (aus Japan 11%, Südkorea 9%, Rep. China [Taiwan] 7%, USA 7%, Australien 5%), 4% der chinesischen Exporte gingen nach Deutschland (USA 17%, Hongkong 14%, Japan 8%, Südkorea 4%) (*Fischer Weltalmanach 2013*: 84 – separate Angaben für Rep. China [Taiwan] und Hongkong).

In ganz China ist Chinesisch (Mandarin-Chinesisch/ *Putonghua*) Amts- und Schulsprache, dem offiziell sehr großzügig „Dialekte" (*Pinyin fāngyán*) zugeordnet werden, die zwar dieselbe Schrift haben, aber wegen ihrer linguistischen Distanz vom Mandarin-Chinesischen auch als eigenständige Sprachen gelten könnten (Kap. B.1; B.2). Außerdem gibt es in China neben den mehrheitlichen Han-Chinesen 55 nationale Minderheiten, 53 davon mit anerkannten eigenständigen Sprachen (german.china.org.cn/pressconference/ 2011-02/14/content_ 21916648.htm – abgerufen 02.01.2014). Insgesamt sind in China mehr als 80 autochthone Sprachen anerkannt, einschließlich Mandarin-Chinesisch (www.moe.edu.cn/publicfiles/business/htmlfiles/moe/s5990/ 201111/ 126551. ht ml – abgerufen 02.01.2014). Vermutlich wird Deutsch als Fremdsprache (DaF) unter den Sprachminderheiten weniger gelernt, weil diese auch noch die Mehrheitssprache lernen müssen; jedoch liegen mir dazu keine Daten vor.

DaF wurde in China in Ansätzen schon im Jahr 1871 eingeführt, nicht ganz zufällig dem Gründungsjahr des Deutschen Reichs, zur Ausbildung von Dolmetschern für den diplomatischen Dienst. Im Zuge der späteren deutschen Kolonialpolitik entstanden vor allem in der Provinz Kiautschou mit der Hauptstadt Tsingtau (heute Qingdao), aber auch in Shanghai und Hankou, deutsche Schulen und Hochschulen (Reinbothe 1992; 2000; 2007a; b). Sie wurden in beschränktem Umfang weiter betrieben, nachdem Deutschland die auf deutschen Druck ihm 1898 zur Pacht überlassene Provinz Kiautschou zu Beginn des Ersten Weltkrieges an Japan verlor. Sogar die literaturwissenschaftliche Germanistik fasste schon 1922 an der Universität Peking Fuß. Jedoch verschwanden fast alle Einrichtungen in den 1930er Jahren unter dem Regime von Tschiang Kai Schek (Hernig 2010: 1637f.; Reinbothe 2000; 2007c). Nach Neuanfängen um 1950, auch in Kooperation mit der DDR, und abermaligen Rückschlägen während der Kulturrevolution (1966 – 1976) fanden DaF und Germanistik seit den 1980er Jahren allmählich einen festen, wenngleich anfangs bezüglich der Nutzanwendung ungewissen Platz in der chinesischen Bildungs- und Wissenschaftslandschaft (Hess 1992).

Ein aussägekräftiger, wenngleich oberflächlich anmutender Indikator der Entwicklung sind die Zahlen der Lernenden und Studierenden an Schulen und Hochschulen. Einen Überblick über die Entwicklung der Zahlen im Verlauf der Zeit gibt Tab. K.9.13-1.

	1985	1995	2000	2005	2010
Schulen	400	750	[600]	1.760	5.900
Hochschulen: Deutschlerner und Germanisten	1.300	18.460	[12.790]	30.010	35.000
Davon Germanisten	1.300	2.000	k.A.	6.200	k.A.

Tab. K.9.13-1: Deutschlerner und Germanisten an chinesischen Schulen und Hochschulen über die Jahre 1985 – 2010 (Quellen für 1985 und 1995: Goethe-Institut 2000: [167]; für 2000 und 2005: StADaF 2005: 09; für 2010: Netzwerk Deutsch 2010: 5)

Die Zahlen sind Schätzungen. Vielleicht ist die Vergleichbarkeit über die Jahre zusätzlich durch variierende Begriffe beeinträchtigt, was unterschiedliche Termini nahelegen. Für Tab. K.9.7-1 habe ich z.B. gleichermaßen unter „Schulen" subsumiert: „Deutschschüler an Sekundarschulen" (Goethe-Institut 2000) und „DaF-Lerner im Schulbereich" (StADaF 2005). Unter „Hochschulen: Deutschlerner und Germanisten" (Def. Kap. K.9.3, unterhalb Tab. K.9.3-2) habe ich subsumiert: Summe von „Zahl der Germanistikstudenten" + „Zahl der Teilnehmer an Hochschulsprachkursen" (beide Angaben Goethe-Institut 2000), „Deutsch Studierende gesamt" (StADaF 2005), „Deutschlernende Studierende gesamt" (Netzwerk Deutsch 2010). Da für 1985 die „Zahl der Teilnehmer an Hochschulsprachkursen" mit „0" angegeben ist, habe ich für „Hochschulen: Deutschlernende gesamt" die „Zahl der Germanistikstudenten" eingesetzt. Die Germanisten sind in den Quellen nur gelegentlich gesondert geführt. Die Zahlen in eckigen Klammern basieren alleine darauf, dass die Quelle für 2005 die Differenzen von den nicht genannten Zahlen der „DaF-Lerner Schulbereich" für 2000 mit „1.160" und der „Deutsch Studierenden gesamt" mit „17.210" angibt.

Trotz eingeschränkter Genauigkeit belegen die Zahlen doch unzweifelhaft die kräftige Zunahme sowohl an Schulen als auch an Hochschulen. Dieser Befund wird durch verschiedene ins Einzelne gehende Untersuchungen bestätigt (z.b. Hernig 2010; Song 2007; Kong 2007). Typische Lagebeschreibungen für die Schulen, und ähnlich für die Hochschulen, lauten: „Nicht nur die Schülerzahlen im Fach ‚Deutsch als die Erste Fremdsprache', sondern auch die Zahlen für ‚Deutsch als die Zweite Fremdsprache' zeigen klar nach oben." (Song 2007: 122) Diese Aussage bezieht sich auf die über 6.000 DaF-Schüler an über 60 Grund- und Mittelschulen allein in Shanghai im Jahr 2005. Von den Hochschulen wird eine ähnliche Entwicklungsrichtung der Studierenden- und Lernerzahlen berichtet (z.b. Kong 2007: 124). Die Gesamtzahl für alle Bildungsstufen ist in Netzwerk 2010 (S. 5) mit 40.900 beziffert und in der Überprüfung auf 41.900 angehoben (E-Mail Nadja Kranz, Goethe-Institut München, 31.03.2011) und könnte aktuell über 50.000 erreicht haben. Die Zahl der Deutsch-Könner, auf welchem Niveau auch immer, also einschließlich der früheren Lerner, ist um ein Mehrfaches höher, erscheint aber angesichts der Gesamtbevölkerung von 1,35 Mia. auch nur als Tropfen im Ozean. Einen Eindruck vermitteln die Studierendenzahlen. So betrug im Jahr 2005 der Anteil der Deutschstudierenden an den insgesamt 523.211 Studierenden an „regular Higher Education Institutions", die eine Fremdsprache studierten und einen Bachelorabschluss anstrebten, nur 1,2% (www.moe.edu.cn/publicfiles/busi ness/htmlfiles/moe/s6200/201201/129 594.html – abgerufen 20.04.2014). Im Jahr 2009 bezifferte der chinesische Ministerpräsident Wen Jiabao die damalige Zahl der Englischlerner in China auf über 300 Mio. (Montgomery 2013: 6). Demnach kommen auf 1 Deutschlerner etwas über 7.000 Englischlerner (genauer 7.1560). Jedoch wird diese rein quantitative Sicht der, wenngleich schwierig messbaren Bedeutung des Deutschlernens in China für die Beziehungen zwischen China und den deutschsprachigen Ländern nicht gerecht.

An den chinesischen Schulen ist Deutsch zwar als Erste Fremdsprache zugelassen, wird aber meist nur als Zweite Fremdsprache gelernt. Nach der Häufigkeit seiner Wahl rangiert es, wie schon angedeutet, mit weitem Abstand hinter Englisch, auch hinter Japanisch und seit kurzem zudem hinter Französisch. Jedoch liegen mir dazu keine genaueren Zahlen vor. Der Aufstieg des Französischen beruht zum Teil auf seiner Stellung als Arbeitssprache der EU und internationaler Organisationen (Kap. H.3, H.4.2), mehr aber wohl noch als Amtssprache westafrikanischer Staaten, zu denen China wirtschaftliche Beziehungen pflegt.

An den Hochschulen ist „Deutsch als Zusatzfach" (J. Zhu 2007) zu unterscheiden von der Germanistik (Kong 2007). Vor allem Ersteres, das studienbegleitende Deutschlernen in Verbindung mit einem anderen Fach (meist Wirtschafts-, Ingenieur- oder Naturwissenschaften), hat sich in letzter Zeit rasant entwickelt. So ist z.B. in der Zeit von 1995 bis 2005 die Zahl der Hochschulen, an denen die vereinheitlichte Prüfung „Hochschuldeutsch Stufe 4" abgenommen wurde, von 17 auf 112 und die Zahl der Prüfungsteilnehmer von 1.012 auf 5.515 gestiegen (J. Zhu 2007: 150).

Auch die Germanistik wird in Verbindung mit ganz anderen Fachrichtungen studiert (Wirtschafts-, Ingenieur- und Naturwissenschaften), wobei dann gewöhnlich Sprachkenntnisse und Linguistik die Schwerpunkte bilden. Jedoch pflegt die Germanistik in China auch die literaturwissenschaftliche Tradition, wenngleich oft – z.B. interkulturell – erweitert (Kong 2007: 126-132). Klagen über einen Mangel an Lernern oder Studierenden vernimmt man kaum, eher – wie fast typisch für die „Auslandsgermanistik" – über den Rückstand im wissenschaftlichen Niveau gegenüber der Germanistik in den deutschsprachigen Ländern (ebd.: 138). Überblicke über die Deutsch- und Germanistikabteilungen zeigen die Ausweitung der Studiengänge in der Zeit von 2006 bis 2012/13: Bachelor an 106 Hochschulen (2006: 50; Wintersemester 2013/14: 106), Master an 35 (2006: 19; Oktober 2012: 35) und PhD/ Dr. an 12 (2006: 6; Wintersemester 2013/14: 12; E-Mails Chen 01.03.2014 und He 13.03.2014; He 2013: 87; Kong 2007: 139f.). Dabei beziehen sich diese Zahlen nur auf die Deutschabteilungen an den staatlichen Hochschulen mit einem in der Regel 4-jährigen Bachelor-Studium von ausgesprochen germanistischen Lehrinhalten, nicht aber auf die Berufs- oder Junior-Colleges, die kaum zu erfassen sind. Die Zahl solcher Abteilungen an den staatlichen Hochschulen ist in dieser Zeit von ca. 40 auf über 100, im Dezember 2013, gestiegen (dazu auch: www.china.diplo.de/Vertretung/ china/de/04-wiss-bildung/sprachenjahr/131207germanistenko nf__s.html – abgerufen 02.04.2014).

Das Interesse an Deutsch als Zusatzfach und auch als „Fachfremdsprache" (Fluck 1985; 2007) verrät die ganz überwiegend instrumentellen Motive fürs Deutschlernen, die sich im Verlauf der Zeit für die einst als nutzlos empfundene „Kunst des Drachentötens" (Hess 1992) herausgebildet haben (Zhao 1999). Ein Vergleich von Motiven für die Fachwahl im Jahr 1989 mit 2003 zeigt die Verschiebung. Im Studiengang Germanistik rangierte 1989 das Motiv „Gute Berufsaussichten" auf Platz 3 (Platz 1: „Keine andere Wahl, wurde zugewiesen"), 2003 dagegen auf Platz 1. In den studienbegleitenden Deutschkursen kam 1989 das Motiv „Um in Deutschland zu studieren/ zu leben" überhaupt nicht vor, wogegen es 2003 Platz 1 belegte (Fan/ Li 2007: 199-203). In einer Untersuchung im Jahr 2009 (n = 215 Germanistik-Studierende an 6 Hochschulen) lag das „Interesse an Studium und Leben in deutschsprachigen Ländern" weitaus an erster Stelle (gemessen als kombinierter Faktor verschiedener Antwortmöglichkeiten), das die Exploratorin damit begründet, dass: „das Studium in den englischsprachigen Ländern viel teurer ist" und die „[deutschen! U.A.] Universitäten weltweit einen ziemlich guten Ruf haben". „Viele Studenten wünschen sich sogar, nach dem Studium eine Arbeitsstelle in Deutschland zu finden und dann langfristig in Deutschland leben zu können. Und die Sprachkenntnis ist die allerwichtigste Voraussetzung." (Huang 2011: 8) Hier kommt offenbar auch das integrative Motiv des sich Einfügenwollens in ein deutsches Milieu ins Spiel (Kap. K.8).

Wenn auch die Stichproben der Untersuchungen kaum repräsentativ waren, sind die Befunde doch deutlich genug. Sie passen auch zur Veränderung der Rahmenbedingungen in dieser Zeitspanne. Dazu gehören die Intensivierung der Wirtschaftsbeziehungen zwischen China und den deutschsprachigen Ländern, vor allem zu Deutschland (mit ca. 1.200 deutschen Unternehmen um 2010 allein im Großraum Shanghai; Hernig 2010: 1641), aber auch die allgemeine Einführung von Studiengebühren in China sowie die Umstellung von der staatlichen Zuweisung eines Arbeitsplatzes nach dem Studium auf die selbstständige Stellensuche der Absolventen (Fan/ Li 2007: 198). Diese Umstellungen verstärken den Druck auf die Wahl eines für die Fortbildung oder den Berufserfolg nützlichen Schul- oder Studienfaches, mit Blick auf die chinesisch-deutschen Wirtschaftsbeziehungen. Dies gilt trotz nicht gerade überschwänglicher Einschätzung der Berufsaussichten: Nur bei der Hälfte von im Jahr 2003 befragten Deutsch- und Germanistik-Studierenden (n = 531) als ‚eher gut', bei der anderen Hälfte als ‚eher schlecht' (mit unscharfen Übergängen der Antworten; X. Zhu 2007: 218 – aufgrund von Yuqing Wei 2003: Manuskript). Jedoch sind die positiven Antworten klar auf Berufe bezogen – im Gegensatz zur einstigen „Drachenkunst"-Zeit. Sicher wirkt der verhältnismäßig geringe Gebrauch von Deutsch bei deutschen Firmen in China (dazu Wang 2007; Kap. F.6) nicht ermutigend; jedoch ist bekannt, dass Deutschkenntnisse dennoch das vom Goethe-Institut versprochene Plus bei der Anstellung in deutschen Firmen sein können. Für die Germanistik bleiben neben in ähnlich praktische Richtungen weisenden Motiven die herkömmlichen Berufsfelder Schul- und Hochschullehrer.

Die Zahlen von DaF-Lernenden an außerschulischen/ außeruniversitären Einrichtungen sind zwar bescheidener, weisen aber auch nach oben. An den Goethe-Instituten hat sich die Teilnahme im langfristigen Überblick wie folgt entwickelt – Peking, Hongkong und das Verbindungsbüro des Goethe-Instituts in Shanghai zusammen genommen (T = Kursteilnehmer, P = Prüfungen): 1990: T – 4.406, P – 102; 2012: T – 6.476, P – 2.248; 2013: T – 6.919, P – 5.219 (Mitteilung Ingrid Köster und Herbert Moosbauer, Goethe-Institut München). Auffällig vor allem der Zuwachs bei den Prüfungsteilnehmern – darunter auch EhegattInnen, die für die Übersiedelung in ein deutschsprachiges Land allerdings nur

* das Kompetenzniveau A1 des Gemeinsamen Europäischen Referenzrahmens (Quetz 2002) nachweisen müssen.

Das vorherrschende Motiv des Deutschlernens ist heute das Studium in einem deutschsprachigen Land, vor allem Deutschland, wo ChinesInnen (wie in vielen Ländern) die größte Gruppe der Auslandsstudierenden stellen (n = 25.521 im Studienjahr 2011/12; www.destatis.de/DE/Publikationen/Thematisch/BildungForschungKultur/Hochschulen/StudierendeHochschulenEndg2110410127 004.pdf?__blob=publicationFile – abgerufen 06.03. 2014). Genauer bilden sie die größte Studierendengruppe der *Bildungsausländer*; einschließlich der Bildungsinländer ist der Anteil von TürkInnen ähnlich groß. Das Studieren von Chinesen in Deutschland hat eine lange Geschichte, deren Anfänge bis 1860 zurückreichen (Harnisch 1999; zur Geschichte außerdem Kaderas/ Meng 2000; Meng 2005). Vielleicht nährt sich von da zum Teil der gute Ruf deutscher Hochschulbildung – der nur von der, allerdings viel teureren, angelsächsischen übertroffen wird. Als Motor des Deutschlernens könnte das Studium in deutschsprachigen Ländern auf längere Sicht erlahmen aufgrund der um sich greifenden englischsprachigen Studiengänge (Kap. G.8). Diese könnten im Ausland den Eindruck erwecken, als benötige man für ein Studium in einem deutschsprachigen Land keine Deutschkenntnisse mehr. Allerdings haben sie bislang nicht diese Wirkung (He 2013; zu dem Thema auch H. Wagener 2012). Offenbar rührt auch die Stagnation der Deutschkenntnisse (statt ihrer Verbesserung) bei einem Teil chinesischer Studierender während des Studiums in Deutschland (Chen 2012) weniger her von den englischsprachigen Studiengängen als von unzureichenden Kontakten mit Deutschen.

Auch in China werden DaF und Germanistik seitens der deutschsprachigen Länder, hauptsächlich Deutschlands, gefördert. Am 26. Mai 2013 haben Bundeskanzlerin Merkel und der chinesische Premierminister Li Keqiang in Berlin das Deutsch-Chinesische Sprachenjahr 2013/14 eröffnet, mit vielen kulturellen Veranstaltungen und einem „Deutschmobil" (vgl. dazu Polen, Kap.K.9.5). Hinderlich ist die – politisch motivierte – Beschränkung seitens der chinesischen Regierung der Goethe-Institute auf nur 2 (Peking, Hongkong; Gauler/ Treter 2007), zu denen bis Frühjahr 2014 allerdings 6 Goethe-Sprachzentren, alle auch mit Deutschkursen, hinzukamen (Shanghai, Tianjin, Qingdao, Nanjing, Chongqing und Shenyang), außerdem 4 Deutsche Auslandsschulen (Changchun, Hongkong, Peking, Shanghai) und 47 DSD-Schulen (Angebot des Deutschen Sprachdiploms). Insgesamt werden 103 Schulen mit Deutsch als Fremdsprache (immer auch Englisch) von deutscher Seite mitbetreut, 62 von den Goethe-Instituten und -Zentren und 41 von der Zentralstelle für das Auslandschulwesen (ZfA) (www.china.diplo.de/contentblob/ 3433562/ Daten/ 3134474/ PASCH_Schulliste_dd.pdf – abgerufen 13.03.2014; zum ZfA Hansgünther

Schmidt 2007a: 302f.). Hinzu kommen Förderungen des DAAD (ebd.), die Entsendung von Lektoren aus Österreich (Hernig 2007: 266f.), Stipendien der Alexander von Humboldt-Stiftung für Deutschlandaufenthalte chinesischer DozentInnen (Ciu 2007: 282-290) und zudem unterschiedliche Förderungen deutscher Bundesländer sowie politischer und privater Stiftungen (Hansgünther Schmidt 2007a: 303). Große Bedeutung für die DaF- und Germanistik-Förderung haben deren chinesische Verbände: der *Chinesische Deutschlehrerverband*, der Mitglied ist im *Internationalen Deutschlehrerverband* (*IDV*) und vor allem der *Chinesische Germanistenverband*, mit vielen Mitgliedern in der *Internationalen Vereinigung für Germanistik* (*IVG*). Der Präsident der IVG ist seit 2010 der Germanist Jianhua Zhu von der Tongji-Universität in Shanghai, der im Jahr 2015 auch ihren Weltkongress an seiner Universität ausrichtet.

9.14 Japan

Dieses Kap. wurde von Shinichi Sambe (Keio-Universität, Tokyo) und Hideaki Takahashi (Kansai-Universität, Osaka) geprüft und ergänzt. Als wichtige weitere Quellen dienten Hirataka 1994; 2007; Takahashi 2002; Hayakawa 1994; Honda 1994; Itoi 1994; S. Kaufmann 1994; Naka 1994; Nakajima 1994; Shimokawa 1994; Yamaji 1994; Sekiguchi 1994; U. Ueda/ Takei 1994; Y. Ueda 1997; Sugitani 2001; 2010; Sambe 2013.

Japan pflegt zu Deutschland engere Wirtschaftsbeziehungen als zu allen anderen europäischen Ländern. Allerdings lagen Japans Importe aus Deutschland im Jahr 2011 hinter denen von 8 anderen, nicht-europäischen Ländern, die von China mit 22% angeführt wurden. Bei den Exporten aus Japan lag Deutschland mit 3% an 7. Stelle aller Länder, hinter China 15%, USA 15%, Südkorea 8%, Rep. China [Taiwan] 6%, Thailand 5% und Singapur 3% (*Fischer Weltalmanach 2013*: 236). Demnach bieten die Wirtschaftsbeziehungen kaum eine Grundlage für breites Lernen von Deutsch als Fremdsprache (DaF) (Takahashi 2002: 34).

Bis zu einem gewissen Grad speist sich DaF in Japan aus der beachtlichen Tradition, die zurückreicht bis zum Beginn der am Westen orientierten Modernisierung nach Beseitigung des Shogunats (1868). Den damaligen Reformern schien das Wilhelminische Deutschland ein geeigneteres Modell für das neue Meiji-Kaisertum (1868-1912) als die demokratischeren französischen und angelsächsischen Staatsformen, und sie fühlten sich in dieser Einschätzung bestärkt durch den Sieg Deutschlands über Frankreich (1871) und sein Niveau in wichtigen Wissenschaften (Naka 1994: 242-244; Kap. G.1). Bis zum Ende des Zweiten Weltkrieges waren Deutsch, Französisch und Englisch ungefähr gleichrangige Fremdsprachen in Japan, und erst danach erhielt Englisch die überragende

Vorrangstellung (Hirataka 1994), die sich im Weiteren festigte. Vor allem erlangte Englisch an den Schulen geradezu eine Monopolstellung und wurden die anderen Fremdsprachen auf die Hochschulen verdrängt. DaF ist inzwischen nach Lernerzahlen auch hinter die Fremdsprachen Chinesisch, Koreanisch und vielleicht auch Französisch zurückgefallen.

Die Dominanz von Englisch erhellt z.b. aus folgendem Bericht über die Bedeutung für den Hochschulzugang (E-Mail Hideaki Takahashi 21.03.2014): „Im Januar findet die Aufnahmeprüfung für Hochschulen statt [...]. Daran beteiligen sich alle staatlichen, präfekturalen und städtischen und viele private Hochschulen. Im Jahr 2014 haben 560.672 Prüflinge daran teilgenommen. Im Fach ‚Fremdsprache' gibt es eine Auswahl von fünf Fremdsprachen: Englisch, Deutsch, Französisch, Chinesisch und Koreanisch. Auch dieses Jahr haben fast alle Prüflingen (ca. 99,8%) Englisch gewählt." Allerdings zeigt sich für Deutsch – bei aller Winzigkeit der Zahlen – neuerdings ein leichter Aufschwung, wie in nicht wenigen anderen Ländern. So hat bei den Hochschulprüfungen im Jahr 2014 Deutsch (n=147) das Französische (n=134) überholt, nachdem es die vorausgehenden 10 Jahre zurückgelegen hatte. Vermutlich wirkt auch hier die über die Medien verbreitete Botschaft von der wirtschaftlichen Stärke der deutschsprachigen Länder. Hinter Chinesisch (n=449) und Koreanisch (n=161) blieb Deutsch allerdings weiterhin zurück (Zahlen von Takahashi, ebd.).

Einen Überblick über die Entwicklung der Zahlen im Verlauf der Zeit gibt Tab. K.9.14.-1.

	1985	1995	2000	2005	2010
Schulen	4.000	5.000	[23.000]	4.548	4.000
Hochschulen: Deutschlerner und Germanisten	753.000	400.000	[246.465]	345.196	285.000
Davon Germanisten	3.000	380.000	k.A.	1.650	k.A.

Tab. K.9.14-1: Deutschlerner und Germanisten an japanischen Schulen und Hochschulen über die Jahre 1985 – 2010 (Quellen für 1985 und 1995: Goethe-Institut 2000: [169]; für 2000 und 2005: StADaF 2005: 10; für 2010: Netzwerk Deutsch 2010: 7).

Die Zahlen sind Schätzungen. Vielleicht ist die Vergleichbarkeit über die Jahre zusätzlich durch variierende Begriffe beeinträchtigt, was unterschiedliche Termini nahelegen. Für Tab. K.9.7-1 habe ich z.B. gleichermaßen unter „Schulen" subsumiert: „Deutschschüler an Sekundarschulen" (Goethe-Institut 2000) und „DaF-Lerner im Schulbereich" (StADaF 2005). Unter „Hochschulen: Deutschlerner und Germanisten" (Def. Kap. K.9.3, unterhalb Tab. K.9.3-2) habe ich subsumiert: Summe von „Zahl der Germanistikstudenten" + „Zahl der Teilnehmer an Hochschulsprachkursen" (beide Angaben Goethe-Institut 2000), „Deutsch Studierende gesamt" (StADaF 2005), „Deutschlernende Studierende gesamt" (Netzwerk Deutsch 2010). Die Germanisten sind in den Quellen nur gelegentlich gesondert geführt. Die Zahlen in eckigen Klammern basieren alleine darauf, dass die Quelle für 2005 die Differenzen von den nicht genannten

Zahlen der „DaF-Lerner Schulbereich" für 2000 mit „-18.452" der „Deutsch Studierenden gesamt" mit „98.731" angibt.

Bei allen Zweifeln an der Genauigkeit der Zahlen in Tab. K.9.14-1 lässt sich doch eine insgesamt drastische Abnahme ablesen. Sie setzt sich offenbar weiterhin fort, denn für das Jahr 2013 lautet der Befund: „geschätzte Gesamtzahl der Deutschlernenden" an den japanischen Hochschulen bei 225.924, davon an den Universitäten 219.274 (Japanische Gesellschaft für Germanistik 2013: 64). Danach liegt die Zahl heute bei weniger als einem Drittel (29%) verglichen mit dem Jahr 1985.

In den Quellen für 1985 und 1995 ist offenbar ein Zahlendreher („Zahl der Germanistikstudenten" 1985: 3.000, 1995: 380.000; „Zahl der Teilnehmer an Hochschulsprachkursen" 1985: 750.000; 1995: 20.000). Vermutlich entsprang die Verwechslung aus einer Unsicherheiten der Zuordnung zu den beiden Gruppen der DaF-Lernenden und der Germanisten. Zur Verwirrung könnten einerseits die viel größeren Zahlen an den Hochschulen als an den Schulen beigetragen haben, andererseits aber auch – vielleicht noch mehr – die Lehrinhalte und -ziele. Diese beschränken sich nämlich an den Hochschulen auch für sprachliche Anfänger nicht auf bloße Sprachfertigkeiten, sondern reichen hinein in Themen der Germanistik. Zu solcher Ausweitung neigen die Lehrenden, die sonst „wenig Gelegenheit haben, ihren Stolz und ihre Freude als Fachwissenschaftler auszukosten", da sie doch eigentlich „nicht als Sprachlehrer, sondern als Germanisten [...] qualifiziert sind." (Nakajima 1994: 250f.) Das fachliche Ausgreifen liegt auch nahe, weil ein wirklich brauchbares Niveau sprachlicher Fertigkeiten wegen des späten Lernbeginns, der begrenzten Lernzeit und der von der Ausgangssprache so grundverschiedenen Zielsprache kaum erreichbar erscheint (zur notwendigen Erweiterung von DaF und Germanistik Hirataka 2007: 111-113).

Es gibt nur vereinzelte, private Schulen mit Deutsch als erster Fremdsprache, die in aller Regel mit Hochschulen verbunden sind, an denen Deutsch und Germanistik eine große Tradition haben, wie die Dokkyo Oberschule (Itoi 1994: 213f.). Im Jahr 2013 boten 72 öffentliche und 58 private Oberschulen DaF, zusammen mit anderen Sprachen, als zweite Fremdsprache an (Mitteilung Shinichi Sambe; ältere Zahlen in Sugitani 2001: 1587f.). Die Zahl der Deutschschüler an Oberschulen wurde im Jahr 2013 auf insgesamt 3.634 geschätzt (Japanische Gesellschaft für Germanistik 2013: 67, Mitteilung Shinichi Sambe). Außerdem ist DaF an ca. 40 privaten Hochschulen als Eingangsprüfungsfach wählbar (*Deutschunterricht in Japan* (2012) 17; ältere Zahlen in Itoi 1994: 215-219).

Das überwältigende Gros der DaF-Lernenden befindet sich an den Hochschulen (Yamaji 1994). Dabei dürfen die DaF-Lernenden nicht mit der vergleichsweise kleinen Zahl von GermanistInnen verwechselt werden (Tab. K.9.14-1; Einzelheiten in Nakajima 1994). Die Zahl der DaF-Lernenden ist einerseits durch die Konkurrenz anderer, vor allem asiatischer Fremdsprachen wie Chinesisch und Koreanisch, zurückgegangen. Andererseits hat die Hochschulreform von 1991 wesentlich dazu beigetragen (Shimokawa 1994). Bis dahin verlangte das Wissenschaftsministerium von allen Hochschulen, alle Studierenden dazu zu verpflichten, eine zweite Fremdsprache zu erlernen – wenn auch mit begrenztem Aufwand (zwei Jahre, mit nur wenigen Wochenstunden). Die Reform eröffnete den Hochschulen die Möglichkeit der freien Gestaltung ihrer eigenen Curricula und beseitigte die Obligatorik von Fremdsprachen. In Wirklichkeit haben die meisten Institutionen Englisch als einzige studienbegleitende Pflichtfremdsprache beibehalten. Bei dieser veränderten Lage gestalten die Schulen, die weiterhin DaF anbieten, ihren Unterricht unabhängig von universitären Ansprüchen.

Ein Problem für DaF ist der Mangel an einer substantiellen Grundlage für instrumentelle Motive zu seiner Wahl (zum Begriff Kap. K.8). Die einstige Nutzanwendung ist durch den Funktionsverlust von Deutsch als Wissenschaftssprache weitgehend verloren gegangen (Kap. G.1). Soweit für einzelne Disziplinen begleitendes Deutschlernen weiterhin üblich ist, hat es kaum noch praktische Bedeutung. Dies gilt vor allem für die Medizin, für die Deutschkenntnisse einst selbstverständlich waren, so dass sogar die japanischen Ärzte ihre Krankenkarteien und Anamnesen auf Deutsch verfassten (Kakinuma 1994). Nur für manche Geisteswissenschaften und juristischen Teilgebiete, wie wegen der japanischen Rechtstradition für das Zivil- und das Strafrecht, sind Deutschkenntnisse noch wirklich relevant (Mori 1994: 56). Im Gegensatz vor allem zu Chinesisch bietet DaF auch für internationale wirtschaftliche Kontakte nur geringe Vorteile, da mit den deutschsprachigen Ländern und ihren Unternehmen meist ohne große Probleme auf Englisch kommuniziert werden kann. Sogar innerhalb der Niederlassungen deutscher Unternehmen in Japan wird Deutsch für die Geschäftskommunikation kaum gebraucht (Coulmas 1994; Kap. F.6; auch F.8).

Daher ist der vorherrschende Befund von empirischen Untersuchungen, dass die Lernenden meist „keine klaren Motive haben für die Wahl von Deutsch" (Honda 1994: 275, mit Bezug auf vorausgehende Untersuchungen). Daher die schon erwähnte Neigung zur thematischen Ausweitung, auch in der Germanistik: „Innerhalb des Germanistikstudiums beginnen sich, außer den traditionellen Fächern Linguistik und Literatur, allmählich ‚Area Studies' zu etablieren. Die Germanisten, die unter dem Rückgang des Deutschen leiden, suchen nach neuen Wegen […]" (Takahashi 2002: 37; dazu auch Sugitani 2001:

1592). Im Zusammenhang damit hat sich für DaF wie auch für Germanistik ein – wenn man so will – „Motivationssyndrom" herausgebildet, das man mit dem Etikett „Kultur" bezeichnen kann. Man lernt DaF oder studiert Deutsch, weil es eine mit einer reichen Kultur verbundene Sprache ist. Das Motiv ‚Interesse an der damit verbundenen Kultur' wird für die Germanistik häufiger bejaht als für andere damit verglichene Fächer (Honda 1994: 277). Eng damit zusammen hängt das Motiv der Tradition: DaF und Germanistik werden schon lange gelernt und sind damit fast schon Teil der japanischen Kultur, was auch als Motiv von den Eltern an die Kinder weiter gereicht wird. Dies schließt nicht aus, dass zusätzlich instrumentelle Motive genannt werden, wenn man Lernende oder Studierende ausdrücklich danach fragt, z.B. „Wollen Sie in Zukunft einen Beruf wählen, in dem Sie ihre Deutschkenntnisse benutzen können?" Dies wurde von 71% der befragten GermanistInnen bejaht – vermutlich mit der konditionalen Implikatur: „Wenn es einen solchen Beruf gibt." (Dazu Ueda/ Takei 1994)

Ein gewisses Indiz für die geringe Nutzanwendung ist das ziemlich magere Angebot an Deutschkursen in privaten japanischen Sprachschulen (Noro 1994: 315). Eher finden die kostenlosen und unverbindlicheren Fernseh- und Radiokurse Zuspruch (Sekiguchi 1994; Takahashi 2002: 36). Auch die Zahlen der DaF-Lernenden an außerschulischen/ außeruniversitären Einrichtungen (ohne die Goethe-Institute) weisen in diese Richtung. Sie liegen vor für die Jahre 2005: 2.500 (StADaF 2005: 10) und 2010: 3.000 (Netzwerk Deutsch 2010: 7. – Die eklatant hohe „Zahl der Sprachkursteilnehmer ohne GI" von 303.200 für das Jahr 1995 beruht vermutlich auf der Verwechslung mit Deutschlernern an Hochschulen; Goethe-Institut 2000: [169]). Auch die begrenzte Teilnahme an den Sprachkursen der Goethe-Institute ist vermutlich ein Anzeichen mangelnder instrumenteller Motive. Sie hat sich im langfristigen Überblick – an den Instituten Tokyo, Kyoto und Osaka zusammen genommen – wie folgt entwickelt (T = Kursteilnehmer, P = Prüfungen): 1990: T – 7.118, P – 617; 2012: T – 4.670, P – 223; 2013: T – 1.216, P – 2.086 (Daten von Ingrid Köster und Herbert Moosbauer, Goethe-Institut München). Die übergreifende Tendenz ist, soweit erkennbar, die starke Abnahme bei den Kursteilnehmern, aber kräftige Zunahme bei den Prüfungsteilnehmern. Zwar legen diese Proportionen instrumentelle Motive nahe. Jedoch mögen sie auch durch ein von praktischer Anwendung unabhängiges Bedürfnis nach Zertifizierung bedingt sein, wobei Kursgebühren vermieden und preisgünstigere Lernmöglichkeiten außerhalb der Goethe-Institute wahrgenommen werden, z.B. medienunterstützter Selbstunterricht.

Diese Einschätzung teilen japanische Germanistikprofessoren, wie z.B. Shinichi Sambe (E-Mail 02.10.2013): „[W]elche Fremdsprachen für die japanische Wirtschaft besonders wichtig sind, wird eigentlich in Japan nicht als eine ernste Frage angenommen. Das heißt, man fragt [...] nicht danach, sondern geht einfach nur davon aus, dass es außer Englisch keine brauchbaren Sprachen [gibt], wenn es um Wirtschaft geht." „Aus wirtschaftlichen Gründen lernt in Japan kaum jemand Deutsch. Deutsch wird eher als Kultursprache gelernt. Das ist eben die Schwäche und Stärke des Deutschunterrichts in Japan. Denn das Lernen hat [...] mit externen wirtschaftlichen Motivationen oder dem Streben nach einem gesellschaftlichen Aufstieg überhaupt nichts zu tun, d.h. das hat keinen Einfluss auf den Deutschunterricht. Andererseits aber gibt es konstant internmotivierte Lernende, die zwar nicht zahlreich, aber doch sehr fleißig sind" (ausführlicher in Sambe 2013). Dieses Bild scheint typisch für die geographisch vom deutschen Sprachgebiet weit entfernten, technisch hochentwickelten, auch die anglophonen Länder (z.B. Australien, Kap. K.9.15). Es beinhaltet auch – was mir hervorzuheben wichtig erscheint – die klare, wenngleich bescheidene Perspektive des weiteren Fortbestandes von DaF und Germanistik.

DaF und Germanistik werden auch in Japan seitens der deutschsprachigen Länder, hauptsächlich Deutschlands, gefördert. Außer den 3 Goethe-Instituten (dazu S. Kaufmann 1994) sind zu nennen: die beiden Deutschen Auslandsschulen in Kobe und in „Tokyo Yokohama" (www.dsty.ac.jp/ja – abgerufen 27.03. 2014), der Deutsche Akademische Austauschdienst (DAAD) mit Stipendien für japanische und deutsche Studierende und Gastdozenten (allerdings seit ca. 20 Jahren nicht mehr mit Lektoren aus Deutschland), die Alexander von Humboldt-Stiftung mit den Möglichkeiten für Deutschlandaufenthalte japanischer Dozenten – und ganz besonders die eigenen japanischen Deutschlehrer- und Germanistenverbände: der *Verband der Deutschlehrenden in Japan* (*VDJ*) (bis Mai 2013: *Japanischer Deutschlehrerverband* (*JDV*)) und sein Dachverband, die *Japanische Gesellschaft für Germanistik* (*JGG*) (Sugitani 2010: 1699f.). Bedeutsam ist auch die Mitgliedschaft vieler japanischer GermanistInnen in der *Internationalen Vereinigung für Germanistik* (*IVG*), deren Präsident 1985 – 1990 Eijiro Iwasaki war, der den Weltkongress der IVG im Jahr 1990 in Tokyo austrug.

9.15 Australien

Dieses Kap. wurde von Gabriele Schmidt (Australian National University, Canberra) und Brian Taylor (University of Sydney) geprüft und ergänzt. Als hauptsächliche Quellen dienten außerdem Ammon 1991b; G. Schmidt 1998; 2011; Truckbrodt/ Kretzenbacher 2001; Kretzenbacher 2006; 2010; 2011; Jäger/ Jasny 2007; Clyne 2008; C. Nettelbeck u.a. 2008; Taylor 2013. Jäger/ Jasny 2007 einerseits und Clyne 2008 andererseits sind Beispiele einer ausgesprochen optimistischen bzw. pessimistischen Bewertung derselben objektiven Sachlage von Deutsch als Fremdsprache (DaF) und Germanistik in Australien.

Australien verfügt über eine hoch entwickelte Wirtschaft, die aber mehr Rohstoffe als Fertigprodukte erzeugt und hauptsächlich in die asiatischen Nachbarstaaten exportiert. Verglichen damit sind die Wirtschaftsbeziehungen zu Europa heute bescheiden, jedoch zu Deutschland intensiver als zu allen anderen europäischen Ländern außer Großbritannien. Dabei überwiegen die Importe aus Deutschland die Exporte dorthin (5% aller australischen Importe 2010; *Fischer Weltalmanach 2013*: 48) – was weniger zum Deutsch-Lernen motiviert als umgekehrt (Kap. F.1, F.2). Die wirtschaftlichen Beziehungen und die geographische Nähe begünstigen die Hinwendung zu asiatischen Sprachen, seit den 1980er Jahren vorrangig Japanisch, neuerdings Chinesisch. Jedoch sind die traditionellen europäischen Fremdsprachen an Schulen und Hochschulen trotz beträchtlicher Rückgänge erhalten geblieben, auch Deutsch als Fremdsprache (DaF) und Germanistik.

Als anglophones Einwanderungsland gleicht Australien in seinem Verhältnis zu DaF und Germanistik den ebenfalls amtlich einsprachigen USA (nationale Amtssprache nur Englisch; Kap. K.9.10) – aber auch Kanada (amtliche Zweisprachigkeit Englisch und Französisch) wegen ähnlicher Neigungen zum Multikulturalismus (dazu z.B. Clyne 1982b; Lo Bianco 1987; Petersen 1993; Kretzenbacher 2006: 15). Diese Neigungen führten in den 1970er Jahren zur Beachtung der *LOTEs* (*languages other than English*) und zum Programm der *community languages* (übersetzbar als „Stadtteilsprachen") an den Schulen, das schon die Grundschüler mit der im jeweiligen Bezirk vorherrschenden Einwanderersprache bekannt macht, wozu auch – wenngleich eher selten – Deutsch zählt (Clyne 1982b; 1991). Teil der Sprachenvielfalt sind auch die noch in Resten vorhandenen, ebenfalls gepflegten Sprachen der Ureinwohner (*Aborigines*).

Wie generell in der angelsächsischen Welt ist Deutsch seit dem Ersten Weltkrieg hinter andere europäische Fremdsprachen, Französisch und in diesem Fall teilweise auch Italienisch, zurückgefallen. Zum Erhalt von DaF und Germanistik haben außer wirtschaftlichen Gründen auch die deutschsprachigen Einwanderer (mit örtlichen Verfestigungen zu Sprachminderheiten) beigetragen (dazu z.B. Clyne 1981; 1982a; Harmstorf/ Cigler 1985; Jurgensen/ Corkhill 1988), trotz ihrer verhältnismäßig schnellen Umstellung aufs Englische (Clyne 2008: 10, 12); zwischen 2006 und 2011 ist Deutsch von der neunt-häufigsten auf die elft-häufigste häusliche Sprache gefallen (jeweils 0,4% der australischen Bevölkerung; Australian Bureau of Statistics 2012: Languages Spoken at Home).

DaF gibt es an öffentlichen Schulen in allen 6 Bundesstaaten und im Australian Capital Territory, mit Schwerpunkten in Victoria, New South Wales, Queensland und South Australia. Dabei profitiert DaF einerseits von der Obligatorik des Fremdsprachenunterrichts an den öffentlichen Schulen, den das neue nationale Curriculum in allen Bundesstaaten zur Pflicht macht, das allerdings zur Zeit dieses Berichts noch überarbeitet wurde (www.smh.com.au/national/ education/chinese-italian-lead-new-curriculum-20110131-1ab54.html – abgerufen 15.04.2014). Andererseits jedoch leidet DaF an der kurzen Dauer dieser Pflicht (manchenorts nur 2 Jahre; Einzelheiten in Jäger/ Jasny 2007: 477; Kretzenbacher 2006: 17 zu Victoria). Deshalb brauchen Deutschstudierende an den Hochschulen anfangs häufig zusätzliche Sprachkurse. Die Zahl der Hochschulen mit DaF und Germanistik ist über die letzten Jahrzehnte recht stabil geblieben, bei allerdings gravierender institutioneller Herabstufung. Im Jahr 2007 gab es „14 staatlich geförderte Universitäten mit Germanistik + 3 Universitäten mit Deutschkursen" – aber nur noch 2 der einst an fast allen Universitäten vorhandenen germanistischen Lehrstühle, in Brisbane und Melbourne (E-Mail Brian Tailor 08.03.2014, als Korrektur der fehlerhaften Angabe bei Jäger/ Jasny 2007: 473, nach Corkhill 2003: 123, es gebe keinen einzigen germanistischen Lehrstuhl mehr).

Die Zahlen in Tab. K.9.15-1 geben einen Überblick über eine längere Zeitspanne.

	1985	1995	2000	2005	2010
Schulen	107.985	61.000	[142.300]	142.300	98.000
Hochschulen: Deutschlerner und Germanisten	2007	4.080	[3.655]	3.000	3.000
Davon Germanisten	2.007	2.280	k.A.	1.500	k.A.
DaF-Lernende außerschulisch/ außeruniversitär (ohne Goethe-I.)	k.A.	2.300	k.A.	5.000	6.000

Tab. K.9.15-1: Deutschlerner und Germanisten an australischen Schulen, außerschulischen Einrichtungen und Hochschulen über die Jahre 1985 – 2010
(Quellen für 1985 und 1995: Goethe-Institut 2000: [166]; für 2000 und 2005: StADaF 2005: 8; für 2010: Netzwerk Deutsch 2010: 4.)

Die Zahlen sind Schätzungen. Vielleicht ist die Vergleichbarkeit über die Jahre zusätzlich durch variierende Begriffe beeinträchtigt, was unterschiedliche Termini nahelegen. Für Tab. K.9.7-1 habe ich z.B. gleichermaßen unter „Schulen" subsumiert: „Deutschschüler an Sekundarschulen" (Goethe-Institut 2000) und „DaF-Lerner im Schulbereich" (StADaF 2005). Unter „Hochschulen: Deutschlerner und Germanisten" (Def. Kap. K.9.3, unterhalb Tab. K.9.3-2) habe ich subsumiert: Summe von „Zahl der Germanistikstudenten" + „Zahl der Teilnehmer an Hochschulsprachkursen" (beide Angaben Goethe-Institut 2000), „Deutsch Studierende gesamt" (StADaF 2005), „Deutschlernende Studierende gesamt" (Netzwerk Deutsch 2010). Da für 1985 die Angaben für die „Zahl der Teilnehmer an Hochschulsprachkursen" fehlen, habe ich für „Hochschulen: Deutschlernende gesamt" die „Zahl der Germanistikstudenten" eingesetzt. Die Germanisten sind in den Quellen nur gelegentlich gesondert geführt. Die Zahlen in eckigen Klammern basieren nur darauf, dass die Quelle für 2005 die Differenzen von den nicht genannten Zahlen der „DaF-Lerner Schulbereich" für 2000 mit „0" und der „Deutsch Studierenden gesamt" mit „-655" angibt. Detailliertere Aufschlüsselungen und Vergleiche mit anderen angelsächsischen Ländern finden sich in Kretzenbacher (2011: 44 bzw. 45-52).

Trotz Zweifeln an der Genauigkeit lässt sich ablesen, dass die Zahlen an den Hochschulen stabiler geblieben sind als an den Schulen. Für einzelne Bundesstaaten, vor allem Victoria, Queensland und South Australia, werden sogar leicht steigende Studierendenzahlen gemeldet (Jäger/ Jasny 2007: 474). Zur in neuerer Zeit schwächeren Entwicklung an den Schulen passen die schon erwähnten wachsenden Zahlen von Studienanfängern mit schwachen Deutschkenntnissen (Jansen/ G. Schmidt 2011: 166; G. Schmidt 2011: 87, 122f.). Sie sind es auch vor allem, die zum Studienabbruch neigen, rund 70% der sprachlich schlecht vorbereiteten Studierenden nach spätestens 2 Jahren (Jansen/ G. Schmidt 2011: 166).

Bemerkenswert ist die Zunahme von DaF-Lernenden in außerschulischen/ außeruniversitären Einrichtungen (ohne die Goethe-Institute), die vielleicht mit pragmatischen, berufs-, aber auch reisebezogenen Motiven zusammenhängen. An den Goethe-Instituten hat sich die Teilnahme im Überblick wie folgt entwickelt, Sydney und Melbourne zusammen genommen – in Canberra gab es wegen der Institutsschließung (im Jahr 1998) in der ganzen Zeit kein Angebot (T = Kursteilnehmer, P = Prüfungen): 1990: T – 2.227, P – 106; 2012: T – 2.189, P – 194; 2013: T – 1.926, P – 198 (Daten von Ingrid Köster und Herbert Moosbauer, Goethe-Institut München). Auch hier ist die übergreifende Tendenz ziemlich stabil, bei sogar steigender Tendenz der Prüfungen.

Angesichts der großen geographischen Entfernung und der vergleichsweise eher spärlichen wirtschaftlichen Kontakte zu den deutschsprachigen Ländern stellt sich die Frage, warum überhaupt noch Deutsch gelernt und Germanistik studiert wird. Befragungen von Deutschstudierenden haben eine Vielfalt von Gründen für die Sprach- und Fachwahl ans Licht gebracht (Ammon 1991b; Petersen 1993; G. Schmidt 2011: 152) – wobei an den möglichen Unterschied zwischen genannten Gründen und tatsächlichen Motiven erinnert sei (Kap. K.8). Ähnlich vielfältig wie die Motive für die Sprach- und Fachwahl sind die Berufsvorstellungen und vermutlich auch die – noch nicht näher untersuchten – tatsächlichen Berufe von Deutschlernern in Australien (Ammon 1991b: 184-188; Kretzenbacher/ Truckenbrodt 2001: 1656; G. Schmidt 2011: 127). Jedoch gab es bei den Gründen und Motiven auch Häufungen, so in meiner eigenen Untersuchung bei den folgenden drei (die allerdings nicht disjunkt sind): ‚um mit Deutschsprachigen im Ausland zu kommunizieren', ‚um als Tourist in ein deutschsprachiges Land zu reisen' und ‚weil Deutsch meine Berufsqualifikation verbessert' (Ammon 1991b: 43-53). Zudem lag bei den Deutschstudierenden der Anteil mit Herkunft aus einem deutschsprachigen Land mehrfach höher als in der australischen Gesamtbevölkerung (ebd.: 71-89) – wozu es passt, dass manche Deutschstämmigen muttersprachliche Sonnabendschulen betreiben (ältere Zahlen in Clyne 1981: 41; im Internet z.B. www.australien.diplo.de/Vertretung/australien/de/GK-Sydney/Sonnabendschule_Sydney_Weihnachtsfeier2013.html – abgerufen 27.02.2014). Allerdings verliert die ethnische oder sprachliche Herkunft als Motiv für die Sprach- oder Fachwahl in neuerer Zeit an Gewicht.

In der umfassenden Untersuchung von Gabriele Schmidt (2011) schält sich stattdessen als Motivkomplex heraus: „A general interest in the German language and culture" (ebd.: 148). Die anfängliche Überraschung legt sich vielleicht in Anbetracht der Vielfalt von Interessen der australischen GermanistInnen (dazu z.B. Kretzenbacher 2006: 23-25), von der her sich auch der von den Befragten bekundete Zusammenhang von Sprache und Kultur teilweise erklären lässt (G. Schmidt 2001: 148-161). Jedoch bleibt die nähere Untersuchung dieses Motivkomplexes Forschungsdesiderat, wie überhaupt der Ursachen des anhaltenden Zuspruchs zur Germanistik, wozu auch Jäger/ Jasny (2007: 480-485) Überlegungen anstellen – zumal angesichts der exorbitanten Studiengebühren (ebd.: 483). Fast vermutet man einen Mythos (im Sinne von englisch *myth*) über die kulturellen Leistungen der deutschsprachigen Länder, aus dem sich auch zum Teil die fortdauernde Nachfrage nach Lesekenntnissen bei Doktoranden geisteswissenschaftlicher Fächer speisen könnte. Dazu der Veranstalter an der Sydney University: „Der Zulauf von InteressentInnen an meinen Lesekursen nimmt heuer zu, so dass ich noch nicht weiß, ob ich sie alle ‚raummäßig' unterbringen kann." (E-Mail Brian Taylor 04.03.2014; auch Taylor 2013)

Die Förderung von DaF und Germanistik seitens der deutschsprachigen Länder ist eher bescheiden (Kretzenbacher 2006: 21-23). Symptomatisch ist die Schließung des Goethe-Instituts in Canberra (1998). Zu nennen sind vor allem die beiden Deutschen Auslandsschulen in Sydney und Melbourne, zugleich DSD-Schulen (Angebot des Deutschen Sprachdiploms), sowie einzelne Lektorate und eine Reihe von Stipendien des DAAD. Werbewirksam sind überdies die Konferenzen und die in so gut wie allen Bundesstaaten aktiven Zweige des *Network of Australian Teachers of German* (*NATG*) (Verbandszeitschrift *Szene* – www.ausdaf.edu.au/), das Mitglied ist im *Internationalen Deutschlehrerverband* (*IDV*).

10. Stärkende und schwächende Faktoren der Stellung von DaF in einem Land

Wünschenswert wäre eine Typologie der Länder nach Chancen des Stellungserhalts von Deutsch als Fremdsprache (DaF), auf deren Grundlage sich alle Länder der Welt ordnen ließen – zumindest in Form einer Rang-, besser noch einer Verhältnisskala. Voraussetzung dafür wäre die entsprechende Messbarkeit von Ländern. Als geeignete Ansatzpunkte erscheinen die Anteile von DaF-Lernern und DaF-Könnern an der Gesamtbevölkerung, einschließlich des Niveaus ihrer DaF-Kompetenzen (deren Durchschnitt und Standardabweichung, z.B. gemäß *Gemeinsamem Europäischem Referenzrahmen*; Quetz 2002). Jedoch lassen sich aus bloßen Augenblicksuntersuchungen noch keine Prognosen oder Erhaltchancen ableiten. Dafür wären Längschnitt-/ Longitudinaluntersuchungen notwendig, um die für den DaF-Erhalt entscheidenden Faktoren zu ermitteln und zu gewichten. Es bedarf keiner weiteren Vertiefung der methodischen Erfordernisse, um zu zeigen, dass ein derartiges Vorhaben auf absehbare Zeit unrealistisch ist. Auch nur der Versuch einer derartigen – erklärenden oder prognostischen – DaF-Typologie (aller Länder) wäre ein, jedenfalls für mich, viel zu hoch gestecktes Ziel.

Für auch nur eine hypothetische derartige Typologie fehlen vor allem Kenntnisse über das Gewicht denkbarer Faktoren. In dieser Hinsicht bin ich mindestens so hilflos wie schon bezüglich des Spracherhalts bei deutschsprachigen Minderheiten (Kap. E.2). Auch hier muss ich mich begnügen mit der – natürlich wiederum hypothetischen – Identifizierung vermutlich relevanter Faktoren für die Stellung von DaF in einem Land – wobei dieser Versuch, mangels Vorarbeiten und eigener beschränkter Kenntnisse, noch bescheidener ausfällt als bezüglich des Spracherhalts deutschsprachiger Minderheiten. Ich befasse mich nicht ernsthaft mit dem Gewicht der Faktoren noch mit ihrer Interdependenz oder ihrer Abhängigkeit von tiefer liegenden Faktoren, sondern beschränke mich allenfalls auf gelegentliche Hinweise. Bei Faktoren, deren Abträglichkeit oder Zuträglichkeit für die Stellung von DaF ich zu begründen suche, darf in der Regel im Umkehrschluss auf die gegenteilige Wirkung im Falle entgegengesetzter Ausprägung geschlossen werden, ohne dass ich dies jeweils eigens hervorhebe. Auf Belege verzichte ich weitgehend, weil mir entweder die Stimmigkeit plausibel erscheint oder die überzeugende Belegung zu aufwändig wäre. Wohlgemerkt handelt es sich aber durchgehend um Hypothesen, die zu überprüfen wären. Die Nummerierung bedeutet keine Gewichtung, sondern dient nur der Verweismöglichkeit.

1) *Anglophonie des Landes*: Wenn es sich um ein anglophones Land handelt (z.B. Großbritannien), kann das Fremdsprachenlernen allgemein eingeschränkt sein. Dies beeinträchtigt in der Regel auch das Lernen von DaF. In dem betreffenden Land ist dann die – nicht ganz aus der Luft gegriffene – Vorstellung verbreitet, dass die englische Sprache in der Zeit der Globalisierung für die weltweite Verständigung genügt, wenn nicht heute, so doch in Zukunft (vgl. Kap A.7; Großbritannien gehört seit Längerem zu den Ländern mit besonders kurzem obligatorischen Fremdsprachenlernen an den allgemeinbildenden Schulen. Eurydice 2008: 29 – eacea.ec.europa.eu/education/eurydice/docu ments/key_data_series/095EN.pdf).

2) *Anglophonie des Landes + weitere Amts- oder Nationalsprache(n)*: Hat ein anglophones Land noch eine zweite Amts- oder Nationalsprache, dann ist das Fremdsprachenlernen zusätzlich eingeschränkt. Bei einer solchen Sprachenkonstellation kommen die echten Fremdsprachen in der Schule erst an dritter Stelle (Irland hat schon seit Längerem kein obligatorisches Fremdsprachenlernen an den allgemeinbildenden Schulen. Ebd.: 28).

3) *Anglophilie des Landes*: Handelt es sich zwar um kein anglophones, aber ein ausgesprochen anglophiles Land, das sich dem Englischen als Welt-Lingua franca gewissermaßen verschrieben hat, so tendiert es zur Einschränkung des Fremdsprachenlernens. Beispiele sind die skandinavischen Länder oder die Niederlande, die ihre einstige Fremdsprachenmehrsprachigkeit in neuerer Zeit deutlich in Richtung – ganz vorrangigen – Englischs eingeschränkt haben. Dort ist auch die Einstellung verbreitet und wird – wenngleich modifiziert – von namhaften Wissenschaftlern vertreten, dass zusätzliche internationale Sprachen vor allem eine Belastung sind. Hinzu kommt die dem DaF-Lernen überdies abträgliche – jedoch nicht ganz falsche – Einschätzung, dass man speziell mit Deutschsprachigen und in den deutschsprachigen Ländern passabel auf Englisch kommunizieren kann.

4) *Schulgesetzgebung bezüglich Fremdsprachenlernens*: Dies ist ein komplexer Faktor, der mehrfach differenziert werden kann, und zwar zumindest in folgenden Hinsichten: Stellung der Fremdsprachen im Curriculum i) obligatorisch, ii) in einem Wahlpflicht-Bündel (daraus eine Sprache obligatorisch) oder iii) in einem Wahl-Bündel (eine Sprache daraus fakultativ); iv) Zahl der Sprachen im jeweiligen Bündel; v) Schulstufen des Lernens; vi) Dauer des Lernens (Gesamtstundenzahl); vii) Funktion der Sprachkenntnis im Bildungsgang (z.B. obligatorischer, fakultativer Teil von Hochschulzugangsprüfungen). Hier nun einige Beispiele aus den leicht in den dreistelligen Zahlenbereich hineinreichenden Kombinationsmöglichkeiten.

a) *Englisch einzige obligatorische Fremdsprache*: Andere Fremdsprachen sind nur Wahlfächer (z.B. Korea). Die Abträglichkeit für DaF liegt auf der Hand, vor allem bei einer größeren Zahl von Wahlsprachen.

b) *Nur eine obligatorische Fremdsprache als Wahlpflicht aus mehreren Sprachen*: Gehört Englisch zu diesen Sprache, was heute immer der Fall ist (z.b. Brasilien), so fällt die Wahl ganz überwiegend darauf. Ist jedoch Deutsch auch unter den Wahlpflichtsprachen, so hat DaF immerhin eher eine Chance als bei 4a.

c) *Zwei obligatorische Fremdsprachen* (z.B. Italien, Frankreich). Meist ist dann DaF Teil des zweiten, nachgeordneten Wahlpflichtbündels. Selbstverständlich ist es für DaF förderlich, wenn zwei Fremdsprachen obligatorisch sind und wenn DaF dabei ist. Zwei obligatorische Fremdsprachen empfiehlt auch die Europäische Union allen Mitgliedstaaten (Kruse 2012). Dafür, natürlich unter Einschluss von DaF, werben seit langem das Goethe-Institut und sämtliche DaF-Professoren, wie z.B. – um nur einen Leuchtturm zu nennen – Hans-Jürgen Krumm (Netzwerk Deutsch 2010: 2; Krumm 2000a; b; 2002; 2003; 2004).

Von den folgenden Faktoren ist anzunehmen, dass viele mit einander korrelieren, ohne dass ich immer darauf hinweise.

5) *Geographische Distanz von den deutschsprachigen Ländern*: Geographische Nähe ist dem DaF-Lernen zuträglicher, vor allem der Motivation dazu (Sprachwahl und Lerneifer), als große geographische Distanz. Man vergleiche z.B. Polen mit Korea (Kap. K.9.5; Ammon/ Chong 2003).

6) *Intensität der Wirtschaftskontakte mit den deutschsprachigen Ländern*: Größere Intensität ist dem DaF-Lernen zuträglich. Wenn auch die Gegenüberstellung einzelner Länder wegen gleichzeitig wirkender weiterer Faktoren nicht unbedingt überzeugt, seien dennoch z.B. Brasilien und Venezuela verglichen. Dabei ist zu bedenken, dass die genannten Zahlen nur ein schwacher Abglanz der wirtschaftlichen Verflechtungen mit den deutschsprachigen Ländern sind, die zwischen beiden Ländern noch stärker divergieren.

Exporte nach Deutschland 2011: Brasilien 4%, Deutschland 6.-größter Exportmarkt – für Venezuela ist Deutschland nicht unter den 7 größten Exportmärkten.

Importe aus Deutschland 2011: Brasilien 7%, Deutschland 4.-größter Importmarkt – Venezuela 4%, Deutschland nur 6.-größter Importmarkt (*Fischer Weltalmanach 2013*: 69, 488).

DaF-Lerner 2010: Brasilien 91.788 (Einwohner 190.755.799) – Venezuela 2.391 (Einwohner 27.150.094) (Netzwerk Deutsch 2010: 5, 12; *Fischer Weltalmanach 2013*: 69, 488). Der Anteil der DaF-Lerner an den Einwohnern ist über 5 mal so groß (n Einwohner : n Daf-Lerner in Brasilien 11.355, in Venezuela 2.079).

7) *Technologischer Entwicklungsstand im Vergleich zu den deutschsprachigen Ländern*: Ein zwiespältiger Faktor. Er kann einerseits das DaF-Lernen aufgrund davon abhängiger Schulausstattung beeinflussen, worauf ich zurückkomme (Faktoren 12 bis 14), aber andererseits auch die Motivation zum DaF-Lernen. Für ökonomisch-technologische Entwicklungs- oder Schwellenländer sind Weiterbildungs-/ Studier- und Berufsmöglichkeiten in den deutschsprachigen Ländern attraktiv. Jedoch erscheinen DaF-Kenntnisse dafür nur vor allem dann geboten, wenn sie für die Wahrnehmung solcher Möglichkeiten in den deutschsprachigen Ländern auch tatsächlich benötigt werden. Will man also das DaF-Lernen fördern, so darf man den Verzicht auf Deutsch zugunsten von Englisch an den Hochschulen oder in den Unternehmen deutschsprachiger Länder nicht übertreiben (vgl. dazu Kap. F.1; F.5; F.7; G.1; G.8; H. Wagener 2012; He 2013).

8) *Ausbildungsperspektiven im eigenen Land durch DaF-Kenntnisse*: Haben DaF-Kenntnisse keinen Nutzen für die Weiterbildung im eigenen Land, so ist dies für die Stellung von DaF im Land abträglich. Dies gilt für den Zugang zu höheren Schulformen und besonders für die schon unter 4 (Punkt vii) erwähnte Hochschulzulassung. In vielen Ländern sind DaF-Kenntnisse dafür irrelevant. Ein Beispiel ist Südafrika aufgrund der „Abschaffung der sog. dritten Sprache (nach Englisch und Afrikaans) als Bedingung für eine Universitätszulassung" (von Maltzan 2010: 1806; Kap. K.9.9).

9) *Berufsperspektiven im eigenen Land aufgrund von DaF-Kenntnissen*: Die Parallele zu Faktor 8 liegt auf der Hand. Die Relevanz von DaF-Kenntnissen für die Berufstätigkeit schrumpft vor allem, wenn örtliche Unternehmen sie für überflüssig halten. Diese Einstellung wird von verschiedenen Ländern und ihren Unternehmen berichtet, z.B. von Japan (Kap. K.9.14). Sie kann dadurch verstärkt sein, dass die Unternehmen aus den deutschsprachigen Ländern selbst, vor Ort oder zu Hause, auf die Kommunikation in Deutsch keinen Wert legen (vgl. Kap. F.1; F.5; F.7).

10) *Die Tradition von DaF im jeweiligen Land*: Eine große Tradition von DaF im Land stabilisiert die Stellung von DaF. Mangelt es dagegen an einer solchen Tradition, so sind die Etablierung und Ausweitung von DaF mühsam. Es fehlen dann ausgebildete Lehrende an Schulen und Hochschulen, die sich – nicht zuletzt auch aus Eigeninteresse – für das Fach engagieren und es auch qualifiziert unterrichten und lehren können. Wiederum ist ein Ländervergleich wegen zusätzlicher anderer Faktoren problematisch. Dennoch liegt der Gedanke nahe, dass die dramatischen Unterschiede zwischen manchen Ländern teilweise durch diesen Faktor bedingt sind. In den folgenden Beispielen nenne ich jeweils in Klammern ‚DaF-Lerner Gesamtzahlen : Einwohnerzahlen' und, hinter Schrägstrich, die heruntergerechneten ‚Proportionen'.

China 1.333.724.852 : 40.900 / 32.609 : 1, Mexiko 112.336.538 : 41.000 / 2.740 : 1, USA 308.745.538 : 494.264 / 625 : 1. (Quellen jeweils Netzwerk Deutsch 2010, Zahlen für 2010; *Fischer Weltalmanach 2013*, Zahlen für 2011)

In den USA wird demnach proportional zur Bevölkerung 4,4 mal mehr DaF gelernt als in Mexiko und 52,2 mal mehr als in China – und dies bei Beeinträchtigung des DaF-Lernens in den USA durch den Faktor 1 ‚angelsächsisches Land'! Diese frappante Diskrepanz verweist auf den nächsten Faktor.

11) *Aktuelle oder andauernde Immigration aus den deutschsprachigen Ländern und vorhandene deutsch(sprachig)e Minderheit*: Beide Teile dieses Faktors, die ich der Kürze halber zusammenfasse, sind dem DaF-Lernen förderlich, bzw. ihr Fehlen ist abträglich. Zumindest ein Teil der Immigranten stellt sich in der dritten Generation auf die Sprache des Ziellandes um. Auch bei der Bildung von Sprachinseln gibt es die Sprachumstellung, gewissermaßen am Rande. Die sprachlich Assimilierten motivieren dann allerdings bisweilen ihre Kinder zum DaF-Lernen oder bemühen sich sogar um Einrichtung der Möglichkeit. Dies stärkt die Stellung von DaF im betreffenden Land (vgl. Kap. K.9.5; K.9.10; K.9.11; K.9.15; zu deutsch(sprachig)en Minderheiten z.B. in Frankreich, Brasilien und USA Kap. E.4.3; E.4.10; E.4.11).

Die folgenden Faktoren sind insofern trivialer, als sie im Fach DaF häufig thematisiert werden, weil man sie dort unmittelbarer als die bisherigen Faktoren erlebt. Der Faktor 14 gehört sogar zum eigentlichen Aufgabenbereich des Fachs.

12) *Ausstattung der Schulen im Land*: Außer der Fremdsprachen-Schulgesetzgebung (Faktor 4) ist auch die Befolgung bestehender Gesetze ein wichtiger Faktor. Sie hängt unter anderem ab von der Ausstattung mit Schulen, ein vor allem in Entwicklungsländern grassierendes Problem. Ein Indikator dafür ist das Ausmaß des Analphabetismus, der in zahlreichen afrikanischen Ländern, aber auch in Indien hoch liegt. In den beiden Jahren 2007/8 lag er teilweise noch bei 60-70% der Bevölkerung (www.laenderdaten.de/bildung/ alphabetisierung.aspx – abgerufen 03.04.2014). Die schönsten Fremdsprachen-Schulgesetze und die beste Motivation nützen denen nichts, die – aus welchen Gründen auch immer – gar nicht zur Schule gehen können.

13) *Verfügbarkeit von Lehrern*: Aus vielen Ländern wird ein gravierender Mangel an DaF-Lehrern berichtet, auch aus reichen Ländern wie z.B. Frankreich (Kap. K.9.2). In manchen Fällen sind die Gründe komplex. Oftmals ist aber die verhältnismäßig schlechte Bezahlung der Lehrer ein wesentlicher Grund, dass Absolventen eines Deutsch- oder Germanistikstudiums eine andere Berufstätigkeit vorziehen. Es bedarf kaum des Hinweises, dass der dadurch bedingte Mangel an Angeboten zum DaF-Lernen oder der Unterrichtsausfall der Stellung von DaF im betreffenden Land abträglich sind. Darüber hinaus wirkt die schlechte

Lehrerbesoldung auch demotivierend auf das DaF-Lernen, das oft auf den Lehrerberuf abzielt, und beeinträchtigt dessen Prestige.

14) *Qualifikation der Lehrenden*: Die „Drögheit" des DaF-Unterrichts gehört immer noch zu den wohlfeilen Gründen, wenn über die Unlust der Lernenden geklagt wird, häufig mit dem Hinweis auf die Tradition der angeblich aus Deutschland stammenden Lehrmethode des Grammatik-Übersetzungsunterrichts. Der Realitätsgehalt dieses Klischee, vor allem im Vergleich mit anderen Fremdsprachenfächern, scheint von der Forschung immer noch nicht zwingend widerlegt zu sein. Wenn ich mich darin nicht irre, wäre dies dringend an der Zeit. Andernfalls sollten die Widerlegungen öffentlichkeitswirksamer als bisher verbreitet werden. Immerhin aber richtet sich das Fach DaF, jedenfalls in den deutschsprachigen Ländern, mit geballter Kraft auf die gründliche Verbesserung der Didaktik und Methodik des DaF-Unterrichts weltweit.

15) *Die Förderung von DaF durch die deutschsprachigen Länder*: Man kann die Förderung durch das jeweilige Land, in dem DaF an Schule und Hochschule gelehrt und gelernt wird, als Faktor hinzunehmen. Mit der Förderung seitens der deutschsprachigen Länder befasse ich mich im nächsten und letzten Kap. L. Beispiele dieser Förderung finden sich aber auch in allen Kap. K.9.2 bis K.9.15, jeweils am Ende. Dass solche Förderung die Stellung von DaF stärkt, wird kaum jemand ernsthaft bezweifeln. Allerdings ist ihre Wirkung, wie die Wirkung aller hier genannten Faktoren, nicht leicht messbar, vor allem die Wirkung einzelner Komponenten. Dies ist sicher ein wesentlicher Grund für die – wie mir scheint – spärliche Evaluation der Förderpolitik und ihrer Maßnahmen (die ich mit diesem Hinweis allerdings nicht anmahnen möchte, weil sie leicht zu Lasten der eigentlichen Förderung geraten kann). Punktuelle Untersuchungen liefern zwar zum Teil überzeugende Belege, z.B. für die motivierende Wirkung der Deutsch-Wagen-Tour fürs Deutschlernen in Polen (Mackiewicz 2013). Jedoch basieren viele generalisierende Erfolgsmeldungen nur auf Intuition und Einzelbeobachtungen, auch wenn sie im Brustton der Überzeugung dargeboten werden, wie im folgenden Beispiel: „Sprachinitiativen wie die großangelegten Partnerschulinitiativen PASCH oder thematische Großprojekte wie ‚Sprachen ohne Grenzen' erwiesen sich als geeignete und erfolgreiche Instrumente, einem Abwärtstrend [von DaF! U.A.] offensiv entgegen zu treten." (Netzwerk Deutsch 2010: 2) Dabei möchte ich betonen, dass mir gerade bei diesem Beispiel, aber auch sonst meistens, die positive Einschätzung durchaus plausibel erscheint und ich sie um der Sache willen auch für vertretbar halte. Nur sollten sich Fachleute bewusst bleiben, dass die Beweise – soweit ich sehe – oft weitgehend fehlen.

L. Politik der Förderung der deutschen Sprache in der Welt

1. Begriffe, Termini und Rahmenbedingungen

1.1 ‚Sprachförderung', ‚Sprachverbreitung(spolitik)', ‚Auswärtige Sprachpolitik'

Im folgenden Kap. geht es in erster Linie um staatliche Sprachpolitik (oder Sprachenpolitik), die sich – als Teil der Außenpolitik – auf Staaten und Gebiete außerhalb des eigenen Staatsgebietes richtet. Sprach(en)politik in einem weiteren Sinn können im Grunde alle Organisationen oder Gruppen betreiben, z.B. Vereine, auf die ich auch kurz zu sprechen komme (Kap. L.3.4); jedoch steht hier die Betrachtung staatlicher Politik im Vordergrund. Wie bei vielen Themen, die von unterschiedlichen Disziplinen und Blickwinkeln aus untersucht werden, ist die Terminologie für diesen Gegenstand uneinheitlich. Es bieten sich zumindest die folgenden unterschiedlichen Termini an, die im Bedeutungskern weitgehend übereinstimmen, aber unterschiedliche Akzente setzen:

1) *Auswärtige Sprachpolitik* (*ASP*) (Andrei/ Rittberger 2009; A. Schneider 2000), als Teil der *Auswärtigen Kulturpolitik* (*AKP*), die wiederum Teil der *Außenpolitik (AP)* ist (ASP $\subset$ AKP $\subset$ AP). Für deren Gegenteil eignen sich die Termini *interne/ innere Sprachpolitik* usw. Diese hier mit Abkürzungen versehenen Termini (*ASP, AKP, AP*) erscheinen mir sehr brauchbar. Bisher ist allerdings nur *AKP* gebräuchlich; jedoch verwende ich auch *ASP*, vor allem ab Kap. L.3.1. Seit dem Jahr 2000 (Kap. L.3.2) ist die Bezeichnung für AKP in Deutschland erweitert und lautet offiziell *Auswärtige Kultur- und Bildungspolitik* (*AKBP*); ich gebrauche aber, nicht nur für vergangene Zeiten, weiterhin eher die traditionelle, kürzere Form *Auswärtige Kulturpolitik* (*AKP*).
2) *Auswärtige Sprachförderungspolitik* (*ASF*) (kurz auch *Auswärtige Sprachförderung*) – mit folgenden Differenzierungen für Unterbegriffe: *Auswärtige Sprachverbreitungspolitik*) (*ASV*) und *Auswärtige Spracherhalt(ungs)politik* (*ASE*) (ASF = ASV $\cup$ ASE; vgl. Ammon 1991a: 524-528). Alle drei Abkürzungen sind ungebräuchlich, weshalb ich sie nicht weiter verwende.
3) Die folgenden spezielleren Bezeichnungen liegen aufgrund soziolinguistischer Terminologie nahe, sind aber ungeeignet wegen ihrer Ungebräuch-

lichkeit und ihrer Schwerverständlichkeit für Nicht-Linguisten: *Auswärtige Sprachstatuspolitik* – entsprechend der gängigen soziolinguistischen Unterscheidung von *Sprachstatus-* und *Sprachkorpusplanung* (Haugen 1966; 1987) oder *Auswärtige Sprachstellungspolitik*, um das mögliche Missverständnis auszuschließen, es gehe nur um Status im juristischen Sinn, statt – wie es gemeint ist – auch um Gebrauch oder Funktion der Sprache (vgl. Kap. D.1).

4) Ebenso ungeeignet wegen Ungebräuchlichkeit erscheinen mir die denkbaren Termini *Sprachaußenpolitik* (und als Gegensatz *Sprachinnenpolitik*) sowie *Außensprachpolitik*, im Gegensatz z.B. zu *Außenwissenschaftspolitik*, einem Terminus, der von der Bundesregierung anlässlich der „Initiative Außenwissenschaftspolitik 2009" offiziell eingeführt wurde („Auftaktkonferenz" am 19./ 20.01.2009: www.auswaertiges-amt.de/DE/Infoservice/ Presse/ Meldungen/ 2009/090114-AWP.html – abgerufen 10.02.2013).

Schließlich finde ich den für Auswärtige Sprachpolitik gelegentlich gebrauchten Terminus *Sprachexport* eher verwirrend als erhellend. Er passt nicht einmal zu ausgesprochener Sprachverbreitungspolitik, da dabei – anders als beim sonstigen Export – kein Besitzwechsel stattfindet. Allenfalls verbindet sich mit Auswärtiger Sprachpolitik die Zielvorstellung, dadurch den Export echter Waren (im ökonomischen Sinn) zu fördern (dazu Kap. L.2).

Meine Wahl der Termini unter 1) und 2) möchte ich kurz begründen und ihre Bedeutung erläutern. Wegen der zahlreichen einschlägigen englischsprachigen Publikationen füge ich jeweils auch die englischen Übersetzungen bei. In früheren Darstellungen habe ich den Terminus *Sprachverbreitungspolitik* (*SVP*) für den Oberbegriff gebraucht (z.B. Ammon 1989c: 229f.; 1990d; 1991a: 524-528), weil mir dies die vorrangige Absicht solcher Politik am deutlichsten auszudrücken schien und auch wegen des in der Soziolinguistik aufgekommenen Terminus *Sprachverbreitung* (engl. *language spread*; z.B. Cooper 1982; Lowenberg 1988). So auch der von mir geprägte Terminus *language spread policy* für die von mir (mit)herausgegebenen Bände des *International Journal of the Sociology of Language* 95 (1992); 107 (1994).

Allerdings war auffällig, dass dieser Terminus von Politikern gemieden wurde. Als einen nicht unwesentlichen Grund vermutete ich den Versuch sprachlicher Verschleierung, um die Assoziation mit Sprachimperialismus zu vermeiden (engl. *linguistic imperialism*; dazu Phillipson 1992), zumal manche Politiker das Wort *Politik* für diese Politik (was soll es denn sonst sein?) grundsätzlich ablehnten. Ein Beispiel lieferte Hildegard Hamm-Brücher (Deutscher Bundestag 1986: 25), die freilich auch um äußerste Behutsamkeit in dieser Politik bemüht war.

Der politische Diskurs tendierte, jedenfalls in der BRD und im vereinigten Deutschland, eher zum Terminus *Sprachförderung* (entsprechend engl. *language promotion*; z.B. Auswärtiges Amt 1973: 18; *Bericht* 1985: 4, 6, 11, 17; Witte 1985c; H. Hoffmann 2000). Dieser Terminus hat allerdings auch den Vorteil der Verwendbarkeit für den Oberbegriff einer Politik sowohl der Sprachverbreitung als auch der Spracherhaltung. Bei der heutigen Stellung der deutschen Sprache in der Welt liegt letztere Zielsetzung näher. Auch deshalb erscheint mir jetzt der Terminus *Sprachförderung(spolitik)* (engl. *language promotion*) besser geeignet als *Sprachverbreitungspolitik*. Die Kurzform *Sprachförderung* ist unproblematisch, da im üblichen Kontext der Verwendung in aller Regel klar ist, dass es sich um Politik handelt oder zumindest, dass Akteure mit entsprechenden Absichten dahinterstehen. Der Terminus *Sprachverbreitung* impliziert dies jedoch nicht, da sich eine Sprache auch unbeabsichtigt verbreiten kann, so dass man im Falle möglichen Missverständnisses den längeren Ausdruck *Sprachverbreitungspolitik* verwenden sollte. Wie schon gesagt, hat der Terminus *Sprachförderung(spolitik)* zudem den Vorteil, dass er sich sowohl auf eine Politik der Verbreitung als auch der Stellungserhaltung einer Sprache (in der Regel der eigenen Amts- oder Muttersprache) beziehen lässt.

In eindeutigen Fällen sollte man jedoch ungeschminkt auch von *Sprachverbreitungspolitik* reden (engl. *language spread policy*) (Kap. L.2) und im gegenteiligen Fall entsprechend von *Spracherhalt(ungs)politik* (engl. *language maintenance policy*). Dass beide Arten und Ziele von Politik nicht unvereinbar sind, belegen Ausführungen wie die folgende: „Nur durch eine aktive Politik der Verbreitung der deutschen Sprache wird die Bedeutung des Deutschen in der Welt erhalten und möglicherweise gesteigert werden können" (*Bericht* 1985: 7).

Im Rahmen dieses Buches geht es um Außen-, nicht um Innenpolitik. Dies impliziert schon, dass es in erster Linie um die Stellung einer Sprache geht, nicht um ihre Struktur. Anders ist dies bei nach innen gerichteter Politik, als Teil von Innenpolitik. In bestimmten Kontexten erscheint der Terminus *Sprachinnenpolitik* fast unvermeidlich, obwohl ich auf sein Pendant, *Sprachaußenpolitik*, wegen der Ungebräuchlichkeit verzichte. Sprachinnenpolitik kann sich nicht nur auf die Stellung einer Sprache innerhalb des Staatsgebiets richten, sondern auch auf ihre Struktur, z.B. auf den Wortschatz (Rechts- oder auch Wissenschaftsterminologie, eventuell einer Sprachakademie übertragen) oder – wie im deutschen Sprachgebiet geradezu notorisch – auf die Rechtschreibung. Dabei ist im Bedarfsfall die terminologische Unterscheidung zwischen *Sprachstellungs-* und *Sprachstrukturpolitik* möglich. Entsprechend soziolinguistisch gängiger Terminologie lägen dafür auch die Termini *Sprachstatus-* oder *Sprachkorpuspolitik* nahe. Dabei wäre *Status* synonym mit dem, was ich im vorliegenden Buch unter *Stellung* verstehe (Kap. A.3), und *Korpus* wäre synonym mit

Struktur. Jedoch wird Sprachstrukturpolitik (Sprachkorpuspolitik) im vorliegenden Buch nur gestreift (z.B. in Kap. G.11). Helmut Glück hat vorgeschlagen, den Terminus *Sprachpolitik* für ‚Sprachstrukturpolitik' zu reservieren, weil diese sich meist nur auf eine einzelne Sprache bezieht oder sich zumindest nur auf eine einzelne Sprache beziehen kann, und den Terminus Sprach<u>en</u>politik für eine auf Sprachstellung bezogene Politik zu gebrauchen, da diese so gut wie immer, wenn nicht sogar unvermeidlich, weitere Sprachen als nur die Zielsprache tangiert, deren Stellung sich durch Stellungsveränderungen der Zielsprache ebenfalls verändert (Glück 1979: 37; Haarmann 1988; Ammon 2009a: 115; der von mir verfasste Artikel „Sprachenpolitik" in Glück 2010: 636). Zwar trifft dieser Unterschied zu, ist aber meist so offenkundig, dass er nicht terminologisch ausgedrückt werden muss. Vielleicht fehlt deshalb eine terminologische Entsprechung im Englischen. Dennoch gebrauche ich im vorliegenden Buch auch den Terminus *Sprachenpolitik* (im Sinn des Bezugs auf Sprachstellung).

Ich verstehe unter *Auswärtiger Sprachpolitik* (oder *Sprachförderungspolitik*) nur eine Politik mit entsprechender Absicht. Nicht dazu gehören Arten von Politik, die ohne entsprechende Absicht spracherhaltend oder -verbreitend wirken (als unbeabsichtigte Politikfolge; Wirkungen der „unsichtbaren Hand", Kap. A.2). Dabei kann effektive Wirtschafts- oder Wissenschaftspolitik bisweilen sprachfördernder sein als (absichtsvolle) Sprachförderungspolitik. Diese Vermutung legen jedenfalls die in jüngster Zeit steigenden DaF-Lernerzahlen in den Mittelmeerstaaten nahe (Kap. K.4, gegen Ende; K.9.4). Jedoch können solche Beispiele für die Gestaltung Auswärtiger Sprachpolitik lehrreich sein, wie sie auch die begrenzten Möglichkeiten von zu eng angelegter Sprachförderungspolitik verraten.

Ein anderer Fall ist Auswärtige Sprachpolitik, die nicht als solche deklariert oder sogar bewusst verheimlicht wird. Fragwürdige deutsche Beispiele oder Versuche liefern die *Geheime Denkschrift des Auswärtigen Amtes über das deutsche Auslandsschulwesen* vom April 1914 (abgedruckt in Düwell 1976: 268-370) oder Georg Schmidt-Rohrs Plan vom Jahr 1940 für ein *Geheimes politisches Sprachamt*, mit dem Ziel, Deutsch zur „Weltsprache" zu machen (Simon 1979b: 164-170, s. 167; dazu Kap. L.2). Wie bei anderen Arten von Politik besteht auch bei Auswärtiger Sprachpolitik die Neigung, die wahren Absichten „nicht an die große Glocke zu hängen". Deshalb wird sie bisweilen nicht einmal von Beobachtern, die eigentlich sensibilisiert sein müssten, bemerkt. So bestritten manche Soziolinguisten, die ich um einen Bericht über die Auswärtige Sprachpolitik ihres Landes bat, zunächst die Existenz solcher Politik – bis sie diese dann entdeckten (Vorbereitung der oben erwähnten Bände des *International Journal of the Sociology of Language*). Böswillige Beobachter könnten sogar die „große Europa-Rede" von Bundespräsident Gauck (am 22.02.2013 in Berlin) als

Beispiel des Verschweigens der Sprachförderung des eigenen Landes bewerten. Nennt Gauck doch bei aller bekundeten Wertschätzung von Mehrsprachigkeit nur Englisch als mögliche „gemeinsame Verkehrssprache" Europas, mit der die junge Generation auch schon „als Lingua franca auf[wächst]". Indem er beschwört, „dass in Europa beides nebeneinander leben kann: Beheimatung in der eigenen Muttersprache und in ihrer Poesie und ein praktikables Englisch für alle Lebenslagen und Lebensalter", spricht er implizit der eigenen Sprache jegliche Funktion als mögliche Lingua franca oder auch die Stellung als internationale Sprache ab (ebenso dem Französischen, Spanischen und Italienischen) (www.bundespraesident.de/SharedDocs/Reden/DE/ Joachim-Gauck/ Reden/ 2013/02/130222-Europa.html – abgerufen 08.04.2014). Diese Insinuation ist bei allem Verständnis für diplomatische Höflichkeit schwerlich vereinbar mit der Auswärtigen Sprachpolitik der deutschen Regierung – was allerdings teilweise auch für die sonstige Sprachenpolitik Deutschlands gegenüber der EU gilt (Kap. H.4.6). Zur Bezeichnung unterschiedlicher Grade von Öffentlichkeit kann man *deklarierte* und *nicht-deklarierte* Auswärtige Sprachpolitik unterscheiden, und letztere weiter differenzieren in *stillschweigende* und – per definitionem absichtlich – *geheime*.

Sprachenpolitik kann, wie anfangs angedeutet, im Grunde jede Organisation betreiben, die über entsprechende Autonomie und über Mittel dafür verfügt. Beispiele sind internationale Organisationen, Religionsgemeinschaften (Kirchen), Unternehmen, Wissenschafts- und Bildungsinstitutionen oder private Vereine. Solche Politik kommt in den vorausgehenden Kap. verschiedentlich zur Sprache, wenn auch oft nur in Form von Hinweisen auf ihre Kodifizierungen in Form von „Regelungen" oder „Satzungen" (der Vereinten Nationen, von Hochschulen usw.). Die umfassendsten Möglichkeiten dazu haben jedoch Staaten und deren Regierungen, auf deren Politik ich mich im vorliegenden Kap. weitgehend beschränke (jedoch Kap. L.3.4 und L.3.5). Bei näherer Betrachtung zeigt sich, dass die meisten Staaten Auswärtige Sprachpolitik betreiben, wenn auch manche notgedrungen sehr rudimentär, und vor allem möglichst „ihre" eigene(n) Sprache(n) fördern, am liebsten sogar verbreiten (Kap. L.5).

1.2 Die eigene Sprache als Transgrediens in der Auswärtigen Kulturpolitik

Als ein *Transgrediens* kann man ein Phänomen bezeichnen, das andere Phänomene überschreitet oder sich auf sie ausdehnt. Statt die deutsche Sprache als ein solches Phänomen zu bezeichnen, kann man ihr auch die Eigenschaft der *Transgredienz* (adjektivisch *transgredierend* oder *transgredient* ‚überschreitend') zuschreiben. Ein solches Transgrediens ist jede Sprache für die Auswärtige

Kulturpolitik (AKP) ihrer jeweiligen Länder, Deutsch also für die AKP der deutschsprachigen Länder. Im Rahmen der AKP Deutschlands, vielleicht auch anderer deutschsprachiger Länder, spricht man unauffälliger von einer *Querschnittsaufgabe*, deren Bedeutung ich jedoch durch den neuen Terminus unterstreichen möchte.

In die Richtung einer solchen Transgredienz von Sprache weist z.B. die Einsicht, inzwischen eine Binsenweisheit der Pädagogik, dass Sprache in fast allen Schulfächern eine Rolle spielt – und daher gute oder schlechte Sprachkenntnisse sich auf die Leistungen in vielen Fächern positiv bzw. negativ auswirken. Dabei ist zu unterscheiden zwischen der Unterrichtssprache (oder auch den Unterrichtssprachen) für alle Fächer und dem Fach (oder den Fächern), in der (denen) die betreffende(n) Sprache(n) gelernt werden. Die betreffende Sprache ist ein Transgrediens in allen Fächern, für die sie Unterrichtssprache ist. In dieser Hinsicht besteht eine gewisse Analogie zwischen Schule und AKP, und zwar zwischen dem Verhältnis von Schulfach ‚betreffende Sprache' (bei unserem Thema Fach Deutsch) zu den übrigen Schulfächern und dem Verhältnis von Sprachförderung zu den übrigen Bereichen der AKP. Auch in diesen übrigen Bereichen der AKP (ohne die Sprachförderung) spielt die Sprache, die Gegenstand der Sprachförderung ist, eine gewisse Rolle. Sie kann sogar in diesen Bereichen mitgefördert werden, entsprechend dem Bestreben auch in den Sachfächern um gepflegten sprachlichen Ausdruck (in der Unterrichtssprache). Jedenfalls lässt sich der Unterricht ohne die Unterrichtssprache nicht durchführen. Ähnlich können die Aktivitäten in verschiedenen Bereichen der AKP nicht durchgeführt werden ohne die in der Sprachförderung geförderte Sprache.

Allerdings gibt es bedeutsame Abstriche, für die ich auf Kap. A.9 verweise. Dort werden sprachunabhängige Teile von Kultur aufgezeigt, wie Instrumentalmusik, Malerei oder – dort nicht genannt – Sport und sonstige körperliche Akrobatik. Auch Textinhalte sind bis zu einem gewissen Grad ablösbar von ihrer ursprünglichen Sprache – durch Übersetzen oder Dolmetschen, die aber zusätzlichen Aufwand erfordern und außerdem die Stringenz, Präzision oder ästhetische Wirkung der ursprünglichen Äußerung beeinträchtigen können. Die Hoffnung darauf, dass Kommunikation mittels der eigenen Sprache diese Mängel einschränkt, ist ein Grund neben anderen, warum alle Sprachgemeinschaften, die es sich leisten können, Auswärtige Sprachpolitik betreiben, zusätzlich zur AKP (Kap. L.1.1).

Darüber hinaus gibt es das in Kap. A.1 geschilderte Interesse jeder Sprachgemeinschaft daran, dass möglichst viele Menschen ihre Sprache lernen (dazu auch Kap. A.7). Über den bloßen Sprachunterricht hinaus besteht jedoch auch ein Interesse am Gebrauch der Sprache. Gebrauch und Lernen hängen miteinander zusammen: Letzteres ist Voraussetzung für Ersteres, und Ersteres motiviert zu Letzterem. Wenn auch der Gebrauch einer Sprache in Aussicht steht oder – was noch mehr motiviert – sogar notwendig ist, um höhere Ziele zu erreichen, z.B. einen Studien- oder Arbeitsplatz, erscheint der Aufwand des Lernens lohnender (vgl. instrumentelle Motivation; Kap. K.8).

Nicht nur die an Sprache gebundenen Teile der Kultur hängen mit der eigenen Sprache zusammen. Vielmehr bieten fast alle Tätigkeiten in der AKP die Möglichkeit des Gebrauchs der eigenen, im vorliegenden Fall der deutschen Sprache. Die Akteure stehen fast immer vor der Wahl, die eigene oder eine Fremdsprache zu gebrauchen oder den betreffenden Gebrauch zu fördern oder nicht. Ein Beispiel ist die bei Kunstausstellungen oder Musikaufführungen im Ausland notwendige Kommunikation, einschließlich der schriftlichen Erläuterungen. Soll diese Kommunikation z.B. nur auf Englisch oder (teilweise) auch auf Deutsch stattfinden? Auf die vielfältige Verbindung der eigenen Sprache mit der eigenen Kulturarbeit, die ständige Möglichkeit ihres Gebrauchs, möchte ich mit der Charakterisierung der deutschen Sprache als *Transgrediens* der AKP der deutschsprachigen Länder aufmerksam machen.

Sie entschwindet meines Erachtens aus den Augen bei gängigen Darstellungen der AKP. Beispiele bieten die jährlichen Berichte über die AKP, die der Deutsche Bundestag der Bundesregierung aufgetragen hat (mit Beschluss vom 15.06.1994; Bundestagsdrucksache 12/790), die alle ganz ähnlich aufgebaut sind. Der bei Fertigstellung des vorliegenden Buches aktuellste war der *17. Bericht der Bundesregierung Auswärtige Kultur- und Bildungspolitik* (Bundesregierung 2014). Dort werden unter anderem 15 „Tätigkeitsbereiche" unterschieden (ebd.: 13-69), von denen einer, der vierte, „Deutsche Sprache" betitelt ist, als hätte sie mit den anderen Tätigkeitsbereichen nichts oder zumindest nichts Nennenswertes mehr zu tun. Durch die vollkommen parallele Anordnung des Tätigkeitsbereichs „Deutsche Sprache" zu allen anderen Tätigkeitsbereichen entsteht der – falsche! – Eindruck säuberlicher Trennbarkeit.

Allerdings stellt man bei der Lektüre dann doch verschiedentliche Hinweise auf die deutsche Sprache fest. So findet sich im Bereich „1. Wissenschafts- und Hochschulausbau" der kurze Hinweis, dass der DAAD „die Finanzierung der Sprachkurse" für bestimmte Stipendiaten an deutschen Hochschulen übernimmt (ebd.: 13). Ausführlicher wird auf die deutsche Sprache Bezug genommen unter „2. Auslandsschulwesen" (ebd.: 18-22), und „3. Berufliche Bildung und Weiterbildung" (ebd.: 23-25). Aber bei all diesen Hinweisen geht es nur um Lehre und Lernen der Sprache, nicht ihren Gebrauch. Ein wenig darüber hinaus reicht die Zielsetzung für „11. Förderung deutscher Minderheiten": „Für die Bundesregierung haben Erhalt und Pflege von Sprache und Kultur der deutschen Minderheiten einen hohen Stellenwert. Leitbild unserer Bemühungen ist die Wiederherstellung und Unterstützung muttersprachlicher Traditionen", mit dem Hinweis auf eine Konferenz „am 17. und 18. Juni 2013 in Hermannstadt (Rumänien) [...] unter dem Titel ‚Deutsch als Identitätssprache der deutschen Minderheiten in Ost-, Ostmittel- und Südosteuropa sowie in den Nachfolgestaaten der Sowjetunion' ", die gedacht war zur Förderung „der Sprachbindung der deutschen Minderheiten". Für diesen Zweck sei „das traditionelle Schulwesen der rumänischen Schulen in der Sprache der deutschen Minderheit und der Schulzentren der deutschen Minderheit in Ungarn" „[v]on besonderer Vorbildwirkung [...]". Es folgen noch Hinweise auf rechtliche Verbesserungen für Deutsch als Minderheitssprache in Polen (ebd.: 35f.).

Jedoch überwiegt alles in allem im Rahmen der AKP Deutschlands der Blick auf das bloße Erlernen der Deutschen Sprache. Sogar die – ohnehin nur anhängselartige – Erwähnung unter „15. Druck- und audiovisuelle Medien a) Deutsche Welle" lässt sich so verstehen: „[Die Deutsche Welle! U.A.] soll ein Forum bieten für deutsche und andere Sichtweisen zu wesentlichen Themen aus Politik, Kultur und Wirtschaft, mit dem Ziel, den Austausch der Kulturen und Völker anzuregen und die deutsche Sprache zu fördern." Auch damit könnten nur oder zumindest hauptsächlich Deutschkurse gemeint sein. Die in diesem Zusammenhang wichtige, wenn auch schwierige Frage von Deutsch als Sendesprache wird nicht aufgeworfen – als wäre sie für die Auswärtige Sprachpolitik eines deutschsprachigen Staates unwichtig, jedenfalls im Vergleich zu der großen Zahl von 30 Sendesprachen, die wie eine Glanzleistung genannt wird (ebd.: 48f.; siehe zur Deutschen Welle Kap. J.1.3.2). Auch sonst ist die internationale Kommunikation mit Texten in deutscher Sprache kein Thema, auch nicht unter dem Tätigkeitsbereich „b) Literatur- und Übersetzungsförderung", in dem es nur um die Hinübersetzung in andere Sprachen oder die Herübersetzung von dort geht (ebd.: 49f.). Mir scheint, dass dieses Defizit bedingt ist durch das Fehlen der klaren Unterscheidung von Deutsch-Unterricht (Deutsch als Fremdsprache/ DaF) und Deutsch-Gebrauch, wobei die Wichtigkeit des Letzteren in den Hintergrund tritt. Darauf möchte ich mit der Ausdrucksweise von der *Transgredienz* der deutschen Sprache in der AKP Deutschlands hinweisen.

Der Zusammenhang der Wahl von Deutsch für den Gebrauch (zur Kommunikation), natürlich auch der Wahl für das Lernen, mit der Stellung der deutschen Sprache vor Ort, aber auch in der Welt, wird im vorliegenden Buch in vielen Kap. thematisiert und begründet, z.B. in den Kap. A.2; A.6; F.2; H.4.2; H.4.6. Die „richtige" Sprachwahl für die Kommunikation (den Gebrauch der Sprache), in allen für die Stellung der deutschen Sprache in der Welt wichtigen Situationen, müsste daher, scheint mir, ein Anliegen der Auswärtigen Sprachpolitik der deutschsprachigen Länder sein. Sie hätte im Grunde auf eine Sprachwahl hinzuarbeiten, die geeignet ist, die Stellung der deutschen Sprache sowohl vor Ort als auch in der Welt zu stärken. Dass eine solche Politik schwierig ist, habe ich in den genannten Kap. ebenfalls zu zeigen versucht. Eine der Schwierigkeiten besteht darin, dass die Akteure jeweils die Stellung aller involvierten Sprachen berücksichtigen müssten, die wiederum von der globalen Sprachenkonstellation abhängt (umsichtige Politik; Kap. A.7). Eine andere Schwierigkeit ist die, dass auch die sprachlichen Interessen aller anderen Akteure zu respektieren sind (rücksichtsvolle Politik). In jedem Fall aber stellt sich für die AKP die Frage einer ihren Zielen dienlichen Sprachwahl für den Sprachgebrauch. Diese sollten – über etwaige andere Ziele der AKP hinaus – bezogen sein auf das Interesse aller Deutschsprachigen oder der ganzen deutschen Sprachgemeinschaft an einer starken Stellung der deutschen Sprache in der Welt (Kap. A.1). Sich daran zu orientieren heißt selbstverständlich nicht, die Interessen anderer Länder und Sprachgemeinschaften zu ignorieren oder keine Rücksicht auf sie nehmen (dazu Kap. L.5).

Auswärtige Sprachpolitik, die vom (rücksichtvollen) Interesse an einer starken Stellung der eigenen Sprache geleitet ist, sollte unter anderem folgende Ziele nicht aus den Augen verlieren: die Erhaltung oder Gewinnung möglichst vieler Sprecher (Kap. C; E), die Verankerung der deutschen Sprache, und zwar sowohl rechtlich/ statutarisch als auch ihres Gebrauchs in möglichst vielen Staaten, z.B. als Amtssprache (Kap. D) oder als geschützte Minderheitssprache (Kap. E), in der Wirtschaft, z.B. in Unternehmen (Kap. F), in der Wissenschaft, z.B. an Hochschulen (Kap. G), in der Diplomatie, z.B. in internationalen Organisationen (Kap. H) sowie in weiteren Handlungsfeldern (Kap. I; J); außerdem – was allerdings schon im Fokus der aktuellen AKP ist – die Erhaltung oder Gewinnung möglichst vieler Lerner für DaF (Kap. K). Die Verweise in den Klammern zeigen, dass sich solche Politik auf fast alle im vorliegenden Buch behandelten Aspekte der Stellung der deutschen Sprache in der Welt sowie auf weitere, im vorliegenden Buch nicht behandelte Aspekte beziehen müsste.

Vielleicht ist die Auswärtige Sprachpolitik Deutschlands in Wirklichkeit durchaus annähernd so umfassend – und habe ich sie nur allzu verkürzt wahrgenommen. Jedoch scheint mir, dass sie diese Breite – unter Bezug auf die Transgredienz ihres Gegenstandes für die AKP – nicht immer deutlich dargestellt ist und daher auch nicht entsprechend bewusstseinsbildend wirkt. Vielleicht mangelt es nicht nur der großen Mehrheit der deutsch(sprachig)en Bevölkerung am Bewusstsein der eigenen sprachlichen Interessen und an sprachpolitischem Wissen, sondern sogar manchen Personen in leitenden Positionen, inklusive der politischen Prominenz. Dabei wurden diese Fragen und die hier mit Transgredienz bezeichneten Zusammenhänge in wissenschaftlichen Diskussionen schon verschiedentlich thematisiert. Ein Beispiel bot die von der Alexander von Humboldt-Stiftung und der Deutschen Welle gemeinsam veranstaltete Konferenz 2006 in Bonn, unter dem Titel: „Braucht Deutschland eine bewusstere, kohäsive Sprachenpolitik?" (www.humboldt-foundation.de/web/ 2401.html – abgerufen 09.05.2014). Sie zielte dezidiert hinaus über die Lehre und das Lernen und erstreckte sich sogar auf die im vorliegenden Buch nicht berücksichtigte Sprachinnenpolitik.

2. Sprachverbreitungspolitik Deutschlands bis zum Untergang des NS-Staates

Das Land mit den meisten Muttersprachlern des Deutschen und seit Ende des Ersten Weltkrieges unzweifelhaft größte deutschsprachige Land hat auch die umfangreichste Auswärtige Sprachpolitik betrieben. Daher steht es im ganzen Kap. L im Mittelpunkt. Bei einem historischen Rückblick erkennt man leicht, dass für frühere Zeiten *Sprachförderungspolitik* oder gar *Spracherhaltungspolitik* beschönigende oder irreführende Bezeichnungen wären. Vielmehr ging es vor allem um Sprachverbreitung, in Extremfällen auch um Sprachvorenthaltung. Die solcher Politik generell, auch bei anderen Sprachen und Staaten zugrundeliegenden Interessen habe ich andernorts ausführlich dargestellt (Ammon 2000a; dazu auch Stark 2002: 9-27; 2004). Ein Großteil der frühen Sprachverbreitungspolitik von Deutsch war Innenpolitik, denn die betreffenden Staaten waren nicht nur deutschsprachig. Bis ins Mittelalter zurückreichende Beispiele und ihre Hintergründe schildert Franz Stark (2000a; 2002: 28-82).

Ein spektakulärer Fall *interner* Sprachverbreitungspolitik schon in der Neuzeit ist die Statusanhebung von Deutsch zur nationalen Amtssprache der gesamten Habsburger Monarchie (auch *Donaumonarchie*, *Habsburgerreich*) durch Kaiser Josef II. im Jahr 1784, die er allerdings schon 1790, auf dem Sterbebett, unter vor allem ungarischem Druck wieder zurücknehmen musste (Stark 2002: 92; Regierungszeit Josephs II. als Kaiser 1765 – 1790). Die Anhebung von Deutsch zur alleinigen staatlichen Amtssprache sollte vor allem im Sinne des aufgeklärten Absolutismus der Verwaltungsvereinheitlichung im Vielvölkerstaat dienen. Insofern vielleicht auch Überlegungen mitspielten, durch die einheitliche Sprache alle Staatsangehörigen in die Lage zu versetzen, ihre politischen Rechte besser wahrzunehmen, bestand schon eine Affinität zu der späteren, demokratisch motivierten, radikaleren jakobinischen Politik der Verbreitung des Französischen im revolutionären Frankreich. Dort sollte die gemeinsame Sprache hauptsächlich die Beteiligung des ganzen Volkes an der staatlichen Politik ermöglichen; jedoch war die ethnische Assimilierung sicher ein weiteres Motiv (vgl. dazu und zum Begriff ‚Ethnie' Kap. B.3; E.1; E.2). Ein späteres Beispiel interner Verbreitung von Deutsch ist die Schulpolitik Preußens gegenüber der polnischsprachigen Bevölkerung vor dem Ersten Weltkrieg (Glück 1979). Ihr wurde der Gebrauch der eigenen Muttersprache, Polnisch, im Schulunterricht nur in Residuen wie im Fach Religion erlaubt. Dadurch sollte ihre sprachliche und ethnische Assimilation beschleunigt werden. Jedoch ist interne Sprachpolitik kein zentrales Thema dieses Buches.

In die Zeit des letztgenannten Beispiels fallen auch die Anfänge Auswärtiger Sprachpolitik von Deutsch, allerdings noch ohne ausgeklügelte Konzeption. Sie entwickelte sich wie in anderen Staaten als Teil der Auswärtigen Kulturpolitik (AKP) und damit der Außenpolitik. Was die deutschsprachigen Staaten betrifft, bedarf die Frage, inwieweit auch Österreich-Ungarn schon vor dem Ersten Weltkrieg eine Auswärtige Sprachpolitik von Deutsch betrieb, einer gesonderten Untersuchung, die ich hier nicht leisten kann. Die Gründung österreichischer Schulen im Ausland, wie z.B. des *St. Georgs-Gymnasiums* in Konstantinopel/ Istanbul im Jahre 1868, um die gleiche Zeit und in derselben Stadt wie das *Deutsche Gymnasium* (Emmert 1987: 61; Kap. K.9.7), legt nahe, dass auch Österreich-Ungarn schon vor dem Ersten Weltkrieg die deutsche Sprache in der Welt zu fördern suchte. Jedoch lässt sich eine solche Politik für das damalige Deutsche Reich leichter belegen und erst recht für seine Nachfolgestaaten.

Ansätze zu einer zunächst internen und später auch externen Verbreitungspolitik von Deutsch in der Diplomatie finden sich zur Zeit Bismarcks. Er führte für die internen Berichte der eigenen Auslandsvertretungen Deutsch anstelle von Französisch ein. Später bestand er auf Deutsch als Korrespondenzsprache des Reichs gegenüber Frankreich, das allerdings selbst an Französisch festhielt. Außerdem versuchte er, jedoch zu seiner Zeit ohne vollen Erfolg, für die Korrespondenz mit allen Auslandsvertretungen in Berlin Französisch durch Deutsch zu ersetzen; Frankreich weigerte sich, auf Deutsch zu antworten (Kap. H.5.2). Schließlich begann er mit der Durchsetzung von Deutsch als internationaler Vertragssprache, die von späteren deutschen Regierungen fortgesetzt wurde (vgl. Kap. H.1; H.2).

Des Weiteren ist zu vermuten, ohne dass mir ein expliziter Beleg dafür vorliegt, dass die staatliche Förderung der deutschen Auslandsschulen ab 1878 (Einrichtung des *Reichsschulfonds*; Düwell 1976: 59) ebenfalls der Verbreitung der deutschen Sprache dienen sollte. Jedenfalls neigte zu einer solchen Politik Heinrich von Treitschke, der 1871 bis 1884 Mitglied des Reichstages und in der Zeit vor dem Ersten Weltkrieg der wohl politisch einflussreichste Historiker des Wilhelminischen Reiches war. Er wurde in öffentlichen Reden zitiert mit dem Ausspruch „Die Zukunft Deutschlands wird im Wesentlichen davon abhängen, wieviel Menschen dermaleinst Deutsch sprechen werden". (Zit. nach Reinbothe 1992: 103f.)

1906 wurde ein eigenes Schulreferat für die Auslandsschulen gegründet. Gleichzeitig entstand ein neuer Typ dieser Schulen, die „Propagandaschulen" (Düwell 1976: 60f.) – wobei das Wort *Propaganda* damals einfach ‚Werbung (meist für politische Ideen)' bedeutete und noch nicht die extrem negative Konnotation hatte, die es durch die NS-Zeit erhielt. Im Zusammenhang mit dem Schulreferat und den Auslandsschulen nahm die Verbreitung der deutschen Sprache als eines der Ziele der Auswärtigen Kulturpolitik (AKP) Konturen an. Eine deutliche Formulierung findet sich in der *Geheimen Denkschrift des Auswärtigen Amtes über das deutsche Auslandsschulwesen* vom April 1914, wo es heißt: „In letzter Zeit, etwa seit dem Jahre 1906, hat eine Bewegung eingesetzt, welche die deutschen Auslandsschulen vor neue, wichtige Aufgaben stellt. Sie beruht auf der Auffassung, daß diese Schulen in größerem Umfang als bisher die Kenntnis der deutschen Sprache und richtigen Vorstellungen von Deutschland in fremden Völkern verbreiten und möglichst weite einheimische Kreise mit deutscher Art und Bildung vertraut machen könnten, um sie dadurch zu Freunden Deutschlands zu gewinnen." Im weiteren Text wird dann mit Genugtuung festgestellt, dass in den deutschen Auslandsschulen, die keineswegs ausschließlich auf Deutsch unterrichteten, „[s]eit der Wende des Jahrhunderts [...] die Anwendung der deutschen Unterrichtssprache allgemein zugenommen" habe. (Zit. nach Düwell 1976: 271, 295)

Die staatliche Politik wurde ergänzt durch die Tätigkeit privater Vereine, die meist staatlich subventioniert wurden, von denen vor allem der 1881 gegründete *Allgemeine deutsche Schulverein* zu nennen ist, dessen Aktivitäten bald über die Förderung der deutschen Auslandsschulen weit hinausgingen. Er wurde 1901 seinen umfangreicheren Aufgaben entsprechend umbenannt in *Verein für das Deutschtum im Ausland* (*VDA*), unter welchem Namen er noch in der BRD bis 1970 fortbestand und vom Auswärtigen Amt unterstützt wurde (mit erneuertem Programm ab 1970: *VDA – Gesellschaft für Deutsche Kulturbeziehungen im Ausland*, ab 1998: *Verein für Deutsche Kulturbeziehungen im Ausland e.V.* (*VDA*); siehe Kap. L.3.4).

Als Kuriosa, die aber doch ein Licht werfen auf bestimmte imperiale Bestrebungen in der Wilhelminischen Zeit, seien noch die Vorschläge einiger Privatpersonen vor oder in der Zeit des Ersten Weltkrieges erwähnt, die ein vereinfachtes Deutsch, vor allem mit vereinfachter Grammatik verbreiten wollten, wenigstens in der deutschen Einflusssphäre, besonders in den Kolonien, am besten aber weltweit. Diese Projekte hatten eine gewisse Ähnlichkeit mit Ogden's (1934) und Richards' (1943) späterem „Basic English". Es handelt sich vor allem um die Vorschläge von Salzmann (1913), Baumann (1915) und Schwörer (1916), denen allerdings keine offizielle Unterstützung zuteil wurde.

In der Weimarer Republik wurde die AKP dann ein ausgesprochen wichtiger Bestandteil der deutschen Außenpolitik. Eine maßgebliche Rolle war für die Deutschen Auslandsschulen gedacht. Allerdings waren die meisten im Krieg geschlossen oder auch konfisziert worden. Um deren Wiederherstellung war man nun bemüht. „Im Zeitraum 1919 – 1935 konnten 51 Schulen in Europa, 22 in Asien, 23 in Afrika und 64 in Südamerika wiedereröffnet bzw. neugegründet werden. Die Schülerzahl stieg auf insgesamt gut 80.000. Sie hatte bereits Mitte der 1920er Jahre den Vorkriegsstand wieder erreicht. Das [aus der Kaiserzeit übernommene! U.A.] Schulreferat des Auswärtigen Amts sandte als weitere Unterstützungsmaßnahme Lehrmaterial an die Auslandsschulen und vermittelte weiterhin deutsche Lehrkräfte an die Schulen." (Waibel 2010: 13.f) Eine vermittelnde Rolle spielte dabei das schon 1915 gegründete *Zentralinstitut für Erziehung und Unterricht* in Berlin, das dem Auswärtigen Amt unterstand. In den deutschen Auslandsschulen war Deutsch Unterrichtssprache in zumindest einem Teil der Fächer, vor allem im Fach Deutsch selbst sowie in Geschichte und Geographie.

Die auswärtigen kulturpolitischen Bemühungen der Weimarer Republik lassen sich einerseits aus dem Bestreben erklären, die Deutsche „Nation" (im ethnischen Sinn von Kultur- und Sprachnation; Kap. B.3) weiterhin, auch in den abgetretenen Gebieten, zusammenzuhalten, andererseits als Kompensation für die – infolge des verlorenen Krieges – reduzierten anderen politischen Handlungsmöglichkeiten. Ähnlich hat Frankreich nach 1871 reagiert, für dessen damals expandierende AKP als Indiz die Gründung der *Alliance Française* im Jahr 1883 genannt sei, die allerdings anfänglich auf privater Basis organisiert war. In beiden Fällen, vor allem in der Weimarer Republik, scheint die latente Hoffnung mitgespielt zu haben, die durch den Krieg verlorenen Gebiete durch Erhaltung der früheren sprachlich-ethnischen Zugehörigkeit der Bevölkerung gelegentlich zurück zu gewinnen (dazu Ammon 2000a); dies hieße, dass deren durch die Friedensverträge völkerrechtlich begründete neue staatsbürgerliche Zugehörigkeit nicht als unzweifelhaft vorrangig anerkannt wurde – eine Haltung, die angesichts der vor allem in Europa eklatanten Inkongruenz von ethnischen und staatspolitischen Grenzen (dazu z.B. Rundle 1944) und Zugehörigkeiten hochgradig konflikträchtig war (und neuerdings gebietsweise wieder ist).

Frankreich diente auch zum Teil als Vorbild für die AKP der Weimarer Republik, nicht zuletzt für die Auswärtige Sprachpolitik (ASP) (siehe auch Kap. L.5). „Kulturpropaganda ist in erster Linie Sprachpropaganda. Diese Wahrheit hat man in Frankreich begriffen", heißt es in einer Untersuchung der französischen AKP aus den 1920er Jahren (Remme/ Esch 1927: 21), wobei hier mit *Sprachpropaganda* im Wesentlichen Auswärtige Sprachverbreitung(spolitik) gemeint ist. Auch maßgebliche Politiker der Weimarer Republik vertraten ähnliche Ansichten, wie z.B. Außenminister Julius Curtius, der 1930 im Hinblick auf die Kulturabteilung des Auswärtigen Amtes äußerte: „Das Rückgrat unserer ganzen Kulturpolitik ist nach meiner Überzeugung die Pflege der deutschen Sprache, deren Weltgeltung unbestritten im Zunehmen begriffen ist" (Redeentwurf, zit. aus Düwell 1976: 380) – wobei Letzteres eine Fehleinschätzung gewesen sein dürfte. Erst recht maßen die direkt an der Auswärtigen Sprachpolitik beteiligten Personen dieser eine zentrale Bedeutung für die AKP bei. Ein Beispiel ist Franz Thierfelder, der sich nicht nur zeitlebens nachhaltig für die Verbreitung von Deutsch in der Welt stark gemacht, sondern auch detaillierte Konzeptionen dafür vorgelegt hat (E. Michels 2004). Thierfelder war übrigens zunächst Präsident der *Deutschen Akademie* in München (bis 1937) und nach dem Zweiten Weltkrieg Leiter des mit neuem Namen und Programm wieder gegründeten *Instituts für Auslandsbeziehungen* in Stuttgart (Kap. L.3.3).

Im Jahr 1919 wurde eine eigene Kulturabteilung im deutschen Auswärtigen Amt (AA) eingerichtet – deren Nachfolgerin, nach einer in der Zwischenzeit turbulenten Geschichte, die Abteilung 6: *Kultur und Kommunikation* des AA im heutigen Deutschland ist (www.auswaertiges-amt.de/DE/AAmt/Abteilungen/ KulturUndKommunikation_node.html; auch Kap. L.3.2, Anfang). In den Jahren danach, vereinzelt auch schon davor, wurden mehrere Institutionen gegründet, zu deren Aufgaben auch die Verbreitung der deutschen Sprache gehörte (vgl. Abelein 1968: 116f.). Sie bestehen in Deutschland heute noch, natürlich mit beträchtlich veränderten Zielsetzungen, teilweise auch mit modifiziertem Namen (Kap. L.3.3). Die Verbreitung von Deutsch war in allen Fällen nur eine ihrer Aufgaben, deren Stellenwert von Institution zu Institution variierte, sich im Laufe der Zeit veränderte und bisweilen auch aus verschiedenen Blickwinkeln, z.B. innerhalb und außerhalb der Institution, unterschiedlich eingeschätzt wurde. Die wichtigsten dieser Institutionen sind, geordnet nach ihrer Bedeutung für die – auch spätere – Förderung der deutschen Sprache:

– Das *Goethe-Institut* (*G-I*), das aus der „Praktischen Abteilung" der 1925 entstandenen *Deutschen Akademie* hervorging und 1932, anläßlich des 100. Todestages seines Namensgebers, gegründet wurde (Düwell 1976:124; E. Michels 2005). Die Praktische Abteilung hatte neben den 4 Hauptabteilungen der Deutschen Akademie nur eine bescheidene Größe, und das spezialisierte „Goethe-Institut zur Fortbildung ausländischer Deutschlehrer" war wiederum nur ein Teil davon („Gründung eines Goethe-Instituts der Deutschen Akademie zur Fortbildung ausländischer Deutschlehrer in München"; *Mitteilungen der Akadamie* [...] 1, April 1932: 1-3; E. Michels 2005: 80-83). Außer der selbstverständlichen politischen, aber auch sprachpolitischen Neuausrichtung rechtfertigen auch die Aufgabenerweiterung und

Vergrößerung, dass das heutige Goethe-Institut in Selbstdarstellungen seine Geschichte gerne erst mit der Neugründung im Jahr 1951 beginnen lässt (E. Michels 2005: 222-227).

– Der *Deutsche Akademische Austauschdienst* (*DAAD*), ebenfalls 1925 entstanden (Gründung in Heidelberg; Alter 2000b: 21), mit dem Hauptzweck entsprechend dem Namen, den Austausch zwischen deutschen und ausländischen Akademikern zu intensivieren, und zwar von Studierenden wie Lehrenden und Wissenschaftlern, was dann bald der Germanistik und damit indirekt auch der Stellung der deutschen Sprache in der Welt zugute kam (Näheres zur Geschichte des DAAD Laitenberger 1976; 2000; Schulz 1975; Scheibe 1975; Alter 2000a; b).

– *Deutsches Ausland-Institut* (DAI), schon 1917 in Stuttgart gegründet, mit dem Hauptzweck, die Beziehungen zum „Auslandsdeutschtum", zu den Minderheiten und Emigranten aus den deutschsprachigen Ländern, zu pflegen und damit – implizit, nicht als explizites Ziel – auch zum Erhalt der deutschen Sprache im Ausland beizutragen (heute *Institut für Auslandsbeziehungen* (*ifa*); zur Geschichte E. Ritter 1976; „75 Jahre Institut für Auslandsbeziehungen Stuttgart 1917 bis 1992", *Zeitschrift für Kulturaustausch* 42 (1) 1992: 143-155).

– Die *Alexander von Humboldt-Stiftung* (*AvH*), 1925 wieder gegründet – nachdem die schon 1860, ein Jahr nach dem Tod des Namensgebers, entstandene Stiftung 1923, in der Inflationszeit, bankrott gegangen war. Sie sollte möglichst hochrangige ausländische Wissenschaftler für Deutschlandaufenthalte gewinnen und sie während des Aufenthaltes betreuen – wobei Deutschkenntnisse schon bei der Auswahl gelegentlich eine Rolle gespielt haben und erst recht bei der Betreuung, vor allem aber bei der weiteren Kontaktpflege nach dem Aufenthalt (zur Geschichte der Stiftung, hauptsächlich nach der NS-Zeit, aber auch für die Zeit davor C. Jansen/ Nensa 2004).

All diese Organisationen waren und sind juristisch privatrechtlich verfasst, die meisten als Vereine und die AvH als Stiftung. „Sie arbeiteten unbürokratischer als staatliche Behörden und, was bedeutsamer war, sie erweckten nicht das Mißtrauen des Auslands, daß Deutschland mittels kultureller Aktivitäten politische Zwecke verfolgen wollte" (Niere 1977: 10f.) – was freilich unzweifelhaft der Fall war, wenngleich zu verschiedenen Zeiten in unterschiedlicher Ausprägung und mit variierendem Handlungsspielraum. Diesen privatrechtlich verfassten Organisationen wurden nicht nur die politischen Ziele, wenn auch nur in Grundzügen, vom Staat vorgegeben, sondern sie wurden auch größtenteils vom Staat finanziert. Zuständig für sie war das Auswärtige Amt, spezieller dessen

Kulturabteilung. Hinsichtlich der praktischen Umsetzung – in heutiger Terminologie: „Implementation" – der politischen Ziele hatten sie indes, außer in der Nazi-Zeit, weitgehend freie Hand. Die AKP, und speziell deren hier interessierender Sektor der Auswärtigen Sprachpolitik, hat noch heute großenteils diese Organisationsstruktur von staatlich beaufsichtigten und privatrechtlich verfassten „Mittlerorganisationen", die sich aus den genannten Gründen offenbar bewährt hat (vgl. Witte/Akalin 1985: 7; Maaß 2009c; auch Kap. L.3.3).

Neben diesen rechtlich privaten Organisationen gab es auch rein staatliche, die eine wichtige Rolle in der ASP spielten. Dazu gehörte das schon erwähnte Schulreferat des Auswärtigen Amtes, das aus der Wilhelminischen Zeit übernommen wurde und die Auslandsschulen betreute. Soweit mir bekannt, gingen seine Aufgaben in der NS-Zeit über auf „das Referat (EIIIb) des 1934 gegründeten Reichserziehungsministeriums", das befasst war „mit Fragen der Auslandsschulen (z.B. Lehrervermittlung, Lehrpläne der Schulen, Anerkennung der Zeugnisse etc.). Dieses Referat ging aus einem Referat des 11 Preußischen Kultusministeriums hervor" (Waibel 2010: 10f.). Jedoch konnte ich die Einzelheiten der Aufgabenverteilung und -übertragung nicht ermitteln. Bedeutsam wurde im Weiteren der 1929 gegründete *Weltrundfunksender*, der 1929 den Betrieb aufnahm. Er sendete in deutscher Sprache rund um die Welt und stützte damit auch den Spracherhalt bei Emigranten und deutschsprachigen Minderheiten.

Wie diese Kurzbeschreibungen schon andeuten, war die externe Verbreitung oder Förderung von Deutsch für keine dieser Organisationen oder Institutionen die primäre Aufgabe. Sie ist jedoch bei allen eine fast unumgängliche Komponente oder Begleiterscheinung der meist schon im Namen ausgedrückten Hauptaufgabe. Nur beim Goethe-Institut e.V. ist sie ausdrücklich eigentliche Aufgabe, in der Zeit bis zum Ende der Naziherrschaft sogar zumindest die Haupt-, wenn nicht sogar einzige Aufgabe. Das Goethe-Institut hatte früher den Namenszusatz „zur Fortbildung ausländischer Deutschlehrer", später, in der BRD dann und bis vor kurzem „zur Pflege der deutschen Sprache im Ausland [...]" und hat heute den erstrangigen „Vereinszweck" der „Förderung der Kenntnis deutscher Sprache im Ausland" (Satzung vom 20.09.2009, § 2 (1); www.goethe.de/mmo/priv/1223959-STANDARD.pdf – abgerufen 15.04.2014). Jedoch wurden und werden die anderen Institutionen auch vom Auswärtigen Amt – neben ihren Hauptaufgaben – mehr oder weniger im Dienst der Auswärtigen Sprachpolitik gesehen (ansatzweise schon bei Außenminister Curtius 1930, vgl. Düwell 1976: 379-384; und noch in neuerer Zeit deutlich z.B. in *Bericht* 1967: 13-17; *Bericht* 1985: 22-27).

Auch ganz private, aber ebenfalls an der Auswärtigen Verbreitung von Deutsch beteiligte Institutionen entstanden damals, wie z.B. 1926 der *Amerika-Werkstudentendienst*, der den beidseitigen Praktikantenaustausch zwischen

Deutschland und den USA organisierte. In seiner Nachfolge wurde 1949 von Bundesregierung und Bundesländern die – nach dem ursprünglichen Initiator, Generaldirektor der Farbenfabriken Bayer, benannte – *Carl Duisberg Gesellschaft* neu gegründet (M. Schneider 1989), die 2002 in der *Internationale Weiterbildung und Entwicklung GmbH* (*InWent*) aufging (www.cdg.de/verein_ geschichte.htm – abgerufen 28.04.2014).

In der Zeit des Nationalsozialismus verloren alle privatrechtlich verfassten Organisationen früher oder später ihre Autonomie, teils gegen und teils ohne eigenen Widerstand (zum Goethe-Institut: E. Michels 2005; zum DAAD: G. Schulz 1975; Laitenberger 1976; 2000; zum Deutschen Auslandsinstitut/ Institut für Auslandsbeziehungen Gesche 2006). Die Kulturabteilung des Auswärtigen Amtes wurde in „Kulturpolitische Abteilung" umbenannt, was der Indienststellung für die NS-Propaganda entsprach. Sie erhielt nun ein besonderes Sprachenreferat (Niere 1977: 12), da die Verbreitung von Deutsch forciert wurde. Dabei ist man nicht dem Rat Franz Thierfelders (1938) gefolgt, der die „Sprachwerbung" detailliert konzipierte und die Bezeichnung „Sprachpropaganda" peinlich vermied, sicher wegen der in jener Zeit schon engen Assoziation des Wortes *Propaganda* mit (aggressiver) Politik, und ausdrücklich warnte: Die „Sprachwerbung" im Ausland „verträgt [...] Methoden der politischen Propaganda am allerwenigsten." (Ebd.: 64)

Möglicherweise trug die Nichtbeachtung dieses Rats seitens der Nationalsozialisten dazu bei, dass der Deutschunterricht Mitte der 1930er Jahre nicht nur in den baltischen Staaten und in Schweden, sondern auch in den USA „empfindlich" zurückging (vgl. Thierfelder 1936; Kap. K.2), was Thierfelder (1938: 44) selber freilich hauptsächlich darauf zurückführte, dass „das jüdische Element Kampfstellung bezieht". Allem Anschein nach waren es in erster Linie methodische und taktische Fragen, die Thierfelder dann in Konflikt mit der NSDAP brachten und 1937 zu seiner Entlassung als Präsident der Deutschen Akademie führten, keine – zumindest keine tiefgreifenden – ideologischen Differenzen. Ausgehend von der Idee eines deutschen Sprachvolkes, wie Georg Schmidt-Rohr (1932), und anfänglicher Gegnerschaft gegen Rassismus, zeigte auch Thierfelder bald (wie Schmidt-Rohr schon 1933) zumindest ein Verständnis für Antisemitismus (vgl. z.B. Thierfelder 1938: 44f. und passim; E. Michels 2004; 2005: 115, 194, 204; auch Schümer 1979).

Auf die deutschen Auslandsschulen nahm die NS-Regierung Einfluss über das Schulreferat des Auswärtigen Amtes und – wie oben erwähnt – das Referat EIIIb des 1934 gegründeten Reichserziehungsministeriums, vielleicht aber noch massiver über den *NS-Lehrerverband* (*NSLV*), dem der *Verband der Deutschen Auslandslehrer* beitrat. Dadurch konnte vor allem bei Besetzungen von Lehrerstellen im Ausland für NS-Linientreue gesorgt werden. (Waibel 2010: 18-21)

Selbstverständlich geschah auch das Möglichste, um die deutsche Sprache über die deutschen Auslandsschulen zu verbreiten.

Die ohnehin staatlichen Organisationen konnten die Nationalsozialisten ohne große Umstände in Dienst nehmen. Dies gilt auch für den *Weltrundfunksender*, den die NS-Regierung umbenannte in *Deutschen Kurzwellensender* und zur Propaganda im Ausland nutzte. Er diente durch seine deutschsprachigen Sendungen und später zusätzlichen Deutschkurse auch dazu, die deutsche Sprache im Ausland zu verbreiten. In der späteren BRD wurde dann als Auslandssender 1953 die völlig neu konzipierte *Deutsche Welle* (*DW*) gegründet, und in der DDR 1959 *Radio Berlin International* (*RBI*), dessen Sendekapazitäten die Deutsche Welle 1990 übernahm (Kap. J.1.3.1).

Zur externen Verbreitungspolitik von Deutsch in der Zeit des Nationalsozialismus besteht weiterer Forschungsbedarf, obwohl in den letzten Jahrzehnten einige, teils gründliche Untersuchungen publiziert wurden. Dabei ist auch die NS-Strategie, die deutsch(sprachig)en Minderheiten als Fünfte Kolonne für den Einfall in die Nachbarländer zu nutzen, thematisiert worden. Ebenso wurde aufgezeigt, dass die damalige „Sprachinsel"-Forschung teilweise zum Handlanger imperialer Politik wurde (vgl. Kap. E.1; Ammon 1991a: 86-89).

Darüber hinaus sollte Deutsch einerseits zwar möglichst „Weltsprache" werden, wie es auch Thierfelder (1938) vorschwebte, wozu von der Deutschen Akademie und vom Goethe-Institut Hilfe erwartet wurde. Anderseits jedoch aber gab es während der Kriegszeit auch Bestrebungen, Deutschkenntnisse nach rassistischen Gesichtspunkten einzuschränken, z.B. für Ukrainer und Russen im Gegensatz zu den Balten. Deutsch wurde dabei als eine Art Herrenrassen-Sprache gesehen (G. Klein 1984: 109). Dirk Scholten (2000a; b) hat die Auswärtige Sprachpolitik des NS-Staates während des Krieges für Luxemburg sowie für Ostmittel- und Osteuropa gründlich untersucht. Bei dem Ausmaß von Menschenverachtung dieser Politik ist es nicht verwunderlich, dass sie in wesentlichen Punkten geheim gehalten wurde. Daher unterscheidet Scholten in seinen Analysen auch durchgehend zwischen „deklarierter" und „nicht-deklarierter" Sprachverbreitungspolitik. Letztere war teilweise sogar ausgesprochen geheim.

Generell war für Staaten und Staatsgebiete, die annektiert wurden oder werden sollten, Deutsch als einzige Sprache vorgesehen, und zwar zunächst als Amtssprache und für später, durch erzwungene Sprachumstellung und -assimilation sowie Ausweisung von Bevölkerungsteilen auch als Muttersprache. Zur Durchsetzung dieser Zielvorstellung wurde in den besetzten Gebieten unterschiedlich vorgegangen, je nachdem, von welchen Methoden man sich den besten Erfolg versprach.

Im Elsaß und in Lothringen (vgl. auch Kap. E.4.3) sollte Französisch möglichst vollständig durch Deutsch ersetzt werden, indem die französischsprachige Bevölkerung ausgewiesen und Französisch als Amts- und Schulsprache ausnahmslos durch Deutsch ersetzt wurde. Letztere Maßnahme beinhaltete auch Vorschriften wie die folgende: „Inschriften auf Grabkreuzen und Grabdenkmälern dürfen in Zukunft nur in deutscher Sprache angebracht werden; diese Bestimmung gilt sowohl für die erstmalige Anbringung wie auch für Erneuerung bestehender Inschriften." (Sekretariat des Gerichtshofs 1948, Bd. 6: 470-483, s. 483. Hinweis auf diese Quelle in Seminararbeit von Anja Blösch und Dirk Scholten)

In Luxemburg (vgl. Kap. D.2.5) wurde eine rabiate Politik zur Durchsetzung des „Hochdeutschen" praktiziert. An den Schulen wurde Französisch als Unterrichtssprache verboten und das Letzeburgische als bloßer – wenn auch deutscher – Dialekt diskreditiert, ‚dessen Pflege der Führer keinesfalls wünscht' (Scholten 2000a: 130, 132). Außerdem sollte in einer Volksbefragung im Oktober 1941 ein Bekenntnis der Bevölkerung zu Deutsch als „Muttersprache" und zur deutschen „Volkszugehörigkeit" die Annexion des Landes legitimieren. Sie wurde jedoch abgebrochen, als erste Ergebnisse zeigten, dass über 90% der Bevölkerung „Letzeburgisch" als Muttersprache und auch Volkszugehörigkeit angaben (ebd.: 127f.). Dennoch wurde das Land annektiert und im August 1942 als Teil des „Großdeutschen Reiches" deklariert.

Für die Niederlande und ebenso das niederländischsprachige Belgien (Flandern) gab es Vorschläge, der Bevölkerung mit der Zeit einzureden, Niederländisch sei nur ein Dialekt der deutschen Sprache (vgl. dazu Kap. B.1; B.2), um auf diese Weise den vielleicht sogar freiwilligen sprachlichen – und später auch politischen – Anschluss zu erreichen. Sehr deutlich hat dies Georg Schmidt-Rohr formuliert, der vorschlug, dass „geschickt genug mit den Mitteln der Massenbeeinflussung immer wieder gezeigt wird, dass die Holländer und Flamen, sofern sie Mundart sprechen, deutsche Mundart sprechen." Zerstört werden sollte auch die positive Bewertung der eigenen Sprache und die emotionale Bindung an sie – manche würden sagen die „Sprachloyalität" (Greule 1999) – und damit ihre nationale Symbolik. „Dieser Schriftsprache gegenüber haben die Holländer selbst schon das Gefühl, dass sie eigentlich keine Hochsprache ist [...], vielmehr nur eine geschriebene Mundart [...]. Die Untergrabung des Selbstbewusstseins der Holländer mit allen daraus sich ergebenden politischen Rückwirkungen, mit dem Bedürfnis der engeren Anlehnung an das deutsche Muttervolk dürfte gar nicht so schwer sein [...]" (zit. aus Simon 1979b: 169). Allerdings handelt es sich hier nur um einen Vorschlag, der zudem von einem Gutachter als unrealistisch bewertet wurde (Simon 1979b: 172 f.); jedoch wurden tatsächlich Schritte in die vorgeschlagene Richtung unternommen. So wurden während der deutschen Besatzungszeit die Angebote deutschsprachiger Zeitungen (vgl. C. Sauer 1989) und Rundfunksendungen beträchtlich erweitert. Zwar mag dies auch praktische Gründe gehabt haben. Vermutlich sollten aber auf diese Weise die Niederländer an die deutsche Sprache gewöhnt und so auf längere Sicht der deutschen Sprachgemeinschaft zugeführt werden.

Dasselbe war zumindest für Tschechien, wenn nicht sogar für die ganze Tschechoslowakei geplant – wobei für große Teile von Ostmittel- und Osteuropa die rassistische Unterscheidung zwischen ‚germanisierbaren' (eindeutschbaren) und ‚nicht germanisierbaren' Personen getroffen wurde oder werden sollte, von denen erstere sprachlich und ethnisch assimiliert und letztere unterworfen, ausgewiesen oder sogar vernichtet werden sollten. Nachdem im September 1938 das bis dahin sudetendeutsche Gebiet der Tschechoslowakei an Nazi-Deutschland angegliedert worden war, wurden der dort verbliebenen tschechischen Bevölkerung jegliche Minderheitsrechte verweigert, die zuvor von deutscher Seite – nicht ganz zu Unrecht – für die Sudentendeutschen gefordert worden waren. Aufgrund von Repressionen verließen schon bis Mai 1939 ca. 500.000 ethnische Tschechen dieses Gebiet, das radikal eingedeutscht werden sollte (Scholten 2000a: 134-148). Für das im März 1939 zum „Protektorat Böhmen und Mähren" Nazi-Deutschlands erklärte übrige Tschechien gab es im Grunde dieselbe sprachenpolitische Zielsetzung, die jedoch wegen des späteren Russlandfeldzuges nicht voll durchgeführt werden konnte (ebd.: 148-153, 158-162, 177-179, 186-200). Dazu gehörte die Einführung von Deutsch als staatliche Amtssprache, die starke Ausweitung von Deutsch als Unterrichtssprache an den Schulen (die volle Durchsetzung war in der kurzen Zeit nicht möglich; ebd.: 179) und von Deutsch als Sprache der Lehre an der Karls-Universität in Prag, deren Lehrbetrieb jahrelang eingestellt werden musste. Allenthalben wurden deutsche Kindergärtnerinnen angestellt und tschechische Schulen geschlossen oder ihr Besuch untersagt. Die tschechische Regierung musste einen Deutschen in das Kabinett aufnehmen, wodurch Deutsch alleinige Arbeitssprache wurde, wie dies für die gesamte staatliche Administration vorgesehen war (Sekretariat des Gerichtshofs 1948, Bd. 26: 469-473). Dies alles mit dem Ziel, das Tschechische auf das Niveau einer bloßen Umgangssprache ohne höhere kulturelle Funktionen herabzudrücken

In der 1938 unabhängig gewordenen Slowakei wurde auf deutschen Druck das deutschsprachige Schulwesen, mit Deutsch als Unterrichtssprache, ausgeweitet und an allen Schulen Deutsch als erste Fremdsprache etabliert (Scholten 2000a: 180-185). An der Universität in Bratislava sollte über ein *Deutsches Wissenschaftliches Institut* (*DWI*) die Vorrangstellung von Deutsch als Wissenschaftssprache gefestigt werden (ebd.: 162-165).

In den von Deutschland besetzten Teilen Polens wurde laut Verordnung des deutschen Generalgouverneurs, Hans Frank, am 26.10.1939 Deutsch alleinige Amtssprache (§ 9 der Verordnung). Die Verordnungen des Generalgouverneurs wurden zwar auch auf Polnisch erlassen, jedoch war der deutsche Text maßgebend (§ 10 der Verordnung. Sekretariat des Gerichtshofs 1948, Bd. 32: 304). Die „rassisch wertvollen" Teile der Bevölkerung konnten sich zum Deutschtum bekennen (siehe auch Kap. E.4.4); „günstige Lebensbedingungen" wurden ihnen aber nur in Aussicht gestellt „unter der Auflage, daß sie ihre Kinder anhalten würden, die deutsche Sprache zu lernen und sich mit dem deutschen Gedankengut vertraut zu machen." (Sekretariat des Gerichtshofs 1948, Bd. 26: 41) Die nicht ‚eindeutschbaren' Bevölkerungsteile sollten dagegen keine deutschen Schulen besuchen und nicht mit Deutschkenntnissen ausgestattet werden, zumindest nicht mit soliden Kenntnissen (ebd.: 223f.).

Ungarn war mit Nazi-Deutschland verbündet und unabhängig, bis es im März 1944 von deutschen Truppen besetzt wurde. Nazi-Deutschland versuchte zwar schon zuvor, die deutsch(sprachig)e Minderheit (vgl. Kap. E.4.6) gegen den seitens des ungarischen Staates ausgeübten Assimilationsdruck zu schützen, erreichte aber verhältnismäßig wenig (Scholten 2000a: 201-246). Erfolgreich war dagegen der Aufbau eines landesweiten Lektoratsnetzes der Deutschen Akademie in der Kriegszeit (ebd.: 229-242). Erst nach der Besetzung des Landes hatte die deutschsprachige Politik gewissermaßen freie Hand und konnte z.B. auch deutsche Sprachkurse über das Radio aussenden (ebd.: 242).

Die Einzelheiten der nationalsozialistischen Auswärtigen Sprachpolitik gegenüber anderen in den Zweiten Weltkrieg einbezogenen osteuropäischen Staaten und ihren Bevölkerungen hier noch darzustellen, verbietet sich aus Platzgründen. Sie sind von Scholten (2000a) ausführlich geschildert, zum einen für das Baltikum (Estland, Lettland, Litauen) und Weißrussland sowie zum andern für Russland und die Ukraine (ebd.: 247-287 bzw. 288-388). Die übergreifende Zielsetzung war, die „Assimilierung der rassisch Geeigneten" und die Aussiedlung oder Unterwerfung und Dienstbarmachung „rassisch minderwertiger größerer Bevölkerungsgruppen" (ebd.: 248). Letzteren sollte dafür die deutsche Sprache nicht etwa aufgezwungen, sondern vorenthalten werden, wie es schon der Titel von Scholtens (2000b) zusammenfassendem Aufsatz zu dieser Politik anzeigt: „Aufnötigung und Vorenthaltung von Deutsch in der NS-Zeit", wo er zu Recht geradezu von einer „Anti-Sprachverbreitungspolitik für die Ukraine und Russland" spricht (ebd.: 47). Die Herrschaftssicherung über die „rassisch minderwertigen Bevölkerungen", deren Anteil die Vertreter solcher Politik nach Osten hin größer einschätzten, sollte erfolgen durch Zerstörung ihres Bildungssystems, ihrer Kultur und Vorenthaltung umfassender Deutschkenntnisse außer dem für den Befehlsempfang notwendigen Minimum. Man ist an den Zweck des schon oben erwähnten, vereinfachten „Kolonial-Deutschs" von E. Schwörer (1916: 20) erinnert: Dieses „soll und will nichts anderes sein als eine dürftige, aber sehr brauchbare Arbeitsmagd neben ihrer vornehmen hochdeutschen

Schwester." Uneingeschränktes Hochdeutsch sollte jedoch Amts-, Bildungs- und Kultursprache – Ausdrücke, die man hier in Anführungszeichen setzen möchte – des gesamten „Großdeutschen Reichs" werden. Es ist dem Kriegsverlauf zu verdanken, dass die Durchführung dieser Politik nicht über erste Anfänge hinauskam. Eine noch umfassendere Analyse dieser Politik als bisher erscheint mir wichtig. Sie sollte sich vor allem richten auf das Zusammenspiel rassistischer Begründung ethnischer Zugehörigkeit („Volkszugehörigkeit"), Instrumentalisierung sprachlich-ethnischer Zugehörigkeit (für die Legitimierung von Annexionspolitik durch Zustimmung der Betroffenen und der übrigen Welt) und unverhohlener Aggression (ansatzweise in Ammon 2000a).

Die nationalsozialistische Verbreitungspolitik von Deutsch – genauer sollte man von „Verbreitungs- und Vorenthaltungspolitik" sprechen – musste hier skizziert werden, um eine Vorstellung davon zu vermitteln, mit welcher politischen Hypothek die deutschsprachigen Länder nach dem Zweiten Weltkrieg antraten bei ihren erneuten Bemühungen, die deutsche Sprache „im Ausland zu fördern". Freilich war das Aufpressen der deutschen Sprache auf andere Völker noch der harmlosere Teil nationalsozialistischer Politik, verglichen mit dem Bruch von Völker- und Menschenrecht, militärischer Eroberung und Verwüstung und dem Genozid auf der Grundlage nationalsozialistischer Rassenideologie. Deutsch galt nach diesen Ereignissen sicher kaum noch als Sprache Goethes, sondern Hitlers und von Auschwitz und wurde vermutlich von vielen Menschen ähnlich eingeschätzt wie in der Familie von Anne Frank, bei deren Gesprächen in ihrem Versteck in Amsterdam nur ‚alle *Kultursprachen* zugelassen waren, also *nicht Deutsch*' („toegestaan zijn alle cultuurtaalen, dus geen Duits." Anne Frank 1947: 46 – Hervorheb. U.A.). Wie verhasst vielen Menschen die deutsche Sprache durch den Nationalsozialismus wurde, ist zahlreich belegt. Dies bezeugte noch jüngst die Wiener Jüdin Ruth Klüger, die ein Nazi-Konzentrationslager überlebte, mit ihrer Antwort auf die Frage einer Interviewerin, Beatrix Schnippenkoetter: „Was haben Sie sich als Kind am meisten gewünscht?" „Dringendst eine andere Sprache sprechen zu können, am liebsten Tschechisch wie mein Halbbruder. Deutsch war Feindessprache und blieb mein Leben lang eine Zerreißprobe für mich." („Warum das alles ein Missverständnis sein musste", *FAZ* 23.11.2013: 40) Allerdings sollte über all diesen nachvollziehbaren Aversionen nicht vergessen werden, dass viele Menschen auch eine andere Einstellung bewahrten, indem sie menschenwürdigere Traditionen deutscher Sprache und Kultur im Auge behielten und als vom Nationalsozialismus nicht zerstört bewerteten. Diese Haltung, sogar unter Menschen, die von den NS-Verbrechen am schlimmsten betroffen waren, wurde personifiziert von dem bewunderten Literaturkritiker Marcel Reich-Ranicki. Sie fand sich aber auch in Kreisen der „Jeckes", der aus den deutschsprachigen Ländern geflüchteten, oft mit knapper Not nach Israel entkommenen Juden, die unter sich weiterhin ein kultiviertes Deutsch und deutsche Kultur pflegten (Betten 2011; Betten/ Dunour 2000; Beiträge in Zabel 2006).

3. Auswärtige Sprachpolitik Deutschlands nach dem Zweiten Weltkrieg

3.1 Auswärtige Sprachpolitik von BRD, DDR und vereinigtem Deutschland im Überblick

Trotz der ungeheuren Belastung durch die vorausgehende Geschichte entwickelte vor allem die durch Teilung Deutschlands im Westen entstandene *Bundesrepublik Deutschland* (*BRD*) wieder eine neue Auswärtige Kulturpolitik (AKP) und in deren Rahmen auch eine Auswärtige Sprachpolitik (ASP) (zur DDR später in diesem Kap.). Das organisatorische Zentrum auf staatlicher Ebene war das 1951 wieder gegründete Auswärtige Amt (bis 1999 in Bonn, seitdem erneut in Berlin). Die spezielle Zuständigkeit erhielt wieder die – mit der traditionellen Nummer ausgestattete – Abteilung 6: die *Kulturabteilung* des Auswärtigen Amtes. Sie spielte auch eine wichtige Rolle bei der Wieder- und Neugründung von „Mittlerorganisationen" (dazu, auch zum Begriff, Kap. L.3.3). Um diese hatten sich verschiedene Interessenten, auch ehemalige, teils in der NS-Zeit verdrängte Mitarbeiter bald nach dem Krieg bemüht. Die Wiedergründungen geschahen dann mit revidierten, teilweise erheblich erweiterten Zielsetzungen und Aufgabenbereichen. Die fünf oder sechs hier zuerst genannten Organisationen oder Institutionen (*Goethe-Institut* bis *Deutsche Welle* oder auch noch *Alexander von Humboldt-Stiftung*) sind für die AKP am wichtigsten (Literaturhinweise zur neueren Geschichte in Klammern). Da sie in Kap. L.3.3 ausführlich beschrieben werden, begnüge ich mich hier mit der Nennung und mit wenigen Stichwörtern, auch zu der schon in Kap. L.2 skizzierten Geschichte. Ebenso kurz erwähne ich die für die ASP weniger oder indirekter relevanten, meist neu gegründeten Organisationen (*Deutsche UNESCO-Kommission* bis *Deutsche Gesellschaft für Internationale Zusammenarbeit*).

– *Goethe-Institut* (*G-I*; München), Wiedergründung 1951, Eintragung ins Vereinsregister 1952, mit dem neuen Namenszusatz „zur Pflege der deutschen Sprache im Ausland" statt bei Erstgründung 1932 „zur Fortbildung ausländischer Deutschlehrer" (E. Michels 2005);

- *Deutscher Akademischer Austauschdienst* (*DAAD*; Bonn), Wiedergründung 1950, Erstgründung 1925 (Alter 2000b);
- *Institut für Auslandsbeziehungen* (*ifa*; Stuttgart), Wiedergründung mit modifiziertem Namen 1949, Erstgründung 1917 als *Deutsches Ausland-Institut* (DAI) (75 Jahre Institut für Auslandsbeziehungen Stuttgart 1917 bis 1992 (1992) *Zeitschrift für Kulturaustausch* 42 (1): 143-155);
- *Zentralstelle für das Auslandsschulwesen* (*ZfA*), staatliche Behörde, Neugründung 1960 im Bundesverwaltungsamt (Köln) – im Grunde eine Art verspäteter Fortsetzung des schon 1906 gegründeten Schulreferats des Auswärtigen Amtes, das in der Weimarer Republik weitergeführt wurde und in der NS-Zeit vermutlich im Referat EIIIb des 1934 gegründeten Reichserziehungsministeriums aufging, das zuständig war für die Auslandsschulen (Waibel 2010: 10f.; Kap. L.2);
- *Deutsche Welle* (*DW*; Köln), Staatssender, Wiedergründung 1953, Erstgründung 1929 als *Weltrundfunksender*, von der NS-Regierung umbenannt in *Deutscher Kurzwellensender* (Dörr/ Schiedermair 2003; Krasteva 2007);
- *Alexander von Humboldt-Stiftung* (*AvH*; Bonn), Wiedergründung 1953, Erstgründung 1925 (C. Jansen/ Nensa 2004).

Weitere Neugründungen:
- *Deutsche UNESCO-Kommission* (Bonn), Erstgründung 1950;
- *Haus der Kulturen der Welt* (*HKW*; Berlin), Erstgründung 1989;
- *(Deutsche) Gesellschaft für Internationale Zusammenarbeit* (*GIZ* – ausgeschrieben oft spezifiziert als „Deutsche"; Bonn/ Eschborn), Erstgründung 2011 durch Fusion von *Deutscher Entwicklungsdienst* (*DED*; Erstgründung 1963), *Deutsche Gesellschaft für Technische Zusammenarbeit* (*GTZ*; Erstgründung 1975) und *Internationale Weiterbildung und Entwicklung* (*InWent*; Erstgründung 2002, unter Einbeziehung der 1949 wieder gegründeten *Carl Duisberg Gesellschaft* als Nachfolgerin des *Amerika-Werkstudentendienstes*, Erstgründung 1926. (Alle außer GIZ in Maaß 2009c: 269, 276-280)

Die Aktivitäten dieser Organisationen erhielten Rückendeckung u.a. durch Willy Brandt in der Zeit, als er Außenminister war (1966-1969). Seine hohe Bewertung der mit ihrer Hilfe betriebenen Politik hat sich niedergeschlagen in dem ihm zugeschriebenen Bonmot von der „Auswärtigen Kulturpolitik als der *dritten Säule* der deutschen Außenpolitik", neben der Sicherheits- und der Außenwirtschaftspolitik. Ob die Äußerung tatsächlich von ihm stammt, scheint ungeklärt. Außerdem hat der Kulturhistoriker Karl Lamprecht die Idee von AKP zur Ergänzung oder sogar als Alternative zur reinen Machtpolitik, damals der Wilhelminischen, schon 1912 vorgetragen (E. Michels 2005: 17). In jüngster Zeit hat der

Amerikaner Joseph Nye (1999; 2004) ähnliche Vorstellungen von Politik unter dem zum Schlagwort gewordenen Terminus „Soft Power" weiterentwickelt: als Versuch der Einflussnahme auf andere Nationen über Kultur und kulturelle Aktivitäten, unter Absehung von wirtschaftlichem Druck oder militärischer Bedrohung. Jedoch wurde in der Tradition Brandts wohl die Gegenseitigkeit dieser Politik zwischen den Nationen stärker betont.

Einen breiten Überblick über den in den 1980er Jahren erreichten Stand der ASP der BRD liefert der *Bericht der Bundesregierung über die deutsche Sprache in der Welt* (1985: 22-27). Die Nachzeichnung der Entwicklung im Einzelnen würde hier zu weit führen. Die Geschichte der Diskussion dieser Politik im Bundestag habe ich in einer gesonderten Publikation dargestellt (Ammon 1989c; vgl. auch Bohrer 1988). Dort werden auch die bis dahin wichtigsten amtlichen Dokumente genannt und beschrieben, vor allem die Berichte der Bundesregierung von 1967 (*Die Situation der deutschen Sprache in der Welt*) und 1985 (*Bericht der Bundesregierung über die deutsche Sprache in der Welt*). In diesen sind die Ziele, Methoden und Instrumente der ASP der BRD detailliert dargestellt.

Die politische Lage des geteilten Landes, das sich von der Politik seiner Vorgängerstaaten absetzen musste, nötigte zu einer Politik, die treffender „Sprachförderung" als „Sprachverbreitung" genannt wird (Kap. L.1). Diese Bezeichnung entspricht auch eher der Stellung der deutschen Sprache in der Welt in neuerer Zeit, für die es mehr um Erhaltung als Verbreitung geht (vgl. Kap. A.11).

Im Überblick lässt sich feststellen, dass – sicher nicht überraschend – der organisatorische und finanzielle Aufwand für die ASP im Verlauf der Geschichte der BRD ziemlich kontinuierlich wächst. Die Anzahl der in diesem Bereich tätigen Personen und das Volumen der dafür aufgewandten Mittel haben sich seit den 1950er Jahren vervielfacht. Dabei hat sich die ASP auch zunehmend als eigenständiger Teil der AKP etabliert, was nicht bedeutet, dass sie keinen Zusammenhang mit deren übrigen Teilen mehr hat. Ihre relative Selbstständigkeit zeigt sich auch in der Einrichtung eines eigenen Referats „Deutsche Sprache" (Referat 605) innerhalb der Abteilung 6, der Kulturabteilung des Auswärtigen Amtes, im Februar 1988. Dieses Referat hat eine Zeit lang die ASP im Auswärtigen Amt koordiniert. Spätere Umstrukturierungen veränderten jedoch die Zuständigkeiten, wie schon der Name des Referats gleicher Nummer im Jahr 2014 verrät: „Referat 605 (Deutsche Auslandsschulen, PASCH und Sport)". Ein eigenes Referat „Deutsche Sprache" gibt es nicht mehr (siehe Kap. L3.2, Anfang).

Den hohen Stellenwert der ASP im Auswärtigen Amt um die Zeit der Einrichtung jenes Referats verraten die Äußerungen und das Engagement z.B. des damaligen Leiters der Kulturabteilung (1983 – 1991) Barthold C. Witte (z.B. 1983; 1984; 1985 c; 1987; Witte/Akalin 1985; vgl. auch Wehrmann 1988). Aber auch die finanziellen Aufwendungen für den „Förderungsbereich deutsche Sprache" von zeitweilig über 50% der Gesamtausgaben der Kulturabteilung zeugen von der Wichtigkeit der ASP in den Augen der Bundesregierung (z.b. 1984: 424,4 von 761,2 Mio. DM; 1986: 445,6 von 808,3 Mio. DM. Abteilung für Auswärtige Kulturpolitik des Auswärtigen Amts 1988: 15, 95). Bisweilen wurde die ASP vermutlich als grundlegend für die AKP und vielleicht sogar bedeutsam für die ganze Außenpolitik bewertet.

Unterstützung erhielt diese Einschätzung durch wissenschaftliche Publikationen, wie schon die Titel verraten, schon zuvor (z.B. Günter Bär 1974: „Deutsch als außenpolitischer Faktor") und noch später (Helmut Glück 1994: „Sprachpolitik ist Kulturpolitik"), auch meinerseits (Ammon 2000c „Sprachförderung: Schlüssel auswärtiger Kulturpolitik"). Jedoch neigen *Stakeholder*, von Berufs wegen Interessierte, zu Übertreibungen. Eine vermutlich noch bedeutendere Aufgabe der AKP des neuen Deutschlands war und ist es wohl, der Welt ein (der Auffassung der Bürger und ihrer Regierungen entsprechendes) angemessenes Bild vom eigenen Land zu vermitteln, das kritische Aspekte enthalten darf, aber auch die eigenen Werte und Ideen zum Ausdruck bringt. Hierzu bedarf es einer den Adressaten verständlichen Sprache, notfalls unter Verzicht auf Deutsch. Jedoch sollte auch dabei nicht vergessen werden, dass die Wahl von Deutsch, wo es verstanden und akzeptiert wird, dessen Stellung (vor Ort und in der Welt) stärkt und der Verzicht darauf seine Stellung schwächt. Auf solche Zusammenhänge mit anderen Aufgaben und Zielen der AKP sollte die Bezeichnung von Sprache als „Transgrediens der AKP" aufmerksam machen (Kap. L.1.2).

Vor allem in den 1980er Jahren wurde die ASP – vermutlich unter dem Eindruck des Rückgangs von Deutsch in der Welt – intensiviert, was sowohl die erhöhten finanziellen Aufwendungen als auch die wieder auflebende Bezeichnung als Politik der „Verbreitung" verraten. Ein prominentes Beispiel dafür bieten die Regierungserklärungen von Bundeskanzler Kohl vom 04.03.1983 und 18.03.1987, in denen er angekündigte, „die deutsche Sprache im Ausland wieder mehr zu verbreiten" bzw. „die Verbreitung der deutschen Sprache, unserer Muttersprache, in der Welt auch künftig nachdrücklich fördern" zu wollen (*Bundestagsprotokolle* 67C bzw. 64D).

Im Zusammenhang mit dem *Bericht* von 1985 haben andere Politiker bezüglich Deutsch als Fremdsprache (DaF) gefordert, die „bisherige Politik der Bedarfsdeckung auf eine Politik der Bedarfsweckung umzustellen" (Staatsminister Möllemann in der Beratung des *Berichts*. Deutscher Bundestag, Referat Öffentlichkeitsarbeit 1986: 12). In diesem Zusammenhang hat das Goethe-Institut im Ausland eine große Werbekampagne für das Deutschlernen veranstaltet (*auf deutsch. Zur Werbung für Deutsch als Fremdsprache* o.J.; Abteilung für Auswärtige Kulturpolitik des Auswärtigen Amts 1988: 16f.), zu der auch eine Plakatwerbung, vor allem in den europäischen Ländern, gehörte – mit Aufschriften wie „Kan Du tyska?" «Aprenda Alemão", „Aprender Alemão Compensa!", „L'Anglais tout seul ne suffit plus. Apprenez l'Allemand", „What About Learning German?".

Die verstärkte ASP ist vermutlich nicht nur entsprungen aus der erkennbar schwächelnden Stellung der deutschen Sprache in der Welt, vor allem im Vergleich zu Englisch, sondern auch unter dem Eindruck der Diskrepanz zur gewachsenen eigenen Wirtschaftskraft, vielleicht als Teil des – übertriebenen – Selbstbildes vom ökonomischen Riesen und politischen Zwerg.

Auch die im ehemaligen mittleren Osten Deutschlands entstandene *Deutsche Demokratische Republik* (*DDR*) hat eine recht ausgefeilte ASP entwickelt, die Martin Praxenthaler (2000; 2002) gründlich beschrieben und analysiert hat. Dass er für diese Politik den Terminus „Sprachverbreitungspolitik" wählte, war vermutlich mitbedingt durch meine eigene frühere Wortwahl (Ammon1989c; 1990d; vor allem 1991a: 524-566). Jedoch lag der Terminus Sprachverbreitungspolitik für die DDR-Zeit, zumindest anfangs, nahe, da die Stellung der deutschen Sprache in der Welt die Erhaltung noch nicht so dringlich erscheinen ließ. Praxenthalers Bezeichnung der ASP der DDR oder vielleicht überhaupt deren Entdeckung mochte manche Beobachter überrascht haben, vor allem angesichts dortiger Kritik am „Imperialismus" „sprachpolitischer Bestrebungen" der nicht-sozialistischen Länder, worin sich der DDR-Politiker Klaus Zorn (1980/1982) besonders scharfzüngig hervortat. (Fast erlag ich dem Kalauer „nomen est omen". Siehe zur Kritik aus der DDR an der BRD-ASP auch die Beiträge in *Imperialistische Sprachpolitik in den 70er und zu Beginn der 80er Jahre* 1983).

Die AKP der DDR diente – zumindest nach westlichem Eindruck – offener der Verbreitung der eigenen politischen Ideen als die der BRD. Sie sollte durch eine wirksame ASP unterstützt werden. Diese erstreckte sich auf ziemlich alle Bereiche und Ebenen, auf der auch die BRD sprachfördernd agierte. Ihre Breite verraten schon die Kapitelüberschriften Praxenthalers (2002), wie „Das Ausländerstudium in der DDR" (ebd.: 208-216), „Schulischer Deutschunterricht", „Hochschulgermanistik", „Deutsch in den Medien", „Deutschsprachige Minderheiten" oder „Lektoren an Hochschulen der Gastländer" (alle ebd.: 245-259) – um nur eine Auswahl zu nennen. Die ASP der DDR beschränkte sich notgedrungen weitgehend auf die sozialistischen Länder, mit Ausnahme von Kontakten nach Skandinavien oder in Länder mit einer starken Kommunistischen Partei. Entsprechend waren umgekehrt für die ASP der BRD die sozialistischen Länder unzugänglich.

Die in der DDR entwickelte Didaktik für DaF wurde auch von Fachleuten der BRD hoch geschätzt, zumal sie auf einer dafür hervorragend geeigneten grammatiktheoretischen Grundlage beruhte. Eine Vorbild- und Leitungsfunktion hatte das Herder-Institut in Leipzig, das schon 1951 mit dem DaF-Unterricht begann, aber erst 1961 offiziell gegründet wurde, und zwar mit dem Namen *Herder-Institut – Vorstudienanstalt für ausländische Studierende in der DDR und Stätte zur Förderung deutscher Sprachkenntnisse im Ausland* (www.uni-leipzig.de/herder/hi.site,postext,chronologie.html?PHPSESSID=1dpvgmfgbhck 7nk257q3a8ai9l0uqeio – abgerufen 28.04.2014). Der Name verrät die zentrale Aufgabe der sprachlichen Vorbereitung ausländischer Studierender. Der langjährige Leiter, Gerhard Helbig, war bei DaF-Instituten weltweit umworbener Vortragsredner, wie auch seine Publikationen zur Grammatik des Deutschen viel Beachtung fanden. Das Herder-Institut (www.uni-leipzig.de/herder/), ist der – wie mir scheint – sichtbarste Teil der ins vereinigte Deutschland übernommenen ASP der DDR. Es wird seit 2007 geleitet von Christian Fandrych. Viele Fachleute haben bedauert, dass von der DDR-ASP nicht größere personelle und organisatorische Teile in die ASP des vereinigten Deutschlands übernommen wurden.

Nach der Wiedervereinigung verstärkte die nun politisch gewichtigere *Bundesrepublik Deutschland* – im Weiteren kurz: *Deutschland* – ihre ASP. Dies betraf auch die schon zuvor intensivierten Bemühungen um Stellungsstärkung von Deutsch in der Europäischen Union (vgl. Kap. H.4.2; Ammon 2009a: 124-126). Dazu gehörten unter anderem Anweisungen an deutsche EU-Beamte (die eigentlich seitens der deutschen Regierung nicht weisungsgebunden waren), auf deutschsprachigen Beratungsvorlagen zu bestehen (Andrei/ Rittberger 2009: 44). Schließlich gab Kommissionspräsidenten Jacques Delors dem Drängen von Kanzler Kohl auf den Status von Deutsch als Arbeitssprache der Kommission nach mit dem Erlass, wonach künftig „Dokumente für den internen Gebrauch der Kommission [...] in den Arbeitssprachen Deutsch, Englisch und Französisch verfaßt" werden sollten (*EG-Nachrichten* 34, 06.09.1993: 4). Allerdings blieb die Wirkung dieses Erlasses, wie auch sonstiger Versuche Deutschlands, die Stellung von Deutsch in den EU-Institutionen zu verbessern, am Ende weit hinter den Aspirationen zurück. Es ist kaum übertrieben, wenn man die ASP Deutschlands bezüglich der EU als auf ganzer Linie gescheitert bewertet (Kap. H.4.2; H.4.4; H.4.6). Symbolisch dafür ist, dass bei öffentlichen Auftritten der Kommission die „Arbeitssprache" Deutsch bis heute nicht einmal auf den Schriftbändern erscheint, sondern strikt nur Englisch und Französisch. Dieses Scheitern steht in der Tradition des freiwilligen Verzichts auf die Stellung einer Amtssprache der Vereinten Nationen, der beim Beitritt 1973 gleich gar nicht beantragt wurde (Kap. H.3).

Ebenso gescheitert sind die Bemühungen nach der Auflösung der Sowjetunion um Stellungsstärkung von Deutsch in Osteuropa, wo man sich eine „Renaissance deutscher Sprache und Kultur" erhoffte, wie es der – auch kulturpolitisch „wuselige" – frühere Ministerpräsident von Baden-Württemberg, Lothar Späth (1990: 322), ausdrückte. Aufgrund solcher Hoffnungen wurde „mit einem umfangreichen Sonderprogramm die deutsche Sprache in Mittel- und Osteuropa gefördert" (Maaß 2009b: 27). Eine ausführliche Beschreibung dieser ASP hat Axel Schneider (2000: 83-299) vorgelegt. Diese Politik erstreckte sich – unter Beteiligung aller „Mittlerorganisationen" (Kap. L.3.3) – auf den Schulunterricht, die Hochschulen, Sprachkurse für Erwachsene sowie die Entwicklung und den Einsatz von Medien, um die Breite anzudeuten. Dennoch hat sich die Hoffnung auf eine Renaissance der einstigen Stellung von Deutsch oder wenigstens seiner Restitution als Verkehrssprache Ostmitteleuropas nicht erfüllt (dazu z.B. Stevenson/ Carl 2010: 45-50). Diese Idee schwebte z.B. noch über einer Konferenz des Instituts für deutsche Sprache in Mannheim zum Thema „Deutsch als Verkehrssprache in Europa" im Jahr 1992 (Konferenzband Born/ Stickel 1993). Es wäre jedoch falsch, der damaligen ASP Deutschlands wegen dieser Zielverfehlung jegliche Wirkung abzusprechen. Ohne diese Politik rangierte nämlich Deutsch heute vielleicht nicht mehr in großen Teilen Ostmittel- und Osteuropas auf Rangplatz zwei der Schulfremdsprachen – übertroffen nur, freilich mit überwältigendem Vorsprung, von Englisch (vgl. Kap. K.9.5; K.9.6; Kap. K.7; Karten K.7-1 und K.7-2; Netzwerk Deutsch 2010).

Das – absehbare – Scheitern großer Ziele wie der Etablierung von Deutsch als „Verkehrssprache" in Ostmitteleuropa und als wirkliche (nicht nur symbolische) EU-Arbeitssprache war vielleicht der tiefere Grund für das schwächelnde ASP-Engagement der rot-grünen Koalition (1998 – 2005). Sie zeigt sich z.B. in der unter Außenminister Joschka Fischer (Amtszeit 1998 – 2005) vorgelegten programmatischen Schrift „Auswärtige Kulturpolitik – Konzeption 2000" (www.ifa.de/fileadmin/pdf/aa/akbp_konzeption2000.pdf – abgerufen 01.05. 2014). Ganz zu Anfang der „I. Ziele und Grundsätze der Auswärtigen Kulturpolitik", unter Punkt 1 und damit wohl als vorrangig, sind genannt: „Sicherung des Friedens, Konfliktverhütung, Verwirklichung der Menschenrechte, partnerschaftliche Zusammenarbeit". Unter den Zielen und Grundsätzen findet sich zwar auch, gewichtig anmutend, „die Erhaltung und Stärkung der deutschen Sprache als Schlüssel zur deutschen Kultur sowie das Auslandsschulwesen" – aber erst unter Punkt 6 (von 9 Punkten), und sogar unter diesem Punkt erst hinter anderen Aufgaben wie „Zusammenarbeit in Bildung und Wissenschaft", „internationale[m] Kulturdialog" und „Entwicklung der Medien". Dass dann „Wissenschaft, Forschung, Technologie, Erziehung, Berufsbildung [...]" in Punkt 7 noch einmal hervorgehoben werden, erscheint aus heutiger Sicht als

Vorbote späterer Schwerpunktbildung (Kap. L.3.2). In der anschließenden Liste II der „aktuelle[n] Herausforderungen" für die deutsche AKP „in einer sich ändernden Welt" wird die Förderung der deutschen Sprache nicht mehr erwähnt, sondern nur die „Bewahrung und Förderung der Vielfalt der europäischen Sprachen" (Punkt 5). In Liste „III. Strategie für die unmittelbare Zukunft" wird man wieder fündig unter Punkt 8 (von 12 Punkten), jedoch erneut erst nach anderen Vorhaben einschließlich „Maßnahmen in den Bereichen [...] Wissenschaft und Hochschulen". Immerhin steht dort jedoch: „[D]ie Förderung der Nachfrage nach deutscher Sprache wie auch Austausch- und Begegnungsprogramme für Multiplikatoren werden daher an Bedeutung zunehmen." Auch in der Liste „IV. Strategiepapiere" findet sich als Punkt 1: „Förderung der deutschen Sprache", der mit den Worten beginnt „Die Förderung der deutschen Sprache im Ausland ist eine Kernaufgabe der Auswärtigen Kulturpolitik" und dem im Punkt 2 hinzu gefügt wird: „In Zeiten globaler Konkurrenz hilft die Förderung der deutschen Sprache im Ausland nicht zuletzt auch, die wirtschaftliche Position Deutschlands in der Welt zu sichern." Allerdings endet der daran anschließende Überblick über Organe und mögliche Effizienzverbesserungen mit der Ermahnung in Punkt 4, dass die „Förderung der deutschen Sprache" in der Welt nur glaubwürdig sei, „wenn auch in Deutschland die Mehrsprachigkeit als Ziel ernst genommen wird" durch „Ausweitung des Fremdsprachenunterrichts an den Schulen [...]". Fast ahnt man dabei, dass Deutschland diese Bedingung nicht erfüllt (dazu z.B. Quetz 2010) – weshalb auch die Förderung der deutschen Sprache vergebliche Liebesmühe sei.

Die *Konzeption 2000* und deren „Neuausrichtung der AKP" sind freilich auch zu sehen „vor dem Hintergrund der notwendigen Konsolidierung des Bundeshaushaltes". „Für den AKP-Haushalt des Auswärtigen Amtes bedeutet dies Einsparungen von 43 Mio. DM im Zeitraum 2001 bis 2003." (*Bericht der Bundesregierung zur Auswärtigen Kulturpolitik 2000*: 3; zur Stimmung in jenen Jahren z.B. „Die unbezahlbare Rechnung macht das Auswärtige Amt", *FAZ* 17.03.2004: 37) Für unser Thema ist jedoch bedeutsam, dass die finanziellen Kürzungen und Auflagen zur verstärkten Eigenfinanzierung der involvierten Organisationen die ASP am massivsten betrafen, vor allem die Schwergewichte der ASP-Institutionen. So betonen die „IV. Strategiepapiere", dass das Goethe-Institut „von strukturellen Einschnitten besonders sichtbar betroffen" sein wird und die Minderung von Strukturkosten „vor allem zu Lasten [...] der Auslandsschulen" erfolgen soll („Haushalts- und Strukturfragen": Punkte 3 bzw. 2, ähnlich „Auslandschulwesen": Punkt 4). Allerdings haben die späteren Bundesregierungen diese Kürzungen rückgängig gemacht und sowohl das Goethe-Institut wieder großzügiger ausgestattet als auch das Auslandsschulwesen auf eine gesicherte rechtliche Grundlage gestellt (Kap. L.3.2).

In diesem Zusammenhang ist es auch bemerkenswert, dass die ASP der BRD und des späteren vereinigten Deutschlands in wesentlichen Punkten stets, wenngleich mit unterschiedlichem Engagement, von allen im Bundestag vertretenen politischen Parteien unterstützt wurde (dazu Ammon 1989c; 1991a: 540-544). Dies galt besonders für die folgenden wesentlichen Aspekte, die auch in Absetzung von der deutschen Politik vor 1945 entwickelt wurden:

(1) Die Öffentlichkeit der ASP, wie der gesamten AKP (z.B. *Bericht* 1985: 5). Geheimniskrämerei wie früher (vgl. Kap. L.2) wird für unvereinbar gehalten mit demokratischen Prinzipien.

(2) Die erklärte Bereitschaft zur Gegenseitigkeit des Sprachlernens. Man betont den Willen, auch selbst andere Sprachen zu lernen, neben dem Wunsch, dass andere Deutsch lernen (z.B. *Bericht* 1985: 7). Wie weit diese Bereitschaft tatsächlich geht, ist allerdings eine andere Frage. Zur Ernüchterung verweise ich noch mal auf Quetz (2010).

(3) Das Ziel, nicht nur das durch den Nationalsozialismus ramponierte Deutschlandbild im Ausland wieder zu verbessern, sondern bei diesem Bemühen realistisch und wahrheitsgetreu zu bleiben.

Gegenüber den Übereinstimmungen zwischen den Parteien sind die Divergenzen fast marginal. Sie sind erheblichenteils mitbedingt durch den Wechsel zwischen Regierungs- und Oppositionsrolle. In der Opposition neigen die Parteien dazu, von der Regierung mehr Engagement in der ASP für Deutsch zu fordern. So z.B. sogar seitens der sonst eher zurückhaltenderen SPD gegenüber der CDU/CSU (Einzelheiten in Ammon 1989c: 235, 237, 254, 258). Allerdings zeigt sich die größere Zurückhaltung der SPD z.B. darin, dass Willy Brandt der einzige SPD-Kanzler war, der das Thema in seiner Regierungserklärung überhaupt berührte. Er äußerte den „Wunsch, daß unsere Sprache draußen leben möge", aber – im Gegensatz zu den späteren Erklärungen Kohls – nicht in der Absicht zu ihrer Verbreitung, sondern mit der gleichzeitigen Ermahnung, „sie im Inneren" nicht „verkümmern zu lassen" (18.01.1973; *Bundestagsprotokolle* 130C). Dieser Einstellung entsprach auch schon die Formulierung in den von der SPD geprägten *Leitsätzen für die auswärtige Kulturpolitik* (Auswärtiges Amt, Dezember 1970), die ungefähr 1 Jahr nach Beginn der sozial-liberalen Koalition vorgelegt wurden. Dort heißt es: „Die deutsche Sprache ist Träger, nicht Ziel unseres Wirkens im Ausland." Und weiter: „Es gibt traditionelle deutsche Sprachgebiete, in denen die Förderung des Deutschen verstärkt werden kann; in anderen Teilen der Welt dürfte es für die Ziele des Austausches und der Zusammenarbeit zweckmäßiger sein, sich der jeweils gebräuchlichsten Sprache als Kommunikationsmittel zu bedienen" (ebd.: 10). Demgegenüber ist in den maßgeblich von der CDU/CSU getragenen Dokumenten eher die Rede von der „Verantwortung und Pflicht der Regierung des größten deutschsprachigen Landes, sich für eine möglichst umfassende Verbreitung und Geltung seiner Sprache im Ausland einzusetzen" (*Bericht* 1985: 6). Dennoch bestehen die Unterschiede zwischen den beiden großen Parteien letztlich nur in Nuancen.

Die FDP neigte teils – wie CDU/CSU – zu einer aktiveren Politik, z.B. Staatsminister Möllemann, und teils zu fast noch größerer Zurückhaltung, z.B. die Bundestagsabgeordnete Hamm-Brücher (vgl. Deutscher Bundestag, Referat Öffentlichkeitsarbeit 1986: 11-13 bzw. 23-28). Auch *Die Grünen*, später *Bündnis 90/ Die Grünen*, und die *Linkspartei. PDS*, später *Die Linke*, tendierten immer zur Zurückhaltung, ohne allerdings ihre Unterstützung der ASP und mithin der Stärkung der Stellung von Deutsch in der Welt in Frage zu stellen. Vermutlich bremst die in diesen Parteien eher verbreitete Vorstellung vom amerikanischen Kultur- und Sprachimperialismus oder von der kulturellen Amerikanisierung der Welt, im Zuge der Globalisierung, die Kritik an der Auswärtigen Förderung von Deutsch. Als eines von verschiedenen möglichen Indizien für diese Einstellung verweise ich nur auf die engagierte Unterstützung einer „deutschen Musikquote", die auch einen größeren Anteil der deutschen Sprache beinhaltet hätte, durch die kulturpolitische Sprecherin der Grünen-Bundestagsfraktion, Antje Vollmer (*RP Online* 01.04.2004; auch Kap. J.2.3). Mit solchem Bedürfnis nach Schutz deutscher Kultur und Sprache im Landesinneren dürfte in der Regel zumindest die Billigung, wenn nicht die ausdrückliche Unterstützung, Auswärtiger Politik zur Erhaltung der Stellung der deutschen Sprache einhergehen. Dabei ist die deutsche Regierung – bei aller Zurückhaltung – in der Wortwahl für diese Politik nicht immer zimperlich. So scheute sie sich (zur Zeit der Abfassung dieses Textes) z.B. nicht davor, das übergreifende Ziel ihrer ASP im Rahmen der „Auswärtigen Kultur- und Bildungspolitik" zu beschreiben als „*Verbreitung* der deutschen Sprache in Europa und in der Welt" (www.auswaertiges-amt.de/DE/Aussenpolitik/KulturDialog/ZieleUndPartner/ZielePartner_node.html – abgerufen 14.04.2014; Hervorheb. U.A.).

3.2 Neueste Entwicklungen

Für eine umfassende Darstellung wären Kontakte zu allen mit Auswärtiger Sprachpolitik (ASP) befassten Ministerien in den Regierungen der deutschsprachigen Länder hilfreich gewesen. Ein solches Unterfangen hätte jedoch meine Möglichkeiten im Rahmen des vorliegenden Buches überstiegen – einerseits wegen der Komplexität der Zuständigkeiten und Aktivitäten und andererseits wegen Schwierigkeiten der Zugänglichkeit mancher Abteilungen für Außenstehende (die verschiedene Gründe hat, nicht zuletzt die Arbeitsbelastung der Amtsinhaber). Die Vielfalt der Zuständigkeiten sei am Beispiel der deutschen Regierung angedeutet (dankenswerte Hinweise von Jakob Haselhuber). In erster Linie ist im Falle Deutschlands das *Auswärtige Amt* (AA) für die ASP zuständig, aber auch andere Ministerien entfalten diverse Aktivitäten, die sich darauf beziehen oder zumindest diesbezüglich nähere Betrachtung verdienen. Dies sind vor allem das Bundesministerium für *Bildung und Forschung* und das Bundesministerium für *wirtschaftliche Zusammenarbeit und Entwicklung*. Diese weitläufige Verflechtung der ASP entspricht der von mir etwas geschwollen benannten *Transgredienz* (schlichter *Querschnittsaufgabe*) der Sprachförderung für verschiedene Politikbereiche Deutschlands oder aller deutschsprachigen Länder (Kap. L.1.2). Unter den – je nach Zählung – 9 oder 10 Abteilungen des AA interessiert bei unserem Thema in erster Linie die Abteilung 6 *Kultur und Kommunikation*. Deren „Aufgabe [...] ist die Planung, Koordination und Steuerung der deutschen Auswärtigen Kultur- und Bildungspolitik, der Kommunikations- und Medienpolitik sowie der politischen Öffentlichkeitsarbeit" (www.auswaertiges-amt.de/DE/AAmt/Abteilungen/KulturUndKommunikation _node.html – abgerufen 31.07.2014). Aber auch andere Abteilungen wären einer näheren Betrachtung wert, vor allem 1 *Zentralabteilung* und 7 *Diplomatisches Protokoll* (vgl. Kap. H.5). In der Abteilung *Kultur und Kommunikation* sind mehrere Referate und Arbeitseinheiten in besonderem Maße für die ASP zuständig oder einschlägig damit befasst: die Arbeitseinheit 606-9 „Deutsch als Fremdsprache" sowie die Referate 600 „Strategie und Planung Auswärtige Kultur- und Bildungspolitik, Kommunikation und Deutschlandbild im Ausland (DiA); Europäische Kultur- und Medienpolitik", 601, 602 und 609 für die „Kultur- und Medienbeziehungen" Deutschlands mit bestimmten Regionen (601: Europa, USA, Kanada, Russland, Türkei, Zentralasien und Kaukasus; 602: Afrika, Asien, Australien, Pazifik, Lateinamerika und Karibik, 609 „Kultur-, Bildungs- und Medienbeziehungen" mit dem Maghreb, Nah- und Mittelost sowie „Dialog mit der islamischen Welt"), 603 (u.a. „Multilaterale Kultur- und Medienpolitik; überregionale Kulturprojekte; Künste, Literatur- und Filmförderung"), 605 (Deutsche Auslandsschulen, PASCH und Sport), 606 (Auslandsarbeit deutscher Kulturinstitute wie das Goethe-Institut oder das Institut für Auslandsbeziehungen), außerdem auch 604 (Wissenschaft und Hochschulen sowie Deutsches Archäologisches Institut), 608 (Kommunikation Ausland, Internetredaktion, Internetseiten der Auslandsvertretungen, Deutschlandzentren, Web 2.0, Intranetredaktion; Audiovisuelle Produkte, Deutsche Welle, Besucherprogramme der Bundesregierung). Darüber hinaus haben Referate anderer Abteilungen direkte oder indirekte eigene Zuständigkeiten im Bereich der deutschen Sprache, wie das Referat E01 in der Europaabteilung für die Sprachenfrage in der EU, Referat 405 für die „Außenwissenschaftspolitik (Deutsche Wissenschafts- und Innovationshäuser)" und für die internationale Forschungspolitik sowie Referat 105 „Sprachendienst" (mit der Arbeitseinheit „Sprachenzentrum", dessen Leiter, Gunnar Hille, ich wichtige Hinweise verdanke). Wie man ahnt, ist die Organisationsstruktur des Auswärtigen Amtes nicht leicht durchschaubar und erinnert Außenstehende ein wenig an Kafka. Jedoch kann das Organigramm über die AA-Homepage eingesehen werden: www.auswaertiges-amt.de/cae/servlet/contentblob/382698/pub licationFile/195722/Organisationsplan-Druckversion.pdf.

Inwieweit diese Vielfalt der Zuständigkeiten ein Bedürfnis nach Straffung geweckt hat, vermag ich nicht abzuschätzen. Unter den vom Auswärtigen Amt gesteuerten Mittlerorganisationen (Kap. L.3.3) sind jedoch in neuerer Zeit Zusammenschlüsse und Kooperationen auffällig. Beispiele sind:

- der Zusammenschluss von Goethe-Institut und Inter Nationes (im Jahr 2000), unter dem vorübergehenden Namen *Goethe-Institut Inter Nationes* (2001-2003), der dann wieder zu *Goethe-Institut* verkürzt wurde, was den Charakter einer Übernahme deutlicher ausdrückt.
- die Bildung des *Deutschen Sprachrats* im Jahr 2003. Dabei handelt es sich um eine Arbeitsgemeinschaft des Deutschen Akademischen Austauschdienstes (DAAD), der Gesellschaft für deutsche Sprache (GfdS), des Goethe-Instituts (G-I), und des Instituts für Deutsche Sprache (IDS), die sich der „Sprachkultur im Inland" widmet, aber ihre Aufgabe auch darin sieht, „die Stellung der deutschen Sprache im Ausland zu fördern" (www.deutschersprachrat.de/ziele-und-aufgaben/ – abgerufen 02.07.2014).
- Die Bildung von *Netzwerk Deutsch* (in den Jahren vor 2010), einer „Initiative des Auswärtigen Amts, des Deutschen Akademischen Austauschdienstes, des Goethe-Instituts und der Zentralstelle für das Auslandsschulwesen [ZfA] zur Förderung von Deutsch als Fremdsprache" (www.goethe.de/uun/pub/de5759780.htm – abgerufen 02.07.2014). Sie hat unter anderem zusammen gewirkt bei der Erhebung der Lernerzahlen von Deutsch als Fremdsprache (DaF) weltweit (Netzwerk Deutsch 2010), koordiniert aber in vielen Ländern auch die Förderung der deutschen Sprache in der Welt, meist in enger Zusammenarbeit mit den örtlichen deutschen Botschaften.

Übersichtlicher und vor allem zugänglicher sind die Parlamente der deutschsprachigen Länder: im Falle Deutschlands der Bundestag und sein für unsere Frage in erster Linie zuständiger „Unterausschuss Auswärtige Kultur- und Bildungspolitik". Von diesen Institutionen lassen sich auch leichter Informationen zur ASP beschaffen als von den Regierungsstellen, die mich aber punktuell ebenfalls freundlich unterstützten. Aus diesen verschiedenen Quellen speist sich die folgende Zusammenfassung der ASP Deutschlands in der jüngsten Zeit, ihrer Ziele und Maßnahmen. Wegen der Unzugänglichkeit mancher Quellen und der enormen Komplexität dieser Politik bleibt meine Auswahl der Schwerpunkte in hohem Maße subjektiv. Für eine Kurzdarstellung der entsprechenden Politik der anderen deutschsprachigen Länder verweise ich auf Kap. L.4.

Details über die Auswärtige Kulturpolitik Deutschlands seit der Jahrtausendwende finden sich in den „Berichte[n] der Bundesregierung Auswärtige Kultur- und Bildungspolitik" (2000 – 2012/13) (www.auswaertiges-amt.de/cae/servlet/contentblob/670488/publicationFile/189745/AKBP-Bericht_2012-2013.pdf). Den Hintergrund und das Ursachengeflecht, von dem aus Schwerpunktverschiebungen der ASP Deutschlands erklärbar sind, bildet einerseits die veränderte wirtschaftliche und auch politische Stellung des Landes im Gefüge der Europäischen Union und damit auch – weniger markant – die Stellungsverschiebung im globalen Kontext. Deutschland hat sich in neuester Zeit vom „Siechen Mann der EU" (oder ihrem „letzten Wagen") gewandelt zum „Kraftprotz" (oder der „wirtschaftlichen Lokomotive"), um es in gängigen Metaphern auszudrücken. Andere maßgebliche Faktorenbündel sind die europäische und globale Sprachenkonstellation (Kap. H.4; A.7). Sie haben insbesondere bewirkt und den deutschen Politikern vor Augen geführt, dass manche einst vielleicht gehegten sprachenpolitischen Ziele unerreichbar sind. Dies betrifft allem Anschein nach die Gleichrangigkeit von Deutsch mit manchen anderen Arbeitssprachen der EU-Institutionen sowie die Funktion als bedeutsame Lingua franca in Ostmitteleuropa oder vielleicht anderen Teilen der EU. Spätestens im Verlauf des ersten Jahrzehnts des neuen Jahrtausends war unübersehbar, dass Deutsch – trotz Statusanhebung zur dritten Arbeitssprache der EU-Kommission (Kap. H.4.2) – als faktische Arbeitssprache, also funktional, keine ähnlich gewichtige Rolle in den EU-Institutionen spielen kann wie Englisch und wohl auch nicht wie Französisch, das im Übrigen gegenüber Englisch ebenfalls stetig an Funktion oder Gebrauchshäufigkeit verliert (zur EU-Sprachenpolitik, speziell auch Deutschlands, detailliert z.B. Haselhuber 2012). Die zur Zeit der Abfassung dieses Textes in den deutschen Medien gemeldete „Furcht vor ‚teutonischer Dominanz' in der EU" (gleichnamiger Artikel in *RP* 02.07.2014) bezog sich auf Stellenbesetzungen und Wirtschaftsfragen, nicht auf die deutsche Sprache. Ebenso erwiesen sich zeitweilige, man muss schon sagen, Wunschträume als illusorisch, Deutsch könnte wieder, wie dermaleinst, eine bedeutsame Lingua franca in Ostmitteleuropa werden. Auch in den östlich an das deutsche Sprachgebiet angrenzenden Regionen ist wohl auf Dauer mit einer im Vergleich zu Englisch marginalen internationalen Stellung der deutschen Sprache vorlieb zu nehmen: Dem bestenfalls zweiten Platz, der womöglich sogar mit der Zeit streitig gemacht wird von Sprachen (genauer: deren Sprachgemeinschaften) wie

Französisch, Spanisch oder nach Osten hin Russisch. Aufgrund dieser Aussichten verloren die beiden einst so wichtigen Ziele der ASP ihre Prioriät und sind die Bemühungen darum abgeflaut.

Hinzu kamen Besorgnisse um die zukünftige Stellung Deutschlands in der Welt und den Lebensstandard seiner Bevölkerung angesichts der globalen, vor allem asiatischen Konkurrenz. Als Bedingung für Stellungserhalt und fortdauernden wirtschaftlichen Erfolg zeichnet sich seit einiger Zeit immer deutlicher die wissenschaftlich-technologische Konkurrenzfähigkeit ab und angesichts der demographischen Entwicklung (niedrige Geburtenrate und Bevölkerungsrückgang) bei gleichzeitiger Abwanderung von Wissenschaftlern und Fachkräften die Ausstattung mit hoch qualifizierten Arbeitskräften. Der Wanderungssaldo vor allem von Wissenschaftlern war – trotz energischer Gegensteuerung – bis in die neueste Zeit negativ und ist es womöglich weiterhin („Förderung junger Wissenschaftler", *FAZ* 31.07.2014: 4). Der wirtschaftliche Aufschwung, der auf eine Zeit der Stagnation folgte, brachte den Bedarf an „Humankapital" dann erst recht ans Licht: Nicht nur an qualifiziertem Personal in abhängiger Beschäftigung, sondern schließlich sogar einen „Unternehmermangel", der teilweise mit dem Mangel an Fachkräften zusammenhing und die Bereitschaft zur Unternehmensgründung oder Erbschaftsübernahme dämpfte (siehe z.B. für Nord-Westfalen im Jahr 2011: www.ihk-nordwestfalen.de/fileadmin/medien/02_Wirtschaft/00_Standortpolitik/Analysen_Positionen/medien/Unternehmermangel_2011_150dpi.pdf – abgerufen 30.07.2014). Diese Entwicklungen und Perspektiven fanden ihre Resonanz bis hin zur AKP und ASP.

Dadurch verschärfte sich eine Tendenz, die schon die Einführung Internationaler Studiengänge an den deutschen Hochschulen verriet (Kap. G.8; Ammon 1998), die aber auch die programmatische Schrift „Auswärtige Kulturpolitik – Konzeption 2000" durchblicken ließ (www.ifa.de/fileadmin/pdf/aa/akbp_konzeption2000.pdf – abgerufen 01.05.2014; dazu Kap. L.3.1, gegen Ende): Dass nämlich für die deutsche Außen- und Bildungspolitik die Förderung von Wissenschaft und Technologie wichtiger wurde als die Förderung der deutschen Sprache. Symptomatisch dafür war die vorübergehende Umbenennung der zuständigen Abteilung des Auswärtigen Amtes, die im betreffenden Bericht auch fiskalisch untermauert wird:

> „Über die Hälfte der Mittel im Kulturhaushalt des Auswärtigen Amtes ist dem Bildungsbereich gewidmet (Hochschul-, Wissenschaftsaustausch, Auslandsschulen, Berufsausbildung). Damit dies auch nach außen zum Ausdruck kommt, hat das Auswärtige Amt zu Beginn des Jahres 2001 die Kulturabteilung in ‚Abteilung für Auswärtige Kultur- und Bildungspolitik' umbenannt und verwendet gleichbedeutend mit dem Begriff ‚Auswärtige Kulturpolitik' (AKP) auch die Bezeichnung „Auswärtige Kultur- und Bildungspolitik" (AKBP)." (*Bericht der Bundesregierung zur Auswärtigen Kulturpolitik 2000*: 3, Anm. 1)

Zuständig für diese Politik ist heute die Abteilung „Kultur und Kommunikation". Die angebliche Synonymie von *AKP* und *AKPB* verschleiert die Verschiebung der Prioritäten. Allerdings wurde der ASP und der auswärtigen Förderung der deutschen Sprache dann wieder neue Relevanz zugestanden – insoweit sie nämlich den übergeordneten Zielen der Förderung von Wissenschaft, Technologie, internationaler Kontakte und der Gewinnung der so dringend benötigten Fachkräfte als dienlich gesehen wurde. Zum Teil behielt die ASP auch ihre herkömmliche frühere Autonomie, insofern ihre bisherige Berechtigung fortbesteht. Dies gilt vor allem für die Funktionen von Deutschkenntnissen im Ausland, die unabhängig sind von jener Prioritätenverschiebung, wie z.B. für die Festigung intensiver, freundschaftlicher Beziehungen von Eliten und Multiplikatoren zu Deutschland aufgrund von Deutschkenntnissen, was nach wie vor nicht ernsthaft in Frage steht.

Außerdem ist die Wirkung jener Prioritätenverschiebung und der damit zusammenhängenden Neuerungen auf die Stellung der deutschen Sprache in der Welt keineswegs unzweifelhaft absehbar. Zwar scheinen manche Maßnahmen der auswärtigen Förderung der deutschen Sprache geradezu zuwider zu laufen. Das markanteste Beispiel ist die Einführung von Englisch in die Hochschullehre (Kap. G.8), denn sie droht die Stellung von Deutsch als internationale Wissenschaftssprache vollends zu untergraben. Jedoch könnte sie zugleich die Zahl der mit der deutschen Sprache vertrauten Personen vergrößern, indem sie mehr Ausländer – Wissenschaftler und Studierende – nach Deutschland lockt, die dann oft auch Deutsch lernen. Der Stellungsschwächung der deutschen Sprache in der Welt auf der einen Seite stünde dann eine Stellungsstärkung auf der anderen Seite gegenüber. Allerdings erscheint die Stellungseinbuße wegen des Prestigeschadens größer als der mögliche Gewinn. Jedoch lässt sich die endgültige Bilanz – schon wegen der Unsicherheit des Gewinns an neuen Lernern und Sprechern – letztlich nicht sicher prognostizieren.

Im Hinblick auf derartige Überlegungen sind die folgenden von der AKBP Deutschlands ausgehenden oder unterstützten Initiativen und Neuerungen für die Stellung der deutschen Sprache in der Welt vermutlich besonders relevant:

1) Schulebene
    a) Die Partnerschul-Initiative/ PASCH (www.pasch-net.de/udi/web/deindex.htm – abgerufen 15.06.2014; siehe auch Kap. K.3; L.3.3) sowie
    b) das Auslandsschulgesetz (Kap. K.3).
2) Hochschulebene
    a) Internationale Studiengänge (siehe Kap. G.8)
    b) Initiative Außenwissenschaftspolitik (siehe auch Kap. L.3.3).

Zu 1a): Die „PASCH-Initiative (Schulen: Partner der Zukunft)" entstand, maßgeblich angeregt von Außenminister Steinmeier, im Jahr 2008 und hat sich allem Vernehmen nach seitdem fulminant entwickelt. Bis zum Frühjahr 2014 hatten sich weltweit über 1.700 Schulen in 115 nicht-deutschsprachigen Ländern angeschlossen. Sie erteilen DaF-Unterricht in Partnerschaft mit Schulen in Deutschland, wobei Deutsch in der Regel zweite Fremdsprache ist. Eine Sonderstellung haben die ca. 550 „Fit-Schulen" (auch *FIT-Schulen*), die unter Betreuung des Goethe-Instituts den DaF-Unterricht aufbauen und ausdehnen (E-Mail Judith Weyer, ZfA, 28.02.2014; Bundesregierung 2014: 22, 26). Durch die PASCH-Initiative wurde auch der Kreis der Deutsches-Sprachdiplom-Schulen (DSD-Schulen) erweitert, wenngleich bei weitem nicht alle PASCH-Schulen DSD-Schulen sind (zu den DSD-Schulen Kap. L.3.3; Karte L.3.3-1).

Auf der bei oben 1) genannten Webseite gelangt man zu folgender Antwort, wenn man der dort angebotenen Frage „Was will die [PASCH-]Initiative erreichen?" folgt:

> „Das Netz von Deutschen Auslandsschulen und Schulen, die das Deutsche Sprachdiplom anbieten, wird gestärkt und erweitert. Darüber hinaus wird die schulische Zusammenarbeit ausgebaut, um in den nationalen Bildungssystemen Deutsch als Fremdsprache weiter zu festigen. Die Initiative will bei jungen Menschen Interesse und Begeisterung für das moderne Deutschland und seine Gesellschaft wecken. Sie will lebendige und langfristige Bindungen zu Deutschland aufbauen und die Schulen, ihre Lehrkräfte und Schülerinnen und Schüler zugleich zum offenen Gedankenaustausch und zur Zusammenarbeit untereinander anregen. Die PASCH-Schulen im Ausland wollen damit auch den Weg zu einer internationalen Lerngemeinschaft bereiten."
> (www.pasch-net.de/hil/faq/deindex.htm#3302567 – abgerufen 15.06.2014)

Zu 1b): Das *Gesetz über die Förderung Deutscher Auslandsschulen (Auslandsschulgesetz/ ASchulG)*, das am 01.01.2014 in Kraft getreten ist, gilt für die betreffenen 141 Schulen, die alle außerhalb des deutschen Sprachgebiets liegen (npl.ly.gov.tw/pdf/8415.pdf – abgerufen 31.03.2014; Kap. L.3.3: Karte L-3.3-1). Es regelt – endlich, muss man sagen – den gesetzlichen Anspruch der Deutschen Auslandsschulen auf Förderung durch die Bundesrepublik Deutschland. Allerdings kann der betreffende Status jeder derartigen Schule „aus wichtigem Grund zu jeder Zeit und mit sofortiger Wirkung oder mit angemessener Frist bis zum Ende des Förderzeitraums gemäß [auf Antrag jeweils bis zu 3 Jahren! U.A.] durch den Bund oder durch den Träger der Schule gekündigt werden" (§ 3 (2)). „Eine Deutsche Auslandsschule ist förderfähig, wenn sie" als eine von 6 Bedingungen – „deutschsprachigen Unterricht anbietet und deutschsprachig geprägte Abschlüsse [...] vermittelt" (§ 8 (1)). Dies sind jährlich mindestens 12 „Gemischtsprachige Internationale Baccalaureate [...] gemäß der Anerkennung durch die Kultusministerkonferenz" (§ 2 (2)), zu denen noch ‚Deutsche Sprachdiplome der Kultusministerkonferenz der Stufen I und II' hinzu kommen können (§ 2 (3)). Die weiteren, dem Ruf deutscher administrativer Genauigkeit gerecht werdenden Bestimmungen dieses Gesetzes empfehle ich den LeserInnen zur geflissentlichen Lektüre. Auf ordentliche Deutschkenntnisse wird jedenfalls geachtet, und die Schulförderung – unter beträchtlicher Beteiligung von in der Regel durch Schulgelder eingebrachten Eigenmitteln – ist bei Erfüllung der spezifizierten Bedingungen gesichert. Sie erstreckt sich auf entsandte Lehrkräfte wie auch finanzielle Zuwendungen. Damit haben die Deutschen Auslandsschulen eine – im Vergleich zu früheren Zeiten – wesentlich verbesserte Planungssicherheit, denn die Aberkennung des Status und damit der Ansprüche bleibt ein weitgehend von der Schule selbst steuerbarer Ausnahmefall.

Zu 2a): Die Einführung Internationaler Studiengänge an den Hochschulen Deutschlands gegen Ende des letzten Jahrtausends hat vermutlich eine nachhaltigere Wirkung auf Deutsch als Wissenschaftssprache, als sich derzeit absehen lässt. Sie hat sicher erheblich beigetragen zur Öffnung der deutschen Hochschulen für ausländische Studierende und Wissenschaftler, so dass „Deutschland einer der attraktivsten Standorte weltweit" geworden ist, wie die Bundesministerin für Bildung und Forschung, Johanna Wanka, nicht müde wird zu verkünden (www.bmbf.de/press/3611.php – abgerufen 28.06.2014). An den Hochschulen zeigt sich dieser Erfolg vor allem an der großen Zahl ausländischer Studierender, wonach Deutschland inzwischen weltweit an dritter Stelle rangiert, nur hinter USA und Großbritannien. Die Spitzenländer lassen darauf schließen, dass Englisch als Sprache der Lehre ein wesentlicher Faktor dieser Attraktivität ist. Jedoch bringt dieser Faktor zugleich die Anhänger von Deutsch als Wissenschaftssprache und DaF in größte Not. „Striking the Balance" hat nach der Untersuchung solcher Studiengänge an drei deutschen Hochschulen ein Ausländer (Earls 2014) die herausfordernde Aufgabe benannt: Englisch für die Hochschullehre zuzulassen, ohne Deutsch aufzugeben. Genau in diese Richtung zielt auch das Motto des „Memorandums zu Deutsch als Wissenschaftssprache", das der Deutsche Akademische Austauschdienst (DAAD) im Jahr 2010 verkündet hat: „Offen für Englisch, Einsatz für Deutsch" (www.daad.de/portrait/presse/pressemitteilungen/2010/13058.de.html – abgerufen 29.06.2014). Schon die „Gemeinsame Erklärung der Präsidenten von AvH [Alexander von Humboldt-Stiftung], DAAD, Goethe-Institut und HRK [Hochschulrektorenkonferenz]" vom Jahr 2009 empfiehlt den deutschen Hochschulen einerseits die Anerkennung und Nutzung von „Englisch als lingua franca als Wissenschaftssprache", aber andererseits dennoch die „eigene Sprache nicht auf[zugeben]" (www.goethe.de/Ihr/prj/diw/dos/de7753902.htm – abgerufen 16.06.2014). Jedoch ist diese Balance schwierig, wie einschlägige Untersuchungen ahnen lassen (z.B. Fandrych/ Sedlaczek 2012). Die Entwicklung könnte – trotz aller Bemühungen – darauf hinauslaufen, dass Deutsch an den deutschen Hochschulen mehr und mehr auf soziale Funktionen, zur Pflege von Kontakten, eingeschränkt und Englisch zur vorherrschenden Wissenschaftssprache wird. Dies gilt vor allem für die Natur-, aber auch die Sozialwissenschaften (Kap. G.3 bzw. G.5).

Zu 2b): Die Initiative Außenwissenschaftspolitik wurde eröffnet durch eine „Auftaktkonferenz des Auswärtigen Amts" am 19./ 20. Januar 2009 zum Thema: „Außenpolitik für die Wissenschaft – Bildung, Wissenschaft und Forschung als zentrale Bestandteile der deutschen Außenpolitik". Aus den vielfältigen Impulsen dieser Initiative erscheinen mir die „Projekte deutscher Hochschulen im Ausland", wie sie der DAAD nennt, als das sichtbarste Ergebnis. Meist handelt es sich um die Stärkung schon vorher bestehender Ansätze (Überblick in Akstinat 2009; auch Kap. K.6). Die für besonders wichtig gehaltenen Projekte werden vor allem vom DAAD als Mittlerorganisation des Auswärtigen Amtes betreut. Im Sommer 2014 waren dies 55 Studienangebote außerhalb des deutschen Sprachgebiets, in Kooperation mit deutschen Hochschulen (Zusendung von Roman Luckscheiter, DAAD). Darunter waren eine Reihe ganzer, wenngleich immer recht kleiner Hochschulen (z.B Vietnamese German University/ VGU, Türkisch-Deutsche Universität/ TDU, German University Kairo/ GUC, German-Jordanian University/ GJU, Deutsch-Kasachische Universität/ DKU, Andrássy Gyula Deutschsprachige Universität Budapest/ AUB). Bei der Mehrzahl handelt es sich aber nur um einzelne Institute oder Studiengänge, und zwar verschiedenster Fachrichtungen (z.B. Chinesisch-Deutsches Hochschulkolleg an der Tongji-Universität in Shanghai, Civic Engineering an der Zhejang University of Science and Technology in Hangzhou, beide China).

Aus den Namen der Hochschulen oder Studiengänge lässt sich teilweise schon erraten, ob Deutsch zu den Unterrichtssprachen zählt. Dies ist eher die Ausnahme, die man häufiger bei einzelnen Studiengängen als an ganzen Hochschulen findet. Eine Berührung mit der deutschen Sprache findet jedoch – auch beim vorherrschenden rein englischsprachigen Studium – in aller Regel statt, nicht selten sogar durch obligatorische, studienbegleitende DaF-Kurse. Sie führen allerdings oft nur bis zum Niveau A1 oder A2 des Gemeinsamen Europäischen Referenzrahmens (Quetz 2002). Dieses reicht allenfalls für anspruchslose Sozialkontakte und bleibt in weiter Ferne von Deutsch als Wissenschaftssprache. Immerhin ist damit jedoch eine Verbindung zu Land und Sprache möglich – die vielleicht, je nach Umständen, weiter gefestigt wird.

Die neuen Initiativen waren von intensiver Werbung, auch im Ausland begleitet. Ein Beispiel für die auf Außenwissenschaft ausgerichtete Politik ist der Slogan von Deutschland als „Land der Ideen". Auch die Förderung von DaF wurde durch Werbung im Ausland unterstützt. Beispiele sind die bilateralen Sprachenjahre: das Deutsch-Indische (2011/12); das Deutsch-Russische (2012/13) sowie das Deutsch-Brasilianische und das Deutsch-Chinesische Sprachenjahr 2012/13, das Deutsch-Brasilianische und Deutsch-Chinesische Sprachenjahr (2013/14) sowie das Deutsch-Russische Jahr der Sprache und Literatur (2014/15), jeweils mit viel Werbung. Die gemeinsamen Veranstaltungen entsprachen insofern auch dem Geiste der Konzeption 2000, als Deutschland nicht nur die eigene Sprache fördern, sondern durch eigene „Ausweitung des Fremdsprachenunterrichts an den Schulen" beweisen will, dass es „die Mehrsprachigkeit als Ziel ernst" nimmt (Punkt 4 der Konzeption 2000; Kap. L.3, gegen Ende).

Im September 2011 legte das Auswärtige Amt ein neues Konzept zur AKBP vor, das der Bundestag am 21. März 2013 diskutierte und verabschiedete (bundestag.de/dokumente/textarchiv/2013/43457906_kw12_sp_auswaertige_kultur politik/index.html – abgerufen 20.06.2014). Der Unterausschuss „Auswärtige Kultur- und Bildungspolitik" des Auswärtigen Ausschusses des Bundestages bestätigte dem Konzept in seiner Sitzung am 17.03.2014 ebenfalls die „notwendige Gemeinsamkeit für das einheitliche politische Anliegen der auswärtigen Kultur- und Bildungspolitik" (www.bundestag.de/dokumente/textarchiv/2014/ 49894643_kw12_konstituierung_unterausschuss_auswaertige_kultur_bildungs politik/index.html – abgerufen 22.04.14).

In einer der Bundestagsdebatte vorausgehenden Großen Anfrage der Abgeordneten Ulla Schmidt (Aachen), Rainer Arnold, Sabine Bätzing-Lichtenthäler, weiterer Abgeordneter und der Fraktion der SPD war dem Konzept ein Paradigmenwechsel der AKBP im Richtung von Joseph Nye's „Cultural Diplomacy" vorgeworfen worden (Nye 1999a; 2004; Kap. L-3.1), indem die bisherige Gegenseitigkeit mit den Partnerländern zugunsten einseitiger Einflussnahme Deutschlands vernachlässigt werde: „In diesem Sinne wird die AKBP als ein Instrument der Interessenvertretung in der deutschen Außenpolitik verstanden – im Dienst der Diplomatie. Entsprechend stellt das Konzept des Auswärtigen Amts fest, dass die konzeptionelle Steuerung der AKBP dem Auswärtigen Amt obliegt. Auswärtige Kultur- und Bildungspolitik ist aber nicht einseitig als Instrument zu verstehen, das den Einfluss Deutschlands in der Welt sichert und darauf abzielt, was Deutschland direkt nützt. Ihre Aufgabe ist vielmehr ein ergebnisoffener Austauschprozess." (Anfrage und Antwort der Bundesregierung im September 2011 in Bundestagsdrucksache 17/9839)

In ihrer Antwort betonte die Bundesregierung, dass es nach wie vor darum gehe, „Europa zu stärken, den Frieden zu sichern sowie die Globalisierung mit alten Freunden und neuen Partnern verantwortungsvoll zu gestalten – dies bleiben die überragenden Ziele der AKBP. Die Sorge vor einem Paradigmenwechsel in der AKBP ist unbegründet." (dip21.bundestag.de/dip21/btd/17/119/ 1711981.pdf – abgerufen 01.07.2014)

Der hier angesprochene Dissens verweist auf den Unterschied zwischen einer AKP oder AKBP neo-liberaler Prägung, die vor allem eigene Interessen im Auge hat, und konstruktivistischer Prägung, die sich an übergeordneten Werten orientiert (dazu Kap. L.3.6). Die SPD verdächtigte die Bundesregierung, speziell die CDU/ CSU ersterer, und sah sich selbst offenbar, unausgesprochen, als Vertreterin letzterer. Jedoch wies die Bundesregierung diesen Verdacht zurück.

Ich möchte dieses Kap. schließen mit einem Hinweis, der nicht die Konzeption der neuesten AKBP Deutschlands betrifft, wohl aber stellenweise vielleicht ihre Durchführung. Er knüpft an die Feststellung in Kap. H.5.1 an, dass deutsche Politiker seit einiger Zeit zum unbefangeneren Gebrauch des Englischen neigen als in früheren Zeiten, was sich z.B. daran zeigt, dass Kohl und Schröder die letzten deutschen Kanzler waren, die sich aufs Deutsche beschränkten und alles dolmetschen ließen, oder dass die deutschen Außenminister seit Genscher beim Smalltalk zum Englischen tendieren. Gunnar Hille, der mich darauf hinwies (E-Mail 11.07.2014), ließ dabei zugleich durchblicken, dass der Sprachendienst des AA davon nicht uneingeschränkt begeistert ist. Der Sprachendienst bekundet seine etwas andere Auffassung in seiner sprachlichen Beratung deutscher Politiker bei Reisen ins Ausland oder gegenüber Ausländern, meist über die Ministerbüros, und zwar in der Regel im folgenden Sinn: „Das Plädoyer des Sprachendienstes an das Ministerbüro: führen Sie die Gespräche in deutscher Sprache, wir haben Dolmetscher für alle Zungen." (ebd.) Mir scheint, dass hier bis zu einem gewissen Grad das in Kap. A.2 geschilderte Dilemma in Erscheinung tritt. Für die deutschen Politiker hat die bestmögliche Erfüllung ihrer politischen Aufgabe erste Priorität. Dafür verzichten sie notfalls auf den Gebrauch und damit manchmal auch auf die Förderung der deutschen Sprache (so gerne sie diese vielleicht gleichzeitig betreiben würden). Für den Sprachendienst hat die Förderung der deutschen Sprache höhere Priorität. Dies folgt schon aus eigenem beruflichen Interesse, denn die weitere Ausbreitung von Englischgebrauch und Englischkenntnissen unter Politikern gefährdet letztlich die Existenz von Sprachendiensten. Außerdem kämpft der Sprachendienst nicht so unmittelbar wie die Politiker mit politischen Tagesproblemen, die das allgemeine Interesse der deutschen Sprachgemeinschaft an einer starken Stellung der deutschen Sprache in der Welt überlagern. Daher kann er sein Handeln eher an diesem Interesse orientieren. Ich vermute jedoch, dass die eigentlichen Politiker unter dem Eindruck sowohl ihrer politischen Aufgaben als auch der offenkundigen Dominanz von Englisch in der diplomatischen Kommunikation die Förderung der deutschen Sprache gelegentlich aus den Augen verlieren – häufiger und unbewusster als in früheren Zeiten größerer Mehrsprachigkeit. Wenn dies stimmte, wäre auch dies ein vielleicht nicht ganz unbedeutender Faktor, der die erfolgreiche Förderung der deutschen Sprache und damit ein nach wie vor wesentliches Ziel der ASP Deutschlands beeinträchtigen könnte.

3.3 Mittlerorganisationen

Die „Mittlerorganisationen" – so die wohlbedachte Bezeichnung – sind, wie Kurt-Jürgen Maaß hervorhebt (2009c), charakteristisch für „das deutsche Modell" der Auswärtigen Kulturpolitik (AKP). Auf die Gründung eines Teils von ihnen vor der NS-Zeit habe ich schon hingewiesen in Kap. L.2, wie auch auf die – konzeptionell meist stark veränderte – Wiedergründung sowie auf zusätzliche Neugründungen in Kap. L.3.1, an dessen Anfang sich auch eine Liste der heutigen Organisationen findet. Hier befasse ich mich nur mit sechs von ihnen, und zwar mit denjenigen, die – nach meiner Einschätzung – am stärksten in die Auswärtige Sprachpolitik (ASP) involviert sind:

Goethe-Institut (G-I), Deutscher Akademischer Austauschdienst (DAAD), Institut für Auslandsbeziehungen (ifa), Alexander von Humboldt-Stiftung (AvH), die weniger mit der ASP befasst ist, sowie Zentralstelle für das Auslandsschulwesen (ZfA) und Deutsche Welle (DW), die aber keine Mittlerorganisationen im engeren Sinn sind (zu G-I, DAAD und ZfA auch Ortner/ Ruckteschell-Katte 2010:133-137). Die ebenfalls teilweise in die ASP involvierten politischen Stiftungen (Pogorelskaja 2009b) und hauptsächliche Forschungsinstitutionen wie das Institut für Deutsche Sprache (IDS) beziehe ich jedoch nicht ein.

Vor der Einzelbeschreibung empfiehlt sich eine kurze Erläuterung, was der nicht ohne Weiteres verständliche Terminus *Mittlerorganisation* bedeutet – oder zumindest, was ich darunter verstehe. Dies sind Organisationen, die staatliche Politik ins Ausland „vermitteln", aber privatrechtlich verfasst sind. Sie unterliegen zwar staatlichen Rahmenbedingungen und werden – zumindest erheblichenteils – vom Staat finanziert, haben aber die private Rechtsform eines Vereins oder einer Stiftung. Diese Kombination verbindet staatliche Beschränkung mit einem – für private Organisationen typischen – weiten Handlungsspielraum. Maaß (2009c: 270-273) illustriert die staatlichen Schranken an den Verträgen und Satzungen des Goethe-Instituts (G-I), des Deutschen Akademischen Austauschdienstes (DAAD) und des Instituts für Auslandsbeziehungen (ifa). Als langjähriger ifa-Generalsekretär (1998-2008) hat er Erfahrung mit dieser Kombination von staatlicher Regulierung und privater Verfasstheit.

Ein weiteres, im vorliegenden Zusammenhang wesentliches Merkmal der für das vorliegende Buch relevanten Mittlerorganisationen ist ihre Aufgabe der Vermittlung von Kultur und/oder Sprache des eigenen Landes ins Ausland und an Ausländer. Allerdings ist dies kein Spezifikum von Mittlerorganisationen. Vielmehr gibt es – gerade in Deutschland – sowohl rein staatliche als auch rein private Organisationen (Kap. L.3.4), die kultur- oder sprachvermittelnd ins Ausland wirken. Unter den privaten Organisationen finden sich zudem solche, die staatliche Finanzhilfe erhalten, aber keine eigentlichen Mittlerorganisationen sind, weil sie dem Staat keine besonderen Rechte eingeräumt haben. Bei den eigentlichen Mittlerorganisationen sind dagegen staatliche Schranken in Verträgen oder Satzungen kodifiziert und beziehen sich auf die Struktur der Organisation und/ oder ihre Aufgaben und/ oder die Art der Erfüllung von Aufgaben, deren Einhaltung durch staatliche Amtsträger in den Organen kontrolliert wird. Allerdings ist diese Definition von (eigentlichen) Mittlerorganisationen enger als vielfach üblich. Einerseits werden nämlich oft rein staatliche, überhaupt nicht privat verfasste Organisationen zu den Mittlerorganisationen gezählt, z.B. von Maaß (2009c: 278) die Zentralstelle für das Auslandsschulwesen (ZfA), die eine Abteilung des Bundesverwaltungsamtes ist und der Dienst- und Organisationsaufsicht des Bundesministeriums des Innern untersteht. Andererseits gibt es Definitionen, die auch Organisationen nicht ausschließen, die keiner – jedenfalls keiner durch Vertrag oder Satzung verbürgten – staatlichen Kontrolle unterliegen. Ein Beispiel dafür ist folgende Definition: „Mittlerorganisationen [sind! U.A.] privatrechtlich verfasste Körperschaften, oftmals Stiftungen, die als Vermittler der deutschen Kultur im Ausland bzw. an Ausländer fungieren und Informationen über das politische, soziale, kulturelle etc. Leben der Bundesrepublik Deutschland grenzüberschreitend weitergeben." (www.enzyklo.de/lokal/40014 – abgerufen 15.04.2014)

Die beiden lockereren Auffassungen entsprechen jedoch nicht ganz der Gründungsidee von Mittlerorganisationen, die genau auf die Verbindung von staatlicher Kontrolle und privatrechtlicher Verfasstheit abzielt. Letztere war vor allem dafür gedacht, die Verbindung mit dem Staat zu überdecken oder sogar zu kaschieren, aus Sorge, dass sie im Ausland als Pferdefuß wahrgenommen werden und die Organisationen bei der Erfüllung ihrer Aufgaben beeinträchtigen könnten. Die Mittlerorganisationen – so die Gründungsidee – „arbeiteten unbürokratischer als staatliche Behörden und, was bedeutsamer war, sie erweckten nicht das Mißtrauen des Auslands, daß Deutschland mittels kultureller Aktivitäten politische Zwecke verfolgen wollte." (Niere 1977: 10f.) Die Organisationen werden für den Nachteil staatlicher Kontrolle entschädigt durch den Vorteil finanzieller Absicherung. Dabei bleibt ihnen ein recht weiter Handlungsspielraum – der in der bisherigen Geschichte nur in der NS-Zeit so dramatisch eingeschränkt wurde, dass es mit ihrer Aufgabe der Kulturvermittlung und Förderung der deutschen Sprache im Ausland nicht mehr vereinbar war. Die Vorteile für den Staat sind einerseits ein Image-Gewinn, durch den Anschein interesse- oder zumindest politikfreier Kultur- und Sprachvermittlung, und andererseits eine größere Kontinuität der Tätigkeit und Wirkung aufgrund der tatsächlichen Freiräume als bei direkterer staatlicher Lenkung, die mit den Regierungen wechseln würde. Aufgrund der größeren Autonomie können einschlägiger qualifizierte Mitarbeiter gewonnen werden, die dauerhaftere Beziehungen zur Elite der Gastländer zu pflegen wissen als direkter von der Politik abhängiges Personal (Imagevorteil und effektivere Aufgabenerfüllung). Aufgrund dieser Vorteile hat das deutsche Modell Nachahmer gefunden, z.B. – zumindest teilweise – in Japan, Spanien und neuerdings in Ansätzen China (vgl. dazu Sheng im Druck; Kap. L.5).

Wenn man an der Kombination von staatlicher Anbindung mit privater Verfasstheit als wesentlichem Definitionsmerkmal festhält, kann man bei Bedarf *Mittlerorganisationen im engeren Sinn* terminologisch unterscheiden von *Mittlerorganisationen im weiteren Sinn* (entsprechend dem lockereren Verständnis). Zu Letzteren zählen dann auch sowohl rein staatliche Organisationen (ohne private Verfasstheit), z.B. Behörden, als auch rein private Organisationen (ohne staatliche Anbindung), z.B. Vereine oder Stiftungen, – sofern sie, um die obige Definition aufzugreifen, als Vermittler der deutschen Kultur und/ oder Sprache im Ausland bzw. an Ausländer fungieren.

Allerdings entspricht die Kapiteleinteilung im vorliegenden Buch nicht genau der hier vorgeschlagenen Unterscheidung von Mittlerorganisationen im engeren Sinn gegenüber solchen im weiteren Sinn. Vielmehr bezieht sich das vorliegende Kap. L.3.3 nur auf Organisationen, die – zumindest teilweise – staatlicher Kontrolle unterliegen, und das folgende Kap. L.3.4 nur auf rein privat verfasste Organisationen. Kap. L.3.3 umfasst daher sowohl Mittlerorganisationen im engeren Sinn (staatlich kontrolliert, aber privat verfasst, nämlich G-I, DAAD, ifa, AvH) als auch im weiteren Sinn, allerdings nur staatliche nicht rein private (rein staatlich, nämlich ZfA, DW). Dagegen beschränkt sich Kap. L.3.4 auf rein private Organisationen (Mittlerorganisationen nur im weiteren Sinn). Allen in diesem Buch besprochenen Organisationen ist jedoch gemeinsam, dass sie nicht bloß in die AKP, sondern auch in die ASP involviert sind.

Die wichtigsten staatlichen Akteure, die den Mittlerorganisationen die Ziele ihrer Tätigkeiten, zumindest in Grundzügen, vorgeben und sie zu wesentlichen Teilen finanzieren, sind das Auswärtige Amt (AA), speziell seine Abteilung „Kultur und Kommunikation", ferner das Bundesministerium für Bildung und Forschung (BMBF), der Beauftragte der Bundesregierung für Kultur und Medien (BKM) und – entsprechend der föderalen Verfasstheit Deutschlands – die Ständige Konferenz der Kultusminister der Länder in der Bundesrepublik Deutschland (KMK) (siehe z.B. www.ifa.de/kultur-und-aussenpolitik/themen/grundla gen -der-akbp/akteure/html – abgerufen 17.06.2014).

Vor der nun folgenden Einzelbeschreibung der Mittlerorganisationen skizziere ich jeweils kurz ihre Beziehung zum Staat, unter Bezug auf Rahmenverträge oder Satzungen, soweit vorhanden. Wichtiger ist aber die Beschreibung ihrer Aufgaben und Tätigkeiten, bei der ich mich allerdings auf die für die ASP wichtigen Aspekte beschränke. Deren Abgrenzung von den anderen Aufgaben und Tätigkeiten ist freilich oft schwierig und bedürfte unter Umständen weiterer Klärung. Außerdem bleibt die tatsächliche Wirkung der Tätigkeiten auf die Stellung der deutschen Sprache in der Welt eine fast unergründliche Frage, die ich hier nicht weiter thematisiere.

Zunächst zum *Goethe-Institut e.V.* (*G-I*) (Hauptsitz München; zur neueren Geschichte Niere 1977; Kathe 2005; E. Michels 2005). Das Goethe-Institut ist – soweit ich sehe – die einzige Mittlerorganisation im engeren Sinn, deren Satzung die ASP unzweifelhaft als eine ihrer Aufgaben benennt, sogar an erster Stelle. Ob diese damit auch erste Priorität hat, bleibt unklar und war in der Geschichte des Goethe-Instituts verschiedentlich umstritten. Die Aufgaben im Wortlaut: „Vereinszweck sind die Förderung der Kenntnis deutscher Sprache im Ausland, die Pflege der internationalen kulturellen Zusammenarbeit und die Vermittlung eines umfassenden Deutschlandbildes durch Informationen über das kulturelle, gesellschaftliche und politische Leben." (§ 2 Abs. 1 der Satzung vom 21.09. 2000 in der Fassung vom 20.11.2009; www.goethe.de/mmo/priv/1223959-STANDARD.pdf – abgerufen 18.04.2014)

Die ASP ist für das Goethe-Institut auch insofern etwas Besonderes, als sie eine substantielle Einnahmequelle darstellt. Durch diese Zusatzeinnahmen, durch Deutschunterricht, unterscheidet sich das Goethe-Institut von den anderen hier besprochenen Organisationen, die über keine Quelle ähnlichen Umfangs und über kaum nennenswerte eigene Einnahmen verfügen. So belief sich im Budget 2012/13 des Goethe-Instituts der staatliche Zuschuss auf 221 Mio. €, der Gesamtetat jedoch auf 336 Mio. €, wonach also ein gutes Drittel (34%) des Gesamtetats selbst erwirtschaftet wurde – entsprechend dem seit Jahren ungefähr üblichen Anteil.

Allerdings ist fraglich, ob dieser Eigenanteil auch eine größere Selbstständigkeit gegenüber dem Staat gewährleistet. Die Anbindung an den Staat variiert nämlich von Organisation zu Organisation. Beim Goethe-Institut beruht sie hauptsächlich auf dem Rahmenvertrag mit dem AA aus dem Jahr 1969, der 2001 erneuert wurde (Ammon 1991a: 549; Maaß 2009c: 272). Danach bedarf die Errichtung oder Schließung von Goethe-Instituten der Zustimmung des AA. Außerdem kann dieses die sofortige Suspendierung entsandter Mitarbeiter verlangen, wenn sie nach seiner Auffassung das deutsche Ansehen schädigen oder ihr Verhalten zu Belastungen der politischen Beziehungen zum Gastland oder zu dritten Ländern führt. Schließlich kann das AA sogar aus gewichtigen politischen Gründen um eine Maßnahme oder Unterlassung im Bereich der Vertragsaufgaben des Goethe-Instituts ersuchen, und der Vorstand hat diesem Ersuchen zu entsprechen.

Die Breite der Verteilung und Aufstellung des Goethe-Instituts in der Welt ist beeindruckend. Im Jahr 2012 verfügte die Organisation über 158 reguläre „Goethe-Institute" (einschließlich Verbindungsbüros) in 93 Ländern und über 3.040 Mitarbeiter (*Jahrbuch* 2012/13: 177). Einen Überblick über die weltweite Verteilung der Institute zeigt Karte L.3.3-1. Zu den voll ausgestatteten regulären Instituten kamen 39 beschränktere Goethe-Zentren in 23 Ländern hinzu (Mitteilung Rüdiger Heise, Goethe-Institut München, E-Mail 20.03.2014). Die meisten dieser Goethe-Zentren waren zugleich „ausländisch-deutsche Kulturgesellschaften". Jedoch ist die Organisation noch darüber hinaus mit derartigen Gesellschaften und ähnlichen Einrichtungen im Ausland vernetzt. Dazu heißt es in der Eigenbeschreibung:

> „Das Goethe-Institut fördert öffentliche Bibliotheken und ähnliche Einrichtungen in den Gastländern. Weltweit bestehen Kooperationen mit 77 deutschen Lesesälen, Dialogpunkten, Deutschland-Treffpunkten bzw. Informations- und Lernzentren. Sie werden vom Goethe-Institut mit Medien versorgt [...]" (www.goethe.de/uun/adr/wwt/kop/deindex.htm – abgerufen 05.05.2014). „Die Partnerbibliotheken [stellen! U.A.] geeignete Räumlichkeiten, deutschsprachiges Fachpersonal und bibliotheksspezifische Infrastrukturen zur Verfügung. Das Goethe-Institut sorgt für eine jährliche Grundausstattung an Medien, technische Geräte und die Weiterbildungen des Personals vor Ort." „Derzeit gibt es neben 95 Bibliotheken an Goethe-Instituten 89 Kooperationseinrichtungen: 11 Dialogpunkte, 10 davon in Nordafrika und im Nahen Osten, einer in Südasien. 5 Informations- und Lernzentren, vier davon in China, einer in der Mongolei. 41 Lesesäle, 30 davon in Osteuropa und Zentralasien, zwei in China und 9 in Südosteuropa. 32 Partnerbibliotheken in Mittel- und Osteuropa." (www.goethe.de/ins/prj/les/deindex.htm – abgerufen 05.05.2014; Anordnung der Darstellung hier modifiziert)

Dass all diese Vernetzungen und Aktivitäten größtenteils der Förderung der deutschen Sprache, vor allem als Fremdsprache (DaF), dienen, bedarf kaum der Erwähnung – wobei die tatsächliche Wirkung, wie schon oben hervorgehoben, ein Thema für sich bleibt.

Am direktesten stärken die Sprachkurse die Stellung der deutschen Sprache in der Welt. Im Jahr 2012 erteilte das Goethe-Institut 17.161 solcher Kurse mit 207.113 TeilnehmerInnen im Ausland sowie 5.999 mit 39.453 TeilnehmerInnen in Deutschland. (*Jahrbuch* 2012/13: 177) Nicht zu vergessen ist die „Pädagogische Verbindungsarbeit" des Goethe-Instituts zu Schulen im Ausland, die DaF unterrichten. Sie erhalten oft Beratung, Zugang zu deutschsprachiger Literatur sowie Informations- oder sogar Lehrmaterialien. Eine wichtige neue Aufgabe ist die Betreuung von PASCH-Schulen („Schulen: Partner der Zukunft", seit 2008):

„Das Goethe-Institut betreut rund 500 dieser PASCH-Schulen in über 110 Ländern." (www.goethe.de/ins/in/ned/lhr/spz/deindex.htm – abgerufen 05.05. 2014; siehe zu den PASCH-Schulen auch unten, bei *Zentralstelle für das Auslandsschulwesen* (*ZfA*); außerdem Kap. K.3; L.2, gegen Ende, L.3.2). Schließlich sind die vom Goethe-Institut geleiteten Werbeaktionen für das Lernen von DaF zu nennen. Ein Beispiel ist die Deutsch-Wagen-Tour in Frankreich und Polen (Kap. K.9.2; K.9.5), deren zum Deutschlernen motivierende Wirkung nachgewiesen wurde (Mackiewicz 2013).

Für den *Deutschen Akademischen Austauschdienst e.V.* (*DAAD*) (Sitz in Bonn; zur neueren Geschichte Alter 2000b) ist die Förderung der deutschen Sprache weder in der Satzung noch in einem Rahmenvertrag mit dem Staat als Aufgabe spezifiziert. Dennoch hat der DAAD sie sich zur Aufgabe erklärt (wichtige Informationen von Gisela Schneider, DAAD, E-Mail 26.03.2014). Eine Ahnung von der Größenordnung des DAAD vermittelt sein Budget, das sich im Jahr 2012 auf insgesamt 411 Mio. € belief (AA 178,0 Mio., Bundesministerium für Bildung und Forschung: 99,0 Mio., Bundesministerium für wirtschaftliche Zusammenarbeit und Entwicklung: 38,0 Mio., Europäische Union: 58,0 Mio. €, Sonstige: 38,0 Mio. €; de.wikipedia.org/wiki/Deutscher_Akademischer_Aus tauschdienst – abgerufen 11.05.2014). Die hier genannten, geldgebenden Ministerien des deutschen Staates sind im Kuratorium des DAAD vertreten und sichern dort den staatlichen Einfluss (§ 14 der am 01.01.2013 in Kraft getretenen Satzung: www.daad.de/portrait/struktur/satzung/08952.de.html – abgerufen 07.05.2014).

Die Satzung des DAAD bestimmt den Vereinszweck folgendermaßen (§ 2; außer der zudem hervorgehobenen Gemeinnützigkeit): „(1) [...] Förderung von Wissenschaft und Forschung, Bildung und Erziehung, Kunst und Kultur sowie Völkerverständigung. (2) [Sie] wird verwirklicht insbesondere durch die Pflege der akademischen Beziehungen mit dem Ausland. Der Verein vermittelt und fördert sowohl ideell als auch finanziell die internationale Mobilität und Zusammenarbeit sowie den wissenschaftlichen und studentischen Austausch. (3) Er unterstützt die den gleichen Aufgaben dienende Tätigkeit der Hochschulen und sonstiger Wissenschafts- und Bildungseinrichtungen. [...]"

Man erkennt leicht, dass diese Aufgaben sprachenpolitische Entscheidungen erfordern können, wenn diese in der Satzung auch nicht ausdrücklich benannt sind. Ein Beispiel bieten die englischsprachigen Studiengänge an deutschen Hochschulen. Ihre Einführung, seit Wintersemester 1997/98, wurde vom DAAD – im Einklang mit der Satzung: § 2 (2) „Pflege der akademischen Beziehungen mit dem Ausland" – zentral verwaltet und vom damaligen Bundesministerium für Bildung, Wissenschaft, Forschung und Technologie (bmb+f) finanziell gefördert (dazu Ammon 1998: 230, 227-252; Motz 2005a). Dabei sah sich der DAAD dem Vorwurf ausgesetzt, diese Studiengänge beschädigten Deutsch als internationale Sprache oder Wissenschaftssprache – wogegen er, wie auch das bmb+f (siehe z.B. Wahl 2005), die Hoffnung setzte, dass diese Studiengänge durch verstärkten Zustrom von Ausländern zu den deutschen Hochschulen die Stellung von Deutsch in der Welt sogar festigen könnten (dazu Kap. G.8). Die Auseinandersetzung um diese Studiengänge, wie auch sonstige, ähnliche Kritik (z.B. Weydt 2004), haben das sprachenpolitische Bewusstsein des DAAD geschärft und dazu beigetragen, dass er sich der ASP zuwandte. „In diesem Zusammenhang ist auch zu sehen, dass der DAAD die Förderung der Germanistik und der deutschen Sprache an Hochschulen im Ausland zu seinen strategischen Kernaufgaben erklärt hat." (G. Schneider 2012: 245; zu früheren entsprechenden Aktivitäten des DAAD: Lämmert 2000; Flood/ Swales 2000) Heute nennt der DAAD als einen von vier Gründen, warum er „weltoffene Strukturen schaffen" möchte: „[D]amit Deutsch eine wichtige Kultur- und Wissenschaftssprache bleibt". Hierfür ist auch ein im DAAD-Haushalt ausgewiesener Posten gedacht, der für das Jahr 2013 folgendermaßen spezifiziert ist: „Förderung der Germanistik und der deutschen Sprache 48 Mio. €" (www.daad.de/medien/ausland/ dokumente/11_2013_das_lektorenprogramm_des_daad_im_ueberblick_neues_ layout.pdf – abgerufen 06.05.2014).

Im Grunde bieten freilich alle Programme des DAAD die Möglichkeit, DaF und Germanistik – zumindest indirekt – zu fördern. Allerdings zeigt die Statistik keine klare Bevorzugung von DaF oder Germanistik, schon weil der Bezug auf die Fächergröße schwierig ist. Am ehesten tritt diese zutage am Anteil der vom DAAD geförderten „ausländischen Gastdozenten an deutschen Hochschulen", der z.B. für Germanistik im weitesten Sinn (einschließlich DaF) im Jahr 2013 bei 18,3% lag. (E-Mail G. Schneider 09.06.2014) Explizit fachlich auf Germanistik und DaF ausgerichtet ist jedoch das Lektorenprogramm – „als Kernstück der Germanistik-Förderung des DAAD", das folgendermaßen beschrieben ist: „Deutsche Sprache, Germanistik und Deutschlandkunde werden so gefördert, dass deutsche Kultur in den Partnerländern präsent ist, dass deutschlandbezogene wissenschaftliche Disziplinen an den Hochschulen gestärkt werden, dass Eliten und Nachwuchs für die Zusammenarbeit mit Deutschland ausgebildet werden, dass Deutsch als Wissenschaftssprache gestärkt wird." (www.daad.de/ medien/ausland/dokumente/11_2013 [...] – abgerufen 06.05.2014). Von den 48 Mio. € für die Förderung der Germanistik und der deutschen Sprache im Haushalt 2013 waren 21,7 Mio. (47%) für das Lektorenprogramm vorgesehen, die übrigen für Hochschulsommerkurse, für „Sondermaßnahmen Deutsche Sprache in MOE", Tagungen usw. Die Lektoren (selbstverständlich einschließlich Lektorinnen) sind eine wesentliche Stütze vieler Abteilungen von Germanistik und DaF im Ausland. Die Hochschullektoren, als „Regellektoren" ca. 75% aller Lektorate, haben eine Lehrverpflichtung von 12 bis 15 Wochenstunden „in den Bereichen Germanistik/Deutschlandkunde, Lehrerausbildung, Dolmetscher und Übersetzerausbildung und/ oder Deutsch für Hörer aller Fakultäten"; hinzu kommen 2 bis 4 Stunden Beratungstätigkeit (ebd.). – Allerdings stagnieren die Ausgaben für das Lektorenprogramm im Verhältnis zum Gesamthaushalt (z.B. im Jahr 2000: 20,0 Mio. von insgesamt 218,8 Mio., 2012: 21,7 Mio. von 407,4 Mio.). Auch ist die Zahl der Lektorate seit den frühen 1990er Jahren nicht mehr gestiegen (damals meist um 460, im Jahr 1993 Höchststand von 501, im Jahr 2012 noch 469). Dennoch sind die Gesamtzahl und die weltweite Präsenz nach wie vor beeindruckend: verteilt auf 39 Länder in „Europa" (im weiten Sinn des Europarats, einschließlich Türkei, Russland und Kasachsten) und 19 Länder „in Übersee" im Jahr 2012. (Ebd.)

Zusätzliche DaF-Förderung leistet der DAAD über den *Pädagogischen Austauschdienst (PAD)*, der 1952 gegründet wurde und der Kultusministerkonferenz (*Ständige Konferenz der Kultusminister der Länder in der Bundesrepublik Deutschland*) angeschlossen ist. Der PAD ist übrigens eine weitere, von der finanziellen Ausstattung her allerdings kleine Mittlerorganisation (Jahresetat ca. 6 Mio. €), die jedoch Tausende deutscher Schüler beim Austausch mit dem Ausland betreut (Bundesregierung [Deutschland] 2014: 113f.). Im Zusammenhang damit gewährt der DAAD Unterhaltszuschüsse (ohne Reisekosten) an Studierende und Hochschulabsolventen aus Deutschland, die in ausländischen Bildungseinrichtungen als DaF-Assistenten tätig sind. Aus den Partnerländern kommen im Tausch Fremdsprachenlehrer nach Deutschland. An solchen Tauschprogrammen beteiligten sich im Jahr 2013 Australien, Belgien, China, Frankreich, Großbritannien, Irland, Italien, Kanada, Mexiko, Neuseeland, Schweiz, Spanien und USA. Hervorhebung verdient schließlich die DAAD-Unterstützung auch des PASCH-Programms („Schulen: Partner der Zukunft"), und zwar von dessen Beginn 2008 an (dazu Kap. L.3.2). Der DAAD gewährt jährlich rund 120 ausländischen PASCH-AbsolventInnen die volle Finanzierung eines ganzen Hochschulstudiums in Deutschland – zweifellos ein beträchtlicher Motivationsschub für das PASCH-Programm und das damit verbundene DaF-Lernen (www.pasch-net.de/mag/akt/a12/de3344312.htm – abgerufen 05.05. 2014).

Das *Institut für Auslandsbeziehungen e.V.* (*ifa*) gehört eher zu den kleineren Mittlerorganisationen, was wiederum sein Etat verrät: Im Jahr 2012 insgesamt ca. 20,214 Mio. €, davon das Auswärtige Amt 19,164 Mio., das Land Baden-Württemberg 0,722 Mio. und die Landeshauptstadt Stuttgart 0,328 Mio. (Mitteilung Gudrun Czekalla, ifa, E-Mail 28.05.2014). Daran zeigt sich auch die Beziehung zum Staat, die in der Satzung (Fassung vom 04.12.2003, Abs. 2.3) weiter spezifiziert wird:

3. Auswärtige Sprachpolitik Deutschlands nach dem Zweiten Weltkrieg 1119

„Ordentliche Mitglieder" sind „[d]ie Bundesrepublik Deutschland, vertreten durch zwei stimmberechtigte Vertreter des AA und einen stimmberechtigten Vertreter der Beauftragten für Kultur und Medien (früher BMI), das Land Baden-Württemberg, vertreten durch je einen stimmberechtigten Vertreter des Ministeriums für Wissenschaft, Forschung und Kunst und des Finanzministeriums, die Landeshauptstadt Stuttgart, vertreten durch einen stimmberechtigten Vertreter des Kulturreferats, als Zuwendungsgeber [...]". Den Vereinszweck beschreibt Abs. 2.1 als „[...] Förderung der Völkerverständigung, des interkulturellen Dialogs und des Verständnisses für Deutschland im Ausland, insbesondere durch internationale Zusammenarbeit auf den Gebieten der Kultur, der Medien im Ausland und der Friedensförderung. Der Verein [...] wirkt damit zugleich als Mittlerorganisation für auswärtige Angelegenheiten der Bundesrepublik Deutschland [...]." Ferner Abs. 2.2: „[...] Im Kulturbereich arbeitet der Verein auf der Grundlage der Konzeption der Auswärtigen Kulturpolitik des Auswärtigen Amts, insbesondere in den Bereichen Kunst und Kultur, Bildung, Erziehung, Wissenschaft, Information und Dokumentation. Daneben führt das ifa Deutschkurse mit Landeskunde durch." (www.ifa.de/fileadmin/pdf/ifa/satzung.pdf – abgerufen 05.05.2014)

Allerdings ist der letzte Satz nicht nur im Sinne Auswärtiger Sprachpolitik (ASP) zu verstehen. Zumindest in neuerer Zeit geht es dabei eher um Integrations- und berufsqualifizierende Deutschkurse, die an der ifa-Deutschschule in Stuttgart durchgeführt werden (siehe z.B.: cms.ifa.de/deutschkurse/kurse-und-pruefun gen-im-ueberblick/ – abgerufen 08.05.2014). Jedoch beteiligt das ifa sich auch am Deutsch-Unterricht im Ausland. So heißt es z.B. auf einer DAAD-Webseite: „30000 Sprachschülerinnen und -schüler aus 100 Ländern lernen mit Unterstützung des ifa DaF. Ein Sonderprogramm des ifa unterstützt die deutsche Minderheit in Mittel- und Osteuropa. Das ifa ist mit einem Assistentenprogramm in vielen Ländern vertreten und Ansprechpartner bei kulturellen und sprachlichen Austausch- und Förderungsprogrammen." (www.daad.org.ua/de/2.5.2.6. html – abgerufen 11.05.2014) Auch die jahrelange Förderung der deutsch(sprachig)en Minderheiten in Osteuropa (dazu auch Kap. E.4.4 – E.4.8) hat den Deutschunterricht einbezogen. Trotz abnehmender Tendenz förderte das ifa noch im Jahr 2012 die deutsch(sprachig)en Minderheiten in „Polen, Tschechien, Rumänien, Ungarn, Russland und abgetrennten Staaten der ehemaligen Sowjetunion" mit insgesamt 1,2 Mio. € (Bronislava Kristufek, ifa, E-Mail 03.05.2013). Jedoch kommt die aktuelle „Förderung des ifa für die osteuropäischen deutschen Minderheiten nicht direkt dem Deutschunterricht zu Gute. Das ifa macht hier allerdings sehr viele Projekte, die in deutscher Sprache stattfinden und sich auch an Schüler wenden. Diese also quasi abseits, neben der Schule, in nonformalen Angeboten mit deutscher Sprache ‚bespielen', wie zum Beispiel in den Kinderspielstädten." (Czekalla, E-Mail 28.05.2014) Erwähnenswert sind zudem das ifa-Forschungsprogramm „Kultur und Außenpolitik", das auch Untersuchungen zur ASP fördert, z.B. die Studie von Matthias Lahr-Kurten (2012)

Deutsch sprechen in Frankreich bezuschusste, und die Vergabe des Rave-Forschungspreises für Dissertationen auch zur ASP, z.B. von Dirk Scholten (2000a), Verena Andrei (2008) und Jan Kruse (2012).

Die *Alexander von Humboldt-Stiftung* (*AvH*) ist eine weitere Mittlerorganisation beträchtlicher Größenordnung, wie schon ihr Haushalt zeigt: 112,5 Mio. € im Jahr 2012, dessen Anteile auch gleich den staatlichen Einfluss über verschiedene Bundesministerien verraten (AA 34,8% des Haushaltes, Bundesministerium für Bildung und Forschung 55,8%, Bundesministerium für wirtschaftliche Zusammenarbeit 4,9% u.a.; causaschavan.files.wordpress.com.2013/02/forschungsorganisationen.pdf – abgerufen 09.05.2014). Weder Satzung noch sonstige Verträge nennen die ASP als Aufgabe. Der Satzung (Fassung vom 03.12.2010) lassen sich die Aufgaben entnehmen, und zwar § 2 (2) und (3) (Abs. 1 nennt nur die Gemeinnützigkeit):

> „Zweck der Stiftung ist die Förderung von Wissenschaft und Forschung sowie der interkulturellen Verständigung." „Der Satzungszweck wird verwirklicht insbesondere dadurch, daß die Stiftung wissenschaftlich hoch qualifizierten Akademikern fremder Nationalität ohne Ansehen des Geschlechts, der ethnischen Herkunft und nationaler Zugehörigkeit, Religion oder Weltanschauung durch die Gewährung von Forschungsstipendien und Forschungspreisen die Möglichkeit gibt, ein Forschungsvorhaben in der Bundesrepublik Deutschland durchzuführen, sonstige Maßnahmen zur Förderung der internationalen wissenschaftlichen Zusammenarbeit trifft und die sich ergebenden Verbindungen erhält und fördert." (www.humboldt-foundation.de/web/docs/F21852/satzung.pdf – abgerufen 09.05.2014)

Anders als beim DAAD gibt es auch darüber hinaus keine Erklärung zur Förderung von DaF oder Germanistik. Überdies zeigt die Stipendienvergabe keinen entsprechenden Vorrang in der Förderung. Die mit Abstand größte Stipendiengruppe sind die „Humboldt-Forschungsstipendien", mit mehr Anträgen und Bewilligungen als alle anderen Stipendienarten zusammen. Ungefähr zwei Drittel dieser Stipendien gehen in die Naturwissenschaften, ein Drittel in die Geisteswissenschaften. Von den geisteswissenschaftlichen Stipendien gingen in den Jahren 2008 bis 2012 nur 6,75% an Germanisten (45 von 666), und die Bewilligungsrate für Germanisten war kaum höher als im Durchschnitt aller Geisteswissenschaften: 39,1% (45 von 115 Anträgen) gegenüber 33,3% (666 von 2002 Anträgen) (Alexander von Humboldt-Stiftung 2013: 60; Quellenhinweis Andrea Berg, AvH, E-Mail 15.05.2014). Immerhin gibt es diese attraktiven Stipendien für Germanisten. Außerdem werden vermutlich auch manche Wissenschaftler anderer Fächer über ihre Stipendien zur deutschen Sprache hingeführt, nicht zuletzt wegen der lebenslangen Nachsorge für die Alumni (www.humboldt-foundation.de/web/alumnifoerderung-ausland.html). Darüber hinaus engagiert sich die AvH gelegentlich spontan für die ASP. Das vielleicht medienwirksamste Beispiel in neuerer Zeit war die Ausrichtung einer Konferenz, zusammen mit der Deutschen Welle, im Jahr 2006 in Bonn unter dem Titel: „Braucht Deutschland eine bewusstere, kohäsive Sprachenpolitik?" (www.humboldt-foundation.de/web/2401.html; Diskussionspapier: www.humboldt-foundation.de/pls/web/docs/F1542/sprachenpolitik.pdf – abgerufen 09.05.2014).

Bei den bisher besprochenen Organisationen handelt es sich um Mittlerorganisationen im engeren Sinn, mit der eigentümlichen Verbindung privatrechtlicher Verfasstheit und staatlicher Kontrolle. Dabei habe ich mich auf diejenigen beschränkt, die nach meinem Eindruck stärker als andere in die ASP involviert sind (Überblick in Maaß 2009c: 276-280). In früheren Berichten der Bundesregierung werden zahlreiche weitere Organisationen genannt, die aufgrund ihrer internationalen Kontakte die Stellung der deutschen Sprache in der Welt stärken könnten, vor allem im *Bericht* von 1967 (S. 10-17), der in dieser Hinsicht umfassender ist als der *Bericht* von 1985. Allerdings antworteten mir sämtliche in einer Stichprobe angeschriebenen Organisationen auf meine briefliche Anfrage, dass sie die Förderung der deutschen Sprache in der Welt nicht oder zumindest nicht vorrangig als ihre Aufgabe betrachteten (dazu Ammon 1991a: 544f.), wie z.B. das „Deutsche Archäologische Institut" (Berlin): „Während die Förderung der deutschen Wissenschaft, insbesondere der Archäologie, zu den satzungsmäßigen Aufgaben gehört, ist die Förderung der deutschen Sprache kein vorrangiges Anliegen unserer Institution" (12.6.1989). Auch im neuesten *Bericht über die Auswärtige Kultur- und Bildungspolitik* (Bundesregierung [Deutschland] 12.02.2014: 110-123) werden außer den hier besprochenen Organisationen rund ein Dutzend weitere, mit verschiedenen Unterorganisationen, vorgestellt, die zwar mit der ASP in Berührung kommen, aber sie kaum als ihre Aufgabe betrachten.

Eine wichtige Rolle in der ASP der deutschen Regierung spielen jedoch noch die beiden folgenden Organisationen. Allerdings fehlt ihnen die private Verfasstheit, es sind rein staatliche Organe, so dass sie nach der am Kapitelanfang vorgeschlagenen begrifflichen Differenzierung nicht zu den Mittlerorganisationen im engeren Sinn gehören. Deshalb und nicht wegen geringer Bedeutung für die ASP, sind sie hier ans Ende gestellt. Nach der Bedeutung für die ASP Deutschlands rangiert die *Zentralstelle für das Auslandsschulwesen* (*ZfA*) unter den hier besprochenen Organisationen weit oben (Sitz seit Februar 2014 in Bonn, zuvor in Köln; dazu auch Kap. K.3; L.3.2). Dass ihr die private Verfasstheit fehlt, tut ihrem Erfolg keinen Abbruch, denn ihre Klientel scheut die Beziehungen zu Deutschland und zum deutschen Staat nicht. „Die ZfA ist eine Abteilung des BVA [Bundesverwaltungsamt! U.A.], steht aber mit der Betreuung der deutschen schulischen Arbeit im Ausland unter der Fachaufsicht des AA." „Die

ZfA ist [...] eine Abteilung einer Behörde." („Interview mit dem Präsidenten des Bundesverwaltungsamtes Christoph Verenkotte", *Begegnung* 31 (3) 2010: 8f.). Im selben Interview unterstreicht der BVA-Präsident die strukturbedingt einfache Abstimmung von Entscheidungen mit dem Auswärtigen Amt und die ausgezeichnete Zusammenarbeit mit dem Goethe-Institut und dem DAAD.

Dem ZfA standen 2013 für die schulische Arbeit im Ausland 208 Mio. € zur Verfügung (Bundesregierung [Deutschland] 2014: 113). Es organisiert regelmäßig „mit ca. 90 Mitarbeiterinnen und Mitarbeitern und rund 50 Fachberatern die schulische Arbeit im Ausland." (www.bva.bund.de/DE/Organisation/Abteilun gen/Abteilung_ZfA/zfa_node.html – abgerufen 05.05.2014) Deren Hauptaufgabe ist die Betreuung der 141 deutschen Auslandsschulen, 1.050 Deutsches-Sprachdiplom-Schulen (Karte L.3.3-1) sowie 1.200 PASCH-Schulen („Schulen: Partner der Zukunft", seit 2008) (Zahlen von Februar 20014; Judith Weyer, ZfA, E-Mail 28.02.2014). Insgesamt sind es über 1.700 PASCH-Schulen, von denen aber auch das Goethe-Institut 500 versorgt (siehe oben). Zur Betreuung durch die ZFA „gehören die Vermittlung deutscher Lehrkräfte ins Ausland wie auch die qualitative Entwicklung der Schulen. Denn dies ist die eigentliche Förderung: die schulische Bildung der Schülerinnen und Schüler [...]. Mit über 390.000 Kindern und Jugendlichen sind diese Schulen kein Nischenprojekt." (Joachim Lauer, Leiter der ZfA, in www.bva.bund.de/SharedDocs/Downloads/DE/ZfA/Jahrbuch/Jahrbuch2011_2012.pdf?__blob=publicationFile&v=2) Dafür sind auch ständig rund 2.000 aus Deutschland ins Ausland entsandte Lehrer im Einsatz.

Die Sprachdiplomschulen bieten das Deutsche Sprachdiplom (DSD) der Kultusministerkonferenz an. Mit dem DSD I (Kompetenzstufe A2/B1 des Gemeinsamen Europäischen Referenzrahmens; Quetz 2002) erhalten Ausländer Zugang zu einem Studienkolleg in Deutschland. Dessen zweite Stufe, das DSD II, entspricht der sprachlichen Kompetenzstufe B2/ C1 und bildet den „formal wie inhaltlich zum Studium [an einer deutschen Hochschule! U.A.] qualifizierenden Sprachnachweis [...]" (Georg Krawitz, in Bundesverwaltungsamt 2013a: 29). Die Deutschkenntnisse, die über die vom ZfA betreuten Schulen erworben werden, sind in der Regel sehr solide. Außerdem werden über diese Schulen oft gute Beziehungen nach Deutschland aufgebaut. Beides, Sprachkenntnisse und persönliche Kontakte, sind tragfähige Grundlagen für dauerhafte Verbindungen zu den deutschsprachigen Ländern.

Die *Deutsche Welle* (*DW*), der einzige Auslandssender Deutschlands, gehört ebenso wie die ZfA zu den Organisationen mit potentiell beträchtlicher Wirkung auf die Stellung der deutschen Sprache in der Welt und wäre nach diesem Kriterium hier ebenfalls weiter oben einzuordnen. Jedoch fehlt auch hier die private Verfasstheit. Es ist ein öffentlich-rechtlicher Sender nach Bundesrecht, finanziert aus Bundesmitteln (also aus Steuern, nicht aus Rundfunkgebühren). Die Deutsche Welle ist in Kap. J.1.3.1 hinsichtlich ihrer Bedeutung für die Stellung der deutschen Sprache in der Welt ausführlich dargestellt und bedarf daher hier nur noch kurzer Beschreibung. Sie hatte 2012 einen Gesamtetat von 271 Mio. €, wie schon seit Jahren auf dieser Höhe (Berthold Stevens, DW, E-Mail 13.05. 2014). Ihre Hauptaufgabe ist die ausgewogene Darstellung Deutschlands und der deutschen Sicht der Welt, weshalb sie auch als "Visitenkarte Deutschlands" charakterisiert wurde (Krasteva 2007). Jedoch heißt es im Gesetz, das ihren Auftrag beschreibt, auch ausdrücklich: „Die Deutsche Welle fördert dabei insbesondere die deutsche Sprache." (DW-Gesetz 2005, § 4, letzter Satz) Dazu gehört einerseits, dass sie auf Deutsch sendet, neben der Anwendung zahlreicher anderer Sprachen, um möglichst viele Rezipienten zu erreichen. Durch die deutschsprachigen Sendungen hält die Deutsche Welle den – zumindest rezeptiven – Gebrauch der Sprache in ihrem Sendegebiet aufrecht und stärkt damit die Stellung der deutschen Sprache in der Welt. Sie richtet sich dabei vor allem 1) an Emigranten aus den deutschsprachigen Ländern und deutschsprachige Minderheiten, 2) an Expatriates, also die im Ausland weilenden Bürger und Einwohner deutschsprachiger Länder: Geschäftsleute, Diplomaten, Wissenschaftler, Lehrer, Touristen usw., 3) an DaF-Lehrende und Lernende, die dadurch Informationen auf Deutsch erhalten und ihre Deutschkenntnisse üben und pflegen können. Zur weltweiten Förderung der deutschen Sprache durch die Deutsche Welle gehört außerdem ein regelmäßiges Angebot an Deutschkursen. Ein Beispiel aus dem aktuellen Angebot ist eine Telenovela (Sendung als eine Art Fortsetzungsroman), die online läuft („Jojo sucht das Glück") und worüber Webseiten regelmäßig informieren (z.B: www.google.com/#q=Deutsche+ Welle). Die große Zahl der Interessenten an solchen Deutschkursen lässt sich ahnen angesichts von Meldungen wie „241.091 Personen gefällt DW – Learn German." (DEUTSCH LERNEN | DW.DE – 03.12.2013). Die Deutsche Welle hat eine Tradition als „globales Klassenzimmer" für den Deutschunterricht (Weirich 2000).

    Es wäre interessant, die regionale Verteilung der Mittlerorganisationen Deutschlands und ihre Aktivitäten in Beziehung zu setzen zu den Auslandsvertretungen Deutschlands, mit denen sie in mehr oder weniger ständigem Kontakt stehen und zusammenarbeiten: Es handelte sich zur Zeit der Abfassung dieses Textes um 148 Botschaften, 60 General- und andere Berufskonsulate, 12 Ständige Vertretungen und 8 sonstige Auslandsvertretungen sowie 354 ehrenamtliche Honorarkonsule.

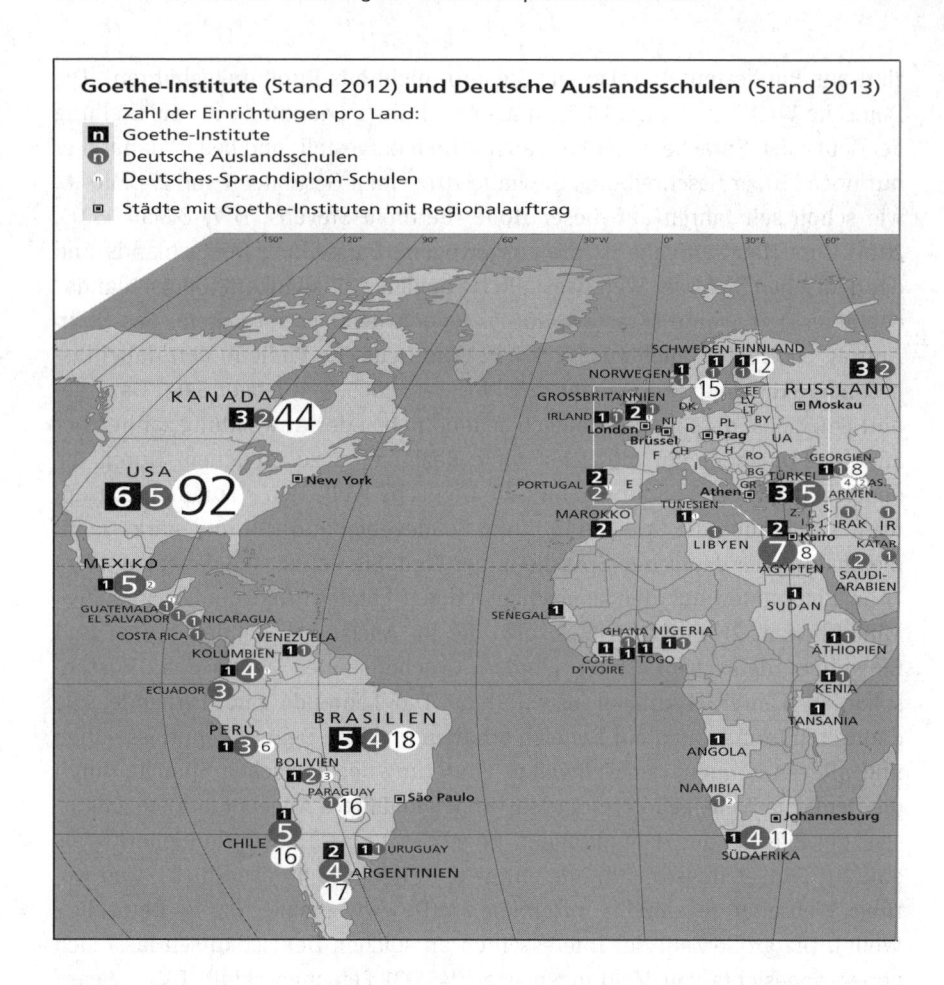

Karte L.3.3-1: Goethe-Institute und Deutsche Auslandsschulen weltweit

Die beeindruckende vollständige Liste, außer den Honorarkonsulen, einschließlich eines kartographischen Überblicks über die Länder (die außer kleinen weißen Flecken, in Zentralafrika, Südamerika und Ozeanien die ganze Welt bedecken), findet sich unter: de.wikipedia.org/wiki/Liste_deutscher_Auslandsvertretungen – abgerufen 20.06.2014.

3.4 Private Vereine

Außer den Mittlerorganisationen, die im Auftrag und in Rahmenbedingungen des Staates arbeiten, beteiligen sich auch viele private Organisationen: Vereine

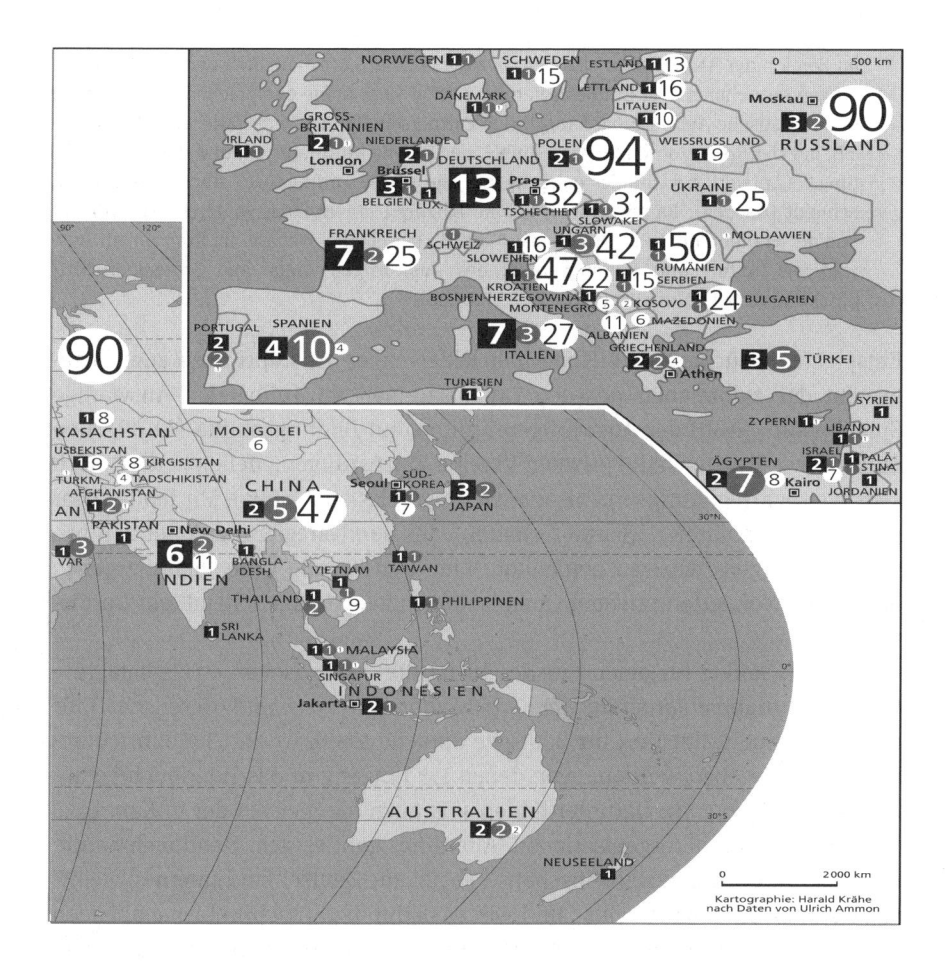

Karte L.3.3-1: Goethe-Institute und Deutsche Auslandsschulen weltweit

und Stiftungen, an der Auswärtigen Förderung der Deutschen Sprache. Wie schwierig es ist, darüber einen Überblick zu gewinnen, verrät die lückenhafte Antwort der Bundesregierung auf eine Große Anfrage aus der Opposition im September 2011 zu den privaten Stiftungen.

> „121. Welche privaten Stiftungen investieren in größerem Umfang im Bereich der Auswärtigen Kultur- und Bildungspolitik?
>
> Nach Angaben des Bundesverbandes Deutscher Stiftungen e.V. gibt es derzeit ca. 19 000 gemeinnützige Stiftungen in Deutschland. Die allein im Bundesverband Deutscher Stiftungen e.V. registrierten 3 700 Mitglieder weisen spezifische thematische oder regionale Schwerpunkte auf. Dies gilt auch für das jeweilige Engagement im In- wie im Ausland. Detaillierte, vollständige und belastbare Angaben über geplante und tatsächliche Ausgaben

> im Bereich der AKBP lassen sich den Satzungen oder Jahresberichten der einzelnen Stiftungen entnehmen. Die Bundesregierung verfügt über keine entsprechende Aufstellung und statistische Auswertung. Langjährige Partnerschaften im Bereich der AKBP bestehen z.B. mit der Robert Bosch Stiftung GmbH, der Allianz Kulturstiftung und der Haniel Stiftung." (Antwort der Bundesregierung auf die Große Anfrage der Abgeordneten Ulla Schmidt (Aachen), Rainer Arnold, Sabine Bätzing-Lichtenthäler, weiterer Abgeordneter und der Fraktion der SPD. Drucksache 17/9839. Paradigmenwechsel im Konzept zur Auswärtigen Kultur- und Bildungspolitik des Auswärtigen Amts vom September 2011; dip21.bundestag.de/dip21/btd/17/119/1711981.pdf)

Entsprechend lückenhaft bleiben hier leider meine Ausführungen zum Engagement der zahlreichen privaten Organisationen im Teilbereich Auswärtige Sprachpolitik (ASP) der Auswärtigen Kultur- und Bildungspolitik (AKBP). Den Stiftungen wären noch die privaten Vereine hinzuzufügen, vielleicht auch noch sonstige Nichtregierungsorganisationen (Pogoreleskaja 2009a). Mir fehlte sogar die Zeit, die erwähnten „Partnerschaften" der Bundesregierungen mit den privaten Stiftungen näher zu betrachten. Eine umfassende Untersuchung der in die AKBP involvierten privaten Organisationen ist, wie mir scheint, ein Desiderat.

Anhaltspunkte für einen Einstieg bietet die – inzwischen etwas betagte – Bestandsaufnahme *Förderung der Sprachkultur in Deutschland* (Gesellschaft für deutsche Sprache/ Institut für Deutsche Sprache 1999), wofür „380 Einrichtungen" angeschrieben wurden, „von denen 135 Eingang in das Handbuch gefunden haben" (ebd.: XI). Darunter finden sich auch die meisten der in Kap. L.3.3 besprochenen Mittlerorganisationen. Allerdings geht es dem Handbuch hauptsächlich um die sprachgemeinschafts-, sogar nur Deutschland-interne „Steigerung des Sprachbewusstseins" und will es dadurch „Sprachprobleme abbauen helfen" (ebd.: X). Immerhin aber sind unter den 36 Stichwörtern, die bei der Sammlung der Organisationen zur Orientierung dienten, auch „Sprachenpolitik – Sprache in der Europäischen Gemeinschaft – Sprache und internationale Beziehungen" (ebd.: XII). Außerdem enthalten manche Einzeldarstellungen der Organisationen Hinweise auf ein Interesse an der ASP oder damit eng verbundenen Fragen, z.B. bei der *Gesellschaft für deutsche Sprache* an den „durch die Schaffung eines gemeinsamen Europas entstehenden sprachpolitischen und sprachkulturellen Entwicklungen" (ebd.: 144). Jedoch treten solche Themen oder Zielsetzungen gegenüber anderen Interessen durchgehend weit in den Hintergrund – außer bei einigen der schon in Kap. L.3.3 vorgestellten Mittlerorganisationen.

Bei den rein privaten Organisationen wird die ASP nirgendwo ausdrücklich als Interessengebiet oder Tätigkeitsfeld genannt. In diesem Zusammenhang sei daran erinnert, dass auch private Organisationen Sprachpolitik betreiben können (Kap. L.1.1, gegen Ende), eben auch eine Politik mit denselben Zielen wie die staatliche oder innerhalb staatlicher Rahmenbedingungen stattfindende Politik. Allerdings fehlen in dieser Sammlung manche diesbezüglich bedeutsamen Stiftungen, z.B. die *Robert Bosch Stiftung* (Stuttgart; dazu Theiner 2009: 310) oder die *Marga und Kurt Möllgaard-Stiftung* (Essen). Ich nenne sie beide, trotz weit umfassenderer Aktivitäten ersterer, weil sie zusammengewirkt haben bei der Einrichtung und Finanzierung des einjährigen deutschsprachigen Studiengangs „Europastudien", an dem seit 2005 an der Staatlichen Technischen Universität in Kaliningrad (früher Königsberg) regelmäßig ca. 20 osteuropäische Postgraduierte studieren. Zwar wird, soweit ich sehe, im Zusammenhang mit diesem Studiengang nirgends die Förderung der deutschen Sprache in der Welt als ein – auch nur untergeordnetes – Teilziel genannt; jedoch ist sie zweifellos ein Effekt der dezidierten Deutschsprachigkeit des Studiengangs. Um ASP im Sinne der absichtlichen Förderung von Deutsch, wie ich sie in Kap. L.1.1 definiert habe, handelt es sich damit aber noch nicht.

Dies gilt wohl allgemein für die Industriestiftungen in Deutschland. Nie ist – allem Anschein nach – die Förderung der deutschen Sprache deklariertes Ziel, auch nicht in Verbindung mit ausdrücklichen Zielsetzungen wie Völkerverständigung und Verbesserung internationaler Beziehungen. Sie verdient jedoch beim Thema dieses Buches Beachtung als – vermutlich unbeabsichtigte – Nebenwirkung. So bei der Möllgaard-Stiftung, die ihren Schwerpunkt in der „Förderung der internationalen wissenschaftlichen Zusammenarbeit" sieht (stiftungen.stifterverband.info/t130_moellgaard/ – abgerufen 18.05.2014). Auch die Robert Bosch Stiftung, eine der größten deutschen Industriestiftungen, pflegt innerhalb ihres breiten Tätigkeitsfeldes die internationalen Beziehungen, vor allem deutsch-französische, deutsch-amerikanische, deutsch-polnische/ ostmitteleuropäische und deutsch-chinesische. Dazu trägt unter anderem ein schon seit 20 Jahren bestehendes Programm bei, das deutschsprachige Lektoren ins Ausland vermittelt und finanziert (www.bosch-stiftung.de/content/language1/ html/13919.asp – abgerufen 18.05.2014). Ein weiteres Beispiel der Pflege internationaler Beziehungen bietet die Fritz Thyssen Stiftung. Sie finanziert „Internationale Stipendien- und Austauschprogramme" und „unterstützt vielfach Projekte, an welchen deutsche und ausländische Wissenschaftler gemeinsam arbeiten", wofür die Webseite zahlreiche Beispiele nennt (www.fritz-thyssenstiftung.de/foerderung/ sonderprogramme /internationale-stipendien-und-aus tauschprogramme/ – abgerufen 18.05.2014).

Auf der Ebene der Forschung könnte die VolkswagenStiftung zumindest durch Schaffung von Problembewusstsein und daraus folgender Sprachwahl die Stellung der deutschen Sprache in der Welt stärken, z.B. durch das Programm „Deutsch plus – Wissenschaft ist mehrsprachig" (www.volkswagen

stiftung.de/foerderung/beendet/deutschplus.html – abgerufen 18.05.2014). Diese Initiative fördert mehrsprachige Studienangebote, Übersetzungen deutschsprachiger wissenschaftlicher Arbeiten, sowie Forschungen und Konferenzen zur Mehrsprachigkeit in den Wissenschaften wie auch zu Deutsch als internationaler Wissenschaftssprache (siehe z.b. den Konferenzband Oberreuter/ Krull / Meyer/ Ehlich 2012). Allerdings bedürfte es genauerer Untersuchungen, ob und inwieweit diese und weitere, ähnliche Programme tatsächlich zur Stellungsstärkung von Deutsch in der Welt beitragen. In manchen Fällen könnte sich sogar herausstellen, dass sie – z.B. aufgrund notorischen Englischgebrauchs der Teilnehmer – die gegenteilige Wirkung erzielen.

Dies ist allerdings kaum zu befürchten, wenn die Förderung der deutschen Sprache im Ausland ausdrückliches Ziel der Tätigkeit ist. Im Grunde handelt es sich auch nur in diesen Fällen um wirkliche ASP. Beispiele bieten diverse Organisationen, die zwar auch vom deutschen Staat finanziell gefördert wurden und werden, aber nicht seiner Aufsicht unterliegen und daher keine Mittlerorganisationen im engeren Sinn sind (Kap. L.3.3, Anfang). Nennenswert sind vor allem die folgenden:

- *Verein für Deutsche Kulturbeziehungen im Ausland e.V.* (*VDA*), so der Name seit 1998, der auf eine lange Tradition mit vielen Änderungen des Namens und der politischen Ausrichtung zurückblickt. Der VDA beginnt als *Allgemeiner Deutscher Schulverein* 1881, und sein Akronym passt noch immer besser als zum jetzigen Namen zum früheren, in der einstigen BRD vorherrschenden: *Verein für das Deutschtum im Ausland* (*VDA*) (1955-1970) (de.wikipedia.org/ wiki/ Verein_f%C3%BCr_Deutsche_Kulturbeziehungen _im_Ausland – abgerufen 16.05.2014). Den Vereinszweck legt die Satzung (vom 06.11.1998, § 3 (1)) folgendermaßen fest: „Der Verein tritt für die Förderung und Erhaltung des Deutschtums im Ausland, ungehinderten Gebrauch und Pflege der Muttersprache, die Verwirklichung der Menschen- und Volksgruppenrechte und den Minderheitenschutz für die Auslandsdeutschen ein." (www.vda-kultur.de/ media/ external-downloads/_admi nistrative-pdfs/vda-satzung – abgerufen 16.05.2014) Er fördert besonders deutsche Minderheiten, Schulen, Medien und Publikationen im Ausland sowie den Schüleraustausch nach Deutschland.
- *Internationale Medienhilfe* (*IMH*), gegründet in den frühen 1990er Jahren von Björn Akstinat (vgl. Akstinat 2012/13, auch 2009). Die IMH übernahm weitgehend die Aufgaben der früheren *Internationalen Assoziation Deutschsprachiger Medien* (*iadm*) und fördert deutschsprachige Medien außerhalb des deutschen Sprachgebiets. Sie präsentiert sich nicht als Stiftung oder Verein, sondern als „eine ehrenamtlich tätige unabhängige Selbsthilfeor-

ganisation und Arbeitsgemeinschaft von interkulturellen bzw. internationalen Medien aus allen Erdteilen" (www.imh-deutschland.de/page/index.php – abgerufen 16.05.2014).

Von besonderem Interesse sind im vorliegenden Zusammenhang Sprachvereine, die in ASP engagiert sind. Aus ihrer Vielzahl greife ich hier die folgenden drei heraus: *Gesellschaft für deutsche Sprache*, *Verein Deutsche Sprache* und *Verein für Sprachpflege*.

„*Die Gesellschaft für deutsche Sprache e.V.* (*GfdS*) (Wiesbaden) steht in einer langen Tradition, die mit dem 1885 gegründeten *Allgemeinen Deutschen Sprachverein* (*ADSV*) beginnt, hat sich aber von deren chauvinistischen und sprachpuristischen Seiten bei der Neugründung 1947 losgesagt. Sie hatte im Jahr 2014 „rund 3000 Mitglieder im In- und Ausland." (www.gfds.de/wir-ueber-uns/mitglied-werden/ – abgerufen 16.05.2014). Die GfdS wird – zusätzlich zu Eigeneinkünften – finanziell gefördert „von der Bundesregierung (Beauftragter für Kultur und Medien) aufgrund eines Beschlusses des Deutschen Bundestages und von den Regierungen der Bundesländer. (Kultusministerkonferenz)." (www.gfds.de/wir-ueber-uns/ – abgerufen 16.05.2014) Laut Satzung (§ 1) ist sie jedoch „ein politisch unabhängiger Verein zur Pflege und Erforschung der deutschen Gegenwartssprache" und will, so ihre Ziele (§ 2), „a) allen helfen, die in sprachlichen Fragen Rat brauchen; b) das Verständnis für Wesen, Bedeutung und Leistung der Sprache wecken und fördern; c) die deutsche Sprachgemeinschaft anregen, sich mit der Sprache zu beschäftigen und das Sprachgefühl zu vertiefen; d) anwendungsbezogene Forschung auf dem Gebiet der deutschen Gegenwartssprache betreiben." (www.gfds.de/wir-ueber-uns/satzung/ – abgerufen 16.05.2014) Laut Selbstdarstellung hat sie sich auch zum Ziel gesetzt „das Bewusstsein für die deutsche Sprache zu vertiefen und ihre Funktion im globalen Rahmen sichtbar zu machen." (www.gfds. de/wir-ueber-uns/ – abgerufen 16.05.2014) Hierzu dienen der GfdS ihre beiden Zeitschriften: *Muttersprache* und *Der Sprachdienst*, aber auch ihre weite Vernetzung in der Welt. Sie verfügt über „Zweige" in 57 Städten und 38 Ländern außerhalb Deutschlands. (www.gfds.de/zweige-in-ausland/zweige-im-ausland/ – abgerufen 16.05.2014)

Im Gegensatz zu den nachfolgend vorgestellten Vereinen hütet sich die GfdS – auch im Bemühen um Absetzung von ihrer Vorkriegsgeschichte – vor jeglichem Sprachpurismus oder Kampf gegen Anglizismen, wodurch sie sich der Kritik von verschiedenen Seiten aussetzt. Jedoch hat vor allem ihr früherer Präsident (1999 – 2011), Rudolf Hoberg, in zahlreichen Vorträgen und Publikationen (z.B. 2002a; b; c; 2004; 2012) auf den Stellungsverlust der deutschen Sprache in der Welt aufmerksam gemacht, und auch sein Nachfolger, Armin Burkhardt, hat dieses Thema aufgegriffen. Allerdings hat sich die GfdS weitgehend auf Bewusstmachung beschränkt und keine konkreten Vorschläge zur ASP unterbreitet. Dies entspricht ihrem Selbstverständnis als wissenschaftlichem und nicht politischem Verein. Ihre Mitglieder sind – im Gegensatz zu den folgenden Vereinen – großenteils ausgewiesene Sprachwissenschaftler, darunter zahlreiche Hochschullehrer. Nicht wenige von ihnen haben über die GfdS ein Interesse an Fragen der ASP entwickelt und mit ihrer wissenschaftlichen Arbeit zur Klärung damit zusammenhängender Fragen beigetragen.

Der *Verein Deutsche Sprache e.V.* (*VDS*) (Dortmund) wurde erst 1997 gegründet, und zwar von dem Statistikprofessor Walter Krämer, der bis heute Vorsitzender ist. Der Name der Organisation lautete zunächst und bis zum Jahr 2000: *Verein zur Wahrung der deutschen Sprache* (*VWDS*). Über die – bislang kurze – Geschichte des VDS sowie seine Ziele, Tätigkeiten und erstaunlichen Erfolge hat Karoline Wirth (2010) eine gründliche und umfangreiche Untersuchung vorgelegt (Hinweis Werner Voigt). Der VDS erhält keine staatliche Finanzhilfe, worauf er auch nicht angewiesen ist, schon aufgrund seiner vielen, beitragszahlenden Mitglieder – im Frühjahr 2014 „36.000 Menschen aus nahezu allen Ländern, Kulturen, Parteien, Altersgruppen und Berufen. Allein ein Drittel davon sind Freunde der deutschen Sprache aus Asien oder Afrika" – so die Selbstbeschreibung des Vereins. (www.vds-ev.de/verein – abgerufen 16.05.2014) Im Gegensatz zur GfdS sind Sprachwissenschaftler unter den Mitgliedern des VDS spärlich vertreten. In der Anfangszeit wandte sich der VDS fast nur gegen die (verbreitete Vorliebe für) Entlehnungen aus dem Englischen, wogegen seine Mitglieder Bücher richteten wie *Wörterbuch überflüssiger Anglizismen* (Bartzsch/ Pogarell/ Schröder [1999] 2003) oder dagegen kämpften mittels der – nicht zuletzt über den VDS verbreiteten, abwertenden – Bezeichnung *Denglisch*, wie z.B mit dem Buch *Denglisch, nein danke!* (Zabel [2001] 2003). Diese Stoßrichtung ist dem Verein noch heute wichtig: „Wir wollen der Anglisierung der deutschen Sprache entgegentreten und die Menschen in Deutschland an den Wert und die Schönheit ihrer Muttersprache erinnern." (www.vds-ev.de/verein – abgerufen 16.05.2014)

Jedoch hat der VDS sein Blickfeld ausgeweitet. Er hat sich besonders für mehr Gleichrangigkeit von Deutsch mit Englisch und Französisch als EU-Arbeitssprache eingesetzt, wozu einzelne Mitglieder auch fachlich ernst zu nehmende Publikationen vorgelegt haben (z.B. Voslamber 2006). Außerdem wendet sich der VDS gegen – in seinen Augen – zu viel Englisch an den deutschen Hochschulen, in den Vorständen deutscher Konzerne, in der populären Musik in den Massenmedien oder auch beim Auftreten deutscher Persönlichkeiten im Ausland und setzt sich ein für die Rechte deutsch(sprachig)er Minderheiten außerhalb des deutschen Sprachgebiets. Seine Vierteljahreszeitung *Sprachnachrichten* enthält regelmäßig – nicht selten recht polemische – Beiträge zu diesen oder ähnlichen Themen, die für die ASP relevant sind. Als Manko empfinde ich das bisweilen mangelnde Verständnis für die Sprachwahlkonflikte zwischen Deutsch oder Englisch, denen sich manche international agierende Personen in bestimmten Situationen ausgesetzt sehen (siehe Kap. A.2), oder der sprachlichen Interessen anderer, vor allem kleinerer Sprachgemeinschaften als der deutschen, und der Sprachgemeinschaften, die mit der deutschen Sprache um die Stellung in der Welt konkurrieren.

Während aus der Sicht der GfdS der VDS als bisweilen wissenschaftlich fragwürdig und populistisch erscheint, gilt dies aus der Sicht des VDS (und natürlich erst recht der GfdS) für den *Verein für Sprachpflege e.V.* (*VfS*) (Erlangen). Der VfS hat einerseits eine Tradition seit 1971, und zwar als „Hamburger Verein für Sprachpflege", entstand dann aber neu aus einem Regionalteil des VDS, auf Initiative des VDS-Mitglieds Hans-Manfred Niedetzky, der von 2001 bis 2005 Vorsitzender des VfS war, dem dann Thomas Paulwitz nachfolgte. (www.nuernbergwiki.de/index.php/Verein_f%C3%BCr_Sprachpflege – abgerufen 16.05.2014; auch Hinweise von Werner Voigt). Außer gegen die Anglizismen engagiert sich der VdS bis heute gegen die Rechtschreibreform. Jedoch ist sein Bestreben umfassender.

> „Eine Art Grundsatzprogramm des Vereins sind dessen *Zehn sprachpolitische Forderungen*:
> 1. Deutsch muß im öffentlichen Raum die vorrangige Sprache sein.
> 2. Die Unterrichtssprache in Schulen und Hochschulen ist Deutsch. Deutsch muß nationale Wissenschaftssprache sein.
> 3. Die deutsche Rechtschreibung muß einheitlich geregelt sein.
> 4. Deutsch muß in der Europäischen Union Arbeits- und Veröffentlichungssprache sein.
> 5. Die deutschen Mundarten und die deutsche Schrift sind besonders zu schützen.
> 6. Die Beherrschung der deutschen Sprache ist Voraussetzung für Einbürgerung und langfristigen Aufenthalt.
> 7. Bildung und Familie müssen gefördert werden, um die deutsche Sprache zu stärken.
> 8. Die deutsche Sprache muß auch im Ausland gefördert werden.
> 9. Die deutsche Sprache ist vor politischem Mißbrauch zu schützen.
> 10. Ein neuer Deutscher Sprachrat betreut die Erfüllung dieser Forderungen." (ebd.)

Seine ebenfalls vierteljährliche Zeitung *Deutsche Sprachwelt* (*DSW*) ist ausgesprochen kämpferisch und eher ein Organ für sprachpolitisch engagierte Politiker als für Sprachwissenschaftler. Zwar erreicht es vermutlich eine recht breite Leserschaft – es rühmt sich, die Sprachzeitung mit der höchsten Auflage zu sein – läuft aber Gefahr, eine vereinfachte, politischen Aktionismus fördernde Einstellung zu verbreiten.

3.5 Deutschlehrer- und Germanistenverbände

In der Hoffnung, dass mir der Verzicht auf eine geschlechterneutrale Überschrift dieses Kap., wie z.B. „DeutschlehrerInnen- und GermanistInnenverbände", verziehen wird, möchte ich darauf hinweisen, dass auch die hier besprochenen Organisationen, wie manche der in Kap. L.3.4 dargestellten privaten Vereine, oft staatliche Unterstützung erhalten, z.B. finanzielle Zuwendungen zu Konferenzen. In einer früheren Darstellung habe ich sie charakterisiert als „Lobbies der deutschen Sprache" (Ammon 1991a: 507-511; dazu auch Hyldgaard-Jensen 1987). Es sind Berufsverbände, die durch ein durchgängiges berufliches Interesse ihrer Mitglieder zusammen gehalten werden. Dieses beinhaltet – zugespitzt formuliert – den Wunsch, dass möglichst viele Menschen in der Welt Deutsch lernen bzw. Germanistik studieren, denn dann hätten die Mitglieder – mit ihrer spezifischen Qualifikation – besonders gute Berufsaussichten. Diese Verbände sind also – bei Übertragung eines Begriffs aus der Motivationsforschung (Kap. K.8) – „instrumentell" motiviert zur Förderung der deutschen Sprache und interessiert an deren starker Stellung in der Welt.

Allerdings hat sich die Lage von Deutsch als Fremdsprache (DaF) in den letzten Jahrzehnten tiefgreifend verändert. Ein Aspekt dieser Entwicklung ist die weltweite Zuwendung zum Englischen als zumindest erste Fremdsprache, hinter die alle anderen, auch Deutsch, zurücktreten. Manche Bildungspolitiker oder Globalisierungsverfechter sehen Englisch sogar als die einzige weiterhin wirklich erforderliche Fremdsprache und stellen den Bedarf an anderen Fremdsprachen grundsätzlich in Frage oder betrachten deren Erwerb und Gebrauch als Angelegenheit einer kleinen Zahl von Spezialisten und Liebhabern (verbreitete Einstellungen unter anderem in angelsächsischen Ländern wie Großbritannien, den USA oder vielleicht auch Australien; siehe Kap. K.9.3; K.9.10; K.9.15). Jedenfalls hat Deutsch fast weltweit nur noch die Stellung als zweite Fremdsprache, nach Englisch (Kap. K.2, gegen Ende). Zudem ist Deutsch vielerorts sogar in dieser nachgeordneten Stellung bedrängt – durch den Stellungsgewinn traditioneller Fremdsprachen, z.B. Spanisch, oder das Aufkommen neuer Fremdsprachen, wie Japanisch oder Chinesisch (Kap. K.7). Nicht nur hat also Deutsch seine frühere Erststellung verloren, sondern findet sich auch in der Zweitstellung in Konkurrenz mit mehr Fremdsprachen als früher, darunter ausgesprochen gewichtigen.

Diese Verschiebung haben die DeutschlehrerInnen- und GermanistInnenverbände wahrgenommen, aber keineswegs vollen Herzens akzeptiert. Ein typischer Ausdruck ihrer Einsicht und zugleich der aktuellen Interessenlage ist der Titel des Konferenzbandes zur ‚Zwölften Internationalen Tagung der Deutschlehrerinnen und Deutschlehrer' (30.07. – 04.08. in 2001 Luzern/ Schweiz):

„*Mehr* Sprache – mehr*sprachig* mit *Deutsch*. Didaktische und politische Perspektiven." (Günther Schneider/ Clalüna 2003) Demnach soll der Fremdsprachenunterricht zwar mehrsprachig sein (nicht nur auf Englisch ausgerichtet), aber diese Mehrsprachigkeit soll Deutsch enthalten. Mehrsprachigkeit ohne die deutsche Sprache wäre dagegen schwerlich akzeptabel. Vereinzelt spürt man in dem Band noch den Nachhall früherer Zeiten oder sogar Spuren von Revolte gegen die aktuelle Situation – z.B. im Beitragstitel (wenn auch nicht im Inhalt) von Karl-Richard Bausch: „Deutsch *nach* Englisch? Besser: Deutsch *mit* Englisch!"

Die Verbände der Deutsch-Lehrenden und GermanistInnen dienen natürlich auch dem fachlichen Austausch. Jedoch ist sogar dieser nicht interessenfrei, denn die dadurch erzielte Verbesserung von Unterricht oder Lehre und Forschung wird oft auch als stellungsstärkend für das Fach und als Abwehrwaffe gegen Beschneidungen und Stellenkürzungen gesehen. Oft wurden nämlich nicht nur der deutschen Sprache besondere Schwierigkeit, sondern überdies dem Deutschunterricht besondere methodische Drögheit unterstellt und mit der angeblichen Tradition der Grammatik-Übersetzungmethode begründet. Die Gegenwehr gegen solche Angriffe kann von Verbänden wirksamer organisiert werden als von Einzelnen. Sie werden als Gruppe politisch ernster genommen und können kampferfahrene Funktionsträger an ihre Spitze stellen, die wirkungsvoll agieren.

Zumeist verfügen die Verbände über regelmäßig erscheinende Publikationsorgane, die dem Zusammenhalt, der Aktivierung und der Fortbildung der Gruppenmitglieder dienen. Solche Fachorgane verbreitern die Legitimationsbasis der Gruppe, wenn sie zudem noch für andere Gruppen von fachlichem Interesse sind, z.B. für andere Sprach- und Literaturfächer oder Philologien. Beispiele solcher Organe sind die *Germanistischen Mitteilungen* des *Belgischen Germanisten- und Deutschlehrer-Verbands* (www.bgdv.be/gm.html), der *Deutschunterricht in Japan* (seit 1996, zuvor *Bericht des Japanischen Deutschlehrerverbandes*) des *Verbands der Deutschlehrenden in Japan* (*VDJ*) (seit 2013, zuvor *Japanischer Deutschlehrerverband* (*JDV*); www.vdjapan.org/bericht/bericht-top.html) oder *The German Quarterly/ Die Unterrichtspraxis* des *Verbands der amerikanischen Deutschlehrer* (*American Association of Teachers of German* (*AATG*)) (www.aatg.org/).

In welcher Weise Deutschlehrer- oder Germanistenverbände ihr Fach und damit auch die Stellung der deutschen Sprache in ihrem Lande fördern, lässt sich zum Teil ihren Webseiten entnehmen. Ein Beispiel ist die zuletzt genannte Webseite der AATG, die auch hinführt zum regelmäßig erscheinenden *Newsletter*. Dieser Verband wurde übrigens 1926 gegründet, also in der Notzeit der deutschen Sprache in USA nach dem Ersten Weltkrieg (Kap. K.2), und hatte im

Jahre 2013 ca. 4.000 Mitglieder (allerdings 1990 noch ca. 6.500; Ammon 1991a: 509). Bei seiner Selbstdarstellung auf der Webseite lässt er keine Zweifel an seiner Förderung des Deutschunterrichts und damit den Berufsinteressen seiner Mitglieder: „The American Association of Teachers of German supports the teaching of the German language and German-speaking cultures in elementary, secondary and post-secondary education in the United States. The AATG promotes the study of the German-speaking world in all its linguistic, cultural and ethnic diversity, and endeavors to prepare students as transnational, transcultural learners and active, multilingual participants in a globalized world." Selbstverständlich stärkt erfolgreiche derartige Förderung die Stellung der deutschen Sprache in der Welt.

Die nationalen Deutschlehrerverbände sind in aller Regel auch Mitglied des *Internationalen Deutschlehrerverbandes* (*IDV*), der 1968 gegründet wurde (wichtige Hinweise von IDV-Präsidentin Marianne Hepp, E-Mail 28.05.2014; detailliert Sorger 2012; auch Hufeisen/ Sorger 2010: 167f.). Im Jahr 2012 gehörten der weltweiten Dachorganisation 104 nationale Verbände aus 86 Ländern an – darunter in folgenden Ländern (in alphabetischer Reihenfolge) mehrere Verbände: Algerien 2, Dänemark 5, Deutschland 2, Italien 2, Russische Föderation 10, Schweiz 2, Ungarn 2 (www.idvnetz.org/verbaende_weltweit/verbaende_weltweit.htm – abgerufen 20.05.2014). Der IDV hatte im Jahr 2012 weltweit ca. 25.000 zahlende (und ca. gleich viele nicht-zahlende) Mitglieder und erreichte – sowie ‚vertrat' nach eigenen Angaben ‚die Interessen' – von ca. 250.000 DeutschlehrerInnen (www.dadkhah.de/idv/ – abgerufen 20.05.2014). Medienwirksame Demonstrationen der Bedeutung und Ansprüche des IDV, die auch die Bildungspolitik beeinflussen können, sind die alle 4 Jahre stattfinden „Internationalen Tagungen der Deutschlehrerinnen und Deutschlehrer", die vorletzte in Jena 2009, die letzte in Bozen 2013. Dort wurde auch die Präsidentin des IDV, seit 2009 Marianne Hepp (*Universitate degli Studi de Pisa*), für die Zeit bis 2017 wiedergewählt.

Tab. L.3.5-1 gibt einen Überblick über alle Länder mit vom IDV anerkannten und als Mitglieder geführten nationalen Deutschlehrerverbänden im Jahr 2012 (bei mehreren Verbänden pro Land deren Zahl in Klammern). Die Volksrepublik China fehlt, weil der Verband vor Jahren seine Mitarbeit einstellte. Jedoch hofft der IDV auf die Rückkehr und steht in Verbindung mit interessierten LehrerInnen und einem konstituierenden Komitee des Landes.

Die Tab. zeigt die Verteilung des IDV rund um die Welt, bei einer gewissen Konzentration auf Europa (in dessen weitem Verständnis des Europarates; Kap. H.3). Eine genauere Analyse einschließlich der Mitgliederzahlen der einzelnen Verbände erbrächte vermutlich die Streuung in annähernder Übereinstimmung (oder eine positive Korrelation) mit der Verteilung des DaF-Lernens in der Welt (dazu Kap. K.7: Karten K.7-1; K.7-2). Jedoch muss ich die Prüfung dieser Hypothese aus Kapazitätsgründen anderen überlassen.

Ägypten	Georgien	Litauen	Schweden
Albanien	Ghana	Luxemburg	Schweiz (2)
Algerien (2)	Griechenland	Madagaskar	Senegal
Argentinien	Großbritannien	Malaysia	Serbien
Armenien	Guatemala	Mali	Slowakei
Australien	Indien	Marokko	Sowenien
Belarus	Indonesien	Mazedonien	Spanien
Belgien	Irland	Mexiko	Südafrika
Benin	Island	Moldau	Südkorea
Brasilien	Israel	Mongolei	Taiwan
Bolivien	Italien (2)	Neuseeland	Thailand
Bosnien und Herzegowina	Japan	Niederlande	Togo
Bulgarien	Kanada	Nigeria	Tschechien
Burkina Faso	Kamerun	Norwegen	Tunesien
Chile	Kasachstan	Österreich	Türkei
Côte D'Ivoire	Kirgistan	Paraguay	Ukraine (2)
Dänemark (5)	Kolumbien	Peru	Ungarn
Deutschland (2)	Kosovo	Polen	Uruguay
Ecuador	Kroatien	Portugal	USA
Estland	Kuba	Rumänien	Usbekistan
Finnland	Lettland	Russische Föderat. (10)	Venezuala
Frankreich	Vietnam		

Tab. L.5-1: Die nationalen Deutschlehrerverbände des Internationalen Deutschlehrerverbandes (IDV) in 86 Ländern der Welt im Jahr 2012 (www.idvnetz.org/verbaende_weltweit/verbaende_weltweit.htm – abgerufen 22.05.2014)

Zwar sind im IDV auch germanistische Sprachwissenschaftler Mitglieder, vor allem sprachdidaktisch interessierte; jedoch ist das Gros der Germanisten auf Hochschulebene – vor allem der Literatur-, aber auch der Sprachwissenschaftler – anders organisiert. Zum einen gibt es eine Reihe nationaler Germanistenverbände (www.germanistik.net/fachverbande.htm – abgerufen 26.05. 2014). Zum andern existieren nationsübergreifende Germanistenverbände, z.B. der *Mitteleuropäische Germanistenverband* (*MGV*), der die Mitgliedschaft in seiner Satzung folgendermaßen festlegt: „§ 2 Der MGV versteht sich als Vereinigung von Germanisten der Staaten Ostmittel-, Südost- und Nordosteuropas sowie Deutschlands, Österreichs und der Schweiz." „§ 6 Ordentliche Mitglieder des MGV können Vertreter des Faches aus den Staaten gemäß § 2 werden." (mgv-portal.eu/uploads/Satzung.pdf – abgerufen 26.05. 2014)

Schließlich aber sind Germanisten unabhängig von nationalen oder transnationalen Verbänden weltweit aufgrund individueller Mitgliedschaft organisiert in der *Internationalen Vereinigung für Germanistik* (*IVG*) (Hufeisen/ Sorger 2010: 168f.). Sie wurde 1951 in Florenz gegründet und hat keine Landesverbände. Der Verband hieß bis vor nicht allzu langer Zeit noch *Internationale Vereinigung für Germanische Sprach- und Literaturwissenschaft* (*IVG*), was sein umfassendes Fachverständnis ausdrückte. Er umfasst nämlich die „africaanse, altgermanische, deutsche, friesische, jiddische, niederländische und nordische Sprach- und Literaturwissenschaft" (IVG-Satzung, § 1). Jedoch dominiert die deutsche Sprach- und Literaturwissenschaft, zumindest quantitativ, so wie Deutsch auch die praktisch einzige Arbeitssprache ist. Ziel der IVG ist es, „die Germanistik durch internationale Zusammenarbeit zu fördern." (IVG-Satzung, § 1) Die IVG strebt dieses Ziel unter anderem durch ihre Publikationsorgane an, zu denen vor allem das *Jahrbuch für Internationale Germanistik* zählt, sowie durch diverse Öffentlichkeitsarbeit, insbesondere anlässlich ihrer internationalen Kongresse, im Abstand von 5 Jahren, in neuerer Zeit jeweils mit umfangreichen Kongressbänden. Die letzten dieser Kongresse fanden statt in Wien (11. – 16.09.2000), Paris (26.08. – 03.09.2005) und Warschau (30.07. – 07.08.2010); der nächste folgt in Shanghai (24. – 30.08.2015) (Gesamtüberblick über alle Kongresse in de.wikipedia.org/wiki/Internationale_Vereinigung_f%C3%BCr_ Germanische_ Sprach-_und_Literaturwissenschaft). Die jeweiligen Presseverlautbarungen verraten, wie sehr sich die örtlichen GermanistInnen durch diese Kongresse einen Aufschwung für ihr Fach und für die Stellung von Deutsch, vor allem auch von DaF, in ihrem Land und weltweit erhoffen. Der Präsident der IVG ist seit 2010 Jianhua Zhu (Zhu der Familienname) von der Tongji-Universität in Shanghai. Aufgrund des Fehlens nationaler Verbände und des Zeitabstands zwischen den Kongressen schwankt die Mitgliedschaft in der IVG bisweilen beträchtlich – mit grob geschätztem Mittelwert in neuerer Zeit um 2.000. So waren es im Sommer 1990 (Stichtag 20.8.) 2.187 Mitglieder in 55 Ländern (briefliche Mitteilung Fritz Paul, Göttingen, 6.2.1991). Im Frühjahr 2014 (Stichtag 29.05.) lag die Zahl nur bei 1.523 Mitgliedern, aber in 61 Ländern. Jedoch erwarteten die Shanghaier Organisatoren des Kongresses 2015 „in der nächsten Zeit zahlreiche Neu-Anmeldungen" von (wieder) beitretenden KongressteilnehmerInnen (E-Mail Yu Chen 29.05.2014).

Außer den auf einzelne Sprachen oder auf Gruppen eng verwandter Sprachen bezogenen Fachverbänden gibt es auch auf mehrere Sprachen ausgerichtete Fachverbände, nationale wie die französische *Fédération internationale des professeur de langues vivantes* (*FIPLV*) (Hufeisen/ Sorger 2010: 169f.), die deutsche *Gesellschaft für Angewandte Linguistik* (*GAL*) oder die amerikanische *Modern Language Association* (*MLA*), sowie deren internationale Zusammenschlüsse, z.B. für die Schwestergesellschaften der GAL die *International Association of Applied Linguistics* (*AILA*). Auch sie wehren sich unter Umständen gegen Einschränkungen des Unterrichts und der Lehre für Einzelsprachen als Fremdsprachen. Engagierter und wirkungsvoller bezüglich DaF oder Germanistik sind aber vermutlich „Transnationale Netzwerke Deutschlands, Österreichs und der Schweiz" (Hufeisen/ Sorger 2010: 170f.).

3.6 Fragen der Bewertung und Erklärung der Auswärtigen Sprachpolitik Deutschlands

Im vorliegenden Kap. geht es nicht um die Evaluation der Auswärtigen Sprachpolitik (ASP) Deutschlands im Sinne einer Überprüfung, wieweit formulierte Ziele der Stellungsstärkung von Deutsch mittels durchgeführter Maßnahmen tatsächlich erreicht wurden. Ein auch nur in Ansätzen umfassender Versuch einer solchen Bewertung hätte meine Arbeitskapazität überstiegen. Die mir bekannten Einzelbefunde liefern kein repräsentatives Bild. Ein Beispiel einer solchen Einzelevaluation ist Maciej Mackiewicz's (2013: 34; dazu auch Kap. K.9.5) Befragung von Schülern nach der Deutsch-Wagen-Tour in Polen, die ergab, dass schon nach dem ersten Zyklus der Tour 58% „eine größere Lust zum Deutschlernen" bekundeten – ein Befund, der zu Vergleichsuntersuchungen in anderen Ländern der Deutsch-Wagen-Tour wie Frankreich oder China anregt (Kap. K.9.2; K.9.13). Allerdings sind Evaluationen von Fördermaßnahmen in vielerlei Richtungen denkbar – und vermutlich auch geplant oder schon durchgeführt, ohne dass ich sie recherchieren konnte.

Evaluationen einzelner Maßnahmen kommen zur Sprache bei Anfragen zur Auswärtigen Kulturpolitik (AKP), z.B. bei der „Antwort der Bundesregierung auf die Große Anfrage der Abgeordneten Ulla Schmidt (Aachen), Rainer Arnold, Sabine Bätzing-Lichtenthäler, weiterer Abgeordneter und der Fraktion der SPD – Drucksache 17/9839 – Paradigmenwechsel im Konzept zur Auswärtigen Kultur- und Bildungspolitik des Auswärtigen Amts vom September 2011":

> Frage 27: „Wurden die ‚Deutschlandjahre' (z.B. in China) hinsichtlich ihrer Effizienz des Mitteleinsatzes, der Nachhaltigkeit oder des Erreichens des Zielpublikums evaluiert, und wenn ja, mit welchem Ergebnis?"
>
> Antwort: „In China wurden die Stationen Shenyang und Wuhan (Frühjahr bzw. Herbst 2009) evaluiert bzw. eine Meinungsumfrage durchgeführt. Die Evaluierung in Shenyang kam zu dem Ergebnis, dass die Ziele der Veranstaltungsreihe ‚Deutschland und China – Gemeinsam in Bewegung' (1. Förderung deutsch-chinesischer Kooperationen, 2. Erschließung neuer Regionen, 3. Stärkung des Deutschlandbildes) erreicht wurden. Das Goethe-Institut konnte durch das Deutschlandjahr erfolgreich im ganzen Land Fuß fassen und konsolidiert diese Präsenz. In Chongqing meldete das Goethe-Institut etwa nach der „Deutschlandpromenade" im Frühjahr 2008 im Rahmen der Veranstaltungsreihe eine

spürbare Zunahme der Nachfrage nach Deutschkursen und bietet diese seitdem auch dort an. Die Meinungsumfrage in Wuhan zeigte eine klare Zunahme der Kenntnisse über Deutschland und des Interesses an Deutschland.
Der Erfolg des Deutschlandjahres in Indien wird per quantitativer und qualitativer Marktforschung durch ein unabhängiges indisches Marktforschungsinstitut ermittelt.
Evaluierungen sind auch bei dem laufenden Deutschlandjahr in Russland und beim Deutschlandjahr in Brasilien (Mai 2013 bis Sommer 2014) vorgesehen."

Frage 42: „Nach welchen Kriterien bemisst die Bundesregierung den Erfolg der Auswärtigen Kultur- und Bildungspolitik, und wie bewertet sie in diesem Zusammenhang die Zahl der Auslandspräsenzen?"

Antwort: „Außer dem in der Antwort zu Frage 27 dargestellten Einsatz zielgerichteter Evaluierungen wird der Erfolg der AKBP-Maßnahmen im Ausland durch einen fortlaufenden Abgleich zwischen Zielvorgaben (Zielvereinbarungen) und faktischen Ergebnissen gemessen. Den Auslandsvertretungen kommt hierbei eine wichtige Aufgabe zu. Sie berichten regelmäßig über den Stand der AKBP in ihren Gastländern. Eine wichtige Voraussetzung der Zielerreichung bleibt auch in Zukunft eine angemessene Anzahl von Auslandspräsenzen."
(dip21.bundestag.de/dip21/btd/17/119/1711981.pdf – abgerufen 18.04.2014)

Dieses ausführliche Zitat sollte zum einen zeigen, dass auch Maßnahmen, die nicht primär auf Sprachförderung abzielen, dieser zugute kommen können (größere Nachfrage nach Deutschkursen am Goethe-Institut in China), und zum andern eine Ahnung vermitteln, welcher Vielfalt von Dimensionen sich umfassende Evaluationen gegenübersehen. Einerseits nämlich vermisst man in China die Untersuchung von Wirkungen, die über das Goethe-Institut hinausgehen und vielleicht nachhaltiger sind als diese, und andererseits eröffnen die Hinweise auf andere stattfindende oder wünschenswerte Evaluationen ein kaum noch überschaubares Untersuchungsfeld. Vor allem aber sind einerseits schon Untersuchungen schwierig, die über bloße Bekundungen hinausgehen und Veränderungen auch des Handelns erfassen, und lassen sich andererseits langfristige, nachhaltige Wirkungen nur mit fast nicht zu leistendem Aufwand feststellen.

Außerdem legen solche Evaluationen als nächsten Schritt Kosten-Nutzen-Analysen nahe, die mit erheblichen Schwierigkeiten anderer Art verbunden sind. Sie führen unter Umständen in die Richtung grundsätzlicher Infragestellung Auswärtiger Sprachförderung, einschließlich der Alternative zwischen intensiverer auswärtiger Förderung von Deutsch oder (noch) stärkerer Öffnung für Englisch als zusätzlicher oder hauptsächlicher Sprache für die internationale Kommunikation Deutschlands oder der deutschsprachigen Länder (Diskussion der Problematik bezüglich Deutsch als Wissenschaftssprache in Ammon 1998: 252-286).

3. Auswärtige Sprachpolitik Deutschlands nach dem Zweiten Weltkrieg — 1139

Statt mit solcher Evaluation der ASP Deutschlands und daraus erwachsender Fragen befasse ich mich im vorliegenden Kap. mit der ursächlichen Erklärung der ASP Deutschlands im Lichte unterschiedlicher Theorien Auswärtiger Politik (Außenpolitik) und daran anschließend – allerdings nur in Ansätzen – mit Möglichkeiten der Bewertung der deutschen ASP. Dabei stütze ich mich auf die Analysen von Verena Andrei und Volker Rittberger (2009), die ihrerseits auf vielerlei Vorarbeiter Rittbergers sowie einer umfangreichen Untersuchung Andreis (2008) beruhen.

Grundlage von Andrei/ Rittbergers Analysen ist ihre Einbettung der ASP und der Auswärtigen Kulturpolitik (AKP) in die Auswärtige Politik, entsprechend der Willy Brandt als deutschem Außenminister (1966-1969) zugeschriebenen und zum Schlagwort geronnenen Kennzeichnung der AKP als „dritte Säule der (deutschen) Außenpolitik", neben den beiden – gewissermaßen handfesteren – Säulen der Sicherheits- und der Außenwirtschaftspolitik. In eine ähnliche Richtung weist die Zuordnung der AKP zu der von Joseph Nye (1990a; b; 2004) so bezeichneten „Soft Power". Diese Charakterisierungen gelten auch für die ASP als Teil der AKP.

Nun zu den von Andrei und Rittberger (2009) für die Erklärung der ASP Deutschlands, oder wenigsten wichtiger Komponenten dieser Politik, herangezogenen Theorien Auswärtiger Politik. Diese Theorien sind keine bloßen Beschreibungen, sondern Erklärungsversuche, warum bestimmte Außenpolitiken so sind, wie sie sind, und was ihre Akteure antreibt. Es sind die Politiken des *Neorealismus* (ebd.: 34-37), des *Utilitaristischen Liberalismus* (ebd.: 37-40) und des *Konstruktivismus* (ebd.: 40-42), die angewandt werden auf die beiden Komponenten der deutschen ASP in der Zeit nach der Wiedervereinigung Deutschlands und der Auflösung der Sowjetunion: 1) ‚zur Förderung der deutschen Sprache gegenüber den Staaten Mittel- und Südosteuropas' und 2) ‚[zur Stellungsstärkung] als Arbeitssprache in der Europäischen Union' (ebd.: 42-60). Dabei mag meine folgende Darstellung aus geschulter politikwissenschaftlicher Sicht teilweise unangemessen verkürzt und einseitig erscheinen.

Die neorealistische Theorie der Außenpolitik geht von einer anarchischen und variablen Struktur der internationalen Beziehungen der Staaten aus. Im Hinblick darauf sind einzelne Staaten – personifiziert gesehen – darauf erpicht, einen möglichst hohen Grad von Autonomie zu bewahren, der wiederum auf wirtschaftlicher Stärke, Größe des Territoriums sowie möglichst weitgehendem Einfluss auf andere Staaten basiert. Deutschland hat diesen Einfluss durch beide Komponenten seiner ASP zu stärken versucht: durch die Förderung der deutschen Sprache in Mittel- und Südosteuropa sowie durch die Stellungsstärkung von Deutsch als Arbeitssprache in den EU-Institutionen. Auf beiden Wegen hätten nämlich die Einflussmöglichkeiten Deutschlands auf andere Staaten vergrößert werden können. Jedoch waren beide Versuche nur sehr beschränkt erfolgreich – denn in Mittel- und Südosteuropa ist Deutsch als Fremdsprache – entgegen der Zielsetzung – weit hinter Englisch zurück geblieben, und in der EU haben sich die Hoffnungen auf – wenigstens annähernde – Arbeitssprach-Gleichrangigkeit mit Französisch oder gar Englisch bei weitem nicht erfüllt. (Ebd.: 44-48; dazu auch Kap. L.3.1; L.3.2, Anfang)

Die Außenpolitiktheorie des Utilitaristischen Liberalismus bezieht sich nicht unmittelbar auf die ganzen Staaten als Akteure, sondern direkter auf die sie machtpolitisch hauptsächlich beherrschenden Interessengruppen. Diese haben zwei Grundinteressen: Erhalt oder Vergrößerung von 1) Macht und 2) Reichtum. Dabei lassen sich die Akteure in zwei große Gruppen einteilen: die Vertreter einerseits von Politik und Administration und andererseits von privaten Unternehmen und Bürgervereinigungen. Erstere sind vor allem an Wiederwahl bzw. Stellenerhalt und -verbesserung interessiert und Letztere an Wahrung ihres Besitzes und Einkommens bzw. wirksamer Durchsetzung spezieller, oft auch immaterieller Zielsetzungen. Beiden drohen Einbußen ihrer Entscheidungskompetenz bei Autonomieverlusten des Staates. Für die nähere Untersuchung ihrer Interessen und Handlungen eignen sich vor allem Netzwerkanalysen. Die Akteure aus Politik und Administration hatten bezüglich der Deutschförderung gegensätzliche Präferenzen: Der Finanzminister war wegen der Kosten eher abgeneigt, während der Außenminister und andere in die Förderung einbezogene Ministerien schon aufgrund der höheren Mittelzuweisungen zugeneigt waren. Letzteres gilt vor allem auch für die ausführenden Organisationen wie die Zentralstelle für das Auslandsschulwesen und die Mittlerorganisationen wie Goethe-Institut, Deutscher Akademischer Austauschdienst und Institut für Auslandsbeziehungen, die allesamt den Zugewinn an Kompetenzen und Mittelausstattung begrüßten. Auch die privaten Akteure, z.B. der Industrie- und Handelskammertag, befürworteten die Deutschförderung, weil „sie sich von guten Deutschkenntnissen ihrer Geschäftspartner [in den Staaten Mittel- und Südosteuropas! U.A.] Handelsvorteile [...] erhofften." Anders als aus neorealistischer Sicht, blieb die Zustimmung jedoch geteilt: „Insgesamt besteht [sogar! U.A.] eine Pattsituation zwischen Bundesfinanzminister und Außenminister [...]" (Ebd.: 50f.). Im Gegensatz dazu unterstützen jedoch alle Akteure die Politik der Stellungsstärkung von Deutsch in den EU-Gremien. Die Vertreter von Politik und Administration sehen darin Vorteile z.B. für ihre Einwirkungsmöglichkeiten auf die EU-Gesetzgebung, wenn die Gesetzesvorlagen auch auf Deutsch und nicht nur auf Englisch und Französisch zur Verfügung stehen (was ja durch die deutschen Forderungen, vor allem seitens Helmut Kohls, erreicht wurde; Kap. H.4.2). Für die privaten Akteure, vor allem die deutschen Unternehmen, ist es ein offenkundiger Vorteil, wenn z.B. die europaweiten Ausschreibungen der

Kommission auch auf Deutsch erscheinen – was ebenfalls, zumindest großenteils, erreicht wurde. (Ebd.: 51-54)

Die konstruktivistische Theorie der Außenpolitik geht von einem Verständnis der politischen Akteure als Rollenträger aus, die in erster Linie aufgrund von – in der Sozialisation verinnerlichten – Normen und Werten handeln. Die breite Anerkennung dieser Normen hat sich auch niedergeschlagen im geltenden Recht. (Ebd.: 40-42) Für die deutsche ASP leitet sich daraus unter anderem die Unterstützung von Minderheitsrechten ab, auch der „Kultur und Sprache der deutschen Minderheiten in Osteuropa". Diesbezüglich „kann bereits vor 1990 von einem nahezu alle im Bundestag vertretenen Parteien umfassenden Konsens bezüglich der AKP gesprochen werden [...]" (ebd.: 56f.).

Allerdings passt „die geringe Berücksichtigung der Sprachen aus MSOE [Mittel- und Südosteuropa! U.A.] im deutschen Schulwesen" (ebd.: 58) nicht zu einem konstruktivistischen Erklärungsversuch der deutschen ASP nach der deutschen Wiedervereinigung. Außerdem ist die Politik der Stellungsstärkung in den EU-Institutionen kaum mit den sonst von der Bundesrepublik proklamierten Werten des Schutzes sprachlicher Vielfalt vereinbar, denn dieser müsste eigentlich auf die Gleichheit aller EU-Amtssprachen abzielen – was indes keine effiziente Arbeit der EU-Organe mehr ermöglichen würde. Daher darf für die deutsche Politik der Stellungsstärkung von Deutsch „der Erklärungswert der konstruktivistischen Theorie bezweifelt werden." In anderen Worten: Diese Politik folgt nicht den ansonsten von den Akteuren vertretenen Werten – ist allerdings auch nur in recht geringem Maße erfolgreich gewesen. (Ebd.: 58-60)

Für den Erklärungswert der drei Außenpolitiktheorien hinsichtlich der beiden untersuchten Komponenten resümieren Andrei/ Rittberger (2009: 60) daher folgerichtig: „So konnte die deutsche ASP nach 1990 insgesamt am besten mit der (modifizierten) neorealistischen Theorie als Form einer intensiveren Machtpolitik im Sinne kultureller Einfluss- und Abwehrpolitik erklärt werden." (Ebd.: 60) Diese Politik folgte also nur sehr eingeschränkt den von der utilitaristischliberalen oder der konstruktivistischen Theorie der Außenpolitik angenommenen Gesetzmäßigkeiten oder ihren Prinzipien.

An diesem Befund reizt vor allem die Abweichung von der konstruktivistischen Linie, mit dem Widerspruch zwischen proklamierten Normen und tatsächlicher Politik, zur Kritik und moralisch negativen Bewertung. Offenbar hat sich die deutsche ASP nach 1990 mehr von Eigeninteressen als von übergeordneten Werten leiten lassen. Konnte man aber von der deutschen Regierung ernsthaft eine grundsätzlich andere Sprachenpolitik erwarten? Immerhin geht es ja nur um „Soft Power", keine rabiate Militär- oder Wirtschaftspolitik, und auch nicht um unzweifelhafte Unterdrückung. Hätte es sich eine Regierung auch hinsichtlich solch „weicher" Politik leisten können, die Interessen des eigenen Landes, der eigenen Bevölkerung und auch der eigenen Sprachgemeinschaft hintanzustellen und höheren oder universellen Menschheitsinteressen unterzuordnen (dazu z.B. Stickel 2007a; Ammon 2007b)? Und dies in Anbetracht der kaum zu bestreitenden Tatsache, dass letztlich kein einziges Land eine so selbstlose Politik betreibt (Kap. L.5)? Ich überlasse die Beantwortung dieser Frage den LeserInnen, da sie, wie mir scheint, in tiefes philosophisches Fahrwasser führt.

4. Auswärtige Sprachpolitik der anderen deutschsprachigen Länder

Die Auswärtige Sprachpolitik (ASP) der anderen deutschsprachigen Länder (Kap. B.4; Kap. D) ist schon wegen deren geringerer Größe bescheidener als die Deutschlands. Allerdings ist sie im Falle Österreichs durchaus beachtlich (dankenswerte Hinweise von Rudolf de Cillia, E-Mail 06.05.2014; Überblicke auch in de Cillia 2012a: 242-245; Ortner/ von Ruckteschell-Katte 2010: 138-142; Muhr 1997). Die lange Tradition des Unterrichts von Deutsch als Fremdsprache (DaF) von den Zeiten Maria Theresias, der Donaumonarchie (dazu auch Goebl 1997; 1999), der Zeit nach dem Ersten Weltkrieg bis zu den Neuanfängen nach dem Zweiten Weltkrieg in den 1960er Jahren schildert Klaus-Börge Boeckmann (2010: 72-75). Erst in den 1980er Jahren wurde dann DaF als Fach etabliert, fest sogar erst nach 1990 (ebd: 76-78).

Um diese Zeit hat Österreich auch eine „Kulturpolitische Sektion" in seinem Bundesministerium für auswärtige Angelegenheiten eingerichtet (heute „Bundesministerium für Europa, Integration und Äußeres"), dem zunächst die staatliche Planung der ASP oblag, für die heute in Teilen auch das Wissenschafts- und das Unterrichtsministerium zuständig sind (de Cillia, E-Mail 06.05.2014), im Letzteren vor allem das Referat „Kultur und Sprache" (Ortner/ Ruckteschell-Katte 2010: 142). Eine Äußerung des einstigen Leiters der Kulturpolitischen Sektion, Wolfgang Schallenberg (1987: 193), charakterisiert die Grundzüge der österreichischen Auffassung in einer bis heute gültigen Weise: Wenn es auch „nicht die Aufgabe Österreichs sein kann, die Verbreitung der deutschen Sprache als solche in den Vordergrund seiner Kulturarbeit zu stellen", so „[trägt] die staatliche Auslandskulturpolitik Österreichs dennoch ihren, wenn auch sicherlich bescheidenen Teil zur Verbreitung der deutschen Sprache bei." Einschränkend fügte er hinzu, „daß es – was auch für andere kleine und mittlere Länder zutrifft – noch wichtiger ist, daß wir Österreicher fremde Sprachen lernen, als daß möglichst viele Ausländer sich die bei uns gesprochene Sprache aneignen."

Aus dieser Perspektive ist es auch nachvollziehbar, dass Österreich das Angebot Frankreichs nach der Auflösung der Sowjetunion akzeptiert hat, einen Beobachterstatus in der Francophonie einzunehmen, wie andere ostmitteleuropäische Länder, die das Französische als Kultursprache besonders pflegen (dazu Kap. L.5: Abschnitt „Frankreich").

Eine für die auswärtige Förderung der deutschen Sprache besonders wichtige Organisation ist das *Österreich Institut*, das 1997 – zum Teil nach dem Vorbild des Goethe-Instituts – gegründet wurde und im Jahr 2013 immerhin 10 Auslandsinstitute unterhielt: in Belgrad, Brünn, Bratislava, Budapest, Krakau, Ljubljana, Rom, Warschau, Wrocław (Breslau) und Istanbul (www.bmeia.gv.at/ aussenministerium/aussenpolitik/ auslandskultur/ oesterreich-institut-gmbh.ht ml – abgerufen 20.05.2014). An all diesen Instituten wurden Kurse in DaF angeboten. Die Zahl der Teilnehmer lag in den letzten Jahren bei ca. 10.000 jährlich, bei neuerdings – wie beim Goethe-Institut (Kap. K.5: Tab. K.5-1) – deutlich zunehmender Tendenz, so dass die Zahl im Jahr 2013 auf 11.000 gestiegen ist (www.oesterreichinstitut.at – abgerufen 20.05.2014). Das Österreich Institut ist eine Mittlerorganisation, die sich jedoch großenteils selbst finanziert, vor allem aus Kursgebühren. – Zur wissenschaftlichen Fundierung des DaF-Unterrichts und für die Ausbildung von Lehrkräften wurden in Wien und Graz Professuren für DaF eingerichtet (Boeckmann 2010: 76; zu den österreichischen Verbänden für DaF Sorger 2010; Kap. L.3.5).

Weitere wichtige Institutionen für Österreichs auswärtige Förderung von Deutsch sind die 8 Österreichischen Auslandsschulen, eine davon, die zweisprachige *formatio – Bilinguale Privatschule*, allerdings innerhalb des deutschen Sprachgebiets, in Liechtenstein. Außerhalb des deutschen Sprachgebiets sind es folgende Schulen, meist Gymnasien: 2 in Budapest und je 1 in Istanbul, Prag, Shkodra (Albanien), Guatemala Ciudad (Guatemala) und Querétaro (Mexiko) (www.bmukk.gv.at/schulen/schulen/ausland/oesterr_auslandsschulen.xml – abgerufen 20.05.2014). Die SchülerInnen stammen hauptsächlich aus dem Gastland; ein Großteil der LehrerInnen ist jedoch aus Österreich entsandt und unterrichtet in deutscher Sprache (www.weltweitunterrichten.at/site/auslandsschu len/taetigkeit?SWS=36de043bc08434232591b083a0f3c568 – abgerufen 14.01. 2014). Außerdem ist Österreich auch engagiert in der Aus- und Weiterbildung ausländischer DeutschlehrerInnen.

Einen erheblichen Beitrag zur Deutschförderung im Ausland leisten die recht zahlreichen LektorInnen und SprachassistentInnen an ausländischen, fremdsprachlichen Universitäten. Gegenwärtig „schickt Österreich LektorInnen an ca. 130 Standorte" (de Cillia 2012a: 242). Genaue aktuelle Zahlen konnte ich leider nicht beschaffen. Eine ungefähre Vorstellung von der – heute noch ähnlichen – geographischen Verteilung liefern jedoch ältere Zahlen, vom Wintersemester 1990/91. Damals war in den folgenden Ländern die jeweils in Klammern angegebene Zahlen österreichischer LektorInnen tätig: Frankreich (24), Großbritannien (28), Irland (4), Italien (9), Portugal (3), Spanien (5), CSFR (30), Jugoslawien (5), UdSSR (3), Ungarn (44), Polen (11), Mexiko (1), Japan (2) (Telefax des Bundesministeriums für auswärtige Angelegenheiten, Wien, 11.03.1991).

Die Bemühungen Österreichs um Deutschförderung im Ausland zeigen sich auch an der Ausarbeitung eines eigenen österreichischen Sprachdiploms für DaF und der Zusammenarbeit mit anderen deutschsprachigen Ländern bei der Entwicklung eines gemeinsamen Prüfungsformats „Zertifikat Deutsch", unter maßgeblicher Beteiligung des Wiener DaF-Professors Hans-Jürgen Krumm.

Verglichen mit Österreich betreibt die Schweiz fast keine auswärtige Förderpolitik von Deutsch. Diese Auskunft erhält man nicht selten auch auf die Nachfrage vor Ort, wie z.B. in einer älteren brieflichen Mitteilung an mich, einschließlich einer Begründung, von der Schweizer Kulturstiftung *Pro Helvetia* (28.11.1990), die den Kulturaustausch mit dem Ausland finanziert: „Da es in der Schweiz im Unterschied zu Deutschland oder Österreich vier Landessprachen gibt, ist die Kulturpolitik anders gelagert. Es gibt keine Institution, die die deutsche Sprache oder den Deutschunterricht im Ausland fördert." Den fast gleichen Eindruck gewinnt man, wenn man das Buch von Carmela Ahokas (2003) anschaut, das vielversprechend betitelt ist: „Die Förderung der deutschen Sprache durch die Schweiz".

Die dort geschilderte Förderung beschränkt sich beinahe gänzlich auf die Verhältnisse innerhalb der Schweiz – ausgenommen allerdings das kurze Kap. „Schweizerschulen im Ausland" (ebd.: 75-78). Die dort dargestellte Förderung von Deutsch außerhalb des deutschen Sprachgebiets ist jedoch durchaus beachtenswert (dazu Kap. K.3). Die Schweiz verfügt über 17 „Schweizer Schulen im Ausland" (unterricht.educa.ch/de/schweizerschulen-ausland – abgerufen 11.01.2014). Allerdings gilt für sie „ein Mindestprozentsatz an Schweizer Schülerinnen und Schülern", dessen Größenordnung jedoch variiert (Mitteilung Irène Spicher, Co-Geschäftsführerin des zuständigen Komitees *educationsuisse*, E-Mail 13.01.2014). 15 dieser Schulen haben deutschsprachige „Patronatskantone" und daher Deutsch als „Basissprache" und Unterrichtssprache. Die Schule in Bogota (Kolumbien) verfügt neben einem Zweig mit Deutsch auch über einen Zweig mit Französisch als Unterrichtssprache. Die „Deutsch-Schweizerische Internationale Schule Hongkong" hat neben Deutsch auch Englisch als Unterrichtssprache, ist aber eigentlich eine Deutsche Auslandsschule, mit 3 von der Schweiz geförderten Lehrkräften. Die 15 Schweizer Schulen im Ausland mit Deutsch als Unterrichtssprache sind (alphabetisch nach Ländern geordnet) in: São Paolo, Curitiba (beide Brasilien), Santiago (Chile), Bergamo, Catania, Mailand, Rom (alle 4 Italien – eine weitere Schule in Como unterrichtet auf Italienisch), Mexiko-City, Cuernavaca, Querétaro (alle 3 Mexiko), Lima (Peru), Singapore (Singapore), Barcelona, Madrid (beide Spanien) und Bangkok (Thailand) (unterricht.educa.ch/de/schweizerschulen-ausland – abgerufen 11.01.2014).

Bei den kulturellen Kontakten mit dem Ausland wird, wie mir von verschiedenen Seiten bestätigt wurde, peinlich auf ausgewogene Berücksichtigung aller vier Landessprachen geachtet. Jedoch wird dadurch doch auch die deutsche Sprache im Ausland gefördert, unter anderem durch Bücherschenkungen an Universitäten und Bibliotheken im Ausland, durch Dichterlesungen, nicht selten in Kooperation mit Goethe-Instituten, durch Auslandsaufenthalte von Gastdozenten und dergleichen (vgl. die jährlichen *Tätigkeitsberichte* von *Pro Helvetia*, Hirschengraben 22, CH-8024 Zürich). Außerdem veranstaltet die Schweiz Vorbereitungskurse in deutscher Sprache für ausländische Studierende an den deutschsprachigen Schweizer Hochschulen.

Die Viersprachigkeit und die dadurch mehr nach innen als nach außen gerichtete Förderung von Deutsch bringt es auch mit sich, dass Deutsch als Zweitsprache (DaZ) ein deutlich gewichtigeres Fach ist als Deutsch als Fremdsprache (DaF). Dies verrät unzweifelhaft der Artikel von Michael Langner (2010) über „Entwicklungen von Deutsch als Fremd- und Zweitsprache in der Schweiz", der sich fast nur mit Letzterem befasst. Die einzige DaF-Professur in Freiburg/Fribourg steht vor allem „in Zusammenhang mit der Zweisprachigkeit dieser Universität und der damit verbundenen Notwendigkeit, studienbegleitende und studienspezifische Sprachlehrveranstaltungen für die Studiensprache Deutsch (und auch Französisch) anzubieten." (Ebd.: 83) Eine ähnliche Gewichtung hat auch die Darstellung der „Institutionen und Verbände für Deutsch als Fremd- und Zweitsprache in der Schweiz" von Monika Clalüna (2010), die außer den Schweizer Schulen im Ausland und Pro Helvetia keine in nennenswertem Umfang im Ausland tätigen Institutionen nennt und auch kaum darauf ausgerichtete Verbände außer dem *Arbeitskreis Deutsch als Fremdsprache* (*AkDaF*) (ebd.: 162-164).

Beobachter von außerhalb des Landes können zudem den Eindruck gewinnen, dass die Schweizer das Französische dem Deutschen ohnehin vorziehen. Dies gilt besonders für die internationale Kommunikation, da ihre Diplomaten außer gegenüber deutschsprachigen Partnern Französisch entschieden vorziehen, aber auch schweizintern, insofern die Vorliebe der Deutschschweizer für ihren Dialekt als implizite Abneigung gegen Hochdeutsch und damit indirekt gegen die deutsche Sprache überhaupt verstanden werden kann und keine Entsprechung in der französisch- oder auch der italienischsprachigen Schweiz hat. Zudem wird die Vollmitgliedschaft der Schweiz in der Francophonie gelegentlich gefeiert, wie es für die Zugehörigkeit zur deutschen Sprachgemeinschaft kaum vorstellbar ist. Ein Beispiel bot der spektakuläre Francophonie-

Gipfel in Montreux (Kanton Waadt) im Jahr 2010 (www.swissinfo.ch/ger/ specials/frankophoniegipfel/Auch_die_Schweiz_profitiert_vom_Frankophonie-Gipfel.html?cid=28570518 – abgerufen 12.05.2014).

Vom kleinsten deutschsprachigen Land, Lichtenstein, erwarten vermutlich die wenigsten Beobachter die auswärtige Förderung der deutschen Sprache. Jedoch hat Liechtenstein verschiedentlich erstaunliches Engagement in diese Richtung gezeigt, z.B. beim – wenngleich letztlich gescheiterten – Versuch, für Deutsch die Stellung einer Amtssprache des Europarats zu erreichen (Kap. H.4.6). Ein weiteres Beispiel des Einsatzes für die deutsche Sprache habe ich selbst erlebt in der Liechtensteiner Botschaft in Berlin am 20. Januar 2011, wo ich als fachlicher Berater eingeladen war. Dort wurde auf Anregung Liechtensteins für ein geplantes Treffen der Staatsoberhäupter der vier deutschsprachigen Länder (Liechtenstein, Deutschland, Österreich und Schweiz) ein Tagesordnungspunkt beraten über Möglichkeiten der Deutschförderung in der Welt, unter anderem im Hinblick auf den leichteren Zuzug qualifizierter Arbeitskräfte. Allerdings wurde dieser Tagesordnungspunkt von den Staatsoberhäuptern selbst dann nicht beraten – vermutlich auf Betreiben der anderen deutschsprachigen Länder. Jedenfalls hege ich diesen Verdacht aufgrund der Diskussion in der Botschaft – aber auch aufgrund der Einlassung eines Liechtensteiner Politikers (von dem ich nicht weiß, ob er genannt werden möchte) bei anderer Gelegenheit, die mir glaubhaft erschien, das einst fehlende Engagement Deutschlands sei der entscheidende Grund dafür gewesen, dass Deutsch keine Amtssprache des Europarates wurde.

5. Auswärtige Sprachpolitik anderssprachiger Länder

Man bekommt schon eine Ahnung, dass zahlreiche Länder zumindest Auswärtige Kulturpolitik (AKP), wahrscheinlich aber auch Auswärtige Sprachpolitik (ASP) betreiben, wenn man die „Liste nationaler Kulturinstitute" in Wikipedia anschaut (de.wikipedia.org/wiki/Liste_nationaler_Kulturinstitute – abgerufen 20.05.2014). Die genannten 30 Institute sind großenteils weniger für die nationale Kultur als für die AKP ihrer Länder zuständig (z.B. China: Konfuzius-Institut; Deutschland: Goethe-Institut, Institut für Auslandsbeziehungen; Frankreich: Alliance française, Institut français; Italien: Società Dante Alighieri; Istituto Italiano di Cultura; Japan: Japan Foundation; Österreich: Österreichisches Kulturforum, Österreich Institut; Spanien: Instituto Cervantes; Südkorea: Koreanisches Kulturzentrum; Türkei: Yunus Emre Kulturinstitut; Vereinigtes Königreich: British Council usw.). Die meisten von ihnen betreiben auch – als eine Art Mittlerorganisationen – ASP. Detailliertere, allerdings inzwischen ein wenig betagte Überblicke über die ASP verschiedener Länder finden sich in Ammon/ Kleineidam (1992) und Ammon (1994e), und zwar Frankreichs, Deutschlands, Spaniens, Brasiliens/ Portugals, Japans und Russlands bzw. Großbritanniens, Italiens, Kataloniens und Indiens (in der Reihenfolge der Darstellung in den beiden Bänden). Katalonien, das dort ebenfalls einbezogen ist, bleibt hier außer Betracht, weil ich mich im Folgenden auf autonome Staaten beschränke. Jedoch betreibt auch Katalonien ASP, unter anderem hinsichtlich der Stellung seiner Sprache in den EU-Institutionen, und kooperiert – in sonstiger Auswärtiger Sprachpolitik – mit den Balearen und mit dem (bislang) einzigen Staat mit Katalanisch als nationaler Amtssprache: Andorra (gemeinsames sprachliches *Institut Ramon Llull*).

Bevor ich mich den einzelnen Ländern und Sprachen zuwende, eine kurze Bemerkung zur Frage der Kooperation zwischen Ländern gleicher oder ähnlicher sprachlicher Interessen. Im Allgemeinen kooperieren die Länder gleicher Sprache (nationaler Amts- und muttersprachlicher Mehrheitssprache) bei der Auswärtigen Förderung der gemeinsamen Sprache. Jedoch gibt es häufig auch eine gewissermaßen kleine Konkurrenz unter ihnen um Einflusszonen und die Geltung der nationalen Sprachvarietäten (dazu Kap. B.1; B.2). So würden z.B. Großbritannien lieber britisches – die USA dagegen amerikanisches Englisch fördern, Portugal lieber lusitanisches – Brasilien dagegen lateinamerikanisches Portugiesisch, Spanien lieber iberisches – Argentinien dagegen lateinamerikanisches Spanisch, Deutschland „teutonisches" – Österreich dagegen „austriakisches" Deutsch usw. – wobei allerdings bei einigen Sprachen mehr Länder mitmischen oder dies möchten (siehe zu plurizentrischen Sprachen z.B. Clyne 1992; Ammon 2005d). Meist verbindet jedoch die gemeinsame Sprache stärker, als die unterschiedlichen nationalen Varietäten trennen, so dass sich bei allem Zwist mehr Kooperation als Konkurrenz entwickelt.

Eine viel schwierigere Frage ist die sprachenpolitische Kooperation zwischen Ländern unterschiedlicher Sprache. Sie könnte sich in jeder Lage stellen, in der ein „Do ut des" (ich gebe, damit du gibst) für alle Beteiligten vorteilhaft wäre. Allem Anschein nach beschränkt sich die Bereitschaft zu solcher Kooperation weitgehend auf ausgesprochene Bedrohungslagen, wenn beide Seiten (oder auch eine größere Zahl Beteiligter) andernfalls den Untergang befürchten. Ein Extrembeispiel dafür, eine historische Kuriosität, schildert der Japaner Seiei Shinohara (2000: 47), der während des Zweiten Weltkriegs Stipendiat in Deutschland war und im Sommer 1944 von der Japanischen Botschaft in Berlin und vom deutschen Auswärtigen Amt die unverhoffte Einladung erhielt, an einer deutschen Schule – erstmalig – Japanisch zu unterrichten: „Wie ich von den zuständigen Herrn der beiden Behörden hörte, sollte nach dem siegreichen Ende des Krieges [...] auf allen Gymnasien in Deutschland statt Englisch Unterricht in der japanischen Sprache und auf sämtlichen Mittelschulen Japans statt Englisch Unterricht in der deutschen Sprache gegeben werden." Ein – wie man leicht erkennt – ähnlich realistisches Vorhaben wie der deutsch-japanische „Endsieg".

Ernster zu nehmen sind Ansätze von Kooperation in der ASP zwischen Ländern mit internationalen Sprachen zweiten Ranges (dazu Kap. A.7), in denen gelegentlich ebenfalls Untergangsstimmungen aufkommen. Diese Länder fürchten nämlich den weiteren (oder schließlich gänzlichen) Verlust der internationalen Stellung ihrer Sprache an das „übermächtige" Englische. Ich habe selbst vorgeschlagen, in solcher Lage die Möglichkeiten sprachenpolitischer Kooperationen einmal systematisch zu prüfen (Ammon 2007a). Jedoch ist dies bislang nur sporadisch geschehen. Ansätze dazu gibt es zwischen Deutschland und Frankreich – etwa in Form der „Gemeinsamen deutsch-französischen Sprachenweisung" für die EU-Institutionen (Ammon 2009a: 125f.; Kap. H.4.2) oder der Werbung im eigenen Land für die Sprache des anderen Landes als Fremdsprache (Kap. K.9.2). Matthias Lahr-Kurten (2012) beschreibt Wirklichkeit und Möglichkeiten von „Deutsch sprechen in Frankreich" und „Praktiken der Förderung der deutschen Sprache im französischen Bildungssystem", die eine kooperative Grundeinstellung zur anderen Sprachgemeinschaft voraussetzen.

Allerdings ist diese Einstellung oft weitgehend beschränkt auf die betreffenden Fremdsprachenlehrer (dazu Kap. L.3.5) oder andere, auch wirtschaftlich interessierte Gruppen. Die vorherrschende Einstellung, gerade auch unter den Planern und Hauptakteuren der ASP, ist eher bestimmt von Konkurrenzdenken. Dementsprechend dürften es Kenner der Verhältnisse treffend finden, wenn Kurt-Jürgen Maaß (2013: 13f.) vom „Wettbewerb" spricht, und zwar – unter den Ländern mit internationalen Sprachen zweiten Ranges – „um die zweite Fremdsprache", die betreffende Stellung ihrer Sprache in den Curricula der Bildungsinstitutionen anderer Länder. Die erste Fremdsprache ist nämlich praktisch immer Englisch. In diesem Wettbewerb stehen sich also die nicht-anglophonen Länder mit internationaler Sprache gegenüber, eben auch die deutsch- oder französischsprachigen Länder.

Das Konkurrenzdenken erschwert aber die Kooperation. Dabei ist es immer leichter, mangelhafte Kooperation beim Andern als bei sich selbst festzustellen. Auch mir fällt mangelnde sprachliche Solidarität auf deutscher Seite weniger auf als z.B. auf Seiten Frankreichs. Beispiele sind Frankreichs fehlende Unterstützung für die Bemühungen der deutschen Regierung um Stellungsverbesserung der deutschen Sprache in den EU-Institutionen (Ammon 2007b) oder das Fehlen deutschsprachiger Beschriftungen in Museen und Ausstellungen in Frankreich. So fehlte z.B. Deutsch sogar im Katalog der Pariser Ausstellung über die Brüder von Humboldt im Jahr 2014 („Unsere Brüder Humboldt", *FAZ*

19.05.2014: 9). Fehlende französische Beschriftungen in Deutschland entgehen eher meiner Aufmerksamkeit. Die einseitige Wahrnehmung mangelnder Solidarität beim Andern verrät heimliches Misstrauen, das Kooperation erschwert. Derartige Akteure geraten schnell in eine Art Gefangenendilemma, das am Ende keiner Seite mehr eine optimale Lösung ermöglicht (dazu Kap. A.2). – Jedoch liegen die Schwierigkeiten noch tiefer. Denn was wäre denn eine optimale Lösung? Welches eine wenigstens faire? Wie verzwickt eine plausible Antwort auf diese Fragen ist, verraten die Überlegungen eines der profundesten Denker über sprachliche Gerechtigkeit, aus denen meinem Verständnis nach folgt, dass die auswärtige Förderung anderer Sprachen als Englisch letztlich generell unfair wäre – gegenüber allen Sprachgemeinschaften, deren eigene Sprache nicht zu den internationalen Sprachen zählt. Denn für sie wäre jede internationale Sprache – zusätzlich zur Weltsprache Englisch – mehr Belastung als Bereicherung (van Parijs 2001a; 2004a; b; 2007b; 2011). Mit dem Konjunktiv möchte ich ausdrücken, dass diese Aussage der weiteren Prüfung bedarf. – Doch nun zur ASP einzelner Länder, für die ich mich auf eine überschaubare Auswahl beschränke. Als eventuell interessierende Zusatzinformationen verweise ich auf die weltweiten Lernerzahlen der jeweiligen Sprachen als Fremdsprachen (Kap. K.7: Tab. K.7-3; auch Ammon 1991a: 562-566).

Großbritannien und USA. Im Grunde bedarf ihre Sprache, Englisch, keiner weiteren Förderung (Grin 1999a; b; 2000). Sie ist ein Selbstläufer, weil so gut wie jede Person diese in der Welt am weitesten verbreitete Sprache lernen möchte, wenn sie nicht zum Verzicht auf wichtige Kommunikationsmöglichkeiten und zur Selbstschädigung neigt. Dennoch ist der *British Council* die konkurrenzlos größte sprachfördernde Organisation, vor allem nach Maßgabe der Klientelzahl (siehe z.B. Lutzmann/ Schneider 2009; Sheng im Druck). Vor allem aber ist es die gewinnträchtigste sprachfördende Organisation und vielleicht die einzige mit – sattem – Reingewinn, die zum exorbitanten Profit der britischen Sprachindustrie beiträgt (Grin 2001; 2004b), der aus der Weltstellung des Englischen erwächst (Crystal 1985; 2003; Graddol 2000; 2006). Die Politik, die zu dieser Stellung geführt hat, wurde überzeugend und heftig als „Sprachimperialismus" kritisiert, wortführend von Robert Phillipson (1992; 2000; 2006b; c) und auch Tove Skutnabb-Kangas (Phillipson/ Skutnabb-Kangas 1994; 1999). Nachdem jedoch die Weltstellung ihrer Sprache erreicht ist, bedarf die weitere Verbreitung keiner imperialistischen Politik mehr. Die nicht-anglophone Welt ist damit nämlich auf diese Sprache angewiesen. Sie braucht Englisch zur eigenen internationalen Verständigung und käme in größte Kommunikationsnöte, wenn ihnen die englischsprachigen Länder den Gebrauch ihrer Sprache verböten (was sie allerdings nicht können). – Die USA verfügen über keine staatliche sprachfördernde Organisation, fördern Englisch und Englischunterricht aber vor Ort bei Bedarf und tragen durch weltweite Medienpräsenz oder ihre in zahlreichen Ländern vorhandenen Schulen und Hochschulen (mit Englisch als Unterrichts- und Lehrsprache) zur weiteren Verbreitung bei (R. Hoffmann 2009: 362f., 366).

Frankreich hat den Ruf, das Land mit der weltweit aufwändigsten und ausgefeiltesten Sprachförderpolitik zu sein, was vermutlich zutrifft. Es fördert die französische Sprache nicht nur nach außen (Kleineidam 1992; Christ 2000; Lutzmann/ Schneider 2009), sondern auch nach innen, im eigenen Land (Braselmann 1999; Braselmann/ Ohnheiser 2008; Kap. E.4.3). Eine wichtige Rolle in der weltweiten Förderung der französischen Sprache spielt die *Organisation internationale de la Francophonie*, kurz *Francophonie*, der alle Länder mit der Amtssprache Französisch als Vollmitglied angehören und an deren Spitze kein Geringerer als der Präsident Frankreichs steht. Zum erweiterten Kreis der Francophonie zählen diejenigen Länder, die Französisch in besonderem Maße als Kultursprache anerkennen und pflegen. Mit dieser Erweiterung umfasste die Francophonie im Frühjahr 2014 nicht weniger als 77 Länder (www.francophonie.org/ – abgerufen 21.05.2014). Dazu gehörten auch alle ostmitteleuropäischen Länder außer Weißrussland und Russland, die Frankreich nach der Auflösung der Sowjetunion für einen Beobachterstatus in der Francophonie gewonnen hat (en.wikipedia.org/wiki/File:Map-Francophonie_organisation_fr.svg – abgerufen 21.05.2014). Durch ihre Einbeziehung hat das Gebiet der Francophonie auf Weltkarten eine beeindruckende Größe. Die Schweiz und Luxemburg sind Vollmitglied; aber auch Österreich ist einbezogen und erscheint als Teil auf Karten, denn es erlangte im Jahr 2004 Beobachterstatus in der Frankophonie (www.bmeia.gv.at/ aussenministerium/ pressenews/ presseaussendungen/2004/oesterreich-erlangt-beobachterstatus-bei-der-organisation-der-frankophonie.html – abgerufen 21.05.2014). Diese eindrucksvolle Organisation ist sicher eine wichtige Stütze für den amtlichen Status des Französischen in internationalen Organisationen (Kap. H.3), für seine fortdauernde Funktion in der Diplomatie und vermutlich auch für seine privilegierte Stellung in den EU-Institutionen (Kap. H.4.2). Für die auswärtige Förderung der französischen Sprache ist vor allem das staatliche *Institut français* zuständig, das von den hauptsächlich für die sonstige Kultur zuständigen *Centres culturels* und in der Sprachförderung von der privatrechtlich verfassten, als Mittlerfunktion wirkenden *Alliance française* unterstützt wird. Letztere blickt – bei Gründung im Jahr 1883 – auf eine lange Tradition zurück und verfügt heute über ca. 800 Niederlassungen in 133 Ländern (de.wikipedia.org/wiki/Alliance_fran%C3%A7aise – abgerufen 21.05.2014).

Italien hat ebenfalls eine lange Tradition Auswärtiger Sprachpolitik, die Mariella Totaro-Genevois (2005) näher untersucht hat (siehe auch Lutzmann/

Schneider 2009: 374f.; De Mauro/ Vedovidelli 1994). Die für die praktische ASP Italiens hauptsächlich zuständige *Società Dante Alighieri* wurde schon 1889 gegründet – und könnte mit dem Muster ihrer Bennung (unter Bezug auf den berühmtesten Dichter des Landes) Vorbild für die Namensgebung des Goethe-Instituts gewesen sein. Die Auswärtige Sprachförderung Italiens zielt nicht nur ab auf Italienisch als Fremdsprache, sondern auch auf seinen Erhalt als Muttersprache bei den zahlreichen Auswanderern und vielen italienisch(sprachig)en Minderheiten. Zum Netz der auswärtigen Sprachförderung Italiens gehören daher auch über 500 italienische Auslandsschulen. Staatlicherseits ist – wie in Deutschland – das Außenministerium für die ASP verantwortlich. Es steht in Verbindung mit den ca. 450 Kommittees der Società Dante Alighieri, die in 60 Ländern, verteilt über alle Kontinente, Unterricht in Italienisch als Fremdsprache organisieren und anbieten. Die Società erhält staatliche Zuschüsse und fungiert als eine Art Mittlerorganisation (Totaro-Genevois 2005: 88-90; de.wiki pedia.org/wiki/Societ%C3%A0_Dante_Alighieri – abgerufen 21.05. 2014).

Spanien hat nach der Franco-Diktatur eine neue ASP entwickelt (dankenswerte Hinweise von Alf Monjour; Lutzmann/ Schneider 2009: 377f.; de Cock 2008). Dementsprechend ist auch sein damit hauptsächlich betrautes *Instituto Cervantes* noch jungen Alters. Es wurde erst 1991 gegründet (de.wikipedia.org/wiki/Instituto_Cervantes – abgerufen 21.05.2014), in Nachfolge der *Institutos de España*, und orientierte sich nicht nur bei der Benennung am italienisch-deutschen Muster mit dem berühmtesten Dichter, sondern nahm sich bei der Gründung auch ausdrücklich vor, zu arbeiten „como el Goethe-Institut en Alemania" oder wie ähnliche andere Sprachförderinstitutionen (Sánchez 1992: 58-60). Das Instituto Cervantes ist eine Mittlerorganisation, die vom Außenministerium finanziert und betraut wird und heute über 70 Zentren verfügt, verteilt über Länder auf allen Kontinenten. Es macht in vielen Ländern, auch in Europa auf sich aufmerksam durch besonders intensive Werbung, aber auch aufgrund lebhafter Nachfrage nach seinen Kursen in Spanisch als Fremdsprache. Allein „im deutschen Sprachgebiet sind Prüfungszentren sechs Cervantes-Institute: Berlin, Bremen, Frankfurt, Hamburg, München und Wien." In über 100 Ländern gibt es insgesamt ca. 800 Prüfungszentren für Spanisch als Fremdsprache (www.studyinspain.info/reportajes/propuestas/El-Instituto-Cervantes-el-espaol-en-el-mundo/?l=en – abgerufen 21.05.2014). Den Ergeiz des Instituto Cervantes verraten auch Ankündigungen wie die des langjährigen Präsidenten des nationalen Sprachinstituts *Real Academia Española* und seit 2012 Direktor des Instituto Cervantes: „Nuestro gran proyecto es implantar el Cervantes en las mejores universidades de Estados Unidos" (*Mercurio/Fundación José Manuel Lara* 143, September 2012: Titelblatt).

Portugal betreibt seine ASP zusammen mit dem unvergleichlich größeren Brasilien und fast ein wenig in dessen Schatten (da Silva/ Klein Gunnewick 1992). Im Jahr 1992 gründete es mit dem *Instituto Camões* eine „Mittlerorganisation" (in der Nachfolge des *Instituto da Cultura e Língua Portuguesa*), die – entsprechend dem Usus anderer Länder – vom portugiesischen Auswärtigen Amt finanziell bezuschusst und mitregiert wird (Lutzmann/Schneider 2009: 376f.). Mit dem Bezug seines Namens auf den portugiesischen Nationaldichter Luís de Camões folgte es oben erwähnten Vorbildern, darunter das Goethe-Institut. Das *Instituto Camões* betreibt Sprachinstitute in 38 Städten und 27 Ländern (de.wikipedia.org/wiki/Instituto_Cam%C3%B5es – abgerufen 18.05.2014) – Schneider/ Lutzmann (2009: 376) sprechen sogar von „48 Sprachzentren weltweit" – und außerdem „23 Kulturzentren". Die regionalen Schwerpunkte des Instituts sind Afrika und Europa; für Amerika ist eher Brasilien zuständig. Aktuelle Nachrichten über einzelne Institute finden sich unter: www.institutocamoes.pt.

Russland hat eine lange Tradition der Förderung seiner Sprache, die sich in der sowjetischen Zeit, vor allem seit der Herrschaft Stalins, ebenso auf die nichtrussischen Völker in der Sowjetunion bezog wie auf das Ausland (Haarmann 1992). Teil der sowjetischen ASP war die Durchsetzung von Russisch als erste und obligatorische Schulfremdsprache in allen Mitgliedstaaten des Comecon und Warschauer Pakts sowie als einzige oder zumindest erstrangige Arbeitssprache in allen gemeinsamen Institutionen. Nach den Zusammenbruch der Sowjetunion musste die ASP neu konzipiert werden, konnte aber – trotz schwerer Einbrüche im Russischlernen außerhalb der neu entstandenen Russischen Föderation – teilweise aufbauen auf den in Sowjetzeiten verbreiteten Russischkenntnissen. Die ASP richtet sich auf den Spracherhalt der – als „Diaspora" gesehenen – russisch(sprachig)en Minderheiten, besonders in den Ländern der GUS (Gemeinschaft Unabhängiger Staaten), aber auch auf die Förderung des Lernens von Russisch als Fremdsprache (Bälz 2009: 411-417). Hierzu gehört die finanzielle Unterstützung von ‚Zentren der Russischen Sprache' im Ausland (z.B. in Frankfurt a.M. oder Wien – einen Gesamtüberblick konnte ich nicht finden), der ‚Internationalen Assoziation der Lehrenden der russischen Sprache' (*Meždunarodnaja associacija propodavatelej russkogo jazyka i literatury*) oder von Werbeveranstaltungen wie das ‚Jahr der russischen Sprache 2007' und das Programm „Die Russische Sprache (2011-2015)", speziell auch für Deutschland (deu.rs.gov.ru/de/node/752 – abgerufen 21.05.2014). Allem Anschein nach hat in der AKP Russlands die Auswärtige Sprachförderung Priorität vor der Kulturförderung im engeren Sinn (Bälz 2009: 422).

Japan betrieb in früheren, imperialen Zeiten eine energische koloniale Sprachverbreitungspolitik in Korea und Teilen Chinas, vor allem in der

Manchurei (Hirataka 1992: 93-95). Seine moderne ASP mit der Förderung des Japanischen entstand dann erst in den 1980er Jahren, im Zusammenhang mit seinem fulminanten wirtschaftlichen Aufstieg (ebd.: 95-107) und der Nachfrage nach Japanischkenntnissen im Ausland (Coulmas 1989). Sie wurde hauptsächlich entwickelt und durchgeführt von der 1972 gegründeten *Japan Foundation* (Kawamura 2009: 391), die dem japanischen Außenministerium untersteht und heute über 21 Niederlassungen in 19 Ländern verfügt (de.wikipedia.org/wiki/ Japan_Foundation – abgerufen 21.05.2014). In den Anfangsjahren der neuen ASP spielte die Anfinanzierung von Professuren des Japanischen eine nicht unbeträchtliche Rolle (Hirataka 1992: 96), deren weitere Finanzierung dann nach und nach den empfangenden Hochschulen überlassen wurde. In neuester Zeit ist ein Leitbegriff der japanischen Auswärtigen Kultur- und auch Sprachpolitik der ‚Internationale Austausch' (*kokusaika*). Im Zusammenhang damit hat Japan sich – vielleicht mehr noch als andere Länder – bemüht um die Verbesserung der Englischkenntnisse im eigenen Land, die ihm, so scheint es, noch wichtiger sind als die Förderung der eigenen Sprache im Ausland (Kawamura 2009: 392). Nach jahrelangen großen Erfolgen der Verbreitung von Japanisch als Fremdsprache, vor allem in den asiatischen und ozeanischen Nachbarländern, ist neuerdings vielerorts Chinesisch die meist gelernte Fremdsprache geworden.

China ist ein „ernst zu nehmender Wettbewerber [...] geworden" (Maaß 2013: 14) – für alle Länder weltweit, sowohl in der Auswärtigen Kultur- als auch Sprachpolitik. Anderes ist vom derzeit einzigen ernsthaften Konkurrenten der USA um die Weltmachtvorrangstellung auch nicht zu erwarten. Das für Chinas ASP wichtigste Organ ist das *Konfuzius-Institut*, das in hohem Maße staatlich kontrolliert wird, so dass man es mangels privater Verfasstheit kaum als Mittlerorganisation bezeichnen kann (vgl. Kap. L.3.3). „Generell haben sie [die Konfuziusinstitute! U.A.] die Aufgabe, die chinesische Sprache zu verbreiten und das Verständnis von und über China zu verbessern." (Hartig 2009: 405; siehe auch Sheng im Druck) Der Ausbau der Institute geschah ähnlich rasant wie der Wirtschaftsaufschwung Chinas. Die Anregung kam angeblich vom ehemaligen chinesischen Botschafter in Berlin, womöglich aufgrund seiner Kenntnis des Goethe-Instituts. Das erste Konfuzius-Institut wurde im Jahr 2004 in Seoul eröffnet. Schon im „Dezember 2008 gab es 249 Konfuzius-Institute und 56 Konfuzius-Klassenzimmer in 78 Ländern" (Hartig 2009: 405). „Bei der Gründung der Institute wird auf die bestehende Infrastruktur der Gastländer zurückgegriffen, wie Hochschulen, Verbänden oder Handelskammern." (de.wikipedia.org/wiki/ Konfuzius-Institut– abgerufen 21.05.2014) Dieses Vorgehen hat die Ausbreitung erheblich beschleunigt. Allerdings gibt es seit spätestens 2014 Überlegungen, die qualitative Entwicklung ebenso zu beachten wie die quantitative. „Innerhalb von nur 10 Jahren wurden 440 dieser Kultureinrichtungen und 640 sogenannte Konfuzius-Klassenzimmer in 120 Ländern etabliert", fast immer in Zusammenarbeit mit Partnern vor Ort (Hochschulen oder Kommunen), die „Räumlichkeiten, Lokalkräfte und fünfzig Prozent der Projektmittel" bereitstellten, während die chinesische Seite eine Anschubfinanzierung leistete und die andere Hälfte der laufenden Kosten sowie Lehrkräfte und Lehrmaterialen zur Verfügung stellte. Das nationale Leitungsgremium Hanban der Konfuzius-Institute strebt neuerdings eine nachhaltige qualitative Verbesserung, vor allem der Lehrmethoden an. Zu diesem Zweck sollen Modellinstitute eingerichtet werden, die als Vorbilder wirken, und soll notfalls auch die Zahl der Institute reduziert werden (Hartig 2014: 61). Aufgrund des wirtschaftlichen Potentials des Mutterlandes ist damit zu rechnen, dass es ihm über kurz oder lang gelingt, seine Sprache als eine der meist gelernten Fremdsprachen der Welt zu etablieren – ohne allerdings die Weltstellung von Englisch zu gefährden, jedenfalls nicht in absehbarer Zeit (dazu auch Kap. K.7; K.9.13).

Bibliographie

Die weitaus meisten Titel sind im Text zitiert; jedoch wurden auch einzelne, für das Thema des Buches einschlägige Titel zusätzlich aufgenommen. Zusätzliche Webseiten, auf die nur einmal Bezug genommen wird, werden an den jeweiligen Stellen im Text genannt.

ABC des Auslandsschulwesens ([2013] O.J.) Zentralstelle für das Auslandsschulwesen (ed.) Köln.
Abel, Andrea/ Stuflesser, Mathias/ Voltmer, Leonhard [2007] (eds.) *Aspects of Multilingualism in European Border Regions: Insights from Alsace, Eastern Macedonia and Thrace, the Lublin Voivodeship and South Tyrol.* Bozen: EURAC research.
Abelein, Manfred (1968) *Die Kulturpolitik des deutschen Reiches und der Bundesrepublik Deutschland und ihre verfassungsrechtlichen Probleme.* Köln/ Opladen: Westdeutscher Verlag.
Abfalterer, Heidemaria (2007) *Der Südtiroler Sonderwortschatz aus plurizentrischer Sicht. Lexikalisch-semantische Besonderheiten im Standarddeutsch Südtirols.* Innsbruck: Innsbruck University Press.
Abteilung für Auswärtige Kulturpolitik des Auswärtigen Amtes (ed.) (1988) *Auswärtige Kulturpolitik 1984 - 1986.* Bonn.
Ackermann, Irmgard/ Weinrich, Harald (eds.) (1986) *Eine nicht nur deutsche Literatur. Zur Standortbestimmung der Ausländerliteratur.* München/ Zürich: Piper.
[ACTFL] American Council on the Teaching of Foreign Languages (2010) *Foreign Language Enrollments in K-12 Public Schools: Are Students Prepared for a Global Society?* Alexandria, VA: American Council on the Teaching of Foreign Languages. (www.actfl.org/sites/default/files/pdfs/ReportSummary2011.pdf – abgerufen 13.03.2014)
ADaF-Auswertung (1990) *Deutsch als Fremdsprache in den Gastländern des Goethe-Instituts.* Zusammengest. vom Referat 02. München: Goethe-Institut.
Adams, Willi P. (1990) *The German Americans: an Ethnic Experience.* Indianapolis: Max Kade German Center.
Adler, Robert/ Ewing, John/ Taylor, Peter (2008) *Citation Statistics. A Report from the International Mathematics Union (IMU) in cooperation with the International Coucil of Industrial and Applied Mathematics (ICIAM) and the Institute of Mathematical Statistics (IMS).* (www.mathunion.org/fileadmin/IMU/Report/CitationStatistics.pdf)
Adressbuch 1990/91 für den deutschsprachigen Buchhandel. [1990] Frankfurt a.M.: Buchhändler-Vereinigung GmbH.
Ahokas, Carmela (2003) *Die Förderung der deutschen Sprache durch die Schweiz. Möglichkeiten und Einschränkungen.* Frankfurt a.M.: Lang.
Ahlzweig, Claus (1989) Die deutsche Nation und ihre Muttersprache. In Ehlich, K. (ed.) *Sprache im Faschismus.* Frankfurt a.M.: Suhrkamp, 35-57.
Ahrens, Rüdiger (ed.) (2003) *Europäische Sprachenpolitik. European Language Policy.* Heidelberg: Winter.
Airey, John/ Linder, Cedric (2006) Language and the experience of learning university physics in Sweden. *European Journal of Physics* 27: 553-560.
Aiyepeku, Wilson O. (1973) The languages and format of geographical literature: a comparative

study. International Library Review 5: 53-62.
Akdoğan, Feruzan (2003) Deutsch als Fremdsprache in der Türkei. Bestandaufnahme und Prognosen. *Info DaF* 30 (1): 46-55.
- (2004) Das neue Ausbildungsprogramm für Deutschlehrer an türkischen Universitäten. Kompatibel – zukunftsträchtig? *Info DaF* 31 (4): 475-482.
- (2008) Die Deutschlehrerausbildung an türkischen Universitäten. *Jahrbuch für internationale Germanistik* 39 (2): 17-26.
Akstinat, Björn [1997] (2009) *Deutschsprachige Studienangebote weltweit. Verzeichnis der Kontaktadressen zu deutschsprachigen Vorlesungen und Studiengängen an Universitäten und Hochschulen außerhalb Deutschlands, Österreichs, Luxemburgs, Liechtensteins und der Schweiz* [deutschsprachiger Teil! U.A.]. 6., erweit. Aufl. Köln: Internationale Medienhilfe (IHM).
- (2012/13) *Handbuch der deutschsprachigen Presse im Ausland. Verzeichnis deutschsprachiger Zeitungen, Zeitschriften, Mitteilungsblätter und Jahrbücher außerhalb Deutschlands, Österreichs, Luxemburgs, Liechtensteins und der Schweiz.* Berlin: Internationale Medienhilfe (IHM).
Alber, Siegbert (2004) Die Rolle der deutschen Sprache im Gerichtshof der Europäischen Gemeinschaften. In Lohse, 51-72.
Alekseeva, Irina (2011) Dolmetscher- und Übersetzer-Ausbildung in Russland. In Ammon/ Kemper, 128-137.
Alexander von Humboldt-Stiftung (2013) *Jahresbericht 2012.* Bonn-Bad Godesberg: Alexander von Humboldt-Stiftung. (www.humboldt-foundation.de/pls/web/docs/F2691/jahresbericht_2012.pdf)
Allard, R[eál]/ Landry, R[odrigue] (1992) Ethnolinguistic vitality beliefs and language maintenance and loss. In Fase/ Jaspaert/ Kroon, 171-195.
- / - (1994) Subjective ethnolinguistic vitality: a comparison of two measures. *International Journal of the Sociology of Language* 108: 117-144.
Allert, William A. (2006) Die Hutterer – Teile alles, vertraue auf Gott. Die Gemeinde von Surprise Creek lebt noch streng nach den Regeln ihrer Vorväter. *National Geographic Deutschland* (September): 64-91.
Altenhofen, Cléo V. (1996) *Hunsrückisch in Rio Grande do Sul. Ein Beitrag zur Beschreibung einer deutschbrasilianischen Dialektvarietät im Kontakt mit dem Portugiesischen.* Stuttgart: Steiner.
- (2013) Dachsprachenwechsel und Varietätenabgrenzung im Kontakt zwischen Hunsrückisch und Portugiesisch in Brasilien. In: Festschrift für Harald Thun zum 60. Geburtstag. Kiel: Westensee-Verlag.
- / Gonzaga de Souza, Draiton (2003) Ensino de Leitura de Textos de Filosofia e Letras em Alemão: Uma Experiência Interdisciplinar. In Kaufmann/ Lenhard Bredemeier/ Volkmann, 179-193.
Alter, Peter (1981) Internationale Wissenschaft und nationale Politik. Zur Zusammenarbeit der wissenschaftlichen Akademien im frühen 20. Jahrhundert. In Kettenacker, L./ Schlenke, M./ Seier, H. (eds.) *Studien zur Geschichte Englands und der deutsch-britischen Beziehungen. Festschrift für Paul Kluke.* München: Fink, 201-221.
- (1985) *Nationalismus.* Frankfurt a.M.: Suhrkamp.
- (1987) *The Reluctant Patron. Science and the State in Britain 1850-1920* [Übs. von (1982) *Wissenschaft, Staat, Mäzene. Anfänge moderner Wissenschaftspolitik in Großbritannien 1850-1920*]. Stuttgart: Klett-Cotta. Oxford/ Hamburg/ New York: Berg.

- (ed.) [2000a] *Der DAAD in der Zeit. Geschichte, Gegenwart und zukünftige Aufgaben – vierzehn Essays*. Bonn: Deutscher Akademischer Austauschdienst (DAAD).
- (2000b) Der DAAD seit seiner Wiedergründung 1950. In Alter 2000a, 50-105.

Altermatt, Urs (1995) Die mehrsprachige Schweiz – Modell für Europa? In Altermatt, U./ Brix, E. (eds.) *Schweiz und Österreich. Eine Nachbarschaft in Mitteleuropa*. Wien/ Köln/ Weimar: Böhlau, 39-49.

Althof, Hans-Joachim (ed.) (1990) *Deutschlandstudien international. Dokumentation des Wolfenbütteler DAAD-Symposiums 1988*. Bonn-Bad-Godesberg: DAAD.

AMGO e.V. (2012) *Wie ringen Volksgruppen in der EU für die Umsetzung von Minderheitengesetzen? Eine Analyse am Beispiel der Republik Polen und dem Fall der verhinderten Schließung der „Zweisprachigen Grundschule Nr. 5 – Ratibor-Studen" – einer Schule für die deutsche Volksgruppe*. Bonn: Gesellschaft zur Unterstützung der Deutschen in Schlesien, Ostbrandenburg, Pommern, Ost- und Westpreußen e.V.

Amiet, William A. (1932) *Literature by Languages. A Roll Call*. Sydney: Angus & Robertson.

Ammon, Carola (1995) *Deutsch als Fremdsprache an israelischen Gymnasien*. Tel Aviv: Goethe Institute.

Ammon, Ulrich (1973) [1972] *Dialekt, soziale Ungleichheit und Schule*. 2., erw. Aufl. Weinheim/ Basel: Beltz.
- (1975) Zur Soziologie der Fremdsprachenkenntnisse – mit besonderer Berücksichtigung des deutschsprachigen Gebiets. In Ammon, U./ Simon, G. *Neue Aspekte der Soziolinguistik*. Weinheim/ Basel: Beltz, 121-155.
- (1987) „Language – variety/ standard variety – dialect." In Ammon/ Dittmar/ Mattheier, 316-335.
- (1989a) Die Schwierigkeiten der deutschen Sprachgemeinschaft aufgrund der Dominanz der englischen Sprache. *Zeitschrift für Sprachwissenschaft* 8 (2): 257-272.
- (1989b) Towards a descriptive framework for the status/ function (social position) of a language within a country. In Ammon 1989d, 21-106.
- (1989c) Zur Geschichte der Sprachverbreitungspolitik der Bundesrepublik Deutschland von den Anfängen bis 1985: Kommentierte Dokumentation der Diskussion im Bundestag mit anschließendem Ausblick. *Deutsche Sprache* 3: 229-263.
- (ed.) (1989d) *Status and Function of Languages and Language Varieties*. Berlin/ New York: de Gruyter.
- (1990a) German as an international language. *International Journal of the Sociology of Language* 83: 135-170.
- (1990b) Deutsch, Englisch, Russisch und Französisch als Linguae francae in Osteuropa: eine Expertenbefragung. *Germanistische Mitteilungen* 32: 67-81.
- (1990c) German or English? The problems of language choice experienced by German-speaking scientists. In Nelde, P. H. (ed.) *Language Conflict and Minorities/ Sprachkonflikte und Minderheiten*. Bonn: Dümmler, 33-51.
- (1990d) Vorüberlegungen zur Analyse von Sprachverbreitungspolitik (SVP) am Beispiel der Bundesrepublik Deutschland (BRD). In Spillner, B. (ed.) *Sprache und Politik*. Frankfurt a.M. usw.: Lang, 48-51.
- (1990e) Deutsch unter Druck der englischen Sprache. *Sprachreport* (2): 6-8.
- (1990f) Schwierigkeiten der deutschen Sprachgemeinschaft aufgrund der Dominanz der englischen Sprache. In Spillner, B. (ed.) *Interkulturelle Kommunikation*. Frankfurt a.M. usw.: Lang, 68-70.
- (1991a) *Die internationale Stellung der deutschen Sprache*. Berlin/ New York: de Gruyter.

- (1991b) *Studienmotive und Deutschenbild australischer Deutschstudenten und -studentinnen.* Wiesbaden/ Stuttgart: Steiner.
- (1991c) Die Stellung der deutschen Sprache in Europa und in der Welt im Verhältnis zu ihrer Stellung in den EG-Gremien. *Sociolinguistica* 5: 70-84.
- (1991d) On the status and changes in the status of German as a language of diplomacy. In Ammon/ Hellinger, 421-438.
- (1991e) The status of German and other languages in the European Community (EC). In Coulmas, 241-254.
- (1991f) ‚Standard linguistic form', ‚standard variety' and ‚standard language' on the basis of H. von Wright's norm theory. *Indian Journal of Applied Linguistics* 17 (1): 21-43. Abdruck in S. I. Hasnain (ed.) (1995) *Standardization and Modernization: Dynamics of Language Planning.* New Delhi: Bahri Publications, 21-43.
- (1992a) Zur Stellung der deutschen Sprache in Japan. *Muttersprache* 102: 204-217.
- (1992b) The Federal Republic of Germany's policy of spreading German. *International Journal of the Sociology of Language* 95: 33-50.
- (1993) Über die Geschichte und derzeitige Situation von Deutsch als Fremdsprache in der Welt. *Deutsch als Fremdsprache* 30 (1):10-17.
- (1994a) The present dominance of English in Europe. With an outlook on possible solutions to the European language problems. *Sociolinguistica* 8: 1-14.
- (1994b) International languages. In Bolinger, D./ Simpson, J. M. Y.(eds.) *Encyclopedia of Language & Linguistics,* Bd. 4. Oxford usw.: Pergamon, 1725-1730.
- (1994c) unter Mitwirkung von Naoki Kato. Stellenanzeigen mit gewünschten Deutschkenntnissen – im Verhältnis zu anderen Fremdsprachen. In Ammon 1994d, 103-114.
- (ed.) (1994d) *Die deutsche Sprache in Japan: Verwendung und Studium.* München: Iudicium.
- (ed.) (1994e) *Language Spread Policy.* Vol. 2: *Languages of Former Colonies and of Former Colonial Powers* (International Journal of the Sociology of Language 107).
- (1995a) *Die deutsche Sprache in Deutschland, Österreich und der Schweiz. Das Problem der nationalen Varietäten.* Berlin/ New York: de Gruyter.
- (1995b) To what extent is German an international language? In Stevenson, P. (ed.) *The German Language and the Real World.* Oxford: Clarendon, 15-53.
- (1996) „Gibt es eine österreichische Sprache?" *Die Unterrichtspraxis/ Teaching German* 29 (2): 131-136.
- (1998) *Ist Deutsch noch internationale Wissenschaftssprache? Englisch auch für die Lehre an den deutschsprachigen Hochschulen.* Berlin/ New York: de Gruyter.
- (1999) Deutsch als Wissenschaftssprache: die Entwicklung im 20. Jahrhundert und die Zukunftsperspektive. In Wiegand, 668-685.
- (2000a) Auf welchen Interessen beruht Sprachförderungspolitik? Ansätze einer erklärenden Theorie. In Ammon 2000c, 135-150.
- (2000b) Entwicklung der deutschen Wissenschaftssprache im 20. Jahrhundert. In Debus/ Kollmann/ Pörksen, 59-81.
- (ed.) (2000c) *Sprachförderung. Schlüssel auswärtiger Kulturpolitik.* Frankfurt a.M. usw.: Lang.
- (2000d) Weltmacht Englisch? *Merkur* 54: 867-877.
- (2000e) Das Internet und die internationale Stellung der deutschen Sprache. In Hoffmann, 241-260.
- (ed.) (2001a) *The Dominance of English as a Language of Science. Effects on Other Languages and Language Communities.* Berlin/ New York: Mouton de Gruyter.
- (2001b) English as a future language of teaching at German universities? A question of diffi-

cult consequences, posed by the decline of German as a language of science. In Ammon 2001a, 343-361.
- (2002) Die Stellung der deutschen Sprache in Europa und Modelle der Mehrsprachigkeit. In Kelz, 19-35.
- (2003a) The international standing of the German language. In Maurais/ Morris, 231-249.
- (2003b) Language and identity. With an outlook on scientific communication and on the language situation in the European Union. In Vielberth, J./ Drexel, G. (ed.) *Linguistic Cultural Identity and International Communication. Maintaining Language Diversity in the Face of Globalization.* Saarbrücken: AQ-Verlag, 125-136.
- (2003c) Global English and the non-native speaker: overcoming disadvantages. In Tonkin, H./ Reagan, T. (eds.) (2003) *Language in the Twenty-First Century.* Amsterdam/ Philadelphia: John Benjamins Publishing Company, 23-34.
- (2004a) Funktionale Typen und Statustypen von Sprachsystemen. In Ammon/ Mattheier/ Dittmar/ Trudgill, 179-187.
- (2004b) Standard variety. In Ammon/ Dittmar/ Mattheier/ Trudgill, 273-283.
- (2004c Der Status des Deutschen in Remigrationsländern: Weder Nationalsprache noch Lingua Franca. In F. Januschek (ed.) „*Multispresch vor den Toren der EU*". Oldenburg: Bibliotheks- und Informationssystem der Carl von Ossietzky Universität, 38-48.
- (2005a) Some problems of EU language policy and discussion of possible solutions. In Banti, G./ Marra, A./ Vineis, E. (eds.) *Atti del 4° congresso di studi dell' Associazione Italiana di Linguistica Applicata.* Perugia: Guerra, 193-207.
- (2005b) Standard und Variation: Norm, Autorität, Legitimation. In Eichinger, L. M./ Kallmeyer, W. (eds.) *Standardvariation. Wie viel Variation verträgt die deutsche Sprache?* Berlin/ New York: de Gruyter, 28-40.
- (2005c) Umkämpftes Privileg – Die deutsche Sprache. In Maaß 2005, 85-94.
- (2005d) Pluricentric and divided languages. In Ammon/ Dittmar/ Mattheier/ Trudgill, 1536-1542.
- (2005e) Demokratisches Deutsch im demokratischen Europa. Die deutsche Sprache als Arbeits- und Verkehrssprache. In Kilian, J. (ed.) *Sprache und Politik. Deutsch im demokratischen Staat.* Mannheim usw.: Dudenverlag, 314-328.
- (2005f) Die Stellung der deutschen Sprache in der Welt von heute. In Leibniz-Institut für Länderkunde (ed.) *Nationalatlas der Bundesrepublik Deutschland*, Bd. 11: *Deutschland in der Welt.* München: Elsevier, 110f.
- (2006a) Ist die auswärtige Förderung von Sprachen wie Deutsch oder Japanisch heute noch zeitgemäß? *Deutsch als Fremdsprache* 43 (2): 79-87.
- (2006b) Die deutschsprachigen Länder. In Ammon/ Mattheier/ Dittmar/ Trudgill, 1765-1772.
- (2006c) Die Stellung der deutschen Sprache im Internet. In Schlobinski, 38-51.
- (2006d) Language planning for international scientific communication: an overview of questions and political polutions. *Current Issues in Language Planning* 7 (1): 1-30.
- (2006e) The dominance of languages and language communities in the European Union (EU) and the consequences. In Pütz, Martin u.a. (eds.)'*Along the Routes to Power'. Explorations of Empowerment through Language.* Berlin/ New York: de Gruyter, 217-241.
- (2006f) The status and function of English in Germany. *Revista Canaria de Estudios Ingleses* 53: 27-35.
- (2006g) Language conflicts in the European Union. On finding a politically acceptable and practicable solution for EU institutions that satisfies diverging interests. *International Journal of Applied Linguistics* 16 (39): 319-338.

- (2007a) Is the promotion of languages such as German and Japanese abroad still appropriate today? In: Coulmas, F. (ed.) *Language Regimes in Transformation. Future Prospects for German and Japanese in Science, Economy, and Politics*. Berlin: de Gruyter, 53-70.
- (2007b) Die Wichtigkeit und Schwierigkeit von Deutsch als Arbeitssprache in den EU-Institutionen. *Muttersprache* 117 (2): 98-110.
- (2007c) Deutschsprachige Minderheiten in Europa im Vergleich zum Elsass. In Darquennes, J. (ed.) *Kontaktlinguistik und Sprachminderheiten*. St. Augustin: Asgard, 103-116.
- (2007d) Global scientific communication: Open questions and policy suggestions. *AILA Review* 20: 123-134.
- (2009a) Umkämpftes Privileg – Die deutsche Sprache. In Maaß (2009a), 113-126.
- (2009b) Über die Dilemmata jeglicher EU-Sprachenpolitik. In Stickel (2009a), 19-34.
- (2009c) Thesen zur Abträglichkeit der EU-Sprachenpolitik für Deutsch als Fremdsprache. *Der Sprachspiegel* 53 (1): 16-19.
- (2009d) Sprachwahl und Macht. In Enell-Nilsson, M. /Nissilä, N. (eds.) *Käännösteoria, Ammattikielet ja Monikielisyys Vakki-symposiumi XXIX. Vaasa 13.–14.2.2009* (Publications of the Research Group for the Theory of Translation, LSP and Multilingualism at the University of Vaasa 36). Vaasa: Universität Vaasa, 10-29.
- (2010a) Western Europe. In Fishman, J./ García, O. (eds.) *Handbook of Language and Ethnic Identity. Disciplinary and Regional Perspectives*. Vol. 1. 2. Aufl. Oxford/ New York: Oxford University Press, 207-220.
- (2010b) The hegemony of English. In International Social Science Council (ed.) *World Social Science Report: Knowledge Divides*. Paris: UNESCO, 154f.
- (2010c) The concept of ‚world language': Ranks and degrees. In Coupland, 101-122.
- (2010d) English and other international languages under the impact of globalization. *Neuphilologische Mitteilungen* 61 (1): 9-28.
- (2010e) Why accepting one common language plus preserving all the other languages as national or minority languages would not solve the European language conflicts. In de Cillia, R. u.a. (eds.) *Diskurs – Politik – Identität. Festschrift für Ruth Wodak*. Tübingen: Stauffenburg, 1-6.
- (2010f) Die Verbreitung des Deutschen in der Welt. In Krumm/ Fandrych/ Hufeisen/ Riemer, Bd. 1, 89-107.
- (2011a) A checklist of sociolinguistic language maintenance indicators for diaspora minorities (with a focus on German examples). In Moretti/ Pandolfi/ Casoni, 43-63.
- (2011b) Deutsch als plurizentrische Sprache – mit Hinweisen auf die Nachfolgestaaten des früheren Jugoslawien. In Gavrić, S. (ed.) *Sprach(en)politik in Bosnien und Herzegowina und im deutschsprachigen Raum. Sammelband zur gleichnamigen Konferenz vom 22. März 2011 in Sarajevo*. Sarajevo: Goethe-Institut/ Österreichische Botschaft/ Schweizer Botschaft, 38-46.
- (2011c) Deutsch im Verhältnis zu anderen internationalen Sprachen – mit Ausblicken auf die Relevanz für die Germanistik in Israel." In Kohlross/ Mittelmann, 247-268.
- (2011d) Die Politik der deutschsprachigen Länder zur Förderung der deutschen Sprache in Russland. In Ammon/ Kemper, 327-343.
- (2012a) Die Bedeutung der deutschen Sprache in Namibia für die deutschsprachigen Länder und aus europäischer Sicht. In *Sprachenvielfalt in Namibia*, 62-67.
- (2012b) Prestige planning. In *The Encyclopedia of Applied Linguistics*. Wiley Online Library. (www.onlinelibrary.wiley.com/doi/10.1002/9781405198431.wbeal0952/full)
- (2012c) Linguistic inequality and its effects on participation in scientific discourse and on

global knowledge accumulation – With a closer look at the problems of the second-rank language communities. *Applied Linguistics Review* 3 (2): 333-355.
- (2012d) Die Nischenfächer für Deutsch als internationale Wissenschaftssprache und die Zukunftsperspektiven. *Quo Vadis Romania?* 40: 39-61.
- (2012e) Language Policy in the European Union (EU). In Spolsky, B. (ed.) *The Cambridge Handbook of Language Policy*. Cambridge UK: Cambridge University Press, 570-591.
- (2013) Wissenschaftssprachen im Wandel der Zeiten. In Neck, R./ Schmidinger, H./ Weigelin-Schwiedrzik (eds.) *Kommunikation – Objekt und Agens von Wissenschaft*. Wien/ Köln/ Weimar: Böhlau, 45-70.
- / Dittmar, Norbert/ Mattheier, Klaus J. (eds.) (1987/ 88) *Sociolinguistics. An International Handbook of the Science of Language and Society*, 2 Bde. Berlin/ New York: de Gruyter.
- / Haarmann, Harald (eds.) (1991) *Status und Funktion der Sprachen in den Institutionen der Europäischen Gemeinschaft/ Focus: Status and Function of the Languages in the Political Bodies of the European Community/ Thème principal: Status et fonction des langues dans les organes de la Communauté Européne* (Sociolinguistica 5).
- / Hellinger, Marlis (eds.) (1991) *Status Change of Languages*. Berlin/ New York: de Gruyter.
- / Kleineidam, Hartmut (eds.) (1992) *Language Spread Policy. Vol. I: Languages of Former Colonial Powers* (International Journal of the Sociology of Language 95).
- / Michels, Stefan (1994) Die derzeitige Rolle der deutschen Sprache im Verhältnis zu anderen Fremdsprachen in der internationalen Kommunikation japanischer Natur- und Geisteswissenschaften. In Ammon 1994d, 15-33.
- / McConnell, Grant (2002) *English as an Academic Language in Europe. A Survey of its Use in Teaching*. Frankfurt a. M.: Lang.
- / Chong, Si-Ho (eds.) (2003) *Die Deutsche Sprache in Korea. Geschichte und Gegenwart*. München: Iudicium.
- / Bickel, Hans/ Ebner, Jakob u. a. (2004) *Variantenwörterbuch des Deutschen. Die Standardsprache in Österreich, der Schweiz und Deutschland sowie in Liechtenstein, Luxemburg, Ostbelgien und Südtirol*. Berlin/ New York: de Gruyter.
- / Dittmar, Norbert/ Mattheier, Klaus J./ Trudgill, Peter (eds.) (2004/ 2005/ 2006) *Sociolinguistics. An International Handbook of the Science of Language and Society*, 3 Bde., 2., vollst. neu bearb. Aufl. Berlin/ New York: de Gruyter.
- / Reinbothe, Roswitha/ Zhu, Jianhua (eds.) (2007) *Die deutsche Sprache in China. Geschichte, Gegenwart, Zukunftsperspektiven*. München: Iudicium.
- / Haarmann, Harald (eds.) (2008) *Wieser Enzyklopädie Sprachen des europäischen Westens/ Wieser Encyclopaedia Western European Languages*. 2 Bde. Klagenfurt: Wieser.
- / Kemper, Dirk (eds.) (2011) *Die deutsche Sprache in Russland. Geschichte, Gegenwart, Zukunftsperspektiven*. München: Iudicium.
- / Kruse, Jan (2013) Does translation support multilingualism in the EU? Promises and reality – the example of German. *International Journal of Applied Linguistics* 23 (1): 15-30.
Andersen, H./ Rasmussen, E. (2004) The role of language skills in corporate communication. *Corporate Communications: An International Journal* 9 (3): 231-242.
Andersen, Uwe/ Woyke, Wieland (eds.) (1985) *Handwörterbuch Internationale Organisationen* (UTB 1299). Opladen: Leske und Budrich.
Anderson, Benedict (1983) *Imagined Communities*. London: Verso.
Andmussen, R. L. (1967) Trends in the Ph. D. requirement. *Modern Language Journal* (October): 346-349.
Andrei, Verena (2008) *Die auswärtige Sprachpolitik der Bundesrepublik Deutschland gegen-*

über den Staaten Mittel- und Südosteuropas und in der Europäischen Union. Eine theoriegeleitete Außenpolitikanalyse. Diss. Universität Tübingen.
(www.tobias-lib.ub.uni-tuebingen.de/volltexte/2008/3275)
- / Rittberger, Volker (2009) Macht, Interessen und Normen: Auswärtige Kulturpolitik und Außenpolitiktheorien illustriert am Beispiel der deutschen auswärtigen Sprachpolitik. In Maaß 2009a, 33-60.
Andress, Reinhard u.a. (2002) Maintaining the momentum from high school to college: report and recommendations. *Die Unterrichtspraxis/ Teaching German* 35: 1-14.
Androutsopoulos, Jannis K. (2006) Multilingualism, diaspora, and the Internet: codes and identities on German-based diaspora websites. *Journal of Sociolinguistics* 10: 520-547.
- / Ziegler, Evelyn (eds.) (2003) *„Standardfragen". Soziolinguistische Perspektiven auf Sprachgeschichte, Sprachkontakt und Sprachvariation.* Frankfurt a. M.: Lang.
Angelo, Miatello (1988) *United Nations Organization: Multilingual Glossary [English-French-German-Italian-Arab].* Bern: Lang.
Annas, Rolf (2004) Zur Situation des Faches Deutsch an südafrikanischen Universitäten. *Acta Germanica* 30/31: 181-191.
Aoki, Toshio (1989) Wozu lernt man Deutsch? Weder praxisorientiert noch bildungsorientiert. In Bauer 1989b, 68-74.
ADAWıS (2013) *Die Sprache von Forschung und Lehre: Welche – Wo, für Wen? Dokumentation einer Podiumsdiskussion des Arbeitskreises Deutsch als Fremdsprache (ADAWıS) e.V. und der Freien Universität Berlin am 29. Januar 2013 in Berlin.* Berlin: Arbeitskreis Deutsch als Fremdsprache.
Archan, Sabine/ Dornmayr, Helmut (2006). *Fremdsprachenbedarf und -kompetenzen. Unternehmensbefragung zu Ausbildungsqualität und Weiterbildungsbedarf.* Wien: Institut für Bildungsforschung der Wirtschaft.
Aref, Anke (1983/ 84) Deutsch als Fremdsprache in Ägypten. *Info DaF* 2: 44-47.
Arnold, Hans (1980) *Auswärtige Kulturpolitik. Ein Überblick aus deutscher Sicht.* München: Hanser.
Arnold, Herbert (1983) Fremdsprache Deutsch und Deutschlandkunde in den USA. *Linguistische Berichte* 84: 73-84.
Arras, Ulrike (2001) Deutschunterricht und Germanistikstudium in Ägypten. In Helbig/ Götze/ Henrici/ Krumm, Bd.2: 1601-1609.
Arts & Humanities Citation Index (A&HCI) (1975ff.). Institute for Scientific Information/ Thomson Reuters.
Ash, Mitchell G. (1983) Die deutschsprachige Psychologie im Exil: Forschungsansätze und -ergebnisse zum Problem des Wissenstransfers. In Lüer, G. (ed.) *Bericht über den 33. Kongreß der Deutschen Gesellschaft für Psychologie in Mainz 1982*, Bd. 1. Göttingen: Hogrefe, 106-113.
Askedal, John Ole (2000) Hochdeutsch und Philosophie auf Norwegisch. In Naumann/ Müller, 183-209.
Assemblée nationale (France) (2003) *Rapport d'information déposé par la délégation de l'Assemblée nationale pour l'union européenne sur la diversité linguistique dans l'Union européenne* (Rapport Herbillon).
(www.elections-legislatives.fr/ 12/ europe/ rap-info/ i0902.asp)
Asserate, Asfa-Wossen (2013) *Deutsche Tugenden. Von „Anmut" bis „Weltschmerz".* München: Beck.
Auburger, Leopold/ Kloss, Heinz (eds.) (1977) *Deutsch als Muttersprache in Kanada.* Mann-

heim: Institut für deutsche Sprache.
- / Kloss, Heinz (eds.) (1979) *Deutsche Sprachkontakte in Übersee, nebst einem Beitrag zur Theorie der Sprachkontaktforschung.* Tübingen: Narr.
- / Kloss, Heinz/ Rupp, Heinz (eds.) (1979) *Deutsch als Muttersprache in den Vereinigten Staaten, Teil I: Der Mittelwesten.* Wiesbaden: Steiner.
„Aufruf an die Kulturwelt!" vom 4. Oktober 1914. Abgedr. in Kellermann, Hermann. (1915) (ed.) *Der Krieg der Geister. Eine Auslese deutscher und ausländischer Stimmen zum Weltkriege 1914.* Dresden: Duncker, 64-68.
Augart, Julia (2012) (Süd-)Afrikanische Germanistik. (elektronische Form) *Deutschunterricht in Südafrika (eDuSa)* 7 (1): 7-22. (www.sagv.org.za/publ_dusa.htm)
Augustin, Matthias (2003a) Offizielle Sprache und Sprachwahl der in Korea ansässigen Betriebe deutschsprachiger Länder. In Ammon/ Chong, 95-108.
- (2003b) Stellenangebote mit gewünschten Kenntnissen in Deutsch und anderen Fremdsprachen. In Ammon/ Chong, 141-158.
Australian Bureau of Statistics (2012) *For a brighter future.* Canberra. (www.abs.gov.au/census)
Auswärtiges Amt (2.7.1973) *Auswärtige Kulturpolitik der Bundesrepublik Deutschland. Gesamtplan 1973 - 1976.* Bonn.
Auswärtiges Amt (16.03.2006) *Bericht der Bundesregierung zur Auswärtigen Kulturpolitik 2004.* Berlin.
Auswärtiges Amt, Referat für Öffentlichkeitsarbeit (ed.) (1978) *Auswärtige Kulturpolitik im Schulwesen. Rahmenplan für Auslandsschulen, Sprachförderung und internationale Zusammenarbeit* (Bundestagsdrucksache 8/ 2103). Bonn.
Baasner, Frank (2007) Mehrsprachigkeit in Europa: Überlegungen unter besonderer Berücksichtigung von Deutsch und Französisch. In: Bergsdorf, Wolfgang (ed.) *Erbfreunde.* Erfurt: Universität, S. 37-52.
Bach, Adolf (1950) *Deutsche Mundartforschung. Ihre Wege, Ergebnisse und Aufgaben.* Heidelberg: Winter.
Backhaus, Peter (2007) *Linguistic Landscape. A Comparative Study of Urban Multilingualism in Tokyo.* Clevedon/ Buffalo/ Toronto: Multilingual Matters.
Baer, Emil (1936) *Alemannisch. Die Rettung der Eidgenössischen Seele.* Zürich/ Leipzig/ Stuttgart: Rascher.
Baethge, Christopher (2008) Die Sprachen der Medizin. *Deutsches Ärzteblatt* 105 (3): 37-40.
- (2009) Wissenschaftliches Publizieren auf Deutsch ist ein Anachronismus – Kontra. *Psychiatrische Praxis* 36: 157-159.
- (2011) Die Lage der Wissenschaftssprache Deutsch in der Medizin. In Wieland, E./ Glück, H./ Pretscher, S. (eds.) *Wissen schaffen – Wissen kommunizieren. Wissenschaftssprachen in Geschichte und Gegenwart.* Wiesbaden: Harrasowitz, 109-117.
Baier, Hannelore/ Bottesch, Martin/ Nowak, Dieter/ Wiecken, Alfred/ Ziegler, Winfried (2011) *Geschichte und Traditionen der deutschen Minderheit in Rumänien. Lehrbuch für die 6. und 7. Klasse der Schulen mit deutscher Unterrichtssprache.* 4. Aufl. Mediaş: Central.
Baker, Steven J. (ed.) (2002) *Language Policy: Lessons from Global Models.* Monterey: Monterey Institute of International Studies.
Balay, Robert/ Carrington, Vee F. (Anoc.)/ Martin, Murray S. (Assist.) (1996) *Guide to Reference Books.* 11th ed. Chicago/ London: American Library Association.
Baldauf, Richard, B. (1986) Linguistic constraints on participation in psychology. *American Psychologist* 41: 220-224.

- / Jernudd, Björn H. (1983) Language use patterns in the fisheries periodical literature. *Scientometrics* 5 (4): 245-255.
Balci, Tahir (1997) Das Germanistik- bzw. DaF-Studium in der Türkei. *Info DaF* 24 (5): 621-624.
Ball, Rafael/ Tunger, Dirk (2005) *Bibliometrische Analysen – Daten, Fakten und Methoden. Grundwissen Bibliometrie für Wissenschaftler, Wissenschaftsmanager, Forschungseinrichtungen und Hochschulen.* Jülich: Forschungszentrum Zentralbibliothek.
Bälz, Ottilie (2009) Ein weltweites Bild verändern – die Auswärtige Kulturpolitik der Russischen Föderation. In Maaß 2009a, 411-427.
Banks, Arthur S./ Muller, T. C. (eds.) [1928] (1987) *Political Handbook of the World: 1987. Governmental and Intergovernmental Organizations as of March 15, 1987.* Binghamton, N.Y.: CSA Publications.
- / - / Overstreet, William R. (eds.) [1928] (2007) *Political Handbook of the World: 2007.* Washington, DC: CQ Press.
Barbasina, Elvira (1999) Die Assimilation der Deutschen in Sibirien nach 1945. In Barbasira, E./ Brandes, D./ Neutatz, D. (eds.) *Die Russlanddeutschen in Russland und Deutschland. Selbstbilder/ Fremdbilder/ Aspekte der Wirklichkeit.* Essen: Klartext, 155-175.
Barbour, Stephan (2001) Accents, dialects and languages. National differences in the evaluation of language varieties. *Sociolinguistica* 14: 5-10.
- (2004) National language and official language. In Ammon/ Dittmar/ Mattheier/ Trudgill, 288-295.
Bär, Günter (1974) Deutsch als außenpolitischer Faktor. *Sprache im technischen Zeitalter* 50: 113-120, 51: 294-296.
Barcan, Monica/ Millitz, Adalbert (1977) *Die deutsche Nationalität in Rumänien.* Bukarest: Kriterion.
Barinaga, Marcia (1995) Brain Researchers Speak a Common Language. *Science* 270: 1437f.
Barker, B. (1966) *Characteristics of the Scientific Literature Cited by Chemists of the Soviet Union.* University of Illinois: PhD in Library Science.
Barkowski, Hans/ Faistauer, Renate (eds.) (2002) *... in Sachen Deutsch als Fremdsprache. Sprachpolitik – Unterricht – Interkulturelle Begegnung. Festschrift für Hans-Jürgen Krumm zum 60. Geburtstag.* Hohengehren: Schneider.
- / Demmig, Silvia/ Funk, Hermann/ Würz, Ulrike (eds.) (2009) *Deutsch bewegt. Entwicklungen in der Auslandsgermanistik und Deutsch als Fremd- und Zweitsprache. Dokumentation der Plenarvorträge der XIV. Internationalen Tagung der Deutschlehrerinnen und Deutschlehrer IDT Jena-Weimar.* Baltmannsweiler: Schneider.
Bärnert-Fürst, Ute (1994) Conservation and Displacement Processes of the German Language Speech Community on Panambi, Rio Grande do Sul, Brazil. In Berend/ Mattheier, 273-287.
Bartsch, Renate (1985) *Sprachnormen: Theorie und Praxis.* Tübingen: Niemeyer.
Bartzsch, Rudolf/ Pogarell, Reiner/ Schröder, Markus [1999] (2003) *Wörterbuch überflüssiger Anglizismen.* 5., überarb. Aufl. Paderborn: IFB Verlag.
Baschera, Marco (2008) Welche Fremdsprachen in den Deutschschweizer Schulen? In Moraldo, 215-224.
Bassola, Péter (1995) *Deutsch in Ungarn – in Geschichte und Gegenwart.* Heidelberg: Julius Groos.
- / Földes, Csaba/ Hessky, Regina (2004) Ungarn. In Institut für Deutsche Sprache, 87-94.
- / - / - / (2008) Ungarn. In Institut für Deutsche Sprache, 63-72.
Bauer, Hans L. (1989a) Eine Marktforschungsstudie zu Deutsch als Fremdsprache in Japan. In Bauer 1989b, 201-219.

- (ed.) (1989b) *deutsch als zweite fremdsprache in der gegenwärtigen japanischen gesellschaft.* München: Iudicium.
Baumann, Adalbert (1915) *Wede, die Verständigungssprache der Zentralmächte und ihrer Freunde, die neue Welt-Hilfs-Sprache.* Diessen vor München: Huber.
Baur, Arthur (1983) *Was ist eigentlich Schweizerdeutsch?* Winterthur: Gemsberg.
Baur, Rupprecht/ Chlosta, Christoph/ Wenderoff, Claus (2000) Bilingualer Unterricht in Russland – ein konkretes Beispiel zur Förderung des Deutschen. In Ammon 2000c, 83-91.
- / - / Schroeder, Christoph (2004) Was sprecht ihr vornehmlich zu Hause? *Essener Unikate* 24 (1): 96-105. (www.uni-due.de/unikate/ressourcen/grafiken/PDF%27s/EU_24/24_baur.pdf)
- / Mamporija, Irina/ Schymiczek, Nelly (2011a) Bilinguales Lernen an russischen Schulen. In Ammon/ Kemper, 159-186.
- / - / - (2011b) Fachunterricht in deutscher Sprache an russischen Hochschulen. In Ammon/ Kemper, 174-186.
Baur, Siegfried (2009) Ausblicke und neue Aspekte im 21. Jahrhundert. In Baur/ Mezzalira/ Pichler, 389-428.
- / Mezzalira, Giorgio/ Pichler, Walter (2009) *Die Sprache der Anderen. Aspekte der Sprachen- und Schulpolitik in Südtirol von 1945 bis heute.* Meran: Alpha & Beta Verlag.
Bausch, Karl-Richard (2003) Deutsch *nach* Englisch? Besser: Deutsch *mit* Englisch! – Zu den Spezifika des Lehrens und Lernens von Deutsch als zweiter bzw. weiterer Fremdsprache. In Schneider/ Clalüna, 28-38.
Bausinger, Hermann (ed.) (1990) *Gesprochene Sprache. Festschrift für Arno Ruoff zum 60. Geburtstag.* Tübingen: Ludwig-Uhland-Institut für empirische Kulturwissenschaft.
- (2000) *Typisch deutsch. Wie deutsch sind die Deutschen?* München: Beck.
Beacco, Jean-Claude/ Byram, Michael (2003) *Guide pour l'élaboration des politiques linguistiques éducatives en Europe. De la diversité linguistique à l'éducation plurilingue.* Straßburg: Conseil de l'Europe (Division des politiques linguistiques).
Bechdolf, Ute/ Johler, Reinhard/ Tonn, Horst (2007) *Amerikanisierung – Globalisierung. Transnationale Prozesse im europäischen Alltag.* Trier: WVT.
Beck, Ulrich (1997) *Was ist Globalisierung?* Frankfurt a.M.: Suhrkamp.
Becker, Joachim H. (1980) Englischsprachige Publikationen deutscher Psychologen. Trends, Inhalte, Herkunft, internationale Aufnahme. *Psychologische Beiträge* 22: 356-371.
- (1981) Wen interessiert die deutsche Sozialpsychologie? Rezipienten und Rezipiertes der 'Zeitschrift für Sozialpsychologie 3'. *Zeitschrift für Sozialpsychologie* 12: 325-335.
- (1983) Englischsprachig publizieren - ein Vergleich deutscher Psychologen mit deutschen Forschern aus anderen Disziplinen und eine Analyse von Autoren und Rezipienten der Zeitschrift ‚Psychologische Forschung/ Psychological Research' vor und nach der Titeländerung. In Lüer, 116-119.
- (1984) German-Language Psychological Journals: An Overview. *The German Journal of Psychology* 8: 323-344.
- (1994a) Produzieren produktive deutsche Psychologen zunehmend in englischer Sprache? *Psychologische Rundschau* 45: 234-238.
- (1994b) Provinzbühne oder Metropolitan Opera – das Forum entscheidet über das Publikum ... auch beim Publizieren. In *Tätigkeitsbericht der Zentralstelle für Psychologische Information und Dokumentation.* Trier: Universität, Sonderanhang, 1.12.
Bedi, Lasme E. (2006) *Deutsch in Afrika: Vergangenheit, Gegenwart, Zukunft.* Hamburg: Dr. Kovać.

Beer, Alexander (1998) The concept of corporate language and its impact on business performance. In Rainer, F./ Stegu, M. (eds.) *Wirtschaftssprache. Anglistische, germanistische, romanistischen und slavistische Beiträge. Gewidmet Peter Schifko zum 60. Geburtstag.* Frankfurt a.M.: Lang, 95-107.

Beersmans, Frans (1987) Deutsch als Fremdsprache in den Niederlanden. In Sturm (1987a), 35-46.

Behbud, Gholam Dastgir (2006) Deutsch in Afghanistan. *Jahrbuch für Internationale Germanistik* 38 (2): 35-47.

von Behr, Marhild (2001) Internationalisierungsstrategien kleiner und mittlerer Unternehmen. *Dortmund: Arbeitsgruppe des Lehrstuhls Technik und Gesellschaft,* Nr. 9/2001. (www.isf-muenchen.de/pdf/uniDo_AP%209%202001.pdf)

Behrens, Julia/ Fischer, Lars/ Minks, Karl-Heinz/ Rösler, Lena (2010) *Die internationale Positionierung der Geisteswissenschaften in Deutschland. Eine empirische Untersuchung.* Hannover: HIS Hochschulinformationssystem. (www.his.de/publikation/bericht)

Beidelmann, T. O. (1986) On J. Zwernemann's Culture History and African Anthropology. *Anthropos* 81 (4/ 6): 661-671.

Beierwaltes, Andreas (2000) *Demokratie und Medien. Der Begriff der Öffentlichkeit und seine Bedeutung für die Demokratie in Europa.* Baden-Baden: Nomos.

- (2001) Sprachenvielfalt in der EU – Grenze einer Demokratisierung Europas? Bonn: Zentrum für Europäische Integrationsforschung.

Beilsteins Handbuch der Organischen Chemie [1918ff.] (1919ff.) Hrsg. von der Deutschen Chemischen Gesellschaft. 4. Aufl. Berlin: Springer.

Beilstein. Handbook of Organic Chemistry (1984) 4th. ed. Berlin/ Heidelberg/ New York/ Tokyo: Springer.

Belcher, Diane (2007) Seeking acceptance in an English-only research world. *Journal of Second Language Writing* 16 (1): 1-22.

Belke, Gerlind (2011) *Zweisprachige Erziehung in Schweden.* Universität Duisburg-Essen/ Stiftung Mercator: proDaZ.
(www.uni-due.de/imperia/md/content/prodaz/zweisprachige_erziehung_in_schweden.pdf - abgerufen 12. 07. 2012)

Belobratow, Aleksandr (2011) Der Russische Germanistenverband: Gründe, Motivation und Realisationen. In Ammon/ Kemper, 389-393.

Ben-David, Joseph (1977) *Centers of Learning. Britain, France, Germany, United States.* New York usw.: McGraw-Hill.

Beneke, Jürgen (1981) Foreign language on the top floor: European executive managers evaluate their foreign-language needs. In Freudenstein/ Reneke/ Pönisch, 23-41.

- / Freudenstein, Reinhold (1994) *Die Sprache des Kunden: Fremdsprachenlernen für Wirtschaft und Beruf.* Bonn: Dümmler.

Benfield, John R./ Howard Kathryn M. (2000) The language of science. *European Journal of Cardio-Thoracic Surgery* 18: 642-648.

- / Feak, Christine B. (2006) How authors can cope with the burden of English as an international language. *Chest* 129: 1728-1730.

Berberis, Paola/ Ekna, Bruno (1987) *Deutsch im Hotel 1,2. Kommunikatives Lehrwerk für Deutschlerner im Fach Hotelgewerbe/ Gastronomie.* Ismaning: Hueber.

Berchem, Theodor (2003) "If only we had the words, we would not need weapons": Deliberation on a European language policy. In Ahrens, 23-33.

Berend, Nina (1994) Sprachinseldialekte in Auflösung. In Berend/ Mattheier, 319-331.
- (2006) Zur Geschichte und Gegenwart der deutschen Sprachinseln in Russland und der ehemaligen Sowjetunion. In Berend/ Knipf-Komlósi, 77-88.
- (2011) Die Aufnahme deutscher Siedler und die Bildung von Sprachinseln in Russland seit Katharina II. In Ammon/ Kemper, 60-72.
- / Mattheier, Klaus J. (eds.) (1994) *Sprachinselforschung. Eine Gedenkschrift für Hugo Jedig.* Frankfurt a. M.: Lang.
- / Knipf-Komlósi, Elisabeth (eds.) (2006) *Sprachinselwelten –The World of Language Islands.* Frankfurt a.M.: Lang.
- / Riehl, Claudia M. (2008) Russland. In Eichinger/ Plewnia/ Riehl, 17-58.
Berg, Guy (1993) *„Mir wëlle bleiwe, wat mir sin".* Soziolinguistische und sprachtypologische Betrachtungen zur luxemburgischen Mehrsprachigkeit. Tübingen: Niemeyer.
Berge, Frank/ Grasse, Alexander (2003) *Zerfall – oder föderales Zukunftsmodell? Der flämisch-wallonische Konflikt und die Deutschsprachige Gemeinschaft.* Opladen: Leske + Budrich.
Bergem, Wolfgang (2000) Culture, identity, and distinction: ethnic minorities between Scylla and Charybdis. In Wolff, 1-12.
Berghorn, Gregor (2011) Der Deutsche Akademische Austauschdienst (DAAD) in Russland. In Ammon/ Kemper, 361-374.
Van Bergijk, D. (1983) The World Transindex, a data base on existing scientific translations: an aid to overcome the language barrier. *Multilingua* 2 (1): 27-31.
Berlin-Brandenburgische Akademie der Wissenschaften (ed.) (2011) *Welche Sprache(n) spricht die Wissenschaft? Streitgespräche in den Wissenschaftlichen Sitzungen der Versammlung der Akademiemitglieder am 2. Juli und am 26. November 2010* (Debatte, Heft 10). Berlin: Berlin-Brandenburgische Akademie der Wissenschaften.
Bergmann, Klaus/ Siebel, Wolf (1987) *Sender & Frequenzen 1988.* Meckenheim: Siebel Verlag.
Bericht der Bundesregierung (1967) *Die Situation der deutschen Sprache in der Welt* (Bundestagsdrucksache V/ 2344). Bonn.
Bericht der Bundesregierung (1985) *Die Stellung der deutschen Sprache in der Welt* (Bundestagsdrucksache 10/ 3784). Bonn.
Bericht der Bundesregierung über Stand und Entwicklung der deutschen Schulen im Ausland (1988) (Bundestagsdrucksache 11/ 1642). Bonn.
Bericht der Bundesregierung über die Integration der Bundesrepublik Deutschland in die Europäische Union (22.03.1994). Berichtszeitraum 1. Juli bis 31. Dezember 1993. (Bundesrat Drucksache 245/ 94). Bonn.
Bericht der Bundesregierung zur Auswärtigen Kulturpolitik 2000 (15.08.2001) (Deutscher Bundestag Drucksache 14/ 6825, 14. Wahlperiode). (dip21.bundestag.de/dip21/btd/14/068/1406825.pdf)
Bernath, Arpad (2004) Gefahren und Chancen für die Behauptung des Deutschen als Fremdsprache im 21. Jahrhundert. In Goltschnigg/ Schwob, 129-133.
- / Csuri, Karoly (2004) Die deutsche Sprache im ungarischen Hochschulwesen. In Goltschnigg/ Schwob, 137-139.
Bernhard, Gerald (2008) Immigrantensprachen in Italien. In Ammon/ Haarmann, 533-553.
Bernheim, Ernst [1914] (1960) *Lehrbuch der historischen Methode und der Geschichtsphilosophie. Mit Nachweis der wichtigsten Quellen und Hilfsmittel zum Studium der Geschichte.* 5., neubarb. Aufl. New York: Franklin [Nachdruck der Aufl. Von 1914].
Berns, Margie (1992) Bilingualism with English as the other tongue. English in the German legal domain. *World Englishes* 11(2-3): 155-161.

- (1995a) English in Europe: whose language, which culture? *International Journal of Applied Linguistics* 5 (1): 21-32.
- (1995b) English in the European Union. *English Today* 11 (3): 3-11.
- / de Bot, Kees/ Hasebrink, Uwe (2007) *In the Presence of English. Media and European Youth.* New York: Springer.

Bertelsmann, Werner (1970) *Die Minderheitenrechte der deutschsprachigen Bevölkerung in Südwestafrika.* Diss. Universität Göttingen.
- (1979) *Die deutsche Sprachgruppe Südwestafrikas in Politik und Recht seit 1915.* Windhoek: Meinert.
- (1980) *Die deutsche Sprachgruppe Südwestafrikas in Politik und Recht seit 1915.* Stuttgart: Steiner.
- [1978] (1982) *Gutachten über die rechtliche Stellung der deutschen Sprache in Südwestafrika/ Namibia.* Ergänzt durch Auslassungen von D. H. Van Wyk. Windhoek: Interessengemeinschaft deutscher Südwester.

Betten, Anne (2011) Sprachheimat vs Familiensprache. Die Transformation der deutschen Sprache von der 1. zur 2. Generation der Jeckes. In Kohlross/ Mittelmann, 205-229.
- / Dunour, Miryam (eds.) (2000) *Sprachbewahrung nach der Emigration. Das Deutsch der 20er Jahre in Israel.* Tübingen: Niemeyer.

Beyerchen, Alan D. (1982) *Wissenschaftler unter Hitler. Physiker im Dritten Reich.* Frankfurt a. M./ Berlin/ Wien: Ullstein.

Beyermann, Klaus (1985) Bedeutung und Organisation des Ausländerstudiums in der Bundesrepublik Deutschland und Berlin (West). *Info DaF* 12 (4): 380-384.

Bhatti, Anil (2001) Nationales und Internationales. Eine literaturwissenschaftliche Anmerkung aus Indien. In Deutscher Akademischer Austauschdienst (ed.) *Jacob- und Wilhelm-Grimm-Preis des Deutschen Akademischen Austauschdienstes.* Bonn: DAAD, 13-29.
- (2007) Germanistik in Indien. Eine Miszelle vom Umgang mit dem Sprachrepertoire. In Bode/ Jecht, 236-242.

Bianco, Joseph L. (1987) *National Policy on Languages.* Canberra: Australian Government Publishing Service.

Biehl, Jürgen (2008) Jiddisch (Yiddish). In Ammon/ Haarmann, Bd.2, 7-20.

Biere, Bernd U./ Liebert, Wolf-Adreas (eds.) (1997) *Metaphern, Medien, Wissenschaft: Zur Vermittlung der AIDS-Forschung in Presse und Rundfunk.* Opladen: Westdeutscher Verlag.

Biological Abstracts (1927ff.). Philadelphia: BIOSIS.

Bister-Broosen, Helga (1998) *Sprachkontakte und Sprachattitüden Jugendlicher im Elsass und in Baden. Vergleichende soziolinguistische Untersuchungen in Colmar (Frankreich) und in Freiburg und Müllheim (Deutschland).* Frankfurt a.M.: Lang.
- / Good, Kathryn (1997) Fremdsprachenwahl an amerikanischen Universitäten: Eine Umfrage in North Carolina. In Moelleken, W. W./ Weber, P. J. (eds.) *Neue Forschungsarbeiten zur Kontaktlinguistik.* Bonn: Dümmler, 52-58.

Blanke, Detlev/ Scharnhorst, Jürgen (eds.) (2007) *Sprachenpolitik und Sprachkultur.* Frankfurt a.M. usw.: Lang.

Blankenhorn, Renate (2008) Die russlanddeutsche Minderheit in Sibirien. In Eichinger/ Plewnia/ Riehl, 59-70.

Bleich, Carola (2005) Eine Umfrage zum Stellenwert der deutschen Sprache im schwedischdeutschen Wirtschaftsleben. In Van Leewen, 275-287.

Blick auf den Bundesstaat Belgien. Ich informiere mich über die Reform (1989) Brüssel: Belgisches Institut für Information und Dokumentation.

Bliesener, Ulrich (2003) European language policy – frustration and hope. In Ahrenz, 75-98.
- (2005) Sprachen in Europa – einige Beobachtungen und Anmerkungen. In Van Leewen, 203-217
Blommaert, Jan (2010) *The Sociolinguistics of Globalization*. Cambridge UK usw: Cambridge University Press.
- (2013) *Ethnography, Superdiversity and Linguistic Landscapes: Chronicles of Complexity*. Bristol: Multilingual Matters.
Blumenwitz, Dieter/ Gornig, Gilbert H./ Murswiek, Dietrich (eds.) (1999) Fortschritte im Beitrittsprozess der Staaten Ostmittel-, Ost- und Südeuropas zur Europäischen Union. Regelungen und Konsequenzen für die deutschen Volksgruppen und Minderheiten. Köln: Verlag Wissenschaft und Politik.
Blumer, Arnold (1987) Wider die ‚Kofferträger' oder Bemerkungen zu Entwicklungsbedingungen einer südafrikanischen Germanistik. *Jahrbuch Deutsch als Fremdsprache* 13: 312-321.
Blümle, A./ Antes, G. (2006) Handsuche nach randomisierten kontrollierten Studien in deutschen medizinischen Zeitschriften. *Deutsche Medizinische Wochenschrift* 133: 230-234.
Böckenförde, Ernst-Wolfgang (1999) Die Schweiz – Vorbild für Europa? In ders. *Staat, Nation, Europa: Studien zur Staatslehre, Verfassungstheorie und Rechtsphilosophie*. Frankfurt a.M.: Suhrkamp.
Bode, Christian/ Jecht, Dorothea (eds.) (2007) *20 Jahre „Wandel durch Austausch". Festschrift für Prof. Dr. Dr. h.c. mult. Theodor Berchem*. Bonn: Deutscher Akademischer Austauschdienst.
Bodenstein, Eckhard W. (1995) Die Rolle der deutschen Sprache in Südafrika. *Deutschunterricht im Südlichen Afrika (DUSA)* 26: 34-53.
Boeckmann, Klaus-Börge (2010) Entwicklungen von Deutsch als Fremd- und Zweitsprache in Österreich. In Krumm/ Fandrych/ Hufeisen/ Riemer, Bd. 1, 72-80.
Boehnke, Klaus/ Boehnke, Mandy (2007) Die Jacobs University Bremen als Fallbeispiel für Sprachpolitik im tertiären Bildungssektor. *Fremdsprachen Lehren und Lernen* 36: 171-184.
Boemeke, Manfred F./ Feldman, Gerald D./ Glaser, Elisabeth (eds.) (1998) *The Treaty of Versailles. A Reassessment After 75 Years*. Cambridge: Cambridge University Press.
Bogen, James/ Woodward, James (1988) Saving the phenomena. *The Philosophical Review* 57 (3): 303-352.
Böhm, Michael A. (2003) *Deutsch in Afrika. Die Stellung der deutschen Sprache in Afrika vor dem Hintergrund der bildung- und sprachpolitischen Gegebenheiten sowie der deutschen Auswärtigen Kulturpolitik*. Frankfurt a.M. usw.: Lang.
Böhmer, Maria/ Zoepffel-Tassenari [1984] (1997) *Il tedesco scientifico: Wissenschaftsdeutsch*. 2. erw. Aufl. Rom: Bulzoni.
Boia, Lucian u. a. (eds.) (1991) *Great Historians of the Modern Age. An International Dictionary*. New York/ Westport, Conn./ London: Greenwood.
Bohrer, Kurt-Friedrich (1988) Auswärtige Kulturpolitik der Bundesrepublik Deutschland 1976 - 1986. *Jahrbuch Deutsch als Fremdsprache 1987* 13: 362-401.
Bormann, Werner (1973) Die Position der deutschen Sprache. *La mondo linguo problemo* 5 (13): 18-34.
Born, Joachim (1995) Minderheiten, Sprachkontakt und Spracherhalt in Brasilien. In Kattenbusch, D. (ed.) *Minderheiten in der Romania*. Wilhelmsfeld: gottfried egert verlag, 129-158.
- (2003) Regression, convergence, internal development. The loss of the dative case in German-American dialects. In Keel/ Mattheier, 151-164.

- / Dickgießer, Sylvia (1989) *Deutschsprachige Minderheiten. Ein Überblick über den Stand der Forschung für 27 Länder*. Mannheim: Institut für deutsche Sprache.
- / Jakob, Gerhard, (1990) *Deutschsprachige Gruppen am Rande und außerhalb des geschlossenen deutschen Sprachgebiets. Eine bibliographische Dokumentation von Literatur zum Thema „Sprache" aus der Zeit nach 1945*. 2. Aufl. Mannheim: Institut für deutsche Sprache.
- / Stickel, Gerhard (eds.) (1993) *Deutsch als Verkehrssprache in Europa*. Berlin: de Gruyter.

Börsenverein des deutschen Buchhandels (ed.) (1985/ 2013) *Buch und Buchhandel in Zahlen/ 2013*. Frankfurt: Marketing und Verlagsservice des Buchhandels.

Bosch, Gloria/ Schlak, Torsten (2013) Konzepte und Methoden bedarfsanalytischer Untersuchungen am Beispiel von Deutsch als Fremdsprache im Tourismus (DaFT) auf Mallorca. In G. Bosch/ T. Schlak (eds.) *Foreign Languages for Tourism. Research and Practice*. Bern: Lang, 165-184.

de Bot, Kees (1996) Language loss. In Goebl/ Nelde/ Zdeněk/ Wölck, 579-585.
- u.a. (2001) Institutional Status and Use of National Languages in Europe. Contributions to the Development of a European Languague Policy. In de Bot u.a. (eds.) *Institutional Status and Use of National Languages in Europe*. St. Augustin: Asgard, 3-17.

Botanisches Zentralblatt. Referierendes Zentralblatt für das Gesamtgebiet der Botanik (1880-1945). Jena: Fischer.

Bothorel-Witz, Arlette (2001) L'allemand en Alsace: mythes et réalités. I. – Les aspects contradictoires de la place de l'allemand dans l'imaginaire de locuteurs et dans leurs productions dialectales. In Hartweg, F./ Staiber, M. (eds.) *Mémoire et frontieres. Hommage à Adrien Finck*. Strassbourg: Presses universitaires, 117-140.
- / Choremi, Thiresia (2009) Le plurilinguisme dans les entreprises à vocation internationale. Comment saisir ce phénomène pluridimensionnel à travers le discours des acteurs? *Sociolinguistica* 23: 104-130.

Bottesch, Johanna (2008) Rumänien. In Eichinger/ Plewnia/ Riehl, 329-392.
Bottesch, Martin (1997) *Deutsch sprechen in siebenbürgischen Schulen*. Sibiu/ Hermannstadt: Honterus.
- / Grieshofer, Franz/ Schabus, Wilfried (2002) *Die Siebenbürgischen Landler. Eine Spurensicherung*. 2 Bände. Wien: Böhlau.

Böttger, Claudia (2007) *Lost in Translation? An Analysis of the Role of English as the Lingua Franca of Multilingual Business Communication*. Hamburg: Dr. Kovač.

Bourdieu, Pierre (1980) *La distinction*. Paris: Éditions de Minuit.
- (1982) *Ce que parler veut dire: L'économie des échanges linguistiques*. Paris: Éditions Fayard.
- / de Swaan, Abram/ Hagège, Claude/ Fumaroli, Marc/ Wallerstein, Immanuel (2001) Quelles langues pour une Europe démocratique? *Raisons politiques* 2: 41-64.

Bourhis, R[ichard] Y. (2001) Reversing language shift in Quebec. In Fishman 2001a, 101-141.
- / Giles, Howard/ Rosenthal, Doreen (1981) Notes on the construction of a ‚subjective vitality questionnaire' for ethnolinguistic groups. *Journal of Multilingual and Multicultural Development* 2 (2). 145-155.
- / Lepicq, Dominique (2004) *La vitalité de communautés francophones et anglophones du Quebéc: bilan et perspectives depuis la lois 101*. (Concordia-UQUAM Chair in Ethnic Studies Research Paper 11). Montréal: Concordia-UQUAM.
- / Maass, Anne (2005) Linguistic Prejudice and Stereotypes. In Ammon, 1587-1601.

Bouthier, Rita (2005) Deutschlernen in Albanien. *Jahrbuch für Internationale Germanistik* 37 (1): 87-97.

Bowen, David (1980) Death of a monoglot salesman. *Marketing* July 16: 28f.
Bradean-Ebinger, Nelu (1999) Kann eine Volksgruppe ohne Muttersprache bestehen? *Suevia Pannonica. Archiv der Deutschen aus Ungarn* 17 (27): 23-36.
Braga, Giorgio (1979) International languages: concept and problems. *International Journal of the Sociology of Language* 22: 27-49.
Brandt, Carsten (1992) *Sprache und Sprachgebrauch der Mennoniten in Mexiko.* Marburg: Elwert.
Braselmann, Petra (1999) *Sprachpolitik und Sprachbewusstsein in Frankreich heute.* Tübingen: Niemeyer.
- / Ohnheiser, Ingeborg (eds.) *Frankreich als Vorbild? Sprachpolitik und Sprachgesetzgebung in europäischen Ländern.* Innsbruck: innsburg university press.
Bratt Paulston, Christina (1993) *Language Maintenance and Language Shift.* Amsterdam: Benjamins.
- / Peckham, Donald (eds.) (1998) *Linguistic Minorities in Central and Eastern Europe.* Clevedon UK usw.: Multilingual Matters.
Braun, Frank X. (1954) German for Research. *German Quarterly* 27: 116-121.
Braun, Michael (1984) Nochmals: Germanistik und Deutschunterricht in Südafrika. *Deutschunterricht in Südafrika* 15 (1): 23-28.
Braun, Peter (1986) Die deutsche Sprache im europäischen Vergleich. *Muttersprache* 96: 330-344.
- / Schaeder, Burkhard/ Volmert, Johannes (eds.) (1990) *Internationalismen. Studien zur interlingualen Lexikologie und Lexikographie.* Tübingen: Niemeyer.
Braun, Sabine/ Kohn, Kurt (eds.) (2005) Sprache[n] in der Wissensgesellschaft. Proceedings der 34. Jahrestagung der Gesellschaft für Angewandte Linguistik. Frankfurt a.M.: Lang.
Braun, T./ Glänzel, W./ Schubert, A. (1987) One more version of the facts and figures on publication output and relative citation impact in the life sciences and chemistry. *Scientometrics* 11 (3/4): 127-140.
Braun, T. u.a. (1994) World science in the eighties. National performance in publication output and citation impact, 1985 – 1989 versus 1980 – 1984. Part I: All science fields combined, physics and chemistry; Part II: Life science, engineering, and mathematics. *Scientometrics* 29 (3): 299-334; 31 (1): 3-30.
Bräuninger, Michael/ Haucap, Justus/ Muck, Johannes (2011) Was lesen und schätzen Ökonomen im Jahr 2011? *DICE Ordnungspolitische Perspektiven* 18. Heinrich-Heine-Universität Düsseldorf, Wirtschaftswissenschaftliche Fakultät, Düsseldorf Institute for Competition Economics (DICE). (www.d-nb.info/1014893607/34 – abgerufen 05.09.2011)
Brednich, Rolf W. (1998) *Die Hutterer. Eine alternative Kultur in der modernen Welt.* Freiburg i. Br./ Basel/ Wien: Herder.
Brenn, Wolfgang (1989) Deutschspracherwerb außerhalb der Universität. In Brenn/ Dillmann, 187-210.
- / Dillmann, Gerhard (eds.) [1989] *Deutsch als Fremdsprache und Germanistik in Japan.* Bonn: Deutscher Akademischer Austauschdienst.
Brenzinger, Matthias (1992) *Language Death. Factual and Theoretical Explorations with Special Reference to East Africa.* Berlin/ New York: Mouton de Gruyter.
Bretzler, Gerrit (1976) Die deutsche Sprache als Bestandteil der auswärtigen Kulturpolitik in Entwicklungsländern. *Zeitschrift für Kulturaustausch* 26: 52-62.
Breuker, Pieter (2001) The development of Standard West Friesian. In Munske, 711-721.
Bright, William (ed.) (1966) *Sociolinguistics. Proceedings of the UCLA Sociolinguistics Confer-*

ence, 1964. The Hague/ Paris: Mouton & Co.
Brizic, Katharina (2009) Familiensprache als Kapital. In Puhalo, N./ Kerschhofer-Puhalo, N./ Plutzar, V. (eds.) *Nachhaltige Sprachförderung.* Innsbruck/ Wien: StudienVerlag, 136-151.
Broadbridge, Judith (2000) The ethnolinguistic vitality of Alsatian-speakers in Southern Alsace. In Wolff, 47-62.
vom Brocke, Bernhard (1985) (ed.) ‚Wissenschaft und Militarismus'. Der Aufruf der 93 ‚An die Kulturwelt!' und der Zusammenbruch der internationalen Gelehrtenrepublik im Ersten Weltkrieg. In Calder, W.M./ Flashar, H./ Lindken, T. (eds.) *Wilamowitz nach 50 Jahren.* Darmstadt: Wissenschaftliche Buchgesellschaft, 649-719.
- (1990) Die Kaiser-Wilhelm-Gesellschaft in der Weimarer Republik. Ausbau zu einer gesamtdeutschen Forschungsorganisation (1918-1933). In Vierhaus/ vom Brocke, 197-355.
- (1996) Die Kaiser-Wilhelm-/ Max-Planck-Gesellschaft und ihre Institute zwischen Universität und Akademie. Strukturprobleme und Historiographie. In vom Brocke/ Laitko, 1-32.
- (2005) Universitäts- und Wissenschaftsfinanzierung im 19./20. Jahrhundert. Zugleich ein Kommentar zu Teil II. In Schwinges, R. Ch. (ed.) *Finanzierung von Universität und Wissenschaft in Vergangenheit und Gegenwart.* Basel: Schwabe, 343-462.
- / Laitko, Hubert (eds.) (1996) *Die Kaiser-Wilhelm-/ Max-Planck-Gesellschaft und ihre Institute. Studien zu ihrer Geschichte: Das Harnack-Prinzip.* Berlin/ New York: de Gruyter.
Brod, Richard J. [1987] *Foreign Language Enrollments in US Institutions of Higher Education - Fall 1986.* [New York, NY]: Modern Language Association.
- (2001) A forecast for tertiary foreign-language education in the United States. *Forum for Modern Language Studies* 37 (4): 368-381.
- / Huber, Bettina J. (1996) The MLA-Survey of foreign language entrance and degree requirements, 1994-1995. *ADFL Bulletin* 28 (1, Fall): 35-43.
Brown, Eric u.a. (eds.) (1986) *German in the United Kingdom. Issues and Opportunities.* London: Centre for Information on Language Teaching and Research.
Brown, Penelope (2005) Linguistic politeness. In Ammon/ Dittmar/ Mattheir/ Trudgill, 1410-1415.
- / Levinson, Stephen C. [1978] (1987) *Politeness. Some Universals in Language Use.* Cambridge UK usw.: Cambridge University Press.
Brown, Roger/ Gilman, Albert (1960) The pronouns of power and solidarity. In Sebeok, T. A. (ed.) *Style in Language.* New York: MIT Press, 253-276.
Bruha, Thomas/ Seeler, Hans-Joachim (eds.) (1998) *Die Europäische Union und ihre Sprachen. Interdisziplinäres Symposium zur Vielsprachigkeit als Herausforderung und Problematik des europäischen Einigungsprozesses. Gespräch zwischen Wissenschaft und Praxis.* Baden-Baden: Nomos.
Bruhl, Viktor (2003) *Die Deutschen in Sibirien. Eine hundertjährige Geschichte von der Ansiedlung bis zur Auswanderung.* 2 Bde. Nürnberg: Historischer Forschungsverein der Deutschen aus Russland.
Brüll, Christoph (2005) Un passé mouvementé: l'histoire de la Communauté germanophone de Belgique. In Stangherlin, 17-48.
Brumback, Roger A. (2008) Worshiping false idols: The impact factor dilemma. *Journal of Child Neurology* 23 (4): 365-367.
Brunotte, Thomas (2012) Deutsch als Wissenschaftssprache fördern – was Stiftungen tun können. In Oberreuter/ Krull/ Meyer/ Ehlich, 251-262.
Brutt-Griffler, Janina (2002) *World English: A Study of Its Development.* Clevedon: Multilingual Matters.

- (2008) Intellectual culture and cultural imperialism: implications of the growing dominance of English in academia. In Gnutzmann (2008a), 59-72.
Bühler, Karl [1934] (1965) *Sprachtheorie. Die Darstellungsfunktion von Sprache*. 2., unveränd. Aufl. Stuttgart: Gustav Fischer.
Bullivant, Keith (1985) Kontroversen, alte und neue. VII. Weltkongreß der Germanisten in Göttingen. *Kulturchronik* 3 (6): 44-46.
Bundesamt für Migration und Flüchtlinge (ed.) [2010] *Bundesweites Integrationsprogramm. Angebote der Integrationsförderung in Deutschland – Empfehlungen zu ihrer Weiterentwicklung*. Nürnberg.
(www.bmi.bund.de/SharedDocs/Downloads/DE/Broschueren/2010/integrationsprogramm.pdf?__blob=publicationFile)
Bundesrat (2002) *Entschließung des Bundesrates zur Gleichberechtigung der deutschen Sprache auf europäischer Ebene*. Drucksache 175/04 (Beschluss) 12.03.2004.
Bundesregierung [Deutschland] (12.02.2014) *17. Bericht der Bundesregierung Auswärtige Kultur- und Bildungspolitik*.
(www.auswaertiges-amt.de/cae/servlet/contentblob/670488/publicationFile/189745/AKBP-Bericht_2012-2013.pdf)
Bundesverwaltungsamt – Zentralstelle für das Auslandsschulwesen [2013a] (ed.) *Deutsches Sprachdiplom der Kultusministerkonferenz. 40 Jahre DSD*. Paderborn: Bonifatius-Verlag.
- (2013b – Stand 3/ 2013) *Auslandsschulverzeichnis*.
(www.auslandsschulwesen.de/nn_2167846/Auslandsschulwesen/Auslandsschulverzeichnis/Schulverzeichnis/schulverzeichnis-inhalt.html)
- [2014] *ABC des Auslandsschulwesens*.
(www.bva.bund.de/DE/Organisation/Abteilungen/Abteilung_ZfA/DieZfA/ABC/ABC.pdf?__blob=publicationFile&v=2)
Bungarten, Theo (1996) Mehrsprachigkeit in der Wirtschaft. In Goebl/ Nelde/ Starý/ Wölck, Bd.1, 414-421.
- (ed.) (1999a) *Wirtschaftshandeln. Kommunikation in Management, Marketing und Ausbildung*. Tostedt: Attikon.
- (ed.) (1999b) *Sprache und Kultur in der interkulturellen Marketing-Kommunikation. Mit 1000 aktuellen Literaturhinweisen zur Theorie und Praxis der Marketingkommunikation*. 2., verb. und erw. Aufl. Tostedt: Attikon.
- (1999c) Fremdsprachen und Mehrsprachigkeit in der Wirtschaft. In Bungarten (1999a), 113-122.
- (1999d) Fremdsprachenbedarf, Fremdsprachengebrauch, Fremdsprachenausbildung und Mehrsprachigkeit in der Wirtschaft. Eine Auswahl aktueller Literatur. In Bungarten (1999a), 269-329.
- (2001) Motive der Sprachenwahl und des Sprachgebrauchs in der europäischen Wirtschaft. In: de Bot, C./ Kroon, S./ Nelde, P. H./ Van de Velde, H.(eds.): *Institutional status and use of national languages in Europe*. Sankt Augustin: Dümmler, 19-40.
Burgess, Sally/ Fumero Pérez, Maria del Carmen/ Díaz Galán, Ana (2006) Mismatches and missed opportunities? A case study of a Non-English speaking background research writer. In Carretero, M. u.a. (eds.) *Volumen homenaje a Angela Downing*. Madrid: Editorial Complutense, 68-74.
Burgoon, J./ Stern, L./ Dillman, L. (1995) *Interpersonal Adaption: Dyadic Interaction Patterns*. New York: Cambridge University Press.

Burney, Pierre (1966) Les *langues internationales*. 2. Aufl. Paris: Presses Universitaires de France.
Burrough-Boenisch, Joy (2006) Negotiable acceptability: reflections on the interactions between language professionals in Europe and NNS scientists wishing to publish in English. *Current Issues in Language Planning* 7 (1): 31-43.
Bußmann, Hadumod [1983] (1990) *Lexikon der Sprachwissenschaft*. 2., völlig neu bearb. Aufl. Stuttgart: Kröner.
Byram, Michael (1986) Minority Education and Ethnic Survival. Case Study of a German School in Denmark. Clevedon: Multilingual Matters.
- (1988) Bilingualism and Education in Two German Minorities. *Journal of Multilingual and Multicultural Development* 9: 387-397.
Byrnes, Heidi (1996) The future of German in American education: a summary report. *Die Unterrichtspraxis/ Teaching German* 29: 253-261.
Cadiot, Pierre (1980) Situation linguistique de la Moselle germanophone: un triangle glossique. In Nelde, P. (ed.) *Sprachkontakt und Sprachkonflikt*. Wiesbaden: Steiner, 325-334.
- / Lepicq, Dominique (1987) Roofless Dialects (Roofless Speech). In Ammon/ Mattheier/ Dittmar, 755-767.
Calvet, Louis-Jean (1999) *Pour une écologie des langues du monde*. [Paris]: Plon.
- (2002) Le marché aux langues. Les effets linguistiques de la mondialisation. Paris: Plon.
Campbell, George L. (1991) *Compendium of the World's Languages*. London: Routledge.
- (1995) *Concise Compendium of the World's Languages*. London: Routledge.
Canagarajah, A. Suresh (1999) *Resisting Linguistic Imperialism in English Teaching*. Oxford: Oxford University Press.
- (2002) *A Geopolitics of Academic Writing*. Pittsburgh: University of Pittsburgh Press.
Cannon, John u. a. (eds.) (1988) *The Blackwell Dictionary of Historians*. Oxford: Blackwell.
Capella, J. (1997) The development of theory about automated patterns of face-to-face human interaction. In Philipsen, G./ Albrecht, T. (eds.) *Developing Commuication Theories*. Albany: SUNY Press, 57-83.
Carl, Jenny/ Stevenson, Patrick (2009) *Language, Discourse and Identity in Central Europe: The German Language in a Multilingual Space*. Basingstoke: Palgrave Macmillan.
Carli, Augusto (2009) Le concept de 'vitalité linguistique' à l'exemple des 'langues minoritaires', des 'langues moins utilisées' es des 'langues majoritaires'. In Stickel (2009a), 103-113.
- / Calaresu, Emilia (2003) Le lingue della comunicazione scientifica. La produzione e la diffusione del sapere specialistico in Italia. In Valentini, A./ Molinelli, P./ Cuzzolin, P./ Bernini, G. (eds.) *Ecologia linguistica*. Roma: Bulzoni, 27-74.
- / Ammon, Ulrich (eds.) (2007) *Linguistic Inequality in Scientific Communication Today*. Amsterdam/ Philadelphia: John Benjamins (AILA Review 20).
Carmel, Alex (1973) *Die Siedlungen der Württembergischen Templer in Palästina 1868-1918*. Stuttgart: W. Kohlhammer.
Carton Fernand/ Delefosse J.M. Odéric (1994) (eds.) *Les langues dans l'Europe de demain*. Paris: Presses de la Sorbonne Nouvelle.
CAS Statistical Summary 1907-1996 (1997). Columbus, OH: Chemical Abstracts; A Division of the American Chemical Society.
Casad, Eugene (2005) Analyses of intelligibility. In Ammon/ Dittmar/ Mattheier/ Trudgill, 1261-1272.
Castles, S. (1999) Globalization, multicultural citizenship and transnational democracy. In

Hage, G./ Couch, R. (eds.) *The Future of Multiculturalism*. Sydney: Sydney Research Institute for the Humanities and the Social Science.

Castonguay, Charles (2005) Les indicateurs généraux de vitalité de langues au Québec: comparabilité et tendances 1971-2001. Gouvernement du Québec: Bibliothèque nationale du Québec.

Centre d'Information et de Recherche pour l'Enseignement et l'Emploi des Langues (ed.) (1979) *L'Enseignement de l'Allemand en France*, 2 Bde. Paris.

Cerquiglini, Bernard (2004) La place du français dans la vie économique. *Le Français dans le monde* (janvier): 40-44.

Chambers, J. K./ Trudgill, Peter (1980) *Dialectology*. Cambridge usw.: Cambridge University Press.

de Chambrun, N./ Reinhardt, A. M. (1981) Publish (in English) or perish. In de Chambrun, *Le français chassé des sciences*. Paris: CIREEL, 15-20.

Chartier, Roger/ Corsi, Pietro (eds.) (1996) *Sciences et langues en Europe*. [Paris:] École des Hautes Études en Sciences Sociales.

Chaudenson, Robert (ed.) (2001) *L'Europe parlera-t-elle anglais demain?* [Paris:] Institut de la Francophonie/ L'Harmattan.

- (2003) Geolinguistics, geopolitics, geostrategy: The Case of French. In Maurais/ Morris, 291-297.

Chemical Abstracts (1907ff.) Columbus, OH: Chemical Abstracts; A Division of the American Chemical Society.

Chemisches Zentralblatt (1830-1969). Berlin usw.: Deutsche Akadamie der Wissenschaften usw. [1830-1848 *Pharmaceutisches Centralblatt*; 1849-1855 *Chemisch-Pharmaceutisches Centralblatt*; 1856-1896 *Chemisches Centralblatt*; 1897-1969 *Chemisches Zentralblatt*].

Chen, Yu (2012) *Verbessern chinesische Studierende ihre Sprechfähigkeit im Deutschen während des Fachstudiums in Deutschland? Eine empirische Untersuchung unter Berücksichtigung sozialer Aspekte*. Frankfurt a. M. usw.: Lang.

Cho, Chang-Sub/ Cheon, Mi-Ae (2003) Die Anfänge der Germanistik in Korea. In Ammon/ Chong, 203-212.

Chong, Si Ho (2001) *Offener Brief an die Bundesregierung in Berlin und Wien... Pressemitteilung des Vereins Deutsche Sprache 16.5.2001*. (www.vds-ev.de/ presse/ pressemitteilungen/ archiv/ 2001_16_05.php)

- (2002) Zum Rückgang des Deutschen und zum Umbruch der Germanistik in Korea. *Jahrbuch für Internationale Germanistik* 34 (1): 43-47.
- (2003a) Zum Übergang von Deutsch auf Englisch in der medizinischen Ausbildung in Korea. In Ammon/ Chong, 27-42.
- (2003b) Die Hintergründe der Zurückdrängung von Deutsch an den koreanischen Schulen und Hochschulen nach 1945. Ammon/ Chong, 229-244.
- (2003c) Gründe für die größere Attraktivität von Englisch, Japanisch und Chinesisch als Deutsch in Korea. In Ammon/ Chong, 297-316.
- (2006) Dolchstoß aus Deutschland. *Sprachnachrichten* 01/ 2006: 29.

Christ, Herbert (1980) *Fremdsprachenunterricht und Sprachenkonflikt*. Stuttgart: Klett.

- (1987) Deutsch als Fremdsprache: Bedarf und Nachfrage in sprachenpolitischer Betrachtungsweise. In Sturm (1987a), 207-215.
- (2000) Zur französischen Sprachpolitik. Der Blick nach innen und außen. In Ammon 2000c, 103-119.
- u. a. (eds.) (1980) *Fremdsprachenpolitik in Europa. Homburger Empfehlungen für eine spra-*

chenteilige Gesellschaft. Augsburg: Universität Augsburg.
- / Schwarze, Angela (eds.) (1985) *Fremdsprachenunterricht in der Wirtschaft. Bestandsaufnahmen und Perspektiven.* Tübingen: Narr.
Christen, Bernd (2005) La traduction en langue allemande des textes normatifs. In Stangherlin, 93-116.
Christiansen, Pia Vanting (2006) Language policy in the European Union. European/ English/ Elite/ Equal/ Esperanto Union? *Language Problems & Language Planning* 30 (1): 21-44(24).
Chung, Wan-Shik (2003) Lehnwörter aus dem Deutschen im Koreanischen. In Ammon/ Chong, 187-200.
Church, Jeffrey/ King, Ian (2003) Bilingualism and network externalities. *Canadian Journal of Economics/ Revue canadienne d'économique* 26: 337-345.
de Cillia, Rudolf (1997) „Alles bleibt, wie es ißt". Österreichs EU-Beitritt und die Frage des österreichischen Deutsch. *Jahrbuch Deutsch als Fremdsprache* 23: 239-258.
- (1998) „Burenwurscht bleibt Burenwurscht". *Sprachenpolitik und gesellschaftliche Mehrsprachigkeit in Österreich.* Klagenfurt/ Celovec: Drava.
- (2012a) Zur sprachlichen und sprachenrechtlichen Situation in Österreich. In Grucza, F. (ed.) *Vielheit und Einheit der Germanistik weltweit.* Bd. 2 *Eröffungsvorträge – Diskussionsforen.* Frankfurt a.M. usw.: Lang, 241-245.
- (2012b) Migration und Sprache/n. In Fassmann, H./ Dahlvik, J. (eds.) *Migrations- und Integrationsforschung – multidisziplinäre Perspektiven. Ein Reader.* 2., erw. Aufl. Göttingen: V & R unipress, 185-212.
- / Schweiger, Teresa (2001) English as a language of instruction at Austrian universities. In Ammon, 363-387.
- / Wodak, Ruth (2006) *Ist Österreich ein „deutsches" Land? Sprachenpolitik und Identität in der Zweiten Republik.* Innsbruck u.a.: Studien Verlag.
- / Krumm, Hans-Jürgen (2010) Fremdsprachenunterricht in Österreich. *Sociolinguistica* 24: 153-169.
Cink, Pavel (1999) Jazyková politika v nové Evropě [Sprachenpolitik im neuen Europa]. In Krumm, 30-39.
Cioffi-Revilla, Claudio/ Merrit, Richard L./ Zinnes, Dina A. (eds.) (1987) *Communication and Interaction in Global Politics.* Beverly Hills/ London/ New Delhi: Sage Publications.
Ciu, Shaina[richtiger Name: Feng, Xiaohu] (2007) Die Alexander von Humboldt-Stiftung in China. In Ammon/ Reinbothe/ Zhu, 277-290.
Claessen, J. F. M. / Van Galen, A. M./ Oud-de Glas, M. (1978) *De behoeften aan moderne vreemde talen. Een oderzock onder bedrijven en overheidsdiensten.* Nijmegen: Instituut voor toegepaste Sociologie.
- / Van Galen, A. M./ Oud-de Glas, M. (1979) *Bedrijven en overheidsdiensten en behoeften aan moderne vreemde talen.* 's-Gravenshage: Staatsuitgeverij.
Clalüna, Monika (2010) Institutionen und Verbände für Deutsch als Zweit- und Fremdsprache in der Schweiz. In Krumm/ Fandrych/ Hufeisen/ Riemer, Bd. 1, 160-166.
Clark, Cal/ Merrit, Richard L. (1987) European Community and Intra-European Communications: The Evidence of Mail Flows. In Cioffi-Revilla/ Merrit/ Zinnes, 209-235.
Clarke W. M. (2000) The use of foreign languages by Irish exporters. *European Journal of Marketing* 34.1/ 2: 80-90.
Clyne, Michael G. (1974) Gegenwärtiger Stand der deutschen Sprache in Australien. In Kloss, 119-138.

- (1975) *Forschungsbericht Sprachkontakt. Untersuchungsergebnisse und praktische Probleme.* Kronberg/ Ts.: Scriptor.
- (1976) The Languages of German-Australian Industry. In Clyne, M. G. (ed.) *Australia Talks.* Canberra: Research School of Pacific Linguistics, 117-29.
- (1977) European multinational companies in Australia and the exportation of languages. *Institut voor Toegepaste Linguistiek* 37: 83-91.
- (1981) *Deutsch als Muttersprache in Australien. Zur Ökologie einer Einwanderersprache.* Wiesbaden: Steiner.
- (1982a) Die deutsche Sprache in Australien. *Germanistische Mitteilungen* 15: 59-67.
- (1982b) *Multilingual Australia.* Melbourne: River Seine Publications.
- (1984a) Wissenschaftliche Texte Englisch- und Deutschsprachiger: Textstrukturelle Vergleiche. *Studium Linguistik* 15: 92-97.
- (1984b) *Language and Society in the German-Speaking Countries.* Cambridge usw.: Cambridge University Press.
- (1987a) Zur Lage der Einwanderersprachen in Australien. In Weber, W. (ed.) *Einwanderungsland Australien.* Frankfurt a.M.: Athenäum, 133-152.
- (1987b) Cultural differences in the organization of academic texts. *Journal of Pragmatics* 11(1): 211-247.
- (1991) The sociocultural dimension: the dilemma of the German-speaking scholar. In Schröder, Hartmut (ed.) *Subject-oriented Texts. Languages for Special Purposes and Text Theory.* Berlin/ New York: de Gruyter, 49-67.
- (ed.) (1992) *Pluricentric Languages. Differing Norms in Different Nations.* Berlin/ New York: Mouton de Gruyter.
- (1994) What can we learn from Sprachinseln? Some observations on "Australian German". In Berend/ Mattheier, 105-122.
- (1995) *The German Language in a Changing Europe.* Cambridge usw.: Cambridge University Press.
- (2001) Can the shift from immigrant languages be reversed in Australia? In Fishman 2001a, 364-390.
- (2003) *Dynamics of Language Contact: English and Immigrant Languages.* Cambridge: Cambridge University Press.
- (2004) Pluricentric Language. In Ammon/ Dittmar/ Mattheier/ Trudgill, 296-299.
- (2006) Braucht Deutschland eine bewusste kohäsive Sprachenpolitik – Deutsch, Englisch als Lingua franca und Mehrsprachigkeit? (Hauptvortrag). (www.humboldt-foundation.de/ de/ netzwerk/ veranstalt/ hoersaal/ ebook_expert_09_2006/ clyne.pdf)
- (2008) Australien. In Institut für Deutsche Sprache, 9-14.
- /Hoeks, Jimmy/ Kreutz, Heinz-Josef (1988) Cross-cultural responses to academic discourse patterns. *Folia Linguistica* 22 (3-4): 457-473.

Coates, R. (2002) Language and publication in Cardiovascular Research articles. *Cardiovascular Research* 53: 279-285.

de Cock, Barbara (2008) Instituciones españolas de cara a la difusión de la lengua. Con atención particular a la situación en Bélgica, Estados Unidos y Canadá. *Bulletin hispanique* 110 (2): 681-724.

Cohen, Israel (1918) *The German Attack on the Hebrew Schools in Palestine.* London: Jewish Chronicle and Jewish World.

Cohen, Marcel (1956) *Pour une sociologie du langage.* Paris: Albin Michel.

Cohen, Ulrike/ Osterloh, Karl-Heinz (1981) *Zimmer frei. Deutsch in Hotel und Restaurant. Ein*

Sprachkurs für Hotelmitarbeiter. Berlin usw.: Langenscheidt.
- / - (1986) *Herzlich willkommen. Deutsch für Fortgeschrittene in Hotel, Restaurant und Tourismus.* Berlin usw.: Langenscheidt.
Coleman, James A. (2004) Modern Languages in British Universities: Past and Present. *Arts & Humanities in Higher Education* 3 (2): 147-162.
- (2012) Non-specialist linguists in the United Kingdom in the context of the Englishisation of European Higher Education. *Fremdsprachen Lehren und Lernen* 41: 9-24.
Coles, Peter (1989) Protest as Pasteur speaks English. *Nature* 338: 448.
Colliander, Peter (2009) Die Zukunftsperspektiven des Deutschen als Fremdsprache im Ausland (DaFiA) am Beispiel Dänemark – ein persönlicher Blick. In Barkowski/ Demmig/ Funk/ Würz, 107-117.
Collins, Joseph W./ Rutledge, John B. (1996) *Köttelwesch* on the Cutting Board: Analyzing the Literature of Germanistik. *Collection Management* 20 (3/ 4): 73-84.
Commission européenne (ed.) (2001) *L'enseignement des langues étrangères en milieu scolaire en Europe.* Bruxelles: Commission Européenne, DG Éducation et culture.
- (2004) *Promouvoir l'apprentissage des langues et la diversité linguistique. Plan d'action 2004-2006.* Bruxelles: Commission européenne, DG Éducation et culture.
CompactMATH (o.J.) *Zentralblatt für Mathematik und ihre Grenzgebiete/ Mathematics Abstracts.* Vol. 1-99: MATH Database 1931-1969; vol. 201-549: MATH Database 1970-1984. Berlin/ Heidelberg: Springer.
Comrie, Bernard (ed.) [1987] (1990) *The World's Major Languages.* London/ Sydney: Croom Helm.
Condray, Kathleen (2007) Using RISE to promote German: making the case for practical work experience abroad to engineering students and faculty. *Die Unterrichtspraxis/ Teaching German* 40 (1): 61-66.
Connell, R.W./ Wood, Julian (2002) Globalisation and Scientific Labour: Patterns in a Life-History Study of Intellectual Workers in the Periphery. *Journal of Sociology* 38 (2): 167-190.
Conrad, Andrew W./ Fishman, Joshua A. (1977) English as a World Language: The Evidence. In Fishman/ Cooper/ Conrad, 3-76.
A Contemporary German Science Reader: Biology, Chemistry, Physics, Engineering, Manufacturing, Medicine, Psychology, General Science [1948, 1955, 1957, 1963] (1966). New York: Holt, Rinehart and Winston.
Conzen, Kathleen N. (1986) Deutschamerikaner und die Erfindung der Ethnizität. In Trommler, 148-164.
- (2003) *Germans in Minnesota.* St. Paul: Minnesota Historical Society Press.
Cooper, Robert L. (ed.) (1982) *Language Spread. Studies in Diffusion and Social Change.* Bloomington: Indiana University Press.
- (1989) *Language Planning and Social Change.* Cambridge/ New York: Cambridge University Press.
Cordell, Karl (2000) Poland's German minority. In Wolff, 75-96.
Corino, Karl (ed.) (1981) *Autoren im Exil.* Frankfurt a.M.: Fischer.
Corkhill, Alan (2003) Whither goeth Australasian German Studies? Some personal observations. *AUMLA* 100: 122-133.
Coulmas, Florian (1985) *Sprache und Staat.* Studien zur Sprachplanung (Sammlung Göschen, 2501). Berlin/ New York: de Gruyter.
- (1987) Why Speak English? In Knapp, K./ Enninger, W./ Knapp-Potthoff, A. (eds.) *Analyzing*

Intercultural Communication. Berlin: de Gruyter, 93-107.
- (1989) The surge of Japanese. *International Journal of the Sociology of Language* 80: 115- 131.
- (1990) The status of German: some suggestions for future research. *International Journal of the Sociology of Language* 83: 171-185.
- (1991a) Die Sprachenregelung in den Organen der EG als Teil einer europäischen Sprachenpolitik. *Sociolinguistica* 5: 24-36.
- (1991b) European integration and the idea of the national language: Ideological roots and economic consequences. In Coulmas 1991c, 1-43.
- (1991c) (ed.) *A Language Policy for the European Community. Prospects and Quanderies.* Berlin/ New York: de Gruyter.
- (1992a) *Die Wirtschaft mit der Sprache. Eine sprachsoziologische Studie.* Frankfurt a.M.: Suhrkamp.
- (1992b) *Language and Economy.* Oxford UK/ Cambridge USA: Blackwell.
- (1994) Deutsch in japanischen Niederlassungen deutscher Firmen. In Ammon 1994d, 71-82.
- (2005a) *Sociolinguistics. The Study of Speakers' Choices.* Cambridge usw.: Cambridge University Press.
- (2005b) Economic Aspects of Languages. In Ammon/ Dittmar/ Mattheier/ Trudgill, 1667-1673.
- (2007) English monolingualism in scientific communication and progress in science, good or bad? *AILA Review* 20: 5-14.
- (2010) Eine Lingua Franca für die Wissenschaft ist eine Bereicherung. *NZZ* 19.01.: 13.
Coupland, Nikolas (ed.) (2010) *The Handbook of Language and Globalization.* Malden, MA/ Oxford: Blackwell.
Crawford, Elisabeth/ Shinn, Terry/ Sörlin, Sverker (1993a) (eds.) *Denationalizing Science. The Context of International Scientific Practice.* Dordrecht/ Boston/ London: Kluwer Acad. Publ.
- / - / - (1993b) The Nationalization and Denationalization of the Science: An Introductory Essay. In Crawford/ Shinn/ Sörlin (1993a), 1-42.
Cremer, Rolf/ Willes, Mary (1994) Overcoming Language Barriers to International Trade: A Text-Based Study of the Language of Deals. *Journal of Asian Pacific Communications* 5: 147-161.
Cresswell, John (1994) *Research Design: Qualitative and Quantitative Approaches.* Thousand Oaks, CA: Sage.
Crystal, David (1985) How Many Millions? The Statistics of English Today. *English Today* 1: 7-9.
- [1987] (2010) *The Cambridge Encyclopedia of Language.* 3rd ed. Cambridge: Cambridge: University Press.
- [1997] (2003) *English as a Global Language.* 2nd ed. Cambridge: Cambridge University Press.
- (2001) *Language and the Internet.* Cambridge UK: Cambridge University Press.
Culbert, S. (1977) The Principal Languages in the World. In *The World Almanach.* New York: Newspapers Enterprises, 226.
Cullars, John (1992) Citation Characteristics of Monographs in the Fine Arts. *Library Quarterly* 62: 325-342.
- (1996) Citation Characteristics of French and German Fine Arts Monographs. *Library Quarterly* 66: 138-160.
Cummins, Jim (1995) Forging identities in the preschool: competing discourses and their relationship to research. In Fase/ Jaspaert/ Kroon, 7-23.
Curry, Mary Jane/ Lillis, Theresa (2004) Multilingual Scholars and the Imperative to Publish in English: Negotiating Interests, Demands and Rewards. *TESOL Quarterly* 38.4: 663-688.

Czarnecki, Thomas (2004) Polen. In Institut für Deutsche Sprache, 9-14.
Czerwon, H.-J./ Havemann, F. (1993) Influence of Publication Languages on the Citation Rate of Scientific Articles: A Case Study of East German Journals. *Scientometrics* 26 (1): 51-63.
Dahinden, Janine (2005) *Prishtina – Schlieren. Albanische Migrationsnetzwerke im transnationalen Raum.* Zürich: Seismo.
Dahme-Zachos, Andrea (2001) *Zum Zusammenhang von Lebensgeschichte mit kollektiver Geschichte und kollektiven Identitäten bei der deutschsprachigen Minderheit und ihren Nachkommen in Brasilien – eine biographieanalytische Arbeit.* Sankt Augustin: Michael Itschert, Gardez.
Dahrendorf, Ralf (1965) *Homo Sociologicus: ein Versuch zur Geschichte, Bedeutung und Kritik der Kategorie der sozialen Rolle.* Köln/ Opladen: Westdeutscher Verlag.
Dailey-O'Cain, Jennifer (2013) The use and the discursive functions of English in native-language online conversations among Dutch and German youth. *Sociolinguistica* 23: 146-166.
Dalby, David (1998) *The Linguasphere: From Person to Planet.* Hebron, Wales: Linguasphere Press.
- (1999/2000) *The Linguasphere Register of the World's Languages and Speech Communities.* 2 Bde. Hebron, Wales: Linguasphere Press/ Gwasg y Byd Iaith.
- (2000) The Linguasphere: a new nindow on the World's languages. *The Linguist* (August).
- (2003) *Language in Danger.* London: Allen Lane/ The Penguin Press.
Dalmas, Martine (2010) Deutsch in Frankreich. In Krumm/ Fandrych/ Hufeisen/ Riemer, Bd. 2, 1658-1664.
- / Metrich, René (2004) Frankreich. In Institut für Deutsche Sprache, 21-26.
- / - (2008) Frankreich. In Institut für Deutsche Sprache, 23-30.
Dalmazzone, Silvana (1999) Economics of language: a network externalities approach. In Breton, A. (ed.) *Exploring the Economics of Language.* Ottawa: Department of Canadian Heritage, 63-87.
Damke, Ciro (1997) *Sprachgebrauch und Sprachkontakt in der deutschen Sprachinsel in Südbrasilien.* Frankfurt a. M.: Lang.
Damus, Sahra (2011) Irreguläre Morphologie in deutschen Sprachinseln im Altai. Erste Ergebnisse aus einem Projekt an der Schnittstelle von Sprachwandelforschung und Soziolinguistik. In Djatlowa, W. (ed.) *Forschungen deutscher Dialekte in Russland: Geschichte, Gegenwart und Zukunft russlanddeutscher Sprachinseldialektologie: Vorträge der internationalen wissenschaftlich-praktischen Sprachkonferenz, Moskau 25-29 Juni 2011.* Moskau: IVDK-Press, 32-36.
Darquennes, Jeroen (2004) *The German Language in Education in Belgium.* Leeuwarden/ Ljouwert: Mercator Education.
- (2005) *Sprachrevitalisierung aus kontaktlinguistischer Sicht. Theorie und Praxis am Beispiel Altbelgien-Süd.* St. Augustin: Asgard.
- (2011a) Sprachwechsel, Spracherhalt und Sprachrevitalisierung im Areler Land von 1839 bis zur Gegenwart. In: Gilles, P./ Wagner, M. (eds.): *Linguistische und soziolinguistische Bausteine der Luxemburgistik.* Frankfurt a. M.: Lang, 235-256.
- (2011b) A historical sociolinguistic account of language shift and language maintenance in the Areler Land (1839-2010). In Moretti/ Pandolfi/ Casoni, 93-110.
- (2013) Deutsch als Muttersprache in Belgien: Forschungsstand und Forschungsperspektiven. In Schneider-Wiejowski/ Kellermeier-Rehbein/ Haselhuber, 349-368.
Darwin, Charles [1859] (o.J.) *The Origin of Species* (Anchor Books). Gardin City N.Y: Dolphin &

Company.
- [1871] (2011) *The Descent of Man, and Selection in Relation to Sex.* 2 Vols. Madison Park, Pacific Publishing Studio.
Dasgupta, Shyamal (1978) Deutsch als Fremdsprache in Indien. *Jahrbuch Deutsch als Fremdsprache* 4: 296-308.
Dauzat, Albert (1953) *L'Europe linguistique.* 2. Aufl. Paris: Payot.
Davidheiser, James C. (1993) Soll Deutsch die dritte Arbeitssprache der Europäischen Gemeinschaft werden? *Die Unterrichtspraxis/ Teaching German* 26: 176-184.
- / Wolf, Gregory (2009) Fanning the flames: Best practises for ensuring the survival of small German programs. *Die Unterrichtspraxis/ Teaching German* 42: 60-67.
Davies, Alan (2003) *The Native Speaker: Myth and Reality.* Clevedon usw.: Multilingual Matters.
Davis, Elisabeth B. (1987) *Guide to Information Sources in the Botanical Sciences.* Littleton, Colorado: Libraries Unlimited.
Davis, Elisabeth B./ Schmidt, Diane (1995) *Using the Biological Literature. A Practical Guide.* 2nd., rev. ed. New York/ Basel/ Hong Kong: Marcel Dekker.
Davis, Kathryn A. (1989) Social Organization of Language Behavior in Luxembourg. Implications for Language Planning. Phil. Diss. Stanford University.
Davis, M. (2004) GDP by Language. Unicode Technical Note # 13. (www.unicode.org/ notes/ tn13/ tn13-1.html)
Dawkins, Richard (2011) *The Magic of Reality. How we Know What's ReallyTtrue.* London usw: Bantam Press.
Debus, Friedhelm/ Kollmann, Franz Gustav/ Pörksen, Uwe (2000) (eds.) *Deutsch als Wissenschaftssprache im 20. Jahrhundert. Vorträge des Internationalen Symposions vom 18./ 19. Januar 2000.* Stuttgart: Steiner.
Décsy, Gyula (1973) *Die linguistische Struktur Europas.* Wiesbaden: Harrassowitz.
Deminger, Szilvia (2004) *Spracherhalt und Sprachverlust in einer Sprachinselsituation.* Frankfurt a.M.: Lang.
Demokratischer Verband der Ungarndeutschen (ed.) (1988) *7. Kongreß der Ungarndeutschen/ Magyarorsz gi Németek 7. Kongresszusa.* Budapest: Selbstverlag des Demokratischen Verbandes der Ungarndeutschen.
Dermaut, Nadine/ Van Baelen, Greta/ Kern, Rudolf (1983) Untersuchung über die Situation des Deutschen als Fremdsprache in Belgien. *Deutsch als Fremdsprache in Belgien:* 52-212.
Desselmann, Günther/ Wazel, Gerhard (1979) Deutsch als Fremdsprache in der Deutschen Demokratischen Republik. *Moderna språk* 72 (3): 233-238.
Detering, Heinrich (2000) Deutsch als Sprache germanistischer Literaturwissenschaften. Erfahrungen und Thesen. In Debus/ Kollmann/ Pörksen, 159-177.
Deutsch wieder Amtssprache in Namibia (1984). *Europa Ethnica* 41: 173.
Deutsche Akademie für Sprache und Dichtung/ Union der deutschen Akademien der Wissenschaften (eds.) (2013) *Reichtum und Armut der deutschen Sprache. Erster Bericht zur Lage der deutschen Sprache.* Mit Beiträgen von Ludwig Eichinger, Peter Eisenberg, Wolfgang Klein, Angelika Storrer. Berlin/ New York: de Gruyter.
Deutsche Forschungsgemeinschaft (2009) Alternativen zum European Reference Index for the Humanities (ERIC): DFG sucht nach bibliometrischen Ansätzen für die Geistes- und Sozialwissenschaften. *DFG Aktuell* (4).
Deutsche Speisekarte (1911) *Verdeutschung der in der Küche und im Gasthofswesen gebräuchlichen entbehrlichen Fremdwörter* (Verdeutschungsbücher des Allgemeinen Deutschen Sprachvereins 1). Berlin: Verlag des Allgemeinen Deutschen Sprachvereins.

Deutsche Sprache und Literatur an der Universität Sao Paulo (1980) *Lingua e literatura aleman*, Suppl: 3-24.
Deutsche Welle (ed.) (o.J.) *Deutsche Welle Technik*. 5. Aufl. Köln.
- (ed.) [1986] *Deutsche Welle. Auslandsrundfunk der Bundesrepublik Deutschland*. Köln: DW-Hausdruckerei.
- (ed.) (September 1988) *Umfrage im Ausland zur Nutzung internationaler Medien unter Berücksichtigung der DEUTSCHEN WELLE, April 1988*. Köln (hektographiert).
- (ed.) (2000/ 2002) *Passé und mega-out? Zur Zukunft der deutschen Sprache im Zeitalter von Globalisierung und Multimedia*. Köln: Deutsche Welle/ Berlin: Vista.
- (2003) *50 Jahre aus der Mitte Europas/ 50 Years at the Heart of Europe. Festschrift*. Bonn: Deutsche Welle.
Deutscher Akademischer Austauschdienst (DAAD) (1997a) *Undergraduate Degree Programms in English*. Bonn: DAAD.
- (1997b) *Postgraduate Degree Programms in English and German*. Bonn: DAAD.
- (ed.) (2002) *Germanistentreffen: Deutschland – Argentinien, Brasilien, Chile, Kolumbien, Kuba, Mexiko, Venezuela 8. – 12.10.2001*. Bonn: [DAAD].
- (2004a) *Betreuung, Zulassung, Ausländerrecht* (Die internationale Hochschule: Ein Handbuch für Politik und Praxis, 7). Bielefeld: Bertelsmann.
- (ed.) (2004b) *Deutsch und Fremdsprachen* (Die internationale Hochschule: Ein Handbuch für Politik und Praxis, 8). Bielefeld: Bertelsmann.
- (ed.) (2004c) *Deutsche Studienangebote im Ausland* (Die internationale Hochschule: Ein Handbuch für Politik und Praxis, 10). Bielefeld: Bertelsmann.
- (ed.) (2006) Jecht, Dorothea/ Mazumdar, Shaswati (red.) *German Studies in India. Aktuelle Beiträge aus der indischen Germanistik/ Germanistik in Indien*. München: Iudicium.
- [2010]) *Memorandum zur Förderung des Deutschen als Wissenschaftssprache*. Bonn.
Deutscher Bundesrat (2004) *Entschließung des Bundesrates zur Gleichberechtigung der deutschen Sprache auf europäischer Ebene* (Bundesratsdrucksache 175/ 04).
Deutscher Bundestag (1981) *Antwort der Bundesregierung auf die Anfrage des Abgeordneten Schäfer (FDP) betr. ausländischer Studienbewerber* (Bundestagsdrucksache 9/ 523). Bonn.
- (2003) *Deutsch als Arbeitssprache auf europäischer Ebene festigen – Verstärkte Förderung von Deutsch als erlernbare Sprache im Ausland. Antrag der Fraktionen SPD, CDU/ CSU, BÜNDNIS 90/ DIE GRÜNEN und FDP* (Bundestagsdrucksache 15/ 1574). Berlin.
- Referat Öffentlichkeitsarbeit (ed.) (1986) *Die deutsche Sprache in der Welt. Anhörung des Auswärtigen Ausschusses am 18. Juni 1986 und Aussprache im Plenum des Deutschen Bundestages* (Zur Sache, 5). Bonn.
Deutscher Sprachatlas (1927-1956) 23 Lieferungen. Wenker, Georg (begründ.), Wrede, Ferdinand (beginn.), Mitzka, Walter/ Martin, Bernhard (fortsetz.). Marburg: Elwert.
Deutsches Minderheitensprachen-Gesetz. Gesetz zu der Europäischen Charta der Regional- oder Minderheitensprachen des Europarats vom 5.November 1992/ vom 9. Juli 1998 (BGB1. II 1314).
Deutsch-Italienische Handelskammer (2008) *Deutsche Unternehmen auf dem italienischen Markt: Erfahrungen und Erfolgsfaktoren. Umfrage zum deutschen Export nach Italien 2007/2008*.
(www.ahkitalien.it/fileadmin/ahk_italien/Dokumente/Publikationen/Umfragen/Deutsche _Exportunternehmen/1-Exportumfrage_2007-2008-_Deutsch_01.pdf)

- (2010) *Italienische Unternehmen auf dem deutschen Markt Erfahrungen und Erfolgsfaktoren Umfrage zum italienischen Export nach Deutschland 2009.* (www.ahkitalien.it/fileadmin/ahk_italien/Dokumente/Publikationen/Umfragen/Italienische_Exportunternehmen/DE-Umfrage_screen_30_03-sito_01.pdf)
Dickson, David (1989) „L'Affaire Pasteur" Prompts Canadian Outcry. *Science* 244: 280f.
Die deutsche Sprache in der Welt. Deutschunterricht in 60 Ländern (1979) *Auslandskurier* 20 (8): 22.
Diel, Paulo F. (2001) *„Ein katholisches Volk, aber eine Herde ohne Hirte". Der Anteil deutscher Orden und Kongregationen an der Bewahrung deutscher Kultur und an der Erneuerung der katholischen Kirche in Süd-Brasilien.* Sankt Augustin: Gardez.
Dietrich, Rainer (2004a) Erstsprache – Muttersprache/ First Language – Mother Tongue. In Ammon/ Dittmar/ Mattheier/ Trudgill, 305-311.
- (2004b) Zweitsprache – Fremdsprache/ Second Language – Foreign Language. In Ammon/ Dittmar/ Mattheier/ Trudgill, 311-314.
Dietz, Barbara/ Hilkes, Peter (1988) Deutsch in der Sowjetunion. Zahlen, Fakten und neue Forschungsperspektiven. *Aus Politik und Zeitgeschichte* 50: 3-13.
Dimova, Ana (2010) Deutsch in Bulgarien. In Krumm/ Fandrych/ Hufeisen/ Riemer, Bd. 2, 1628-1632.
Dingeldein, Heinrich (2004) Die deutsche Sprache und das deutschsprachige Schulwesen in Rumänien. (www.alsace.iufm.fr/web/connaitr.cfeb/regards_extererieurws.pdf)
- (2006) Die deutsche Sprache und ihre Erscheinungsformen in Rumänien. Historische Grundlegung und aktuelle Entwicklungstendenzen. In Berend/ Knipf-Komlósi, 57-75.
Diodato, Virgil (1990) The Use of English Language in Non-U.S. Science Journals: A Case Study of Mathematics Publications, 1970-1985. *Library & Information Science Research* 12: 355-371.
Djatlova, Valentina (2011) Deutsch und Russisch als Sprachen der Russlanddeutschen heute. In Ammon/ Kemper, 397-408.
Dobelli, Rolf (2011) *Die Kunst des klaren Denkens. 52 Denkfehler, die sie besser anderen überlassen.* München: Hanser.
- (2012) *Die Kunst des klugen Handelns. 52 Irrwege, die Sie besser anderen überlassen.* München: Hanser.
Dobrovol'skij, Dmitrij (2004) Russland. In Institut für Deutsche Sprache, 63-68.
- (2008) Russland. In Institut für Deutsche Sprache, 47f.
Doi, Takeo [engl. 1973] (1982) *Amae. Freiheit in Geborgenheit. Zur Struktur japanischer Psyche.* Frankfurt a.M.: Suhrkamp.
Dolde, Kerstin/ Lüsebrink, Claire/ Rowley, Anthony/ Schnabel, Michael/ Warter, Monika (1988) *Gebietsartikel Südtirol.* Universität Bayreuth: Universitätsdruck.
Domaschnew, Anatoli I. (1994) Englisch als die einzige Verkehrssprache des zukünftigen Europa? Eine Stellungnahme aus osteuropäischer Sicht. *Sociolinguistica* 8: 26-43.
- (2001) Deutschunterricht und Gemanistikstudium in Russland. In Helbig/ Götze/ Henrici/ Krumm, Bd.2: 1556-1560.
Dominian, Leon (1917) *The Frontiers of Language and Nationality in Europe.* New York: Henry Holt and Company.
Donahay, Jasmine (2012) *Publishing Data and Statistics on Translated Literature in the United Kingdom and Ireland.* Aberystwyth University, Wales UK: Mercator Institute for Media, Languages and Culture.
von Donat, Marcell (1999) Amts- und Arbeitssprachen der EU: Vielsprachigkeit und Demokra-

tieverständnis. *EUmagazin* 12: 18f., 22.
Dörr, Dieter/ Schiedermair, Stephanie (2003) *Die Deutsche Welle. Die Funktion, der Auftrag, die Aufgaben und die Finanzierung heute*. Frankfurt a. M. usw.: Lang.
Dovalil, Vítek (2006) Sprachenpolitik in der Tschechischen Republik (unter besonderer Berücksichtigung der Beziehungen zur EU und zum Europarat). *Interlinguistische Informationen. Mitteilungsblatt der Gesellschaft für Interlinguistik e.V.* Beiheft 13: 105-119.
- (2010) Sind zwei Fremdsprachen in der Tschechischen Repulik realistisch? Zu den aktuellen Problemen der tschechischen Spracherwerbsplanung. *Sociolinguistica* 24: 43-60.
Drahota-Szabó, Erzsébet (2010) Deutsch in Ungarn. In Krumm/ Fandrych/ Hufeisen/ Riemer, Bd. 2, 1727-1833.
300 Jahre Zusammenleben (1988) *Aus der Geschichte der Ungarndeutschen/ 300 éves együttélés - A magyarországi németek történetéből*. Budapest: Tankönyvkiadó.
30 Jahre Ausländerstudium in der DDR - 25 Jahre Herder-Institut der Karl-Marx-Universität Leipzig (1981). *Reden anläßlich der Festveranstaltungen am 12. Juni 1981*. Leipzig: Karl-Marx-Universität.
Drewer, Petra (2003) *Die kognitive Metapher als Werkzeug des Denkens. Zur Rolle der Analogie bei der Gewinnung und Vermittlung wissenschaftlicher Erkenntnisse*. Tübingen: Narr.
Drews, Albert (ed.) (2012) *Außenkulturpolitik. Aktuelle Herausforderungen in einer Welt im Umbruch. 57. Loccumer Kulturpolitisches Kolloquium* (Loccumer Protokolle 10/11). Rehburg-Loccum: Evangelische Akademie Loccum.
Drömert, Irene (1999) Die Sprache des Unternehmens – Bedeutung, Ausprägungsformen und Gestaltungsmöglichkeiten. In Bungarten 1999a, 141-152.
Dubinin, Sergej I. (2005) Zur Rezeption und Akzeptanz der deutschen Sprache in Russland. *Das Wort* (Moskau/ Bonn): 27-44.
- (2011) Die Wolgadeutschen und ihre Autonome Republik (1924-1941). In Ammon/ Kemper, 82-94.
Dück, Elvine S. (2011) *Vitalidade linguística do Plautdietsch em contato variedades Standard faladas em comunidades menonitas no Brasil*. Unveröff. Phil. Diss Universidade Federal do Rio Grande do Sul, Porto Alegre.
Duesberg, Peter (2006) DaF International. Aktuelle Tendenzen weltweit und Herausforderungen für die deutschsprachigen Länder. *Jahrbuch für Internationale Germanistik* 38 (2): 47-77.
Duke, Janet/ Hufeisen, Britta/ Lutjeharms, Madeline (2004) Die sieben Siebe des EuroCom für den multilingualen Einstieg in die Welt der germanischen Sprachen. In Klien, H./ Rutke, D. (eds.) *Neuere Forschungen zur europäischen Interkomprehension*. Aachen: Shaker, 109-134.
Dundler, Franz (1988) *Urlaubsreisen 1954-1987. 34 Jahre Erfassung des touristischen Verhaltens der deutschen durch soziologische Stichprobenuntersuchungen*. Starnberg: Studienkreis für Tourismus.
Dunja-Blajberg, Jennifer (1980) *Sprache und Politik in Südwestafrika. Stellung und Funktion der Sprachen unter dem Apartheid-System*. Bonn: Informationsstelle Südliches Afrika e. V.
Durand, Charles X. (2001) *La mise en place des monopoles du savoir*. Paris: L'Harmattan.
- (2006) „'If it's not in English, it's not worth reading!". *Current Issues in Language Planning* 7 (1): 44-60.
During, Florence (1995) Status et usage des langues au Conseil de l'Europe. *Terminologie et traduction* 3: 39-120.
Dürmüller, Urs (1986) The Status of English in Multilingual Switzerland. *Bulletin CILA* 44: 7-38.

- (1991) Swiss multilingualism and intranational communication. *Sociolinguistica* 5: 111-159.
- (1994) Multilingual talk or English only? The Swiss Experience. *Sociolinguistica* 8: 44-64.
- (2001) The presence of English at Swiss universities. In Ammon, 389-403.
- (2002) English in Switzerland: From foreign language to lingua franca. In Allerton, D. J. (eds.) *Perspectives on English as a World Language*. Basel: Schwabe, 115-123.

Durrell, Martin (2002) Die Sprachenpolitik der Europäischen Union aus britischer Sicht. In Hoberg (2002a), 286-297.
- (2003) Register, Variation und Fremdsprachenvermittlung. Zum Problem des Deutschunterrichts in Großbritannien. In Stickel, 239-258.
- (2004a) Status der deutschen Sprache im Vereinigten Königreich und in Nordirland. In Institut für Deutsche Sprache, 29-33.
- (2004b) Perspektiven für den Deutschunterricht und die Germanistik im Vereinigten Königreich Großbritannien und Nordirland. *Jahrbuch für Internationale Germanistik* 34 (1): 19-24.
- (2007) Zum gegenwärtigen Stand des Deutschunterrichts und der Germanistik in Großbritannien. *Jahrbuch für Internationale Germanistik* 39 (2): 37-50.
- (2008) Vereinigtes Königreich von Großbritannien und Nordirland. In Institut für Deutsche Sprache, 81-91.
- (2013) [Rez. von] Christian Fandrych und Betina Sedlaczek, unter Mitarbeit von Erwin Tschirner und Beate Reinhold, „I need German for my life". Eine empirische Studie zur Sprachsituation in englischsprachigen Studiengängen in Deutschland [...]. *Zeitschrift für Dialektologie und Linguistik* 40 (2): 64-68.

Dürscheid, Christa/ Businger, Martin (2006) *Schweizer Standarddeutsch. Beiträge zur Varietätenlinguistik*. Tübingen: Narr.

Durzak, Manfred/ Kuruyazızı, Nilüfer (eds.) *Interkulturelle Begegnungen. Festschrift für Şara Sayın*. Würzburg: Königshausen & Neumann.

Duschanek, Michael (1997a) Sprachenkarte Tschechiens und der Slowakei. In Goebl/ Nelde/ Starý/ Wölck, 2041-2043.
- (1997b) Sprachenkarte von Ungarn. In Goebl/ Nelde/ Starý/ Wölck, 2045-2047.

Düwell, Kurt (1976) *Deutschlands auswärtige Kulturpolitik 1918-1932. Grundlinien und Dokumente*. Köln/ Wien: Böhlau.
- (2000) Der DAAD im Spannungsfeld zwischen Hochschulen und Regierungen seit 1950. In Alter, 106-129.
- (2009) Zwischen Propaganda und Friedensarbeit – 100 Jahre Geschichte der deutschen Auswärtige Kulturpolitik. In Maaß (2009a), 61-111.
- / Link, Werner (eds.) (1981) *Deutsche auswärtige Kulturpolitik seit 1871. Geschichte und Struktur: Referate eines interdisziplinären Symposions*. Köln/ Wien: Böhlau.

Dyck, Cornelius J. [1967] (1993) *An Introduction to Mennonite History. A Popular History of the Anabaptists and the Mennonites*. 3. Aufl. Scottdale, Penn./ Waterloo, Ontario: Harold Press.

Earls, Clive W. (2013a) Setting the Catherine Wheel in motion: An exploration of "Englishization" in the German higher education system. *Language Problems and Language Planning* 37 (2): 125-150.
- (2013b) *An Exploration of Language-in-Education Policy and Practice: the Experience of English-Medium Degree Programmes in Germany*. Unveröff. Ph.D. Thesis University of Limerick (Irland).
- (2014) Striking the balance: the role of English and German in a multilingual English-medium

degree programme in German higher education. *Current Issues in Language Planning* 15: 153-173.
Ebert, Johannes (2011) Die Goethe-Institute in Russland. In Ammon/ Kemper, 347-360.
Ebner, Jakob [1969] (2009) *Wie sagt man in Österreich? Wörterbuch des österreichischen Deutsch*. 4. Aufl. Mannheim usw.: Dudenverlag.
Ecke, Peter (2010) Deutsch in USA. In Krumm/ Fandrych/ Hufeisen/ Riemer, Bd. 2, 1833-1839.
- (2011) The state of German in the United States: A statistical portrait and a call for teachers. *German as a foreign language (GEL)* (2): 55-83.
Eder, Klaus (2000) Zur Transformation nationalstaatlicher Öffentlichkeit in Europa. Von der Sprachgemeinschaft zur issuespezifischen Kommunikationsgemeinschaft. *Berliner Journal für Soziologie* 10: 167-184.
Eder, Ulrike (2010) Entwicklungen von Deutsch als Fremdsprache in Deutschland nach 1945. In Krumm/ Fandrych/ Hufeisen/ Riemer, Bd. 1, 44-62.
Edwards, J. A./ Kingscott, A. G. (eds.) [1994] (1997) *Language Industries Atlas*. 2. Aufl. Amsterdam usw.: IOS Press.
Edwards, John (1984) *Linguistic Minorities, Policies and Pluralism*. London: Academic Press.
- (1992) Sociopolitical aspects of language maintenance and loss: Towards a typology of minority language situations. In Fase/ Jaspaert/ Kroon, 37-54.
- (2009) *Language and Identity. An Introduction*. Cambridge UK etc.: Cambridge University Press.
- (2010) *Minority Languages and Group Identity. Cases and Categories*. Amsterdam/ Philadephia: John Benjamins.
Edwards, Viv (2008) Immigrant Languages in the UK. In Ammon/ Haarmann, Bd.1, 471-487.
Egger, Kurt (1977) *Zweisprachigkeit in Südtirol. Probleme zweier Volksgruppen an der Sprachgrenze*. Bozen: Athesia.
- (1981) Sprachgebrauch und Sprachkompetenz bei mehrsprachigen Kindern im Südtiroler Unterland. In Meid, W./ Heller, K. (eds.) *Sprachkontakt als Ursache von Veränderungen der Sprach- und Bewußtseinsstruktur*. Innsbruck: Institut für Sprachwissenschaft der Universität, 67-82.
- (1982) Die deutsche Sprache in Italien. *Germanistische Mitteilungen* 15: 69-80.
- (1990) Zur Sprachsituation in Südtirol: Auf der Suche nach Konsens. *Deutsche Sprache* 4: 76-88.
- / Heller, Karin (1997) Italienisch – Deutsch. In Goebl, H./ Nelde, P. H./ Zdeněk, S./ Wölck, W. (eds.) *Kontaktlinguistik/ Contact Linguistics/ Linguistique de contact*. Bd. 2. Berlin/ New York: de Gruyter, 1350-1357.
- / Lanthaler, Franz (eds.) (2001) *Die deutsche Sprache in Südtirol. Einheitssprache und regionale Vielfalt*. Wien: Folio.
Ehala, Martin (2009) An evaluation matrix for ethnolinguistic vitality. In Pertot, S./ Priestly, T. M. S./ Williams C. H. (eds.) *Rights, Promotion and Integration Issues for Minority Languages in Europe*. Basingstoke UK: Palgrave Macmillan, 123-137.
Ehlich, Konrad (1993) Deutsch als fremde Wissenschaftssprache. *Jahrbuch Deutsch als Fremdsprache* 19: 13-42.
- (2002) Die Zukunft des Deutschen und anderer Sprachen – außer der englischen – in der wissenschaftlichen Kommunikation. In Hoberg (2002a), 44-53.
- (2004) The future of German and other non-English languages for academic communication. In Gardt/ Hüppauf, 173-184.
- (2005) Deutsch als Medium wissenschaftlichen Arbeitens. In Motz (2005a), 41-51.

- (2006) Die internationale Valenz des Deutschen und die europäische Sprachenpolitik. *Cadernos do cieg* 24 (Coimbra): 9-35.
- (2010) Die deutsche Sprache in der Sprachenpolitik europäischer Institutionen. In Krumm/ Fandrych/ Hufeisen/ Riemer, Bd. 1, 124-132.
- / Issel, Burkhard/ Zickfeld, August Wilhelm (ed.) (2001) *Deutsch in Norwegen. Neue Beiträge zum Gespräch zwischen Germanistik, Lehrerausbildung und Schule*. Regensburg: Fachverband Deutsch als Fremdsprache, 89-106.
- / Heller, Dorothee (2006) (eds.) *Die Wissenschaft und ihre Sprachen*. Bern usw.: Lang.

Eichhoff, Jürgen (1976) Bibliography of German Dialects spoken in the United States and Canada, and Problems of German-English Language Contact, especially in North-America 1968 - 1976 with pre-1968 Supplements. *Monatshefte* 68: 196-208.
- (1986) Die deutsche Sprache in Amerika. In Trommler, 235-252.
- (1993) 'Ich bin ein Berliner': A history and a linguistic clarification. *Monatshefte* 85: 71-80.

Eichinger, Ludwig M. (1994) Sprachliche Kosten-Nutzen-Rechnungen und die Stabilität mehrsprachiger Gemeinschaften. In Helfrich, U./ Riehl, C. *Mehrsprachigkeit in Europa*. Wilhelmsfeld: 31-54.
- (1995) Regionaler Sprachkontakt und fremdsprachliche Norm. Form und Verwendung der deutschen Standardsprache in Ungarn. In Wodak/ de Cillia, 53-62.
- (1996) Südtirol. In Hinderling/ Eichinger, 199-262.
- (2003) Island Hopping: Vom Nutzen und Vergnügen des Vergleichs von Sprachinseln. In Androutsopoulos/ Ziegler, 83-107.
- (2006) Soziolinguistik und Sprachminderheiten. In Ammon/ Dittmar/ Mattheier/ Trudgill, 2473-2484.
- / Plewnia, Albrecht/ Riehl, Claudia Maria (eds.) (2008) *Handbuch der deutschen Sprachminderheiten in Mittel- und Osteuropa*. Tübingen: Narr.
- / - / Schoel, Christiane/ Stahlberg, Dagmar (eds.) (2012) *Sprache und Einstellungen. Spracheinstellungen aus sprachwissenschaftlicher und sozialpsychologischer Perspektive. Mit einer Sprachstandserhebung zum Deutschen von Gerhard Stickel*. Tübingen: Narr.

Eins, Wieland / Glück, Helmut / Pretscher, Sabine (eds.) (2011) *Wissen schaffen – Wissen kommunizieren. Wissenschaftssprachen in Geschichte und Gegenwart*. Wiesbaden: Harrassowitz.

Eisenberg, Peter (1987) Wie lassen sich Ansehen und Wirkung der deutschen Sprachwissenschaft ermitteln? *Zeitschrift für germanistische Linguistik* 15: 228-230.
- (1998) *Grundriß der deutschen Grammatik. Bd. 1. Das Wort*. Stuttgart/ Weimar: Metzler.
- [1986] (1999/2001) *Grundriß der deutschen Grammatik. Bd. 2. Der Satz*. Stuttgart/ Weimar: Metzler.
- (2011) *Das Fremdwort im Deutschen*. Berlin/ New York: de Gruyter.
- (2012) Das Ende vor Augen? Über das Erhalten des Deutschen als Wissenschaftssprache. *Gegenworte* (Zwischen den Wissenschaften) 28: 52-55.
(www.edoc.bbaw.de/volltexte/2013/2341/pdf/16_GW28_Eisenberg.pdf)
Auch in ADAWiS 2013.

Eisfeld, Alfred (1999) *Die Russlanddeutschen*. Mit Beiträgen von Detlev Brandes und Wilhelm Kahle. 2., erw. und aktualisierte Aufl. München: Langen Müller.

ELAN (2006): *Auswirkungen mangelnder Fremdspachenkenntnisse in den Unternehmen auf die europäische Wirtschaft*. London/ Newcastle upon Tyne: CILT/ Interact International.

de Elera, Alvaro (2004) Unión Europea y Multilingüismo [European Union and multilingualism]. *Revista española de derecho europeo* 9 (1): 85-138.

Eleta, Irene (2012) *Multilingual Use of Twitter: Social Networks and Language Choice.*
    Seattle WA: February 11-15.
    (www.dl.acm.org/citation.cfm?id=2141512.2141621&coll=DL&dl=GUIDE&CFID=26766136
    3&CFTOKEN=33283622)
Elmentaler, Michael (ed.) (2009a) *Deutsch und seine Nachbarn.* Frankfurt a.M. usw.: Lang.
- (2009b) Hochdeutsch und Platt – zwei ungleiche Nachbarn. In Elmentaler, 31-45.
Van Els, Theo (2001) The European Union, its institutions and its languages: some language political observations. *Current Issues in Language Planning* 2 (4): 311-360.
- (2003) Language policy of and for the European Union. In Ahrenz, 45-56.
- (2005a) Multilingualism in the European Union. *International Journal of Applied Linguistics* 15 (3): 263-281.
- (2005b) An update on the European Union, its institutions and its languages: some language political observations. In Baldauf, R./ Kaplan, R.B. (eds.) *Language Planning and Policy in Europe. Vol. 2. The Czech Republic, The European Union and Nothern Ireland.* Clevedon: Multilingual Matters, S. 252-256.
- (2007) Sprachenpolitik der Europäischen Union. Wie wird es der deutschen Sprache ergehen? *Muttersprache* 117 (2): 124-134.
- / Oud-de Glas, Maria (eds.) (1983) *Research into Foreign Language Needs.* Augsburg: Universität Augsburg.
Emmert, Hans D. (1987) Deutsch als Fremdsprache und Germanistik in der Türkei. In Sturm (1987), 61-73.
Empfehlungen des Vorstandes der Deutschen Gesellschaft für Pychologie zur Fortentwicklung deutschsprachiger Fachzeitschriften der Psychologie (1985) *Pychologische Rundschau* 36: 62-66.
Enciclopedia del Español en el Mundo (2006) (Annuario del Instituto Cervantes, 2006-7). Madrid: Instituto Cervantes.
Engels, Dietrich/ Köller, Regine/ Koopmans, Ruud/ Höhne, Jutta (2011) *Zweiter Integrationsbericht erstellt für die Beauftragte der Bundesregierung für Migration, Flüchtlinge und Integration.* Köln: ISG Institut für Sozialforschung und Gesellschaftspolitik/ Berlin: Wissenschaftszentrum Berlin für Sozialforschung.
Engels, Friedrich [1839] (1970) Briefe aus dem Wuppertal. In *Karl Marx/ Friedrich Engels Werke,* Bd. 1. Berlin: Dietz, 415-432
English only? in Europe (1994) *Sociolinguistica* 8. Tübingen: Niemeyer.
Engombe, Lucia (2004) *Kind Nr. 95. Meine deutsch-afrikanische Odyssee.* Berlin: Ullstein.
Enninger, Werner (ed.) (1983) *Word List of Pennsylvania German – as Spoken by the Old Order Amish of Kent County, Delaware.* Essen: University of Essen Printing Office.
- / Raith, Joachim/ Wandt, Karl-Heinz (eds.) (1989) *Studies on the Languages and the Verbal Behavior of the Pennsylvania Germans II.* Stuttgart: Steiner.
Erb, Maria (1994) Zur interdisziplinären Untersuchung der natürlichen Zweisprachigkeit am Beispiel des Ungarndeutschen. In Berend/ Mattheier, 263-271.
- (1995) Die Rolle der deutschsprachigen Medien bei den Ungarndeutschen. Beiträge zur Volkskunde der Ungarndeutschen 12: 28-37.
- (2010) Sprachgebrauch der Ungarndeutschen: Geschichte – Tendenzen – Perspektiven. In Kostrzewa/ Rada/ Knipf-Komlósi, 118-146.
- / Knipf-Komlósi, Elisabeth (eds.) (2006) *Tradition und Innovation. Neuere Forschungen zur Sprache der Ungarndeutschen* (Reihe Ungarndeutscher Studien 7). Budapest: Elte.
Eriksen, Lars H. (1986) Fall und Gegenfall. Ein Vergleich der Stellung und Sprache der deut-

schen Minderheit in Dänemark und der dänischen in Deutschland aus sprach-rechtlicher Sicht. In Hinderling, 149-187.

Erling, Elizabeth J. (2004). *Globalization, English and the German University Classroom: A Sociolinguistic Profile of Students of English at the Freie Universität Berlin*. University of Edinburgh: PhD Thesis.

- / Hilgendorf, Suzanne K. (2006a). English in the German university: a means of disadvantage or empowerment? In Weideman, A./ Smieja, B. (eds.) *Empowerment Through Language and Education*. Frankfurt a.M. usw.: Lang, 111-126.

- / Hilgendorf, Suzanne K. (2006b) Language policies in the context of German higher education. *Language Policy* 5 (3): 267-293.

Ernst, E./ Resch, K.L. (1994) Reviewer Bias: A Blinded Experimental Study. *Journal of Laboratory and Clinical Medicine* 124: 178-182.

Esslinger, Dieter (1985) Deutsche Regierungsschulen im Wechsel der Zeit. In Becker, Klaus (ed.) *Vom Schutzgebiet bis Namibia*. Windhoek: Interessengemeinschaft deutschsprachiger Südwester, 102-109.

- (1990) Das Fach Deutsch als Muttersprache im südlichen Afrika. *Der Deutschunterricht im Südlichen Afrika* 21 (1): 51-58.

- (2002) Anpassung und Beharrung. Deutsche Regierungsschulen in Namibia. In Hess/ Becker, 490-504.

Ethnologue. Languages of the World. Grimes, Barbara F. (ed.) (1984/ 2000/ 2005/ 2009). 10./ 14./ 15./ 16. Aufl. Dallas/ TX: Wycliffe Bible Translation.

Eurobarometer Spezial 243 (2006) Europäische Kommission (ed.) *Die Europäer und ihre Sprachen*. (www.ec.europa.eu/public_opinion/archives/ebs/ebs_243_de.pdf)

Eurobarometer Spezial 386 (2012) Europäische Kommission (ed.) *Die europäischen Bürger und ihre Sprachen*. (www.ec.europa.eu/public_opinion/archives/ebs/ebs_386_de.pdf)

Eurobarometre 54 Special (2001) *Les europeens et le langues*. La Direction Générale de l'Education et de la Culture. [Brüssel]. (ec.europa.eu/public_opinion/archives/ebs/ebs_147_en.pdf)

Euromosaic (1996) *The Production and Reproduction of the Minority Language Groups in the European Union*. Erstellt für die EU-Kommission von Nelde, Peter/ Strubell, Miquel/ Williams, Glyn. Luxemburg: Office for Official Publications of the European Commission.

Europäische Kommission (2002) *Der Konferenzdolmetscherdienst und die Erweiterung. Eine Strategie für den SCIC im Hinblick auf das Jahr 2004*. Mitteilung von Herrn Kinnock. Brüssel, SCIC-2001-00007-01-00-DE-TRA-00 (FR).

Europäischer Rat (ed.) (2002) Entschließung des Rates vom 14. Februar 2002 zur Förderung der Sprachenvielfalt und des Erwerbs von Sprachkenntnissen im Rahmen der Umsetzung der Ziele des Europäischen Jahres der Sprachen 2001. *Amtsblatt der Europäischen Gemeinschaft* C 50/ 1 vom 23.2.2002.

Europäisches Parlament (ed.) (1982) *Bericht im Namen des Ausschusses für Geschäftsordnung und Petitionen über die Mehrsprachigkeit der Europäischen Gemeinschaft*. Sitzungsdokument 1-306/ 82 vom 1. Juni 1982.

Europäisches Parlament (ed.) (2001) Entschließung des Europäischen Parlaments vom 13. Dezember 2001 zu den regionalen und weniger verbreiteten europäischen Sprachen. *Amtsblatt der Europäischen Union* C 177/ 334 vom 25.7.2002.

Europäisches Parlament (2004a) *Code of Conduct on Multilingualism*. Brüssel: Europäisches Parlament, E 338.978/ BUR.

Europäisches Parlament (2004b) *Translation and Edition. Parliamentary Documents-Questions*

and Answers. Brüssel: Directorate-General-Translation and Edition.
Europarat (2011) *Europäische Charta der Regional- und Minderheitensprachen: Anwendung der Charta in Polen.*
(www.ostdeutsches-forum.net/EUFV/PDF/Uebersetzung-Bericht-Europarat.pdf)
European Parliament (ed.) (2001) *Lesser-Used Languages in States Applying for EU Membership (Cyprus, Czech Republic, Estonia, Hungary, Poland and Slovenia* (EBLUL Brochure).
Eurydice (1989) *Teaching of Languages in the European Community: Statistics* (Working Document, March 1989). Brüssel: Eurydice.
Eurydice (2005/ 2008) *Schlüsselzahlen zum Sprachenlernen an den Schulen in Europa.* Ausgabe 2005/ Ausgabe 2008. Brüssel: Eurydice.
Extra, Guus (2008) Immigrant languages in multilingual Europe: comparative perspectives. In Ammon/ Haarmann, Bd.1, 489-518.
Eysenck, Hans-Jürgen (1980) A comment on the Traxel–Lienert discussion regarding publication in English by German psychologists. *Psychologische Beiträge* 22: 372-376.
Fabricius-Hansen, Cathrine (2000) Deutsch als Wissenschaftssprache in Skandinavien. In Debus/ Kollmann/ Pörksen, 177-193.
Fadeeva, Galina (2011) Lehnwörter aus dem Deutschen im Russischen. In Ammon/ Kemper, 255-271.
Falkenburg, Brigitte (1999) Sprache und Anschauung in der modernen Physik. In Wiegand, 89-118.
Fan, Jieping/ Li, Luan [richtiger Name: Li, Yuan] (2007) Studien zum Motivwandel des Deutschlernens chinesischer Studierender. In Ammon/ Reinbothe/ Zhu, 194-209.
Fandrych, Christian/ Hufeisen, Brigitte (2010) Die Situation von Deutsch außerhalb des deutschsprachigen Raums. In Krumm/ Fandrych/ Hufeisen/ Riemer, Bd. 1, 34-43.
Fandrych, Christian/ Sedlaczek, Betina (2012) *„I need German in my life".* Eine empirische Studie zur Sprachsituation in englischsprachigen Studiengängen in Deutschland. Tübingen: Stauffenburg.
Fase, Willem/ Jaspaert, Koen/ Kroon, Sjaak (eds.) (1992) *Maintenance and Loss of Minority Languages.* Amsterdam/ Philadelphia: Benjamins.
- / - / - (eds.) (1995) *The State of Minority Languages. International Pespectives on Survival and Decline.* Lisse: Sweets & Zeitlinger.
Fasold, Ralph (1984) *The Sociolinguistics of Society.* Oxford: Basil Blackwell.
Fearns, Anneliese (1999) Curricula für fach- und berufssprachlich orientierte Wirtschaftsdeutschkurse. *Materialien Deutsch als Fremdsprache* 52: 240-254.
Feddersen, Jan (2002) *Ein Lied kann eine Brücke sein.* Hamburg: Hoffmann und Campe.
Fehlen, Fernand (2009) *BaleineBis: une enquête sur un marché linguistique multilingue en profonde mutation. Luxemburgs Sprachenmarkt im Wandel.* Luxemburg : SESOPI Centre Intercommunautaire.
Feld, Stacy Amity (1998) Languages and the globalization of the economic market: the regulation of languages as a barrier to free trade. *Vanderbilt Journal of Transnational Law* 31: 155-201.
Fenyvesi, Anna (1998) Linguistic Minorities in Hungary. In Bratt Paulston/ Peckham, 135-159.
Ferguson, Charles (1959) Diglossia. *Word* 15: 325-340.
- (1966) National sociolinguistic profile formulas. In Bright, W. (ed.) *Sociolinguistics. Proceedings of the UCLA Sociolinguistic Conference, 1964.* The Hague/ Paris: Mouton, 309-324.
Ferguson, Gibson (2007) The global spread of English, scientific communication and ESP: questions of equity, access and domain loss. *Ibérica* 13 (1): 7-38.

- / Perez-Llantada, Carmen/ Plo, Ramón (2011) English as a language of international scientific publication: a study of attitudes. *World Englishes* 30 (1): 41-59.
Fernberger, Samuel W. (1917) On the number of articles of psychological interest published in the different languages. *American Journal of Psychology* 28: 141-150.
- (1926) On the number of articles of psychological interest published in the different languages: 1916-1925. *American Journal of Psychology* 37: 578-580.
- (1936) On the number of articles of psychological interest published in the different languages: *American Journal of Psychology* 48: 680-684.
- (1946) On the number of articles of psychological interest published in the different languages: 1936-1945. *American Journal of Psychology* 59: 284-290.
- (1956) On the number of articles of psychological interest published in the different languages: 1946-1955. *American Journal of Psychology* 63: 304-309.
Fettes, Mark (2003a) Interlingualism: A world-centric approach to language policy and planning. In Tonkin/ Reagan.
- (2003b) The geostrategies of interlingualism. In Maurais/ Morris, 37-46.
Fidrmuc, Jan/ Ginsburgh, Victor (2004) Languages in the EU: The Quest for Equality and its Cost. *CEPR (Centre for Economic Policy Research) Discussion paper Series* Nr. 4795. (www.cepr.org/ pubs/ dps/ DP4795.asp)
- / - (2006) Languages in the European Union: The quest for equality and its cost. *European Economic Review* 51 (6): 1351-1369.
Fiedler, Sabine (2010) The English-as-a-lingua-franca-approach: Linguistic fair play? *Language Problems and Language Planning* 34 (3): 201-221.
Finger, Bernd (2000) *Sprachenwahl in der grenzüberschreitenden Kommunikation zwischen Südbaden und dem Elsass: Wer spricht am Oberrhein in welcher Sprache wann zu wem?* Unveröff. Wiss. Arbeit im Fach Deutsch im Rahmen der wissenschaftlichen Prüfung für das Lehramt an Gymnasien in Baden-Württemberg. Albert-Ludwigs-Universität Freiburg: Institut für deutsche Sprache und ältere Literatur.
Finkelmann, Paul (1993) The war on German language and culture, 1917-1925. In Schröder, H.-J. (ed.) *Confrontation and Cooperation. Germany and the United States in the Era of World War I, 1900-1924*. Vol. 2. Providence: Berg, 177-205.
Finison, L. J./ Whittemore, C. L. (1975) Linguistic isolation of American social psychology. A comparative study of journal citations. *American Psychology* 30: 513-516.
Finkenstaedt, Thomas/ Schröder, Konrad (1990) *Sprachschranken statt Zollschranken? Grundlegung einer Fremdsprachenpolitik für das Europa von morgen*. Essen: Stifterverband für die Deutsche Wissenschaft.
Finzen, Asmus (1998) Der Impact-Factor: Die Veränderung der Wissenschaftskultur durch die Quantifizierung wissenschaftlicher Leistung. *Medizinische Welt* 49: 128-134.
Fischer, Lars/ Minks, Karl-Heinz (2010) *Die internationale Positionierung der Geisteswissenschaften in Deutschland*. Hannover: HIS Hochschul-Informations-System (Kurzfassung von Behrens/ Fischer/ Minks/ Rösler 2010).
Fischer, Rudolf-Josef (2006) „Englisch kann doch jeder" – eine Erhebung unter deutschen Muttersprachlern. In Gehling, Thomas u.a. (eds.) *Einblicke in Sprache. Festschrift für Clemens-Peter Herbermann zum 65. Geburtstag*. Berlin: Logos, 133-152.
Der Fischer Weltalmanach '88/ '90/ 2007/ 2009/ 2013 (1987/ 1989/ 2006/ 2008/ 2012). Frankfurt a.M.: Fischer Taschenbuch Verlag.
Fishman, Joshua A. (1964) Language maintenance and language shift as a field of inquiry. *Linguistics* 9: 32-70.

- (1965) Who speaks what language to whom and when? *La Linguistique* 2: 67-88.
- (1966) Language maintenance in a supra-ethnic age: summary and conclusion. In Fishman/ Nahirny u.a. 1966, 392-411.
- (1967) Bilingualism with and without diglossia; diglossia with and without bilingualism. *Journal of Social Issues* 23 (2): 29-38.
- (1968) *Readings in the Sociology of Language*. The Hague, Paris: Mouton.
- (1972a) *Language and Nationalism: Two Integrative Essays*. Rowley, MA: Newbury House.
- (1972b) Domains and the relationship between micro- and macro-sociolinguistics. In Gumperz, J./ Hymes, D. (eds.) *Directions in Sociolinguistics*. New York usw.: Holt, Rinehart & Winston, 435-453.
- (ed.) (1974) *Advances in Language Planning*. The Hague/ Paris: Mouton.
- (1977a) Knowing, using and liking English as an additional language. In Fishman/ Cooper/ Conrad, 302-326.
- (1977b) English in the context of international societal bilingualism. In Fishman/ Cooper/ Conrad, 329-335.
- (1982) Sociology of English as an additional language. In Kachru, 15-22.
- (1991a) *Reversing Language Shift. Theoretical and Empirical Foundations of Assistance to Threatened Languages*. Clevedon/ Philadelphia/ Adelaide: Multilingual Matters.
- (1991b) Three dilemmas of organized efforts to reverse language shift. In Ammon/ Hellinger, 285-293.
- (1994) "English only" in Europe? Some suggestions from an American perspective. In *Sociolinguistica* 8, 65-72.
- (ed.) (2001a) *Can Threatened Languages Be Saved?* Clevedon usw.: Multilingual Matters.
- (2001b) Why is it so hard to save threatened languages? In Fishman 2001a, 1-22.
- (2001c) From theory to practice (and vice versa). In Fishman 2001a, 451-483.
- (2010) Sociolinguistics: language and ethnic identity in context. In Fishman/ García, xxii-xxxv.
- / Nahirny, Vladimir C./ Hoffman, John E./ Hayden, Robert G. (eds.) (1966) *Language Loyalty in the United States*. London/ The Hague: Mouton.
- / Conrad, A. W./ Rubal-Lopez, A. (eds.) (1996) Post-Imperial English: Status Change in Former British and American Colonies, 1940-1990. Berlin: Mouton.
- / Cooper, Robert L./ Conrad, Andrew W. (1977) *The Spread of English: The Sociology of English as an Additional Language*. Rowley, MA.: Newbury House.
- / - / Rosenbaum, Yehudit (1977) English *around the World*. In Fishman/ Cooper/ Conrad, 77-107.
- / García, Ophelia (eds.) (2010) *Handbook of Language and Ethnic Identity*. Vol. I: *Disciplinary and Regional Perspectives*. 2nd ed. Oxford/ New York: Oxford University Press.
- / Hayden G./ Warshauer, Mary E. (1966) The Non-English and the ethnic group press, 1919-1960. In Fishman/ Nahirni u.a. 1966, 51-74.
- / Hofman, John E. (1966) Mother tongue and nativity in the American population. In Fishman/ Nahirni u.a. 1966, 34-50.
- / Nahirny, Vladimir C. (1966a) The ethnic group school and mother tongue maintenance. In Fishman/ Nahirni u.a. 1966, 92-126.
- / - (1966b) Organizational and leadership interest in language maintenance. In Fishman/ Nahirni u.a. 1966, 156-205.
- / - / Hofman, John E./ Hayden, Robert G. u. a. (1966) *Language Loyalty in the United States. The Maintenance and Perpetuation of Non-English Mother Tongues by American Ethnic and Religious Groups*. London/ The Hague/ Paris: Mouton.

Flaitz, Jeffra (1988) *The Ideology of English. French Perceptions of English as a World Language*. Berlin/ New York/ Amsterdam: de Gruyter.

Flasch, Kurt (2005) Zur Verdrängung der deutschen Sprache aus den Wirtschaftswissenschaften in Deutschland. In Pörksen, 30-34.

Flood, L. John/ Swales, Martin (2000) Die Förderung der Auslandsgermanistik: Großbritannien als Beispiel. In Alter (2000a), 152-163.

Flowerdew, John (1999) Problems of writing for scholarly publication in English: the case of Hong Kong. *Journal of Language Writing* 8 (3): 243-264.

- (2000) Discourse community, legitimate peripheral participation, and the nonnative-English-speaking scholar. *TESOL Quarterly* 34: 127-150.

- (2001) Attitudes of journal editors to nonnative speaker contributions. *Tesol Quarterly* 35 (1): 121-151.

- (2007) The non-Anglophone scholar on the periphery scholarly publication. *AILA Review* 20: 14-28.

- / Peacock, Matthew (2001) Issues in EAP: a preliminary perspective. In Flowerdew, J./ Peacock, M (eds.) *Research Perspectives on English for Academic Purposes*. Cambridge: Cambridge University Press, 8-24.

Fluck, Hans-Rüdiger (1985) Deutsch als Fachsprache in der Volksrepublik China. Vermittlung und Anwendung. *Zielsprache Deutsch* 16 (1): 9-16.

- (2007) Deutsch als Fachfremdsprache (ca. 1920-2004) [in China!]. In Ammon/ Reinbothe/ Zhu, 163-193.

- / Saarbeck, Ursula/ Zhu, Jianhua/ Zimmer, Thomas (1996) *Deutsch als Fach- und Fremdsprache in Ost- und Zentralasien. Situationen, Sprachbeschreibungen, didaktische Konzepte*. Heidelberg: Groos.

Flynn, John E. (1951) *A History of Biological Abstracts*. Philadelphia/ PE: Biological Abstracts (Unveröff. Arbeitspapier).

Fodor, Ference/ Peluau, Sandrine (2003) Language geostrategy in Eastern and Central Europe: assessment and perspectives. In Maurais/ Morris, 85-98.

Fögen, Thorsten (2000) *Patrii sermonis egestas. Einstellungen lateinischer Autoren zu ihrer Muttersprache. Ein Beitrag zum Sprachbewußtsein in der römischen Antike*. München/ Leipzig: Saur.

Földes, Csaba (1995) Chancen der dialektophonen Methode in der Spracherziehung zwischen Muttersprache und Zweitsprache. *Zielsprache Deutsch* 26 (3): 156-164.

- (2000a) Was ist die deutsche Sprache wert? Fakten und Potenzen. *Wirkendes Wort* 50: 275-296.

- (2000b) Deutsch als Wissenschaftssprache im östlichen Mitteleuropa. In Debus/ Kollmann/ Pörksen, 193-209.

- (2001a) Deutsch in Ostmittel-, Ost- Nordost- und Südosteuropa als eine Herausforderung für die Sprachenpolitik. *Deutsche Sprache* 29: 349-369.

- (2001b) Die deutsche Sprache in Ostmittel-, Ost und Südosteuropa: gestern, heute und morgen? *Germanistische Mitteilungen* 53: 65-83.

- (2002) Deutsch und Englisch: Ein Sprachnotstand? Befunde und Anmerkungen aus einer ostmitteleuropäischen Perspektive. In Hoberg (2002a), 341-367.

- (2004a) Perspektiven einer „Anrainer-Germanistik": Überlegungen zum Standort des Faches *deutsche Sprache und Literatur* in Ungarn. *Jahrbuch für Internationale Germanistik* 35 (2): 15-24.

- (2004b) Deutsch als Europasprache aus ungarischer Sicht. In Lohse, 109-128.

- (2005) Kontaktdeutsch. Zur Theorie eines Varietätentyps unter transkulturellen Bedingungen der Mehrsprachigkeit. Tübingen: Narr.
Forschungsstandbericht Deutsch als Muttersprache im nichtdeutschsprachigen Ausland (Juli 1988) Im Auftrag des Auswärtigen Amts vorgelegt vom Institut für deutsche Sprache. Mannheim: Institut für deutsche Sprache.
Fort, Marron C. (2001) Das Saterfriesische. In Munske, 409-422.
Fortschritte der Physik (1845-1918). Braunschweig: Vieweg [Fortsetzung als Physikalische Berichte].
Foschi Albert, Marina (2005) „Andere Länder, andere Sitten". Germanistik in Italien und ihr Verhältnis zur Inlandsgermanistik. Deutsche Sprache 33: 169-181.
- / Hepp, Mariane (2010) Deutsch in Italien. In Krumm/ Fandrych/ Hufeisen/ Riemer, Bd. 2, 1693-1697.
Fotos, John T. (1957) Introductory Reading in Chemical and Technical German; ed. for Rapid Reading With a Summary of Reading Difficulties, a Chemical German Frequency List and Progressive Page Vocabularies and Notes. New York: Wiley.
Fränzel, Walter [1938] Statistische Übersicht über den fremdsprachlichen Unterricht in Europa. In Thierfelder, 185-210.
- (1939) Die lebenden Sprachen im Sprachunterricht der Welt. Internationale Zeitschrift für Erziehung 8 (2): 104-128.
Frank, Anne (1947) Het Achterhuis. Dagboekbrieven 12 Juni 1942 - 1 August 1944. Amsterdam/ Antwerpen: Contact.
Frank, Helmar (1983) Europäische Sprachpolitik: Aufgaben, Lösungsangebote und Schwierigkeiten. Politik und Zeitgeschichte 12: 26-29.
Franke, Viktor (1937a) Bericht über die Stellung des Deutschen im fremdsprachlichen Unterricht der Kulturländer der Erde. Deutsche Volkserziehung 4: 132-139.
- (1937b) L'enseignement des langues vivantes. D'après les données fournies par les Ministères de l'instruction publique. Genf: Bureau International d'Education.
Frankfurter Buchmesse (2013) Buch und Buchhandel in Zahlen 2012. (www.buchmesse.de/images/fbm/dokumente-ua-pdfs/2013/buchmarkt_deutschland_buch_und_buchhandel_2012_deutsch.pdf_37215.pdf)
Freeman, Robert B. (1976) Psychologie auf deutsch? Börsenblatt für den deutschen Buchhandel 32 (74): 1369f.
Frese, Michael (1990) Einfluß der deutschen Arbeits- und Organisationspsychologie im englischsprachigen Bereich: Ein Diskussionsbeitrag zur Zitationshäufigkeit. Zeitschrift für Arbeits- und Organisationspsychologie 34 (3): 155-158.
Freudenstein, Reinhold/ Beneke, Jürgen/ Pönisch, Helmut (eds.) Language Incorporated. Teaching Foreign Languages in Industry. Oxford usw./ Ismaning: Pergamon/ Hueber.
Friedbichler, Michael/ Friedbichler, Ingrid/ Türp, Jens C. (2008) Wissenschaftliche Fachkommunikation im Zeitalter der Globalisierung. Trends, Herausforderungen und Lösungsansätze für die Zahnmedizin im deutschsprachigen Raum. Deutsche Zahnärztliche Zeitschrift 63 (12): 792-803/ Schweizer Monatsschrift für Zahnmedizin 118 (12): 1193-1203
Friese, Eberhard (1990) Kontinuität und Wandel. Deutsch-japanische Kultur- und Wissenschaftsbeziehungen nach dem Ersten Weltkrieg. In Vierhaus/ vom Brocke, 801-834.
Frietman, J./ Buis, Th./ Van Broekhoven, S./ Busse, G. (2001). Bedarf an Fremdsprachenkenntnissen in niederländischen und deutschen Unternehmen im deutsch-niederländischen Grenzgebiet. Kurzbericht einer im Auftrag der EURES-Euregio Rhein-Waal & euregio rhein-

*maas-nord durchgeführten Studie.*Nijmegen: ITS.
(www.euregio.org/intabox/medienarchive/publikationen/eurtaal_d.pdf)
Fröschle, Hartmut (ed.) (1979a) *Die Deutschen in Lateinamerika. Schicksal und Leistung.* Tübingen/ Basel: Erdmann.
- (1979b) Zeittafel [Die Deutschen in Brasilien]. In Fröschle 1979a, 295-300.
- / Hoyer, Hans (1979) Die Deutschen in Uruguay. In Fröschle, 742-766.
- / Ritter, Alexander (eds.) (in Vorbereit.) *Bibliographie zur deutschen Sprache und deutschsprachigen Literatur im Ausland (1945 ff)* (Auslandsdeutsche Literatur der Gegenwart, 15). Hildesheim: Olms.
Funk, Hermann (2009) Berufsorientierter Fremdsprachenunterricht – erweiterte Anforderungsprofile in der Ausbildung von Lehrkräften. In Barkowski/ Demmig/ Funk/ Würz, 135-147.
- (2010) Berufsorientierter Fremdsprachenunterricht. In Krumm/ Fandrych/ Hufeisen/ Riemer, Bd. 2, 1145-1151.
Furaschowa/ Kletschko (2010) Deutsch in Belarus. In Krumm/ Fandrych/ Hufeisen/ Riemer, Bd. 2, 1615-1619.
Furman, Nelly/ Goldberg, David/ Lusin, Natalia (2010) *Enrollments in Languages Other Than English in United States Institutions of Higher Education, Fall 2009.* O.O.: The Modern Language Association of America, Web Publication.
(www.mla.org/pdf/2009_enrollment_survey.pdf – abgerufen 14.03.2014)
Gabanyi, Anneli U. (1988) Die Deutschen in Rumänien. *Aus Politik und Zeitgeschichte* 50: 28-39.
Gadeanu, Sorin (1998) *Sprache auf der Suche. Zur Identitätsfrage des Deutschen in Rumänien am Beispiel der Temeswarer Stadtsprache.* Regensburg: S. Roderer.
Gadet, Françoise (2008) Immigrant languages in France. In Ammon/ Haarmann, Bd.1, 459-469.
Gage, William W. (1986) The world balance of languages. In Fishman, J. A. u.a. (eds.) *The Fergusonian Impact.* Berlin/ New York/ Amsterdam: Mouton de Gruyter, 371-383.
Gahler, Michael (2004) Die Rolle der deutschen Sprache in der Zukunft der EU aus der Sicht eines Mitglieds des Europäischen Parlaments. In Lohse, 32-42.
Gal, Susan (1988) The political economy of code choice. In Heller, M. (ed.) *Codeswitching. Anthropological and Sociolinguistic Perspectives.* Berlin/ New York/ Amsterdam: Mouton de Gruyter, 245-264.
- (1996) Language shift. In Goebl/ Nelde/ Zdeněk/ Wölck, 586-593.
Galle, Helmut (2002) „Germanistik" in Lateinamerika: Kulturwissenschaft als Perspektive? Kritische Bestandsaufnahme und Diskussion alternativer Konzepte. In Deutscher Akademischer Austauschdienst, 213-234.
Ganeshan, Vridhagiri (1990) German Studies in Indien: Möglichkeiten und Grenzen. Zur zentralen Bedeutung eines peripheren Faches. In Althof, 187-194.
Gardner, Robert C. (2001) Integrative motivation and second language acquisition. In Dörnyei, Z./ Schmidt, R. (eds.) *Motivation and Second Language Acquisition.* Honolulu: University of Hawai Press, 1-19.
- / Lambert, Wallace E. (1959) Motivational variables in second-language acquisition. *Canadian Journal of Psychology* 13 (4): 266-272.
-/ - (1972) *Attitudes and Motivation in Second-Language Teaching.* Rowley: Newbury House.
- / MacIntyre, Peter D. (1991) An instrumental motivation in language study. *Studies in Second Language Acquisition* 13: 57-72.
Gardt, Andreas (2000a) Sprachnationalismus zwischen 1850 und 1945. In Gardt (2000b), 247-273.

- (ed.) (2000b) *Nation und Sprache: die Diskussion ihres Verhältnisses in Geschichte und Gegenwart.* Berlin/ New York: de Gruyter.
- (2004) Nation. In Ammon/ Dittmar/ Mattheier/ Trudgill, 369-377.
- / Hüppauf, Bernd (eds.) (2004) *Globalization and the Future of German. With a Select Bibliography.* Berlin/ New York: Mouton de Gruyter.

Garfield, Eugene (1972) Citation analysis as a tool in journal evaluation. *Science* 178: 471-479.
- (1976a) Journal citation studies 23: French journals. What they cite and what cites them. *Current Contents* 19 (4): 5-10.
- (1976b) Journal citation studies 25: German journals. What they cite and vice versa. *Current Contents* 19 (18): 5-11.
- (1977a) *Essays of an Information Scientist.* Volume 1, 1962-1973; Volume 2, 1974-1976. Philadelphia: Institute for Scientific Information.
- [1974] (1977b) Let's erect a new Tower of Babel! In Garfield (1977a), Vol. 2, 172-174.
- [1976] (1977c) Journal citation studies. 25. German journals. What they cite and vice versa. In Garfield (1977a). Vol. 2, 467-473.
- (1979) *Citation Indexing – Its Theory and Application in Science, Technology, and Humanities.* New York: Wiley-Interscience.
- / Welljams-Dorof, Alfred (1990) Language use in international research. A citation analysis. *Annals of the American Academy of Political and Social Science* 511: 10-24. [Nachdruck als „The language of science revisited – English (only) spoken here. Introduction to language use in international research. A citation analysis." *Current Contents* 31 (July): 3-17].

Garrett, Peter (2005) Attitude measurements. In Ammon/ Dittmar/ Mattheier/ Trudgill, 1251-1260.
- / Coupland N./ Williams. A. (2003) *Investigating Language Attitudes: Social Meanings of Dialect, Ethnicity and Performance.* Cardiff: University of Wales Press.

Garrison, Fielding H. [1913] (1924) *An Introduction to the History of Medicine.* 4. Aufl. Philadelphia/ London: Saunders.

Gauger, Hans-Martin (1991) Auszug der Wissenschaften aus dem Deutschen? *Merkur* 45 (7): 582-594.
- (2000) Warum nicht Englisch? In Debus/ Kollmann/ Pörksen, 19-45.

Gauler, Gabriele/ Treter, Clemens (2007) „Brücke nach Deutschland" – Das Goethe-Institut in China (1976-2006). In Ammon/ Reinbothe/ Zhu, 291-300.

Gauß, Karl-Markus (2005) *Die versprengten Deutschen. Unterwegs in Litauen, durch die Zips und am Schwarzen Meer.* Wien: Zsolnay.

Gawlitta, K./ Vilmar, F. (eds.) (2002) *„Deutsch nix wichtig?" Engagement für die deutsche Sprache („German unimportant?" Commitment for the German Language).* Paderborn: IFB.

Gazzola, Michele (2006a) Managing multilingualism in the European Union: Language policy evaluation for the European Parliament. *Language Policy* 5 (4): 393-417.
- (2006b) La gestione del multilinguismo nell'Unione europea. In Carli, Augusto (ed.) *Le sfide della politica linguistica di oggi. Frau la valorizzazione multilinguismo migratorio locale e le istanze del plurilinguismo europeo.* Mailand: Franco Angeli, 17-117.
- / Grin, François (2007) Assessing efficiency and fairness in multilingual communication: Towards a general analytical framework. *AILA Review* 20: 87-106.

Gebhardt (1988) *Handbuch der deutschen Geschichte,* 22 Bde. 9. Aufl. München: DTV.

Gehler, Michael (2008) *Tirol im 20. Jahrhundert. Vom Kronland zur Europaregion.* Innsbruck/ Wien: Tyrolia/ Bozen: Athesia.

Gehnen, Marianne (1991) Die Arbeitssprachen in der Kommission der Europäischen Gemeinschaften unter besonderer Berücksichtigung des Französischen. Eine Fragebogenerhebung in den Generaldirektionen, konzipiert von Hartmut Kleineidam (1990). *Sociolingustica* 5: 51-63.
Geiger-Jaillet, Anemone (2004) Zweisprachiger Unterricht in einem einsprachigen Land – bilinguales Lehren und Lernen in Frankreich, Schwerpunkt Elsass. In Bonnet, A./ Breidbach, S. (eds.) *Didaktiken im Dialog. Konzepte des Lehrens und Wege des Lernens im bilingualen Sachfachunterricht.* Frankfurt a.M.: Lang, 47-61.
- (ed.) (2010) *Lehren und Lernen in deutschsprachigen Grenzregionen.* Bern usw.: Lang.
Gellert-Novak, Anne (1993) Europäische Sprachenpolitik und Euroregionen: Ergebnisse einer Befragung zur Stellung der englischen und deutschen Sprache in Grenzgebieten. Tübingen: Narr.
- (1994) Die Rolle der englischen Sprache in Euroregionen. *Sociolinguistica* 8, 123-135.
Gellner, Ernest (1983) *Nations and Nationalism.* Ithaka: Cornell University Press.
Genscher, Hans-Dietrich (1990) Prinzipien auswärtiger Kulturpolitik. *Jahrbuch Deutsch als Fremdsprache* 16: 293-301.
Georgas, Helen/ Cullars, John (2006) *A citation study of the characteristics of the linguistics literature.* College and Research Libraries 66 (6): 496-515.
Gerbore, Pietro (1964) *Formen und Stile der Diplomatie.* Reinbek bei Hamburg: Rowohlt.
Gerhards, Jürgen (1993) Westeuropäische Integration und die Schwierigkeiten der Entstehung einer europäischen Öffentlichkeit. *Zeitschrift für Soziologie* 22 (2): 96-110.
- (2010) *Mehrsprachigkeit im vereinten Europa. Transnationales sprachliches Kapital als Ressource in einer globalisierten Welt.* Wiesbaden: VS-Verlag für Sozialwissenschaften.
Gerner, Zsuzsanna (2006) Identität – soziales Netzwerk – nationale Stereotypen. Zur Identitätsbildung und Identitätsforschung in den deutschen Sprachinseln in Ungarn. In Berend/ Knipf-Komlósi, 149-173.
Gerok, Wolfgang (2000) Deutsch als Wissenschaftssprache in der Medizin. In Debus/ Kollmann/ Pörksen, 229-239.
Gerrand, Peter (2008) Estimating linguistic diversity on the Internet: a taxonomy to avoid pitfalls and paradoxes. *Journal of Computer-Mediated Communication* 12 (4): article 8. (www.jcmc.indiana.edu/vol12/issue4/gerrand.– abgerufen 10.01.2008)
Gerschner, Robert (2011) Das Österreichische Kulturforum in Russland. In Ammon/ Kemper, 344-346.
Gerwald, Josef M. (1995) Auftrag des Auslandsrundfunks. In Mahle, 95-105.
Geschäfte statt Goethe (1980) Das internationale Interesse an der deutschen Sprache verändert sich. *DAAD Letter* 3: 8-10.
Gesche, Katja (2006) *Kultur als Instrument der Außenpolitik totalitärer Staaten. Das Deutsche Ausland-Institut 1933–1945.* Köln usw.: Böhlau.
Gesellschaft für deutsche Sprache/ Institut für deutsche Sprache (eds.) (1999) *Förderung der Sprachkultur in Deutschland. Eine Bestandsaufnahme.* Wiesbaden: Gesellschaft für deutsche Sprache/ Institut für Deutsche Sprache.
Gester, Silke (2011) *Quo vasis, DaF? Betrachtungen zu Deutsch als Fremdsprache in der Tschechischen Republik.* Zlín: VeRBum.
Gethmann, Carl F. (2011) Die Sprache der Wissenschaft. In Berlin-Brandenburgische Akademie der Wissenschaften 2011, 57-63.
Geyer, Klaus (2005) Betriebliche Sprachplanung im Kontext innerer und äußerer Mehrsprachigkeit – am Beispiel der deutschen Großwerft. In Braun/ Kohn, 79-87.

Gibbs, W. Wayt (2002) Saving dying languages. *Scientific American* 287 (2): 78-86.
Giersberg, Dagmar (2002) *Deutsch unterrichten weltweit: Ein Handbuch für alle, die im Ausland Deutsch unterrichten wollen.* Bielefeld: Bertelsmann.
Gilbert, Glenn G. (1981) French and German: a comparative study. In Ferguson, C. A./ Heath, S. B. (eds.) *Language in the USA.* Cambridge etc.: Cambridge University Press, 257-272.
- (ed.) (1971) *The German Language in America: A Symposium.* Austin/ London: University of Texas Press.
Giles, H. (ed.) (1977) *Language, Ethnicity and Intergroup Relations.* London: Academic Press.
- / Taylor, Donald M./ Bourhis, Richard Y. (1973) Toward a theory of interpersonal accommodation through language: some Canadian data. *Language in Society* 2: 177-192.
- / Bourhis, Richard Y./ Taylor, Donald M. (1977) Toward a theory of language in ethnic relations. In Giles, Howard (ed.) *Language Ethnicity and Intergroup Relations.* London: Academic Press, 307-348.
Gill, Saran Kaur (2004) Medium of instruction policy in higher education in Malaysia: nationalism versus internationalisation. In Toffleson/ Tsui, 135-152.
- (2007) Shift in language policy in Malaysia: Unravelling reasons for change, conflict and compromise in nother-tongue education. *AILA Review* 20: 106-123.
Gilles, Peter (2009) Luxemburgisch in der Mehrsprachigkeit: Soziolinguistik und Sprachkontakt. In Elmentaler, 185-199.
- / Moulin, Claudine (2009) Die soziale Praxis der Mehrsprachigkeit in Luxemburg. In Willems, H. u. a. (eds.) *Handbuch der sozialen und erzieherischen Arbeit in Luxemburg.* Luxemburg: Saint Paul, 183-195.
- / Seela, Sebastian/ Sieburg, Heinz/ Wagner, Melanie (2010) Sprachen und Identitäten. In IPSE – Identités Politiques Sociétés Espace (ed.) *Doing Identity in Luxemburg. Subjektive Aneignungen – Institutionelle Zuschreibungen – soziokulturelle Milieus.* Bielefeld: Transcript, 63-104.
Gilson, Miriam/ Zubrzycki, Jerzy (1967) *The Foreign-Language Press in Australia 1848-1964.* Canberra: Australian National University Press.
Ginsburgh, Victor u.a. (2005) Disenfranchisement in linguistically diverse societies. The case of the European Union. *Journal of the European Economic Association* 3: 946-965.
- / Weber, Shlomo (2005) Language disenfranchisement in the European Union. *Journal of Common Market Studies* 43: 273-286.
- / - (2011) *How Many Languages Do We Need? The Economics of Linguistic Diversity.* Princeton/ Oxford: Princeton University Press.
von Gizycki, Rainald (1973) Centre and periphery in the international scientific community: Germany, France and Great Britain in the 19th century. *Minerva* 11: 474-494.
Glazer, Nathan (1966) The process and problems of language maintenance: an integrative view. In Fishman/ Nahirni u.a. 1966, 358-368.
Global internet statistics (by language) (2003) Technical Report Global Reach (ed.). (www.glreach.com/ globstats/)
Gloger, Axel (1999) Do you speak Internet? Die zunehmende Kommunikation per Netz verändert die deutsche Sprache. Ein Vorschlag: Englisch wird hier zu Lande zweite Amtssprache. *Die Welt* 21. Dez.1999: WW3.
Gloy, Klaus (1975) *Sprachnormen I. Linguistische und soziologische Analysen.* Stuttgart-Bad Cannstatt: Frommann/ Holzboog.
Główny Urząd Statystyczny/ Central Statististical Office (2012) *Oświata o wychowanie wroku szkolnym 2011/2012/ Education in 2011/2012.* Warszawa/ Warsaw.

Glück, Helmut (1979) *Die preußisch-polnische Sprachenpolitik: Eine Studie zur Theorie und Methodologie der Forschung über Sprachenpolitik, Sprachbewußtsein und Sozialgeschichte am Beispiel der preußisch-deutschen Politik gegenüber der polnischen Minderheit vor 1914.* Hamburg: Buske.
- (1986/ 1987) Die deutsche Sprache in der Welt I (II). Ein Bericht über die (zur) Sprachpolitik der Wende. *Zeitschrift für Sprachwissenschaft* 5 (1): 138-147 und 6 (2): 249-258.
- (1992) Die internationale Stellung des deutschen Sprache auf dem europäischen Arbeitsmarkt. In Kramer/ Weiß, 47-75.
- (1994) Sprachpolitik ist Kulturpolitik. *Zeitschrift für Kulturaustausch* 44 (4): 522-528.
- (2002) *Deutsch als Fremdsprache in Europa vom Mittelalter bis zur Barockzeit.* Berlin/ New York: de Gruyter.
- [1993] (2010) (ed.) *Metzler Lexikon Sprache.* 4. Aufl. Stuttgart/ Weimar: Metzler.
- (2013) *Die Fremdsprache Deutsch im Zeitalter der Aufklärung, der Klassik und der Romantik. Grundzüge der deutschen Sprachgeschichte in Europa.* Wiesbaden: Harrassowitz.
- / Wigger, Arndt (1979) Kategoriale und begriffliche Probleme der Forschung über Sprach(en)politik. *Osnabrücker Beiträge zur Sprachtheorie* 12: 6-18.
Gnutzmann, Claus (ed.) (2008a) *English in Academia. Catalyst or Barrier?* Tübingen: Narr.
- (2008b) Fighting or fostering the dominance of English in academic communication? In Gnutzmann (2008a), 73-91.
Gnutzmann, Claus/ Lipski-Buchholz, Kathrin (2008) Englischsprachige Studiengänge: Was können sie leisten, was geht verloren? In Gnutzmann (2008a), 147-168.
Goebl, Hans (1984) *Dialektometrische Studien. Anhand italoromanischer, rätoromanischer und galloromanischer Sprachmaterialien aus AIS und ALF.* 3 Bde. Tübingen: Niemeyer.
- (1989) Quelque remarques relatives auch concepts ‚Abstand' et ‚Ausbau' de Heinz Kloss. In Ammon 1989d, 278-290.
- (1997) Die altösterreichische Sprachenvielfalt und -politik als Modellfall von heute und morgen. In Rinaldi, U./ Rindler-Schjerve, R./ Metzeltin, M. (eds.) *Sprache und Politik. Die Politik der Donaumonarchie und ihre Aktualität.* Wien: Italienisches Kulturinstitut in Wien/ Institut für Romanistik der Universität Wien, 103-121 + Karten und Figuren am Buchanfang.
- (1999) Die Sprachensituation in der Donaumonarchie. In Ohnheiser, I./ Kienpointner, M./ Kalb, H. (eds.) *Sprachen in Europa. Sprachsituation und Sprachpolitik in europäischen Ländern.* Innsbruck: Institut für Sprachwissenschaft der Universität, 33-59.
- (2010) English only – ein Aufschrei. In Schröder, H./ Bock, U. (eds.) *Semiotische Weltmodelle. Mediendiskurse in den Kulturwissenschaften. Festschrift für Eckhard Höfner zum 65. Geburtstag.* Berlin: LIT-Verlag, 189-214.
- / Nelde, Peter/ Starý, Zdeněk/ Wölck, Wolfgang (eds.) (1996/ 1997) *Kontaktlinguistik. Ein internationales Handbuch zeitgenössischer Forschung.* Bd. 1/ 2. Berlin/ New York: de Gruyter.
Goethe-Institut (1988) *Leitlinien für die Arbeit des Goethe-Instituts im Ausland.* München: Goethe-Institut.
- (2000) *Deutsch als Fremdsprache. Zahlen im Überblick.* München: Goethe-Institut.
- (2001) (ed.) (2001) *Murnau, Manila, Minsk. 50 Jahre Goethe-Institut.* München: Beck.
- (2011) Das Goethe-Institut fördert deutsche Minderheiten in Mitteleuropa, Osteuropa und Zentralasien. [München]: Goethe-Institut. (www.goethe.de/deutsche-minderheiten)
Goethe-Institut Prag (ed.) (2001) *Deutsch in der Tschechischen Republik.* Prag: Goethe-Institut Prag.
Goffman, Erving [engl. 1959] (2003) *Wir alle spielen Theater. Die Selbstdarstellung im Alltag.*

München: Piper.
Goltschnigg, Dietmar/ Schwob, Anton (2004) *Zukunftschancen der deutschen Sprache in Mittel-, Südost- und Osteuropa.* Wien: Edition Praesens.
Gooskens, Charlotte (2007) The contribution of linguistic factors to the intelligibility of closely related languages. *Journal of Multilingual and Multicultural Development* 28 (6): 445-467.
- / Heringa, Wilbert (2004) The position of Frisian in the Germanic language area. In D. Gilbers/ M. Schreuder/ N. Knevels (eds.) *On the Boundaries of Phonology and Phonetics.* Groningen: University of Groningen, 61-87.
Goossens, Jan [1971] *Was ist Deutsch - und wie verhält es sich zum Niederländischen?* Bad Honnef: Kulturabteilung der Kgl. Niederländischen Botschaft, Bonn.
- (1973) Niederdeutsche Sprache - Versuch einer Definition. In Goossens, J. (ed.) *Niederdeutsch, Bd. 1: Sprache.* Neumünster: Wachholtz, 9-27.
- (1977) *Deutsche Dialektologie* (Sammlung Göschen 2205). Berlin/ New York: de Gruyter.
Gordin, Michael D. (2012) Translating textbooks: Russian, German and the language of chemistry. *Isis* 103: 88-98.
- (2015) *Scientific Babel.* Chicago/ London: The University of Chicago Press.
Gore, James H. [1891] (1893) *A German Science Reader.* 2nd, rev. ed. Boston: D.C. Heath.
Görlach, Manfred (1984) Weltsprache Englisch - eine neue Disziplin? *Studium Linguistik* 15: 10-35.
- (2001) *A Dictionary of European Anglicisms. A Usage Dictionary of Anglicisms in Sixteen European Languages.* Oxford: Oxford University Press.
- (2002a) *An Annotated Bibliography of European Anglicisms.* Oxford: Oxford University Press.
- (ed.) (2002b) *English in Europe.* Oxford: Oxford University Press.
Gorter, Durk (1987) Surveys of the Frisian language situation: Some considerations of research methods on language maintenance and language shift. *International Journal of the Sociology of Language* 68: 41-56.
- (2001) A Frisian update of reversing language shift. In Fishman 2001a, 215-233.
- (2008) Frisian (West Frisian, North Frisian, Sater Frisian). In Ammon/ Haarmann, Bd.1, 335-348.
von Gostomski, Christian B. (2008) *Türkische, griechische, italienische und polnische Personen sowie Personen aus den Nachfolgestaaten des ehemaligen Jugoslawien in Deutschland. Erste Ergebnisse der Repräsentativbefragung „Ausgewählte Migranten in Deutschland 2006/2007".* Nürnberg: Bundesamt für Migration und Flüchtlinge.
- (2010) *Basisbericht: Berichtsband. Repräsentativbefragung „Ausgewählte Migranten in Deutschland 2006/2007". Zur Situation der fünf größten in Deutschland lebenden Ausländergruppen.* Nürnberg: Bundesamt für Migration und Flüchtlinge.
Gote, James H. [1891] (1893) *A German Science Reader.* 2nd. rev. ed. Boston: D. C. Heath.
Göttert, Karl-Heinz (2010) *Deutsch. Biographie einer Sprache.* Berlin: Ullstein.
- (2013) *Abschied von Mutter Sprache. Deutsch in Zeiten der Globalisierung.* Frankfurt a.M.: Fischer.
Gottzmann, Carola L. (1984) Dokumentation Ägypten. Germanistik und Deutsch als Fremdsprache im Hochschulbereich. *Jahrbuch Deutsch als Fremdsprache* 10: 293-306.
Goudailler, Jean-Pierre (ed.) (1987) *Aspekte des Lëtzebuergeschen.* Hamburg: Buske.
Gould, Robert/ Riordan, Tanya (2010) Learning modern foreign languages in England and Wales. *Sociolinguistica* 24: 204-219.
Graddol, David [1997] (2000) *The Future of English.* London: British Council.
- (1999) The decline of the native speaker. In Graddol/ Meinhof, 57-68.

- (2006) *English Next. Why Global English May Mean the End of 'English as a Foreign Language'*. Plymouth: The British Council.
- / Meinhof, Ulrike H. (eds.) (1999) *English in a Changing World. AILA Review* 13.

Gräfin Strachwitz, Helga (2002) Deutschland und das südliche Afrika – Ist Namibia für Deutschland heute noch relevant? *Namibia Magazin* 3: 10-12.

Gramstad, Sigve (1997) The European Charter for Regional or Minority Languages. In Røyneland, 91-97.

Gregoire, G./ Derderian, F./ Le Lorier, J.(1995) Selecting the language of the publications included in a meta-analysis: Is there a Tower of Babel bias? *Journal of Clinical Epidemiology* 48 (1): 159-163.

Grenier, Gilles/ Vaillancourt, François (1983) An economic perspective on learning a second language. *Journal of Multilingual and Multicultural Development* 4: 471-483.

Grenoble, Lenore A./ Whaley, Lindsay J. (1998a) *Endangered Languages. Language Loss and Community Response*. Cambridge: Cambridge University Press.
- / - (1998b) Towards a typology of language endangerment. In Grenoble/ Whaley (1998a): 22-54.

Greule, Albrecht (1999) Sprachloyalität - Sprachkultur - Sprachattraktivität. Warum noch Deutsch lernen? *Informationen Deutsch als Fremdsprache* 26 (5): 423-431.
- (2002) Deutsch am Scheideweg: National- oder Internationalsprache? Neue Aspekte der Sprachkultivierung. In Hoberg (2002a), 54-66.
- / Janich, Nina (2002) Sprachkulturen im Vergleich: Konsequenzen für Sprachenpolitik und internationale Wirtschaftskommunikation. *Forost-Arbeitspapier* Nr. 7. München: Forost.

Gretschel, Hans-Volker (1994) Deutsch als Fremdsprache im postkolonialen unabhängigen Namibia. Bestandsaufnahme und Zukunftsperspektiven *Info DaF* 21 (6): 632-644.
- (1995) The status and use of the German language in independent Namibia: Can German survive the transition? In Pütz, 299-312.

Grice, H. P. ([1975] 1989) Logic and conversation. In Grice, H. P. (ed.) *Studies in the Way of Words*. Cambridge, MA: Harvard University Press, 22-40.

Grigat, Felix (2007) Deutsch als Wissenschaftssprache. Die Position des deutschen Hochschulverbandes. In Roggausch/ Giersberg, 9-22.

Griggs, David/ Rulon, Phillip J. (1953) *International Language of Aviation: Instrument Flight*. Cambridge: Educational Research Corporation.

Grillo, R. D. (1989) *Dominant Languages: Language and Hierarchy in Britain and France*. Cambridge: Cambridge University Press.

Grimes, Barbara F. (ed.) (1984/ 2000/ 2005) *Ethnologue: Languages of the World*. 10./ 11./ 12. Aufl. Dallas/ TX: Wycliffe Bible Translation.

Grimm, Dieter (1995) *Braucht Europa eine Verfassung?* München: Carl-Friedrich-von Siemens-Stiftung.

Grimm, Jacob [1846] (1884/1966) Über den Werth der ungenauen Wissenschaften. In Grimm, J. *Kleinere Schriften*, Bd. 7. Berlin (Nachdruck Hildesheim: Olms 1966), 563-566.
- [1848] (1868) *Geschichte der deutschen Sprache*. Leipzig: Hirzel.
- / Grimm, Wilhelm (1854) *Deutsches Wörterbuch*. Erster Band. Leipzig: Hirzel.

Grin, François (1992) Towards a threshold theory of minority language survival. *Kyklos* 45: 69-97. Wieder abgedr. in Lamberton, D. (ed.) (2002) *The Economics of Language*. Cheltenham: Edward Elgar, 49-76.
- (1999a) Market forces, languages spread and linguistic diversity. In Kontra, M. u.a. (eds.) *Language: A Right and a Resource*. Budapest: Central European University Press, 169-186.

- (1999b) *Compétences et récompenses. La valeur des langues en suisse.* Fribourg: Editions Universitaires Fribourg.
- (2000) The economics of English as a global language. In Kam, H. W./ Ward, C. (dir.) *Language in the Global Context.* Singapore: SEAMEO Regional Language Centre, Series No. 41, 284-303.
- (2001) English as economic value: facts and fallacies. *World Englishes* 20 (1): 65-78.
- (2004a) On the Costs of Linguistic Diversity. In Van Parijs, Ph. (ed.) *Cultural Diversity and Economic Solidarity.* Bruxelles: De Boeck-Université, 189-202.
- (2004b) Coûts et justice linguistique dans l'élargissement de l'Union européenne. *Panoramiques* 69: 97-104.
- / Hexel, Dagmar/ Schwob, Irène (2006) *L'anglais pour tous au Cycle d'orientation: Le projet «Gecko».* Genf: Service de la recherche en éducation.
- / Moring, T. (2002) *Support for Minority Languages in Europe. Final Report to European Commission Contract No 2000-1288/001-001 EDU-MLCEV.*
- / Vaillancourt, François (1997) The economics of multilingualism: Overview of the literature and analytical framework. In Grabe, W. (ed.) *Multilingualism and Multilingual Communities.* Cambridge: Cambridge University Press.

Gross, Alfredo (2001) *Hunsrücker Mundart in Brasilien. Dialektgedichte und Schriften in Deutscher und Portugiesischer Sprache.* Porto Alegre: Própria.

Gross, Feliks (1998) *The Civic and the Tribal State: the State, Ethnicity, and the Multiethnic State.* Westport CT: Greenwood.

Gross, P. L. K./ Gross, E. M. (1927) College libraries and chemical education. *Science* 66: 385-389.

Grossmann, Robert (1999) *Main basse sur ma langue. Mini Sproch heisst Frejheit.* Strasbourg: Éditions La Nuée Bleue/ DNA.

Grote, Georg (2005) Vielsprachigkeit in Südtirol. Modell für Europa oder Kapitulation vor der Geschichte? *Acta Germanica. Jahrbuch des Germanistenverbandes im südlichen Afrika* 33: 6980.
- (2009) *I bin a Südtiroler. Kollektive Identität zwischen Nation und Region im 20. Jahrhundert.* Bozen: Athesia.

Grözinger, Gerd/ Matiaske, Wenzel (2008) Bi-national oder inter-national? Wie misst man die Internationalität eines Studiengangs? *Forschung & Lehre* 15: 316f.

Gruber, Alfed (ed.) (1989) *Nachrichten aus Südtirol. Deutschsprachige Literatur in Italien.* Hildesheim, New York: Olms.

Grucza, Franciszek (1995) Zur Geschichte und Bedeutung der deutschen Sprache in Mitteleuropa. In Popp, 717-727.
- (2001) Deutschunterricht und Germanistikstudium in Polen. In Helbig/ Götze/ Henrici/ Krumm, Bd.2: 1528-1543.
- (2010) Deutsch in Polen. In Krumm/ Fandrych/ Hufeisen/ Riemer, Bd. 2, 1761-1766.
- (2014) Deutsche Sprache in Polen – Geschichte, Gegenwart, Zukunft. In Grucza, S./ Wierzbicka, M./ Alnajjar, J./ Bąk, P. (eds.) *Polnisch-deutsche Unternehmens-kommunikation. Ansätze zu ihrer linguistischen Erforschung.* Frankfurt/M.: Lang, 9-31.
- u.a. (1999) Expertise zur Situation des Deutschunterrichts und der Zusammenarbeit mit den Mittlerorganisationen in Polen. In Krumm, 114-152.

Grundmann, Siegfried (1965) Der Boykott der deutschen Wissenschaft nach dem ersten Weltkrieg. *Wissenschaftliche Zeitschrift der Technischen Universität Dresden* 14 (3): 799-806.

Grypdonck, A. (1982) Language barriers and scientific communication. In Goetschalckx, J./

Rolling, L. (eds.) *Lexicography in the Electronic Age*. Amsterdam, 115-125.
- (red.) (1985) *Nederlands als taal van de wetenschap*. Utrecht/ Antwerpen: Aula.
Guardiano, Cristina/ Favilla, M. Elena/ Calaresu, Emilia (2007) Stereotypes about English as the language of science. *AILA Review* 20: 28-53.
Guardiolo, E./ Banos, J. E. (1993) Presence of abstracts of non-English journals indexed in MEDLINE (1981-1990). *Bulletin of the Medical Library Association* 81 (3): 320-322.
Guder, Andreas (2005) Chinesisch und der Europäische Referenzrahmen. Einige Beobachtungen zur Erreichbarkeit fremdsprachlicher Kompetenz(en) im Chinesischen. *Chun* 20: 63-78.
Gühring, Barbara (2002) Die Namibia Wissenschaftliche Gesellschaft. In Hess/ Becker, 248-251.
Guilherme, Manuela (2007) English as a global language and education for cosmopolitan citizenship. *Language and Intercultural Communication* 7 (1): 72-90.
Gündisch, Konrad (1998) *Siebenbürgen und die Siebenbürger Sachsen*. München: Langen Müller.
Gunnarsson, Britt-Louise (2001) Swedish, English, French or German - the language situation at Swedish universities. In Ammon, 287-316.
Guseynova, Innara (2011) Der Germanisten- und Deutschlehrerverband Russlands. In Ammon/ Kemper, 382-388.
Ha, Su-Guen (2003) Zum Bedarf von Kenntnissen der deutschen Sprache und Kultur in Korea auch in Zukunft. In Ammon/ Chong, 397-404.
Haarburger, Werner (1974) *Science German S. S. I.* 2 Vols. 3rd. ed. Glen Waverley/ Vic.: Artemis Educational Materials.
Haarmann, Harald [1972] (1973a) *Soziologie der kleinen Sprachen Europas, Bd. 1: Dokumentation*. 2., erw. Aufl. Hamburg: Buske.
- (1973b) *Grundfragen der Sprachenregelung in den Staaten der Europäischen Gemeinschaft*. Hamburg: Stiftung Europa-Kolleg.
- (1974) *Sprachpolitische Organisationsfragen der Europäischen Gemeinschaft*. Hamburg: Stiftung Europa-Kolleg.
- (1984a) Sprachplanung und Prestigeplanung. *Europa Ethnica* 41 (2): 81-89.
- (1984b) The role of German in modern Japanese mass media: aspects of ethnocultural stereotypes and prestige functions of language in Japanese society. *Hitotsubashi Journal of Social Studies* 16 (1): 31-41.
- (1986) *Language in Ethnicity: A View of Basic Ecological Relations*. Berlin/ New York: Mouton de Gruyter.
- (1988) Sprachen- und Sprachpolitik. In Ammon/ Dittmar/ Mattheier, 1660-1678.
- (1989) *Symbolic Values of Foreign Language Use. From the Japanese Case to a General Sociolinguistic Perspective*. Berlin/ New York: de Gruyter.
- (1990) Language planning in the light of a general theory of language: a methodological framework. *International Journal of the Sociology of Language* 86: 103-126.
- (1992) Measures to increase the importance of Russian within and outside the Soviet Union - A case of covert language spread policy. *International Journal of the Sociology of Language* 95: 109-129.
- (1993) *Die Sprachenwelt Europas: Geschichte und Zukunft der Sprachnationen zwischen Atlantik und Ural*. Darmstadt: Wissenschaftliche Buchgesellschaft.
- (1994) Symbolische Internationalisierung in Japan und die Rolle des Deutschen. In Ammon 1994d, 117-143.

- (2001a) *Die Kleinsprachen der Welt – Existenzbedrohung und Überlebenschancen. Eine umfassende Dokumentation.* Frankfurt a.M. usw.: Lang.
- (2001b) *Babylonische Welt. Geschichte und Zukunft der Sprachen.* Frankfurt a.M./ New York: Campus.
- (2002a) *Sprachenalmanach. Zahlen und Fakten zu allen Sprachen der Welt.* Frankfurt a.M./ New York: Campus.
- (2002b) Sprachenvielfalt im Globalisierungsprozess. In Hoberg (2002a), 9-29.
- (2004) Abstandsprache – Ausbausprache. In Ammon/ Dittmar/ Mattheier/ Trudgill, 238-249.
- (2005a) Linguistic barriers between speech communities and language choice in international contacts. In Ammon/ Dittmar/ Mattheier/ Trudgill, 1521-1535.
- (2005b) Roofless dialects. In Ammon/ Dittmar/ Mattheier/ Trudgill, 1545-1551.
- (2005c) The politics of language spread. In Ammon/ Dittmar/ Mattheier/ Trudgill, 1653-1666.
- unter Mitarb. von Anna-Liisa V. Haarmann (1974) *Sprachpolitische Organisationsfragen der Europäischen Gemeinschaft* (Schriftenreihe der Europäischen Integration 13). Hamburg: Sasse.
- / Holman, Eugene (2001) The impact of English as a language of science in Finland and its role for the transition to network society. In Ammon, 229-260.

Haas, Walter (2006) 172a. Die Schweiz/ Switzerland. In Ammon/ Dittmar/ Mattheier/ Trudgill 2004-2006, 1772-1787.

Haataja, Kim (2010) Deutsch in Finnland. In Krumm/ Fandrych/ Hufeisen/ Riemer, Bd. 2, 1654-1658.

Haberland, Hartmut (1990) Whose English, nobody's business. *Journal of Pragmatics* 13: 927-938.
- (2013) Englisch als "Welt"-Sprache im Hightech-Kapitalismus. *Das Argument* 55 (6): 830-839.

Habermas, Jürgen [1962] (1990) *Strukturwandel der Öffentlichkeit. Untersuchungen zu einer Kategorie der bürgerlichen Gesellschaft.* Neuaufl. Frankfurt a.M.: Suhrkamp.
- (1995) Remarks on Dieter Grimm's „Does Europe Need a Constitution?" *European Law Journal* 1(3): 303-307.
- (1998a) *Die postnationale Konstellation. Politische Essays.* Frankfurt a.M.: Suhrkamp.
- (1998b) Was ist ein Volk? Zum politischen Selbstverständnis der Geisteswissenschaften im Vormärz. In Habermas (1998a), 13-46.
- (2001/2006) *Zeit der Übergänge.* Frankfurt a.M.: Suhrkamp/ *Time of Transitions.* Cambridge MA: MIT Press.

Haensch, Günther (1975) *Wörterbuch der internationalen Beziehungen und der Politik.* 2. Aufl. München: Hueber.

Hagège, Claude [frz. 1992] (1996) *Welche Sprache für Europa? Verständigung in der Vielfalt.* Frankfurt a.M./ New York: Campus.
- (2006) *Combat pour le Français. Au nom de la diversité des langues et des cultures.* Paris: Odile Jacob.

Hagen, Stephen (1986) German - the first foreign language of Northern English industry. In Brown, 23-26.
- (ed.) (1988) *Languages in British Business: An Analysis of Current Needs.* Newcastle-upon-Tyne: Polytechnic Products/ Centre for Information on Language Teaching and Research.
- (ed.) (1999) *Business Communication Across Borders. A Study of Language use and practice in European companies.* London: CILT.
- (2010) Mapping successful language use in international business: How, when and where do European companies achieve success? In Stickel, 23-34.

Hägi, Sara/ Scharloth, Joachim (2005) Ist Standarddeutsch für Deutschschweizer eine Fremdsprache? *Linguistik online* 24 (3):1-26. (www.linguistik-online.de/24_05/haegiScharloth.)

Hahn, Karola (2004) *Die Internationalisierung der deutschen Hochschulen. Kontexte, Kernprozesse, Konzepte und Strategien.* Wiesbaden: Verlag für Sozialwissenschaften.

Hall, C. Michael/ Page, Stephen J. [1999] (2002) *The Geography of Tourism and Recreation. Environment, Place and Space.* 2. Aufl. London/ New York: Routledge.

Haller, Martin/ Hepp, Hermann/ Reinold, Emil [1998] (1999) Tötet der "Impact-Factor" die deutsche Sprache? *Der Chirurg BDC* 38 (2): 39-41.

Hamel, Rainer E. (2003a) Regional blocs as a barrier against English hegemony? The Language Policy of Mercosur in South America. In Maurais/ Morris, 111-142.

- (2003b) *El español como lengua de las ciencias frente a la globalización del inglés. Diagnóstico y propuestas de acción para una política latinoamericana del lenguaje en el campo de las ciencias y la educación superior* [*Spanish as a Language of Science in the Face of the Globalization of English. Diagnosis and Proposals for a Latin American Policy for Language in the Field of Sciences and Higher Education*]. México: UAM. (www.atriumlinguarum.org/contenido/Esp%C3%B1vsEng.pdf - abgerufen 14.08.2011)

- (2005) El español en el campo de las ciencas: propuestas para una política del lenguaje [The Spanish Language in the Field of Sciences: Proposals for a Language Policy]. In Centro de Estudios Lingüísticos y Literarios (ed.) *Congreso Internacional sobre Lenguas Neolatinas en la Comunicatión Especializada [International Congress on Neolatin Languages in Specialized Communication]* México: Agence Intergouvernamentale de la Francophonie, El Colegio de México, Unión Latina.

- (2006a) The development of language empires. In Ammon/ Dittmar/ Mattheier/ Trudgill, 2240-2257.

- (2006b) Spanish in science and higher education: perspectives for a plurilingual language policy in the Spanish speaking world. *Current Issues in Language Planning* 7 (1): 44-60.

- (2007) The dominance of English in the international scientific periodical literature and the future of language use in science. *AILA Review* 20: 53-72.

Hamm-Brücher, Hildegard (1980) *Kulturbeziehungen weltweit. Ein Werkstattbericht zur Auswärtigen Kulturpolitik.* München: Hanser.

Handbuch des Deutschtums im Auslande [1904] (1906) 2. Aufl. Berlin: Reimer.

Handelskammer Hamburg (ed.) (Juni 1989) *Konsulats- und Mustervorschriften.* 28. Aufl. Hamburg: Carl H. Dieckmann.

Handelskammer Hamburg (ed.) (2005) *Export-Nachschlagewerk „K und M". Konsulats- und Mustervorschriften.* 36. Aufl. Hamburg: Dieckmann.

Hanuljaková, Helena (2009) Zukunftsvisionen Deutsch als Fremdsprache aus der Perspektive des Internationalen Deutschlehrerverbands (IDV). In Barkowski/ Demmig/ Funk/ Würz, 165-178.

Hannequart, Jean-Michel (2013) L'enseignement de l'allemand en France. Bilan et perspectives. *Document – Revue du dialogue franco-allemand* 4.

Hardt, Michael/ Negri, Antonio (2000) *Empire.* Cambridge, MA/ London: Harvard University Press.

Harmon, David (1996) The status of the world's languages as reported by the Ethnologue. *Southwest Journal of Linguistics* 14 (1-2): 1-28.

Harmstorf, Ian/ Cigler, Michael (1985) *The Germans in Australia.* Melbourne: AE Press.

Harnisch, Rüdiger (1996) Das Elsass. In Hinderling/ Eichinger, 413-457.

Harnisch, Thomas (1999) *Chinesische Studierende in Deutschland. Geschichte und Wirkung*

ihrer Studienaufenthalte in den Jahren von 1860 bis 1945. Hamburg: Institut für Asienkunde.
- (2000) Militärische Ausbildung und Universitätsausbildung – Chinesisches Deutschlandstudium vor dem Ersten Weltkrieg. In Ch. Kaderas/ M. Hong (eds.) *120 Jahre chinesische Studierende an deutschen Hochschulen*. Bonn: Deutscher Akademischer Austauschdienst, 19-44.
Harry, Werner (1988) *Deutsche Schulen im Ausland*. Berlin usw.: Westkreuz-Verlag.
Hartig, Falk (2009) Mit Konfuzius ins 21. Jahrhundert – Chinas Auswärtige Kulturpolitik. In Maaß (2009a), 401-410.
- (2014) Konfuzius sagt: Klasse statt Masse. *Kulturaustausch* (2): 61.
Hartley, James u.a. (2007) Lost in translation: contributions of editors to the meanings of text. *Journal of Information Science* XX (X): 1-15.
Hartman, John D. (1967) PH.D. language requirements modified. *Science* 155: 626.
Hartmann, Reinhard (ed.) (1996) *The English Language in Europe*. Oxford: Intellect.
Hartweg, Frédéric (1981) Sprachkontakt und Sprachkonflikt im Elsaß. In Meid/ Heller, 97-113.
- (1983) Tendenzen in der Domänenverteilung zwischen Dialekt und nicht-deutscher Standardsprache am Beispiel des Elsaß. In Besch, W./ Knoop, U./ Putschke, W./ Wiegand, H. E. (eds.) *Dialektologie*, Bd. 2. Berlin/ New York: de Gruyter, 1428-1443.
- (1988) L'alsacien. Un dialecte allemand tabou. In *Vingt-cinq communautés linguistiques de la France*. Tome premier: *Langues régionales et langues non territorialisées*. Paris: Éditions L'Harmattan, 33-86.
- (1997) Das Elsaß : Stein des Anstoßes und Prüfstein der deutsch-französischen Beziehungen. In Picht, R./ Hoffmann-Martinot, V./ Lasserre, R./ Theiner, P. (eds.) *Fremde Freunde. Deutsche und Franzosen vor dem 21. Jahrhundert*. München/ Zürich: Piper, 62-84.
Hartwig, Stefan (2001) *Deutschsprachige Medien im Ausland – fremdsprachige Medien in Deutschland*. Münster usw.: LIT Verlag.
Harwood, Hake/ Giles, Howard/ Bourhis, Richard Y. (1994) The genesis of vitality theory: historical patterns and discoursal dimensions. *International Journal of the Sociology of Language* 108: 167-206.
Haselhuber, Jakob (1991). Erste Ergebnisse einer empirischen Untersuchung zur Sprachensituation in der EG-Kommission. *Sociolinguistica* 5: 37-50.
- (2012) *Mehrsprachigkeit in der Europäischen Union. Eine Analyse der EU-Sprachenpolitik, mit besonderem Fokus auf Deutschland. Umfassende Dokumentation und Perspektiven für die Zukunft*. Frankfurt a.M. usw.: Lang.
Haslinger, Peter/ Janich, Nina (ed.) (2005) Sprache der Politik – Politik mit Sprache. *Forost-Arbeitspapier* Nr. 29. München: Forost.
Haße, Wolfgang (2002) Englisch versus Deutsch in der Medizin. Thesen, Realitäten, Gegenworte. In Ehlich, K. (ed.) *Mehrsprachige Wissenschaft – europäische Perspektiven. Eine Konferenz im Europäischen Jahr der Sprachen*. München. (www. euro-sprachenjahr.de/hasse.pdf.)
- / Fischer, Rudolf J. (2003) Ärzteschaft gegen Anglisierung der Medizin. *Deutsche Medizinische Wochenschrift* 128: 1338-1341.
- u.a. (2007) Wissenschaft ist mehrsprachig – auch in der Chirurgie. *Chirurgische Allgemeine Zeitung für Klinik und Praxis* 8 (5): 255-260.
- / Fischer, Rudolf J. (2010) Zitierverhalten deutscher Autoren in „Der Chirurg". Publizieren unter der Dominanz des Impact-Faktors. *Der Chirurg* (4): 361-363.
Haszpra, Otto (2004) The price of a common language. *Begegnungen, Series of Europa Institut*

Budapest 22: 215-222.
Hattenhauer, Hans (2000) Zur Zukunft des Deutschen als Sprache der Rechtswissenschaft. In Debus/ Kollmann/ Pörksen, 255-273.
Hattesen, Anni B./ Haagen, Kiil (1979) Deutsch als Fremdsprache in Dänemark. *Germanistische Mitteilungen* 10: 75-83.
Haubrichs, Wolfgang (1996) Der Krieg der Professoren. Sprachhistorische und sprachpolitische Argumentation in der Auseinandersetzung um Elsaß-Lothringen zwischen 1870 und 1918. In Marti, 213-250.
Hauenschild, Christa (2004) Maschinelle Übersetzung – die gegenwärtige Situation. In Kittel, H. u.a. (eds.) *Übersetzung/ Translation/ Tradiction. Ein internationales Handbuch zur Übersetzungsforschung/ ...*, Bd. 1. Berlin/ New York: de Gruyter, 756-766.
Haug, Sonja (2008) *Sprachliche Integration von Migranten in Deutschland* (Working Paper 14). O. O. [Nürnberg]: Bundesamt für Migration und Flüchtlinge.
Haugen, Einar (1966) Linguistics and language planning. In Bright, 50-71.
- (1972a) *The Ecology of Language.* Standford CA: Stanford University Press.
- (1972b) *Language in Ethnicity: A View of Basic Ecological Relations.* Berlin/ New York: Mouton de Gruyter.
- (1987) Language planning. In Ammon/ Dittmar/ Mattheier, 626-637.
Hauschildt, Jürgen/ Vollstedt, Marina (2002) Unternehmenssprachen oder Company Language? Zur Einführung einer einheitlichen Sprache in global tätigen Unternehmen. *Zeitschrift Führung und Organisation.* 71 (3): 173-183.
Häusler, Maja (1998) Zur Geschichte des Deutschunterrichts in Kroatien seit dem 18. Jahrhundert. Frankfurt a.M. usw.: Lang.
Hausmann, Hartmut (2001) Deutsch als Amtssprache? Bislang scheiterte es am Geldmangel im Europarat. *Das Parlament* vom 11.5.2001: 17.
Haut Conseil de la Francophonie présidé par le Président de la République Française (1986) *Rapport sur l'état de la francophonie dans le monde.* Paris: La Documentation Française.
Havemann, Frank (2009) *Einführung in die Bibliometrie.* Berlin: Gesellschaft für Wissenschaftsforschung.
Hawking, Stephen [engl. 2001] (2001) *Das Universum in der Nussschale.* [Hamburg:] Hoffmann und Campe.
Hayakawa, Tōzō (1994) Die Gesellschaft zur Förderung der Germanistik, Tokio, und die einheitliche Deutschprüfung für ganz Japan. In Ammon 1994d, 295-299.
He, Yun (2013) *Die Auswirkungen der englischsprachigen Studiengänge in Deutschland auf das Deutschlernen in China.* Frankfurt a.M.: Lang.
Heckhausen, Heinz (1986) Dissemination psychologischer Forschung: Internationalisierung, Europäisierung und gemeinsprachliche Rückvermittlung. In Kalverkämper/ Weinrich, 33-37.
Heckmann, Friedrich (1997) Ethnos – eine imaginierte oder reale Gruppe? Über Ethnizität als soziologische Kategorie. In Hettlage, F./ Deger, P./ Wagner, S. (eds.) *Kollektive Identität in Krisen. Ethnizität in Region, Nation, Europa.* Opladen: Westdeutscher Verlag, 46-55.
Heide, Walther (ed.) (1935) *Handbuch der deutschsprachigen Zeitungen im Ausland.* Berlin/ Leipzig: de Gruyter.
Heine, Bernd (1979) *Sprache, Gesellschaft und Kommunikation in Afrika.* München/ London: Weltforum Verlag.
Heinemann, Manfred (ed.) [2000] *Fakten und Zahlen zum DAAD. Personen, Programme und Projekte – ein Rundblick.* Bonn: Deutscher Akademischer Austauschdienst (DAAD).

Heintze, Hans-Joachim (ed.) (1998) *Moderner Minderheitenschutz. Rechtliche oder politische Absicherung?* Bonn: Dietz.
Heise, Eloá/ Aron, Irene (2002) Germanistik in Brasilien: Analyse einer Krise. In Deutscher Akademischer Austauschdienst, 53-67.
Helbig, Gerhard/ Götze, Lutz/ Henrici, Gert/ Krumm, Hans-Jürgen (eds.) (2001) *Deutsch als Fremdsprache. Ein internationales Handbuch.* 2 Halbbände. Berlin/ New York: de Gruyter.
Hellmann, Friedrich W. (ed.) [2000] *Mit dem DAAD in die Welt. Ausländer und Deutsche erzählen von ihren Erlebnissen – ein Lesebuch..* Bonn: Deutscher Akademischer Austauschdienst (DAAD).
Hellmann, Jochen/ Pätzold, Mathias (2005) Internationale Studiengänge: Wer braucht so etwas? Überlegungen zu einem Trend, der sich fortsetzen wird. In Motz (2005a), 17-29.
Hemblenne, Bernard (1992) Les prolèmes du siège et du linguistique des Communautés européennes (1950-1967). In Heyen, E. V. (ed.) *Die Anfänge der Verwaltung der Europäischen Gemeinschaft.* Baden-Baden: Nomos, 107-143.
Hempel, Carl G. (1952) *Fundamentals of Concept Formation in Empirical Science.* Chicago: The University Press.
Henkes, André (2005) Die deutsche Sprache als Rechtssprache im belgischen Gerichtswesen im Allgemeinen, und am belgischen Kassationshof im Besonderen – kritische Darstellung des Seins und Werdens eines Grundrechts. In Stangherlin, 163-214.
Henn-Memmesheimer, Beate/ Bahlo, Christine/ Eggers, Ernst/ Mkhitaryan, Samvel (2012) Zur Dynamik eines Sprachbildes: Nachhaltig. In Hansen-Kokorus, R./ Henn-Memmesheimer, B./ Seybert, G. (eds.) *Sprachbilder und kulturelle Kontexte.* St. Ingbert: Röhrig, 159-186.
Henning, Eckart (1998) Auslandsbeziehungen der Kaiser-Wilhelm-/ Max-Planck-Gesellschaft im Überblick (1911-1998). In Vom Bruch, R./ Henning, E. (eds.) *Wissenschaftsfördernde Institutionen im Deutschland des 20. Jahrhunderts.* Berlin: MPG-Archiv, 95-113.
Héraud, Guy (1981) La Communauté Éuropéenne et la question linguistique. *Revue d'integration européenne* 5: 5-28.
- (1989) Deutsch als Umgangs- und Muttersprache in der Europäischen Gemeinschaft. Synthesebericht. In Kern, 19-122.
Herbillon, Michael (2003) *Rapport d'information sur la diversité linguistique dans l'Union européenne.* Document Nº 902, Délégation de l'Assemblée nationale pour l'Union européenne.
Herbst, Thomas/ Heath, David/ Dedering, Hans-Martin (1980) *Grimm's Grandchildren. Current Topics in German Linguistics.* London/ New York: Longman.
Herde, Dieter/ Royce, David (1989) *Vertrag in der Tasche.* London: Edward Arnold.
Herder, Johann G. (1772) *Abhandlung über den Ursprung der Sprache welche den von der Königl. Academie der Wissenschaften für das Jahr 1770 gesezten Preis erhalten hat.* Berlin: Christian Friedrich Voß.
Herfarth, Ch./ Schürmann, G. (1996) Deutsche klinische Zeitschriften und der Impact Faktor. *Chirurg* 67 (4): 267-299.
Herma-Herrle, Benita (2002) Radio hör'n. Der deutsche Dienst der NBC. In Hess/ Becker, 63-66.
Hermand, Jost (1999) Zur Situation der deutschen Sprache und Literatur in den USA. *Jahrbuch Deutsch als Fremdsprache* 25: 327-337.
Hermann, Armin (2000) Das goldene Zeitalter der Physik. In Debus/ Kollmann/ Pörksen, 209-227.
- / u. a. (1978) *Deutsche Nobelpreisträger. Deutsche Beiträge zur Natur- und Geisteswissen-*

schaft am Beispiel der Nobelpreisverleihungen für Frieden, Literatur, Medizin, Physik und Chemie. München: Moos.

Hermann, Elke (2011) Englischzwang kein Spaß. *Forschung & Lehre* 18: 610.

Hermanns, Fritz (1991) Adieu Fremdwort! *Sprachreport* (1): 7 f.

Hernig, Marcus (2005) *Deutsch als Fremdsprache. Eine Einführung.* Wiesbaden: VS Verlag für Sozialwissenschaften.

- (2007) Die Politik der deutschsprachigen Länder zur Förderung der deutschen Sprache in China. In Ammon/ Reinbothe/ Zhu, 261-268.

- (2010) Deutsch in China. In Krumm/ Fandrych/ Hufeisen/ Riemer, Bd. 2, 1637-1642.

- / Zhu, Jianhua (2004) Deutsch als Fremdsprache und Germanistik in China. Eine Entwicklung in Phasen. *Jahrbuch für Internationale Germanistik* 35 (2): 35-52.

Herrera, Antonio J. (1999) Language bias discredits the peer-review system. *Nature* 397: 467.

Herreras, José Carlos (2002) Quelle(s) langue(s)pour l'Union Européenne. In Weydt, H. (ed.) *Langue – communauté – signification. Approches en linguistique fonctionnelle.* Frankfurt a.M. usw.: Lang, 34-39.

Herta, Angelika/ Jung, Martin (eds.) (2011) *Vom Rand ins Zentrum. Die deutsche Minderheit in Bukarest.* Berlin: Frank & Timme.

Hess, Hans-Werner (1992) „Die Kunst des Drachentötens": Zur Situation von Deutsch als Fremdsprache in der Volksrepublik China. München: Iudicium.

- (2001) Deutschunterricht und Gemanistikstudium in China. In Helbig/ Götze/ Henrici/ Krumm, Bd.2: 1579-1586.

- (2007) Die Chancen des Deutschen neben dem Englischen in der Zukunft der Globalisierung. In Ammon/ Reinbothe./ Zhu, 322-353.

Heß (=Hess), Klaus A. (1993) Ein Goethe-Institut für Namibia! Interview mit I. E. Schimming-Chase, Botschafterin von Namibia. Teil 2. *Namibia Magazin* 4: 10f.

Hess, Klaus A./ Becker, Klaus J. (eds.) (2002) *Vom Schutzgebiet bis Namibia 2000.* Göttingen/ Windhoek: Klaus Hess Verlag.

Hesse, Helmut (2000) Deutsch als Wissenschaftssprache aus der Sicht eines Nationalökonomen. In Debus/ Kollmann/ Pörksen, 277-281.

Hessky, Regina (1995) Die Rolle der großen Verkehrssprachen in Ostmitteleuropa am Beispiel Ungarn. In Wodak/ de Cillia, 63-74.

Hess-Lüttich, Ernest W.B./ Colliander, Peter/ Reuter, Ewald (eds.) (2009) *Wie kann man vom ‚Deutschen' leben? Zur Praxisrelevanz der interkulturellen Germanistik.* Frankfurt a.M.: Lang.

Heublein, Ulrich/ Richter, Johanna/ Schmelzer, Robert/ Sommer, Dieter (2012) *Die Entwicklung der Schwund- und Studienabbruchquoten an den deutschen Hochschulen. Statistische Berechnungen auf der Basis des Absolventenjahrgangs 2010.* Hannover: HIS Hochschul-Informations-System GmbH.

Hewings, Martin (2006) English language standards in academic articles: attitudes of peer reviewers. *Revista Canaria de Estudios Ingleses* 53: 47-63.

Hexelschneider, Erhard (1980) Internationale Kulturbeziehungen und Deutsch als Fremdsprache. *Deutsch als Fremdsprache* 17 (3): 133-138.

- (1981) 30 Jahre Ausländerstudium in der DDR - 25 Jahre Herder-Institut der Karl-Marx-Universität. *Deutsch als Fremdsprache* 18 (4): 193-199.

- (1986) 30 Jahre Deutsch als Fremdsprache in der DDR - 30 Jahre Herder-Institut an der Karl-Marx-Universität. *Wissenschaftliche Zeitschrift der Karl-Marx-Universität Leipzig, Gesellschaftswissenschaftliche Reihe* 35 (1): 4-6.

- / Wenzel, Johannes (1987) Deutsch als Fremdsprache an den Universitäten, Hoch- und Fachschulen der Deutschen Demokratischen Republik. In Sturm (1987a), 173-189.
Heyne, Jürgen (1978) Bilingualism and language maintenance among German speaking immigrants in Brazil. *Sociolinguistics*: 93-106.
Hilberg, Wolfgang (2000a) Die babylonische Sprachverwirrung wird ein Ende finden – durch Technik und nicht durch das Diktat einer Einheitssprache! In Debus/ Kollmann/ Pörksen, 299-308.
- (2000b) Hat Deutsch als Wissenschaftssprache wirklich keine Zukunft? Internationale Kommunikation mit Hilfe intelligenter Textmaschinen. *Forschung & Lehre* 7 (12): 628-630.
- [2008] *Sprache und Denken in neuronalen Netzen*. [Groß-Bieberau]: Sprache und Technik.
Hilgendorf, Suzanne K. (2001) *Language Contact, Convergence, and Attitudes: The Case of English in Germany*. Unpubl. PhD dissertation: University of Illinois, Urbana-Champaign.
- (2005) "Brain gain statt [instead of] brain drain": the role of English in German education. *World Englishes* 24(1): 53-67.
- (2007) English in Germany: contact, spread and attitudes. *World Englishes* 26 (2): 131-148.
- (2010) English and the global market: the language's impact in the German business domain. In Kelly-Holmes, H./ Mautner, G. (eds.) *Language and the Market*. New York: Palgrave Macmillan, 68-80.
- (2013) Transnational media and the use of English: the case of cinema and motion picture titling practices in Germany. *Sociolinguistica* 27: 167-186.
Hilpold, Peter (2001) *Modernes Minderheitenrecht*. Wien: Manz/ Baden-Baden: Nomos/ Zürich: Schulthess.
- (ed.) (2009) *Minderheitenschutz in Italien*. Wien: Braumüller.
Hinderdael, Michael/ Nelde, Peter (1996) Deutschbelgien. In Hinderling/ Eichiger, 459-478.
Hinderling, Robert (ed.) (1986) *Europäische Sprachminderheiten im Vergleich. Deutsch und andere Sprachen* (Deutsche Sprache in Europa und Übersee, 11). Wiesbaden: Steiner.
- / Eichinger, Ludwig M. (eds.) (1996) *Handbuch der mitteleuropäischen Sprachminderheiten*. Tübingen: Narr.
Hirataka, Fumiya (1992) Language spread policy of Japan. In Ammon/ Kleineidam, 93-108.
- (1994) Die Hintergründe der Verdrängung von Deutsch und Französisch durch Englisch aus japanischen Schulen nach 1945. In Ammon 1994d, 195-205.
- (2007) Plurilingualismus im Fremdsprachenunterricht und Chancen des Deutschunterrichts in Japan. *Neue Beiträge zur Germanistik* 6 (2): 103-114.
Historical Abstracts, 1775-1945 (1955-1970). Santa Barbara, CA: Clio [Fortsetzung als *Modern History Abstracts, 1775-1914* und *Twentieth Century Abstracts*].
Historical Abstracts on Disc 19-47 (1973ff.). Expand. Ed. Santa Barbara, CA: ABC-Clio/ Delaware Technologies.
Hoberg, Rudolf (2002a) (ed.) *Deutsch – Englisch – Europäisch. Impulse für eine neue Sprachpolitik*. Mannheim usw.: Dudenverlag.
- (2002b) English rules the World. Was wird aus Deutsch? In Hoberg (2002a), 171-183.
- (2002c) Zur Stellung der deutschen Sprache in der Welt und in Europa. In Deutscher Akademischer Austauschdienst, 15-22.
- (2004) English rules the world. What will become of German? In Gardt/ Hüppauf, 85-97.
- (2012) Was wird aus Deutsch angesichts der Dominanz von Englisch? *Der Sprachdienst* 56 (1): 19-25.
- (2013) Anglizismen und Sprachloyalität. Anmerkungen zu einem Beitrag von Horst Haider Munske. *Sprachreport* 29 (4): 2-5.

- / Eichhoff-Cyrus, Karin M./ Schulz, Rüdiger (eds.) (2008) *Wie denken die Deutschen über ihre Muttersprache und über Fremdsprachen? Eine repräsentative Umfrage der Gesellschaft für deutsche Sprache.* In Zusammenarbeit mit dem Deutschen Sprachrat, durchgeführt vom Institut für Demoskopie Allensbach. Wiesbaden: Gesellschaft für deutsche Sprache.

Hobsbawm, Eric J. (1996) Are all tongues equal? Language, culture and national identity. In Barker, P. (ed.) *Living as equals.* Oxford: Oxford University Press, 85-98.

Hoch, Paul/ Platt, Jennifer (1993) Migration and denationalization of science. In Crawford/ Shinn/ Sörlin, 133-152.

Hodges, Harry B. (1880) *A Course in Scientific German.* Boston: Ginn and Heath.

Hoekstra, Jarich F. (2001) Standard West Frisian. In Munske, 83-98.

Hoeren, Thomas (2003) Rechtliche Fragen der Einführung einer Hörfunkquote zu Gunsten neuer, deutschsprachiger Musiktitel. *Zeitschrift für Informations-, Telekommunikations- und Medienrecht* 8: 1-28 (separat auch München: Beck).

Hoffmann, Fernand (1979) *Sprachen in Luxemburg: Sprachwissenschaftliche und literaturhistorische Beschreibung einer Triglossie-Situation* (Deutsche Sprache in Europa und Übersee, 6). Wiesbaden: Steiner.

- (1981) *Zwischenland: Dialektologische, mundartphilologische und mundartliterarische Grenzgänge.* Hildesheim/ New York: Olms.

- (1987a) Spoo und die Folgen. Kritische Anmerkungen zum Sprachengesetz von 1984. *Galerie. Revue culturelle et pédagogique* 1.

- (1987b) Pragmatik und Soziologie des Lëtzebuergeschen. Ein Versuch kommunikativer Sprachwissenschaft. In Goudaillier, 9-194.

- (1987c) Lëtzebuergsch: Mundart und Nationalsprache. Sprachpolitische und sprachensoziologische Überlegungen zum luxemburgischen Triglossie-Problem und zum Sprachgesetz von 1984. In Brücher, W./ Franke, P.R. (eds.) *Probleme von Grenzregionen.* Saarbrücken: Philosophische Fakultät der Universität, 49-65.

- (1988a) Luxemburg. In Ammon/ Dittmar/ Mattheier, 1334-1340.

- (1988b) Zur Lage der deutschsprachigen Literatur in Luxemburg. *Rheinische Vierteljahresblätter* 52: 210-220.

- (1989) Sprachen in Luxemburg. Unter besonderer Berücksichtigung der Situation nach 1945. *Jahrbuch für Internationale Germanistik* 20 (1): 45-62.

Hoffmann, Hellmut (2000) Politik der Bundesregierung Deutschlands zur Förderung der deutschen Sprache im Ausland. In Ammon 2000c, 61-71.

Hoffmann, Hilmar (ed.) (2000) *Deutsch global. Neue Medien – Herausforderungen für die Deutsche Sprache?* Köln: DuMont.

Hoffmann, Rolf (2009) In diplomatischer Mission – Die Außenkulturpolitik der USA. In Maaß (2009a), 359-368.

Hofmann, Eberhard (2002) Ein Blick auf die Medien. In Hess/ Becker, 63-66.

Hofman, John E. (1966) Mother tongue retentiveness in ethnic parishes. In Fishman/ Nahirni u.a. 1966, 127-155.

Hoheisel, Reinhard (2003) Notwendigkeit der EU-Organe – Amtssprachen, Arbeitssprachen, Osterweiterung. In Wills, W. (ed.) *Die Zukunft der internationalen Kommunikation in Europa (2000-2020).* Tübingen: Narr, 79-88.

- (2004) Die Rolle der deutschen Sprache in der Zukunft der EU aus der Sicht der Europäischen Union. In Lohse, 73-84.

Höhmann, Beate (2011) *Sprachplanung und Spracherhalt innerhalb einer pommerischen Sprachgemeinschaft. Eine soziolinguistische Studie in Espírito Santo/ Brasilien.* Frankfurt

a.M.: Lang.
Höhne, Günter (2000) Deutsch als Wissenschaftssprache in den Ingenieurwissenschaften. Zur Situation in der ehemaligen DDR und in Osteuropa. In Debus/ Kollmann/ Pörksen, 247-255.
Höhne, Steffen/ Nekula, Marek (eds.) (1997) *Sprache, Wirtschaft, Kultur. Deutsche und Tschechen in Interaktion.* München: ludicum.
Homans, George [1957] (1991) *The Human Group.* London: Routledge & Kegan Paul.
Honda, Yoshisaburo (1994) Motive für die Wahl von Deutsch als Fremdsprache und von Germanistik bei Studentinnen und Studenten. In Ammon 1994d, 275-283.
Honemann, Volker (2003) Usbekistan – Deutschland. Oder: wollen wir die Zukunft unserer Sprache und unserer Literatur weiterhin gefährden? *Zeitschrift für Literatur und Linguistik* 130: 134-136.
Hong, Myung-Soon/ Hong, Kyeong-Tae (2003) Die Bedeutung von Deutsch und anderen Fremdsprachen in der koreanischen Philosophie. In Ammon/ Chong, 57-70.
Honnef-Becker, Irmgard (2006) *Interkulturalität als neue Perspektive der Deutschdidaktik.* Nordhausen: Traugott Bautz.
- / Kühn, Peter (eds.) (2004) *Über Grenzen. Literaturen in Luxemburg.* Esch/ Alzette: éditions phi.
Hopf, Henning (2011) Die Lage der Wissenschaftssprache Deutsch in der Chemie. In Wieland/ Glück/ Pretscher, 95-108.
Hornberger, Nancy H./ Pütz, Martin (eds.) (2006) *Language Loyalty, Language Planning and Language Revitalization. Recent Writings and Reflections.* Clevedon/ Buffalo/ Toronto: Multilingual Matters.
Horner, Kristine/ Weber, Jean J. (2008) The language situation in Luxemburg. *Current Issues in Language Planning* 9 (1): 69-128.
Horvath, Barbara M. (1981) Community Languages in the Schools: Linguistic and Cultural Dilemmas. In Garner, 37-53.
Hostetler, John A. [1963] (2008) *Amish Society.* 4. Aufl. London: The Johns Hopkins University Press.
- (1974) *Hutterite Society.* Baltimore/ London: The Johns Hopkins University Press.
House, Juliane (2002a) Maintenance and convergence in covert translation English-German. In Hassel, H. u.a. (eds.) *Information Structure in a Cross-Linguistic Perspective.* Amsterdam: Rodopi, 199-213.
- (2002b) Englisch als lingua franca – eine Bedrohung für die europäische Mehrsprachigkeit? In Barkowski, H/ Faistauer, R. (ed.) *Deutsch als fremde Sprache unter fremden Sprachen.* Tübingen: Stauffenburg, 62-73.
- (2003a) English as a lingua franca: A threat to multilingualism? *Journal of Sociolinguistics* 7 (4): 556-578.
- (2003b) English as a lingua franca and its influence on discourse norms in other languages. In James, G./ Anderson, G. (eds.) *Translation Today.* Clevedon: Multilingual Matters, 168-180.
Huang, Chongling (2011) Motivationsforschung zu den neuen Germanistikstudenten in China. *Nouveaux Cahier d'allemend* 29 (1): 1-14.
Huber, Bettina J. (1992) Characteristics of Foreign Language Requirements at US Colleges and Universities: Findings from the MLA's 1987-89 Survey of Foreign Language Programs. *ADFL-Bulletin* 24 (1/ Fall): 8-16.
Huck, Dominique (1995a) Deutsch: Weder Mutter- noch Fremdsprache. Zum Erwerb des deut-

schen Standards bei elsässischen mundartsprechenden Grundschulkindern: soziolinguistische, linguistische und didaktische Fragen. *Germanistische Mitteilungen* 42: 83-102.
- (1995b) L'enseignement bilingue à l'ecole prééélémentaire et élémentaire: genèse, état des lieux et problèmes. In Bonnot, J.-F. (ed.) *Parole régionales, normes, variétés linguistiques et contexte social*. Strasbourg: Press universitaire, 113-137.
- (1999) Les dialectes en Alsace – l'allemand standard. In Huck, D./ Laugel, A./ Laugner, M. (eds.) *L'eleve dialectophone en Alsace et se langues. L'enseignement de l'allemand aux enfants dialectophone a l'ecole primaire. De la description contrastive dialectes/ allemand à une approche methodologique. Manuel à usage de maîtres*. Strasbourg: Oberlin, 15-17.
- (2007) Deutsch als Fremd-, Nachbar- und Regionalsprache im Elsass: Konsens und Konflikt. In Valentin, J.-M./ Silhouette, M. (eds.) *Akten des XI. Internationalen Germanistenkongresses Paris 2005 „Germanistik im Konflikt der Kulturen"*, Bd. 3. Bern usw.: Lang, 83-87.
- / Bothorel-Witz, Arlette/ Geiger-Jaillet, Anemone [2007] L'Alsace et ses langues. Eléments de description d'une situation sociolinguistique en zone frontalière. In Abel/ Stuflesser/ Voltmer, 13-101.
Hudson, Manley O. (1932) Languages used in treaties. *The American Journal of International Law* 26: 368-372.
Huebener, Theodore (1961) *Why Johnny Should Learn Foreign Languages*. Philadelphia/ New York: Chilton.
Hufeisen, Britta/ Sorger, Brigitte (2010) Die internationale Institutionalisierung von Deutsch als Zweit- und Fremdsprache. In Krumm/ Fandrych/ Hufeisen/ Riemer, Bd. 1, 166-172.
Huffines, Marion L. (1980) Pennsylvania German: maintenance and shift. In *International Journal of the Sociology of Language* 25: 43-57.
- (1986) Bemühungen um die Spracherhaltung bei deutschen Einwanderern und ihren Nachkommen in den USA. In Trommler, 253-262.
- (1989) Convergence and language death: the case of Pennsylvania German. In Enninger/ Raith/ Wandt, 17-28.
- (1994) Directionality of language influence: the case of Pennsylvania German and English. In Berend/ Mattheier, 47-58.
Hüllen, Werner (1992) Identifikationssprachen und Kommunikationssprachen. *Zeitschrift für germanistische Linguistik* 20: 298-317.
- (2005) *Kleine Geschichte des Fremdsprachenlernens*. Berlin: Erich Schmidt.
- (2007) The presence of English in Germany. *Zeitschrift für Fremdsprachenforschung* 18 (1): 3-26.
von Humboldt, Wilhelm [1809/1810] (1964) Berichte, Anträge, Denkschriften aus der Sektion für Kultus und Unterricht. In W. von Humboldt *Schriften zur Politik und zum Bildungswesen* (Werke in fünf Bänden, 4). Darmstadt: Wissenschaftliche Buchgesellschaft, 1-301.
Hume, David [1748] (2008) *An Enquiry Concerning Human Understanding*. Oxford usw.: Oxford University Press
Huneke, Hans-Werner/ Steinig, Wolfgang [1997] (2003) *Deutsch als Fremdsprache. Eine Einführung*. 3., überarb. und erw. Aufl. Berlin: Erich Schmidt.
Hutchins, W. J./ Pargeter, L. J./ Saunders, W. L. (1971) *The Language Barrier: a Study in Depth of the Place of Foreign Language Materials in the Research Activity of the Academic Community*. Sheffield: University of Sheffield, Postgraduate School of Librarianship and Information Science.
Hutterer, Claus J. (1991) Die deutsche Volksgruppe in Ungarn. In Hutterer, C. J.: *Aufsätze zur*

deutschen Dialektologie. Budapest: Tankönyvkiadó, 345-379.
Hyldgaard-Jensen, Karl (1987) Die Rolle der Deutschlehrerverbände bei der Verbreitung der deutschen Sprache. In Sturm (1987a), 223-228.
- / Schmöe, Friedrich (eds). (1982) *Der Bedarf der Gesellschaft an Fremdsprachenkenntnissen*. Kopenhagen: Reitzels.
Hyltenstam, Kenneth/ Stroud, Christopher (1996) Language maintenance. In Goebl/ Nelde/ Zdeněk/ Wölck, 567-578.
Ilg, Karl (1979) Situation und Leistung des Deutschtums in Brasilien nach dem 2. Weltkrieg. In Fröschle, 257-295.
Ide, Sachiko (1982) Japanese sociolinguistics: politeness and women's language. *Lingua* 57: 357-385.
Ilse, Viktoria (2011) *Wirtschaftsdeutsch in Ungarn – Position, Bedarf und Perspektiven. Die Vermittlung von Wirtschaftsdeutsch im DaF-Unterricht in Ungarn*. München: Iudicium.
Imperialistische Sprachpolitik in den 70er und zu Beginn der 80er Jahre (1983) Ausgewählte Beiträge (Reihe Gesellschaftswissenschaften). Leipzig: Karl-Marx-Universität.
Industrie- und Handelskammer Nord Westfalen (2011) *Unternehmermangel. Demografischer Wandel in Nord-Westfalen*. (www.ihk-nordwestfa-len.de/fileadmin/medien/02_Wirtschaft/00_Standortpolitik/Analysen_Positionen/medien/Unternehmermangel_2011_150dpi.pdf)
Inoue, Fumio (2001) English as a language of science in Japan. From corpus planning to status planning. In Ammon, 447-469.
- (2007) Changing economic values of German and Japanese. In: Coulmas, 95-113.
Institut für Deutsche Sprache (ed.) [2001] (2004) *Germanistik und Deutschunterricht in 15 Ländern*. 2. Aufl. Mannheim: Institut für Deutsche Sprache.
- (ed.) (2008) *Germanistik und Deutschunterricht in 11 Ländern*. Mannheim: Institut für Deutsche Sprache.
Instituto Cervantes (ed.) (2013) *El Español: Una Lengua viva* (Informe 13). Departemento de Comunicación Digital, Instituto Cervantes.
Interessengemeinschaft Deutschsprachiger Südwester (ed.) (1980) *Die Bemühungen um die deutsche Sprache von 1920 bis 1980 in SWA/ Namibia*. 2. Aufl. Windhoek.
International Bibliography of Historical Science (1926ff.). Oxford: University Press/ New York: Wilson.
International Bibliography of the Social Science: Sociology (1951ff.); *Economics* (1952 ff.); *Political Science* (1953 ff.); *Social and Cultural Anthropology* (1955ff.). London: Tavistock/ Chicago: Aldine.
Ipsen, Knut (1997) Minderheitenschutz auf reziproker Basis – die deutsch-dänische Lösung. In H.-J. Heintze (ed.) *Selbstbestimmungsrecht der Völker - Herausforderung der Staatenwelt*. Bonn: Dietz, 327-341.
Isajiw, W. W. (1990) Ethnic identity retention. In Breton, R. u.a. (eds.) *Ethnic Identity and Equality: Varieties of Experience in a Canadian City*. Toronto, 36-38.
Ising, Erika (1987) Nationalsprache/ Nationalitätensprache. In Ammon/ Dittmar/ Mattheier, 335-344.
Israel, Jonathan I. (1995) *The Dutch Republic: its Rise, Greatness, and Fall 1477-1806*. Oxford usw.: Clarendon Press.
Itoi, Toru (1994) Die Oberschulen mit Deutsch als Fremdsprache. In Ammon 1994d, 207-220.
Jacobi, Arno (1979) Keine Lust zur Erlernung der deutschen Sprache? Beobachtungen in Süd-

Brasilien. Pouca vontade de aprender a lingua alema? Observaçoes no sul do Brasil. *Deutsch-brasilianische Hefte* 18: 382-385.
Jäger, Andreas/ Jasny, Sabine (2007) Zur Lage der Germanistik in Australien. *Info DaF* 34 (5): 472-486.
Jakob, Gerhard (1987) *Deutschsprachige Gruppen am Rande und außerhalb des geschlossenen deutschen Sprachgebiets. Eine bibliographische Dokumentation von Literatur zum Thema 'Sprache' aus der Zeit nach 1945 (Stand Mai 1987)*. Mannheim: Institut für deutsche Sprache.
James, Charles J./ Tschirner, Erwin (2001) Deutschunterricht und Gemanistikstudium in den USA. In Helbig/ Götze/ Henrici/ Krumm, Bd.2: 1424-1430.
Janich, Nina (2004) *Die bewusste Entscheidung. Eine handlungsorientierte Theorie der Sprachkultur*. Tübingen: Narr.
Jansen, Christian/ Nensa, Christoph (2004) *Exzellenz weltweit – Die Alexander von Humboldt-Stiftung zwischen Wissenschaftsförderung und auswärtiger Kulturpolitik (1953-2003)*. Köln: DuMont.
Jansen, Louise/ Schmidt, Gabriele (2011) Das Auf und Ab im Deutschstudium: Gründe für die Aufnahme und den Abbruch eines Deutschstudiums in Australien. *Deutsch als Fremdsprache* 48 (3): 166-172.
Jäntti, Ahti (2002) Deutsche Sprache in Finnland. In Deutsch-Finnische Gesellschaft/ Poser, Burkhart E. u.a. (eds.) *50 Jahre Deutsch-Finnische Gesellschaft E.V. Festschrift zur Jubiläumsfeier in München 2002*. Berlin: Atelier Schwarz.
Japan Foundation (2008) *Survey Report on Japanese-Language Education abroad 2006: Present Condition of Overseas Japanese-Language Education. Summary*. Tokyo: The Japan Foundation.
Japanische Gesellschaft für Germanistik (in Kooperation mit Goethe-Institut Tokyo) (20. Mai 2013) *Zur Lage von Deutschunterricht und Deutschlernenden in Japan*. O. O.: Verlagsverband für Deutsch-Lehrbücher (Unterstützung Hueber Verlag). (www.jgg.jp/modules/neues/index.php?page=article&storyid=1192)
Jarausch, Konrad (1991) Universität und Hochschule. In Berg, Ch. (ed.) *Handbuch der deutschen Bildungsgeschichte. Bd. 4: 1870-1918. Von der Reichsgründung bis zum Ende des Ersten Weltkriegs*. München: Beck, 313-345.
Jaschek, Stephan (1977) Deutsch als Sprache der Vereinten Nationen. *Vereinte Nationen* 1: 18-24.
Jaworska, Sylvia (2009) The German language in Poland: the eternal foe and the wars on words. In Carl/ Stevenson, 51-72.
Jenkins, Jennifer (1997) *English as a Lingua Franca: Attitude und Identity*. Oxford: Oxford University Press.
- (2003) *World English: A Resource Book for Students*. London/ New York: Routledge.
- (2007) *English as a Lingua Franca: Attitude and Identity*. New York: Oxford University Press.
Jenniges, Hubert (2001) *Hinter ostbelgischen Kulissen. Stationen auf dem Weg zur Autonomie des deutschen Sprachgebiets in Belgien (1968 – 1972)*. Eupen: Grenz-Echo Verlag.
Jensen, Stefanie (2001) *Ausländerstudium in Deutschland. Die Attraktivität deutscher Hochschulen für ausländische Studierende*. Wiesbaden: Deutscher Universitäts-Verlag.
Jernudd, Björn H. (1987) World languages in radio broadcasting and as official languages. In Laycock, D. C./ Winter, W., (eds.) *A World of Language*. Canberra: The Australian National University, 297-308.
- / Shaw, Willard D. (1979) *World languages of wider communication in the media and higher*

education. Honolulu: East-West Center.
Jespersen, Otto (1926/ 1933) *Growth and Structure of the English Language.* 5./ 7. Aufl. Leipzig: Teubner.
Jezierzanska-Frindik, Krystyna (2000) *EU-Sprachen als Konferenzsprachen – Deutsch als Konferenzsprache in Österreich.* FASK, Johannes Gutenberg-Universität Mainz in Germersheim, Diplomarbeit.
Johnson, Marc L./ Doucet, Paule (2006) *A Sharper View: Evaluating the Vitality of Official Language Communities.* Ottawa: Office of the Commissionar of Official Languages in Canada.
Johnson-Weiner, Karen M. (1992) Group identity and language maintenance: The survival of Pennsylvania German in Old Order communities. In Burridge, K./ Enninger W. (eds.) *Diachronic Studies on the Language of the Anabaptists.* Bochum: Brockmeyer, 26-42.
- (1999) Educating in English to maintain Pennsylvania German: the Old Order parochial school in the service of cultural survival. In Ostler, 31-37.
Jones, Eric (2000) The case of a shared world language. In Casson, M./ Godley, A. (eds.) *Cultural Factors in Economic Growth.* Berlin: Springer, 210-235.
Jordan, Peter (1998) Romania. In Bratt Paulston/ Peckham, 184-223.
Jung, Matthias/ Krumm, Hans-Jürgen/ Wicke, Rainer E. (2010) Institutionen und Verbände für Deutsch als Zweit- und Fremdsprache in Deutschland. In Krumm/ Fandrych/ Hufeisen/ Riemer, Bd. 1, 144-153.
Junge, Hergen/ Tötemeyer, Gerhard/ Zappen-Thomson, Marianne (eds.) (1993) *The Identity and Role of the German-Speaking Community in Namibia.* Windhoek: Namibisch-Deutsche Stiftung für kulturelle Zusammenarbeit.
Jurgensen, Manfred (ed.) (1995) *German-Australian Cultural Relations Since 1945.* Bern: Lang.
- / Corkhill, Allen (eds.) (1988) *The German Presence in Queensland.* Brisbane: Department of German, University of Queensland.
Kachru, Braj B. (ed.) (1982) *The Other Tongue. English Across Cultures.* Urbana, IL: University of Illinois Press.
- (1986) *The Alchemy of English: The Spread, Functions and Models of Non-native Englishes.* Oxford: Pergamon.
Kaderas, Christoph/ Meng, Hong (eds.) (2000) *120 Jahre chinesische Studierende an deutschen Hochschulen.* Bonn: DAAD.
Kaestner, Uwe (2003) Deutschland und Brasilien – strategische Partner. In Kaufmann/ Lenhard Bredemeier/ Volkmann, 17-36.
Kahane, Henry/ Kahane, Renée (1976) Lingua franca: The story of a term. *Romance Philology* 30 (1): 25-41.
- / - (1979) Decline and survival of Western prestige languages. *Language* 55 (1): 183-198.
Kakinuma, Yoshitaka (1994) Die japanische Medizin im Übergang von Deutsch zu Englisch. In Ammon 1994d, 35-48.
Kalensky, Claudia (2009) *Kompliziert – Komplizierter – Wissenschaftsdeutsch? Kulturelle Prägung von wissenschaftlichen Arbeiten: eine Analyse von österreichischen Seminararbeiten und englischen Essays.* Diplomarbeit Universität Wien. (www.othes.univie.ac.at/4468/1/2009-04-16_0200541.pdf)
Kallenborn, Gerald (1997) *Das Sprachenproblem bei Vertragsabschlüssen mit ausländischen Verbrauchern. Eine analytische Untersuchung zur Frage des Bestehens besonderer Aufklärungspflichten gegenüber dem sprachunkundigen Verbraucher unter Berücksichtigung des EG-Rechts und des Internationalen Privatrechts.* Dissertation Rostock.
Kaltenborn, Karl-Franz/ Kuhn, Klaus (2003) Der Impact-Faktor als Parameter zur Evaluation von

Forscherinnen/ Forschern und Forschung. *Klinische Neuroradiologie* (4): 173-193.

Kalverkämper, Hartwig/ Weinrich, Harald (eds.) (1986) *Deutsch als Wissenschaftssprache*. 25. *Konstanzer Literaturgespräch*. Tübingen: Narr.

Kamusella, Tomasz (2009) *The Politics of Language and Nationalism in Modern Central Europe*. Basingstoke/ New York: Palgrave Macmillan.

Kang, Chang-Uh (2003) Deutschkurse in Hörfunk und Fernsehen. Ammon/ Chong, 285-296.

Kangro, Ilze (2010) Deutsch in Lettland. In Krumm/ Fandrych/ Hufeisen/ Riemer, Bd. 2, 1725-1728.

Kaplan, Robert B. (2001) English – the accidental language of science? In Ammon, 3-26.

Karger, Thomas (1986) Englisch als Wissenschaftssprache im Spiegel der Publikationsgeschichte. In Kalverkämper/ Weinrich, 48-52.

Karim, Karim H. (ed.) (2003a) *The Media of Diaspora*. Oxford: Routledge.

- (2003b) Mapping diasporic mediascapes. In Karim (2003a), 1–17.

Kathe, Steffen R. (2005) *Kulturpolitik um jeden Preis. Die Geschichte des Goethe-Instituts von 1951 bis 1990*. München: Martin Meidenbauer.

Katz, Bernard S. (1989) *Nobel Laureates in Economic Sciences. A Bibliographical Dictiorary*. New York/ London: Garland.

Kaufmann, Göz (1997) *Varietätendynamik in Sprachkontaktsituationen: Attitüden und Sprachverhalten rußlanddeutscher Mennoniten in Mexiko und den USA*. Frankfurt a. M.: Lang.

- (2003) Deutsch und Germanistik in Brasilien. *Jahrbuch für Internationale Germanistik* 35 (1): 29-39.

- (2004) Eine Gruppe – Zwei Geschichten – Drei Sprachen: Rußlanddeutsche Mennoniten in Brasilien und Paraguay. *Zeitschrift für Dialektologie und Linguistik* 71 (3): 257-306.

- (2006) Language maintenance and reversing language shift. In Ammon/ Dittmar/ Mattheier/ Trudgill, 2431-2442.

- / Bredemeier, Maria L./ Volkmann, Walter (eds.) (2003) *V Brasilianischer Deutschlehrerkongress, II Deutschlehrerkongress des MERCOSUL. Tagungsband*. Porto Alegre: UNISINOS.

Kaufmann, Stefanie (1994) Die Förderung von Deutsch als Fremdsprache durch das Goethe-Institut in Japan. In Ammon, 285-294.

Kawamura, Yoko (2009) Eigenes Konzept: Die Auswärtige Kulturpolitik Japans. In Maaß (2009a), 387-399.

Kawashima, Atsuo (1994) Die Lehnwörter aus dem Deutschen im Japanischen. In Ammon 1994d, 183-191.

Keel, William D. (2003) Patterns of shift in Midwestern German speech islands. In Keel/ Mattheier, 303-321.

- / Mattheier, Klaus J. (2003) *German Language Varieties Worldwide: Internal and External Perspectives/ Deutsche Sprachinseln weltweit: Interne und externe Perspektiven*. Frankfurt a.M. usw.: Lang.

Keidel, Hannemor (2002) Der internationale Film- und Videomarkt. In Leonhard u.a., 2666-2676

Keim, Lucrecia (2010) Deutsch in Spanien. In Krumm/ Fandrych/ Hufeisen/ Riemer, Bd. 2, 1801-1804.

Kellermann, Hermann. (1915) (ed.) *Der Krieg der Geister. Eine Auslese deutscher und ausländischer Stimmen zum Weltkriege 1914*. Dresden: Duncker.

Kellermeier-Rehbein, Birte (im Druck) Varietäten der deutschen Sprache im postkolonialen Namibia. In Stolz, Th./ Warnke, I.H./ Schmidt-Brücken, D. (eds.) *Studienbuch Sprache und Kolonialismus*. Berlin/Boston: de Gruyter.

Kelletat, Andreas F. (2001a) *Deutschland: Finnland 6:0. Saksa: Suomi 6:0* (Deutsche Studien 4). Tampere: University of Tampere.
- (2001b) Vom Deutschen leben. Beitrag zum DAAD-Lektorensommertreffen im August 2000 in Bonn: Wie viel Deutsch braucht die Welt? Zur aktuellen Diskussion um eine zeitgemäße Sprachenpolitik. *Jahrbuch Deutsch als Fremdsprache* 27: 424-431.
- (2004a) Ohrenschmaus? Dolmetschen in den Organen der Europäischen Union nach der Osterweiterung. *Jahrbuch Deutsch als Fremdsprache* 30: 213-226.
- (2004b) Konferenzdolmetschen in den Organen der Europäischen Union nach der Osterweiterung. In Forstner, M./ Lee-Jahnke, H. (eds.) *Internationales CIUTI-Forum. Marktorientierte Translationsausbildung*. Frankfurt/Main: Peter Lang, 135-152.
Kellsey, Charlene/ Knievel, Jennifer E. (2004) Global English in the humanities? A longitudinal citation study of foreign-language use by humanities scholars. *College & Research Libraries* 65: 194-204.
Kelz, Heinrich P. (1990) Deutsch als Fremdsprache in Europa. Bestandsaufnahme und Perspektiven. *Info DaF* 17 (4): 361-367.
- (2002) (ed.) *Die sprachliche Zukunft Europas. Mehrsprachigkeit und Sprachenpolitik*. Baden-Baden: Nomos.
Kemper, Dirk (2011) Deutsche Literaturwissenschaft in Russland. In Ammon/ Kemper, 187-199.
Kerekes, Gábor (2010) Goethe, Golf, Adolf und die Toten Hosen. Das Bild der Ungarn von Deutschland und den Deutschen. In Kostrzewa/ Rada/ Knipf-Komlósi, 147-179.
Kern, Rudolf (ed.) (1983) *Deutsch als Fremdsprache in Belgien* (Cahiers de l'Institute des langues vivantes, 31). Löwen: Peeter.
- (1986) Zum Fremdsprachenbedarf der Wirtschaft in Belgien. *Germanistische Mitteilungen* 23: 41-47.
- (ed.) (1989) *Deutsch als Umgangs- und Muttersprache in der Europäischen Gemeinschaft. Akten des Europäischen Symposiums in Eupen vom 26. bis 29. März 1987*. Brüssel: Selbstverlag des Belgischen Komitees des Europäischen Büros für Sprachminderheiten.
- (1999a) *Europäische Sprach- und Minderheitsinitiativen und Deutsch als Kontaktsprache in Mittel- und Osteuropa*. Bradean-Ebinger, N./ Dávid, G. C. (eds.) Budapest: Universität für Wirtschaftswissenschaften, Lehrstuhl Deutsch.
- (1999b) Ungarndeutsche Identität in europäischer Dimension. Ergebnisse einer Symposienreihe (1995). In Kern (1999a), 217-267.
- (2005) Es steht nicht gut um die deutsche Sprache: Eine kritische Rückschau. In Van Leewen, 219-254.
Keul, A./ Gigerenzer, G./ Stroebe, W. (1993) Wie international ist die Psychologie in Deutschland, Österreich und der Schweiz? Eine SSCI-Analyse. *Psychologische Rundschau* 44: 259-269.
Kevles, Daniel J. (1971) "Into hostile political camps": the reorganization of International Science in World War I. *ISIS* 62 (211): 47-60.
Khaleeva, Irina (2011) Geleitwort. In Ammon/ Kemper, 13-19.
Khattab, Aleya (2010) Deutsch in Ägypten. In Krumm/ Fandrych/ Hufeisen/ Riemer, Bd. 2, 1602-1606.
Kibbee, Douglas A. (2003) Language Policy and Linguistic Theory. In Maurais/ Morris, 47-57.
Kießling, Friedrich (2005) Täter repräsentieren: Willy Brandts Kniefall in Warschau: Überlegungen zum Zusammenhang von Bundesdeutscher Außenrepräsentation und der Erinnerung an den Nationalsozialismus. In Paulmann, J. (ed.) *Auswärtige Repräsentation. Deutsche Kulturdiplomatie nach 1945*. Köln, Weimar, Wien: Böhlau, 205-224.

Kiliari, Angeliki (2005) Die deutsche Sprache in Griechenland. *Jahrbuch für Internationale Germanistik* 36 (1): 13-23.
Kim, Hiyoul (2005) Fremdsprachenbedarf in der koreanischen Gesellschaft und Wirtschaft. In Van Leewen, 329-346.
Kim, Hyeong-Duk (2003) Sprachwahl koreanischer Betriebe in Kontakten mit deutschsprachigen Ländern. In Ammon/ Chong, 109-118.
Kim, Ok-Seon (2003) Sprachwahl zwischen Deutschen und Koreanern in der innerbetrieblichen Kommunikation deutscher Firmen in Korea. In Ammon/ Chong, 119-134.
- (2010) Deutsch in Korea. In Krumm/ Fandrych/ Hufeisen/ Riemer, Bd. 2, 1713-1716.
Kim, Soon-Im (2003) Deutsch und andere Sprachen in der koreanischen Jurispudenz. In Ammon/ Chong, 43-56.
King, David (2004) The scientific impact of nations. *Nature* 430: 311-316.
Kirchner, Frank (ed.) (2006) *World Guide to Scientific Associations and Learned Societies*. München: K. G. Saur.
Kirkby, Mary-Ann (2007) *I am Hutterite*. Winnipeg: Polka Dot Press.
Kittel, Manfred/ Pešek, Jiri/ Tuma, Oldrich (ed.) (2006) *Deutschsprachige Minderheiten 1945. Ein europäischer Vergleich*. München: Oldenbourg Wissenschaftsverlag.
Klapheck, Eva-Maria (2004) *Die Sprachenwahl beim Eurovision Song Contest und ihre Auswirkungen und Konsequenzen. Untersuchung zum Zeitraum 1999-2004*. Unveröff. Magisterarbeit Universität Duisburg-Essen.
Klassen, Peter P. (1988) *Die Mennoniten in Paraguay*. Bd. 1: *Reich Gottes und Reich dieser Welt*. Bolanden-Wierhof: Mennonitischer Geschichtsverein.
- (1995) *Die russlanddeutschen Mennoniten in Brasilien*. Bd 1: *Witmarsum am Alto Rio und Auhagen auf dem Stoltz-Plateau in Santa Catarina*. Bolanden-Weierhof: Mennonitischer Geschichtsverein.
- (1998) *Die russlanddeutschen Mennoniten in Brasilien*. Bd 2: *Siedlungen, Gruppen und Gemeinden in der Zerstreuung*. Bolanden-Weierhof: Mennonitischer Geschichtsverein.
Klaube, Manfred (1994) Emigration und Migration in den beiden Landkreisen in Westsibirien. *Osteuropa* 44: 74-89.
- (1997) Fünf Jahre Deutscher Nationaler Rayon. Halbstadt in Westsibirien (1991 – 1996). *Osteuropa* 47: 373-389.
Klein, Gabriella (1984) Tendenzen der Sprachpolitik des italienischen Faschismus und des Nationalsozialismus in Deutschland. *Zeitschrift für Sprachwissenschaft* 3 (1): 100-113.
Klein Gunneweik, Lisanne/ Herrlitz, Wolfgang (2010) Deutsch in den Niederlanden. In Krumm/ Fandrych/ Hufeisen/ Riemer, Bd. 2, 1747-1753.
Klein, Pierre (2007) *Langues d'Alsace – et pourquoi les Alsaciens renoncent-ils à leur bilinguisme? Sprachen des Elsass – und warum verzichten die Elsässer auf ihre Zweisprachigkeit?* [Hagenau:] Collection „L'alsatique bilingue"/ Editions Nord Alsace.
Klein, Mars (1995) Partizipierend – aber bedacht auf Abgrenzung. Über das Luxemburger Verhältnis zum deutschsprachigen Kulturraum. *allmende* 44: 9-100.
Klein, Stefan (2007) Dümmer auf Englisch. Die Verödung der Wissenschaftssprache schreitet voran. *FAZ* 06.07.2007. *Forschung & Lehre* 14: 538f.
Klein, Wolfgang (1974) *Variation in der Sprache. Ein Verfahren zu ihrer Beschreibung*. Kronberg Ts.: Scriptor.
- (1985) Über Ansehen und Wirkung der deutschen Sprachwissenschaft heute. *Linguistische Berichte* 100: 511-520.
- (2000) Das Ende vor Augen: Deutsch als Wissenschaftssprache im 20. Jahrhundert (Versuch

einer Zusammenfassung). In Debus/ Kollmann/ Pörksen, 287-293.

Kleineidam, Hartmut (1992) Politique de diffusion linguistique et francophonie: l'action linguistique menée par la France. *International Journal of the Sociology of Language* 95: 11-31.

Kleinz, Norbert (1984) *Deutsche Sprache im Kontakt in Südwestafrika. Der heutige Gebrauch der Sprachen Deutsch, Afrikaans und Englisch in Namibia.* Stuttgart/ Wiesbaden: Steiner.

Klemperer, Victor [1947] (1966) *Notizbuch eines Philologen.* [Berlin: Aufbau Verlag] Darmstadt: Joseph Melzer.

Klinner, Jörg (2012) NAM – Namibische Besonderheiten des Deutschen in Sprachgebrauch und Sprachlandschaft. In *Sprachenvielfalt in Namibia*, 68-74.

Kloss, Heinz (1927) Spracherhaltung. *Archiv für Politik und Geschichte*: 8: 456-462.

- (1935) Fremdniederlassungen – Streudeutschtum. Berlin: Volk und Reich.
- (1952) *Die Entwicklung neuer germanischer Kultursprachen von 1800 – 1950.* München: Pohl.
- (1966) German-American language maintenance efforts. In Fishman, 206-252.
- (1969a) *Research possibilities on group bilingualism: a report.* Montreal, Québec: CIRB/ ICRB Université Laval.
- (1969b) *Grundfragen der Ethnopolitik im 20. Jahrhundert.* Wien: Braumüller.
- (1971) German as an immigrant, indigenous, foreign, and second language in the United States. In Gilbert, 106-127.
- (1972) Der multilinguale Staat. In Veiter, T. (ed.) *System eines internationalen Volksgruppenrechts, 2. Teil* Wien/ Stuttgart: Braumüller, 189-221.
- (1973) Vier Verlierer: Verluste der dänischen, der niederländischen, der jüdischen und der deutschen Sprachgemeinschaft in jüngerer Zeit. In *Linguistische Studien III, Festgabe für Paul Grebe zum 65. Geburtstag.* Düsseldorf: Schwann, 28-39.
- (bearb.) (1974a) *Deutsch in der Begegnung mit anderen Sprachen: im Fremdsprachenwettbewerb, als Muttersprache in Übersee, als Bildungsbarriere für Gastarbeiter.* Tübingen: Narr.
- (1974b) Die den internationalen Rang einer Sprache bestimmenden Faktoren. Ein Versuch. In Kloss 1974a, 7-77.
- (1976a) Über „Diglossie". *Deutsche Sprache* 4: 313-323.
- (1976b) Abstandsprachen und Ausbausprachen. In Göschel, J./ Nail, N./ Van der Elst, G. (eds.) *Zur Theorie des Dialekts. Aufsätze aus 100 Jahren Forschung mit biographischen Anmerkungen zu den Autoren.* Wiesbaden: Steiner, S. 301-322.
- (1977) Der sprachenrechtliche Rahmen. In Auburger/ Kloss/ Rupp, 53-57.
- [1952] (1978) *Die Entwicklung neuer germanischer Kultursprachen seit 1800.* 2. Aufl. Düsseldorf: Schwann.
- (1980) Deutsche Sprache außerhalb des geschlossenen deutschen Sprachgebiets. In Althaus, H.P./ Henne, H./ Wiegand, H.E. (eds.) *Lexikon der Germanistischen Linguistik.* 2. Aufl. Tübingen: Niemeyer, 537-546.
- (1984) Stellungnahme zum Aufsatz von Harro Schweizer (...) *Zeitschrift für Sprachwissenschaft* 3 (1): 135-138.
- (ed.) (1985a) *Deutsch als Muttersprache in den Vereinigten Staaten, Teil II: Regionale und funktionale Aspekte.* Wiesbaden: Steiner.
- (1985b) Die Stellung des deutschen Elements in den Abstammungs- und Sprachenzählungen der Jahre 1969-1980. In Kloss 1985a, 259-274.
- (1986) Der Stand der in Luxemburg gesprochenen Sprache beim Jahresende 1984. *Germanistische Mitteilungen* 24: 83-94.

Kloss, Günther (1989) Bedarf und Probleme aus britischer Sicht. *Jahrbuch Deutsch als Fremd-*

sprache 15: 211-224.
Knapp, Karlfried (1984) Zum allgemein-linguistischen Interesse an der Weltsprache Englisch. *Studium Linguistik* 15: 1-9.
- (1989) Why just English? - Warum nicht Deutsch? Soziolinguistische Aspekte und einige offene Forschungsfragen in der Diskussion um Englisch als Wissenschaftssprache. *GAL-Bulletin* 10: 44-55.
- (2002) The fading out of the non-native speaker. Native speaker dominance in lingua-franca-situations. In Knapp, K./ Meierkord, C. (eds.) *Lingua franca Communication*. Frankfurt a.M.: Lang, 217-244.
Knecht, R. J. (1994) *Renaissance Warrior and Patron: The Reign of Francis I*. Cambridge/ New York: Cambridge University Press.
Kneip, Matthias (1999) *Die deutsche Sprache in Oberschlesien. Untersuchungen zur politischen Rolle der deutschen Sprache als Minderheitensprache in den Jahren 1921 – 1998*. Dortmund: Forschungsstelle Ost-Mitteleuropa.
Knipf-Komlósi, Elisabeth (1988) Muttersprachunterricht und Fremdsprachenunterricht. Lage und Tendenzen des Deutschunterrichts bei den Ungarndeutschen. In Ritter, A. (ed.) *Kolloquium zum Deutschunterricht und Unterricht in deutscher Sprache bei den deutschen Bevölkerungsgruppen im Ausland*. Flensburg: Institut für Regionale Forschung und Information, 183-194.
- (2001) Dialekt „out" – Standardsprache „in". Zur Varietätenwahl im Sprachgebrauch der deutschen Minderheit in Ungarn. In Egger, K./ Lanthaler, F. (eds.) *Die deutsche Sprache in Südtirol. Einheitssprache und regionale Vielfalt*. Wien/ Bozen: Folio, 99-115.
- (2003) Sprachwahl und kommunikative Handlungsformen der deutschen Minderheit in Ungarn. In Keel/ Mattheier, 269-281.
- (2006) Sprachliche Muster bei Sprachinselsprechern am Beispiel der Ungarndeutschen. In Berend/ Knipf-Komlósi, 39-56.
- (2008) Ungarn. In Eichinger/ Plewnia/ Riehl, 265-327.
Knorr, Andreas/ Arndt, Andreas (2003) *Wal-Mart in Deutschland. Eine verfehlte Internationalisierungsstrategie*. Bremen: Institut für Weltwirtschaft und Internationales Management Universität Bremen.
Knöß, Klaus (1986) Germanistik und Deutschdidaktik in der Türkei. *Info DaF* 13 (3): 230-241.
Koch, Eszter (2007) *Ungarn als Standort für deutsche Unternehmen*. Budapest. (www.elib.kkf.hu/edip/D_13333.pdf – abgerufen 09.05.2013)
Koch, Peter/ Oesterreicher, Wulf (1985) Sprache der Nähe – Sprache der Distanz. Mündlichkeit und Schriftlichkeit im Spannungsfeld von Sprachtheorie und Sprachgeschichte. *Romanistisches Jahrbuch* 36: 15–43.
Koch, Walter (1996) Deutsche Sprachinseln in Südbrasilien. Möglichkeiten und Probleme ihrer Untersuchung. In Radtke, E./ Thun, H. (eds.) *Neue Wege der romanischen Geolinguistik. Akten des Symposiums zur empirischen Dialektologie (21.-24.10.1991)*. Kiel: Westensee-Verlag, 307-321.
Koch-Hillebrecht, Manfred (1977) *Das Deutschenbild. Gegenwart, Geschichte, Psychologie*. München: Beck.
Kocka, Jürgen (2005) Nutzen und Nachteil von Ein- und Mehrsprachigkeit. In Nies, 147-151.
Kohlauf, Gisela/ Maintz, Michael (2001) Deutsch in Indonesien: Ein Länderbericht. *InfoDaF* 28 (4): 375-396.
Kohlross, Christian/ Mittelmann, Hanni (eds.) (2011) *Auf den Spuren der Schrift. Israelische Perspektiven einer internationalen Germanistik*. Berlin/ Boston: de Gruyter.

Kohnemann, Michel (1986) *Nachrichten aus Ostbelgien. Deutsche Literatur in Belgien.* Hildesheim/ New York: Olms.
Kollmann, Franz G. (2000) Deutsch als Wissenschaftssprache im zwanzigsten Jahrhundert – eine Einführung. In Debus/ Kollmann/ Pörksen, 11-19.
Kommission der Europäischen Gemeinschaft (ed.) (1988) *Der Sprachunterricht in der Europäischen Gemeinschaft.* Brüssel: Eurydice - Europäische Informationsstelle.
Komus, Ayelt/ Wauch, Franziska (2008) *Wikimanagement. Was Unternehmen von Social Software und Web 2.0 lernen können.* München: Oldenbourg.
Kong, Deming (2007) Die Hochschulen mit dem Fach Germanistik [in China!]. In Ammon/ Reinbothe/ Zhu, 123-140.
Königs, Frank G. (2002) Curriculare Innovationen in fremdsprachlichen Studiengängen. In Deutscher Akademischer Austauschdienst, 293-406.
Konrad, H. (2003) Entwurf einer „europäischen Sprachenordnung". In Baumgarten, Nicole u.a. (eds.) *Übersetzen, Interkulturelle Kommunikation, Spracherwerb und Sprachvermittlung – das Leben mit mehreren Sprachen. Festschrift für Juliane House zum 60. Geburtstag. Zeitschrift für Interkulturellen Fremdsprachenunterricht [Online]* 8 (2/3): 157-175.
Kontra, Míklos (1996) Hungary. In Goebl/ Nelde/ Starý/ Wölck, 1708-1723.
- / Bartha, Csilla (2010) Foreign language education in Hungary: Concerns and controversies. *Sociolinguistica* 24: 61-84.
Koprivica, Lara (2010) *Die Einstellung deutscher Wissenschaftler zu Englisch als vorrangige internationale Wissenschaftssprache.* Unveröff. Magisterarbeit Fakultät Geisteswissenschaften, Universität Duisburg-Essen.
Korhonen, Jarmo (2007) Deutsche Sprache und Germanistik in Finnland. *Jahrbuch für Internationale Germanistik* 39 (2): 61-72.
- (2008) Finnland. In Institut für Deutsche Sprache, 15-22.
- / Nikula, Henrik (2004), In Institut für Deutsche Sprache, 15-20.
Korkisch, Friedrich (1978) Amts- und Gerichtssprache. In Veiter, T. (ed.) *System eines internationalen Volksgruppenrechts.* Wien: Braumüller, 128-147.
Kostrova, Olga (2011) Der Deutschunterricht an privaten Sprachschulen in Russland. In Ammon/ Kemper, 234-243.
Kostrzewa, Frank (2009) Die Bedeutung der deutschen Sprache in Korea. *Der Sprachdienst* 53 (3-4): 90-96.
- / Rada, Roberta V. unter Mitarbeit von Knipf-Komlósi, Elisabeth (eds.) (2010) *Deutsch als Fremd- und Minderheitensprache in Ungarn. Historische Entwicklung, aktuelle Tendenzen und Zukunftsperspektiven.* Hohengehren/ Baltmannsweiler: Schneider.
Kotzian, Ortfried (2005) *Die Umsiedler. Die Deutschen aus West-Wolhynien, Galizien, der Bukowina, Bessarabien, der Dobrudscha und in der Karpatenukraine.* München: Langen Müller.
Kourilová, M (1998) Communicative characteristics of reviews of scientific paper written by nonnative users of English. *Endocrine Regulations* 32: 107-114.
Kraas-Schneider, Frauke (1989) *Bevölkerungsgruppen und Minoritäten. Handbuch der ethnischen, sprachlichen und religiösen Bevölkerungsgruppen der Welt.* Wiesbaden/ Stuttgart: Steiner.
Kraemer, Jordan (2014) Friend or Freund: social media and transnational connections in Berlin. *Human – Computer Interaction* 29 (1): 53-77. (www.dx.doi.org/_10_1080/_07370024.2013.823821)
Kramer, Johannes (1981) *Deutsch und Italienisch in Südtirol.* Heidelberg: Winter.

- (1984) *Zweisprachigkeit in den Beneluxländern*. Hamburg: Buske.
- (1986) Gewollte Dreisprachigkeit Französisch - Deutsch - Luxemburgisch. In Hinderling, 229-249.

Kramer, Wolfgang/ Weiß, Reinhold (eds.) (1992) *Fremdsprachen in der Wirtschaft. Ein Beitrag zu interkultureller Kompetenz*. Köln: Institut der deutschen Wirtschaft.

Krämer, Walter (2011) Die deutsche Sprache in den Wirtschaftswissenschaften. In Wieland/ Glück/ Pretscher, 85-94.

Krappmann, Lothar (2004) Identität. In Ammon, U. u.a, 405-411.

Krasteva, Hristina (2007) *Die Macher der "Visitenkarte Deutschlands" Deutsche Welle. Eine qualitative Studie zum Selbstverständnis von DW-Journalisten*. Magister-Arbeit an der sozialwiss. Fakultät der LMU München. (www.epub.ub.uni-muenchen.de/1987/1/MA_Krasteva_Hristina.pdf) Außerdem (2008) Saarbrücken: VDM Verlag Dr. Müller.

Kraus, Peter A. (2000) Political unity and linguistic diversity in Europe. *Archives Européennes de Sociologie* 41: 138-163.
- (2004) *Europäische Öffentlichkeit und Sprachpolitik*. Frankfurt: Campus.
- (2008) *A Union of Diversity. Language, Identity and Polity-Building in Europe*. Cambridge UK: Cambridge University Press.

Kremnitz, Georg (2004) Diglossie – Polyglossie. In Ammon/ Dittmar/ Mattheier/ Trudgill, 158-164.

Kretschmer, Bernhard (ed.) (2007) *Rechts- als Geisteswissenschaft*. Hamburg: Dr. Kovač.

Kretzenbacher, Heinz L. (2006) Deutsche Sprache und Germanistik in Australien – ein paar vorsichtig-subjektive Perspektiven. *Jahrbuch für Internationale Germanistik* 38 (2): 11-33.
- (2010) Deutsch in Australien. In Krumm/ Fandrych/ Hufeisen/ Riemer, Bd. 2, 1611-1615.
- (2011) German Studies in Australia: A statistical overview, 1995 – 2010. *German as a Foreign Language (GFL)* (2): 40-54.
- / Weinrich, Harald (eds.) (1995) *Linguistik der Wissenschaftssprache*. Berlin: de Gruyter.

Kreutzberger, Margarethe/ Springer, Dieter (2002) Die Arbeitsgemeinschaft der Deutschen Schulvereine. In Hess/ Becker, 327-335.

Kriekhaus, Stefan (2005) Die Entwicklung der universitären Grossbetriebe (Berlin, München, Leipzig) vom Kaiserreich bis zum Beginn des Zweiten Weltkriegs. In Schwinges, 227-245.

Krindac, Aleksej (1997) Der Deutsche Nationale Rayon heute. Eine soziologische Untersuchung. *Forschungen zur Geschichte und Kultur der Rußlanddeutschen* 7: 118-133.

Kroll, Frank-Lothar (2003) *Kultur, Bildung und Wissenschaft im 20. Jahrhundert* (Enyklopädie Deutscher Geschichte, 65). München: Oldenbourg.

Kroner, Michael (1998) *Ringen um nationale Selbstbehauptung. Die Siebenbürger Sachsen im ungarischen und rumänischen Staatsverband*. Nürnberg: Schobert.

Kroon, Sjaak/ Sturm, Jan (1994) Das nationale Selbstverständnis im Unterricht der Nationalsprache: der Fall der Niederlande. In Gogolin, I. (ed.) *Das nationale Selbstverständnis der Bildung*. Münster/ New York: Waxmann, 161-192.

Krumm, Hans-Jürgen (ed.) (1998) *Die Sprachen unserer Nachbarn – unsere Sprachen*. Wien: eviva.
- (1999) *Sprachen – Brücken über Grenzen. Deutsch als Fremdsprache in Mittel- und Osteuropa. Dokumentation der Wiener Konferenz 17. – 21.1998*. Wien: eviva.
- (2000a) Europäische Mehrsprachigkeit. In Riemer, C. (ed.) *Kognitive Aspekte des Lehrens und Lernens von Fremdsprachen*. Tübingen: Narr, 26-37
- (2000b) Einsprachigkeit ist heilbar. *Deutsch lernen* 25 (2): 99-111.

- (2002) Fremdsprachenunterricht im Europa des 21. Jahrhunderts und die Rolle, die Deutsch als Fremdsprache dabei spielt und spielen sollte. *Materialien Deutsch als Fremdsprache* 65: 89-109.
- (2003) Deutsch im Konzert der Sprachen – Die Rolle der deutschen Sprache in Konzepten europäischer Mehrsprachigkeit. In Krumm, H.-J. (ed.) *Sprachenvielfalt. Babylonische Sprachverwirrung oder Mehrsprachigkeit als Chance?* Innsbruck: StudienVerlag, 165-180.
- (2004) Die Zukunft der deutschen Sprache nach der Erweiterung der Europäischen Union. *Jahrbuch Deutsch als Fremdsprache* 30: 163-181.
- (2008) Die Förderung der Muttersprachen von MigrantInnen als Bestandteil einer glaubwürdigen Mehrsprachigkeitspolitik in Österreich. *ÖDaF-Mitteilungen* 24 (2): 7-15.
- (2011) Mehrsprachigkeit und Identität in Sprachenbiographien von Migrantinnen und Migranten. *Jahrbuch Deutsch als Fremdsprache* 36: 55-77.
- / Fandrych, Christian/ Hufeisen, Britta/ Riemer, Claudia (eds.) (2010) *Deutsch als Fremd- und Zweitsprache. Ein internationales Handbuch.* 2 Halbbde. Berlin/ New York: de Gruyter Mouton.

Kruse, Jan (2012) *Das Barcelona-Prinzip. Die Dreisprachigkeit aller Europäer als sprachenpolitisches Ziel der EU.* Frankfurt a.M.: Lang.
- (2013) "I do not understand the EU-Vorlage." Folgen der sprachenpolitischen Praxis in den Institutionen der EU für den deutschen Bundestag – Ergebnisse einer quantitativen Untersuchung. In Schneider-Wiejowski/ Kellermeier-Rehbein/ Haselhuber, 309-323.
- / Ammon, Ulrich (2012) Language competence and language choice within EU institutions and their effects on national legislative authorities. In Berthoud, A.-C./ Grin, F./ Lüdi, G. (eds.) *Exploring the Dynamics of Multilingualism. The DYLAN Project.* Amsterdam: John Benjamins, 157-177.

Kryuchkova, Tatjana (2001) English as a language of science in Russia. In Ammon, 405-423.
Kuhn, Thomas S. [1979] (1993) Metaphor in science. In Ortony, A. (ed.) *Metaphor and Thought*. 2.Aufl. Cambridge: Cambridge University Press, 533-542.
Kube, Sigrid/ Kotze, Carol (2002) Chronik (von Kube zusammengestellt bis 1984; von Kotze ab 1985). In Hess/ Becker, 257-319.
Kuntze, Lisa (2002) Die Evangelisch-Lutherische Kirke in Namibia. In Hess/ Becker, 192-201.
Küppers, Almut/ Quetz, Jürgen (eds.) (2006) Motivation Revisited. Berlin usw.: LIT-Verlag.
Küppers, Günter/ Weingarten, Peter/ Ulitzka, Norbert (1982) *Die Nobelpreise in Physik und Chemie, 1901 – 1929. Materialien zum Nominierungsprozeß*. Bielefeld: Kleine.
Kuruyazızı, Nilüfer (2004) Die deutsche akademische Emigration von 1933 und ihre Rolle bei der Neugründung der Universität Istanbul sowie bei der Gründung der Germanistik. In Durzak/ Kuruyazızı, 253-266.
Kurz, Gunde (2000) Studienbegleitender und studienintegrierter DaF-Unterricht in internationalen Studiengängen. *InfoDaF* 27 (6): 584-597.
Kürten, Markus A. (2004) *Die Bedeutung der deutschen Sprache im Recht der Europäischen Union*. Berlin: Duncker & Humblot.
Kußler, Rainer (2001) Deutschunterricht und Gemanistikstudium in Südafrika. In Helbig/ Götze/ Henrici/ Krumm, Bd.2: 1609-1619.
Kusterer, Hermann (1980) Das Sprachenproblem in den Europäischen Gemeinschaften. Ein Plädoyer für Pragmatik. *Europa-Archiv* 35 (22): 693-698.
Kutschker, Michael/ Kirsch, Werner (1979) *Industriegütermarketing und Einkauf in Europa. Deutschlandstudie*. München: Kirsch.
Kvam, Sigmund (2003) Wirtschaftsdeutsch in Norwegen. Eine Bestandsaufnahme. In Reuter/

Piitulainen, 71-89.
Kwon, Oh-Hyung (2003) Motive für die Wahl von Deutsch als Unterrichts- und Studienfach bei Oberschülern und Studierenden. In Ammon/ Chong, 255-272.
Kymlicka, Will (1999) Citizenship in an era of globalization: Comment on Held. In Shapiro, I./ Hacker-Cordón, C. (eds.) *Democracy's Edges*. Cambridge: Cambridge University Press, 112-126.
Labrie, Normand (1993) La construction linguistique de la Communauté Européenne. Paris: Champion.
Ladin, Wolfgang (1980) Deutsch in Ostfrankreich. Die derzeitige Verbreitung des elsässischen Dialekts. *Germanistische Mitteilungen* 12: 43-57.
- (1982) *Der Elsässische Dialekt - museumsreif? Analyse einer Umfrage*. Strasbourg: Salde.
Lahr-Kurten, Matthias (2012) *Deutsch sprechen in Frankreich. Praktiken der Förderung der deutschen Sprache im französischen Bildungssystem*. Bielefeld: transcript-verlag.
Lainio, Sirkka-Liisa (2003) Geschäftskorrespondenz im Wandel – gegenwärtige Tendenzen bei den deutsch-finnischen Handelskontakten. In Reuter/ Piitulainen, 187-196.
Laitenberger, Volkhard (1976) *Akademischer Austausch und auswärtige Kulturpolitik. Der Deutsche Akademische Austauschdienst (DAAD) 1923-1945*. Göttingen/ Frankfurt a.M./ Zürich: Musterschmidt.
- (2000) Der DAAD von seinen Anfängen bis 1945. In Alter (2000a), 20-49.
Laitin, David D. (1993) The game theory of language regimes. *International Political Science Review* 14: 227-239.
- (1997) The cultural identities of a European state. *Politics & Society* 25: 277-302.
Lakoff, George/ Johnson, Mark (1980) *Metaphors We Live By*. Chicago/ London: The University of Chicago Press.
La Madeleine, Bonnie L. (2007) Lost in translation. *Nature* 445: 454f.
Lammert, Norbert (2006) Politik und Sprache. Eröffnungsrede am 23. November 2006. *Der Sprachdienst* 50 (6): 169-177.
Lämmert, Eberhard (2000) Der DAAD – Wegbereiter für eine weltoffene Germanistik. In Alter (2000a), 130-151.
Landa, Laura (2006) Academic language barriers and language freedom. *Current Issues in Language Planning* 7(1): 61-81.
Landry, Rodrigue/ Bourghis, Richard (1997) Linguistic landscape and ethnolinguistic vitality: An empirical study. *Journal of Language and Social Psychology* 16 (1): 23-49.
Langdon-Neuner, Elise (2007) Let them write English. *Revista do Colégio Brasileiro de Cirurgiões* 34 (4): 272-276.
Langé, Gisella/ Scifo, Rita M. (eds.) (2012) *Perche studiare il tedesco? Dossier informativo 2*. (www.istruzione.lombardia.gov.it/materiali/protlo832_12dossier-tedesco.pdf)
Längin, Bernd (1996) *Gottes letzte Inseln. Wie die Hutterer und Amischen leben*. Augsburg: Pattloch.
Langner, Michael (2010) Entwicklungen von Deutsch als Fremd- und Zweitsprache in der Schweiz. In Krumm/ Fandrych/ Hufeisen/ Riemer, Bd. 1, 80-88.
Langwasser, Silke (2008) *Die Old Order Amish. Eine Glaubensgemeinschaft zwischen Beharrlichkeit und Entwicklung*. Marburg: Tectum.
Lanthaler, Franz (1990) Dialekt und Zweisprachigkeit in Südtirol. In Lanthaler, F. *Mehr als eine Sprache – Più di una lingua. Zu einer Sprachstrategie für Südtirol*. Meran: Alpha & Beta, 57-81. Wiederabdruck in Lanthaler (2012a), 25-49.
- (1996) Varietäten des Deutschen in Südtirol. In Stickel, G. (ed.) *Varietäten des Deutschen*.

Regional- und Umgangssprachen. Berlin/ New York: de Gruyter, 364-383. Wiederabdruck in Lanthaler (2012a), 69-91.
- (2012a) *Texte zu Sprache und Schule in Südtirol (1974-2012).* Meran/ Lauben: Edizioni alphabeta Verlag.
- (2012b) Zur Standardvariation des Deutschen am Beispiel Südtirol. In Lanthaler (2012a), 165-191.
- (2012c) Die deutsche Standardsprache in Südtirol und ihre Rolle in der Schule. In Lanthaler (2012a), 405-425.
Laponce, J[ean]. A. (1987a) Language and communication: The rise of the monolingual state. In Cioffi-Revilla/ Merrit/ Zinnes, 183-207.
- (1987b) *Languages and Their Territories.* Toronto/ Buffalo/ London: University of Toronto Press.
- (1996) Who is at the center of the world? Comparing the mental maps of American, Canadian, French, and Polish students. In *Naród – wladza – spoteczeństwo* [Nation – Macht – Gesellschaft]. Warschau: Scholar, 77-100.
Large, J. A. (1983) *The Foreign-Language Barrier: Problems in Scientific Communication.* London: Andre Deutsch.
- (1989) Science and the foreign-language barrier. In Coleman, H. (ed.) *Working With Language.* Berlin/ New York: de Gruyter, 169-192.
Lasagabaster, David (2004) Attitude. In Ammon/ Dittmar/ Mattheier/ Trudgill, 399-404.
Laurien, Ingrid (2006) Das Fach Deutsch an Universitäten im „Neuen Südafrika" – Eine Laborsituation für Europa. *Info DaF* 33 (5): 438-445.
Lasatowicz, Maria K./ Weger, Tobias (2008) Polen. In Eichinger/ Plewnia/ Riehl, 145-169.
Lăzărescu/ Lazarescu, Ioan (2005) Stellenangebote in der „Allgemeinen Deutschen Zeitung für Rumänien" aus pragmalinguistischer und sprachpolitischer Sicht. In Lenk, H. E./ Chesterman, A. (eds.): *Pressetextsorten im Vergleich – Contrasting Text Types in the Press.* Hildesheim/ Zürich/ New York: Olms, 243-260.
- (2006) Ein deutsch-rumänisches Austriazismenwörterbuch – cui bono? In Wolff, D. (ed.) *Mehrsprachige Individuen – vielsprachige Gesellschaften.* Frankfurt a.M. usw.: Lang, 223-235.
- (2011) Rumäniendeutsche sprachliche Besonderheiten. In Katelhön, P./ Settinieri, J. (eds.) *Wortschatz, Wörterbücher und L2-Erwerb.* Wien: Praesens, 11–26.
- (2013): Rumäniendeutsch – eine eigenständige, jedoch besondere Varietät der deutschen Sprache. In Schneider-Wiejowski/ Kellermeier-Rehbein/ Haselhuber, 371-391.
Leal, Barry/ Bettoni, Camilla/ Malcolm, Ian (1991) *Widening our Horizons: Report of the Review of the Teaching of Modern Languages in Higher Education.* Vol. 1. Canberra: Australian Government Publishing Service.
Lee, Won-Kyung (2007) Deutsch als Fremdsprachen in privaten Sprachschulen Koreas. In Ammon/ Chong, 361-368.
Van Leewen, Eva C. (ed.) *Sprachenlernen als Investition in die Zukunft. Wirkungskreise eines Sprachlernzentrums. Festschrift für Heinrich P. Kelz zum 65. Geburtstag.* Tübingen: Narr.
Le Guen, M. A. (2002) *La pratique et la transmission de l'alsacien en Alsace, rapport de stage maîtrise MASS, année 2001-2002.* Direction régionale de l'INSEE, Alsace.
Lehto, Olli (1998) *Mathematics without borders. A history of the International Mathematical Union.* New York usw.: Springer.
Leibniz, Gottfried W. [1679] (1967) *Ermahnung an die Deutschen* [von] Deutscher Sprachpflege. Darmstadt: Wissenschaftliche Buchgesellschaft.

- (1877) [1697/ 1717] *Unvorgreiffliche Gedancken, betreffend die Ausübung und Verbesserung der Teutschen Sprache*. In *Leibniz und Schottelius. Die unvorgreiflichen Gedanken.* Schmarsow, A. (ed.). Straßburg/ London: Trübner, 44-92.
Lemmer, Björn/ Middeke, Martin (2008) Geschichte einer wissenschaftlichen Publikation – nur noch englische Zitate erwünscht. *Deutsche Medizinische Wochenschrift* 133: 1.
Lenaerts, Gilberte (2001) A failure to comply with the EU language policy: A study of the Council archives. *Multilingua* 20 (3): 221-244.
Leonhard, Joachim F. (2002) Deutsch in einem vielsprachigen Europa. In Hoberg (2002a), 67-73.
- / Ludwig, Hans-Werner/ Schwarze, Dietrich/ Straßner, Erich (eds.) (2002) *Medienwissenschaft: ein Handbuch zur Entwicklung von Medien und Kommunikationsformen.* Teilband 3. Berlin/ New York: de Gruyter.
Le Page, Robert B./ Tabouret-Keller, Andrée (1985) *Acts of Identity: Creole-based Approaches to Language and Ethnicity.* Cambridge: Cambridge University Press.
Lesch, Phoebe (2002) Die Sprache der Wirtschaft. Analyse der EU-Programme zur Förderung von Vielsprachigkeit und Sprachindustrie. In Weydt, 66-72.
Leutner, Hans (1989) Rio de Janeiro. In Roeloffs, 96-104.
Lévy, Paul (1950/ 1952) *La Langue Allemande en France, 2 vols. I: Des origines à 1830, II: De 1830 à nos jours.* Lyon/ Paris: IAC.
Li, Liudmila (2014) *Die Problematik der sprachlichen Integration von ImmigrantInnen. Unter Berücksichtigung des staatlich geforderten Sprachniveaus B1 (GER) Verbesserungsvorschläge auf Grundlage der empirischen Untersuchung in Berlin-Moabit.* Frankfurt a.M.: Lang.
Lie, Kwang-Sook (2003) Überblick über die Geschichte des Deutschlernens und des Lernens anderer Fremdsprachen. In Ammon/ Chong, 213-228.
Lieberson, Stanley (1980) Procedures for improving sociolinguistic surveys of language maintenance and language shift. *International Journal of the Sociology of Language* 25: 11-27.
- (1981) *Language Diversity and Language Contact.* Stanford: Stanford University Press.
- (1982) Forces affecting language spread: some basic propositions. In Cooper, 37-62.
- (1987) Language barriers between different speech communities/ international problems of communication. In Ammon/ Mattheier/ Dittmar, 744-749.
Liebert, Wolf-Andreas (1997) Interaktion und Kognition. Die Herausbildung metaphorischer Denkmodelle in Gesprächen zwischen Wissenschaftlern und Wissenschaftsjournalisten. In Biere/ Liebert, 180-209.
Lienert, Gustav A. (1977) Über Werner Traxel: Internationalität und Provinzialismus, zur Frage: Sollten Psychologen in Englisch publizieren? *Psychologische Beiträge* 19: 487-492.
Limbach, Jutta (ed.) (2007) *Ausgewanderte Wörter.* Ismaning: Hueber.
- (2008) *Hat Deutsch eine Zukunft? Unsere Sprache in der globalisierten Welt.* München: Beck.
Lins, Ulrich (1988) *Die gefährliche Sprache. Die Verfolgung der Esperantisten unter Hitler und Stalin.* Gerlingen: Bleicher.
Lipp, Reinhard (2012) Sprachenvielfalt an der Deutschen Höheren Privatschule (DHPS) – Herausforderung für den Unterricht? In *Sprachenvielfalt in Namibia*, 81-88.
Lippert, Herbert (1978) Rückzug der deutschen Sprache aus der Medizin? Die Sprachen medizinischer Zeitschriftentitel der letzten 100 Jahre. *Medizinische Klinik* 73 (14): 487-496.
- (1979) Schlußwort. *Medizinische Klinik* 74 (11): 409-411.
- (1986) Englisch - neue Wissenschaftssprache der Medizin. In Kalverkämper/ Weinrich, 38-44.

Lipps, Susanne/ Breda, Oliver [2009] (2012) *Mallorca*. 2., aktualis. Aufl. Ostfildern: DuMont.
Lo Bianco, Joseph (1987) *National Policy on Languages*. Canberra: Australian Government Publishing Service.
Lochtman, Katja / Lutjeharms, Madeline (2004) Attitüden zu Fremdsprachen und zum Fremdsprachenlernen. In Börner, W./ Vogel, K. (eds.) *Emotion und Kognition im Fremdsprachenunterricht*. Tübingen: Narr, 173-189.
Locquin, Marcel V. (1989) *Situation de la language française dans les périodiques scientifiques et techniques en 1988*. Paris: Commissariat général de la langue française.
Loehr, Kerstin (1998) *Mehrsprachigkeitsprobleme in der Europäischen Union: eine empirische und theoretische Analyse aus sprachwissenschaftlicher Perspektive*. Frankfurt a.M. usw.: Lang.
Löffelholz, Konrad/ Trendelenburg, Ulrich [2006] (2008) *Verfolgte deutschsprachige Pharmakologen 1933-1945*. 2. Aufl. Frechen: Dr. Schrör.
Löffler, Heinrich [1985] (2010) *Germanistische Soziolinguistik*. 4. Aufl. Berlin: Schmidt.
Lohner, Walter F. W./ Nollendorfs, Valters (eds.) (1976) *German Studies in the United States. Assessment and Outlook*. Madison: University of Wisconsin Press.
Lohse, Christian (ed.) (2004) *Die deutsche Sprache in der Europäischen Union. Rolle und Chancen aus rechts- und sprachwissenschaftlicher Sicht*. Baden-Baden: Nomos.
Lötscher, Andreas (1983) *Schweizerdeutsch. Geschichte, Dialekte, Gebrauch*. Frauenfeld/ Stuttgart: Huber.
Louden, Mark L. (2003) Minority language 'maintenance by inertia': Pennsylvania German among nonsectarian speakers. In Androutsopoulos/ Ziegler, 121-137.
- (2006a) Pennsylvania German in the 21st century. In Berend/ Knipf-Komlósi, 89-107.
- (2006b) Patterns of language maintenance in German American language islands. In Thornburg, L./ Fuller, J. (eds.) *Studies in Contact Linguistics: Essays in Honor of Glenn G. Gilbert*. New York: Lang, 127-146.
- / Lovik, Tom (2008) Vereinigte Staaten von Amerika. In Institut für Deutsche Sprache, 75-80.
Louttit, C. M. (1957) The use of foreign languages by psychologists, chemists and physicists. *American Journal of Psychology* 70: 315.
Lovik, Thomas (2004a) Deutsch in den USA: Beschreibung und Beurteilung einer kritischen Lage. *Jahrbuch für Internationale Germanistik* 35 (1): 25-27.
- (2004b) Vereinigte Staaten von Amerika. In Institut für Deutsche Sprache, 95-100.
Lowenberg, Peter H. (ed.) (1988) *Language Spread and Language Policy. Issues, Implications and Case Studies*. Washington D. C.: Georgetown University Press.
Van der Lubbe, Fredericka (2007) *Martin Aedler and the "High Dutch Minerva". The First German Grammar for the English*. Frankfurt a.M. usw.: Lang.
Lüdi, Georges (2001) Vielfältige mehrsprachige Repertoires für alle Bürger Europas. Leitgedanken für ein europäisches „Gesamtsprachenkonzept". In de Bot, 59-77.
- (2013) Ist Englisch als lingua franca eine Bedrohung für Deutsch und andere Nationalsprachen? In Schneider-Wiejowski/ Kellermeier-Rehbein/ Haselhuber, 275-292.
Lüsebrink, Claire (1986) Möglichkeiten und Grenzen des rechtlichen Schutzes von Sprachminderheiten am Beispiel Südtirol/ Burgenland. In Hinderling, 57-81.
Lutjeharms, Madeline (2007) Mehrsprachigkeit und Spracherwerb aus Brüsseler Sicht. *Muttersprache* 117 (2): 110-124.
Lutzmann, Eva/ Schneider, Gerald (2009) Global Players – Die Auswärtige Kulturpolitik Frankreichs, Großbritanniens, Italiens, Portugals und Spaniens. In Maaß (2009a); 369-385.
Lützeler, Paul M. (1990) Literaturwissenschaft - German Studies - Interkulturelle Germanistik.

Zur „Krise" des Fachs Deutsch in den USA. *Mitteilungen des Deutschen Germanistenverbandes* 37 (1): 31-37.
Luxemburger Wörterbuch (1950-1975/1977). 4 Bände und 1 Ergänzungsband. Luxemburg: Linden.
Lyovin, Anatole V. (1997) *An Introduction to the Languages of the World*. New York/ Oxford: Oxford University Press.
Maaß, Kurt-Jürgen (ed.) [2005] (2009a) *Kultur und Außenpolitik. Handbuch für Studium und Praxis*. 2., vollst. überab. und erw. Aufl. Baden-Baden: Nomos.
- (2009b) Überblick: Ziele und Instrumente der Auswärtigen Kulturpolitik. In Maaß (2009a), 25-32.
- (2009c) Das deutsche Modell – Die Mittlerorganisationen. In Maaß (2009a), 269-280.
- (2013) *Werbung, Werte, Wettbewerb. Wohin steuert die Auswärtige Kulturpolitik? Abschiedsvorlesung am 24. April 2013 an der Universität Tübingen*. Stuttgart: Institut für Auslandsbeziehungen.
MacCallum, T.W./ Taylor, Stephen (1938) *The Nobel Prize-Winners and the Nobel Foundation 1901-1937*. Zürich: Central European Times.
Mackey, William F. (1976) *Bilinguisme et contact des langues*. Paris: Klincksieck.
- (1989) Determining the status and function of languages in multilingual societies. In Ammon 1989d, 3-20.
- (2003) Forecasting the fate of languages. In Maurais/ Morris, 64-81.
- (2005) Bilingualism and multilingualism. In Ammon/ Dittmar/ Mattheier/ Trudgill, 1483-1495.
Mackiewicz, Maciej (2013) Deutschschüler und ihre Motivation im Spiegel der Evaluation der „Deutsch-Wagen-Tour" in Polen. *Info DaF* 40(1): 23-36.
- (2014) *Interkulturelle Motivation im Fremdsprachenunterricht. Eine komparative Studie zu Deutsch als Fremdsprache in Polen und den USA*. Frankfurt a.M.: Lang.
Maddison, Angus (2007) *Contours of the World Economy, 1-2030 AD. Essays in Macro-Economic History*. Oxford: Oxford University Press.
Madl, Benedikt L. (2001) *Chinas Auslandsstudium: der Brain-Drain und die Stellung Europas. Zur Politik sino-europäischen Bildungsaustausches sowie eine Analyse der Länderpräferenzen von Studierenden der Universität Peking*. Wien: Lang.
Magill, Frank N. (1991) *Survey of Social Science. Economics Series*. 5 vols. Pasadena, CA/ Englewood Cliffs, NJ: Salem.
Maher, John [C.] (1986) The development of English as an international language of medicine. *Applied Linguistics* 7: 206-218.
- (1989) Language use and preference in Japanese medical communication. In Coleman, 299-315.
- (2007) Remains of the day: language orphans and the decline of German as a medical lingua franca in Japan. In: Coulmas, 141-153.
Maher, Moustafa (2008) Die ägyptische Germanistik zwischen historischem Momentum und Suche nach neuen Perspektiven. *Kairoer Germanistische Studien* 17: 3-17.
Mahle, Walter A. (ed.) (1995) *Deutschland in der internationalen Kommunikation*. Konstanz: Ölschläger.
Mahlmann, Carl/ Zombik, Peter (2002) Der internationale Markt für Musikproduktionen. In Leonhard u.a., 2677-2689.
Mahmoud, Youssef (1987) Cost-benefit analysis and language planning in the United Nations. In Tonkin/ Johnson-Weiner, 33-44.
Mai, Richard (1939) Leben und Wirken des Reichsverbandes für die katholischen Auslands-

deutschen. In Büttner, 20-62.
Maier-Leibnitz, Heinz (1986) Should everything be published in English? *Minerva* 24 (2/ 3): 244-247.
Mair, Christian (ed.) (2003) *The Politics of English as a World Language. New Horizons in Postcolonial Culture Studies.* Amsterdam: Rodopi.
Maitz, Péter/ Sándor, Klára (2009) Changes in the linguistic marketplace: the case of German in Hungary. In Carl/ Stevenson, 149-164.
Maiworm, Friedhelm/ Wächter, Bernd (2002). *English-Language-Taught Degree Programmes in European Higher Education: Trends and Success Factors.* Bonn: Lemmens.
- / - (2003) *Englischsprachige Studiengänge in Europa. Merkmale, Impulse, Erfolgsfaktoren.* Essen: Stifterverband für die Deutsche Wissenschaft.
- / - (2008) *English-Taught Programmes in European Higher Education. The Picture in 2007.* Bonn: Lemmens.
Majoub, N. (1995) Der hässliche Deutsche und die deutsche Sprache. Beeinflußt das Deutschlandbild die Einstellung zum Deutschen als Fremdsprache? *Germanistische Mitteilungen* 42: 65-82.
Majtanova, Miroslava (2015) *Die Rolle der deutschen Sprache für die Gruppenidentität von Deutschen im Ausland. Am Beispiel des Vereinslebens in Kuala Lumpur.* Frankfurt a.M.: Lang.
Malicka, Agnieszka (2001) Der Schutz der deutschen Minderheit in der Republik Polen. In Manssen, G./ Banaszak, B. (eds.) *Minderheitenschutz in Mittel- und Osteuropa.* Frankfurt a.M.: Lang, 227-236.
von Maltzan, Carlotta (2009) Sprachenpolitik und die Rolle der Fremdsprachen (Deutsch) in Südafrika. *Stellenbosch papers in linguistics Plus* 38 (Sonderausgabe: *Mehrsprachigkeit und Sprachenpolitik in Südafrika/ Multilingualism and language policies in Africa*): 205-214.
- (2010) Deutsch in Südafrika. In Krumm/ Fandrych/ Hufeisen/ Riemer, Bd. 2, 1805-1808.
Mamadouh, Virginie (1995) *De talen in het Europees parlement* (Amsterdamse Sociaal-Geographische Studies 52). Amsterdam: Instituut voor Sociale Geographie, Universiteit van Amsterdam.
Manherz, Karl (1998) *Die Ungarndeutschen.* Budapest: Útmutató.
Manz, Viviane (2002) *Sprachenvielfalt und europäische Integration. Sprachenrecht im Spannungsfeld von Wirtschaft, Politik und Kultur.* Zürich: Schulthess Juristische Medien.
Mari, Isidor/ Strubell, Miquel (2002) *The Linguistic Regime of the European Union: Prospects in the Face of Enlargement.* Europa Diversa.
(www.europadiversa.org/ eng/ grup_activitats.html)
Markl, Hubert (1986) *Die Spitzenforschung spricht englisch. Deutsch als Wissenschaftssprache.* In Kalverkämper/ Weinrich, 20-25; wiederabgedr. in Berlin-Brandenburgische Akademie der Wissenschaften 2011, 147-152.
- (2002) R&D in Europe: Uniting Forces, Moving Ahead. In Teich, A. H./ Nelson, S. D./ Lita, S. J. (eds.) *AAAS Science and Technology Policy Yearbook 2002.* Washington: AAAS, 387-397.
Markowitsch, Hans J. (1996) Warum englisch veröffentlichen? Kommentar zu Montada, Becker, Schoepflin und Baltes: „Die internationale Rezeption der deutschsprachigen Psychologie". *Psychologische Rundschau* 47: 34-37.
Marschan, R./ Welch, D./ Welch, L. (1997) Language – The forgotten factor in multinational management. *European Management Journal* 15.5: 591-598.
Martens, Charles de/ Geffcken, Friedrich Heinrich [1832] (1866) *Le guide diplomatique, précis*

des droits et des fonctions des agents diplomatiques et consulaires. 5. Aufl. Paris/ Leipzig: Heideloff & Campé/ Brockhaus.
Martin, Werner (ed.) (1985) Verzeichnis der Nobelpreisträger 1901-1984. Mit Preisbegründungen, Kurzkommentaren, literarischen Werkbibliographien und einer Biographie Alfred Nobels. München.
Martynova, Olga (2010) Sprachwahl in der deutsch-russischen Unternehmenskommunikation. Frankfurt a.M. usw.: Lang.
- (2011) Die deutsche Sprache in russischen Unternehmen und in Unternehmen aus deutschsprachigen Ländern in Russland. In Ammon/ Kemper, 393-300.
Maslow, Abraham H. (1967): A theory of metamotivation: the biological rooting of the valuelife. Journal of Humanistic Psychology 7 (2): 93-127.
Mattheier, Klaus (1980) Pragmatik und Soziologie der Dialekte. Heidelberg: Quelle & Meyer.
- (1994) Theorie der Sprachinsel. Voraussetzungen und Strukturierungen. In Berend/ Mattheier, 333-348.
- (1996) Methoden der Sprachinselforschung. In Goebl/ Nelde/ Starý/ Wölck, 812-819.
- (2003) Sprachinseltod: Überlegungen zur Entwicklungsdynamik von Sprachinseln. In Keel, William D./ Mattheier, 13-31.
- (2011) Die deutsche Sprache in russischen Unternehmen und in Unternehmen aus deutschsprachigen Ländern in Russland. In Ammon/ Kemper, 293-300.
Mattusch, Hans-Jürgen (1999) Vielsprachigkeit: Fluch oder Segen für die Menschheit? Zu Fragen einer europäischen und globalen Fremdsprachenpolitik. Frankfurt a.M. usw.: Lang.
Marx, Wolfgang (1989) Bemerkungen zum Sprachenstreit in der deutschen Psychologie. Psychologische Beiträge 40: 89-92.
Mast, Claudia (2002) Unternehmenskommunikation. Stuttgart: Lucius & Lucius.
Mathematical Reviews (1940ff.). Providence, RI: American Mathematical Society.
MathSci Disc (1940-1979) (1980-1987) (1988-1992) (1993-1996). Reviews and Citations of the World's Research Literature in Mathematics and Related Areas, Compiled from the MathSci Online Database Subtitles, „Mathematical Reviews" and „Current Mathematical Publications". [Providence, RI]: American Mathematical Society/ Silver Platter International.
Matthews, Janice R./ Bowen, John M./ Matthews, Robert.W. (1996) Successful Scientific Writing: A Step-by-Step Guide for the Biological and Medical Sciences. Cambridge: Cambridge University Press.
Maurais, Jacques (2003) Towards a new linguistic world order. In Maurais/ Morris, 13-36.
- / Morris, Michael A. (eds.) (2003) Languages in a Globalising World. Cambridge: Cambridge University Press.
Mauranen, Anna (2003) Academic English as lingua franca – a corpus approach. TESOL Quarterly 37: 513-527.
De Mauro, Tullio/ Vedovelli, Massimo (1994) La diffusione dell'italiano nel mondo: problemi istituzionali e sociolinguistici. In Ammon 1994e, 25-39.
Mayer, Franz C./ Palmowski, Jan (2004) European identities and the EU – the ties that bind the peoples of Europe. Journal of Common Market Studies 24 (3): 573-598.
Mayer, Ruth (2005) Diaspora. Eine kritische Begriffsbestimmung. Bielefeld: Transcript.
McArthur, Marilyn (1990) Zum Identitätswandel der Siebenbürger Sachsen. Eine kulturanthropologische Studie. Köln/ Wien: Böhlau.
McCallen, Brian (1989) English: A World Commodity. The International Market for Training in English as a Foreign Language. London: The Economist Intelligence Unit Ltd.

McConnell, Grant D. (1996) A model of language development and vitality. *Indian Journal of Applied Linguistics* 22 (1): 33-48.
- (2003) Towards a Scientific Geostrategy for English. In Maurais/ Morris, 298-312.
McCrum, Robert (2010) *Globish: How the English Language Became the World's Language*. New York/ London: Norton.
McGrail, M.R./ Rickard, C.M./ Jones, R. (2006) Publish or perish: a systematic review of interventions to increase academic publication rates. *Higher Education Research and Development* 25.1: 19-35.
McGuiness-King, Kristina (2004) Die Situation von Deutsch als Fremdsprache und Germanistik in Neuseeland: Ein Fach unter Druck. *Jahrbuch für Internationale Germanistik* 36 (1): 23-38.
- (2005) Geschichte, Gegenwart und Zukunft einer Fremdsprache unter Druck: Deutsch als Fremdsprache und Germanistik in Neuseeland. In Van Leewen, 347-365.
McPhail, Thomas L. [2002] (2007) *Global Communication. Theories, Stakeholders, and Trends*. Malden USA: Blackwell.
Medgyes, Peter/ Kaplan, Robert B. (1992) Discourse in a foreign language: the example of Hungarian scholars. *International Journal of the Sociology of Language* 98: 67-100.
Medgyes, Péter/ László, Mónika (2001) The foreign language competence of Hungarian scholars: ten years later. In Ammon, 261-286.
Medline (1966ff.). Washington, D. C.: National Library Medicine.
Mehlich, Diane u.a. (2003) Nationale Sprachenpolitik und europäische Integration. *Forost-Arbeitspapier* Nr. 18. München: Forost.
Meier, Marcus (2008) *Die Schwarzenauer Neutäufer. Genese einer Gemeindebildung zwischen Pietismus und Täufertum*. Göttingen: Vandenhoeck & Ruprecht.
Meierkord, Christiane (1996) *Englisch als Medium der interkulturellen Kommunikation. Untersuchungen zum non-native-/ non-native-speaker-Diskurs*. Frankfurt a.M.: Lang.
Meinecke, Friedrich [1907] (1969) *Weltbürgertum und Nationalstaat* (Friedrich Meinecke Werke, 5). München: Oldenbourg.
Meitzner, Andreas (2012) Zum Konzept Auswärtiger Kulturpolitik des Auswärtigen Amtes. In Drews, 121-129.
Melika, Georg (1994) Spracherhaltung und Sprachwechsel bei der deutschen Minderheit von Transkarpatien. In Berend/ Mattheier, 289-301.
Melkerne, Sean/ Graham, Anne M. (2011, May) *Labour Market Intelligence on Languages and Intercultural Skills in Higher Education. Shaping the Modern Future*. England o.O.: (UCML) University Council of Modern Languages.
Meng, Hong (2005) *Das Auslandsstudium von Chinesen in Deutschland (1861-2001). Ein Beispiel internationaler Studentenmobilität im Rahmen der chinesischen Modernisierung*. Frankfurt am Main usw.: Lang.
Mendieta, Eduardo/ Phillipson, Robert/ Skutnabb-Kangas, Tove (2006) English in the Geopolitics of Knowledge. *Revista Canaria de Estudios Ingleses* 53: 15-27.
Meneghini, R./ Packer, A. L. (2007) Is there science beyond English? *Embo reports* 8: 112-116.
Menkhaus, Heinrich (2001) Global German Player. Deutsch in deutschkapitalisierten Unternehmen in Japan. *Deutschunterricht in Japan* 6: 123-139.
Mennonitisches Lexikon (1913-1967), 5 Bde, in zum Teil mehreren Lieferungen. Unterschiedliche Erscheinungsorte und Verlage.
Di Meola, Claudio/ Tonelli, Livia (2008) Italien. In Institut für Deutsche Sprache, 39-45.
Merker, Stefanie (2006) *Deutsch im Europarat – Ablehnung als Amtssprache und deren Folgen*.

Unveröff. Magisterarbeit Universität Duisburg-Essen.
Merz, Hans P. [1987] *Personalpolitik japanischer Unternehmen in der Bundesrepublik Deutschland. Arbeitsbeziehungen und Manpower-Integration als Problem Transnationaler Unternehmen.* Berlin: Schiller.
Mettewie, Laurence/ Van Mensel, Luc (2009) Multilingualism at all costs: language use and language needs in business in Brussels. *Sociolinguistica* 23: 131-149.
Metz, Paul (1990) Bibliometrics: Library Use and Citation Studies. In Lynch, M. J. (ed.) *Academic Libraries: Research Perspectives.* Chicago: ALA, 147-148.
Meyer, Hans J. (2004). Global English – A New lingua franca or a New Imperial Culture? In Gardt/ Hüppauf, 65-84.
Meyer, Kurt – mit einem Beitrag von Hans Bickel (2006) *Schweizer Wörterbuch. So sagen wir in der Schweiz.* Frauenfeld/ Stuttgart/ Wien: Huber.
Michels, Eckard (2004) Deutsch als Weltsprache? Franz Thierfelder, the Deutsche Akademie in Munich and the promotion of the German language abroad, 1923-1945. *German History* 22 (2): 206-228.
- (2005) *Von der Deutschen Akademie zum Goethe-Institut. Sprach- und auswärtige Kulturpolitik 1923-1960.* München: Oldenbourg.
Michels, Stefan (1989) *Status und Funktion des Deutschen als Fachsprache der Chemie.* Unveröff. Magisterarbeit, Universität-GH-Duisburg.
- (1991) Recent changes in the status of German as a language of chemistry. In Ammon / Hellinger, 408-420.
Miessen, Werner u.a. (1986) *Bibliographie zu Geschichte, Sprache und Literatur der deutschsprachigen Gemeinschaft Belgiens 1945-1983.* Brüssel: Belgische Bibliographiekommission.
Mikhalchenko, Vida I./ Trushkova, Yulia (2003) Russian in the Modern World. In Maurais/ Morris, 260-290.
Milian-Massana, Antoni (1995) Le régime linguistiques de l'Union Européenne: Le régime des institutions et l'incidence du droit communautaire sur la mosaïque linguistique européenne. *Rivista di dritto europeo* 35: 485 ff.
Millar, Sharon/ Jensen, Astrid (2009) Language choice and management in Danish multilingual countries: the role of common sense. *Sociolinguistica* 23: 86-103.
Milroy, Lesley (1980) *Language and Social Networks.* London: Wiley-Blackwell.
Mindadse, Iwa/ Bakuradze, Anna (2010) Deutsch in Georgien. In Krumm/ Fandrych/ Hufeisen/ Riemer, Bd. 2, 1664-1667.
Mittelstaedt, Peter (1999) Sprache und Wirklichkeit in der Quantenphysik. In Wiegand, 64-88.
Mocanu, Delia/ Baronchelli, Andrea/ Perra, Nicola/ Bruno, Gonçalves/ Vespignan, Alessandro (2012) *The Twitter of Babel: Mapping World Languages through Microblogging Platforms.* (www.arxiv.org/pdf/1212.5238v1.pdf)
Mocikat, Ralph (2006) *Die Anglisierung der Wissenschaftssprache am Beispiel der Biomedizin* eine kritische Stellungnahme. (www.adawis.de – abgerufen 05.09.2011) (www.adawis.de/admin/upload/navigation/data/Spr-M2.pdf – abgerufen 17.07.2012.)
- (2007) Ein Plädoyer für die Vielfalt. Die Wissenschaftssprache am Beispiel der Biomedizin. *Forschung & Lehre* 14: 90-92.
- (2009) Die Diktatur der Zitatenindizes: Folgen für die Wissenskultur. *GAIA* 18 (2): 100-103.
- (2010) Fertigwissen in der Einheitssprache. Was hat die „Bologna-Reform" mit Wissenschaftssprache zu tun? *Forschung & Lehre* 17: 652f.
Moelleken, Wolfgang W. (1987) Die rußlanddeutschen Mennoniten in Kanada und Mexiko:

Sprachliche Entwicklung und diglossische Situation. *Zeitschrift für Dialektologie und Linguistik* 54 (2): 145-183.
Mohr, Annette/ Schneider, Ulrike (1994) Die Situation der deutschen Sprache in internationalen Organisationen. *Info DaF* 21 (6): 612-631.
Mohr-Sobkowiak, Saskia (2005) *Deutsch als Fremdsprache und Germanistik in Indien. Zur interkulturellen Unterrichtsmethodik im Literaturunterricht und dem Deutschlandbild indischer Schüler und Studenten. Dokumentation und Perspektiven.* Unveröff. Diss. Universität Karlsruhe.
Möller, Joachim/ Nekula, Marek (ed.) (2002) *Wirtschaft und Kommunikation. Beiträge zu den deutsch-tschechischen Wirtschaftsbeziehungen.* München: Iudicum.
Mommsen, Wolfgang J. (2002) *Die Urkatastrophe Deutschlands. Der Erste Weltkrieg 1914-1918.* Stuttgart: Klett-Cotta.
Montada, L[eo] (1985) Retrieving German Psychological Literature: Services Available to U.S. Psychologists. *American Psychologist* 40: 14-18.
- (1993) Deutsch als Wissenschaftssprache. In Montada, L. (ed.) *Bericht über den 38. Kongreß der Deutschen Gesellschaft für Psychologie 1992 in Trier.* Bd. 2. Göttingen: Hogrefe, 828-830.
- u. a. (1995) Die internationale Rezeption der deutschsprachigen Psychologie. *Psychologische Rundschau* 46: 186-199.
- / Schoepflin, Urs/ Baltes, Paul B. (1996) Erwiderung auf die Kommentare von Hans Markowitsch, Fritz Strack und Dieter Wolke. *Psychologische Rundschau* 47: 40f.
Montgomery, Scott L. (2013) *Does Science Need a Global Language? English and the Future of Research.* Chicago/ London: The University of Chicago Press.
Moraldo, Sandro M. (2003) Zur Entwicklung der deutschen Sprache und der Germanistik in Italien. *Jahrbuch für Internationale Germanistik* 35 (1): 13-18.
- (2008) (ed.) *Sprachkontakt und Mehrsprachigkeit. Zur Anglizismendiskussion in Deutschland, Österreich, der Schweiz und Italien.* Heidelberg: Winter.
- (2009) Hat Deutsch in Italien eine Zukunft? Die ‚questione linguistica' zwischen theoretischer Einsicht und praktischer Umsetzung. *Muttersprache* 119: 112-125.
- (2010) Die Fremdsprachen an den Schulen Italiens im Kontext einer europäischen Bildungspolitik. *Sociolinguistica* 24: 134-152.
- (2013) Die deutsche Sprache im Kontext der italienischen Sprachenpolitik. In Schneider-Wiejowski/ Kellermeier-Rehbein/ Haselhuber, 391-409.
Moretti, Bruno/ Pandolfi, Elena M./ Casoni, Matteo (eds.) (2011) *Vitalità di una lingua minoritaria: Aspetti e proposte metodologiche/ Vitality of a Minority Language: Aspects and Methodological Issues.* Bellinzona: Osservatorio Linguistico della Svizzera Italina.
Morgen, Daniel (2003) IV – Langue régionale d'alsace et des pays mosellans. *Bulletin officiel, hors-série* (Ministère éducation nationale) 2, 19 juin.
- (2004) Die Sprachensituation im Elsass und das bilinguale Angebot in den Schulen im Elsass und am Oberrhein. (www.eurac/edu/en/research/institutes/ multilingualism/Documents/ Thematic_Forum_3_PDF.pdf.)
- (2006) L'école et le recul du dialecte en alsace. *Nouveau Cahier d'allemand* 24 (4) : 381-394.
- (2007) L'école et le recul du dialecte (2). *Nouveau Cahier d'allemand* 25 (1): 63-78.
Mori, Isamu (1994) Die Bedeutung des Deutschen für die juristischen Fakultäten in Japan: Nachlassen des Einflusses deutschen Rechts? In Ammon 1994d, 49-62.
Morita, Emi (1989) *Sprachenwahl der Japaner in Düsseldorf.* Unveröff. Examensarbeit, Universität-GH-Duisburg/ Dokkyo-Universität, Tokio.

Motz, Markus (2000) *Ausländische Studierende in Internationalen Studiengängen. Motivation, Sprachverwendung und sprachliche Bedürfnisse.* Bochum: AKS Verlag.
- (ed.) (2005a) *Englisch oder Deutsch in Internationalen Studiengängen?* Frankfurt a. M.: Lang.
- (2005b) Internationalisierung der Hochschulen und Deutsch als Fremdsprache. In Motz 2005a, 131-152.
Much, Thomas O. (2008) *Die Einführung von Englisch als Unternehmenssprache bei deutschen Firmen.* Unveröff. Hausarbeit für das Lehramt für die Sekundarstufe II, Germanistik/ Linguistik, Universität Duisburg-Essen.
Mühleisen, Susanne (2003) Towards global diglossia? The cultural politics of English in the sciences and the humanities. In Mair, 107-118.
Mühlhäusler, Peter (1977) Bemerkungen zum Pidgin Deutsch von Neuguinea. In Molony/ Zobl/ Stölting, 58-70.
- (1979) Bemerkungen zur Geschichte und zum linguistischen Stellenwert des Pidgindeutsch. In Auburger/ Kloss, 59-87.
- (1980) German as a contact language in the Pacific. *Michigan Germanic Studies* 6: 163-189.
Muhr, Rudolf (1997) Die Auslandskulturpolitik Österreichs und Deutschlands – ein Vergleich. In Institut für Auslandsbeziehungen (ed.) *Sprachenpolitik in Europa – Sprachenpolitik für Europa* (Materialien zum internationalen Kulturaustausch 36). Stuttgart: Institut für Auslandsbeziehungen, 98-105.
Muljačić, Zarko (1989) Über den Begriff *Dachsprache*. In Ammon 1989d, 256-277.
Mulkerne, Sean/ Graham, Anne M. (May 2011) *Shaping the Future.* UK: England & Wales O.O.: University Council of Modern Languages.
Muller, Karis (2002) Language competition in European community institutions. In Liddicoat, A./ Muller, K. (eds.) *Perspectives on Europe: Language Issues and Language Planning in Europe.* Melbourne: Language Australia, 41-61.
Muller, Siegfried H. (1964) *The World's Living Languages. Basic Facts of Their Structure, Kinship, Location and Number of Speakers.* New York: F. Ungar.
Müller, Márta (2010a) Die Situation des Deutschunterrichts in Ungarn. In Kostrzewa/ Rada/ Knipf-Komlósi, 74-95.
- (2010b) Die Situation des Schulwesens für die deutsche Minderheit in Ungarn. Vom Kindergarten bis zur Schule. In Kostrzewa/ Rada/ Knipf-Komlósi, 96-117.
- (2012) Formen und Nutzen des ungarndeutschen Minderheitenunterrichts. In Kerekes, G./ Müller, M. (eds.) *Traditionspflege und Erneuerung. Perspektiven der deutschen Nationalität in Ungarn im 21. Jahrhundert.* Budapest: Ad Librum, 99-116.
Munske, Horst H. (ed.) (2001) in Zusammenarbeit mit Århammar, Nils u.a. *Handbuch des Friesischen/ Handbook of Frisian Studies.* Tübingen: Niemeyer.
Müntzel, Uta/ Tiittula, Liisa (1995) *Saksan kieli. Suomalais-Saksalaisessa kaupassa. Saksankielisen viestinnän tarvetutkimus. Deutsch im finnisch-deutschen Handel. Eine Bedarfsanalyse.* Helsinki: Helsinki School of Economics and Business Administration.
Murakami, Junichi (1989) Die Rolle der deutschen Sprache für die japanische Rechtswissenschaft. In Bauer 1989b, 59-62.
Murray, Heather/ Wegmüller, Ursula/ Kan, Fayaz A. [2000] *Englisch in der Schweiz. Forschungsbericht.*
(www.sbf.admin.ch/htm/dokumentation/publikationen/Bildung/english-d.pdf.)
Murray, Heather/ Dingwall, Silvia (2001) The dominance of English at European universities: Switzerland and Sweden compared. In Ammon, 85-112.
Muylle, Koen (2005) La représentation de la Communauté germanophone au sein des institu-

tions fédérales: entre la logique de la participation et celle de la protection d'une minorité. In Stangherlin, 245-286.
Myhill, John (1999) Identity, territoriality and minority language survival. *Journal of Multilingual and Multicultural Development* 20 (1): 34-50.
Nahir, M[oshe] (1984) Language Planning Goals: A Classification. *Language Problems and Language Planning* 8: 294-327.
von Nahmen, Carsten (2001) *Deutschsprachige Medien in Namibia: vom Windhoeker Anzeiger zum Deutschen Hörfunkprogramm der Namibian Broadcasting Corporation, 1898-1998.* Windhoek: Namibia Wissenschaftliche Gesellschaft.
Najdič, Larissa (1997) *Deutsche Bauern bei St. Petersburg-Leningrad. Dialekte – Brauchtum – Folklore.* Stuttgart: Steiner.
Naka, Naoichi (1994) Die Anfänge der Germanistik in Japan. In Ammon 1994d, 237-248.
Nakajima, Yuji (1994) Die derzeitige Lage der Germanistik in Japan. In Ammon 1994d, 249-258.
Nakayama, Shigeru (1981) *Teikoku daigaku no Tanjou* [Die Geburt der kaiserlichen Universität]. 3. Aufl. Tokyo: Chuokoronsha.
Naranchimeg, Kh./ Ganchimeg, D. (2007) Die Bedeutung der deutschen Sprache für die Mongolei. *Jahrbuch für Internationale Germanistik* 39 (2): 73-76.
Nass, Klaus O. (1999) Man spricht (auch) Deutsch … Zum Gebrauch von Amts- und Arbeitssprachen auf informellen Ratssitzungen der Europäischen Union. *Europäische Zeitung* 9: 1.
A National Language Policy (1984) Report by the Senate Standing Committee on Education and the Arts. Canberra: Australian Government Publishing Service.
Naumann, Hans-Peter/ Müller, Silvia (eds.) (2000) *Hochdeutsch in Skandinavien. Internationales Symposium, Zürich, 14. - 16. Mai 1998.* Tübingen/ Basel: Francke.
Navarro, Fernando A. (1996a) Englisch oder Deutsch? Die Sprache der Medizin aufgrund der in der Deutschen Medizinischen Wochenschrift erschienenen Literaturangaben (1920 bis 1995). *Deutsche Medizinische Wochenschrift* 121: 1561-1566.
- (1996b) Die Sprache der Medizin in Österreich (1920 – 1995). *Wiener klinische Wochenschrift* 108: 362-369.
- (1997) Die Sprache der Medizin in der Schweiz von 1920 bis 1995. *Schweizerische Medizinische Wochenschrift* 127: 1565-1573.
Neff, Jacquy (2001) Deutsch als Konferenzsprache in den Ländern der Europäischen Union. In Kelletat, A. F. (ed.) *Dolmetschen.* Frankfurt/Main: Peter Lang, 121-143.
- (2007) *Deutsch als Konferenzsprache in der Europäischen Union. Eine dolmetschwissenschaftliche Untersuchung.* Hamburg: Verlag Dr. Kovač.
Neffe, Jürgen [2005] (2005) *Einstein. Eine Biographie.* 4. Aufl. Reinbek bei Hamburg: Rowohlt.
Neidhardt, Friedhelm (1994) Jenseits des Palavers. Funktionen politischer Öffentlichkeit. In Wunden, W. (ed.) *Öffentlichkeit und Kommunikationskultur.* Hamburg/ Stuttgart: Steinkopf, 19-30.
Neill, Stephen [1964] (1974) *Geschichte der christlichen Mission.* Erlangen: Verlag der ev.-luth. Mission.
Neisser, Ulric (1984) Interpreting Harry Bahrick's discovery: what confers immunity against forgetting? *Journal of Experimental Psychology*: General 11 (1): 32-35.
Nekula, Marek (1997) Germanismen in der tschechischen Presse und Werbung. Die Einstellung gegenüber den Deutschen. In Höhne/ Nekula, 89-97.
- (2001) Der tschechisch-deutsche Bilinguismus. In Koschmal, W./ Nekula, M./ Rogall, J. (eds.) *Deutsche und Tschechen. Geschichte – Kultur – Politik.* München: Beck, 208-217.
- (2002) Kommunikationsführung in deutsch-tschechischen Firmen. In Möller/ Nekula, 65-83.

- (2004) Deutsch als Europasprache aus tschechischer Sicht. In Lohse, 129-144.
- / Marx, Christoph/ Šichová, Katerina (2009) Sprachsituation in Unternehmen mit ausländischer Beteiligung in der Tschechischen Republik. *Sociolinguistica* 23: 53-85.
- / Nekvapil, Jiří/ Šichová, Kateřina (2005a) Sprachen in deutsch-tschechischen, österreichisch- tschechischen und schweizerisch- tschechischen Unternehmen: Ein Beitrag zur Wirtschaftskommunikation in der Tschechischen Republik. *Sociolinguistica* 19. Tübingen: Niemeyer, 128-143.
- / - / - (2005b) Sprachen in multinationalen Unternehmen auf dem Gebiet der Tschechischen Republik. *Forost-Arbeitspapier* Nr. 31. München: Forost.
- / Šichová, Kateřina (2004) Was sind Fremdsprachen wert? [Jakou hodnotu mají cizí jazyky?] In Fröhlich, S./ Scheider, B./ Nový, I. (ed.) *Unternehmenskultur & Unternehmenserfolg*. Bd. 1. Praha: Bundesverband deutscher Unternehmer in der Tschechischen Republik, Goethe Institut, Vysoká škola ekonomická, 238-267.

Nekvapil, Jiři (1997a) Tschechien. In Goebl/ Nelde/ Starý/ Wölck, 1641-1649.
- (1997b) Die kommunikative Überwindung der tschechisch-deutschen ethnischen Polarisation. Deutsche Kollegen, Expatriates und andere soziale Kategorien im Automobilwerk Škoda. In Höhne/ Nekula, 127-144.
- (2000) On non-self-evident relationships between language and ethnicity: how Germans do not speak German, and Czechs do not speak Czech. *Multilingua* 19: 37-53.
- (2003a) Language biographies and the analysis of language situations: on the life of the German community in the Czech Republic. *International Journal of the Sociology of Language* 162: 63-83.
- (2003b) On the Role of the Languages of Adjacent States and the Languages of Ethnic Minorities in Multilingual Europe: the Case of the Czech Republic. In Besters-Dilger, J. u.a. (eds.) *Mehrsprachigkeit in der erweiterten Europäischen Union/ Multilingualism in the Enlarged European Union/ Multilingualisme dans l'Union Europeénne élargie*. Klagenfurt: Drava Verlag, 76-94.
- / Nekula, Marek (2006) On language management in multinational companies in the Czech Republic. *Current Issues in Language Planning* 7 (2-3): 307-327.
- / Neustupný, J[iří] V. (1998) Linguistic communities in the Czech Republic. In Bratt Paulston/ Peckham, 116-133.
- / Sherman, Tamah (2009) Czech, German and English: finding their place in multilingual companies in the Czech Republic. In Carl/ Stevenson, 122-148.

Nelde, Peter H. (1975) Zur Situation des Deutschen in der Welt. *Germanistische Mitteilungen* 2: 33-43.
- (1979a) *Volkssprache und Kultursprache. Die gegenwärtige Lage des sprachlichen Übergangsgebietes im deutsch-belgisch-luxemburgischen Grenzraum*. Wiesbaden: Steiner.
- (ed.) (1979b) *Deutsch als Muttersprache in Belgien. Forschungsberichte zur Gegenwartslage* (Deutsche Sprache in Europa und Übersee, 5). Wiesbaden: Steiner.
- (1979c) The Present Position of German Among World Languages. *Deutsch-Kanadisches Jahrbuch* 5: 5-12.
- (1981) Deutsch in der Welt? *Germanistische Mitteilungen* 13: 89-92.
- (1984) Deutsche Minderheiten und ihre Sprache in Europa. *Language Problems and Language Planning* 8: 1-20.
- (1986a) Deutsch als Minderheitssprache - Vergleichbarkeit von Sprachkontakten. In Hinderling, 251-273.
- (1986b) Research on Language Conflict. In Ammon/ Dittmar/ Mattheier/ Trudgill, 1346-1352.

- (ed.) (1987) *Wortatlas der deutschen Umgangssprache in Belgien*. Bern/ Stuttgart: Francke.
- (ed.) (1990) *Deutsch als Muttersprache in Ungarn* (Deutsche Sprache in Europa und Übersee, 13). Stuttgart: Steiner.
- (2000) Bilingualism among ethnic Germans in Hungary. In Wolff, 125-133.
- / Vandermeeren, S[onja]/ Wölck W[olfgang] (1991) *Interkulturelle Mehrsprachigkeit. Eine kontaktlinguistische Umfrage in Fünfkirchen* (Plurilingua, 11). Bonn: Dümmler.

Nerrière, Jean-Paul (2004) *Parlez Globish*. Paris: Eyrolles.

Van Ness, Silke (1989) *Changes in an Obsolescing Language. Pennsylvania German in West Virginia*. Tübingen: Narr.

Nettelbeck, Colin u.a. (2008) *Beginners' LOTE (Languages Other than English) in Australian universities: an audit survey and analysis. Report to the Council of the Australian Academy of the Humanities*. Canberra: Australian Academy of the Humanities.

Nettelbeck, Joachim (2000) Deutsch in internationalen Wissenschaftseinrichtungen. In Debus/ Kollmann/ Pörksen, 105-125.

Netzwerk Deutsch (2010) *Statistische Erhebungen 2010. Die deutsche Sprache in der Welt*. München: Goethe-Institut. (www.daad.de/de/download/broschuere_netzwerk_deutsch/DeutschlernerzahlenNetzwerk_Tabelle_2010.pdf.)

- / von Buddenbrock, Carolin/ Schneider, Gisela/ Makowski, Matthias/ Toledo, Heike (eds.) (2010) *Die deutsche Sprache in der Welt 2010*. München: QS2M Werbeagentur.

Neuland, Eva (2004) Politik für die deutsche Sprache? Aufgaben für Forschung, Lehre, Unterricht. In Goltschnigg, Dietmar/ Schwob, Anton (eds.) *Zukunftschancen der deutschen Sprache in Mittel-, Südost- und Osteuropa. Grazer Humboldtkolleg 2002*. Wien: Edition Praesens, 51-65.

Neusius, Boris (ed.) (2005) *Sprache und Kultur Südosteuropas. Forost-Arbeitspapier Nr. 26*. München: Forost.

Neustupný, J[iří] V./ Nekvapil, Jiří (2003) Language management in the Czech Republic. *Current Issues in Language Planning* 4 (3/ 4): 181-366.

Newton, Gerald (1987) The German language in Luxembourg. In Russ, C./ Volkmar, C. (eds.) *Sprache und Gesellschaft in deutschsprachigen Ländern*. München: Goethe-Institut, 153-179.

Nickl, Milutin M. (2007) Transnationales Deutsch als Lingua franca und Internetsprache/ Transnational German in Crosslinguistic Transfer and as an Internet Language. *Tamkang Studies of Foreign Languages and Literatures* (TSFLL) 10: 1-32.

- (2008) Transnationales Deutsch in der Hochschulpolitik Ostasiens. Beispiel Taiwan/Republik China: zur Internationalisierung und Optimierung der German and Communication Studies. *PAC-Korrespondenz* 80: 57-98.

Niehaus-Lohberg, Erika/ Herrlitz, Wolfgang (1999) Verständigung zwischen Niederländern und Deutschen: Ein Beitrag zur Analyse der interkulturellen Kommunikation zwischen Unternehmen. In Bungarten 1999b, 139-161.

Nielsen, Martin (2003) Internationale Wirtschaftskommunikation auf Deutsch: Forschung und Lehre in Dänemark – eine Bestandsaufnahme. In Reuter/ Piitulainen, 103-124.

Niere, Renate (1977) *Die Entwicklung der Diskussion über Deutsch als Fremdsprache (DaF) beim Goethe-Institut von 1932 bis heute*. Unveröff. Diplomarbeit, Philipps-Universität Marburg/ L.

Nies, Fritz (ed.) (2005) *Europa denkt mehrsprachig. L'Europe pense en plusieurs langues*. Tübingen: Narr.

Nikula, Tarja/ Pöyhönen, Sari/ Huhta, Ari/ Hildén, Raili (2010) When MT+2 is not enough: Tensions within foreign language education in Finland. *Sociolinguistica* 24: 25-42.
Nitschak, Horst (2002) Deutschsprachige Kulturwissenschaften in Lateinamerika: Chancen und Perspektiven. In Deutscher Akademischer Austauschdienst, 235-245.
Nollendorfs, Valters/ Markgraf, Karl F. (eds.) (1986) *Directory of German Departments, German Studies Faculties and Programs in the United States 1985*. 2. Aufl. Bonn: Deutscher Akademischer Austauschdienst.
Noro, Kayoko (1994) Deutsch als Fremdsprache in privaten Sprachschulen. In Ammon 1994d, 311-326.
Nunberg, Geoffrey (2002) Will the internet always speak English? In Lamberton, 301-304. (Originally published in *The American Prospect* 2000).
Nye, Joseph S. (1990a) Soft Power. *Foreign Policy* 80 (3): 153-171.
- (1990b) *Bound to Lead: The Changing Nature of American Power*. New York: Basic Books.
- (2004) *Soft Power. The Means to Success in World Politics*. New York: PublicAffairs.
Nyhlén, Lars-Olof (2004) Die Stellung der deutschen Sprache und der Germanistik in Schweden. *Jahrbuch für Internationale Germanistik* 35 (2): 25-31.
Nylenna, Magne/ Riis, Povl/ Karlsson, Yngve (1994) Multiple blinded reviews of the same two manuscripts. Effects of referee characteristics and publication language. *The Journal of American Medical Association* 272 (2): 149-151.
Oberacker, Karl H. (1979) Die Deutschen in Brasilien. In Fröschle, 169-257.
Oberreuter, Heinrich/ Krull, Wilhelm/ Meyer, Hans J./ Ehlich, Konrad (eds.) (2012) *Deutsch in der Wissenschaft. Ein politischer und wissenschaftlicher Diskurs*. München: Olzog.
O'Connor, John K. [2007] (2010) *The Eurovision Contest. The Official History*. 3. Aufl. United Kingdom: Carlton Books.
O'Driscoll, Jim (2001a) A face model of language choice. *Multilingua* 20 (3): 245-268.
- (2001b) Hiding your Difference: How non-global languages are being marginalised in everyday interaction. *Journal of Multilingual & Multicultural Development* 22 (6): 475-490.
Ogden, C[harles] K. (1934) *The System of Basic English*. New York: Harcourt, Brace.
Ogechi, Nathan O. (2003) On language rights in Kenya. *Nordic Journal of African Studies* 12 (3): 277-295.
Ögmundarson, Ólafur (2002) *Deutsch, eine internationale Handelssprache. Die Kommunikation zwischen deutschen und isländischen Firmen*. Unveröffentlichte BA-Abschlussarbeit. Reykjavík: Islands Universität.
Oh, Tschong-Cha (2003) Koreanische Vereine und Interessenverbände zur Förderung von Deutsch und Germanistik. In Ammon/ Chong, 371-382.
O'Halloran, Edel (2001) *Ist Mode englisch? Französische und englische Einflüsse auf die deutsche Mode- und Gemeinsprache im 20 Jahrhundert*. Frankfurt a.M. usw.: Lang.
Okamoto, Kaori (1991) *Deutschkenntnisse der japanischen Frauen in Düsseldorf*. Unveröff. Seminararbeit an der Universität-GH-Duisburg im WS 1990/ 91.
Oksaar, Els/ Skudlik, Sabine/ von Stackelberg, Jürgen (1988) *Gerechtfertigte Vielfalt. Zur Sprache in den Geisteswissenschaften*. Darmstadt: Luchterhand.
Oliveira, Paulo S. (2002) Lokale Antworten auf globale Fragen. In Deutscher Akademischer Austauschdienst, 107-127.
Ollila, Tytti/ Partanen, Heli (2004) *„In Vielfalt geeint": Sprachliche Vielfalt und die Stellung der deutschen Sprache in der Europäischen Union*. Pro-Gradua-Arbeit Deutsche Sprache und Kultur. Institut für moderne und klassische Sprachen, Universität Jyväskalä. (www.jyx.jyu.fi/dspace/bitstream/.../URN_NBN_fi_jyu-200525.pdf.)

Olschki, Leonardo (1919) *Die Literatur der Technik und der Angewandten Wissenschaften vom Mittelalter bis zur Renaissance* (Geschichte der neusprachlichen Wissenschaftlichen Literatur, Bd. 1). Heidelberg: Winter.
- (1922) *Bildung und Wissenschaft im Zeitalter der Renaissance in Italien* (Geschichte der neusprachlichen Wissenschaftlichen Literatur, Bd. 2). Leipzig/ Firenze/ Roma/ Genève: Olschki [Selbstverlag].
- (1927) *Galilei und seine Zeit* (Geschichte der neusprachlichen Wissenschaftlichen Literatur, Bd. 3). Niemeyer: Halle.
Oppermann, Thomas (2001) Das Sprachregime der Europäischen Union – reformbedürftig? *Zeitschrift für Europarechtliche Studien (ZEuS)* 4: 1 ff.
ORE/ Ośrodek Rozwoju Edukacji (Juli 2013) Powszechność nauczania języków obcych w roku szkolnym 2011/2012. Warszawa.
Ó Riagáin, Dónall (1997) Unity in Diversity: Language Policies in the New Europe. In Røyneland, 173-187.
Orlowski, Hubert (1988) Die Deutscholympiade in Polen. *Jahrbuch Deutsch als Fremdsprache* 13: 409-414.
Ortmanns, Karl-Peter (1993) *Deutsch in Großbritannien. Die Entwicklung von Deutsch als Fremdsprache von den Anfängen bis 1980.* Stuttgart: Steiner.
Ortner, Brigitte/ von Ruckteschell, Katharina (2010) Sprachenpolitische Konzepte und Institutionen zur Förderung der deutschen Sprache in nichtdeutschsprachigen Ländern. In Krumm/ Fandrych/ Hufeisen/ Riemer, Bd. 1, 133-143.
Ortony, Andrew [1979] (2006) *Metaphor and Thought.* 2. Aufl. Cambridge: Cambridge University Press.
Oschlies, Wolf (1982) Deutsche Sprache in Polen wieder gefragt. 200.000 Schüler lernen Deutsch als fakultative Westsprache. *Globus* 14: 36-37.
Österreichisches Wörterbuch [1951] (2012) *Auf der Grundlage des amtlichen Regelwerks.* 42. Aufl. Hg. im Auftrag des Bundesministeriums für Unterricht, Kunst und Kultur. Wien: Österreichischer Bundesverlag Schulbuch.
Ostler, Nicholas (ed.) (1999) *Endangered Languages and Education.* Bath: Foundation for Endangered Languages.
- (2005) *Empires of the World: A Language History of the World.* London: Harper Collins.
Ostrower, Alexander (1965) *Language, Law and Diplomacy*, 2 Bde. Philadelphia: University of Pennsylvania Press.
Otto, Claude (2013) Ortsnamen als Hoheitszeichen. Sprachkonflikt und toponymischer Wechsel im Elsass. *Sprachspiegel* 57 (1): 11-19.
Oud-de Glas, Maria (1982) *Foreign Language Needs: A Survey of Research.* Nijmegen: Institute for Applied Sociology.
- (1983a) Foreign Language Needs: A Survey of Needs. In Van Els/ Oud-de-Glas, 19-34.
- (1983b) Foreign Language Needs in the Netherlands. In Van Els/ Oud-de Glas, 151-170.
- (1993) Languages in the Netherlands. A study of supply and demand. In Ager, D./ Muyskens, G./ Wright, S. (eds.) *Language Education for Intercultural Communication.* Clevedon: Multilingual Matters, 115-129.
Ozil, Şeyda (2004) Stand und Perspektiven der Germanistik in der Türkei. In Durzak/ Kuruyazızı, 267-277.
Pabst, Klaus (1979) Politische Geschichte des deutschen Sprachgebiets in Ostbelgien bis 1944. In Nelde (1979b), 10-38.
- (1997) Französisch in Verwaltung und Schule des linken Rheinufers 1792/94 bis 1814. In

Spillner, B. (ed.) *Französische Sprache in Deutschland im Zeitalter der Französischen Revolution.* Frankfurt a. M. usw.: Lang, 133-154.

Pahl, Gerhard (2000) Deutsch als Wissenschaftssprache in den Ingenieurwissenschaften. Das Verhältnis zum angloamerikanischen Sprachraum. In Debus/ Kollmann/ Pörksen, 239-247.

Pakir, Anne (2004) Medium-of-Instruction Policy in Singapore. In Tollefsen/ Tsui, 117-133.

Pan, Christoph (2006) Die Minderheitenrechte in Frankreich. In Pan/ Pfeil, 169-187.

Pan, Christoph/ Pfeil, Beate S. (eds.) [2002] (2006) *Minderheitenrechte in Europa* (Handbuch der europäischen Volksgruppen, Bd. 2). 2., überarb. und aktualisierte Aufl. Wien/ New York: Springer.

Panzer, Baldur (1997) Sprachenkarte von Polen. In Goebl/ Nelde/ Starý/ Wölck, 2037-2039.

Paqué, Ruprecht (1980) Sprachen und Sprachendienste der Vereinten Nationen. *Vereinte Nationen* 5: 165-171.

- (1987a) Deutsche Sprachenscheidungen im politischen Umfeld der Vereinten Nationen. *Muttersprache* 97 (1/ 2): 42-51.

- (1987b) Vereinte Nationen: Dreisprachigkeitsliste Vereinte Nationen Englisch-Französisch-Deutsch. *Vereinte Nationen* 4: 150-151.

- (1997) Vielsprachigkeit, Mehrsprachigkeit, Einsprachigkeit : Zu den Sprachen der Vereinten Nationen und zur Resolution 50/ 11 der Generalversammlung über "Multilingualism". *Vereinte Nationen* 45: 61-68.

Van Parijs, Philippe (2001a) Linguistic justice. *Politics, Philosophy & Economics* 1: 59-74.

- (2001b) Le rez-de-chaussée du monde. Sur les implications socio-économiques de la mondialisation linguistique. In Delcourt, J./ Woot, Ph. de (eds.) *Les défis de la globalisation. Babel ou Pentecôte?* Louvain-la-Neuve: Presses universitaires de Louvain, 479-500.

- (2004a) Europe's linguistic challenge. *Archives Européennes de Sociologie*, XLV (1): 113-154.

- (2004b) L'anglais lingua franca de l'Union européenne: impératif de solidarité, injustice distributive, source d'injustice, facteur de déclin? *Èconomie publique* 15 (2): 13-32.

- (2007a) Tackling the Anglophones' free ride: fair linguistic cooperation with a global lingua franca. *AILA Review* 20: 72-87.

- (2007b) Linguistic diversity as curse and as by-product. In Arzoz, X. (ed.) Respecting Linguistic Diversity in the European Union. Amsterdam: Benjamins, 17-46.

- (2011) *Linguistic Justice – for Europe and for the World.* New York: Oxford University Press.

Patten, A. (2001) Political Theory and Language Policy. *Political Theory* 29: 691-715.

- / Kymlicka, W. (2003) Introduction: Language Rights and Political Theory: Context, Issues, and Approaches. In Kymlicka, W./ Patten, A. (eds.) *Language Rights and Political Theory.* New York: Oxford University Press, 1-51.

Pavlychko, Oksana (2010) Deutsch in der Ukraine. In Krumm/ Fandrych/ Hufeisen/ Riemer, Bd. 2, 1823-1827.

Pazi, Margarita (ed.) (1979) *Nachrichten aus Israel. Deutschsprachige Literatur in Israel.* Hildesheim: Olms.

Pearl, Stephen B. (1996) Changes in the Pattern of Language Use in the United Nations. In Müller, K. E. (ed.) *Language Status in the Post-Cold-War Era.* Lanham, Md.: University Press of America, 29-42.

Pedersen, Karen Margrethe (1996) Die deutsche Minderheit in Dänemark und die dänische Minderheit in Deutschland. In Hinderling/ Eichinger, 31-59.

- (2000) A national minority with a transethnic identity – the German minority in Denmark. In Wolff, 15-28.

- (2005) Languages and identities in the national minorities in the Danish German border region and in the Bonn-Copenhagen Declarations. In Kühl, J./ Weller, M. (eds.) *Minority Policy in Action: The Bonn-Copenhagen Declarations in a European Context 1955.* Flensburg: European Centre for Minority Issues, 91-139.
Pei, Mario (1958) *One Language for the World.* New York: Devin-Adair.
- (1966) *Glossary of Linguistic Terminoloy.* Garden City, NY: Anchor Books.
Pelech, William (2002) Charting the interpersonal underworld: The application of cluster analysis to the study of interpersonal coordination in small groups. *Currents: New Scholarship in the Human Services*: (1)1.
Penner, Horst (1972) *Weltweite Bruderschaft. Ein mennonitisches Geschichtsbuch.* 3. Aufl. Karlsruhe: Mennonitischer Geschichtsverein.
Pennycook, A. (1994) *The Cultural Politics of of English as International Language.* Harlow: Longman.
Pentlin, Susan L. (1977) *Effect of the Third Reich on the Teaching of German in the United States:* A Historical Study. Diss. University of Kansas, Microfiche.
Perfilowa, Galina (2011) Deutsch als fremdsprachliches Schulfach in Russland. In Ammon/ Kemper, 138-158.
Perlman-Balme, Michaela (2000) *Prüfung Wirtschaftsdeutsch International. Handbuch, Prüfungsziele, Testbeschreibung.* München: Goethe-Institut.
Perlmutter, Howard V. (1969) The tortuous evolution of the multilingual corporation. *Columbia Journal of World Business* Jan./ Feb.: 9-18.
Peter, Karl A. (1987) *The Dynamics of Hutterite Society. An Analytical Approach.* Edmonton: University of Alberta Press.
Petereit, Katja/ Spielmanns-Rome, Elke (2010) Sprecht Deutsch mit uns!" *Forschung & Lehre* 17: 172f.
Petersen, Carl u. a. (eds.) (1933) *Handwörterbuch des Grenz- und Auslandsdeutschtums*, 2 Bde. Breslau: Hirt.
Petersen, Karen (1993) *Zur Situation des Deutschen als Fremdsprache im multikulturellen Australien.* Frankfurt a. M.: Lang.
Petit, Jean (1993) *L'Alsace à la reconquête de son bilinguisme.* Nancy: SALDE.
- (1997) Français – allemand. In Goebl/ Nelde/ Starý/ Wölck, 1222-1240.
Petry, Uwe (2004) Deutsche Sprachpolitik in der Europäischen Union. In Lohse, 43-50.
Philipp, Andrea M./ Koch, Iring (2011) Babylonische Zeitkosten? Vom Wechsel der Sprache in der wissenschaftlichen Kommunikation. *Forschung & Lehre* 18: 54f.
Philippi, Paul (2009) Zur Erhaltung autochthoner Minderheiten unter Diasporabedingungen am Beispiel der deutschen Minderheit in Rumänien. *Europäisches Journal für Minderheitenfragen* 2 (1): 32-38.
Phillips, Francis C. [1913, 1915] (1924) *Chemical German. An Introduction to the Study of German Chemical Literature, Including Rules of Nomenclature, Exercises for Practice and a Collection of Extracts from the Writings of German Chemists and Other Scientists and a Vocabulary of German Chemical Terms and Others Used in Technical Literature.* 2nd ed. Eston, PA: The Chemical Publishing Company.
Phillipson, Robert (1990) *English Language Teaching and Imperialism.* Tronninge: Transcultura.
- (1992) *Linguistic Imperialism.* Oxford: Oxford University Press.
- (2000) Angelsächsische Sprachförderungspolitik. In Ammon 2000c,121-133.
- (2003) *English-only Europe? Challenging Language Policy.* London: Routledge.

- (2006a) Colonization and Decolonization. In Ammon/ Dittmar/ Mattheier/ Trudgill, 2233-2239.
- (2006b) Language Spread. In Ammon/ Dittmar/ Mattheier/ Trudgill, 2299-2307.
- (2006c) English: A Cuckoo in the European Higher Education Nest of Language? *Euroepean Journal of English Studies* 10 (1): 13-32.
- / Skutnabb-Kangas, Tove (1994) English, Panacea or Pandemic. In *Sociolinguistica* 8: 73-87.
- / - (1999) Englishisation: One Dimension of Globalization. In Graddol/ Meinhof, 19-36.

The Philosopher's Index 1940 – March, 1997 (on Disc) (1997), Bowling Green, OH: Philosopher's Information Center.

Physics Abstracts (Science Abstracts Series A). (1898ff.) Piscataway, NJ: Institute of Electrical Engineers.

Physics Briefs (1978-1994). Karlsruhe: Fachinformationszentrum.

Physikalische Berichte (1920-1978) Braunschweig: Vieweg (Fortsetzung von *Fortschritte der Physik*].

Picot, Arnold (1993) Transaktionskosten. In Wittmann, W. u.a. (ed.) *Handwörterbuch der Betriebswirtschaft*. Teilband 3. Stuttgart: Schäfer-Posche, 4194-4204.

Pieper, Frauke (2000) *Der deutsche Auslandsrundfunk. Historische Entwicklung, verfassungsrechtliche Stellung, Funktionsbereich, Organisation und Finanzierung*. München: Beck.

de Pietro, Jean-François (1994) Une variable négligée: les attitudes. Représentations culturelles de l'Allemagne et apprentissage de l'allemand. *Education et recherche* 16 (1): 89-111.

Pigeroth-Piroth, Isabella/ Fehlen, Fernand (2005) *Les langues dans les offres d'emploi du Luxemburger Wort 1984-2004*. Luxemburg: Université du Luxemburg.

Pinker, Steven [2011, engl.] (2013) *Gewalt. Eine neue Geschichte der Menschheit*. Frankfurt a. M.: Fischer.

Piron, Claude (2001) L'europe trilingue: un espoir realiste? In Chaudenson, 93-102.

Pistor, Hans-Henning (ed.) (1997) *Hochschulstandort Deutschland. Sind die deutschen Hochschulen international wettbewerbsfähig?* Essen: Stifterverband für die deutsche Wissenschaft.

Plewnia, Albrecht/ Weger, Tobias (2008) Slowakei. In Eichinger/ Plewnia/ Riehl, 243-264.

Plutzar, Verena (2010) Zuwanderung und Sprachenpolitik der deutschsprachigen Länder. In Krumm/ Fandrych/ Hufeisen/ Riemer, Bd. 1, 107-123.

Pogarell, Reiner (2007) *Warum sollen Dänen Deutsch lernen, studieren und sprechen?* Aalborg/ Paderborn: IFB Verlag.

Pogorelskaja, Swetlana W. (2009a) Teil der neuen Strategie – Die Nichtregierungsorgisationen. In Maaß (2009a), 281-291.

- (2009b) Im Ausland einmalig – Die politischen Stiftungen. In Maaß (2009a), 293-304.

Polat, Tülin (2004) Die wissenschaftliche Deutschlehrerausbildung in der Türkei: Ein Garant für das Deutsche? In Durzak/ Kuruyazızı, 317- 334.

- / Tapan, Nilüfer (2003) Neustrukturierungen im Prozess der Deutschlehrerausbildung in der Türkei. In Neuner, G. (ed.) *Internationales Qualitätsnetz: Deutsch als Fremdsprache. Tagungsdokumentation 2002*. Kassel: kassel university press, 53-66.

von Polenz, Peter (1994-2000) *Deutsche Sprachgeschichte vom Spätmittelalter bis zur Gegenwart*. (1994) Bd 2: *17. und 18. Jahrhundert*; (1999) Bd. 3: *19. und 20 Jahrhundert*; (2000) Bd. 1: *Einführung, Grundbegriffe, 14.-16. Jahrhundert*. Berlin/ New York: de Gruyter.

Ponti, Donatella (2001) Deutschunterricht und Gemanistikstudium in Italien. In Helbig/ Götze/ Henrici/ Krumm, Bd.2: 1509-1515.

Pool, Jonathan (1991) The world language problem. *Rationality and Society* 3 (1): 78-105.
- (1996) Optimal language regimes for the European Union. *International Journal of the Sociology of Language* 121: 159-179.
- (2010) Panlingual globalization. In Coupland, 142-161.
Popp, Heidrun (1995) *Deutsch als Fremdsprache. An den Quellen eines Faches. Festschrift für Gerhard Helbig zum 65. Geburtstag.* München: Iudicium.
Pörksen, Uwe (1983) Der Übergang vom Gelehrtenlatein zur deutschen Wissenschaftssprache. Zur frühen deutschen Fachliteratur und Fachsprache in den naturwissenschaftlichen und mathematischen Fächern (ca. 1500 - 1800). *Zeitschrift für Literaturwissenschaft und Linguistik* 13 (51/52): 227-258.
- (1986) *Deutsche Naturwissenschaftssprachen. Historische und kritische Studien.* Tübingen: Narr.
- (1989) The transition from Latin to German in the natural sciences and its consequences. In Coulmas, F. (ed.) *Language Adaption.* Cambridge, London: Cambridge University Press, 127-134.
- (ed.) (2005) *Die Wissenschaft spricht Englisch? Versuch einer Standortbestimmung.* O.O.: Wallstein.
Posner, Roland (1991a) Society, civilization, mentality: Prolegomena to a language policy for Europe. In Coulmas, 121-137.
- (1991b) Der polyglotte Dialog. Ein Humanistengespräch über Kommunikation im mehrsprachigen Europa. *Sprachreport* (3): 6-10.
- (1992): Maximen der Sprachverwendung im europäischen Kulturverbund. *Sprachreport* 2-3: 4f.
Povejšil, Jaromír (1997) Tschechisch – Deutsch. In Goebl/ Nelde/ Starý/ Wölck, 1656-1662.
Prah, Kwesi K. (2004) Harmonizing and standardizing African languages for scientific and technological development: The CASAS experience. In Kristinsson, A. P./ Kristmannsson, G. (eds.) *Málstefna/ Language Planning.* Reykjavík: Íslensk málnefnd, 179-195.
Praxenthaler, Martin (2000) Förderung von Deutsch durch die DDR. In Ammon 2000c, 51-60.
- (2002) *Die Sprachenverbreitungspolitik der DDR. Die deutsche Sprache als Mittel sozialistischer auswärtiger Kulturpolitik.* Frankfurt a. M.: Lang.
Prebersen, Nina K./ Larsen, Sven/ Abelsen, Birgit (2003) I'm not a typical tourist: German tourists' self-perception, activities, and motives. *Journal of Travel Research*: 416-420.
Presse- und Informationsamt der Stadt Wuppertal u.a. (ed.)[1984] *Deutschsprachige Medien in aller Welt. Katalog zur Ausstellung in Wuppertal vom 14. bis 27. September 1984.* Wuppertal.
Priegnitz, Frauke (2007) *Die Motivation ausländischer Studierender für den Hochschulstandort Deutschland.* Unveröff. Magisterarbeit Universität Hamburg.
- (2015) *Internationale Absolventen im Spannungsfeld zwischen englischsprachigem Studium und landessprachigem Umfeld. Eine Untersuchung am Beispiel der Studienstandorte Deutschland und Dänemark.* Frankfurt a. M.: Lang
Projektgruppe Spracheinstellungen [2009] (2011) *Aktuelle Spracheinstellungen in Deutschland. Erste Ergebnisse einer bundesweiten Repräsentativumfrage.* 2. Aufl. Mannheim: Institut für Deutsche Sprache und Universität Mannheim.
Prokop, Manfred (2005) Deutsch als Fremdsprache (DaF) an kanadischen Schulen und Hochschulen. *Jahrbuch für Internationale Germanistik* 37 (1): 63-82.
Prucha, Jan (1983) Foreign Language Needs in Czechoslovakia: Situation and Theory. In Van Els/ Oud-de Glas, 171-184.

Publishing Translations in Europe (2010) *Trends 1990 – 2005.* Aberystwyth University, Wales UK: Mercator Institute for Media, Languages and Culture.
Pumberger, Klaus (1997) Deutsch-tschechische Kommunikation in Joint ventures. Ein Erfahrungsbericht. In Höhne/ Nekula, 89-97.
Pütz, Joe (2001) *Das grosse Dickschenärie.* Windhoek: Peters Antiques.
Pütz, Martin (1991) „Südwesterdeutsch" in Namibia: Sprachpolitik, Sprachplanung und Spracherhalt. *Linguistische Berichte* 136: 455-476.
- (1992) The present and future maintenance of German in the context of Namibia's official language policy. *Multilingua* 11 (3): 293-323.
- (1995) (ed.). *Discrimination through Language in Africa? Perspectives on the Namibian Experience.* Berlin/ New York: de Gruyter.
- (2004) Sprachrepertoire. In Ammon/ Dittmar/ Mattheier/ Trudgill, 226-231.
- (2007) The dynamics of language policy in Namibia: A view from cognitive sociolinguistics. In Van der Walt, Ch. (ed.) *Living Through Languages: An African Tribute to René Dirven.* Stellenbosch: SUN Press, 91-113.
Quell, Carsten (1997) Language choice in multilingual institutions. A case study at the European Commission with particular reference to the role of English, French, and German as working languages. *Multilingua* 16 (1): 57-76.
Quetz, Jürgen (2002) Der gemeinsame europäische Referenzrahmen: Ein Schatzkästlein mit Perlen, aber auch mit Kreuzen und Ketten. In Bausch, K.-R. (ed.) *Der Gemeinsame europäische Referenzrahmen für Sprachen in der Diskussion.* Tübingen: Narr, 145-155.
- (2010) Auf dem Wege zur fremdsprachlichen Monokultur? Fremdsprachen an den Schulen der Bundesrepublik Deutschland. *Sociolinguistica* 24: 170-186.
-/ Karin Vogt (2009) Nationale Bildungsstandards für die Erste Fremdsprache: Sprachenpolitik auf unsicherer Basis. Antwort auf das Positionspapier der DGFF *Zeitschrift für Fremdsprachenforschung* 20 (1): 61-87.
Raasch, Albert (1997) *Sprachenpolitik Deutsch als Fremdsprache. Länderberichte zur internationalen Diskussion.* Amsterdam/ Atlanta GA: Rodopi.
- (2002) *L'Europe, les frontiers et les langues.* Strasbourg: Conseil de l'Europe.
- / Cuny, Marie-Laure/ Bühler, Peter/ Magar, Christoph (eds.) (1992) *Schwerpunktthema: „Nachbarsprachen in Europa". Kurzfassungen der Kongreßbeiträge der 23. Jahrestagung der Gesellschaft für Angewandte Linguistik (GAL).* Saarbrücken: Universität des Saarlandes.
Rabiazamaholy, Harisoa Tiana (2002) Zukunftsperspektive der deutschen Sprache und der Germanistik im Senegal. *Jahrbuch für Internationale Germanistik* 34 (1): 49-59.
Radtschenko, Oleg (2011a) Die Berufschancen von Russinnen und Russen mit Deutschkenntnissen. In Ammon/ Kemper, 287-292.
- (2011b) Die Alexander von Humboldt-Stiftung in Russland. In Ammon/ Kemper, 375-381.
Raith, Joachim (1991) Diachronic and synchronic aspects of status change: the case of the Old Order Amish and related groups. In Ammon/ Hellinger, 457-483.
- (2004) Sprachgemeinschaft – Kommunikationsgemeinschaft. In Ammon/ Dittmar/ Mattheier/ Trudgill, 146-158.
Rajan, Rekha Kamath (2001) Deutschunterricht und Germanistikstudium in Indien. In Helbig/ Götze/ Henrici/ Krumm, Bd.2, 1570-1575.
- (2010) Deutsch in Indien. In Krumm/ Fandrych/ Hufeisen/ Riemer, Bd. 2, 1680-1685.
Rash, Felicity (1998) *The German Language in Switzerland. Multilingualism, Diglossia and Variation.* Bern: Lang.

Rat der deutschen Kulturgemeinschaft (ed.) (1978) *Unser Rat. Eine Information des Rates der deutschen Kulturgemeinschaft.* Eupen.

Rat der Deutschsprachigen Gemeinschaft [1989] *Die Deutschsprachige Gemeinschaft nach der Verfassungsreform von 1983.* Eupen (Drucksache des Rates).

Rau, Arnold (1986) Deutschlehrerausbildung in Ägypten. *Jahrbuch Deutsch als Fremdsprache* 12: 326-335.

Ray, Punya S. (1963) *Language Standardization.* The Hague: Mouton.

Reershemius, Gertrud (2010) Deutsch in Großbritannien. In Krumm/ Fandrych/ Hufeisen/ Riemer, Bd. 2, 1674-1680.

Regler, Beate (2005) *Deutsch-chinesische Studienprogramme: Analyse und Empfehlungen* (Beiträge zur Hochschulpolitik 8). Bonn: Hochschulrektorenkonferenz.

Reich, Hans H. (2008) Immigrantensprachen in Deutschland. In Ammon/ Haarmann, Bd.1, 519-532.

Rein, Kurt (1977) *Religiöse Minderheiten als Sprachgemeinschaftsmodelle. Deutsche Sprachinseln täuferischen Ursprungs in den Vereinigten Staaten von Amerika.* Wiesbaden: Steiner.

- (1979) Deutsche Minderheiten täuferischen Ursprungs im Mittelwesten der USA. In Auburger/ Kloss/ Rupp, 173-189.

- (1984) Soziokulturelle und sprachliche Wandlungen bei den Hutterern – Beobachtungen anlässlich eines neuerlichen Besuches. In Wiesinger, P. (ed.) *Beiträge zur bairischen und ostfränkischen Dialektologie.* Göppingen: Kümmerle, 249-266.

- (1997) Rumänisch – Deutsch. In Goebl/ Nelde/ Starý/ Wölck, 1470-1477.

- (1999) Diglossie und Bilingualismus bei den Deutschen in Rumänien und Ungarn sowie den GUS-Staaten. In Stehl, T. (ed.) *Dialektgenerationen, Dialektfunktionen, Sprachwandel.* Tübingen: Narr, 37-53.

Reinbothe, Roswitha (1992) *Kulturexport und Wirtschaftsmacht: Deutsche Schulen in China vor dem ersten Weltkrieg.* Frankfurt a.M.: Verlag für Interkulturelle Kommunikation.

- (2000) Verbreitung der deutschen Sprache in Kaiserreich und Weimarer Republik. In Ammon 2000c, 31-41.

- (2006) *Deutsch als internationale Wissenschaftssprache und der Boykott nach dem Ersten Weltkrieg.* Frankfurt a.M. usw.: Lang.

- (2007a) Deutsche Schulen in China vor dem Ersten Weltkrieg. In Ammon/ Reinbothe/ Zhu, 27-40.

- (2007b) Deutsche Hochschulgründung in China vor dem Ersten Weltkrieg. In Ammon/ Reinbothe/ Zhu, 41-53.

- (2007c) Die deutsche Sprache in chinesischen und deutschen Bildungseinrichtungen in China nach dem Ersten Weltkrieg. In Ammon/ Reinbothe/ Zhu, 68-81.

- (2011) Geschichte des Deutschen als Wissenschaftssprache im 20 Jahrhundert. In Eins/ Glück/ Pretscher, 49-66.

- [2013] *Mehrsprachigkeit auf internationalen Kongressen.* Unveröff. Forschungsbericht für die Fritz Thyssen Stiftung. Aktenzeichen II/83034.

Reinhardt, Kurt (1979) Stellungnahme zu H. Lippert: Rückzug der deutschen Sprache aus der Medizin? *Medizinische Klinik* 74 (11): 408f.

Reinhöfer, Nicolle (2009) *Untersuchungen zur Wissenschaftssprache und zum Publikationsverhalten in zahnmedizinischen Zeitschriften von 1970 bis 2005.* Unveröff. Diss. med. dent. Friedrich-Schiller-Universität Jena.

Der Rektor der Karl-Marx-Universität Leipzig (ed.) (1987) *30 Jahre Herder-Institut der Karl-Marx-Universität Leipzig. Reden anläßlich des Festaktes am 20. Juni 1986.* Leipzig: Karl-Marx-

Universität.

Remme, Karl/ Esch, Margarete (1927) *Die französische Kulturpropaganda. Auf der Grundlage französischen Quellenmaterials und eigener Beobachtungen im Ausland.* Berlin: Preussische Druckerei- und Verlags A.G.

Report of the Committee on an International Auxiliary Language accepted by the Council at Toronto, December 29, 1921 (1922). *Science* 60 (1416), February 17.

A Report to the President from the President's Commission on Foreign Language and International Studies (1979) *Strength Through Wisdom - A Critique of US Capability and Background Papers and Studies*, 2 Bde. Washington D.C.: Government Printing Office.

Reuter, Ewald/ Piitulainen, Marja-Lena (eds.) (2003) *Internationale Wirtschaftskommunikation auf Deutsch. Die deutsche Sprache im Handel zwischen den nordischen und den deutschsprachigen Ländern.* Frankfurt a.M. usw.: Lang.

Reuter, Ewald/ Minkkinen, Eila (2001) Interkulturelle Wirtschaftskommunikation zwischen Finnland und den deutschsprachigen Ländern. Bestandsaufnahme, Probleme, Lösungen. In Reuter/ Piitulainen, 27-49.

Ricento, Thomas (ed.) (2006) *An Introduction to Language Policy. Theory and Method.* Oxford: Blackwell.

Richards, J. A. (1943) *Basic English and its Uses.* London: Kegan Paul.

Rickert, Heinrich (1899) *Kulturwissenschaft und Naturwissenschaft.* Freiburg: Mohr:

Riedmann, Gerhard (1984) Literatur eines Grenzlandes im Übergang. Überlegungen zur zeitgenössischen deutschsprachigen Literatur in Südtirol. In Ritter, 65-84.

Riehl, Claudia M. (2000) Nationale und regionale Identität: Das Beispiel der deutschsprachigen Minderheit in Südtirol. In Haslinger, P. (ed.) *Identitäten und Alteritäten.* Würzburg: Ergon, 143-153.

- (2004) *Sprachkontaktforschung. Eine Einführung.* Tübingen: Narr.

- (2008) Die deutschen Sprachgebiete in Mittel- und Osteuropa. In Eichinger/ Plewnia/ Riehl, 1-16.

Riemer, Claudia (2010) Motivierung. In Krumm/ Fandrych/ Hufeisen/ Riemer, Bd. 2, 1152-1157.

- (2011) Warum Deutsch (noch) gelernt wird - Motivationsforschung und Deutsch als Fremdsprache. In Barkowski/ Demmig/ Funk/ Würz, 327-340.

- / Schlak, Torsten (eds.) (2004) *Der Faktor Motivation in der Fremdsprachenforschung.* Darmstadt: Sprachenzentrum der Technischen Universität.

Rindler-Schjerve, Rosita (1998) Codeswitching as an indicator for language shift? Evidence from Sardinian – Italian bilingualism. In Jacobson, R. (ed.) *Codeswitching Worldwide.* Berlin/ New York: Mouton de Gruyter, 221-241.

Risager, Karen (2000) Bedeutet Sprachverbreitung immer auch Kulturverbreitung? In Ammon 2000c, 9-18.

Risse, Stephanie/ Roll, Heike (1997) Haben rußlanddeutsche Sprache und Kultur eine Zukunft? Zur Lage der deutschen Minderheiten in den Nachfolgestaaten der Sowjetunion. In Erfurt, J./ Redder, A. (eds.) *Spracherwerb in Minderheitensituationen. OBST* 54: 192-217.

Ritter, Alexander (ed.) (1984) *Kolloquium zur Sprache und Sprachpflege der deutschen Bevölkerungsgruppen im Ausland. Referate und Auswahlbibliographie.* Flensburg: Institut für Regionale Forschung und Information.

- (1986) Deutschunterricht und Spracherhalt im Ausland. Notierungen zu einem besorgniserregenden Kapitel deutscher Unterrichts- und Sprachgeschichte. *Deutsche Studien* 24 (94): 155-164.

Ritter, Ernst (1976) *Das Deutsche Ausland-Institut in Stuttgart 1917–1945. Ein Beispiel deut-*

scher Volkstumsarbeit zwischen den Weltkriegen. Wiesbaden: Steiner.
Robbins, Anthony/ Freeman, Phyllis (2007) AuthorAID: Developmental editing assistance for researchers in developing countries. European Scinece Editing 33 (1): 9-10.
Robertson, Roland (1992) Globalization. Social Theory and Global Culture. London: Sage.
- (1995) Globalization: time-space and heterogeneity-homogeneity. In: Featherstone, M./ Lash, S./ Robertson R. Global Modernities. London: Sage, 25-44.
Robinson, H[arry] (1976) A Geography of Tourism. London: Macdonald and Evans.
Rocco, Goranka (2010) Deutsch und Deutschlandbild an einer italienischen Universität. Eine Untersuchung zu den Spracheinstellungen der Studierenden. Roma: ARACNE.
- (2014) Sprachlernmotivation, aktuelle und zukünftige Rolle des Deutschen im Vergleich zu anderen Sprachen. Eine Längsschnittstudie zu den Spracheinstellungen der italienischen Studierenden. Deutsche Sprache 42 (2): 168-184.
Roche, Jörg (1989) Xenolekte. Struktur und Variation im Deutsch gegenüber Ausländern. Berlin/ New York: de Gruyter.
Rode, Rudolf (2008) Deutsch an südafrikanischen Schulen. Eine Bestandsaufnahme. eDUSA 3 (2): 26-29. (www.sagv.org.za/publ_dusa.htm)
Roemen, Rob (1998) Amtssprache(n) der EU: English wäre der Favorit. In: EUmagazin (172): 34-36.
Roggausch, Werner (1996) Als Lektor im Ausland. Das Lektorenprogramm des DAAD. Zielsetzungen und Verfahren. Bonn: Deutscher Akademischer Austauschdienst.
- / Giersberg, Dagmar (eds.) Deutsch als Wissenschaftssprache (Sektion III „Wissenschaft ist mehrsprachig" im Rahmen des Festivals „Die Macht der Sprache, Berlin 15./16. Juni 2007). Bonn: Deutscher Akademischer Austauschdienst.
Rogler, Beate (2005) Deutsch-chinesische Studienprogramme. Analyse und Empfehlungen (Beiträge zur Hochschulpolitik 8/2005). Bonn: Hochschulrektorenkonferenz.
Rohkohl, Kai (1993) Die plautdietsche Sprachinsel Fernheim/ Chaco (Paraguay). Dokumentation des Sprachverhaltens einer russlanddeutschen Mennonitenkolonie. Marburg: Elwert.
Rokoszova, Jolanta (1997) Poland. In Goebl/ Nelde/ Starý/ Wölck, 1583-1594.
Römer, Christof/ Schöpper-Grabe, Sigrid/ Wegner, Anne/ Weiß, Reinhold (2004) Bilateraler Fremdsprachenbedarf in Deutschland und Frankreich. Eine Bestandsaufnahme in Großunternehmen. Abschlussbericht. Köln: Institut der deutschen Wirtschaft Köln. 13.04.2006.(www.iwkoeln.de/default.aspx?p=cont&i=18779&n=Informationen210&m=pub&f=1&b=Informationen)
Rønhof, Charlotte (2010) Linguistic conditions in Danish industries. In Stickel, 61-66.
Rönnefarth, Helmut K.G./ Euler, Heinrich (1958/ 1959/ 1963) Konferenzen und Verträge: Vertrags-Ploetz, Teil II. 3. Band: Neuere Zeit, 1492-1914; Band 4A: Neueste Zeit, 1914-1959; Band 4B: Neueste Zeit, 1959-1963. Würzburg: Ploetz.
Röper, Horst (2002a) Der internationale Zeitungs- und Zeitschriftenmarkt. In Leonhard u.a., 2661-2665.
- (2002b) Die internationale Medienverflechtung. In Leonhard u.a., 2694-2698.
Rosenberg, Artur (1953) Frankreichs Kampf um unsere Sprache. Keine hundert Menschen konnten ein deutsches Buch lesen. Die Zeit (12) 19.03. (www.zeit.de/1953/12/frankreichs-kampf-um-unsere-sprache)
Rosenberg, Peter (1994) Varietätenkontakt und Varietätenausgleich bei den Rußlanddeutschen: Orientierungen für eine moderne Sprachinselforschung. In Berend/ Mattheier, 123-164.
- (2003a) Comparative speech island research: some results from studies in Russia and Brazil.

In Keel/ Mattheier, 199-238.
- (2003b) Vergleichende Sprachinselforschung. Sprachwandel in deutschen Sprachinseln in Russland und Brasilien. In Harden, T./ Hentschel, E. (eds.) *Particulae particularum. Festschrift zum 60. Geburtstag von Harald Weydt*. Tübingen: Stauffenburg, 273-323.
- / Weydt, Harald (1992) Sprache und Identität: Neues zur Sprache der Deutschen in der Sowjetunion. In Eisfeld, A/ Meissner, B./ Neubauer, H. (eds.) Die Russlanddeutschen – Gestern und heute. Köln: Markus, 217-238.
Rosensträter, Heinrich (1985) *Deutschsprachige Belgier. Geschichte und Gegenwart der deutschen Sprachgruppe in Belgien*, 3 Bde. Aachen: Selbstverlag.
Rosenthal, Erwin T. (1980) Rahmenbedingungen einer fremdsprachlichen Germanistik. Ein Situationsbild am Beispiel Brasiliens. *Fremdsprache Deutsch*: 300-313.
Rösler, Dietmar (2001) Deutschunterricht und Germanistikstudium in Großbritannien. In Helbig/ Götze/ Henrici/ Krumm, Bd.2: 1464-1471.
Ross, Andreas (2003) *Europäische Einheit in babylonischer Vielfalt. Die Reform des Sprachenregimes der Europäischen Union im Spannungsfeld von Demokratie und Effizienz*. Frankfurt a. M. usw.: Lang.
Ross, Sherman/ Shilling, Charles W. (1966) Language requirements for the Ph.D. *Science* 153: 1595
Ross, Werner (1967) Die Stellung der deutschen Sprache in der Welt. In Wiese, B. v./ Henns, R. (eds.) *Nationalismus in Germanistik und Dichtung*. Berlin: Schmidt, 219-227.
- (1969) Ist Deutsch noch eine Weltsprache? In Triesch, M. (ed.) *Probleme des Deutschen als Fremdsprache*. München: Hueber, 15-23.
- (1972) *Deutsch in der Konkurrenz der Weltsprachen*. München: Hueber.
- (1987) Wettkampf der Sprachen. Zur Rolle des Deutschen in der Welt. In Sturm, 101-107.
Rossbach, Udo (1980) *Die auswärtige Kulturpolitik der Bundesrepublik Deutschland: Grundlagen, Ziele, Aufgaben. Eine Titelsammlung. Stand: Ende 1979*. Stuttgart: Institut für Auslandsbeziehungen.
Rossner, Mike/ Van Epps, Heather/ Hill, Emma (2007) Show me the data. *The Journal of Experimental Medicine* 204 (13): 3052-3053.
Roth, G. (1989) Anmerkungen zu den „Bemerkungen zum Sprachenstreit in der deutschen Psychologie" von Wolfgang Marx. *Psychologische Beiträge* 40: 94-96.
Rottleuthner, Hubert (1973) *Rechtswissenschaft als Sozialwissenschaft*. Frankfurt a.M.: Fischer Taschenbuch Verlag.
Roudybush, Franklin (1972) *Diplomatic Language*. Basel: Satz + Repro AG.
Rowley, Anthony (1996) Die Sprachinseln der Fersentaler und Zimbern. In Hinderling/ Eichinger, 263-285.
Røyneland, Unn (ed.) (1997) *Language Contact and Language Conflict*. Volda: University of Oslo.
von Ruckteschell, Katharina (2007) Goethe in Europa. Das Institut und seine Sprachenpolitik in der EU. *Muttersprache* 117 (2): 145-154.
Ruecker-Guitelmacher, Katrin (2009) *Le triangle Paris – Bonn – Londres et le processus d'adhésion britannique au marché commun 1969 – 1973. Quel rôle pour le trilateral au sein du multilatéral?* Unveröff. Diss. Institut d'Etudes Politique de Paris/ Philipps-Universität Marburg.
Rudolf, Walter (1972) *Die Sprache in der Diplomatie und internationalen Verträgen*. Frankfurt a.M.: Athenäum.
Ruhlen, Merritt (1987) *A Guide to the World's Languages,* Bd. 1: *Classifications*. London:

Edward Arnold.
Rupp, Heinz (1983) Deutsch in der Schweiz. In Reiffenstein, I. u.a. (eds.) *Tendenzen, Formen und Strukturen der deutschen Standardsprache nach 1945.* Marburg: Elwert, 29-39.
Rustow, Dankwart A. (1968) Language, modernization, and nationhood - an attempt at typology. In Fishman, J. A./ Ferguson, A./ Das Gupta, J. (eds.) *Language Problems of Developing Nations.* New York usw.: Wiley, 87-105.
Rüttgers, Jürgen (1997) Studienstandort Deutschland attraktiver gestalten. Immer weniger ausländische Studenten in Deutschland. *Forschung & Lehre* 4: 182-184.
Saari, Mirja (2000) Die Stellung des Hochdeutschen in der finnischen Kulturtradition. In Naumann/ Müller, 155-167.
Sadmon, Zeev W. (1994) *Die Gründung des Technions in Haifa im Lichte deutscher Politik 1907-1920.* München: Saur.
Said, Edward W. (1978) *Orientalism.* London: Routledge & Kegan Paul.
Sakaguchi, Alicja (1987) Welthilfssprache. In Ammon/ Dittmar/ Mattheier, 365-370.
- (1989) Towards a clarification of the function and status of international planned languages. In Ammon 1989d, 399-440.
Salager-Meyer, Françoise (2008) Scientific publishing in developing countries: challenges for the future. *Journal of English for Academic Purposes* 7: 121-132.
Salzmann, Oswald (1913) *Das vereinfachte Deutsch: Die Sprache aller Völker.* Leipzig: Salzmann.
Sambe, Shinichi [2013] Abweichende Gründe und Motivationen zum hochschulischen Lernen der deutschen Sprache als "Kultursprache" – Studierende lernen anders als Schüler. Vortrag bei Podiumsdiskussion der Internationalen Deutschlehrertagung in Bozen, August 2013. (www.idt-2013.it/DE/PROGRAMM/PODIEN/P5.html)
Sánchez, Aquilino (1992) Política de difusión del español. In Ammon/ Kleineidam, 51-69.
Sandelin, Bo/ Sarafoglou, Nikias (2004) Language and scientific publication statistics. *Language Problems and Language Planning* 28: 1-10.
Sanders, A. F. (1989) Some Comments on Marx' „Bemerkungen zum Sprachenstreit in der deutschen Psychologie." *Psychologische Beiträge* 40: 93-94.
Sanders, Willi (1974) Deutsch, Niederdeutsch, Niederländisch. In Goossens, 1-22.
Sandrock, Otto (1999) Die deutsche Sprache und das internationale Recht: Fakten und Konsequenzen. In Hübner, U./ Ebke, W. (eds.) *Festschrift für Bernhard Großfeld zum 65. Geburtstag.* Heidelberg: Verlag Recht und Wirtschaft, 971-995.
Sano, H. (2002) A survey of English as the universalizing language of chemistry: the world's lingua franca of Science. *English Today* 18: 45-49.
de Santis, Mark/ Hauber, Eric/ Pearce, Thomas L. (1972) Foreign language requirements for foreign language students in Anatomy. *Journal of Medical Education* 47: 297-301.
Sartingen, Kathrin (2001) Deutschunterricht und Gemanistikstudium in Brasilien. In Helbig/ Götze/ Henrici/ Krumm, Bd.2: 1445-1449.
Sasalatti, Shrishail (1978) Zum Deutschunterricht in Indien. *Indo-German* 2: 30-37.
- (1990) Deutsch als Fremdsprache in Indien. Einige Grundüberlegungen. *Info DaF* 17 (31): 259-270.
Sasse, Hans-Jürgen (1992) Theory of language death. In Brenzinger, 7-30.
Sauer, Christoph (1989) Nazi-Deutsch für Niederländer. Das Konzept der NS-Sprachpolitik in der ‚Deutschen Zeitung in den Niederlanden' 1940-1945. In Ehlich. 237-288.
Sauer, Martina (2012) *Zusammenfassung der Ergebnisse der 12. Mehrthemenbefragung [Oktober] 2011.* Universität Duisburg-Essen: Stiftung Zentrum für Türkeistudien und Integrati-

onsforschung. (www.zfti.de)

Savedra, Mônica M. G./ Höhmann, Beate (2013) Das plurizentrische Deutsch in Brasilien und die regionale Kooffizialisierung eines ostniederdeutschen Dialekts. In Schneider-Wiejowski/ Kellermeier-Rehbein/ Haselhuber, 411-425.

Savory, Theodore H. (1953) *The Language of Science. Its Growth, Character and Usage.* London: Deutsch.

Scaff, Lawrence A. (2011) *Max Weber in America.* Princeton, N.J.: Princeton University Press.

Schabus, Wilfried (1994) Beobachtungen zu Sprachkontakt, Varietätenausgleich, Sprachloyalität und Sprachwechsel in Pozuzo (Peru) und bei den „Landlern" in Siebenbürgen. In Berend/ Mattheier, 221-262.

Schallenberg, Wolfgang (1987) Die Rolle der deutschen Sprache in der Auslandskulturpolitik Österreichs. In Sturm (1987a), 191-196.

- (2007) Beten, Arbeiten, Forschen und Erleben bei den Hutterern in Kanada. In Ahamer, J./ Lechleitner, G. (eds.) *Um-Feld-Forschung. Erfahrungen - Erlebnisse - Ergebnisse.* Wien: Verlag der Österreichischen Akademie der Wissenschaften, 63-77.

Scharpf, Fritz (1999) *Regieren in Europa. Effektiv und demokratisch?* Frankfurt a.M.: Campus.

Scheibe, Hubertus (1975) Der Deutsche Akademische Austauschdienst 1950 bis 1975. *DAAD-Forum* 7: 33-111.

Scheller, Hanspeter K. (2006) *Die Europäische Zentralbank – Geschichte, Rolle und Aufgaben* (übs. aus dem Englischen). 2. Aufl. Frankfurt a.M.: Europäische Zentralbank.

Scheuringer, Hermann (2008) Deutsche Sprachkultur in Bukarest. In Nekula, M./ Bauer, V./ Greule, A. (eds.) *Deutsch in multilingualen Stadtzentren Mittel- und Osteuropas. Um die Jahrhundertwende vom 19. zum 20. Jahrhundert.* Wien: Praesens, 125-137.

Schiewe, Jürgen (1991) Wissenschaftssprachen an der Albert-Ludwigs-Universität Freiburg. *Freiburger Universitätsblätter* 113: 17-51.

- (1996) *Sprachwechsel – Funktionswandel – Austausch der Denkstile. Die Universität Freiburg zwischen Latein und Deutsch.* Tübingen: Niemeyer.

- (2000) Von Latein zu Deutsch, von Deutsch zu Englisch. Gründe und Folgen des Wechsels von Wissenschaftssprachen. In Debus/ Kollmann/ Pörksen, 81-105.

Schiffman, Harold (1987) Losing the battle for balanced bilingualism: The German-American case. *Language Problems and Language Planning* 11: 67-81.

- (2009) Augusto Carli and Ulrich Ammon: Linguistic inequality in scientific communication today (AILA Review, Vol. 20) [...] 2007 [...]. *Language Policy* 8: 303-305.

Schirbel, Sandra u.a. (2005) *Report: Deutsche Sprache in niederländischen Unternehmen.* Deutsche Botschaft Den Haag u.a (eds.). Den Haag: Deutsch-Niederländische Handelskammer, Europe Calling/ HHS – Group 25.01.

Schirokich, Valerij (2008) Die russlanddeutsche Minderheit in Baschkirien. In Eichinger/ Plewnia/ Riehl, 71-81.

Schlemmer, Johann A. [1815] (1998) Soll es eine allgemeine europäische Verhandlungssprache geben? *Die slawischen Sprachen* 58: 101-117.

Schlobinski, Peter (ed.) *Von *hdl* bis *cul8r*. Sprache und Kommunikation in den Neuen Medien.* Mannheim usw.: Dudenverlag.

Schlosser, Horst D. (1990) *Die deutsche Sprache in der DDR zwischen Stalinismus und Demokratie. Historische, politische und kommunikative Bedingungen.* Köln: Verlag Wissenschaft und Politik.

Schloßmacher, Michael (1994a) Die Arbeitssprachen in den Organen der europäischen Gemeinschaft. Methoden und Ergebnisse einer empirischen Untersuchung. *Sociolinguistica*

8: 101-122.
- [1994b] (1997) *Die Amtssprachen in den Organen der Europäischen Gemeinschaft. Status und Funktion.* 2., durchges. Aufl. Frankfurt a.M. usw.: Lang.
Schmale, Günter (2007a) „Sprechen Sie Deutsch? – No, thank you..." – Zur Lage von Deutsch als Fremdsprache in Frankreich. *Muttersprache* 117 (3): 216-237.
- (2007b) Ist Deutsch als Fremdsprache in Frankreich noch zu retten? In Béhar, Pierre/ Lartillot, Françoise/ Puschner, Uwe (eds.) *Médiation et Conviction. Hommage à Michel Grunewald.* Paris : L'Harmattan, 117-189.
Schmid, Monika S. (2011) *Language Attrition.* Cambridge usw.: Cambridge University Press.
Schmid, Stefan/ Daniel, Andrea (2006) *Measuring Board Internationalization. Towards a More Holistic Approach.* Working Paper 21. ESCP-EAP. Berlin: Europäische Wirtschaftshochschule.
Schmidlin, Regula (2011) *Die Vielfalt des Deutschen: Standard und Variation. Gebrauch, Einschätzung und Kodifizierung einer plurizentrischen Sprache.* Berlin/ Boston: de Gruyter.
Schmidt, Gabriele (1998) Zur Situation der deutschen Sprache in australischen Hochschulen. *Info DaF* 25 (4): 470-476.
- (2011) *Motives for Studying German in Australia.* Frankfurt a. M. usw.: Lang.
Schmidt, Hansgünther (2007a) Der Deutsche Akademische Austauschdienst (DAAD) in China. In Ammon/ Reinbothe/ Zhu, 226-276.
- (2007b) Die deutsche Sprache in China – weitere Förderer. In Ammon/ Reinbothe/ Zhu, 301-308.
Schmidt, Helmut (2008) *Außer Dienst. Eine Bilanz.* München: Siedler.
Schmidt, Ulla (2012) Deutschland als Partner in Europa und in der Welt – eine Kritik des AKBP-Konzepts 2011 des Auswärtigen Amtes. In Drews, 131-136.
Schmidt-Rohr, Georg (1932) *Die Sprache als Bildnerin der Völker. Eine Wesens- und Lebenskunde der Volkstümer.* Jena: Eugen Diederichs.
- (1933) *Mutter Sprache. Vom Amt der Sprache bei der Volkwerdung.* 2., überarb. Aufl von Schmidt-Rohr 1932. Jena: Eugen Diederichs.
Schmitt, Marco (1995) Why Study German? *Deutschunterricht im Südlichen Afrika (DUSA)* 26: 54-56.
Schmitz, Ulrich (2004) *Sprache in modernen Medien. Einführung in Tatsachen und Theorien, Themen und Thesen.* Berlin: E. Schmidt.
Schneider, Axel (2000) *Die auswärtige Sprachpolitik der Bundesrepublik Deutschland. Eine Untersuchung zur Förderung der deutschen Sprache in Mittel- und Osteuropa, in der Sowjetunion und in der GUS 1982 bis 1995.* Bamberg: Collibri.
Schneider, Gisela (2012) Die Förderung der Mehrsprachigkeit in den Wissenschaften durch den Deutschen Akademischen Austauschdienst (DAAD). In Oberreuter/ Krull/ Meyer/ Ehlich, 245-250.
Schneider, Günther/ Clalüna, Monika (eds.) (2003) *Mehr Sprache – mehrsprachig mit Deutsch. Didaktische und politische Perspektiven.* München: Iudicium.
Schneider, Marion (1989) Lernen in der Bundesrepublik Deutschland. Methoden und Erfahrungen aus den Carl Duisberg Centren. *Jahrbuch Deutsch als Fremdsprache* 15: 150-174.
Schneider, Wolf (2008) *Speak German – Warum Deutsch manchmal wirklich besser ist.* Reinbeck: Rowohlt.
Schneider-Mizony, Odile (2002) Deutsch als Fremdsprache und Germanistik in Frankreich. *Jahrbuch für Internationale Germanistik* 34 (1): 19-25
- (2008) Deutsch als Fremdsprache in Frankreich im Jahr 2006. *Jahrbuch für Internationale*

Germanistik 39 (2): 19-35.
- (2010) Politique de l'enseignement des vivantes dans la France du IIIe millénaire. *Sociolinguistica* 24: 187-203.

Schneider-Wiejowski, Karina/ Ammon, Ulrich (2013) Deutschlandismus, Germani(zi)smus, Teutonismus. Wie sollen die spezifischen Sprachformen Deutschlands heißen? *Muttersprache* 123: 48-65.

Schneider-Wiejowski, Karina/ Kellermeier-Rehbein, Birte/ Haselhuber, Jakob (eds.) (2013) *Vielfalt, Variation und Stellung der deutschen Sprache*. Berlin/ Boston: de Gruyter.

Schoepflin, Urs (1989) Bibliometrische Erfahrungen mit Datenbanken – Bericht zum Projekt „Rezeption deutschsprachiger Psychologie und Soziologie in den USA". In Deutsche Gesellschaft für Dokumentation (ed.) *40 Jahre DGD – Perspektive Information*. Frankfurt a. M.: Deutsche Gesellschaft für Dokumentation, 132-150.

Scholten, Dirk (2000a) *Sprachverbreitung des nationalsozialistischen Deutschlands*. Frankfurt a. M.: Lang.
- (2000b) Aufnötigung und Vorenthaltung von Deutsch in der NS-Zeit. In Ammon 2000c, 43-49.

Scholtz-Knobloch, Till (2002) *Die deutsche Minderheit in Oberschlesien – Selbstreflexion und politisch-soziale Situation unter besonderer Berücksichtigung des so genannten „Oppelner Schlesiens" (Westoberschlesiens)*. Görlitz: Senfkorn-Verlag.

Schönbach, Klaus/ Knobloch, Silvia (1994) *Die Hörerinnen und Hörer des Deutschen Programms der Deutschen Welle. Wissenschaftliches Gutachten für die Deutsche Welle*. Hannover: Forschungsgruppe Medien, Programm, Publikum.
-/ - (1995) Die Deutsche Welle und ihr Publikum: eine Bestandsaufnahme der Funktionen des Deutschsprachigen Programms. In Mahle, 183-191.

Schönrock, Kim Laura/ Krath, Stefany (2014) Wie funktioniert die deutsche Auslandsschularbeit? *Begegnung* 35 (2): 6-9.

Schopenhauer, Johanna [1831] (1930) *Ausflug an den Niederrhein und nach Belgien im Jahr 1828*. In zwei Teilen. Erster Teil. Leipzig: F. A. Brockhaus.

Schöpper-Grabe, Sigrid (2009) Betrieblicher Fremdsprachenbedarf im deutschsprachigen Raum. *Sociolinguistica* 23: 15-162.
- (2000) *Go global – Fremdsprachen als Standortvorteil*. Köln: Deutscher Instituts-Verlag.
- / Weiß, Reinhold (1998) *Vorsprung durch Fremdsprachentraining. Ergebnisse einer Unternehmensbefragung*. Köln: Deutscher Instituts-Verlag.

Schreiner, Patrick (2006a) Staat und Sprache in Europa. Nationalstaatliche Einsprachigkeit und die Mehrsprachenpolitik der Europäischen Union. Frankfurt a.M. usw.: Lang.
- (2006b) Deutsch im Konzert europäischer Sprachen. Über die Sprachenpolitik der EU und die Situation der deutschen Sprache auf europäischer Ebene. *Der Sprachdienst* 50 (4-5): 41-51.

Schriftsteller-Lexikon der Siebenbürger Deutschen ([1868, Bd. 1] 2012) Harald Roth (ed.) Bd. 10: Buchstaben Q-R bis Sch. Wien/ Köln/ Weimar: Böhlau.

Schröder, Konrad (1981) Eine Sprache für Europa? *Wort und Sprache. Beiträge zu Problemen der Lexikographie und Sprachpraxis*. Veröffentlicht zum 125-jährigen Bestehen des Langenscheidt-Verlags. [Berlin u.a.], 62-69.
- / Macht, Konrad (1983) *Wieviele Sprachen für Europa? Fremdsprachenunterricht, Fremdsprachenlernen und europäische Sprachenvielfalt im Urteil von Studierenden des Grundstudiums in Deutschland, Belgien und Finnland*. Augsburg: Universität.

Schröder-Gudehus, Brigitte (1966) *Deutsche Wissenschaft und internationale Zusammenarbeit*

1914-1928. Ein Beitrag zum Studium kultureller Beziehungen in politischen Krisenzeiten. Genève: Dumaret & Golay.
Schroeder-Gudehus [=Schröder-Gudehus], Brigitte (1972) Challenge to transnational loyalties: international scientific organizations after the First World War. *Science Studies* 3: 93-118.
- (1973) Challenge to transnational loyalties: International scientific organizations after the First World War. *Science Studies* 3: 93-118.
- (1990) Internationale Wissenschaftsbeziehungen und auswärtige Kulturpolitik 1919-1933. Vom Boykott und Gegen-Boykott zu ihrer Wiederaufnahme. In Vierhaus/ Brocke, 858-885.
Schübel-Pfister, Isabel (2004) *Sprache und Gemeinschaftsrecht: die Auslegung der mehrsprachig verbindlichen Rechtstexte durch den Europäischen Gerichtshof*. Berlin: Duncker & Humblot.
Schulz, Gisela (1975) Die Entstehung des Deutschen Akademischen Austauschdienstes und seine Entwicklung bis 1945. *DAAD-Forum* 7: 11-32.
Schümer, Dieter (1979) Franz Thierfelder und Deutsch für Ausländer: Kontinuität und Neuorientierung seit 1932. In Simon, G. (ed.) *Sprachwissenschaft und politisches Engagement*. Weinheim/ Basel: Beltz, 207-229.
Schwabl, Wilhelm (1986) Spitzenforschung auf Englisch – aus verlegerischer Sicht. In Kalverkämper/ Weinrich, 45-47.
Schwartzkopff, Christa (1987) *Deutsch als Muttersprache in den Vereinigten Staaten*, Teil III: *German Americans. Die sprachliche Assimilation der Deutschen in Wisconsin*. Wiesbaden: Steiner.
Schwarzenbach, Rudolf (1969) *Die Stellung der Mundart in der deutschsprachigen Schweiz. Studien zum Sprachgebrauch der Gegenwart*. Frauenfeld: Huber.
Schweizer Tourismus-Verband (2012) *Schweizer Tourismus in Zahlen 2011. Struktur und Branchendaten*. Bern. Länggass. (www. swisstourfed.ch)
Schwörer, E[mil] (1916) *Kolonial-Deutsch. Vorschläge einer künftigen deutschen Kolonialsprache in systematisch-grammatischer Darstellung und Begründung*. Diessen vor München: Huber.
Science Citation Index (SCI) (1961ff.). Institute for Scientific Information/ Thomson Reuters.
Scott, James B. (1924) *Le français, langue diplomatique moderne. Etude critique de conciliation internationale*. Paris: Pedone.
Seewann, Gerhard (1994) Towards a typology of minorities – The Germans in Hungary. *Regio. A Review of Minority and Ethnic Studies*, 103-113.
- (2012) *Geschichte der Deutschen in Ungarn*. Bd. 1: *Vom Frühmittelalter bis 1860*, Bd. 2: *1860 – 2006*. Marburg: Herder-Institut.
Seidlhofer, Barbara (2005a) Englisch als Lingua Franca und seine Rolle in der internationalen Wissensvermittlung. Ein Aufruf zur Selbstbehauptung. In Braun/ Kohn, 27-45.
- (2005b) Language variation and change: The case of English as a lingua franca. In: Dzinbalska-Kotaczyk, K./ Przedlacka, J. (eds.) *English Pronunciation Models: A Changing Scene*. Bern: Lang, 59-75.
- (2011) *Understanding English as a Lingua Franca*. Oxford: Oxford University Press.
Sekiguchi, Ichiro (1994) Deutsch als Fremdsprache in Fernseh- und Rundfunkkursen. In Ammon 1994d, 301-309.
Sekretariat des Gerichtshofs unter der Autorität des Obersten Kontrollrats (ed.) (1948) *Der Prozeß gegen die Hauptkriegsverbrecher vor dem internationalen Militärgerichtshof Nürnberg*.
Selten, Reinhard/ Pool, Jonathan (1991) The distribution of foreign language skills as a game

equilibrium. In Selten, R (ed.) *Game Equilibrium Models*, Bd. 4: *Social and Political Interaction*. Berlin usw.: Springer, 64-87.
Sennitt, Andrew G. (ed.) [1979] (1989) *World Radio TV Handbook*. New York: Billboard.
- / *Volume 66 - 2012* (2011) Gilbert, Sean (international ed.). Oxford: WRTH Publications.
- / *Volume 68 - 2014* (2013) Gilbert, Sean (international ed.). Oxford: WRTH Publications.
Serke, Jürgen (1984) *Das neue Exil. Die verbannten Dichter*. Frankfurt a.M.: Fischer.
- (1987) *Böhmische Dörfer. Wanderungen durch eine verlassene literarische Landschaft*. Wien/ Frankfurt a.M.: Zsolnaj.
Sewann, Georg (1992) *Ungarndeutsche und Ethnopolitik. Ausgewählte Aufsätze*. Budapest.
Shannon, Thomas [1989] (1996) *An Introduction to the World-System Perspective*. Boulder CO: Westview Press.
Sheehy, Eugene P. (1976) *Guide to Reference Books*. 9th. ed. Chicago: American Library Association.
- [1976] [1980] (1982) *[Guide Reference Books. 9th. ed. Second Supplement*. Chicago: American Library Association.
Sheng, Wenting (im Druck) *Sprachförderungspolitik Deutschlands, Großbritanniens und Chinas im Vergleich*. Frankfurt a.M.: Lang.
Shenton, Herbert N./ Sapir, Edward/ Jespersen, Otto (1931) *International Communication. A Symposium on the Language Problem*. London: Kegan Paul/ Trench/ Trubner.
- (1933) *Cosmopolitan Conversation. The Language Problems of International Conferences*. New York: Columbia University Press.
Sheppard, Oden E. (1935) The Chemistry Student Still needs a Reading Knowledge of German. *Journal of Chemical Education* 12: 472 f.
Shimokawa, Yutaka (1994) Die japanische Hochschulpolitik in jüngerer Zeit und ihr Auswirkungen auf das Fremdsprachenstudium in Japan. In Ammon 1994d, 259-274.
Shinohara, Seiei (2000) Kriegsende in Deutschland und kein Entkommen. In Hellmann, 47-49.
Shohamy, Elana/ Gorter, Durk (eds.) (2009) *Linguistic Landscape. Expanding the Scenery*. New York/ London: Routledge.
Šichová, Kateřina (2008) Zur Stellung der deutschen Sprache in der tschechischen Wirtschaft. Überlegungen zum Thema anhand der Situation in einer bestimmten Gruppe von Unternehmen in Tschechien. *Acta Universitatis Carolinae – Studia Territorialia* 14: 221-240.
Sick, Bastian (2013) *Wir braten Sie gern. Ein Bilderbuch aus dem Irrgarten der deutschen Sprache*. Köln: Kiepenheuer & Witsch.
Siebert, Peter/ Sitta, Horst (1984) Schweizerdeutsch zwischen Dialekt und Sprache. *Kwartalnik Neofilologiczny* 1984: 4-40.
Siemens, Heinrich (2012) *Plautdietsch: Grammatik, Geschichte, Perspektiven*. Bonn: Tweeback.
Sigaux, Gilbert (1966) *History of Tourism*. Genf: Edito-Service/ London: Leisure Arts.
Siguan, Marisa (2007) Die deutsche Sprache in Spanien. *Jahrbuch für Internationale Germanistik* 39 (2): 51-60.
Siguan, Miguel (1996) *L'Europe des langues*. Sprimont: Mardaga.
- (2001) [span./ frz. 1996] *Die Sprachen im vereinten Europa*. Tübingen: Stauffenburg.
Van der Sijs, Nicoline/ Willemyns, Roland (2009) *Het verhaal van het Nederlands. Een geschiedenis van twaalf eeuwen*. Amsterdam: Uitgeverij Bert Bakker.
da Silva, Jaime F./ Klein Gunnewick, Lisanne (1992) Portuguese and Brazilian efforts to spread Portuguese. In Ammon/ Kleineidam, 71-92.
Simon, Gerd (ed.) (1979a) *Sprachwissenschaft und politisches Engagement. Zur Problem- und Sozialgeschichte einiger sprachtheoretischer, sprachdidaktischer und sprachpflegeri-

scher Ansätze in der Germanistik des 19. und 20. Jahrhunderts. Weinheim/ Basel: Beltz.
- (1979b) Materialien über den ‚Widerstand' in der deutschen Sprachwissenschaft des Dritten Reichs: Der Fall Georg Schmidt-Rohr. In Simon (1979a), 153-206.

Sinclair, John/ Cunningham, Stuart (2000) Go with the flow: Diasporas and the media. *Television & New Media* 1: 11–31.

Skudlik, Sabine (1988) Die Kinder Babylons. In Oksaar/ Skudlik/ von Stackelberg, 73-129.
- (1990) *Sprachen in den Wissenschaften. Deutsch und Englisch in der internationalen Kommunikation*. Tübingen: Narr.
- (1992). The status of German as a language of science and the importance of the English language for German-speaking scientists. In Ammon/ Hellinger, 391-407.

Skutnabb-Kangas, Tove/ Phillipson, Robert (1989) "Mother tongue": the theoretical and sociological construction of a concept. In Ammon 1989d, 450-477.
- / Pillipson, Robert/ Rannut, Mart (eds.) (1995) *Linguistic Human Rights. Overcoming Linguistic Discrimination*. Berlin/ New York: de Gruyter.
- (2000) *Linguistic Genocide in Education – or Worldwide Diversity and Human Rights?* Mahwah, NJ: Erlbaum.

Small, Henry/ Garfield Eugene (1997) The geography of science: disciplinary and national mappings. In *Index to Scientific Review 1996. Second Semiannual*. Philadelphia, PA: Institute for Scientific Information, 27-38.

Smith, Adam [1776] (2003) *The Wealth of Nations. Introduction by Alan B. Krueger*. New York: Bantam Dell.

Smith, R. L. (1981) On provincialism and one-language psychology. *Psychologische Beiträge* 23: 293-302.

Smolicz, Jerzy J. (1980a) Language as a core value of culture. *Journal of Applied Linguistics* 11: 1-13.
- (1980b) Minority languages as core values of ethnic cultures. In Fase/ Jaspaert/ Kroon, 277-305.
- (1981) Core values and cultural identity. *Ethnic and Racial Studies* 4: 75-90.

Social Science Citation Index (SSCI) (1972ff.). Institute for Scientific Information/ Thomson Reuters.

Society of Native English-Speaking *SENSE*. Tony Cunningham. 9. April 2006. (www.sense-online.nl)

SocioFile (1974ff.). San Diego, CA: Sociological Abstracts/ Silver Platter International.

Sociological Abstracts (1952ff.) New York: Sociological Abstracts.

Soethe, Paulo (2002) Brasilianischer Kanon, germanistische Lupe: ein gemeinsamer Nenner im Auge. In Deutscher Akademischer Austauschdienst, 275-282.
- (2010) Deutsch in Brasilien. In Krumm/ Fandrych/ Hufeisen/ Riemer, Bd. 2, 1624-1627.
- / Weininger, M. (2009) Interkulturelle Zusammenarbeit im akademischen Bereich – Geschichtsbewusstsein, Multidiziplinarität und Reziprozität als Rezept für erfolgreiche Projekte. In Hess-Lüttich/ Colliander/ Reuter, 361-376.

de Solla Price, Derek J. (1967) Nations can publish or perish. *Science and Technology* 70: 84-90.
- (1970) Citation measures of hard science, soft science, technology, and nonscience. In Nelson, C. E./ Pollock, D. K. (eds.) *Communication Among Scientists and Engineers*. Lexington, MS: Heath Lexington Books, 3-22.
- [engl. 1963] (1974) *Little Science, Big Science. Von der Studierstube zur Großforschung*. Frankfurt a. M.: Suhrkamp.

- [1963] (1986) *Little Science, Big Science...and Beyond*. New York: Columbia University Press.
Soltau, Anja (2008a) Englisch als Lingua Franca in der wissenschaftlichen Lehre: Charakteristika und Herausforderungen englischsprachiger Masterstudiengänge in Deutschland. Diss. Univ. Hamburg. (www.sub.uni-hamburg.de/opus/volltexte/2008/3602)
- (2008b) Englischsprachige Masterprogramme in Deutschland: Qualitätssicherung in der akademischen Lingua-franca-Kommunikation am Beispiel von sprachlichen Zulassungskriterien. In Schumann, A/ Knapp, A. (eds.) *Mehrsprachigkeit und Multikulturalität im Studium*. Frankfurt a.M: Lang, 155-169.
Song, Kyung-An (2003) Über die Schwierigkeiten des Deutschen als Fremdsprache für Koreaner. In Ammon/ Chong, 317-334.
Song, Ludong (2007) Die Schulen mit dem Fach Deutsch als Fremdsprache [in China! U.A.]. In Ammon/ Reinbothe/ Zhu, 113-122.
Sorger, Brigitte (2010) Institutionen und Verbände für Deutsch als Zweit- und Fremdsprache in Österreich. In Krumm/ Fandrych/ Hufeisen/ Riemer, Bd. 1, 153-160.
- (2012) *Der Internationale Deutschlehrerverband und seine Sprachenpolitik. Ein Beitrag zur Fachgeschichte von Deutsch als Fremdsprache*. Innsbruck: Studienverlag.
Späth, Lothar (1990) Künftige Aufgaben der auswärtigen Kulturpolitik. *Jahrbuch Deutsch als Fremdsprache* 16: 311-328.
Spitzley, Thomas (2003) Identität und Orientierung. In Petrus, K. (ed.) *On Human Persons*. Frankfurt a.M./ London: Ontos, 195-214.
Spolsky, Bernard (2004) *Language Policy*. Cambridge: Cambridge University Press.
- (2009) *Language Management*. Cambridge: Cambridge University Press.
- / Shohamy, Elana (1999) *The Languages of Israel. Policy, Ideology and Practise*. Clevedon usw.: Multilingual Matters..
Sprachatlas (1979) Der Bundesminister des Auswärtigen informiert. Material für die Presse Nr. 2043 B/ 79. 05.09. 1979.
Sprachenvielfalt in Namibia. Brücken und Schranken (2012) Perspektiven 2012. Aktuelle Beiträge zu Kirche, Gesellschaft und Zeitgeschehen. Windhoek.
Die Staaten der Erde, 2 Bde. (1983). Düsseldorf/ Wien: Econ.
von Stackelberg, Jürgen (1988) Die Mehrsprachigkeit der Geisteswissenschaften. In Oksaar/ Skudlik/ von Stackelberg, 131-201.
StADaF (Ständige Arbeitsgruppe Deutsch als Fremdsprache) (2005) *Deutsch als Fremdsprache weltweit. Datenerhebung 2005*. Berlin usw.: Auswärtiges Amt usw.
Staël, Madame de [1818] (1968) *De l'Allemagne*. 2. Bde. Paris: Garnier-Flammarion.
Stangherlin, Katrin/ Bruell, Christoph (2005) *La communaute germanophone de Belgique*. Bruxelles: La Charte.
Stark, Franz (1993) *Faszination Deutsch. Wiederentdeckung einer Sprache für Europa*. München: Langen Müller.
- (2000a) Ansätze zur Verbreitung der deutschen Sprache seit der Reichsgründung. In Ammon 2000c, 19-30.
- (2000b) Sprachförderung und Außenpolitik. Kritik der Politik der Bundesregierung. In Ammon 2000c, 93-102.
- (2000c) Wenig Deutsch am Fernsehschirm. Beobachtungen und Überlegungen eines Auslandsreporters. In Hoffmann, 279-294.
- (2002) *Deutsch in Europa. Geschichte seiner Stellung und Ausstrahlung*. Sankt Augustin: Asgar.
- (2004) Sprache – „Sanftes Machtinstrument" im globalen Wettbewerb. Ohne selbstbewuss-

tere Sprachenpolitik gerät Deutschland immer mehr ins Hintertreffen. *Jahrbuch Deutsch als Fremdsprache* 30: 141-162.
Statistisches Bundesamt Wiesbaden (ed.) (1983) *Urlaubs- und Erholungsreisen 1981/ 82 (Ergebnisse des Mikrozensus April 1981 - März 1982)*. Stuttgart/ Mainz: Kohlhammer.
- (ed.) (1988) *Urlaubs- und Erholungsreisen 1985/86 (Ergebnisse des Mikrozensus Mai 1985 - April 1986*. Stuttgart/ Mainz: Kohlhammer.
Statistisches Bundesamt (2006) *Tourismus. Tourismus in Zahlen*. Wiesbaden: Statistisches Bundesamt.
(www.destatis.de/DE/Publikationen/Thematisch/BinnenhandelGastgewerbeTourismus/Tourismus/TourismusinZahlen1021500057004.pdf?__blob=publicationFile – abgerufen 08.11.2013)
- (2013) *Binnenhandel, Gastgewerbe, Tourismus. August 2013*. Fachserie 6, Reihe 7.1. Wiesbaden: Statistisches Bundesamt.
Steere, W. C. u.a. (1976) *Biological Abstracts/ BIOSIS. The First Fifty Years. The Evolution of a Major Science Information Service*. New York: Plenum.
Steffen, Joachim (2006) Vereinzelte Sprachinseln oder Archipel? Die Mennonitenkolonien in Belize im englisch-spanischen Sprachkontakt. Band 1: *Textband*; Band 2: *Kartenband*. Kiel: Westensee-Verlag.
- / Altenhofen, Cléo V. (im Druck) Spracharchipele des Deutschen in Amerika: Dynamik der Sprachvernetzungen im mehrsprachigen Raum. *Dialektologie und Linguistik*.
Steinecke, Albrecht (2006) *Tourismus. Eine geographische Einführung*. Braunschweig: Bildungshaus Schulbuchverlage Westermann usw.
- (2013) *Destinationsmanagement*. Konstanz/ München: UVK Verlagsgesellschaft.
Steinke, Klaus (1979) Die sprachliche Situation der deutschen Minderheit in Rumänien. In Ureland, 183-203.
- (1997) Sprachenkarte von Rumänien und Bulgarien. In Goebl/ Nelde/ Starý/ Wölck, 2027-2029.
Stekeler-Weithofer, Pirmin (2011) Die Bedeutung der eigenen Sprache für das Denken. Zur Lage des Deutschen in der Philosophie. In Wieland/ Glück/ Pretscher, 73-84.
Stenestad, Elva (1986) Der Deutschunterricht vor und nach 1945. *Grenzfriedenshefte* 2: 99-110.
Stephens, Meic (1978) Linguistic Minorities in Western Europe. Dyfed: Gomer.
Stern, Gug/ Rudowski, Victor A. (1968) Ph.D's Nobel Prize winners, and the foreign-language requirement. *Modern Journal* 52 (7 Nov.): 431-435.
Sternberger, Dolf/ Storz Gerhard/ Süskind, W[ilhelm] E. (1957) *Aus dem Wörterbuch des Unmenschen*. Hamburg: Claassen.
Stevenson, Patrick (2000a) The ethnolinguistic vitality of German-speaking communities in Central Europe. In Wolff, 109-124.
- (2000b) The multilingual market place: German as a Hungarian language. In Hogan-Brun, G. (ed.) *National Varieties of German Outside Germany*. Frankfurt a.M.: Lang, 243-258.
- / Carl, Jenny (2010) *Language and Social Change in Central Europe. Discourses on Policy, Identity and the German Language*. Edinburgh: Edinburgh University Press.
Stewart, William A. (1962) An outline of linguistic typology for describing multilingualism. In Rice, F. A. (ed.) *Study of the Role of Second Languages in Asia, Africa and Latin America*. Washington DC: Center for Applied Linguistics, 15-25.
Stickel, Gerhard (1987) Was halten Sie vom heutigen Deutsch? – Ergebnisse einer Zeitungsumfrage. In Wimmer, R. (ed.) *Sprachtheorie. Der Sprachbegriff in Wissenschaft und Alltag*. Düsseldorf/ Bielefeld: Schwann/ Cornelsen-Velhagen und Klasing, 280-317.

- (2000) Deutsch als Wissenschaftssprache an außeruniversitären Forschungseinrichtungen. In Debus/ Kollmann/ Pörksen, 125-142.
- (2002) Eigene und fremde Sprachen im vielsprachigen Europa. In Ehlich, K./ Schubert, V. (eds.) *Sprachen und Sprachenpolitik in Europa*. Tübingen: Stauffenburg, 15-32.
- (2003) (ed.) *Deutsch von außen*. Berlin/ New York: de Gruyter.
- (2007a) Deutsche und europäische sprachliche Interessen. *Muttersprache* 117 (2): 134-144.
- (2007b) Das Europa der Sprachen – Motive und Erfahrungen der Europäischen Sprachenföderation EFNIL. In Blanke/ Scharnhorst, 21-47.
- (ed.) (2009a) *National and European Language Policies. Contributions to the Annual Conference 2007 of EFNIL in Riga*. Frankfurt a.M. usw.: Lang.
- (2009b) Unvorgreifliche Erwägungen zum heutigen und zum künftigen Deutsch. In Liebert, W.-A./ Schwinn, H. (eds.) *Mit Bezug auf Sprache. Festschrift für Rainer Wimmer*. Tübingen: Narr, 381-400.
- (ed.) (2010) *Language Use in Business and Commerce in Europe. Contributions to the Annual Conference 2008 of EFNIL in Lisbon*. Frankfurt a.M. usw.: Lang.
- (2012) Spekulationen zur Zukunft des Deutschen im europäischen Kontext. In Moraldo, S. M. (ed.) *Sprachenpolitik und Rechtssprache. Methodische Ansätze und Einzelanalysen*. Frankfurt a.M. usw.: Lang, 11-28.

Stolerman I. P./ Stenius, K. (2008) The language barrier and institutional provincialism in science. *Drug and Alcohol Dependence* 92: 3-8.

Strack, Fritz (1996) What's new! Kommentar zu Montada, Becker, Schoepflin und Baltes: „Die internationale Rezeption der deutschsprachigen Psychologie". *Psychologische Rundschau* 47: 37f.

Streidt, Cornelia (2006) *Les langues au Parlement Européen. L'usage des langues officielles par les eurodéputés*. Aachen: Shaker.

Stricker, Gerd (2000) Ethnic Germans in Russia and the former Soviet Union. In Wolff, 165-179.

Strobel, Thomas/ Hoberg, Rudolf/ Vogt, Eberhard (2009) Die Rolle der deutschen Sprache in der mittelständischen Wirtschaft. Eine Trendumfrage der Gesellschaft für deutsche Sprache (GfdS) in Zusammenarbeit mit dem Bundesverband mittelständische Wirtschaft (BVMW) und mit Unterstützung des Deutschen Sprachrats. *Der Sprachdienst* 52 (6): 173-186.

Stroh, Wilfried (2007) *Latein ist tot, es lebe Latein! Kleine Geschichte einer großen Sprache*. München: List.

Strubell, Miquel (1997) How to preserve and strengthen minority languages. In Røyneland, 159-173.
- (2001) Some aspects of a sociolinguistic perspective to language planning. In de Bot/ Kroon/ Nelde/ Van de Velde, 91-106.

Stuckenschmidt, Dierck (1989) Quantitäten und Qualität: Anmerkungen zur japanischen Germanistik aus statistischer Sicht. In Brenn/ Dillmann, 13-19.

Sturm, Dietrich (ed.) (1987a) *Deutsch als Fremdsprache weltweit*. München: Hueber.
- (1987b) Deutsch als Fremdsprache im Ausland. In Sturm (1987a), 11-26.

Sugitani, Masako (2001) Deutschunterricht und Germanistikstudium in Japan. In Helbig/ Götze/ Henrici/ Krumm, Bd. 2, 1586-1594.
- (2010) Deutsch in Japan. In Krumm/ Fandrych/ Hufeisen/ Riemer, Bd. 2., 1698-1701.

Süllwold, Fritz (1980) Wissenschaftssprache und Originalität. *Psychologische Beiträge* 22: 191-203.

Sundhausen, Holm (1992) Deutsche in Rumänien. In Bade, K. (ed.) *Deutsche im Ausland –*

Fremde in Deutschland. Migration in Geschichte und Gegenwart. München: Beck, 36-53.
Sverrisdóttir, Oddný G. (2003) Wirtschaftsdeutsch in Island. Eine Bestandsaufnahme. In Reuter/ Piitulainen, 91-101.
- (2005) Zukunftsperspektiven von Deutsch als Fremdsprache in Island. *Jahrbuch für Internationale Germanistik* 36 (1): 39-46.
de Swaan, Abram (1993a) The emergent world language system: an introduction. *International Political Science Review* 14: 219-226.
- (1993b) The evolving European language system: a theory of communication potential and language competition. *International Political Science Review* 14: 241-255.
- (1998) The European language constellation. In Bos, N./ Chenal, O./ Van Beugen, A. (eds.) *Report of the Conference "Which Languages for Europe"?* Oegstgeest (Niederlande): Oud-Poelgeest Conference Centre, 13-23.
- (2001a) *Words of the World. The Global Language System.* Cambridge: Polity Press.
- (2001b) English in the social sciences. In Ammon, 71-83.
Swadesh, Morris. (1955) Towards greater accuracy in lexicostatistic dating. *International Journal of American Linguistics* 21: 121-137.
- (1972) What is glottochronology? In Swadesh, M. *The Origin and Diversification of Languages.* London: Routledge & Kegan Paul, 271-284.
Swales, John M. (1985) English language papers and author's first language: preliminary explorations. *Scientometrics* 8 (1/2): 91-101.
- (1990) *Genre Analysis: English in Academic and Research Settings.* Cambridge: Cambridge University Press.
- (1997) English as "Tyrannosaurus Rex". *World Englishes* 16.3: 373-382.
- (2004) *Research Genres.* Cambridge: Cambridge University Press.
Szöllösi-Janze, Margit/ Freitäger, Andreas (2005) *„Doktorgrad entzogen!" Aberkennungen akademischer Titel an der Universität Köln – 1933-1945* Nümbrecht: Kirsch-Verlag.
Tabory, Mala (1980) *Multilingualism in International Law and Institutions.* Alphen aan den Rijn/ Rockville, MA: Sijthoff & Noordhoff.
Tabouret-Keller, Andreé (1986) Social factors of language maintenance and language shift: A methodological approach based on European and African Examples. In Fishman, J. A./ Ferguson, C./ Das Gupty, J. (eds.) *Language Problems of Developing Countries.* New York usw.: Wiley, 107-118.
- / Luckel, Frédéric (1981) Maintien de l'alsacien et l'adoption du français. Éléments de la situation linguistique en milieu rural en Alsace. *Langages* 61: 39-62.
Tajfel, Henri (1974) Social identity and intergroup behaviour. *Social Science Information* 13: 65-93.
- (ed.) (1978) *Social Groups: Studies in the Social Psychology of Intergroup Relations.* London: Academic Press.
Takahashi, Hideaki (2002) Perspektiven des Faches Deutsch als Fremdsprache (DaF) und der Germanistik in Japan. *Jahrbuch für Internationale Germanistik* 34 (1): 33-41.
Tang, Dai u.a. [2013] *A Tale of Two Languages: Strategic Self-Disclosure via Language Selection on Facebook.* Ithaca NY.
(www.dl.acm.org/citation.cfm?id=1958824.1958884&coll=DL&dl=GUIDE&CFID=2676613 63&CFTOKEN=33283622)
Tapan, Nilüfer (1996) Zum Stand des Faches Deutsch in der Türkei. Karlsruher *pädagogische beiträge* 38: 67-76.
- (2001) Deutschunterricht und Gemanistikstudium in der Türkei. In Helbig/ Götze/ Henrici/

Krumm, Bd.2: 1565-1570.
- (2002) Zukunftsperspektiven der deutschen Sprache und der Germanistik in der Türkei. *Jahrbuch für Internationale Germanistik* 34 (1): 27-32.
- (2004) Überlegungen zur Realisierung eines mehrsprachigen Ausbildungskonzepts im türkischen Schulwesen. In Durzak/ Kuruyazici, 303-316.
- (2010) Deutsch in der Türkei. In Krumm/ Fandrych/ Hufeisen/ Riemer, Bd. 2, 1817-1823.

Tardy, C. (2004) The role of English in scientific communication: lingua franca or Tyrannosaurus Rex? *Journal of English for Academic Purpose* 3: 247-269.

Taschner, Rudolf (2013) *Die Zahl, die aus der Kälte kam. Wenn Mathematik zum Abenteuer wird.* München: Hanser.

Tatlock, Lynne (2010) USA: German in the changing landscape of postsecondary education. *Die Unterrichtspraxis/ Teaching German* 43: 11-21.

Tavernier, Paul (1988) Le statut juridique de la langue française dans les organisations de la famille des Nations Unies. In Ministère des affaires étrangères (ed.) *Le Français dans les organisations internationales.* Paris: Centre de conférences internationales, 12-17.

Taylor, Brian (2013) Zwei deutsche Lesekurse für Wissenschaftler an einer australischen Universität: Entwicklungsgeschichtliches und Methodisches. In Schneider-Wiejowski/ Kellermeier-Rehbein/ Haselhuber, 459-475.

Tesnière, L[ucien] (1928) Statistique des langues de l'Europe. In Meillet, A. (ed.) *Les langues dans l'Europe Nouvelle.* 2. Aufl. Paris, 293-473.

Thackray, Arnold u.a. (1985) *Chemistry in America 1876-1976. Historical Indicators.* Dordrecht/ Boston/ Lancaster: Reidel.

Theiner, Peter (2009) Bahn frei für Visionen – Die Stiftungen. In Maaß (2009a), 305-313.

Thielmann, Winfried (2009) *Deutsche und englische Wissenschaftssprache im Vergleich. Hinführen - Verknüpfen - Benennen.* Heidelberg: Synchron Wissenschaftsverlag der Autoren.
- (2010) Dreamliner in Richtung Scholastik. Über die Anglifizierung der europäischen Wissenschaft. *Forschung & Lehre* 17: 813-815.

Thierfelder, Franz (1928) (1929) (1930) (1931a) Deutsch im Unterricht fremder Völker I/ II/ III/ IV. *Deutsche Akademie, Mitteilungen*: 1015-1055/ 4-48/ 215-265/ 338-364.
- (1931b) Geistige Grundlagen kultureller Auslandsarbeit. *Süddeutsche Monatshefte* 4: 229.
- (1933) Deutsch im Unterricht fremder Völker. *Mitteilungen der Akademie zur wissenschaftlichen Erforschung und Pflege des Deutschtums* 8 (3): 298-324.
- (1935) Zehn Jahre Deutsche Akademie 1925-1935. *Mitteilungen der Akademie zur wissenschaftlichen Erforschung und Pflege des Deutschtums* 2: 180.
- (1936) Deutsch als Weltsprache. *Mitteilungen der Akademie zur wissenschaftlichen Erforschung und Pflege des Deutschtums* 11 (1): 5-69.
- (1938) *Deutsch als Weltsprache*, Bd. 1: *Die Grundlagen der deutschen Sprachgeltung in Europa.* Berlin: Kurzeja.
- (1941) *Sprachpolitik und Rundfunk.* Berlin: Decker.
- [1952] (1956a) Deutsche Sprache im Ausland. In Stammler, W. (ed.) *Deutsche Philologie im Aufriß.* 2. Aufl. Berlin: Schmidt, 1398-1479.
- (1956b) *Die deutsche Sprache im Ausland*, Bd. 1: *Der Völkerverkehr als sprachliche Aufgabe.* Hamburg/ Berlin/ Bonn: Decker.
- (1957) *Die deutsche Sprache im Ausland*, Bd. 2: *Die Verbreitung der deutschen Sprache in der Welt.* Hamburg/ Berlin/ Bonn: Decker.

Thimme, Christian (2001) Deutschunterricht und Gemanistikstudium in Frankreich. In Helbig/ Götze/ Henrici/ Krumm, Bd.2: 1502-1508.

- (2004) Ausländerstudium und Betreuung ausländischer Studierender in Deutschland. In Deutscher Akademischer Austauschdienst (2004a).
- (2006) *Bildungsexport in der Praxis: Deutsche Studienangebote im Ausland.* Stand: März 2006. (www.gate-germany.de/downloads/dossier_thimme-export.pfd.)
Thode, Bettina (2011) *Español e inglés en el discurso científico. Los biólogos españoles ante la dominacia del inglés.* Unveröff. Magisterarbeit im Fach Spanisch Universität Duisburg-Essen.
Thomson Reuters (2011) *The Thomson Reuters Impact Factor.* (www.thomsonreuterscom/products_services/science/free/essays/impact_factor/)
Tinsley, Teresa (February 2013) *Language: The State of the Nation. Demand and Supply of Language Skills in the UK.* UK: England O.O.: British Academy for the Humanities and Social Sciences.
Tišerova, Pavla (2008) Tschechien. In Eichinger/ Plewnia/ Riehl, 171-242.
Titkova, Olga (2011) Deutschlernen als Zusatzqualifikation in Russland. In Ammon/ Kemper, 200-211.
Tollefson, James W./ Tsui, Ami B. M. (eds.) (2004) *Medium of Instruction Policies. Which Agenda? Whose Agenda?* Mahwah, NJ: Lorence Erlbaum.
Tonkin, Humphrey (1996) Language equality at the United Nations: an achievable dream. In Müller, K. E. (ed.) *Language Status in the Post-Cold War Era.* (Papers of the Center for Research and Documentation on World Language Problems 4). Lanham MD: University Press of America, 141-148.
- (2011) Language and the ingenuity gap in science. *Critical Inquiry in Language Studies* 8 (1): 105-116.
- / Reagan, Timothy (eds.) (2003) *Language in the Twenty-First Century.* Amsterdam/ Philadelphia: Benjamins.
Torgay, Sema (1996) *Die Stellung von Deutsch und anderen Fremdsprachen im Tourismus in der Türkei.* Unveröff. Magisterarbeit Gerhard-Merator-Universität Duisburg.
Tornquist, Ingrid M. (1997) *„Dos hon ich von meiner Mama" – zu Sprache und ethischen Konzepten unter Deutschstämmigen in Rio Grande do Sul.* Umeå: Department of German.
Totaro-Genevois, Mariella (2005) *Cultural and Linguistic Policy Abroad. The Italian Experience.* Clevedon/ Buffalo/ Toronto: Multilingual Matters.
Trabant, Jürgen (2003) *Mithridates im Paradies. Kleine Geschichte des Sprachdenkens.* München: Beck.
- (2007) Die gebellte Sprache. *FAZ* 28.09 2007: 40.
- (2008) *Was ist Sprache?* München: Beck.
- (2011) Einführende Bemerkungen. In Berlin-Brandenburgische Akademie der Wissenschaften 2011, 13-20.
- (2014) *Globalesisch oder was? Ein Plädoyer für Europas Sprachen.* München: Beck.
Traxel, Werner (1975) Internationalität oder Provinzialismus? Über die Bedeutung der deutschen Sprache für deutschsprachige Psychologen. *Psychologische Beiträge* 17 (1975): 584-594.
- (1979) ,Publish or Perish!' - auf deutsch oder auf englisch? *Psychologische Beiträge* 21 (1979): 62-77.
Tressmann, Ismael (2006) *Dicionário Enciclopédico Pomerano Português/ Pomerisch Portugijsisch Wöirbauk.* Santa Maria de Jetibá (Brasilien): Eigenverlag des Autors (ISBN 85-88909-49-9).
Trommler, Frank (1986) *Amerika und die Deutschen. Bestandsaufnahme einer 300jährigen*

Geschichte. Opladen: Westdeutscher Verlag.
- (ed.) (1989) Germanistik in den USA. Neue Entwicklungen und Methoden. Opladen: Westdeutscher Verlag.
Troshina, Natalia N. (2004) Zur Stellung der deutschen Sprache und der Germanistik in Rußland. Jahrbuch für Internationale Germanistik 35 (2): 31-34.
- (2010) Deutsch in Russland. In Krumm/ Fandrych/ Hufeisen/ Riemer, Bd. 2, 1775-1781.
- (2011) Betrieblicher Deutschunterricht in Russland. In Ammon/ Kemper, 225-233.
- (2013) Nachfrage nach Deutschkenntnissen im heutigen Russland. In Schneider-Wiejowski/ Kellermeier-Rehbein/ Haselhuber, 477-488.
Truchot, Claude (1990) L'anglais dans le monde contemporain. Paris: Le Robert.
- (1994a) La France, l'anglais, le français et l'Europe. Sociolinguistica 8: 15-25.
- (1994b) The spread of English in Europe. Journal of European Studies 24 (2): 141-151.
- (2001) The languages of science in France: public debate and language policies. In Ammon, 319-328.
- (2002) Key Aspects of the Use of English in Europe/ L'anglaise en Europe: repères. Strasbourg: Conseil de l'Europe.
- (2003) Languages and supranationality in Europe: the linguistic influence of the European Union. In Maurais/ Morris, 99-110.
Truckbrodt, Andrea/ Kretzenbacher, Heinz L. (2001) Deutschunterricht und Gemanistikstudium in Australien. In Helbig/ Götze/ Henrici/ Krumm, Bd.2: 1651-1658.
Trudgill, Peter (1990) [Rezension von] Ammon, Ulrich/ Dittmar, Norbert/ Mattheier, Klaus J., (eds.) (1987/ 88): Sociolinguistics/ Soziolinguistik Berlin/ New York: de Gruyter. Sociolinguistica 4: 191-195.
- (2001) Weltsprache Englisch. In Watts/ Murray, 27-34.
Tsunoda, Minoru (1983) Les langues internationales dans les publications scientifiques et techniques. Sophia Linguistica 13: 144-155.
Türp, J. C./ Schulte, J. M./ Antes, G. (2002) Nearly half of dental randomized controlled trials published in German are not included in Medline. European Journal of Oral Sciences 110: 405-411.
Twentieth Century Abstracts (1971ff.). Santa Barbara, CA: Clio [Fortsetzung von Historical Abstracts 1775-1945].
Tyroller, Hans (1986) Trennung und Integration der Sprachgruppen in Südtirol. In Hinderling, 18-36.
Ueda, Koji (1989) Die Geschichte der Vermittlung des Deutschen in Japan. In Bauer 1989b, 26-35.
- / Takai, Takamichi (1994) Zum Verhältnis des Studienumfangs zur Verwendbarkeit von Deutschkenntnissen in Japan. In Ammon 1994d, 327-337.
Ueda, Yasunari (1997) Japan. In Raasch, 50-54.
Uhl, Hans-Peter (o.J.) Ehegattennachzug – Sprachkenntnisse vor Einreise. (www.uhl-csu.de/cm/upload/4_0808-Uhl-Ehegattennachzug.pdf – abgerufen 14.07.2012.)
Ulijn, J. M./ Gorter, T. R. (1989) Language, culture and technical-commercial negotiating. In Coleman, 479-506.
Ülkü, Vural in Zusammenarb. mit Schwerger, Maren/ Seidler, Lilly (2004) Türkei. In Institut für Deutsche Sprache, 81-86.
Ullmann's Encyclopedia of Industrial Chemistry [deutsch 1914-1922] (1996) 5th, completely rev. ed. Weinheim: VCH Verlagsgesellschaft.
Ulrich's International Periodicals Directory. A Classified Guide to Current Periodicals, Foreign

and Domestic (1932ff.) New York/ London: Bowker.

Ulrich's International Periodicals Directory (1982) *A Bowker Serials Bibliography.* New York/ London.

Umborg, Viktoria (2003) Internationale Wirtschaftskommunikation in estnischen Unternehmen. In Reuter/ Piitulainen, 125-142.

UNESCO (ed.) (1953) *The Use of Vernacular Languages in Education.* Paris: UNESCO.

- (ed.) [1971] [1974] [1980] [1981] (1988) *Statistical Yearbook/ Annuaire Statistique.* Paris: UNESCO.

- Ad Hoc Expert Group in Endangered Languages (2003) *Language Vitality and Endangerment. Document submitted to the International Expert Meeting on UNESCO Programme Safeguarding of Endangered Languages, 10-12 March 2003.* Paris: UNESCO.

von Ungern-Sternberg, Jürgen/ von Ungern-Sternberg, Wolfgang (1996) *Der Aufruf ,An die Kulturwelt!'. Das Manifest der 93 und die Anfänge der Kriegspropaganda im Ersten Weltkrieg. Mit einer Dokumentation.* Stuttgart: Steiner.

Union der deutschen Akademien der Wissenschaften, Sächsische Akademie der Wissenschaften zu Leipzig (1999) (ed.) *„Werkzeug Sprache". Sprachpolitik Sprachfähigkeit, Sprache und Macht.* 3. Symposion der deutschen Akademien der Wissenschaften. Hildesheim/ Zürich/ New York: Olms.

Unser, Günther (2004) *Die UNO. Aufgaben – Strukturen – Politik.* 7. Aufl. München: Deutscher Taschenbuch Verlag.

UNWTO Tourism Highlights (2011) O.O.: World Tourism Organisation. (www.mkt.unwto.org/sites/all/files/docpdf/unwtohighlights11enhr_3.pdf)

- (2013) O.O.: World Tourism Organisation. (www.dtxtq4w60xqpw.cloudfront.net/sites/all/files/pdf/unwto_highlights13_en_lr_0.pdf)

Urban, Thomas [1993] (2000) *Deutsche in Polen. Geschichte und Gegenwart einer Minderheit.* 4., erw. und aktualisierte Aufl. München: Beck.

Vaagland, Erling (2005) Deutsch in Norwegen – Geschichte und Gegenwart. *Jahrbuch für Internationale Germanistik* 37 (1): 83-87.

Vaillancourt, François (ed.) (1985) *Économie et langue.* Québec: Éditeur Officiel du Québec.

Vanden Boer, Anneleen (2008) Die deutschsprachigen Minderheiten in Belgien. *Der Sprachdienst* 52 (6): 245-252.

Vandenbroucke, J. P. (1989) On not Being Born a Native Speaker of English. *BMJ [British Medical Journal]* 298: 1461 f.

Vandermeeren, Sonja (1998) *Der Fremdsprachenbedarf europäischer Unternehmen unter besonderer Berücksichtigung des Deutschen. Eine empirische Untersuchung in Deutschland, Frankreich, den Niederlanden, Portugal und Ungarn.* Waldsteinberg: Heidrun Popp.

- (1999) Fremdsprachengebrauch in europäischen Unternehmen: Sprachwahlstrategien. *Wirtschaftsdeutsch International* 1: 120-131.

- (2003) German language needs in Danish companies. *Hermes* 31: 1-29.

- (2005) Research on language attitudes. In Ammon/ Dittmar/ Mattheier/ Trudgill, 1318-1331.

de Varennes, Fernand (1996) *Language, Minorities and Human Rights.* The Hague/ Boston/ London: Martinus Nijhoff.

Vasconcelos, Sonia M. R. u.a. (2008) Researchers' writing competence: a bottleneck in the Latin-American science? *Embo reports* 9: 700-702.

Vassileva, Irena (2005) Englisch und Deutsch als Sprachen internationaler Konferenzdiskussionen. In Van Leewen, 389-404.

Vater, Heinz (2000) *Begriff* statt *Wort* – ein terminologischer Wirrwarr. *Sprachreport* (4): 10-13.

Veiter, Theodor (1970) *Das Recht der Volksgruppen und Sprachminderheiten in Österreich. Mit einer ethnosoziologischen Grundlegung und einem Anhang (Materialien).* Wien/ Stuttgart: Braumüller.
Verdoodt, Albert (1968) *Zweisprachige Nachbarn. Die deutschen Hochsprach- und Mundartgruppen in Ost-Belgien, dem Elsaß, Ost-Lothringen und Luxemburg.* Wien/ Stuttgart: Braumüller.
- / Sente, Agnes (1983) Interest Shown by Secondary School Pupils in Modern Languages and Adult Language Needs in Belgium. In Van Els/ Oud-de Glas, 263-283.
Verein für das Deutschtum im Ausland (ed.) (1984) *Leitfaden der deutschsprachigen Presse im Ausland.* Berlin/ Bonn: Westkreuz-Verlag.
Verordnung Nr. 1 zur Regelung der Sprachenfrage für die Europäische Wirtschaftsgemeinschaft (1958) *Amtsblatt der Europäischen Gemeinschaften* 385/ 58. 6.10.1958.
Verstraete-Hansen, Lisbeth (2008) *Hvad skal vi med sprog? Holdninger til fremmedsprog i danske virksomheder i et uddannelsespolitisk perspektiv.* Kopenhagen: Institut for Internationale Kultur- og Kommunikationsstudier Handelshøjskolen i København/ Copenhagen Business School.
- (2010) En route vers le tout-anglais? Pratique et répresentations des langues étrangères dans les entreprises danoises. In Stickel, 67-77.
Vertrag von Lissabon (2008) Hg. von Bundeszentrale für politische Bildung. Bonn 2010. (www.bpb.de).
Viereck, Wolfgang (1996). English in Europe: its nativisation and use as a lingua franca, with special reference to German-speaking countries. In Hartmann, 16-23.
Vierhaus, Rudolf/ vom Brocke, Bernhard (1990) (eds.) *Forschung im Spannungsfeld von Politik und Gesellschaft. Geschichte und Struktur der Kaiser-Wilhelm-/ Max-Planck-Gesellschaft.* Stuttgart: Deutsche Verlags-Anstalt.
Vikør, Lars (2004) Lingua franca and international language/ Verkehrssprache und Internationale Sprache. In Ammon/ Dittmar/ Mattheier/ Trudgill, 328-335.
Vogel, Wanda (2005) L'emploi de la langue allemande en matière administrative et devant la section d'administration du Conseil d'Etat. In Stangherlin, 117-162.
Voigt, Werner (1999) Die Zukunft des Deutschen und anderer Sprachen in Europa. *Terminologie et traduction* 14 (2): 186-257.
Volgger, Ruth M. (2008) *Über den Gebrauch der deutschen Sprache bei öffentlichen Dienstleistungen in Südtirol. Theorie und praktische Anwendung.* Innsbruck/ Wien/ Bozen: StudienVerlag.
Vollstedt, Marina (2002) *Sprachenplanung in der internen Kommunikation internationaler Unternehmen. Studien zur Umstellung der Unternehmenssprache auf das Englische.* Hildesheim: Olms.
- (2005) „Deutsch ist keine Sprache, mit der man auftreten kann!" – Sprachwahl in mittelständischen Betrieben. In Van Leewen, 255-273.
Volpers, Helmut (2002) Der internationale Buchmarkt. In Leonhard u.a., 2649-2660.
Voltmer, Leonhard/ Lanthaler, Franz/ Abel, Andrea/ Oberhammer, Margit [2007] Insights into the linguistic situation of South Tyrol. In Abel/ Stuflesser/ Voltmer, 197–258.
Volz, Walter (1994) Englisch als einzige Arbeitssprache in den Organen der europäischen Gemeinschaft? Vorzüge und Nachteile aus der Sicht eines Insiders. *Sociolinguistica* 8: 88-100.
Voronina, Galina (2011) Motive der Wahl von Deutsch an Schule und Hochschule [in Russland]. In Ammon/ Kemper, 275-286.

Voslamber, Dietrich (2006) Gedanken zur institutionellen Mehrsprachigkeit. Vorschläge für eine Verbesserung des Sprachenregimes in den Institutionen der Europäischen Union. *grkg/ Humankybernetik* 47 (1) (Akademia Libroservo/ IfK).
de Vries, John (1992) Language maintenance and shift. Problems of measurement. In Fase/ Jaspaert/ Kroon, 211-222.
- (2005) Language Censuses. In Ammon/ Dittmar/ Mattheier/ Trudgill, 1104-1116.
Wächter, Bernd/ Maiworm, Friedhelm (2008) *English-Taught Programmes in European Higher Edudation. The Picture in 2007.* Bonn: Lemmens.
Wagener, Hans (2012) *Untergräbt Deutschland selbst die internationale Stellung der deutschen Sprache durch die Förderung von Englisch?* Frankfurt a.M.: Lang.
Wagener, Peter (2003) Wozu noch Deutsch? Funktionen und Funktionsverluste des Deutschen in Wisconsin. In Keel, William D./ Mattheier, Klaus J., 137-150.
Wagner, Ernst (1990) *Geschichte der Siebenbürger Sachsen. Ein Überblick.* 6. Aufl. Thaur bei Innsbruck: Wort-und-Welt-Verlag.
Wagner, Richard (2000) Ethnic Germans in Romania. In Wolff, 135-142.
Wagner, Udo-Peter (2002) Zur Geschichte des Fremdsprachenunterrichts in Rumänien im XX. Jahrhundert unter besonderer Berücksichtigung des Deutschunterrichts. In Lechner, E. (ed.) *Formen und Funktionen des Fremdsprachenunterrichts im Europa des 20. Jahrhunderts.* Frankfurt a.M.: Lang, 419-450.
Waibel, Jens (2010) *Die deutschen Auslandsschulen – Materialien zur Außenpolitik des Dritten Reiches* (Dissertation an der Kulturwissenschaftlichen Fakultät der Europa-Universität Viadrina Frankfurt (Oder). Frankfurt (Oder): Universitätsbibliothek der Europa-Universität Viadrina. (www.d-nb.info/1027453414/34)
Waite, Jeffrey (1992) *Aoteareo: Speaking for Ourselves. A Discussion on the Development of a New Zealand Languages Policy.* (A report commissioned by the Ministry of Education). Wellington.
Wahl, Ulrich (2005) Internationalisierung der Hochschulen – ein Deutschproblem. In Motz (2005a), 31-37.
Walker, Alastair G. H. (1983) Nordfriesisch - ein deutscher Dialekt? *Zeitschrift für Dialektologie und Linguistik* 50: 145-160.
- (2001) Extent and position of North Frisian. In Munske, 263-284.
- (2009) Friesisch, Hochdeutsch und die Sprachenvielfalt in Nordfriesland. In Elmentaler, 15-29.
- / Wilts, Ommo (2001) Die Verschriftung des Nordfriesischen. In Munske, 284-304.
Wallerstein, Immanuel (1974) *The Modern World System: Capitalist Agriculture and the Origins of the European World-economy in the sixteenth Century.* San Fransisco: Academic Press.
- (1980) *The Capitalist World-Economy.* Cambridge usw.: Cambridge University Press.
- (1983) *Historical Capitalism.* London: Verso.
- (1998) *One World, Many Worlds.* New York: Lyenne Rienner.
- (2004) *World-Systems Analysis: An Introduction.* Durham/ London: Duke University Press.
- (2005) El idioma del mundo académico [Languages in the Academic World]. *International Sociological Association Bulletin* 67-68: 1-8.
Wang, Jingping (2007) Die Rolle der deutschen Sprache in Unternehmen aus deutschsprachigen Ländern in China. In Ammon/ Reinbothe/ Zhu, 223-230.
Warkentin, Jakob (1998) *Die Deutschsprachigen Siedlerschulen in Paraguay im Spannungsfeld staatlicher Kultur- und Entwicklungspolitik.* Münster usw.: Waxmann.
Warrs, Wendy A. (1988) *Chemical Structures: the International Language of Chemistry.* Berlin/

Heidelberg: Springer.
Warshauer, Mary E. (1966) Foreign language broadcasting. In Fishman/ Nahirni u.a. 1966, 75-91.
Wassertheurer, Peter (2003) Die Bildungs- und Kulturarbeit der deutschen Minderheit in Tschechien. In Bachmaier, P. (ed.) *Nationalstaat oder multikulturelle Gesellschaft? Die Minderheitenpolitik in Mittel-, Ost- und Südosteuropa im Bereich des Bildungswesens 1945-2002*. Frankfurt a.M.: Lang, 25-40.
Watanabe, Manabu (1994) Die deutsche Sprache im Restaurant-, Hotel- und Tourismuswesen in Japan. In Ammon 1994d, 163-172.
- (2004) Wusstest du, dass weltweit an allen Ecken Sprachen jammen? Über Anglisierung und Internationalisierung im Deutschen. *Aspekt* 37 (Rikkyo-Universität): 71-90.
Watanabe, Osamu (1989) Internationalisierung und die zweite Fremdsprache. In Bauer 1989b, 44-55.
Watts, Richard/ Murray, Heather (eds.) (2001) *Die fünfte Landessprache? Englisch in der Schweiz*. Bern: Akademische Kommission Universität Bern.
Weber, Peter J. (2004) Bildungspolitik und Sprachenpluralismus in der Europäischen Union. *Bildung und Erziehung* 57 (1): 5-25.
- (2006) Spreche global, kommuniziere lokal – Perspektiven der Mehrsprachigkeit in der Europäischen Union. In Fischer, R. (ed.) *Herausforderungen der Sprachenvielfalt in der Europäischen Union*. Baden-Baden: Nomos, 81-93.
- (2009) *Kampf der Sprachen. Die Europäische Union vor der sprachlichen Zerreißprobe*. Hamburg: Krämer.
Weber, Max [1922] (1972). *Wirtschaft und Gesellschaft. Grundriß der Verstehenden Soziologie*. Tübingen: Mohr.
Weck, Udo H./ Glaue, Dieter (2002) Über den Tourismus im Sonnenland. In Hess/ Becker, 374-383.
Wedell, George/ Henley, Olivia (2002) International media markets: Television-production. In Leonhard u.a., 2690-2693.
Weerkamp, Wouter/ Carter, Simon/ Tsagias, Manos [2013] *How People Use Twitter in Different Languages*. University of Amsterdam. (www.websci11.org/fileadmin/websci/Posters/90_paper.pdf.)
Wehrmann, Günter (1988) Förderung der deutschen Sprache. Über eine Aufgabe der auswärtigen Kulturpolitik. In Ritter, 19-26.
Wei, Yuqing (2007) Kommunikation zwischen China und den deutschsprachigen Ländern – auf Chinesisch, Deutsch oder Englisch? In Ammon/ Reinbothe/ Zhu, 231-237.
Weinberg, Alvin M. (1961) Impact of Large-Scale Science on the United States. *Science* 134 (3473): 161-164.
Weindling, Paul (1996) The League of Nations and international medical communication in Europe between the First and Second World Wars. In Chartier/ Corsi, 209-219.
Weingart, Peter (1989) Ist der Sprachenstreit ein Streit um die Sprache? *Psychologische Rundschau* 40: 96-98.
Weinreich, Max [1946] (1999) *Hitler's Professors. The Part of Scholarship in Germany's Crimes Against the Jewish People*. New Haven/ London: Yale University Press.
Weinreich, Uriel [1953] (1974) *Languages in Contact. Findings and Problems*. The Hague/ Paris: Mouton.
Weinrich, Harald (1980) Forschungsaufgaben des Faches Deutsch als Fremdsprache. In Wierlacher, A. (ed.) *Fremdsprache Deutsch*, Bd. 1. München, 29-46.

- (1981) Fremdsprachen in der Bundesrepublik Deutschland und Deutsch als Fremdsprache. *Der deutsche Lehrer im Ausland* 28: 61-75.
- (1984) Die Zukunft der deutschen Sprache. In *Vorträge gehalten auf der Joachim-Jungius-Gesellschaft der Wissenschaften. Hamburg, am 4. und 5. November 1983* (Veröffentlichungen der Joachim-Jungius-Gesellschaft der Wissenschaften Hamburg, 51). [Göttingen], 83-108.
- (1985a) *Wege der Sprachkultur*. Stuttgart: Deutsche Verlagsanstalt.
- (1985b) Sprache und Wissenschaft. *Merkur* 39 (6): 496-506.
- (1986) Sprache und Wissenschaft. In Kalverkämper/ Weinrich, 183-193.
- (2000/2001) Deutsch in Linguafrancaland. In Deutsche Welle Kommunikation, 7-16/ *Akademie-Journal* (2): 6-9.

Weirich, Dieter (2000) „Familie Baumann" oder „Deutsch – Warum nicht?" – Die Deutsche Welle als globales Klassenzimmer. In Deutsche Welle Kommunikation, 17-22.

Weiss, Gerhard W. (1987) Bemerkungen zur gegenwärtigen Lage des Deutschunterrichts in den Vereinigten Staaten. In Sturm (1987a), 47-56.

Weiß, Reinhold (1992) Fremdsprachen in der Wirtschaft: Bedarf und Qualifizierung. In Kramer/ Weiß, 77-177.

Weitzel, Wilhelm/ Nöckler, Herbert C./ Crüsemann-Brockmann, Rolf (2002) Die deutsche Privatschule. In Hess/ Becker, 202-211.

Welz, Dieter (1986) Deutsch als Fremdsprache im südlichen Afrika. Ein historisch-kritischer Blick auf das Selbstverständnis des Faches. *Info DaF* 13 (2): 161-177.

Wendt, Heinz F. [1961] (1987) *Fischer Lexikon Sprachen*. Frankfurt a.M.: Fischer.

Wentenschuh, Walter G. (1995) *Namibia und seine Deutschen. Geschichte und Gegenwart der deutschen Sprachgruppe im Südwesten Afrikas*. Göttingen: Klaus Hess Verlag.

Werlen, Iwar (1989) *Sprache, Mensch und Welt, Geschichte und Bedeutung des Prinzips der sprachlichen Relativität*. Darmstadt: Wissenschaftliche Buchgesellschaft.
- (2002) *Sprachliche Relativität. Eine problemorientierte Einführung*. Tübingen/ Basel: Francke.
- (2004) Domäne. In Ammon/ Mattheier/ Dittmar/ Trudgill, 335-340.
- (2005) Linguistische Relativität. In Ammon/ Dittmar/ Mattheier/ Trudgill, 1426-1435.

Werner, Wolfgang (2005) *Assimilation von Migranten in den Arbeitsmarkt*. Wirtschaftswissenschaftliche Seminararbeit FU Berlin. (Hinweis Ingrid Gogolin – www.diw.de/sixcms/detail.php/43143 – abgerufen 25.08.2012)

Westerwelle Consulting & Media AG (ed.) (2001) *Studie „Fremdsprachen im Job". Im Auftrag des Stern „Campus & Karriere"*. Hamburg: Westerwelle Consulting & Media AG.

Weydt, Harald (2004) Offener Brief zu Volker Honemann: „Usbekistan – Deutschland. Oder: wollen wir die Zukunft unserer Sprache und unserer Literatur weiterhin gefährden?" *Zeitschrift für Literatur und Linguistik* 134: 124-128.

Wimmer, Roger (2005) Der internationale Schutz kultureller und sprachlicher Minderheiten: Die deutschsprachigen Belgier als nationale Minderheit im Sinne des „Rahmenabkommens des Europarates zum Schutz nationaler Minderheiten". In Stangherlin, 65-92.

White, Paul (1987) Geographic aspects of minority language situations in Italy. In Williams, C. H. (ed.) *Linguistic Minorities: Societies and Territories*. Clevedon UK: Multilingual Matters, 44-65.

Whorf, Benjamin L. (1941) The relation of habitual thought and behavior to language. In Spier, L. u.a. (eds.) *Language, Culture, and Personality: Essays in Memory of Edward Sapir*. Menasha: Sapir Memorial Publication Fund, 75-93.

Whorter, John H. (2014) *The Language Hoax. Why the World Looks the Same in Any Language.*

Oxford usw.: Oxford University Press.
Wickler, Wolfgang (1986) Englisch als deutsche Wissenschaftssprache. In Kalverkämper/ Weinrich, 26-31.
Wickström, Bengt-Arne (2005) Can bilingualism be dynamically stable? A simple model of language choice. *Rationality and Society* 17 (1): 81-115.
Wiegand, Herbert E. (ed.) (1999) *Sprache und Sprachen in den Wissenschaften. Geschichte und Gegenwart.* Berlin/ New York: de Gruyter.
Wiegrefe, Klaus/ Pieper, Dietmar (2007) *Die Erfindung der Deutschen. Wie wir wurden was wir sind.* München: Deutsche Verlags-Anstalt.
Wierlacher, Alois (ed.) (1987) *Perspektiven und Verfahren interkultureller Germanistik.* München: Iudicium.
Wiese, Ingrid (2006) Zur Situation des Deutschen als Wissenschaftssprache in der Medizin. In Ehlich/ Heller, 275-295.
Wiesinger, Peter (1980) Deutsche Sprachinseln. In Althaus, H. P./ Henne, H./ Wiegand, H. E. (eds.) *Lexikon der Germanistischen Linguistik.* 2., vollst. neu bearb. und erw. Aufl. Tübingen: Niemeyer, 491-500.
- (1983a) Die Einteilung der deutschen Dialekte. In Besch/ Knoop/ Putschke/ Wiegand, 807-899.
- (1983b) Deutsche Dialektgebiete außerhalb des deutschen Sprachgebiets. In Besch/ Knoop/ Putschke/ Wiegand, 900-929.
von Wieterheim, Anton/ Grellmann, Volker (2002) Im Jagdrevier zwischen Kalahari und Namib. In Hess/ Becker, 297-407.
Wiggen, Geirr (1995a) Norway in the 1990s: A Sociolinguistic Profile. *International Journal of the Sociology of Language* 115: 47-83.
- (1995b) Les llengües de l'ensenyament a Noruega: lleis i regulacions. *Els Lingüistics a la nova Europa.* Barcelona: Ciemen/ Editorial Mediterrània, 73-96.
Wiktorowicz, Józef (1997) Polnisch – Deutsch. In Goebl/ Nelde/ Starý/ Wölck, 1594-1600.
Wild, Katharina (1985) Sprachliche Situation und Sprachpflege. Zur Sprache der deutschen Volksgruppe in Ungarn. In Ritter, A. (ed.) *Kolloquium zur Sprache und Sprachpflege der deutschen Volksgruppen im Ausland.* Flensburg: Institut für Regionale Forschung und Information, 169-184.
- (1992) Deutschunterricht und Spracherhalt bei den Ungarndeutschen. *Suevia Pannonica. Archiv der Deutschen aus Ungarn* 10 (20): 5-15.
Wildgen, Wolfgang (2005) Sprachkontaktforschung. In Ammon/ Dittmar/ Mattheier/ Trudgill, 1332-1345.
Wilhelm, Peter (1983) *The Nobel Prize.* London: Springwood.
Wilkie, John R. (1978) Altes und Neues in der britischen Germanistik. *In Brinkmann/ Ezawa/ Hackert,* 127-141.
Willemyns, Roland (2001) English in linguistic research in Belgium. In Ammon, 329-342.
- (2013) *Dutch. Biography of a Language.* New York usw.: Oxford University Press.
- / Bister-Broosen, Helga (2013) Dutch in the World.
Williams, Colin H. (1991a) *Linguistic Minorities, Society and Territory.* Clevedon: Multilingual Matters.
- (1991b) *The Cultural Rights of Minorities: Recognition and Implementation.* Stafford: Staffordshire University Dep. of Geography and Recreation Studies.
Williams, Donald R. (2011) Multiple language usage and earnings in Western Europe. *International Journal of Manpower* 32: 372-393.

Wilson, David (2002) *The Englishisation of Academe: A Finnish Perspective*. Jyväskylä: Jyväskylä Yliopiston Kiliekeskus.
Wiltsey, Robert G. (1972) *Doctoral Use of Foreign Languages: a Survey*. 2 Parts. Princeton, NJ: Educational Testing Service.
Wiltz, Ommo (2001) Die Verschriftung des Nordfriesischen. In Munske, 305-313.
Wimmer, Rainer (1984) Wenn einer eine Reise tut ... Zu Harro Schweizers Reisebericht „Deutsche Sprache unter der Apartheid." *Zeitschrift für Sprachwissenschaft* 3 (1): 129-134.
Windelband, Wilhelm [1894] (1904) *Geschichte und Naturwissenschaft*. 3., unveränd. Aufl. Straßburg: Heitz und Mündel.
Wingen, Vibeke (2000) Die Ausgrenzung des Deutschen in Dänemark im 19. Jahrhundert. In Naumann/ Müller, 143-155.
Winkler, Wilhelm (1927) *Statistisches Handbuch des gesamten Deutschtums*. Berlin: Verlag Deutsche Rundschau.
Winkmann, G[ünter]/ Schlutius, S[ylvia]/ Schweim, H[arald] G. (2002a) Publikationssprachen der Impact-Factor-Zeitschriften und medizinischer Literaturdatenbanken. *Deutsche Medizinische Wochenschrift* 127 (4): 131-137.
- / - / - (2002b) Wie häufig werden deutschsprachige Medizinzeitschriften in der englischsprachigen Literatur zitiert? *Deutsche Medizinische Wochenschrift* 127: 138-143.
Winter, Martin (2007) Wir sind uns recht peinlich. *Süddeutsche Zeitung* 136: I.
Wirth, Karoline (2010) *Der Verein Deutsche Sprache. Hintergrund, Entstehung, Arbeit und Organistation eines deutschen Sprachvereins*. Bamberg: University of Bamberg Press. (www.opus-bayern.de/uni-bamberg)
Wissenschaftsrat (2006) *Empfehlungen zur Entwicklung und Förderung der Geisteswissenschaften in Deutschland*. (www.wissenschaftsrat.de/download/archiv/7068-06.pdf.)
Withe, J. (1967) *History of Tourism*. London: Leisure Art.
Witte, Barthold C. (1983) Die Stellung des Deutschen als Fremdsprache in Europa. *Deutsch als Fremdsprache in Belgien*: 19-30.
- (1984) *Förderung der deutschen Sprache als Ziel auswärtiger Kulturpolitik*. München: Hueber.
- (1985a) Fernsehen ohne Grenze. Schwerpunkte auswärtiger Kulturpolitik: Deutsche Sprache - Medienpolitik. *Auslandskurier* 25 (2).
- (1985b) Die deutsche Sprache im In- und Ausland. *Auslandskurier* 26 (3): 11-15.
- (1985c) Förderung der deutschen Sprache als Ziel auswärtiger Kulturpolitik. *Auslandskurier* 26 (3): 110-113.
- (1987) Was ist mit der deutschen Sprache los? *FAZ* vom 8.7.1987: 7.
- (1989) Kulturaustausch und internationale Beziehungen der Bundesrepublik Deutschland nach vierzig Jahren. *Jahrbuch Deutsch als Fremdsprache 1989* 15: 67-78.
- interviewt von Akalin, Oguz (1985) Verstärkte Werbung für die deutsche Sprache im Ausland. *Bildung und Wissenschaft* 5/ 6: 3-7.
de Witte, Bruno (2004) Language Law of the European Union: Protecting or Eroding Linguistic Diversity? In Smith, R. C. (ed.) *Culture and European Union Law*. Oxford: Oxford University Press.
Wodak, Ruth/ de Cillia, Rudolf (eds.) *Sprachenpolitik in Mittel- und Osteuropa*. Wien: Passagen Verlag.
Wohlan, Martina (2014) *Das diplomatische Protokoll im Wandel*. Tübingen: Mohr Siebeck.
Wohlmann, Rainer (1983) *Mikrozensus 1980 und Reiseanalyse 1980. Ein methodischer Vergleich*. Starnberg: Studienkreis für Tourismus.
Wöhe, Günter/ Döring, Ulrich (2013) *Einführung in die Allgemeine Betriebswirtschaftslehre*.

25., überarb. und aktualis. Aufl. München: Franz Vahlen.
Wolf, Bernhard (2002) Die Katholische Kirche in Namibia. In Hess/ Becker, 149-153.
Wolff, Hans (1959) Intelligibility and inter-ethnic studies. *Anthropological Linguistics* 1 (3): 34-41.
Wolff, Stefan (2000) *German Minorities in Europe: Ethnic Identity and Cultural Belonging*. New York: Berghahn.
- (2001) German expellee organizations between „Homeland" and „At Home": a case study of the politics of belonging. *Refuge* 20 (1): 52-65.
Wölck, Wolfgang (1976) Community profiles: An alternative to linguistic informant selection. *International Journal of the Sociology of Language* 9: 43-57.
Wolke, Dieter (1996) Psychologen publizieren nicht nur in psychologischen Zeitschriften. Kommentar zu Montada, Becker, Schoepflin und Baltes: „Die internationale Rezeption der deutschsprachigen Psychologie". *Psychologische Rundschau* 47: 38f.
Wollin, Lars (2000) Aus deutscher Feder. Die Stellung des Deutschen in moderner schwedischer Belletristik. In Naumann/ Müller, 235-251.
Worbs, Andreas (1993a) Der Sprachgebrauch im Wirtschaftssektor Namibias. Ergebnisse einer Umfrage. *Nambia Magazin* (1): 17-19.
- (1993b) *Ergebnis einer Umfrage zum Sprachgebrauch im Wirtschaftssektor. Der Deutschunterricht im Südlichen Afrika* (24) 2: 41-49.
World Almanac and Book of Facts 1999/ 2004. McGaveran Jr., W. A. (ed.). New York: World Almanac Books.
World Tourism Organization (WTO) (ed.) (1988) *Yearbook of Tourism Statistics*, 2 Bde. Madrid: World Tourism Organization.
Worton, Michael (2009) *Review of Modern Foreign Languages Provision in Higher Education im England*. (www.hefce.ac.uk/pubs/year/2009/200941/)
von Wright, Georg H. (1963): *Norm and Action. A Logical Enquiry*. London: Routledge and Kegan Paul.
- (1971) *Explanation and Understanding*. Ithaca, NY: Cornell Univ. Press.
Wright, Sue (2000) *Community and Communication. The Role of Language in Nation State Building and European Integration*. Clevedon usw.: Multilingual Matters.
- (2004) *Language Policy and Language Planning: From Nationalism to Globalisation*. New York: Palgrave.
- (2009) The elephant in the room: language in the European Union. *European Journal of Language Policy* 1(2): 93-120.
- (2013) Why isn't EU language policy working? In Schneider-Wiejowski/ Kellermeier-Rehbein/ Haselhuber, 259-273.
Woronenkowa, Galina F. (2011) Deutschsprachige Medien in Russland. Geschichte und Gegenwart. In Ammon/ Kemper, 255-271.
Wren, George R. (1966) Ph.D's need high hurdles. *Science* 154: 962.
Wu, Huiping (2005) *Das Sprachenregime der Institutionen der Europäischen Union zwischen Grundsatz und Effizienz. Eine neue Sichtweise in der institutionellen Sprachenfrage Europas*. Frankfurt a.M. usw.: Lang.
Xavier de Oliveira, Paulo S. (1997) Brasilien. In Raasch, 23-26.
Yamaji, Asahiko (1994) Das Studium von Deutsch als Fremdsprache an den Hochschulen. In Ammon 1994d, 221-235.
Yamashita, Hitoshi (1994) Der Anteil von Deutsch in japanischen Übersetzungsbüros und in größeren Betrieben. In Ammon 1994d, 83-102.

Yang, Do-Wong (2003) Deutsch als Fremdsprache an den heutigen koreanischen Hochschulen. In Ammon/ Chong, 273-284.
Yoder, Don S. (1980) Palatine, Hessian, Dutchman: Three Images of the German in America. In Buffington, Albert F. (ed.) *Ebbes fer Alle-Ebber - Ebbes fer Dich: Something for Everyone - Something for you*. Breinigsville, PA: Pennsylvania German Society, 105-129.
- (1986) Die Pennsylvania-Deutschen. Eine dreihundertjährige Identitätskrise. In Trommler, 65-88.
Zabel, Hermann (ed.) [2001] (2003) *Denglisch, nein danke! Zur inflationären Verwendung von Anglizismen und Amerikanismen in der deutschen Gegenwartssprache*. Paderborn: IFB Verlag.
- (ed.) (2006) Unter Mitarbeit von Disselnkötter, Andreas/ Wellinghoff, Sandra. *Stimmen aus Jerusalem. Zur deutschen Sprache und Literatur in Palästina/ Israel*. Berlin: LIT.
Zabrocki, Ludwig (1978) Das technische Zeitalter und die deutsche Sprache in Polen. In Brinkmann/ Ezawa/ Hackert, 177-190.
Zappen-Thomson, Marianne (2002a) Deutsch in Namibia hat viele Facetten. Deutsch als Fremdsprache (DaF). In Hess/ Becker, 321-326.
- (2002b): Der Deutschunterricht in Namibia kann sich sehen lassen. *Namibia Magazin* 4: 17f.
- (2012) Muttersprache, Fremdsprache – Übersicht über den Fachbereich Deutsch an der Universität Namibia. In *Sprachenvielfalt in Namibia*, 75-80.
Zechlin, Walter (1960) *Die Welt der Diplomatie*. 2. Aufl. Frankfurt a.M./ Bonn: Athenäum.
Zeevaert, Ludger (2007) Rezeptive Mehrsprachigkeit am Beispiel der Zusammenarbeit der skandinavischen Hochschulen. In Kameyama, S./ Meyer, B. (eds.) *Mehrsprachigkeit am Arbeitsplatz*. Frankfurt a.M.: Lang, S. 87-107.
Zellweger, Rudolf (1987) Deutsch als Fremdsprache in der Schweiz. In Sturm (1987a), 197-206.
Zentralblatt für Bakteriologie (1902-1979). Stuttgart/ New York: Fischer [variierender Titel, mehrere Abteilungen] [Fortsetzung als *Journal of Microbiology* – mit variierendem Titel].
Zentralblatt für Mathematik und ihre Grenzgebiete/ Mathematics Abstracts (1931ff.) Hg. Heidelberger Akademie der Wissenschaften/ Fachinformationszentrum Karlsruhe. Berlin/ Heidelberg: Springer.
Zentralblatt für Zoologie, allgemeine und experimentelle Biologie (1894-1918). Leipzig: Teubner [1894-1911 *Zoologisches Zentralblatt*].
Zhao, Jin (1999) Wirtschaftsdeutsch in China: Eine Umfrage unter möglichen Arbeitgebern für Germanistikabsolventen. In *Info DaF* 26 (6): 582-600.
Zhu, Jianhua (2000) Überlegungen zur interlingualen und interkulturellen Fachkommunikation Chinesisch-Deutsch. In: *Arbeiten zur Interkulturellen Kommunikation Chinesisch-Deutsch*. Shanghai: Verlag der Tongji-Universität.
- (2007) „Hochschuldeutsch" – Deutsch als Anwendungsfach an Hochschulen und Universitäten [in China!]. In Ammon/ Reinbothe/ Zhu, 141-152.
- (2009) Entwicklung vom Deutschen als Anwendungsfach in China seit 2000. In Fan, Jieping/ Li, Yuan (eds.) *Deutsch als Fremdsprache aus internationaler Perspektive – Neuere Trends und Tendenzen*. München: iudicium, 426–433.
Zhu, Xiaoan (2007) Die Berufschancen von Chinesinnen und Chinesen mit Deutschkenntnissen. In Ammon/ Reinbothe/ Zhu, 210-222.
Zich, František (2001) *The Bearers of Development of the Cross-Border Community on Czech-German Border*. Praha: Institute of Sociology, Academy of Sciences of the Czech Republic.
Ziegler, Arne (1996) *Deutsche Sprache in Brasilien. Untersuchungen zum Sprachwandel und zum Sprachgebrauch der deutschstämmigen Brasilianer in Rio Grande do Sul*. Essen: Die

blaue Eule.
Ziegler, Jürgen (1994) Die deutsche Sprache im japanischem Musikleben. In Ammon 1994d, 63-68.
Zimmer, Dieter E. (1997) *Deutsch und anders. Die Sprache im Modernisierungsfieber.* Reinbek bei Hamburg: Rowohlt.
Zimmermann, Mosche/ Hotam, Yotam (eds.) (2005) *Zweimal Heimat. Die Jeckes zwischen Mitteleuropa und Nahost.* Frankfurt a.M.: Beerenverlag.
Zingel, Wolfgang-Peter (2002) Indien zwischen Analphabetismus und Software-Entwicklung. In Schucher, G. (ed.) *Asien und das Internet.* Hamburg: Institut für Asienkunde, 63-69.
Zoological Record (1864ff.). Philadelphia, PA: BIOSIS.
Zoologischer Bericht (1922-1943/44). Jena: Fischer.

Sachregister

Die Einträge sind überwiegend Stichwörter, die auch im Text vorkommen, vereinzelt auch Schlagwörter, die Textteile zusammenfassen. *Deutsch* und *deutschsprachig* wurden wegen ihrer Häufigkeit nicht für sich allein, sondern nur in Verbindung mit anderen Ausdrücken aufgenommen.

Abstandsprache 120
Abstandsprache, scheindialektisierte 120
Adaptation Sprachwahltyp von Unternehmen 448
Adoptivsprache 755f.
Afrikaans 124, 130
Akzeptanzplanung für Unternehmenssprachen 494, 496, 498
Alexander von Humboldt-Stiftung (AvH) 1083, 1120f.
Alliance Française 1081
Allochthonie 258-260
Alt-Amische 384
Amische 266f., 380-385, 388
Amtssprachen internationaler Organisationen 717-729
Amtssprache, örtliche 326
Amtssprachgebiet von Deutsch 207
Amtssprachstaaten von Deutsch 206-208
Angelsächsische Länder: innerer Kreis 414
Angewandte Wissenschaften: deutschsprachige Zeitschriften 570f.
Angewandte Wissenschaften: Fächer 566
Angewandte Wissenschaften: Sprachen 563
Angewandte Wissenschaften: Sprachen von Enzyklopädien 569
Anglizismen 49-51
Anglizismen: Einstellungen dazu 49-51
Arabisch 64-69, 181f., 191f., 193f., 251-254, 708, 710, 726, 896, 902, 910, 924, 925, 1023
Arabisch als Amtssprache der Vereinten Nationen 721f.
Arbeitskreis Deutsch als Wissenschaftssprache (ADAWIS) 563-575, 679
Arbeitsmigranten: Sprachen 398f.

Arbeitssprachen internationaler Organisationen 717-729
Archäologie: Wissenschaftssprachen 607-615
Arts- & Humanities Citation Index 589
Astronomische Metaphorik – Sprachenkonstellation 65-68, 74
Asymmetrische (interlinguale) Kommunikation 27f.
Ausbau 147
Ausbaudialekt 117, 220
Ausbaurückstand: Definition 673-676
Ausbaurückstand der deutschen Sprache 670-681
Ausbeutungskolonie 360, 414
Ausgewanderte Wörter 511
Ausländer ohne Deutschkenntnisse in Deutschland 47
Ausländische Wissenschaftler in Deutschland 526-528
Auslandsaufenthalte: Sprachanforderungen 75f.
Auslandsdeutsche Literatur 918f.
Auslandsrundfunk Deutschlands 888-893
Auslandsrundfunk deutschsprachiger Länder 887-897
Auslandsrundfunk großer Sprachen 889, 896f.
Auslandsschulen der deutschsprachigen Länder 959-963
Auslandsschulgesetz 961, 1105-1107
Auslandsvertretungen in Deutschland: Sprachwahl 815-824
Australien: DaF 1058-1062
Australien: Germanistik 1058-1062
Austriazismen 215
Auswanderung, deutsche 97f.
Auswärtige Kulturpolitik (AKP) 1069

Auswärtige Kulturpolitik des vereinten
 Deutschlands: Prinzipien 1099
Auswärtige Kultur- und Bildungspolitik
 1069
Auswärtige Sprachpolitik Chinas 1153f.
Auswärtige Sprachpolitik (ASP) der BRD
 1091-1095
Auswärtige Sprachpolitik der DDR 1095f.
Auswärtige Sprachpolitik der Schweiz
 1144-1146
Auswärtige Sprachpolitik des vereinten
 Deutschlands 1096-1111
Auswärtige Sprachpolitik des vereinten
 Deutschlands: Motive 1104f.
Auswärtige Sprachpolitik des vereinten
 Deutschlands: Netzwerke 1102
Auswärtige Sprachpolitik des vereinten
 Deutschlands: Parteienunterschiede
 1099f.
Auswärtige Sprachpolitik des vereinten
 Deutschlands: Prioritäten 1104-1111
Auswärtige Sprachpolitik Deutschlands:
 Zuständigkeiten 1101f.
Auswärtige Sprachpolitik diverser Länder
 1146f.
Auswärtige Sprachpolitik: Fairness Länderkooperation 1148f.
Auswärtige Sprachpolitik Frankreichs
 1150
Auswärtige Sprachpolitik Großbritanniens
 und der USA 1149f.
Auswärtige Sprachpolitik Italiens 1150
Auswärtige Sprachpolitik Japans 1152f.
Auswärtige Sprachpolitik Kataloniens
 1146f.
Auswärtige Sprachpolitik: Konstruktivismus 1141f.
Auswärtige Sprachpolitik: Kooperation
 von Ländern gleicher Sprache 1147f.
Auswärtige Sprachpolitik: Kooperation
 von Ländern verschiedener Sprachen
 1148f.
Auswärtige Sprachpolitik Liechtensteins
 1146
Auswärtige Sprachpolitik Österreichs
 1142-1144

Auswärtige Sprachpolitik: Neorealismus
 1139f.
Auswärtige Sprachpolitik Portugals 1152
Auswärtige Sprachpolitik Russlands 1152
Auswärtige Sprachpolitik Spaniens 1151
Auswärtige Sprachpolitik: Utilitaristischer
 Liberalismus 1139-1142
Auswärtiges Amt Deutschlands: Abteilung
 6 Kultur und Kommunikation 1101
Auswärtiges Amt Deutschlands: Zuständigkeiten für Auswärtige Sprachpolitik
 1101f.
Außendiglossie 267
Außenwissenschaftspolitik 1108
Autochthonie 258-260
Autonome Wolgarepublik 358f.
Autonomie – Heteronomie einer Sprache
 147
Autoren mit Deutsch als Zweitsprache
 919f.
Ägypten: DaF 1023-1027
Ägypten: Germanistik 1023-1027
Ähnlichkeit, linguistische 112-114
Babelfisch 95f.
Bairisch 115, 125
(Die) Beatles sangen Deutsch 931
Bedarf Deutschkenntnisse nicht-deutschsprachiger Unternehmen 456-483
Beethovens Neunte auf Deutsch in Japan
 930
Begegnungsschulen 945
Begegnungssprache 426
Belgien: Gemeinschaften und Regionen
 235f.
Belgismen 239
Belletristik: Deutsch außerhalb deutschen
 Sprachgebiets 914-927
Belletristik deutschsprachiger Minderheiten 918f.
Belletristik: Exilautoren 918
Bengali 64-69, 74, 181f.
Bericht zur Lage der deutschen Sprache
 45
Betrieb – Unternehmen 419
Bewertung wissenschaftlicher Publikationen nach Sprache 658f.

Bismarcks Sprachenpolitik 704f., 816, 1079
Brasilien: DaF 1037-1042
Brasilien: deutsche Ortsnamen 372
Brasilien: deutschsprachige Minderheit 369-381
Brasilien: Germanistik 1037-1042
Buchexport aus Deutschland 916-918
Buchhandlungen deutschsprachiger Literatur im Ausland 917
Bundestag: Englisch 795f.
Carl Duisberg Gesellschaft 1085
Catherine Wheel/ Feuerrad: Modell der Sprachverbreitung 70
China: DaF 1047-1053
China: Germanistik 1047-1053
Chinesisch 64-69, 74, 79f., 181f., 191f., 193-197, 254, 551, 579, 687, 708, 710, 711, 720, 721, 726, 896, 901, 902, 910, 922, 923, 925, 976, 1033
Chinesisch als Fremdsprache 985f., 1054, 1056
Chinesisch als zwischenstaatliche Vertragssprache 711f.
Chinesisch: Lernaufwand 92f.
Code-Switching 256
Code-Switching – Sprachumstellung 297
Corporate Language 497
Cultural Diplomacy 1109
DaF (Deutsch als Fremdsprache) am Goethe-Institut 973-975
DaF an Hochschulen 964-969
DaF außerschulisch 969-976
DaF außeruniversitär 969-976
DaF im Aufschwung 969
DaF in Australien 1058-1062
DaF in Ägypten 1023-1027
DaF in Brasilien 1037-1042
DaF in China 1047-1053
DaF in den USA 1032-1037
DaF in der Türkei 1018-1022
DaF in deutschen Unternehmen im Ausland 970
DaF in Deutsche Welle 972
DaF in Frankreich 995-998
DaF in Großbritannien 998-1003
DaF in Indien 1042-1047

DaF in Italien 1003-1007
DaF in Japan 1053-1058
DaF in Ländern: Beschreibungsschema 992-995
DaF in Medien im Ausland 971f.
DaF in Polen 1008-1012
DaF in privaten Sprachschulen 975f.
DaF in Russland 1013-1018
DaF in Südafrika 1027-1032
DaF: Lehrerverbände 1132-1135
DaF-Lernen: neuer Aufschwung 959
DaF-Lernen Rückgang: Ursachen 957f.
DaF-Lernen: Sprachwahl – Forschungsmethoden 989f.
DaF-Lernen: Zwang 1008
DaF-Lerner: Gesamtzahlen weltweit 981-984
DaF-Lerner: Motive – Ursachen 989f.
DaF-Lerner und Germanistik an Hochschulen 966f.
DaF-Lerner weltweit: geographische Verteilung 982f.
DaF-Lerner weltweit: Kartographie 983f.
DaF: Lernerzahlen 956f., 1979-2010
DaF: Lernerzahlen: Erhebungen 948-950
DaF-Lernmotiv: ethnische Herkunft 1035, 1038
DaF-Lernmotiv: Familientradition 1057
DaF-Lernmotiv: identifikatorisch/ identifikativ 991
DaF-Lernmotiv: instrumentell 991f., 1057f., 1062
DaF-Lernmotiv: integrativ 991
DaF-Lernmotiv: kulturell 992,
DaF-Lernmotiv: leistungssuchend 992
DaF-Lernmotiv: Missionierung zum Islam 1024f.
DaF-Lernmotiv: Tourismus 840-844, 1062
DaF-Lernmotive: Typologie 991f.
DaF: Medienkurse 971f.
DaF-Stellung in Ländern: stärkende/ schwächende Faktoren 1063-1068
Dänemark: deutschsprachige Minderheit 305-310
Dänisch 726
Dänisch in Deutschland 213f.
DDR: auswärtige Sprachpolitik 1095f.

Deutsch als Anwendungsfach 574
Deutsch als Dokumentensprache 723-725, 728, 745f.
Deutsch als Einwanderungsbarriere 515f.
Deutsch als Fremdsprache an Schulen 947-959
Deutsch als Fremdsprache an Schulen – an Hochschulen 947f.
Deutsch als Fremdsprache an Schulen: neuere Geschichte 947-959
Deutsch als Fremdsprache an Schulen: Vergleich mit anderen Sprachen 950-953
Deutsch als Fremdsprache: Einbruch im Ersten Weltkrieg 950-953
Deutsch als Fremdsprache: Geschichte der Verbreitung 98-104
Deutsch als Fremdsprache in Osteuropa 955f.
Deutsch als Fremdsprache: Lerner 177
Deutsch als Fremdsprachenpflichtfach 954f.
Deutsch als Fremdsprache: Sprecher 176-179
Deutsch als Korrespondenzsprache der deutschen Wirtschaft 433-439
Deutsch als Lingua franca 28, 33-39
Deutsch als Muttersprache 272f.
Deutsch als nationale Amtssprache 208-232
Deutsch als regionale Amtssprache 232-248
Deutsch als Wissenschaftssprache: Aufstieg und Abstieg 101-103
Deutsch als Wissenschaftssprache: Fächerunterschiede 539-547
Deutsch als Wissenschaftssprache: Förderung 693-697
Deutsch als Wissenschaftssprache in Angewandten Wissenschaften 563-575
Deutsch als Wissenschaftssprache in Geisteswissenschaften 587-603
Deutsch als Wissenschaftssprache in Naturwissenschaften 547-563
Deutsch als Wissenschaftssprache in Sozialwissenschaften 575-587
Deutsch als Wissenschaftssprache in Strukturwissenschaften 547-563
Deutsch als Wissenschaftssprache: Nischenfächer 603-623
Deutsch als zwischenstaatliche Vertragssprache 705, 710-717
Deutschamerikaner 386
Deutsch auf Mallorca 859f.
Deutsch: Aufoktroyierung 328
Deutschbedarf australischer Unternehmen 481f.
Deutschbedarf belgischer Unternehmen 469f.
Deutschbedarf britischer Unternehmen 462-464
Deutschbedarf chinesischer Unternehmen 477
Deutschbedarf dänischer Unternehmen 471-473
Deutschbedarf estnischer Unternehmen 475
Deutschbedarf finnischer Unternehmen 474f.
Deutschbedarf französischer Unternehmen 464-467
Deutschbedarf indischer Unternehmen 481
Deutschbedarf isländischer Unternehmen 470f.
Deutschbedarf japanischer Unternehmen 478f.
Deutschbedarf koreanischer Unternehmen 479f.
Deutschbedarf lateinamerikanischer Unternehmen 481
Deutschbedarf neuseeländischer Unternehmen 482
Deutschbedarf niederländischer Unternehmen 467-469
Deutschbedarf norwegischer Unternehmen 470
Deutschbedarf polnischer Unternehmen 473
Deutschbedarf russischer Unternehmen 476f.
Deutschbedarf spanischer Unternehmen 467

Deutschbedarf tschechischer Unternehmen 473f.
Deutschbedarf von US-Unternehmen 480f.
Deutsch-Bewertung aufgrund Nationalsozialismus 1090f.
Deutsche Auslandshandelskammern: Sprachen 439-442
Deutsche Auslandsschulen 959-963
Deutsche auswärtige Sprachpolitik Osteuropa: Scheitern 1096f.
Deutsche – chinesische Unternehmen: Sprachwahl 450
Deutsche Ethnie 19-22, 148-154
Deutsche Ethnizität 257
Deutsche EU-Sprachenpolitik: Scheitern 1096
Deutsche Filme: Marktanteile 872
Deutsche Gesellschaft für Internationale Zusammenarbeit 1092
Deutsche Hochschulen im Ausland 977-980
Deutsche Hochschulen im Ausland: auf Englisch 978
Deutsche Kolonien — Verbreitung von Deutsch 101f.
Deutsche Lieder im Ausland 941-945
Deutsche Liedersänger im Ausland 941f.
Deutscher Akademischer Austauschdienst (DAAD) 1092, 1116-1118, 1683
Deutscher Akademischer Austauschdienst: Gründung 1083
Deutscherhalt bei NS-Verfolgten 1090f.
Deutscherhaltung 375f.
Deutscher Presseexport: Zielländer 875f.
Deutscher Sprachrat 1102
Deutsche – russische Unternehmen: Sprachwahl 450f.
Deutsches Amtssprachgebiet 154-157, 206-208
Deutsches-Sprachdiplom-Schulen (DSD-Schulen) 1122, 1124-1126
Deutsches Sprachgebiet 154-157
Deutsches Sprachgebiet, zusammenhängendes 156
Deutsche UNESCO-Kommission 1092

Deutsche Universitäten im Ausland 1019f., 1023
Deutsche Universitäten im Ausland: auf Englisch 1023
Deutsche Unternehmen im Ausland 340
Deutsche Unternehmen: interne Sprachwahl 483-498
Deutsche Volkslieder 930f.
Deutsche volkstümliche Lieder 931
Deutsche Welle (DW) 888-893, 1076, 1084, 1092, 1122f.
Deutsche Welle: Sprachen, Sendegebiete 890-893
Deutsche Wirtschaft: Konflikt Deutsch – Englisch 512-516
Deutsche Wissenschaftler auf internationalen Konferenzen 660, 662
Deutschförderung durch private Vereine 1124-1132
Deutschförderung durch Tourismus 863f.
Deutsch-Französische Hochschule 697
Deutsch für deutsche Touristen in der Türkei 857f.
Deutsch für deutsche Touristen in Indien 854f.
Deutsch für internationale Wirtschaftskontakte: Rückgang 433f., 454
Deutsch im Europarat 728f.
Deutsch im Eurovision Song Contest 938-940
Deutsch im Internet 899-905
Deutsch im Internet: Vergleich mit anderen Sprachen 900-905
Deutsch in Belgien 232-240
Deutsch in Belletristik außerhalb des deutschen Sprachgebiets 914-927
Deutsch in Biologie 522f.
Deutsch in Chemie 524
Deutsch in China 37
Deutsch in Deutschland 208-214
Deutsch in Diplomatie 699-709
Deutsch in EU-Kommission 789f.
Deutsch in Facebook 907-910
Deutsch in globaler Wirtschaftskommunikation 407-518
Deutsch in Japan 524f.

Deutsch in Medien außerhalb des deutschen Sprachgebiets 879-913
Deutsch in Österreich 214f.
Deutsch in populärer Musik: Verdrängung 931-934
Deutsch in Russland 714
Deutsch in Skandinavien 524
Deutsch in sozialen Medien 906-913
Deutsch in Twitter 910-913
Deutsch in Vereinten Nationen 720-726
Deutsch in wissenschaftlichen Bibliographien 522f.
Deutschkenntnisse ausländischer Botschafter in Deutschland 820f., 824
Deutschkenntnisse ausländischer Politiker 808-811
Deutschkenntnisse: Bedarf 1002, 1006, 1012, 1016, 1043f.
Deutschkenntnisse von Migranten 165-167
Deutschlands Auswärtige Sprachpolitik: Bewertung 1137-1142
Deutschlands Auswärtige Sprachpolitik: Erklärung 1137-1142
Deutschlehrverbände 998, 1003, 1007, 1013, 1018, 1022, 1027, 1032, 1037, 1042, 1047, 1053, 1058, 1062, 1032-1037
Deutschnamibier 360f.
Deutschnamibier: Sozialschicht 362
Deutscholympiade 1010
Deutsch-Russisch Häuser 355, 357, 1017
Deutschsprachige Chöre außerhalb des deutschen Sprachgebiets 942-945
Deutschsprachige Gemeinschaft in Belgien 232-240
Deutschsprachige Länder 154-157
Deutschsprachige Länder: Exporte/ Importe 410-412
Deutschsprachige Länder in Vereinten Nationen 722
Deutschsprachige Lehrbücher im Ausland 528f.
Deutschsprachige Markennamen im Ausland 507-511
Deutschsprachige Medien für Touristen 862f.

Deutschsprachige Minderheiten 255-405
Deutschsprachige Minderheiten: Beschreibungsschema 302-305
Deutschsprachige Minderheiten – deutschsprachige Presse 880
Deutsch(sprachig)e Minderheiten: Eigenschaften 262-273
Deutsch(sprachig)e Minderheiten: Überblick 298-302
Deutschsprachige Minderheiten: Verbände 308f., 326, 332, 340, 343, 347, 358, 365
Deutschsprachige Opern weltweit 929
Deutschsprachige Periodika außerhalb der deutschsprachigen Länder 878-887
Deutschsprachige Popmusik – Deutschlernen als Fremdsprache 928f., 931
Deutschsprachige Popmusik im deutschen Radio 936f.
Deutschsprachige Presse – deutschsprachige Minderheiten 880
Deutschsprachige Presse im Ausland 877-887
Deutschsprachige Presse in Australien 877, 886
Deutschsprachige Publikationen: Nichtbeachtung 655f.
Deutschsprachiger Pressevertrieb ins Ausland 874-876
Deutschsprachiger Rundfunk im Ausland 893-897
Deutschsprachiges Radio außerhalb des deutschen Sprachgebiets 873
Deutschsprachiges Studium im Ausland 697
Deutschsprachige Studiengänge im Ausland 977-980
Deutschsprachige Tageszeitungen außerhalb der deutschsprachigen Länder 882f.
Deutschsprachige Vokalmusik: weltweite Verbreitung 927-944
Deutschsprachige Werbung in der Welt 504-512
Deutschsprachige Zeitungen in USA 884-886
Deutschsprecher in der Schweiz 168f.

Deutschsprecher in Deutschland 163-167
Deutschsprecher in Liechtenstein 168
Deutschsprecher in Luxemburg 169
Deutschsprecher in Minderheiten 172-176
Deutschsprecher in Ostbelgien 168
Deutschsprecher in Österreich 167f.
Deutschsprecher in Südtirol 169
Deutschsprecher: Prognosen 170f.
Deutsch: staatliche Amtssprache 199-248
Deutsch: Stellung in EU 746f.
Deutsch-Stellungsverlust: Nachteile 669f.
Deutschunterricht in Tourismusindustrie 860f.
Deutschverbot 272, 317, 321, 322, 369
Deutschverbreitung des Nationalsozialismus 102f, 1085-1090
Deutschverbreitung im Deutschen Reich 1078-1080
Deutschverbreitung in der Weimarer Republik 1081-1885
Deutschverweigerung deutscher Politiker 812f., 825-827
Deutsch: von Weltwissenschaftssprache zur Nischensprache 519-539
Deutsch-Vorenthaltung des Nationalsozialismus 1089f.
Deutsch-Wagen-Tour 1012, 1137
Deutsch: Zeit der Weltwissenschaftssprache 521-530
Dialektkontinuum 132-140, 147
Dialektschwund 315, 328, 345f., 380f.
Diaspora-Minderheit 262f.
Diglossie 104f., 220-222, 267
Diplomatie: gelungene Sprachwahl 831f.
Diplomatie: Sprachen im Verlauf der Zeit 699
Diplomatische Kontakte: Empfehlungen zur Sprachwahl 812-815
Diplomatische Kontakte: Faktoren der Sprachwahl 806f.
Diplomatische Kontakte Frankreich – Deutschland: Sprachwahl 810f.
Diplomatische Kontakte: Sprachwahl 806-816
Distanz, linguistische 112-114
Dokumentensprache 723-725, 728, 745f.
Dolmetschen in EU 743-745, 748

Dolmetschen, maschinell 95f.
Domänen 288-290, 407f.
Dominanzprinzip der Sprachwahl für zwischenstaatliche Verträge 717
Drei/3-Generationen-Gesetzmäßigkeit 323, 331
Egalitätsprinzip der Sprachwahl für zwischenstaatliche Verträge 717
Einreisetourismus in deutschsprachige Länder – Deutschlernen 836-844
Einstein: Englischkenntnisse 684
Einstellungen zu Deutsch/en 225, 271f.
Einstellungen zu Sprachen 60f.
Einzige Wissenschaftssprache: Vorteile – Nachteile 682-692
Elsass/ Lothringen: deutsche Sprache 311-319
Elsass/ Lothringen: Dialektschwund 314f., 318
Elsass: Ortsnamen 317f.
Elsass: Sprachenrechte 317
Elsass: zweisprachige Schulen 318-319
Elsässisch 118f., 128, 313f.
Emigranten, deutschsprachige 399-401
Emigranten: Drei/3-Generation-Gesetz / Regelmäßigkeit der Sprachumstellung 399
Empire 81f.
Endogamie, sprachliche 270
Englands kulturelle Überlegenheit 89
Engländer in Deutschland 51
Englisch 10, 37, 38, 42, 64-69, 77, 80, 82, 90, 181f., 187f., 191f., 193-197, 251-254, 519, 521, 534f., 549, 551, 555, 557f., 561f., 573, 580, 582f., 594f., 599, 607, 612, 615, 652, 684, 705f., 708, 710f., 720f., 726, 751, 760, 768, 777, 789f., 792, 797, 804, 822, 858, 900ff., 904, 910, 921-926, 951, 953, 975f.
Englisch als (einzige) Wissenschaftssprache: Nachteile 669f., 677-680
Englisch als Fremdsprache 985f., 996, 1003, 1006, 1010, 1017, 1019, 1049, 1053
Englisch als Korrespondenzsprache der Wirtschaft 436-438
Englisch als Lingua franca 708

Englisch als Sprache deutscher Unternehmen 488-493
Englisch als Vertragssprache zwischen Staaten 710f., 716f.
Englisch als Welt-Lingua franca 77-52
Englisch als Weltsprache 999
Englisch an deutschen Gerichten 517
Englische Berichte über deutsche Forschung 695
Englischbevorzugung der Zitatenindexe 546, 553f.
Englischbevorzugung wissenschaftlicher Datenbanken 548f.
Englische Popmusik: Genuss ohne Sprachverständnis 933f.
Englische Termini – Eindeutschungen 672f.
Englische Termini – Übersetzungen 672
Englische Wissenschaftstexte: Struktur 680f.
Englisch/ Französisch als dominante EU-Sprachen 741-743
Englisch in China 37
Englisch in der Schweiz 223
Englisch in Deutschland 210, 498-504, 516f., 562f., 602, 641f.
Englisch in deutschsprachigen Ländern 44-50, 572
Englisch in deutschsprachigen Ländern: Einstellungen dazu 46f., 49f.
Englisch in deutschsprachigen Ländern: Wirkung auf Stellung von Deutsch 44-50
Englisch in Diplomatie 706-709
Englisch in sozialen Medien 906-913
Englischkenntnisse deutscher Wissenschaftler 659-664
Englischkenntnisse in deutschen Unternehmen 489
Englischsprachige Filmtitel in Deutschland 872
Englischsprachige Länder: Dienstleistungen 415f.
Englischsprachige Länder: Humankapital 416f.
Englischsprachige Länder: innerer Kreis 81, 414

Englischsprachige Länder: sprachliche Wirtschaftsvorteile 414-417
Englischsprachige Popmusik im deutschen Radio 936f.
Englischsprachige Publikationen: Rezeption 617, 655f.
Englischsprachige Studiengänge in Deutschland 624-642, 1105, 1107f.
Englischsprachige Studiengänge in Deutschland: berufliche Zielländer 636f.
Englischsprachige Studiengänge in Deutschland: Deutschkenntnisse 633-637, 639
Englischsprachige Studiengänge in Deutschland: Englischkenntnisse 637f.
Englischsprachige Studiengänge in Deutschland: Fächer und Hochschulen 628-632
Englischsprachige Studiengänge in Deutschland: Interessengegensätze 638-640
Englischsprachige Studiengänge in Deutschland: stellungsstärkend für Deutsch? 634f., 640
Englischsprachige Studiengänge in Deutschland: Überblick 628-632
Englischsprachige Studiengänge in Deutschland: Zahlen 626f.
Englischsprechen deutscher Politiker 826-830
Erster Weltkrieg: Deutsch-Niedergang 644f.
Erster Weltkrieg: Wirkung auf Wissenschaftssprachen 520
Erstsprache 24f.
Esperanto als Wissenschafts-Lingua franca 690f.
Esperanto als Wissenschafts-Lingua franca: Ablehnung im Völkerbund 691
Estnisch 726
Ethnie/ Ethnizität 20f., 148-154, 765
Ethnologue: Sprachenspaltung 181f.
Ethnos 765
Ethnozentrische Unternehmensstruktur – Unternehmenssprache 486

EU als Föderation: Wirkung auf Sprachen 773-775
EU als Föderation: Wirkung auf Stellung von Deutsch 773-775, 778f.
EU: Akzeptanz einer Lingua franca 800
EU: Arbeitssprachen 737-743
EU-Arbeitssprachen: Konflikte 748-750
EU-Arbeitssprachen: Prinzipien für Regelung 802-805
EU: Arbeits- und Amtssprachen – Geschichte 730-733
EU: Auswärtiger Dienst – Sprachen 794f.
EU: Auswirkungen auf internationale Stellung von Deutsch 780-797
EU-Bürger: Mehrsprachigkeit 754f.
EU: Deutsch als Arbeitssprache – Lösungsmöglichkeiten 797-805
EU: Deutsche Dokumentensprache 745
EU: deutsche Sprachinteressen 771-780
EU: Dolmetschen 743-745, 748
EU-Erweiterung: Deutsch 790f.
EU: Frankreichs Sprachenpolitik beim Beitritt Großbritanniens 786-788
EU: Fremdsprachenpolitik der Mitgliedstaaten 805
EU: gemeinsamer öffentlicher Raum – Sprache 760-765
EU: informelle Ratssitzungen – Sprachen 792f.
EU-Institutionen: Arbeitssprachen 741f.
EU: kein einheitlicher Ethnos 765
EU-Kommissionspräsidenten: Sprachkenntnisse 789f.
EU: Kommunikation auf Englisch mit Bundestag 795f.
EU-Lingua franca 757-771
EU-Lingua franca – Demokratie 757-771
EU-Lingua franca: Meinungsumfragen 768-771
EU-Lingua franca: Nachteile 763f.
EU: nur 1 Lingua franca? 758f.
EU: Öffentlichkeit - Europaparlament 762f.
EU: Politik der Mehrsprachigkeit 752-756
EU: Politik der Vielsprachigkeit 752-756
EU-Pressekonferenzen 762
EU-Pressekonferenzen: Sprachen 796

Europäische Charta der Regional- oder Minderheitensprachen 40, 755
Europäische Schulen 963
Europäische Zentralbank: Sprachenregelung 750
Europäischer Auswärtiger Dienst: Arbeitssprachen 750f.
Europäischer Gerichtshof der EU: Sprachenregelung 738, 740
Europäischer Zitatenindex? 694
Europäisches Patent: Sprachen 749
Europarat: Amtssprachen 728f.
Europarat: Amts- und Arbeitssprachen 785f.
Europarat: Erfolglosigkeit für Deutsch als Amtssprache 785f.
Eurovision Song Contest: Sprachwahl 938-940
EU-Schriftbänder: Sprachen 796
EU: schwache Stellung der deutschen Sprache 747, 749, 752-756
EU – Schweiz: Vergleich 765
EU: Selbstverzicht Deutschlands auf Deutsch 788-796
EU-Sprachendienste 763
EU-Sprachenfrage: Input- und Output-Orientierung 767f.
EU: Sprachenregelungen 736
EU: Sprachenregime 736
EU: Sprachinteressen 771-780
EU: Sprecherzahlen 797, 800
EU: Sprecherzahlen der großen Sprachen 770f., 797
EU: transnationaler Demos 765f.
EU: Verfassungssprachen 740, 745
EU: vier Freiheiten 761
EU: Vorbehalte gegen Deutsch 782f.
EU: Vorrangpolitik für Französisch 781-789
Exilautoren 918
Exogamie, sprachliche 286, 322, 354, 270
Expatriates, deutschsprachige 402f.
Exporte/ Importe: Ländervergleich 410-413
Facebook: Deutsch und andere Sprachen 907-911

Fächerunterschiede bezüglich Deutsch als Wissenschaftssprache 539-547
Fairness in Wissenschaftskommunikation 690f.
Familiensprache 24
Finnisch 726
Firma – Unternehmen 419
Fit-Schulen/ FIT-Schulen 959, 1106
Förderung Deutsch als Wissenschaftssprache 693-697
Frankreich: DaF 995-998
Frankreich: deutschsprachige Minderheit 311-319
Frankreich: Germanistik 995-998
Frankreichs Sprachgesetzgebung 209f.
Frankreichs Sprachverbreitung 1081
Französisch 64-69, 181f., 187f., 191f., 206, 218f., 226-228, 251-254, 519, 521, 534, 544, 551, 555, 557f., 561, 578f., 580, 582f., 594f., 599, 607f. 612, 615, 684, 687, 701, 705f., 708f., 710f., 714, 720f., 726, 751f., 768, 777, 789f., 782, 797, 858, 896, 900ff., 904, 910, 921-926, 951, 953, 976, 1023, 1028
Französisch als Fremdsprache 985f., 1003, 1010, 1034f., 1053
Französisch als Korrespondenzsprache der Wirtschaft 439f.
Französisch als zwischenstaatliche Vertragssprache 709-717
Französisch im deutschen Sprachgebiet 715
Französisch in Deutschland 517f.
Französisch in Diplomatie 701-707
Französisch in EU 732
Französisch in Russland 714
Fremdsprache 25f.
Fremdsprache für Individuum 945f.
Fremdsprache im Curriculum 945f.
Fremdsprache im Curriculum: Stellung 946f.
Fremdsprachenbedarf europäischer Unternehmen 457-462
Fremdsprachenkenntnisse von US-Diplomaten 708f., 823f.
Fremdsprachenlerner: Sprachen im Vergleich 980, 983-987

Fremdsprachenpolitik der EU-Länder 745
Fremdsprachler 25f.
Fremdsprachler – Einstellung zum Mutterland der Fremdsprache 89
Fremdsprachler – Sprachinteressen 1-11
Fremdsprachler: Vorteile starker Sprachstellung 9
Friesisch 123f., 129f.
Fürsprache dritter Länder 706f.
„Gastarbeiter": Rückwanderer 1018f.
Gefangenendilemma und Sprachwahl 12-18, 430
Gegenboykott deutscher Wissenschaftler 534, 536
Geisteswissenschaften: Fächer 588
Geisteswissenschaften: Sprachanteile in Publikationen 593-599
Geisteswissenschaften: Sprache – Erkenntnis 589-591
Geisteswissenschaften: Sprachen 587-603, 650
Geisteswissenschaften: Ursachen der Deutschbewahrung 589-592
Geisteswissenschaftliche Texte: Übersetzungsschwierigkeit 590-592
Gemeinsame deutsch-französische Sprachenweisung 749f.
Gemeinsamer Europäischer Referenzrahmen 25f., 92-94
Gemischtsiedlung: sprachliche 269f.
Geozentrische Unternehmensstruktur – Unternehmenssprache 487
Germanistenverbände 1135-1137
Germanistik-Abbau außerhalb des deutschen Sprachgebiets: soziale Folgen 968f.
Germanistik außerhalb des deutschen Sprachgebiets 964-969
Germanistik in Australien 1058-1062
Germanistik in Ägypten 1023-1027
Germanistik in Brasilien 1037-1042
Germanistik in China 1047-1053
Germanistik in Frankreich 995-998
Germanistik in Großbritannien 998-1003
Germanistik in Indien 1042-1047
Germanistik in Italien 1003-1007
Germanistik in Japan 1053-1058

Germanistik in Polen 1008-1012
Germanistik in Russland 1013-1018
Germanistik in Südafrika 1027-1032
Germanistik in Türkei 1018-1022
Germanistik in USA 1032-1037
Germanistik: Publikationssprache Englisch 617
Germanistik: Wissenschaftssprachen 607
German-Pennsylvanian Association 396
Geschichte: deutschsprachige Vertreter 596f.
Geschichte: Sprachanteile in Publikationen 594f.
Geschichte: Sprachen nach Zitatenanteilen 598-600
Geschichtsmythen 150
Gesellschaft für deutsche Sprache (GfdS) 104, 1129
Gesicht, negatives 425
Gesicht, positives 425
Globale Sprachenkonstellation 63-74
Globales Sprachensystem 64-74
Globale Systeme 67
Globalisierung 82f.
Globalisierung – globale Sprachenkonstellation 82f.
Glottochronologie 139
Glottotomie 141
Goethe-Institut (G-I) 265, 1082f., 1024f., 1104-1106, 1102, 1114
Goethe-Institut: Gründung 1082-1084
Grenzminderheit 284
Griechisch 726, 790, 921, 1028
Großbritannien: DaF 998-1003
Großbritannien: Germanistik 998-1003
Grundgesetz: Sprachartikel? 210f.
Gruppenidentität 152f., 294-295
Gruppenreisen – Sprachlernen 841, 842
Gujarati 1028
Handlungsfelder 407f.
Haus der Kulturen der Welt 1092
Haussprache 24f.
„Heim ins Reich" 275
Helvetismen 222
Herfindahl(-Hirschman)-Index 30f.
Heteronomie — Autonomie einer Sprache 147

Hindi 725, 896, 1028
Hindi-Urdu 64-69, 181f., 191f.
Hochschullehre: Deutsch – Englisch 623-642
Höflichkeit beim Kauf knapper Waren 428
Höflichkeit – Lingua franca 427f.
Höflichkeit: Muttersprache des Anbieters 428
Höflichkeit: Muttersprache des Kunden 428
Höflichkeit: Sprachwahl Deutsch 429
Höflichkeit und Sprachwahl 53, 59, 420, 422, 424-429
Höflichkeit/ Unhöflichkeit: Deutschverweigerung 429
Humboldt-Sapir-Whorf-Hypothese 591, 665-667, 679
Hunsrücker (in Brasilien) 369, 373, 376
Hunsrückisch (in Brasilien) 371f., 379
Hutterer 266, 380, 385f., 389
Hutterer: Schulen 393
Hutterisch 389f., 393
Hüagdietsch 382, 389f.
Hyperkollektive Güter 69
Hyperzentrale Sprache 64-68
Identifikationssprache 24f., 38f., 767
Identifikatorische/ identifikative Motive der Sprachwahl 991
Identität 152f.
Identität: deutschsprachige 385-387
Identität, ethnische 55f., 152f., 334f.
Identität: ethnolinguistische 294
Identität: kollektive 294
Identität, schwebende 335
Identität – Sprachwahl 60f., 421f.
Immigrantensprachen 41
Immigrantensprachen: Erhalt 41f.
Immigrantensprachen: Wirkung des Erhalts auf Stellung von Deutsch 41f.
Impact-Faktor 554, 571, 657f.
Impact-Faktor deutschsprachiger Zeitschriften 571
Impact-Faktor englischsprachiger Zeitschriften 571
Importe/ Exporte: Ländervergleich 410-413

Importe/ Exporte – Sprachverbreitung 413f.
Importe/ Exporte – Sprachwahl 413f.
Indien: DaF 1042-1047
Indien: Germanistik 1042-1047
Individualtourismus – Sprachlernen 841f., 847
Indonesisch 64-69, 910
Initiative Außenwissenschaftspolitik 1108
Innerer Kreis anglophoner Länder 592
Institut für Auslandsbeziehungen (ifa) 265, 1018-1020, 1083, 1092
Instrumentelle Motive 991
Integrative Motive der Sprachwahl 991
Interessenprioritäten – Sprache 772
Interessenzwiespalt Beruf – Sprachförderung 12-18, 1110f.
Interlinguale Kommunikation 23, 28
Internationale Kommunikation 23-28
Internationale Kommunikation im engeren Sinn 23-29
Internationale Kommunikation im weiteren Sinn 23-28
Internationale Organisationen: Amts- und Arbeitssprachen 717-726f., 729
Internationale Organisationen mit Status von Deutsch 727f.
Internationale Wirtschaftskommunikation 407-518
Internationaler Deutschlehrerverband (IDV) 1007, 1013, 1018, 1022, 1027, 1032, 1042, 1047, 1053, 1058, 1062, 1134f.
Internationaler Deutschlehrerverband: nationale Verbände 1135
Internationale Stellung einer Sprache 18-23
Internationale Studiengänge in Deutschland 696, 1105, 1107f.
Internationale Vereinigung für Germanistik (IVG) 998, 1007, 1013, 1022, 1032, 1042, 1047, 1053, 1058, 1032, 1036, 1136
Internationalitätsgrad einer Sprache: Messung 29-33
Internet: Deutsch 899-905
Internet-Durchdringung pro Sprache 902f.

Internet: Englisch 898-905
Internet: kleine Sprachen 898f.
Intralinguale Kommunikation 23, 28
Italien: DaF 1003-1007
Italien: Germanistik 1003-1007
Italienisch 181f., 187f., 191f., 193f., 206, 218f., 243-245, 254, 544, 561, 580, 582, 594f., 608, 612, 615, 687, 725f., 768, 777, 790, 797, 804, 900f., 910, 921-926, 951, 953, 976
Italienisch als Fremdsprache 985f., 1004, 1039
Italienisch als Opernsprache 929
Japan: DaF 601f., 1053-1058
Japan: deutsches Recht 601
Japan: Germanistik 1053-1058
Japanisch 64-69, 74, 181f., 191f., 193f., 254, 551, 580, 687, 896, 900ff., 923ff., 976
Japanisch als Fremdsprache 986
Japanische Unternehmen in Deutschland: Unternehmenssprache 498-504
Japantown in Deutschland 501
Jiddisch 124, 130, 275
Joseph II: Deutsch als Amtssprache 703
Kaskadenmodell: Englisch von Hochschule bis zur Familie 642
Kernaufgabe, berufliche – Sprachförderung 12-18, 824f., 827, 829f., 1110f.
Kisuaheli 726
Kleine Fächer: Deutscherhalt- und -rückgang 622f.
Kollektive Güter 69
Koloniallinguistik 360
Kolonialsprachen 707
Kolonienverlust – Stellung von Deutsch 707
Kommunikationspotential einer Sprache 71-75
Kommunikationssprache 38f., 767
Kompromiss - Identität 247, 314, 321
Kontaktdeutsch 340, 359, 866f.
Konzeption 2000 der Auswärtigen Kulturpolitik (AKP) 1097f.
Ko-offizielle Sprache 202
Korea: Deutsch 602
Koreanisch 902, 922

Koreanisch als Fremdsprache 1054, 1056
Korpusausbau 670-677
Korpusplanung 670f.
Korpusplanung für Unternehmenssprachen 495
Korrespondenzsprachen deutscher Unternehmen 431-439
Kosmopolitische Identität – Sprachwahl 422
Kosten-Nutzen-Analyse für Unternehmenssprachen 493f.
Kulturdialekt 220
Kultureller Vorsprung 88
Kulturelles Kapital 429
Kulturgüter – Sprachanteile 84-86
Kulturnation 21
Kulturnation, deutsche 148
Ladinisch 243f.
Language attrition 296f.
Latein 701, 709f., 714, 921
Latein als zwischenstaatliche Vertragssprache 710, 713
Latein in Diplomatie 700-702
Länder mit Deutsch als Amtssprache 156f.
Ländervergleich Exporte/ Importe 410-413
Legitimation einer Regierung 767
Lernen – Nutzen einer Sprache 58
Lettisch 726
Letzeburgisch 110, 113, 119f., 128, 206, 224, 226f.
Letzeburgisch in EU 739
Lexikostatistik 139
Liechtenstein 215f.
Liechtensteinismen 216
Lingua franca 27f.
Lingua franca, echte 27-29
Lingua franca in zwischenstaatlichen Verträgen 713f.
Lingua franca, unechte 27f.
Lingua franca – Vergemeinschaftung 766f.
Linguasphäre 63f.
Linguistische Ähnlichkeit 131-141
Linguistische Distanz 131-141, 295f.
Literaturnobelpreise: häufigste Sprachen 926f.
Loi Deixonne 317

Lothringisch 313f.
Luciburgismen 231
Luxemburg 224-232
Luxemburg: Amtssprachen 226f.
Luxemburg: Domänen des Deutschgebrauchs 227-231
Luxemburgisch 224, 226f.
Luxemburg: Nationalsprache 227
Luxemburg: Sprachengesetz 226f.
Macht und Sprachwahl 59f.
Made in Germany 506, 512
Malaiisch 64-69, 896
Maltesisch 790
Marga und Kurt Möllgaard-Stiftung 1127f.
Mathematische Datenbanken 549f.
Maximin-Regel/ Minimex-Regel der Sprachwahl 807
Mediale Kommunikation – Handlungsfelder 871
Mediale Kommunikationsformen 870f.
Medien – Sprachverbreitung 76f.
Medizin: Wissenschaftssprachen 573
Mehrere Wissenschaftssprachen: Aufwand 688-690
Mehrere Wissenschaftssprachen: Vorteile – Nachteile 682-692
Mehrsprachigkeit als Lernbelastung 759
Mehrsprachigkeit in EU 736
Mennoniten 266, 371, 380-382, 386, 388f.
Mennoniten: Englisch – Spanisch 394
Mennonitenhochdeutsch 115,124, 382
Mennoniten: Schulen 388, 394
Mennoniten: Zeitschriften 392
Metasprache – Objektsprache 543, 621
Metasprache – Objektsprache: Deutscherhalt 621
Migranten: Deutschkenntnisse 165-167
Minderheiten mit Mehrheit oder Amtssprachstaat andernorts 262f.
Minderheiten ohne Mehrheit oder Amtssprachstaat andernorts 262f.
Minderheit: Identifikation 280-282
Minderheitsrechte 258f.
Minderheitssprachen: Wirkung des Erhalts auf Stellung von Deutsch 43

Minimex-Regel der Sprachwahl 62f., 708, 747
Minimex-Regel/ Maximin-Regel der Sprachwahl 807
Mitteleuropäischer Germanistenverband (MGV) 1135
Mittlerorganisationen 1082-1084, 1091f., 1111-1126
Modellschreiber 143-145
Modellsprecher 143-145
Motive für die Wahl einer Sprache zum Lernen 56f., 264, 987-992
Motive, für die Wahl einer Sprache zum Lernen, Typologie 987-992
Motive, identifikatorische für die Wahl einer Sprache zum Lernen 991
Motive, instrumentelle für die Wahl einer Sprache zum Lernen 56, 264, 991
Motive, integrative für die Wahl einer Sprache zum Lernen 56, 264, 991
Motive, kulturelle für die Wahl einer Sprache zum Lernen 57f., 992, 1057, 1062
Motive, leistungssuchende für die Wahl einer Sprache zum Lernen 992
Motive – Motivation zum DaF-Lerner 987-990
Motive, traditionelle für die Wahl einer Sprache zum Lernen 57
Musikwissenschaft: Wissenschaftssprachen 607-615
Muttersprache 23-26, 152, 945f.
Muttersprache: individuelle – curriculare 954f.
Muttersprachler 24-27
Muttersprachler: Sprachinteressen 1-11
Muttersprachler: Vorteile starker Sprachstellung 9
Muttersprachvorteil in Kommunikation 53
Muttersprachzweisprachigkeit 328, 372
Muttervarietät 152
Nachbarsprachen in Europa 735
Nachrichtenagenturen großer Sprachen 887, 889
Nachteile von Englisch als einzige Wissenschaftssprache 669f., 677-680
Nähesprache 267
Namibia: „DDR-Kinder" 360

Namibia: Deutsch als Amtssprache 360
Namibia: deutsche Entwicklungshilfe 367
Namibia: deutsche Orts-/ Straßennamen 362
Namibia: deutsche Schulen 363f.
Namibia: deutschsprachige Minderheit 359-369
Namibia: Südwesterdeutsche 361
Namibia: Tourismus aus Deutschland 367
Namibismen 368
Nation 19-22, 148
Nationale Amtssprache 202
Nationale Identität – Sprache 757
Nationale – internationale Stellung von Deutsch 39-50
Nationale Stellung einer Sprache 39-50
Nationale Varianten des Deutschen 211f., 215f., 222, 231, 239, 247
Nationalität 20
Nationalitätensprache 337
Nationalsozialismus: DaF-Lernen 953f.
Nationalsozialismus: Deutschniedergang 645
Nationalsozialismus: Deutschverbreitung 102f.
Nationalsprache 205
Nationalsprachlich geprägte Fächer 540, 572
Nationalsprachlich geprägte Wissenschaften 563
Nationalstaat 20f.
Naturwissenschaften: Fachverbände – deutsche Namen 559f.
Naturwissenschaftliche Zeitschriften: Sprachumstellung 560f.
Netzwerk Deutsch 1102
Neue Deutsche Welle (populäre Musik) 934-936
Neue Deutsche Welle im Ausland 934-936
Neue Medien: Deutsch 897-913
Neue Medien: Sprachen 897-913
Nicht-Adaptation als Unternehmenssprachwahl 449
Nicht-Sprecher einer Sprache 25f.
Niederdeutsch 110, 120, 128f., 213
Niederdeutsch als Lingua franca 98

Niederländisch 124, 129, 191f., 544, 582, 608, 726, 751, 790, 900f., 904, 922f., 976
Nischenfächer 604-607
Nischenfächer: Befragungen zu Sprachen 604-611, 616-618
Nischenfächer: Deutscherhalt 609, 616-620
Nischenfächer: Englischübersetzungen 619f.
Nischenfächer für Deutsch als Wissenschaftssprache 540, 603-623
Nischenfächer in US-Bibliotheken 612-615, 620
Nobelpreise, Literatur: häufigste Sprachen 926f.
Nobelpreisträger, wissenschaftliche: deutschsprachige Länder 526-528
Nobelpreise, wissenschaftliche: Ländervergleich 650-654
Nobelpreise, wissenschaftliche: nach Sprachen 652-654
Nonstandardvarietät 111
Normen: Anwendungsbedingungen 145
Normen: hypothetische 145
Normen: kategorische 145
Normhierarchie 146
Norwegisch 900
NS-Deutschland – Deutschenbild 225, 271
NS-Politik: Deutsch als Wissenschaftssprache 536-538
NS-Sprachenpolitik: Elsass und Lothringen 1086f.
NS-Sprachenpolitik: Luxemburg 1087
NS-Sprachenpolitik: Niederlande 1087
NS-Sprachenpolitik: Polen 1088f.
NS-Sprachenpolitik: Slowakei 1088
NS-Sprachenpolitik: Tschechien 1088
NS-Sprachenpolitik: Ungarn 1089
NS-Zerstörung von Deutsch als Wissenschaftssprache 536-538
Numerische Stärke von Deutsch 159-180
Offizielle staatliche Sprache/ staatliche Amtssprache 200-203
Ostkolonisation, deutsche 97
Öffentlichkeit: Begegnungsöffentlichkeit 761f.
Öffentlichkeit: Veranstaltungsöffentlichkeit 761f.
Ökonomische Stärke von Sprachen/ Sprachgemeinschaften 78-81
Ökonomische Stärke von Sprachgemeinschaften im Vergleich 189-192
Ökonomische Stärke von Sprachgemeinschaften: Prognose 195-197
Österreichische Auslandsschulen 962f., 1143
Österreichische Unternehmen: Sprachwahl 456-483
Österreich Institut 1013, 1143
Österreich: Minderheitssprachen 215
Partnerschul-Initiative (PASCH) 1105f.
PASCH-Schulen 959-961
Passive Mehrsprachigkeit 27f.
Patente: China/ Chinesisch 574
Patente: Sprachen 573f.
Pennsylvania Dutch 384, 392
Pennsylvania German 384, 386ff.
Periphere Sprache 64-68
Personalprinzip von Sprachrechten 218
Philosophie: Sprachanteile in Publikationen 593f.
Philosophie: Wissenschaftssprachen 607-611
Plautdietsch 121, 129, 382, 390
Polen: DaF 1008-1012
Polen: deutsch(sprachige) Minderheit 320-328
Polen: Germanistik 1008-1012
Polen: zweisprachige Schulen 324, 326
Polnisch 582, 922f.
Polyglotter Dialog 27f.
Polyzentrische Unternehmensstruktur – Unternehmenssprache 486
Pomerisch 110, 122f.
Portugiesisch 64-69, 181f., 191f., 193f., 251-254, 710, 726, 751, 790, 896, 900, 902, 910, 925, 976, 1028
Postnationale Konstellation – Einstellung zu Sprachen 83f.
Präferenztafel für EU-Arbeitssprachen 776f.
Prävalenz einer Sprache 70-74
Prestige einer Sprache 295, 653, 659

Prestigeplanung für Unternehmenssprachen 494, 496
Private Vereine: Deutschförderung 1124-1132
Prognosen zur Stellung der deutschen Sprache 104f., 917, 927
Propagandaschulen Deutschlands 1080
Psychologie: Deutsch oder Englisch 576f.
Psychologie: Publikationssprachen 576-581
Querschnittaufgabe Auswärtiger Kulturpolitik 1074
Q-Value einer Sprache 72-74
Radioquote für deutsche Musik 936f., 1102
Radioquote für Musik in eigener Sprache 936f., 1102
Ratsverordnung Nr. 1 zur Sprachenfrage der EU 737-743
Rechtswissenschaft: Deutschsprachigkeit 600-602,1056
Regionale Amtssprache 202-204
Regiozentrische Unternehmensstruktur – Unternehmenssprache 487
Relaisdolmetschen 744f.
Religiöses Isolat 266
Remigration von „Gastarbeitern" 401-403
Rentnerkolonien, deutschsprachige 403f.
Retourdolmetschen 744
Robert Bosch Stiftung 1127f.
Rollenidentität 152
Rumänien: deutsch(sprachig)e Minderheit 341-348
Rumänien: deutschsprachige Ortsschilder 345
Rumänien: deutschsprachige Schulen 346
Rumäniendeutsche: Teilgruppen der deutsch(sprachigen) Minderheit 342f.
Rumänismen 349
Russisch 64-69, 181f., 187f., 191f., 193f., 254, 551, 580, 582, 595, 615, 987, 705, 708, 710f., 720f., 726, 896, 902, 921-926, 976
Russisch als zwischenstaatliche Vertragssprache 710f., 713
Russland: DaF 1013-1018
Russland: Deutsche Rayons 353-355

Russlanddeutsche 351f.
Russlanddeutsche: Einstellung zur eigenen Ethnie/ Sprache 351
Russland: deutsch(sprachig)e Minderheit 349-359
Russland: Germanistik 1013-1018
Sanktion 146
Sanskrit 1042
Schibboleth 212
Schlesisch 174, 321, 327
Schwäbisch 115,125
Schwedisch 726, 900, 901, 904, 923, 926
Schweiz: Amtssprachen des Bundes 218
Schweizerdeutsch 117f., 220f.
Schweizerhochdeutsch 117, 124, 220, 222
Schweizer Schulen im Ausland 962f., 1144f.
Schweiz: Sprachverhältnisse 216-223
Schwyer Sproch-Biwegig 117
Scientific Babel 520
Selbstdarstellung und Sprachwahl 61
Siedlungsgebiet: fehlende Homogenität 336
Siedlungskolonie/n 360, 414
Slowakei: deutschsprachige Minderheit 329
Soft power 1141f.
Solo-offizielle Sprache 202
Sorbisch 213
Soziale Identität 263, 385
Soziale Medien 905-913
Soziale Netzwerke 287
Sozialwissenschaften: Fächer 575f.
Sozialwissenschaften: Sprachen 575-587
Sozialwissenschaften: Sprachenanteile nach Bibliographien 578-581
Sozialwissenschaften: Ursachen für Publikationssprachen 577f.
Soziologie: Deutsch Amtssprache des Weltverbandes? 585f.
Soziologie: einflussreichste Bücher 586
Spanisch 94-69, 181f., 187f., 191f., 193f., 251-253, 561, 580, 582, 594f., 608, 612, 615, 687, 708, 721, 726, 751, 768, 777, 790, 793, 797, 804, 896, 902, 910, 921-926, 951, 953, 976, 1033

Spanisch als Fremdsprache 985f., 996, 1002, 1005, 1034f.
Spitzenwissenschaft: ökonomische Basis 644-646
Spracharchipele 263, 391, 395f.
Spracharroganz von Touristen 866
Sprachartikel im Grundgesetz? 210f.
Sprachaußenpolitik 1071
Sprachberufe: Vorteile starker Sprachstellung 10
Sprachboykott gegen Deutsch als internationale Wissenschaftssprache 532-536
Sprache als Transgrediens Auswärtiger Kulturpolitik 1073-1078, 1101
Sprache: Begriffsvielfalt 107f.
Sprache – Denken 589-591
Sprache, dominante 29
Sprache, dominierte 29
Sprache – Erkenntnis 572, 666f., 680
Sprache – Kultur 84-89
Sprachenanteile im Internet nach Webseiten 900
Sprache – nationale Identität 757
Sprachen in internationalen Organisationen 726f.
Sprachen in Wikipedia 904
Sprachenkonstellation, globale 295f.
Sprachenlernen – kognitive Grenzen 89-97
Sprachenlernen – Kosten 91f.
Sprachenlernen – linguistische Distanz 92f.
Sprachenlernen – Reihenfolge der Sprachen 93
Sprachenlernen – technische Hilfen 89f.
Sprachenlernen – Zeitaufwand 90-93
Sprachenpolitik 1072
Sprachenpolitik – nationale Identität 731
Sprachenregime 732
Sprachensupervielfalt 75-77
Sprachenverzerrung wissenschaftlicher Datenbanken 548f.
Spracherhalt 256
Spracherhalt: Faktorenvielfalt 273-280
Spracherhaltung 256
Spracherhalt: Ursachen/ Faktoren 273-280

Spracherwerbsplanung für Unternehmenssprachen 494f.
Sprache – Wissenschaft: paralleler Stellungsverlust? 643-654
Sprachexperten 143-145
Sprachexport 1070
Sprachförderung 264-266
Sprachförderung(spolitik) 1069, 1071
Sprachförderung zusätzlich zur Kernaufgabe 824f., 827, 829f.
Sprachgemeinschaft 22-24
Sprachgemeinschaften im Vergleich: ökonomische – numerische Stärke 192-197
Sprachindustrie 7, 664
Sprachinnenpolitik 1071
Sprachinsel 55, 391f.
Sprachinteressen: Deutschsprachige 1-11
Sprachinteressen: Fremdsprachler 1-11
Sprachinteressen: Muttersprachler 1-11
Sprachkenntnisse – Sprachwahl 810
Sprachkodex 142-144
Sprachkunst – Übersetzbarkeit 85f.
Sprachlernen als Zeitverlust 665f.
Sprachliche Anpassung/ Akkommodation 423
Sprachliche Anpassung an Kunden 424f.
Sprachliche Höflichkeit 420, 422, 424-429, 830
Sprachliche Höflichkeit im Tourismus 840, 845, 848
Sprachliche Landschaft 49, 239, 285f., 325, 855
Sprachlicher Kompetenzverlust 296f.
Sprachloyalität 14, 1087
Sprachminderheit: Demographie 282f.
Sprachminderheit: Domänen 288-290
Sprachminderheit: doppelte Staatsbürgerschaft 292
Sprachminderheit: Einstellung zur eigenen Ethnie 294-296
Sprachminderheit: Einstellung zur eigenen Sprache 294-296
Sprachminderheit: Geographie 283-286
Sprachminderheit: Identifikation 280-282
Sprachminderheit: Interessenverband 291

Sprachminderheit: Kontakte zur Mehrheit 292f.
Sprachminderheiten: Rechte 290f.
Sprachminderheit: Sozialstruktur 287f.
Sprachminderheit – Sprachmehrheit: Kontakte 286f.
Sprachminderheit: Unterstützung von außen 291f.
Sprachnation 21
Sprachnationalismus in EU 739
Sprachnormautoritäten 143-145
Sprachnormen 143-147
Sprachnormsubjekte 143f.
Sprachnormunterworfene 143f.
Sprachplanung deutscher Unternehmen 483-498
Sprachprobleme deutschsprachiger Wissenschaftler 654-670
Sprachprobleme wissenschaftlicher Verlage 654-659
Sprachrechte 290f.
Sprachrückumstellung 256, 269, 272f.
Sprachrückumstellung: Stationen 278
Sprachstruktur – Sprachstellung 104f.
Sprachtod 263
Sprachumstellung 256, 269, 272f., 323, 369
Sprachumstellung: Faktorenreduzierung 278f.
Sprachumstellung: Ursachen/ Faktoren 273-280
Sprachumstellung wissenschaftlicher Bibliographien 529f., 548-550
Sprachumstellung wissenschaftlicher Zeitschriften 529
Sprachverbreitung – Kulturverbreitung 84-89
Sprachverbreitung(spolitik) 1070f.
Sprachverbreitungspolitik der Weimarer Republik 1081-1885
Sprachverbreitungspolitik des Deutschen Reichs 1078-1080
Sprachverbreitungspolitik des Nationalsozialismus 1085-1090
Sprachverbreitungspolitik, geheime 1072
Sprach-Vorenthaltung des Nationalsozialismus 1089f.

Sprachwahl bei Begegnung 429
Sprachwahl deutsche – chinesische/ japanische/ koreanische Unternehmen 449f.
Sprachwahl deutscher Politiker 51f.
Sprachwahl deutscher Politiker im Ausland 812-814
Sprachwahl: diplomatische Auslandsvertretungen in Deutschland 815-824
Sprachwahl: Englisch statt Deutsch 38
Sprachwahl: Englisch – Vor- und Nachteile für Deutsche Sprachgemeinschaft 11-14, 17f.
Sprachwahl: Erlernen einer Sprache 55
Sprachwahl: Erlernen einer Sprache – Faktoren 52-62
Sprachwahl: Franzosen - Deutsche 810f.
Sprachwahl gegenüber kleineren Sprachen 808
Sprachwahl: große – kleine Unternehmen 452
Sprachwahl – Identität 421f.
Sprachwahl in Familien 55f.
Sprachwahl in Gruppen 61f.
Sprachwahl in internationalen Wirtschaftskontakten 419-431
Sprachwahl österreichischer Unternehmen 456-483
Sprachwahl: Typologie 52f.
Sprachwahl und Gefangenendilemma 12-18, 430
Sprachwahl: Unternehmen deutschsprachiger – nicht-deutschsprachiger Länder 442-456
Sprachwahl: Verhandlungen, wirtschaftliche 429
Sprachwahl: Wirkung auf Stellung von Deutsch 51-63
Sprachwahl zur Kommunikation 51-63
Sprachwahl zur Kommunikation: für Anschlusskommunikation 61
Sprachwahl zur Kommunikation: Höflichkeit 59
Sprachwahl zur Kommunikation: Identität 60f.
Sprachwahl zur Kommunikation: Macht 59f.

Sprachwahl zur Kompetenzverbesserung 61
Sprachwahl zur Selbstdarstellung 61
Sprachwahl zwischen Unternehmen unterschiedlicher Sprachen 446f.
Sprachwechsel 256
Sprachwiederbelebung 256
Sprecher einer Sprache 25f.
Sprechertypen Deutsch 160-163
Sprecherzahl Deutsch 159-180
Sprecherzahl Deutsch: Datenerhebung 162-174
Sprecherzahlen Deutsch – Höhepunkte deutscher Kultur 187f.
Sprecherzahlen Deutsch: Langzeitentwicklung 187-190
Sprecherzahlen: Sprachen im Vergleich – Entwicklung 179-184
Sprecherzahlen: Sprachen im Vergleich – Langzeitentwicklung 186-189
Staatliche Amtssprache 200-203
Staatliche Amtssprache: deklariert – faktisch 200f.
Staatliche Amtssprache: statutarisch – funktional 200f.
Staatsnation 20-22, 148
Stammhaussprache 486
Standardafrikaans 124, 130
Standarddeutsch der Schweiz 115, 124, 222
Standarddeutsch Deutschlands 114, 123, 211f.
Standarddeutsch in Belgien 239
Standarddeutsch Liechtensteins 216
Standarddeutsch Luxemburgs 231
Standarddeutsch Namibias 368
Standarddeutsch Österreichs 115, 124, 215
Standarddeutsch Rumäniens 349
Standarddeutsch Südtirols 247
Standardisierung als Sprachwahltyp von Unternehmen 448
Standardjiddisch 124, 130
Standardletzeburgisch 119, 128
Standardniederländisch 124, 130
Standardsprache: Synonyme 108
Standardvarietät 111
Standardvarietäten des Deutschen 108

Standortsprache eines Unternehmens 486
Stationen der Sprachrückumstellung 278
Statusausbau 670
Statusplanung 670
Statusplanung für Unternehmenssprachen 494
Stellungsstärkung einer Sprache durch Sprachwahl 12-17
Stellungsstärkung einer Sprache durch Sprachwahl in Diplomatie 824-832
Stereotyp vom US-Wissenschaftler 557
Strategien unternehmerischer Sprachwahl 448f.
Streudeutschtum 258
Suaheli 64-69, 896
Südafrika: DaF 1027-1032
Südafrika: Germanistik 1027-1032
Südjütisch 306
Südtirol: Autonomiestatut 242
Südtiroler Identität 247
Südtirolismen 247
Südtirol: Option 241
Südtirol: Proporz der Sprachgruppen 242f.
Superzentrale Sprachen 64-68
Tamil 1028
Telugu 1028
‚Territorial gebundene Sprache' 259
Territorialitätsprinzip/ Territorialprinzip von Sprachrechten 203, 218
Teutonismen 211f.
Theologie: Wissenschaftssprachen 607-615
Titularnation 21, 344, 350
Tourismusdeutsch (fehlerhaftes) 864-868
Tourismus in deutschsprachige Länder – Deutschlernen 842f.
Tourismus: sprachliches Entgegenkommen 845
Touristendestination – Sprachen 836-868
Touristen: sprachliche Höflichkeit 848
Transaktionskosten 484
Transgrediens Sprache in Auswärtiger Kulturpolitik 1073-1078, 1101
Transnationale Identität 422
Trägheit der Stellung einer Sprache 78

Tschechien: deutsch(sprachige)e Minderheit 328-334
Tschechisch 922, 923
Tsingtau 1048
Tunker 386
Türkei: DaF 1018-1022
Türkei: Deutsch als Wissenschaftssprache 1019
Türkei: Germanistik 1018-1022
Türkisch 910, 921
Twitter: Deutsch und andere Sprachen 910-913
Umsiedlungen Deutscher 275
UNESCO: Amtssprachen 725f.
Ungarn: deutsch(sprachig)e Minderheit 334-341
Ungarn: deutschsprachige Schulen 337f.
Unserdeutsch 174
Unsichtbare Hand – Folgen von Sprachwahl 16f.
Unternehmen und verwandte Begriffe 418f.
Unternehmen unterschiedlicher Sprachen: Regeln der Sprachwahl 446f.
Unternehmensgröße – Deutschgebrauch 485f.
Unternehmensgröße – Englischgebrauch 485f.
Unternehmenskultur – Unternehmenssprache 496f.
Unternehmenssprache 514f.
Unternehmenssprache Deutsch – Bindung an Unternehmen 514f.
Unternehmenssprache – Identität 497
Unternehmenssprachen deutscher Unternehmen 490-493
Unternehmenssprachen: Sprachumstellung 496
Urdu 1028
USA: DaF 1032-1037
USA: Germanistik 1032-1037
USA: Wissenschaftsaufstieg 533
US-Botschaft in Deutschland: Sprachwahl 817, 822f.
US-Diplomaten: Fremdsprachenkenntnisse 708f., 823f.
Überdachung 112f., 117, 131, 138, 141-148

Übersetzen, maschinell 95
Übersetzungen aus dem Deutschen 920-925
Übersetzungen aus dem Deutschen – Deutschlernen 922f.
Übersetzungen ins Deutsche 920-925
Übersetzungen ins Deutsche – Fremdsprachenlernen in Deutschland 921f.
Übersetzungen ins Deutsche: häufigste Ausgangssprachen 925
Übersetzungsbilanz Deutsch – andere Sprachen 923f.
Varietäten: Zuordnung zur deutschen Sprache 107-142
Verbot des Deutschsprechens 322, 331
Verein Deutsche Sprache (VDS) 50f., 1130f.
Vereinfachtes Deutsch (als Fremdsprache) 1080
Verein für das Deutschtum im Ausland (VDA) 1080, 1128
Verein für Deutsche Kulturbeziehungen im Ausland (VDA) 1128
Verein für Sprachpflege (VfS) 1131
Vereinte Nationen: Amtssprachen 706, 708
Vereinte Nationen: Amts- und Arbeitssprachen 720-726
Vereinte Nationen: Deutsch Dokumentensprache 723-725, 728, 745f.
Vereinte Nationen: Kriterien für Amtssprachen 721
Vereinte Nationen: Stellung von Deutsch 708, 719-725, 784
Verfassungsstaat 20f.
Verkehrssprache 29, 33
Verlage, wissenschaftliche: Sprachprobleme 654-659
Vernakularsprache 136
Versailler Vertrag: Verhandlungssprachen 705f.
Versailler Vertrag: Vertragssprachen 718
Verständlichkeitsmessung 140
Verständlichkeit von Varietäten 140f.
Verstreutsiedlung 322
Vokalmusik — Sprachverbreitung 86f., 927-944

Vokalmusik: weltweite Verbreitung nach Sprachen 927-944
Volk 148f.
Volkstum, schwebendes 150
Volkstümliche Lieder, deutsche 931
Volkswagenstiftung 1127
Volkszählungen — Sprecherzahlen 163
Volkszugehörigkeit 149f.
Völkerbund: Amts- und Arbeitssprachen 718f.
„Weltdeutsch" vereinfacht 1080
Welt-Imperien 78-80
Welt-Sprachensystem/ Globale Sprachenkonstellation 66
Welt-System der Staaten 78
Weltsysteme 67
Weltzentren der Wissenschaft 531, 643f., 649
Werbung auf Deutsch in der Welt 504-512
Wiener Kongress: Verhandlungssprachen 703
Wikipedia: Sprachen 904
Wirtschaftskraft – Sprachverbreitung 79f.
Wirtschaftswissenschaften: deutschsprachige Vertreter 581
Wirtschaftswissenschaften: Fachverbände – deutsche Namen 584f.
Wirtschaftswissenschaften: Sprachen und Zitatenanteile 582f.
Wissenschaftliche Datenbanken: Englisch-Bevorzugung 566
Wissenschaftliche Datenbanken: US-Dominanz 548
Wissenschaftsinvestitionen: Rangfolge der Staaten 646
Wissenschaftliche Kommunikationssituationen 545
Wissenschaftliche Konferenzen: Sprachen 560-562
Wissenschafts-Lingua franca: Nachteile für Muttersprachler 692
Wissenschafts-Lingua franca: Vorteile 682-692
Wissenschaftssprachen: Publikationsanteile 550-553
Wissenschaftssprachen: Zitatenanteile 553-558

Wohngebiet: sprachliche Homogenität 269f., 284f.
Zentraler Wert (*core value*) einer Gruppe 294
Zentrale Sprache(n) 64-68
Zentralität einer Sprache 70-74
Zentralstelle für das Auslandsschulwesen (ZfA) 1092, 1121f., 1124f.
Zielländer deutschsprachiger Touristen – Deutschgebrauch 845-864
Zielländer deutschsprachiger Touristen – Deutschkenntnisse 845-864
Zielländer deutschsprachiger Touristen: sprachliches Entgegenkommen 853-864
Zitateneinwirkung: Ländervergleich 648f.
Zitatenindexe, wissenschaftliche 546, 553f., 588f., 656
Zitierhäufigkeit: deutsch- – englischsprachige Publikationen 655-659
Zukunft der deutschen Sprache 104f.
Zweisprachigkeit Englisch – Deutsch 10
Zweisprachigkeit Englisch – örtliche Sprache 11
Zweitsprache 25f.
Zweitsprachler 25f.